全国企业管理现代化创新成果

（第三十届）

中　册

中国企业联合会　编

企业管理出版社

ENTERPRISE MANAGEMENT PUBLISHING HOUSE

图书在版编目（CIP）数据

全国企业管理现代化创新成果.第三十届.中/中国企业联合会编. -- 北京：企业管理出版社，2024.4

ISBN 978-7-5164-3054-5

Ⅰ.①全… Ⅱ.①中… Ⅲ.①企业管理—现代化管理—创新管理—成果—汇编—中国 Ⅳ.①F279.23

中国国家版本馆CIP数据核字（2024）第072237号

书　　名：全国企业管理现代化创新成果（第三十届）中册

书　　号：ISBN 978-7-5164-3054-5

作　　者：中国企业联合会

责任编辑：杨慧芳

出版发行：企业管理出版社

经　　销：新华书店

地　　址：北京市海淀区紫竹院南路17号　　邮　　编：100048

网　　址：http://www. emph. cn　　电子信箱：emph001@163.com

电　　话：编辑部（010）68701638　　发行部（010）68414644

印　　刷：河北宝昌佳彩印刷有限公司

版　　次：2024年4月第1版

印　　次：2024年4月第1次印刷

开　　本：880mm×1230mm　1/16

印　　张：29.25

字　　数：819千字

定　　价：588.00元（全三册）

全国企业管理现代化创新成果（第三十届）

顾　问： 王忠禹

主　编： 胡文瑞　朱宏任

副主编： 史向辉

专家组成员：（排名不分先后）

周绍朋	蒋庆哲	杜莹芬	吴贵生	刘丽文
陆　燕	戚聿东	苏敬勤	张秋生	王利平
秦志华	崔新健	蔡曙涛	董小英	崔永梅
闪四清	项安波	赵　晶	汪　涛	冯海旗
王　毅	高红岩	范合君	吕　萍	吴剑峰
张学平	王雪莉	赵　峰	魏秀丽	赵剑波
蔺　雷	何　霞	杨子真	张文彬	

目　录

数字化转型与智能化升级

生产运营与基础管理

数字化转型与智能化升级

钢铁企业实现多维度一体化集成的智慧运营管理体系构建

南京钢铁股份有限公司

南京钢铁股份有限公司（以下简称南钢）始建于 1958 年，是具备年产千万吨级特钢新材料的国家高新技术企业，是国际一流的中厚板精品基地、特钢精品基地、复合材料基地，6 年蝉联中国钢铁企业综合竞争力 A+ 级企业（最高等级），位居世界钢企技术竞争力第十位（中国钢企第五位），研发投入占比保持 3% 以上，建立了国际级、国家级等高端研发平台 37 个。南钢承担重大项目 40 余项，获"国家科技进步奖二等奖" 4 项，主持及参与制定国家行业标准 82 项，142 个产品达到国际领先或先进水平，70 余个产品驰名国内外，解决"卡脖子"技术和产品 70 余项。2022 年，南钢实现营收 1884 亿元，利润 33 亿元。南钢先后荣获"全国五一劳动奖状""制造业单项冠军""国家知识产权示范企业""国家首批'数字领航'企业""国家服务型制造示范企业""中国工业大奖""国家绿色工厂""国家工业旅游示范基地"等 30 余项国家级荣誉。

一、钢铁企业实现多维度一体化集成的智慧运营管理体系构建背景

（一）加快产业转型升级，实现企业高质量发展的战略需要

近年来，作为传统产业的钢铁产业正处于自动化、信息化向数字化、智能化转变的关键时期，数字化手段与钢铁产业正加深融合，数字化转型是钢铁行业转型升级的核心引擎，也是钢铁企业高质量发展的内生动力。数字化转型可以加快钢铁产业高端化、数字化、绿色化转型发展，推动价值链迈向中高端，夺取产业竞争的制高点，掌握控制竞争格局的新变量，带动产业链上下游协同转型，建设可持续的高质量发展。南钢以"创建国际一流受尊重的企业智慧生命体"为愿景，秉持"一切业务数字化、一切数字业务化"的管理目标，通过数字化转型、智能化升级变革，推进智慧运营、智能生产、智慧互联、智能运维等数字化工程，贯穿企业全流程、全业务、全价值链，深度挖掘效能，拉通内部数据，提高决策速度，增强协同效益、精细化管理、质量全生命周期管理等能力，引领企业智慧生命体的数字蝶变，从而推动企业发展不断进化迭代，全面提升企业核心竞争力。

（二）突破传统产业痛点，应对内外部压力的必然选择

作为重要的基础原材料产业，钢铁工业是中国制造业的一个重要组成部分，在实体经济中起着中流砥柱的作用。钢铁工业为大型复杂流程工业，具有多变量、强耦合、非线性和大滞后等特点，各单元生产存在信息孤岛，因此，钢铁产品质量、效率、成本、稳定性、一致性等难题长期困扰钢铁产业高质量发展。同时，钢铁行业面临着制造成本上升、产能过剩、节能降碳和安全环保等多重压力。面对行业转型发展的痛点，钢铁行业亟需以数字化转型为抓手，加快推进数字技术与钢铁产业的深度融合，链接工业全系统、全产业链、全价值链，打通全流程的物质流、能量流、信息流、价值流，全面优化资源配置效率，实现流程化管控、网络化协同、敏捷化运营、数字化决策，提升钢铁产业的生产效率和能源效率，降低生产成本和碳排放，加快推进钢铁产业质量变革、效率变革、动力变革，利用数字化转型给钢铁企业的高质量发展装上"智能大脑"，构建企业新型竞争优势以应对内外部压力。

二、钢铁企业实现多维度一体化集成的智慧运营管理体系构建主要做法

（一）确立智慧运营管理目标，设计一体化实现路径

南钢针对钢铁行业数字化转型的复杂性和特点，明确多维度一体化集成的智慧运营管理体系构建的总体目标方向和实施路径，为企业数字化转型提供坚强支撑。

1. 强化战略引领，确立智慧运营管理目标

2015 年，南钢提出"创建国际一流受尊重的企业智慧生命体"的企业愿景，之后进一步提出"一切业务数字化、一切数字业务化"的数字化转型战略，并将其作为南钢多维度一体化集成的智慧运营管理体系构建目标。"一切业务数字化"指的是将业务的所有行为全面数字化和在线化，作为提升运营管理效能的基础。要在数字工厂层面，基于设备和生产过程的数字化转型、智能化升级，通过工业互联网建设打通内部各业务系统数据和信息，实现研发、采购、生产、营销等环节的互联互通、信息融合与智能决策，以及人工智能分析决策，提升整体运营管理效能。要在产业链层面，提升产业链上下游协同合作，打通上下游数据，实现下游柔性生产制造、上游原材料供应预测，提高产业链整体运营效率。"一切数字业务化"是指借力数字化发展来催生新的数字经济形态，加快向生产服务型转变，通过创造新的商业模式来实现高质量发展。要在数字化、网络化、智能化的基础上，直接面向客户需求，建立数据模型，实现柔性化、个性化定制生产，提供"产品＋服务"的整体解决方案。同时，"钢铁＋数字化"建立的平台化商业模式，以提供多种软件服务和搭建生态系统为核心，搭建垂直领域的公共技术平台或工业品经济平台，将南钢和行业内外部数据沉淀，形成数据产品直接变现，或提炼形成行业洞见，输出产品或咨询服务。南钢智慧运营管理整体框架，如图 1 所示。

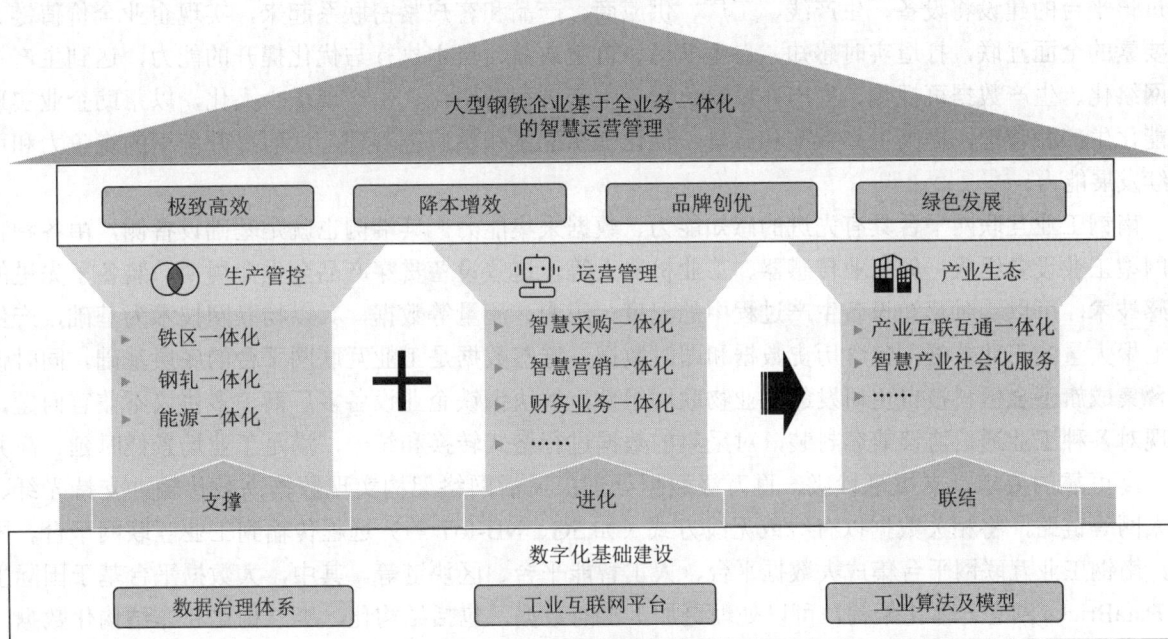

图 1　南钢智慧运营管理整体框架

2. 聚焦价值创造，设计一体化实现路径

数字化作为南钢动能转换、价值创造的策源地，促进南钢成为以数据为"大脑"的"企业智慧生命体"。一方面通过数字化，构建基于数字化能力的竞争壁垒，实现盈利和效率的领先；另一方面将蓄势积累的数字化能力业务化、产业化，完成数字化能力的价值转化和业务的裂变，实现从量变到质变的转化，释放数字化的价值创造。

南钢实施"三步走"的路径。第一步，强化数字化基础建设，建立数据治理体系，完成质量、设备、能源、成本、生产等业务数据的盘点，治理高质量工业数据，具备为多维度一体化集成的智慧运营管理提供数据服务的能力。第二步，建设南钢工业互联网，以及铁区、钢轧、能源一体化中心，实现流程化管控、网络化协同、敏捷化运营、数字化决策，实现业务链、信息链、产业链等互联互通。

第三步，构建全要素、全产业链、全价值链的运营体系，在生产层面是以 AI 驱动的智慧工厂，在业务层面实现多业务协同管控，在产业链层面实现产业链车间级敏捷共享，实现企业的生产经营向数字化、智慧化发展。同时，完成数字化能力的价值转化和业务的裂变，推动数字化能力管理输出。

3. 强化支撑力量，建立组织制度保障体系

为保障项目顺利实施，南钢建立了组织、制度保障体系。一是成立了由南钢董事长挂帅，各部门主管组成的项目领导组，负责审定项目方案及相关决策、检查工作进度、审批人员及奖励方面的资源等。项目领导组下设推进办公室和 16 个业务工作组。各事业部进行工艺技术和采集数据的支撑，金恒科技承接项目的具体开发实施。同时，规范建设流程，制定了《智慧运营中心项目系统开发流程》《信息化提升考核办法》等制度。二是建立分组逐级推进制度。规范各小组工作职责和要求，制定并细化工作措施，明确具体实施人员、分管领导等，确保各项工作按时、保质完成。

（二）强化数字基础建设，提升智能制造竞争实力

1. 建设工业互联网平台，筑牢数字底座

南钢参考工业互联网联盟统一架构建设工业互联网平台，为实现万物互联和智能制造搭建起了一个重要载体，它既是构建工业互联网的基础设施，也是将人、机器和数据连接起来的核心平台。南钢通过该平台的建设将设备、生产线、工厂、供应商、产品和客户紧密联系起来，实现企业全价值链、全要素的全面互联，打造实时感知、自主学习、自主决策、自主执行与优化提升的能力，达到生产设备网络化、生产数据可视化、生产环境绿色化、生产过程透明化、生产现场少人化，以帮助企业实现智能化生产和管理，提高生产效率和质量，优化资源配置和供应链管理，从而提升南钢的竞争力和可持续发展能力。

南钢工业互联网平台具有先进的感知能力、数据采集能力。其端侧也就是基础设备侧，由各种物联网型工业设备组成，如工业传感器、工业机器人等。这些设备贯穿产品全生命周期，装备了先进的传感技术，可以实时感知设备生产过程中的温度、压力、流量等数据，其以物联网技术为基础，产生并汇聚大量的工业数据，包含历史数据和即时数据，这些数据是工业互联网平台的底层基础。同时该平台集成旗下金恒科技自主研发的工业物联网组件，解决钢铁企业设备多厂商、多协议不兼容问题，实现对各种工业通信协议兼容封装，对采集的数据进行格式转换和统一，满足工业场景低时延、高并发、高可靠的要求，支撑毫秒级、百万级数据处理；灵活网络架构实现数据高效传输，支持光纤、以太网等链路，将相关数据以有线或无线方式（如 5G、NB-IoT 等）远程传输到工业互联网平台。同时，南钢工业互联网平台集成大数据平台、人工智能平台、区块链等。其中，大数据平台基于国际主流 DataBricks 湖仓一体化架构，可以处理更加丰富的数据，包括结构化、半结构化和非结构化数据，实现离线数据、实时数据一体化处理，打造流式计算和批量计算一体化能力。南钢工业互联网平台融合开源人工智能组件，通过不断地迭代构建算法库、工具库等，包括机器学习、深度学习、增强学习等多种算法，可以针对不同的应用场景选择合适的算法，以及涵盖自然语言处理、计算机视觉等技术，为南钢业务场景提供更加智能化的服务；基于区块链技术提升数据安全性和透明度，有效解决产业链协同的信任问题，提高了数字化交易的安全性和效率。南钢利用区块链技术解决了传统中心化供应链协同模式中的信任问题，提供了更为安全、去中心化、透明、高效的数字化交易方式，基于区块链实现了企业产品质量、招投标等数据上链，打造了透明、可追溯的产业链协同生态体系。

另外，南钢工业互联网平台利用数字孪生技术实现对企业物理工厂的仿真模拟，构建虚实映射、实时感知、动态决策的工业数字孪生系统，利用先进传感、物联网等技术实现对数据的实时采集，通过 3D 建模、Unity 渲染与交互开发，同时集成南钢大量的业务规则、机理模型、大数据与人工智能模型，实现物理世界与数字世界的实时互动，通过数字世界感知物理世界实体工厂生产与企业运营情况，实现数据

自流动、异常实时和预测性告警，通过数字孪生技术将数据、软件、网络、平台等信息技术与人员、机器、物料、环境、供应链等制造要素深度融合，构建一个赛博空间与物理空间数据自动流动的闭环赋能体系，实现生产制造的自主协调、智能优化和持续创新，推动数字技术与钢铁生产运营融合发展。

2. 搭建数据治理体系，释放数据价值

建成工业互联网平台后，还要从根本上解决数据质量问题，以确保数据在企业内顺畅流动起来，为将数据作为新生产要素持续创造价值、实现服务数字化转型提供支持。为此，南钢搭建了统一的数据体系、数据管理运营平台，并明确目标分阶段部署实施。一是建立数据资源的全景视图，为用户提供公司数据资源的检索服务，展示数据在全公司业务间、系统间的分布与流向信息。二是从源头控制数据质量，建立一套切实可行的数据质量监控与数据管家体系，制定数据质量稽核规则，建立覆盖数据全生命周期的质量管理体系，实现数据向优质资产的转变。三是挖掘价值，以数据管理体系为有效支撑，提升公司业务数据的管理、运营能力，赋能业务高效使用数据，深入价值洞察，提升跨业务领域、跨信息系统的分析水平，助力实现相关业务的密切协同，并引领数据驱动的创新。四是促进共享，通过大数据平台进行跨系统的数据集成，将用户的数据需求通过数据资产目录进行系统定位和对接，用户可依托数据共享机制，申请数据服务并获得授权。

3. 打造高质量工业数据，构建算法及模型

南钢按照构建面向全局的一体化管控系统规划，基于南钢优势的数据体系，将数学、运筹学等方法论加入生产运营的工具箱，以跨领域全系统寻优为目标，借助机器学习、求解器等新型数据智能技术，在公司已有的模型及算法基础上，进行开发和升级迭代，将模型及算法划分为生产过程优化、工艺质量优化、设备故障诊断、能源管理优化、数据分析服务效能提升、运营管控能力提升等6类。开发基于物质流、能量流、数据流、价值流的50+跨工序跨业务领域的工业场景算法，形成涵盖100+算法的算法库以及1000+模型的模型库。同时，构筑规则体系，应对全流程的不确定性，实现知识的沉淀和复用，持续提升产品质量，实现制造资源的高效配置。

（三）建设三大集控中心，实现生产管控一体化

基于钢铁行业生产的属性，南钢首先将全流程生产工序分为3部分：铁区、钢轧和能源——铁区和钢轧是核心生产流程，能源是生产辅助单元；进而建设三大集控中心，打通钢铁生产全流程各集群内和集群间的物质流、能量流、信息流、价值流，以智能化、集约化、远程化为原则构建生产一体化管理；在现场无人化、少人化，操控集约化、一键化的基础上，以流程优化与岗位重塑为目标，通过界面整合及系列智能化数据创新应用，实现产线、工序的极致效率。

1. 建成铁区一体化，实现铁区资源高效配置

铁区生产是长流程钢铁企业的成本控制及能源消耗中心，成本占据钢铁生产总成本的70%，同时也是钢铁绿色制造的关键环节，因此，铁区的能效提升与成本降低是提升企业整体运行效益的关键。南钢基于铁区一体化管控平台，应用 GIS（Geographic Information System，地理信息系统）、物联网、视频分析、移动互联等先进技术，围绕一个核心信息物理系统，建立现实世界与虚拟世界之间的映射，在虚拟世界中仿真现实世界，并通过各种模型对生产管理、控制过程进行优化和调整，有效支撑精益化运营。基于智慧作业支撑，对现有供料系统控制程序进行升级改造，根据高炉料速和高炉槽位信息，实现烧结供料皮带自动启停，关联环冷机机速、烧结机机速、上料量及配料仓料位、取料机启停等信息，实现"高炉—烧结—球团—原料"生产组织自平衡，维持合理库存，实现铁区精益生产、大幅降本。例如，高炉煤粉喷吹方式过去全为人工手动控制，由于人员操作水平参差不齐，在实际操作中，容易出现喷吹量波动大的情况，特别是在换罐过程中，会导致停煤时间较长，影响生产。南钢铁区一体化管控平台构建高炉喷吹控制模型，应用后的煤粉喷吹系统含有自学习、自适应能力，实现

煤粉的高效均衡喷吹，喷吹的煤粉燃烧率达到100%。

2. 构建钢轧一体化，实现生产运营高效协同

南钢基于钢轧各产线自动化、信息化现状，对现有产线的自动化和智能装备水平进行提升，建设钢轧一体化中心，实现产线高度自动化、操控岗位的高度集中和协同。以产线高度自动化为支撑，分步推进集中操控，实现操控岗位的高度协同。以主工序各生产单元为单位，梳理产线自动化情况，对标其他产线，找到制约生产效率提升的瓶颈及生产痛点，通过自动化升级改造、智能装备应用，提高产线自动化水平。在产线高度自动化基础上，采取从产线就近"一线一室"集中操作到钢轧集控的分步实施策略。通过提高产线自动化程度，为生产少人化和无人化打好坚实基础，并支撑集控。同时在工业互联网平台基础上建设钢轧全流程管控系统，提供一个全厂范围内从底层数据采集到分析优化、管理决策的综合应用平台，以提高车间生产运营效率。推进智能成品库及智能物流仓储建设，以解决现有车间内物流调度效率低的问题，减少中间转运的成本及产品损伤的风险。钢轧一体化推动钢铁制造的管理变革和运营变革，实现生产运营高效协同，促进企业运营效率大幅提升。

3. 建设能源一体化，实现能源供应集中管理

钢铁企业能源消耗约占生产成本的20%～40%，南钢能源系统几乎覆盖全厂范围，各工艺作业区分布广且分散，均设有多个中控室，按不同专业、工序独立分区，特别是相近工艺操作室分散管理，不利于互动交流、数据共享、生产协同和综合决策。同时，能源管理多采用事后分析，缺乏事前和事中管理手段；能源调度凭个人经验判断，缺乏必要辅助决策手段，调度指令传达效率低。南钢根据工艺产能调整情况及现有计量情况，完善能源系统数据采集，包括能源计量信息、各主工艺生产信息及设备信息等，为能源管控系统应用提供数据基础。对现有系统升级改造，结合产能规划调整，完善现有综合监视功能及基础能源管理功能。建立能源智能管控平台，开发智慧能源管控应用，结合产能规划调整，对具备条件的水、电力、煤气、空压、蒸汽等能源设施进行集中操控、集中管控，加强工序间协同，优化岗位配置。同时，利用智能化技术对能源介质进行产耗预测及动态平衡优化调度，挖掘节能潜力，提高能源利用率。

（四）集成智慧运营中心，实现运营管理一体化

南钢以业务统一运营、全局寻优为目标打造运营管理一体化，业务运营集采购、制造、设备、物流、安保等业务为一体，通过建立"仿真模拟—过程模型—大数据挖掘—反馈控制"的技术架构，融合ERP（Enterprise Resource Planning，企业资源计划）、协同办公、MES（Manufacturing Execution System，制造执行系统）等44个业务系统，设计跨工序数据融合、耦合计算、智能联动的业务规则，打破数据交互壁垒，消除信息孤岛，实现多维度一体化集成的智慧运营管理。

1. 整合供应链数据，实现智慧采购一体化

为将目前分散在各子系统中的采购业务数据进行贯通、整合，南钢按照"一切业务数字化，一切数字业务化"的数智化转型要求，从顶层设计的角度，构建覆盖全要素、全流程的，高效、透明、生态、智慧的一体化采购供应链系统，实现全流程线上化、过程数据透明化、业务操作智能化、管理复盘可视化。南钢打通采购供应链领域内部、外部共计21个系统，实现采购供应链全流程打通以及业务活动的线上化、可视化及可追溯。搭建采购一体化平台系统和全景、可视化供应链，可以为供应商提供线上化、一站式业务办理和信息查询服务，大幅提升业务效率和供应商满意度。建立6个数字化采购管理驾驶舱，可以采购分析、决策效率。搭建移动化办公系统，可以实现ERP+OA（Office Automation，办公自动化）+南钢E家3个平台串接，实现PC+移动办公。另外，建立数字化业务预警体系，可以实现业务、管理上多维度预警。

智慧采购一体化建设可从以下几个方面入手。一是变革供应商管理、料号管理、设备备件管理等领域的组织架构、职责分工,提升供应商全生命周期管理、料号管理体系重构与治理、设备备件全生命周期管理等管理水平。二是推进管理创新,实施物资预入储管理、多公司主体整合、询比价采购、分品类精细化供应商评价模式、质量异议全流程闭环管理模式、备件验收标准精细化、统一的预约送货模式、履约保证金收退管理、大宗物资结算全要素关联管理等,从而大幅提升工作效率以及管理水平。三是新建、修订近50个管理制度文件,将"管理 + 数字化"双轮驱动带来的管理提升、组织变革、流程优化、系统打通、数据共享等固化落实到制度流程中。

2. 深挖客户端需求,实现智慧营销一体化

为实现企业生态转型,南钢构建以客户为中心的智慧营销体系,参与营销过程的三大主体分别是客户、营销人员,以及生产、研发、质量等后端人员,智慧营销能够深度挖掘客户需求,为用户提供一站式配套解决方案。在销售端,南钢建立网上销售渠道,搭建线上技术咨询服务,开辟现货、期货两种交易路径便于客户选择。在财务端,南钢开发 C2M(Customer to Manufactory,顾客对工厂)平台中的财务模块,通过此模块,客户可实时掌握财务订单资金、已收货款、应收账款、订金、发货锁定及该订单的可用余额资金使用情况,还可通过结算清单查询功能掌握账户余额、发货结算明细、销售发票清单等信息。在物流端,南钢实施移动仓储管理,应用条码自动识别,读取货物信息,实现信息同步,可最大化利用仓储空间,提高作业效率。在生产端,南钢通过生产流程、生产工艺的优化提升,产线职责分工原则和排产模式的改善,实现排产流程再造,在智慧生产系统中实现产线智能推荐功能,达到订单最优排产。同时,南钢充分结合智慧管理体系的建设,积极打造销售一体化平台,通过业务的横向融合、数据的纵向贯通,实现智慧销售、智慧排产,使智慧物流满足客户对产品质量、生产交付、财务资金等方面的需求。将录单、合同、资金、物流、排产、仓储、配送、质量异议处理等八大业务流程进行融合,以数据化管控思维,把控全局运营,形成贯穿智慧接单、智慧制造、智慧物流的全程智能管控,实现营销服务移动化、高效化、智能化。

3. 加强经营端管理,实现财务业务一体化

南钢通过数据共享中心建设,整合集团各业务板块的核算、资金、结算、报告等财务职能,使财务服务覆盖集团所有产业板块,实现财务基础业务集中处理,快速提高财务基础业务的智能化程度。南钢借助财务数据共享平台,通过业务流程标准化提高集团子公司的财务规范化管理水平,应用系统控制风险点,实现集团公司对下属各分子公司经营活动的实时监控和管理,增加透明度,提高管理效率,优化资源配置。南钢从基础核算转型为标准财务流程后,解脱一线财务,充实财务职能,推动财务团队向管理控制、决策支持等增值型服务团队转型,形成一支符合公司战略发展需求的高效财务团队,实现价值最大化,促进财务管理向业务延伸,实现财务业务一体化,全面支撑集团的管理决策,更好地为经营管理服务。同时,南钢通过财务业务一体化,不断加强经营绩效管理,构建经营绩效按月预测、按周跟踪与分析机制,提升决策支持能力;不断强化经营绩效实时跟踪,构建实时效益预测体系,支持市场价格变化下的实时成本效益预测与分析,打造成本效益"实时战情"推演平台,更好地支持决策、赋能产业运营;以及构建库存动态画像,实现存货采购、流转、消耗全生命周期管理,为公司极限库存控制提供数据支持。此外,南钢全面依托数字化转型,在打造新时代"南钢之治"的同时,也在风控廉政、智慧安防等方面打造了多维度一体化的集成运营。

(五)贯通产业链上下游,实现产业生态一体化

1. 推进产业互联互通,提升产业链竞争力

南钢联合产业链上下游,打造产业互联一体化平台,为行业龙头企业提供专业定制服务,推动上下游之间形成车间级的连接,通过联合生产、联合设计、联合经营的方式开创融合发展新模式,提升协同交付效率、缩短库存周期、提高合同兑现,并通过持续的产业上下间的高效协同,促进上下游

企业的质量提升和服务提升，增强用户黏性，推动与用户的合作关系向协同共生方向发展，打通内部业务环节及外部产业链。

南钢通过调研船舶及工程机械等行业龙头企业，深入了解各类用户的痛点，对用户需求进行差异化分析，针对不同用户提供不同解决方案，与用户企业签订合作共建协议，协同推进项目建设，通过产业链一体化的业务流程变革，提升管理效率、拓展服务领域，为用户产业链赋能的同时，构建协同发展的生态圈。

2. 聚焦产业智慧服务，推动产业提质增效

南钢以"智慧产业化"为主线，将自身实践中积累的产业技术能力和生态模式与全球制造业共享、共创，通过产业链环节分离、孵化培育，孵化钢宝股份、金恒科技、金宇智能、鑫智链、鑫洋供应链等一批具有独角兽属性的工业互联网服务高科技企业，构建数字化、智能化、全球化产业互联网高端服务生态。一是"钢铁＋互联网平台"孵化出钢宝股份，钢宝股份深度融合线上线下、加工配送、循环物资三大业务，补强差异化电商交易平台，成为中国最大的中厚板现货交易平台。二是"钢铁＋智能制造解决方案"孵化出金恒科技，金恒科技厚植智能制造产业，提炼形成企业数字化转型、数字工厂、工业互联网等整体解决方案能力。三是"钢铁＋智能探伤解决方案"孵化出金宇智能，金宇智能专门从事无损检测、图像视觉及其系统集成装置研究开发，深耕钢铁、铁路、汽车、风电等四大业务板块，已形成以金属材料无损检测、铁路系统无损检测、图像视觉检测为开发主线的三大产品系列，为国内外客户提供智能检测产品和解决方案。四是"钢铁＋智能招标"孵化出鑫智链，鑫智链在智能采招、无人招标的基础上，推动区块链技术在内外部场景的应用，利用区块链技术在质量、审计等领域建设数字资产服务平台。五是"钢铁＋智慧物流"孵化出鑫洋供应链，鑫洋供应链布局航运、网络货运、物流基础设施、大宗商品智慧供应链，实现智慧物流生态圈高质量发展。

（六）健全完善组织体系，全面激发组织活力

1. 加速培养数字运营人才，夯实智慧运营管理基础

南钢高质量的数智化转型发展需要"OT+IT"（运营技术＋信息技术）的复合型人才支撑，为此，南钢加速培养"OT+IT"融合型人才团队和"钢铁＋新产业"跨专业人才团队。通过在各事业部及生产厂建立"OT+IT"培养机制，培养及选拔优秀的"OT+IT"复合型人才，从制造端到服务端，从服务端到营销端，从营销端到生态端，全方位保障人才成长，同时启动PMP（Project Management Professional，项目管理师）培训、数据负责人和数据管家培训及测评，积极推进数据治理宣贯、智能应用模型使用培训、常规业务技能培训等，为南钢数字化转型和智慧运营管理提供有力支撑。

2. 全面构建绩效管理体系，深耕智慧运营保障制度

为高效推进多维度一体化集成的智慧运营管理，南钢根据任务主体的角色分工，分别设置各有侧重的评价考核体系，以战略目标为导向，以简洁清晰、灵活迭代为原则，设定项目考核期目标值。从经济指标、客户指标、运营指标、一体化能力指标几个维度进行考量，列入各相关单位的KPI（Key Performance Indicator，关键绩效指标）考核，各阶段重点工作及目标达成列入相关责任人（公司中、高层）KPI考核。

三、钢铁企业实现多维度一体化集成的智慧运营管理体系构建效果

（一）有效落实"极致高效"，企业运营效率持续提升

南钢智慧运营管理实施以来，运营效率持续提升：存货得到有效控制，2023年1—6月存货金额与2022年同比下降20%，煤焦、矿库存下降比例分别达到22.7%、34.4%；码头皮带接卸效率提升10%；促进铁水罐运行效率提升，减少铁水运输温降，运输效率提高，预测减少运输过程温降一钢3℃、二钢2℃、三钢5℃；能源介质高效利用自发电比例提升0.5%；煤气综合利用率提高，放散率

下降 0.15% 等。同时，南钢通过工业互联网平台的连接实现与下游造船建造计划联动，建造周期缩短30%，库存周期缩短 50%，能够比别的船厂早 1/3 的时间把船交付给船东，体现了极强的竞争力。产业链的数字化协同使上游产业链增益 2%，下游产业链降本 4%，产业链整体成本下降 3%。

（二）实现"降本增益"，经济效益持续提升

全年同比降低工序成本 4.8 亿元，吨钢综合能耗、电耗等重点指标创历史纪录，吨钢综合能耗稳定。其中燃料比下降 11%，实现生产年降本超 3 亿元；产品成材率提升 0.5%，综合能耗降低 2%；备品备件费用降低 7%、维修成本降低 20%，工作量也大幅度下降，尤其是实现设备故障诊断周期由小时级降低到分钟级。2022 年，在全行业大面积亏损的情况下，南钢实现利润 33 亿元。

（三）践行"品牌创优"，社会效益持续提升

通过智慧运营管理的实施，打造产业互联一体化平台，促使战略客户通过平台的连接实现建造计划联动，建造周期缩短 30%，库存周期缩短 50%，体现了极强的竞争力。通过智慧产业化发展，南钢建成江苏省首批工业互联网平台，目前该平台已汇集 176 个产品与解决方案，服务 22 个行业，拥有15000+ 个企业客户，积极带动相关行业创新发展。

（成果创造人：黄一新、祝瑞荣、徐晓春、王　芳、王润泽、陈兴华、
孙茂杰、李福存、汝金同、唐运章、王苏扬、邓中涛）

现代中药企业全产业链数字化质量管理

天士力医药集团股份有限公司

天士力医药集团股份有限公司（以下简称天士力）创建于 1994 年，2002 年在上海证券交易所上市。自成立以来，天士力聚焦心脑血管、消化代谢、肿瘤等核心疾病治疗领域，形成以复方丹参滴丸等为代表的产品集群，构建起现代中药、生物药、化学药协同的大生物医药产业发展格局。天士力在全球拥有 20 余家科研能力中心，建设了创新中药关键技术国家重点实验室、中药先进制造技术国家地方联合工程实验室、创新药物国际联合研发中心等多个国家级科研平台，整合全球前沿技术资源，研发提供临床急需甚至填补中国临床市场空白的药物。

一、现代中药企业全产业链数字化质量管理背景

（一）抓住中医药发展战略机遇，助力健康中国建设的需要

中医药是中华民族的瑰宝，是中华文明宝库的璀璨明珠。中药是为人民防病治病、康复保健、提高民族素质的特殊产业。党的十八大以来，以习近平同志为核心的党中央对中医药传承和创新发展作出一系列重大决策部署。

（二）通过标准化助推中药国际化的需要

标准化是中医药走向国际的唯一可行路径。中药国际化，意味着要让中药走出去直接面对国际消费者；要让中药经受住国际化的新药审批挑战和考验；要让中药进入其他国家的医保目录，成为多国的核心治疗产品。为实现中药标准化，不仅要以最高标准优化规范原材料种植、加工、提取、制剂、流通等各产业环节，还应充分利用现代信息技术，实现中药的智能制造和全产业链质量的数字化溯源，才能让中药能够用"现代化语言"来表述，实现与国际标准的全面接轨。

（三）实现企业高质量可持续发展的需要

质量是药品的生命，必须确保药品质量的安全可控。作为典型的具有自主知识产权优势的民族产业，实现中药的智能制造及全产业链的质量溯源，对振兴中医药、实现产业转型升级具有重要意义。天士力亟待充分利用工业物联网、大数据、人工智能等新兴技术，构建设计、生产与供应链资源有效组织的协同制造体系，打造现代中药智能制造示范企业，加快跨行业、跨领域、跨地区服务资源的整合，为企业持续高质量发展奠定坚实基础。

二、现代中药企业全产业链数字化质量管理主要做法

（一）明确发展方向，开展系统部署

由于多种因素，我国中药种植的规范性不太高，加之中药产品在药材购进、生产加工、产品检验等环节，以模块化方式开展质量管控，药材的产地不明确、运输过程无管控、加工检验记录不完整、上下游信息无法及时互通，导致质量溯源难、监管难。针对这一产业转型和高质量发展的瓶颈，天士力自 2016 年起，确定将构建全产业链的数字化质量管理作为公司的战略发展重点，力图通过构建贯穿全产业链的数字化质量溯源体系，推行标准化管理，为中药产业国际化发展奠定基础。天士力向前端药材种植及加工延伸，解决行业痛点；利用多系统对接数据贯通，实现全产业链质量溯源；通过建设集团化的云平台实现质量大数据的分析共享。为此，天士力制定了全产业链数字化质量管理模式构建和实施的三步走策略。第一步：2016—2018 年，以单体公司为典型示范，开展标准化体系构建初探和应用完善，为集团化实施奠定基础。第二步：2019—2021 年，搭建云平台，实现集团内中药专业公司上线应用。第三步：2022—2023 年，向中药行业内推广，提升国际化水平。

天士力搭建了由高层挂帅、业务一把手牵头、核心骨干参与的项目团队。在公司层面设立领导小组，负责质量数字化管理体系建设的推进方向，决策项目推进中的重大问题，保障项目所需资源配置。围绕总体推进目标，以业务为原点、任务为牵引，对目标计划层层分解，明确责任主体，责任到人。为充分发挥企业内协同作用，建立一系列多层级协同机制、会议机制、评价与激励机制，驱动业务部门与IT部门并肩作战，促进各领域业务横向拉通，有效确保推进各节点、里程碑目标的实现。此外，天士力积极与天津大学、浙江理工大学开展校企深度合作，共建企业重点实验室，先后共建天津大学（天士力资源研究中心）、浙江理工大学（天士力资源开发关键技术研究中心）等2个中心，聚合高端研究资源，扩大能力圈。同时，天士力注重各类人才的培养，通过在线学习、案例分享等方式，打造数字化人才队伍。

（二）夯实标准化基础，制定全产业链数字化质量管控策略

1. 打通药材—浸膏—成品等产业链环节的质量控制断点，梳理集成质量溯源详细内容

为确保药材源头质量可控、资源可持续利用，提取、制剂环节质量监控精细化、标准化，最终实现中药生产的"来源可知、去向可查、质量可控、数量可计、责任可究"目标，天士力着力打通药材—浸膏—产品这3个产业链环节的质量控制断点。具体做法包括：梳理中药材从种植、采收、加工、仓储物流、资源调研各环节存在的问题，根据现象总结归纳出需要溯源的详细内容，全面掌握上游过程质量数据，确保到厂药材符合法规、企业内控标准，经企业检验合格方可入库进入待提取环节；在提取浸膏生产环节，根据批生产指令领取合格饮片，根据工艺规程的参数要求进行各个环节的提取操作，各环节操作准确无误才能确保提取物的均一、稳定，达到满足制剂生产的需求；在成品生产环节，根据指令领取各种相关物料，然后按照工艺规程进行生产、检验及包装。

2. 明确关键质量控制点和确定关键参数指标，建立质量溯源标准体系

根据国家相关制药法规要求，结合中药的特殊属性以及天士力作为中药制剂企业在中药材种植、加工、中药提取、制剂等全产业链的各环节多年积累的技术、管理及实践经验，天士力研究了药材种植、采收、加工、仓储物流、浸膏提取、中药制剂等各生产工序的质量控制关键参数指标，提炼出了关键质量属性及核心信息，并将其标准化建立质量溯源的标准体系。该体系由7个部分组成，分别对应药材种植、采收、饮片加工、仓储、物流、浸膏、成品等。天士力总结出了每个部分的关键质量控制点及明确了溯源标准，建立了中药全产业链质量溯源体系关键控制点及标准清单，形成了标准化、数字化的现代中药全产业链质量溯源管理。

（三）开发全产业链的数字化质量管理平台

天士力自主开发数字化质量溯源管理平台，并与前期已有的药材资源平台和ERP（Enterprise Resource Planning，企业资源计划）系统对接，实现数据贯通，由制药企业向前延伸至药材加工企业，并涉及田间地头的种植源头质量控制，实现企业集群化质量大数据统计分析，打造成了集团化的质量溯源共享云平台。该平台涵盖种植、采收、饮片加工、仓储、物流、提取、制剂等7个模块，23个维度，450余项质量属性，实现了药材—提取—制剂的全生产周期数字化质量溯源。全产业链的数字化质量管理平台整合了产业链各个环节，涵盖药材种植、运输、生产等多个环节。

1. 数字化种植

一是开发药材资源平台，规范中药材种质源头管理。运用3S信息化技术，开展资源调研，分析选择药材生态适宜种植区域，以药材质量管理为核心，描绘产地画像，实现精准基地布局，建立涵盖药材基原鉴定、优良品种育繁推、规范化种植、采收与加工的标准及技术规程，开展新品种选育、种质基原鉴定及长期贮藏保存，规范中药材种质源头管理，同时开发药材资源管理平台。该平台覆盖药材300余种、饮片400余个，资料达1400余份，实现中药产业链源头的动态资源信息化管理。二是

搭建气候环境物联网云平台，实现中药材产地环境数字化溯源管理。搭建气候环境物联网系统，实时采集产地环境要素信息，监测气候/土壤环境动态变化，并自动进行数据统计与分析，为减灾抗旱、施肥灌溉提供基础信息，实现产地气候、土壤环境等中药材种植信息的数字化溯源管理。三是实行药材基地化种植，实施基地信息数字化溯源管控。以丹参、川芎种植基地为例，需将种植基地范围、环境、面积、土地承包合作协议、基地经纬度及定位图片等信息，以及种子种苗来源、田间管理记录及SOP（Standard Operating Procedure，标准作业程序）、农药化肥使用清单、农残检测情况等相关资料，均上传至数字化平台，实现对上游原料从种子种苗、灌溉、农药、化肥、采收等各方面的全质量溯源管理。

2. 数字化运输

一是针对药材运输质量控制"黑匣子"，天士力运用物流运输监控系统，实施原料输送数字化溯源监管。现阶段各中药生产企业主要从具有资质的药材加工企业采购原料，原料运输通常由第三方运输车队承担，无任何质量监控措施。同时，现在国内物流行业存在对车辆/物料无法监管、决策分析缺少支持性数据等多个问题。天士力自主开发设计的 GPS（Global Positioning System，全球定位系统）+ 物流运输监控系统，通过配备专业定位器并同步结合国家天气预报网实现对车辆及运送货物的运输轨迹及位置监控、运输过程数据分析，进而监控运输质量，实现运输透明化管理。GPS 设备内经纬度定位与天气预报集成后，按对应批次自动导入平台。物流运输监控功能是指供应商在平台内关联专属 GPS 运输监控设备编码，进行发货操作即可实现对该批物料在途信息的实时查看，查询信息包括司机、车辆信息、时间、经纬度、到达地址、温度、风力、天气情况等，还可随时查看该车辆的运输轨迹路线图。通过物流运输监控系统实时掌握以上信息，可提前确认车辆能否按照约定时间到达，以便精准安排相关工作，同时掌握运输途中天气情况，可提前预判到货质量情况。随时掌握车辆信息，降低了质量风险，解决了运输监控"黑匣子"，提升了运输监控的质量数字化水平。二是运用物联扫码系统，实施物料质量数字化溯源验收。对于药材到货验收，各个中药生产企业多采用人工确认方式。天士力的数字化质量溯源管理平台通过软件系统赋予发货物料的每一个最小包装拥有唯一专属的二维码，并利用移动手持终端在库房现场扫码、确认，实现对每一件到货药材信息的扫码、验收、入库等全流程物料信息的质量溯源。供应商发货前，将在平台内自动生成批次的专属二维码打印并粘贴在产品包装上。到货后，库管人员首先通过移动手持终端扫描送货单上批码，再在系统内按预先设定的抽验件数对包装上件码逐一扫码确认。每个二维码显示信息必须与系统录入信息确认一致方可入库，确保线上、线下信息的一致性。同时系统会自动生成验收抽检记录，大大提高工作效率。抽检记录信息包括件数、精确到秒的扫码时间、件码编号。该功能已在全部到货批次中实现应用，通过附码、扫码，确保到货批次与发货批次信息的唯一性，实现物料质量信息可溯源。三是建设 AGV（Automated Guided Vehicle，自动导引车）运输系统。天士力通过对数字化车间净化区配置 AGV 调度系统，建立产品从生产操作间—产品中转间—冷库的自动运输模式及托盘自动净化、回运的工作模式，通过 AGV 调度系统实现自动运行并与数字提取中心 MES（Manufacturing Execution System，制造执行系统）集成处理，实现入库信息发布及 AGV 调度系统的自动响应。四是建设智能仓储系统，形成企业智能化管理平台。智能仓储系统建设基于新一代的物流信息技术与先进制造技术，建成搭载 WCS（Warehouse Control System，仓库控制系统）/WMS（Warehouse Management System，仓库管理系统）的智能仓储模块的高架立体库房，形成企业智能化物流管理信息技术平台，其具备较高的自动化水平，可提升工作效率，为智能制造顶层设计夯实基础。

3. 数字化生产

天士力的智慧生产中心以连续智能生产装备、检测装备、智能物流系统、工业网络为基础，集成数据挖掘分析、数据采集及可视化、MES、ERP 系统为智能产线架构，实现生产操作自动化及质量监控数字化，提升产品过程工艺能力和产品质量批次间一致性，实现高质量、高标准、数字化的质量可溯源。天士力的数字化提取中心的智能化生产线，包括提取、浓缩、精制、干燥等各主要工序，生产过程在线采集监测率达到 98% 以上。

通过上述努力，天士力实现了从药材种植到智慧生产的全产业链质量溯源的数字化管理。以天士力上市产品之一的复方丹参滴丸为例，该质量溯源管理平台以批号为检索 ID，以树状图形式呈现成品、浸膏、饮片的质量信息及物料之间的对应关系。每种物料下方显示对应的名称及批号，点击各物料对应圆形图例均能立即查询出详细质量溯源信息，比如丹参饮片可直接溯源到该饮片批次的厂家批号、生产记录、检验报告、投入物批号及对应数量、产品及发货数量、标签合格证、入厂检验报告、存储条件、养护记录、全部检测数据等信息，真正做到了中药从药材—浸膏—成品的全产业链质量溯源。

（四）开展数字化质量管理，提升全产业链管理水平

1. 融合内外部数据，消除信息孤岛

天士力拉通企业内部研产销及基础管理等方面的信息系统数据和来自外部的互联网数据，实现流程拉通和内外部数据的统一融合、共享。以内部业务为例，制造执行系统（MES）作为数字化建设的核心与控制中心，与企业 ERP 系统、智慧生产系统、WMS 等进行模型和数据的集成协同，对制造单元内制造资源、计划、流程等进行横向管控；通过系统集成与企业层和设备控制层的数据交换，形成信息流的全过程闭环。通过不断的尝试，天士力创新性地解决了多项技术难关和行业痛点，实施质量管理标准化和溯源数据数字化的融合，包括通过"物联扫码""物流运输监控""大数据分析""网络蜘蛛"等关键技术的应用研究实现中药全产业链动态质量监控。天士力通过打通工序断点，消除信息孤岛，实施系统对接数据贯通、中药全产业链的质量溯源；通过建设集团化质量云平台，实施质量数据共享的集团化管控方式。

2. 利用质量数据，服务于产品研发和质量提升

一是依据关键质量控制指标，构建药材指标变化趋势数据模型。由于药材的特殊属性，天士力作为中药企业，控制药材质量均一、稳定，需要建立各个药材关键指标变化趋势的管理标准，以此确保中药成品制剂的均一、稳定。尤其是药材的含量、浸出物、挥发油等关键控制指标，该类指标直接影响药品质量。天士力利用数字化质量溯源管理平台对不同药材的大量关键指标数据进行统计分析，逐步建立不同药材趋势管理标准，从而更有效地控制药材质量，为进一步提高原料质量控制水平提供基础数据库。以丹参药材含量和白芍药材浸出物为例，天士力通过对不同产地、基源、供应商、采收时间、关键质量指标等大量数据的统计分析，建立各种药材的质量趋势管理标准；通过趋势管理，提升原料到货合格率。二是整合多维度数据资源，构建药材与产品质量指标关系曲线。天士力通过大量多维度数据的积累及分析，形成不同维度的趋势管理数据模型，建立药材—产品之间的对应关系曲线图，提升产品的均一、稳定；通过对大量数据的统计分析，得出饮片中有效成分含量与成品中含量转移率的关系曲线图。三是在线监控、实时追踪过程数据，构建生产大数据分析模型。为了提升产品质量，保证药品质量均一、稳定，天士力需要构建生产大数据模型，实时追踪分析，在线监控管理。天力士需要对在线采集的生产过程数据进行批内趋势分析、批间趋势分析、批内 SPC（Statistical Process Control，统计过程控制）分析、批间 SPC 分析，还要应用多变量分析软件进行大数据挖掘，采用主成分分析法对数据拟合后进行趋势分析，确保工艺及质量参数的趋势稳定。比如天士力的复方丹参醇

沉静置过程的多变量分析模型是由工艺、设备、公用系统等全要素数据拟合而成，可实时监控生产过程，一旦数据发生偏离系统会自动进行诊断评估，形成贡献分析图，并通过底层的单变量数据进行系统分析，寻求解决方案。通过全产业链的数字化质量管理和大数据分析挖掘，天士力可实现复方丹参生产过程质量的精准控制，从而实现药品批次间质量的均一、稳定。复方丹参滴丸中丹参、三七指纹图谱相似度达到 0.99 以上。

3. 建立供应商评估体系，落实源头质量管理

对产业链上游原料供应商的标准化、规范化质量管理是制药企业质量管理体系中的重要环节。天士力数字化质量溯源管理平台运用信息化技术，建立了多维度的动态供应商质量评估系统，可自动采集供应商的质量大数据，并实时监控供应商舆情、服务等方面信息，将信息数据作为供应商评估重要指标，并依据供应商质量评估标准在平台中建立供应商评价维度、分值、评价周期、评价等级等关键指标模型，开展全方位、多维度动态质量评估，加强供应商的标准化质量管理。评估后，系统自动生成供应商年度评价报告，在确保各供应商评价数据的合理性、及时性、完整性、有效性的同时，实现对供应商的数字化质量管理。系统采用"网络蜘蛛"技术自动搜索并实时跟踪供应商舆情，筛选后自动上传，并同步预警提示，质量管理人员的处理记录及供应商反馈情况均记录在系统中，并定期对搜索结果进行统计分析，之后采取相应方式对信息进行分类存档。经过分类整理存档的信息会自动转入供应商动态质量评估系统，该评估系统会按照质量评估标准模型对供应商开展客观、全面的评估。

4. 为用户提供完备信息展示，让用户放心用药、安全用药

天士力在数字化质量溯源管理平台中嵌入"扫码识药"系统，消费者通过扫描药品包装盒上的"中国药品电子监管码"进入"扫码识药"系统，该系统会分层展示该批产品的质量溯源信息，消费者可点击进入产品树形溯源图，在树形图中更深入地了解浸膏及药材等一系列质量溯源信息。"扫码识药"系统做到了产品全生命周期溯源信息展示，在保障消费者知情权的同时，既提升了消费者满意度，又提升了天士力的品牌美誉度。

（五）开发云平台，建立安全保障体系

1. 建立数据管理框架和标准，规范技术架构

数字化质量平台技术架构基于 SpringBoot 2.0 权限管理系统。系统的核心技术是 Spring、MyBatis、Shiro，采用前后端分离的方式进行开发，整个结构迁移性更强，更具有安全性。系统架构以 Springboot 微服务为主体，为以后兼容分布式 Springcloud 提供了接口，便于未来更好地进行分布式横向扩展。数据库操作层采用主流的 Mybatis 框架，轻量级，灵活，拥有成熟的开源社区，具有更好的维护性、可扩展性和稳定性。

2. 建立数据控制规范与机制，保障运营安全

开发集群化云平台，建立全产业链质量溯源数字化管理安全保障体系。采用云技术虚拟化架构，与 ERP 数据精准对接，提高资源使用效率和工作效率。在合规性、数据安全、账户安全等方面，均采取有效措施予以保障。同时，天士力制定了规范的数据安全保障机制，保障了数据的安全性与合规性。在终端计算机病毒防范方面，采用国家许可的正版防病毒软件并及时更新软件版本，定期进行病毒检测，并发布防范措施及方案、定期开展病毒防范培训宣传工作，确保终端应用有效运行。在网络通信方面，建立网络防火墙，通过滤波器和网关集成，使外部滤波器保护网关免受来自外部的攻击，内部滤波器对一系列中间网关进行防卫，并按照不同操作级别规定用户相应的访问权限，有效保障大数据平台的安全。在数据库方面，一是采取并发操作、访问权限控制和数据的安全恢复保障等方法；二是在安全策略上，规定详细文件访问权限，并要求管理人员对其逐一检查，以确保正确的数据文件访问权限；三是在数据库中，对每个表空间、用户角色等都规定适当的访问权限。在软件应用安全方

面，采取存取控制、信息流向控制、用户隔离及病毒预防等方法，应用前对软件进行严格测试、验证，并兼容原有系统技术及应用，做到无感知体验变化。

三、现代中药企业全产业链数字化质量管理效果

（一）建成全产业链数字化质量管理平台

天士力通过梳理核心管理内容，集成管理模块，明确关键质量控制点，确立溯源标准，制定全产业链数字化质量管控策略；通过开发数字化管理平台，构建全产业链数字化质量管理，并与药材资源平台和ERP系统对接实现数据贯通，实现药材—提取—制剂的全生产周期数字化质量溯源从"0"到"1"的突破；通过深入应用数字化技术，实现多项管理创新，包括运用动态评估系统强化产业链上游供应商数字化质量管理、融合内外部数据消除信息孤岛、嵌入扫码识药系统展现产品全生命周期溯源信息；通过关键质量控制指标构建药材指标变化趋势数据模型，整合多维度数据资源构建药材与产成品对应关系曲线，把控产品生产关键指标，通过过程数据在线监控、实时追踪构建生产大数据分析模型，实施产成品生产质量数字化管理；通过开发集群化云平台，建成全产业链数字化质量管理安全保障体系，已在2家注射剂公司、4家中药口服制剂公司、62家中药材种植加工企业予以应用，提高了行业和企业的质量管理水平。天士力成功获批天津市"创新中药提取智能制造新模式应用"和"创新中药提取智能制造试点示范项目"并顺利通过项目验收，同时通过"天津市现代中药资源研究企业重点实验室"和"天津市企业技术中心"评定。天士力原材料不良率下降19%，销售增长率提升46%，生产效率提升57%。天士力的复方丹参产品是第一个将指纹图谱作为质量指标并进入《中国药典》的中药复方制剂，同时完全符合FDA（Food and Drug Administration，美国食品药品监督管理局）国际标准。

（二）制定了中药国际化标准，引领中药国际化道路

天士力始终坚持以国际化引领全产业创新升级，构建了面向"一带一路"国家和地区及欧美发达国家的复方中药国际注册技术路径和研究平台。以1996年申请FDA认证为天士力国际化的起点，在随后的十几年里，天士力建立起一系列国际化标准，至今共取得国际药品类注册批件181项。其中，在越南、俄罗斯、古巴、巴基斯坦等8个国家首次实现现代中药以处方药身份获批，在韩国、加拿大、印尼和泰国等6个国家分别实现首次以OTC（Over the Counter Drug，非处方药）、天然药品和传统药身份获批。同时，天士力牵头与多家企业、科研院所联合成立中医药世界联盟，与国内同行合力突破中药国际化的关键共性技术，推动多家企业产品开展国际药政和临床研究，带动行业共同发展，提速中医药"走出去"进程。

（成果创造人：闫凯境、张学敏、张延莹、王学丰、徐　波、戚可人、
王瑞芳、陈　红、熊凌云、王　钢、王秀宏、赵国磊）

军工电子企业适应快速交付的柔性数字化生产能力建设

中国电子科技集团公司第十研究所

中国电子科技集团公司第十研究所（以下简称十所）建于 1955 年 5 月，是 1949 年后组建的第一个综合性电子技术研究所，先后参与并圆满完成了"两弹一星"、载人航天工程、探月工程等重大工程试验任务 500 余项，先后获得"国家技术发明奖一等奖""国家科技进步奖特等奖"等国家、部、省级科技成果奖约 299 项，并荣获"全国文明单位""中央企业先进集体"等称号。十所坚持"国防、科技、电子信息"的使命定位，致力于先进的电子信息设备研发与生产，这些电子信息装备是战略利器，发挥着"千里眼、顺风耳、战力倍增器"的重大作用。

一、军工电子企业适应快速交付的柔性数字化生产能力建设背景

（一）专线专建的传统生产能力建设理念，制约了武器装备快速交付

在国际战略格局深刻演变，地区冲突和局部战争持续不断的环境下，为了应对新时期斗争形势，军队对武器装备交付需求快速增大，提升作战能力建设速度明显加快，对配套单位装备供给和应急保障能力提出了更严格的要求，而传统电子信息装备生产能力的特点仍是以手工作业为主，随业务规模发展不断投入人力、物力、财力在产线原有基础上扩建或新建产线，技术改造少，数字化程度低，产线生产的型号单一，缺乏通用化，产能十分有限，各系统年平均交付能力为 30 ~ 50 套，已呈现瓶颈之势。面对这些问题，传统的电子信息装备生产能力无法支撑快速交付，只能变革传统方法，开展适应装备快速交付的柔性生产能力建设，才能系统性地提升电子信息装备生产能力，从长远上保障国家对武器装备快速供给的战略要求。

（二）专用产线柔性数字化能力不足，无法支撑多型号装备兼容生产

电子信息装备是我国主战机型航电系统的重要配套设备，随着科技的发展，在装备的研制过程中，新技术、新材料、新工艺、新设备等被大量应用，电子信息装备更新换代频繁，设计越来越复杂，对于特别复杂的电子信息装备人工甚至已无法介入。此外，因列装的各机型作战性质不同、功能设计差异，电子信息装备尺寸结构、对外接口设计个性化特点鲜明，致使电子信息装备不具备统型技术条件，给柔性化生产带来了巨大难题。要满足军队对武器装备的动态需求，就必须建立柔性数字化生产能力，突破电子信息装备外形结构、对外接口统型难题，打破产线型号枷锁，实现产线生产能力通用，做到时刻能响应军队装备需要，夯实军工企业装备供给和应急保障能力。

（三）资源堆砌式的生产能力建设模式，不符合企业高质量发展诉求

"十一五"以来，十所在生产能力建设方面取得一定成效，加工、装配、调测产线支持核心电子信息装备交付超 20000 余台（套），但总体上仍属于资源堆砌式发展模式，成本高、效益低，导致企业资产负担较重，经营成本不断上涨，不符合企业低投入高效益的发展诉求。面对新形势下的需求，为了支撑未来国家对装备发展需求以及助推军工企业从数量规模型向质量效益型转变，降低企业人工成本、资源成本，构建更加良性的发展模式，传统生产能力必须向柔性数字化转型，助力企业提质降本增效、健康发展，才能保持充足后劲为我国电子装备的高质量供应持续输出，才能在激烈的行业竞争中获得领先优势，承载起国家、电科集团对十所发展的战略要求。

二、军工电子企业适应快速交付的柔性数字化生产能力建设主要做法

（一）转变生产能力建设理念，推动专线专建向柔性数字化模式变革

以往时期，国防军工发展旨在"强军目标稳步推进"，传统生产能力尚可维系武器装备需要，但

随着国防军工发展主旨由"强军目标稳步推进"转变为"备战能力建设",传统专线专建的生产能力建设理念不再适应新时期国防军工发展特点。十所必须转变理念,建设通用化的柔性数字化生产能力,在产线建设之初就要基于多种型号兼容生产进行资源和设计的统筹调研和论证,如生产物流、装夹取料、运行控制、接口适配等都要进行通用化考虑,生产中低效率、重复性、简单化操作要进行自动化转变,流转调度中的冲突、串行等待要进行柔性化的设计,使生产线能够柔性适配多种型号数字化生产或者新的型号生产只需要将原本产线进行适配改造即可上线生产,解决多型号产线专建带来的装备生产周期长、手工生产交付吃力、生产运行效率低等问题,满足军队武器装备任何时期的柔性动态需求,化解电子信息装备快速交付难题。

(二)打造通用单元测试工作站,助力产线摆脱产品型号枷锁

电子信息装备传统的专用生产线以整件产品为执行对象,存在两方面问题:一方面是对于不同型号的产品无法兼容生产;另一方面是同型号的产品需从头到尾按规定的工艺流程逐项完成生产工序各项操作,前端开始操作时,后端必须等待,后端开始操作时,前端处于闲置状态,耗时长且资源利用率低,产线的灵活性受到产品执行对象的制约。

面对这些问题,十所借鉴 CBB(Common Building Block,公共基础模块)开发思想,将产品整件生产执行的内容和资源按特征归集为具有共同性的单元。比如某型号产品在调测阶段有 100 项测试指标,这 100 项测试指标可以按信号特征分为通信类、导航类、识别类,这样就可以将复杂的整件测试化繁为简,提升产线执行对象的灵活性;再将原有整件所属资源按信号特征进行重组归类,形成具有特定测试能力的资源子集,将特征信号与特定资源子集相互组合形成具备某一特征属性的通用测试工作站,比如通行信号测试工作站、导航信号测试工作站、识别信号测试工作站,各个工作站独立完成测试即整件完成测试。

(三)业务方式改造创新,推动手动生产向自动化生产转型

电子信息装备生产线转变为通用单元工作站,使产线通用化能力得到大幅提升;手工生产向自动化生产进行转变,可以将以人为驱动的生产过程转化为机器执行。为了推动电子信息装备向自动化生产转变,十所开展了以下 3 个方面的研究。

1. 产品标准化

自动化的前提是标准化,只有标准化才能保障多品种产品能够在自动化测试平台上线,而电子信息装备因其复杂性特点,个性化设计鲜明,尺寸结构、对外接口有明显差异化,试图完成大量不同用途产品的原始统型设计不具备可执行性。为了解决这一问题,十所根据不同型号产品设计了不同适配器,适配器框架和背板根据产品实物进行设计匹配,适配器面板设计上保证了对外接口与尺寸的统一,这就解决了产品尺寸结构差异化的难题;在产品数字信号转换方面,适配器面板采用多芯连接器,大于所装夹的产品最大连接器针脚数量,满足信号转换传输需要,这就解决了对外接口控制问题。两种措施共同实施下,便解决了产品标准化的问题,为自动化测试生产扫清了硬件障碍。

2. 物流自动化

标准化的产品需要上线进行生产,传统的上线生产方式是人工搬运,不符合自动化转变要求。从柔性数字化生产能力建设来看,物流自动化能避免手动执行重复性高的任务,并支持对流程的高效管理,从而降低产生人为错误的风险。因此电子信息装备自动化的重要组成部分也包含了物流及辅助设备自动化,它由 AGV(Automated Guided Vehicle,自动导引车)、工位传送带、自动抓夹系统组成,AGV 负责在生产准备工位与信号测试工作站间的物流流转,传送带与自动抓夹系统负责生产工作站间的自动流转。

3. 工艺数字化

在生产业务由手工式、定制化向数字化、柔性化方向发展的推动下，生产工艺需从"人工语言"到"机器语言"进行重塑。在生产环节中，加工、装配在数字化工艺方向已有一定发展基础，如加工的数控编程、装配的 SMT（Surface Mounted Technology，表面贴装技术）编程都能驱动设备自动运行，但调测工艺仍处于文本载体阶段，不能直接驱动自动化测试。为了解决这一问题，将调测工艺具体操作方法与操作流程通过代码进行固化，并由计算机自动执行。将"人工语言"的调测工艺转变为能被计算机识别并自动执行的"机器语言"，实现数字化调试工艺，具体实施步骤如下。

一是制定生产工艺标准，构建数字化调测工艺设计标准，对数字化调试工艺结构框架、生成流程、表述方式、工艺组成、实现过程等内容作出要求，规范数字工艺设计过程、呈现形式、设计条件等，形成包括数字化调测工艺设计要求、数字调测工艺数据要求等标准文件。调测工艺的标准化，提供了调测资源与调测过程的唯一描述，使得不同调测工艺师的工艺语言统一在同一维度，为计算机理解工艺语言奠定基础。

二是构建生产资源模型，将自动化执行系统顶层应用部分与底层驱动部分进行分离，使顶层应用与生产工艺结合，生产工艺成为自动生产系统的一部分。对该部分内容进行分类，形成仪器、产品、工装、方法等类型信息，将这些类型信息进行结构化、数字化，并以模型的形式呈现（图1），使其成为数字化生产工艺的设计资源、数字化生产工艺自动执行的底层驱动资源，形成"机器语言"的执行工艺。

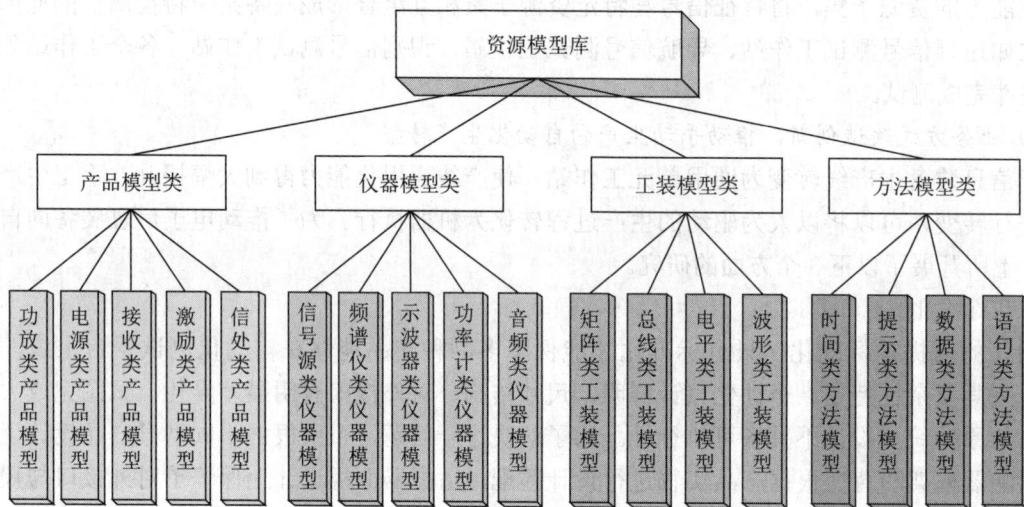

图 1　生产资源模型架构设计图

三是变革工艺设计方法，针对调测工艺设计过程与执行过程的业务流程，开发数字化调测工艺设计软件，将数字化调测工艺的设计资源呈现给调测工艺师，使其固化设计过程与方式。调测工艺师基于该软件，编制规范化的调测流程，输入资源配置、测试指标与仪器参数等，形成计算机能够执行的数字化调测工艺。

四是实现产品自动生产，针对数字化调测工艺特点与自动化调测的需求，开发自动化调测软件，适配数字化调测工艺与调测硬件系统，实现识别、加载数字化调测工艺，驱动调测硬件系统自动执行的功能，自动采集调测数据，并进行结构化存储，支撑基于调测数据的管理与应用。

（四）从粗放管理到精准管理，引领企业迈向高质量发展

生产自动化在很大程度上减少了操作人员繁重的体力输出和工作紧张问题，但生产现场往往还

有大量需要管理人员决策的工作，这些工作不仅十分繁复，而且会影响生产执行效率。传统生产能力下，大量生产管理调度人员需在生产现场收集各类数据，根据个人经验和领导意见进行调度，调度指令不准确且决策缓慢，属于粗放式管理。因此，柔性数字化生产能力还需加持精准化管理才能发挥最大效能。

1. 基于资源的排程调度

开发三维可视化集中管控平台，调用"测试排程服务组件""作业调度服务组件""作业执行服务组件""物料库存服务组件"等提供服务，完成整个生产测试执行过程，实现测试排程管理、作业调度管理、现场作业执行及反馈。

通过数据总线接收到测试主计划，"测试排程服务组件"根据测试路线、测试资源、测试工时进行测试计划排程，通过"资源分析服务组件"分析测试的负荷以及通过大数据分析设备未来可能的状态，确定最优排程方案，实现车间生产测试计划的排程和智能调度，为计划的执行提供科学的参考依据，并能对未能如期完成的测试计划进行人为调整，从而减少设备资源冲突，提高计划的可执行力。

在工艺标准化、模块化并将产品与设备仪器分离后，设备仪器就具备了可针对多种产品型号的柔性生产能力，但如何实现仪器资产柔性调度，最大化利用设备能力，对产线调度能力提出了新的挑战。首先是建立软件、设备仪器、产品数据项三者之间的关系，产线根据工艺路线和参数自动匹配需要使用的设备仪器，形成生产流程与设备仪器之间的关系。其次，以人员、设备仪器和计划为约束条件，实现以工艺流程为依据的工位执行计划排程，并根据约束条件的历史瓶颈数据，自动优化约束条件优先级，排程结果以仪器资源为对象，将所有测试项任务按照产线布局自动分配至测试仪器，共享仪器资源，实现基于仪器能力的动态排程和柔性调度。工位现场作业时，如产线布置和产品状态发生变更，系统会自动反馈至动态调度程序，重新分配计划和资源。

2. 基于数据的管理决策

一是多方位采集数据，实时掌控产线运行状态，实现生产现场人、机、料、法、环、测全要素数字化管理，建立以任务和工艺规划双驱动的现场模块化执行流程管理，记录生产现场的执行过程和结果数据，支撑生产执行全要素数据采集，形成历史和实时数据集，以图表、报表、平面图、三维图等可视化手段，展示整个产线实时状态，根据建立的异常模型，实现安灯自动报警等。通过采集生产全要素数据，可实时掌握当前产线的计划、质量、库存、物流等全方位管理对象的状态，并通过建立的异常模型，实现异常及时告警，提高了现场响应速度。

生产执行数字化驱动全要素数据感知，大大提高了现场发现问题和响应解决问题的能力；建立异常情况快速响应机制，大大提高了现场执行效率。例如，当产品进行环境测试时，过去只能安排操作人员长时间值守，以判断环境参数是否正常；数字化建设后，实时采集环境数据，根据预设规则判定是否异常，如果异常则自动停止测试并由安全灯报警，自动触发的异常机制大大降低了操作人员的工作量，还避免了人为检测失误造成的质量问题。

二是多维度数据分析，实现产线状况精准把脉。定时/定期高频率采集现场数据，在产线运行一段时间后，将形成大量历史数据，这些数据具有较大的价值，但传统管理模式未重视这些数据。数智柔性新型生产能力建设模式下，可建立以数据为中心的生产管控模式。首先搭建提供数据存储、处理、分析的数据中心平台，通过对采集的数据进行处理、统计、分析，建立面向计划进展、质量、问题、物流、库存、资源六大业务对象的管理模型，提升产线生产管理能力。以数据为依据建立起生产管控、产线管控、工位电子看板三级管控中心，管控中心分析并展示当前层级的统计数据。

三是智能辅助决策，实现管理水平提升。基于数据中台提供的数据处理分析能力，利用线性分析、关联分析、决策树等算法，进行交付预测、故障分析等大数据分析，并结合历史问题处置方法，自动推荐决策指令，实现管理水平的智能化提升。系统所有辅助决策和智能分析预测结果均通过可视化手段呈现给生产管理人员，并支持以层层钻取的方式查看支撑分析结果的底层数据。智能辅助决策提高了柔性产线管控和决策能力，进一步提高了产线均衡、精准运维、风险预警等能力。

（五）强化管理支撑，适应柔性数字化生产能力转变

1. 人员职能转变，适配柔性产线运行需求

基于生产线专线专用和测试设备专业化能力要求较高的背景，过去生产现场采用传统的固定工位配比多个不同专业人员的模式，人员能力需求较为固定，工作任务和责任也较为固定，当工位无任务时，人力资源就会闲置，当任务较为紧迫需要支援时，其他岗位人员也无法替代该工位人员。引入自动化手段后，生产现场不再需要仅具备一种专业能力的操作人员，而是需要将人员能力进行重组并重新调配人员工作。人员能力重组通过调整岗位职责的方式来实现，将传统产线人员由维修、测试、物流、试验 4 种单一能力员工变为多能工，采用各岗位员工互相培训方式使其同时具备 4 种能力。

如某型号调测生产线上，过去某重点型号生产线日常配置 23 位专职调试人员，包括 21 位测试人员（含试验）、2 位物流人员，满足年产 40 台（套）。新的人员能力重组后，4 个人工作在准备区工位、1 个人工作在常温接线区、1 个人工作在环试区，1 个人工作在老化区，保留 3 名产线运行监控人员，产能可以实现年产 120 台（套）。经评估按年产 120 套原产线人员至少要增加至 46 人，新能力建成后柔性产线人员只需要 10 人，人员大幅减少。

2. 绩效考核引导，确保产线稳定运行

传统生产能力下员工工作的"量"作为唯一考核评价指标也要进行适应性地调整改变，转为更加关注员工从事的工作的"质"，以多专多能为导向，从劳动密集型向知识智慧型人才考核评价转变，形成了新型绩效考评机制，不断推动了工人队伍建设的持续发展。

三、军工电子企业适应快速交付的柔性数字化生产能力建设效果

（一）推动生产能力建设理念转变，实现企业数字化转型发展

十所通过对传统生产能力进行柔性数字化建设的探索与实践，形成了一套可借鉴、可复制、可推广的军工电子企业柔性数字化生产能力建设理念。这套理念以产线建设为抓手，其成功实践助推了十所加工、装配、调测柔性生产线的建成，并且形成了示范效应。由十所牵头承办了首届"2023 军工生产线标准化技术交流会"，国防科工局科技质量与安全生产监管司、中国电科集团军工部、省军民融合办、各大军工集团、专业标准化机构参会，奠定了军工生产能力建设重点方向以及提升柔性产线国防工业化水平的重要意义。

（二）实现柔性数字化理念实践，建成加工装配调测柔性产线

通过对复杂电子装备生产能力建设探索与实践，建成了从专线专建转变为数智化柔性为核心的生产能力体系，相较传统生产能力建设，资金投入效力更高，建设周期极大缩短，产能优势更加突出，各方面取得明显成效。

加工方面，建成的柔性加工产线成为西南地区长度最长、集成设备种类最多的产线，涉及模型设计、数控编程、运动仿真、检测编程、自动排产、柔性装夹、数字化检测、加工数据自动统计上传，实现零件与夹具的自动传输、夹具在机床上的自动安装，夹紧与定位、刀具的自动探测等功能；支持多种产品混线生产；通过生产线信息化管理，实现调度物流、产品加工流、产品信息流集成与协同。

装配方面，建成了柔性装配测试一体集成产线，建设 8 寸 TGV（Through Glass Via，玻璃通孔）微系统流片生产线和完整的高精度 MMIC（Monolithic Microwave Integrated Circuit，单片微波集成电路）组装线，微系统流片工艺具备基础的涂胶、光刻、显影、刻蚀、薄膜沉积及电镀技术，可实现玻璃转接板制作、TGV 制作、UBM 制作、RDL（ReDistribution Layer，重布线层）制作、PI 制作、背部

露头、临时键合、拆键合、芯片嵌入、晶圆植球及基板贴装等；高精度 MMIC 贴装线具备完整的微组装工艺能力，可实现晶圆减薄、晶圆划片、管壳烧结、SMT、芯片贴片、引线键合、封焊，并且具备百分百筛选能力。

调测方面，建成国内首条复杂电子装备柔性调测生产线，突破了行业内固有的基于平台型号的调试专线建设模式，同时基于功能和信号的设计具备了良好的兼容性和扩展性，对航空综合电子信息装备调测环境建设具有重要指导意义。

（三）提升电子信息装备快速交付能力，实现企业提质降本增效

加工柔性产线做到了 7×24 小时无人值守加工，机床利用率从 40% 提高到 88%，产能提升 2.76 倍，操作人员数量降低 63% 以上；柔性装配产线实现产能及设备利用率提升 2 倍，产品一次合格率提升至 98%，产线内换产时间缩短 50%，全线实现自动上料、点胶、贴片、固化、检测、下料；柔性调测生产线在仪器、自动化测试硬件资金方面投入降低 32.3%，柔性调测产线建设周期缩短 60%，仪器资源利用率提高 40%；产线柔性适配能力得到极大提升，既满足了复杂电子装备供给能力的刚性要求，又满足了复杂电子装备应急保障能力的柔性需求，有利于促进武器装备产能的提升。在调测人员从 46 人减少到 10 人的情况下，支撑某重点型号主战装备产能由年产 40 台套提升至年产 120 台套，且该产线同时可兼容其他 3 种重点整机型号、6 种核心模块混线生产；模块平均调测周期缩短 52%，整机平均调测周期缩短 43%，交付能力大幅增强。

（成果创造人：谢春茂、黄金元、陈维波、严　宏、阎德劲、张郭勇、
张　川、刘　华、王中华、阎庆华、陈　新、朱彦朋）

商用车后市场数据资产价值化能力构建

东风商用车有限公司

东风商用车有限公司（以下简称东风商用车）总部位于湖北省十堰市，是东风汽车集团有限公司（以下简称东风集团）旗下中重型商用车核心事业板块。东风商用车起源于 1969 年成立的第二汽车制造厂，2003 年成为东风汽车有限公司下属的中重卡事业部。2013 年，东风集团与沃尔沃集团缔结战略联盟，当年 7 月回购商用车股权，东风商用车公司成立并独立运营；2015 年，东风集团与沃尔沃集团共同投资组建新的东风商用车有限公司。东风商用车现有从业人员 1.7 万余人，拥有独立的研发中心、2 个专业厂、7 家子（分）公司，形成了以十堰为基地，辐射湖北省襄阳、随州以及新疆的事业布局，涵盖中重型卡车、卡车关键总成（驾驶室、车架、发动机、变速箱、车桥）、铸锻、后市场事业等主要业务，整车年产量达 23 万辆。

一、商用车后市场数据资产价值化能力构建背景

2019 年以来，受全球经济波动、新冠疫情冲击、前期需求透支和油气价格攀升等多重因素的影响，我国中重型商用车市场进入了深度调整期，产销量开始连续下滑，整个行业面临着低迷的运营压力。业内普遍认为，我国中重型商用车行业已步入存量竞争阶段。当前市场环境的变化迫使传统商用车企业必须从简单地提供整车产品和售后服务，转变为提供系统性的数字化全生命周期解决方案。当前，国有汽车企业普遍存在的智能网联商品市场竞争力待提升，商业模式创新能力待完善，经销服务网络创造价值能力待激活的关键痛点问题亟待突破。2021 年，东风商用车在市场占率低点发布了品牌向上战略，要实现从战略规划到管理运营的有效落地，依赖于充分发挥车联网及后市场互联互通海量数据和丰富应用的场景优势。基于上述情况，从 2019 年开始，东风商用车开始探索实施后市场数据资产价值化能力构建与应用。

二、商用车后市场数据资产价值化能力构建主要做法

（一）确立后市场数据资产价值化能力构建和应用的总体思路

1. 成立完好率中心连通厂家、用户和第三方需求

2019 年 7 月，东风商用车于后市场事业部设立完好率中心部门（以下简称完好率中心），以车联网数据互联互通与分析应用、车辆完好率服务解决方案、网联类商品运营与后市场整体解决方案销售、新业务孵化为核心业务，承担降低客户运营成本、提升客户价值、提供后市场新业务利润突破的重要职责。

东风商用车将完好率中心作为后市场数据资产价值化能力构建与应用的抓手，以帮助客户实现 100% 完好率为目标，着眼于客户关注的全生命周期成本，通过建设"车辆状况及运营信息""车辆故障及救援信息""配件及维修服务信息"3 条信息高速公路，实现东风商用车与客户、经销商／服务商及第三方的互联互通。

2. 顶层设计明确数据资产价值化能力构建与应用指导思想

东风商用车基于过往数据应用工作中出现的痛点问题，遵循"先满足客户需求，再赋能经销商共赢，最终实现公司盈利"的发展理念，明确后市场数据资产价值化能力构建与应用的三大工作方向。

一是以客户为中心，创造客户价值。东风商用车致力于改变传统的"以产品为中心、以渠道为中心"的固有概念，以用户的用车、修车、换车过程中的需求为核心，通过引入大数据和人工智能技术，精准定义客户，识别不同用户群的特征和需求。

二是创新建设数字化业务场景，赋能经销网络和生态伙伴。东风商用车借助智能网联技术、人工智能和机器学习算法，整合企业内外部资源，打造行业领先的大数据应用平台，让服务网络和经销商全程了解车辆运营状态和服务需求，同时提供直连触达用户的渠道，从而降低管理与运营成本，推动后市场业务由被动服务变主动服务，实现由挤压式分销变精准营销的转型落地。

三是拉动内部管理体系力提升。东风商用车对后市场数据资产价值化能力的构建和应用实现技术和业务双轮驱动，技术支持部门从单纯的"结果交付型"向"与业务深度结合"的方向转变，全价值链促使每个部门都可以直连客户了解需求，参与到服务客户的协作中来；业务部门调整组织架构和工作流程，创建数据文化，并通过各种激励机制和保障机制，推动与技术支持部门形成敏捷的"积木型"协同团队，打造高客户中心性的体系能力。

3. 确定数据资产价值化能力构建与应用的目标

在三大工作指导方向下，东风商用车进一步制定系统性的后市场数据资产价值化建设目标，致力于降低客户需求、定义困难、降低数据分析门槛、创新商业模式、提升内部管理体系力，将过往痛点问题逐一击破。

一是多维度。东风商用车后市场数据资产价值化建设以大数据技术为抓手，通过打通研发领域、制造领域、质量领域、营销领域各系统中关于车辆和用户信息的数据，解决信息片面问题，将用户全方位、多维度的用车画像反映在客户精准定义、需求识别模型中，为用户定制与需求相匹配的后市场解决方案封装和主动服务产品。

二是快响应。东风商用车充分利用可视化 BI（Business Intelligence，商业智能）工具无须 IT（Information Technology，信息技术）开发即可自定义分析模块和报表展现形式的优势，作为数据资产价值化内部赋能的主要载体，打破系统开发立项流程造成的时间限制。业务可自主配置数据分析所需字段、分析逻辑和结果呈现方式，对全量数据进行深入的交叉多维分析，发现更全面准确的洞见，大大提升数据应用的响应速度和灵活性。

三是广覆盖。东风商用车通过整合内外部数据资源，扩大后市场数据资产价值化的业务覆盖面，满足各业务领域中每个核心流程的数据支持需求。宏观识别行业机会和热点；中观深刻理解细分市场客户需求，精准定义商品，创新商业模式；微观洞察差异化市场应对和商品定制，优化产销平衡，同时动态对标竞品，为决策提供充分依据。不断在新孵化项目中复制数据赋能的成功模式，驱动更多针对不同用户群体、不同需求场景下的商业模式创新。

四是全贯通。东风商用车建立后市场数据应用共享和协同的业务流程，贯穿内部商品企划、研发、营销、制造、交付、服务和外部供应商、经销商、服务商全价值链，统一管理指标定义和统计口径，促进内部部门间、内部与外部间的紧密合作，共享分析结果和业务见解，发现潜在问题和瓶颈并协同改进，拉动产品质量和服务水平体系力提升，快速响应市场需求，改善用户体验。

（二）聚合内外多方资源，建立数据资产基础平台

1. 内部全价值链协作成为工作组

从顶层设计上，东风商用车将先进的智能网联技术资源和大数据分析人才有效用于数据资产价值化能力构建中。在总体规划上，遵循"以客户为中心，先行先试"的工作思路，采取项目制的形式，公司总经理为项目保证人，各个业务部门一把手为项目推进人，按照全新的"业务线＋技术线＋管理线"架构，打破以往不同业务部门相互独立的局面，建立明确的专业人员构成，专项开发费用支持，专题推进工作方案，确保各项资源形成合力推动后市场数据资产价值化能力建设与技术创新。

2. 在工作机制上建立项目制的推进形式

为了在项目推进过程中，将总体的后市场数据资产价值化能力构建工作分解到具体项目，东风

商用车从创造价值（客户成本降低、客户效率提升、客户体验提升、公司战略制定）和技术实现难度（数据积累与质量、行业经验、技术成熟度、算法难易度、开发周期、开发费用）两个维度共 10 个评价点，对项目实施的优先级进行排序，明确短期突破方向和长期探索内容。每个项目均制定明确的工作目标、详细的工作方案和具体的时间计划，确保项目有效落地。在工作推进过程中定期召开后市场数据应用沟通会，向主管领导和工作小组全体成员通报项目进展情况，项目之间互通有无，确保数据资产价值化能力构建和应用的有序推进。

3. 打通内部数据系统，建立数据资产基础平台

东风商用车通过车辆数据标签平台，实现内部数据平台的融合贯通，信息支持由分散孤立变为融合整体。车辆数据标签平台的建设，是以车辆的 VIN（Vehicle Identification Number，车辆识别码）为主线索，将散落在产品数据管理系统、企业资源计划系统、物料清单管理系统、客户关系管理系统、车联网云信息服务平台、大数据应用平台和东风车管家 APP 中的车辆数据与用户数据进行整合，消除了数据孤岛和重复采集，提高了数据的一致性和准确性。

4. 与外部资源联动，丰富数据资源

为丰富数据资源以支持后市场数据资产价值化能力的构建与应用，东风商用车与交通运输部、公安部、应急管理部、生态环境部下属的商用车信息数据平台、高校院所、外部智能网联技术服务高科技企业等建立了紧密联系的战略合作关系。

一方面是与政府权威数据平台建立数据共享对接机制。大数据技术的快速发展，显示出全社会信息融合的发展方向。数据融合的背后，是各类数据平台在渠道资源和用户资源方面的合作，后市场数据基础平台在构建之初，就高度重视与外部数据平台的数据共享建设。东风商用车通过数据互换、数据共享、项目合作等方式引入来自不同渠道的外部数据，实现内部大数据应用平台与营运证入网数据、行业全品牌保有量及运营地数据、国六环保数据、北斗法规数据、实名制数据、新能源车数据、保险数据和用车金融数据等的无缝对接。

另一方面是与高校院所、外部智能网联技术服务高科技企业建立技术研发共享机制。大数据系统是技术密集型的全新事物，其演进发展必然伴随着持续创新和政策引导。因此，东风商用车高度重视技术研发共享机制的建设，以促进最新的车联网技术、人工智能算法能与后市场业务应用实践相结合，前瞻性地把握大数据发展趋势和方向，全面提高大数据技术在后市场数据资产价值化能力构建与应用工作中的深度和广度。

5. 强化信息安全管理

确保数据基础平台的建设和运营符合国家法律法规对用户信息和隐私数据保护的要求，是数据资产价值化能力建设中的重点环节。东风商用车根据国家对个人信息保护、数据安全等方面的相关法规（如《数据安全法》《个人信息保护法》《汽车数据安全管理若干规定（试行）》《信息安全技术汽车数据处理安全要求》等），建立相应的合规规范和流程，包括数据分类和分级保护、用户知情同意、数据审计和监控、用户权益请求响应、第三方合作管理、员工教育和意识提升等，覆盖数据采集、存储、处理、传输和共享等环节，以确保用户数据的合法使用和保护。

（三）创造客户价值，赋能终端用户

1. 建立客户画像，精准识别客户需求

东风商用车把后市场数据资产平台中整合的内外部结构化数据与半结构化数据，通过数据治理，加工成车辆基础信息、运营信息、路谱信息、驾驶行为信息、油耗信息、故障码信息、维保信息、电子围栏记录等 236 个标签字段，使得各个部门可以从同一个数据源中全面量化把握车辆的各个方面信息，按照管理要求灵活建立多维度、立体化的客户画像，对客户群体实施细分聚类，通过算法建模和

关联分析，识别客户个体与群体的用车行为特征与服务需求。

2. 实现差异化服务，为客户降本增效

东风商用车把基于客户画像的数据分析用于智能化决策，例如预测维修需求、配件精准前置、假赔错赔识别等；也用于后市场服务商品封装，根据不同用车场景下细分群体客户的具体需求，完善商品货架，开发商品适配度算法模型，封装分行业、分场景的后市场商品组合方案，例如针对危化品运输车的智能硬件和全天候安全风险监管服务，针对维修多的车辆的一年内全包服务协议，针对高速里程多的车辆的 ETC（Electronic Toll Collection，全自动电子收费）系统，针对加油频次多的车辆的大油箱改装等；还用于优化服务运营流程，例如通过分析驾驶行为和油耗信息，可以提供驾驶行为评估和节能驾驶指导，帮助用户改善驾驶习惯和降低油耗；根据故障码信息和维保信息，可以提供远程故障诊断和定期保养提醒，提高车辆可靠性与安全性；通过分析用户 APP 使用信息，可以进行个性化营销，根据用户不同的喜好、浏览习惯，为用户提供差异化的产品推荐、服务方案和营销活动，为用户降本增效提供全方位关怀，提升用户满意度和黏性。

（四）创新商业模式，赋能经销网络和生态伙伴

1. 攻关关键技术难题，建立主动服务模式

东风商用车在后市场数据资产价值化能力构建及应用过程中，重视科技创新投入，与产学研合作开展智能网联、故障预测关键技术攻关，先后突破智能保养、预见性维修、智能诊断、一键建联、驾驶行为分析、路谱分析、油耗分析、图像识别、安全预警等关键技术难题，提高车辆故障监测及驾驶行为预警能力，完善客户运营中心服务流程，构筑三大主动服务模式。

一是主动故障服务。基于"治未病、治已病"理念，东风商用车对车辆的运行数据和状态信息进行实时监测，利用数据分析和算法识别已发生故障和潜在重大故障风险，并向车主和司机发送警报、提供建议和解决方案，提前做好维修计划，减少不必要的维修延误和意外停车损失，提高车辆的完好率与运营效率。

二是主动油耗服务。通过对油门开度、加速度、刹车力度、怠速时间等商用车驾驶行为的监测、分析和评估，东风商用车对用户提供针对性的油耗优化建议和指导，以帮助车主和驾驶员改善驾驶行为，降低燃料成本。

三是主动安全服务。东风商用车利用安装在车辆上的视频采集设备，通过对道路场景和驾驶员行为的实时监测和图像识别，提供主动的安全警示、驾驶辅助和碰撞预防功能，以提升车辆的安全性能和驾驶员的安全意识。

2. 建设区域完好率服务中心，激活经销服务网络

东风商用车就经销服务网络最关心的"客户是谁""客户在哪""客户需要何种服务""竞争对手在哪、有多大业务量"等经营管理痛点问题，设计开发区域完好率服务中心赋能系统，在全国建立 100 家区域完好率服务中心，作为厂家后市场数据资产赋能经销、服务网络的抓手。把车联网技术与 CRM（Customer Relationship Management，客户关系管理）系统数据组合应用到销售线索促进和保客再营销中来，一方面引导网络通过主动服务加服务协议引流模式，把服务从站内做到站外、保内做到保外，实现配件"卖出去"到"用出去"，转变挤压式分销为精细化运营，降低营销成本，提升客户满意度；另一方面驱动平台型网络打造＋新建二网＋社会修理厂建联，实现销售渠道拓展，增加销售机会和盈利能力，引导网络向终端转型。100 家区域完好率服务中心根据自身经营特点，逐渐形成售后技术流、车队管理流、配件销售流、整车销售流四大应用流派，延伸了价值链，提升了体系力。

3. 全生命周期价值运营，助力新业务孵化

东风商用车整合服务能力、网络渠道、业务资质等自有核心资源，与外部后市场服务生态伙伴合

作建立创新商业模式，对标行业输出具备市场竞争力的标准化商品和服务。东风商用车按照先为客户降本增效，再赋能网络盈利能力，最后厂家分享成果的原则，全面孵化推广用车金融、保险、ETC、二手车、驾驶员培训、网络货运平台等具备商业化条件的衍生增值业务，充分挖掘客户全生命周期价值，与合作伙伴共创、共享、共赢。

（五）构建产品与客户数字旅程，赋能内部管理体系力提升

1. 深化应用可视化 BI 工具

为克服以往数据资产在内部发挥价值受 IT 功能开发周期长和分析门槛高的限制，东风商用车充分借助 BI 工具交互式的数据探索功能，让业务能够自主选择重要的指标和关键数据，进行自定义维度的数据查询和分析，建立动态的、实时更新的仪表盘，将关键业务指标的状态、趋势和异常情况以直观、易于理解的图表呈现，从而支持决策和行动。例如在后市场配件营销模式转型工作中，整合预测和模拟技术，通过基于车辆动态运营数据的分析和预测，建立活跃车辆动态监测体系、配件容量动态测算模型、配件储备需求预测模型等，帮助各区域服务网络对服务范围内运营车辆结构、趋势及未来配件消耗有量化的把握，从而优化库存储备并针对性地布置区域营销策略。同时持续推进对全业务链上 BI 工具的普及使用，驱使业务人员深入了解并应用后市场数据资产，促进信息的共享和沟通，利用后市场数据资产的实时、可视、可控，为各部门提供快速响应、自由配置、便捷操作的数据分析环境，推动数字化运营的应用落地。

2. 融入公司级主流程，拉通全价值链业务

东风商用车基于后市场数据资产，围绕客户全触点和全场景，构建贯穿"选车、购车、用车、修车、换车"的客户数字旅程，同时与商品规划、开发、营销、生产交付和服务运营五大公司级主流程融合打通，构建产品数字旅程。后市场数据基础平台拉通了东风商用车全价值链在商品企划、产品设计、特性验证、市场热点洞察、零故障交付、服务资源配置、主动服务、二手车残值提升等流程上的数据认知和协同作业，用数据驱动流程优化，敏捷响应客户需求，为用户持续创造价值。

3. 绘制"三张画像"和"三张体检表"，检核管理效果

东风商用车以"客户为中心"的营销理念为基础，整理出后市场数据资产中的用户体验结果指标，精准绘制营销力提升的"三张画像"，即商品画像、营销画像、媒体触达画像，强化传播执行能力和传播管理能力，提升传播推广效率，从口碑营销、传统"坐商"向"走出去、引进来"的精准营销转型。再运用厂家体检表、经销服务网络体检表、车队体检表"三张体检表"共 80 余项量化数据指标，实时检核评价质量提升、客户投诉、服务覆盖、商品渗透、触点落地、线索闭环管理、活动过程管理、渠道引流、业代能力等表现，并将结果实时推送到相关责任方，实现基于 PDCA（Plan，计划；Do，执行；Check，检查；Act，处理）循环的闭环管理，鼓励学习标杆和持续改进，确保经营管理措施的切实有效。

4. 打造用数据说话的组织文化，提升创造活力

自 2019 年以来，东风商用车高度重视数据文化建设，不断积累、沉淀，形成"求实、严谨、协同、创新，用数据说话"的价值观和"创造价值、分享价值"的经营理念，深刻影响每位员工的思想行为。工作中坚持鼓励员工应用新技术，组织大数据分析竞赛，在 KPI（Key Performance Indicator，关键绩效指标）中设置技术创新指标，考量科技收入、知识产权、科技奖项与团队建设，把激励向创新者倾斜，努力构建想干事、能干事、干成事的自主创新人才激励机制，充分发挥薪酬激励杠杆作用，激发员工创业激情，为数据资产价值化工作提供源源不断的文化动力。

三、商用车后市场数据资产价值化能力构建效果

（一）助推了后市场业务发展，促进利润实现

后市场数据资产价值化能力构建与应用自 2020 年实施以来，为东风商用车创造了良好的收益。后

市场配件销售业务在近3年货运行业走入寒冬的背景下，通过主动服务和引流回厂，年均实现利润5亿元；孵化业务通过商业模式创新和精准营销，利润从2019年的3200万元突破到2022年的1.66亿元，年增长率超过30%，已经成为东风商用车重要的事业增长极。

（二）提升了企业内部管理能力，打造流程型组织

东风商用车利用后市场数据基础平台与各业务系统打通，整合内外部与车辆、用户相关的数据，逐步建立起全价值链的统一数据视图，进一步规范数据标准与指标定义，对车辆数据和客户数据进行统一发布和深度共享，降低管理成本，提升管理效率。2022年，东风商用车配件首日满足率达88%，同比提升2.8%；终端客户服务及时满足率达85%，同比提升3.3%；入场台次完成180万台，同比增加20万台，增长12.5%；存货周转天数达59天，同比下降10天，优化14.5%；第三方调查客户满意度位居行业第一。

（三）扩大了企业影响力，成为数字化转型金色名片

东风商用车后市场数据资产价值化能力构建与应用也产生了良好的社会效益。2020年，东风商用车完好率数字化平台建设以综合评分第一的成绩中标"工业互联网创新发展工程-解决方案应用平台"项目，获得国家拨款支持资金1635万元；2021年入选工信部大数据产业发展试点示范项目名单；2022年申报的《基于智能网联的车辆可靠性提升方案》入选工信部制造业可靠性提升优秀案例名单，同年申报的《基于商用车完好率和全生命周期运营价值提升解决方案》入选工信部工业互联网APP优秀解决方案；2023年获国务院国资委组办的"首届国企数字场景创新专业赛一等奖"。

（成果创造人：张小帆、方　剑、谢志鹏、高　超、刘　丰、黄正寅、
李宏伟、杨　犇、谭　浩、项旭昇、申广俊、谭　蔚）

乘用车企业基于数据模型的整车价值管理

东风汽车有限公司东风日产乘用车公司

东风汽车有限公司东风日产乘用车公司（以下简称东风日产）成立于 2003 年 6 月 16 日，是东风汽车集团有限公司旗下重要的乘用车事业板块，是涵盖企划、研发、采购、制造、销售、服务业务的全价值链汽车企业，旗下运营日产、启辰、英菲尼迪 3 个品牌。东风日产扎根花都，面向全国，目前已形成覆盖花都、襄阳、郑州、大连、常州和武汉的纵贯南北、各有侧重的战略布局，整车年生产能力达 160 万辆，发动机年生产能力达 150 万台。在产品线上，东风日产致力于以先进的人性化技术为消费者提供高品质的产品。

一、乘用车企业基于数据模型的整车价值管理背景

近年来乘用车销量萎缩，造车新势力不断涌现，自主品牌强势崛起，价格大战愈演愈烈，汽车行业收益整体呈现持续下降的趋势。东风日产作为传统主流合资车企，在配置方面和造车新势力有一定的差距。2019 年以来，新冠疫情对整个汽车行业造成了巨大冲击。一方面，芯片和原材料价格持续高涨，汽车排放、油耗、双积分等法规加严，进一步加大了整车成本压力。另一方面，近年来乘用车销量萎缩，造车新势力不断涌现，自主品牌强势崛起。因此，东风日产需要收集每个零件技术参数、相关成本信息、车型配置价值信息、竞配配置信息等数据，并需要将这些数据基于统一标准打通，建立模型从不同维度快速高效挖掘数据价值，实现降本增效。东风日产从 2019 年开始探索实施从价格管理向整车价值管理转变，打造基于数据模型的整车价值管理体系。

二、乘用车企业基于数据模型的整车价值管理主要做法

（一）设计整车价值管理体系，明确总体思路

东风日产打破现有工作方式，从顶层开始设计整车价值管理体系。首先，获取底层数据和快速测算成本是基础。东风日产结合多年来上百名成本工程师的工作积累，开发具有自主知识产权的成本测算系统，涵盖 500 多个成本测算模型，可覆盖 100% 传统乘用车零件，98% 新能源乘用车零件，通过系统可在一小时内完成整车 1500 多个一级零件成本的快速自动测算。

其次，打通数据是关键。东风日产使用数字化手段在公司范围内进行数据治理，整合打通车型开发各阶段所需要的技术、工艺、成本、社会经济信息、供应商、竞车等数以亿计的数据，形成了清洁、透明、智慧的数据平台。

最后，挖掘数据价值是目的。东风日产结合车型开发各阶段价值管理的需求，开发了 8 个配置价值成本分析模型，在产品企划阶段优化配置搭载方案，以更低的成本带给客户更多的价值；开发了 217 个降成本挖掘模型，在产品开发阶段优化零件设计方案，以更优的方案实现相同的功能；开发了适用 3 种场景的智能报价分析模型，在合同定点阶段分析供应商报价数据，支持定点并诊断供应商成本优劣势，提供改善方案，提升供应链整体成本竞争力。

（二）构建数据平台及模型，挖掘数据价值

1. 收集整理数据，建立数据标准

一是获取车型配置价值相关数据。东风日产组建由成本管理部门、企划部门和信息系统部门为核心成员的 CFT（Cross Functional Team，交叉功能团队），首先对当前和未来可能搭载的 2650 种车型配置信息如名称、大中小类分类方式及对应的价值数据等进行标准化归类整理，形成公司统一的配置信息数据清单。在此基础上，自行研究编写爬虫代码，抓取了网络上近 6 年 43000 个在售车型的配置

信息和搭载不同配置方案车型的售价、销量等信息，自建数据库规范化定义每个字段的格式及存储方式，通过编程语言进行自动逻辑运算，定期迭代更新。

二是获取零部件技术参数和生产工艺相关数据。东风日产成本管理部门联合技术部门通过梳理零件图纸信息、零件实物拆解、网络信息获取等方式，将东风日产28款车型和22款主流竞车，共47753个零件的技术参数转化为结构化数据，并进行成本测算。同时，东风日产成本管理部门联合采购部门、品质保证部门，对海量的历史报价进行全面梳理，多次前往供应商生产工厂进行现场调研，完成体系内外706家供应商的生产工艺信息的收集，包含原材料信息6431条、工艺设备信息115836条、购入品信息23845条、经济信息14175条。

2. 加工治理数据，开发测算系统

东风日产通过多种方式获取大量零部件基础数据之后，如何管理更新数据并将技术参数、生产工艺等数据加工成对应的成本数据又是一大难题。经过多次调研对标，东风日产了解到市场上的成本测算软件往往由西门子等大型国外企业开发，导入成本高且没有数据所有权。东风日产成本工程师联合公司信息部门和软件开发供应商，在多年大量线下 Excel 的成本测算模型开发积累的基础上，创造性地开发具有自主知识产权的零部件成本测算系统。该成本测算系统包含数据中心、计算中心、开发中心、应用中心和系统管理中心五大部分。

3. 全面打通数据，构建共享平台

东风日产虽然通过成本测算系统将零部件技术参数、工艺信息、成本明细等上亿数据进行了统一管理和存储，但由于系统功能模块的限制，各类别数据依然以零件计算文档为分隔存在于系统后台的各类表报中，形成新的数据孤岛，在分析应用数据时仍需花费大量时间整理汇总，并且由于分析需求的多样性，当前整理的数据往往不能支持多个场景应用，工作费时费力。东风日产必须彻底打通底层数据，建立数据共享平台，让员工可以自主分析需要的数据，让数据真正产生价值。

成本测算系统中所有零件成本明细与技术参数数据的打通是一大难题，首先需要使从系统界面端看到的所有数据和系统后台真实存储的数据建立对应关系，将业务逻辑还原成后台计算逻辑，然后将系统后台数据抽取到大数据平台，按照计算逻辑和对应关系进行运算，拼接成包含系统中所有零件、所有成本信息和技术参数的宽表。以打通一个零件的数据为例，需要使系统后台至少5个数据表，上百个字段建立关联关系，需要懂业务逻辑和后台开发逻辑的人员协同办公才能完成。东风日产组建由成本工程师、成本测算系统开发工程师、大数据技术工程师共同组成的CFT，脱产共同办公历时近一年，才最终将系统的零部件成本明细和对应的技术参数数据全面打通，为后续数据模型开发工作打下坚实基础。

其次，车型配置价值、配置成本与配置搭载情况等数据的打通也是一项艰巨的任务。为计算某个配置的成本，需要建立复杂的零件与配置的对应关系，如一些控制单元和线束类零件与几十个配置相关，而同一个配置也与多个零件相关，且由于技术路线迭代等，不同车型的实现方案不同，关联的零件也有差异。所以全面打通这些数据，不仅需要统一的数据存储方式，还需要对灵活的数据关联关系进行编辑。东风日产成本管理部门通过实践，自主开发了不依赖 IT（Information Technology，信息技术）人员编程的装备成本拆解工具，自建数据库将该体系涉及的数据进行统一化存储，可自主灵活编辑数据之间的逻辑关系，并且将数据库与数据共享平台实时连接，实现了从前端输入到后台存储再到分析应用的一体化。

4. 挖掘数据价值，开发分析模型

东风日产完成数据共享平台搭建后，进一步挖掘数据价值，开发数据模型，以实现车型开发各阶段的价值工程管理优化。为尽可能降低数据模型开发门槛，减少对 IT 人员的依赖，东风日产通过培训、在实践中学习、先学带动后学等方式，将成本工程师逐步培养成既懂业务又会使用 BI（Business Intelligence，商业智能）工具的复合型人才。通过积分激励，根据需要快速组建 CFT 等方式，东风日产成本工程师在产品企划早期，通过分析车型配置价值、配置成本、配置搭载情况和车型销量等数据的关系，开发了 8 个配置价值或成本分析模型，快速输出高价值低成本配置搭载方案，提升整车价值；在产品设计开发阶段，根据不同类型零件的特点和成本工程师的工作经验，分析竞车和东风日产车型零件技术参数、成本明细、加工工艺等数据，开发了 217 个技术降成本挖掘模型，涵盖了整车金额占比 85% 的零件，有力支撑技术降成本的推进。东风日产成本工程师将个人经验通过编辑算法沉淀在数据模型中，逐步形成组织的能力，并且通过模型的迭代，不断赋能员工，促进组织和员工共同快速成长。

（三）基于价值成本分析模型，配置整车价值

东风日产以前通过走访客户、对比主要竞品等小样本量分析方法来规划未来新车配置的方式，无法准确捕捉行业配置趋势和消费者偏好，导致车型价值竞争力不足，在经过多年积累尝试后，找到整车价值管理的新思路。首先，通过大数据分析行业竞车整车配置总价值，以及每一年的价值提升趋势，分析当前规划的配置价值到未来目标车型量产年份是否足够满足客户需求；再对比行业竞车的价值分布，分析目标车型规划作为卖点的配置维度（如舒适类和价值辅助类配置）是否优于竞车；在整体价值方案明确后，进一步对比分析单一配置的多种方案，优先选择更符合行业趋势、高性价比的配置，并提前研究行业新兴装备及其成本趋势，打造独特卖点，提升产品魅力。

东风日产通过数字化工具，获取行业主流竞车的配置数据，并且打通竞车的车型售价、销量信息、配置价值或成本信息，结合新车企划早期的应用场景构建 8 个不同维度的分析模型，这些模型的相关应用在下文中说明。

1. 分析行业趋势，规划整车价值

车型企划早期，通过整车配置价值行业趋势模型，定量分析每年新上市车型相对前一年上市车型整车配置价值提升率，规划具有竞争力的新车整体价值目标。通过该模型，东风日产发现 2018—2021 年，整车配置价值每年提升率偏低，约 3%；2022 年汽车行业竞争加剧，2022—2023 上市车型，同价位区间，每年新上市车型整车价值提升增速上升到 7%；同时基于行业历史趋势，预测未来 3 年整车配置的价值提升率增至 9%，以此作为新车企划整车配置价值目标设定的参考，保证整车配置价值足够。

2. 结合车型定位，优化价值分布

整车价值目标确定后，通过整车配置价值分布模型，对比目标车型和竞车各类配置的价值分布关系。对作为卖点的配置类别，确认是否相对竞车存在优势；对其他配置类别，确认是否竞争力过剩或明显不足。根据分析结果，对竞争力不足的部分，进行资源配置的优化。

3. 分析搭载趋势，保证车型魅力

基于上述整体分析结果，对于发现的问题，往往需要对单个配置的取舍进行进一步分析。首先通过配置行业搭载趋势模型，分析其行业搭载趋势，对于搭载率高且逐年上升的装备，在车型上优先搭载，确保车型竞争力。

4. 分析配置价值，增强成本优势

对于单个配置的选择，还需要从性价比维度进行分析，通过配置价值成本模型可快速获取自动驾驶类、驾驶辅助类、多媒体类等 500 余种配置的价值 / 成本比信息，优先选择价值 / 成本比高的配置，提升配置整体性价比。通过该模型可以发现，全景影像、侧气帘等配置的价值 / 成本比较高，可以优先考虑搭载；而倒车影像、手机无线充电等配置的价值 / 成本比偏低，结合配置的行业搭载趋势，确定是否搭载。

5. 研究新兴配置，打造独特卖点

目前市场形势下，仅依靠成熟配置的搭载不能吸引消费者，东风日产需要探索行业 3—5 年后的新兴配置，不断创新，形成独特卖点；通过新兴配置未来成本趋势分析模型，可获取 300 余项新兴配置的未来技术路线和成本趋势，针对不同车型的定位，选择适当的新兴配置，打造独特卖点。以高速自动驾驶配置为例，通过新兴配置未来成本趋势分析模型，可以看到当前技术方案包含 11 个摄像头和 5 个毫米波雷达，到 2025 年 7 个摄像头和 3 个毫米波雷达就可实现该功能，成本由当前的 7200 元下降到 4350 元，根据预测的结果，该新兴配置可在以自动驾驶作为卖点的车型上导入。

以上配置价值或成本分析模型，可在新车商品企划早期提供整车价值趋势、模块价值分布、单个配置价值成本比及行业搭载趋势等维度全方位的分析，为企划新车方案制定及经营层决策提供有力的大数据支撑，提升车型产品竞争力，保证车型收益。

（四）基于技术降成本挖掘模型，规划设计方案

传统的技术降成本挖掘往往依赖资深成本工程师的个人能力，具有较高的技术门槛，同时面临工作总周期长、难度大、难以系统化的问题。东风日产成本管理部门在打通零部件海量技术参数与成本数据后，从技术降成本挖掘模型构建、多模型门户管理、降成本案件落地推进 3 个方面进行了大胆突破，将数字化与业务深度结合，创新性地构建降成本案件智能挖掘体系，实现从人工挖掘向数字化自动提示的跨越。东风日产利用技术降成本模型高效快速地挖掘 700 余条降成本案件，在 2021 年至 2023 年的量产车上累计贡献降本效果 1.87 亿元，在某新车上贡献降本效果 -2898 元。

1. 分析设计方案，提示降本机遇

成本工程师结合自身成本管理知识从零部件技术参数差异、功能差异、选型差异等维度入手，自主编制计算逻辑，让模型自动分析当前设计方案的优劣，精准识别设计冗余，提示优化建议和降本机遇。根据分析类型，该模型可分为零件式样参数优化类模型和零件功能选型优化类模型两大类。

以车身冲压件为例，零件式样参数优化类模型可将所有车型相同位置零件的材料牌号进行统计分析，自动提示该类零件最优的材料牌号及其对应的单价，并自动计算出材料牌号切换后可以节省的零件金额；以蓄电池为例，零件功能选型优化类模型通过分析历史各车型选用蓄电池电量、充放电时间等性能与铅重量的关系，拟合相关性曲线，将某新车项目蓄电池选型的决定性参数代入计算，发现其选型远高于历史数据，可以检讨将其更换成更有性价比的型号。

模型的专业分析可以突破分工边界和专业限制，让非技术专业的人员也可通过模型挖掘技术降成本案件；模型可以实时联动成本测算系统，提示技术降本视点，实现从人工分析向数字化自动挖掘的跨越。将已开发完成的模型同步发布在服务器上，并对所有工程师进行共享，可以让个人经验沉淀形成组织能力。

2. 构建门户网站，创新管理模式

为了保证模型质量，提升管理效率，东风日产构建了专业的积分制评价标准，将模型评价结果可视化，及时反馈模型质量。构建线上门户管理工具，对案件挖掘累计金额和模型状态等信息进行动态展示，每位员工可通过管理工具随时查看个人模型质量和降成本案件挖掘累计金额。开创全新的课题管理模式，通过一个门户管理数百个分析模型，实现一键直达、精准定位、动态交互。

3. 成立专家团队，推进案件落地

为推进降成本案件落地，东风日产成立了跨部门职能团队，构建了一套成熟高效的案件推进机制。模型挖掘到的机遇案件共享给技术部门后，东风日产组织专家评审团在两周内完成可行性的判断和制定实施计划，并持续跟踪。成本管理部门深度参与技术方案分析和降成本挖掘，与技术部门形成优势互补，价值链高效协同，开创全新的合作模式。

（五）基于智能报价分析模型，协同供应双赢

1. 智能分析报价，挖掘成本机遇

在新车定义阶段，东风日产成本工程师需要对 SQ（Supplier Quotation，供应商报价）进行分析，找出 SQ 与标杆成本之间的差异，挖掘 SQ 中存在的机遇，支持采购和供应商谈判，保证发包工作的商务降价顺利进行。

过去，这些报价分析工作都是由采购委托成本工程师，通过人工对多种格式的报价逐一进行整理分析，不仅分析效率低，而且因为没有对报价数据进行沉淀和系统化的管理，分析标准不统一，分析结果的精准度和竞争力都无法保证。随着并行车型项目的增多，这种人工手动进行报价分析的方式已经无法满足高效高质的要求。基于现状，东风日产开发智能报价分析模型。针对多种报价分析模式，智能报价分析模型可以自动对报价和标杆成本进行对比分析，自动输出标准化的报价分析报告，实现高效智能的报价分析。

智能报价分析模型在东风日产新车型零件的发包报价分析中已完全应用。通过这个模块，单个零件的分析时间由原来的 6 小时减少到 2 小时左右，效率提升超过 67%。供应商的报价数据得到了系统管理，成本工程师可以高效智能精准地进行报价分析，分析的数据量和维度比手动分析更多、更广，机遇成本挖掘更深入，分析结果更具竞争力。

2. 数据赋能伙伴，协作互利共赢

智能报价分析模型积累从报价中获取的大量供应商设备、工艺、人员数量、生产规模和二级供应链体系等信息，可勾勒出各供应商的技术能力、生产工艺、供应链等全貌。基于这些信息，智能报价分析模型可快速分析出成本优化机遇并形成供应商工艺优化改善方案，联合研发、品保、工业工程等部门与供应商共同检讨机遇落地的可行方案，并开展 THANKS 等现场改善活动，最终实现零部件的行业最优成本；由于数据的精细化程度已经到达二级甚至更下阶层，可以分析出当前的二级供应商是否具备成本优势，并给出有竞争力的二级供应商建议，优化下游二级供应商的体系，做到资源的整合和高效的利用；也可以提前对供应商体系存在的风险进行预警，形成稳定可靠的供应链。

上述举措不仅降低了东风日产的采购成本，而且提升了供应商的成本和体系竞争力，并保障了供应商的实际利益，实现了互利共赢，进一步深化了双方长期的合作关系。

三、乘用车企业基于数据模型的整车价值管理效果

（一）提升客户满意度

在开发的某款新车上配置价值成本分析模型可以让企业更为精细地了解到目前客户的需求，结合市场部门收集到的客户对上一代车型配置的意见和建议，优化该新车的配置方案，该新车的配置已经达到所属区隔车型中满分为十分位的九分位处，在该新车上市后，客户满意度从 73% 提升到 89%。4S 店反馈的最具客户购车意向车型清单中，该车型的客户接受度达到 68%，是所有竞品车型中接受度最高的车型。在销售市场上，该车型的销量也长期保持了同级别车型销量前五的水平。客户满意度的提升让客户能够感受到企业的商品价值，更愿意选择企业的产品与服务，并且在市场上打响了品牌知名度，加强了产品竞争力，增强了客户黏性，使企业发展进入良性循环，得到可持续的发展。

（二）推进降本增效

在开发的某款电动车型上配置价值成本分析模型，在商品企划阶段对商品式样价值及成本进行分析比较，可以向企划部门输出价值更高、成本更低的配置搭载建议，实现成本改善 1018 元 / 台。在整车开发的技术构想阶段，通过技术降成本挖掘模型，发掘零件设计方案，优化的案件降低了零件成本，可实现降低整车成本 2898 元 / 台。该车型生命周期内节约成本金额总计 10.06 亿元。

数字化的模型使分析效率显著提升。单车价值配置的竞争力和技术方案优化的分析时间由一周

减少到 4 天，快速挖掘报价机遇及优化生产工艺和供应链方案的分析时间由 6 小时减少到 2 小时，减少了项目工时，压缩了整车开发周期，同时促进整车零件分析覆盖率从以往的 20% 左右提升至 80% 以上。

（三）支持快速决策

效率和分析覆盖率的显著提升支持了经营管理层可以更加高效和全面地做出决策。配置价值成本分析模型可以验证出商品企划目前搭载的车型配置是否合理，并形成改善方案；对整车成本的快速估算和配置技术降成本挖掘模型可以把握整车成本并进行零件的技术方案分析，提供降成本机遇视点，决策成本达成状况并给予降本支持；配置智能化供应商报价分析模型可快速分析出报价机遇，形成所有零件的最优加工工艺方案和供应链优化方案，对采购定点和价格谈判以及供应商自身成本优化给予支持；构建的模型可以预测特定条件下的决策结果，并根据数据分析结果，提供建议和方案，帮助经营管理层做出合理的判断和指示，为企业的战略决策提供有力支撑。

（成果创造人：刘晓安、贾德迪、金冬平、赵　欣、张　凯、陈红军、
胡娃萍、龚春燕、郭　强、靳培瑜、祝　瑜、袁启渊）

金属矿山企业全要素智能化建设与运营管理

首钢集团有限公司矿业公司

首钢集团有限公司矿业公司（以下简称首钢矿业公司）始建于 1959 年，是首钢重要的原料基地，经过 60 多年的建设，已建成以采矿、选矿为主业，发展资源综合利用产业、运输物流产业、矿山装备制造和技术服务等相关产业的大型现代化国有矿山企业，产品遍布京津冀鲁和"长三角"地区，是中国砂石行业大型绿色砂石基地，相关产业产品和服务广泛应用于国内外钢铁、煤炭、冶金矿山行业。2022 年末，首钢矿业公司员工规模近 8000 人，全年销售收入 116 亿元，利润总额 2.06 亿元。

一、金属矿山企业全要素智能化建设与运营管理背景

（一）建设智能矿山是矿山行业发展的战略方向

建设智能矿山，推进企业高质量、高效益、安全、绿色发展已成为共识，是矿山行业抢占发展制高点的必然趋势。虽然国外在智能矿山建设上起步较早，但是国内起步较晚。因此，对标世界一流矿山企业，深化改革，提高核心竞争力已成必然。

（二）提效降本是首钢矿业公司第三次大发展的现实需求

随着马城、马矿、杏山、水厂这 4 个地采矿山的建设及综合利用产业的发展，首钢矿业公司面临着第三次大发展的战略机遇，亟须重点突破矿产资源开发利用、生产产线、工艺流程、单体设备、能源管控等方面的智能控制技术，同时，新产业、新产线的投入还面临着 2000 多人的人员缺口。因此，推进操控集约化、管理集成化，全方位、全要素实施人力资源提效，是解决人力资源缺口的现实需求。

（三）标杆示范是探索老产业智能化转型的有效路径

传统管理模式流程长，人员工作量大，数据不及时、易出错，产生大量的数据孤岛，难以实时、全面、精准掌控运营过程。因此，建立集成化信息管理平台，搭建面向产线的现场化、一体化、可视化的数据环境，培养逐级人员趋势预判的数字化思维，是实现老产业智能化转型、提高产线经济运行水平的有效手段和迫切需求。

（四）以人为本是实现金属矿山安全生产的根本需要

矿山企业属于高危行业，同时人工成本占总成本比重逐年提高，面临着生产作业环境复杂、职业健康隐患多、下井作业危险大等安全形势严峻的总体局面。建设智能矿山，将作业人员从艰苦的作业环境撤离，实现"无人则安"的本质安全，是以人为本理念的重要体现，是矿业企业的立身之本，也是国企的责任担当。

二、金属矿山企业全要素智能化建设与运营管理主要做法

（一）一流理念引领，规范顶层设计

1. 规划全要素智能化建设路径

首钢矿业公司对标世界一流企业，秉持传统矿山企业转型升级价值最大化理念，确立"两图三化四平台"的整体架构，明确出全业态、全要素的智能化升级目标。在综合考虑技术难度和经济性的基础上，首钢矿业公司系统研究全要素范围内涵、智能化建设目标、标志标准、实现路径，2020 年开始调研对标并规划筹备，2021 年正式启动 3 年行动，开启金属矿山智能化时代。

一是厘定全要素内涵。第一，全业态布局。覆盖露天采矿、地下采矿、铁矿石破碎选矿、废岩石加工成建材产品、铁路运输的全部产业领域。第二，全要素管理。涵盖生产、工艺、设备、能源、物资、计量、销售的制造链全要素精益控制，以及质量、安全、人员、成本的企业运营价值链全要素精益管理。

二是确定智能化路径。第一，规划两图核心，两图是指工控一张图和管理一张图。工控一张图是现场操控系统，将产线所有设备集中到一张图上操控，实现现场无人操作、取消分散控制室、推进一键经济启停和流程自主调控，提升产线智能化水平。管理一张图是网络监控分析系统，搭建一体化、可视化、数字化管理平台，任何内网用户都可以实时掌控、分析现场全要素运营状况，提升企业经济运营水平。第二，确立三化目标，确立智能矿山建设总体目标，即实现现场无人化、操控集约化、管理智慧化。第三，建设四平台载体，结合自身实际及全要素业务特点，构建智能矿山四大平台，即智能采矿、智能选矿、智能运输、智慧管理，作为扎实推进的有效载体和根本路径。

2. 建立领导和制度保障

一是建立领导保障，按周讲评项目进展，建设进展、成效纳入个人、单位的月度、年度考核。二是编制蓝图规划，编制《智能矿山建设"十四五"规划及三年行动方案》，为中长期建设提供了决策依据和指导。三是建立制度保障，制定《智能矿山建设管理制度》。四是制定企业标准，编制公司内部《智能矿山企业标准》36条，编制《一张图建设规范》和《信息系统标准化应用规范》。五是按年专项推进，每年形成《20××年专项工作方案》，确定具体项目并组织实施。

（二）建设工控一张图，打通两化两平台智能运营

1. 实施井下设备操作无人化，建设智能采矿运营平台

实施脱离现场降低安全风险、多人变少人、少人变无人的"三步走"策略，践行"无人则安、少人则安"的本质化安全和提效降本经营理念。一是实施单体设备远程遥控。与中国联通公司合作，研判井下实际情况，采用天线加泄露电缆方式，部署完成杏山3个作业水平面的5G信号全覆盖，解决了巷道内信号不稳定问题，创造了井下设备在地表遥控的通信条件，自主改造5台铲运机，与外部厂家合作完成5台中深孔台车的自动化升级，10台设备实现了地表遥控，减少井下作业人员36人；在此基础上，进一步推进铲运机自主运行、中深孔台车自动穿孔研究，为一人操控两台及以上设备创造条件。实施喷浆台车机组少人化控制改造，实现视距内遥控喷浆台车，减少机组作业人员。二是实施流程设备少人监控。打破传统控制模式，马城1#副井提升机只由1名监控司机进行集中监控，比传统模式节省司机、信号工58人，省去了人工操作中间联系环节，提高了副井运行效率。实施杏山副井电梯式自助运行，取消各段面操作人员，乘梯人自助操作，集控中心一张图上集中监控。实施杏山-428m计量装矿改造，利用机器视觉技术识别大块、取消现场操作，现场岗位由2人/班缩减为1人/班。三是实施全自主无人自控。经近两年不断优化提升，杏山电机车由原来的井下无人驾驶、地表操控，升级为全自主运行，实现了自主配矿、自动对位、自动装矿、自主控速、自动卸矿，彻底取消了地表人员操控，达到国际一流水平。四是建设地采工控一张图。整合地采矿山的主井、副井、破碎、通风、排水、电机车运输、地面干选、建材产线、人员定位等子系统，建设工控一张图，在一个界面上实时掌控整个地采矿山的生产情况，预留单体设备接口，可对各子系统进行控制，实现极高效率生产指挥和运转。

2. 实施地表工厂操控集约化，建设智能选矿运营平台

一是实施地表现场直接操作无人化。系统梳理各个流程产线现场岗位工作内容、工作职责，分析其工作必要性，研究智能化替代方案，不断减少现场直接操作人员。先后实施大石河粗、细破碎机远程操控，水厂选矿磨选一键启停，干排砂圆筒筛远程控制，尾矿无人值守升级，在线监控11台破碎机异常预警，搭建技防系统减少固定看护岗位等，释放现场操作岗位。水厂火运集成装车精度控制系统，自动检测车号，自动获取、匹配应装车量，自动检测车辆位置，自动控制定量给料机一键装车；

水厂汽运实施干选矿自动装车，实现自动叫车、自动指挥对位、自动装料，取消装车岗位。所有新建产线的全部流程设备配置设备自保护、联锁启停、运行参数自动采集、自动运行等功能。全面奠定、打通了工控一张图远程集中操控基础。

二是实施选矿产线远程操控集约化。创建"大流程""大工序"理念，将相关、相近的分散性上下道工序流程进行整合，取消分散控制室，实现全流程各道工序一键经济启停，最大限度精简组织机构、压缩管理层级、重塑生产组织模式。建设大石河选矿、大石河水源、水厂选矿、杏山铁矿，以及二马、裴庄、水厂建材产线的工控一张图操控系统，实现各产线所有设备在一张图上集中操控，整合组织机构和集控人员，向科学的组织模式要效率，向现场精细化管控要效率，促使全域生产效率提升。

3. 建设数学自控模型，实施全流程自主经济运行

一是提出"即时启停"理念，颠覆传统模式。传统启动模式为逆物流启动，全流程多段设备的空转时间长。东排末端的排岩机，从启动到接收到物料需要空转 29 分钟，其他后续设备也存在不同程度的空转，造成能源浪费、运行不经济。即时启动是顺物流启动，实现各台设备在物料到达前 1 分钟完成启动，进而使所有设备的空转时间压减至 1 分钟。理念创新颠覆了传统控制模式，水厂东排、西排、K 系统在无硬件投入的情况下，年可节电 70 万千瓦·时。"即时启停"理念在其他长流程系统中也具有普遍推广价值。

二是应用数学模型，推进自主调控。在实际生产中，随着各种条件的变化，需要人工调控来稳定生产。而人工干预、调节，既造成人工工作量大，也造成生产不稳定。工控一张图能够自动监测各产线人工调控频次，通过摸索控制点、总结控制规则，建立数学模型和操控模型，逐步取消人工调控，实现流程自主调控，减小岗位劳动强度，促进产线稳质提效。

4. 打通系统间壁垒实施智能联控，提升风险防控能力

随着各系统的建设应用，改变传统的各专业各管一摊的观念，强化应用技术手段防控风险，统筹考虑各系统功能，加强专业协同，通过系统联控，用技术手段实现协同管理目标。杏山、二马、水厂、大石河将多个门卫纳入门卫管理系统，并与智能计量系统联控，实现非注册车辆进出场预警、客户车辆未计量或未完成计量不得出场、无货车辆出场预警等多项预警及物料品种核实、追溯功能，防风险能力全面提升。汽车仓自助装车项目与智能计量系统联控，实现了非客户已过空车辆不能装车、物料品种不对应不能装车，规避了装车岗位取消后货物冒领及不计量风险。

（三）建设管理一张图，打通运营全要素智慧管理

1. 实施一张图调度，建设铁路智能运输平台

建设铁路智能运输，是四平台载体中的第三个平台。2020 年，迁安地区铁路运输总量突破 5000 万吨，相比"十三五"初的 2500 万吨 / 年，增幅达 100%。面对高运量、快节奏的生产形势，运输体系面临 4 个不够用的突出性问题：一是人不够用；二是车不够用；三是线路不够用；四是调度岗位人员脑子不够用。为解决上述问题，首钢矿业公司系统地分析了制约因素、管理需求，对同行业智能化建设情况进行考察，全面解放思想，打破固有的国铁劳动作业方式束缚，形成适合自身的建设思路和方案，完成运输一张图调度系统建设。一期项目实现了 4 个目标。

一是实施"单乘制"。通过实施百里矿区智慧运行、机车安全遥控等系列创新举措，司乘人员由 3 人减至 2 人，再减至 1 人，实现了铁路运输由行业传统的"三乘制"向"联乘制"再向"单乘制"的突破性变革。二是调度指令直达机车。系统内下达调度指令后，直接在机车界面直观显示，为一级调度创造了条件。三是实施区块化集控升级。在一张图内，实施附属运输系统、翻车机卸车环节集中操控，迁钢区域 GK1 内燃机车遥控改造，道口远程集控等项目，释放现场岗位。四是实施运行能力智慧

分析。实时掌控分析铁路运输系统进出车辆、在矿车辆、运量、运行里程、设备状况、能源消耗、成本等情况。特别是支撑迁钢区域倒运高温铁水任务精益管控，全过程使铁水温度由145℃降至94℃、鱼雷罐周转次数由2.5次/日提高到6次/日的重大突破，达到了国内同行业领先水平。

2. 实施专业管理智慧化，建设运营全要素智慧管理平台

一是面向产线运营，建设穿透式、数字化一张图实时监控分析平台。为实时动态掌控各产线生产、设备、质量、消耗、销售、成本、人员等数据信息及变化趋势，改变传统看报表、听汇报、下现场检查的管理方式，深度融合产线自动化系统，主产线建设管理一张图实时监控分析系统，形成纵向到各流程环节、横向到各生产要素的动态监控、实时分析、偏离预警能力，提升对产线的可视化、一体化、精细化管控水平，进而实施流程工序的全要素动态精益管控。目前，首钢矿业公司全面建设运营了大石河选矿、大石河水源、水厂选矿、杏山铁矿，以及二马、裴庄、水厂建材产线的管理一张图，并全部集成推送到手机移动端的"智·首矿"平台，任何人员通过连接矿业内网的任何一台电脑或自己手机中的APP，都可以实时掌控、分析各产线全流程运行状况，为生产、技术、设备、人资、成本等专业及领导人员提供可视化的管理环境，完全打造出"全透明产线"。

二是面向要素管理，建设全要素互通、数智分析的专业化管理平台。第一，实施设备全周期管理。建设设备健康、设备润滑、电机终身一体化管理平台，采集现场设备及工序数据，组织自动化、信息化技术人员与设备管理人员，形成多个研发小组，针对不同设备，每周组织研讨会议，发挥各自所长，研判设备历史数据趋势变化情况，研发健康模型，现已对现场2185台（套）设备11411个运行参数，建立起"健康、亚健康、隐患、严重隐患"4种形态的健康等级体系，通过实时运行监测、智能诊断、趋势分析、预知维修、精准润滑等一系列精细管控，开发完善手机端APP达到各层级用户特色订阅，按需推送特定设备的预警信息，促进每台现场设备状态最优，保障每条产线长周期稳定运行，激发产线运行效益最大化。第二，实施能源全能耗管控。首钢矿业公司每年消耗水、电、油、气3亿元以上，占总物耗成本的1/4，为强化能源管控，切实降低能源消耗，建设全能源管控系统，实施全能源在每条产线的全范围、全流程、全要素穿透式精细管理，由"量"到"费"升级管控，促进各条产线和每台设备最经济运行。第三，实施物资全寿命周期管理。建设物资采购供应一体化平台、物资终身管理与核算系统、废旧物资管理系统，通过物资准时采供、科学仓储、充分使用、全面回收的全寿命周期精细化管理，深度挖掘物资终身价值，促进物资价值最大化。

3. 实施全要素深度数据挖掘，促进产业全面数字化转型

基于管理一张图，深度挖掘全要素数据的生产力价值属性，推进专业管理由事后分析向事前预控和过程管控转型，实施智慧分析、智能预警、辅助决策，促进全业态、全要素、全流程、全层级范围的精益管理理念落地，真正打通并提升各个专业领域的管理效能。比如，生产专业、工艺质量专业通过设备电流曲线，实时掌控一段时间内的曲线变化及趋势分析，即时优化生产节奏，提高小时生产效率，调整工艺参数，提升产品质量。各产线的实时画面显示的是当前状态，点击某一重要设备或数据，则弹出二级画面，穿透展示一段时间内的设备运行、电流趋势等。

成本数据模块可分为按工序分析、按要素分析两个模块。按工序分析模块展示原料、加工、销售等不同环节的成本计划、日成本、月累成本、上月成本、年累成本及对比计划完成情况；按要素分析模块展示分专业的成本支出及对比计划完成情况。实施成本分析，实时掌控各产线的当日成本、月累成本等数据，并按构成要素（电费、柴油费、备件费、材料费、人工费、其他费用等）进行过程打开分析、穿透查询、阶段性调整控制，进而提高产线整体经济运行水平。

同时，流程量分析模块可自动采集实时输入量、输出量，自动输出各产品的当班、当日、当月、本年的产量及产率数据信息，通过设置产品产率指标，提高高价值产品产率。销售数据分析模块可实

时显示产线各产品当日过磅量、本月累计过磅量、本月累计生产量、库存变化情况，促进各产品产销存精准控制。

（四）建设网络安全环境，保障智能化运营平稳顺行

1. 推进网络安全合规建设

成立网络安全和信息化委员会，负责领导、组织公司网络安全工作；设置网络安全运维中心，具体负责网络安全日常管理及运营。制定下发《信息系统安全管理办法》等 4 项管理制度与应急预案，健全网络安全管理制度体系。组织各成员单位签订《信息安全承诺书》。融合首钢矿业公司私有云及首钢云，搭建混合云平台，完善网络安全配置，推进互联网应用二级等保备案，实现移动端应用合规运行。开发"智·首矿"移动应用门户，集成 8 个独立 APP，取得网络安全等级保护二级证书。实施首钢矿业公司外部网站向集团网站群迁移和 ICP（Internet Content Provider，网络内容服务商）备案，实现外部网站等保二级备案。

2. 提升全员网络安全意识

应用矿业内网及"智·首矿"移动办公平台，开展网络安全宣传。向全体员工普及防范钓鱼邮件、数据防泄漏、密码安全和勒索病毒等知识，提高内网用户的整体网络安全防护意识。制定下发《矿业公司软件正版化工作检查验收方案》。组织全体职工开展网络安全、软件正版化等主题技能竞赛。

3. 全面推进内网净网专项治理

一是深入应用态势感知系统，发挥内网监测功能优势，集中清理高危威胁、告警；清理非工作时间不关机等问题。二是利用漏扫检测设备，对全矿区域内的 2000 多台终端进行漏洞扫描，通过打补丁、关闭服务、卸载软件、封禁端口等方式，整改漏洞 1000 余个，实时有效清理内网隐患，提高网络的整体防护能力。三是加强边界防护。采用"管控分离"原则，工控网络与管理网络通过防火墙进行隔离，实施白名单访问控制，避免发生网络安全问题对生产造成影响。四是对信息系统、服务器、数据库、中间件、内网邮件、自建网站等弱密码问题进行专项治理，提升网络防护能力。五是实时通过漏洞扫描设备对服务器的补丁修复情况进行验证，及时更新系统补丁，保障系统终端的安全运行。

（五）重组传统组织架构，提升人力资本价值

基于全范围智能化矿山生产组织模式的转型升级，引发劳动组织模式的破局变革。以"两减一提"为总目标，即减少全口径人力资源使用规模、减少井下等艰苦环境作业人员数量、提升劳动效率，推进机构精干、人员精干、效率提升。如实施选矿主厂合并破碎和磁选两大工序、打通尾矿和输送区域壁垒整合、铁路运输车务与车辆修理合并车间机构、马矿地采一级管控模式等。

三、金属矿山企业全要素智能化建设与运营管理效果

（一）成功实现了大型金属矿山全要素智能化转型升级目标

一是提升了全员数字思维，实现了多维精益管控，提升了数字化分析能力和管理效能，打造出精益化、数字化、智能化"三化融合"的企业内核。二是孕育了核心技能技术，培养了行业领军人才，锤炼了一支技术过硬、作风过硬的团队，获得国家专利及软件著作权 23 项。三是打造了一流对标品牌，提升了价值创造能力，为金属矿山行业的全要素智能化转型升级提供了成功示范。

（二）有效取得人力成本效益和循环再生效益

一是企业整体减员增效和提质降耗效益显著。近 3 年累计释放人力资源 380 余人，直接经济效益超过 6360 万元。此外，智能化改造产生的提效、降本等效益，累计 2880 万元。尤其是单班下井作业人员控制在 30 人以内，真正实现了"无人则安，少人则安"目标。二是技术服务成为新的经济增长点。首钢矿业公司致力于智能矿山理念及技术的产品化，已封装销售应用到国内外冶金、煤炭、有色等 100 余家矿山企业。智能矿山技术服务已成为首钢矿业公司重要的第三产业和新的经济增长点。

（三）践行了本质安全理念，引领高危行业实现全面安全可靠

实现全部长流程"一键启停"自动化改造，彻底改变了过去多工序分段启停的现场"三牌制"及联系确认制，杜绝了传统人工操控缺陷造成的各类流程化安全事故隐患。实现井下单体设备全自主运行、在地表遥控，有效杜绝了井下人工作业的重大安全隐患，降低了职业健康风险，并达到了应急管理局提出的下井管控先进地采矿山标准。实施副井电梯式自助运行、电机车全自主运行等重大原始创新项目，为国家法律法规的优化完善提供了可行、可靠的技术支撑，全面提升了矿山高危行业的本质安全能力和管控水平。

（成果创造人：黄佳强、张金华、姚永浦、徐　军、刘兴强、高大伟、

张艳兵、高　军、刘　军、许传军、王东伟、廉学东）

通信企业集团以"三大转型"为重点的数字化转型管理

中国联合网络通信集团有限公司

中国联合网络通信集团有限公司（以下简称中国联通）于 2009 年 1 月 6 日在原中国网通和原中国联通的基础上合并组建而成，在国内 31 个省（自治区、直辖市）和境外 27 个国家（地区）设有分支机构，拥有 130 多个境外业务接入点，还拥有覆盖全国、通达世界的现代通信网络和全球客户服务体系。中国联通连续 15 年入选"世界 500 强企业"，在 2023 年《财富》世界 500 强中位列第 267 位，在入围的 15 家通信运营商中，排名第 9，比上年上升两个位次。

一、通信企业集团以"三大转型"为重点的数字化转型管理背景

党的二十大作出了"加快建设网络强国、数字中国""加快发展数字经济，促进数字经济和实体经济深度融合"的重大部署。国务院国资委提出关于建设数字央企、打造世界一流企业等要求。为此要全面理解数字经济关键生产要素的内涵要求与供给诉求，尤其要深刻认识到数字化能力是促进需求端和生产端全要素供需匹配、高效畅通、生产力与生产关系适配、全要素生产率放大倍增的重要桥梁与关键纽带。这就要求中国联通要紧紧围绕五大主责主业，加快数字化转型步伐纵深推进供给侧创新改革，加快数字技术驱动实现全要素高效集成、综合生产率全面提升、量质构效协调发展，这是中国联通启航新征程、奋进新时代、实现高质量发展的必由之路。

二、通信企业集团以"三大转型"为重点的数字化转型管理主要做法

深刻理解把握公司"1+9+3"战略规划体系要义，运用系统思维和系统观念，强化协同贯通合力，进行前瞻性思考、全局性谋划、战略性布局、整体性推进，发布数字化转型 2.0 行动计划，奋力攻坚十大标志性成果，在助力公司高质量发展上体现新担当、展现新作为、贡献新价值，作为公司高质量发展的"工具箱"和"助推器"作用更加彰显。中国联通在数字化能力行业持续领先，数字化转型成效得到国务院国资委好评，数字化转型由"筑基探索"步入"系统推进"新阶段。

（一）高目标引领，明确数字化转型目标

运用数字化手段，推进数字化改革，实现发展方式由"数量规模型"向"量质构效统筹协调型"转型，实现运营模式由"传统封闭、分散低效"的粗放运营向"融合开放、集约敏捷"的智慧运营转型，实现增长动能由"传统通信服务"增长向"五大主责主业"数字创新型增长转型。

通过数字化转型，实现提效率、提质量、提感知、提效益、控风险、强创新，推进算网能力"五经六脉"贯通、智慧运营千场万景畅通、敏捷赋能千行百业融通，成为央企数字化转型标杆。

（二）高站位谋划，制定数字化转型蓝图

1. 打造智慧大脑，提升智慧运营管理能力

将 AI（Artificial Intelligence，人工智能）技术、云计算、大数据能力与业务、网络、服务、管理相结合，通过全域多源海量数据智能分析、敏捷处理，精准调度内外部价值链、产业链、创新链全要素融合，打造"科学统筹指挥、客户洞察策略、组织资源透视、资源敏捷供给"类脑化决策指挥中枢。一是打造基于智能化引擎技术实现经营分析自动化、敏捷化，支持智慧决策，实现科学统筹指挥。二是打造以客户为中心，基于全域数据面向增量存量用户的洞察、切片、建模、策略制定能力。三是打造精准透视末梢各类型生产单元的网格数字化高效运营管理能力。四是打造全生产要素安全敏捷数字化供应链，形成资源敏捷供给能力，保障资源敏捷调配、供给精准到位。

2. 做强智慧决策，实现大屏"一网统管"

依托智慧大脑能力，实现一网统管，智慧决策。依托海量数据学习能力，打造智慧大脑"科学统筹指挥能力、客户洞察策略能力、组织队伍透视能力、资源敏捷供给能力"。通过对各平台和系统的界面集成、数据集成、服务集成、流程集成等多方面整合，大屏实现数据、服务、运营在智慧大脑智能中枢上互联共融。数字沙盘是各层级、各专业、各领域数据贯通的经营作战地图，汇聚总部、省份、地市、区县 / 营服、网格人员队伍、要素配置信息，实现总部一点透视全局，便捷各层级统筹指挥、各专业协同作战、各类网格精准生产。

3. 畅通智慧运营，实现中屏"一体运营"

聚合拉通各项能力，实现内外畅通一体运营，智慧运营。打造公众、政企、客服、网络、管理五个专业小循环 + 畅通一个大循环，实现专业内智慧运营闭环、专业间能力协同畅通。依托五大中台，做强统一运营，畅通"洞察策略—产品创新—一点部署—智能调度—价值运营"闭环的公众智慧运营；畅通"客户透视—产品在线—高效赋能—敏捷交付—品质服务"闭环的政企智慧运营；畅通"体验管理—智慧互动—跨域通办—精准调度"闭环的客服智慧运营；畅通"资源精准—敏捷交付—赋能前端—智能运维"闭环的网络智慧运营；畅通"数字人力—价值管理—资产可视—智慧采购—风险管理"闭环的管理智慧运营。加快推进五大中台之间的数据贯通、流程拉通，做好五大专业之间的需求衔接、业业协同、能力共享，实现全机体"五经六脉"大循环畅通。

4. 赋能智慧生产，实现小屏"一屏通办"

适配经营场景，实现一屏通办，智慧生产。基于场景推进各专业、各层级的入口工具收敛，数据拉通，实现对内对外受理运营工具"场景适用、客户易用、一线好用"。中国联通 APP 定位为全量产品受理展示和全量客户服务的入口；联通客服热线定位为一站解决跨域通办和全量客服一点受理的入口；联通公众 APP 定位为公众增存一体协同受理和细分市场营销的工具；联通政企 APP 定位为政企客户商机交付穿透和客户营销的工具；联通网络 APP 定位为网络智慧生产的工具；联通办公 APP 定位为全域协同办公管理的工具。

（三）高效率推进，落实数字化转型任务

1. 健全"三图一碑"规划体系

承接数字化转型总规划图，制定并细化路线图、施工图、里程碑，科学统筹推进数字化转型。

路线图是承接规划图，聚焦目标分解制定演进路线与关键举措，自上而下逐级分解，不重不漏，通常情况下不超过三级，且不同层级路线图间存在包含或者总分关系。路线图中的关键举措目标要清晰，可承接分解。

施工图是承接路线图，明确了需要解决的问题、推进原则、关键任务、里程碑节点和预期成效。施工图更加侧重于执行层面的事项，一般情况下不做分级处理。

里程碑是关键任务的关键节点，是施工图中关键任务的进一步分解落实，由施工图关键任务绘制而成。里程碑通常情况下不超过三级，自上而下分解不重不漏，自下而上追溯反馈闭环。

2. 科学设计 PMO（Project Management Office，项目管理中心）推进体系

一是做好统筹推进。坚持常态化会议调度推进，双周会侧重解决横向协同问题和专业线内纵向调度，月度会侧重十大标志性成果及重要事项推进，季度会侧重标志性成果汇报。项目推进全过程纳入数字化平台管理，覆盖总部及分子公司，涉及推进、评价、宣传、推动等各方面。

二是做好评估评价。坚持"谁使用、谁评价，谁管理、谁评价"，进一步落实数字化能力"好用"、科学统筹推进、听取一线声音、各省均衡发展等方面工作要求，搭建评价体系，明确评价方和评价对象，系统取数、客观衡量。

三是做好创新孵化。建立基层创新共享机制，聚焦十大标志性成果和重要事项，以"四提一控一强"是否有效果为衡量标准，对各单位运营创新、治理创新、技术创新、方法创新进行总结提炼，持续开展创新孵化、深度运营。

四是做好宣传推广。制定数字化转型宣传方案，常态化开展宣传，重点做好数字化转型的一赛一论坛，提升员工参与度和获得感，抢占外部宣传席位，扩大中国联通数字化转型影响力，获取数字化转型第一手资讯，提升自身水平同时赋能千行百业数字化转型有效开展。

五是做好专项帮扶。采用集约化 IT（Information Technology，信息技术）+嵌入式运营方式开展帮扶，多方协同，各帮扶对象结合省情特点细化帮扶方案，软件研究院根据帮扶总体要求在广州、西安分院设置西南、西北集约化 IT 支撑中心，帮助能力相对弱的省快速提升数字化能力，落地智慧运营标准化场景。

六是完善规章制度。进一步落实公司关于项目外包和需求指导要求，发挥内外部专家作用，为数字化转型有序推进搭建制度保障，明确事项、职责、流程、模板，确保各项工作按制度规范开展。

3. 量化推进十大标志性成果

坚持问题导向、目标导向、结果导向，2022 年围绕网格数字化、宽移融合在线营销数字化、全量客户集约运营、公众数字沙盘、商企楼宇上树、双线流程重构、风险防控数字化、10010 热线一号通解、重点场景数据治理、统一订单可视，形成十大标志性成果，按月画像推进。每一项成果目标的达标都有效助力数字化转型"三大转型""四提一控一强"目标的达成，切实对内明显改善一线工作效能，对外显著增强数字化服务能力。

（四）高标准要求，打造数字化转型"工具箱"

一是"4C6W"机制，通过转型对标、目标对标、行业对标、先进对标 4 个维度找差距和问题，落实工作明确问题、责任、时间、措施、政策、奖惩 6 个方面，有效提高工作质量。

二是"三图一书""一书一表"，制定规划图、路线图、施工图、里程碑，明确任务书、绩效表，用于解决大型项目统筹管理调度问题。

三是智慧运营"五要素"，以重点场景为牵引，工具、平台、数据治理与流程治理相协同，用于指导体系化打造高质量运营场景。

四是数据治理"七步法"，提炼总结形成"明确场景、识别数据、认定来源、治理数据、汇聚数据、使用数据和提升质量"7 个标准步骤，用于指导全员在具体场景下规范开展数据治理工作。

五是流程治理"ESIA"法，提炼总结形成"删除（Eliminate）—简化（Simplify）—集成（Integrate）—自动化（Automate）"标准步骤，用于指导全员在具体场景下规范开展流程治理工作。

六是帮扶机制，按照识短板、抓重点、给方法、看运营、螺旋迭代的流程，制定"一省一策"针对性开展帮扶工作，用于缩小西北、西南等区域数字鸿沟。

七是双组长负责制，业务引领、技术驱动，采取双组长制推进数字化转型工作，用于解决业务技术协同问题。

八是漏斗分析法，分层级筛选、分析，识别原因，改进短板，利用大数据开展运营分析，促进运营效率升级。

九是顶层规划与基层创新，顶层设计、统筹规划数字化转型蓝图与标准化场景，各层级结合本单位情况基于集约化能力开展实践创新。

十是三带来、三带回，带着问题、思考和建议来集团，带着梦想、信念和方法论回一线，用于提升沟通效率与质量。

（五）高质量保障，健全数字化转型保障机制

1. 落实责任机制

成立中国联通数字化转型领导小组，由董事长担任组长，总经理、分管数字化部的公司领导担任副组长，下设数字化转型推进办公室，由集团数字化部承担日常工作。成立内外部专家团队，协助数字化转型推进办公室对数字化转型规划重点任务、重大项目投资、重大项目技术方案等进行前置评估，专家团队成员采取聘任制，按需动态更新。公众、政企、客服、网络、管理智慧运营组，数据治理组和流程治理组全面承担数字化转型具体方案制定和落地实施，各组采取业务技术双组长制推进，由一把手担任组长，各组牵头部门明确部门副总经理专职推进，明确责任处室，按 BU（Business Unit，事业部）模式开展工作。内设需求管理组，对场景、IT 等需求进行指导把关，归口管理全国需求。设置产品经理、数据治理与流程治理专员，负责产品全生命周期管理和数据、流程治理工作。

各省参照总部成立数字化转型领导小组、推进办公室、相应智慧运营组和治理组，推行业务技术双组长制，负责承接数字化转型工作在本单位的落地执行，以及数字化转型各项工作的监督指导和沟通协调。

2. 强化推进机制

遵循"三图一碑""一书一表"工作方法，科学统筹推进。规划图指明总体目标与定位，形成总体规划图与子规划图，路线图承接规划图明确演进路线，施工图承接路线图形成关键举措，里程碑自上而下逐级分解，明确标志性成果与交付时间要求。以任务书、绩效表为抓手，推进各项任务有序落地。

聚焦重点任务，量化推进执行。坚持指标牵引、数据洞察、实时跟踪、动态调整，加大一线调研力度，掌握一手情况，按月发布数字化转型简报。数字化转型推进办公室负责组织专题协调会、调度会，领导小组副组长按月调度，通报转型进度，总结和分享转型成效，剖析痛点问题，明确责任分工，细化方案举措，推进数字化转型工作持续迭代升级。领导小组按季度或按需听取数字化转型推进办公室专题汇报，对数字化转型工作重大事项做出决策和指示，指导推进办公室贯彻落实。

3. 深化协同机制

加强纵向贯通。总部组织开展数字化转型顶层设计，统筹设计智慧运营，统筹开展智慧大脑建设，规范全网性的数据治理、流程治理体系。省级分子公司高效落地执行数字化转型各项任务，完成标准动作，各级运营单位在顶层设计指导下，积极开展智慧运营实践，并不断总结沉淀分享智慧运营实践创新经验，为全网做贡献。地市公司面向运营场景组织调度各类任务，组织对智慧大脑相关的场景、工具、平台、数据、流程的验证，及时反馈一线使用效果。网格负责生产动作执行，提出改进意见建议，维护好网格数据，努力提升网格内渠道、人员效能。

加强横向协同。网络持续推进资源清查可视、资源保障和产品供给，赋能前端业务发展。职能管理部门加快人力、资金等各类生产要素的可视、可管、可用，支撑前端生产，盘活资产，提升运转效率。数字化专业线加强数字化能力建设与迭代，在业务前端和一线开展嵌入式运营，打造可用、好用的数字化平台与产品。

4. 建立帮扶机制

一是集团数字化部制定数字化转型帮扶专项方案。明确帮扶对象、建立帮扶制度、配置帮扶资源、激励有效帮扶，从甘肃、青海、宁夏、西藏、新疆、云南、广西、贵州、四川 9 个省（自治区）入手，逐步摸索一套有效的帮扶机制，推广执行。帮助能力相对弱的省快速提升数字化能力，落地智慧运营标准化场景，用帮扶机制缩小数字化转型成效的区域间差异和进度间差异。

二是软件研究院设立专门团队承担对口帮扶工作。2022 年，软件研究院西安分院、广州分院设

立专门团队，配置专项资源，落实帮扶方案，承接省内的数字化生产运营，对口嵌入推进智慧运营工作。

5. 健全评价机制

一是明确评价主体。高度重视客户和一线感知，按"谁使用、谁评价，谁管理、谁评价"原则，细化各项工具与平台的评价主体。中国联通 APP 和联通客服热线由客户进行评价；联通公众 APP、联通政企 APP、联通网络 APP、联通办公 APP 由一线进行评价；五大运营平台由各级运营者进行评价。工具和平台的评价结果由牵头部门承接，评价汇总结果由推进办公室承接。

二是丰富评价形式。一方面是在五大 APP、五大运营平台设立"吐槽入口"，便于使用者随时随地发表意见建议；另一方面是强化系统自动监控能力，对客服感知、智慧运营、业务发展、系统运行等各项运营指标进行及时、准确的分析。原则上选用系统指标，由系统自动出数，生成评价结果。

三、通信企业集团以"三大转型"为重点的数字化转型管理效果

（一）数字化能力提升一体化效能

一是形成集约化优势，建成世界最大、最先进的 CBSS（Central Business Support System，集中业务支撑系统），夯实 IT 集约化能力，实现一点对接，加速推动数字化运营嵌入生产各环节，赋能公司业务发展全面数字化转型。二是加快智慧中台建设赋能。公众、政企、数据、网络、管理"五大中台"核心能力基本建成，数字化能力提升一体化效能，全场景提升运营效率和价值创造能力。三是聚焦全系统拉通，强化数据治理。全面拉通各域数据，提升中台各系统之间基础数据供给质量，实现数据目录可查可视，补齐内外部数据短板。狠抓一线急需的核心数据治理，重点提升数字沙盘等。四是支撑全流程穿透，提升管理效能。加强对重点业务的全流程、全生命周期管理，推动智慧运营流程变革与组织优化，打造便捷高效的数字化流程。

（二）要素配置效率和价值创造能力明显提升

一是建成智慧运营体系。发布"联通智慧大脑"，加速汇聚大屏"一网统管"、中屏"一体运营"、小屏"一屏通办"能力，畅通与十万级员工、百万级渠道、千万级网元节点、亿级客户的数字化联通，核心业务系统、客户系统、智慧中台、大数据、数字化底座实现全集团 100% 集约。二是公众数字沙盘更加精准，31 省经营作战地图上线，赋能网格精准生产。三是商企楼宇上树更加全面，实现16.5 万商企楼宇上树，解决了商企客户画像长期不精准，楼宇资源、业务、客户、收入不清的问题。四是双线流程更加敏捷，开展双线本地 / 跨域 / 跨境流程重构，政企双线端到端交付时长大幅缩短。五是为民惠民，智慧客服水平更上一层楼。实现营业厅"一站全结"、智家工程师"极速服务"、政企客户经理"精品服务"、10010 热线"一号通解"，智能化服务水平同比提升 13%。

（成果创造人：何　飚、孙世臻、娄　瑜、杨庆友、耿向东、陈淑平、

巩　颖、傅　强、张陶冶、刘洪波、杜　宇、宁安亮）

煤炭企业煤矿机器人集群建设与运营管理

陕煤集团神木柠条塔矿业有限公司

陕煤集团神木柠条塔矿业有限公司（以下简称柠条塔矿业公司）成立于 2005 年 5 月 18 日，由陕煤铜川矿业有限公司、榆林市企业发展投资有限公司和神木市国有资本投资运营集团有限公司出资设立，注册资本金 14.26 亿元，矿区资源量 22.97 亿吨，可采储量 16.45 亿吨，核准生产能力 2000 万吨 / 年。柠条塔矿业公司是国家能源局、国家矿山安全监察局确定的首批智能化示范建设煤矿，2022 年 8 月通过国家验收，达到 I 类中级水平。

一、煤炭企业煤矿机器人集群建设与运营管理背景

（一）推动大型煤炭企业智能化转型、建设现代能源体系的必然要求

煤炭的智能化和无人化开采技术已经成为我国煤炭产业政策的重要组成部分，以确保煤矿的安全生产。根据国家发展改革委和国家能源局发布的《能源技术革命创新行动计划（2016—2030 年）》，我国明确了在 2020 年提升煤炭安全、绿色、高效、智能开采技术水平的目标，并计划在 2030 年前实现重点煤矿区工作面的无人化。为实现这一目标，柠条塔矿业公司需要在辅助作业岗位机器人的研发和应用上取得关键性突破，以实现作业岗位的机器人替代，从而减少用工数量、降低安全风险，推进全矿井、全环节、全过程的智能化。

（二）积极应对煤炭行业复杂环境、实现高质量发展的迫切需要

智能化作为我国煤炭行业高质量发展的核心技术支撑，已经得到了行业广泛的认可。在煤矿智能化建设中，通过机器人替代井下危险作业岗位的人工操作已经成为行业发展的必然趋势。煤矿机器人在井下作业环境的复杂性及采掘等作业面的动态变化，为机器人的应用带来了新的挑战。为解决这些问题，未来煤矿机器人的发展将不可避免地趋于人、机、环的共融化。因此，实现区域机器人集群的高效协同作业将有助于彻底解放井下危险作业工人，实现煤矿生产的智能化、高效化、安全化。

（三）追求高效生产与全面智能化管理、提升企业竞争力的关键举措

柠条塔矿业公司如何更好地建设智能化煤矿、持续发挥柠条塔煤矿示范引领作用，是亟须思考的重要问题。柠条塔矿业公司作为陕煤集团的主力矿井，肩负着建设世界一流矿井、推进集团技术发展的巨大责任，迫切需要加速机器人集群的建设和应用进程，积极推动煤矿机器人集群的研发与工程示范。同时，这也是解决当前煤矿用工难、工效低问题的根本途径，通过实现全矿井的"智能化生产决策控制＋井下机器人操作"模式，能够更好地迎接市场化需求的挑战，提高企业的核心竞争力。

二、煤炭企业煤矿机器人集群建设与运营管理主要做法

（一）确立机器人集群建设与运营管理的目标和基本原则

柠条塔矿业公司进行机器人集群建设与运营管理的目标是实现煤矿井下危险、繁重岗位由机器人替代，实现固定场所的"无人化、少人化"，以对象化建模方式融合煤矿安全、生产、运营等数据，通过统一的数据流、信息流及业务流，畅通煤矿横向、纵向安全生产管控业务的高效协同。

柠条塔矿业公司坚定智能化建设发展方向，按照"高起点谋划、高标准建设、高质量推进、高效率运行"原则，大力推进智能化建设，在国内首次提出并搭建了智能化煤矿综合管控与机器人集群协同调度平台，全面进行煤矿机器人集群研发及应用，形成"采—掘—运—辅"为核心，井上、井下协同的机器人集群。

一期机器人柠条塔矿业公司建设应用了采煤工作面超前支护机器人、巷道修复机器人、喷浆机器

人、管路安装机器人、皮带机巡检机器人、变电所巡检机器人以及地面服务类机器人等 32 台（套），覆盖了重点研发目录相关机器人的 40%。

在智能化和机器人集群的建设过程中，柠条塔矿业公司探索形成了架构合理、贴合实际的"4311"智能化建设模式。其中，"4"是坚持 4 个基本原则，分别是安全可靠性、科学实用性、减人提效性、智能一流性；"3"是抓住 3 个重点，分别是采掘及辅助系统智能化、机器人集群建设、智慧生活园区建设；"11"是全面推进 11 个子系统建设，实现对生产、运营和管理的全覆盖，为智能化矿井建设提供强力的体系支撑。未来，柠条塔矿业公司将以 I 类高级智能化矿井为新的目标，坚持"4311"这一建设模式，做好智能化煤矿机器人集群建设等工作，推进全矿井、全环节、全过程的智能化，以智能化为安全、高效生产及职工幸福感提升赋能。

（二）进行顶层设计，构建"机器人协同调度平台＋机器人"模式

1. 确立"一支撑一平台六中心"，全矿智能化协同管控

柠条塔矿业公司以煤炭工业大数据为支撑，以智能化矿山基础软件平台为统一基础平台，以机器人集群协同控制为核心，开发机器人集群协同控制应用中心、生产调度协同管控中心、安全保障管理协同应用中心、专业业务应用中心、决策分析综合管控应用中心、运维监测管理中心等 6 个业务应用中心，形成"一支撑一平台六中心"智能化综合管控的应用架构，并预留与企业经营管理中心的数据集成融合接口，实现企业数据资产沉淀，形成以数据资产运营为核心驱动力的矿山科技创新与管理转型，达成以数据为支撑的企业安全生产科学决策思维变革，实现机器人乃至全矿井的集中监控与统一调度，最终达到实现全矿集中管控与协同调度的目的。

2. 超长工作面智能煤机创新，支持高效采支运协同

以柠条塔煤矿 3^{-1} 煤智能化综采工作面为基础，攻克快速跟机移架和高效截割难题，通过智能开采工作面机器人化关键技术研发和应用，建设超长工作面智能快速采煤机器人群，实现采、支、运高效协同运行，近水平煤层液压支架能够满足采煤机 12 ～ 15m/min 的高速运行条件的跟机需求；开发新型高可靠性精准执行系统，油缸控制动作误差 ±5cm 以内，为中厚煤层工作面高产高效提供技术支撑；创新研制运输顺槽工作面超前支护机器人，维护超前段顺槽围岩稳定，避免反复支撑对支护系统造成的破坏。

3. 智能化巷道喷浆，形成矿井自主喷浆机器人作业系统

研制喷浆机器人，实现巷道断面检测、喷浆轨迹自主规划、自主喷浆作业、喷涂质量识别等功能，完全代替人工喷浆作业。研制自动喷浆装置。通过与喷浆机器人控制系统协同控制，自动喷浆装置可实现喷浆压力自适应调节。研制自动给料装置。自动给料装置具有料位检测、自动搅拌、自动给料等功能，可实现喷浆装置连续作业。最终，形成一套矿井自主喷浆机器人作业系统，改善喷浆工人作业环境，有效减少 2 ～ 3 人。

另外，对煤矿工程作业装备的智能化改造，可实现管道安装机器人与巷道修复机器人的研发与应用，有效减小作业人员的劳动强度。

（三）技术应用创新，实现机器人集群协同作业

1. 打造智能化综合管控与机器人协同调度一体化平台，信息与生产深度融合

首先，通过智能化煤矿机器人总体规划与设计研究，针对各类关键岗位进行机器人研发与应用，形成机器人集群，以实现关键作业岗位的机器人自动化执行，切实减少下井人员，降低了安全风险，推进了全矿井、全环节、全过程的智能化。其次，致力于研发智能化煤矿基础信息平台，以工业互联网架构为基础，实现统一基础信息平台。进一步，通过机器人数据标准化接入技术研究，解决多个厂商的机器人异构性问题，包括机器人标准化、模块化研究和自适应集成式通信协议系统的建设，以确

保平台对不同机器人的兼容性和协同性。在矿井安全生产与协同管控平台应用系统建设方面，建设多个协同应用中心，包括机器人集群协同控制、生产调度协同管控、安全保障管理协同等，以实现远程可视化运行状态监测与协同控制。最后，通过机器人集群作业调度策略研究，引入跨域调度管理系统，优化同类机器人的调度策略，提升集群整体作业效率。同时，通过机器人集群管控平台集成数据接入与数据模型构建，建立机器人模型仿真和状态参数仿真平台，实现煤矿生产的一体化集中监控与控制。

2. 建设超长工作面智能快速采煤机器人群，高效协同运行

一是开展超前支架与转载机一体式循环作业支护方式研究。其内容包括：运输顺槽将转载机阻碍点变为动力部的配套方式；明确"支护—降架—移—定位—支护"作业工序；利用电液自动化控制技术，实现多装备协同。二是开展顺槽转载机运—支一体化系统开发，针对超前支架和转载机空间协调矛盾，开发运—支一体化超前支护机器人。三是进行超前顺槽一体化控制技术和装置开发，即开发一体化装备自动推进及精确位姿控制系统，实现支护单元平稳移移和精确定位；基于电液控制技术开发自动控制系统。

3. 改进煤矿巷道喷浆技术，改善作业环境

一是开展矿井自主喷浆机器人机械系统研究，包括机械系统包高强度轻量化通用履带载具、液压式多连杆机械臂、喷嘴摇摆机构、激光扫描与喷浆作业切换机构以及随行混凝土泵车。二是进行矿井自主喷浆支护机器人控制系统研制，其中，电控系统包括激光建模算力平台、运动控制及信息处理平台、故障侦测系统及各执行单元控制器，各单元彼此独立，运动控制器与故障侦测系统控制下协作工作。三是进行矿井自主喷浆机器人作业面分析系统研制，采用激光扫描定向测量技术，建立巷道三维动态沉降模型，根据作业面积建立工作量定量评估方法，得到喷浆量、喷浆厚度等指标。

4. 利用智能化技术改造煤矿机器人，实现人机交互

一是实施矿用抓管机智能化改造。该改造聚焦于本体结构设计、抓管检测和抓管动作规划，改进了抓管机整体结构，包括转向、刹车、动力系统等，为自主作业系统奠定了硬件基础。采用基于候选区域的抓管检测方法，通过修改 resNet 网络模型，实现高准确度的管路抓取检测。同时，基于双目视觉的抓管动作规划方法修正轨迹，提高机器人的绝对定位精度，解决累积误差问题。二是实施矿用巷道修复机智能化改造。该改造关注于环境信息构建、控制系统研究和工作面缺陷体积识别系统。采用 SLAM（Simultaneous Localization and Mapping，同时定位和建图）原理进行定位与地图建立，通过内部传感器和激光传感器同步进行环境信息增量式构建。控制系统进行智能化改造，满足远程遥控需求，实现远程监控人员与机器人的数据交互，保证作业指令下发和远程操控的优先级。引入工作面缺陷体积识别系统，通过激光传感器对工作面缺陷进行逐层扫描，提供操作人员判断所需信息。

（四）机器人集群协同运行，助力矿井"减人提效保安"

1. 形成"横向协同、纵向贯通"的安全生产管理体系

柠条塔矿业公司开发了智能化综合管控的应用架构平台，该平台部署在公司私有云平台中。该平台已在矿领导、生产指挥中心、规划部、生产技术部、机电物资管理中心、安全环保部、区队及班组进行了应用，初步形成了"横向协同、纵向贯通"的安全生产管理体系。

2. 建设智能快速采煤机器人群

一是在工艺研究方面，通过研究长壁工作面的各种斜切进刀开采工艺，确定单向割煤中部斜切进刀方式和双向割煤端头斜切进刀方式的割煤工艺。二是开发分布式供液装置。三是研发数字油缸技术。四是开发运支一体化超前支护系统。

3. 智能型喷浆机器人取代传统人工作业

柠条塔矿业公司提出基于二维激光雷达的巷道喷浆机器人路径规划方法，通过智能化的喷浆量规划，提高了喷浆质量。柠条塔矿业公司通过点云数据处理算法解决了路径生成难题，实现机器人自主化轨迹规划。同时，提出基于多自由度机械臂高精度联动的电液控制喷浆方法，通过双闭环控制系统确保高精度喷涂，解决了使用全液压机械臂的控制困难问题。还通过多子系统的连锁控制方法实现设备智能化，提高生产效率，引入无线通信系统解决了设备通信问题。在实际应用中，机器人取代传统人工方式减少了作业人员，提高了喷涂效率，降低了工人健康风险。

4. 智能辅助机器人革新煤矿作业

一是开展长巷道、大尺寸空间的机器人地图构建与运控规划。二是实施复杂工况下的作业目标位置精准测量。三是开发重负荷、高灵敏度防爆液压柔性机械臂及其控制技术。四是开发重载作业移动平台一体化技术。

（五）以数据融合为基础提升管理决策水平

1. 人机共融，构建机器人集群协同管控体系

柠条塔矿业公司的机器人集群管控平台根据实际井下作业机器人设备及环境需求，平台面向状态监测、运维管理、音视频服务、协同作业、智慧决策等业务应用，形成"人在回路"的人机共融的机器人管控体系，主要用于接入煤矿所使用的各种机器人并实时监测其状态，反映机器人实时和历史运行状态信息、操作信息、检查信息和维修信息。同时，平台将接入和集成GIS（Geographic Information Service，地理信息系统）巷道地图信息、空间位置服务系统定位信息、安全监控系统环境传感器和摄像头监测信息等数据，可视化展现设备区域位置和环境信息；当监测到环境及设备异常时能够及时报警，实现机器人集群作业环境监控、遥控操作、任务规划与执行操作的统一管控。

2. 生产调度管理为核心，数据融合与协同可视化应用

柠条塔矿业公司以煤矿生产调度管理为核心，联通调度指挥中心、部门、科室及队组生产管理业务，包括生产调度管理、岗位标准作业流程、班组管理及综掘工作面数据融合与协同可视化应用、综采工作面数据融合与协同可视化应用、主煤流数据融合与协同可视化应用、辅助运输数据融合与协同可视化应用、生产辅助数据融合与协同可视化应用、供配电数据融合与协同可视化应用等组成的固定场所协同管控应用。

3. 风险智能预警，优化生产管控

柠条塔矿业公司通过统一标准规范、应用模式和数据接口，集成煤矿基础主数据、地理地测空间数据、动态实时监测数据以及日常管理数据，应用BI（Business Intelligence，商业智能）和大数据分析模型，进行企业各指标的态势分析与预测。实现安全风险数据集成分析预警。通过生产指标分析，利用大数据技术评估煤矿生产过程中的各类因素和能耗产量关联信息，指导管理人员加强生产环节管理，优化控制，提高产量。应用可视化模型和基础信息平台建设煤矿安全生产大数据看板，实现调度指挥中心对安全生产的融合监视。系统还通过大屏幕显示智能矿山验收管理、地质保障、智能掘进、智能开采、主煤流运输、辅助运输、通风与压风、供电与排水、安全监控、智慧园区、煤矿安全生产总览及机器人集群协同调度等12项主题的关键指标。

4. 智能精准运维，实现煤矿可靠稳定运行

柠条塔矿业公司采用独立于智能化综合管控平台的业务应用体系，采用先进的运维管理理念，在整个系统平台中预埋涉及实时数据处理性能、历史数据存储性能、各服务器资源占用、在线用户数、模块操作记录等方面的探针，由探针实时对整个系统运行过程所存在的日志信息进行输出。平台采用独立的日志分析模块对系统日志信息进行集成分析，以运维看板的方式实现各类指标的可视化，并实

现各类指标的钻取性查询。在整个运维管理过程中，平台实现对煤矿重大机电设备在线故障预测性诊断与分析预警等系统的接入，以保障设备的安全可靠运行、煤矿信息化安全与生产安全，当设备发生故障时，进行故障定位，同时将故障信息以事件派单的方式提交给对应的信息保障、物资供应、智能运维、机电维修与生产调度等部门，以保证各部门之间的协同保障报警/异常信息的及时处置，从而实现整个平台的可靠稳定运行。

（六）智能化风险管控，保障安全生产高效有序运行

1. 安全风险分级管控，源头预防与动态应对

柠条塔矿业公司建立安全保障综合防控应用中心，以安全风险分级管控为核心，根据事故客观规律，围绕风险辨识、措施落实、动态监视、异常分析预警及处置等风险管控业务环节，整合煤矿各类安全管理要素。利用信息化和移动互联等技术，结合科学的流程，从风险管控的角度实现对矿井各类数据的融合分析。这样的综合分析系统能够监测并报警风险管控各环节的异常数据，协助煤矿安全管理者进行迅速的决策，有效遏制重特大事故的发生。

2. 空间数据一图全览，安全与生产全方位联动

柠条塔矿业公司以"一张图"理念为指导，采用多种技术手段对煤矿空间对象数据、业务属性数据以及监测实时历史数据进行全面集成。这一综合集成系统提供了位置化联动服务与应用，在二维和三维地理空间下的矿井场景展示，以及对生产业务数据的查询、统计和智能分析，实现了矿井安全生产信息与采掘工程、地质环境、采掘状态的动态关联、综合化管理、自动化管理与智能化管理。该系统直接服务于煤矿安全生产指挥与决策，为提高整体管理效率和智能化水平提供了强有力的支持。

3. 安全巡检，计划、记录、评估一体化

柠条塔矿业公司实现了对安全检查的全面管理，在此基础上，可以记录隐患、确认风险控制情况，并查看详细的安全检查记录表。能够为特定岗位制定安全风险或隐患的定期检查计划，涵盖不同的检查周期。执行人员按计划下井检查，并在系统中录入风险检查情况和发现的隐患。定期进行计划和实际情况的比对分析，统计执行情况。同时，科学规划巡检路线和巡检计划，合理安排人员巡检井下隐患和三违，确保有效记录。

4. 标准化隐患处理，速度与准确性提升

柠条塔矿业公司应用了安全风险库和隐患处置库，使得安全巡检人员能够准确辨识各类隐患。通过规范隐患处置流程，系统实现自动监控并及时提醒相关责任人处置隐患，确保隐患得到有效闭环，提升安全隐患处理速度和准确性。借助标准化的流程设计，系统实现了从隐患发现到处置的闭环流程。

5. 智能安全监测，多灾害防控一体化

依据矿井煤层赋存条件及灾害类型，柠条塔矿业公司构建了精细化的"单一灾害"智能安全监控系统。具体而言，对于存在瓦斯灾害的矿井，建设完善的瓦斯智能感知系统，实现监测数据的自动上传、分析、预测和预警。对于存在水害的矿井，建设水文智能动态监测系统，并与排水系统、避灾系统等实现智能联动。对于面临煤层自然发火危险的矿井，建设束管监测、光纤测温等系统，以及灌浆、注氮等防灭火设施，实现监测数据的自动上传、分析和联动。对于易发生火灾的区域，设置火灾感知装置及防灭火系统，并实现智能联动。建设顶板灾害在线监测系统，可基于监测分析结果进行顶板灾害的预测和预警。对于可能发生冲击地压灾害的矿井，建立冲击地压监测、预测与预警系统，以有效预测、预警冲击地压危险区域。

三、煤炭企业煤矿机器人集群建设与运营管理效果

（一）构建了机器人集群综合管控系统，管理决策水平得到提升

柠条塔矿业公司成功开发了井上、井下机器人群综合管控和调度系统，解决了辅助作业机器人关键问题，提高了作业安全性，初步形成了集群效应。以机器人集群协同调度为核心，基于工业互联网架构的智能矿山基础信息平台集成多个系统数据，构建了"一支撑一平台六中心"的综合管控应用架构，为安全生产管理体系提供支持。作为核心应用，系统通过数据集成与综合应用提供决策分析，形成了机器人集群协同调度方面的关键技术探索，成为行业应用示范，支持企业的安全生产协同管控。

（二）经济效益显著，人员效能增强

柠条塔矿业公司的辅助作业机器人在管道安装和巷道清理等任务中表现出色，每台机器人使用寿命长达 10 年，每年为煤矿节省运营成本约 150 万元，总计可节约成本约 1500 万元。同时平台建设避免了信息化重复建设，每年为煤矿带来约 1250 万元的经济效益。柠条塔矿业公司实现了机器人在井上、井下和空间的立体式集群服务，40 余台机器人组成的煤矿机器人集群与生产体系协同作业，实现一体化综合管控。智能综采工作面减少至 7 人以下，平均工时显著减少。机器人集群平台显著提升了整个矿井智能水平和协同调度能力，累计减少 55 人以上劳动力。在辅助作业方面，机器人的喷浆、抓管、巷道清理等应用成功减少 20 人以上的作业人员。

（三）生产安全高效，社会示范引领

柠条塔矿业公司以安全风险为核心，建设风险分级管控、风险融合监视与动态评估、重点作业区域灾害综合防治、隐患排查治理与辅助应急救援管理等功能，实现全矿井风险危害全方位感知、实时监视、动态评估、异常处置与闭环管理，确保了安全生产高效有序运行。机器人集群建设与运营管理已成功推广到 20 多家煤矿及 4 家金属非金属矿山，为智能化煤矿建设、多业务协同、数字化转型及高质量发展提供了有力保障。此外，机器人集群协同调度平台和喷浆机器人被列为煤矿机器人典型应用场景，纳入"十四五"国家重点研发计划。

（成果创造人：闫敬旺、谭　震、王树斌、陈万胜、延光生、王建文、
　　　　　　　马　亮、高永军、任长忠、徐　杰、加保瑞、陈　菲）

航天电子产品基于数据赋能的生产管理优化

上海航天电子技术研究所

上海航天电子技术研究所（以下简称电子所）隶属中国航天科技集团有限公司上海航天技术研究院（以下简称八院），是从事测控通信、微波有效载荷、综合电子、制导雷达等分系统及各类电子产品研发、制造和系统集成的专业技术研究所，具有完备的研制、试验、批生产能力。电子所年产地面相控阵雷达近 50 套，有效载荷产品 10 余套，分系统交付百余套，各领域电子单机产品近万套，现有从业人员 1853 人，其中科技人员占 82%，技能人员占 13%，管理人员占 5%；副高级及以上职称 575 人，硕博士 914 人，拥有享受政府特殊津贴专家 5 人、集团公司学术技术带头人 7 人、八院学术带头人 12 人。2022 年，电子所全年总产值 39.57 亿元，利润 5.82 亿元，在八院 12 家军品单位中名列第 4 名，多次获得"上海市市级文明单位"称号。

一、航天电子产品基于数据赋能的生产管理优化背景

作为航天系统工程中承担研制、生产、试验工作的科研单位，电子所亟须推进数据资源的整合共享与开发利用工作，助力消除军工产品在质量进度管控中的"信息孤岛"与"数据烟囱"，让数据多走一步，促进军工产业链高效协同。传统的仅依赖于项目调度岗进行人工资源调配的整体管理模式已无法满足多任务、多线程的快速响应管理需求，短平快的资源精准调配成了确保市场竞争力的最经济手段。电子所作为集研制、生产、试验于一体的航天专业技术研究所，具体的设计、生产、试验分别由不同的事业部完成。通过多年的积累，不同事业部已分阶段构建了设计、生产、质量管理等不同的业务系统平台，各系统平台基于业务流程及功能定位相互独立，其中生产平台中不同岗位人员应用不同的功能模块，各功能模块之间相互独立，数据也相对离散，实施全流程的数据分析与整合共享仍存在一定的困难，很难发挥出现有软硬件资源的统筹作用，亟须开展业务贯通、数据治理、流程优化，从而发挥数据支撑决策、赋能相关业务的作用。基于上述情况，电子所于 2020 年开始探索实施基于数据赋能的航天电子产品生产管理优化，经过 3 年的探索和实践，取得了良好的实施效果。

二、航天电子产品基于数据赋能的生产管理优化主要做法

（一）明确工作思路，组建专业团队，规范治理体系

1. 开展顶层设计，明确实施方案

为了加快实现电子所"三高"发展目标，发挥数据赋能作用，提升具有航天电子产品生产特色的管理效能，电子所积极开展顶层设计，以生产数据为核心驱动，聚焦生产业务活动，将生产设备、工艺、流程、数据、人员和数字化信息化技术进行关联，发挥数据作为企业的重要资产增值作用，开展数字化融合管理创新活动。

在电子所领导的带领下，电子所组建专业团队，制定数据标准，开展数据治理工作，实现各业务系统间数据统一、贯通、共享的目标，具备在线采集生产过程全流程数据的能力；针对生产管理过程中关键瓶颈和质量管理薄弱环节，积累数据，开展数据分析，制定改进措施，驱动生产流程持续优化；基于数据积累和分析，建立应用数据功能模块，如构建产品星级与人员能力模型、工序外包厂家能力与产能模型等，开展数据应用，以实现生产资源精准、高效配置的目标；基于数据治理、分析和应用，搭建数据管理平台，统一汇总生产管理数据，开发生产管理驾驶舱系统，具备为各级管理者提供个性化精准的生产管理信息推送的能力，从而提高决策的准确性和效率。

2. 组建数据治理团队，规范治理体系

在推动国有企业数字化转型的大背景下，为了更好地应对 6 个常态新特征，改善电子所生产管理现状，做到"因时而变、准确识变、科学应变、主动求变"，电子所采用更新的理念、更开放的视野、更高效的模式、更新颖的方案、更务实的行动和更专业的能力，以生产管理数据项目建设为切入点，切实提升航天电子产品生产管理效率，组建数据治理团队，成立数据治理专项领导小组和工作小组，由所长亲自挂帅领导，涵盖设计、工艺、质量、物资、生产、标准化、信息中心等部门，开展数据治理顶层设计、统一工作标准和思路，从数据源头落实数据标准，明确治理实施规划目标，将正确的数据以正确的方式在正确的时机传递给正确的人或设备，逐步形成数据治理体系规范，营造良好的数据文化氛围。

（二）建立数据标准，开展数据治理，消除数据孤岛

1. 制定数据标准，建立体系化的数字化转型过程方法机制

围绕电子所战略目标，推进电子所工业化和信息化两化深度融合，打造新型能力，实现电子所可持续竞争合作优势的获取，编制《两化融合管理手册》，明确数字化转型的主要任务和关键着力点，建立体系化的数字化转型过程方法机制，务实有效推进数字化转型，实现螺旋式创新发展。统一数据管理要求、落实八院大数据中心建设方案，组织信息中心等相关部门编制《大数据中心管理要求》，共 9 个部分，明确业务数据属性、业务数据实体、数据资源库、设备采集、业务平台集成接口、三统一等相关标准要求。为了统一电子所 CAMP（Collaborative Manufacturing Management Platform，协同制造管理平台）数据规范、接口规范，编制《CAMP 系统标准》，共 8 个部分，明确基础数据分类及填写要求，规范了设计系统、流程系统、微组装生产线系统、项目集成管控平台、外协任务管理系统及产品数据包系统与 CAMP 系统的集成接口。

2. 打通系统间数据壁垒，消除"数据孤岛"

为了解决生产管理流程中的"数据孤岛"问题，打通各业务系统间的数据壁垒，依据数据和接口标准规范，实施数据治理，利用信息技术手段进行底层交互、转换，将生产所需数据在 PDM（Product Data Management，产品数据管理）设计系统、ERP（Enterprise Resource Planning，企业资源计划）生产系统、BPM（Business Process Management，业务流程管理）流程系统及互联网 + 工序外包管理系统进行贯通、共享，以数据驱动打通信息流、业务流、产品流，将审批流程嵌入业务流程，生产管理各环节在数字化、信息化环境下实现数据贯通、一键校对、高效交互，不断驱动流程优化；通过设计系统、生产系统间的数据贯通，确保最新受控状态的设计数据、工艺数据通过底层信息交互，直达生产现场操作人员客户端，无任何人工传递环节，提高产品的生产整体效能和过程管控能力。

3. 开展基础数据属性治理、助力设计生产效率提升

构建电子产品可制造性工具体系，对标 GJB[①]、QJ[②]、IPC[③]、NASA[④]、ECSS[⑤] 等标准的规定，形成审查规则并建立知识库，与设计工具无缝集成，成功开发了基于参数量化知识库的 DFMA（Design for Manufacturing and Assembly，面向制造和装配的产品设计）软件工具，优化科研生产管理模式，将工具推送至设计源头，建成智能化、高效化、规范化的产品设计—工艺一体化协同能力，提升设计效

---

① 中国国家军用标准。

② 航天行业标准。

③ 标准化电子设备和组件的组装和生产要求。

④ National Aeronautics and Space Administration，美国航空航天局。

⑤ 欧洲航天标准化委员会。

率、设计质量和设计的可制造性。组织工艺、设计开展物料类数据属性治理工作，对所有物料在 PDM 系统赋予是否烘焙、手工焊、回流焊、波峰焊、机／电装等属性，基于物料属性，使用电子产品快速工艺设计系统，实现单板装入件按工序或分工操作中心（机装／电装、手工／设备）自动匹配，提高工艺设计的准确性，相比手工加入装入件和手工编制具体工序操作内容，工艺文件编制效率提升 75% 以上；实现物料属性库和标准工序库等资源的共享，利用物料属性数据，实现精准分类齐套管理，由人工判读分料改为系统自动甄别分料，大幅减少车间识别工作，效率提升 80% 以上。

4. 采集过程数据，细化关键过程记录，确保生产过程完整追溯

航天电子产品多采用多品种、小批量的生产模式，目前八〇四所已经有一条自动化程度较高的 SMT（Surface Mounted Technology，表面贴装技术）生产线，印制板组装件的生产已 100% 采用设备电装。2019 年，八院质技部下发《关于八院开展产品合格率和稳定性控制工程工作的通知》，要求各单位利用 3 年左右的时间，系统地开展产品合格率与稳定性控制工程。产品生产方面的合格率与稳定性控制工程需要依托 SMT 生产线数据的自动采集，才能使用合格率控制工具进行分析，提出改进措施以提升产品的合格率和稳定性。基于此，为提高产品批次一致性及质量稳定性，电子所开展 SMT 生产线数据采集，统计分析技术研究，实现生产过程信息的采集，加强产品生产过程信息的可追溯性，同时，运用产品生产过程问题原因排查手段，提高产品质量和可靠性。此外，对 SMT 生产线设备进行数据链接、采集、解析和产品信息绑定，实现设备状态监控、过程信息／检验信息在线图文记录、合格率自动统计等生产全过程数据在线运行和分类输出汇总，生产过程数据在线采集和问题分析、在线追溯，及时解决风险问题，批产单板一次焊接合格率提升至 98.8%。

电子所深挖过程数据属性，识别影响产品质量的关键过程，采用标准化、信息化记录手段，配置"多余物""焊点质量检验""再流焊工艺操作过程记录"等 12 种在线记录模块，涵盖航天电子产品生产过程中特殊过程、重点过程的记录要求；基于 ERP 系统和 BPM 系统开展数据治理工作，实现业务数据和流程数据关联共享，将质量问题反馈和流程闭环自动关联、质量过程记录与具体产品绑定，做到全过程在线记录、完整追溯，保障产品质量的可追溯性、一致性和稳定性。

（三）融入业务场景，识别管理瓶颈，挖掘数据价值

1. 数据治理融入生产管理环节，建立瓶颈工序可视化看板

对生产管理全流程数据分析发现，设备焊接生产、电装检验、辅助成组是小规模多品种生产状态下管理的瓶颈环节，也是前端事业部设计人员主要吐槽和问题反馈较多的环节，应该将其作为生产管理过程中的关键生产管理点进行重点管控；进一步分析瓶颈问题发现主要是非计划性的突发紧急任务集中、检验人员任务饱和度不透明、调试周期不确定等因素造成产品工序汇集到瓶颈工序造成拥堵，如同多条高速路汇集至同一入口造成的拥堵。

为进一步解决该问题，电子所建立设备焊接生产、电装检验、辅助成组关键工序生产流程可视化看板展示系统，参照手机导航系统的设计理念，借助工艺标识的设备焊接基础数据属性在任务准备初期使下达的设备焊接生产的产品进入可视化看板系统，并以灰色进行显示，更加直观地展示数据和信息，辅助管理人员做出更加合理的计划安排。

生产过程面向全所人员进行展示，使全所人员全面了解和掌握产品生产进程及生产节奏，缩短领域事业部对于紧急任务协调的时间和多任务间资源冲突的排产时间，提高管理的沟通效率，让生产管理安排更加精准和高效。

2. 分析和挖掘数据中的规律和趋势，驱动计划合理实施

电子所产品涉及弹、箭、星、船、器多个领域，产品种类繁多、加工周期长短不一。面对当前型号研制周期短、任务重的新形式，如何科学地掌握产品生产进度，提前识别进度风险，保障型号按时

交付，为产品竞标、交付等提供有力的生产保障显得尤为重要。为此，通过搜集近几年结构件加工周期数据（约 6 万条），并对超期任务数据在领域、产品类别、原因类别等方面的占比进行分析，找出造成产品严重超期的主要原因，并制定解决措施，从计划合理性、各厂家任务与能力匹配性、集中投产专题协调、规范后端操作等方面开展改进工作，保障各领域及各种型号任务的顺利完成。

通过对工序外包加工周期、检验合格率的数据采集、积累和分析，实现产能预测，提前识别进度风险，更科学地把控型号任务整体计划进度；通过历史数据的积累，在任务下达时可自动显示以往的同类任务的平均加工周期及当前各工序厂家的任务承载情况，驱动生产计划下达更加合理、有序，提高所内、所外资源调节能力和生产管理的灵活性，为产品研制竞标、批产交付等提供有力的生产保障，并形成《电子所工序外包产品加工周期表》等指导文件。

3. 通过工时和价格数据的采集和利用，提升人员和成本管控能力

开发工时管理系统，使工时信息嵌入生产过程，将任务完成与工时结算直接绑定，任务完成情况与工人的考核绩效直接挂钩，实现人工成本统计在线化、自动化、直观化，剔除了工人每月手工统计工票的不增值环节，避免少报、错报、漏报、瞒报（积攒工时、借用工时）等情况，让工人专注于生产，实现产品成本快速、准确核算，以及提升车间对人员工时的科学管控能力。利用工时数据分析，让车间管理人员更便捷地了解和掌握每位工人真实的工作效率和技能水平，有针对性地采取各项管理措施，提升工人的单位产出效率。

利用"互联网＋系统"的工序外包审价系统，将工序外包报价嵌入工序流程，实现工序外包成本在线统计，利用积累的大量产品价格数据，不断充实、完善工序外包价格库，提升了工序外包加工报审价工作的效率、合理性和准确性。

4. 因地制宜自主开发 MES，实现产品数据包自动归集

为进一步体现航天质量控制理念，实现生产制造过程全覆盖，电子所基于 ERP 系统自主研发适应航天电子产品生产特点的 MES（Manufacturing Execution System，制造执行系统），满足生产一线人员便捷操作需求，实现装配中心无纸化、数字化管理，工艺制造路线通过系统间信息交互自动同步至MES，精准、便捷、高效地实现生产过程数据全采集（工序过程记录、操作记录、特殊过程表格化电子记录、检验记录、影像记录等），产品数据包信息在产品生产装配完成后，可实现自动归集及便捷提炼选捡，提高了产品的交付效率。

以单板装配生产为例，单板印制板上印有唯一身份标识二维码（与印制板生产厂家提前签订了相应的二维码标识规范），生产设备（印膏机、贴片机、回流焊设备等）可通过扫描产品跟踪卡上的二维码和单板印制板上的二维码进行过程数据管理，并采集 MES 内的数据信息（物料信息、工艺参数、元器件装配信息等），实现自动记录和上传生产过程信息功能。所有生产过程、检验结果、元器件数据包等数据在 MES 中进行自动记录，生产工序来源于 PDM 端工艺制造路线。

（四）构建应用模型，驱动资源精准匹配和业务协同发展

1. 构建产品星级评价和人员技能评价模型，切实提高产品质量

电子所每年承担 2000 余种不同种类的航天电子产品装配生产任务，根据使用环境不同、产品复杂度不同、质量要求不同等，其对应的操作人员技能水平要求也不相同；同时车间手工装配人员近 60人，其技能水平参差不齐，合理分配操作人员并与产品所需技能相匹配是关系到航天电子产品质量的重要环节，可有效降低生产操作过程中的风险系数。

为有效解决上述难题，电子所构建技能评价模型，采用数据驱动技能人员任务分配管理机制执行。建立"专业分类、技术能力、人员星级"三维技能人员能力评价模型，基于行业标准体系，建立"装配风险、组装密度、技能类别、生产周期"四维产品装配难度评价模型。双模型输出产品星级／人

员星级，并将上述参数嵌入科研生产信息系统，如 PDM/ERP 系统（含 MES），利用数据驱动管理机制的执行，做到产品等级与人员星级精准匹配，确保复杂高星级产品配置高技能操作人员，科学防控操作质量风险，提高人员能力利用水平。

2. 开发工序外包互联网＋系统，实现对生产资源的穿透式管控

电子所部分工序在所内资源无法满足任务需求的情况下采用工序外包的方式进行，尤其是机械加工等重资产项目，电子所完全依托社会化成熟的民营企业进行，其成本相对低且转换灵活，可适应航天电子产品的多品种、小批量、进度紧、要求高、经费管控严等特点。但民营企业规模小，自身的管理能力有限，对自身的发展缺乏远期规划，作为电子所供应链体系的重要一环，电子所对其生产资源的掌握极为重要。

电子所以工序外包为试点，作为供应链体系数字化转型发展的切入点，落实责任，打通生产管理链路的"最后一公里"，对工序外包供应链实施穿透式管理，实施工序外包任务的"云"管理，将工序外包生产管理网络化、透明化，提高工序外包管理效率；采用"工序外包生产管理互联网＋系统"，实现生产任务／加工图纸电子化或模型化信息推送、远程实时跟踪生产进度、质量信息动态追溯、质检数据云平台自动归集等功能；针对工序外包厂家的加工能力、工人数量、生产设备、质量管理能力等多维度数据构建模型，与工序外包厂家实现在线数据、能力和业务协同，提升工序外包任务精准匹配跟踪和动态调整优化的能力。

（五）搭建驾驶舱系统，实现个性化信息推送，驱动智能决策

1. 构建一体化平台架构，实现多业务信息系统融合贯通

构建以设计制造为核心的一体化平台架构，支撑各环节科研业务在多业务信息系统间的数据贯通、流程优化，实现业务有机整合，面向应用和决策，建立智能驾驶舱系统。针对不同的岗位人员需求，可定制推送多层级、全阶段的生产管理的计划、质量、成本等信息数据，设定相应的管控阈值和决策算法，对各环节瓶颈、堵点进行智能化分析，识别关键数据，并进行实时监测、分析，对生产流程进行预测和优化（如当前型号任务总体进展情况、研制或竞标型号投入后对未来一段时期生产资源的影响情况分析等），提前识别风险，采取应对措施，实现以数据驱动为核心的智能决策，确保科研生产流程顺畅、生产节奏平稳有序，保障科研任务高质量的及时交付。

2. 个性化信息精准推送，提供智能决策支持

建立智能驾驶舱系统，可按角色分类实现个性化信息精准推送。操作人员可实时查看当月工时完成情况，当前任务目标完成百分比与目标计划完成时间的差距，后续任务的承接情况等；车间调度人员可实时查看待安排任务数量、总工时情况，所管理工人任务量情况，计划拖延的风险情况，生产过程中问题反馈及处理情况等；生产主管领导可总览整体任务的承接情况，工序外包进展情况和各厂家的任务进展情况，物资齐套准备情况，各生产环节的堵点和瓶颈情况及风险预警；型号调度和指挥人员可总览其负责型号的任务生产进展具体情况，产品在各生产阶段的分布情况，问题反馈及处理情况，成本费用使用情况等，第一时间掌握型号项目的进展情况，为后续资源调整做好数据支撑；事业部领导和所领导则可纵观领域或全所，迅速掌控把握某领域或全所生产的整体进展情况，及项目成本使用情况等。该系统可模拟后续任务的投产对生产资源的影响情况，为后续任务投产、项目竞标、产品研制等提供生产资源使用的智能决策支持。

三、航天电子产品基于数据赋能的生产管理优化效果

（一）实现了生产管理优化转型，管理效能显著提升

经过生产管理优化的实践，生产整体效能和过程管控能力显著提升。设计、生产、流程系统数据实现融合贯通、高效交互，生产过程实现全电子化图纸或三维模型传递；基于物料属性数据治理，工

艺文件编制效率、物料分发效率双提升 75%；实现生产过程数据全在线采集、生产过程数据包自动生成；所内、所外资源调节能力和生产管理的灵活性显著提高，计划安排实现预分预控合理高效；实现产品成本快速、准确核算和科学管控，人员产出效率明显提高；实现产品等级与人员星级精准匹配，操作质量风险防控更加科学；与工序外包厂家实现在线数据、能力和业务协同，精准把控生产资源情况；搭建驾驶舱系统，实现信息推送更加精准，为智能决策提供数据支持。

（二）创造了良好经济效益，支撑了航天企业持续发展

经过 3 年的生产管理优化实践，电子所年产值大幅提升，2022 年达 39.57 亿元，相比上一年增加 7.5 亿元，增幅 23.4%，相比优化前年增幅 6%，增幅比例提高近 3 倍。SMT 生产线生产节拍提速 80%、检测效率提升 50%，年产能由优化前的 16000 件增至 30000 件，设备焊接生产、电装检验、辅助成组等待时间缩短约 85%，工序外包严重超期任务数量下降约 80%。

形成了智能化、高效化、规范化的产品设计—工艺一体化协同能力，提升了设计效率和设计质量，设计可制造性正确率提升约 95%。实现生产过程数据在线采集和问题分析、在线追溯，及时解决风险问题，批产单板一次焊接合格率提升至 98.8%。实现对"流程到端、岗位到人"计划实时监控，全面提升生产效率、降低生产成本、缩短生产周期；提高生产组织管理的精细化、信息化水平，产能接近翻倍的情况下，管理人员保持数量不变，人员效能提升 1 倍，适应快速研制生产的任务形式，保障竞标产品的高质量及时交付。

（三）获得多种奖项，提升了行业影响力

经过生产管理优化实践和生产能力提升，微波组件生产现场、电子所电子装联中心先后荣获"闵行区数字化车间"荣誉称号，共同推动闵行区智能工厂的发展。微波组件生产现场还被上海市认定为"上海市智能工厂"，实现了高密度三维封装技术能力提升和微波组件生产能力的大幅提升，推动航天电子朝着"系统芯片化、芯片系统化"方向发展，强化了电子所电子封装领域的规模化研制能力。

（成果创造人：秦　琨、陈江巍、金玉红、贺　俭、鹿昌剑、
沈皓馨、魏冬冬、莫　歧、胡明浩、胡雪超）

军工院所基于数据驱动的自主可控体系化管理

中国电子科技集团公司第二十九研究所

中国电子科技集团公司第二十九研究所（以下简称二十九所）隶属于中国电子科技集团有限公司，创建于 1965 年，位于四川省成都市，从事综合电子战信息系统、装备研制、生产，构建了集研发创新、核心制造、测试评估和服务保障于一体的科研生产体系。二十九所现有员工 5900 余人，拥有中国工程院院士 1 人，国家 863/973 计划首席专家 7 人，研发人员占比超过 54%，2022 年营业收入突破 125 亿元。二十九所曾荣获载人航天工程"突出贡献集体""中央企业先进集体""国家科技进步特等奖"等多项荣誉。

一、军工院所基于数据驱动的自主可控体系化管理背景

（一）满足国防和军队发展需求，履行新时代使命和责任的需要

自主可控工作是党和国家的重大战略部署，二十九所作为国家电磁空间安全与防卫领域的引领者，承担了大量电抗装备科研生产任务，肩负着为部队稳定提供管用好用电抗装备的使命和责任。为此，二十九所要全面推进自主可控战略落地，加快关键核心技术突破，努力把创新主动权、发展主动权掌握在自己手中。

（二）打破国外技术封锁和"卡脖子"问题，保障装备交付安全性的需要

当前我国电抗装备重大关键核心技术相关问题尚未完全突破，以国产化替代为主的装备自主可控水平不高，基础研究和核心技术研发，产业化、国产化替代和产品规模化应用等亟待突破。针对不同环节存在的问题，为保障我国装备安全交付，二十九所亟须开展体系化的装备自主可控建设，切实有效解决受制于人的短板瓶颈问题。

（三）解决企业自主可控管理瓶颈，支撑企业高质量发展的需要

但随着外部形势严峻程度加剧，二十九所之前的自主可控管理水平已难以满足当下的高要求，一是任务管理能力不足，二是型号自主可控要求管控不足，三是各项工作协同不足，四是供应链穿透管理能力不足。为此，二十九所亟须创新电抗装备自主可控管理模式，突破科技创新瓶颈，实现装备 100% 自主可控目标，实现企业高质量跨越式发展。

二、军工院所基于数据驱动的自主可控体系化管理主要做法

（一）科学谋划顶层设计，系统推进体系化管理模式构建与应用

1. 构建顶层管理体系，指导管理模式变革

研究确立了基于数据的自主可控体系化管理模式，以及"五层"总体框架。一是目标层，即全面实现装备 100% 自主可控，作为全所自主可控工作开展的顶层纲领。二是核心层，即以数据为管理核心，通过数据支撑自主可控 4 个业务维度的量化管理。三是业务层，包括自主可控任务管理，支撑基于数据的"目标—执行—监控"全过程规范化自运行；型号项目管理，通过开展基于数据的双清单全寿命周期管控，全面落实型号装备自主可控要求；专业能力建设管理，通过建设统一数据共享平台，实施专业协同管理，推动专业自主可控能力提升；供应链安全保障管理，通过构建三位一体的管理体系，保障供应链风险整体可控，满足型号装备顺利交付需求。四是支撑层，即企业基础能力建设，通过夯实组织保障、体系流程、人才队伍等基础，切实支撑管理模式构建与应用。五是平台层，即企业级信息化平台，通过构建信息化架构，统一技术底座，建设多样的系统工具以及统一的数据仓库，保障以数据为核心的体系化管理模式落地。

2. 优化组织运行架构，发挥组织整体合力

通过优化组织运行架构，调整行政指挥线和技术指挥线，形成顶层规划、全线统筹、协同推进的运行机制。行政指挥线由企业一把手挂帅，全面管理所内装备自主可控工作，负责整体战略的制定、决策及落实。其中领导小组负责战略目标及重大事项决策；自主可控办公室负责组织自主可控日常运营和过程管理，并向技术指挥线下达所内战略决策和内外部要求。技术指挥线由自主可控总师团队与型号项目团队组成，其中总师团队负责研究自主可控外部政策要求，制定自主可控顶层规划，牵头自主可控基础共性工作，并指导和支持型号项目自主可控工作开展；型号项目团队将自主可控作为产品特性嵌入装备全寿命周期管控落实，满足装备自主可控要求。

3. 制定流程制度体系，保障工作有序开展

为推进自主可控工作合理化、规范化、常态化运行，由所内总师团队牵头，对照外部顶层要求与所内研发流程，重新审视所内流程制度，制定了一套自主可控三层流程制度体系。第一层为"牵引层"，由所内核心的产品实现工作程序承载，将自主可控作为产品特性纳入装备全寿命周期管控，识别各维度关键活动，明确触发时机及工作要求，实现自主可控要素在产品研发全寿命周期各阶段的关键业务活动中精准落地。第二层是"运行层"，由装备自主可控控制程序与各领域专项管理制度承载，对标外部要求，统筹考虑所内工作实际，结合领域特点分类施策，描述各专业领域端到端的业务活动，实现外部自主可控要求与装备研发过程同论证、同设计、同验证。第三层是"支撑层"，由各专业各领域工作执行办法及标准承载，为各业务活动执行打磨定样，提供方法支持，规范活动产出标准，实现统一准则，有序开展，高效执行。

4. 建立多级人才梯队，形成体系运转动力

为保证全所自主可控工作形成体系并持续运转，二十九所建立了多级人才梯队，包括"总师、副总师、技术带头人、业务骨干"4层梯队，对应"顶层规划、专项统筹、技术攻关、事件推进"4个层面。在日常工作中，总师牵头研究顶层要求和重大决策；副总师负责推进自主可控各基础共性专项课题；技术带头人负责各专业领域的技术攻关；业务骨干负责落实各项自主可控具体要求，推进日常业务运行。为保障多级人才梯队能够快速形成，所内发布了多份所级管理文件。同时为了保障型号项目团队能够高效落实自主可控要求，项目新增自主可控师的角色，专门负责型号项目的自主可控工作。每季度/年度末，以自主可控奖励办法为依据，基于运行数据对相应人员进行考核评价，根据业务需求和人才成长模型建立不同领域和层级的动态流动机制，充分发挥不同岗位、不同层级的人才优势。

（二）构建基于数据的任务管理模式，确保自主可控工作有效开展

1. 实施基于数据的目标制定，实现目标一致性、可量化

为了提高任务目标的管理能力，所内制定了"1+2+N"会议体系，"1"是指月度例会，由管理办公室主持，主要作用是传递和落实高层基于内外部需求制定的顶层战略目标及重大工作事项；"2"是指总师团队双周例会与型号项目周例会，由总师主持，主要作用是传递和落实各专项副总师的任务目标，以及部门中层结合专项与部门业务制定的任务目标；"N"是指各专项会议，由各专项副总师主持，主要作用是传递和落实各业务骨干的个人工作目标。"1+2+N"会议体系同时对应了自主可控三层目标体系。为实现目标量化管理与传递效率提高，二十九所建设了在线会议管理系统，将"1+2+N"各级例会的任务事项全面在线管理，通过系统高效传递与落实任务目标，形成清晰、完整的任务数据及可量化的关键结果指标，目标达成后，通过数据分析与经验总结，更新和修正各级管理目标。

2. 实施基于数据的过程管控，实现过程规范且自主运行

构建规范的自主运行机制，明确各环节、各责任主体的职责和工作方式，不同类型会议的运行流程相同，但责任主体不同。以月度例会为例，管理办公室组织会议申请与召开，总师团队完成工作进展汇报，高层在会上提出重点事项与工作指示，再由总师进行事项解析，并分解成具体工作任务，由管理办公室在会议管理系统中录入并完成下发，系统自动邮件通知，任务责任人根据要求在规定时间内完成并提交材料，任务审核人通过后，任务自动闭环。在整个机制运行过程中，信息系统实时监控任务执行情况，自动统计任务完成数据，并发送邮件自动提醒超期未完成的任务责任人。

3. 实施基于数据的考核应用，实现工作高效可持续推进

一是数据展示，总师团队制定了年度关键任务、月度例会任务、双周例会任务、专项例会任务4个维度的指标类，共计41个指标项，并建设数字驾驶舱自动采集数据与计算指标结果，通过每次例会进行实时数据展示，向高层、中层、个人通报任务执行情况，并根据完成情况对各部门、各副总师打分排序，累计记录未完成的任务责任人次数，促进自主可控工作高效推进。二是项目考核，将型号项目的自主可控考核结果纳入全所的科研生产项目考核体系，设置权重占比，运用已有的科研管理信息化工具采集考核数据，并作用于项目绩效评定。三是专项奖励，通过制定专项奖励细则，基于任务重要性、难度、目标达成情况和个人贡献，依据采集的过程数据和细则计算公式，对做出突出贡献和发挥作用的个人和团队实施正向激励，并进行宣传与表彰。

（三）实施装备双清单全寿命管控，保障自主可控要求贯彻落实

1. 开展穿透双清单管控，保障装备外延组成自主可控

一是制定《穿透双清单管理办法》，明确"穿透要求下发→数据填报→辅助校验→自动上传→数据摆渡→专家审核→数据自动入库"全过程的定义、职责和要求，保证全过程规范高效运行。二是为了确保不同供应商都能按照统一标准和要求完成穿透双清单反馈，并保障反馈数据质量，建设了穿透双清单管理信息化平台，实现全过程在线校对、管控，提高了工作效率。三是在穿透双清单运行过程中，通过对全流程的数据采集与监控，及时发现未按时反馈以及反馈数据质量不高的供应商，采取通报、处罚等方式加大穿透双清单的管控力度；对于穿透数据中存在自主可控等级不达标等情况，采用下发整改意见书等方式要求供应商整改到位。

2. 开展自研双清单管控，保障装备核心组成自主可控

首先针对不同项目的实际情况和诉求，建立全部管控、部分管控等多种项目级管控方式，对不同项目的需求进行分类管理，实现双清单分层分级灵活管控。其次从产品BOM（Bill of Material，物料清单）搭建、图纸发布归档、变更等研发全过程建立进口器材使用管理流程，基于产品数据严格把关和控制进口器材使用。对于确实需要使用进口器材的情况，执行例外申请流程，由专业设计师与总师团队审核通过后方可使用，使用的进口器材会产生国产化验证计划，一并纳入科研项目计划管理体系，推动设计师持续开展进口器材国产化验证工作。最后通过对产品研发全过程进行数据采集和分析，实时监控自研双清单发布和审核情况，以及进口器材使用数据，确保每一项风险器材受控。

3. 开展双清单报送管控，保障装备自主可控满足要求

制定《双清单管理办法》，明确"报送双清单提取→辅助校验→版本对比→专家审核→报送存档"全过程的定义、职责和要求，保证全过程规范高效运行。为了确保不同项目不同阶段都能按照统一标准和要求完成双清单报送，同时保障报送数据的质量，二十九所建设了双清单报送管控信息化平台，实现全过程在线管控，提高工作效率。由于型号项目产品采用螺旋迭代研发方式，不同阶段形成的双清单存在差异，因此专家在审核时通过基线数据进行版本对比，明确不同阶段器材使用的情况和变化原因，约束产品设计时的器材选用。为确保报送数据可追溯，要求对每一次报送数据进行存档，保证数据与各阶段实物的一致性。

（四）实施专业协同管理，提升基础产品自主可控能力

1. 制定三段式管理机制，提升风险电子元器件自主可控能力

制定"风险识别、协同攻关、数据共享"管理机制。风险识别：对产品研制过程中使用的电子元器件从获得性、技术、质量、计划等综合维度进行风险识别，形成风险器件清单数据，设计师与质量师根据外部输入及产品研发情况定期更新，确定管控基线。协同攻关：采用精准策划（Plan）、有序执行（Do）、强化检查（Check）、优化评估（Act）的 PDCA 规则，立足装备应用需求，充分论证和策划对风险电子元器件的验证方案，并对验证数据和结论进行充分评估；同时结合器件的质量问题发生率、批次，对厂家的筛选比例、条件、方法进行审核和分阶段控制，从源头提高产品质量，并定期抽检，提前发现非预期技术状态变化，确保验证的电子元器件产品从 0 到 1 应用的可行性，有效提升从 1 到 100 小批量应用的可信度。数据共享：针对风险电子元器件管控的动态变化特性及存在的不确定性，开发了风险器件管控工具，在产品部、质量部、专业部等相关部门之间对风险电子元器件的清单、技术验证状态、应用情况进行动态跟踪与数据共享。

2. 制定研验用管理模式，提升材料与机电产品自主可控能力

提出"研、验、用"深度捆绑的"一条龙"管理模式。研：在研制阶段，针对技术难度大且对外依存度高的材料和机电产品，在风险器材管控工具中发布风险数据，同时选取国内优势研制单位，签署联合攻关协议，建立行政、技术指挥系统，明确协作管理机制，加强研制单位和应用单位的沟通衔接；实施挂图作战，研、用双方持续优化迭代，形成满足技术指标要求的产品。验：在应用验证阶段，应用单位按照构件级、组件级、部件级开展应用验证，逐层提高验证层级，反馈验证情况和技术指标提升建议；研制单位根据应用单位反馈意见，迭代优化样品性能、产品标准和技术规范，形成通过应用单位验证的货架产品，并在风险器材管控工具中发布验证过程及结论。用：在规模化应用阶段，应用单位立足国产材料和机电产品选材选型，开展正向设计，实施"小批量试用阶段、大批量应用阶段、全面切换进口阶段"的三阶段应用策略进行应用推广，并在风险器材管控工具中发布应用数据。

（五）构建三位一体供应链管理体系，确保供应链安全稳定

1. 制定供应链保障措施，确保装备顺利交付

一是构建成熟产品供应链，聚焦难点国产化物料交付，与厂家建立联动保障机制，采取到厂督促、专项对接、风险供应商约谈等方式，实现高质量、稳定可靠的物资保障。二是完善管理制度，进一步规范器材选用和采购流程，提高采购工作效率，同时建立采购价格分析模型，通过器材降价、设计优化、外协穿透器材降价、器材统型降价等措施，降低采购成本。三是构建风险器材联动机制，通过物资采购数据，及时发现新增风险器材并提出预警，出现重大交付风险时，专业部门快速响应，与总师团队协商解决措施和风险预案，为型号顺利产出保驾护航。四是牵引多家布局，基于器材数据识别风险供方，通过多种方式积极扶植与关键技术及产品相关的供应商，完成关键技术及产品自主可控的产业布局。五是依托供应商管理信息化平台，推进供应商绩效管理日常化、精细化、数据化，实现基于数据的供应商穿透工作成效综合评估，并将评估结果应用于供方年度绩效考核中。

2. 实施供应商穿透管理，确保供应链安全可控

制定"拳头对内，眼睛向外"的供应商穿透管理模式。拳头对内：基于装备形态和自主可控要求，修订完善管理办法，在外包协议中强化新研发产品自主可控要求，规范比选招标、技术协议、外协合同、产品规范等自主可控条款规则，将双清单和自主可控实施方案作为供方产品的交付物，组织开展外包产品的自主可控方案评审和双清单把关，明确设计评审、交付入库等自主可控检查要求，确保自主可控要求与需求及设计方案一致。眼睛向外：首先从供应商维度对所有合格供方进行全覆盖的

穿透调研，基于供方的穿透数据，摸清厂家和产品的基本情况和风险；其次基于型号装备双清单数据，梳理识别涉及的外协外包配套产品，基于项目的穿透数据，识别出配套厂家和产品的风险，提前释放以项目为牵引的外购件供应链风险；最后确定关键厂家和风险厂家，把配套产品的种类和需求数量，以及穿透梳理要求通过正式发函的形式落实到每个厂家，并成立专项团队，组织专家开展所有外协外包产品的国产化方案评审、穿透双清单审查及实物抽检，将穿透工作落到实处，确保供应链整体安全可控。

3. 构建应急保障管理模式，确保装备正常生产

制定"储备"+"备胎"两条重大应急保障措施。储备管理：一是制定管理办法，明确储备工作流程与角色职责；二是根据风险器材数据，梳理确定型号装备需要储备的器材清单，并根据储备工作流程执行后续工作。建立了储备信息系统，在线管控储备全流程，实现基于数据的自动化、精细化管理。备胎管理：基于产品数据识别用量大、难度高的产品，由所内成立专项团队，全面自查在研、在产、在役装备的自主可控情况，从工作量、经费、计划、合规性及可实施性等维度分析，组织开展全国产化替代验证工作，为全所重点装备提供全国产化替代产品，确保极端情况下装备战力不受影响。

（六）夯实信息化与数据基础，支撑体系化管理模式构建与应用

1. 建设统一信息化平台，支撑自主可控管理模式形成

围绕数据及四大业务，结合现有信息化基础和业务运行特点，规划了全所自主可控信息化架构，其中底层是全所统一数据源管理的数据仓库，支撑以数据为核心的管理；中间层分别为支撑装备自主可控要求落地的纵向型号项目管理，支撑各专业国产化能力提升的横向能力建设管理，支撑供应链安全的应急保障管理；顶层为支撑"1+2+N"多级例会及各层级态势呈现的综合可视化管理。为提升所内信息系统的建设效率与自主可控水平，制定了"三个统一，一个自主"的策略。统一集中管理：针对多项任务并行开展的现状，改变以往以各项目为主、分头独立建设的方式，采用项目集管理方式，指定唯一负责人进行统一管理，统筹调配内外部资源，保证多项任务并行有序开展。统一技术底座：针对自主可控信息化需求的临时性、紧迫性等现状，规划了三大技术底座，应对不同的业务需求，实现信息化工具高效建设和能力扩展。统一开发模式：采用快速迭代的敏捷开发模式，在方案设计时，同步开展技术验证和系统原型开发，在基本功能满足要求后即推广应用，在使用过程中，不断优化系统，补充建设新增功能。

2. 制定数据管理机制，确保数据源唯一准确

基础数据管理：一是制定数据管理规范，确定基础数据全生命周期中的创建、维护、整合、存储、分发、分析全流程，确定不同环节中数据管理的责任部门，并制定基础数据质量考评要求，确保基础数据源的统一性、正确性和一致性；二是开展基础数据治理，自主可控总师团队组织各专业部门，立足外部需求与内部应用，条分缕析，完成基础数据的完善与确认，同时与专业机构签订长期合作协议，及时更新与修订基础数据信息。业务数据管理：业务数据是随着装备研发过程的推进，通过信息化工具不断加工产生的，它来源于装备研发、服务于装备研发，针对这类数据采取了构建数据仓库和实施数据应用两大措施。构建数据仓库是通过建立统一数据仓库，实现数据的采集、清洗、转化、加工等工作，提升数据质量，确保数据一致性；通过数据整合、分发，支持跨业务、跨部门、跨系统的数据流转和协同。实施数据应用是通过对业务数据的采集、分析、统计与应用，审查数据质量与有效性，通过消除数据内在的质量缺陷，明确数据之间的关联关系，帮助业务人员更好地理解数据，实现数据洞察。

三、军工院所基于数据驱动的自主可控体系化管理效果

（一）显著提升自主可控管理能力，推动企业高质量发展

一是形成了基于数据的自主可控体系化管理模式，固化了各维度的工作流程，提高了工作开展的可执行性，支撑了装备自主可控要求切实落地。二是提高了数据的多样性、准确性与实时性，提升了数据应用能力与价值，显著提升了管理效率。三是实现了降本增效，推动了企业低成本可持续发展。

（二）实现系列重大核心技术突破，支撑装备 100% 自主可控

一是完成了数项进口器材的国产化替代、优化设计、应用验证工作，同时攻克了 LMKxx、ADxx 等多项关键瓶颈，为国产电子元器件上装应用奠定了坚实基础。二是实现了 Axx LTCC 国产化上装应用，同时完成了典型 TR（Transmitter and Receiver，收发）组件 100% 国产化材料验证，攻克了关键核心上装材料"卡脖子"难题。三是完成了多项国产基础机电产品应用验证，支撑研制项目基础机电产品 100% 国产化。

（三）推动产业链生态圈融合发展，实现电抗行业合作共赢

一是提升了供应商产品的自主可控能力，通过穿透管理，协助厂家完成多项进口器材的国产化验证。二是推动产业链融合发展，牵引供应商研制了一系列电抗领域专属的高价值核心产品。三是保障了生态圈稳定可持续发展，通过扎实细致推进应急保障工作，实现行业合作共赢。

（成果创造人：杨建桥、魏方剑、孟　涛、刘　文、钟　科、屈　杰、
王　菡、李书洋、冯　兵、张续莹、张永哲、蔡雪芳）

以千万吨级为目标的智能采气厂建设管理

中国石油天然气股份有限公司长庆油田分公司第一采气厂

中国石油天然气股份有限公司长庆油田分公司第一采气厂（以下简称第一采气厂）成立于1997年，负责靖边气田、苏里格气田东南区的开发和管理。其主营业务包括天然气开采、集气站集输及净化处理，全厂下设基层单位25个、机关部门14个。第一采气厂管理集气站119座、净化厂5座、清管站10座、各类管线3480条，总计长度达到18162公里。其生产区域分布在陕西、内蒙古2省区、3个市、7个区（县、旗）境内，矿权面积达1.25万平方公里。探明地质储量为1.57万亿立方米，目前具备天然气年生产能力110亿立方米（油气当量935万吨），年净化能力132亿立方米，可满足2300万户居民1年的用气需求，是集"产供储"于一体的综合性采气厂。第一采气厂先后获得"中央企业先进集体""全国五一劳动奖状""全国设备管理优秀单位""中华环境友好企业""'十三五'中国企业文化建设优秀单位"等多项荣誉。

一、以千万吨级为目标的智能采气厂建设管理背景

第一采气厂在"十四五"期间已处于冲刺油气当量千万吨的"攀峰"时期，面临的任务和挑战更加艰巨。一是生产组织效率较低。在传统的采气生产单元数量化快速增长的情况下，分散低效的生产运行方式及行政事务化的管理方式导致企业核心运营环节面临挑战、风险管控难度较大、专业管理能力缺乏、战略协同困难，从而无法形成企业核心竞争力。二是安全环保压力陡增。第一采气厂建厂20多年来，现场设备、集输管线随着产能的逐年提升不断增加，且点多、面广、部分陈旧设备设施老化腐蚀严重，井控、火灾爆炸、天然气泄漏等重大风险依然存在，导致安全压力日趋严峻，员工现场作业的安全风险陡增。三是人力资源相对紧张。与10年前相比，第一采气厂的生产能力从油气当量436万吨增长到935万吨，实现翻倍，但全厂用工总量基本保持不变，随着生产建设任务的大幅增加，现场设备的快速增多，造成人力资源越发紧张，用工矛盾愈发突出。四是生产成本降控困难。随着企业体量的不断增大，"大而不强"的矛盾依然突出，资源劣质化不断加剧、老区挖潜难度增大、资产创效能力不强、自主创新能力亟待提升、完全成本硬下降面临挑战等短板更加暴露凸显。第一采气厂迫切需要数字化转型、智能化发展的赋能和助力，以解决以上发展中出现的问题。

二、以千万吨级为目标的智能采气厂建设管理主要做法

（一）制定长庆油田千万吨级智能采气厂建设规划及框架

以《中国制造2025》及《智能制造能力成熟度模型白皮书》为理论指导，编制《第一采气厂"千万吨级智能采气厂"发展规划》，组建智能化发展领导小组，由党政主要领导和班子成员组成，全面负责数智化战略规划的组织、设计、实施和评价。明确将千万吨级智能采气厂建设作为一项长期战略性工程，建立和完善战略管理机制，统一领导全厂各类专家团队和专业部门，发挥信息共享、步调协同、平台支持、集中决策四大战略合力，通过战略分析、规划制定、战略选择、战略实施、绩效评价、战略质询与动态调整，形成闭环式管理，在不断优化和完善中，推进智能化采气厂的建设目标按期达成。

制定三阶段建设目标。夯基筑实阶段：瞄准125亿立方米（油气当量千万吨）产量目标，以科技赋能为基础，识别自身优劣势、可利用资源及重点突破方向，借鉴国内外企业实践启示，以全面感控技术、可视化技术为支撑，全面实现厂内业务数字化升级，全部生产、管理设备具备数据采集与传输能力，为智能采气厂建设打好基础。模式塑造阶段：以试点先行、小步快跑、重点突破等方式补齐短板，实施"大部制"改革，形成扁平化的组织运行模式，注重各专业领域人才的培养，打造多渠道、多来源的知识储备库，建立数据库标准化管理制度，以全面感控技术、云计算技术为支撑，完成生产设备自动化改造，搭建集中统一的生产作业及物联网平台，实现全厂业务数据互联互通，使智能采气厂模式基本塑造成型。全面应用升级阶段：完善智能采气厂管理体制及运行机制，总结并固化成功经验，利用大数据技术，对生产设备、运营数据进行数据价值挖掘，整合所有生产单位数据子湖信息数据资源，模拟人工智能算法优化管理决策，打通专业管理壁垒，辅助职能业务部门专业管理系统随时调用数据资源，进行多角度数据比对、问题分析，模拟决策过程帮助形成更加科学、更加准确的管理决策，如期建成"生产绿色智能、信息资源共享、管理架构扁平、经营机制灵活、制度流程顺畅、质量效益提升"的千万吨级智能采气厂。

提出六大目标。一是生产绿色智能。以物联网为基础实现气田建设智能化，对气田的事物、事件全面感知，现场设备高度自控，管理信息传递高效顺畅，生产指令决策准确高效。二是信息资源共享。生产信息实现全面、系统高质量共享，打破各单位、各专业部门各自建立"信息孤岛"的不利局面，形成科学和行之有效的智能油田信息共享机制。三是管理架构扁平。撤销员工值守现场，形成更加简约高效的作业区、净化厂两级生产组织模式，机关"大部制"机构设置确立，组织机构框架更加扁平短精。四是经营机制灵活。充分下放经营决策、用工管控、薪酬激励等管理权限至作业区、净化厂，生产单位作为独立核算单元，主动实施经营管理决策进行成本控制。五是制度流程顺畅。制度流程配套到位，形成与智能采气厂相适应的管理体系，经营管理依法合规，风险控制到位，生产运行和管理效能大幅提升。六是质量效益提升。劳动生产率、人均利润率、单位生产成本等关键指标显著提升，队伍结构更加优化，气田管理水平和能力实现跨越式提升。

（二）建立保障机制，推进长庆油田千万吨级智能采气厂建设落地

1. 保证气田数智化转型升级的资源配置

首先由智能化发展领导小组组织牵头，汇聚各参与方，包括内外部专家团队、合作单位、内部各单位，形成各方资源、信息共享的交流和沟通平台。其次，在整体规划和分步实施策略的指挥协调下，明确各方的责任和任务，规范工作衔接和质量标准，确保整体进程按照预定节拍有序推进。

围绕"油公司"模式转型，通过外包、分包引进市场化竞争机制，突出主营业务，推动机关"大部制"改革，缩减职能部门，形成扁平化的组织运行模式。不断扩大业务外包范围，强化作业区气藏经营、成本管控、人力资源优化等主体责任。打造新型采气管理区，向下直接管理生产作业单元，中间不设管理层级，撤销中心站，推进建立"作业区—无人值守站/井场"劳动组织模式。优化作业区劳动组织架构，实行"3+1"机构框架设置，即3个机关组室（综合管理室、生产技术室、调控中心）+1个巡检维护队。基层生产作业单元仅设置运行维护岗及少量管理人员，负责气井、管线、站点现场作业工作，进一步压减现场驻守人员，逐步向"管理+技术"岗位配置自有用工，操作技能岗位采取第三方用工或实行业务外包方式解决，全面推进采气生产一线用工方式转型。

2. 完善与采气厂数智转型相适应的制度标准

在管理层面优化制度流程。加强顶层设计，建立适应数字化、智能化、自动化、无人化的业务流程和管理制度，进一步优化巡检制度、改进督查制度、简化工作程序、精简报表资料，充分依托智能化平台，全面实行数据实时监控、实时分析、业务线上运行的高效管控模式。

在操作层面完善职责和标准作业程序。及时根据作业区、净化厂业务调整，建立配套视频监控、现场维护、数字化运维等岗位职责，按照职责内容涉及的重点工作设计岗位标准作业程序，形成智能气田管理模式下的全新的岗位标准作业程序体系。

3.建立与千万吨级智能采气厂相适应的人才培养方式

以千万吨级智能采气厂建设为契机，在实践中扩展人才队伍，完善人才结构，充实人才素养，开阔人才眼界，培育孕育人才的土壤。通过智能采气厂建设，与国内外一流科技型服务商共建共享实用技术，在合作中锻炼骨干人才。通过智能化重点项目建设锻炼队伍，构建包含从基础研究、产品设计到生产一线的懂技术、懂业务、懂管理的复合型的多系列专业人才队伍。对智能采气厂信息技术部门的职责进行细分，培训和引进工业仿真、物联网技术、大数据分析、人工智能等专业技术人才。借巢引凤，利用长庆油田国家工程实验室平台，引入智能制造、大数据、人工智能等相关专业人才。

4.建立推进智能化建设的考核措施

依据规划目标和技术规范，针对各级建设实施主体，强化过程监控和考核评价，是智能化采气厂建设闭环管理体系的关键一环。结合长庆油田高质量发展要求，通过明确和健全各级组织智能化采气厂建设的权责和工作界面，建立与之相适应的建设实施管理制度，并以此为依据，完善联动考核指标体系，加大对各级"一把手"的考核评价力度，坚持设置技术"红线"，对于违反统一工业互联网体系、云应用生态系统等技术规范的问题，坚决按照规定程序予以责任追究，确保建设路径保持正确的轨道。

（三）科技赋能，建设"智能感知"的自动化生产现场

1.建设智能气井

建立气井动态人工神经网络训练知识库，通过智能气井实时收集井下与井上多参数资料，对以井为单元的生产设施进行远程控制和作业，实现所有流程自动化控制，通过应用井口数据远传、低压间歇井智能调参与开关、柱塞气举智能调参与控制、自动泡排智能调参与加注、气井积液特征智能诊断、井场泄漏检测预警等技术达到气井管理远程调参、自动计量、自动诊断、智能预警条件。

优化气井措施自动控制，通过远程控压开关装置实施气井远程间开，满足了定压开关井、定时关井、定流量开关井等差异化生产需求，提升了气井间开带液效果。

2.建设智能集气站

以集气站生产状态监控、设备远程控制、流程远程切换、工艺优化运行、智能预警为核心，依托SCADA（Supervisory Control And Data Acquisition，数据采集与监视控制）工控平台，提升集气站在可视化监控、可视化温控、可燃气体监测、智能化调参方面的运行管控水平。对集气站内注醇泵、空压机、发电机等6类设备进行远程启停改造，对火炬点火、溶液拉运、添加药剂等15项作业进行优化升级，达到远程操作条件。

将指纹、人脸识别技术应用于门禁系统，实现人员进入网络化授权和人员进出信息化、智能化管理。在集气站使用机器人代替员工开展站厂巡检、作业监护等作业，进一步控减安全风险，提升巡检质量及效率，进一步夯实集气站无人值守模式。

3.建设智能净化厂

加强新技术应用，提升简单重复作业的自动化水平，通过加装进出口阀门执行机构、自控组态等措施，实现采出水机泵远程启停，编制自动控制程序，根据液位变化自动切换流程，实现倒罐、转水、卸水流程自动、手动一键切换。研究智能分析调参技术，以三维数字工厂模型为基础，整合工业视频使参数报警信息与视频对应关联，达到"黑屏报警"条件。

利用人工智能技术，实现大量例外事项、异常情况的自动分析、分类、存储，通过大数据等技术逐渐将异常情况纳入正常范围，基本做到无人监控、自动判断、自我学习、生成调度，实现智能管理。

4.建设智能集输管网

建立基于管网、阀室、始末站数据全面感知和集群监控的气田管网物联网，强化无人机、管道机

器人、阴极保护装置等专业支撑力量，构建"运维分离"的智能运维管理模式，探索应用安全保障关键技术、建立运行机理模型、研究智能预警分析算法，提升管道安全风险和生产运行管控能力，实行管道运行的可视化监控、实时预警预测、智能优化分析，最大限度地降低管道运行事故率，确保集输管网经济、高效、安全运行。

应用数字孪生技术，建立数字管网，实现管道运行状态实时模拟和泄漏事前预防，从而实现管道全生命周期管理。

（四）发挥数据子湖功能，搭建"智能管控"的大数据云平台

1. 搭建以问题管理为导向的智能作业模块

统一集成现场监控和机器人巡检数据存储，通过数据整理分析，优化调度派工、作业计划任务制定、日常例行工作定时分发、工作完成情况统计、问题整改反馈、数据分析查询、报表生成下载等系统功能，对所有日常生产任务指令进行分工，分发至各级个人移动终端，员工根据移动终端工作任务通知提醒和现场设备运行历史数据，有重点地进行日常作业、现场巡查、HSE（Health Safety Environment，健康、安全、环境）专项检查。在作业过程中发现的问题可通过移动终端问题处理模块发送至作业区调控中心和净化厂调度室，调度人员根据现场问题类型及时将故障信息发送至维护人员移动终端安排维护整改，问题处理完成后确认关闭任务，进而形成高效管理闭环，实现任务指令的即时传达和有序安排。

智能化作业平台将现场设备运行数据和人员工作信息进行整合，按照各专业类系统的个性需求自动生成报表并报送，实现了"一个平台与厂级专业管理系统"的无缝对接，极大地提升了生产运行管理效率，为生产决策的准确性和科学性提供了强有力的支撑。

2. 搭建以措施增产为目标的气井智能分析模型

围绕产量任务跟踪、生产动态分析、开发指标计算、生产任务推送等方面进行数据建模，通过三维可视化动态开发模型，实施气藏工程自动计算、生产动态自动分析、异常气井自动排查，用以实现对未来生产变化趋势的预测。通过数据集成、整合实现井史数据和资料的标准化和可视化管理，辅助单井动态模拟和智能诊断、自动报警模型，为研究人员挖潜地质产能提供决策支持，实现气藏开发的最优化。

集成现有智能气井管控系统和气井智能分析系统，形成气井的全过程管理。优化柱塞气举、远程间开、自动化泡排等气井生产措施后台智能算法，科学配置开关井制度，自动生成单井诊断报告并提出措施建议。

3. 建立与生产管理要素相匹配的物联网平台

创新工业互联网标识在设备管理上的应用，实施设备、物料"一物一码"，基于设备全生命周期管理，建立系统化、立体化、动态化的设备管控体系，综合利用设备运行、设备故障、设备维护等数据，对设备周期内运行状态进行监测、实时预警，达到提高设备综合利用率和设备维护全周期管理的目的，将原来静态的设备台账式管理升级为动态、周期化的设备健康档案管理，提高设备管理的时效性。

横向上与智能化作业平台实施并联，将设备管理的周期性、重点性工作在线上进行统一安排部署，在现场通过员工个人移动终端扫描二维码读取上传现场各类设备仪表型号、功能、维护记录及管理责任人等信息，结合系统分析，将现场设备维护保养工作任务安排到具体责任人并实施，为现场设备"五定"管理提供智能化支持，提高设备管理综合效能。

纵向上与经营预算、物资管理模块进行数据挂接，将设备管理统一纳入企业价值链管理，为设备采购、维护、保养等基础生产运维管理提供了可靠的决策数据支持。

4. 建立以全链条集成为核心的业财融合模块

基于物联网设备全生命周期管理后台数据，运用项目化管理的工具和方法，贯穿生产计划、造价预算、物资采购、资产管理等经营关键环节，按照从预算到核销的闭环流程，建立结构严谨、流程清晰、合理适用的信息平台，全面融合生产运行和计划财务工作需求，致力提升生产经营管理精细度，防控经营风险，减低决策失误。

以资金源头控制为目的，实施经营项目资料全过程档案管理，设置制式化、模块化、定额化的项目实施方案，明确项目期限，在实施过程中，通过平台自动统计、及时反馈、智能提醒等功能，实现对专项资金的源头化、精细化、及时化管控。如果发现预算项目存在超期或超结的问题，平台会通过预警机制将信息推送给相关负责人，工作人员可以利用预算分析功能，通过大数据分析，发现预算执行偏差的问题源头。

科学设置管理权限，实时同步各类资料、信息，确保数据安全。简单、高效、快捷的全过程档案管理便于各环节的项目管理部门更好地发挥专业管理职能，打破部门之间的壁垒，打通业务到财务结算的"最后一公里"，提升运营过程管控和精益成本管控水平。

充分发挥对标的引领和导向作用，运用科学的成本控制手段，推行标准成本管理体系，加大成本管控的力度，结合经营智能模块的相关数据分析、统计功能，切实降低企业各项成本预算。

（五）基于大数据云平台，实现智能化协同应用

1. 一体化生产运行调控

协同产能建设：以提高效益产量为导向，通过产能建设、规划设计、项目实施、承包商管理等功能管理模块，实现年度生产历史数据有效利用、产能建设规模合理预测，科学配置来年产能建设目标，为采气生产、天然气净化、集输储运等环节提供前端保障。

协同生产调度：应用开发生产调度模块，在气井生产数据、设备运行数据实时获取、智能分析、结果比对的基础上，通过程序算法实现区域性开井措施、设备运行管理的实时优化，使千口气井的大数据互通、数百台自动化装置控制互连、异常预警自动处置，实现生产调度"一盘棋"。

协同天然气净化：作为集输管网枢纽，与上下游业务链融合贯通，准确掌握上游气井措施、站场检修、下游天然气管网调峰等关键信息，利用数据支撑准确推算天然气净化处理量，精准调节净化装置运行负荷，科学管控净化装置溶液消耗，合理排布调产停产计划。

协同管网集输：结合上游开井数、产气量、下游商品天然气的市场需求等因素，科学估算下游配气产量，同步优化管网输送能力，提升集输"大系统"保障能力。

2. 多维度 HSE 大监督体系

时间分布维度：分析和查找事故发生及问题出现的季节性、周期性、关联性等规律、特征，从而找出事故根源，有针对性地制定事故预防方案并积极落实应急管理措施。

区域分布维度：分析和查找问题出现的地域性、差异性等规律、特征，从而明确管理主体的重心，有针对性地制定差异性的管理措施，促使气田南、北、中区安全整体提升。

网格运行维度：分析和查找各级岗位员工在网格化区域管理力度及能力上的差异性，定量明确安全管理能力差异及履职情况，进一步强化安全生产属地管理责任的落实。

问题类型维度：分析和查找问题出现的集中性，明确安全管理的主要矛盾，有针对性地开展专项排查整改及培训，集中削减重大风险及安全隐患管理的突出问题。

专业性差异维度：分析和查找问题出现在各专业安全管理力度上的差异性，削减管理上主观因素的影响，加强安全生产责任，尤其是直线责任的落实。

3. 协同化地质研究

利用平台数据支撑，实现气田生产经验协同联动各类数据，实现气藏管理、智能建模、自动学习、自动优化、自适应，对气藏进行全方位的检测和分析，为生产提供可靠、智能的决策依据，实现气藏开发的最优化。

利用气藏工程智能化计算模块，自动调取数据库中的数据批量化计算地层压力、动态储量、递减率、采气速度、采出程度等气藏开发指标数据结果，结合已有的生产动态数据，实现气井、气藏动态分析的全流程智能化，辅助设定确定气井动态影响敏感的压力、产气、产水等指标的预警门槛值，实现协同化地质研究。

4. 全局性经营决策支撑

将每个项目从预算维护、项目立项、项目实施、物资耗用、工作量汇总、成本费用结算等全流程纳入业财融合模块线上管控，实现财务系统和业务系统挂接，打通各业务信息系统隔阂，以数据共享、分业务控制、数据统计和综合分析等功能应用，完成经营理念、预算管理、核算方式、成本管理、数据信息等 5 个方面的转变，落实生产经营一体化管理的同时，助推成本型向效益型转变。

三、以千万吨级为目标的智能采气厂建设管理效果

第一采气厂通过近年来对数智化转型的探索实践，全面完成了"生产运行全流程自动化、业务系统全领域智能化"升级改造，实现了天然气产量逐年快速递增，年均增长率为 16.3%，预计 2025 年天然气产量达到 120 亿立方米，可实现油气当量千万吨级的建设目标。

通过智能化建设，实现少人高效，推动"油公司"模式改革落地见效，大幅提升了企业治理体系和治理能力，显著提升了人均劳效和用工效能，业务归核化的优势逐渐显现。

以千万吨级为目标的智能采气厂建设，充分考虑了油气田生产环境特点、发展遇到的突出矛盾，从数据传输、自动化控制等多个方面，为智能采气厂的建设和同类化工厂的数智化转型积累了经验，也为促进企业管理智能化变革提供了参考路径。

（成果创造人：王　冰、范　洲、黄义涛、惠　鹏、何光宇、谢文汇、
　　　　　　李　阳、柴雪梅、贾晓宁、巨敬莉、韩辛未、黄琛琛）

电网企业科技创新智慧化管理体系构建

国网上海市电力公司

国网上海市电力公司（以下简称国网上海电力）是从事电力输、配、售、服的国有特大型企业，统一调度上海电网，参与制定、实施上海市电力、电网发展规划和农村电气化等工作，供电营业区覆盖整个上海市行政区。截至 2021 年年底，国网上海电力管辖各类电网企业、发电企业、施工、科研、能源服务、培训中心等单位 28 家，共有职工 13162 人，资产总额 1668.5 亿元，最高用电负荷 3268.2 万千瓦，年售电量 1355.69 亿千瓦·时，营业收入 844.61 亿元，整体供电可靠率达到 99.9923%，连续 6 年保持企业负责人业绩考核 A 级，连续 20 年保持市政风行风和 12345 热线绩效考核第一。

一、电网企业科技创新智慧化管理体系构建背景

加快实现高水平科技自立自强，是推动高质量发展的必由之路。高水平科技自立自强要求企业发挥科技创新作用，充分释放创新资源和实力优势，解决关键核心技术"卡脖子"难题，多出"从 0 到 1"的原创成果。电网企业亟须运用数字化手段，打造智慧化、协同化的科技创新管理体系，助力关键核心技术攻关。

与此同时，电网企业科技创新面临技术态势难以实时感知、技术趋势无法精准预测、技术路径不易准确选择等问题。运用数智技术，深挖数据潜在价值，强化数字全程管控，提升数智决策辅助，有助于为企业科技创新实现智慧化管理奠定坚实的基础。

二、电网企业科技创新智慧化管理体系构建主要做法

（一）聚合多源数据要素，开通"知识直通车"

1. 打造统一数据仓库，实现一站迅捷检索

国网上海电力梳理了中外论文、期刊、专利、标准、科技成果等外部数据，以及科技人员、项目立项、项目评审、项目成果、实验室、企业标准等内部数据，通过多源异构数据进行整合治理，建立了覆盖内、外部数据的统一科技信息资源库。国网上海电力还应用人工智能算法，以文本相似性为核心，开发了一站检索功能，用户只需输入关键词或自定义检索，便能实现跨多个数据库的信息迅捷精确检索。

2. 主动推荐创新资源，实现需求精准匹配

在数字化时代，信息爆炸造成用户"信息过载"，科研人员面对海量数据出现"信息迷航"，国网上海电力开发了科技资源主动推荐功能，将传统的"用户找资源"模式升级为"资源找用户"模式。围绕不同科技创新主体，运用 5W2H 分析法开展科技资源推荐需求识别，比较分析当下智能推荐技术的优劣势，并结合先进智能推荐典型做法，开发了置顶推荐、热搜推荐、热门推荐、分类推荐、相关推荐、猜你喜欢推荐等 6 大推荐场景，形成了内容可画、用户可画、精准推荐、价值挖掘 4 类功能模块。通过构建科技资源内容画像、科技资源用户画像、科技资源推荐策略和科技资源智能运营四大模块，开发了科技资源主动推荐功能，实现了"千人千面"的精准个性化推荐。

3. 构建要素多维画像，实现资源直观呈现

为了帮助科技创新人员更好地把握科技资源特征、领会资源要点，国网上海电力打造多维数据引擎，以技术、专家、机构 3 类科技创新要素为重点，以关系图、词云图、曲线图等可视化形式生动描绘了科技创新要素全息画像，全面反映出技术、专家和机构的关联关系、研究现状和发展趋势。绘制技术领域、研究对象、成果类型等多维画像，深挖科技项目数据的价值。构建技术研究水平、机构科

研水平评价模型，直观展示基层单位科研能力。统计分析及多维画像实现了对外部技术研究及内部科技攻关现状的可视化呈现，为关键核心技术攻关的系统布局、成果转化提供了决策支持。

（二）感知技术发展态势，搭建"全景瞭望台"

1. 构建电力知识图谱，辨识技术关联关系

为了一览新型电力系统技术关系全貌，国网上海电力借鉴知识图谱理念，对论文、专利、标准等数据进行挖掘，抽取科技创新相关实体，构建实体拓扑网络，厘清技术层次关系、要素关联关系，构建新型电力系统的知识图谱，为科技创新管理提供了全局式、鸟瞰式、远眺式等多种视角。知识图谱为科研人员深挖技术间的隐藏关系，掌握技术全貌，洞察跨专业、跨学科技术集群提供了坚强支撑，奠定了科技创新实现数智化智慧管理的基础。

2. 运用复杂网络分析，捕捉技术前沿热点

针对前沿技术快速捕捉难、热点技术准确定位难的问题，国网上海电力运用了自然语言处理、复杂网络分析等数字化技术，实现了对前沿技术热点的快速、准确捕捉。一是运用自然语言处理技术，对科技创新大量文本数据进行处理，有效发现隐含的、未知的、潜在有用的知识价值。二是运用复杂网络分析技术对知识图谱路径和关键节点进行有效追踪和识别，帮助科技创新人员了解技术发展脉络，洞察关键核心技术，发现前沿热点技术方向。三是运用热词分析，探究具体技术领域或科研机构在一定时期内研究热点的变迁。前沿技术热点捕捉为关键核心技术布局和项目立项提供了参考，实现了对关键核心技术攻关的准确把握。

3. 拟合技术成熟曲线，预测技术发展趋势

为实现关键核心技术发展趋势的精准预测，国网上海电力借鉴 Gartner Hype Cycle 理论，运用非线性和线性回归方法，对钟形曲线和 S 形曲线进行拟合、叠加，构建基于技术成熟度的电网前沿技术预见模型。将技术发展过程划分为萌芽期、膨胀期、成长期和成熟期 4 个阶段，在这 4 个阶段实施不同的科技攻关策略，及时把握技术发展关键节点，研判技术所在的生命周期阶段及演变趋势，为正确的技术投资决策提供参考。目前，技术成熟度曲线已经运用到高压直流、韧性电网等科技攻关布局中。

（三）支撑创新智慧决策，塑造"决策智多星"

1. 绘制科研决策矩阵，明确技术攻关方向

为解决传统科研决策主观性强、缺乏量化依据等问题，国网上海电力构建了以技术需求为横轴、技术水平为纵轴的四象限模型，绘制了科研决策矩阵，为关键核心技术攻关布局提供了智慧决策支持。在技术需求识别上，以技术重要性和紧迫性为原则，运用自然语言处理技术，对国网公司科技指南中项目方向、数量、金额、研究时限、预期成果（包括论文、专利、标准的数量、等级）等赋予技术领域需求度得分；在科研水平评价上，通过投入 - 产出模型建立评估指标库，包括科技成果、获得奖项、成果转化、经费预算、技术影响力等维度的分项指标。科研决策矩阵已经运用到"十四五"科技规划跨专业融合专题技术上，定量评估拟布局的每一项技术在四象限图中的位置，最终确定智能感知、机器代人、虚拟电厂等技术优先研发。

2. 挖掘潜在创新主体，确定最佳合作伙伴

为强化科技资源的内融外联，充分发挥内外部创新主体的协同作用，国网上海电力基于知识图谱主要采取了两大措施。一是分类聚合各技术领域和方向的研究机构和科研团队，观察社团面积和网络密度，快速识别潜在合作机构和科研团队，为寻找专业的合作机构、组建最优的研究团队提供重要参考，推动产学研用紧密结合。二是运用关键节点技术，计算各节点中心度，通过观察节点大小，精准定位相关技术领域和方向的核心研究机构、领军专家，为寻找最佳合作伙伴提供支撑，推动跨专业、跨学科协同攻关。

3. 统筹考量多重因素，优选科技攻关项目

科研项目是科技创新活动的重要载体，科研项目的选择对于科技创新的发展至关重要。在项目立项阶段，国网上海电力基于国网公司立项评价指标体系，统筹考量多重因素，运用数字化工具，丰富了量化评价指标。一是设定了战略目标、技术现状、时间进度等6大类16小项的项目立项考量因素；二是丰富了项目立项评价指标体系，通过文本挖掘项目可行性研究报告和建议书，获得项目关键信息，自动完成了指标计算；三是绘制项目立项指标看板，为专家立项决策提供直观的辅助决策依据。

（四）强化科技协同攻关，打造"管理驾驶舱"

1. 创建项目要素卡片，绘制项目全息画像

面对科技项目数量多、管理难度大的现状，国网上海电力创建科技项目"数字卡片"，绘制项目全息画像，实现"以终为始""以成果为导向"的项目管理方式，助力关键核心技术重大成果产出。一是围绕科技项目具体管理场景，对科技项目数据进行文本挖掘，梳理出涵盖识别技术领域、研究对象、成果形式等科技项目关键要素；二是搭建关键要素多级目录，创建涵盖科技项目全生产周期的关键要素的项目数字卡片，绘制项目全息画像，并依托科技创新智慧平台，设计了"积木式"数据分析功能，实现了覆盖研究领域、承担团队、推广应用、成果分析等多模块的项目分析报告一键生成、按需下载功能，为项目全过程管理的智慧分析管控提供了手段。

2. 打造科技项目集群，实现项目合力攻关

高水平科技自立自强不仅是"点式突破"，更多地需要各项技术的交叉整合，但传统的项目管理是以单个项目为主体实施，不利于科技攻关的协同整合。国网上海电力探索形成项目群管理模式，通过项目群打包管理，从两方面强化项目间的互相协同、支撑、融合。一是聚焦关键核心技术攻关目标和要求，梳理出项目管理全流程、全主体和关键场景。二是构建基于技术关系协同、科技资源协同、成果整合协同、成果应用协同的项目群"打包"规则，通过引入协同度概念，智能计算项目群的协同度，为项目"打包"管理提供依据。

3. 设置项目关键节点，实现项目协同管控

加强项目群之间的协同管控是项目群管理的关键目标。为了提高项目群科研衔接性、资源统筹性、成果复用率等，国网上海电力一是为项目群配置技术领衔专家，统一负责群内各项目的综合协调；二是围绕阶段成果、研究团队、技术路线、科研设施、成果产出5个协同要素，确定项目群协同规则，设置可研、立项、在研、结项、评审、后评估6个关键协同点；三是围绕5个协同方向动态阶段提交的项目成果、工作汇报，自动挖掘文本中的关键信息，触发协同请求；四是设置"红黄绿"三色提示反映协同需求的紧迫性，直观展示项目实施过程中的协同要求。通过项目节点的数字化管控，实现了项目全过程的实时监控、要素间的自动协同，确保项目群有力支撑关键核心技术的攻关。

（五）构建量化评价体系，锻造"价值驱动器"

1. 建立价值评估模型，提升创新三效输出

为能够更系统、量化地评估科技项目投入产出，国网上海电力从时间节省、增收降本、关键绩效目标实现3个视角审视科技创新项目，搭建以效率、效益、效能为主要枝干的科技价值树。应用逻辑框架分析法，从资源、活动、产出和结果4个方面来反映项目运作情况，将产出划分为初步产出、后续产出和最终产出；构建形成集科研贡献、科研可持续性、经济效益、高质量发展、社会效益和环境效益6维一体的价值评估模型，重点考量创新源动力、经济价值以及对社会的综合贡献等。目前价值评估已经被应用到科技项目验收评价环节，通过效率、效益、效能3个方面的评价，更加清晰地量化科技创新价值输出。

2. 打造潜力评估模型，推动成果转化应用

科技成果转化是科技创新与经营发展密切结合的重要环节，也是科技创新链条中重要的一环。为实现对高价值科技成果的量化辨识，国网上海电力构建科技成果转化潜力评估模型，以提高关键领域科技成果价值潜力和转化效益，助力具有引领性、战略性、支撑性的重大成果培育。一是构建涵盖4个维度17项指标的科技成果转化潜力评估模型，评价维度包括技术、效益、风险、市场4个方面；二是运用 AHP（Analytic Hierarchy Process，层次分析）法确定各指标权重，分析并确定技术创新度、经济效益、技术先进性和市场占有率作为影响科技成果转化潜力的关键要素，并提出针对性策略。国网上海电力应用科技成果转化潜力评估模型，对输变电领域科技成果转化潜力进行评估，为该领域科技成果转化提供了智能化手段。

3. 优化风险评价模型，实现风险预警管控

为提高项目风险管理水平，国网上海电力聚焦科技项目实施阶段的风险管理，开展了风险识别和量化评价。一是通过专家经验系统界定了科技项目关键成功因素，系统梳理了科技项目实施阶段的风险，搭建全息层次 HHM（Hidden Markov Model，隐马尔科夫模型），构建风险因素列表；二是基于项目实施阶段相关资料，构建由客观数据指标和专家定性评价相结合的风险评价指标及评分标准，并通过发生概率和影响损失评价进行评判，识别需要干预和应对的风险。

（六）培养选优创新人才，铸造"人才孵化器"

1. 建立量化积分机制，客观评价人才绩效

为激发人才创新创造活力，国网上海电力科学构建积分规则，系统设置评价维度，客观衡量创新业绩，以积分来考量创新实力。围绕科技创新团队和个人构建科技创新人才绩效量化评价模型，实现了人才量化的选育管用和考核激励。在团队科技创新绩效评价方面，构建科技创新贡献指数，全方位量化各专业、各单位在创新项目、创新成果、创新奖励、成果转化及新技术推广的创新业绩。在个人科技创新绩效评价方面，以项目积分为评价标准，根据个人在项目中的贡献，在项目质量、创新成果、创新价值3个方面累计积分。

2. 绘制人才多维画像，支撑专家人才选育

为实现创新人才的精准发现、精准配置、精准培育，国网上海电力以打造科技创新数字化员工为导向，构建科技创新人员全息多维数字画像模型，实现了科技创新人才的差异化定位和培育，助力高水平科技创新人才的培育。一是汇集科技创新人员学历、职位、资质、工作经验、过往业绩等基础数据；二是通过挖掘分析科技创新人员的各类数据，构建集基本属性、项目属性、创新投入、创新价值、创新成果、创新奖励、创新成长、研究领域于一体的科技创新人员画像体系；三是开展人才差异化培育，围绕各类人才在创新中的定位和作用，明确选拔和评价标准，制定《专家人才管理办法》和《青年人才托举实施方案》，并基于定量化评价结果开展人才多维画像，一方面系统地评选出技术精湛、能力突出的专家人才，充分发挥其在科技创新中的骨干和中坚作用，另一方面为具有潜力的青年人才针对性地策划发展路径，个性化定制培养方案，最终打造形成结构合理的创新人才梯队，为科技创新提供源源不断的人才动力。

3. 打造特色创新基地，塑造特色创新团队

为促进优势技术的聚力发展，国网上海电力运用信息通信技术，发挥"互联网＋办公"的优势，将分散的创新基地联合起来，打造了兼具"办公便捷度、内外连接度、资源共享度、智力集聚度、创新显示度、成果加速度"的"六度空间式"创新平台。在此基础上进一步发掘创新优势、深化创新联动，形成了具备"一技一优势、一专一团队、一域一成果、一地一品牌"即"四个一"特征的"1+23+N"双创基地新布局，在重点布局的技术领域中具备突出优势，在专业领域能够聚集内外部

人才，形成具有技术领先的创新标杆团队，深耕一项技术领域，打造一个成果体系，重点打造"特、优、精"技术品牌。创新平台和团队的打造，实现了技术专业领域内外部人才的聚集，激发了关键核心技术科技攻关的活力。

三、电网企业科技创新智慧化管理体系构建效果

（一）建成科技创新智慧平台，创新硬实力显著提高

科技创新智慧管理创新取得丰硕成果。一是基于该成果构建的科技创新智慧平台是国内首个集信息检索、查重分析、知识图谱、辅助决策等功能于一体的企业级科技创新管理智慧决策系统，创新成果实现固化；二是发表管理创新论文 6 篇、EI（Engineering Index，工程索引）会议论文 3 篇，申请发明专利 13 项、PCT（Patent Cooperation Treaty，专利合作条约）国际专利 1 项，荣获"第九届全国电力企业管理创新论文大赛"特等奖、2022 全国电力人工智能技术创新应用"知识图谱技术创新奖"，形成中电联团体标准《创新型企业建设指引》，牵头中电技协团体标准《电力技术知识图谱构建要求》；三是基于该成果出版专著《图中找谱：数字化时代的科技创新智慧管理》，由中国科学院毛军发院士及英国皇家科学院郭毅可院士共同推荐，是国内首部系统论述企业科技创新智慧管理专著。

（二）形成创新智慧管理样板，科技引领力持续提升

国网上海电力科技创新智慧管理实践形成了"四个融入"的企业级典范。一是形成了智慧辅助决策融入科技创新规划布局新范式。突破了常规主要依靠专家经验的规划编制模式，运用技术成熟度智能评估和科研需求综合考量，编制了"十四五"科技规划，工作水平在国网评审中居第一。二是形成了智能分析管控融入科技创新协同互动推进的新范式。创建"项目数字卡片"实施项目群"打包管理"，围绕所承担的国网公司首批科研与技术标准互动发展专项试点任务，运用"四同步法"，设置关键协同互动节点，推进"六大标志性示范工程"。三是形成了价值量化评估融入科技成果转化应用的新范式。构建了成果转化潜力评估和"六维"投入产出评估量化模型，识别高价值科技成果，追踪创新效率、效益和效能，持续提高科技创新能力水平。四是形成了人才多维画像融入创新人才培育孵化的新范式。提出了科技创新"积分制"，实施创新绩效量化积分，运用人才多维画像精准选人育人，打造了科技创新人才"金字塔"。"四个融入"新范式形成了运用数字化技术推进科技创新智慧管理企业样板，国网上海电力高水平科技自立自强引领力持续提高。

（三）产出丰硕科技攻关成果，技术支撑力大幅增强

科技创新智慧管理全面支撑关键核心技术攻关。一是推动"韧性电网"理念的提出和技术体系构建，运用科技创新智慧平台完成"韧性电网"技术规划布局，支撑承担国家重点研发计划《应对极端事件的大型城市电网韧性提升技术》项目立项，牵头编制 IEC（International Electrotechnical Commission，国际电工技术委员会）标准《电力系统韧性概念框架》。二是依托科技创新智慧平台，强化超导电缆项目群管控和协同攻关，为世界首条 35kV 公里级高温超导电缆示范工程建设提供坚强支撑，目前建成投产并稳定运行超过 18 个月。三是自体系实施以来，国网上海电力取得丰硕科技创新成果，牵头立项国家级科技项目 5 项，获"国家科学技术进步奖" 1 项，省部级奖励 27 项；立项国内首个电力机器人领域 IS 国际标准，发布国内首个 IEC TC120 电力储能国际标准，牵头在编国际标准 6 项。国网上海电力关键核心技术攻关能力明显增强、科技创新水平显著提升，为加快实现高水平科技自立自强提供了坚强支撑。

（成果创造人：华　斌、宋　平、陆启宇、李　永、黄　华、黄兴德、
张琪祁、周　超、罗　棱、张堰华、赵三册、高　军）

通信企业"数改 + 人改"双轮驱动的高效运营管理

中国联合网络通信有限公司北京市分公司

中国联合网络通信有限公司北京市分公司（以下简称北京联通）隶属于中国联合网络通信集团有限公司（以下简称中国联通），作为首都地区领先的全业务通信运营商，为公众客户、商企客户和政府机构等客户提供包括固定电话、移动电话、数据传输等相关服务，服务面积逾 16400 平方公里，服务人口超过 2100 万。

一、通信企业"数改 + 人改"双轮驱动的高效运营管理背景

（一）以服务人民为中心，需要企业运营改善

北京联通在 2021 年的线上业务订单已突破 500 万单，同比提升近 2 倍。但面对快速增长的客户需求，如何有效平衡运营人员规模、运营质量与运营成本之间的矛盾，提高运营效率，切实践行高质量发展要求，成为北京联通现阶段面临的主要问题。

（二）以企业转型为契机，奠定运营全面改善基础

为落实高质量发展要求，北京联通围绕中国联通新战略、新定位，深化战略解码与执行，基于中国联通一体化能力底座，推动数据、技术要素流入企业生产、经营、网络、管理、生态化合作等各个场景。通过实施一阶段数字化转型，面对"企业级"运营主干路已基本完成数字化升级，全域业务运营数据基础已初步建立，为北京联通进一步实施全场景数字化、全员数字化转型，实现企业全方位运营效率提升奠定了坚实基础。

（三）以员工成长为根本，探索运营改善路径

员工作为企业发展的根本基石，是企业实施数字化转型的具体参与者和执行者，如何弥补"部门级""员工级"数字化工具空白，用技术、数据、工具推动运营场景优化，打通数字化转型"最后一公里"，赋能员工素质能力改善，优化工作体验，激发创造力，让员工与企业齐心协力，共同推进运营效率提升，成为当前企业管理需要重点探讨的新课题。

二、通信企业"数改 + 人改"双轮驱动的高效运营管理主要做法

（一）明确运营改进思路，强化体系顶层设计

1. 理念与方法科学谋划，明确体系实施路径

北京联通全面加快数字化转型进程，以"简化事赋能人"为核心理念引领，以"数改 + 人改"双轮驱动为实施路径，运用数字化手段高效集约配置生产要素，加快提升智慧运营能力，激发数字化发展新动能。

"数改"与"人改"作为数字化转型过程中的两个关键抓手，数据和技术赋能驱动人才培养，人才成长又持续驱动创新输出，两者之间密不可分、相互促进。"数改"：通过创新融合新兴数字技术，实现数据挖掘的自动化、可视化，有效提高数据应用的效率和精准度，以高质量数据驱动日常运营决策，将数据与流程深度融合；构建"数字人"运营管理平台，为员工升级"数字人"新型生产工具，形成"1 名自然人 +N 名数字人"高效协同工作模式，将员工从机械重复工作解放出来，实现"数字人"与"自然人"交互协同。"人改"：以技术和数据赋能员工提升效率，激发员工学习新技术、新业务的主观能动性，以业技深度融合促进员工创新思维、数字素养和新技术能力的持续提升，加速打造一批素质优良、结构合理的"业务 +IT"数字化人才队伍，让更多的员工能够积极参与并推动"数改"过程。

2. 数据与流程深度融合，双向互促持续改进

北京联通利用轻量化数字技术加速实施数据与流程的双向促进。一方面，常态化实施"有数、用数、优数"，将割裂的数据统一纳入管理到数据中台，通过数据资源可视实现数据辅助决策，利用全息扫描结果及时定位数据问题，让运营数据渗透至端到端流程，客观评价流程执行规范，为流程优化提供高效、精准的决策依据；另一方面，流程产生的大量数据快速回流，对数据采集和分析的质量和效率进行有效检验，以用促治，实现数据从"可用"到"好用"。通过数据与流程的相互影响和相互促进，推动运营持续改进，为企业业务增长和健康发展奠定了坚实的基础。

3. 自然人与"数字人"交互协同，个体提能自驱改善

北京联通以中国联通一体化 IT（Information Technology，信息技术）能力为基础，创新引入低门槛、灵活性、可扩展性和可复用性的 RPA（Robotic Process Automation，机器人流程自动化）和 aPaaS（零代码）等自动化开发工具，融合 BI（Business Intelligence，商业智能）、人工智能等技术，形成"IT+RPA+X"技术融合矩阵，输出一批创新赋能新工具，创造出自动化"数字人"，辅助员工完成重复性、机械性操作，实现"机器帮人、机器替人"。另外，北京联通员工可通过"数字人"运营平台在线雇佣"数字人"，充分发挥员工智慧，指挥"数字人"实施具体操作执行，形成"1+N"人机协同工作模式。

（二）融入生产高效运营，激发数据核心价值

北京联通坚持"用数据说话、用数据管理、用数据决策、用数据创新"的思维，采用数据治理七步法，开展"有数、用数、优数"的常态化运营。自动采集系统内和系统外数据进行全量汇聚；根据数据资源大中小屏可视，为运营管理提供科学依据；结合流程全息扫描结果，以"最小化可行"为原则，加速数据试错、校准，逐步总结固化指标、口径、规则，形成"运营数据词典"，促进数据由"可用"向"好用"转变，实现数据和流程的双向互促和深度融合。

1. 有数：数据自动采集，实现数据全量汇聚

为了贯彻落实数据共享理念，发挥主数据的最大价值。北京联通拉通 B、M、O、D 域数据，将割裂的数据统一汇聚到数据中台。通过问题场景牵引，使用数据治理七步法"明确场景、识别数据、认定来源、治理数据、汇聚数据、使用数据、提升质量"，逐步挖掘面向一线的数据应用场景。以开发"自动采集数据数字人"作为跨系统数据"搬运工"，实时获取集团公众运营平台、北京订单中心、看板中心、CRM（Customer Relationship Management，客户关系管理）系统、IOM 工单系统、网络运维系统、网络建设系统、OA（Office Automation，自动办公）系统等 1829 个渠道触点类、生产动作类、客服评价类、经营通报类、人员岗位类等系统内数据，同时自动抓取客户意向、员工诉求、业务变动、人员调整等 68 类系统外数据，形成市场营销、订单生产、运营管理、服务质量和人员绩效五大类数据，实现对数据的全量汇聚。

2. 用数：数据资源可视，实现数据辅助决策

融合后的数据规模宏大，结构复杂，关联性强，通过数据可视化将数据融入业务和产品的流程，数据在与业务的共同运转中产生价值，催生产品。可视化大屏、中屏、小屏可为一线提供全方位的服务。

大屏："实现一网统管，智慧决策"，面向各级管理人员，服务于经营管理决策，内核是依托海量数据学习能力，打造"科学统筹指挥能力、客户洞察策略能力、组织队伍透视能力、资源敏捷供给能力"，实现数据、服务、运营互联共融。

中屏："各项能力聚合拉通，实现内外畅通一体运营，智慧运营"，面向各级运营人员，服务于跨层级、跨专业运营指挥调度，内核是打造公众、政企、客服、网络、管理 5 个专业小循环＋畅通 1 个大循环，实现专业内智慧运营闭环、专业间能力协同畅通。

小屏："适配经营场景，实现一屏通办，智慧生产"，面向客户和一线人员，依托移动互联网应用（手机APP），服务于生产作业，内核是基于场景推进各专业、各层级的入口工具收敛，拉通数据，实现全方位受理运营工具"场景适用、客户易用、一线好用"。

围绕"资源精准配置、风险立体防控、协同效率提升"，面向一线和管理需求，实现各类数据资源的可视、可管、可用，提高生产要素的配置效率，提升企业防风险能力、工作效率和组织效能。

3. 优数：运营全息扫描，实现数据流程再造

通过数据质量评价标准"五性"，判断数据是否具备完整性、一致性、准确性、有效性、及时性，不断进行数据质量的优化提升，对涉及数据的问题进行深入剖析，发现系统多、数据模型多、关联关系复杂、定位和协同处理难等问题，进行数据关联、拉通、清洗、加工，从而使数据在运营管理相关场景内更加"好用"。

结合流程治理中"差异分析""一致性分析""对比分析""潜在原因分析""时效分析"5个维度的全息扫描，发现数据问题，为数据优化提供方向。在数据和流程的深度融合过程中，以"最小化可行"为原则，先用先试、快速试错、调优规则、校准口径、总结逻辑，确定最终的指标、口径、规则并纳入"运营数据词典"。将固化的指标或需要修正的数据重新沉淀至数据中台，在数据使用和流程重构中完成对数据治理的有效检验，以用促治，确保数据真实、完整地展现流程环节和业务逻辑，形成常态化机制。

（三）数字技术融合创新，构建"数字人"运营

北京联通以"IT+RPA+X"为基础打造"数字人"能力，完善"数字人"管理运营，并融入零代码、原子库等前沿技术、理念，逐步精细化支撑，实现快速部署、精准赋能的支撑模式，进而达到企业数字化运营转型的目的。

1. 机器帮人，机器替人，打造"数字人"自动能力

在生产流程中，存在重复率高、人工失误多、不间断运行的痛点问题，严重束缚了员工价值，降低员工积极性，但又由于部分工作参与人员少、工作规模小、时效性要求高，传统的定向系统改造、工作制度调整方式成本高、见效慢，难以满足数字化转型的要求。北京联通借助RPA技术，将固化的人工操作流程封装并赋予业务属性，构造零接口开发、轻量化部署、场景化配置、数字化流程、低成本运营的"数字人"能力，实现快速赋能生产运营、流程改善与问题解决，打通数字化转型"最后一公里"，为一线员工赋能。

2. 在线管理，运营闭环，构建"数字人"用工平台

"数字人"工具作为新型的用工方式，已参与到了公司越来越多的生产运营，为加快推进企业数字化转型升级，北京联通以"闭环生命周期管理"及"运营指标体系构建"为基础，聚焦实现流程线上化、员工管理结构化、运营分析体系化、过程监控智能化、资源管理集约化、界面设计规范化6大运营举措，构建"数字人"运营平台，助力公司生产运营降本增效，实现"提效率、提效益、提质量、提感知、控风险"的数字化转型要求。

运营举措一："线上用工"依托中国联通云能力构建端到端工作流，提供用工申请、用工变更、用工解聘、问题反馈4类核心流程，保证质量，提升效率。

运营举措二："结构管理"参考对员工的选、用、育、留、退的管理模式，对"数字人"统一信息纳管，情况一屏统览，辅助决策判断，为不同角色直观展示核心运营指标。

运营举措三："体系分析"从全局结果、过程质量、用人部门视角、产出分析、效益分析以及满意度分析等相关指标出发，做好"数字人"的运营提质工作，及时掌握"数字人"的实际工作情况，并通过下钻分析寻找异常表现。

运营举措四："智能监控"对"数字人"的运行状态、资源使用、指标达成进行监控，设置预警规则及阈值，实现动态化、智能化管理。

运营举措五："资源集约"对 PC 端和移动端资源池硬件层面进行集中纳管，并根据实际用工需求进行池化管理，合理分配资源使用，建立网络、安全机制，以确保运行稳定。

运营举措六："界面规范"统筹考虑业务人员、需求支撑人员、运营人员视角，制定统一 UI（User Interface，用户界面）/UE（User Experience，用户体验）开发规范，实现统一用户交互体验。

3. 横纵改进，持续迭代，融合前沿技术新理念

为持续健壮"数字人"体系，推进数字化用工转型，北京联通从支撑精度和受理范围进行改进与扩展，并不断迭代优化。

"横"——融合技术。北京联通逐步融合已有的数据中台和 AI（Artificial Intelligence，人工智能）平台的能力，不断拓展支撑范围。将"数字人"需求、性能方面数据整合进运营数仓，通过定向加工实现"数字人"状态的可视展现，实现运营一点看全；将图像识别、OCR（Optical Character Recognition，光学字符识别）、语音转文本、NLP（Natural Language Processing，自然语言处理）等 AI 技术封装成原子能力，现已应用于平台登录验证码识别、微信交互启动策略、结果多模式展现等实际场景。

"纵"——优化支撑。北京联通为避免"烟囱式"需求支撑，导致时间拉长、业务感知差等问题，借鉴集约化管理理念，将需求以场景为粒度，解耦成多个模块独立开发和维护，进一步析构出以使用组件行为为粒度的原子能力并加以封装，增强需求支撑的灵活性、稳定性和可扩展性。

（四）人机协同，业技融合，促进人员效率改善

北京联通在实施"数改"的同时，开展企业员工个体提能，基于"数字人"运营平台向员工赋能，创新"1+N"人机协同模式；推出"数字菁英"培训计划，提升员工数字素养，推动员工向"业务＋IT"数字化人才转变；构建"三位一体"运营保障，促进业技深度融合，调整人员结构，推动企业人力资源布局优化。

1. "1+N"人机协同，推动员工能效提升

"自然人"员工在知识技能、天赋潜力和意识态度等个人主观因素方面存在差异，如何让不同的人做相同的事并产生相同的结果，北京联通实施"1+N"人机协同工作模式转型。"自然人"员工应用"ESIA"（Eliminate，删除；Simplify，简化；Integrate，集成；Automate，自动化）流程优化法，对个人工作流程进行梳理，消除重复环节、简化烦琐操作、整合零散流程，形成标准化、统一化流程步骤。再依照场景化能力需要，通过"数字人"运营平台在线发起"数字人"自动化能力用工申请、用工变更、用工解聘，用"数字人"替代流程中的环节操作，形成"1 名自然人 +N 个数字人"的协同工作模式，让工作从分工到协同，推动员工效率提升。

2. 数字人才强企，促进人才队伍发展

北京联通实施"人才强企计划"，启动"数字菁英"培育计划，针对营销技能、产品体系、数字化技术等多种能力技术进行培训及认证，提升"自然人"员工业务技能与 IT 素养，强化数字认知与数字技能，形成一支"业务里最懂技术、技术里最懂业务"的"业务 +IT"双优人才队伍，促进创新型、应用型、复合型人才。

3. 三位一体保障，推动运营组织优化

通过数字化人才队伍的不断扩充，北京联通开展"刀刃向内"的自我革命，对各专业部门进行组织重构，设立部门级数字化 BU（Business Unit，业务单元），形成以业务运营、质量管控和能力建设为核心的"三位一体"的运营保障机制。一方面，将数字化赋能融入业务运营，强化部门级数字化"微循环"，以"小、灵、快"的支撑模式，覆盖末梢场景、简化支撑流程、提升支撑效率，弥补企业

数字化转型"最后一公里"空白。另一方面，通过员工能力的提升和运营效率的持续改善，驱动人力配置由低产出、低价值贡献的生产支撑向高产出、高价值贡献的前端市场营销与后端设计研发等岗位迁移，形成人力资源布局"微笑曲线"。

（五）联通万家光速服务，助力用户家庭网络升级

北京联通服务北京"全球数字经济标杆城市"建设，致力于让每个家庭都能享受到好的网络服务，落实"我为群众办实事，通信服务进社区"的理念，通过数据精准定位用户家庭网络问题，通过优化生产流程主动提供上门服务，形成了一套数据、场景、工具、平台、流程全面升级的数字化智慧运营新体系，开展"联通万家 光速服务"专项行动，提升百姓的网络使用体验。

1. 数据精准定位问题，固化解决方案

当前，全屋高品质 Wi-Fi 体验已成为家庭用户刚需，北京联通通过拉通业务和网络的数据，深入洞察家庭用户全屋 Wi-Fi 网络需求和痛点，锁定端网业不匹配用户及 Wi-Fi 质量差用户等重点客群；结合户型等属地信息，建立基于家庭用户的全貌画像，沉淀一客一策、一户一策的家庭网络解决方案，封装策略推送至线上线下全触点，为用户提供统一的标准化服务。

2. 数字工具全面升级，优化生产流程

北京联通转变作风，从过去的被动等用户投诉升级为主动找用户服务，基于数据和工具的升级，在"联通万家"活动中实施"活动准备—执行交付—运营监控—复盘总结"数字化闭环管控。在准备阶段，定时自动推送"网络质差用户清单"，在线生成分配邀约任务，自动匹配服务专员电话邀约；在交付阶段，实现一线人员执行动作数字化管理，按照用户指定的时间上门服务，现场实时受理各类业务，有效保证每个家庭用户享受标准化服务；由"数字人"实时监控过程运营数据，自动推送复盘总结数据，一屏看清活动关键信息，以漏斗形式直观展现人员效能、执行效率及活动效益等数据。

3. 赋能一线转变作风，创服务新口碑

"联通万家"活动通过数据挖掘出市场和流程全面变革，提升了一线营销服务能力，发挥了领导干部带头作用，打破了以往区域包片壁垒，由"组织员工干"变为"领导带头干"，由"自己捂着干"变为"大家抢着干"，由"社区摆台"变为"入户服务"，极大提升了"老百姓"网络的质量和服务感知。

（六）业务中台运营改进，极致服务敏捷支撑

北京联通以业务中台为试点，实施"数改＋人改"运营改进，汇集内外部数据，实现上下同欲，并利用"数字人"工具，扩展自动受理能力覆盖范围，在过程中提升人员素质，沉淀解决方案，快速支撑赋能保障，有效助力业务中台质效双升。

1. 数据融通流程，目标对齐上下同欲

以统一数据中台为基础，结合"数字人"搬运或零代码自动收集等能力，打通中台内外部数据之间的壁垒，并利用 BI 等低门槛数据可视化工具，将订单各个环节的状态数据按照管理人员、订单经理、运营经理等不同岗位关注的核心目标图形化展现，建立一套"人单合一"的运营评价模型，将不同业务流程按生命周期进行环节分解，并按职责分工匹配对应岗位、角色，与运营目标关联、对齐，上下同欲，共同为实现最终目标努力。

管理精准决策，明确关键指标。管理者关注订单转化率、及时响应率、及时装机率、订单自动化处理率等考核指标，实现运营决策大屏一点穿透，为运营决策提供抓手。

运营目标分解，分角色对齐。订单经理聚焦订单，分产品、业务负责订单流程设计，制定流程运营规范，关注订单转化和响应效率；运营经理聚焦人员，以改善人员订单处理量、订单处理时长为关键目标，根据订单规模和发展趋势，动态调配人员；质检经理以管控业务差错、客户评价、服务投诉

为关键目标，以问题为导向推动运营优化；支撑经理以改善自动化能力的覆盖率、成功率及差错率为关键目标，为各岗位提供数字化能力支撑。

2. 工具优化运营，人机协同降本增效

对于系统无法自动受理的订单，通过"数字人"能力结合交互式探索工具、零代码工具和人工智能技术，提升证照图文的识别精度，替代人工完成信息录入、产品订购、结果监控等 50 余项操作，实现 7×24 小时不间断自动生产。推出自动 AI 外呼、订单过程自动推送、异常信息在线反馈等功能，利用"人机协同"的方式整合客户、中台及一线之间的多个沟通场景，同步三方信息、公开订单过程、提升沟通效率，避免多方触达用户，降低沟通成本，提升服务效率。

3. 解决方案沉淀，千场百景敏捷支撑

北京联通业务中台将"数字人"能力与生产场景深度融合，把已成熟的能力进行梳理、沉淀，生成服务化、产品化的解决方案，可快速响应外部客户新业务、新场景需求，赋能小微企业、政府客户等。

2022 年 6 月，北京市政府紧急下达精准防疫指示。北京联通快速响应，应用"数字人"能力围绕数据平台、支撑模式、产品受理、运营管理开展端到端流程设计，通过将已有的场景化"数字人"能力模块进行重组，仅用 3 小时快速上线，对外实现数据采集和结果上报，对内实现模拟下单、智能调度、模拟受理、运营监控、结果通报，形成跨企业业务合作、跨平台数据同步、跨系统流程衔接、跨部门保障协同新模式，以敏捷、高效的数字化模式助力首都新冠疫情防控。

三、通信企业"数改＋人改"双轮驱动的高效运营管理效果

数据治理上，北京联通数据治理通过 DCMM5 级认证，数据管理能力全面领先；完成政企、公众、客服智慧运营场景全域 28 项数据上架，完成全平台地图工具整合；持续推进数据中台租户使用治理，累计压降接口 1374 个；完善数据治理制度，发布数据架构、数据标准、项目数据管理、国资监管、元数据 5 个管理办法。

流程治理上，北京联通按照"全域引领、全量落实、全面运营、全方位管控"的四全工作目标，对企业内部运营全量流程进行大起底，累计优化 112 个流程，减少 43 条低效或冗余流程，疏通 52 个环节堵点问题，流程满意度测评达到 96% 以上，流程治理成熟度评价全国排名第一。

人才建设上，北京联通积极推进人才强企，多措并举，实现人力资源配置效率持续提升，科技创新人员占比由 2021 年年末的 26.9% 提升至 40.11%，数据治理专业人才认证率达到 30%，提前实现 2025 年规划目标，支撑新战略落地的人才结构布局快速优化。

经济效益上，北京联通通过"数改＋人改"双轮驱动运营提效，线上线下一体化运营体系持续完善，推进企业经营再攀新高。2022 年，北京联通主营收入同比增长 6.0%，连续 4 年收入份额行业第一；宽移用户份额达到 37.5%，连续 2 年上涨，创 15 年以来新高；千兆宽带、全屋 Wi-Fi 等高价值业务份额行业第一。

社会效益上，北京联通内部效率提升正向推动整体服务改善。在北京 2022 年冬奥会期间，北京联通积极投身冬奥、残奥通信服务保障工作中，采用"数字人"能力对冬奥重点保障业务进行 7×24 小时不间断受理与监控，受理冬奥相关产品订单共计 8.5 万单，单日订单自动受理量突破 1000 单，圆满完成了冬奥通信保障任务，大幅提升了公司品牌形象及客户满意度。

（成果创造人：霍海峰、秦　洋、胡淑芳、胡　滨、桑　彤、陈　玓、
张江涛、许建磊、王子君、李旻容、肖　难、林志鹏）

工程勘察企业以提质增效为目标的全周期数智化管理体系构建

中冶成都勘察研究总院有限公司

中冶成都勘察研究总院有限公司（以下简称成勘院）于 1969 年由原冶金工业部勘察总公司整体迁入四川组建而成，属中央在川的科技型企业。成勘院历经 50 余年的发展，现拥有工程勘察综合甲级，工程测绘甲级，地基基础专业承包一级，地灾防治评估、勘察、设计、施工甲级，环保工程专业承包等 13 项资质，是国家高新技术企业、省级企业技术中心。成勘院主编及参编 32 项工程勘察、地质勘探领域关键技术标准，几乎涵盖冶金工程测量、勘察等方面的全部重大关键工作，获得"国家科技进步奖""国家勘察金奖""国家优质工程""鲁班奖"等国家级奖项 27 项，获省部级奖项 330 余项。

一、工程勘察企业以提质增效为目标的全周期数智化管理体系构建背景

（一）践行"数字中国"国家战略的必然要求

《国民经济和社会发展第十四个五年规划和 2035 年远景目标纲要》指出，加快我国数字化发展，打造数字经济新优势，推进网络强国和建设数字中国成为我国未来发展的主要旋律之一。成勘院作为国家高新技术企业，在国家基础建设中扮演着重要角色。创建基于电子信息技术的数智化勘察体系是成勘院支撑国家战略、践行"数字中国"国家战略、顺应"互联网+"社会发展的必然需要。

（二）推进勘察行业生产方式变革的责任使命

工程勘察是工程建设的起点，同样也面临建筑业的窘境。受益于我国近年大基建浪潮，勘察设计行业规模发展迅猛，然而当前勘察设计行业 2 万多家企业的信息化建设还十分滞后。数字化是勘察行业发展的必然趋势，国内一些大型施工企业和勘察设计单位已经开发出或正着手开发具有一定应用价值的勘察信息化系统，但工程勘察行业数字化转型仍面临着发展不充分、发展不平衡的问题，对勘察信息化认识不足或信心不足，实现勘察数字化还有很长的路要走。因此，建立一个集数据记录、采集、分析和工程项目管理、分析、计算、设计于一体的工程勘察一体化智能系统是成勘院在行业生产、变革、推动信息化深度融合的过程中必然要强抓的工作。

（三）加快企业高质量发展的迫切需求

成勘院是传统的工程勘察单位，传统的工程勘察作业模式由于其自身的缺陷，存在勘察作业效率低、监管不严和原始资料可追溯性差等影响项目质效的问题，已不能满足城市高质量发展的需求。因此，成勘院创新团队从管理模式、勘察作业方式、监督机制、成果集成与应用等多个方面出发，建立全新的工程勘察数智化管理体系，转变、升级传统的工作方式，以科技创新驱动生产方式和管理方式变革，实现勘察项目和公司整体的数字化转型与提质增效。

二、工程勘察企业以提质增效为目标的全周期数智化管理体系构建主要做法

（一）充分调研行业现状，诊断传统勘察存在的问题

1.深耕基层，调研行业现状

要发现传统勘察行业存在的问题，必然要从基层做起。由于很多行业一线从业人员和管理人员具有自我保护意识，他们往往不愿意暴露自身的问题，但这样做却会造成安全质量隐患。

2.深度分析，明确关键问题

现今的勘察作业方式仍然比较传统，似乎跟不上时代的发展，赶不上科技进步的步伐。勘察行业存在的主要问题体现在以下几个方面。

一是行业数字化程度严重不足，资料的可追溯性差。大多数单位的地质调绘及钻孔数据采集需要

现场纸质记录，且同一项目的钻探班报表和地质编录重复记录内容较多，采集过程耗时、费力，采集成果零散；再重复录入一遍，手工操作，分散作业，成果图纸、表格、文字等资料以纸质媒介为主，传抄传递，效率低，错漏时有发生，且发生错误时很难追溯源头。此外，受制于传统的勘察成果保存机制，其流通共享性极差，后期很难再次被使用。

二是缺乏新技术的研发和应用，勘察作业效率低。传统勘察作业需要耗费大量人力物力，勘察作业效率低，不利于成本控制。随着计算机、高精度遥感、全球定位系统、地理信息系统、移动通信、图像识别、无人机、BIM（Building Information Modeling，建筑信息模型）等信息技术的不断发展，工程勘察行业在信息化技术发展的推动下，需要及时从传统的"纸笔"模式逐步走向信息化、智能化工作模式，将勘察技术人员从烦琐的工作中解放出来。

三是工程建设重视力度不够，质量监督管控不严。由于勘察费用在工程建设中占比低，勘察项目常委托小作坊作业，使得建设业主容易忽视勘察工作，岩土工程勘察质量出现建设单位"不想管"、勘察单位"不愿管"、监督部门"不能管"的情况。因此，一些勘察单位极大程度地放松对勘察质量的管理，以低价中标，事后偷工减料，出现该做的工作少做、少做的工作不做和不按规范做等情况。

四是勘察成果缺乏集成和共享，数据不能深度利用。岩土工程勘察需要收集和管理大量信息，一般包括地层分布、岩土体特性、地形地貌、测绘、构造、地下水、周围环境和物探等，这些数据虽然在工程建设中扮演着重要角色，但在工程完成后就被束之高阁。而且这些数据分散呈碎片化，很难再被利用，这主要是由于岩土工程缺乏数字化且缺乏对岩土工程勘察成果的管理造成的。

（二）组建团队，搭建平台，构建勘察数字化作业体系

1. 组建专家团队，制定规章制度

成勘院深刻认识到工程勘察数字化的重要性，主要开展了以下工作。一是成立了以总经理、总工程师和副总工程师为领导团队的工程勘察数字化创新团队，包括四川省学术和技术带头人，四川省勘察设计大师专家人才等；二是设立专门的数字化中心，负责数字化规划、管理、研发、成果总结、推广、考核等工作，由领导团队构建统筹推进体系，完善顶层设计和总体规划布局；三是设立工程勘察数智化研发课题，一方面提供充足的研发资金，并保证资金专款专用，另一方面落实课题研发的责任和义务，使研究目标能够按预期完成。

2. 制定解决方案，构建勘察数字化作业体系

成勘院工程勘察数字化创新团队经多次研讨认为手机是实现这一目标的重要载体，手机中如传感器、超高像素拍照等功能日益强大，这些功能可在工程勘察中予以灵活利用，以达到数智化工程勘察。因此最终拟定开发基于 Android + HarmonyOS + iOS 的手机端 APP 和基于 Web 的勘察信息化管理系统，以实现外业数据的采集与管理，满足所有岩土勘察从业者的需求。成勘院工程勘察数字化创新团队对工程勘察全过程涉及的具体目标、流程和手段开展调研和试验分析，从企业成本控制、精准管理、提质增效等方面考虑，对内以数据平台和处理调度系统为管理载体，重塑管理流程，全面引入数字化处理手段升级作业和管理流程，形成标准化作业模式。

3. 搭建系统平台，保障数据安全

工程勘察数智化系统采用三层分布式集群结构，资源服务层为系统提供服务器、网络和存储资源，由 K8S 引擎对资源进行统一调度，为上层业务提供硬件保障。基础服务层提供跨系统的通用功能模块，为后续的业务提供统一的服务和规范化的接口。业务功能层包括手机 APP 和 PC 端的 Web 系统，提供具体的业务功能。该三层架构通过资源服务层保障了硬件扩容和缩容的能力，通过基础服务层提供了稳定可靠的通用功能，从而可以灵活快速地响应业务功能的变化。

由于工程勘察涉及区域地质、地形地貌和测绘等信息，保障信息安全至关重要。工程勘察数智化

系统通过集团搭建高性能服务器，通过堡垒机对用户进行身份鉴别、访问控制、运维审计，支持 SSL（Security Socket Layer，安全套接层）、VPN（Virtual Private Network，虚拟专用网络）登录双因素认证，拥有 128 位加密以上的 SSL、VPN，能保证内部数据在传输过程中的安全。数据库审计系统能对数据进行安全审计，蜜罐和漏洞扫描等安全防护措施能有力保障数据库的安全。

4. 培养数字化人才，以典型工程示范带动全局

研发工程勘察数字化技术的同时，还需要培养一批能使用数字化技术完成岩土工程勘察的技术人员。为了全面开展工程勘察数字化工作，成勘院从人才培养和工程示范两方面入手，推动整个企业的数字化转型普及工作。在人才培养方面，有针对性地加大了技术管理人员对生产单位的帮扶力度，基于数字人才需求，编制数字化人才培养方案，制定数字化人才引进、培养、使用优化机制，广泛采用培训、自学、实践、轮岗等多种方式，以工代训、按需培养人才，逐步培养企业数字化核心人才。在示范工程方面，先挑选一批重点、重大项目试点，技术人员管理全程跟随，解决数字化过程中产生的问题，按要求完成一批高质量工程勘察数字化成果。

（三）强化项目监督管理，严控勘察作业安全和环保

1. 云检查＋随时查，监督项目实施

针对传统工程勘察项目监督管控不严的问题，成勘院采用云检查＋随时查的形式解决。云检查就是通过现场监控采集设备和卫星定位系统等，将所有在建项目纳入系统监管后台，管理人员可在手机APP 随时查看正在实施的项目，实时掌握项目进展，从而及时全面地了解项目生产和经营情况。随时查是检查人员根据系统中正在开展项目的位置，随时完成检查工作，不需要通知第三方或者需要项目人员配合，还能查看项目实际完成的情况。

2. 精细化项目管理，精准调配资源

在进度控制方面，工程勘察作为工程建设的起点，建设单位常要求在极短的时间内完成。但勘察作业受到施工现场特殊地质条件、材料因素、机械设备因素、设计变更和气候环境等的影响较大，解决不及时将会造成不能按计划进度完成勘察工作，且在出现进度滞后时，常出现为了追赶工期而降低工程勘察质量，从而埋下了质量事故的"地雷"。成勘院通过建立工程进度数字化台账，汇总项目建设情况，项目经理可通过手机 APP 随时跟进项目进度，当发现特殊情况时可通过增加技术人员、增加钻机等物资、调用符合施工条件的设备、调整作业时间等方式迅速解决问题，避免延误工期。在成本控制方面，勘察项目具有短、平、快的特征，常出现多个勘察项目同时作业的情况，这对项目人员和资源的分配提出了更高的要求，因此成勘院从人工、设备和材料 3 个主要方面出发来降低成本。

首先是人工成本。随着勘察业务的快速增长，对技术人员的需求会增多，通过工程勘察数字化系统可轻松实现一人管理多个项目。其次是设备成本。传统的项目管理模式下，项目经理往往并不能实时掌握项目进度，并不能明确地掌握每个项目的设备工作、维修等情况，造成一些项目设备闲置，而一些项目设备超负荷工作，通过公司资源台账对设备资源精准调配，提升设备利用率。最后是材料成本。应根据项目设备进度调整资源的分配，而不是一次性分配，一次性发放大量材料会让作业人员忽略节约材料的重要性，而按工作进度分配材料能提高作业人员的成本节约意识，减少人员对材料的浪费，达到有效节约施工成本的目的。

3. 流程化安全管理，杜绝危险作业

成勘院将工程勘察安全作业流程化，在工作开展前必须进行安全技术交底，使安全教育成为一种常态。针对施工现场可能存在的风险点，要求每个班组在施工时实时拍照，通过移动端进行安全作业打卡，并对照作业规范和现场管理制度自检自查，填写安全日报。项目管理人员通过系统后台可随时

查看安全交底情况，审核填报记录，及时发现问题并下达整改意见，并辅以监控系统和不定时现场检查，杜绝不安全行为发生。

4. 无纸化勘察作业，绿色环保作业

成勘院在勘察作业的多个方面均实行严格的环保控制。一是推进无纸化作业。完全实现工程勘察数字化作业即无纸化作业，舍弃传统作业过程中使用的大量钻孔编录表格，既能提高效率，又能实现环保。二是严格控制钻机设备的环保标准。进入作业现场的工程勘察钻机及其他机械排放标准需满足要求，设备进场时需查验环保标识标牌，核对登记信息与实际机械是否一致，禁止未取得排放环保标志的、不符合禁用区排放标准的非道路移动机械进入施工现场，禁止排放不达标、排放有明显黑烟的机械进入施工现场。三是提高技术人员环保意识。成勘院会不定期对现场作业人员进行安全环保作业培训，宣贯国家和公司相关文件的环保要求。

（四）简化勘察作业流程，提升勘察数字化作业效率

1. 通过建立地区标准地层库，实现钻孔岩芯快速编录

成勘院研发的工程勘察全周期数智化系统首次提供全国范围内的地质图服务，通过该系统可查看勘察场地的基本地质情况，并基于某一个地区或某一个城市的地层具有高度相似性的特征，根据区域地质特征建立具有普适性的统一标准地层，并以本地区以往的大量工程实践资料为基础，加入本地区的特殊地质特征，形成适用于当前工程勘察场地的标准地层数据库。技术人员进行外业钻探编录时只需要在移动端调用标准地层描述，并根据实际钻孔情况，对实际岩芯的裂隙、风化程度等进行修改即可快速完成钻孔编录，当场地地层分布与标准地层一致时，甚至可以直接调用标准地层进行钻孔地层批量编辑。建立标准地层并完成钻孔编录能够节省大量时间和精力，大大提升工作效率，且能减少技术人员主观判断的差异。

2. 通过高清影像连续拼接，高度还原钻孔原始工程地质特征

针对工程勘察资料无法保证质量和精准度的问题，成勘院要求作业人员和技术人员在钻取岩芯时利用高清摄像镜头记录采样，用移动端 APP 实时上传数据，在系统中及时备份。对每个钻孔的每箱岩芯拍摄高清图像并按照岩芯盒的大小进行裁剪，清晰呈现岩芯上裂隙、溶蚀甚至是部分矿物的特征，将每箱岩芯高清图像按顺序连续拼接，形成整个钻孔的连续高清影像，为后期查证钻孔实际地质特征提供条件。

3. 通过自动生成二维码实现取样、送样、测试一体化

工程勘察项目一般需要采取大量试验样品，采样、运输、保存、送样和测试等过程十分烦琐，为解决传统模式下采用手工填写的纸质样品标签和人工识别的作业方式容易造成样品混淆、丢失的情况，成勘院利用二维码技术，在取样过程中一一对应赋码，锁定样品的所有信息，包括样品采集过程中的地质特征、取样钻孔深度、取样人和样品类型，试验过程中的收样、试验方法、试验环境和试验结果等。扫描二维码可读取取样信息和分析、测试数据，实现一键关联和查阅。

（五）研发数智化新技术，激发勘察数字化作业活力

1. 基于高精度 GPS 定位技术，实现钻孔位置自主精准定位和工程勘察现场监督

传统的工程勘察需要测绘人员使用 RTK（Real Time Kinematic，实时差分）定位技术进行放点并进行标记，钻探人员作业时去现场找点，这之间可能存在一定的沟通问题。成勘院通过手机外挂小型 RTK 接收机实现了高精度定位，能够实现厘米级定位，大多数情况下，外挂 RTK 与测地型 GNNs（Graph Neural Networks，图神经网络）接收机水平偏差都在 1 米以内。手机外挂 RTK 接收机类似于 U 盘的定位终端通过 TypeC 充电口连接到手机或平板电脑，由手机或平板电脑进行供电，定位信息通过 TypeC 接口传回手机或平板电脑。

2. 基于对高清岩芯照片识别快速自动计算钻孔 RQD 值和采取率

钻孔岩芯采取率和 RQD（Rock Quality Designation，岩石质量指标）值是衡量岩芯完整程度的重要指标，需要技术人员进行大量测量和计算，目前很多人通过估算确定采取率和 RQD 值，造成数据不精准。成勘院通过规范化岩芯拍照，以及图像处理和识别，系统自动识别岩芯，计算岩芯长度，标注取样、分层等位置，并自动计算岩芯采取率及 RQD 值，既能够提高岩芯采取率及 RQD 值的获取速度，同时又能够提高岩芯采取率以及 RQD 值的精度，解决采用人工测量岩芯存在着较大误差而导致岩芯采取率以及 RDQ 值不精确的问题。

3. 通过动探智能自动化记录，精确记录试验数据

圆锥动力触探是工程勘察中一种常用的原位试验，能够直接判断地层力学特征，提供卵石以及人工填土等土层承载力、变形程度、密实程度等参数。成勘院研发了一套圆锥动力触探智能测试自动记录设备，通过建立穿心锤撞击锤座的信号波形数据库，采用离散傅里叶变换和小波分析等方法进行信号辨识和去噪，最终实现对圆锥动力触探施工撞击声的锁定和辨识。通过激光位移传感器记录钻杆深度、贯入的深度、每一次撞击进入的深度等，从而得到圆锥动力触探施工中钻杆贯入情况。计算机对圆锥动力触探击数进行杆长修正处理后，对地基土承载力进行估算，从而为勘察、设计作业提供智能的、比较客观直接的岩土参数。

（六）开创超前审核机制，保障勘察数字化成果质量

为了保障勘察数字化成果的质量，成勘院实行超前审核、实时审核和全程审核机制，尽可能避免审核过程中带来的返工。超前审核就是超出传统勘察模式审核节点的审核，实时审核就是在每个钻孔完工时即开展审核，全程审核贯穿整个工程勘察数智化的全周期，甚至包括共享资料的去向。超前审核、实时审核和全程审核是对工程勘察全程的技术指导，虽然看上去严重加大了审核的工作量，但实际上可以轻松通过手机 APP 在任意时间完成，灵活度更高，其带来的对工程勘察成果质量的提升是至关重要的。成勘院为了分担超前审核、实时审核和全程审核机制所带来的审核工作量，同时建立了三重审核机制，即项目负责人审核、科技管理部审核和分管领导审定。勘察前，严格对勘察纲要把关，确保编制依据、相关原则和规范、规定、标准及利用已有地勘资料等内容符合要求。

（七）建立勘察大数据库，深化勘察数字化成果共享

数字化工程勘察系统提升了前端作业的效率和质量，产生了大量数据资料，如钻孔编录数据、水文数据、试验数据、高清照片视频、台账、检查日志等，是重要的成果来源和深度利用基础。成勘院构建勘察大数据库，对勘察过程中产生的各项数据进行累计采集，系统化、标准化保存，通过时间、地点、人物、完成单位、地质特征、技术要求等关键字进行分类，建立检索目录。数据存储基于云存储，实时更新，多个设备统一数据源，支持多人，异地，使用手机 APP、PC、平板对同一项目进行修改。

三、工程勘察企业以提质增效为目标的全周期数智化管理体系构建效果

（一）响应了国家数字化战略，实现了工程勘察信息化升级

成勘院通过整合公司勘察项目资源，实现了工程勘察从前端到后端的全面数字化改造，颠覆了传统勘察手段，解决了传统勘察模式下普遍存在的问题，以极低的成本实现了极高的应用价值。工程勘察全周期数智化管理体系已成功应用到百余个工程勘察项目，项目涉及乡村振兴、城市更新、文物保护和旅游开发等多个领域，实现了数字化采集、数字化管理和数字化监督，最终形成数字化成果的全方位全周期数字化工程勘察，并根据大量工程勘察成果建立了大数据库，能有力地指导地区工程勘察工作，实现成果共享利用。

（二）实现了提质增效的目标，增强了公司市场竞争力

成勘院严格执行工程勘察全周期数智化管理体系，实现了勘察项目100%全覆盖。采用工程勘察全周期数智化管理体系能够快速完成钻孔地质编录等外业功能，相比于传统手工需要多次重复记录，实现了外业管理效率提升50%。此外，通过前期外业数据录入，能够实现钻孔柱状图一键出图、原始钻孔照片拼接、原位试验和取样等信息一键导出等功能，并可将整个项目数据以数据包的形式直接导入理正，快速完成大量内业工作，内业管理效率提升70%。通过该管理提升，公司工程勘察项目平均节约10%的成本费用，最快缩短30%工期，勘察业务量快速增长，成果转化效果明显。

（三）科技管理创新成果丰富，提高了公司行业影响力

成勘院通过多年的科技和管理创新立项、探索，形成了一批具有独立知识产权的科技创新成果，获批多项软件著作权项和发明专利，多篇论文发表在《中国勘察设计》等期刊上，并成功申请四川省国资系统综合研究课题《岩土工程勘察信息化关键技术研究及应用系统开发》立项，并于2022年10月经四川省科学技术信息研究所鉴定为国际先进。工程勘察全周期数智化管理体系的探索是对国家级高新技术企业荣誉的有力支撑，是对工程勘察行业未来发展方向的指引。

（成果创造人：彭　涛、罗先福、高晓峰、任东兴、刘　艳、薛　鹏、

杨宗耀、邓　安、何蕃民、徐建骁、陈冬梅、陈龙飞）

啤酒企业供应链智能决策平台的建设

青岛啤酒股份有限公司

青岛啤酒股份有限公司（以下简称青岛啤酒）的前身是 1903 年 8 月由德国商人和英国商人合资在青岛创建的日耳曼啤酒公司，是中国历史悠久的啤酒制造厂商。目前，其品牌价值 2406.89 亿元，连续 20 年居中国啤酒行业首位，位列世界品牌 500 强。"青岛啤酒"及子品牌"崂山啤酒、汉斯啤酒、青岛啤酒博物馆、王子以及 TSINGTAO1903 青岛啤酒吧"的品牌总价值超 3800 亿元。

一、啤酒企业供应链智能决策平台的建设背景

啤酒行业已发展到了市场饱和阶段，青岛啤酒曾采用的区域产销一体的管理方式不利于青岛啤酒统筹全国资源，实现优劣势区域的资源互补和资源共享。为此，青岛啤酒在 2018 年成立了总部供应链中心，将供应链规划、计划等管理职能收归总部供应链中心统筹管理，总部供应链中心涉及的工作量和工作复杂度剧增；靠传统 Excel+ 手工的形式仅能针对大规则进行管理，难以应对比较精细化的管理工作。此外，供应链管理的变革需要考虑到营销、生产、采购、物流、计划、财务等诸多部门的诉求，靠人的经验无法快速有效地制定出全局最优的方案，同时与各职能团队、区域团队，以及高层的沟通也面临着巨大挑战。成本要素拆解不清晰、约束要素考虑不全面、优化方案无法进行快捷有效的解释，使得总部供应链中心的管理工作往往需要巨大的时间成本。随着青岛啤酒信息化和数字化建设进程的推进，青岛啤酒已基本完成了供应链执行层系统的数字化建设，建成了围绕 ERP（Enterprise Resource Planning，企业资源计划）系统打造的，结合 WMS（Warehouse Management System，仓储管理系统）、TMS（Terminal Management System，终端远程维护管理系统）、MES（Manufacturing Execution System，制造执行系统）等众多系统的执行系统体系，并逐步完善补足系统空缺。如何利用执行层系统积累的数据为业务决策提供价值，成了青岛啤酒供应链数字化建设下一步的重要任务之一。因此，青岛啤酒亟须一套具有智能化、自动化、科学化等特点的系统工具。

二、啤酒企业供应链智能决策平台的建设主要做法

（一）搭建供应链智能决策平台整体架构

供应链智能决策平台分为执行数据层、数据中台层和决策应用层 3 个层面。执行数据层提供企业在运营中产生的历史数据记录，作为智能决策的依据。数据中台层作为执行数据向决策应用数据模型转换的枢纽，对执行数据进行标准化梳理，形成一套可支持决策应用层模型运算的标准成本要素、标准设施约束和标准业务规则标准库，方便决策应用层根据不同应用场景的需要调取数据。决策应用层最终使用标准化处理后的执行数据和规则数据，通过"自上而下"在规划层、月度计划层，直至周度计划层搭建的不同智能决策模型，针对特定课题进行智能决策优化运算，输出优化方案以支持青岛啤酒不同层级的供应链管理决策，形成一体化、集成化、标准化和智能化的供应链决策支持体系，使企业战略逐步传导至日常运营，并在不同层级进行决策优化。

（二）明确供应链智能决策平台建设目标

1.供应链数据的标准化

供应链主数据标准化。对来源于不同系统模块不同数据源中的主数据进行标准化梳理，例如针对工厂主数据建立对应多套系统的映射关系，从而使企业多系统数据形成一套统一的标准，提升决策平台效率。

供应链成本要素的标准化拆解。借助供应链智能决策平台，对端到端供应链路上发生的各项成本

进行标准化梳理，采用有别于财务成本均摊核算逻辑的供应链标准成本计算方法，识别成本和效率更有优势的工厂、仓库、运输线路并在运营中对这些资源进行倾向性使用，实现成本节约。

构建供应链设施约束标准库。针对标准化生产、仓储运输等多环节的约束，建立标准化的设施约束规则库，通过内置不同供应链环节的产量、运量、库存量折算系数，管理供应链端到端链路上的约束因素，便于在使用时根据需要调取相应规则输入决策层应用模型。

建立供应链业务规则中心。业务运营中的规则是供应链规划与计划制定的重要依据，业务规则的完整性与可靠性可以极大提升规划和计划落地执行的可行性。供应链智能决策平台整理汇总生产与市场等多方面影响的运营规则，管理人员可根据需要灵活调用，作为未来供应计划或补货调拨计划的制定依据。

2. 供应链决策数据工作流的自动化

输入数据的导入对接自动化。使用青岛啤酒 ERP、WMS、OMS 等执行系统接口对接供应链智能决策平台，实时接入数据，同时保留人工核验和维护，当数据准确度较低时，支持人工干预、审核与调整，双重保障输入数据的完整性与正确性。

数据与标准库的匹配校验自动化。结合执行系统数据特征搭建可复用的数据清洗流程，一键自动校验数据的完整性与一致性。例如校验产品、站点主数据与运输数据、生产数据的一致性，校验系统导入数据的完整性，核验成本数据与结算数据的偏差等。将校验出来的异常数据整理归档，进行人工审核修正后，返回自动化流程。这一方式可明显提升数据清洗的效率，降低因手工处理数据可能导致的错误概率。

输出结果转化生成子计划并自动化分发。得到规划和计划方案后，将其拆解至不同业务环节，不同颗粒度，便于相应部门快速理解与执行。通过平台配置报表，自动拆分成灌装生产计划、采购计划、库存计划、酒液计划以及运力资源计划等子计划。在自动化处理过程中，保留人工审核、修改与确认流程，对人工调整进行记录与追溯，避免执行过程中出现障碍。

3. 供应链决策智能化

全国产能资源智能统筹。在行业的传统方法中，受限于技术能力，多采用人工由粗到细的方式进行供应链规划和计划决策。以月度供应计划为例，首先总部统一进行产能粗平衡，沟通形成一致性方案；接着，区域工厂结合产线、库存与订单分别制定产能细平衡方案，再以细平衡方案为基础依次制定采购、发运等计划。使用这样的方法虽然能制订供应计划，但总部在产能粗平衡过程中难以考虑完整限制因素，区域工厂在产能细平衡过程中也无法以全局视角实现全国统筹。并且由于手工处理效率受限，整个计划流程均为手工处理，计划出现偏差后补救成本高。结合供应链智能决策平台的能力，月度供应计划承接规划层和业务规则库中的规则，结合设施约束库中的约束，再结合成品库存、物料库存、月度滚动需求计划等节点信息，一次性得出全局产能细平衡方案。总部与区域沟通形成一致性调整方案后，再调整模型运算，得到最终的月度供应计划。系统自动将月度供应计划拆解转化成为各部门所需的计划，进行部门间高效协同。配合供应链智能决策平台能力，总部供应链团队在规划与计划层面均可考虑完整业务限制，进行全局统筹优化，还可配置报表与图表进行内外部门的协同沟通。

供应链端到端成本的智能优化。传统方法中，总部供应链管理团队出于上述原因，无法高效考虑供应链端到端成本最优的方案。仍以月度供应计划为例，结合供应链智能决策平台，系统不仅可以高效精准保证供需平衡，也可以综合考虑端到端供应链路上生产、物流、原材料采购成本等相关成本，形成端到端成本最优的规划和计划方案。

多场景方案搭建。由于手工处理效率受限，因此也难以预先考虑多种场景。当计划赶不上变化时，团队只能凭借快速协调沟通救火，不仅焦头烂额，还不一定能把火扑灭。借助系统能力时，总部管理团队根据未来可能发生的假设场景制定相应的解决方案，对比分析方案带来的影响。

4. 供应链决策可视化

端到端成本拆解与优化可提升协同效率。基于系统制定的优化方案，快速分析端到端链路成本中的不同成本项。有数据的支撑，部门间的沟通更加高效，决策速度也随之提升。另外，端到端链路成本拆解也可以支持企业开展持续优化。供应链团队可以非常清晰地找出总成本明显偏高的供应路径，迅速定位过高的成本项，支持运营过程中成本的分析、比较和持续优化。

供应链瓶颈约束的精准透视。结合系统自动输出的可视化图表，供应链团队可以迅速定位亟须改善的业务环节，是酒液酿造产能不足，还是灌装产能不足，造成灌装产能不足的原因是产线不够还是机器升级造成的产能受限，抑或是运输资源有限令订单无法按时履约等。一旦明确出现供应链瓶颈的原因，业务团队就可以快速通过系统进行模拟推演，输出最优的改善方案。

计划调整和场景预案对供应链计划的影响可视化。利用供应链智能决策平台场景构建与对比功能，生成不同业务要求或风险情况下的计划方案。业务团队可利用报表工具自主配置需要生成的报表和图表对多场景方案进行分析和判断，例如各仓库预估库存水位图、各工厂预估产能利用率图表、供应规则地图等。业务团队审核确认后，可进行主计划分发、库存管控、物料计划输入、订单规则输入等后续管理步骤，支持其他管理工具的实现。

（三）规划实施路径

1. 自上而下的供应链智能决策平台路径决策应用

供应链智能决策平台的建设是一个持续性的工程，无法一蹴而就。合理的建设顺序决定了建设工作的成败。如果不按照一个合理的顺序进行建设，那么青岛啤酒的供应链战略就无法有效地传递至执行层，导致实际执行偏离企业战略。另外，也常常会发现在某一个层级的建设过程中，许多前置问题没有得到有效的解决，导致中下层及详细计划缺乏明确且具体的规则指引。合理的建设路径应当是以"自上而下"为指导思想，从大的层面入手，先做整体的规划，再逐步向下深入。

在决策应用层，先解决规划层的问题，如对年度产供销规则的智能化决策。解决规划层问题可充分考虑最完整的可能性，对于详细规则约束可以不必完全考虑。对于业务规则的改变，要大胆假设，并通过模型运算小心论证，最后得出各种情况下的指导规则。月度计划层承接规划层制定的指导性规则，结合月度的实际情况，制定出接下来一个或几个月的一般性规则。此时月度的需求计划、生产计划、供应计划、库存管控计划、物料采购和备料计划、酒液酿造计划、运输资源计划等都需要逐一落实。但仍需要注意考虑约束条件和业务规则的细节程度，避免过度考虑一些在周度仍需进行调整的问题。周度计划层应当承接月度制定的一般性规则，结合周度需求计划和资源可利用情况，进行进一步的细化调整，并与实际执行的业务约束紧密结合，最终制订出可落地执行的详细计划。

2. 小步快走，逐步推进供应链智能决策平台的执行数据层和数据中台层建设

虽然数据的完善和标准化是应用场景决策的基础，但并非一定要等执行数据层和数据中台层完全建设完毕后，才可以建设决策应用层。执行数据层中的数据虽然不可避免地会存在描述不完全标准、数据不完全精确等问题，但从整体上来看，是可以真实反映青岛啤酒运营情况的。结合数据中台层的标准化处理，这些数据具备进行智能决策运算的要求。

因此，青岛啤酒以"先解决有没有，再解决好不好"的思路为指引，以"小步快走，逐步推进"的方式，逐步进行数据中台层的建设。以决策应用层的需要为导向，优先进行规划层的数据标准化建设，再逐步推进月度计划层的数据标准化建设，最后逐步细化周度计划层的数据标准化建设。随着应用决策层建设的逐步推进，执行数据层建设也逐步完善，指导着数据中台层建设需求的逐步明确，推进数据标准化的逐步建设。

同时，数据中台层的建设还应当考虑到不同环节数据准确度、管理复杂度和不同区域团队执行能力的差异，对于数据自动化对接和自动化分发的要求也应当逐步进行完善，不必一味追求数据自动化一步到位。数据准确度低的时候，应保留人工核验和维护。有的环节复杂度高，或区域团队的执行能力有限，应当保留人工在整个智能决策方案中的干预，同时做好人工调整的审批和追溯。待数据准确度提升，管理流程和执行能力逐步适应半自动＋人工调整的方式后，再行加强数据工作流的自动化建设。真正做到让数字化、智能化服务于管理和业务，而不是管理和业务为数字化所累。

三、啤酒企业供应链智能决策平台的建设效果

通过智能供应链决策平台的建设，在已建成的规划层年度产供销模块，为青岛啤酒节约了近亿元的物流成本。经过进一步的可落地性核算，每年可为青岛啤酒省超过1000万元的物流成本。在成本下降的同时，实现了工厂向城市地区平均服务距离缩短10%，使青岛啤酒更加快速且合理地满足客户的需求。通过智能算法模型的运算，总部供应链管理团队具备了对全国工厂产能利用进行全局统筹的有效手段。

供应链智能决策平台上线后，对运营现状和问题的感知具有很高的可视度，为部门领导的决策和部门之间的协同提供了明确的决策依据，提高了决策效率。供应链智能决策平台的建立也可以促进和带动规划和计划决策上下游部门管理模式和数据质量的提升。供应链智能决策平台具有快速场景功能和高自动化、高灵活性的特点，可提升应对突发事件的敏捷性和韧性。

（成果创造人：员水源、季　岩、刘国华、韩洪刚、张克立、杨云龙、庄　杰）

电子制造企业基于自主创新的数字化云工厂建设与运营管理

中国长城科技集团股份有限公司

中国长城科技集团股份有限公司（以下简称中国长城）是中国电子信息产业集团有限公司（以下简称中国电子）旗下网络安全与信息化专业子集团，是我国网信产业技术创新大型央企和龙头企业，注册资本 29.28 亿元。中国长城持续聚焦网络安全和信息化以及高新电子主责主业，成功突破高端通用芯片、固件等关键核心技术，构建起完整的"芯—端—云—控—网—安"产品产业生态链，已经形成国内谱系最全、实力最强的自主安全产品线，广泛应用在党政办公及金融、能源、电信、交通等重点信息化领域。

一、电子制造企业基于自主创新的数字化云工厂建设与运营管理背景

近年来，数字化转型正在成为核心制造企业的战略之一。中国长城高度重视工业互联网、智能制造等国家战略要求，及时提出云工厂项目，并根据自身的情况布局数字化转型战略，一方面通过云工厂的建设，构建并验证基于自主安全计算体系（PHYTIUM① KYLIN② Security③，PKS）的工业互联网基础设施，构建基于工业互联网云工厂平台，支撑国家信息技术应用创新发展战略；另一方面，通过云工厂的建设，为信创业务提供成熟的基础设施，为产业、区域提供可复制的云工厂平台经验，深度参与中国的信创业务基础设施建设，促进信创业务的行业技术进步。

根据国家战略和市场情况，中国长城需要在全国建设多家信创产品制造工厂，规划产能达到1000万台/年。近年来，通过各种渠道搭建，中国长城已经整合、新建出 22 家信创产品制造工厂，但是各地工厂尚不能在短时间内形成生产力，更没有沉淀出成熟的管理基础和经验，也没有统一的管理系统和流程，缺乏整体调度和一致性的行动能力。因此，中国长城亟须通过长城云工厂项目建设，全面打通研、产、销和服务流程，充分发挥产品研发优势，着重提高对客户的响应和服务能力，保证交付品质和服务质量。

二、电子制造企业基于自主创新的数字化云工厂建设与运营管理主要做法

（一）开展云工厂规划顶层设计，确定云工厂的规划与蓝图

1. 确定云工厂规划顶层设计思路

长城云工厂是基于工业互联网平台的一项系统工程，通常以"总体规划、分步实施、效益优先、重点突破"为原则，采用"现状评估、能力测评、需求分析、顶层设计、专项方案详规、专项方案实施"的规划流程。中国长城建设的工业互联网平台不仅是一个企业信息系统，更是一个自主、开放的"工业＋互联网"信息管理平台，支撑业务流程变革和管理创新，助力中国长城的战略、商业运营模式转型升级。

创建智能云工厂需具备网络化和智能化特征。云工厂作为集云资源、云开发、云业务于一体的新型智慧工厂平台，具备网络化协同能力和智能化辅助决策能力，既能够支撑多工厂之间的产品协同、订单协同、供应链协同、制造资源协同，又能支撑产品研发、工艺设计、软件适配、品质管理、运营管理的异地协同、信息共享、数据聚合，还可以实现组织与人员的绩效管理、机器的可靠性管理、物

---

① 飞腾处理器。

② 麒麟操作系统。

③ 信息安全能力。

料的齐套性管理、工艺的有效性管理、质量的一致性管理、异常事件的闭环管理、风险事件的预警管理等。

2. 确定云工厂的总目标

推动数字化转型升级。通过持续的变革和工业互联网平台建设，构筑统一运营的智能云工厂，保证交付和产品质量，使产能效率最大化、成本最优、质量最可靠，支撑企业成长和集团化高效运作，在研发、市场、产品、成本、质量、服务领域获得企业新型数字能力。

推进自主可控战略。中国长城自 2016 年以来，在"两化融合"方面做了大量的探索和经验积累，通过十几个信息系统的集成，打通了业务流与信息流的融合，然而，所使用信息系统仍然来自外资企业，不符合国家自主可控战略要求。因此，中国长城需要在未来一段时间内替换相关信息系统，并且打造安全、自主、可控的工业互联网技术平台，全面打造中国长城工业互联网平台生态体系。

成为灯塔工厂。中国长城是一家面向信创产品和服务的全价值链企业，在行业中有一定的代表性，并具备打造成为灯塔工厂的先天条件。短期内，通过内部的标杆工厂建设，实现工厂的在线需求管理、生产计划分配、精益生产，保证交付品质和服务质量，辐射 22 家云工厂；最终目标是通过努力，找对方向，打造成为有中国长城特色的行业灯塔工厂。

3. 确定云工厂的总业务蓝图

以实现云工厂的总体构想和总体目标为基础，在考虑整体业务管理功能实现的同时，尽力避免 22 家云工厂的系统功能重复建设，特别是在工厂端 ERP（Enterprise Resource Planning，企业资源计划）与总部 ERP 的衔接问题上。经过项目规划组众多专家、教授研究决定，在现有总部 ERP、CRM（Customer Relationship Management，客户关系管理）、PLM（Product Lifecycle Management，产品生命周期管理）系统的基础上，把总体管理业务划分为订单管理策略、供应管理策略、计划管理策略、仓储物流策略、技术管理策略、质量管理策略、经营分析策略 7 个公共模块和 1 个工厂模块，研发、销售、生产的管理系统分别对应现有的 PLM、CRM、ERP 三大系统。除此之外还有一些周边系统，例如办公自动化、人事管理、能耗管理等，以及部分制造工厂在使用的 ERP 系统、MES（Manufacturing Execution System，制造执行系统）等。

（二）实现多工厂共有业务的标准化管理

1. 订单满足可视化与精细化管理

从订单创建至工单生成、过程生产、完工入库，其间的业务流程实现少人化或无人为干预。在无人为干预的情况下，实现订单任务自动分配，过程状态数据自动采集、展示。对于订单流转过程的各种状态，管理人员通过终端（手机/平板/PC）、电子看板进行查看或查询，实现订单的可视化管理。

在多工厂的运作模式下，为了实现总部端的统筹管理和工厂端的数字化、精细化管理需求，建立统一的订单管理平台，与计划管理平台、仓储管理平台进行数据和订单管理过程交互，实现订单的全面管理。通过订单可视化管理，实现了总部对工厂端资源的统一管理，包括产能调度、订单分配、成品库存调度等，大幅地提高了管理效率和提升了客户需求的响应速度。

2. 生产计划满足多方面协同要求

对接订单管理平台，获取订单信息，及时与采购管理平台、仓储物流平台、工厂端制造执行系统进行交互，实现集中调度，快速响应客户需求。在订单任务分配前和分配后，均支持工厂间的智能化排产和产能调配，重新调整生产任务，实现总部内的产能平衡。

在总部多工厂的运作模式下，与订单管理平台、采购管理平台、仓储物流平台交互，从而实现销售协同、库存协同、采购协同，以及制造协同，提升订单的按时交付率（准交率）。同时，通过订单、物料、生产等状态信息，以及产品工艺信息的融合，实现订单的自动预排和交期的自动测算；再通过工厂之间的协同管理，实现多工厂之间的生产协同和产能的统一调度管理。

3. 采购管理满足多工厂之间库存与交期矛盾的平衡问题

根据生产计划信息、物料需求信息、库存信息，以及生产计划执行状态和采购管控流程，实现采购作业管理的协同。采购管理平台搭建后，解决多工厂之间库存与交期矛盾的平衡问题，同时指导采购管理人员制定出采购材料的最优配送方案，从而提高材料的周转率。在采购价格管理方面，通过多工厂之间采购价格共享，有效把握采购谈判的主动权，获得更好的交易条件和更低的采购价格，从而降低采购成本。

4. 仓储物流满足实时高效

仓储物流管理的主要目标是实时、高效地完成物料的入库、出库、配送服务，在管理功能上实现4个"正确"，即正确的货物、正确的数量、正确的地点、正确的时间，在存储方面实现库存的安全性、账物一致性，同时对物料的库龄、有效期、安全库存、先进先出等进行控制和预警，从而提高仓储物流的服务水平，降低成本，减少自然资源和社会资源消耗。

5. 工艺满足标准化数字化

打通制造执行管理、技术管理、研发管理相关的环节、数据链路，设置管理同步的控制流程，研发与工艺同步，工艺设计人员和研发设计人员互相参与到对方的管理流程当中，实现数字化协同。编制统一的工艺流程和工艺规范，保证产品工艺的一致性，打通数据孤岛，实现研发数据共享。工艺设计人员通过研发共享的设计图纸、BOM（Bill of Materials，材料清单）等信息，模拟产品装配，验证部件间的公差设计是否合理，提前发现设计问题，提前规划生产节拍、工艺参数等。

6. 质量管理满足闭环管理、数据关联、异常追溯的标准化要求

依托 QMS（Quality Management System，质量管理体系）平台，实现质量管理过程中文档、流程、问题处理的标准化，通过集成 R&D（Research and Development，科学研究与试验发展）、KPI（Key Performance Indicators，关键绩效指标）、各部门的产品数据，打通数据链路。为了保证产品品质，不仅要对内部数据进行分析，还要采集产品的交付数据、售后质量数据，掌握客户端的产品质量情况，倾听客户的需求，从而实现产品全生命周期的质量协同。数字化的品质管理平台设计有 3 个重点：一是品质计划的闭环管理；二是过程数据的关联分析；三是品质异常追溯。

7. 经营分析满足图形化体现全价值链管理

由数据中台架构支撑的多工厂管理平台，不论什么时间、地点发生的数据，都可通过简便的设计完成多种形态监控可视化管理，促进数据驱动业务的多工厂智能化管理决策。建立跨地域多数据中心统一管理平台，实时在线监控和预警，使数据价值化和数据资产化。基于数据中台，为中国长城的数字化制造运营提供数据服务，具体包括但不限于需求管理、销售订单预测、生产计划与排程优化、生产大数据分析、质量管理与分析、供应链优化分析等智能化分析决策。

（三）建立工厂业务管理的制造执行系统

工厂业务是指 22 家云工厂各自使用的业务功能，该功能链接共有业务功能所输出的数据，并把相关执行数据回传共有业务模块。工厂端的业务管理是一个全面性的管理系统，涵盖制造工厂的所有管理业务。在管理需求的基础上，结合科学的管理方法，梳理业务流程，形成工厂端各业务模块的管理方案，并以技术中台为依托，建立优化设计后的系统流程，与总部共有业务模块实时对接，从而打通工厂端与总部的业务信息流。

在计划管理方面，结合产品的加工工艺流程、设备匹配模型、产能匹配模型、齐套分析模型等，从总部接收到生产订单计划后，通过计划材料齐套时间、生产设备匹配、产能、排产规则等相关数据，预排生产订单，并回馈数据到总部计划管理模块，同时实现生产计划的实时更新。

在生产管理方面，通过数据采点设置，掌握派工、报工、完工、设备状态、生产状态等数据，实现生产过程的可视化，确保信息流、实物流的畅通。数据经采集、处理、统计和分析后，依需求形成各式报表，从而满足生产进度的可视化和生产效率分析的管理需求。

在生产设备管理方面，建立设备台账、设备的备品备件、设备状态、设备维修保养履历、设备运行数据等管理功能。

在自购材料价格共享方面，根据材料的型号、材质、规格、交易条件等数据，获取与其他工厂相同或相近材料的采购价格信息，实现审批价格参考和价格预警。

（四）规范数据采集，保障数据资产安全

一是建立六大技术体系保障。中国长城打造"自主安全可控"的工业互联网平台，在以下 6 个方面建立相应的技术体系，分别为制造基础技术革新、工业物联网平台技术、平台安全技术、工业互联网中台技术、工业互联网平台微服务技术、云工厂集成应用技术。以总部统一工业互联网平台架构为基础，打造企业核心功能应用，涵盖生产、设备、能源、安全、环保、质量、仓储、人员、项目、办公、采购、销售、财务和物流等多个领域，实现总部与工厂端的快速业务协同。各分 / 子公司业务的数据汇总到云平台，形成集团数据应用中心，总部云数据应用中心的建设极大提升了总部整体数据分析能力，建立"用数据说话、用数据决策、用数据管理、用数据创新"的管理机制。

二是建立防范网络攻击的安全体系。工业互联网安全框架统筹考虑信息安全、功能安全与物理安全，聚集信息安全，主要解决工业互联网面临的网络攻击等新型风险，并考虑其信息安全防护措施的部署可能对功能安全和物理安全带来的影响。

三是搭建统一的物联网平台，从各工厂获取现场设备、控制器、传感器等的数据。

四是"两地三中心"保障业务连续性。为防止大自然灾害，在同城选择两个机房，在异地选择一个机房，组成两地三中心。三中心具备同等的业务处理能力，实时数据同步，同时分担业务，可切换运行；当意外发生时进行应急切换，保证业务的连续性，当意外停止进行数据恢复，保证数据的完整性。

（五）科学决策有序推进数字化云工厂建设

分阶段建设数字化云工厂：第一阶段，标杆工厂建设；第二阶段，22 家云工厂复制；第三阶段，将标杆工厂打造为灯塔工厂。

标杆工厂的建设主要包括 3 方面内容：总部现有的 CRM、ERP、PLM 系统从 X86 体系转化为 PKS 体系；由总部统一控制和管理订单管理、计划管理、采购管理、中央仓库、技术共享、品质共享、经营分析、网络安全体系；标杆工厂的制造执行管理，以及为满足数采、物联、自动化等方面的需求而进行的设备改造。

各地 22 家信创工厂复制推广的内容：标杆工厂的业务流程、管理方式导入；标杆工厂的 MES 导入，部分细节的二次开发、验证；系统培训、操作手册培训；标杆工厂与总部业务中台、数据中台互动的方式导入；标杆工厂的管理方案、绩效考评方案、KPI 等导入。

对云工厂进行智能化改造的主要内容：智慧园区升级改造；生产自动化升级改造，SMT（Surface Mounted Technology，表面贴装技术）、组装、包装导入生产自动化，并与制造执行管理系统对接，实现自动接收生产任务指令和加工工艺数据输出等功能；检测自动化升级改造，前测、中测、后测，以及老化测试导入检测自动化，并与制造执行管理系统对接；仓储自动化升级改造，在总部中央仓库建立自动化仓储系统，并与仓储管理系统对接；物流自动化升级改造，导入 AGV（Automated Guided Vehicle，自动导引车）与中央仓储管理系统、工厂端制造执行管理系统对接，自动接收物流任务指令，实现材料仓出入库、成品仓出入库、车间内物流的自动化。

（六）建立数字化组织文化体系，保障云工厂的建设运营

中国长城在已组建云工厂规划小组的基础上，组建数字化部，既作为云工厂规划小组的秘书处，协助规划小组研究和制定基于工业互联网的平台型企业发展战略，还负责牵头统筹企业运营流程变革和工业互联网技术融合。

各职能部门按照中国长城云工厂规划的要求，明确各部门业务数字化的相关职责，并落实到专职专岗，共同开展数字化业务的学习、计划、执行和回顾。在数字化部的统筹和协调下，运用数字化技术和工具，优化现有业务流程，并通过项目建设，将数字化能力赋能到相关岗位。

组建中国长城云工厂技术开发团队，设置 MES、WMS（Warehouse Management System，仓储管理系统）、PLM 等专业小组，为全国 22 家工厂同时规划和上线相应的系统应用。同时，导入敏捷开发的项目管理方法，快速形成服务能力，不断迭代更新，从而以 IT（Information Technology，信息技术）强大的支撑和服务能力，支持更多的数字化应用。

此外，中国长城对现有人才队伍进行盘点，开展相应的人才培训和培养，同时引进一批高素质人才，通过项目实践提升人才及团队能力。在人才培训和培养方面，打造学习型组织，赋予中国长城组织成员边工作边学习的机会，打造动态的、学习者为主的、面向实践应用的学习体验，并且利用数字化技术来达到学习和产出的最大化。

三、电子制造企业基于自主创新的数字化云工厂建设与运营管理效果

中国长城信创业务通过开展智能云工厂建设取得了丰硕成果。在研发周期、生产效率、产品质量方面均大幅向好改善，市场继续保持龙头企业地位，构建以自主安全技术为核心的网信产业开放生态，形成主体安全、生态丰富、中国架构、央企智造和端系完备五大优势，助力信创工程，筑牢网信产业安全底座。

通过云工厂的建设，中国长城沉淀了数据、流程与逻辑，加速了数据到数据资产的形成，发挥了数据价值；通过标杆工厂建设，避免了重复开发，通过抽象、梳理、整合可复用的功能和场景，将其提炼为可被业务单元引用的基础能力并下沉，实现服务快速复用；通过对云工厂的网络化、智能化、数字化设计，赋能规模化集中管控模式，快速提升生产制造能力，并以数字化、网络化、智能化技术为重要手段，提升企业的运营管理能力。云工厂提出的"集中研发、统一供应、中央调度、分散制造、就近交付"运营模式，为实现工厂协同运营管理模式创新提供了有力保障。

此外，云工厂项目建设推进工业互联网平台生态体系建设，为建设数字化中国提供自主可控、工业互联网平台解决方案，助力党政军和八大行业或区域进行数字化转型升级。

（成果创造人：徐建堂、袁建东、程　宏、陈　健、范　凯、

石　明、叶雪萍、王建宅、肖新文、邓宗文、魏　柯）

能源建设集团践行"东数西算"战略的"能源＋数字"融合管理

中国电力工程顾问集团有限公司

中国电力工程顾问集团有限公司（以下简称中电工程）是隶属于中国能源建设集团（股份）有限公司的二级央企集团，主要从事能源规划研究、咨询与勘察、设计、服务、总承包、投资经营等业务，下辖26家所属企业，业务覆盖全球100多个国家（地区）。2022年度，中电工程新签合同额超过3000亿元，实现营业收入超过1000亿元，位列ENR（*Engineering News-Record*《工程新闻纪录》）"中国工程设计企业60强"第1名、"全球工程设计公司150强"第2名，是全球最具规模的能源设计咨询企业，在国内外具有较高的政府影响力、行业影响力、社会影响力、国际影响力。近3年来，中电工程累计获得科技类奖励640项，其中省部级科技奖33项，中国电力科学技术奖21项；共获国家优质工程金奖17项，国家优质工程奖33项；制定国家、行业标准237项，对中国90%以上火电站、核电站常规岛及电网勘察设计做出了重要贡献。

一、能源建设集团践行"东数西算"战略的"能源＋数字"融合管理背景

作为数字中国建设的底座，"东数西算"旨在推动算力基础设施在全国范围内的统筹布局，解决东西部地区算力需求与能源禀赋倒挂问题，关键在于提供经济适用、安全可靠的清洁能源保障，这是支撑算力规模化、绿色化发展的基础，也是能源建设企业深度参与数字经济、推进数能融合的切入点。当前，科技创新成为引领产业革命、价值形态变革与价值链重塑的核心力量，绿色低碳、数字智慧、共享融合"三大经济形态"成为时代主题的鲜明特征。"东数西算"工程是融合三大经济形态的天然载体和典型场景。在实施数能融合发展中，中电工程的优势体现在3个方面。一是一流的能源资源解决方案。中电工程深耕能源电力领域多年，深度参与新型能源体系规划建设，可充分发挥规划引领和设计技术优势，提出源网荷储算一体化综合解决方案，为数据中心提供长期稳定低廉的绿色能源保障。二是丰富的投建营一体化经验。中电工程在常规发电、新能源及能源新业态、基础设施等领域拥有丰富的投资—建设—运营经验，形成PDCOMS[①]全链条成熟商业模式，可以为数据中心的建设和运营提供有力保障。三是强大的数据中心设计建设能力。中电工程所属电力设计企业曾参与国家电网、南方电网及其所属企业的数据中心规划设计和建设，并依托丰富的数据中心设计建设能力，承接了中国平安等非能源企业的数据中心建设，成为全国唯一同时具备"双碳"及电力规划和建设能力、大型园区和数据中心建设经验的企业。中电工程的劣势主要在于缺乏运营经验，不具备算力产业导入与引流的经验，算力去化能力有待提升。

在对企业自身优势劣势分析的基础上，中电工程在2022年发布的"十四五"发展规划中明确提出将数字与信息列为重点培育和发展的新兴业务方向，依托一流的能源电力规划设计优势、丰富的投建营全产业链综合优势，以"投建营一体化"方式深度融入"东数西算"国家战略，通过与头部企业合作，补齐算力去化短板，着力培育在数字基础设施领域的独特优势和差异化竞争力。

二、能源建设集团践行"东数西算"战略的"能源＋数字"融合管理主要做法

（一）明确工作思路，做好业务发展整体布局

"东数西算"工程产业链条长、覆盖范围广、带动效应强，预计"十四五"期间年新增投资约4000

---

① PDCOMS商业模式：P是规划（Plan），D是开发（Develop），C是建设（Construct），O是运营（Operate），M是维护（Maintain），S是转让（Sale）。

亿元，"十四五""十五五"累计投资超过 4 万亿元，同时还会拉动新能源开发、综合能源建设、园区综合开发、通信骨干路由扩容、算力调度网等相关上下游产业的投资建设，为中电工程进军数字产业、实现多元发展带来重要机遇。

1. 完善数字产业顶层设计

中电工程在"十四五"发展规划中，将数字与信息业务列为公司五大主营业务板块之一，并作为"能源＋"相关多元化业务转型的重点方向。按照该规划，中电工程将立足国家新基建投资方向，以数能融合技术与模式创新为引领，通过"源网荷储一体化""产学研用一体化""投建营一体化"方式，整合能源和算力全产业链，着力打造智慧、高效运行的数字经济基础设施"国家算力网"和支撑算力网绿色低碳运行的"绿色电力网"。同时，中电工程将研究建设面向"东数西算"八大节点场景的源网荷储一体化全生命周期管控平台，实现对"东数西算"八大节点的标准化、流程化、数据化管控，推动算力网和电力网深度融合发展。到 2025 年，中电工程将努力打造能源行业数字化发展"排头兵"。

2. 做好市场开发整体布局

在顶层设计框架下，中电工程充分发挥在"双碳"领域全产业链优势以及集团平台优势，积极整合外部资源，主动争取算力用户资源，强化对枢纽节点所在省市政府高端拜访和方案推介，做好"东数西算"全国一体化算力枢纽节点整体业务布局。中电工程整合所属企业技术优势、属地优势和开发优势，按照"1+N"模式，明确 8 个枢纽节点的组长单位、副组长单位、参与单位和技术支持单位，以及各方的工作内容和职责，成立枢纽节点项目开发领导小组、工作组及专班，为各节点开展市场开发工作提供组织保障。

3. 加强支撑保障体系建设

为加快数字与信息业务发展，中电工程从适应性组织、研发投入、人力资源等维度，加强支撑保障体系建设，着力提升与市场开发布局相匹配的价值创造能力。在组织机构设计上，中电工程于 2021 年年末成立数据与信息研究院，对接国家重大战略，推动能源电力数据综合开发应用、能源产业与新一代信息技术的深度融合，以技术创新引领数据与信息领域高端业务拓展。在研发投入上，中电工程基于"东数西算"、源网荷储一体化、风光水火储一体化等重点业务场景，重点建设能源数字孪生实验室，提供系统建模仿真、协同优化、监测预警等技术支撑，数字与信息化领域科研投入占利润总额比重达到 3.6%。在人力资源配置上，提高数字与信息技术研发、集成应用等领域人员比例，加快培育一批懂业务、懂信息技术的复合型人才，为数字与信息业务发展提供人力资源保障。

（二）搭建开发模式，推动产业链各环节合作共赢

1. 优化整合内外部资源

积极整合外部资源，重点与国家信息中心、中科院计算所、信通院等高端智库企业开展顶层架构及关键技术研究，与四大运营商、未来网络等开展合作，降低网络传输成本和解决共同接入问题，与华为、腾讯、阿里、曙光等头部企业开展战略合作，主动争取算力用户资源，弥补算力去化短板，努力构建业务发展生态圈。有效整合内部资源，按照"本部＋"模式开展市场开发，由中电工程本部发挥统筹引领作用，组织各枢纽节点市场开发策划，指导制定各节点市场开发方案、技术方案和实施计划，开展政策培训和经验交流，推动落实算力市场潜在客户；各节点牵头单位高效推进，落实高端经营成果，与属地政府建立有效沟通机制，编制具体开发方案，推动各节点项目工作进展。

2. 积极对接政府需求

强化对枢纽节点所在省市政府高端拜访和方案推介，结合属地资源禀赋、产业政策、投资收益等情况，因地制宜形成数能融合整体解决方案。结合甘肃庆阳打造"零碳大数据产业园"的定位，提出"源网荷储"零碳产业园整体实施方案，项目一期投资约 540 亿元，带动园区基础设施建设投资 60 亿

元，预计到 2025 年，可实现年营收约 100 亿元，实现输出算力 10000P，减少碳排放 117 万吨标煤。结合贵阳打造"面向全国的算力保障基地"的定位，依托贵阳资源禀赋，打造水电＋集中式风光＋综合能源体（分布式光伏、氢能、燃机、储能、微电网等）＋算力基础设施（融合算力、装配预制数据中心、余热利用）一体化绿色低碳算力中心，通过源网荷储一体化模式，降低算力中心能源运行成本和碳排放，以低碳低价算力促进数字绿色经济发展。

3. 策划灵活可控的合作模式

坚持价值创造导向，通过灵活设置合作模式，以商业化手段实现项目整体投资收益。在中卫节点开发中，中电工程提出两种模式，与运营商合作开展数据中心建设。一是在资本金充裕的情况下，由中电工程全额投资，运营商负责招商引流与运营维护，数据中心可根据运营商引入客户需求进行定制化灵活建设，同时配置较高比例新能源项目，确保工程利润覆盖资本金出资。二是由中电工程和运营商成立合资公司，建立紧密的资本合作纽带，共同投资、建设、运营。其中，数据中心由中电工程控股，运营商参股；项目运维公司由运营商控股，中电工程参股，双方按照股权比例分享项目建设与运营阶段的收益。

（三）推动技术手段突破，促进算网与电网协同发展

中电工程立足传统能源电力领域规划设计技术优势，承担中国能建"东数西算"产业链连长任务，开展数能融合技术创新，从算网和电网的全产业链、全生命周期进行统筹规划，推动能源"源—网—荷—储"各环节、"发—输—配—用"各要素融合，数字与能源领域技术、场景、生态、产业全链条融合，建立"国家算力网"与"绿色电力网"协同发展机制，为大数据与能源领域融合发展贡献"中电之智"。

1. 推动算网电网"绿色低碳化"

中电工程依托在能源电力领域的全产业链技术优势，提出"风电、光伏、水电、储能、算力负荷"等多元素融合互动的源网荷储一体化创新解决方案，可在不增加电网调峰消纳压力、不影响电网企业收益的前提下，通过市场化交易为后端用电负荷提供绿色低价电力，从而将清洁能源资源优势转为产业发展优势，提升绿电消费比例，为大数据产业园提供长期稳定低价的绿色电力，将"瓦特"高效转化为"比特"。同时，中电工程根据数据中心整体负荷和负荷特性，探索新型备用电源替代方案，提出以甲醇发电机、甲醇氢能发电系统、燃气轮机、第三路市电等作为备用电源，替代柴油发电机，进一步提升经济效益和环保效益。

2. 推动算网电网"数据要素化"

中电工程高度重视数据要素的配置作用，加强数据资产运营，促进数据这一生产要素自主有序流动和高效配置，推动算网电网高质量发展。一方面，加强算网电网数据确权研究，以算网电网融合数据为试点，充分考虑数据资产属性和公共属性等特点，研究数据所有权、使用权等权属和产权问题，探索细化数据权属分类与管理模式，研究数据资产定价方法和策略，建立场景化数据定价策略与模型，推进数据要素可量化。另一方面，加快算网电网数据共享交易，充分利用区块链、隐私计算等数字技术，加强数据确权定价评估平台和工具建设，加快数据使用权及数据产品服务等新交易模式建设，通过试点内部数据要素市场，推动算网电网数据开放共享、交易流通、融合协同。

3. 推动算网电网"协同一体化"

中电工程通过数能融合推动跨区级、区域级和用户级算力电力基础设施协同一体化发展，促进"算网用存"和"源网荷储"各环节深度匹配，提升绿电消费比例和数据中心能源利用效率，实现绿色可持续发展。在跨区级算网电网协同方面，中电工程提出以输电网、输气网、通信网为骨架，利用算力中心功率可调特性和数据流大范围空间转移特性，实现算力任务在国家级算力枢纽上的时间迁移

以及算力任务在各大算力枢纽中的空间分配，优化调节各算力枢纽用电功率和用电量，促进新能源消纳、缓解能量跨区传输阻塞、提供调频等辅助服务。在区域级算网电网协同方面，利用算力中心产生的余热作为区域热网热源，或利用算力中心用能时空可调特性，实现多能负荷时间维度横向搬移和空间维度纵向转移，优化区域能源站和多种供能网络（配电网、配气网、供热/冷网等），促进区域新能源开发与消纳，提升数据中心能源利用效率和绿电占比。在用户级算力电力基础设施协同方面，中电工程通过分布式新能源、储能与用户级算力中心能耗相匹配，构建产消一体的微能源网，通过算力中心的能量管理，间接扩大能源设备可运行域，提升能量利用效率。

（四）建设运营一体化开发，实现规模、效益均衡发展

1. 坚持投建营一体化开发

作为"补短板、开新业"的转型业务，投资是拉动非传统业务开发的有效手段。中电工程按照统一规划、统一标准、统一建设、统筹运营的思路，一体化推进电力项目与数据中心项目开发建设，实现一体化算账、事前算赢的目的。以中卫项目为例，该项目投资建设内容包含 6 万标准机架的数据中心，配套 70 万千瓦新能源场站。该项目总投资 86.82 亿元，其中资本金占项目总投资的 20%。为达到整体收益率的目标，该项目在前期开发阶段即引入宁夏移动、神州数码、宁夏行云等算力客户，合作开展 3 万标准机架的算力去化工作；引入中国电信，以资本为纽带开展项目投资、建设、运营合作，并导入 50% 的机柜资源；同时与宁夏国开行合作，以政策性基金增资入股等方式，为项目融资提供金融支持。

2. 力争高比例配置新能源

受限于目前的电力现货交易机制，目前的"东数西算"枢纽节点项目均无法做到园区内直供电，而是在数据中心园企业下设立新能源场站企业，分别作为电力用户和发电企业，既可以独立市场主体身份，通过调度运行和市场交易进行结算，又可进行一体化经营。高比例配置新能源的重要性在于：一是数据中心 60% 以上的成本为用电成本，低廉、稳定的绿色电力供应，既可大幅降低数据中心运营成本，也可满足数据中心 PUE（Power Usage Effectiveness，电能利用效率）≤ 1.2 的约束性指标；二是新能源场站除为数据中心供电以外，还可通过新能源直接交易和绿电交易等模式，实现电量全额上网，为投资主体提供多元化的收益来源。因此，尽可能高比例配置新能源项目，能够最大化提升项目收益水平，还能作为算力去化不足情况下风险对冲的有效手段。

3. 以销定建推进机电投资

相较传统电力行业、交通行业或市政基础设施行业，能源行业客户相对固定，项目规模化、系统化，通常采取一次性建成模式，数据中心"以销定建"的特点决定了其通常采用分批建设模式。前期土建工程适度超前，机电工程"以销定建"，尤其是在机柜冷却方式、机柜大小选择、机柜参数决策、设备品牌选择等方面，根据客户需求确定设计方案及投资情况。庆阳、中卫两个项目投资开发计划均以两栋数据中心为一个模块，采用定制化设计，当第一个模块已确定的用户需求上架率达到 65% 时，再开展下一模块的建设，通过控制建设速度，按照 10 年项目运营期考虑，可保证上架率达到 85% 以上，满足算力去化经济指标的要求。

（五）发掘多端收益，保障综合效益稳定可靠

1. 机柜租赁保障基础收益

IDC（Internet Data Center，互联网数据中心）租赁（基础业务）及其他增值服务是目前数据中心主流的商业模式。基础业务具体包括主机托管、宽带出租、服务器出租、虚拟主机、IP 地址出租，特点是周期短、容量灵活、IDC 议价能力强，适合中小型企业和创业公司，可降低用户群体的整体 IT 使用成本，简化运维和管理的日常工作量。中电工程在中卫项目中，根据客户规模和要求，为具体客户

定制数据中心租赁服务，针对头部 COLO[①] 公司或电信运营商采取包销出租模式，针对中小客户群采取批发租赁、辅以零售模式，确保数据中心的机柜出租率（上架率）达到最大。

2. 平衡算力配置实现效益最优

云计算、大数据、人工智能等算力服务业务收入是算力收入的主要来源，因此，科学配置数据中心的普算、超算和智算资源，可实现产出最优、效益最大。中电工程庆阳项目按照打造"国家人工智能东数西算产业基地"的枢纽节点定位，服务京津冀、长三角、粤港澳大湾区的算力需求，提供计算机视觉视频服务、智能语音服务、自然语言人工智能处理服务等智算服务；同时承接国家红色主题数据资源集聚区和全国党政军红色数据灾备，形成红色主题产业链上下游和跨行业融合的数字化生态，打造红色灾备数据中心，通过对算力资源的科学调度，达到最优配置。

3. 绿电、绿证收益实现绿色增益

在达到设计工况的情况下，数据中心的 TCO[②] 中比例最大的是电费。中电工程建设的数据中心一方面可以将风能、水能、光能等绿色能源与数据中心相结合，实现前端绿色供能、中端智慧运行、末端循环汇碳，为数据中心提供价格相对低廉的绿电，提高绿电销售收益；另一方面，结合可再生能源电力市场、绿证市场、碳市场价格走势和算力负荷需求，探索适应可再生能源配额制的电力市场配套交易，在西部地区通过自建设施、交易绿电、申购绿证，获取额外收益，在东部地区获取碳配额补偿等增值收益。

三、能源建设集团践行"东数西算"战略的"能源＋数字"融合管理效果

（一）服务国家战略能力大幅提升

由能源建设企业主导的数能融合项目，更加注重数据中心的绿色能源供给与全生命周期低碳，聚焦能耗双控、电价成本、清洁能源占比等数据中心关键评价指标，通过集约化规划，实现算力一体化与规模集群化；通过绿色化建设，实现可再生能源使用率提升与全生命周期低碳；通过智慧化架构，实现电力与算力互动匹配，推动数字与能源领域技术、场景、生态、产业全链条全方位融合。

由中电工程投资建设运营的甘肃庆阳"东数西算"源网荷储一体化智慧零碳大数据产业园示范项目，提出以绿色供电为特色，电网配套为载体，数据存算为核心，储能应用为亮点，形成风电、光伏、储能、算力负荷等多元素融合互动的源网荷储一体化绿色零碳数据中心解决方案，在不增加电网调峰消纳压力、不影响电网企业收益的前提下，利用市场化交易为后端用电负荷提供绿色低价电力，提升绿电消费比例，优化 PUE 指标，发挥储能和算力负荷的调节能力，通过电力与算力的智慧联合调度运营，为数据中心提供长期稳定低价的绿色电力，扩大园区绿色能源、园区基础设施、算力服务业务的品牌影响力，极大提升服务国家重大战略的能力。

（二）业务转型升级成效显著

中电工程抢抓"碳达峰、碳中和"与"东数西算"两大战略以及倒逼能源、产业、经济和生态结构深度调整的全新机遇，提出向"两商"（全生命周期的工程服务商和以新能源为主体的新型电力系统投资商）转型的发展战略，并通过变革组织形态，重构数能融合、产业融合、区域融合的产业链、价值链、创新链和供应链，构筑起面向市场和价值创造的高端咨询牵引、科技牵引、投资牵引、数字牵引"四大"牵引力，新能源开发投资和数能跨界融合能力得到大幅提升，承揽了一大批"风光水火储一体化""源网荷储一体化""能源＋数据中心""能源＋智慧园区"等能源融合示范重大项目。

2022 年，中电工程新签合同额同比增长 40.64%，完成全年力争计划指标的 110.86%；营业收入同

---

① COLO：Co-Location，主机代管、主机代管服务或服务器托管。

② TCO：Total Cost of Ownership，整体拥有成本。

比增长 22.54%，净利润同比增长 3%，经营业绩再创历史新高；完成年度投资额近 120 亿元，其中数能融合投资项目占比超过 11%，成为继新能源与能源新业态之后占比第二的业务板块，业务转型成效显著。中电工程连续 3 年荣登 ENR "中国工程设计企业 60 强"榜首，行业龙头地位进一步彰显。

（三）社会效益与生态效益进一步彰显

在社会效益方面，中电工程立足"投资商"功能定位，通过数能融合产业投资，与甘肃庆阳、宁夏中卫等地深度开展央地合作，实现政企合作共赢。甘肃庆阳"零碳大数据产业园"项目一期投资约 540 亿元，投运 12 万机架，配套新能源 1GW，带动园区基础设施建设投资 60 亿元，预计到 2025 年，可实现年营收约 100 亿元，实现输出算力 10000P，年实现税收 2 亿元，并通过数据中心、新能源基础设施项目建设、运营，带动当地就业。贵阳项目通过优化建设方案，实施资源置换和提供部分电价补贴相结合的商业模式，在保证项目整体收益要求的前提下，大幅降低了政府对数据中心的电价补贴。

在生态效益方面，中电工程顺应经济社会向绿色化、低碳化、数字化转型发展的需要，通过高标准打造"源网荷储一体化"低碳数据中心，充分利用西北地区丰富的光能和风能资源发电，实现绿色低价电力供应，推动算力基础设施整体降本增效，打造零碳大数据产业园标杆。

（成果创造人：罗必雄、陈继平、武彦婷、王永吉、顾　军、
翟彦寿、胡　烨、李舒涛、郭俸芮、周亦炘）

清洁能源企业实现高能效的智能工厂运营管理

济民可信（高安）清洁能源有限公司

济民可信（高安）清洁能源有限公司（以下简称济民可信清洁能源公司）是国家高新技术企业，为中国制造业企业500强江西济民可信集团旗下承载新能源产业的核心企业，于2018年3月30日注册成立，注册资本20000万元，坐落于全国第一大建筑陶瓷产区——江西省宜春市高安市建筑陶瓷产业园（以下简称高安陶瓷产业园），现有职工675人，总资产超55亿元，年产值达30亿元。济民可信清洁能源公司占地1600余亩，建有全国规模最大的清洁工业燃气研制和集中供应基地，可年产120亿立方米燃气、残碳发电12亿千瓦·时。

一、清洁能源企业实现高能效的智能工厂运营管理背景

充分利用煤炭能源，以质换量降低煤炭消耗，将是仅次于开发和利用新能源的最有效的节能减排技术手段和方向。建设统一的清洁煤制气中心并实现集中供气，成为高安建陶产业健康长久发展的必经之路，是彻底解决"双高"行业环保瓶颈问题的唯一选择，也是江西省深入推进国家生态文明试验区建设的必然选项。拥抱先进数字技术，变革传统管理理念，打造高能效的智能工厂运营管理成为达成企业战略目标的必然选择。济民可信清洁能源公司深入研发煤炭清洁梯级高效利用技术、打造集中供气集约化的生产模式，正是提高煤炭资源利用率、降低污染排放的积极创举。

二、清洁能源企业实现高能效的智能工厂运营管理主要做法

（一）加强顶层设计与总体部署

1. 确立建设目标与工作思路

济民可信清洁能源公司明确"煤炭清洁梯级高效利用的领军者"的目标，提出建设"敏捷供应、精益工艺、柔性生产、智能诊断、精准决策"的五大运营能力。将"精益管理理念""两化融合""智能制造"深度融合创新，并融入ERP（Enterprise Resource Planning，企业资源计划）、MES（Manufacturing Execution System，制造执行系统）、大数据、仿真计算等信息系统中，不断提升经营意识和行为，形成"理念—系统—行为"相辅相成、共同提升的螺旋模式，快速提高企业经营质量，促进企业高能效发展，推动高安建陶基地集中供气，助力高安建陶产业向生产绿色化转型，推进煤炭清洁梯级的高效利用。

2. 确定实施路径

围绕建设五大运营能力的目标，济民可信清洁能源公司确定了以管理变革、组织升级、制度体系建设、智能装备提升、工艺优化、数字化平台建设与大数据应用等为主要内容的交叉实施路径。管理变革提升理念创新思路，组织升级打造组织协同合力，制度体系明确规范行为准则；智能装备提升的重点是对工厂核心装置的性能参数进行研发提升、对基础设备控制系统薄弱环节进行改造；工艺优化主要从生产稳定性、连续性、经济性角度，结合市场需求、原材料供应、生产资源整合、工艺流程等方面进行优化，再通过数字化平台及一系列智能化技术的应用，打造强大的精益工艺与柔性生产能力。济民可信清洁能源公司通过联合中国科学院物理研究所与中国计量大学等相关科研机构及高校单位，组建了一支以行业专家、教授、研究人员及公司内部技术、业务骨干为核心成员的科技攻关团队。

（二）构建数字化的运营管理组织

济民可信清洁能源公司实施组织架构重塑，以"运营数字化、业务数字化、数字业务化"为主线，对运营管理与IT（Information Technology，信息技术）发展重新定位。

运营管理线条通过打破原有组织界限和专业壁垒，突破部门墙，成立由公司董事长担任主任的战略与信息管理委员会、由战略运营总经理任组长的变革项目组，抽调跨部门、跨专业的业务骨干成立以建设"智能工厂运营管理能力"为核心的柔性组织，最终形成战略与信息管理委员会牵头、变革项目组统筹管理的，贯穿研发、营销、生产、设备、供应、人资、财务、IT 等核心业务的委员办公室，以更好地整合内部资源，提高变革工作质量，共同研讨并颁发 52 份制度文件、68 份流程文件，重点突破 2 项工艺瓶颈及 100 余项工艺技改，成效显著。数字化线条则结合行业科技和数字科技的优势，定位成为数字化转型创新与企业管理体系落地的设计者、赋能者和可靠的业务合作伙伴，组建"业务骨干＋专业技术"复合型的数字化专业队伍。

（三）践行精益管理思想方法

1. 开展精益管理专题培训，养成自觉性思想和行动

济民可信清洁能源公司充分调研内部对精益管理知识的培训需求，结合公司各指标的管理要求，制定相应的培训课程及"学必用"的考核方法，让员工有效获得精益理念、崭新思路，认识精益生产的价值，把握精益管理精髓，全面了解精益管理体系和掌握精益管理各种有效工具。同时在课程中有效结合济民可信清洁能源公司的现状进行举例说明。

2. 搭建精益化体系，提升综合管理水平

济民可信清洁能源公司结合精益推进过程的需要，制定和发布精益相关管理制度及考核激励制度，编制相关精益开展过程总结手册，持续实现精益管理的常态化、制度化、标准化实施。并制定"提升核心装置性能指标、提升副产品品质或产量、降低生产物料物资消耗、优化管理措施，降低运营成本及通过相关措施降低公司运营成本或产生经济效益"五个专题进行精益改善，牵引鼓励人人参与，有效推动全员全面实现自上而下驱动的精益管理。

3. 鼓励自下而上自发改善，促进全员参与精益改善

济民可信清洁能源公司鼓励全员立足本岗位发现问题、改善问题，并提倡"先做后想"，要"用行动习惯去影响思维"，先让大家动起来，引起周边人员的关注并触动积极性。先后将安全、环境、生产浪费、7S 管理等作为着眼点，定期开展现场作业观察活动，发动全员现场查找问题点，且遵循"凭效益拿奖"的原则，按《关于设立员工降本增效合理化建议奖励机制的通知》指导意见，奖励累计次数达 200 余次，奖励累计金额超 100 余万元。

（四）利用数字技术打造智能制造系统

1. 基于工业互联网及工艺研发创新，进行设备改造

济民可信清洁能源公司专家团队基于工业互联网技术，结合需求，通过分析问题，开展设备改造经济性、实效性分析论证，并采取精益生产 ECRS（Eliminate，取消；Combine，合并；Rearrange，调整顺序；Simplify，简化）、防呆防错、六西格玛等方法，制定了共两个阶段的设备改造清单与计划。

第一阶段：让设备"会说话"，形成万物互联的物联网。首先由设备、工艺团队盘点所有非数字化设备清单，并协同设备厂家的专家与顾问研究评估确认需要改造的设备清单，评估依据一是生产工艺是否需采集设备运行、停机、故障等关键数据，二是设备性能能否达到工艺标准，三是设备使用寿命是否超过建议值的 2/3。然后从设备管理系统调取分析设备参数、规格型号及图纸相关信息，制定该阶段设备改造的两大原则。一是凡厂家支持数据接口而暂时没开通的，组织协调厂家人员进行接口开通和调试，确保接口的可扩展性及兼容性；二是厂家不支持数据集成接口的，根据设备情况采取加装传感器、RFID（Radio Frequency Identification，射频识别）、条形码／二维码、IO 接口等方式进行改造。最终使得设备具备数据采集和输出功能，让设备"会说话"，为互联互通奠定基础。改造后全厂重要设备的数字化率达 100%，整体生产设备的数字化率达 85%，数据采集点位超 5.5 万个。

第二阶段：让设备"善动脑"，为工艺改进提供动力。在第一阶段设备改造的基础上，以满足核心工艺改进与突破为主，选择关键工艺设备重点突破。

2. 基于数据与流程全面拉通，构建敏捷供销能力

以信息化、智能化技术为支撑，通过 ERP 管理、智能过磅、QMS（Quality Management System，质量管理体系）等信息管理系统重构，业务流程再造，以及 SRM（Supplier Relationship Management，供应商关系管理）、CRM（Customer Relationship Management，客户关系管理）、TMS（Terminal Management System，终端远程维护管理系统）等新的信息系统平台建设等措施，突破技术壁垒、消除业务边界，将信息化、数字化与流程管理科学化有机融合，打通采购、生产、销售、质量、财务和库存等关键管理流程，构建全程透明、高效可追溯的敏捷供销模式。

通过以产品为载体、市场为导向、销售为龙头，形成由工艺技术人员、生产管控人员、质量工程师、营销服务人员构成的多业务、多层级融合的一体化管理架构，构建面向客户价值的研产销一体的协同创新能力，同时建立完善一体化协同创新运行业绩评价制度，并健全其评价机制，达到研产销各环节高度一体化协同的效果，向内形成研发生产合力，对外形成营销服务合力，快速响应用户需求，强力推进品种市场营销工作。

生产计划执行自动生成采购计划，并按采购机制分发到具体采购人员，确保各类采购物资在最佳节点采购，避免大量库存造成成本占用及库存不足造成的生产不畅的情况发生。在采购执行环节，系统招投标模块可以实现快速比质比价，快速下单，实时查询订单进度，实时与供应商互动，确保订单准期交付。在运输环节，系统根据原料使用计划与仓库卸载量智能向物流司机派单，厂内 24 小时无人值守过磅模式及时响应，确保生产原料供应的及时性及计量的准确性。

3. 基于数字化生产线，构建智能制造能力

济民可信清洁能源公司热电联产的工艺特征主要是"相互供给"，即上一个工艺的产出是下一个工艺的原料，而下一个工艺的产出又是上一个工艺的原料。只有上下游工艺供给产出平衡，才能实现产能最大化，共有"蒸汽平衡、氮气平衡、氧气平衡、残碳平衡"四大平衡工艺约束。按照"工艺流程再造"的思路，济民可信清洁能源公司组织内外部相关专家对整体工艺流程与参数、制约因素进行细化梳理，形成"生产工艺平衡表"。再结合设备的改造结果，对工艺参数调整路径、顺序、频次及连锁设置进行优化，分别制定最大产能、最优产能的组合工艺参数标准，并导入系统，用于全面指导、监视和管控生产过程。

济民可信清洁能源公司基于数字化生产线，首先建立生产过程的产品、设备、生产资源、工艺数据的统一规范化的表达方式，并逐一进行讨论、评审与下发，最后导入各系统，让 ERP、MES、EAM（Enterprise Asset Management，企业资产管理系统）、DCS（Distributed Control System，分散控制系统）等系统与设备"用同一种语言说话"，避免信息孤岛，为智能化控制建立基础。

4. 基于大数据平台，提升决策管控能力

结合煤制气数据类型和业务特点，构建行业大数据平台，实现在智能化应用方面对制造过程中结构化、半结构化、非结构化等多源异构数据的采集、存储分析、挖掘等高级应用，探索在产品全流程各个环节进行大数据专题分析，实现用数据说话，体现数据价值，使数据成为企业核心竞争力的利器，助推煤制气生产从"制造"走向"智造"，从人工拍脑袋决策走向数字化精准决策。结合经营指标及生产、工艺技术指标，构建制造、技术、质量、营销、设备、安环共六大类、9 个管理方向、105 个管理指标的监管体系，实现考核指标模型化、可视化。在业务管控方面实现横到边、纵到底的多级管控体系，实现全业务流程的协同联动，全面取消手工 Excel 报表，并整合缩减报表约 30%，实现多维度、多指标的分析，提升管控效率。

5. 基于安全与绿色排放，构建安全环保管控能力

基于地理信息的环境在线自动监测、污染物泄漏智能分析与应急处理决策支持等关键技术及其应用，搭建符合行业标准的企业安全环保预警预测系统。一是以 GIS（Geographical Information System，地理信息系统）为依托，优化汽化炉、残碳炉环境监测网络，实现环保安全数据地图可视化展示，搭建环保预警预测系统，实现环境在线自动监控、污染物泄漏智能分析和应急处理，建立温度感应热成像系统并与消防喷淋系统联动，建立安全状态等级分析模型。二是建立安全隐患排查系统，实现安全预警预测和本质安全管控。结合大数据技术，构建一个面向服务的综合预警平台，实现安全生产要素实时监控、事故隐患智能分析一体化的大数据管理创新模式。运用大数据、物联网等先进技术，提供"互联网＋安全"的安全管理新模式；开发隐患排查与安全生产预警系统，实现企业安全生产管理要素标准化、业务操作流程化和数据挖掘分析智能化，研发适用于企业实际的安全预警模型。

（五）基于仿真计算提升生产柔性

1. 建立生产工艺模型库

首先，建立工艺过程模型，细化过程颗粒度，以热电、空分、气化三大类工序间的逻辑关系和自定义工序颗粒度为分解原则，以全过程工序逻辑解析和全要素资源需求为主线，建立工艺过程模型的定义方法，发布工艺建模规则，对不同煤种及多煤种掺烧生产工艺过程模型、燃气管网流量动态变化模型进行开发，从数学领域打开生产工艺过程的"黑匣子"。其次，为实现资源能力的量化与可配置，从功能、属性、技术能力等维度出发，开展仪器、设备、燃气热值等全要素模型的标准化、结构化定义，发布资源建模规则，建成企业级完整的制造资源模型库。建立制造资源从物理域到数学域的映射，实现制造资源的能力在数字空间的表达，为后续生产集成过程的仿真运算和配置提供基础。最后，构建统一模型管理平台，实现模型标准开发与规范管理。由于模型关系日趋复杂、模型数量日趋庞大，济民可信清洁能源公司建立以"制度＋技术"为特色的贯穿模型设计开发、验证确认、优化迭代全过程的建模活动管理方法，实现模型的标准化和规范化管理。模型库的用户管理模块开放权限后，支持用户对模型进行在线修改、更新等，有效提升模型构建与开发效率。对模型的版本、数据格式、接口、关系等的一体化管理，为集成资源有效管控、资源计算调用及数字化仿真等提供了支撑。

2. 研发仿真计算与算法

基于虚实状态同步映射技术，结合燃气管网仿真模型及多煤种气化工艺仿真模型，构建生产工艺动态调整优化机制与系统。在虚拟空间实时监测设备运行状态、煤种指标、燃气热值、管网压力等工艺参数信息，并对物理产线的异常、波动和偏离进行实时跟踪。同步启动虚拟空间仿真运算，对于已经或即将偏离的工序及时预警预测，迅速做出判断并采取应对措施，以重调度的形式快速实现动态、自适应的调整纠偏，下发至物理车间执行，保证车间生产的平稳正常运行，规避或减轻任务执行过程的风险。同时，系统的模型和算法在一次又一次的动态运算中迭代进化，构成完整的、基于数学与物理迭代的动态的 PDCA（Plan，计划；Do，执行；Check，检查；Act，处理）循环，推进虚拟生产线与物理生产线的共同进化，不断提升车间的变化适应能力、扰动响应能力和异常问题解决能力。开展工艺路径动态规划，结合外部因素与工艺流程间的逻辑关系及影响边界条件等，构建出 100 余个不同标准煤种的投用算法准则，以及 55 万立方米～80 万立方米每小时任意用气需求的最佳负荷模式，从全局综合资源更优的原则，实现工序基于逻辑的最佳组合。

（六）配套完善相关机制

1. 建立项目"双线"负责制

济民可信清洁能源公司在数字化平台及相关智能化应用的项目建设中，推行业务项目经理和技术项目经理的项目"双线"负责制。两个项目经理同属项目主管分管，权责不同、分工明确。业务项目

经理主要负责业务方案，组织领导各业务小组制订、分解业务领域实施计划，参与提案、讨论并确认本专业的相关流程与业务实现方案，协助管理团队开展项目建设，实施数字化经营管理模式在业务领域的运营、改善与创新，以及智能工厂的构建与优化；技术项目经理需对业务有全面的了解，为业务方案的技术实现提供最佳解决实践路线，主要负责组织领导技术小组制订项目总体实施计划和完成系统的实施构建，并对总体进度把控负责，从行业最佳实践角度及专业 IT 技术角度评估各业务领域的实现方案及步骤。项目计划、业务蓝图方案、项目变更需两位项目经理签字再由项目主管审批生效，保障整体项目的有序推进及项目时效。

2. 建立 IT 技术与业务部门共识机制

一是在内部通过对业务部门赋能形成"统一战线"。与业务部门共同承接考核绩效，保证大家有同一个目标和方向，形成天然的统一战线。同时通过智能工厂运营管理能力的建设，提升业务部门的绩效，直接影响其年度、季度激励，与业务牵头部门形成共同利益，驱动大家都愿意积极配合数字化相关建设工作。二是采用"共同分享"的思路，利用智能工厂运营管理能力建设的过程经验，积极申报政府荣誉类、扶持类奖励项目，通过政府颁发的荣誉，有效提升各级领导干部和员工对数字化建设的认同感，于项目推动发挥了有利作用。

3. 建立流程"拥有者"和流程运营评估机制

在流程管理方面，建立流程"拥有者"和流程运营评估机制。坚持促进业务发展、控制业务风险的业务导向原则，遵循优先构建保障业务发展需要的关键内容，再逐步进行完善的循序渐进的推进思路，对原有流程执行过程中存在的问题进行持续改善。为避免流程涉及相关方推诿扯皮，各领域业务流程都有唯一的"拥有者"，负责统筹与协调流程的全生命周期管理，对流程的运行实效总体负责。针对业务痛点和短板，由流程"拥有者"发起并组织专题会推进业务改进和优化，由战略运营部协助与监管实施。流程的运营评估由战略运营部牵头组织，每季度需组织指导各部门、各流程"拥有者"按照流程的问题驱动、节点驱动、时间驱动 3 种方式，从信息流、组织保障、时间与数据管理、方法与工具 4 个要素，开展流程自查、评审与优化等评估工作，针对难点、难题召开专题研讨会，探讨并制定最佳解决方案，最后由战略运营部审批执行。最终对优化工作结果进行正式发文并组织员工宣贯学习，确保良好的推动与执行力。

4. 建立主数据主导机制和数据安全机制

为保障在智能化工厂运营管理过程中对海量的数据需求进行管理和分析，济民可信清洁能源公司数据管理机制以主数据管理及数据安全管理为主。主数据管理方面：从主数据的定义、维护匹配规则、层级及关联关系、需求分析、数据源整合、发布及变更管理方面进行管理。同时在中心部门设置兼职主数据管理员，信息管理部定期协同各兼职主数据管理员对各业务领域数据管理现状进行摸底，识别自身数据管理存在的问题，找准关键问题和度量差距，规划未来数据管理提升路径，提升数据的价值。最后通过数据治理周报、数据质量红黑榜等方法，对做得好的进行褒奖表扬，对做得差的进行鞭笞指正。数据安全管理方面：在终端计算机病毒防范中，采用国家许可的正版防病毒软件并及时更新软件版本，定期进行病毒检测，并发布防范措施及方案，定期开展培训宣传，确保终端应用有效运行。在网络通信安全建设中，建立网络防火墙，通过滤波器和网关集成，使外部滤波器保护网关免受来自外部的攻击，内部滤波器对一系列中间网关进行防卫，并按照不同操作级别规定用户相应的访问权限。制定相应的软件数据安全应急预案，定期针对独立软件逐个进行相应的数据灾难恢复演练，防止服务器宕机导致数据丢失。

三、清洁能源企业实现高能效的智能工厂运营管理效果

（一）实现集中供气，助力产业转型

该公司供气规模是 2021 年之前的 1.5 倍，成功向高安陶瓷产业园集中供应清洁工业燃气，满足所有建陶企业的生产用气需求，并配合高安市政府、高安建陶基地管委会完成了陶瓷企业原自建煤气发生炉的停用和封存，实现了建陶清洁化、集约化生产，从根本上解决了园区生产环保与生产安全的问题，间接带动 10 万人口就业。

（二）有效节能降耗，助力产业健康发展

高安陶瓷产业园 130 余条窑炉生产线全部集中使用清洁工业燃气后，经分析对比，济民可信清洁能源公司集中供气使用的煤炭由之前陶瓷生产企业分散使用的煤炭总和 358.7 万吨削减至 332.4 万吨，减少 26.3 万吨标煤消耗，二氧化碳排放量由 958.8 万吨降至 888.5 万吨，减排二氧化碳 70.3 万吨；二氧化硫排放量由 6.1 万吨降至 0.32 万吨，减排 5.78 万吨；氮氧化物排放量由 1.6 万吨降至 144 吨，减排约 1.59 万吨。由上述数据可知，济民可信清洁能源公司有效攻克了"工业散煤"污染与安全监管难题，生态环保效果显著，有效保护了当地生态环境和居民身体健康，促进了高安陶瓷产业健康可持续发展。

（三）企业降本增效，社会价值显著

一是有效提高了飞灰残碳再次燃烧率，煤炭的利用率直接提升 8% 以上，经营效益凸显；二是创新性地实现了多煤种混合代替单一煤种的气化技术，每年直接降低采购成本约 1 亿元，并解决了单一煤种采购贵、采购难、运输难等"卡脖子"问题；三是人力成本有效下降约 10%；四是持续注重向数字化、智能化创新升级运营管理模式发展，获得政府及行业认可，先后被江西省工信厅评为"江西省管理创新示范企业""江西省两化融合示范企业"等荣誉称号。济民可信清洁能源公司全厂能源综合利用率高达 83%，比传统用能企业提升了 13%，真正做到对煤炭原料"吃干榨净"，有效填补国内煤炭高效梯级利用技术空白。济民可信清洁能源公司在高安陶瓷产业园打造的园区集中供气模式（该园区在 2021 年全国瓷砖产能二十大建陶产区排名第二）具有高能耗园区"煤改气"的示范引领和借鉴意义。

（成果创造人：李　桯、吴志红、王晓博、孙　谨、王　春、
　　　　　　胡治兵、刘立新、胡利安、魏　强）

以提升能量可用率为目标的电网工程设备智慧管理

国网冀北电力有限公司

国网冀北电力有限公司（以下简称冀北公司）隶属国家电网有限公司，于2012年2月9日正式独立运作。冀北公司本部设22个部门（中心）及冬奥办，所属供电、施工、培训等基层单位22家及合资公司3家，职工总人数23086人。由于独特的地理区位和历史沿革，冀北公司肩负着"一保两服务"的特殊职责使命。"一保"是保障首都供电安全。冀北公司负责运行维护华北地区"西电东送""北电南送"大通道和首都500千伏大环网，承担着保障首都供电安全的重要职责。"两服务"是服务冀北地区经济社会发展和服务国家新能源发展。冀北电网最大负荷2737万千瓦，冀北地区全社会用电量1865.74亿千瓦·时，冀北公司完成售电量1619亿千瓦·时。截至2022年年底，冀北电网统调装机容量为4859万千瓦，其中新能源装机占71.02%，位居国网系统第一。冀北公司运维1000千伏变电站3座，线路1197.6千米；±500千伏换流站3座，线路662.7千米；500千伏变电站34座，线路12595.8千米；220千伏变电站154座，线路13453.6千米。

一、以提升能量可用率为目标的电网工程设备智慧管理背景

（一）柔直电网工程是构建新型电力系统的典型举措

实现"碳达峰、碳中和"目标的过程是一场广泛而深刻的经济社会变革，在能源供给侧要求构建多元化清洁能源供应体系，大力发展非化石能源，重点是加大风电、光伏等新能源发电的开发利用，要求电力系统展现更大作为。实现"碳达峰、碳中和"目标，能源是主战场，电力是主力军。电力系统是重要的碳排放源，自身承担着较大的减排压力，同时需要通过电能替代承接其他行业用能需求，支撑全社会减排。具备独立有功和无功调节能力的新一代柔性直流输电技术为实现包含风能、光伏等在内的可再生间歇性清洁能源经济可靠并网和消纳提供了有效的解决途径，极大丰富了可利用的可再生能源，有力地推动了世界各国能源结构的调整。张北柔直电网工程作为世界上首个风、光、储、输一体化的柔直电网工程，是我国构建新型电力系统的典型重大举措，建设并管理好张北柔直电网工程是党和国家交付的首要政治任务。

（二）柔直电网工程设备管理面临着重大挑战

柔直电网工程运维检修等设备管理工作面临着巨大挑战，直接影响了能量可用率的提升。一是换流阀、直流断路器等柔直核心设备不同于传统交直流设备，其结构精密复杂、元器件数量多，故障诊断预警和定位难度大。二是柔直阀厅大型核心设备紧凑型设计，阀厅巡检盲区大，人工巡视任务艰巨。三是换流阀、直流断路器等柔直核心设备检修方法单一，检修策略落后。四是柔直电网工程年度检修时间长（是常规直流换流站年检时长的1.51倍）、项目多、范围广、管控难度大。五是柔直电网工程投运时间短，缺乏长期的运行经验积累。针对政治保电任务、设备和消防应急演练、外协力量驻站管理等方面缺乏经验总结，冀北公司需要制定差异化保障方案，探索应急处置空白，强化事故应急响应能力。

（三）柔直电网工程能量可用率直接关系到新能源消纳水平

能量可用率是指在给定时间区间内，按照降额系数折合的直流输电系统等效可用小时与统计期间小时的百分比，是衡量直流输电系统可靠性的最主要技术指标之一。目前，国网公司在运6个柔直工程，近8年共发生闭锁故障63次，2022年平均能量可用率为94.3%，与常规直流工程（97.4%）相比存在较大差距，这在一定程度上阻碍了"碳达峰，碳中和"目标的达成。按照张北柔直电网工程

4500MW 的额定输送功率，每降低 1% 的能量可用率，全年将损失约 3.9 亿千瓦·时绿色电。因此，如何提升柔直电网工程能量可用率，是提升新能源消纳水平，促进新型电力系统发展必须面临和解决的难题。

二、以提升能量可用率为目标的电网工程设备智慧管理主要做法

（一）坚持"三直"理念，构建"五元融合"实施路径

面对柔性直流电网工程相比传统直流输电工程能量可用率不高的总体局势，冀北公司立足张北柔直电网工程实际业务痛点，以"三直"理念作为全力提高柔性直流输电工程能量可用率的指导思想，确保张北柔直电网工程能量可用率可靠提升。一是坚持直流意识，深刻认识到张北柔直电网工程位置特殊、地位重要、责任重大，牢记"直流无小事、事事连政治"，时刻以如履薄冰的心态对待每件事、坚守每一天；二是坚持直流标准，着眼身处冀北独特坐标，保持超前引领的理念，开阔高远的视野，追求极致的目标、精益求精的标准，输出更多"直流方案"；三是坚持直流精神，紧盯"堵点""痛点""难点"，以创新思维、创新方法，攻坚直流电网升级、安全强基、能源转型、数字赋能等重点任务，点面结合、以点带面，全力以赴保障柔直电网工程能量可用率的可靠提升。

冀北公司深入分析"双碳"背景下自身的重要责任和使命，全面落实党中央构建以新能源为主体的新型电力系统工作要求，明确张北柔直电网工程能量可用率提升的主要思路，构建"五元融合"的智慧管理体系。一是数字孪生融合智慧运检，打造换流站"元宇宙"。二是智能中枢搭载"特种"无人机，构建立体化监控平台。三是动态评估结合周期管理，谋划科学检修策略。四是精益检修统筹过程管控，布局多元化运检路线。五是建立应急响应交叉保障机制，探索柔直处置"无人区"。

（二）数字孪生融合智慧运检，打造换流站"元宇宙"

1. 数字孪生建模，催生柔直设备可视化管理

建立柔性直流换流站数字孪生模型，利用无人机倾斜摄影进行数据采集，根据实际换流站拓扑结构、工程参数和设备布局，构建真实三维模型。换流阀厅内设备主要包括大容量换流阀、高压直流断路器、直流分压器、光电流互感器等，构建三维模型并将设备在线数据导入模型，可实现对核心设备在线状态监控，为柔直换流站数字孪生体提供基础性数据支撑。例如换流阀水路状态（包括流量、温度、电导率、压力）、高压直流断路器连接至自身后台的光纤数据流及连接状况、MOV（Metal Oxide Varistors，金属氧化物压敏电阻）能量裕度情况、供能变压器运行状态、直流分压器密度继电器表计校准情况等，用不同的颜色说明设备运行健康度（绿色表示正常状态、黄色异常状态、红色故障状态）。在全真三维场景下，一切设备都显露无遗，改变了以往以换流站摄像头监控的管理模式，大幅节约了管理成本，有效提升了分析能力，实现了智慧巡检和综合判别。

2. 模拟推演换流站故障，实现全局可控

建立柔直设备数字孪生综合状态分析体系，开展设备状态实时仿真推演和综合评估。通过实时仿真分析推测设备运行状态变化趋势，进而实现多时间尺度下的设备运行状态指标分析，综合评估设备运行可靠性和健康水平，给出优化运维的具体策略。数字孪生系统应用各类判别规则及模型，自动分析设备基本信息、实时运行状态、在线监测、不良工况、缺陷、检修、试验等数据，进行自主诊断并提前发出预警，实现设备智能管理、智能故障诊断技术功能，辅助运检人员进行设备监测、故障诊断、缺陷分析及决策处理。

3. 应用数据嵌入技术，搭建检修云平台

建立检修云平台处理库，可以查询和导出单台或多台设备在某时间段内的故障、故障明细记录数据，并针对每个故障提出解决方案。按故障（故障描述、发生次数、故障时长、故障时长描述）或按设备（设备名称、发生次数、故障时长、故障时长描述）对单台或多台设备在某时间段内的故障信息

进行统计，推演设备若发生故障进入检修阶段的生产准备工期，提供生产准备工器具具体位置，并智能输出检修工作票编制，模拟检修现场，提前演练实现检修工作"云处理"。

（三）智能中枢搭载"特种"无人机，构建立体化监控平台

1. 无人机自动灭火，提升阀厅消防能力

无人机挂载红外镜头与灭火弹，通过控制芯片远程操控投掷装置投放灭火弹，构建阀厅消防无人机系统，实现"查、防、控"一体化作业。工作时操控无人机飞行到火源上方，自动投掷装置接收到指令，自动将灭火弹投放到火源处，灭火弹遇明火后爆破完成灭火，第一时间控制火情，保障阀厅设备安全，提升阀厅消防能力。

2. 无人机智能巡检，减少阀厅巡检盲区

构建阀厅无人机自主智能巡检体系，实现无人机挂载可见光、红外探头、SF_6气体检测，自主巡检作业，反馈设备缺陷，弥补现有巡检手段存在盲区等问题。无人机远端控制、自动换电、一键起飞、自动作业、智能分析巡检结果，为运维决策提供帮助。系统整体由智能航空站（包括无人机）、室内定位系统、室内飞行控制系统及集控飞行控制系统组成，实现自动巡检过程中的无人化、智能化。

3. 工作舱边缘计算，实现设备"全感知"

工作舱（智巡航母）可以通过无线通信技术与无人机进行数据交互，实时接收设备实景信息，工作舱通过5G基站获取设备的实时电气量信息，利用边缘计算技术实现关键状态参数的就地计算，实现设备状态实时的"全感知"。并且基于专家经验库、设备基础数据、设备缺陷数据库、典型案例库及智能推理模型，构建换流阀、高压直流断路器状态图谱库，通过神经网络与AI（Artificial Intelligence，人工智能）深度学习算法实现多参数融合分析，为运检人员提供最佳运维检修策略。

（四）动态评估结合周期管理，谋划科学检修策略

1. 研制高效检修仪器具，提高计划检修效率

研究换流阀子模块与阀控的数据分类校验加密及分时传输技术，实现子模块参数定值远程修改和程序一键下装，提升子模块软件修改工作效率。研究阀塔水管均压电极非接触式检测技术，实现无须阀塔排水，即可完成均压电极抽检工作。开发柔直换流阀自动化测试技术和子模块批量检测技术，实现大量子模块的高效检测。综合考虑子模块更换的便捷性和安全性，研究柔直换流阀子模块及其关键部件快速更换技术及专用工器具，提高柔直换流阀检修效率。

2. 预测柔直设备全寿命周期，制定阶梯化检修策略

阶梯化检修策略侧重于柔直设备的全寿命周期计划维修。基于设备剩余寿命预测，结合历史运检数据，以最小化检修成本为目标确定设备不同寿命阶段的维修周期及剩余寿命，实现设备的寿命最大化。首先，基于柔直设备寿命预测成果库以及运检历史数据，采用模糊序列法对换流阀等柔直核心设备在寿命期内的可靠度进行计算，并以此为基础研究掌握寿命周期阶段划分和判别方法；其次，明确全寿命周期成本费用组成的内容及特点，研究计算不同寿命阶段柔直设备的维修成本，结合不同寿命阶段柔直核心设备故障率研究计算当前状态的风险系数及故障损失；最后，建立基于全寿命周期成本最小化以及成本效益最大化的计划检修策略目标函数，采用模糊规划理论对模型进行求解，制定针对柔直核心设备的不同寿命阶段安全、效能和成本综合最优的阶梯化计划检修策略。

3. 评估柔直设备老化特征，提出状态检修策略

状态检修策略侧重于对柔直设备维修成本及故障成本的评估，并给出柔直设备最佳检修时段和检修方式。首先是基于柔直换流阀等柔直核心设备主要部件设备老化特征建立健康状态特征经验库，建立多层次状态评价量化指标体系，结合层次分析法与熵权法确定各指标的权重，研究对柔直核心设备健康等级的综合评判方法；其次是建立基于柔直核心设备健康指数的故障率模型，研究建立基于当前

运行状态的实时故障率推算方法，提出基于设备当前运行状态的最大维修期限估算方法；最后在健康状态等级评估和故障率综合分析的基础上，建立状态检修决策框架和检修决策指标体系，提出基于多维矩阵匹配的柔直核心设备关键组部件矩阵化状态检修策略。

（五）精益检修统筹过程管控，布局多元化运检路线

1. 全面推行精益检修，强化检修组织管理

以现代设备管理体系为指引，全面贯彻计划"八统筹"，夯实"不停检修+轮停检修+陪停检修"模式，加快推进全寿命周期和设备健康评估研究与应用，积极应用先进试验检修方法，推行检修工艺标准化，系统优化检修项目和周期，在冀北公司柔直换流站全面实施精益化检修。

树立系统思维和全局思维，提前理顺并明确安监、调控等专业管理要求，以"三层保障"为基础，合理调配区域检修资源，做好检修队伍、设备物资和技术方案准备，强化检修方案审查工作。

2. 依托科学检修策略，做实关键工序管控

依托柔直设备特点与运行条件，结合老化规律、运行状态，突出"三个重点"，注重设备隐患排查、预期寿命和健康状态评估，综合运维环境和地域差别，在标准化的基础上兼顾差异化，因站施策，一站一策，精准检修。

按照标准化作业流程，细化作业步骤，严控关键工艺，深化新技术、新装备研究应用，改进制约工期的关键项目实施方法，加大关键工序技术监督力度，严格履行检修设备分级验收职责。

3. 深化检修质效评估，健全完善管理机制

加强柔直设备年度检修投运后的带电检测和状态分析，综合应用大数据，认真分析例行检修试验项目与故障缺陷的关联关系，深入剖析检修项目执行工艺不佳导致运行缺陷、实施项目与设备缺陷关联性弱等问题根源。

紧盯检修薄弱环节和管理突出问题，健全精益化检修支撑与激励政策，引导各运维单位更加专注于精益检修，激发基层运维人员的才智与热情。明确各换流站的可靠性指标、目标，对依据规则完成目标的运维单位进行表扬和奖励。

（六）建立应急响应交叉保障机制，探索柔直处置"无人区"

1. 制定专业供电保障方案，加强设备状态监视分析

按照公司供电保障工作要求，编制"1+3+N"换流站供电保障方案，明确增加运行巡视频次、核心设备厂家驻站值守等保障工作标准，制定不同保电时段工作措施，并对保障方案进行持续优化。

制定27类设备标准化巡视卡及特殊巡视卡，充分利用换流变区域智能巡检、无人机巡检及数字孪生等系统加强设备状态监视，提升运行巡视效率；建立日对比、周分析保障工作机制，实时关注OWS系统后台、换流阀控保系统等报文，定期与驻站厂家、直流技术中心开展设备运行状态分析，超前研判设备运行状态信息，对保障工作开展情况进行评估与建议。

2. 制定驻站管理方案，沟通外协保障力量

深度融合多方保障力量，组建由113名运维检修人员、66名设备驻站厂家专员、35名消防驻站队员组成的"三员"内部保障力量；严格审查设备驻站厂家人员资质，要求具备现场应急处置能力；将设备驻站厂家专员纳入检修班组统一管理，采取集中住宿、统一往返、相对固定车辆的后勤管控措施；按照"反应迅速、到位及时、方案有效、处置得当"要求，定期开展消防驻站队员与保电人员的综合演练及交流。

协调国网柔直流动专家团队、厂家后方支撑别动队、属地消防大队组成的"三队"外协保障力量，借助直流技术中心多年运维及技术支撑经验，建立运行监视支持、故障诊断分析及应急处置保障机制，提高换流站运行监视及事故预警能力。

3. 制定应急演练方案，强化应急响应能力

组织制定换流站防闭锁、防寒、防冻、防火等17项应急演练方案，开展水冷、暖通系统专项维保，采取排空外冷水、户外GIS（Geographic Information System，地理信息系统）箱柜等加装保温棉被等保障措施；编制23类设备防寒防冻现场检查标准化作业卡，常态化开展防寒防冻巡视；印发《关于进一步加强冬季低温寒潮期间直流设备运维管理工作》等通知，进一步明确18项冬季运维强化措施；重点加强换流变油枕油位、SF_6设备气体压力、冷却系统进出阀温度等油、气、水的状态量变化趋势监测，密切关注低温环境下光CT（Computed Tomography，电子计算机断层扫描）二次谐波值、光强等状态量变化，做好设备状态研判，及时发现潜在隐患。

建立驻站检修队伍、超高压抢修队伍、厂家抢修别动队"三道防线"，建立故障研判、现场处置及故障抢修"三个阵地"，由直流中心专业专家担任顾问，周密部署，做好应急响应准备；补充配置大功率暖风机等应急抢修装备，组织开展使用培训，确保装备可靠能用；开展GIS特高频等专项带电检测，提早发现内部绝缘隐患；针对恶劣天气及突发设备故障可能引发的各类事故，完善纯光CT低温下输出异常、换流变火灾等14项事故应急处置及抢修预案，做好事前预警及事后特巡，并组织开展多轮次与属地消防队伍的联合消防演练以及设备故障应急演练。

三、以提升能量可用率为目标的电网工程设备智慧管理效果

（一）经济效益显著，能量可用率跨越式提升

冀北公司利用数字孪生技术先后解决了柔直换流站设备感知、监测、预警、运维检修和应急处置的实际业务痛点，提升了柔直核心设备故障诊断和主动预警能力。通过三维立体呈现方式提高了对故障及预警信息的展示能力，降低了运行过程中的维护检修频率，如可减少日均一次的红外测温工作时间1.5小时、设备巡检2小时，事故处理检查0.25小时/次，平均节约运维成本100万元/年；减少设备的故障损失，曾先后3次确认了换流阀子模块旁路位置，避免了换流站强迫停运发生，停电检修时间一次按24小时计算，总共避免负荷中断3天。近两年，张北柔直电网输电量约115亿千瓦·时，除去停电检修时间，日均输送新能源约1916万千瓦·时，按照平均0.611元/千瓦·时售电价格计算，新增销售额3512万元。

通过科学化检修策略、精益化检修机制和差异化应急保障方案，避免了柔性直流换流站因设备及系统等造成强迫停运事件，单站平均非计划停运次数降至1次/年，单站年度检修时间由原来的336小时压缩至192小时左右，柔直电网工程计划检修时间大幅缩短。仅耗时3年，能量可用率从94.3%提升至96.87%，接近传统直流工程耗时近30年达到的能量可用率水平。2.57%的能量可用率提升，折算成送电量近10亿千瓦·时，按居民和工业平均电价0.611元计算，每年售电收益提高6.11亿元，经济效益显著。

（二）管理效益显著，公司品牌形象大幅彰显

工程相关设备管理经验推广应用于海外工程中，助力国内厂商中标德国北海电压等级最高、输送容量最大的BorWin6工程。输出运检管理人才驻扎印尼公司助力建设柔直工程，国网公司品牌形象得以大幅彰显，社会影响力显著提升。已培养国务院政府特殊津贴专家1人，国网专业领军人才2人，北京优秀青年工程师及标兵4人，河北省优秀专家人才1人，国网公司优秀专家人才4人，首都劳动奖章获得者3人。多人次获得国网公司"劳动模范""巾帼建功标兵""工人先锋号""国网工匠"等国网公司级荣誉称号。在科技创新方面，累计获得省部级、国网公司级科技奖33项，包含特等奖1项，一等奖11项；编制国家、行业和团体标准42项。在重大保供电任务方面，圆满完成了全国两会、北京冬奥、"一带一路"国际合作高峰论坛等重大保电任务，得到国家能源局、中国能源研究会、冬奥组委等高度肯定。

（三）社会效益显著，助力"双碳"顺利实施

助力张北柔直电网工程荣获"第七届中国工业大奖"并入围"国家优质工程金奖"，得到了央视、新华社、焦点访谈等主流媒体密集报道。冀北公司中都换流站被中宣部命名为"全国爱国主义教育示范基地"，并对全社会开放。张北柔直电网工程的各项工作进展获得了国内外高度关注，并且接待多批次、高规格，包括埃及、印尼、哥伦比亚等 16 个国家的外国友人。2021 年 10 月，国家"十三五"科技创新成就展上，"±500kV 张北柔性直流电网试验示范工程""500kV 直流断路器"代表国网公司在高新技术展区展示，受到国家领导人的肯定。这提升了张北柔直电网工程可再生能源消纳能力，最大限度地保证张北柔直电网工程每年向北京输送 140 亿千瓦·时的绿色电能，每年可节约标煤 490 万吨，减排二氧化碳 1280 万吨，将北京全年用电量的 1/10 转变为绿色电能，同时最大程度地保障了奥运场馆绿电供应，助力实现北京冬奥场馆全时段 100% 绿色供电。

（成果创造人：徐其春、张宝华、黄　波、李振动、贺俊杰、袁　俏、
安海清、杨　娜、张晓飞、柳　杨、李　研、宋　伟）

汽车企业集团基于数字化转型的运营管控变革

江铃汽车集团有限公司

江铃汽车集团有限公司（以下简称江铃集团）创立于 1947 年，是一家集汽车研发、制造和销售于一体的集团公司，主要产品有轻客、轻卡、皮卡、SUV（Sport Utility Vehicle，运动性多用途汽车）、新能源轿车、客车和各种类型的改装车，具备完善的零部件产业链，位列 2023 中国企业 500 强第 249位、中国制造业企业 500 强第 123 位、中国战略性新兴产业领军企业第 94 位。2022 年，江铃集团位列中国商用车企业第 5 位，轻客市场份额位列行业第一、皮卡第二、轻卡第四。目前，江铃集团拥有 37 家一级子公司，业务涵盖整车和零部件制造、汽车进出口、汽车金融、投资、物流等领域。江铃集团还具备新能源汽车三电系统、汽车发动机、变速箱、车身、车架、前桥、后桥等关键零部件自主研发制造能力，形成了一定的产品设计、开发与试验的核心能力，拥有各级技术平台 56 个，其中 3 个国家级企业技术中心，1 个国家级工业设计中心以及 52 个省、市级技术平台。

一、汽车企业集团基于数字化转型的运营管控变革背景

当前，全球汽车产业正从传统工业时代向全新的数字化时代大步迈进，新兴数字化技术与汽车产业加速融合。国内外车企均在加快布局数字化转型，积极引入智能制造、新一代数字科学技术，迅速形成新型核心能力，实现企业高质量发展。江铃集团作为纯国资背景的国有企业，改革已进入深水区，在日益激烈的市场竞争环境下，只有不断深化改革，提高经营管理水平，才能实现企业战略目标。江铃集团作为一家大型汽车企业集团，下属子公司众多且所处阶段、规模、发展水平差异较大，存在难以用统一的模式进行经营管控的问题。2019 年前，各子公司定期向江铃集团本部各职能部门分别报送经营情况，由职能部门整理归纳，分类汇总，进一步形成阶段性经营情况报告，江铃集团本部再据此决策，带来的结果是效率低、准确性差、针对性弱。江铃集团从 2019 年起，应用数字化技术，构建起数字化运营管理系统，将集团各子公司的各种系统数据逐一打通，做到统一规范字段、统一核算口径、统一用户体系、统一权限管理等，通过数字化系统的数据共享和分析，实时在线、清晰地呈现了各类运营过程关键指标运行的结果，为管理者动态监测、及时发现经营风险、加快决策并提出解决方案提供了有力支撑。

二、汽车企业集团基于数字化转型的运营管控变革主要做法

（一）明确总体思路，建立母子公司结合的管理机制

1. 明确总体思路

2019 年，江铃集团数字化运营管理系统通过建立母子公司结合的管理机制，凝聚集团本部和子公司，形成共识，聚力执行；搭建打通集团本部、子公司和外部数据的集团统一数字底座，实现运营数据的系统化；以此为基础，应用 OSM（Objective，目标；Strategy，策略；Measurement，度量）模型 +场景化运营过程关键指标，实现管理界面的结构化；识别用户属性，规范用好访问权限；数字化运营管理系统全过程实现企业"管控精准化、运营精细化、预警精确化"管理；同时，加强管理系统的不断迭代优化和数据信息安全，实现风险管控常态化，达成集团本部强化对子公司运营管控的目标。

江铃集团数字化运营管理系统是一套基于顶层设计的、逻辑严密的管理体系：上接战略，从结果管理倒推追溯到过程管理贯穿整个价值链，覆盖企业经营的核心管理过程，推动各子公司完成年度目标。数字化运营管理系统协助集团全面掌握业务经营成果、精准提升风险管控能力、高效优化流程运营效率、协助增强战略投资布局能力，对内支撑领导决策、提高运营效率，对外强化市场服务能力、

提升品牌影响力和客户满意度。

2. 组建专班

为更好地管理数字化运营系统，江铃集团成立管理系统领导小组，集团总经理任组长，副总经理任副组长，相应职能部门部长及各子公司负责人作为成员。领导小组负责指导系统搭建方向、统筹系统建设进度、协调各方资源、解决重要问题等。领导小组下设工作专班，由江铃集团各职能部门及各子公司相关业务负责人员组成，工作专班负责系统管理过程中业务的对接以及指标、数据的管理。

3. 制定制度，定期召开工作会议

江铃集团制定《数字化运营管理系统管理办法》，明确集团本部各相关部门和子公司的具体工作和职责，明确系统管理、数据整理、指标分析、指标改善的要求和流程，为整个系统的规范运作提供了制度保障。

江铃集团每月定期召开月度经营分析会，由江铃集团高层领导及各部门部长参加，各部门对分管运营过程关键指标的运行情况进行汇报，对异常指标明确改进方案，并督促相关子公司改善重点。江铃集团每季度定期召开工作专班例会，对数字化运营管理系统的总体运行情况进行综合分析、评价，针对存在的主要问题进行讨论、剖析，明确下一阶段的具体工作任务。子公司每月也会召开会议，跟踪分析本公司指标的总体状况和异常指标情况，指定相关部门做异常指标的分析报告、改善措施等。

4. 建立问题反馈、快速响应机制

江铃集团建立问题反馈、快速反应通道，在使用系统的过程中，各单位发现问题可直接向江铃集团本部各指标管理部门反馈，如遇技术方面的问题，则与集团数字信息部沟通，发现的问题能得到快速响应和及时解决。

（二）搭建集团统一的数字底座，实现运营数据系统化

数字化运营管理系统是在江铃集团统一的数字底座上搭建的，集团整车、零部件、金融服务三大业务板块联动，打通集团总部数据，实现自动、及时、高效地汇聚子公司运营数据与外部数据，满足数据溯源，确保数出一孔、真实准确，达到辅助江铃集团经营管理决策的目的。目前数字化运营管理系统已构建1套数据资产、9个核心业务场景、562个指标，沉淀数据资产132张，数据字段共计2096个，深入触及各子公司及各业务板块多个数字化场景。

数字化运营管理系统实现多平台数据自动抓取。人员手动记录数据时不管有多细心，时间较长或者繁忙时，都会不可避免地出现错误和不准确之处。系统通过自动抓取、识别和排除不可靠的数据来获取准确性高的数据。江铃集团采用基于华为云基础架构和平台的在线数据处理的DWS（Data Warehouse Service，数据仓库服务），通过ROMA（Resource Orchestration and Management Architecture，基于云原生架构的资源编排和管理平台）平台和CDM（Cloud Data Migration，云数据迁移）平台进行数据实时获取，其中ROMA平台通过API接口、MQS消息集成接口等方式将集团本部数据、子公司数据、外部舆情数据等异构数据接入DWS，而CDM平台主要是将关系型数据库中的数据接入DWS。经过ETL处理之后的数据，口径一致、准确有效。

江铃集团在搭建系统化的统一数字底座时，明确了核心数据与指标数据的标准定义和口径，对各业务部门统一指标名称与口径，并明确子公司报送数据标准、数据质量等规范要求。通过数据标准化推动集团各业务部门与子公司统一数据管理语言，厘清江铃集团数据资产形成数据资产地图，助力各业务部门运营人员通过数据地图快速查询需求数据。

（三）应用OSM模型＋场景化运营过程关键指标，实现管理界面结构化

江铃集团以OSM模型＋场景化搭建运营过程关键指标，实现业务数字化转型和管理数字化运营，以满足集团财务与业务集成管控需要、数字化运营平台智能决策需要、集团风险审计管控需要、集团

供应链协同需要等不同场景化需要。

1. 指标的设置原则

指标的设置原则主要有以下 3 个。一是指标必须符合 SMART 原则（Specific，具体的；Measurable，可衡量的；Attainable，可实现的；Relevant，相关的；Time-based，有时限的），能够评估和衡量企业的绩效。二是指标必须以子公司总体目标和业务目标为导向，能够支持子公司目标的实现。三是指标必须有针对性，符合子公司的实际经营情况，能够根据子公司的实际情况进行调整和扩展。

2. 指标的设置

江铃集团在 OSM 模型中选择指标时，始终结合各子公司的实际经营情况和战略目标进行综合考虑。集团和子公司就子公司搭建核心业务场景有效指标、部分指标，甚至"一企一策"反复讨论，确保指标的有效性、针对性和可操作性。同时，还要根据各子公司的业务策略和业务度量等情况变化进行调整和优化，实现能根据指标数据对经营状况进行真实画像。

考虑到不同业务场景价值链不同、管理重点不同，江铃集团在指标设置时建立以集团预算管理考核能力需求、集团财务与业务集成管控需求、数字化运营平台智能决策需求、集团风险审计管控需求、集团供应链协同需求、核心业务能力需求等场景化需求为基础的运营过程关键指标体系，又根据集团中每家子公司的特点，兼顾共性指标、板块指标、个性指标，共同构成指标体系。其中，整车类子公司核心指标 18 个、零部件类子公司核心指标 17 个、金融服务类子公司核心指标 14 个。49 个指标共包含 562 个子指标，其中复合指标 135 个、原子指标 427 个。根据管理需要可及时滚动调整、补充和完善。

为使指标设置更加合理、管理过程更加充分，同时方便管理重心的调整，江铃集团在集团统一的数据底座上开发相应的参数配置表，在系统运行过程中，若指标、分析模型规则发生变化，可在配置表内进行相应调整，后台则自动抓取调整后的数据，相应地改变指标、分析模型得分的计算。

3. 指标目标的设定

每年年初，江铃集团与各子公司协商确定年度的考核指标和考核目标。具体做法是：子公司根据年度经营目标要求，在上年度指标运行状况的基础上，结合行业数据、近几年的历史数据，拟定当年度各指标的目标值，报江铃集团指标归口管理部门。指标归口管理部门根据江铃集团的总体战略规划和管理要求，结合上年度的指标状况，在与子公司充分沟通的基础上，"一企一策"设定指标目标。在确定指标的年度目标值后，子公司根据经营实际，逐层分解至下一层级甚至个人，实现"层层有指标，人人有目标"，并督促落实。同时，江铃集团制定年度指标跟踪、改善计划，分时间、分节点采取对应的改善措施，保证指标目标的有效实现。

除了指标的考核目标外，系统里还设定了指标的行业目标或标杆值目标，为指标对标及中长期发展指明奋斗方向。

（四）识别用户属性，实现访问权限规范化

为保证数字化运营管理系统平稳运行，严格管控管理系统开通权限人员，在每一个环节均要求加强审核，开通权限流程如下：江铃集团职能部门 / 子公司若有需要开通权限的人员，需首先征得部门部长 / 子公司总经理同意，明确权限范围，然后由江铃集团审核通过之后开通相应的权限。人员如果有岗位调整，则及时报江铃集团人事企管部给予权限调整或账户关闭。

为了让系统识别用户属性，实现权限访问规范化，加强数据的管控，江铃集团实施多元的权限方案以满足管理的需求，包括页面权限及数据权限。在页面权限方面，包括所有页面都能看的最高权限、除在线评分页外所有页面都能看的最高查阅权限、大屏分析、子公司分析、闭环管理、指标评分、子公司权限等 7 种方案，能充分满足不同人员的需求。在数据权限方面，含所有指标、除利润外其他指标、部门指标、部门指标加板块除利润外的指标共 4 种方案，其中最后一种方案是复合权限，能给负责管理业务板块的职能部门提供便利。

（五）坚持全过程管理，实现体系管理"三精化"

江铃集团从集团、业务板块和子公司 3 个层面，按月度、季度进行指标分析。每月初完成上个月的月度分析，每季度第一个月月初完成上季度分析。通过红黄绿预警规则对风险指标进行分析研判，采取数智驾驶舱的形式呈现，形成并发布子公司运营"红黑榜"，促使江铃集团及其子公司共同关注预警及风险状态的指标，提高重视度，持续关注运行态势，并及时采取有效措施进行整改，真正实现全过程管理，做到"管控精准化、运营精细化、预警精确化"。同时将指标目标的实现情况与子公司经营层的绩效考核体系挂钩，引导子公司经营层在关键经营绩效指标上取得突破。

1. 指标结果实时"三比"分析

数字化运营管理系统自动对指标运行情况进行实时运算分析，有效挖掘了现有数据资产的价值。同时数字化运营管理系统对指标运行情况分析实施"三比"：即指标运算结果"与预算目标比""与上年完成实际比""与行业水平、标杆值比"，以全面真实地反映企业当前的运行状态和水平。

江铃集团各职能部门根据指标分析结果，编制指标月度、季度、年度运行情况分析报告，形成管理输出，并根据江铃集团的要求，在相关的会议上输出。

2. 指标运行"红黄绿"分级管理

江铃集团本部及各子公司每月、每季度对指标的运营状况进行分析，对指标趋势进行研判，尤其是对预警指标和风险指标应用分析工具进行深入分析，找到指标异常的根本原因。

江铃集团为每个指标设定指标得分计算规则及分析模型，开发指标参数配置表、指标预警规则配置表、指标健康度评分配置表，然后根据得分规则设置了调整系数、上（下）限值系数、红色（黄色）预警扣分等规则。

每一个指标的表现分为 3 种状态：合格、预警和风险，分别以"绿、黄、红" 3 种颜色展示，便于从管理的角度有效监控单个指标运行风险。

指标得分小于 70 分为红色，代表风险，必须重点关注，实施干预和整改。江铃集团实时启动"红黄绿管理"，督导子公司加强指标分析并制定切实有效的整改措施和工作计划，明确整改期限，落实整改。指标得分大于等于 70 分小于 80 分为黄色，代表预警，可能出现风险，提醒子公司需要引起警觉。指标得分大于等于 80 分为绿色，代表合格，无须干预管理。江铃集团采取的措施如下。

一是下发整改通知单督促改进。数字化运营管理系统设置闭环管理模块，打通江铃集团自动办公系统。当指标出现红色、黄色状态，归口管理部门经分析确认后，按照《数字化运营管理系统管理办法》下发整改通知单，要求子公司分析原因，限时制定并落实整改方案。

二是若指标出现普遍性、系统性问题，归口管理部门则需组织相关部门、子公司进行系统性分析，找出原因，提出综合对策，报江铃集团相关领导审批；涉及重大决策的，根据《管理层授权规定》和《三重一大决策制度实施办法》的规定，报江铃集团相关决策机构批准。子公司相应在深入分析指标状况的基础上，制订行动计划，明确具体的措施、时间节点和责任人，改善提升指标。江铃集团各相关部门则负责指导子公司改善指标，如有必要，可建立专家团队，帮助子公司解决问题。

3. 数智驾驶舱式呈现

数字化运营管理系统搭建了集团、业务板块和子公司 3 个层面的指标评价模型，通过计算各指标实际得分，按一定的规则统计得到相应的得分，形成对集团经营业绩的面、线、点的评价，为江铃集团经营决策和风险控制提供评估依据。

按照业务的关键指标，通过数据可视化平台，以数智驾驶舱的形式呈现给经营管理者。经营管理者通过驾驶舱看板可以直观地查看集团层面、业务板块层面及各子公司层面的运营情况，及时发现运营风险，支持江铃集团实现数据驱动运营决策。

4."红黑榜"管理

为督促子公司按时高效完成整改，提升指标运行水平，江铃集团建立"红黑榜"管理机制。

一是子公司"红榜"。每年，江铃集团对指标运行良好的单位进行公开表扬，以"红榜"形式展示，对子公司在指标改善过程中的优秀案例，进行总结、提炼，在集团范围内进行推广分享。

二是子公司"黑榜"。将未能在规定时间内完成整改的单位列入黑榜名单，经各指标归口管理部门确认后进行通报，必要时对子公司负责人进行约谈，甚至在全集团范围内通报，以此警示子公司负责人必须提高重视度，积极采取措施进行整改。"红黑榜"管理机制可有效督促子公司在规定的时间完成整改闭环，加快提升指标的结果水平。

5.指标结果嵌入绩效评价

江铃集团将数字化运营管理系统内的过程关键指标纳入子公司总经理年度经营KPI（Key Performance Indicator，关键绩效指标）考核评价指标库进行管理，根据子公司年度经营发展重点及存在的短板弱项进行动态调整和应用，评价结果与子公司总经理年度干部考评，以及大会公开表扬、评优评先、任期激励、职务调整等方面进行挂钩。

（六）加强系统优化和数据安全，实现风险管控常态化

1.持续优化管理系统

江铃集团定期对数字化运营管理系统进行总体评估，评估内容主要包括指标是否运行正常、指标目标设置是否科学合理、指标是否有效反映了企业核心场景、指标结果是否能真实反映企业的经营运行状态等。江铃集团不定期走访调研子公司，收集各子公司对数字化运营管理系统使用中存在的问题、意见和建议，并根据集团本部、子公司的发展要求对指标提出调整、优化方案，经母子公司共同确定，形成运营过程关键指标修订项，经江铃集团审核批准后实施调整。

2.加强内外网全流程域安全管理

江铃集团的核心数据湖和数据应用实施分离部署：数据应用部署在本地数据中心，经过本地数据中心的安全策略和认证后，方可对外提供服务；核心数据湖部署在云端，依托华为云DWS构建，DWS采用基本安全管理技术，包括访问控制、用户管理、权限管理、对象权限、安全审计、数据加密、行级访问控制、数据脱敏及监控安全风险，且数据湖仅在内网环境经过申请后方可访问，并不直接暴露在公网中提供服务。数字信息部在数据安全管控方面也形成了常态化机制，定期对云端数据湖、数据应用进行巡检和漏洞扫描，及时发现潜在安全风险并修复，规避网络及数据安全风险。

三、汽车企业集团基于数字化转型的运营管控变革效果

（一）企业管理水平明显提高

借助数字化新技术手段，江铃集团搭建的数字化运营管理系统呈现出高可用、高稳定和高拓展的特征，流程上更贴合江铃集团现有管控需要；可实时、在线呈现子公司运营过程指标运行态势，实现月度、季度指标分析，便于江铃集团及时发现子公司存在的系统性风险和经营弱项，并及时采取较为精准的措施，规避经营风险，实现集团本部对子公司运营过程的有效管控，管理水平得到进一步提升。江铃集团先后被国务院国资委评为2021年度"国有重点企业管理标杆创建行动标杆企业"、2022年度"国有企业公司治理示范单位"、2023年度"优秀双百企业"，2023年被江西省授予"江西汽车行业数字化转型促进中心"。江铃集团旗下子公司——江铃汽车股份公司和五十铃汽车公司均荣获2022年江西省"管理创新示范企业"。

（二）子公司经营质量明显改善

子公司通过数字化运营管理系统可以清晰、完整地看到自身在财务、市场、质量、精益、人力资源、安全环保、技术研发和重点项目等各方面的月度、季度、年度经营运行状态，通过合格、预警、风险（绿、黄、红）分析模型及自动分析的结果，对存在的预警指标及时采取措施纠偏，改善效果明显。例如江铃集团下属发动机子公司应收账款周转天数从 2019 年的 269 天下降至 2022 年的 138 天，有效减少坏账损失，增强偿债能力，优化流动资金使用，从而提高企业经营效率；3 家子公司近 2 年已实现扭亏；另外在数字化运营管理系统中，37 家子公司一屏展示其总体表现，能够快速找到与其他单位的差距，通过比学赶帮超，提高自身能力水平的意识得到了进一步增强。

（三）集团经营效益明显提升

在经济形势严峻，原材料价格不断上涨的情况下，江铃集团秉持"向改革要效益，向市场要效益，向管理要效益"理念，大力推进管理变革，其中的关键举措就是通过数字化运营管理系统实时监测、管控各子公司运营过程中的关键指标，使母子公司在经营发展过程中的紧密性、联动性、协同性得到了有效提高，江铃集团运营管控能力也取得了长足进步。通过数字化运营管理系统的运行，过程关键指标水平稳步提升，整体经营效益明显增强。2023 年上半年，江铃集团整车销售同比增长 7.4%，营业收入同比增长 2.3%（其中 16 家子公司增长 10% 以上），利润同比增长 20%，应交税金同比增长 4.4%，汽车出口同比增长 94%，整车 3MINS 千台故障率下降 10.2%，零部件 PPM 下降 9.1%，专利数量同比增长 10.03%。

（成果创造人：肖隆建、廖三余、刘春来、邓海青、涂维华、胡欣华、
胡金金、龚顺根、龚　皓、蔡云勋、王继德、伍文秀）

轨道交通空调企业以提升决策水平为目标的数字化运营管理

石家庄国祥运输设备有限公司

石家庄国祥运输设备有限公司（以下简称国祥公司）位于河北省石家庄市高新技术产业开发区，是中车石家庄车辆有限公司与中国台湾国祥股份有限公司合资成立的轨道交通装备空调专业化定制生产企业，年生产能力15000台（套），产品产量连年领跑全球，产品主要有铁路高铁动车组、机车、普通客车空调等，同时还开拓有城市轨道车辆、城际列车空调等，市场遍布于亚洲、欧洲、美洲、非洲等，国内市场占有率为30%～40%，是我国乃至世界重要的轨道交通装备空调生产基地。近年来，国祥公司获评"河北省工业企业自建（A级）研发机构""河北省创新引领型领军企业"，被授予河北省战略性新兴产业"双百强"企业称号，被认定为"河北省技术创新示范企业""河北省企业技术中心"。

一、轨道交通空调企业以提升决策水平为目标的数字化运营管理背景

（一）落实中车集团数字化转型战略的需要

进入"十四五"发展期以来，我国信息化水平进入了数字化、智能化发展新阶段。中车集团围绕"十四五"发展战略目标，以中车数字化转型战略为指引，深度融合业务规划、信息化规划和精益管理实施规划，制定《中国中车产业数字化总体实施方案》。该实施方案以"三舱一体系"为建设重点，分层、分步推进产业数字化整体工作，以业务平台为基础，实现全生命周期数据的管理与贯通，以数据为资源，驱动产品创新、用户服务、协同研发、智能生产、经营管理、管理决策等产业高质量发展，打造行业数字化转型示范标杆。

（二）补足短板、突破行业竞争重围的需要

时代的发展与科技的进步为轨道交通空调行业提供了更多的契机，产品、技术、模式日新月异，外部市场竞争和内部管理困境的双重压力愈演愈烈。国祥公司作为国内轨道交通空调行业的龙头企业，虽在生产、质量、服务上全球连年领先，但数字化管理方面与国际领先企业相比存在明显差距。面对激烈、复杂、艰难的商业环境，国祥公司亟须加快数字化转型，形成以数据支撑管理决策的核心竞争力，保证企业长期稳健发展。

（三）破解数据难以支撑管理决策的需要

国祥公司经过十几年的信息化建设，已成功实施OA（Office Automation，办公自动化）、HR（Human Resources，人力资源）、ERP（Enterprise Resources Planning，企业资源计划）、PDM（Product Data Management，产品数据管理）、QMIS（Quality Management Information System，质量管理信息系统）等系统，虽在公司发展进程中为运营管理效率不断提升做出了卓越贡献，但各系统独立建设，未建立有效的数据交换服务；存在孤岛，无法实现有效且及时的数据共享；数据沉睡，可视性差，需依靠人工进行数据收集、整合、分析，信息传递汇报层级多，时效低且存在主观影响因素，这些问题使企业越来越不能适应以数据驱动管理决策的迫切需求。

二、轨道交通空调企业以提升决策水平为目标的数字化运营管理主要做法

（一）统筹顶层架构设计，明确数字化运营管理的目标

1. 明确以数字化运营平台支撑管理决策的顶层设计

基于各信息系统数据孤岛、数据沉睡的现状，国祥公司使用先进而适宜的IT（Information Technology，信息技术）系统，实现从各分立信息系统的数据抽取、数据清洗、数据分析和数据可视，依托包括ERP、WMS（Warehouse Management System，仓库管理系统）、MES（Manufacturing

Execution System，制造执行系统）、QMIS、OA 等系统，建成数字化运营平台。公司管理层及各级管理者，通过数字化运营平台的多维度可视化图表获取运营管理数据，实时掌握主价值流程中的关键信息，以数据支撑管理决策，提升决策效率和质量。

2. 成立项目组，明确项目推进目标、制度

本项目涉及流程梳理及管理决策模型建构、系统软件开发、系统数据传输、硬件及网络支持、数据整合分析及可视化、日常业务操作需求等多方面内容，国祥公司从各部门抽调骨干人员成立专项工作组。工作组以建设数字化运营平台支撑管理决策为目标，制定项目推进制度，输出《各业务板块数据重点关注问题点》《各业务板块数据源作业要求》，使各项工作有章可循、有"法"可依，以专业的项目管理方法，为项目成功推进提供了保障，加速实现数据互联互通及管理效能提升。

（二）全业务价值流程梳理，确定支撑管理决策的服务对象

国祥公司以"业务 +IE+IT"的模式，基于业务现状和信息系统建设现状，运用流程管理方法，对各业务板块的线上线下全业务流程进行梳理，总计梳理业务板块 16 个、流程 148 个，从而确定数字化运营平台支撑管理决策的服务对象。

1. 确定企业关键流程节点

运用流程管理方法，以流程结果为导向，通过对流程的输出进行分析，确定了从订单到回款的 60 个企业关键流程节点。以采购管理为例，通过对采购申请流程、采购订单签订变更流程、供应商发货流程、采购收料入库流程、采购退料流程、仓库备料发料流程等流程的输出进行分析，确定了采购管理 11 个关键流程节点：采购申请、采购订单、供方发货、采购到货、采购入库、退货、库存状态、备料、领料、生产退料、退料入库。通过对全业务板块管理流程的输出进行分析，确定了生产管理 11 个关键流程节点，质量管理 4 个关键流程节点，售后管理 3 个关键流程节点，财务管理 6 个关键流程节点，项目管理 12 个关键流程节点。

2. 确定关键绩效指标

结合从订单到回款的 60 个企业关键流程节点，对各业务部门进行管理需求调研，为实现对公司运营状况的监控，确定了 45 个企业关键绩效指标。以采购管理为例，结合采购管理的 11 个关键流程节点，对采购部门进行管理需求调研，采购部门的管理重点为供应商交期管控和原材料库存管控，为实现对供应商的监控，确定采购管理多个关键绩效指标：供应商交付周期、准时到料率、原材料库存金额、原材料周转天数、平均库龄。结合企业关键流程节点，对业务部门进行管理需求调研，明确管理重点，确定了生产管理 16 个关键绩效指标，质量管理 4 个关键绩效指标，售后管理 4 个关键绩效指标，财务管理 9 个关键绩效指标。

（三）运用工业工程理念，确定数字化运营的数据需求和数据指标

运用工业工程理念，基于识别运营管理过程中制造过多（早）、库存过多、不良修正、等待、管理等方面的浪费，对上述已确定的从订单到回款的 60 个企业关键流程节点，45 个企业关键绩效指标进行分析，明确涉及的信息流、物流和资金流，通过对信息流、物流和资金流输入、处理和输出过程产生的数据进行分析，从时间、数量、金额、效率、业务相关方和业务类别等多维度，确定数字化运营平台支撑管理决策的数据需求和数据指标。

1. 识别数据需求

运用工业工程理念，对企业关键流程节点和关键绩效指标涉及的信息流、物流和资金流进行分析，识别浪费，从多个维度确定数据需求。以采购管理为例，通过对采购管理 11 个关键流程节点、多个关键绩效指标涉及的物流和信息流进行分析，识别采购订单信息传递不及时造成的原材料库存过多、生产等待、物料搬运等方面的浪费，从金额、单数、时间、采购员、重点供应商、仓库库别、物

料种类等维度，确定采购订单签订、采购订单变更、急采订单、原材料库存等为数据需求。

2. 识别数据指标

结合各业务板块管理需求和多个维度确定的数据需求，确定数据指标。以采购管理为例，采购部门的管理重点为供应商交期管控和原材料库存管控，一是采购订单签订，数据分析指标是月 / 季 / 年采购金额、月 / 季 / 年采购数量、采购金额月趋势、TOP10 供应商、年度采购金额类型占比；二是采购订单变更，数据分析指标是变更单数、变更次数、平均变更次数、变更单数趋势；三是急采订单，数据分析指标是当日急采物料种类、当日急采单数、当日急采金额、急采单数及占比趋势；四是原材料库存，数据分析指标是日 / 月 / 年入库数量、日 / 月 / 年金额、各仓库入库金额、入库物料构成、各仓库库存金额、各物料种类库金额、库龄分布、原材料库存金额日趋势。

（四）基于商务智能系统，建设数字化运营管理平台

1. 明确数字化运营平台建设的 IT 技术原理

根据业务数据需求确定数据归属系统，国祥公司开发相关系统的数据接口，对数据进行统一汇聚、共享，构建数据仓库。以 Fine BI（Business Intelligence，商业智能）可视化平台为工具进行数据开发、数据应用，实现数据资产化，为各级决策提供全面数据服务。

一是基于已确定的数据需求和数据指标，在 ERP 系统中获取应收账款、应付账款、销售订单、生产计划、采购订单等数据，用于显示实际业务执行情况、计算相关指标；在 PLM（Product Lifecycle Management，产品生命周期管理）系统中获取项目各个里程碑事件情况，用于显示项目执行进度、计算相关指标；在 MES 中获取生产订单、生产汇报单等数据，用于显示生产执行情况、计算相关指标；在 QMIS 中获取质检结果等数据，用于显示质量情况、计算相关指标；在 OA 系统中获取故障记录、整改计划、整改记录、派工等数据，用于显示售后服务相关数据、计算相关指标。二是针对数据归属业务系统，开发相应数据接口，制定数据通信策略，将业务数据有序汇聚至数据仓库，构建大数据平台，使数据可随时、快速、安全地被调用。三是以 Fine BI 数据可视化平台为工具，对接大数据平台，通过数据抽取、建模，构建各业务模块场景的数据可视化页面，完成 BI 系统的建设，最终实现用数据说话、用数据管理、用数据决策、用数据创新，数字化运营平台应运而生。

2. 梳理技术实现过程

一是确定数据源，编制数据字段，写明 PLM、ERP、OA、WMS 等信息化系统包括的单据名称、数据字段名称等，共计 81 个单据 1000 余个字段。利用业务系统数据库直接开发 SQL 视图接口，开发访问权限控制，实现安全可靠地供外部系统调用。二是数据 ETL，确定 ETL 工具（Kettle），制定调度计划、数据计算逻辑，实现数据从数据源中抽取、清洗、转换到数据仓库。三是建设 DW（Data Warehouse，数据仓库），确定 MS SQLServer 作为数据仓库，存储全部业务数据及中间表数据。将数据仓库分为 ODS（Operational Data Store，原始数据层）、DWS（Data Warehouse Summary，汇总数据层）、ADS（Application Data Store，数据应用层），方便高性能、低成本、高效率、高质量地使用数据。四是数据可视化，通过 FINE BI 工具，构建仪表盘、报表等数据模型，实现按规划要求对数仓数据进行展示。

3. 建成数字化运营平台

数字化运营平台分为 6 个部分，国祥公司各层级管理人员可通过平台获取公司整体运营数据、部门管理数据、具体业务流程节点数据和具体关键绩效指标数据。一是综合管理，60 个企业关键流程节点和 45 个企业关键绩效指标是对从订单到回款整体流程状态数据化展示，实现对公司运营现状的监控。60 个企业关键流程节点可分为一级屏和二级屏，一级屏各节点间的关键数据为所有产品各批次完成时间聚合后的平均值和标准差，以展示公司各流程间的整体运营水平和离散程度；二级屏从客户、项目、订单、指令 4 个维度展示各个板块的业务指标信息，可细化到各订单每个批次的执行状态和历史状态。各节点间设置了预警机制，异常显示红色，正常显示蓝色。二是节点下钻，对 60 个企业关键流程节点涉及的公司整体或某一时段内的数据趋势、业务数量统计等数据进行下钻分析，结合企业关键绩效指标，实现对公司主体业务的监控。三是关键指标，对 45 个企业关键绩效指标涉及的公司整体或某一时段内的运营状态数据趋势、业务数量统计等方面数据进行下钻分析，结合关键流程节点，实现对公司主体业务的监控。四是主题分析，关注对业务整体的分析，对业务流程造成的结果的分析，实现对业务状态在效率、质量、成本、交期、安全、士气、精益的洞察。五是部门管理，对业务状态进行分析，经过该部门的业务单据是其分析对象，实现对部门主体业务的监控。六是形象大屏，从重点签约项目、国内与国际市场分布、质量管控、产品研发等方面展示公司主要信息，是向公司员工和来访人员展示公司的市场地位、研发能力、生产能力及国祥风采的第一道窗口。

（五）强化对业务运营的实时监测，构建管理改善的多业务场景

公司管理层及各级管理者，通过数字化运营平台的多维度可视化图表获取运营管理数据，实时掌握主价值流程中的关键信息，以数据支撑管理决策、支撑部门管理，并助力管理改善。

1. "综合管理"公司运营现状，支持管理决策

"综合管理"是公司管理层掌握公司整体运营状态的窗口，不仅能从关键指标的数值快速了解公司各项运营数据，从颜色警示及时掌握流程异常状态，从流程间隔时间的平均值、标准差等数据了解流程运行情况，还能从平均值和标准差等数据的变化趋势及时得到管理改进措施执行之后的效果反馈。公司管理层可通过财务运营指标，实时掌握公司财务状况；通过采购管理指标，实时掌握公司物料供应状况；结合财务运营指标和采购管理指标，实时掌握资金周转现状，及时做出管理决策，调整资金管理政策和采购政策，确保公司现金流稳定；分析企业关键流程节点数据，可随时查看重大项目进展过程中的节点异常情况，进行及时纠偏。

2. 实现部门业务关键指标监控，支撑部门管理

对各业务部门数据从时间、数量、金额、效率、业务相关方和业务类别等多维度进行分析和可视化，可实现对部门业务状态的实时监控，支撑业务管理。以生产管理部为例，生产管理部通过"节点下钻—生产订单"数据可实时掌握各车间生产进度、紧急订单总体情况和生产计划执行情况等数据，通过"节点下钻—成品库存"数据可实时掌握各类产成品入库进度及趋势、成品重工情况等数据，通过"部门管理—生产管理"数据可实时掌握物料请购异常、生产订单异常情况和车间产能负荷等信息。通过以上部门业务数据的综合分析，重构"订货策略"，由 100% 采用批对批订货法改为批对批、再订货点、期间订货 3 种订货法相结合，请购类单据减少 90%，降低全部物料请购及采购工作量至少60%，大幅提升了物料准备的准确度。

3. 实时数据追踪分析，助力管理改善

基于数字化运营平台数据，对数据进行追根溯源、深入分析，使问题分析不止于表面结果，发掘数据中隐含的改善机会，制定改善制度，助力管理改善。

一是制定改善制度。明职责，每个数据分析板块都设置一位负责人，负责指标的解读与监控，协助推进指标改善；选专案，每个数据分析板块，对应一个改善项目或多个改善项目，提升员工的数据分析和解读能力；布人力，每一个改善项目建立一个改善团队，确定主导部门和项目组长；定策略，每一个改善项目制定一个改善策略，员工可实践精益培训课程中的精益工具和改善方法。

二是基于数字化运营平台数据，发现改善点，确定管理改善的方向。销售管理板块的改善方向为年度准时交付率提升改善和销售订单变更影响降低改善，主导部门是销售部，参与部门是生产管理部和采购部；采购管理板块的改善方向为准时到料率提升改善和领料效率提升改善，主导部门是采购

部，参与部门是品保部和 IT 科；生产管理板块的改善方向为准时完工率提升改善和各车间提前开工降低改善，主导部门是生产管理部，参与部门是各个车间；质量管理板块的改善方向为平均检验作业时长降低改善和来料检验质量量化管理改善，主导部门是品保部，参与部门是仓储科和采购部；其他业务板块基于管理改善方向，明确了主导部门和参与部门，进行管理改善。

三是开展数字化运营平台数据分析，助力管理改善过程。以关键绩效指标准时完工率提升改善为例，对准时完工率分成品和配件统计，并对成品和配件包装流程进行改善，将配件包装划归成品仓管理，设定配件发货仓，统一管理配件发货，信息传递涉及 2 个部门、3 个科室，减少信息传递环节；物流路径为原材料仓→成品仓 / 配件仓，缩短了物流路径，准时完工率提高了 2%。

三、轨道交通空调企业以提升决策水平为目标的数字化运营管理效果

（一）实现业务、信息、管理三方深度融合，数字化运营成效显著

国祥公司以数据支撑管理决策为目标，充分运用工业工程理念，梳理核心价值流程，确定从订单到回款的 60 个企业关键流程节点和公司运营的 45 个企业关键绩效指标，聚焦流程薄弱环节和精益化管控，以跨领域、全过程视角，综合精益制造、智能制造需求，运用数据挖掘、新知识发现等技术，将经营管理全过程数据按不同归口、级次和维度进行整合，通过历史数据同比、环比，运用大数据技术手段，利用聚类、回归等分析方法加工后呈现给各层级管理人员，为管理层的高效决策提供强有力的支持。国祥公司深化了大数据应用，利用聚类、回归等分析方法，对数字化运营管理模式进行深刻洞察和智慧预测，运用关联式、动态式分析方法，实现了异动因素精准定位及自动预警，为管理层的精准预测提供了指引性的帮助。

（二）形成数据支撑管理决策的新型竞争力，促进各项业务高速发展

国祥公司在建设数字化运营平台以支撑管理决策的项目推进过程中，极其注重国内业务与国际业务的衔接，注重总公司与本地化公司的衔接，打造了国内与国际业务相融合的数据信息平台，获得中车集团、地方政府、国内外客户和供应商的一致好评，形成了差异化竞争优势，对轨道交通空调企业数字化管理起到了积极的示范、拉动作用。2022 年，在全球受新冠疫情与发展双重影响的艰难环境中，国祥公司通过应用本次实践，在顺利完成国内智能高铁以及地铁订单任务的基础上，还成功取得了德国汉堡、圣保罗 6 号线、PHD、Essen、WLB、KZT 等海外项目，以及印度市场"国祥设计＋地产商制造"合作模式的 RRTS 项目订单，实现了业务层级的全面发展。

（三）建立严谨的现代数字化、智能化管理体系，大幅提升管理效能

通过建设数字化运营平台以支撑管理决策的创新实践，国祥公司实现了管理效能大幅提升。一是依托科学的数字化运营管理顶层设计和精益管理创新能力，厘清了公司内部各层级之间的信息流、物流和资金流，实现了数据互联互通，消除了数据孤岛。二是将各业务系统数据集成到数字化运营平台，通过数据建模及统计分析实现数据可视化，形成各级指标和分析图表，构成了管理看得见、执行看得见、标准看得见、效率与成本看得见的管理无死角、数据无死角的高度集成的运营体系。三是运营数据传递趋向及时化、扁平化、高效化，管理决策效率和质量得到明显提升。国祥公司充分夯实企业内部管理，促进整体水平的提高及成本投入的缩减。以生产板块为例，2022 年较 2020 年，准时完工率提升 4%，各车间平均生产效率提升 3%，产品合格率提升 2%，平均交付周期缩短 3 天，整体运营成本降低 3%。同时为研发高科技产品提供了数据支撑，超高能效制冷系统、空调健康管理系统以及智能空调的开发实验等创新应用均已实现。

（成果创造人：张晁榕、周　艺、王　川、王　英、刘　超、刁建伟、
　　　　　　　陈秀伟、石国新、罗荣静、岳晓飞、吴　冰、张　鑫）

数据驱动的商用车轮胎智慧管理系统建设

中策橡胶集团股份有限公司

中策橡胶集团股份有限公司（以下简称中策橡胶）前身是成立于 1958 年的杭州海潮橡胶厂，主营产品有商用车轮胎、乘用车轮胎、两轮车胎以及橡胶履带等产品，产业链布局覆盖了轮胎产品研发、生产、销售以及汽车后市场服务。中策橡胶曾荣获中国制造业企业 500 强、浙江省百强企业，浙江省"雄鹰"企业，现拥有来自 20 多个国家的 29000 余名员工，其中研发技术人员 2200 余名，2022 年全年实现销售近 320 亿元，连续 14 年位列国内行业第 1 名，2023 年位列行业世界第 9 名。

一、数据驱动的商用车轮胎智慧管理系统建设背景

近些年来，伴随着国民经济发展逐步步入稳态，大基建、电商增速放缓导致国内商用车物流行业增速放缓。2022 年，全国橡胶轮胎外胎产量累计值 8.58 亿条，同比减少 5.02%。受制于物流行业增速放缓，物流行业的竞争要素正在从拼规模向拼运营、拼成本能力的方向转变，物流企业对于轮胎使用成本的挖掘也越来越深入，产业链已经步入存量市场的时代。

商用车后市场业艰苦，消费场景、服务需求具有碎片化特点，市场难以提供优质的轮胎运维服务，商用车车队和司机针对轮胎消费只能采用找路边小店来服务的模式。轮胎企业应用企业积累的技术能力、规模实力、渠道网络能力，谋求新思路、新模式，由专业的轮胎企业向商用车后市场服务创新延伸，提升商用车后市场服务供给质量是轮胎企业转型升级的可行之道。

二、数据驱动的商用车轮胎智慧管理系统建设主要做法

（一）自研轮胎特征数据实时采集系统

1. 车辆轮胎传感器识别及定位

在商用车胎内部安装贴胎式传感器系统，传感器系统包含压力传感器、温度传感器、加速度传感器、陀螺仪等，传感器系统与 TPMS（Tire Pressure Monitoring System，胎压监测系统）接收机、智能终端匹配以实现对车辆轮胎的实时状态数据采集及计算。

2. 轮胎特征参数提取

轮胎特征检测传感器对车辆轮胎状态进行检测，得到的特征参数包括传感器 ID 胎压、胎温、加速度等，并将轮胎特征参数发送至终端，其他针对不同类型的轮胎有通过人工、传感器、模型计算等方式针对轮胎其他特征数据进行提取发送至终端。

3. 牵引车与拖车检测数据处理及匹配

中策橡胶自主开发检测数据匹配系统。其中牵引车和挂车的匹配装置，包括设置在牵引车上相互通信连接的第一通信终端、第一 TPMS 接收机；设置在挂车上相互通信连接的第二通信终端、第二 TPMS 接收机；第一通信终端及第二通信终端分别接收到第一 TPMS 接收机及第二 TPMS 接收机的加速度数据后，将其发送至服务器。

两个通信终端均包含有卫星定位模块，第二通信终端将卫星定位模块的坐标数据发送至第一通信终端，通过匹配可精确定位到某一牵引车与对应的挂车状态。通过 TPMS 接收机嵌入车辆加速度传感器，通信终端将车辆加速度的数据与卫星定位模块的数据进行融合，利用卫星定位模式的精确授时动能，服务器可以精准判断牵引车和挂车是否处于头挂匹配或解除状态。

4. 轮胎特征参数及车辆状态数据融合

TPMS 接收机通过与第一通信终端连接，接收轮胎特征参数，根据轮胎特征参数中的传感器 ID 确

定目标轮胎特征参数，并对目标轮胎特征参数进行去重处理，得到去重后的目标轮胎特征参数。车辆状态数据包括车辆加速度数据、陀螺仪数据、GPS（Global Positioning System，全球定位系统）数据中的一个或多个。这两类数据融合，即形成整体的车辆数据。

自研采集系统可实现轮胎特征数据实时在线采集，具有可视化监控、报警、温度预测、里程计算、负载计算、轮胎及车辆特征数据汇总等功能，还支持移动端、桌面端、实时信息报送等各种实用管理功能。系统安装好后，用户一般经简单配置即可使用，该系统附带定制化开发需求功能，中策橡胶团队全力提供包括数据接口、算法模型开发调用等各种个性化服务。

（二）智慧业务开发及应用

1. 胎温、胎压报警及轮胎状态可视化

后台服务器通过数据存储设备存储终端发送的车辆状态数据和轮胎特征数据，对轮胎特征数据计算后发送至云平台客户端和移动客户端并显示出来。在终端接收器上开发检测数据处理方法，自研轮胎温度场模型和轮胎起火态势感知算法等专利技术，可显著提前于传感器的实时预警进行胎温预警计算，并将预警信号发送至当前车辆中的报警装置和后台服务器，用以输出报警提示信息。

2. 轮胎载荷计算

垂直载荷指的是路面作用在轮胎上的力在竖直方向上的分力，其可用于估算汽车的承重以及偏载数据，从而预防汽车超载、汽车偏载、轮胎打滑、爆胎等问题。中策橡胶联合中国科协海智专家、浙江中科领航汽车电子有限公司共同开发汽车用垂直载荷监测系统。该系统中硬件部分包括中央控制器、加速度传感器、运算放大器、电池和无线车载终端，进行关键参数的采集和传输。该系统的硬件部分和轮胎智慧管理系统的温度、压力等传感器集成封装，一起设置在轮胎胎面的内壁。该系统的软件部分通过传感器实时监测到的轮胎加速度数据拟合得到垂直载荷，载荷监测系统监测得到的垂直载荷需要实时发送至驾驶位上的终端，以便于驾驶员可实时获知车辆的垂直载荷情况。其中计算部分则部署在智能终端上。

3. 轮胎里程计算

目前，获取轮胎行驶里程的方式有两种：一是通过汽车里程表和车载 GPS 获取，二是通过轮胎系统自带的加速度传感器计算获取。针对不同车型，该系统有数据融合或以 GPS 为主等多种方式，可以帮助车主计算出自己的轮胎在全寿命周期内到底行驶了多少公里，成本是多少，还可以进行 GPS 数据与加速度数据之间的关联分析，识别轮胎空转、打滑、异常磨损等问题，使轮胎管理变得更"聪明"。

4. 其他应用开发

基于温度、压力、加速度等的检测数据，根据重点客户的一些后续需求，预计还将开发和实现轮毂高温预警、装载偏重分析、路面状态识别、轮胎寿命预测、轮胎爆胎预测、侧偏角及水滑监测等实用功能。

（三）搭建产品研发闭环平台，助力产品全生命周期管理

在轮胎的设计过程中，轮胎气压、负荷、轮胎宽度、胎面花纹、材料、扁平比、结构及材料分布等都会影响到轮胎的侧偏刚度，以及轮距（轮毂参数）、速度等级。此外，轮胎行业还存在困扰业界多年的轮胎滚动阻力、抗湿滑性能、耐磨性能难以兼顾的"魔鬼三角"问题。

基于轮胎智慧管理系统，中策橡胶搭建了由全钢子午研究所牵头，中策橡胶协同提供数据支撑和分析的技术协同研发平台，由中策橡胶技术人员调用轮胎智慧管理系统后台的数据为轮胎设计人员提供不同规格和使用环境中围绕压力、温度、偏摆以及不同负载下轮胎特征数据所表征的材料、配方、结构、应力分布等设计参数问题，便于设计人员改进设计，使轮胎产品的数据管理真正做到了从设计、制造到使用的产品全生命周期管理。

（四）设立智能救援服务平台

基于轮胎智慧管理系统提供多通道管理车辆后台数据和轮胎特征数据，为驾驶员和车辆管理人员对车辆的使用、管理优化工作提供科学的数据支撑。系统后台预测模型可计算出轮胎温度异常、压力异常等问题，结合中策橡胶在商用轮胎领域积累的经验，可准确识别其轮胎后续的修补和替换需求。中策橡胶搭建了商用车智能救援平台，该平台向后连接知轮智慧服务平台上的修车资源，系统根据司机用户相关的轮胎预警情况，结合平台的救援资源可为轮胎出现潜在和实际故障的司机提供建议和救援服务。

（五）搭建规范化的信息技术服务体系

中策橡胶在成立之初，便始终将质量管理、信息安全管理、风险管理等相关工作置于首位，参考国内消费互联网行业的主流做法，严格按照业内最高标准及行业监管要求进行自律，参考 ISO 9001 质量管理体系和 ISO 27001 信息安全管理体系建立了一套成熟健全的信息化系统安全管理体系，保证了平台的信息安全和服务质量。

三、数据驱动的商用车轮胎智慧管理系统建设效果

（一）经济效益明显

中策橡胶轮胎智慧管理系统自 2019 年推出市场后，帮助实现爆胎、自燃减少 90%，降低 30% 以上的车辆事故率，提升 50% 以上的救援时效率，轮胎人工成本减少 50%，同时车辆处于稳定区间的气压结合低滚阻轮胎可实现油耗减少 10% 以上，可实现减碳 19 吨。

轮胎智慧管理系统的成本约 3000 元 / 套，相对于商用车 3 万元的轮胎成本，占比较低。轮胎智慧系统自 2019 年推出市场，逐步获得用户的认可。2022 年，轮胎智慧管理系统销售额超过 1 亿元，其中毛利率 30%，2023 年销售额达到 1.3 亿元。

（二）服务向客户靠近

轮胎智慧管理系统对轮胎全生命周期进行数字化服务与管理，帮助用户全方位提升车辆运营管理水平，目前为中通、申通、京东、百世、德邦、地上铁等中国头部物流企业提供轮胎智能服务解决方案。目前，轮胎智慧管理系统已安装 3 万多个，有效提升了中国大物流产业降本增效的能力，助力企业更贴近市场和客户需求，从渠道、技术、服务等多方面入手，积极改善客户体验，提高了客户满意度和忠诚度，进而推进了企业可持续发展。

（成果创造人：沈金荣、葛国荣、范达伟、闵俊杰、朱斌斌、葛　汉、
林文浩、廖发根、侯丹丹、江雪增、吴　豪、范　斌）

军工企业基于模型的预警信息系统需求管理

中国电子科技集团公司第十四研究所

中国电子科技集团公司第十四研究所（以下简称十四所）始建于 1949 年，是中国雷达工业的发源地，国家诸多新型、高端雷达装备的始创者，以及具有国际竞争能力的综合型电子信息工程研究所。十四所现有职工 8400 余人，其中中国工程院院士 2 名，国家、省部级有突出贡献中青年专家、享受政府特殊津贴专家 130 余名。十四所前后在"两弹一星""载人航天""三峡工程"等诸多国家重点工程中承担关键任务，累计获得国家级科技奖项 60 余项，一批先进项目获得"全国十大科技成就""国家科技进步奖特等奖"等奖项。"十三五"以来，十四所累计获得管理创新成果国家级奖项 14 项、省部级奖项 80 余项，其中多项成果荣获"全国企业管理现代化创新成果"一等奖。

一、军工企业基于模型的预警信息系统需求管理背景

（一）建立健全具有我军特色的用户需求生成机制，是强军兴军的基本需要

面对新形势、新任务，预警信息系统研制建设必须应时而变、顺势而为，深入研究未来战争，主动推进作战需求生成，基于对未来战争的认识和理解，提出对未来作战能力目标和现实能力的需求，用作战需求牵引预警信息系统研制建设，增强预警信息系统发展的科学性、针对性、前瞻性，切实打造"好用、管用、能用"的高质量装备。

（二）建立全生命周期预警信息系统需求管理机制，是研制高质量装备的现实需要

在预警信息系统论证、设计、验证、交付使用各阶段，军方不断补充和细化作战需求，导致系统需求难以快速冻结，这对需求的完整性、正确性、可追溯性和可验证性带来挑战和要求，需要在各阶段动态获取、分析和设计、变更系统需求，确保作战需求完整准确地转化成系统需求。在系统需求向分系统需求转化过程中，需要全过程分类管理系统及分系统需求，确保需求开发到位、需求变更可控。

（三）创新预警信息系统需求管理手段，是提升装备设计研制效率的迫切需要

传统的预警信息系统在需求维护、变更等管理过程中，难以保证需求完整性、前后一致性，难以验证系统整体功能是否满足指标要求、各分系统部件的功能分配与交互逻辑是否科学合理；同时，由于需求传递过程中，涉及不同专业、不同角色的人员，可能导致需求传递二义性。利用 MBSE（Model-Based System Engineering，基于模型的系统工程）技术，以知识为驱动，以模型为载体，以统一的信息化平台为基础，创新实践预警信息系统需求管理方法，对预警信息系统需求协同建模、综合集成和全程传递模型，可以精准表达需求、规范信息交互、合理分配功能、动态验证设计，便于设计师更清晰地理解需求、追踪追溯需求、发现潜在需求，识别释放项目风险，避免设计差错，不断提升装备研制效率。

二、军工企业基于模型的预警信息系统需求管理主要做法

（一）顶层设计需求管理战略，自顶向下实现需求管理落地

1.确定需求管理战略目标与实现路径

十四所依据《武器装备数字化建设总体架构》，按照全面数字转型部署原则，所领导高瞻远瞩、科学部署，明确战略目标和发展路径；所首席专家专项管理，以方法科学化、场景实战化、手段数字化为抓手，自主构建军工研究所内部管理的需求管理机制，运用 MBSE 设计方法，推进全生命周期的需求管理一体化建模，在重点领域试点运用，逐步探索形成数智军工研究所预警信息系统研制新模式，

推动从传统经验设计向基于知识确定的正向设计模式转变。

十四所需求管理战略目标：采用 MBSE 设计方法，构建从用户需求出发、论证系统能力、牵引系统设计的正向研发流程，确保作战能力向预警信息系统无缝传递；对重点产品进行深入试点应用，构建数字化模型，完成预警信息系统全生命周期一体化需求建模，结合产品交付使用后暴露的问题，持续升级改进，以最终实现"全数字、全互联、全智能"为愿景，提升预警信息系统研制能力。

十四所预警信息系统需求管理实现路径：一是建立全生命周期的预警信息系统需求管理架构，明确需求管理的来源依据、主要活动和保障手段；二是建立需求管理规范和实施团队，保证需求管理机制运行有效、指导规范；三是运用数字化模型和敏捷研发模式，构建 MBSE 信息化平台，对重点领域产品深入试点应用，将需求管理贯穿到设计、验证阶段，确保需求无缝传递；四是丰富用户需求交流手段，主动研究、灵活响应用户在系统论证、设计、交付使用等各阶段的需求，多手段强化用户视角、理解作战，确保系统能力贴近用户、贴近实战。

2. 建立全生命周期的预警信息系统需求管理架构

十四所制定并形成了一套预警信息系统需求管理架构。此管理架构主要由用户需求输入层、系统需求管理层、系统需求管理支撑层构成。

用户需求输入层主要收集论证单位、用户单位、同行业兄弟单位等利益相关方提供的作战需求、使用需求及技术发展需求，形成用户需求集合，包括军事理论研究成果、国内外科技前沿技术发展动态、当前及未来典型威胁目标研究、未来战争作战样式、部队各类作战人员使用需求、系统作战使命与能力要求等，是预警信息系统的需求来源和设计输入，可以为预警信息系统研制提供建设依据和考核标准。

系统需求管理层主要管理预警信息系统需求获取处理、需求深化分析、需求确认评审、需求建模设计、需求跟踪验证、需求变更管理、需求版本控制等各类活动，需要多轮迭代持续优化，结合 MBSE 设计方法，可以形成清晰、高效、可控的需求管理，提前释放装备研制风险，提高装备研制质量。

系统需求管理支撑层为预警信息系统需求管理提供基础保障，包括各类功能性能需求清单、专题研究报告、接口需求文件、MBSE 设计工具以及敏捷研发的理论知识和工程经验等，为预警信息系统需求管理提供数据、信息、知识和工具等手段。

（二）制度化规范化管理需求，上下协同促进管理实施

1. 分类制定预警信息系统需求管理办法，制度化规范化需求管理

为有序组织军事需求管理全阶段工作，持续加强项目团队紧密协同，结合预警信息系统研制建设特点，编制需求管理通用规范和专用规范，详细说明需求管理全阶段工作要求，分类明确需求管理重点工作要求，推动军事需求在装备论证、设计、验证、交付各阶段的落地实施。

针对需求管理全阶段工作，编制《预警信息系统需求通用规范》，细化需求获取、需求分析、需求确认、需求设计、需求跟踪、需求变更、需求版本控制等各阶段主要工作明确参与人员、输入/输出及主要成果，从制度上解决需求多人对接、口头传递、未经确认、延误开发、版本错乱等问题。

针对型号产品需求变更工作，在贯彻 GJB-9001C 标准、十四所设计和开发更改管理办法的基础上，结合预警信息系统需求种类多样、变更频繁等特点，编制《型号产品需求更改管理办法》，分类定义需求更改原则，对在研产品、已交付/定型产品细化不同类型的需求更改流程与要求，明确基线库、受控库、产品库建立时机，从用户需求、功能性能要求、应用场景、技术实现要求及需求影响分析等方面建立需求变更模板，确保军事需求可以落实到预警信息系统产品实现中。

针对型号产品外场需求变更工作，结合预警信息系统长期值班保障需要，在十四所产品外场工程

队管理办法的基础上，编制《预警信息系统外场管理规范》，明确因值班人员操作交互使用等带来的需求变更要求，提出需求获取、需求分析和需求确认等需求变更管理要求，确保型号产品外场需求变更严格、技术状态可控。

针对型号产品分系统需求管理，结合预警信息系统软件研制开发目标，重点编制《软件需求分析与管理指南》，明确软件开发需求的分析方法、分析准则，提出软件需求获取、分析、确认、双向追溯、变更控制等方面的管理要求，针对共性需求，进一步明确分析方法、识别准则和管理手段，确保软件需求完整、严格地描述预警信息系统，并保证其能准确反映军事作战需求。

2. 分层分类构建需求管理团队，多手段推动需求深化研究

十四所分类组建"用户需求—系统需求—分系统需求"管理团队，明确项目总师、总体负责人、软件负责人、硬件负责人、配置管理员等不同角色需求管理职责与要求，确保预警信息系统需求管理层层分解、有效落实和整体管控。选派多名技术骨干长期扎根一线，采用需求交流、联合跟产、设计评审、意见收集、满意度调查等形式，深入研究作战需求，优化系统总体设计，改进系统功能，共同推动预警信息系统需求生成；聚焦系统能力生成，总体与分系统紧密协同，采用联合论证、专题设计、需求评审等形式，细化业务流程、功能性能、接口关系等，多手段促进需求深化设计，确保预警信息系统能力满足作战需求。

3. 强化需求版本管理，实施需求全关联管理控制

根据作战需求、系统需求、分系统需求在不同阶段的管控要求，定义需求对象的版本控制策略，形成并冻结系统能力基线，对能力基线进行分类、编码、命名、版本、生命周期状态等管理，固化需求状态、需求关联关系、需求层次关系等各类数据，对需求获取、分析、设计、确认、验证等实施全过程进行关联管理控制，实现需求管理闭环。通过需求全过程关联控制，分析评估需求受影响性，自动识别受影响项，把信息反馈给设计人员和管理人员，方便其评估需求变更带来的影响，降低变更成本。在完整的需求过程管理中，要确保需求更改或设计更改之间的关联通知，以保持各个层级和各个过程之间的可追溯性，提高研制需求管理的效率，确保产品能够满足用户需求。

（三）基于 MBSE 模型和敏捷研发模式开展全生命周期的预警信息系统需求管理，确保需求完整传递、充分验证

1. 多手段论证用户需求，持续强化用户视角，深度理解作战需求

为充分论证用户需求，积极与部队用户联创联建，建立常态交流机制，领导干部亲自挂帅，定期走访军方机关单位、部队用户，并加强与同行业单位联系，通过座谈交流、调查问卷、需求联合论证、装备与技术发展交流等方式，摸清用户业务需求、功能需求、能力需求等；联合部队用户开展作战应用专题攻关、原型界面设计、需求分析评审等活动，协同推进重难点需求深化设计，扎实做好用户需求的获取、确认等工作，为预警信息系统需求管理提供充足的需求输入。

2. 基于 MBSE 信息化平台开展需求设计，推进预警信息系统需求数字化建模

针对多样化的使命任务和不同的作战样式，分类构建不同复杂作战场景下的功能活动模型、能力需求模型、运行架构模型等，详细设计不同场景下的各类数据流图模型、交互时序模型，动态生成不同场景下的系统、分系统状态机运行时序，验证系统架构、组成设计对各类作战需求的满足情况，检验物理实现设计能否满足用户在不同使命任务、不同作战场景下对系统功能性能与操作使用的不同需求。通过在 MBSE 信息化平台上协同建模与动态验证，不断深化预警信息系统多任务、多场景的作战需求，迭代优化系统、分系统方案论证与详细设计，形成多个预警信息系统能力需求基线，完成预警信息系统需求管理的数字化建模与设计。

3. 基于敏捷研发模式验证需求设计成果，确保系统能力超越用户期望

十四所把原先研发周期较长的"开发—测试—集成"软件需求设计验证过程，分解成若干个较短周期、多轮迭代的"开发—测试—集成"子过程。依据基于 MBSE 模型构建的预警信息系统需求模型库，将系统能力需求划分成多个能力基线版本，在每个软件需求设计验证子过程中，进行软件需求详细设计开发，每周按能力交付软件版本，同步开展自动化测试和小版本集成，将软件能力实现情况与 MBSE 设计验证结果分析比对，及时评估软件系统能力是否达到能力基线要求，是否满足用户作战需求，确保小版本系统能力可控，降低后期改进风险与成本；在新一轮软件需求设计验证子过程中，基于上一轮系统能力实现情况，动态调整能力基线版本，实现新一轮"开发—测试—集成"。软件系统实现所有能力基线后，总体人员进行技术状态确认，固化软件版本，软件测试人员实施全部软件配置项测试和系统测试。

通过 MBSE 模型设计与敏捷研发模式相结合，在每个小版本中实现"作战需求—系统需求—分系统需求"的精细表达、完整传递、动态变更、充分验证，用多个小版本的系统能力需求"小闭环"带动系统整体能力需求的"大闭环"，确保向用户交付能力完备、质量可靠的好用、管用产品。

4. 加强系统交付使用需求管理，持续提升系统实战能力

预警信息系统交付部队使用后，项目总师定期开展练兵比武、满意度调查、系统升级部署、系统操作培训等活动，及时收集使用过程中的新增需求、改进需求和问题需求，形成用户需求清单、系统需求设计与开发计划；对照需求开发计划，每月监测系统/分系统需求设计、变更、评审、验证及闭环情况，及时识别需求设计、开发进度、变更闭环等风险，改造系统功能，优化系统使用，提升系统性能，确保系统在实战化环境下高水平发挥作战效能，实现从"交装备"向"交能力"转变。

（四）构建需求集成化管理手段，确保需求管理全生命周期追溯和关联

1. 打造 MBSE 信息化平台

借鉴系统工程国际委员会倡导的 MBSE 理念，十四所结合装备研发实际情况，形成了一套适合军工企业的基于模型的体系论证和总体架构设计方法，以系统架构设计 SMEX 为核心，打造 MBSE 信息化平台，实现模型全贯通。依托 MBSE 信息化平台，对作战场景进行可视化建模与运行分析，论证作战场景中各类装备协同运用，描述作战意图（即运行能力）如何实现，从整体性能最优的角度充分理解军事需求，与各相关方就作战概念达成一致；基于模型开展系统分析，明确系统能力构成、主要功能、外部接口等需求，定义系统为用户完成的任务，建立功能数据流和动态行为模型，将军事需求转化为系统详细需求；进而构建系统逻辑架构，开展功能分解、指标分配、接口细化等工作，定义系统如何工作实现用户期望，初步得到装备设计方案；研发系统物理架构，明确系统软硬件组成、软硬件功能、各类接口标准等实施细节，得到系统最终设计方案。

MBSE 信息化平台使得产品研制前期的设计成果能以更直观精确的方式向下游完整传递，便于设计追溯和变更控制；对象化、结构化的模型便于跨专业协同，增强对系统需求的整体认识与全面理解，从而规范电信、结构、软件等不同专业的设计工作，减少设计返工，降低开发和集成的成本和风险。

2. 条目化管理变更需求，图形化分析变更影响

为高质量实现"作战需求—系统需求—分系统需求"全生命周期管理，在基于 MBSE 信息化平台的预警信息系统需求建模基础上，构建需求集成化管理手段，层层分解、条目化管理各类需求，特别是对于发生变更的需求，要进行图形化的变更影响分析，确定需求变更的影响范围，并对相关受影响项进行集中维护和管理，支持建立问题报告、变更申请、变更单、变更活动和变更对象间的关联，支持通过更改数据的关联关系，展示受影响的能力基线情况、使用情况；支持基于作战需求、系统需求、分系统需求等不同维度的需求变更统计，支持对更改将涉及的范围进行分析，支持对下级需求修改可能影响上级需求的情况进行分析，需求的修改还可能对设计带来相关影响等，可以图形的方式展

现变更影响范围，确保需求变更一致性。

（五）健全人才培养激励评价机制，为全生命周期需求管理赋能增效

1. 加强作战与系统设计培训，显著提升需求管理团队专业水平

十四所主动邀请多名部队专家、军校教授讲解军事作战、体系设计等理论知识和方法应用，定期开展国外典型预警信息系统与关键技术发展等前沿动态交流，专题研究各类典型战法与技术运用，多手段强化科研人员对典型威胁目标、未来战争作战样式、系统使命任务等方面的理解与认识；针对系统人才缺少系统工程设计经验，多次组织项目总师、分系统骨干等多类科研人员参加系统工程培训、项目管理培训与体系设计培训，多人具有项目管理专业人士认证资质，实现管理团队专业能力与综合素养显著提升。

2. 建立供需协同的"揭榜挂帅"机制，推动系统重难点需求攻关

十四所编制《科技攻坚 2025 工程实施方案》，以解决产品发展和研制过程中重难点需求为"一体"，以建立面向研制需求和性能提升的"出题"机制、建立面向产品贡献和应用实效的"破题"机制为"两翼"，从需求侧和供给侧两端发力，发现问题和解决问题并举，技术突破和实装应用并重，优化设计"揭榜挂帅"机制，组建需求团队，揭榜团队，设立"技术需求奖""科技攻坚奖"，从设榜选帅到论功行赏，确保形成有利于揭榜者脱颖而出、才华尽展的两型竞争生态，确保形成产品需求牵引技术攻关、技术进步推动产品发展的"双螺旋式"创新发展格局。

3. 健全赏罚分明的质量奖惩机制，促进系统问题快速闭环

十四所持续完善质量奖惩机制，修订《质量奖惩实施办法》，对实物质量突出、超越用户期望、用户书面表扬、发现排除产品隐患问题等有突出贡献的团队或个人授予荣誉称号、通报表扬等奖励；对不满足用户需求、发生产品损坏、触犯底线红线等情况的人员、团队或部门予以通报、警告、降级或绩效扣发等处罚；通过奖惩结合方式，鼓励主动发现和响应用户需求，积极推进产品问题解决，促进系统产品质量稳步提升。

4. 开展"我是指挥员"活动实践，持续锻造需求管理团队精气神

设计"我是指挥员"主题活动，聚焦科研工作中的"三种心态"、需求责任落实等问题，采用情景表演、责任承诺、授旗仪式、座谈交流等方式持续转变科研人员思想、态度与工作方式，站在用户角度思考，强化用户视角，提升作战思维；主动响应部队用户急需，组建党员突击队，成立临时党支部，组织"百人百天"的"双百"战役，快速完成部队用户紧急建设需求，全力深化重难点作战需求研究；连续多年常态化保障部队用户作战值班与演习演练任务，在实战中收集需求、改进系统、提升能力，同时形成"高密度任务压不倒、高强度考验吓不倒、高标准挑战难不倒"的玉门关精神，获得军方高度肯定，连续多年获部队用户书面表扬。

三、军工企业基于模型的预警信息系统需求管理效果

（一）加快了需求管理数字化转型，预警信息系统研制管理能力显著增强

十四所实现了需求获取、分析、确认、设计、验证、变更全过程数字化管理，系统设计、验证正确性达 98% 以上，典型产品研制效率提高 30%，确保了预警信息系统论证、设计、验证、交付使用等全过程 100% 覆盖，稳步推动了多型预警信息系统高质量研制与快速部署，成功打造了拥有自主知识产权的预警技术群，圆满保障了国家、军兵种多类试验演练任务，为我国预警体系能力生成发挥了重要作用；单位多项技术成果先后荣获"解放军科学技术进步奖一等奖""集团科学技术一/二等奖""集团公司专利优秀奖"等奖项，拥有"国家两化融和管理体系 AAA 级评定证书""国家级管理创新一等奖""国务院国资委 2020 年国有企业数字化转型典型案例""2020 年全国智慧企业建设最佳实践案例"等成果。

（二）提供了高质量预警信息系统，领域优势地位和经济效益持续提升

十四所为国家提供了质量可靠、性能优良的多套预警信息系统，产品覆盖军委、军兵种及战区，在多个业务领域具有优势地位和市场占有率，直接经济产值 10 亿元；目前，其拓展和衍生产品已经形成规模效应，间接经济效益达百亿量级，在经济指标大幅提升的过程中，基于模型的预警信息系统需求管理机制，持续推进预警信息系统高质量、高水平研制，为国家和军队建设提供坚强有力的保障。

（三）促进了我军特色的用户需求生成，行业标杆和示范引领作用明显

十四所为建立健全我军特色的用户需求生成机制发挥了牵引作用，也为同行业兄弟单位开展军队多种系统等全生命周期的需求管理实践提供了示范和参考；多型预警信息系统均已担负起我国周边安全的常态化监视任务，为军队掌握综合态势、进行战略决策，提供了稳定、可靠、精准的预警信息保障，维护了国家安全和战略利益，增强了战略威慑和战略防御能力。十四所连续多年获部队用户书面表扬，切实履行了十四所强军兴军使命与追求，彰显了大国重器的责任与担当，成为国家可以依靠的战略科技主要力量。

（成果创造人：江　涛、马艳琴、梁　华、魏　耀、孙　伟、晏靖靖、
　　　　　　　朱特浩、吴久涛、刘　律、饶　洁、吴志乾、闫小明）

发电企业以资源寻优为导向的燃料智慧运营体系建设

华能山东发电有限公司

华能山东发电有限公司（以下简称华能山东公司）是中国华能集团有限公司（以下简称华能集团）在山东的区域公司，是山东省最大的以煤电为主的发电公司和供热企业，于2008年5月注册成立，同年年底正式揭牌运营，主要从事电力、热力、港口等相关产业的开发、投资、建设、经营和管理。目前，华能山东公司管理资产总额约1000亿元，职工近1.5万人，管理运营20家火电厂、27家风电场、30家光伏电站、2家生物质电厂、3家储能电站、7家供热公司和1家港口企业，运营和在建项目分布在山东省15个地级市以及宁夏、吉林、湖北等省区，并在巴基斯坦中巴经济走廊投资建设运营萨西瓦尔电站2台66万千瓦清洁燃煤机组。截至目前，华能山东公司在役装机容量2616万千瓦，约占华能总装机容量的12%，占山东省统调容量的34%；供热面积超过4亿平方米，年供热量超过1亿吉焦，年纳税超过25亿元。

一、发电企业以资源寻优为导向的燃料智慧运营体系建设背景

（一）落实国家能源保供的需要

随着能源电力需求稳定增加，煤炭在保障国家能源安全中发挥着重要作用，然而面对煤价高位运行、运力紧张、接卸困难等严峻形势，持续做好能源增产保供工作，抓源头、保生产、强管理，确保能源保供平稳有序成为新的挑战。因此，构建燃料智慧运营体系，实现对燃料全价值链要素的精益管控，成为华能山东公司贯彻落实国家保供要求，坚决履行能源保供职责使命，坚决守住能源保供安全底线，全力打好打赢能源保供攻坚战的迫切需要。

（二）推动能源电力企业数字化转型发展的需要

随着传统能源生产和服务方式的巨大变革，各大能源企业大力发展新模式和新业态，电力市场竞争不断加剧，数字化转型成为增强企业核心竞争力、实现高质量发展的必然选择。因此，牢牢把握能源革命、数字经济、央企改革大势，加速信息技术与能源电力产业的深度融合，建立燃料采购大数据智能导航系统，构建燃料智慧运营体系，实现精准运营，形成能源电力行业燃料管理新形态，是推动能源电力行业向数字化、网络化、智能化方向发展的迫切需要。

（三）推动燃料采购提质增效的需要

由于燃料成本占整个火力发电成本的70%以上，煤炭行业成为发电企业重要的上游企业，煤炭价格波动是发电企业运营的主要风险之一，在燃料的采购和供应环节，管理分散、缺乏监管都将直接影响发电企业经营状况。华能山东公司由于管理项目多、分布广，且以煤电为主，在燃料采购管理方面存在缺少对煤炭市场整体结构的把控、煤炭调发运信息获取困难、采购成本分析耗时耗力等问题。因此通过构建燃料智慧运营体系，准确把握市场特点，持续优化采购结构，有效控制并不断寻求降低企业燃料成本的能力，是华能山东公司进一步提升燃料管理水平、为提质增效提供着力点的迫切需要。

二、发电企业以资源寻优为导向的燃料智慧运营体系建设主要做法

（一）强化顶层设计，夯实体系建设基础

1. 以目标为牵引，稳步推进体系建设

华能山东公司以燃料资源寻优为导向、以燃料采购成本持续动态优化为目标、以应用系统建设为驱动，规划建设一个平台、构建一套体系、推出一种管理模式，明确"系统建设""应用深化""优化提升"三步走的规划，即在系统建设阶段完成燃料采购大数据智能导航系统建设；在应用深化阶段构建形成燃料智慧运营体系，推进燃料采购数字化管控水平；在优化提升阶段推进两化深度融合，提升体系的管理价值。

2. 以贯彻执行为抓手，落实责任制

华能山东公司为有效解决燃料管理各业务环节痛点难点，赋能传统产业转型升级，制定了数字化"十四五"规划，成立了数字化转型组织机构，依托"数字化转型创新工作室"，集中相关业务骨干形成攻关团队，信息中心提供技术支持，燃料管理人员负责业务保障，在技术和业务领域团结协作，共同完成需求分析、系统设计，建成燃料采购大数据智能导航系统，构建形成一套燃料运营管理体系并不断优化完善。

3. 以监督考核为保障，抓好整改落实

借助燃料智慧运营体系，华能山东公司实现了精准研判燃料市场、优化进煤结构，制定了燃料成本最优解决方案。同时为进一步控制燃料成本，有效提高发电效益，华能山东公司制定实施了《燃料专项考核管理办法》，根据燃料采购工作特点，综合考虑采购率、资源跨省区域情况、运输方式、进煤结构等因素设计分级系数，制定月度考核指标，落实燃料管理主体责任，促进燃料采购管理优化提升。

华能山东公司在燃料采购大数据智能导航系统建设和燃料智慧运营体系推广过程中，不断强化系统与管理的深度融合，要求系统的完善要符合管理的规律，管理的调整要适应系统的需要，不断完善系统功能、促进体系优化，进一步确保系统的创新突破和体系的高效运转。

（二）建立制度保障体系，助力燃料智慧运营体系高效运转

为保障燃料采购大数据智能导航系统建成后取得良好成效，实现提升燃料采购管理水平的目标，确保燃料智慧运营体系的高效运转，华能山东公司从多方面建立制度保障体系。

一是全面贯彻中央促进数字技术与实体经济深度融合，加强落实华能集团加快数字化发展战略部署，赋能传统产业转型升级，催生新产业、新业态、新模式，制定"十四五"数字化战略目标，推动实施数字化转型的"1+2+3"发展战略。明确企业发展要以数字化为支撑，通过数据赋能提高发展质量和效益，降低建设运行成本；企业管理要以数字化为引领，持续增强企业核心竞争力，加快治理体系和治理能力现代化进程，加快建设具有核心竞争力的一流现代化清洁能源区域公司。

二是华能山东公司秉承"数字化转型赋能企业高质量发展"的理念，主动顺应能源革命与数字革命融合发展的趋势，主要领导亲自带队组织调研、专题研究，确定数字化转型的战略规划和建设思路，建立数字化转型组织机构，为有效解决燃料管理各业务环节痛点难点问题，依托已成立的"数字化转型创新工作室"，将该项目的开发建设列入重点攻关计划。

三是信息中心、燃料部等相关部门抽调专业人员组成项目开发团队，其中既有经验丰富的技术专家，更有管理能力突出的业务管理者，是一支有着扎实理论基础、丰富工作经验和具有创新能力的高素质专业团队，团队成员深度参与，高效推进创新研发和项目建设工作。

四是积极组织开展信息化基础技能、信息化应用和网络安全技能培训，加强信息化专业人员的培训，提高业务水平；同时鼓励相关人员积极参加各类技术交流和技术培训，紧跟最新信息技术趋势，不断加强团队成员数字化转型理念，提升数字素养与技能，激发团队创新思维。

五是在项目建设过程中，从需求分析、技术方案编制、项目研发、项目实施等各个环节层层把住质量关并配有强有力的质量保障措施；同时规范数据标准，提升数据质量，突出数据赋能，发挥数据作为生产要素的重要作用。

（三）建立数据支撑体系，激发数据要素创新驱动潜能

华能山东公司为强化燃料管理与数据应用的有效衔接与协同开发能力，充分激发数据要素创新驱

动潜能，深入挖掘数据价值，以数据采集、数据集成分析及数据应用全过程体系建设为依托形成数据支撑体系，使数据真正为管理者赋能。

1. 建立燃料大数据库，构建数据采集体系

一是根据设计全景电子地图的基本框架内容和要求，查询、收集、归类全国煤炭客户、全国钢铁客户、全国发电企业、铁路线路、港口信息等数据，并按照属地（包括省、市、县）进行地理位置信息查询，建立数据库，根据位置信息查询地图的具体位置坐标，形成代码并进行编辑标注。依据价值导向原则，建立煤炭采购大数据库，统一存储管理各电厂来煤量、质、价等原始数据，并按照管理要求进行系统归类、统计分析。二是根据持续跟踪、不间断历史数据的积累，针对煤炭市场发展的历史阶段，寻找煤炭市场变化的明显时间点、剧烈程度及波动周期等，挖掘追溯相对应的有关国家宏观经济、政策情况、天气变化、运力变化、突发因素等数据信息，并归纳汇总。三是整合汇总多方数据资源，通过集团燃料部管理平台获取大数据集成所需要的铁路数据、经济分析数据等信息；通过华能秦皇岛燃料调运平台提供的数据服务接口获取船运相关数据；通过华能山东公司大数据平台提供的数据服务接口获取长协合同发运兑现统计数据。

2. 建立燃料采购数据分析模型，构建数据集成分析体系

一是通过建立全国煤炭市场主体结构，进行数字化系统归纳、梳理，形成数字化的煤炭市场主体结构图，以全面了解市场内在结构，精准把握市场信息，为区域公司全面了解中国煤炭市场整体结构，持续开发、优化新客户提供支撑。二是建立进煤结构价值贡献度分析模型，对公司历史进煤大数据进行研究分析，根据来煤结构历史数据进行煤价贡献度分析，定量分析研究供应商对公司降低平均煤价来说是正贡献者还是负贡献者，调整次月进煤结构和比例，实现从挖掘历史数据体现分析价值的作用。三是通过对煤炭市场等信息的汇总采集，归纳中国煤炭市场特点规律，提炼出影响煤炭市场发展的关键要素，从中发现引起市场变化的主要因果关系，建立引发市场变化的主要要素结构。同时根据煤炭市场最新变化不断对模型进行检验、校正，包括各要素的位次、权重等信息，形成煤炭市场分析的一般方法模型，定量分析供需关系变化，科学超前研判变化趋势，超前拟定采购策略计划，实现有效控制并不断寻求降低企业燃料成本的解决办法。

3. 优化完善系统功能，构建数据应用体系

从煤矿源头到入厂燃料全线路的煤炭市场各类信息经过数据采集、数据存储、数据建模、数据分析等过程，实现建立全国煤炭市场主体位置分布电子地图、构建进煤结构价值贡献度分析模型、打造煤炭市场分析研判功能、电煤运输路径精准跟踪功能、建立专业大数据支持培训平台等各项功能，最终将数据应用于燃料管理各业务环节，切实提高燃料管理人员工作效率，提升专业人员素养，提升燃料采购管理水平。

（四）构建创新应用体系，加强数据深度应用

华能山东公司充分结合利用华能集团统一智慧能源管理平台规划及华能集团自主研发的AIdustry工业互联网平台建设成果，建立统一的数据运营体系、数据资产体系、数据服务体系、数据安全体系，将数据服务和数据管控贯穿于区域公司生产经营全过程，建设形成华能山东公司智能大数据中心，形成多产业链、多系统集成的智能化生产经营决策体系。依托燃料监管中心，基于大数据平台建立燃料采购大数据智能导航系统，构建起以数字地图、在线调运、资源寻优、资讯动态四大功能板块为核心的创新应用体系，将燃料全过程信息连接起来，实现从煤矿源头到入厂燃料全线贯通，真正打通上下游数据，实现燃料全过程、全方位智能高效管理。

1. 建立集成数字地图系统，展示煤炭市场"产运需"全景

一是通过构建全国煤炭市场主体结构全景展示形成煤矿分布地图，不仅可按照省、市划分归类，

同时可以查看各煤矿名称、产能、煤炭相关指标等具体信息。二是通过对货运铁路线每个站点的具体位置信息进行标注，实现200多条跨区域货运铁路线路走向及站点分布的全面展示，形成货运铁路线走向地图。三是实现对包括日照港、北方五港、华东五港等国内98个港口及包括俄罗斯、印度、印度尼西亚等14个国际港口共计100多个重要港口的分布情况及其名称、航道、潮汐、港区及泊位等主要信息的展示，形成港口分布地图。四是对区域内电厂、同省电厂和全国关联发电企业约700多座耗煤企业位置进行分布标注，实现对所在区域的同业竞争者和其他省份耗煤企业的具体位置分布的展示分析，形成电厂分布地图。

2.建立集成在线调运系统，实现电煤调运动态把控

一是通过铁路调运功能，实现火车煤发运实时在线及在途预警、轨迹回放展示及请批车数据分析，同时可根据电厂、始发站、运单号等信息进行筛选查询。二是通过船舶调度功能，实现海运煤运输实况展示，包括状态预警及载煤量、兑现率的分析对比。三是实现对铁路发运及发运港口的汇总统计，按照铁路发运省份、电厂发运站台进行采集汇总，实现对每个站点到目标电厂公里数和途经省、市、站点和线路的展示分析。四是建立长协合同及产业协同板块，及时高效对发运履约情况进行汇总分析。通过长协合同板块实现对各供应商长协合同发运兑现及履约率情况的展示对比分析；通过产业协同板块实现对集团、公司及电厂产业协同煤炭合同量及煤矿发运兑现率的展示分析。

3.建立集成资源寻优系统，实现供应商精准选择

一是建立决策导航，实现5种寻优方式，依据不同筛选条件实现对煤矿、发运站、运费等方面自动寻优。二是依据燃料采购精准分析计算模型进行经济分析，实现定量分析进煤结构，并自动提供调整进煤结构建议方案。三是通过铁路运费实现不同站点到同一电厂的铁路运费对比分析。

4.建立集成资讯动态系统，科学研判市场趋向

一是通过重要资讯实现对咨询政策、港口动态及产地动态等信息的实时把控，其中资讯政策信息主要包括宏观经济、消费侧信息、供给侧信息、物流信息，港口动态信息主要包括重要港口的库存量、船运价格等，产地动态信息主要包括重点省份区域报价、煤炭月度产量、煤价指数。二是分析终端，主要围绕煤炭市场基本供需关系，对市场规律进行系统提炼，对市场特点进行系统归纳，并选取样本对当期市场进行定量化跟踪分析，助力各级管理者科学、理性判定市场基本趋向，超前制定相关策略建议，主要包括电力行业专业数据、煤炭消耗数据、经济和社会发展公报、煤炭市场分析方法、专业分析报告、专业权威等信息。三是通过专业宝典构建新能源、煤炭知识、电煤知识、冶金用煤、铁路运输、港口业务等专业知识大数据库。四是分析外电入鲁，实现对外电入鲁示意图、月度占比情况及折算耗煤量等数据的综合展示分析。

（五）创新开发燃料采购大数据智能导航系统，推动管理模式转变

1.首创煤炭"产运需"数字地图

华能山东公司依据多年煤炭市场宝贵经验，通过采集梳理全国煤炭客户、发电企业、铁路线路、港口信息等数据，充分结合全景电子地图及燃料市场信息绘制出全国煤炭市场主体结构，归纳、梳理形成了涵盖全国3000多座煤矿、200多条货运铁路线、100多个船舶发运港口、700多座火电发电企业、500多个发运站点、400多个供应商的行业首创"产运需"数字化煤炭市场主体结构图，为华能山东公司燃料管理人员全面了解煤炭市场内在结构，精准把握煤炭市场信息，持续优化进煤结构提供支撑，为推进公司智慧采购、智能调运搭建了智能化平台。建立煤炭"产运需"数字地图，颠覆和改变了燃料采购管理者以往对煤炭供应商模糊化、经验性的认知，实现了对国内煤炭市场精准化、生动化的认知和把握，实现了传统燃料管理模式向数字化、智能化、精准化方向转变。

2. 实现燃料采购精准管理

一是精准定位资源寻优。建立燃料采购大数据智能导航系统，实现了以电厂为中心寻优煤矿、以发运站为中心寻优煤矿、以产能和指标寻优煤矿、以煤矿为中心寻优发运站以及以煤矿寻优铁路运费，对比 5 种特色寻优模式，打造了精准资源寻优路径，为华能山东公司燃料管理人员在一定范围内选择更优供应商提供了精准定位，实现了开拓供应商的智能化、精准化新阶段。

二是精准跟踪运输路径。直接接入国家铁路总局运输数据，运用数字化技术，实现了电煤火车发运和船舶航运实时在线调运，火车煤发运实现了在途预警、请批车异常、在途轨迹跟踪功能，打破了以往人工查询调运信息时效性差、准确性低的管理模式，为区域燃料管理人员实时掌握铁路到发信息提供了依据，彻底解决了以往对铁路调运到发信息的盲区，为实现铁路煤发运智能化管控奠定了基础。

三是精准测算采购成本。与传统燃料管理方法对于采购成本分析耗时耗力、准确性差的特点相比，燃料智慧运营体系所建立的燃料采购结构精准分析计算模型，以及合作供应商来煤量质价价值贡献度分析模型，能够对来煤历史数据进行统计分析，实现定量分析进煤结构，通过数据支撑优化供应商、改善优化进煤结构，为有效降低区域公司燃料采购成本奠定了基础。

四是精准专业大数据支持。建立包括重要资讯、分析终端、专业宝典、外电入鲁等内容的专业知识大数据库，为燃料管理人员精准提供方便、快捷的专业知识大数据支持，实用性、专业性强，极大地提升了燃料管理专业化水平。

3. 充分利用现代信息技术资源

为确保燃料采购大数据智能导航系统的先进性、稳定性及精准性，华能山东公司在项目建设过程中充分利用现代信息技术资源。一是基于华能集团自主研发的 AIdustry 工业互联网平台，实现了对包括全国煤矿、发电企业、铁路线路、港口信息等静态信息以及电煤调运、燃料量质价等动态信息的海量数据的高效采集、快速处理、海量存储、查询检索及分析挖掘，充分利用大数据资源支撑企业创新发展，数据处理能力明显提升，资源配置更加精准，实现内容共享、资源共用、渠道共建、技术共通。二是系统按照应用展示层、服务接口层及数据持久层三层架构进行布局。应用展示层采用具有数据驱动、简单易用、生态丰富等优势的 Web 开发框架 Vue 实现；服务接口层使用能够独立运行、自动化或简化配置、应用监控等优点的 SpringBoot 框架实现；数据持久层使用具有高效性、高可用性的 NoSQL 型数据库 MongoDB 实现。

三、发电企业以资源寻优为导向的燃料智慧运营体系建设效果

（一）能源安全保供能力显著增强

华能山东公司通过构建燃料智慧运营体系，通过煤炭精准定位资源寻优、精准跟踪运输路径、精准测算采购成本、精准专业大数据支持，实现了发电燃煤由"供得上"向"供得好"方向转变，为能源电力企业在绿色低碳背景下的高质量发展提供了坚实支撑，为区域公司扛起能源保供重任，聚焦突破关键环节，全力做好统筹运力资源及突发情况的应急预案，全力做好煤炭接卸工作发挥了重要作用，为电力、热力保供做出了重大贡献。

（二）燃料管理效益显著，企业经营提质增效

华能山东公司通过燃料智慧运营体系，实现了对市场规律特点的精准把握以及对采购结构的持续优化，燃料成本控制能力明显提升，取得显著效益。一是通过智能导航的研究、评价、分析，助力燃料管理者在一定范围内精准选择最优供应商及资源，通过精准定位资源寻优煤炭，节约燃料采购成本2400 万元。二是火车煤发运实时在线调运为燃料管理人员精准掌控到站时间提供了依据，通过精准跟踪运输路径及在途预警功能，使燃料管理人员对铁路煤发运灵活配置、智能管控，有效减少延时费及场外外卸煤产生的相关费用，进而节约燃料采购成本。通过精准跟踪运输路径，减少了场外外卸煤约

35.2万吨，节约燃料采购成本1196.8万元。三是通过燃料采购精准分析计算模型，实现定量分析进煤结构，及时调整进煤结构建议方案，有效降低了燃料采购成本。根据精准测算采购成本的算法和模型调整供应商结构采购量约300万吨，共节约燃料采购成本3600万元。

（三）管理效率大幅提升，成果广泛推广应用

燃料智慧运营体系建设改变和颠覆了燃料管理模式，打通了上下游数据，实现了科学指导采购调运、优化进煤结构，为燃料运营提供决策依据，极大地提升了燃料管理效率和水平。同时煤炭"产运需"数字地图构建出全国煤炭市场主体、区域市场竞争主体，实现燃料采购管理者对市场主体的精准把控，有效控制了燃料采购调运管理成本，减少了70%的燃料采购调运管理成本。此外，燃料智慧运营体系建设成功指导应用于区域内19家发电企业及区域燃料管理统筹协调工作，得到华能集团充分认可和高度肯定，具备能源电力企业范围内推广应用的实践应用基础和条件。燃料智慧运营体系建设获得由国务院国资委科技创新局主办的首届"国企数字场景创新专业赛"的生产运营类三等奖；在以"加快数字中国建设，推进中国式现代化"为主题的第六届数字中国建设峰会上，入选数字中国建设成果并在华能集团核心展位展出，获得参展人员一致好评，有效提升了企业形象。

（成果创造人：王　栩、黄　涛、李彦彪、李　进、任　寒、
马　勇、亓　新、丁顺昌、李春晓）

电网企业基于价值挖掘的数据产品开发与管理

国网山西省电力公司

国网山西省电力公司（以下简称国网山西电力）是国家电网公司的全资子公司，以投资建设运营电网为核心业务，下设 11 个市供电公司、102 个县供电公司，供电区域覆盖 117 个县（市、区）中的 105 个（其余 12 个县为地方电网区域），服务客户 1585 万户，肩负着保障全省人民电力供应的基本使命，承担着向京津唐以及江苏、湖北等地外送电力的重要任务，目前晋电外送省份达到 22 个。山西电网目前已形成以"三交一直特高压 +14 回 500 千伏外送通道"连接华北、华东、华中三大区域的省级电网，是国家跨区"西电东送""北电南送"和特高压"三交四直"输电通道汇集点，年外送电量占全省发电量的 1/3。2022 年，国网山西电力省内售电量 2133.45 亿千瓦·时，同比增长 3.66%，外送电量 552.3 亿千瓦·时，同比增长 8.27%，创历史新高。

一、电网企业基于价值挖掘的数据产品开发与管理背景

山西被赋予建设国家资源型经济转型综合配套改革试验区、能源革命综合改革试点建设等重大使命。在这一进程中，需要发挥数据要素倍增价值，全面提升全要素生产率。电力大数据具有覆盖范围广、价值密度高、实时准确性强的特点，可以全面及时刻画宏观经济发展脉络、各产业发展状况、节能减排情况、居民生活情况和消费结构等，能够以"全量数据"发挥大数据价值。国网山西电力作为服务山西"一区一试点"建设的"排头兵"，拥有海量的电网设备运行信息、用户用电行为信息、地理位置信息、客户交互信息等数据资源，需要依托能源电力枢纽地位，充分释放电力数据核心生产要素作用，持续打造服务地方经济发展、政府决策和社会治理的新产品、好产品，在全面服务党中央赋予山西"重大任务"，推进能源革命的中"当排头、作表率"。

经过多年快速发展，国网山西电力建成完备的一体化信息系统，实现主要业务从分散向集中、线下向线上的转变，为数字化创新发展奠定了坚实的基础，但是在数据管理与产品服务方面仍存在一些制约因素，必须树立数据资源资产观，持续挖掘电力大数据价值，建立一套科学、高效、有序的数据产品开发与管理体系。

二、电网企业基于价值挖掘的数据产品开发与管理主要做法

（一）开展顶层设计，擘画实施路径与总体架构

1. 明确总体思路，制定数据产品开发与管理路径

国网山西电力贯彻落实"四个革命、一个合作"能源安全新战略总体要求，以国网公司"一体四翼"发展布局为指引，以充分释放数据价值为目标，提出一条电网企业"数据－资产－产品－价值"链条式数据产品开发与管理路径。通过"数据资产化、资产产品化、产品价值化"，全面助力数字化转型，服务区域经济发展。

2. 统筹系统谋划，规划数据产品开发与管理架构

构建以"一链三化四保障"为核心的数据产品开发与管理总体架构。"一链"，落实"数据－资产－产品－价值"链条式数据产品开发与管理路径，为数字化转型和服务经济社会发展打造数字引擎。"三化"，即"数据资产化、资产产品化、产品价值化"。"数据资产化"依托数据中台汇集资源，打破数据壁垒，以主人制为核心，实现数据资产确权，建立数据资源目录，依托门户促进数据资源共享，实现数据实时采集、全程在线、全局共享，打造数据管理的基础底座和运行中枢。"资产产品化"紧密对接内外部需求，坚持数据与业务融合，规范数据产品开发孵化，立足用户需求，主动开

展数据产品迭代升级。"产品价值化"根据不同业务场景需求，发挥数据产品"内增效、外增值"功效，驱动电网、经营、营销转型升级，服务经济发展、企业转型和民生改善。"四保障"，即构建数据应用生态、筑牢安全底线、营造良好数字氛围、建立专业人才队伍，全面保障数据价值释放。

（二）推进企业级数据资产管理，促进数据资产化转变

1. 推进数据中台建设，统一汇聚数据资源

建立基于数据中台统一的数据接入、存储计算、数据分析、数据服务、数据资产管理、数据运营管理等能力，萃取沉淀各专业业务核心数据，全面推进全业务统一数据中心、海量平台、大数据平台等各类数据平台资源整合，持续夯实公司数字化建设的数据基础，促进数据关联匹配，推动业务贯通融合，为数据产品开发和数据服务提供资源。

2. 建立主人确权机制，开展分级分类治理

国网山西电力加强权威数据源管理，构建以数据主人制为核心的数据责任体系，编制印发《数据主人制试点工作指导意见》，明确实施举措，推动数据源端管控能力提升。定权威，加强权威数据源管理。聚焦新型电力系统采集控制数据，以源、网、荷、储为线条，按照"摸清家底—分批推进—协同梳理"的路线，协同业务部门及专家团队开展清单梳理，构建采集控制类数据资源对象89个，认定3991个属性数据权威源头及数据责任主体，成果纳入《企业级新型电力系统采集控制权威数据源清单》。明责任，推动数据主人制落地。建立覆盖各专业、各层级、各类型的数据主人制，将数据主人细分为数据管理主人、数据业务主人、数据生产主人3类，制定各类数据主人岗位职责，规范数据主人工作标准。围绕关键数据表字段、关键业务流程数据、核心指标数据3类数据，明确各层级数据主人责任清单，认定设备、客户和量测等8983个关键数据表字段数据主人。在线化，推动数据主人管理。实现线上化统一纳管，形成线上数据主人认证清单。推动认责数据与数据主人OA（Office Automation，办公自动化）系统账号标准映射，实现按数据表字段查看明细，自动进行已认责数据分流，以及各层级数据管理主人内容的修改，确保数据主人及时动态更新。

建立数据协同治理机制，建立质量规则问题智能核查、重点数据场景化治理、数据质量评价的全过程、自动化数据治理机制，提升公司整体数据质量。打造数据质量监控助手，将数据质量核查规则嵌入，实时在线监测数据质量问题，落实数据质量问题在线闭环管控。打造基层数据PC端和移动端主人工作小栈。在线化、移动化提供数据看板，沉淀RPA（Robotic Process Automation，机器人流程自动化）、OCR（Optical Character Recognition，光学字符识别）等智能工具，支撑开展质量自查与整改。场景化实施重点数据治理。开展设备核心关键参数异动工单监测、网上电网潮流计算参数准确性核查、资源资产图形一致性核查等重点领域数据治理。闭环化推进数据治理评价。开展数据质量月度评价，对全省数据问题情况、增量问题情况、问题整治情况、规则贡献情况等进行统计，评价整体质量指数。

3. 设立共享热线门户，释放数据要素价值

聚焦"取数难，用数难"的痛难点问题，通过开展设热线、建平台等专项工作，助力基层实现"取数无障碍，用数无门槛"。开通数据服务热线，解决基层找数难问题。开通统一需求提报专线74234，构建线上需求提报功能，基层用户仅需通过电话或线上提报说明业务需求，即可得到相应数据表清单的反馈。建立数据门户，解决基层数据获取问题。提供数据资源目录查询服务，基层用户可通过目录中的多维度分类来自助查找相关数据。用户可通过共性数据集、权威数据源标识、搜索功能3种方式查找所需数据，完成数据需求定位后，通过数据门户购物车功能即可实现数据一键申请访问。

（三）开展数据产品敏捷研发，提升产品需求转化能力

1. 坚持需求导向，明确数据产品研发方向

国网山西电力坚持"内增效、推动企业数字化转型，外增值、服务区域经济发展"，结合不同业

务场景需求，开展产品服务研发，用数据产品驱动生产、经营、营销业务变革，服务企业转型和地方经济发展。对内聚焦业务赋能，围绕生产经营重点、难点、热点领域，明确数字化审计、电力内模市场、经营风险分析、配网售电分析、协议库存预测、智慧资金支付等重点数据产品开发需求。对外聚焦山西经济发展、能源转型与社会民生，服务"碳达峰、碳中和"目标、政府科学治理、新型城镇化建设和乡村振兴等重点领域，确定"电力看经济、电力看环保、电力看双碳、电力看旅游、电力看应急、电力看水资源"等数据服务产品需求。

2. 强化业务融合，规范数据产品研发孵化

遵循"全过程、重关键、快反馈"的思路，推动数据应用由"业务化"向"业务化+产品化"转变。建立数据产品敏捷研发管理制度，规范数据产品孵化流程，重点管控优质数据产品开发关键点，常态实施数据产品过程管控制度，灵活高效地推进数据产品孵化工作。

在过程上，规范数据产品孵化全生命周期管理流程，明确数据产品开发逻辑和实施步骤，细化需求分析、产品设计、数据提取、算法校验、模型选择等各阶段过程，并依此制定数据产品全生命周期人员分工及实施计划，实现产品全流程规范管理。

在内容上，明确任务，对各类项目进行关键内容评估。基于研发团队的人员组成，对研发团队的各类角色在产品生命周期中的工作任务进行划分。同时，从技术实施、数据基础、产品安全风险以及产品成果要点等4个维度细化各类数据产品孵化过程的难点、重点以及不足之处，发现问题并快速解决。

3. 立足实用实效，驱动数据产品迭代升级

开展产品应用从普适性向"个性化、具象化"转化趋势研究，在产品运维基础上对数据产品的应用场景、分析性能、结果呈现进行迭代升级，进一步挖掘电力数据价值。建立"产品版本提升、产品迭代提升"两种产品升级模式。产品版本提升模式是依托常态化运维，按照更新的分析报告和场景展示监控变化，从形式上对产品进行小规模、有限范围的变更。产品迭代提升模式是开展公司数据与政府部门数据、客户需求数据深度融合，围绕场景变化，优化模型算法，从根本上对数据和产品模型进行升级优化。

（四）对内赋能增效，助力企业数字化转型

1. 赋能电网转型升级，提升电网调度运行质量效率

"网上电网"大数据应用，助力电网降冗提效。一是基于"一图、一网、一平台"，打通财务、设备、营销、建设、物资、调度、交易等27套系统的数据链路，构建可视化的全息全景数据库，实现"总部-省-市-县-所"多维信息共享。二是构建企业级电网规划的统一作业平台，开展在线规划管理，通过场景化、模块化电网"诊断-规划-计划-建设-统计-评价"等全环节业务，建设精益规划应用场景。

适应新型电力系统的智慧电网调度管理。国网山西电力调度控制中心融合调控云、现货交易系统、源网荷储系统等调度大数据信息，从调度业务、安全管控和电力市场应用等方面开展智慧管理，实现操作指令的网络化交互、在线安全辅助决策以及电力市场数据的高效应用，有效提升调度工作效率、安全管控能力和市场数据应用水平，助力山西电网向新型电力系统转型发展。

2. 赋能经营管理提升，保障企业持续稳定高效运营

基于数据中台的电网资产数据质量审计。围绕电网资产全寿命周期管理，依托中台资源优势，深度挖掘项目施工进度、财务入账进度和在建工程转资之间的关系，贯通财务、项目、物资、资产、营销五大模块，构建在建工程余额、库存物资余额、设备资产联动三大数据质量监测场景，实现对资产形成全流程数据实时追踪，建立"审计-整改-复核-评价"数据质量责任审计闭环工作机制。

供电质量主动服务类脑机器人应用。国网山西电力紧盯供电质量、业扩报装、诉求响应等服务重点，以大数据精准研判、预测客户差异化需求为重点，大力推动大数据与传统的服务指挥有机融合，助力公司服务能力不断提升。

3. 赋能客户优质服务，提升营销服务平台建设水平

深化"网上国网"运营推广。持续优化电力营商环境，积极打通政务平台与内部应用系统间数据链路壁垒，实现企业和个人证照信息自动获取功能，上线企业客户"一证办电"，精简环节和资料数量，对基础办电产品流程提优升级。推动全渠道融合建设。持续推进"网上国网"APP与微信公众号、95598网站等渠道的用户融合、账单融合以及工单融合，进一步拓展"网上国网"APP生态。

打造特色智慧服务窗口。以数字化、智慧化赋能为手段，加快推进营业厅向服务型、体验型、智慧型、线上线下一体化转型发展，全面打造智慧绿色用能、增强互动体验的窗口，推进实现全省全域营业厅转型发展。

建立基于多源数据融合的用电检查模式。结合无人机自动巡检、人工智能识别、北斗导航、NB-IoT数据传输等前沿科技获取外部数据，打破数据壁垒、空间隔阂和时间限制，做到异常用户的安全预警、快速筛查、精准定位和可视化共享，推动用电检查由"人工防"到"科技防"的转变，让客户用电隐患进入早发现、早治理的良性通道。

（五）对外赋智增值，推动多方互利共赢

1. 以数据产品促政府合作，支撑政府精准施策

建立"水资源管理+电力大数据"政企合作工作模式，提升山西水资源科学管理水平。坚持"政企合作、水电贯通、信息共享、强化监管"，推进水资源监测数据和电力监测数据共享共用，农业灌溉用电用水分析结果共享共用，"以电折水"计量体系、"以电管水"管理体系和水量在线监控体系建设。完成"电力看水资源"平台建设运营，实现全省8万余口农灌井取用水测算、异常用水监测等指标的在线监测，为省水利厅农业灌溉用地下水计量管理提供决策支撑。

研发"以电折煤"能源大数据产品。发挥能源大数据中心价值作用，首次使用电力数据创新开发"以电折煤"煤炭产量监测模型。该模型汇集251家煤炭企业的产量、能耗、用电等数据，构建以能定产预警、电量煤量趋势预警等六大监测分析场景，通过可视化方式，实现煤炭企业产量监测、能耗强度预警、洗煤企业规模测算3类功能。按照政府指导、电网主建的模式，政企联合形成数据收集、监测、分析、预警、现场核查、整改、反馈的全过程闭环工作机制，实时监测企业煤炭生产状况，助力政府煤炭增产保供。

数字铸安应急管理。与山西省应急管理厅签署"应急管理+电力大数据"战略合作协议，开发建设"安全生产用电监测分析系统"，打造高危企业"一横一网一屏一纵"应急管理体系。针对全省煤矿、非煤矿山、危化品企业开展用电监测，以信息化手段对重点监管企业开展全过程监控，准确定位"疑似超负荷生产、疑似明停暗开、疑似停产复工、疑似紧急生产停车、疑似昼停夜开"等企业，提升执法检查的针对性、精准性。

2. 以数据产品促企业发展，助力企业降本增效

打造"山西省企业碳资产管理系统"服务平台，以"管碳、观碳、易碳、降碳、融碳、问碳"为业务主线，面向企业提供一站式"碳管家"服务，为各类用户提供碳排放数据的核算、收集、整理、校核、保管、统计等全流程管理及碳资产登记、履约规则及履约管理等功能，实现对企业碳资产的全方位、多维度管理。

建设山西智慧能源数据中心。以"平台+数据+运营+金融+能信+生态"一体化建设为主线，汇聚煤、油、水、电、气等能源数据。阳泉公司研发的"重点用能单位能耗在线监测场景"实现对企

业用能的在线监测，辅助企业控制能耗。"节能潜力企业识别场景"实现有节能改造潜力的高耗能企业的及时定位，为72家企业提供用能提升方案，助力高耗能企业低碳转型。

3. 以数据产品促民生改善，创新电力增值服务

守护乡村振兴成果。基于脱贫户、扶贫企业等主体的用电信息构建电力波动指标、电费缴纳指标和欠费停电指标三维用电矩阵，对存在潜在返贫风险的用户进行"红黄蓝"三级预警，将扶贫企业及合作社运行情况监测报送至乡村振兴局，辅助政府统筹规划、明确重点，实行错位发展和特色发展。

关爱独居老人。基于房管、社会保障部门提供的独居老人用户清单，根据房型、独居老人年龄段等信息，以用电数据为基础，构建分析模型，研判独居老人家中用电行为，将以往社区定期打电话或上门探访的工作方式转变为每15分钟采集一次电力数据的"无声关怀"，帮助社区更加及时地掌握老人居家信息，更加有效地开展"一对一"精准帮扶。

（六）强化多元化保障，筑牢开发管理基础底座

1. 构建开放合作生态，凝聚产品开发强大合力

按照"服务""引智""协作"3种策略，与政府、科研院所和相关企业构建战略合作关系，搭建合作桥梁，营造大数据应用良好生态。按照"服务"理念，与省发展改革委、工信厅、水利厅、环境厅等政府部门建立电力大数据合作机制，定期会商研讨大数据合作主题，推动政企在数字领域战略耦合、机制耦合、价值耦合、组织耦合，加强政企更深层次的数据融合和业务融通，真正融入数字政府建设。立足"引智"意识，与山西大学、太原理工大学签订战略合作协议，瞄准技术难点定期开展专题研讨和尖端学术讲座交流，解决难题。推动"协作"共赢，发挥不同企业特长，与国网公司内外部企业优势互补，积极参与各类创新联盟，畅通与上下游企业合作渠道，推进数据价值在更广泛领域应用。

2. 提升安全防护能力，守牢数据安全合规底线

守牢数据安全底线，发布《数据安全治理体系框架设计》和《数据共享开放实施细则》，构建数据安全合规工作体系，提升数据安全管理能力。围绕内部共享、对外开放、隐私计算等关键场景，从技术与管理方面提出数据安全治理措施，形成"技管融合"解决方案，为整体数据安全管理提供基础支撑。部署数据中台行为审计监测平台，完善数据中台数据签名、数字水印等安全功能，切实提升中台数据安全防护能力。

3. 打造数智晋电文化，积极营造良好数据氛围

打造"数智晋电"文化体系，积极营造良好数字化氛围。一是化之于文。编制《"数智晋电"数字化文化内涵》，形成数字化转型的政策纲要和指导落地转型的行动指南。二是铭之于心。进行多角度、全方位宣传，开发涵盖数字化领导力、生产力、创造力三大类型合计53项课程，组织开展数字化在线培训和在线考试。三是践之于行。举办专题活动，营造全员参与数字化转型文化氛围；搭建数字化成果交流平台，展示各单位数字化实践、创新成果与工作动态，推动"数智晋电"文化生根发芽。

4. 实施三大提升工程，建设专精结合人才队伍

一是实施"人才能力保障提升工程"，构建两级数据支撑团队。组建省、市两级数据业务支撑团队，分别支撑省、市两级开展数据资源维护、数据模型应用、数据共享服务等工作。二是实施"人才知识进阶提升工程"，强化数据人才培养使用。以理论知识为基础，注重技能实操训练，形成数据基础理论和技能实操培训内容。采用多种形式开展数据培训，提高培训成效。三是实施"人才队伍跃迁提升工程"，推动数据队伍梯队建设。推行数据人才队伍分级管理、分级考评。鼓励数据领军人才"揭榜夺旗"，组建数据人才专家库，优选数据技能人才培训讲师，开展数据专业轮岗锻炼。

三、电网企业基于价值挖掘的数据产品开发与管理效果

（一）创新数据产品管理，打造数字晋电模式

数据资源有序汇聚。打破内部数据壁垒，实现基础数据有序贯通。同时，联合政府部门开展数据业务全链条管理、运营、服务等工作，在确保数据安全、依法合规的前提下打破数据壁垒，有序接入外部煤、油等 8 类能源和经济数据。公司数据质量显著提升，截至 2023 年 7 月，基础数据可用率提升至 97.91%，同比提升 11.57 个百分点。

形成数据产品体系。从经济发展、环境保障、双碳监测、创新驱动、社会民生、文旅繁荣、城市发展等领域打造丰富的服务场景；每个领域打造多个服务产品，目前已打造 110 余个对外应用场景，122 个对内应用场景。

数字成果斩获佳绩。通过数据产品开发与管理体系构建及优化完善，全面推动电力大数据分析应用，塑造负责任央企品牌形象，赋能企业高质量发展。在 2022 年数字中国创新大赛中，《"碳锁"蔚蓝"碳索"新生活》荣获"数字低碳赛道数字低碳生活风尚组三等奖"等。

（二）激活数据价值，赋能企业提质增效

目前已构建包括数字化审计、内模市场、服务风险分析等服务电网业务的应用场景，推动电网业务和先进数字技术融合创新。工程财务管理智慧驾驶舱于 2022 年 7 月开始上线使用，累计服务工程 2831 项，金额 93.73 亿元，助力工程物资余额压降至 0.35 亿元，工程决算时长由 90 天压降至 35 天，显著提升了工程管理效率。配网可视化的应用，实现全省 7710 条 10kV 线路和 14 万台公变停运实时监测及异常告警，将配变平均停运时长从约 15 小时缩减至约 10 小时，综合效率提升 30%。数字化审计在线损管理方面的应用，实现了疑似窃电用户的精准定位，输变电协议库存计划预测准确率由之前的 71.59% 提高至目前的 88.78%，达到国网先进水平。协议库存预测偏差由 28.41% 降低至 11.22%，由此将协议库存应用偏差由 14.78% 降低至 8.24%，减小了合同逾期风险，合同逾期率降低 2% 以上，促进了营商环境优化。数智化技术在运维中的应用有效降低了生产劳动强度。通过实施服务风险分析，累计提示服务风险 8.9 万次，反馈差异化服务短信 7.5 万余条，精准命中 95598 承诺工单 1058 条，完成差异化回访 4.3 万次。

（三）践行社会责任，服务绿色转型发展

目前，国网山西电力对外应用场景已累计获得各级领导批示肯定 183 余次，其中省部级领导批示 24 次，各级媒体报道 100 余次。开展山西省宏观经济、小微企业、产业链等主题分析，按月（季度）编制电力看经济系列分析报告，呈送省发展改革委、工信厅等部门，其中《电力大数据监测小微企业景气分析报告》《十大重点产业链用电情况分析报告》均获得省委主要领导批示。与省生态环境厅签署"生态环境＋电力大数据"战略合作协议，将电力大数据分析纳入冬奥会、冬残奥会、二十大环境空气质量保障工作，对全省 10000 余家高耗能企业开展监测，为省生态环境厅精准执法提供有力支撑。依托能源大数据中心发布"污染企业用电监测地图"，为生态环境部门提供便捷的线上查询服务，赋能绿色生态环境建设。

（成果创造人：贺晋宏、冯　楠、薛泓林、谷　良、李　娜、冯经伦、
焦丽婷、张海江、宫　鑫、高启东、龙　云、郝晓伟）

新能源发电企业实现数字技术与行业技术
深度融合的数字化转型管理

龙源电力集团股份有限公司

龙源电力集团股份有限公司（以下简称龙源电力）成立于1993年，隶属于国家能源集团，2009年在香港主板上市，2022年1月成功在A股上市，打造"A+H"两地上市平台。龙源电力是中国最早开发风电的专业化公司，率先开拓了我国海上、低风速、高海拔等风电领域，率先实现我国风电全产业链"走出去"；充分运用获批成立的国家能源风电运营研发中心和国家风电行业职业技能鉴定站，构建了业内领先的新能源工程咨询设计、碳资产开发管理、职业培训等十大技术服务体系，不断引领行业发展和技术进步；拥有风电、光伏、潮汐、地热等多种电源项目，业务遍布国内32个省（区、市），海外项目分布于加拿大、南非、乌克兰等国家。截至2022年年底，龙源电力资产总额2228亿元，营业总收入398.63亿元，控股装机容量3110万千瓦，风电控股装机容量2619万千瓦，可再生能源装机占比93.97%，自2015年以来持续保持世界第一大风电运营商地位，连续10年被评为全球新能源500强企业，2022年《财富》中国500强企业排行第335位。

一、新能源发电企业实现数字技术与行业技术深度融合的数字化转型管理背景

当前，面对愈加严重的全球能源与环境问题，在推进数字化转型过程中，绿色低碳转型也是不可忽视的重要一环。"十四五"规划中提出数字化与绿色化融合发展要求，一是要求"以数字化引领绿色化"，加快数字技术赋能行业绿色低碳发展；"以绿色化带动数字化"，推动绿色智能终端、绿色信息网络、绿色数据中心等的发展；二是提出"大力发展数字和绿色的融合新技术和产业体系"，推进数字经济与绿色经济共生发展，务实推进"碳达峰、碳中和"目标实现。随着国内风电、光伏等新能源发电行业高速发展，各大发电集团、民营企业纷纷加入，以风电、光伏为主的新能源电力行业历经30多年的发展和积累，已经悄然进入"存量资产时代"。龙源电力作为国内起步最早、规模最大的新能源公司，现有风电机组超过1.4万台、机型百余种，1.5兆瓦及以下老旧机组数量占比超过70%，机组服役期最长已超20年，运行10年以上风电机组占比超50%。目前，龙源电力面临着设备数据未全量采集、设备数据之间未实现互联互通、数据价值未充分挖掘，新能源场站布局分散安全监管难度大，老旧机组大部件等设备疲劳损坏频发，运维人员数量不足、忙闲不均且管理水平参差不齐，外包项目多、外委人员管理压力大，上网电价从高补贴到平价等难题。龙源电力大力实施生产数字化转型，提高企业生产经营效益。

二、新能源发电企业实现数字技术与行业技术深度融合的数字化转型管理主要做法

（一）数据全量采集，管理在线完成

树立数据资产价值理念，建立制度保障，建成包含生产监控与生产管控等两大系统在内的全球最大的风电新能源生产数字化平台，构建具有新能源特色的工业互联网，实现设备数据互联互通，通过"三级共管、平台共用、人机结合、全面监督"，实现人员、设备、车辆、船舶、视频等数据全量采集、全面感知，人员管理、安全管理、生产管理、监督检查等业务线上监管。

树立数据资产价值理念，编印《新能源生产数字化转型三年规划》《智能风电场建设导则》《风电场设备全量数据采集规范》《风电场、光伏电站场站侧全量数据采集硬件及接口配置要求》《风电场无线网络覆盖技术规范》《风电场可视系统技术规范》《生产数据畅通管理办法》等指导性技术标准和方案，提供制度保障。

实施数据全量采集，掌控数据资产，对风电机组、升压站输变电设备、关口表、测风塔、功率预测系统、能量管理系统等关键设备和系统秒级数据进行全量实时采集，内外部新能源场站 400 余座场站接入生产数字化管理平台，全面感知近 3.5 万台风电、光伏和场站设备数据，95% 以上机组、投运升压站、设备间安装视频监控和无线网络，工程建设和生产现场安装 5000 余台移动布控球和工作记录仪，对全部近 790 台生产车辆、船舶进行实时定位，实现数据"能采尽采"。

实现龙源电力风电场、光伏、潮汐、火电、储能电站的实时监视，构建接收层、平台层、交互层、应用层四层架构的新能源生产监控系统，全量采集数据，突破固定报表模式，构建多源数据集市，开创全自动、可调节、个性化定制报表新模式，搭建数据治理体系，提炼数据完整率、准确率、及时率三大指标，加强对风资源、机组性能、可靠性、经济运行等专项分析，构建运行 KPI（Key Performance Indicator，关键绩效指标）考评体系，部署百余个智能设备诊断模型进行故障预警，贯穿系统安全保障体系以及标准化体系。其中，接收层主要包括风电场和集中式光伏电站 104 数据接收、分布式光伏电站 MQTT 数据接收、断点续传文件 SFTP 数据接收、秒级计算为十分钟数据，机组状态映射，Kafaka 数据接收及订阅，现有智能安全生产监控系统数据文件接收、升压站实时数据接口（升压站、关口表、AGC/AVC，测风塔、箱变数据）；平台层主要包括利用统一的服务器资源池、虚拟化及物理化的服务器存储及计算资源，为安全生产监控系统提供综合的数据存储和集成能力，以及海量数据分析计算能力，支撑安全生产监控系统运行的硬件和网络资源包括计算服务、存储服务、容器服务、运维服务，通过数据中台，建设安全生产监控系统所需的各类技术组件，满足平台的技术需求，为上层的业务应用技术保障与服务支持；交互层主要是上层应用层和底层数据平台层之间的桥梁，通过统一的数据接口和数据服务目录，将所有底层数据平台的接口封装后提供，主要接口有秒级数据接口、分钟级数据接口、关系型数据库（Postgre SQL）、非关系型数据库（MongoDB、TSDB）、数据订阅接口、第三方数据嵌入（电量预测与分析系统、光伏智能预警分析系统、数据质量监测与评价系统等）；应用层主要是智能安全生产监控系统重要建设内容，借助交互层提供的统一接口服务和数据资源将用户业务需求产品化、抽象化、计算机化，主要包括平台所需的各类业务应用的集合。

着力解决企业安全管理水平不均衡、管理闭环度不高、监管手段匮乏、管理效能低下的问题，采用 LiEMS 平台架构创新开发智能生产管控系统，采集组织机构、场站信息、设备信息、人员信息等基础数据，开发运行、检修、安全、技术监督、综合计划等 120 余项业务功能，通过数字化手段固化标准管理流程，实现管理制度化、制度流程化、流程表单化、表单信息化。通过标准化作业票卡包检修业务功能，全面推广"票卡包"标准化作业模式的应用，汲取 700 余名技术专家的运维经验及成果，创新编制 270 余万项作业标准（票卡包），将风险预控、安全措施、维护质量、检修工艺融入生产作业管控全过程，同数字化相结合，推行专业化管理和标准化作业，使个人经验依托数字化平台得到固化传递，突破个人经验和团队能力传输瓶颈，实现经验有效传承，提升检修质量、工艺、效率，规避检修作业风险。

为提前预防老旧机组大部件疲劳损坏，搭建在线振动监测系统，硬件设备包括振动数据采集器、振动传感器、转速传感器、风场振动服务器、远程服务器等，采用总部公司—省公司—风电场三级架构，运用 B/S 交互技术满足不同用户角色的远程化管理和办公需求，依托传感技术、多通道同步采样技术、边缘计算技术、IPv4/IPv6 双栈访问技术，对风电机组传动链部件振动状态进行 7×24 小时实时在线监测，为 1.3 万台风电机组加装在线振动传感器，可实现上万台机组海量振动数据的采集、传输、集中管理、预警及故障分析。

为实现设备数据互联互通，构建具有新能源特色的工业互联网，通过"总部—场站"两级架构，简化通信结构，在风电机组上部署工业交换机、无线 AP（Access Point，接入点），升压站部署环网汇聚交换机、视频接入交换机、场站无线 AP 等设备，依托风电机组备用 4 芯光纤，基于 IPv4/IPv6 双栈访问技术，组建场站级千兆高速智能化工业Ⅲ区环网和工业无线网，由本部集中一体化管控，统一配置交换机 VLAN 及发射 2.4G、5G、Wi-Fi6 的工业 Wi-Fi 信号，承载视频监控、工业无线、在线振动、工作记录仪等其他数字化系统业务，交换机管理平台通过 IPv6 地址，使用 SNMP 统一纳管全国 25000 台智能化工业三区网络交换机，实现配置统一下发，集中监控管理，实时设备告警；无线管理平台通过 CAPWAP（Control And Provisioning of Wireless Access Points，无线接入点的控制和配置）协议，纳管全国 2.5 万台风机工业无线 AP，统一管理释放无线信号，标准化认证流程；实现对全国数字化设备的接入纳管，无线网络信号及通信精准管理，实时监控。

（二）深挖数据价值，运检模式转型升级

构建数据共享和智能云管服务，自主开发设计设备故障预警，充分挖掘数据价值，查找故障多发源和性能薄弱点，在行业内率先提出并建设无故障风电场。催生组织架构转型，整合区域内管理、技术、人力、物力资源，打破场站界限，推行"省级监控、区域运维"新型运检模式，实现作业人员在省区内自由流通，落实运检分离管理模式，充分发挥"专业人干专业事"优势，员工生活方式发生根本转变，促进新能源员工更好融入社会，其安全感、获得感、幸福感明显提升。

为解决不同数据的统一存储与建模问题，构建数据共享和智能云管服务，在新能源场站内进行分布式部署的服务器资源集群纳管和共享服务建设，通过构建计算、存储、网络虚拟资源池，搭建自动化数据共享服务，为应用服务的全生命周期管理奠定稳固的服务通道。

为充分挖掘数据价值，推进设备故障预警开发，将设备设计运行机理与人工智能技术深度融合，自主设计开发故障诊断预警算法模型和大数据诊断预警平台，部署 110 个故障预警模型实现对设备的 7×24 小时健康监测，包括风机控制、大部件、降容类、传感器、光伏智能清洗、低效分析、阴影分析、专家预警等八大种类，涵盖齿轮箱、发电机、主轴承、偏航、光伏组串、光伏逆变器、组件等 23 类设备，将故障预警、性能筛查、振动分析等预警结果通过生产数字化平台自动推送至现场并生成工单，为设备运维管理提供智能化支持，全年开展在线振动数据分析近 20 万台次，分析周期缩短至"一周一次"，故障预警准确率达 87%，机组"动吊下塔"次数同比减少 24%，实现新能源设备由定期维护、事后检修向预知维护转变。

整合区域内管理、技术、人力、物力资源，打破场站间壁垒，解决运维人员数量不足、场站间忙闲不均、设备维护不到位、管理和技术水平不均衡等问题，提高员工幸福指数，推行"省级监控、区域运维"新型运检模式，在区域公司因地制宜建设集中监控中心，组建区域维保中心，分别承担所属新能源场站运行、检修工作，新能源场站现有人员编入集中监控中心和区域维保中心，建成省级集中监控中心 29 座、区域维保中心 88 座，30 家省级单位实现区域维保全覆盖；在新型运检模式下修订岗位职责，集中监控中心的职责是在生产管理部门领导下，负责 24 小时监视设备状态，处理设备告警和故障信息，权限范围内远程控制机组启停，执行调度下达指令，统计各类运行数据，深入开展运行分析，发现问题，跟踪各项工作执行进度，做好闭环管理，收集、接收应急管理信息，做好上报和预警；区域维保中心的职责是在生产管理部门领导下，负责本企业或协作企业范围内新能源场站设备各类巡检，风电机组（光伏）、输变电设备故障缺陷处理，风电机组（光伏）定期维护和卫生清理，输变电设备预试组织、过程监督和验收及设备技改、大修组织、过程监督和验收，检修现场文明作业管理，设备台账记录管理，备品备件采购和管理等工作。在少人值守模式下，新能源场站值守人员由集中监控中心选派，承担辅助集中监控中心做好运行监盘和风电机组远程启停复位操作及就地软故障复位操作，负责电气设备倒闸操作及定期切换试验，办理两票许可手续，日常后勤保障工作，现场基础设施管理及各类迎检准备，以及各项对外协调事宜。推进实施运检专业化管理，在"省级集控＋区域运维"模式的基础上，落实运检分离管理模式，培养系统控制、继电保护、信息化专业队伍，充分发挥"专业人干专业事"优势，准确定位落实设备管理责任。

坚持"零事故、多发电、少停机"的工作思路，在运检模式升级的基础上，风电行业率先提出打造无故障风电场，并与联合动力、金风科技等8家风机制造商共同打造了一批全年无故障示范风电场。全年无故障示范风电场有两个指标：一是输变配电无故障跳闸情况（不含场外受累，及不影响风电机组运行的SVG等设备故障），二是风电机组不发生需就地处理（含复位）故障（故障停机时长大于10分钟，不含叶片结冰、极寒温度、台风等不可抗力引发的故障）。基于数字化转型工作成果，找准影响长周期运行的制约因素，利用数字化平台智能统计、对标、展示作用，精准定位故障多发的场站、机型和部件，开展机组发电性能自寻优工作，变被动为主动、变告警为预警，开展预知维护，精准开展设备治理，纳入考核管理，有效提升设备可靠性和发电量。加强检修规范化、作业标准化管理，利用数字化平台，由被动式汇报转化为在线实时展示，从设备、组织两个维度对设备可靠性、风机性能、人员行为等100多项指标进行对标，深度梳理作业时长、工作数量、维保质量等人员行为指标，精准评估人员绩效，将人员绩效与设备性能指标进行关联分析，量化评估设备主人的工作数量、效率和质量，KPI指标量化程度、考核精准度显著提升，实现数字化平台上设备性能和人员价值互通，企业劳动生产率显著提升。创建行动实施以来，设备可用系数保持99%以上，单机故障停机次数同比降低30%，故障停机时长同比降低46%，连续100天、200天、300天无故障运行机组占比分别达82%、39%、17%，增发电量超8亿千瓦·时。

（三）开启数字监管模式，提升管控效能

利用全域视频系统、人车船定位系统、信息化管理系统，打造安全监管"天眼"，用数字化弥补安全监管短板，从"手工签字"到"在线打卡"，解决监管手段匮乏、管理效能低下等问题。

为解决新能源场站布局分散、监管手段匮乏、管理效能低下问题，消除传统管理盲区，实现从现场安全监督到远程安全监管，构建本部、企业、场站三级视频监控网络，开发部署视频管理平台，在风电机组测风仪支架、机舱、塔底等部署高清摄像头，95%以上机组、投运升压站、设备间安装视频监控和无线网络，安装近5万路视频终端实施全时段、全方位、全过程智能监管，对视频、音频数据就地存储，实现视频信号的高清采集、快速传输、实时调阅和集中纳管；实时实施现场职工、车船跟踪定位，为工程建设现场和生产现场人员配置移动布控球、工作记录仪等视频监控设备近5000台，将人员、车辆、船舶实时定位信息接入系统，实现对全部790余台生产车辆、船舶实时定位；利用固定摄像头、移动布控球和工作记录仪超过5万路视频终端和人员、车辆、船舶定位系统构建全域视频安监"天眼"，部署智能图像识别系统，开展公司高、中、低三级风险远程管控，便于各级管理人员掌握作业人员位置，消除人员在途管理盲区，将人员位置、现场视频、工单两票等信息相关联，实现对场站全景、关键设备和作业场所视频监管全覆盖，显著提升作业人员安全系数。

为解决外包项目多、外委人员管理压力大难题，开发外包安全管理模块，全面建立外包企业和人员档案，实现信息共享，记录技术能力、管理水平和违章违纪等情况，通过优胜劣汰建立稳定的服务队伍；施工现场全员在线打卡，管理人员实时掌握外包人员工作位置、作业内容、监督人员配置及高风险作业分布等情况，做到人员管理心中有数；利用全域视频系统、人车船定位系统、信息化管理系统，开展公司级远程监督检查，对"有令不行、有禁不止"人员实施严厉处罚。

（四）主动适应发展需求，促进源网协调发展

主动适应发展需求，着力解决上网电价从高补贴到平价难题，以气象精细化服务为核心出发点，

通过对气象预测数据和历史数据信息的深度挖掘，建成国内最大的新能源气象观测数据库，研发新能源功率预测系统，促进源网协调发展。

着力解决上网电价从高补贴到平价难题，开发具有自主知识产权的风、光功率预测系统，建成国内最大的新能源气象观测数据库，遵循"应采尽采"的原则，采集海量的新能源气象观测数据，包括2000座测风站和测光站气象数据、27000台发电设备气象数据，数据量达到PB级，将新能源场站发电设备、测风塔、测光站等多种气象要素的观测实时数据有效融入数值气象预报，实现1×1千米高精度数值预报；研发具有自主知识产权的新能源预测算法和策略，包括功率曲线精准拟合算法技术、限电智能识别技术、多数据源挖掘和筛选技术、短期预测神经网络优化技术、超短期人工智能提升技术、故障智能识别报警技术等。实现了不同时间维度、不同空间维度的精准预测，支撑集团化用户、新能源场站用户的不同预测需求，满足电网公司预测数据传输要求，在内外部新能源企业部署331套功率预测系统进行推广使用，功率预测准确率达90%，源网协同能力增强，这些系统得到江苏、山东等电网推荐应用。

（五）开发智能算法，创新监管模型

采用"中心训练、边缘计算"系统架构，在本部数字化平台部署中心训练模型，在所有新能源场站全面部署智能图像识别分析服务器和算法平台应用算法模型。现场前端设备采集视频数据，通过自动获取与主动收集两种方式提供图像素材，上传至数字化平台进行模型训练，待模型训练完毕后通过专线将算法模型下发至现场进行边缘计算与智能识别，根据分级原则，边缘端智能识别结果将推送至省级监控中心或本部，实现视频遮挡、人脸检测、区域入侵、物品遗留、停车检测等12项智能算法，智能识别睡岗、吸烟、烟火、安全带检测、视频遮挡、人脸签到、区域入侵、物品遗留、停车检测等12项行为，确定安全带检测、出舱提醒、渗漏油检测、刀闸状态等20项智能算法需求，按照正常与异常3∶1的比例收集算法测试所需视频和图片数据，提升企业本质安全水平。

三、新能源发电企业实现数字技术与行业技术深度融合的数字化转型管理效果

（一）安全生产管理智能化、智慧化水平显著提升

安全管理智能化能力大幅提升，解决新能源场站布局分散、安全监管难度大问题。现场工作人员、作业车辆和船舶配备工卡、手环等定位设备，实时定位信息准确接入系统，联合全域视频系统、人车船定位系统、信息化管理系统开展远程监督检查，通过固定摄像头、移动布控球、执法记录仪等超5万路视频终端构建监督"天眼"，对高、中、低三级现场作业进行全覆盖监管，消除人员管理盲区，拓展安全管理范围，提高监督检查效率，实现人员行为全程监管。生产管理智慧化水平、工作效率显著提升，工作效率提升35%，设备可用系数长期保持在99%以上。

（二）设备长周期运行成果明显提升，经济效益成果显著

基于海量数据，通过对设备纵向、横向对标分析，建立设备故障预警模型，动态实时、精准定位设备故障，及时纠正设备治理及管理中存在的不足，开展深度治理维护，将故障消除在"萌芽期"，避免隐患发展成缺陷。2022年，公司连续运行200天、300天机组占比分别达到58%、37%，连续运行365天输变电设备占比86%，有效降低维护费用和停机电量损失，设备健康水平稳步提升；故障预警准确率达87%，机组"动吊下塔"次数同比降低24%，平均单机停机时间同比减少47小时，故障停机时长同比降低46%，年增发电量超8亿千瓦·时；推进气象数据分析应用，功率预测准确率达90%，考核费用同比下降167万元。

（三）引领行业数字化转型，赋能世界一流新能源企业建设

依托新能源生产数字化云平台，颠覆性地改变了新能源行业传统的运维模式，一年以来同政府机关、业内同行、新闻媒体交流经验近200次，经验和效果获得业界一致肯定。首次将IPv6技术成功应

用在风电行业，建成国内规模最大的风电在线振动监测网络，取得发明专利 19 项、实用新型专利 103 项、软件著作权 21 项，入选工信部 2022 年工业互联网平台创新领航应用案例、《人民日报》2022 产业智能化先锋案例、2022 年第五届"数字中国"建设峰会十佳解决方案，获得"全国电力行业设备管理创新成果项目特等奖""中国电力企业联合会电力创新一等奖"等多个奖项。

（成果创造人：唐　坚、宫宇飞、夏　晖、贾克斌、张　敏、

张国珍、张欣刚、于　航、冯江哲）

高铁"四电"工程基于三维仿真模型的可视化施工管理

中铁建电气化局集团南方工程有限公司

中铁建电气化局集团南方工程有限公司（以下简称南方工程公司）是中国高速铁路"四电"系统集成领军企业——中国铁建电气化局集团有限公司的全资子公司，总部位于武汉，企业注册资本2亿元，前身为1969年组建的中国人民解放军铁道兵第三通信信号工程营。南方工程公司主要从事铁路"四电"（通信、信号、电力、牵引供电）和城市轨道交通、公路交通、机电设备、输变电、新能源、智慧城市和信息化技术等工程建设，拥有国内、外各类大中型电气化施工设备及精密仪器仪表、机械运输、检测试验设备，年施工生产能力40亿元以上。南方工程公司先后荣获"全国五一劳动奖状""全国优秀施工企业""中央企业先进集体""全国用户满意施工企业""全国质量效益型先进施工企业"等10余项国家级荣誉称号。

一、高铁"四电"工程基于三维仿真模型的可视化施工管理背景

（一）突破高铁"四电"工程传统施工方式痛点的现实需要

传统管理模式的书面技术交底，始终存在设计意图和细节工艺要求难以直观表达出来的问题，致使施工过程中达不到要求的现象较多，造成人力、物力、财力的极大浪费，施工效率难以提高；传统的施工材料计划依据平面图靠经验估算，精准度很差，造成施工中的材料浪费很大；传统"四电"施工模式下的安装工艺大同小异，没有独特亮点，难以形成"人无我有，人有我新"的竞争力，制约企业高质量发展。

（二）顺应智能高铁发展趋势的需要

智能高铁是一个覆盖全生命周期、涵盖众多业务、集成各类专业技术的复杂巨系统，建设运营管理难度极大，为此提出了面向全生命周期、综合效能最优的"以全生命周期管理为主轴线、以全业务要素为基本面"的"模数驱动、轴面协同"建设管理思想，以模数驱动为轴面协同目标实现提供支撑，通过线路、桥梁、车站、通信、信号、供电等多专业、多粒度三维仿真模型和规划设计、工程建设、调度指挥、运营服务、安全监控等海量大数据的融合应用，实现全生命周期、全业务要素协同，达到智能高铁系统的整体运营效能最优。但其在铁路"四电"（通信、信号、电力、牵引供电）工程施工管理中目前暂无正向应用。随着中国铁路信息化建设进程的不断推进，经公司深入调研、论证，三维仿真模型可视化技术在高铁"四电"工程施工中的技术路线、建模工具、管理系统、人员素质初步具备试点应用的可行性。

（三）推动企业高质量发展的需要

为进一步推进公司对标世界一流管理提升行动，高铁"四电"工程基于三维仿真模型的可视化施工管理是南方工程公司对标世界一流的战略性举措，也是重要抓手。南方工程公司进行深化研究交流，及时评估分析，持续动态优化，意在把对标评价贯穿价值创造行动全过程。三维仿真模型可视化技术将作为南方工程公司建立精细化管理和流程再造的重要手段，将给公司的业务变革带来机遇和重要价值，可进一步提高公司的核心竞争力，提升公司在高铁"四电"施工行业的市场影响力和市场占有率，实现具有较强国际竞争力的国有企业的战略目标。

二、高铁"四电"工程基于三维仿真模型的可视化施工管理主要做法

（一）明确战略定位，锚定"四电"工程施工管理效能提升目标

以公司"数智铁建"的愿景为指引，根据国务院国资委启动股份公司对标一流管理提升专项行动

的部署，按照"1236"数字化转型思路（通过打造"数字铁建、智慧铁建"，实现中国铁建数字化转型"一个目标"；实施畅通工程和升级工程"两大工程"；做好理念更新、动能变革、发展跨越"三篇文章"；坚持务实简约、价值导向、创新引领、统筹共建、协同合作、安全可控"六项原则"）和"123456"全过程、全要素管控体系（1指的是以合同管理为中心；2是指管理好"量"和"价"；3是指抓好投标策划、项目上场策划和人为风险之外的管控策划；4指的是生产计划会、物资核销会、成本分析会、资金分配会；5是指施工所需的人、机、料、法、环五要素；6则是抓好预测、计划、控制、核算、分析和考核等全过程闭环管理），明确高铁"四电"施工管理效能提升工作的战略地位，以三维仿真模型可视化技术为抓手，推行高铁"四电"施工管理效率提升规划"点、线、面"三步走，优化顶层设计，为高铁"四电"施工管理效率提升指引方向。

1.深入调研，确保目标精准

为解决高铁"四电"管理效能提升缓慢的难点和痛点问题，南方工程公司从实际出发，制定了详细的高铁"四电"管理效能提升专项调研方案，深入一线调研，在调研范围选取上，重点关注工期紧、专业多、与站前单位交叉施工多的项目。经过对调研报告分析整理，分别从施工效率、施工工艺质量、成本控制等多方面找到高铁"四电"管理效能不高的问题症结，并提出针对性解决对策。

2.分解规划，确保各阶段落地实施

为解决传统高铁"四电"施工管理中二维图纸抽象化、技术交底传达不到位、施工材料大量浪费等问题，应对吴中城际项目站前工作进度滞后、留给项目的可用工期十分紧张、按传统施工步骤施工存在无法按期完工的风险以及施工工艺无法完成业主定下的"超越宝兰"的实际困难，经过公司领导层的研究讨论后，决定以吴中城际项目为试点，将三维仿真模型可视化技术在项目上进行探索实施。

（二）深化体制机制改革，筑牢基于三维仿真模型可视化应用的"四电"施工管理工作机制

1.理念引领，管理思维革新

敢于率先打破常规思维，突破传统管理模式的束缚，率先将三维仿真模型可视化技术在高铁"四电"工程施工中进行创新应用，开创了高铁"四电"工程施工应用三维仿真模型可视化技术引导施工管理的先例。

2.试点引路，管理模式创新

2018年，南方工程公司在吴忠至中卫城际铁路2号中继站设备安装过程中，应用三维仿真模型可视化技术，将传统按图施工模式创新为先三维建模后施工的管理模式。传统的高铁"四电"施工管理模式为审图→现场测量→根据设计及现场测量编制材料计划→针对性施工组织设计→书面交底→安装作业，工艺陈旧，费时费工，布线差错率较高。应用三维仿真模型可视化技术后，彻底打破了传统模式。技术人员先用建模软件按照设计和现场实测数据以及细部策划方案，用1:1的比例进行三维仿真建模，然后通过可视化交底后，技术工人按照三维仿真模型数据现场还原施工，将高科技手段融入施工过程。

3.职责调整，管理架构重塑

2018年，三维仿真模型可视化技术变革高铁"四电"施工管理试点成功后，在公司总部及时增设了信息化管理部，负责公司范围内的三维仿真模型可视化技术推广实施与管理工作。同时规定，在公司范围内，凡是能实施三维仿真技术引导施工的项目，必须成立三维仿真技术应用领导小组，组长必须由总工程师或项目经理兼任，三维仿真技术应用人员隶属工程技术部，根据需要配置若干三维仿真操作专员，由公司信息化管理部动态派遣。

4.梯队建设，人才培养稳步提升

信息化管理部定期有组织、有计划地安排三维仿真模型可视化技术工程师进行内部培训或委外

培训，包括相关领域规范、编码体系、建模技能等方面的学习与培训。每年利用项目实施三维仿真技术，分档次不断进行培训，从而使会三维仿真建模的人员越来越多，其建模水平也越来越高。截至当前，共计培训 500 余人次。

5. 奖惩分明，团队建设求真务实

为加强三维仿真模型可视化技术工程师队伍建设，信息化管理部要重视引进、内部挖掘培养一批懂三维仿真模型可视化应用的人才。一是从其他单位三维仿真模型可视化技术应用中心引进成熟的三维仿真模型可视化技术工程师。二是从专业分公司调配一批热爱三维仿真模型可视化技术、懂专业技术的工程师充实队伍。三是每年定向招聘专业对口的大学生和技校生，内部加以培养。信息化管理部根据三维仿真模型可视化技术工程师的资质能力进行公平、公正、公开评价，结合日常工作态度等情况初步筛查，完成三维仿真模型可视化技术工程师定级管理。三维仿真模型可视化技术工程师考核实行综合评分，考核打分与绩效挂钩。

（三）完善相关职能、标准和流程，为三维仿真模型可视化应用奠定基础

1. 构建统一机构职能标准

南方工程公司健全信息化管理机构，由信息化管理部、现场三维仿真模型可视化应用小组、项目部组成。一是成立信息化管理部，负责统筹安排公司三维仿真建造项目年度计划、编制相关标准及企业族库、项目推广与应用、组织培训、课题开发、人才培养及梯队建设等工作。二是成立现场三维仿真模型可视化应用小组，职责包括接受信息化管理部委派，服从信息化管理部统一调配，负责现场三维仿真模型可视化技术应用工作及三维仿真模型可视化应用人员的具体管理、实施等。三是项目部（公司其他相关业务部门），是三维仿真模型可视化应用工作的重要组成机构，职责包括服从信息化管理部及现场三维仿真模型可视化应用小组的指令，做好相关技术、工艺、安全、质量、进度、组织、管理、资源、预算、场地、物资等资料的提供，按照方案做好实施、应用，确保达到预期效果。

2. 构建统一实施应用标准

根据公司业态，对项目进行分类分级，大致分为 14 种典型项目，不同项目根据不同应用目标、业主三维仿真可视化模型技术应用需求、应用目标类别等因素，确定应用范围和应用深度。应用目标类别包括 A 类、B 类、C 类。典型应用范围包括"全标段房建，变电、电力、接触网首件""全标段机电专业""建筑、结构、装饰、给排水、暖通、电气、人防专业"等。类型应用深度包括 I 级应用点、II 级应用点、III 级应用点以及模型细度级别。模型细度级别包括 LOD 350 及以上、LOD400 及以上、LOD500。编制了 11 份三维仿真模型可视化技术应用点推荐表，共 500 余条应用点，以及典型项目的三维仿真模型可视化技术应用点案例合集。

3. 构建统一管理流程标准

南方工程公司根据试点和推广后的经验，总结出了一套完备的管理流程标准。参照 BSI（British Standards Institution，英国标准协会）国际标准和中国 BIM 应用标准，统筹各相关方和各施工阶段特点，制定包含建设方、施工方、设备供应方、工程设计方、工程监理方、造价咨询方的统一流程标准。

4. 构建统一人员职能标准

南方工程公司制定了统一的人员分类分级和职能标准，主要人员类别分为公司总部三维仿真模型可视化技术管理人员、项目三维仿真模型可视化技术应用管理及实施人员，共分 8 级，分别是：综合管理、一级、二级、三级、四级、五级 BIM 工程师、技术工人、专业技术人员。不同级别人员对应不同职责，主要包含人才培养、模型管理、信息管理、应用管理、进度管理、综合协调管理、模型交付管理、数据协同及存储系统和构件库管理系统运维等职能。

（四）开展三维仿真模型可视化技术应用创新，大幅提升施工效能

1. 结合"四电"工程特点构建和推广应用三维仿真模型

2018 年，为保证三维仿真模型可视化技术在试点项目顺利实施，南方工程公司经过调研后，为每位三维仿真模型可视化技术工程师配置了搭载专业图形显卡的高性能移动工作站，用于三维仿真建模、渲染、动画及视频剪辑制作。将传统二维纸质交底，通过三维仿真建模，并按施工交底的工序进行分解，制作成交底培训动画发送给相应的施工作业人员，便于随时便捷查看交底作业内容，提高交底执行力。

2018 年年底，经历试点项目的三维仿真模型可视化技术应用后，三维仿真模型可视化技术在高铁"四电"施工中的优势逐渐显现，南方工程公司决定在全公司范围内进行三维仿真模型可视化技术的推广。经公司研究决定，开始组建三维仿真构件模型信息库，同时在三维仿真建模工具上实现由小规模单机软件向中国铁路总公司推荐的主流、大规模建模软件的过渡。

2019 年，南方工程公司在蒙华铁路、衢宁铁路、商合杭高铁及杭州地铁 6 号线等多个项目进行三维仿真模型可视化技术实施工作，实现多专业同时在线建模的模式。此种模式变革，将建模周期大大缩短，建模效率有效提升。同时，2019 年年底，南方工程公司三维仿真构件模型信息库组建完成，项目前期在本地电脑端积累的大量族文件，按照专业及铁路 BIM 联盟的编码标准，进行分类上传，实现了族库的在线调阅，避免了族文件的重复建模问题。2021 年年底，南方工程公司三维仿真模型管理平台搭建完成，三维仿真模型由本地管理转为在线管理，方便公司实时调阅、查看项目基于三维仿真模型可视化技术的形象进展。

2. 基于三维仿真模型，开展"四电"工程施工方法创新

一是改进挡砟墙钻孔方法。传统挡砟墙钻孔方法是采用普通的冲击钻进行钻孔，速度慢，孔位把握不精确，出口处会出现掉块问题，操作过程存在安全风险。项目实施过程中，南方工程公司组织技术人员研发了一种挡砟墙钻孔机，该钻孔机重量轻、可折叠，安装、卸载、搬运方便，固定方式简单、稳固，出口处不会掉块，成孔效率提高一倍以上，车辆通过时，可快速翻折，消除安全风险。

二是提升信号机柱安装合格率。传统施工管理模式下，信号机柱安装得是否竖直，全靠工人经验。南方工程公司利用三维仿真模型可视化技术，通过三维建模辅助，研发了一种信号机柱校正装置，该校正装置包含 3 个水平仪，通过将其夹至信号机柱上，便可轻松辅助信号机柱安装，保证信号机柱竖直度符合要求，使该项工作的返工率大大降低，提升了信号机柱安装合格率。

三是提升高柱信号机安装效率。铁路高柱信号机安装高度一般为 5.2 米～ 7.2 米，安装高度较高，且信号机较重，安装时通常需要吊车配合，费用高且安装效率低。南方工程公司通过三维建模辅助，研发了一种可拆卸的高柱信号机吊装工具，信号机安装完成后，再取下顶部的吊装工具。原本烦琐、需要吊车辅助施工的工作，通过该工具便可轻松完成，提升工效的同时，有效降低了成本。

（五）深挖三维仿真模型可视化技术潜在优势，改变"四电"工程施工管理方式

1. 方案评审，模型先行

2020 年，南方工程公司平遥云数据中心建设在即，但数据机房走廊综合管线施工方案无法确定，导致现场施工进展缓慢。由于新冠疫情影响，无法召开施工方案现场评审会，经公司研究决定，组织基于三维仿真模型可视化技术的线上评审会。由公司三维仿真团队负责按照设计图纸，完成数据机房走廊公共区域的综合管线三维仿真建模，随后组织设计、施工及管理单位，召开线上评审会，通过三维仿真模型演示，发现了设计图纸中存在的问题，并形成记录，确定最终施工方案，保证了项目按工期顺利完工。

2. 设备定制，优化柜内布局

传统模式中，设备招标完成后，厂家提供定型产品，在现场施工时，常因柜内布局不合理，线缆引入口预留位置不对，给施工、维护维修带来极大难度，且工艺不美观。在试点项目，通过三维仿真模型可视化技术，提前对设备机柜进行三维建模，优化线缆下线口，调整机柜柜内布局，导出机柜图纸，由设备厂家按图纸进行定制生产。定制的设备机柜提供了工艺提升的基础。

3. 物料有计划，精准管控

传统施工现场的线缆等材料全靠经验估算，造成完工后仓库剩料堆积如山、资源极大浪费以及经济损失。在物料摆放方面，利用三维仿真模型可视化技术进行提前规划，分区分层，再进行物资编号，通过仓库三维模型检索，快速便捷地从成千上万种材料中迅速查找到需要使用的材料，提高了物资管理的效率。

4. 信息集成，加快施工进度

在平遥云数据中心项目，由于平遥云数据中心机房走廊公共区域采用无吊顶模式，因此必须保证现场施工的整齐、美观。根据走廊区域的各专业图纸进行三维建模，通过不断优化，最终形成复核规范、可现场实施的三维管综模型，随后出具基于三维仿真模型的管综图纸及管综支吊架节点图，加快现场施工进度，有效提高了施工功效。

5. 进度实时模拟，施工组织动态调整

传统高铁"四电"施工过程中，站前单位的工作滞后，施工进度无法形象化展示，使得与土建单位的很多"四电"接口工作错过最佳介入时机，后期需要花很大物力、财力完成相关工作。在三维仿真模型可视化技术推广过程中，在建项目大胆尝试，建立全线三维模型（含站前单位），并加载至三维仿真模型管理平台。通过控制模型是否显现，来形象显示土建施工单位的施工进展，辅助项目管理层进行决策，保证"四电"接口工作介入时间的精准把控，实现降本增效。同时，在三维仿真模型管理平台的深度赋能下，将模型与合同相关信息绑定，形成了基于三维仿真平台的施工进度考核和验工计价工作。

6. 工艺沉淀，降低工匠断层风险

传统人才培养主要靠导师带徒、专业历练等方法，但随着老一辈技术工人逐渐退休，中国高铁"四电"工程技术人才数量正在经历断崖式下跌。三维仿真模型可视化技术的应用，让一流的高铁"四电"工程施工工艺、施工方法实现数字化、可视化，形成企业的宝贵财富，同时也降低了工匠断层风险。

三、高铁"四电"工程基于三维仿真模型的可视化施工管理效果

（一）成功探索了"四电"工程数字化施工新模式

三维仿真模型可视化技术的应用，解决了传统"四电"施工中的各种困境，通过三维可视化工序交底，现场施工人员按照1∶1的比例还原现场，实现了缆线布放层次化、施工交底可视化、施工方案前置化、材料计划精准化、安装布线预配化、工程进度追踪化、效率效益提升化、维护维修便捷化的最初设想。在施工质量方面，基于三维仿真模型可视化技术的室内设备安装布线，实现了零差错的目标，室内外模拟实验联调联试一次通过。三维仿真模型可视化技术的加持，为南方工程公司承建的昌景黄高铁项目赢来了召开全路现场会的机会。

（二）为用户运营维护带来便利

从试点项目开始，南方工程公司即嵌入二维码技术，对设备的厂家信息、机柜施工单位、设备安装时间、维护时间以及各类线缆的用途信息进行高度集成，便于后期维护。通过三维仿真可视化管理平台，设备运营维护单位可轻松查看项目三维建筑信息模型，各类机柜、设备模型均关联了设备安装

时间、设备厂家，以及检修维护时间等重要的运营维护数据，各种缆线具有唯一径路走向，可实现便捷查询。

（三）显著提升了"四电"工程施工效能

提高了安装效率，降低了人工成本。传统施工方法室内缆线布放时，交叉、扭绞、错误现象不可避免，容易出现返工。应用三维仿真模型可视化技术建立三维模型引导施工，与传统施工模式相比，安装工效提高 50% 以上，在提高工效的同时，也提高了设备安装合格率，杜绝了返工等情况。

精准材料计划管理，减少材料浪费。"四电"设备安装缆线用量非常大，其中信号缆线用量最大，中继站、车站各种缆线少则几百条，多则过万条。采用三维仿真模型可视化技术建立三维模型后，每一根缆线两端配线预留可以精确到 20 厘米～50 厘米，因此每根缆线两端共计可减少浪费 3 米左右，同比降低浪费 75% 左右。

三维仿真模型可视化技术应用成效显著、全面推广。南方工程公司基于三维仿真模型的可视化施工管理模式，在 10 多个项目落地实施，取得良好效果，获得建设单位好评，已成为公司以及全集团公司在项目管理中的规定动作。高铁"四电"工程基于三维仿真模型的可视化施工管理应用与推广，给公司的业务变革带来机遇和重要价值，同时也进一步提高了公司在铁路"四电"行业及新兴产业中的核心竞争力。

（成果创造人：熊秋龙、朱学辉、唐　阳、李大建、许　雄、周炳学、
洪宗浩、杜　伟、周小毛、刘　帅、刘维生、陈　涛）

水净化工厂基于数字技术的智能建造管理

中交一航局生态工程有限公司

中交一航局生态工程有限公司（以下简称生态公司）是世界 500 强企业、全球领先的特大型基础设施综合服务商中国交通建设股份有限公司的三级子公司，隶属于素有"筑港摇篮"美誉的中交第一航务工程局有限公司（以下简称中交一航局）。生态公司位于深圳市光明区，注册资本金 5 亿元，具有市政公用工程总承包一级资质、建筑工程总承包二级资质、环保工程专业承包一级资质等，是国家级高新技术企业。生态公司踊跃投身生态环境治理，经营区域涉及粤港澳大湾区、京津冀、长江中游、成渝等城市群，为地方经济发展和生态环境建设做出积极贡献。

一、水净化工厂基于数字技术的智能建造管理背景

（一）贯彻国家加快推进数字化转型的基本要求

党和国家高度重视数字化发展，提出"加快数字化发展，建设数字中国"，将打造数字经济新优势、营造良好的数字生态列入"十四五"时期重要目标任务。《国有企业数字化转型行动计划》对建筑企业数字化转型也提出要求，要加快推进智能建造与建筑工业化协同发展，提高人均效能，打造"中国建造"升级版。作为建筑业中央企业，生态公司在工程项目中应用数字化技术、推进智能建造，是贯彻国家加快推进数字化转型的基本要求。

（二）赋能建筑企业加快转型升级的必然选择

在新时代，我国建筑产业正由传统工程单一业态向投建营产业一体化融合转型。推动新型城镇化、装配式建筑和建筑智能化，催生新产业、新业态、新模式，是建筑企业高质量发展的重要内涵。当前，我国建筑行业在产业协同、产业链融合、大数据应用等方面发展缓慢，数字化程度明显落后于其他行业，建筑企业普遍面临利润空间缩小、运营效率不高、核心竞争力不强、创新能力不足等问题，急切需要通过加快智能建造与建筑工业化协同发展，打造数字产业体系，保持市场竞争力。而数字技术是新技术和先进生产力的代表，将数字技术广泛应用于工程项目，建立与数字技术相适应的新型生产关系，是赋能建筑企业加快转型升级、实现高质量发展的必然选择。

（三）推动深圳水务工程高质量发展的客观需要

深圳市沙井水质净化厂三期工程位于深圳市宝安区茅洲河下游，占地面积 6.19 万平方米，设计日处理能力 30 万立方米，出厂水质执行地表水准Ⅳ类。该项目确立了建成国际先进、国内一流的绿色、智慧型水质净化厂，打造粤港澳大湾区和中国特色社会主义先行示范区标杆项目，推动深圳市水务工程高质量发展的建设目标。要想实现这一目标，必须要加强大数据及数字技术应用，以数字建造提高施工效率、提升品质内涵、践行智慧运营、推动绿色建造，持续提高智能建造水平，助力水务工程高质量发展。

二、水净化工厂基于数字技术的智能建造管理主要做法

（一）建立完善的综合保障体系

1. 健全组织机构，完善运行体系

在中交一航局、生态公司、项目部三级智能建造管理层级运行的基础上，为全面推进沙井水质净化厂三期工程智能建造管理，构建了以企业内部为主体，外部高等院校、科研单位和专业机构为支撑，建设单位、设计单位、施工单位协同参与的智能建造管理组织机构。在企业内部，以中交一航局智能建造方面的专家队伍、中交天津港湾工程设计院、中交天津港湾工程研究院等专业力量为支撑，以项目部为实施主体；在企业外部，整合了中国市政工程中南设计研究院、深圳市深水生态环境技术有限公司、深圳市利源水务设计咨询有限公司、河北工业大学、南方科技大学等外部科研单位、高校及专业机构的外脑力量。构建以工程项目为依托，以数字化技术人员和各业务管理人员为主体的改进实施体系，重点围绕施工效率提升、设计优化、质量提升、安全管控、绿色施工等，推进数字技术在项目管理全流程应用，重点在工艺设备安装调试及试运营、自动化控制、运营监控、高效节能环保等方面，推动数字技术从设计、施工到运营阶段的全生命周期应用，实现数据共享，推动智慧运营。

2. 立足项目实际，确立工作目标

根据工程实际与建设要求，结合企业数字化发展规划，明确了 5 个工作目标。一是以数字技术助力沙井水质净化厂三期工程智能建造，实现建设"国际领先、国内一流的绿色、智慧型水质净化厂"的目标。二是探索建立一套适应大型水质净化厂建设的智能建造管理模式，推动大型水质净化厂设计、施工、运营全生命周期的数字化管理。三是打通建筑施工企业数字化转型与智能建造的"最后一公里"，打造以项目为管理单元的数字科技赋能智能建造的成功案例。四是研发和产出一批大型水质净化厂应用数字技术推进智慧建造的新技术、新工艺、新材料和具体解决方案，掌握一批数字科技关键技术，提升水质净化厂智能建造水平和企业核心竞争力。五是锻造参建员工数字化管理和智能建造的意识和能力，塑造一支具有创新意识、业务素质高、专业能力强的数字技术人才队伍，为推动企业转型升级、高质量发展提供人才保障。

3. 突出管理策划，推动工作落实

将智能建造、数字技术应用纳入项目策划管理，与项目总体策划同部署、同落实、同检查。建立标准化管理体系，制定专项策划书、专项科研项目大纲、应用实施导则及标准等制度文件。认真学习国家《"十四五"智能制造发展规划》和《国有企业数字化转型行动计划》的有关要求，学习中交一航局《智慧工地和数字化施工技术管理办法》《数字化项目管理办法》等制度文件，掌握智能建造和数字化技术应用的基本要求与规则。大力宣传智能建造与数字化转型的重要性，深刻认识在大型水质净化厂推进智能建造对项目高质量实施、企业高质量发展的积极意义，为推进智能建造营造浓厚氛围。

4. 确保投入保障，建立激励机制

企业加强成本管控，压缩各类费用，保证智能建造的资金投入。据统计，项目实施期间共投入资金达 1306 万元，做到专款专用，重点用于数字技术应用研发、BIM（Building Information Modeling，建筑信息模型）技术应用、通信和网络技术、协同工作平台建设、智慧工地建设等。配备了专职数字技术人员，专业涵盖计算机、自动化、通信、BIM 等。制订了专项培训计划，利用业余时间组织数字化知识、业务培训。项目实施期间，累计组织相关培训 50 多场次，参加上级单位组织的业务提升培训 7 次。建立了以项目部为主导的智能建造日常工作落实评估月度奖金激励机制，以企业总部和项目部上下联动的智能建造成果输出与参赛获奖专项激励机制，激发了全员积极性。

（二）搭建数据集成的协同平台

1. 构建协同工作平台，推动管理协同

协同工作平台，又称项目门户，以 BIM 和项目管理业务信息集成为核心内容，实现了线上多方协同工作模式。项目门户包括 11 个板块，65 个子项板块，涵盖设计、采购、投资、进度、质量、安全、BIM 模型等内容，全面应用建设工程数字化技术，高度集成虚拟施工、质量、安全、进度、劳务、物资、资料、文明施工管理数据，提升了业务管理效率，解决了技术难题，优化了管理流程。同时，借助 BIM 可视化、平台信息化及硬件智能化，对项目建设进行精细化管理，提高了各方管理的精确度和规范性。

2. 融合智慧工地建设，提高管理效率

以 BIM 为载体，辅以智慧工地平台，实现与协同工作平台的结合，通过三维模型数据接口集成的建筑、结构、机电、工艺等专业模型，将工程建设过程中的图纸、模型、投资、质量、进度、安全、设备、环境等信息集成到协同工作平台，涵盖三维全景、进度监控、质量监控、安全监控、视频监控等功能；利用 BIM 形象直观、可计算分析的特性，为施工管理、投资控制等及时提供准确的构件位置、工程量、资源量、计划时间等信息，辅助项目管理；依托智慧工地平台，为项目装上"智慧大脑"，通过收集人员、环境、设备等有效数据，建立对现场作业和施工构件的直观感知，工作互通互联、信息协同共享，实现项目管理的信息化、数字化，提高项目管理效率。

3. 实现数据互联共享，支持管理决策

数据指挥中心接入用电监测、群塔防碰撞、吊钩可视化、视频监控、AI 隐患识别、VR 安全体验、车辆识别、智能地磅、TSP 环境监测、排水浊度自动监测等系统，实现多平台数据统一，辅助项目管理活动实施，为项目管理决策提供依据。运用现代网络信息技术，借助局域网数据库的共享互联，整合指挥中心收集的多平台数据，输出特定形式的数据和信息，运用网络平台为各参建方传输和共享数据，实时把控项目管理动态，由"无线"互联至"无限"互联，实现"BIM + 大数据 + 协同办公 + 智慧工地"的融合，提升了智能建造水平。

（三）推动全生命周期智能建造

1. 设计阶段数字技术应用

一是辅助设计方案比选。利用 BIM 直观展示和即时渲染功能，快速建立不同的方案模型，最终形成最优设计方案。二是构建精细化模型。运用三维设计软件进行设计模型创建，构建精细化模型，确保与实体工程精准一致，精细化模型贯穿 EPC（Engineering，工程；Procurement，采购；Construction，建设）项目管理全过程。三是模拟计算分析效果。利用 BIM 技术进行水利模拟，优化出水配水设计方案，验证设计可靠性。采用有限元软件 ABAQUS 对地铁下穿交叉结构施工进行模拟分析，确保混凝土结构极限状态要求，保证交叉施工安全及质量。四是碰撞检查。依托 BIM 碰撞检查的三维可视化，运用 Revit 建立 BIM，导出 NWC 文件在 Navisworks 中进行碰撞测试，实现"三维校审"。五是丰富企业 BIM 族库。针对项目单体结构多、涵盖专业广、管线交叉及水处理工艺特点，建立 BIM 标准构件库，提高建模效率，提升构件模型的标准化，并上传"一航族库"自主企业族库平台，丰富企业族库储备。

2. 施工过程数字技术应用

一是辅助场地规划布置。在场地布置上，采用了三维辅助设计，通过创建小临模型、场地模型及其他措施模型，模拟施工场地布置，辅助施工场地规划、方案编制及讨论，辅助形象进度展示，相对二维平面施工图布置，三维施工布置图更直观、更利于实际实施。二是方案模拟指导施工。基于 BIM 技术，对施工过程进行模拟，将进度计划与 BIM 相结合，将模型接入进度计划进行施工精细化推演，预演实际施工过程中可能遇到的问题，实现生产进度的可视化、动态化 4D 模拟，方便进度沟通，优化施工方案，避免和减少施工变更。三是辅助工程量统计与成本管控。利用 BIM 形象直观、可计算分析的特性，关联工期、合同、成本、质量、安全、图纸、物料等信息，为工程量统计、成本管控等提供数据支撑。借助广联达 BIM 土建计量工具、标准图集计量套价，实现 BIM 信息流转与建设、监理单位认可，比对 Revit 工程量统计数据，实现工程量精准统计。四是精准建模及用料优化。基于 BIM 技术二次开发"木模板自动配模"插件，实现木模板板面基于混凝土构件表面积自动配置，木模板工程量、混凝土构件工程量快速统计等功能。借助信息化流程，动态更新原材料采购、库存、使用等信息，实现建设材料从需求计划到实际应用的全过程管理及控制，提高成本核算效率。五是研发沉井下沉数字化监测技术。基于 BIM 三维可视化技术，自主研发沉井下沉数字化监测技术，借助智慧监测系统的自动观测和移动互联网传输技术，通过"移动端 + 电脑端"的便捷性设备获取沉井下沉全过程数据，及时对关键数据进行采集—分析—评价—预警，实现了沉井下沉自动监测以及下沉全过程姿态的实时控制，避免了人工操作失误、处理数据耗时长等常规监测方式痛点。六是研发桩基数字化施工技术。针对沙井水质净化厂三期工程桩基工程量大、质量要求高的特点，基于 Dynamo 可视化编程软件，自主开发"桩基模型创建及自动编号"插件，通过批量导入桩基的坐标、直径、桩长等数据直接生成桩基三维模型，辅助桩基工程的精确建模。

3. 工程运营数字技术应用

运用"物联网 + 移动化 + 云平台 + 大数据 +AI 高级控制"的先进技术，采用系统思维构建新一代水质净化厂生产运营管理的整体逻辑架构，基于 BIM 技术将设计、施工阶段形成的数据及信息移植到运营阶段。结合物联网、GIS、大数据等，以数字化、移动化方式，实现全方位在线管控水厂运营过程，如智能巡检、水质监测、大数据对比分析、预警预报等。

（四）助力全流程智慧工地建设

1. 构建项目智慧中心

智慧工地管理平台以 BIM 技术为载体，融合应用 GIS、VR、物联网、人脸识别等现代化信息技术，实现对人员管理、劳务管理、物料管理、环境管理、质量安全管理、施工监测、绿色施工、机械设备管理等全方位、全过程、全流程的智能管理，构建了项目智慧中心。依托智慧工地管理平台，以物联网技术配置了智能门禁、智能地磅、工地广播、危险源识别提醒等智慧工地 IOT（Internet of Things，物联网）功能模块，集成用电、环境、安全监测等实时数据采集，实时预警，集成信息可以在远程控制中心、PC 客户端、移动终端实时展示，以真三维、信息化推动项目管理标准化。

2. 远程监控智慧应用

项目智慧中心支持远程监控管理及过程验收，能够对施工现场进行异地监控、远程控制，做到实时访问查看施工情况和历史视频存储。项目实施中，在现场出入口、主要通道、办公生活区、材料堆放区、主要施工区、施工塔吊、围墙等配备了高清监控摄像头，以便直观掌控项目各施工区域的具体情况，及时发现问题、解决问题，并监督施工过程、实施远程控制。

3. 机械设备智能监测

利用智慧工地 IOT 技术，运用 GIS 定位、智能语音等，采用设备智能监测系统，全面监测、管理现场机械设备。通过项目智慧中心，以定位、视频、语音、智能识别等方式巡检机械设备，实时记录设备实操人员行为，完成对塔吊重量、力矩、风速、高度等数据监测、记录和预警，实时掌控现场工作情况。通过智能识别，对司操人员进行身份辨识，确保操作人员符合要求。同时，监测系统可以对塔吊异常状态进行全过程监控与控制，相关数据与 BIM 关联对比，出现异常和故障时及时预警。对群塔作业进行防碰撞检测，避免作业时碰撞，保障作业安全。

4. 安质管理智慧应用

利用 Revit 建模及视频渲染技术，对各施工工序进行三维建模，采用可视化技术交底，指导施工管理人员和产业工人作业，效果直观，易于被接受，提高了工序标准化。安全管理中，将劳务实名制与智能安全帽结合使用，采用 GIS 技术，实施人员定位考勤基础移动定位技术，及时掌握现场人员出勤、身份验证、工种分布、违章查询、人数走势、行动轨迹等情况，提高了安全管理效果。依托三维模型和 VR 设备及相关软件，制作质量样板体验区，虚化模拟施工工序、体验效果，促进工序标准化和质量提升。设置 VR 安全教育体验区，辅助实施安全技术交底和安全教育培训，让参建人员和产业工人能够逼真感受、直观体验安全伤害。

（五）融入节能环保与绿色施工

1.实施环境监测，推动绿色环保

项目配置了 TSP 环境监测系统，可以同时监测湿度、风速、风向、温度、PM2.5、噪声、PM10 等指标，系统全自动 24 小时不间断工作，具有预警、报警功能，配备了 LED（Light Emitting Diode，发光二极管）显示屏，全天候实时显示数据。系统数据实时传输到智慧工地管理平台，当超过设定标准值时，系统自动报警。现场排水采用排水浊度自动监测技术，实时监测场区排水水质，做到有效预防管控污染源，极大降低了施工过程对周边环境的负面影响。

2.节省施工资源，提高施工效率

沙井水质净化厂三期工程用地紧张、场地狭小，基于 BIM 进行场地规划和临建规划，减少了用地面积，节约了土地资源。桩基施工中采用水泥搅拌桩卧式制浆系统等绿色建造新技术，借助数字化技术精准控制水泥和水的用量，临建施工融入海绵城市设计理念，应用透水混凝土，减少了资源浪费。利用 BIM，开发应用"木模板自动配模"插件，实现木模板板面基于混凝土构件表面积自动配置，减少模板投入。

3.降低能源消耗，实现低碳减排

基于 BIM 技术和大数据平台，将施工用水、用电、主要机械设备能耗数据纳入协同工作平台，通过按月下达用水用电考核指标及设备能耗定额，设定警戒值，超过警戒值时系统自动报警。用电设施均采用 LED 灯具，施工现场还采用了变频塔吊、变频空调、时控开关等节能型设施，辅助协同工作平台数据监控信息，提高设备使用效率，降低设备能耗。应用二维码技术，识别场内车辆废气检测情况，并配备自动喷水洗车池，结合洒水车定时洒水防尘。临建借助 BIM 技术进行太阳能路灯和绿植的布排，通过模拟效果选择最优方案，打造绿色临建。

三、水净化工厂基于数字技术的智能建造管理效果

（一）提高了项目管理水平

基于数字技术应用的智能建造管理，突破了传统项目管理在"空间"上的束缚，使得各级管理人员能够对施工进行远程、全方位、真实客观的了解和掌握，实现了项目管理"扁平结构"。较传统项目管理，智能建造管理一方面打破了等级制，减少了中间层级，方式更加灵活，穿透性更强，提高了执行层工作效率，便于高层管理者对执行层的监督管控；另一方面打破了各单位之间的封闭循环，促使建设单位、设计单位、监理单位、施工单位在平台协同与数据共享的基础上，形成高效协同工作模式，提升了项目管理水平。

（二）增强了工程科技内涵

基于数字技术应用的智能建造管理，实现沙井水质净化厂三期工程全过程数字化、网格化和智能化建造，提升了科技内涵，产出了一批优质的创新成果，取得国家专利 10 项，其中发明专利 1 项，获得软件著作权 2 项；形成一批先进的工艺方法，基于数字技术应用的新技术、新设备、新材料、新工艺 10 余项，其中获得中交一航局级工法 2 项，"城镇大型污水处理厂建设关键技术研究与应用"成果通过专家鉴定，达到"国际领先水平"。

（三）提升了工程建设品质

基于数字技术应用的智能建造管理，提高施工效率的同时，实现了工程质量再提升。沙井水质净化厂三期工程各工序一次性通过，验收合格率达 100%，无论工程实体质量，还是表观质量均得到各方认可。项目大力推广绿色建造数字化技术，创新推进"四节一环保"工作，取得较好效果，荣获中国建筑业协会"2022 年度建设工程项目绿色建造竞赛三等奖"，通过广东省建筑业绿色施工示范工程评审，打造了一座工程质量优异、运营高效节能、全程绿色环保的中国特色社会主义先行示范区高品质标杆项目。

（四）保障了项目平安创建

基于数字技术应用的智能建造管理，加强了项目安全管控，应用物联网技术、通信技术、GIS 定位、BIM 技术以及大数据分析，实时监控施工安全状况，提前预警，发现安全隐患，分析统计隐患发生频率，辅助隐患整改和现场安全管控。3 年建设历程中未发生任何安全事故，创建了平安工地。同时，也对现场标准化管理及文明施工起到积极的促进作用。

（五）取得了显著社会效益

基于数字技术应用的智能建造管理，打破了传统项目管理模式，以数字技术助力，建成国际先进、国内一流的绿色、智慧型水质净化厂，实现茅洲河流域雨季水质稳定达标，为深圳西部经济快速发展注入"新活力"。上部公园建成后，将为市民提供近 5 万平方米的集运动、休闲、观景、娱乐于一体的生态市政公园，打造亲民、开放、与自然融合的城市公共空间、环保教育科普示范基地，成为践行"绿水青山就是金山银山"生态理念、共绘人与自然和谐相处美好蓝图、实现共建共治共享新格局的优秀典范工程。此外，基于数字技术应用的智能建造管理在基层项目的成功实践，打通了建筑行业数字技术应用与管理的"最后一公里"，对推动建筑行业和建筑企业数字化转型与智能建造提供了经验案例。

（成果创造人：叶建州、韩斌武、平　赛、刘立平、刘子健、向　峰、
　　　　　　　王海涛、黄致凯、李丽军、郭跃华、王建龙、陈　任）

通信企业基于平衡理论的网络资源数智化管理

中国移动通信集团广东有限公司

中国移动通信集团广东有限公司（以下简称中国移动广东公司）隶属于中国移动通信集团有限公司（以下简称中国移动），作为中国移动乃至我国信息通信行业规模最大的省级公司和广东省规模最大的通信运营商，主要在广东地区经营移动话音、数据、IP（Internet Protocol，互联网协议）电话、多媒体和企业信息化等业务，被国务院国资委评为"全国标杆企业"，连续多年荣获"广东省纳税十强企业"称号，为通信行业及地方经济发展做出了重大贡献。

一、通信企业基于平衡理论的网络资源数智化管理背景

随着新一轮科技革命和产业变革深入发展，5G 及 AICDE（Artificial Intelligence，人工智能；Internet of Things，物联网；Cloud Computing，云计算；Big Data，大数据；Edge computing，边缘计算）等信息技术的融合创新，将推动人类专业化知识沉淀到智能机器，形成超大规模个性化的生产模式，催生"数智生产力"，并进一步推动经济社会高质量发展和可持续发展。网络资源数据作为网络运营数智化转型的重要基石和底座，只有保证准确性方可高效地支撑网络维护运营转型。中国移动十分重视资源数据质量的改进，提出在开展资源数据基础质量提升的基础上，各省公司要研究并开展资源数据准确性的分析和整治。中国移动广东公司也深刻认识到资源管理对公司网络数智化转型的重要性，提出采用数据平衡理论，参考区块链共识机制保证存储数据准确性、一致性的方法，建立了在支撑网络高效运维、支撑业务发展、支撑 CHBN（Customer，个人移动业务；Home，家庭业务；Business，政企业务；New，新业务）的基础上，能保证网络资源数据准确性的评估体系。

二、通信企业基于平衡理论的网络资源数智化管理主要做法

（一）明确数字化管理的总体思路

中国移动广东公司融合"精益管理—人工智能—数字孪生—区块链技术"四大理论基础，深入思考确立"数据地图—平衡算法—数据自愈"三大核心方法思路，通过全模型、全规则、全流程、全服务"四全"举措，有效提升资源数据准确性，支持"网络运营（三零）""网络运维（三自）"六大应用，充分发挥资源数据价值，助力公司提质增效，实现"降本—管—社会"三大效益。

（二）明确资源数据准确性平衡理论技术体系

根据网络资源数据来源多、多专业垂直化管理、多场景触发变更等特点，融合"精益管理—人工智能—数字孪生—区块链技术"四大理论，对真实物理网络中每一个实体的组成、特征、功能和性能等信息进行数字化构建，形成唯一的数字孪生体，构建资源数据准确性平衡理论体系。一是精益管理，应用精益管理六大要素 PQCDSM（Productive，生产效率；Quality，质量；Cost，成本；Delivery，交期；Safety，安全；Morale，士气），指导资源数据自愈式闭环管控体系的建立。二是人工智能，引入人工智能的模式识别方法，通过图像识别、OCR（Optical Character Recognition，光学字符识别）技术，智能化支撑物理现场信息采集。三是数字孪生，以数字孪生建模方法论及元数据为指导，以资源中心网络资源融合数据为基础，对真实物理网络中每一个实体的组成、特征、功能和性能等信息进行数字化构建，形成唯一的数字孪生体。四是区块链技术，参考区块链的共识机制，结合资源数据在网管、资源、云侧多方样本的特点，建立准确性评估方案。

（三）建立数据治理核心方法

通过建立数据地图、平衡算法、数据自愈的数据治理核心方法和资源稽核全生命周期流程，中国

移动广东公司做到了事前有规则、事中有管控、事后有稽核。汇聚业务数据、资源数据、网管数据、工单数据等多系统数据源，实现跨域数据深度融合；制定数据治理全流程闭环管控，实现稽核自动化及常态化，推动资源、网管数据的动态一致与准确，高效支撑生产运营。

本体系的数据治理核心方法包括以下 3 部分。一是数据地图。从网络资源对象的视角，整理形成数据资产目录，记录数据血缘关系，打造全网络的一体化资源数据地图。构建资源平衡理论体系的数据底座，支撑平衡算法智能比对。二是平衡算法。根据资源数据准确性评估的目标，总结三大类评估规则，形成数据质量平衡体系的核心稽核算法，搭建统一稽核规则库，可根据资源数据的不同阶段、不同应用场景调用，确保稽核算法的一致与统一；自定义稽核规则及设置稽核埋点，完成数据质量分析和稽核。三是数据自愈。建立训练学习库，结合 AI（Artificial Intelligence，人工智能）机器学习算法，根据数据稽核报告、异常数据分析报告、资源预警评估报告、数据健康度分析报告、数据质量溯源分析报告，实现数据自动稽核、问题自动派单、结果自动评估的资源数据自愈闭环，完成资源数据问题的常态化、自动化分析及处理。运用记录数据治理过程日志，构建资源健康度模型，辅助完成资源主动式智能巡检。

1. 数据地图

数据地图建立分三步走。

步骤 1：基于网络资源管理系统的数据模型，依据资源数据应用场景梳理出一份适用于资源数据使用的数据字典，形成数据资产目录。步骤 2：数据加工的产物（视图、表、文件等）均与数据字典关联管理，理清数据的血缘关系。步骤 3：统一管控资源数据对外服务的出口和分析应用的过程，并建立监测反馈机制，掌控资源数据对外服务的场景、使用的频率，同时通过数据应用反馈数据质量存在的问题，形成正反馈和问题闭环。

通过以上 3 个主要步骤，主要形成以下六大成果。一是数据资产目录：网络资源对象、字段与资源中心的元数据联动。二是数据血缘关系：数据加工的引用关系，数据的流向。三是数据视图产出：从网络资源对象的视角，管理相关联的数据视图。四是资源分析应用记录：从网络资源对象的视角，了解数据分析应用的记录和结果，方便记录数据的去向及获取数据应用存在的问题。五是数据服务记录：从网络资源对象的视角，掌握数据对外服务的记录。六是数据预览：提供数据视图的数据预览功能，直观看到数据融合加工的成果。

2. 平衡算法

规则体系包括点、线、结果共 3 个层次，逐层递进判断数据准确性水平。跨源比对是核查资源单点准确性，端到端业务链比对是针对应用场景分析全数据链条资源端到端准确性，应用比对是通过数据应用结果检验资源准确性。

类别一：跨源比对。网络资源实体在不同系统有不同表现形式，形成不同的网络资源数据副本。数据副本间存在差异则反映数据不准确，如果存在多个副本则可以参照共识机制，较为客观地判断网络资源数据的准确程度。

类别二：端到端业务链比对。大量的网络资源数据应用场景都需要使用全链条端到端的数据进行跨专业全链条资源的端到端关联串接，如果发现串接失败，则说明肯定存在资源数据跨专业关联缺失、资源数据录入错误等问题。

类别三：应用比对。网络资源数据最终要对外输出应用，支撑公司的网络运营生产活动，因此资源数据在不同应用场景中的使用将形成不同的应用结果。不同的结果副本间存在差异则可以说明资源数据不准确；或者当资源数据准确性不足时，某些应用指标会明显下降，则这些应用指标也可以有效地表征资源数据的准确性水平。

3. 数据自愈

运用数据自动稽核、问题自动派单、结果自动评估的闭环流程，完成数据质量的自愈。数据自动稽核通过稽核规则周期运行并设定问题门限值，从而满足资源数据质量管理要求。问题自动派单使用异步方式处理大量数据，实现问题数据单直达数据管理人员，减少人工查看报表，并可以进行在线修正。结果自动评估，摒弃人工介入检查，通过系统再次稽核自动评估问题数据是否完成修正，并根据评估结果发起自动督办，实现闭环自愈。

应用一：系统运行以来，每日对 10 多个专业、500 多个对象、21 亿多条数据进行稽核，自动发现数据存在的问题，根据规则，错误明细将自动触发勘误流程，进行闭环自愈。

应用二：系统每日自动勘误工单 50 多个，涉及广东全省 21 地市数据质量责任人，平均每日完成勘误记录 50 万个，涉及属性 150 万种。

应用三：系统每日对勘误流程所涉及的核查规则进行二次自动稽核，二次稽核通过率逐步从 70% 提升至 90% 以上，明显提高了勘误执行效率和勘误正确率。

（四）建立资源数据质量管理全生命周期流程

1. 阶段一：事前有规则

跨源比对：打通网络资源与网络线、业务线、财务线等系统壁垒和管理壁垒，通过落实跨源平衡比对，实现跨专业、跨部门、跨系统的数据一体化管理。应用案例一：资源与业务数据比对。打通网络资源与公司资产的管理壁垒，通过落实资源与资产的跨源平衡比对，从网络设备工程建设到入网验收、资产入库、设备入网、资产报废等环节，利用"一码到底"实现数据比对关联，建立跨源平衡比对与跨源流程驱动，实现冗余地点及机房清理，推动低效无效资源退网报废、纠正资源资产差异等，同步整体实现资源与资产数据的准确性提升。应用案例二：资源与配置数据比对。现网配置数据与实际使用相关，准确性较高。通过获取网管、业务系统的现网配置数据，与资源系统数据自动分析和比对，发现数据间不平衡状态，开展资源数据整改，并通过数据不一致问题分析，进一步挖掘工作流程、IT（Information Technology，信息技术）系统功能及接口漏洞，推进业务流程完善及 IT 功能优化。

端到端业务链比对：以实现业务场景端到端拓扑为审视维度，检验相关资源数据是否完整串通；同时对于业务链相关系统，建立"三系统两等于"的比对模式，同时结合前端系统、网管系统的动态数据与静态数据进行平衡比对，检验数据是否准确可应用。应用案例：根据内审统计、市场发展、网络挖掘、智治建设等工作要求，初步发掘 6 条业务链，分别是集客业务链、家客业务链、基站业务链、网络云业务链、IDC（Internet Data Center，互联网数据中心）业务链、动环供电关系业务链，完成平衡比对。通过稽核有效提升集客、家客业务数据质量，支撑家客、集客业务自动开通及业务拨测；通过稽核提升动环专业内分路及跨专业关联数据完整，支撑告警呈现。

应用比对：资源数据可对外应用，通过应用过程、结果指标客观反映资源数据准确性。应用案例一：通过割接中对应设备端口是否发生告警，对光缆、纤芯、光路、设备端口的所有资源数据准确性开展检验。应用案例二：集客业务在不同阶段开通使用资源数据，可实现不同应用副本的检验。

2. 阶段二：事中有管控

调用统一规则库稽核规则（超过 1500 条），在各类资源全生命周期流程和业务应用场景中嵌入稽核规则埋点，对资源数据的新增、修改、删除等场景进行事中校验与管控，确保数据"健康入网"。

已嵌入网络资源管理三大阶段，分别是工程入网、业务开通、网络运维，梳理场景定义五大类，分别是采集比对、资源维护、业务开通、网络割接、数据清查，具备 10 套业务场景，涉及 14 个专业，超过 500 个资源对象，2000 多种资源属性。

3. 阶段三：事后有稽核

通过建立涵盖业务、应用、端到端等全方位的"大资源"事后数据质量的评估体系，依托"点""线""结果"三大分析法，从跨源比对、端到端业务链比对、应用比对3个方面开展事后资源数据质量的集中深度分析，实现问题精准定位。整合数据基础稽核和准确性稽核，共梳理规则超过1500条，保留并优化事后稽核规则超700条，开展存量数据问题清理。每天自动稽核发现错误数据，自动派发勘误单，自动检验修正结果，实现资源数据自愈闭环。

（五）构建三大核心能力

在资源中心打造元数据管理＋平衡引擎＋AI三大核心能力，建立数据稽核平衡体系坚实底座能力，支撑平衡体系大厦全模型、全规则、全流程、全服务四大举措。一是全模型500+：使用大类建模，统一全网语言，实现统一建模；统一业务模型，实现全域管理；拉通稽核所需数据，按照统一模型进行清洗入库，满足应用要求。二是全规则1500+：新建统一规则库，用于保存资源数据的各类校验规则；对所有的校验规则统一编码；创建规则1500+，覆盖资源实体对象500+。三是全流程40+：数据校验贯穿资源全生命周期，管理各流程共计40余个，根据事前规则实现数据录入变更的事中管控；集中稽核、问题收集等不同渠道发现的错误数据，都可以通过数据稽核流程实现流程化闭环管理。四是全服务80+：原子能力微服务化，接口能力统一注册到MSB能力开放平台，支持周边生态应用调用；数据稽核能力、数据后评估能力、巡检支撑能力、数据报表能力全面微服务化，生产过程中可根据场景自主调用和组装。

基于网络资源数据底座，不断加强网络全生命周期的自动化、智能化运维应用能力，面向消费者和垂直行业客户提供"零等待、零故障、零接触"的"三零"体验，支撑CHBN发展，面向网络智慧运维打造"自配置、自修复、自优化"的"三自"能力，赋能运维提质增效降本。其中，中国移动广东公司率先实现5G 2B/2C场景传输自动开通，业务资源分配、数据制作等环节接近100%实现自动化；基站验收效率提升90%。

（六）开展工具创新

1. 自研能力平台，支撑体系落地

自研开发面向数据稽核的资源管家，也面向服务支撑的服务管家。通过构建模型统一、质量稽核、数据服务、数据应用的网络资源数据治理与运维体系，数据的生产方、需求方和管理方都能清晰掌握网络资源数据的服务流向、热度、效能。

自研资源管家实现规则统一配置、稽核统一运行、结果统一呈现、稽核统一派单。统一规则库用于保存资源数据的各类校验规则，满足事中校验和事后稽核统一引用。规则配置界面具有元素选择功能，70% 规则无须编写 SQL 语句即可配置完成，降低了配置门槛，提升了配置效率；同时，积木报表实现规则结果的灵活定制组合和呈现，达到自智网络 L3 级别。资源管家直接针对服务管家对外提供服务视图数据开展稽核，在挖掘资源系统数据问题的同时，也保障了对外共享数据的质量，避免系统数据与共享数据出现"两张皮"的情况。

自研服务管家具有模型统一、数据清洗、数据服务的功能。通过对资源管理系统进行模型映射统一，解决资源数据应用方对字段含义不理解的问题，形成与资源数据业务管理界面一致的基础视图，方便数据应用方直观理解字段含义，提升数据应用效率。系统采用低代码，可拖拉拽的配置方式，满足自智网络 L3 级别。

2. 应用 AI 能力，提升管理效能

AI 图片识别能力嵌入资源现场巡检、资源现场验收等场景。应用案例：通过光交箱端子现场拍照识别端子占用情况，并与资源数据比对，提升比对效率及准确性，在资源验收阶段实现现场验收自动比对。

AI 图纸识别能力嵌入资源数据录入稽核比对。应用案例：工程新建阶段对接工程 PMIS（Project Management Information System，项目管理信息系统）获取建设任务清单，通过 AI 识别无线基站设计 / 竣工图纸获取信息并与资源系统无线基站信息进行比对，以发现设备、天线工参、归属机房等方面存在的问题，实现资源数据准确性的自动校验。

三、通信企业基于平衡理论的网络资源数智化管理效果

（一）实现了降本提质

节省 IT 开发投资共计 163.12 万元。资源管家优化基础性规则 327 条，新增规则 378 条，整合场景报表 118 个，按照历年投资估算，节省了占开发投资 10% 的稽核类需求的开发费用约 85 万元。服务管家平均每年资源相关数据模型映射、对外共享服务的需求为 1395 人天（以 2019 年数据统计），以 700 元 / 人天计算，可节省开发费用 78.12 万元。

支撑网络运维降本。通过资产资源关联数据支撑开展网络资产低效无效分析、清退进程管控等工作，支撑 10 个专业开展数据分析，形成 5265 台低效无效设备清单。通过下电拆除估计年节省用电 900 万千瓦·时。分析冗余资产地点共计 49066 个，已完成清理 21182 个，2023 年年底前完成了所有清理整改工作，有效支撑转资准确性和转资效率提升。

支撑网络资源数据质量提升。通过数据自愈自动派发勘误单 1087 张，结果自动校验，问题自动督办，自愈闭环率达 100%。家企宽资源采集准确率提升 2.09 个百分点，集客专线前后端一致性提升 10.28 个百分点，网络类资产准确性提升 10.83 个百分点，光缆割接资源准确率提升 12.9 个百分点。

支撑业务智能化开通。集客专线自动开通卡单率下降 35.02 个百分点，互联网专线自动化智能开通比例提升 44 个百分点，集客业务性能自动拨测成功率提升 53 个百分点，家客开通无资源卡单率降幅达 53%。

（二）提高了网络效益

在网络维护效率提升方面，光交箱端子现场核查时间约节省 40%，资源现场验收时间节省 80%，无线资源录入校验时间节省 70%。在资源稽核效率提升方面，稽核规则配置效率比原来全部用 SQL 提升 40%，规则复用率为 23%。相同规则灵活组合，满足不同稽核场景和业务场景使用，减少规则重复开发。在自智网络评级提升方面，资源专业 2022 年评级评分从 2021 年 2.3 提升至 3.1，支撑全专业 2022 年评级评分从 2021 年 2.6 提升至 3.15。在规避审计及网络隐患风险方面，支撑各项审计问题提前发现，减少审计风险；对于审计发现问题，配置专题报表支撑各专业及地市开展整改。开展网络隐患排查，挖掘 OLT（Optical Line Termination，光线路终端）单上联链路 250 条，挖掘整改前后端不一致数据 3 万余条。

（三）提升了社会影响力

中国移动在中国移动全球合作伙伴大会、全国网络工作会、第十届世界移动通信大会等国内、国际会议上积极分享资源管理体系在数智化运维转型升级中的实践经验，携手合作伙伴持续深化产业合作，共同实现产业发展与繁荣。中国移动广东公司在网络综合运维质量提升中的工作成绩也得到中国移动高度认可，并荣获"2022 年综合考评网络维护工作一等奖"，包揽中国移动网络运维全部奖项。

（成果创造人：崔志顺、孔　轶、吕锦扬、左　建、许耀顺、林文锋、吴　威、禤晓昭、陈　卓、张晓峰）

煤炭港口企业智慧化生产调度系统建设与运行管理

国投曹妃甸港口有限公司

国投曹妃甸港口有限公司（以下简称国投曹妃甸港）是国家开发投资集团有限公司全资子公司国投交通控股有限公司的控股企业，于 2005 年注册成立，注册资本金 33.2 亿元，主要任务是建设运营曹妃甸专业煤炭码头，满足大秦线扩能增量和蒙冀铁路煤炭下水需求，服务国家能源经济建设。国投曹妃甸港配备世界规模最大的 5 套四翻翻车机系统，拥有 18 条堆场、194 个垛位，设计堆存能力为 832 万吨，拥有 5 万～ 15 万吨级煤炭钢板桩码头泊位 10 个，设计下水能力 1 亿吨，最大通过能力 1.25 亿吨，项目总投资 95.25 亿元。近年来，国投曹妃甸港获得了"全国五一劳动奖状""国家改革开放 35 年经典暨精品工程""鲁班奖""国家优质工程金质奖""詹天佑奖""河北省港口吞吐量突破七亿吨突出贡献单位"等荣誉。

一、煤炭港口企业智慧化生产调度系统建设与运行管理背景

（一）落实国家港口建设和保障煤炭能源供给安全的需要

港口作为一个国家战略性产业，是连接水路交通的枢纽。尤其是作为"西煤东运""北煤南运"的重要一环，煤炭港口承担着保证煤炭物流顺畅、保障国内能源安全的重任。当今世界正经历百年未有之大变局，不确定、不稳定因素不断增多，能源安全问题日益严重。保证能源供给自主可控、能源运输通道顺畅高效，是目前我国保证能源安全的重要措施。因此，国投曹妃甸港作为国家港口建设和能源物流布局的重要一环，开展基于智慧化生产调度系统的管理，有助于建设"绿色、阳光、智慧"的世界一流港口，提升行业竞争力，凸显国家"北煤南运"的重要节点效用，保障煤炭能源供给顺畅和安全，服务国家经济建设。

（二）推进智慧、绿色港口建设的需要

当前，煤炭港口在智慧港口建设方面仍旧存在一些问题。一是煤炭港口机械设备众多，作业环境相对恶劣，信息化升级成本高、周期长。二是高精密的元件受粉尘等不良环境影响，寿命缩短，稳定性差，后期维护成本高。三是云计算、大数据、5G 等相关技术应用深度不足，智慧港口建设还处于初级阶段。因此，国投曹妃甸港依托国家对煤炭港口的要求，实施港口智慧化生产调度系统的管理项目，为其他港口的智慧、绿色建设提供经验和范例，从而助推行业发展。

（三）提升企业关键竞争力的需要

国投曹妃甸港地处唐山曹妃甸港区，设计下水能力 1 亿吨，最大通过能力 1.25 亿吨，是曹妃甸港区规模最大、运营时间最长的煤炭港口。但是随着其他煤炭港口的不断建设和投产，曹妃甸港区聚集着 4 家专业化煤炭港口，设计吞吐量 2.75 亿吨。受制于铁路运距长、煤炭运输成本高等原因，曹妃甸港区长期处于供过于求的局面，闲置产能 1 亿吨左右。国投曹妃甸港由于以市场煤为主体，客户结构基本以中小型煤矿企业和省级发电企业为主，煤炭种类繁多，经济腹地严重同质化，客户稳定性差，运量受煤炭市场影响较大。

二、煤炭港口企业智慧化生产调度系统建设与运行管理主要做法

（一）明确港口生态发展定位，强化顶层设计

1. 确立发展思路，构建"绿色、阳光、智慧"港口新生态

随着 5G、云计算、大数据、数字孪生等信息技术的开发和深入应用，煤炭智慧港口建设有了更强大的驱动力和技术支持。智慧港口作为现代港口发展的必然趋势，是未来提升港口竞争力、实现港口

产业整体转型的主要途径。国投曹妃甸港作为国内较早论证、实验、成熟运营智能化社会公共专业煤炭的码头，确立了以新一轮科技革命和产业变革为契机，以基于智慧化生产调度系统管理建设为主要目标，以生产业务流程实现网络化、标准化、数字化、智慧化为主要手段，总体规划分步实施的发展思路，致力于构建"绿色、阳光、智慧"的港口新生态。

一是绿色先行。针对煤炭港口生产经营中出现的粉尘污染，国投曹妃甸港通过智能生态运营平台，对港区重点区域内的粉尘、气象等数据实时采集和公布，保证生产过程中实时管控粉尘浓度，实现"粉尘不上天，落地不出港"。二是阳光生产。重点解决港口生产不透明、生产安排无秩序的问题。国投曹妃甸港对涉及生产的各个单元和环节，进行图像、数据收集和实时传输，内部通过 ITV、MSE（Manufacturing Execution System，制造执行系统）等平台进行监督和调整；外部通过客户服务平台，让客户可以远程进行货物的监卸监装，推进生产调度业务的高效化，提升港口的服务质量。三是智慧赋能。国投曹妃甸港聚焦智能生产运营，投入应用 5G、北斗导航、云计算、人工智能、物联网等技术，整合了客户、铁路、海事、航运等数据，打造了"智慧大脑"。

2.长期规划，持续推进生产调度管理优化

国投曹妃甸港编制长期规划，立足长远发展，保证生产调度系统管理智慧化过程的连续性和先进性。通过前期的调研和论证，国投曹妃甸港对生产流程进行梳理，确定了港口生产调度开发的基本框架和内容。2019 年，生产指挥平台率先投入使用；2021 年，堆场装、卸设备实现全自动化作业，生产调度系统和生产组织也全面升级，建成了高度自动化、数字化、可视化的生产调度中心，智慧港口 1.0建设取得成效。"十四五"期间，国投曹妃甸港把智慧港口建设作为重中之重，提出了智慧港口 2.0、智慧港口 3.0 的建设发展历程，把持续推进生产调度系统的智慧化升级作为关键，从财物、人力、安全等方面全力保障数字化转型，提升生产效率和行业竞争力。

（二）构建智慧化生产调度系统技术模型，整合生产要素

1.开发生产调度系统平台，构筑系统框架结构

国投曹妃甸港以信息物理系统为结构框架，开发了具有全面实时感知、智能决策、全程参与、动态控制和信息服务的生产调度系统管理平台。根据平台建设的目标和效用，生产调度系统管理平台的框架结构主要有感知层、传输层、数据层、应用层等。

国投曹妃甸港生产调度系统管理平台以生产"全要素、全时段、全区域、全流程"为原则，以精准计划、智能排产、高效装卸、设备最优、安全作业、生态能耗为目标，集成客户需求、生产计划、生产组织、设备管理、作业执行、安全保障、能耗监测 7 个主要生产领域，以标准化的形式收集、储存、处理、应用内外部信息数据，实现生产调度全过程数字化流转。该平台目前集成船舶到港、火车菜单等远端信息，生产数据、实时视频、流程运行、瞬时能耗、设备在线状况等生产信息；提供作业委托、计划查询、生产监控、电子签章等线上业务办理等功能，实现了"无缝衔接、内外协同"。

2.升级生产调度中心，整合生产要素

国投曹妃甸港在实施智慧港口建设之初，就确立了以升级生产调度中心为重心的目标，打造具有"全面感知、全域控制、高效执行、智能运营、绿色安全"特征的智慧化新生产调度中心，实现生产操作可视化、生产过程透明化、生产指挥智能化。新生产调度中心主要从生产管理、流程组织、设备远程无人化、环境监测 4 个层面进行生产要素整合和升级。

在生产管理方面，国投曹妃甸港把作业委托、船舶靠离泊计划、火车到港计划、拖轮调度管理、堆场堆存计划、生产数据统计等以信息化手段统一整合到 MES，实现了计划—生产的有机结合，保证了生产调度中心对生产全过程的管理和监控，改变了过去计划与生产脱节、生产时效滞后、人工记录随意性的缺点，实现了企业内部生产信息共享、数据互通，大幅度提高了生产效率。

在流程组织方面，国投曹妃甸港利用智能排产系统、综合展示平台等，将5套翻车机系统、9台堆料机、8台装船机、18条堆场、194个垛位、10个泊位，排列组成上百个作业流程；针对180多家客户的需求，安排130多个煤种堆存、配比和装卸顺序；针对载重1.5万～10万吨等待靠港的船舶，进行数据的收集、交换、分析、计算。通过智能排产系统，针对生产要求的不同，明确优先级流程，减少流程冲突，制定出效率最优、能耗最低、周转最快的装卸流程组合。通过综合展示平台，对作业流程进行全过程的显示和预警，保证了生产调度中心实时掌控港口生产，提高了各生产要素的利用率。

在设备远程无人化方面，国投曹妃甸港全部装卸设备进入远程无人化、智能化生产阶段，依靠智能感知系统、ITV系统、5G、北斗系统等，实时监测生产调度中心对设备的健康情况、作业状态、作业数据、位置定位等的管理，保证作业的不间断和顺畅，提高了在线作业效率，延长了机械设备的平均寿命。把原来的司机室、翻控室、泵房等迁移到集控室，改善了作业环境，降低了劳动强度，实现了集控功能与岗位间的零距离沟通。同时，生产调度中心从原来多线信息传递变为单线信息传递，减少了信息沟通时间，降低了信息传递过程中的出错率。

在环境监测方面，国投曹妃甸港在实施架设防风抑尘网、巨型条形仓、升级改造干雾除尘系统等环保措施后，又开发了智能生态运营平台。借助该平台，生产调度中心实现对港区风速风向、粉尘浓度、关键设备震动、温度数据的实时管控，减轻了生产环节中的环保压力，大幅提高了节能减排的效率，实现了绿色和生产的良性循环。

（三）优化生产调度流程

1. 贯彻生产调度全局思维，促进生产一体化

国投曹妃甸港借助工业互联网的应用，全面贯彻生产调度全局思维，促进生产一体化。一是以生产调度中心为核心，通过北斗定位、机器视觉、视频图像传输系统等，对港口内的大型流动机械、装船机、取料机、堆料机实时定位掌控，避免出现设备的无效移动和碰撞；依托现场感知系统、应急管理平台等，对进入作业区域的人和物进行预警，保障生产的连续性和安全；借助5G、VR（Virtual Reality，虚拟现实）等人工智能技术，对整个作业区域全面监控，实时掌握生产情况，及时发现问题、解决问题，提升作业效率。二是加强与铁路、海事、船舶代理、引航站等核心部门的合作和沟通，通过高清摄像头、扫描设备、数据共享平台等，对行驶中的火车、航道、船舶远端数据实现有效掌握。采取定期交流、提前沟通等方式，协调生产，做好火车到港计划、船舶靠离泊计划、拖轮管理等工作，提升生产调度一体化的宽度和深度。三是生产调度中心把内外部生产要素全部纳入组织生产，从港口生产的全局考虑，加强对严重影响港口生产效率的卸车、堆存、装船三个环节两个工艺之间的衔接和协调。四是重构生产指挥灵敏、信息流通顺畅、执行果断、作业高效的组织架构。对生产部门重新进行调整，把原来平行的装、卸两个生产环节一体化，解决了生产中沟通不便、以部门利益为重的问题。将中控中心升级为集控中心，对生产人员重新进行技能培训，实现从一人一机到一人一线生产模式的转换，减少生产作业指令层级，使得生产调度中心能够专心、高效地组织生产作业。

2. 梳理生产流程，打造简洁、清晰的生产调度作业体系

对涉及调度生产的各个部门、各个岗位，依据国投曹妃甸港的部门职责和岗位职能，有重点、有步骤地进行生产调度流程的梳理和优化。在信息化框架下，对原有的生产调度流程逐一梳理，剔除落后的生产流程，明确职责不清生产流程的指挥管理权，整合重叠的生产流程交叉点，补齐缺失的生产流程环节；对复杂的生产流程和重要环节，采取分解步骤的方法，抓住关键步骤，剔除多余或者低效率步骤。

一是以生产调度指挥为核心，编制生产调度业务流程网络图。按照生产调度作业规范和安全标准，汇总所有生产流程，重新编制生产调度业务流程网络图。对网络图中的重要流程和关键衔接点进

行标注，明确流程和节点的负责部门或者人员，缩短原来生产调度作业体系中存在的冗长指挥链条，打造简洁、清晰的生产调度作业体系。

二是流程复盘。针对生产中出现的作业效率低、能耗高和特殊煤种、船舶的作业环节，生产调度中心及时组织相关人员复盘流程，查找出生产工艺中存在的多余、烦琐、低效率的环节，并且提出切实可行的解决方案，优化生产流程。厘清特殊情况下各部门、岗位的生产步骤和内容，把工作细节落实到岗位和个人。同时，总结特殊作业流程作业经验，推广经典案例的解决方案和操作规范，提升特殊作业流程的效率。

3. 流程管理精益化，规范生产步骤和内容

依托信息化平台，国投曹妃甸港实现了数据标准化，建立了各个生产流程之间的数据录入、交换、显示、共享、反馈机制。基于新的生产调度作业体系和流程网络图，规范生产中涉及的环节、岗位、操作步骤和内容等，保证生产流程全过程、全区域、全人员纳入生产调度指挥体系，并且借助MES、ITV系统、智能感知系统等信息技术手段，实现对生产流程组织全过程、重要节点运行数据、交叉流程核心节点运转状态、数据更新和调用等业务流程的精益化管理。

一是加强对最复杂环节装船生产流程的精益化管理。根据码头靠泊能力和当前的主力运煤船型，优化船舶靠离泊、货物配载、船舱装货顺序、皮带启动顺序等工作，对可量化环节制定规范化和标准化的操作步骤和内容，保证拖轮迅速协助船舶靠离泊码头，装船指挥人员合理安排装舱顺序，库场人员提前安排取料机、核实垛位，集控人员及时安排皮带的启停，水尺交接人员快速、准确完成船舶载货计量，确保各项作业之间衔接有序、运转流畅，从而减少了船舶非作业等待时间，提高了码头的周转率，减少了设备空转。

二是加强对高效率要求环节卸车生产流程的精益化管理。立足卸车生产作业的连续性、高效率性，对卸车的各个环节进行严格内控，重新审视每一个环节，依据铁路运输信息平台和卸车计划，全面掌握到港火车信息、煤炭信息，协调港口内部生产流程，提前安排垛位、机械设备；与铁路、货方、采样单位等做好信息沟通和共享，把卸车生产细化到点和岗位，制定标准化的作业流程，严格规范生产步骤和内容。

（四）建立内外部协同机制，延伸生产调度组织链条

1. 树立"矿路港航电"供应链思维，提升生产调度质量

基于供应链思维，国投曹妃甸港延伸生产调度链条，提前掌握进港煤矿的发运量、煤种、煤质等关键数据，优先安排高粉尘、易自燃煤种的装卸，增加接卸量，减少环境污染和数量损耗，提高客户的满意度。一是建立港口—铁路沟通机制，根据铁路的年度计划、月度计划、铁路开天窗时间等，合理安排生产和设备维保，提高设备的在线完好率和生产效率。二是建立港口—船代—航运—海事四方协同机制，准确掌握预到船舶的相关数据，协调各方积极办理装货的相关手续。加强与海事部门的沟通、协同，提前获悉进出港航道运行情况和锚地、其他码头船舶靠离泊数量，协调解决恶劣天气下船舶走靠和作业安全问题，及时优化港口船舶靠离泊方案，提高泊位利用率。三是以"保供"和提升客户满意度为目标，国投曹妃甸港与下游重点发电企业紧密对接，积极协同。针对发电企业对煤种、煤质的不同要求，制定出专门的生产调度作业方案，通过优化垛位安排顺序和作业流程，提高装船效率和配煤作业的精度，提高生产质量。

2. 建立内外部数据交换和共享机制，合理安排生产组织

以信息化为手段，国投曹妃甸港率先与呼和浩特铁路局（以下简称呼铁局）及曹妃甸海事局实现"路港航"数据共享和业务互联。一是通过综合管理平台的路港通模块，实时获得呼铁局"请点批装到"车的信息和铁路的客户资源信息，提高了港口的生产作业效率，增加了煤炭调入量，理顺了港口

经营策略。二是依托平台实时获取曹妃甸海事处辖区内到港船舶信息和航道运行情况，预先准确判断船舶进离港时间，提前安排船舶靠离泊和作业计划，提升港口船舶作业效率，提升泊位利用率，增加港口煤炭下水量。三是客户可在平台上通过电子签章线上一站式办理"路港航"业务，并实时跟踪订单信息，做到足不出户办理路港航相关业务和跟踪生产动态，提升了港口的服务质量。生产调度作业中出现流程冲突、临时换垛、机械设备更换等突发问题时，能够高效、快捷、准确地与客户沟通，从而提高了作业效率。

（五）建立保障机制，确保生产调度指挥系统顺畅高效

1. 强化人力资源保障

国投曹妃甸港通过制定规章制度，明确生产调度中心在港口生产作业指挥中的最高级、唯一性、严肃性，树立生产调度人员在生产中的权威性。加强对人员的培训和交流，提升其港口管理、组织行为、港航业务、信息技术等专业技能。完善考核机制，制定适合生产调度的绩效考核机制，使得生产调度人员能够明确本岗位的作业任务，重视作业之间的衔接，高效组织生产。不断提高生产调度人员工作的积极性和主动性，增强班组的凝聚力和协作力，持续提高生产作业效率。

2. 强化安全保障

一是使用智能生态运营平台监控粉尘浓度，主要监控设备为翻车机房自动洒水除尘设备，堆料机、装船机抑尘喷雾设备，机械设备防碰撞装置。二是完善港口安全生产规章制度和事故应急体系，增加信息化模式下港口安全应急演练新内容，增强突发事件中多方协同、态势预判、应急处置能力。例如，进行拖轮油污回收演练等事前预防，降低事故发生率；通过无人机、现场可视系统等技术，对全港安全保持实时监控，提升安全预警能力和快速反应能力，全面保障生产调度作业。

3. 强化组织机构保障

一是修改和完善生产调度作业和岗位职责，制定港口生产作业指导书，规范作业指令用语和作业流程顺序，明确各个部门和岗位之间的调度指令传达的顺序、权限和等级。提高作业人员的责任意识、安全意识和效率意识，采取定期考核、突击检查等措施，监督相关生产调度指令和任务的执行情况，并通过岗位绩效工资和年度评优评先对岗位人员进行奖惩。二是以生产调度为核心，调整公司部门组织架构，剥离生产部门非生产职能，不断强化生产整体观念，减少小团体思维，淡化部门意识，确保生产调度作业的高效性。

三、煤炭港口企业智慧化生产调度系统建设与运行管理效果

（一）增强协同能力，生产效率大幅提高

通过实施基于智慧化生产调度系统的管理项目，国投曹妃甸港生产调度智慧化水平大幅度提高，增强了港口内外部的协同能力，保障了港口的服务质量，切实提高了生产效率，为建设"绿色、阳光、智慧"港口提供了重要保证。通过项目的实施，国投曹妃甸港 2022 年装船效率达到 1417 吨 / 小时，卸车效率达到 4972 吨 / 小时，较未实施该项目分别增长 8.74% 和 27.73%。

（二）促进企业盈利能力，经济效益持续提升

国投曹妃甸港成为国内煤炭码头最早实现生产调度智能化生产的社会公共专业煤炭码头，能耗指标和生产成本持续降低，全工序、全流程、全系统降本增效取得显著成效。2022 年，国投曹妃甸港完成吞吐量 8471.6 万吨，实现利润总额 5.06 亿元，增幅分别为 8.20%、155.92%；万吨能耗指标为 2.41 吨标准煤，较既定目标低 1.65%。

（三）增加企业竞争力，支撑企业发展

通过实施基于智慧化生产调度系统的管理项目，国投曹妃甸港实现了智慧生产作业覆盖全流程、全区域。高效的管控、协同一体化，提升了企业整体的管理水平和能力，有效支撑了企业的数字化转型和发展。截至 2022 年年底，国投曹妃甸港已制定 300 多个管理要素及 5 级考核评价标准，实现舱时量同比提高 5.8%，流程空运转时间减少 13.6 分钟 / 万吨，船舶在港停时减少 71.5 分钟 / 万吨，在曹妃甸港区的市场占有率达 42.6%，在环渤海主要煤炭下水港的市场占有率达 11.5%，经营指标实现新的跨越，综合实力进一步增强。

（成果创造人：王书彬、赵世瑜、刘光涛、王京丰、王添桥、李春财、
辛敏雪、王伟强、姜　林、常　浩、陈晓磊、刘亚苹）

民生企业数字生活消费生态平台的建设与运营

华润网络控股（深圳）有限公司

华润网络控股（深圳）有限公司（以下简称华润网络）为华润（集团）有限公司（以下简称华润集团）的全资子公司，属于新一代信息技术产业领域内的企业，总部位于深圳市南山区，注册资本6.64亿元。华润网络成立于2016年，是华润集团十三五"双擎驱动，两翼助力"战略发展模式中"+互联网"战略发展方向的核心组成之一，主要从事忠诚度计划运营、智数消费服务、智数金融服务和数据科技服务等业务。由华润集团打造、华润网络运营的华润通生态平台，为华润集团各业态的会员忠诚度计划提供全面的运营管理及科技与数据服务，已积累1.9亿名基础会员，其中高消费、高净值会员数量均达到千万级；同时，对外赋能输出，与合作伙伴在商城运营、本地生活服务、综合金融服务、数字化解决方案等领域开展全面合作。华润通生态平台上线运行以来，累计带动华润集团交叉销售额超千亿元，在集团层面创造了巨大的增值效益。华润网络先后获得"国家高新技术企业""深圳市专精特新中小企业""深圳市南山区高层次创新型人才实训基地""共青团深圳市南山区委员会'青年文明号'"等资质荣誉。

一、民生企业数字生活消费生态平台的建设与运营背景

（一）探索央企数字转型创新发展路径

近年来，我国主动把握新一轮科技变革与产业革命，大力实施创新驱动发展战略，大力发展数字经济，以数字产业化和产业数字化为抓手，充分发挥海量数据和丰富应用场景等优势，推动数字经济与实体经济深度融合。2016年，华润集团在自身数字化、智能化转型实践中，把实施扩大内需战略同深化供给侧结构性改革有机结合起来，充分发挥华润集团在品牌声誉、跨业态、优质场景、线下流量方面的优势，打破发展互联网业务必须"烧钱"的行业惯例，突破央企机制不适合发展互联网业务的固有思维，成功把央企的规模优势和互联网的裂变特性有机地结合起来，率先走上央企进行数字化转型的创新发展道路。

（二）强化多元民生业务资源禀赋优势

华润集团业务广泛，涵盖大消费、综合能源、城市建设与运营、大健康、产业金融、科技与新兴产业六大领域，拥有8家内地上市企业和8家香港上市企业，以及超过3000家实体企业，具体业务与国民衣食住用行具有密切联系。华润集团既制造饮品、服装、箱包、食品、药品等日用消费品，其中雪花、怡宝、999、双鹤、东阿阿胶、江中等是享誉全国的知名品牌；又提供零售、医疗、金融、燃气、物业管理等专业服务，例如，华润置地、华润万家、万象城、华润电力、华润银行等为广大用户提供从大宗消费到日常消费的一站式专业服务；此外，还有遍布国内外的供应链及仓库、银行、零售网点等自有支付和配送系统，在建设数字生活消费新场景生态平台上有着其他企业不具备的独特资源条件。

（三）提升线上线下虚拟实物穿透能力

华润通生态平台打造了一个涵盖百姓生活诸多方面需求的综合性虚拟生活场景，使现代物流配送体系与线下实体生活场景实现无缝衔接，满足了消费者个性化、多样化、品质化等新型消费诉求。此外，还可以将华润集团众多的产业整合起来，打造更加具有韧性的产业链体系，打通各个业务板块的客户，深入挖掘客户资源，实现线上线下业务协同。华润通生态平台连接华润集团的企业、客户，产生巨大的聚合效应，不仅可以满足消费者线上购买消费品、生活服务、健康服务和金融服务的需要，成为提高消费品质、提供生活场景化的优良平台，而且还能够更好地推动华润集团转型升级，推动智

慧型城市建设，发挥华润集团作为中央企业在商业引领中的作用。

（四）提供丰富消费场景，更好满足大众需求

华润网络的使命是利用互联网技术和大数据能力，整合客户资源，服务于华润集团及各个产业业态和场景，提供一体化的客户忠诚度服务和生活服务。整合华润集团大消费、综合能源、城市建设与运营、大健康、产业金融、科技与新兴产业六大业务板块会员资源与消费场景，建立统一的大会员忠诚度计划管理体系，提供统一的会员忠诚度运营服务与客户服务，实现"会员通、积分通、权益通、数据通、营销通"。加强各业务板块营销协同，提升客户消费忠诚度与客户服务满意度。通过华润通生态平台连接华润集团六大业务板块不同消费场景、渠道、触点，以及合作伙伴、商家、供应商、异业联盟，以场景化需求为纽带，为 C 端客户提供高品质生活服务，实现六大业务板块协同发展及线上线下渠道互补发展。因此，像华润网络这样在民生领域发展的多元化企业，发展新数字生活服务生态平台，是线下有基础、内外有需求、自身业务独特性所决定的，具有内在的业务逻辑和先天优势，而华润通生态平台正是这一战略实践的载体。

二、民生企业数字生活消费生态平台的建设与运营主要做法

（一）建立组织保障

1. 集团组织推动，加强内部整合

2016 年 5 月，华润集团及各业务单元主要领导组成华润通生态平台领导小组，推动该项目实施。由华润网络牵头，联合华润集团各业务单元研讨和设计会员忠诚度计划管理体系（包含会员、积分、权益、营销、清结算等），开发并上线华润通生态平台，连接 12 家业务单元 39 个会员体系和系统，切换会员、积分数据，提供统一的会员忠诚度计划服务。以会员忠诚度计划平台为基础，实现各业务单元间的资源共享，加强跨场景营销协同。同时，实现场景化生活服务集中于华润通生态平台运营，向客户提供华润制造产品的在线购买服务、华润生活场景化线上服务、金融服务、健康服务及其他多业态服务。

2. 自身改革创新，厚植发展动能

2019 年，按照集团统一工作部署，深入贯彻和落实集团党委对华润网络的战略调整，华润网络重塑企业文化，强化内部治理，聚焦做强会员忠诚度核心业务，并将"对内切实赋能，对外广泛结盟，深挖数据价值"作为 2020 年华润网络的战略目标。聚焦发展成熟业务，完善市场化运营机制，深挖积分清结算、权益清结算、会员商城赋能、会员商城自营差价、广告营销、数据科技类项目实施等商业模式。通过一系列内部治理，华润网络在会员忠诚度业务、智数金融业务和智数生态平台业务等方面均取得长足进步与发展。

3. 对标 4 个重塑，拓展增长边界

历经 6 年的探索和实践，华润网络发展方向更加明晰，紧紧锚定国家关于发展数字经济战略，加大力度布局数字消费、数字金融、数字能源等领域，对标华润集团"价值重塑""业务重塑""组织重塑""精神重塑"的目标，以数据科技为发展引擎，加大研发投入力度，大力引进科技人才，对内加强与华润集团内部各业务单位业务协同，对外加强与异业联盟合作赋能，做大做强会员忠诚度、智数金融和智数消费等核心业务，构筑上下游、产供销一体化发展模式。同时积极探索央地合作新模式，依托南山区产业资本活跃的优势，积极对接相关机构引战混改，借助资本市场加速华润网络各项业务发展，以华润通生态平台为核心对内打造推动华润集团 2C 业务数字化增长的引擎，对外打造科技驱动的互联网智数消费生态平台。

（二）打通业务单元

1. 会员打通，实现跨场景消费

华润通生态平台整合华润集团各业务板块会员，华润系内所有会员均赋予一个 ID，实现会员统一

身份认证、各业务板块会员身份互认，打通线上线下会员信息、会员积分、会员权益等，以有效精准触达用户，加速打通和深挖各个业务板块的客户资源和价值，引导消费者最大化跨场景消费，实现交叉销售和客户资源的最大化。

2. 积分互通，提高客户忠诚度

华润通生态平台会员具有统一的账户体系、统一的积分价值及兑分策划，可进行积分通积通兑。会员在线上线下、集团内部及外部合作异业单位消费均可获得华润通积分，并归集到华润通个人账户。使用积分可以购买或兑换华润通线上商城、线下消费场景任何产品和服务，并由具有自主知识产权的华润通积分清结算系统提供清结算服务。

3. 权益融通，提升消费获得感

华润通生态平台整合了华润集团各业务单元及异业联盟会员权益，匹配会员身份建立会员权益体系，在会员身份互认的情况下，实现跨场会员权益通享。除注册业务单元之外，华润通商城所有品牌为华润通会员提供专属权益。除华润集团旗下业务单元外，会员还可享受多家异业联盟商户提供的仅华润通会员身份能享有的折扣优惠。

4. 数据流通，实现精准化引流

数据的整合、治理和应用是互联网业务发展的引擎。华润通生态平台集成整合华润集团旗下和合作伙伴的多业态数据资产，以先进的互联网技术和大数据能力构建集团级的客户数据管理平台，建立华润集团统一的客户画像与视图、强化客户数据管理与应用能力。通过产品关联、聚类分析、机器学习、神经网络等大数据技术，深入挖掘数据价值，提供整合的会员数据分析服务。帮助各利润中心和外部客户完整洞察客户画像，实现目标客户的精准引流和基于客群生命周期的个性化服务，提升华润系各业态交叉引流和客户价值。

5. 营销畅通，实现全生命周期营销

华润通生态平台构建了全渠道、全场景的会员互动能力，促进跨业态协同营销；深挖数据价值，拥有清晰完整的用户画像；具有4000个多维度的用户标签，360度的用户画像，在营销过程中可快速锁定目标用户，高效拓展潜在用户。其营销自动化系统可通过用户标签、偏好，结合关键时间节点指定事件进行自动化营销，并可实时通过营销转化漏斗与效果监控，分析并对比不同渠道、媒体、方式的转化数据，评估效果，优化策略，提升会员全生命周期管理的效果。

（三）打造业务亮点

1. 打通华润集团会员与数据，变数据资源为数据资产

会员身份、积分、权益的整合和活化是增强会员黏性和活跃度的重要手段。作为华润集团"+互联网"战略的载体，华润通生态平台会员体系为广大的华润通会员提供了跨越多场景、线上线下一体化的忠诚度会员计划和丰富的会员权益，加积分通积通兑、丰富的会员活动、优质的增值服务等，会员等级越高，享受的优惠与服务越多。同时提供联名信用卡权益、广泛的外部联盟商户增加权益场景，提升会员体验感。最终，华润通生态平台全面实现了华润集团内外部会员通、积分通、权益通、数据通、营销通。

2. 连接华润集团丰富业态，实现资源整合与协同营销

华润通生态平台连接和整合华润集团六大业务板块100多家购物中心、5000多家商超门店、40多家酒店、800多家健康医药门店、500多个住宅、500多家咖啡门店，共拥有1.9亿会员，产生了巨大的聚合效应。各消费场景向华润通生态平台实时传输和存储会员消费交易和积分交易数据，日均交易量达百万笔，年交易额达千亿元。分析并形成4000多个客户标签、500多个细分商圈、300多种细分人群，在集团层面形成共享会员资产，使跨场营销协同成为现实。

3.提高会员忠诚度，线上线下提供高品质便利化服务

华润通生态平台会员除可在集团线下商超门店享受会员权益及兑换服务、购买商品及服务外，还可以享受高品质、便利、有趣味、个性化的互联网产品和服务。会员用户可在华润通生态平台兑换丰富的礼品、服务和权益，以及购买华润通商城丰富的华润制造产品及其他第三方商家的产品和服务。华润通生态平台以消费者为中心，利用消费场景，组合广告、付费权益等手段，实现产品策划、供应链开发、精准营销、销售到售后的定制化制造与购买服务，满足消费者个性化、差异化需求，培养新型消费理念和消费方式。

4.构建丰富异业合作生态，与异业联盟互惠互利发展

除华润集团内部业务单元外，华润通生态平台也在商机分享、数据融通、会员互认、积分互换、权益互享、清结算、消费引流等方面加强与异业联盟合作，实现华润集团与外部合作单位的产业协同、优势互补发展。已经实现积分互换的异业合作企业有国航、南方航空、海南航空、东方航空、亚洲万里通、京东钢镚、集享联盟、中国移动、中国电信、华侨城、华悦汇等知名企业。华润通生态平台还和工商银行、民生银行、中信银行、浦发银行等10家银行联合发行联名信用卡超过500万张，年刷卡金额近500亿元。

华润网络也正在努力筹建粤港澳大湾区会员忠诚度计划联盟，利用大数据分析融合和涵盖吃穿住行游娱购等方面应用场景，在央企数字化联盟的整体框架下寻求与其他大湾区央企在忠诚度计划领域更深度的合作，为大湾区人民提供高品质的生活服务。

三、民生企业数字生活消费生态平台的建设与运营效果

（一）推动华润网络快速增长，数字化转型初见成效

数字生活消费生态平台的建设与运营初步探索出了央企体制下，民生企业发展新数字生活服务生态平台的路径，未来具有广阔的可持续增长空间。华润集团通过组织资源保障和业务方向聚焦，成立专门机构，组建专业团队，建立统一平台，既充分发挥多元业务优势，又以市场化发展为导向，秉持客户为中心理念，为华润集团各业务单元提供会员及数据运营服务，以及运营华润通生态平台，为集团内外部商家提供交易撮合服务，有力推动华润集团从传统民生产业向现代产业数字化转型迈出重要一步。华润网络自正式运营以来，业绩增长明显，连续6年复合增长率近30%，2023年营收超4.5亿元，营收规模虽较低，但内部依靠华润集团产业优势，乘国家数字经济东风，有信心有能力获得快速发展。此外，根据华润网络"十四五"战略规划，华润网络将积极引入外部投资者，打造一个更有发展潜力、更有增长动力、更有消费活力的数字化新消费生态公司。

（二）实现华润集团增值效益，线上线下融合更加紧密

截至2022年年末，本成果可用性达到99.98%，已为华润集团各业务单元提供95余个基础微服务，全年各项服务被华润集团各业务单元调用次数约40亿次，全年完成近10亿笔积分交易清结算。2022年年末，华润通生态平台会员总量达1.9亿人，其中年度活跃会员有4198万人，活跃会员同比增长近7%。全年兑分量达到1520亿分，同比增长9%，兑分率为75%，其中跨场兑分率为26%，同比增长10%。2022年年末，华润通生态平台会员全年积分发放量达2029亿分，折算现金为8.1亿元，同比增长11%；积分兑换量折算现金为6.1亿元，积分应用场景逐步扩大，积分商城SKU（Stock Keeping Unit，库存量单位）增至20000余个，涵盖数码3C、家电、家居、食品、酒水等品类，以及购物、餐饮、出行、娱乐等品类卡券。同时，华润通生态平台促进华润集团各业态交叉消费，2022年会员在线下业态交叉消费比例高达18%，累计交叉消费金额超700亿元，在集团层面创造了巨大的增值效益。

（三）进行改革创新成果应用，彰显生态伙伴赋能价值

在大力发展数字经济背景下，华润网络对已积累和沉淀的数字化创新管理应用成果进行提炼总

结，推动数字化改革创新成果应用，已完成对 BP、TCL、青岛国信、越秀集团等国内外大型企业数字消费领域的产品输出。从以 BP 与 HYATT 为代表的同属性企业角度来看，华润通生态平台同时属于中国最大的异业联盟忠诚度计划。外资企业进入新的地域市场，往往会与当地最大的异业联盟忠诚度计划进行合作，从而快速获得本地化能力。华润网络不仅仅是数字化服务提供商，还是忠诚度计划的合作伙伴，可以帮助其他经营 C 端业务的客户打通会员体系、实现跨店业务结算、输出相关系统开发建设及运营服务。以积分为切入点，帮助客户打造客户生活圈，使客户对产品和品牌产生热情、促进品牌传播和加深客户对品牌的喜爱。为企业和社会经济增长带来新动力，提供巨大的经济价值。华润通生态平台把扩大消费和供给侧结构性改革有效结合起来，在释放内需潜力、促进经济发展、助力民生改善上可以发挥更大作用。

（成果创造人：董坤磊、刘红兵、张华新、魏守阳、刘　蒸、刘　皓、
　　　　　　　杨　挺、曹　原、肖大为、卢烈远、刘益江、邓银银）

家电制造企业以用户全流程体验为核心的 5G 全连接工厂建设与管理

青岛海尔洗涤电器有限公司

青岛海尔洗涤电器有限公司（以下简称海尔洗涤）是海尔集团第 11 家互联工厂样板，也是目前全球定制规模最大、智能化水平最高、定制程度最强的智能家电产品制造基地，有 130 项先进技术行业引领、12 项技术全球引领，具备生产卡萨帝、AQUA、海尔等七大品牌 400 余种中高端产品的柔性制造能力。2022 年，海尔洗涤主营业务收入达 53.5 亿元，年度税收 1.31 亿元，带动就业 1381 人。

一、家电制造企业以用户全流程体验为核心的 5G 全连接工厂建设与管理背景

（一）适应制造业转型升级的发展要求

深入实施智能制造和绿色制造工程，发展服务型制造新模式，推动高端化、智能化、绿色化发展是制造企业高质量发展的必由之路。随着 5G 技术的发展和应用，"5G + 工业互联网"已成为加速中国新型工业化进程的重要支撑，5G 全连接工厂则成为制造业转型升级的重要载体。"工业 5G 时代"正加速到来。近年来，国家积极推进 5G 技术同制造业转型融合，拓展"5G + 工业互联网"典型应用场景，促进 5G 在工业生产中由"局部单点"向"生产全局"、由"外围应用"向"生产核心"创新发展，加快工业企业数字化转型步伐。

（二）满足用户需求的必然选择

家电行业产品同质化现象严重，产品丰富，用户选择机会多，市场竞争激烈。对于海尔洗涤来说，在物联网时代，企业竞争最大的优势来自用户资源。用户需求的变化及消费话语权的提升，使得企业对用户需求的快速响应成为企业赢得竞争优势的重要前提。传统的大规模生产设计的流水式生产线尽管作业节拍快、效率高，但柔性不足，产品的标准化、模块化程度较低，换线换产复杂且缓慢，缺少统一、有效的 NPI&EOL 流程，缺少快速高效的决策流程，在遇到新生的市场需求时又缺少决策权因而很容易失去市场先机。相应地，依据传统大规模生产模式而建的基础设施也必然面临着迭代升级的需求。如何有效地融合应用 5G、工业互联网等新一代信息技术，推动制造系统实现更高效、更柔性化的生产效能，以快速响应用户需求、创造用户体验，是制造业转型升级要解决的重要课题。

（三）实现企业提质增效的内在需要

传统生产线上，工业数据和控制信号采用线缆传输，因工业现场复杂多样，设备数据的传输往往会遇到困难。此前，海尔互联工厂生产环境存在很多网络痛点，原有无线网络面临着数据采集、传输等稳定性、可靠性的挑战，以及生产线联网大多依赖有线电缆传输，不便于后期扩展及移动，Wi-Fi 方案难以很好地满足大数量的终端连接的问题。此外，新的生产场景如 AR（Augmented Reality，增强实现）/VR（Virtual Reality，虚拟现实）、高清工业相机质检、机器人之间的协同控制等，也需要较高的网络带宽和较低的网络时延。5G 技术使得传统制造企业在智能制造过程中能够具备更高带宽和更低延时，能更好地满足设备互联和远程交互等厂内应用需求。而且 5G 网络具备更高的移动性、灵活性，更简单的网络管理及更低的构建成本，也为 MEC（Mobile Edge Computing，移动边缘计算）等能力提供了更好的网络支持，为企业构建统一的无线网络提供了可能。因此，实施 5G 全连接工厂建设与管理，成为企业生产制造降本提质增效的必然选择，也是海尔互联工厂加速数字化、智能化升级的内在要求。

二、家电制造企业以用户全流程体验为核心的 5G 全连接工厂建设与管理主要做法

（一）明确 5G 全连接工厂建设与管理的战略方向和目标

海尔洗涤明确 5G 全连接工厂"用户—企业"两个维度的实施策略。在用户维度，通过与用户交互形成的用户圈，与企业经营活动利益相关方形成的生态圈，及时响应用户需求，创造用户价值，实现由用户需求拉动供应链系统，由传统的产品硬件的生产制造向以创用户体验为核心的智慧生活场景解决方案转型，由原来单一卖功能性家电产品变成提供定制化、智慧化的场景体验。在企业维度，深入推进企业生产制造的高端化、数字化、智能化升级，依托 5G 全连接能力打破传统的企业边界，打造一流资源方与用户并联交互的 5G + 全连接生态平台，共同为用户提供场景化、定制化解决方案。

（二）统筹布局 5G + 工业互联网，实现企业云端快速决策

聚焦"用户需求"开展端到端的信息化集成创新，海尔洗涤运用 5G、MEC、网络切片等技术构建网络基础，联动青岛移动、海康威视、商汤科技等生态资源，结合 IT（Information Technology，信息技术）和 OT（Operation Technology，运营技术），构建可视化运维的 5G 企业专网，形成"1+1+N"的数字化架构，即依托 1 个国家级的卡奥斯工业互联网平台，建设 1 个 5G + 边缘计算公共服务平台，打造 N 个 5G + 工业互联网场景深度应用，实现 5G 边—端—云场协同，全流程信息自感知、全要素事件自决策、全周期场景自迭代，构建"研发—制造—物流—生态"四位一体的 5G + 工业互联网示范样板。

海尔洗涤 5G 全连接工厂搭建 3 层网络架构，分别是移动核心网控制面、海尔同城双 MEC 及海尔车间 5G 覆盖，其中移动核心网控制面用于实现入网卡片的鉴权认证、会话管理等场景，而海尔同城双 MEC 及海尔车间 5G 覆盖的设备用于数据的本地转发。通过下沉 MEC 及基站，海尔洗涤 5G 全连接工厂实现了大带宽、低时延、高可靠的 5G 网络应用。

在海尔洗涤 5G 全连接工厂"端边云一体化"的解决方案下，海尔卡奥斯工业互联网平台作为整个制造体系智能化升级的平台载体，构建了基于海量数据采集、汇聚、分析的服务体系，成为支撑制造全流程、全要素和全周期资源泛在连接、弹性供给、高效配置的大规模定制解决方案云平台。而端侧则布局标准化接口，实现 5G、NB-IoT、有线、Wi-Fi 等多网络融合接入，实现终端设备接入、协议转换，保证现场设备"即插即用"；多网络融合则形成产线—车间—工厂—集团企业 4 层网络组织架构。例如，海尔洗涤在现场级、车间级、工厂级布局各类网络新技术，都采用了 Wi-Fi6 实现室内无线全覆盖，生产线采用 TSN（Time Sensitive Networking，时间敏感网络）工业交换机，再通过 100% 5G 网络覆盖更好地实现 IT/OT 的融合，支撑工业互联网大数据的快速决策。

海尔洗涤在滚筒洗衣机 5G 全连接工厂内部署 59 处 5G 室分，上联接入 MEC 管理平台，实现对计算平台的统一运维、统一配置和统一调度及各类 5G 终端更快速的调用和监测。同时，区别于原先为每个工厂场景需求提供定制化 5G 场景解决方案，海尔洗涤 5G 全连接工厂转变为仅需在现场部署终端设备，所需功能可在 MEC 管理平台后台一键开通，以达成设备通电即可投入生产的分钟级用户体验，实施效率提升 300%。以柔性生产为例，通过建设 5G 全连接工厂，海尔洗涤快速满足用户订单需求的柔性高效混流生产模式多达 136 种，工厂内设备自动识别产品和模具一致性，组建智能高效波轮、滚筒混流装配线，通过 RFID（Radio Frequency Identification，射频识别）绑定产品信息，实现 27 种工艺 46 类设备实时切换，30 秒内 21 道工序可一键换型。

（三）探索 5G 场景应用，推进数字化智能化升级

践行国家 5G + 工业互联网战略，海尔洗涤对标工信部"5G + 工业互联网十大典型应用场景"，经过近两年的深入分析及挖掘家电行业的需求痛点，围绕"人、机、料、法、环、测"规划 26 类 5G + 全连接场景，并形成平台化场景方案，沉淀自身 5G 工业互联网集成能力，为行业提供集成应用解决方案。

1. 人——5G+VR 虚拟模型培训

应用 VR 虚拟模型技术，实现员工佩戴 VR 眼镜身临其境完成洗衣机零部件的认知及组装培训。海尔洗涤 5G 全连接工厂采用 VR 虚拟培训，将培训内容（包括洗衣机零部件形状、物理参数、组装顺序等）以最优的建模形式置于培训系统中，学员可以自主地选择学习时间，实现一对一学习，在学习过程中充分利用视觉、听觉和触觉，让自己沉浸在一个身临其境的、互动式的模拟组装过程中。学习过程和结果随着培训进程全部记录在系统中，并通过内置的效果验证模型及时获得对培训效果的考核。这种培训不受时间、空间的限制，使得培训效率提升 6 倍，培训周期提升 114%，培训知识点提升136%。该项技术还可以复制到虚拟工艺装配、虚拟实验室研究的应用上。

2. 机——5G + 设备数字化

在设备高数字化、高信息化的前提下，海尔洗涤 5G 全连接工厂实现了关键工序生产过程大数据的实时获取，利用数字孪生模型管控，提升质量管理精准度和效率——根据原材料数据、工艺数据、产品总成检测数据、设备数据等大数据，生成数字孪生模型，对结果进行提前判定与诊断，实现由"事后改善"变为"事前预防"。以内筒数字孪生模型为例，利用原材料数据（包括屈服、拉伸性能参数及切后料片焊接端的直线度、毛刺度数据，焊接工艺中焊接速度、功率、保护气体流量参数，产品总成检测的跳动、高度、螺钉力矩等）构建数字孪生模型，对焊接结果由模型进行提前判定与诊断，实现内桶焊接质量由"事后改善"变为"事前预防"，焊接精确度提升到 100%，缺陷率降低到 0%，直通率提升到 100%。同时，智能设备及数字孪生的方法，也已应用在前工序的注塑、轴承压装、钣金、喷粉 4 个关键工序的生产和过程质量管控中。

3. 料——5G+ RFID 技术，物料全流程追溯

应用物联网 RFID 技术，完成物体无感信息的采集和传输——不再受光线明暗环境影响，可远距离高速无感识别，给物体"赋予智能"，实现人与物及物与物互联互通，最终构成全过程环节质量追溯及防差错系统。具体来看，海尔洗涤 5G 全连接工厂利用 RFID 技术实现物流追踪系统八大功能升级：数据实时可查、动态实时监控、动态实时地图、无感读取精准匹配、数据自动对接、数据智能校准、全生命周期可溯、跨系统联动。RFID 技术已应用于全流程九大节点，整合互联高级排程系统、模块质量管理平台、智能制造系统等九大平台，从原材料生产、原料仓储，到总装生产、检验、包装，再到成品入库、分类码垛、成品仓储、出库发货，实现产品全生命周期的过程质量大数据管理，推进工厂生产效率提升 42%，过程质量检验零差错。

4. 法——5G+AR 首件封样，智能零遗漏

利用 AI（Artificial Intelligence，人工智能）+AR 技术，提升封样的流程管理和过程控制，实现封样智能匹配零遗漏。针对传统的人工封样工作存在漏检、纸质表单不易追溯和保存，以及人工核对中换型及时性差等问题，海尔洗涤 5G 全连接工厂采用了 AI+AR 封样方案。通过人机交互，在线视频指导，AI 智能判定，对封样过程实时录像，对全过程追溯数据进行云储存，对换型实施智能提示匹配及智能化停线换模或检查。封样方案升级以来，工厂实现零漏检，封样效率提升 50%。目前这项技术已经推广到设备远程运维、售后远程培训指导等领域。

5. 环——5G+ESD 智能静电环境管控

海尔洗涤 5G 全连接工厂应用信息化技术管理 ESD（Electro-Static Discharge, 静电放电），对标美国 ANSI/ESD 20.20 标准，进行静电体系升级，打造静电管理智能地图，实时智能监控，全面预防，消除静电带来的品质隐患。针对之前人工岗位点检时难以规避的人员不戴腕带问题，以及离子风机不开等管理漏洞，海尔洗涤 5G 全连接工厂采用 ESD 智能控制系统，从原来的看结果转变为现在的管过程，通过静电管理地图实现静电所有质控点的监控与纠偏，并且数据可追溯。系统实现对温湿度的实

时监测，智能检测、控制，并可对人工腕带、工作台和离子风机全部进行监测，发现不合格时马上联动报警，线体停线。海尔洗涤滚筒洗衣机互联工厂虽是家电制造工厂，但工厂 ESD 管控能力不亚于专业做电脑板和 SMT（Surface Mounted Technology，表面贴装技术）的工厂。与此同时，为降低品质隐患，海尔洗涤要求和指导供应商贯彻 ESD 管理体系，静电管控地图信息化手段已推广到工艺执行管控地图上。

6. 测——5G+ 无线智能性能检测

通过无线连接整机和检测站，控制洗衣机进行电性能测试。针对此前洗衣机电性能测试中存在的人工检测低效、工序烦琐等问题，海尔洗涤 5G 全连接工厂创造性地提出无线智能检测模式，洗衣机到达检测工位后，自动连接洗衣机进水管、风量管，检测站通过 RFID 设备扫描读取洗衣机条码信息，自动通电，启动检测程序，检测程序覆盖洗衣机的所有电性能参数，测试项目数量提升 4 倍。例如，针对洗衣机脱水环节，现在可以自动判断到转速的个位数，避免人工的错判、漏判。此外，智能检测站具有自检测、自判断、自决策的能力，行业首创无线通信检测，实现检测大数据实时云存储，可以永久追溯，并且采用无线方式支持 OTA 程序智能升级，检验效率和合格率都达到了 100%。

（四）变革组织流程，驱动全节点直面用户需求

为适应数字化转型升级、生产模式的转变，海尔洗涤积极推进企业组织变革，打造适应数字化技术、快速响应用户需求的组织流程。在 5G 全连接工厂建设与管理的实施中，海尔洗涤将传统的串联组织模式变革为各个节点并联的组织结构，让每个节点都实现与用户需求零距离，驱动全节点直面用户需求、快速反应、协同创新，共同提供解决方案。

传统的发展模式中，第一个点面向用户，后面各个环节通过信息传递、传递、再传递实现信息的从前端到后端的分享传输，实际上是一种串联结构，用户需求信息是持续衰减的，传输速度很慢，后端很难感受到前端的需求变化，而工厂也只是其中的一个接收节点，只是接单生产。在 5G 全连接工厂的建设与管理实施过程中，海尔洗涤将内部组织以流程由串联流程转变为并联流程，各个节点连成一个圈，用户在中间位置，用户的需求是辐射状的，同时发送到每一个节点上，每个节点都与用户需求零距离并联，包括前端用户交互、研发开放创新、智能制造、模块商采购、物流和售后服务等端到端的节点都参与进来，对用户需求做出响应，共同满足用户个性化体验。

例如，海尔洗衣机根据美国用户洗衣习惯，为客户定制大筒径面包柔护洗衣场景，工厂不是传统模式下接单生产，而是先有用户后有产品，研发节点根据用户的需求设计开发通风模块，事前解决传统洗衣机窗垫易发霉的痛点问题，售后节点事前参与，在产品研发阶段就解决售后安装左右 DIY 开门的安装费用高的问题，制造节点全员直面市场用户，参与到产品前端设计研发，通过设计的可制造性、制造工艺优化等实现提效降本。基于并联的组织模式，工厂制造和研发、设备商、模块商全流程节点参与，实现效率提升 50%、质量提升 20%、整机成本下降 17%，同时产品在美国市场获得 KBIS 的"最佳产品金奖"、Good Housekeeping 评选的"2020 年八大最佳洗衣机"等多项用户口碑奖项。

（五）创新服务模式，从提供产品转向提供解决方案

聚焦创造用户体验，海尔洗涤积极应用物联网、大数据、人工智能等新技术探索打造消费新业态、创造用户新体验。海尔洗涤将传统洗衣机硬件转型为智能化的网器，直连用户，并横向拓展，搭建面向纺织服装行业全产业链的衣联网生态平台，以洗衣机网器为载体，开放连接生态资源，实现洗涤剂、洗染、人工智能等多行业间的联动互通，从提供产品转向提供衣物全生命周期解决方案，创造消费新模式、新体验。

海尔洗涤衣联网生态平台将衣物全生命周期的生态资源方纳入其中，用户可以在平台上定制专属

衣帽间，不仅能买到智慧洗衣机，生态资源方提供的智能衣柜、熨烫机、服装、家纺、洗涤剂产品，还能享受专业衣物护理、服装搭配等增值服务，一站买齐，更享受一种以衣物为中心的沉浸式服务体验。例如，通过对 212 万海尔洗衣机在线网器连接的用户需求及痛点大数据画像分析，海尔洗涤针对衣服衣领和袖口泛黄难洗、不清楚添加洗衣液用量的用户洗衣痛点，联合洗衣液厂家研发了墨盒式洗衣液配给系统及专用配套洗涤剂，能够自动识别衣物材质、重量、±1ml 精准投放专用洗衣液，洗净比提升 6 倍，同时洗衣机可自动感知洗衣液余量，当洗涤剂不足时，洗衣机会自动发起购买需求。此外，对于生态相关方企业来说，海尔洗涤衣联网生态搭建了为服装产业提供服务的平台，可有效增加其收益。以青岛云裳羽衣物联科技公司为例，它为用户提供服装护理的智能硬件及服装护理产品，实现了服装在用户家庭端的洗涤、护理，海尔洗涤衣联网生态平台每年大约可为其带来 1 亿元的收入。

（六）建立高增值高分享机制，激励全员创新

激励机制是激发员工创新、创业活力的保鲜剂和驱动力。海尔洗涤在推进企业生产运营数字化转型过程中，建立高增值、高分享的激励机制，坚持用户付薪，将数字化转型带来的提效降本空间用于激励参与者进行增值分享，支持并赋能员工向创新型、知识型员工转型，持续激发员工创新活力、驱动创造用户价值。

在员工薪酬上，海尔洗涤颠覆传统的企业付薪模式，创新用户付薪机制，坚持高分享高增值，即员工的薪酬不是根据其岗位、资历确定，而是根据其创造的用户价值的多少确定，不是领导评价、企业付薪，而是用户评价、用户付薪，员工薪酬和其创造的用户价值挂钩，创造的用户价值越多，薪酬就越高，获得的增值分享也越多。例如，针对洗衣机按键卡滞带来的用户抱怨问题，质量经理井维林还原了传统的检测标准方案，并调研用户交互测试，发现约 30% 的用户有按压按键侧边的习惯，10%的用户按压力大于 30N，进而推进工厂以用户的实际操作进行标准升级，用推力计在按键 5 个物理方向位置施加 60N 的力，持续 30s，检查无凹凸、无卡滞，最终以"维林"命名的质量新标准，满足了用户精细化需求，使企业产品不良率降低 5%，可实现降低质量损失 50 万 / 年，井维林也获得了为用户创造价值、为企业创造增值带来的超利分享。

在员工发展上，海尔洗涤激励每一位员工自主创新，适应新技术的发展和应用，成长为知识型员工、创新型员工，在平凡的岗位上做出不平凡的事业。例如，员工张加鹏 2000 年 11 月参加工作，从一位普通的操作工，一路成长为青岛市洗衣机装配工种的"首席技师""创新工作室带头人"，累计带徒 230 多人，为线体培养了 92 名优秀员工。张加鹏牵头组建"劳模工匠创新工作室"，带领团队进行课题攻关，2021 年攻关工艺编制 76 项，线体瓶颈创新改善 300 余项，创新成果推广复制 32 项，创新收益金额 1000 余万元。在创造用户价值、为企业带来提质增效的同时，张加鹏也获得了社会认可，获得了"省技术能手""齐鲁首席技师"等多项荣誉。

三、家电制造企业以用户全流程体验为核心的 5G 全连接工厂建设与管理效果

（一）有效提升了企业生产经营管理水平，实现了提质增效

基于 5G 全连接工厂建设与管理，海尔洗涤积极开展 5G 网络基础设施建设和智能制造场景融合，塑造了"物联、数联、智联"的数智化体系，加快了智能制造体系的转型升级，工厂总体运营效率显著提升，产品开发周期缩短了 20% 以上，产品交货期由过去的 20 多天降低至 7～15 天，生产效率提升了 40%，质量检测效率提升了 30%，检测精度达 100%，运营效率提升了 50%，库存周转天数平均为15～17 天，远远低于行业平均水平（45～60 天）。目前，海尔滚筒洗衣机 5G 全连接工厂已实现不入库率 85%，有效地支撑了海尔洗衣机产业的提质增效。世界权威市场调查机构欧睿国际数据显示，海尔洗衣机品牌零售量连续 14 年排名全球第一，持续领跑全行业。

（二）适应了消费升级趋势，创造了用户新体验

海尔洗涤打破了以行业为主导的产业链的属性，以用户体验为中心、产销合一，实现了新产品不断迭代升级的同时，打造了衣联网等新消费生态，创造了用户场景体验。一方面，海尔洗涤创新推出了中子和美洗衣机、海尔精华洗衣机、洗干护一体机等产品，持续推进产品高端化、智能化、绿色化升级，并获得全球洗涤护理的"突出贡献奖""最佳体验奖"。另一方面，海尔洗涤打造了衣联网新生态，整合洗涤剂、洗染、人工智能等 13 类行业 5300 多家生态资源方，为用户提供洗护存搭购全流程体验，还不断迭代出了智慧阳台、智慧衣帽间、洗衣先生等 100 多个新场景，衍生出墨盒洗衣机、熨烫机、智能衣柜、智慧试衣镜等新物种，已实现 2 亿网器产品的互联，辐射 3 万个智慧门店，服务能力连接 6.1 亿件智慧衣物，吸引平台交互用户 6000 余万人。

（三）打造了智能制造引领样板，为行业转型升级提供了示范

海尔洗涤深入探索实施了"5G＋工业互联网"融合创新和场景应用，打造了智能制造转型升级的国家级样板、国际级标杆，为制造业转型升级提供了示范。在国内，海尔洗涤案例入选工信部《中国智能制造发展研究报告》，部署的 5G 场景连续两批入选典型案例、获得"行业首个 5G＋全连接互联工厂应用示范基地"称号，并成功通过国家工业互联网产业联盟测试床遴选。工厂经工信部评估达到智能制造成熟度四级，并入围国家"智能制造示范工厂"。同时，海尔洗涤积极将 5G 全连接工厂建设与管理模式复制推广，逐步复制到应急物资、化工等 8 个产业。在国际上，海尔洗涤成为首个获得"德国工业 4.0 奖"的中国本土企业，并以行业最高分通过智能制造成熟度指数认证评估，成为引领全球智能制造的中国样本，为行业转型升级提供了示范。

（成果创造人：梁海山、李华刚、舒　海、赵建华、

郑子辉、张玉波、柳晓波、王自强、曲　翔）

新型采油作业区全流程智能化协同管理

延长油田股份有限公司吴起采油厂

延长油田股份有限公司吴起采油厂（以下简称吴起采油厂）成立于1993年3月，隶属于延长油田股份有限公司（以下简称延长石油），前身为延长油矿管理局吴起石油钻采公司，现有职工7500余名，下设32生产单位、9个直属非生产部门、15个机关职能科室和5个党群组织机构，拥有资源面积近2377平方公里，动用含油面积1298.24平方公里，动用石油地质储量5934.3万吨，共有各类油水井16279口，累计生产原油3677万吨，拥有总资产181.7亿元。2020年以来，吴起采油厂坚持科技增效和管理增效"两条腿"走路的战略部署，依靠"体制机制改革、数字油田建设、生产模式转变、主辅逐步分离"，在减员增效的同时保持年产250万吨石油以上。吴起采油厂作为延长石油数字化转型发展、管理模式改革创新标杆单位，先后被授予"全国文明单位""全国设备管理优秀单位""陕西省'安全生产先进单位'""全省安全生产专项整治三年行动先进单位"等荣誉称号。

一、新型采油作业区全流程智能化协同管理背景

（一）加快推进数字化转型的需要

为贯彻加快发展数字经济、数字化转型的决策部署，延长石油将数字化转型融入企业发展战略，大力推动数字化在管理决策、生产制造、供应链协同、服务营销等的全面深入融合，推动管理创新、技术创新、机制创新，再造一个结构优、能耗低、效益好、实力强的"新延长"。2021年，集团、油田公司、吴起采油厂各级领导审时度势，精心谋划，以示范引领、规模建设为建设思路，选取吴起采油厂薛岔作业区为重点示范基地，树立典型标杆、打造样板工程、示范引领规模建设，为实现延长石油全面数字化转型打下坚实基础。

（二）打造新型采油作业区的需要

近年来，世界经济增速放缓，能源化工行业市场震荡，全球工业竞争格局深度调整，以人工智能、物联网、云计算等新一代信息技术与工业融合为主的第四次工业革命已然到来，石油行业面临着外部环境变化和传统管理模式难以为继的压力。延长石油确定了加快产业结构调整、实施数字化转型的战略目标，确定了1+N布局，由集团公司信息化领导小组统筹部署，把基层生产的数字化转型作为优先突破点，通过基层示范建设，打造新型采油作业区，横向推广、纵向延伸，逐步实现全覆盖。

（三）实现延长油田高质量发展的需要

延长油田采油生产现场散布于黄土高原的山坳、沟壑纵横之间，采油工人常年与大山为伴、与油井为伍，每天重复计量化验、测产盘库、巡检维修等工作。2019年起，吴起采油厂以"关爱员工、呵护油井"为出发点，以生产成本、劳动强度、安全风险"三降低"，经济效益、工作效率、管控水平"三提升"为目标，积极探索数字化转型。作业区作为完全的基层生产单元，成为数字化转型最终落地的最小单元。当前，作业区级生产管理存在生产现场管理类业务缺少数字化支撑、动态分析类业务缺少智能化技术支撑、协同管理类业务缺少平台化支撑、缺少保障机制从而导致长期效用难以发挥、经济效益难以明确与评价等问题。

二、新型采油作业区全流程智能化协同管理主要做法

（一）构建全流程智能化协同管理的总体架构

1.明确总体思路

通过对国内油田数字化转型的深入调研，结合作业区生产运行现状，树立了围绕"1个中心"，完

成"2个创新"，从"5个方向"进行数字化转型建设的总体思路。"1个中心"即以数字转型、在线闭环、智能驱动、降本增效为中心。"2个创新"包括采油业务流程和管理模式创新。"5个方向"即业务数据化、协同平台化、分析智能化、保障机制成熟化、经济效益最大化。

2. 确立采油业务全流程方向

通过"5个方向"建设，最终形成以智能分析为驱动、以"数据在线采集—异常智能分析—任务闭环协同—效果跟踪评价"为链条的一体化全流程智能化协同管理的采油业务。

3. 建立新型管理模式

作业区围绕安全环保、生产运行、技术分析及管理决策，在油水井数字化、联合站数字化、集输管线数字化建设的基础上，改造工作站、注水站，建立区域运维中心站，利用生产运行管理平台与智能薛岔App，完成生产运行管理模式转变与数字化转型发展，最终实现作业区统筹协调、区域运维中心智能化运行、井场与增压站无人值守。

4. 梳理建设内容

一是业务数据化，包括物联网感知建设与现场数据采集线上化两个部分。在物联网感知建设方面，为适应特殊地理及气候条件，作业区物联网建设的前端采集在通用物联网的基础上，引入边缘计算技术，前端直接告警推送，效率提高，耗费降低；终端传输采用光纤＋无线网桥的低成本建设模式；后端应用功能包括各类报表、油水井工况诊断与告警、数据综合分析、智能巡井、远程控制等，应用形式支持电脑端、移动端。现场数据采集线上化，梳理现场原有工作方式，将原纸质填报、计算、誊抄等工作，转型为在线采集、自动匹配、自动剔除、智能计算、自动流转的标准业务流程。最终将生产现场数据采集类业务全部搬至线上，实现生产运行现场数据的全在线。指挥中心通过分析油水井工况、产量等动态数据，按照油田公司动态数据采集规范及现场分析需要，下达现场数据采集任务清单，采油工在App接收任务并按要求进行填报，作业区对过程进行监督，对结果进行考核。

二是协同管理平台化。梳理现有业务流程与上下游岗位间协同方式，形成标准化的全流程业务协同闭环。以"智能分析""人工核实"为起点，进行"任务配置、任务下达、任务交互、任务记录"，最终导向"效果评估"。便捷的协同功能，可使各岗位任务完成在线闭环，方便快速地实现业务流转和过程监督，从而提高任务执行效率。

三是动态分析智能化。单参数趋势分析模型、功图分析模型、单井动态分析模型，可自动、智能地对油水井工况、设备、产量进行趋势分析与诊断，及时准确地发现油水井生产异常，再辅助以人工核实，就可确定异常原因并采取相应处置措施。

四是保障机制成熟化。考虑到现场业务的复杂性，涉及的人员多、岗位多、实施内容多，以及作业区职工目前信息化素质与接受能力参差不齐，所以采用分步实施、扎实推进、逐一落地的原则，保障实施工作的有序开展。突出"人"的转型，通过大量的培训与贴身的服务，持续跟进，实现软硬件与管理制度的融合、管理模式与"人"的融合。加强培训，落实软件各功能的实施及管理制度的执行。

五是经济效益最大化。一方面，提高管理效率，缩短油水井异常处置周期，充分利用业务数据化及动态分析智能化成果，大幅缩短异常发现时间，再利用全业务流程协同化，加强对异常处置时间的监管，实现异常及时发现、及时上报、及时研判、及时处理，提高油水井生产时率；同时通过设备材料的线上管理，在作业区范围内灵活调配闲置设备材料，既减少设备材料成本，也提高设备维修效率。另一方面，加强经济效益评价工作，分析高成本原因，走低成本发展之路，对作业区油井进行特征分析、分类评价，及时改造高耗能、低产出的油井；对各项业务工作量综合评估，合理划分工作岗位，减员增效；对易耗易损设备材料进行寿命分析，对频繁维修设备或更换易耗易损材料的油井进行综合研判。

（二）物联感知全面化，为智能驱动提供数据支持

1. 整装数字化建设

作业区整装数字化建设覆盖 8 个站、164 宗井场、571 口油井、9 个注水站、77 个配水间、157 口水井，共安装油井控制柜、载荷传感器、位移传感器 597 套，配备配水间 73 个、视频监控 410 个、路卡 40 路，实现油水井运行参数全面感知、现场实时监控。

2. 生产运行物联网平台建设

生产运行物联网平台建设包括采油井监测、注水井监测、报表管理、告警管理、数据分析及决策、数据共享、监测运维等，能实现对油水工况异常及时预警告警、远程智能控制，对物联网设备、网络异常进行诊断识别，并对异常处置进行监督。

3. 物联感知全面化

物联感知全面化将生产运行业务数据化，可直接实现电子巡检、生产监控，为驻井制转变成巡井制提供支持，达到优化用工数量、精细化管理、提升管控水平、减少安全问题、降低能耗成本的目的。

（三）现场数据采集线上化，为数据采集提供数字化支撑

1. 油井计量

根据油田公司计量要求，每晚系统统计当前油井开关井状态，下发计量清单；第二天采油工根据收到的任务，完成数据填报；工作站对平台识别的产量、含水异常进行核实并说明原因；作业区对数据进行审核，对填报情况进行考核。填报工作量低，采油工只录入每日悬空即可自动实现计产。填报准确性高，在数据填报与数据提交过程中提供多次校验、诊断、提醒及辅助审核服务，保障数据的准确性。现场适应力强，适用于单井单罐、单井多罐、多井多罐、集输、集输与进罐混合。充分考虑现场网络、现场工作环境、日常工作任务及人员自身素质等因素，提供关键修改信息多次冗余，填报过程多次提醒，降低软件使用难度与填报错误率，并提供便捷的数据驳回、数据修改操作。

2. 含水化验

按照油田公司、采油厂、注水项目部及作业区含水化验相关要求，依据产量范围与含水浮动，配置含水任务生成规则，自动生成并下发任务，采油工按照任务进行化验，工作站与作业区按照标准进行审核、考核。同时使用特殊的标记，优先突出研究所、注水项目部下发的相关任务，主要用于日常化验、加密化验。含水浮动自动监测，含水任务科学合理。自动下发、临时派发与自增任务相结合，并配合灵活的考核机制，以适应现场复杂多变的工作环境，在保障任务质量的前提下做到更加人性化。

3. 产出水水质分析

依据研究所、注水项目部、作业区产出水水质分析的相关要求，实现周期性任务生成下发与临时任务下发，工作站、采油工按照任务要求进行采样、送样，作业区收样并化验，作业区按照任务完成质量考核，主要用于产出水周期性化验、临时化验，实现在线监管，保障采样质量、采样时效；配送过程规范管理，防止样品丢失。

4. 油井测产

依据采油厂、作业区相关测产周期要求，自动生成并下发任务，也可根据研究所、注水项目部临时需要派发测产任务，并实现任务完成质量监管与考核，主要用于油井周期性测产、临时测产，实现在线监管、严格考核，以保障任务完成的质量与时效。

5. 油井动态资料收集

通过任务管理的方式，进行电流、功图、动液面测试任务的派发、分配、审核、考核，收集油井动态资料数据，主要用于对未进行物联网建设的部分油井或物联网设备、传输网络出现故障需要采集数据时，实现按需测试、合理分配、过程监督考核，测试数据体线上传输，省去设备直接派送。

6. 水井填报

按照采油厂、作业区注水日报填报要求及油套压测试要求，通过油套压任务自动生成与下发，确保油套压数据的时效性；通过与水井物联网数据关联，减少数据填报项；通过配注合格率计算与备注信息填报关联、备注用语的标准化，实现填报规范化；通过数据校验、数据诊断、提醒与辅助审核等功能，提高数据填报准确性；通过任务过程监督与考核，保障数据填报的及时性与真实性。填报工作量低，未建物联网的区块只需填报各类压力值并录入当前表头，其他填报项自动计算；已建物联网区只需核对各项数值并确认。填报准确性高，在数据填报与数据提交过程中提供多次校验、诊断、提醒及辅助审核功能，保障数据的准确性。填报规范、适用性强，工作时间不足、配置合格率不达标均需填写备注，且系统自动给出标准的备注用语，同时为适应现场实际情况，增加了调表等功能。

（四）动态分析智能化，综合判识生产运行状况

1. 单参数趋势分析模型

利用丰富的生产运行数据，针对每项数据进行单参数趋势分析，利用工业物联网时间序列分析算法，进行异常上升下降趋势识别、超限值识别、极值识别、恒值识别，形成丰富的单参数趋势分析成果数据集，供后续算法模型使用。

2. 功图分析模型

使用大数据与人工智能技术，针对功图开展分析与应用，反映油井运行工况。一是功图诊断。基于 CNN（Convolutional Neural Network，卷积神经网络）算法，在海量功图图片样本库的基础上，构建功图图片自学习诊断模型，实践证明诊断准确率高。二是功图计产。计算出给定系统在不同地面示功图激励下的泵示功图响应，然后对泵示功图进行分析，确定泵的有效冲程，进而求出油井产液量，其关键点是计算抽油泵有效冲程和有效容积，实践证明计产准确率高。

3. 单井动态分析模型

在单参数趋势分析模型和功图分析模型的基础上，将各种单参数趋势分析结果和功图分析结果进行组合使用、综合判断，以工况异常分析、设备异常分析、产量异常分析、误产归因分析为层次，以新井分析、老井分析、措施井分析为维度，以日分析、旬分析、月分析为尺度，形成系统化的单井动态分析模型。对当前异常和长期趋势同时加以判断，给出当前问题告警和后续问题预警，多层次、多维度、多尺度分析，满足各种实际业务需要。

4. 智能巡井及异常推送

利用以上模型的计算结果，实现对油水井工况、设备、产量与注量的轮巡，并按照规则推送异常告警。

（五）协同管理平台化，为业务协同提供平台化支撑

1. 安环管理

隐患随手拍，实现了安全环保"问题和隐患上报—核实—整改—确认—审核—资料归档—结果反馈"的全流程管理，平台主要功能包括作业区督查、分派、过程监督、审核、考核，工作站自查、分配、过程监督、验收、审核、考核，采油工自查、上报、整改等，并能实现问题、隐患整改过程存档。平台适用于安全环保问题和隐患的督查整改，工作自查整改，采油工自查、互查整改，从而建立安环管理线上协同模式，提升安环管控能力。

2. 设备管理

开展设备材料登记、设备维修、材料申报等全流程的设备维修线上管理。一是对自动识别或人工上报的设备异常信息进行快速处置，包括设备信息登记，维修上报、确认、核实，任务派单，过程监督，验收考评规范管理，缩短设备异常处置时间，提高设备的利用率，降低生产成本，提高油水井的

生产时率。二是通过对库存与在用设备材料的登记管理，实现闲置设备的快速调配，降低设备材料成本，缩短设备材料向上申报的时间；同时通过材料损坏分析，合理配置库存，降低无效损耗。

3. 巡检管理

建立巡检全流程线上管理模式，包括输油管线、注水管线及井场巡检，主要功能包括巡检路线、巡检点、巡检内容、巡检要求、巡检耗时的配置，巡检任务生成、下发，巡检过程监督，巡检结果评价，巡检考核。通过卡时间，圈坐标，实现巡井及输油（注水）管线巡检过程闭环管理，从任务生成、下发，过程监督，结果评价、考核等方面着手，提高效率，规范流程，降低现场人员劳动强度。

4. 维护保养

建立维护保养的全流程线上管理，运用9个关联步骤，落实"十字保养法"。实现设备状况大数据分析自动诊断派单，保养过程实时监管，设备保养精准维护；改变传统设备定期保养工作模式，确保设备维护保养到位，实现用好、管好设备，提高设备的利用率。

5. 车辆管理

登记作业区职工车辆、公用车辆、作业区车辆、临时车辆，结合路卡视频监控系统，及时对异常车辆、无牌车辆进行识别告警、路线分析、跟踪管控，防止偷盗原油、生产物资及设备等事件发生。

6. 自动监测

为保障原油生产任务，快速提高产能，配置了阶段性生产目标，利用统计分析及时发现生产运行管理中存在的问题，从而提升管理效率，监测的主要内容包括原油产量任务监测、原油交售任务监测、产量构成分析、技术改造任务监测、原油选调任务监测、油田注水任务监测。

（六）构建新型管理体系，发挥数字化长期效用

1. 岗位再造

为满足数字化转型发展要求，实现智能化协同管理，结合软件平台功能，在业务流程的各节点作业区取消原有岗位，再造作业区领导岗、作业区信息岗、作业区油井计量岗、作业区油井管理岗、作业区化验岗、作业区注水管理岗、作业区设备管理岗、作业区物联网设备管理岗、作业区维护保养管理岗、作业区安环管理岗、作业区安环监督岗、作业区巡检管理岗、工作站管理岗、工作站信息岗、采油工及巡检员等岗位，分别负责作业区各项任务的下发、过程监督、审核、考核、维修维护、巡检等工作。

2. 人才培训

为落实软硬件各功能的实施及管理制度的执行，并提高作业区整体数字化素质，组织线下培训，并多次针对信息化接受能力较差的员工开展一对一的线上与线下辅导。一是专业技术人才培训，通过定期组织交流学习的培训方式，提高技术人才专业素养，进而提高其工作效率。二是管理岗人员培训，采用分岗多期培训的方式，针对其管理的业务，结合软件平台，培训软件操作能力、使用能力。三是采油工培训，原则上按照每上线一个功能集中或分散的工作站则培训一轮，从而提高采油工整体数字化素质及软硬件使用的熟练度。

3. 任务考核

采用任务分配模式，每天下午按照业务规则自动生成或手动添加第二天的油井计量、水井填报、含水化验、水质分析、动态资料收集等日常任务，工作站、采油工按任务逐一完成，对无故未完成的工作站、采油工扣取绩效得分。加强任务监管，对日常任务、临时任务、安环整改任务等实行过程监管，作业区领导班子通过智能薛岔 App 查看各项任务完成进度，对不执行或延误情况进行通报批评。

4. 运维保障

强化设备运维管理，严格落实物联网设备管理责任制，形成井场用电规范、物联网设备运维规

范，有效避免作业过程对设备的损毁，并与厂商建立运维保障机制，确保设备的在线率。

5. 管理模式

形成一套适合采油作业区的数字化运行管理模式，即以作业区生产指挥调度中心为核心大脑，以工作站与联合站为重要调度与管理节点，以采油工注采为任务执行与任务反馈终端。作业区生产指挥调度中心负责技术支持、统筹管理与综合考核，通过综合管理平台掌握各项生产指标的运行情况，发出异常井处置、安环整改、原油拉运、巡井巡线、设备保养、数据采集等生产运行指令。工作站负责管理运维保障、流程管控与结果验收，通过智能薛岔 App 查看预警信息和生产指挥调度中心发布的问题任务清单，线上接收工作指令，分配工作任务。采油工与注采工按照任务要求完成当日工作、规范操作，保障设备正常运作。

三、新型采油作业区全流程智能化协同管理效果

（一）智能化水平提升

智能化协同管理创新对传统线下业务进行的改造优化，提升了传统业务的规范化管理水平，实现了线上在线闭环，提高了现场工作效率，降低了生产成本，有效监管了工作过程。全面落实巡井制度，实现完全闭环管理，线上工作留痕，数据自动、及时、准确、全采集，实时巡检无盲区，安全隐患随手拍，全年安全零事故。实施线上一体化管理，工作效率提升 45%；职工主动工作，积极性强、幸福感高；实现了低碳生产。

（二）经济效益显著

经过近两年的运行，经济效益明显提升。一是稳产增产。物联网感知系统的智能诊断、综合分析，再加上规范化、程序化的油水井异常管理流程，有效地缩短了工况异常、设备异常导致的停井时长，提高了油井利用率、注水井的配注合格率，提高生产时率 1.5%，累计增产原油 3250 吨，增加营收 1014 万元。二是降本增效。优化设备材料的资产配置，盘活设备 67 台、材料 16 类；异常核实、维修更换设备，实行无纸化填报与办公，建立间抽制度，在稳产的前提下每年累计节约费用约 335.3 万元。三是减员增效。物联网的建设，实现了油水井动态参数自动采集及视频全覆盖，减小了人工采集、人工巡查工作量，智能数据填报实现了数据采集无纸化，减小了数据填报工作量，同时驻井转巡井工作模式的开展，使作业区自创新实践以来共减员 136 人。

（三）社会效益倍增

一是增强员工幸福感。实现"驻井制"向"巡井制"工作方式转变，大幅降低一线职工劳动强度，解决职工吃饭难问题，增强凝聚力和战斗力。二是增强企业市场竞争力。生产管理模式的转变，形成了以智能分析为驱动、以"数据在线采集—异常智能分析—任务闭环协同—效果跟踪评价"为链条的一体化智能采油业务管理运营模式；同时在转型发展过程中培养了一支数字化人才队伍，为采油厂、延长油田数字化转型奠定了人才基石。三是为石油与化工行业树典型。新型采油作业区智能化协同管理为延长石油数字化转型树立典范，也为石油化工行业数字化转型升级贡献了延长智慧。四是加快企业数字化转型与智能化发展。通过一体化智能采油业务流程的建立与管理模式创新的成功实践，为推动延长石油高质量发展注入了强劲动力，加快了延长石油建设世界一流企业的步伐。

（成果创造人：马　涛、吴晓东、何文宝、刘国庆、翁邦红、
张　宏、刘宇旗、袁建锋、高海楠、张　澎、刘　静、刘维华）

钢铁物流企业基于智慧管控系统的铁路物流管理优化

河钢集团国际物流有限公司

河钢集团国际物流有限公司（以下简称河钢物流公司）是河钢集团有限公司（以下简称河钢集团）旗下发展现代物流产业的旗舰企业，成立于 2011 年 7 月，总部位于石家庄，是河钢集团物流管理与运营的专业管理公司，资产总额 62.86 亿元，业务覆盖港口运营、货物仓储、交通运输、大宗贸易、物流总包五大板块。

一、钢铁物流企业基于智慧管控系统的铁路物流管理优化背景

（一）助推河钢集团实现高效、低成本物流管理，延伸物流产业的需要

2020 年，河钢集团为推动增量效率型向存量效益型发展，进一步加强供应链体系建设，挖掘集团物流资源和资产的规模和延伸价值，打造协同、高效的物流服务体系，实现业务统一管理、资金集中管控和物流降本增效的目的，经研究决定，对集团物流板块实施优化整合，将集团各子分公司的所有涉外物流业务全部交由河钢物流公司统一管理，要求河钢物流公司以集团内部信息系统为基础组建集团综合物流服务主体，构建平台化运行与业务组织统一的"天网＋地网"综合物流管控运行体系，实现资源统一组织、运力统筹调配、费用统一管控及物流后市场价值的深度挖掘，促进集团内部物流降本与外部市场拓展的双提升。

（二）提升物流服务质量和管理水平，实现物流降本增效的需要

河钢集团整合物流业务后，将所有涉外物流业务全部交由河钢物流公司统一管理，为此，如何实现对管理分散、信息孤立、点多面广、组织复杂的各子分公司所有涉外物流业务进行统一、有效的管理，兑现河钢集团物流整合提升物流服务质量和管理水平、降低物流成本、延伸物流产业链的宏伟愿景和目标是河钢物流公司面临的重大课题。这要求河钢物流公司在集团各子分公司原物流信息系统基础上新增满足各方需求的铁路物流功能模块，建设协同、高效、智能的物流服务体系——智慧管控系统，以解决长期困扰集团铁路物流管理的痛点和难点问题，提高物流服务质量和管理水平，实现物流降费和物流产业链的延伸。2021 年年底，该系统正式投入使用。

二、钢铁物流企业基于智慧管控系统的铁路物流管理优化主要做法

（一）以满足内外部客户需求为目标，设计铁路物流智慧管控系统相应功能

1. 选取智慧管控系统信息、数据源

在外部物流信息、数据获取方面，智慧管控系统与铁路 95306 货运系统，物流业务关联港口、仓储等相关方信息系统建立数据接口，实现铁路、港口、仓储等物流相关方对河钢集团物流相关的信息、数据的即时读取。

在内部物流信息、数据获取方面，智慧管控系统与河钢集团各子分公司的 MES（Manufacturing Execution System，制造执行系统）、ERP（Enterprise Resource Planning，企业资源计划）、结算系统、相关物流系统、铁铁智运系统等建立数据接口，实现与河钢集团各子分公司的作业计划、出入库计划、结算信息、物流招投标信息、装卸线车辆信息等基础数据的高度集成与共享。

2. 设计外部客户需求相关功能

在外部客户需求功能设计方面，河钢物流公司综合不同外部客户的需求，向其开放用户登录和企业认证权限，提供运价、办理限制、停限装等铁路信息查询服务功能，提供铁路站点分布图数据可视化、货物在途跟踪、铁路运单在线下载和打印、铁路政策信息发布、铁路信息推送等多种物流服务功

能。通过提供以上铁路物流服务，提升物流服务质量和客户满意度。

3. 设计集团内部各分子公司相关需求功能

由于河钢集团内部各分子公司管理分散、信息孤立，河钢集团物流业务存在长期影响集团铁路物流效率提升和运输成本降低的瓶颈。智慧管控系统重点从铁路需求办理、厂内局车控制、物流方案优化、票据传递、物流数据统计分析、物流产业延伸等方面入手，设计相关系统功能，通过科学、合理设计智慧管控系统功能，达到提高物流管理水平，解决长期困扰集团各子分公司的铁路物流痛点、难点问题，提升铁路运行效率，实现物流运输方案快速优化，降低物流成本和延伸物流产业的管理目标。

（二）依托智慧管控系统，提升铁路物流运行效率和服务质量

1. 实现货物安全、高效运输

依托智慧管控系统，河钢物流公司为客户提供货物在途跟踪、查询等多项服务。客户通过系统提供的货物在途跟踪、信息查询等服务功能，可准确掌握货物在途状态、位置、预到信息等，并依据预到信息提前做好接卸车准备工作，从而提高了铁路物流运行效率。为客户提供的历史车辆跟踪服务具有车辆倒装、换装留痕功能，可有效防止货物运输途中因转站重新编组或其他原因丢失而难以追溯的情况发生，大大提升了客户货物运输的安全性。

2. 优化铁路运输组织，降低运输成本

智慧管控系统提供办理限制信息查询、停限装信息查询、铁路站点分布图数据可视化、铁路政策信息发布、铁路信息推送等多种物流服务。这些服务为客户优化铁路运输组织、降低运输成本提供了有效支撑。

办理限制信息查询为客户提供预运输到发站、货物接发品类、装卸限制等服务信息，方便客户根据自身货物特性、到发站对货物特性的具体要求选择运输路线、方式，规避运输限制带来的各种风险，从而减少运输损失。

停限装信息查询为客户提供全国铁路运输线路、场站停限装原因、时长等信息查询服务，便于客户依据停限装信息提前对预运输货物做出运输线路和运输计划的调整，降低盲目运输带来的车辆积压、延迟交付等运输损失。

铁路站点分布图数据可视化向客户提供全国铁路营业站点分布情况，河钢集团各子分公司的铁路物流业务办理范围，以及河钢集团各子分公司铁路专用线、场站、卸车线当前在途车辆、在站车辆、在卸车辆、重车数量、空车数量等物流信息服务。外部客户可依据河钢集团各子分公司铁路物流当前信息，按"避峰就谷"原则调整铁路预请车和发运计划，提高发送河钢货物的运输效率和降低物流费用。

铁路政策信息发布为客户提供最新运价、停限装、新增铁路专用线开通等信息服务。依据以上信息，客户可调整预请车和发运计划，增加备用运输线路，实现铁路运输优化、规避运输风险、降低运输成本。

铁路信息推送包括车号推送、发车信息推送和到达信息推送。货物装车完毕，铁路启票、系统检索，随后智慧管控系统将车号推送至客户的手机客户端，方便客户及时掌握货物的装车、车辆预发车信息。铁路编组完成从接轨站出发后，智慧管控系统将发车信息包括车次、数量等信息推送至客户的手机客户端，为客户对货物运输实时跟踪管理提供帮助。车辆到达目的地后，智慧管控系统将到达信息推送到客户的手机客户端，便于客户及时收取货物，从而提升了货物交付效率。

3. 实现铁路运单在线下载和打印，提高货物交付准时率

铁路运单是运输合同的凭证，可证明承运人和托运人的权利、义务关系。运单作为取货凭证，是

货物交付承运人的初步证据。运单送达客户的及时性，决定客户取货的及时性和运输效率。

河钢集团钢材销售业务在签订销售合同时就确定了物流运输方式。火车运输方式由客户提前支付运费，委托河钢集团代为办理铁路运输手续。智慧管控系统应用前，河钢集团的钢材铁路运输运单的传递方式为线下人工传递，具体操作方式为货物发车后次日由河钢集团派专人到货物发运站货运处领取运单，再通过快递方式将运单寄送给客户。这种线下运单传递方式从货物发车到运单传递至客户一般需 5 ～ 6 天时间，正常情况下货物先于运单到达目的地，客户因无运单不能及时取货，影响了钢材交付的时效性和运输效率。为保证铁路运单先于货物到达，实现客户及时取货，河钢物流公司设计智慧管控系统功能时，增加了运单在线下载和打印功能，大大提升了取货效率。

4. 实现线上传递铁路物流票据，提高物流效率

铁路物流票据包括运单，运费、运杂费、保价费等票据。智慧管控系统运用前，这些票据的传递方式均为线下人工传递。如前面说的运单线下传递，存在传递周期长、影响货物交付的时效性和需要花费较多的人力资源等弊端。运费、运杂费、保价费等票据线下传递存在同样的弊端，均需要派人员到就近的铁路站点打印票据、取票，然后再逐级转交相关人员处理。纸质票据在传递过程中如出现丢失、污损等情况，还需去铁路部门办理补票，办理补票手续烦琐且耗时较长，严重影响业务的正常办理，降低了物流效率。基于此，河钢物流公司在开发智慧管控系统功能时，增设了铁路物流票据线上传递功能，实现了铁路物流所有票据在业务单元间线上传递。铁路物流票据线上传递，信息即时、准确，物流效率明显提升，且节约了大量的人力、物力和财力。

（三）集成集团内部物流相关数据、信息，解决集团铁路物流痛点、难点问题

1. 实现铁路需求在线办理和业务协同，提高货物运输计划兑现率

铁路需求办理是铁路运输计划管理和兑现的关键环节。需求提报的准确性和及时性直接关系到铁路请车计划的批车效率和铁路运输计划兑现率，关乎集团各子分公司物流保产的稳定性和连续性，是物流保产、保供的压舱石。

在河钢物流公司建设智慧管控系统前，河钢集团铁路需求办理由各子分公司独立线下办理。铁路需求线下办理存在两个影响铁路需求办理效率和请车计划兑现率的关键因素。一是铁路需求线下办理需要人工填写的信息多，容易出现误填、漏填、信息错误等问题。提报的错误信息经铁路部门审核后，需返回重新填写正确信息，信息往返传送周期长，容易错过办理截止时间，影响请车计划兑现率和需求办理效率。二是由于集团各子分公司信息孤立，铁路需求办理协同性差。各子分公司独立办理铁路需求时由于受信息限制，他们只了解本公司各物料品类的在途、在站、装卸车数量、库存和消耗等物流信息，需求办理仅从本公司的需求出发，很难兼顾其他子分公司的需求，容易出现需求办理扎堆或不足的问题。需求扎堆会造成厂内车辆积压过多，卸车困难，车辆停时长，从而产生高昂的延时费用，影响物流成本的降低。需求扎堆也会对铁路运输秩序造成严重影响，主要包括空车资源缺乏，道路、专用线、场站拥堵，运力紧张等，从而影响批车计划的兑现，严重时还会造成铁路部门下发短期铁路运输停装令。铁路运力紧张和停限装会影响各子分公司物流保产、保供的连续性和稳定性，造成生产波动。需求不足会造成与合作方铁路共用线、厂内铁路专用线和卸车线空线，浪费铁路运输资源，降低铁路运输比例；同时也会造成卸车设备空置和人员空闲，浪费设备和人力资源，使设备成本和人工成本升高。

河钢集团实施物流整合后，河钢物流公司高度集成了各子分公司的物流信息，建成了智慧管控系统，实现了集团内部物流信息共享和铁路需求在线办理。由于集团内部物流信息共享，各子分公司铁路需求办理的协同性明显增强，有效避免了铁路需求单独办理的各种弊端，达到了需求办理均衡，请车批准率提升，各子分公司车辆出入有序，卸车效率、设备利用率和铁路资源利用率大幅提升的良好效果。

通过铁路需求在线办理，操作人员只需将提前准备和核对过的需求办理原始信息导入智慧管控系统即可，减少了信息传递过程和人工反复抄录造成的信息错误，信息准确率和传送效率明显提升，有效促进了请车批准率和铁路运输计划兑现率的提高。

2. 统一管理和调度铁路物流，解决局车控制难题

河钢集团各子分公司拥有铁路接轨站 11 个、到发线 80 条、调车线 15 条，具备近 8000 万吨 / 年的铁路装卸能力。2020 年，河钢集团各子分公司原料铁路运输近 4500 万吨，钢材、水渣外发近 1500 万吨。如何充分发挥集团各子分公司接轨站、到发线、调车线等铁路运输资源优势，实现铁路车辆均衡稳定出入，解决局车控制难题，提升铁路物流效率和铁路运输比例，实现铁路物流降费是摆在河钢物流公司面前的几大管理难题。

河钢集团物流业务整合前，由于没有统一的智慧管控平台，物流信息孤立，铁路运输调度均由各子分公司独立完成。由于缺乏有效的管控手段和信息支持，各子分公司铁路车辆出入和数量控制极不均衡稳定。有时局车数量远大于装卸车能力，造成车辆长时间积压不能卸车，产生高昂的局车延时费用，严重时铁路部门下达停装令；有时局车数量稀少，装卸车线处于等待装卸状态，浪费设备、人力资源和铁路运输资源，造成物流成本升高。铁路运输资源只有在车辆数量控制均衡、稳定的状态下才能发挥最大效能。铁路车辆出入和数量控制不平衡会造成原燃料保产、保供不稳定，各子分公司的生产节奏常根据原燃料供应状况反复调整，从而影响正常生产秩序。业内人士大都知道，高炉生产需要稳定的操作模式，一旦调整操作模式，就需要较长的调整周期才能恢复正常操作，因此原燃料保供不稳定会严重危及高炉操作的稳定性和顺行。

河钢物流公司在智慧管控系统建设时就铁路物流统一管理和调度的信息收集、信息处理和相关功能设计等方面进行了深入调查和广泛讨论。在充分调查研究和汲取广泛意见的基础上，河钢物流公司建成了外部连接铁路 95306 系统，内部集成集团各子分公司所有物流信息的信息管控平台——智慧管控系统。有了智慧管控平台的信息和技术支撑，河钢物流公司着手调度机构和铁路物流制度的建设。2021 年，河钢物流公司成立了河钢集团铁路物流统一调度机构——河钢物流公司驻北京调度中心（与北京铁路局调度所合署办公），由调度中心负责统一管理和调度河钢集团所有铁路物流业务。调度中心根据智慧管控系统提供的集团各子分公司不同物料品类在途，专用线、装卸车线在线的重车、空车数量，合理调配集团各子分公司车辆出入计划，确保车辆出入均衡。当专用线、装卸车线在线的重车数量超过装卸能力时，调度中心会及时与北京铁路局调度所沟通，延缓车辆进厂节奏，最大限度降低厂内局车数量，从而缩短局车积压时间，降低延时费用的支出。为从源头控制集团各子分公司铁路局车数量，确保车辆均衡出入，调度中心要求集团各子分公司在向铁路部门提报铁路需求前将需求计划初稿交调度中心审核，只有经调度中心审核批准的需求计划才能提报铁路部门，从而从铁路需求提报的源头确保了铁路物流的有序开展。

3. 利用智慧管控系统的强大信息支撑，实施物流优化

河钢集团物流运输方式包括铁运、集装箱公铁联运、汽水联运、海运、物流总包等，物流环节涉及货物装卸、防护、港口代理、货物代理、运输、港口储存、仓储等，资源来源、去向涉及海外和全国各地。面对如此庞大、复杂的物流业务和物流信息，如何寻找最优物流方案、实现物流降费是困扰集团各子分公司的巨大难题。

河钢集团物流业务整合后，河钢物流公司对集团各子分公司所有物流业务进行了全面梳理，梳理内容包括运输方式、物流环节及费用明细、资源流向、合同运输量、运价等，形成了河钢集团各子分公司物流业务历史数据信息库。物流业务历史数据信息库作为智慧管控系统的重要板块，为物流运输方案优化提供了快速参考和指导。在选择物流方案时只需输入货物类别、到发地点、交货周期、运输

安全等级等信息，智慧管控系统就会对新输入的物流信息进行自动甄别，提供多种运输方案供业务人员参考，业务人员可根据具体物流业务要求快速选择性价比最优的运输方案，从而实现低物流成本的安全运输。依托智慧管控系统提供的物流优化方案，集团各子分公司的物流运输方式发生了翻天覆地的变化，原来的单一直达运输经优化后变成多段、多方式运输，多段、多方式运输经优化后变成单一直达运输，公路运输优化后变成铁路运输等，物流降费效果显著。

4. 与相关业务港口对接信息，实现物流降费

与河钢集团各子分公司有业务关联的港口有山东的青岛港、日照港，江苏的连云港，天津港，河北的黄骅港、曹妃甸港、京唐港等，业务量近 3000 万吨 / 年，其中业务量相对较大的有天津港、青岛港、黄骅港、京唐港，业务量均在 400 万吨 / 年以上。

河钢集团物流业务整合前，由集团各子分公司单独与港口公司进行业务洽谈，由于集团各子分公司物流业务量分散、规模小，在与各港口公司进行业务谈判时，很难实现用业务量换港杂费优惠。2020 年，河钢集团物流业务整合，将所有涉外物流业务交由河钢物流公司统一处理后，河钢物流公司将所有与河钢集团各子分公司有业务关联港口的关联业务包括港内运输、储存、疏港等纳入智慧管控系统管理范畴。河钢物流公司代表河钢集团作为唯一合作方分别与各港口公司进行业务谈判，以业务量换取港杂费优惠。经谈判，2022 年，天津港给予河钢物流公司阶梯式港杂费优惠政策，年业务量100 万～ 200 万吨优惠港杂费 1 元 / 吨，200 万吨以上优惠港杂费 2 元 / 吨；黄骅港也给予河钢物流公司阶梯式港杂费优惠政策，年业务量 300 万～ 350 万吨优惠港杂费 2 元 / 吨，350 万～ 400 万吨优惠港杂费 3 元 / 吨，400 万吨以上优惠港杂费 4 元 / 吨。2022 年，仅天津港与黄骅港的港杂费优惠就为集团各子分公司实现物流降费 1000 余万元。

（四）实现铁路物流数据即时统计分析，助力铁路物流计划优化

河钢集团铁路接轨站、到发线、调车线众多，铁路运量大，资源流向涉及面广，物流信息量巨大。从冗长海量的铁路物流信息中分析、提炼出有价值的即时物流信息，并以简洁、明晰的报表形式呈现给集团各子分公司和客户，对他们通过物流数据即时统计分析报表及时掌握铁路物流信息动态及分析铁路物流发展趋势，实现铁路物流计划优化、物流方案决策，降低物流成本和风险具有重大的战略意义。河钢物流公司在设计智慧管控系统物流数据统计分析模块的功能时，与集团各子分公司和外部客户进行了深入沟通和交流，在听取他们意见的同时，重点从助力铁路物流计划优化、方案决策、问题解决等方面设计相关报表功能。智慧管控系统提供集团各子分公司所有原燃料、产成品铁路到发日 / 月统计表，铁路到发车辆日需求批车汇总表，接轨站、三方共用线股道车辆实时状况统计分析表，铁路账户金额及流水统计分析表，货物实时在途统计表，货物预计到达分析表等物流数据即时统计分析报表。

从铁路到发车辆日需求批车汇总表中可以清楚知道各物料品类当日的批车数量和预发数量；从货物实时在途统计表和货物预计到达分析表中可知道各物料品类的在途和预到信息；从接轨站、三方共用线股道车辆实时状况统计分析表中可知道各物料品类到站、在线的实时车辆数量和装卸车状况。综合分析以上即时铁路物流信息，物流相关方可以制定各物料品类的预需求或发运计划，做好接车、装卸车和出入车的平衡工作，从而有效防止需求过剩或不足、车辆集中到达或装卸线空线的情况发生。以上铁路物流即时数据统计分析有助于集团各子分公司解决局车控制难题，维持良好的铁路运输秩序，提高铁路资源利用率和铁路物流效率，实现铁路物流计划优化，同时为决策层物流方案决策提供帮助。铁路账户金额及流水统计分析表有助于平衡各子分公司财务支出，为铁路运输提供资金保障。

三、钢铁物流企业基于智慧管控系统的铁路物流管理优化效果

（一）提升了物流管理水平

铁路需求实现在线办理，集团各子分公司的协同效应得以彰显，请车批准率和货物运输计划兑现

率明显提高。铁路物流实现统一调度，解决了长期困扰集团各子分公司局车控制难的问题，铁路运行效率、铁路运输比例和货物准时到达率均明显提升。铁路物流票据实现线上传递，信息传递及时、准确，提升了铁路物流效率，节省了人力、物力和财力。铁路物流实现数据即时统计分析，物流计划控制更加科学、准确。

（二）降低了物流成本

铁路需求在线办理和铁路物流统一管理和调度提高了请车批准率、铁路运输计划兑现率，实现了车辆均衡出入，缩短了局车积压时间，降低了延时费用。物流业务历史数据信息库为物流方案优化提供了强力信息支撑，可快速选择最优物流方案，实现物流运输费用的降低。以业务量换取港杂费优惠，延伸了物流产业链，实现了物流业务延伸降费。

（三）提高了物流服务质量

货物在途跟踪服务为客户准确掌握货物在途状态、位置、预到信息提供了帮助，货物运输更加安全、高效。办理限制信息查询、停限装信息查询、铁路站点分布图数据可视化、铁路政策信息发布、铁路信息推送等物流服务，为客户优化铁路运输组织、降低运输成本提供了有效支撑。铁路运单实现在线下载和打印，提高了货物交付的时效性和运输效率。

（成果创造人：唐光明、邸战震、王彦祥、孟凡豹、吴　悠）

白酒企业基于工业互联网平台的数字化管理

安徽古井贡酒股份有限公司

安徽古井贡酒股份有限公司（以下简称古井贡酒）是中国老八大名酒企业之一，位于安徽省亳州市。以白酒生产为主业，拥有古井贡、黄鹤楼、老明光、珍藏酒四大品牌，产品有浓香、清香、明绿香、古香（烤麦香）、酱香五种香型。2022 年实现营业总收入 167.13 亿元，同比增长 25.95%，实现净利润 31.43 亿元，同比增长 36.78%。2022 年，在"华樽杯"中国酒类品牌价值评议活动中，"古井贡"以 2270.27 亿元的品牌价值继续位列安徽省酒企第一名，中国白酒行业第四名。先后获得"中国地理标志产品""安徽省政府质量奖""全国质量标杆""国家级工业设计中心""国家级绿色工厂"等荣誉。

一、白酒企业基于工业互联网平台的数字化管理背景

（一）积极响应白酒业市场变化的需要

近年来，中国白酒行业正悄然发生三种变化：一是竞争格局演变，从年度产量快速稳步增长渐变成存量竞争；二是消费结构升级，消费者对高品质美酒的诉求及健康饮酒方式的追求不断提高，高端白酒市场需求、市场规模、增速逐步加大；三是行业分化加大，强者愈强，各品牌名酒之间的竞争日趋激烈。因此，各白酒企业正视变化、直面竞争，做好行业定位、积极转型升级、创新数字化运营模式迫在眉睫。作为传统酿造生产企业，古井贡酒生产设备智能化、信息化程度不高，生产效率低，此数字化管理项目利用先进的生产设备和信息化系统，通过全流程的自动化作业和智能化控制，实现配料、上甑、摘酒、勾储、灌装、仓储等工序运行自动化、控制数字化、生产现场基本无人化。固态白酒的智能化、信息化生产，可提高公司整体效益，进一步增强企业的核心竞争力。

（二）不断满足人民群众高质量消费需求的需要

当前，消费者的价值观和思维方式及由此带来行业消费行为大都发生了重大的变化，消费者对产品品质的追求越来越高，人们不再仅仅满足于产品的基本功能，而是期待产品更具人性化、体验化。作为白酒行业的龙头企业，古井贡酒需要通过深入实施工业互联网建设推进管理数字化、生产智能化、产品智能化、服务精准化，以服务化延伸和网络化协同提高市场综合竞争力，推动行业的有序健康发展。

（三）实现企业高质量发展的需要

中国白酒行业已经从年度产量快速稳步增长渐变成存量激烈竞争的市场格局，同时，中国白酒消费结构不断升级，消费者对高品质美酒的诉求及健康饮酒方式的追求也在提高，中高端以上的白酒需求量大幅提升。白酒行业分化日趋严重，高端白酒市场规模、增速逐步加大，各品牌名酒间竞争日趋激烈，为了在激烈的市场竞争中做好行业定位、转型、升级，古井贡酒启动数字化运营模式迫在眉睫。因此，古井贡酒需要通过数字化项目建设，建立一个高效、灵活、健全的连通白酒制造上下游，向消费者提供一站式数字化服务的工业互联网平台，从而实现业务全面线上化、数字化，赋能各板块，驱动业务运行，拉通个性化定制、产品研发、材料供应、生产制造、终端服务等各个环节，促进全产业链畅通，为公司提质增效，促进行业绿色健康发展。

二、白酒企业基于工业互联网平台的数字化管理主要做法

（一）创新项目组织方式和机制

古井贡酒提出"管理数字化、业财一体化、消费场景化、一键速成化、双创平台化"五化建设目标，加速跨部门端到端业务流程打通，促使各业务系统信息全面贯通，提高公司整体业务运营效率，

提升公司管理水平，深入支撑公司双百亿战略目标。古井贡酒成立项目建设领导小组，董事长亲任组长，总经理担任执行组长，关键节点、关键会议全程参与，采取业务牵头，公司高管主抓、中高层领导深入参与、核心业务骨干共计 360 余人全程在岗，一线业务人员共计 520 余人兼职参与建设的策略，项目组分为数字化营销组、供应链组、财务组、预算组等 11 个项目群同步推进项目建设。

（二）优选合作模式

与全球知名品牌德勤中国、美云智数等协同推进，按"现场深入调研、蓝图业务流程变革梳理、系统实现深入验证、上线阶段充分准备、上线支持分层次支持"五步法实施策略开展项目建设。

（三）业务主导，保证工业互联网平台方案落地

1. 实现端到端全业务链拉通，营销业务全面数字化

数字化营销专为厂家、经销商、终端门店等渠道主体和消费者打造。将 CRM（Customer Relationship Management，客户关系管理）与 SAP（System Applications and Products，企业管理解决方案系统）ERP（Enterprise Resource Planning，企业资源计划）系统打通，形成 S2B2b2c（Supply chain to Business to business to Consumer，创新商业模式）的数字化白酒营销新模式，实现了全流程可视化服务和高效协同，全面赋能营销数字化，助力销售增长和市场份额的扩大，主要内容如下。

一是古井数字化营销在厂家。厂家作为 S2B2b2c 的数字化生态的起点，需要对预算、费用、订单协同等厂家核心业务进行管理。在营销主数据系统的建设下，古井贡酒完成了对公司经销商、分销商、网点、物料、人员档案的梳理，为建设统一的业务平台提供了基础。S 端古井云系统作为古井贡酒业务管理平台，实现了以销售预算、费用预算、KPI 指标预算考核为核心的预算管理；实现了以申请核销类、备案申请类、申请执行类共 20 种模式的费用管理；实现了经销商电子化合同、客户下单前置、订单信息在线化的厂商订单协同，提高了下单效率。

二是古井数字化营销在经销商。经销商是古井渠道销售的帮手，是一荣俱荣一损俱损的关系。古井贡酒建设了 S2B 端古井云系统，这是古井贡酒经销商的协同互动平台。经销商可以在 S2B 端古井云系统中自助下单，实现生产、开票、物流等订单状态的可追溯，实现到货签收、确认的线上操作，实现经销商的线上支付，极大地提高了订单的流转效率。此外，经销商还可以自主发起费用核销，报账材料、报账周期线上可见，避免缺漏，降低资金垫付周期，处理过程更加高效。S2B 端古井云系统实现了费用处理流程在线化、订单状态在线化，让古井贡酒和经销商之间的信息更加通畅、账目更加透明。经销商作为一个公司，有着完整的采购管理、销售管理、仓储管理、往来对账管理等需求。古井贡酒建设的 S2B2b 古井云系统还免费提供这些功能供经销商使用。S2B2b 端古井云作为经销商自有运营平台，完美对接 S2B 端古井云系统，实现了经销商的采购管理和往来对账管理；预售、配送、车销等销售模式的支持则实现了多业务的销售管理；出入库的扫码有效降低了经销商库存管理风险，同时实现了经销存库数据的互相校验，提高了库存数据的真实性和准确性；此外，销售分析平台让经销商可以更加清晰地观察渠道订单、出库的实时数据，并对渠道动销数据、订单商品数据进行分析，为经销商的市场形势判断提供了参考。

三是古井数字化营销端在业务人员。业务人员作为销售任务的具体执行人，需要有一个好的管理工具。在 S2B2b 端，古井贡酒建设了移动业务助手 App，这是一个赋能业务员、促销员的经营管理工具。它具备考勤打卡、网点拜访、移动订货、出货跟踪、协议签订、费用执行、活动管理、终端库存盘点、回款跟踪、绩效在线等 10 大核心功能，方便业务员和促销员进行终端拜访管理、活动控制管理、费用执行管理、终端维护管理、绩效在线管理，提高了业务人员的工作能力，同时也提高了终端的效能。

四是古井数字化营销在网点。网点是消费者购买产品的窗口，承担着与消费者连接的重要任务。

古井贡酒在 S2B2b 端还建设了店店通系统。作为赋能终端网点的经营管理工具，店店通拥有移动化、商城化的体验，网点老板可以自主向经销商下单，支持网点协销宴席、兑付费用在线签收，有了它网点老板可以轻松高效地管理自己的小店。此外，全渠道信息的透明公开让网点老板可以随时查询价格、政策、厂方通知等信息，强化了与古井贡酒的联系。终端网点除了对内部进行管理外，还可以使用古井到家系统来搭建线上云店。古井到家系统的建设，实现了线上引流、线下分销的联动，活动直接触达消费者。此外，古井到家提供的拼团、秒杀、直播带货、分销、代销等功能可以极大丰富门店老板的营销策略，牢牢抓住核心消费者。

五是古井数字化营销在消费者。消费者是一个营销链条的终点，也是重点。为此古井贡酒搭建了 SCRM（Social Customer Relationship Management，社会顾客关系管理）会员中心系统、官方商城系统及电商云系统。官方商城及各类网店作为线上入口，将订单信息传入电商云系统，处理完订单业务后，将消费记录和消费者信息传递到 SCRM 会员中心系统。这一系统利用各类用户运营活动、持续更新的社区内容让消费者沉淀为古井贡酒忠实会员，丰富会员的用户画像，从而针对性提出营销活动，实现"深度体验＋社交裂变＋精准画像＋赋能销售转化"。古井数字化营销平台现已成功入驻经销商 3373 家，门店 90 万家，沉淀会员 2058 万名，订单流转效率提高了 80%。

2. 打造智能制造，为传统产业赋能

一是打造智能酿造车间。为加快白酒传统企业向"智能制造、绿色酿造"转型，古井贡酒利用物联网、云计算、大数据等新一代信息技术，以传统酿酒工艺为基础，立足于古井传统手工车间酿酒模式，基于传统纯粮固态发酵工艺，从酿酒生产工艺环节对酿酒生产环节进行深度技术改造，建立全自动立体发酵智能酿造车间，实现生产环节的数字化与智能化，智能酿酒、智能勾调、智能灌装，在提升了产品的质量、口感和稳定性的同时，实现降本提质增效，有助于古井贡酒向可持续发展的方向发展。车间内生产设备联网率达 90%，生产全过程透明化、智能化管控，相同产能下生产人员由传统酿酒车间的 1100 人减少到 60 人，人均产能提升 20 倍，投料产出比提升 4.3 个百分点，人均效益是手工车间的 13.3 倍。同时，利用数据分析技术，探索和改进生产工艺，酿酒发酵周期、用曲量、出酒率和酒体质量均得到有效改善，有效推动了传统白酒生产制造模式向"智能酿造、绿色酿造"转型，目前智能酿造车间正在古井智能园推广应用。

二是打造 MES（Manufacturing Execution System，制造执行系统）灌装智能化流水线。在智能灌装环节，按照白酒行业生产制造模型，从智能排产、生产到仓储物流的全生命周期解决方案，保障全程可追溯、产品研发生产一致性。打造了全自动化的生产流水线，有效解决了隐形码采集、工单切换、缓冲空间不足等难点问题。方案以古井贡酒实际管理需求为基础，紧密结合生产制造的核心业务，将生产方法设计与工艺要求固化到系统流程中。对车间生产过程进行全流程管理与监控，对物料、生产数据进行全程防错与追踪，对生产加工设备参数进行实时自动采集、监视与预警，与计量设备、盒码关联设备和生产设备无缝集成，让管理者能通过 MES 系统及时准确地掌握各个环节的生产质量情况，从而有效实现车间级的生产过程及质量管控，帮助保证生产合规、提高生产效率，使生产管理更加透明化、精细化和规范化，从而进一步提升生产质量管理水平。设备在线联网，数据自动采集，生产指令下发到每一台设备，换产效率提升了 30%。AI 视觉质检，图像推理对比，可识别炸纹、烤花、混度，自动剔除、喷码识别等，使质量显著提升。产线时速由每小时 4000 瓶提升到 10000 瓶，效率是原来的 2.5 倍。减员增效，完成同等产能，由 207 人减少到 49 人，人员减少 158 人，人工费用节约 1267 万元／年。通过 MES 与 ERP 等系统无缝对接，实现生产制造智能排产及生产自驱动，以更加灵活、高效和柔性的生产来应对消费市场的快速变化。

3. 规范和优化业务流程，实现业财一体化

一是构建业务与财务一体化集成共享信息化平台，实现销售订单、产品库存、生产周期等因素统筹分析，自动形成计划建议，指导成品上线生产、定制生产、预先定产等业务模块化分线执行，精细化过程管控，规范业务执行，实现业务财务一体化。打通系统壁垒，系统互联互通，实现公司运营状况及财务数据实时掌握。

二是构建统一的 BPM（Business Process Management，业务流程管理）平台，实现了流程移动端审批业务处理，满足移动办公的需求，实现在线审批、无纸化办公，提升办公效率。

三是建立凭证处理模型 68 个，实现数据一次性录入，系统自动审核处理，会计凭证一键生成，自动化率达 80%。建立上市公司对外披露财务附注编制模型，实现财务附注自动编制，财务附注自动化率达 85%。建立财务预测和分析模型，实现公司财务分析数据自动化集成，每月 1 号出具报表，出具时间由 6 天缩短为 1 天，效率提升 6 倍。建立"靠数据说话，依数据决策"业财一体化管理体系，财务人员逐步由核算型向管理型转变。构建了统一核算体系，建立了统一的核算标准和核算规则，确保财务核算、财务分析及报表的规范化运作，实现销售订单自动验资管理，有效提高经销商下单效率，业务流转效率提高了 60%；凭证自动化转制率由 50% 提高到 96% 或更高，提升了会计核算的及时性和准确性；实现对生产成本的日常监控与分析，订单颗粒度到生产线，提升成本管控、分析能力。

四是打造了一套以公司战略为出发点、以业务活动为编制基础的多维度全面预算编制方案及系统。通过建设 BPC（Business Planning and Consolidation，业务规划与整合）平台，提供了一套高信息质量及低响应时间的数据分析框架，实现公司统一外部披露报告的自动生成。

五是以流程再造为契机，打造员工统一门户，高度协同"掌上古井"App 应用。整合资讯管理、流程管理，集成邮箱、知识学习、古井 BI（Business Intelligence，商务智能）、员工心声、督办等 20 余个应用，集员工的衣、食、住、行、学等信息于一体，打破了空间与时间的限制，打造快速响应的工作场景，实现了总部与分子公司间高效协同，促进了管理升级，让员工在链路上协同，让业务现场运作更高效，办公效率提升 80%。

4. 以"SAP ERP+SRM"为核心，构建主航道畅通的运营平台

一是通过与 SAP ERP 打通，实现将 SAP 中的订单实时传递给供应商确认，采购员可根据订单号一次或分批次要求供应商发货，同时供应商可将分批要货的材料备库情况及时填报反馈给采购员，订单协同有效解决了要货与送货信息的不对称性，避免到货的不均衡性，打通了采购双方的信息屏障。供应商也可实时查询其供货数量、质检合格入库数量、不合格退库数量等，自行核对其可结算账单，有效减轻了双方结算时的集中核对时间，既便于供应商结算，又利于资金预算控制。

系统实现了采购方与供应商的无缝对接，使采购员减轻了以前手工整理、录入数据的重复无价值劳动，让信息流更加透明。采购员实现了工作移动化，处理业务更便捷，提升了与供应商的信息交互及时性。采购效率较传统采购效率提高 50% 以上，已入驻供应商 3385 家；实现寻源、定价业务跨系统拉通，定价效率提升 45%；质检结果可视化，自助对账结算，供应货及时率提升 20%；打通京东、震坤行电商商城，实现综合物料自助下单，采购周期缩短 30%；依据供应商供应及质量情况，系统自动评定供应商绩效，全方面实现供应商生命周期管理，助推古井贡酒内外企业的协同创新，助力业务与财务一体化运营，供应及时率提升 20%，企业整体运营效率提升 60%。上线子公司覆盖了龙瑞玻璃公司、黄鹤楼酒业、臻瑞公司、上海假日酒店、合肥假日酒店、亳州宾馆、古井酒店管理公司等 7 家生产经营型子公司。

二是供应链之前存在以下问题。供应商寻源、准入、协同线下管理和电话沟通成本高。招标、询比价管理，需通过传真报价、电话磋商。采购订单、要货、收货、付款环节，均需纸质流转，由供应

商现场办理。采购综合物料需要线下提报需求，采购员电话询价采购，请购周期长，流程烦琐，效率低下。供应商生命周期管理无法有效追溯，供应商绩效线下打分，管理不规范。

三是为考虑借助信息化实现阳光采购，解决以上问题，打造高效便捷供应链的目标，古井贡酒启动并搭建了 SRM（Supplier Relationship Management，供应商关系管理系统），整合了供应链上不同环节的相关方，打通供应链上下游数据，拉通端到端全业务链协同管理，建立横向协同的供产销存运作体系，保证业务实时在线、数据实时在线，实现了全流程电子采购，主要包括供应商全生命周期管理、寻源定价、需求管理（含内部商城）、订单协同、对账管理等五大模块。

供应商注册审核统一由古井贡酒负责，基础资料统一进行电子化管理，供应商和各上线子公司可互相选择成为合作伙伴，准入评估可统一也可分权，灵活多变；绩效评价中合格率、及时率等客观数据实现系统自动评分，避免人为干扰。

四是提高内部各部门生产配件、办公用品等小型材料领用的便利性，提升小型材料仓管人员的工作效率。古井贡酒借助低代码开发平台，以用户为中心，自主研发小型材料电商化场景应用，成功解决 SAP 中存在的问题。例如，领料按物料编码制单，不直观，容易错领，退单再重新下单，效率低；制单步骤多，体验差，事务模块分散，且账号使用费高；使用单位无法及时掌握物料费用，领用前电话沟通浪费时间；仓管人员 Excel 登记配送情况，工作烦琐。使用电商化场景应用后，领料效率提升 50%，配送模式得以改变，工作效率提升 20%，助力仓库业务模式进行数字化的变革。

5. 统一主数据，实现标准化，保障产品质量

一是质量信息管理存在不少问题。例如，数据线下传递，形成数据孤岛；人工采集数据效率低、易出错；质量分析依赖人工统计处理，工作量大；问题跟踪不及时，闭环管理难度大；信息追溯需翻阅大量的纸质记录，费时费力。通过建设质量管理平台、ERP 和 SRM 集成应用，实现了从采购源头到成品，再到顾客反馈的全生命周期质量管控，使质量管理更加全面、灵活、精准、高效。

二是通过该解决方案的应用，质量标准、要求转变成程序规则，实现从研发、采购、制造到售后的全流程在线管控，无纸化率达 86%，检测数据实现 100% 自动采集，工作效率提升 30%，订单、工单、批次、检测、物流、BOM 等质量信息一键关联。自动生成报表、报告，质量问题能够下钻分析和跟踪解决。与 SAP、SRM 等流程互通，是公司智能制造的重要组成部分。

6. 筑牢网络基础架构及安全保障

古井贡酒持续加强信息安全建设，及时处理网络舆情，筑牢网络安全屏障。例如，积极开展网络安全宣传周活动，广泛宣传网络安全知识；发布网络安全通知和短信，提醒职工加强密码管理、安全防护；开展网络安全检查与防范，及时发现、解决网络威胁；加强数据管理，重要业务系统数据安排专人每天进行脱机备份，对重要系统进行三级等保测评工作；加强公司终端设备安全及管控，关闭核心区域终端设备外网访问功能；部署综合管理平台和全链路业务流量监测平台，实现网络设备、安全设备、业务系统故障实时报警。

通过加强网络安全建设，实现公司网络架构"四网分离"，对重点的生产网按照高可靠的双回路进行改造，实现生产网络双链路网络优化，监控网络物理隔离，生产、办公网逻辑隔离。实施无线接入认证，实现办公区、生产区域无线全覆盖，为移动办公提供支撑。

建设"两地三中心"机房模式，打造稳定、安全、可靠的古井混合云，保证高度的数据完整性和数据零丢失，黄鹤楼及终端体验店建设虚拟广域网，提升网络运行速度及稳定性，为公司提供更加安全、可靠、稳定、高速的网络环境。

三、白酒企业基于工业互联网平台的数字化管理效果

（一）经济效益

疫情防控期间，基于工业互联网平台数字化管理为古井贡酒经营指标强势增长提供保障，2020年、2021年、2022年分别实现收入102.92亿元、132.70亿元、167.13亿元，每年都保持20%以上的增长速度。

（二）管理效益

围绕厂家、经销商、终端门店等渠道主体和消费者，打通数字化营销与SAP ERP系统，订单流转效率提高80%。在智能制造完成同等产能的条件下，生产工人大幅减少，人工费用可节约7.69亿元/年；人均产能提升20倍，投料产出比提升4.3%，人均效益是手工车间的13.3倍，设备运维量降低45%；质量管理工作效率提升30%，追溯效率提升68%，实现自动分析预警和问题闭环管理，顾客满意度评分（百分制）由87增长到91.2。企业物料供应及时率提升20%，企业整体运营效率提升60%，协同办公效率提升80%。

（三）社会效益

在带动了投资效率的有效改善、劳动效率的稳步增长的同时，助力数字化向更深层次、更广领域、更高水平拓展，带动传统制造行业全要素生产率实现指数级加速增长，推动我国传统行业实体经济进入高质量发展阶段。另外，在研发、服务等高附加值的经济活动中，促进第二产业的投入产出比、人均增加值和全要素生产率稳步增长，助力我国经济走上高质量发展之路。随着工业互联网平台发展阶段的跃升，生产设备数字化率和数字化生产设备联网率稳步提高，使科技含量高、经济效益好、资源消耗低、环境污染少、人力资源优势得到充分发挥。

（成果创造人：梁金辉、周庆伍、闫立军、张立宏、
高家坤、李安军、康　磊、朱家峰、杨义胜）

专精特新企业贯通全业务域的数字化运营管理

中航电测仪器股份有限公司

中航电测仪器股份有限公司（以下简称中航电测），位于陕西省西安市，始建于1965年9月，隶属于中国航空工业集团有限公司，是以参数测量、分析和控制集成开发为核心技术，服务涵盖全球客户的集团化智能测控领军企业，业务范围囊括航空军品、传感控制、智能交通、工业软件四大板块。中航电测现有员工3000余人，资产规模近30亿，是国家级"专精特新"小巨人企业、国家级高新技术企业、省级企业技术中心、陕西计量科学研究院中航电测力传感器计量工程中心、机器人研究中心、陕西省道路交通智能检测与装备工程技术研究中心。

一、专精特新企业贯通全业务域的数字化运营管理背景

数据已经成为驱动经济社会发展的新生产要素，新一轮产业革命背景下，信息技术高速发展加快促进新型生产体系的形成，生产力与生产关系均面临创新和变革压力。中航电测是一家典型的"专精特新"军民融合企业，与大多数同类企业一样，存在着以下显著特点：产品多品种小批量、定制化程度高、交付周期短、成本要求严苛等。这些特点对企业的运营管理提出了非常高的要求，企业管理的重点也从业务层次的管理转向战略决策型的管理，对信息化的需求也更加注重有效利用企业数据来进行准确科学的决策。中航电测信息化建设只是从单点中解决了部分问题，难以从根本上解决企业全业务域、全价值链数字化需求。因此，中航电测自2016年开始从"专精特新"企业典型应用场景出发，探索构建贯通全业务域的数字化运营管理。

二、专精特新企业贯通全业务域的数字化运营管理主要做法

（一）总体策划，形成数字化运营管理的总体蓝图

1. 明确全业务域数字化运营的指导思想

以"融合、贯通"作为核心指导思想，通过揭示"专精特新"企业背后体系运营的逻辑与规律，整合现有多重体系，构建起一套通用性、实操性强，迭代起点水平较高的一体化运营管理体系，在此基础上实现数字化与工业化的融合，然后重构符合无遗漏、无重复原则的管理诊断提升视角，不断迭代、改进、完善并提升智能化水平，逐步形成基于数字化且逻辑严密、体系完整、数据流畅、运营高质高效的企业数字化运营管理体系。

2. 明确全业务域数字化运营的目标

中航电测按照正向设计的思路，制定出了数字化运营管理的总体规划，数字化运营管理的总体目标是流程可监控、数据可分析、环节可追溯，总体思路是在企业愿景和战略目标的引领下，通过构建一套贯穿于全业务域的数字化运营管理体系，最终实现运营与管理贯通，研发与制造互联，做到流程可监控、数据可分析、环节可追溯，打破数据孤岛，并且该体系具有智能排产、质量分析决策等核心业务的智能分析决策功能，赋能中航电测数字化转型。

3. "统一规划，分步实施"确定建设路径

建设横向到边、纵向到底的数字化运营管理体系。中航电测按照"统一规划，分步实施"的原则制定建设路径，路径总共分为3个阶段：一是1年管理变革阶段，该阶段通过建立研发管理体系、组建专职团队、实现项目立项等各项基础工作，夯实基础；二是5年信息化落地阶段，该阶段通过自主开发数字化运营管理平台，实现主价值链的全面贯通，在中航电测内部各单位实施应用，并开发智能分析决策模型，实现数据的初步应用；三是10年数字化转型持续深入阶段，通过构建企业智慧大脑、

数字化协同研发平台、智能决策和智能制造等，实现企业的互联互通，数字化运营管理体系进入深入应用阶段，进而达到数字化转型的目标。

（二）建立数字化运营的组织管理体系

1. 配备组织和资源支撑体系

中航电测经研究决定成立数字化运营领导小组和工作推进办公室，协调跨部门、跨业务领域开展和推进工作；数字化运营管理体系也是中航电测的战略部署，其将作为下属各单位发展规划、年度绩效考核和领导班子考核的重要内容之一，形成领导重视、全员参与的良好氛围；由各部门业务人员和软件开发人员组建联合团队，以业务域负责人为总牵头人，共同梳理各业务域流程，再由软件研发人员开发系统将业务流程固化；成立二级单位信息技术事业部，该事业部全面承担数字化系统开发工作，团队专职人员已达 80 人，并且每年还在持续招聘专业人员加入，人力资源投入不断增加；在经费支持方面，以战略投入和创新资金的方式，对其提供专项资金支持，自项目立项投入已超过 5000 万元；同时，建立公司级、业务域级和流程所有者级的三级评审机制，根据业务流程涵盖的范围，对各业务域的设计方案进行评审，确保业务与 IT 的适配性。

2. 健全数字化运营管理机制

中航电测数字化运营管理机制从数字化组织、数字化人才、数字化流程和数字化制度等方面入手进行建设。数字化组织通过重新定义组织的运行模式，充分发挥"一把手"作用，提高组织体系健全度，全面规划、统筹资源为转型提供支撑保障。在数字化人才方面，通过分类、按需、定时等培训方式推动数字化人才队伍建设，提高全员数字素养。在数字化流程方面，明确和围绕业务流程内容，提高集团管控业务流程，高效协同开展业务，形成数字化流程机制。在数字化制度方面，为保障数字化转型的合理有序进行，基于企业两类资源基础，建立并完善资产管理制度，包括硬件层的企业 IT 设备管理制度和软件层的企业信息系统制度。

（三）建立标准业务流程架构，实现全域业务流程贯通

1. 构建贯通各业务域的高阶流程

中航电测结合航空工业 AOS（AVIC Operation System，运营管理体系）方法论，深入分析企业运营管理逻辑，梳理各业务域及业务域之间的关联关系，构建起企业的顶层运营流程框架。高阶流程全景分为党建战略、运营管理、管理支持 3 个层级，通过建立各业务域之间的关联关系，贯通全价值链。中航电测在梳理分析高阶流程过程中，不是独立分析各业务域的流程，而是首先分析市场营销、集成研发、采购供应、集成制造、产品交付、仓储管理、质量管理和客户服务 8 个业务域之间的流程关系，在此基础上，再分析派生出的各级子流程。中航电测将质量管理、产品交付作为独立的业务域，这与其他企业有显著差异，主要是考虑到虽然质量管理活动贯穿于产品实现全过程，但依然有集中的质量管理活动，如应用决策、质量驾驶舱等，需要作为独立的业务域进行管理；作为系统集成产品供应商，产品交付涵盖从发货到验收通过全过程，涉及现场的安装调试等大量工作，因此也将其作为独立的业务域进行管理。

2. 建立流程与职能映射关系

以构建完整的职能和流程体系，并建立二者之间的映射关系为构建运营管理体系的核心内容，中航电测从全业务域关系逻辑和全价值链的视角，审视静态的企业模型和动态的企业行为，把流程框架分为业务域、流程组、流程、步骤和活动 5 层，梳理完成业务流程框架；再对各部门的职能框架进行分析，由各职能 / 业务部门根据其工作职责进行分析整理，形成职能框架；再建立各职能部门和业务域之间，各职能部门的职责与流程组、流程之间的映射关系，职能与流程的关系可以是一对一，也可以是一对多或者多对一。

3. 统一要素，绘制标准流程地图及流程图

中航电测针对企业运营所涉及的法律法规、ISO 9000/GJB 9000、IPD（Integrated Product Development，集成产品开发）、APQP（Advanced Product Quality Planning，产品质量先期策划）、保密、规章制度等诸多非结构化管理体系文件，运用要素识别方法，开展要素识别和抽取，进行"可承接性"筛选，逐条分析管理要求，通过结构化将各体系转化为需求要素，按照统一定义和术语、易于理解、无歧义的原则，使各体系管理要素实现条目化。

中航电测将 AOS 的流程地图模板结合实际情况进行本地化改造，构建出符合企业自身实践的流程地图模板，作为企业流程架构的总概览；由各业务域负责人牵头，联合业务和信息化团队，梳理业务域所有流程，经过三级评审机制形成各业务域完整的流程地图并不断迭代优化。针对每一条流程分析所要达成的目标，进行综合分析设计并形成业务流程，绘制流程图，整合、分析与流程相关的各类管理要素，并结构化为每个流程节点中所对应的角色、岗位、输入表单、输出表单、质量条款、合规条款、制度条款、环保要求、保密要求、安全生产和职业健康条款、风险控制点、绩效指标等控制要求，建立起流程与各管理要素的匹配关系，将各要素植入到相应业务域的各业务流程节点中去执行，再对各流程中的管理要素执行结果分类展示和管控。最后利用工具绘制出业务流程图，实现流程显性化。基于流程架构的运营体系文件总共分为总手册层、程序文件、操作文件、记录文件四层，这四层文件构成一体化、结构化的管理体系文件。

（四）构建分析决策模型，为数字化运营提供理论基础

1. 确定模型构建策略

中航电测通过企业管理体系的一体化整合确定业务管理决策影响因素和相互间的逻辑关系，构建三层管理驾驶舱梳理清楚各业务域指标体系，为构建智能决策分析模型奠定基础；基于企业运营的内在逻辑构建企业运营高阶全景图，通过分析不同业务域的管理需求，形成 16 种智能决策分析模型。从订单到交付的主价值链相关的决策分析模型为第一期建设的内容，党建战略与管理支持相关的决策分析模型为第二期建设的内容。

2. 分析决策影响因素

分析各个决策模型涉及的业务域及对应的各级流程组、对应管理体系文件确定相关流程的管理要求与要素，再进行要素间逻辑关系的分析，最终确定决策模型影响因素及相互间的逻辑关系。

3. 设计分析决策模型算法

根据企业管理体系的一体化整合确定业务管理决策影响因素和相互间的逻辑关系，构建三层管理驾驶舱梳理清楚各业务域指标体系，并构建相应的分析决策模型算法。以智能排产模型为例，要达到利用现有资源实现最优排产的目的，首先要明确订单需求，涉及市场营销业务域的合同订单管理，其次要盘点现有生产资源，涉及采购管理业务域的原材料采购、仓储管理业务域的库存管理、集成制造业务域的产能管理、在制品管理等，最后结合人力资源业务域的排班管理进行排产。

（五）搭建全业务域数字化平台，支撑全业务域数字化运营

1. 设计基于目标导向的一体化 IT 架构

经过业务流程梳理，明确业务需求和业务目标，确保 IT 架构规划与业务需求和目标保持一致。在进行 IT 架构规划前，中航电测对现有的 IT 架构进行分析和评估，从硬件、软件、网络、数据存储等几个方面确定现有 IT 架构的技术组成和架构图；评估现有 IT 架构的性能、可用性、安全性、可扩展性等方面的情况；识别现有 IT 架构的缺陷和问题，并分析其根本原因；确定现有 IT 架构中的业务流程和数据流程。

2. 确定先主后辅的开发应用策略

经过充分考虑业务的重要程度、紧急程度、影响范围等因素，制定了运营管理—管理支撑—党建战略的开发应用策略。从运营主价值链开始开发并应用，首先贯通主价值链端到端业务流程的上线运行，再次辅以必要的管理支持功能，最后完成党建战略顶层规划落地。从核心到支持、从局部到全局，以点到线到面的方式逐步完成整个系统的开发和上线。

3. 采用快速演进的敏捷机制开发产品

在系统开发过程中快速响应变化、快速交付业务价值、以人为核心，利用迭代、循序渐进的开发方法，前期不追求完美的设计和编码，力争在很短的周期内开发出产品的核心功能，尽早发布出可用的版本。然后在后续的生产周期内，按照新需求不断迭代升级，完善产品，ZEMIC_ZOS（中航电测数字化运营管理平台）一直保持两周发布一次新版本的速度，每个业务域分派专门的产品经理、项目经理进行管理，每天组织站会快速了解当前项目进度、存在的问题及当日的项目工作；每周或每两周组织一次计划会议，彻底澄清需求，对开发、测试的工作量进行评估；每两周或每月对已完成的开发工作进行代码回顾，确保项目质量。敏捷的分步开发、快速交付的模式保证了系统开发的及时性。及时的客户反馈，快速迭代的产品功能，使 ZEMIC_ZOS 不断完善，并最终完成了整体功能的开发。

4. 支撑数智工厂建设

中航电测以工业化信息化融合理念为指导，构建全程可控的智能产线业务架构，其中工业化的核心是开发自动化设备及生产线，使其替代人工重复劳动，实现单业务生产活动的自动执行；信息化的核心是通过信息系统实现标准作业的规范管控与执行，促进跨业务生产活动的流程化管理及优化。智能产线业务内容主要包括 ZOS 平台下的制造系统、智慧物流、智能建筑三大系统。制造系统涵盖产线调度管理功能、设备管理功能、人员考勤功能、信息化看板功能等；智慧物流主要包含立体库、无人货架、AGV（Automated Guided Vehicle，自动导向车）和智能化配送；智能建筑系统主要包括安防系统、能源系统、环境监测系统等。在自动化设备开发应用、智能仓储应用、智能建筑控制、信息化搭建方面逐层细化，搭建起自动化、智能化的生产流水线，实现生产工艺数字化、设备智能管理、智能质量分析决策、智能排产等。

5. 可视化执行和监控企业运营

中航电测坚持年度战略滚动，确定战略目标后，将 5 个维度的指标按照"公司—部门—员工"进行逐级解码，以"1+4"清单为抓手、自运营管理体系及全级次经济运行分析为载体、三级质询会及月度绩效评估为手段，建立起独具特色的战略与经营贯通机制；坚持自运营管理和质询会模式，通过结果定义、过程检查、绩效考核、改善提升，将公司战略目标分解并落实至各单位 / 部门和员工岗位，将年度经营计划进行看板化管理，有效引导各单位关注组织绩效的过程管理，在组织管理层面形成自发、自动、自觉的运行管理机制，促进工作任务目标的达成；并在 ZEMIC_ZOS 实现对战略目标的分解、执行和评估；对下属各单位依托 5 个维度的指标，进行逐级、逐月分解，并纳入"战略规划"模块进行管理，并通过数字化方式及时监控经营运行绩效和绩效评价情况。

（六）建立数字化运营管理，贯通企业全业务全流程

1. 制定全业务域全流程战略顶层框架

中航电测作为集团化企业，按照企业运营逻辑自顶向下设计，将战略规划分为总部级和业务经营单位级，制定战略规划框架，确立战略愿景、发展目标和业务方向。一系列的运营及管理支持活动在战术层面上对战略的实现予以保障和支持，通过设定发展速度、发展质量、发展后劲、管理协同和党建文化 5 个维度的指标，对战略目标的执行情况进行记录和反馈。总部级的战略规划向下属分子公司、事业部分解，同样需要运营活动及管理支持活动的保障支持，按照 5 个维度的指标进行监控和反

馈。分子公司、事业部战略规划进一步向下分解至执行级，将战略规划的内容按照业务域划分，再由职能型组织内部设立的各个职能部门承接，转化为各职能部门的年度工作计划，并通过计划完成率、工作效果评价等对其执行情况进行记录与反馈。

2. 构建运营体系顶层架构逻辑

为了实现战略目标，就要构建一套完整的支撑性运营体系。战略规划实现对企业战略目标的管控；由订单到交付运营主价值链活动创造直接的经济价值；为保障主价值链的正常运转，管理支持活动对其从人、财、物等方面给予保障支撑。为了实现企业数字化目标，还需有支持运营体系流程运行的 IT 系统。IT 系统支持流程运行、结果检查和数据记录，为战略规划提供执行保障。基于以上思想，中航电测梳理出企业运营体系与数字化之间的逻辑关系（战略—运营体系—流程与架构—数字化实现）。

总部级战略规划制定后，由各业务经营单位根据业务定位，对相关内容进行分解，总部级和各经营单位级的战略规划都由业务规划和职能规划组成。战略规划可分解为运营主价值链的业务规划、管理支持活动的职能规划，并结合上级部门要求分解与制订年度经营计划，再分解下达月度，甚至周工作计划至各职能部门。所有的执行管控过程通过 IT 系统统一管理，执行数据经过一系列计算最终反映在组织/个人的绩效结果中。

3. 依照顶层逻辑构建企业架构

企业架构是承接企业业务战略与 IT 战略之间的桥梁与标准接口，是企业数字化建设的核心。业务流程要得以有效运行，最终需加以数字化固化和提升。将"流程框架"转换为"业务架构"，并搭建稳定、可靠、安全、高效、技术先进的企业架构作为数字化实现的基础。中航电测使用 TOGAF（The Open Group Architecture Framework，企业架构标准）及其 ADM（Architecture Development Method，架构开发方法），在业务战略方面定义清楚企业的愿景/使命、目标/目的/驱动力、组织架构、职能和角色；在 IT 战略方面，定义了业务架构、数据架构、应用架构和技术架构。

（七）建立持续优化机制，推动体系迭代升级

1. 整合和建立运营体系诊断指标库

坚持无重复、无遗漏原则，从经营成果和表现中识别企业运营中存在的问题，然后导入改善的工具，组织有效的工作实施改善，并进一步递归到运营体系优化中来持续保持高绩效。中航电测分析了GJB9001、精益生产、双五归零、TQC（Total Quality Control，全面质量管理）等管理体系进行，提炼出体系运行的各项检验验证指标，这些指标按 ZEMIC_ZOS 的 18 个业务域将观察改进视角进行整合重构，每个业务域再分层分类地构建起观察指标体系，并建立 18 个业务域的三级指标体系，作为监控运营体系运行的直接依据。

2. 精准识别和高效处理运营异常

在把握精益管理核心思想的基础上，对指标进行监控分析，发现企业运行过程中出现的问题，综合考量问题的大小、难易程度及现有资源的情况，按重要紧急、重要不紧急、不重要紧急、不重要不紧急实施分类处置。针对筛选出的瓶颈问题设定改进目标、提出改进策略，综合应用管理工具实施改进行动，最后检查体系是否存在漏洞或缺项，并优化体系，达到"解决一个问题，规范一类问题"的目的。

在日常运营过程中，中航电测对自顶向下设计的数字化运营体系，用自底向上的方式逐项验证、试用，并不断改进。通过观察各类指标，借助管理方法工具，由表及里地进行检查诊断，并对运营体系进行不断的改进优化。

3. 沉淀管理资产

新产品开发在整体设计、功能模块、技术应用方面，可复用现有内容，进一步加快研发流程；管

理过程中的经验、总结复盘报告，可借鉴并提升效率。企业运营过程中形成的技术和管理资产，大部分能够复用和借鉴参考，产品技术、架构、管理资产在被大量应用的过程中，能大幅减少生产经营过程中的人力、时间、采购及服务成本。中航电测制定《CBB（Common Building Block，共通性建构基础）管理及奖励办法（试行）》，建立一套完整的 CBB 管理办法，大力鼓励贡献和使用 CBB，对贡献和引用 CBB 的相关人员均给予奖励，并且在每年的研发体系考核中，CBB 的建设和使用也是重要的考核项之一。在 ZEMIC_ZOS 平台中构建起成熟的 CBB 公共知识体系，将 CBB 分为共享产品、共享技术、共享架构、共享模板，入库的 CBB 是经过严格测试和评审的成熟产品技术和管理资产，具备高性能、高可靠、低成本、安全等特性。

三、专精特新企业贯通全业务域的数字化运营管理效果

（一）大幅提升了企业运营效率和决策科学化水平

一体化数字平台具有较强的行业通用性，面向企业的不同业务场景提供高效、友好的用户体验，能够根据企业发展的不同阶段、不同规模和不同形态，支撑企业的集团化、跨区域发展，助力企业面向协同创新。通过数字化运营管理体系的构建，排产时间由 1～3 天缩短为 15 分钟，计划准确执行率由 92% 上升为 99.6%，制造周期缩短 20% 以上，在制品数量减少 25%，该项目年度产生的经济效益达到 1000 万元，运行效率和管理科学化水平得到大幅提升。

（二）有力促进企业数字化转型

一体化数字平台通过线下管理体系与线上运营平台的深度融合，提高了企业运营管理质量。公司配套、批产计划准时完成率 100%；科研生产任务计划完成率和上级公司考核排名都得到充分肯定。在研发管理方面，借助一体化数字运营平台实施需求工程，加强了需求管理和项目计划管控力度，提升了研发质量和研发效率。

（三）扩大影响力，促进企业高质量发展

经济效益方面，2016 年至 2021 年，净利润的复合增长率 19.96%，超过营业收入 10.18% 的增长幅度。中航电测数字化运营管理体系的持续深入应用，吸引了航空、航发、兵器等众多央企成员单位和各地方企业到公司参观交流，在工信部、国防科工及多个行业组织的邀请下组织开展多场公益讲座，入选工信部《2021 中小企业数字化转型典型案例》、中国企业联合会《2022 年全国智慧企业建设创新案例》，以及"2021 年新一代信息技术与制造业融合发展试点示范单位"。

（成果创造人：陈南峰、侯　玲、王　鹏、周新余、李晨曦、刘皓源、
陈光阳、金　坤、王奕胜、侯欣妍、吕俐蓉、卫晓梦）

发电企业燃料全过程数字化管理

华电国际电力股份有限公司邹县发电厂

华电国际电力股份有限公司邹县发电厂（以下简称邹县发电厂）位于山东省邹城市，拥有 4 台 33.5 万千瓦、2 台 63.5 万千瓦和 2 台 100 万千瓦机组，总装机容量 464 万千瓦，是全国最大、国内综合节能和环保水平最高的燃煤电厂之一，也是华北电网和山东电网的骨干电厂、华电国际电力股份有限公司的全资企业。截至 2022 年年底，邹县发电厂累计发电 5716 亿千瓦时，营业收入 1720 亿元，实现利税 430 亿元，为国民经济发展做出了巨大贡献。邹县发电厂两次荣获"全国五一劳动奖状"，14 次荣获"'安康杯'竞赛优胜企业"，先后荣获"全国一流火力发电厂"等省部级及以上荣誉称号 400 余项，共有在职职工 2034 人，获得中级以上职称 522 人、享受政府津贴 4 人、荣获"大国工匠称号"1 人。2020 年至今，获得国家授权专利超过 100 项。

一、发电企业燃料全过程数字化管理背景

（一）落实集团公司数字转型发展的需要

集团公司明确要求"全面推动数字华电建设和数字化转型"，发布"数字华电规划"，提出数字化、智能化、智慧化三步走的发展思路，全力推进数字电厂建设，为此开展了以下四项工作。一是通过数字化技术和智能化手段，提升电力企业的运营管理水平和效率。二是鼓励利用大数据分析挖掘技术，通过建立全面的数据管理平台，实现数据的共享与集成，提高运营决策的精确性和效果。三是通过引入信息技术手段，实施数字化运维管理，实现对电力设备的远程监控、巡视和诊断，提高设备的可靠性和运行效率。四是鼓励创新思维和创新实践，推动数字技术与电力产业的深度融合，支持新能源、能源互联网、智慧能源等领域的科技创新，培育新的增长点和业务模式，提高集团在新能源和智能电网领域的市场竞争力。

（二）全面推进企业高质量发展的需要

火电企业燃料成本占发电总成本的 70% 以上。邹县发电厂共有输煤皮带 82 条、封闭煤场 5 座，煤场存储能力 80 万吨以上，年耗煤量超过 1000 万吨。其煤源主要为省内兖矿、济矿长协和省外晋陕蒙长协煤及部分市场煤。煤源矿种多、结构复杂，且煤耗量大，燃料管理各流程相对独立，信息无法实时共享，过多依赖人工操作，工作效率低，管理难度大、效能低，验收环节易滋生腐败窝案。为推动数字化、智能化、智慧化发展，邹县发电厂创新燃料管理模式，加强信息化集约化管控能力，整合燃煤采购、验收、掺烧等全过程数字信息，提升燃料管理数字化程度；健全人才培养机制，打造高技能人才队伍，为技术创新提供土壤基地；最终实现设备更可靠、生产更智能、指标更优良、安全更可控、管理更高效的全流程智能燃料管控系统，为企业生产运营层、管理决策层提供有价值的信息服务，促进企业生产数字化发展，提升生产智能化水平。

二、发电企业燃料全过程数字化管理主要做法

（一）系统化设计，构建燃料全过程数字化管理总体规划

1. 燃料全过程数字化管理思路

2020 年，燃料全过程数字化开始建设，前期因资金有限，数字化建设主要集中在主机系统，该系统燃料系统数字化程度低，燃料管理各流程相对独立，信息无法实时共享。燃料采购主要依靠人工收集、分析煤炭有关政策和市场信息，工作效率低，且存在滞后现象；验收环节过多依赖人工操作，存在廉洁风险；煤场管理和掺配掺烧均由人工完成，燃煤堆取、掺配不精细。为此，邹县发电厂秉承

"保供、控价、降本、增效"的理念，从燃料采购、验收、掺配根源着手，以实现全流程数字化管理为目标，率先开始数字化转型建设。

2. 燃料全过程数字化总体架构

邹县发电厂整合燃料管理流程，围绕难点、消除断点、疏通堵点，构建了"三段九环"燃料全过程数字化管理模式，3 个阶段即信息化燃料采购、无人化智能验收、精准化掺配掺烧，9 个环节即信息采购、动态调运、高效接卸、自动采样、无人制样、智能化验、批次存储、智能堆取、精准掺烧。该模式以燃料智能管控平台为载体，打破各环节信息孤岛，实现数据的互联互通、高效共享、自动智能，对燃料全流程、全过程进行实时精准管控，发挥动态在线分析、诊断、监督、反馈优势，达到异常预警、优化协同、决策支持等管理目的。

依托智能燃料采购平台整合煤炭政策、煤源分布、煤种参数等信息，搭建供应商管理、库存管理、预测分析等平台模块，全面优化采购流程，最终实现信息化燃料采购，进一步改善煤源结构，保障燃料供应、控制燃料成本。实施入厂煤智能验收系统建设，应用数字化、智能化技术，采样、制样、化验实现无人化目标，全程无人工干预，有效规避廉洁风险。推进数字化煤场建设，主要包括煤场智能管控软件优化、煤场全自动盘煤装置升级、煤场安全检测模块升级、堆取料设备无人值守模块建设、软件整合优化及全厂数字煤场展示；通过对数字煤场优化升级，在现有的煤场安全监测模块、堆取料机无人值守及煤场盘煤系统的基础上进行软件整合并展示，实现"量、质、价，进、耗、存"的设计目标，为后续掺、配、烧工作奠定基础，以保证快捷准确地获取信息数据。

3. 燃料全流程数字化保障体系

为了保证项目稳步推进，成立信息化采购决策小组、入厂煤智能化验收项目组、数字化煤场建设项目组等专门组织机构，包括生产技术部、信息管理部、燃料监督部、燃料供应部、燃料质检部、燃料运行部、燃料检修分场等部门。厂领导任组长，各工作组各负其责，优化燃料管理流程，查找对应阶段燃料管理流程中存在的短板、难点，成立攻坚小组，全力打通管理中的断点，清除管理盲点。采购决策小组通过信息化采购优化进煤结构，降本增效提高管理效益，智能采制化项目建设堵塞管理漏洞、防范廉洁风险，数字化煤场建设助力煤场管理、优化掺配掺烧，确保机组安全稳定运行。成立掺配掺烧工作组，借助燃料智能管控系统，实时共享燃料全流程信息，为掺配掺烧工作提供数据支撑，并根据现场燃烧情况数据，实时调整，实现安全掺配、环保掺配、经济掺配的目的。

（二）数字化强链，打通燃料全流程最后一公里

1. 搭建燃料全过程智能管控驾驶舱

研发燃料全流程数字化管控驾驶舱，通过可视化界面对各流程的实时数据、设备运行状态、视频监控、工作进度等进行实时展示，实现集中管控和综合管理。便捷的现场信息化措施、故障预警，有利于一线操作人员、维修人员把控单台设备实时情况，使数据库中的隐性数据、信息通过驾驶舱实时展示给一线生产人员，提升了现场人员对生产过程的参与感、掌控感。以燃料智能管控平台为载体，对燃料全流程管理进行整合，消除断点、疏通堵点，构建了"三段九环"燃料全过程数字化管理模式，达到全过程实时精准数字管控、优化协同、决策支持等管理目的，助力燃料全过程管理和经济效益"双提升"。

2. 实现全过程、全要素在线管理

燃料采购、验收、掺烧管理数字化程度低，主要依靠人工操作，各环节独立工作，相互之间信息、数据存在壁垒，无法实现共享，造成沟通不畅、管理效能低的情况。燃料全流程智能管控驾驶舱应用数字化、智能化技术，打通燃料管理流程断点，实现对设备的远程监控、巡视和诊断，提高设备的可靠性和运行效率；实现数据的共享与集成，提高燃料管理的精确性和效果，实现全流程、全要素

在线管理。

（三）信息化赋能，实现自动寻优智能决策

1. 自主开发信息采购平台，优化煤源结构

从燃料采购源头着手，依托燃料智能采购平台整合参数信息，开展大数据运算，根据掺烧反馈情况自动形成采购建议。推动实现"5418"进煤结构布局，即省内长协采购占比50%、省外长协采购占比40%、经济市场煤采购占比10%，完成优质长协采购占比80%。一是汇集信息，研判市场走向。通过大数据平台从重点网站中抓取宏观经济政策解读、煤炭消费侧及供给侧消息，使决策人员全面掌握最新煤炭供需形势；收集物流及产地煤炭政策信息，及时掌握各主要矿点拉运排队火爆程度，分析相关政策实际落地情况；汇总行业内重要指数曲线，将产地价格同比、环比直观展现，为深入分析煤炭市场走向、研判未来动势提供超前研判。二是自动寻优，生成采购方案。依托互联网地图及其定位系统，结合电厂设计煤种参数，梳理搭建适烧矿点脉络图，快速锚定省内外重点优质煤矿，进一步提升客户对接效率，为市场开拓提供信息导引。以厂内锅炉设计煤种参数为基准，根据省内外矿企产能及煤种参数信息，自动筛选符合燃用条件的煤矿集团并加以标注，辅助采购人员规划走访路线。以企业为圆心设定辐射半径，根据矿区煤种参数及运输距离进行优先级判定编号，自动生成运输距离最短的采购方案，为来煤安全性、经济性提供先导支持。以长期合作站台为中心，自动探寻周边煤矿，为迎峰度夏等重点保供时期快速启动电煤运输奠定基础。三是测算煤价，调整采购策略。实时汇总本厂及山东区域内对标电厂完成煤价及库存等情况，抓实横向对标，总结差距及原因，强化工作薄弱环节；抓细纵向对标，观察自身煤价、库存变化趋势，强化自我反思，完善采购策略。平台根据矿点煤炭热值、综合坑口价格、短倒费用、站台费用、铁路运费等自动测算其到厂含税价格，清晰展现来煤边际贡献。全面掌握各类信息数据，及时调整采购策略。

2. 加强调运信息建设，优化发运渠道

梳理省内外来煤脉络通道，纵深开展战略合作，确保省外来煤调运渠道畅通。动态调取铁路请批车信息并持续跟进矿方装复情况，不断提升优质长协煤采购占比。一是模块分析，优化运输方案。模块化梳理采购煤源周边站台及"公铁水"沿途费用信息，对汽运、公铁联运、铁水联运等方式入厂效率及其经济性进行分析，生成最优运输方案，进一步压降燃料运输成本，保障来煤经济性，解决部分矿点不具备铁路直发的运输难题。二是精准定位，实时在途管理。汇总请批车、承认车及实际装车信息，测算每列车预计到达时间，实时显示在途车辆的沿线路径，做到来煤全程准确掌控，为提升接卸效率提供数据支持。

3. 优化接卸流程，提升接卸效率

提升厂内燃料接卸验收效率，改善煤场存煤结构，大幅降低国铁来煤延时费及厂内短倒费。一是一卡通过磅流程让计量环节简单化。优化计量卡办理程序，实现矿发信息一键导入，百辆车办卡时间控制在30分钟以内。二是电子磅单管理让汽车接卸便捷化。使用"电子磅单管理系统"，电子回执单取代纸质打印单，缩短司机等待时间，彻底解决汽运煤"堵、忙、慢、乱、险"五大问题。三是实时信息预报让国铁接卸流畅化。邹县发电厂共有3套翻车机，实行集中控制、全自动运行。依托物联网技术，与铁路站点、铁路调运系统联通，掌握国铁批车、装车、在途信息，制定最优接卸方案，提升接卸效率。

4. 实时共享燃料全过程信息，助力精准掺配烧

利用燃料智能管控系统，实时共享燃料全流程信息，为掺配掺烧工作提供数字化支撑，提升掺配掺烧工作的精准性、可视性，实现精准掺配烧，促进生产节能降耗。一是"一炉一策"精准掺烧。通过获取煤场实时来煤、存煤信息、煤种煤质区间及次日机组负荷情况，将来煤按照灰熔点、挥发分、

低位发热量的高低进行区分，结合不同机组的燃烧特性，"一炉一策"生成次日掺配掺烧方案，打破了传统掺配掺烧全凭经验的模式，杜绝了煤种、煤质与机组燃烧特性不匹配引发不安全事件的可能性。二是"一段一调整"分段纠偏。掺烧时每班实时监视机组负荷、给煤量、磨出口温度、飞灰含碳量等主要燃烧参数，以及氮氧化物、硫份、烟尘等主要环保参数，对掺配方案一时段一调整，达到分段"纠偏"效果，未发生因燃煤掺配而引发的结焦、灭火、降出力等异常情况，真正实现了高负荷顶得住、低负荷烧得稳、经济煤种掺得下、新旧存煤交替快，提升了机组的安全性、经济性、灵活性和可靠性。三是"一周一统计"闭环反馈。统计一周内锅炉掺配烧情况，分析近期来煤燃烧特性与机组燃烧性能的匹配程度，剔除不适烧煤种，将分析结果反馈至燃料采购部门，指导下一步燃煤采购策略，实现"三段九环"管理模式在闭环中的螺旋上升。

（四）自动化提效，应用数字建模分析提高工作效率

1. 自动采样，确保样品安全

一是煤样自动封装。采样与制样之间传输距离较远，不便于煤样直接对接制样系统。为此，将样桶转运小车、合样归批单元、自动倒料单元共同组成采制链接模块，该模块具备自动进桶、自动解锁开盖、自动换桶分矿留样、自动接料称重、自动封装和写码、自动出桶等功能，从采样到制样的对接全过程实现智能化、自动化；通过专用存样桶进行分矿集样、暂存、封装和写码，实现"人与样品隔离"，确保样品安全。二是无人自主送样。行业内首次采用无人送样车，使用厘米级定位及无人驾驶技术，融合人工智能、无人驾驶技术，自动分析采样进度、生成工作指令，按照规划路线，自主前往采样点，自动完成开门、对接、进（出）桶、返回等关键动作，实现取（送）样全过程智能化、无人化。三是全方位连续监控。视频监控覆盖全部煤场区域，全自动、无盲区、无死角，做到安全、廉洁无漏洞。自动推送异常报警，提高煤场的数字化状态感知和安全风险管控能力。

2. 借助三维仿真，实现煤场管理数字化

一是煤场精准批次存储。借助三维成像技术，结合入厂煤的化验结果，赋予不同批次来煤不同的颜色。以图形和标签对不同批次来煤信息进行实时显示，通过系统界面实时掌握煤场全局信息，实现燃煤实物流与信息流的结合，存煤结构更加精细。二是煤场安全动态管理。对煤场安全监测系统和可视化盘煤系统进行关联，通过可视化交互界面实时监测有毒有害气体，预判煤场存煤温度趋势，同时根据设定阈值对氧气浓度进行在线监测及预警。煤场的安全动态管理实现了人员巡检到技术定位管理的转变，提高了煤场安全管控水平。三是可视化智能盘煤。在封闭煤棚内斗轮堆取料机正上方马道加装一套往复式滑线轨道数字盘煤仪，依托三维激光技术，以盘煤机器人为载体，采用滑线供电和载波通信方式，保证全时段无盲区，盘煤误差小于3‰，10～15分钟完成数据盘点及三维模型渲染。将盘煤仪操控逻辑及盘煤数据接入数字化煤场管理信息系统，实现对盘煤仪的自动控制和数据采集。

3. 斗轮机无人值守，按令自动堆取

斗轮堆取料机无人值守系统实时交互数字煤场平台信息，关联输煤程控系统，自动生成堆取料方案，实现了斗轮机按指令自动寻址、自动作业。系统联动可视盘煤系统，每次堆取料作业完成后，自动更新煤场存煤三维结构批次图，实现了堆取作业智能管理。采用雷达断面扫描横截面积分技术，实现了斗轮堆取料机全自动"恒流量"作业，提高了斗轮机堆取作业自动控制水平，从而提升了配煤的均匀度，为数字掺配掺烧奠定了坚实基础。

（五）智能化防控，化解风险堵塞漏洞

1. 无人制样，规避操作风险

一是智能制样。两台六轴机器人代替人工进行制样，实现了制样流程标准化。首创远程控制与诊断系统，对设备运行状态自动预警、诊断，提供预维护，有效降低系统的故障率，提高可靠性。备

查样、分析样自动封装，确保样品的代表性。二是自动输样。动力柜用于制样室、化验室、自动存查柜、废瓶弃样室等各站点间煤样的传送，可实现样品远距离大跨度双向高低速输送，最大可实现4公斤样瓶输送，适用范围更广。独有的样瓶缓冲和风道切换，冲击无噪声、风道切换迅速。全过程自动完成，实现样品远距离大跨度双向高低速输送，无人工操作，杜绝人工换样风险。三是数字存样。实现"电子身份识别，人样分离，盲存盲取"，存样、取样、弃样、盘点环节全部无人化，智能存样柜具有空瓶、实瓶双重管理功能，配合嵌入式洗瓶机，避免空样瓶管理的杂乱无序，提高工作效率。自动存查柜系统采取堆叠式样品存放方式，同等容积下存放量比同类产品高25%以上；适用于多种规格的样瓶，采用气吸式机械手，做到样品存取不掉样。

2. 智能化验，堵塞管理漏洞

一是化验全面智能化。采用两台六轴+1台四轴工业机器人组合模式，代替人工进行化验，全过程无人为干预，确保测试结果真实公正；应用远程监视、智能巡测、异常诊断报警、超差自动重做、定时休眠及唤醒等功能，实现燃料验收"机械化替人、自动化减人、智能化无人"。全球独创的激光点火技术，点火热低至8焦耳且恒定不变，将点火热的影响降至最低。二是量质匹配自动化。燃料全过程管理采用四级编码，实现化验数据实时上传，自动实现量质匹配，并根据需要生成分析报表，化验结果及时、准确、可靠，为燃料管理部门的决策分析提供强有力支持。三是在线洗瓶无人化。采用系统内嵌式洗瓶设备，对样瓶自动进行调度取瓶、清洗、烘干、复位，彻底解决人工操作"效率低、样瓶易损坏"问题，真正打通燃料验收流程无人化的最后一公里。

（六）制度化育人，推动企业创新升级发展

1. 修订完善管理制度

完善"1+17"燃料制度管理体系，明确各部门的工作职责。强化创新机制，筑牢监督防线，对燃料全过程实施监督，使燃料管理更加规范化、标准化、制度化。针对制度执行过程中存在的突出问题，确定适合本企业燃料管理实际的管理思路，将其制度化、规范化，同时实现了新老制度的衔接与过渡。解决燃料全过程管理各项规章制度执行力不强的问题，抓制度的执行、监督和考核，形成闭环管理。通过数字化对燃料管理模式进行优化，使燃料全过程"管理流程化、流程数字化、数字标准化，标准制度化"。

2. 健全人才培养机制

高度重视职工素质建设，建立健全人才选拔培养、技能提升、激励奖惩机制，通过全员培训、技术比武、技能竞赛等活动，激发职工"学业务、练本领、提技能"的工作热情，营造比学赶超的良好氛围，让更多的高技能人才迅速成长起来。

3. 构建"竞和"文化体系

邹县发电厂构建了以"与最好通行"为核心、以"大而强，和而亲"为愿景，以"敢为人先、勇争第一"为企业精神的"竞和"文化体系。将儒家文化与西方精细化管理融合，用先进理念引领企业发展，用卓越的企业精神提高职工的创造力，用优秀的企业文化增强企业凝聚力，为企业创新发展提供动力，为持续提升核心竞争力提供强有力的理念支撑和文化保障。针对燃料管理，构建"煤黑心红"分支廉洁文化体系，奉行"公平、公开、公正"的工作原则，始终自重、自省、自警、自励，洁身自好，斩断"吃、拿、卡、要"，使煤质煤量得到根本保证。将廉政清明的精髓潜移默化地渗透至每个职工的思想深处，引导职工清清白白做人，按原则办事、按程序办事，维护企业利益。

三、发电企业燃料全过程数字化管理效果

（一）经济降本增效

通过数字掺配，实现安全效益双丰收，年掺烧经济煤种120万吨，节约采购成本7800万元。煤源、煤质、结构实现根本性优化，2022年拓展晋陕蒙长协煤客户10家，长协煤采购同比增加180万吨，价格较市场煤平均低350元/吨，增加陕西区域优质高热值煤采购量50万吨，较山西区域长协煤低160元/吨，含税入厂标煤单价为山东公司最低。提升厂内燃料接卸验收管理效能，减少铁路运力资源占用，国铁来煤量不断增加形势下延时费同比降低15%；煤场存煤结构得到改善，存储能力得到提升，厂内短倒费同比降低30%。

（二）管理精简灵活

数字化、智能化水平显著提升，从"人防"转变为"技防"，减少了人为干预影响，过程可追溯性增强，廉洁风险防控能力得到提升，同时降低了管理成本、减少人员26人，达到了减员增效目的。连续十年通过中国合格评定国家认可委员会认可的入厂煤标准化实验室，在电力行业火电机组能效水平对标竞赛中连续三年荣获"5A奖项"，2022年#6机组荣获"供电煤耗指标最优机组"称号，多项专利获得国家授权。2022年，邹县发电厂安全启停机共计305台次，深度调峰786台次，30%负荷条件下锅炉稳定燃烧，提升机组运行的安全性、经济性、灵活性和可靠性。

（三）社会保供低碳

实现国有资产保值增值，2022年全年发电量216亿千瓦·时，经营利润达9.22亿元，荣获"集团五星级发电企业""安全环保先进企业"，争创一流先进企业。通过全面统筹燃料供应、机组运行、设备管理等工作，圆满完成党的二十大、全国两会、冬奥会等重点时段保供任务，保供事迹在新华网、大众日报、中国电力报、山东电视台等主流媒体报道；同时在2023年度迎峰度夏期间，全厂单日最高发电量9377千瓦·时，力保机组稳发满发，用实际行动彰显央企责任担当。优化掺配策略，精准掺烧，达到高负荷热值达标、低负荷稳得住、环保脱硫达标、掺烧经济煤不断煤等效果，确保机组"高负荷顶得住、低负荷带得稳"，提升锅炉燃烧效率，大幅度减少标煤消耗。

（成果创造人：刘　永、满昌平、张桂华、周洪利、马亲良、
高　鹏、吕宗武、范允峰、王洪明、王学以、郑伟超）

生产运营与基础管理

军工集团实现高质量均衡生产的复杂产品群生产
管理体系建设

中国航空工业集团有限公司

中国航空工业集团有限公司（以下简称航空工业）是由中央管理的国有特大型企业，是国家授权的投资机构，于 2008 年 11 月 6 日由原中国航空工业第一、第二集团公司重组整合而成立。航空工业拥有航空武器装备、军用运输类飞机、直升机、机载系统、通用航空、航空研究、飞行试验、航空供应链与军贸、专用装备、汽车零部件、资产管理、金融、工程建设等产业，下辖 100 余家成员单位、25 家上市公司，员工逾 40 万人。

一、军工集团实现高质量均衡生产的复杂产品群生产管理体系建设背景

（一）助力国防事业实现兴装强军的重要支撑

随着国家国防战略调整和军队体制改革深入推进，装备承制工业部门不断面临更高的市场要求。航空工业作为航空装备建设的主力军，创新航空装备发展模式，增强产业链供应链韧性，以高质量均衡供给践行兴装强军首责，努力实现航空装备建设向"好、快、多、省、实"的方向发展，支撑实现"建军一百年奋斗目标，加快把人民军队建设成世界一流军队"。

（二）提升航空工业全集团生产效能的必要手段

航空装备新型号大量投入，老型号持续更新，呈现为科研生产高度交织的大规模产品群，且产品系统集成度、复杂度高，供应链配套层级多、跨行业、网络复杂，多品种、小批量特点的叠加使得管理、协同更加困难，相较其他行业国内外可借鉴成功经验少。而在 2016 年前，航空工业总部抓总能力弱、科研生产衔接不畅、生产过程管控迟滞、用户机关协同机制不到位、市场化机制不完善等因素，行业整体协同差、合力难以形成、网络波动难以平抑，造成航空装备生产交付主要集中在下半年特别是第四季度，尤其是要集中力量进行年底突击，呈现出业界自嘲的"大干一百天，吃住在厂房，年度赶铅封"的严重不均衡现象。生产的不均衡使得整个航空产业链条生产资源利用率低，制造效能不高，全供应链"两金"成本高、物资积压严重。同时，供应链信息流不通、实物流不畅、资金流卡滞，还导致部分任务准交风险突显、突击赶工质量不稳定、航空装备交装周期长，影响部队战斗力生成。这与我军新装备紧迫需要并快速形成战斗力的形势不相适应。因此，航空工业急需转变传统理念，变革集团抓总模式，提升行业整体效能质量，突破供给约束堵点、卡点、脆弱点，构建体系均衡能力，增强产业链、供应链竞争力和安全性。

（三）转型升级成为国际一流企业的必然选择

全球航空标杆企业波音、洛克希德·马丁等公司以客户需求为导向，推行精益与先进制造相结合的生产模式，推动生产品种、数量、工时和设备等生产资料的最优组合配置，大批量节拍式流水线生产，以均衡的产出保障客户订单的准时交付，进而实现有限供应链资源条件下最佳的产出效益。航空工业作为全球航空企业市场的后来者，经过多年来不断的探索和实践，已从最初的望尘莫及发展到如今同台竞技。然而，在 2016 年前后，生产管理体系和能力不够现代化，大而不强，整体运行质量不高，同全球航空制造标杆企业相比还有不小差距。因此迫切需要一场彻底的管理变革和技术革命，建立适合自身特点的现代化生产管理体系，从而实现企业整体制造能力的转型换代升级，成为国际一流的航空制造企业。

二、军工集团实现高质量均衡生产的复杂产品群生产管理体系建设主要做法

（一）解构复杂产品群行业特征，构建均衡生产管理体系架构

从产品群视角来看，大型军工集团生产的航空装备产品群复杂程度极高，主要体现在：产品群种类繁多，航空工业系列发展歼击机、轰炸机、运输机、特种机、教练机、直升机、无人机等多达近百个品种谱系产品群；产品结构复杂，飞机制造是高新技术最集中的产业，其零部件种类及数量达到百万量级；技术难度极大，航空产品对零部件的技术参数要求达到 10^7 量级，相比较一般汽车的零部件技术参数为 10^4 量级；技术迭代频繁，在多样化作战需求牵引、颠覆性科学技术推动以及经济投入的支撑下，各主要军事大国的航空武器装备升级迭代均在加速；生产组织复杂，航空产品从设计试验到生产制造，涉及产业链上万家企业，根据发达国家经验，平均一个机型的生产会有 500 多个一级配套企业、3000 ～ 5000 个二级配套厂商参与，因此生产组织管理难度极大。

从整个航空装备集团的产业链视角来看，航空装备产品群产业链上的各个成员单位都是相对独立的责任主体，由于历史和经济等众多原因，各主体在组织、规模、功能、布局、产能等方面不尽相同、差异巨大，尤其生产中各种波动沿着供应链从上游到下游逐级放大，最终造成了主机均衡交付难度极大；从集团整体的运营管控视角来看，由于集团各成员单位在地理上大多散布在国内诸多地区，存在少集聚多分散的特点，如果没有集团总部的运管牵总，各环节的需求与计划信息、生产进度信息等都难以共享，供应链计划信息的波动从下游传递到上游逐级放大，供应链的牛鞭效应无法消除，对均衡生产造成了根本制约；从整个供应链网络各利益攸关方视角来看，军品任务由于存在产品的复杂性，所以全供应链环节中成千上万家企业的生产配套关系复杂地交织在了一起，一个下游客户可能有多个上游配套供应商，而一个上游供应商同时又为多个下游客户服务，客户之间在供应链中的强势地位不同，同时供应商之间在该系统中也存在竞争关系，如果供应链中各方的利益博弈不通过集团层面加以约束，将直接导致供应链各环节生产资源配置失衡，进而影响均衡生产能力的发挥。

综上可以看出，对于军工集团的复杂产品群的均衡生产管理，要寻求航空制造产业链条下的最优能力配置，实现航空装备"好、快、多、省、实"的高质量均衡供给能力，是一项庞大的系统工程，需要从集团层面进行顶层规划引领，以实现集团全产品群供应链安全韧性、高效协同、敏捷响应的高质量均衡为目标，以产品群计划集成、攸关方立体协同、产业链纵横赋能、资金环双向约束为主要着力点，采取多维并举的管控治理举措，并以围绕主价值链的流程重构、制度与标准化的流程治理、信息化平台建设下的流程固化等软硬件共享基础作为全集团的有力支撑，最终形成目标明确、策略有效、路径清晰、支持可靠的集团均衡生产科学、完善的总体管理体系架构（图 1）。

（二）集成产品群计划，实现行业资源一体整合

集团面临的是多型号产品群交付任务，不同型号产品生产经常需要利用共同的生产资源（如特定的机电设备需求、试飞及交装试验场地的需求等），不同型号产品的生产计划相互交织，会产生潜在的资源冲突，集团层面如果不介入协调，将会出现各主机单位牵头的局域供应链之间的博弈内耗。因此，为实现集团航空装备产品群整体的生产均衡，就要保证全链条信息互通，通过构建集团产品群综合主计划，提前识别资源冲突点，基于约束理论对产品群主计划进行调整管控，有效整合全行业生产资源，避免主机及配套单位各自为战。通过构建多元穿透式计划集成体系，考虑多目标、全要素、全流程、风险管控等因素，从生产运营、计划、评价三个维度对集团、主机、配套单位制造过程、业务流程进行逐级管控，最终保障高质量均衡生产（图 2）。

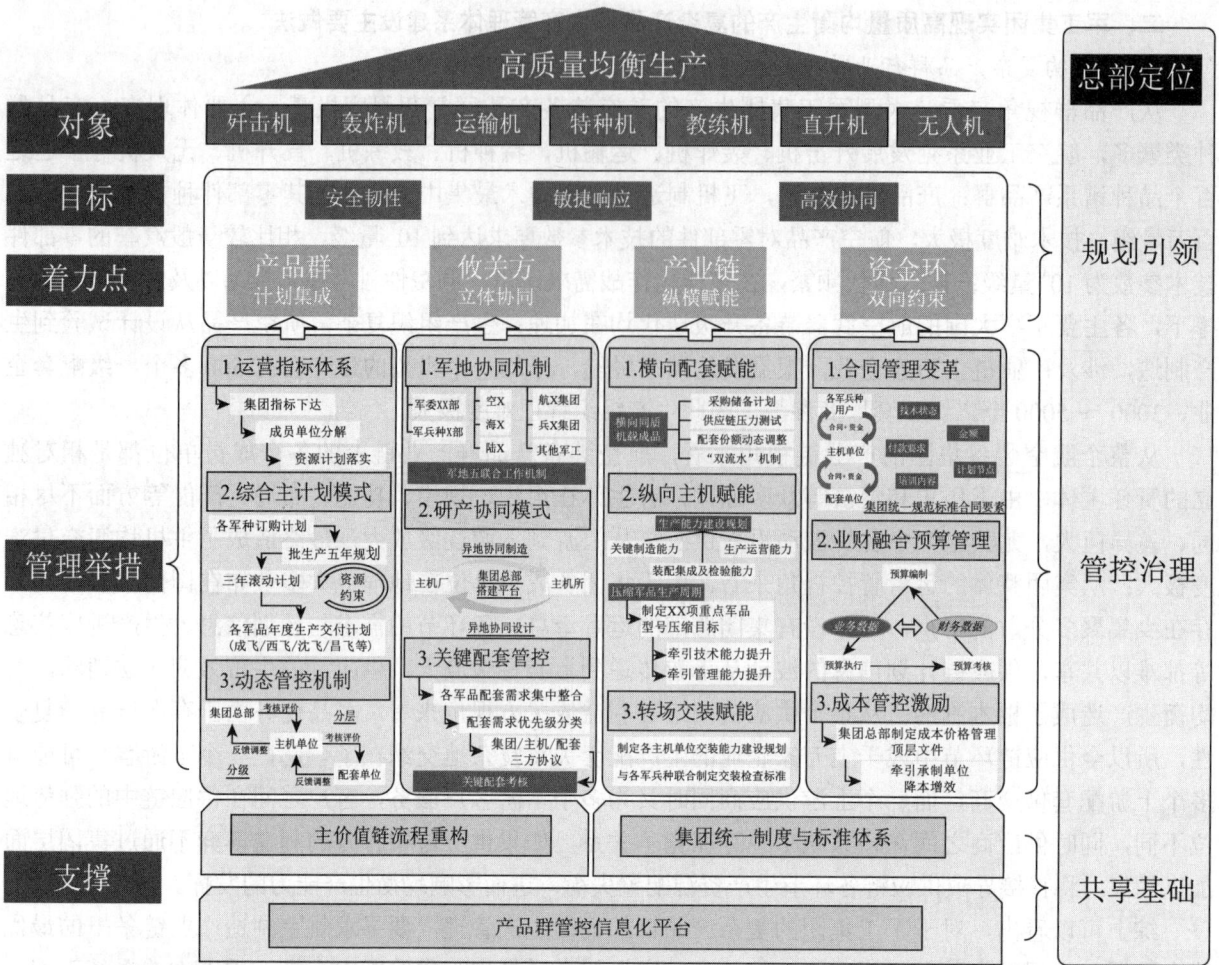

图 1　集团均衡生产管理体系架构

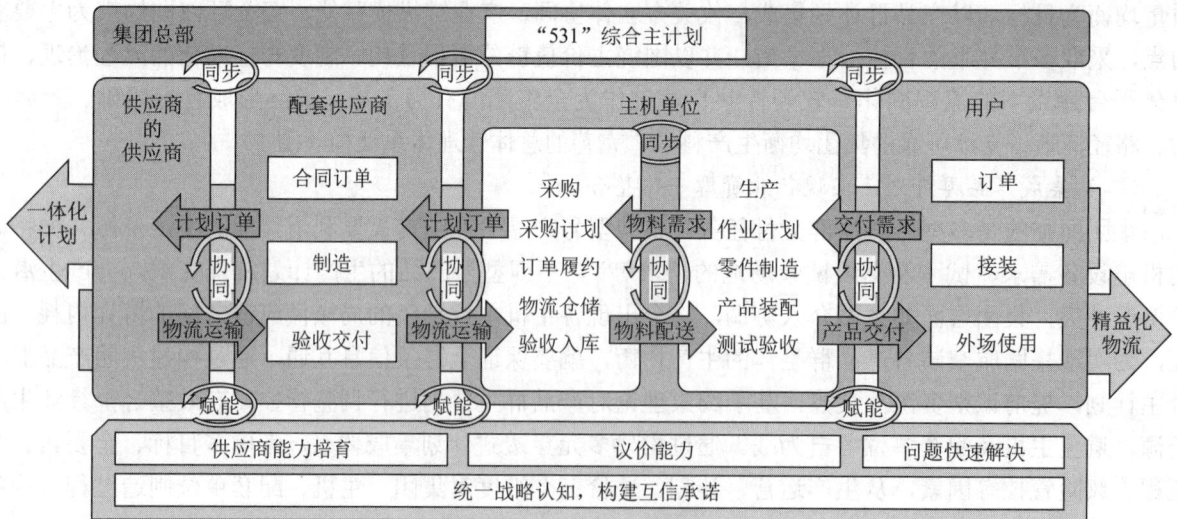

图 2　产品群计划集成

1. 建立集团级生产运营指标体系

航空工业在集团层面制定阶段性均衡生产运营指标，以上级单位考核要求、集团发展规划、产品准时交付为目标，围绕集团生产任务要求，制定各单位阶段性生产经营指标和考核要求。各成员单位分层拆解均衡生产运营指标，以经营绩效指标、集团考核要求、产品准时配套为目标，构建运营管控业务模型，将运营管控业务模型层层分解，制定内部生产制造指标和考核要求。成员单位内部执行均衡生产任务，以生产制造指标、内部考核要求、产品配套过程可控为目标，制定详细的生产制造计划和资源保障计划，跟踪落实产品生产配套和资源配套进度，再逐级上报至集团备案。

2. 构建基于资源约束理论的综合主计划模式

加强顶层计划协同设计，以"十四五"任务规划为牵引，以满足新订购模式合同为底线要求，以实现更高级的均衡生产目标为拉动，构建基于资源约束理论的集团"531"生产综合主计划体系。集团总部根据用户订购计划制定集团各军工产品批生产五年规划、三年滚动计划，依据订购合同和专项任务计划制定年度计划草案，根据各单位生产能力、各型号科研鉴定状态及瓶颈资源情况不断调整更迭，确保供应链资源能够高效整合，最终形成集团年度各军品生产交付计划。基于识别的潜在资源冲突，集团总部组织主机单位及时向相关供应商传递需求计划，联合相关部门研讨项目生产的资源保障计划，明确资源保障计划目标，确保科研生产计划各项资源配置到位、生产执行过程可控。

3. 制定集团三级动态管控机制

针对集团总体业绩经营绩效目标，将科研生产任务、经济指标、管理提升等方面的绩效考核指标细化分解落实到对应主机单位，按月开展以目标管控为靶向的业务检查评价。针对各主机生产目标，按照"业务谁主管、考核谁负责"的原则，主机单位牵头对总体战略指标进行分解，形成其单位内部、上游各层级配套单位的精准指标体系。

依据目标的分解和指标的选取结果，采取动态评价方法实时监控年度生产任务的均衡展开。评价工作以"计划主导"为原则，根据制定的计划和实际运行的成果，采取自上而下的激励—约束评价体系，对集团交付风险实行分级管控。

（三）立体协同攸关方，打破集团内外沟通壁垒

航空装备产品群供应链网络中上下游各个环节之间的协同和合作是工作任务完成的关键所在。供应链的协同要求供应链中各攸关方为了提高供应链整体竞争力的共同目标而进行彼此协调和相互努力，要求各节点主体树立"共赢"意识，在信任、承诺和弹性协议的基础上开展合作。

1. 打造军地协同工作机制

建立并拓宽集团与用户端的沟通机制和渠道，与军委××部、各军兵种××部沟通协调，与空××、海××、陆××各××局建立协同工作机制，确立联合计划制定、联合状态管理、联合督导检查、联合配套协调、联合任务考核五项工作机制，形成军地双方军品生产交付管理合力，推动各项军品批生产任务高质量完成。集团同军方机关建立新型订购任务军地联合领导小组，建立专项任务例会协调机制，联合开展重大事项协调。与相关军兵种机关定期组织召开工作例会，检查生产交付任务进度，研究解决存在的问题。针对当前科研生产任务高度交叉情况，与军方机关联合策划，统筹推进，完成试飞大纲审查、交付状态确认等管理工作，为各主机单位推进生产任务奠定基础。

2. 推动产研协同工作模式

航空工业运用系统工程、并行工程等管理方法，围绕项目合作战略目标需求，构建设计制造异地协同管理模式，通过三个后端流任务提前并行，实现"发图即开铆"的目标。一是搭建协同高效的异地数字化设计制造平台与业务标准流程，打通异地间决策层、管理层、执行层的数据通道，通过科研计划任务触发业务流程并行运转，并实现管理活动实时监控。二是建立异地并行工艺设计模式，通过前移产品可制造性分析与工艺分析工作，在研制初期要求工艺全程融入设计前端，辅助设计，提前介入设计工艺性审查，以产品设计阶段成熟度数据为工艺介入提供参考依据，将设计需求转化为制造输

入。三是利用仿真技术适当选择机体装配、部件对接、零件制造、检验检测等关键环节进行建模,并逐层仿真,实现虚拟装配等,把制造困难与问题在设计方案确定前进行充分沟通与协调,从而使未来真正制造环节做到一次成功。

3. 建立关键配套管控机制

根据各航空装备型号批产规划,明确各机载成品和物料配套类别及优先级,系统制定配套方案。在集团集成产品群管理下,通过对现有系统配套需求归纳和分层分级,并根据需求的关联关系、重要程度、紧急程度等确定配套需求优先级,进行关键配套管理考核。每年年初,集团总部组织主机和相关配套单位就关键配套交付需求数量及节点进行共同签字确认,集团依据主机数据对直属配套单位进行考核,并督导各配套单位逐级对下进行考核。全年对关键配套项目实施动态管理,及时召开供应商大会,通报情况、分析问题、协调进展。针对影响成品交付的状态、能力、质量、二配供应商等四方面主要问题建立台账,督导任务落实。

(四)产业链纵横赋能,保障供应链安稳强韧

航空产品从设计试验到生产制造,会跨越产业链不同的多个企业,需要从产品总装、部件/系统到一配、二配供应链的精准配合,产业链上任何一个环节出现短板,都将影响最终产品的均衡交付。首先对于产业链中横向同质的关键原材料及成品(比如各条产品线中通用的机载机电产品),强化前端配套原材料及成品的供应保障能力,确保军品供应链安全稳定可靠;其次对于纵向每条产品线,以主机单位的局域供应链为牵引,通过夯实主机单位核心制造集成能力,实现供应链管理的强健和韧性;最后对末端转场交付环节能力进行规范,实现交付快速、均衡有序。

1. 强化横向配套供应保障能力

针对各航空产品谱系所属国内外供应链配套环节面临的风险挑战,根据生产交付计划、产品保质期、到货风险等科学制定采购储备计划,确保供应安全稳定。集团组织开展供应链安全稳定性压力测试,系统梳理检查国内外配套单位能力状况,检查供应链断点和薄弱环节,督导重点瓶颈配套单位开展供应能力提升工作。对于非单一来源配套产品,按照交付进度、装机质量、服务保障等方面情况分配配套份额,通过份额调整充分调动配套供应商保障交付的积极性。对于单一来源配套成品,尤其是交付进度、质量、成本价格对主机生产交付影响明显的,按研制程序开辟"双流水"配套渠道。

2. 夯实纵向主机核心制造集成能力

集团牵头组织各主机单位基于多型号军品需求任务开展生产能力评估,围绕各主机单位核心能力体系图谱中的关键制造能力、装配集成及检验能力、生产及运营能力开展补充建设需求分析,完成生产能力建设方案的论证及上报。开展压缩军品生产周期专项工作,根据"十四五"期间订购任务特点和计划安排,考虑各主机单位全面开展试点推进工作要求,选取××个重点型号产品明确"十四五"期间每一年度各个型号产品生产周期压缩目标,作为集团级考核试点项目。组织各主机单位深入分析现阶段各型号生产交付工作包和产品实现价值流,从技术能力和管理效能两个方面入手,不断提高生产效率,实现装备制造能力整体提升。

3. 创新转场交装标准化模式

集团主导前提下,创新建立各军品型号标准化交装模式,提升各主机单位与用户产品实物交接环节水平。根据生产交付计划制定交装能力建设总体规划,组织各主机单位强化交装管理,建成与任务相适应的装备代管存放条件、改装培训条件、部队接装保障条件。组织开展交装标准化管理,完善交接装技术规范和现场管理制度,实现无遗留问题和按期交装,军机铅封即达到交装状态。与相关军兵种机关联合制定各型号装备交接装检查标准,完善交接装检查制度,根据接装部队和相关单位意见不断完善,使交接装工作实现标准清晰、要求明确、管理规范。

（五）资金环双向约束，推动价值创造主体供血充足

集团层面建章立制，对用户与主机单位、主机单位与配套单位之间的合同要约内容进行双向规范并细化，明晰各个主体之间的权利与义务，同时基于各型号产品的全生命周期，重点开展预算管理及成本控制，确保关键节点主体资金流通畅，通过资金循环带动资源再配置，促进供应链中各级制造主体的生产要素组合在生产、分配、流通、消费各环节的有机衔接，从而带动整个航空产业、市场、技术等实现良性循环（图3）。

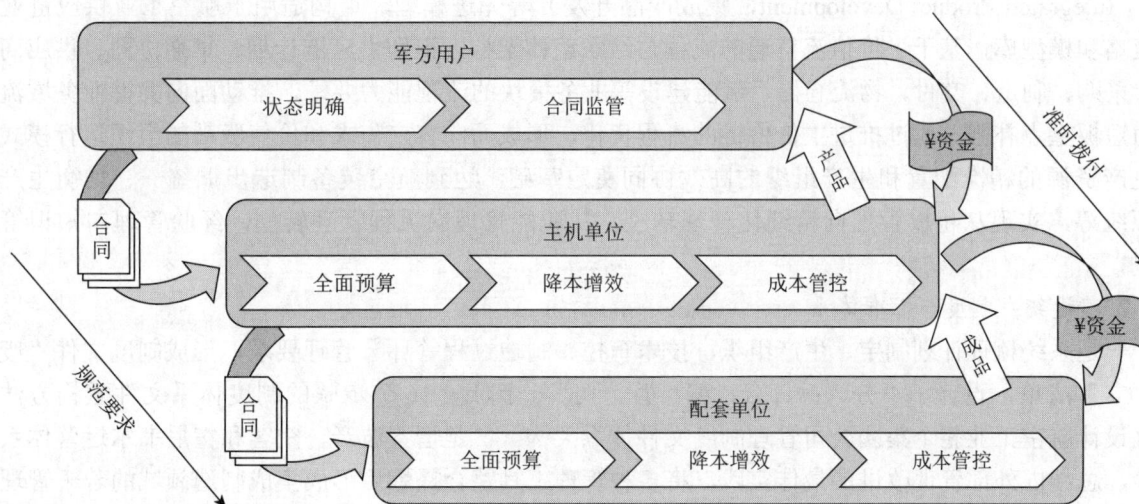

图3　双向约束资金环

1. 推动精细化合同管理变革

以用户需求为牵引，合同精细化管理为基础，推进合同变革，实现合同前端、中端和末端各环节的精准管控。首先是基于用户新形势订购需求，航空工业组织细化技术状态、金额、付款、计划、培训等27项要素，建立新型订购合同标准文本，清晰工业部门免责事项，大幅降低沟通成本。其次是管控配套关键节点，集团总部组织对各单位配套合同签订情况及合同款拨付情况进行检查，规定各主机单位在主机合同签订后1个月内完成配套合同签订。最后是规范付款要求，促使资金流有序流通，各主机单位在配套合同签订后20个工作日内完成首付款拨付，并按照合同约定，视配套交付情况按节点完成后续款项拨付。

2. 推行业财融合全面预算管理

以战略为导向、业务为驱动、价值创造与均衡生产为目标、执行控制为手段，构建全面预算管理体系，聚焦资金精准使用。在预算编制环节，从项目任务解构、产品交付计划入手，同步业务数据和财务数据，避免预算松弛或偏离均衡生产，并将预算目标层层分解、细化落实到各个层级，提供可视化的预算实施方案。在预算执行和考核环节，不断强化预算刚性管控和指挥棒作用，使之成为有效组织和协调科研生产经营活动、完成既定经营与生产计划的有效手段。航空工业业务部门和财务部门双方信息高度共享对接，通过业财融合做到业务流、资金流、信息流统一规划与有效整合，形成事前共同参与、事中共同控制、事后共同考核的"三共同"闭环机制，真正做实预算落实战略、优化资源配置、提高营运绩效、强化风险控制、助力均衡生产等功能。

3. 创新成本管控激励模式

按照实现装备成本管控要求，航空工业提出成本管控10项要求，创新成本管控激励模式，制定成本价格工作管理办法等相关顶层文件，明确成本管控工作的检查、评价、考核标准。同时指导各单位

基于总体成本管控目标及具体实施计划，牵引承制单位向设计、工艺早期协同，推进工艺过程优化、检测方法优化、材料采购降本、周转环节改善的管理提升，通过优化设计、改善工艺、精益生产、集中采购、竞争性采购等措施，促进装备生产交付与成本效益提升。

（六）强化软硬件基础支撑，形成集团内资源与平台共享

1. 推进主价值链流程架构重构

借鉴空客 ABMS（Advanced Battle Management System，先进作战管理系统）业务管理体系、华为 IPD（Integrated Product Development，集成产品开发）等先进模型，重构适用于航空工业供应链业务的策略和模型库，基于主价值流贯通的流程与组织整体架构，识别供应链计划、早期协同、供应商管理、采购、制造、交付、物流仓储、赋能建设等业务模块的流程能力要求，推动面向关键业务域流程能力短板重点补强。通过推进主价值链的流程优化，形成面向客户需求和价值驱动的组织运行模式，为生产资源的精准配置和生产组织的高效协同奠定基础，达到航空装备制造步调统一、均衡生产、资源统筹，实现从粗放管理向精细化管理转型，从职能管理向流程管理转型，经验管理向知识管理转型。

2. 建设统一制度与标准体系

一是系统梳理计划制定、生产组织、技术管控、制造过程等环节管理要求，形成制度文件"废、改、立"清单，设计了"分、拆、合、编、管、切" 6 个阶段 16 个步骤的制度体系文件重构方法，优化设计航空工业整个集团公司管理制度文件体系架构。二是借鉴波音、空客和霍尼韦尔运营体系的经验，总结内外部管理改进的最佳实践，将多种管理工具整合提炼后形成集成制造领域的若干管理模块，形成支撑集团均衡生产的使能系统。根据精益转型涉及的不同要素，形成为客户创造价值、准时化、稳健化、均衡化的集团集成制造标准规划方案。按照统一策划、分步开发、成熟一批、发布一批的原则，由集团公司牵头组织下属各单位制定集成制造标准体系。按层级分为集团标准、公司标准、专业厂作业标准，涉及供应商管理、协同管理、赋能管理、资金管理，以及生产制造六大业务域的管理，保障供应链运行有据可依。

3. 打造数字化管控平台

在各成员单位生产管理信息化系统的基础上，集团顶层开发包含过程管理、问题管理、综保项目管理、状态管理、客户管理等多个子模块的产品群管理信息化平台，实现各成员单位信息化系统的互联互通，利用子模块之间基础业务的逻辑集成数据，贯通各项业务域流程，构成多任务运行中心，深度挖掘数据背后的逻辑关系，驱动制造管理模式的创新变革，实现对产品计划、过程状态、交付进度、具体实施情况的统筹管理。同时，设计多维管理视图，包括计划模块、关键配套管理模块、供应商管理模块、合同管理模块、协同管理模块、赋能管理模块等，全面管控科研生产过程信息，实现生产制造的基线管理、数据对比分析、预测未来趋势，构成数据管控中心，多维度监测各流程绩效指标的运行，动态反映当下交付形势及工作开展情况，并提示计划进展、质量、成本等风险，为管理层决策提供参考依据。

三、军工集团实现高质量均衡生产的复杂产品群生产管理体系建设效果

（一）生产管理水平显著提升，促进均衡生产能力逐年增长

通过产品群、攸关方、产业链、资金环、流程体系建设等方面管控治理举措的实施，航空工业整个集团范围内奠定了良好的均衡生产管理理念，建立了现代化的军品批生产管理体系，带动了生产关系的革命性变革，实现了生产力的巨大提升，在相应技术及管理能力不断提升的基础上又进一步促进了航空工业更高质量的均衡生产，从而形成了一个良性循环。近年来，在生产人员总数不断减少、硬件设施没有规模投入的条件下，航空工业高质量超额完成了年度生产任务，装备生产制造能力大幅提

升，生产效率成倍增长，人均劳动生产率大幅提高，准交、质量等方面管理指标得到明显改善。在新质装备占比高、生产任务总量逐年增加的情况下，航空产品季度交付比例由2016年的"0118"① 逐年提高，并且两年连续实现"2323"均衡目标，取得重大突破。尤其面对疫情多发等严峻挑战，全年依然能够实现"2323"均衡生产目标，展现出航空工业集团生产系统超强韧性。

（二）经济指标明显改善，带动航空产业链供应链换代升级

经济"压舱石"作用凸显，生产交付的均衡带来经营与财务指标的均衡，2018年后存货周转率、应收账款周转率指标逐年向好，2021年开始实现时间过半、利润过半、经营收入过半，成本费用占营业总收入比率压降近两个百分点。经不完全测算，6年来，集团均衡生产管理所带来的经济效益，单从压缩航空装备生产周期和降低库存资金占用成本两项因素计算，不低于48.53亿元。更重要的是，航空工业属于知识密集和技术密集的高端技术产业型企业，本身具有很强的对外技术及经济溢出效应，其高质量均衡生产模式打造了持续优化的良性供应链生态圈。通过贯彻"小核心、大协作"理念，促进了一般生产能力社会化，形成军民融合深度发展格局，全集团总体一般能力社会化率已达到70%，带动了航空产业整体技术制造及管理能力的提升，促进了全产业链中供应链的换代升级。

（三）军品装备供给得到保障，支撑国防及军队现代化建设

集团均衡生产管理体系保障了集团军品各项任务的保量保质交付，实现了"从交付产品到交付战斗力"的蜕变，获得了大量用户的高度认可及评价。在集团军品交付任务数量逐年增加的情况下，当年生产当年交装的比例仍不断提高，交装和使用问题显著减少，外场完好率稳步提升，极大保障了部队战斗力的快速形成。

（成果创造人：朱　谦、蔡晖遒、张旭东、周显峰、孙　巍、郝　健、
韩小军、张绍卓、周　维、张晓磊、曾　坤、晋严尊）

---

① 季度交付比例"0118"表示第一季度任务交付量占全年任务量的比例为0%，第二季度和第三季度任务交付量占全年任务量的比例各为10%，第四季度任务交付量占全年任务量的比例为80%。

以"两提一降"为核心的海洋油气高质量开发管理

中国海洋石油有限公司

中国海洋石油有限公司（以下简称中海油）为沪港两地上市公司，是中国海洋石油集团有限公司（以下简称中国海油）旗下的海上石油及天然气生产商，亦是全球最大的独立油气勘探生产公司之一，主要产油气区包括渤海湾、南海西部、南海东部和东海。目前，中海油在国内海上共有 153 个油气田，292 座油气生产平台，14 艘 FPSO（Floating Production, Storage and Off loading Unit，海上浮式生产储卸油装置）；13 个陆岸终端，169 台钻（修）井机，439 条（超过 7500 千米）海管，220 条海底电缆。油气水井数仅 5600 多口，但年产油气规模达到 7000 万吨，标定油田采收率达到 35%。

一、以"两提一降"为核心的海洋油气高质量开发管理背景

（一）保障国家能源安全的迫切要求

我国是世界上最大的能源消费国，近些年石油和天然气对外依存度持续攀升，国家能源安全形势面临严峻挑战。中海油作为我国重要的国有能源骨干企业，坚定不移地肩负起保障国家能源安全的重大责任使命，油气增储上产取得显著成效，同时也面临着诸多问题和挑战：海洋环境和开发生产特点下油气井数受限、开发投资大、生产成本高、环境约束条件多，制约了油气上产；老油田占比增高、平均单井产量下降，挖潜作业时空受限，油田稳产难度加大；稠油、低渗等难动用资源开发门槛高，海洋条件下技术应用受限，经济有效规模上产难度大。因此，中海油迫切需要创新突破，通过推进质量变革、效率变革和动力变革，持续提升油气开发水平和能力。

（二）建设世界一流能源公司的必然选择

随着我国迈入新发展阶段，中海油提出了"1534"总体发展思路，开启了加快建设中国特色世界一流能源公司的新征程，大力实施油气增储上产"七年行动计划"，力争到 2025 年国内油气产量向亿吨级规模迈进。全面对标世界一流能源公司，中海油在油气开发领域还缺少一套高质量开发的指标体系，不能科学表征高效开发、可持续开发、规模效益开发、绿色低碳开发的理念和实施要求；在延续石油行业的提高采收率、降低递减率这一传统主题下，缺少结合海洋石油工业油气开发周期短、投资和运营成本高、环境约束条件多等特点的高速高效高质量开发的管理体系，不能科学指导油气资源大突破、油气产量快提升、经济效益稳增长的目标和愿景，需要在开发领域实施面向世界一流能源公司的跨越式转变。

（三）解决海洋油气开发问题的现实需要

海洋石油的地面工程、钻采工程、油气生产与陆上油田差别很大，具有高技术、高投入、高风险和少井高产等特点。随着海上油气田整体进入到高含水、高采出程度阶段，开发面临的问题和挑战持续增多，主要体现在：近 3 年新发现油气田规模下降，中小型油气田居多，同时低品位、低丰度等油气资源占比增大，开发能力若不能有效提升，将严重制约海洋油气增储上产；老油田双高阶段的剩余油分布更复杂、开发矛盾更突出，亟需提高采收率新技术和增产挖潜新方法，以延长油田经济有效期；油田产液量大幅上升给海上设施造成沉重负担，需要践行绿色开发理念，减少无效水采出。面对新形势新挑战，实施以"两提一降"为核心的高质量开发管理创新，是化解开发矛盾、解决开发问题的现实需要。

二、以"两提一降"为核心的海洋油气高质量开发管理主要做法

(一)优化总体布局,推进油气开发向"高质量开发"转变

1.加强顶层设计,确立海洋油气高质量开发总体思路

海洋油气高质量开发管理创新实践,聚焦高效开发、规模效益开发、可持续开发、绿色低碳开发的高质量关键指标,以"两提一降"为核心,明确系统对标、技术突破、管理创新、数智赋能等实现路径,通过五大工程抓实落地执行,引领海洋石油工业高质量发展(图1)。

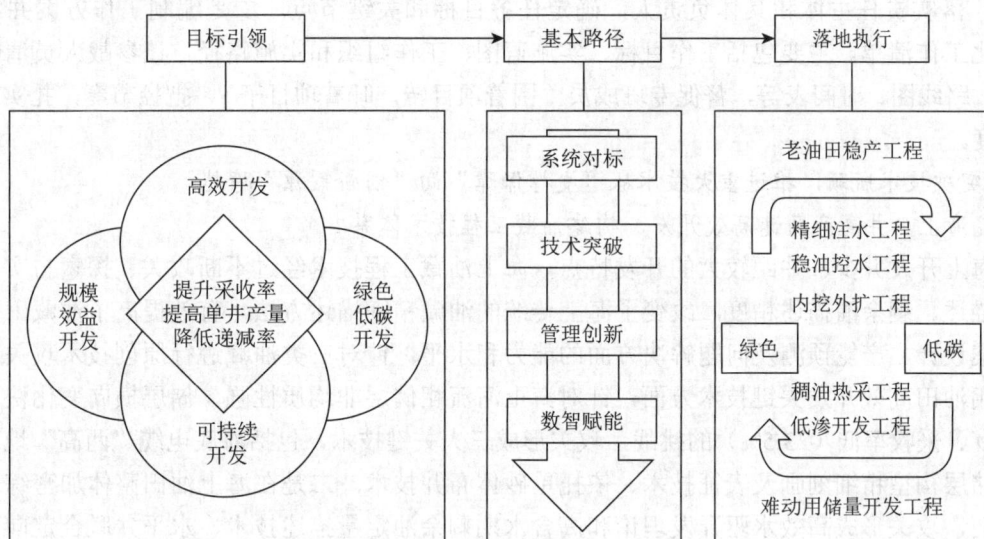

图 1 海洋油气高质量开发总体框架

2.设计指标体系,对标行业一流找差距抓提升

一是将"两提一降"作为践行高质量开发的核心,体现高效开发、规模效益开发、可持续开发、绿色低碳开发的共同要求。二是在高效开发方面,聚焦提高采收率指标,深挖老油田滚动增储潜力。三是在可持续开发方面,聚焦递减率和效益产量指标,全面推进油田精细注水,实现老油田硬稳产;通过经济极限日产量指标,统筹低产低效井综合治理,增强老油田可持续开发能力。四是在规模效益开发方面,聚焦难动用资源上产贡献指标,充分发挥区域开发优势,加快海上稠油蒸汽吞吐和蒸汽驱技术应用并形成规模生产能力;加快海上低渗透油气藏规模效益开发,助力海上中深层低渗油气资源的勘探开发突破。五是在绿色低碳开发方面,聚焦排放和能耗指标,实施老油田稳油控水,助力减排开发;推进机采井应用永磁电机新工艺新技术,实践节能降耗开发。六是在评价指标设计方面,通过对标陆上油田指标的逐层分析、逐层归纳,结合海上特点实际进行补充调优,使评价指标更加实用。在实施过程中,按照季度开展全海域和全行业对标分析,明确阶段目标,指导提升改进。在年度考核目标的制定方面,通过调查行业一流指标水平,明确各单位分年度、逐年递进的考核指标要求。

3.完善组织管理,强化资源统筹分工协作

一是建立"三横三纵"的组织管理模式。从组织结构、人员、制度、流程等多方面进行统筹安排,制定标准化的工作流程,实现有限公司、研究总院和各分公司之间的密切协作,上下联动、统一组织、统一协调,把组织垂直与横向更好地联系起来,加强各单位之间、各专业之间的通力协作,发挥各自技术优势和职能优势。二是成立工作专班,强化工作统筹。成立各层级的工作专班,对"两提一降"工作内容进行细化分类:中海油研究总院提出重大课题(如重点示范工程和重大试验等),开展相关规律性理论研究,进行总结提升凝练,对分公司进行理论指导,同时协助勘探开发部制定相关管

理规范和配套措施；各分公司总结油田开发实践经验和教训，剖析油田开发规律和存在的问题，研究主要攻关方向，提出具体工作措施和技术手段；各作业区做好现场管理，落实具体工作措施，并反馈现场生产中出现的异常情况，积极提出合理化建议。

4. 健全机制保障，督促目标任务落地执行

一是制定考核指标和任务书，督促工作目标任务完成。每年度结合"两提一降"工作任务，研究制定任务书，明确工作目标、重点工作、技术攻关任务和总体计划安排。各单位制定详细的工作方案和计划，落实责任主体和具体负责人，确定任务目标和关键节点。二是编制工作方案并实施挂图作战，细化工作清单。主要包括工作目标、实施蓝图、工作组织和实施路径，让参战人员清晰了解目标、任务、路线图、时间表等，督促专班成员"围着项目转，盯着项目干"，把控节奏，扎实推进和落实项目进度。

（二）突破技术瓶颈，推进重大技术从"支撑保障"向"创新策源"跨越

1. 围绕海上少井高产高速高效开发，构建油藏工程技术体系

针对海上开发井少、井距较大的开发特点，海上油藏工程技术经过不断攻关、探索与实践，逐步提升储层描述、剩余油描述精度，改变了海上传统的油藏精细描述方法，有效提高了油藏工程在专业研究、方案设计、产能预测及问题解决方面的能力和水平。针对三类油藏进行原创技术攻关。一是在复杂河流相油田高效开发关键技术方面，针对海上河流相储层非均质性强，储层横向变化快，采油速度低（1%）、采收率低（23.5%）的挑战，攻关形成三大关键技术，包括海底电缆"两高"地震采集处理技术、储层构型精细刻画及表征技术、依托单砂体布井技术。二是在海上油田整体加密综合调整关键技术方面，攻关形成高效水驱开发理论和高含水期剩余油定量描述技术、水平井联合定向井立体井网优化技术两项技术。三是在低幅度构造海相砂岩双特高油田挖潜关键技术方面，攻关形成低幅度构造精细评价技术和特高含水期剩余油定量预测技术两项关键技术。

2. 探索海上高强注采、注采联动高效模式，构建采油工程技术体系

结合海洋油气开发作业时空受限、注采强度高的特点，海上采油工程技术经过不断创新、发展与实践，构建形成了"海上采油工程技术体系"，涉及机械采油、注水、井下作业、防砂及出砂治理、采气、热采、化学驱、"四防"、增产增注、储层改造共 10 个方面 127 项技术应用控制文件和 40 个典型技术应用案例，有效提高了采油工程技术应用水平，助力油田稳产上产。一是在海上高注采强度的智能注采关键技术方面，形成高强注采下智能流场调控方法，完成渤海注水油田智能滚动配注平台自主研发及建设，为注采联动、流场调控方案设计与实施提供智能化技术手段。突破适用于海上平台规模化应用的单通道有缆智能测调、高温智能分注工具研发、有缆智能测调远程通信控制等注水井大排量智能分注关键技术，推动智能分注技术的不断迭代升级，进一步提升了智能测调技术稳定性、适应性及智能化水平。二是在海上高效注采、装备集成化的稠油热采关键技术方面，创新海上射流泵注采一体化、高温电潜泵注采一体化管柱工艺，在不动管柱的情况下，实现注采转化，将海上稠油热采注采两趟管柱的作业模式升级为注采一趟管柱的作业模式，提高了作业效率和质量；突破海上空间受限的规模化集成化热采大排量热力发生及配套装备，能满足四井同注的注热要求，并可通过注入过热蒸汽来提高蒸汽井底干度，并减少热采设施占地面积；创新特稠油高效产出液处理工艺，提高油水分离效率，保障举升工艺的稳定运行，大幅度降低了操作成本；研发海上热采井长效防砂、高温井下安全控制、高温测试等关键工艺技术。原创技术成果推动了首个过热蒸汽驱先导试验区南堡 35-2 油田、海上首个规模化热采示范平台旅大 21-2、海上首个规模化特超稠油油藏旅大 5-2 北油田投产。三是在基于海水和海上作业条件的低渗油气藏压驱压裂关键技术方面，研发了海水基弱碱性低残渣压裂液体系、海水基压驱液体系，建立了钻井船＋拖轮、拖轮＋平台、支持船＋平台 3 种海上压裂压驱作业模

式；研发了基于化学示踪剂的裂缝监测及裂缝展布解释方法，技术成果在涠洲12-2、渤中34-2/4、渤中25-1等油田进行了应用，助力老油田低渗薄差层挖潜开发，盘活一批低产低效井和长关井，其中涠洲12-2油田压裂压驱单井产油量从20吨/天提高到峰值120吨/天。海上低渗油气开发技术的原创策源，为中海油中深层油气资源大突破创造了技术条件。四是在海上时空受限下的化学驱提高采收率关键技术方面，创立海上油田早期注聚开发模式和理论，打破三次采油与二次采油界限并将其合二为一；自主研发以非离子清水剂为核心的海上短流程含聚采出液"药剂＋工艺"一体化高效处理技术，解决化学驱应用的"卡脖子"工程难题。创立基于海洋平台的无熟化罐在线配制模式，改变了海上传统的聚合物溶液配制模式，配制时间由50分钟降至2分钟以内；研发注入井"逐层剥离氧化深度解堵"、纳米增注技术，生产井"过筛管压裂"和"水力旋流喷射＋化学组合解堵"技术等注采能力保持技术。原创技术成果在绥中36-1、锦州9-3、渤中28-2南等油田应用24井次，已实现累计增油59万吨。

（三）实施五大工程，推进稳产上产从"专项治理"向"整体提升"跃迁

1. 科学设计五大工程，稳产和上产协同推进

在稳产方面，实施精细注水、稳油控水、内挖外扩三大工程，控制老油田递减。一是"精细注水"重点工程，以"注够水、注好水、精细注水、有效注水、智能注水"为主线，持续优化注水措施，同时推广智能分注分采、小层精细挖潜、完善井网等技术。二是"稳油控水"重点工程，以"控总量、降低效、调结构、保成效"为工作主线，持续完善井网层系调整，开展智能流场调控和滚动扩边增储，优化配套采油工艺，完善不同类型油田的控水稳油技术体系，打造示范油田标杆。三是"内挖外扩"重点工程，以"抓增产、减低效、降成本、攻技术"为工作主线，持续优化低产低效井管理模式，推动低产低效井治理，不断提高海上油气井管理水平，提高油气井生产时效和油气产量。

在上产方面，实施海上稠油热采、低渗开发两大工程，提高油气采收率和开发效益。一是"稠油热采"重点工程，围绕"稳基础、促提升、抓突破、保安全"的工作主线，以蒸汽吞吐、蒸汽驱、热水驱、热化学吞吐为技术路径，强化技术实施和质量控制，加快高温注热采油一体化技术和移动注热技术攻关和应用，推动旅大21-2、旅大5-2北等热采新油田建设投产。二是"低渗开发"重点工程，以"找准方向、释放产能、强化注采、持续降本"为工作主线，持续推进在生产油田压裂增产先导试验，加快产能和递减规律认识，持续开展重大专项攻关，加快技术成果转化，推进重点前期项目研究和设计，促进规模有效开发。

2. 探索批量作业模式，建立注水示范油田

聚焦五大工程的瓶颈问题，集中治理、批量作业、持续攻坚以确保取得最终成效。批量治理工作提高了分层配注合格率、油藏压力保持水平，有效化解了层间和层内矛盾，显著降低了油田递减率和含水上升率，推动了油田绿色开发。

3. 开展季度协调和定期后评估，解决问题并固化工作成果

以"两提一降"的各专项工作为核心，一是每季度召开专题专项协调会，对重点项目进行成果交流、对重点技术进行集中研讨、对重点问题进行集中解决；二是结合油藏工程和采油工程技术应用成效，定期开展工艺技术后评估，形成评估文件，固化技术成果，指导后续油田方案设计；三是推进成熟技术上升为企业和行业标准，从源头引领质量提升。

（四）转变管理方式，推进油气生产从"传统模式"向"数智赋能、绿色低碳"升级

1. 全面推进勘探开发生产数据治理

上游勘探开发数据的管理是中海油业务的重要组成部分，取得了一系列显著成果，一是建立了"五位一体"的组织协同治理模式，为数据治理提升了组织保障；二是建立了数据标准规范、制度体

系和数据质量规则，指导 1.4 万余数据项的清理和提质；三是建立了数据湖平台运营运维体系，实现了源头数据的全面采集。

2. 稳步推进智能油气田建设

运用智能化手段，包括智能油藏、智能生产、智能安全、智能设备管理，成功建成了秦皇岛 32-6、东方、白云等智能示范油气田，以及恩平、番禺等 5 个生产操控中心，实现减员 20%，降低生产操作费超过 6000 万 / 年。通过智能化带动生产设施无人化，积极推进新建平台的无人化设计和在役平台的少人化改造，目前，在役无人平台总数已超过 40 座，优化现场人员超过 200 人，大幅降低了作业成本。同时，推进南海恩平油田和白云气田台风模式建设，实现现场无人的远程遥控生产，从而避免台风期间全油气田停产，仅一年时间就减少原油产量影响约 33 万桶、多贡献天然气产量 2.93 亿立方米。

3. 新技术新方式提升绿色低碳开发

一是聚焦排放和能耗指标，实施老油田稳油控水技术，助力减排开发；二是推进机采井应用永磁电机新工艺，升级海上油气田重要基础设施绿色低碳水平；三是创新油田开发用能模式，大规模推广岸电入海，减少海上油气开发化石能源消耗；四是拓展降碳新渠道，开展海上油田伴生气回收治理，推进实施海上规模化 CCS（Carbon Capture and Storage，碳捕获和储存）/CCUS（Carbon Capture, Utilization and Storage，碳捕获、利用与封存）集群示范项目等。

（五）激发全员动力，推进工作执行从"指令要求"向"主动担当"转变

1. 强化示范引领，激发基层组织活力

以"联合 +"形式扩大党支部联合共建阵地，借助"联合立功立项"和"联合主题党日"平台，多家单位的党支部开展"联合共建促生产"主题党日活动，推进"两提一降"工作优质进行，向时间要效益，向空间要效益，向技术要效益，夯实联合共建阵地，绘出"两提一降"工作最大"同心圆"。一是组建由共产党员为核心骨干的"管理先锋队""技术先锋队""生产先锋队""作业先锋队"和"攻坚先锋队"，增强责任担当，以"钉钉子"精神攻坚克难，让标志性成果落地生根、标志性技术发展壮大、标志性人才挺立枝头。二是建立先锋模范阵营，设置科研、生产、作业党员示范岗，加强示范引领，发挥党员的带头作用、骨干作用和表率作用，关键时刻亮身份，重要岗位做表率，推动技术攻关与优势资源整合，高质量完成方案设计和现场作业，整体提效达到 35% 以上。

2. 资源倾斜一线，激发基层员工动力

采用提高一线出海人员津贴、优化倒休班制度、改善平台移动网络和通信条件、关心员工心理健康、提供便捷医疗服务、提升保险保障水平、设置专项奖励等举措，从根本上解决员工实际困难和问题，践行人本理念，增强员工责任感、使命感和归属感，提高员工凝聚力和工作动力。

3. 健全制度保障，增强基层工作潜力

通过管理创新实践，推动海上油田开发管理制度体系升级，制定和发布公司"采油工艺管理办法"和"井下作业管理办法" 2 项管理办法和 12 项管理细则，发布了包含 167 个技术文件的"采油工程技术体系"，升级了 46 部采油采气技术标准，全面提升技术应用质量，不仅为员工提供了本质安全保障，还为基层员工主动作为、深挖油田开发潜力创造了条件。

三、以"两提一降"为核心的海洋油气高质量开发管理效果

（一）石油产量大幅增长，经济效益显著

以"两提一降"为核心的海洋油气高质量开发管理成果实施取得明显成效，中海油国内海上原油产量由 2019 年的 4301 万吨增长到 2022 年的 5204 万吨，年均增长 7%，累积增产原油 903 万吨，连续 3 年占同期国内原油增量的 60% 以上，海上油田滚动增加储量 2.9 亿吨。在生产油田采收率年均提升

1%，自然递减率首次由 13% 下降至 10% 以内、总递减为零，低产低效井和长关井治理后平均单井日增油 22 吨／天，极大地增强了老油田稳产基础，为国家能源安全保障做出突出贡献。2022 年，中海油营业收入达到 1.1 万亿元，利润总额 2314 亿元，国内原油产量创收 2450 亿元；2019 ～ 2022 年累计增产原油创收 302 亿元，助力中国海油集团经济效益显著提升，为国家经济社会发展做出了突出贡献。

（二）形成了海洋油气高效开发的关键技术和管理体系，助力世界一流能源公司建设

在开发技术进步方面，建立了海上少井高产、高速高效开发的超高倍数水驱油理论和稠油热采热气剂复合增效理论两大理论，开发和建立了海上精细注水、稳油控水、稠油热采、压驱开发四大系列技术，形成了油田开发决策支持体系、重大开发项目方案研究体系和油气生产支撑保障体系，研制了智能分注工具、智能分采工具、自适应控水工具、热采过电缆封隔器、热采防砂封隔器、热采隔离封隔器、高温井下安全阀、高温电潜泵、永磁电机驱动电潜泵、海水基低残渣压裂液等 10 大工具，加快了海上稠油热采和低渗压裂开发，盘活海上 6 亿吨非常规稠油和 5 亿吨低渗储量有效动用。海上油田稳油控水采油工程关键技术、海上油田电潜泵延寿降耗关键技术、海上油田采出水高效处理关键技术等多项研究成果获得行业"科技进步奖一等奖"，形成了一套聚焦海洋油气高效开发、可持续开发、规模效益开发、绿色开发的结构化指标体系和对标机制，以及以"六个清楚"为主线的自下而上的问题大调查工作机制和组织运行机制。

（成果创造人：周心怀、孙福街、赵春明、刘建忠、张　伟、徐文江、
张　鹏、苏彦春、姜维东、王佩文、范廷恩、刘　明）

高效支撑区域新能源发展的现代电网体系建设与运营管理

内蒙古电力（集团）有限责任公司

内蒙古电力（集团）有限责任公司（以下简称内蒙古电力集团）是内蒙古自治区（以下简称自治区）直属国有独资特大型电网企业，所属单位 36 家，员工总人数 4.5 万人，负责建设运营自治区中西部电网，供电区域 72 万平方公里，承担着 8 个市（盟）工农牧业生产及城乡 1400 多万居民生活供电任务，同时向华北、陕西榆林和蒙古国提供跨省区、跨国境供电。截至 2022 年年底，拥有 500 千伏变电站 37 座，220 千伏变电站 180 座，110 千伏及以下变电站 1033 座，抽水蓄能电站 1 座。全年售电量完成 2383.28 亿千瓦·时，位列全国省级电网第 10，全网最大供电负荷突破 3560.47 万千瓦，固定资产原值突破 1550 亿元，成为自治区第二个"双千亿"国有企业。

一、高效支撑区域新能源发展的现代电网体系建设与运营管理背景

（一）服务新能源快速发展的客观需要

内蒙古是国家重要能源和战略资源基地，风光等新能源资源富集，能源生产总量约占全国的 1/6，外输能源占全国跨区域能源输送总量的 1/3。自治区提出在全国率先建成以新能源为主体的能源供给体系、率先构建以新能源为主体的新型电力系统，到 2025 年新能源装机规模超过火电装机规模、到 2030 年新能源发电总量超过火电发电总量的"两率先、两超过"目标。截至 2022 年年底，内蒙古电力集团经营区域（即蒙西电网）新能源装机为 3360.16 万千瓦，占总装机容量的 42.9%，其中，风电占比 63.64%，太阳能占比 33.38%，生物质、储能等占比 2.98%，在保障全国能源供应和经济发展格局中具有重要战略地位。内蒙古电力集团结合区域用电负荷与能源资源分布、新能源高占比的特点，统筹发展与能源安全要求，深入推进新时代现代电网体系建设，更好服务自治区新能源快速发展，具有很强的紧迫性。

（二）破解新能源发展难题的迫切需要

虽然新能源应用发展迅速，但新能源具有间歇性、波动性、随机性特性，而且大量使用电力电子元件，给电网带来安全压力，所以新能源在发展上面临一些难题亟待突破，主要体现在：一是自治区新能源发展快，新能源并网消纳潜力有待进一步挖掘；二是区域新能源装机容量大、占比高，利用先进技术进行电网智能管控协同方面的工作有待提升；三是由于新能源波动性的特点，新能源参与电力市场交易面临诸多困难，电力现货市场机制有待完善，在运用市场化手段科学引导能源优化配置上还有不足；四是传统用能方式、能源消耗与绿色发展要求不匹配，亟待优化用能结构；五是能源国际业务有待拓展，在更大范围内共享互济不足。因此，迫切需要统筹发展与能源安全，创新新时代电网管理，有效应对新能源发展绿色转型面临的挑战，推动自治区新能源与经济社会高质量发展，切实把能源安全掌控在自己手中。

二、高效支撑区域新能源发展的现代电网体系建设与运营管理主要做法

（一）强化顶层设计部署，构建现代电网体系架构

1. 科学论证，明确工作思路

内蒙古电力集团深入推进能源安全部署要求，以保障国家能源安全为己任，落实自治区"两率先、两超过"目标工作部署，沿着"集团化、集约化、市场化、数字化、生态化、国际化"强企工作思路，把新时代现代电网体系建设作为推动企业高质量发展的重要抓手，全面统筹领导、决策部署现代电网体系相关工作，明确重点方向，有的放矢地开展现代电网体系建设工作。

2. 立足全局谋划，确定工作目标

围绕自治区建设新能源产业新高地和创新策源地目标，坚持前瞻性思考、全局性谋划、整体性推进，紧扣"责任、绿色、数字、开放"4个蒙电发展定位，建成以生态优先、绿色发展为导向的世界一流现代化能源服务企业为目标，大力推动能源供应、交易、技术和消费革命，建设全国乃至国际新能源产业新高地。明确以能源安全为核心，构建新能源供应管理；以数字化赋能为方法，推进新型电网智能管控；以市场化改革为抓手，建立"中长期为主、现货为补充"的具有蒙西特色的多边交易市场模式，推动新能源全面有序参与市场交易，全面融入全国统一电力市场；以绿色降碳为重点，深入推动能源消费革命；拓展国际能源合作，提升跨境供电服务能力。促进内蒙古新能源快速发展，进一步发挥国家重要能源和战略资源基地的引领作用，在自治区经济社会高质量发展中发挥"顶梁柱""顶得住"作用。

3. 汇聚各方资源，构建现代电网体系架构

内蒙古电力集团明确现代电网体系建设目标方向，有的放矢开展现代电网体系建设工作，构建支撑新能源快速发展的现代电网体系架构（图1），全面推动新能源供应、电网智能管控、电力市场化交易、能源国际化、能源消费革命等方面管理提升，促进内蒙古新能源在更大范围内共享互济和优化配置。

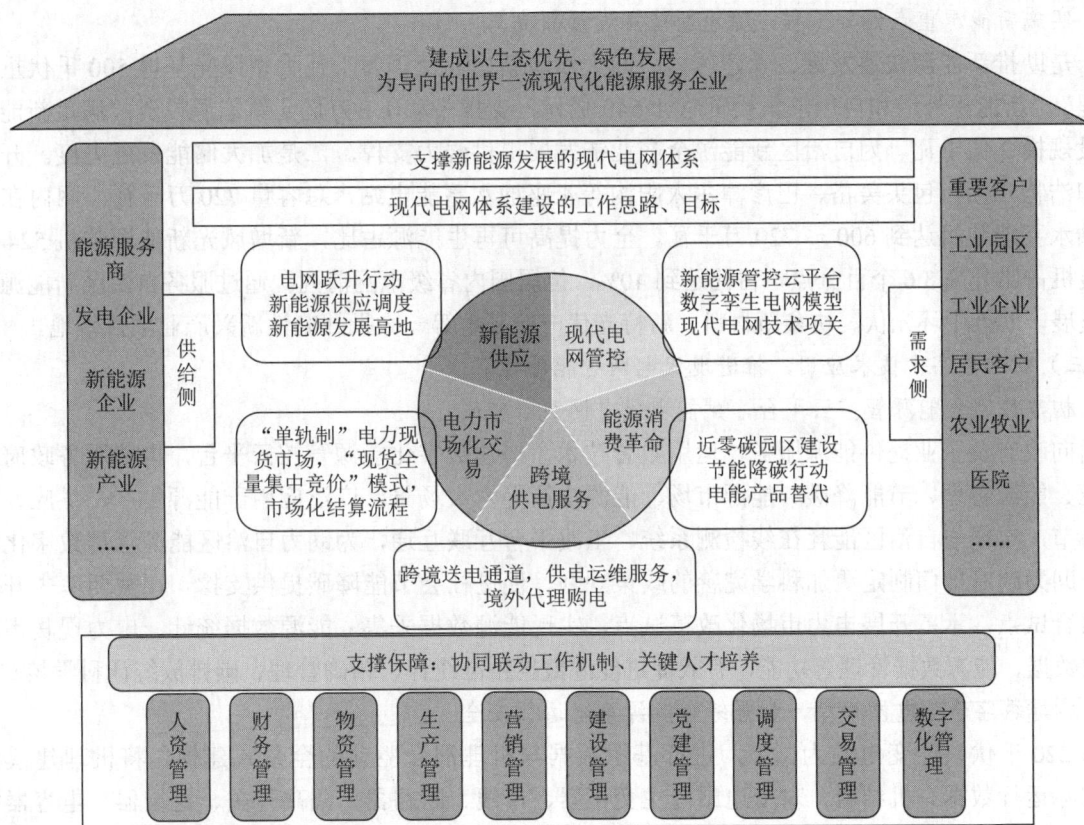

图1　支撑新能源发展的现代电网体系架构

（二）以新能源发展为核心，加快推动新能源并网供应

1. 实施电网跃升计划行动，促进新能源安全消纳

随着新能源大量接入，由于新能源具有波动性和随机性，受动态稳定因素制约，蒙西电网内部存在"西电东送"断面输电能力不足，新能源接入规模接近饱和。内蒙古电力集团积极协助自治区能源

局研究制定大型风光基地"网对网"外送方案，启动电网跃升计划行动。加快电网建设步伐，缩短电网建设周期，科学编制四大沙漠大型风光基地外送方案，将蒙西 43 项 500 千伏项目纳入国家电力发展规划，创各省级电网项目之最。"抢跑入场"推动国有资本布局抽水蓄能领域，充分发挥抽水蓄能电站在电力系统中的"稳定器"作用。优化完善 500 千伏电网结构，推动实施蒙西与华北电网异步联网工程，建设区内 ±800 千伏柔性直流特高压工程。通过建设现代智能电网，新能源发电量占总发电量的比例由 10.04% 提升至 21.90%，供电保障能力和新能源消纳水平显著提高。

2. 率先构建新能源供应调度，助推新能源并网发电

加快推进能源绿色转型，编制《内蒙古电力集团调控业务指南》，用于并网前发电企业提前了解调控相关业务，协同现货市场、调峰辅助服务市场、电量结算、网源协调等 13 项调控业务，强化新能源并网方案和调度控制方案的组织实施，动态测算全网日电量，开展电网安全校核。通过强化配套服务保障，新能源保障性接网工程加速推进，全国首个大型风光基地配套送出工程伊和乌素 500 千伏输变电工程按期投运，额济纳"源网荷储"微电网示范工程主体完工。先后完成 61 座 679 万千瓦保障性新能源项目顺利并网，蒙西电网新能源最大电力占比达 44%。接入蒙西电网新能源装机总量超过火电装机总量，消纳新能源发电总量超过火电发电总量。电网调节能力不断增强，率先构建新能源供应调度，助推蒙西新能源并网发电。

3. 实施新能源重点汇集工程，建设新能源发展新高地

一是助推新能源快速发展。承建区内"四大沙漠新建 8 个千万千瓦大型风光基地 500 千伏重点汇集工程"。新能源外送和自用汇集投资总计 540 亿元，支撑带动 1.1 万亿元新能源投资，满足新能源开发建设规模 2 亿千瓦，为自治区新能源全产业链发展提供强力支撑。二是加大储能发展力度。开工建设呼和浩特二期、包头美岱、巴彦淖尔太阳沟等 4 座抽水蓄能电站，总容量 720 万千瓦。网内在建和建成抽水蓄能装机达到 600～720 万千瓦。全力提高可再生能源占比，新增风光新能源装机 524 万千瓦，装机占比升高 3.6 个百分点，占比达到 40%，位居国内省级电网前列。通过服务自治区新能源全产业链发展，助推中环光伏、协鑫新材料、新特光伏产业基地等一大批战略性新兴产业项目落地。

（三）强化数字化技术应用，推进现代电网智能管控

1. 构建数字化能源管控云平台，赋能现代电网数智减碳

面向政府及企业提供能源服务，运用数智技术，搭建数字化能源管控云平台，构建服务政府、服务企业、能源管理、节能降碳、能源市场、能源决策等六大场景，广泛应用于能源生产、供应、消费等各环节，实现与自治区能耗在线检测系统、工改平台互联互通，为助力自治区能源管理数字化转型升级、助力政府部门制定更加科学完善的政策规划、促进社会节能降碳提供支撑。在蒙西率先开展新能源聚合试点，示范开展电力市场化改革试点，实现能源数据采集、能源数据统计、电力现货市场、碳排放数据、能源数据管理等功能，有效促进能源数据精准统计、精确管理、碳排放统计科学核算。

2. 构建数字孪生电网模型，加强综合能源系统运行安全

以 220 千伏兴广变电站为试点，进行基于数据与机理混合驱动的全景式建模，将机理建模和变电站实际运行数据有机结合，对变电站内主变压器、母线、断路器、隔离开关、避雷器、电容器等设备进行机理建模，构建精度更高、更加贴近实际运行数据的 220 千伏变电站模型；对变电站运行数据与温度、湿度等环境数据及雨、雪、雷电等气象数据合并后进行数据驱动建模，提升电网智能感知能力。通过应用数字孪生技术构建清洁能源消纳模型，全面复盘新能源上网的全过程，实现新能源消纳诊断和预测，显著提高新能源溯源结果的精确性，解决人工经验不足的问题并减少人为误判，为电网消纳新能源提供科学的辅助决策依据。

3.开展现代电网技术攻关，持续提升新能源应用转化

内蒙古电力集团建立新型电力系统研究基地，与鄂尔多斯市政府、华为、上交大等6家单位签署战略合作框架协议，从技术、资源、机制等多维度推动区域能源发展研究。参与组建全国新型电力系统技术创新联盟，与浙大共建可再生能源电力系统联合研发中心。牵头与清华大学、上交大、中国电科院等6家单位联合开展高比例新能源接入背景下电力系统的安全稳定和高效运行研究，深入挖掘"网源荷储"灵活可调度资源特性、一体化协同及调度技术。聚焦现代电网各环节，推动"网源荷储"关键技术研究及其示范应用，研发投入强度完成3%，资金投入增长率超15%，推动能源核心技术攻关和科研成果转化，实现技术成果转化120余项。2023年5月26日，蒙西电网额济纳地区"源网荷储"微电网示范工程投产第一阶段纯新能源黑启动试验圆满成功，解决高比例新能源电力系统多项关键难题，打破传统电力系统运行对常规旋转机组的依赖，为构网型储能技术发展开辟全新应用场景，为新型电力系统建设提供关键技术支撑。

（四）以市场化改革为抓手，加快建设新能源市场消纳

1.首创"单轨制"电力现货市场，推动有序参与市场交易

内蒙古电力集团深入调研、立足实际，围绕新能源参与现货市场、用户侧分区域结算、强化风险防范等方面的创新机制。一方面创建国内首个"单轨制"电力现货市场，推动原先市场与计划并行的电力"双轨制"转向以市场为主导的"单轨制"，蒙西成为全国首批8个现货市场试点地区之一。在运行日前一天开展可靠性机组组合，制定次日机组组合和调度运行计划，保障电力安全可靠供应；为防范电价大幅波动，在交易结算中增加用户价格保护和新能源风险防范机制，实现现货市场启动后用电价格和新能源发电价格"软着陆"。另一方面推动市场化电源和用户侧全电量参与现货出清，引导所有电量按照相同的市场规则进行结算，各类发用主体均需要按照事先预计好的发用电曲线来承担经济责任，形成真实的市场出清结果和明确的平衡责任账目，做到"独立记账，分类疏导"。一是推动可再生能源全部进入现货市场，发用电两侧按照现货市场价格结算，避免发电侧市场"双轨制"和发用电两侧现货交易曲线不一致带来的现货与中长期结算逻辑不清、现货市场结算不平衡、资金量大且不合理及日前和实时市场双结算给优先发用电计划结算带来的额外资金不平衡。二是现货市场日前预出清不结算，实时市场出清结算，避免在执行优发优购政策下，日前与实时市场价差带来的结算不平衡资金和售电公司投机。三是采用用户侧节点加权平均得出西部价格和东部价格作为参考结算点价格，体现电能的用户侧空间价值属性。通过完善市场规则进行约束和规范，推动有序参与市场交易。

2.建立"现货全电量集中竞价"模式，实现多边市场交易

蒙西电网东西狭长，资源与负荷空间错配，电网结构相对松散，内部阻塞较为严重。坚持"中长期交易为主、现货交易为辅"，推动多边交易市场由原先分散式"中长期合同分解＋现货增量优化"转变为集中式"中长期财务结算＋现货全电量集中竞价"的市场模式。一是为充分体现出电力的空间价值，体现电能量在用户侧的空间信号，采用西部用户侧节点加权平均价格和东部用户侧节点加权平均价格做参考结算点价格。以包呼断面为界分成东、西部两个价区，使市场用户合理分担成本，引导产业布局根据价格信号自主调整，有利于促进蒙西电力系统整体效率的提升。二是完善日前现货市场结算机制，成熟的现货市场均采用日前—实时市场双结算体系，推动日前市场出清结果财务结算，有利于市场主体规避由实时电力价格波动带来的风险。三是加快融入全国统一电力市场体系，蒙西电力多边交易市场成为全国首家正式运营的省级电力市场，通过加强蒙西电力市场与多层次全国统一电力市场体系的协同，促进发用双方协同发展，促进新能源消纳和解决火电"窝电"问题。

3. 捋顺市场化售电业务流程，提升市场主体结算效率

构建"销售＋输配＋代购"电价体系，形成涵盖各类市场主体，以及运行、采集、交易、合同、结算信息在内的全业务流程购售关系综合管理，实现结算系统多模式核算，强化对事件处理全过程监管和集中实时控制，有效降低差错体外循环等处理不规范行为。考虑电价市场化改革对销售模式变动影响，原电价电费结算体系被分为三部分，一是保障性居民、农业生产和公益性用电部分（含抽水蓄能、执行固定协议电价的外送电量）；二是电网企业代理购电部分；三是直接参与市场交易和通过售电公司代理交易部分。通过融合"销售＋输配＋代购"电价体系，在业务结算中实现对零售客户、直购客户、代理购电客户及售电公司等管理，销售电费、输配电费、代购电费及交易电费等独立结算，实现由"销售＋输配"体系向"销售＋输配＋代购"体系的融合转变，有效满足多个售电主体、不同电价体系、市场化与非市场化电量分割及代理购电等结算需求。

（五）强化国际合作共赢，积极构建跨境供电服务

1. 大力建设跨境送电通道，拓展与蒙古国能源合作

积极践行"一带一路"倡议，持续开拓对蒙古国供电市场，拓展蒙古国供电业务，优化跨境供电服务，建成220千伏通道2条、35千伏通道3条、10千伏通道3条共计8条跨境送电通道，有序推进第9条向蒙古国供电通道建设，打造向北开放的电力桥头堡。一是及时响应境外客户电力需求。坚持市场导向，完善电力需求响应机制。按照市场化合同约定、用户知情要求，引导用户合理错峰避峰、参与需求侧管理，为蒙古国电力市场建设积累经验，帮助客户节能高效用能的同时，实现最佳经济效益。二是保障电能计量供需两侧实时平衡。采取"境内＋境外"双举措，实现电能计量准确无误。在境内保证重要线路计量的可靠性，减小误差，每年定期就关口计量装置现场校验工作进行对接，完成各项计量检定工作。在境外解决双方技术标准不统一导致的计量数据误差。与蒙古国共同修编完成双语版《220kV中心变电站电能表装置现场校验方案》，从计量周期、双方责任、计量准备工作、作业程序与质量要求等5个方面着手，覆盖校验工作所需设备参数、双方技术人员分工、校验流程等系列内容，签订关口计量装置现场校验服务合同，对蒙古国电能计量装置校验工作提供全方位技术支撑。

2. 开展跨境供电运维服务，提升供电国际业务品质

一是促进技术标准与制度规则贯通。组织双方技术人员交流，对执行的行业制度、标准进行修订，参与满足双方国家、行业及企业标准的检修管理流程和方案的编写，依据标准对蒙古国继电保护装置进行实地校验，提高跨境技术检修效率。二是利用新技术开展智能运检。打造智能变电站，构建"一次设备室外巡检机器人—二次设备室内巡检机器人—无人机—GPS智能巡检端"互为补充的立体式智能巡检网络。三是强化供电设备状态管控。针对强沙尘、暴雪等极端自然天气，利用智能巡检设备直读仪表、红外测温、图像智能识别等技术，及时掌握绝缘气体压力值、导线温度、固定金具锈蚀度等设备运行实时情况，实现对设备、作业和管理业务全过程的质量和风险管控，多角度提升设备运维准确率。累计向蒙古国供电100多亿千瓦·时，促进内蒙古能源在更大范围内共享互济和优化配置，蒙古国两次来信称赞其是"最好的合作伙伴"。

3. 构建境外客户代理购电，拓展国际业务办电服务

在中国海关与俄罗斯、蒙古国等"一带一路"重要节点国家海关开展AEO（Authorized Economic Operator，经认证的经营者）互认磋商，2018年10月成为全国电力行业唯一一家AEO海关高级认证企业。2021年10月发布《境外客户办电流程》，进一步理清境外客户接入电网涉网设备及为客户提供电能和服务具体要求，提高办电效率，提升电力营商环境指数。提升跨境电费结算及电力出口报关各流程的衔接度、融合度，以系统双审核、线上线下联动、多重复核等有效措施，在跨境供电10年期间

做到跨境供电结算、报关零差错、零失误，进一步提升境外用电客户电力"获得感"，实现为客户创造价值、为社会创造效益的"多赢"目标。

（六）以绿色低碳化为重点，加快推动新能源消费革命

1. 开展近零碳园区规划建设，推动源网荷储友好互动

为适应新能源基地开发建设，内蒙古电力集团积极协调网源荷储各方，打造多个近零碳排放示范园区，积极服务光伏、风能、储能和抽水蓄能发展，促进能源结构优化，区域新能源占比从12.6%提升到25.3%以上，近零碳产业园实现全部新能源供给的目标。同时，把握自治区新能源大规模接入窗口期，匹配新能源项目并网时限，提前开展过三梁500千伏输电变电工程、耳字壕500千伏输变电工程等项目前期工作，积极推动500千伏输变电工程属地化建设管理。以鄂尔多斯电网为例，统筹开展甘迪尔—川掌双回500千伏线路工程、布乌开关站500千伏输变电工程前期工作，第一时间发挥属地化管理优势，与市能源局、旗县政府组建选址选线工作小组，统筹考虑新能源项目落点、电网建设现状、边界条件等因素，高效完成属地化开展的第一个项目布乌开关站的选址选线工作，进一步加速鄂尔多斯地区"田字形"主网架构建，打通蒙西电网"西电东送"第三条通道，满足大规模新能源接网需求，为零碳园区50万千瓦新能源及远期1000万千瓦新能源并网提供有力支撑。

2. 实施企业节能降碳行动，提升新能源利用效率

一是推动产业用能效率提升。为政府提供社会、企业能效、碳效数据，协助开展淘汰和整治提升工作，针对能效等级低的326家企业，推动实施智能化绿色产品技改、数字化转型升级，向客户有偿提供能效诊断、产品供应、项目能效提升实施方案等一站式服务，激发客户节能降耗的内生动力，提高能源效率、降低用能成本，区域内能效利用率同比提升6.9个百分点。二是开展源网荷储充应用。在乌兰察布四子王旗开展新一代电网友好绿色储能电站示范项目，建设规模200万千瓦绿色储能电站示范，分别为170万千瓦风电项目、30万光伏千瓦、55万千瓦储能项目。强化电网、负荷实时运行数据耦合，结合气象数据功率预测、大数据、人工智能技术及先进监测控制技术，实现风、光、储协同优化。

3. 推行电能产品替代行动，推进能源绿色消费转型

一是推动电能产品设备替代。在制造业、用能大户、草原旅游等重点领域实施深度电能替代，配套落实绿色产品替代财政支撑。联合设备厂家研发电锅炉、电厨房设备、空气能热泵应用等电能替代产品，推动对燃煤替代及清洁高效利用。二是推动绿色出行快速发展。创建14条"绿色交通"运营快线，区域配备电动汽车大客车210台，服务居民绿色出行。推动政府充电桩建设纳入基础建设配套规范、小区配套建设工程，实现高速公路服务区、居民小区、对外口岸、社会公共区域、乡村充电网络全覆盖。加强与电动汽车公司战略合作，实行电动汽车体验、试驾、购置、充电桩安装、购车补贴"一条龙"服务，同步推进电动汽车服务市场建设，实现区域公交全电化。三是推动用能方式绿色转型。推动当地政府将"电气革命"纳入政府为民办实事工作，联合格力、方太等家电厂商，对接房地产开发商、学校等，实现电采暖、空调等电器进入居民家庭、学校，推广采用高能效比家电产品，提高电能在终端能源消费比重。积极在中蒙边境陆路口岸城市投资清洁电供热示范项目，形成超10万平方米清洁供暖面积，利用新能源电力5366千瓦·时。

（七）建设配套化保障措施，推动现代电网体系落地

1. 构建协同联动工作机制，凝聚推动绿色发展合力

一是在横向协同方面，内部建立组织机构，明确职责分工，成立现代电网管理领导小组，由内蒙古电力集团主要负责人担任组长，分管领导担任副组长，各主要职能部室、电科院、经研院、交易中心等负责人担任成员；成立分管领导担任组长的工作组，由企管部牵头，发展部、生产部、营销

部、调控中心、交易中心、信通公司等部门单位配合，负责开展新型电网管理推进、能源管控云平台建设、电力市场建设、能源基础数据汇聚、企业节能降碳、能源关键技术攻关等工作。二是在纵向联动方面，面向企业外部不断深化政企合作，促进共赢发展。与地方政府签订能源数据管理战略合作协议，共同推动城市能源节能减碳管理，提升城市能源利用效率，加快推动能源产业生态化。深化产学研用协同合作，联合电力、燃气、热电、新能源、储能等300多家能源企业和重点科研院所，参与组建全国新型电力系统技术创新联盟，实现内外部协同强强联合，凝聚推动绿色发展强大合力。

2. 开展关键技术专项培养，打造优秀专业人才队伍

把关键技术人才培养摆在重要位置，建立央企重点培训基地、高校科研机构联合培养机制，在构建新型电力系统、新能源并网消纳及外送等方面加强合作，联合申报国家重点研发项目3项，牵头承担自治区"双碳"领域"揭榜挂帅"项目2项。加大各类科技创新和人才培养平台实质化运作，实现多层次、多元化、多形式开展培养锻炼，通过"外培""内挂"等多种形式，培养锻炼优秀人才，促进系统内外交流交往。实施"百优人才"培养工程，开展"百名干部挂职、优秀人才实践锻炼"培养，创新研究生培养形式，深度推进产教结合，选派86名管理人才赴南网、三峡、正泰等先进企业和系统内部挂职锻炼，推选47名职工攻读浙江大学硕博士，培养能够处理复杂问题、解决技术难题的优秀专业人才。

三、高效支撑区域新能源发展的现代电网体系建设与运营管理效果

（一）促进了国家能源安全战略实施

内蒙古电力集团通过加快电网建设步伐，优化完善500千伏电网结构，形成了以"三横四纵"500千伏为主干、220千伏为辐射、110千伏为支撑的团形网架结构，以及"东送华北、南联陕西、北供蒙古国"的外送格局，外送通道容量约400万千瓦。推动实施蒙西与华北电网异步联网工程，建设区内±800千伏柔性直流特高压工程，承建区内"四大沙漠新建8个千万千瓦大型风光基地500千伏汇集工程"，建设主配网工程477项，12项工程荣获省部级以上"优质工程"，托克托500千伏变电工程荣获"国家优质工程"。全力提高可再生能源占比，新增风光新能源装机524万千瓦，装机占比升高3.6个百分点，占比达到40%，位居国内省级电网前列。接入蒙西电网新能源电量703.38亿千瓦·时，完成新能源并网679万千瓦。带动1.1万亿元新能源投资，满足新能源开发建设规模2亿千瓦，为保障能源安全提供了强力支撑。

（二）提升了自治区新能源运营效益

内蒙古电力集团全面落实国家和自治区电力体制改革要求，"十四五"期间累计向各类用户释放改革红利近1000亿元。截至2022年12月，蒙西电力现货市场成功开启新一轮结算运行，全年新能源交易电量完成535亿千瓦时，电网新能源消纳水平稳步提升，建设国家重要能源和战略资源基地，拉动地方经济产值约1050亿元。完成售电量2383亿千瓦·时，全网最大供电负荷突破3560万千瓦，固定资产原值、营业收入均破千亿元，成为全区第二个"双千亿"国有企业。蒙西电力多边交易市场稳定运行14年以来，电力多边交易市场累计交易电量1.166万亿千瓦·时，市场机制消纳新能源1275亿千瓦·时。

（三）保障了区域能源安全可靠供应

内蒙古电力集团通过科学编制四大沙漠大型风光基地外送方案，将蒙西43项500千伏项目纳入国家电力发展规划。建立"中长期为主、现货为补充"的具有蒙西特色的多边交易市场模式，市场化交易电量比例达93%，位居全国前列。以跨境供电通道巩固中蒙双边友谊桥梁，连续安全供电10年，累计电力出口突破120亿千瓦·时。实现电能替代电量20.84亿千瓦·时，投入并使用的电供暖客户数量达 4.91 万户，2020—2022 年累计 10 万户居民享受煤改电"零投资"政策福利，采暖期内减少二氧化碳排放 57 万吨。综合电压合格率达 99.72%，城市用户平均停电时间同比减少 2.13 小时，客户满意率达 99.70%，所属 8 家盟市供电单位位列自治区"获得电力"营商环境城市评估前七位。

（成果创造人：闫宏光、郝智强、贾振国、王晓燕、李　磊、刘继胜、
　　　　　　　陈　龙、赵红军、吕　伟、郭向伟、薄宏斌、尹　卿）

满足国产首制大型邮轮需要的海量非标物资精益管理

上海外高桥造船有限公司

上海外高桥造船有限公司（以下简称外高桥造船）成立于 1999 年，是中国船舶工业股份有限公司的全资子公司，主要经营范围覆盖民用船舶、海洋工程、船用配套等领域，在大型邮轮、好望角型散货船、大中型油船、大中型集装箱船、超大型液化气船、海上浮式生产储油船、半潜式 / 自升式钻井平台、海工辅助船等船海产品领域的设计建造能力突出，已发展成为业内最具规模化、现代化、专业化和影响力的造船企业之一。外高桥造船荣获"中国智能制造十大科技进展奖""国家技术创新示范企业""2022 上海企业 100 强"等多项荣誉，同时"好望角型散货船""海上浮式生产储油船"被工信部评为"制造业单项冠军产品"。截至 2023 年 1 月，外高桥造船累计交付的各类船舶、海工产品 535 艘（座），持续引领全球船舶海工装备发展潮流。

一、满足国产首制大型邮轮需要的海量非标物资精益管理背景

（一）支撑建造国产首制大型邮轮的必然选择

大型邮轮是一种融合了船舶、酒店和娱乐元素的复杂产品，其设计建造周期长，总体布置要求高，关键技术攻关困难，且供应链生态相对封闭，安全风险较大，因此制造难度和复杂度均高于航空母舰和大型 LNG（Liquified Natural Gas，液化天然气）船。邮轮建造具有显著的长周期特点，需要大量的设计工作，并且在生产过程中需要不断调整设计和生产计划，这就导致生产的不确定性增加，需要建立一流的供应链管理体系。

（二）提升大型邮轮海量复杂物资管理水平的迫切需要

大型邮轮集船体结构、机械设备、电气设备、通讯系统、导航系统、安全系统于一身，总计多达 107 个系统，949 个子系统。大型邮轮的供应物资具有"海量""非标"的特征。海量特性体现在各型设备数量多达 5.5 万个、各类零部件总数高达 2500 万个、各种电缆累计总长超过 4200 公里，这不仅增加了物资的体积和重量，还对存储和运输提出了更高的要求，使得物资管理面临巨大的挑战。非标特性体现在物资的种类和规格非常多样化，物资供应涉及全球范围内上千家跨国供应商与合作伙伴，这些供应商和合作伙伴在设定标准时采用了不同的规范，这就导致了编码标准、包装方式的多样性。此外，零件的尺寸和重量也各不相同，仓储环境、吊运配送、安装方式等方面也存在差异，物资管理工作须应对各种不同的标准，管理难度增加。一艘大型邮轮的工程量相当于 10 艘 2 万箱集装箱船，是名副其实的海上超级工程。国产首制大型邮轮建造周期长达 4 年，生产组织庞杂，各子系统及组成的工程模式各异，全过程控制难度大。此次外高桥造船承建的首制邮轮是和意大利芬坎蒂尼船厂合作建造的，诸多供应商选择欧洲厂家，使得采购沟通变得复杂，供应商状况模糊不清，技术需求亦不明确。针对"海量""非标"的邮轮物资，如何规范这些多样化的物资标准与规格、提升大型邮轮物资的管理水平并快速应对生产需求，已成为亟待解决的问题。

（三）助力国产邮轮供应链生态体系建设的客观要求

在船舶建造过程中，供应链环节起到了至关重要的作用。大型邮轮的物资供应与设计、建造环节深度交叉，内部涉及公司设计部门、采购部门、仓储部门、项目管理部门等各项资源调配部门，外部涉及船东、中船芬坎蒂尼邮轮设计公司、意大利芬坎蒂尼船厂、船级社、各供应厂商等。相比军舰、民船、海工船，大型邮轮的供应链过程管理要复杂得多。继续沿用旧的供应链管理模式，将导致设计与采购物流协调不畅，难以管理国外供应商，也难以监控各环节过程。这可能会引发多种问题，例

如，供货延迟致使生产流程停滞，或者提前到货导致仓储物资堆积，以及供应商中断供应造成缺货等难题。为解决这些问题，需要以首制大型邮轮的建造为契机，致力于打通邮轮供应链上的各个环节，实施国产大型邮轮供应链的精益管理。这种方式可促进邮轮产业链的上下游融合发展，推动邮轮供应链本土化，为国内邮轮行业供应链生态转型升级提供助力。同时，充分发挥大型邮轮工程溢出效应，可以增强中国造船工业在国际市场上的核心竞争力。这对于我国今后建造更多更大的邮轮、推动造船业更上一层楼具有重要意义。

二、满足国产首制大型邮轮需要的海量非标物资精益管理主要做法

（一）以优化流程为核心，构建精细化管理体系

1. 成立专门机构，建立扁平组织

借鉴国外邮轮建造管理的先进经验，外高桥造船成立了大型邮轮创新中心，并将智慧物流创新分中心列为大型邮轮创新中心的重点。同时，外高桥造船还成立了邮轮供应链管理委员会，由公司领导亲自挂帅，企划部、项目管理部、设计部、采购部、集配部等相关部门设立专门的部长负责邮轮供应链工作，确保了专人专班、分工明确，从而使供应链更好地融入产品建造全周期。邮轮供应链委员会在职能方面，通过横向细分拓展，融入产品建造全周期，并与多个密切配合的领域进行对接。同时，在纵向方面，邮轮供应链委员会强调采购和集配物流的核心能力，以更深入地与相关方及上下游渠道进行沟通和合作。各部门职责明确，相互配合，形成了精细化管理的工作局面，为管理邮轮项目中数量庞大的非标物资提供了有力保障。

2. 对标国际先进，开发管理平台

欧洲是目前大型邮轮的主要产地，以芬坎蒂尼为代表的公司有着成熟的供应链产业体系，通过先进技术、多式联运、智能化管理、全球覆盖等方式，实现了对物流供应链的高效管控，提高了物流供应链的灵活性。外高桥造船立足现有市场环境，在国内第一次建造大型邮轮的背景下，对标欧洲先进的供应链管理模式，通过引进、消化吸收、再创新，以交易数字化、服务供应链为指导思想，建立了一个信息互通、资源共享的大型邮轮供应链全过程协同管理平台（以下简称协同管理平台）。该平台覆盖供应链各业务管理环节，由设计管理、工程项目计划管理、采购物流管理、供应管理、成本管理等分平台组成，实现了供应链管理的对象从物资向功能主体的延伸，从而有效协同利用资源，并提升了整体供应链的透明度和协同效率。

3. 应用先进技术，确保业务流程高效

外高桥造船引进市场上成熟的供应链物联网技术，并将其应用于大型邮轮的定制化建造过程中。通过对邮轮供应链运行逻辑的梳理和分析，借鉴其他行业成功运用先进供应链技术的案例，外高桥造船与业内优势的技术服务提供商开展了合作；利用各种先进信息技术，包括识别技术、定位技术、数字孪生、智能算法、调度技术、仓储技术等，在流程、对象、软件、硬件、场景上进行多轮改造的可行性论证；借助物联网技术，实现部分人工操作的自动化执行，并对物资管理全流程进行可视化处理；同时，通过与外部供应商进行信息协同，在协同管理平台上对船舶物资集、配、送三大业务进行管理，确保业务流程的准确性和高效性；在保证高效生产的前提下，满足建造国内首制大型邮轮时的物资供应需求，并实现运行成本和执行效能的有效管理。

（二）以资源保障为重点，构建责任保障体系

1. 完善管理制度，保障流程落地

从物资的角度来看，不同物资由于生产、仓储、配送条件不同，其具体采用的管理模式也存在明显差异。面对多样化的物资标准和规格，外高桥造船以"管理制度化、制度流程化、流程信息化"为总体推进思路，制定先进的管理流程，保障流程执行落地。为了更好地适应大型邮轮项目的需求，外

高桥造船从计划管理、供应商管理、仓储管理、集配管理、物流管理等角度对原有制度进行系列优化升级。例如，为了解决物资识别难的问题，制定了《邮轮项目物资编码管理规定》，明确了各流程的入口和归口管理责任，改善了物资的识别和集配托盘难、领用物资难等低效局面。这些举措旨在确保物资的准确性和及时性，实现对这些物资的精细化管理。通过这些优化措施，外高桥造船建立了一套完善的管理制度，包括《船用物资供方管理规定》《邮轮内装物资仓储管理规定》等。这些规定不仅明确了各环节的责任和流程，还有利于改善物资管理低效局面，提高物资管理的效率和准确性。

2. 规范作业标准，提高流程效率

通过制度固化的形式，将物资管理阶段标准化至设计、采购、仓储物流等每一步操作中，以实现对"海量""非标"物资的管理。这些步骤包括预到货派工、到货确认、基础数据采集、开箱盘点、入库上架、点单领料、集配出库等。预到货派工环节会提前安排好工作人员和时间，确保到货后能够迅速进行下一步操作。到货确认环节则会对到货的物资进行核实和登记，确保货物的准确性和数量正确。基础数据采集环节会对物资的基本信息进行采集和整理，为后续的操作提供基础数据。开箱盘点环节会对每一件物资进行清点和记录，确保物资的数量正确和质量合格。入库上架环节会将物资按照分类和存储要求进行存放，方便后续的查找和领取。点单领料环节则根据实际需要，按照规定的流程进行领料操作。最后，集配出库环节会将物资进行集中分配，确保物资能够及时准确地送达目的地。这些操作环节层层递进，环环相扣，每一环节都有明确的标准和操作流程，将信息流向和物资流向通过物联网技术实现透明化，确保物资管理的准确性和高效性。

3. 依托创新平台，提供资源保障

根据邮轮建造管理特点，借助协同管理平台，针对大型邮轮船用物资进行全流程管理，实现了从产品设计到商务谈判，再到采购订单、物资报关、物流集配及资金管理的业务流程信息化贯通，为分析供应链整体运行情况提供支撑，为供应链各环节的整体运行提供资源保障。核心企业与供应商之间的协同，使物流、信息流和资金流得以统一管理，最大限度地发挥了企业内部资源优势。借助先进的协同管理平台，实现从图纸准备到产品交付的全过程管理，从而为企业梳理内部流程、控制成本、评估绩效及提升采购效率提供翔实的基础数据和高效的管理工具。

（三）运用精益管理方法，实现多级计划一体化

1. 依托多级计划体系，协同多相关方同步

物资的非标特性涉及国内外千余家供应商，由于供货体系的不同，物资的到货方式、到货信息、包装样式等均存在较大的差异，缺乏一套标准的供货方式，给管理带来了极大的难度。为了有效应对这一挑战，外高桥造船根据邮轮建造计划的不同维度，对大型邮轮这一复杂的系统工程进行有序分解，构建了整个项目的多级计划体系。该体系以项目组织结构为基础，实现了分级分责管理，每个组织层级对应管理该层级的计划。

依靠多级计划管理模式，外高桥造船成功地将邮轮建造计划与供货计划相匹配。供应商根据外高桥的多层级计划，不断修正物资到货计划，分批按需供货。这种方法避免了提前到货造成的积压和暴库，同时也避免了到货延后影响生产的情况发生。多层级计划管理横向采用逻辑关系链接业务流程，纵向采用计划责任主体贯通上下层级管理。这种方法使所有相关方都能够有效参与到邮轮项目管理过程中，始终围绕"一本"计划动态组织和协调相关方工作，平衡各方资源与进展，快速响应计划调整。

2. 扩展协同管理平台设计管理模块，重塑供应链输入模式

以建造设计一体化、内外部协同及体系化邮轮海量物资供应链管理技术为支撑，在物资需求高频变化的情况下，重塑协同管理平台物资供应链的输入模式。通过智能建模三维软件赋予模型区域、阶

段、物资、数量等信息，并扫描和抽取物资编码、物资识别码、区域、安装阶段、安装类型等信息，最终实现对订货状态的对比分析，指导完成各项生产准备工作。

采购部门运用一体化数字设计理念，可定期梳理订货状态，根据物资生产需求时间对订单进行优先级排序，根据基准日期跟踪和催缴物资，根据四级间隔期做到中远期订单调控。供应商端通过共享的物资需求日期准确排产、按需按量送货，有效减少无序生产和井喷式送货的行为。物资管理部门能够通过实时监控到货物资的准确性和合理性，确保生产所需的物资及时入库，避免到货非急需物资占用场地情况的发生。根据生产部门的物流需求时间，物资管理部门能够及时获取托盘清单，提前规划物资的分拣、配托和配送，提高相关各方响应速度，缩短制作周期和采购提前期，这些措施为实现准时配送"海量""非标"物资创造了有利条件。上述举措使制作周期由 30 天缩短至 25 天，采购提前期由 60 天缩短至 50 天。

3. 综合邮轮建造环境因素，平衡物资采购纳期计划

想要有效管理大型邮轮的供应链，就需要制定详细的采购和纳期计划。这样，当生产计划发生变化时，非标物资的采购就能够及时作出相应调整。根据大型首制邮轮的出图计划、纳期计划、组织到货的订货到交货时间、采购基准计划节点这四份计划文件，可以形成一份包括 550 项采购项目的采购计划。针对一些重点设备或进口设备，纳期计划和交货时间已经考虑了余量，以降低因采购谈判、厂家生产周期、货运等突发状况而导致物资不能及时到货的风险。而采购基准计划节点则是严格按照采购所需的标准工时进行计划的排布，使得在合同签订前，可以对采购状态进行准确监控。如果合同签订前的工作出现延误，还可以利用纳期计划和交货时间余量进行缓冲，以满足生产现场的需求计划。这种多级计划的一体化管理为邮轮供应链的精益管理打下了坚实的基础。

（四）搭建供方管理协同平台，实现物资供应柔性化

1. 规范业务流程，整合相关方资源

围绕外高桥造船战略定位与发展目标，通过创新驱动，建设自主、安全、可控的协同管理，带动供应链上下游企业的协同发展，发挥船舶龙头企业在产业链上的核心地位。根据船厂上下游企业实际需求进行动态交互，规范业务流程，防范供应链过程风险，促进船厂与外部船东、设计院所、供应商、外协单位和异地生产部门协同合作，实现包括设计、采购、配送、计划、外包、质量、财务和增值服务等各类业务在内的资源整合，促进相关主体之间信息快速传递、跟踪和反馈，形成内外协同的大型邮轮供应链管理业务体系，从而降低大型邮轮项目的管理成本，提高企业的经营收益，实现大型邮轮供应链效率提升、成本降低和价值共创。

2. 启动基于邮轮特性的供应商优选机制

大型邮轮相关设备价格昂贵且对邮轮的建造具有重要意义，如推进系统、首侧推、稳定系统、自动系统和其他非常规船舶设备，以及酒店区域的关键部件（客舱单元、公共区域、暖通空调系统、娱乐系统等）。这些关键设备具有定制化程度高、技术难度大、生产周期长等特点，且在部分领域已出现了龙头供应商垄断市场的局面，给采购的成本控制带来挑战。外高桥造船在选择、管理和评估供应商时，建立了供应商评价体系，利用合理的评价方法对供应商进行全面评估，不仅对供应商资质、信誉、产品质量、价格、交货时间等信息进行分析，还深入了解供应商的管理政策、技术条件、质量保证体系、环境体系、生产能力、适应性和社会责任等因素，选择最优供应商进行合作。

为了降低更换供应商带来的风险，外高桥造船优先选择与意大利母型船相同的供应商。同时，为了提高可持续性和可靠性，外高桥造船与意大利芬坎蒂尼船厂共同合作开发本地供应链，为欧洲总包商匹配国内一流的供应商作为工程分包。为不断开拓供应商，形成充分竞争、优胜劣汰的机制，外高桥造船建立了跨部门寻源工作组，制定寻源年度工作计划及目标，设立专职考察团队进行供应商寻源

及现场考察，以广泛寻源供应商及相关资源。这些举措旨在确保供应链的多样性和灵活性，从而降低风险并提高效率。

3. 构建基于采购进程追踪的动态保供机制

为了有效管理采购包，必须确保设备完全符合技术协议的要求，以确保设备质量达标，同时合理控制采购成本，并按照约定的交货时间表将货物准时交付给造船厂。在大型邮轮项目建造前期，外高桥造船实施了监控采购过程的采购状态报告机制。该机制主要对物资供货技术协议的确认、供应商谈判与选择、船东批准供应商、终版技术协议发放、合同签订、生产开始时间、交付周期、首批货物送货等重要节点进行责任分类，并对时间节点进行跟踪记录。此外，还为两个采购部门配备了专门计划人员，他们负责维护并每周更新数据，以确保项目每周的状态信息能与项目报告一并提供给船东和设计部门，从而进行有效的规划和资源分配。

（五）基于数智化管理方式，实现物资存储标准化

1. 统一物资清单格式，提高船厂收货效率

统一的物资清单是实现物资快速出入库的重要基础。在大型邮轮这种涉及大量系统工程和种类繁多的船用物资的项目中，由于物资来源广泛，物资装箱清单格式各异，单批来货物资数量级巨大，且并没有统一的物资标准形态，所以这些"海量""非标"的物资给清点工作带来了极大的挑战，在物资到货后，协同管理平台里的采购订单与实物清单的匹配过程非常困难，仅依赖人工手段进行信息录入不仅耗时较长，而且对人员的业务素质要求较高。为了提高信息录入的准确性和时效性，外高桥造船制定了统一的来货清单格式，规范供应商物资信息的数据源。

当供应商发送的清单不符合规定要求时，外高桥造船在协同管理平台仓储管理模块中进一步研制开发了一种适用于各种样式的智能识别技术，将附随实物的纸质版装箱清单做图像处理，从格式不同的船用物资清单中智能摘取有效信息，自动将工程号、物资描述、物资编码、尺寸、重量、数量等有效信息转换为外高桥造船所需标准模板箱单，并同步导入协同管理平台中，信息员只需做简单复核调整便能完成物资到货操作，从而实现了物资信息的高效录入。上述智能识别技术操作便捷，提取的信息准确率可达98%，大幅提升了物资管理人员的信息录入效率，同时也间接推动了实物清单、设计清单和物资识别码的统一及对应。

2. 采用多种信息标签，实现物资库位绑定

为确保对大型邮轮2500万个零部件的实时跟踪，避免物资丢失的风险，外高桥造船采取了严谨的物资数字标签化管理措施。货物装箱清单详细记录了物资订单号、名称、数量、品类等信息，并通过二维码、射频识别电子标签等手段，将物资本体、容器和库位进行数字化绑定。通过这些措施，所有与物资相关的信息均可以在协同管理平台的可视化看板上进行实时查询，并能够迅速锁定具体位置。这些信息包括项目工程号、船型、设备名称、箱号、物资编码及详细描述等。

为全面提升物资流转的过程追溯能力，外高桥造船要求供应商在物资到货前对每件物资进行贴码标识，以确保对每件物资实现"一箱一码、一物一码"的精细化管理。仓储人员在开启货箱时，对箱内每项物资进行扫码验证，确保物资的准确性和完整性。在开箱阶段，物资管理员在完成物资清点后，对于无码物资，可根据统一的编码规则，自主生成数字二维码，并对其进行张贴和绑定。专用的手持终端进行无纸化移动作业，可以实时追溯每项物资在各阶段的信息。通过扫描库位码的操作，仓库盘点人员的盘点工作能够更加高效。生产部门在领取物资后，也可以扫描物资的二维码进行识别，从而有效降低误领风险。在物资安装上船后，同样可以追溯物资来源，确保物流运输的准确性和安全性。此外，这一过程也有利于资财审计等部门在协同管理平台上对物资信息进行实时掌控。

3. 推进物资分类管理，提高仓储利用效率

大型邮轮物资多为不规则、高附加值的非标物资，大部分物资不适合放置在常规的货架或隔笼中。为有效保障物资的安全性，提高仓储空间利用率，外高桥造船以"合适的物资存放进合适的载体中去"为理念，基于物资重量、尺寸、仓储要求等元素，对各种船用物资做了细致分类。针对价值较大、体积较小的轻型物资，外高桥造船引进 6 座自动提升货柜。这些货柜使用起来简单方便，单人即可完成物资的放入和取出，实现了物资信息的自动流转和闭环管理，不仅提高了仓储空间的场地利用率，也同步精简了物资管理人员的数量，降低了人力成本。针对分量重、体积大的大型邮轮船用物资的立体存储问题，外高桥造船建设了行业内首座四层重载堆垛机立库。该立库采用集配板大托盘的形式，将形状各异的重型物资进行立体存储。单个集配板的承重为 6 吨，共有 1024 个托盘位，将原有平摊堆放大件设备的 4500 平方米仓储场地直接扩容 200%，极大缓解了"海量""非标"邮轮物资仓储难的困境。此外，外高桥造船结合协同管理平台，将原有的复杂作业环境，包括人员、叉车、行车等，转换为无人自动化调度的流水线作业环境，使得智能标准化仓储建设迈上了一个新台阶。

（六）推进托盘精细化管理，实现高效分拣集配

1. 推进非标物资标准化管理

面对"海量""非标"的邮轮物资，物资非标转标准化管理是优化物资资源配置与利用的有效手段。为此，外高桥造船在大型邮轮建造过程中，整合各部门之间的信息资源，制定物资标准化管理的规章制度，明确各级管理人员的职责和权限，发挥部门之间的协同联动作用。此外，部门共建机制的实施，还从"海量""非标"物资中提炼出了物资的三维尺寸、重量、所属工程号、区域、分段号、安装阶段等重要信息。运用科学有效的调度算法，合理规划非标物资标准库位的大小、选择物资仓储区域、制定物资仓储方式等，从而成功推行了"非标"物资标准化管理。这样不仅实现了在有限仓储场地内的时间和空间的最大化利用，还显著提高了物资管理效率，降低了管理成本，同时保证了物资的质量和安全。

2. 实施托盘按需求精细化分

大型邮轮项目实施托盘管理，采办中间产品所需的各种材料和设备，再集配成托盘，根据具体要求按时发送到指定施工现场，将物资供应、托盘集配和生产作业一体化，从而改变了传统造船企业物资集配管理模式。此外，外高桥造船在实施托盘管理的基础上，还通过精细化操作实现了精准管理。在邮轮建造阶段，外高桥造船制定托盘细分原则，推进制作托盘和安装托盘的精细度。按照同一时间段安装、不跨工种且不跨专业的原则设计托盘表，实现精准派工、减少物资在现场呆滞时间，提高托盘配齐率，从而更好地满足生产需要。

3. 运用数字化辅助快速集配

借助数字孪生技术，外高桥造船对真实仓库进行高精度数字化重构，构造出 1∶1 的数字化镜像。该镜像以高可视化方式展现真实仓库的仓储作业状态及运行情况，从而实现仓储状态的透明化及物资占库周期的可追溯性。为了将物资的真实尺寸、形状和重量数据集成至数据中台和协同管理平台上的可视化看板中，外高桥造船引入三维轮廓扫描设备和无线称重设备。这些设备在物资收货管理的场景中发挥了重要作用，通过蓝牙通信技术将物资箱体的箱码、货位、长宽高、重量、图片档案等信息一次性采集并上传，实现了多维数据的互联。同时，借助超宽带定位技术的精准定位及库位与物资紧密绑定的双重保障，可以迅速发现并锁定仓库中隐藏的物资。这一改进措施显著提升了库位的精细度，使物资管理员能够更合理地规划物资仓储场地，按照生产领用计划，将优先出库的物资放置在外通道附近。这样，托盘配货效率得到提高，物资流转速度加快，满足了邮轮供应链对物资托盘的精细化管理需求。

（七）采取物流控制塔管理方法，实现高效灵活配送

1. 实施跨境物流多层级协同管理

外高桥造船以"空间上分道"为配送原则，将邮轮海量的建造物资供应从物流角度划分为不同的层级，包括境外、通关、国内和厂内等，形成了多层级物流管理体系。根据不同物资的物流属性，这些层级细分为厂前物流和建造物流两大类别，并进一步细分为多个物流层级，包括境外层级、通关层级、厂外层级、厂内层级和上船层级等。这种方式实现了大型邮轮物流多层级配送的目标。在境外层级，境外供应商的进口物资会通过地面交通工具与船运相结合的方式，从境外配送至我国海关仓、保税区仓。在通关层级，进口物资经过安检后，从海关仓、保税区仓配送至厂外仓储。根据大型邮轮物资的不同属性，厂外配送的方式有两种：一是将国内的外购件及原材料从国内供应商配送至厂内仓储；二是将厂外仓储物资配送至场内仓储。而厂内配送和船上配送均在船厂内部完成。

2. 开展邮轮交钥匙工程物流嵌入式管理

内装工程作为大型邮轮建造的重要特色环节，对整个项目的质量和进度起着至关重要的作用。内装物资供应方面涉及的链条较长，供应商众多，管理模式复杂，协同程度参差不齐，物资信息存在黑匣子等问题，会对项目工程进度产生重要影响。为了解决这些问题，外高桥造船针对交钥匙工程建立了总包和分包经理模式，每个包都由物流经理专项管理物资状态和动向。通过协同管理平台上定制化开发交钥匙工程物流管理模块，将管理向供应商延伸，打开分包商物资管理黑匣子，实现对其物资类型、到货计划、仓储状态、上船进度的主动跟踪和掌控。此外，外高桥造船还建立了分包商物流管理评价制度，对总包分包商给予物流阶段的评价，从而能够更加有效地管理供应商、掌握物资信息，以此推进大型邮轮项目内装工程的顺利开展。

3. 运用智能调度手段，实现按需专业配送

邮轮项目生产辅助车辆类型众多，根据不同的用途和作业方式，分为平板车、叉车、牵引车、汽车吊等类型。基于物联网技术应用，采用新架构、新技术构建车联网监控模式，完成对生产辅助车辆运行状态的实时监控和运行数据的准确收集。通过算法对大数据进行分析，能够实现厂内资源智能调度，高效配合邮轮海量物资的配送工作。这种智能调度系统能够根据实时数据自动分配资源，从而提高整个邮轮项目的生产效率。

三、满足国产首制大型邮轮需要的海量非标物资精益管理效果

（一）有效保障了国产首制大型邮轮按期交付

外高桥造船在整个大型邮轮建造的全生命周期中，建立了一套完善的供应链管理体系，对2500万"海量""非标"物资进行了精细管理，有力支撑了大型邮轮按期完成制造任务。2023年11月4日，我国国产首艘大型邮轮"爱达·魔都号"正式命名交付，于2024年1月1日开启商业首航。"爱达·魔都号"总吨位13.55万吨，长323.6米，宽37.2米，最大高度72.2米；全船搭载107个系统、5.5万个设备，包含2500万个零部件，完工敷设4750公里电缆；船上有客房2125间，可容纳乘客5246人，配置高达16层、面积4万平方米的生活娱乐公共区域。这标志着我国已具备同时建造航空母舰、大型液化天然气运输船、大型邮轮的能力，集齐了造船工业"三颗明珠"。

（二）提升了复杂供应链协同管理能力，助推公司的国际竞争力提升

外高桥造船通过强化供应链协同管理能力，积累了大型邮轮建设的经验，拓宽了公司的经营范围，为公司高质量发展注入了强大的动力。通过供应链协同管理能力的提升，外高桥造船能够更好地协调和管理各个环节，确保大型邮轮建造过程中的每个步骤都得以顺利进行。同时，有效降低企业其他民用船舶的建造成本，将精益管理的触角延伸到更多的领域，为市场提供更优质的多元化服务。这不仅大幅增加了公司的收入来源，提高了公司船舶产品的整体经济效益，进一步提高了外高桥造船供

应链管理的效率和准确性，也增强了公司的核心竞争力，使其能够在激烈的市场竞争中脱颖而出，为外高桥造船实现高质量发展奠定了坚实的基础。

（三）突破多项大型邮轮建造供应链管理相关技术，产生了显著的示范效应

国产首制大型邮轮供应链精益管理项目申报了多项知识产权，包含6项软件著作权、3项发明专利和12篇科技论文。这些知识产权的申报充分展示了该项目的创新性和专业性。本项目吸引了国内外各行业及新闻媒体的关注，工信部、中船集团及旗下多家兄弟单位多次赴现场进行调研交流，其独创性和专业性得到了行业内外的充分认可。

（成果创造人：陈　刚、杨连生、张　星、徐　靖、郑贤勇、袁　轶、
许艳霞、易国伟、王章建、徐　军、徐绿洲、钱　华）

化工企业以高质量发展为导向的"点线"精细化管理

山东海化股份有限公司

山东海化股份有限公司（以下简称山东海化）位于潍坊市滨海技术开发区，属山东海化集团有限公司（以下简称海化集团）子公司，下辖20余家分子公司，是一家大型综合性海洋化工企业，1998年7月在深圳证券交易所上市（股票代码000822）。山东海化长期致力于发展海洋化工产业，主营业务涵盖盐、碱、溴、苦卤化工等盐化产业集群，现有纯碱、原盐、溴素、烧碱、液氯、氯化钙、硫酸钾、氯化镁等产品10余种，产品畅销全国30个省、自治区、市，出口日本、韩国、马来西亚、印度尼西亚、新加坡、美国、澳大利亚、西欧等40多个国家和地区，广泛应用于轻工、化工、冶金、建材、医药等行业和领域，其中纯碱、原盐、氯化钙、溴素、氯化镁5种产品产能位居全国前列，是全国重要的基础化工原料制造企业和全国最大的氨碱法纯碱制造企业。

一、化工企业以高质量发展为导向的"点线"精细化管理背景

（一）摆脱"两高一资"，响应国家绿色低碳发展的内在要求

作为传统化工企业，山东海化"两高一资"（高耗能、高污染和资源性产品）特点明显，例如，纯碱、烧碱、氯化钙等主导产品的生产成本构成中电、蒸汽等能耗指标占比50%左右，万元产值综合能耗落后于同行先进企业。因此，必须进一步推进管理创新，积极迈向绿色低碳发展，淘汰掉过去冗杂高耗的生产设备和生产工艺，采用有利于节约消耗、节约成本的新设备、新技术，优化生产和消费环境。

（二）领跑行业发展的必然选择

山东海化作为一家以制造传统化工原料为主的企业，在市场风雨洗礼和转型升级进程中，不断被同行赶超，逐渐由"领跑"变为"跟跑"。通过横向对比，2017年的山东海化与处在行业领先位置的唐山三友等企业相比，无论是产品质量、制造成本等指标，还是工艺技术、装备水平、基础管理水平等方面都存在较大差距，具有独特优势的盐化产业在同行业的竞争力也有所下降，行业影响力和话语权日渐式微。因此，明晰战略定位和发展目标，创新内部管理，"跟跑变回领跑"，已成为企业领跑行业标准、重回龙头地位的必然选择。

（三）突破发展瓶颈，实现企业高质量发展的有效途径

近年来，纯碱行业产品产业结构不断调整，各企业管理模式正在推陈出新，市场竞争尤为激烈，尽管山东海化具有丰厚的盐化产业基础，但受产业链延展性不强等因素影响，多数产品处在产业链的低端，高附加值、高话语权产品的比重较低，难以形成高端价值链；同时，企业发展目标不明确，内部管理机制缺少活力，低成本优势难以发挥，已然处在了发展步履维艰的瓶颈期。面对亟待转型的发展瓶颈，如何解决人均全员劳动生产率低、企业的核心竞争力不强等问题迫在眉睫。

二、化工企业以高质量发展为导向的"点线"精细化管理主要做法

（一）明确"点线"目标管理的总体思路和指标体系

1. 总体思路和管理举措

为转变传统化工企业"两高一资"的客观现状，提升核心竞争力，推动企业高质量发展，山东海化于2018年3月组织召开推行目标管理启动会，聚焦绿色低碳高质量发展，重新确立"争创海洋化工龙头企业"总体战略目标，并将目标逐级分解，压力层层传递，加大在体制机制、对标提标、设备生产、操作运行、企业文化等方面的创新力度，做大做强盐化产业，重塑行业龙头地位。山东海化结合

自身存在问题及发展优势，通过"两个对标"，一是对比自身近10年主要生产经营指标完成情况进行统计分析，确定了自身历史最好水平，二是对比5家行业领先企业，择优确定行业最佳水平，确定了"目标导向、创新支撑、考核保障、闭环操作、持续提升"的目标管理总体思路。经过一段时间的试运行，初步形成了"分析企业现状，对标行业先进，确定关键目标；制定行动方案，目标层层分解，责任落实到人；建立考核机制，强化运行督查，保障目标实现；持续优化改进，实施周期对标，保持目标先进；紧抓目标主线，实时调整方针，确保整体提升"的目标管理措施。

2. 指标体系

首先，针对总体目标分解出纯碱、原盐、烧碱、溴素4条系列产品线，然后分别划出"发展规划、管理提升、生产控制、协同保障"4条管控线，每条线上设置成本、质量、项目、对标、协同等关键指标点，又根据关键指标点分别从纵向和横向两个维度划线设点，横向设置自我对比线，纵向设置行业对标线，再把管理目标细化量化，设置二级、三级目标考核点。结合所属单位实际，找出二级核心目标点并细化制定不同指标，依此分划出二级"点线"，最终构建形成了"总体目标—产品线—管控线—关键指标点"层层分级落实的"点线"目标管理体系，各级分别制定"目标点"，以"目标点"划定"管控线"，"管控线"上设置"关键指标点"，保证级级有目标，级级有指标，级级有责任。在设置"点、线"时，围绕4条主要管控线找出横纵交错的关键指标，既明确以成本、产量、营销为主的纵向控制类指标，又充分考虑激励、效能、改革等横向保障调控类指标，确保企业整体运营目标的实现。例如，纯碱厂的产量指标，能较好地引领企业走向市场主导；羊口盐场的协同指标，主要是羊口盐场供给氯化钙厂、溴素厂等单位原料液浓度和供量，原料液浓度和供应数量决定了下游生产单位的产量和成本；溴素厂的提取率指标，该项指标的高低决定了溴素产量的多少，等等。根据这些关键指标，向下设置若干横纵线控制线，共设置纵向管理控制线17条，其中成本费用类控制线13条，生产类控制线2条，销售类控制线2条，控制点若干。设置横向调控保障控制线8条，其中绩效考核控制线2条，招标管理控制线2条，安全节能环保控制线3条，和谐企业管理线1条。

（二）聚焦"三点四线"，优化纯碱生产工艺流程

纯碱作为山东海化的主导产品，在整个产品线中占据着非常重要的地位。纯碱系列产品线以行业"制碱龙头"为目标，确定了产量、质量、成本、工艺技术和装备水平5个关键指标，构成纯碱行业通用的评价指标体系。针对产量这一关键指标，将关注结果导向变为重视过程考量，强化过程控制精细化管理，从"双线"（蒸量、出碱口）稳定到"四线"（液位、流量、压力、浓度）稳定，从生产的全过程保证了生产的稳定性和持续性，也为产量提升提供了支持。针对质量这一关键指标，通过实施纳滤精制卤水制碱项目使纯碱生产高效利用了卤水资源，实施苛化液化盐、二次加盐及卤水提温项目等工艺改造使精盐水盐分提升得到了保障，精盐水盐分从起初105.5—106ti稳定提升到106.5—107ti，降低了系统循环量。针对成本这一关键指标，通过实施废砂综合利用、变更洗水工艺流程等项目，打破原有洗水去煅烧洗涤炉气的传统模式，灰乳浓度从150ti提高至160ti，合格率提升至99.8%，对废液氨、过剩灰的控制起到了关键作用；同时，石灰窑由焦炭改为无烟煤，通过增加煤末筛分降低进窑煤末含量、稳控配焦比、控制风量匹配等措施，窑气浓度提升至41%，创行业纪录。针对工艺技术这一关键指标，通过碳化系统的冷却水改造，卤水代替原先的海水降温，增加卤水循环利用深度，有效缓解了纯碱生产夏季设备降温压力，碳化转化率同比提高2%以上。针对设备水平这一关键指标，坚持专业化指导，精细化执行，深入推行"零故障"管理，强化智能点巡检和全优润滑，实施现代化的可靠性维修模式，严格检维修质量管控，推行检维修作业规范化和标准化，持续提升"无泄漏车间"创建和设备设施现场标准化管理水平，为设备提质增效和安全生产保驾护航，实现了设备管理效益最大化。

为进一步提升在行业的影响力，山东海化创新实施生产精细化"四线"（温度线、压力线、流量线、液位线）控制法，详细梳理出每条线上的关键点，科学确定参数控制的"三点"（上限点、最优点、下限点），以 DCS（Data-centric Security，以数据为中心的安全）数据为支撑，以 MES（Manufacturing Execution System，制造执行系统）数据分析为手段，对"三点四线"实现实时在线监控，确保生产在最优区间内接近"画直线"操作。同时，通过 MES 搭建"四个系统、三个程序"，作为"三点四线"生产精细化目标管理的控制工具。"四个系统"，即搭建负荷平衡分布系统，以做到系统准确预判，及时纠偏；搭建设备负荷匹配系统，以杜绝设备长时间低负荷或高负荷运行，及时预警，修整不良运行状态，同时避免附属设备能力过剩问题发生；搭建物料平衡系统，及时发现系统存在的问题并解决；搭建生产指标考核系统，以避免常规均值和合格率有时不能客观反映指标和参数实际控制的情况，同时强化过程指标参数控制和交接班稳定控制，为优化操作创造条件。"三个程序"，即制定流程化操作程序，杜绝经验操作和个性化操作，以流程化操作提升系统稳定程度，并编制应急预案，使问题处置有章可循；制定设备周期控制程序，确保设备周期内运行平稳，并持续优化提升设备运行周期；制定生产影响消除程序，强化检修消缺的计划性、致力生产"瓶颈"消除、提高生产隐患排查力度和应急处置效率。

（三）多措并举，提升配套产品生产管控水平

1."三分三定"，推动烧碱产品线"增安降耗"

烧碱系列产品线以"安全低耗"为目标，针对高风险、高能耗的危化品行业特点，设置安全、降耗、提效等 3 个关键指标点，按照"三分三定"原则，分类、分级、分责任，定量、定时、定奖惩，实施软件集成整合、加强安全底层管控、优化生产成本控制、提升销售运行效率等措施，逐步淘汰能耗高、效率低的设备、材料和工艺，推进机械化、智能化、信息化建设，建设数字工厂。针对安全这一关键指标，打造了"1（智能视频分析）+5（风险监测预警、人员定位、双重预防机制、作业安全管控和高危作业监控、全要素管理）+1（安全驾驶舱）"安全信息化系统及数字化、智能化应用场景，完成了 GDS（Generic Data Services Alarm System，通用数据服务报警系统）报警和液碱全自动充装升级，实施了公用工程自动化改造，实现了大型机组在中央控制室的集中监视。对核心装置电解槽、大型机组、整流柜等重要设备实施预见性检修，对单台设备和无备机设备抓住负荷调整时机进行见缝插针式消缺，装置运行效率和可靠性得到保障，非正常生产波动次数由 2017 年的 8 次降至 2022 年的 1 次，以稳产促高产。针对降耗这一关键指标，实施技改技措，立足降本增效提质，先后实施了浓硫酸自动化控制改造、树脂塔再生废水回收利用、公用工程流程自动化再造等多个技改项目，年降本增效超过 200 万元。为缓解一次盐水的精制压力，投用了 2 台大通量膜，单台制水量同比增加了 20%，杂质含量降低了 0.5ppm。为核心装置电解槽建立了性能健康档案，运行班组每天测量单元槽电压变化情况，形成趋势图，依据趋势图，将离子膜更换由整体更换改为单槽更换，实现了电解槽的精准维修，维修成本降低了 20%。完成了一、二期电解工序 8 台电解槽的升级改造，成为省内首家改造与应用大面积新型电解槽的企业。针对提效这一关键指标，推广"卡边操作法"，充分发挥在线碱液浓度分析仪的"眼睛"作用，克服气温、仪表数据、电解槽温度和电流变化及过程设备对碱液浓度的影响，后续将"卡边操作"的经验由 32% 烧碱成功运用到盐酸等副产品控制上，盐酸浓度降低 0.1%，年增效益 50 余万元。

2."三提三率"，助力溴素生产线"提效争优"

溴素系列产品线以"行业领先"为目标，设置溴素提取率这个关键指标点，本着"对标历史最佳、对标同业先进"的原则，先后组织到海王化工等 7 家溴素生产企业对标学习，围绕工艺参数、卤水供量、设备设施等方面，逐一对标检视，找准制约产量提升的重点难点问题，对原有老旧机组全部

进行集中升级改造，先后实施生产自动化提升、溴素 MES 建设、先进控制系统等 27 大项和 217 小项技术升级和改造项目，在国内首次构建涵盖溴素生产从原料、进料到产品装车全流程自动控制操作平台，自主创新优势凸显。针对卤水含溴量逐年降低现状，从制约提取率提升的氧化率、吹出率、吸收率入手，进行"三提三率"攻关。开展对标提升专项行动，制定实施方案，提出 4 项改进措施，明确时间表、路线图、责任人，抓实抓细各项任务，全力打响对标提升攻坚战。做好工艺创新的基础上，聚焦提高"三率"，持续技术攻关，大刀阔斧进行设备升级改造，双轮驱动，助力降本增效、增产提质，确保实现效益最大化。同时，实施"溴素生产在线检测技术研究"和"溴素生产自动化提升"项目，实现吹吸、蒸馏、供氯工序一键启停，建立溴素生产全过程自动控制集成系统及溴素生产全过程安全控制保障集成系统、手机远程监控系统。实施硫炉冷却塔冷却水循环再利用项目，满足机组生产用水的同时，降低硫耗。

3. "一保一提"，加强原盐产品线"保供协同"

原盐产品线以"质效协同"为目标，主要设置原料液保供、质量等两个关键指标点，创新原料液保供及原盐生产"新、深、长"工艺。持续加强协同协作质量和经济效益提升，深入实施"两级公式"量化考核，模拟"承包场景"，充分调动各级人员的积极性，同时加大绩效考核的导向和杠杆作用，充分调动协同分场和管理部门的主动性。采用走出去和请进来相结合的方式对标对表提升，不断利用现代技术嫁接改造传统产业，优化资产结构增强发展后劲，通过多次论证、优化，精准项目投资，改观滩田面貌，提高了生产管理效能。针对原料液供应这一关键指标点，通过内外部对标、现场会、分析会等多种形式开展规程学习和考试，提高全员对原盐生产工艺的把控能力。在严格工艺执行上下功夫，既要产量，更要质量，制定工作流程，严格控制作池、捞盐、撤池节奏，保持合理蒸结比，加大水深，实现制卤补给与结晶消耗最佳匹配。针对质量这一关键指标点，立足突破原盐生产工艺，主要设置了"新、深、长"三条管控线。在"新"上，坚持新卤灌池，加强卤水质量检测分析，实行新老卤分晒，严格卡界，防止混合，杜绝老卤回头；在"深"上，增加卤水深度，由原来的 1 毫米日蒸发量对应 1 厘米结晶水深，改为 2 厘米，控制卤水饱和过度，稳定结晶环境；在"长"上，延长捞盐周期，充分利用蒸发量，将一次收盐蒸发量由 450～500 毫米调整为 750～800 毫米，提高原盐单产和质量。同时，抓好塑苫日常防护，积极应对异变天气，防止卤水跑冒滴漏；做好汛前风险隐患排查，梳理薄弱环节，提前做好汛情应对。积极开展技术难点攻关暨"四新"技术试验及推广应用，攻克浮卷自动入轨和卤水浓度自动测量两个技术难点，为原盐高产和原料液供应创造了条件。

（四）细化财务考核管理，健全组织保障机制

1. "三压一降"，细化管控措施

在成本管控方面，山东海化构建的"点线"目标管理主要以"三压一降"为核心。"三压"即压缩大修费、维修费、机物料消耗，压缩应收账款、产成品资金占用、储备资金占用，压缩财务费用、管理费用、销售费用；"一降"即降低生产成本，做到凡是花钱的地方都要设卡，凡是关键的控制点都能追溯。例如，在生产工艺指标和费用指标上，每年对应往年都有一定比例压缩，明确目标利润，严格"倒逼管理"。各单位都紧紧围绕公司下达的全年目标利润，在生产经营各环节进行倒逼管理，从材料采购、产品制造、原料消耗、制造成本、期间费用、产品销售、技改技措等方面落实具体的倒逼目标。在实施过程中，严格制定以周促月、以月保季、以季保年的具体措施，实行滚动计划管理，上月度的实际差额要滚动到下月度计划实施。通过倒推硬逼，切实逼出责任、逼出效益、逼出压力、逼出动力。

"三压一降"主要以精细管理为手段，把指标细化量化到每条线每个点，明确责任、分工控制，严格考核、奖惩兑现，确保每条线、每个点上都明确责任人，落实奖惩措施，量化考核，责任到人。例

如，生产类单位厂级考核目标可控成本和产量确定后，依据各车间工序特点和生产任务进行分解，车间级考核目标主要是对该车间生产的半成品的产量和对应的原料、水电汽动力消耗及修理费、机物料消耗等3项费用控制指标；对于班组和员工的考核目标主要是对工艺指标、操作参数及维修费用等3项费用控制指标等。三级指标根据工艺关系和流程，环环相扣，紧密衔接，一级保一级，确保总分目标一致，钩稽关系合理。

2. 创建模拟分红模型，完善考评机制

山东海化坚持"员工收入与企业效益同步增长"原则，将绩效考核与目标管理深度融合，企业降本增效，员工收入提高，引导全员不断提高工作质量和效率，促进企业质量效益显著提升。为确保"点线"目标管理落实落地，创新构建了"员工模拟持股分红型"绩效考核模式，充分借鉴员工持股计划与股权激励相关原理和方法，推行"不动存量动增量"，主要采用员工模拟公司股东持股形式，参与企业收益权的分配，员工与企业所有者结成利益共同体，共享企业改革发展成果，为目标管理的落地落实提供强力组织保障体系。

一是依据总体战略目标，层层分解，确定年度经营目标。各单位依据总体战略目标，建立考核目标体系，对每年的产量、消耗目标进行分解与细化，并与总体战略目标保持一致。二是按月考核兑现，提升员工过程积极性，确保年度目标达成。年初在制定完成年度目标后，各单位将年度目标分解到月度，形成月度目标计划，每月及时收集、分析考核目标达成程度，并按照确定分红比例和考核办法进行考核，实行月考月兑，年中考核回头看，年底统算通兑，及时激励，及时约束。三是强化监督检查，确保年度目标不偏离。山东海化成立督导督察组，对各单位月度生产经营情况实施督查，及时发现生产异动，并按月发布督查报告，督促整改。同时，实施专业管理考核，分别出台了14个大项、56个小项考核标准，通过月度监督检查，及时发现生产经营过程存在的问题和不足，运用考核手段，及时纠正生产经营中的各项偏离，确保正常生产经营秩序。四是及时总结改进，确保制度高效运行。每年，组织分享优秀单位在推行目标管理方面取得的好的经验、做法，找出存在的问题和差距，以此循环往复，不断完善目标管理，引导全员不断改进工作质量和效率，助力企业实现高质量发展。

三、化工企业以高质量发展为导向的"点线"精细化管理效果

（一）企业成功迈进高质量发展新阶段

推行"点线"目标管理5年来，山东海化坚持战略引领，深化内部改革，夯实管理基础，优化资源配置，以绿色创新为动力，全面提升发展质量，企业管理水平不断优化提升，经济效益连续刷新历史记录。以优异的成绩被山东省委、省政府评为"山东省现代海洋产业高质量发展企业"，被深圳证券交易所选取为融资融券新增标的股票，被国务院国资委确定为国企改革"双百行动"企业，荣获"双百企业"称号。

（二）企业重新成为行业领跑者

山东海化主要管控的4条产品线均实现重大突破，多项指标取得长足进步并稳居行业前列，主导产品纯碱连续5年获得行业能效、水效领跑者标杆企业，改变了曾经"跟跑"的被动局面，重回海洋化工行业"领跑"地位。一是纯碱产品线。2022年与2017年相比，纯碱年产量由不足260万吨到突破300万吨，使山东海化一跃成为世界最大的单一工厂氨碱生产企业。纯碱原盐消耗从1330kg/t降至1200kg/t以内，石灰石消耗从1250kg/t降至1000kg/t以下，无烟煤消耗从87.83kg/t降至67.01kg/t，焦耗从88kg/t降至70kg/t以内，液氨消耗从4.17kg/t降至3.0kg/t以内，成品一次检验优级品率连续5年保持在99.9%以上，产品产能和质量均位居行业第一，综合能耗稳居行业前二。二是烧碱产品线。2022年与2017年相比，直流电耗从2210 kWh/t降至2150 kWh/t，创造历史新低，处于行业领先水平；成功将32%烧碱产品浓度控制在32.0%至32.01%，实现了管控指标从"卡边操作"到"极限操作"的突破，管控颗粒精准到了万分之一，在全国同行业率先实现了利润核算由每月核算精准到每天核算，做到了"昨天的利润，今天就能看到"。三是溴素产品线。2022年与2017年相比，溴素提取率由71.82%提升至78%，最高可达80.48%，溴素年可增产535吨，创效1800多万元，技术改造方面获得3项国家专利，填补2项行业空白，成为"行业指标一流、国内单一规模最大、自动化程度领先"的溴素行业排头兵。四是原盐产品线。2022年与2017年相比，钙液盐增加11万吨/年，卤水供应增加3000万立方米，钙液供应增加50万立方米，冷却水供应增加1500万立方米，其中，苦卤浓度由29.5波美度增加到32.1波美度，钙液浓度由12.14%增加到24.49%。

（三）企业绿色低碳转型迈上新台阶

山东海化着力提高能源利用效率和资源综合利用率，节能降碳工作取得显著成效。2018年同比节支3907万元，2019年同比节支1.34亿元，2020年同比节支5459万元，2021年同比节支9555万元，2023年上半年同比节支1983万元。2022年，单位产值能耗1.8882吨标准煤/万元，比2018年下降33.51%。轻质纯碱综合能耗308.6千克标准煤/吨，比2018年下降4.46%，达到国家《纯碱单位产品能源消耗限额（氨碱法）》标准先进值，达到"两高"行业能效标杆水平。2018年至2022年，按产值能耗计算，山东海化共实现节能量304811吨标准煤；实施废砂综合利用项目，年节约石灰石84万吨，节约焦炭5万吨，年减少二氧化碳排放55万吨，年节约标煤4万余吨；在全国同行业率先利用新兴纳滤膜技术及膜材料精制卤水代替海水化盐制碱，给传统纯碱工艺流程再造带来重要变革，目前日产量已突破4.5万立方米，年可节约原盐100万吨，年创经济效益1亿元。山东海化还被工业和信息化部评定为"国家绿色工厂"和"绿色产品'双绿'企业"。

（成果创造人：王永志、张勤业、魏鲁东、赵玉文、闫国辉、
张　伟、张　明、孙　磊、郝荣磊、王左文）

国有资本投资公司以三大变革为核心的战略性新兴产业发展管理

合肥市产业投资控股（集团）有限公司

合肥市产业投资控股（集团）有限公司（以下简称合肥产投集团）成立于 2015 年 3 月，由合肥市国有资产控股有限公司和合肥市工业投资控股有限公司合并组建而成。作为合肥市国资委所属三大平台公司之一，合肥产投集团定位于产业投融资和创新推进的国有资本投资公司，并成为全市首批国有资本投资公司改革试点单位。注册资本 165.41 亿元，国内主体信用评级 AAA 级，国际信用评级 BBB 级。拥有全资企业 25 家，控股企业 5 家，参股企业 20 余家。截至 2023 年 6 月底，资产总额达到 805 亿元，净资产 360 亿元，2022 年全年实现营业收入 81.4 亿元，实现利润总额 16.1 亿元。

一、国有资本投资公司以三大变革为核心的战略性新兴产业发展管理背景

（一）实现发展新理念和新格局的重要任务

近十年来，我国从顶层设计上前瞻布局战略性新兴产业。《关于加快培育和发展战略性新兴产业的决定》提出现阶段要重点培育"节能环保、新一代信息技术、生物、高端装备制造、新能源、新材料、新能源汽车"等 7 个产业，国家"十四五"规划从"构筑产业体系新支柱""前瞻谋划未来产业"两处大力着墨战略性新兴产业蓝图，要求"推动战略性新兴产业融合化、集群化、生态化发展"。可以看出，立足我国国情和科技、产业基础，国家层面对战略性新兴产业的发展要求在逐步提高。合肥产投集团作为一家产业投资集团，一直坚持"为产业而生、为产业谋事"，培育和发展战略性新兴产业是集团践行新发展理念、实现新发展格局的一项重要任务，更是响应国家战略、应对复杂变局、牢牢把握发展主动权的关键所在。

（二）融合产业优势和平台优势的双向选择

从产业特性上看，战略性新兴产业具有三个明显特征——战略先导性、未来主导性、生态适配性，这决定了战略性新兴产业在技术和资金上存在较高的门槛，也意味着其在空间和时间上都有着广阔的增长持续性，为布局战略性新兴产业的市场主体提供了巨大的发展机遇。从政策力度上看，从国家到地方层面，从细分领域到特色行业，从财政扶持、税收优惠到科技创新引导，推动产业发展的政策体系愈发健全。合肥产投集团作为一家地方国有资本投资公司，地处以战略性新兴产业发展为强市关键的合肥，具备一定的人才积累和资源储备，布局战略性新兴产业一方面可以充分利用战略性新兴产业支持政策，降低发展成本、提高发展效率、拓展发展空间，另一方面，自身独特的资源优势将为企业在战略性新兴产业的竞争中提供重要支持。

（三）发挥国有资本稳增长作用的战略决策

更大力度布局前瞻性战略性新兴产业，是新一轮国企改革深化提升行动的重点任务之一，但企业入局战略性新兴产业也存在诸多风险和壁垒，如战新投资过程中的窗口时机选择、外部环境风险、商业模式风险、技术路线风险、边界规制风险等。国有企业是助推国有资本布局结构优化、确保国有资本保值增值、防范和化解资产风险的第一责任人，必须谨慎对待战略性新兴产业投资问题。合肥产投集团作为地方国有资本的"操盘手"，随着入局战略性新兴产业的目标愈发清晰，必须解决盘活存量和引入增量的资源问题、体制机制适应性调整、内外部环境困扰等难题，将战略性新兴产业做大做强，进而为地方经济增长当好"压舱石"。

二、国有资本投资公司以三大变革为核心的战略性新兴产业发展管理主要做法

（一）明确战略性新兴产业发展的"新稳态渐进三角"管理体系

合肥产投集团从诞生伊始就有"多元化"的属性，在国企功能上肩负"国企改革""产业发展"与"创新引领"，在经营方向上兼具"政策性"与"市场化"，这种"多元化"在产业布局上尤为明显——从传统服务业到类金融业务、从文化教育业到地方铁路运营……成立之初这种缺乏"主心骨"的多元化经营的弊端就是产业板块"碎裂无章"、产业结构"边缘演化"。为了应对这种被动局面，"十三五"时期，合肥产投集团以"优化配置国有资本、促进国有资本向战略性新兴产业集中"为目标，迅速确立"同心多元"的管理模式。历经多年实践与完善，进入"十四五"时期，合肥产投集团在深化"同心多元"的基础上进一步融合"四维一体"产业发展模式。至此，合肥产投集团从刚成立的各个业务板块呈条线隔离状，逐渐过渡战略性新兴产业发展的"新稳态渐进三角"管理体系，在稳步增长的同时持续保持迭代创新活力。

"新稳态渐进三角"管理体系底层涵盖了从"战略变革"到"体制变革"再到"产业变革"的变革三角（图1）。以螺旋动态的发展理念推动"战略变革"是"体制变革"的前提，实现灵活高效的"体制变革"是"产业变革"的支撑，而"产业变革"的动态演绎又反作用于"战略变革"；其中，"战略变革"和"体制变革"是"同心多元"的核心组成，"产业变革"是"四维一体"的重要任务，两者叠加的终极目标是"实现国有资本向战略性新兴产业集中、促进战略性新兴产业向集群化发展"。

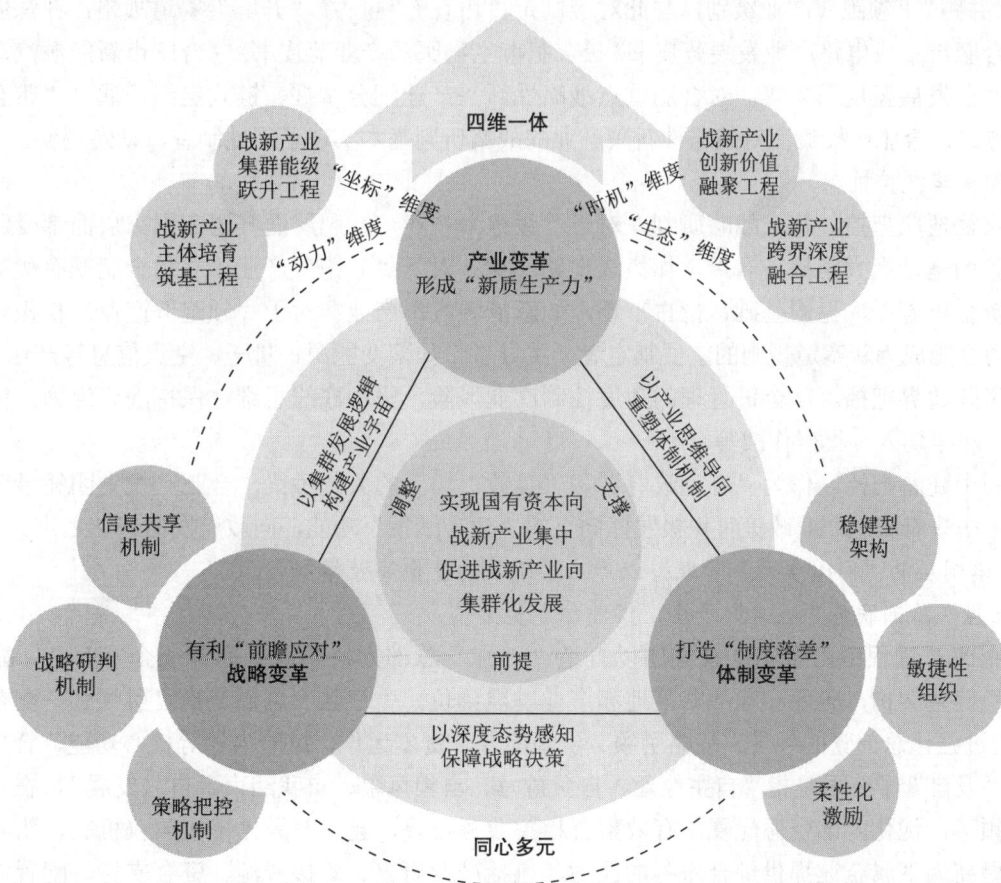

（注：图中战新产业指战略性新兴产业。）

图1　合肥产投集团"新稳态渐进三角"战略性新兴产业发展管理体系

"新稳态渐进三角"管理体系中间层涵盖从"战略变革"衍生出的"战略层的'同心多元'管理"——以深度态势感知保障战略决策，进而有利"前瞻应对"；从"体制变革"衍生出的"体制层的'同心多元'管理"——以产业思维导向重塑体制机制，进而打造"制度落差"；从"产业变革"衍生出的"四维一体"管理——以集群发展逻辑构建产业宇宙，进而形成"新质生产力"。

"新稳态渐进三角"管理体系应用层涵盖了三大类十个分支，分别是信息共享机制、战略研判机制、策略把控机制；稳健型架构、敏捷性组织、柔性化激励；"动力"维度的战略性新兴产业主体培育筑基工程、"坐标"维度的战略性新兴产业集群能级跃升工程、"时机"维度的战略性新兴产业创新价值融聚工程、"生态"维度的战略性新兴产业跨界深度融合工程。

（二）战略层"同心多元"管理，以深度态势感知保障战略决策

1. 建立信息共享机制

一方面，建立标准化的战略性新兴产业信息搜集体系，从政策、市场、趋势、科技、对标等多角度、多渠道开展信息搜集工作，并实现全系统信息共享；另一方面，建立专业化的战略性新兴产业研究体系，成立产业研究院，通过课题研究、专题报告、行业研究等成果载体，为集团体系内各决策层及业务人员提供战略性新兴产业深度信息及意见建议，以防错过战略性新兴产业赛道稍纵即逝的窗口机会。

2. 明确战略研判机制

从实际出发，在广度上，以战略性新兴产业技术水平和创新能力划分合肥战略性新兴产业，即"跟跑""并跑""领跑"产业级别，与此对应制定"培育""抢占""开辟"赛道战略；在深度上，先后编制《合肥市集成电路产业发展蓝皮书》《合肥市生物医药产业蓝皮书》《合肥市新能源汽车和智能网联汽车产业发展蓝皮书》等，对合肥重点战略性新兴产业细分掌握、链式定级。通过"带全盘、抓重点"的方式，合肥产投集团对战略性新兴产业的战略研判基本实现了因地制宜、动态调整。

3. 贯彻策略把控机制

一是路径适应把控。基于战略研判，对于"跟跑"产业，合肥层面甚至在国家层面都受制于人，在学习借鉴的基础上大胆提前布局，如集成电路产业；对于"并跑"产业，立足合肥既有优势，从落实政策、资金等着手，稳固基础、抢占市场，如新能源汽车产业；对于"领跑"产业，积极做好项目储备，助力合肥成为新赛道规则的重要制定者、主导者，如聚变能源、量子、空天信息等产业。

二是风险边界把控。从全链管理的角度控制产业风险，坚持底线思维，保持战略定力，措施包括战略管控、尽早切入、集群作战等。

三是向上建言把控。作为"有为政府"和"有效市场"的关键桥梁，合肥产投集团凭借对产业的深厚认知，在政府制定产业政策时积极发挥向上的"建言献策"功能，向政府发出产业之声。

（三）体制层的"同心多元"管理：以产业思维导向重塑高效体制

1. "三强"总部联合"五自"子企，搭建稳健型架构

在国企改革过程中，合肥产投集团以打造"三强"总部为核心，以提升子企"五自"能力为抓手，搭建稳健型架构，确保产业战略落地和产业发展到位。"三强"总部是指"引领强、配置强、管控强"，通过强化总部党的领导、战略引领、资源配置、资本运作、风险内控等核心功能，合理配置职能单元。"五自"子公司是指"自主经营、自负盈亏、自担风险、自我约束、自立发展"，在集团总体战略的引领下，优化内部资源配置，有效整合相关业务板块，建立差异化授权放权机制，明晰权责边界，同时提高为下属企业提供综合服务的能力，包括产业研究、嫁接资源、资金支持、配置人才、有效管控等。

2. 产业专班协同打破壁垒，打造敏捷性组织

合肥产投集团在母子公司稳健型架构的基础上，以打破壁垒的团队组织模式增强产业适应性——

即从金字塔形的标准组织结构变为敏捷、灵活的"产业专班"管理模式，缩短流程提升沟通效率、应对各类发展局面、快速地做出决策和调整。结合投资方向与业务布局，构建集成电路、新能源汽车和智能网联汽车、人工智能、生物医药、新材料、空天信息等11个重点领域协同专班，凝聚集团内部力量，按照"主要领导—负责人—工作组"三层架构，打破子公司组织壁垒，形成"扁平化沟通、一体化协同、系统化联动"的工作机制，更好融入全市战略性新兴产业发展大局中，发挥"承上启下、协调内外、联动左右"的重要作用。

3. 持续深化三项制度改革，试点柔性化激励

以"国有资本投资公司"改革试点为契机，持续深化三项制度改革，全面推行经理层任期制和契约化管理，明确经理层岗位职责、任职条件和经营目标，试点职业经理人制度，在产业投资板块探索跟投制度，在有条件的科技型企业实施员工持股计划。

（四）战略性新兴产业"动力维"管理，实施主体培育筑基工程

1. 推动"换道发展"，力争传统产业转型升级

传统产业是合肥产投集团发展的"基本盘"和"老底子"，无论是从资产占比还是稳定就业来看，都极具支撑作用。但传统产业利润率低、产业处在价值链低端也是现实问题。因此，找到新发展方向，通过赛道革新或者技术革新实现价值提升，是合肥产投集团对旗下传统企业一贯的指导方针。

在合规管理、充分授权的基础上，积极给予子公司产业引导、政策指导及其他必要支持，有部分子公司已经从传统产业或者落后产业升级迈入新兴产业领域。例如，合肥产投集团控股的上市公司"国风塑业"，通过自主创新、技术研发和产业结构调整，逐步剥离塑胶建材、塑料型材等传统业务，为契合产业发展新方向更名为"国风新材"，重点发展功能膜、预涂膜、电子信息用膜等战略性新材料，其功能型高分子薄膜材料、聚酰亚胺材料和木塑新材料等均已纳入国家、省市战略性新材料产业发展规划。

2. 锻造"核心力量"，促进优势产业做大做强

对于具有比较优势的战略性新兴产业，合肥产投集团积极配置资源助力产业主体做大做强。例如，人工智能产业是合肥的优势产业，为汇聚全球顶级人工智能企业，引领人工智能产业发展，国家工信部与安徽省政府共建全国首个人工智能领域的国家级产业基地——"中国声谷"，合肥产投集团旗下安徽省信投公司全面负责"中国声谷"的运营管理，通过产业招商、孵化培育、基金投资等方式加速人工智能产业链上下游项目的集聚与发展。2022年"中国声谷"实现入园企业数超2000家、营业收入达2050亿元的"双两千"目标，先后获得"国家新型工业化产业示范基地""国家技术标准创新基地"等多个"国"字号荣誉资质。

3. 培养"产业链主"，加速重点产业地标崛起

对于拥有合肥市重点发展的支柱产业的企业，合肥产投集团充分发挥龙头引领作用，在产业窗口期来临时，果断整合内外部资源以直投、并购等方式直接切入产业，以超常规的重大项目为合肥树立产业地标。例如，在集成电路产业领域，合肥产投集团倾全企之力推动合肥长鑫12英寸存储器晶圆制造基地项目落户合肥，对于推动我国芯片产业逐步实现独立自主、带动上下游产业链的国产化具有重要意义。

（五）战略性新兴产业"坐标维"管理，实施集群能级跃升工程

合肥产投集团发挥国有资本投资公司功能，将"产业基金"作为重要抓手，通过前期产业"一群一案"的预判布局，多措并举、分类施策，发挥资本力量为一批优质企业的成长打下坚实基础，重点突破、全链起势，推动战略性新兴产业融合化、集群化、生态化发展。

1. 丰富战略性新兴产业基金"工具箱"

合肥产投集团不断丰富战略性新兴产业基金"工具箱"，截至2022年年底，"产投系"基金群规模

已经超千亿，其中自主管理型基金 44 支，实缴规模超 400 亿元，扶持企业超 500 家，既有投资于战略性新兴产业的综合性基金，如省级重大新兴产业基地专项引导基金、市高质量发展引导母基金、市创业投资引导基金、庐江战新母基金等，也有专注产业细分领域的主题基金，如省新材料母基金、省生命健康母基金、省空天信息母基金、省人工智能系列基金、省集成电路基金等。通过"母基金＋直投基金""政策性＋市场化"双轮驱动战略，"产投系"基金群投向战略性新兴产业的投资数量及投资比例均超过 80%。

2. 投资一批战略性新兴产业龙头或关键企业

"产投系"基金群紧盯重点产业、龙头企业和"专精特新"，持续研判关键环节、关键要素、突破方向，聚焦重点项目靶向招引，推进产业战略性新兴产业集聚。例如，在生物医药领域，重点推进武田制药并购项目，完成海森生物投资，并与康桥资本、肥东县共同出资，完成对五款药品相关资产收购，2022 年年底海森生物合肥生产基地正式开工建设，2023 年 5 月海森生物联合宣布收购罗氏制药注射用头孢曲松钠的中国大陆独家专有权，实现了产品线的进一步扩充。

3. 聚力战略性新兴产业"建链补链延链升链"

"产投系"基金群逐一勾勒每条战略性新兴产业的产业链、供应链、价值链，辨别重点链条内的"缺项短板"，以链式思维"建链补链延链升链"，为基金投资提出清晰的路线图、任务书，推动重点产业领域形成规模效应。以新能源汽车产业为例，在整车领域投资合众新能源，在车规级芯片领域投资智芯半导体，在汽车零部件领域引入安徽亚明、金固股份、悠跑科技、金力新能源，在车载体验领域投资抬头显示项目疆程科技、无线充电项目有感科技、车载语音项目芯智科技，在智能网联领域投资踏歌智行、域驰科技、星云互联。

（六）战略性新兴产业"时机维"管理，实施创新价值融聚工程

1. 以"技术"为核心的顺轨式产业创新模式

顺轨式产业创新模式以"技术"为主线，一方面，私域技术投入上，合肥产投集团大力支持旗下以中科离子装备、浩悦环境为代表的科技型企业增加研发投入强度，增强核心技术积累，同时注重未来产业培育，在深空、核聚变等领域储备项目，另一方面，公共技术投入上，合肥产投集团站在全市产业大局上，积极为产业链上企业提供概念验证、技术研发、中试基地等公共技术服务，如以中科微电子创新中心、合肥微电子公司（国家"芯火"双创平台）为载体，聚焦集成电路产业，打造技术研发、测试、孵化为一体的特色创新平台。

2. 以"平台"为核心的衍生式产业创新模式

合肥产投集团主动适应产业多学科融合发展趋势，发挥创新牵引力量成立合肥市科创集团，围绕"推进科技创新和成果转化"工作方向，探索"成果发现—验证辅导—路演展示—孵化运营—基金投资"全周期、全场景科技创新生态体系，运营市种子基金，搭建合肥"科创大脑"，不断推动更多高质量成果从"实验室"走向"应用场"，依托旗下合肥创新院公司、合工大智能院公司等新型研发机构载体，聚焦生物医药、人工智能、高端装备等战略性新兴产业前沿，累计孵化企业近 700 家（其中国家高新技术企业 100 余家），为战略性新兴产业撒播"金种子"。

3. 以"人才"为核心的渗透式产业创新模式

以成立合肥市人才集团为契机，合肥产投集团按照"全球化视野、多元化布局、专业化服务、市场化运营"的定位，开展产业人才招引、产业人才开发等业务。一方面，通过"招才引智高校行"等行动夯实产业人才底座，通过全球高层次人才引进工作构建产业高端人才雁阵；另一方面，通过参与谋划"合肥集成电路产业学院"、与省内外高校共建"人才联合培养实践基地"，精准解决高技能人才供给与战略性新兴产业需求吻合度不高的问题。

（七）战略性新兴产业"生态维"管理，实施跨界深度融合工程

1."产业链"对接"产业链"

合肥产投集团各产业板块主动对接，为战略性新兴链条实现场景拓展。在直投领域，浩悦环境以危废处置为切入点，实现环保产业与生物医药产业的碰撞，国风新材凭借"新材料"在产业链的基础地位，不断进军集成电路、新能源汽车产业；在基金投资方面，投前关注产业链交叉领域，如立足合肥集成电路优势投资布局车规级芯片项目支持新能源汽车发展、立足安徽传统汽车产能优势嫁接新能源汽车项目等，投后注重为企业对接上下游，做好赋能工作。

2."服务链"对接"产业链"

合肥产投集团战略性新兴产业服务体系逐步铺开，如旗下合肥物流集团整合全市国有物流资源，构建"水陆铁空"立体开放大通道，把产业物流作为重点聚焦的方向之一，为战略性新兴产业提供现代物流服务；旗下白帝集团逐步提高新能源汽车、集成电路等战略性新兴产业供应链金融服务业务占比；旗下担保公司在开展普惠业务的基础上关注高科技产业主体，试点科创服务，将更多金融资源"活水"引向战略性新兴链条经济。

三、国有资本投资公司以三大变革为核心的战略性新兴产业发展管理效果

（一）助力合肥高质量发展形成了战略性新兴产业"新质生产力"

合肥产投集团围绕城市总体发展战略，实现了对合肥重点发展的战略性新兴产业全领域布局，建成了一批具有产业带动、产业集成作用的大基地、大产业、大项目，同时围绕产业链上下游布局了一批链群企业，协助合肥构建"国家级—省级—市级"三级集群梯次培育格局。在此过程中，推动产业链、技术链、资金链、创新链、人才链深度融合，形成具有规模优势和集聚效应的产业创新生态，切实助力合肥高质量发展形成了战略性新兴产业"新质生产力"。

（二）助力国有投资公司提高了"国有经济五力"

合肥产投集团以战略变革、体制变革为底盘推动产业变革，在此过程中，战略变革、体制变革对应提升了国有经济的控制力和抗风险能力，产业变革对应提升了国有经济的竞争力、创新力和影响力。"十四五"行至半程，合肥产投集团体制机制夯实"新根基"，综合实力跃上"新台阶"，品牌价值呈现"新高度"——率先改组试点国有资本投资公司，总资产规模翻一番，利润率再创新高，产业投资基金全面开花，截至当前，投资企业成功IPO的累计达51家，其中25家登陆科创板，实现了战略性新兴产业发展与国有平台壮大的共进双赢，荣获"合肥企业50强""最佳国资投资机构TOP50""中国最佳政府引导基金TOP50"等多项荣誉，成为合肥模式的本土"代言人"。

（三）助力新旧动能转换

合肥产投集团从刚成立时的传统产业占主要地位，升级为以战略性新兴产业为主、以传统产业为辅、以未来产业为储的崭新局面，从底层逻辑上保障了合肥产投集团发展的稳定性。

（成果创造人：雍凤山、江　鑫、王　晴、白玉静、杨希娟、李静芸）

省级电网服务"沙戈荒"风光大基地的新能源
供给消纳体系建设与实施

国网宁夏电力有限公司

国网宁夏电力有限公司（以下简称国网宁夏电力）是国家电网公司全资子公司，主要从事宁夏回族自治区境内电网的建设、运行、管理和经营。公司下辖6个地市供电公司、12个业务支撑单位、27个县（区）供电公司，1个产业管理公司，各类用工1.9万余人，资产总额441.93亿元。2022年，宁夏全社会用电量1249.84亿千瓦·时，同比增长7.89%；公司售电量881.47亿千瓦·时，同比增长7.52%；外送电量945亿千瓦·时，同比增长4.53%。国网宁夏电力先后荣获"全国脱贫攻坚先进集体""全国文明单位""全国五一劳动奖状""国家科技进步奖二等奖""全国'工人先锋号'""自治区政府质量奖""自治区龙头企业和工业稳增长突出贡献企业""自治区科学技术重大贡献奖""自治区五一劳动奖状"等荣誉。宁夏电网是"西电东送"战略的重要送端，在全国率先形成覆盖全区的750千伏双环网，现有灵绍、银东两大直流外送通道，通过3回750千伏线路支撑昭沂直流送端，外送能力1400万千瓦。

一、省级电网服务"沙戈荒"风光大基地的新能源供给消纳体系建设与实施背景

（一）落实"碳达峰、碳中和"等国家战略的责任担当

大力发展可再生能源，在沙漠、戈壁、荒漠地区加快规划建设大型风电光伏基地项目；大力度规划建设以大型风光电基地为基础、以周边清洁高效先进节能的煤电为支撑、以稳定安全可靠的特高压输变电线路为载体的新能源供给消纳体系；未来以库布齐、乌兰布和、腾格里、巴丹吉林沙漠为重点，以其他沙漠和戈壁地区为补充，综合考察采煤沦陷区，建设大型风电光伏基地；积极建设新型电力系统，构建新能源供给消纳体系，服务"沙戈荒"风光大基地建设是国网宁夏电力落实国家战略、助力"双碳"目标实现的责任担当。

（二）助力自治区能源转型的重要抓手

宁夏地处西北腹地，区内煤炭资源及新能源富集，是我国重要的能源电力基地和"西电东送"战略最早的送端之一，同时也是国家首个新能源综合示范区。为推动自治区能源清洁低碳转型，迫切需要立足能源资源优势，构建服务"沙戈荒"风光大基地的新能源供给消纳体系，充分发挥电网在能源生产清洁化、能源消费电气化中的关键枢纽、重要平台、绿能载体作用，将宁夏富集的能源优势向经济优势转化。

（三）推动电网高质量发展的战略机遇

国网宁夏电力以集中开发中大型新能源为主，远距离送电与区内消纳并重。前期银东、灵绍直流工程推动了宁夏电网两次跨越式发展。现有直流通道已满容量运行，电力外送空间受限；新能源装机比例超过50%，电力供应"白天充裕，高峰短缺"矛盾凸显，区内新能源消纳能力受限。同时，多元新兴主体进入市场，电力市场交易机制面临新挑战。亟需应对新能源快速发展及消纳困难等问题，统筹电力内用和外送两大消纳途径，积极拓展新能源外送空间，保障"沙戈荒"新能源项目并网消纳，加快能源结构转型升级，由单纯电力发展向带动新能源全产业链发展转变，推动电网实现第三次跨越式发展。

二、省级电网服务"沙戈荒"风光大基地的新能源供给消纳体系建设与实施主要做法

（一）完善内部管理体系，强化重大举措实施管理

1. 确立目标，推动能源体系建设

深入贯彻国家构建新能源供给消纳体系重大部署，立足宁夏电网资源禀赋的优势，以建设服务"沙戈荒"风光大基地的新能源供给消纳体系为目标，以抽水蓄能、各类新型储能和可控负荷灵活调节为手段，以"沙戈荒"风光大基地等项目为基础，以周边清洁高效先进节能的煤电为支撑，以稳定安全可靠的宁湘、灵绍、银东直流等超、特高压输电线路为载体，保障电力稳定供应，推动新能源高质量发展，增强系统调节能力，促进绿电交易，提升宁夏新能源高质量就地消纳水平和大范围优化配置能力，加快建设新型电力系统，建成新能源供给消纳体系，助力宁夏新能源综合示范区建设。

2. 成立专班，强化内部专业联动

国网宁夏电力成立以公司董事长为组长的新能源消纳工作领导小组，并设立由发展部、设备部、建设部、营销部、科网部、调控中心、交易公司等多部门组成的工作办公室，建立"目标明确、职责清晰、管理规范、运行高效"的卓越服务体系，全面强化组织引领，整合相关资源，协调解决重大问题。统筹各类电源协同发展，推动多种电网形态协调运行，协同推进电力市场建设，构建系统化、流程化、标准化服务体系，制定省级范围服务"沙戈荒"风光大基地的"1+1""3×n"新能源供给消纳体系建设方案，全力推动省级电网服务"沙戈荒"风光大基地的新能源供给消纳体系建设。

3. 分解任务，保障工作高效推进

建立公司常态化工作机制，将统筹推进促进新能源发展及消纳的重点任务纳入年度重点工作，定期跟踪相关工作进展情况，逐月跟踪监测各部门、各单位工作和成效。以全过程管控理念为核心，建立新能源发展全过程评估体系，实现由被动应对向主动引导、由事后控制向提前预控转变。建立双周例会制度，由发展部、调控中心牵头组织，按双周召开工作例会，准确把握能源清洁低碳转型的大政方针和政策导向，为公司服务构建新发展格局提供坚强支撑。明确任务分工及进度安排，细化分解目标任务，加强各专业研究协同性，全面深化重大专题研究，保障服务"沙戈荒"风光大基地的新能源供给消纳体系建设。选拔抽调专业人才，进行集中办公，形成"顶层指导、统筹调度、协调合作、专题攻关"工作模式，聚合内外部资源，保障服务"沙戈荒"风光大基地的新能源供给消纳体系建设与实施高效推进。

4. 深化落地，研究制定重点任务

依据国家重要政策方针，完成《宁夏新型电力系统新能源供给消纳体系建设技术实施方案》。建立涵盖碳排放、新能源消纳等4方面21项评价指标，提出源网荷储等26项技术措施，确定电力市场建设等21项保障措施。立足宁夏资源禀赋优势，锚定加快构建新型电力系统这一目标，强化顶层设计，明确加速形成期和全面建成期"两步走"发展路径，围绕源、网、荷、储4个关键要素及数字化转型、电力市场建设、电力技术创新、碳管理体系建设4个保障要素研究制定重点建设任务，打造具有宁夏特色和推广引领作用的示范工程。

（二）深化政企研协同发展，统筹多方资源要素

1. 政企协同，引导能源科学发展

坚持"政府主导、政企协同、企业实施"的原则下积极助力宁湘两省区政府签订《联合推进"宁电入湘"特高压直流工程战略合作框架协议》，推动宁夏、湖南两省区政府与国家电网公司签订三方协议；促请自治区政府成立宁湘特高压直流工程工作专班，建立省市县三级政府纵向协调、政府部门与能源企业横向联席机制，联合推进换流站选址、配套电源批复、工程可研评审、沿线路径协议等关键环节任务；依托新能源云消纳计算功能，滚动开展新能源消纳能力分析，加强电源与电网规划发展衔接，及时向自治区能源主管部门提出新能源规划布局、建设规模及并网时序建议，引导新能源科学发展；深化与电源企业合作。与国家能源集团宁夏分公司等主要发电企业签订战略合作框架协议，深化网源合作，高效推动新增配套煤电机组指标、配套"沙戈荒"基地新能源布局、配套电源输电规划等获得国家批复。召开厂网联席会议及新能源季度工作会等形式，有效衔接发电企业、电网企业、调度机构、交易机构和政府主管部门，搭建厂网之间充分交流、有效沟通、协调解决问题的平台，共同推动新能源高质量发展；主动对接相关企业，指导开展项目接入系统方案设计，确保新能源项目及配套储能项目"愿并尽并"。

2. 产研协作，开展技术科研创新

围绕面向"双碳"目标、构建"双新"电力系统的新要求新挑战，结合自治区新能源发展和外送直流建设，主动牵头国家重点研发计划专项研究，创建科研管理创新体系。成立以主要负责同志任组长的"两个一体化"重大科技攻关领导小组，与清华大学等国内顶尖电力科研单位共同构建产学研一体的科研创新体系，实现科研、教育和业务在功能和资源优势上的共建与融合。强化产研深度合作。联合国内一流科研院所，充分发挥科研机构的人才优势和企业的资金资源优势，在电网规划等领域开展十大课题重大专项关键技术研究，在风光储一体化规划、储能设施配置等方面取得阶段性研究成果。

（三）保内用，促进新能源高质量就地消纳

1. 输配协调，推动各级电网建设

在全国率先形成覆盖全区的750千伏"双环网、双联变"主网架结构，与西北主网形成"双通道、四回线"坚强联络，投运750千伏青山等满足新能源接入的站点，支撑第一批"沙戈荒"300万千瓦新能源并网消纳，南部新能源向北部负荷集中区域输供电能力大幅提升。滚动优化"十四五"电网规划，规划建设西岭、甘塘输变电工程，为"沙戈荒"新能源大基地发展创造条件。不断提升配电网智能化水平和分布式光伏就地消纳能力，着力打造坚强清晰的配电网骨干网架，持续提升配电网承载能力。深入开展整县屋顶分布式光伏研究，完成电网承载能力分析和接入方案研究，提出典型场景接入方案和合理开发规模，引导分布式光伏有序并网。提前布局交直流混合配电网灵活性规划技术研究，提出变革规划思路理念、加强技术创新等5项重点举措，推动传统配电网向能源互联网转型升级、智慧赋能。

2. 优化流程，服务清洁能源并网

常态化开展宁夏电网新能源消纳能力计算、新增新能源接网条件和消纳方案研究等工作，超前研判宁夏电网新能源接纳能力及新增项目接入可行性，针对性提出逐年新能源合理化安排建议，主动向宁夏回族自治区能源局报送新能源年度建设规模和布局建议，引导新能源科学发展。依托新能源云平台，优化并网服务流程。作为国网新能源云平台首家试点单位，积极参与平台设计开发工作，为新能源云建设实施及推广工作提供宁夏经验。依托新能源云，率先实现全流程一站式并网服务，完成超947万千瓦新能源接入评审，对外以可视化流程图实现新能源接网业务全流程线上办理，实现"业务网上办、进度线上查"，助力新能源企业早并网、早发电、早收益，带动产业链上下游共同发展。

3. 多措并举，源网荷储协同发展

促请政府部门细化完善调峰辅助服务市场规则，激励发电企业持续开展火电机组灵活性改造，公用火电机组平均调峰深度达额定容量33%，最低调峰深度达到18%；5座供热电厂建成电锅炉，供热期调峰能力达到149万千瓦。联合气象部门建立极端天气预警机制，建立"地区＋厂家＋场站"的三级预测考核制度，优化新能源预测功率纳入电力平衡策略，在全国率先实现新能源场站10天功率预测全覆盖，短期准确率超国标约6个百分点。近两年通过加装安全稳定控制系统的方式，强化中卫等地区网架结构，部署区域稳控系统，解决区内电网局部新能源场站受限容量 196 万千瓦，为宁夏电网新能源更大范围消纳发挥了巨大作用。建立负荷侧资源参与电网调节的相关技术标准，规范虚拟电厂、大工业用户等负荷侧资源参与电网调节，提升快速响应能力。开展可调节负荷交易，挖掘系统调峰潜力。配合自治区发展改革委制订《关于加快促进储能健康有序发展的通知》，印发《支持储能建设和运行的若干意见》。完成宁夏"十四五"储能建设布局专题研究，全过程引导企业储能布局规划建设。积极开展"沙戈荒"大型新能源基地、配套储能等控制模式研究，制定独立控制区调度运行管理方案。

（四）扩外送，实现新能源大范围优化配置

1. 稳定存量，提升跨省通道输送效率

积极向国家发展改革委汇报请示，配合政府与灵绍、银东受端政府协商中长期送电协议，尽全力提高政府间协议新能源比例，助推灵绍、银东直流配套光伏基地落地，进一步提升现有直流新能源外送规模。强化直流设备带电检测，持续开展核心设备、易发热设备"地毯式"测温体检。针对大风、雨雪等恶劣天气，及时开展特巡。常态化开展直流专项隐患排查治理，严格落实防止直流单、双极闭锁措施，全面管控设备健康状态，从根本上消除事故隐患，有效遏制重特大事故发生，全力保障直流输电系统的安全稳定运行，提升直流能量可用率。加强主网停电计划刚性管控，统筹基建和检修停电安排，提升设备停电"一停多用"水平，降低计划外停电对直流输送功率的影响。加强机组检修管理，安排电源与输变电设备同步检修，提高直流功率保障能力。2021 年外送电量 904 亿千瓦·时，同比增长 13.9%；2022 年外送电量 945 亿千瓦·时，同比增长 4.5%，累计外送电量达到 6085 亿千瓦·时。

2. 强化增量，推动新增通道纳规建设

率先提出新建外送通道不新增煤电的"宁夏方案"。坚持新能源"量率一体、保量稳率"原则，深入研究论证超过 30 个送端系统方案测算，为新增直流通道提供了系统性的解决方案。加强与政府能源主管部门沟通衔接，协同推进项目纳规弯道超车。积极助力宁湘两省区政府签订《联合推进"宁电入湘"特高压直流工程战略合作框架协议》，推动宁夏、湖南两省区政府与国家电网公司签订三方协议，共同推动宁湘直流及其配套电网工程纳入国家发展规划。稳步推进"沙戈荒"地区风电、光伏基地建设，推动新能源产业跨越式发展。积极争取获批总装机规模 2000 万千瓦基地项目，进一步扩宽"沙戈荒"地区新能源发展路径。宁湘直流工程成为国家跨区域"三交九直"输电工程中前期工作最扎实、建设条件最优越、开工条件最成熟的沙漠光伏大基地通道项目，规划前期工作创造历史纪录，获得辛保安董事长称赞。促请自治区政府成立宁湘特高压直流工程工作专班，推动工程落地落实。主动对接省市县三级政府联合推进换流站选址、配套电源批复、工程可研评审、沿线路径协议等关键环节任务，为工程核准开工奠定坚实基础。

（五）建机制，开拓新能源余缺互济空间

1. 灵活交易，实现省间余缺互济

发挥与西北各省余缺、时段互济优势，优化西北省间短期交易报价策略，提高与西北省间短期互济能力。结合新能源出力随机性、波动性特征，积极组织新能源参与跨省调峰、省间现货、应急调度等交易，持续扩大省间短期交易送电规模。采用"长短结合＋能送尽送"灵活交易策略，加大省间余缺互济力度。精确测算外送富裕能力，充分发挥省间中长期连续运行作用，采用"长短结合"方式，创新建立新能源与火电打捆协调优化逆调峰机制，扩大日间新能源外送电力，加强省间计划跟踪、分析预警，提高外送合同履约率，全力扩大新能源中长期外送规模。

2. 多方参与，发挥市场主体作用

全面启动区内电力现货市场建设，进一步迭代完善现货市场运营规则。不断扩大市场主体范围、丰富市场交易品种，实现现货市场与省间现货、辅助服务市场、中长期交易的协同运行，促进市场量价和谐互动,通过价格信号实现全网范围资源的优化配置。开展负荷侧资源参与辅助服务市场的相关机制研究,鼓励满足市场准入条件的独立辅助服务供应商及柔性负荷、储能等负荷侧主体进入市场,扩大电力辅助服务市场主体范围,按照"谁受益、谁承担"的原则,逐步建立发电企业和用户双边参与的辅助服务市场。针对新能源发电特性、边际成本差异及产业政策等问题,结合宁夏火电和新能源发电企业装机和发电量情况,开展新能源与火电配额打捆交易,激活市场需求,提高新能源利用率。大力推进清洁能源发电权交易,积极组织区内新能源与常规火电、燃气电厂开展发电权交易,发挥市场化消纳作用。

3. 能耗双控,开辟绿电交易路径

2022 年 3 月促请自治区发展改革委在全国率先出台绿电交易规则,建立绿电交易与能耗双控指标衔接机制,明确用户在完成可再生能源消纳责任权重的前提下,其超额消纳的绿电交易电量不纳入能耗双控指标,充分激发区内用户参与绿电交易积极性。深挖绿电数据价值,赋能政府支撑决策,2022年累计成交区内绿电交易电量 30.17 亿千瓦·时,交易规模位居国网系统第一,推动自治区能源清洁低碳转型。统筹考虑居民农业优先用电量、燃气等优先发电规模,按照"发用匹配"原则,配合自治区发展改革委核定新能源优先发电规模,新能源优先发电计划外电量全部参与区内外各类市场化交易,持续扩大新能源市场化交易比例。

(六)强技术,提高能源安全稳定水平

1. 攻坚克难,牵头国家重点项目

深入分析"沙戈荒"送端电网关键技术难题,主动牵头国家重点研发计划专项研究。多次向自治区政府、国网公司汇报申请,在煤电与新能源综合调节及系统运行优化关键技术牵头实施国家重点研发计划项目"煤电与新能源综合调节及系统运行优化关键技术"及国网公司新型电力系统科技攻关行动计划专项"煤电与新能源发电协调优化调度关键技术研究",集中力量攻克新型电力系统发展背景下平衡支撑能力不足、调节灵活性欠缺、极端情况下电力供应保障难度大等重要问题,为新型电力系统建设和新能源供给消纳体系构建做好战略技术储备。

2. 全局视野,开展重大专项研究

开展"宁夏'风光储输一体化'及'源网荷储一体化'示范工程关键技术研究及应用"重大专项研究。围绕"双高"电力系统安全稳定运行、储能配置及优化、电力交易机制等方面的理论和技术问题设置了 10 个课题开展研究,联合国内顶级科研机构共同开展课题攻关,安排科研骨干深度参与,深化研究成果在宁夏电网应用实施前景。定期开展研究推进会,增强研究协同性,以"两个一体化"关键技术研究成果为支撑,为加快宁夏新增直流外送通道建设、进一步提升清洁能源消纳水平、保障宁夏电网安全稳定运行提供重要的技术支撑。

3. 聚焦电网,建设新型电力系统

建成宁夏新能源接纳能力量化评估、新能源受阻因素智能辨识及辅助决策系统,滚动开展宁夏新能源消纳能力测算,实时掌握新能源消纳受阻因素,研究制定提升新能源消纳水平措施,确保新能源高效消纳;开发并部署大电网在线安全风险评估与智能防御决策系统,实现跨区电网高风险场景在线识别、安全风险和可用输电能力快速评估与全局安全风险综合防御。

4. 研发系统,实现绿能安全控制

研发新能源安全控制系统技术,保障电网安全稳定运行。建成大规模新能源电力外送安全协调控制系统,保障高比例新能源多直流送端电网安全稳定运行;研制多时间尺度新能源高精度功率预测系统,新能源功率预测精度由 86% 提升至 92% 以上;建立直流送端全景化主动防御体系,解决了系统转动惯量水平低、功角、频率、电压稳定的系统性优化防控问题,充分发挥跨区直流资源全局性优化配置作用。

三、省级电网服务"沙戈荒"风光大基地的新能源供给消纳体系建设与实施效果

（一）推动能源结构低碳转型成绩斐然

宁夏新能源装机占比从 16% 增加到 50%（全国第四）；新能源发电量从 4.5% 增长到 24%；投运储能 195 万千瓦 /400 万千瓦·时。通过自备电厂调峰等辅助服务市场提升利用率 4.2%，实现利用率连续 5 年保持在 97% 以上，2022 年新能源利用率达到 98%，新能源发电量累计 2621.3 亿千瓦·时，2022 年新能源发电量占比接近四分之一。国网宁夏电力外送电量连续 6 年实现百亿级阶梯式增长，是首个"外送"超过"内供"的省区；2022 年新能源外送达到 163 亿千瓦·时，现有直流外送通道能量可用率提升至 98.6%，达到国际领先水平。

（二）管理效益和经济效益水平实现新跨越

西电东送十年累计外送电量突破 6000 亿千瓦·时，为宁夏创造经济效益超 1300 亿元，增加就业岗位 5 万多个。新增直流有效带动新能源产业一体化配套发展，拉动电力投资近 2000 亿元，可增加自治区财政收入约 30 亿元。年外送电量 360 亿千瓦·时、电价差 0.12 元 / 千瓦·时测算，输电直接收益将达到 43.2 亿元 / 年。国网宁夏电力推动国家及自治区政府出台了《关于支持宁夏能源转型发展的实施方案》等系列政策，获得自治区重大贡献奖一项，获得省部级科技进步奖一等奖一项、三等奖一项。

（三）率先打造践行国家能源战略目标的宁夏样板

国网宁夏电力电网建设累计投资近 700 亿元，相继建成投运 750 千伏青山等满足新能源接入的站点，支撑"沙戈荒"新能源并网消纳，新能源上送断面得到缓解。新增宁湘直流配套、"沙戈荒"新能源大基地新能源装机 2000 万千瓦，增发新能源电量 325 亿千瓦·时，极大缓解区内及外送电力紧缺问题，为推动构建清洁低碳、安全高效的能源体系提供有力支撑。国网宁夏电力制定"双碳"行动方案宁夏落地举措和任务清单，两年来，电能替代电量累计超过 63.62 亿千瓦·时，电能消费占终端能源消费比例增长至 27.32%，等效节约标煤消耗 2122 万吨，减排二氧化碳 5640 万吨。2022 年，宁夏非水可再生能源消纳责任权重 29.30%，高于国家给定目标 6%，对促进清洁转型和推动自治区经济社会发展做出了重要贡献。

（成果创造人：闫志彬、赵小平、蒙金有、项　丽、杨文华、田宏梁、
　　　　　　　赵　亮、郭　宁、马俊先、马志伟、马天东、李　强）

船舶企业基于"一体四维"的防务装备建造快速响应体系构建

中船黄埔文冲船舶有限公司

中船黄埔文冲船舶有限公司（以下简称黄埔文冲）隶属于中国船舶集团有限公司，始建于1851年。中华人民共和国成立以来，黄埔文冲始终坚持国家利益至上，以全心全意为海军装备建设服务为使命，以海军防务装备建设需求为牵引，着力提升海军防务装备核心建造能力，先后经历了由艇到舰、由中小型舰艇向大型舰艇的跨越，实现了由传统造船模式向现代造船模式的转变。

一、船舶企业基于"一体四维"的防务装备建造快速响应体系构建背景

当前和今后一个时期，是我国海军建设的战略机遇期，也是实现跨越式发展的关键时期。随着自主研制高性能现代化装备的不断延伸，装备数量由小批量向大批量转变，海军防务装备建设快速发展，装备现代化建设的要求随之提高，装备年交付需求大幅增长。随着装备建造需求周期大幅缩短、年交付需求大幅增长，黄埔文冲原有规划年产1.5艘核心装备的建造能力完全不满足装备交付需求，加剧了黄埔文冲在装备建造方面存在的项目协调难、年交付量少、技术状态差、物资供应慢、精尖人才缺等突出问题。

二、船舶企业基于"一体四维"的防务装备建造快速响应体系构建主要做法

（一）构建一体化管理模式，提升核心建造能力

黄埔文冲以强化高质量发展、体系建设、集约高效、创新驱动的理念，以整体实力、潜力、动力为基础，建立以布局一体融合、资源一体整合、力量一体运用为主要特征的海军防务装备建造管理模式，通过装备项目策划与部门经营策划的深度融合，形成各司其职、紧密协作、质效并重、规范有序的工作格局。通过统筹全局，突出重点，以重点突破带动装备建造整体推进，形成有序节拍，有效提升装备建造的整体能力。

1. 布局一体融合，赋能协同管理

黄埔文冲根据海军防务装备的特征，坚持"新时代防务装备必须贯彻新发展理念，必须是高质量发展"的原则。以战略规划与海军装备建设目标为引领，开展顶层设计。成立以总建造师、总工艺师、总质量师、建造经理、技术经理、质量经理、采购经理、商务经理、安全经理为核心的跨领域一体化项目管理团队，推进项目整体联动、多向发力、广域布局。通过对项目管理团队赋予技术路线决定权、项目资金使用权、运行管理考核权，实现对团队的赋能激励，更好地发挥项目组的指挥引领作用。

在赋能项目管理团队的同时，黄埔文冲秉持准确识变、科学应变、主动求变的态度，以风险防控体系和高质高效发展为重点，制定《生产风险管理办法》，创造风险等级评价矩阵，每月定期组织6个核心部门对各装备项目进行"体检式"的风险识别、风险对策、风险决策、风险检查，对影响公司实现战略与经营目标的风险清单进行分层、分级化解，形成跨部门一体化协同。同时将装备项目建造策略落实到部门经营策略中，通过深度融合部门经营策略与装备项目经营策略、开展经营策略发布平台定期检查与考核，确保经营策略工作执行落地，全方位保障装备建造项目顺利推进。

2. 资源一体整合，突破发展瓶颈

黄埔文冲以打造资源输出最大化为导向，以提高装备建造能力为目标，对生产资源管理模式、主流程工艺和生产线进行整合再造。一是建立生产资源管理模式。按建造阶段分别设立指挥部，采取分块管理、综合统筹的工作方法，结合各阶段的工作特性与生产实际，由指挥部统筹管理生产资源，以

保障生产连续为目标，围绕重点产品的关键节点、生产难点，以解决瓶颈问题为出发点，督查督办为手段，最终实现全流程生产资源合理调配和使用。二是优化总段建造流程。通过扩充和集中分段总组的场地、人力、设备等资源，提高总组能力，实现大型总段建造，迅速缩短船台搭载周期，并以搭载需求为牵引，在优先保证搭载物量最大化的"按需生产"的同时满足分段物量的"按量生产"。在船体建造工艺流程改造的基础上，按并行工作原理，进一步推行舾装和涂装工作前移，提高总段完整性，释放出更多场地资源。三是打造高效生产线。通过开展全流程生产能力匹配性分析，进行场地资源整合及功能调整，完成生产流程再造。主要调整下料加工车间功能，并补充高效高精度切割设备，实现分线分道作业；建设室内分段制作车间，并按分段类型调整分段胎位布置，提高分段建造能力；同时还对喷涂、预舾装、分段储备场地等区域进行相应的能力调整。通过全流程再造，打造单船台2艘装备串联建造的生产线，形成各项资源高度匹配、衔接高效的生产链条，突破黄埔文冲单船台建造1.5艘装备的发展瓶颈。

3. 力量一体运用，实现高效建造

黄埔文冲以打造优质高效的装备建造体系为目标，构建以指挥中枢为核心的全链条管理构架。以指挥中枢重策划、工作部重实施、职能部重协同的方式，融"策划、实施、协同"为一体，开展准流水线节拍建造模式建设、工艺技术革新、物资供应链条管理、人才队伍建设等一系列工作，全面覆盖装备项目建造全流程，贯穿全过程。

针对装备建造规律与特点，建立公司、部队、代表室、设计院四方协同机制。公司、部队、代表室根据实际使用需求，以海军标为准则提出相关优化及合理性意见，军、厂、舰三方每周以碰头会形式进行后续计划对接，并根据不同阶段就合理化意见达成一致。同时，根据实际情况密切同设计院所沟通，确保舰艇优化在设计规范内。在此过程中，黄埔文冲代表室监督建造质量，部队的实际使用需求得到认可，快速维修及故障处理能力得到一次升华，积累更为宝贵的装备建造经验。

(二) 贯通全流程三化管理，实现节拍稳定生产

1. 创建四标五定，推进节拍建造

黄埔文冲以船台搭载为中心，按照场地、人员、工位、设备相对固定的原则，从工时、人力、工艺、工装设备等方面结合装备建造主流程的实际需求进行综合分析研究，以装备型号的首制品为载体，通过"试点＋优化"的方式，最终确立型号装备各阶段的标准流程、标准计划、标准周期、标准完整性，并通过建立相应的管控机制，充分发挥"四个标准"优势，带动装备建造由传统流程作业向准流水线作业转变。通过实行分段制造阶段"定分段、定场地、定设备、定人员、定材料"的定置管理，减少分段制造胎位周转的衔接等待，大幅减少分段制造工时与工装材料损耗，提高分段制造胎位利用率，大幅缩短分段在胎周期，促进分段制造快速轮转，实现分段制造能力翻番，为分段总组与船台搭载的节拍建造创造先决条件，有效牵引装备建造各阶段的周期管控向节拍建造靠拢。

2. 精细计划管理，确保进度可控

围绕分段制造、分段总组、船台搭载、船台舾装、码头试验、试航交船6个建造阶段，以保障开工、上船台、下水、试航、交船等传统五大生产节点为基准，依托6个建造阶段的重点工序，建立46个生产小节点。以精准控制建造过程为目标，对生产小节点做提级管理，将生产小节点纳入部门月度重点考核指标范围，通过风险预警、督查督办、紧急调度、部门评价、节点考核等手段，实现生产小节点全面支撑五大生产节点受控，促进建造节拍稳定、有序。通过实施以"分段储备率不达标不准上船台、船台舾装完整性不达标不准下水、码头涂装完整性不达标不准试航"为要点的"三不准原则"，同步控制各建造阶段的建造总量，促进各阶段状态受控，有效保障全流程建造节拍稳定。

3. 挖掘服务潜能，支撑主业流程

结合各阶段建造需求，以稳定节拍建造为导向，以加快工序衔接、减少工序等待为目标，优化支持作业管理模式，实行区域化管理。在各区域设置总负责人，负责区域内支持作业的统筹管理，对接施工需求单位；以调整工作界面、优化作业流程、建立支持作业运用及考核制度、界定临时支持作业范围及实施原则为主要抓手，增强支持作业服务能力。以服务搭载计划、关键节点为原则，优化吊车作业。通过建立吊车作业信息反馈平台，设定统筹原则与作业标准，提升吊车资源保障能力。以月计划重预警、周计划重执行为原则，优化脚手架作业。通过建立脚手架基础数据库，编制脚手架作业指导书、搭设图纸，固化各工序的标准物量及作业周期，定置脚手架材料堆场来规范脚手架管理，有效加快工序衔接、减少工序等待。以快速轮转为原则，优化场地与分段转运管理。通过建立分段转运管理机制，按场地功能重新规划 13 个功能区，界定转运路线及原则，实现分段转运畅通、快捷。以准确、及时配送为目标，优化设备出库后的配送模式，实行设备配送计划统一统筹、配送运输车辆统一安排，并划分优先等级，有效规避配送需求重叠、运输车辆超负荷，促进支持作业更加规范、有序，有效支撑节拍建造。

（三）打造技术驱动新引擎，强化工艺技术支持

1. 夯实设计基础，提高协同能力

为了更好地提升设计能力，通过建立一体化信息平台的强化设计一体化管控，贯彻和落实体系制度，完善一体化制度。贯彻"一个中心、做强开发、优化设计、提升管理、全面负责"的管控思路要求，遵循"谁设计、谁配建"的原则，以设计项目管理为抓手，按船型建立设计中日程标准。通过引入新编码体系、规范设计流程、明确分工界面，有效降低设计差错率，确保设计成本可控。

为了更好地为设计削峰平谷，黄埔文冲实施"融入式"协同设计方案。由公司设计部与设计院所开展对接，确定双方进驻的节点及双方参与设计的内容、范围及各自的工作界面，并由公司提供实际生产需求，集中力量重点冲刺紧急项目，保证设计供图稳定。同时从一线抽调工艺人员进驻设计部协同开展图纸设计工作，在设计任务高峰期，缓解了设计压力。开展"融入式"协同设计，发挥内部平行协作优势，实现了设计任务的削峰平谷，满足了装备的应急需要。通过不同角色人员的融入交流，践行了设计生产一体化的理念，实现了生产诱导设计、设计指导生产，提高了设计与实际生产的吻合度，促进了公司型号装备设计效率及设计质量的双提升。

2. 推动工艺革新，助力提效增速

黄埔文冲坚持问题驱动、目标驱动、需求驱动三方位推进工艺革新，通过深入一线开展调研，了解短板问题，客观分析现状，重视顶层设计，着眼 5 ～ 10 年规划，关注产品需求。立足产品质量提升、客户满意、员工需求，为工艺革新找准发力点。制定年度工艺优化改进任务，并将任务项目化、清单化、责任化、时限化。以产品为载体，系统搭建"多专业交叉、多单位参与、多手段融合"的科研创新平台，由黄埔文冲的工艺技术部门、高校、研究院等单位参与，建立了"1+X"的联合攻关模式。以舰船工艺攻关、装备革新、流程优化为主线，打通自主创新、协同攻关、外部引进三种改革创新的路子，解决需求调研、项目策划、试验验证、工艺设计、工装开发、试点与调试、固化与推广等全流程的工艺技术保障问题。在重难点项目推进中，积极开展跨行业交流学习，通过"走出去，请进来"，吸取先进经验。在重点项目推进过程中，通过设立工艺改进示范区，鼓励在示范区大胆创新工艺，取得应用成效再固化，鼓励新装备在示范区先试点，成熟后开展示范教学并推广应用，降低了创新过程中带来的风险，保障了工艺革新的稳步推进，为装备建造提速增效提供了有力支撑。

3. 强化平台支撑，实现能力升级

针对船用物资在检验环节存在检验过程管控难、相关方多、证书无法在线查询等业务痛点，结合

区块链技术分布式、去中心化，信息不可篡改的特点，依托《黄埔文冲"十四五"信息化发展专项规划》，推进设计、制造、管理、质量一体化信息平台建设。创建了基于区块链技术的船用物资检验应用系统，并依托工业互联网平台构建船用物资检验应用，实现船用物资检验信息在线查询、证书在线查询等功能。做到主要、关键产品质量动态及时掌握，增强装备建造过程中反应能力，有效支撑海军防务装备建造的快速发展。

（四）实施物料全链条管理，保障快速稳定供应

1. 健全采购机制，提升供给能力

集中高效的采购管理组织是保障采购供应稳定的基础，黄埔文冲近年来在采购管理组织上对标先进单位，强化内部组织建设，最大化发挥组织效能。一是以物资采购管理管控模式一体化为契机，梳理和发布了公司物资采购管理职责分工界面，实现全品类生产性物资的集中采购，建成高效、分层、分类的集中采购组织，确保集中采购实现了规模化。二是制订《物资部生产技术准备管理办法》，完成《物资采购管理制度》为核心的"1+N"管理制度体系建设，即"1个物资经理+N个采购主管"成立物资采购项目小组的模式促进采购业务能力提升。打造出"项目策划—项目管控—项目总结—管控提升"的良好工作循环。三是深度推进物资采购的军民融合。通过在材料物资中实施军民融合采购，采购成本的合理性、质量可靠性、规格通用性等得到进一步梳理和增强，推动了物资供应能力的提升。

2. 优化商务模式，缩短采购周期

黄埔文冲采用物资采购管理与现代供应链管理理念相融合的方式，推进采购品类管理，整合优质供应商资源，推广采用战略合作、框架协议等采购组织模式，提高供应链稳定性。一是对公司采购物料从设计源头进行优化、减少规格，形成规模化采购优势。二是针对大宗物资、关键物资通过战略合作强化前期技术合作，稳定供应渠道资源，取得价格优势。三是针对频繁采购、需求不定的物料，通过框架协议采购的形式将不确定的需求转化为稳定、快速的供应保障。黄埔文冲近年来累计推进落实107类物资框架协议采购，大幅缩短物资保障周期，框架协议类物资采购的平均物资采购明显缩短。

3. 强化供应管理，拉动配套资源

保证供应商按合同履约是确保公司物资供应稳定的前提，黄埔文冲在供应商准入认证管控、设备质量"穿透式管理"、全生命周期动态管控等方面发力。通过在军采网、线下招标对接会议等多种高质量平台扩大供应商寻源范围，强化供应商准入过程中的资料审查，对供应商准入必要性、资质符合性、质量可靠性等进行全方面审查，对生产商的准入增加现场考察认证环节，有效保障物资供应质量。同时制定了《防务装备质量"穿透式"管控实施方案》，通过加强装备研制质量保证要求和质量管控在供应链全链条中"穿透式"传导和贯彻，提升采购产品质量管控能力，并利用设备出厂验收时机对相应供应商开展质量"穿透式"监督检查，产品检验验收中，针对前期负面清单和易发问题产品，修改完善了铸锻件、主机、发电机等重要物资的验收方案，促进了设备品质保障。通过实行"日常收集＋季度评价＋年度评定"供应商管理动态量化评价机制，以不同形式组织约谈和现场走访、考察，就合同交付进度、实物质量和服务，结合实际向供应商提出产品改进建议、专项整改工作，拉动配套服务能力整体提升，有效保障供应商的配套能力与装备建造需求相适应。

（五）构建全方位复合机制，加强人才队伍保障

1. 实施双线整合，塑造高效团队

根据快速适应装备建造的发展态势以及快速响应装备建造的发展需求，黄埔文冲实施资源整合，通过推进军、民两条战线的有机合并，实现军、民两条战线的协同管理、技能"双融"，有力保障生产物量的削峰平谷、生产节奏的节拍建造，大大增强人才队伍的风抗能力、包容张力；通过组建快捷高效质量管理队伍，特别是在产品建造检验流程环节，打造入库、船体、涂内装、电气、轮机、特装检

验专业化团队，提高专业检验人员间协调性、机动性。同时，在项目管理的中段增设布控，工作部的管理室队伍向上衔接专业建造师、单船建造师、型船总建造师，向下衔接各工序的生产计划、建造工艺，提高项目管理的质效、强化阶段顶层的管理；在区域造船的阶段增设布控，组建总组、舾装、动装三支分队，使得工序划分更加合理、工序衔接更加顺畅、工序节拍更加稳定。

2.改革用工机制，优化人力结构

基于快速建造、节拍生产的指导思想，结合公司人力资源和装备建造业务的实际，研究编制装备建造快速响应人才保障的专项规划。一方面，有序补充和精准布控装备建造快速响应的管理和技能人才用工总量：一是通过批量建造建立的产品、阶段和区域管理需求标准，补充管理人员；二是通过批量建造建立的阶段周期、物量和工时标准，补充工种人员、均衡阶段分布。另一方面，深化改革和优化调整装备建造快速响应的管理和技能人才用工结构。对于管理人才，依托项目管理模式厚植项目管理观念，一是针对型船建立"三总师""六经理"；二是针对单船建立项目管理团队，通过青年职业生涯规划、非职务序列聘任管理等，分流、梯队建立了稳定可靠的建造师、生产计划、建造工艺等关键岗位的人才队列。对于技能人才，一是控制岗位配比，合理调配生产与辅助、直接与间接的人员比例，精简结构的同时兼顾合理搭配，保障快速响应；二是控制职协与劳务配比，通过稳定职协基数保证快速响应后墙不倒，通过提高劳务用工占比形成快速响应有效补充；三是通过划分资质等级建立津贴保障、依据物量建立激励保障、优秀劳务转直管等方式，持续补充、有效稳定关键工种。

3.搭建育才平台，激发人才潜能

搭建载体，充分发挥领兵将领的示范作用。一是依托"三航"计划，通过增强业务能力、提高准备熟度、加强战略共识让优秀大学生走得进来，通过学史增信、管理提升、知行合一让优秀年轻干部提得上去；二是依托"两军"计划，培养高级领军人才、青年科技拔尖人才；三是依托劳模技师创新工作室和"匠心"计划，通过师徒帮带、校企联动等保障师资、产出教材。

多元培训，全面增强中间部队的核心力量。一是依托装备制造工程项目设立专项团队，以项目为载体、以任务压担子、以现场为熔炉，按型号船、分专业、跨阶段，培养一批熟悉装备批次节拍管理业务的建造师、生产计划、建造工艺等关键岗位人才；二是依托纵深各级培训体系，开展跨单位、跨企业、跨行业的交流学习，让关键人员走得出去、学得进来、用得上去，形成紧跟时代发展、不断提升水平的良好循环；三是多管齐下促成技能人才严控入口、有序提升、脱颖而出，通过军工产品适应性资格培训严把技能人才准入资质；通过各级工艺组织开展常态培训提升技能人才知识技能；通过各类技能比武推进技能人才选拔提升。

定向培养，精准提升特殊工种的攻坚水平。针对装备制造关键项目、关键工序设立专业化团队，比如重要焊缝班组、水平项目施工团队等，采取固化人员、定向培养、专项激励等措施，增强对关键项目、关键工序的攻坚克难人才保障力度。

三、船舶企业基于"一体四维"的防务装备建造快速响应体系构建效果

（一）构建了快速响应体系，提升了防务装备建造能力

黄埔文冲公司通过构建"一体四维"的防务装备建造快速响应体系，核心装备年交付能力由原有的1.5艘提升到2022年3艘，达到海军装备交付需求，解决了装备年交付量少的关键问题。同时，2022年度完工装备平均提前70天交付，地面、船台、码头三阶段建造周期比同类产品均有明显缩短，全员造船效率持续进步，装备建造效率得到进一步提高。

（二）推进了企业转型发展，实现装备产能跨越式发展

防务装备建造快速响应建造体系实施以来，黄埔文冲的防务装备建造模式由传统的流程建造成功转型为准流水节拍建造，并向其他防务装备推行应用，防务装备年产值由2020年的42亿元提升到

2022 年的 55 亿元，提高 31%，取得较好的经济效益。在装备建造管理能力、各项业务领域保障能力方面得到进一步提升，资源配置更加合理，有效提升装备建造业务的核心竞争力，巩固了黄埔文冲在海军装备建造领域的核心企业地位。

（三）增强了强军首责能力，促进部队战斗力大幅提升

防务装备建造快速响应体系运行后，加快装备建造响应速度的同时，质量方面也大幅提升，使黄埔文冲成为华南地区主战舰艇建造速度最快、质量一流的防务装备建造基地，为我国应对祖国统一，海岸线监视及海上对抗增添了新的利器，创造了中船集团公司首家连续 3 艘以"零收尾"异地交付的记录。

（成果创造人：聂黎军、瞿　刚、段显龙、刘　昱、刘　松、郑乃坚、
姜云川、周高雨、黄东篱、马　超、刘　铮、苏金波）

全面提升发电效率的光伏电站智能化运营管理

华能国际电力股份有限公司河北清洁能源分公司

华能国际电力股份有限公司河北清洁能源分公司（以下简称华能河北清洁能源分公司）成立于2010 年，是华能国际电力股份有限公司成立的第一家清洁能源企业，主要负责河北及内蒙古地区的陆上风电、海上风电、太阳能和氢能等清洁能源发电项目的开发、建设和经营管理。目前管理 7 个新能源场站，分别为华能化德风电场（装机容量 9.9 万千瓦）、华能康保风光场（装机容量风电 14.55 万千瓦＋光伏 12 万千瓦）、华能涿鹿风电场（装机容量 9.6 万千瓦）、华能薛家营光伏电站（装机容量 1.3 万千瓦）、华能尚义光伏电站（装机容量 10 万千瓦）、华能威县光伏电站（装机容量 8.8 万千瓦）、华能唐山十里海光伏电站（10 万千瓦），总装机容量 76.15 万千瓦；同时已取得光伏建设指标容量总计 300 多万千瓦。

一、全面提升发电效率的光伏电站智能化运营管理背景

（一）明确电量损失原因，提升光伏电站能效水平的需要

光伏电站在运营周期中，组件的发电效率，汇流箱、电缆、逆变器等电器元件的可靠性会逐步降低，发电量也会随之逐年递减。光伏电站在运行中还存在各种缺陷、故障，且故障模式复杂，造成设备缺陷不易被发现，长期会严重影响发电效率。传统的以人为主的开环式、粗放型电站管理手段存在能效精确定位难、电量损失溯源难、指标评价不科学等一系列问题。国内尚未形成统一规范的管理规程，也普遍缺乏对组件级诊断有丰富经验的现场从业人员。电站需要一套切实可行的解决方案来为运维班组提供抓手。因此，建立科学的光伏电站能效评估体系，实现对光伏电站及生产设备的能效状态精准评估，对推动光伏电站精细化运维管理，提升光伏电站收益具有重要的意义。

（二）转变运维管理方式，加快推进"三化"建设的需要

一直以来升压站日常巡视采用传统人工巡视的方式进行，由于人工巡视检测手段单一，固定视频监控存在盲区，并且传统的巡视方式受时间、天气及人力的影响，所以升压站在巡视工作方面存在着一定的缺陷。因此，通过管理模式的转变，坚持以"三化"建设为企业赋能，实现生产管理的精细化、集约化、智能化；实现高效运维，为基层减负；实现低成本运维，为公司创收，最终形成一套清能模式和经验势在必行。

（三）发挥先进技术优势，光伏电站智能化运维的必然选择

光伏电站因发电原理的特殊性和电源分散的特点，其众多环节都可能存在着难以发现的能量损失，而最终造成电站能效或盈利能力欠佳。由于缺乏科学、合理的规范体系，管理挑战极高，光伏电站的管理难以达到专业化、自动化的要求。随着大数据、人工智能、云计算等新兴技术的不断发展，科技与光伏电站管理的融合创新不断加快，推动了该产业向智能化迈进。智能化运维是光伏电站设备异常指标精准预判、缩短故障检修时间、算法模型自动计算、降低运维成本的利器，更是未来光伏智能化发展的重要方向。

二、全面提升发电效率的光伏电站智能化运营管理主要做法

（一）提升光伏电站运维效率，构建"远程智能巡视"平台

1. 构建全时全域智能感知体系，实现设备运行可视化管理

华能河北清洁能源分公司构建的光伏电站智慧能效体系标准化建设与实施管理体系全面实现了生产管理的精细化、集约化、智能化，底层数据采集的全面性是实现智慧能效管理体系的基础。新型智

慧能效管理智能感知体系设计涵盖多系统、多专业，具备点多、面广的特点，包含且不限于电站基础信息、电力综合自动化系统运行数据、各类在线监测数据、安防数据、消防数据、气象数据等。为避免重复建设，节约资金，新型智慧能效管理平台的数据获取支持多种方式：一是多系统数据融合，使用系统对接、数据转发等方式获取现已有智能化系统的数据，如综合自动化系统、在线监测系统、消防系统等；二是对未建立智能化系统的自动化设备进行直接采集，如逆变器、箱变测控、环境气象数据等；三是对现场已有智能化系统，但因功能设计不同，原来部署的智能化设备存在不满足新型智慧能效管理平台监测点位部署要求的情况，在保留原智能化系统的基础上，依据新型智慧能效管理平台监测点位部署要求进行完善，增加智能设备，融合后实现完整设计功能。

在智能信息技术"精耕细作"的推进下，光伏发电的运行管理方式方法已经从原来的分散管理模式向统一集控模式转变，呈现出智能化运行维护的特点：光伏电站无人值守、集控中心集中管控。随着光伏产业的持续发展，先进、高效、智能化将成为光伏电站运行管理的新要求。

2. 构建远程智能巡视平台，助力运维管理提质增效

光伏电站智慧能效管理体系在建设中，充分利用视频摄像头、机器人、无人机等智能化感知设备，实现对光伏电站全站的全面视频监视，在此基础上，华能河北清洁能源分公司为加强对光伏电站的精细化、集约化、智能化管理，积极探索新的业务应用模式以提升管理水平，通过采用大量的模型算法和图像识别技术，同时融合其他智能系统的监测数据，对光伏电站进行远程巡视，实现视频智能巡视、智能分析、主动预警、智能决策等。

升压站智能巡视体系以实现信息化、自动化和互动化特征为目标，基于 SCADA（Supervisory Control and Data Acquisition，数据采集与集中监控）、在线监测等系统数据，应用大数据分析和智能推理机技术与专家经验进行数据联合驱动，应用全结构化智能分析模型实现设备异常态的事前状态预警、缺陷诊断跟踪和运检决策，以及设备故障的事后应急处置和运检决策。通过先进的传感、测量技术、硬件设备控制方法及决策支持系统技术等，对升压站内设备的运行状况进行实时监控，经网络系统收集、整合数据并进行分析和判断，实现"电力流、信息流、业务流"高度一体化融合，从而提升设备安全稳定运行能力，降低运检成本，提升运检质效，实现无人值守。

3. 引进无人机巡检技术，全面优化能效管理机制

光伏电站无人机智能巡检系统总体规划为三层结构，分别为监控端、边缘计算、无人机终端。监控端部署在集控中心，作为巡检计划制定、自动机库、无人机设备管理、诊断结果展示的中枢系统，边缘计算端部署在光伏场站内，主要包括无人机综合管控平台、智能诊断服务集群，其主要功能包括机库管理、多任务智能分配、飞行管理等飞行及设备控制，组件红外测温及可见光图片自动诊断等。无人机终端包括全自动智能机库、无人机本体、四光测温云台、机载喊话器等智能无人装备。

建立机器视觉自动诊断服务集群，增加系统应对光伏电站海量图片数据的处理能力，提升诊断效率；建立云边协同机制，实现无人机机库的远程操控，无人值守能力；实现光伏电站无人机巡检的智能化管理，提升运营管理能力，降低运营管理成本，增加投资收益。

无人机巡检任务的派发除支持人工定制巡检、定时巡检、故障巡检等模式外，还与能效监测系统进行信息融合和联动，支持根据能效报警自动生成巡检任务，自动定位能效异常区域，对能效异常区域设备进行自动巡检。

同时，光伏子阵区域面积广、设备多、环境相对较差，使用传统的视频监控技术投资成本高、实际效果达不到预期，而采用无人机智能巡视方案可有效解决以上弊端。无人机搭载可见光相机、热红外相机，采集光伏组件的可见光、热红外图像，实现无人机智能化巡检，提高光伏巡检效率和安全性。可见光和热红外图像实时存储，支持快速导出，后续利用数据分析处理系统对无人机采集的热红

外图像和可见光图像进行智能化处理，实现组件不发电检测、灰尘污垢遮挡、组件裂纹破损等故障引起的热斑自动化诊断和定位。

（二）提升光伏电站发电效率，构建能效"全环节"监测平台

1. 构建分层分级全站能效监测管理体系

华能河北清洁能源分公司构建了一套适用于光伏电站的智慧能效管理体系，做到对光伏电站的运行效率及站内设备的出力情况完全掌控，通过设备健康状态、能效分析、智能诊断等技术手段，完成对光伏设备能效状态水平的精准评估。光伏电站智慧能效系统通过对阵列区设备等辅助信息的全面监视，实时获取场站、子阵、箱变、逆变器、组串等主设备运行、状态、气象、环境等的数据，通过模型计算输出设备健康状态、能效分析、智能诊断等数据信息，支撑开展智能运检和作业现场的实时管理工作。

2. 构建"大数据＋人工智能"的能效自动化诊断模式

充分利用物联网、云计算、大数据、人工智能、智能硬件、移动宽带互联等新一代信息技术，建设光伏电站新型智慧能效管理平台。通过大数据收集，以光伏电站新型智慧能效管理平台为中心进行数据交换和共享，建立起光伏电站与运维人员之间的沟通桥梁，快速处理影响光伏电站稳定运行的外部因素；通过人工智能算法和图像识别技术的智能巡检系统，及时准确地对光伏电站进行不间断监测，提前预判光伏电站可能发生的问题，准确定位的同时减少人力成本投入。

3. 能效异常提前预警，实现"预测性维护"管理模式

通过提取主辅设备告警信息，针对设备在线监测、检测、试验及主辅设备实时运行数据，对设备实时健康状态和短周期趋势变化进行自动分析，并对分析结果进行预警推送，从而实现智能预警。基于样本、规程及专家经验，构建并不断迭代优化预警模型，动态获取实时量测信息，开展异常主动预警，推送预警信息和处置决策建议，指导开展早期预防工作；获取在线监测信息，提取出可以反映设备缺陷发生早期及发展过程的关键信息，并推送至分析模型进行预警分析。光伏发电站能效技术监督预警项目主要包括一般预警、较大预警、严重预警。

（三）深化光伏电站"三化"管理标准

1. 管理集约化——光伏电站无人值守

通过成立集控中心，在线配置参数、召唤数据，实现集控中心对光伏电站的远程监控。对于原本有可能出现的现场问题，集控中心每日按照巡视要求定期对监控画面及视频监控画面巡视检查，从而及时发现设备异常情况，之后安排人员到现场进行消缺处理，以保证现场设备安全稳定运行，随着光伏场站数量的增加，无人值守模式将大大降低光伏电站运营管理的人工成本。

同时成立区域运维中心，运维中心人员负责区域内多个光伏电站的运维管理，当接到调度中心命令后，对光伏电站开展事故处理、试验检测、设备巡视和倒闸操作等线下工作。采用远程集控＋区域运维的管理模式实现光伏电站的集约化管控，节省人力资源投入，保证光伏运行更为经济、安全和稳定。

2. 管理精细化——全站能耗监测、能损分解

以提升光伏电站能效为管理目标，充分发挥光伏电站智慧能效监测平台的强大分析能力，对电站的发电量、损失电量、上网电量进行全流程分析，详细掌控电站级和箱变、逆变器、汇流箱、组串等设备级的全发电流程的能耗损失状况。能耗损失类型包括组串的衰减根据电流电压不可逆的降低趋势、异物遮挡、电流阶梯状降低特性、阵列间在日出日落时间段电流整体降低特性、排除灰尘遮挡时间段、微气象时间段、限电降额时间段之后电流下降的特性及站级传输损耗。通过损失分解，对各级能耗损失层层剥离层层汇总，全面管理整个发电流程的能效状况和能效损失状况，为光伏电站的精细化管理提供有效的技术手段和坚实的数据支撑。

3. 管理智能化——主动预警、智能诊断、智能决策

专家库与机器学习的深度融合，是实现主动预警、智能诊断、智能决策的技术基础。专家库包含标准库、经验库和案例库，专家库实现信息自动关联，系统自动获取相关专家库内容。标准库是指行业规范、行业标准、企业标准及各类操作规范，以非结构化形式存储在特定数据库；经验库是指对运检决策、缺陷、隐患、故障进行关联的数据库；案例库是指缺陷处置案例、故障处置案例，对非结构化数据进行结构化的数据库。诊断算法基于机器学习训练平台搭建，前期设置基础训练集，标定故障组件，并在后期不断增加训练样本集，充斥目标训练样本库，结合深度网络模型库，进行预处理后入库学习，形成机器自我学习、自我判定的视觉学习过程，从而提升故障判定精度。搭建深度学习专家库，通过深度学习＋先验知识修正，保持模型库的自主学习能力与高度成长性，数据量越大，算法模型越强大，进而故障识别精确度越高。

第一，主动预警。

状态预警基于样本、规程及专家经验，构建并不断迭代优化设备状态预警模型，动态获取设备实时量测信息，开展设备异常主动预警，推送预警信息和处置决策建议，指导开展缺陷早期预防工作。获取在线监测信息，推送至分析模型进行状态预警分析，应用提取的设备状态关键状态数据，进行设备状态预警。

设备状态阈值预警基于规程，对于关键状态量进行阈值设定，对于传入的超阈值数据，推送告警时间、告警参数、告警值及告警级别等告警信息和处置决策，确认后将告警设备加入异常跟踪库进行监视跟踪。

设备状态趋势预警根据检测信号上升梯度所作的预测值是否持续偏离正常值，来判断设备是否处于"故障先兆期"，如油中溶解气体的双参量趋势预测、铁芯接地电流的单参量趋势预测等，通过准确截获故障的先兆信息及时预警，就可以有效采取预防措施，避免缺陷和故障发生。

状态量跟踪首先获取因为状态预警发现异常加入监视跟踪库中的设备编码、监视跟踪来源、监视周期、监视频率、监视开始时间、监视结束时间等内容；其次，以获取试验报告、带电检测为主，获取设备台账、在线监测信息、状态遥测信息、巡检记录、运行值班记录等诊断分析所需数据为辅，提取出反映设备缺陷及进一步发展过程的关键信息，推送至分析模型并进行综合诊断分析；最后，根据诊断结果信息、跟踪情况判断当前设备状态，对诊断分析确认无缺陷且已跟踪到期的设备解除跟踪、解除预警。

设备评价综合设备缺陷性质、严重程度及缺陷对设备的危害权重，形成设备状态的四级评级规则（正常、注意、异常、严重），对存在异常的设备，根据相关规则进行设备评级，指导缺陷的预防与检修。

第二，智能诊断。

智能诊断主要实现对箱变单元、逆变器单元、组串单元的设备异常散热分析、设备离散分析、组串掉串分析、灰损度分析、组串衰减度分析、组串遮挡分析。帮助全面地了解电站设备的运行情况，及时发现设备运行异常的告警信息，及时采取处理措施，减少设备故障给电站带来的经济损失。

通过能效分析算法实现对健康度的检测，当箱变、逆变器、组串单元出现低效情况时，可使用不同的背景颜色提醒关注，可在损失分解详情页面查看损失分解数据，快速定位造成损失的主要原因。

箱变异常散热分析通过训练温度预测模型实现对箱变理论温度的精准预测，当设备油温或绕组温度出现异常趋势时，可及时给出温度异常预警，提醒集控中心人员关注，是否要加强巡视；组串调串分析通过逆变器组串自检分析算法可实现对逆变器所辖组串是否存在问题进行自动检测，当出现组串掉串时，可及时给出预警；灰尘分析基于设备发电效率跟踪，以时序模型与气象模型为基础，应用大

数据技术，全面覆盖和持续有效地分析电站光伏组串积灰程度，对电站何时需要清洗，对哪个方阵／组串需要清洗等情况及时预警提示；系统具有自我学习能力，可以根据历史清洗时间点自动校正下次准确的清洗时间，为用户安排清洗工作提供科学依据。

第三，智能决策。

智能决策是智慧能效管理平台的智能化特性的具体应用，当产生报警或发生故障时，通过 AI（Artifical Intelligence，人工智能）和大数据进行数据分析自动产生处理方案。系统获取主辅控数据包括开关变位信息、保护动作信息及一些历史故障检修信息、监视信息等全量数据，对数据进行优化存储、关键数据筛选辨识，运用应急决策模型，结合故障判别规则库、应急处理规则库实现故障设备定位及故障类型判定，并推送应急处置原则及相关分析数据，辅助故障现场应急处置工作；应急处置后，根据故障分析结果及试验决策模型，系统自动推送现场试验决策内容，辅助试验班组开展诊断性试验；完成诊断性试验后，模型抓取诊断性试验结果，通过故障诊断模型，结合故障处理决策规则库进行故障研判分析，输出故障发生的原因及严重程度，并根据研判结果，应用故障运检知识库，推送检修决策信息，指导运维人员执行检修任务。

（四）建立健全可持续的光伏电站能效管理机制

1. 强化队伍建设，全面抓好人员培训和作风建设

秉承"自主维护，运维一体"的运维模式，持续培养技术、技能人才，为华能河北清洁能源分公司大规模快速发展夯实基础。运行人员采取场站轮训，检修人员采取中心场站培训的方式，建设运行人员精于运行分析，检修人员精于设备维护检修的生产专业性队伍；规范新员工的培训方法和加大考核力度，做好新员工快速、批量、标准化成长成才培养。培训资源向积极主动、领悟力强、基础扎实、善于解决问题的员工倾斜，采取走出去和压担子的方式，参与各级别技能培训及考试，培养几名综合素质高的专业技能强的骨干人才，形成传帮带的核心力量。以各类生产报表、报告为切入点，坚持问题导向，月度绩效和年度评价为手段，开展标准不高、工作不实、效率低下等作风整顿，进一步提高"高严细实"的安全生产工作作风。

2. 优化固化"远程集控＋区域运维"的管理模式

以"运行""监管""营销"和"大数据"为中心，坚持以运行监控、诊断分析、生产管理、应急指挥、绩效评估、开放共享等六大生产管理职能为目标，优化固化"远程集控＋区域运维"的集约化管理。这样可以直观地对各场站的运行情况进行监视和控制，运用大数据及智慧运维手段实现场站监管及设备高效运行分析。

积极运用先进技术手段，光伏电站智能化运维管理工作需要积极运用大数据及云计算等技术。运用大数据及云计算，能够实现光伏电站的技术化管理，从而大大节省人工成本，大数据信息库的建立可以为相关的运维管理工作提供全面的数据信息，为管理业务流程的精细化提供重要的支持。对光伏电站现有低速传输通道进行升级改造，确保光伏电站在视频、语音等方面的通信传输的高容量、高稳定性和有序性；将系统信息全部上传到云上加以存储，并通过大数据技术对数据信息加以分析与展示，为工作人员的分析和决策提供重要依据。

三、全面提升发电效率的光伏电站智能化运营管理效果

（一）显著提高了光伏电站能效及管理水平

一是在光伏电站生产管理中树立了"以数据驱动管理"的管理理念，有效提高了数据使用效率，提升了光伏电站管理精益化水平。二是可辅助管理人员重点对组件灰损和衰减分布情况进行分等级管理，给出不同区域、不同时间段的清洗、检修和低效设备技改计划。三是改常规定期的全面清洗策略为不定期的区域精细化清洗，不仅节约清洗成本而且能够及时对比分析带来的发电收益。四是可实现

低效组串检出效率提高 80%，故障组串比例降低 20% 以上。光伏电站总体能效提升 2%～6%，对于 100MW 的光伏电站，预计每年增加收入 100 万～300 万。

（二）显著减少了运维时间与成本

通过无人机、视频等智能化技术手段代替传统人工，实现光伏电站"智能巡检、智能分析、无人值班"，解决了传统运维模式下人力、运维成本较高，安全生产经营管理难度大等问题。采用人工智能图像识别技术可降低对人员专业性的要求，故障快速诊断识别、缺陷提前在线预警，降低人为判断时对专业性的要求，提高运维专业性和故障排查效率。依托数据智能处理平台完成统一数据管理，避免了大量的人工重复劳动。

（三）显著提高了生态效益转化能力

采用"云大物移智"的技术，构建智能化的"远程智能巡视＋能效全环节监测"管理体系，对电站的发电量、负载、低效设备等进行实时监测和管理，实现对设备全生命周期的掌控，避免能量浪费，提高能源利用效率，减少资源浪费；减少能源的消耗，可以有效地降低电站的碳排放量，从而减少对环境的污染，实现"绿水青山"向"金山银山"的转化。光伏电站能效管理系统的研发，在完成对电站及生产设备的能效水平评估后，支持对电站及生产设备的能效水平变化趋势进行智能分析，为用户全面了解电站能效水平提供数据支撑，可有效提升电站发电效率，有助于开展绿色企业文化建设，获得公众的认可和支持，提升品牌绿色竞争力，提高企业品牌形象。

（成果创造人：马聪永、张景旭、武建鑫、姚红宾、钱　凯、乔少帅、
皇甫玮、孙志伟、武晓辉、李立龙、孟雪鹏、田　元）

高端装备制造企业基于"多元同心"的全价值链质量管理

中车株洲电机有限公司

中车株洲电机有限公司（以下简称株洲电机）为央企中国中车集团有限公司旗下全资一级子公司，是以"低碳动力先锋"为特征的轨道交通电力牵引动力和风力发电机行业引领者、永磁电驱和新能源技术先行者。2022 年，株洲电机总资产 110.96 亿元，实现营业收入 100.03 亿元，年人均产值达 323 万元。产品技术主要覆盖轨道交通牵引电机和牵引变压器、风力发电机和变压器、工业驱动、新能源汽车驱动、机电系统集成、伺服驱动、输变电等领域，业务遍及全球 40 多个国家和地区。

一、高端装备制造企业基于"多元同心"的全价值链质量管理背景

随着国内外经济发展进入新阶段，各行业的产品、服务、资源和技术的竞争愈发激烈，行业增长模式从数量型转变成质量型，市场竞争也由以价格竞争为主转向以质量竞争为主。随着国内轨道交通、风力发电等行业市场开放力度的持续加大，国际市场竞争愈发激烈，质量竞争力已成为参与市场竞争的必要条件。电机属于一个相对传统的行业，尽管不同类型的电机结构不同，但作用机理基本相似。近年来，随着材料应用技术的进步，以永磁电机为代表的电机效能在不断提升，同等功率情况下永磁电机比普通异步电机的体积更小、重量更轻，损耗降低可以高达 50%。得益于永磁技术的发展应用和对产品质量的极致要求，株洲电机立足于轨道交通，成功拓展了以永磁风电和高速永磁工业电机为代表的新产业，成功跻身百亿梯队并逐步成为高端机电装备行业的领军企业。作为行业的引领者，要持续保持在国际、国内竞争中的领先地位，实现世界一流机电企业建设目标和企业的高质量发展，就有必要围绕自身产品的特点来打造产品质量标识，建立可借鉴、可复制的质量管理模式，更好地传播和推广优秀管理经验，为电机行业的发展贡献力量。

二、高端装备制造企业基于"多元同心"的全价值链质量管理主要做法

（一）提炼关键成功因素，顶层设计全价值链质量管理架构

株洲电机吸取国内外先进质量管理经验，广泛融合质量管理理论要求，以全面质量管理为理论依托，在融合价值链理论、协同共生理论、系统工程理论等基础上，从自身行业和产品特点出发，基于 RAMS（Reliability，Availability，Maintainability，Safety，可靠性、可用性、可维修性和安全性）理念展开论证分析，针对卓越质量管理的成功因素提出"目标、文化、业务、基础"4 个层面的要求，并从自身行业和产品特点出发，明确 4 个层面的具体组成要素，形成全价值链质量管理架构。

基础层面的成功要素在于依托一体化的质量管理信息系统，将质量安全基线、质量人才、质量技术、质量体系、质量要求、质量责任等各基础要素串联贯通。业务层面的成功要素在于以全价值链业务流程为主线，拆解细分各过程，明确"研发、供应、制造、服务"四大业务域的关键控制环节。文化层面的关键成功要素在于构建全员参与的质量文化、树立深入人心的产品质量标识。目标层面的关键成功要素在于质量战略和方针的贯彻落实。

株洲电机将质量建设纳入企业发展战略，围绕建设"世界一流机电企业"的愿景目标进行顶层设计，确立"十四五"质量发展规划，并制定系列保障落地的措施。一是以战略为牵引，策划下达年度质量总目标，并按部门、业务进行细化分解，层层落实责任部门和责任人；二是建立跟踪考核与激励机制，实施月度动态监控；三是定期召开质量工作会议，评审评价目标实现情况、质量发展规划目标及措施的匹配性。

株洲电机对质量战略的落地评价采取"3 维度 9 层面"评价：时间维度上开展年度评估、期中评估

和期末评价；实施层级维度上分为总战略评价、产业单元质量发展规划评价；评价主体维度上分为自评、上级评价和外部评价。各部门针对自评结果进行分析，查找改进项实施改进；通过上级评价和外部专家评价，识别自评中的不足和质量战略的完成度，定期改进不足并跟踪检查改进结果。如存在战略任务未完成的，分析没有完成质量战略任务的原因（是目标任务高还是任务实施能力不够），采取措施及时修正下一个周期的计划任务，确保目标实现。总结本周期质量战略实施经验，指导下周期质量战略的制定，从战略层实现质量目标的螺旋式提升。

（二）深耕质量文化建设，打造"多元同心"产品质量标识

株洲电机秉承中国中车"正心正道，善为善成"的核心价值观，始终坚持质量至上，将质量理念融入企业规章制度、工作流程和行为规范等各个领域，构建"如钻石般璀璨，为金名片增光"的质量文化和"践行全价值链精益质量管理、创新驱动、持续改进，提供顾客满意的高品质产品和服务"的质量方针，有效传递"企业为顾客提供精品"的质量核心价值观。定期围绕"身边人讲身边事、身边事教身边人""学习身边模范、人人争做先锋"等主题开展道德模范大讲堂活动，通过道德模范、优秀员工、先进模范等的经验分享，营造积极向上、诚信守则的工作氛围。每年组织质量信得过班组评选活动，充分发挥典型诚信示范作用，引导员工形成质量诚信价值观，连续三年获得"全国质量信得过班组"奖。

为便于在企业内部及产业链上下游进行质量文化宣传，更为生动形象地将"全价值链质量管理"理念植入人心，株洲电机基于永磁发电机产品的结构和功能特点，打造了"多元同心"产品质量标识（图1）。

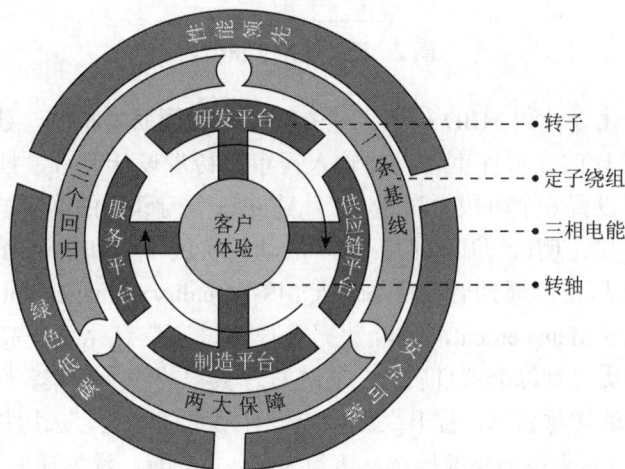

图1　"多元同心"产品质量标识

"多元"指的是全类产品、全价值链、全员、全要素，"同心"指的是以"客户体验"为核心，以"客户体验"为原动力，在"质量安全"基线、"质量人才"和"质量技术"保障下，实施"质量管理体系回归经营管理、质量要求回归业务过程、质量职责回归过程所有者"，驱动"研发、供应链、制造、服务"四大业务协同运转，输出"性能领先、安全可靠、绿色低碳"的产品。

（三）多维度保障研发业务科学开展，保障设计源头质量

1. 基于充分验证和确认的正向设计

建立研发设计V模型（图2），有效地将验证和确认活动应用于早期设计开发中。在试制阶段，研发团队沿着V模型左侧步骤向下推进，将客户需求逐步细化，形成产品解决方案的技术描述。一旦试

制结束，研发团队沿着 V 模型右侧的步骤向上推进，执行一系列测试（质量保证活动），这些测试主要验证测试结果与 V 模型左侧每个步骤方案的差异性。V 模型的实施，最小化项目风险，降低产品全生命周期成本，从设计源头把控产品质量。

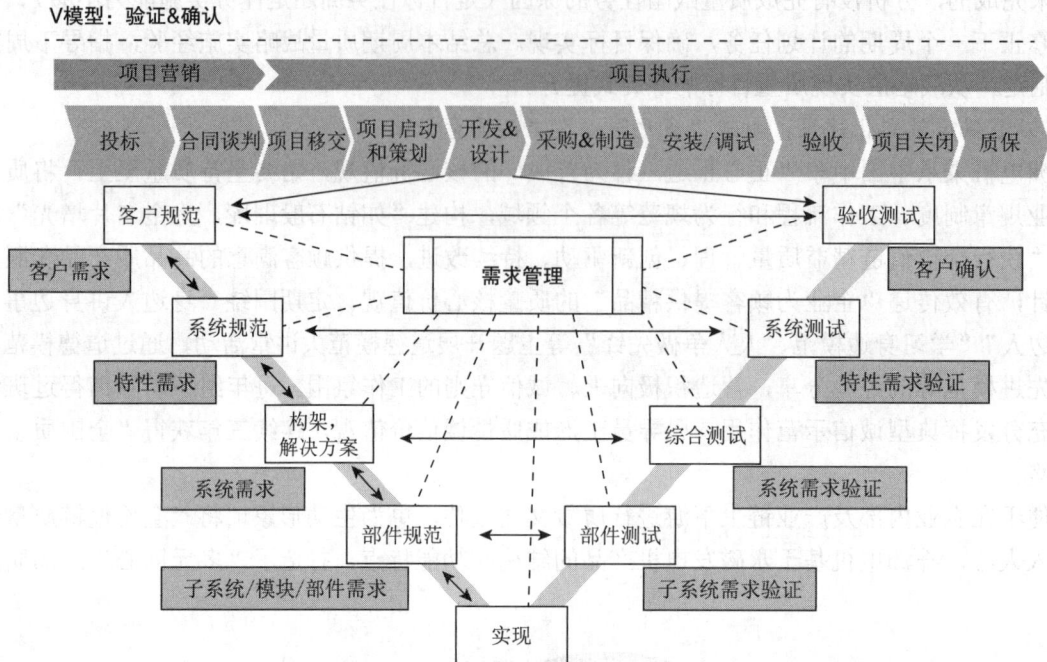

图 2　研发设计 V 模型

基于构型管理、模块化设计和 MBD 技术，建立一体化协同研发机制，建立端到端的一体化产品研发流程。在产品研发设计的立项评审、设计输入评审、初步设计评审、技术设计评审、施工设计评审、样机评审关键节点设置 6 个阶段"质量门"，建立每个门碑点的详细检查清单和问题类型，并定义"质量门"的放行准则，明确"质量门"评审活动的实施步骤和职责分工。通过 PLM（Product Lifecycle Management，产品生命周期管理系统）/QMS（Quality Management System，质量管理信息系统）/ TDM（Testlab Data Management，试验数据管理系统）信息化系统高效实施质量门的策划、评审、开口项管理活动。实现对每个项目质量门实施过程数据的线上采集、分析，以及研发设计进度及质量异常闭环处理结果的实时显示，提升关键节点设计质量的管控。选用成熟可靠的模块、典型结构、典型物料，实施设计验证规范的精准推送，达到提升研发质量、缩短研发周期的目的。

2. 支撑设计创新的平台和工具应用

强化创新链和产业链有机连接，在核心技术领域整合优势资源形成若干产业创新中心。株洲电机作为主要发起单位参股设立国家级创新中心国创轨道科技有限公司，构建一流水平的轨道交通技术创新平台；作为牵头单位发起设立国磁动力科技有限公司，已入选省级创新中心，在永磁领域抢占技术制高点。建设"国家企业技术中心""动车组和机车牵引与控制国家重点实验室""电力设备电气绝缘国家重点实验室株洲试验基地""轴承应用技术实验室""全国博士后工作站"，打造从基础技术、行业性技术到关键产品技术，从系统集成技术到产品工程化实现技术的全技术链。充分利用上述高水平的创新平台，从单个电机产品的研发设计拓展延伸至系统集成领域，通过系统性、全局性的创新设计从技术本源层面提升产品设计质量。

基于质量体系的要求，开发知识管理系统，并在研发领域得到深度应用，对研发设计各类别的显性知识、经验进行管理，达到设计方案"可传承、不二错、高效率、集众智"。

3. 具备核心优势的技术保障能力建设

针对源头设计质量管控开展专业领域细分，由 4 位院士、6 位行业领军人才、15 位博士领衔组阁，按机械结构、电磁、流体散热、振动噪声等细分维度组建专业化团队，持续提升基础技术研究能力。在各个细分领域配套建立专业的 DQE（Design Quality Engineer，研发质量工程师）队伍，业务能力覆盖研发活动全领域，并承担实施研发过程的质量管控职责，实现研发过程的质量安全风险有效管控。

建立以"2+N 实验室"为核心的多维度、立体化试验验证体系。"2"是指"电机型式试验站"和"变压器型式试验站"两个大型整机试验站，"N"是指"绝缘、轴承、声学、振动、环境、冷却"等多个专业领域实验室，具备涵盖基础研究、技术验证、产品开发、设计定型等全寿命周期的试验验证能力，已成为国内外检测项目最全、专业性最强的企业实验室，获得中国合格评定国家认可委员会认可（CNAS L5527）。实验室检测能力范围现已覆盖牵引电机、变压器、风电发电机等 18 大类样品，涉及 150 余项国际 / 国内标准、超过 1100 项检测方法，覆盖力学、电学、热力学、声学等专业学科，满足材料—关键部件—产品整机—系统级的试验验证及技术研究需求。

（四）发挥信息协同和 SQE 帮扶作用，提升供应端质量管控能力

1. 构建供应链协同体系，推进上下游高效协作

开发应用 SRM（Supplier Relationship Management，供应链管理）系统，并将 SRM 系统作为枢纽，串联 QMS/PLM/ERP/SRM/MES（Manufacturing Execution System，生产制造执行系统）/CMS（Content Management System，内容管理系统）等业务系统，实现采购、仓储、供方管理、质量、成本等数据贯通。建立"扶—管—服"供应链质量管控机制，定期组织供应链峰会分享供应链运营成果和改进要求；召开供应商大会表彰激励优秀供应商，激励拉动供应商与企业共同进步；各级管理层分批次走访供应商、客户，传递质量管理模式理念；技术部门、质量管理部门定期会组织供应商、客户进行技术和质量管理培训，传播交流质量管理模式的技术方法；选择和评价供应商、物流商，推动供应链采取措施满足供应链产品质量和可靠性管控要求。

2. 培育 SQE 专家团队，实施质量协同改进

持续完善 SQE（Supplier Quality Engineer，供应商质量工程师）队伍建设，构建 SQE 岗位胜任能力模型、SQE 人员岗位职责说明书、SQE 培育课程体系，拓展 SQE 人员"产品需求延伸至设计指导，从产品检验延伸至过程监管，从单层传递延伸至多级管控"的管理思维，持续提升对供应商的培育帮扶、质量监管能力。以 SQE 专业队伍为核心，持续推进供应链质量协同改进，改进内容涉及同步开发、质量攻关、绿色转型、效率提升等多个方面。

3. 推进全生命周期质量管控，提升供应端质量保证能力

创立"三段式"供应链质量管控模式。一是事前预防、源头控制，延伸对供方产品设计和工艺设计等源头的质量管控，以技术交底、产品设计审查、工艺设计评审等方式，提升供应端设计质量对产品质量的保证能力。在已有基础上推动入库检验过程质量控制的数字化、关键物料检验的智能化，为供应商产品质量改善和提升提供完善的质量数据支撑，实现供方质量管理关口前移。二是事中管控、过程控制，在入厂检验的基础上，通过供应链数字化平台收集供方端质检信息和试验数据，向供方制造过程质量管控延伸，分级分类开展质量督查和帮扶指导，针对典型供方质量问题严格落实供方质量考核及内部质量定责，实施质量问题责任交班制度、供应商暂停和淘汰制度，推动供方质量问题有序解决。三是事后改善、帮扶提升，以客户端、生产端、供应端的全过程质量数据为驱动，以 SQE 专业化团队为核心，开展供应商"扶—管—服"工作，推行 SQE 专项帮扶、质量交班及驻厂监造、供方质

量数据监控等，提升关键物料的供应商质量合格率。针对问题较突出的供应商开展飞行检查、现场帮扶、驻厂监造，提升供应端质量水平。

（五）推行质量实名制和全产线标准作业，提升制造端质控水平

1. 搭建层层分解的质量指标体系

以组织战略为指引，以经营目标为导向，建立以业务流程为依托、以业务部门为责任主体，从上而下层层分解、从下而上层层支撑的质量目标管理体系。其中，T4 层级为工厂指标、T3 层级为部门指标、T2 层级为产线指标、T1 层级为工位指标。为有效进行指标化控制，工厂将已分解的指标逐级建立可视化分层看板系统，实施动态监控与管理，重点关注并驱动指标达成。

建立每日层级职责会议制度，各层级层会围绕质量指标达成、质量问题快速解决等进行流程回顾和改善。T1 层级会议为工厂的最低层级，以班组为单位，由班组长与组员召开会议，关注作业过程是否按要求执行到位，并推动全员参与质量改善。T2 层级会议由主管与班组长召开会议，关注是否按价值流有效拉动各部门改善提升。T3 层级会议由部门经理与下属主管召开会议，T4 层级会议由工厂厂长和各部门经理召开会议。

同时，落实质量实名制管理，出台《员工红线管理办法》《公司质量责任追究管理办法》等制度，从全员、领导干部层面明确产品质量问题追责制度细则；建立各级人员质量履历，明确建档要求和考核流程，将质量履历作为员工评优评先、职位晋升及层级评定的重要依据。

2. 开展"全产线"标准化作业

搭建以项目管理数据共享中心为依托的可视化的模拟线信息系统，深入应用"质量门准则"，对"人、机、料、法、环、测"生产制造资源"六要素"准备情况进行模拟演练、系统计划和点检，降低新产品项目试制过程中的质量风险，确保试制顺利。在批量生产过程中，针对"全产线"的所有生产工位严格执行"三不原则"（不接收不良品、不制造不良品、不流出不良品），开工前针对每个工位的质量"六要素"进行点检评价，确保现场的质量"六要素"保持在受控状态。以作业流程和作业人员为对象，对作业全过程的人员资质、技术要点进行质量管控风险点识别，将质量管理要求融入图示化的标准作业指导书，指导员工实行标准化作业，让员工"上标准岗、干标准活"，确保批量生产产品质量稳定。同时，针对作业瓶颈和劳动强度大的工序，引入自动装配机器人、动力辊道线体等，实现自动化生产，提升生产效率和产品质量。同时，围绕"零缺陷"推动制造过程标准化，开展外部基地工艺质量标准化建设，全方位梳理现场作业文件、检验标准，定期开展"三级检查"（工艺、质量联合督查、车间自查、工段班组自查），有序推动现场质量问题闭环，运用"双归零"等质量工具方法开展过程质量问题的统计分析，实施纠正预防；完善产品实现过程关键节点的质量控制要求并实施分级管理，持续推进"里程碑—质量门—控制点"全过程质量管控模式，实现全过程、全要素的质量监控和可追溯性。

3. 监控分析过程质量数据

通过信息化系统对产品生产全过程质量数据实时监控，由此实现产品质量状态的实时感知，过程信息透明化，过程风险预警，以支持产品质量基于质量数据信息的分析与改进。目前，QMS 系统集成 34 个外部系统的数据，链接约 6 万个数据项。首检、过程检验、过程质量管理、工艺执行管理等业务，实现线上实时数据统计、汇总与预警，形成一体化的产品质量履历，确保生产过程质量稳定可靠。推行影像化记录管理，提升关键质量项目节管控力度。

搭建国内首个入库数字化检测平台与 QMS 实现对接联调，极大地提升入库检验过程的准确率，效率同比人工提升 35%。以数据驱动产品质量的改进，由经验管理向全面信息化管理转变。

（六）主动深度参与终端客户运营，提升专业化服务质量

依托完备和高效的售后服务体系，深度保障终端客户运营，协助客户开展实时监测产品运行状态监测、预防性处置、维护保养等服务活动，保障产品运行质量安全。应用 AR 远程协作平台，实现远程实时可视服务，有效解决远距离协作效率低、专家资源少的问题，提升质量评审、售后服务、巡检点检、验厂、装配指导、员工培训等工作效率。

提供 24 小时驻点服务，派驻专业售后工程师，对客户进行全方位培训和技术支持，一般故障 2 小时内处理完毕，重大故障 48 小时内处理完毕。通过 ERP/QMS/CMS/IOT 平台等，实时记录产品的运行状态和使用过程发生的故障情况，覆盖配置管理、故障信息管理、人员管理、作业管理、应急故障指挥、全天候技术支持、统计分析、产品老化管理等综合协同，使售后服务过程可视、可控。

（七）开展质量"三基"建设，夯实质量关键要素保障

1. 搭建质量安全"四全"责任屋，强化质量安全风险管控机制

一是以"中车 Q"质量体系为指导，建立"四全（全过程、全员、全要素、全数据）"质量安全责任屋，制定产品认证制度、质量安全责任制度、质量事故制度和预防改进制度，设置质量安全 KPI，对涉及重大质量安全的事故设立"一票否决"制。二是构建产品全生命周期质量安全风险管控机制，制定《关键业务风险预警管理办法》，设立风险预警指标；按季度跟踪风险事件的更新进展，结合变化和存在的缺陷及时改进。及时对收集的风险信息进行分析研判，划分风险等级，建立预警机制，设立风险事件库，并制定预防应对措施，动态管控各项质量安全风险要素。

2. 提升质量人才胜任力，推进质量技术"精、进、创、智"

设立首席质量官，配置一支由质量体系管理和研发设计、供应链管理、生产制造、售后服务全价值链专业人才构成的质量管控队伍，包括质量体系工程师、研发质量工程师、供应商质量工程师、制造质量工程师等。实施《研发质量管控能力提升》《SQE 岗位胜任能力模型的构建及应用》项目，强化研发质量管控及供应商质量管控，推动制造质量管理向源头质量管理延伸。建立质量人才胜任力模型，持续开展基于能力模型的质量人员培育，构建"五横五纵"学习矩阵，以"中心组集中学 + 学习日专题学 + 深入基层督导学 + 线上线下自主学 + 组织生活常态学"为纬线，以"头雁引领""精英提升""专家育强""菁才培优""先锋示范"等 5 个培训为经线，横纵联动、一体推进。开设对标学习、专业人才培训、国际交流学习等丰富多样的培训方式，多维度提升质量人才能力水平。

创建"精、进、创、智"的质量技术方法库，推进质量技术持续提升和各业务过程持续改进提升。"精"是指精益生产方法，包括标准化作业、准时化生产、TPM、零库存管理等；"进"是指质量改进方法，包括 APQP、快速应用开发模型（研发设计 V 模型）等；"创"是指质量创新方法，包括创新应用质量信息化和数字化，构建质量信息化管理系统、产品数据管理系统、产品全生命周期管理系统等；"智"是指"智能 + 质量"方法，包括打造智能化工厂，建成牵引电机智能装配线、线圈智能制造线，并通过缺陷视觉识别、铸件及大型结构产品智能化检测等技术实施质量监控。

3. 实施质量管理"三个回归"，确保核心业务过程增值

一是质量管理体系回归经营管理体系。以业务流程为主线，梳理识别标准要求，运用卓越绩效管理模式标准，构建统一的顶层质量管理体系，形成一套满足标准要求，符合株洲电机业务管理过程和体系运行过程的质量管理制度，且全部融入经营管理的规章制度中，实现了质量管理体系回归到经营管理体系的大质量模式。

二是质量要求回归业务过程。将产品的实现过程进行划分，充分识别法律法规、顾客、体系标准等要求，落实到单一业务过程中。对每个单一业务过程进行有效管控，并开展测量、分析、改进，确保业务过程质量有效。运用"PDCA（Plan，Do，Check，Act；质量管理办法）"方法，实现每个业务

过程的逐步改善、螺旋上升。

三是质量职责回归过程所有者。过程所有者是过程输出结果和过程质量的责任主体。从原来"质量管理主要是质量人员的管理"的思维中跳出来，将过程的质量管理职责回归到过程责任人的管理范围。

三、高端装备制造企业基于"多元同心"的全价值链质量管理效果

（一）形成了可复制推广的质量管理模式

株洲电机"多元同心"全价值链质量管理成果以排名第一的成绩获得 2022 年第七届"湖南省省长质量奖"，并被湖南电台全省新闻联播、《质量耀三湘｜中车株洲电机：为"再造一个新电机"不懈奋斗》等详细报道；先后接待了 200 批次客户及友商来司观摩、交流，还为 30 余家供应商导入 8D（团队导向问题解决法）、FMEA（Failure Mode and Effects Analysis，潜在失效模式及效果分析）、六西格玛等方法，助推本地制造业装备产业群的发展。

（二）有效保证了产品的性能领先、安全可靠、绿色低碳

一是产品的安全可靠度和性能持续提升。株洲电机近 3 年有 18 项产品处于国际领先水平，多项主导产品可靠性指标优于国内外头部企业的平均水平，如产品一次交验合格率逐年上升，从 2020 年 99.80% 上升到 99.85%；百万公里故障件数逐年下降，连续 3 年行业最低，从 2020 年 0.17 件 / 百万公里降低到 2022 年 0.11 件 / 百万公里；机车车辆安全关键部件临修率逐年下降，从 2020 年 0.033 件 / 十万公里降低到 2022 年 0.023 件 / 十万公里；顾客满意度持续提升，从 2020 年 96.75 分提升到 2022 年 97.28 分。产品关键指标标准地铁牵引电机转矩密度、高速永磁牵引电机功率密度等处于国际领先水平。

二是通过批量的绿色低碳产品交付，为国家双碳战略的落实贡献重要力量。特别是在风力发电领域，株洲电机产品装机量在国内业内排名第一，累计装机容量超过 100GW，已装机发电机年发电量可达 2000 亿千瓦·时，年减少碳排放 15700 万吨。2023 年，株洲电机荣获"国家级绿色工厂""国家级绿色供应链"称号。

（三）有效促进了企业的高质量发展

助力株洲电机海外市场开拓，产品远销欧洲、亚洲、美洲、大洋洲、非洲等多个地区。先后为中老铁路、雅万高铁等具有重大影响力的国际合作项目提供核心动力，成为我国高端装备"走出去"的典型代表。产品累计出口 40 多个国家和地区，同时成长为国内最大规模的轨道交通牵引电机和变压器、风力发电机出口企业，轨道和风电产品市场占有率位居国内第一，国际前三。近 3 年持续保持百亿规模，并多次获评中车经营业绩考核"A 级企业"和"年度突出贡献奖"。获得"国际质量管理小组大会最高奖'铂金奖'""IRIS 国际质量体系认证银牌证书"等荣誉。

（成果创造人：聂自强、罗崇甫、晋　军、卢雄文、臧苗苗、

薛长志、郑　涛、荣　军、李　莹、钟　艳、易　恺、刘明辉）

多品种小批量零部件制造企业精益管理体系建设

中航重机股份有限公司

中航重机股份有限公司（以下简称中航重机）隶属中国航空工业集团有限公司，总部位于贵州省贵阳市，1996 年在上海证券交易所上市。产品服务于航空工业全部在役、研制、预研机型共 30 余个，各类发动机、燃机型号共 40 余个，各类导弹、火箭发动机型号共 10 余个，为国际航空企业提供配套服务。截至 2022 年年底，中航重机资产总额 211 亿元，主要所属企业 12 家，员工 8200 余人，2022 年实现营业收入 115 亿元。

一、多品种小批量零部件制造企业精益管理体系建设背景

（一）建设"世界一流企业"的需要

中航重机按照上级单位建设世界一流企业行动方案的部署，在对标分析中发现，产品在精益生产、质量和成本全过程控制方面同国外先进企业相比存在较大差距，需要深入开展精益管理工作，不断解决科研生产瓶颈问题，提升管理效能，实现产品低价、高质和准时交付。

（二）应对市场形势的需要

中航重机大力发展与高端装备相关的锻铸、液压环控等产业，产品品类多、批量少，生产管理难度大。市场及军方对产品研发生产过程的质量监控越来越严格，对产品的交货期和服务质量也提出更为严苛的要求。系统推进精益管理工作能够大幅度提高产品准时交付率，降低库存，缩短生产周期，稳定提高产品质量，提升客户满意度，最终增强企业的核心竞争力。

（三）提升企业管理效能的需要

中航重机当前的整体管理水平与现代化管理企业的要求相比依然有较大的差距，而精益管理将是中航重机追赶先进管理企业、逐步实现现代化管理的有效路径。研究并系统推进精益管理工作，将是持续提高有质量的准时交付，解决瓶颈问题，不断激发企业活力，增强企业创造力，提升员工能力与凝聚力，建立自主改善氛围，提升企业管理效能的重要手段。

二、多品种小批量零部件制造企业精益管理体系建设主要做法

（一）确定系统推进精益管理的总体目标和基本原则

1. 聚焦客户需求，制定系统推进精益管理总体目标

中航重机持续以航空、航天、民机、外贸、民用等客户需求为关注焦点，以客户需求"有质量的准时交付"为切入点，结合当前管理现状以问题为导向，以精益项目为抓手，系统推进精益管理工作，提高产品准时交付率，降低库存，缩短生产周期，稳定提高产品质量，节约各种资源（能源、空间、材料、人力），提高各种资源的使用效率，进而推动减少各种浪费、降低生产成本、增加企业利润等，不断提升中航重机内部管理效率，促进科研生产任务的顺利完成。与此同时，提升企业员工的士气、企业文化、领导力、生产技术等，构建"精益企业"，增强企业的竞争力。

2. 总结研究分析，确定系统推进精益管理基本原则

"十三五"期间，中航重机坚持以顾客需求为牵引，以航空工业集团和主机的要求为行动指南，狠抓军品重点型号配套及新品开发，加强均衡生产，推进精益管理，在通过精益管理不断解决以上问题，提质增效过程中，存在高层领导对精益管理的认识及重视程度不够，部分高层领导未参加过相关的培训学习，在实施过程中，给予的支持不够；对精益管理工作还未科学制定系统规划，总体思路和目标还不够明确，缺少制度、组织机构的支撑，在实践中，实施精益管理基本上选择了碎片化的工

具，没有系统开展，仅是在部分点上有改善，但改善成效未进行有效总结和推广；精益管理的专业人员依然较为缺乏，精益的专业能力素质有待提升，精益项目的推进存在一定的专业短板；精益管理改善项目中，对瓶颈问题分析不够系统，在现场推进不够深入，缺少推进主动性，取得的成果浮于表面；精益管理全员参与精益管理的氛围尚未形成，部分领导的精益思想理念不深入，精益管理的文化建设还需进一步加强等问题。

通过中航重机近年应用精益管理现状与问题，总结推进精益管理经验，结合行业优秀推进精益管理的方法，制定领导带头全员参与、总体规划系统推进、人才培育引领发展、问题导向全面推进、持续改善培育文化五项原则。

一是领导带头全员参与原则。主要领导亲力亲为，主动带头学精益、讲精益、干精益，敢于突破思想牢笼，承担起排除精益变革过程中各种阻力的责任，充分发挥引领、组织、指导和推动作用，优化资源配置，强化顶层设计，调动全员参与精益管理。

二是总体规划系统推进原则。中航重机所属单位科学制定精益管理规划，明确总体思路和目标，从内部精益管理体系的建设着手，完善精益管理的组织职能。围绕研发、营销、采购、物流、生产制造等全价值链的各个环节，推进全生命周期精益管理，有机融合和协调联动各业务系统，体系化地推进精益管理工作。

三是人才培育引领发展原则。坚持人才领先思路，"自上而下，逐级进行"，领导干部率先掌握精益管理的思想和基本理念，培育一批掌握精益管理工具和方法的精益人才，为精益管理工作提供人力资源保障。制定精益人才管理办法，强化人才激励，建立精益人才梯队，培养精益能手、精益骨干、精益专家、精益领导，持续学习培训，引领企业精益变革。

四是问题导向全面推进原则。聚焦科研、生产的薄弱环节，准确地运用精益工具和方法，解决军品科研生产存在的突出问题，突破生产、质量、设计、工艺等方面的管理瓶颈，边实践、边总结，由点及线，连线成面，持续改进，全面推进。

五是持续改善培育文化原则。引导员工运用精益理念、工具和方法解决问题，逐步将精益管理成为员工的自觉行动，企业在日常管理中逐渐使用精益语言沟通，用精益流程做事，营造持续改善的文化氛围，培育本企业特色的精益管理文化。

（二）全面构建系统推进精益管理体系，充分发挥各级管理协同效应

1. 建立系统推进精益管理组织模式

为保证中航重机精益管理工作有序开展，中航重机建立"总部牵头，分级负责"的组织模式。其中，中航重机本部研究决策推进精益管理整体部署，审核精益推进过程中的关键工作事项并进行决策，把握精益管理推进方向，在精益管理推进过程中组织中航重机级精益管理项目立项、提供专业指导、定期检查评价、策划专题培训、开展评审交流等；所属单位精益推进管理组织即中航重机所属14家单位，承接中航重机系统推进精益管理工作的相关要求，分别制定精益管理推进目标及实施方案，定期监控精益管理实施进度，统筹员工精益管理培训，充分利用内、外部资源为精益项目的推进实施提供指导和支持，大力营造精益管理的文化氛围；所属单位精益管理实施团队在各所属单位精益推进管理组织的指导下，积极推进精益管理项目，解决瓶颈问题。

2. 建立系统推进精益管理工作机制

为确保中航重机精益变革全面推进，有序开展，相关资源可有效获取，建立"领导带头，全面推进"工作机制。中航重机及所属单位精益管理工作由主要领导亲力亲为，从思想上高度重视，主动带头推进精益管理，提供相应的资源保障，调动全员参与精益管理。其主要工作有：制定企业精益建设的推进目标，并与组织环境相适应，与战略方向相一致；确保推进精益管理（精益项目改善）所需的

资源是可获得的，协调精益管理（精益项目改善）整体推进并排除障碍；促进营造精益氛围和自主改善的文化氛围；促使员工积极参加、指导和支持他们为推进精益管理做出贡献，提供专业培训机会；支持其他相关管理者在精益管理中其职责范围内发挥领导作用；具体参与项目团队工作，参与精益项目、立项、阶段检查、结项等工作。

3. 建立长效机制，印发系统推进精益管理制度文件

为规范中航重机系统推进精益管理工作，中航重机组织对所属单位当前的管理现状进行了梳理，总结了近年重机推进精益管理的经验，结合行业优秀推进精益管理的举措，编制印发《中航重机关于系统推进精益管理工作指导意见》，以推动装备制造全价值链精益管理为核心，将精益管理推进工作日常化、制度化、规范化、程序化；编制《中航重机精益管理项目评价流程与标准》《精益管理项目方法工具库》科学规范并指导精益管理项目开展。筑牢持续改善基础，深入推进精益研发、精益营销、精益采购、精益物流、精益生产等，实现全员、全要素、全过程、全方位的精益管理，逐步形成系统推进精益管理的长效机制。

4. 建立回顾机制，确保精益管理工作全面有序推进

中航重机建立精益管理专题工作会机制，2019 年以来，召开了 24 次精益管理专题会议，定期对上阶段所属单位精益管理工作的开展情况进行总结分析，对下阶段精益管理工作进行全面部署安排。明确要求所属 14 家单位建好组织、制度等长效机制，聚焦瓶颈问题开展好精益管理项目，组织好精益培训，营造好精益文化氛围。同时建立精益管理月报机制，中航重机每月专项监控精益管理（含精益管理项目）实施进展，对存在的问题进行提醒通报，确保中航重机精益管理的有序推进。

（三）"以学带做"培养精益管理人才团队，支撑企业精益管理变革

为提升中航重机精益管理人员专业技术水平，支持企业精益变革，建立精益人才队伍的培训、培养机制，培养和组建精益人才团队，培养精益管理专家，同时通过以学带做的形式，用精益六西格玛绿带（黑带）培训项目对中航重机精益项目提供专业的技术支持，支持精益项目的顺利推进实施，相辅相成，不断提高人员精益素质和企业管理效率。

为有效实施"以学带做"人才培养计划，将精益六西格玛培训持证情况纳入相关岗位的任职资格条件，并纳入考核。其中，各所属单位高层领导应具备精益六西格玛管理的基本思想和理论，获得六西格玛黄带以上或精益工程师的培训取证；各所属单位设计、工艺、质量及生产副总师应系统地掌握推进精益管理的方法和思路，获得六西格玛黑带的培训取证；各所属单位中层管理者应全面地掌握精益管理的方法、思路和改善方法，获得六西格玛绿带或精益工程师的培训取证；各所属单位技术人员及核心管理人员应熟练地掌握和应用精益六西格玛管理工具和方法，应获得绿带以上或精益工程师的培训取证。

中航重机统筹策划组织高层领导黄带培训和精益领导力培训，结合精益管理项目和所属单位需求情况，组织精益六西格玛绿带培训班，所属单位根据本单位人员持证实际情况和精益管理项目人才需求情况，积极主动地推荐和组织人员参与，通过以学带做的形式，用绿带项目对重机精益项目提供专业的技术支持，有效地支撑精益项目的顺利推进实施，取得了较好的效果。同时中航重机及所属单位也积极组织员工参加其他相关的精益知识专题培训，中航重机组织业务管理部门相关人员参加精益六西格玛黑带培训。推进专兼职精益培训师队伍的建设，逐步形成覆盖战略、研发、营销、采购、生产、物流、成本、质量、安全、班组及现场管理等各个环节的课程体系，利用内部专家团队，开展内部精益管理培训，培养各层级精益人才。

（四）"以问题为导向"开展精益管理项目，全面提升企业管理效能

为通过精益管理工作持续提升企业的内部管理水平和效率，提高企业发展的质量和效益，持续改

善是系统推进精益管理的关键，中航重机持续以客户需求为关注焦点，以"有质量的准时交付"为目标，以问题为导向，以"精益管理项目"为抓手，运用精益六西格玛的工具和方法，解决科研生产的瓶颈问题，其中所属单位每年度至少解决1项本单位系统型的科研生产瓶颈问题（中航重机级精益管理项目），至少解决5项本单位科研生产的突出问题（中航重机所属单位级精益管理项目），创建和优化精益生产单元，构建精益车间，系统推进精益管理。

1. 梳理瓶颈问题，策划精益管理项目立项

中航重机年初组织所属单位进行精益管理项目立项，所属单位聚焦顾客需求，以"有质量的准时交付"为目标，恰当选用 VOC（Voice of Customer，顾客对品牌产品及服务的反馈）分析、客户调查、优先矩阵、5WHY 分析法、对标管理、SMART 原则等对本单位生产交付现状进行系统的梳理分析，确定改善问题，明确项目 CTQ（Critical-To-Quality，品质关键点）、团队、研究流程、实施计划及风险管理等，填写"精益管理项目立项申请书"；由主要领导或主管领导确认审批后，上报重机精益管理部门；中航重机精益管理部门组织相关和专家成立团队对各项目从领导重视程度、项目选择的意义和价值、项目目标设定、项目范围、团队成员、项目逻辑思路等维度审核项目并给出立项指导意见；所属单位项目团队根据审核意见对项目立项书进行修正并重新上报；重新确定最终立项项目并进行立项发布，完成立项工作。

2. 运用科学方法，系统分析制定改善方案

所属单位根据项目立项的计划及目标，恰当选用价值流分析、流程图、鱼骨图、群策群力、头脑风暴、假设检验、回归分析等收集相关数据进行全面分析，按照 DMAIC（Define，Measure，Analyze，Improve，Control；六西格玛管理中流程改善的重要工具）、PDCA（Plan，Do，Check，Act；科学质量管理）或其他精益项目管理（计划）思路实施，找到影响目标的关键问题，制定改善方案。过程中，中航重机精益管理部门在推进关键阶段组织专家团队对所属单位精益项目推进情况进行现场指导，从领导重视程度、项目按计划实施进度、项目的逻辑思路（实施）、项目的工具方法等进行检查和评价。

3. 实施改善方案，全面提升内部管理效能

所属单位根据改善方案，制定并实施具体行动计划，验证关键少数问题 X，分析 X 之间的相关作用，试行改善方案，依规定程序实施改进，收集数据验证改进结果，实现项目目标。过程中，中航重机精益管理部门在推进关键阶段组织专家团队对所属单位精益项目推进情况进行现场指导项目实施，确保项目取得实效。

4. 固化评价结项，促进经验推广交流分享

依据验证后的改善方案，进行风险分析，充分研究分析后，更改或修订相关文件，形成作业标准、企业标准或技术成就，编制精益管理项目总结报告。为衡量精益项目取得的成效，促进所属单位相互间经验的交流和共同学习提升，建立精益管理项目结项评审机制，中航重机精益管理部门组织相关人员对本年度所属单位的重机级精益管理项目成果进行现场验收；通过现场验收后，组织召开精益管理项目结项评审会，分别对领导重视程度、项目按计划实施进度、项目逻辑思路、项目工具方法、精益工具与方法的创新应用、项目资料、项目收益及效果、项目标准化、项目示范与推广等维度进行评价，并对存在的问题进行点评，通过后对相关资料进行归档结项，对问题解决的思路、方法、过程及工具的运用合理、巧妙，结论正确，作为典型案例进行推广应用。

（五）全面营造精益管理文化氛围，充分发挥员工实行精益管理的自觉性和创造性

精益文化具有相对稳定性、本质性、内涵性的文化特征，一旦形成，影响深远。其实质是引起员工共鸣，促进和规范员工行为，不断发现问题，在解决问题的过程中不断改进，提高效率和效益，用

有限的资源创造最大价值，根本目标是转变管理理念，创新管理方式，提升管理水平。只有充分依靠和发挥员工的积极性和创造性，才能将精益文化落到实处。

中航重机加大精益"持续改进"文化的建设，推进全员具备精益管理的意识，逐步使精益管理成为员工的自觉行动，企业日常管理逐渐使用精益语言沟通，用精益流程做事，构建精益自主改善的文化氛围。其采取的主要措施有以下几项。

一是鼓励全员参与。实施精益管理的基础是企业全员参与，相信员工、鼓励员工，并尽最大可能发挥所有员工的积极性和智慧。同时各级领导持续地支持精益管理，不能因领导的岗位变更而改变企业已经形成的精益指导思想。

二是注重团队协作。精益强调的是团队合作，只有形成团队精神，精益的各种方法才会真正发挥作用。在日常推进精益管理的过程中，组织开展多种健康向上的文化体育活动，凝聚团队的力量。

三是利用项目辐射。充分利用精益管理项目的开展，将项目团队成员的精益文化思想辐射到员工的日常工作行为中。

四是注重文化宣传。定期进行精益管理经验的总结与提炼，注重精益管理等成功案例的宣传，将企业精益文化渗透于各项工作之中，使员工充分认识到开展精益管理带来的福利。

五是明确核心价值。在系统地推进精益管理的过程中，逐步形成以精益价值观为导向的企业共同语言和准则，提高企业运作的效率，塑造整体形象，增强精益企业的核心竞争力，推进精益管理过程既是企业精神和制度创新的过程，也是企业持续改进的过程。

（六）建立系统推进精益管理考核奖惩机制，保障精益管理顺利开展

系统地推进精益管理工作是一项复杂的系统工程，为了全面督促所属单位实施精益管理工作，衡量取得的成效，促进精益管理在所属单位之间推广和分享，便于发现优势和不足，促进所属单位持续改进，中航重机建立精益管理工作考核评价机制。

一是建立精益管理工作考核奖惩机制。定期对所属单位精益管理工作的推进情况进行检查、考核及评价，并根据考核评价结果，从"不合格""合格""良好""优秀"等4个方面进行综合评价。同时将中航重机所属单位推进应用精益管理工作的情况纳入绩效考核，并与所属单位的评先选优、公司领导的任职考核等工作挂钩。

二是建立精益管理项目考核奖惩机制。每年对精益管理项目取得的成效进行评审，根据评审结果评选出一等奖项目、二等奖项目、三等奖项目、未结项项目，对一等奖项目、二等奖项目、三等奖项目给予激励，颁发证书及奖金，在精益管理工作考核中进行加分；对于未结项项目进行通报批评，并在精益管理工作考核中进行扣分。中航重机颁发奖金28.1万元，其中所属单位航空工业宏远5.1万元、航空工业安大5.9万元、航空工业力源2.8万元、航空工业永红5.1万元、航空工业安吉2.8万元、航空工业景航2.6万元、航空工业群峰2万元、航空工业检测1.8万元。

三、多品种小批量零部件制造企业精益管理体系建设效果

（一）大幅提升了企业的精益管理水平

一是立项41个精益项目共设定79项改善目标，组织专家团队现场指导143次，75项目标均按计划完成，目标达成率达95%，共规范编制文件203项，优化文件434项，综合提升幅度达95.6%，组织所属单位在内部立项的331个精益管理项目，达成目标312项，综合达成率94.3%，不断提升中航重机内部管理效率；二是组织精益绿带培训，"以学带做"培养162名领导和骨干；三是通过评审会交流、文化宣传、精益管理项目辐射、激励奖励等形式初步营造精益文化氛围，所属单位共自发开展288次内部精益管理培训，进一步推进全员具备精益管理的意识，精益合理化建议基本成为员工的自觉行动，企业日常管理逐渐可以使用精益语言沟通，用精益流程做事，初步构建精益自主改善的文化氛

围，为完成科研生产任务目标给予强有力的支持。

（二）有效促进了中航重机高质量发展

一是中航重机管理口径 2022 年营业收入实现 115 亿元，同口径同比增长超过 21%，利润总额同比增长 33.75%，实现规模、效益递进式高水平提升；二是总资产周转率 0.52 次 / 年，连续 3 年实现正增长，资产周转效率不断提升；三是年化全员劳动生产率实现 43.58 万元 / 人，同比增长 30.71%，有效保障了经济运行快速向好的强劲动力；四是 2022 年通过科技成果鉴定 6 项，申报专利 275 项，完成了 3 项锻造和 4 项铸造国家标准的编制和报批，获得省部级奖项 4 项，完成成果鉴定 7 项，公司核心竞争力持续提升，有效支撑了中航重机高质量实现年度目标。

（三）大幅提高了客户满意度

一是生产方面，2022 年全年计划交付 234 万件，实际交付 217 万件，交付件数同比上升 7.42%，用户重点配套任务均 100% 完成交付，完成航空工业集团"2323"的均衡生产目标；二是质量方面，量损失率 1.2%，同比下降 8.3%，归零率 93.2%，同比上升 2.2%，存量质量问题提前 1 年 100% 归零，成效明显；三是客户评价方面，中航重机获得"航空工业集团 2021 年度优秀批生产先进单位"荣誉，总体客户满意度进一步提升。

（成果创造人：冉　兴、胡灵红、唐诚江、郭昱宏、吴　健、魏志坚、
冯彦成、黄伟东、肖　笛、刘志嘉、王志录、赵军刚）

知名白酒酿造企业以"365"为核心的全员全域质量管理

中国贵州茅台酒厂（集团）有限责任公司

中国贵州茅台酒厂（集团）有限责任公司（以下简称茅台）1996年改制成立，是国家特大型国有企业，总部位于贵州北部风光旖旎的赤水河畔茅台镇，占地约1.6万亩，员工人数近3.7万人。2022年，茅台国内白酒市场占有率18.68%、全球高端烈酒市场占有率25.08%、中国白酒出口占有率88.18%，均为行业第一；总资产达2543.65亿元，营业总收入1275.54亿元，净利润653.75亿元，资产规模、营业收入、净利润位列行业首位；贵州茅台酒单品销售额达到1078亿元，为全球单一品牌销售额最大烈酒产品。近年来，公司获"国家技术发明"二等奖1项、"贵州省科学技术进步"三等奖1项；获"第三届中国质量奖提名奖""全国五一劳动奖状""全国质量奖""贵州省省长质量奖"等300余项。

一、知名白酒酿造企业以"365"为核心的全员全域质量管理背景

白酒产业，是贵州省十大工业产业之一，也是贵州工业经济的"压舱石"，不但带动了贵州省农业发展、促进农民增收，更为脱贫攻坚作出了积极贡献。2020年11月，贵州省委省政府主要负责人主持召开专题会议，会上强调，优质烟酒产业要聚焦"优质"，着力推动质量管控更"优"。同年12月，又在贵州省质量发展大会中指出，要牢固树立质量第一的强烈意识，不断提升质量标准，全面加强质量管理，严守质量安全底线，加快建设质量强省。为贯彻落实省委、省政府的工作部署，亟待各白酒企业深入开展质量提升行动，建设完善质量管理体系，促进白酒产业质量管理全面提升，为全省经济社会高质量发展作出新的更大的贡献。

茅台作为知名白酒酿造企业，多年来始终以"酿造高品质生活"为使命，坚守质量是生命之魂，形成了独具特色的企业质量文化，并推动企业质量管理水平持续提升。但面对高质量发展的新要求，传统的质量管理体系已难以适应茅台发展要求，主要表现在：一是采购、供应链管理体系水平与企业需求不匹配，高粱小麦种植过程监管体系不健全，全过程的监管尚未形成闭环管理；二是生产过程管控系统化、规范化需强化提升，对生产过程质量数据和信息的分析、传递、管理及应用的效率和效能还有待提升；三是对生产原辅料基地、生产过程、产品流通等全产业链各环节的真实性要素未进行有效监控，质量监督的方式、方法也有待进一步完善；四是质量管理配套体制机制还不健全，质量管理方法工具的应用推广还存在不足。因此，茅台迫切需要构建适应新时代高质量发展的全面质量管理体系，持续助力企业高质量可持续发展。

二、知名白酒酿造企业以"365"为核心的全员全域质量管理主要做法

（一）明确以"365"为核心的质量管理思路、目标和实施路径

1. 科学制定，确立建设思路

围绕全员、全过程和全场景，从文化层、战略层、实施层、监督层、驱动层和发展层确立以"365"为核心的质量管理体系建设思路。其中，"3"是"质量管理体系更加完善、全域质量均衡发展、质量水平整体跃升"三大目标；"6"是"全员质量共治、全域质量协同、全生命周期质量管理、全员全面全过程质量监督、生命共同体构建和质量治理能力现代化"六大工程；"5"是"梯次人才、组织制度、信息技术、硬件设备、财务资源"五大保障。

2. 系统谋划，明确工作目标

一是塑造新时代质量文化体系，全面开展质量文化建设，营造先进质量文化氛围，推动全员质量

共治；二是通过不断完善质量管理绩效体系，实施质量水平提升行动，强化产品品牌建设，推动各酒类子公司质量水平均衡发展；三是聚焦从"良种"到"美产品"全过程，推进全生命周期质量管控；四是健全质量组织架构，完善质量责任体系，优化质量监督考核机制，实施全员全面全过程质量严监督；五是通过构建"山水林土河微"生命共同体，推动质量生态协同发展；六是完善人才培养政策机制，坚持科技增能和数字赋能，着力推动质量治理现代化水平。

3. 统筹开展，制定实施路径

2021年，茅台成立工作专班，全面系统梳理分析6家酒类相关子公司质量管理现状。针对诊断过程中发现的弱项盲点，立足现状，着眼未来，对标迪亚吉欧、中粮等国内外先进企业，构建实施"365"质量管理体系。发布《茅台集团坚持"质量立企"战略推动高质量发展的实施意见》，提出意见28条，分解任务76项，明确成果输出、具体措施、完成时限、牵头单位等条款；并对各项任务进行月度目标分解，制定阶段性过程指标，设置推进度，将任务进程定量化；按月组织召开推进会，根据过程指标达成情况，评估各项任务阶段推进度，制作可视化展板，动态跟踪任务推进情况，保证整体目标的实现。同时，识别关键环节，确定优先顺序，制定实施"一企一策"专项方案，统筹开展酒类相关子公司质量跃升，实现全域质量均衡发展。

（二）建设完善采供管理体系一体化

1. 实施"五个一"工程，确保原料品质

为切实提升原料产量质量，茅台通过实施原料基地有机认证（一证）保障有机种植；绘制超37万农户土地图斑（一图），促进地块固化；搭建原料供应链管理平台（一网），实时监控原料基地管理，提升数字化管理水平；建成一批"渠相连、道相通、旱能灌、涝能排"的高标准示范基地（一地），提升基础设施标准；建设22万吨收储能力的现代化仓储设施（一库），提升原料存储能力，持续推进基地管理能力和管理体系现代化。同时采取"公司＋政府＋供应商＋农户"管理模式，强化与省内外各地政府交流互动，共商合作、共谋发展，共建和谐共处、互利共赢的良好生态，高标准推进"五个一"工程，紧盯原料基地管理关键要素，严格管控原料生产过程，保障源头质量。

2. 实行"链长制"，提升采购质量管理水平

秉承"供以'质'胜、'应'为伙伴、'链'接现代"的管理理念，建设酒文旅、原辅料、包贮材料、工程、数字化、设备、服务"七链"融合贯通机制，组织管理链上重大事项，统筹成员单位推动供应链协同发展。茅台与供方协同打造"七大供应链"，"链长"均由公司高管担任，以"茅台标准"为质量导向进行绩效评价，以采购供应数字化管理推动供应链协同发展，构建形成茅台现代化供应网。

在供应商管理过程中，完善供应商准入、考核评价、激励和退出管理等标准制度建设，针对重点物资供应商制定准入标准；修订《供应商管理办法》，实施"白名单、黑名单"机制，定期组织考核评价。在采购过程中，实施供应质量提升计划，通过开展技术指导、质量帮扶等，不断强化供应商管理能力；开展质量管控"关口前移一公里行动"，全面实行小麦"先整理后抽检"、谷壳稻草采购前抽检以及与酒接触包贮材料食品安全预检验，常态化开展溯源审查，推动供应商质量管理水平整体跃升。

（三）实施生产质量高标准严管控

1. 严格过程管控

始终坚持"料精、器美、微生物群稳定"三大物质传承和"时节之律、时间之则、温度之法、结构之美"四大非物质传承。在深入解析传统技艺科学内涵的基础上，归纳形成30道工序165个环节的制曲、制酒、贮存、勾兑、包装五大工法体系，包含人工踩制、以酒勾酒等19条核心要义和选曲、润粮、选酒、盘勾等22条工法要诀；基于机器学习技术构建制酒质量评价模型，支持数据＋经验融合工艺管理；以生产作业指导书为"蓝本"，形成232个操作规范和110个技术参数要求。

坚持"质量问题零容忍"的态度，以"严控两端，监督过程"的方式，实现生产过程质量控制全覆盖。通过生产操作标准化、过程考核常态化、检验关口前移化、数据分析深入化等方式，持续完善生产过程质量控制体系，持续提升过程质量控制水平和能力，确保30道工序、165个工艺环节处于稳定受控状态。

2. 完善产品标准体系

坚持高标准引领，持续完善产品标准体系，以远高于国家标准的要求，建立产品质量控制体系，对出厂产品实行感官、理化、卫生和包装质量的全方位质量监控，涉及指标200余项，其中品质指标高于国家标准108项，食品安全指标高于国家标准69项。同时对产品实行全批次、全指标检测，待包装酒检验合格率、包装成品检验合格率、出厂产品批次检验覆盖率、产品监督抽查合格率、产品出厂合格率长期保持100%；茅台酒风味稳定性达到92.9%，确保了茅台酒优质、风味稳定。

3. 强化质量安全风险管控

引进多种先进检测技术和管理手段，构建起以风险防控流程为制度驱动，以"风险预警、风险评估、风险应对、风险监控"食品安全四大平台为技术驱动的食品安全管控体系。定期收集国内外酒类食品相关法律法规和技术标准，结合生产实际对全产业链涉及的质量安全风险进行识别与评估；建立风险因子等级数据库，集成高通量、高分辨等多种先进分析测试技术，开发建立53个713项因子的筛查体系，构建形成关键风险因子重点管控、高风险因子常规管控、低风险因子前端管控有机结合的食品安全风险管控模式。配套形成覆盖全产业链的128项质量保证制度、133项质量安全技术标准和1123项控制指标，不断强化对风险的有效管控，确保产品质量安全。

（四）搭建全场景质量监督考核体系

1. 推动质量监管数字化

积极推进质量数字化建设，建成采购供应、生产过程、服务营销等覆盖全过程的信息化平台，持续强化质量数据监测能力、完善质量信息化追溯系统。搭建质量与食品安全管理平台，覆盖原料种植、研发设计、采供生产、仓储物流、营销服务等全过程业务场景，贯通原料入厂到产品出厂各关键业务环节，优化业务流程并固化至系统；规范4大类16个质量业务主流程、8463条样品信息，固化31条细分流程，建立形成51个功能模块，406个业务菜单，汇聚全过程全链条3588万条质量数据，构建111个质量数据模型，形成"事前可预警、事中可控制、事后可追查"的全过程全场景数字化质量管控。

2. 构建"5+2"质量监督考核体系

以质量专员日常检查、工序质量考核、产品质量监督抽查、质量体系审核、型式检验等日常检查考核为基础，以飞行检查、质量事件专项调查为补充的"5+2"质量监督考核体系，并将考核结果直接纳入子公司、部门及关键负责人绩效考核，形成"监督检查、发现问题、整改落实、追责问责"的质量监督闭环管理机制。

一是在各生产经营关键环节设置质量专员，结合监管质量管控、运行情况，制定年度检查计划，确定检查重点、检查方式、检查频次等，按计划实施日常检查，形成检查记录，对检查过程中的不符合项提出改进意见，并督促整改；二是针对生产及生产辅助环节，根据产品特点、工艺流程、质量和食品安全管控要求制定工序质量考核细则，定期实施考核，并对考核结果分析、评价形成年度报告；三是针对子公司产品，实施质量监督抽查，针对其不合格情况，组织开展原因调查分析、制定质量改进措施；四是按年度从质量策划、质量基础、质量控制和质量改进4个方面对子公司开展质量管理体系成熟度评价，并提出改进方向，促进全域质量管理水平整体有效提升；五是各子公司按年度通过自行检验或委托具备相应资质的第三方检验机构对原辅料有较大变化、关键工艺设备有更改、新试制的产品等开展型式检验，最大限度提高产品质量和安全性、减少合规风险；六是依据国家市场监督管理总局发布的《食品生产经营监督检查管理办法》《食品生产经营监督检查要点表》等相关标准，对子公司组织开展飞行检查，及时掌握质量安全状况，持续强化子公司食品安全风险防范意识；七是制定质量事件调查制度及流程，明确质量事件范围、程度、性质、影响和原因等，确保质量事件得到有效处置、质量安全防控措施有效落实。

（五）建立健全质量管理配套机制

1. 强化质量责任主体

构建以质量领导小组统揽全局、质量委员会前置协调、首席质量官统筹管理、质量专员推进落实、质量检验员现场把控、质量督导员服务支持为一体的多层级质量责任体系。质量领导小组负责研究审议重大质量事项并作决策部署，质量委员会进行前置审议研究，质量官全面统筹质量管理工作，质量专员、质量督导员提供技术支持服务并督导质量运行情况，质量检验员负责全过程检验和数据分析。各子公司承担质量主体责任，并将质量责任层层分解至一线生产班组，并落实到基层员工。通过从上到下纵向分解质量责任，横向多领域分析改进质量指标测量，形成全场景权责相当、各司其职的质量管理责任体系。

2. 完善测量分析机制

聚焦质量管理水平、质量保障能力、产品品质三个维度，构建形成包含质量管理成熟度、产品质量保障指数和产品品质评分的质量绩效量化管理体系，实现对质量管理体系建设情况、质量管控日常运行情况和产品品质情况的定性定量评价。一是从质量策划、质量控制、质量基础、质量改进 4 个方面，根据 64 类 122 项评价内容、384 条评价标准实现对质量管理体系成熟度的分级评价；二是从供应商质量管理、采购质量、过程质量、产品质量、服务质量、质量事件控制等 6 个方面构建质量运行管控指标，并结合技术标准运行情况，综合评价产品质量保障指数，实现对质量管控日常运行情况的实时监控；三是从专家感官评价、风味轮廓判别、消费者饮后舒适度等方面，构建产品品质评分指标，有效表征产品品质水平。

通过构建实施集团级、公司级、部门级三级质量例会机制，按季度由公司主要领导组织召开质量例会，针对分析发现的问题提出质量改进措施。围绕质量管理成熟度、产品质量保障指数和产品品质评分三大质量绩效指标，常态化开展月度、季度及年度质量运行分析制度。

3. 健全质量创新体系

一是建立完善创新工作机制，构建"1+M+N"创新实施体系，通过茅台科学与技术研究院全职科研人员、其他部门科研人员、外部科研人员联合运行模式，构建形成矩阵式项目组织架构。二是大力推进"两室两中心一站"五大创新平台建设，传统酿造领域科创平台建设和项目研究实现新跨越。三是建成覆盖全产业链的"四良技术体系"（原料端：良种、良土、良态、良法）、"五大核心技术体系"（过程端：基础研究、酿造工艺、酒体设计、品质评价、食品安全管控）和"五维品质表达技术体系"（产品端：产区、工法表达技术体系、基酒多样性、感官特征与典型风格、饮用舒适度），共涉及 70 项核心技术，其中 45 项国际领先，15 项国内领先，10 项行业领先。

（六）支撑保障质量管理体系有效运行

1. 健全质量文化、品牌运营体制机制

围绕"质量是生命之魂"的理念，提出"五匠"质量观，以"永葆质量匠心、铸牢质量匠魂、炼就质量匠术、精制质量匠器、锻造质量匠人"呵护茅台生命之魂。以"五匠"质量观为价值导向，在全产业链全场景全生命周期严格执行"三不准""四服从""十二个坚定不移"的工作准则。建立"五化融合"文化贯彻机制，其中精神层面多渠道向全员宣贯，做到"内化于心"；制度层面，通过严苛的标准制度把控品质、以"工匠八步"培育机制助力工匠成长等，做到"固化于制"；物质层面，制作质量文化手册，利用媒体资源、产品设计等多形式构建全渠道、系统化传播生态，做到"显化于视"；行为层面，通过开展群众性质量活动、树立标杆等，激励全员习惯于做到最好，做到"外化于行"；结果层面，通过文化认同度测评、质量例会等形式，分析相关方文化认同度并持续改进，做到"优化于效"。

茅台从"人、文、物、艺、礼、节、和、史、器"九大系列全方位挖掘、提炼茅台文化内涵，不断赋予茅台文化更深层次的价值。聚焦"五合"营销，坚持"定位、定档、定型、定价、定量、定景"进行产品规划，着力打造"茅台酱香、股份出品""茅台家族、集团出品"两张王牌，陆续推出了珍品茅台酒、二十四节气酒、茅台1935、100ml飞天茅台酒、台源等不同价格带的产品，品牌定位更加清晰，产品结构更加合理。

2. 创新人才培养机制

聚焦人才工作关键环节和重点领域，出台《关于加快推进人才体系和创新高地建设的意见》《"杰出人才"评选管理办法（试行）》等政策文件。实施人才发展"五项计划"和"四项工程"，努力打造高端人才集聚、专业能力突出、人才布局合理的人才高地。构建"工匠八步"培养体系，通过名师带徒、专业培训、技能竞赛等方式，进一步做好人才传承工作，以"岗位大练兵 技能大比武"为抓手常态化推进骨干人才队伍的成长。

3. 打造质量与生态协同发展新格局

茅台坚持"绿水青山就是金山银山"的发展理念，以系统思维推进"增水、提气、保土、护微、维护生态系统平衡"五大专项工程，大力开展"节能降碳增效行动、绿色工艺改进及产品创新行动、绿色产业生态链行动、绿色科技创新行动、绿色低碳全员行动"五大专项行动，打造"山水林土河微"生命共同体。建立双碳管理制度标准体系，牵头起草《白酒企业温室气体核算方法及报告标准》《白酒产品碳足迹评价标准》团体标准，完善公司能源管理制度，提高能源管理与碳排放管理能力。建设智慧化能源管理监测系统，更换低效高耗设备，增加绿电使用占比，倡导新能源车辆使用，不断优化能源结构。研发节能降碳新技术，实施蒸馏过程余热回收和锅炉超低氮改造，有效消减锅炉氮氧化物等温室气体排放。倾力打造茅台生态循环示范园，现已建成12吨有机肥、2万吨发酵饲料、1000万方生物天然气生产项目，酿酒固废达到100%资源化利用。

三、知名白酒酿造企业以"365"为核心的全员全域质量管理效果

（一）推动质量管理水平有效提升

通过成果的实施，茅台各酒类生产子公司质量管理水平均达到较好及以上水平，有效实现质量跃升目标。作为酱香型白酒技术委员会秘书处承担单位，茅台在标准化推进工作中充分发挥引领作用，授权发明专利50个，发表科技论文200篇，SCI累计影响因子121.75。先后主持或参与制定国家标准、行业及团体标准42项，其中茅台主导国家标准《白酒质量要求 第4部分：酱香型白酒》制订、参与GB/T 15109《白酒工业术语》及GB/T 10345《白酒分析方法》等国家标准的制订。建立160项企业技术标准，获国家技术发明二等奖1项，贵州省科学技术进步三等奖1项，其他科技奖项42项，成功开创红缨子科技及循环产投等白酒新兴配套产业。

（二）带动经济效益稳步增长

一是2022年茅台某子公司共实施改进创新活动885项，其中管理类738项，技术类147项。管理类改进创新6项成果获得全国优秀荣誉，17项成果获省/行业级优秀荣誉；技术类改进创新获省/行业级科学技术奖项共15项，质量改进工作为公司节约成本超1亿元，创造价值超157亿元。二是在全面开展质量管理信息化方面，采用信息化、在线检测技术等建成产能1.2万瓶/小时的包装生产示范线，包装生产效率提高 157%，良品率提升 37 倍，年节约 3000 余万元。三是茅台某子公司连续出现 13 批次不合格，通过 4 期驻厂帮扶，从 2022 年 2 月至 10 月中旬，仅 2 个批次不合格，验收合格率达 99.47%，高于 97% 的年度目标值，有效降低了企业经济损失。同时，茅台经营业绩稳步增长，2022 年实现营收 1364 亿元，同比增长 16.6%；利润总额 912 亿元，同比增长 17.4%；税收 512 亿元，同比增长 18.4%。2022 年，茅台品牌价值以 1085 亿美元位列 BrandZ（凯度旗下全球最大品牌资产平台）最具价值中国品牌前三甲，酒类品牌第一。

（三）助力社会效益协同发展

2020 年至 2022 年，带动 531 家企业共同进步，供应商履约评价优良率由 91.2% 提升到 97.0%，供应网保障能力由 81.4 分提升到 86.7 分，原料、包材使用不良率保持在极低水平，已连续 3 年分别低于 1‰ 和 0.2‰（酱香型白酒企业原料、包材使用不良率平均分别为 5% 和 3%）。

通过高质量打造原辅料基地，辐射高粱种植面积 70 余万亩，小麦种植面积 80 余万亩，惠及农户 14 余万户；通过牵线搭桥、政策推介，解决城乡就业 3800 余人；近 3 年累计投入 12 亿元建设高粱基地，助力 12 万农户年增收超 3000 元 / 人。

组织 "2021 贵州白酒企业发展圆桌会议"，切实推进赤水河流域酱香白酒产业集聚区建设；持续开展 QC（Quality Control，质量控制）小组、质量圈、质量信得过班组群众性质量改进活动，2021 年 2 个小组荣获 "全国优秀" 称号、16 个小组荣获 "省（行业）优秀" 称号；参加国家消费品标准化示范项目、2021 年贵州省质量发展项目等，分享质量管理经验，持续为中国白酒行业高质量发展贡献茅台力量和茅台智慧。

全力打造行业生态环保标杆。单位产值温室气体排放量连续降低。2022 年万元产值二氧化碳排放量为 $0.0394 tCO_2e$，较行业平均水平低 92.1%。2022 年 "茅台酒地理标志保护区" 被命名为贵州省 "绿水青山就是金山银山" 实践创新基地，是首个以企业为主体申报成功的案例。

（成果创造人：丁雄军、王　莉、涂华彬、吴建霞、刘　玄、杨　婧、王汪中、杨　帆、陈　希、姚永会、刘元启、温亚革）

供电企业基于政企协同的重大涉电工程建设管理

国网辽宁省电力有限公司大连供电公司

国网辽宁省电力有限公司大连供电公司（以下简称大连公司）隶属于国网辽宁省电力有限公司，是国家电网公司34家大型重点供电企业之一，供电区域1.33万平方公里，用电客户414.9万。大连公司下设13个职能部门、15个业务实施机构和13个供电分公司，现有职工5967人。固定资产原值402.26亿元、净值140.57亿元，资产总额176.2亿元。2022年，完成全社会用电量448.01亿千瓦时，同比增长1.37%；售电量351.55亿元，增长2.11%；售电收入完成197.45亿元，增长12.46%；综合线损率完成2.66%，低于全省平均水平0.61个百分点；完成固定资产投资23.52亿元，同比增长3.29%。企业负责人业绩考核位全省第一。

一、供电企业基于政企协同的重大涉电工程建设管理背景

为认真落实党的二十大做出的"推动东北全面振兴取得新突破"决策部署，辽宁省委、省政府抢抓"十四五"后三年重要窗口期，以超常规举措打好打赢新时代东北振兴、辽宁振兴的"辽沈战役"。推动区域经济发展，电力是先行官，面对全面振兴新突破三年行动的现实需要，传统重大电网工程建设中"电网攻坚、政府审批"的模式已不能满足辽宁地区经济快速发展，亟需构建重大电网基建工程政企协作新模式。近年来，国家电网持续推进重点城市一流城市电网建设，加大电网基础设施投入力度。但是，在城市重大涉电工程建设过程中，采用传统模式的"电网攻坚、政府审批"的模式很容易出现建设效率低下和建设质量不高等问题。面对建设队伍能力不足与高质量高速度电网建设的矛盾，大连公司传统的电网建设模式和人才体系已不能满足建设成为世界一流电网企业战略目标的实现，基于以上情况，从2022年开始，大连公司开始实施政企协同的重大涉电工程建设管理。

二、供电企业基于政企协同的重大涉电工程建设管理主要做法

（一）构建政企协同的重大涉电工程建设管理体系

1. 成立政企协同专项工作小组

成立政企协同专项工作小组，全面对接省、市政府。辽宁省政府根据当前电网建设需要，成立省电网建设工作领导小组，办公室设在省发展改革委，大连市政府相应建立本地电网建设工作领导小组。大连公司为全面对接辽宁省和大连市政府工作领导小组，构建服务新时代东北全面振兴的电网建设专项工作小组，统筹协调推进电网建设工作，会同大连市电网建设工作领导小组研究解决电网规划建设中的重大事项。大连公司专项工作小组，一方面负责与省、市电网建设领导小组制定电网建设发展规划，做好顶层设计，另一方面，全面管理公司内各项电网建设项目，对于电网规划和建设中遇到受阻等问题，及时汇报至省、市领导小组，共同协调解决阻碍问题，确保建设工作有序开展。

2. 构建政企内外协同联动单元

建立政企内外协同联动单元，实现上下联通和横向协调。大连公司将电网投资和迁改计划与所在地区基建工程建设情况进行整合，由发展部牵头、建设部参与建立内部重大涉电工程联动单元，联合政府审批，提高属地政府对基建前期工作的支持力度，破解前期难点堵点，及时解决工程受阻、手续办理等问题，确保工程建设不间断。同时，对重大涉电工程项目建立配套工程微信群，成立包含市发展改革委、市自然资源局、市城乡建设局等政府部门和建筑施工企业等100余家企业和单位的外部联动单元，从设计到施工单位，从供货到付款过程，从属地协调到监理、验收，协调各级企业和部门一体化运作，确保每项重大工程项目都要管到、帮到、服务到、保障到。

3. 建立政企协作高效合作机制

一是建立高层定期协商机制，保障政企协商畅通。大连公司为推动政府和企业间信息交流畅通，与大连市、区政府建立高层定期协商机制，双方高层领导定期磋商，研究各项重大涉电工程合作建设事宜，并就电网建设、运营、监管等相关问题进行深入讨论和磋商，推动实现互利共赢目标。通过定期的协商会议，大连公司和大连市政府双方充分了解对方的需求和诉求，帮助大连公司了解政府的发展战略和政策导向，更好地配合政府的决策和安排，双方共同制定的合作目标和规划也可以为电网行业的发展提供指导和支持。大连公司在建立高层定期协商机制基础上，完善信息报送制度和协调例会制度。

二是建立部门衔接落实机制，保障政策"落地有声"。大连市、区发展和改革局与大连公司建立部门衔接落实机制，推进合作事项落实。大连公司通过与各区政府签署战略合作框架协议保障电网发展规划和政府支持政策落地实施，协议商定，地区政府加强重大涉电工程项目对接，提供政策支持，营造良好的环境；大连公司通过全力保障电力可靠供应、全力推进电网升级、全力服务区域经济建设、全力支持区内企业发展、全力改善电力营商环境五项重点工作，加快特高压输电通道建设，实施城市电网改造升级，在高质量发展中发挥更大作用，助力各区经济健康发展。

三是建立重要事宜保密机制，保障信息数据安全可靠。大连公司与市政府各部门建立信息数据保密机制，除法律法规另有规定外，双方对合作过程中知悉的对方保密信息承担保密义务，未经对方书面同意，任何一方不得向第三方泄露，并约定双方的保密义务不因协议终止而终止，除非保密事项被公开披露或成为公众信息。重要事宜保密机制不仅有利于双方建立互信信心，更有利于重大涉电工程服务好地方经济社会发展。

4. 强化"党建＋基建"管理模式

大连公司持续开展"党建＋基建"登高实践活动，推动现场临时党支部和项目部一体化、同质化、标准化管理，以高质量党建引领高质量电网。推进工程项目建设主体党风廉政建设，坚持"严"的主基调，落实"一岗双责"，抓好廉政建设。加强项目规划、建设、招投标等重点领域、重点环节、重点人群的监督管控，将全面从严治党要求融入重大涉电项目规划建设全过程、供应链管理全流程，推动廉政建设与规范管理、党内监督与专业监督相融共进，加强组织防控、技术防控和过程监管，不断筑牢"行为上不敢腐、制度上不能腐、思想上不想腐"的坚固基建防线。深化落实"国网基建 e 安全"App 的全面应用，强化实名制管控能力，安全管理落实到人。

（二）政企协同共筹项目的规划设计管理

1. 政企协同电网项目规划

基于"专项工作小组＋内外协同联动单元"组织架构，创新开展重大涉电工程项目政企协同规划布局，政府牵头规划、电网协同配合，实施城市"规划一张图"、产业规划"三同步"，全面提高电网规划的可靠性。一是实施"规划一张图"。市、区自然资源和规划部门结合城市用地和道路系统现状及建设规划，指导大连公司完善电力设施布局规划，科学布局电网项目选址和电力线路通道，并将其纳入市国土空间总体规划和控制性详细规划，形成"规划一张图"，进行统一管控。二是实施"三同步"。各区人民政府（含开发区、风景区管委会）、各部门和单位制订产业空间布局规划、安排重大市政项目建设、新规划产业园区、新引进重大项目、新（改、扩）建道路时，充分考虑配套电力设施布局并预留建设用地，做到同步规划、同步审批、同步建设。三是实施大型基建项目与电网同步规划。在编制修建详细规划阶段，建筑面积达 20 万平方米及以上的基建项目施工单位提前向大连公司报备并咨询供电能力。对需新增配套电力设施（变电站、开闭所、环网柜等）的基建开发项目，由市、区自然资源和规划部门征求大连公司意见后，将配套电力设施项目建设用地作为前置条件一并纳入基建开发项目规划用地范围，进行同步规划、设计及实施。

2. 政府深度参与项目设计可研管理

一是政企协同规划审批一体化。大连公司会同市、区、县各级政府签订战略合作框架协议和《大连市人民政府关于进一步加强电网建设工作实施办法》的建议文本，协调各级政府给予政策支持，与政府一同进行新建电网项目规划，政府基于国土资源规划给予大连公司更多选址选线等规划方面建议，帮助大连公司电网建设项目有效规避资源敏感点、生态红线等争议地点。此外，大连公司积极推动政府审批关口前移，在政府深度参与规划基础上推进项目审批流程优化，内外部联动单元与政府部门密切配合，加强开工手续合法性和收资协议的审查管理。

二是政府深度参与项目可研初设，加强项目前期和工程前期政企工作融合深度。政府提前介入电网项目可研阶段规划、国土、压矿、林业等重要支持性文件收资工作，提供已掌握的地勘和物探等重要建设资料，避免在工程实施阶段因规划调整、压矿法律纠纷等发生方案颠覆性调整和经济损失；大连公司会同政府自然资源部门组织开展地勘和物探等重要勘察工作，政府帮助大连公司及设计单位充分考虑项目预建地区岩溶地质特点，避免因地勘物探深度不足导致方案调整、增加工程费用，政企共同做实可研方案，减少后续初设施工图审查及施工验收阶段方案调整，提高工程建设效率。

3. 政企开展项目全过程科学研判

一是电网前期开展电网投资经济性分析。在筹资初期，由政府部门组织大连公司和银行企业对拟建项目固定资产投资、流动资金和项目建设期贷款利息进行评估测算。根据项目多方评估结果制定相应的资金使用计划，做好利润分析、经济性分析和具体的分析评价经济指标，预算项目的投资回收期，做好合理的资金投入规划，测算投资项目盈利率。

二是项目投建后的全生命周期评价。通过构建涵盖前期工作过程评价、生产运行评价和经济效益评价3个方面的政企协同评价模型与方法，实现对不同电压等级电网工程项目的建设前期工作、建设过程、建成后运营情况进行全面、系统的综合分析评价，全面提升电网项目全生命周期管理水平。

三是电网发展整体评估，持续改进电网投资计划。为全面提高重大涉电工程建设效率，大连公司与市发展改革委从城市电网发展规模与速度、安全与质量、效率与效益、经营与政策等方面，系统诊断评估分析城市电网年度发展情况，政策支持情况等，查找薄弱环节和管理短板，迭代更新电网年度建设计划及电网发展政策，提高电网企业资源配置能力和可持续发展能力。

（三）政企协同共抓项目的进度管理

1. 简化项目前期审批程序

为争取选址选线、环评水保、用地用林等方面的项目审批政策支持，大连公司推动大连各级政府出台《简化优化电网工程项目联合审批流程实施方案》，市、县两级行政审批实行"一家牵头、并联审批、限时办结"，部分行政审批手续取消或容缺前置条件限制，用地预审手续实行市、县联审，土地、林业手续不再互为制约，并行办理，简化消防设计审查、验收备案等前置手续，优化占用城市道路、市政绿地、自来水、燃气管线迁移等施工手续。

在自然资源部门管理范畴，使用已经依法批准的建设用地进行建设的项目，不再办理用地预审。使用新增建设用地进行建设的电网项目，在项目核准前，由自然资源部门对变电站核发建设项目用地预审与选址意见书；输电线路走廊（包括杆、塔基），由市、县（市）政府承诺项目纳入本地区能源发展规划、用地纳入本地区国土空间规划的，可不核发用地预审与选址意见书。

在生态环境部门管理范畴，对使用已经依法批准的建设用地、能耗低、对环境和居民生产生活影响小的66千伏及以下项目可不进行环境影响评价；在已批建变电站内仅增加母线、出线间隔，且不产生新污染源的项目，不需再办理环境影响评价审批手续，财政部门可免除变电站基础设施配套费。

2. 优化工程前期手续办理

一是合并办理占道挖掘类审批手续。建设单位在取得工程规划许可证后，即可向区行政审批局申请办理"市政设施建设类审批"或"占用、挖掘公路、公路用地或者使公路改线审批"，区行政审批局在征得区公安交管部门对占道施工的意见后，统一核发占道挖掘许可证，建设单位不再单独向公安交管部门申请办理占道施工审批手续。在住建部门管理范畴，输变电工程不需办理建筑工程施工许可审批；220千伏及以下变电站无需办理消防验收或消防备案；输变电工程不必向住建城乡建设主管部门申报质量安全监督手续。

二是优化消防督查、监理和施工流程。建设单位在取得初步设计批复后，即可发布监理和施工招标公告；变电站建设项目在消防设计图纸送审后即可发售招标文件，取得消防设计审查合格书后，即可组织开标评标。

三是关键流程设置时间限制。图审机构应在8个工作日内完成消防设计审查工作，建设单位凭建设工程规划许可证、消防设计审查合格书（变电站建设项目）、中标通知书等材料申请办理施工许可，相关审批部门应在1个工作日内核发施工许可证。

3. 多渠道引入项目建设资金

大连公司将电网建设与地方经济社会发展相融合，多渠道引入项目建设资金，保障重大涉电工程项目资金支持，推进项目高效率建设。大连市各级政府按照属地管理原则，加大电网投资建设力度，将220千伏及以上电网建设项目纳入重点工程调度和管理，优先落实建设条件，及时完成征地、动迁安置补偿和配套工程建设等工作。电网建设涉及征收集体土地或使用国有农用地、未利用地的，由政府按照征收区片综合地价标准进行补偿。电网建设项目工程补偿费用专款专用，并及时足额发放到被补偿单位及个人，任何单位或个人不得截留挪用，维护好各方主体经济利益，保障工程项目稳序推进，对因资金未按时到位导致电网工程严重受阻的，将依法进行严肃处理。

大连公司将电力设施迁改与基建工程建设情况联动，由发展、建设、运检部门进行会签，调动政府工作积极性，争取政府投资，政企共建重点工程。其中，大连港东9断点隧道工程落实政府建设资金3.8亿元、人防坑道改造工程落实政府建设资金约2.3亿元；港北工程政府投资负责开展污染土治理工作；文体工程由政府投资建设配套电力管廊。

（四）政企协同共管项目的安质管理

1. 政企协同做好安全质量教育

一是定期开展安全培训。定期宣贯督查国网安监部下发的100项严重违章清单及公司重要文件等，组织政府定期宣贯工程建设安全法律法规，重点关注高处坠落、物体打击、机械伤害、触电、火灾、疫情防控六类风险，规范参建单位的管理行为，压实各级人员的安全责任意识，进一步提升基建工程安全管理成效，并将作业层班组作为施工作业现场管控的核心基本单元，协同政府部门开展多种形式的作业人员培训及准入考试，提升施工队伍的整体安全技能水平。二是完善项目建设安全质量制度管理。将安全管理工作起点设置在可研、初设阶段，从源头上尽量避免"三跨""同塔带电架线"等高风险作业，加强工程前期阶段风险辨识和要点管控，将创新工法和风险辨识纳入设计招投标和合同管理；实行领导分片包保安质管理制度，必要时进行提级管控，每月至少组织一次工程风险情况梳理，每周审查全部在建项目风险作业计划，每日抽查三级及以上风险现场措施落实情况，保证风险辨识全面、防控措施准确完备、作业行为规范；持续开展量化考核、远程视频监控监督，对履责不到位的单位和个人严肃考核问责。

2. 政企协同开展建设现场安质管理

一是不定期开展现场安质检查。大连公司安监部联合政府监管部门成立督查团队，不定期开展地市公司层面的"四不两直"检查和施工质量检查，特别是对设备基础、接地、预埋等关键内容严格把关，确保满足设备安装和工艺质量要求。牢牢抓住现场关键点和关键人，重点对基建施工现场"三算四验五禁止"措施的落实情况进行督查，实现重大涉电工程"零死亡"目标。以"帮扶式检查"为基本措施，每次检查详细说明问题内容、提出依据、正确做法及防范措施，并现场指导施工单位改正错误做法，及时帮助施工单位完善安全保障措施。二是组织开展外部审查。组织政府及第三方检测机构对项目施工阶段性质量进行检验，确保无问题后再进入下一阶段施工。结合工程进度，业主项目经理组织施工、监理、设计开展施工三级自检工作；领导小组协调辽宁省质量监督中心站分阶段对每个工序进行二次转序检查，层层压实安全质量责任，将安全管理压实到一线作业班组，提升全过程安全管理效能。

（五）健全政企协同配套保障机制

1. 以统一标准夯实政企合作基础

一是在电网规划审批方面，牵头编制《大连市服务新时代东北全面振兴重大涉电工程设施布局规划—变电站选址规划》《大连市电力设施布局规划—高压电力通道规划》，主动将电网项目选址和电力线路通道规划纳入城市发展"规划一张图"，进行统一管控，全面提高电网规划与城市规划的适配度。二是在项目建设验收方面，编制并出台《服务新时代东北全面振兴重大涉电工程建设技术细则》《服务新时代东北全面振兴重大涉电工程通道建设技术细则》，统一重大涉电工程项目建设与验收标准，确保电网建设工程安全与质量。三是在组织协调支撑方面，大连公司结合实际情况，发布《关于成立服务新时代东北全面振兴工作专班的通知》，以电网工作专班全面对接领导小组、协调政府专班，支撑东北全面振兴新突破三年行动计划编制，保障政企合作模式常态运转，有效推进世界一流城市电网建设工作。

2. 以信息化手段提升政企协作建设效率

强化信息系统应用，破除传统模式下的信息壁垒。一是网上审批，提高电网及项目前期审批效率。依托全市政务服务"一张网"和市、区工程建设项目综合窗口，完善市工程建设项目审批管理系统功能，在大连政务服务网上专区提供电网建设项目网上审批服务，畅通电网建设项目网上审批服务渠道，为电网建设项目审批提供一窗受理、并联审批、信息共享、同步办结的全程网上审批服务。二是动态监管，全面掌握重大涉电工程建设进度。开发大连电网项目管控平台，通过后台或手机端录入电网工程基本信息、建设及投资进度，定期输出项目周报、月报，实现对重大涉电工程建设项目的动态感知。三是争取参与国网信息化项目，以公司种类丰富的基建工程为国网信息化项目落地提供支撑，在涉及多专业多系统对接时，增强横向沟通，共同提升信息化管理水平。

3. 以舆论引导营造政企协作良好氛围

针对电网基础设施"邻避问题"，依托政企合作新模式，充分发挥政府的公信力，在政府、企业和民众之间建立有效的沟通渠道，实现公众的意识觉醒和有组织的诉求表达，推动邻避问题有效解决。充分发挥政务媒体的主观能动性，联合传统媒体和新媒体开展科普宣传和政策宣传，一方面破除谣言，让公众科学理性地看待公共建筑对健康、环境的影响，另一方面从大局出发，及时传达政府补偿和政策利好信息，用舆论的力量潜移默化地影响公众的态度。同时，依托"低压网格化"片区服务，深入一线感知用户诉求，以点对点的用电咨询服务安抚客户情绪，化解服务风险，有力提升客户对供电服务的满意度。

三、供电企业基于政企协同的重大涉电工程建设管理效果

（一）保障了重大涉电工程建设质量和效率

当前，大连公司已有一百余项电网项目工程采用政企协同建设模式，均已在选址规划批复后纳入规划"一张图"进行管控，平均缩短建设周期约30%，极大地提高了城市电网建设质效。电网工程减少项目前置条件，大幅缩短建设时长，一座变电站的投产仅需8～10个月时间，建设时长较常规模式缩减23%～38%。其中，红瓦500千伏线路工程，作为大连公司建管的首个500千伏基建工程，积极协调省发展改革委、营口和大连市政府相关部门解决疫情导致的跨区域物资、人员、特种车辆调配难等诸多不利因素影响，提前6个月竣工投产；冷家500千伏变电站工程，协调属地政府开辟绿色通道，办理先行用林手续，并联办理土地、工程规划手续，保证了建设任务顺利完成。

（二）支撑了地方经济社会高质量发展

在服务地方经济发展方面，依托政企协同与绿色通道优势，公司全力消除疫情等客观因素影响，顺利实现晶圆扩建、文体等工程竣工投产，超前开展桂云花改造等工程施工，为缓解区域供电压力、满足重大项目用电需求提供坚强保障；在推动清洁能源发展方面，大连公司紧密对接《辽宁省加快推进清洁能源强省建设实施方案》，顺利投产500千伏冷家变、红沿河核电6号机组、220千伏液流储能、庄海4-1海上风电等清洁能源项目，清洁能源装机容量达917万、占比达60%，均位于东北地区第一，为大连市打造一流生态环境作出贡献，彰显央企责任担当，有效提升政府及社会各界对公司的理解、认同与支持。

（三）探索建立了政企协作重大涉电项目建设新经验

大连公司聚焦传统模式下的重大涉电工程建设周期长、落地难、适配度低等问题，以政企协同建设模式重新定义政企间在电网的权责平衡，在辽宁地区首次构建并实施政企协作共建电网新模式。

（成果创造人：贾宏智、胡　博、张　健、吴国辉、董吉超、

　　　　　　　高　蔚、曲云鹏、林春华、郭　奉、史　程、官子明、于博文）

供电企业契合"精致城市"发展的网城融合型电网建设与运营管理

国网山东省电力公司威海供电公司

国网山东省电力公司威海供电公司（以下简称威海公司）成立于1990年，是隶属于国网山东省电力公司（以下简称国网山东电力）的大型企业，承担着威海二市（县）六区的供电任务，供电面积5797平方公里，供电总人口280万。威海公司下辖11个职能部门、7个业务支撑机构、7个集体企业及荣成、文登、乳山3个县公司。威海电网是山东电网的重要组成部分，现有公用变电站139座，总容量955万千伏安，输电线路336条，总长度3669公里，截至当前，威海电网已形成以500千伏超高压为支撑点，220千伏网络为骨干网，各级电网协调发展的坚强智能电网。

一、供电企业契合"精致城市"发展的网城融合型电网建设与运营管理背景

（一）赋能"精致城市·幸福威海"发展的需要

威海市政府确立"精致城市·幸福威海"发展定位，明确精致城市"高质量发展、高品质生活、高标准环境、特色化发展"的特征，精致成为威海发展的城市共识。"精致城市"离不开"精致电网"，威海公司践行央企担当，传承履责使命，支持精致城市发展，决策"精致电网"建设研究与实践。

（二）探索电网转型发展，推动能源互联网落地的需要

精致城市建设初期，伴随着部分城区的快速发展，多元化的新能源、电动汽车、热泵等新型负荷的广泛接入，电网负荷分布和特性发生明显变化，安全可靠供电能力支撑精致城市建设存在明显短板，威海电网面临保障能源电力持续稳定供应与加快清洁低碳转型的双重挑战。国网山东电力高度重视威海精致电网建设探索，持续加大威海电网投资力度，加快威海电网向能源互联网升级，威海公司对精致电网的建设与实践势在必行。

（三）促进电网提质增效，实现网城融合发展的需要

支撑"精致城市"发展的威海公司面临重大机遇，也面临诸多挑战。一是要研究解决电网发展与精致城市发展的一致性问题，二是要解决电网转型升级与精致城市发展互补性问题，三是需要落地载体支撑，需要城市场景匹配与展示，让居民、企业、政府等相关方亲身感受电网对"精致城市"的贡献。

二、供电企业契合"精致城市"发展的网城融合型电网建设与运营管理主要做法

（一）开展网城融合型电网建设与运营顶层设计

1. 高标站位，确立"精致理念"

威海公司立足精致，追求极致，将契合精致城市发展的电网建设发展凝聚内化为理念和精神："培育精致境界"，支撑精致城市发展责任重大，使命光荣，以国家发展、企业发展和客户为中心，提升政治站位，统一思想创最好。"落实精致要求"，探索打造支撑精致城市发展的工作体系，解放思想、激发活力、政企协同，大胆创新。"创造精致标准"，瞄准全国首创重任，践行战略领先者，以卓越视野，创建一整套契合精致城市发展的电网建设路线图，以及电网建设与运营标准。"展现精致作为"，发挥"永创最好、走在前列"的光荣传统，勇敢承担最难新试点，做强实践硬支撑，展现卓越新成就。

2.省市一体联动，打造政企协同联建共同体

山东省电力公司与威海市委市政府签署战略合作协议，威海公司成立领导小组和工作专班，省公司总经理担任威海供电公司工作小组组长，省公司19个部门、单位及专家组全程参与建设行动方案和试点示范工程落地。威海公司与威海市发展和改革委、工信局、财政局、自然资源和规划局等15个政府部门抽调精干力量，成立协调联络组，全面负责电网建设重大政策研究、重点问题协商、重点项目推进，召开新闻发布会阶段性向社会发布建设成果。

3.定义以"网城融合型"为主要特征的精致电网

威海公司系统分析电网发展趋势和特性、电网与城市发展关系，诚邀咨询国内知名学者、院士专家意见建议，多轮次寻标先进城市建设经验，系统规划契合精致城市发展蓝图，确定以"网城融合型"地市级示范能源互联网为主要特征的精致电网，明确"坚强电网·智慧电网·绿色电网·融合电网"四大内涵。"网城融合"是指电网规划与城市空间布局融合、电网功能与城市绿色发展融合、电网建设与城市特色风貌融合、电网价值与城市智慧治理融合。四大内涵具体内容包括：坚强是基础，构建网架坚强、供能充足、输配协调、转供灵活的区域电网，全面供好"安全电"，契合精致城市高质量发展。智慧是支撑，持续推动电网数字化转型，实现源网荷储资源全要素泛在互联、多平台便捷支撑、多场景灵活应用，全面供好"智慧电"，契合精致城市高品质生活。绿色是方向，推动能源供应清洁化、消费电气化、利用高效化，实现多能互补、清洁低碳、节能高效，全面供好"绿色电"，契合精致城市高标准环境。融合是灵魂，电网形态、技术、功能、价值与城市发展深度相融，实现基础资源灵活适配、共享共赢，人网城和谐共处，全面供好"美丽电"，契合精致城市特色化发展。

4.创建网城融合型电网建设与运营框架体系

威海公司以双碳目标为战略引领，紧扣威海精致城市发展内涵，以网城融合型为主要特征，确定"精致统领""双向契合""四位一体"建设框架体系。"精致统领"：即以精致理念为统领，激发内生动力，凝聚攻坚合力，不断开拓精致电网建设新局面，持续赋能精致城市。"双向契合"：一是要与国网战略契合，省市县联动，聚合优势资源和力量全力推进；二是要与精致城市发展契合，打造政府、企业、相关方联建共同体，共建共享精致样板。"四位一体"：从坚强电网、智慧电网、绿色电网、融合电网四个维度提升电网形态、电网功能、电网技术和电网价值，以高标准均衡打造精致电网，支撑精致城市发展，助力综合能源互联网建设。"N支撑"：通过试点示范工程、持续创新、精致评价，积淀精致文化，固化精致模式，推动电网与城市高度契合和持续发展。

（二）衔接融合精致城市规划，建设坚强可靠电网

1.聚焦城市产业新发展，超前布局电网发展规划

威海公司联合政府滚动建立"精致电网"政企协作清单，对接威海市新旧动能转换27项、儒商大会13项、省市重点项目91项等重大工程。2020年，完成电网网架结构、负荷转供、设备老旧、通信等主网30项问题清单梳理，形成项目清单29项；以提升供电可靠性为主线，以补强线路联络和分段为抓手，切实压降停电时户数，完成配电网130项问题清单梳理，形成项目清单51项，全部纳入"十四五"电网规划、政府专项规划。威海电网有史以来建设环境最复杂的220千伏福河输变电工程历时七年终获开工，一批制约威海电网的"硬骨头"被拿下，城市大动脉被打通。聚焦城市产业集群化、绿色化、智慧化发展规划，提前布局电源点，易地重建220千伏凤林变电站，新建220千伏永怀等变电站，为7个产业集群、10条产业链提供充足电能，全方位支撑高端产业发展。

2.开展能源互联网落地研究，协调发展各级电网

综合考虑威海城市功能定位、产业布局等多种因素，兼顾投资效率效益，优化核心骨干网架，实施国核示范、文登抽蓄、乳山海上风电、文登南海海上光伏等配套工程，高效承接880万千瓦"风光

核"清洁能源。迭代升级核心城区高压配电网，打造市域"三纵两横"供电网络、县域城区两站互供格局，推动中低压配电网简洁高效。为满足多元发展需求，解决高比例分布式新能源等接入给电网安全稳定带来的威胁和挑战，在王成山院士等专家指导下，联合天津大学选取资源条件及网架结构较好的草庙子网格典型区域开展蜂巢立体弹性新型能源互联网结构及试点应用研究，建成全国首个蜂巢型电网，区域内能源资源调节能力和供电可靠性显著加强，电网精致升级的重要性基础环节取得重大突破，该项目为配电网转型升级打造出"威海样板"。

3. 高标部署三道防线，构建坚强电网故障防御体系

在国网系统首批部署第三道防线集中监视与管理系统，二三道防线由无监测向有监测跨越，在运低频低压减载信息监测达80%，配电网三级保护覆盖率全省率先达到80%，全面提升配电网三级保护覆盖率，有效增强配电网故障防御能力。国内率先全站二次设备采用"国产芯"，实现核心设备自主可控。创新应用区块链"数据指纹"，实现国内首座全站定值远方下装、在线校核、主动防误。国网系统内率先实现省地配一体化精准紧急负荷控制，实现负荷分类清晰、限制精准，守牢民生用电底线。

（三）结合新型智慧城市建设，打造网城融合型电网

1. 聚力研发"精致电网"全景导航器

2021年3月，威海公司基于企业数据中台，采用"2区4域N板块"应用架构，打通业务流程断点、畅通数据流动断点，开发具备"全景式数据展示、穿透式诊断分析、智慧式辅助决策"等20项功能的全景导航器，为企业、客户、政府提供便捷服务和辅助决策。其中，"2区"为对内监控区和对外展示区；"4域"为分析域、管理域、电网域以及展示域；"N板块"为4个域下的N个主题，可以随着公司战略发展不断更新迭代。全景导航器中主要包括全景式数据展示，突破专业系统边界，整合12个专业、70余套系统、7200余项数据，实现数据资源全景可视、一站共享、一屏掌控。穿透式诊断分析利用人工智能等技术，开展跨专业场景化分析，从全局、全业务链视角掌控精致电网业务状态和风险，实现状态一图感知、分析一键智达。智慧式辅助决策，通过内置业务模型、构建算法模型，打造专题场景，为精致电网规划、建设、运维管理等提供决策支撑。如，打破传统的线下每日早例会汇报，在省内率先建成线上早报模式，大幅减少穿越各系统查看数据的频率，实现公司领导对每日电网运行、供电服务、现场作业等重点工作的全景、实时、精准的调度、研判和指挥。打通城市运行指挥平台数据接口，定期推送发电量、全社会用电量、工业供电量等数据，实时展示威海全域覆盖10余行业、售电量前50位集团用户及集团下100余单户数据明细，为重点企业、政府部门、供电公司领导提供辅助决策。

2. 创建配电能源互联网管理平台

在原有供服系统基础上，运用数字孪生、智能AI分析技术，打通"云、管、边、端"数据通道，建成"全量接入、全息感知、全景透明"的配电能源互联网管理平台，实现中低压12类物联设备全接入，54类数据实时监测、智能诊断、分析决策。拓展22项高级应用场景，形成配网运行13类热力图，实现基于状态驱动的配网综合巡检，运维智慧高效。以客户关联度最高为原则，充分挖掘配网运行数据价值，部署台区运行指数雷达图，聚类分析"台区开放容量、频繁停电、低过电压、低压透明、优质服务及经济运行"数据，生成"五等级"强弱分布图，实现薄弱台区快速定位，运维策略差异化制定，服务水平"一窗尽评"。

3. 攻克客户侧能源互联网关键技术

威海公司与省公司建立联合攻坚团队，运用大数据分析等先进技术，提出台区低压电气接线拓扑降维算法及拓扑边界启停条件，实现台区"变压器—分接箱—表箱—电能表"四级拓扑精确识别；研发用于线损分级分相分析、计量装置异常预警、窃电行为精准定位、停电范围精准研判等功能的相应

软件，其应用范围超过 1000 个台区 24 万户，实现威海 43 个发电厂、5400 余户分布式光伏量测数据全感知。2022 年 8 月 24 日，"客户侧能源互联网关键技术研究与深化应用"成果经鉴定达到"国际领先水平"。

（四）跟踪绿色生态城市发展，建设绿色清洁电网

1. 快速提升清洁能源服务能力

面对新能源快速发展，电网调峰资源不足等突出问题，威海公司超前对接乳山 150 万千瓦海上风电、文登南海 200 万千瓦海洋光伏等大型新能源项目进展，系统谋划最佳接入方案，助力大规模清洁能源汇集、送出。开展多轮次地区可调节负荷资源摸排，选定空气源热泵负荷参与"源网荷储"协同互动，携手山东省调、佐耀公司（空气源热泵供应商）建立联合创新、利益共享机制，完成全国首次省市两级日内万千瓦级空气源热泵负荷动态调试试验，实现规模化可调负荷参与电网调节的能力，建成全省首个负荷资源规模化控制的地市级源网荷储协同调控平台，可再生能源消纳水平显著提升。

2. 大力开展特色化"供电＋能效"服务

以提升园区能效水平为着力点，主动对接威海市参与碳排放权市场交易主体，对全市 12 家电厂开展走访，调研碳交易需求，与西郊热电公司签订山东电力首个碳资产全链条托管服务合同。为企业出具碳资产盘查报告，对企业配额账户进行全权管理，实现碳资产保值增值，降低企业履约成本；为客户设计合理的碳交易策略，减少企业配额缺口，提高经济效益。重点打造海洋牧场、韩乐坊等精致示范工程。以海洋牧场为例，爱伦湾海洋牧场海洋田园综合体，是威海市乡村振兴重点项目，威海公司重点针对海洋生物、海产品深加工、港口物流产业开展客户侧能源互联网技术应用，与爱伦湾海洋牧场共同构建以电为中心的乡村零碳能源新模式，帮助牧场实现能源互联绿色转型、电能替代和生态固碳"减排增汇"，海洋牧场能源互联网示范项目全部投运后，每年为牧场增加养殖收入 317.7 万元，节省人工成本 121 万元，增加旅游收入 80 万元。

（五）深挖"人网城"契合特性，创建和谐融合电网

1. 联合出台网城融合型政策文件与建设规则

山东省政府、威海市政府全力支持"精致电网"建设，有关领导 16 次批示精致电网工作，市"精致办"、发展改革委、工信局等 15 个部门紧密对接威海公司，全面畅通"精致电网"建设绿色通道。电网基建项目全部纳入市重点工程，老旧小区电力改造纳入全市"为民办实事"清单，在电网建设、科技创新、综合能源服务等方面给予项目审批、财税、投融资等系列政策支持，简化优化电网项目审批流程；在优化电力营商环境、电能替代、电动汽车智能充电等方面给予"多规合一"的政策支持。在多方共同努力下，2021 年 6 月 30 日正式印发《威海"精致电网"建设方案》，"精致电网"建设列入威海市年度创新突破任务；2021 年 12 月 7 日，"精致电网"纳入《威海市"精致城市"建设规划纲要（2021—2035 年）》。省内率先出台涵盖 6 类常规电力设施、5 类建设风格、5 类场所的《威海市环境融合型电力设施建设实施导则》，与市住建局联合出台《威海市住宅小区供配电设施建设管理实施细则》，从供电质量、用电安全、高可靠性等方面，提升住宅小区供配电建设标准、设备寿命与供电质量。共计出台《威海市 10 千伏高压接入用户延伸投资界面出资方案》等 10 余项政策支持文件和环境融合建设标准，系列标准高于国家行业规范要求，确保全面支撑精致城市建设。

2. 推动"四位一体"精致电网区域化聚合

以提供更可靠电力、更优质服务、更环保设备为重点，依据精致城市环境融合建设系列标准，结合精致城市重点街区改造工程计划，主动与威海 8 个区县政府战略会谈，聚焦老旧小区综合整治线杆、箱柜占道、配电设施破损、电线私拉乱扯等问题。对历史建筑、旅游景区、特色街区、城市主干道设备进行景观融合、美化治理。合理规划变电站空间布局，电网设施与城市景观无缝衔接、和谐共

生，推进"精致电网"与"精致城市"山、海、景一体融合。以双岛湾获得电力示范区为例，超前布局电网规划建设，与辖区政府建立联席制度，实时共享城市规划、招商引资及项目落地信息，在示范区内实现电网超前布局城市建设和项目建设，在示范区内建设"100米接电圈"的高效办电模式。2021年收集亿和精密电子公司、威高疫苗园区等17位大客户报装需求，结合边界条件及实际环境变化，完成双岛湾功能区4个供电网格、24个供电单元的网架完善。威海公司在山东省首次实现10千伏电力客户接入"零投资"，每年为示范区内企业节省用能成本1亿元，极大降低客户办电成本和运行维护成本。截至当前，威海"房产＋用电"联合过户5.34万例，联合过户办理数量稳居全省首位，累计办理自动过户3.34万余例，企业"注册即来电"10.17万例，威海获得电力便利度达99.5%以上，客户满意度达97.72%，业务办理效率平均提升45%。用户平均停电时间保持1.98小时／户以下，供电可靠性迈入全国中小城市第一梯队。

3. 打造"宜商三电"卓越营商环境

面向地方政府、售电公司和工商业客户开展满意度调研，创建供电服务与政府网格化服务协同共治机制，实现威海市县4805个社区（农村）网格政企融合全覆盖，在服务联动、信息共享、安全用电等领域深度合作，打通行政审批、工程建设链条和基层服务微循环，在全省率先建成客户红线外电力接入"零投资"模式。首创"零证办电""企业注册即来电""房产＋用电"联合更名过户、水电气"一窗通办"等便民服务举措，为市县城乡居民提供同质化、普惠化、优质化的供电服务，提高幸福感和满意度。

（六）创建运用评价指数，推进电网优质均衡发展

1. 创建评价指数

紧密衔接国家能源安全新战略、国家电网公司能源互联网战略，以《威海市精致城市评价指标体系》为指引，围绕"精致城市"评价指标体系中的生态环境、城市特色、公共服务、发展动能、社会治理五维元素，充分挖掘电网建设与运营核心要素，吸纳国际领先、能源互联网等关键指标，运用聚类分析法、优选判断矩阵法提取73项关键指标，从综合代表性、可计量性、可对比性、可替代性、综合引导性5个方面对各项指标进行适用性评价分析，优化形成以网城融合为特征的三级13类42项指标体系，其中包括与威海精致城市指标契合的26项指标，展现能源互联网特性的19项指标。通过层次分析法设计三级指标权重，创建评价指数。

2. 构建"四比四赛"争先体系，推进电网优质均衡发展

一是比担当赛创新，开放公司17个创新工作室，推动跨部门、跨单位、跨专业组建攻关团队，围绕新型电力系统、客户侧能源互联网等新技术开展课题研究，聚焦"精致电网"攻坚创新，推送与"精致电网"相匹配的重大创新奖项。激发青年"创新"的动力。二是比作为赛业绩，每年邀请威海政府、电力行业及公司系统内外部专家，按照"坚强、智慧、绿色、融合"4个维度对精致电网建设成效进行科学评估，导出"精致电网"评价雷达图，直观展现电网发展优势和短板，各部门单位主动承接精致电网各阶段攻坚试点项目，按照硬核成果数量、成效等级和贡献度评比晾晒，激发基层组织"争先"的动力。三是比素质赛能力，在队伍素质、全员业务和竞赛调考三个维度进阶提升、比学赶超，夺标突破，培育浓厚的比学氛围，激发党员干部职工"学习"动力。四是比执行赛作风，印发《国网威海供电公司关于开展"作风大改进、管理大提升"活动方案》，明确23项提升活动任务清单，党政主要负责人全面主抓、分类督办、精准问效，激发全员"拼博"的劲头。

三、供电企业契合"精致城市"发展的网城融合型电网建设与运营管理效果

（一）实现了电网建设与城市发展的高度契合

威海公司围绕精致城市建设，打造政企协同共同体，联合出台"精致电网"系列政策与标准，

14 个系列的"精致电网"示范工程入选威海"精致城市"样板,"精致电网"建设先后亮相"精致城市·幸福威海"博览会、2023 全国农村能源发展大会,在能源产业领域叫响了山东电力精致品牌,高度契合了精致城市特色化发展,实现了电网发展与城市发展的高度契合。

（二）展现了地市级能源互联网建设示范作用

威海公司"精致电网"建设体系日臻完善,建成中央空调负荷柔性调节示范工程,形成了 4 项蜂巢电网建设运营典型经验、建设标准。成功研发了配电能源互联网管理平台,实现基于状态驱动的配网综合巡检,运维智慧高效。攻克了客户侧能源互联网关键技术,资源优化配置率由 315 千伏安 / 台区提升至 415 千伏安 / 台区,提升幅度达到 30%。揭牌新型电力系统实证基地,"精致电网"典型案例纳入《国家电网发展战略纲要》。

（三）实现了电网企业高质量协同发展

威海公司将精致理念根植于心,以精致文化推动创新发展,在电网规划建设、电网运营和队伍建设等领域实现了由外及内的全面提升和深刻变化。以"精致电网"全景导航器为标志的智慧电网全面支撑了精致电网业务智慧化升级。充分发挥了电网碳减排作用,清洁能源服务能力显著增强,客户能源利用效率大幅提升。"精致电网"作为山东电力"四张名片"之一,整体入选国网公司"三标杆一示范"示范基地。

（成果创造人：陈志勇、王　涛、单喜斌、刘　伟、刘　帅、孙源文、
范春磊、汤　耀、徐　泽、王青松、刘永明、丁　超）

复杂地质条件下油气勘探提质增效管理

中国石油天然气股份有限公司新疆油田分公司

中国石油天然气股份有限公司新疆油田分公司（以下简称新疆油田公司）是中国石油天然气股份有限公司所属的地区分公司，前身是 1950 年成立的中苏石油股份公司，1955 年交中方独资经营，后改称新疆石油管理局。1999 年 7 月，经中国石油天然气集团公司批准，成立中国石油新疆油田分公司，2000 年 1 月 1 日起与新疆石油管理局正式分开分立。新疆油田公司已发展成为拥有员工近 3 万人，业务涵盖科学技术研究、油气预探与油藏评价、油气开发与生产、油气储运与销售、新能源 5 类核心业务和 13 项辅助业务，以勘探开发准噶尔盆地为主的现代化油气田企业。截至 2022 年年底，累计开发油气田 33 个（油田 29 个、气田 4 个），生产原油 4.3 亿吨、天然气 991.8 亿立方米。2000 年，新疆油田公司重组上市以来，累计实现利润 2107 亿元、缴纳税费 2364.61 亿元，先后荣获"全国五一劳动奖状""全国文明单位""中央企业先进基层党组织"等荣誉。

一、复杂地质条件下油气勘探提质增效管理背景

世界未来较长一段时期以石油、天然气为代表的化石能源在能源消费中的主体地位不可撼动，原油作为全球重要的能源与原料来源需求仍将持续增长。

纵观国内各大盆地开采现状，西部地区成为油气增储上产主战场。中国石油高度重视新疆地区油气业务发展，出台关于加快在疆油气业务发展的指导意见，持续加大政策和资金支持力度，推进实施新疆地区油气当量 5000 万吨上产，把驻疆企业打造成集团公司高质量发展的主战场。

新疆油田公司"十三五"以来油气产量当量由 1340 万吨增长至 1750 万吨，并制定了到 2025 年油气当量突破 2000 万吨的奋斗目标。由于新疆油田勘探开发近 70 年，老区已有储量已不能支撑产量增长，为此，新疆油田公司转变观念，突破经典地质认识，大胆走向凹陷区，创新形成常非有序成藏地质认识，在 4500 米以深发现了 5 亿吨非常规致密砂岩规模储量。"十三五"以来，每年落实石油探明、控制储量 1 亿吨以上，为原油上产提供了坚实的基础。因老油田客观存在 10%～30% 的递减，想要实现 2000 万吨目标，油气勘探必须准备更多储量来补充老油田的递减如此才能实现效益增产。

准噶尔盆地存在三套主要生油岩层和多套储油层，主力层系南深北浅，北部主体大于 4500 米、南部超过 6000 米。根据最新资源评价结果，在 4500 米以下深层、超深层石油资源量达 54 亿吨，占总资源量近 50%，资源规模巨大，但动用技术复杂，储量转变周期长、效益储量落实难度大，传统的勘探开发独立项目管理模式已不能满足非常规油藏发展需求。面对新要求，勘探开发已没有明显界限，油气勘探需积极主动探索勘探提质增效管理新模式，要以落实效益储量为目标优化完善油气勘探研究部署组织管理。

二、复杂地质条件下油气勘探提质增效管理主要做法

（一）明确油气勘探提质增效的整体思路和突破口

新疆油田公司勘探系统积极转变观念，坚持"增储必高效"，注重由地质储量向更加注重经济可采储量转变，注重规模发展向更加注重质量效益转变；对标高效勘探要求，系统开展油气勘探业务流程梳理，明确综合研究、目标准备、方案审查、井位排队、探井实施五大重要节点。

坚持目标导向、问题导向、质量导向，深入开展"多维度"勘探项目质量效益提升管理研究；针对重要节点，以"精、细、深、实"为标准，以"预防为主，过程控制，持续改进"为核心理念，创

新和建立管理办法及管理体系，实现组织系统化、行为标准化、决策程序化，以期达到权责明确、过程质控的管理目标，全面推进勘探管理提质增效。

（二）构建勘探研究组织新机制，保障研究分合有序

1. 推进"1+4+X"协同研究，聚智聚力保障高效研究

立足3大含油气系统，整合三级科研项目，细化课题研究内容，以油田为主，充分发挥好东方地球物理公司地震技术优势，发挥准噶尔盆地研究中心在成藏、沉积、地球物理方面的特色，与相关院所及专业公司互为补充，支撑好基础研究。

强调"1"：新疆油田公司的主导地位，改变以往"立什么项、干什么活"的研究模式，立足油田生产需求与谋划油田未来发展，系统梳理盆地研究现状，明确关键瓶颈问题，统筹中石油集团公司、股份公司、新疆油田等项目，细化课题研究内容，确保研究不重复、资源不浪费。

突出"4"：发挥中石油勘探总院、杭州地质院、西北分院、东方乌鲁木齐分院等4家中石油内部战略合作科研单位主力作用，改变以往"广撒网、多敛鱼、择优而从之"式立项，让战略伙伴在各自专业优势领域饱和研究，强调集中油田资源办大事，固化专注于准噶尔盆地的特色研究团队。

补充"X"：院士团队解决重大理论问题，形成学科优势、培养专家人才、引领学科发展；科研院校通过特色实验技术，解决机理、成因等关键地质问题；社会力量具有鲜明技术特色，支撑攻关制约油气发现的关键技术；目标研究及勘探部署等特色创新，是油田科技创新蓝图不可缺少的力量。

2. 打造首席专家领衔的"六大专班"专项创新平台，充分调动高水平人才积极性

实行"从生产中来，到生产中去"的创新机制，与生产现场加强沟通，解决生产实践问题，并制定科技投入长效机制。按照"一项任务、一名领导、一个团队、一张图表、一抓到底"的原则，聚焦"集中勘探、资源接替、结构调整、优质高效、经济动用、领域接替"6大发展目标与对应的"二叠系、页岩油、侏罗系、中浅层、未动用、石炭系"6大重点领域设置专班。

通过专班平台，解难题、促转化，以油田勘探开发需求牵引科技供给、以综合高端平台推动技术攻关、以开放合作带动创新资源精准落地，促进油田科技创新与增储上产深度融合，发挥智慧优势，更好地指导基层、服务生产。

3. 建立问题导向、价值驱动的"矩阵式"研究体系，协同推进领域目标评价优选

宏观上按盆地地质结构实现研究目的，纵向上从深层至中浅层含油气层段"全覆盖"，强化全盆地、全层系、全类型、整体性、基础性综合性地质研究；进入各领域围绕物探技术、地质理论、区带优选、目标部署、资源动用等具体任务实现油气资源发现到动用关键环节"全链条"，研究工作在专班框架下统一调配资源、梳理问题、设置目标、过程监督、成效检验，最终落脚于指导各勘探区带开展井位部署与储量发现；整体实现"横向到边覆盖全区域，纵向到底包含全层系"的勘探无盲区的研究格局。

（三）开展梯级递进排队新模式，保证目标量足质优

开展整体基础研究，立足北疆、放眼中亚、聚焦准噶尔，突出全层系、全要素、全过程把控宏观成藏规律，提高盆地整体认识。在此基础上深化领域级、区带级整体研究和对比，加强准备中浅层、常规及天然气目标，加强对全盆地各区带的目标综合评价及优选排队，梳理和优选勘探主攻方向。形成盆地—领域—区带—圈闭—目标的"五级递进式"研究模式，推动盆地勘探研究逐级深入。

1. 五大工程提升盆地整体认识

实施二维格架控盆工程，实施"九横十三纵"1387千米二维格架"铁栅栏"，实现盆地深层地层展布及隆凹格局由"看得见"到"看得清"，为深层勘探与领域目标研究奠定资料基础；实施盆地地层统层工程，"露头—钻井—地球物理"三位一体科学建立盆—山地层对比格架，不断完善盆地中深部

统层方案；实施全盆工业制图工程，建立盆地西部、东部、南缘三大示范区，分域分层高精度解释，支撑选区选带与潜力目标高质量刻画；实施层序格架建设工程，以层序地层学理论开展盆地级等时地层格架剖面解释，表征重建古物源、古水系及古环境，填补盆地"源—渠—汇"盆山时空耦合研究空白；实施盆地潜力掌控基础工程，厘清盆地主要源岩分布与生烃潜力，形成全油气系统资源评价结果，支撑盆地、领域、区带优选。

2. 分类分级优选有利勘探目标

基于不同油气系统与勘探对象，不定期开展专题研讨，系统分析各领域潜力，明确未来较长一段时期勘探重点，2022年组织13次研讨，明确和形成近期九大重点勘探领域。在领域排队基础上，基于不同勘探目标类型，从"区带—圈闭—目标"逐级深入，构建"3354"勘探目标评价优选方法。

"3带"定区带：以落实地层不整合面的发育与展布为重点，精细预测地层超覆带、剥蚀带、砂体的尖灭带明确有利目标发育带。

"3线"刻目标：以落实岩性尖灭线、砂体顶面构造线、砂体厚度等值线为重点，重点刻画砂体顶面构造形态、砂体厚度展布并综合地层超覆线、地层剥蚀线落实圈闭分布。

"5体"选目标：以地层不整合的性质、形态、输导及封闭性落实为重点，识别目标砂体顶板、底板、侧向封堵体、断层体的展布初选可靠圈闭。

"4项"定目标：重点开展供烃能力、输导条件、储集性能、封盖性等4方面评价，最终优选排队可上钻目标。

（四）实施井位部署管理新举措，保障方案更高质量

1. 部署方案突出勘探开发方案深度融合

井位研究阶段不定期组织区带研讨会，明确研究方向，梳理潜在目标，要求部署方案资料翔实、论据充实、基础扎实；对于探井的研究部署，必须坚持预探评价一体，突出探井评价井方案融合，形成"资料平台一体化、地质认识一体化、方案部署一体化"工作模式，满足后续高效建产需求，井位部署方案研究由区带项目长组织开展，由勘探开发研究院基层研究所负责组织开展方案资料质量和方案可靠性质量的内部审查（一级质控）。

2. 建立"三联三审三突出"井位审查制度

改变传统由油气勘探专家重点审查石油地质条件的模式，转变为由勘探开发研究院、勘探事业部、油田公司三个层级分别组织多专业专家队伍，针对关键要素开展联合审查的模式。

井位部署方案初审阶段（一审），由勘探开发研究院负责，组织院内勘探、评价、开发、战略合作伙伴相关专家联合初审井位部署方案（一联），重点审查部署方案的地震资料、录测资料、试采资料、实验资料的准确性，沉积储层、地化与成藏、构造圈闭、储层预测与烃检等各方面专家共同审查相关石油地质条件的可靠性，重点突出勘探评价开发一体化部署（一突出）；井位初审责任主体为勘探开发研究院分管勘探副院长，重点做好方案圈闭可靠程度、基本石油地质条件质量的把控（二级质控），对于满足初审通过的部署方案提交勘探事业部复审。

井位部署方案复审阶段（二审），由勘探事业部负责，组织开发事业部对勘探开发研究院通过初审提交的井位部署方案开展联合复审（二联），重点审查部署方案的油藏描述资料、储量计算资料、甜点评价资料、高产预测资料的可靠程度，组织测算钻探目标投资需求及效益指标，重点突出勘探评价开发、地质工程、经济技术、地面地下一体化（二突出）；井位复审责任主体为勘探事业部分管勘探部署的副经理，重点做好成藏可靠性、经济可行性、技术可行性等方面质量的把控（三级质控），对于复审通过的部署方案提交公司终审。

井位部署方案终审阶段（三审），由公司勘探专委会负责，组织油田公司主管领导、公司首席技术

专家、勘探、评价、开发相关专家联合终审（三联），重点审查部署方案对公司高质量增储建产的可行性及急迫程度，重点突出勘探开发同向发力，为开发建产提供更优质储量资源（三突出）；公司首席技术专家负责技术把关，公司主管领导负责审批。

3. 建立井位池实现探井部署方案集中管理

一是突出"严进"，通过"三联三审三突出"审查后的井位目标统一入池管理。二是突出"层次"，井位池划分为潜力、储备、前置三个层次，与三级审查制度一一对应，通过井位初审的目标纳入潜力层次，此类目标具备进一步做工作的潜质；通过井位复审的目标纳入培植层次，此类目标视研究程度及现场实施进展，经过补充论证，可具备上钻条件；通过井位终审的目标纳入前置层次，此类目标先行开展前置项办理，视效益排队结果确定实施顺序。三是突出"动态调整"，三个层次可互相转化，潜力层次经过扎实的研究工作后，通过井位复审、井位终审后，即可孵化为前置层次；前置层次目标，由于现场实施进展停滞、勘探计划或方向调整，也可从前置层次调整为储备层次，待时机成熟后迅速上钻。

（五）建立"储投比"评价新体系，提升新增储量品质

在充分开展文献调研的基础上，对标高效勘探新要求，加快转变、健全经营勘探理念，将效益前置并贯穿油气勘探全过程，量化表征预探目标的含油气性、资源规模、钻探工程工艺技术适应性和资源带动战略意义等因素，探索并初步建立了以"储投比"为核心的四类八要素探井排队体系，进一步靠实储量、产量、产能、投资、效益各项指标，提高投资决策的科学性，努力获取更多规模效益可动用储量。

1. 统筹 4 个指标，综合考量上钻目标品质

突出问题导向、目标导向、结果导向，在油气预探阶段即评估新增储量的经济性和动用前景，同时统筹既支撑当前高效发展，又谋划长远稳健发展，做到既要提交高效储量，又要新增规模储量，形成勘探意义、油藏特性、增储潜力、可动用性 4 个指标，作为井位池决定上钻实施勘探方案的排队依据。

2. 选取 8 项参数，依据可靠程度量化打分

勘探意义依据广义的领域意义和狭义的单井成功意义两个角度，细分为勘探发现意义系数、探井成功概率系数；油藏特性依据油藏成藏条件和埋藏深度，细分为油藏类型特征系数与油气埋藏深度系数，其中埋藏深度系数与投资直接相关；增储潜力依据单井和区块两个方面，细分为单井控制储量系数、区块增储概率系数；可动用性突出"增储必高效"理念，细分为储量动用概率系数、单井平均产能系数。以已实施探井作为模型，统计各类参数，经过系统论证初步形成了各类参数的评分表，新部署探井可依据打分表开展赋值。

3. 建立"储投比"为核心的打分体系，表征目标储量品质

综合考虑勘探目标的地质条件、领域属性、油气类型、专家打分等相互约束的参数，针对勘探目标"收益—风险"同时存在的两面性特点，突出发现储量与投资的关系，形成了以"储投比"为核心的勘探目标优选综合计算公式：

$$Y = R/V \times (a_1 + a_2) \times (b_1 + b_2) \times (c_1 + c_2) \times (d_1 + d_2)$$

式中，Y——目标综合得分，目标综合得分越高，则证明探井的储投比越大，探井效益越好，上钻顺序越靠前；

R——钻探目标圈闭储量规模；

V——探井综合投资；

a_1、a_2、b_1、b_2、c_1、c_2、d_1、d_2——8 项参数。

（六）突出精细化过程管控，保障勘探项目质效双提

探索建立"一井一工程"项目管理模式，从工程方案设计优化、精细过程管理、精益投资管控全程过程开展提质增效，千方百计降低单井投入成本，进而提升勘探整体成效与效益。

1. 分段式开展工程设计优化

坚持"设计优化是最大的降本"理念，通过详细分析地质特征，集成先进适宜技术，分区带、分层段优化钻井、试油工程方案设计，实现源头提效。钻井上坚持"跳一跳够得着"的原则，集中勘探区充分借鉴评价开发井经验，"两段式"设计，形成提速模板；外甩探区按层位、层厚、岩性等针对性制定技术指标；确保在设计源头选择最优工期。试油上突出油气发现，强化储层精细评价，地质工程一体化优选试油层，科学设计试油压裂方案，整合一体化施工作业，从源头把控试油周期和成本投入。

2. "五清五严五实现"精细过程管理

突出以"项目管理"为核心，推进"勘探开发、地质工程、生产经营"3个一体化，地质、钻井、试油、经营等各方面紧密衔接、深度融合，实施过程中通过严控"油气显示发现、生产运行组织、检查验收关口、风险隐患排查、安全预算一本账"5个方面，实现"地质目的、进度可控、质量优良、安全实施、投资不超"5项目标，做到"地质任务、工程进度、施工质量、安全环保、项目投资"5个清楚，达到进度、质量、安全、成本最佳控制，确保现场高效实施。

3. "技术经济一体化"精益投资管控

树牢"人人都是经营者"理念，从方案设计、生产组织到验收结算全员提升经营意识，建立技术经济一体化设计流程。全面提升预算管理，"一本账"贯穿全过程，重点加强资料论证、钻井方案、试油方案三个重点论证环节，横向对标找差距、纵向对标挖潜力，逐步优化勘探方案。同时勘探项目全成本打开，树立项目就是产品的理念，项目既是生产任务的主体，也是经营指标的载体，项目内部划分专业体系，按专业实现预算、合同、执行、结算构成一本账，实现"事前算盈、事中干赢、事后保赢"。

三、复杂地质条件下油气勘探提质增效管理效果

（一）形成了一套适应盆地当前形势的高效勘探管理体系

形成了油气勘探项目全流程品质提升管理体系。落实"增储必高效"要求，针对性开展油气勘探项目全流程梳理，强化重要节点品质提升及管理保障，形成了"梯级递进"的勘探目标评价优选模式，建立了"三联三审三突出"的目标质控审查管理制度，初步形成了以"储投比"为核心的井位排队量化打分体系，打造了"一井一工程"的项目现场实施管理体系，实现了勘探项目全生命周期的各种风险因素能够得到有效掌控。

创新建立了水平井、大斜度井"十选"工作细则。面对准噶尔盆地资源品质劣质化严重，勘探对象"低深隐难"特点日益凸显，非常规资源成为新增储量主体的形势，勘探阶段已开展大斜度井及水平井提产探索攻关工作，力求最大限度向开发延伸，在实践过程中，探索建立了水平井、大斜度井部署、设计和实施"十选"工作细则（选区带、选区块、选层段、选靶窗、选井点、选方位、选缝网、选轨迹、选工艺、选制度），实现高产稳产，为开发超前探技术、探模式培育更多高产稳产探井，同时为开发探技术、探模式，加快资源发现向产能、产量转化，早日实现资源有序接替。

油气勘探工作在中石油名列前茅，管理办法推广价值高。2022年，新疆油田公司油气勘探取得五项重要成果，获中石油集团年度油气勘探重大发现奖励3项，获奖等级和数量居中石油集团16家油气田企业前列；形成的油气勘探管理办法在集团公司勘探年会已初步进行了交流推广。我国深层油气日益成为重要的增储领域。近年来，中国石油集团公司新增的深层、超深层探明地质储量占比逐年提

升，石油已超过 40%，天然气达到 60% ～ 70%，新疆油田公司重构油气勘探提质增效管理做法，对新形势下兄弟油田实现高效勘探具有很好的可复制性和借鉴性。

（二）实现了新疆油田公司油气勘探业务质量和效益双提升

勘探目标量足质优，探井成功率显著提升。通过强化勘探研究管理提升，综合研究持续深入，明确西部坳陷、富烃凹陷二、三叠系等九大重点勘探领域，按照五级递进式研究模式，系统分析各重点领域勘探潜力，形成了九大领域首轮资源掌控数据。2022 年提交初审方案 197 个，终审确定上钻探井 91 口，为 2023 年超前落实前置层次探井 59 口，同期探井部署工作量创近 3 年新高；对井位池探井开展量化考核，调整暂缓实施高风险或效益不达标目标，确定排名靠前的 45 口探井上钻实施，成功率达到 67%，与前两年平均对比提高 16%，创历史最好水平。

新增储量保持高峰增长，升级、动用性强。2022 年新增控制石油地质储量、预测石油地质储量 1.44 亿吨、1.81 亿吨，完成年度任务的 120%、121%；新增储量"可升级、能动用"，预计石油控制、预测储量升级率为 58%、79%，较往年大幅提升。

（三）加快推动了玛北风城组 5 亿吨级重大领域升级动用

准噶尔盆地玛湖凹陷风城组资源潜力巨大，在全序列成藏模式指导下，玛页 1、玛页 2、夏云 1 等风险探井先后实现重大突破，已提交石油控制、预测地质储量 5.3 亿吨，有望形成 10 亿吨级深层非常规大油区。按照"十选"工作细则组织实施的水平井玛页 1H 井、大斜度井玛 51X 井提产探索获重大突破，玛页 1H 井 373 天累产 1.1 万立方米，缝控体积法估算单井最终可采储量为 3.61 万吨；玛 51X 井 209 天累产突破 2 万立方米，估算单井最终可采储量为 6.2 万吨，打开了国内深层非常规油气勘探新领域规模高效动用的序幕。

（成果创造人：毛新军、刘国勇、宋　永、郭旭光、赵长永、甘仁忠、
　　　　　朱　卡、阿布力米提·依明、郑孟林、柯贤贵、卞保力、张　翔）

核环保企业基于"最大的产品是安全"理念的工程运行管理

中核四川环保工程有限责任公司

中核四川环保工程有限责任公司（以下简称八二一厂）是"三线建设"时期，中央领导批准抢建的我国大型军用核燃料生产基地，为国家国防建设、增强核威慑力做出了突出贡献。现阶段，根据中央领导要求和国务院审议同意的《八二一厂中长期退役治理总体规划》，八二一厂作为国家级核环保企业，专业从事核设施退役和放射性废物治理工作，承担着确保国家核安全和环境安全的重大政治任务和历史使命。近年来，八二一厂以退役治理总体规划为指引，开工建设并成功投运了中国首座高放废液玻璃固化工程等标志性国家级退役治理重点工程，建成了我国最为系统完善的放射性废物处理体系和能力，为筑牢国家核安全屏障、加快我国核强国建设奠定了坚实基础。

一、核环保企业基于"最大的产品是安全"理念的工程运行管理背景

（一）贯彻核安全指示及批示的必然要求

党的十八大以来，中国的核安全事业进入安全高效发展的新时期。在我国核工业安全发展过程中，放射性废物治理始终是不可或缺的重要环节，其中难度最大、要求最严、风险最高的是核高放废液处理。根据中央领导要求和国务院批复规划，八二一厂开工建设了我国首个核高放废液玻璃固化处理高新示范工程。八二一玻璃固化工程承接党和国家领导人重要嘱托，是贯彻落实国家安全战略的重大工程，必须以最快速度、最高效率、最优质量，干净彻底地完成处理任务。

（二）实现核工业安全环保绿色发展的使命要求

核工业在发展过程中，产生了一定数量的核高放废液，这些废液含有多种放射性核素，其中，主要放射性核素半衰期超万年，其致死剂量小于每千克5毫克，数百毫克即可致人死亡，少量吸入将潜伏在人体肺部、骨骼等组织中，破坏细胞基因从而导致癌症。这些放射性核素一旦进入生物圈，危害极大，尚无法用普通的物理、化学或生物方法使其降解或消除，只能靠自身的放射性衰变慢慢减轻危害，其无害化处理需要数千年、上万年甚至更长的时间。玻璃固化是目前国际上最先进的核高放废液处理技术，是在1100℃高温下，将熔炉内废液蒸发、煅烧为氧化物，与玻璃基材熔融为高放玻璃固化体，最终浇注在不锈钢产品容器中，形成稳定的玻璃固化体，这种固化体浸出率低、耐辐照性能强、能安全有效地包容放射性物质。

（三）破解高放废液处理"卡脖子"技术难题的迫切要求

八二一厂曾是我国大型核燃料厂，在历史生产时期超额完成国家下达的指令性任务，为"两弹一艇"事业做出重大贡献，同时产生了相当数量的核高放废液，只有尽快通过玻璃固化技术将核高放废液固化处理达到地质处置要求，才能从根本上消除核高放废液贮存的风险。目前世界上只有美国、德国等少数几个国家掌握了核高放废液玻璃固化技术，八二一玻璃固化工程采用的国际合作、中德联合设计模式，属国内首例，要先行先试。自2021年8月工程运行以来，暴露出德方技术转让不彻底、关键核心技术攻关难度大、现有技术和生产管理体系效能不高、各项资源要素调动集聚不够、安全质量管理要求高、不可预见风险多、没有成熟的标准程序规范等诸多难题。

二、核环保企业基于"最大的产品是安全"理念的工程运行管理主要做法

（一）明确高放废液玻璃固化工程运行管理顶层设计

针对玻璃固化工程运行管理存在德方技术转让不彻底、德方设备稳定性不高等诸多问题，八二一厂以国家批复的退役治理总体规划为指引，以"科学化、系统化、专业化"为指导方法，确立了"实现自主可控的核废液处理，消除西南地区核安全隐患"的总体目标。

利用系统思想和系统工程方法论，考虑工程目标和多种约束条件，综合确定"技术攻关、调试运行、标准建设、数字赋能、质量管理、安全管控"关键实施路径，畅通"明确问题—选择目的—系统综合—系统分析—方案优化—做出决策—付诸实施"管理实践路线，落实"规划阶段、方案阶段、实施阶段、改进阶段"方法步骤，全面保障"人机料法环测信"等各项生产要素资源，持续对工程调试运行各个环节进行优化、改造、提升，实现了工程运行"集约化、精细化、柔性化"管理，确保安全高质高效完成国家高放废液处理任务。

（二）构建高放废液玻璃固化工程运行管理体系

国家国防科工局专门任命玻璃固化工程运行管理"两总"，中核集团牵头成立"两总系统"，负责玻璃固化运行管理重大事项决策，八二一厂构建"'两总'系统＋联合指挥部＋专项工作组＋以值长为核心的现场攻坚班组"的运行管理组织架构。组建现场联合指挥部，建立通力协作、相互配合、资源共享的联防联动响应体系，理顺内外接口关系，明确工作责任，统一指挥、统一调度、统一行动，彻底打破多头管理和行政壁垒的问题；组建以值长为核心的现场攻坚班组，纵向贯通联合指挥部到一线的"点对点"信息通道，实现信息传递零衰减，横向打破班组平行管理模式，实现跨工种多班组联合行动，提高生产运行效率。

（三）联合攻关解决高放废液玻璃固化工程运行"卡脖子"技术难题

1. 落实"引消吸创"发展理念，明确技术路线与攻关方向

按照安全、自主、可控的总体技术目标，八二一厂谋划确立"引进—消化—吸收—创新"技术发展路线图，坚持"走出去与引进来"相结合，派遣我方40余名技术人员分批驻德开展学习和现场工作，德方组建专家组对现场技术人员进行培训，并组建中德联合技术团队，通过中外联合办公模式，掌握了设备运行机理，增强了核心技术消化吸收能力，实现技术引进不仅当前有用有效而且能够促进自主创新长远发展。

2. 建立"强核心、大协作"管理机制，解决技术封锁问题与国际普遍难题

针对玻璃固化工程普遍存在的析晶行为、下料异常、尾气管堵塞等技术瓶颈和疫情背景下德方技术支持全面中断的制约，八二一厂发挥新型举国体制优势，组织协调行业内外20余家单位，签署战略合作和技术支持协议，共同组建玻璃固化联合指挥部，邀请近百名相关行业专家，建立了涵盖核物理、核化工、金属材料、焊接、建筑材料、玻璃制造等行业的玻璃固化技术支持团队，驻厂开展技术攻关。抽调行业内外各单位200余名骨干力量参与工程技术攻关和调试运行工作，共享人才培养和技术经验，协同深度合作，研制了安全可控的玻璃固化配方和高辐射场下料疏通装置等20余项专用工装设备，形成自主技术成果30多项，关键设备及原材料的国产化率达到90%以上，完善了供应链，建立了产业联盟，使我国具备了自主研发玻璃固化的能力。

3. 鼓励一线队伍集智攻关，实现技术自主可控

八二一厂注重"一线赋能""群众首创"，联合指挥部定期组织厂领导同一线工作人员开展调试运行情况研讨，改变传统会议召开方式，吸引内外部一线优秀团队和技术人员承担关键核心技术攻关任务，并在攻坚过程中开展阶段性考核，统筹科技创新与人才培育，不断提升团队攻关质量和效率，全面推动玻璃固化运行技术优化完善，最终形成独立自主的玻璃固化工艺运行技术。同时，举办"良好实践学习""诸葛亮会"等活动，注重向生产运行一线的工作人员及时了解运行信息、问题症结，把真正解决一线实际问题作为第一要务，充分发挥集体智慧，识别风险解决问题，成功解决了熔炉出料堵塞、出料管断管等300多项重大难题。

（四）实施高放废液玻璃固化工程调试运行精细化管控

1. 建立精细化过程循环管理机制，强化工程计划保障

八二一厂创新实施玻璃固化工程运行"1+2+3"精细化过程循环管理，即每天至少一名公司领导带班，现场值守，24小时响应；坚持召开两会（早会和晚会），及时对工作计划进行更新和调整，提高现场管控效率；制定落实"三天滚动计划"，结合现场实际情况，提前规划，提前预警，强化计划的保障性和可执行性。

建立重大操作监护制度，重大操作行政领导、技术骨干、核心成员坚持在场监护，遇到问题，现场分析，即刻解决，做到"问题不过夜，现场无隐患"，完成系统故障处理1100余项，确保了工程运行过程可控。针对现场出现的熔炉尾气管压差上升、下料管堵塞、冷帽异常等主要问题，形成深层次的经验反馈调查机制，组织模拟问题场景，将失败的经验"重演一次"，找出问题根源；在原因分析上，从逐级分析各层级在现场管理上的不足之处，敢于总结"失败的经验"，然后得出规律性的认识，为后续的工作提供"教科书"，完成经验反馈的闭环，推动玻璃固化技术升级。

2. 建立"阶梯式"重大风险工作机制，实现重大操作"零"失误

八二一厂重视工程运行风险辨识，分解准备工作流程，阶梯式开展前期筹备工作。第一阶段通过查询设计参数和设备使用记录，全面掌握工作背景信息；第二阶段组织成立专项攻坚小组，开展沙盘推演，倾听多方意见，理论分析研讨，编制操作规程；第三阶段开展人员培训授权，明确人员职责，严肃工艺纪律，避免操作失误；第四阶段组织开展全流程演练，各工种现场演练，通过实战模拟优化操作内容；第五阶段，通过搭架试验台架、借助同类设施等方式开展试验，验证技术方法，预判实际工况；第六阶段邀请领域专家进行现场观察指导，引入第三视角发现隐患问题，提出整改意见；第七阶段协调资源现场整改，软硬件同步开展优化提升；第八阶段组织各领域职能部门开展准备状态检查，从"人机料法环测信"等多个角度对工作准备情况进行无死角检查，确保工作开展万无一失；第九阶段组建现场临时指挥组，明确现场指令出口，重大风险工作实施期间，现场总指挥全权负责，指令明确，避免多头指挥，最高效率完成工作。

3. 建立"动静结合"管理机制，实现工艺参数与生产运行高度匹配

玻璃固化生产运行受设备状态、废液组分、玻璃配方、系统变化等多个因素影响，无法简单地套用设计或经验参数规定运行参数。为此，八二一厂制定了"动静结合"工艺参数管理机制。静态管理方面，通过执行工艺纪律检查制度，生产专项组每日对现场参数变化情况进行检查，督促现场正确执行工艺文件和工艺标准，保证现场操作和参数变化始终受控。动态管理方面，执行"现场—技术"双向循环机制，现场攻坚组根据生产需要提出参数变更事项，技术组负责审查参数变更事项。

（五）推进信息化技术在高辐射场中的应用和工程运行数字化转型

1. 搭建玻璃固化数字仿真平台，推动生产训练数字化

八二一厂开发玻璃固化数字三维仿真系统，实现工艺全过程的三维可视化仿真，能让工程人员直观地了解设施内部构造和玻璃固化生产过程的全貌，快速熟悉现场环境，特别对于进入高放射剂量区域前的培训，能减少直接进入高剂量场所的频次，减少人员剂量摄入。

2. 构建玻璃固化工作现场远程监管平台，助力生产安全管理智能化

八二一厂构建基于辐射环境下的智能识别功能远程监管平台，实现辐射环境下的区域远程监管。监管平台能够让管理人员及时发现和纠正辐射区域内设备运行情况及工作人员的违规行为，大幅度减少了派人现场巡视和管理成本，及时消除运行工作中的安全隐患，有效提升了核设施生产安全管理水平。

3. 构建玻璃固化生产信息采集展示系统，强化生产运行管控能力

八二一厂构建玻璃固化生产信息数据采集系统，对各类运行数据进行实时监控和记录。同时，监控信息在现场主控和远端的指挥中心同步展现支撑科学决策，帮助工程管理人员和技术专家实时掌握玻璃固化设施运行状态，与主控操作人员协同处置异常运行事件。建立工程电子档案系统，一键查询工程实施资料数据，支撑科学决策和安全操作。

（六）实施高放废液玻璃固化工程运行标准化管理

1. 建立标准体系框架，规范标准化管理

八二一厂持续推进玻璃固化工程运行标准化建设，建立"三级"标准体系框架。按照宏观、中观和微观 3 个方面，将玻璃固化工程标准体系框架分为三级：第一级提出玻璃固化工程运行总体要求。第二级提出玻璃熔制、玻璃出料、产品容器处理、固化体暂存 4 个方面技术要求和原材料检验、产品检验放行、设施运行维检、人员培训授权 4 个方面的管理要求。第三级提出玻璃固化岗位运行操作、设备维护检修和人员培训授权等管理细则（图 1）。

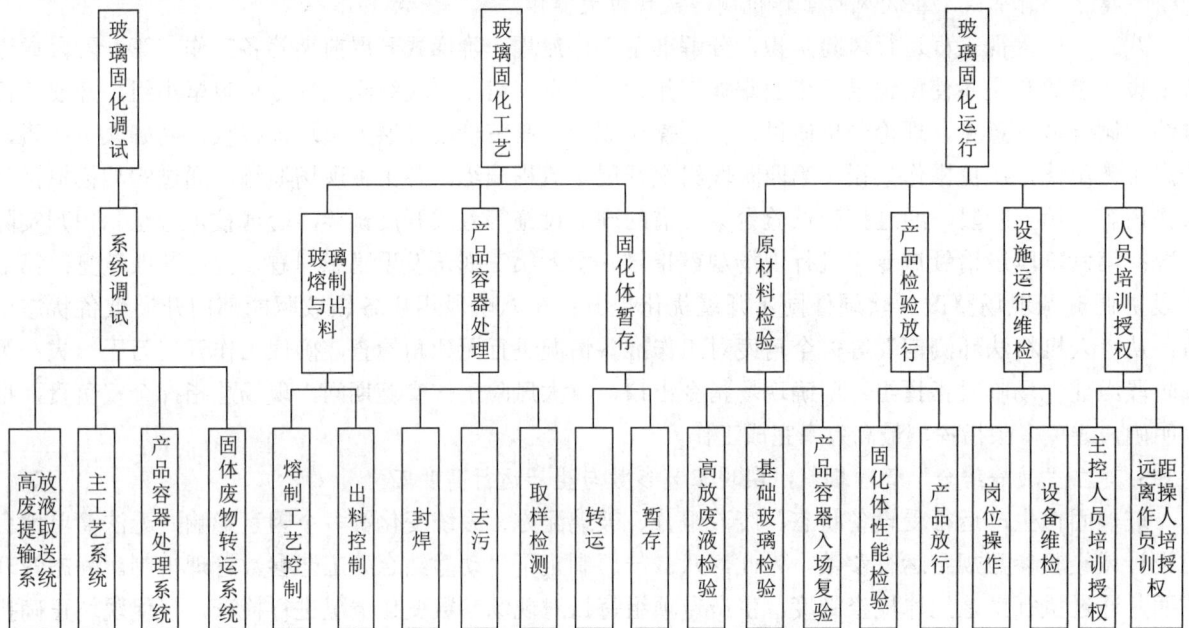

图 1　玻璃固化工程标准体系框架图

针对框架中的各级要素和环节，列举出所涉及的标准名称，最终形成标准清单。清单所列标准明确对玻璃固化工程熔炉控制、产品检验、核素分析等技术和管理要求进行了统一规定，并将玻璃固化标准体系框架的模式推广到高、中、低放射性废物处理标准体系的建立中。

2. 明确"五原则"和"四方法"，推进标准编写

八二一厂明确玻璃固化工程运行标准编写"五原则"：在其适用范围内，应充分考虑技术的先进性和未来发展；文本应准确简明、严谨，经过充分的现场运行论证；同一术语、符号和代号只能用来表达同一概念或事物；各标准之间必须协调一致，遵循国家有关标准、政策和法律法规；合理利用资源，适时编写、定期评估、及时修订。

明确标准编写"四方法"：利用现有文件资料；将生产运行中被证实的方法流程转化为技术和管理要求；选用国家、行业标准中已有的方法；结合产品的特点，对标准细则进行规定。

3. 推进各层级标准布局，实现工程标准化推进

八二一厂将玻璃固化工艺系统调试规范、原材料检验规范和产品检验规范等 15 份标准申报中核集团企业标准项目；将玻璃固化熔炉运行准则、高水平放射性废液主要元素分析方法等 5 份标准申报转化为行业标准，并最终升级转化成玻璃固化工程运行管理的国家标准。

（七）开展高放废液玻璃固化工程运行过程监督和质量分级管理

1. 深入开展全过程监督，夯实工程运行质量

八二一厂执行质量管理国家最高标准，打破常规监督模式，深入三级分包单位供应商开展重要设备及原材料源头监督管控，全面实施质量计划选点监督和专项监督，对工程运行过程开展全流程跟踪过程监督，对主工艺参数和重要辅助工艺参数的变更、调节、控制的合规性进行监督，对玻璃出料过程进行 24 小时跟踪监督。

2. 实行工程质量分级管理，确保质量管控精确有效

八二一厂创新推进工程质量保证分级管理，为物项和服务符合规定的质量要求提供足够的置信度。根据工程特色建立《高放废液玻璃固化工程质量保证分级控制程序》，结合物项的重要性、复杂性、可维修性及维修经济性，充分考虑放化等级、安全等级及其运行环境情况，将物项划分为 4 个等级进行质量分级管理。

3. 开展变更全流程管理，实现质量持续改进

八二一厂推进工程运行质量持续改进，制定《高放废液玻璃固化工程设计变更与参数变更管理程序》，将变更划分为设计变更和参数变更，进一步将设计变更分为重大、较大和一般三类，明确不同类别变更提出、审查、确认、实施、验证和关闭等全流程管理。通过精细化分类管理，持续优化管理流程，有效提高变更效率，确保生产运行合规、安全、稳定、高效运行。

（八）构建网格化和以人为本的高放废液玻璃固化工程运行安全管理机制

1. 实施安全生产网格化管理，确保全域安全可控

八二一厂创新实施安全生产网格化管理模式，通过"定格、定人、定责"，进一步细化落实安全生产责任，突出"全覆盖、全流程、抓重点、分层次、有搭接、无盲区"的立体网格化管控，确保全域安全可控。制定《区域楼长管理细则》，明确楼长职责权限、管理范围和工作内容，实现横向安全交叉覆盖管理，消除安全管理短板和盲区。组建安全环保监督专项工作组，常态开展安全环保巡视和专项检查工作，保持现场较高安全管理水平。通过开展安全生产立体网格化管理，实现了玻璃固化设施设备管理规范、人员安全文化素养提升，确保玻璃固化工程运行安全稳定。

2. 全面贯彻人本管理，提高工程本质安全度

八二一厂以人本思想促进安全工作提升，打造"安全文化引领—安全环境塑造—安全教育培训—安全行为落实—安全监督检查—安全奖惩激励"工作链条。立足于为工程配备高安全素养人员，在内部公开选拔一批优秀骨干到核心岗位，协调集团内外单位，派出骨干全程参与生产运行，招聘"双一流"高校毕业生充实到一线，选派多名年轻干部参与安全管理工作，构建了一支与工程安全需求高度匹配的人才队伍。以激励激活组织整体安全效能，坚持"物质"和"精神"双驱动，设立安全专项奖励、安全创新奖励、安全风险抵押、安全记功等机制，发挥典型示范效应，构建安全工作"比学赶帮超"工作格局。

3. 遵循"党建为根，安全为魂"方针，确保工程安全稳定运行

八二一厂遵循"党建为根，安全为魂"方针，实行"引领＋托底"工作机制。引领方面，创新实施党建联建、党建＋安全、党建促生产"三大工程"，开展创建先进党组织、保安全、保生产、保任务"一创三保"活动，创建一批安全生产"党员示范岗"和"党员责任区"，组建一批安全生产"党员突

击队",打造一批安全生产"党员先锋项目",做到安全工作推进到哪里,党的领导、党的组织、党的引领就跟进到哪里。

三、核环保企业基于"最大的产品是安全"理念的工程运行管理效果

（一）圆满完成了工程运行目标,消除了西南地区长期以来最为突出的安全隐患

八二一厂圆满完成了玻璃固化工程运行工作,掌握了工程运行关键核心技术,保障了核高放废液处理的安全性、稳定性和高效性,实现了八二一核高放废液全部"清零",消除了西南地区长期以来最为突出的安全隐患,一并完成了清华大学核高放废液处理任务,消除了首都的"心腹大患",进一步确保了国家核安全、环境安全和人民群众生命健康安全,筑牢了国家安全重要基石。

（二）实现了工程运行降本增效,推动我国高放废液玻璃固化技术跻身世界前列

通过实施玻璃固化工程运行管理,八二一厂实现了总体费用可控,总体费用为美国、德国同类型工程的 1/8 ～ 1/6,为国家节省了近百亿的财政资金,国产化后关键设备和备品备件可为国家节约数十亿元的采购费用。相比德国同类设施,处理能力超过 5 倍,处理量超过 6 倍,连续运行天数超过 3 倍,创造了中国玻璃固化熔炉连续安全稳定运行 260 天的世界纪录,远超目前国际同类熔炉连续运行天数,标志着我国完全突破了核高放废液处理的世界性"卡脖子"技术难题,成为世界上少数几个具备核高放废液玻璃固化技术的国家,跻身世界前列。

（三）形成了系统完善的运行经验,具有重要的借鉴意义

八二一厂坚持系统观念,提出了"最大的产品是安全"核心理念,实现核高放废液安全倒料百余次和生产运行"零"失误,引领玻璃固化工程运行高质高效完成,丰富了核工业精神内涵。构建了"强核心、大协作"的工作机制,突出了自身主体和牵头抓总的作用,形成了跨领域、大协作、高强度的攻关机制,保障了上级部署层层穿透、运行任务高效落实、全链条操作安全可控,发挥了新型举国体制优势。坚持走自主创新、国产化道路,实现了熔炉、出料装置等核心设备的国产化,备品备件国产化率达到 90%。

（成果创造人：马文军、常　宇、田春雨、陈永红、王悦云、李正荣、
吴　伟、謇　德、何昌盛、邹禹萌、张　威、刘　涛）

引领企业高质量发展的"一甲"文化体系构建与实施

山东中烟工业有限责任公司青州卷烟厂

山东中烟工业有限责任公司青州卷烟厂（以下简称青州卷烟厂）始建于1948年，前身为华东野战军随军卷烟社，是一家具有光荣革命传统的军籍企业，位于拥有悠久历史文化和厚重烟草文化的青州市，在职职工1249人，主要生产泰山（拂光细支）、泰山（好客细支）、泰山（望岳）、泰山（心悦）等规格卷烟，年生产能力50万箱，2022年上缴税收48亿元，为地方和行业高质量发展作出了突出贡献。先后荣获"全国文明单位""全国五一劳动奖状""全国五四红旗团委""'十三五'中国企业文化建设优秀单位""全国企业文化建设工作先进单位""全国守合同重信用企业""全国质量效益型先进企业""全国工业旅游示范点""全国模范职工之家""全国内部审计先进集体"等称号，树立了良好的烟草企业形象。

一、引领企业高质量发展的"一甲"文化体系构建与实施背景

（一）落实国家和烟草行业文化建设要求的举措

在烟草行业文化建设中，国家烟草专卖局以"国家利益至上、消费者利益至上"共同价值观为根本，夯实烟草行业持续发展的思想基础，坚定全体烟草人的共同价值取向。作为卷烟工业企业，青州卷烟厂始终以党和国家的大政方针为指引，以落实"两个至上"为己任，突出抓好企业文化建设，激发和汇聚全体职工干事创业合力，以企业文化助力企业高质量发展新征程。

（二）企业推进高质量发展的需要

2020年2月28日，国家烟草专卖局批复青州卷烟厂就地技术改造项目。山东中烟公司党组将该项目作为落实行业高质量发展意见、实现山东中烟高质量发展战略的重要举措，要求按照"五个一流"标准，把项目建设作为百年大计抓紧抓好抓实，建成一座现代化卷烟制造工厂，青州卷烟厂迎来了前所未有的大好机遇和发展前景。青州卷烟厂认识到与行业先进企业和标杆工厂相比，自身在企业管理、产能效能等方面还存在差距，企业竞争力亟需再提升再突破。青州卷烟厂将企业文化作为破解高质量发展瓶颈的重要手段，以文兴企、以文化人，进一步推动高质量发展。

（三）企业文化迭代更新的需要

青州卷烟厂在70多年的发展历程中，先后形成了"军魂"文化和"海岱"文化，积淀了丰厚的文化底蕴。2020年，青州卷烟厂迈入"高质量发展"新阶段，原有企业文化与当前企业战略目标、发展规划等的融合度不够紧密，无法支撑企业战略规划实现。青州卷烟厂亟须进一步更新理念，打造更加符合群众基础、契合企业实际、支持战略发展的企业文化，进一步引导全体干部职工争第一、创一流，加快推动企业高质量发展目标实现。

二、引领企业高质量发展的"一甲"文化体系构建与实施主要做法

（一）坚持文化驱动，打造"一甲"文化

1. 顶层设计定目标

明确工作任务。将"完善企业文化体系"作为2020年度重点工作目标，将"挖掘提炼青烟文化精髓，优化理念体系"纳入工作报告，推进企业文化理念体系梳理更新。

强化组织领导。优化企业文化建设领导小组设置，由党委书记任组长，全体党委委员、副厂长任副组长，领导小组下设办公室，成员包括党政工团等部门机构。

明晰工作路径。按照"PDCA（Plan，Do，Check，Act；计划、执行、检查、处理）"原则，制定

《企业文化体系梳理实施方案》，将文化体系梳理划分为诊断分析阶段、研讨提炼阶段和宣贯实施阶段，明确各阶段目标、重点任务及时间节点。

2. 传承融合强基因

一是传承历史文化。全面梳理企业文化传承、发展历程，青州卷烟厂先后经历了"初具规模""竞争力提升""高质量发展"三个阶段。初具规模阶段：自建厂以来，青州卷烟厂传承随军卷烟社时期形成的优良作风，熔铸了听党话、感党恩、跟党走，守纪律、比奉献、打胜仗的企业之魂——军魂。竞争力提升阶段：进入21世纪，传承"军魂"文化"听党话、守纪律、比奉献、打胜仗"的鲜明品格，提出集地域文化、烟草行业文化和军魂文化为一体的"海岱"文化，进一步明确了企业使命、愿景和价值观。高质量发展阶段：进入新时代，需要在传承、发扬企业优秀文化基因的同时，结合企业战略规划及现状，打造符合群众基础、契合企业实际、支撑战略发展的企业文化，以文化创新发展推动企业高质量发展。

二是融合地域文化。作为古九州之一，青州现存我国大陆唯一的明代状元卷——明万历二十六年（1598年）状元青州人赵秉忠的殿试卷，卷首顶天朱书"第一甲第一名"。汲取状元卷文化基因，将"一甲"作为工作标准、奋斗目标和永恒追求，能够有效激发职工进取意识、责任意识和争先精神。

三是承接战略规划。通过对企业发展不同阶段的战略规划进行分析，梳理归纳企业战略理念，提取"八字方针""一甲品质"等关键内容，作为文化理念的有效输入。

3. 总结归纳构体系

一是广泛征求意见，提炼企业文化主题，明确文化体系"定位"。通过分层级开展座谈交流、问卷调查、词条征集等方式方法，在全厂范围内广泛征集意见建议，经整理汇总后，初步归纳形成企业使命、愿景、价值观等理念，确定企业文化为"一甲"文化。

二是立足文化主题，丰富企业文化理念，打造文化框架的"主干"。对企业文化理念进行梳理筛选、归纳提炼，主要包括企业使命、企业愿景、企业共同价值观、企业指导思想、企业精神、企业管理模式、企业方针、企业发展观、企业行动准则和企业核心理念等10条文化理念，构成了"一甲"文化的主干。

三是紧扣核心理念，提炼经营管理理念，打造文化框架的"枝叶"。作为卷烟制造企业，品质是稳健发展的根本，是核心竞争力的体现。青州卷烟厂聚焦主责主业，将"一甲品质"作为核心理念。

（二）坚持党建引领，创建"一甲先锋"

1. 创建"一甲先锋"党委党建品牌

2020年11月，青州卷烟厂制定《青州卷烟厂党委党建品牌创建活动实施方案》，按照"一个定位、五有标准、四步走""154"创建路径，推进创建党建品牌。一是突出一个定位，即突出抓党建促发展的核心定位，以提升组织力为重点，通过创建党建品牌，推进党建与业务深度融合。二是坚持五有标准，即有鲜明的品牌名称、深刻的品牌内涵、完善的创建机制、丰富的创建载体、良好的效果影响，制定具体方案，开展创建工作。三是抓实四步措施，即坚持"品牌化建设、项目化运作、规范化管理"思路，按照宣传发动、征集评选、创建推广、评估验收4个步骤展开，逐步将创建工作引向深入，实现品牌建设螺旋上升，创建形成"一甲先锋"党委党建品牌。

2. 构建"一甲先锋"党建品牌矩阵

围绕承接、落实"一甲先锋"党委党建品牌，制定《青州卷烟厂"一支部一品牌、一支部一特色"基层党组织党建品牌创建工作方案》，实施党支部党建品牌创建工程。青州卷烟厂8个党支部结合自身职责和工作领域，通过宣传发动、征求意见、优化提炼、集体酝酿、宣传推广等措施，创建形成"护旗手""争先""先行"等8个党支部党建品牌，为"一甲先锋"理念落地夯实了基础。2021年6

月，召开青州卷烟厂党委"一甲先锋"党建品牌发布宣贯会议暨党支部党建品牌授牌仪式，标志着党建品牌理念体系基本形成。

3.构建党建工作运行体系

在"一甲先锋"党建品牌建设中，青州卷烟厂探索构建"13466"工作体系，其中，坚持党建引领是中心；有红旗必扛、有阵地必上、有第一必争是精神追求和外在表现；坚持"一身正气"做人，"一马当先"做事，推进"一目了然"的企业管理，打造"一尘不染"的精神家园是行为准则；推进头雁领航、固本强基、人才托举、党业融合、文化聚力、一甲关爱"六项工程"是品牌建设举措；持续提升党委领导力、支部战斗力、核心竞争力、发展推动力、文化软实力和社会影响力是品牌建设的成效保障。

（三）坚持卓越驱动，夯实"一甲"管理基础

1.导入卓越绩效模式

2020年，启动卓越绩效导入工作，通过走访获奖单位、深化对标共建、邀请专家宣贯等方式，全面解读、宣贯卓越绩效管理理念，让卓越理念融入组织、深入人心。2021年，开展卓越绩效管理诊断，邀请烟草行业专家对企业管理进行全面系统诊断，以问题为导向，制定《青州卷烟厂卓越绩效模式推进实施方案》，围绕自评师培养、自评体系构建、管理体系整合三项重点工作，明确工作目标及推进计划。系统学习管理体系整合、卓越绩效管理、标准化建设等方面的专业知识，增强知识和人才储备，两年以来培养了一支47人的自评师队伍，覆盖全厂各部门，为卓越绩效持续推进提供人才保障。

2.构建"一甲"管理大纲

以流程为切入点，对青州卷烟厂现有全部业务进行梳理，形成总体流程框架，含一级流程21个、二级流程97个、三级及以下流程206个。基于识别的21个一级流程，采用PDCA循环思路，参照ISO（International Organization for Standardization，国际标准化组织）管理体系标准的高阶架构，结合企业实际，编制企业《卓越绩效管理手册》。以"一甲"管理大纲为"主干"，以298项文件（标准化文件、制度性公文）为"分支"，建立起企业"一甲"管理体系，按照"手册、分手册、程序、作业规范"层级，开展文件"立、废、并、改"工作，打造稳定可积累的架构，夯实"一甲"管理基础。

3.建立自我评价机制

借鉴欧洲质量奖、日本戴明奖、中国质量奖等的评价准则，参照《卓越绩效评价准则》（GB/T 19580）和《质量管理体系业绩改进指南》（GB/T 19004）等标准内容，结合烟草行业特点和企业发展战略，制定《卓越绩效自我评价管理程序》，从计划制定、自我评价、综合评审、改进检查、知识管理等方面明确、规范评价工作流程及要求。构建涵盖"工厂、部门（处室、车间）、班组"三级评价准则，制定《卓越绩效评价标准—工厂篇》，重点评价工厂效率和成长性，制定《卓越绩效评价标准—处室篇》，重点评价过程效率和有效性，制定《卓越绩效评价标准—车间篇》，重点评价车间运行效率和硬实力指标提升情况，制定《卓越绩效评价标准—班组篇》，重点评价质量控制和现场管理水平。

（四）坚持德才兼备，培育"一甲"人才

1.培育员工优秀品质

制定《关于做好精神文明建设日常工作的通知》，常态化推进"发现榜样"活动，大力弘扬助人为乐、见义勇为、诚实守信、敬业奉献、孝老爱亲的传统美德，引导全体职工争做崇高道德的践行者、文明风尚的维护者、美好生活的创造者。以传统节日、重要纪念日、重大节庆日为契机，广泛开展"三八"妇女节、"五四"青年节、"七一"建党节、"八一"建军节、"十一"国庆节等系列庆祝活动，开展党性教育、爱国主义教育等系列主题宣教活动和全民阅读、全民健身等群众性活动，丰富职工精神文化生活，唱响爱党爱国爱社会主义主旋律。积极发掘优秀文化因子，充分运用专题宣传、

主题征文、作品征集等手段，广泛开展企业高质量发展宣传和员工先进典型事迹宣传，持续讲好"青州·青烟"故事，唱响主旋律，弘扬正能量。

2. 构建人才成长机制

制定《青州卷烟厂加强技能人才队伍建设工作要点》等一系列"选育管用"管理制度，拓展、畅通成长通道，构建涵盖专业管理、专业技术、技师系列、工匠系列的4条人才成长通道，实现"纵向畅通、横向贯通"。将每年5月设为"工匠月"，5月18日设为"工匠日"，推行"三级工匠"机制，聘任一甲工匠5名、青烟工匠10名、种子工匠20名，持续打造知识型技能型专业人才队伍。建立完善青年后备管理人才库，构建跟班学习+实践锻炼+挂职锻炼"三线并行"培养模式，完善持续培养、定期考核、动态更新的管理机制，每年开展后备管理人才考核，并依据考核结果动态更新，充分调动青年人才潜力活力。

3. 搭建人才培养平台

制定《青州卷烟厂教育培训计划》，加大培训经费投入，通过走出去、请进来等形式，先后组织员工到浙江大学、厦门大学、南京大学等名校开展管理能力提升培训，邀请行业内外专家教授到厂开展专项培训，全面提升企业各类人才素质能力水平。加强校企合作，与高校、院所、培训机构建立多维度培训体系。联合山东理工大学，签署"创新创业人才培养战略合作协议""创新创业实践基地协议""创新方法实践企业联盟协议"，建立"创新创业实践基地""创新方法实践企业联盟"，加强创新方法人才培养；联合潍坊工程职业学院，签署战略合作协议，发挥学校理论研究、工厂工匠技艺等优势，推动搭建校企合作平台；联合秦皇岛烟机公司、青州烟草中专学校，建设青州卷烟厂综合实训中心，推动成为烟草行业先进制丝工艺孵化基地，为企业高质量发展打好基础。

（五）坚持质量至上，打造"一甲"产品

1. 建立首席质量官机制

制定《青州卷烟厂工艺质量中长期发展纲要》，明确指导思路、工作原则、愿景目标和行动计划，推动"零事故、零投诉、零缺陷、零差错"工艺质量愿景的实现。在山东烟草率先推行首席质量官制度，将其作为落实中长期发展纲要的重要抓手，制定《青州卷烟厂首席质量官运行管理办法》，明确首席质量官任职条件和首席质量官任命与变更要求，界定工作职责，完善首席质量官运行机制及工作流程。

2. 完善企业质量文化

紧扣工艺质量中长期发展规划，立足企业工艺质量管理实际，融合"有红旗必扛、有阵地必上、有第一必争"理念，统筹策划企业质量文化建设路径，通过分步推进、分层实施，完善形成以物质、行为、制度、精神为四要素的质量文化。以"质量月""质量季"等活动为契机，广泛开展企业质量文化培训宣贯、先进典型选树等活动，推动质量文化理念入脑入心，为打造"一甲"品质夯实思想基础。

3. 打造"一甲"质量团队

聚焦首席质量官角色定位，组建以首席质量官、质量执行官、质量专员、品控员为主体的跨部门团队，推行扁平化管理、网格化管理和积分制管理，打造"一甲"质量团队。聚焦目标任务，发挥质量目标、质量意识凝聚作用，细化工作分工，完善沟通交流机制，引导团队成员各尽所能，发挥最大效能。以绩效考核为引导，激励团队成员主动学习质量知识，增强质量意识，提高质量技能，增强攻坚克难能力，促进目标达成。

4. 深化工艺质量攻关活动

建立工艺质量攻关活动管理制度，推行首席质量官、质量专员联动机制，以问题为导向，围绕工艺质量管理中的急难新问题，以扁平化的模式组建自上而下的攻关团队，集中优势力量开展攻关活动，解决制约工艺质量提升的瓶颈问题。近3年来，103个QC（Quality Control，品质控制）成果、35个六西格玛项目立项攻关。通过首席质量官制度实践，培育创新人才队伍、增强质量创新能力，产品质量和美誉度持续提升，"一甲"文化深入人心。

（六）履行社会责任，奉献"一甲"关爱

1. 建强"一甲先锋"志愿服务组织

坚持"文化＋公益"，创建"一甲先锋"志愿服务队，下设9个分队，注册志愿者占在岗职工85%以上，建立党委领导部署、党支部组织实施、党员示范带动、职工积极参与的志愿服务机制，持续推进关爱帮扶、环境保护、弘扬时代新风、文明出行、文明城市创建等志愿服务活动。制定《"一甲先锋"志愿服务队章程》，明确队伍名称、组织机构、业务范围及管理要求等，建立起有志愿服务队旗、有志愿者服装、有志愿者花名册、有志愿活动记录、有影像资料的"五有"管理机制，推动志愿服务制度化、规范化。

2. 创建"一甲关爱 助学圆梦"志愿服务项目

联合地方关工委、教体局、宣传部等部门，面向青州市义务教育阶段困境学生，创新开展"一甲关爱 助学圆梦"志愿服务项目，以"扶困""扶心""扶志"为主要内容，从学习、生活和精神3个方面，常态化结对帮扶百名困境学生，通过入户走访、慰问帮扶、物品捐赠、故事宣讲、设立"一甲书屋"等形式，深入调研学生困难情况，积极帮助学生们摆脱困境，助力学生健康成长。两年来开展帮扶活动120余次，参与志愿者1400余人次，捐款捐物价值10万余元，典型经验在中央及省市级媒体刊登。

3. 助力文明城市建设

统筹文明城市创建与生产经营各项任务，常态化开展包靠小区、包靠社区和文明交通志愿服务，为巩固全国文明城市创建成果贡献力量。派驻两轮第一书记，成立工作组，先后投入100万元帮扶资金，协助设立公交车站和电动助力车站，助力发展蜜桃产业，筹建"希望小屋"，建设文化广场，持续开拓村民的致富路幸福路，得到街道、村两委认可。聚焦为老、为困难群体、为社会公共需要等主题，设立"青小烟·爱心驿站"16个，开展"一甲关爱、情暖夕阳"等志愿服务活动，倡导职工无偿献血33300毫升，参加"慈心一日捐"捐款18.98万元、防疫捐款43.91万元，向青州市"郑委员超市"捐赠爱心衣物1400余件，捐建4间"希望小屋"，展现国企责任担当。

（七）推进闭环管理，开展文化评价

1. 构建指标体系

根据《关于提升烟草行业软实力的指导意见》及其相关理论，结合《全国文明单位测评体系》，通过向行业内外企业文化及企业管理领域专家求教，明确企业文化软实力指标为26项。运用分层法，将指标归纳为设计、实践、结果3个一级指标，在一级指标下，设置10个二级指标、26个三级指标，并运用德尔菲法对指标进行赋分，进一步明确企业文化软实力指标构架及分值组成，形成《青州卷烟厂企业文化软实力指标体系》（以下简称《体系》）。

2. 制定评价指南

根据《体系》评价要求，运用卓越绩效管理理念，借鉴"成熟度评价"模式，注重方法学习更新和应用，从过程和结果两个方面，分别确定"方法－展开－学习－整合"（A-D-L-I）和"水平－趋势－对比－整合"（Le-T-C-I）评价要素及评价细则，制定形成《企业文化软实力评价指南》（以下简称《指南》）。

3. 推进评价应用

根据《体系》《指南》要求，全面梳理企业文化工作开展情况，形成企业文化软实力自评报告。组织自评师队伍对照评价要求，采取查阅自评报告、座谈调研等形式，逐项进行评价，有效识别企业在具体指标运行过程中的优势（特色）和劣势（不足），得出企业文化成熟度总分，形成企业文化软实力成熟度评价报告。构建诊断提升机制，针对处于中等、较低水平的指标，逐项分析劣势短板，制定整改措施，定期督导整改并跟踪评价；针对处于卓越、先进水平的指标，总结优势长处，以知识分享、成果推广等形式，固化经验做法，促进持续提升。

三、引领企业高质量发展的"一甲"文化体系构建与实施效果

（一）职工进取意识有效改善

职工整体进取意识得到有效改善，有效激发了人才内生动力。在管理人才中，3 人入选烟草行业青年会计人才库，4 人入选山东中烟青年科技人才库；在高技能人才中，2 人分别被聘为山东中烟高级工程师、首席技师，5 人分别取得高级专业技术、高级考评员资格；在技术技能人才方面，评聘三级工匠35 人，选聘高级技师、技师 42 人；在青年队伍中，创新项目参与率 97%，专业技术职务占比 71%，TRIZ（Theory of Inventive Problem Solving，解决发明问题的理论）一级认证 204 人、二级认证 6 人、三级认证 5 人。2022 年以来，5 项现场管理改进成果获全国级奖项，3 项管理创新成果获省部级一等奖，27 项六西格玛、QC 成果等获国家及省级奖项，2 个班组分获"全国质量信得过班组""全国青年安全生产示范岗"称号；在全国青年职业技能大赛（职工组）决赛中获得银奖 1 人，在省一、二类竞赛中获奖 21 人，在"泰山杯"山东中烟第五届烟机设备维修职业技能竞赛中获 3 个第一名、3 个第二名、3 个第三名的历史佳绩。

（二）企业竞争力显著增强

2022 年以来，青州卷烟厂生产运行模式不断优化，日生产能力提升 14.2%，年生产天数减少 15 天，万支卷烟综合能耗下降 6.67%，产品市场抽检合格率 100%，在有效满足市场需求的同时，降低职工劳动强度，提升职工幸福指数。在 2022 年度行业卷烟工厂分类对标指标数据中，青州卷烟厂 16 项指标优于行业平均水平，高于对标单位均值 17.43%，同比指标提升率为 91.30%，高于对标单位均值22.82%。在 40 项制造力核心指标中，39 项指标超越基准值，提升率达到 97.5%。2022 年全年累计入库税金 48.00 亿元，同比增加 10.52 亿元，增长 28.08%。

（三）文化引领力充分彰显

青州卷烟厂打造"一甲"文化的工作实践，得到各级党委政府及社会组织充分认可，先后荣获"全国五一劳动奖状""全国五四红旗团委""全国模范职工之家""'十三五'中国企业文化建设优秀单位""省级文明单位""山东省企业文化建设'示范基地'"等称号。"一甲先锋"志愿服务队评为潍坊市和青州市"最佳志愿服务组织"，"一甲关爱 助学圆梦"志愿服务项目被评为潍坊市和青州市"最佳志愿服务项目"。2022 年年底，在 52 天的封闭生产中，全体驻厂人员大力弘扬"地铺精神"，争时间、抢进度、保质量，合力凝铸"闻令而动的执行精神、不怕困难的吃苦精神、持之以恒的坚持精神、同心同德的奋斗精神"，经验做法得到地方党委政府高度评价并在全市宣传推广。

（成果创造人：孟庆华、李兴才、董志燕、房　强、李　威、

刁立鹏、孙小明、李会平、蒋文凯、孙晓莹、王永超）

航空装备制造企业以准时交付为目标的数字化均衡生产管理体系

中国空空导弹研究院

中国空空导弹研究院（以下简称导弹院）创建于1961年，隶属中国航空工业集团有限公司，是国家专业从事空空导弹及其派生武器、发射装置、地面检测设备和机载光电设备研制及批量生产的基地，也是我国国防科技工业重点研究院所。导弹院拥有中国工程院院士1名、"新世纪百千万人才工程"国家级人选4人、国防科技突出贡献专家2名、集团首席/特级技术专家21名、政府特殊津贴专家26名、中华技能大奖1人、全国技术能手23人、集团首席/特级技能专家22名；先后获得各级科技成果2000余项，国家科技奖40余项，其中作为第一完成单位获国家科技进步奖一等奖两项、二等奖九项、国防科技进步特等奖两项、国防研制金奖三项及省部级以上科技奖400余项；同时被授予"高技术武器装备发展建设工程重大贡献奖""中央企业先进集体""全国五一劳动奖状"等多项荣誉称号。

一、航空装备制造企业以准时交付为目标的数字化均衡生产管理体系背景

（一）顺应行业发展趋势，紧跟装备制造转型升级的必然选择

"十三五"以来，客户逐步引入竞争机制，强化合同履约考核，对新装备快速批量列装需求越发紧迫；在航空装备技术创新的推动下，产品快速升级换代，边研制、边生产、边交付的"多边"模式趋于常态，产品复杂度大幅增加；可作为对标的雷神、洛马等世界航空装备制造一流企业，均已全面推进数字化、智能化建设，建成多个数字化工厂，生产效率、产品质量大幅提升。客户要求、技术发展、行业形势等已发生了根本性转变，对导弹院产品制造技术、生产组织及稳定的质量保障能力提出了更高要求。导弹院作为中国空空导弹研制交付"国家队"，必须紧跟装备制造业发展趋势，面向核心竞争优势的保持与建立、一流管理能力的构建，开启传统航空制造业转型升级新征程。

（二）快速补强能力瓶颈，推动导弹院可持续发展的迫切需求

近年来，随着市场的拓展，导弹院任务连年大幅增长，但生产能力提升速度与任务增长速度不相匹配，各类矛盾凸显，任务交付极不均衡，2020年任务完成呈现"0316"分布（四个季度交付占比分别为0%、30%、10%、60%），严重影响客户战斗力形成及自身运营发展。生产过程主要存在四个瓶颈点：一是强职能的计划管理、任务组织模式下，各层级计划协同难度大、全链条管理复杂、生产周期长；二是供应链能力提升缓慢，关键配套供应滞后情况时有发生，前松后紧的突击式、救火式的任务冲刺时常发生；三是产品质量控制环节在"内部过程控制"的"西方模式"基础上增加了"客户抽样检验"的"苏联模式"要求，客户验收与多层级抽样检验串行，出现质量问题，产线停产排故，生产不连续；四是生产管理信息化系统主要面向业务执行层需求，数据靠人获取，流程靠人驱动，数据准确性、及时性不足，决策层生产洞察能力及管控能力有限。因此，如何准时、高效完成任务，成为导弹院亟待破解的难题。

二、航空装备制造企业以准时交付为目标的数字化均衡生产管理体系主要做法

（一）搭建数字化均衡生产管理架构，实现产线全链贯通

1. 建立流程主导的生产组织模式

导弹院以全面推进高质量均衡生产、努力实现高质量准时交付为契机，对数字化均衡生产业务管理模型进行了系统性整体设计。明确将"最小成本（含硬件、软件、时间等各类成本）投入"作为前提和边界条件，通过精益流程变革和数字化转型，构建有节拍、可控制、适配批量定制生产的数字化

均衡生产管理体系。

弱化强职能管理，重构原基于院—部—厂的强职能指挥管理模式，形成了以客户需求为导向的、面向制造业务全链条的流程主导的业务管理模式。生产管理部门转变思路，从"管理组织"向"管理产线"转型，向总装厂分权赋能。总装厂以产线为对象，根据交付节点需求，自主平衡产线能力掌控节拍、管理工装、编制作业计划，向上游产线提出配套需求与配送节拍，拉动产线生产，将"一个车头的绿皮车"变为"节节动力的动车组"。配套分厂强化内部"客户"概念，依据总装产线需求自主决策投产，优化配送策略，保障总装产线节拍。

2. 构建数字化生产流程管理平台

构建"产线经营—产线管理—产线运行"三层数字化生产流程管理平台，分别赋能生产经营顶层决策、生产计划、配套管理，以及现场执行管控三个层面的业务需求，将离散型生产流程转换为有节拍、可控制的连续型生产流程。首先，打造基于 IoT（Internet of Things，物联网）环境的实时数据监视与测量底座，对产线运行过程进行多维度状态监视。其次，搭建统一的数据资源配置枢纽和生产业务的中央控制系统，承接产线运行数据。最后，围绕产线实景实物展开产线建模，构建与产线互为映射的数字化虚拟产线，以实时采集的数据为驱动，直观呈现订单实时交付进程，全景式、全时域地呈现生产线的运行状态，做到异常预警、指导纠偏，确保产线按节拍有序运行。

3. 策划分三步走的体系进阶路径

在面向产线的业务管理模型框架下，导弹院参照 GB/T39116—2020《国家智能制造成熟度模型》，结合自身的生产能力建设规划，制定了数字化均衡生产体系 V1.0—V3.0 的阶梯型递进实施路径图。时间跨度上，该体系涵盖从"十三五"后期到"十四五"后期的五年规划；做法方面，吸取了行业内外标杆单位的先进管理实践，按照"对标试点—突破推广—全面实施"的最佳路径稳步实施；模式方面，按照数字化制造转型的相关要求，将管理模式与信息化实现手段进行全面融合；特征方面，关注"数据驱动"，进行流程、组织、技术的系统性考虑和部署；目标方面，将体系建设与任务目标紧密关联。依据总体实施路径，导弹院完成了 V2.0 的具体实施工作，对生产现场开展了全面精益单元和自动化改造，通过 IoT 技术实现生产制造资源互联互通，采用数据中台实现信息系统数据共享，实现产线的可视、可测与可控。

（二）制定一体联动的均衡生产计划，拉动产线节拍有序

1. 建立推拉结合的计划管理模式

"十四五"生产任务要求"短周期、高均衡、准交付"，必须有效发挥生产计划龙头牵引作用，为此导弹院正向设计了"市场经济为主、计划经济为辅"的"推拉结合"计划管理模式，建立了三级计划管理架构，目标推动、节拍拉动，形成院级交付节点计划、产线级装配节拍计划、站位级工序作业计划。交付节点计划展望三年、精确到月，产线级装配节拍计划管控一年、精确到日，站位级工序作业计划编制一月、精确到分。面向三级计划，导弹院制定了四套基础模型，嵌入信息系统，实现产能评估、计划调控、资源同步拉动。根据各产线特点制定均衡生产策略，如总装产线按数量均衡，组件、部件按批次均衡，机加配套按工时均衡；基于瓶颈能力编制产线能力地图，设置三级能力指数，适用于正常生产、加速生产、应急生产状态；根据任务形势、交付节拍预设不同流转批量，动态调整产线节拍、周期，增强产线柔性；结合历史数据，瞄准生产周期压缩目标，每年修订产品期量标准，明确前置生产周期、生产节拍、配套提前期等属性，指导计划排产。

2. 制定有限能力的均衡生产计划

基于四套基础模型，依托信息化手段，实现三层计划均衡。在编制院级交付节点计划方面，开展能力平衡，综合考虑交付数量均衡、产值均衡、重点资源利用均衡等，将客户不均衡的需求转化

为均衡交付计划，以季度"3232"均衡计划保证"2323"均衡生产（4个季度交付占比分别为20%、30%、20%、30%），以"433"的月度均衡保证季度均衡（季度内3个月交付占比分别为40%、30%、30%）。在编制产线级装配节拍计划方面，选择均衡生产策略，设置产线能力指数、流转批量，确定物料整批齐套或流转批量齐套模式，基于排产模型及信息化手段，快速形成装配节拍计划，拉动形成精准配套需求计划。在编制站位级工序作业计划方面，在产品级期量标准的基础上制定工序级期量标准，充分考虑有限产能和约束条件（工艺、线边库、设备、工装、工具、人员等），借助 MOM（Manufacturing Operations Management，制造运营管理系统）、高级计划排程（APS）等信息化平台，快速形成双周滚动的站位级工序作业计划，拉动物料齐套。

（三）穿透供应链，消除配套供应断点，保障物料稳定供应

1. 动态评估识别供应商能力瓶颈

基于"链长"的定位，全面梳理供应链交付瓶颈，综合评估供应商风险。在初步筛选评估阶段，结合数百家供应商配套能力自查，从产品难度、交付进度、质量及实际生产能力等维度，识别出能力薄弱的 30 余家供应商，作为进一步现场评估的对象；在现场评估阶段，成立 3 个"总师＋设计＋工艺＋管理"专项审查团队，重点从关键设备资源、人力资源配置、二次配套、生产交付流程、周期和节拍等维度精准把脉，全面分析厂家能力与导弹院产线供应需求的匹配性，形成配套能力提升动态评估台账。

2. 制定配套能力针对性提升方案

根据供应商能力动态评估台账，结合生产任务需求，全面考虑成本、合规风险等因素，面向 30 余家重点供应商制定原供应商能力培育及供方拓展两种能力提升策略。针对能力或质量等存在瓶颈问题的供应商，在合同签订方面，按"集采合同＋订货合同"模式，明确所有配套任务需求，开展批量提前投产，由 MTO（Make To Order，按订单生产）向 MTS（Make To Stock，按库存生产）的生产模式转变，延展能力储备周期；在能力提升方面，按照"一厂一策""一类一策"原则，组建培育团队，采用驻厂或线上交流的方式，提供技术与管理支持，建立供应商沟通机制。针对当前能力无法满足科研生产需求且通过能力培育仍无法解决瓶颈风险的供应商，通过供方拓源，形成双厂家或多厂家配套，实行多厂家订货采购。

3. 多维穿透，全面提升供应商产能

针对严重制约配套的关键供应商，主动发挥"链长"作用，加强全过程技术、计划、管理精益穿透，满足产线稳定供应需求。在精益思想植入方面，瞄准生产现场的人为"浪费"和制约生产效率瓶颈，设置精益课题，小步快跑，对"浪费"逐项消除解决；在技术穿透方面，组建专业团队扎根"供应商""供应商的供应商"生产现场，系统分析生产过程的工艺能力与现场操作，进行技术指导与帮扶，拉动匹配交付需求，强壮配套链，做实交付端，提升关键生产能力；在计划穿透方面，推行"月计划管控、周计划核实、日计划反馈"制度，全程看板管理，对计划偏离当日决策，在短周期内实现准时交付，理清配套，分类管控；在管理穿透方面，与管理层精准对接，派核心骨干人员到外协厂家担任挂职干部，由项目团队成员担任班组长，建立管理制度，实行标准化管理。

（四）重构基于单元改造的柔性产线，保障产线节拍可控

1. 开展基于节拍的作业单元改造

面向制造价值流，导弹院整合制造资源，以产品专业化为原则，采用 PR 工序矩阵分析法，按照工艺流程相似性划分产品族，形成 30 个精益单元、28 个自动化单元、19 条产线。运用精益思想设计生产布局，实现连续流生产：针对工序作业时间差异较大的手工作业单元，引入现场观察、测算工序时间、拆分重组工序，建立站位平衡流水线，形成流水线作业指导书，实现高效协同作业；针对工序周转复杂的手工作业单元，绘制面条图，优化单元布局，减少重复周转，实现精益生产；针对频繁换线

的设备作业单元，通过前置生产准备于"线外"、标准设备换线流程，缩短设备换线停机时间，实现产线快速换产、柔性生产。在单元化改造的基础上，导弹院建立了连续且与物理空间相互呼应的数字化虚拟产线，在虚拟环境中对实体产线的人机料法环测各要素进行实时可视化监控，产品一次直通率、设备综合效率、订单实时完成率等数据在线采集、监视与测量，并反馈至产线管理层进行动态的作业计划纠偏，实现产线高效、有序运行。

2. 打造基于产线站位的齐套配送

在物流优化和数字化管控方面双管齐下，"粗放的人工批发式领用"转变为"基于产线站位的精准齐套配送"，提升仓储能力和配送效率。建立基于产线站位的配送 BOM（Bill of Materials，物料清单），以站位作业计划生成站位配送计划，重新规划从供应端到需求端的物流路径，采用单向最短物流路径，将出库站位纳入物流动线，消除物流断点，实现准时配送；通过设计以单件流为基础的最小包装物料套装，消除频繁拆包、合包等物流堵点，为产线提供"即供即用"的套餐式配送服务；通过去除中心化仓库，建立分布式的线端超市，以装配节拍和安全库存为准则拉动循环配送，实现配套件准时化、标准化、精细化送达。绑定物料编码与库位编码，实现物料定位管理，将"人工找货"变为"导向定位取货"，提升工作效率；建立基于数据采集和仓储物流的监控平台，实现对出入库、产线配送、产线退料等作业的实时监控；建立虚拟齐套库，与 MOM 系统、计划系统等实时进行数据交换，对分散在各地库房的物料进行站位级齐套性检查，实现数字化动态盘点和物料超前齐套性预警。

3. 化解引起产线失稳的干扰因素

面对"计划协调管控难、扰动数据调度难、实动数据感知难"的管理难点，围绕车间制造精细化工艺要求，通过建立制造过程状态瓶颈与预测、计划协同与资源调度等模型，实现产线管理的闭环，提高产线经营的鲁棒性。从生产准备、计划调度、仓储物流、任务执行、数据采集、异常处置、运行监控等方面，建立产线运行、监视与测量能力，实现业务逻辑、资源约束、实动资源、实动任务的融合。针对生产过程中出现的订单、物料、设备、质量、任务五类扰动，设置扰动缓冲区，根据已设定的缓冲区大小和位置，通过分析缓冲的消耗情况，判断生产进度计划的执行情况，根据监控结果做出进度正常（绿区）、异常（红区）、可控（黄区）等判断。针对瓶颈工序数据，构建关键链动态缓冲监控模型，根据随机风险分析等方法，将缓冲分配给瓶颈工序，通过分析缓冲的消耗情况来判断生产的实际进展与生产延迟的可能性，从而做出管理决策，生成可行的解决方案传递给产线，保证产线持续高效运行、有序可控。

（五）开展基于数据分析的质量管控，消除产线质检堵点

1. 推行基于过程把控的抽样检验

聚焦过程质量指标，强化"理论推导 + 数据统计"，打破层层抽样检验、生产抽样检验串行模式，裁剪部分组件抽样检验环节，使产品质量、效率实现统一。关联、整合生产全过程数据，通过成功数据包络分析，识别薄弱点，靶向提升工艺技术水平，不断完善、优化关键特性数据，减小产品各项指标的离散程度，提高产品稳定性，降低批次产品的不合格率。借助一批产品中合格品的超几何分布模型分析，在客户认可下，寻找其他过程指标代替抽样检验考核批次质量稳定性，例如，某批组件平均单件产品质量问题报告单数小于 0.7，验收合格率大于 99%，连续三批例行试验均无故障一次通过时，即认定该批组件生产稳定，可不进行该组件抽样检验；配套产品抽样检验未完成前，边生产边放行，抽样检验环节缩减 2/3，生产周期压缩近一个月。

2. 实施基于全证据链的远程检验

依托信息化平台，实施交互式远程检验，使生产与质量检测线上同步，从而实现了生产交付"连续流"。搭建数字化远程在线检测环境，客户或质检人员远程监控产品检验进度，与现场人员以视频方

式实时沟通，实时查询及操控质量检验现场测试设备，做到了产品检验不落地；对产品检测的数据、过程、结果进行数字化处理，实施追踪、关联、存储管理，构建证据链，便于客户或质检人员随时回看关键点测试过程；打通产线与质量检测之间的数据通道，整合生产质量相关数据，借助质量分析模型，对检验范围进行科学调整；自动生成检验提交单、质量生产总结报告，实现对质量检验流程的信息化管理。

3. 开展基于一物一码的单件追溯

通过产线态势感知和"一物一码"技术记录产品生命履历，达到单件产品质量可追溯。通过扫码触发业务活动，跟踪定位和记录单件产品从原料入库到成品交付的全过程，同步构建实物 BOM。细化数据管控颗粒度至产品的基础质量数据信息，实现产品履历表数据完整度 100%，借助信息化平台，快速检索、查询产品质量数据，分析一定周期内的检验通过率、不良柏拉图，快速定位影响质量的问题根源，找到质量改善切入点。无需召集人工对大量纸质、电子文档开展全面过滤筛查，不让个例问题导致批次停产。

（六）构建数字化风险显性管控手段，快速纠偏产线异常

1. 打造感知产线态势的数据底座

面向生产线要素，运用产品标识码、组网融网和数据采集等物联网技术实时感知产线运行态势。面向 5 类 28 条产线，设计了 900 余个码位，对物料、位置和设备等生产要素统一编码和标识，作为产品制造全过程信息采集的关键索引和手段，利用扫码枪、传感器等，实时感知生产物流状态。编制《生产线及设备网络化数字化研制规范》，统一数据采集标准和集成接口规范。打通生产线设备工控网和运行管控系统的数据链路，实现从测试任务、工艺等数据下达到产线运行管控数据均能实时上传至运行管控系统，支撑产线动态调度和运行监控的业务需求。

2. 洞察数据模型驱动的交付风险

构建产品生命周期的权威数据源及业务主题数据库，形成面向导弹院产品制造的数据共享能力。采用基于云边端一体化的分布式数据管理技术，实现产线运行数据、产品装配/测试数据的统一汇聚、分析和全生命周期管理，释放数据要素价值，满足多样化、实时敏捷、安全可靠的数据管理业务需求。建立统一的产线数据分析模型，利用产品实物数据，对产品数据进行多方位、多层次的综合分析，对多件产品的性能指标快速对比分析，加强产品质量控制及质量分析预测。利用产线的运行数据，洞察影响生产计划执行波动的各类异常，如设备故障、供应延误、节拍偏离、紧急插单等，在第一时间进行干预，降低其对生产交付的影响。

3. 实施产线异常分级管控与纠偏

围绕生产线运行管控，以产品生产交付涉及的相关业务域为着眼点，提炼出 5 大类 400 余项量化管控指标，通过指标的统一建模及全生命周期管理，实现不同业务管理过程及层级的"横向关联"与"纵向贯通"。基于运行管控指标，构建产线分层管控模式并消除问题：面向全院构建"一级作战室"，由院领导主持，审议决策严重影响交付的重大问题，统筹拉动资源、宏观调控计划；面向重点产线构建三个"二级作战室"，由产线长主持，对影响产线交付的一般问题拉条挂账、督促落实，及时将问题解决在一线。基于危害度模型，建立异常问题分类分级自动处理机制，预设应对方案，一旦发现异常，迅速启动相应处理流程。通过移动 App 端、大屏端同步跟踪显示问题处置进展，实现"多屏、多端"信息联动，缩短问题响应周期，加速问题处理闭环。

三、航空装备制造企业以准时交付为目标的数字化均衡生产管理体系效果

（一）生产管理体系实现转型升级

通过实施生产组织模式变革，系统性开展自动化提效、数字化赋能，基本完成了数字化均衡生产

体系 V2.0 的整体布局，实现了有节拍、可控制、适配批量定制生产，在全力推进高质量均衡生产、大幅压缩生产周期、提高合同履约率方面取得显著成效。2021 年，交付任务按期完成率达到 98.3%，同比提升 17.7%；2022 年，完成任务量同比增长 127%，主力产品超合同节点提前完成。从全年各季度任务完成比例分布看，均衡生产显著改善，从 2020 年的"0316"到 2021 年的"1234"（一季度 10%，二季度 20%，三季度 30%，四季度 40%），再到 2022 年首次基本实现"2332"高质量均衡生产。同期，生产周期平均压缩 21.3%。

（二）经济运行质量持续提升

随着生产管理体系转型升级，生产效率和效益持续大幅提升，并最终推动经济运行质量跨上新台阶。各项经济指标连年超额完成集团公司考核目标，经营规模不断增长。较"十三五"末同期对比，产值增长 1.6 倍，净利润两年复合增长率为 71.9%，营业收入利润率年均提高 1.5%，利润总额两年复合增长率为 77.58%，全员劳动生产率两年复合增长率为 42.91%，净资产收益率年均提高 5.3%，在数据方面与世界一流企业的差距不断缩小，盈利能力、经营效率整体向好。

（三）品牌价值和社会影响力进一步提升

领导层先后荣获航空工业集团年度"优秀领导干部""担当作为领导干部"称号。构筑了精益生产团队，形成了以"世界技能大赛金牌教练""全国向上向善好青年"等众多青年人才为代表的导弹院特色的先进文化生产力，百余个管理团队和个人获得了各级政府部门、行业协会、航空工业集团的荣誉和表彰；多次收到来自国家国防科技工业局、客户、同行企业的贺信及感谢信，在航空工业集团综合考核排名中持续跃升。

（成果创造人：陈　斌、晋严尊、严　飞、汪朝阳、张新波、卫青延、和明军、李文辉、罗　剑、廖　妍、姚长虹、汤　辉）

高端装备企业面向大规模个性化定制的集成计划体系建设

株洲中车时代电气股份有限公司

株洲中车时代电气股份有限公司（以下简称时代电气）是中国中车下属核心企业，产业涉及大功率器件、传感器、牵引系统、信号系统、轨道工程机械、海洋工程装备、新能源汽车、通用变频器等多个领域，是全面参与国际竞争，践行"一带一路"倡议和"中国制造2025"战略，支撑中国高铁"走出去"的核心高端装备企业。作为中国电气化铁路装备事业的开拓者和领先者，时代电气肩负振兴高端装备产业的使命与责任，致力于被誉为列车"心脏"和"大脑"的牵引传动和控制系统自主研发及产业化，持续领跑国内轨道交通电气系统市场。时代电气拥有多个"国字号"技术创新和工程研究中心，主导制定了多项国际标准，累计获得"中国专利金奖""国家科学进步奖"等各类科技奖励百余项。2022年营收超过180亿元，成立18年以来，营收增长13.8倍，利润增长8.4倍。

一、高端装备企业面向大规模个性化定制的集成计划体系建设背景

（一）应对客户多品种小批量定制化的必然选择

随着科技的不断进步和客户经营压力的日益加大，高端装备企业面临着技术升级与经营降本的双重压力，进而推动产品的迭代速度进一步加快，多品种小批量的形势进一步加剧。同时，由于产业链产能过剩，竞争环境急剧恶化，企业间的竞争也转向基于时间和客户需求的竞争。因此，时代电气应探索大批量个性化定制的有效途径，在提供个性化定制需求的同时，通过产品结构和制造过程的重组及现代化信息技术的应用，实现部件大规模生产的低成本、高效率。

（二）提升资源配置效率的内在需要

时代电气坚持"同心多元化"发展战略，产业涉及轨道交通、新能源装备等多领域，组织涉及本部、全资子公司、合资子公司等多种形式。随着业务和组织规模的不断扩张，产品种类不断增多，管理复杂性加剧。因此，亟待将技术"同心"延展至供应链"同心"并形成物料、部件、产品的"同源"，进而实现供应链的"一次"开发"多次"利用，降低供应链管理的复杂度，最终实现整个供应链的资源配置效率最优。

（三）推行高质量发展的必然要求

推动高质量发展是当前和今后一个时期内时代电气发展的基本政策。高质量发展同时注重发展的"量"和"质"。供应链计划作为供应链的"龙头"，指挥供应链各个环节的运作，因此需要通过集成计划流程建设和业务运作使计划驱动资源准备形成"量"的优势，通过订单履行模式优化提升客户需求满足度形成客户体验"质"的提升，最终使公司的产供销真正协同起来并走向高质量发展之路。

二、高端装备企业面向大规模个性化定制的集成计划体系建设主要做法

（一）制定整体推进目标，明确工作方向

1. 确立集成计划体系的整体建设思路

时代电气结合自身实际，确立了面向大规模定制的集成计划体系的总体思路，即以集成思想和大规模定制技术为主线，构建面向大规模个性化定制的集成计划体系，瞄准经营目标，打通业务流程和数据，以"计划"和"订单"双轮驱动供应资源合理配置和精细化运作，打造响应型的集成供应链体系，提升客户满意度，将供应链建设成为核心竞争力之一。

2. 制定集成计划体系建设的实施原则与策略

通过建立科学有效的计划运作机制，制订经营计划、产供销计划、需求计划、主生产计划、加工

计划、物料采购计划，实现供需精准匹配和高效协同，将定制产品的生产问题通过产品结构和制造过程重组，全部或部分地转化为批量生产，使其既具有大批量生产的高效率、低成本优势，又能满足客户的个性化需求，实现整体最优，提高客户订单及时齐套交付率，提升整体运营效率。坚持数据"同源"与数据驱动，基于准确的数据和信息进行信息共享与决策分析。建立有效的数据收集和分析体系，以支持计划的决策和实施。坚持 PDCA（Plan 计划，Do 执行，Check 检查，Act 处理，质量管理的四个阶段）持续改进，不断优化集成计划体系的运作和绩效。

3. 制定集成计划体系建设的目标和路径

实现"一个计划"，构建科学有效的集成计划运作机制，打造面向大规模定制的集成计划组织与能力平台。两年内完成 3 项指标改善：客户及时交付率提升 25%，月均实物存货降低 20%，产能利用率提升 20%。一是理顺经营计划与业务计划逻辑，贯通分解与承接关系；二是重构营销、研发、制造、采购等业务流程，通过业务集成降低产品复杂度和管理复杂度；三是创建一套数据管理体系，通过数据治理与管理，承载流程体系与业务数据，有效实现业务经营与数据服务，确保业务落地。四是重构 IT 系统，打破烟囱式信息架构，支撑业务流程与数据高效运作。五是集成组织，重构职能职责，从职能和产品线两个维度建立覆盖 OTD（Order To Delivery，从订单到交付）的矩阵式集成计划组织。

（二）与经营计划集成，理顺经营计划与业务计划逻辑

1. 打造计划委员会决策机制，分层分级高效决策

时代电气建立跨部门的三级计划委员会（以下简称计委会）运作机制，负责决策计划风险预案和产供销计划，并管理计划执行，明确划分各级计委会的职责和决策权限，问题层层升级，层层决策，层层落实。三级计委会由产品线经理、S&OP 经理、主计划经理、采购经理、制造经理等组成，以产品线经营为基础，驱动产品线内部的产供销计划制定。二级计委会由公司运营副总、业务单元运营副总组成，负责制定分子公司级产供销计划和跨产品线重大问题的升级与决策。一级计委会由公司总经理、副总经理、业务单元总经理组成，决策公司战略性计划策略，审批计划业务规则和计划业务管理制度，并对二级计委升级的重大问题进行决策。

2. 明确分时段战略与业务集成重点，使经营与业务有的放矢

第一季度聚焦季度目标的实现，解决眼前交付问题。第二季度聚焦重点合同或项目，基于关联指标和滚动预测，完成动态的、弹性的供应资源配置，实现第二季度产能的充分利用。第三季度聚焦关注客户需求和投资的变化，识别变化对年度目标产生的影响，根据具体影响动态调整供应策略，控制交付风险。第四季度预测聚焦市场分析与产业布局，承接公司战略布局和经营计划，制定差异化的年度供应链保障策略。年度供应链保障策略涵盖：年度战略储备的类别及其金额、年度产能规划与部署、年度关键设备规划、投产计划的制定、年度物料分类与采购策略部署、年度供应风险的识别与规避策略等。

3. 推进各层计划决策模板标准化，保障信息口径一致

时代电气将各层计划需要共享与决策的数据与信息进行总结与提炼，归纳收敛为 4 类，并逐一推进标准化。一是交付现状情况，主要从客观上呈现各类交付数据，重点突出执行与计划的差异，预期与年度经营目标的差距。二是未来的交付计划与风险应对，主要从数据方面呈现未来的供需数据，重点突出未来的风险识别与应对计划的制定。三是升级事项，主要是客观呈现需升级的问题和建议的应对方案，重点突出不同应对方案的利弊与损益分析。四是过程指标呈现，主要是客观呈现过账指标数据与趋势，重点突出异常指标的分析与改善措施的制定。

（三）重构营销、研发、制造、采购等业务流程，实现业务集成

1. 与设计集成，前端防杂

一是结合公司产品特点，总结识别 19 个 DFSC（Design For Supply Chain Management，面向供应

链的设计）关键活动，梳理 24 项新产品的可计划性规则并嵌入 IPD（Integrated Product Development, 集成产品开发）流程；设立可计划性审查点，在产品研发阶段通过供应方案设计改进提升产品供应能力。搭建产品平台基线规则，参与平台方案阶段，制定可供应性场景分析，提高零部件的通用率，便于大批量生产，大幅降低新物料的生成，提高平台物料复用率。

二是采用大规模定制的设计技术，如产品解耦设计、归一化设计、延迟制造，根据预先定义的零部件集合及其相互约束关系，通过配置单元动态选配和进化演绎，快速形成满足客户个性化需求的定制产品，简化产品结构，减少编码数量，降低供应链的复杂程度。由预测驱动非客户定制部件的大批量生产，由客户订单驱动定制部件快速响应。

三是推动存量市场产品结构优化，通过构建配置化出图规则、模块化组件规则、差异部分定义及接口规范，实现多产品 BOM 重构。通过对既有平台的优化，匹配差异化的计划策略，实现预测 BOM 及计划策略实施，驱动供应链更加柔性、快捷。

2. 与市场集成，源头治乱

一是聚焦主要客户交易场景，建立与客户计划协同的耦合机制，细化客户配套需求节点，根据主要投产计划、长线件储备情况、总装推移计划，制定分层分级的供应策略。二是梳理配置、需求时间及备货发货条件等关键要素要求，优化订单履行流程，实现客户需求和承诺兑现的有效管理，提升客户体验。三是优化要货预测的方法与机制，建立场景化的市场预测与评审机制，保障预测的覆盖度和准确度。四是建立主型产品标准供货周期，在市场前段引导合同供货周期签订，在供应链后端指导产品备货策略制定。

3. 与采购集成，统一指挥

通过与关键供应商的产能集成，在进行产能规划及排产时统筹考虑关键瓶颈供应商的产能，实现能力与需求的匹配；定期向供应商发布预测信息，作为其分级备货策略的输入及参考，提升供应柔性；基于需求波动及供应风险识别关键物料，建立关键物料审视机制，提前识别风险并预警；建立物料供应保障的常态化管理机制，对供应风险进行分级管控，精准聚焦核心风险，保障供应的稳定性及连续性。

4. 与制造集成，指令通畅

一是建立以作战单元为基础的运营团队，通过层级会议，实现制造过程问题的统筹管理；通过分层分级的管控机制，压实各环节的责任目标，并通过信息化，支撑各业务环节的实时透明。二是创新单板—部件—总装计划协同模式，运用多层并行、齐套性分析、自动下达等技术，实现关联计划的高效协同及计划员工作效率的提升。

（四）重构跨领域数据对象，保证同源共享

大规模定制化集成计划体系的建立，需要推动"数据"成为核心的管理要素，通过对流程环节中业务对象、数据元素的全面梳理，形成了以"业务集成"为核心的贯通各场景的数据链条。通过重构各类跨领域数据对象，保证数据的同源性、统一性，打破了部门墙、业务墙，建立数据应用及管理机制，确保数据的有序流动，从而促进业务的高效融合。

1. 构建基于业务对象的"数据结构树"，拉通内外部语言

为解决长期以来存在的市场与客户、供应链与市场、研发与制造业务语言不贯通及数据多源造成的内部协同低效、客户体验不佳等问题，时代电气基于产品平台自主重构有产业特色的"预测BOM""计划 BOM"，实现不同产业从前端客户线索商机、市场预测、新产品导入到后端销售与运作计划、主生产计划、发货计划等维度的业务语言拉通对齐，业务管理对象既能"自上而下自动展开"，也能"自下而上自动卷积"，形成"数据结构树"。

一是构建"预测 BOM",解决市场、研发与供应链的数据长期无法互通造成的协同低效问题,消除了各部门间同类信息的重复传递及处理,实现职能归位、职责落地。二是创新应用"计划 BOM",开启定制产品供应策略部署的新形势,通用化模块通过预测驱动资源准备,加大供应链的规模化效应,客制化需求通过风险评估决策、解耦设计、差异化后置等更精细的管理手段实现风险可控。贯通的业务语言促进了计划的快速集成,更直接缩减了各环节的管理对象,为大规模个性化定制提供了坚实的保障。

2. 创新"最小交付单元",助力计划与订单融合

在以"客户为中心"的主要指导思想下,创新交易链条上的"最小交付单元"——"到货批次",一方面承载管理客户需求的核心要素,即"客户同一合同、同一需求时间、同一收货地址、同一发货地址"的需求作为集合,兼顾拉通销售、供应、验收、开票和收入整个交易链;另一方面是供应链内部实现承诺"一言九鼎"的唯一"靶心",是计划与订单握手的重要载体,成为评价供应链交付水平和客户满意的重要对象。

3. 整合产供销研基础数据,实现同源管理

通过对各大业务系统中的数据进行调取、整合、清洗,建立数据仓库。以业务流程与规则为驱动,实现 60 多项业务指标、100 多个关键业务数据、80 多个重点业务对象的在线化,并通过数据建模初步达成业务的预警及预测。将原来离散在市场、研发、生产、采购等领域的数据,进行同源管理、多角色随时调用,解决了多系统存在的不协同问题,更有力地支撑产品数据的可供应性分析及供应方案设计,是新时代下数字化转型的必然需求,也是应对日趋增长的大规模个性化定制需求的最有效手段。

(五)多系统 IT 集成,横向流程贯通、纵向信息穿透

时代电气经过多年流程管理体系和信息化建设,搭建了数字化营销平台、合同管理系统(以下简称 LCS)、项目管理系统(以下简称 EPPM)、辅助设计和工艺(以下简称 PLM/CAPP)、企业资源计划(以下简称 ERP)、智能制造执行(以下简称 MES)、采购与供应商管理(以下简称 SRM)、仓储物流管理(以下简称 WMS)、售后服务管理(以下简称 MRO)等覆盖全公司业务流的系统架构。以实现数字化转型为目标,结合 IPD 研发流程和 LTC 市场流程,IT 承载了端到端的业务流及数据自动传递,实现数据同源、融合、共享,为建设面向规模化定制的集成计划体系夯实了基础。

1. 贯穿 OTD 全流程系统集成,实现全过程数据透明

一是 IT 系统实现 OTD 全流程系统集成,可以敏捷快速地获取外延至前方市场,承接市场线索及销售预测输入。基于 ERP 开创性地构建 DP 和 S&OP 模块,与 MPS 和 MRP 实现无缝集成,打造供应链整体运营的唯一指挥棒。

二是在 LCS 系统中管理外部市场端线索、商机、合同及发货要求。运用 ERP 系统管理订单承诺和到货批次,对于未完成交付的客户订单在 APS 进行有限产能排产后,每日将运算一个新的交付时间作为订单承诺时间,系统自动对于承诺时间延迟的客户订单给出异常提醒,由主生产计划员进行及时跟进或调整。对于多品种、定制化的产品,在 ERP 搭建预测 BOM 和计划 BOM 以支持制定 S&OP 计划,并分析每个产品的计划方式,应用按单生产或按库生产模式进行差异化计划和生产。构建 APS,承接计划管理,有限产能排产。

三是在原有系统架构基础上构建 APS,贯通 CRM、ERP、MES、SRM、WMS 等信息系统的关键业务数据。将梳理的计划约束条件,如生产节拍、工作日历、瓶颈工序、库存、在途、客户差异化定制等开展系统集成,实现客户订单和生产计划的快速匹配。用 IT 固化业务流程,实现计划在线管理和订单履行透明,基于集成系统架构的信息流、数据源和算法模型,实现业务数据共享和多维度展示。

四是构建数字化经营管理平台。基于统一的数据标准和定义，通过数据抽取、处理的方式，在数字化平台对数据进行建模并展示，支持公司级经营规划决策；同时实现企业内部研发、工艺、销售、生产、采购及财务等部门业务指标在线管理和自动计算。

2. 创新 IT 系统功能，支撑集成计划体系落地

一是开发 S&OP 操作界面，实现要货预测、供应能力、S&OP 计划的平衡试算，提高 S&OP 计划制定的科学性、可执行性。月度发布 S&OP 计划，可直接在 ERP 中参与资源运算，触发采购计划和生产计划。二是创新使用 ERP 自动冲减功能，在录入正式销售订单后，可自动冲减备料计划，实现备料计划的高效核减，与销售订单同步核减，避免人工核减造成的错误。三是数字化平台与 PLM 设计平台数据贯通，可快速计算平台复用率，为模块化设计程度提供正向反馈。

3. 重构 IT 功能，适配集成业务

一是以 ERP 为核心应用，前端建设有 CRM、LCS、EPPM、PLM/CAPP，引入订单管理理念，合并构建约束型需求。二是以 ERP+MES+WMS 为核心应用，新增预测 BOM、计划 BOM、服务协议 SLA、自创性 VMI 等理念，结合成熟的 MRP 模型应用基础完成需求计划与 S&OP 计划管理，合并构建约束型执行中枢。三是以 ERP+APS+SRM+BPS（业务流程）为核心应用，合并构建起约束型协同支撑以实现内外部资源协同最优化。

（六）重构职能职责，以集成的计划组织，支撑运营效率提升

1. 梳理岗位职能职责，重构计划及订单岗位体系

基于大规模个性化定制集成计划体系的流程和工作内容，对计划及订单相关岗位进行职能职责的梳理及重构，强化岗位价值，适配业务需求。一是增设销售与运作岗位，建立销售与运作流程，识别产销研中长期风险，管理供需不平衡，驱动中长期资源准备，指挥短期计划执行，与经营计划校验，提升运营效率。二是增设主计划岗位，负责与技术联动，推进产品的可计划性，以满足规模化定制需求；物料级主计划按照共用程度进行分工，专用物料由其产品主计划同步承担物料主计划，共用物料的主计划由产品用量相对多的主计划承担及统筹。三是设置专门的订单管理岗位，提升客户满意度。针对重大客户，设置专门的订单需求岗位，将传统的被动接收客户需求的模式改为主动深入了解客户需求。订单需求经理常驻客户现场，主动了解客户的生产排程及加工情况，获取客户的真实需求作为时代电气计划订单的输入，降低订单需求波动对供应链的影响。四是设置订单履行经理，负责从订单的录入到订单发货的全过程。面对客户需求，可及时准确地承诺；可根据客户的实际需求，准确分析客户齐套需求规则，以满足客户交付的及时齐套需求；对外实现客户交付的统筹管理，对内实现面向客户需求的端到端管理。

2. 重构计划组织，实现跨职能及矩阵式的双重集成

在梳理完成岗位职责重构岗位体系后，时代电气对组织架构进行了重构。一是将分散的计划组织集中。时代电气改变传统计划职能分散的模式，将原来分散在销售、制造、集采、售后、技术等多个部门的计划职能集中到产品管理中心，成立了专门的集中计划组织，其中计划营运部门负责时代电气所有需求的统筹及中长期的资源平衡。集中计划组织一方面通过组织的集中，拉通了销、供、产及服务，使其实现了高效协同；另一方面通过管理供需不平衡，制定计划预案，形成各部门达成一致的"一个计划"，指挥各部门按一致步调行动。二是基于赋能及作战的双重需求，设立从市场需求到客户满意的端到端矩阵式管理的集成计划组织，集成计划组织按职能维度和产品线维度设置矩阵式管理架构。职能维度负责业务规则的建立和完善、人员赋能，产品线维度负责业务的落地执行及指标的改善提升。

3. 建立集成的计划绩效体系，提升内部运营管理效率

时代电气建立集成的计划绩效体系，一是由集成计划管理的团队负责承接公司的产品交付、库存及呆滞消耗的指标，并基于全局统筹考虑。二是结合业务流程及职能职责，合理设计和分解供应链相关指标。集成计划绩效指标与供应链其他部门既有协同又有分工。例如，在新的模式下，实物存货指标由集中计划组织承担，但同时实物存货指标又细分为原材料、在制品、半成品、产成品，分别由采购、制造、市场与集中计划共担，各部门形成合力，从而转化为对客户的价值。

三、高端装备企业面向大规模个性化定制的集成计划体系建设效果

（一）促进供应链运营水平提升，产生显著管理效益

对比 2020 年建设之初，供应链运营水平显著提升，全面达成管理改善目标，客户及时齐套交付率提升 25%，月均实物存货降低 23%，物料齐套满足率提升 21%，存货周转率提升 15%，计划准确率提升 30%，生产订单及时完工率提升 19%。集成计划体系建设项目荣获集团"优秀精益类项目"及"十三五优秀项目"。

（二）促进产品构型优化，支撑供应链高效运作

依托新老产品的结构和制造过程的重构，实现了 12 类产品 BOM 重构，支撑部件规模化生产。产能利用率提升 24%，产品种类压降了 25%。标准化装配部件占比提升至 62%，完全定制化产品占比低于 5%，产品交付周期缩短 32%。

（三）赋能合作伙伴，助力产业链竞争力提升

在大规模个性化定制的集成计划体系建设项目推进过程中，时代电气不断为供应链合作伙伴赋能，共建供应链，优化上下游产业链。与航空制造、汽车零部件、通信装备等高端装备企业交流项目实践经验，有效推进传统企业的计划运营模式创新升级，形成了较大的社会影响力。

（成果创造人：王　彦、吴　鸿、王　玉、耶小方、何　稳、杨　莎、
姚平刚、姚中红、杨　春、吴　双、段　宇、晏　滔）

航空维修企业以精准施修为目标的单机技术状态管理体系建设

长沙五七一二飞机工业有限责任公司

长沙五七一二飞机工业有限责任公司（以下简称长飞）始建于 1960 年，是中国航空工业集团有限公司所属的综合性航空维修企业，前身为中国人民解放军第五七一二工厂，2002 年由空军装备部转隶至中国航空工业集团有限公司，2017 年划归成飞产业集团，成为成飞产业集团飞机研发、生产、服务保障、航修全产业链、全价值链中的重要一环，长飞也实现了从军队企业、军工企业再到现代企业的跨越。长飞是国防能力动员建设和应急作战战场抢修保障单位和直升机区域维修中心，同时也是我国主要的军贸航空装备修理基地，承担我国各型军贸出口飞机大修、大修建线、战斗力提升加改装任务，用户遍及亚非 18 个国家 / 地区。

一、航空维修企业以精准施修为目标的单机技术状态管理体系建设背景

（一）服务国防与军队的使命担当

武器装备发挥其作用的关键是以其性能质量为基础的战斗力，航空装备大修是确保航空装备战斗力得以保持的重要组成部分。航空装备维修是一个复杂的系统工程，涉及多个学科、专业，以及串件、器材代用等状态变更，准确掌握和控制每个零件的功能特性[①]和物理特性，以及所依据的技术文件的状态，是保证维修质量的基本要求。建立适用于航空维修领域的技术状态管理体系，有利于提高航空装备维修的精准性和有效性，保障航空装备战斗力。

（二）满足客户合同履约标准的迫切需求

随着国防和军队现代化的加速推进，练兵备战的持续加强，航空装备使用频率越来越高，因驻地不同，航空装备使用的地理环境也有着很大差别，有高温高湿、有低温干旱、有雨雪风沙、有烈日海边等，使用中其技术状态变化较大。这就对航空装备的完好率、常态战训保有率提出了新的更高的要求。一代装备设计制造出来后，要经过三四次大修，使用过程中 70% ～ 80% 的技术状态由航修企业掌握。航修企业不仅要按合同保证维修周期质量，而且要提供完整、准确的飞机技术状态信息，以确保满足客户的需求。为此，长飞联合客户代表严格实施以航空装备维修质量和周期为主要内容的"合同履约考核办法"，通过建立单机维修技术状态管理体系满足"文文一致，文实相符"要求，并高质量地满足客户对大修质量和周期的要求。

（三）驱动企业管理变革的需要

进入新时代，为满足航空装备多样化大修的需要，长飞形成了有人机、无人机，固定翼、旋翼，歼击机、轰炸机等航空装备一体化服务保障能力，大修组织模式已完全不同于以往以一两个机种为主的批量修理模式。以往机型少，依靠经验及传承的大修模式可以解决，但当前几十种机型在线，且批量较小，要实现快速精确大修，必须做好单机技术状态记录及使用说明。另外，长飞三代机已上批量，四代机大修也已着力开展，针对新机技术状态的信息化及状态多变性，传统纸质档案技术状态管理方式已不能满足航空装备维修工作要求，经常造成技术信息控制失效、审核延迟、反馈不及时等问题，也给客户在航空装备大修质量监督、修竣后接收带来不便，造成质量控制难度大、接收时间长等问题。同时，与设计院所、制造企业、使用客户就航空装备使用过程中技术状态的信息沟通极少，掌握的技术状态数据相对封闭，内部不畅通，外部少关联，极不利于其性能的快速维护和迭代升级。实

---

① 功能特性：产品的功能、性能和设计约束条件。

施单机技术状态记实①，推动其流程化、信息化共享势在必行。从 2019 年开始，长飞积极构建适用于维修实际的单机技术状态管理体系，打造标准的流程化和信息化平台，记录、汇总、共享单机技术状态信息，实现了航修新模式，有效提升了航修质量、效率与效益。

二、航空维修企业以精准施修为目标的单机技术状态管理体系建设主要做法

（一）顶层策划，明确单机技术状态管理体系总体思路

单机技术状态管理体系建设就是要以服务国防与军队为使命担当，满足客户合同履约标准的迫切需求和驱动企业管理变革的需要，实现精准施修的目标。以"整体规划、分段实施、汇总验证、数据共享"为手段，通过全面收集整理单机技术状态，形成标准化清单，嵌入大修流程，构建信息化共享平台，打造以单机技术状态管理为主线，统筹生产、技术、质量、供应保障、人力等生产要素，协调内部各单位、客户和上下游企业等各方力量，构建"精准施修、依据充分、协调高效、保障有力"的大修模式，最大限度地发挥维修企业在"兴装强军"中的作用，推动企业高质量发展。

分层级管理，组建技术状态管理委员会、办公室、生产单位管理员三层阶梯式管理机构，明确整体和分阶段单机技术状态管理的内容、标准和流程，实现对单机技术状态在维修过程中的统一管理和控制，形成从进厂到出厂整个维修周期以技术状态为主线的飞机维修管理模式；创建维修单机技术状态管理信息化系统，实现技术状态信息化统一管理，实时处理、及时反馈、信息共享，提高飞机大修质量效率；实施监督考核，明确任务职责，激励约束并重，确保管理体系落地。

（二）组建分层级管理机构，推进单机技术状态管理体系落地

1. 成立技术状态管理委员会

主要负责领导和重大问题的决策。总工程师任主任委员，成员包括技术部部长、生产部部长、质量部部长、市场部部长及各生产单位负责人。技术状态管理委员会领导技术状态管理工作，负责制定单机技术状态管理方针政策、相关规定，听取归口管理部门技术状态管理情况汇报，审查和确认有关单机维修技术状态重大事项，定期监督检查技术状态管理实施情况，研究和解决重大技术状态问题，实现长飞统筹管理，打破部门界限。

2. 设立技术状态管理办公室

承接技术状态管理委员会的决策和工作部署。主要负责顶层策划、流程标准、相关文件的起草；组织编制技术状态项②清单，组织建立技术状态基线③，并在批量修理阶段保持技术状态基线；组织开展技术状态记实和审核工作、督促各单位执行等，有效推动管理运行和提高管理效率。

3. 选配和培育高素质的专兼职技术状态管理员

基于单机技术状态管理的实施需要，选配支撑技术状态管理的实施人员队伍。一是主要从技术和质量人员队伍中选拔综合能力突出、责任心强的专兼职技术状态管理员，作为技术状态管理的直接力量，统筹开展单机技术状态管理工作，促进管理和技术的协同。二是针对技术状态管理专业性较强的特点，对技术和质量管理人员定期开展技术状态管理方面的知识学习与培训，强化其角色意识，提高其相应能力。三是制定相应的激励政策，设立专项绩效项，引导业务人员多学习技术状态管理知识，鼓励技术质量管理人员兼职兼薪、一专多能。专兼职技术状态管理员负责本单位技术状态管理工作，责任到岗，考核到人。

---

① 技术状态记实：飞机维修过程中，飞机各阶段技术状态基线和基线更改所进行的记录、报告活动。

② 技术状态项：被指定进行技术状态管理的飞机整体和组成部分（包含飞机机体结构、系统、成品等）。

③ 技术状态基线：被批准使用的飞机维修的技术状态文件，作为今后维修基准，以及评定其自身变化的基准。

（三）明确管理内容，为单机技术状态管理提供依据

1. 梳理维修全过程技术状态管理项目

长飞之前的技术状态管理内容分散在质量体系文件中，没有进行识别和统一管理。项目依据国家军用标准 GJB3206B 要求，对技术状态标识①和技术状态控制②内容进行全面梳理，技术状态标识按功能分配，产品技术状态文件分三个部分。一是飞机维修的总体技术要求及用户的个性化要求，是作为新机试修开发的输入依据。包括试修及维修鉴定阶段经过评审的总方案、技术方案、软件版本清册、技术通报目录、调入技术资料目录、质量保证等功能技术状态文件。二是将维修要求分配到各个系统、各维修职能部门，包括需转发落实的技术通知、自编技术通知、维修技术条件等分配技术状态文件。三是针对飞机维修具体维修工作技术要求，经过评审的工艺、工卡和指令等产品技术状态文件。技术状态控制分为更改（维修中对应技术通报通知落实）、偏离许可（对应的工艺超越）和让步（对应自然超差），为实现全面状态控制结合维修业务开展，将器材代用、串件、有寿件控制等纳入技术状态控制内容，确保技术状态不漏项。

2. 按阶段细化技术状态管理内容

以往飞机在不同阶段的维修时，没有相应的状态及目标，更没有相应的技术文件支撑和技术状态更改的记录收集。为使维修全面处于受控状态，以保证维修飞机符合规定要求，项目组根据各单位分工，明确机种型号分阶段技术状态记实管理基础性内容，并根据不同业务场景在统一的模板中确定相应的记实内容。

各阶段按要求开展单机技术状态记实，每项记实项目设计了结构化表单，确保维修各阶段的管理内容不漏项、不缺项。例如，分解阶段必须准确记录原机部附件、已落实通报和缺陷等信息并传递至各相关修理单位；修理阶段记录和传递的故障修理、软件版本更改、技术通报落实、超差处理等所有修理活动信息；装配调试阶段记录和传递出厂部附件、换件串件情况、原机故障排除情况、出厂寿命件控制情况等详细信息。各阶段技术状态信息均随飞机修理过程流转，以便相关人员随时掌控飞机状态，实现技术状态数据的统一结构化管理。

（四）规范单机技术状态管理流程，嵌入大修全过程

1. 规范从计划到审核报告的管理流程

单机技术状态管理体系的构建对长飞原有的技术状态管理模式、执行标准等体系管理进行了重大变革，编制《技术状态管理计划》《技术状态记实》《技术状态审核》等5份针对技术状态管理的流程说明文件，规划设计了技术状态管理整体的流程规划，明确各流程的输入、输出及管理者，改变技术状态管理不全面、混乱现状，使单机技术状态管理更加规范。长飞根据现有飞机修理流程及分工实际，对技术状态数据的分工和协作管理，由原来机型管理模式变为现在的单机分阶段管理模式，以解决多机型、小批量、多批次维修的实际问题。针对各阶段维修内容管控需求不同，分阶段进行精细化管理。从飞机进厂到试飞转场出厂，按照单机修理工艺流程，大修阶段依次为：分解阶段、修理阶段（成附件修理阶段、结构修理阶段、电缆修理阶段、导管修理阶段）、装配调试阶段、试飞接收阶段、军检前阶段、试飞阶段。为确保技术状态管理切实服务于修理过程，项目在每个阶段加载技术状态基线，记录基线及基线更改情况形成技术状态记实，并对记实进行审核，审核通过后形成审核报告，才

---

①　技术状态标识：确定技术状态项及其所需技术状态文件，标识技术状态项及其技术状态文件，发放和保持技术状态文件，建立技术状态基线的活动。

②　技术状态控制：技术状态基线建立后，对提出的技术状态更改申请、偏离许可申请和让步申请所进行的论证、评定、协调、审批和实施活动。

能进入下一阶段，实现飞机从进厂到出厂全过程技术状态的控制和流程的监控，解决了修理过程中对飞机技术状态掌握不全面、不系统的问题。

2. 创建嵌入大修全过程的型号技术状态基线

型号多架次飞机技术状态项、技术条件、工艺、工卡、指令等录入后，技术状态管理办公室人员运用数据统计求合集确定型号技术状态项，以技术状态项为基准，核实其对应的技术条件、工艺工卡、指令的完整性和一致性，按机型归类，对各承修型号技术状态所涉及技术文件分部门、分阶段进行固化存储，经技术状态管理办公室审查通过，建立试修顶层文件，维修技术条件，维修工艺（含通用工艺），工卡，指令为主的型号技术状态基线。根据工序分工，细化为若干工艺流程单元，将技术状态基线文件分配到每个工艺流程单元中，确定每个工艺流程单元执行的工艺文件。各修理单元在大修过程中发现新情况新问题，及时进行报告，由技术部对记实内容进行审核，统一管理和更改，确保对技术状态基线的维护。后续同型号飞机进厂后，就可以在型号技术状态基线中导出各工艺流程单元需执行的文件，再在基线基础上增减内容，形成单机的技术状态记实。以上工作大大减少了重复作业，提高了同机型维修的工作效率，为机型维修提供了有力支撑。

（五）构建单机技术状态管理信息化平台，实现信息共享

1. 构建单机技术状态管理信息化平台

长飞技术状态管理手段缺乏、管理措施落后，现有管理以电子文档和纸质文档为主，甚至还有手工记录，信息查询和使用十分困难，信息共享程度低，急需搭建维修技术状态管理的信息化平台，实现技术状态信息化统一管理，提高技术状态的管理效率。建立单机技术状态管理信息化系统，主要用于技术部、各生产单位在飞机修理过程中对飞机技术状态数据进行输入和管理维护。单机技术状态管理信息化系统分为系统维护、基线维护、记实表单管理、技术状态归档等模块。以维修工程系统为基础，运用机型、专业、部门、阶段等进行相应信息录入和统计，形成一套能够记录飞机维修全过程的完整翔实的技术状态文件资料，这套资料能够准确反映飞机各维修阶段的修理状态，并具有可追溯性，可供相关人员随时提取信息进行查询验证。实现技术状态控制相关流程在线审批和查询，进行待办、督办、代办提醒处理，实时处理、及时反馈，提高技术状态的管理效率。以军检[①]前单机技术状态记实实现汇总为例：修理阶段（车间）完成技术状态记实填报，生产部、航材中心、技术部补充完善资料，完成单机记实报告和审核报告的审签。技术状态控制相关子流程，包括器材代用申请报告、串件申请报告、换大件申请单、不合格品处理单，通过本系统实现在线流程审批，将处理结果直接关联到技术状态控制相应信息栏。平台基于批架次管理、贯穿飞机维修全过程的技术状态信息和技术状态控制自动生成记实总报告，改变了以往维修过程中产生的飞机技术状态数据分散在各处，格式不统一，管理混乱，无法进行有效控制的现状，极大地方便了客户代表和客户对飞机的验证和接收。

2. 内外共享单机技术状态信息

对内，生产管理部门由原来维修工作计划按大的维修阶段划分，生产组织颗粒度大维修周期难以把控，变为在分阶段细化的技术状态基线基础上，按工艺流程单元来编制生产计划书，内容涵盖了每个单元工艺文件的份数和需要的修理时间，颗粒度更加精细，技术和生产系统结合更加紧密并以此优化工艺流程，改变原有部分串行管理为并行方式，缩短维修周期。航材部门根据生产计划书的安排，对应各计划的技术状态基线文件内容需要提前准备设备、工装、工具、必换件等，提前做好器材的精准配套，确保生产计划的有序执行，有效解决传统生产组织模式下器材供应不及时导致维修周期不可控的问题。质检部门和生产部门根据飞机技术状态增加维修过程质量和进度检查环节，检查点由 20 多

---

① 军检：飞机修竣后，由客户方代表全面验收。

个细化为130多个，维修质量进度监督延伸到了班组，考核节点细化到天，彻底告别以前大修进度要求与实际生产两张皮的现象以及质量检查主要以事后检查为主的状况，实现了对整机大修工艺流程及维修周期质量的精细化管控，对飞机维修过程状态的管控也更加深入。

对外，客户的军检、接机、设计制造单位只要有需要，可随时方便快捷地提供所需。大量的、翔实的单机技术状态数据，不断通过数字渠道被传递给主机厂所和客户，一方面，航修厂飞机技术状态信息由孤岛转变为多向传递常态，形成了"设计—制造—保障—维修"全寿命周期数据闭环，维修信息及故障记录数据（机载成品故障情况、结构损伤腐蚀情况、换件信息等）为主机厂所进一步提高飞机性能优化设计、迭代升级提供了依据。另一方面，在飞机大修过程中，发现单机损耗的"特殊项"为不同客户战训维护提供了针对性参照，深化了不同环境条件下飞机维护的认知，使大修环节的飞机技术状态信息内外部得到共享，发挥出对飞机全生命周期维护的最大作用。

（六）实施监督考核，确保管理体系落地

1. 明确任务职责

为保证单机技术状态管理的有效落地，项目组协同生产计划与工艺流程结合的单机修理计划任务书，形成单机分阶段技术状态管理的计划，分类分项目将工作任务纳入管理机构和人员的岗位工作标准中，进一步明确了机构和员工职责，确保计划任务有人管、有人跟踪反馈。具体执行中按照技术状态管理委员会、技术状态管理办公室、技术状态管理小组（专兼职技术状态管理员）三级机构，通过由技术状态管理小组收集技术状态记实，按规定做好记录输入，及时检查、发现、反馈过程问题并汇总；技术状态管理办公室督促完成相关工作并按节点审查技术状态管理落实情况；技术状态管理委员会制定考核指标任务、考核政策，督促检查指导，有效保障了管理体系的运行。

2. 激励约束并重

制定了激励与约束并重的单机技术状态管理"考核奖惩办法"。对员工，坚持"实事求是、客观公正、权责一致、奖惩分明"的原则，根据实际情况，侧重鼓励从事兼职技术状态管理的技术技能人员，给予兼职兼薪，对于一专多能、表现优秀的，在员工绩效考核、职级晋升评比中优先考虑，根据业绩成果，奖励加分，激发广大员工参与技术状态管理工作的热情。对承担单机技术状态管理分段落实责任的各单位，将单机技术状态管理计划落实情况纳入生产考核体系，按照"科学制定标准、公正评价、及时沟通、刚性兑现"的原则，技术状态管理责任落实与生产进度责任考核同步实施，每月技术状态管理执行情况能清晰呈现，奖惩及时公开，与部门绩效考核结果直接关联，有效保证了单机技术状态管理体系的落地。

三、航空维修企业以精准施修为目标的单机技术状态管理体系建设效果

（一）形成了符合航修的单机技术状态管理体系，促使管理水平得到提升

长飞维修单机分阶段技术状态管理体系已成功推广运用到歼强机、轰炸机等多个二代、三代机型，完成了170余架飞机的单机技术状态管理，空军装购局也对维修单机技术状态管理给出高度评价，并出具了应用情况证明。涉及的《枭龙飞机大修能力建设》（子项目枭龙大修技术状态管理研究）通过国家国防科工局组织的最终验收并被评为优秀项目。企业核心竞争力大幅提升，四代机、无人机、大飞机、直升机系列多型号市场顺利拓展；军贸市场由原来10个国家扩展到16个国家，长飞成为我国外贸飞机及无人机大修基地，树立了良好的市场品牌。

（二）依据单机状态实施维修，实现维修质量提升和周期缩短

单机技术状态记实管理策划和实施，形成了以技术状态管理为主线的飞机维修新模式，依托单机分阶段技术状态记实，通过对飞机从进厂到出厂整个维修周期各阶段的技术状态文件和技术状态控制，形成了流程化、标准化、可追溯的详细数据，保证了文实相符、文文一致，有效提高了飞机维修

质量，遏制了产品批量小、状态复杂等客观原因造成的质量下滑趋势，执行后主要机型歼强机和轰炸机在过程检验与客户接机提出的缺陷分别降低 64% 和 56%，修竣飞机外场质量问题显著下降，近两年来未发生维修因素导致的较大技术、质量问题。集中管理、格式统一、查询方便的交付信息记录，大大缩短了故检、维修、检验速度，极大地便利了客户接机过程中对飞机状态的清查核对活动，平均核查、校对时间缩短 10% 以上。主要机型在厂周期缩短 30% 以上，接机周期由 2018 年 20～45 天，缩短到 2021 年 16～35 天，基本达到国内同类先进企业水平，改变了修理周期滞后影响客户战训需要的状况。

（三）飞机维修成本得到精准控制，经济效益显著提高

以往由于没有准确全面的技术状态控制，基层修理人员凭经验判断成分较多，加上片面追求大修进度，飞机大修成本控制深度和广度依据不充分，没法验证，不同军种、不同地域同机型飞机的单机特殊性得不到体现，飞机成本的控制采取的是同机型大平摊方式，是一个粗放的大概的概念，对各单位的成本控制更是宏观的。实行单机技术状态记实管理后，人工、材料都十分明确，特别是换大件（只要技术状态记录翔实，审价有专门政策予以支持），依据和记录清晰，大大缩短了审计审价时间，每架飞机的成本一目了然，依据充分，有效地减少了浪费，从 2019 年到 2022 年 4 年成功效益累计为 2189.7 万元。长飞整体经济效益较未开展单机技术状态管理的 2018 年营业收入增长 35.5%，利润增长 33.3%，全员劳动生产率增长 47.6%，企业走上了可持续高质量发展道路。

（成果创造人：沈　斌、宁　敏、沈物灵、黄学良、刘晓辉、
　　　　　　　钟　鸣、白翌杨、梁　勇、龙小涛、杨　盼、谢艳妮、李　铭）

区域管网企业数字化驱动的集约式运维管理

中国石油天然气股份有限公司西南油气田分公司输气管理处

中国石油天然气股份有限公司西南油气田分公司输气管理处（以下简称输气管理处）隶属于中国石油天然气股份有限公司西南油气田分公司（以下简称西南油气田分公司），成立于1967年7月，是国内最早从事净化天然气长输管道管理和天然气运营的专业化企业，管理着全长5400余公里、南北贯通的"四横、两纵、三环""高低压分输、输配气分离"的全国独具特色的川渝环形输气管网系统，在役管线途经川渝滇黔三省一市148个市县区，包括57条输气干线、70条输气支线、117座输配气站、2座压气站、6座清管站、225座阀室、38座阀井，是西南油气战略通道的重要调节枢纽。成立至今，输气管理处先后荣获"全国五一劳动奖状""全国企业文化建设优秀单位""四川省安全文化建设示范企业"等国家级荣誉25项、省部级荣誉47项。

一、区域管网企业数字化驱动的集约式运维管理背景

（一）践行集团公司加快"油公司"改革进程的迫切要求

2018年，中国石油天然气股份有限公司下发指导意见，拟定到2025年各油气田企业基本完成"油公司"体制构建，建立完善的运行机制。经过两年实践，西南油气田分公司在业务结构优化、组织结构调整和数字化转型等方面取得了阶段性成果，已进入改革"深水区"，生产管理数字化已明确"建设智能化油气田"的更高目标。2020年，西南油气田分公司发布"油公司"模式下数字化转型总体方案，提出以"油公司"模式改革目标为核心，以增储上产、提质增效为主线，按照信息化工作"六统一"和数字化转型"开放、共享、合作"的要求，处理好信息化、数字化、治理体系和治理能力之间的关系，稳步推进治理体系和治理能力现代化。

（二）企业推动"气大庆"建设目标实现的内在要求

近年来，西南油气田分公司致力于寻找大场面、建设大气田，常规气、页岩气、致密气"三驾马车"齐发力，全面夺取了建设3000万吨大油气田的重大胜利，创造了中国天然气领域增储上产的最快速度。当今社会正迅速从工业化时代迈入数字经济时代。数字化、智能化正冲击着原有市场，在推动企业应对市场变化与实现高质量发展中发挥着举足轻重的作用。与世界一流企业扎实的管理基础和极高的管理水平相比，输气管理处作为国有企业仍存在不少"旧疾"，难以完全发挥管理效能，实现效益最大化，一定程度上影响了企业的发展进程。

（三）打破传统管理模式、建立新管理秩序实现提质增效的需求

面对外部数字化时代的冲击与内部"油公司"改革的要求，随着对标世界一流管理提升等各专项改革行动的深入，输气管理处输气作业区现行生产管理模式的弊端也日益突显：繁复的组织架构消减了信息传递效率；粗放的岗位定员及传统的人员晋升渠道，局限了员工技能综合提升，削弱了员工工作积极性；各自独立的站场、管道调度不仅造成人员的浪费还不便于生产信息的集中掌握和统筹指挥；传统以人为主的站场、管道管控模式急需被生产效率更高、管理风险更受控、人力资源更优化的数字化管理模式更替。输气管理处优化管理流程，提高站场管道信息化智能化水平，实现生产数字化管控转型升级，同步安全环保管控水平和劳动生产效益双提升，实现了数字化输气作业区管控新模式。

二、区域管网企业数字化驱动的集约式运维管理主要做法

（一）以"新"着力，建立新型输气作业区架构

1. 明确目标指引，实施顶层设计

2021年，为加快生产组织模式转型升级，优化完善现有输气作业区管理模式和运行机制，建设与"油公司"模式相适应的新型输气作业区，西南油气田分公司下发新型输气作业区建设方案，明确了要打造效率效益指标突出的新型输气作业区并提出建设目标：2021年完成所有输气作业区的优化调整，确保实现2021年年末分公司新型输气作业区建设达标率100%的目标，机构设置规范、用工精干高效，管道运营实现"集中调控、区域管理、专业支撑"。

2. 清晰管理架构，部署优化提升

输气管理处以"主营业务归核化、组织架构扁平化、保障业务专业化、运行机制市场化、生产管理数字化"为导向，启动新型输气作业区建设工作。一是明确职能定位。新型输气作业区主要承担所辖区域天然气输供、销售、保障等生产经营业务，负责输气生产过程控制和相关业务管理，完成生产目标和管理指标，是天然气生产经营管理、QHSE（质量、职业健康与安全、环保）管理和队伍建设的基础单元和责任主体，向上受输气管理处的管理和考核，向下直接管理输（配）气站和管线阀室。二是优化作业区设置。按照站场数量、天然气管线长度、天然气年输气量等指标，新型输气作业区分为A、B、C三类，根据不同类别完善机构设置及主要职责、岗位设置及定员，建立资源共享、运转高效、管控到位的组织架构。三是综合部署提升。聚焦新型输气作业区"五新"建设，实施新的组织机构管理模式及"大岗位"建设，盘活人力资源；打造新的生产管控模式、劳动组织模式、用工方式，推动数字化转型。以"自动化生产、数字化办公、智能化管理"为指引，完善生产物联网建设、推进数字化管道升级、开展智能化管道建设试点，全力推进作业区数字化转型。

（二）以"全"谋划，部署数字化转型技术支撑

1. 全局部署，推进信息技术与生产融合

编制数字化转型方案，以"十三五"末、2023年、2025年为关键节点，开展数字化转型及智能油气田建设工作。发布两化融合配套制度7项；配套油气生产物联网系统完善建设、SCADA（Supervisory Control and Data Acquisition，数据采集与监视控制）系统功能完善等13个项目；主动对标中俄东线管道，探索输气生产智能管控；着力打造"输气生产运行数字化管理效率提升能力""设备全生命周期精细化管理能力""管网信息化管控能力"3大新型能力，推动传统生产管理模式转变。

2. 三个100%全覆盖，完成数字化气田指标

完善站场生产数据采集，实现覆盖率100%。川渝管网生产信息化建设工程、高压环网非RTU阀室信息大修接入工程、阀室数据采集系统大修等信息化建设项目工程，实现了站场阀室10余类生产实时数据、设备动态数据和阀室图片自动采集，数据采集覆盖站场达100%、监视监控阀室达86.3%。

完成物联网建设工作，实现完工率100%。全面开展成都作业区物联网完善建设工程等8个工程项目，完成100座站场、183座阀室、20个无人值守计量点的物联网完善建设工作，实现生产数据采集监控、生产状态分析预警、生产流程全面控制，为生产作业提供完善、准确、稳定、可靠的基础数据。

基本建成信息传输骨干通道，实现通信网络覆盖率100%。自建光缆2700余公里，租用通信网络线路188条，形成了以"光纤通信为主、无线通信为辅"的通信网络，实现"处—作业区—站场"三级生产、办公网络全面覆盖，作业区至处机关办公网、生产网线路达到主备冗余配置。

3. 完善四大信息化设施，信息化基础设施初具规模

完善SCADA系统功能，全面调研DCC（处级调控中心）和RCC（区域调控中心）的运行管理需

求，在近 2 万个数据中精选生产运行关键数据，通过动态电子列表、实时曲线图等功能进行生产数据直观监控和分析管理。完善通信网络功能，开展租赁网络扩容升级和自建通信网络扩容，更换输气管理处中心、作业区、站场三个层级 132 个网络设备，站场网络带宽提升至 10M 和 20M。完善设备间设施整改，有序实施设备间及弱电井隐患整改工程，新增设备间动力环境监控系统与视频监控系统。完善软件管理及网络安全设备配置。通过虚拟化技术对信息系统进行云端部署，使服务器资源得以充分利用，实现硬件资源共享、动态调配购置日志服务器和防火墙等网络安全设备。

（三）以"聚"定位，搭建适应数字化转型的组织架构

1. 聚焦主业，实施业务"归核化"

输气管理处准确把握在油气田公司产运销储完整产业链中的定位，将工作重心聚焦到输销保障方面，明确了围绕国内一流"平安输气"品牌建设一个目标，把控生产运行、管道管理、市场销售、工程建设四大核心业务，编制输气管理处业务外包实施细则，明确非核心岗位职责权限和工作界面，在油气生产辅助、物业服务、汽车驾驶、安保服务等六大生产辅助板块推行业务外包，在教育培训、科研、财务、造价等业务领域推行专业化建设及剥离，促进用工方式转型。

2. 扁平管理层级，优化岗位设置

优化职能，取消作业区场站管网运行调控职能，主要以负责属地范围内以"基层建设、基础工作、基本素质"为主的"三基"工作及以生产运维保障为核心的相关工作。扁平机构，撤销原有机关内设机构，将党政办公室、经营管理办公室、管道管理办公室、生产运行办公室、维修仪表班、管护班调整为综合管理室、技术信息室和生产运行中心，实施"两室一中心"组织架构管理模式，实现"扁平化"管理。仪陇输气作业区"扁平化管理"更为彻底，机关内部不再设置管理层级，直接设置岗位进行管理，进一步提高机构运行效率。

（四）以"点"示范，打造生产管控新模式

1. 打造"一站一线一中心一区"数字化转型示范

以"一站一线一中心一区"四项数字化转型工程打造输气生产全管理链条数字化转型示范，加快推动"油公司"模式下数字化输气生产管控新模式变革。一站即成都输气站（原平桥输气站），作为分公司数字化转型建设示范站场，对站场及工艺流程、自控系统等进行流程再造，开发工业物联网、智能生产监控等系统，打造出一体化智能监控平台，实现站场对生产数据、安全受控、设备状态、生产环境的全面感知。一线即威远泸州区块页岩气集输智能管道，通过重要地段设置视频监视、管道光纤预警、智能巡检、地灾监测、阴保数据监测等技术手段，实现管道"全方位感知、一体化管控、综合性预判、智能化管理"。一中心即生产运行调控中心，通过集中监视及物联网系统，深挖数据潜力，提升数据应用价值，充分实现数据的开发利用，营造了更便捷、易操作的生产调控环境。一区即仪陇新型输气作业区建设，对标国家管网及中俄管道适用的关键性技术指标，发布仪陇新型输气作业区创建试点方案，结合新型输气作业区生产组织模式和管控方式转型升级的要求，对业务管理要素进行再梳理，完善配套管理规范，实施作业区数字化配套改造工程，实现"业务归核化、管控数字化、机构扁平化、用工多元化"为特征的"油公司"模式下的新型作业区。

2. 推进集中调控模式

构建集中调控管理架构。威远、泸州页岩气集输干线工程、高压环网节点站场集中调控改造、新型作业区改造、无人值守站场改造等工程实现了进、出站阀组，常用生产流程等关键设备具备远程控制；干线分输、大型用户供气实现计量和分输流量调节、远程控制功能。

分级分类集中调控管理。一级输（配）气站场，由处级调控中心（DCC）集中调控，处级调控中心按调度指令直接远程操控站场控制系统，站场监视所辖区域运行情况并可根据需要取得临时控制

授权，进行站场操作，逐步形成"少人值守、无人操作＋调控中心远程控制"的管理模式；二级输（配）气站场，由处级调控中心集中调度，上级站控制，全面推行无人化、橇装化。完成生产管控模式的流程再造，由传统的"处调度中心＋作业区调度室＋输（配）气站"三级调控模式转变为"处调度中心＋输（配）气站"二级调控模式。

3. 实现风险集中监视

建立管道站场监控中心：构建顶层风险管理体系，实施数字化升级改造，建立集管道站场于一体的智能监控中心，形成"风控中心＋站场监视"复合监视模式，推动管道调度与生产调度业务深度融合；实现部分高压环网管道站场风险"实时监控＋深度感知"，管道站场设备设施本质管理、智能巡线巡检、风险预警监控等集中管控。构建立体管控模式：构建线路无缝监控、区域分级管控、全处总局掌控的三级立体管控模式，对人口密集、重点穿跨越、第三方施工等高风险区域实施差异化管控，并根据实时风险动态特征，对管护人员进行动态调整，提升"一人多点"监护工作与管道安全管控能力。

4. 实现管道数字化监控

抓好管道数据治理工作：夯实数字化转型基础，完善阀室物联网，做好在役管道各数据的清理、恢复、对齐，持续积累管道基础与过程数据，形成数字化管道、站场的基础数据和模型。建立智能监控系统：高风险区域实施远程监视与危险因素智能识别，实现"两个现场"和管道高后果区域的风险识别评价与监测布防的有机结合，覆盖率100%。建立分级预警系统：扩充骨干管网阴极保护智能化数据监测、光纤及次声波预警系统、泄漏检测、地灾监测等"技防"智能化改造，数据传输至管道管理系统进行处理与科学分析。

（五）以"专"保障，实施区域化专业运维保障

1. 推行中心站、区域化管理模式

建立"中心站＋无人（少人）值守站"的管理模式，形成以有人值守的输（配）气站为中心区域，全面覆盖无人值守点，逐步实现"以中心站覆盖管道、阀室"的区域化管理模式。在仪陇输气作业区着力打造"巴中＋光辉"的中心示范站，在梁平输气作业区万州输气站和万州配气站可探索建立"中心站＋无人（少人）值守站"管理，形成标准化中心站管理模式，并逐步在各单位推广以中心站为核心，辐射周边区域的中心站管理模式。截至2022年，输气管理处已建成中心站16座、少人值守站10座、无人值守站16座。

2. 探索生产保障业务区域化、专业化建设

探索区域性应急抢险维修。依托成都管道抢险维修中心，合理配置抢险维修资源，积极探索内部模拟市场化机制，实施"两级维修"，成都管道抢险维修中心实施处级大型设备维保或抢维修作业，作业区级负责一般日常维保及应急响应。完善应急抢险维修专业化建设。按照"保障生产、抢维并重、内外协同、资源共享"的发展思路，2021年编制发布成都管道抢险维修中心专业化建设实施方案，完善专业化运行管理机制，完成需求统计及制度流程梳理。2023年基地升级改造将完成，作为公司应急抢险维修技能培训的实训基地，2025年实现抢维修机构精干化、抢维修队伍核心化和专业化，具备对整个公司长输管道应急抢险作业能力。

（六）以"精"培养，构筑专业化队伍内生驱动力

1. 更新人才培养体系，精准岗能匹配

为顺应改革形势，适应数字化转型，输气管理处形成了"4321"人力资源发展理念。匹配数字化转型要求，针对生产运行、管道管理、工程建设、市场销售4大核心业务，建立关键岗位人员能力指标体系，按指标规划管理人员能力提升计划和考核标准。搭建三大支撑平台人才库，设立科技、信息、抢维三大专业人员能力提升知识库，以提升数字化、信息化管理水平、提高专业素养为中心，推

动核心业务向数字化转型、智能化转变。着力两个控制中心专业队伍建设，围绕生产运行集中调控中心和管道站场风险监控中心的全面推进，培养生产调控和风险监控的专业化队伍。打造一个数字化专项培训数据库，整合集成数字化转型过程中各级各类培训项目资源，包括培训课件、师资、软硬件等，打造一个"智慧管网"数字化培训数据库。

2. 开展工编挂钩，优化精简用工

按照"工效倒逼、精干高效"的思路，开展三支队伍配置情况深度分析，梳理基层单位 1251 人实际配置情况，编制《输气管理处工资总额与编制定员挂钩试点工作实施方案》，2021 年选择梁平、仪陇输气作业区作为工编挂钩试点单位，按照超员第一、二、三年分别核减 15%、30%、50%、缺员激励50% 绩效奖金的标准稳步推动试点工作实施，年终绩效两个作业区实现挂钩金额 37 万元。为各单位主动精简人员、控制总量、激发活力、提高效率起到了积极的激励、引领作用。

3. 实施精准激励，激发创效活力

对输气站长、生产辅助班组长、天然气压气站、油气管道保护工等核心操作骨干人员实施精准激励，激励额度超过 350 万元，提升核心岗位竞争力；对在作业区生产经营、攻坚克难、企地协调等工作中起关键作用的管理与专业技术人员、党务工作者等重点群体实施精准激励，设置 100 万激励金额，进一步树立价值与贡献的分配导向；根据作业区在推动改革措施、盘活人力资源、提质增效等方面做出的贡献程度，实施差别化的精准激励，额度达到 110 万元，推动各作业区积极创新、主动探索改革路径。

4. 打通成才通道，拓宽发展空间

按照"纵向先高级后下级""同级横向先序列转换后竞争选拔"原则，打通三支队伍成才转化通道，促进管理人员向专业技术人员转换，拓宽了技术人才发展空间。深入推进双序列改革，在全处构建起纵向的二级专家、一级工程师、二级工程师、三级工程师 4 级专业技术序列。试点采取"一年一签"的聘任方式将优秀的操作服务人员聘任到管理与专业技术岗位，20 名操作服务岗位员工转换到一般管理和专业技术序列，其人员身份保持不变，岗级工资不变，绩效方面采取易岗易薪的方式，打破原有机制下员工被动的工作状态，营造了市场竞争环境，刺激在岗人员主动学习，进一步履职尽责。

三、区域管网企业数字化驱动的集约式运维管理效果

（一）数字化转型成效显著，生产和管理质效大幅提升

生产业务和信息化技术的高效融合，推动了站场自控、安防系统的数字化升级，信息技术对生产业务的全面支持，实现了调控中心远程控制、站场有人值守、无人操作，逐步扩大了纳入输气管理处地区调度管理中心（DCC）进行集中调控的数字化管道站场数量，推动了生产管理数字化转变。完成了建设过程数字化平台的搭建、线上资料的审查和积累、数据采集和整理、现场施工云、数字化孪生工程等，实现了管道从建设到移交全过程数字化管理，威远泸州区块页岩气集输干线工程被评选为股份公司勘探与生产分公司 2021 年优秀数字化建设项目。

（二）降本增效成果明显，在建成现代化新型输气作业区上实现迈进

从该管理提升实施以来，输气管理处管道规模、输气量、销售量分别实现了 13%、67%、33% 的增幅，有效缩短了第三方施工与高后果区等风险区域 1/3 处置周期，提升了 30% 处置效率，达到"四零"目标，实现风险全面受控。截至 2022 年，已改造建成中心站 16 座、无人值守站 10 座，减少用工需求 136 人，用工压力明显缓解，人工成本有效降低，优化一线输气工配置 46 人，优化业务外包人员配置 134 人，按照完全人工成本测算，节约人工成本 13 万元/人/年，相较直接用工费用下降了43%。2022 年全年输气量超过 332 亿立方米，年销售气量 136 亿立方米，全年净利润 13 亿元，实现了大幅增长，核心竞争力逐步形成，在对标一流企业、建成现代化新型输气作业区方面大步迈进。

（三）"油公司"改革硕果累累，为集团公司实现高质量发展做出积极贡献

　　建成了处级物联网数据库、生产网物联网管理平台和首个三级单位管道站场风险监控中心，实现了生产调度业务合理化集中化，精简了调度业务流程，提升了生产信息传递效率，实现了风险监控集约化。实现了信息化条件下的岗能匹配，搭建了自上而下，全员参与各有侧重的培训框架体系，为企业培养出一支懂技术、会生产的新型输气作业区建设下的复合型人才队伍，充分激发了企业发展活力，切实发挥了西南油气田"管网主动脉、销售主渠道、效益主流向"作用，践行了"创新驱动"，也为公司后期的项目运营和其他新项目提供了有力支撑。截至目前"一站、一线、一中心"示范项目已全面建成，形成了可复制、可推广的输气生产集约管控新模式，成功打造了输气生产全链条生产管控新样本。

（成果创造人：安建川、李红亮、杨　刚、刘力升、李　明、张　勇、
　　　　　　　陈　龙、李清英、曾云丽、张　屹、李　进、王小丹）

钢铁企业以降本增效为核心的对标管理

鞍钢集团朝阳钢铁有限公司

鞍钢集团朝阳钢铁有限公司（以下简称朝阳钢铁）是鞍钢集团有限公司下属三级子公司，隶属于鞍钢股份有限公司，以热轧卷板为主要产品。2022年盈利3.44亿元，销售利润率3.65%。朝阳钢铁拥有能源动力、焦化、烧结、炼铁、炼钢、轧钢及原料仓储、铁路运输等公辅配套设施设备，在年产200万吨精品钢材的基础上，留有进一步发展空间。

一、钢铁企业以降本增效为核心的对标管理背景

（一）有效促进指标提升，提高企业竞争力的必然要求

对标管理的实施，可以大幅提升职工的竞争与危机意识，从而自觉减少日常消耗，增强持续改进的动力。朝阳钢铁需要大幅提升各级管理人员的成本意识，从而确保降本增效贯穿生产的全过程，包括工艺、质量、采购、销售、管理等方方面面，需要因地制宜、因时制宜地确定指标目标，以不断完成目标而实现超越，从而推动企业竞争力的提高。

（二）积极推动持续改进，提升管理水平的迫切需要

朝阳钢铁在高炉利用系数、高炉燃料比、入炉品位和主要操作参数等方面居国内同类型高炉的中等水平，与先进企业相比还存在一定差距。为此，朝阳钢铁提出要通过"指标导向"来推动"持续改进"，通过对标来寻找差距，逐步完善，推动朝阳钢铁的持续改进，实现降本增效这一核心目标，提升企业的管理水平。

（三）全面加强过程管控，推动企业高质量发展的重要举措

朝阳钢铁实行单线生产，生产组织难度大，系统稳定性要求高，抗风险能力不足，这就对企业的过程管控提出了更高要求。朝阳钢铁只有积极适应智能制造给钢铁工业带来的颠覆性变革，以对标为抓手，推动过程管控的可视化、数字化、模板化、专业化、精益化，使过程管控更加严格、科学、系统，进而促进企业实现经营目标，支撑高质量可持续发展。

二、钢铁企业以降本增效为核心的对标管理主要做法

（一）全面构建对标管理体系，充分发挥各级管理的协同效应

1. 形成对标管理组织体系

结合朝阳钢铁对标管理要求，坚持目标导向、问题导向、结果导向，打破惯性思维，破除路径依赖、工艺依赖和成本依赖，通过"三对三找三抓三维度"，突出选标找差距、追标补短板、越标扩优势，突破制约发展的瓶颈，实现效率变革、成本变革、技术引领，持续推进专业对标管理体系和管理能力现代化，提高企业竞争力，为朝阳钢铁高质量发展保驾护航。总体目标是"对标找差、做好吹哨、重在整改、取得实效"。一是巩固对标工作基础、创新对标提升，以行业对标为手段，以各生产单元为基石，以管理部门、职能中心为纽带，以促进指标优化、管理提升为目标。二是坚持目标导向、问题导向、结果导向，深化对标委员会关键指标对标、采购成本对标、生铁成本对标、工序成本对标、强化与行业标杆企业专项对标。三是用数据说话、让数据说话，在"比"中找差距，"学"中补短板，"赶"中求实效，"超"中求发展。另外，成立对标领导小组，下设办公室，日常工作由公司总会计师分管。

2. 建立对标管理制度体系

一是强化对标定期汇报制度。坚持对标工作例会制度，每季度召开一次会议，强化对标工作发现

问题的落实及反馈，协调组织项目攻关小组解决难点问题。确保措施与效益挂钩，保证投入与产出效益正相关。

二是落实对标提升总结制度。对标成员单位每半年要梳理对标中发现的不足、短板，采取的改进提升措施及取得的效果，总结管理、工艺、技术等方面的进步，制定下一阶段工作重点及目标，做好对标闭环工作，保证效益、效率循序提升，按半年（6月末、12月末）为一个周期报送对标领导小组办公室。

三是加大对标工作激励制度。完善对标工作正向激励制度，通过有效激励促进各部门、各单位高度重视对标工作，形成赛马机制，推动对标提升工作再上新台阶。通过对标，关键指标提升幅度较大的，公司年末给予一次性奖励。管理部门、职能中心依据措施完成效果进行评价奖励。

3. 明确对标管理工作要求

一是对标目的是改进提升，缩小差距。各对标成员单位要坚持"走出去、对标杆、赶先进"的对标提升工作思路，构建高质量发展新格局；针对对标发现的问题通过细化目标任务、夯实工作举措、明确责任单位，落实责任人，建立保障体系，保证提升措施落实到位，切实取得成效。

二是各单位配合对标领导小组办公室。按照对标管理要求及时提供对标结果及建议、措施落实、改进提升情况等报告内容。

三是各对标成员单位通过"三对三找三抓三维度"，即外部对指标、对方法、对差异，内部找问题、找潜力、找措施，抓全员、抓基础、抓落实。从完全成本、制造成本、工序加工成本三个维度，强化成本费用管控。

四是各对标成员单位要树立精益管理观念。构建以客户为中心、以市场为导向，基于数据与事实管理的全价值流程精益管理模式，树立"一切非必要都是浪费"的观念，优化工艺路径，消灭一切不产生效益的节点。

五是公司各部门要按照职能分工，主动服务，积极解决对标提升在立项、实施过程中遇到的问题，紧盯整改措施落实，在专业对标指标改善方面取得新突破。同时，管理部门以整体最优为原则，考虑上下工序联动指标，做到效益最优。

六是各对标成员单位要严格按照对标领导小组和对标工作小组办公室工作要求，按照时间节点，高质量完成各项对标工作。

（二）开展寻标工作，找标杆，定方向

朝阳钢铁重视寻标工作，实现同行业之间企业的数据信息共享，目前已经与全国冶金信息中心、中国钢铁工业协会、鞍钢炼铁技术委员会建立了行业寻标交流平台。朝阳钢铁实行单线生产，公司能否完成全年生产经营目标任务，高炉生产规模和长周期稳定顺行至关重要。朝阳钢铁把如何保持生产规模和高炉长周期稳定顺行作为长远目标，因此，将高炉长周期稳定顺行（包含高炉产能）、生铁成本（铁前配矿成本，燃料成本）作为朝阳钢铁炼铁厂对标的关键指标。

（三）开展对标工作，找差距，定目标

2021年，朝阳钢铁炼铁厂通过互联网、微信群、电话、现场实际交流等手段对高炉各个参数与国内钢铁企业进行对标，找差距、定目标。通过对标发现朝阳钢铁高炉炉缸管理、炉型管理、生铁产量、烧结矿产量与先进企业相比较，尤其是高炉的长周期稳定顺行尚有一定差距，在对标方面需要从以下几方面入手。一是了解同行业铁前原料的使用情况；二是突破原有认识，打破固有思维，全力以赴实现工艺技术创新工作，大力开展技经指标工作；三是寻找标杆单企业，对影响企业竞争力的指标进行赶标、超标，如高炉利用系数、铁水成本、劳动生产力、烧结利用系数等。

（四）开展赶标工作，定措施，落方案

朝阳钢铁通过寻标和对标发现高炉长周期稳定顺行是降本增效的基础，因此制定了高炉顺行以马钢，技经指标以武钢 4# 高炉为标杆的追赶目标。

马钢大中小 9 座高炉连续 29 个月长周期稳定顺行，武钢 4# 高炉生产高效低耗，从对标中发现两个企业高炉已经开始以数据化、规范化代替模糊化、经验化，将"适量、酌情"量化为数据。朝阳钢铁根据马钢和武钢 4# 高炉的经验，对高炉实施数字化、模板化管理。

一是建立原燃料数字化管理模型，及时预警。高炉原燃料质量是保证高炉炉况长期稳定的必要条件，原燃料波动过大必然会导致高炉稳定性下降，所以朝阳钢铁对主要原燃料质量及品种结构调整方面制定了底线。在品种结构调整方面要求：焦炭全部采用厂内生产的焦炭，配煤结构每月至多调整一次；烧结配矿结构每月至多变动一次；高炉配矿结构保持烧结比例相对结构稳定，酸性料替换采用逐步过渡的方式；在炉料指标方面制定底线，及时预警。

二是建立高炉炉型数字化管控标准，提前预判。高炉炉体温度场管理主要包括炉缸管理和炉身管理。炉缸管理主要以铁水物理热指数和炉芯温度水平制定相应的控制标准，通过燃料结构的调整来确保炉缸的工作状态。炉身管理主要对炉腹、炉腰、炉身、炉喉等温度场的温度及热流强度制定相应控制范围，通过装料制度和水量水温的调整，有目的地控制渣皮的脱落和形成，确定合理的操作炉型，确保高炉煤气流分布合理。

三是建立有害元素数字分析体系，提前预防。朝阳钢铁从 2013 年起建立了高炉有害元素分析模型，每个季度对高炉炉料及与生产相关的原料进行一次取样化验，包括炉渣、除尘灰、高炉原燃料、烧结原燃料等 20 种物料，掌握其锌、钾、钠等有害元素的基础数据，监控高炉有害元素负荷水平，根据当地资源水平制定烧结原料有害元素控制标准。

四是建立高炉模板化管理模式，高效生产。朝阳钢铁属单高炉生产，高炉长周期稳定顺行就是铁前最大的效益。高炉模板化管理包括高炉诊断模型、设备事故零故障管理模型、安全模板化管理。目的是通过"模板化"管理持续推动生产系统强化（包括管理强化、原料强化、人员强化、设备强化、技术强化），确保生产稳定顺行，高效化生产，实现低成本冶炼。

高炉长周期稳定顺行方案就是从高炉原燃料条件、炉型管理、高炉操作、有害元素等分析入手，所建立的一整套趋势化管理方案。每一个项目都有专业人员负责，确定目标和责任，解决高炉长周期稳定顺行存在的关键环节，逐步实现高产、长寿；逐步实现高炉标准化操作；通过分步控制，快速找出解决问题的关键。

（五）开展超标工作，持续改进，自我跨越

1. 高炉持续强化冶炼

2021 年朝阳高炉利用系数在 2000 ～ 3000 立级 51 座高炉中排名第 23 位，在国内同类型高炉属中游水平，与行业相关企业相比较，差 0.5t/m³·d 以上。与宝德、韶钢、湘钢、涟钢、武钢等同类型高炉相比较，差距较大。通过与标杆企业武钢 4# 高炉对标，定方向、定措施，采用精益化管理，高炉科学有序强化冶炼，实现了规模创效。

一是高炉科学有序强化冶炼。通过与先进行业寻标、对标（涟钢、湘钢、武钢 4# 高炉），炼铁厂逐步实施适合本高炉的三高一大技术，2022 年生产过程中，炼铁厂采用三高一大技术，各项操作参数逐步接近行业先进水平。

二是高炉精益管理，统一操作。朝阳钢铁高炉操作的主体思想是要求操作者必须树立不管外界条件影响因素多大，高炉必须稳定的思想。大家统一认识、统一操作，使高炉保持长周期稳定的水平。在此基础上高炉形成了以"五定操作"（定风压、定料批、定炉温、定碱度、定顶压）为基础的精细化操作。将"五定操作"理念深入高炉生产相关人员思想中，使大家都建立了对高炉调剂，必须控制在规范的指标范围内的观念，从而为高炉稳定顺行奠定了操作基础。

2. 重构成本管控体系

朝阳钢铁建立了成本分析系统，每日对运行数据进行统计和分析，可即时判断生产、经营的运行趋势，通过数字化、模板化、专业化管理提出需要重点解决哪些问题，确定下一步运营方向。

一是建立成本数字化管理。两条线数据控制体系使各技经指标在目标线和底线范围内波动；建立周经营分析模型，每周通过市场波动对生铁成本做出预测，对存在问题进行分析，及时调控，确保各项指标的完成，使生铁成本跟紧市场节奏。

二是建立成本模板化管理。朝阳钢铁炼铁厂采用的是二级成本控制体系分厂级和工区级管理体系。成本管控模型主要通过成本分解表和分解卡片明确各级员工的生产任务，通过建立周成本测算制度、燃料成本经济化等方式进行成本过程控制，实现生铁成本最优的管理方式，如建立厂级分解表和岗位分解卡片。根据公司每月下达的成本指标，将生铁成本各项指标分解到机关管理人员、工区管理人员；班组及岗位人员按照"干什么管什么"的原则，通过厂级成本分解表确定各级管理人员的生产任务；通过岗位分解卡片明确各岗位的生产指标，挂靠到相关个人，与绩效挂钩，形成人人关心指标的格局。由工艺组牵头，烧结工序和高炉工序及相关专业人员组成成本分析小组，每日对烧结和高炉工序技经指标进行跟踪，对存在问题进行分析，查摆问题，及时调控，确保各项指标的完成。再比如，实施周成本测算制度。炼铁厂专门设立成本组，建立38项工艺成本控制点和25项能源成本控制点，每天做到日清日结，通过每周进行成本预测和总结分析，及时调整，逐步形成先算后干——成本预测、边算边干——过程控制、干完核算——成本改进的管理机制。

三是建立成本专业化管理。专业化就是充分发挥专业人才的作用，成立成本变革、生产运行、市场分析、铁前配矿等专业化管理小组，由专业人员、专业小组对全厂实施专业化管理，由专业小组提出意见和建议，再经厂委会讨论进行决策。每个专业组针对制约生产的"瓶颈"、影响生产的薄弱环节开展技术攻关，具体措施包括以下几个方面。

成立各专业小组，推动成本变革。成本变革是在关键指标上设立目标值，成立的各专业小组提出项目后，由厂推进委员会充分论证可行性，项目实施后，推进委员会做好项目的总结、验收和评价工作，最终实现指标突破。

构建市场分析体系。不断优化烧结矿、球团及生铁炉料，通过促进铁厂、技术部门及采购部门的沟通与协调，提高工作效率。积极研究炉料配比及矿石、燃料的性能，不断优化这些参数，尽可能在较短的时间内取得突破性进展。结合原料市场的实际供求关系，将原料价格及质量之间的性能比参数作为控制的重要内容，对构成成本价格的各个要素进行全面的信息收集及分析，了解成本构成要素的变化趋势，尽可能降低生铁成本。通过做好经济配料配比及其组成研究与管控，开展进一步攻关。不断调整和优化铁矿的组成是减少资金投入量的基本前提和保证。使配料满足科学性及适应性、合理性方面的要求，通过对生产稳定性、可靠性的保证，进一步优化运行参数，实现对配料潜力的挖掘。尽可能通过较少的资金投入开展冶炼工作。

实施铁前配矿一体化。铁前配矿成本约占生铁成本的60%，所以科学经济的配矿结构是降低生铁成本的最有效措施，但配矿结构变化直接影响高炉的稳定顺行，炼铁厂积极参与采购决策，与各部门联动，既保证质量要求，又充分考虑经济性，做到配矿成本超前，在保证高炉稳定顺行的情况下降低成本。通过近几年的实践，朝阳钢铁实现烧结配矿与高炉联动并建立了适用本高炉生产配矿结构模型和配矿菜单。

实施采购价格紧跟市场节奏。朝阳钢铁要求采购人员下沉，与炼铁厂专业人员配合，与市场深度结合，每周对各种原燃料性价比进行测算，既保证质量，又充分考虑经济性，通过每周对当期、现货、期货价格的成本测算，验证铁前成本是否紧跟市场或超前市场节奏。市场上涨趋势逐步增加库存，市场下跌趋势逐步降低库存。朝阳钢铁使用的地方精矿与普氏指数联动性不强，通过调整精矿比例来调整配矿成本，紧跟市场节奏，在市场价格上涨趋势明显的情况下，根据外矿与精矿的性价比，调整精矿比例。每月将铁前配矿成本与采购部门和使用单位的绩效相挂钩，当月的配矿结构与去年全年的配矿结构以当月的采购价格核算进行比较，根据降低的幅度按创效的 1% 对采购部门和使用单位进行提奖，促进了生铁成本持续跑赢大盘。

（六）建立保障体系，确保各项对标措施风险可控

1. 构建设备保障管理体系

朝阳钢铁通过完善关键设备、特种设备、环保设备等各类台账，根据生产情况制定物料领发、设备事故、检修管理等多项管理制度，加强点检制度，关键设备重点监控，科学合理地安排设备润滑保养工作，将事故消除在隐患状态，尽最大可能减少设备故障对生产的影响。设备强化管理体系就是采用"谁的区域谁负责，谁的设备谁管理"的原则，通过事故管控模型、事故预防模型、定修管理模型，提高设备点检质量，实现设备"零事故、零故障、零隐患"的目标。

一是建立设备点检管理体系。炼铁厂区域内的所有设备进行 A、B、C 分类，制定《A 类设备管理检修策略》，包括："一周一主题"，即备件例会、制度检查；"一月一演练"，即 A 类设备每月开展预案演练；"一季一检查"，即春检、防汛、秋检、防寒。

二是建立设备事故预防体系。对于所有发生的设备事故建立事故分析卡片，对于所发生的事故原因彻底分析，建立相应的应对措施，将各类事故卡片下发至相关岗位，提升风险预警预防力。

三是建立设备定修管理体系。实施定修管理标准化，主要突出三方面工作：定修前，优化检修项目和安全措施；定修中，加强各级人员定修管控；定修后，及时总结经验，修改四大标准。

四是形成设备管理可视化。设备管理可视化包含设备运行步骤或参数可视化，关键作业要求可视化，能源介质关键参数可视化，定、年修项目可视化，关键设备点检维护标准可视化。

2. 构建安全保障管理体系

一是建立安全管理程序化体系。安全管理程序化就是通过事故案例总结安全管理经验，将危险作业、受限空间作业和非常规作业分为 A、B、C 三级管理。A 级由主管厂长现场签字确认；B 级由厂安全、设备、生产管理负责人现场签字确认；C 三级由区域负责人现场签字确认。尤其是危险作业关键点控制由操作人员签字确认。

二是建立安全管理信息化体系。安全管理信息化就是建立厂局域网络安全生产信息平台，实现如下功能：日检修、区域安全隐患管理台账信息、制度浏览、安全常识知识、事故案例汇编、工区和班组安全活动、厂领导指令等一系列安全生产综合性信息可从区长到厂领导同时阅览、辨识评价、预警响应、迅速规避安全生产问题。

三是建立安全管理表格化体系。一是建立各部门的安全检查表，落实安全检查项目和安全责任；二是要求各工区结合安全生产实际情况和自身的工艺流程、危险源分布情况制定好隐患自查检查表，在日常的生产经营中对照检查表进行隐患排查治理；三是制定各类隐患统计表，制作相应表格，分类归档，排出整改计划，做到限期整改。

四是建立安全可视化管理。安全的可视化管理是让员工知道何处是工厂的安全区和"猛兽"区，警惕易燃易爆物品的区域、有毒有害区域、高压电区域等，更清楚地知道"不准做什么""怎么做"，进一步增强安全防范意识，防止事故、灾难的发生。

3. 构建人才培育管理体系

一是树立职工业务强化理念。首先在业务技能方面，通过组织多种形式的业务理论学习，使每位

职工的业务技能、操作水平都有较大突破，积极组织技术人员和操作人员到先进厂家学习、参观，接受新的观念，从而开拓视野，为职工进步提供技术支持。岗位人员必须树立跑赢自我的理念、本人技能必须进步的思想，以及无论外界条件影响因素有多大，只要经过自身努力，都能成为行家的思想。

二是建立职工安全素养强化体系。职工安全素养是衡量职工违章作业、识别违章和突发故障应急处置的第一道安全防线，是确保生产稳定顺行之关键，也是炼铁厂安全管理的重点。一是在"一月一主题"活动的基础上，重点开展职工综合素养安全培训，以提升职工的应急处置能力；二是由班工区长负责按工区培训计划实施，充分利用班前会对职工逐岗位进行指导培训；三是区域负责人制定安全培训计划，每月对职工进行安全培训；四是通过定期发放学习材料、集中培训、闭卷考试等形式，督促职工掌握安全生产管理知识。

三、钢铁企业以降本增效为核心的对标管理效果

通过对标体系管理的实施，朝阳钢铁实现了高炉的长周期稳定顺行，各项技经指标得到较大幅度的提升，促进了企业可视化、数字化、专业化、精益化、模板化管理，管理水平大幅提高，实现生铁成本的行业领先优势，铁前一贯制生产模式初步形成，推动了企业高质量发展，经营效益、制度执行力和市场竞争力得到同步提升，企业竞争力显著提高，2022年实现降本增效5043.22万元。

（成果创造人：王　伟、胡德顺、王光伟、李亚娜、刘继朝、吕宝栋、
　　　　　　　　吴　优、李　涛、刘子坤、张　辉、李晓明、闫喜英）

制药企业特殊药品全生命周期闭环管理体系的构建

宜昌人福药业有限责任公司

宜昌人福药业有限责任公司（以下简称宜昌人福）成立于 2001 年，是麻醉药品定点研发生产企业、国家重点高新技术企业。现有总资产 83.5 亿元，注册资本 2.9 亿元，员工 6300 余人，其中技术人员 1200 余人。企业排名"中国化学制药行业工业企业综合实力百强"第 29 位，品牌价值居中国医药健康版块 11 位。目前在研产品近 200 项，共拥有专利 100 余项，产品已在 45 个国家和地区进行注册和销售。2022 年实现销售收入超过 70 亿元，纳税 10.82 亿元。

一、制药企业特殊药品全生命周期闭环管理体系的构建背景

麻醉药品属于特殊药品，具有双重特殊性。一方面，麻醉药品在临床中被广泛应用于手术麻醉、重症医学镇痛等领域，部分药品疗效独特，目前尚无其他药品可代替。另一方面，麻醉药品具有毒副作用，若管理不当导致滥用或流入非法渠道，将被视作毒品，严重影响服用者个人健康，并造成严重的公共卫生和社会问题。宜昌人福为适应国家战略和国际形势的需要，顺应医药行业发展趋势，实现高质量发展，对特殊药品开展全生命周期的闭环管理。这是十分重要的。

二、制药企业特殊药品全生命周期闭环管理体系的构建主要做法

（一）做好顶层设计，搭建适应特药闭环管理的组织体系

1.凝聚共识，确定特药管理指导思想

宜昌人福（前身）从 1970 年开始生产麻醉药品，在长达半个世纪的专业化特药生产过程中，逐渐构建起了"麻药无小事"的特药文化，企业在深刻领悟学习国家药品各项管理法规的基础上，在各过程引入信息化、智能化的管理系统、工具，提升特药闭环管理水平，最终总结提炼出具有企业特色的特药全生命周期闭环管理模式。

2.搭建适应特药全生命周期运营闭环管理的组织体系

特药闭环管理是一个具有长期性、复杂性和艰巨性特征的系统工程，宜昌人福设立了由董事长亲自挂帅、由总裁具体负责的特药管理委员会，负责管理顶层设计及重大问题决策，下辖创新研发、生产质量、安全保卫、信息化等多个子体系，负责对特药全生命周期管理各过程进行指标分解与制度建设，将各项指标值及相应责任层层分解落实到药品研发、药品生产和营销服务中的各个环节，同时为使组织构架不断适应企业发展、特药管理及外部环境的变化，对组织构架不断革新。

近十年来，宜昌人福陆续设立十多个新部门，覆盖闭环管理的各个环节，同时为了充分发挥各体系中各部门的主观能动性，在特药管理体系中，任命委员会为总协调人，通过信息化手段，建立了横向的特药综合信息平台，覆盖了整个生产和流通环节，实现了从特药生产到特药流通环节的功能贯通，加强了特药信息化管理和数据保密管理，在全周期实施专业化管理。

（二）多措并举，打造特药创新研发体系

1.施行多模式研发策略，提升特药创新能力

宜昌人福牢记"创新发展、追求卓越"的优秀企业家精神，秉承"专特精新"的创新发展道路，积极践行多模式研发创新策略，包括自主研发、获得式研发、合作式研发、委托式研发，有效支持特药科学研究、创新突破及成果转化；积极与国内外一流科研院所开展紧密的多元合作，形成了数个产学研创新平台或达成技术开发合作；通过借智于各科研院所和机构，自主组建了从研究到成药评价性阶段的战略合作平台，持续产出以特药为主的创新产品。

在上述策略的支撑下，宜昌人福以特药为核心，聚焦麻醉、镇痛、镇静等核心治疗领域，以临床价值为中心，围绕未被满足的临床需求，以具备新颖性和价值的高端仿制药、改良型新药及新分子创新药为研发重点进行创新布局，不断拓展战略领域产品群、延伸产品链，不断增强企业的核心竞争力和发展动力。

2. 加强人才引进与培养，释放研发创新活力

宜昌人福高度重视人才引进和培养，坚持"以人才为本"，出台一系列制度措施，充分释放研发创新活力；秉持"以价值为核心，注重能力提升，等级能升能降，分类分级管理，强化激励应用"的原则，覆盖研发体系全部岗位，注重价值贡献，强调能力与业绩提升，引导员工持续改善能力，与招聘、薪酬绩效、人才培养等工作系统衔接；通过建立任职资格体系，拓展研发人员职业发展通道，吸引并留住优秀研发人才，引导员工积极提高工作能力与工作业绩，实现员工与企业良性互动，增强体系的研发创新能力。

3. 以特药为核心布局八大科室，多措并举保障新型特药研发

宜昌人福以特药为核心，以麻醉镇痛为切入点，实行八大科室产品战略，丰富麻醉围术期产品线并加强重症科、外科等领域布局，形成局麻、全麻、肌松、镇静、营养、拮抗等系列用药格局，进一步巩固在麻醉镇痛领域领导地位并拓展新市场空间，提高企业核心竞争力及品牌影响力。同时，持续开展特药前沿趋势分析，敏锐探查临床/市场发展方向与机遇，提前布局市场，抢占创新高地，保障创新动能的可持续性。

4. 加强知识产权布局，挖掘和保护特药创新成果

宜昌人福高度重视知识产权工作，通过不断完善知识产权管理制度及组织架构、对标国家知识产权管理标准、提升专业团队综合实力、加大技术创新投入及开展高价值专利培育工程等一系列措施，有效提升知识产权的综合实力。

宜昌人福的知识产权业务从两方面有效支持特药创新。一方面，制定知识产权业务规划，从时间、地域、技术等多维度，针对前沿创新领域、在研新产品、关键核心技术进行前瞻且全面的专利布局，实现全生命周期的层层防守、层层筑垒，加速构建严密健全的专利保护体系，切实保护企业创新成果，提高产品在国内外市场的核心竞争力及品牌影响力，牢牢把握市场主动权。另一方面，加强对专利信息的分析与利用，重点围绕麻醉镇痛镇静等优势领域开展专利挖掘与情报分析工作，逐步覆盖肿瘤、外科等领域，深度挖掘创新点，为新药研发提供灵感，使其成为新药发现的有效途径之一。

5. 构建全方位多层次医药情报体系，支持新型特药的发掘与探索

宜昌人福从以下几个方面着手搭建情报体系：一是对于公共信息源，充分利用高学历多学科员工的科研与工作经验，将员工隐性知识转化为显性经验，筛选、整合、推广经实践证明科学有效的公共信息源，将其纳入情报体系。二是对于商业数据源，根据自身信息需求有目的地选择权威、准确、前沿的全球/国内商业数据库，现已成为了解全球特药创新和市场竞争动向的重要途径；三是依托企业自身的营销与合作资源，广泛参与国际国内高水平学术会议、展会或医疗机构临床研讨会，与麻醉镇痛领域资深专家沟通交流，获取学术、临床领域的最新情报，作为产品创新的重要参考。四是依托企业布局中美欧等地的研发体系，以内部创新研讨例会、快速高效的内部沟通机制为主要方式，推动创新情报内部共享与转化。

（三）专业规范，铸就特药生产品牌

宜昌人福作为全国麻醉药品、精神药品定点生产企业，严格遵守《麻醉药品和精神药品管理条例》《易制毒化学品管理条例》和《麻醉药品和精神药品生产管理办法》等相关法律法规，始终坚持把"从严管理"的主基调贯穿到特殊药品安全专项管控全过程，不断加强上下联动、内部衔接、闭环管

控，切实履行企业主体责任，坚决守牢药品安全底线，确保人民群众用药安全。

特殊药品的生产与普通药品相比，生产管理难度更大，安全防范要求更高，法律法规更严明，一般药企的生产运营模式难以借鉴。为此，宜昌人福专门设立了特殊药品安全管理委员会，汇聚了特殊药品生产运行领域的各类技术人才和管理人才。同时，着力加强制度建设与技术创新，从人员、机构、物料、制度、EHS等多维度建立特殊药品生产运营管理模式。

1. 先进的特药生产设备

企业建设了具有国际一流水准的特药生产车间，采用国内外最先进的洗灌烘联运线等自动化设备和独立的特药生产专线，建立了高安防能力的特殊药品专属仓库，配备一整套专用的特药销毁设备及特药环保设备，用于控制环境污染、改善环境质量。在产品流向追溯和防流弊方面，在全国率先建立完整的信息化药品追溯体系，实现了重点产品"一物一码""物码同追"的全过程流向追溯。

2. 严谨的特药生产计划和现场管理

麻醉药品及精神药品属于国家重点管控产品，根据定期制定的年度经营计划，按照《麻醉药品和精神药品生产管理办法》的要求，生产企业应在规定的时间内编制并提交年度生产计划、下半年追加计划等需用及购销计划，上报监管部门；在生产运行中，严格按照国家下达的麻醉药品和精神药品年度生产计划组织生产；同时，依照药品监督管理部门相关规定，定期向药品监督管理部门及相关信息系统报告生产情况，定期自查并分析完成情况，开展年度执行情况回顾工作。

宜昌人福严把产品注册关、严把原辅料准入关、严把生产过程控制关、严把成品放行关、严把售后服务关。每一个环节的专业化管理，都确保了将优质的产品服务于患者。通过构建专门的管理组织，加强队伍建设与培训，明确不同部门在特药生产运营中的职责，确保特药的生产运营有序进行。

3. 将精益理念应用于特药生产现场

自实施精益生产以来，宜昌人福逐步导入"消除浪费、创造价值、持续改善、精益求精"精益理念，以目标和问题为导向，从回归基础、重点改善、流程优化出发，规划精益推进路线。同时，各车间和部门聚焦顶层设计，构建宜昌人福精益屋，以企业人才教育、全员参与的改善文化和精益日常管理为基石，以TPS、TPM、TQM"三位一体"思想为主轴，不断优化质量、成本、交期、安全、士气指标，从现场改善、推进人员认证培训、管理者标准化、重点改善与快速切换优化、TPM自主维护与计划维护导入、成本驱动等多个方面，系统、全面、有序地推进精益项目，持续向国际一流制药企业迈进。

按照精益推进"3+N"年的规划，不断消除浪费，2019—2022年期间，宜昌人福培养各级精益核心人员120余人，精益5S内训师27名，开展成本节约项目188项，节约成本约3172万元，生产现场各级人员成本意识、问题意识及设备维护保养、分析问题、解决问题的能力显著提升。在培养人才的同时立足现场改善，宜昌人福夯实管理基础，构建并强化5S、成本驱动、TPM、标准化等精益体系，持续改善的精益文化正在企业中不断形成。

4. 建立国际标准的特药质量体系

建成符合国际最新质量管理理念和最高产品质量标准的质量管理体系，是特药闭环管理的基础。宜昌人福经过近十年的不断学习和试点经验积累，至2018年年初，已经全面建成覆盖产品开发、产品生产、产品营销服务的符合国际标准产品全生命周期的质量管理模式，实现了对产品质量提升、运营效率提高及质量风险降低的整体优化。

（四）强化责任担当，筑牢特药安全管理防线

1. 加强法规宣传，严格人防制度

严格禁毒法规学习，统一员工思想认识，将禁毒法规培训作为三级安全教育的重要内容，提出"特药无小事"安全理念，使员工在心中形成强烈的共识。严格人员资质审查，借助公安机关信息平

台对涉麻人员进行有无犯罪及涉毒审查，确保涉麻人员政治合格、安全可靠，截至 2021 年 12 月 31 日对涉及 24 个部门（车间）累计 6413 人次进行了资格审查，全部合格。严格操作规程，建立相互监督机制，制订安全标准操作规程，从双人发料、领料到保安人员全程押运，再到监督配料、入库、发货等每个生产环节都严格遵循"双人操作、双人复核"原则，确保特药及物质生产、储存、运输全过程安全可控。严格落实人防制度，加强保卫力量，抽调 62 名思想纯洁、业务过硬的保安人员负责在出入口执勤、厂区巡查、特殊管理药品监督押运、重要库（室）监管、生产现场检查等环节的安保工作；挑选有实力、信誉好的物流服务商承担特殊管理药品的运输任务，对驾驶人员进行严格审查和专项培训，运用车载视频动态监控系统，对特药运输车辆轨迹和人员进行远程实时监控，通过第三方平台对超速、疲劳驾驶等违章行为进行有效的监督和提示。截至 2022 年 4 月 30 日，宜昌人福长途押运累计 1577 车次，共计药品 3339043 件，14 年来安全无事故。

2. 舍得资金投入，夯实物防基础

在严格执行《麻醉药品和精神药品管理条例》和《麻醉药品和精神药品生产管理办法》要求的基础上，宜昌人福每个园区都建有特殊管理药品专库，墙体加装防盗钢筋具有抗撞击能力，安装专用钢制防盗门，配置火灾自动报警和灭火设施。专库内外及出入口安装视频监控探头和红外线报警装置，与厂内监控中心及宜昌市公安局 110 指挥中心联网。结合厂区地形条件，建成了"外围封闭，出入口合理，重点部位坚固"的物防设施。员工通过人脸识别进入厂区，外来人员办证持证出入，特殊管理药品生产车间及重要部位安装人脸识别系统授权出入。

3. 采用科技手段，提高技防水平

设立技术防范六大系统，即视频监控系统、红外线报警系统、火灾自动报警系统、人脸识别门禁系统、智能绊线入侵预警系统和应急指挥系统。

（五）引领学术，完善营销服务体系

宜昌人福搭建了基于产品临床价值的循证医学和学术理念体系，与大型医疗机构合作，大力开展循证医学研究，收集病例数万例，确保临床用药的安全性、合理性。同时，广泛开展各领域课题研究，提高临床技术和医疗质量。通过临床研究与产品临床优势提炼，多个产品获得专家共识、用药指南推荐，形成学术推广理念。在企业和麻醉医师的协同努力下，共同推动麻醉临床技术的交流，推广先进的用药理念，培养中青年麻醉医师，建立麻醉专家网络。同时，在新媒体时代背景下，宜昌人福先后成立微信平台、微网站、视频号等新媒体平台，形成集网、微、视三位一体的传播网络。

（六）数字赋能，强化运营支持体系

宜昌人福以数据总线平台为总体应用框架，构建五级数据管理平台，汇总底层应用数据库、非结构化流程数据、工业数据平台、营销数据平台等多类型数据，与信息化应用进行集成互通，实现大数据分析，为高层决策提供数据支撑。

1. 信息化支撑研发体系，提高研发效率

宜昌人福在新药发现及调研立项阶段，从各板块的业务特征、核心需求、项目管理现状等方面入手，融合"专精特新"理念，深入分析实际痛点和信息化需求，为调研立项板块制定了涵盖近、中、远期目标的信息化发展规划，从业务信息化到 AI 赋能，提升调研立项的评估质量、管理水平、产出效率。目前，宜昌人福已通过知识管理系统、企业网盘实现了调研立项板块核心业务的信息化管理，正计划通过研发项目管理系统 PPM、新媒体技术等进一步提升业务覆盖率、增强功能、优化体验。同时，在新药发现板块，为增强新药发现项目的管理与推进效率，项目管理软件 PMS、电子实验记录本 ELN 已正式运行，且正开展二者的升级工作，进一步提升其功能性和智能化水平。另外，人工智能辅助药物设计等技术正在评估和推进，将成为药物发现新引擎。上述举措也将进一步释放新药发现及调研立项相关研究人员的创造力和潜力，在创新源头保障新立项产品的价值和创造性。

在产品开发阶段，宜昌人福使用项目管理软件 PMS 对项目进度进行全面管理、使用电子实验记录本进行实验记录，提高工作效率。在产品临床阶段，使用临床项目管理软件对临床试验进行管理和分析，掌握受试者状态。在产品注册阶段，按照国家电子注册申报要求，只用 eCTD 软件进行注册申报，极大地提高了注册效率。

2. 信息化支撑生产质量体系，提升产品质量

基于大数据应用分析，逐步向智能制造方向发展，目前已完成冻干国际生产线的智能制造建设，将生产设施设备与信息化技术相结合，实施数据采集与监视系统（SCADA）、制造执行系统（MES）、工业数据平台（PI），对生产设施设备的数据进行实时采集，统一存储到工业数据平台中，进行数据分析和处理，部分结果数据传输给制造执行系统进行数据的自动获取，实现了生产过程的智能连通，消除了信息孤岛。

在产品质量管理方面，宜昌人福使用文档管理系统对 GMP 文档进行管理，达到了符合欧盟、美国 FDA 的 GMP 管理要求，同时使用 Minitab 分析工具进行质量回顾，有效地预防了质量事故，提高了产品质量。

围绕产品供应，通过对信息流、物流、资金流的控制，基于质量管理体系，将供应链分为供应商管理、采购管理、储运管理和产品交付四个部分，从计划开始，到最终产品交付，由跨部门的团队共同完成供应链管理，分别建立相应的管理制度，在供应商管理中通过评价、审计的方式对供应商的供应能力、质量管理能力及其供应商的管理进行全面评审。

宜昌人福供应链管理以顾客为中心，充分利用信息系统快速响应，缩短交付周期，不断降低采购、库存、运输等环节成本。

3. 信息化支撑营销体系，强化运营支持服务

宜昌人福将大数据运用到学术推广各项工作中，极大提升了市场运营的质量和效率。通过构建大数据决策系统，将行业动态、项目进展、销售数据、业务流程、临床需求、竞争态势等各类咨询信息有机整合，加速了信息的传递、多部门间协调配合、促进快速决策反应，同时基于业务逻辑、市场环境、管理框架进行系统化的价值梳理和整合，形成了标准化、流程化的市场方案。大数据的应用为学术推广的实施提供科学的数据支持和决策依据。企业将产品价值与医学新技术、新思维融合统一，真正实现对医生诊疗需求的不断满足和助力，使产品服务医疗，铸就特药品牌。

大数据是企业现代化管理的重要创新工具，其应用不仅能够揭示传统技术难以展示的关联关系，而且可以实现营销数据开放共享，促进各类业务资源整合。将大数据运用到学术推广各项工作中，能极大提升市场运营的质量和效率。通过构建大数据决策系统，将行业动态、项目进展、销售数据、业务流程、临床需求、竞争态势等各类咨询信息有机整合，不仅能加速信息的传递、推动多部门间协调配合、促进快速决策反应，而且基于业务逻辑、市场环境、管理框架进行系统化的价值梳理和整合，能形成标准化、流程化的市场方案。大数据的应用为学术推广的实施提供了科学的数据支持和决策依据。

三、制药企业特殊药品全生命周期闭环管理体系的构建效果

（一）有力地保障了特殊药品在研发、生产、流通各个环节的安全可控

整个特药闭环管理体系涉及宜昌人福上下 40 个部门，形成了 44 个特药相关文件，培养了 1979 名特药管理人才。从 2006 年起，宜昌人福实践药物赋码管理，确保全流程实施电子监管（药品信息化追溯）可追溯，企业全过程参与《药品生产质量管理规范麻醉药品、精神药品和药品类易制毒化学品附录》发布前准备工作。从 1971 年首次获得特药芬太尼的生产资格开始，在 50 多年的特药经营过程

中，宜昌人福没有发生过一起因管理疏漏造成特药流弊事件。

（二）有力地提升了研发效率，提高了特殊药品的临床可及性

通过特药全生命周期闭环管理，宜昌人福专注于研发创新，研发效率大幅度提升。现已形成一支年轻化、高学历、经验丰富的研发团队，研发基地遍布宜昌、武汉、北京、美国，汇聚了 1200 名有关专业领域人才，外籍专家达 20 余人。新药研发项目，构筑起强大的自主研发能力。此外，宜昌人福承担了"军队特需镇痛麻醉药产学研联盟"等 25 个国家科技产业项目，主导制定了多个麻醉药品的中国药典及产品注册标准与规范。

（三）有力地保障了特药出口，实现经济效益的同时避免了国际流弊

宜昌人福特殊药品制剂和原料已经出口 35 个国家，实现了产品和技术双出口。在联合国麻管局及国家药品监督管理局的指导下，累计出口产值 1.5 亿特药产品，没有发生一起流弊事件，有力地维护了国家利益和声誉。

（四）获得业内认可，取得良好的社会效益和经济效益

宜昌人福成立 22 年间，销售收入一直保持平稳增长，由 1.24 亿增长到 70.62 亿，年复合增长率 21.23%，近 5 年纳税合计超过 30 亿元，近 10 年市场占有率稳定在 60% 以上。主要产品芬太尼系列产品质量指标达到国际先进水平。宜昌人福实现依法合规高质量发展的同时，也取得了行业和社会的共同认可，品牌力得到快速提升。

（成果创造人：李　杰、杜文涛、钟丽君、宋　玉、田峦鸢、吕金良、
　　　　　　　　付　蓉、胡　雯、田　军、王顺建、周　放、彭清宜）

成品油流通企业以引领行业规范发展为导向的经营管理提升

中国石化销售股份有限公司江苏石油分公司

中国石化销售股份有限公司江苏石油分公司（以下简称江苏石油）始建于1953年，主营业务包括油、气、氢、电、服等五大类。资产总额450亿元，员工1.7万人。加油（气）站2649座、易捷便利店2260个、油库17座。2022年省内贡献税收14.2亿元。设二级党委16个，党员3109人。2019年、2021年分别被国务院国资委评为"中央企业先进集体""中央企业先进基层党组织"。在中国石化党建考核中连续8年为A档，2021年、2023年分别被中国石化集团公司评为"管理提升行动"标杆企业、"深化改革三年行动"先进单位，多年蝉联中国石化销售板块标杆企业。2023年获评集团公司"三基"工作先进单位。2022年获江苏省"五一劳动奖状"。

一、成品油流通企业以引领行业规范发展为导向的经营管理提升背景

2020年7月，《成品油市场管理办法》废止后，大量不法分子投机取巧，以"走私油、非法自建罐、流动加油车、黑窝点"的方式进行油品存储、批发。如果没有现场交易证据，就无法依据有关法律法规打击查处这些行为。在监管方面，对"无证、无照、无手续、无安全环保消防措施、无质量计量保障、无税费缴纳"等"六无"问题的治理，规范未细化、内涵未标定、罚则未制定，违法经营行为量罚监管缺乏有效依据。在这种背景下，成品油市场亟待树立标杆企业，发挥专业优势，协助政府从政策层面建立规范、有序、长效的成品油市场管理制度体系，为规范行业行为、强化市场监管、推动综合整治奠定制度保障。

二、成品油流通企业以引领行业规范发展为导向的经营管理提升主要做法

（一）发挥行业龙头作用，支持政府完善法规

1. 坚持问题导向

江苏石油受省政府有关部门的委托，结合江苏省成品油流通管理现状和历史沿革，就如何加强成品油流通管理、促进行业规范发展、优化营商环境，完成了《成品油市场专题调研报告》，细致阐述了成品油监管过程中存在的不带票变票过票、进销数据造假、处罚难判定、行刑难衔接、网络建设不规范等一系列问题。与此同时，江苏省有关人大代表、政协委员，通过"专题汇报、信息专报、相关社刊、政协提案、社情民意"等途径建言献策，引起了省政府主要领导的高度重视。

2. 坚持紧密配合

2021年5—12月，江苏省商务厅邀请江苏石油选派专家积极参与《江苏省成品油流通管理办法》（以下简称《办法》）的制订工作。江苏石油协助省商务厅完成了草案拟定、初步审查、立法调研、考察论证、立法协调、会议审议等关键节点的立法程序。同时，积极与省司法厅沟通，阐释关键条款的目的、意义和政策法律依据，推动将破坏税控数据、经营无合法证明来源的油品、低价倾销、擅自设置撬装站等作为禁令并将成品油市场合规经营、网络发展等一系列关键条款纳入《办法》，使《办法》的出台有利于整个成品油市场的健康发展，确保了《办法》的针对性、有效性，保障了最终司法审查的顺利通过。

3. 坚持积极参与

《办法》的出台，有效解决了成品油管理的法律和政策依据不足的问题。但政府有关部门认为，具体程序、流程还需通过《细则》进行明确。例如，加油站建设的过程管理、在处罚的职责、信用公开的程度、零售经营许可审批的流程优化等均需要通过《细则》进一步明确。2022年2月，省商务厅

成立《细则》起草工作组，委托江苏石油协助开展起草工作。为确保相关条款能落到实处，江苏石油与各类规范经营主体一道，向省商务厅等相关部门汇报，围绕成品油行业内情，从专业角度切入，将综合执法改革、事中事后监管、大数据治理、营商环境治理等概念与成品油市场治理相结合，针对关键条款提出修改建议，保障了《细则》的专业性、科学性和操作性。2022年3—10月，完成初稿起草后，江苏石油等企业配合省商务厅组织专题座谈、立法协商、风险评估、实地考察、征求意见、专家论证等。同时，开展法律法规研究，围绕行业痛点、整治难点，依法依规将针对性措施嵌入《细则》，以提高其针对性和操作性。特别是在省商务厅5次社会征求意见等关键修改环节，与各规范经营单位多次研讨，确保依据充分、公平公正、合法合理、必要可行。

（二）积极采取有效措施，模范执行规章制度

1. 聚焦教育宣贯

政策出台后，关键是如何正确认识、充分理解条款，使政策的辐射效应在社会、政府、企业层面放到最大。江苏石油多次邀请省商务厅专家到公司专项解读《办法》《细则》，帮助江苏石油各下属地市公司知法、懂法，更好地依法依规经营。强化对国家15个部委印发的《关于开展全国成品油行业专项整治工作的通知》、省商务厅等4部门印发的《关于开展成品油批发和仓储经营企业核查工作的通知》《关于开展好成品油零售许可证年检工作的通知》等文件的研究，深入对比前后政策差异性，使员工尽快适应新法要求。充实完善25名包括法律咨询、经营管理、安全管理等方面的专家，形成百位不同专业的专家资源库，为《办法》《细则》在社会范围内落实提供支撑。利用广播、电视、报纸等媒体，开展《办法》《细则》集中宣传。收集研究省内外典型案例，加大"成品油走私、非法购运储销和偷逃税"等现象的曝光力度和"打击各类非法行为典型案例"的宣传力度。

2. 聚焦比照执行

作为中央企业，江苏石油有责任和义务带头坚决落实执行好《办法》《细则》，过程中不断归纳总结好的经验做法，针对问题与困难寻找有效的措施和方法，为企业发展营造秩序好、环境优、竞争公平的营商环境，为地方经济社会发展提供有力的支撑保障。特别是一些关键条款，对内严格分解到各部门、各地市公司滚动督办，确保执行到位。例如，《细则》第三十八条规定："成品油经营者不得设定不公平、不合理交易条件或者强制交易……"这就要求江苏石油发挥网点多等优势，积极为商务、市监等部门提供相关信息，为政府严格执法提供依据；《细则》第四十三条规定："零售网点被征收的，由征收实施单位依法与零售网点经营者签订相关征收补偿协议，按照协议进行征收补偿……"这就要求各下属地市公司一定要严格执行管理要求，签好协议方可落实补偿；《细则》第五十三条规定："应急管理部门会同相关部门依法查处未经危险化学品经营许可，销售汽油和闭杯闪点≤60℃柴油……"这就要求各下属地市公司抓紧办证，坚决杜绝无证经营。

3. 聚焦配合整治

强化法治意识、责任意识，省市县公司上下一心，集全公司之力，切实发挥主动性、能动性，配合当地政府依据《办法》《细则》条款出实招、净市场。

为积极落实《办法》《细则》，江苏石油第一时间在公司内部召开全省成品油市场《办法》《细则》落实部署视频会，第一时间细化出台实施方案，明确重点任务、责任人、时间表，建立例会制度和"日报制度"，对照《办法》《细则》政策条款，开展自查自纠，销项整改。明确专人配合政府开展打非治违工作。省公司党委书记、分管经理、零售经理，各地市公司、县公司经理、分管经理、经管或零售经理，分三级成立"三人小分队"。建立专班工作机制，负责衔接政府专班，协助地方政府建立通报、沟通、考核等机制。

在此过程中，政府部门拟建立省内成品油经营企业数据库、信息合作共享机制和联席会议工作机

制，邀请江苏石油配合参与。江苏石油立即驻派专家提供安全和技术咨询等专业支持，协助政府部门建立跨部门联合监管和案件线索移送处理机制，统筹行政执法资源，加强协同监管，提升监管效果。梳理相关法律法规条文，协助政府部门编制《成品油市场综合整治相关刑事案例选编》和《行政处罚案例选编》，整理涉及 9 个行政机关、20 余部法律法规的适用清单。协助推动各类非法经营行为细化，相对应的经济处罚、行政处罚和涉及刑事处罚力度提高，强化监管震慑作用。召开视频会，对接各下属地市公司全力配合各级公检法部门开展工作，对涉及成品油经营活动的危险作业、生产销售伪劣产品、走私货物、危险驾驶等刑事案件，协助推动检察机关起诉、法院判决，实现江苏省首例危险作业罪入刑。

（三）强化规范经营管理，确保依法诚信经营

1. 强化机制建立

按照"管业务必须管合规"要求，制定《合规管理办法（试行）》，优化合规管理委员会职能，先期设立经营、投资、财务预算三个合规管理分委会，明确分委会及职能部门承担指导责任、地市公司承担主体责任，架构了在合规管理委员会领导下的合规管理办公室、专业分委会及业务部门协同联动的运行机制。合规管理委员会每季度召开一次专题会议，听取分委会工作汇报，部署、研究合规管理工作等；分委会每两个月召开一次会议，制定问题整改措施、分析前期整改情况等。建立合规检查信息共享机制，合规管理办公室与业务、审计、纪检等部门及时沟通，掌握专业部门检查发现的地市公司相关不合规信息，做到一次检查结果多次应用，减少和避免反复检查、反复取数、重复劳动，提高检查效率，降低检查成本。

2. 强化合规检查

为适应从严管理、合规管理要求，2022 年 9 月以来，合规管理办公室先后 3 次修订合规管理检查清单，检查范围依照《办法》《细则》要求，从最初的合同、证照、股权、内控、风控、风险、资金、税务管理等，拓展到成品油、天然气（新能源）、易捷服务、投资、物资采购等诸多领域，实现了业务全覆盖。检查方式从最初的现场检查，拓展到广泛采用线上＋线下、远程＋现场相结合等方式，发挥大数据分析等功能，努力减少人工干预。检查频次从最初计划两年完成一次地市公司检查全覆盖，调整为每年完成一次全覆盖，直接增强检查的强度、密度。坚持问题导向，逐家公司形成合规检查底稿，出具检查通报，定期开展整改"回头看"，推动举一反三，杜绝敷衍整改行为，确保问题整改闭环管理。

依据《细则》条款开展合规承诺，汲取系统内外分销业务、零售管理等领域出现的风险事件，分环节、分地市组织召开风险管理座谈会，组织客户经理、加能站经理签订合规经营承诺书，推出了 16 项合规管理硬举措。

3. 强化考核管理

制定《合规管理负向积分管理办法（试行）》，明确负向积分运行机制及规则，建立精准积分、强度适配、一次积分、择高积分、从严积分、例外管理、联审复核、咨询申诉等机制，保障了负向积分的严肃性和权威性。将负向积分结果纳进对地市公司季度、年度业绩考核范畴，与经营业务、安全环保并列，严考核、硬兑现，实现了合规管理与"票子""面子"相挂钩，年度积分排后三位的单位不能参加年度评先荐优。细化积分条款，严格限制分委会赋分的自由裁量权，力求"一碗水端平"；建立"分委会不扣分，就扣分委会"的运作机制，有效解决了分委会"零赋分""低赋分"的"不作为""老好人"现象。

将配合《办法》《细则》落地情况纳入对地市公司的专项考核。专门制定工作清单，设计奖惩计分规则，根据计分情况，设立专项月度红旗和专项奖励基金。对举报成品油走私犯罪、非法经营、偷漏

税行为线索并查证属实的个人给予相应奖励。对于"配合政府不力、整治落实不力、效果不明显"的地市公司和个人，进行约谈提醒、诫勉谈话，实施问责。

（四）扛稳国有企业责任，突出引领示范作用

1.扛稳保供责任

坚决扛起"端牢能源饭碗，保障油气供应"政治责任，全方位保障油品资源"质优量足、敞开供应"。"三夏、三秋"期间，设立1178座农业用油站点，有效保障了农业用油。坚持"亏损也要保供"，保障加气站的正常经营。目前，加油站日供应汽柴油近4万吨，每年为超过5.1亿人次提供综合服务。疫情防控期间，围绕"保健康、保供应、保安全、保稳定"，供应防疫物资，落实防疫措施，为客户提供安全消费场所，践行了油品不断供、商品不涨价、服务不打烊的承诺。干部员工坚守工作岗位、挺在基层一线。党员突击队深入油库、油站、便利店开展疫情防控，使党旗高高飘扬在抗击疫情第一线。

2.扛稳安全责任

坚定走安全发展、绿色发展道路，做好《行业诚信自律倡议书》研究反馈，在安全生产、绿色发展上接受社会媒体、人民群众的监督。多次获评集团公司"安全生产先进单位""节能环保先进单位"称号。安全方面，针对"自流黑"对社会公共安全的影响，协助省商务厅编制《加油站（点）安全检查指引100条》《加油站（点）安全生产企业主体责任清单》，编写千余条安全管理训练题，下发安全生产倡议书。认真贯彻总经理2号令，实施安全环保专项整治"三年行动计划"。全面排查整治油库、加油站（点）安全生产风险隐患。推动HSE管理体系与"三基"工作融合互促。环保方面，坚决让位长江大保护，关停红线内库站。狠抓VOCs整治、雨污分流治理，打好污染防治攻坚战，助力江苏天更蓝、水更清。培育绿色低碳竞争优势，打造600座绿色示范加油站，绿色基层创建率达到100%。建成全国首座"碳中和"加油站、全国首座"碳中和"油库。

3.扛稳帮扶责任

坚持"协同、服务、共享、共赢"原则，积极配合政府深入参与地方成品油流通管理工作，发挥中国石化、中国石油等主营单位的主导示范作用，结对帮扶，开展批发仓储企业合规经营提升培训，帮助全行业提升安全环保数质量管理水平，体现企业社会责任担当。协办第一届江苏省加油站（点）安全技能大比武，助力全省各经营单位加油站（点）员工的安全技能和水平提升。贯彻全省成品油流通管理工作会议精神，进一步夯实企业主体责任的落实，促进区域市场秩序和行业环境的不断优化。

（五）担当会长单位职责，牵头发挥协会功能

1.助力政策落地

2017年开始，相关行业协会参与成品油零售经营企业年检等工作，出具相关结论和调研报告；协助省商务厅会同应急、税务等部门深入开展成品油批发和仓储经营企业的核查工作，梳理第一批199家企业白名单，有效落实《办法》《细则》；配合国家审计署开展双层罐调研，反映真实情况，为行业发声；积极参与流动加油车情况等多项专题调研；配合省质检院等部门开展多次对标帮扶行动；协助省交通部门检查油罐车、机动车维修经营单位及船用燃油；协助南京海关跨警种、跨部门行动；配合做好"综合治理加油机作弊专项行动"相关工作，强化对治理行动全方位支持，坚持维护消费者合法权益、打造行业公平竞争环境。

2.助力消费促进

在省商务厅的指导下，助力"苏新消费"活动。实施"社会油站+N"行动计划，为民营加油站赋能（管理能、质量能、增值能、品牌能），推动多业态发展，帮助民营加油站提升经营收入、增加效益。开展经营销售创优活动，发挥主营单位品牌优势，易捷品牌示范带头，通过车消费、乡村振兴助

农直播、易享节等主题活动，引导社会加油站跟进，因地制宜开展助销便民活动，实行全行业共同发展，助力江苏省"后疫情时代"消费回暖提升、经济恢复发展。

3. 助力科学规划

面对成品油流通行业发展的新能源挑战、绿色低碳发展转型的新形势、新情况、新问题，定期组织召开相关行业协会理事会，探索研究新对策、新措施。积极参与政府部门政策法规、标准规范、发展规划的制定工作，助力推动石油流通行业更高质量发展。2021年，派遣专家参与江苏省零售网络发展规划评估，参与省内成品油分销体系"十四五"规划编制，形成"总量控制、结构优化、符合实际"的当期规划。规划期全省新增加油站数量更加符合消费需求和能源替代趋势。

三、成品油流通企业以引领行业规范发展为导向的经营管理提升效果

（一）提升了规范经营水平

江苏石油作为央企驻苏分支机构，发挥专业力量，协助政府出台的《办法》《细则》，建立起江苏省成品油流通管理长效机制，带动了成品油和石油制品在全省社会消费品零售总额的贡献提升。通过发挥行业协会作用，引导本地成品油零售企业从本地批发企业进货，促进了江苏省内经济循环、消费增长。通过宣贯法律政策，强化企业规范经营、守法经营意识，极大地减少了非法经营主体数量，提升了依法纳税比例。自助力省级立法、配合政策落地、加强合规管理、发挥标杆作用、推动协会履责以来，江苏石油以企业规范带动了行业规范，江苏省成品油市场环境逐步好转、良好机制逐步建立，市场乱象和安全环保风险得到有效整治，政府的数字治理和行业治理有效强化，制度保障和长效机制有效构建。市场竞争逐步"从合法与非法的竞争向公平竞争、有序竞争、理性竞争转变"。江苏石油及其他主营单位对民营单位的"对标帮扶、引领示范"，促进了成品油市场健康发展。江苏石油积极践行"国企为国、在苏兴苏"理念，致力于服务经济建设、社会发展、人民美好生活，近5年上缴利税272亿元、贡献税收96亿元，2021年被中国石化集团公司评为"管理提升行动"标杆企业，2023年被评为"深化改革三年行动"先进单位、"三基"工作先进单位，多年蝉联中国石化销售板块标杆企业。

（二）取得了良好生态效益

江苏石油配合政府部门出台的《办法》《细则》，有利于加强成品油流通领域的污染治理，强化储存、运输、加油环节挥发性有机物污染防治，提高车船排放合格率，助力天更蓝、水更清。明确了公安机关会同相关部门对涉嫌构成危险经营、污染环境的成品油经营者，可以直接依法追究刑事责任，有力打击了涉油涉税犯罪活动，有力消除了非法自建罐、流动加油车、黑窝点等安全环保隐患，有效减少了公共安全风险和环保风险，切实维护了人民群众的生命财产安全。2022年以来，协助政府部门查处"自流黑"3820个，其中，自建罐443个、撬装站40座、简易油桶存放点210个、非法流动加油车2915辆、非法经营加油站点72座、批发销售黑窝点124个。江苏石油在安全环保工作上的生动实践，也在绿色低碳和"气土水"等方面为行业打造了绿色发展标杆。

（三）形成了广泛示范效应

长效机制的建立，有效解决了成品油管理的法律和政策依据不足问题，解决了政府"想管管不了、不知归谁管"的痛点，对违法违规经营行为形成了法律意义上的约束，保护了消费者的合法权益，形成了良好的社会效益。江苏石油以促进行业规范发展为导向的管理优化和协助政府部门开展成品油综合整治的具体实践，为中国石化销售板块的其他省市树立了实践样板。江苏市场形成的"严厉打击成品油行业变名开票、不开发票、少开发票等涉税违法行为"高压态势，影响并辐射到了全国。2022年7月底起，全国范围开展成品油市场整顿，随着整治的深入，市场不规范行为大幅减少，成品油零售行业跨入净化回归期。

（成果创造人：韩雪岭、胡　珣、李玉杏、张　刚、张有根、卢叶春、李嘉清、顾永康、及　非、周　进、孔令江、谈逸蕾）

涉火企业以"零伤害"为目标的安全生产管理

西安北方庆华机电有限公司

西安北方庆华机电有限公司（以下简称庆华公司）是中国兵器工业集团北方特种能源集团有限公司全资子公司，位于陕西省西安市灞桥区田洪正街 1 号。庆华公司始建于 1953 年，是国家"一五"时期 156 个重点建设项目之一、是国家历次军品科研生产能力调整重点保军企业，也是我国全谱系军用火工品核心科研生产力量。

一、涉火企业以"零伤害"为目标的安全生产管理背景

军工企业作为国之重器，肩负着强军报国、支撑世界一流军队建设的光荣使命，安全生产不仅关乎职工群众安危福祉，更关乎国防和军队现代化建设大局，关系中华民族复兴大局。国资委、国防科工局及兵器工业集团等上级单位，把企业安全生产工作提升到前所未有的战略高度。兵器工业集团在"十四五"期间提出"1+5"发展战略，坚持把安全发展战略作为总体战略的重要支撑，将其提升至全局战略高度全面推进。火工品作为武器系统最为敏感的核心单元，产品高能高感、易燃易爆，生产过程安全风险很大。随着企业新品研发的不断拓展，产品种类和经营规模的持续扩增，安全风险越发突出，管控难度持续增加。结合内外部发展实际，庆华公司深刻认识到，安全是企业发展的前提，也是企业立业之本、发展之基。基于上述情况，从 2018 年起庆华公司开始探索构建和实施以"零伤害"为目标的安全生产管理体系，助推和保障庆华公司安全高质量发展。

二、涉火企业以"零伤害"为目标的安全生产管理主要做法

（一）强化顶层设计，明确建设目标思路及路径

1. 坚持问题导向，明确"零伤害"安全目标

为彻底解决安全发展问题，"十三五"期间，庆华公司通过事故梳理、调研走访、参观学习、专家交流等方式，深入分析各类安全问题产生的根源，细致研究制定安全可靠的对策措施，确立"零伤害"的安全发展目标，构建实施新安全生产管理体系建设，保障庆华公司安全高质量发展。同时，通过企业董事会、党委会、安委会、总经理办公会等决策部署，进一步明确体系建设目标和任务，加快构建与火工品高风险相适应的新安全生产管理体系，助力把庆华公司建设成为世界一流的火工品企业。

2. 回顾分析问题，系统梳理解决思路

经过总结多起事故教训、分析历次事故发生根源，公司发现主要是员工的不当操作、药剂超量、异常变化、四药处理等问题引起的，由于对生产过程的距离、质量、时态及能量方面未进行科学控制，引发了事故。基于此，经过长期的实践总结和理论研究，庆华公司系统性地提出火工生产"能间接不直接、能量小不量大、能静态不动态、要处理先钝化"的管理方法，被职工称为"三能一要"安全工作法，经过多年实践与应用，其蕴含的安全管理方法系统科学、朴素管用，有力指导和支撑了庆华公司的安全发展，为庆华公司新时期安全生产管理提供了思路和方向。

3. 深入理论研究，确定体系建设架构

针对涉火生产固有风险，深入开展安全理论、原理、观念研究，研讨能量意外释放、系统安全、轨道交叉等事故致因理论，分析系统原理、预防原理和动态相关、封闭管理等安全生产原则，差异化提出不同种类危险源的防控措施，依据安全管理理论系统开展安全生产管理体系建设。

依据能量意外释放理论，研究防止能量意外释放的防范措施，包括防止人员与危险源接触的屏蔽

措施，以及限制能量大小、规定安全极限的定量控制措施，重点是将人员撤离危险场所，确保人身安全。针对生产系统人的失误、物的故障等，依据系统安全理论观点和动态相关性原则，强化静态控制及各要素之间的动态关联、相互制约。针对涉火生产特有的浮药、残药、余药、废药（简称"四药"）管理风险，依据墨菲定律和轨道交叉理论，研究起因物运动轨迹阻断措施，消除人的因素与物的因素轨迹交叉，避免事故发生。

围绕上述管控措施和要求，庆华公司从本质安全度提升、风险分级管控、隐患排查整治和"四药"安全处置等4个方面提炼总结并融入现有安全生产管理体系，确定体系建设架构，推动庆华公司安全生产管理体系构建。

4. 全面系统策划，明确体系构建路径

以"零伤害"为目标的安全生产管理体系构建分为"策划期—攻坚期—推广期"三个阶段。策划期：立足于顶层设计，改善本质化安全生产条件，从基础平台角度解决安全生产管理问题；建立人才引导选配机制，配置"双安全员"和安全督导员，配强安全专业团队；建立资金投入保障机制，建立项目库和项目预算机制，优先保障安全资金投入到位；设置安全总监、安全副总监、专职安全技术总师等，强化安全机理及预防性研究，确保安全策划论证质量。攻坚期：通过完善管理制度和工作流程，建制度、定标准、建体系、保落实，加强培训教育，明确建设责任，开展监督检查和激励约束考核，保障体系如期构建。推广期：在不断总结提炼的基础上，在全企业各车间工段、全兵器工业集团涉火企业进行全面推广，全面系统推进安全生产管理体系构建与实施，建成流程标准规范、系统运行高效的安全生产管理体系，实现安全管理的"零伤害"目标。

（二）构建本质化安全建设机制，实现人机隔离

1. 明确建设路径，制定本质化建设标准

庆华公司按照"安全隔离—工序机械化—单元自动化—产线自动化—黑灯工厂"迭代升级改造的实现路径，推进企业的本质化安全建设。同时，制定和明确了各阶段的建设标准，并依据标准开展对标建设工作。在原有生产工艺条件基础上，采取设备防护（工艺设备防护罩、防护板等）、工程防护（抗爆间室、防护装甲等）等方式，实现人员与危险品有效安全隔离；针对手工危险作业工序，按照防火防爆要求，采用机械设备、电气设备等替代危险工序手工作业人员，实现机器替代人；针对单个生产工序或独立生产单元，采用系统控制手段，实现单元自动化生产；通过生产条件改造升级，实现工序之间或生产单元之间自动化、连续化生产的产线自动化；通过建立智能化管控系统，对生产工艺参数、环境参数、设备状态、安全监控、物流信息等进行全流程采集、分析、处理、信息互通，具备自主连续运行能力、自主分析判断能力、自主检测控制能力、人机协作处置能力，实现生产线作业过程自动化、数字化、智能化、无人化，完成黑灯工厂建设。

2. 规范工作流程，保障人机隔离建设效果

组织建立《工艺技术创新项目管理办法》《安全环保改造项目管理办法》等制度，明确细化本质化安全改造项目管理流程，推进本质化安全工艺装备自动化、智能化建设。实施工艺研究、工艺管理、工艺装备等工艺技术创新项目，实施危险工序机械化、自动化、智能化安全技术改造，按照"能间接不直接"的原则，把人员是否撤出危险作业场所作为项目是否立项、实施的判定标准之一，开展可行性必要性论证。根据论证结果，筛选改善度大、推广价值高、切实可行的项目进行立项，形成本质化安全改造项目清单。经决策后，组织能力建设部门、安全部门、技术部门、使用单位签订安全目标责任书，编制项目工作计划网络图，明确工作任务、进度节点及完成目标等，全力推进项目实施，做到"早投用、早受益"，实现生产过程的少人化、无人化。

3. 深化技术研究，提升本质化改造能力

庆华公司针对危险工序手工生产过程专项开展工艺装备技术研究，组织成立工艺装备技术研究工作机构，组建由总工艺师、安全技术总师、工艺技术带头人、科技带头人等130余人组成的工艺装备技术研发团队，全面整合内部智能制造和工艺装备加工资源，从仿研仿制开始，通过交流合作、汲取经验、取长补短，使企业独立自主掌握集工艺装备源头设计、软件开发、加工制造、调试安装、维护保障为一体的工艺装备研制技术能力。

4. 加大资金投入，高标准推动项目建设

多元化筹措集中资金，通过工艺创新、技改技措、安全改造、科技攻关、重大项目实施等渠道，为安全技术改造提供费用支撑和保障。规范安全生产费用的提取和使用，组织安全部门、财务部门、审计部门相互协调、相互监督，保证安全生产费用的正常提取和使用。建立安全生产优先支付机制，在费用紧张状况下，优先保障安全投入，确保本质化安全建设提升目标不受影响。基于上述措施，庆华公司安全生产投入连年增长，2020 年投入 1938 万元、2021 年投入 2628 万元、2022 年投入 4580万元。

（三）构建安全风险分级管控机制，精准管控安全风险

1. 系统辨识安全风险，确保识别准确

庆华公司组织各单位体系化开展风险辨识。一是采用"四问两态三活动一表单"辨识法，即按照生产场所、设备设施、作业活动、产品流程等不同方式划分风险单元，针对每个风险单元，采用安全检查表、头脑风暴等方法辨识危险源，思考存在什么危险、怎样造成伤害、谁会受到伤害、采取什么措施，充分考虑正常、异常、紧急三种状态，过去、现在、将来三种时态，常规、非常规、相关方三种活动，形成《安全风险清单》，包括风险单元、危险点、危险因素描述、控制措施等内容。二是组织管理人员、技术人员、一线操作人员，重点从辨识的全面性、措施的有效性等方面进行综合分析与评审，以及补充完善。三是将安全风险辨识结果和管控措施纳入管理制度、工艺规程或操作规程予以落实，使安全风险始终处于受控状态。四是组织一线员工开展危险预知训练（Kiken Yochi Training，KYT）活动，组织管理人员、技术人员编制安全风险分析报告，确保风险辨识的全面性和管控措施的针对性。

2. 实施安全风险分级，精准管控风险

推进安全风险分类分级，实施精准管控。采用作业条件危险性评价法（LEC）（Likelihood 可能性，Extent of Exposure 危险条件，Consequence 后果）、风险指数矩阵法等，逐条生产线、逐个场所、逐个岗位开展风险评估，按照风险评估结果由大到小将风险分为重大风险（不可接受）、高风险（难以接受）、中等风险（有条件接受）和低风险（可接受）四级，用"红、橙、黄、蓝"四种颜色标识风险等级，建立"四级四色"风险事项清单和风险信息台账。同时，按照颜色级别采取措施：红色风险为不可接受风险，要求立即停产整改，风险未降低到可接受的水平前不得恢复生产；橙色风险是难以接受风险，纳入重点管控范围，限期 3 个月组织整改；黄色风险纳入重点管控范围，限期一个月进行整改，一时难以整改的要落实风险控制措施，加强对员工的培训教育和监督检查，确保各项风险控制措施到位；蓝色风险要求经常开展作业人员操作规程和安全应知应会培训教育和考核，不断提升安全操作技能，定期开展监督检查，及时发现和纠正错误行为，确保安全风险可控。

3. 建立安全责任体系，落实安全责任

构建生产安全责任矩阵，实施全员安全生产责任制。横向从生产计划、材料采购、生产组织、技术保障、安全监督等维度全领域建立岗位安全责任体系。纵向建立生产精细化分级管控安全责任体系，建立"四级"安全责任管控体系，即建立工厂级、车间级、班组级、岗位级分级管控安全责任清

单，签订岗位安全生产责任书，明确各级、各类人员岗位安全生产目标和主体责任，落实各岗位风险管控责任，防范和控制风险要素。通过建立安全责任清单和责任体系，加强全过程的检查巡查，实施差异化、精准化的动态考核监督与考核评价，确保安全责任落实到位，风险控制到位。

4. 强化风险源头治理，降低风险等级

按照危险品"能少尽少"原则，从产品设计、工艺设计、现场管理全方位开展风险源头管控，降低风险等级。在产品设计过程建立各领域技术总师"把脉会诊"机制，组织识别产品设计缺陷，确保落实安全性、可靠性设计要求。工艺设计过程遵循定员定量"最小化"、危险工序"最少化"、工艺流程"最优化"原则。现场管理方面按照工艺控制使用、储存、周转运输等各个环节的危险品存量。结合工艺要求和生产实际，对场所安全定量进行压减，尤其是安全定量接近设计药量的场所，坚决降低工艺定量，以满足工艺要求的最小药量确定安全定量。对于危险化学品等调整优化采购份量，压减存量，按需实施精准采购，例如，撤销大容量的酸罐、酒精罐，改为小包装的硫酸桶和酒精桶，以降低重大泄漏和燃爆事故风险。

（四）构建隐患排查治理机制，消除事故安全隐患

1. 严管隐患排查，明晰隐患排查要素

庆华公司聚焦火工品生产全过程，从药剂生产、科研试制、火工品装配、计量理化、检测检验、试验销毁、危险品储存、道路运输等 8 个环节，逐个场所、逐条生产线、逐个工序、逐个岗位辨识风险，明确管控要素。对照有关法律法规、标准规范、工艺规程编制检查标准，按照岗位、班组、分厂、职能部门四个层级，逐级明确检查任务、检查内容、检查周期，定期检查，及时发现火工品生产过程中的异常变化，如环境、物料、工装工具、操作方法、人员、情绪甚至天气等，采取措施使可能的"动态"及时转为"静态"，保障生产安全。

2. 推进管理归零，保证隐患整改成效

安全生产过程隐患问题反复发生，成为安全管理的"难点"。庆华公司深刻认识到"问题在现场，根源在管理"，通过实施管理归零进行"破局"。管理归零主要针对问题发生根源，从管理角度采取预防措施进行源头治理。管理归零的工作流程包括"分类、定性、溯源、评审、实施"5 个步骤。

3. 实施亮灯通报，确保隐患整改闭环

安全管理的目标之一就是消除隐患，实现问题闭环。为确保隐患按期整改，庆华公司采用信息化手段搭建"安全问题通报"信息平台，通报发现的问题，明确整改要求、责任单位、责任领导、整改期限、验证人员、验证日期等。同时，将问题整改状态用"红、黄、绿"三色进行标记，红色表示逾期未整改，黄色表示限期整改中，绿色表示已完成整改。对于亮红灯的事项，重点跟踪、严肃追责，强化责任单位隐患整改的积极性与主动性，确保事故隐患及时整改，安全风险保持受控状态。

（五）建立"四药"管理准则，精细化管控特殊环节

1. 建立火工药剂危险特性族谱信息库，掌握药剂脾性

庆华公司全面梳理现有火工药剂，开展火工药剂基础性能数据系列化研究，通过摸排归类建立火工药剂用原材料物性数据库，全面掌握药剂的性能"基因"。开展火工药剂基础性能及摩擦感度、撞击感度、静电感度、火焰感度等与安全有关的危险特性研究，明确火工药剂危险性边界条件数据，形成了 7 大类 123 种火工品药剂的火工药剂"族谱"信息库，为"四药"安全处置提供技术支撑。药剂制造、使用人员通过查询数据库，可直观掌握药剂性能信息，对火工药剂安全"脾性"做到心中有数，面对"四药"针对性采取措施，保持其"情绪"平稳。

2. 推进"四药"预先危险性分析干预，确保过程安全

"四药"产生和存在的环节复杂多样，有的肉眼无法看见，"四药"中的浮药主要来自装药、压

药、过筛等环节逸散的超细药粉，沉积在工作台、设备表面或地面；残药为生产结束后设备轴承、搅拌翅、夹层当中未彻底清理的残留药剂；余药为生产过程后未使用完的、暂存在现场或设备当中的药剂；废药为生产过程产生的、不能回收利用的废药剂。一般常规的检查方法并不能完全发现它们，必须采用危险预先性分析方法进行识别。庆华公司全面梳理各生产工艺流程、生产设备、辅助设施，分析"四药"可能存在的种类、产生环节、存在部位、存在方式、影响后果等，建立"四药"识别要素清单。根据药剂危险特性族谱信息库，制定安全管理规定和防范措施，开展"四药"处置工艺研究，根据药剂特性，分别采用钝化降感、销爆、销毁等方式进行处置，通过标准化规范化作业、过程管控及销毁管理对"四药"危害进行干预。

3. 建立"四药"管理准则，保障"四药"处置安全

按照"要处理先钝化"的工作要求，结合"四药"处置工艺研究结果，对于不同药剂分别采用溶剂钝化、化学销爆、加热分解等方法，优化完善处置工艺规程，按照"四药"管理准则，开展"四药"处置。细化"四药"风险辨识管理，全流程全要素分析"四药"存在的部位、状态及主要成分，建立管理台账，制定针对性管控措施，明确责任人等；强化"四药"标准化管理，制定"四药"回收、再利用、转运、清擦、销毁等工序作业标准和应急处置措施，定期开展作业标准培训，确保熟知岗位"四药"危险特性，通过日常检查巡查及视频监控回放等查纠"三违""三超"，督促落实、整改提升；深化"四药"过程管理，设备易粘浮药的部位在生产前覆盖湿棉布，易产生浮药的部位、场所、地面平整、光滑、螺栓等凸出物设置防护套，生产结束后及时清理接触药剂设备、工装器具、容器，局部通风管道、净化设施定期检查、清理，接触"四药"的设备设施、场所、容器等淘汰、维修、改造前彻底清理、清洗或销爆；固化"四药"储存销毁管理，转运器具向收集装置转移时，采用人机隔离，暂存过程分类储存，账物卡相符，送销毁过程分类运送，销毁采用远距离点火方式。

（六）培树员工安全素养，促进安全体系有效运行

1. 强化全员安全培训，提升员工安全意识

丰富培训教育形式和资源，梳理视频监控回放排查出的"三违"问题，结合危险岗位作业禁限行为和易燃易爆危险边界条件，制作《安全生产违章行为警示教育片》，编制《危险岗位安全生产培训教材》，自主研发具备数据查询、统计、培训档案归档等功能的培训管理系统，提高安全培训的管理效率和质量。建立多维度安全培训机制，搭建"庆华大讲堂""支部书记上讲台""安全发展我来讲"三个培训平台，组织公司领导班子成员定期到基层开展安全生产形势和重点任务宣讲，定期参加班前会宣讲，传递安全信息和工作要求，中层管理人员讲授安全专业管理知识，多层次多维度提升全员安全意识。

2. 建立安全激励机制，增强对安全工作认同

建立安全生产绩效考核评价机制，通过《安全生产奖罚管理制度》细化安全绩效考核，充分发挥考核的激励和约束作用。强化安全人才队伍建设，建立专职安全管理人员持证上岗制，如给予通过注册安全工程师考试人员 5000 元 / 人的一次性奖励，对安全管理岗位的专职员工给予 400 元 / 月岗位津贴。将安全职责履行与各类人员薪酬待遇紧密挂钩，结合单位安全风险类别和考核格次，明确否决条件，综合考评兑现安全生产绩效。设置安全累进奖，提高涉火危险作业、有毒有害岗位人员津贴和一线火工操作技能人员工资待遇，增强员工归属感和认同感。建立《危险作业"三违"人员停职培训规定》，对发现的"三违"行为，给予停职培训处理或调离危险作业岗位处理。

3. 培育火工安全文化，提升员工安全素养

坚持系统观念，重点从培育安全文化理念、加强安全制度文化建设、营造安全环境氛围、加强安全行为规范建设四个方面制定《安全文化建设工作实施方案》《安全文化建设工作事项清单》，将安全

文化建设与体系化安全管理工作相结合、与深入贯彻安全生产法规相结合、与落实上级关于安全各项要求相结合，以火工安全文化建设推动安全理念入心、推动安全责任落实、推动安全技能提升。

三、涉火企业以"零伤害"为目标的安全生产管理效果

涉火生产企业安全生产管理体系的实施，有力提升了庆华公司本质化安全水平、风险隐患防控水平和安全管控能力，形成了"管现场就是管安全，抓安全就要抓现场"的广泛认知，实现了"零伤害"的安全发展目标。5年来，庆华公司累计完成危险作业场所本质化安全改造200余项，生产线安全技术改造19项，自主开展设备自动化改造40台套，安全防护设施改造150余项。重点突破了装压药一体化、混药和装药自动化等32项关键工艺技术，火帽雷管自动生产线、起爆药自动生产线等10条手工作业生产线实现了产线自动化和单元自动化。涉火生产企业安全生产管理体系的构建与实施，夯实了庆华公司安全发展基石。近5年，庆华公司有效保障15万余公斤各类火工药剂的稳定生产及重点装备合同连年100%履约，公司兴装强军任务圆满完成，为国防军队现代化建设做出了卓越贡献。整体经营质量稳步提升，营业收入由2018年的4.9亿元增长至2022年的8.5亿元，增长73%。庆华公司构建的安全生产管理体系核心内容得到兵器工业集团高度认可，成了兵器工业集团安全生产管理的基本遵循和科学方法。

（成果创造人：李党屯、代五四、矫劲松、刘海旭、刘伟国、
朱白璞、任正茂、牛高荣、武泽林、常　峰、乔伟民、段明军）

国有施工企业以可持续健康发展为目标的"心廉"文化体系建设

中铁五局集团有限公司

中铁五局集团有限公司（以下简称中铁五局）是世界 500 强企业中国中铁股份有限公司骨干成员企业，始建于 1950 年，企业主要从事国内外建筑工程投资、设计、施工及运营管理，拥有铁路、建筑、公路、市政工程等 7 项施工总承包特级资质。中铁五局现有员工 2.1 万人，下辖 18 个子分公司，年施工生产能力 1000 亿元人民币以上。中铁五局自成立以来，先后参加中国境内 170 余条铁路、320 余条公路及各地城市轨道、水利水电、市政公用、房屋建筑、机场码头、地下管廊等项目的建设，是中国基础设施建设的重要力量。

一、国有施工企业以可持续健康发展为目标的"心廉"文化体系建设背景

（一）清除企业管理痼疾，构建良好发展环境的需要

国有施工企业在以往传统的管理模式下，由于体制不健全、机制不完善、执行力不强，企业内部普遍存在靠企吃企、利益输送、关联交易、设租寻租等问题。对制度无法根治的问题，就需要运用企业文化来"心治"，而中铁五局"心廉"文化正是治疗"贪腐私欲之心"的一剂良方。通过推进企业"心廉"文化体系建设，筑牢员工拒腐防变的思想堤坝，有效清除深植于企业的"顽瘴痼疾"，从而为企业的可持续健康发展构建良好的发展环境。

（二）实施"文化强企"战略，助推企业可持续发展的需要

纵观国内外具有世界影响力的知名企业可以发现，其都拥有各自不同的企业文化。有效的企业文化是企业可持续发展的基石，是企业"基业长青"的法宝。中铁五局在推进企业廉洁文化建设的实践中，从 2012 年"修德律己、立廉兴企"廉洁理念的提出，到 2018 年"五心倡廉"活动的推广，再到 2022 年"心廉"文化体系的成熟完善，"廉动力"潜移默化地渗透到企业管理的各个环节，逐步被企业员工认可、接纳、发扬和传承，"心廉"文化逐步成为助推企业可持续健康发展的新动力。

（三）净化员工心灵，实现队伍风气持续向好的需要

在世界多极化、经济全球化和科技进步日新月异的新形势下，企业员工如果不注重加强自身修为，不常擦拭内心"浮尘"，就容易受到腐朽文化的侵蚀，出现理想丧失、信念动摇、心灵扭曲，继而产生"官僚主义、形式主义、享乐主义、奢靡之风"等"四风"问题。推进"心廉"文化体系建设，在企业上下深入传播廉洁文化理念，使之逐步成为全体员工的统一共识和行为准则，才能使企业员工正心修身、恪尽职守，在企业营造良好的干事创业氛围，汇聚蓬勃向上的正能量。

二、国有施工企业以可持续健康发展为目标的"心廉"文化体系建设主要做法

（一）立足企业实际，确立"心廉"文化体系建设总体思路

经过多年的管理实践，中铁五局确定把"心廉"文化作为中国中铁"开路先锋"文化的子文化进行全面系统深化建设，对"心廉"文化体系建设的总体目标、建设原则、主要路径进行系统设计。

1. 确立"心廉"文化体系建设的总体目标

中铁五局通过持续推进企业"心廉"文化体系建设，以廉润心、以文化人，从而将廉洁文化转化为根植于全体员工内心的尚廉修养、思廉善念和守廉自觉，形成了企业"心廉腐止、腐止业兴"的"心廉"文化体系建设总体目标，使"心廉"内化为员工的思维方式和价值追求，转化为员工干事创业的道德操守，从而保障了企业的可持续健康发展。

2. 确立"心廉"文化体系建设的主要原则

一是坚持继承发展、守正创新原则。"心廉"文化坚持在传承和弘扬中华传统廉洁文化、赓续和拓展中国中铁"开路先锋"文化的基础上，在企业发展的实践中实现了不断创新和发展。二是坚持标本兼治、心治为本原则。在规范管理、严格约束、强化惩防的同时，更加注重通过精神凝聚、价值引导和正向激励，使廉洁成为员工源自内心的价值理念。三是坚持文化治企、文化强企原则。始终坚持将助推企业治理效能提升、实现企业可持续健康发展作为"心廉"文化体系建设的出发点和落脚点。

3. 确立"心廉"文化体系建设的主要路径

一是建立完善中铁五局"心廉"文化理念体系，形成全体员工共同认可并遵守的价值追求和行为准则；二是建立公平合理的正向激励机制，形成企业健康向上的价值导向，激发员工"不想腐"的自觉；三是健全完善行之有效的惩防约束机制，强化权力约束，严肃惩戒纠偏，达到"不敢腐"和"不能腐"的效果；四是多途径、常态化开展宣传教育，使员工在耳濡目染中不断接受文化熏陶，最终实现全体员工"心廉腐止"，为企业可持续健康发展营造风清气正的生态环境。

（二）建立理念体系，丰富"心廉"文化内涵

中铁五局"心廉"文化理念体系主要包括愿景、价值观、行为准则和核心抓手四个方面的内容。

1. "心廉"文化愿景

中铁五局"心廉"文化愿景通过"双洁""三护""四优"建设，实现企业"心廉腐止、腐止业兴"。一是心灵纯洁、行为廉洁为"双洁"。"心灵纯洁"即企业员工要保持高尚的品德，守住做人的底线；"行为廉洁"即领导干部不断增强法纪意识和拒腐防变的自觉性，努力形成"廉洁勤政、廉政勤俭""以廉为荣、以贪为耻"的良好风尚。二是维护企业、保护自己、爱护他人为"三护"。"维护企业"即促进企业规范运行、廉洁建设、健康经营；"保护自己"即做到不违规、不违纪，廉洁奉公、恪尽职守；"爱护他人"即拒绝他人腐败和自身腐败就是对他人的爱护。三是工程优质、干部优秀、作风优良、效益优先为"四优"。"工程优质"即主体工程零缺陷，一次验收合格率100%，争创省优、国优；"干部优秀"即廉洁勤政、创造业绩的模范作用突出；"作风优良"即通过心廉文化的润泽，使全体人员在实践中反映具有中铁五局特色和品格的整体精神风貌；"效益优先"即弘扬盈利光荣、亏损可耻理念，实现项目效益最大化。

2. "心廉"文化价值观

中铁五局"心廉"文化价值观即"净心养性、廉信合一、业兴人和"，其之间是相互联系、层层递进的关系。净心养性是基础，廉信合一是要求，业兴人和是目的。

"净心养性"即始终保持心灵的纯净和宁静，不受贪欲、私心、名利等干扰，加强自身修养，心以清净、心纯生廉，提高拒腐防变的能力。"廉信合一"即廉洁与信念、信心、信誉是相辅相成、密不可分的，既要以廉洁树立信念、信心、信誉，也要通过信念、信心、信誉促进廉洁行为。将心廉理念、准则、工作方法融入日常工作中，融入日常行为中，融入家风建设中，使员工理想信念更加坚定，对企业发展更有信心，使企业更有信誉，同时自我坚定的信念、对企业的信心和信誉又促进自我更加廉洁。"业兴人和"即通过对"心廉"的知行合一，有力促进企风向上向善、干部作风不断好转、干群关系更加和谐，从而营造风清气正、气正心齐、心齐业兴的良好环境。

3. "心廉"文化行为准则

中铁五局"心廉"文化重在规范领导干部、职工群众和机关人员的行为准则。一是领导干部要清廉务实、修身齐家。"清廉"即严格遵守党纪国法，时刻把企业和职工利益放在首位；"务实"即对事业高度负责、注重实效、不务虚功，把企业各项决策、各项工作落到实处；"修身"即领导干部用廉洁、道德、法纪来修炼、培养浩然正气，打造"金刚不坏之身"；"齐家"即保持"家风"纯朴，家

风正，则作风优、政风纯。二是职工群众要恪尽职守、忠诚担当。"恪尽职守"是干事创业的基本要求，也是职业道德的基本精神；"忠诚担当"是职责要求，企业职工群众只有拧紧思想和行动"总开关"，才能端正心性、健康成长、成就事业。三是机关人员要廉洁奉公、高效服务。"廉洁奉公"即保持艰苦朴素、公而忘私的光荣传统，守纪律、讲规矩，不贪图享受、不计较个人得失；"高效服务"即服务客户、基层、职工要时间高效、质量优异、态度端正。

4."心廉"文化核心抓手

中铁五局"心廉"文化包含监督、执纪、问责、教育、从业、用权、作风和执行八个板块的核心抓手，每个板块各由子理念、使命、准则和态度四个方面的内容组成。一是监督。监督理念即让接受监督成为一种习惯；监督使命即让权力正确地运行；监督准则即依法、公开、公正、全面、全程；监督态度即严谨、公正、客观。二是执纪。执纪理念即严管就是厚爱；执纪使命即惩前毖后、治病救人；执纪准则即严格执纪、宽严相济、公正公开；执纪态度即零容忍、零懈怠。三是问责。问责理念即失责必问、问责必严；问责使命即捍卫法规法纪、维护企业利益；问责准则即严管和厚爱结合，激励和约束并重；问责态度即依规依纪、实事求是。四是教育。教育理念即让廉洁成为一种共识和习惯；教育使命即警钟长鸣、防微杜渐；教育准则即内容积极向上、职工喜闻乐见；教育态度即教育耐心、理念入心。五是从业。从业理念即肯干事、干成事；从业使命即幸福五局、廉洁五局；从业准则即敦本务实、追求精品；从业态度即爱岗敬业、守正创新。六是用权。用权理念即公私分明、克己奉公；用权使命即为民用权、为公用权；用权准则即秉公用权；用权态度即公私分明。七是作风。作风理念即荣耻分明、风清气正；作风使命即让工作落地、为群众服务；作风准则即主动作为、务实实干、严谨细致、忠诚干净；作风态度即树善学善思之风、树担当作为之风。八是执行。执行理念即令行禁止、快速高效；执行使命即勇担当、强作为、当先锋；执行准则即不推诿、不扯皮、不拖延；执行态度即严谨、公正、客观。

（三）坚持心治为本，健全"心廉"文化激励机制

近年来，中铁五局通过建立差异化薪酬分配机制和专项考核机制，严肃考核、刚性兑现，使企业员工的劳动和付出得到充分回报，有效消除贪腐杂念；通过建立以德为先的用人机制、树立"重实干、重业绩"的用人导向，通过认真践行"三个区分开来"、建立健全激励担当作为的容错纠错机制，充分调动员工干事创业的热情和动力，激发员工"不想腐"的自觉。

1.建立差异化薪酬分配机制

中铁五局通过建立差异化薪酬机制、优化绩效考核机制和严格考核兑现，实现员工收入高低与岗位业绩密切关联，彻底解决以往"干多干少一个样、干好干坏一个样"的收入分配"大锅饭"问题，使全体员工明白"贪腐一块钱，企业必将损失十块钱，但其中通过考核至少有两块钱是员工个人的损失"的道理，有效建立了员工"不想腐"的屏障。一是建立差异化薪酬机制。中铁五局针对生产性公司、房地产公司、多元单位、酒店等不同分子公司的类别和特点，建立差异化考核分配体系，分类实行年度和任期经营业绩考核，根据考核结果确定单位主要负责人绩效薪酬标准；对区域指挥部和经营性分公司实行营销业绩考核，根据考核结果确定主要负责人年度绩效薪酬及奖励；对局、子分公司两级经理层成员和非经理层成员实行年度、任期经营业绩考核，差异化确定绩效薪酬标准；对局、子分公司两级本部员工实行季度和年度绩效考核，根据企业新签合同额、营业收入、安全质量及员工本人工作质效确定绩效薪酬标准。对项目部实行绩效薪酬总额包干制，由项目部按照"总额包干、自主分配"的原则，实行内部考核分配。同时，对项目部推行全额风险抵押、模拟股权和全员风险抵押三种新型项目经济承包模式，在岗薪制和年薪制基础上实行超额利润分成。通过对不同群体、不同组织建立差异化薪酬制度，实现职工收入由"大一统"向以业绩为导向的区别化、差异化转变。二是建立专

项考核机制。以强化全过程、全员、全要素、全环节、全产业链"价值创造、降本增效"为目标，以构建层级纵向穿透和系统部门横向融合工作机制为导向，系统建立专项考核制度办法，主要包括现金流自平衡、二次经营、项目履约、安全质量、重要节点等专项考核，分别设立专项奖励。三是严肃考核和刚性兑现。2018年以来，中铁五局对639个完工项目进行超额利润目标考核，其中超额完成利润指标项目222个，考核奖励24731万元；基本完成利润指标项目417个，包括考核奖励项目79个，奖励7409万元；考核罚款项目187个，处罚4461万元；考核不奖不罚项目151个。

2. 建立以德为先的用人机制

近年来，中铁五局彻底革除以往"论资排辈"的用人陋习，坚持"德才兼备、以德为先"的用人原则，大力选拔敢于负责、勇于担当、善于作为、实绩突出的干部。例如，重用为企业做出突出成绩的干部，将评为局"十大优秀项目经理"的人员列为重点人选优先推荐考察。大力选拔在高海拔、高寒、重难点项目、海外地区做出突出贡献的干部。同时，进一步严把领导干部选用的廉洁审查关。中铁五局通过建立领导干部廉洁档案，对企业副科级以上领导干部实行廉洁档案管理，将廉洁档案作为干部推荐、选拔、任用及考核评价、业绩评定和评先评优的重要依据，对廉洁问题实行"一票否决"制，树立"业绩为重、廉洁为本"的用人导向。

3. 建立尽责担当的容错纠错机制

中铁五局认真践行"三个区分开来"，坚持把执纪问责与大胆保护干部相结合，对查实问题的责任归属严细区分，杜绝"一刀切"式的大范围追责问责，对存在个人违规违纪问题的给予严肃惩处，对一心为公、无意过失的给予宽容和理解，从而有效保护了企业员工的工作热情。同时，为鼓励企业经营管理人员担当作为、干事创业，建立健全容错纠错机制，宽容在经营投资中的偏差和失误，激发企业的改革创新活力，服务企业高质量发展，中铁五局制定《经营投资免责事项清单及实施办法》，从开展投资业务、深化企业改革、实施创新驱动发展战略等9个方面，明确单位和个人在工作中履职尽责、规范作为、担当进取，但受客观条件限制未能实现预期目标或出现失误和偏差，依规依纪依法免予追究责任或从轻、减轻追究责任的事项清单。

（四）着力行为约束，健全"心廉"文化惩防机制

中铁五局通过做到"四个精准"，把好关键岗位廉洁关口；通过健全完善监督体系，构建大监督工作新格局；通过严肃惩戒纠偏，营造风清气正文化氛围，实现"不敢腐"和"不能腐"的效果。

1. 加强风险防控

人、财、工、机、物等权力、资源聚集的岗位是廉洁问题易发多发的关键点，为有效防范关键岗位廉洁风险，堵塞管理漏洞，中铁五局以打造"廉洁五局"为目标，以"简单、实用、高效"为原则，做到了关键岗位廉洁风险防控"四个精准"。一是精准查找关键岗位人员廉洁风险点。要求局、子分公司和项目部关键岗位人员，重点聚焦近年来易发多发的共性问题，每年年初全面梳理、深入查找自身岗位存在的廉洁风险。二是精准梳理重点职能部门监督清单。由局和子分公司两级重点职能部门根据重点管控事项和相关红线、底线管理要求，全面梳理职能监督工作清单，制定切实有效的防控措施。三是精准压实防控责任。要求局和子分公司两级重点职能部门紧紧围绕分包管理、验工结算、物资设备采购与管理、财务管理、招标管理和选人用人等关键环节，精准施策，层层压实防控责任。四是精准进行问题处置。由重点职能部门负责督促问题的整改闭合，形成监督问题整改验收单备查，各级纪检组织负责履行再监督职责，不定期对重点职能部门开展相关工作情况抽查，督促职能部门落实好防控责任。

2. 强化过程监督

近年来，为最大限度发挥监督合力，中铁五局积极探索监督工作新方式，通过健全完善监督体

系，构建大监督工作新格局，为进一步提升企业治理效能提供有力保障。一是"多维式"打造监督平台。制定《中铁五局构建大监督工作格局实施办法》，在明确各监督主体相关工作职能的基础上，建立纪检、巡察、审计、群众、舆论、职能及外部监督各主体之间协调推动、资源整合、计划共商、信息互通及成果共用等五项工作机制，实现监督工作优势互补、信息互通、协同互通。同时，为更好发挥职能部门及企业员工的监督作用，鼓励全体员工在日常工作及专项活动中切实维护企业利益，防止并最大限度挽回企业经济损失，中铁五局制定《挽回经济损失奖励办法》，对挽损有功人员给予奖励，形成更加有效的监督合力。二是"沉浸式"营造监督氛围。通过扎实推进"心廉驿站"建设、开展"吾心倡廉"活动、印发"心廉"文化系列丛书，有效增强员工主动接受监督的自觉。三是"推磨式"解决监督顽疾。对屡改屡犯的"顽瘴痼疾"，通过经常性开展排查整顿，反复"打磨"，直至彻底清除。四是"穿透式"强化监督力度。中铁五局通过转变以往"一阵风"式的传统监督方式，建立事前预防、事中纠偏、事后追责的全方位、全过程"穿透式"监督新模式，显著提升监督工作成效。在监督方式上，做到穿透企业治理全链条，穿透项目管理全周期。在监督要求上，做到穿透现象看本质，穿透人心强震慑。

3. 严肃惩戒纠偏

中铁五局通过建立健全纪律审查相关制度，严格执行纪律，强化精准问责，从而厚植"心廉"文化体系建设沃土，营造风清气正文化氛围。一是健全纪律审查制度。出台《问题线索管理、案件审查报告实施办法》《纪律审查工作实施细则》，建立"过程送审、办结终审"的审核制度，对问题线索处置、定性量纪提出更加严格的时限和质量要求，确保执纪质量和效率。二是严格执行纪律。一方面对违纪人员严肃追责，近年来共立案185件，给予党纪处分90人次，政纪处分168人次。同时在过程中注重将法纪教育贯穿其中，使"不想腐"的思想自觉进一步提高。另一方面严格实施"一案双查"，对问题严重、多发的组织负责人进行严肃问责，"问责一人，警醒一片"的效果明显。三是精准追责问责。始终保持严的主基调，坚持有案必查、办案必严、量纪必准，追责问责过程中充分考虑错误性质、情节后果和主观态度等因素，做到定性准确、量纪恰当，充分体现纪律的严肃性与公正性。四是建立案件即时通报制度，对具有典型性和代表性的案件，在办理完结后及时警示通报，做到以案明纪、以案为鉴、以案促改、以案促治，为"心廉"文化体系建设"培土施肥"。

（五）注重修身正心，强化"心廉"文化的保障举措

中铁五局在"心廉"文化体系建设的实践中，通过持续深入推进"疏心""润心""警心"三大工程建设，使企业员工在耳濡目染中接受"心廉"文化的熏陶，在潜移默化中得到心灵的洗礼，逐步营造人人思廉倡廉的浓厚氛围。

1. 建设心廉驿站，实施疏心工程

中铁五局结合工程项目点多线长、人员高度分散的实际和现场人员违规违纪问题易发多发的特点，在项目部创新开展"心廉驿站"建设，实施"疏心"工程，帮助企业员工答疑解惑、疏导负面情绪。一是明确建设总体要求。对重难点工程项目或项目规模10亿元以上、工期2年以上、员工总数200人以上的工程项目，应建立"心廉驿站"。二是明确"心廉驿站"应与项目管理同部署、同规划、同实施。三是明确"心廉驿站"建设实施主体。由项目党工委牵头，纪工委具体负责组织实施。四是统一"心廉驿站"建设主要内容及标准。项目"心廉驿站"在面积及规模方面应满足20名以上员工同时观摩学习，在内容及功能设置方面应包含书刊阅览、画册展示、影像播放、专题授课及"心廉"咨询等五项"廉洁元素"。

2. 丰富宣传载体，实施润心工程

中铁五局在传统集中宣教的基础上，通过"四个结合"不断创新宣教工作新载体、新方式和新途

径，使廉洁教育工作取得新实效。一是集中宣教与促膝深谈相结合。中铁五局将"心廉"文化纳入各单位组织集中培训教育的"必修课"，通过组织员工现身说法分享廉洁故事和心廉学习感悟，提升全体员工对"心廉"文化的认知。二是线下园地与线上阵地相结合。中铁五局通过在工程项目打造"育廉园地""防微园""育廉长廊"，使员工在寓教于乐中涵养"心廉"，同时利用互联网平台高效、便捷的优势，创新建立以实时传播企业"心廉"文化为主要内容的"吾心倡廉"微信公众号，开辟宣教月工作动态、心廉专栏和学习园地等板块，实时分享企业"心廉"文化建设成果。在中铁五局网站设立廉洁文化建设专栏、制作《廉洁文化建设简报》，实时报道廉政建设工作动态。三是创新形式与丰富载体相结合。通过常态化开展以"公约明廉、驿站保廉、主题宣廉、图文说廉、家庭促廉、歌曲唱廉、长廊涵廉"等为主要内容的"吾心倡廉"活动，编制廉洁书画、制作廉洁教育微视频、举办"心廉"文化建设成果巡回展等多种新形式，为企业员工"启智润心"打造丰富的教育载体。

3. 开展警示教育，实施警心工程

中铁五局围绕项目管理中出现的问题和风险点，利用警示教育，精准发力、系统发力，打造"心廉"新阵地。一是高位谋划推动。每年年初和年中召开党风廉政工作暨警示教育大会，深入分析企业当前党风廉政建设新形势、新特点，结合企业实际进行工作部署。二是开展现场警示教育。2018 年以来，中铁五局各级单位组织企业员工参观廉政教育基地 200 余次。三是组织观看警示片。2020 年以来，中铁五局结合企业案例先后拍摄《正风肃纪永远在路上》等警示教育片 5 部，用身边事、身边人警示教育全体员工，用鲜活的反面案例引导员工知敬畏、存戒惧、守底线。

三、国有施工企业以可持续健康发展为目标的"心廉"文化体系建设效果

（一）"心廉"致腐止，文化氛围更加健康团结

随着"心廉"文化的发展完善，其不断融入企业文化、融入中心工作、融入深化改革、融入员工日常，企业良好的文化氛围逐渐形成。一是企业文化更加丰富强劲。"心廉"文化进一步丰富了"开路先锋"精神文化，成了企业文化的重要组成部分。二是领导团队更加勤勉团结。领导团队的大局意识、协作精神、决策能力和服务水平不断提升，头雁作用逐渐凸显，员工对领导团队每年的满意度测评分达 90 分以上。三是干事氛围更加健康向上。通过严把选人用人政治关、品行关、作风关、能力关、廉洁关，树立"优秀者优先、有为者有位"的鲜明选人用人导向。

（二）"心廉"助业兴，企业发展更有质量效益

通过"心廉"文化建设，权力不敢任性，被关进制度笼子，进一步堵塞了管理漏洞，防范和化解了企业风险，保障了企业发展持续健康、蹄疾步稳。一是完善了内控制度。近两年企业在"心廉"文化活动中，积极堵塞管理漏洞，促成了风险管理长效机制，立、改、废内控管理制度共 122 项，形成科学高效便捷的工作机制 37 项，有效提升了现代企业治理能力和治理水平。二是强化了工作执行。企业重大决策部署和制定完善的制度是在"心廉"文化影响驱动下，员工共同意愿的集中体现，得到了员工普遍认同和严格遵守，有效防止了制度执行中打折扣、搞变通、政策和制度效果层层衰减的情况。三是防范了经营风险。近两年，在"心廉"建设中开展亏损项目治理及各专项治理，为企业挽回大量损失。同时，员工自发自觉发挥"心廉"主观能动性，有效避免企业成本增加，推动企业管理水平优化和管理方式改善，提高了企业效益。

（三）"心廉"促人和，员工面貌焕发精神活力

通过推进"心廉"文化建设，企业员工不断在"心廉"文化中正心修为，"心廉"文化逐步融入中铁五局人"血液"，成为全体员工的价值追求和行为准则，员工也实实在在从"心廉"中得到实惠。一是自觉做好奉公正己。"心廉"文化使员工廉洁自律，规范化行为，自觉抵制不道德、不廉洁的行

为。二是生活作风健康清爽。讲阔气、比排场等奢靡享乐之风被有效遏制，打牌赌博等低级趣味被阅读、健身等文明新风所取代，离酒桌、牌桌远了，离家人和健康更近了。三是个人收入稳步增长。员工主动从利人利企的角度去干工作，加大了彼此的关心与协作，员工的工作质量和效率显著提升，员工也实现了从中受益。

（成果创造人：张建强、蒲青松、田　波、赵　昕、姜永中、林锦祥、
骆高发、唐亚国、罗　丽、龚小标、熊锦阳、陈　明）

极寒天气下确保电力安全供应的高质量运维管理

国网黑龙江省电力有限公司

国网黑龙江省电力有限公司（以下简称国网黑龙江电力）是国家电网有限公司全资子公司，承担着建设、运行、维护黑龙江电网和全供电区安全可靠供电的任务。公司供电面积47万平方公里，占东北供电区域总面积的58.3%，服务各类客户1810万户，供电人口3185万。直接管理单位33个，其中地（市）级供电企业18个，合资公司4个，全口径用工5.1万人。2022年，售电量完成997.07亿千瓦时，同比增长3.07%；资产总额683.23亿，资产负债率73.62%；职工劳动生产率27.03万元/人·年。黑龙江电网以500千伏为主网架，南部通过4回500千伏线路与吉林电网相连，西部通过6回500千伏线路与蒙东电网相连，北部通过中俄500千伏直流背靠背与俄罗斯电网互联。电源集中在东部电网，负荷集中在中、西部电网，省内电力潮流呈"东电西送"格局，省间电力潮流呈"北电南送"格局。全网共有500千伏变电站19座、220千伏变电站152座。500千伏线路53回、总长7188.1千米；220千伏线路543回、总长16891.9千米。全省发电装机总容量4070万千瓦，系统最大负荷1721万千瓦。

一、极寒天气下确保电力安全供应的高质量运维管理背景

（一）提高电网应对极寒恶劣环境能力的迫切需要

近年来，黑龙江大部地区频繁出现雨雪冰冻等极端天气，例如，2023年1月，大兴安岭地区就出现了自我国有气象记录以来 −53℃的最低温度。黑龙江各地区电网通常导线覆冰厚度处于20～50mm区间，面对极端雨雪冰冻灾害天气的威胁和冲击，容易出现线路故障增多、户外终端设备故障跳闸、断路器低温越级跳闸、线路倒杆、断线等现象，再叠加供电区内老旧设备占比高、现有农网配电线路老化、抗灾能力差、安全隐患多的现实问题，更容易发生线路停运乃至重特大安全事故。为有效应对极寒天气对电网安全运行的冲击，国网黑龙江电力构建了新型区域电网高质量运行维护体系，强化对极端天气的监测和预警，不断提高区域电网的抗灾能力和应急响应能力。

（二）保障电网安全生产平稳有序的必然要求

电力在保障城市生产安全方面发挥着至关重要的作用，然而预计到"十四五"末，黑龙江全省最大负荷将达2357万千瓦，新能源装机容量将达2650万千瓦，综合考虑火电装机疲软、就地消纳能力有限、电力外送能力不足、系统调节能力不强等叠加因素，在迎峰度冬大负荷期间，电力平衡裕度不足50万千瓦，原有电网运行管理体系无法应对极寒天气负荷增长、新能源发电能力突降及机组非停等特殊情况下的电网安全、稳定运行、可靠供电的需求。面对电力保供和新能源消纳双重压力，国网黑龙江电力急需构建电网高质量运行维护体系，切实保障居民生活、重要企业和用户电力可靠供应，确保电网安全稳定运行。

（三）迈出高质量发展实质性步伐的重要举措

国网黑龙江电力践行新发展理念，以更高站位、更高标准、更严要求，坚决守牢大电网安全生命线和民生用电底线，通过建立极寒天气条件下的电网高质量运行维护体系，最大限度应对极寒天气给电网带来的风险与挑战，牢固树立经营理念，持续优化经营策略，促进价值观念、经营意识向业务前端延伸、向基层末端渗透，从而形成提质增效合力，有力促进企业高质量发展。

二、极寒天气下确保电力安全供应的高质量运维管理主要做法

（一）开展顶层设计，构建电网极寒天气下运维管理体系

1. 成立工作领导小组，明确具体岗位职责

国网黑龙江电力 2021 年成立了由公司一把手任组长的供电服务保障工作领导小组，下单独设置雨雪冰冻灾害应急专项小组，负责与气象、应急等政府部门沟通协作，包括向地区政府有关部门、国网公司等上级单位报告应急相关情况、向社会披露应急信息等重要协同事项，确保应急响应工作的顺利进行。该小组主要包括综合协调组、应急抢险组、信息宣传组、物资保障组，各成员部门按照职责开展相应工作。

2. 构建指挥工作机制，常态开展灾害排查

制定完善《电力突发事件应急响应工作实施细则》，明确雨雪冰冻灾害应急处置指挥机制，常态做好气象预警信息收集、天气形势及冰情预测预报工作，向各级单位发布预警，提出应急响应工作要求。组织省、市、县三级公司在响应期间强化应急值班值守，严格执行领导干部到岗带班和重要岗位24 小时值班制度，相关人员不得缺岗、漏岗。同时围绕应对和处置因雨雪冰冻灾害造成的电网设施设备较大范围损坏或重要设施设备损坏事件，落实属地为主、分级负责、专业主导、协同应对的要求，做到快速反应、高效应对、有序处置，最大限度降低事件损失和影响。

3. 聚焦极寒资源禀赋，确立运维实施路径

国网黑龙江电力提出"准备—深化—反应—预防—保障（PDRPS）"极寒闭环管理模型，以提高电力系统的抗灾能力为指引，以保障民生安全供电为目标，以降低和避免极寒天气给电网带来的损失为落脚点，构建准备阶段"抗寒"、深化阶段"耐寒"、反应阶段"御寒"、预防阶段"防寒"、保障阶段"抵寒"的一体化确保电力供应安全的高质量运行维护体系。

（二）优化设备改造，提高设备安全"抗寒"处置能力

1. 优化变电运维模式，提升变电设备抗寒能力

利用站内高清摄像头、机器人、无人机等技术手段打造天地一体联合巡检模式，针对高寒地区特性，开展极寒天气下低温飞行论证并制定飞巡策略，制定《变电站无人机巡检技术规范》，全方位提升设备运行状态日常巡视和监控能力，及时发现极寒天气下设备缺陷隐患。解决电源器件、行驶部件、观测器件、定位器件等关键元器件在极寒天气下可靠性问题，提高机器人连续巡检和极寒天气的应对能力，大幅提升巡检出勤率。严格按照变电"五通"中关于全面巡视的要求，对装配不可调温控器的断路器，当温度下降至启动值时，开展一次专项特巡。迎峰度冬前对液压机构断路器机构箱和罐式断路器本体加装保温罩。

2. 加强技术研究应用，防范 SF_6 气体低温液化

受极寒天气影响，断路器容易出现因 SF_6（六氟化硫）气体液化导致的低气压告警或闭锁情况，针对该类问题，国网黑龙江电力加强 SF_6 断路器防低温液化新技术研究应用。研究明确了伴热带、温控器等元件损坏，加热装置功率不足，温控探头安装位置不合理，加热装置启动温度设定不合理，瓷柱式 SF_6 断路器因本体无加热装置等 5 类 SF_6 气体液化主要原因。通过理论研究和仿真模拟，在瓷柱式断路器传动箱部位加装电热器，利用热传递、热对流原理，解决极寒天气下 SF_6 气体低温液化问题。在伴热带控制回路中加装电流采集装置，通过对电流和环境温度的采集和逻辑判断，使运维人员通过上位机系统直观了解伴热带运行状况，及早发现设备缺陷。

3. 输电铁塔抗冰改造，防范线路铁塔结冰破坏

组织专家小组开展研讨，通过与力学教授共同研究水结冰时对输电线路铁塔的破坏作用，结合实践工作的分析与总结，围绕水成冰对铁塔破坏力的影响因素开展定性分析，制定预防水结冰对铁塔产生破坏力的措施。对处于水区内浸泡区段的线路进行改造,制定永久改造方案,从根本上解决铁塔冰冻的问题。

（三）加大技术驱动,提升输配线路"耐寒"自主能力

1. 攻克冻土施工难题,提升输变电工程建设质量

黑龙江送变电工程有限公司重点科技项目研究组,以 220 千伏塔河—漠河输电线路工程所在大兴安岭地区的多年冻土层为研究对象,围绕在工程作用下会引起的多年冻土上限下移、地下冰融化、多年冻土温度升高等现象,深入研究冻土施工方法。在多年冻土区工程采取标准化的装配式杆塔基础施工技术,包括加工制造、运输、基础开挖、装配、防渗、回填等施工措施,实现输电线路杆塔基础工厂化加工,减少施工过程对多年冻土层产生的破坏,减少现场人工作业量和作业工序。

2. 自研冻土监测装置,增强架空输电线路隐患排查

国网黑龙江电力电科院根据近 50 年黑龙江省冻土区划及冻土变化制定黑龙江省季节冻土标准冻深区划图,根据区划图界定不同的线路隐患风险等级。为了应对不同输电线路基础型式在不同地质环境中的土壤冻融应力差异,针对不同土壤类型、土壤含水量及不同深度土壤成分开展应力分析,监测装置可实时将架空输电线路基础受季节冻土应力变化数据传送至该预警系统,当监测数据与模型预设数据不匹配时,预警系统就会告警提示团队人员复核,通过人员到达现场典型杆塔点位进行开挖人工复核并确认存在基础隐患后,可借助该预警系统向运维检修人员发送预警短信,检修人员可依据预警短信的相关数据锁定异常杆塔范围,组织运维人员现场检查并消除缺陷隐患。

3. 攻克极寒巡检瓶颈,提升变电站智慧巡检质量

国网大兴安岭供电公司自主研发高寒新型智能巡检机器人,帮助运维部门降本增效,有效保障设备和人身安全。成立技术攻关小组,推动机器人升级换代。EPTC（电力机器人专委会）组织成立极寒地区变电站巡检机器人可靠性提升技术攻关小组,国网黑龙江电力协同多家攻关组成员单位,推动技术实现和实机研发试用。开展极寒功能调研,梳理问题清单。组织实地测试,提升极寒运行指标。开展极寒特巡,及时发现缺陷故障。

4. 推进输电智能运检,提高线路覆冰排查质效

国网齐齐哈尔、大庆供电公司通过固化输电线路覆冰观测及基础冻胀排查工作流程,有效发现潜在安全隐患和提高输电线路的耐久性。开展防寒减灾物资检查,明确巡视装备清单,应用配网自动化监测系统,组织开展电缆设备专项巡视,利用 AR（增强现实）技术助力现场检修。

（四）健全应急体系,增强突发事件"御寒"响应能力

1. 开发应急指挥系统,实现应急管理线上管控

开发系统平台,赋能应急管理。开发新一代应急指挥系统应用,建成监测、预警、响应、管理、资源及值班 6 项功能模块、78 项子模块,集成自然环境监测、预警响应管理等 22 项核心功能。对标极寒任务需要,加大应急设施配备。配置布控球 1116 个、单兵设备 1996 个、移动应急指挥箱 19 台、卫星电话 58 部等设备,实现突发现场视频第一时间互联互通和连线会商,确保全方位、无死角回传现场图像信息,提升应急可视化能力。

2. 完善应急预案体系,实现突发事件有章可循

健全公司"1+29"应急预案体系,滚动修订完善《国网黑龙江省电力有限公司雨雪冰冻灾害应急预案》,开展重大风险源辨识分析和应急资源排查,组织大面积停电、雨雪冰冻等应急预案合规性检查,规范应急处置标准化流程,提升应急预案科学性、指导性和可操作性。常态开展应急能力建设评估及"回头看"复查,以应急预案、应急制度、应急机制为核心,采取静态评估和动态评估方式,将启动宣贯、建设自评、专家复查评、审查报备、整改提升各阶段工作落到实处。制定常态化应急值班

机制。开展三级单位常态化应急值班，预警响应期间增加值班力量，严格执行常态化值班工作规范，做好日常、预警、响应三种值班模式管理，加强各级应急指挥中心运维保障。

3. 强化应急调度管控，实现指挥决策科学精准

在极寒天气时，通过合理优化调度值班力量，做好备班支援统筹安排工作，安排专业处室开展应急值班，同时向各地市公司下发关于做好极寒等恶劣天气下电网调控运行管理工作的通知，协同做好专业技术支撑。完善调度预案体系，建立"4+8"预案体系，编制《断路器大规模闭锁应急处置专项预案》，加快开关闭锁处理进度，减少其对电网安全稳定运行的影响。面对大面积、复杂的电网故障，省地公司调度协同处置，强调事故报送的及时性，优化事故处置流程，减少处置时间，防止连锁性事故发生，防止事故扩大，保障零差错处置电网事故、异常及缺陷。加强极寒天气下电煤管理工作。面对气温大幅降低、负荷不断创新高等形势，国网黑龙江电力要求各电厂提前与煤炭企业协调，持续做好电煤稳定供应，加强机组运行管理。

4. 加大应急演练力度，提高应急救援实战水平

国网黑龙江电力成立应急演练指挥部，负责演练的组织、协调、检查和指挥工作。统筹制定全年应急演练计划，组织开展 2022 年迎峰度冬暨雨雪冰冻灾害应对应急演练，全方位、多层次、宽领域、立体化检验各部门协调统一、规范有序开展防冻融冰跨区域联合应急处置及电力抢修恢复供电的能力，实现老新人员点对点、多对多的传帮带效应。增加演练的复杂性和真实性。国网黑龙江电力以电网线路发生雨雪冰冻灾害为主线，分为应急预警、启动响应、应急响应、响应结束四个阶段，模拟多种可能的电力事故情况，全面评估总结演练经验教训。牢固树立"防雨雪、抗大灾、打硬战、保电网"的强烈意识，建立与国网防灾减灾中心联动合作机制，密切跟踪供水、供暖、供气等城市"生命线"冬季供电需求，强化城市"生命线"供电保障，为今后的应急救援工作提供参考和借鉴。

（五）强化源头防范，细化区域电网"防寒"系列措施

1. 实施电网风险预警，推动安全关口前移可控

推进电网风险预警标准化预控，实现电网风险防御向事前预控转变。编制下发《国网黑龙江电力有限公司电网运行风险预警评估、发布工作实施细则（试运行）》，印发《关于建立电网运行风险预警管控会商机制的通知》。地市公司遵照"先降后控"原则，主要会商采取各种预控措施和手段，实现电网风险降等级、控时长、缩范围、减数量，降低事故概率和风险影响。省公司根据地市公司会商情况报告，进一步会商审核施工检修方案及电网运行方式，确保做准、做实电网风险评估结果。结合 500千伏设备年度检修计划，省网春、秋预试停电计划和月度检修停电计划，对重特大电网方式变化提前开展安全计算校核工作，将校核结果进行电网安全风险定级，提前一周向相关地区供电公司和发电企业发布电网运行风险预警通知单。印发《关于进一步强化安全风险管控督查工作的通知》，对相关单位每周电网风险评估定级审核、管控措施制定、督查工作安排及下属单位风险管控工作部署是否到位等情况，以视频会议抽查的方式开展督查，督促各单位在电网风险预警实施前完成问题整改。

2. 加大安全隐患治理，根除电力安全事故诱因

严格落实《电力行业重大隐患判定标准》和《国家电网有限公司安全隐患排查治理管理办法》，强化电网设备防寒安全隐患排查治理，提升设备本质安全水平。突出"超前管理、突出预防"的管理理念，推动安全隐患"标准化排查、清单式治理"，建立安全隐患排查治理责任追溯机制。出台《安全隐患排查治理过程考核实施意见》，建立隐患排查治理责任追溯机制，实施过程考核和精准问责，确保隐患排查治理工作机制落地，激发专业部门、基层一线树立隐患排查治理的主观能动性。

3. 优化负荷预测模型，提前研判电力供需形势

持续迭代算法模型。结合极寒天气情况下历史经验数据，综合分析未来负荷变化趋势，对预测的

负荷与实际进行比对、分析、调整、优化、再预测闭环加以修正，以提高预测准确率。提前研判电力供需形势。及时开展针对极寒天气的日前负荷及新能源预测，动态滚动更新供需形势研判，对预测极寒天气等因素导致的电力供需不平衡形势，提前制定电网防寒措施和保供要求。

4.统筹电网方式安排，保障电网安全裕度充足

开展电网方式校核分析。针对极寒天气下电网运行特性，加强运行方式滚动校核分析工作，提前研判电网发展形势。开展年度、冬季、月度电网方式编制工作，分析梳理电网薄弱环节，特别对重载断面、重载元件提前制定稳定控制措施，切实发挥运行方式指导作用。统筹电网方式安排。针对冬季负荷快速增长，设备运行环境复杂特点，细化、优化电网运行方式。深入分析极寒天气下有关设备停电风险，周密制定安全稳定控制措施，科学合理安排电源开机，兼顾电力可靠供应和新能源消纳最大化。同时做好重要输电通道和重载设备潮流水平控制，全力保障电网主网运行和地区供电、供热安全稳定。

（六）夯实基础建设，强化供电服务"抵寒"保障作用

1.深化平台建设，推动电力气象数据共享

针对不同应急抢险场景需求，快速定制特有抢险救灾功能模块，迅速满足抢险一线工作开展需求。开展推进电力气象故障数据库建设，深化电力气象风险管控及能源气象大数据场景化应用等研究，为电网恢复、电网安全稳定运行保驾护航。例如，山区出现大到暴雪时，黑龙江气象部门向供电公司滚动发送气象数据表格，包括城区、高山区主要气象站点的降水量、积雪深度、气温等天气实况监测和预报数据，国网黑龙江电力根据表格，合理安排抢修队伍开展故障抢修工作，有效保障生产生活用电。

2.强化多方联动，提升应急支援响应效率

遇到极端天气过程，加密监测预报，滚动研判灾害性天气发展态势，及时提醒相关地方政府做好防范应对工作，面向社会公众发布气象预警信息，提前做好防灾避险准备。强化与气象、应急等政府部门沟通协作，建立国网黑龙江防灾减灾中心，按照"分级预警、分层管控"原则，健全监测预警机制，发生蓝色以上预警后及时展开应急响应。重新修订《公司应急响应实施细则》，创建应急响应"挂图作战"模式，明确指挥部组建、远程视频会商、值班值守、信息报送等7项措施，确保一地受灾多地支援，确保信息传递畅通。与黑龙江省应急管理厅签订应急救援协同行动备忘录，与国网辽宁、吉林、蒙东电力公司健全"三省一区"应急救援协调联动机制。

3.加强资源筹备，提升应急物资供给效率

定期开展黑龙江地区自然极寒灾害综合风险普查，建立分类型分区域的极寒灾害综合风险基础数据库，编制极寒灾害下电力运行综合风险图和防治区划图，推进救灾物资储备库新建和改扩建工作，重点在易发生重特大自然灾害区域增设救灾物资储备库。每年秋冬季前开展防寒减灾物资检查，提前调试融冰装置，提前调拨防灾物资、增加10千伏大功率应急发电车，在发生单电源配电线路或电缆故障时能够有效满足大负荷重要用户和居民小区等供电应急需求。

4.加强舆情监测，积极回应社会群众关切

各单位及时统计设施设备损失情况，会同相关部门核实、汇总受损情况，在预估损失金额后，按保险公司相关保险条款理赔。雨雪冰冻灾害应急处置领导小组办公室组织调查收集灾情详细资料，研究灾害事故发生的原因，提出具体抗灾减灾对策、措施及加强电网运行维护的工作建议。编制实施防灾减灾救灾教育培训计划，加强资源整合和宣传教育阵地建设，推动防灾减灾科普宣传教育进农村、进社区、进学校、进家庭工作走深走实。组织开展多种形式的防灾减灾知识宣传、警示教育和应急演练，形成稳定常态化机制。

三、极寒天气下确保电力安全供应的高质量运维管理效果

（一）极寒地区恶劣环境的应对能力稳步提升

截至 2022 年年底，国网黑龙江电力全面完成 1519 项安全隐患整改，完成 9 座变电站一键顺控改造和 4 条智慧线路建设，500 千伏线路实现无人机自主巡检全覆盖；组织开展 8 次应急演练，发布电网风险预警单 35 份，制订临时运行控制规定 63 份，修编电网事故预案 492 份。2022 年，黑龙江省全口径地区平均供电可靠率 99.8499%，同比增加 0.0268 个百分点；系统平均停电时间 13.15 时 / 户，同比减少 2.35 小时 / 户；全省预安排停电影响时户数 154.09 万时户，同比下降 41.57%。电压合格率方面，城网和综合电压合格率分别从 2017 年的 99.98%、99.717% 提升至 2022 年的 99.99% 和 99.817%。

（二）有力保障了黑龙江地区经济生产平稳运行

组建了电力应急抢险队伍 715 支、抢险队员 7980 人，应急救援基干队伍 92 支，基干队员 1505 人。配备了应急发电车 46 台、应急发电机 285 台、移动融冰车 3 台、便携式融冰装置 30 台、全地形抢修车 20 台、高压绝缘试验车 15 台和移动式箱变车 2 台，有效满足了各类突发事件应急处置和重大政治活动保电的工作需要。新型智能巡检体系有效缓解了东北高寒地区冬季运维不便的问题，显著提升雪雨冰冻等灾害电力抢修保供能力。各地市平均电网故障汇报时间从 22 分钟（2020 年及以前）缩短至 14 分钟，线路强送时间由 20 ~ 30 分钟有效缩短至 10 分钟左右。

（三）有力推进了企业高质量发展走深走实

2022 年，通过采用新型智能巡检技术和机器人代替人工巡检等方式，有效节约工作时长 2124 小时，节约人工成本 53.48 万元。国网黑龙江电力获得 2023 年黑龙江省发展和改革委员会有关《2022—2023 年迎峰度冬能源保供工作》的表扬信；自 2022 年以来，已有 30 余个抗寒事迹先后在人民日报、黑龙江日报、新华社、央广网、黑龙江电视台等央级媒体得到了广泛宣传和报道，为社会公众了解和理解极寒环境下的电力保障工作提供了一个窗口。

（成果创造人：鲁海威、梁　岩、陈　铁、李海峰、
于海峰、王开成、赵　钢、张　健、任　佳）

供电企业基于"全覆盖、全过程"的厂站安全管理

国网新疆电力有限公司昌吉供电公司

国网新疆电力有限公司昌吉供电公司（以下简称国网昌吉供电公司）成立于1984年，是国网新疆电力有限公司的分公司，属于地州级Ⅰ型企业。昌吉电网作为新疆电网的重要组成部分，分别与乌鲁木齐电网、玛纳斯电厂、红雁池二电厂、石河子地区电网连接。全网承担着昌吉回族自治州（以下简称昌吉州）2市、5县和兵团六师、十二师部分团场供电任务。截至2022年年底，运行维护220千伏及以下变电站182座、线路4.03万千米，资产总额70.9亿元，共有各类用工2813人，供电服务面积约7.99万平方千米，电力客户84.05万户，实现连续安全运行3862天。年度业绩考核连续5年保持国网新疆电力有限公司第二名，先后获得"全国文明单位""全国电力行业优秀企业""国家电网公司文明先进企业"等荣誉称号。

一、供电企业基于"全覆盖、全过程"的厂站安全管理背景

（一）适应新能源大规模增长的需要

随着国家"双碳"目标的提出，我国新能源发展开始换挡提速。国家能源局为积极推动新能源建设，提出在确保电网安全稳定、电力有序供应前提下，对具备并网条件的风电、光伏项目，按照"应并尽并，能并早并"原则并网。新疆太阳能资源可开发量全国第一、风能资源可开发量全国第二，是国家"十四五"规划和2035年远景目标纲要中推进建设的大型清洁能源基地。为支持新疆新能源项目开发建设，2021年以来，国家、自治区共批复7个批次新能源项目，涉及新能源规模约1.03亿千瓦。新疆昌吉回族自治州具有风光资源丰富、消纳能力强的独特优势，为将资源优势转化为发展优势，昌吉州抢抓"疆电外送"、新能源补贴等历史机遇，依托±1100千伏昌吉—古泉特高压直流，加快推进清洁能源开发利用，着力打造准东、木垒两个千万千瓦级新能源基地。同时，"电网外送输电通道可再生能源电量比例原则上不低于50%"的政策出台，将导致昌吉地区新能源厂站数量的增多，给新能源并网安全带来更大压力。截至2021年年底，昌吉州新能源装机455万千瓦，占全疆新能源装机总量的12.78%，且批复至2023年新能源项目已达1120万千瓦，新能源装机并网出现大规模、集中式增长。

（二）保障电网本质安全的需要

新能源发电受风速、日照等自然因素影响，发电的间歇性和波动性较为明显，影响电网电量平衡，对电网本质安全构成威胁。随着昌吉州新能源涉网厂站大量并网，电网中常规电源比例和系统惯性下降，功率扰动引起频率波动等问题更加突出，对电网电能质量及供电可靠性造成影响。加之昌吉大电网中西部多级串供现状与东部电力供需平衡紧张的安全隐患长期并存，新能源并网对区域电网安全稳定运行带来更多挑战。国网昌吉供电公司必须强化新能源涉网厂站安全管控，确保电网安全风险可控、能控、在控。

（三）补全涉网厂站管理链的需要

由于昌吉州新能源项目地理位置偏僻、分布地区广、管辖范围大、设备复杂多样，涉网厂站安全管理水平不一，特别是新项目建设初期新能源厂站人员较少，更多依赖厂家维护，其技术水平不足以保障并网安全，导致厂站内部的风险隐患最终波及昌吉电网安全。加之新能源涉网厂站对并网作业存在理解不到位、执行不到位、执行后擅自变更的现象，尤其是出现擅自变更运行方式、继电保护及安装自动装置不能正确投入等问题时，电网侧不能及时采取有效措施，导致厂站与昌吉电网互通不足而诱发电网安全事故。伴随昌吉电网220千伏、110千伏涉网厂站达到180余座且仍在急剧增长的情况，

这些问题更加突出。

基于上述情况，国网昌吉供电公司从 2022 年开始探索实施基于"全覆盖、全过程"的新能源涉网厂站安全管理。

二、供电企业基于"全覆盖、全过程"的厂站安全管理主要做法

（一）确立新能源涉网厂站安全管理目标与实施路径

1. 确立新能源涉网厂站安全管理目标

国网昌吉供电公司以"保障电力安全可靠供应、推动新能源开发消纳"为方针，统筹考虑昌吉州新能源涉网厂站技术能力、业务水平、管理模式、制度差异等因素水平及地区电网基础，明确新能源涉网厂站安全管理目标：依托数字赋能建立涉网设备全覆盖监控、涉网业务全过程管理的安全管理模式，全面提升电网本质安全管理水平、源网合作水平、新能源生产消纳能力，实现昌吉电网"不发生特别重大事故，不发生人身死亡事故，不发生影响电网安全稳定运行的电网、设备事件"目标。

2. 明确新能源涉网厂站安全管理原则

一是坚持目标导向。制度维度，通过建立新能源涉网厂站管理机制、建立健全工作方案，实现专业管理决策的全过程管控，提升新能源涉网厂站监管能力。专业维度，细化职能部门及各专业职责，通过协同运作、交叉管控，实现新能源涉网厂站专业全覆盖管控，促进新能源涉网厂站技术管控。现场维度，利用继电保护统计分析系统、保信系统等线上平台及开展远程监控，结合网络视频及月度汇报会，以及不发通知直插现场的检查，跟踪掌握"人、机、物、环"状态，把控新能源涉网厂站现场动态信息全业务场景。

二是坚持统筹管理。统一指导，在做好需求和技术统筹的基础上，重点推进基础数据贯通共享和基础设施共建共维，形成多部门多专业配合补位的协同机制、电网和涉网"内外发力"的双向协作机制，着力构建形成具有昌吉特色的"一张网"。归旧谋新，结合新能源涉网厂站运行现状，细化原有涉网流程关键环节，同步整合优秀新能源涉网厂站的管理经验，重新梳理相关涉网流程，编制下发《流程宣传手册》至各新能源涉网厂站，确保新能源涉网厂站对并网流程应知尽知、调度管理有据可依。服务现场，全面梳理新能源涉网厂站入网安全管理的重点、难点、疑点问题，主动介入新能源涉网厂站重要设备入网技术方案审核、事故分析研判等关键环节，从源头排查治理防范安全风险隐患。

3. 构建新能源涉网厂站安全管理路径

一是通过构建源网数据管理中台与安全管控平台，开展数智赋能并网业务，推进源网智慧管理。二是通过编制入网设备评审指导书、入网设备体检指导书和入网设备审查指导书，确保入网设备"全覆盖"，把电网侧管理标准延伸至新能源涉网厂站入网质量管控环节。三是通过出台"6143"安全性评估方式、"1+1"并网准入服务方式、隐患治理闭环管理，提高"入网设计评审、入网前、入网后"三个阶段精益管理水平，加强全过程介入力度，避免新能源涉网厂站"带病入网"。四是通过优化简化并网程序、强化源网信息交互、提高厂站技能水平、确保责任落实到位、提高联合抗险能力"五项"工作，持续提高新能源厂站并网安全管理效能，实现昌吉电网本质安全管理水平、源网合作水平、新能源生产消纳能力的全面提升。

（二）数智赋能本质安全，推动源网智慧管理

1. 构建数据管理中台，强化源网互联互通

按照"纵向准确、横向贯通、真实可靠、共享融合"的思路，建设以 OPEN3000 调度自动化系统为基础，由 PMS、营销系统、配电自动化、停电感知 4 大系统为支撑的并网数据管理中台。对新能源厂站上传、电网运行、设备监控中产生的并网容量、机组类型、型号、备品消耗、有功功率、无功功率、电流、电压等海量结构化及非结构化数据进行储存、计算、加工，打破新能源厂站与电网、公司

各业务系统间的数据壁垒，形成辅助安全决策的数据资源。并网数据管理中台面向电网调度员及新能源厂站外部系统提供粒度更细、维度更广的14种统计数据和8类实用型辅助应用，强化源网双方对安全并网的掌控能力。

2. 搭建安全管控平台，提升全局管控能力

围绕"入网设计评审、入网前、入网后"三个阶段，结合新能源涉网厂站并网流程、入网设备数据、各类设备运行状态指标因素，国网昌吉供电公司搭建新能源涉网厂站一体化调度系统安全管控平台。首先，将新能源涉网厂站的厂站容量、联网线路、每日最大最小发电量等关键信息接入调度系统，动态掌握源网运行情况。其次，新能源涉网厂站年度、月度及每周检修计划提报审批及执行流程纳入调度系统，闭环管控源网流程。最后，将新能源涉网厂站母线电压、上网电量预测等管理指标数据接入调度系统，自动统计源网管理指标。整体推进新能源涉网厂站与电网之间的标准化、规范化、一体化管理进程，发挥共享协同管理优势。

3. 推动数智赋能业务，服务源网智慧管理

一是加强"数形结合"，为安全诊断提供参考依据。以时序排列为标尺，通过数据管理中台从日、月、年三个时序，统计新能源运行数据，利用调度系统安全管控平台，监测光伏电站、风电厂设备运行参数和运行状态，然后在电气主接线图或局部接线图，展现分接头挡位位置、动态无功补偿装置等运行状态信息，借助地理信息图、柱状图、饼状图、折线图、断面图、泡泡图等图形直观展示新能源运行指标、实时分析厂站运行工况，为电网调控运行提供参考依据。

二是发布"健康指数"，为源网管理提供精准支撑。"健康指数"基于新能源年月日发电量、年月发电利用小时数、年月弃电量和弃电比例、年发和日发电量占用电量比例、瞬时出力占负荷比例的最大值等运行指标进行聚类分析。同步充分应用"健康指数"与昌吉州新能源厂站情况进行对比和评价，估算故障（故障描述、发生次数、故障时长）及设备（设备名称、发生次数、故障时长）对某时间段厂站运行健康状况的影响，找到存在的潜在安全问题，为优化电网调度运行方式提供精准支撑。

三是开展"数字评估"，为优化调控提供判断参考。建立"远端监测＋数字评估"机制。一方面，以新能源涉网厂站"全过程"感知测控数据为基础，部署各类传感设备、边缘物联代理，提高感知终端在新能源涉网厂站"全过程"安全管理系统中的覆盖率，实现新能源涉网厂站入网设备在线监测，提升新能源涉网厂站设备远端监测能力。另一方面，国网昌吉供电公司应用新能源涉网厂站带电检测技术，实时采集监测新能源涉网厂站主设备电流、电压、温度、湿度等关键状态参量，依托调度系统安全管控平台综合诊断，准确评价新能源涉网厂站运行状态。

（三）制定"三项"指导书，确保入网设备标准"全覆盖"

针对新能源涉网厂站入网设备配置标准不一、入网设备检测不到位、入网设备审查无统一标准等影响其他电力用户供电可靠性及电网安全稳定运行的问题，国网昌吉供电公司编制《入网设备评审指导书》《入网设备体检指导书》和《入网设备审查指导书》，把电网侧管理要求延伸至新能源涉网厂站入网质量管控中。

1. 编制入网设备评审指导书，统一技术标准

新能源涉网厂站入网设备配置杂乱、纷繁复杂，无法保证电网设备安全。国网昌吉供电公司根据国网公司十八项重大反事故措施及相关要求，在设计评审阶段制定涵盖新能源涉网厂站入网前转商许可证明、机组高电压、低电压穿越能力证明等内容的《入网设备评审指导书》，对新能源涉网厂站一次设备短路容量、断路器电流开断能力、一次设备配置等提出相应的评审标准，规范涉网厂站设计标准，保障涉网设备资料的准确性。

2. 编制入网设备体检指导书，规范准入门槛

新能源涉网厂站入网设备厂家繁多、类型各异，往往造成保护装置不能正确运作，影响电网的安全稳定运行。国网昌吉供电公司根据国家法律法规及相关行业标准，制定涉及新能源涉网厂站变压器抗短路水平、电流互感器电流倍数及其他继电保护及安全自动装置的《入网设备体检指导书》，对设计评审阶段对新能源涉网厂站线路光纤通道调试及检验、变压器抗短路水平、短时感应耐压试验、线端雷电全波冲击试验等，规范入网设备准入门槛。

3. 编制入网设备审查指导书，确保入网设备一致

新能源涉网厂站入网设备资料大不相同，各厂站难以统一、规范，从而出现资料与现场实际设备不一致的现象。国网昌吉供电公司根据国家法律法规及相关行业标准，制定《入网设备审查指导书》，梳理各专业入网前应提供的资料形成入网设备审查清单，包括新能源涉网厂站入网前转商许可证明、功率预测系统建模资料、机组低电压穿越能力证明等内容，确保入网设备资料和实物一致。

（四）优化"三阶段"流程，提高安全并网"全过程"质效

为避免新能源涉网厂站"带病入网"，国网昌吉供电公司按照"入网设计评审、入网前、入网后"三个阶段开展全过程精益管理，出台"6143"安全性评估方式、"1+1"并网准入服务方式、隐患治理闭环管理方式等重点措施，强化新能源厂站接入服务力度和安全管理精度，持续提升新能源涉网厂站"全过程"安全并网质效。

1. 以"6143"方式评估设计阶段安全水平

国网昌吉供电公司抽调运检部、营销部、电力调度控制中心共6位现场经验丰富的人员，组建新能源厂站设计评审组。执行一次设备正常运行方式、站用电接线方式、安全稳定控制策略对电网运行方式的适应性、通信通道运行情况、装置功能压板投退情况、装置年检完成情况、安控系统带一次设备实际传动试验情况、后备保护定值适应性、反措执行情况等一整套评审内容，按照电气部分管理、二次系统管理、土建施工管理、消防安全管理4类对安全隐患实施分类管理，并对照"一般、严重、危急"3个安全风险等级开展现场评估。同时，依据评估结果，协助新能源涉网厂站按隐患与等级安全要求整改整治。

2. 以"1+1"方式提高入网前阶段准入水准

一是规范与简化并网服务标准，帮助新能源厂站"减轻负担"。采用分级管理和线上、线下相结合方式，通过合并流程、整合资源、协同联动、专人跟进、远程指导、现场旁站等"一站式"服务措施，规范电网调度服务内容、完善服务标准、优化服务流程，向新能源场站提供规范、优质、高效的并网调度服务。同时，严格执行新能源并网总控计划，滚动跟踪汇集站送出工程及新能源场站的建设进度，动态调整各项并网工作，确保新能源厂站如期安全投运。

二是细化与编制并网实施细则，协助新能源厂站"少走弯路"。为统一电网与新能源涉网厂站之间的调度运行信息交换内容、方式和技术要求，国网昌吉供电公司编制《国网昌吉供电公司新能源涉网厂站安全管控平台中新能源涉网厂站保信系统接入细则》，详细阐述数值型定值接入、软硬压板接入、开关量接入及告警提示信号接入等接入信息类型及接入方法，并传递各新能源厂站。同时，采用"线上视频远程指导＋线下深入现场指导"方式，在新能源涉网厂站设备入网前的关键期指导安全接入。

3. 以闭环管理方式提高入网后隐患治理能力

针对新能源涉网厂站入网后隐患较多的现象，国网昌吉供电公司实施"排查、治理、防范"的闭环管理。首先，开展隐患排查。制定现场检查细则，通过新能源厂站和昌吉电网人身、消防、交通、信通、电网方式、输配电网架的"六治理"隐患排查活动，全面梳理各领域安全隐患，给每个新能源涉网厂站建立独立的隐患档案，下发"隐患告知单"，形成"一站一档"告知督办机制。其次，细化治理计划。新能源涉网厂站根据隐患告知单，细化厂站治理方案，明确厂站治理责任人、治理时间节

点，及时堵塞安全管理漏洞。然后，强化过程防范管控。推行"周跟踪、月通报"管控机制，重点督办新能源涉网厂站安全隐患，加强隐患整治闭环管理。

（五）健全保障体系，确保安全管理系统化运行

1. 当好"规划师"，优化简化并网程序

国网昌吉供电公司通过线上＋线下调研等途径了解新能源并网"瓶颈"，从新能源并网前期管理、验收管理、启动管理、运行管理、服务管理等 10 个环节出发，编制形成《昌吉电网新能源并网运行管理标准》，新能源并网管理环节由原来 34 个压减到 19 个，优化时间节点 17 个。梳理新能源并网所需资料清单、设备故障处置流程、检修计划管理流程等附件 14 个，同步改善组织、流程、管理效能，将调度与并网业务流程显性化、可视化，方便新能源厂站并网业务的开展和管理，逐步提升调度、营销、客服、县公司与新能源厂站之间的业务管理薄弱环节。

2. 当好"收录机"，强化源网信息交互

一是创建电网问题"知乎"库。根据问题类别、问题描述、解决方案、厂站名称、日期、规程依据、影响权重等要素整合收录历年问题，形成电网问题"知乎"库。二是保障"知乎"库收录数量和收录质量。国网昌吉供电公司采取积分奖励的方式，激励新能源涉网厂站人员主动上报安全风险及隐患问题，推动电网"知乎"库实现问题类别全、质量高、覆盖广、共享性强的特征。三是打造电网"知乎"库共享平台。源网双方借助微信群、钉钉群及微信公众号等媒体平台，对新能源涉网厂站安全问题的收录内容、汇报反馈、安全防护知识进行便捷交流与共享。

3. 当好"智囊团"，提高厂站技能水平

组建专业师资团队，同步面向新能源涉网厂站征集技术需求，结合专业技术横向需求与对二次设备正常运行影响因素权重的纵向需求，每年不定期对新能源涉网厂站运维人员、变电检修人员及试验人员进行专业理论知识和实操技能培训，围绕新能源涉网厂站安全管理目标、实施办法及落实整改等方面内容，把新标准、新制度和现场典型示范案例作为培训内容贯穿培训全过程，逐步提升新能源涉网厂站技术人员技能水平和继电保护综合专业能力。

4. 当好"监督人"，确保责任落实到位

国网昌吉供电公司与新能源涉网厂站共同建立涉网安全年度责任制、涉网安全例会等管理机制，通过联合开展涉网事故调查与分析、安全隐患排查治理、应急预案及演练，多渠道促进新能源涉网厂站生产人员全面掌握安全生产知识，及时消除安全管理盲区，保证人、机、物、环境处于良好的生产状态。同时，制定实施《国网昌吉供电公司涉网安全考核办法》，细化新能源涉网人员安全管理责任，对涉及责任未落实或落实不到位的管理人员给予相应的惩戒措施。

5. 当好"预警员"，提高联合抗险能力

按照"年分析、月计划、周安排、日管控"策略，国网昌吉供电公司调控中心针对新能源厂站重要检修和电网薄弱环节下发载明预警事由、预警时段、风险影响、应对措施等主要内容的《电网运行风险预警告知单》，营销部向预警通知单涉及的客户传递风险提示信息。对新能源厂站送出可靠性造成影响或需要电源支撑的风险预警，调控中心提前一天向并网电厂书面送达"预警告知单"，督促电厂、客户合理安排生产计划，合力防范电网安全风险隐患。

三、供电企业基于"全覆盖、全过程"的厂站安全管理效果

（一）全面提升了电网本质安全水平

一是隐患发现与处理能力显著提高。2022 年 12 月，通过及时跟踪新能源涉网厂站设备运行状态和运行质量，共发现 35 千伏及以上 45 座新能源涉网厂站的隐患 102 项，隐患治理率达 82.41%。二是设备运行状态得到有效跟踪。通过集中整治，继电保护基础数据完整率与准确率提高到 99.17%，同时，

国网昌吉供电公司在应用保信系统开展 220 千伏 17 座新能源涉网厂站的远方核查工作期间，发现问题 21 项，对接厂站消除 18 项。三是设备运行质量全面提升。借助电网问题"知乎"库，2023 年 1—8 月新能源涉网厂站有效消缺率较往年提高 32%，新能源涉网厂站自查自改率达到 52%，以服务投入带动设备健康质量提升。

（二）显著提高了新能源厂站并网效率

一是增加新能源并网数量。通过建立入网质量管控体系，设备入网门槛全面夯实，设备入网安全屏障全面筑牢。2022 年，35 千伏及以上新能源用户接入电网数量达 9 座，全年完成新能源并网容量高达 741 万千瓦。二是提高新能源稳定运行时长。通过"排查、治理、防范"形成隐患闭环治理，及时发现问题，及时治理，提升了入网设备安全稳定运行时间，实现昌吉电网连续安全运行 3862 天。三是缩减新能源并网时间。通过优化并网流程 2 个，组织多专业人员积极配合新能源涉网厂站开展验收、消缺，实现压减并网时限达到 48 小时，全面提升了能源转化效率，确保了截至 2023 年 8 月昌吉电网新能源装机容量 949 万千瓦目标的实现。

（三）有效支撑了地区和全国绿色发展

国网昌吉供电公司实施本项成果以来，形成了以电为核心的能源系统，有力促进了能源电力从高碳向低碳、从低效到高效转变，助推生态文明建设和可持续发展。"十四五"期间，新能源累计发电量约 0.7 亿千瓦时，相当于减少二氧化碳排放 7.4 万吨，树立了全力助推地方经济绿色可持续发展的良好形象，充分彰显了央企的责任担当。同时，依托 ±1100 吉泉直流特高压外送通道，昌吉每年向我国东部地区输送绿色电量超百亿千瓦时，对华中地区节能减排、大气污染防治、实现"双碳"目标等发挥了重要作用。

（成果创造人：温　刚、石新聪、杨　琳、李　江、徐　媚、
赵　闪、刘长录、崔玮玮、马　龙、王孝超、王　英）

珠宝老字号企业实现传承与创新有机结合的品牌管理体系构建

江苏宝庆珠宝股份有限公司

江苏宝庆珠宝股份有限公司（以下简称宝庆银楼）是集珠宝首饰设计、研发加工、批发、直营零售和加盟连锁业务为一体的大型国有控股品牌珠宝商。公司前身"宝庆银楼"始创于 1818 年清朝嘉庆年间，是国内久负盛名的老字号银楼之一。公司主要产品为"宝庆"牌和"宝庆银楼"牌黄金、K 金、钻石、铂金等多品类珠宝首饰及金银摆件。经过 200 多年的发展，宝庆银楼在人脉、艺脉、技脉和文脉上，一脉相承，代代相传。目前，宝庆银楼通过不断创新产品、塑造品牌和拓展渠道，已在江苏、安徽、河南、浙江、山东、京津冀等地开设超过 400 家品牌专卖店。

一、珠宝老字号企业实现传承与创新有机结合的品牌管理体系构建背景

（一）推动品牌强国建设，满足人民美好生活的需要

在畅通国内国际双循环过程中，品牌充当了连接供给侧和需求侧的桥梁，实现了两者之间的有机衔接和良性互动。在供给侧，品牌可以通过促进产业和技术创新，提高产品质量和效率，优化产业结构，为经济发展提供支撑。在需求侧，品牌可以通过提高消费者对品质、品味和体验的要求，推动消费升级，为经济发展注入动力。因此，加强品牌建设，发挥品牌引领作用，是促进强大有韧性的国民经济循环体系的重要抓手，是加快构建新发展格局，深化供给侧结构性改革的现实路径，也是满足人民美好生活需要的必然要求。

（二）顺应珠宝行业趋势，提升市场竞争优势的需要

中国珠宝行业起步较晚，与其他行业的发展相比仍显滞后。在品牌意识和产品创新方面，许多本土珠宝品牌仍处于初级发展阶段，缺乏成熟的品牌管理和差异化定位，更倾向于提供种类丰富、品质可靠的连锁卖场。总体而言，中国的珠宝行业目前仍处于转型过渡期，缺乏具有国际影响力的领军品牌，导致行业整体竞争力较弱。为此，宝庆银楼必须构建前瞻性的品牌管理，持续推进品牌创新，充分发挥独创性与影响力。这是宝庆银楼在激烈市场竞争中保持领先优势、实现品牌持续发展的必由之路，也是实现中华老字号品牌价值传承与增值的现实路径选择。

（三）激发企业创新活力，做强老字号品牌生态的需要

百年历史斗转星移，宝庆银楼凭借着源远流长的文化底蕴、卓越精湛的工艺水准、精诚优质的信誉服务及丰富充沛的行业经验，赢得了广泛而深厚的群众基础。很多人更把这一品牌与真情、承诺、信赖相联系，这是品牌价值中的亮点。此外，宝庆银楼集科工贸于一体、产供销于一身，形成了从设计研发、生产加工、批零销售到延伸服务的一条完整的产业链。企业通过技术认定，获得多项专利并实现了有效转化，从而提升了首饰制造的产能和品质。作为国有控股的混合所有制企业，宝庆银楼拥有良好的融资渠道和灵活的资金支撑，销售渠道以加盟为主，自营为辅，能够借助区域经销商或代理商的力量，迅速扩张网点，提升市场占有率。同时，宝庆银楼积极参与社会公益事业，履行企业社会责任，建立了良好的社会形象和口碑。在当前背景下，以品牌创新理念为指导，建立健全品牌管理体系，依靠创新驱动提高企业综合实力，成为宝庆银楼品牌管理的关键。

二、珠宝老字号企业实现传承与创新有机结合的品牌管理体系构建主要做法

近年来，在百年未有之大变局及国内国际双循环的背景下，宝庆银楼为适应宏观形势和行业趋势，以品牌发展为主线，以公司持续改革为契机，以"做实基础、做精品牌、做强企业"为发展目标，向着"品牌化、资本化、规模化"的集团化方向发展，坚持从于大局，构建"战略性"的品牌规

划，落于产品，铸就"匠心造"的品牌根基，依于定位，塑造"有温度"的品牌文化，传于故事，树立"好口碑"的品牌形象。

（一）从于大局，构建"战略性"的品牌规划

1. 创新理念，引领品牌战略新方向

宝庆银楼的品牌战略规划就是公司制定长期品牌发展规划的过程，即通过分析企业内外部环境，明确品牌发展的愿景、方向和战略，对品牌进行顶层设计和系统规划，以指导品牌建设的整体部署和具体实施，为品牌未来五年的发展绘制路线图。

宝庆银楼的品牌战略规划采取"3+5+5"创新模式，遵循"三大思维""五个层次"和"五大价值"的核心框架。"三大思维"是在吸取和融汇现代营销管理学、孙子兵法、毛泽东思想等理论精髓的基础上提炼出来的，包括原点思维、终局思维和增长思维，为品牌战略规划提供了理论支撑和方法指导。"五个层次"指通过"拎一点、抓主纲、落条目、贯执行、强落地"五个层次化步骤实施品牌战略，体现了品牌建设过程的系统性和连贯性。"五大价值"则突显了品牌战略规划的市场导向，包括"持续增长、利润最大、成本最优、资产积累、风险最小"，这些价值目标将倒逼品牌战略的具体实施，最大程度地实现利益最大化。这一模式融合了全局性、系统性和实效性，构建起科学合理的品牌战略规划框架，为品牌的未来发展奠定了坚实基础。

在这个过程中，公司首先从原点思维出发，在确立战略定位时回归品牌起源，坚守品牌的核心理念，这体现了对品牌发展规律的深刻理解。原点思维要求企业确立差异化的品牌定位，找到品牌的独特魂魄与价值主张。其次，运用终局思维，以终为始构建核心战略系统，确保品牌的长期规划和发展。终局思维使企业在发展过程中时刻关注品牌的终极目标，进行预判性思考。最后，采取增长思维，落实核心子策略，推进增长攻坚，最终实现战略落地。增长思维关注如何在执行层面打通增长通道，获得持续动力。

2. 深化体系，增强品牌战略执行力

为确保品牌战略的执行力，宝庆银楼成立了专门规划组，通过广泛调研和多方论证，系统梳理品牌现状与问题，按照全面统筹、突出重点、分步实施、循序渐进的原则，制定了《江苏宝庆"十四五"品牌战略规划及品牌建设指导意见》。该规划遵循"3+5+5"创新模式，构建了原点战略、核心战略系统、核心子策略系统、落地策略系统和落地执行系统五层次闭环体系。在原点战略层面，明确了企业定位、品牌定位和核心价值。在核心战略系统层面，构建了事业理论、品牌架构、战略路径、竞争战略和商业模式五大要素。在核心子策略系统层面，提出了超级品牌记忆系统、产品体系策略、价盘规划策略、渠道规划策略、整合营销传播和组织体系六项战术举措。在落地策略系统层面，重点围绕 VI 系统、品宣物料系统、终端陈列策略、语言系统落地策略、渠道推进策略、大型公关活动策划、认知营销投放策略和数字内容分发策略八个方面谋篇布局。在落地执行系统层面，则着力实践重要的品牌亮相、样板工程、渠道铺货、招商会议、媒介投放和内容分发等工作。

具体而言，在原点战略层面，宝庆银楼明确了"时尚美丽的品牌供应商"的企业定位，"国民匠心品牌，传承国粹经典"的品牌定位，以及"岁月有情，唯爱永恒"的核心价值主张。在核心战略系统这一决策引擎层面，确立了富有感染力的"为美好生活而来"的品牌口号，构筑了"立足江苏本土市场，逐步扩大东南区域影响力，迈向全国知名品牌"的战略路径，制定了"品质立企、创新强企"的差异化竞争策略，此外，还优化了融合线上线下的新零售商业模式。在核心子策略系统这一执行机制层面，凝练"匠心、时尚、幸福、经典"的超级品牌记忆点，规划差异化的多系列产品组合，构建融通线上线下的全渠道体系，打造整合的品牌传播组合，建立敏捷的市场化组织系统。在落地层面，则通过打造沉浸式的品牌体验空间、优化具中国风元素的视觉识别系统、丰富多样的传播载体、建立专

业而感性的品牌语言、升级店面及打造样板工程、运用数字化传播等手段，将品牌战略系统有效转化为了品牌资产。

（二）落于产品，铸就"匠心造"的品牌根基

产品是营销的基石，是品牌的核心，是创造顾客价值的根本。宝庆银楼的产品开发秉承"以工匠精神为魂，以精湛工艺为根、以东方审美为脉"的核心价值观，肩负着"以创意重塑千年美学，用美学演绎传统文化，以文化涵养民族自信"的使命。在产品研发过程中，品牌时刻关注消费者的需求，从消费者角度出发，创造其真正需要的产品，赋予每一件珠宝首饰独特的人性气质和情感价值。通过汲取传统工匠智慧，运用现代科技手段，将中国古典美学与现代设计元素有机融合，不断孕育出兼具传统韵味与时尚潮流气息的优秀作品，铸就了"匠心造"的品牌根基，赢得了消费者的持久青睐与信赖。

1. 规范化流程，锻造产品新价值

面对当今瞬息万变的市场环境，如何持续进行有效的产品创新是每个珠宝企业都必须思考的问题。长期以来，宝庆银楼一直面临着依赖经验和主观判断来推动创新的困境，难以建立清晰的产品孵化机制，同时也因为对市场消费需求了解不足而出现部分新产品反响不尽如人意的现象。

为了改变这一状况，公司在品牌战略规划中构建了产品创新管理体系，整合了创意设计、产品开发、验证测试和正式上市四个关键阶段，实现了对产品开发全流程的规范化治理。该体系的最大的特色是高度重视产品独创性和营销创意的有机结合，而且每个阶段都有明确的目标、任务和输出，以及相应的资源和时间安排。每个阶段结束时，都需要经过一个评审和决策的节点，来确定是否继续下一个阶段或者终止项目。

在创意设计阶段，公司会组建专项创新团队，广泛收集行业前沿设计理念和消费趋势预测作为基础数据。设计师、工艺师、市场营销人员等通过不断交流探讨提出多个可能的创新产品方案。这些方案的产品定位各有侧重，如面向年轻群体的流量型产品更强调个性化定制和潮流元素；面向中高端精品市场的爆款产品更注重匠心工艺和精致细节；而知名度形象产品则要突出品牌文化内涵。这些方案在工艺、样式、素材等方面具备突破性，更搭配精心设计的品牌故事和情感诉求，以营销赋能创意内核。团队会从技术和营销双重视角考量不同方案的创意独特性、目标用户的认知度、可制作难易程度等多个维度，通过严格的评审流程层层选拔，最终确定一个或几个最具市场潜力的创意方案，从源头确保产品组合的竞争优势，为后续研发奠定基础。

在产品开发阶段，公司会组建专项研发团队，根据选定的创意方案进行深入开展和优化设计，主要涉及精选材料、设计工艺流程、合作工厂、制作样品、进行迭代测试等多个环节。研发人员需要兼顾艺术设计感和实际工艺可制作性，同时考量成本控制和用户体验感等因素，通过持续打样和试错，将创意方案逐步完善为能够批量生产的产品方案和市场化的定价策略。同时，研发人员也会考虑产品的合规性，进行必要的专利申请和保护。

在内外部测试验证阶段，公司会先在内部开展试用展示，邀请不同部门员工试用样品，反馈使用感受。接着会组织对外的市场调研，直接找来目标用户群体体验产品，收集使用感受和情感反馈。公司还会关注不同渠道和终端对产品的反应，获得全方位的评价数据。所有这些测试反馈都会成为后期改进方案和制定营销计划的重要依据。

在最终产品正式上市阶段，公司会根据前期的准备，详细制订产品上市的营销计划，选择最合适的渠道和终端进行有管控的推出。上市后，公司还会持续收集产品的市场反馈，如销量数据、用户评价等，定期评估产品的市场认可和盈利情况等关键指标。所有这些都会作为公司改进产品策略和品牌策略的重要参考。

2. 数字化赋能，开拓产品新边界

作为百年老字号，宝庆银楼正积极顺应时代发展趋势，全面推进数字化转型升级，通过"产、供、销、服"全价值链数字化建设，提升品牌核心竞争力，推动企业高质量发展。

在生产数字化方面，宝庆银楼充分利用数字技术进行产品创新。2022 年，品牌在国内数字藏品 NFT 领域头部平台"鲸探"上首次推出数字非遗藏品《唐风汉韵》《辟邪》等，十余万人参与竞买，产品开售即秒空。这标志着宝庆成为首批将国家级非物质文化遗产金银细工制作技艺实现数字化拓展的企业，市场反响热烈。这些数字藏品均由国家级非遗技艺传承人李建军大师倾心打造完成，作品色彩夺目却不张扬，表现形式富有艺术感染力和时代精神。它们既保留了传统技艺的匠心精髓，又被赋予了数字艺术的无限想象空间。此外，3D 打印、数字化扫描等技术的使用也实现了产品小批量定制和个性化设计，满足了用户的个性需求。

在供销数字化方面，ERP 系统的建立显著提升了宝庆银楼的运营和流通效率。智慧供应链的应用使采购管理、决策管理、供应商管理、库存管理及质量管理等环节实现了信息互联和智能化。在防伪溯源上，RFID 智能识别和区块链技术的应用使产品全生命周期可追溯、真伪可鉴。在营销推广方面，通过构建 CRM 系统，应用大数据技术进行精准用户画像和营销。此外，宝庆银楼在抖音、小红书等新媒体平台开设官方账号，通过视频、直播等创意内容吸引年轻用户，从而实现了更精细和智能化的品牌传播和用户运营。

在服务数字化方面，利用人工智能、大数据等技术赋能小程序、电商 App，通过智能机器人客服提升服务质量与效率。同时，宝庆银楼也在积极布局元宇宙等新兴领域，通过数字旗舰店、数字人导购等沉浸式服务，进行新型消费场景和商业形态的探索与创新。

（三）依于定位，塑造"有温度"的品牌文化

作为拥有百年文化积淀的老字号企业，宝庆银楼在开展高质量品牌文化建设及加快构建珠宝行业一流企业的实践中，明确理念、打造体系、提炼方法、优化流程、总结经验，探索出一条兼具普适性与特色性的宝庆品牌文化建设道路。

1. 深耕品牌内涵，构建文化体系

2022 年，宝庆银楼以"品牌文化提升行动"为引领，将加强品牌文化建设作为"一把手"工程来抓，统筹谋划、精心组织，依据品牌文化体系构建的五大步骤开展工作：第一步，进行品牌研究，厘清品牌起源，明确品牌历史、工艺传承等文化基因；第二步，提炼品牌核心理念，确定品牌文化定位；第三步，创建系统的视觉识别体系，增强品牌识别度；第四步，多维触点传播品牌文化；第五步，建立品牌文化管理机制，将品牌理念融入经营。通过系统性的推进，公司构建了科学规范的品牌文化体系，作为整体品牌战略的重要一环。

挖掘品牌文化基因。宝庆银楼是国内最早的老字号银楼之一，拥有 200 多年的悠久历史，形成了深厚的文化底蕴。其独特的非物质文化遗产金银细工制作技艺可以追溯到 19 世纪中期，错金、錾刻、花丝、珐琅、镶嵌、点翠等六大传统工艺技术都是其得天独厚的文化优势。作为发源于江南地区的老字号，宝庆的品牌文化兼具这一地区的历史文化底蕴，也代表了南京这座历史文化名城的丰富内涵。此外，宝庆还将中华传统文化的谐音文化、生肖文化、风水文化、宗教文化、祈福文化、民俗文化和红色文化等融入了产品设计，使其既具有传统韵味，也富有当代意蕴。通过对品牌渊源的梳理，将宝庆银楼拥有悠久历史、非遗技艺、地域文化以及中华文化作为其品牌文化的核心基因。

明确品牌文化定位。通过提炼宝庆银楼品牌的核心理念、精神内涵和企业文化，可以明确其品牌文化定位是"喜福庆"文化。

其一，在产品层面，宝庆秉持"匠心造"的工艺传统，用心打造各种精致生日礼物、结婚饰物

等，生动诠释顾客生活中的各类重要时刻，如婚嫁庆典等。其精美个性的珠宝产品，给顾客带来喜悦和欢乐，体现了"喜"文化的内涵。

其二，在理念层面，自1818年创立以来，宝庆一直视技艺传承和文化传承为其核心使命，深植于每一位"宝庆人"的内心。此外，宝庆通过人才培养和技术研发等方式，积极促进产业发展和地方经济。这不仅体现了对传统文化瑰宝的珍视和尊重，更代表了积极履行社会责任、为社会谋福祉的承诺，体现了其内在的"福"文化精神。

其三，在服务层面，宝庆提供"以客户为中心"的优质体贴服务，全心满足每位顾客对美好生活的向往。借助人文终端环境，宝庆满足顾客在重要场合的精神需求。通过温馨的互动，传递节日庆典的喜庆氛围，让顾客在重要时刻共享喜悦，体现了"庆"文化的内涵。

建立视觉识别系统。基于品牌文化定位，宝庆银楼以视觉识别系统作为文化表达的切入点和发力点。在视觉符号上，充分挖掘中国传统文化符号内涵，采用"双龙戏珠"图案和品牌名繁体字的组合加强视觉辨识度，凝聚品牌核心视觉形象。在视觉色彩上，确立"宝庆红"作为标准色，体现品牌的喜庆积极特征。同时，还运用了其他传承和创新的色彩，以丰富视觉呈现。在视觉应用上，坚持"同一个宝庆，同一个形象"的整体性原则。通过统一视觉识别系统的规范应用，使各渠道触点的品牌形象保持高度一致。

多维传播品牌文化。在传播品牌文化方面，宝庆银楼以讲好品牌故事、传递品牌声音为主要形式，构建全方位、多层次的品牌文化传播体系，推动品牌文化深入人心。一是构建全渠道、多触点的立体化品牌文化传播格局，实现同频共振，提升传播质效；二是坚持内容为王，注重优质内容载体塑造；三是加强借势，塑造热点放大品牌声量；四是创造性地将每年8月18日定义为"宝庆银楼超级品牌日"，作为与顾客共创、共庆、共享的节日，使之成为共同的记忆。通过系统化的品牌传播策略，将品牌文化传递得更广泛、更深入、更持久。

构建品牌文化管理机制。品牌文化建设是一项长期的人心工程，需要管理思维的"刚柔并济"、工作推进的"由表及里"、组织模式的"上下联动"以及实施措施的"点面结合"。由公司党委、品牌中心、非遗技术中心、商学院专门成立品牌文化管理小组，负责品牌文化体系建设和经营实践，制定实施规划并明确责任主体。在持续推进过程中，构建系统科学的品牌文化管理机制，将品牌理念融入各项工作。一是编制系列化品牌文化手册，将品牌理念具体化；二是统筹品牌传播与环境营造，在内外部多渠道传递品牌文化意涵；三是完善培训和考核机制，激发员工主动参与品牌文化建设；四是举办富特色的品牌文化活动，增强文化黏性。通过管理创新，宝庆银楼塑造了人文气息浓郁的品牌文化体系，将文化优势转换为产品优势和品牌优势，不断提高员工和顾客的品牌认同度，赋能企业发展。

2. 融入终端和服务，赋予品牌温度

终端空间，品牌文化的立体呈现。在终端形象识别系统方面，构建了蕴含文化内涵的视觉识别体系，包括SI系统、导视系统、标志物等元素的创新设计，确保品牌形象在顾客心目中独具特色。这些识别系统元素既强调了高品质和艺术性，又兼顾了实用性，从而保障了整体形象的一致性和品牌辨识度。在营造空间氛围方面，灵活运用装饰艺术、色彩搭配、照明效果等多种手段，打造与品牌文化高度契合的环境；在商品展示方面，则重视视觉美学与文化表达的融合，以传达品牌精神；在空间细节设计上，应用中式元素以及非遗技艺，呈现出兼具传统底蕴与时尚创新的设计手法，突出品牌的文化积淀与工艺传承。同时，公司还着手设计新店面，采用数字技术营造沉浸式空间，配合声光电效果、AR互动等，打造富有科技感的新零售体验，展现品牌的多元面貌。

服务体验，品牌文化的多维表达。宝庆银楼看重服务在传播品牌文化中的关键作用，构建了系统化的服务管理体系，使顾客从"单纯型消费"转变为"享受型消费"。

一是以客户需求为中心，打造端到端的服务体系。品牌以"以人为本，客户至上"为服务宗旨，从客户购物决策、进店体验、交易完成到售后服务等全流程进行系统设计，设置七大服务节点标准，真正做到以用户需求为导向，提供贴心周到的服务。让服务标准化变成品牌文化的重要组成部分。

二是构建服务培训考核机制，实现员工能力提升。公司不仅制定了清晰的服务标准，还建立了严格的培训和考核体系，将服务态度和专业能力的提升与员工绩效和薪酬挂钩。这激发员工主动学习服务知识、积极提升服务技能的内在动力，也让服务标准得以有效执行，兑现品牌服务承诺。

三是完善客户反馈机制，持续优化用户体验。公司注重收集客户反馈，建立规范的投诉响应机制，不断总结经验完善服务流程，使客户在整个消费过程中感受到品牌的热情和负责任。

四是打通线上线下渠道，建立会员服务体系。公司在传统实体零售基础上，积极拓展电商渠道，实现会员积分制度、品牌活动在线上线下的融合应用，构建深度的用户黏性。这展现了品牌文化传播的多渠道思维，有助于提升品牌影响力。

（四）传于故事，树立"好口碑"的品牌形象

宝庆银楼以"传递情感，打造价值"为品牌传播核心理念，通过构建全媒体品牌传播矩阵以及优化"人 - 货 - 场"一体化传播策略，聚焦品牌主张，强调品牌承诺。在与受众互动中，寻找价值共振点、情感共鸣点，着力打造信息共同体、利益共同体、情感共同体和价值共同体，在大众心目中树立了"好口碑"的品牌形象。

1. 构建全媒体品牌传播矩阵

媒体融合传播。宝庆银楼构建了矩阵式的品牌传播体系，以全面覆盖不同媒体平台和传播场景。这一体系的核心在于全媒体的融合，包括线上线下媒体、公域私域场景两个重要维度。

在媒体融合方面，宝庆银楼依托传统线下渠道，如旗舰店、专柜、商场等，为消费者提供真实丰富的品牌体验。与此同时，还在传统媒体方面积极布局，选择权威媒体、高端杂志等进行品牌形象曝光，以增强品牌的权威性和影响力。更进一步，充分利用公交、地铁等户外媒体进行品牌宣传，以提高品牌知名度。

在线上方面，宝庆银楼建立了矩阵化的自媒体平台，如微信公众号、视频号、抖音、小红书、微博等。公众号、视频号进行官方内容发布、工艺和文化解读，传递品牌故事；小红书和抖音则邀请KOL 进行产品试用和种草，制造热点；微商城和线下门店实现活动和购物闭环。同时，注重创新传播手段，采用微电影、直播带货、H5 页面等视觉化的创意形式进行内容传播，不仅更加吸引年轻用户，也便于在各社交平台进行分享与互动。通过矩阵化和系列化的品牌传播，实现了消费者的精准触达。此外，强调线上线下内容无缝对接，不同媒体之间通过事件和话题进行有机串联，实现立体互动传播。既丰富了线下体验，也拓展了线上知名度，全方位提升了品牌影响力。

公私域整合营销。在公私域场景方面，宝庆银楼实施全域整合营销，由过去的流量运营向现在的用户运营转型。通过大规模的公域传播与构建私域社群相结合，不仅提高了品牌的曝光度，还持续吸引新的潜在用户。在公域运营中，宝庆银楼充分利用社交媒体平台、电商平台、跨界合作、大型发布会、专题活动等进行主题推广，有效提高了品牌在公域场景的可见性和美誉度。在私域运营方面，宝庆银楼构建自有的微商城和会员中心，与线下门店实现数据统一，进行一体化精细化运营。通过建立会员社群，提供一对一专属服务，这种深度互动有助于与核心顾客保持深层次的黏性。基于数据分析，宝庆银楼还可以进行精准用户画像和人群标签，实施差异化营销。

2. 优化"人—货—场"一体化传播

在当下新消费环境下，宝庆银楼致力于优化"人—货—场"的一体化传播策略，构建社交化的品牌体系。

在"人"的维度，宝庆银楼积极运用 KOL 营销。品牌与各类自媒体红人、意见领袖进行深度合作，邀请其在不同场合佩戴宝庆银楼的珠宝产品。这种软性营销能够有效触达目标用户，传播正面口碑。同时，还与知名艺术家合作，打造"金陵十二钗"IP 人物形象，推出个性化定制珠宝，满足用户多元化的产品需求。

在"货"的维度，宝庆银楼开发了适合新媒体传播的内容系列，如"悦自己，越闪耀"等视频内容，讲述珠宝与生活方式的结合。这些轻松有趣的内容更容易在年轻群体中传播。品牌还与高端杂志、新锐设计师合作，通过潮流的视觉呈现提升内容吸引力。

在"场"的维度，宝庆银楼积极构建线上线下融合的品牌场景。线下，打造快闪店，举办门店活动、产品发布会，邀请各界知名人士现场讲解。线上，开设网红直播间，用户可在直播中实时互动。此外，品牌还在抖音、小红书上组织"爱的浪漫仪式感"等主题活动，鼓励用户发布真实生活中佩戴珠宝的照片。活动链接了线上线下场域，将用户变成了品牌话题的参与者和传播者。

三、珠宝老字号企业实现传承与创新有机结合的品牌管理体系构建效果

通过明确品牌战略理念，构建系统化的管理体系，提炼科学化的方法路径，优化高效的品牌运营流程，宝庆银楼形成了富有特色的品牌管理工作模式。聚焦质量变革、效率变革、动力变革，对标高位、持之以恒、扎实推进，品牌建设取得显著成效，为企业高质量发展开启了崭新局面。

（一）注入增长动力，经济效益稳中有进

尽管 2021 年和 2022 年珠宝行业整体受到了疫情的影响，宝庆银楼依然实现了稳健的经济效益。市场份额和销售额持续增长，品牌溢价能力得到提升，实现了"稳增长、提毛利、增利润"的可持续发展和长期盈利目标。

首先，营业收入呈现持续增长的趋势。2021 年营业收入为 404464 万元，同比增长 10.6%；2022 年进一步增长至 453139 万元，同比增长 12.03%。这充分证明了品牌管理创新的实施使企业能够更加精准定位目标市场，吸引更广泛的消费群体，从而扩大了市场份额，提高了消费者对品牌的认可度和信任度，带来了销售额和营业收入的稳步增长。

其次，利润总额也呈现良好的增长态势。2021 年利润总额为 6011 万元，同比增长 14.71%；2022 年进一步增至 7168 万元，同比增长 19.25%。这说明品牌管理创新举措的实施，增强了宝庆银楼在市场上的品牌溢价能力，使消费者愿意为其产品支付更高的费用。通过提升产品的溢价能力，企业实现了更高的利润率，利润总额得以稳步提升。

（二）凝聚创新合力，品牌效益显著增强

宝庆银楼通过系统化、规范化运营品牌管理，找差距、补短板、抓改革、强创新，取得了显著的品牌效益，品牌的知名度、认知度、美誉度、信任度和忠诚度均得到有效提升。

首先，品牌知名度和认知度提升。宝庆银楼在 2021 年荣获"十大经典品牌""首店经济贡献品牌""中国金店 100 强""最佳传艺奖"等重要荣誉；2022 年入选首批"江苏省著名品牌"。

其次，品牌美誉度和信任度得到增强。宝庆银楼长期以来凭借优质产品和专业服务赢得了广大消费者的信赖。2021 年宝庆银楼荣获"商品与服务质量优胜单位"，通过"江苏精品"认证；2022 年被评为"南京市放心消费示范单位"，进一步彰显其在消费者心目中卓越的信誉和口碑，巩固了品牌的美誉度。

最后，品牌忠诚度和重复购买率提升。宝庆银楼通过新媒体矩阵吸引了大量粉丝，微信公众号、小红书、抖音、微博粉丝总数从 2021 年的 15.2 万人增至 2023 年的 40.6 万人。

（三）释放发展潜力，社会效益日益彰显

宝庆银楼通过推动产业发展和技术创新、保护和传承非物质文化遗产、促进产学研合作与人才培

养等方式践行社会责任，以高品质珠宝和服务不断增加人民美好生活的"含金量"。为打造国民匠心品牌、助力品牌强国建设做出了积极贡献。

在产业发展和技术创新方面，宝庆银楼牵头联合17家上游珠宝生产厂家，搭建开放式设计师平台，并建立产品联合研发基地，加强技术研发体系的建设和自主创新能力的培养，促进了产业链的协同发展。在非物质文化遗产保护和传承方面，宝庆银楼秉承百年传统技艺，不断提升设计制作水平和生产能力。作为非物质文化遗产的传承者，宝庆银楼怀揣着对传统工艺的敬意，建立大师工作室，潜心培养新一代非遗传承人，将金银细工制作技艺代代相传。在"产学研用"合作与人才培养方面，宝庆银楼积极与南京、苏州、无锡、扬州等多地的七所高校展开校企合作，通过"产学研用"的融合互促，为学生提供实践机会，加强行业与教育之间的紧密联系，推动人才培养与产业发展的有机结合。

（成果创造人：周立国、王　冰、李自选、许　倩、韩　劲、徐文康）

数据驱动的动力电池全生命周期质量管理

天能电池集团股份有限公司

天能电池集团股份有限公司（以下简称天能）创始于 1986 年，发源于浙江湖州，起步于动力电池生产制造，现已发展成为全球领先的绿色能源系统解决方案商，核心业务包括新能源电池系统、资源循环再利用和现代服务业三大板块，在浙江、江苏、安徽、河南、贵州、山东、江西 7 省建有 17 大生产基地，销售网络遍及全球，拥有 130 多家子公司，近 3 万名员工。天能曾入围中国企业 500 强、中国制造业企业 500 强、中国民营企业 500 强、全球新能源企业 500 强、浙商 500 强，先后获批"国家服务型制造示范企业""国家首批工业产品生态设计试点企业"等殊荣。

一、数据驱动的动力电池全生命周期质量管理背景

《中共中央关于制定国民经济和社会发展第十四个五年规划和二〇三五年远景目标的建议》明确提出了单位 GDP 能源消耗和二氧化碳排放分别降低 13.5% 和 18% 的目标，并在构建现代能源体系下提出"推进能源革命，建设清洁低碳、安全高效的能源体系，提高能源供给保障能力"。与此同时，新一代信息技术与制造业深度融合，先进的传感技术、数字化设计制造、机器人与智能控制系统等应用日趋广泛，制造业形态正在发生深刻变化，呈现诸多新特征。在实现"双碳"目标和推进数字化转型的交汇点，作为新能源结构重要组成部分，新能源电池行业正迎来史无前例的新机遇，也面临着新的挑战，面对激烈的市场竞争和环保政策压力，如何持续提供满足市场需求的高质量产品将是企业发展面临的首要问题。

二、数据驱动的动力电池全生命周期质量管理主要做法

（一）搭建"一核两驱六化"全生命周期数字化绿色管理框架

1. "一核"

以全生命周期管理为核心，建立面向产品全生命周期的绿色设计特色数据库，利用数字化设计仿真平台，应用产品生命周期管理（PLM）与生命周期评估（LCA）优化设计和制造方案以及电池资源化再生利用，拉动绿色研发设计和绿色工艺技术一体化提升。

2. "两驱"

客户驱动与技术驱动。以外拉内推的驱动力推进组织管理适应时代的变化，产品设计创新符合市场要求。

3. "六化"

产品生态化、创新系统化、研发标准化、决策智能化、管理信息化及装备自动化。运用先进管理方法、智能设备、互联网信息化技术及产品创新理念来引领内部管理模式创新。实施"六化"，可带动信息流、资金流、技术流、物料流、人员流、过程流，构建数字化平台并进行数字资源整合，打造全生命周期数字化管理。

（二）建设动力电池产品全生命周期数字化绿色管理

1. 开展数字化的生态设计

一是建立产品全生命周期管理平台。通过 PLM 平台，搭建研发阶段流程计划、开发、验证、发布阶段业务流程及项目管理、需求管理、技术评审、决策评审、文档控制、成品质量控制、项目任务书开发、外协管理、结构开发、产品成本控制、工艺开发等模块，建立研发管控目标流程体系。

每一款电池、电源系统在产品全生命周期管理系统中进行分类管理，将这些产品的技术资料保存在管理系统中，形成一个集中的产品设计资料库。管理系统保存的产品技术资料以产品和 BOM 为主，包含了产品设计过程中每个产品的图纸、工艺、客户资料、BOM 信息等，利于产品项目开发的过程控制、数据记录、数据存档等，以及项目负责人、部门长对项目的进展了解、跟踪与指导。

二是开展数字化仿真协同设计。天能持续升级铅蓄电池产品的设计方法及工具，引入计算机仿真模拟、计算机辅助设计和正交优化等一系列先进技术，构建以减少原材料消耗量为核心的系统模型、梯度微负压吸尘脱除车间中含铅固体颗粒物的系统模型、以消除车间中废酸逸出为核心的先进内化成进程模型等。同时，将标准规范及设计规范进行统一管理，方便快速调用，借助 COMSOL Multiphysics 等先进三维设计建模工具的模块功能、运动仿真功能等，实现模型参数化设计、模块化设计和设计参数的快速优化，以及产品建模阶段、应用阶段的设计协同，提高动力能源电池设计的效率、质量和准确性。

三是建立研发铅蓄电池产品全生命周期的评价体系。自主研发铅蓄电池产品全生命周期的评价体系，建立面向铅蓄电池产品全生命周期的绿色设计特色数据库，用以研究统计铅及铅合金、隔板、塑壳等原材料的种类、物性，为筛选原材料、评价毒害性指数、制定绿色指数等提供数据支撑。

自主开发铅蓄电池产品生命周期资源环境影响评价技术和专用软件工具，包括清单物质名录管理、排放清单因子管理、环境影响类型管理等功能，应用铅蓄电池产品 LCA 优化铅化合物、酸、高性能隔膜材料等料材的选择，确定产品最佳设计和制造方案，从设计源头赋予电池更环保、更安全的特性。

2. 配备业内领先的智能化生产设备

天能致力于新型高能量铅蓄电池信息化智能制造工厂建设，积极推进智能化生产线的应用，在全国率先打造了铅蓄电池产业示范工程，推动铅蓄电池产业的转型和升级。

采用先进的清洁生产技术和环保设备对铅粉制造工序、分刷板工序、铸焊工序、内化成工艺升级等工序进行改造，应用业内最先进的"6+1"多重碾压铅带的连铸连轧铸带工艺，使铅内晶间更加致密、晶粒更加细小，从而有效提升了高温环境下板栅的耐腐蚀性，显著提升了电池寿命。在量产情况下，先进工艺可节约能源 50% 以上，铅烟排放体积只有传统工艺的 25% 左右，污染物（铅烟）排放量显著下降。

配备智能回馈式充电机、智能机器人、全自动包装打码线等一大批智能自动化设备。设备通过以太网接入 MES 和 SAP 系统，完成远程操作、系统排产、软件故障维修、故障报修、数据上传等一系列自动化操作，实现全流程的数字化管理。

3. 以数字化生产管控提升生产力

一是精细化生产管理。自主建设蓄电池智能制造执行系统，实现生产管理透明化、精细化，提高产品质量，降低管理成本。数字化通信：现场记录电子化，摒弃纸质记录单，保证数据完整性与及时性，提高生产效率，支持数据分析，实现降本增效。智能化生产：搭建电池生产智能控制中心，实现"人"与"智能化生产系统"的信息集成交互，以可视化和形象化方式展示企业全方位动态信息，辅助制定生产经营决策，下达生产指令，指挥调度异常生产事件解决，驱动业务流程和加工制造过程更加快速、高效。设备状态监控：建立设备实时监控系统，对电池的各类大型生产设备进行实时监控管理，了解设备的当前运行状态，分析设备利用率、产能、健康状况，及时发现设备异常；建立设备故障维修模块，包括设备故障报表、设备故障排名、设备维修记录等。全生命周期追溯：运用物联网技术实现电池生产管理信息化，包括电池生产实时数据可视化、现场数据与生产管理软件的信息集成等，实现快速地根据任意环节开展生产、质量、设备等全过程追溯。

二是建立工业大数据分析平台。开发面向电池生产过程的智能化分析与决策支持技术，支持大场景应用，具备详尽的事件和问题追踪功能，实现对电池生产过程的内部和外部结构化和非结构化数据的深度挖掘及生产计划与排程管控、对电池生产过程质量分析和预警及设备预防性维护等。

三是电池生产过程诊断与分析。电池制造过程将产生海量生产数据，采用数据挖掘技术，可对MES运行的关键参数提出优化和决策模型，从四个方面挖掘过程的数据进行：利用生产历史数据发现生产质量关联因素，提高产品质量；集成整个产品全生命周期的成本或质量数据，进行产品生命周期的成本挖掘和质量挖掘；集成销售部门的预测结果和实际订单信息，制定生产计划；设计部门集成服务部门的易损坏 / 维修零部件挖掘结果，有意识地选择零部件。主要过程为：针对生产过程的海量异构数据，通过数据选择、清洗和转换，建立生产数据的数据仓库；分析 MES 及制造系统单元的关键领域和参数，面向生产数据仓库采用各种数据挖掘技术，如统计学、数据立方、关联分析、分类、聚类、偏差检测和预测等技术及其他技术对影响 MES 和制造系统单元的关键参数进行优化和决策。

4. 工艺智能迭代优化

一是数据驱动的和膏工艺参数优化。和膏工艺是生产关键工序。运用大数据建立和膏工艺的机理模型，通过实时采集和膏过程中的环境温湿度、物料投放量、工艺时间等关键参数的数据，开展优化分析，获得最佳和膏水量、峰值温度和工艺时间，提高和膏工艺的性能。通过采集海量的数据，运用大数据算法，不断优化实时分析模型及机理模型，提升模型的精度，优化工艺和提升过程质量。

二是基于知识决策的极片涂板厚度优化。在电池的涂板工序中，极片的面密度一致性是极片质量的重要影响因素。传统生产需要根据配好浆料的黏度、固含量等性能指标，依靠人工经验设定工艺参数。采用多源异构数据融合技术，通过获得混料工序中用于涂覆的浆料的指标数据，建立首检知识决策模型，将决策模型部署到生产设备中，从而实现工序决策的自动化与智能化。

三是基于人工智能（AI）的质量缺陷视觉检测。电池生产过程中的极片及成品电池都需要进行严格的质量管控，大多数生产企业依靠人工观测法进行检测，这势必会因为主观因素、疲劳因素等产生检测效率低、检测一致性差的问题，同时微小的瑕疵肉眼也无法检测到。为此天能引入基于 AI 的在线电池质量缺陷三维视觉检测技术，通过结构光的多视角特征点匹配与三维点云融合技术，实现在线电池产品的三维重建，运用 AI 算法实现极片毛刺、平滑、凹凸等缺陷的实时检测，从而显著提升检测的精准性和效率。

四是搭建智能充电系统。建立智能充电管理系统，对于每一块电池都进行建模管控，全程记录每块电池的充放电过程，自动匹配充电工艺，提升充电性能，异常情况及时报警，防患于未然。

5. 多维全流程质量管理

一是建立质量数字化管理平台，全面管控原辅材料及制造核心工序的质量检测结果，对报检、取样、送样、检测、登记、判定等各环节的过程和结果进行数字化全流程管控。平台分为 7 大模块，分别为：基础管理、来料质检管理、过程质检管理、危化品管理、通报单管理、预警单管理、统计分析。基础管理指样品类型、型号、标准、供应商等基础数据管理，建立了基础数据的规范，避免了质量管控中的人为因素影响。来料质检管理指系统根据各部门需求建立定制化报表，实时掌控各环节人员工作动态，分析各家厂商产品质量，检测报告可自动查看。检测环节实行盲检，检验员不知道厂家信息，系统自动判定检测结果，减少人员干预。过程质检管理指在生产制造过程中，需对现场板栅、极板、和膏、充电等关键环节的产品质量进行抽样并进行适时记录和监控。结果通过钉钉及时推送给班组一线责任人，实时进行质量管控与产品质量纠偏，提升产品质量合格率，降低质量风险。危化品管理：电池生产制造过程需要使用危化品，为确保安全生产，通过系统实现对监控药品的在线监控，每种药品可生成一个对应的信息二维码，领用人员通过扫描二维码进入系统（每个人有自己的账号姓名），填入领用信息并提交申请单。申请流程可通过钉钉推送给管理人员，在系统中进行审核，时时监控药品的流向，减少及避免不良情况出现，提高药品出入库的准确性、及时性，有效提升对易制爆、易制毒药品的安全管理能力。质量通报单管理：建立专项的质量通报单系统，实现在线质量问题通报的流转和管理，替代原有纸制通知单填写和录入的流程，有效提升质量、生产及统计人员的工作效率，同时快速汇总通报信息，方便管理人员和责任人员实时了解通报情况，提升管理效率，提高对质量问题的关注度，推进质量改善的落地。预警单管理指建立专项质量异常通报单系统，根据现场生产质量的变化情况，快速及时地提出质量问题预警，并通过钉钉推送给相关责任人员，提升质量风险预防能力，有效避免系统性的质量损失。统计分析指采集生产过程的实施数据，通过模型算法，对产品质量、过程合格情况进行实时统计分析，并按照设备、生产线、机台等进行穿透展示，使相关管理人员快速了解生产过程的现状。

二是建立质量送维解析系统，实现对生产过程中出现的质量问题进行在线登记录入、不良原因分析、报废管理、原因汇总等相关功能，提升质检、车间、解析人员的工作效率，同时可以依托解析系统的数据库，搭建问题分析与解决方案的知识库，提升员工现场问题解决能力。员工可通过钉钉自动登录系统，并完成送维信息登记、送维提交、送维查询等。在解析过程中，考虑所提报电池问题可能不是同一出处，因此可按照不同部门不同工序等进行拆分，实现不同部门的一次性解析，避免解析人员的重复劳作。解析成功提交后，消息将通过手机端钉钉及时推送至车间生产一线的现场管理人员线长，由其处理追责。对于超过规定时长还未闭环的问题，按照设定的频次及时提醒，确保问题有效解决。建立报废、解析两类统计和分析管理，对解析情况、电池型号、不良原因、数量、追责金额等信息进行自动统计和系统分析，以便各相关负责人直观了解电池不良解析数据，以及追责明细，使相关处罚信息透明公开，督促员工提升自身质量意识。

三是建立在线学习培训平台，针对各个岗位、各项专业、各个职位，建立专门的培训课程体系，包括基础知识，如职防知识、企业文化、安全基础知识、理论知识等，同时还有与工序及岗位关联的专业知识，如设备维护、6S管理、质量技术、工艺规程等。员工可以随时随地通过App登录进行课程学习与查看，同时还可通过钉钉与质量管理系统和质量分析系统进行管理。针对特定的工艺和质量问题，自动推送相关人员所对应的课程，做到及时发现问题，及时强化培训学习，及时提升员工能力，实现问题的闭环解决。

四是搭建持续改进创新平台，以"平台+App"模式，积极营造持续改进的氛围，引导员工在质量提升、生产创效、现场管理等领域积极开展一批小发明、小创造、小革新、小设计、小建议等"五小"改进，助力产品质量提升。构建创意管理功能，对员工提交的改进创意从立项、审批、实施到维护，建立全过程的信息化流程，打通钉钉系统，员工可以直接从钉钉平台进行登录操作，以及通过钉钉进行实时消息推送。平台可对所有改进项目进行管理，形成相关知识库。搭建积分和礼品管理系统，对"五小"改进成果按照实施和完成情况折算成奖励积分，员工可用积分兑换实物奖励，同时在平台内按照价值、数量、协助三个维度进行排名。员工还可以在App端查询积分信息、提交创意、管理创意、填写创意排名报表、使用积分商城等相关操作。

6. 建立智慧能源管理系统

天能建设了高性能铅蓄电池绿色生产过程的能源管理系统，实现蓄电池生产过程的能源基础数据管理、能源监控、能源计划统计、能源综合分析、能量平衡分析及设备能效分析，优化生产能源使用，减少能源的消耗，降低污染排放。

7. 互联网+回收的废旧电池循环制造

作为全国铅蓄电池重要生产基地，天能积极践行生产责任延伸制，运用二维码查询技术建立了统一可核查、可溯源的绿色回收体系。天能生产的电池赋印二维码，销售至各电池销售商，电池报废后使用者到电池销售商处更换电池，废旧电池经回收处置、再生制造实现了循环使用。围绕废铅蓄电池收运主体散、信息对称难、回收效率低等堵点难点，通过"互联网＋回收"方式，建立行业级电池回收综合服务平台，实现从电池出厂、流通、消费、回收到处置的全程规范化和精准化管理，做到"去向可追、数量可查、责任可究"。天能针对电池回收流程各环节建立完整的管理解决方案，委托销售企业和网点回收废旧电池，通过签订合同的方式将废旧电池储存于专业回收公司或收购站点，统一交付回天能处理，实现了资源的回收再利用。依托大数据、人工智能和物联网等新一代信息科技，对传统回收产业进行数字化重构，建立注册登记、合规认证、回收管理、集中转运、数据上传、信息公开、数据监管、系统集成等八大模块，串联产废、运力、回收三大重点环节，打造"投、收、运、处"一体化逆向物流闭环。全方位展示收运场景地图，精准掌控铅蓄电池从源头到终端的全生命周期足迹，形成"来源可查、去向可追、风险可控、责任可究"的智能化监管体系，与政府的相关系统进行数据同步，接受政府相关部门的监督和管理。

在产废主体层面，设置"每日报价""我要投售"等服务，实现废铅蓄电池"一键可售"；推进投售单、危废处置台账和收集转移凭证"三合一"，实现投售程序"减压减负"。在运力主体层面，设置"上游报价""我要转运"等服务，精准匹配废铅蓄电池转运需求，推动收运主体"最多跑一次"。在回收主体层面，设置"回收行情"等服务，实时查看废铅蓄电池处置末端报价，实现行业动态"一屏掌握"。

三、数据驱动的动力电池全生命周期质量管理效果

（一）经济效益显著

通过全生命周期数字化管理的实施，天能在新产品的研发中运用绿色化设计，创新性地采用绿色材料，通过智能化生产，使新一代产品综合性能提升 70% 以上，循环寿命提升 77%，产品性能获得大幅度提升；使产品具有可视化定位、实时监控、前瞻性维护与健康诊断的功能；客户订单平均响应速度在 2 小时内，订单按期交付率达到了 100%；主营业务稳步提升，2022 年营业收入 20192105 万元，利润总额 290889 万元，全员劳动生产率达到行业最佳水平；专利授权量、参与制定国家标准数量和研发立项数量及新产品占比等逐年增长，天能科研管理取得了丰硕的成果；产品的平均生产周期由 25～30 天缩短至 15～18 天；产品的准时交付率由 75% 提升至 95%；产品的单位制造成本降低 10%～15%，不良品率降低 25% 以上，能源利用率提高 20% 以上；异常问题关闭率由 57% 提升至 94%。

（二）社会效益凸显

一是形成涵盖电池生产企业研发设计、生产管理、运行维护等全生命周期的优化决策和解决方案，为传统电池生产行业转型升级带来新的发展动力。二是支撑动力电池企业运营和管理模式变革，对新能源汽车动力电池行业两化深度融合发展起到引领和示范作用。三是探索和推动了传统铅蓄电池行业的绿色智造模式，促进了铅蓄电池行业的不断发展和技术进步，进一步提升了铅蓄电池企业的生产智能化水平和环保管控能力，响应了国家对铅蓄电池行业整治提升和绿色化发展的要求，引领了铅蓄电池行业的智能化、绿色化发展。

（成果创造人：张天任、杨建芬、张　昊、宋文龙、鲁迎燕、
余顺伟、施　璐、谈志农、施　映、李　蓓、李伯球）

钢铁企业"三位一体"精益运营管理

唐山钢铁集团有限责任公司

　　唐山钢铁集团有限责任公司（以下简称唐钢公司）始建于 1943 年，是我国碱性侧吹转炉的发祥地，被誉为"中国转炉的故乡"。唐钢公司现有包括唐钢新区、唐钢高强汽车板公司、唐钢中厚板公司等在内的多个生产基地，具有 1800 万吨的铁钢材综合配套能力，产品主要包括热轧薄板、冷轧薄板、镀锌板、中厚板、棒线材、型材等，广泛用于汽车、家电、机械制造、基建工程、桥梁建设等重要领域，远销全国各地和世界上 100 多个国家和地区。唐钢公司是国内外具有重要影响的汽车板生产商与综合服务商，积极践行"创新、协调、绿色、开放、共享"的新发展理念，成为超低排放环保绩效 A 级企业、"中国制造 2025"智能制造试点示范企业、全国"第一批绿色工厂"，连续多年荣获"全国五一劳动奖章""全国用户满意企业""全国绿化模范单位""全国生态文明示范企业"等多项荣誉称号。

一、钢铁企业"三位一体"精益运营管理背景

（一）推进企业高质量发展的必经之路

　　"十四五"时期我国进入"双循环"发展和高质量发展的新格局，钢铁企业作为国民经济的关键支柱产业，面临着中低端产品产能过剩、高端产品严重不足、能耗居高不下、环境污染严重等突出问题，加之受需求收缩、供给冲击、预期转弱三重外部因素叠加影响，高质量发展迫在眉睫。作为我国第一钢铁大省，河北省坚持新发展理念，加快推进产业区域调整，推动钢铁工业转型升级高质量发展。钢铁企业的高质量发展不仅仅局限于区位调整、工艺技术进步、装备水平提升，更对企业的"软实力"即运营管理提出更高要求，因此，构建系统科学且规范高效的管理模式是钢铁企业取得高质量发展的必经之路。

（二）落实河钢集团战略规划的有力手段

　　当前，河钢集团有限公司进入了更高质量、更有效率、更可持续的发展新阶段，唐钢公司作为集团的钢铁主业先锋，肩负着抢抓历史窗口期，打造技术高地、创新高地、产品高地、智能制造高地和绿色发展高地的重任。2021 年 3 月，唐钢新区一期工程全面建成并投入生产，标志着唐钢公司区位调整如期完成，也标志着企业释放新优势、向海图强的开始。这就要求企业要以更加开放的思维，运用现代化管理理念运营企业，使企业既有国企的产品高度和管理水平又有先进民企的市场意识和经营理念，构建科学高效的运营管理模式，与世界级现代化钢铁企业定位相匹配。

（三）实现"五个一流"目标的必然需要

　　区位调整后的唐钢公司定位于实现"一流装备、一流人才、一流效率、一流产品、一流业绩"，面临结构升级、项目建设、绿色低碳、智能制造、资产处置、新兴产业培育等诸多任务，同时企业运营管理也遭遇诸多瓶颈：虽然推行体系管理，但并未有效运用体系思维来指导运营管理实践；管理的颗粒度较大，标准化程度不能满足高质量发展要求；未能充分利用"信息化""精益化"工具实现管理创新；与新设备新工艺引进相匹配的高端人才严重不足；现场的低级浪费屡禁不止、职工自主改善氛围尚未形成等。因此，唐钢公司亟待研究一套适用于企业现状的统筹性、精益化的运营管理方法，培育公司核心竞争"软实力"，以实现公司"五个一流"目标。

二、钢铁企业"三位一体"精益运营管理主要做法

（一）确立总体思路，建立组织保障

1. 明确"三位一体"精益运营管理的基本框架

唐钢公司"三位一体"精益运营管理是指将构建一体化运营管理体系、深化以作业长制为中心的五制配套管理模式（以下简称作业长制）和开展精益课题三项工作统筹策划、合并推进。一是一体化运营管理体系作为唐钢公司运营管理的"法规"，在确保唐钢公司合法、合规运营基础上能够使企业有效降低经营成本、提高管理效率，为唐钢公司经营目标的实现提供有力支撑。二是作业长制是唐钢公司的基层管理模式，通过作业长制的实施，企业管理重心下移，基础管理得到强化，确保企业有一个稳定高效的运行基础。三是精益课题的有效开展，使公司各项生产经营指标进一步优化、产品盈利能力进一步提升，助力一体化运营管理体系构建工作和作业长制深化工作突破瓶颈。三者不可割裂、融合推进，最终形成了具有唐钢公司管理特色的、更为全面系统的、针对性更强的现代化管理模式。

2. 确立"三位一体"精益运营管理推进的总体路径

唐钢公司秉持"PDCA+过程方法＋风险思维"原则，强化专业管理责任与属地管理责任的落实，整体遵循体制机制构建和组织发动、标杆选树和氛围营造、推广复制和激励保障的推进策略，分模块明确具体推进内容。在构建和优化一体化运营管理体系方面，以"关注价值、职责清晰、流程高效、标准落地"为目标，吸收国际先进企业的过程分析方法和管理要素整合思想，本着整合、有效、融合、高效的原则，构建结构化、模型化、动态化、平台化的一体化运营管理体系。在深化推进作业长制方面，以"组织能力提升"为目标，构建无边界有组织的协同网络和服务载体，活化组织建设和人才培育方式，搭建规范的对标交流平台，有序提升基层管理和产线效益。在全面开展精益课题方面，以"创造价值"为目标，着眼于全流程，着眼于价值创造，着眼于解决问题，分层分类精准立项攻关，同时将精益课题推进的思维方法植入作业长等核心人员，激活作业区职工自主精益改善意识，提升职工消除浪费、严控成本的改善能力，持续培养职工追求精益求精的工匠精神。

3. 建立"三位一体"精益运营管理的组织领导机制

一是唐钢公司成立"三位一体"精益运营管理推进委员会，负责"三位一体"精益运营管理推进的组织领导、总体推进方案批准、制度机制建设、成果审批发布、重大奖励事项等的审核批准。下设1个外聘专家组，负责精益工具的导入；6个推进辅导组，由各专业职能部门重点人员组成，负责专业技术支撑和协同；7个基层推进办，由各推进单位的主要科室人员构成，负责具体推进项目的开展落实和意见反馈。二是设立"三位一体"精益运营管理推进的归口管理部门，改变以往体系、作业长制、课题等工作多头管理的弊端。运营改善部作为精益运营管理的归口管理部门，负责"三位一体"精益运营管理年度推进方案和月度推进计划的策划制订、组织实施和效果验证，负责内外部培训资源的协调组织，构建实施推进工作评价体系。

（二）构建一体化运营管理体系，为企业精益运营管理提供法治纲要

1. 统筹构建文件体系，支撑企业合规运营

唐钢公司以系统策划管理、技术、作业等三类文件体系为抓手，构建一体化运营管理体系。一是管理文件体系。基于过程方法，全面梳理公司一级流程和相互关系，明确过程所有者，统一规范设计流程和制度要素，策划颁布唐钢公司一体化运营管理手册，基于信息化手段，以流程为中心梳理公司业务体系，输出企业的流程清单并明确每条流程的管理要求，实现了管理文件流程化、业务流程显性化、流程关系系统化、流程接口联动化、流程步骤岗位化。二是技术文件体系。统一策划技术文件分类标准，按照职责分工由各专业部室分别构建技术文件体系，包括规程类、标准类、控制计划类、通知单类等。由于技术文件的保密要求，各类技术文件分别被各自的专业信息化平台管控，实现动态管

控、精准推送、及时获取，为工艺技术人员提供了科学严谨的判断和分析依据。三是作业文件体系。坚持"一体化"思维，建立一体化运营管理体系与作业长制之间承接的管理体制机制及管理模型；强化各管理部室对作业区的赋能作用，以业务活动为核心，以"标准化作业指导书"编制为抓手，坚持易阅读、可量化、可操作、可识别、可记录的基本要求，策划标准模板，将安全、能源、环境、设备、测量等管理要求细化，融进"标准化作业指导书"，为作业人员提供精简易懂、全面有效的作业标准，同时促进一体化运营管理体系在作业区的有效落地。

2. 搭建体系运行平台，提高企业运营效率

在一体化运营管理体系构建的过程中，同步完成一体化运营管理平台的搭建和优化。采用事件驱动的流程链作为流程描述模式，基于表证单书的流程切分原则，统一动宾结构的事件描述方式，实行流程接口的业务界面串接方式，形成一套面向客户需求、由事件"需求发起"至"需求关闭"的管理要素建模规范，实现业务流程显性化、结构化、模型化、标准化管理。建立文件、术语、风险、绩效、流程、信息化系统等要素建模规范，基于业务逻辑的联系，形成以流程为主线的要素网络。同一要素在不同流程、文件等对象中实现标准复用与同步变更，在全公司范围形成共同行为准则和统一要素语言，为营造流程型文化构建规则标尺。通过文件的结构化建模策划，对术语、流程、绩效指标、风险及管控措施等管理要素进行系统分析和优化，实现文件的要素级管控和管理要素的定制化岗位推送。根据体系文件的应用场景，对一体化运营管理平台的文件分体系建立多维架构，便于体系的专业应用。建立文件管控流程并在一体化运营管理平台中固化，所有体系文件实现线上模型化编制、审批发布、定制化推送和查询使用，实现数字化转型。

3. 完善体系监察机制，确保企业持续改进

建立多维一体的体系治理机制，为一体化运营管理体系实时"查体保健"。一是改变传统的各体系分别内审的方式，采用"通用过程结合审核，专有过程独立审核"的方式实施体系内审，提高审核效率。二是发挥专业体系主管部门的专业管理作用，将专项审核作为完善体系策划、强化文件落地的重要抓手，随时安排临时审核并采取相应纠正措施，确保一体化运营管理体系的持续改进。三是建立体系文件监查机制，通过一体化运营平台对公司级管理性文件的宣贯情况进行监控，督导完成宣贯工作；策划编制《管理性文件自主确认点检表》，结构化梳理管理文件各要素间的逻辑关系和编制要点，结合年度文件评审工作，组织各单位开展文件找茬和优化；同时发挥各单位的自主管理作用，激励各单位自主开展自下而上的查漏补缺，为管理标准化提供有效支撑。

（三）深化作业长制推进，为精益运营管理落地生根提供肥沃土壤

1. 制定系统培养方案，做好作业长队伍建设

突出"以人为本"，以打造一支"能操作、会技术、懂管理、可传承"的作业长队伍为核心，实行"岗位、资格"双轨制，以工作业绩、关键行为、履职能力、能力提升、一岗双责等五方面的综合评价为抓手，营造重品行、重实干、重实绩的用人导向。同时，重点引导作业长从原来的生产型转变为经营管理型，推行"工序服从、横向联系、自我了结"，减少管理层次，确定管理责权，提高工作效率，形成适合企业发展的"流程更优、链条更短、层级更少、效果更好"的基层管理模式。

2. 活用绩效激励机制，实现指标持续优化

以"计划值管理"为目标，全力推进绩效到产线评价体系的落地，形成以产线为核心、以作业区为依托、以作业区绩效逻辑树为模型的基层绩效管理模式。聚焦制约产线效率效益提升的瓶颈问题，组织各单位通过头脑风暴研讨分解关键指标，结合指标数据分析确定各事业部管控的重点关键指标，输出事业部二级绩效及岗位三级绩效指标库。同时，明确二级指标承接管理责任主体、基础数据来源、计算公式等关键信息，依托信息化平台搭建指标数据持续监测机制，实现指标的趋势管控。从提

高产量到降成本、降库存、开发产品、改善技经指标等方面，逐月下发月度专项激励方案，促进各产线经营绩效的持续优化提升。

3. 强化设备综合管理，保障设备稳定运行

以设备点检定修制为重点，以减少设备停机、增加有效产出为目标，组织主要生产单位编制事故地图。汇总近五年发生的设备事故故障，按设备进行分类统计，在产线布置图上标注各设备的事故发生次数，用不同颜色区分，便于观察各设备的事故发生频次，找出重点关注设备。组织绘制优化点检路线图，将立体设备通过上层、地面、地下三层平面展示，确保点检覆盖全面的同时尽量缩短行程，在每个点检节点上标注点检条目数量及危险因素。组织完善设备管理综合检查的策划，实现点检管理、隐患管理、事故管理、设备现场管理、特种设备管理全覆盖，同时细化检查标准、加强检查频次，确保各项管理要求扎实有效落地。

4. 分层策划履职检查，提升产线标准化水平

唐钢公司构建班组长以上技管人员的标准化履职模型，提升唐钢公司管理和作业标准化水平，维护保持现场安全、高效、稳定、一贯。履职模型严格基于 PDCA 方法进行策划，通过"锁定履职人员、建立履职清单、加严过程管理、量化评价改进"四个步骤，督导各级技管人员逐级落实管理职责，实现管理标准化；确保职工严格执行作业标准，实现作业标准化。基于文件结构化管理，重新识别作业区的职责、任务，输出作业区的履职清单，明确单项履职时间及履职具体节点，按照履职项目的重要性、紧迫性、风险程度筛选重点履职项目，将作业区履职清单进行承接、转化，形成各级作业长、班组长人员履职清单，通过"权利委让、层级履职"实现履职项目全覆盖，通过标准化履职检查确保有效落实。

5. 实施作业区星级打造，夯实产线管理基础

将作业区星级评价作为作业长制深化结果的评价手段，充分发挥专业部室对作业区的专业支撑作用，将专业要求和标准规范提炼、分级、细化成《星级作业区评价标准》，用以引领打造高水平作业区的目标，通过客观评价发现不同阶段作业区的具体差距和问题，从而确定重点推进内容和策略，推动针对性改善提升。实践中，采取"包保辅导、交叉评价"的形式开展星级作业区评价工作，充分发挥辅导组的双重职能，作为评价组对各单位实施星级评价、辅导组协助推进单位做好内部管理提升和优秀案例复制推广工作的工具。

（四）深度开展三级精益课题，为良好经营业绩提供有力支点

1. 策划课题分级管理，实现关键指标持续提升

唐钢公司以精益课题为载体，通过问题导向，靶向攻关，实现指标持续改善、业绩提升和人才成长，形成了以解决系统性及跨专业问题为主的公司级课题、以单项指标优化为主的厂部级课题、以"小、实、活、新"为主要特点的作业区级课题的三级课题管理模式。唐钢公司以企业的年度预算目标为基础，搭建指标管理架构，明确数据收集、分类的途径和规则。应用科学的分析工具，围绕产品质量改善、作业效率提升、功能精度优化等领域发现问题。建立专业部室、外方专家、主管经理三级评审流程，确保精益改善课题的精准立项、有利经营，实现产线瓶颈环节的"精准打击"和关键指标的持续稳定改善。

2. 搭建自主改善平台，营造全员参与氛围

唐钢公司将精益思维融入关键指标改善、高端产品上量、产线智能制造等生产经营关键环节，调动职工参与改善的积极性、主动性，围绕"改善绩效指标、消除各种浪费"发动和组织实施全员自主改善活动。搭建信息化平台，助力问题发现解决，改善提案的申报、评选工作，协同内外部资源开展专题培训，拓宽职工发现问题的思路，同时建立作业区内部的创新分享机制，组织各单位筛选优秀改

善案例，打造改善景点，组织精益改善之旅活动，由改善达人现场分享自主改善思路和成果，以精神激励持续构建日益浓厚的全员精益改善氛围。

3. 定制化组织工具培训，培养复合型人才

在开展三级精益课题解决问题、创造效益的同时，还要持续培养职工精益求精的工匠精神，训练职工消除浪费、严控成本的改善能力，系统培育一批掌握精益思想和方法、既懂技术又懂管理的复合型人才。通过在课题开展中发掘，确定精益能手种子选手，制定长周期、一贯制的培养计划，通过"专题培训＋以战代训"相结合的方式，重点导入精益改善工具，每月征求辅导需求，坚持"每月一项专题"，有针对性地组织开展精益工具方法应用培训。

（五）建立长效机制，提供运营保障

1. 落实 PDCA 闭环管理，支撑推进目标顺利达成

建立"三位一体"精益运营管理推进机制，明确推进组织的职责分工和推进流程，保障各项工作有序实施。坚持"PDCA"管理思路，每月 3 日前制定发布月度推进计划，做到项目具体、量化，责任到人；每月 10 日前组织公司召开推进协调会议，会议通报上月推进评价报告和下阶段工作计划；月中适时组织现场会、经验交流会、作业长与推进协同研修会等，会议主题目的明确，即要解决实际问题；每月月底组织全面评价，做到计划、落实、效果、改进创新、专业支撑同时评价，推进单位、辅导组专业管理部门同时评价。

2. 建立推进激励机制，激发全员积极性

策划并下发《精益运营模式绩效评价办法》，充分发挥标杆、榜样的示范引领作用，从多个维度设置奖项，包括优秀推进单位、优秀辅导组、星级作业区等团队奖励，改善达人、精益教练、优秀作业长等个人奖励，优秀改善提案、优秀课题等成果奖励。同步制定《精益运营模式推进工作管理标准》，明确各个奖项的评价规则、奖励额度及奖励周期，使评优、奖优工作做到"及时"和"有效"。

3. 做好知识沉淀、传承，固化各项工作成果

及时组织内、外部专家组总结工作，提炼质量、能源、环境等各专业管理体系理论基础、作业长制实践经验及精益课题相关工具方法应用心得，结合唐钢公司管理现状，凝练形成《唐钢公司"三位一体"精益运营管理普及读本》，在公司内部印发并通过《唐钢报》专栏连载。与《星级作业区评价标准》相配套，识别制约作业区指标改善、管理提升的共性问题 167 项，组织内部各领域专家及外部顾问共同编制答案，指导作业长明确"为什么、怎么学、如何做"的方法路径，形成《作业区基础管理百问百答》手册，给作业区管理运行提供更加简明、有效的指导，同时为专业管理人员辅导作业区提供参照。每年度收集整理一年来涌现出的优秀改善案例，对创效性好、推广性强的优秀改善案例汇编成册，予以印发，同时上传公司知识管理平台，组织各单位进行计划性的推广复制。

4. 搭建学习交流平台，促进各单元整体提升

制定《河钢集团唐钢公司作业长研习会实施方案》，组织各单位、专业部室成立作业长研习分会 15 个，由研习会会长定期通过现场观摩、会议讨论、线上交流等灵活多样的方式开展研习活动，逐步优化作业长研习分会组织模式，将研习分会细分为更小的单元组织活动，组织形式上更为灵活、高效，从而有效助力作业区基础管理水平整体提升。

三、钢铁企业"三位一体"精益运营管理效果

（一）企业创效能力稳步增长

2021 年以来，三级课题滚动式循环推进，实现年度经营预算指标的全覆盖式提升，累计创效 35333 万元。高炉实现长周期稳定运行，热轧事业部转炉冶炼周期缩短至 35 分钟以内，钢包周转时间降低 21.3 分钟，2050 轧机平均机时产量提高到 880 吨；长材事业部转炉单炉冶炼周期稳定

至 30 分钟，同时实现了由柔性连接向刚性直轧和热装转变；高强汽车板综合成材率由 94.96% 提高至 95.28%。全年节约外购电费约 4000 万元，转炉煤气、焦炉煤气、高炉煤气回收利用率分别实现 100%、100%、99.7%；自发电比例最高提升至 86%，达到行业先进水平。

（二）企业管理水平显著提升

以标准化履职模型为载体，推进点检、检修、岗位三方联动，组织机械、电气、特种设备专项检查 155 次，排查整改问题 600 余项，保障了主体设备的安全稳定运行。依托精益课题开展典型质量问题攻关，不断夯实高端管线钢质量保障，积极搭建宝马钢质量管控平台，提高 RH 工艺路径比例，完善原辅料与耐材管理，超低碳钢夹渣等多项攻关取得显著效果。下大力量推进环境整治、节能减排和绿色低碳循环发展，被国家工信部命名为全国"第一批绿色工厂"。以安全标准化为抓手，2022 年获评河北省唐山市"安全生产专项整治三年行动优秀单位"。

（三）企业品牌影响力持续增强

截至 2022 年年底，全年高创效、高附加值产品比例达到 34.8%，同比提高 8.8%。研发高耐候钢新品种，相关技术达到行业领先水平。研发高碳钢、电池壳钢、工业纯铁等新产品，多品种实现"从 0 到 1"的突破。管线钢、车轮钢、高强结构钢等品种实现系列化，热轧管线钢、工程机械用钢、冷轧镀铝硅等产品销量同比大幅增长。全年新开发客户 84 家，其中战略客户 32 家；一对一直销比完成 44.5%，同比提升 5.5%。客户满意度达到 97.7%，与宝马、比亚迪、长城、奇瑞、吉利、上汽等企业深化供货合作，品牌效益彰显，进一步巩固了在行业中的领先地位。

（成果创造人：谢海深、张　驰、么洪勇、曹学征、李末卓、高子磊、
　　　　　　　罗少云、范媛媛、李　罗、徐　博、黄　燕、施文林）

军工科研院所适应新时代需求的高效协同生产管理

北方激光研究院有限公司

北方激光研究院有限公司（以下简称激光院）组建于 2016 年 6 月，是中国兵器工业集团有限公司（以下简称集团公司）直管单位，前身西南技术物理研究所，创建于 1958 年，由中国科学院四川分院物理研究所演变而来，是我国率先从事军用激光技术研究的专业研究机构。

一、军工科研院所适应新时代需求的高效协同生产管理背景

武器装备是军队现代化的重要标志，是军事斗争准备的重要基础，是国家安全和民族复兴的重要支撑。在实战化演习消耗、各军兵种大批量订购的背景下，装备市场进入大规模、低成本、快交付、全自主创新发展阶段，军方用户从体制、机制、采购、定价等方面不断改革和优化。集团公司作为国家安全和国防建设的主力军，是我军机械化、信息化、智能化装备发展的骨干，是现代化新型陆军体系作战能力科研制造的主体。激光院作为集团公司重点打造的光电高科技企业应把握发展大势、抓住历史机遇，通过构建适应新时代装备建设需求的装备生产管理体系，持续为部队提供好用、管用、实用、耐用的武器装备。

二、军工科研院所适应新时代需求的高效协同生产管理主要做法

（一）梳理企业内外部价值链，构建顶层生产运营体系

2020 年以来，随着装备生产任务激增，激光院积极探索从科研小批量试制向大批量订货任务的转变，系统梳理内外部价值链环节，在顶层设计"产研互融的低成本制造技术" + "1+7+N 的生产管理模型" + "平战结合的装备服务保障系统"的装备生产与保障体系。

1. 打造产研互融的低成本制造模式，提升源头成本控制能力

依托激光院作为研究所的研发技术优势，在确保军用核心技术安全可靠的前提下，每年自主投入超千万元推动主要产品和核心技术的通用化、标准化、模块化发展，以系统思维指导设计工作，对硬件构成、框架结构、信号处理和操作使用等功能要素剖析重构，充分利用光电制导等军品领域已形成一定优势的导引头系列模块化产品和通用技术，开展系统集成设计工作，实现产品整体性能指标的提升，甚至优于各部分性能指标的简单叠加，在设计源头降低了产品的直接成本。健全协同研发机制，设计同步考虑工艺、质量、采购、成本控制、维修保养等因素，工艺部门、生产部门、售后服务部门同步参与设计工作，充分利用数字化研发手段进行仿真与试验验证，全要素匹配，缩短了研制周期，减少了重复投入的研发成本。

2. 搭建"1+7+N"的生产管理模型，提升系统化风险控制能力

在企业内部强调各环节的紧密协作和优化，针对市场营销、研发设计、供应链管控、生产制造、服务保障等环节割裂的弊端，系统开展装备生产任务风险的分析、策划、部署，根据装备建设需求制定了装备建设总体实施方案（"1"）；统筹对安全生产、质量管控、能力建设、人才队伍、技术工艺、成本控制、供应链管控等方面提出具体要求并建立 7 项支撑流程（"7"）；围绕"人、机、料、法、环、测、运、急、制"等 9 要素对每个装备生产任务（"N"）进行全要素策划形成行动计划，形成了体系完整、架构清晰、流程顺畅、责任明确的"1+7+N"生产管理模型。

在年度装备建设总体实施方案中科学设置各类指标任务，细分化解具体指标要求，形成年度专项任务清单、装备生产风险清单、工艺优化改进清单等 3 项任务清单。年度专项任务清单列入责任部门绩效考核责任书，装备生产风险清单列入调度会议题动态管理，工艺优化改进清单作为工艺主管部门

和生产单位的日常工作，通过经营计划会、装备生产指挥部会议、生产调度会议、生产准备审查会分类分级进行跟踪、考核和闭环。近三年，累积细化分解形成了100余项任务清单、300余项行动计划、100余项具体指标，实时监控，强化目标成本达成、风险预警和过程管控，确保装备优质、准时履约，实现发展质量、规模、效益、安全相统一。

3.构建平战结合的装备服务保障模式，实现被动响应向主动预防转变

紧密围绕支撑部队"能打仗、打胜仗"目标，统筹推动装备交付与服务保障由保障装备完好向保障作战能力提升转变，重构装备服务保障管理模式，加强装备交付前、中、后全过程管理。将市场营销队伍与服务保障队伍有机融合，结合激光院装备配套特点，设立6个市场售后片区，全面对接总体及部队需求，实现装备服务问题快速反馈、协调与解决；按照"全面、真实、开放"的原则搭建基于样机＋模型的实训系统，全面涵盖基础制造技术、产品制造技术和先进制造技术等，采用真实设备、真实工具、真实产品，做到真演练、真操作。

（二）围绕协同效率提升，优化装备生产的组织和业务结构

1.建立指挥系统管理机制，强化生产组织领导保障

激光院成立由党委书记担任行政总指挥的装备生产指挥机构，坚持党委引领保障、行政有效落实贯通协同，确保生产指挥系统高效稳定运行，以系统性、流程化思维推动形成贯彻落实全周期、管理体系化、执行高协同的闭环工作机制。

建立生产指挥中心系统，从装备生产、生产计划、供应链和质量管理等4个层面，以发现、暴露问题为目标，层层穿透，挖掘到问题的产生点。推行问题清单化管理，目标倒推、时间倒排、任务倒逼、责任倒查，推动任务具体化、工作务实化、考核定量化，通过指挥中心系统持续开展合同履约率改善提升工作，按照PDCA（Plan，Do，Check，Act，计划，执行，检查，处理）原则，分析存在的突出问题，为下一步改善提升制定目标和实施计划，促进生产中问题快速解决。

通过集成ERP（Enterprise Resource Planning，企业资源计划）、MES（Manufacturing Execution System，制造执行系统）、生产管理系统中的数据产生价值，实现对合同履约率指标的实时监控，快速反映生产现场进度与计划的偏差和生产交付风险，形成生产指挥与管理的中枢。生产指挥部根据指挥中心系统反馈的问题，处理并推动大批量订购任务、"装备质量清查整顿""人机隔离、机器换人、黑灯工厂"专项工作30次，形成专项行动计划100余项，解决了近200项制约生产进度的瓶颈问题。

2.夯实装备生产管理制度基础，确保生产流程高效可控

一是强化生产管理处对装备生产的经营结果负责，按照年度合同批次对产品出产、销售收入、成本管控负责。梳理优化科研和生产外协的管理流程，健全按照目标价格和分项目标价格分类管理，以目标价管控方式分级实施业务审批，外协配套合同签订时间平均缩短20%，生产准备时间平均缩短15%，实现快速流程管控，高效支撑了装备出产。二是优化财务总控、业务管理部门具体管控的分级管理模式，优化生产成本的总成本、产品目标价、分项目标价审批审核的权责，每年定期发布价格目录，作为生产成本管理的依据，进一步优化财务核算体系，为生产提供支撑。三是完善采购管理分类通道，按照"总经费管控＋单项管控""总经费管控""效率优先"等多种方式，分类建立简洁采购流程、常规采购流程和快速采购流程等多条跑道，实现效率与管控的平衡。四是加强科研转产管理控制，明确转首批生产的鉴定流程，将军方相关要求融入其中，确保科研成果生产转化的无缝对接。五是压实计划任务考核，强化部门级绩效与激光院整体绩效完成情况有机结合，将原科研、生产、管理、保障分序列考核改为全院"一盘棋"统一考核，将绩效管理结果与科研生产工作主线、部门协同结果相关联，一改以往"不做不错，少做少错，多做多错"的局面。

3. 设计生产"三纵三横"业务架构，适应大批量装备市场变化

为适应激光院生产任务特点，确保产品一次成功，基于产品制造全生命周期，在生产单位设计"三纵三横"的业务架构，纵向工段聚焦产品实现，设置导引头节拍工段、光电科研试制柔性工段、整车总装工段，统筹内部生产资源，推进科研生产一体化；横向平台聚焦能力提升，设置供应链物流平台、技术工艺平台和服务保障平台，以降低采购成本、工艺标准化为抓手，持续提升价值创造能力。

工段中柔性生产线聚焦科研试制产品，利用柔性生产线换产周期短的特点，依托技术工艺平台吃透科研阶段工艺技术难点，优化工艺，推进工艺标准化，提高产品可制造性。通过工艺复盘，提升柔性生产综合效能，赋能节拍生产线，拉动科研生产一体化，推动装备制造技术向自动化、智能化发展，构建面向未来发展的先进制造技术体系，系统提升集成制造能力，支撑装备高质量生产。

（三）遵循精细化管理理念，提升装备生产的全流程效能

1. 强化计划管理，全面融合目标资源匹配

建立预测订单和预生产计划，通过 6 个市场售后片区与总体单位的沟通和调研掌握可能的需求变化，实施预投产评审机制，从成本风险和周期风险维度评估预生产计划向正式计划转换的可能性，合理确定经济投产批量，有效缩短了产品交付周期，提升了快速响应能力。

通过建立详细的生产计划和时间表，加强对生产过程的控制和监测，确保每个步骤都得到有效执行，从而提高计划达成率。推行以"利润"为中心的生产经营责任制，在计划制定之初开展预算衔接工作，逐一对每个产品制订精细化目标成本方案与批次成本预算，细化成本目标分解，抓住关键环节严控成本，做到每个产品有"利润"指标。

通过 MES 系统多轮次的信息系统历史数据迭代，结合经验数据，确定了外协、配套、外购的生产周期、合格率、采购提前期等期量标准，确保生产计划有据可依。基于产品结构 BOM（Bill of Material，物料清单）和工艺 BOM 建立年度产品交付、月度产品交付、月度生产准备、日装配等多层级、多种类计划，通过对日计划的及时更新，确保生产线上资源最高利用率，根据装配需求适时调整生产准备顺序，确保满足急需。在计划跟踪闭环推行设计方面简单高效、执行方面有明确检查点、内容方面不断迭代的清单管理，聚力关键，确保精确精准、提速提效。

2. 建立军地协同交验，形成规模化军品批产的快速交付能力

激光院和驻所军事代表室共建导引头产品数字化军检平台，将手工检验测试流程数字化，实时判读记录测试结果，通过保密信息专网，进行远程视频监督、在线数据监测，实现数字化军检的远程化控制；依托制导类产品与专业数字化样机性能试验能力，在生产阶段采用通用集中式测试系统，通过 LAN（Local Area Network，局域网）网络连接适配单元，每一个适配单元连接一台产品，实现 20 台以上产品同时检验、故障诊断自动细化到产品单个模块；研制自动化测试和诊断检测设备，实现被测产品电器特性的自动化精准测量和分析。

3. 实施问题"靶向"改进，筑牢质量安全基石

贯彻"质量是政治、质量是生命、质量是效益"理念，坚持质量至上、质量第一、对标一流、追求卓越，以用户满意为宗旨，以满足部队实战化需求为牵引，坚持战斗力这个唯一标准，始终把一流、优质放在首位，高标准、严要求，遵循"预防为主、创新驱动、系统管理、全程管控、全员参与、持续改进"的原则，运用"预防、控制、纠正"的"零缺陷、零隐患"系统工程管理方法，推进生产与质量相融合，以最高的标准、最严的要求，从严从实从细抓过程质量管理，以高质量的产品和服务赢得用户信任。深入贯彻落实集团公司"人机隔离、机器换人、黑灯工厂"工作要求，积极推进安全生产智能化管理系统建设，初步形成"可知、可视、可溯、可控"多位一体安全防控体系。

牢固树立"零缺陷"的质量目标追求，紧紧围绕装备保供任务主线，全面推进预防式质量管理流程体系建设。将质量法规和标准要求融入业务流程，将实物质量要求融入制造流程，落实全员、全业务的质量责任，明确各级人员质量职责112条及相应量化指标和考核办法。将质量管控要求向供应链端延伸，以"质量指标提升、检验效率提升"双提升为牵引，从体系保障、过程管控、试验保障、检测技术等方面开展专项治理工作，提升产品质量稳定性。对关键供应商实施"穿透式"的管理，在外购、外协和配套合同中列入质量损失索赔条款，进一步减少输入性质量损失。主要产品实施装备"一品一法"专项质量监管实施方案，开展重复质量问题治理，平均每年建立质量风险隐患任务清单100余项，逐项分析并制定应对解决措施。

（四）坚持合作共赢思想，构建可靠的外协配套供应体系

1. 全面推行外协配套多点布局，奠定供应链低成本化基础

充分发挥在激光及光电制导领域的技术专业优势和特长，针对核心需求和建设目标，推动核心能力自主化、重要能力专业化、一般能力社会化，整合社会现有资源的能力和优势，构建多方共赢、利益共享、风险共担的战略联盟。

以战略外包为切入点，对未来批量较大的型号项目采用外协配套多点布局的方式，设定研制阶段 A\B 角。A 角由设计能力较强的供应商担任，主要负责设计和后续主要批产，B 角由生产能力较强的供应商担任，负责对 A 角设计的图纸进行技术状态验证，生产工艺评估以及型号后续规模化批产能力保障工作。通过综合评审确保型号批产实现一个技术要求、一个状态、一张图纸、多家生产的目标。在后续生产过程中保证 A 角 60% 以上的生产份额，基本确保 A 角研发投入与产出的效益，承诺 A 角在满足质量、成本、交期、服务等方面要求的情况下，可以适当调增生产份额，进一步激发 A 角的主观能动性。

2. 协作开展供应链综合评价，强化供应链安全稳定性

系统搭建供应商管理整体框架，形成基于流程的供应商管理制度，修订发布供应商管理制度及系列体系文件30余份，优化供应商准入、绩效评价及结果应用、退出管理流程。通过对企业基本情况、质量管理情况、生产技术能力、服务能力等多维度综合评价选择行业内优秀企业作为供应商。优化供应商业绩评价工作流程，明确任务部门、使用部门、外包主管部门、质量部门、技术部门等信息收集要求和频次，确保基础数据的准确性和及时性。

科学制定产品质量（Q）、成本（C）、交期（D）、服务（S）等指标的计算公式，细化量化使用问题扣罚标准、交付影响评分标准、服务及时性扣分标准、服务质量效果扣分标准、供应商价格评分标准，根据重要性大小分配权重，得出供应商业绩年度评价为：A 级（优秀）、B 级（良好）、C 级（一般）、D 级（较差）、E 级（不合格）。A 级在科研选型、份额分配、货款支付等方面给予优先考虑；D 级新产品限制选用，产品中图纸明确指定的供应商加强过程质量监督审查，产品中图纸未明确指定的可调整其业务份额至优秀供应商，连续两年评为 D 级的供应商应按 E 级处理；E 级终止合作并剔除出供应商名录。每月对供应商动态量化考核，根据考评结果对供应商采取差异化的"T0+X"付款方式，实现从"行政命令式"向"市场化"转变。

3. 多形式实施供应商帮扶，反哺自身综合竞争力提升

针对供应商暴露的突出问题，开展质量"回头看"和工艺"回头看"专项行动，聚焦问题产生的关键环节，按问题诊断、督导改进、成效评估 3 个阶段推动供应商持续改进，形成问题知识库，避免同类问题重复发生，近 3 年，开展专项检查30余次，解决制约生产瓶颈的关键技术工艺问题100余项，以点带面帮扶供应商提升体系自我质量管理能力。

（五）推进数智化工程，打造装备生产的智能制造平台

1. 推进过程数据集成式管理，提升信息流转及使用效能

按照业务谁主管谁负责的理念，建立批量生产过程的质量数据模型，明确职责确保质量数据可追溯，包括产品性能衡量、产品缺陷密度、装配过程质量管理、批次性质量总体水平等，实现生产过程数字化管理，产品信息收集汇总能力提升至 95%，质量追溯准确率提升 20% 以上，通过过程数据支撑产品质量符合性和产品合格率的落实。

2. 推进生产全流程信息化，提升生产协同管理效率

从生产运营和职能两方面建立信息化业务架构，通过适配标准化和集成化的业务架构构建生产及检验一体化管控信息化平台，基于数字化设计形成产品模型，完成全数字化工艺设计，生产物流清单等相关主数据信息，ERP 系统基于关键信息打通产品计划、制造、检验与交付主线，各个分业务系统中人、机、料、法等数据有机整合，形成对生产决策和管理有价值的信息。

将 ERP、PLM（Product Lifecycle Management，产品生命周期管理）和现场 MES、QMS（Quality Management System，质量管理体系）、WMS（Warehouse Management System，仓储管理系统）各系统、系统与现场设备之间相互打通。贯通工程、制造数字链，通过 BOM 多视图的组织方式完成产品全生命周期数据的管理及应用，协调研制两端产品数据管理与应用的冲突，实现产品数据的共享与追溯；制造要素全面覆盖，不仅覆盖传统 MES 管理领域业务，制造相关的执行业务均已纳入统一业务平台，物流、生产、质量业务相互关联统一；制造流程全面打通，统一数据模型，统一流程管理，业务交叉覆盖；制造可视化，智能分析，实时可视化的车间状态看板实时显示车间关键指标，动态工位任务可视看板显示工位操作状态和进展数据。

3. 推进生产作业智能化，实现效率质量双提升

针对传统光电类产品手工作业对作业人员素质要求高、数量需求大，质量一致性不高等问题，对积累的产品装配数据、工艺数据以及工艺技术要求进行系统分析和全面梳理，通过工艺结构化和知识化，运用三维数字化工艺设计与仿真优化，在瓶颈和关键工序设计开发自动化装配系统，实现了产品稳定平台 200 多个零部件无损自动装配和装配物理参数实时在线测量。

围绕数据驱动的制造过程管控开展工业物联网、工业大数据、智能装配、机器视觉、机器人集成等技术研究与应用，推进生产线向自动化、智能化转变。生产线采用自动上料，视觉检测齐套，自动传送至自动装配系统并装配；机器人自动选取不同末端手爪，配合装配集成工装的旋转、位移和定位，实现零件自动装配，通过机器视觉进行记录和判定。

（六）构建技能人才高地，夯实装备生产的人才基础

1. 搭建梯队型技能人才发展平台，奠定装备生产发展人才基础

深化产学研融合、校企合作，开展订单式培养，与四川省内部分本科和职业院校开展人才深入合作，有针对性地选取专业对口的高素质人才，在毕业前一年，组织开展激光院光电班培训，通过 3 个月的理论和实操培训，完成最终测试后颁发结业证书，以此挖掘优秀人才，选优配强高素质技能人才。入职后，以师带徒的形式采取技术技能双师傅培养，高技能人才为主导师，以一线装备制造为平台练就绝技绝活；以重点装备项目技术总师为辅导师，以在研重点项目试制为平台更新知识结构，针对不同类别不同群体的技能人才实施差异化培养，设立科研试制岗，打通科研生产最后一公里，打造一支懂技术又有技能绝活的高技能人才队伍。

2. 统筹数字化制造人才队伍建设，推动制造领域转型升级

聚焦数智工程战略实施需要，加大"数字化制造师"队伍的建设力度，着力推进"四个一批"，即选拔一批具有相关专业或技能的高校或技工院校优秀毕业生，引进一批智能制造的成熟型人才，培养

一批一线关键岗位的技能人才，打造一批有型号经验的技术工艺团队，持续推动激光院制造领域的转型升级。

加大"双师型"技能人才培养力度，支持高技能人才参加职称评审和职业资格考试，鼓励专业技术人才参加职业技能等级认定，培养一批在生产一线掌握理论知识、解决问题能力强、综合素质高、能推动生产技术不断进步的高素质技能人才。

3.完善技能人才多维度评价体系，提升贡献导向效用

梳理技能人才岗位，整合人力资源，搭建一线生产、生产保障和辅助保障三个序列的技能人才成长通道，明确岗位职能职责、成长路径和评价机制。构建以岗位价值和个人绩效贡献为依据的收入分配制度，合理确定激励范围并动态调整，确保薪酬激励水平与单位、个人业绩都紧密挂钩。

三、军工科研院所适应新时代需求的高效协同生产管理效果

围绕装备生产与保障任务业务流程开展的生产运营体系变革，管理效率显著提高，近三年，装备交付数量增长51.3%，生产效率提高24.2%，内部质量成本降低22.08%，产品不良率降低23.6%，同时生产准备配套合同总金额平均每年同比下降5%。近年来，激光院经济总量和经济效益持续改善，各项经济指标逐步提高，资产质量和资产结构得到改善，国有资产实现保值增值。2022年实现营业收入19.71亿元，同比增长13.2%，近五年年均增长11.36%；实现利润总额2.47亿元，近五年年均增长13.25%；实现全员劳产率57.34万元/人·年，同比增长9.78%，近五年年均增长9.53%；2022年完成装备交付产值13.14亿元，同比增长11.73%，占激光院主营业务收入的69%。激光院装备交付屡创新高，军品合同履约率连续3年100%，装备大批量订购任务均较任务节点提前高质量完成，多次获得军方和总体单位的表彰。

（成果创造人：龚赤坤、郭　航、向秋澄、王　海、吉　喆、杨　阳、
孙　秋、任　鹏、蒋　放、郭延锦、于　剑、张建伟）

油气矿企业适应增储上产快速发展的运营管理能力提升

中国石油天然气股份有限公司西南油气田分公司蜀南气矿

中国石油天然气股份有限公司西南油气田分公司蜀南气矿（以下简称气矿）隶属中国石油天然气股份有限公司西南油气田分公司，2002 年 1 月 1 日正式运行，目前下设职能部室 13 个、直属单位 5 个、基层单位 19 个，员工 2800 余人。气矿以天然气勘探、开发、集输和销售为主营业务，矿权总面积 3.04 万平方千米，勘探开发和生产作业区域分布在四川省、重庆市、云南省、贵州省境内，担负着新疆塔里木天然气的处理任务，供气覆盖川渝 35 个区（县）141 家天然气直供客户。气矿在"打造分公司增储上产的重要增长极，加快'常规气、页岩气和致密气'三大领域勘探开发，建成四川省首个储气库群，奋力建设千万吨级气矿"的"1311""十四五"发展目标引领下，取得了天然气产量、储量、销量不断攀升，安全环保态势稳定向好，经营效益稳步提升，改革创新提质提速，党的建设持续加强，发展环境更加融洽等突出成绩，呈现出蒸蒸日上的良好发展态势。

一、油气矿企业适应增储上产快速发展的运营管理能力提升背景

（一）建设一流企业，保障国家能源安全的客观需要

以中国式现代化全面推进中华民族伟大复兴，需要一大批能够体现国家实力和国际竞争力、引领全球科技和行业产业发展的世界一流企业做支撑。中国石油是国有重要骨干企业，是我国最大的油气生产和供应企业。认真落实党中央、国务院决策部署，以高度的政治责任感和历史使命感，对标高质量发展的根本要求，加快世界一流企业建设，不断提高管理水平，才能不断提高油气资源获取能力和资源优化配置能力；切实把能源的饭碗牢牢端在自己手里，全力以赴为民族复兴、强国建设提供不竭动力，才能充分保障国家能源安全。

（二）履行好央企责任，承担起时代赋予崇高使命的必然选择

气矿作为扎根四川盆地的天然气勘探开发企业，天然气开发利用历史悠久，是新中国成立后国内最早的天然气生产基地，天然气产量曾占全国的三分之一，为国民经济的发展做出巨大贡献。但经过了 60 多年的发展，不少老气田都走向末期开发，严重制约着企业的发展。气矿创新思路，勇挑重担，向非常规天然气发起挑战，率先开展国内页岩气地质综合评价，成为中国页岩气产业化开发的探路先锋，打成我国第一口页岩气水平井、第一口具有商业开发价值的页岩气水平井、第一口超百万方页岩气井，取得了深层页岩气研究攻关重大突破，成为国内首个"万亿储量、百亿产量"页岩气田，成为国内最大的页岩气生产基地，揭开中国页岩气勘探开发新纪元。

（三）提升管理效益，推动气矿实现高质量发展的必由之路

气矿的快速上产，暴露出了管理能力不相匹配的诸多弊端，资金、人员投入巨大，效益增长比较缓慢，员工幸福感比较低，严重限制了企业的快速发展。认真审视管理现状不难发现，气矿还存在资源发现有瓶颈、油气上产有阻碍、业绩贡献有难关、支撑保障有短板、风险管控有难度等问题，安全基础不牢靠、管理过程不精益、员工工作不积极不主动，管理方式还比较粗放，不规范、不严格、不精细的管理行为屡屡出现。气矿必须采取切实可行的措施，坚定不移推动管理能力提升，打造能不断自我迭代提升的管理系统，向着管理精细化、精益化不断迈进，提高管理能力匹配度，才能实现高质量发展。

二、油气矿企业适应增储上产快速发展的运营管理能力提升主要做法

（一）对标确定"1+17+N"管理能力提升顶层设计

1. 高标准制定 1 个管理能力提升总体规划

气矿选取 BP（英国石油公司）、壳牌等一流能源企业进行对标分析研究，发现与这些一流企业最根本的差距就是管理能力的差距。为此，气矿结合实际情况制定管理能力提升思路，围绕油气快速增储上产的主营核心，强化快速发展中的核心能力，组织编制管理能力提升总体方案。方案对气矿增储上产管理能力提升行动做出了全面规划，明确以数字化为支撑，严格指标考核，各业务协同推进，建立实时反馈、动态优化的管理能力提升系统（图1），力争通过 3～4 年的努力，历经统筹构建、运行提升、总结改进 3 个阶段，持续解决资源发现、油气上产、业绩贡献、支撑保障、风险管控 5 大核心能力不足的问题。

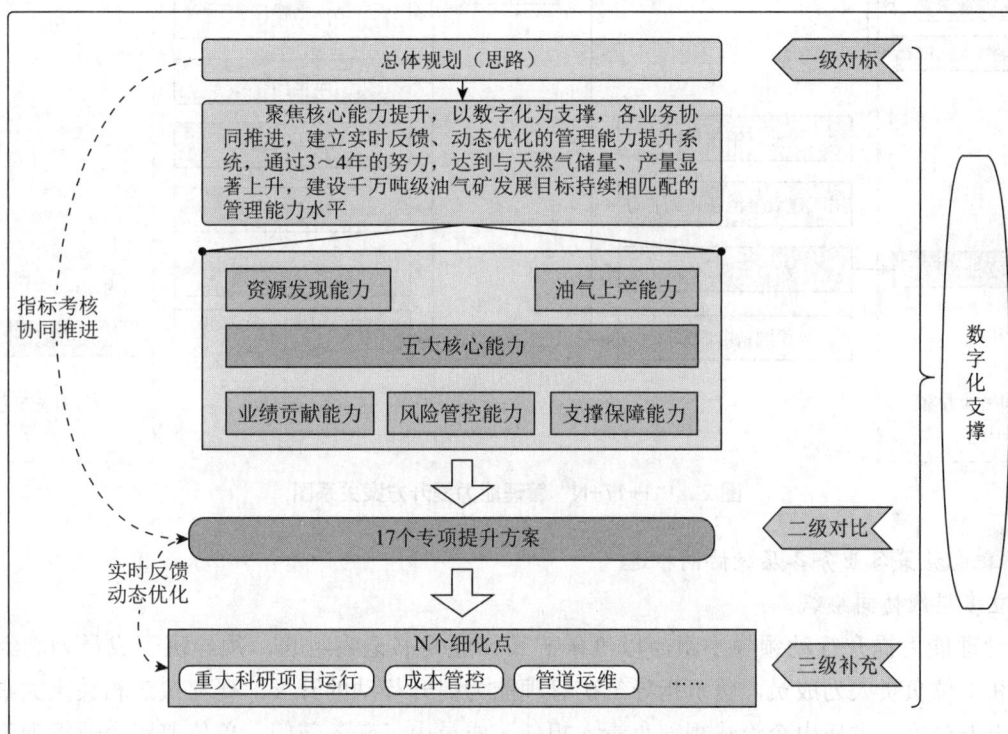

图1 "1+17+N"管理能力提升系统图

2. 结合实际确立 17 个管理能力提升重点业务链

在总体方案指导下，气矿结合现有业务分布情况，将一级指标细化分解为价值创造、科技创新等二级指标，横向与一流类似能源企业对比，精准阻击增储保障、产能建设管控等 17 个业务方面的差距与短板。对 17 个业务进行全链条分析，纵向从气矿各项指标的历史数据中，选出最优值进行对比，查找差距、分析原因，明确自身优劣势和潜力，找准着力点，编制 17 个管理能力提升专项工作方案，有的放矢、循序渐进开展提升工作。

3. 精准补充 N 个管理能力提升专项业务点

为助力 17 个专项提升精准度，结合各专项运行过程中发现的漏点和短板，分析实质原因，厘清问题产生的主客观因素，按照问题的可改善程度逐步补充制定重大科研项目运行、成本管控、管道运维等 N 个专项工作方案（图2），针对性抓好关键业务点的管理能力提升工作，全面配合相应主力专项开展管理能力提升工作，完成"1+17+N"管理能力提升系统框架构建。

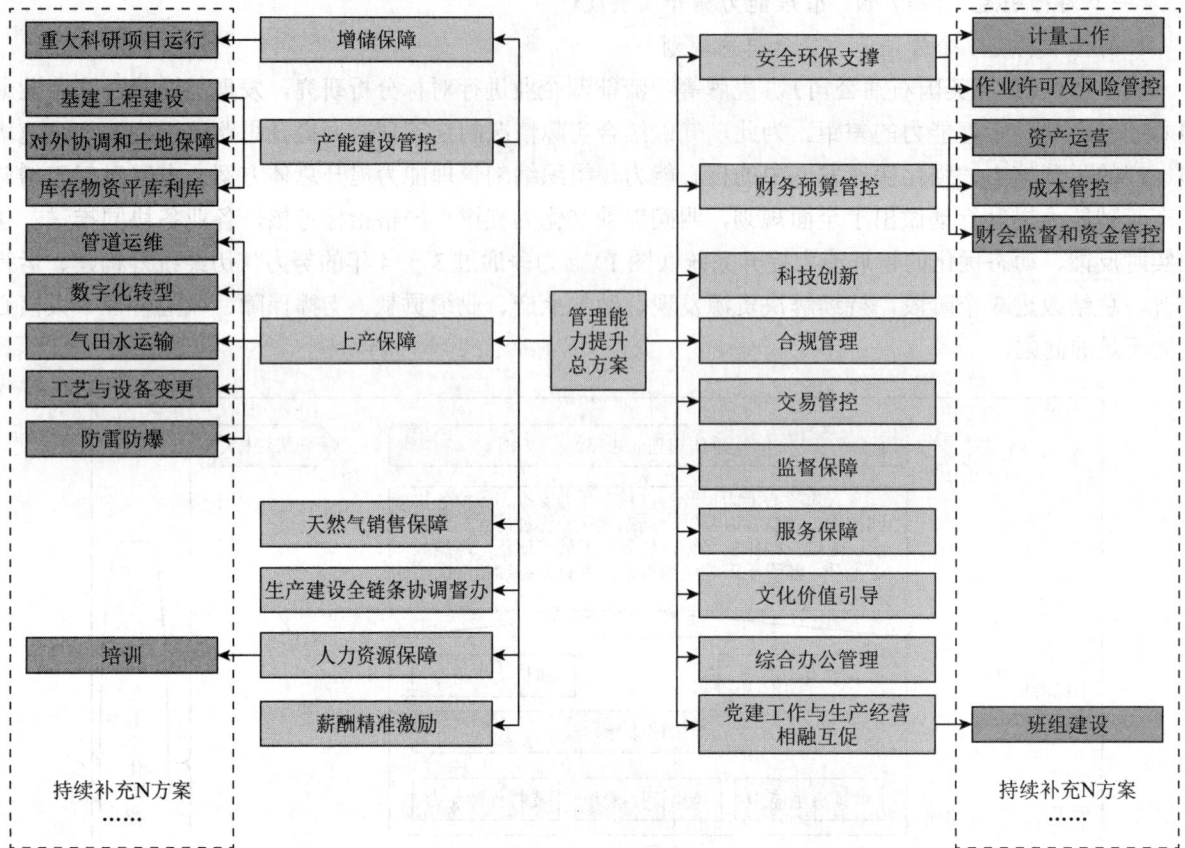

图2　"1+17+N"管理能力提升方案关系图

（二）靶向施策各业务各层级协同推进

1. 确立多层级协同组织

成立管理能力提升行动领导小组，以气矿矿长、党委书记为组长，领导班子成员为副组长，专家、部门和单位负责人为成员，负责指导气矿管理能力提升行动的开展，研究决定相关重大事项。领导小组下设办公室，主任由企管法规部负责人担任，成员由气矿各部门、单位兼职企业管理工作管理人员组成，负责按照方案要求，制定推进计划并组织实施，及时协调、解决工作中的各类问题，并对行动实施过程、工作质量与成效情况开展监督、检查和评价。成立管理能力提升指导专家组，以气矿技术专家、一级工程师、副总地质师、HSE（Health，Safety，Environment，健康、安全与环境）副总监等专家为成员，负责对各专项管理能力提升工作进行指导等。各专项明确牵头部门（单位）和配合部门（单位），指定相应的分管领导和联络员，建立管理能力提升工作群，加强工作沟通，打破部门壁垒，全面组织开展各专项管理能力提升行动。

最终形成领导小组领导、办公室执行、专家组指导、专项牵头及配合部门（单位）具体落实，上下畅通、结构合理、责权清晰、治理科学、协同一致、运行高效的多层级管理能力提升组织架构。

2. 实施挂图作战对表督导

通过管理能力提升信息系统，每个专项全业务链月度反馈提升工作情况、季度报送推进大表到管理能力提升行动领导小组办公室，每季度召开各专项联络员联席会，实现管理能力提升行动开展情况全面统筹掌握并实时对照阶段实施目标、质量标准进行核查、统计分析和实施督导，编制分析汇报材料会议分享，增强管理能力提升工作的推动力。

3. 建立各专项全链条统筹协调机制

管理能力提升信息系统每周自动完成各专项工作信息收集汇总及发布，实现进度全过程跟踪；开展三级会议协调，急难事上"现场会"，快捷解决"点"上问题；业务链前后端衔接开"碰头会"，无阻进行"线"上串联；每周五组织各相关部门召开"统筹会"总协同，梳理工作进度，高效解决"面"上问题，力促各专业全链条一体推进。

4. 建立"三会"融合机制

建立管理能力提升月度、季度、年度会议与气矿综合性大型视频会议同步召开、同步部署、同步推进机制。"三会"直接严抓对表落实，总结阶段工作，交流分享典型经验，通报管理能力提升不力事件，审查提升相关事项、进行问题研讨纠偏、安排部署下步管理能力提升工作，会议直达一线员工，大幅减少管理层级、降低会议频次、提高工作效率，确保管理能力提升行动工作扎实顺利推进落实。

（三）以资源发现为基础推进油气上产能力提升

1. 加强资源发现研究工作质量管理

坚持以基础研究为着力点，按照"常非并举、深浅并重"原则，抓好深层海相沉积储层、致密气和页岩气富集动用等研究工作。坚持以整体研究为关键点，强化有利勘探区带含油气地质条件综合评价，加强乐山 - 龙女寺、泸州两大古隆构造运动演化特征及古构造图编制、各层系烃源、沉积、储层等含油气地质特征研究。坚持以专项研究为切入点，加强圈闭精细刻画和有效性评价、碳酸盐岩测井评价、陆相致密气含气砂体响应模式及三维精细预测、二叠系薄储层预测及圈闭刻画等关键瓶颈问题攻关。

2. 优化资源发现研究队伍管理

面向资源发现重大研究需求，突破行业、专业、学科界限，组建跨院所、跨专业的研究团队，配齐配强团队骨干，发挥联合体融合攻关优势，建立长期、坚实、稳定的研究团队。采取任务承包制开展地质研究、技术攻关、区带目标论证；采用"分合有序"工作方式，多家单位团队在统一目标、统一部署下分工协作，鼓励从不同的角度出发形成不同的地质认识，产生思维碰撞，促进资源勘探认识突破。

3. 强化井工程项目精细管理

充分利用地震多属性、多方法加强圈闭的落实和精细刻画，加快井位目标落实；深化气藏地质综合研究，明确气藏高产地质因素和地震响应特征，建立高产井部署模式，提高开发井成功率。优化试油方案，精细试油地质设计，地质工程一体化优选储层改造方案，进一步提高改造效果，提高单井产量。强化地质导向管理，建立地质导向远程决策系统，完善精细地质导向技术管理体系，优化调整钻井轨迹，提高优质储层钻遇率。

4. 全面开展开发大调查

开展全矿地下、地面、自控开发大调查工作，地下大调查从开发指标完成、效果评价及潜力分析、技术对策优化部署 3 个方面全面梳理开发现状、潜力及后备领域；地面大调查从设计参数、运行情况、人员配置、主要装置、计量方式、排污放空等 10 个方面进行场站调研；自控大调查从 RTU（Remote Terminal Unit，远程终端单元）/PLC（Programmable Logic Controller，可编程逻辑控制器）、执行机构、后备电源、建立相关影像台账 4 个方面进行梳理。

5. 快速高效推进上产工程建设

全力推动钻前工程与地面工程地质勘察、土地使用、道路建设 3 方面一体化，有效打破地质、规划、基建、土地等部门业务界限，实现场站基础共用、围墙基础预埋，地面沟槽预留、防雷静电接地预埋，钻前临时用地考虑后期地面建设，缩短产能建设时耗，投资节约成效可见。

（四）强化产销及风险管控支撑业绩贡献能力提升

1. 充分发挥气田产能

实时跟踪气田生产动态，梳理分析单井动态及场站生产运行情况，分析气井产能特征、确定气田气井合理开发方式，指导气田和单井生产制度优化调整；优化配产计划，高效生产组织，制定重点气井管理制度，定时召开气田动态分析会议，及时分析原因并采取干预措施。精细管理排水采气工艺措施井，充分挖掘老气田生产潜力；积极探索老井挖潜风险合作新途径，创新采油气工艺措施项目挖潜增产风险合作管理模式，打开老气田效益挖潜新思路。

2. 着力区域天然气市场核心竞争力建设

持续完善客户经理负责制、推广客户移动 App（Application，应用程序）应用，创建客户双向评价新模式，加强天然气偏差结算管理，做好天然气推价，确保存量市场稳中有升，统筹推进营销业务创效。全力支持天然气终端业务发展，加快推进能源结构绿色转型，主动对接各级政府和大型用煤企业。积极参与、协助政府编制区域燃气业务发展规划，加强与客户、地方政府的沟通协调。

3. 抓实安全风险管控

打造全员监督、业务监督、属地监督、专业监督、外部监督、信息化监督"六位一体"大监督机制，建立大安全管控格局，实现 QHSE（Quality，Health，Safety，Environment，质量、健康、安全、环境）业务链一体实效运行，有效管控日趋复杂的安全风险。奖励全员隐患上报行为，利用安全生产大检查、油气水井风险专项排查结果，逐项制定风险管控措施和隐患治理措施，有序推进隐患治理，强化完整性管理持续提升设备设施本质安全水平。

4. 全力推进数字化转型

开展覆盖气井、场站、管道全业务链的数据治理，构建数据管理技术支撑体系，以电子身份实名制、信息化、一体化管理为抓手，建立数据联动通道，通过数据积累分析实现数据融合共享与开放赋能，有效支撑生产建设的高品质、数字化、多维度、全方位管理。结合应用系统、业务数据、管理流程等方面，统筹开展数字化转型现状评估，及时调整细化转型推进方向，摸索系统数据共享接口优化，定期清理业务应用系统使用频率和状态，形成系统使用评估及淘汰、新增机制。

（五）聚焦关键要素力促管理能力提升行动扎实推进

1. 全力推进全员管理创新

鼓励员工提出新想法，撰写管理能力提升典型案例、管理创新成果和论文参与评审奖励，激发员工的创造力和创新能力。按季度组织评审奖励管理能力提升典型案例，实行合格制。对紧扣管理能力提升行动主题，提升业务管理水平有较强的针对性、有效性和可操作性，实际运行符合率高，改善气矿经营管理和提高经济效益作用明显的做法、经验总结形成的典型案例，组织专家按标准会审，达到80 分以上的给予一定的经济奖励，在气矿生产建设（经营）暨管理能力提升大会上分享。

2. 全力推进体制机制优化变革

采取"财务＋业务＋技术专家"联合办公方式对上年成本使用和预算完成情况进行细致核查分析，充分结合气矿年度业务安排统筹研究，精准编制成本预算指标并严格考核，建立"专项审查＋集中审议"的工作机制，及时审议调整气矿层面成本预算指标，推动专业化、全过程的成本预算管控业务链创造价值。创建承包商分级分类管理新机制，贯彻"宽进严管"理念，实行差异化针对性管控，公开合同违约追责，不良业绩"处理到人"，有力震慑承包商。改革合同签订方式，增加框架合同项下委托书签约方式，提高小额交易管理限额，专项授权办理调整到线上，压减审查流程，减少合同审查部门，大幅提高合同办理效率。

3. 全力推进员工素质培训

利用培训需求调查矩阵等工具，每年全面开展员工知识培训需求调查，由员工本人提报培训需求计划；基层单位、业务部门结合管理实际和年度工作计划定期发布知识培训大纲和学习内容。气矿组织专家全面梳理现有培训课件，结合员工实际培训需求和气矿管理需要，制作标准化培训课件、线上微课，推动气矿教育培训数字化转型；将现有知识教学资源进行梳理上传到"中油 e 学"线上学习平台，逐步建立健全课程库、师资库、试题库，推动气矿重点培训项目线上运行，为培训高效准确提供有力支撑。

（六）变革考核评价精准促进迭代提升

1. 公正客观年度考核

每年初组织各专项编制年度管理能力提升效果验证考核标准，作为年度管理能力提升工作成效评价考核的基础依据。标准针对各专项年度重点提升工作，确定能突出反映气矿管理短板补齐、企业改革方向以及对气矿发展有重大影响的管理性效果验证指标。年度效果验证考核，先由各专项开展自评，把每一指标完成情况对照标准进行定档并根据定档依据编制证据手册，再组织评审专家以现场检查结合会审形式对各专项自评结论进行复核，复核结果提交领导小组决策，最终确定各专项年度管理能力提升效果验证考核档次。

2. 精准过程激励约束

突出正向激励，加大对气矿先进集体和个人的表彰力度，进一步选树先进典型，营造人人参与管理能力提升的良好氛围。符合表彰条件的，在管理能力提升大会上由气矿领导进行具有仪式感的现场授牌表彰。加大约束考核，在气矿主页设立"管理能力提升曝光台"，对通过检查、测试、审计、巡察等多渠道发现的管理能力提升不力事件，提交领导小组审定后在"曝光台"公开通报并给予经济处罚，通报内容在月（季、年）会上分享，有力警示约束。

3. 持续完善补充专项方案

气矿管理能力提升行动领导小组办公室每年定期组织对各专项方案进行动态评估，管理能力提升指导专家组成员、相关部门人员参加。动态评估采取与"17+N"个方案一对一进行会议集中研究、讨论的方式，研讨过程中，将各专项方案的工作目标对照当年上级公司下达的考核指标进行纵向对标，同时与先进能源企业数据进行横向对标，再结合外部环境和气矿自身的发展规划变化进行综合研判，调整确立当年的提升工作目标，根据新的年度提升工作目标再确定年度重点提升工作举措。会议研讨提出的完善补充建议上报气矿管理提升行动领导小组批准，再通过 OA 文件正式下达，以工作计划形式细化安排到每季度严格执行，确保专项方案集群不断优化完善，始终对气矿生产经营管理实践具有强大的指导、引领作用。

4. 信息系统助推持续提升

每年由气矿专门机构负责进行内外部环境条件分析，了解外部环境的变化和趋势，掌握气矿内部资源基础条件变化，编制年度分析报告。领导小组办公室组织专家组成员、相关外部专业人士对年度分析报告和员工反馈改进意见进行集中研讨，提出管理提升行动包括提升目标、提升措施、组织机构、运行机制、行动节点、资源投入与分配、绩效考核等方面的调整建议呈报领导小组决策后实施，以使管理提升行动更好地适应气矿内外部环境条件的变化。

管理提升行动所有行动指令、决策意见、专项方案、工作计划、会议材料、培训课件、改进意见、信息反馈等文件资料和实施证据都通过专门的管理提升行动信息系统进行存储、流转和移动审批。推动管理提升行动信息系统与气矿生产网、合同系统等业务信息系统互联互通、资源共享，初步实现一体化高效协同，数字化大幅提高管理能力提升行动工作效率和质量，更好更快形成不断积累持续迭代提升的长效机制。

三、油气矿企业适应增储上产快速发展的运营管理能力提升效果

（一）核心管理能力显著提升，匹配快速增储上产需求

经过不断地探索与实践，建立逐年补充完善提升方案、年度提升任务细化分解落实到岗位、监督检查、考核奖励、总结固化、持续改进的一整套全新的管理能力提升运行机制，不断推动从严管理向精细管理跨越，且向精益管理不断迈进，管理效率得到质的提升。创建生产建设一体化统筹模式，区域协同不断深化；落实直线管理责任，补短板、严考核，安全环保基础不断夯实；牢固树立"以效益为中心"的理念，经营指标创历年同口径最好水平，气矿综合绩效考核取得分公司生产板块第一名的好成绩；气矿上下已形成良好的管理能力提升氛围，管理能力有力适应了大场面快速上产的管理需求。

（二）增储上产效果显著，经济效益喜人

气矿管理能力提升行动的持续推进、不断走深走实，推动气矿规模实力不断增强，2022年拥有三级储量同比增长23%；全年完成天然气工业产量同比增长25.8%；销售天然气同比增长9.8%；营业收入同比增长22.7%；优质储层钻遇率94.1%，同比增长9.1%；开发井测试产量完成率121%，同比增长13%；生产建设综合运行时效95.3天，同比降低17.07%；全员劳动生产率同比增长17.79%；生产实时数据自动生成率92.9%，同比增长17.7%；产能建设符合率90%，同比增长6%。

（三）率先提出持续提升成果显现，有力推动能源行业发展

2022年气矿时隔两年再次获评"分公司先进单位"光荣称号，以央企担当的高度责任感狠抓安全环保工作，4个气田通过四川省自然资源厅绿色矿山遴选，成功创建四川省健康企业；健全蜀南特色文化体系，气矿红色资源宣传覆盖面进一步扩大、影响力进一步增强，获评"四川省企业文化先进单位"。在油气系统率先提出不断迭代进化的管理能力提升思路，得到上级的充分肯定和高度赞赏，其取得的一系列管理创新经验和做法，在各类主流媒体发表新闻作品引起较大的反响，推动了能源行业的发展，树立气矿"战天斗地、气兴四方"的良好企业形象。

（成果创造人：李　海、刘孝锋、周　程、朱　珠、胡　威、彭婧涵、
闫华嵋、程思宇、高嘉瑞、周玉洪、邢　辉、薛　东）

玻璃企业提高核心竞争力的"六化"精益管理

中国洛阳浮法玻璃集团有限责任公司

中国洛阳浮法玻璃集团有限责任公司（以下简称洛玻集团）始建于 1956 年，是国家"一五"期间重点项目，拥有浮法玻璃新技术国家重点实验室、国家级企业技术中心，是世界三大浮法玻璃工艺之一——"洛阳浮法玻璃工艺"的诞生地，拥有 60 余项发明专利，《400 吨级浮法玻璃生产工艺和装备》《超薄浮法玻璃成套技术与关键设备在电子玻璃工业化生产开发应用》先后荣获"国家科技进步奖一等奖"。公司注册资本金 16.28 亿，员工 3900 余人。2007 年 6 月中国建材集团有限公司对洛玻集团实施战略性重组，2014 年洛玻集团整体进入中国建材集团有限公司全资子公司凯盛科技集团。近年来，洛玻集团初步形成合肥、桐城、宜兴、洛阳、自贡、北方、漳州 7 个光伏玻璃生产基地和多个托管发电玻璃企业的新产业布局，规模跻身行业前三。2023 年上半年实现营业收入 27.33 亿元，同比增长 35.92%；实现经营性利润 1.22 亿元，同比增长 31%。主要经营指标实现较大幅度增长。

一、玻璃企业提高核心竞争力的"六化"精益管理背景

（一）行业转型升级的要求

随着中国自主"洛阳浮法玻璃工艺"技术的推广应用，平板玻璃行业快速发展，我国早已成为世界上规模最大的平板玻璃生产国。中国玻璃工业的产业结构、技术结构、规模结构和产品结构都发生了质的飞跃；生产规模、产品品种质量等方面都获得了突飞猛进的发展。平板玻璃年产量从 2001 年的约 54000 万重量箱增长到 2017 年的近 80000 万重量箱，增长了 48%，平板玻璃市场长期处于产能过剩的局面，经济运行效益下滑，因此国家积极推动平板玻璃行业转型升级，发布多项政策严控产能，实施产能置换措施。

2014 年年底工信部发布《平板玻璃行业准入条件（2014 年本）》，提出 2017 年年底前严禁建设新增平板玻璃产能的项目。新建、扩建平板玻璃项目应当坚持等量或减量置换；同时，要配套建设处理能力不低于自产玻璃原片（工业玻璃项目除外）40% 的玻璃深加工项目；限制新建普通浮法玻璃生产线；不得以发展工业玻璃或在线镀膜玻璃的名义变相新增普通浮法玻璃生产能力。2018 年 8 月《关于严肃产能置换 严禁水泥平板玻璃新增产能的通知》明确提到，严格把控平板玻璃建设项目备案源头关口，不得以其他任何名义、任何方式备案新增平板玻璃产能的建设项目。这无疑对企业的运行管理提出了更高的要求，作为国有企业更要苦练内功，不断提高管理水平，通过精细化的管理不断挖掘潜力，充分做好存量，切实增强国有企业市场竞争综合能力。

（二）市场竞争形势的需要

洛玻集团的市场竞争对手较多，主要包括南玻集团、福耀集团、旗滨集团、沙河玻璃集团，以及巨润、金晶、台玻和湖北区域大批企业，这些企业主要分布在辽宁、河北、山东、江苏、浙江、广东、福建、湖北等地。

相对于洛玻集团，这些竞争对手有多方面的优势。体制方面，多为民营企业，经营灵活，承担社会责任少，对市场变化反应迅速，成本控制到位。规模方面，不论是企业总规模还是生产线单线规模，都强于洛玻集团，其生产线多为 1000 吨/日级（洛玻集团多为 600 吨/日级），费用控制方面更具优势。技术方面，不少生产线也采用了二代浮法技术，不输于洛玻集团。员工管理方面，民营企业更加灵活，所受制约因素相对较少，管理成本更低。地理位置方面，洛玻集团地处中原，距需求旺盛的大市场较远，运输成本相对较高，而竞争对手大多处于经济较发达地区，市场需求大，生产线贴近市

场，运输成本低。同时，随着国家政策的引导与居民对产品要求的日益提高，对平板玻璃品质的要求越来越高，要求的指标维度愈发多样，客户的客观需求对提高产品品质也提出了更高的要求。在这样的市场竞争环境下，必然要求企业实施更精细化的管理，不断提升自身管理水平。

（三）企业高质量发展转型的需要

为贯彻落实创新、协调、绿色、开放、共享的新发展理念，国家相关部门自2016年起严格控制新产能以及淘汰落后和不符合环保标准的产能。根据《能源发展战略行动计划（2014—2020）》，到2020年城镇绿色建筑占新建建筑比例将达到50%。相关部门于2017年3月发布《建筑节能与绿色建筑发展"十三五"规划》，指出城镇新建建筑的能效水平将比2015年增加20%，绿色建材应用比重将超过40%。

根据上级单位的总体战略，洛玻集团要充分发挥上市公司资本平台的优势，进一步实施联合重组、资本运作，迅速扩大生产规模；要引领玻璃市场新格局，围绕光伏光热发电、电子信息显示、触控模组等下游产业，加强和拓宽与凯盛科技股份多方面的合作，延伸产业链，开创新的发展空间，推动企业高质量发展。洛玻集团利用搬迁契机和资源的整合重组，实现结构优化，转型升级，到2018年，洛玻集团产品结构已发生较大变化，其中，优质浮法玻璃产量所占比重由16.5%上升至44%，电子超薄浮法玻璃所占比重由4.9%上升至12.73%，太阳能光伏玻璃实现零的突破所占比重大约43.27%。新材料和高附加值产品所占比重迅速提高，从建材领域向电子信息显示领域和太阳能光伏领域的转型进一步夯实。产品结构多元化对企业管理的精细化、精益化和管理水平的持续提升提出了更高的要求。

基于上述原因，洛玻集团从2018年开始大规模推广"六化"精益管理。

二、玻璃企业提高核心竞争力的"六化"精益管理主要做法

（一）明确"六化"精益管理的总体思路，落实工作部署

以中国建材集团有限公司的"三精管理"思想为指导，结合玻璃行业特点和企业实际情况，推行实施"生产管理科学化、质量管理标准化、现场管理制度化、成本管理效益化、经营管理市场化、绩效管理精细化""六化"精益管理。其中，生产管理科学化是根本，质量管理标准化是生命，现场管理制度化是基础，成本管理效益化是核心，经营管理市场化是导向，绩效管理精细化是必然要求。

对"六化"精益管理工作进行部署、动员。对各方面工作进行部署安排，落实分管领导与主体责任部门，提出工作目标与要求。坚持"日推进、周通报、月考核"工作督导机制，形成不断发现问题——制定对策——采取措施——解决问题的循环，落实"六化"精益管理各项举措，一月一个小循环，一年一个大循环，实现管理水平螺旋提升，打造企业核心竞争优势。

日日推进不松懈。结合每个生产岗位制定生产现场管理看板，看板上注明岗位、工种、现场管理人员、工段带班领导、交接班记录、隐患排查记录等项目，当班班长在展示板上认真填写当班各项工作完成及问题处理情况。及时发现问题，及时采取措施，及时改进工作。不能当班当天解决的问题，也可以提交至下一班或第二天处理，使下一班或第二天的工作得到改善，效率有所提高。

实行周通报制度。根据公司各项管理制度，对一周时间内"六化"精益管理的工作情况进行梳理通报，其中生产技术部主要通报生产管理、质量管理、现场管理，综合部与财务部通报成本管理、绩效管理与经营管理。周通报下发各部门，及时兑现奖惩项，要求部门内部根据通报内容传达、要求至相关岗位。加强对管理过程的控制，能及时发现问题并及时整改，不能及时整改的也可通过调整下一周的计划安排加以妥善解决。在中联玻璃、龙昊玻璃等生产企业，这种周通报制度坚持不辍，对"六化"精益管理的深入实施发挥了重要作用。

坚持做好月考核。将每个月作为一个小的循环，通过认真严格围绕标准的考评，及时总结经验，

肯定成绩，修正错误，以便在下一次循环中扬长避短。每一次都有新的内容、新的目标。每循环一次，就解决一些问题，管理工作就有所提升，保证循环正确、健康地运转。通过月度考核发现本月"六化"精益管理运行过程中存在的未解决问题，以及产生问题的原因。通过分析现状，找出存在问题。找出并分析产生问题的各种影响因素（原因）。找出各种原因中的最关键因素。针对主要影响因素，制订措施，提出改进活动计划。执行所制订的计划和措施。根据计划的要求，检查执行的情况。总结经验、巩固成绩，把效果好的做法总结提炼上升为"标准"，将遗留问题转入到下一个循环予以解决。

（二）梳理重塑制度与流程，推进生产管理科学化

1. 梳理完善生产管理制度，严格执行

针对生产管理活动中出现的新情况、新问题建立和完善新制度。重点从订单组织、部门协同合作、设备的预防性维护、应急预案等方面梳理生产管理中的薄弱环节，强化生产管理制度的执行力。

一是广泛组织广大员工学习生产管理制度，熟悉本岗位的操作规程，增强执行制度的自觉意识。二是严格做好生产管理过程控制，重点发挥生产技术部的调度、协调作用，通过早调会的形式，使一天的生产主要问题得到协调解决，将未来一天的重点工作予以安排，跟踪完成落实情况，提出考核及整改意见。三是重点检查落实工艺管理、生产管理、设备管理、安全管理、仓储管理等制度，重点建立完善《现场管理制度》《安全责任制度》《生产异常汇报流程》《重点设备故障处理应急预案》。建立专门的检查记录和考核台账，使制度落实率达到100%。四是严格落实责任追究制度。生产管理人员不折不扣落实制度，对不能履行职责导致差错或生产事故、造成不良影响甚至产生严重后果的，追究其管理责任，并给予相应处罚。

2. 结合数字化转型推进流程优化

将制度体系建设、流程梳理重塑与建设"智能车间"等数字化转型工作有机结合，实现各业务流程的精简、优化。通过将规范、制度、业务表单、主数据、业务流程等纳入信息平台，保证规范、制度、业务流程得到有效贯彻和执行。同时，充分利用信息平台，从全局角度实现统一资源调配，帮助优化组织结构，通过流程精简、规范和无缝衔接达到节约管理成本、提高管理效率和效益的目的。各业务之间要实现信息全面融合、贯通，充分考虑业务之间内在联系和逻辑关联，使各业务通过标准控制、流程控制、数据控制实现无缝融合，对重要节点进行有效控制，将业务链前端、后端全面贯通，保证生产过程一体化真实落地。通过精益化、规范化决策管理工具、KPI（Key Performance Indicator，关键绩效指标）管理、大数据等技术，为管理服务提供生产经营、决策分析实时数据，支撑生产经营活动持续优化；同时，通过整合内、外部结构化和非结构化数据，为管理层和决策层提供多维度、科学、准确、及时的数据、信息、知识和决策依据。

3. 深化改革完善各级企业制度建设

为落实国企改革三年行动的要求，加强各级企业制度建设，完善企业规章制度体系，提升企业规范管理水平，重点梳理整改和规范有下列情况的制度。与现行国家法律法规、政策以及集团要求等监管规定不符的；制度没有履行规定程序，特别是涉及职工切身利益的，需要履行职代会等程序的；企业发生重组、并购等重大调整的；与实际经营管理脱节，存在"两张皮"的；重要领域、关键环节存在管理漏洞或者缺乏制度规定的；针对同一类事项、多个制度进行规定的，尽量减少企业制度数量；3年以上没有修订的（含具体某项制度）；制度内容标准不清、界限不明、责任主体不明确的。经过对现有制度进行全面梳理整改和规范，"废改立"专项工作总计废止43项，修订295项，新立451项。

（三）紧跟市场实施针对性采购、营销策略，实施经营管理市场化

基于市场价值导向、客户价值导向重塑企业的行为和流程，紧跟市场行情，制定相应的采购、营

销策略，实现利润最大化。

经营部门将市场信息的掌握作为第一要务，着重了解以下几方面信息：一是上下游市场动态，市场瞬息万变，只有熟悉整个产业链才能准确把握走势，才有可能提前作出预判，先于竞争对手采取行动，占领市场先机；二是竞争对手的信息，在如此激烈的市场竞争中，采购、销售都必须了解竞争者经营信息，采取有针对性的策略调整；三是区域市场特点，包括经营半径、运费、产品结构、目标客户、潜在客户等综合性信息，全方位把握市场才能稳中求胜。

采购方面紧跟上游市场动态，建立供应商对标体系、区域内采购价对标体系、平台对标体系，切实熟悉了解中联玻璃采购环节，降低采购成本。对标体系从现有的大宗原燃材料着手，逐步扩大范围，最终达到所有采购物资均有对标。

营销环节加强同行业价格对标体系，建立不同产品售价对标体系、不同销售区域对标体系、预算对标体系以及内部业务员对标体系，紧随市场步伐，提高销售收入。采取局域网、微信、公告、对标会等不同方式进行对标，及时查找价格差距，形成一整套反应敏捷、操作灵活的价格体系。

强化服务理念。首先是树立真诚的客户服务意识。洛玻集团强化过程管理，从客户需求的把握、订单的签订、及时地发货到后续的跟踪服务，将对客户的维护提升到更高层次的范畴。其次是根据客户需求的不同采取差异化服务。从熟悉客户开始，了解其需求核心，匹配不同业务经理、不同模式去服务，提高客户满意度。同时，为切实提升服务质量，邀请管理专家或者有丰富工作经验的老同志采取不同方式对营销人员开展有针对性的业务培训，全面提高营销人员业务素质水平。

（四）推行全员成本管理法，促进成本管理效益化

1. 加强成本管理教育

以目标成本管理为核心，以相关职能部室和分厂为主体，发动全体员工积极参与，全过程实施严格控制并及时纠正偏差。通过各种渠道广泛对员工开展成本意识教育，宣传"全员成本管理法"理念，充分动员和组织全体员工在保证产品质量的前提下，对公司生产经营各个环节进行科学的管理，力求以最小的生产耗费取得最大的生产成果。举办"全员成本管理法"培训班，确保"全员成本管理法"迅速推广、落到实处。

2. 建立全员成本控制管理体系

结合《全面预算管理办法》与预算值，编制成本目标下达给各分厂（部室）。各分厂（部室）要将公司下达的成本目标和费用指标细化分解到分厂、工段、班组。从公司领导班子到班组岗位员工建立成本（费用）控制体系，层层制定落实成本（费用）指标的考核办法和细则，使各单位、各班组、各岗位对自己所承担的成本（费用）指标完成情况清晰明了。落实好公司周对标，对分厂（部室）每月开一次对标分析会。做到事前有预算，事中有控制，事后有分析，使生产经营活动中的各项费用得到有效的控制。

3. 开展全员降本活动

广泛开展以"技术创新、管理创新"为主题的全员降本（费用）活动。在广大员工中开展节约"一度电、一滴水、一颗钉、一张纸、一方气"的活动，使广大员工切实增强节约意识，使降成本（费用）活动成为广大员工的自觉行动。紧紧围绕小改小革、修旧利废、优化工艺、改进方法等开展以"技术创新、管理创新"为主题的全员降本（费用）活动，深化和扩大降本增效效果。

（五）明确责任，狠抓落实，实现现场管理制度化

制定《公司实施现场管理达标上台阶活动实施方案》，明确生产管理、设备能源管理、工艺管理、定置管理、质量管理、物料原料管理、成品管理、安全消防管理、环保管理、文明生产10项管理为现场管理的主要内容，制定现场管理达标考核标准及细则，成立现场管理检查考核领导小组。现场管理

体系建立后，现场管理工作快速实现制度化，进入良性循环阶段。

1. 明确责任，狠抓落实

将 10 项管理活动分解到分厂（部室）、班组甚至人头。工作有交叉的给予重新划分和明确，做到对象明确、责任明确。各分厂（部室）实施从班长、工长到主任（部经理）责任连带制，层层抓落实。一周一检查、一月一评比。组织阶段性专项突击检查。分厂、工段以各种形式在不同阶段突出某一主要内容，实施日检查。现场管理考核做到奖罚并举。

2. 强化看板管理，实现直观可视

一是结合每个生产岗位制定生产现场管理看板，看板上注明岗位、工种、现场管理人员、工段带班领导、交接班记录、隐患排查记录等项目，当班班长在展示板上认真填写当班各项工作完成及问题处理情况。二是完善监督管理机制，执行领导到岗位巡查责任签名制度。巡查领导要将当班所查出的问题清楚地填写在看板上，注明填写人姓名、日期、问题、整改处理意见。同时，填写人负责对所查出问题的整改处理情况进行跟踪复查验收。

3. 建设"智能车间"，促进现场管理

加快推进信息化建设，打造"智能车间"，例如龙昊玻璃浮法玻璃全流程智能生产车间主要采用智能配料系统、智能热端控制系统、质量自动识别系统、智能冷端控制系统、智能机器人抓取系统等自动化、智能化生产、试验、检测设备；车间共有智能化设备 315 台套，全部实现设备联网，比例达到 100%，位居省内先进水平。设备全部采用 PLC-DCS（Programmable Logic Controller Distributer Control System，可编程逻辑控制器 - 分基控制系统）控制方式，电气设备均设有集中控制和机旁操作两种模式：在主控室可自动完成从原料进料→自动配比→原料熔炼→玻璃成型→成品裁切→自动识别等级区分→产品堆垛整个生产工序的操作，工艺过程、工艺参数自动调节和控制，各类生产报表实时发送；机旁操作仅作为检修、试车、应急反应时使用。智能生产车间对电、水、水蒸气等用量进行累积计量，装置主要能耗可随时检查、考核，实现整个工艺流程生产状态及设备运行状态的实时监测，所有设备远程启 / 停控制。自动控制系统运行投入率 100%，数据自动采集率 100%。通过冗余 DCS 系统，进行完善直观的工艺流程监控、自动报警与动态显示。

（六）认真落实贯标工作，推进质量管理标准化

推进质量体系贯标工作。全方位落实贯标工作，用质量体系的贯标认证文件指导企业的采购、生产、检验、营销全过程，使企业的日常管理工作在标准化的体系内执行，使质量管理工作真正实现制度化、标准化、精细化。

一是明确原材料进厂检验的标准。根据产品品质的提高，系统完善砂岩的铁含量指标、石粉的超细粉标准、配合料的均方差温度指标等内容 40 余项，同时对样品的取样环节、化验频次、结果的再确认均做明确的要求。保障合格原燃材料的使用，提高化验的可靠性，为玻璃质量的稳定与提高打下坚实的基础。

二是严格成品检验标准。在国标的基础上，制定多个企业标准，满足不同产业玻璃及高端客户的需求。在标准的制定与更换环节制定严密的流程，保障订单执行的正确。在检验设备故障期间根据应急预案检测，形成以质量检验为主体、生产线跟踪、仓储最终把关的闭环质量检验体系。

三是建立操作标准及工作标准。建立质量管理标准化工作网络和监控机制。各单位行政领导、工段、班组、岗位都设有专兼职人员，形成完善的质量管理网络。分厂（部室）、工段、班组制定质量管理标准化尤其是岗位工作质量标准的考核评价办法和实施细则。每周一检查，班组每天一检查，洛玻集团每季进行一次考评、总结。通过计划、实施、检查、处理循环，推动产品质量、工作质量跃上一个新的台阶。

（七）健全绩效考核体系，促进绩效管理精细化

建立月度关键绩效指标的考核体系，加强对单位的考核。根据与洛玻集团签订的生产经营目标责任书，实行工资总额与关键绩效指标考核模式，制定切实可行的 KPI 量化指标，严格目标考核，真正把单位组织层次业绩与效益挂起钩来。此项考核结果与经济责任制挂钩，同时与年度单位评先、年度干部考核挂钩。

建立中层管理者绩效考核体系。对考核体系进一步完善，做好日常的业绩考核。每季度对中层管理者按照生产部室承担的生产、管理目标以及业务技术能力、工作绩效等进行业绩排序，年终按照每季度的排序结果考核，实施末位诫勉谈话或解聘，直接用于职务的调整任用。同时，制定和完善有关管理制度，加强对专业技术职称人员的考核。

建立员工绩效考核体系，加强对员工的绩效考核。对一般管理人员和员工实行基本工资和绩效工资相结合的薪酬制度，各单位建立员工个人业绩评价体系和员工业绩档案，强化推行和实施，绩效考核的结果与《员工奖惩条例》直接挂钩，在月度经济责任制考核中得以体现。

三、玻璃企业提高核心竞争力的"六化"精益管理效果

通过重新梳理健全企业制度体系，实施流程再造，生产组织、营销、成本管理等流程更加规范，提高了工作效率，初步建立起系统完备、科学规范、运行高效、具有企业自身特色的"六化"精益管理体系，过程管控能力明显提升，实现了提质、增收、节支、降耗，持续地推动企业高质量发展，洛玻集团运营质量不断提升，营收利润不断迈上新台阶。洛玻集团 2018—2022 年主要经济指标完成情况如表 1 所示。

表 1　洛玻集团 2018—2022 年主要经济指标完成情况　　　　　　　　（单位：万元）

指标名称	2018 年	2019 年	2020 年	2021 年	2022 年
营业收入	197631	239822	371224	452318	571637
利润总额	1215	1654	27262	42884	53085
净利润	76	-431	19716	39420	50833
资产总额	659562	739783	745881	1144166	1199763

（成果创造人：谢　军、何清波、胡　骥、张　伟、王　刚）

煤矿企业全方位提升经营效能的精益管理体系构建

枣庄矿业（集团）有限责任公司

枣庄矿业（集团）有限责任公司（以下简称枣矿集团）前身是1878年创办的中兴矿局，是近代第一家民族工业企业，与抚顺、开滦并称中国近代三大煤矿。1956年成立枣庄矿务局，1998年改制为枣矿集团，现为世界500强第69位山东能源集团的权属企业。近年来，枣矿集团聚焦山东能源"打造清洁能源供应商和世界一流企业"的目标定位，积极顺应绿色低碳高效发展方向，锚定"转型突破、赶超跨越"主基调，充分发挥区域区位、煤种煤质、协同模式、技术资源等方面优势，加快强链延链构建现代产业体系，形成了做优做强煤炭、焦化两大主导产业，改造提升壮大橡胶、电力、物商等产业的总体布局。

一、煤矿企业全方位提升经营效能的精益管理体系构建背景

（一）应对煤炭行业和市场环境剧烈变化的需要

从2012年开始，我国煤炭行业日趋饱和，部分煤炭企业出现利润下滑等问题，2020年全球煤炭产量全面下滑4.8%。为此，传统的管理方法已无法与企业的发展需要相契合。此外，国务院国资委也提出了加强精益化管理，打造世界一流企业的目标。基于此，从2020年初开始，枣矿集团将精益化管理作为管理工作的核心，持续优化价值链条，积极实施项目改善，实现融合管理的全员参与、全层级贯穿、全流程融入，做到制度体系化、管理规范化、机制灵活化、执行精准化，助推企业管理品质提升。

（二）改变粗放式经营管理的需要

煤炭企业作为我国最大的一次能源供应者，采取自主经营、独立核算、自负盈亏的经济组织形式。然而，煤炭企业长期以来形成的粗放式经营管理方式已经无法满足当前的发展需求。绩效考核体系不健全，考核指标激励导向性弱，对岗位创效、团队协作、个人价值等关键内容考核较少，考核评价多为纵向考核，忽视横向考评的作用；绩效对话弱化，没有建立定期的业绩对话机制。应该通过对话方式帮助员工发现问题和差距，建立解决问题和差距的机制，推动不断提升。为此，煤炭企业需明确精细化、集约化、高效化的经营管理方式，建立一套科学、完善、不断优化的管理体系，提高管理效率。

（三）激发员工主动性和活力的需要

近年来，煤炭行业的经营状态并不理想，收益出现下滑，直接影响员工的收入和福利，降低了员工的工作积极性。全员参与改善意识淡薄，未能及时发现不增值的流程或环节，造成隐蔽性的浪费。因此，煤炭企业需要以精益思维为导向，倡树精益管理理念，大力实施全员自主改善，建立公平的薪酬制度、建立精准有效的激励机制，坚持日清日结兑现奖励到个人，实现"企业增效、职工增收"的双赢局面，营造"企业命运共同体"的良好文化氛围。

二、煤矿企业全方位提升经营效能的精益管理体系构建主要做法

（一）建立4层级精益化管理组织架构，强化岗位责任目标落实

为确保精益化管理各项工作顺利实施，建立4层级精益化管理组织架构。一是公司层级领导小组，主要包括经理、党委书记、各专业副经理、各专业副总师，下设工作专班全面领导公司精益化管理工作，审核批准精益化管理制度及相关考核通报；负责融合管理体系的指导规划、协调推进、标杆推广等工作，搭建形成管理资源共享平台；负责协调解决管理过程中的重大事项。二是专业层级方面专业推进团队，共划分为9个专业推进小组，组长为专业副经理，副组长为专业副总师，成员为专业

科室负责人，专业推进团队是精益化管理的实施执行主体，主要职责是承接公司层级精益化管理分解的工作任务，推进各项工作执行落地。专业科室设办公室，由专业科室负责人、专业科室副主任、主任工程师、精益管理辅导员及相关工作人员组成，负责专业层级精益化管理整体工作的推进、指导、协调、考核工作。三是单位层级设立任务工作室，室长为各单位负责人，成员包括各单位副职、技术员，负责制定单位层级精益化管理实施意见，承接专业层级精益化管理分解的工作任务，组织单位全员参与精益管理工作。四是班组岗点层级设立工作站点。区队（车间）根据需要建立班组岗点层级工作站点，以班组名称命名，其工长为组长，其他人员为成员。按照单位层级精益化管理要求，做好相关项目的对接、推进、总结工作；负责实施自主改善，重点挖掘岗位及现场管理效能，查找一切浪费短板，持续改进、循环提升。

（二）建立精益生产管理系统，实现低成本高效率生产运行

1. 构建高效生产设计诊断运行机制

从设计源头入手，运用精益设计、精益改善地图、价值流程图、工序能力分析等工具，对采掘生产现场设计、布局安排、施工路线、设备配置、物资运输、成本投入等影响生产关键因素进行诊断分析，形成问题改善清单。全面查找影响生产效率的因素，梳理改善点和降本增效点，制定改善方案，降低源头生产成本。

2. 改善生产现场，提高企业竞争力

推行均衡化生产方式，规范标准作业管理，实施精益设备管理，提高人机生产效率。一是深化 6S 管理，加强 6S 管理日常动态监督检查，由地面安全部门负责地面单位的办公室、工作场所、工业广场等地点监督检查。由通风防尘及安全监察部门负责井下单位的工作面、巷道、车场、硐室等地点监督检查，定期组织评优找差，选树最优培育形成 6S 管理标杆单位，实现公司各单位 100% 全覆盖运行。二是建立健全标准作业管理体系，分系统、分专业、分岗位对工艺流程、岗位操作、安全质量等进行观察分析，将无效作业工序取消、合并或重排简化，将"应急知识卡、岗位标准作业卡、工种流程作业卡"三卡合一，给每位岗位职工配备标准作业卡，通过扫码随时动态查看，实现现场人人懂标准、守标准。三是建立设备自主维护基准及微缺陷发现清单，制定预检修基准书、巡检路线图、开机点检要领书等精益设备标准。优化故障处理流程，完善故障记录表、修理卡，形成重要故障报告，缩短平均故障修理时间，延长平均故障间隔时间。四是深化目视管理。地面涵盖单位区域布置图、月度任务计划、日计划完成情况、设备点检维保责任、维保标准、员工精益市场化及 6S 管理考核等管理牌板。井下涵盖操作规程五图一表、工作地点限员管理标准、工程质量施工标准、正规循环作业图、设备点检维保责任、维保标准、应急管理各类标识等管理牌板，所有标识牌分工作区域进行标线标识，做到整齐划一。

3. 打造精益掘进提效示范点，探索矿业生产方式转型升级

总结提炼精益生产工序优化模式，形成标杆示范案例，以点带面，辐射全公司，发挥精益管理真正效用。在公司权属单位高庄煤业公司探索打造精益掘进提效示范点，围绕人员、设备、地质条件、辅助运输等影响掘进效率的关键因素诊断分析，制定改善措施，实施设备升级，73 上 07 材料巷 EBZ260 综掘进升级为 EBZ318 综掘机，跟机皮带机尾全部改为自移机尾，掘进效率提升 20%。建立专业化队伍，成立专属下料班，推行"单轨吊＋集装箱"的运输形式，实现物料从车场至迎头"一站式"服务，运输效率提升 20%。加强设备巡检，开展对运输设备、掘进机、保护装置等设备的"日检＋实验"管理，按时召开综机例会，针对机械设备存在的问题，集思广益制定改善方案，设备故障率降低 10%。精准考核激励，制定巷道延米进尺单价上浮激励政策（全煤）按照 1 网 200 分，第 2 网 900 分，第 3 网 2300 分，第 4 网 4000 分，明确激励标准，班清班结日清日结及时公示。

4.健全精益生产持续改善长效机制

一是建立完善精益大项目管理流程，明确精益大项目成果验收、成果评审、成果评价奖励标准，采用项目制管理方式，组建项目改善团队，定期组织召开精益大项目总结评价会议。围绕"解决安全生产现场实际难题，提高工效实现降本增效"的目标，各专业至少开展一项精益大项目，按照"谁牵头谁组织谁挂帅"的原则，对获得上级表彰的精益大项目兑现奖励。二是全员全过程识别分析"七大浪费"，解决显性和隐性浪费点，优化价值流程，提高整体管理效能。建立完善信息识别分析、认领下发、整改验收、评选奖励机制，全面提升管理效能。三是谋划开展"千元节支、万元创效"夺旗争标活动竞赛，重点围绕材料计划管理、平衡利库、回收复用、加工改制、修复利用、置换盘活、自主改善等方面降低成本支出，创新制定"节支创效八步工作法"，围绕主体选定、目标设定、现状调查、原因分析、对策实施、效果评价、标准化、向后管理8个步骤，按照"日考核、周评价、月度兑现"方式，制定"五小"创新成果、金点子管理办法，"双创"管理办法，明确项目负责人、工作流程，组织开展汇总、评审、表彰奖励工作，形成常态化、制度化运行。

（三）建立精益质量管理系统，推动企业质量管理持续改进

1.建立高效安全质量管理机制

持续优化安全质量控制措施、安全质量考核标准及操作流程，定期组织召开正反面标准化现场推进会，双向激励、奖优罚劣。全区域打造精品的头面巷道、机房硐室、车间厂房，着力除盲点、消暗点，实现精益化管理。

2.建立可视化煤炭产品质量动态监管机制

严控洗煤副产品发热量，精煤回收率达到最大化。制定商品煤质量标准，建立产品质量跟踪、监督、考核、评价制度体系及运行机制。充分应用精益管理工具方法，提高洗选过程中的煤质管控成效，加强商品煤化验管理，每周对产品质量进行预警管控及考核，对洗煤环节的质量管控监督评价，形成评价通报。

3.建立全过程工程质量管理机制

一是建立地面工程质量责任制，明确项目负责人，保证管理组织机构、技术装备与投标文件相符，对涉及结构安全的试块、试件以及有关材料，应进行现场见证取样，送具有相应资质等级的质量检测单位进行检测。二是建立井下工程可视化质量动态监管机制，制定工程质量施工标准，建立工程质量跟踪、监督、考核、评价制度体系及运行机制，月初完成工程质量考核评价报告。建立工程质量控制考核标准，完善工程质量分析考核追溯机制，对质量问题及事故进行分析，逐级追溯管控责任，形成索赔、索酬、索责的精益市场化交易机制，形成分析考核报告。

（四）建立精益运营管控系统，实现企业多元化高质量发展

1.强化精益成本管控，树立"大成本"管理理念

一是围绕产生成本的各项业务流程，梳理成本产生流程图，对影响成本的动因进行分析，形成采煤掘进、洗选加工、机电运输、修理修配等方面低减成本模型。二是以月度经营分析会为载体进行成本管理，运用成本动因分析表，形成成本管控对策，实现成本控制精准改善提升。三是打造精益物资供应示范点。组建井口物资超市，搭建共享仓库、共享物资管理平台，围绕计划、采购、验收、库存、废旧物资、采购周期等物供管理的价值节点，推进物供精益改善管理，实现通用材料、配件共享，减少人力和物资占用成本。四是健全能耗考核评价体系。实施避峰填谷节电管理，开展电力管理对标，利用可视化管理工具，对电力消耗进行预警监控。开展用水管理对标，诊断分析用水能耗，查找节能降耗的改善点和关键点，建立用水管理奖惩运行机制。加强能耗计量管理，制订计量器具配置区域图，统计分析历史数据，对标先进标准，制订能耗定额价格和能效标准，纳入精益市场化结算。

2. 实施精益物供营销管理，实现供销源头降本增效

一是实施精益营销策略管理，推进"精煤＋定制""长协＋直供""国铁＋水运" 3 大战略，建立完善市场调研与预测分析机制，优化客户分类管理，精确把握用户需求，提高长协、重点客户比重。定期进行客户走访服务，提升客户满意度。完善营销绩效考核和激励政策，将新客户开发、销售价格、销量收入、应收账款、销售费用、风险防控等关键指标纳入绩效考核体系中，与单位或个人的收入挂钩，实现产销平衡。二是打造精益物流配送示范点，采用"按时送货、按需配车"的方式，全面对物流配送系统进行优化。对采掘头面，实现后路单轨吊运输网络承担从地面到迎头 100m 后的"一站式"物料全程配送任务。安装矿车定位系统，增加物料的运输状况动态查询功能，取消手工纸质交接单，实现订单数字化、交接信息化、配送智能化的精益物流配送一体化新模式。

3. 优化人力资源管理，打造精益共享用工示范点

创新制定"2346"人力资源"共享用工"管理法，由公司内部各单位组织具备专业技术的施工人员，利用工作之余、公休、年休假时间，参与共享用工，通过个人竞标、单位竞标及多单位合作实施项目。较大施工项目由单位组团联合或者采取项目化运作；单位组团联合采用分段实施方式；项目化运作参照外部市场工程招标方式，赋予项目负责人自主管理与分配的权利，项目承揽单位或个人，公司内部组织人员实施。编制 3 个基准书，实现看板化管理，完善共享用工项目鉴定、过程监督、结果考核评价流程，纳入诚信档案管理，制定共享用工施工价格、维修价格，建立完善 16 个施工项目技能人才库，有效破解了阶段性缺员的问题，最大限度盘活了人力资源。

4. 拓展大数据智能管理效能，实现信息化平台互联互通、数据共享

为经营决策提供辅助支撑，实现企业效益最大化，充分利用两化融合信息系统，实现区队考核结算数字化，通过配备移动终端机等方式，实现对班组工作量、单价、奖罚等数据现场采集、编辑、录入，取消手工纸质结算方式，实现考核结算和职工收入"日清、日结、日公开"，职工利用手机 App 实时获取个人收入信息。在上井口信息大屏建立看板，播报当日收益之星、本月收益之星。

（五）建立全面预算、市场化管理系统，提高企业经济效益和管理水平

1. 建立全面预算管理系统，提升企业经营管控质量

枣矿集团下达经营目标责任书后，参考财务历史同期数据，充分论证生产条件和变化因素，编制了 24 大项、235 小项、共计 20116 个指标的"预算书"，确保了各项预算指标无盲区。遵循"最小可控单元"分解原则，将各类预算指标逐层级细化分解，落实到各专业分管领导、副总师、责任单位、责任主体 4 级，分别与专业分管领导签订目标管理责任书，形成了指标与责任绑定、收入与绩效挂钩"横到边、纵到底"预算管控体系，实现从物质形态管理为主向价值形态为主的转变。

2. 建立全面市场化管理系统，构建新型绩效考核模式

首先，创新构建新型绩效考核分配机制。对机关科室（中心）实施宽带薪酬改革，科学设定通用指标、个性指标、重点工作、部门自主工作考核项目，执行"岗位绩效＋重点工作"考核，依据科室职能、贡献大小、重点工作完成情况等，差异化核定收入标准，拉开科室、个人的收入差距。对区队（车间）实施"精准定额＋单项工程"并列考核，根据月度产量、进尺等定额计划，核定总收入。对班组岗位执行"班组计件＋岗位货币化"考核，实现"多劳多得"。建立完善全员岗位差异化、精益化考核体系，实现"效益增工资增、效益降工资降"。

其次，健全市场化管理体系。一是完善市场化运营体系，将公司内部市场主体划分为公司、专业、单位、班组、岗点（个人） 5 级市场主体。以主要生产经营指标及重点工作目标为基础，构建内部市场客体，围绕生产、电力、物资等客体制定内部考核办法，将考核结果全面与单位或个人收入挂钩。二是完善市场化价格体系。根据工作内容、工作环境、工作条件、地质条件等关键因素，制订完

善涉及劳动、材料、电力、修理、服务以及其他管理项目的 346 种 12367 个单价，有效反映真实劳动付出，实现收入对等。三是完善计量结算体系，构建三级精益结算体系，即公司到基础单位为一级市场、单位到班组为二级市场、班组到个人为三级市场。一级市场实施"线式管理代理制"，由考核部门代理直接结算到区队，按照单位职能及分管范围制定个性化考核标准，与单位或个人收入挂钩；二级市场由基层单位对班组的精益市场化运营情况进行考核结算，实施精益市场化运营，执行内部结算单价，根据现场工作量核算日清日结；三级市场由班组负责对个人的精益市场化运营情况进行考核结算，以劳务单价为标准，以工作量为基础，将成本费用支出与个人收入挂钩，实现精益市场化运作的模式。

（六）建立风险防控、对标提升系统，降低风控成本，实现可持续发展

1. 建立全面风险管理系统，筑牢企业运营坚实屏障

通过全面、科学、系统地分析和评估风险，采取相应的预防、监测、控制和应急措施，为企业提供全面的风险保障。一是构筑精益风险管理"防火墙"，紧紧围绕"法治维企"，以风险体检、风险评估、风险预警为抓手，充分利用风险防控、合同管理、法律事务管理信息化平台，持续深化精益风险防控体系建设，重点解决"个体与系统、局部与整体"不统一的问题。二是健全完善全面精益风险管理长效机制，制定重大风险源防控方案，切实防控重点业务领域法律风险。结合公司实际，有针对性地开展专项风险评估、风险预警提示、出具法律意见书、专项法律风险体验等活动，针对南四湖资源解放、压煤村庄搬迁、锦泉假日酒店处置等重点工作，通过起草法律文书、参与商业谈判、合同规范性审查等方式，保障处置流程依法合规，规避法律风险发生，实现风险管理和生产经营有效融合。

2. 建立全面对标管理系统，助推企业对标竞进可持续发展

为切实发挥对标管理效能，挖潜工作效率，构建"113667"对标管理模式，围绕"持续循环提升"1 个目标；优化"对标可视化"1 个平台；完善"信息上报机制、工作能效评价机制、对标考核机制"3 项机制；用好"对标重点项目管理、两图一表、外部对标、课题研究、重点项目、偏差预警"6 种对标方法；实施"现状分析制定方案，建立实效数据对标体系，全面组织实施，月度能效评价，创标建模、全面推广，持续循环提升"对标管理 6 步走；提升企业"战略支撑力、核心竞争力、科技创新力、控制力、影响力、抗风险力、企业治理"7 种能力。通过立标、对标、达标、创标的"对标环"推动管理质量的循环提升、工艺流程的持续优化、工作质量的不断改进提升。

三、煤矿企业全方位提升经营效能的精益管理体系构建效果

（一）精益理念深入人心，精益管理体系夯实有效

通过实施精益管理改革，干部职工的思想观念有了很大的转变，精益管理思想植入全体员工的心里，学习并熟练应用精益管理来指导生产经营过程管控，不断优化生产设计、生产技术、一通三防、提升运输、质量控制、市场营销、运营控制等方面的管理，从实际出发，消除各业务流程中不必要的环节及浪费行为，实现精益求精。促进了其他专业管理的发展，提高了企业的整体效益，带动了各专业整体管理水平。更为重要的是形成了融合管理的长效机制，树立了"人人都是经营者、岗位都是利润源"理念，增强了公司的核心竞争力，实现了内涵发展，同步助推公司生产效率不断提升。

（二）实现企业效益效率最大化

在当前煤炭企业利润大幅下滑的背景下，枣矿集团仍然完成考核利润，2022 年利税总额 102211.58 万元，其中利润总额 67089.25 万元，且将吨煤材料费、吨煤电费、吨煤管理费用下降了 7%～12% 不等；全员工效提高了 13%。深入推进劳动定额管理，通过严格计件工资考核，构建了"效率优先、兼顾公平"的薪酬分配机制，调动职工的积极性，达到优化人力资源配置、提高工作效率、保障矿井生产的目的。公司权属单位高庄煤业公司通过实施掘进班组专项考核，掘进进尺较去年同期提高 27.8%；

月均进尺较上半年提高 12.1%，兑现精准激励 71.6 万元。

（三）彻底激活全员创效价值

通过实施"夺旗争标"精益项目，使各专业、单位将"千元节支、万元创效"活动落实到日常工作中，鼓励员工节支降耗，形成"浪费不以量小而为之、节约不以微小而不为"的良好氛围，固化回收复用、加工改制、修复利用、自主改善等多元化方式节支创效。公司权属单位高庄煤业公司 2022 年通过竞赛活动累计创效 1500 余万元。通过推行共享用工，将原来一些外委的工程、维修等项目转化为自主施工，提高内部员工工作饱和度，实现企业降本 1200 万元以上，职工创效增收 60 万元以上的"双赢"局面。

（成果创造人：刘凤华、李毅伟、曹东京、江兆刚、马胜银、戚　亮、
邵长猛、王二增、张庆强、孙　岩、耿　超、杨为缤）

钢铁企业以提升效率效益为中心的全面精益管理

鞍钢股份有限公司鲅鱼圈钢铁分公司

鞍钢股份有限公司鲅鱼圈钢铁分公司（以下简称鲅鱼圈公司）于 2008 年 9 月 10 日正式投产运行，工业占地面积 8.32 平方公里，设计年产铁、钢、材分别为 650 万吨、650 万吨、730 万吨，是鞍钢全流程自主设计、集成、施工建设的一座现代化精品钢材生产基地。主导产品定位于集装箱用钢、管线钢、船板、机械用钢、锅炉板、容器板、桥梁钢等高附加值、高技术含量品种，广泛应用于冶金、机械、石油、化工、电力、建筑等行业。2022 年全年盈利 6.5 亿元。

一、钢铁企业以提升效率效益为中心的全面精益管理背景

（一）落实国家改革部署，提升企业"五力"的需求

"五力"是指国有经济的竞争力、创新力、控制力、影响力和抗风险能力。按照国务院国资委提出的"对标世界一流管理提升行动"及"建设世界一流企业"重要部署，国有企业要以精益管理为工具，快速将精益管理理念和方法融入企业生产经营全过程，用精益管理激发企业活力、动力，实现"五力"增长。鲅鱼圈公司作为国企鞍钢子企业，应坚定政治担当，用精益加速产品技术研发、制造流程优化、工序资源平衡、产品质量升级，通过做强自身、扩大市场，助力国企不断做大做强。

（二）破解企业经营瓶颈，提升效率效益的需求

近年来，钢铁行业基本处于盈亏边缘，钢铁市场需求增速放缓，钢铁行业生存能力受到了严峻挑战。资源合理使用成为企业生存发展的最后支柱。因此，消除内耗、提升效率、改善品质以实现经营利润持续增长是钢铁企业最迫切的工作。鞍钢集团将精益管理作为破解经营瓶颈的重要抓手，在集团内部全面推进精益管理工作。作为鞍钢集团的市场化改革先锋，鲅鱼圈公司应主动承担开展全流程、全链条、全系统精益改善探索的任务，通过流程再造、价值再生，打造出匹配现代化企业发展的经营方法，为新鞍钢高质量发展输出精益实践。

（三）深化企业管理变革，提升基础管理的需求

鲅鱼圈公司在基础管理方面还有不足。一是工作环境的安全性及舒适性仍有不足，二是生产制造资源仍有浪费，三是作业流程仍有冗余，四是设备运行状态仍有波动，五是班组经营动力仍显缓慢，六是职工参与现代治理活力不强。为此，鲅鱼圈公司落实改革工作部署，将精益管理作为深化改革的主动力，立足基础管理工作，实施制度性、机制性、体制性改善，进一步压缩流程周期、紧凑节拍，提升生产效率；优化作业标准、攻克短板，提高产品品质；强化现场管理，提高班组能力，营造工作新氛围。

二、钢铁企业以提升效率效益为中心的全面精益管理主要做法

（一）明确指导思想、奋斗目标和工作站位

1. 确立"三个动力"指导思想

一是新动力。鲅鱼圈公司以精益管理作为新时代企业建设的新动力，全面推动企业基础管理水平提升。二是脑动力。以市场为导向，持续将前沿理念与"鞍钢宪法"精神相融合，不断激发脑动力，让企业的创新动力、创新活力、创新实力竞相迸发出来，孕育出更强劲的生存能力。三是行动力。坚定信念、坚守行动、坚固成果，时刻用"亮剑"的精神踔厉前行。勇于创新、勇于变革、勇于践行，在追求卓越的道路上永不停息。

2. 制定"四步升级"奋斗目标

一是精益制造。实现生产周期越来越短、资源价值越来越高、产品品质越来越优，最终能够快速使客户享受最美好的生活体验。二是精益管理。实现为产品制造过程提供最好的专业服务方法，确保生产过程效率最优、资源最低、品质最高。三是精益企业。实现以客户为中心，能对生产、销售、采购等各个流程进行持续改进，鼓励员工积极参与企业治理，最终形成员工和企业共同发展的命运体。四是精益文化。打造"以客户为中心、以市场为导向、基于数据与事实管理"的精益管理文化氛围，最大限度地体现新时代"鞍钢宪法"精神，最终让职工形成能主动参与企业建设与发展的高素养。

3. 明确"三层锚定"工作站位

一是精益管理是企业资源全价值的"金钥匙"，能够驱动企业各项管理水平不断突破极限，最大限度提升管理资源的价值度，实现从原值到增值、溢值的跨越。二是精益管理是增强企业"五力"的"核动力"，能够推动企业生产能力、市场竞争能力再提升，有效融合市场化的经营机制，有效促进企业整体经营水平的不断增长。三是精益管理是企业管理思想的"发源地"，能够培育现代化企业人才、激发年轻干部的新思想和全员的创新思维、主人翁意识，进一步诠释新时代"鞍钢宪法"精神。

（二）以"精益微模"推进现场精益管理

1. 构建"精益微模"模式

脏、乱、差的现场工作环境会直接降低职工的工作热情和工作效率，导致企业价值创造能力下滑。针对钢铁区域广、设备多而大、改善资源调配困难等问题，鲅鱼圈公司选取条件好、改善点多的微观区域（或生产平台、设备群体）作为模型，根据模型特点有针对性、有重点的导入目视化及红牌作战等精益工具，聚拢资源全力打造具有高度安全性、舒适性的工作现场。其特点：方法简洁、执行便利，资源投入少、目视效果好，成效显著，具有推广、复制性。

2. 制定工作方法

建立以排查、立标、导入、立案、实施、验证为环节的现场改善工作流程。其中确定微模对象及改善目标，在现有的基础上完善形成《现场改善方案及标准》；由各专业人员建立改善团队、明确分工，按方案实施改善；以区域工作人员为评价人，从标准和体验两个方面进行改善效果评估；提炼精益现场成果，固化为常态化工作方法。另外，结合改善成本和难度，按不投入、少投入、有价值投入、战略投入顺序确定方案，杜绝精益本身造成资源浪费。

3. 输出改善效果

通过精益微模模式的实施，鲅鱼圈公司在区域内打造精装"样板房"，以成效扩展了精益效力，真正实现了现场"安静"、生产"健康"的目的。其中，鲅鱼圈公司炼铁部针对烧结 16 米平台出现"原料散落造成扬尘"的情况，制定《设备改造方案》，通过设备修补和加装，堵住原料漏点；制定《原料回收方案》，鼓励职工自主回收原料，以"计量 + 金额"方式实施奖励；制定《不要物手册》，按功能及周期对各类物品实施处置；制定《目视化改善方案及标准》，对区域标识和路线进行完善，最终全年回收资源 19.5 吨、职工人均增收 500 元，环境得到明显改善。热轧部针对轧辊区域出现"设备备件摆放杂乱无章，寻找或导出困难"的情况，通过精益 6S 工具对备件区域实施清理整顿，按类别、性质、周期创建了三定管理方法。即看板定位，在区域挂位置图，明确各类备件存放位置；挂表定量，在货架上张贴数量表，明确存放的物品名称、数量及日期；指人定责，在同类备件上标注责任者，明确点检日期及点检状态。最终盘库、核对、点检、搬运等工作总体压缩时间 12 分钟，提高作业效率 80%。截至 2022 年末，鲅鱼圈公司建立精益微模 13 处，完善标识 529 处，清理不要物品 106.2 吨，降低或控制浪费源 189 处。

（三）以"三维编织"推进生产精益管理

1. 构建"三维编织"模式

生产效率和工序成本是企业经营根本。针对"钢铁制造是连续性、大循环生产形式，流程环环相扣，任何一个节点干预都会影响整体效益"的情况，鲅鱼圈公司建立精益点（指标）、精益线（流程）、精益面（区域）的立体工作模式，重点导入项目、价值分析等精益工具，对现有短板、管理工具和生产方法实施优化提升，全力打造一条节拍紧凑、作业标准、产品高质的生产流程。其特点是具有很高的操作性、实用性、效益性，能有效提升现有工具的使用价值。

2. 制定工作方法

精益点（指标），即利用3级对标（自身、内部、行业）确定现有缺陷或短板，导入创新项目精益工具，按照"二八"原则分析主因，制定措施实施攻关改善。其中，立项要有针对性，能够切实弥补缺陷、提升短板；对项目成果要标准验证，公式要数值化；提炼项目中的动作行为，形成常态化作业行为。

精益线（流程），即合理选取生产线，以生产线的关键设备或作业为节点，绘制工序价值流程图。在各节点上明确各项资源的配置数量、消耗数量、作业时间等信息。通过贯穿式分析、俯身窥貌，查找流程效率制约点，重新配置资源，以达到合理分配、提升资源价值的目的。

精益面（区域），即确定关键作业区域，采集区域内所有生产动作，从实效角度甄别出虚实动作，利用标识、图形、颜色、标样、数据等方式将生产动作化繁为简，标值定行，致力于消除模糊工作语言及形式作业动作，有效节约生产成本。

3. 输出改善效果

通过"三维编织"模式的实施，鲅鱼圈公司有效消减了不产生价值、过度消耗资源的动作，实现生产资源从计划性向价值性的转变，再向"高效率、零缺陷、高品质"目标大步迈进。其中，鲅鱼圈公司热轧部以产品制造流程作为价值分析对象，绘制价值流程图，以关键设备为节点，标注各种资源的消耗值及价值创造值，采取理论与实际的对比，发现成品库转运过程为产线效率的制约点。通过空间、人员等方面调整改善，最终扩大成品库转运空间60%，助力产线效率提升10%以上。同时，针对"客户消耗大量时间用于等待和沟通，产生极大负面情绪，降低了客户满意度"的情况，开发了"库存信息时刻表"，根据缴库、装载、发出等业务实时更新库存信息，提高产品接收效率（减少客户与库存岗位沟通咨询4次，节省时间2小时，现无需沟通咨询）。截至2022年末鲅鱼圈公司提升指标100个、优化流程30个、完善标准58个。

（四）以"突击立标"推进设备精益管理

1. 构建"突击立标"模式

设备是企业生产最有力的支撑，是影响生产制造与服务质量的重要因素。针对"设备密封无法探测内部、故障无规律无法定期维修、区域覆盖广但作业活动相近或相同"等特点，鲅鱼圈公司充分考虑正常与异常两种状态，有效抓住机遇搞突击、抓住实体打攻关，将计划变为现实，将预期变为实际，有序优化设备自主保全机制。即在正常情况下，抓住关键设备，利用 EMBP（Event Management Best Practice，异常管理实践包）等精益管理工具，提升点检精准度；针对异常，提前谋划，集中资源，利用检修或停机时间开展精益6S工作。其特点是有效体现时间价值，实战与计划并行，为设备持续改善提供了依据，具有实战性与延续性。

2. 制定工作方法

对于正常状态，与生产区域联动，选取设备单体或群体实施设备行为改善、目视优化，构建点检标准与点检动作零距离模式，大幅度取消点检时间、降低点检技术难度、提升点检结果；对于异常状态，以作业计划为依据，与职能部门联动，掌握近期生产动态，提前做好设备改善方案，从时间、空间方面抓住检修、抢修、改造等便于改善的时机，将方案变为成果。

3. 输出改善效果

通过突击立标模式的实施，鲅鱼圈公司有效提升设备稳定性，降低员工工作负荷，充分发挥了设备对质量、成本、交期、安全、士气等方面的保障作用。其中，鲅鱼圈公司热轧部通过实战打造了精益检修流程，即重新对检修业务进行梳理，挤压不产生价值的等待时间，重组形成新的检修项目及流程；形成检修标准化实施方案，从安全行为到物品摆放进行标准规范；在现场建立检修标准看板，通过目视化的方式明确检修业务、时间及标准。最终，压缩检修时间 30 小时，提升生产效率 30%。截至 2022 年末鲅鱼圈公司建立 15 个设备标杆，完成指标攻关 23 项，功能改造 57 项，标准优化 153 项。

（五）以"减耗增值"推进成本精益管理

1. 构建"减耗增值"模式

针对"企业各个作业活动均有资源浪费"的状态，鲅鱼圈公司以"一切皆可降"的意识，融合各专业精益管理工作与精益创新项目等内容，采取"全力压低消耗的底线，竭力抬高价值的顶值"的方法，彻底消除没有价值的资源消耗或赋予产品新的价值高度。其特点是本身资源消耗少、方法操作简单，不仅具有小动作大效益的效果，还具有时代创新性与引领性。

2. 制定工作方法

一方面利用创新项目、价值分析等精益工具，以项目或专业精益管理的方式降低资源消耗，即与生产、设备、现场融合，借其改善完成降本；另一方面回收资源，改造为新产品或新原料，通过自主销售和回收利用方式实现二次创效，既激发职工自主意识，提升自身技能，又通过改造、修补、回收等方式减少废物排放，实现价值再生。另外，建立效益验证公式，剔除精益本身的资源投入，精准评价精益降本额度。

3. 输出改善效果

通过减耗增值模式的实施，鲅鱼圈公司充分发挥职工的主力军作用，将企业经营向全流程、全系统、全人员的成本化管理推进一大步。同时有效激发职工主人翁精神，助力企业降本增效持续开展。其中，鲅鱼圈公司炼铁部针对烧结机漏风的问题，建立"烧结机漏风率攻关项目"，3 个月漏风率降低 5%，降低资源消耗 90.29 万元（其中电能 54.24 万元）。设备检修中心建立了设备修复中心，激发职工对损坏的设备实施自主修复，辊子芯轴自主修复利旧率从 0 到 50%，减少外委新制或修复费用 85 万元；恢复热轧部待报废的 6 个成品水阀，盈利 1.2 万元；修复炼焦焦罐旋转减速机，降本 10 万元；修复炼钢连铸区域吊车减速机 5 台，降本 100 万元。

（六）以"微观多元"推进班组精益管理

1. 构建"微观多元"模式

班组是企业最基础的经营主体，是企业所有效益、文化的育成源地。针对"企业班组权利丢失、活力停滞、责任低迷"的表象，鲅鱼圈公司借用精益看板等精益工具，全面推动班组向技能型、创新型、质量型、效益型和和谐型方向健康发展，真正将班组打造为最基础、最核心的创效、管理、成本微观单元。其特点是开启微观经营时代，增添"鞍钢宪法"新内涵，具有变革性、典范性。

2. 制定工作方法

从身份、权限、业务方面实施精益管理，一是"逆流管理"，建立责任清单，利用改革纵深授权，将安全、生产、质量、人员、设备、成本、环境 7 大权限中的部分权限从专业室下移至班组，分别将指令输出、成绩评价的管理端、专业端转换为生产端，真正做到"办公椅搬到现场，指挥棒放到一线"，实现"被你"管理到"自己"管理的转变；二是"流程再造"，建立工作清单，以"提效、减量"的原则，通过建立看板、改善行为、优化操作等方式有效降低劳动负荷，将班组长从生产旋涡转移到管理平台，充分调动一线职工积极参加企业经营管理。

3. 输出改善效果

通过微观多元模式的实施，真正提升了班组的经营地位、管理权限及企业责任，挖掘出班组最大制造价值、最大服务效能，激发了企业微观主体市场最大活力。同时传承"鞍钢宪法"精神，将以岗位方式升级到以组织形式实现生产人员参加企业经营管理。其中，鲅鱼圈公司炼铁部建立了成本班组管理模型，将"边干边算、边算边干"成本管理责任主体，从区域向班组、岗位纵深，在打造微观成本管理模式中培养出"省下的都是挣到的"成本意识，同期降本 112 万元（其中电能 64 万元）；热轧部建立了质量班组管理模型，用提升产品质量填补现场与客户间的缝隙，在打造微观市场管理模式中建立起"为客户保障、为自己制造"的市场思维，同期提升指标 5 项，非工艺分卷量下降 60%；质检计量中心建立了服务班组管理模型，结合三项制度改革，建立班组长培养机制，通过不断提高沟通质量，增强服务能力，在打造微观服务管理模式中树立"用能力来坐位，用实力去管理"的争先思想，同期提升工序服务及时率 20%，确定优秀班组长 22 人。

（七）构建"四个标线"精益保障机制

1. 建立目标线

从解决企业大而不强方向出发，鲅鱼圈公司建立了具有前瞻性的精益目标保障体系，即 3 个发展方向、3 个工作路线、5 个工作内涵。同时，以"试点探索、全面践行、纵深构建"方法，推动精益管理从局部迈向全面，再纵深至体系。

一是 3 个发展方向。即立足对标世界一流行动高度，全面激发企业活力，构建时代创新思维，快速提升企业效率速度。二是 3 个工作路线。即建立新管法提管理"纯度"、新做法除流程"杂质"、新想法破陈旧"藩篱"。三是 5 个工作内涵。即打造出有变革能力的年轻干部、有创新能力的技能人才、有引领能力的现代管理、有影响能力的高质产品、有领军能力的一流企业。

另外，第一阶段为试点探索，以炼铁部为成本中心、以热轧部为利润中心、以质检计量中心为服务中心，搭建成本、利润、服务工序联盟，开展精益管理方法探索；第二阶段为全面践行，在全员、全区域、全业务范围开展精益与实际融合，初步打造出精益管理工作模式；第三阶段为纵深构建，以制度为载体，将精益管理成果转化为企业常态化运行工具及工作方法，形成以高效率、高效益为特征的全面精益管理。

2. 规范管理线

为了保障精益管理实践规范有序，鲅鱼圈公司从管理、制度、工作 3 个方面建立运行体系，充分将精益管理工作融合到现有的组织机构与工作机制中，实现"1+1 ＞ 2"的目的。

一是组织机构。按"组织扁平、管理穿透"的原则，鲅鱼圈公司打造了 3 层精益组织。在高端决策层，充分落实"领导引领"的理念，聚集企业"最有权利的决策者"成立精益领导小组，负责工作决策与部署；在专业管理层，全面发挥"人才培养"的作用，聚集企业"最有能力的业务者"组建精益管理办公室，负责具体落实与推进；在区域执行层，按照推行"全员参与"的路线，聚集企业"最有行动力的执行者"构成精益实施单元，负责工作执行与落地。

二是制度文件。采取"统一、个性、融合"的方法，在精简的基础上打造了"专属"，即用原制度覆盖技能、人才、文化等共性业务，用新制度确定提案、项目、班组等个性业务，用规程规范标定融合所有的精益业务动作。

三是工作标准。创建"三三制"工作规范，做到精益管理工作全时全位运行。其中，制定 3 个常态专属，即全员精益改善提案、精益改善项目、精益班组；实施 3 个动态融合，即制度修订、培训实施、宣传文化；开展 3 个定期例行，即工作例会、工作计划、绩效考核。建立周期例会机制，按周、月、季度跟踪工作进度与质量、解决实际问题、纠正工作偏差；打造新闻、报刊、网络、影视等多维度平台，在不断增强精益氛围中激发职工精益热情，突显精益管理实效；按照"统一标准、突出价值、重视质量"原则，从"量、质、因、明"4 个方面形成对过程和结果的评价机制；从单位、区域、个人、项目 4 个维度建立精益管理工作奖励机制，按周期对精益管理工作成绩实施评价奖励。

3. 融合培训线

与现有人力资源体系融合，打造"静态课堂、动态现场"两种培训机制，通过充分利用专家、自身两类资源，将"理论教学"与"现场应用"相结合，实现对各类人员的差异化、精准化的精益思维、技能导入。其中建立静态课堂常态培训，目的是培养出具有较高精益思想、着眼未来、企业责任的"头脑"人才。创建动态现场实战培训，目的是培养出具有较强的动手能力、丰富的技能经验、能取得成绩的"作战"精英。

4. 实施固化线

将精益管理取得的成果全面固化到现有的体制机制中，最终形成具有精益属性的新体制机制。按照"一套动作、一个指标"的原则，采取"专业评审、量化成效、文件固化"的方式，提炼、评审出具有持续、复制、推广价值的精益成果，纳入《精益优秀案例手册》，由专业职能部门按照制度工作流程组织固化，形成常态化工作机制。

三、钢铁企业以提升效率效益为中心的全面精益管理效果

经过两年精益管理实践，在学与用的过程中，鲅鱼圈公司不断将精益技能融入生产工作行为中，将精益思想嵌入专业管理方式中，逐步打造了以提升效率、效益为中心的全面精益管理，有效助力了鲅鱼圈公司经营管理水平提升，在经济效益、基础管理和经验模式方面均取得了显著效果，构建了以制度、组织、机制、推广、评价为基础，以提升效率、效益为中心的全面精益管理，真正将精益管理工作从"点式运行"转变为"体式运营"，实现了精益管理工作标准化、持续化、常态化，实现了从"精益让我干，到我要精益，再到我干精益"的思想蜕变。鲅鱼圈公司的全面精益管理已被鞍山钢铁集团有限公司其他单位广泛学习，被本钢集团有限公司借鉴运用。

（成果创造人：王义栋、张红军、费　鹏、王若钢、时立宝、秦　伟、
王春利、孙国宝、刘　虹、原世军、蒋　益、何士国）

老火电厂以"六大管控体系"为重点的本质安全管理

贵州西电电力股份有限公司黔北发电厂

贵州西电电力股份有限公司黔北发电厂（以下简称黔北电厂）是国家电投集团贵州金元股份有限公司（以下简称贵州金元）管辖下的火力发电企业，是贵州金元的发源地，也是贵州省在国家"西电东送"战略背景下开工建设的第一批"黔电送粤"火电工程项目之一。贵州金元是国家电投集团所属二级单位。黔北电厂位于贵州省毕节市金沙县，1996 年 4 月 18 日正式开工，2004 年 9 月 29 日 8 台机组全部建成投产，2014 年 7 月按照国家"上大压小、节能减排"产业政策，4 台机组关停，现总装机容量 120 万千瓦。

一、老火电厂以"六大管控体系"为重点的本质安全管理背景

（一）适应国家对企业安全管理高标准要求的需要

从电力企业实际生产情况来看，一些电力企业仍然存在习惯性违章行为、重复性事故时有发生、安全意识淡薄的问题，仍然严重影响电力企业日常生产的正常进行，安全生产受到挑战和制约。因此，黔北电厂必须落实国家有关安全生产的要求，推进传统的安全管理模式向现代化管理模式转变，使安全生产管理更加科学。

（二）实现企业安全生产战略目标的需要

国家电投一直以来的安全生产理念和实际生产要求是狠抓本质安全，提升安全质量管理水平。加强安全生产管理，牢牢守住"发展决不能以牺牲人的生命为代价"这条红线，落实各级安全生产主体责任，深化安健环体系建设，推动全员隐患排查治理，筑牢安全生产基础，努力实现"零死亡"安全目标。为此，黔北电厂紧密围绕国家电投安全生产目标，扎实推进安全生产领域治理体系和治理能力的现代化。

（三）增强竞争力夯实企业生存发展安全基础的需要

对于发电企业来说，安全生产就是最大效益。有了安全作保障，企业才能在激烈的竞争中立于不败之地。黔北电厂是一个由具有 50 多年建厂历史的老厂（即遵义发电厂，建于 1958 年）分流组建的，安全形势十分严峻，只有通过培育安全文化，把安全生产放在一切工作之首，建立一个完整的安全管控体系，使员工在潜移默化中把安全生产当成一种习惯和自觉行动，才能实现企业发展的长久安全。

二、老火电厂以"六大管控体系"为重点的本质安全管理主要做法

（一）创建"六大管控体系"，推动企业安全生产的全覆盖

本质安全就是企业管理中人的安全可靠性、设备的安全可靠性、环境的安全可靠性和管理的安全可靠性之间的和谐统一。黔北电厂从国家电投战略要求和企业现状出发，基于影响发电安全生产的各环节进行研究分析，紧紧围绕本质安全"组织—标准—技术—监督—激励—文化"关键要素，以企业特色安全文化体系为引领，以构建安全生产组织管理体系为保障，以安全生产绩效考核体系为激励方法，以作业标准、技术标准、管理标准和安全风险数据库为载体，以安全生产标准体系为基础，强化安全投入与技术创新体系的有效支撑，有效发挥安全监督与评价体系的促进作用，通过对人、物、环、管等多重要素的联动、管控，构建传统电厂本质安全管控体系，经过企业 3 年时间的有益探索实践，形成安全生产全过程上下联动、全员参与、作用持久、个性鲜明的"六大管控体系"创新机制，实现企业安全管控科学精准、风险可控、安全高效，从而全面提升企业的安全管理水平。满足员工需求，推动企业高质量发展。

（二）构建黔北特色安全文化，营造企业持续的安全氛围

黔北电厂高度重视文化建设在安全管控中的引领作用，始终重视安全、尊重生命。大力开展安全文化建设，秉承国家电投"和"文化、贵州金元"人和效优"的企业精神，总结和提炼具有鲜明特色的黔北电厂"进·合"安全文化体系品牌。以"安全是发展之道，环保是生存之基"为纲领，践行"进中合、合中进、进合一体"管理实践，围绕着"进·合"文化的初心，砥砺前行。一是组织推动4大生产部门在企业安全文化体系框架下，开展"1+N"安全文化实践。黔北电厂创建了企业二级安全子文化品牌，电热检修部培育了控制精确、管理精准、工作精细、检修精品、仪器精密的精细安全"精文化"。热机检修部培育了立德、树心、提能、育人才的人才安全"树文化"。燃料部培育了管理创效、和谐共赢的廉政安全"效和文化"。发电运行部培育了专一、专精的亲情"壹文化"。二是以多形式传播文化。通过微信公众号、厂OA（Office Automation，办公自动化）系统、电视屏幕、宣传栏等平面、立体、新媒体模式公开企业或部门安全文化理念。三是制定生产特色的警示文化。策划实施现场警示教育点开展现场"体验式实践警示"教育；亲情呼唤的"家"警示文化，现场布满了作为家庭每一种身份的亲情安全；安全"旁站多维监督"的警示，安全活动和安全会议的"圆圈"团队文化；全厂"安全日"和历史上的"今日警示"成为现场警示教育的常态。四是将安全嵌入思想管理，解决作业现场"干活＝违章"思维，由员工被动接受管理向主动参与管理转变，由要我安全到我要安全，再到我会安全的转变，营造企业良好的安全生产氛围。

（三）构建安全生产组织架构，明晰管理界面责任

第一个层面以企业安全委员会和三级（厂级、部门级、班组级）安全网络为基本架构，各部门设置安全专责、班组长兼班组安全员的专职安全组织机构管理体系，将安全的触角延伸到企业生产经营管理的每一个角落。第二个层面构建安全生产保证、监督、支持3大责任体系，强化企业安全生产主体责任，同时明确3大体系职责，实现安全责任无盲区。第三个层面构建厂领导班子成员和职能部门党政一把手组成的安全生产工作帮扶责任体系，建立厂领导班子成员和职能部门党政一把手每月下基层一天工作制度，实行安全面对面、帮扶联系点班组安全工作，促进安全目标完成。第四个层面构建生产部门各班组安全生产目标体系，将企业各项安全生产综合目标分解到部门，再细化为100多项小的安全生产指标。同时，强化安全生产目标绩效考核工作，形成黔北电厂安全生产宝塔式责任体系和约束机制，与部门班组员工的工资挂钩，形成自上而下的安全管理压力，最大限度激发员工的创新能力和工作潜能。

（四）构建高效制度管控体系，提高标准管理水平

1. 整合提效，实现"六标一体化"管理

通过充分学习企业标准体系要求，寻找整合国家电投安健环体系和国家质量、环境、职业健康安全、能源5个管理体系中标准的共性和差异性要求，建立了"六标一体化"文件管理标准体系，通过系统化、规范化、文件化、统一化整合管理指标体系，用一套标准解决"六标"对安全生产的要求。一是精炼"瘦身"管理标准。通过对标准审核修订，删除标准中累赘和无法执行的内容，解决标准中交叉、重叠、脱节等问题，按照适用、管用、好用将标准落地。将8小时外的工娱安全也纳入相应的安全管理标准中，规避8小时以外的风险，让安全行为惠及生活、让生活安全反哺工作安全。二是制定实施63个安全生产标准、制度体系文件，制定10多项企业安全技术标准、10多项现场安全作业指导书和上百项现场作业操作流程图，使安全生产管理工作达到有章可循、有法可依。三是两套系统确保管理体系标准文件的电子化、规范化和常态化管理。同步加强研究，投入运行了标准化信息管理系统，对企业标准、法律法规、资料、文件规章、报告与记录实施全生命周期管理。启用贵州金元协同办公系统标准制定模块，实现企业标准审批全过程管理。

2.建立风险预警模式，实现作业风险全管控

一是开展危险源的辨识，建立风险数据库。二是开展工作票任务观察，控制检修作业风险。三是构建实施"四个汇报、两级许可、一个方案、一级核查""4211"安全生产管理体系。四是以识别和消除大隐患、杜绝高风险为主线开展设备治理工作。五是编制《安全风险分级管控与隐患排查治理双控预防机制建设工作方案和实施计划》，推进双重预防机制建设。

（五）构建技术创新支撑体系，提高安全管控力度

1.创新技术应用支撑，实现作业过程全监控

实行"高效多元化"安全管理。一是开发预警指示卡、安全观察卡、员工微信自评估等App，实现安全管理信息化。二是通过消防巡检扫码、区域风险扫码等，实现安全管理高效化。三是通过工作票颜色管理，实现安全管理风险等级可视化。四是编制安全落地"三字经"，安装着装自检镜，实现可视化管理；建立安全管理"家属帮扶"群，实现安全管理人性化。五是实施现场安全警示教育，实现身临其境、感同身受的仪式化，提升教育的效果。六是实施典型案例的现场化，在DCS控制室，以历年典型事件事故为"经典"内容提示，实时提醒工作，达到警醒提示并控制风险的目的。七是使用设备二维码管理，实现隐患排查实时化，隐患处理即时化。

创新工艺技术控制风险。创新应用现代化的安全工器具现场作业设备替代原有的设备和方法，应用移动式自动升降平台、升降作业车代替搭设脚手架工作方法，避免搭设脚手架作业的风险；使用充电式切割机、电钻、电动扳手等代替原有现场搭设电源工作方式，避免现场搭设电源风险并提高工效；应用手持式切割机、手动弯管机、冷压式开孔机替代大型切割作业、火焊热弯切割作业方式，避免动火作业区域或大型作业面产生风险；应用LED灯、灯带等低电压设备作业方法，避免有限空间作业、金属容器作业触电风险。提出脱硫塔内脚手架搭设技术工艺，有效降低作业安全风险，节省脚手架搭设的时间和费用。2019年黔北电厂根据贵州金元"电能替代 绿色交通"战略部署和总体安排，成立充换电站工作组。2020年初，贵州金元第一台充换电站在黔北电厂成功投入使用，也是黔北电厂推动绿色环保工作中里程碑式的一步，同时黔北电厂燃料部、市场营销部积极主动对接煤矿与灰渣石膏等固废运输单位，截至2022月12日31日，已成功签约电动重卡55台，有力促进了运输企业绿色运输、绿色发展，推动生态环境保护，凭借以电代油，一辆纯电动重卡能耗降幅为60%左右，环保效益明显。

2.做好安全信息保障，提高作业过程本质安全

创新应用员工自主开发的新型实用性专利技术，提升设备本质安全。实施电气"五防装置设备"，实施"硬隔离、双锁制"预防措施，创新采用"空开锁"执行断电措施，防范操作、误送电导致触电事故发生，有力保障人身安全，贵州金元将该措施推广至其他电厂。一是开发智能高风险作业监控信息平台。从源头上实现了高风险作业5G在线全程监控，远程对讲提醒，违章自动抓拍告警推送，违章信息追溯。二是利用污水零排放创新系统。开展全厂水平衡试验及全厂污水综合治理，实现污水零排放，总投资约810万元进行技改。三是开展扬尘治理，提升职业健康水平。灰（煤）场运输道路、灰场作业实施喷淋改造洒水降尘，煤场作业落实无组织排放、道路实施喷淋及雾化炮扬尘控制措施，灰（煤、料石）场非作业区域采取防风覆盖；灰场种草植树，投资580余万元治理扬尘。

3.以技术监督为抓手，保障设备安全健康运行

以规程规范、技术标准为依据，形成日、周、月、季、年滚动闭环的全程管理形式：在日常工作中，技术监督专责和贵州省电科院专家保持联系，及时对生产出现的疑难问题进行咨询，保障各项试验和服务项目正常开展；按周进行一周技术监督指标分析、通报，提出指导性意见，在企业OA办公系统公布，供企业各级管理人员参阅；按月及时完成贵州金元安全技术监督报表填报工作；按季度召

开邀请贵州省电科院专业人员参加的电厂技术监督总结例会，共同探讨工作得失；按年度由生产技术部牵头组织召开技术监督总结会及座谈会，对设备异常及以上事件再分析，通过"再回首"强化分析的准确性，保障设备健康经济稳定运行。针对企业设备陈旧、隐患多的问题，建立13个由三级网络人员组成的技术监督专业组，从事故异常发生率、设备隐患排查、设备问题整改率、培训授课、技术成果发表等月度、年度积分奖惩制度，分别对每个组积分排名前三的成员进行差别化奖励，且纳入职业晋升、创优评先依据，促进专业管理人员的积极性，为安全生产提供保障基础。

（六）构建安全监督评价体系，强化现场安全水平

1. 建立监督评价管理闭环，促进现场作业全过程规范化

一是采取现场前置策划管理。重大高风险项目开工前，做好前置"四措两案"策划、方案的制定、讨论、审核批准等相关工作，审核监督项目组织、施工、技术保障、危险的辨识与安全措施、环保、应急等事项是否一应俱全，从源头严格控制安全风险，提高安全预见性和超前控制事故的能力，实现安全监督的前瞻性，为谋划下一年度的安全生产工作提供重要的事实和方法依据。

二是加大违章打击力度。始终坚持抓现场、严管理的工作作风，对生产现场违章违纪严厉打击，毫不手软，"人人抓违章、处处管安全"。例如，建立"安全文明生产及时曝光栏"和"安全生产"微信群，发动全厂员工现场抓拍违章，及时曝光，限期落实整改；每月开展零违章班组评选；实行"黑名单"管理，对违章行为"零容忍"；实行违章人员再教育与动态曝光。

三是开展回顾评价与改进。每年初依据"分级分类、覆盖全员"和"一岗一标"的原则，遵循"管业务必须管安全、管生产经营必须管安全"的理念，针对安全管理的59个大要素，作业设备安全、作业安全、监督安全、环保安全、人员安全等本质行为，基于风险预控的评价方法建立"岗位胜任模型"和"安全为核心"的安全评价指标体系。成立安全质量环保监察部牵头，各部门主任和安全专责参与的评价自查组，对照国家电投《安全健康环境管理体系评估标准》和黔北电厂作业、设备、职业健康及环境风险评估技术标准的要求，全面评价员工的安全素质、防护能力与现任岗位对应情况，将安全管理扩大到各个部门、各个专业、各个环节，全面回顾总结全年安全工作完成情况，查找、分析和预测安全生产工作中存在的隐患和可能产生的危害，提出合理可行的安全对策措施，形成安全健康环境管理体系评估报告。全面、系统、有目的、有计划地分专业组织实施改进建议，促进科学化、统一化、标准化水平提升。

2. 开展联合应急机制建设，强化安全管控共同体

每年与政府相关部门联合开展迎峰度夏、防洪防汛、环境污染和火灾等应急预案演练，强化应急机制，提高抗风险能力；开展液氨泄漏、小洋溪水坝等项目重点应急演习，以及生产事故处理演练，切实完成"高声喊、细致做、经常演、检备战、提能力"的应急水平建设，降低安全风险。通过应急"三化"管理，即应急管理科学化（健全预案、完善体系、强化机制、完善法制），应急管理专业化（提升水平、完善设备设施技术、培养专业文化）和应急管理精细化（预案精细化、体制精细化、机制精细化、理念精细化），持续提高事故灾害应急能力。

3. 做好外委安全监督管理，提升相关方安全管理水平

黔北电厂通过采用"程序化"的安全监督管理手段和甲方"三级"施工管理员制，加强源头治理，不断提高外包作业人员安全意识、安全技能，降低安全风险，外包工程安全管理可控在控。一是将违章情况列入外包队伍的准入条件之一，将违章较多的施工队伍列入"黑名单"。二是对外包队伍的技能、安全培训常态化。加强技术培训，根据外包工程施工特点有针对性制作安全技术PPT课件，提高外包队伍作业人员安全技能。三是采取集中学习、下发安全"警诫卡"等形式，第一时间将事故信息及教训传达到各施工队伍，采取防范措施，杜绝同类事故发生。四是对外包施工队伍实现等同化

管理，纳入电厂责任部门责任班组管理。五是创新承包商智能识别准入与信息应用。通过自主产权软件，建立信息台账；安装人脸识别及自动测温系统，提高工作效率和承包商管理水平。六是推进承包商自我管理和相互监督。实施承包商自我抓违章管理，承包商现场相互作业实现相互监督，相互发现违章立即制止，制止对方违章可以对半奖励，也可降低本方一半考核，以此降低现场违章发生率。七是以"三个一百"要求达到全员培训、全员考试、全员全部掌握；对于特殊人群，通过视频、警示教育以及提问、讲解方式达到入厂（场）三级教育的目的。以中途违章专项教育模式现场动态纠偏；以专项警示教育、专项分析、专项教育及时宣贯教育、辨识、控制典型风险。八是实施立体保护、相互负责担责。采用相关承包商的交叉安全协议模式规定相互安全责任与义务，量化风险控制与考评；现场实施交叉风险告知书，规定交叉作业控制协调原则，实施控制措施等内容，以一份特殊的"家书"达到交叉控制风险的目的。九是施行安全约谈开停工机制。对于严重违章、现场安全管理出现严重问题，措施严重缺失等重大问题，实施约谈机制与开停工制度，有效管控开工安全条件约束，停工恢复现场核实条件，以及发生重大问题约谈机制，有效控制承包商的项目实施风险。

（七）构建安全绩效考核体系，形成长效激励机制

黔北电厂以安全考核为主线，建立"三位一体"的绩效考核体系，其中在经济责任制考核中安全管理占比最大，逐步形成本质安全长效激励机制。一是根据安全责任"强关联、中关联、弱关联"3个层次对与安全关联程度不同的部门、个人在安全奖惩金额上予以区分，对强关联部门重奖重罚。拓展安全奖惩范围，将"两票"合格率、安全责任制履责情况、安健环体系工作任务完成情况等纳入奖惩范围。二是每月对每个岗位进行日常考核。由安全质量环保监察部牵头，组织各部门按部门岗位职责、到位标准、考核标准、权限与业务，建立了部门岗位安全生产责任制，使日常安全生产考核更加具体化，便于操作。三是每季度开展安全生产竞赛活动作为阶段性考核。每季度进行一次企业班组安全管理评比，各部门在自评的基础上推荐上报。保障竞赛的公平合理和可操作性，安全质量环保监察部组织安全台账组和安全记录组进行综合考评，考评以各班组得分进行排序，排在前两名的评选为安全管理优秀班组。四是每年度对各部门进行安全生产目标全年和履职评价考核，部门要按规定条款受到考核奖罚，提高部门一把手对部门安全工作的关注度，形成特有激励机制。五是抓好安全奖惩实施落地。对每月"两票"执行、隐患排查、专项安全检查等问题整改工作情况追踪落实，由安全质量环保监察部负责做好跟踪检查，做到安全奖惩政策的精准落地。

三、老火电厂以"六大管控体系"为重点的本质安全管理效果

（一）助力了企业的健康发展

2021年黔北电力在安健环体系建设方面成为贵州金元第一个达到国家电投"三钻"水平的火电企业，同时，安全管理方面在贵州金元全年安全评比中获得火电第一名，被评为2021年贵州金元安全先进集体，实现企业安全管理的系统化、规范化。一是设备实现了长周期安全运行，未发生一般以上的设备事故；二是安全生产形势始终平稳。完成国家电投贵州金元"零轻伤"的安全战略目标任务，截至2022年12月31日，安全天数达8461天，持续长周期安全生产23年，安全管理3年来均实现8个为零的目标和3个连续安全百天；三是机组运行水平区域领先，2021年和2022年未发生全年机组降出力，锅炉熄火和非计划停运大幅度下降，设备可靠性得到大幅度提高，增强了企业安全生产能力和市场竞争力。

（二）提升了企业竞争力

以劳模创新工作室为引领，结合员工合理化建议活动，对安全生产方面存在的疑难问题开展攻关，培育成管理创新现代化成果，向集团公司及外部推荐申报。每年都有20多项员工创新成果产生，2019年开始申请专利，2020年、2021年、2022年分别有4项、16项、19项专利获得授权。荣获"国

家电投年度安全生产先进集体""贵州金元年度贡献一等奖""安全先进单位""安全文化建设先进单位""优秀基层党支部"等光荣称号。

（三）取得了良好的社会效益

一是为电厂碳排放工作带来巨大的经济效益，2019—2020 年碳排放能盈利 1554 万元，2021 年碳排放能盈利约 384.56 万元。二是降低了煤耗，提高了设备效率，3 年来蒸汽供热 63 万吨，节约标煤 1.57 万吨。三是安全环保的固废销售 3 年年均达到产生固废的 60%，有效解决了环保安全问题，同时，也得到社会的广泛认可，带来巨大社会效益。

（成果创造人：罗德海、颜绍霖、韩学波、刘　爽、杜　亚、陈万宾、王　毅、冷绪飞、陈高其）

驻疆石油央企全方位矿权保护管理

中国石油天然气股份有限公司塔里木油田分公司

中国石油天然气股份有限公司塔里木油田分公司（以下简称塔里木油田分公司）是中国陆上第三大油气田和西气东输主力气源地，主要在塔里木盆地从事油气勘探、开发、销售以及新能源等业务。截至 2022 年年底，塔里木油田分公司在塔里木盆地发现油气藏 248 个，发现和开发轮南、塔中、哈得、克拉 2、迪那 2、英买力、克深 2 等 32 个大中型油气田，探明储量当量 35.1 亿吨，累计生产石油 1.6 亿吨、天然气 4093 亿方，向西气东输供气超 2945 亿立方米，向南疆供气超 450 亿立方米，上缴税费超 1686 亿元。

一、驻疆石油央企全方位矿权保护管理背景

2019 年 12 月自然资源部发布《关于推进矿产资源管理改革若干事项的意见（试行）》（以下简称 7 号文），放宽油气勘探开发市场准入门槛，全面推行矿权竞争性出让，实行到期探矿权延续登记硬退减。新形势下，油气田企业矿权管理面临 5 个"迫切需要"，即保护存量矿权是践行保障国家能源安全使命的迫切需要、获取增量矿权是增强可持续高质量发展能力的迫切需要、加快转采节奏是夯实加大油气开发力度基础的迫切需要、预防违法侵权是保障合法矿权权益不受侵犯的迫切需要、优化生态红线是实现环境保护与油气生产并举的迫切需要。为此，塔里木油田分公司深入解读矿权政策，客观分析面临的新形势，作出了"转变矿权保护理念，创新矿权保护方法，全面打赢矿权保卫战与进攻战"的战略部署，形成全方位矿权保护管理模式。

二、驻疆石油央企全方位矿权保护管理主要做法

（一）创革保护思路，确保矿权勘探成效有升

1. 加强盆地基础研究，理清矿权区块勘探潜力

含油气盆地基础地质研究是解决勘探主攻方向、管根本、管长远的大事，是开展油气勘探、评价、开发最重要、最基础的工作。只有加强基础地质研究，才能深化地质理论和油藏富集规律认识，才能提高预探和风险勘探成功率，从而寻找到规模有效储量，夯实油田可持续发展的资源基础。为深化地质认识，塔里木油田分公司制定盆地整体研究顶层设计，搭建盆地"五横五纵"格架线网络，完成了盆地 16 个层组的地震地质统层，新编了 150 余幅盆地工业化图件，在盆地的"成盆、成烃、成储、成圈和成藏"方面取得了系统性新认识，有效指导目标优选与勘探部署。

2. 加大新区勘探力度，提升矿权区块地质认识

塔里木油田分公司坚持"跳出成熟区、走下热炕头"，持续加大矿权内新地区、新领域、新层系、新类型的勘探力度，形成新区勘探主攻领域"五定"、新区勘探目标落实"十步走"等方法，持续加大新区勘探力度。通过强化新区勘探与研究，落实了台盆区"一大三小"4 个生烃凹陷，有效解决了已发现油气与烃源岩规模不匹配的矛盾，回答了台盆区超深层勘探成功与失利的疑惑，重新划定了奥陶 - 寒武系勘探最有利的富油气区带，为富满十亿吨级超深海相大油区的发现及拓展提供了重要理论依据。

3. 加快油气发现节奏，解决矿权保护根本问题

新区勘探突破一个带动一片，是引领油气大发现的"火车头"，是保护低认识程度、低勘探程度矿权最有效手段。塔里木盆地的库车、塔北、塔中"三大阵地战"的规模发现都得益于新区风险勘探，为寻找新的接替领域，塔里木油田分公司持续加大新区勘探力度，加快油气发现节奏。2020 年 4 月满深 1 井在奥陶系获高产工业油气流，发现了一条横贯塔北 - 塔中亿吨级富含油气的超级断裂带，明确了

深大走滑断裂控制的断控立式板状缝洞型油气藏的基本特征，掀开了塔北 - 塔中整体连片沿走滑断裂集中勘探的序幕，为 1 万平方千米探矿权提供了有效保护。

（二）创建管理体系，确保矿权工作统筹有序

1. 健全矿权保护机构，强化组织提升保障

建立油田、机关、基层 3 级矿权管理机构。油田层面设置矿权储量首席技术专家，协助分管领导开展矿权管理与研究工作；机关层面首次在资源勘查处设置了矿权储量管理科，专职负责矿权工作的总体管理与组织协调；基层单位首次在勘探开发研究院设立矿权储量中心，成立矿权储量研究专班，加强矿权的研究与管理，全面加强矿权保护力量。

2. 完善矿权保护制度，优化流程规范管理

企业、基层分别制定矿权管理规定、矿权保护办法，根据国家政策变化及时修订，明确职责，优化流程，实现矿权管理制度化、规范化。基层单位里，各油气开发部根据自身实际情况分别制定矿权保护实施细则，编制侵权处置预案，实现矿权保护规范化。勘探开发研究院制定矿权管理实施细则，规范矿权的评价与研究。2019 年以来，塔里木油田分公司累计发布矿权相关管理制度 20 余个，形成了完备的矿权保护制度体系。

3. 制定矿权保护规划，细化方案谋划长远

塔里木油田分公司从矿权评价、探矿权退减、采矿权登记、出让区块优选、矿权竞争等 5 个方面开展规划研究，编制完成塔里木油田分公司"十四五"矿权发展规划，有效指导矿权保护工作有序开展。发展规划的指导思想是"主动谋划，担当创新，以获取和保有有利矿权为核心，全面落实矿权保卫工程"，主要包含矿权评价及探矿权退减规划方案、采矿权登记规划方案、盆地无矿权区块优选规划方案等，为"十四五"期间落实矿权保卫工程绘就了施工蓝图，完成了谋篇布局。

（三）创立联合机制，确保矿权对策精准有效

1. 组建联合小组，加强研究策划力量

矿权对策研究包括政策解读分析、基础地质研究、矿权区块评价、矿权经济评价、竞争策略研究等，做好这项工作，需要一个包含多专业管理与研究人员的研究策划团队。面对"两新两高"体制下研究力量不足的现实，塔里木油田分公司组建矿权保护联合策划、研究小组。

联合策划小组由塔里木油田分公司、中国石油勘探开发研究院及其杭州分院联合组建，负责政策解读分析、矿权经济评价、竞争策略研究；联合研究小组由塔里木油田分公司、中国石油勘探开发研究院、物探研究院组建，负责基础地质研究与矿权区块评价，研究策划力量得到有效加强。

2. 开展联合策划，提升研究策划水平

出让矿权区块竞争是在科学评价的基础上有策略地获取新矿权，到期探矿权退减是确保将最没有勘探潜力的矿权区块选出来核减掉，这两项工作事关油田矿权的进退，必须做到依据充分、方案精细、策略稳妥。2019 年以来，联合小组重点围绕这两项工作开展联合研究策划，取得良好效果。

联合策划小组多次异地集中，解读矿权政策最新动向，研究区块价值评估方法，策划矿权退减与竞争策略。联合研究小组各成员单位先背靠背独立研究，再面对面共同交流，寻找差异，修正问题，统一认识，完善方案。联合机制有效提高了矿权研究策划水平，为第一轮矿权竞争与退减提供了有力支持。

3. 设立联合课题，夯实研究策划基础

矿权研究的基础是地质研究，深层 - 超深层是油田勘探的主战场，目前对超深层下组合资源潜力认识不清，需要对烃源岩供烃能力、超深层温压场特征等开展研究，重新落实资源潜力，搞清剩余资源空间分布，为无矿权区出让区块优选推荐、出让矿权区块竞争、到期探矿权退减指明方向。

油田优选实力强技术精的中国石油勘探开发研究院设立《塔里木盆地油气资源动态评价与矿权评

价研究》课题，成立联合课题组，从超深层烃源岩盆地模拟、台盆区三维油气运聚模式模拟、矿权区块快速评价技术方法等方面开展联合研究，确保夯实矿权评价、优选、竞争、退减的研究基础。

（四）创造积极氛围，确保矿权管理担当有为

1.树立矿权保护意识，强化责任担当

面对严峻的矿权形势，塔里木油田分公司提出"矿权是油田公司长期稳定发展的基础，是储量的基础，是效益的基础，要进一步增强紧迫感、责任感，切实抓好矿权管理"，号召各单位发扬斗争精神，持之以恒加强对矿权的管理与研究，为矿权保护提供有力支撑，用实际行动保护好矿权。

2019年以来，油田主要领导下大力气抓矿权工作，主持召开6次矿权工作专题会议，研究制定油田公司矿权保护制度与方案，安排部署矿权保护措施。带队十余次到相关地方政府协调红线区调整、因矿权原因受阻工程的开工等事宜，有效解决了矿权重点、难点问题。

2.开展矿权培训调研，提升能力水平

为了提升矿权管理与研究水平，积极开展培训调研。对内采取现场与网络相结合方式，克服疫情影响开展矿权政策解读、形势分析、职责流程、研究技术等培训，培养矿权业务骨干；对外到华北油田等开展矿权专题调研，摸清政策细节，学习先进经验，提升工作质量与效率。

2019年以来，通过"专题培训、交流探讨、业务实战"等多种方式培养矿权专兼职人员200余人，通过矿权专项交流调研强化培训矿权业务骨干数十人，形成了一支人员年龄有梯次、业务能力有水平、工作积极有激情的稳定矿权管理研究团队，矿权保护工作的战斗力大幅提升。

3.实施矿权奖励激励，鼓舞团队士气

矿权管理涉及勘探、开发、财务、环保等多个专业，自身未独立形成专业，长期划归勘探专业；矿权工作主要任务是优化结构、保障存量，责任大，成果少，报奖时往往处于劣势；矿权业务兼具管理与研究属性，相关人员在职称晋升时常常两头都靠不上，影响相关工作人员的积极性。

为鼓舞士气，2020年塔里木油田分公司首次设立矿权管理先进集体及先进个人荣誉称号，两年来，对矿权工作做出突出贡献的单位和个人实施物质奖励累计超50万元，一项矿权成果获油田管理创新成果一等奖，两项矿权成果获油田科技进步二等奖，有效提升了矿权工作人员的积极性。

（五）创新评价技术，确保矿权进退决策有据

1.创新无矿权区评价技术，推动国家加快出让矿权

针对自然资源部推进矿业权竞争性出让，塔里木油田分公司面临研究力量不够、地质认识不清、区块准备不足的实际困难。塔里木油田分公司提前组织开展塔里木盆地近32万平方千米无矿权区的研究，创新无矿权区评价技术，优选建议出让区块，编制区块推荐报告，为主管部门提供出让标的，加快出让节奏。

该技术立足盆地含油气系统，根据构造单元划分和勘探认识，以具有一定勘探潜力为原则，优选建议出让区块。2021年塔里木油田分公司利用该技术评价优选出一批有利区块，编制建议出让区块推荐方案，经上级审查后上报至自然资源部，为国家加快塔里木盆地的矿权出让做出了积极贡献。

2.创新出让区块评估技术，协助总部积极竞争矿权

参加矿权竞争，首先要对出让区块开展潜力分析与价值评估。矿权出让从公告到开始网上竞价，一般只有35天时间，其中留给油田评价的时间不足20天。在没有先例参考的情况下，塔里木油田分公司反复探索，创新形成出让矿权区块快速价值评估技术，为竞争矿权提供有利支持。

出让矿权区块快速价值评估技术融合地质评价、资源评价、经济评价技术为一体，对具备勘探潜力的出让区块，用现金流量法对其综合价值进行评估，最终确定竞争价格。该评估技术填补了中国石油在该领域的空白，2021年利用该技术完成了15个出让矿权的评估，取得了良好的效果。

3. 完善矿权区块评价技术，保障油田精准退减矿权

矿权评价成果是探矿权退减、区块价值评估的主要依据，是各项矿权工作的重要基础。塔里木油田分公司按照矿权评价精细化、动态化的要求，用最新勘探成果与地质认识对4大含油气系统的区带划分方案反复优化细化，修正评价分类级别，开展精细矿权分类评价，持续完善矿权评价技术。

2020年以来，先后组织开展了8轮次矿权评价，以退出依据充分、经得起验证为根本要求，精心组织编制2020—2022年到期探矿权退减预案40余个，组织三级审查20余次，圆满完成塔里木油田分公司第一轮探矿权退减任务，全面优化了现有矿权结构，最大限度保留了优质核心矿权。

（六）创谋应对策略，确保矿权难题解决有方

1. 创新新矿权竞争策略，审慎理智获取矿权区块

国家矿权管理政策导向是开放油气勘查开采市场，引入竞争机制，加大矿权出让力度，2021年以新疆为试点加快了出让节奏，为油田获取新增矿权提供了难得机遇。塔里木油田分公司认真解读出让公告，分析出让历史数据，明确竞争思路，制定把控原则，创新形成矿权竞争策略。

矿权竞争总体思路是有所为，有所不为；规模效益优先，勘探开发投入与收益全周期评价；严谨分析，理智建议。竞争分类把控原则是I类志在必得，II类努力获取，III类通盘考虑，IV类重在参与。油田根据此竞争策略参加了3个批次15个矿权区块的出价竞争，成功竞得一个II类矿权区块。

2. 创新采矿权登记策略，高质高效推进探明转采

针对采矿权增长过慢的问题，创新"两最一诺"采矿权登记申报策略：一是最大面积定范围，采用一对多储量区块联合申报方式，实现区域规模转采；二是最短时间办要件，全面梳理和优化登记流程，全力缩短登记周期；三是质量进度承诺制，承诺完成时间和质量，确保登记质效。

"两最一诺"登记策略将"接力式"要件准备优化为"融合式"，开发利用方案、环保与土地复垦方案等要件同步启动、嵌入式推进、顺序申报，可缩短周期360天，红旗等采矿权实现当年启动、当年申报、当年取证，为落实股份公司"努力实现采矿权面积倍增"的要求提供了有利支持。

3. 创新探矿权退减策略，依法合规减少退减面积

7号文规定以出让方式设立的探矿权首次登记延长至5年，每次延续时间为5年。每次延续需扣减首设面积的25%。相关部门仔细梳理自然资源部的矿权审批流程，对油田即将到期的探矿权统计分类，逐字逐句分析推敲相关条款，通过反复讨论研究，创新提出了探矿权"注销置换"退减策略。

该策略是在国家政策允许的范围内，将评价排队靠后的探矿权在到期时整体为评价排队靠前的探矿权提供置换，其自身注销。按照延续两次计算，实施该策略的探矿权，可为油田少退减其首设面积的25%。2020年，"注销置换"退减策略实战获得成功，迅速在各油气田分公司推广应用。

（七）创设巡护制度，确保矿权权益维护有招

1. 推行矿权属地管理，落实责任严格考核

随着国家对油气勘查开采市场的逐步开放，一些民营企业和地方资本对塔里木盆地的丰富油气资源打起了主意，针对这一苗头，塔里木油田分公司果断应对，迅速制定矿权保护管理办法，将全部矿权按照地理位置划分给9大油气开发部实施属地管理，全面落实属地矿权保护职责。

按照抓早、抓小、抓苗头的原则，各油气开发部负责对属地矿权开展日常巡护，发现侵权及时报告，确保将侵权消灭在萌芽状态。出现侵权行为时，相关单位与部门按"快速响应、持续驻守、坚持原则、主动作为、依靠政府、适时起诉"及时进行侵权处置，确保矿权权益不受侵犯。

2. 创新矿权巡护方法，开展巡护预防侵权

为落实属地责任，各油气开发部因地制宜采取多种方式巡护矿权：有道路的地方用车跑，道路的

尽头用步行，上不去的高山用无人机飞，偏远地区用遥感地图查。加强与地方政府沟通及时获取相关信息，发动当地群众有奖举报可疑线索，油地联动构建覆盖全部矿权的侵权信息网。

为落实监督责任，油田层面制定矿权保护工作考核细则，对各油气开发部严格考核。考核内容包含矿权保护制度完成情况、侵权处置应急预案完成情况、矿权巡护记录及完成情况、侵权的发现与取证情况等，结果纳入年度绩效考核，权重占5%，有效提升了属地单位矿权保护的主动性。

3. 编制矿权巡护指南，指明重点提升效率

塔里木油田分公司矿权面积近14万平方千米，开展属地矿权巡护存在地貌复杂、道路损毁、点多面广、支撑薄弱等诸多困难。搞清楚矿权内容易发生侵权地区的分布，就可以为各油气开发部提供矿权巡护重点目标，提高矿权巡护的质量与效率。

研究人员组织收集了56个地面油苗、1491个非油气矿业权相关资料，详细描述油苗与非油气矿业权的基本情况与分布位置，标定出易发生侵权的地点，为各油气开发部更好地开展矿权巡护，预防侵权提供有效指导与参考。

（八）创行绿色理念，确保矿权环境和谐有加

1. 明确指导思想，生态文明建设与保障能源安全并重

针对新疆维吾尔自治区拟划设的生态红线与油田矿权重叠的问题，塔里木油田分公司明确指导思想：要牢固树立绿色发展理念，推广清洁勘探开发技术，推进绿色矿山建设，加强环境保护的同时，最大限度保留勘探开发阵地，努力实现企业生态文明建设与保障国家能源安全双赢。

抓住国家调整生态红线时机，主动向自治区各级政府请示汇报，利用各种渠道传达国家关于加大国内油气勘探开发，保护国家能源安全的重要文件政策，积极宣传企业安全环保理念及环保举措，争取政府和环保部门的支持理解，联合制定生态红线优化方案，推动红线划定落实落地。

2. 科学制定方案，地表地貌勘查与地下油藏刻画并行

一是打破传统，整体部署大面积三维，精准落实断裂带；二是主动作为，协助地方政府开展环境敏感点实地勘查；三是采取沿断裂带布井、沿断裂带建管线、长水平井绕过敏感区等举措，实现环境伤害最小；四是地面施工与绿化同步，开发一个区块、建设一片绿洲。

为落实方案，塔里木油田分公司组织100余人30余辆车，动用50余台卫星定位、无人机等设备，两周内穿戈壁、越沙漠，总行程超4万千米，完成690个环境敏感点的现场勘测，覆盖1万多平方千米。沿富油断裂带进行高精度航拍，提出沿10余条断裂带两侧500米红线区调整建议。

3. 密切对接落实，绿色矿山建设与油气勘探开发并举

优化调整策略：一是在国家政策范围内，以实地踏勘为依据，按照应保必保原则，依法合规调整油气勘探开发有利区的生态红线范围；二是全面分析油气勘探开发潜力，明确需要协调优化的重点地区；三是不能调减面积的，争取优化划设位置；四是不能调整的区域争取保护性勘探开发。

为保障方案落地，塔里木油田分公司主动向主管部门上报生态红线划设优化建议方案，先后与自治区及塔河流域相关县市环保部门对接沟通50余次，联合推动生态红线区划设方案优化。调整优化后的拟划设方案，较好体现了绿色矿山建设与油气勘探开发的和谐统一。

三、驻疆石油央企全方位矿权保护管理效果

（一）存量矿权得到优化保护，能源保障能力得到巩固

采用"注销置换"的退减策略，依法合规保留了2200平方千米探矿权，按照2021年新疆出让矿权平均成交单价，直接经济效益4.8亿元，该策略在各油气田企业全面推广应用。2018—2022年，新区获3个战略性突破，24个新发现油气，落实一个万亿方天然气大气区、一个十亿吨级石油规模储量区，上交探明油气地质储量6.7亿吨，进一步提升了石油央企保障国家能源安全的能力。

（二）矿权出让节奏明显加快，油田发展空间有效拓展

2021—2022 年塔里木油田分公司向自然资源部推荐 16 个有利区块，面积 2.7 万平方千米。国家分三轮次在塔里木盆地挂牌出让 15 个矿权区块，有效激活了油气矿业权市场，推动了新疆经济发展。塔里木油田分公司成功竞得阿克陶东、莎车探矿权区块，面积 1619 平方千米，实现了探矿权 18 年来的首次新增，增加了宝贵的新区勘探领域，拓展了油气田企业生存发展空间。

（三）转采面积创造最大增幅，油气开发阵地迅速扩大

"两最一诺"采矿权登记模式有效缩短了要件准备周期，采矿权登记效率大幅提升，中国石油天然气股份有限公司通过简报向各油气田分公司全面推广。2021 年塔里木油田分公司新增采矿权面积 7155 平方千米，增幅达 81%，位居石油央企首位。采矿权内可实现产能石油 224 万吨，天然气 54 亿方，预计产生效益 544 亿元，上交国家税费 35 亿元，按照 10% 项目分成，收益达 54.4 亿元，有效拓展了油气开发阵地。

（四）侵权预防做到无隙可乘，企业合法权益毫发无损

2020—2022 年塔里木油田分公司累计动用巡护人员 1027 人次，车辆 325 台次，无人机 143 架次，巡护行程超 100 万千米，覆盖全部 14 万平方千米矿权，巡查目标 765 个，发现 5 起侵权隐患，对其中一起发现人奖励 5000 元，未发生一起实质侵权事件。油气田企业与地方政府、各族群众紧密结合，构建覆盖南疆侵权预警信息网的做法，为石油央企预防侵权、保护企业矿权合法权益提供了宝贵经验。

（五）生态红线获得科学优化，绿色矿山建设全面推开

塔里木油田分公司通过油地联合推进红线区划设优化，预计可解放油气储量 1.5 亿吨，释放产能 100 万吨；修建了全长 512 公里的沙漠公路，被当地人民称为"造福南疆各族人民的幸福之路"；已建成的 16 个油气生产基地绿植面积达到 482.6 平方千米。

（成果创造人：王清华、杨海军、张丽娟、罗俊成、吉云刚、刘军平、
　　　　　　　闵　磊、周　鹏、倪新锋、吴培红、邱　斌、周　超）

热力企业全面提升能效的热源建设全生命周期管理

天津市热力有限公司

天津市热力有限公司（以下简称热力公司）注册于1987年2月，资产总额24.82亿元，净资产6.66亿元，是天津市能源生产供应的重点企业。承担天津市南开、河西、河东、西青、东丽、红桥、北辰、津南和海河教育园区等城区和重点区域共计2300余万平方米的供热任务，供热用户达23.02万户。建有4个供热服务中心和1个热源中心，运行燃气热源26座、燃气锅炉97台、燃煤热源1座、高效煤粉锅炉9台、地热井1座，拥有燃气蒸汽、燃气热水、燃煤热水（清洁煤炭）、趸热、地热等多种供热方式，为国家级高新技术企业。

一、热力企业全面提升能效的热源建设全生命周期管理背景

（一）提升热源建设能力，推动热力行业高质量发展的需要

近年来，城市建设的快速发展为热力企业的发展营造了良好契机。与此同时，环保减排压力、供热体制矛盾、供热新技术的不断出现，又促使供热行业在发展中不断变革创新。热力公司作为热力行业的排头兵，更要迎难而上，在企业的能源核心热源建设方面力争创新发展，切实发挥国有企业"压舱石""顶梁柱"的关键作用。为此，热力公司依托天津能源投资集团供热"一张网"战略，以热源建设全生命周期管理为突破点，以企业的高质量发展带动热力行业的高质量发展势在必行。

（二）建树企业管理标杆，提升企业竞争实力的需要

随着供热行业的快速多元化发展，市场竞争进一步加剧，供热企业整合壮大和被市场淘汰的频率加快，企业成本控制难度越来越大。热力公司着力通过热源建设全生命周期管理保证企业能源供应核心从建设源头到投产运行始终保持优质、稳定的热力输出，从而降低各类风险和运营成本，拓展多种清洁能源供热方式，运用强化管理、提升服务、科技创新、信息赋能等管理手段，强化成本管控，实现降本增效，将企业打造成供热行业的标杆，已是企业管理创新的重中之重。

（三）规避热源建设风险，增强企业管理效能的需要

热力公司的热源建设涉及建设方、设计方、施工方、监理方等单位，因各方人员互相配合、交叉作业，形成管理主体众多、中间环节复杂、评价考核缺乏统一标准的管理难题。项目与企业之间责任不明、监管模糊、激励不够、约束不严等情形，严重影响着项目管理的正常实施，必须通过有效的管理方式、不断完善管理体系才能促进热源项目管理更加顺畅地实施并适应企业发展的要求。

二、热力企业全面提升能效的热源建设全生命周期管理主要做法

（一）构建管理体系，明确责任分工

热力公司首先设置管理机构，构建责任体系。实施热源建设全生命周期管理，是从建设项目设计源头到验收保驾、投产运行的全生命周期管理。将以往职能部室与工程管理部对接，间接对工程进行管理的方式，转变为职能部室人员下沉至工程现场直接参与管理，直接压实各方责任，形成管理层级扁平化。为此，热力公司成立热源建设全生命周期管理领导小组，下设管理办公室（以下简称管理办）。组建招投标工作管理组、质量安全与进度控制管理组、资金使用管理组、社会管理组，各管理组根据各自的分工直接参与热源建设全过程管理工作。此外，聘请第三方机构对工程进行造价监管。形成1+N管理网络，即1室+N组的管理工作体系。

（二）完善管理制度，建立约束机制

热力公司制定《天津市热力有限公司中大型建设工程项目全过程监督工作实施办法》，同时确定

管理项点，建立约束机制。一是按照统一协调、分类负责、提前介入、责任共担的要求，明确管理责任人、细化管理责任点，使财务付款、隐蔽工程施工、工程质量验收涉及的相关部门和人员从业务流程初始跟进，强化协同作战，实现管理关口前移。二是深度挖掘工程决策设计、施工建设和竣工结算中的关键点位，提炼"八个重点环节"，通过看程序、看要件、看制度、看时限、看安全、看质量、看进度的方式，对相关责任单位、部门及责任人的履职情况进行全方位管理。编制下发管理手册和《基建工程管理检查要点汇总》，明确 8 项、30 个管理检查要点，实现管理的时间、节点、内容、方式一目了然。三是在项目实施过程中，适时引入第三方咨询公司，对涉及支付结算的工程量单、工程量核实、工程结算等重点流程表单进行监管，精打细算工程成本，牢牢守住企业的"钱袋子"。四是重点把握关口前移，事前监督明晰权责；严格程序，事中监督深入现场；抽查问责，事后监督抓实结果的原则，采取对热源建设重点环节实行派出人员专门管理、对热源建设全过程随机抽查管理、对热源建设实施主体部门跟踪管理的一套"组合拳"，实现管理过程无死角、全覆盖。

（三）确立重点环节，实施闭环管理

1. 确立立项决策阶段重点管理环节

管理办派出人员列席涉及热源建设项目重大事项的有关会议，纪委办公室按照"三重一大"决策要求，列席企业党委会、总办会；其他重要会议指派相关人员列席，监督项目决策程序，确保项目立项决策阶段流程和内容的规范性、及时性。

2. 确立招投标阶段重点管理环节

一是在标前管理重点环节，着力管理以下 3 种标前行为：项目主责部门的申报行为；是否符合决策程序；资格审查行为。二是在标中管理重点环节，招投标工作管理小组通过企业内部招投标网络办理平台，可查看招标流程的合规性；通过查看招标投标文件、签订合同的具体内容，从该环节初始阶段跟进管理，管理内容主要包括管理招标组织项目标底确定是否科学，相关人员是否严格履行义务；审查招标组织单位出具的招标承诺（审查报告）；评标专家和主责部门是否依法评标、定标，尤其是评委的产生过程是否符合法律法规及公司相关规定，确保招标投标活动运行过程中的程序合法、措施到位。三是在标后管理重点环节，项目主责部门与中标企业严格按照公开招标的中标结果及时签订合同，严格履行合同约定，合同条款与招投标文件及中标结果相符。对违反招标投标工作相关规定的单位和个人，管理办将会同有关部门严格按照招投标有关法律法规进行责任追究。工程管理部建立企业及从业人员诚信账目，对企业及从业人员的不良行为进行登记，加大对企业违规行为的制裁力度，营造企业诚信合规氛围。

3. 确立设计阶段重点管理环节

一是在设计交底的重点环节，通过建立设计、施工图纸、施工方案审查优化机制，全面管理设计审查阶段及施工方案制定阶段的工作，提出设计方案和施工技术方案优化建议。重点管理是否在开工前组织参建单位对各专业施工图纸、施工组织设计、重大施工方案进行联合审查，做到问题早发现、早解决，从源头上保证施工进度按期完成；针对施工过程中锅炉本体、燃烧器吊装等关键环节存在作业面小、施工难度大的特点，制定行之有效的吊装方案、大型起重机械拆装运输方案、吊装施工安全方案、吊装施工应急预案等专项方案，有效保证大件吊装工作的顺利进行；重点管理设计人员是否提早进行现场踏勘以避开原有建筑物和设备；施工人员是否提前组织完成既有管线的切改，避免道路破坏二次开挖等，随时跟进记录工程各环节进展情况，及时填报监管手册，通过强化监管压实参建各方责任，降低因技术问题对热源建设造成的影响。

二是在设计变更的重点环节，以"最小变更控制"为目标，从变更管理制度和流程入手，重点管理变更的必要性、经济性和时效性；监管施工技术、预结算等相关人员的责任、权利和义务是否明确，以提高参建各方履职的主动性。通过参与合同交底会，调取交底记录，促使参建各方对合同内容全面了解，划清经济技术责任，同时以实时技术指导带动工程参建人员进一步提升责任心和业务水平。

4. 确立施工阶段重点管理环节

一是在进度成效重点环节，建立协调会机制，管理组成员参与施工单位项目部每周进度协调会或调取相关会议记录，督促工程部、监理方结合现场实际与施工单位及时面谈，解决影响施工进度的问题；听取监理、施工单位和设备厂家召开的专题会内容，调动各级参建人员提高认识、采纳合理建议、制定最优方案，保证项目进度信息反馈及时。

二是在过程控制与质量管理重点环节，加强对施工过程的管理，特别是实体结构的施工管控，重点把控以下环节。第一，程序管理环节。根据"三级质量管理"验收程序，检查施工单位、监理单位在施工过程中的质量管理职责落实情况，形成每一层级严格质量把关，上一层级验收不通过的，不能进行下一步施工。项目建设初期，要求监理对灌注桩施工过程进行旁站，实时对监理人员到位情况进行统计，检查施工记录和监理日志，保证施工到位、措施到位、人员到位。狠抓过程报验，严格要求施工单位自检，监理单位二次验收，工程管理部最终验收，形成三级把关。第二，现场管理环节。重点管理现场巡视管理机制落实情况，及时发现并解决施工中存在的问题。要求工程管理部加大现场巡视力度，对施工过程中暴露出的质量问题及时处理，以保证工程整体质量可控。对施工过程中的材料进行抽检，一旦发现问题，要求施工方立即整改，对施工方进行相应处罚，杜绝类似问题再次发生。第三，隐蔽性管理环节。重点管理隐蔽工程施工过程是否通知建设方检查，检查合格方可进行工程隐蔽。重点关注施工方的自检记录、隐蔽的内容、检查时间和地点。特别加强对土建钢筋绑扎、混凝土浇灌、地下基础防腐、引风机及风道内部施工、钢结构除锈刷漆等环节的检查，确保隐蔽部位质量合格。第四，应急处置管理环节。重点检查应急预案设置和执行情况。第五，档案管理环节。管理工程资料与施工进度同步收集情况。在施工过程中及时检查施工单位的质量文件档案、设计变更手续、工序交接检查记录、施工方案与技术交底记录、隐蔽工程验收签证等质量资料，保证质量资料的准确性、真实性、及时性和可追溯性。第六，验收管理环节。除现场检查中发现的施工质量问题外，重点关注各级工程关键步序验收情况，特别是分部工程、单位工程，发现质量问题，下发整改通知单，限期整改，及时对整改项进行复检，使施工质量始终处于良好的受控状态。第七，缺陷管理环节。管理项目试运行过程中设备缺陷分析、处理、整改流程闭环管理情况，缺陷整改台账应完整登记并经过相关方签字确认。

三是在安全责任落实重点管理环节，秉承"安全第一、预防为主、综合治理"的方针和"隐患就是事故，事故就要处理"的原则，开展全员、全过程、全方位、全天候的"四全"动态管理。重点管理是否制定切实可行的施工安全管理制度和风险防范措施；是否将安全管理制度和风险防范措施应用于实施责任管理、加强从业人员安全教育及日常安全检查过程中。监督《天津市热力有限公司基建管理办法》落实情况，查看现场安全、文明施工等工作管理是否规范，保证现场管理有章可循。重点管理参建各方定期进行安全教育及常态化安全检查落实情况。重点管理施工现场临时用电、特种机械使用、大件吊装等重点环节。

5. 确立结算阶段重点管理环节

对结算阶段的管理以造价控制为核心，实施成本管控。工程造价具有很强的技术性、阶段性、政策性和经济性，在工程的全过程中都有所体现。在热源建设施工过程中，管理组对施工成本进行动态化管控，根据施工现场实际情况，重点管理费用审批和确认，查看每月计量支付报表、工程款支付申请、进度款支付审批程序、造价公司定期成本分析报告等，掌握动态成本预测与目标成本对比分析情况。引入第三方造价公司根据合同规定，对工程量计算结果、计价方式、工程变更费用、签证费用等进行汇总和分析，对结算价款进行审核和调整。通过施工过程中严把审核关口，采用"边出、边审、边结算"的方式，确保变更、签证台账明晰，降低竣工结算时的工作量，提高结算效率，节省工程投资，实现对施工阶段成本的动态化控制。

6. 建立评价机制，实施闭环管理

管理组定期开展调研，及时收集整理各相关方意见建议，不断完善管理方式、流程、内容，形成发现问题、及时调整、持续改进的闭环管理机制。各管理组组长作为管理考评责任人，定期对小组管理工作进行评价并反馈至管理领导小组。管理办负责对热源建设全生命周期管理的运行情况进行全面评估并进行反馈。对评价和评估中发现的管理缺陷，制定整改方案，包括责任方、责任人、整改方式方法、时间计划、预期目标或效果等，整改结果由工程管理办收集归档，必要内容提交企业党委审阅，整改后尚存问题列为重点督办内容，直至考评通过。

（四）搭建管理平台，实施数字管控

1. 应用网络平台，管控审批流程

在施工审查方面，通过天津市施工图数字化审查系统实现施工图纸线上前置审查，参建各单位同时提出修改意见，及时与评审专家沟通，相较传统线下评审大幅提高了工作效率，同时也减少施工过程中的设计变更。

在资金监管方面，通过企业信息化平台实施建设工程资金审批管理。热源建设工程资金审批全部由 ERP（Enterprise Resource Planning，企业资源计划）系统发起，通过财务系统完成审批环节，按照工程涉及的主要内容，由企业部室及相关岗位落实审批职责。在缩短审批时长的同时，落实项目、财务、领导层等各负责模块的审批权限。

2. 采集建设信息，完备管理数据

针对工程项目管理中的信息量大、变更滞后等问题，依托企业信息化管理平台，在企业内部实行工程建设信息共建共享、互联互通，实现信息可查询、数据可分析、风险可防控、责任可追溯、决策可辅助的工作目标。按照热源建设工程基本建设程序，围绕前期准备、建设实施、竣工验收 3 个阶段采集工程信息。前期准备阶段采集工程项目招投标、施工图审查、消防设计审查、施工许可 4 方面的信息；建设阶段采集企业资质、人员证书、信用信息、建材备案等管理信息，以及质量安全监督、施工扬尘两类现场管理信息；竣工验收阶段采集竣工验收和消防验收信息。通过工程各类信息的网络化采集、调阅、归档形成完备的电子数据，为热源建设全生命周期管理提供有力的数据支撑。

3. 运用数据赋能，融通管理渠道

充分利用数据赋能。在施工管理方面，建设施工标准数据库，通过数据实现施工进度可视化；在资金管理方面，项目支付款项、发票、报销采用电子化管理；在运营管理方面，将运行数据与造价清单关联；在费用管理方面，将财务流程关联业务流程。利用互联网平台，建立畅通的线上沟通渠道，围绕内容的服务性、监管各方的互动性、工作的便捷性打造线上线下同频共振的管理方式。将日常管理工作由线下向线上转移，依托各类线上会议、视频 App、微信群、QQ 群等移动网络平台，即时召开现场会议，收集管理信息，推送问题报告，下发各类提示函件等，提高信息对接、信息反馈的及时性，节约各部门管理人员下沉现场、集中参加会议的路途时间，进一步提升工作效率。

（五）进行管网治理，排解运行隐患

完善 GIS（Geographic Information System，地理信息系统），实施管线实时管控。充分利用无人机 + 双光热成像仪系统，采集一次、二次供热管网管线图谱，建立电子地理信息系统，数据点位精细到热源、换热站、机组、管线、阀门、三通等，实现图纸在线查阅、管线维护实时定位、查漏快速、高效、可靠。制定并完善供热管网安全性评价标准，提升供热管网健康水平，减少跑冒滴漏对供热安全、稳定造成的影响。完善热源、换热站调度曲线自动控制，建立调度指挥平台，对热源、调峰站的生产数据进行整合，实现底层数据与原有系统的分离，加大生产系统数据的透明性和可控性。在工程建设中实施收口保温专项信息系统，保障热源建设施工质量，消除供热运行隐患。

（六）建立保障机制，完善服务体系

1. 完善服务体系，实施优质服务

充分利用智能客户服务管理系统的数据分析功能，建立以月分析为主，以周、日分析为辅的统计模型，细化工单内容分析研究，对集中反映室温问题的小区、多次产生工单的重点用户进行汇总分析，通过对数据的分析为均衡供热、精细化运行管理、优质供热服务提供有力支撑，进一步提升供热服务水平。推进智能化服务，拓展智能自助服务厅建设，配备智能综合业务办理自助机，实现用户缴费、签订电子合同、办理停热或恢复业务、过户等业务自助办理，为用户提供全年全天全时智能服务。开发供热管家入户服务 App 软件，为服务管家配备供热业务办理移动便携终端设备，实现入户协助用户办理缴费、过户、停复热等供热业务，解决行动不便、孤寡老人等特殊人群个性化服务需求。

2. 建立保障机制，培育业务素养

实施热源建设全生命周期管理，有效行使管理权力，发挥管理作用，必须具备工程管理、财务管理、预算管理、安全管理、运行管理等多方面专业知识。组建管理组时，积极吸纳具有专业知识储备的青年职工和具有实际经验的业务骨干；在实施过程中，面向管理人员加强多专业综合业务知识培训，在实战中提高管理水平。充分利用企业信息化平台及实训基地等载体，针对招投标、工程造价、预决算等方面工作开展培训，在培养高技能人才过程中提升企业整体管理能力，造就高业务素养的管理人才。

三、热力企业全面提升能效的热源建设全生命周期管理效果

（一）实现了热源建设全生命周期管理，树立了热力行业管理标杆

热力公司 2021 年在海河教育园区三号锅炉房燃气扩建工程中率先应用热源建设全生命周期管理，有力推动清洁能源供热基地建设管理。同时，热源建设全生命周期管理得到来自合作各方及政府的高度肯定，实现了经济效益和社会效益整体价值最大化，建立了管理标杆，进一步推动了热力行业清洁能源供热的发展。

（二）实现了热源建设成本的有效控制，提升了企业的竞争实力

一方面确保了实际工程量准确，消除了虚报工程量的违规行为；另一方面合理把控材料采购价格，确保了工程采用性价比较高的优质施工材料，保障工程质量。此外，减少了施工过程中发生设计变更或新增工程项点的现象，避免了在竣工结算时发生超预算的问题，同时加强了竣工结算阶段成本控制，减少了工程投资成本，提高了项目建设效益。

（三）实现了热源建设风险的显著降低，提升了企业管理能效

通过热源建设全生命周期管理，热力公司以生产调度为中心的调度监控管理平台提升了生产运行工作的信息化水平，提高了工作效率，实现了企业级平台的调度功能，纳入 CEMS（Continuous Emission Monitoring System，烟气在线监控系统）数据、燃气运行参数、管网运行态数据、精准供热中的项目参数、各运行设备的警示数据，以提升数据维度形成一个热源运行、环保、换热站、管网、用户室内多维度的数据仓库，为指导精细化管控提供大数据依托和分析。以"为生产运行服务"为中心的精细化管控平台，实现了"源 - 网 - 站"大数据分析与地理信息系统的结合，打造了可开放的智慧供热系统。以企业内部管理为中心的 OA 系统与企业号融合，对接生产运行的实时信息，向企业生产人员推送信息，保证快速、实时地获悉设备的运行工况。利用互联网及 5G 应用技术，推动了数字

化转型与智能化管控。利用虚拟现实技术对模拟生产热源、换热站的运行工况及对创新实验室的实训平台进行模拟全景展示，实现了清洁能源工艺、设备的全景展现，采用计算机辅助技术测试运行的最佳工况。建立起基于建筑节能方面的模型，帮助热力专工更好地分析能源损耗点，进行相应调整，形成以教学、实训、模拟运行、实操为闭环管理的线上实践基地，加强了人员实训管理的深度与广度。集结专业技术人员组成管理小组，通过网络化平台，以扁平化管理取代自上而下的多头管理。在与工程建设方、监理方、第三方造价公司全程对接的过程中，直接下沉工程现场，参与并协调解决实际工程中遇到的各类问题，有效规范了企业及各方的管理行为。在保证热源建设施工质量的同时，及时查找、分析、研判各类风险隐患，纠正施工中出现的各类问题，建立整改台账，实施闭环管理，突出发挥"监"与"管"的作用，不仅提高了企业的利润空间，更带动了企业经营管理水平和管理能效大幅提升。

（成果创造人：张　巍、蔺　虹、陈桂群、张　鹏、王成文、苑敬桃、
　　　　　　　任延波、孙　韬、韩　平、朱　琳、潘国江、马云龙）

全国企业管理现代化创新成果

（第三十届）

上　册

中国企业联合会　编

企业管理出版社
EMPH　ENTERPRISE MANAGEMENT PUBLISHING HOUSE

图书在版编目（CIP）数据

全国企业管理现代化创新成果.第三十届.上/中国企业联合会编. —— 北京：企业管理出版社，2024.4

ISBN 978-7-5164-3054-5

Ⅰ.①全… Ⅱ.①中… Ⅲ.①企业管理—现代化管理—创新管理—成果—汇编—中国 Ⅳ.①F279.23

中国国家版本馆CIP数据核字（2024）第072238号

书　　名：全国企业管理现代化创新成果（第三十届）上册

书　　号：ISBN 978-7-5164-3054-5

作　　者：中国企业联合会

责任编辑：尤颖　徐金凤　李雪松　黄爽　宋可力　张艾佳

出版发行：企业管理出版社

经　　销：新华书店

地　　址：北京市海淀区紫竹院南路17号　　邮　　编：100048

网　　址：http://www. emph. cn　　　　电子信箱：emph001@163.com

电　　话：编辑部（010）68701638　　　　发行部（010）68414644

印　　刷：河北宝昌佳彩印刷有限公司

版　　次：2024年4月第1版

印　　次：2024年4月第1次印刷

开　　本：880mm×1230mm　1/16

印　　张：31.25

字　　数：902千字

定　　价：588.00元（全三册）

全国企业管理现代化创新成果（第三十届）

顾　问： 王忠禹

主　编： 胡文瑞　朱宏任

副主编： 史向辉

专家组成员：（排名不分先后）

周绍朋	蒋庆哲	杜莹芬	吴贵生	刘丽文
陆　燕	戚聿东	苏敬勤	张秋生	王利平
秦志华	崔新健	蔡曙涛	董小英	崔永梅
闪四清	项安波	赵　晶	汪　涛	冯海旗
王　毅	高红岩	范合君	吕　萍	吴剑峰
张学平	王雪莉	赵　峰	魏秀丽	赵剑波
蔺　雷	何　霞	杨子真	张文彬	

全面开启中国式企业管理创新实践

中国企业联合会、中国企业家协会党委书记、常务副会长兼秘书长　朱宏任

中国式现代化是我们党领导全国各族人民在长期探索和实践中历经千辛万苦、付出巨大代价取得的重大成果，我们必须倍加珍惜、始终坚持、不断拓展和深化。中国式现代化的正式提出，为中国企业坚定了道路自信、理论自信、制度自信和文化自信，为谋划新时代中国式企业管理创新实践指明了方向，提供了根本遵循。

一、以党的二十大精神指引新时代中国式企业管理创新

党的二十大报告提出了继续推进理论创新的科学方法，即必须坚持人民至上、必须坚持自信自立、必须坚持守正创新、必须坚持问题导向、必须坚持系统观念、必须坚持胸怀天下。这"六个必须坚持"是习近平新时代中国特色社会主义思想的立场观点方法的重要体现，我们要深刻把握习近平新时代中国特色社会主义思想的世界观和方法论，坚持好、运用好贯穿其中的立场观点方法，立足中国国情，扎根中国大地，在参与全面建设社会主义现代化国家的伟大实践中，加快培育形成具有中国特色的企业管理新模式。

坚持人民至上的根本立场。企业管理理论本质上是处理协调企业利益相关方利益和关系的理论。因此，有什么样的立场观点，就会产生什么样的管理理论和管理方法。纵观西方企业管理发展历程，利润最大化和股东至上是其根本立场和基本价值观，因此西方企业在发展过程中产生了不可调和的劳资矛盾和社会矛盾。人民性是马克思主义的本质属性，人民立场是我们党的根本政治立场。因此，中国式企业管理实践必须按照习近平总书记的要求"站稳人民立场、把握人民愿望、尊重人民创造、集中人民智慧"，探索以企业为平台，股东、员工、客户、社区等利益相关者共建共享共治的新管理范式。

坚持自信自立的立足基点。自信是我们党在长期斗争中练就的精神气质，自立是我们立党立国的重要原则。改革开放以来，一大批中国企业的成长速度、竞争实力和创新能力，获得了全球市场越来越多的认可。快速发展的中国企业一边向国际同行学习，一边立足中国国情消化吸收再创新，在各个产业领域不断推陈出新，用创新实践打造出许多符合中国国情且行之有效的管理模式。正是这些多样性的中国式企业管理实践成就了今天一大批优秀的中国企业。新时代，我们坚持自信自立，坚定中国特色社会主义道路，以更加积极的历史担当和创造精神，走出一条符合当今时代发展方向的中国式企业管理创新之路。

坚持守正创新的科学态度。中国式现代化是前无古人的伟大事业，守正才能不迷失方向、不犯颠覆性错误；创新才能把握时代、引领时代。守正与创新相辅相成，体现了"变"与"不变"、继承与发展、原则性与创造性的辩证统一。我们要妥善处理引进、学习与自主创新的关系，既吸收和借鉴西方发达国家企业管理的成功经验，又立足本国、本企业的实际情况，在创新中予以运用；既重视中国五千年的宝贵历史文化遗产，从中华优秀传统文化中不断挖掘合理的、富有生命力的管理智慧，又做到在扬弃中吸收应用；同时，还要传承弘扬中国共产党革命和建设过程中积累的"红色管理"经验，将以我为主和兼收并蓄结合起来，探索形成独具特色的中国企业管理新模式。

坚持问题导向的基本原则。企业管理是实践性学科，是企业在创新性解决实践问题的基础上不断丰富完善的理论。因此，解决实际问题是企业管理创新的出发点和落脚点。新时代推进企业管理创新，必须从中国国情出发，聚焦践行中国式现代化实践中遇到的新问题、新要求，做出符合中国实际和时代要求的探索，得出符合客观规律的科学认识，形成与时俱进的管理理论成果，从而更好地指导中国式现代化实践。

坚持系统观念的思想方法。系统观念是具有基础性的哲学思想和工作方法。新时代推进企业管理创新，我们必须从系统观念出发加以谋划和解决，通过历史看现实、透过现象看本质，把握好全局与局部、当前与长远、宏观与微观、主要矛盾与次要矛盾、特殊与一般的关系，从系统角度整体谋划思考新时代企业发展方向和发展方式，注重企业制度创新、技术创新和管理创新的系统性、协同性，尤其是在数字化浪潮加速演进的当今时代，要从战略高度和全局视野谋划企业创新，探索构建适应时代发展方向的新管理模式。

坚持胸怀天下的格局情怀。今天的中国，与世界融合的深度前所未有。习近平总书记强调，世界那么大，问题那么多，国际社会期待听到中国声音、看到中国方案，中国不能缺席。新时代推进企业管理创新，既要立足中国，更要放眼世界，直面世界百年未有之大变局，把中国经济发展和中国企业发展的问题置于人类发展进步潮流中进行思考谋划，为探索解决人类面临的共同问题做出中国企业的贡献，从而培育形成全球认可的企业管理理论和管理模式。

二、以中国式现代化的新使命引领新时代中国式企业管理创新

党的二十大开启了以中国式现代化全面推进中华民族伟大复兴的新征程，我们要深刻认识新征程上提出的新要求，准确识变、科学应变、主动求变，将企业管理创新主战场和着力点放在落实国家战略部署上，以全方位管理创新推进企业发展融入国家大局，紧跟时代发展步伐。

围绕高质量发展扎实推进战略管理创新。我们要主动适应经济发展新常态，准确把握我国社会主要矛盾的新变化，完整、准确、全面贯彻新发展理念，围绕高质量发展扎实推进战略管理创新，建立健全适应企业高质量发展的体制机制，着力推动发展方式由主要依靠增加物质资源消耗向依靠科技进步、劳动者素质提高和管理创新转变，走内生增长、创新驱动的新发展道路。

围绕科技自立自强扎实推进科技管理创新。党的十八大以来，国际环境发生深刻变化，我国企业长期以来依赖的引进消化吸收再创新的技术成长道路面临新挑战，科技自立自强的紧迫性日益凸显。我们要瞄准国家战略技术需求，充分利用国内巨大的多层次市场需求优势，深入实施创新驱动发展战略，聚焦产业关键共性技术和核心"卡脖子"技术，强化科技攻关突破，注重科技管理创新，探索创新管理新模式、新方法，加快提升企业核心技术能力。

围绕活力、效率深入推进管理机制创新。活力和效率是企业发展的中心问题，特别是国有企业改革的中心问题。经过40多年的改革，我国企业市场化经营体制机制基本建立，但仍然存在许多制约企业活力效率的制度障碍。我们要牢记习近平总书记关于国有企业党的建设的重要指示，扎实推进新一轮国企改革深化提升行动，全面落实"两个一以贯之"，进一步完善中国特色国有企业现代公司治理和市场化运营机制，更广更深实施三项制度改革，全面构建中国特色现代企业制度下的新型经营责任制，健全更加精准灵活、规范高效的收入分配机制，激发各级干部员工干事创业的积极性、主动性、创造性。

围绕新动能深入推进数字化管理创新。进入21世纪以来，以数字化、网络化、智能化为主要特征的新一轮信息科技革命和产业变革加速演进。我们要紧紧抓住这一时代机遇和战略机遇期，在企业战略、业务发展、平台建设、产品装备升级、研发设计、生产制造、运营管理等方面全面开展数字化创新，探索形成数字化时代潮流的管理新模式，加快培育企业高质量发展新动能。

三、以世界一流为目标深入开展中国式企业管理实践

2022年，中央全面深化改革委员会审议通过了《关于加快建设世界一流企业的指导意见》，强调要加快建设一批产品卓越、品牌卓著、创新领先、治理现代的世界一流企业，为新时代我国企业管理创新实践指明了努力方向，明确了奋斗目标。

要立足中国、放眼全球。要主动对标中国式现代化的宏伟蓝图，围绕高质量发展这个首要任务，以现代化产业体系建设为重点，充分利用我国超大规模、不同层次的市场需求，全面提升自主创新能力和管理竞争力；同时，要放眼全球，主动融入全球市场和世界产业链，加快构建新发展格局，实现资本、资源、技术、人才等的全球化配置，努力打造具有国际竞争力的中国企业品牌和管理模式。

要因企制宜、注重实效。创建世界一流企业，没有放之四海而皆准的方式、方法和路径，要结合企业实际和发展阶段，找准产业特点，紧扣客户需求，创新驱动，实践迭代，努力探索行之有效的方法和路径。对于大企业集团、500强企业要力争带动引领国际国内行业发展，打造成为行业引领者和领军者；对于中小企业，要瞄准细分行业和特点市场，力争成长为专精特新企业。

要整体部署、协同推进。建设世界一流企业是一项系统工程。从国内外先进企业的发展经验来看，企业不仅需要持续深化改革，推进体制机制创新，激发活力；还需要进一步强化技术创新，提升企业硬实力；同时必须把管理创新放在重中之重的位置上，提升企业软实力。要着眼政产学研用各方携手，及时总结推广管理创新经验，加快世界一流企业建设进程。

要尊重市场规律、久久为功。一切在市场激烈竞争中打拼出来的优秀企业无不拥有自己独特的管理创新经验。建设世界一流企业本质上是企业经营管理能力能否得到世界市场的检验，因此，建设世界一流企业要把管理创新作为核心指标，顺应时代发展大势和产业发展趋势，遵循企业成长客观规律和市场经济规律，在市场洗礼中不断总结提升，不断开拓进取。只有具备这样的持续创新精神，我们才有可能建成基业长青的世界一流企业。

（摘自《红旗文稿》2023年第21期）

目 录

科技自立自强与技术创新管理

专业化重组与深化国有企业改革

财务管控与合规管理

科技自立自强与技术创新管理

基于自主创新的舰载战斗机多维协同研制管理

沈阳飞机工业（集团）有限公司

中国航空工业集团公司沈阳飞机设计研究所

沈阳飞机工业（集团）有限公司（以下简称沈飞公司）是以航空产品制造为核心主业，集科研、生产、试验、试飞、服务保障于一体的大型现代化飞机制造企业。创建于 1951 年 6 月 29 日，被誉为"中国歼击机摇篮"。先后研制生产了 40 多种型号数千架歼击机装备部队，填补了一系列国防建设的空白，谱写了我国航空工业发展的恢宏篇章。

中国航空工业集团公司沈阳飞机设计研究所（以下简称沈阳所）现隶属于中国航空工业集团有限公司（以下简称航空工业），成立于 1961 年 8 月，是中华人民共和国成立后组建最早的飞机设计研究所，主要从事战斗机的总体设计与研究工作。沈阳所现有职工 2600 人，专业技术人员 2300 人，共培养院士 7 名、装发及军科委专家 30 余名，航空工业集团首席（特级）专家 38 人，已形成一支以院士和航空工业专家领军的高素质航空科研设计队伍。自建所以来，先后承担空军、海军 5 大系列 40 余个重点型号研制任务，研制范围涵盖空中优势、舰队防空、对面攻击、侦察、教练，以及特种作战等领域，被誉为中国"战斗机设计研究的基地，航空英才的摇篮"。

一、基于自主创新的舰载战斗机多维协同研制管理背景

（一）是提高海军远海机动作战能力，维护国家利益和国防安全的重大战略决策

为争取战略主动，保护国家海洋权益，维护国防安全。党中央、国务院和中央军委做出发展航母工程的重大战略决策，2004 年 10 月，航母续建工程立项，舰载战斗机是航母攻防体系中重要的进攻性打击力量和主要防御手段，是制空、制海作战的核心装备，研制一型与国外三代战斗机技术水平和综合作战能力相当的舰载战斗机成为提高海军作战能力，维护国防安全的迫切需要。

（二）是突破舰载战斗机自主研制难题，推动我国航空武器装备跨越式发展的战略需求

截至 21 世纪初，能够独立设计、制造喷气式舰载战斗机的国家仅有美国、俄罗斯、英国、法国四个国家，舰载战斗机设计和生产技术被航空制造大国牢牢封锁。自主创新、自主研制舰载战斗机成为打破外国技术封锁，突破航空武器装备发展瓶颈，实现跨越式发展的战略需求。但舰载战斗机设计制造难度极大，需突破许多关键技术、材料、工艺瓶颈，涉及材料研制、工业制造、电子工程、动力工程、基础科技等全产业链各个专业和领域，以及从技术到管理的系统支撑。舰载战斗机自主研制，需要设计单位、制造单位、上下游供应商、军方应用单位等各级机关和企事业单位共同参与，电子、材料、制造、冶金等多行业协同配合，全产业链协同配套，共同完成项目攻关。因此，创建一套能够实现多组织、多环节、多主体等"多维协同"的管理体系，从而提高研制效率、减少重复、降低风险、加速研制进程，是完成舰载战斗机研制任务，形成我国舰载战斗机可复制、可推广的典型管理模式，推动我国航空武器装备跨越式发展的需要。

（三）是带动企业竞争力全面提升，推动企业转型升级和高质量发展的重要举措

舰载战斗机研制对设计能力、生产工艺、材料等方面具有极高的要求，要具备在摇晃、升沉运动的飞行甲板上起降和在航母狭小空间内调运的能力，也要解决复杂海洋环境下的各种侵蚀和干扰问题，起降环境的特殊性，约束着舰载战斗机的设计域，在研制中要解决气动布局，应用低速控制特性、飞机动力响应、视场、载荷与强度、高承载起落架、拦阻钩，以及折叠翼和伙伴加受油等关键技术，是一项前所未有的复杂系统工程。彼时，沈飞公司和沈阳所内部正面临着产品体系较为单一（主要为空军客户生产歼击机机型）、研制和生产能力以及运营管理能力亟待升级的发展瓶颈，在设计能力和经验、生产工艺、生产条件等方面无法满足舰载战斗机自主研制需要。同时，21世纪初，数字化浪潮来袭，先进的工业制造企业纷纷开展数字化转型升级，航空武器装备行业亦开启数字化转型探索。开展舰载战斗机研制，成为沈飞公司和沈阳所突破发展瓶颈、开启数字化转型的契机，通过提升设计生产能力，推进数字化技术手段的全面应用，推动企业实现从科研到生产、从零件制造到飞机装配、从成品检测到整机调试全过程的现代化，带动企业竞争力全面提升。

二、基于自主创新的舰载战斗机多维协同研制管理主要做法

（一）确立自主研制目标和原则，构建多维度协同自主研制框架

1. 确立"自主化"研制思路，明确"多维协同"研制框架思路

为高标准完成研制任务，克服舰载战斗机研制难题，舰载战斗机研制项目制定了基于"多维协同"的"自主化"研制思路，即集聚产业链上下游资源，在项目研制全生命周期开展军、政、研、产、用、供多方组织协同，研发设计与生产制造环节协同，战斗机与航母、战斗机与飞行员之间的主体协同，依托数字化手段，使多维协同贯穿项目设计、制造、试验、保障的全链条，一体化推进各阶段任务。实施社会化供应链协同和军地协同，全力提升自主生产服务能力，实现舰载战斗机生产全过程现代化转型升级，促进国内产业链上下游相关方协同创新、合作共赢，破解技术难题。开展厂所协同的全过程项目管理，从项目策划、计划、进度、经费的执行与控制，相关方管理，质量管理，合同管理，风险管理等多维度实施管理控制。以航空报国精神为引领，打造拼搏、奉献、高素质的研制队伍，建立健全舰载战斗机研制管理体系，确保按要求在规定的时间内完成研制任务。"多维协同"研制框架思路如图1所示。

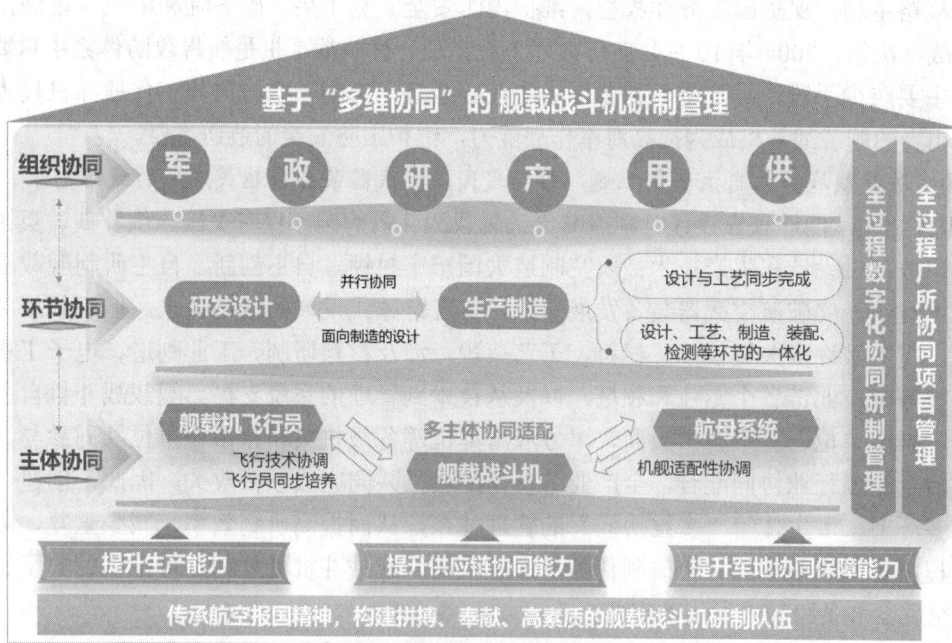

图1　"多维协同"研制框架思路

2. 明确研制目标和原则，开展舰载战斗机配套体系建设

在中央军委、原总装备部、海军和航空工业集团总部的领导下，舰载战斗机研制项目明确了"研制一型装备，实现从零到一的突破；建立一套标准体系；培养一支研发人才队伍；建立一支航母舰载航空兵部队"的"四个一"工程管理目标，确立了"自研为主、自主创新、建立体系"的基本原则。

一是自研为主，实现重点突破。坚持自研为主，充分利用已有条件，以突破上舰关键技术为主，首先解决有无；必须采取有力措施，尽快形成装备，实现舰载战斗机研制与航母续建同步完成，并达到独立自主地进行飞机的设计、生产和使用保障。二是自主创新，提高作战能力。舰载战斗机是航母战斗力的核心，舰载战斗机的研制应着眼未来作战需求，采用国内成熟的先进技术，增强对空的综合作战能力，并预先留有充分的发展潜力和扩展能力，满足未来作战需求。三是建立体系，实现配套发展。坚持体系建设，逐步建立和完善我国舰载战斗机的设计、生产、试验、训练和保障体系，逐步建立和完善与航母协调配套的使用体系。

（二）构建军、政、研、产、用、供多方协同组织体系，明确职责分工和协同沟通机制

1. 建立多方协同组织体系，实现多层级、跨行业领导协调

为有效管理工程项目，有序推动舰载战斗机的研制工作，中央军委、海军和航空工业等各级机关、单位结合实际需要，分别成立了组织管理机构，建立了涵盖军、政、研、产、用、供的多方协同组织领导体系，对项目研制工作进行组织领导、资源配置和跨行业协调，推进研制任务。

在军、政方面，成立领导小组。对工程进行全面领导，审议和决策重大议题，并明确了弘扬"两弹一星"精神，发扬"严、慎、细、实"的工作作风，确保圆满完成工程建设任务的工作要求。

在研、产、用、供方面，一是建立"两总"系统。组建舰载战斗机研制工程行政总指挥和总设计师系统，总设计师系统下设质量师、计量师、会计师系统，全面履行行政和技术职责。二是成立航空工业工程办公室。组建工程办公室，负责航空工业项目研制管理工作。三是成立舰载战斗机研制现场指挥部。现场总指挥由沈飞公司领导担任，常务副总指挥由沈阳所领导担任，副总指挥由项目的主要参研单位领导担任，加强研制现场的管理工作。四是成立试飞领导小组。负责试飞工作的统筹协调和试飞现场的组织管理。五是成立舰载战斗机试飞现场指挥部。负责试飞试验工作的总体计划安排、现场协调、组织和管理工作，牵头组织各参试单位在现场开展技术协调工作。

2. 创建多方联合研制机制，明确各方职责分工

为提高研制效率，加快研制进度，舰载战斗机研制项目集聚多方资源，强化同行大协作，创建联合研制机制。一是组建联合研制技术团队。由航空工业总体负责，沈阳所、沈飞公司及其他科研厂所共同组成舰载战斗机研制主要技术队伍，辅以高校和民营企业，共同参与研制任务。二是明确各方职责分工。沈阳所为飞机总设计师单位，负责飞机总体设计、试验及试飞支持；沈飞公司为飞机试制生产单位，负责试制、生产及配合飞机试验；试飞院为飞机定型试飞考核单位，负责飞机鉴定试飞和定型试飞的组织和考核。舰载战斗机研制的主要参研单位包括一百余家科研厂所、高校和民营企业，参与配套研制的单位近千家。

3. 构建"穿透式"沟通机制，实现关键问题及时处置

为高质量、高效率推进设计、试制和试飞等全流程研制工作，建立了多层级"穿透式"沟通机制。一是建立多层级协调例会机制。研制现场指挥部定期组织例会，各单位对阶段性工作情况进行总结汇报，对困难和问题拉条挂账。充分发挥现场指挥部统筹协调作用，技术问题对接总设计师系统，管理问题对接行政总指挥系统，定期向领导小组和海军建设指挥部请示汇报，实现多层级"穿透式"沟通。二是建立现场工作组机制。组成由设计、制造、军代表共同参与的现场工作组，发现问题即时开展研讨，对设计变更类关键问题酌情实施修改与申报同步策略，加快了现场问题的组织处理协调速度和研制进程。三是建立专家组支撑决策机制。组建舰载战斗机研制项目专家组，下设五个专业组，分别为飞机、发动机、机载设备、基础技术、试飞与综合保障组，对工程的设计、试验、生产、试飞等各环节进行技术把关，对关键和重大技术问题决策提供建议。

（三）开创设计阶段多专业、多环节协同，实现舰载战斗机与航母和飞行员的双向协同

1. 首次采用数字化设计方式，实现多专业在线协同设计

舰载战斗机研制项目设计发图及试制时周期非常紧张，按传统发图流程及工艺准备、生产准备流程，一架飞机的设计图就可达 20 多万张，仅发图就要经过两年时间，无法满足试制进度要求。为在规定时间内完成任务，项目在国内首次应用全机三维数字化设计，构建了以 ENOVIA LCA+CATIA V5 为核心的三维数字化设计环境，建立了基于数字化的型号设计管理流程，形成了数字化研制体系。一是统一产品数据源。在以产品数据管理系统为核心的型号产品数据中心，建立了单一产品数据源，研制中的所有数据均通过型号数据中心管理，包括产品结构、零部件、三维模型、二维图样、相关技术文档，以及设计制造基础数据库（标准件、成品、耗材、通用件等），是后续工艺设计、工装设计、制造及维护的唯一数据源。二是实现在线协同设计。在以 ENOVIA LCA+CATIA V5 为核心的系统平台上，各专业进行在线并行协同设计，有效保证了并行协同设计过程中，数据的高度共享、数据源唯一、数据状态可控。

2. 创新数字化协同研制流程，实现设计与制造并行协同

首次在国内飞机研制中全面采用设计制造协同技术，制定飞机数字化设计制造联合研制流程，将制造阶段的工艺工装设计及生产准备工作提前到设计阶段，实现产品设计、工艺、工装设计及生产准备的联合协同。一是开展面向制造的产品数字化定义。将三维制造信息与三维设计信息共同定义到产品的三维数字化模型中，使机加件、钣金类零件模型可直接应用于生产制造。在国内首次实现飞机设计 100% 产品数字化定义、100% 虚拟装配、100% 产品数字样机，实现设计、工艺、制造、装配、检测等环节的一体化。二是建立成熟度标识机制。在产品定义过程中，用成熟度标识零部件当前的技术状态，反映出该零部件三维模型从开始设计到最终发放的成熟过程，设计、工艺、工装、材料采购等相关人员可以根据零部件的成熟度状态，提前开展工作，有效规避和减少了设计更改给下游工作带来的返工和报废风险。设计制造并行和数字化设计制造模式的应用，使得工装数量减少 60%，工装返修率由 300% 降至 20%，数控化率大幅提高，制造精度和协调精度显著提高，极大地提高了设计质量，缩减研制周期，降低了研制成本。

3. 建立机舰适配性协调设计体系，实现舰载战斗机与航母系统协同

在舰载战斗机研制中，机舰适配性设计与飞机平台设计同等重要。项目创造性地形成了"跑道理论"，使机舰双方围绕"一条跑道""一束灯光"开展工作，建立了机舰适配性协调设计体系。一是确定机舰适配性协调设计要素。机舰适配性是指在规定的任务剖面和条件下，舰载战斗机与舰船之间相互适应和匹配的能力，它是产品的设计特性和固有属性。机舰适配性设计主要包括两个方面：第一，协调确定舰载战斗机和母舰设计所需的技术参数，使飞机平台综合效能最佳；第二，协调确定舰载战斗机对母舰航空保障协调设计要求，确保母舰舰面保障、弹药贮运及维修与任务支援设施的设计满足舰载战斗机舰上使用、维护及训练的保障需求。二是建立多方参与的机舰协调机制。与航母相关设计实施单位分阶段、分层次地开展了机舰适配性协调工作，协调内容包括飞机舰上的存放、调运、起降、着舰引导、通信导航、作战指挥、机舰电磁兼容性、舰面保障、舱室需求及弹药贮运等方面。三是建立机舰适配性协调设计体系。首次系统、全面地构建了舰载战斗机指标体系及设计规范，创新提出基于飞机本体能力，综合多耦合因素，以确保安全高效着舰为目标的着舰流程设计方法，形成适用于我国航母作战体系的舰载战斗机着舰使用流程。建立了飞机与航母适配性设计要素及技术体系，形成了标准及规范，解决了机舰几何适配、性能适配、任务适配、环境适配与保障适配五个方面难题。

4. 飞行员完全参与设计迭代，实现舰载战斗机与飞行员技术协同

让飞行员理解并且掌握舰载战斗机起降技术对于舰载战斗机的研制至关重要，舰载战斗机研制项

目使飞行员完全参与到飞机的研制当中，形成完整的人机闭环系统，实现舰载战斗机与飞行员技术协同适配。一是开展飞机控制律的反复迭代优化。多名飞行员在研制初期即参与到飞机设计中，通过在飞行品质模拟台上模拟飞行，对飞行过程提出主观和客观评价，以座谈会、集中讨论、问卷填写等方式，统一飞行员意见建议，设计人员结合飞行员的真实感受和客观条件，开展飞机控制律的设计和反复迭代优化，总结形成一套真实、科学、可用的规则。二是建立舰载战斗机飞行员培训体系。在舰载战斗机研制过程中，同步开展舰载战斗机飞行员培养，形成了"模拟机飞行—陆基飞行—上舰飞行"的舰载战斗机飞行员培养标准化流程，帮助飞行员实现"从模型到实体，从试验室到飞机座舱，从地面到空中，从陆基到舰面，从静止到动态"的全过程体验和技术过渡，摸索出一条具有中国特色的舰载战斗机飞行员自主培养之路，初步建立起舰载战斗机飞行员培训体系。

（四）强化社会化供应链协同和军地协同，全力提升自主生产服务能力

1. 突破制造薄弱环节，全面提升生产能力和效率

在舰载战斗机研制的同时即同步启动了重点课题攻关和研制保障条件建设工作，同步推进管理升级，切实提高舰载战斗机产品质量和生产效率。一是针对薄弱环节开展攻关及课题研究。为了解决飞机试制生产中新工艺、新材料、新技术的应用带来的问题，大力推进技术创新，边攻关、边研制。厂所协同组织成立技术协调和计划进度控制工作组，开展薄弱环节和关键技术总体分析，成立专项团队，对薄弱环节开展攻关及课题研究，相关科研课题立项 29 项，技术攻关立项 67 项。二是全面完善生产条件。新增激光跟踪仪、绘图机等工艺设备；新建部装厂房、消防泵房、油泵房、热处理厂房，跑道加长，新建燃油试验场（地坪）。补充完善了试飞、部装、机加、生产准备、钣金、热处理、可靠性等条件保证建设内容。三是开展"精益化""数字化""流程化"工厂建设。以精益改进为路径、以信息管控为手段、以流程建设为基础，分阶段开展"精益化""数字化""流程化"工厂建设，推动生产流程和效率的持续改善，实现组织内所有成员之间资源共享和高度协同工作。

2. 构建社会化供应链协同，打造区域产业集群供应优势

基于项目研制成品配套目录，开展外购装机器材供应商管理，实施供应商监督与控制，提升项目成品质量控制能力，拉动成品供应商提升成品质量及服务效率。一是开发优质供应商资源，实施区域化布局。以推动区域产业集群建设为导向，建立零部件供应商资源开发培育机制。逐步形成辽宁地区、北京地区、黑龙江、吉林地区和贵州地区多个舰载战斗机零部件供应链产业集群，建立起物流、成本、质量、交付的整体优势，全面提升舰载战斗机零部件综合配套水平。二是定向培育零部件供应商，促进技术、能力互通互融。组织实施对瓶颈供应商的重点培育，引导外部供应商向智能化、专业化、规模化发展，推动供应商制造能力不断优化升级。三是支撑研产协同，促进瓶颈项目"双流水"培育。贯通厂所供应商管理流程，支撑研产协同。在科研阶段提前介入沟通，识别、确认零部件外包项目和设计输入，厂所联合进行产品和供应商资源分析论证，从质量和进度两个维度开展供应商评价等管理工作，实现厂所供应商协同闭环管理。

3. 建立军地协同、岸舰一体保障机制，构建高效服务保障体系

舰载战斗机工作环境条件复杂，适用于陆基战斗机的服务保障措施不能完全满足舰载战斗机保障需求，研制团队研究改进保障工作方法和技术，形成舰载战斗机保障特有的军地协同、岸舰一体的保障机制。一是建立三方响应机制。建立现场指挥办公室、联合保障办公室，建立厂、所、军三方联动机制和外场故障三级响应机制，开辟外场保障绿色通道，生产线资源优先满足外场需要。二是建立军地协同机制。按照"系统问题系统解决"的思路，将成品单位按照集成关系划分为专业片区，选取部分系统交联关系多、责任心强的辅机单位为专业片区合作伙伴，授权部分主机职能，推行"片区责任制"，加速成品问题的解决推进，促进全产业链质量水平的提升。三是加强现场备件储备和管理。建

立现场备件库，形成应急维修和保障能力，强化备件生产管理，调整外场备件生产组织管理模式，将年度备件纳入年度生产经营计划严格考核，建立关重零组件周转件制度，提高复杂备件外场供应及时率。四是制定专项任务保障方案。根据部队不同任务需求，制定专项任务伴随服务保障方案和应急维修保障预案，设立现场保障组、前推支援组和后援支持组，按任务现场要求开展服务保障和应急修理等，保障执行任务期间飞机保持高完好率。

（五）强化厂所协同的全过程项目管理，有效支撑舰载战斗机研制

1. 开展全局矩阵式管理，实时管控项目工作进度

舰载战斗机研制项目涉及的点多面广，参与单位众多，为加强项目管控，航空工业首次在集团层面开展全局式矩阵管理，全面应用数字化管理平台，实现项目工作进度实时管控。一是建立矩阵式管理体系。纵向上，由航空工业牵头，统一领导，总设计师单位、总承制单位、参研单位均纳入管理矩阵；横向上，所有参研单位之间协同配合，统筹管控。形成了纵向贯通、横向协同的矩阵式管理体系。二是全面应用数字化管理平台。所有参与单位统一使用数字化管理平台，开展线上化项目管理，平台可实现工作进度实时显示、工作动态实时传递、计划完成情况动态可视化，实现项目研制情况的实时监控。

2. 首次采用合同制管理，全面保障各方权力和利益

舰载战斗机研制项目首次采用阶段式合同制管理，航空工业与海军签署舰载战斗机阶段研制合同，第一阶段合同标的为实现首飞；第二阶段为完成陆基鉴定，具备上舰条件；第三阶段为完成飞机设计定型。再由航空工业与沈阳所、沈飞公司及其他参研单位签署分合同，各单位以合同内容为依据，开展全过程合同制管理。贯彻全要素的管理理念，明确所属单位、部门在合同管理中的主体责任，组建合同管理团队，建立合同评审机制，制定合同管理检查和评分标准，明确3个方面16项内容的合同检查目标和重点，对项目全过程进行评审、考核、风险和进度控制，全面保障各方权力和利益。

3. 实施全过程质量管控，实现产品质量水平行业领先

舰载战斗机研制生产秉持"质量就是生命、质量就是胜算"理念，成立以沈飞公司为总质量师单位，沈阳所、试飞院等为副总质量师单位的质量师系统，负责型号研制过程质量监督与控制工作。一是强化研制全过程质量管控，保证产品高质量交付。制定了《飞机研制质量保证大纲》《飞机成品管理制度》等制度办法，识别质量风险及控制难点，制定改进及控制措施，组织阶段性产品质量评审，建立成员单位监督检查机制，确保舰载战斗机交付质量。二是打造精品工程，推动产品质量持续提升。厂、所、军协同组织，成立由沈飞公司、沈阳所、海军驻沈阳地区航空军事代表室主要领导任组长的领导小组，开展"精品工程"活动。开展人、机、料、法、环、测流程梳理，提高工艺文件符合性、可操作性、协调性；制定操作标准、量化考核指标、强化工艺纪律检查，提升一手质量。连续5年实现批产飞机单机不合格品审理单数降低20%、万元产值内部质量损失率降低2%、关重要素一次交检合格率保持100%的目标，单机不合格审理单数降至1.1份，达到行业领先水平。

（六）传承航空报国精神，构建拼搏、奉献、高素质的舰载战斗机研制队伍

1. 践行航空报国精神，培养携手拼搏奉献的创新人才团队

舰载战斗机研制过程中，组建了一支具有强大凝聚力、战斗力的攻坚团队，在舰载战斗机研制和后续系列化发展升级中发挥重要作用，以实际行动践行航空报国精神。一是组建以中青年骨干为主体的研制人才队伍，通过设计制造并行协同，设计人才与制造人才在一线共同开展研制工作，紧密配合、协同攻关，推动研制队伍技术能力和管理能力迅速提升。二是成立"罗阳青年突击队"，以35周岁以下团员青年为主体，承担科研生产、经营管理工作中的"急、难、险、重、新"任务，培养团员

青年顾全大局、敢于吃苦、勇于创新、乐于奉献的先锋精神。近十年来，累计有37万人次参与其中，在舰载战斗机后续研制任务中发挥了攻坚克难的关键作用。

2.创建学习型、创新型企业文化，激发创新发展源动力

以树立忠诚祖国、甘于奉献的航空报国精神为导向，创建具有航空工业特点的企业文化，为重点项目研制带来凝聚力和推动力。一是创建学习型文化。通过《今日沈飞》、《走进沈飞》、沈飞电台、电视台等媒体开展广泛宣传，编印《学习型组织理论简明读本》，选派骨干参加企业文化、学习型组织创建等培训讲座，在企业内部建立起浓厚的文化学习氛围。二是创建创新型文化。与学习型文化相呼应，开展"敢为人先、鼓励探索、团队协同、甘于奉献"的创新型文化建设，制定下发《一航沈飞员工手册》，内容涵盖公司未来发展的基本思想、员工基本行为约束及员工激励办法，还特别包含了创新奖励制度、特殊贡献人员奖励办法共15项内容。实现以文化力提升学习力，以文化力激发创造力，以文化力推动生产力，以文化力凝聚向心力，为舰载战斗机研制项目提供了坚强的文化和精神支撑。

三、基于自主创新的舰载战斗机多维协同研制管理效果

（一）铸就大国重器，打造我国国防体系最具威慑空中力量

舰载战斗机参研单位大胆探索，勇于创新，通过采取数字化设计、制造技术，组建联合工作团队，实施多维协同和项目管理，有效化解研制风险，从设计发图结束到首飞，仅用时20个月，与以往军机型号研制周期最短纪录相比缩短3个月，创造了我国军机研制新纪录，向全世界展示了"中国速度"。舰载战斗机的成功研制，标志着我国航空武器装备实现了从"陆基"向"海基"的重大突破，构成了我国航母编队作战能力的核心力量，为我国航母编队快速形成作战能力、维护国家主权提供了坚强的支撑。在舰载战斗机成功研制后的十余年时间里，舰载战斗机实现了系列化发展，支撑我国航母编队作战能力不断提升，在国际斗争角力的关键时期，极大增强了国防实力，提高了我国在世界政治和军事斗争格局的信心、底气和胜算。被国务院、中央军委授予"航母工程建设重大贡献奖"。舰载战斗机作为我国迈进世界一流海军的标志性国防武器装备，先后参加"纪念中国人民抗日战争暨世界反法西斯战争胜利70周年"天安门阅兵、"庆祝中国人民解放军建军90周年"朱日和阅兵、"纪念香港回归20周年"航母编队访港、"神威-2018"海军南海阅兵、纪念人民海军成立70周年等海军活动、"庆祝中华人民共和国成立70周年"天安门阅兵等多项重大活动，彰显了我国维护国家主权和世界和平的决心和力量，极大提振了实现中华民族伟大复兴的民心士气。

（二）驱动能力跃升，推进我国航空装备研制全产业链转型升级

通过基于"多维协同"的舰载战斗机研制管理，掌握了先进航空武器装备的设计、制造、试验、保障等诸多关键技术，催生出了一系列新技术、新工艺和新成果，构建了与世界先进水平接轨的航空装备研制技术体系和管理模式，形成了体系化、系统化的舰载航空武器装备研制能力和工业基础，有力拉动了航空装备创新研制能力的整体跃升。一是创新形成国产舰载战斗机"多维协同"研制管理模式。项目依托数字化手段，使多维协同贯穿项目设计、制造、试验、保障的全链条，实现了多方组织协同、多环节并行协同、多主体适配协同，构建涵盖舰载战斗机设计、仿真、试验、试制、试飞、机舰适配、成品研制、软件开发等全环节的研制管理体系，创新形成了国产舰载战斗机军、政、产、研、用、供多方多维协同的数字化、一体化研制管理模式。二是打造舰载战斗机核心技术高地。项目研制团队集聚军方、航空工业、外部科研机构和高校等多方资源，开展专项技术攻关，突破10大类43项舰载关键技术，建立了舰载战斗机全系统、全过程、全寿命研制和使用技术体系，解决了超高强度结构件精准制造、舰载特征部件研制、大型整体结构高能束焊接等难题，形成具有自主知识产权的专利、工艺标准等500余项，特别是在舰载战斗机特有的大型钛合金零组件加工、特种功能部件制造及装配等技术领域达到国际先进水平，使舰载战斗机拥有完全自主知识产权，填补了国内空白。三是培

养了一大批高水平技术人才。通过舰载战斗机的研制，培养和造就了一大批高水平研发人员，为舰载战斗机的后续发展奠定了坚实、雄厚的人才基础；培养出了中国第一批舰载战斗机试飞员和飞行员，为装备的发展和航母战斗力的形成做出了突出贡献；培养和锻炼了一批具有现代管理思想和扎实专业知识底蕴的管理人员，促进和保证了航空武器装备的高质量持续发展。2021 年，航空工业舰载战斗机研制团队获"全国专业技术人才先进集体"表彰。四是形成了丰硕的研制成果。舰载战斗机研制过程中共获得授权专利 279 项，项目申报科技成果 46 项；获得国防科学技术奖 13 项。项目获多项国家级重要荣誉。五是推进航空装备研制产业跨越发展。开创了基础产业和军民、各大军工行业的大协作，有效促进了关键材料和元器件、机载设备、航空发动机等航空工业领域自主创新发展，推动我国电子、材料、制造和冶金等相关行业的技术进步和产业发展。

（三）孕育奋斗精神，激励全社会奋进新时代的昂扬风貌

舰载战斗机在辽宁舰上实现首次着舰后，举国振奋，极大地激发了全国各行业昂扬奋进的时代精神。2012 年 11 月 25 日，舰载战斗机研制现场总指挥罗阳同志因公殉职。"罗阳精神"成为新时代航空报国精神的现实映射，向全国人民展示了弘扬航空报国精神、担当航空强国使命的航空人的坚守，得到全行业及全社会的认同和推崇，有效激发了全国各行业拼搏奋进、奋勇开拓的精神意志。罗阳青年突击队获"第 27 届中国青年五四奖章集体"。

（成果创造人：纪瑞东、王永庆、邢一新、薛洪宇、杨桂英、张绍卓、
　　　　　　　李克明、王克喜、赵　磊、山秀春、刘艳锋、孙环宇）

以领跑世界为目标的中国高速列车创新工程体系构建

中国中车集团有限公司

中国中车集团有限公司（以下简称中国中车）是国务院国资委管理的中央企业，是全球规模领先、品种齐全、技术一流的轨道交通装备供应商。现有 46 家全资及控股子公司，员工 17 万余人。拥有 11 个国家级研发机构，22 个国家认定企业技术中心，16 个行业研发机构，18 家海外研发中心。中国中车建设了世界领先的轨道交通装备产品技术平台和制造基地，以高速动车组、大功率机车、铁路货车、城市轨道车辆为代表的系列产品服务全球 112 个国家和地区，已经全面达到世界先进水平，能够适应各种复杂的地理环境，满足多样化的市场需求。

一、以领跑世界为目标的中国高速列车创新工程体系构建背景

（一）铁路系统改革后满足市场需求快速发展的要求

2013 年 3 月，第十二届全国人民代表大会第一次会议审议通过了《国务院机构改革和职能转变方案》，成立 64 年的铁道部被撤销，就此拉开了铁路改革的大幕。自此，铁路由传统的政府部门主导并以保障为主转变为由企业进行经营并以效益优先为主。2013 年 8 月，国务院下发《关于改革铁路投融资体制加快推进铁路建设的意见》，对铁路发展六大问题做出了具体规定。其中第五条要求"力争客运年均增长 10% 以上"。我国高速铁路将保持长期、快速发展态势，这对高速动车组提出持续创新的挑战。中国中车作为国内轨道交通装备唯一一家产业化集团，主动适应铁路行业改革带来的巨大变化，适应高速列车向更经济、更可靠、更舒适等方向发展的趋势。

（二）满足中国高速列车技术从引进消化吸收向自主创新引领的要求

中国高速列车技术经过长期积累，尤其是 2004 年至 2012 年的引进消化吸收再创新，掌握了高速列车 9 大关键技术和 10 大配套技术，形成了从材料到部件、整车、服务的比较完整的产业链，形成了时速 200 ~ 350 千米的 CRH1、CRH2、CRH3、CRH5 等"和谐号"系列动车组的产业化能力，搭建了我国高铁基于全球采购的供应链体系，技术水平世界一流、产业规模全球第一。与此同时，我国高速动车技术领域仍存在系列问题：一是和谐号动车组是在国外技术平台上发展起来的，技术上还受制于人。二是引进不同国外公司技术平台制造的高速列车标准不统一，增大了运用维修成本。三是中国高速列车运用环境与国外差异较大，很多国外高速列车设备在本国运用良好，到中国后出现"水土不服"，需要结合中国的实际运用环境不断改进。四是由于技术平台是外方的，受技术转让合同限制，高铁"走出去"受到制约。中国当前必须致力于构建自主的高速列车创新工程体系，通过掌握并突破关键核心技术，实现领先和领跑。

（三）全球竞争格局中确保产业自主可控的必然需求

2011 年，原铁道部为了提高车辆运营安全性，对高速列车重要参数进行调整，但部分参数的修改还需要由外方主导。尤其是在世界进入新的动荡变革期，国际贸易保护主义和单边主义盛行的大背景下，仍从国外进口高性能材料、半导体元器件、高精度零部件等没有经国产对等替代产品，如转向架高端轴承等，一旦被国外封锁，将严重影响我国高速列车的正常运营。因此，亟须针对动车组关键系统、部件、材料技术进行自主创新深化研究，以全面掌握关键核心技术、实现自主知识产权、研制中国标准的动车组技术平台并形成批量生产制造能力为目标，通过构建高速列车创新工程体系，形成方法模式，快速推进自主研发，掌握核心技术，消除对外方的依赖，解决高速列车产业链面临的安全风险。

二、以领跑世界为目标的中国高速列车创新工程体系构建主要做法

（一）以产品代际为主线，明确创新工程体系总体框架

中国高速列车创新工程体系充分考虑企业内外部、创新链前后端、产业链上下游协同，决策、协调、指挥、组织、计划、控制等活动安排，以及高速列车技术创新—研发设计—产品制造—产业化落地全链条谋划，确定"一主线三层次五支撑"的总体架构（见图1）。其中，一主线是指探索一代、预研一代、研制一代、装备一代（以下简称"四个一代"）产品研发为主线，以技术就绪度等级展现具有产品代际特征的创新成果。其中，探索一代是探索引领10～15年远期市场需求的高速列车，成果为研究报告和方案；预研一代是预研引领5～10年中期市场需求的高速列车，成果为样机和样件；研制一代是研制满足3～5年近期市场需求的高速列车，成果为可推向市场的产品；装备一代是满足既有市场需求、产出经济效益的高速列车。三层次是指基础共性技术攻关、谱系化产品研制、产业化应用落地，是"四个一代"成功的主要举措和抓手。其中，通过建设基础共性技术平台、构建企业"列车学科"体系、实施全创新链协同创新开展基础共性技术攻关。通过高速列车顶层指标分解、产品全生命周期循环迭代优化、建设设计制造一体化平台、构建标准体系开展谱系化产品研制。通过实施精益化管理、构建产业链评价治理体系、产融结合开展产业化应用落地。五支撑是指创新投入及评价、人才培养、质量管理、数字赋能和项目分级管理五大支撑要素。科技创新投入与评价机制建设、科技创新人才培养及管理、质量标准体系建设、数字化转型和项目分级管理为"一主线三层次"高质量实现提供有力保障。

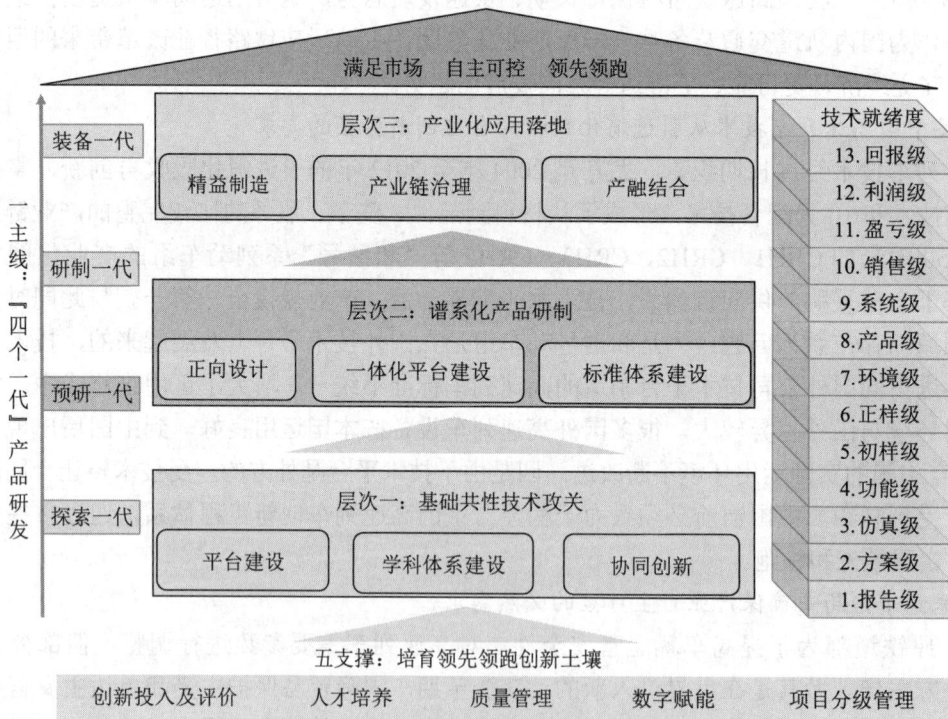

图1　中国高速列车创新工程体系总体架构

在明确创新工程体系总体架构的同时，中国中车确定"市场引领，系统策划，技术先行，有序实施"的原则，既保证当前"市场需要产品，产品满足市场，产品带动技术"良性循环，也提前布局未来"技术驱动产品，产品引导市场，市场检验技术"理想形态，为打造原创技术策源地和现代产业链链长奠定良好的基础。

(二)凝聚内外部创新资源，推进基础共性技术攻关

1. 聚焦主线引领，面向"四个一代"构建基础共性技术平台

基于中国高速列车创新发展需求和全球行业创新发展趋势，系统规划中车研究院、2 个国家创新中心、3 个全国重点实验室、18 个海外研发中心、16 个中车专项技术研发中心等基础共性技术研究平台，形成完备的高速列车基础共性技术创新体系。2014 年组建中车研究院，负责分解探索一代顶层指标，制定技术路线；牵头组织开展基础前瞻技术研究，形成中车共享的共性技术成果；细化预研一代产品规划，分解技术指标，统筹并组织开展关键核心技术研究与中试，形成产品关键核心技术，构建共享技术平台。中车专项技术研发中心设置在核心子企业，聚焦研制一代、装备一代，以强化轨道交通装备核心技术研究能力、培育核心能力新载体为主要职责，促进关键系统、核心部件正向开发，强化新产业技术研发能力，支撑新产业加快发展。"四个一代"基础共性技术平台体系与分工如图 2 所示。

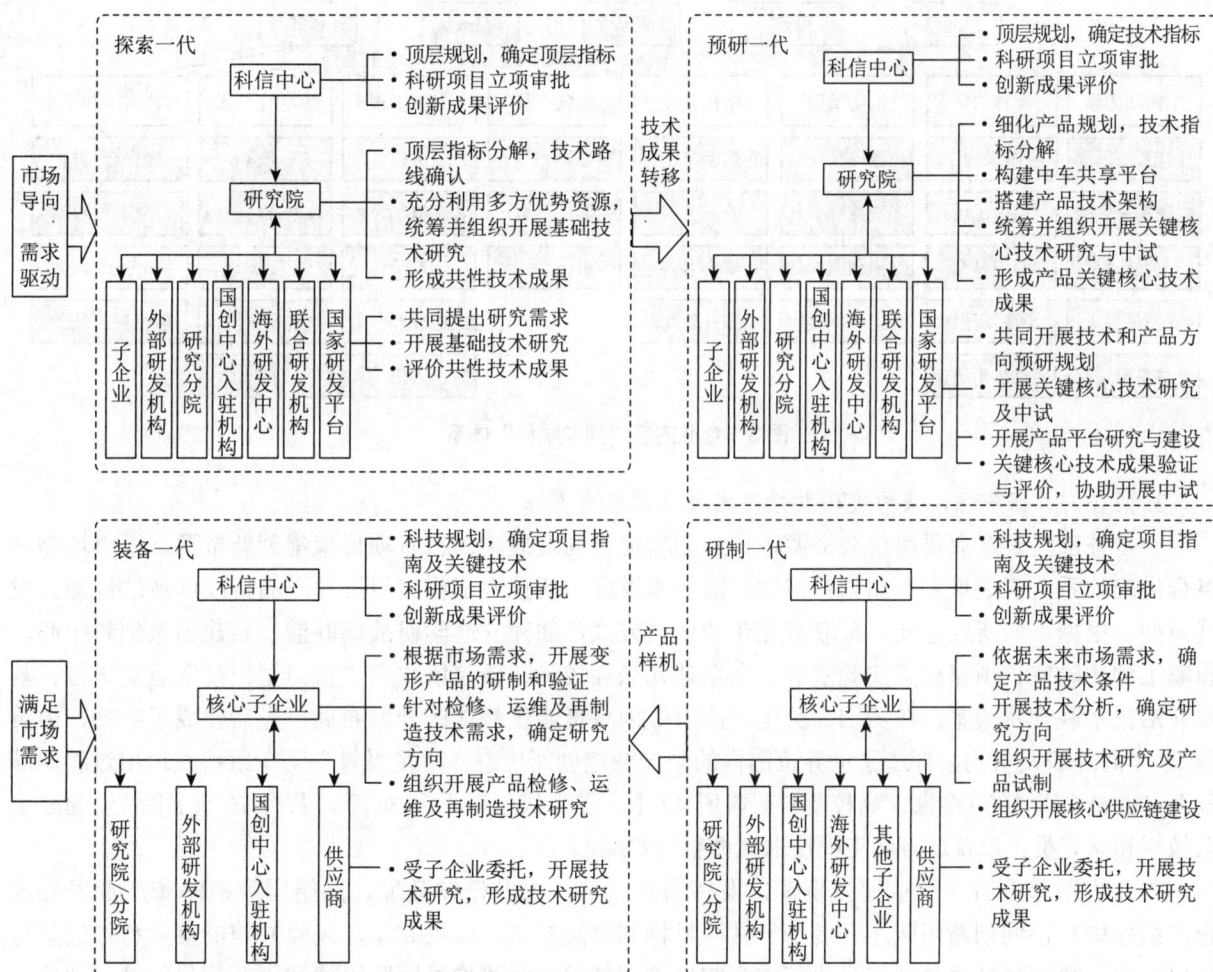

图 2 "四个一代"基础共性技术平台体系与分工

为进一步强化原创技术供给，优化科技资源配置，发挥各创新单元的最大效能，中国中车实施科技体制改革，按照"一套体系、两个层次、三级平台"的实施框架和专业化的分工布局，系统构建了结构化、体系化基础创新平台。一套体系是指"开放、协同、一体化、国际布局、自主可控"的科技创新体系，两个层次是指"前期研究、工程化应用开发"两个分工明确的创新层次，三级平台是指"整机、系统、部件"三级产品技术平台。

2. 构建学科体系，支撑产品性能提升和核心研发能力沉淀

围绕高速列车安全、可靠、舒适、环保、智能的发展方向，针对高速列车研发设计面临的广泛需求，复杂运用场景所涉及的基础理论、应用技术、工程技术复杂叠加的诸多挑战，凝练建成"列车学科"体系（见图3），涵盖振动噪声、车辆动力学、空气动力学等8个学科35个专业方向，搭建了82个大型综合实验平台和30个专业方向的仿真平台，形成了虚拟仿真—部件试验—线路试验、数据寻优的高速列车集成设计能力。构建专业学科体系，为持续支持产品性能提升和核心研发能力沉淀，提供从基础理论研究向产品工程化应用的转化桥梁；通过打通前沿技术向产业输送的快车道，大幅缩短从理论到产品的开发周期。

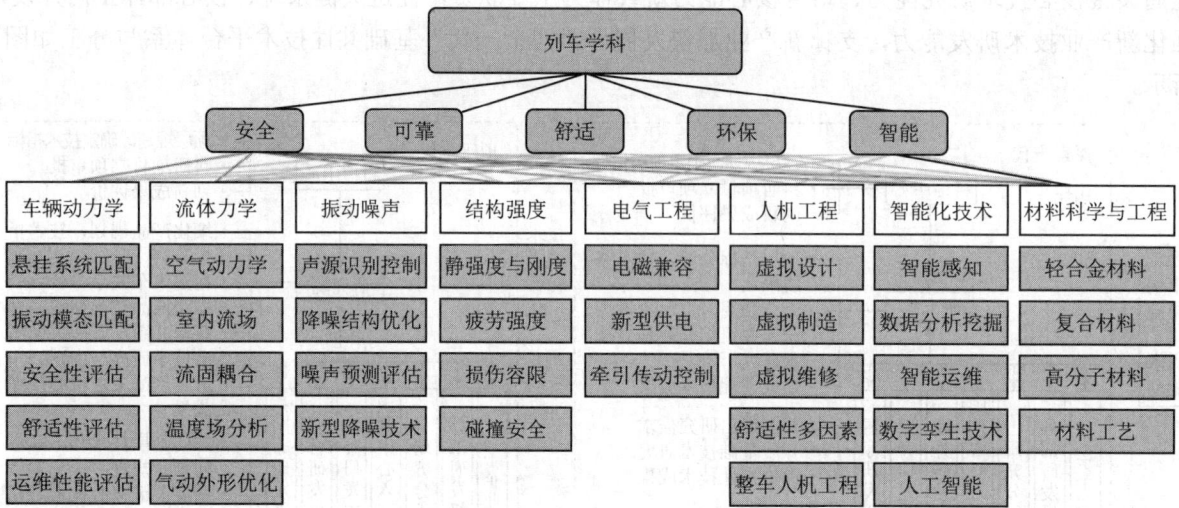

图3 企业内部"列车学科"体系

3. 聚合内外部资源，聚力突破共性技术并实现能力共建

一是外部汇聚产业研用优势资源，推进创新链协同发展。以科研项目聚集创新资源，以市场需求整合供应体系，形成重大产品创新带动关键技术发展、新技术工程应用推动产品持续创新的螺旋式发展模型。根据不同研发方向，采取多元化的协同方式，如建立产学研战略联盟，共建国家创新中心、国家工程实验室、国家重点实验室等。在全球知名高校、科研院所建立"窗口型"技术监测平台、基础前沿技术联合实验室；在美国、英国、德国等创新资源优势地区开展布局，先后建成了中德、中英等18个海外研发机构，打造了世界范围内的全产业链创新生态。"复兴号"动车组研发运用过程，涉及全产业链企业2000余家、高校及科研院所47个、国家级创新平台58个，共有70余名院士、800余名教授和研究员，以及近万名工程技术人员参与实施。

二是内部整合各子企业研发资源，发挥整体优势，提升研发效能。围绕国家战略和产业发展需求，组建中车协同创新团队，开展基于共同目标和资源共享、成果共享、风险共担的重大科技创新与科研攻关。总部科技质量与信息化部作为归口管理部门，统筹推进团队组建和团队项目的绩效评价。团队采用科研项目制，项目来源包括中国中车承接并统筹组织实施的国家级、省部级和国铁集团等科研项目，以及中国中车统筹安排的协同创新科研项目。团队实行项目负责人负责制，团队成员原则上从中国中车各子公司内部选聘，参照《中国中车双聘人才管理暂行办法》管理。团队采用集中地点办公和分散办公相结合的灵活工作机制，中车研究院、国家高速列车技术创新中心等团队承载平台负责项目实施期间的管理与服务。

先后在"面向未来的高速列车及关键技术研究""碳纤维复合材料应用研究"等重大项目上开展了协同创新团队探索和尝试，建立了协同创新的管理体系和流程制度，实施研发费用视同利润加回、工资总额单列等创新举措，形成可复制可推广的协同创新模式，推动中国中车创新由"各自为战"向"集团军作战"转变。基于协同创新团队的全链条联合研发组织模式如图4所示。

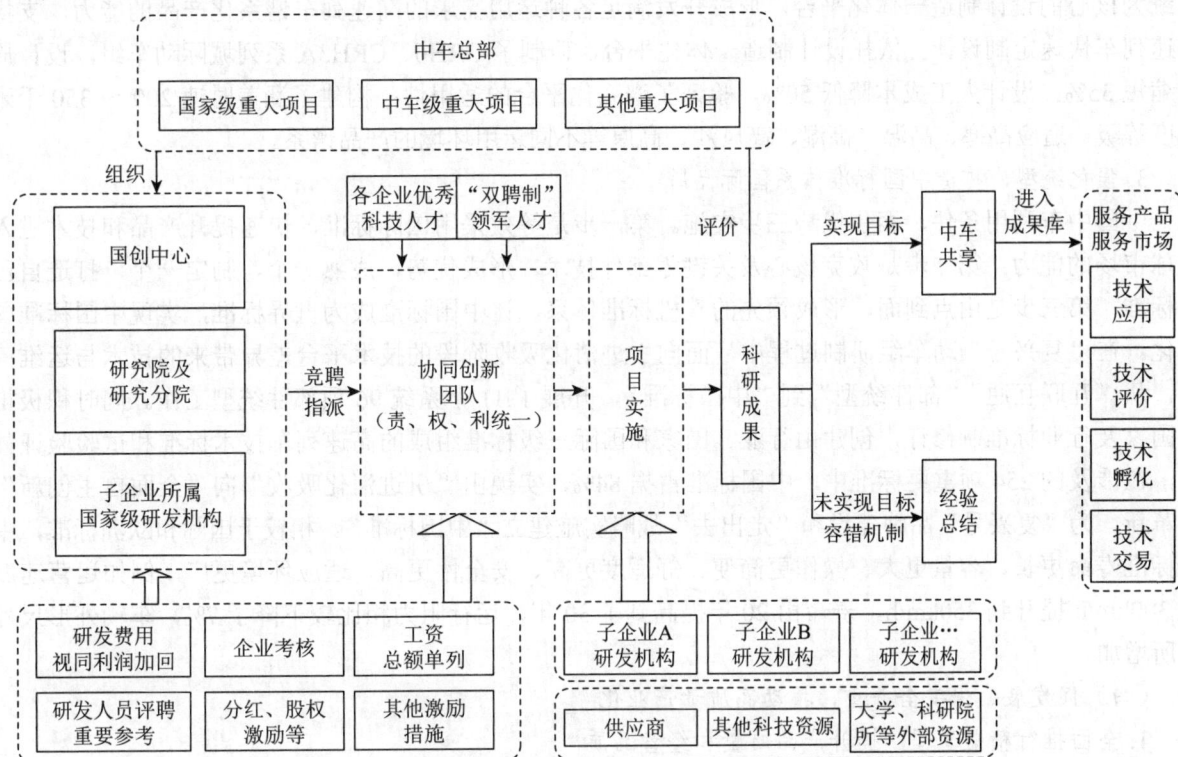

图4　基于协同创新团队的全链条联合研发组织模式

（三）开展谱系化产品研制，满足市场多元化需求

1. 正向设计，加快产品全生命周期迭代升级

针对高速列车复杂大系统的技术特点，在系列车型的研发过程中，子企业所属各级研发机构根据职责开展研制一代相关技术研究；开展面向市场的产品研制、产品工程化技术、产品质量保证技术等研究。开展装备一代定型和变形产品相关技术研究。主要落实顶层指标分解和产品全生命周期循环迭代优化的设计方法，准确识别内外部设计边界，以综合仿真、样件试制、地面试验、型式试验、联调联试、运营考核为验证手段，并通过运营跟踪，掌握高速列车不同运营阶段的功能、性能和结构可靠性的变化规律，再反馈到设计进行持续改进。在此过程中，高速动车组的迭代升级时间由3～5年缩短为2～3年。比如，在CRH380系列动车组研制中，基于京沪高铁的需求，确定顶层指标并分解到各子系统，通过一系列仿真、部件试验、地面系统试验和原型车线路试验，以及后期的运用维护数据，循环迭代优化设计方案，突破关键系统和部件的技术难点、制造瓶颈和运用可靠性，形成了全新的产品平台。2014年、2015年相继成功研制的耐高寒抗风沙动车组和永磁高速动车组，研发周期大幅缩短。"复兴号"动车组是在CRH380系列动车组技术平台的基础上，按照正向设计思路，以互联互通、技术先进为目标，历经503项仿真计算，5278项地面试验，2362项线路试验，最终形成以中国标准为主导，自主化、简统化研制的时速为350千米的中国标准动车组。

2. 分层设计,实现谱系化产品按需柔性制造

为满足市场差异化定制开发需求,针对高速动车组品种多样、设计制造周期短的挑战,提出分层设计、模块构建的列车设计制造新思路,建立了"按需定制、高效设计、柔性制造"的谱系化方法。基于产品结构树,构建需求、过程及产品元模型,建成以快速设计、虚拟可视化及试验验证等八大子系统为核心的设计制造一体化平台,形成开发满足各种运用需求的高速列车谱系化产品的能力,支撑高速列车快速定制设计。依托设计制造一体化平台,研制了 CRH6、CRH3A 系列城际动车组,设计周期缩短 35%,设计人工成本降低 50%,验证了谱系化平台的适用性;构建了涵盖时速 200～350 千米速度等级,适应高寒、高温、高湿、高风沙、高原等不同运用环境的产品谱系。

3. 强化统型,打造中国标准体系国际品牌

中国中车利用条件、聚焦优势三步实施。第一步是等效采用国际标准,快速提升产品和技术进入全球市场的能力;第二步是攻克核心及关键零部件技术,形成优势,成熟一个,制定一个,打造自己的标准;第三步是由点到面,形成领先的整机标准体系,让中国标准成为世界标准,实现中国标准国际化。在"复兴号"动车组研制过程中,面向引进消化吸收阶段的技术平台差异带来的技术与运维问题,从"互联互通""部件统型"到"中国标准",开展了 11 个系统 96 项部件统型工作。同时积极推动国家及行业标准制修订,创建由行业、国家和国际三级标准组成的高速列车技术标准和试验验证体系,在涉及的 254 项重要标准中,中国标准占据 84%,实现由"引进消化吸收"向"全面自主创新"的革新,为"复兴号"品牌建设和"走出去"战略实施建立"中国标准"。相较于国际和欧洲标准,中国标准寿命更长、容量更大、操作更简便、舒适度更高、安全性更高、适应环境更广,例如运营速度由 300km/h 提升到 350km/h,寿命由 20 年提高到了 30 年,运行阻力相比较下降了 7%,车辆外形尺寸有所增加。

(四)促发展、保安全并重,推动高质量产业化

1. 全面推行精益管理,提升产品质量和经营品质

以"三大重点管理工程"为抓手,打造以"工位制节拍化生产"为特征的精益制造模式,进而将精益理念与方法从制造环节向技术和管理环节全方位延伸,构建以"6621 运营管理平台"①为主体的精益管理体系。一是突出基础管理的"强基工程"。围绕优化组织架构、完善制度体系、致力协同运营、突出风险管控、构建特色体系的重点任务,强化基础平台保障。二是突出制造为先的"示范工程"。建设精益制造单元,形成可复制、可平移的精益体系。三是突出专业管理的"雁行工程"。建立管理流程与制造流程高度协同的运营模式,不断完善精益运营的体系和标准。通过工位建设和节拍管控,打造一条高效的产品生产线,建立与精益制造流程高度匹配的运营系统,对原有相对分散和割裂的职能管理进行系统集成和协同。

2. 坚持引领带动,提高产业链韧性安全水平

针对既有高速列车产品平台的关键核心技术和零部件薄弱环节,持续开展"卡脖子"和短板技术攻关工程行动。一是攻克转向架用轴承、功率和通用控制芯片、高性能碳纤维复合材料、高分子材料等与制备应用验证相关的紧迫性技术,实现轨道交通装备"卡脖子"问题的重大突破;二是攻克关键电磁材料、车载超导磁体与制冷、传感器敏感器件等基础性技术,研制一批关键基础材料和零部件,全面提升共性技术供给能力,持续保障产业链、供应链安全稳定;攻克大功率高效永磁驱动、宽禁带半导体大功率器件的集成应用等前沿性技术,研制一批关键功能部件;三是攻克动态高热容量摩擦副

---

① 第一个"6"是指 6 个管理平台,即市场管理平台、人力资源平台、资产管理平台、安全环境管理平台、售后服务平台和信息化平台;第二个"6"是指 6 条管理线,即设计、工艺、采购、生产计划、质量和成本管理线;"2"是指 2 条模拟线,即模拟生产线和模拟配送线;"1"是指 1 条生产线,即建立工位制节拍化流水生产线。

材料制备与匹配、轮轨黏着控制、电驱动机械制动等基础、前沿性技术，研制系列关键零部件，实现制动技术从跟跑到并跑，提升产业链自主可控水平。

面向高速列车产业稳定健康发展，深度聚焦具有明显专业优势、细分领域特色的产品，制定了《中国中车推动"专精特新"企业IPO三年行动计划》，培育掌控产业链关键节点的专精特新中小企业、"单项冠军"企业，推进领航企业培育工程，支持专精特新"小巨人"企业高质量发展，鼓励企业在核心基础零部件、关键基础材料、重要基础工艺、共性技术基础等方面进行技术攻关，带动形成了制动系统、电机、受电弓、活塞环、IGBT（绝缘栅双极型晶体管）、新型材料等一批具有明显专业优势、细分领域特色的专精特新企业，已完成时代新材、时代电气两家企业的上市。

3. 强化产融结合，培育供应链、产业链新生力量

发挥金融工具对产业链高质量发展的支撑作用，适度发展供应链金融手段服务产业链企业，提供产业链资金保障，有效降低配套企业成本。截至2022年，在基金方面，主发起基金实缴募集资金近100亿元，其中撬动社会资金60亿元，助力打造细分领域专精特新"小巨人"企业，协助产业链企业整合、并购。在保理方面，累计服务产业链、供应链企业5450家，累计投放资金约470亿元，产业链企业融资成本由年化8%～12%梯次下降至年化3.4%～5.5%，2022年服务产业链企业2562家，平均年化利率4.2%左右，远低于保理行业融资利率，为中小微企业融资发挥明显作用。在保险方面，累计获得财政保费补贴累计7.67亿元，节约保险成本支出近1亿元，协助索赔总金额累计5.6亿元，2022年度为10家企业协助投保20个首（台）套重大技术装备，1个新材料首批次应用综合保险，获得保费财政补贴资金2295万元，有效分担和转移企业开发新产品的质量和责任风险。

（五）持续完善保障举措，培育领先领跑创新土壤

1. 完善科技创新投入和评价机制

中国中车坚持科技自立自强，持续加大研发投入，推进重大产品研制，进一步激发企业增长动能。截至2022年，连续三年科技投入强度保持在6%以上，有效支撑中国中车持续推出新产品、新技术，构建具备完全自主知识产权的先进轨道交通装备产品谱系，引领行业技术发展。为进一步强化基础前瞻共性技术研究，加大原始创新力度，"十四五"战略规划将基础前瞻共性技术投入到科技中的占比从10%提高至20%。同时，采用基于模型的系统工程（MBSE）方法论，构建企业创新驱动发展指数（IDI），从科技创新投入要素、过程管理、产出效果三个层面，形成可量化、标准化的科技创新评价体系。按照"统一标尺、分类比较、纵向提升、横向可比"的原则，分板块、分类型横向分析创新成效，引导企业了解自身能力水平和优劣势，科学评判自身的技术能力和所处技术发展阶段，明确努力方向。

2. 构筑全球化创新人才管理体系

以构建全球一体化人力资本管理体系为主线，以八大精品人才工程为抓手，不断深化人才发展体制机制改革，形成具有中国中车鲜明特色的人才管理体系。全球一体化人力资本管理体系是以人与组织的匹配为核心理念，以职位＋能力为主线，构建的包括5大系统、12个模块、37个项目的全球一体化人力资本管理体系。八大精品人才工程包括选人用人、职位管理、招聘配置、薪酬绩效、人才盘点、人才发展、平台支撑、实施管控八大方面。2022年10月，按照"1+4+X"（以北京为中心，以长春、大连、青岛、株洲＋长沙为四翼，并在其他中心城市协同推进）中国中车人才高地建设总体布局和优先打造北京区域人才高地工作部署，中国中车成立中车科创公司，中车科创公司下设19家研究所，对应中国中车所属有关研发制造类骨干企业承担科研任务，是中国中车具有战略意义的高端人才聚集平台、科研开发共享平台、产业产品孵化平台。

3. 构建企业自主化质量标准体系

中国中车产品质量管理体系从满足 ISO 9001 体系认证和 IRIS（国际铁路行业标准）体系认证开始，到逐步构建特有的"中车Q"质量管理体系，不断以卓越绩效为指引持续提升质量。"中车Q"是以轨道交通装备为核心，可移植、可评价的质量管理体系标准集合，中国中车实施体系化质量把控，将质量管理嵌入经营管理全过程、产业链上下游协同管控，构建门—碑—点过程控制模式、全生命周期维保等一体化长效管理机制，搭建具有轨道交通装备制造业特色的质量管理标准体系。通过开展内部质量管理、供应链质量管理，确保高速列车装备的运营安全。

4. 数字技术赋能创新工程体系实施

在研发设计端建立"智能产品研发数字化体系"，在生产制造端建立"生产指挥数据驾驶舱"，在经营管理端建立"经营管理数据驾驶舱"，在产品服务端建立"全生命周期数据驾驶舱"，构建具有中国中车优势和特色的"价值创造模型"。通过建立高速列车设计—制造—产品三大技术融合平台，提高协同研发效率与创新精益性。通过由产品制造商向全生命周期市场服务商和系统解决方案供应商转变，推动高铁装备制造业实现标准化和数智化，从而提升整体产业的创新能力。截至 2022 年，中国中车获批国家智能制造新模式项目 26 个、智能制造试点示范项目 12 个。

5. 通过项目分级管理机制优化资源配置

中国中车科研计划分为中车重大专项和中车科研项目，突出自上而下的战略指导性，加强项目指南权威性，实行顶层统筹计划，分类归口管理。中车重大专项和中车科研项目的重大项目采取"项目经理"和"总设计师"的"双总师"项目组织形式。市场类产品开发项目和一般性技术研究项目，由业务板块按照"统一组织、整合资源、统筹经费、适度竞争、联合设计、技术共享"的原则组织实施。重要技术研究类项目按照"统一规划、聚焦重点、开放协同、技术共享"的原则由研究院归口，或委托创新中心承担，或组织所属各类研发机构承担。

三、以领跑世界为目标的中国高速列车创新工程体系构建效果

我国自主创新的一个成功范例就是高铁，从无到有，从引进、消化、吸收再创新到自主创新，现在已经领跑世界，要总结经验，继续努力，争取在"十四五"期间有更大发展。

（一）有效服务交通强国战略，实现"复兴号奔驰在祖国广袤的大地上"

截至 2022 年，中国中车时速 250 千米"复兴号"动车组共投入运营 118 组，主要配属在济南、广州、成都、昆明、西安、郑州、上海和兰州 8 个铁路局，运营总里程超过 4000 万千米，是中国在运主力车型。时速 350 千米"复兴号"动车组投入运营超过 2000 组，配属沈阳、北京、济南、武汉、上海、南昌、广州、成都、昆明等铁路局，累计安全运行超过 8.36 亿千米。

（二）实现关键核心技术自主可控，成为"自主创新的一个成功范例"

中国中车不断增强核心技术供给能力，打造自主可控、安全高效的产业链、供应链，先后组织完成了 20 余项关键原材料、IGBT 功率芯片等 30 余种关键元器件、轴承和传感器等 90 余种关键零部件、6 大类 185 种通用控制芯片等的替代攻关，突破了 IGBT 高场载流子输运机理、多物理场耦合机理等基础理论，轴承钢、润滑、减摩等应用基础技术、产品设计制造及试验验证等产业化技术，提高了产业链、供应链的韧性和安全水平，进一步推进了高铁产业链转型升级。目前，我国高铁产业链涉及全国 20 余省、100 多个地市、600 余家一级核心配套企业、1500 余家二级配套企业，已形成从材料到部件、整车、服务比较完整的产业链，技术水平世界一流、产业规模全球第一。高速动车组产业对其他产业的带动作用为 1:5，高铁的规模化制造对我国实体经济的发展起到了直接的拉动作用。

（三）向世界输出中国方案，成为"一张亮丽的名片"

高铁动车体现了中国装备制造业水平，在"走出去""一带一路"建设方面也是"抢手货"，是

"一张亮丽的名片"。2023年10月2日，雅万高铁宣布正式启用，是中国共建"一带一路"倡议构想的具体实践，全线采用中国技术、中国标准。中国高铁外交成为中国外交的一张"新名片"，对提升国家外交影响、塑造国家形象起到积极作用。目前，中国高铁项目已在泰国、俄罗斯、巴西、墨西哥等地推广并实现了合作，辐射亚洲、非洲、欧洲、美洲、大洋洲等众多区域。

（成果创造人：孙永才、王　军、张新宁、龚　明、梁建英、沙　淼、

冯江华、徐　磊、吴胜权、于跃斌、郭胜清、邵　邦）

支撑国家重大工程的新一代航天材料体系原始创新管理

航天材料及工艺研究所成立于 1957 年 12 月。经过 60 余年的发展，已成长为专业齐全、特色鲜明的航天领域材料与工艺中心研究所，基本实现了"弹、箭、星、船、器、站"材料的系统配套、自主保障和体系发展，牵头创建了航天材料体系，有力支撑了"两弹一星""载人航天工程"等不同时期国家重大任务的实施，带动了我国相关材料学科和基础工业的进步，走出了一条从"跟踪仿制"到"自主创新"的发展道路。

一、支撑国家重大工程的新一代航天材料体系原始创新管理背景

（一）填补该领域空白，有效完成国家重大工程任务的战略需要

某重大工程是我国在航天装备技术领域实现从跟跑到并跑、领跑的跨越式发展的重大任务，肩负着实现战略力量均衡、维护国家安全和稳定的目标与使命。该装备技术领域面临的超长航行时间、极其复杂严酷的力热载荷等服役环境条件，使具有防热、承载一体化特征的复合材料体系成为唯一可选方案。工程立项之初，该材料体系在世界范围内处于探索研究阶段，国外由于防热结构失效多次导致飞行试验失败，是公认的世界性难题。迫切需要开展新一代航天材料体系的原始创新，实现"从 0 到 1"的重大突破，解决工程"无材可用"的难题，填补领域空白。同时，基础理论的不成熟、保障条件的不健全、人才队伍的不完备，使新一代航天材料体系的整体研发基础存在严重不足，亟须面向材料开展原始创新，牵引带动热力等相关学科以及战略原材料、大型热工装备等基础工业的发展，构建和锻造新一代航天材料人才队伍，全面支撑大国重器的能力生成和持续引领。

（二）有效应对多任务并行、极速生成技术能力的急迫需要

该工程的任务本质要求研制过程集预先研究、技术攻关、工程研制、能力生成为一体，涵盖的基础理论研究、关键技术攻关、试验考核验证、保障条件建设四条任务主线同步推进，四条主线各有侧重、紧密耦合、螺旋迭代，研制过程具有极高的复杂性。在实现"从 0 到 1"的跨越式突破的新一代航天材料技术领域表现得尤为突出，既需要面向满足工程需求，开展材料实现路径的攻关探索；也需要在科学理论层面，探明材料方案可行性的机制原理，实现"知其然"又"知其所以然"；更需要在工程应用层面，加快阶段成果的试验考核验证，不断提升材料的技术成熟度。为有效应对多线、多任务交叉并行、相互制约，化解创新的不确定性与工程研制节点、质量刚性间的突出矛盾，实现高效实施、有序衔接等，需要打破传统型号管理模式和预研管理方法，探索符合该领域技术规律的科学研制管理模式，有效实现重大跨越性创新提出的系统性统筹的挑战。

二、支撑国家重大工程的新一代航天材料体系原始创新管理主要做法

（一）谋划新一代航天材料体系原始创新框架，优化调整组织机制

1. 明确任务总体目标

以高质量有效支撑国家重大工程研制为使命牵引，确定材料技术重大原始创新的总体目标，具体有以下几点。第一，开展自主创新，创建以高温防隔热材料为代表的新一代航天材料体系，占领材料领域技术制高点，填补领域空白，技术水平达到国际领先；辐射带动国内相关领域学科基础理论发展。第二，突破制约装备发展的关键技术瓶颈，建设热结构制造等系列核心技术能力，牵引国内相关领域工程技术快速进步，支撑实现新一代航天装备的跨越式发展和持续引领。第三，构建形成新一代航天材料及结构研究试验基地，培养锻造新一代航天材料及工艺人才队伍，推动我国材料工艺、加工

制造及检测试验技术能力跃上新台阶。

2. 确立正向研发策略

为适应工程任务不确定性更强、时间更紧、任务更重等研制特征，结合对装备材料体系新、种类多、技术难度大、涉及专业面广、国内相关研究基础薄弱等现实条件的充分认识，提出"集中统筹—研验结合—迭代实施"的材料技术创新总体策略，着力按照材料研究的科学程序和材料技术成熟的客观规律，统筹衔接以实现多并行任务的循序渐进。

面向满足飞行器不同部位的功能需求，坚持"近期急需方案闭合、中期攻关全面突破、远期技术持续领先"，顶层规划包含"六种材料和四类技术"（十大关键技术）的新一代航天材料体系原始创新整体框架（见图1）。十大关键技术同属一个体系，既各有侧重，又相辅相成、缺一不可，特别是六种材料的研发需要四类技术的验证和集成，四类技术的攻关需要以材料为载体基础；十大关键技术基础薄弱且差异较大，各项技术既需要瞄准工程应用，在刚性节点约束下，收敛方案、提升成熟度，又要在集成中相互支撑、相互制约，呈现典型的"木桶效应"。通过对基础科学问题的辨识、攻关实施路径的设计、试验考核项目的策划、原材料及工艺装备的梳理，在"基础理论研究、关键技术攻关、验证试验考核、保障条件建设"的创新体系中异步并行推进研究—研制—验证，实现单项技术能力和技术集成能力的螺旋上升。同时，充分发挥材料工艺的核心关键优势与作用，指导实施正向研发，在结构防隔热系统总体方案的顶层策划、关键指标论证、工程产品设计、风险辨识与控制等环节提供方向性的指导意见，综合平衡设计使用需求、材料综合性能、工艺实现水平、一定阶段的能力条件等，决策制定满足各阶段、不同任务需要的最优材料技术方案，为工程制造效率、效益、质量的全面提升夯实基础。

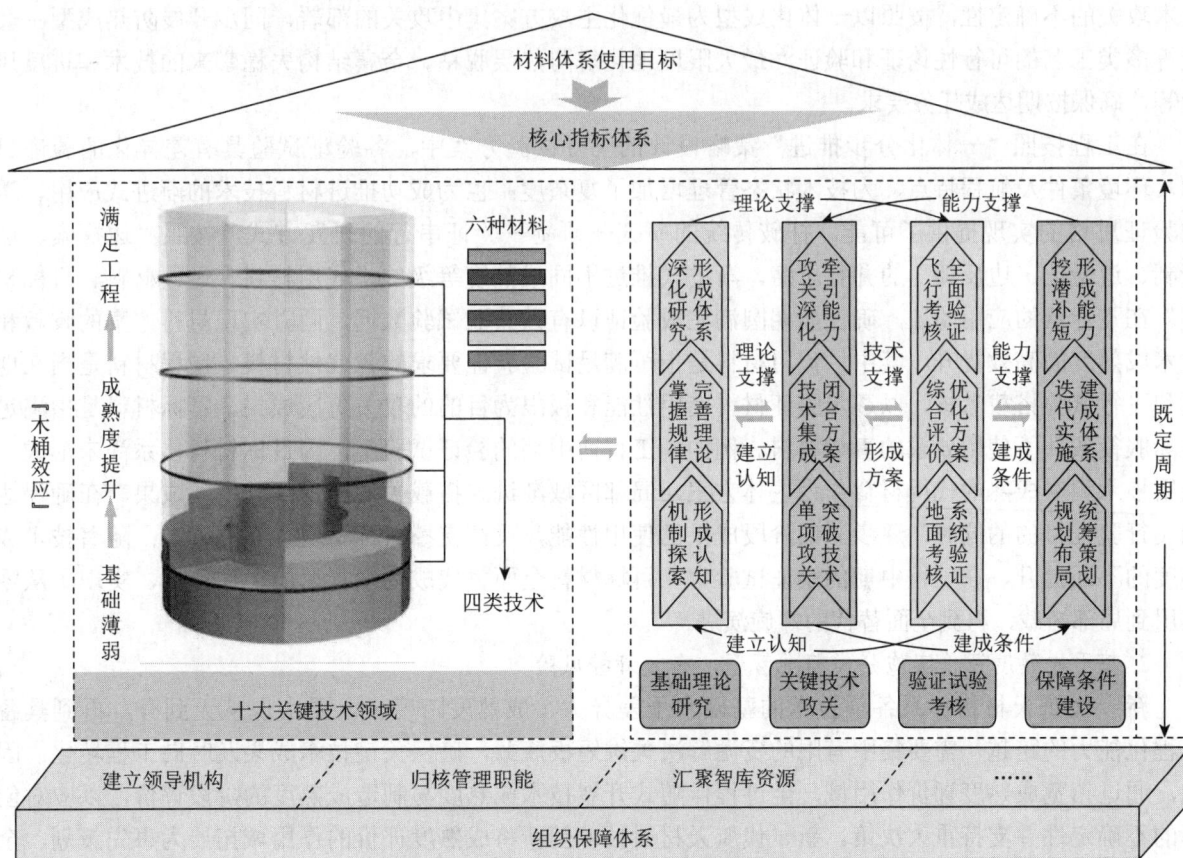

图1 新一代航天材料体系原始创新整体框架

3. 优化组织与管理机制

创新引入以集约化、深层融合为特征的组织与管理机制，以支撑材料技术原始创新的高效实施。一是成立领导小组，作为攻关的统筹和决策责任主体，对理论研究、材料研制、条件建设等过程中的重大问题一体化研究、统筹决策。二是归核管理职能、创新专项（副）主任工程师职务任职系列，实现计划、调度、技术、经费的组织管理集约化和技术管理的扁平化，为多条线高效并进以及计划、质量和进度的控制提供坚实的组织基础。三是汇聚内外部行业权威专家，首次成立专家咨询组，为重大技术方向的决策评估、问题的协调处理提供智库支持，助推和带动人才队伍的快速成长。

（二）采取"多方案异步并行、迭代收敛"的研发方式，有效化解原始创新不确定性

1. 并行迭代化解技术和进度风险，高效达成创新目标

为有效化解原始创新的深度不确定性，以多方案并举、迭代收敛的思路推进材料技术研发。工程自立项以来，围绕适应多种外形方案的总体载荷、温度等热力环境条件，针对主承力热结构材料，同步开展三类复合材料体系的方案设计和技术验证，多种工程尺寸复杂形状部件的制造工艺攻关；同时，就共性科学问题开展基础理论研究，从机理机制方面提供可行性的支撑。通过大量材料级的工艺验证与试验考核，掌握了各复合材料体系的基础性能数据，形成了适用于不同使用环境的材料谱系。随着飞行器真实服役环境在多次试验考核后逐步明确，综合权衡各材料体系的本征属性、综合性能、制造工艺，实现材料方案的收敛，成功完成飞行演示验证试验考核，确定成为飞行器的主体材料方案。同时，材料谱系的形成，也为确保各型飞行器"有材可用"及"分级分类选用"创造了条件。

此外，多方案的工艺技术创新同样伴随工程的全过程。针对薄壁异形结构特征及工程批量试制特点而创新研发的"结构防热一体化"成型工艺，把航天装备制造带入了全新的技术领域。为应对工艺技术攻关的不确定性，按照以一体化成型为最优化主攻方案集中攻关的部署，同步开展防热成型＋套装等多类工艺的可行性论证和验证，最大限度地化解防热层脱粘、金属结构失稳带来的技术和进度风险等，确保按期达成任务要求。

在工程按照"一体化分步推进"策略设计的飞行试验方案中，各验证试验具有差异化的验证目的、环境条件及航程特点，为技术状态管理增加了复杂度；也为成功推进材料技术的渐进式应用、迭代验证思路的实现提供了可能。打破传统的研究—研制—验证串行的研发方式，按照"边探索、边研制、边验证、边反馈"的并行思路，渐进式推进不同成熟度等级的"代用材料、过程材料、目标材料"在飞行器的应用验证，确保如期圆满完成验证以有效获取试验数据，同时实现材料方案的收敛和技术成熟度的高效提升。其中，代用材料是指可满足试验验证要求的替代性材料。过程材料是指在地面和飞行试验搭载考核，以逐步验证材料使用性能和极限为目的的攻关阶段成果。目标材料是指满足实际服役条件下使用要求的真实材料。例如，工程前中期的验证试验中，因目标材料体系尚未形成，选用技术相对成熟的代用材料作为主体方案，局部区域渐进式搭载关键技术攻关中间成果，在确保达到飞行验证目的的同时，逐步验证阶段成果的使用性能，反馈支撑目标材料方案的确定；随着技术成熟度的不断提升，在工程中期的验证试验中，目标材料全面替代成为飞行器的主体构成，实现了从零应用到局部搭载，再到全面替代的螺旋演进。

2. 基于成熟度评价实施分类精准管理，有效管控风险

新一代航天材料体系各项技术的基础水平差异大、成熟度跨度大，要实现从无到有，再到具备工程化能力的跨越，需要集中有限的资源解决关键短板瓶颈，确保关键技术成果及时向工程转化。因此，通过拓宽成熟度评价作用域，全过程伴随式开展技术成熟度与制造成熟度的阶段评价，以应对创新的不确定性并支持重大决策。新一代航天材料技术创新将成熟度评价的作用域拓展为事先策划、全程监测、事后确认，与技术攻关"同计划、同部署、同检查、同总结"，实现全过程伴随式的阶段评

价。策划阶段，面向目标论证和量化关键技术成熟度等级，形成攻关管理和验收评价基线。以研制周期和资源能力为约束，在技术成熟度等级指标牵引下开展攻关策划，支撑材料技术研发与工程应用有序衔接。检查阶段，结合关键技术特点、攻关研制进展，开展技术成熟度评价准则研究及评价，及时辨识管控风险并将阶段成果转化应用。评价阶段，对关键技术完成情况和标志性成果对标考核评估，为关键技术应用及攻关优化提供依据。

通过规范化和量化技术辨识，将材料技术领域9大关键技术准确分解为1项重大技术（A类）、6项重点技术（B类）、2项一般技术（C类）。差异化地明确三类技术的攻关和管理目标：重大技术关乎工程总体目标的实现，技术指标必须100%严格实现；重点技术影响方案闭合，技术指标允许部分微调；一般技术不影响方案闭合，技术指标可做适应性调整。以A类重大技术"热结构材料及工程尺寸复杂形状部件制造技术"为核心，聚焦深入开展关键技术攻关的策划、制造风险分析，制订制造能力改进提升方案，通过重要管理环节的提级评审，全面支持工程任务的重大决策和飞行试验热结构舱段的风险管控，为热结构制造关键技术难题的攻克提供重要抓手。同时，围绕A类重大技术发展路线图，系统策划梳理B类和C类技术发展脉络，科学合理制定规划，牵引攻关工作的整体协调发展。

（三）围绕研制"四条主线"差异化协同推进，支撑多任务系统高效实施

1. 发挥举国体制优势集智攻关，解决基础理论问题

在材料技术创新中，围绕规划的十大关键技术领域，主动凝练提出三大基础科学问题，开展材料烧蚀行为机理机制、材料性能表征测试方法等应用基础研究，着重解决结构材料变形与缺陷控制等问题，以支撑材料关键技术原理可行、实现攻关突破；同时，关键技术攻关中的实际具体问题不断返回迭代，推进方案的闭合和认识的深化。

为了更加高效地完成基础理论研究工作，针对"新型材料组分结构对宏观特性影响及控制方法"等科学问题设置重大项目，发布20项基础研究需求。在技术首席的抓总领导下，凝聚北京航空航天大学、北京理工大学、哈尔滨工业大学、上海交通大学、电子科技大学、东南大学等国内优势高校、中国科学院工程热物理所、航天科技一院十所、十一院等科研院所和企事业单位集智攻关；以项目专家组的设立，支撑民主决策机制的形成，以项目总体组的建立，统筹协调子课题研究进程及各子课题间的衔接耦合。以"宽松、宽容，严格、严谨"为基本原则，基础理论研究既面向需求又兼顾自由创新，在材料学、力学、热学等学科的交叉融合中，形成了新一代航天材料性能控制优化等一系列的原理方法，丰富了材料技术应用基础理论体系，为关键技术攻关突破提供有效支撑；同时，牵引基础科学实现了创新发展。

2. 预研、研制优化结合，快速突破关键核心技术

为了显著提高攻关研究的效率，确保攻关方案的快速迭代收敛，沿着"材料体系—关键技术—技术方案—实施路径—工艺参数"的链路，构建形成"1+9+N"的体系框架，逐级分解推进攻关实施。围绕航天材料体系"十大关键核心技术领域"的攻关目标，在技术负责人的领导下，关键技术负责人组织分解形成攻关子项目、关键技术指标和实施计划，重点按照里程碑节点对研究工作进行全过程指导把关、督导检查、对标确认，结合认识的深化不断迭代以支撑技术突破。与此同时，关键技术的突破收敛也牵引宇航级碳纤维、碳化物前驱体等关键基础原材料形成自主保障能力。

应用于地面考核验证的典型构件作为攻关研究的成果，与子项目研究计划实施相融合。综合考量研制的不确定性、支撑方案快速收敛及突发问题的分析研判，兼顾满足方案收敛和灵活机动的需要，组织管理方面在参考型号研制管理方法的基础上进行了优化和简化，研制过程的工艺要求和过程记录以真实、完整、可追溯为主要原则，确保可支撑工艺参数的逐步固化。

3. 实践系统级项目管理，确保验证试验考核成功

面向演示验证试验考核，需要制备出性能稳定且满足要求的考核样件及产品，初步形成工艺规范与检测方法，通过地面及飞行验证试验考核和工艺方案评审。针对项目强探索性、前沿性、创新性带来的"技术难度大、产品状态多、研制周期长、任务时间紧"等突出特点，采用介于背景预研与型号研制之间的，以"兼顾灵活机动和满足节点、质量刚性要求"为核心要义的系统级项目管理模式，实现演示验证研制工作高效有序、风险可控、质量可靠。

第一，在方案设计阶段，通过引入IPT（图像处理工具）联合机制，强化设计工艺协同，实现高效协同和快速解耦。持续动态就设计方案可行性、可靠性以及技术状态与计划、工艺、质量的关联性等深层融合、充分交底，源头强化对设计工艺间的适应性、上下游工艺间的相互影响、成型制造全过程尺寸链的传递与统一等关联性问题的关注度，为工艺实现的畅适性、产品质量的稳定性和一致性筑牢基础。

第二，在研制实施阶段，兼顾效率提升与体系健全，以"2+1+N"的研制任务群模式推进实践研制前、中、后期"三基线"质量管理，循序渐进地建立、健全与型号相当的质量管理体系。研制前期，着重从理论基线围绕"抓关键点的控制、抓有据可循的问题"，以关键点的严格控制推进质量体系建设与试制件质量控制相辅相成、共同进步；结合热结构等技术成熟度相对较低的关键材料的研制程序与规律，研究制定过程文件受控形式、过程工艺问题快速处置方案、检测尺寸分析确认方法、工序流转记录模式等简单高效的质量跟踪和管控要求。研制中期，着重对工艺基线实施管控，统筹优化研制流程，精简工艺实现过程中以"等待"为主的非生产链条上的冗余周期，推行以工序为单元的卡片式质量记录和跟踪管理，实施基于数据包络分析的放行机制，在确保工序流转有序和质量管控可靠的同时，形成固化稳定的工艺技术状态，热结构材料的性能一致性和稳定性得到明显提升。在此基础上，建立、健全与型号相当的质量管理体系，支撑航天装备工程化研制。针对科技工程特定阶段，形成与之相适应的管理原则和协调解决工艺、质量管理问题的有效机制，在提升质量体系畅适性的基础上，支撑和推动研制任务的持续、快速实施。

第三，为确保演示验证圆满成功，航天材料研制中首次系统开展材料工艺风险辨识与控制，分析识别材料工艺实现过程潜在的风险源，以其对材料性能、工艺过程、产品质量的影响，以及对严酷度、发生度水平的研判确定风险等级，实施风险管控措施，并根据研制进程不断迭代完善。例如，基于舱段部件成型工艺FMEA（工艺故障模式及影响分析），辨识出大尺寸薄壁异形结构一体化成型中"真空辅助压力浸渍工序"等5项关键技术风险。通过正向设置关键工序对风险实施有效预防管控，避免了材料研制中颠覆性技术问题的发生，确保了关键产品的研制进度。

此外，以材料研制的全面系统总结为抓手，强化验证后的分析反馈，提升材料技术认识和正向设计能力。特别是，充分利用历次飞行试验考核获得的实物，就典型部位、关键特征、特殊现象等系统开展检测分析；根据飞行试验环境、关键考核结果，对材料性能进行综合研判，提升和拓展对材料体系应用于不同服役环境的可行性及可靠性的认识，为材料研发成果逐步应用于装备的评估决策创造有利条件，对进一步正向设计实现应用拓展提供重要依据。

4. 近中远期统筹规划，循序渐进形成保障能力

新一代航天材料保障条件建设的特点突出表现为，基地建设与能力建设"从无到有"高度同步，技术方案收敛与能力建设实施高度迭代，工艺装备研发、制造、验证、应用全链条高度耦合。对此，制定了"长远规划、循序渐进、自主创新"的总体建设思路，确保资源尽其所能。首先，着眼满足工程研制需要，兼顾装备工程化制造，按照"体系效能型"能力统筹规划建设布局。其次，依据技术成熟度水平和重要性，确定能力建设项目的优先级，集中优势力量形成应急保障能力；伴随关键技术方

案收敛和技术成熟度提升，面向"应用基础研究—关键技术攻关—工程应用验证"的全链条，建成以三种能力和五个平台为主体的完整产线，全面形成工程研制能力。最后，"以增量带存量"，解决热结构高端制造能力瓶颈，提升装备批量化制造能力。

（四）以计划网络图为抓手，有效推进新材料设计、验证和集成制造

材料攻关所服务的工程研制任务具有强创新性、弱技术基础、任务体量大、周期短等特征，按照多方案异步并行、迭代验证的总体策略部署，防隔热材料技术攻关面临应用场景状态差异大、研制任务异常密集紧凑、设计—工艺—试验耦合度激增等带来的过程关联性大幅增加的挑战。为应对上述挑战，立足于工艺总方案，建立面向工序单元、涵盖全要素（人、机、料、法、环）、强调计划关联性和技术关联性、注重执行力的计划网络图。从计划关联性角度，依据里程碑节点分解项目所含各单项产品的主进度计划，兼顾并确保主进度某一研制工序的按计划完成及工序间的无缝衔接。从技术关联性角度，充分认识设计与工艺、工艺与工艺之间的关联性，辨识技术风险；通过持续优化工艺流程，解决研制短线、瓶颈问题，提升单发产品研制效率（提升约35%）。以计划网络图为抓手，指导实际工作中的计划、技术优化迭代，为有效落实内外部资源在计划周期内的合理保障，及时辨识管控不协调因素，降低和规避工艺技术风险，确保产品质量等提供支撑。

1. 综合实施多种手段，强化关键短线瓶颈的识别管控

针对技术成熟度较低、研制周期更长、能力资源瓶颈更加突出的技术，如舱体主承力结构用复合材料等，首先，综合应用计划网络图和技术成熟度评估等手段，紧密结合飞行验证防热产品的研制特点和研制规律，精细策划不断强化攻关等资源需求和短线瓶颈的识别管控。针对识别的关键短线和瓶颈，通过强化资源约束条件下多任务并行的统筹管理，系统协调关键短线资源在各任务间的兼顾平衡；通过紧前策划短线产品、瓶颈工序，密切关注工艺实现过程中的接口协调，重点关注设计技术状态更改带来产品新制与返制的技术风险与进度风险的辨识与管控，实现工艺过程的顺畅有序完成。通过持续深度挖潜，确保关键短线资源统筹使用的基础上，快速推动局部资源的补充建设，补足能力短板，更好地保障研制任务的按计划完成。通过加强与上级主管部门及总体单位的协调沟通，完善动态的计划调度机制，保证计划执行的延续性。

2. 采用产品化组批研制模式，保障工程制备高质量完成

采用"产品化"思路策划并组织开展关键产品的滚动研制。特别是对于热结构，一方面，为避免出现因个别长周期零件突发质量问题而"牵一发动全身"影响整体研制齐套，基于对关键风险产品的辨识分析，采取"散件备份"模式；另一方面，从确保高质量完成工程任务出发，对飞行试验产品采取整发舱段"滚动备份"的模式。"散件备份"和"滚动备份"在不同阶段最大限度地缓解舱段产品研制的进度风险，对攻关研制任务的完成起到关键的支撑作用。

对于研制过程中使用的国内最大和全新能力的关键设备，以保证"材料性能与产品质量""严格控制关键材料稳定性"为底线，基于对沉积、裂解等关键工序的复核、对其有效使用区域的核定，以及沉积、裂解工序对材料性能、产品质量影响的分析，开展多构件组批研制。例如对材料研制使用的沉积炉和烧结炉等大型工艺装备，由于整套设备的温度及流场均匀性控制精度难度相对较大，对多构件组批时不同放置部位、放置姿态下的构件界面层制备和致密化质量带来一定影响。对此，基于舱段中零部组件"框、梁、实心块体"等不同分类，以及各类构件的不同结构形式、尺寸规格、性能要求等典型特征，通过综合分析研判，形成差别化的工艺技术要求，确保高质量实现批量化工程制备。

3. 推进集成装配工艺实践，实现制造质量、效率提升

自攻关研究转入产品研制与技术提升阶段，适应新条件、新模式下关键产品的装配制造工艺技术亟须加强攻坚攻关。为此，以工艺总方案为纲领性文件，以完成、完善系列工艺文件为抓手，重新

定义成型、加工与装配工序间的工作界面，重点针对主要工序间的界面界定，以及基于三维数模技术状态对工艺要求的分解与协调，特别是基准的确定、分解与传递，结合工艺设计与前期研制（研究）经验，梳理并完善工艺状态表，形成工序间协调匹配的技术基线；制定热结构部段集成装配中零部件修磨、补偿、变形控制要求，根据数据的积累逐步迭代完善，推动工艺体系的健全、完善，实现工艺技术总体能力生成。通过关键产品装配制造技术的持续攻坚，工程部段集成装配质量、效率显著提升（近 50%），助推航天制造技术能力跨上新台阶。

三、支撑国家重大工程的新一代航天材料体系原始创新管理效果

（一）全面研究开发了新一代航天材料体系，实现我国在该领域由跟跑向并跑、领跑的跨越

紧密围绕工程等核心关键需求，成功突破了以热结构为代表的先进材料及工艺关键技术，形成了一套具有自主知识产权的完整技术体系，建设形成了国内最大的新一代航天材料研试能力，锻造了一支充满激情、富于创新、勇于担当的科研队伍，培养了多位材料领域领军人才，平均年龄 37.9 岁，约 200 人，有力牵引带动了基础学科和工业的自主创新发展，推动科技成果向现实生产力转化，标志着我国新一代航天材料体系的全面形成，实现了我国在新型航天材料技术领域由跟跑向并跑、领跑的跨越。"新型防隔热材料技术"于 2022 年获得"国防科技进步奖特等奖"。

（二）有效支撑了国家重大工程任务圆满完成，实现了跨代引领

以新一代航天材料技术攻关成果高效有序应用于国家重大工程研制任务，解决了我国新型航天装备在极端服役环境下的严酷气动热难题，确保了历次演示验证试验考核的圆满成功。新型材料体系进一步拓展应用于多个型号研制，有力支撑了世界首型某领域航天装备的批产列装。

（三）实践形成了由 0 到 1 的原始创新管理经验

紧密契合重大工程研制任务需要，在突破和掌握核心关键技术的同时，积极探索实践材料技术重大原始创新的管理模式，主要包括：以集中统筹为主旨推进正向设计，保障了决策精准和机制高效；多方案并举、伴随式评价成熟度，为有效化解原始创新的高度不确定性提供了方案；针对任务属性实施的差异化管理确保了多任务的顺畅实施，并行迭代确保了各任务主线的高效衔接、有序推进；开发计划网络模型等手段，为破解工程刚性节点约束，提升质量、效率提供了工具和抓手。上述系列研制管理方式，为同类工程任务的组织管理提供了成功的实践经验。

（成果创造人：王金明、杜宝宪、阎　君、冯志海、叶呈武、
郦江涛、陈　莉、高　阳、仝凌云、耿　琼）

橡胶轮胎企业基于"双链耦合"的协同创新体系构建

赛轮集团股份有限公司

软控股份有限公司

赛轮集团股份有限公司（以下简称赛轮集团）成立于 2002 年，是我国第一家 A 股上市民营轮胎企业和第一家"走出去"建厂的轮胎企业，在全球拥有四大研发中心、七大生产基地，在国内率先掌握了 63 英寸巨型工程子午胎技术，发布了全球首个橡胶工业互联网平台"橡链云"，自主研发了国际最高等级的液体黄金轮胎产品。2022 年，赛轮集团实现营业收入 219 亿元，营业收入规模和盈利能力位居国内轮胎上市公司第一。

软控股份有限公司（以下简称软控股份）成立于 2000 年，是全球橡胶智能装备龙头企业，致力于橡胶智能装备、应用软件的研发与创新，为行业企业提供软硬结合、管控一体的智能化整体解决方案，是国家创新型企业和国家技术创新示范企业，拥有专利近 1300 项，获得国家科技进步奖 1 项、省部级科技奖励 32 项，起草国际标准 4 项、国家及行业标准 87 项。2022 年，软控股份实现营业收入 57.36 亿元，橡胶机械市场占有率世界第一。

赛轮集团和软控股份联合青岛科技大学等行业优势单位，发起承建国家橡胶与轮胎工程技术研究中心（以下简称国橡中心），搭建了橡胶轮胎行业创新链、产业链深度耦合的协同创新体系，攻克了多项橡胶轮胎全产业链关键技术，成为引领行业创新发展、实现国家橡胶强国战略的重要力量和载体。

一、橡胶轮胎企业基于"双链耦合"的协同创新体系构建背景

（一）是提升橡胶轮胎产业国际竞争力的需要

我国橡胶轮胎产业作为后发产业，尖端技术面临着国外行业巨头的封锁。虽然近十几年我国已逐步发展成世界轮胎大国，但远非轮胎强国。在高端市场份额、国际市场份额及品牌价值等方面，与国际巨头仍存在较大差距。国外一线厂商经历了百年的技术迭代和品牌积淀，在技术和品牌方面仍然保持着领先地位。2013 年 3 月，国橡中心经科技部批复开展创新模式试点工作。赛轮集团与软控股份积极响应国家号召，依托国橡中心，立足自主创新，搭建自主可控的产业链条，创造源头创新和产业化的条件，积极推动橡胶轮胎产业基础的高级化和产业链的现代化，促进行业和企业向高端化、绿色化、智能化转型，加速打造具有国际话语权和影响力的橡胶轮胎产业集群和橡胶轮胎企业，形成世界一流的产业竞争力，推动我国从橡胶大国向橡胶强国的跨越。

（二）是推进行业绿色转型，引领行业高质量发展的需要

"双碳"目标下，制造业绿色低碳发展是必然趋势，轮胎行业的绿色化转型更是大势所趋。绿色轮胎产品因具有节能、环保、安全的特性，成为国际橡胶轮胎行业发展的主要方向。其具有低滚动阻力、低燃油消耗、出色的操纵稳定性、更短的制动距离、更好的耐磨性、可多次翻新等突出的动态产品特性，已经成为国际橡胶轮胎行业发展的主要方向。轮胎行业绿色化转型包括可再生原材料应用、产品绿色设计、制造工艺节能、绿色仓储、绿色营销，以及使用过程中的节油降耗等方面，尤其是传统制造工艺能耗高、污染重，在大量添加白炭黑填料的情况下，通常需要用到混炼时间更长、使用价格更昂贵的功能化材料，造成了能耗、污染的加剧和成本的上升，并因为白炭黑分散性不佳造成耐磨性能下降等突出问题，对绿色轮胎产业的发展造成不利影响。推进橡胶轮胎行业绿色化转型升级，是适应未来行业发展、获得未来竞争优势的必然选择。绿色发展需要整个行业的联动，而非某个点、局部的绿色转型，需要协同创新体系的支持，因此构建"双链耦合"的协同创新体系是实现产业高质量发展的重要路径。

二、橡胶轮胎企业基于"双链耦合"的协同创新体系构建主要做法

（一）明确思路，搭建产学研深度协同的创新体系

1. 构建以国橡中心为支撑的基础创新体系

国橡中心作为国内唯一实施"创新管理模式试点"的国家级工程研究中心，为推进创新管理模式试点工作，赛轮集团、软控股份探索出以国橡中心为支撑、产业链和创新链深度耦合为破题、"橡链云"为串联的产学研深度协同的创新体系（见图1），将国橡中心升级到各承建单位之上，作为产业链创新和协同管理中心，统筹贯通产业链创新资源，统筹上下游创新主体，搭建起涵盖橡胶产业基础研究、应用研究、工程化等全创新链条，形成"双链耦合"橡胶轮胎产业链协同创新体系，最终实现行业产业链、供应链自立、自强、自主、自控。

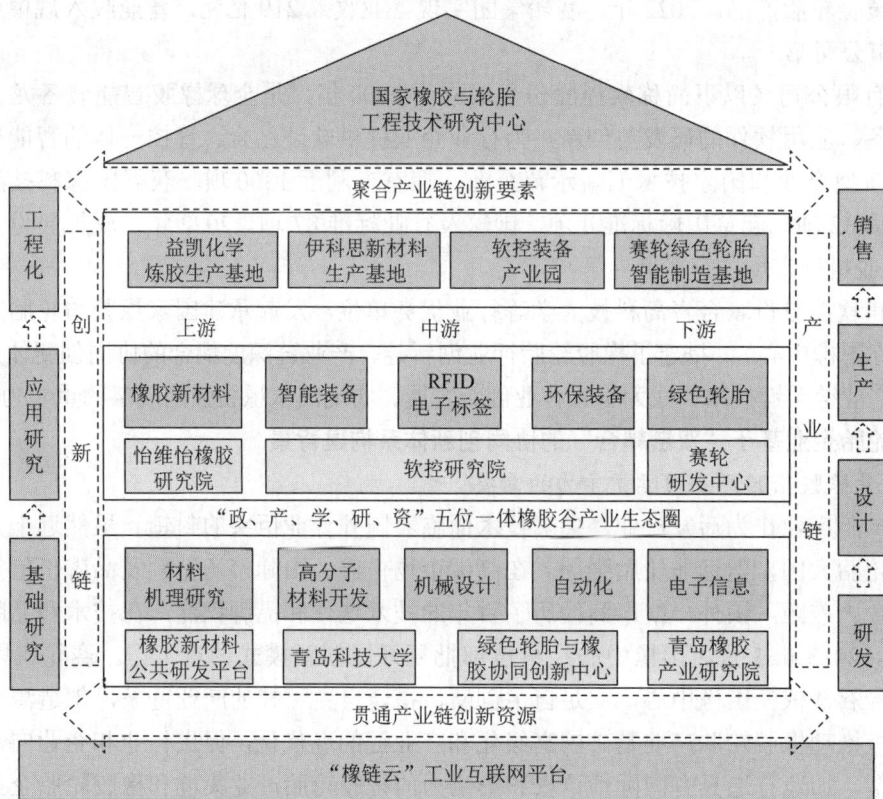

图1　橡胶轮胎"双链耦合"协同创新体系

国橡中心内部开展轮胎制造、成套装备、循环利用及信息技术等领域的工程技术成果应用，将工程技术研究成果通过在实际生产中的产业化试验、修正，保证工程技术的稳定性、系统性和配套性。尤其是产品商品化之前的高风险、高投入的各创新研发阶段，可提供充分保障，承担高风险创新成本，有效并快速实现了产业链各环节的价值增值、企业链上下游分工的协同创新、供需链连接性的高效率和安全性，成为推动我国轮胎行业成果产业化的重要基地。

2. 构建基于"双链耦合"的技术突破路径

根据产业发展关键技术攻关需要，国橡中心设立了四大研究领域的8个研究院、19个研究所、55个研究室，设置了材料机理研究、高分子材料开发、机械设计、自动化、电子信息等基础研究方向，并设置了橡胶新材料、智能装备、RFID（射频识别）电子标签、环保装备和绿色轮胎等应用研究方向，最终通过新材料生产基地、装备产业园和轮胎制品产业化基地实现转化落地。同时，通过"橡链

云"工业互联网平台实现了上下游企业的数字化转型,实现了供应链在纵向上下游各环节间和横向多种功能之间实现互补,搭建了统筹上下游创新主体深度融合的技术创新体系。

3. 构建由"橡链云"主导的资源平台

2020 年,赛轮集团全球首发上线了"橡链云"平台,以信息化重塑产业,通过工业互联网平台,打通产业链上下游所有要素和资源。"橡链云"是赛轮集团基于三代信息化研发迭代、实施和建设经验,上千名软件工程师参与,开发了几千个 MES 系统(制造执行系统)功能模块,成功打造的面向垂直行业的工业互联网平台。"橡链云"平台可实现轮胎生产核心设备的全生命周期管理,有效促进橡胶轮胎产业链上下游企业的集聚和融合,推动橡胶轮胎产业链数字化转型升级和高质量发展。

(二)打造全产业链创新生态,全流程破题中国橡胶工业短板

1. 着力开展基础研究,保障产业链源头创新

赛轮集团和软控股份在成立之初便设立基础研究部和材料开发部,开展橡胶科学领域系统性、连续性的颠覆式创新研发活动,力求从根本上提升基础研究能力。2013 年,国橡中心积极整合全行业资源,投入巨资成立怡维怡橡胶研究院,通过围绕产业链部署创新链、围绕创新链布局产业链的螺旋式提升,力争实现关键核心技术突破和基础创新能力提升。引进国际著名橡胶专家王梦蛟博士任首席科学家,搭建一支两百多人的高水平研发团队,实验室面积 3 万平方米、设备原值超 2 亿元,是目前我国橡胶行业建设水平最高、仪器设备最全、服务范围最广、服务功能最强的科研机构之一。怡维怡橡胶研究院深耕基础研究,持续探索橡胶基础理论"无人区",在国际上首次系统地建立了完整的聚合物与填料相互作用及填充橡胶动态性能理论体系,为橡胶材料加工技术和绿色轮胎理论发展奠定坚实基础;系统性地研究橡胶硫化机理、老化机理、补强机理等,重点突破橡胶的动态性能、摩擦、磨耗、抗撕裂性能等关键技术指标,为轮胎及工业橡胶制品的开发提供坚实的理论支撑;突破传统理论下轮胎耐磨性能、滚动阻力、抗湿滑性能不能同时改善的"魔鬼三角"定律,被业界认为是世界橡胶轮胎工业第四个具有突破性的里程碑式技术创新。同时,联合青岛科技大学等行业优势单位,成立青岛市橡胶产业研究院、橡胶新材料公共研发平台、绿色轮胎与橡胶协同创新中心等基础研究和创新平台,致力于行业基础研究,为产业创新提供理论支撑。

2. 着力开展关键技术应用研究,持续提升产品品质

针对国内关键技术需求缺口,以及国外对关键橡胶新材料的制约,国橡中心先后设立益凯新材料公司、抚顺伊科思新材料公司等应用研究创新中心,不断强化原始创新,增强源头供给,并积极实施技术成果推广转化,研发效率更高、产业化速度更快,也更加贴近市场需求。在高性能橡胶材料方面,国橡中心自主开发多种橡胶基础材料制备技术并实现产业化,包括建成国内首套乙腈法碳五分离联产异戊橡胶装置、国际首创合成橡胶化学炼胶生产线,实现高性能异戊橡胶、"液体黄金"橡胶材料等关键材料的产业化,填补行业空白。在工艺技术方面,突破轮胎工厂数字孪生同步技术、复杂装备作业流程仿真技术、黏弹性物料生产的智能控制技术、工艺装备健康管理技术,以及工厂智能物流规划等关键核心技术,形成具备自主知识产权的轮胎智能制造技术体系。

3. 着力开展生产装备研制,实现产业链自主可控

软控股份成立软控研究院及欧洲研发中心,针对轮胎行业大量依赖进口的轮胎重大装备进行技术攻关。通过自主创新、引进消化吸收再创新,在橡胶智能装备领域取得多项突破性技术成果,填补国内行业空白。主导成立中国轮胎智能制造与标准化联盟并担任理事长单位,主持制定系列橡胶轮胎行业智能制造的国家标准。

各创新主体在新技术、新软件、新工艺、新设备、新材料、新模式等方面进行了大量的探索和协作,保障关键技术及先进装备的高效量产,使原来投资 8 亿元仅可建设 30 万套全钢子午胎的规模提升

至 120 万套，并可面向行业提供多项轮胎工厂"交钥匙工程"，大大降低了行业的投资和技术门槛。软控股份加强了在智能装备领域的攻关，成功研制了 PS2A 轿车子午线轮胎智能成型装备、TPRO-S 卡客车子午线轮胎智能成型装备等轮胎制造核心装备，解决了高端重大关键橡胶机械装备对外依赖度高的难题，并入选工业和信息化部制造业单项冠军；全球首发 FAR20-S 全自动小料全球标准机型及橡胶行业首套专属软件产品 MCC3.0、ROC 智能橡胶装备研发平台、MESIIC 工业互联网平台等；在国内首个成功开发了轮胎智能工厂整体解决方案，为行业提供高品质的产品和智能制造整体解决方案。

（三）完善成果转化机制，打造橡胶轮胎现代化产业链

1. 推动项目落地产业化，破解创新与产业"两张皮"

赛轮集团和软控股份建立以项目为主体的创新转化模式，通过科研项目直接投产、橡胶产业生态孵化、海内外产能布局等方式，探索出了一条从基础研究到产业落地的全产业链模式。设立专家技术委员会和项目投资委员会作为主要决策机构，以技术为核心，以市场为导向，对项目进行严格的论证。对获得立项的项目，提供人才、资本、技术支持等要素保障，并对项目进行持续的跟踪，对成熟的项目提供产业化基金支持，形成从技术到产业化的全链条，以创新链强化协同创新并带动产业链，有力促进科技创新与产业升级进步、经济发展紧密结合，有效克服科技创新与产业发展长期处于"两张皮"的脱节现象。

以技术创新链为轴心，统一管理和领导产业链条，规避无序竞争和资源重复浪费，打造出一条从科研项目的实验室研发到工程成果转化再到产业化生产的企业创新链条，同时还沿着橡胶轮胎产业链上下拓展，现已成功构建起一条从橡胶原材料生产、装备制造、软件研发直至轮胎生产、技术输出再到国内外市场销售终端渠道的环环相扣的橡胶轮胎全产业链，形成强大的协同创新能力和产业孵化能力，真正意义上实现了产业链自主可控和高质量发展。

2. 搭建橡胶谷成果转化平台，打造一流产业生态圈

国橡中心联合中国橡胶工业协会和青岛市市北区政府，发起成立国家级化工企业孵化器——橡胶谷，以平台经济理念打造了"政、产、学、研、资"五位一体、高度融合的化工橡胶行业生态圈，并被科技部评为国家专业化众创空间。橡胶谷立足化工橡胶行业，采取"互联网＋校区＋园区＋产业平台"的发展模式，在区域内吸引大量化工橡胶行业上下游企业入驻，形成化工橡胶产业集群；以链条式全生命周期创业孵化服务，为行业中小企业提供技术研发、资质提升、创业投资等服务，助力行业企业提升核心竞争力；基于国际化工橡胶专利数据库、轮胎花纹外观专利数据库、中国知识产权案例数据库等行业专业数据资源，强化行业企业知识产权保护意识，提升知识产权实际使用率；面向东南亚、俄罗斯等具备橡胶产业优势的区域自建国际合作服务平台，实现跨境合作办学，助力行业企业"走出去"投资建厂，引进海外优势技术与人才等。

3. 全球建设现代化产业链条，践行"双循环"战略

国橡中心积极响应"一带一路"倡议，深度融入国内国际"双循环"，现已形成全产业链的全球化布局，通过海外生产基地布局实现全球化战略，形成了具有韧性的现代化产业链条。在国内，国橡中心凭借"液体黄金"新材料作为产业链高质量发展的核心，以"橡链云"为产业链整合手段，在沈阳、东营分别进行了二期项目扩产，产能实现翻番。"十四五"期间，积极推进在青岛董家口化工园区建设产业链上下游一体化的功能性新材料产业园，打造中国乃至世界最具影响力的橡胶产业基地，与园区的产业链上下游企业实现产业"内循环"，推动区域千亿级产业集群建设。同时，软控股份搭建了以中国、斯洛伐克为中心的全球研发体系，辐射全球 60 多个国家和地区。赛轮集团在越南建设了我国首个海外轮胎制造工厂；2019 年与美国轮胎企业在越南合资共建 ACTR 智能化轮胎工厂；持续进行越南工厂三期、柬埔寨工厂的建设，并积极谋划在美洲、欧洲、非洲建厂，实现属地生产、属地销售和属地服务。

（四）积极开展数智化改造，数字领航行业转型升级

1. 打造轮胎智能制造工厂，引领行业数字化转型

赛轮集团一直走在行业信息化建设的前端。近年来积极探索 5G、工业互联网、人工智能、大数据、云计算等信息化技术在橡胶轮胎行业的深度应用，推进行业数字化转型与高质量发展。软控股份则是为中国橡胶工业迈向数字化、网络化、智能化，提升中国轮胎行业的国际竞争力做出先驱性探索。两家企业在产业链上紧密合作，领航中国橡胶工业转型升级。针对轮胎制造智能化和信息化管理难度极大的行业难题，通过智能化和信息化改造，打造了橡胶轮胎"智能制造示范工厂 + 橡链云工业互联网平台 + 行业最强产业链"，实现了智能工厂互联互通，提高生产效率，降低成本，实现工厂生产制造智能化、生产精益化。建立产业链工业化大数据处理平台，挖掘轮胎生产过程、销售过程、运输过程、理赔服务过程中产生的大量数据，全面激活"沉睡"的数据，从数据要效益、从数据要质量。通过搭建智能服务平台，实现与用户零距离交互。把产品使用数据和产品服务动态地联系在一起，给用户和消费者提供轮胎产品全生命周期的使用服务和健康诊断服务。通过驱动传统制造模式、生产组织方式和产业形态加快带动上下游协同优化，加速产业数字化转型。2022 年，赛轮集团入围工业和信息化部首批"数字领航"企业，是橡胶轮胎行业唯一入围企业。

2. 创建橡链云平台，贯通产业链创新与制造资源

赛轮集团注册成立时便被命名为"青岛赛轮子午线轮胎信息化生产示范基地有限公司"，具有与生俱来的信息化基因。针对橡胶行业生产工艺复杂（包括 5 个连续、7 个离散、5 道质检工序和 12 个部件组装工序）、轮胎生产装备种类多、数据采集点多、控制系统差异大、通信协议不通用等问题，研究异构设备和控制系统集成，探索信息化技术在橡胶轮胎行业的深度应用，以信息化推动轮胎行业转型升级。

在长期的行业摸索中，沉淀了成熟软件产品和橡胶行业解决方案多达近百套，充分考量并满足不同企业的定制化需求。自主开发并发布全球首个橡胶行业工业互联网平台"橡链云"，以信息化重塑传统产业，通过工业互联网平台，打通产业链上下游所有要素和资源，实现生产制造的数字化控制和企业智慧化运营。同时对整个橡胶轮胎行业进行赋能，通过产业链网络协同实现业务协同，有效促进橡胶轮胎产业链上下游企业的集聚和融合。目前，"橡链云"已打通 3200 余家供应商、2000 余家经销商及 78000 多家门店，并连接主机厂和车队等，被工业和信息化部认定为面向重点行业的特色型工业互联网平台。助力实现整个产业链资源最优配置，推动橡胶轮胎产业链数字化转型升级和高质量发展。

（五）打造人才雁阵，奠定产业链创新基础

1. 建立"差异化"激励体系，激发人才创新活力

对于短期激励，实施绩效评价机制和项目激励，促使关键人才有效落实年度计划、推进重点工作达成。对于长期激励，自 2018 年以来，赛轮集团按照国家相关规定先后三次实施股权激励计划和员工持股计划，建立长期股权激励政策，将中高层管理人员和核心员工的利益与公司利益更加紧密地结合在一起，共同分享企业发展创造的价值，从而进一步提高公司的可持续发展能力。

2. 瞄准"高精尖缺"人才，培育国际化创新团队

设立学习发展研究院，通过增效赋能、创新能力建设、干部能力建设、国际化人才策略和后备人才梯队建设等，完善集团人才管理体系，致力于培养和造就一支结构优化、布局合理、素质优良的人才队伍；通过加强基础研究人才培养、鼓励创新型人才发展，完善人才的内生培养机制，打造可持续的人才供应链系统，强化企业的人才竞争比较优势，为企业乃至行业长期战略布局奠定人才基础。

3. 秉承"信任尊重"文化，激发企业创新活力

践行"信任尊重"的核心价值观，主张"不求为我所有，但求为我所用"和"事业上的自愿组合"等灵活的用人原则。提出"信任是最大的尊重""人是公司最宝贵的财富""努力工作是为了更好地生活""员工的私事是公司最大的事"等独具特色的文化理念，并明确提出"为创新失败埋单"和"允许创新犯错误，不许技术不创新"，使科研人员减少顾忌、轻装上阵，并以此营造出一种宽松包容的研发创新氛围，充分激发科研人员的积极性与创造性，使科技成果向生产力的转化更有效率，使企业发展与科技研发更富有活力。

4. 创新校企联合人才培养模式，专业化产业人才取之不竭

赛轮集团、软控股份联合青岛科技大学率先实施卓越工程师人才培养改革的探索与实践，打造卓越工程师本硕贯通培养的计划。围绕材料、化工优势学科，以"新工科"建设为抓手，以绿色化工与新材料为重点方向，探索实行"3+1+2+N"卓越工程师培养专项实施计划。在完成硕士阶段课程学习后，在企业或科研院所进行2年左右专业实践和工程技术研发，达到毕业条件和硕士学位授予标准后获得学位，探索出了一条校企合作、校所联合、教科产融合的人才培养路径。

三、橡胶轮胎企业基于"双链耦合"的协同创新体系构建效果

（一）成功打通从基础研究、应用研究到产业化的完整创新链，赋能全产业链价值增值

赛轮集团和软控股份成功搭建了基于橡胶轮胎全产业链深度融合的协同创新生态体系，打通了从基础研究、应用研究到产业技术开发的完整创新链条，多次取得重大核心技术突破，承建的轮胎先进材料与关键装备国家工程研究中心成为首批且行业唯一纳入新序列管理的国家工程技术研究中心，完成的"橡胶轮胎全产业链关键技术攻关与应用示范项目"荣获第七届中国工业大奖。在橡胶科学领域提出聚合物与填料相互作用机理、填充橡胶动态性能理论等原创性理论；国际上首创了橡胶液相混炼技术，制备出超高性能橡胶纳米复合材料，具有绿色环保、高拉伸强度、高抗撕裂、高耐磨、耐疲劳等优点，可为不同行业提供关键材料保障。建立了具有完全自主知识产权的轿车子午胎、卡车子午胎、非公路轮胎三大成套制造技术体系，增强了我国现代橡胶工业体系自主可控能力；攻克了世界最大63英寸巨型轮胎、轮胎智能工厂整体解决方案、轮胎RFID电子标签技术等一批具备国际领先水平的技术与产品。

（二）实现了科技自立自强，引领中国橡胶工业转型升级

通过近十年创新驱动发展，赛轮集团和软控股份形成了世界一流产业竞争力，整体技术达到国际领先水平，真正实现了橡胶产业领域的高水平科技自立自强，为实现橡胶产业中国式现代化提供了有力支撑。目前，巨型工程子午胎居全球第三、国内第一，打破了长期以来巨胎由国外巨头垄断的局面；采用世界首创化学炼胶技术研发成功的"液体黄金"轮胎产品实现了对国际一线轮胎品牌的赶超。软控股份成为世界首家能够提供轮胎智能制造整体解决方案的供应商，是全球唯一的"轮胎智能工厂整体解决方案"供应商，产品覆盖轮胎生产80%的核心高端装备，位列全球橡胶机械行业企业第一，并发布6项智能制造联盟标准，主持制定4项轮胎用RFID芯片国际标准，是首次由中国橡胶轮胎企业主起草的国际标准，形成世界一流产业竞争力，为推动我国橡胶轮胎行业高端化、智能化做出重要贡献。

（三）自主开发的新产品推动了全生命周期绿色革新

由赛轮集团自主研发的"液体黄金"轮胎产品，从原材料选用、生产制造、产品使用和循环再利用的全生命周期突破性地实现了绿色、低碳和可持续发展。采用可再生的"非化石"原材料，使用"绿色一体化"工艺制备高性能橡胶新材料，大幅降低能耗；在轮胎生产制造阶段，通过世界首创"化学炼胶"技术工艺取代传统"物理炼胶"工艺，极大地降低了胶料混炼能耗，炼胶工序能耗降低

45%，平均生产 1 条轿车胎可降低能耗 36%。在轮胎使用方面，"液体黄金"轿车轮胎与现有普通轮胎相比，耐磨指标提升 20% 以上，滚动阻力降低 30% 以上，80 千米时速下湿地刹车距离较现有 C 级轮胎缩短 7 米，达世界领先水平。按 2022 年全国轿车胎销量 2.5 亿条计算，可实现节油 450 亿升，减排二氧化碳 1.04 亿吨。目前，围绕"液体黄金"轮胎的原材料选用、生产制造、产品使用和循环再利用形成了工艺领先、节能环保的绿色发展模式，对于实现产业链绿色发展、助力国家实现"双碳"目标达成意义重大。

（成果创造人：袁仲雪、刘燕华、谢小红、官炳政、杨慧丽、
王　正、贾维杰、顾　锴、耿　明）

以材料基因技术突破为核心的高性能玻璃纤维研发管理

南京玻璃纤维研究设计院有限公司

南京玻璃纤维研究设计院有限公司（以下简称南京玻纤院）于 1964 年成立，是我国唯一从事玻璃纤维及其制品研究、设计、制造和测试评价"四位一体"的综合性科研院所，是中国玻璃纤维工业技术策源地和辐射源，为我国国防军工配套领域和新材料领域的核心单位、重要力量，隶属于中国建材集团。现有中国工程院院士 1 名，国家杰出工程师 2 名，拥有包括国家新材料测试评价平台——复合材料行业中心、三个全国标准化技术委员会（碳纤维、玻璃纤维、绝热材料）在内的 10 个国家级、9 个行业级、12 个省级创新服务平台，是全国首批"知识产权试点单位""国防科技工业协作配套先进单位"，国家高新技术企业。先后获得"全国文明单位""全国五一劳动奖状""全国企业文化示范基地""全国模范职工之家""中国质量奖提名奖""江苏省文明单位""江苏省省长质量奖"等一系列荣誉和称号，并取得"全国企业文化优秀成果一等奖"等一批企业文化成果。

一、以材料基因技术突破为核心的高性能玻璃纤维研发管理背景

（一）是贯彻新材料强国战略，支撑制造强国的必然需求

玻璃纤维作为我国国防、航天、航空、海洋工程等装备制造产业的关键基础原材料之一，为装备制造业高质量发展提供坚实保障，具有重要的战略意义。全球玻璃纤维产业已经发展到 3000 多个品种、50000 多个规格，我国是玻璃纤维制造大国，年产量约占全球产量的 65%，但其中 80% 以上均为中低端产品，规格也只是国外的 50% 左右，因此，急需提升创新能力、提高创新质量、积累迭代经验推动我国成为高端玻璃纤维研发强国、制造强国。

（二）是牢记"国之大者"，打造"国之大材"的迫切需求

为国防军工配套、行业技术进步和新材料产业升级，南京玻纤院牢记"国之大者"，充分发挥战略性、先导性新材料的引领和支撑作用，努力当好战略性新兴材料产业的培育者；打造"国之大材"，聚焦国家急迫需要和长远需求的新材料，在关系国计民生的玻璃纤维材料产业领域，需要积极参与国际竞争，培育核心竞争力、创新力和控制力，实现关键材料自主保供，推动我国玻璃纤维新材料产业实现新的更大发展。

（三）是发挥企业优势，助力高质量发展的内在需求

南京玻纤院依托设计—研发—制造—测试评价"四位一体"的研发优势，拥有世界一流的中试及测试评价能力，在高性能玻璃纤维及复合材料领域积累了大量的实验数据，在新材料加速研发方向持续发挥国家队的作用。为此，基于材料基因技术建设和不断强化核心能力，南京玻纤院建立前沿颠覆性技术的科研路径、领军人才的培养方式及高效协同的科研组织模式，并最终形成示范应用和创造商业价值，为建设新材料领域一流科技型企业奠定基础。

二、以材料基因技术突破为核心的高性能玻璃纤维研发管理主要做法

（一）顶层谋划研发范式变革，确立高性能玻璃纤维研发方向

1.适应形势变化，抢占数字研发高地

南京玻纤院以加速新材料"发现—研发—生产—应用"为根本目的，围绕能源与环境、信息通信、国防军工等事关国家安全和人民健康福祉等国家急需，以发展南京玻纤院核心技术"高性能玻璃纤维设计与制造技术"为突破口，探索材料基因技术成功应用的研发管理模式，打通并形成完整的科学计算、科学生产、科学测试、科学评价、科学应用的全流程创新体系，在关键技术攻关和高端人才培养上取得实质性突破，抢占数字研发技术制高点，为建设新材料领军企业奠定坚实基础。

2. 对标国际一流，构建核心研发能力

南京玻纤院在深入调研 Citrine Informatics（CI）、Dassault Systèmes（达索系统）、LANXESS（朗盛）、Digital Reasoning、Wave Computing（现为 MIPS）、Prospection 等运用大数据、人工智能和机器学习方法开展材料设计的国际领航企业系统研究成功案例的基础上，进一步提出和构建材料基因项目的发展思路和商业模式。南京玻纤院在高性能玻璃纤维的材料基因技术研发方面，将建立基于数据驱动的玻璃纤维成分—工艺—性能的高效计算方法，主要构建"高通量计算方法—玻璃纤维数据库平台—多参量多目标集成设计"三大核心研发能力，打造材料基因技术核心竞争力并推动商业化进程。

3. 建立创新载体，打造高效研发模式

南京玻纤院于 2016 年 8 月建立"高性能纤维及复合材料产业创新中心"，作为创新特区和前沿引领技术突破的试验田，为布局、组建材料基因等专项创新团队、高效开展前沿引领技术攻关等提供良性运转的组织架构。该中心采用扁平化管理架构，中心主任由院领导兼任，确保顶层设计与战略推进；中心内设专职办公室，负责创新项目的引入、过程服务及转化，同时负责创新生态建设；团队运营需要的科技、人事、财务、法务等职能服务由南京玻纤院各职能部门设专人与团队对接；搭建科学技术与投融资两个专家委员会，为重大决策提供咨询、建议意见，提出创新中心的技术发展方向，参与创新团队的引入评审，创新过程中重大项目的论证、立项、评审、验收。扁平化组织架构为创新中心及团队业务的开展，提供高效运转的体系保障。通过国际合作学习前沿理念并探索在高性能玻璃纤维领域应用的可能性，于 2020 年正式引入"材料基因"创新团队，协同院内技术力量，打造了高模量玻璃纤维材料基因转化项目组（团队），迈出了从前沿引领技术研究到工程化应用的关键一步。

同时，中国建材集团于 2022 年设立原创技术策源地项目，在总体目标中提出打造具有国际竞争力的创新团队、建立无机非金属材料数字化研发平台。南京玻纤院依托特种纤维复合材料国家重点实验室，成立原创技术策源地项目攻关领导小组、工作小组、咨询专家组和项目执行组，执行组建立行政、技术"两总"责任人体系。项目中材料基因团队进一步聚焦协同集团内上下游优势资源，通过与中国建材集团内部 3 家单位（南京玻纤院、苏州中材非金属矿业设计研究院有限公司、泰山玻璃纤维有限公司）分工联合开展技术攻关及推广转化，充分发挥组织能动性，打造具有核心竞争力的科技企业和具有全球影响力的原创技术策源地。

（二）营造国际科研合作生态，攻关高性能玻璃纤维关键技术

1. 突出基础研发，打造创新团队

南京玻纤院在企业内部打造了基础研究—工程化验证—产业化开发的全链条研发体系，为材料基因技术的研究和应用培育了良好的条件，同时让基础研究类前沿引领技术得到商业化应用提供可行性。有别于传统的"逆向"仿制研发，南京玻纤院研究以数据驱动开展材料创新的"正向"研发路径，布局行业关键共性问题的基础研究，通过协同内外部优势资源实现高性能玻璃纤维新成分的加速开发和应用，做到了科技创新力量协同联动，把技术成熟度三个主要阶段（实验室阶段、工程化阶段、产业化阶段）进行有机勾连，让创新链融会贯通。

2. 强化团队合作，开展路径探索

2016 年，南京玻纤院自筹经费用于与国外顶尖研发团队交流合作，与美国密歇根大学（UMich）、美国 SUM Technology 公司、荷兰赛先公司等在材料基因技术方面开展了科研攻关合作。从 2016 年至 2020 年，探索材料基因技术在开发高性能玻璃纤维方面的可行性问题，这一阶段突破了玻璃纤维的密

度、模量关键性能的计算预测，相关研究成果分别在 2018 年的国内核心期刊《硅酸盐学报》和 2020 年的国际顶级期刊 *npj Computational Materials* 上发表，这为后续材料基因技术的工程化落地奠定了重要基础。

3. 组建国际团队，聚焦方法研究

2020 年，通过策划与培育，在南京玻纤院创新中心成立材料基因创新团队，通过联合北美团队（美国大陆地公司、密歇根大学），共同组建具有国际竞争力的材料基因创新团队。在第一阶段研究的基础上，团队建立自身特有的三大关键技术优势，即玻璃纤维高通量计算技术、高性能玻璃纤维数据库平台、高性能玻璃纤维多参量多目标集成设计方法，形成团队的核心技术。团队也获得了国家重点研发计划等专项科研经费的支持，还获批多个人才类项目。通过与国内外大学、研究机构和企业合作，将材料基因技术与高性能玻璃纤维的研发设计相结合，以解决玻璃配方优化设计、玻璃熔制均匀性、纤维成型稳定性、表面处理适用性等工程实际问题为研究目标，开展高模量、低介电玻璃纤维材料基因研究工作。同时培养年轻骨干，为高性能玻璃纤维持续发展储备人才和技术。国际合作团队以风电市场需求为导向，聚焦高比模量玻璃纤维的性能及部分关键成型工艺参数的计算预测研究，构建基于数据驱动的玻璃纤维成分—工艺—性能的高效计算模型。

（三）发挥"四位一体"自身优势，建立材料基因核心技术能力

1. 开展高通量计算方法研究

针对高性能玻璃纤维材料研制的共性基础问题，南京玻纤院材料基因团队将材料基因思想与玻璃纤维的研发设计及生产工艺相结合，经过多年的研究，通过分子模拟和机器学习方法，采用物理模型驱动和数据驱动相结合的材料研发模式，突破高性能玻璃纤维关键性能的高通量计算技术，可以针对玻璃材料的复杂物理机制，基于数据驱动的方法建立玻璃纤维化学元素—工艺—性能的统计映射关系与定量模型，目标是实现高性能玻璃纤维关键产品性能和工艺参数的高通量跨尺度计算预测。以需求为牵引，通过预测玻璃纤维的模量、密度、介电常数等关键性能，以及材料在加工过程中的关键工艺参数，实现性能与工艺的模拟、调控及智能化设计，打通理论计算、实验室验证和工程化验证的全链条研发路径，从而缩短高性能玻纤的开发周期，降低企业研发成本。

2. 搭建"多源异构"数据库平台

南京玻纤院拥有世界一流的玻璃纤维研发条件，涉及高性能玻璃纤维成分研究、小试和中试、测试与标准化、行业工程服务等，多年来在设计和开发过程中积累了大量有关玻璃纤维配方、性能和生产工艺的数据。通过对这些数据的收集整理，南京玻纤院材料基因团队开始高性能玻璃纤维多源异构数据库平台的建设，目标是实现关键产品性能和关键工艺参数的多模态数据融合和交互，形成计算与实验数据的综合管理方案。以材料基因研究为基础开发的玻璃纤维数据库平台已收录了 25 万条有关玻璃组分和性能的数据，覆盖目前商业化应用的玻璃纤维全部性能，后续进一步完善查阅及安全功能后将对国内相关行业开放，彻底打破国外数据封锁。

3. 开发"多参量多目标"集成设计方法

南京玻纤院材料基因团队基于机器学习方法，设计高性能玻璃纤维的多目标优化策略和模型算法，满足多变量、多目标、偏好性等高性能玻璃纤维材料设计需求。构建自适应、自主决策的性能预测模型，构建集数据库和数据驱动智能化设计的研究平台，实现高性能玻璃纤维新成分的自主设计和优化迭代，变革传统试错法开发模式。

（四）聚焦高性能玻璃纤维开发，优化材料基因技术研发流程

1. 开展高通量设计，优选高价值配方

南京玻纤院材料基因团队聚焦高性能玻璃纤维成分开发设计，通过分子模拟和机器学习技术相结

合，针对玻璃材料的复杂物理机制，基于数据驱动的方法建立玻璃纤维化学元素—结构—工艺—性能的统计映射关系与定量模型，探寻材料结构和性能之间的构效关系。从应用需求出发，倒推符合相应功能的玻璃纤维材料成分和结构，高效设计出满足特定功能的玻璃纤维新材料，拓展材料成分的筛选范围。开发玻璃纤维数据库和高通量计算软件，单次产生的高价值配方数大于 5000 条，实现了新材料研发由"试错法"向"理论预测、实验验证"模式的转变。

2. 搭建一流试验平台，打通工艺路线

南京玻纤院从玻璃纤维生产用原材料质量稳定性把关，到试验设备研制搭建，细化每个试验环节工艺与装备管控。基于特种玻璃纤维国家重点实验室和多小平台项目建设，组织建立特种玻璃纤维研发与小、中试试验平台，并将平台建立为开放模式，平台设有玻璃纤维单孔拉丝设备和多孔拉丝等试验装置，为高性能玻璃纤维拉丝工艺性能研究提供必要的试验条件，从而研制推出了系列高强玻璃纤维产品。南京玻纤院还对相关技术进行集成创新并构建了特种玻璃纤维一步法制造平台，进一步打通工艺路线，解决了多品种高强玻璃纤维柔性制造难题，实现了特种玻璃纤维工艺与应用性能的良好匹配。

3. 组织工程化试制，奠定商业化价值

南京玻纤院材料基因团队以材料基因技术设计高性能玻璃纤维新成分，通过与内部特种纤维公司合作，基于特种玻璃纤维研发与小试、中试平台开展工程化试制验证。首次通过计算开发出的具有国际领先水平的高比模量玻璃纤维配方并得到了工程化验证，玻璃纤维的模量突破 95GPa，比模量为 3.77，优于目前大规模应用的商业化玻璃纤维产品，且材料基因技术设计并开发的产品不含稀土原料，具有极好的成本优势。以材料基因技术设计国际领先水平的高性能玻璃纤维新成分，通过工业适应性试验验证，奠定新成分的商业化应用实施价值，使得材料基因技术的研发路径得到闭环。

（五）围绕材料基因技术突破，搭建高性能玻璃纤维研发平台

1. 聚焦全流程化数据库，赋能高效计算设计

南京玻纤院凭借自身在玻璃纤维领域建立的数十年的试验数据，涵盖了玻璃纤维的成分、制备、工艺、检测等数据，具备了开展数据驱动设计高性能玻璃纤维配方的数据基础，已收集累计数据总量突破 25 万条，为高性能玻璃纤维的计算设计提供了必要的基础条件保障。

2. 利用多目标优化技术，开发智能设计方法

南京玻纤院与国内材料基因技术顶尖高校如北京科技大学、重庆大学、上海交通大学共同协作，开展了多轮学术交流研讨，并将前沿技术与玻璃纤维的设计相结合，实现了满足多种目标性能和工艺、成本兼顾的高性能玻璃纤维配方开发。

3. 强化研发信息化管理，提高企业研发效率

南京玻纤院通过将信息技术与科技管理有效结合，构建现代化的科技信息管理和服务系统级平台，实现科技项目从计划、申报、批准、可研论证、立项、批复、开展执行、阶段任务管控、成果验证等直至结项的全流程系统化、平台化的智慧运营和管理，并能与现有 ERP、企业微信、OA 等异构系统进行流程和数据集成的信息系统，提高内部协同能力水平，提升全院的科研项目运营与管理效率，实现由人工线下管理向数字信息化管理的转变。

同时，创新团队针对材料基因技术需要知识交叉、迁移和创新，在承接大项目时能迅速组织力量并完成前沿探索，采用矩阵式组织结构进行项目管理。根据学科方向和国家战略需求划分为大研究领域，每个领域下设若干项目部；在需要组织力量承接与完成重大研究任务时，围绕特定任务形成横向信息流，调动各团队密切协作，组合不同学科背景的研究人员，形成项目团队。矩阵式组织结构的优势是利用扁平化管理，提升效率与精准性。逐步建立研发人员与项目信息库，以及与相关学科交叉的边缘学科研究手段，集中优势资源高效开展科研与创新工作。

（六）加强创新人才队伍建设，营造创新图强科技企业文化

1. 构建人才培养体系，增强科技攻关实力

南京玻纤院以人才为第一资源，高度重视技术研发队伍建设，持续开展"两总"高端人才培训班，建设各类创新团队；通过"院士—博士—研究生"工作站和外国专家工作室培养与引入高层次人才，开展科研项目合作。材料基因核心团队设置项目经理和项目总工，实施两总负责制，各司其职又互为补充。项目经理主要负责建立团队，推进项目的实施和目标达成，管理、培训和激励项目团队成员，参与部分技术攻关，推动科技成果向市场转化；项目总工主要负责突破核心关键技术，构建核心研发能力，获取各类科研项目的支持，培养与指导团队研发人员。

2. 建立有效激励机制，充分激发创新活力

南京玻纤院创新中心以科研项目为主体、以成果可评估量化为原则、以专业平台为载体构建创新平台；为了更好地构建创新链、价值链与人才链，充分利用创新收益激励创新团队，进而释放创新活力，激发创新热情，提出"实施过程六阶段、投融资六节点、转化收益六分法、打造六C创新团队"的"四个六"创新机制。先后出台《创新项目引入管理办法》《创新项目引入评审实施细则》《日常事务管理流程》等特色扶持政策和制度。通过技术与投融资"双评审"方式引入创新团队，重视打造专业运营团队，不断提升"甄、培、引、孵、转、分"能力，通过成果转化实现创新孵化过程闭环，总结出一套创新孵化管理流程。

为提升基础研究创新团队核心研发能力，优化人才发展环境，激发从事基础研究科技人员的创新活力，南京玻纤院创新中心制定《基础研究团队考评绩效与激励办法（试行）》；针对新材料原创技术研发难度大，不可控因素多，建立了"能上能下、动态调整、优胜劣汰、公平公正"的市场化机制，探索当期收入与未来收益的统筹与协同；基于转化收益"六分法"，出台《项目收益分红激励暂行办法》与《项目收益预分红办法（试行）》，明确规定自主项目成果转化收益实行个人与研究院同时分配，创新团队核心成员可获得不低于50%，最高70%的成果转换奖励，极大提升了团队人员的工作热情，为培养与吸引人才提供有力保障。

3. 夯实企业文化基础，凝聚创新图强精神

南京玻纤院打造"勇于探索、宽容失败"的创新文化，鼓励青年党员在重大任务、关键核心技术攻关中勇于挑大梁、当主角，切实发挥先锋模范作用，培养塑造科技创新领军人才。成立"创新"新征程党员突击队，刻苦攻关、反复实验，围绕数值模拟算法、高通量实验和数据库建设等关键技术，形成一批有影响力的攻关成果；倡导"耐得住寂寞、坐得住冷板凳"的攻关文化，材料技术研究有其自身规律，材料基因核心技术创新团队甘坐冷板凳、坚持不懈、踏实苦干、坚守初心，突破了《先进结构材料多时空大尺寸跨尺度高通量表征技术及应用》等一批重大难题。营造"整合资源、凝聚合力"的协同文化，聚焦"高性能纤维及预制体"等主导产业，开展国际国内特色学术交流活动，定期举办学术交流会，聘请国内外数十位专家持续给予团队技术与业务指导，与南京航空航天大学、天津纺织大学、武汉理工大学共建研究生实践基地，加强产学研用合作，掌握国际材料基因领域最新前沿成果，拓宽了创新团队国际化视野，使得研发水平保持国际一流。

三、以材料基因技术突破为核心的高性能玻璃纤维研发管理效果

（一）塑造研发能力，提升研发效率

南京玻纤院围绕加强前沿技术布局、加速新材料研发的发展思路，塑造了以材料基因技术突破为核心的高性能玻璃纤维新型研发新范式，构建了"高通量计算方法—数据库平台—集成设计方法"三大核心能力；实现了研发周期大幅缩短，高性能玻璃纤维研发周期从10～15年缩短至3～5年，研

发效率大幅提升；通过材料基因技术研发管理创新，有效降低从技术研究到产业化的资金投入规模，减少相关资金幅度达 52%，有效提升科研资金使用效率。

（二）确立研发优势，创造科技成果

以国家多个重点工程研制迫切需求为抓手，通过攻克高性能玻璃纤维模量、密度等性能的分子模拟和机器学习技术，构建了数据驱动的玻璃纤维产品高效计算模拟的核心能力，解决了高强玻璃纤维力学与纤维成形设计、制造等关键技术，发明了兼顾力学性能、工艺性和经济性的高强玻璃纤维成分及配方，确立了高性能玻璃纤维研发优势。成果与国外同类产品研制技术和性能相比，纤维力学性能及复合材料等综合性能均优于国外，拥有自主知识产权，技术完全自主可控，部分技术达到国际领先水平。成果已在多个重点武器型号上成功应用，彻底摆脱了高强玻璃纤维受制于人的困境，对实现我国关键共性基础原材料自主保障具有重要的战略意义，促进了航空航天等装备轻量化、经济性和先进性发展，具有重大社会和经济效益，近三年累计实现新增销售额 39408 万元，新增利税 9744 万元。科研成果先后荣获"国家科技进步二等奖""国防科技进步一等奖""中国专利银奖"。

（三）填补研发空白，形成示范效应

南京玻纤院在国际上首次将材料基因技术与玻璃纤维研发设计及生产工艺相结合，填补了高性能玻璃纤维领域研发空白。开发了玻璃纤维成分设计的高通量计算软件系统，建立了高性能玻璃纤维材料组成—结构—工艺—性能的统计映射关系，构建了玻璃纤维配方的快速响应机制；克服了中美博弈造成的"卡脖子"数据封锁，以材料基因研究为基础的自有开发数据库已收录 25 万条玻璃组分和性能数据，打破了国外材料数据封锁；通过数据库、机器学习等先进技术形成"纤维及复合材料数据库共享—智能评价—预测材料性能"的研发模式，服务产业链上下游企业在产品应用研发、整合工艺设计和性能预测等方面的需求，实现了协同创新发展。

（成果创造人：张文进、赵　谦、王　屹、朱云青、于守富、陈　阳、
匡　宁、赵　明、郎玉冬、朱　昊、季　鹏、糜雅斐）

航天总体院所以资源高效配置为目标的核心能力体系构建

上海航天技术研究院

上海航天技术研究院是中国航天科技集团有限公司三大总体院所之一，又称中国航天科技集团有限公司第八研究院、上海航天局，前身为上海市第二机电工业局，创建于1961年8月。经过60多年的发展，已成为"弹箭星船器"多领域并举的国防科技工业骨干力量。下辖3家总体单位、3家总装单位、6家专业所及航天技术应用产业单位与航天服务业单位，现有从业人员2万余人，国家级和省部级专家、省部级学科带头人及各类专业技术人员7000余人。先后荣获国家科学技术发明奖和进步奖136项，拥有发明专利5271项。全面自主掌握空间对接机构、柔性太阳翼、月面巡视移动等核心技术，为高水平科技自立自强做出突出贡献。

一、航天总体院所以资源高效配置为目标的核心能力体系构建背景

（一）满足国防和军队现代化建设新要求的需要

一方面，军队对武器装备的采购迎来规模性快速增长和结构性转型升级，任务增长呈现高强密度、高难度、高复杂、高标准、短周期和波动性特征，质与量、类型与形态、成本与周期要求同步提高，多型号并行研制与大批量交付成为常态。另一方面，新一轮军事变革正在深入发展，武器装备正向着信息化、无人化和智能化快速演进，只有依靠创新驱动的内涵型增长，才能牢牢把握发展的战略主动权。此外，受武器装备全流程竞争性采购与中央财政支出紧张的双重影响，企业资金压力剧增，最大限度地利用好有限资源成为严酷竞争态势下打造企业核心竞争优势的重要举措。

（二）适应长三角一体化高质量发展战略的需要

上海航天技术研究院地处上海，作为我国航天科技产业的重要力量，必须围绕长三角一体化发展战略，立足新发展阶段，贯彻新发展理念，优化资源配置，提高资源利用绩效，全面提升资源承载能力和效益产出水平，实现资源更集约、更高效、更可持续的高质量利用。

（三）破解企业自身发展难题的需要

近年来，上海航天技术研究院军品主业迅速增长，呈现出多型号并举、高密度发射的新常态，传统资源配置模式已难以满足企业发展需求。一是资源配置缺少顶层设计；二是空间布局与任务需求不平衡、不匹配的矛盾日益突出；三是资源的高效配置能力不足；四是资源配置的效能评估缺失。因此，上海航天技术研究院作为武器装备的主要承制单位，为适应军队建设和作战的新形态、新要求，必须开展以资源高效配置为目标的核心能力体系构建，以能力体系为牵引，对全院资源进行统一设计、统一实施、统一评估，提高投资效率效益。

二、航天总体院所以资源高效配置为目标的核心能力体系构建主要做法

（一）开展能力体系设计，构建能力闭环管理体系

1. 以资源高效配置为目标，确定能力体系总体框架

军工科研生产资源是指支撑武器装备研制生产的载体，包括土地、厂房、生产线、设备设施等各类固定资产，军工核心能力是指通过配置和利用军工科研生产资源所形成的武器装备研制生产能力。上海航天技术研究院作为大型航天总体院所，下辖12家军品单位，涉及武器、运载、卫星、空间科学四个重点领域，具有单位多、领域广、型号多、任务重、周期急的特点，各单位、领域任务特点、产品组成和专业技术差别大，导致科研生产资源种类庞杂，配置需求也各有侧重。针对航天总体院所特点，在型号任务激增和资源有限的情况下，需更加精准识别矛盾问题和发展重点方向，以高效资源配

置为目标，解决核心能力未能形成体系，资源配置缺少顶层设计，领域之间、军民品之间资源统筹存在藩篱，资源配置呈现定制化、碎片化、同质化等问题。

能力体系总体框架由能力体系设计、能力体系治理和能力体系评估三部分组成。其中能力体系设计解决传统资源配置重"保障"轻"体系"的问题，以战略规划为牵引，以装备体系需求为输入，按照分领域、分层级、分阶段、分布局的一体化思路，打通装备体系和资源要素纽带，打通不同领域、不同单位之间的界限，实现共性资源统筹共享，将资源要素科学整合为能力要素，并确定能力要素表征方法，实现能力体系合理表征；能力体系治理解决传统资源配置重"规模"轻"效益"问题，依据能力体系顶层设计，以空间布局优化、能力短板专项提升工程、数字化生产线建设为关键抓手，实现资源高效配置，利用有限资源靶向解决制约型号科研生产的痛点和难点；能力体系评估解决传统资源配置重"建设"轻"效能"问题，以项目全周期信息化监管、全口径资产数据信息化分析与能力建模为基础，实现能力体系的动态评估，促进能力体系持续改进。

2. 打通装备体系与资源要素纽带，梳理能力要素

依据整体框架，能力体系从"需求导向、问题导向、目标导向、结果导向"四个维度进行能力要素梳理。一是坚持需求导向。根据战略规划，从存量任务和增量任务两个方面入手，形成用户任务需求清单，并将此转换为资源配置的输入。二是坚持问题导向。全面对标用户顶层改革要求，从领域、型号、单位三个维度，深刻剖析制约当前任务和长远发展的突出矛盾问题，分层分类形成问题清单。三是坚持目标导向。梳理明确各领域重点发展的子领域和竞标任务清单、核心专业和技术储备需求清单，作为院层面及各单位统筹任务、专业发展、配置资源的输入，梳理精细化资源保障清单，作为能力建设的重点目标。四是坚持结果导向。紧抓规划实施的最关键、最核心问题和院层面需关注重大事项，整合全院资源整体推进，并作为重大战略事项进行重点管控，打通领域间、单位间界限。

3. 建立能力评价指标体系，实现能力体系表征

为把有限资源用在"刀刃"上，聚焦核心关键能力，建立"5+6"的军工核心能力指标评价体系，围绕"5条必选指标"（军调定位与背景任务、体系短板、重大瓶颈突破、核心关键技术攻关、产业链供应链自主可控）与"6条可选指标"（急迫性、先进性、通用性、经济性、竞争优势、周期匹配性），开展能力贡献度评价，识别出支撑未来发展的重大核心关键能力。为进一步加强院层面对能力的统筹把控，提升能力的体系化，建立"四大领域核心能力体系矩阵图"，将武器、运载、卫星、空间科学四个重点领域规划涉及的核心能力统筹呈现在一张矩阵图上，纵向为"领域任务、专业产品、核心能力"三个层级，横向为三个层级对应的具体内容，在核心能力区域明确需重点建设的核心能力条目，并标注区分已有能力和待建能力，以及领域间、单位间可统筹的共性基础能力，实现能力的体系化展示和可视化表征。在能力体系呈现的基础上，通过能力指标"对标自身、对标强敌、对标极限"的三对标量化分析的方法，找准当前能力水平、对标一流的能力差距，梳理形成代表国家层面需要上较大台阶的能力建设需求，形成能力体系的对标目标表，并对照国防科工局固定资产投资指导意见，形成申报国家技改和需自筹资金立项的项目储备库。

（二）以优化空间布局为抓手，推进土地厂房资源高效配置

1. 转变独立分散管理方式，强化存量空间资源集中管控

上海航天技术研究院传统的以各家单位在原有区域征地拓展或新建科研生产场地的做法造成了布局分散、资源浪费、单打独斗的不利局面，空间布局与科研生产任务不平衡、不协调的矛盾日益突出。为扭转存量资源由各单位分散管理，难以互相统筹。研究院顶层成立了由分管研究院领导担任组长的专项工作小组，对分散在上海市和苏、浙、皖、粤等2市7省的7654亩（1亩≈666.67平方米）土地及资产进行系统盘点，对各处土地、房产的使用情况进行全面摸排，先后赴上海各区及各省市进

行了30余次的现场调研与勘察，加强院层面的集中管控。基于现场调研与勘察情况，从信息表格化和布局可视化两个维度建立存量土地和房屋资源台账，明确土地区块、涉及单位、土地面积、房屋面积与使用情况等详细信息，并将每个独立区块布局进行可视化展示。

2. 开展空间资源量化分析，提出"征、扩、转、留"差异化策略

在存量资源全面摸排梳理的基础上，开展空间资源量化分析，明确效率效益与发展趋势，从土地资源总量、每平方米土地实现营业收入、每平方米实现利润等三个指标，对近20年来的土地资源产出效益进行量化分析。根据存量资源分析情况，结合各单位后续空间拓展需求，院层面统筹资源、因地施策，采用"征、扩、转、留"的差异化策略，按照"先存量优化、再增量拓展"的实施路径，对标国家"长三角一体化"发展战略，提出了构建由"上海一城三区"（一城）、"沪浙皖武器产业走廊"（一廊）、"长三角一体化示范区综合型航天新基地"（一环）共同构成的"沪苏浙皖区域一体化"新空间布局。其中，征是以"效率优先""一小时通勤圈"为原则，在上海周边集中征地，谋求降低成本、流程优化；扩是在现有地块的基础上，不改变原区域定位，有计划地进行扩展；转是针对原有地块效率、效益不高的情况，从经济贡献角度转变存量资源的使用方向；留是重点保留未来有较大升值空间的优质地块。根据总体布局规划方案，制定了"一体两翼"的实施路径，其中"一体"是充分利用上海地区的宝贵土地资源，进一步强化上海地区作为企业运营总部研发及系统集成的功能定位，将经济附加值相对较低、占用空间较大的生产、试验类业务向上海周边迁移。"两翼"一方面是为了解决火工品作业与上海特大型城市安全发展矛盾日益突出的问题，全面实施火工品调迁战略，将武器批生产能力向浙江湖州和安徽广德转移，在解决火工安全的同时，优化生产交付流程；另一方面是为了应对上海地区高昂的土地及人工成本，将占地空间较大的大型结构件生产能力向浙江嘉兴转移，在距离上海总部"一小时通勤圈"以内的平湖征地拓展，建设运载火箭批生产基地，同时后续还将拓展成为上海航天技术研究院航天技术应用产业基地。

3. 打破单位与军民界限，构建平战转换资源配置机制

针对上海航天技术研究院浦江园区（原为民用产业基地）现有土地和厂房长期闲置的现状，通过军品单位与民品单位进行产业结构重组，打破单位与军民界限，以空间布局优化为牵引，利用浦江园区承接闵行航天城军品单位转移出的生产制造业务，以及机加、电装等通用生产能力，通过"腾笼换鸟"，进一步巩固闵行航天城作为经营管理总部、技术研发和系统集成基地的定位，提升平战转换过程中的扩散转产能力，加快构建军民一体化应急应战体系和国防动员能力。

（三）以能力短板专项提升工程为抓手，推动院所优质资源向重大工程项目聚集

1. 开展对标分析，准确识别能力短板

一方面围绕装备研制生产需求，针对型号设计仿真、试验验证、生产各个环节存在的薄弱点，由院、所两级联合从细节上定量化找准能力差距。另一方面围绕企业科研、生产、制造等方面能力，积极开展与用户单位需求对标、与同行业领域中先进单位水平的对标分析，通过"请进来、走出去"等方式，以点带面，由面到体系，从整体上深入查找能力差距，明确能力的断点、堵点和痛点。

2. 开展专项提升工程，集中优质资源解决重大瓶颈

上海航天技术研究院按照"集中力量办大事"的原则，紧抓能力短板中最关键、最核心问题和院层面需关注的重大事项，从院的角度出发，组织对后续发展有重大战略性影响和存在重大共性瓶颈短板的能力，院、所两级整合资源，开展专项提升工程。成果实施期间，上海航天技术研究院创新开展动力、雷达、光电等基础能力提升专项工程，并将专项工程作为重大建设项目进行重点管控，集中资源合力解决建设难度大、持续时间长、资金投入大的能力瓶颈，不断提升领域任务履约能力和争取能力，推动资源配置由全面建设向重点建设转型。

3. 开展短板治理机制研究，建立常态化治理机制

运用系统论方法，把能力短板专项治理的做法固化为常态化治理机制：围绕全年工作目标，建立联动梳理机制；围绕瓶颈短板，建立调研协调机制；围绕治理措施，建立过程督促机制。通过建立"短板识别＋对标先进＋常态化治理"全链条的能力短板治理机制，更加准确地识别和扎实地补齐短板，推动型号工作任务圆满完成。

（四）以建设数字化生产线为抓手，推动生产制造资源高效配置

1. 确定数字化生产线系统架构

生产线是指面向产品对象，依据产品生产工艺流程，由设备、配套物资、技术方法、环境设施等要素组成，实现产品功能的制造系统，是解决航天产品规模、工业化生产的根本保障。面对大批量急需装备应急交付、运载火箭高密度发射、飞行器高强度研制生产等新形势、新挑战，必须通过打造数字化生产线等新型工业化生产能力，推进制造模式转型，加快形成新质生产力。数字化生产线系统架构以工艺方法、生产流程、制造资源为主线，贯彻精益生产、敏捷制造理念，变革生产组织管理方式，广泛采用数字化、网络化、智能化手段，形成由硬件设备、软件系统、基础网络及管控平台即"一硬、一软、一网"＋"一平台"组成的系统架构，其中"一硬、一软、一网"是构成生产线的基础要素，"一平台"是优化要素。

2. 明确数字化生产线论证及建设流程

综合考虑数字化生产线建设的标准化、精益化、先进性与可扩展性、可复制性、经济性原则，确定数字化生产线论证及建设的一般流程，包括产品对象分析、建设目标分析、生产模式分析、工艺方法及流程优化、工艺布局分析、物料仓储及配送手段分析、建设实施、验收评估、持续改进、固化推广等。通过全流程管理，开展生产线资源重构与优化配置，确保建成先进高效的生产线。

3. 开展数字化生产线建设实践

以实现快速大批量生产为根本诉求，构建面向多规格、多品种、大批量、共线生产的高质高效生产模式，开展了以标准、敏捷、柔性、可复制、可重构为特征的新一代数字化生产线建设，针对人、机、料、法、环、信息化等核心要素，系统性解决型号生产线建设存在的问题，以由面向型号的小批量生产理念向面向产品的规模化生产理念转变、由串行生产模式向并行生产模式转变、由简单的外延式扩张向基于流程优化的内涵式建设转变、由基于车间的单点布局向基于生产制造全流程的总体布局转变为总体目标，完成 12 条数字化生产示范线的建设与认证，提升航天产品的交付能力，以一流的装备质量和充足的装备数量，为我军备战打仗提供坚强支撑。

（五）开展能力体系评估，实现能力体系持续改进

1. 实现建设项目全周期信息化监管

通过军工固定资产投资项目管理系统的建设和深度应用，推动项目管理实现从规划、立项、实施、验收、入固到使用的全过程的三级穿透式动态信息化监管和考核，具备项目多维度统计分析和风险预警功能，提升项目管理质量和效率。

2. 实现全口径资产数据信息化分析

通过军工固定资产管理信息系统的建设和深度应用，推动所有军品单位实现全口径资产数据信息化上线。基于全要素的资产数据，构建涵盖所有产品的系统产品树，末级构建至零部件级别。构建全研制流程能力树，涵盖科研生产全链条的设计仿真、生产制造、试验验证、服务保障、基础支撑等能力。将全院资产进行分类整理，形成匹配能力资产包。通过构建"两树一包"，建立资产到产品、能力的纽带关系，在此基础上，形成以产品目录为基础、能力目录为纽带、资产包为最终目的的关联体系，为基于存量资产开展能力评估奠定基础。

3. 探索能力建模，支撑新增投资决策

在运载、卫星、武器三个领域选取三个典型型号，完成了3782个核心工序模型，并以批产型号套量需求为输入，试点开展了以某型号为代表的批产能力数字化建模：通过型号产品配套表，计算出该批产型号在全级次产品目录中的各产品的生产数量；细分该型号各产品工艺流程，基于全级次产品目录与能力目录映射关系及能力模型，自动匹配该型号各工序所需能力，通过能力模型自动计算出所需的能力当量；基于能力目录与资产包映射关系，结合该型号所需能力指标要求，自动匹配该型号所需资产包，计算所需资产包的数量；根据利用率监管数据，通过资产包需求减去可用资产数量，从而确定缺口数量，作为新增投资决策的依据。

三、航天总体院所以资源高效配置为目标的核心能力体系构建效果

（一）完成国家重大工程任务能力显著增强，支撑国防和军队现代化建设的基础进一步夯实

在核心能力体系牵引下，组织策划了以八部总体规划等为代表的一批重大项目获得国家批复，2020年至2022年，共计获得国家批复投资约55.2亿元，创历史纪录。通过统筹国家资金与自筹资金，以把每一分钱花在"刀刃"上为目标，强化资源高效配置，系统解决了国家重大工程研制与武器批产等一系列能力瓶颈，有效应对了空间站工程、探月工程和火星探测等多任务并行研制、发射的严峻形势。"十四五"以来，宇航发射任务保持连续成功，武器年交付数量与卫星年发射数量均破历史最高纪录。

（二）产品生产效率持续提升，武器装备生产制造数字化水平和工业化程度迈上新台阶

通过能力体系治理，针对影响型号科研生产的重大瓶颈短板，开展了多个基础能力专项提升工程。针对影响武器批产交付的能力瓶颈，开展了面向多规格、多品种、变批量制造特点的数字化生产线建设，实现过程数据自动采集率达到95%，关键物料100%全程跟踪与定位，有效缩短了产品制造周期、提高了生产效率、降低了质量成本。在科研生产任务大幅增长的情况下，型号计划执行率稳步提高，卫星研制效率大幅提升，单星测试时长缩短30%以上。

（三）投资效益进一步增强，高效益发展的"压舱石"作用进一步显现

通过开展能力体系治理和能力体系评估，在整个空间的布局优化过程中，土地与厂房资源的使用效益大幅提升，提升了平战转换过程中的资源配置能力，对加快构建军民一体化的应急应战体系和国防动员能力具有重要意义。同时，通过在运载、卫星、武器三个领域选取三个典型型号，完成了3782个核心工序模型，通过以资产包定量化分析数据为基础，掌握资产使用情况，识别低效资产、优化资源配置，为科研生产提供了科学动态的资源调配。"十四五"以来，航天运输、卫星和空间科学领域全年到款逐年提升，军品新签订单、型号经费保持快速增长，在型号任务、经济规模较快增长的同时，队伍规模基本保持不变，型号研制人员当量从247人/型号下降到104人/型号，人员使用效率提升了137%。

（成果创造人：陆本清、范　凡、焦斌斌、刘　扬、闵　斌、

孟崇毅、郭百森、沈　荣、刘锡民、张　苏）

C919 飞机复合材料研制"双一体化"管理

上海飞机制造有限公司

上海飞机制造有限公司（以下简称上飞公司）前身为始建于 1950 年的飞机修理队，2008 年 5 月 11 日整建制进入中国商用飞机有限责任公司（以下简称中国商飞）。上飞公司所属航空制造业，是中国商飞下属的飞机总装制造中心，国有大型企业。上飞公司主要承担航空零部件生产，波音转包生产，特种工艺、衍生机型改装等任务；上海浦东基地占地面积 4049 亩，现有从业人员 8428 人。其主要承担 ARJ21 新支线飞机和 C919 大型客机总装集成、C929 宽体客机研制、复合材料研发制造、航空零部件制造，以及飞机维修与交付等任务。其中 ARJ21 和 C919 商业飞行时长总计超过 545 小时，执行商业航班 220 余班，日利用率约 5.79 小时。远程宽体客机研制工作稳步推进，首架开工全面启动，复材设计和制造成熟度稳步提升。中国商飞于 2018 年 10 月组建中国商飞复合材料中心（以下简称复材中心）。复材中心是中国商飞复合材料产品的能力中心和技术中心，也是型号复合材料产品的研制交付中心，是公司复合材料能力建设、民机复合材料产品研制全过程和全要素管理，以及复合材料产品供应商管理的责任主体，并引领国内复合材料产业达到世界先进水平。

一、C919 飞机复合材料研制"双一体化"管理背景

工业是强国之本，航空是强国之脊。大飞机被称作工业皇冠，也是国家的重大战略之一，对增强我国的综合国力、科技实力和国际竞争力，建设成为创新型国家具有极为重要的意义。复合材料以其比强度、比刚度高，综合成本低的优点，在飞机结构中的使用占比越来越大，并成为衡量飞机先进性的重要标志之一，复合材料是我国大飞机产业能够取得成功，占领国际市场的重要保证。中国商飞作为实施国家大型飞机重大专项中大型客机项目的主体，为加强复合材料能力建设，提出"双一体化"管理，驱动复合材料全流程、全要素自主创新。中国商飞矢志打造"四个世界级"航空强企，研发世界级的产品、塑造世界级的品牌、建设世界级的企业、形成世界级的能力。由于我国商用飞机复合材料应用起步较晚，目前复合材料结构还存在一些技术短板和产业薄弱环节，亟须加快建立自主可控的复合材料核心能力，满足型号研制要求，促进行业内建立适应于市场化的复合材料研发及生产管理方式，加强行业内的产业融合，拓展国内复合材料制造业的合作、孵化和产业化模式，是中国商飞发展的必然选择。

二、C919 飞机复合材料研制"双一体化"管理主要做法

（一）设计 C919 复合材料研发"双一体化"管理体系

1. 指导思想

上飞公司推行的"双一体化"管理思想以习近平总书记关于大飞机的指示精神为指导思想。"双一体化"管理体系重点是整合资源，守正创新，发挥新型举国体制优势，打通产业链、供应链薄弱环节，实现复合材料研制"适航安全是基础、结构效率是关键、实现批产是要务、成本竞争是核心"的目标。

2. 基本原则

系统思想的原则。复材结构研制涉及材料工艺、结构强度、工装设备、制造检测、维护修理、试验验证等专业，还涉及材料供应商、设计院、制造厂、客服公司等单位和部门，需要按照系统工程的理念，优化各要素，达到全局总优的目标。

"小核心、大协作"的原则。围绕型号研制地图和产业安全地图，上飞公司提出"双一体化"管理理念——设计（Design）、制造（Build）、维修（Maintenance）、运行（Operation）、成本（Cost）、试验（Test）（以下简称DBMOCT）一体化和"政、产、学、研、用"一体化，按照DBMOCT一体化和"政、产、学、研、用"一体化的模式开展工作。

统一发展的原则。通过制定统一标准、流程、工艺及复材制造等相关准则，把控供应商制造质量，带动复材产业链共同发展。

3. 主要内容

根据C919研制需求和复合材料特点，设计C919复合材料研制"双一体化"管理的组织体系，创建复合材料"政、产、学、研、用"一体化和复合材料DBMOCT一体化模式。通过"政、产、学、研、用"一体化协同创新，带动国产材料、设备、专业化结构制造商产业发展。通过DBMOCT一体化管理模式，确保各要素协同工作，有效迭代，促进正向设计的效能提升。

通过建立国家重点实验室联盟和创新中心，打造"政、产、学、研、用"各创新环节的壁垒，建立国产材料、装备等技术成熟度评价准则及管理要求，明确其在民用飞机应用入册流程，带动国产材料和装备产业发展。

（二）创建复材中心"五位一体"的"双一体化"组织体系

1. 总体思路

通过组织保障和机制保障提升主制造商复合材料结构件研发能力，降低复合材料结构件研发技术风险，保障公司复材能力建设、复材产品实现及民机复材产业带动。

2. 构建复材中心"五位一体"的组织机构

复材中心组织机构按职能划分为工程、生产、试验、质量适航和综合运营五大板块，分别负责复合材料能力建设和产品研制工作、复合材料产品生产、复合材料试验技术研究和试验实施、质量适航体系及项目管理和中心运营管理。以组织机构改革为契机和新的起点，推动复合材料预研、设计、工艺、制造、维修的一体化管理。

3. 建立健全"双一体化"管理制度体系

为全面保障组织体系和"双一体化"管理体系有序性、规范性，上飞公司遵循系统工程全局最优的理念，制定DBMOCT协同管理制度，统一实施路径和方法，实现责权合理匹配，有效提升计划执行率和交付物完成质量。制定涵盖"政、产、学、研、用"的各项制度，对内包括标准管理、生产管理、IPT团队管理、实验室管理、科研外协合作、人才管理等，对外包括供应商的培育和管理、供应链管理、共建实验室平台管理等，为实现复材"双一体化"管理保驾护航。

（三）打造复合材料原创技术"政、产、学、研、用"一体化模式

1. 组建"政、产、学、研、用"一体化的创新平台

针对复合材料发展面临的新形势和新挑战，推动形成复合材料"政、产、学、研、用"一体化新模式，以型号应用需求为牵引，以装机应用为目标，加强上下游之间的需求对接和协同创新，开展联合攻关，推动复合材料技术走出实验室、走向产业化，最终达到大飞机的应用要求。

聚焦复合材料产业布局与产业合作，推动形成复合材料"政、产、学、研、用"平台，带动高校、科研院所和合作单位的创新活动。充分发挥新型举国体制优势，由中国商飞牵头，联动中国建材集团、中国石化创建"大飞机复合材料创新中心"，着力打造原创技术策源地。与国内复材相关国家重点实验室建立大飞机先进材料创新联盟（以下简称联盟），协同产业链上下游、产学研力量开展各项关键技术攻关研发；成立上海市民用航空复合材料结构制造工程技术研究中心，实现以承力结构为代表的复合材料结构件成型制造及配套支持技术；筹建大飞机实验室联盟，开展复材相关实验室试验能力认证，带动联盟单位实验能力提升，全面深化与湘、苏、浙等地方合作，持续拓展产业布局。

2. 创新"政、产、学、研、用"一体化运作模式

项目合同合作。上飞公司与联盟内相关单位根据研究内容进行科研项目合作，由中国商飞出资委托联盟单位具体实施研发工作。在项目立项上采用"揭榜挂帅"方式开展联盟合作项目的申报，搭建"赛马制"支持多个项目团队从不同技术路径开展研究，形成满足大飞机应用需求的高质量研究成果。

开发共建合作。上飞公司从研究经费、人员等方面投入，高校院所通过在合作项目所需实验设备、技术研发支持等方面投入（试验技术权由双方按出资比例和实际贡献大小分享），与西北工业大学成立民用航空复合材料联合实验室，与上海交通大学成立复合材料结构适航与安全联合实验室，在复合材料结构理论与失效机理、许用值预测技术、结构设计与优化方法等方面开展合作。

项目合作开发。中国商飞每年投入经费，开展前沿技术研究，主要研究技术成熟度在 TRL1-3 的技术，如大飞机先进材料创新联盟合作。再通过大飞机创新中心应用研究将技术成熟度提升到 TRL6，最后由中国商飞通过型号应用这个大循环对技术进行全面验证，将技术成熟度提升到 TRL9。通过各个平台和上飞公司协同工作，促进技术迭代升级，各要素一体化推进，加快技术成熟度提升。

3. 推进 C919 飞机复材技术和产业发展

上飞公司利用创新中心平台，对供应商开展材料评价、PCD 审核和工艺适用性研究，并对材料提出优化改进建议，引领材料成熟度提升和产业化发展。针对自动铺丝机、铺带机等高端自动化装备，上飞公司对杭州艾美依、齐二机床、西安交大等提供的设备进行测试和应用评价。通过技术攻关、技术验证、综合评估及首台套鉴定流程，引领国产装备技术攻关和产业发展。

以项目支持为牵引，完成民机材料国产化方法研究，形成基于过程控制的产品和供应商管理方法，制定民机复合材料行业标准和构建过程控制体系。对国内自主研发的铺丝机等高端设备能力进行验证和评价，提出应用需求和改进建议，引领国产设备优化改进。构建国产复合材料装机应用方法论和技术体系，实现 8 项材料国产化，T300 级碳纤维预浸料、T800 级碳纤维预浸料等关键材料均已固化材料构型，实现稳定的工业化生产。在高端装备方面，创建"明路径、强合作、促优化、驱应用"的国产设备研制方法论，实现大型龙门自动铺丝装备自主可控，持续推动零件制造类、加工类、检测类 30 余台套设备国产化，引领民机国产复材装备产业链、供应链的发展，初步形成国产复合材料产业布局。

（四）行业内首创复合材料 DBMOCT 一体化模式

在飞机复材行业，大部分复材结构制造设计、制造、维修、运营、成本、试验由不同部门分阶段实施。上飞公司在 C919 项目实施过程中，根据研制中出现的问题，并借鉴国外最佳实践，首先提出 DBMOCT 一体化模式。

1. 组建 C919 飞机复材研制项目团队

上飞公司将原来的职能部门管理（横向管理）转变为集成产品开发（IPT）团队（纵向管理），组建 DBMOCT 一体化团队，每个分项团队按 DBMOCT 各要素进行组建，协同完成一体化方案。

2. 运作模式由"串联"改变为"并行"

原复材结构设计、制造、维修、运营、成本、试验由不同部门分阶段实施，协调界面多、研制周期长、研制成本高。通过创新 DBMOCT 一体化管理模式，各阶段由项目团队一体化开展，研发模式由原来的分散性、孤立的"串联"研发转变为"并行"的系统研发，提高复材研制效率和效益。

3. 建立一体化模式"门禁"过程控制体系

"门禁"是飞机复合材料结构研制划分阶段，即项目过程管理的节点要求。C919 飞机复材研制阶段划分为 11 个"门禁"，包括概念开发阶段前、概念开发阶段、立项论证阶段、可行性论证阶段、总

体技术方案审查、初步设计阶段、详细设计阶段、全面试制阶段、TC 取证、PC 取证、产品与服务验收阶段。项目研制以适航安全为基础，遵从"门禁"理念，制定"综合技术、材料工艺、工程设计和维修维护"四个专业"门禁"要求，包含每个环节质量要求、交付要求，评审通过后"放行"，项目研制进入下一阶段，如门禁 3 是立项论证阶段的阶段性评审，主要根据前期市场和用户的要求识别出民机产品系统商业需求、目标即相关需求的确认活动，确保项目符合潜在客户的要求以及公司的战略发展规划，以支持项目立项工作。评审通过后，可支持民机产品系统的研制工作进入可行性论证。对项目复合材料应用方案，建立项目组织，进行技术成熟度评估，制定项目拟采用的关键技术研发规划并按需开展部分研发工作，开展相关的管理配套（质量、成本分析、风险评估等）工作要求，实现复材研制项目质量控制，确保 DBMOCT 一体化管理的实施。

（五）建立以"图谱"为框架的一体化标准体系

1. 设计复材技术图谱框架

综合型号需求和前沿技术发展，统一规划完整的、系统的技术图谱，规划了民用飞机复合材料技术图谱。建立设计保证体系和质量体系，保证设计活动做正确的事，依据系统工程方法做好需求捕获、分解、传递、验证。基于型号研制和能力建设并重的原则，将型号研制中的技术攻关、试验与技术图谱结合，对型号工作和能力建设工作进行统筹规划，实现两者的有效结合，协同发展。铸牢以图谱为主线，为 DBMOCT 一体化管理指明前进方向。

2. 建立六位一体的标准体系

以型号需求为牵引总结经验，策划涵盖材料、工艺、设计、强度、维修、试验六个方面的复合材料标准规范体系，总体规划标准规范 1340 份，形成了完整的复合材料标准规范体系。首次策划"1+5"标准体系建设，包括 1 份产品设计标准（共性产品技术）和 5 份规范 / 手册（材料规范、工艺规范、维修规范、材料性能手册和设计性能手册等共性专业技术），以点带面推动复材专业化工作模式实现，形成中国商飞复合材料核心能力。同时，促进"外标内化、内标外推"，强化企业标准在公司型号研制中的贯彻落实，固化形成国标、行标、团标等内标外推项目，形成外部标准储备项目清单。上飞公司率先系统性地建设复材无损检测国家标准体系；国内首次形成了具有自主知识产权的复合材料结构孔隙率超声检测技术，并在 C919 后机身前段工程化应用，在行业内外进行了推广，填补了国内空白。

（六）开发复材研制 5G 数字化管理平台

1. 创建"研发大脑"

复合材料结构设计是一项高度复杂的系统工程，涵盖飞机从概念设计、初步设计、详细设计、试制、试飞取证和批生产全过程。早期的设计方式相对落后，设计过程不尽规范，设计过程的人工重复性劳动较多，对设计员的经验要求较高，较难保证设计质量。为保证复材结构专业的长远发展，上飞公司创建了"研发大脑"，串联复材结构设计各环节的标准、方法，并联人员岗位职责，将人员岗位、程序、设计要求、标准等通过研发大脑准确、及时、快速投放，显著提升复材结构设计人员的设计效率。建立"一卡一单"设计流程管控机制，加强流程设计，"卡"为任务工卡，为设计赋能，"单"为质量检查单，设置明确的度量指标，检查赋能效果，提高了设计依据的贯彻执行率和规范性。

2. 推动数字化现场管理

上飞公司按照数字复材战略规划，坚持技术自主可控，联合中国商飞 5G 创新中心，充分发挥研发大脑在复材结构设计过程的引领作用，推进在该领域的示范效应，聚力重点突破，加快实现 5G 技术与复材技术的深度融合，推进数字化复材的运行。

为加强复材现场工作数字化转型，上飞公司打造了一批双脑驱动、边云协同的智能作业岛，开展了包括热压罐、自动铺丝机、自动铺带机等智能作业岛场景设计，促进现场各复材零件制造工序间形成智能连接。开发了智能热压罐作业岛、智能磨床作业岛、辅料库房管理系统等数字化场景项目，其中智能热压罐作业岛可节省 4 名现场和质保人员，固化报告计算时间节省 10 倍，实现项目落地即认证，取得了良好反馈。

（七）保障机制

1. 人才建设

围绕"小核心，大协作"的理念，进行人才盘点，分类分层分级制定培养规划，实现人才与大飞机事业的共成长。围绕"吃透需求、吃透技术"的要求，搭建复合材料特色培训体系，打造复合材料人才梯队，同时充分协调各方资源，多渠道、多层次地构建培训体系，达到全人员覆盖，全需求满足，全过程提升的目标。结合复材关键核心技术攻关工作，深化"人才特区"建设，探索实施"尖兵工程"，搭建科技人才创新平台。搭建创立适用于民机复合材料设计制造一体化的职级职位体系和薪酬福利体系，不断拓宽人才引进渠道。搭建复材对外培训课程，为供应商能力提升做出有效支撑，带动民机复合材料产业尽快形成独立自主的研制、生产、服务能力。

2. 考核评价机制

为保证"双一体化"推进和实施效果，建立考核机制并进行滚动管理。在设计质量、产品合格率、交付率、员工能力、设备使用效率、成本等方面设立考核项，具体考核项目为设计图纸签审通过率、验证通过率、产品一次提交合格率、飞机单机故障拒收数量、纠正措施验证一次通过率、生产计划按节点执行率、人员岗位资质培训合格率、设备故障率、生产阶段质量损失成本率等。

在"政、产、学、研、用"一体化实施过程中，按照"要素集成、过程管理、流程驱动"的思路，形成全局视角的科技管理相关文件，构建科学完整的流程架构，明确专业技术管理层次，明确考核、评价和激励措施，做到科技管理部门、科研部门和专业团队界面清晰、有序衔接，从进度、协同、专业三条主线抓协同发展，确保计划可控、资源匹配、行动高效。

三、C919 飞机复合材料研制"双一体化"管理效果

（一）在航空业创建了一套"双一体化"管理新模式

通过 C919 飞机复合材料结构研制实践，建立了基于正向设计的 DBMOCT 一体化技术攻关模式和"政、产、学、研、用"一体化产业发展模式，通过 C919 飞机设计、制造、试验、维修、取证等各方面的验证，以及国产材料和装备的应用实践，证明了这种管理模式的先进性和有效性，该模式也可复制到其他新技术领域，可明显提高技术攻关质量、压缩研制周期并降低成本。

（二）突破了一系列商用飞机关键技术

通过 C919 飞机复合材料研制"双一体化"管理新模式的实施，复材中心在型号技术攻关过程中取得了一系列先进技术成果，已形成 18 项技术秘密，192 项专利。《民用飞机复合材料后机身部段设计、制造及验证》等获得"上海市航空学会科学技术奖一等奖"、"中国商飞级科技进步奖"11 项、"上飞公司级科技进步奖"24 项。涌现出一批批技术领军人才，为民机技术发展奠定坚实基础。

（三）C919 飞机取得了型号适航证并交付航空公司

C919 飞机复合材料技术为型号七大重点技术之一，通过 C919 飞机复合材料研制"双一体化"管理新模式的实施，技术攻关速度明显加快，产品质量明显提升，成本也得到了有效控制。2022 年 9 月 29 日，C919 大型客机成功取得型号合格证，2022 年 12 月 9 日，首架 C919 飞机交付中国东航。作为 C919 大型客机的重要一环，上飞公司"双一体化"管理理念见行见效。

（四）取得了明显的经济效益和社会效益

在"双一体化"管理模式下，产品质量损失、设备维护成本持续下降，产品质量损失现阶段为初期的 20%，约 300 万元；年度设备维护成本为初期的 12%，约 150 万元。建立了数据共享平台，实现企业价值共享。上飞公司牵头为复合材料产业布局，带动了国产材料、设备、专业化制造产业发展。在中国商飞复合材料试验验证的需求牵引下，国内复合材料试验能力得到迅速提升，涌现出大量能够承担 ASTM、SACMA 等标准试验测试的试验供应商，初步形成立足上海、依托长三角、面向全国、辐射全球的产业布局。

（成果创造人：王　飞、肖辉江、周良道、徐应强、余红旭、
王　栋、汤家力、崔卫军、梁　园、贾丽杰、孙　熊）

以实现自主可控为目标的城轨交通信号系统创新
联合体构建和运行管理

国睿科技股份有限公司

国睿科技股份有限公司（以下简称国睿科技）由中国电科第十四研究所整合优势资源组建而成，于2013年在上海证券交易所上市。国睿科技以服务国家强国战略和推动国防军工创新发展为使命，立足军工电子主力军、网信事业国家队、国家战略科技力量"三大定位"；聚焦智慧轨交、雷达装备及相关系统、工业软件及智能制造"三大业务"板块，是国内技术领先、质量领先、管理领先、效益领先的科技型上市公司，致力于成为建设具有全球竞争力的世界一流科技型企业。

一、以实现自主可控为目标的城轨交通信号系统创新联合体构建和运行管理背景

（一）奋力加快建设交通强国，实现城市轨道交通高质量发展的需要

党的二十大报告明确"坚持把发展经济的着力点放在实体经济上，推进新型工业化，加快建设制造强国、质量强国、航天强国、交通强国、网络强国、数字中国"。为此，国睿科技矢志创新攻关，为中国制造打造"大国重器"和高质量产品扛起使命担当，共同促进城市轨道交通科技自立自强的时代使命。

（二）全面实现轨道交通自主可控，形成自主化城轨交通技术链和产业链的需要

我国城轨交通虽已步入交通大国行列，但仍处于成绩与问题共存，机遇与挑战同在的发展阶段，部分关键技术装备、核心零部件和设计软件受制于人的状况依然存在。国睿科技作为国内国产化信号系统核心供应商、系统集成商，国家指定的"轨道交通信号系统国产化总成单位"，具备带动信号系统实现自主化的能力。为此，国睿科技围绕关键技术突破，聚合行业内资源，合力攻坚，加快推进和实现轨道交通信号系统的全面自主可控。

（三）打造轨道交通自主化创新产品，实现企业高质量发展的需要

国睿科技作为国内国产化信号系统的先行者和高新技术企业，有责任围绕轨道交通创新发展的新需求，引领关键技术突破，实现轨道交通信号系统的全面自主可控；同时，这也是实现公司自身高质量发展，发挥联合体牵头单位作用，打造核心竞争力、增强核心功能的必由之路。

二、以实现自主可控为目标的城轨交通信号系统创新联合体构建和运行管理主要做法

（一）谋划城轨交通创新联合体顶层架构，明确自主可控发展目标

1. 面向国家战略和企业发展规划，加快智慧城轨交通关键核心技术部署

国睿科技以贯彻落实国家城市轨道交通信号系统国产化任务和国家交通强国战略部署，以信号系统的关键核心技术突破、实现信号"自主可控"为使命，着力解决信号系统对国外产品的依赖和"卡脖子"问题；通过轨道交通信号智能化提档升级，推动城轨交通信号领域数字技术应用和智能化引领。为此，公司积极承担国家、省部级轨道交通专项任务，对接行业发展需求，成立战略发展委员会，确立以实现自主可控为目标的城轨交通信号系统创新联合研发思路，制定"三年强化自主化、五年补强智能化"，成为城市轨道交通领域国际领先的自主化系统整体解决方案核心供应商和服务商的总体发展目标；建立了"五年规划、三年滚动规划"的战略管控体系；明确信号系统"自主化、智能化"关键核心技术攻关方向，打造四大核心能力，发展三大产品业务，凝练八项重大科技任务，优化科技资源配置，着力解决制约城轨交通高质量发展的关键核心技术难题。

2. 紧密围绕用户需求和行业发展趋势，加快建立健全技术产品谱系

一是打造成熟产品，满足用户主流需求，实现稳步发展。结合用户对 CBTC（基于通信的列车自动控制系统）信号系统的大量需求，国睿科技持续对第三代 CBTC 信号系统进行打磨升级。联合产业链下游用户单位，着力开展该产品需求分析，开展技术优化，进一步增强产品稳定性；同时，开发数字化工具应用，提升产品的工程化应用效率。

二是打造新一代产品，进行智能化升级，形成新一代产品推广与应用。结合目前城轨行业对 GOA4 级全自动（无人驾驶）运行系统的需求，通过加强与设计院、科研院所、用户单位合作，进行科研和应用场景资源整合，基于自主芯片与操作系统、探测感知技术的应用，实现信号系统从底层到应用的完全自主可控，加快完成第四代全自动运行 FAO 信号系统的研制与验证，联合开展推广应用，形成满足市场和用户对产品更可靠、更智能的新需求。

三是结合行业和新技术发展趋势，开展预研和储备下一代产品。

国睿科技联合在云平台、大数据、5G 通信及人工智能等技术领域领先的高校、企业，开展第五代列车自主运行 TACS 信号系统的联合研制，重点攻克基于探测感知的高精度测速测距定位技术和基于异构操作系统的同步与表决技术，打造具备全时态探测感知能力、主动安全驾驶能力，以及基于云平台的安全计算机能力的新一代信号系统，实现信号系统的数字化升级，打造"交通即服务"的全新产品，满足更高效，更绿色、更经济的新的发展需求。

3. 建立顶层协同运行管理架构，实现联合体效能有效发挥

为实现城轨信号系统关键核心技术尽快突破的目标，国睿科技构建"总体牵引、打造载体、联合攻关、市场协同、数字支撑、成果激励"的创新联合体运行管理体系。通过总体牵引确立了以实现自主可控为目标的城轨交通信号系统创新联合研发思路，制定了城轨交通信号系统产品谱系图、攻关时间表、作战地图等；通过构建创新联合体打造原始技术策源地，推动关键核心技术联合攻关；通过建立市场协同开拓机制，带动信号系统上下游相关技术和产品产业化应用，创造经济价值；通过建立数字化研发管理体系底座，形成了数字化研发管理流程，支撑研发协同管理，实现研发全流程自动化、精细化跟踪与跟进，提升内外部协作与沟通效率；通过建立成果激励机制，充分调动、利用内外部资源，激发创新创造动能。

（二）建立城轨交通创新联合体运行机制，实现多主体创新资源有效整合

1. 牵头组建创新联合体，打造产业链关键技术核心圈

国睿科技作为国家指定的城市轨道交通国产化信号总成单位和江苏省城市轨道交通信号龙头企业，依托其科研、产业、应用、生态优势和资源整合能力，聚焦轨道交通自主可控信号系统领域，进行城轨交通创新联合体打造。牵头联合产业链资金、技术和人才资源，整合高校院所、产业链上下游企业等创新资源与四家合作单位［南京理工大学、南京地铁运营有限责任公司（以下简称南京地铁）、江苏华创微系统有限公司（以下简称华创微）、南京翼辉信息技术有限公司（以下简称翼辉信息）］组建城轨交通自主可控信号系统创新联合体，构建创新生态体系，形成了交叉融合的关键技术自主创新的"核心圈"，实现引领带动。

该创新联合体由国睿科技牵头进行组建与运行，分工协作开展城市轨道交通关键核心技术攻关和产业化建设。国睿科技着重开展城市轨道交通信号系统专用核心技术突破、系统总成和产业化方面的工作；南京理工大学开展基础技术研究和控制理论算法方面的工作；华创微在集成电路领域、翼辉信息在实时操作系统领域进行技术突破和城轨交通领域应用研究；南京地铁作为用户单位，充分发挥用户需求分析和测试验证方面的优势，进行产品应用验证。为了保障创新联合体的工作推进，联合体成员单位签署了联合技术攻关协议并建立考核激励机制。创新联合体单位紧密合作，积极联合参与市场竞争和技

术攻关，开展了国产化操作系统与国产化芯片安全计算技术、电子联锁等关键核心科研任务。

2. 共建创新平台，促进创新联合体共治共享机制建立

为进一步推进创新联合体建立健全共建共治共享机制，国睿科技牵头联合体共建科技创新平台，通过聚合产学研优势力量，由高校院所、企业等主体共同参与组建，建立多个创新资源开放共享的创新平台。通过创新联合体、创新平台等载体的资源合作优势，基于行业共性关键技术、基础前沿技术攻关需求，相关成员单位联合参与国家重大科技任务，承担国家重大科技项目，实现技术和平台共建、共享。

2022年，国睿科技与南京理工大学、南京地铁共同建立"交通信息融合与系统控制工信部重点实验室"，开展轨道交通信息融合与智能控制研究；2021年联合南京理工大学，成功获批组建"江苏省城市轨道交通信号工程研究中心"，开展全自动运行信号系统产品研发及工程化研究；2020年联合华创微、翼辉信息，获批"工信部协同攻关和体验推广中心项目"，联合开展国产化二乘二取二安全计算机平台研制。通过创新平台联合建设和重大科技任务的联合攻关，联合体成员单位在技术人才、平台使用、核心技术等方面形成了共建共治共享。

3. 合力建设利益共同体，实现产业链上下游企业抱团发力

城市轨道交通信号系统涉及元器件、嵌入式板卡、操作系统、数据库、开发工具、软件系统、通信设备等产业链上下游。为此，国睿科技对产业链上下游进行联合，形成利益共同体，做到需求与供给相互牵引、协同进化，前端与后端无缝衔接，形成体系化持续性创新力量。

（三）打造原创技术策源地，推动关键核心技术联合攻关

1. 强化基础研究前瞻布局，夯实原始创新能力

联合体注重基础研究，强化原始创新能力在颠覆性技术创新方面发挥主导作用。从国家当前的紧迫需要和长远发展考虑，联合优势资源进行前沿技术开发，解决关系未来国际产业链竞争的前瞻性重大科技问题，在国产化芯片、操作系统、数据库应用、探测感知技术等基础科学领域方面加强基础研究和创新能力打造。

结合外部贸易保护和贸易摩擦，国睿科技推动联合体加强在国产化芯片、国产化实时操作系统、国产数据库方面的研究和在轨道交通行业的应用。在芯片和操作系统"卡脖子"方面，国睿科技加强控股公司十四所自研的华睿系列DSP（信号数字化处理）芯片的研究与应用；在操作系统方面，与翼辉信息开展国产化实时操作系统SylixOS的适配应用；在数据库方面，与人大金仓国产化数据库进行产品合作研发与应用。通过这些基础技术突破和应用，实现了轨道交通领域底层核心芯片、操作系统和数据库方面对进口产品的替代，进一步强化了信号系统的自主化能力。

2. 立足自主创新发展，实现城轨信号关键技术突破

国睿科技推动联合体加强城市轨道交通领域信号自主创新，实现城市轨道交通信号自主化和智能化关键技术攻关，打造核心竞争力。目前已形成16项城轨信号关键技术突破，其中7项技术国内首创，自主化CBTC和FAO两代核心信号产品已达到国际先进水平，形成自主化技术和产品核心竞争力的打造。

3. 整合关键环节资源，加快技术产品验证及落地

为尽快完成全流程研发任务，国睿科技充分整合产业链关键资源，联合开展产业新技术领域合作，加快技术验证和产品应用落地。城市轨道交通信号系统上道试验中试工作是技术定型的关键环节，需要在真实的轨道、车辆环境中部署信号系统，进行接口、性能指标、环境特性、系统功能等方面的验证，该试验环境投入巨大，信号系统企业单方面很难完成。为解决上道试验问题，国睿科技与南京地铁、南京产业公司签署合作协议，明确合作分工与权益，快速推进了新一代轨道交通全自动运行（无人驾驶）信号系统上道试验工作，完成了技术和产品的定型与鉴定，推动了轨道交通产业链向更高端无人驾驶业务布局与发展。

（四）建立市场协同开拓机制，促进自主化系统产业化应用

1. 牵头获取重大集成项目，带动联合体单位产品应用

作为城市轨道交通信号系统的总成单位，国睿科技积极牵头获取项目，带动联合体单位产品应用。先后承建南京、南昌、哈尔滨、福州、苏州、徐州等地地铁信号总成项目，创造近20亿元的销售收入，涉及南京、南昌、哈尔滨第一条国产自主化信号系统地铁项目，南京、苏州、福州第一条全自动（无人驾驶）信号系统地铁项目等，通过牵头信号系统项目的获取，一方面实现了公司全自主化信号系统的应用；另一方面，带动了联合体成员单位在通信、消防、乘客服务、测试验证等系统领域的应用，以及大屏、嵌入式板卡、维护监测等设备的技术创新和应用，拉动了产业链技术和产品创新研发，实现了联合体优势互补、紧密协同。

2. 建立资本运作机制，促进产品应用与市场拓展

为进一步加固与创新联合体用户单位的合作，带动联合体单位技术和产品的市场应用，国睿科技与南京地铁成立睿行数智合资公司，通过资本合作建立"建运管"一体化平台，形成产品实施交付、运营与运维管理的全生命周期服务的商业模式，带动了产品和服务的应用。

（五）建设数字化研发管理系统，为创新联合体提供高效、精准、可靠的协同手段

1. 构建数字化管理系统，促进研发精准管控

为提升联合体内部高效协作和强化研发质量的精准管控，根据轨道交通高安全性特点，依据安全研发"V"模型流程，建立数字化研发管理系统。

轨道交通信号系统具有高安全、全实时不间断运行的特点，国睿科技建立了全生命周期"V"模型数字化研发过程管控流程，实现对研发每个阶段的验证和确认，通过流程保障产品研发的高可靠性。该研发模型包含一个自顶向下的设计实现流程和一个自底向上的测试确认流程，并由相互独立的团队来实施。验证活动贯穿于"V"模型的每个阶段，用以证明各阶段的输出与输入的正确性、一致性和符合性，保障系统的高安全性；确认活动在系统确认阶段实施，用以证明系统需求的实现，满足既定环境的使用，保障系统的高安全性和高可靠性。

数字化研发管理系统的建立，实现了研发流程的数字化定制与固化。流程具备自动化能力，任务自动流转、智能提醒、智能统计与分析等功能；强化了需求与变更管理、缺陷管理、配置管理等关键环节的管理。通过流程管控提升产品的安全性，保障了部门间的协同衔接。

2. 开发数字化管理工具，保障创新联合体的高效协同运作

国睿科技建立了基于数字化技术的管理体系，将传统的管理方法与现代数字化技术相结合，建立协同管理工具和集成验证平台，实现了创新联合体协同管理的全面数字化、信息化和智能化，持续赋能管理创新。

国睿科技通过数字化工具搭建智慧云制造平台，在协同管理的生产管控、营销管理、采购供应等环节实现了数字化，并设置了智能化跟踪与提示；同时建立了轨道交通测试与验证数字化平台，快速完成与外部系统的集成与验证，提升了系统集成效率和质量。数字化管理体系为创新联合体提供了更加高效、精准、可靠的协同管理手段，降低协同管理的成本和风险。

3. 打造数字化研发工具，提升研发效率及质量

轨道交通信号系统对代码开发的质量要求极高，需达到最高安全等级；同时大量数据配置和海量数据分析造成高强度工作压力，为此国睿科技通过打造自动化、智能化研发与分析工具，提升研发与工程化效率。

国睿科技打造形式化开发工具，提升代码质量，在轨道交通行业内引入航天级模型开发工具进行形式化建模，实现高安全代码的自动生成、代码测试验证；研制自动化数据配置工具、自动测试工

具、自动绘图工具，大幅缩减数据配置和测试周期，提升数据配置效率近 5 倍，规避了人工配置错误；设计智能化系统分析工具，提升快速故障定位效率，并能实时监测系统的运行状态，为研发人员和工程项目现场维护人员提供了自动化的故障分析利器。通过这些数字化研发工具的应用，提升研发与测试、工程、维护人员的沟通与协作效率，整体提升产品工程化和产业化效率。

（六）构建面向市场的科研成果激励机制，增强研发动能

1. 建立研发项目收益分红机制，激发自主化技术突破和产品应用

为加快科技成果转化效率，国睿科技建立自主化产品研发项目收益分红激励机制，得益于创新联合体成功完成轨道交通自主化信号系统的研发并投入了应用，该联合创新成果成功获批 2022 年中国电子科技集团公司研发收益分红项目。该激励机制从自主化产品工程项目创造的利润中提取一定比例的专项激励基金，奖励轨道交通自主化信号系统核心团队。通过该分红机制，实现联合创新成果的累计分红近 300 万元，促进了核心骨干与创新联合体之间的互相支撑与成果共享，充分调动了科研骨干人才自主创新的积极性，推动联合创新机制的高效运行。

2. 设立创新联合体奖励激励，推动协同攻关任务完成

为保障和激励轨道交通自主可控信号系统创新联合体协同攻关研发项目任务的高质量完成，国睿科技积极组织和开展协同创新激励机制建设。推动政府组织行业专家从协同创新的 8 个维度——创新联合体协议执行、创新联合体运行、资金投入、联合攻关推进、联合体市场竞争、联合科研计划、联合体双创载体与人才培育、联合平台共享进行考核评价，按照三个等级考核并设立不同额度的激励金，激励联合体成员协同创新，助力协同创新成果和目标的达成。

三、以实现自主可控为目标的城轨交通信号系统创新联合体构建和运行管理效果

（一）提升了公司的研发和应用效率，推动了创新链、产业链融合发展

建立了城市轨道交通"总体牵引、打造载体、联合攻关、市场协同、数字支撑、成果激励"的创新联合体运行管理体系，加强了内外部科研协同与协作，大幅提升了自主化产品的研发效率，项目产品研制周期从 5 年缩短至 3 年；推动了自主化产品的工程化应用，信号系统国产化率从 60% 提升至 95% 以上，实现了轨道交通信号系统的自主可控能力进一步强化和智能化转型提升。同时，带动了创新联合体单位的快速发展，翼辉信息、华创微成为行业内技术创新领先企业。

（二）创造了显著的经济效益，推动了企业高质量发展

推动了科技成果转化的效率，加快了城市轨道交通自主化与智能化信号产品的工程化与产业化，实现了该系统在南京、南昌、哈尔滨、福州等 8 省 13 市轨道交通工程项目中的应用。2021 年至 2022 年轨道业务累计实现收入 15 亿余元，项目利润由 10% 提升至 30%，企业近 3 年来利润再创历史新高，经营质量持续提升。

（三）提升了轨道交通自主化能力，服务国家战略全局

创新联合体运行管理体系的建立和运行，保障了自主化信号系统产品的成功研发，通过总体牵头、分工协作的创新联合体的机制，有力推动了自主创新技术和产品的突破，目前已形成 16 项关键核心技术，其中 7 项技术国内首创，自主化 CBTC 和 FAO 两代城轨信号产品已达到国际先进水平，形成了自主化系列化的技术和产品谱系，打破了国外长期对该技术领域的垄断，相关产品在全国多地实现了对进口产品的首次替代，产生了广泛且重要的社会效益。国睿科技凭借自主技术创新管理和技术产品创新应用，取得多项国家、省部级荣誉，为国家科技自立自强和人民安全出行贡献了力量。

（成果创造人：黄　强、王　昊、王　恒、刘泓辰、沈冬冬、那哲铭、
何浩洋、景顺利、谈思韵、窦　蓉、刘春旭、张　璐）

国有钒钛企业突破"卡脖子"技术的科技攻关管理

攀钢集团有限公司

攀钢集团有限公司（以下简称攀钢）历经半个多世纪的艰苦创业，形成了攀枝花、西昌、成都、江油、重庆五大产业基地，依托攀西地区丰富的钒钛磁铁矿资源，依靠自主创新建设发展起来的特大型钒钛钢铁企业集团，是世界顶级的重轨生产基地，是我国重要的汽车用钢、家电用钢、机械用钢生产基地。具备年产铁精矿1350万吨、粗钢1100万吨、钒制品4.6万吨、钛精矿175万吨、钛白粉24万吨、高钛渣24万吨、海绵钛6万吨、钛材1.4万吨的综合能力。截至2023年9月底，资产总额1027亿元，职工36400人。

一、国有钒钛企业突破"卡脖子"技术的科技攻关管理背景

（一）服务国家战略资源安全供给的需要

目前我国钛精矿对外依存度达40%，用于钛金属生产的高品质钛矿原料高达80%依靠进口，铁矿石对外依存度超过80%，建立健全钒钛资源综合利用技术体系，采用有别于一般钢铁企业的科技攻关管理模式，解决因复杂共伴生资源特点导致其综合利用技术难度大的问题是实现国家战略资源安全保障的需要。

（二）服务国家关键材料自主突破的需要

目前，事关国计民生和国防建设的钒钛高端材料严重依赖进口，进一步健全钒钛新材料产品技术体系面临时间紧、难度大、任务重等问题。组织突破"卡脖子"技术的科技攻关管理，是保障国家战略领域关键材料自主突破的需要。

（三）提升企业核心竞争力的需要

钒钛钢铁是国民经济发展和产业升级换代的基础材料。探索一种高效的科技攻关管理模式，建立钒钛资源综合利用技术体系，加强"关键核心技术""关键共性技术""产业高新技术""前沿引领技术""颠覆性技术"研究，实现重大原创性成果产出、工程应用示范和产业化推广，以最快最有效的方式打通钒钛资源高值化综合利用及新材料开发的卡点、痛点、难点和堵点，是加快突破关键核心技术、提升企业核心竞争力和可持续发展能力，为企业高质量发展提供源源不断的科技供给的需要。同时，围绕钒钛资源绿色、高效、高值、智能化利用，优化完善科技攻关管理模式，开展原创技术研发，推进成果转化应用，重构资源端—材料端—应用端先进技术体系，是加快建设世界一流专精特新示范企业、保障企业安全可持续发展的需要。

二、国有钒钛企业突破"卡脖子"技术的科技攻关管理主要做法

（一）聚焦战略，对接国家需求

1. 提高站位，服务国家重点型号

锚定"四个面向"战略要求，围绕国家重大工程亟须的"卡脖子"材料组织科研立项，强化顶层设计、体系布局和系统研发，彰显中央企业的使命与担当。一是针对第三代轴齿钢完全依赖进口的情况，立项研制500℃耐高温高强韧不锈轴齿钢，解决纯净度与元素偏析控制、表面强化热处理等技术难题，为下一代航空发动机提供基础材料支撑。二是针对我国航空液压管路系统仍采用传统不锈钢材料的情况，立项研制航空用钛合金管，打破国外封锁，实现进口替代，支撑航空工业发展。

2. 融入体系，承接国家重大任务

一是组建成立成都先进金属材料产业技术研究院，成为国家"科改示范行动"标杆企业。二是牵

头组建国家钒钛产业联盟，为保障我国钒钛资源与产业安全、推动钒钛产业高质量发展赋能。三是在四川省委省政府的大力支持下，牵头组建四川省钒钛产业创新联合体，组织钒钛领域关键核心技术攻关。四是参与中国钢研集团牵头组建的"中央企业高端金属材料开发创新联合体"，牵头开展某新型风洞用合金研制与应用推广。五是与南京理工大学、成都陵川特种工业有限责任公司（以下简称陵川工业）、江苏智仁景行新材料研究院有限公司联合共建武器装备轻量化联合研究中心，共同攻克高端装备重点型号用钛金属、特钢等关键材料核心技术。六是围绕航空用特钢、钛合金等材料全面服务航空工业的发展需求，联合成飞、沈飞等开展飞机起落架用钢、高温钛合金薄板等重点材料的研制与应用。

3. 先期介入，实现重点型号快速列装

瞄准用户需求，坚持应用导向，与国内知名高等学校、科研院所、军工企业开放合作，直接对接重点型号的急迫需求，在产品设计阶段先期介入，同步开展全流程技术攻关，精准实现重点型号快速列装。针对电磁弹射与电磁阻拦装置急需将电磁弹射与电磁阻拦技术实现工程化转化的需求，攀钢与海军工程大学马伟明院士团队、终端用户湘电动力系统对接，了解型号需求与材料考核要求，针对国家新型航母电磁阻拦系统开展新材料选材设计、材料考核指标以及全流程生产工艺研究，成功制备出满足服役要求的阻拦系统用锥形卷扬筒锻件及全系列零部件材料，有效解决了我国关键核心领域"卡脖子"问题，达到国际领先水平。

（二）瞄准目标，坚持系统管理

1. 系统设计，从"碎片化"向"体系化"转变

聚焦"卡脖子"技术，围绕"激发科研活力，凝聚科研合力，提升科研实力，系统推进钒钛领域高水平科技自立自强"的战略目标，实施"1+2+3+4"科技创新体系建设工程，即担当"钒钛国家战略科技力量"使命，聚焦"钒钛战略资源安全供给"和"国家战略材料自主突破"两条路径，完善"研发投入稳定增长""人才队伍建设""科技评价与激励"三种机制，打造"自主研发创新平台""协同创新平台""支撑转化平台""应用合作平台"四大平台，提升创新体系整体效能。

2. 更新观念，从"技术团队"向"攻关团队"转变

在重大攻关实践中形成了将"技术团队"发展调整为"攻关团队"的新机制，成立关键核心技术推进领导小组，统筹指导关键核心技术攻关相关任务，审定关键核心技术专项工作事项，协调解决重大问题，形成了以技术团队为主体，涵盖管理服务、支撑保障的联合攻关团队组织模式。技术团队向攻关团队的转变解决了攻关过程对相关配套条件及支撑保障不足，相关研发单元参与资源调配、要素保障和创新协同不够的问题，形成了分工协作、上下联动、齐心协力的攻关生态。

3. 调整思路，从"事后评审"向"过程推动"转变

在重大攻关实践中，通过总结经验、剖析问题，调整思路，从"事后评审"向"过程推动"转变。通过过程协调与管理，切实参与到科研项目全过程，及时协调解决项目研发过程中科研人员无法解决的相关问题，各级领导、管理部门建立科研项目对应联络机制，推动科研管理从"事后评审"转变为"过程推动"。该模式解决了常用的结果评审方式仅仅是对状态的一种判定，无法在过程中及时纠偏或消除风险的难题，极其有效和高效地推动了关键核心技术攻关进程。

4. 转变职能，从"管理型"向"服务型"转变

从科研项目立项、合同签订到实施管理全过程，相关部门更多体现的是管理作用，缺乏服务职能。为更好地推动科研项目攻关，探索变革科研项目管理权，推动相关部门由项目管理向服务赋能转换。制订《关键核心技术专项工作方案》，推进传统的纵向流程审批制向扁平化服务赋能制改革，部门由传统的"能不能、可不可"向"办得快、有闭环"转变。针对关键核心技术攻关，建立绿色专项保障通道，集团层面给予政策机制上的大力支持，项目实施单位配置专人实施重大项目专项保障，按项

目来源、重要程度、结题时间等维度，建立可视化台账，确保 24 小时快速响应物资采购、外委加工、分析测试等需求，让科研人员从事务性工作中解放出来，全身心投入科技攻关。全面推行以"信任"为前提的科研管理"放管服"项目负责制改革，授予项目负责人创新团队自主组建权、项目经费审批权、外委合作决定权及物资采购审批权、激励分配权，实现"人、财、物"等创新资源高效快捷配置，授予项目负责人"技术路线"决策权，赋予科研人员学术和技术自主权。

（三）聚焦能力，打造四大平台

1. 全面升级自主研发平台，提升科技创新能力

围绕钒钛产业发展、高端材料研发、关键共性技术突破，实施自主研发平台建设工程，着力打造三大特色研究院，即钒钛磁铁矿综合利用技术创新基地的"攀枝花钢铁研究院"、"专精特新"产业孵化转化平台的"成都先进材料产业技术研究院"、战略性新兴产业技术前沿阵地的"北京研究院钒钛分院"。突破系列高速钢轨及道岔用轨制造技术，研制出百米长尺高速钢轨，占据国内高铁用钢轨市场份额的 70%，于 2020 年代表中国牵头制定钢轨和道岔轨 ISO 国际标准。

2. 全面筑牢支撑保障平台，提升成果转化能力

组建创新联合体，发挥企业科技创新主体作用、社会资源支撑促进作用。牵头组建钒应用技术推广中心、四川省钒钛产业创新联合体、武器装备轻量化联合研究中心，参与苏州实验室、中央企业高端金属材料开发创新联合体和铁路科技创新联盟，承担国家重点研发计划项目 34 项。与北京科技大学联合组建钒钛研究院，与中国科学院金属所签订特种金属材料联合研发中长期合作协议，与清华大学、四川大学、重庆大学等 40 余家高校院所形成战略合作。

3. 全面构建协同创新平台，提升资源整合能力

优化现场专业技术人员岗位序列，合理配置岗位技术人员，建设高水平、专业化的现场技术保障和质量工程师队伍。培育了"首席工程师""技能大师""劳模创新""青年创新"等近百个工作室，以"创新型、应用型、技能型"为导向，弘扬精益求精的工匠精神，全面提升现场工程技术队伍的创新支撑能力和参与活力。

4. 强化搭建应用技术平台，提升创新链延伸能力

强化以产品应用为先导的市场推广模式，联合客户端构建覆盖产业链上下游的应用合作平台。先后与航空工业成都飞机工业（集团）有限责任公司（以下简称航空工业成飞）、陵川工业、中铁山桥集团有限公司、东方电气集团、长虹、美的、东风汽车、五菱工业等 10 余家用户共建联合实验室，为用户提供材料应用的系统解决方案。以高速重载钢轨、高强汽车钢、高品质家电板、发动机用高温合金为代表的高端产品市场推广量超过 2000 万吨。

（四）压实责任，创新团队组织模式

1. 实行"立军令状"攻关组织模式

从上到下层层立下"军令状"，逐级压实责任，确保上下贯通。国务院国资委与鞍钢集团，鞍钢集团与攀钢公司，攀钢公司与研究院、攀钢集团江油长城特殊钢有限公司（以下简称攀长特）等逐级签订责任状，压实各级责任，确保项目强力推进。各级组织结合实际制定具体实施方案，确保可衡量、可考核、可检验，将重点研发任务完成情况作为硬指标，倒排工期，动态跟踪，全力攻关，确保项目如期完成。

2. 公开遴选项目责任人

优化科研项目组织实施机制，实施"揭榜挂帅"，按照"谁有本事、谁来挂帅"的原则，坚持不论资历、不设门槛，执行"不拘一格降人才、谁有本事谁揭榜"。积极探索构建"国家命题、集团出题、能者破题"的协同机制，引导制造基地积极发榜，科研院所和高校高层次人才踊跃揭榜，遴选出有真才实干的科技人员承担攻关项目。

3. 优化团队组建模式

凝聚内外资源优势，探索新的团队组建模式。内部实行跨单位、跨学科领域协同创新，解决相应技术问题。集聚社会资源，积极推动优势资源的共享、协同、集成、互补。基于"持续投入、深度融合、效益分享、成果共享"的原则，建立长效合作机制，与航空工业成飞、国核电力规划设计研究院、国机重装、中国一重、陵川工业、中国钢研科技集团有限公司（简称中国钢研）、中国铁道科学研究院、中国科学院金属所、北京科技大学、四川大学等国内知名高校、院所和企业进行协同攻关，构建内外资源共建共享的联合攻关团队。

（五）精准激励，激发动力潜能

1. 实施工资总额单列，激励研发单元

为支持"卡脖子"技术攻关，进一步完善工资总额与创新价值强挂钩机制，建立符合科技创新规律的工资总额决定机制。科技型企业实行工资总额主要以科研项目完成率、科技创新成果、科技成果转化、关键核心技术突破等为考核指标，在研究机构绩效指标设定中，科技创新类指标权重占比达90%，利润指标占比仅10%。进一步拓展工资总额周期制管理范围，对科技成果孵化、转化、产业化等周期性明显的企业或项目团队，实施工资总额周期制管理，2022年"科改示范行动"企业成都材料院工资单列3489万元，对钒氮合金项目部2022—2024年试行工资周期制管理，下发了《钒氮合金项目部2022—2024年工资周期制管理办法（试行）》，明确了职责分工、考核指标、工资总额决定机制。

2. 探索科技创效分红，激发创新实效

探索科技创效分红激励机制。一是优化项目分红激励机制。进一步加大科研项目创效和科技成果转化项目收益分红激励力度，并根据项目效益和项目成员贡献大小，动态调整项目分红人员和比例，充分激发科研技术骨干积极性和创造性。2022年新增"科技创效项目收益分红激励"管理流程及要求，纳入《攀钢集团有限公司科研项目及成果管理办法》，2023年设立创效分红项目6项，预算奖励金额1000万元。二是建立岗位分红激励机制。组织符合条件的科技型企业，以岗位价值创造为导向，探索实施岗位分红，并按相应岗位在科技成果产业化中的重要性和实际贡献确定分红比例。2022年制定形成《攀钢关于2022年下属子公司实施项目分红激励方案》《成都先进金属材料产业技术研究院股份有限公司超额利润分享方案》，对29个科技成果转化项目兑现分红激励375万元。

3. 加强中长期激励，为攻关做长足准备

建立科技创新中长期激励机制，加快推动科技成果产业化转化，实行引进人才、激励人才、留住人才。一是持续深化关键人才中长期激励机制。综合考虑关键核心、领军人才市场价位及贡献度，采取增量激励、延期兑现的方式加大对关键人才的奖励。二是持续深化青年人才激励机制。针对当期业绩表现突出、未来成长潜力大的青年人才，建立青年人才库，择优纳入成长激励计划，并根据岗位绩效考评结果进行兑现。三是建立科技成果作价入股激励机制。通过"科技成果作价出资＋股权奖励＋同比例股权购买"方式，加快促进科技成果产业化转化，对纳米氧化钛项目核心骨干实施股权激励，形成可推广经验。2022年将82名青年科技人员纳入青年人才成长激励计划，对28名关键人才兑现中长期奖励482万元。

4. 注重精神激励，全方位激发内生动力

健全"卡脖子"技术攻关科研人员精神激励机制，实现科研人员"站前排、坐前台"，让科技人员名利双收。一是加大先进典型选树宣传力度。加大对院士后备人才、鞍钢集团科学家、科技创新领军人才、劳模、突出贡献专家、学术技术带头人等的培养力度，常态化选树表彰在科技创新工作中做出突出贡献的专家代表，大力宣传优秀科技人员的重要贡献和先进事迹。二是持续提升科技人员影响力。进一步提高科技人员在各级党代表、职工代表、工人代表中的比例，让科技人员更有话语权，营造崇尚科技、尊崇科技工作者的文化氛围。

5. 实施专项激励，发挥政策导向激励

针对"1025"专项攻关，采取专项激励措施。一是动员讲解两个专项攻关的重大意义，宣传报国情怀、无私奉献、志存高远、甘当人梯的科学家精神。项目团队成员全身心投入技术攻关，立下了"不实现技术突破誓不罢休"的决心；保障人员全力以赴为项目提供服务支撑。在精神鼓励和报国情怀的感召下，形成了上下一心、步调一致、热情高涨的攻关大团体和创新氛围。二是建立重大专项激励制度，充分激发了攻关动力。明确以阶段目标（里程碑）、重大项目绩效为导向的分类评价制度。鞍钢集团、攀钢分别对每个攻关项目设立奖励 200 万元，攻关团队完成阶段攻关任务后按里程碑事件节点发放奖励总额的 40%，完成全部攻关任务并通过国务院国资委评估验收，发放奖励总额的 60%，项目承担单位研究院设置每个攻关项目津贴 200 万元。

（六）汇聚力量，建设人才高地

1. 强化科研骨干人才保障

一是加大人才引进力度。坚持全球视野、世界一流水平，拓宽人才引进渠道和方式，充分依托知名高校、人才交流平台以及猎头公司三方人力资源平台，进一步加大紧缺专业的高校毕业生和高层次成熟人才引进力度。二是加大智力引用力度。秉承"不求所有、但求所用"的人才工作理念，依托全国重点实验室、院士专家工作站、博士后流动工作站、高校院所等平台，深入开展项目合作和人才交流，进一步加大外部高端"智囊"引用力度。三是加大科研骨干培养力度。注重骨干人才自主培养，大力实施科技领军人才培养工程，加强年轻科研人员项目历练，积极推行骨干人才赴高校院所带项目研修工作机制，加快培养一批高度匹配产业发展的科研人才队伍。

2. 建立科技创新容错机制

一是科学界定科技创新的容错边界。明确科技创新容错合理范围，建立科技创新容错正面清单和负面清单，明确哪些该"容错"，哪些不该"容错"，将科技创新失误、失败与避责、违规违纪等行为区分开来。二是建立鼓励创新的容错评判机制。实施重大科技创新对经营业绩产生重大影响的，按照"三个区分开来"原则和有关规定，在经营业绩考核上不作负面评价；对出现创新偏差、未达到预期效果或者出现探索性失误，将综合分析研判主观动机、问题原因、决策过程和后果影响等情况，对程序合规、勤勉尽责、未谋取私利且不属于弄虚作假、徇私舞弊、滥用职权的，依据有关规定予以容错。在研究机构先行先试，制定《激励科技人员创新创造的容错纠错管理办法》。

3. 构建科研诚信管理机制

一是建立科技人员诚信档案。针对科研过程可能出现的失信情况，结合实际制定《科技人员诚信档案管理办法》。二是建立科研失信惩处机制。对科研失信人员，根据失信产生的影响程度制定科研失信惩处规则。制定《科技人员诚信档案管理办法（试行）》，坚持预防与惩治并举、自律与监督并重、无禁区、全覆盖、零容忍的基本原则，记录科技人员在诚信方面的失信行为，倡导科技人员建立诚信观念。

4. 完善科技人才评价机制

一是分类评价科技人才。坚持"干什么、评什么"原则，根据科技工作的性质和科技活动特点，将科技人才分为基础研究人才、应用研究人才、技术开发人才、实验技术人才等。二是优化科技人才评价体系。根据科研岗位特点，从创新能力、创新成果、创新业绩、综合评价等四个维度建立完善评价体系。三是明确人才评价主体。坚持"谁用人、谁评价"原则，用人单位结合科技创新定位和发展方向，自主评价科技人才。四是强化科技人员贡献评价。以"科学价值、技术价值、经济价值、社会价值、特色价值"五大创造为导向，实行量化、分类、动态评价，建立健全科学合理的科技人员创新价值评价体系，引导科技人员专注"科技创新、科技创业"根本任务成长成才，以价值创造支撑引领企业建设发展。

三、国有钒钛企业突破"卡脖子"技术的科技攻关管理效果

基于国有企业关键"卡脖子"技术项目组织模式面临的需求与挑战，针对科研项目传统组织模式存在的问题与局限，攀钢转变观念、创新做法，分别从精准对接需求、创新平台建设、加强激励保障及人才队伍建设等方面开展组织模式的探索和实践，从体制机制上解决原有模式存在的突出问题，更精准地对接国家重大需求，创新搭建更好的平台，选出领军人才组建更有研发能力的团队，实现内外优势资源融合，通过实施更加有效的激励方式，激发创新活力，高效攻克"卡脖子"技术。创新成果持续产出，形成了有效的科技攻关模式，科技攻关带动作用凸显。通过实践探索与复盘总结，提炼形成了可推广、可复制的组织模式和推进经验。

（成果创造人：陈　永、赵　斌、潘　红、周　芳、
任万波、刘灿和、郭友庄、王　莹、郑淮北）

航空装备制造企业实现高质量供给的科研生产一体化管理

成都飞机工业（集团）有限责任公司

　　成都飞机工业（集团）有限责任公司（以下简称成飞）创建于 1958 年，隶属于中国航空工业集团有限公司，是我国航空武器装备研制生产和出口的主要基地、民机零部件重要制造商、国家和省市重点优势企业。深入落实新时代航空强国战略，成飞先后研制生产了飞机数千架，国外军机用户达十多个国家，翼龙系列无人机广泛应用于应急救援、救灾防灾等国计民生服务领域，是国内大飞机 C919 的机头产品提供商，空客、波音部分机翼、尾翼类产品的全球唯一供应商，为国家航空装备现代化建设和国民经济建设做出突出贡献，整体实力处于国内行业领先地位。

一、航空装备制造企业实现高质量供给的科研生产一体化管理背景

　　当前，世界百年未有之大变局加速演进，全球进入新的动荡变革期，大国之间战略博弈日益加剧，我国国家安全进入高风险期。习近平强军思想明确提出，到 2035 年基本实现国防和军队现代化，到 21 世纪中叶把人民军队建设成为世界一流军队的宏伟目标。武器装备是军队现代化的重要标志，是军事斗争准备的重要基础。当前，军队实战化训练强度明显增大，对战斗力要求越来越高，提出"好、快、多、省、实"装备发展新要求。但面对装备渐进式能力提升、阶梯降价、科研批产高度交叉、质量要求高的新形势，当前"分段分要素"管理方式带来诸多问题：一是科研与批产的目标和管理侧重点不同，导致转入批产后技术、质量、配套问题多、过渡周期长；二是质量、进度、成本等要素之间协同不够，项目难以达成整体最优目标；三是产业链资源整合不彻底，供应链韧性、可靠性、敏捷性等存在不足。构建并推进科研生产一体化管理，是优化企业内部管理逻辑、降低企业"内熵"的关键方式，同时也是充分发挥"主机牵头""链长"作用、推动大中小企业融通发展的重要手段，从而加快推进高质量发展、建设世界一流企业的进程。

二、航空装备制造企业实现高质量供给的科研生产一体化管理主要做法

（一）强化战略引领，构建科研生产一体化管理体系

1. 明确目标原则

　　一是坚持目标导向。锚定建军一百年奋斗目标，围绕实现装备高质量供给，系统梳理重点环节、短板弱项，并制定有针对性的解决措施，持续建强"兴装强军"核心功能。二是坚持要素统筹。改变传统以进度为主的项目管理方式，全面推进向质量、进度、成本等全要素统筹管理转型，注重多要素的综合平衡，确保实现项目最优目标。三是坚持过程协同。以客户需求为中心，在航空装备生命周期全过程深入推进设计与制造协同、设计与采购协同、科研与批产协同、产业内部与外部协同，将并行与协同的理念贯穿始终。

2. 构建体系框架

　　基于建设目标和原则，运用流程规划 POS 法，将顶层目标与底层执行活动完整关联起来，正向设计体系框架。首先聚焦国家和用户需求，将装备发展要求具象转化为"快速研制、敏捷转批、规模量产、质量可靠、成本可控、供给持续"等目标；然后结合航空装备科研生产规律，定义三大核心阶段（研制阶段、转批阶段、量产阶段）、四类关键要素（质量、进度、成本、技术状态，是航空装备管理关键），确定科研生产一体化管理建设的发力点和突破点；同时设计改进机制与推进策略，通过制度流程、IT、绩效等方法推动体系高效运行。

3. 优化调整组织

按照战略决定业务、业务决定流程、流程决定组织的指导思路，从职能划分、流程设置、机构适配等维度研讨论证，优化调整组织机构，成立对科研生产全过程全要素统筹管理的运营部门。部门内部按照"项目管理基于目标达成统筹全要素、业务管理基于专业能力赋能全项目"的原则，建立战建分离、功能聚合的内部"战区""军种"协同机制。项目室聚焦项目实施和目标达成，负责项目策划、项目实施、项目关闭等"作战"工作；专业室（涵盖四类关键要素）聚焦规则构建和能力建设，负责体系建设、资源提供、能力提升等工作，同时按项目重要度、复杂度，以派驻专家形式为项目室提供业务支撑。通过组织变革，形成"项目管理＋专业管理"的强矩阵组织形态，有效解决了科研、批产环节目标不协同、资源不统筹等问题。

（二）运用系统观念，推进全过程全要素一体管控

1. 分层分级构建项目策划总体方案

按照渐进明晰原则对科研生产全过程全要素进行总体策划，组织项目团队编制项目管理的纲领性文件——《项目策划书》，明确项目顶层目标、关键要求和工作举措。实施项目分阶段、分业务策划，采用"自上而下、自下而上"相结合的方式，构建1个"项目总方案"+3个"阶段性方案"（研制、转批、量产）+N个"业务子方案"（质量、进度、成本、技术状态、沟通、风险等）的项目策划总体框架。在实施过程中，通过"过程管控"与"阶段总结"的方式，跟踪、检查策划方案的实施情况；建立全要素管控模型，系统分析每项任务的技术、进度、质量等风险，制定全方位的风险管理措施。在项目转阶段时，开展项目质量、进度、成本等全要素评审，确保项目各阶段全要素目标的实现。

2. 推动科研生产全过程拉通式管理

一是将科研试制、生产制造、经营管理、产品销售、能力升级有机结合，将市场外部供给、市场需求与企业内部科研生产有效结合，形成完整的科研生产系统；二是人员、设备、工具等资源根据科研生产任务进行统筹配置，降低企业成本投入。通过科研生产全过程拉通管理，实现科研交付、批产交付、四随交付、售后支持保障交付四大科研生产目标。

3. 实施基于 xBS 的多要素综合管理

以产品分解结构（PBS）和工作分解结构（WBS）为基础构建 xBS（费用分解结构 CBS、质量分解结构 QBS、风险分解结构 RBS 等），推进产品项目全要素统筹平衡管理。在项目策划过程中，首先依据产品分解结构建立工作分解结构，并组织开展专业评审，作为构建 xBS 的基础与依据；然后依据WBS 匹配进度计划，组织各专业团队构建 xBS，统筹平衡进度、质量、成本等相关需求，并针对 xBS的合理性、可行性、完整性进行充分研讨与完善。在项目实施阶段，成立由进度、质量、成本、技术状态等专业负责人组成的项目核心团队成员，推进"项目健康度"评价与应用，统筹平衡各要素开展风险评估与整体决策，确保产品项目科研生产始终运行在综合最优路径上。

（三）推动快速研制，强化设计制造耦合驱动

1. 实施基于设计成熟度的并行工程

创新推行"设计制造一体化""谁的产品谁设计"，实现"设计—总工艺—车间"三级技术要求一步到位，显著提升研制效率。构建长周期零件投产模型，通过对不同设计成熟度等级下，零件投产后质量、成本风险的综合评估分析，在研制早期决策长周期零件投产方案，加快研制进度并确保综合风险可控。遵循系统工程思维，重构正向工艺设计体系，以设计需求为牵引，从质量、成本、效率等维度开展工艺目标策划，明确技术路线，通过仿真、工艺试验等手段开展预先验证，并在工艺方案中贯彻落实，有效提升研制成功率。

2. 开展全方位全要素早期协同

一是实施采购早期协同。培养组建专业人才队伍，联合总设计师单位在方案设计早期开展采购产品选型与认证工作，从源头识别和规避供应风险；按照标准化、模块化、通用化原则，协同总设计师单位开展采购物料统型，提升产品可采购性；甄选并带领优质供应商主动参与设计研发，打造核心技术优势，提升产品全生命周期竞争力；构建统一的供应商数据库，初步形成与总设计师单位供应商互认准入机制。二是实施制造早期协同。工艺人员提前介入研发过程，一方面针对产品可制造性、工艺可达性、产品可维护性、制造经济性等进行工艺审查，提出意见供设计人员完善产品设计；另一方面针对新型结构形式、新工艺、新材料的采用提前开展可行性研究，与设计人员提前协调可能存在的技术质量风险并优化设计方案，减少后期制造工艺问题，缩短飞机研制周期，提高质量、降低成本。三是实施试验验证的早期协同。构建完备的产品项目试验验证数据库，定期开展试验验证数据分析，并在研发阶段根据试验验证水平及趋势，与总设计师单位协同开展试验验证项目的精简、合并等方案设计；统筹考虑试验效果与效率，从内外部科研试飞科目安排、飞机转场时机、单架次飞机试飞科目设置等方面优化科研试飞方案，有效支撑研制效率提升。

3. 部署补齐产业链短板弱项

一是开展关键核心制造技术攻关。依托国家重点研发计划、国防基础科研、攻关工程等重大科技项目，集中各级创新力量，聚焦重大需求。二是加强工业母机、工业软件等研究开发。联合产学研及产业链、供应链各方力量，加速推进对制约装备研制的关键工业母机、工业软件等研保能力开展联合攻关，突破技术封锁，力保装备研制需求。

（四）聚力敏捷转批，构建稳定可靠供应能力

1. 夯实转批评审管理机制

基于航空装备研制特点，严把每个转阶段评审关，围绕产品项目全要素、产品制造全过程，瞄准规模量产阶段高质量供给目标，从设计成熟度、技术成熟度、质量稳定性、设备设施及产能、物料配套情况等10个大类23个小类，完善转批评审要素，细化转批评审标准，确保转阶段评审的有效性。同时，实施转阶段评审闭环管理机制，针对评审过程中发现的问题，拉条挂账、专人负责、专项管控，牵引各业务部门保持目标步调一致，组建专家团队集中力量攻关，加速提升转批能力。

2. 推进制造成熟度稳步提升

一是全面梳理产品研制阶段典型质量问题，以卓越指标为牵引，推行项目"精品工程"建设，开展质量问题专项治理，快速收敛产品故障，提升质量稳定性。二是充分识别科研生产全过程卡点堵点，系统策划项目"百项现场改善"，通过工艺提质增效、物流模式优化、精益管理改进等手段，显著提升制造效率、降低制造成本。三是准确识别项目关键重要制造资源，逐项落实风险防控策略，建立区域、行业等不同维度备份资源池，全面确保供应稳定。四是强化研制阶段技能沉淀，组织技能大师及时梳理、总结研制生产中的关键操作技能。

3. 优化产业布局固链稳链

以"整体最优、风险可控"为指导原则，瞄准稳健供应网络建设目标，全局性谋划、整体性推进产业链布局优化。基于项目需求预测，以专业化、精益化、数智化为引领，统筹布局内部核心产能建设方案并快速推进实施；充分发挥主机单位"链长"职能，协同供应商开展产能评估，规划供应链能力提升专项方案，为规模量产奠定坚实基础。全面梳理项目孤源/单一供应情况，立足全产业链开发潜在供应商，持续推进破除单一来源供应商工作，引入多流水竞争机制，构建具有战略安全性的供应商资源池。

（五）聚焦规模量产，建强协同共赢供应生态

1. 实施基于模型策略的精准计划管控

以供应链前后连续、一体统筹为目标，打通各级计划断点，构建横向到边、纵向到底的科研生产一体化计划体系，逐级分解评估能力，合理配置供应链资源，确保准时交付并努力达成全链库存最优。结合航空装备制造特点，开展投产决策、备件预测等计划模型的研究开发，推进品类策划、库存策略等计划管理策略的探索应用，并通过对科研生产不同环节实施差异化管控措施，全方位提升计划管理的科学性与精准性。强化关键资源计划管控，对飞机系统集成、整机喷漆、试飞交付计划等实施穿透式一体管理，统筹多项目、考虑多因素、细化颗粒度，以关键资源的高效配置确保项目交付目标。

2. 推进以专业化为抓手的生产能力提升

锚定航空装备高质量供给目标，始终坚持专业化、精益化工作思路，建强制造、物流、交付等专业能力，加速推动科研生产能力提质增效。以5分钟标准作业、节拍式脉动生产为目标，系统推进飞机装配工艺流程优化重构，全面推进专业化、智能化产线建设，深耕专业技术、建强核心能力，推动制造单元转型升级，制造周期大幅下降，制造效率显著提升。以客户需求为驱动，推进物流计划与制造计划深度协同，以工作包为单位，实现面向线边的物料齐套配送；整合内部物流资源，开展二级库整合，实施第三方物流专业服务；整合外部运输资源，在陕西片区试点实施循环取货＋干线运输的集货运输模式，有效控制了物流成本，提升了管理效率。聚焦战斗力交付目标，组建成立专职负责装备接装交付业务的部门，通过主动对接客户需求、提前做好交装策划、建立快速响应机制，实现交付过程闭环管控，持续提升装备专业化交付能力。

3. 建圈强链打造集约高效产业集群

落实"本地化""集群化"供应策略，打造政企深度协同的航空产业集群发展平台，引导优势供应商聚集发展，建成以飞机零部件配套生产基地为主的四川成都航空产业配套集中发展园区，以及以无人机批产为核心的自贡无人机产业基地，形成稳定、规模化的航空零部件"1小时"全链条配套能力，实现"上下楼就是上下游""产业园就是生态圈"的航空产业新生态。构建主辅机深度协作新机制，推动7家机载事业部先后在成都完成集成交付、保障中心挂牌，初步形成快检、快修能力，机载成品平均不合格处置周期同比下降18%，退库周期下降52%。在航空装备制造业创新构建派驻供应商代表机制。

（六）强化核心要素，推动专业能力同步升级

1. 实施"求真务实"双向质量管理机制

面向项目科研生产全过程、全要素，坚持"求真务实"原则，健全项目质量数据和问题管理体系，强化项目质量问题收集和归零管理，从项目策划前端和问题归零后端双向提升项目质量管理能力，促进质量管理要素融入项目管理全流程，助力科研生产任务高质量完成。坚持"质量信息求真"，以真实反馈项目质量水平为目标，以质量指标统计和质量问题收集为抓手，打通科研生产全过程流程断点，实现质量问题一本账管控全覆盖；优化质量问题考核机制，引导质量问题真实反映、充分暴露。坚持"质量改进务实"，以切实保障项目顺利推进为目标，以管理体系建设和质量问题归零为抓手，搭建适应多形态、多型号科研生产需求的项目质量管理改进体系，建立"研判—处置—归零—回头看"质量问题闭环管理机制，提高原因分析、处置纠正、归零评审质量，促进项目质量水平快速收敛稳定。

2. 强化基于全面风险管理的进度管控

建立项目风险闭环管理机制，构建科研生产全过程、全要素风险识别矩阵，编制项目风险等级

册，实施多项目风险综合评估，并将项目风险事项拉条挂账纳入项目管理系统动态管控，确保项目风险及时受控。构建项目风险知识库，指导并监控不同项目有效开展风险识别与防范。针对过程管控薄弱环节，构建基于大数据的风险预测模型，通过历史数据分析与关键阈值设置，利用信息系统实现项目风险的主动识别与提前预警，为准时可靠履约提供有效保障。创新构建外部供应链全要素态势感知管理体系，通过过程指标、事项的实时感知监控，提前分析识别供应领域风险，并快速匹配管理工具，有效化解供应风险。针对重大风险提前建立风险管理预案，针对疫情、自然灾害等突发状况提前构建科研生产应急响应机制。

3. 推进面向目标成本的正向成本工程

一是在研制阶段推进目标成本科学分解与系统管控。项目策划时，基于历史产品数据，利用神经网络、线性回归等方法构建子系统成本分解模型，将单机成本目标细分至子系统；方案设计时，组建DTC（Design to Cost，按成本设计）团队，将各子系统成本进一步细分，同时将单机成本评估纳入各阶段关键评审点，识别差距、问题并明确改进方向；样机研制时，识别影响不同类型零部件成本的敏感因子，建立典型零部件成本估计模型，快速评估工艺方案并为外协谈价、自制外协决策提供支撑。二是在量产阶段持续推进降本增效。以产品当前技术状态为基线，聚焦成本痛点，梳理成本影响关键因素，分解目标成本、确定降本项目、明确责任中心，并组织实施。三是按设计、采购、工装等专业持续沉淀降本策略，提升成本专业化管控能力。

4. 加强技术状态主动策划与内外衔接

针对飞机能力渐进式提升特征，以"管得住、全受控"为目标，系统性重构技术状态管理模式，建立军厂所协同机制，按照产品技术状态、质量、进度、成本四位一体、统筹兼顾的原则，实施前端联合策划、系统评估与综合决策，将变更对科研生产的过程扰动、执行成本降到最低；实施技术状态更改全过程线上监控，及时预警技术状态更改的执行风险，确保产品状态受控并降低对科研生产主线的影响。

（七）夯实基础保障，赋能管理体系有效运行

1. 推进制度流程规范化

全面深入分析新时代装备现代化管理体系要求，参照国际航空装备制造企业先进管理经验，优化项目管理体系、技术管理体系、供应链管理体系、质量管理体系，编制项目策划管理制度、设计制造一体化管理规定、质量问题处置管理办法等制度文件30余份。同时，以流程用户为导向，梳理构建并应用面向新模式的程序知识地图、面向角色转变的能力知识地图等，确保作为执行主体的相关人员"跟得上""转得快"。

2. 实施绩效评价差异化

建立适配科研生产一体化管理的差异化"目标—计划—考核—分配—评价"绩效管理体系。目标管理方面，对项目闭环管理链路各环节重新解构，围绕三大核心阶段，按照"流程分解、类别分解、支撑要素分解"逻辑，形成多维度、多层级的科研生产一体化管理G系列指标体系（是一个目标导向下的分层分解指标体系，英文"Goal"和"Grade"的首字母）。计划管理方面，制定科研生产计划管理一张表，统筹综合年度科研生产任务目标。绩效考核方面，针对项目室、专业室的不同职能定位和价值，在月份考核、季度评价中实施差异化考核。分配评价方面，基于"价值创造—价值评价—价值分配"的全价值链管理，以业绩结果为导向，以项目成功为评价标准，建立付出与获得的价值对应关系。

3. 推动过程管控数字化

以建设和提升数字空间环境为基础，推动人工智能、大数据等高新技术与航空装备产业的融合

发展，全面夯实产品项目科研生产全过程全要素管理的信息化与数据基础，实现科研生产数据全面集成、态势动态感知、科学决策辅助。以贯穿全生命周期过程的 xBOM（Bill of Material，物料清单，包含 EBOM、MBOM、BBOM、SBOM 等）为核心，建立设计、制造、服务三位一体的数据管理架构、组织、流程、制度。同时，打破工艺、生产、采购、物流、财务等跨业务域平台之间的信息壁垒，以及公司内外部壁垒，实施跨流程和跨系统的数据交互联通。

4. 促进理念认知一致化

围绕"明确新定位、打造新模式、提升新能力"三个维度，采用分群体、分阶段逐步推进的方式，传递科研生产一体化管理的内涵，营造思想统一、理念一致的变革氛围。

三、航空装备制造企业实现高质量供给的科研生产一体化管理效果

（一）装备供给质量和效率显著提升

通过科研生产全过程全要素的有机整合，产品科研周期大幅缩短，订单履行周期圆满达成目标，制造过程连续实现高水平均衡生产，产品质量、成本管理水平与管理能力全面提升。某型产品研制与订购计划均提前达成、质量问题数同比下降约 40%、降本比例超过 5%、平均无故障时间（MTBF）同比提升 23.2%，为客户提供了优质的产品和服务。

（二）有力促进了公司高质量发展

科研生产一体化管理的推进与实施，大幅减少了公司内外部各级组织的沟通成本和资源浪费，保证了全产业链科研生产节拍一致，提升了企业的经营管理水平和管理能力，保持了良好的发展势头，先后获得"高技术武器装备发展建设工程重大贡献奖""全国质量奖""中国企业自主创新奖"等荣誉。

（三）形成了一套可复制的管理经验

通过推行科研生产一体化管理机制，促进质量、进度、成本等专业要素有效融入产品项目科研生产全过程，装备发展新理念得以全面落地实施，形成了实现航空装备高质量供给的可复制经验。同时也应用于赋能培育部件装配、复合材料、导管成型、热塑成型等专业化供应商，支撑其成为"专精特新"企业，进一步提升了航空装备产业链的韧性与安全水平。

（成果创造人：蒋　敏、齐世文、陆　涛、王金安、董　斌、

余　炜、徐剑波、方燕玲、梁俊俊、吴　悠、肖瑞孜）

满足高密度高可靠要求的天舟系列货运飞船
"一步正样"并行研制管理

北京空间飞行器总体设计部

北京空间飞行器总体设计部（以下简称总体设计部）成立于 1968 年 8 月 16 日，是我国组建成立最早、总体领域最多、专业技术最齐备的空间飞行器研制核心总体单位，是宇航重大工程任务抓总单位，载人航天、空间科学与深空探测、太空态势感知、空间安全、在轨维护与在轨制造等相应宇航总体业务责任主体。其孕育了以我国第一颗人造地球卫星"东方红一号"、第一艘载人飞船"神舟五号"、第一颗月球探测卫星"嫦娥一号"为代表的航天事业发展三大里程碑，创造了第一次航天员出舱的"神舟七号"、第一艘上行物资效率国际最高的"天舟一号"等一系列壮举，为国家重大专项工程做出突出贡献，取得显著的社会效益和经济效益。

一、满足高密度高可靠要求的天舟系列货运飞船"一步正样"并行研制管理背景

（一）高质量实施载人空间站工程的战略需要

按照中央政治局常委会会议批准的《载人空间站工程实施方案》，通过建立我国首个专用空间货物运输平台——天舟货运飞船，解决空间站建造与长期运营必需的大量空间货物运输问题，为我国空间站建造和运营奠定坚实基础；建成独立自主、功能齐备的空间货物运输体系，服务于航天器在轨维护、载人登月、载人登火星等重大航天工程和前沿科学领域。2011 年 1 月，总体设计部启动天舟货运飞船设计工作。天舟一号（代号 TZ-1）于 2017 年 4 月 20 日成功首飞，载人航天工程空间实验室阶段完美收官，拉开了空间站阶段的序幕。自建造中国空间站阶段以来，高密度发射了 TZ-2 ～ TZ-6 五艘货运飞船，每次都圆满成功，保障了空间站顺利建成。天舟货运飞船平台配套设备近 1000 台套，每次运输数千件各类货物，起飞重量 14 吨，运输能力和效率全球第一，创造了 2 小时最快世界交会对接纪录，是我国仅次于空间站的高水平超大型航天器。

（二）高密度高可靠履行空间物资运输任务使命需要

天舟货运飞船作为中国载人空间站唯一的货物运输系统，支撑空间站建造、应用与发展。从最初的 6 年 1 发，到当前的 6 年 9 发，10 年间任务量翻了 9 倍。载人航天任务要求次次安全可靠，发发首飞标准，连续成功压力巨大，且不容有失。货运飞船系统既要保持当前型号的可靠研制，又需要根据空间站不断涌现出的运输需求进一步拓宽型谱，研制半密封和全开放等状态。同时，还要应对激烈的外部竞争环境，开展低成本货运飞船的设计与研制工作。

（三）高效益科研生产模式转型需要

科研生产能力尚不能满足高密度研制任务需要。数字化、智能化等先进方法和手段的应用程度仍需提高，知识经验传承应用不够。现行科研生产模式不满足高效率、高效益要求。型号任务增长和并行研制成为常态，各领域科研生产任务在技术、质量、进度、成本等维度面临多重压力；成本管控尚未完全嵌入型号研制全过程，覆盖研制流程、管理模式、组织体系等全要素的模式转型工作迫在眉睫。管理体系和管理能力不能"三高"要求。精细化管理水平有待提升，成本管控与科研生产管理全流程、全要素的融合不够，以大数据应用为核心的经营管理数字化体系亟待建立。

二、满足高密度高可靠要求的天舟系列货运飞船"一步正样"并行研制管理主要做法

（一）系统谋划，构建全任务周期高密度高可靠多状态并行研制模式

总体设计部持续贯彻"三高"发展要求和目标，以新时期系统工程方法为指导，针对系列化天舟货运飞船多状态并行、应急任务快速反应、载荷多变、高可靠性要求、高密度研制任务特点，创新多状态并行设计方法理念、精简新系列设计验证方式、创建多变载荷管理方法，以不变应万变，保证了高质量通用平台状态一致性，为高密度快捷研制生产奠定基础。推动平台"部件通用化、总装柔性化、测试自动化、试验自主化、发控程序化"高密度流水线生产模式，降低产品研制经费，缩短研制周期。

（二）全面统筹，基于通用设计体系和功能模块开展多系列并行设计

货运飞船运输对象的多样性决定了其平台状态的多样性。国际空间站是由多国多种多型货运飞船以及航天飞机联合完成运输保障任务。而天舟货运飞船则需要通过一种飞船不同的状态组合完成全部运输保障任务，而且当现有状态不能满足空间站涌现的新需求时，则需要发展新状态，从而形成系列化天舟货运飞船。

TZ-1 ～ TZ-6 六艘飞船存在 8 贮箱全密封和 4 贮箱全密封两个状态。为提高密封货物舱货物装载量，天舟货运飞船发展出大容量改进型（TZ-6）。低成本型、CZ-10 发射型、半开放、全开放等 4 个状态货运飞船也正在紧锣密鼓地开展设计，呈现高密度、系列化多状态并行研制态势。

1. 不同状态平行等位

作为服务型航天器，特定的货物运输新需求持续涌现，要求天舟货运飞船不断发展新状态。由于运输对象和任务目标的不同，货运飞船不同状态的相关程度并不相同。如货物舱全密封型已经发展出 3 个大状态，2 个子状态，货物舱开放型发展出 2 个状态。如果完全按照发展脉络分类，将形成复杂的树形或者嵌套关系，不利于不同状态，特别是子状态间的相互借鉴、通用设计。因此，系列化天舟货运飞船不同设计状态均明示为平行等位关系，便于团队从顶层统一规划，全面设计统筹，求取不同状态间的最大公用解。货运飞船不同状态的任务功能以及平行结构如图 1 所示。

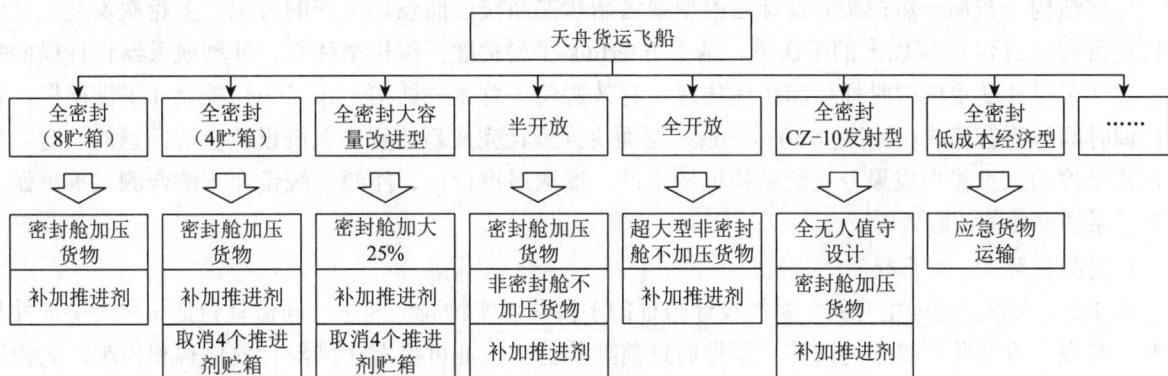

图 1　货运飞船不同状态的任务功能以及平行结构

2. 通用设计体系

天舟货运飞船从 2010 年开展立项综合论证，历年来的设计成果均沉淀在文件体系中，模型、图纸等核心内容也正式受控归档在文件体系中。通过系统策划，总体设计文件均要求淡化状态差异的影响，强化不同状态间的通用性和适应性，更多提取公用设计要素，提升设计文件覆盖性和适应性，深化知识经验传承应用，大幅减少发展新状态的设计工作。

货运飞船 356 份总体设计文件中全域通用文件 255 份，适用于所有状态的货运飞船，占比为

71.6%,在此基础上,形成了航天器通用设计文件体系,为空间站、光学舱及新一代载人飞船等载人航天器文件系统化和规范化奠定了基础,并推广至深空探测、导航卫星等其他领域。

3. 通用功能模块

深入剖析不同系列货运飞船方案,解构为结构、布局、热控、能源、推进、测控等11个功能模块,将不同系列的状态差异集中在结构、布局、热控功能模块,将能源、推进、测控等设计为通用功能模块。设计新系列货运飞船时,主要开展结构、布局、热控功能模块全新设计,通用功能模块仅需要开展适应性分析和局部调整,大幅减少了设计工作量。

（三）系统优化,多级模型驱动的"一步正样"设计验证方法

为满足不断变化的任务需求以及降本增效要求,天舟货运飞船需要持续改进或发展新状态。货运飞船货物运输成本为17万元/公斤(国际空间站约为31万元/公斤),为等量黄金价格的1/3。空间站阶段,货物运输量激增。为此,2021年装备发展部下发《天舟货运飞船改进优化论证要求》,提出研制大容量增强型货运飞船的任务,提高运力降低成本。同时,货运飞船承担着空间站大型应急维修备件运送任务。由于外太空环境持续恶化,空间站太阳翼受到空间碎片撞击事件逐年增加,继续发展可能损伤太阳翼使空间站失去发电能力,危及空间站和航天员安全,因此需要研制半开放货运飞船整体运输空间站太阳翼。如果用常规的方案→初样→正样模式,新型货运飞船需要6年完成研制,不能满足应急任务快速反应要求。

1. 多级模型构建

货运飞船设计初期虽然并未开展统一语言的模型设计,但因地制宜地建立结构清晰、功能齐备的"总体—专项—分系统—单机"4级模型,覆盖力、热、EMC、通信、能源等系统功能。各级模型按照归属分解由承研单位负责管理,系统总体掌握轨道仿真、整船力热特性等关键核心系统级模型。不改变模型归属,也无须额外投入大量人力物力资源,即可解决系统设计中的重大难题,为科学决策提供数据支撑。

2. 三维协同设计

总体结构—布局—热控协同设计是改型或者新状态系统层面设计工作的关键,多轮次反复、交互迭代是常态,占到60%以上的工作量。基于Interlink平台构建三维模型体系,开展航天器设计横向协同,实现了设计变更的即时通信和快速传递,有效避免了总体—结构—布局—热控设计干涉问题,设计协调时间与原有模式相比减少50%。系统层面协同设计完成后,解决系统设计核心问题的同时,形成正式受控的三维模型成果分发给结构机构生产、遥测遥控设计、能源系统设计、综合测试等下游,提高了系统整体的研制效率。

3. 模型驱动"一步正样"

从TZ-6大容量增强型开始,系统设计验证的手段从以实物验证为主,向仿真验证与实物验证并重转变,实现了设计验证重心的前移,型号通过前期的仿真验证可将潜在风险有效化解和控制,大幅减少了后期实物研制阶段的进度和质量风险。多级模型驱动的"一步正样"系统设计与验证方法使数字化手段方法通过型号有机融合和具体实现,适用于在研型号升级改型以及型谱拓展,继承既有的研制体系与模型架构,技术风险可控,时间和经费代价最小。

依靠既有的模型体系,TZ-6通过了发射段和在轨空间环境考验,在轨工作正常,整船功能性能良好。采用"一步正样"模式后,TZ-6大容量增强型仅用2年时间完成研制,2023年5月成功首飞。货运能力由6.5吨提高到7.7吨,单船节约运输成本2.04亿元。增强型提前4年服役,6艘飞船共提升7.2吨运力,节省运费14.7亿元。

4.通用管理流程

在 TZ-6 研制实践基础上，团队总结形成了"一步正样"通用管理流程，包括任务需求分析、总体方案初步设计和模型体系建立、系统协同设计与仿真、第一轮设计校核、系统专项设计与仿真、第二轮设计校核、分系统设计与仿真、第三轮设计校核、单机设计与仿真、第四轮设计校核、生产基线以及模型状态固化、产品生产与装配、试验与测试、第五轮设计校核、发射与飞控等步骤。"一步正样"通用管理流程如图 2 所示。

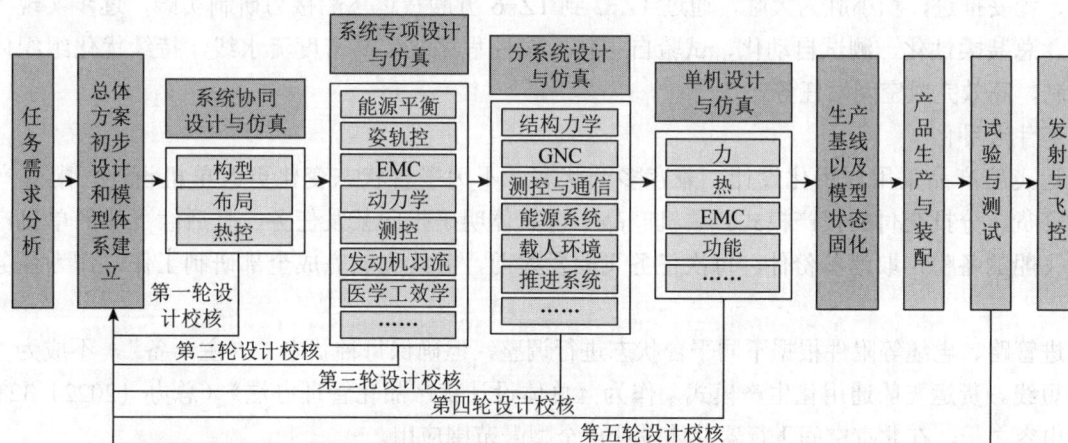

图 2　"一步正样"通用管理流程

（四）灵活应对，基于标准接口的货运任务与平台研制弹性兼容

货运飞船占整船重量超过一半的上行货物（含试验载荷）呈现研制不同步、接口复杂、状态多变等特点，建立适应空间货物运输特点的批产模式是货运飞船亟待探索和解决的难题。为此，北京空间飞行器总体设计部持续推动"接口标准化、流程弹性化"模式，颁布《空间站货物管理要求》系列标准，建立等效认证平台，实现了多变的货运任务与通用平台高密度研制弹性兼容。

1.接口标准化

针对上行货物来源广、种类多、数量大、接口复杂、研制进度不一致等兼容适应性难题，在货运飞船通用平台适应性设计的基础上，建立了面向空间站工程的标准化货物上行要求体系，包括上行标准接口、上行接口认证与交付验收等 7 个部分。为实现货运飞船平台与货物研制解耦，以通用接口要求为基础，建立等效认证平台。货物在等效认证平台通过接口测试，即表明机械、供电、信息等主要接口设计状态满足要求，具备上船搭载开展飞行试验的条件。外部接口标准化以及等效认证机制的建立，确保了多变载荷状态下"通用平台不变"，解决了多变载荷适配要求下通用平台状态稳定的技术难题，对于卫星、运载火箭等领域通用平台建设同样具有借鉴意义。

2.流程弹性化

货运飞船高密度研制、批量化生产始终需要面对上行物资研制与平台不同步问题，为此提出了局部标准、全局柔性的弹性流程设计方法，将总装、力 / 热 /EMC 试验、测试等主要研制环节进行模块化分切，模块内闭环，模块间去除耦合关系。

一是总装流程解耦。总装流程分为平台设备总装、货物安装模块，平台设备总装与货物安装无关联，实现了解耦。二是试验流程解耦。力 / 热 /EMC 等系统级试验分解为力、热、EMC 试验模块，均设计标准货物试验状态，货物状态未定或未按时交付均不影响平台考核，且试验模型顺序可适时调整。三是测试流程解耦。测试分为平台测试、载荷专项测试以及平台与载荷匹配测试 3 种模块，平台测试模块完整考核自身功能性能,与装载的具体货物无关;货物装船后进行专项匹配测试。

空间站阶段,天舟货运飞船已圆满完成了 30 余吨超 1000 种货物的上行运输任务,保障了中国空间站顺利建成和在轨运行。

(五)因地制宜,稳步推动载人航天器高密度快捷流水线生产

北京空间飞行器总体设计部发现原有载人航天器科研模式的短板和不足,因地制宜采取有针对性、实效性的提升策略,坚持先行先试、渐进式改革和持续创新方式,优化手段和方法逐步沁润。积极探索、稳妥推进,积小胜为大胜,通过 TZ-2 到 TZ-6 五艘货运飞船接力研制实践,逐步实现"部件通用化、总装柔性化、测试自动化、试验自主化、发控程序化"高密度流水线,持续优化组织体系、管理机制,高效完成空间站任务。

1. 部件通用化

货运飞船产品采用通用化设计,兼容多个状态,不因平台状态变化更改单机设计。配套产品采用批次订货、分批交付的投产模式。单机产品不再具体明确指向某发任务,且后续飞船的单机产品作为前续飞船的备份,取消备份件。每次任务飞船发射前,后续飞船完成全部研制工作,作为任务应急备份。

推进管路、电缆等附件根据不同平台状态进行调整,但确保每种状态"一主一备",不成为"卡脖子"的短线。货运飞船通用化生产模式,作为《总体设计部产品化管理办法》(总办〔2022〕323 号)的核心内容之一,在北京空间飞行器总体设计部全型号范围应用。

2. 总装柔性化

货运飞船推行"主线工作辅线化、辅线工作自动化、物资通用化"的柔性总装模式,开展流程优化创新与技术创新,推进专业化生产制造单元建设,实施"去型号化"的生产物资配置。通过研制自动化生产设备,提高生产效率,提升总装质量的一致性水平,促进载人航天器总装模式持续升级。

一是主线工作辅线化。为实现人员、测试设备、场地等资源最优化利用,采用"船 1 执行发射任务、船 2 开展测试和大型试验、船 3 开展总装、船 4 开展产品交付验收"流水线式研制模式。为进一步提高组批生产效率,优化生产模式,将更多的主线工作分解到辅线上完成,不占用主线时间,便于人员调配,同时大力采用自动化手段提升辅线效率,缩短 AIT 时间。

将与主线工作相关度不高的通用性工作从主线剥离出来,将纯手工的工艺方法改进升级成自动化的工艺方法,实现生产效率和质量一致性水平的"双提升"。

二是辅线工作自动化。进一步做短主线,做强辅线。货运飞船在热控多层、对接机构安装、电缆安装方面开展了自动化作业探索和尝试。针对目前总装接口多、主线占用时间长、主辅线界面不够清晰等问题,以专业化辅线单元、热试验改装等为重点,明确辅线项目,研制专业化生产设备,采用自动化手段提高辅线的效率和质量一致性水平,实现生产制造模式的转型升级。

三是物资通用化。依托数字化总装中心管理系统,建设通用库房管理模块,建立货运飞船直属件、标准件、热控材料、辅料等通用化物料的"去型号化"货架式管理模式,实现物资规范化采购和物料信息规范化录入,通过预警功能实现货架库存的动态平衡,最大化地降低型号物资成本,提高物资的使用效率与管理效率。以货物安装束缚带、热控热敏电阻、加热带等为例,根据任务实际需求统一调配使用,大大提高了生产效率,避免了浪费。

3. 测试自动化

为适应多艘货运飞船批产研制、并行测试、密集发射的特点,从 TZ-2 开始采用并行、合并、精简等手段优化测试流程,采用自动判读、自动化测试序列等技术,形成标准型、通用性的测试模式,全面应用了自动化测试软件,强化了自动测试手段,提高了测试效率。为进一步提升自动化测试水平,

北京空间飞行器总体设计部组织开发并在 TZ-6 率先全面使用了综合测试系统 STS 4000，升级实现了双向远程测试、模拟量曲线自动拉取、参数跳变自动诊断、特征值提取和四则计算、数据包络及"两比"分析等功能，大幅提高了数据处理和分析效率。

4. 试验自主化

北京空间飞行器总体设计部自主研发力学试验数据分析与管理软件平台、真空热试验数据分析与管理软件平台，充分利用持续增加的试验子样，完善试验数据库，利用大数据分析手段深入开展试验数据挖掘，通过量化手段实现异常预警，提前识别产品潜在缺陷，提高判读准确性和及时性。建立分级、分层次的试验数据管理模式，提出了产品功能性能一致性和质量稳定性的定量评估方法，在试验第一线实时开展数据自主分析与自动化诊断。基于量化分析依据，开展试验方案优化，测点数量缩减30% 以上，试验实施周期整体缩短超过 28 天。

5. 发控程序化

货运飞船建立了发射场和飞行控制标准流程，建立复杂货物全周期管理模式，推动以货物随船运输和带翼运输为代表的测发流程优化，将测发流程由 63.5 天缩短至 42 天。

三、满足高密度高可靠要求的天舟系列货运飞船"一步正样"并行研制管理效果

（一）圆满完成了中国空间站建造任务，取得多项重大科技创新成果

自建造中国空间站阶段以来，TZ-2 ～ TZ-5 四艘货运飞船每次任务均圆满成功，保障了空间站三舱构型顺利建成，意义重大。TZ-6 作为空间站应用与发展阶段首发航天器，圆满成功拉开空间站应用与发展的大幕，树立了载人航天工程又一座里程碑。

货运飞船平台持续优化改进，取得了多项重大科技创新成就。整船实施全要素精细化总体设计，解决了多重任务要求约束下平台轻量化设计难题，改进后 TZ-6 货物运输能力提高至 7.7 吨，上行载货比提高至 0.55，突破并掌握了航天器间真实双组元推进剂在轨补加技术，解决了精准、高效、安全、可靠的技术难题，成为继俄罗斯之后第二个掌握航天器间推进剂补加技术并实现在轨应用的国家，累计为空间站上行补加超过 10 吨推进剂。创立了标准空间货物运输体系，解决了运输状态多变、适应性要求高的难题，满足空间站工程货物运输需求。突破了全相位、全自主、全方位的多模式交会对接技术，创造了 2 小时最快交会对接世界纪录，在国内和国际引起了强烈反响，获得高度赞誉。

（二）大幅提升了航天型号"高质量、高效率、高效益保成功"能力

依托该项目，航天型号总体单位构建了高密度批产载人航天型号研制"高质量、高效率、高效益保证任务成功"架构，实现了"设计、生产、总装、测试、试验、发射、飞控"全生命周期综合优化，通过管理提升，采用"一步正样"发展货运飞船新状态由常规模式的 6 年减至 2 年，而成熟状态货运飞船"流水线"生产仅需 1 年。单船成本降低 0.4 亿元，按照空间站应用与发展阶段 15 艘货运飞船计算，可节省研制经费 6 亿元，加上 TZ-6 取消初样研制 3.2 亿元，取消备份件 1.6 亿元，总共节省经费 10.8 亿元，取得了巨大的经济效益。

（三）探索形成高可靠"一步正样"并行研制方法，具备多领域推广价值

北京空间飞行器总体设计部深入识别载人航天新时期任务特点，敏锐发现原有研制模式各环节的短板和不足，因地制宜采取有针对性、实效性的提升策略，坚持先行先试渐进式改革和持续创新方式，通过 TZ-2 至 TZ-6 五艘货运飞船接力研制实践，逐步固化具有鲜明特色的多状态、高密度、高可靠"一步正样"并行管理方法，并对其他装备研制领域具有积极的示范和引领作用。

成熟批产型号提升研制能力可以从"部件通用化、总装柔性化、测试自动化、试验自主化、发控程序化"侧着力。通过建立通用设计体系和功能模块，可为成熟型号新状态设计奠定技术基础。多级模型驱动的"一步正样"系统设计与验证方法适用于在研型号升级改型以及型谱拓展。外部接口标准

化以及等效认证机制为卫星、火箭等建立通用平台提供了可行思路。

　　北京空间飞行器总体设计部已将以"高密度高可靠航天器并行研制"为核心的管理方法融入型号通用研制流程，并进行全型号推广应用，取得良好效果。同时该模式也可以推广到运载火箭、战略武器等军工领域，以期取得更大、更多的应用成果。

　　　　　　　　　　　　　　　（成果创造人：周佐新、金　洋、冯　永、雷剑宇、骆成栋、
　　　　　　　　　　　　　　　　　　　　　赵文彦、何　江、王　松、刘立颖、高芫赫）

科研院所以自主安全为目标的工业控制核心技术体系建设

中国电子信息产业集团有限公司第六研究所

中国电子信息产业集团有限公司第六研究所（以下简称电子六所）成立于1965年，隶属于中国电子信息产业集团有限公司（以下简称中国电子），是中国电子旗下唯一的研究所和事业单位，建有工控安全领域唯一的工业控制系统信息安全技术国家工程研究中心（以下简称工程中心），拥有12家联合工程中心。电子六所是我国从事工业控制系统、信息安全研究开发的重点科研院所之一，拥有主业领域完备的资质证书。其研制出我国具有极高商誉的第一台微型计算机（长城0520B）、第一套汉字操作系统（CCDOS）、分布式控制系统、火电站/核电站监控系统和国产化PLC（可编程控制器）产品，广泛应用于国民经济重要领域，资产总额达40亿元。2022年，电子六所本部营业收入为5.88亿元，利润为0.6亿元，从业人员近600人，院士、享受国务院政府特殊津贴的专家等国家级人才有53名，技术人员占比60%，研究生人员占比56%。

一、科研院所以自主安全为目标的工业控制核心技术体系建设背景

工控系统广泛应用在电力能源、智能制造、轨道交通等关系国计民生的重点领域，各种工业网络上可辨识的工业自动化控制系统及设备数量超过1.5万个，遍布31个省（区、市），大部分由国外公司提供，缺乏安全防护，一旦遭受攻击，可能导致断电、断水、断气、网络瘫痪、交通堵塞等，将对经济社会发展带来严重影响，甚至还会引发火灾、爆炸等威胁广大人民群众生命财产安全的重大安全事件。电子六所作为以国内控制系统和网络安全为核心主业的重要战略科技力量组成部分，必须肩负起提升自主安全的核心技术创新竞争力，确保国家安全和现代化发展的必然要求。

二、科研院所以自主安全为目标的工业控制核心技术体系建设主要做法

（一）制定技术创新发展战略体系

1. 编制技术创新的发展战略

落实国家、中国电子和电子六所"十四五"规划纲要，制定电子六所技术创新发展战略。

一是构建技术创新发展战略工作机制。成立由领导组、专家顾问组和编制组组成的工作专班，制订详细的技术创新战略编制计划，明确时间点、编制任务及相应的责任单元，全程参与中国电子的战略纲要编制，邀请内外部专家开展定期和不定期专题研讨，建立"请进来，走出去"互动机制。

二是明确技术创新发展战略。以"市场导向、创新引领、行业应用、前沿布局、工程实施、开放协同"为原则，确立"控制系统"和"网络安全"两大技术创新方向，提出"工业控制自主安全引领者"的目标和"网信事业技术创新一流研究所"的愿景。按照自主研发、联合攻关、产业集成和跨界融合等方式，协同科研院所、高校等创新主体，采取边发展、边突破、边布局的模式，适配中国电子飞腾芯片和麒麟操作系统的"PK"架构，加强并持续推进工业终端、工业软件、工业互联网等基础性、原创性技术，布局与研发工业元宇宙、人工智能安全、卫星互联网安全等前瞻性、引领性技术，制修订工业控制领域行业、国家和国际标准。

2. 绘制技术创新的演进路线

围绕技术创新发展战略中明确的"控制系统""网络安全"两大技术方向，绘制其演进路线以及与需求、产品和应用的映射全景图。

一是制定技术创新发展路线。聚焦安全可靠工业控制技术、分散控制系统技术、复杂工业组态技术、超大规模网络模拟评估技术、主被动网络流量分析技术和先进信息安全防护技术6大核心技术体系，分别制定 2021—2025 年发展路线图，明确自主研发技术、协同研发技术和前沿布局技术。自主研发技术是基于电子六所历史核心技术基础上的不断迭代升级，后期可依据实际情况以牵头方式联合外部资源协同研发，协同研发技术为当前难点和短板技术，前沿布局技术前期以自主研发为主，中后期采取协同研发方式。

二是绘制技术创新全景映射图。研究国家政策标准、市场客户需求、行业发展趋势等，将核心关键技术细化拆分，梳理共性化技术底座并不断优化迭代，基于这些技术研制相应产品并绘制技术与产品的动态映射图谱。同时将产品拆分成不同功能模块，提炼形成 12 大共性产品模块，产品之间进行灵活的排列组合并辅以咨询、测试、培训、验证等服务能力，形成在国防、电力、能源、交通等不同行业的综合解决方案。综合解决方案包括行业特质的套餐式标准化方案 32 项，快速为存量场景和类似场景提供服务，也包括依据客户特殊场景应用的定制化解决方案，优化升级核心产品的同时也不断提炼形成新的标准化方案，最终实现技术产品化，产品商品化，商品产业化，产业价值化。

3. 实施并调整技术创新战略

一是分解技术创新战略工作任务。依据技术创新发展战略，形成"市场洞察、技术体系、产品体系、行业应用、成果体系、转化能力、开放协同"重点任务清单，明确具体的责任单元、协同单元、责任人和完成时限，全面纳入责任单元的年度经营计划责任书。

二是实行技术创新战略监管机制。制定技术创新重点任务年度计划和月度计划，推行月例会和专项任务推进会工作机制，安排专员参与重要战略任务推进会，查找问题差距并提出解决方案。在进度管理上有日、周、月、季和年度进展监督管理，在数据统计上有总账、分账、明细账。树立战略任务执行典型标杆，警示并强化督促执行不到位的责任单元。

三是健全技术创新战略考核机制。建立技术创新战略任务执行的"重奖重罚"考核导向，定性与定量相结合，细化任务团队和人员的月度、季度和年度绩效指标以及奖励、惩罚标准，对于重要战略任务设置专项考核机制，形成包含关键绩效指标测量、分析和评价的绩效考核管理系统。

四是动态调整技术创新战略。跟踪国家政策、行业趋势、市场空间、技术产品、竞争对标等外部环境变化，分别形成日讯、周讯、月报和年度研究报告，为战略调整提供重要依据。按照半年/年度定期评估战略任务的实际执行情况，对实际执行情况与战略任务目标偏差较大的任务，进行深度原因分析并提出整改方案。依据内外部环境的重大变化，运用 PDCA 循环模型和平衡记分卡，找到战略任务在执行过程中不符合环境变化的部分对技术创新战略优化调整。

（二）完善优化技术创新制度流程

1. 构建全生命周期科研项目制度流程

一是完善优化科研项目管理制度。2021 年年初系统梳理在研项目，确定预研、自研、技改、基础及应用、型号装备 5 类项目，以《电子六所科研项目管理条例》为指导，再细分为《电子六所预研项目管理条例》《电子六所自研项目管理条例》等 5 项制度。针对应用示范类项目存在履行率偏低、履约质量不高的问题，优化项目责任体系，将原来的项目总负责细分为任务、项目、工程管理的子责任体系，每个项目都有牵头责任部门、配合部门、主要支撑部门，解决资源高效协同、子系统职责清晰的问题。强调风险管控，将原来合同签订前的审查、项目验收的风险管控更改为贯穿项目全流程的风险管控机制，包括技术、资金、外协、质量、保密、人才等潜在风险的分析与评估，及时采取应对措施。

二是建立一体化的科研项目全流程。针对预研、立项、计划、实施、经费、统计、质量、考核、归档等科研一体化科研项目各自为政的运行流程，在不同阶段的最后节点设置进入下一阶段的关键节点，既有界面又有衔接。之前项目名称和编号规则在立项、计划、实施、归档等阶段都不一致又没有映射关系，因此在项目立项阶段就明确项目名称和编号的唯一命名标准。在单独的质量管理管控流程中，为解决型号研制项目质量问题，在项目立项之初新增成立设计师系统，设置包括但不限于项目总师、算法负责人、硬件负责人、软件负责人、软件质量师、项目主管、计划主管、采购主管、质量师、标准化师、检验员、档案主管和保密主管等系统成员，不同成员负责各自的质量，待系统测试稳定后，完成所检、集团检、客户专家检等检测后，再实施验收工作。

2. 优化科研项目奖励制度流程

一是完善细化科研项目奖励制度。针对科研奖励办法多、覆盖不全、标准不清的问题，将原有的《工程中心科研成果奖励办法》《业务单元科研成果奖励办法》等统一纳入《电子六所科研项目奖励办法》中并进行系统修订。在科研成果方面新增 PCT 专利申请与授权、科技成果转化，细化并明确专利、论文、奖项、标准等的不同级别和排序的相应奖励标准，制定科研成果奖励标准一张表。针对奖励兑现时间过长的问题，由原来的季度兑现更改为月度兑现，对承担国家、集团级别的重大科研工程项目实行即时兑现制度。同时明确由科研项目负责人自主决定奖励的分配，不再限制不同排序成员的奖励比例，全面激励核心骨干人员勇于主动担当科研项目。

二是执行即时兑现的科研项目奖励流程。业务单元科技管理专员统计并同步专利、论文、专著、软件著作、标准、奖项等成果至科研管理部门，科研管理部门对照成果奖励标准一张表，审核确认后同步至人力资源部和财务部进行发放，不再进行奖励评审程序，大幅提高科研人员的积极性和满意度。

3. 依托工程中心制定协同研发制度流程

一是制定一张表的协同研发管理制度。确立工程中心多单位协同、多学科融合、多团队交叉、多技术集成的科学研究、人才培养以及产教融合的定位，建立由业务单元、市场单元、采购单元、财务单元、法务单元等领域专家共同组成的协同研发评审委员会并明晰其具体职责，同时建立按需召开评审会的工作机制，明确协同研发的技术产品在市场行业中得到应用的验收标准，实施协同研发的技术产品、人才、财务、合同、采购等一张表的管理模式。

二是建立一周内完成的协同研发审批流程。业务单元向评审委员会提交详细的外部资源协同研发申请表和相应的工作方案，明晰协同研发的具体技术产品、协同单位、预期应用行业及计划表，评审委员会在接收到需求 1～2 日内向业务单元反馈意见，业务单元在 1～2 日内完成修订，并在之后的 1～2 日内完成评审，在所有评审专家签字确认的基础上，业务单元在科研项目协同研发信息化系统上提交审批需求，各责任单元依次自动完成审批。

（三）增强技术创新条件保障能力

1. 强化技术创新基础保障能力

一是强化研发基础建设。依据两大技术创新方向精简职能部门从原来的 16 个到 6 个，在未来科技城 A 栋、D 栋增设约 3.5 万平方米的专属研发环境场地，建立可靠性实验室、控制系统生产中心等，迭代升级科研项目管理信息化系统，优化新增研发软硬件设备工具。

二是加大研发资金投入力度。建立技术研发专有资金池，主要用于技术产品研发所需软硬件设备、工具、专家、会议、奖励等，同时做好资金使用预算、执行和考核评估机制，通过节能利旧等方式压缩非技术研发资金的成本费用。

三是凝聚高质量人才队伍。依托工程中心国家级创新平台，通过重建的理事会、技术委员会，每年召开理事会、技术研讨会以及工业互联网发展和安全峰会、新一代通信技术应用论坛等活动，聚集高质量人才。制定分类分层的人才引进制度，明确人才标准，配套打出"千人千面""一人一策"等组合拳，形成一支结构合理、梯度分明的技术创新人才队伍。

2. 整合外部资源协同技术创新

一是建立资源协同研发工作机制。强调"资源共用、利益共享、责任共担、价值共识"，加强产学研用在优势资源上的协同与集成，以项目合作、交流培训、实训基地等多层次、多维度的协同模式，促进技术产品创新与产业孵化，与华能、南方电网、中广核等央企高校已建设完成12家联合工程中心。

二是协同外部资源开展工控重大工程攻关。依托中国电子成立的联合攻关和中试适配两大基地，联合飞腾、麒麟、长城、奇安信等兄弟企业的5个专业研究院，共同开展工控芯片、工控操作系统、工控装备等技术产品攻关工程和"PKS"适配工程。依托工程中心技术委员会以及《电子技术应用》《网络安全与数据治理》两本学术期刊编辑委员会，联合云网基础设施安全、下一代互联网宽带业务应用等4家国家工程研究中心，清华大学、北京邮电大学等50多所高校，华能、联通等10余家央企研究院所及国利网安、安软等30余家工控安全行业创新力量，开展工业软件、智能工控系统架构、人工智能安全等核心、前沿技术产品研发。

3. 打造技术产品成果的孵化器

一是建立技术成果转化机制。实施技术成果供需匹配精准化的对接机制，搭建线上＋线下两个平台，利用大数据精准匹配供给侧和需求侧，线上传递信息，线下开展谈判、签约。融合中国进出口银行、招商银行等金融机构资本，通过领投、引导等方式，全程参与孵化、二次开发、中试熟化、产业化。

二是培育具有高成长性的技术产品。瞄准新发展阶段面临的数据安全、网络安全、信息安全等国家战略部署与行业发展需求，遴选出新一代工业物联网、工业软件、人工智能等高成长性技术为重大培养对象，配置优势资源给予最大化支持，积极培育战略性新兴产业。

三是建设技术创新成果转化平台。成立技术成果市场化运营公司，设立专项转化基金，采用市场化手段，陆续孵化中电智科、中电和瑞、华胜信安和中电金融4家所属企业实现独立运行，全部认定为专精特新企业，其中中电智科被认定为专精特新"小巨人"企业，推动科技成果的孵化转化。

（四）突破自主工控核心技术产品

首先，积极承担工控方向国家重大课题。一是针对智能网联场景下协同防护难、攻击发现难和响应处置难的问题，2021年以项目负责人方式承接了国家重点研发计划"智能网联场景工业控制系统深度防御与安全处置体系研究"。二是围绕行业工业互联网环境存在管控壁垒、缺乏主动安全的问题，2021年顺利验收了工业互联网创新发展工程"面向重点行业的工业互联网攻防管控平台建设"。三是针对工业控制系统信息安全层面缺乏安全保障能力的问题，2021年验收了工业互联网创新发展工程"工业互联网拟态边缘网关研制"。四是针对国家关键信息基础设施整体安全防护、安全验证评估、人才培养等能力提升需求，2022年通过北京科委验收了"民用领域弹性可重构工业信息安全仿真平台研究与应用"。

其次，攻克工控核心自主安全技术。攻克安全可靠工业控制技术、突破复杂工业组态技术、革新分散控制系统技术、改进管理层工业软件技术、攻克工控可信密码技术、研究智能工控安全技术。

最后，研制工控核心自主安全产品。开发全国产化超御PLC系列产品、智能应用组态操作系统、分布式智能控制系统、运营管理类工业软件，研制出自主工控安全系列产品及工控密码系列产品。

（五）实践应用提升行业自主安全

1. 国家部委试点示范应用

2018—2021年，电子六所承担科技部的"工业控制系统安全保护技术应用示范"、工业和信息化部的"工业设备接入与边缘计算工业互联网平台测试床"。2020年以"工业互联网安全检测技术研究实验室"成功入选工业互联网产业联盟实验室（第一批），2023 年以"基于 PKS 的内生安全云密码服务平台"成功入选中国电子学会网络空间安全大会优秀案例。

2. 电力能源行业应用

一是超御 PLC 系列产品在电力能源行业实现国产化替代。在风电领域，使用超御中型 IM30、大型 IL40 系列产品对陆上风电、海上风电的主机控制系统实现了替代。在火电领域，使用超御大型 IL40 系列产品和 SCADA 系统对辅机控制系统进行了替代。在水电领域，使用超御中型 IM30 系列产品对三峡白鹤滩水电站调速控制系统进行了替代。二是智能应用组态操作系统助力国家电网智慧物联建设。2021—2022 年，采用自主研发的物联网平台、设备组态、应用组态产品等组件为基座为天津、山西电网等公司构建覆盖其能源电力系统全环节的电力物联网。三是分布式智能控制系统推动火电控制系统一体化安全。2020—2023 年，服务大唐、华润、浙能、国电投等能源央企 60 多个客户的控制系统。四是工控安全系列产品全力保障电力能源行业安全防护。2020—2023 年，9 款基于 WINTEL+PK 双架构的安全检测、安全防护、安全审计类工控安全核心产品被广泛应用于西安热工院、国核自仪等央企。2021—2022 年，采用工控态势感知平台、综合运维安全审计系统、工业主机安全卫士、电力安全加密系统、智能视频监控系统等核心产品，完成对大唐集团的工控系统安全防护系统建设。

3. 石油化工行业应用

一是以超御 PLC 系列为核心的产品助力石油化工行业控制系统的国产化替代。2020—2022 年，采用超御中型 IM30 作为 SCADA 控制系统的主控单元，同时搭配小型 IS20 和集成远程 RTU 系统，成功应用于国家管网公司长输油气管道监控系统、中石油海南福山油田半自动计量系统等，实现对石油化工应用场景中全过程动态监视、控制、记录、分析、预测、调度和优化，对场站设备状态进行诊断并采取相应的保护措施。

二是可信密码产品解决燃油配送的安全威胁风险。2022 年，围绕燃油配送业务的可用性、可靠性需求，通过部署数字认证系统、统一身份认证系统、安全认证网关等可信密码产品，承担中铁油料集团燃油配送系统商密应用建设。

4. 天然气管网行业应用

2021—2022 年，承接澳门天然气管线综合监控系统建设，通过使用超御中型 IM30 系列产品交付 SCADA 系统控制柜 1 套、小增强型 IS23 系列产品交付远程 RTU 防爆柜 19 套，SC-ProSys 和 SC-ProView 完成逻辑组态和画面组态，首次实现了城市天然气管网监控系统的 100% 国产化，后续又在北京航天城智慧供热系统中得到应用。

5. 智能制造行业应用

2018—2022 年，面向智能制造业"智改数转"、智能工厂非标自动化生产线装备全国产化升级改造的实际需求，电子六所以自主研发并适配于国产化 PK 架构的制造执行系统 MES、仓储管理系统 WMS、高级排产系统 APS 等生产制造运营管理类工业软件，成功应用于东方电气风电变桨数字化车间、航天林泉电机立体仓库等智能工厂生产线的设计、部署、施工与建设，实现了研发设计、生产制造、经营管理、运维服务等全生命周期的数据可视化以及工厂设备自动化、仓储搬运智能化，助力智能制造企业的数字化转型。

6. 轨道交通行业应用

面向地铁、轻轨、有轨电车等城市轨道交通行业建立统一、面向运营指挥和维修管理的智能化综合信息平台以及工业控制安全体系化防御能力建设需求，服务 20 余个城市 40 余条地铁线路 1000 余公里里程。

7. 金融行业应用

面向金融行业机具的信创国产化需求，自主研发的基于 PK 架构的工控机集成于存取款一体机

CRS、国产化自助终端、柜面现金管家系统 TCR 等，2019—2023 年，广泛应用于招商银行、四川农信、长沙银行等。

三、科研院所以自主安全为目标的工业控制核心技术体系建设效果

（一）助力关键行业国产替代

面对工控技术产品受制于国外的现状，电子六所基于国产化 PK 架构研发的核心技术产品，深度支撑了 28 个部委和 31 个省（区、市）的网信工程，率先实现电力能源等行业的控制系统规模化国产替代，30 余款核心技术产品助力电力能源、石油化工、轨道交通、智能制造等 10 大行业控制系统的国产化替代和自主安全。2020—2023 年，牵头、参与国家重大科技专项 40 余项，项目总额达 3.2 亿元，获有效专利 300 余项，发表学术论文 161 篇，参与制定国家、行业、团体标准近 20 项，出版核心技术专著 3 部，授予软件著作权 170 项，成果总量增长了 3 倍，获得省部级以上科技奖项 38 项，增长了 2 倍。控制系统信息安全技术团队于 2021 年入选国防科工技术创新团队，获得产学研界设立的协同创新最高荣誉奖 2021 年中国产学研合作创新奖（单位），2022 年获全国总工会授予"全国工人先锋号"荣誉称号。

（二）保障国家重大活动任务

电子六所全面支撑国家各类重大活动任务，除了承担的神舟、天宫、北京冬奥会残奥会等 10 余项之外，还为中国共产党成立 100 周年、中华人民共和国成立 70 周年、世界技能大赛等国家重大活动提供网络安全保障技术支持工作，实现"零重大网络安全事故"的工作目标，为关键基础设施安全防护服务体系打造了最坚实的安全屏障，得到了各级部委办局和中国电子的高度认可和表彰。

（三）推动科研所高质量发展

在紧密契合外部环境变化的动态技术创新战略蓝图引领下，虽然经历了三年疫情的强烈冲击，主营收入仍然从 2020 年的 5.08 亿元提升到 2022 年的 5.88 亿元，增长率为 15.75%，利润总额从 2020 年的 0.20 亿元提升到 2022 年的 0.61 亿元，增长率为 204.9%，在中国电子内部排序上升了 6 位。荣获中国电子 2021 年网信工程专项考核第二类奖励。另外以工程中心为依托，吸引一大批行业内顶尖专家和攻坚团队，高科技企业合作伙伴增长了 3 倍，达到 300 多家，带动千亿网信产业生态。

（成果创造人：申志伟、朱肖曼、陈朋利、范　晶、时文丰、黄福平）

城市有机固废处理企业基于技术与管理双驱动的业务协同运营管理

湖南仁和环境股份有限公司

　　湖南仁和环境股份有限公司（以下简称仁和环境）是一家专注于城乡固体废弃物无害化处置和资源化利用的生态环境服务商，拥有生活垃圾无害化处置和资源化利用核心技术和丰富的运营管理经验，是国家高新技术企业和湖南省"小巨人"企业，于2011年成立。投资、建设、运营有世界单体设计日规模最大的垃圾中转处理场——长沙市生活垃圾中转处理场、全国单体设计日规模最大的厨余垃圾处理厂——长沙市厨余垃圾处理厂、全国单体设计日规模第二的餐厨垃圾处理厂——长沙市餐厨垃圾无害化处理厂，以及长沙市望城区生活垃圾转运站等固废处理及资源化利用项目，仁和环境现已发展成为国内优秀的城市生态环境服务产业集团。仁和环境近三年销售收入平均增长率达18.28%，近三年净利润平均增长率达34.32%。

一、城市有机固废处理企业基于技术与管理双驱动的业务协同运营管理背景

（一）落实国家环保政策的重要一环

　　随着社会经济的不断发展及国民消费水平的大幅提高，我国生活垃圾产生量迅速增长，环境污染问题日益突出，有机固废处理行业应运而生，成为环保产业新兴热点，市场规模不断扩大，行业发展前景较好。

　　国家相关部门发布了一系列政策法规，强化餐厨垃圾的全过程规范管理，并在2010—2015年先后发布5批共100个城市的餐厨垃圾资源化利用和无害化处理试点的通知。随后各地管理办法也密集出台。全国已有300多个地方出台了餐厨垃圾管理办法，对适用范围、责任主体、收运和处置要求、违规行为处罚等内容做了相关规定。2019年6月6日，住房和城乡建设部等9部门联合发布《关于在全国地级及以上城市全面开展生活垃圾分类工作的通知》。

　　针对固体废弃物组分特点和处理现状，生态环境部等7部门联合印发《减污降碳协同增效实施方案》。一体谋划、一体部署、一体推进碳达峰碳中和与生态环境保护工作。方案明确提出固体废物污染防治的核心是减量化、资源化和无害化，协同推进固体废物源头减量、资源化利用和无害化处理，不仅能有效解决固体废物污染环境问题，还可以促进资源和能源节约利用，减少温室气体排放，达到节能降碳的作用。

（二）解决城市垃圾处理难题的迫切需要

　　城市垃圾中的有机固废在自然环境中分解时，会释放出氨、硫化物、甲烷等有害物质，这些物质在堆放和处理过程中会产生大量的恶臭气体，还会对水体和土壤造成污染，并有可能对周围居民的身体健康造成影响。特别是在下雨时，垃圾堆中产生的渗滤液会流入河流、湖泊等地表水体中，对水生生物和人体健康造成威胁。

　　有机固废是指在生产建设、日常生活和其他活动中产生的污染环境的固态、半固态有机废弃物，反映在城市生活中的则主要是厨余垃圾和餐厨垃圾，餐厨垃圾是指从事餐饮经营活动的企业和机关、部队、学校、企事业等单位集体食堂在食品加工、饮食服务、单位供餐等活动中产生的食物残渣、食品加工废料和废弃食用油脂，厨余垃圾是指家庭中产生的菜帮菜叶、瓜果皮核、剩菜剩饭、废弃食物等易腐性垃圾。针对不同类型的有机固废垃圾，需要开发和应用不同的处理技术。这些技术的应用需

要专业的技术和设备支持。城市有机固废垃圾处理还需要科学的管理。只有通过科学的管理和技术手段的运用，才能实现城市有机固废垃圾的减量化、资源化和无害化处理，保护城市生态环境和人类健康。

（三）实现企业可持续发展的必然选择

餐厨垃圾和厨余垃圾含有大量的有机质，可采用资源化技术对其中有价组分进行资源回收，通过热能和电能等方式实现回收，因此餐厨垃圾和厨余垃圾具有较高的资源回收价值。然而因现有工艺技术落后，管理水平较低，运营企业在资源化处置垃圾过程中资源化率较低，所产生的经济效益无法覆盖高昂的运营成本。仁和环境建立及运营的餐厨处理厂和厨余垃圾处理厂属于我国第一批餐厨垃圾和厨余垃圾处理厂，且是全国唯一一家建设在城市核心区域的餐厨垃圾和厨余垃圾处理厂，环境控制要求极高。我国大部分城市分设餐厨垃圾和厨余垃圾处理厂，垃圾处理过程资源化效率低，不符合低碳城市建设需要。随着国家和地方出台一系列政策，生活垃圾进行分类并资源化利用已成为大势所趋，其中以厨余垃圾为主的湿垃圾处理尤为重要。厨余垃圾单独处理同样面临产生效益低、处理成本高的问题，需要政府承担大量的可行性缺口补贴才能勉强维持稳定运营，或者依然选择进行焚烧协同，降低资源化利用率。仁和环境建设的餐厨垃圾和厨余垃圾处理厂因年度跨度大，存在工艺更新层次不一、规划不合理等弊端，且因地处城市核心区域，环境控制难度较大，成本极高。

自 2019 年起，仁和环境总结过往经验，主动积极探索有机固废处置体系的优化升级，基于餐厨垃圾和厨余垃圾组分差异和相应处置工艺特点，构建餐厨垃圾和厨余垃圾协同处置体系，且提升其协同处置模式的管理水平，大幅提升有机垃圾资源化效率，降低运营成本，促进企业的可持续发展。

二、城市有机固废处理企业基于技术与管理双驱动的业务协同运营管理主要做法

（一）明确城市有机固废处理协同管理的总体思路

仁和环境根据城市有机固废处置方式，通过加大资金投入、加强人才培养、优化管理流程、引入先进技术等措施，加强投入，提高管理，从垃圾收运开始，到集中处理和最终处置各环节，实现城市有机固废处理的高效协同管理，通过资源协同、能源协同、管理协同，做到城市有机固废的"全覆盖收运、全流程梳理、全资源利用、全社会参与、全产业协同"，最终完善城市有机固废处理协同产业链。

在企业内部协同管理方面，一是根据自身实际情况提高技术工艺水平，高效协同管理流程，加大研发资金投入，不断更新和升级设备，提高硬件水平；二是建立全覆盖智慧收运管理系统，优化管理流程，搭建智慧化收运平台，建立完善的工作制度和操作规范，提高运营效率；三是引入先进的技术和管理软件，利用物联网平台和边缘网关技术，建立智慧协同管理园区，最终实现有机固废增值与企业可持续发展。

在外部产业协同方面，主要是对废弃物进行资源化利用，通过和发生物料往来的下游企业合作，实现以物料为对象的产业链延伸，将原本需付费处理的废弃产物充分进行资源化利用，变废为宝，在符合"减量化、资源化、无害化"政策的同时，大大降低了企业的运营成本，为企业带来了可观的增效收益。

（二）提高技术工艺水平，高效协同管理流程

成立有机固废研究院，梳理高效协同管理流程，采用先进的管理和生产技术，开发高效协同模式及核心设备，实现高资源化处置餐厨垃圾和厨余垃圾。

1. 加强人才培养，成立有机固废研究院，提升企业软实力

2019 年，为进一步实现先进技术的产业化目标，湖南联和有机固废循环利用研究院有限公司正式成立。2023 年，湖南联和有机固废循环利用研究院更名为湖南联合餐厨有机固废循环利用研究院有限

公司。主要开展生态保护、环境治理业务服务及生活垃圾处置技术开发，全面推进有机固废协同处理与资源循环利用。组建以环境工程、微生物学、化学工程和机械制造等专业为主，电气工程、信息工程等专业为辅的多学科交叉研发团队。

2. 建立高效协同的餐厨垃圾和厨余垃圾处理流程

因餐厨垃圾和厨余垃圾产生场所不一样，其垃圾组分和特性存在差异，工艺流程也存在一定差异。餐厨垃圾预处理常规工艺流程为"大物质分选＋破碎除杂＋蒸煮制浆＋三相分离"，厨余垃圾预处理工艺为"破碎＋磁选筛分＋挤压"，二者预处理工艺相差较大，因此其前端预处理协同不具备可行性。但餐厨垃圾和厨余垃圾经预处理后的有机浆料可协同处置，有机浆料混合厌氧后的沼渣和沼液同样可实现协同混合处理。仁和环境在中端环节构建厨余垃圾压滤液和餐厨垃圾提油除杂液协同厌氧体系，大大提高污水厌氧消化效率。

餐厨和厨余协同既节省基建和土地等投资成本，又有效提高单位有机质产气效率，提高垃圾资源化效率，工艺段的同质化协同处理也大大降低了重复的人工需求。

3. 不断加强自主研发，提高企业硬件实力

仁和环境通过有机固废研究院，致力于通过餐厨垃圾和厨余垃圾协同处置工艺所用核心设备的研发工作，力图保证设备稳定性能的同时最大化提升有机质资源化效率，以保证企业高效稳定运转。

其中研发的核心设备包括：大物质分选机（用于餐厨垃圾大粒径物料分选）、破碎制浆分选机（用于有机质破碎及分选）、除杂机（用于去除有机浆液中的轻物质）、水平推板式垃圾压榨机（用于提取厨余垃圾中可用有机质）、竖直压榨机（用于厨余垃圾压榨）、双轴粗破碎机（用于厨余垃圾粗破碎）、CSTR厌氧反应器（用于有机浆料进行厌氧产沼）。

（三）建立全覆盖智慧收运管理系统

仁和环境通过充分集成并综合利用GPS（全球定位系统）、智能手机移动开发应用、无线视频监控、多源数据交换、物联网、传感网等关键技术进行设计开发，形成集多媒体展示、动态交互、无线数据采集、可视化管理、远程监控、智能引导、应急指挥调度、统计查询、决策分析等功能于一体的智慧收运系统。

1. 构建多元化收运模式，因地制宜制定区域收运方案

收运方式包括直运和转运两种，考虑运输距离，设置"集散转运＋直运"的协同收运方式，根据餐厨垃圾和厨余垃圾的产生和分布、交通等情况，以及交通管理部门所提供的特殊政策情况（单行、禁行及停车等方面），制定餐厨和厨余垃圾收集的网络路线图，坚持"多点一线、串线成面、网络管理"原则拟定初步收运线路，并根据收运线路及收运范围梳理收运队伍，对尚未建立收运队伍的地区，重新建立收运队伍，对已有收运队伍的地区，重新整编，最大限度地在收运范围全覆盖的前提下优化路线，减少人工成本。

2. 构建智慧收运管理平台，最大限度地提高收运效率

在多元化收运模式构建完成后，仁和环境完成智慧收运管理平台开发并投入应用。该平台应用物联网、大数据等先进技术，将收运过程数据全面集成，通过对数据的修复、整理、分析、比对，实现收运车辆集中管理、收运路线合理规划、未及时收运预警、收运作业质量把控等功能。智慧收运平台的建设可对垃圾收运进行及时、有效的监管，避免垃圾不收或漏收，真实反映收运情况，实时、准确地反映收运地点、桶数等。此外，安全方面，搭建车辆主动安全系统，通过安装ADAS和DSM摄像头智慧收运平台对驾驶行为及行车环境进行识别分析，通过提示报警改善并纠正行车隐患，以车载技防手段提高收运车辆安全管控能力与水平。

3. 建立垃圾收运体系，加强收集和运输过程管理

针对餐厨垃圾和厨余垃圾的收集管理，通过建立申报管理制度，建立产废单位垃圾产生相关台账，载明以下内容：废弃物产生的种类、产生量、交付收集时间、产生单位指定负责人和收运人员签名。各城区监管部门对台账建档、登记备案，用于和处置单位统计数据核实。通过签署三方协议（企业、产废单位、执法部门）约定各自职责和义务，避免纠纷发生，同时避免无资质的单位和个人收取，提高收运效率。

针对垃圾收集后的运输管理，仁和环境利用智慧收运平台功能，建立收运记录台账，载明以下内容：垃圾种类、产生量、交付地点、交付时间、收运人员签名、返厂时间等。此外，仁和环境内部建立相应的收运管理制度，并且建立相应的监督机制，接受政府、群众和媒体的监督检查，以此规范收运系统规范作业，加强收运管理。

（四）加强与产业链下游协作，促进资源化利用

仁和环境通过外部产业协同，与发生物料往来的下游企业合作，将餐厨垃圾和厨余垃圾三相分离（或二相分离）后产生的废水、废油脂、废渣分别进行资源化利用。

餐厨垃圾和厨余垃圾处理过程中产生的废水一方面可以通过厌氧发酵生物处理技术进行净化，产生的沼气可以作为能源利用，不仅解决了厂区自用电及冬季供暖问题，剩余部分还可以并入电网争取国家补贴；另一方面，可将其作为碳源卖给下游污水处理厂，将原本需要付费处理的废水进行资源化利用，变废为宝。

餐厨垃圾处理过程中产生的废油脂可以提取出来成为粗油脂，通过精炼加工处理，提炼成工业级混合油，并可通过下游企业加工进一步转化为生物柴油或其他燃料进行售卖，既满足绿色低碳的发展要求，又可实现资源的再生利用，为企业创造可观的增值收益。

餐厨垃圾和厨余垃圾处理过程中产生的废渣，经过高温高压等处理，用于养殖业，替代部分传统的饲料，降低养殖成本，同时也可以减少垃圾对环境的污染。例如，仁和环境联系下游昆虫养殖场与饲料加工厂，将废渣制作成高蛋白昆虫养殖饲料与有机肥料，将原本需要付费处理的废渣进行资源化利用，变废为宝。

（五）建立智慧协同管理园区，实现企业可持续发展

智慧协同处置项目园区系统包括人工智能调控工艺、智慧安防、智慧出行、智慧消防、智慧服务、智慧车库等硬件产品和配套的软件系统，通过打通项目园区子系统通路，建立项目园区数据中心，助力项目园区管理便捷升级，优化管理流程，降低项目园区维保及事件处置成本；利用现代信息技术，通过多维度统计分析、可视化展示，整体把控安全管理状况，确保生命安全，以及财产和环境安全，最终实现综合增效 20% 以上。其主要子系统是人工智能调控系统，在项目园区预处理、厌氧系统、水处理系统等各子系统之间建立监测—分析—调控的系统平台，实现精细化管理。

1. 完善能源网和信息网建设，实现能源共享互联

有机固废在处置过程中涉及用水、用电、沼气发电、供热等能源利用过程。项目园区通过厌氧消化产生沼气发电，既可发电自用，亦可发电并网，产生经济效益，并且产生的余热可在项目园区生产过程中充当热源。

在项目园区电网改造的基础上，完成项目园区冷热供应网络，形成以冷热电联供为核心的分布式能源供应网络，实现能源梯级利用，提高能源利用效率，使得分布式能源站最大能源利用效率达到常规沼气发电项目的 1.5 倍。

将项目园区产用能单位和设备联结成一个整体，建设项目园区能源管理系统，通过现有产能、用能单位的设备数据进行采集，实时监测能源生产和使用情况。

2.加强两端深入研究，实现能源供用增效

基于项目园区能源管理系统在数据库存储的设备运行数据，采用大数据分析方法，调整高耗能设备（含大型用能设备如中转场的液压设备，长时间运行的风机、水泵）运行参数，实现节能降耗。

3.建设储能替代电站，实现能源低碳绿色

因沼气发电系统出力基本稳定，不具备调峰能力，势必出现"白天高价上网少，晚上低价上网多"的现象，影响售电收入。随着储能技术迅猛发展，储能设备投资大幅下降，仁和环境通过建设储能电站，储存夜间多余电量在白天高价时售出，提高售电单价，增加售电收益。

三、城市有机固废处理企业基于技术与管理双驱动的业务协同运营管理效果

（一）生态环境效益突出

仁和环境为餐厨垃圾和厨余垃圾"减量化、资源化、无害化"处理提供了一种新颖的方式，提高了垃圾资源化利用率，提高了餐厨废水和厨余垃圾废水的处理效率，解决了长沙市年处理40余万吨餐厨垃圾和30余万吨厨余垃圾的难题。避免了餐厨垃圾和厨余垃圾随意倾倒对城市水体污染及城市卫生环境的不良影响，推动城市生活垃圾处理科学化、全面化的进程，在改善市容环境卫生方面做出巨大贡献。

（二）管理经济效益显著

仁和环境承担的长沙市餐厨垃圾和厨余垃圾协同项目经过多年运营，在对垃圾的收运、垃圾的预处理、有机浆料的协同处理、废水的深度处理，以及项目园区能源智能管理等方面取得重大突破，各项技术、经济指标达到了国内先进水平，通过自主研发，在餐厨垃圾和厨余垃圾协同处置方面获得近100余项技术发明专利及实用新型专利。

企业运营管理及人工成本大幅降低，企业经营收入提升，领先于同行业中其他企业。餐厨垃圾和厨余垃圾收运量逐年增加，项目日收运处理规模分别达到1200吨和800吨，年产沼气量超千万立方米，有机废弃物处置项目综合增效20%以上，降低项目运营过程中10%能耗，年均碳减排量超10万吨。

（三）社会示范效应明显

仁和环境承担的固废项目作为全国第一批环保设施向公众开放，每年接待上万名大中小学生、市民学习实践，充分履行企业社会责任。

仁和环境获评"2017年度中国循环经济研究会科学技术奖"一等奖，获得国家"大型餐厨垃圾处理设施高效稳定运行集成技术"环保科技成果鉴定，入围"全国循环经济试点单位"，获得"湖南省环卫行业标杆项目""湖南省科技重大专项示范企业"等荣誉称号，是长沙城市管理和"两型社会"建设的窗口和名片。

（成果创造人：易志刚、胡世梯、熊　杰、田小飞、尹常凯、
饶妍蕾、朱　霞、祖　柱、谢　松、彭　星）

民航企业突破飞机维修关键技术的科技项目管理

中国南方航空股份有限公司
中国航空器材有限责任公司
中航大（天津）科技园有限公司

中国南方航空股份有限公司（以下简称南航）总部设在广东省广州市，是中国航线网络最发达、年客运量最大的航空公司，先后获得中国民航"飞行安全钻石二星奖"、Brand Finance 全球最有价值航空品牌第 6 名、SKYTRAX "中国最佳航司"等荣誉。安全管理水平、服务保障能力国际领先。南航旗下拥有厦门航空、贵州航空等 7 家航空运输子公司；拥有新疆、北方、北京等 18 家分公司及基地；设有杭州、南京、西宁等 21 家境内营业部，洛杉矶、纽约等 53 家境外营业部。南航运营客货运输飞机超过 890 架，2022 年运输旅客 6264 万人次，年旅客运输量最高达 1.52 亿人次，旅客运输量连续 44 年居中国各航空公司之首。公司现已形成以广州和北京为双枢纽，以沈阳和新疆为特色，黑龙江、吉林、大连等 15 家维修单位共同发力的"2+2+N"航空维修产业布局。南航连续 97 个月无飞机维修人为原因征候及以上问题，创历史最好安全业绩；2022 年保障航班 42.8 万班，航班正常率在国内主要航空公司中连续七年排名第一；2022 年机队重要故障万次率 2.43%，全机队放行可靠度 99.91%，持续位于世界前列；公司第三方客户数量与质量持续稳步提升，2022 年第三方收入达 50 多亿元。

中国航空器材有限责任公司（以下简称中航材）是由南航集团（中国南方航空集团公司）、中航集团（中国航空集团公司）、东航集团（中国东方航空集团公司）、中国航材（中国航空器材集团公司）、中国国新（中国国新控股有限责任公司）五方持股的航材保障服务平台，业务覆盖以各种主流机型的发动机、起落架、反推等为代表的高价件保障、周转件共享保障（包修、租赁）、批量改装、航材销售、资产处置、AOG（维修航材）互援、保税仓储、物流配送等模式的综合服务，旨在以航材资产共享为纽带，以国产民机保障为引领，以专业化资产处置、维修能力整合、智慧仓储物流、数字化智能化为手段的中国民航新型航材保障体系。

中航大（天津）科技园有限公司是中国民航大学（以下简称民航大）下属唯一的科技成果转化孵化服务平台，公司主要从事科技园建设与运营、航空领域知识产权与成果转化、航空科技成果孵化、创新创业教育与实践实训等。民航大隶属于中国民用航空局（以下简称民航局），是民航局、天津市教育部共建高校，是天津市"双一流"建设高校和高水平特色大学建设高校。学校现有天津东丽、宁河两个校区。现有 46 个本科专业，其中有 8 个国家级和 16 个省级一流本科专业建设点，3 个国家级特色专业，全日制在校生 2.9 万余人。学校现有 1 个国家空管运行安全技术重点实验室，5 个民航局重点实验室，4 个天津市重点实验室，1 个天津市技术创新中心，1 个天津市工程研究中心，6 个省部级智库。近 5 年相继承担了工业和信息化部重大专项、科技部重点研发、国家自然科学基金重大（重点）等各类国家级项目百余项。

一、民航企业突破飞机维修关键技术的科技项目管理背景

（一）民航飞机安全运行的技术保障需要

飞机维修是保障飞机安全运行的战略基石，随着中国具有自主知识产权的客机进入市场，已无法完全按照国外的"技术手册"进行飞机维修，所以必须建立适用于国产民机的飞机维修管理体系和标准，为未来国产民机在国内市场的全面推广以及飞出国门提供技术支撑。

（二）民航飞机深度维修带来的降本增效需要

中国民航在飞机维修领域能力不足，机载电子、机械等部附件出现故障时难以自主维修，需将故障部附件送到国外检修，增加了航空公司运营成本。为此，中国民航必须突破国外的技术封锁，建立具有自主知识产权的维修能力，提升飞机维修人员技能水平。

二、民航企业突破飞机维修关键技术的科技项目管理主要做法

（一）民航企业突破飞机维修关键技术的科技项目管理体系的总体框架

南航在与民航大多年联合开展 APS 维修管理理论研究、探索、实践的基础上，共同创建了科技创新 APS 管理理论，即对科技创新项目进行科学问题的挖掘（Arrangement），建立完整的项目实施流程（Program），形成标准化的科研制度体系（Standard）的科技创新管理理论。

1. 科研问题挖掘

成立飞机维修联合创新组织，以南航专家为主体，以民航大和中航材的专家学者和技术人员为支撑，专门负责从国家相关部委、集团战略规划部门、一线员工和飞机乘客等多元化渠道不定期收集飞机维修相关的意见和建议，并将这些意见和建议转化为飞机维修的科学问题、工程技术问题和管理优化问题，组建飞机维修科学技术委员会，将问题以智慧维修大赛、创新挑战赛、各类项目评选和金点子效益工程等形式在行业内外进行发布，明确申报人的资质要求、项目结题要求、项目经费支持、项目保障条件等，吸引优秀团队以生产需要为导向、以推广应用为目的，有组织地加入南航科技创新体系中，不断提升南航的自主维修能力。

2. 科研项目实施

为提升科技创新成果产出质量，将对所有申报的项目组织专家进行论证，通过专家论证的项目将提交飞机维修科学技术委员会审核，委员会采用战略管理工具 SWOT（态势分析）对每个项目进行分析，通过对优势、劣势、机会和威胁的综合研判，确定入围的项目。项目入围以后将进入科技创新项目全流程管理体系中，按照"人才＋项目"对飞机维修科技创新项目进行全流程管理，并对项目的实施成效进行绩效评价，遴选出优秀的科研团队作为科研攻坚力量，为后续科技攻关储备人才。

3. 科研标准建立

深入推进科研领域"放管服"改革，调动科研人员积极性、创造性，对于实施创新驱动发展战略、培育新动能、增强发展内生动力具有重要意义。经过多年探索实践，将科技创新管理经验进行总结凝练，建立标准化的科技创新管理制度保障体系，先后制定并发布了科技项目管理办法、科技奖励办法、科技经费预算管理程序、科技创新成果保护管理办法、科技统计管理办法、科技工作不端行为处理办法、科技秘密保护管理办法和科技专家库管理办法等，形成了充满生命力的科技管理"制度树"，以标准化的制度体系引领科技创新能力提升。为保持科技管理"制度树"旺盛的生命力，每年会根据国家科技创新的最新要求和科研人员的实际需求，对科技管理"制度树"进行不断地更新迭代，让其时时刻刻能为科技创新工作提供最有效的支撑，助力科技创新工作持续产出新成果。

（二）优化管理流程，推动项目实施

南航科技信息管理部联合审计部、项目业务管理部门和项目实施单位（部门），实施四方联合监管机制，构建了科技项目"3+3+4"实景管控模型，通过 3 个常态化规范管理、3 个动态跟踪管理和 4 个维度讲评管理，确保项目"制度化＋规范化＋常态化"合规有序推进。

科技项目管理"三常态化"，做到根据生产需要对科技项目实施常态化立项，每年针对重大问题发布项目立项指南，组织行业内外单位进行科技项目申报，并根据国家战略的需要和一线生产实际的需要，实行实时的应用类科技项目立项，形成了"静态＋动态"的常态化科技项目立项路径；项目实施过程中，根据项目实施情况进行常态化督促推进，督促的模式包括科技项目实施进展的定期检查和科技项目管理人员的随时抽查，增强项目团队的任务紧迫性；对处于一定阶段的项目实施常态化考核，考核的方式为阶段性成果的定期上报和检验，科研经费使用合规性和科学性的检查，以常态化机制提升科技项目管理水平，保障科研项目的完成效率和质量。

科技项目研发进度"三跟踪"，做到跟踪科技项目实施进度，重点关注科技项目关键时间阶段对应的任务是否按时完成，没有完成的需要汇报原因，出现进度严重滞后的将会被列为重点监控对象，每周一次跟踪检查；跟踪科技经费使用进展，了解经费预算执行率高低，帮助协调解决在经费执行中遇到的客观问题，确保经费对项目实施的保障作用；跟踪科技成果实施效果，重点关注项目在成果产出后到实际应用场景后一线人员的反馈情况，及时帮助项目团队收集各方面的反馈意见，进一步完善和提升科技创新成果质量。南航从项目实施进展、经费使用情况和成果应用情况三个维度做到了对科技创新全流程的实时掌控。

科技项目评价"四讲评"，组织专家从总体进展、采购管理、经费管理、里程碑四个维度对科技项目进行综合评价，总体进展重点关注是否按时完成阶段性工作，采购管理重点关注采购计划是否按时完成，经费管理重点关注经费是否合规使用，里程碑重点关注阶段性成果是否取得，每月对综合评价排名前三和后三的项目进行点评，让前三名的团队分享推动科技创新实施的经验，让后三名的团队总结存在的主要问题，这种模式对提高项目组工作效率，推进项目实施效果明显。

（三）主攻方向聚焦，突破技术封锁

经过多年探索积累，飞机维修科学技术委员会已经先后确定了六大主攻方向，分别为：飞行大数据应用及飞机健康诊断、飞机维修工程理论及运行工程体系开发与应用、智慧维修、航空器动力装置维修技术与可靠性管理研究、复合材料结构修理关键技术研究与开发、民航飞机改装关键技术及零部件开发。

飞行大数据应用及飞机健康诊断主要致力于多维度飞机状态参数远程监控、飞机实景诊断与远程决策系统、虚拟化飞行数据译码平台研究与建设。该方向围绕飞行传感大数据专业领域专利布局，融合机载信息、空地数据交换、飞行大数据、飞机实景诊断等关键技术，打造了"天瞳系统"——国际上唯一可以同时对空客、波音、安博威、国产大飞机等主流机型进行监控的飞机健康诊断系统。

飞机维修工程理论及运行工程体系开发与应用主要致力于开展先进维修理论在南航的实施策略、前沿技术支持系统、民机维修工程分析与管理技术研究。该方向在民航维修行业建立并推广 APS 理论应用，形成对民航维修行业标准的引领优势，并正式应用于民航局《民航维修工作作风管理规范》中，通过规章的形式，指导建立民航优秀维修作风。

智慧维修主要致力于 AR（AI）技术的开发与应用、MSG-3 理论突破、飞机可靠性研究、运筹管理的研究。该方向建设了民航维修领域首个跨域 5G 融合专网，打造智慧维修的数字化底座，业内率先研发使用基于人脸识别和区块链技术的电签系统，打通人机断点，有力提升安全、成本、效率和环保水平。

航空器动力装置维修技术与可靠性管理研究主要致力于 APU（辅助动力装置）修理与测试、热喷涂涂层与零部件焊接修理、发动机智能化大修系统的研究。该方向在国内首家自主建立了 APU 试车台自主标定方案并实施，突破原厂技术垄断，填补国内技术领域空白，并向国内其他维修企业输出标定技术，在行业标准制定、复杂工艺开发等方面具备一定的引领作用。

复合材料结构修理关键技术研究与开发主要致力于复合材料损伤与断裂分析、蜂窝夹层结构胶接工艺、复合材料主承力结构制件维修的研究。该方向在国内率先掌握了复合材料产业链开发和产业转化的全套技术，开发了具有完全自主知识产权的复合材料深度修理能力，关键核心技术已达到国际领先水平，对国内民航维修界自主创新发展起到了很好的示范和引领作用。

民航飞机改装关键技术及零部件开发主要致力于工程改装设计能力提升、超规范修理研究与应用、PMA（零部件制造人批准书）件开发应用与推广。该方向开展了 ARJ21 客改货设计方案开发、零部件制造、飞机系统改装等科技研发，首架 ARJ21 客改货飞机完成试飞试验并获得民航局适航批准，刷新了世界上客改货研制周期历史纪录。

（四）多方合纵连横，提升攻关能力

科技创新的关键是高端科研平台的搭建和高水平科技创新人才的聚集。南航借助资金优势、设备优势和市场优势，与中南局（中国民用航空中南地区管理局）、中国商飞、中航材、民航大等单位通过行业联盟的纽带作用，联合建立了一批省部级工程技术中心和重点实验室，实现了科研团队合纵连横，突破了民航技术的国际壁垒。其中，与民航大共建的民航维修工程技术研究中心是首批获得民航局认定、民航维修领域唯一，也是唯一以航空公司为依托单位的工程中心，中心通过产学研紧密合作，汇聚高端创新人才，开展民航维修技术与管理创新研究和实践，突破民航维修领域核心技术壁垒，提高民航企业安全管理水平和企业效益，引领和推动行业高质量发展。

此外，与中南局、中国商飞、中航材共同推进"国产民机制造及运营保障平台"建设，提升国产民机的运行可靠性、安全性与经济性，顺利完成 ARJ21 首架客改货飞机改装，参研 C919 复合材料"夹层结构胶接修理设计参数研发试验件修理"和"典型层压板挖补修理设计参数研发试验件修理"的验证及规范制定，制订国产民机保障体系方案，优化行业资源配置，打造具有中国特色的新型航材保障模式；与局方、院校、OEM（代工）和科研机构开展合作研发，参与编制科技部"十四五"重点研发指南"国产民用飞机智能运维关键技术及示范应用"项目；与中国电信签订"智慧机务"5G专网合作协议，将 5G 应用融入机务维修及管理场景，打造民航维修领域工业互联网应用标杆；与中航工业上海航空测控技术研究所签订技术合作框架协议，充分发挥双方在技术、产品、渠道等方面的互补优势，共同提高竞争力；与民航大开展北斗三号在民航扩展应用专题研究，促进北斗导航系统在民航的应用，提升民航安全运行保障水平，在维修机位动态精准调度、维修现场安全风险监测与预警方向合作开展科研课题，系统化提升维修效率和维修现场综合安全管控能力。

（五）搭建"中试"平台，推动成果验证

1. "中试"申请提出

项目组科技创新成果完成研究以后，为了验证成果的有效性，需要寻找一线生产环境来验证成果的有效性，这是全国大部分科技创新项目团队最难实施的环节，而在科技创新体系中的项目团队，在取得初步成果以后只需要填写"中试"申请表，向飞机维修联合创新组织提出"中试"申请即可，飞机维修联合创新组织会派专人到项目团队考察其创新成果的成熟度，认定为达到"中试"条件后进入"中试"环节。

2. "中试"平台对接

飞机维修联合创新组织将达到"中试"成熟度的创新成果在科技创新管理平台向"1+2+N"试验场的所有单位发布"中试"需求，各维修企业或基地收到"中试"需求以后，会根据"中试"场景需求来评判自身是否满足"中试"的要求，如果满足要求会向飞机维修联合创新组织反馈接收需求，飞机维修联合创新组织根据成果需要选择 1 ～ 2 家维修企业或基地进行对接。

为激发维修企业提供"中试"场景的积极性，飞机维修联合创新组织会将"中试"任务量化为生产一线的工作量，最后转化为维修企业的绩效。在绩效评价中，中航材以航材资产共享为纽带，在深入分析国内多家维修单位部件修理能力和管理水平的基础上，提炼出对部件维修单位进行评价的指标体系和关键参数，和南航共同构建了部件维修单位的综合绩效评价模型。

3. "中试"验证反馈

项目团队根据对接的维修企业深入生产一线对成果进行验证，维修企业会提供专人负责"中试"过程中的联络协调，解决项目团队的各类验证需求。验证完成以后，飞机维修联合创新组织会组织项目团队、"中试"企业召开成果验证反馈会，将企业提供的各类问题进行汇总，并共同研究解决问题的具体办法，给项目团队设定成果修正的时间期限，约定下一轮"中试"的时间和成果成熟度要求。

（六）力推成果转化，提升创新成效

1. 完善科技成果转化流程

为了做好科技成果转化工作，通过采用项目管理工具对科技创新成果进行全过程跟踪管理，包含项目入池、项目选树、项目赋能、项目落地，持续完善成果转化机制。科技成果转化的具体路径环节如下。

一是规范科技成果转化入池和评价管理。入选成果转化标杆的项目，经审批后认定为标杆级项目，并以签订《绩效合约》的方式对项目进行成果转化业绩管理和激励奖励。《绩效合约》规定项目的里程碑节点和考核标准，创新成果推广落地绩效评价需按照里程碑节点组织专家评价。

二是根据评价情况实施双层奖励激励。第一层，纳入项目制管理，参照《绩效合约》条款奖励。第二层，实施激励突破，结合虚拟项目跟投、柔性引才和中长期激励等方式实施激励。

三是统筹协调各级科技成果转化路径。优化飞机维修系统各级各类创新主体的主攻方向和重点领域，促进上下联动、协同推进。强化创新平台体系建设，建立创新成果转化项目库，实现创新成果转化过程透明化、管理动态化，避免低水平、同质化、碎片化研究。

四是分类推进科技成果转化活动。根据创新项目成果转化性质和生命周期，建立健全分类组织管理模式，并对各类创新成果转化提供综合支撑。对影响飞机维修发展的项目，由南航、中航材和民航大统筹各方面资源，集中优势力量攻关；对生产应用类项目，依靠项目主体，面向市场和客户需求组织科技创新；对前沿探索研究类项目，立足长远、避免短期行为，注重原始创新突破。

五是推进成果转化激励兑现。加强顶层设计，成立由人力、财务、科技等有关领域组成的专项激励工作小组，统筹推进并加强科技成果转化激励兑现。

六是宣传穿透和示范带动。汇编飞机维修系统创新成果典型做法，发布创新成果转化引领路线图，培育示范引领试验田，推动创新力量规模化。

2. 科技成果长期收益考核

飞机维修联合创新组织遵循"战略引领、安全保障、效益创收、提质增效"的总体思路，对系统科技项目实行科技成果长期收益考核。在科技项目立项前，项目组需要在任务合同书中明确科技成果长期收益类别，并填写相应的表格和说明，作为科技成果推广应用后的考核依据。科技成果长期收益按照成果产出类别可分为价值创造、管理提升和综合效益三类。价值创造类是指科技成果在推广应用后所产生的持续性经济收入，通过任务合同书中的"项目模拟利润"进行考核；管理提升类是指科技成果在推广应用后，可以在安全保障、效率提升、理论创新、管理水平提升等方面取得显著成效的，通过任务合同书中的"预期产出成果和交付物"进行考核；综合效益类包含经济效益类和社会效益类，主要通过任务合同书中的"项目模拟利润"进行考核。

三、民航企业突破飞机维修关键技术的科技项目管理效果

（一）飞机安全运行保障能力显著提升

近年来，南航安全业绩稳步提升，连续 67 个月无飞机维修人为责任征候及以上问题；2020 年放行可靠度达到 99.83%，国内第一；飞机可用率 96.26%，达到历史最好水平；使用困难报告（SDR）万时率为历史最低水平；未出现与部件维修质量相关的运行事件。

（二）中国民航自主维修能力逐步建立

中航材支持南航建立波音 777 起落架修理能力。南航取得飞行传感大数据首个国际发明专利，掌握了复合材料产业链开发和产业转化的全套技术，开发了具有完全自主知识产权的复合材料深度修理能力，自主建立 APU 试车台自主标定方案并实施，建立无线电管理面板 DMDOR 自主自修方案，全面提升飞机维修和航材保障能力。

（三）创新成果为公司带来了巨大的经济效益

通过多年的科技创新攻关，南航部件维修能力大幅提升，飞机放行可靠度居世界前列，新增部件维修能力超过 500 项，部件维修比例提升超过 8%，累积部件维修产值 21 亿元，较之前年均提升 20%。

（成果创造人：吴榕新、何晓群、李　欣、彭　远、马鹏飞、白　璐、
郭润夏、李国才、苏龙龙、张　俊、李　娜、张春鹏）

汽车企业以"行业领先"为目标的研发管理变革

东风汽车集团有限公司

东风汽车集团有限公司（以下简称东风公司）始建于 1969 年，是中央直管企业，中国汽车行业骨干企业，总部设在湖北省武汉市，现有资产总额 4993 亿元，员工人数 12.7 万人。东风公司主营业务涵盖全系列商用车、乘用车、新能源汽车、军车、关键汽车总成和零部件、汽车装备及汽车相关业务。事业分布在武汉、十堰、襄阳、广州等国内 20 多个城市，在瑞典建有海外研发基地，在中东、非洲、东南亚等区域建有海外制造基地，在南美、东欧、西亚等区域建有海外营销平台。

一、汽车企业以"行业领先"为目标的研发管理变革背景

随着新能源汽车的加速发展，目前新能源车的市场渗透率已接近 30%，面对行业剧变，东风公司在销量、利润和位势等方面受到极大影响，但是短期内新能源汽车的竞争格局未定、市场机会稍纵即逝，东风公司作为中国汽车行业的"国家队"，肩负建设汽车强国的重要使命，必须锚定新能源汽车产业发展战略，只争朝夕抢抓新能源机遇期，加速技术转型升级，掌握竞争和发展主动权，在激烈的市场环境下生存并焕发新的发展活力。科技是第一生产力、创新是第一动力，实现科技型企业转型，必须要有坚实的科技自主创新能力做支撑，但是在部分关键核心技术领域，东风公司仍有短板弱项：有些领域技术存在"黑盒"外包现象，没有完全实现自主掌控；一些技术未形成明显的领先优势，有的科技创新成果没有匹配市场需求，不能支持打造"爆款"车型。目前，东风公司已具备自主乘用车正向产品开发和验证能力，形成较完备的商品开发、技术研究体系，有一定的研发规模、能够支撑东风公司自主事业发展的干部人才队伍，但是面对产品快速迭代以及科技创新一日千里的发展趋势，还存在客户响应速度不够敏捷、研发周期不能满足产品快速迭代需求、关键核心技术自主掌握程度及转化速度不能满足企业发展需要、科技创新机制不健全、人才的培养使用和激励力度还不够等问题。自 2020 年起，东风公司开展以"行业领先"为愿景的研发管理变革。

二、汽车企业以"行业领先"为目标的研发管理变革主要做法

（一）顶层设计，确定研发管理变革总体思路

1. 明确以"行业领先"为愿景的研发管理变革策略及关键路径

东风公司以实现科技型企业转型为目标，秉持"三个一代"研发理念，确立以"行业领先"为愿景的研发管理策略及关键路径：以事业计划为龙头，运营管控为支撑，将战略目标层层分解，依托多元化运营管理工具，对研发运营过程进行精细管控，保证规划落地；打造以客户为中心的敏捷型组织，深度探索市场化转型；精益化开发及知识管理，提升研发效率；高效聚合创新资源，以关键核心技术掌握为抓手，以商品化落地为最终目标，促进核心技术转化，打造技术品牌，实现技术引领与高质量发展；创新人才培养、使用及激励机制，激发人才创新活力；以数字化研发转型为契机，推进数字化技术与业务深度融合，赋能自主创新能力进一步提升。

2. 坚持以战略目标为引领，打造业务与资源融合的研发事业计划

构建战略体系能力，实现业务与资源的多维度融合。东风公司以"行业领先"为愿景，面向市场及客户需求，充分研判未来 5～10 年的技术、政策及行业发展趋势，构建研发事业战略屋，明确总体目标；形成商品开发、技术规划、协同规划、数字化规划 4 项业务规划，以及保障业务规划资源匹配的 8 项职能规划（标准体系、能力建设、组织体系、人力资源、研发投入、安技环保、风险防控、党建文化），通过产品＋技术＋资源多维度融合管理，实现系统、高效、科学的研发事业计划体系。

东风公司按照长板打造、研发协同、技术跨越三大战略发展方向，从强化商品力、提升创新力、应对风险力和研发数字化4个方面，构筑战略路径和战略基础，分层级、多形式推进战略规划分解，将公司战略目标贯穿至部门、部门贯穿至科室、科室贯穿至个人，明确责任主体及其承担的战略任务，点面结合，层层传递，细化形成部门、科室乃至个人的重点工作，确保员工充分理解发展方向及核心目标，保证研发事业计划落地。

在总体战略布局下，形成商品开发、技术、协同和数字化的四大业务规划。基于业务规划目标和工作任务，分解制定部门级规划，形成部门工作计划及资源需求。职能领域根据各部门资源需求开展研讨、评审，从人力资源、财务、能力建设等管理方面形成职能领域规划，支撑并服务于业务领域规划。最终统筹各业务领域及职能领域规划，形成东风公司研发事业计划。

3. 多元化运营工具应用，强化运营过程管控

全面覆盖，多维校核，科学编制运营计划。针对战略目标及重大趋势演变情况，明确年度重点目标及工作优化方向，推动各业务领域和职能领域计划编制工作高效开展。一是开展运营计划与研发事业计划校核，确保重点项目、课题的关键节点与研发事业计划进程严密贴合。二是针对各领域的匹配协调性进行校核，依托平台、车型、关键系统研发逻辑关系模型，对关键节点进行修正，确保各领域计划紧密衔接；同时，将人力、软硬件、费用等相关资源与计划节点进行匹配分析，优化资源管理，保障计划执行顺畅高效。三是科学开展运营计划颗粒度分析，统筹凝练各领域的关键管理要素，优化计划节点颗粒度要求，保障计划编制的合理性、精准性。

过程控制，注重效率，构建研发运营效率指标体系。以"效率衡量指标—效率计算方法—效率提升措施—有效性验证"为主线，围绕产品开发、科研课题、研发协同、研发支持四大领域，结合四象限法则和漏斗分析法，从过程控制角度析出"质量问题解决周期，成本进度目标达成"等运营效率管控指标14项；从研发结果评价角度析出"科技成果投入、产出，全员劳动生产率，研发人事费用率"等指标19项。

高效推进，精益管控，建立运营作战室机制。作战室涵盖商品项目开发、技术研究、财务、人力资源等30个领域的工作内容，集中展示各领域目标、工作进展、资源负荷情况，100%覆盖研发运营计划节点，并运用色标管理提示风险。每周一，管理层进行作战室会议，跟踪外部重点情报，实时检视运营情况，推进风险难点解决进度，部署本周重点工作。

（二）建设敏捷高效组织，创新组织运行模式

1. 深化研发组织变革，强化市场意识

面向客户需求，灵活搭建项目平台。东风公司技术中心以市场为导向、客户为中心，强化商品项目全价值链管控力度，设立整车开发平台等客户专属服务组织，涵盖项目管理、产品开发、试制试验等专业人员，实现研发业务闭环管理，减少跨部门协调沟通成本，快速响应客户需求。同时，整车开发平台根据客户目标设置业务绩效指标，把客户的目标视为自己的目标，并且结合工效联动、当期激励、中长期激励等手段，与客户利益绑定，形成命运共同体，进一步提升研发效率。

聚焦核心技术掌握，打造专业中心。随着新一轮技术革命的到来，大数据、物联网、人工智能加快推进，传统发动机、汽车电子电器、底盘、车身等汽车传统专业与智能网联、芯片、操作系统等新技术跨界融合趋势十分明显。为适应行业发展需要，东风公司技术中心加大专业融合力度，打造交叉复合的专业组织机构。

建立市场化运行模式，打通技术—商品—市场业务链。自主事业由东风公司自主事业单元明确工作任务和目标，支付开发费用，技术中心按照要求开展设计工作。技术研究由东风公司拨付研发费用，技术中心完成研究任务，达成科研目标。研发协同和服务社会由技术中心商务部门牵头，为客户

提供定制化服务，推出满足客户需求的技术 + 产品。技术中心商务部门构建乘用车、商用车、社会客户 3 个商务团队，开展客户画像，开拓市场，以工联单、开口合同、投标的形式承接客户提出的研发任务，然后将任务发包至各专业中心，完成研发任务，达成项目目标，客户验收后予以结算。

2. 精益研发单元建设，提升专业能力

精益研发单元，即最小研发单元，是指技术研发组织中，从事相同或相近专业的技术人员，以"目标—结果—绩效"为导向，围绕人才、流程、方法、目标绩效、问题风险、持续推进六大精益研发核心要素，共同开展工作并持续提升专业能力。最小研发单元一般由 5 ～ 15 人组成，团队成员通过固定频次固定周期的工作晨会，对各项任务的关键节点达成情况进行回顾，识别问题和风险，并制定有效的解决措施。团队坚持"总结、处理、提高"的工作循环，不断总结经验进行知识积累。

（三）强化精益开发及知识管理，提升研发效率

1. 精益开发流程实践，缩短开发周期

数字仿真应用于产品开发全流程，实现"CAD 设计与 CAE 分析一体化"开发。在产品设计初期，利用参数化设计软件，建立白车身全参数化三维模型，结合有限元网格自动生成技术，对车身模型各项特性参数进行有效设置，能够基于白车身模态、扭转刚度、弯曲刚度等特性对车身下部结构进行优化，在早期就实现对驾乘舒适、碰撞安全等性能的评估，提出优化方案，避免后期实车验证阶段发现问题再进行改善，延误开发进度。同时通过数字建模、数字化路面、虚拟场景、虚拟验证等先进手段，实现虚拟样车、强度耐久性、操控与驾乘性等多学科多层级一体化验证，并利用仿真分析软件二次开发脚本，将大量重复性的仿真操作转化为标准作业单元，生成自动化或半自动化工具，大幅度提升仿真分析效率，缩短开发周期。

软件设计、测试自动化实现增量式迭代开发。以控制器基本功能为基线构建自动化工具链与初始软件，采取功能增量开发方式，通过自动化集成服务器完成软件模块集成，并在每个新增功能的软件单元测试完成后，进行自动化集成和发布，大幅度提升迭代速度。同时构建自动化测试工厂，实现软件持续测试，将传统的手工及半自动化测试变为自动化持续测试，实现 7×24 小时自动化运行，提升测试效率和质量。

建设排放标定台架及环境模拟仓（以下简称环模仓），突破长周期验证瓶颈。整车排放标定、季节性验证均受环境和资源等因素影响，占用整车开发大量时间，通过建立系统级台架验证与整车验证的对应关系，采取系统台架验证代替整车验证，将氧闭环标定、催化器性能标定、起燃标定、瞬态燃油标定等工作前移，有效缩短验证周期；研究环模仓代替冬、夏季节性试验，确定在环模仓内主要开展基础标定、OBD（车载自动诊断系统）标定、驾驶性标定、排放及起动怠速标定等 27 项高低温试验验证，降低季节因素对开发周期的影响。

2. 强化知识积累，实现研发知识融合运用

东风公司开展业务指南建设，促进专业协同，并将技术标准和研发流程紧密结合，强化知识积累及高效运用。业务指南编制结合工作分解思路，将研发项目工作细分为总体开发流程、专业间工作流程、专业内工作流程和详细设计流程四个模块，引导各专业逐级整理研发工作和相关联的研发知识，先梳理项目全过程中本专业的工作全景图，打通上下游工作链条，再梳理本专业各项工作所应用的专业模板、应遵守的标准法规，以及再发防止经验总结，实现组织记忆和个人记忆的融合管理。

（四）创新技术研究体系，掌握关键核心技术

1. 精准技术研究项目立项，加速核心技术掌握

东风公司基于高效混合动力系统、高效纯电电驱总成、高比能固态电池、智能驾驶、云控平台等 11 个子领域，横向以智能网联、电动化、动力总成、轻量化、整车基础 5 个维度展开，纵向按照整

车、系统、零部件三个层级向下分解，梳理出 1256 项关键核心技术。其中，智能汽车和先进动力关键核心技术占比 47%，基础领域关键核心技术占比 48%，轻量化关键核心技术占比 5%，是面向国家重大技术攻关、面向公司长远技术发展、全方位构筑技术高地的坚实基础。

利用技术成熟度曲线，综合考虑技术研究项目先进性与收益性。东风公司基于技术发展周期理论和市场趋势分析，针对行业新技术的成熟度和趋势性进行预测评估，同时结合产品战略、技术规划和投资布局，建立技术成熟度曲线数据库，并且依托技术成熟度曲线将技术研究项目划分为成长型、平衡型和收入型，精准识别立项，分类管理。成长型项目，其特点是具有较大升值潜力，因此在项目立项时淡化当期收益，着眼长远价值。平衡型项目，其特点是既追求长期增值又追求当期收益，因此对项目严格管理，保障收益。收入型项目，其特点是成长性较弱，但风险较低，指定项目承接单位作为稳定的利润来源。

技术研究项目管理"点面结合，分级推进"。技术研究项目管理采用全生命周期节点门式管理，在各节点对研究项目的性能、质量、成本、周期、知识产权达成情况进行检查，并对技术成熟度（1 ～ 9级）进行评价，以评估技术可用程度。

2. 高效聚合创新资源，推动创新成果转化

以"技术产品化、产品商业化"为主线，构建"3+2+1"多维创新生态体系。打造创新成果产出中心，涵盖创意征选、创新研发、评估优化 3 个平台；以创新研发平台为依托，打通大众创意项目研发渠道，配备相应的流程制度及经费支持，支撑创意走向产品；评估优化平台对创意产品进行量产，开发可行性及专利成果评估，为价值转化做好前置准备。建立创新支持中心，涵盖资源、宣发 2 个平台，资源平台为成果产出中心筹备资金，联络专家资源、校企资源、联合实验室资源、孵化器资源等，支撑创新成果产出；宣发平台通过创新报道、创新成果推广、创新赛事宣传。践行创新驱动发展，开展多样性的众创活动。网聚全球创新资源，促进内外创新资源高效聚合。东风公司与 PNP（即联即用）公司合资成立即联即用（武汉）科技创新有限公司，联合开展加速营、技术精准对接、高校企业路演、创新资源推送等一系列外部创新资源收集、匹配活动，促进东风公司与外部企业达成创新合作意向。创新资源推送借助 PNP 公司强大的全球创新资源储备及抓取能力。积极探索科技成果转化路径，体现技术价值。东风公司通过与创新价值转化中心、地方知识产权交易平台等开展深度合作，在自行投资转化、成果转让、成果许可等转化方式上不断探索，促进原创技术形成首发产品，加速创新成果商业化落地。

3. 建设技术品牌体系，树立科技创新形象

精准规划技术品牌架构体系。东风公司依托整车性能开发、发动机技术、新能源技术等领域所拥有的自主知识产权核心技术，建立 1（平台架构）+2（新能源、智能网联）技术品牌架构体系，打造成熟的技术品牌。成功打造"马赫动力"技术品牌。东风公司 2021 年正式发布乘用车动力品牌"马赫动力"，以"极速、极省、极静、极苛"作为品牌核心亮点。

（五）人才培养与人才激励并重，激发人才活力

1. 打造科创学堂，加速人才转型升级

科创学堂以"学习""教育""协同"三个平台为基础，构建"内生"人才机制。学习平台充分利用公司内部资源，同时积极引入社会资源进行互补，为学员提供标准化与定制化两类培训项目。教育平台与高校进行合作，联合培养全日制硕博士研究生，同时建立企业员工在职教育通道，定向委培非全日制硕博士研究生。协同平台与行业伙伴在教研、人才培养、成果转化等方面深度协同。学习平台为教育平台提供运行载体，教育平台为协同平台提供人才，协同平台为学习平台提供人才培养方向需求，三个平台之间实现循环联动，增强人才"内生"动力。自主开发培训课程，推动科技人才高质量培育。

2. 优化人才激励机制，激发创新活力

实施"揭榜挂帅"，市场化选聘项目负责人。一是制订项目责任书，明确项目目标。二是邀约揭榜和公开竞聘并行，为人才提供事业平台。三是以岗位价值定薪酬水平，强化岗位价值贡献。充分赋权，给予项目负责人更多自主权。首先是给予项目负责人用人权，项目负责人负责组建项目团队，通过双选或公开竞聘选择核心团队。其次是给予项目负责人配置专项攻关奖，由项目负责人设定攻关课题和激励金额，项目团队成员主动揭榜，课题结项后，项目负责人进行验收，根据达成情况兑现攻关奖金。最后是给予项目负责人考核权，强化资源调度和保障。强化利益捆绑，建立项目跟投机制。一是确定跟投范围，聚焦项目核心团队。二是差异化设置跟投额度，角色越高跟投越大。三是根据专业特点，建立跟投进入、退出规则。以市场定激励，阶梯返还项目跟投收益。一是严格以市场结果评价项目成败。二是设置阶梯跟投返还倍数。充分调动广大员工干事创业热情，激发创新活力。

（六）推动研发业务线上化，加强大数据技术应用

1. 构建数字云平台，全面推行云上设计

构建基于混合云机制的高性能计算集群，实现一体化云端协同设计空间。建立软件开发协同工作平台，形成软件开发自动化闭环管理。融合业务流、信息流、资源流，打造沉浸式智能试制管理平台。通过业务全流程梳理，将排产计划、试制工艺卡、现场物料、随车文件进行线上化管控，实时可视计划、预算及设备运行情况；同时打通与财务系统的数据流，实现收货验收单、采购订单、发票信息自动关联，自动报销，试制效率提升约 20%。

2. 深度应用大数据技术，实现数据贯通全价值链

深度挖掘丰富的数据应用场景，支撑大数据与研发业务深度融合，数据应用贯穿"商品企划、产品设计、产品验证、售后服务"全流程，助力研发业务数字化转型。深度探查互联网用户舆情口碑数据，助力商品企划更精准、更具竞争力。挖掘海量售后车主驾驶行为数据价值，指导产品性能指标设置与优化。实现自动化海量试验标定数据分析，优化标定策略，提前识别故障，防止流入售后。构建售后故障分析模型库，快速排查故障原因。

三、汽车企业以"行业领先"为目标的研发管理变革效果

（一）重点产品开发取得显著成效

自主商品布局实现从有到丰，从丰到优的历史嬗变。X 平台陆续推出 AX7 系列车型，抢占高热度SUV 市场；CMP 平台重点车型奕炫、奕炫 GS 搭载自主 L2+ 级别智能驾驶技术实现量产，在同级竞品中处于领先水平，以出色的驾驶性能及产品品质屡获大奖。在 DSMA 架构上推出了首款战略车型奕炫MAX，加速能力和制动能力行业领先，高强度安全车身荣获"中国十佳车身"称号，造型设计荣获国际 CMF 设计奖，生态友好方面获得中国生态汽车白金认证。E70 系列纯电动车型不断迭代升级，快速抢占新能源市场；豪华电动越野品牌猛士首款产品猛士 917 已正式上市，以硬核科技和颠覆创新为越野爱好者带来全新体验；岚图作为高端智慧电动品牌，实现 SUV、MPV 和轿车的三品类布局。

（二）科技创新能力持续提速升级

坚持自主研发，科技创新能力显著提升。东风公司中期战略规划目标掌握 1256 项关键核心技术，截至 2022 年累计已掌握 1077 项关键核心技术，掌握率已超 80%，具备量产条件的高成熟度技术占比超 65%，并且取得高热效率内燃机、固态电池、轮毂电机整车公告等一系列行业首发科技成果。自主开发的电驱动总成已在风神、岚图等车型量产应用；IGBT（绝缘栅双极型晶体管）实现产业化，进一步突破"卡脖子"技术，打破了外企垄断；提前布局 800V 高压平台、无线充电、固态电池等下一代关键核心技术，完成第一代高比能、高安全型固态电池开发，能量密度 ＞ 240Wh/kg，实现全球首发搭载运营；掌控轮毂电机分布式驱动控制关键技术，首台轮毂电机整车全球首发。氢燃料电池领域，牵头

承担国家重点研发专项，打造国内首款高效率、高安全性的全功率燃料电池乘用车。智能驾驶领域，L2、L3级别的技术实现量产应用，L3+级别的技术将逐步在后续自主品牌车型上应用；自主研发L4级高阶自动驾驶技术+5G远程遥控技术，无人驾驶汽车在全国30多个城市示范运行，形成行业领先地位。

（三）研发管理能力构筑发展优势

开发项目数量增加35%，关键核心技术掌控提前率增加21%，全员劳动生产率上升3.3%，人事费用率下降5.7%，直接研发费用节约率下降4.6%，整体研发效率提升显著，研发管理能力不断夯实。东风公司发明专利实现突破性增长，连续2年申请超过1200件，其中"五化"领域发明专利占比超60%，授权量、公开量取得行业双料第一。2022年，东风公司获评"中央企业改革三年行动重点任务考核A级"，东风公司技术中心获得"国家企业技术中心"优秀评定、居行业第二位，技术能力及研发管理能力得到充分认可，研发管理变革成效逐步显现。

（成果创造人：谈民强、魏　萍、张　劲、储　伟、陈　磊、董　楷、
郑卿卿、占　锐、刘洛川、喻　飞、李　萍、王文彬）

提升核心竞争力的商用车桥研发创新体系构建

陕西汉德车桥有限公司

陕西汉德车桥有限公司（以下简称汉德车桥）成立于 2003 年，主要从事商用车车桥、非公路机械装备车桥、农用机械装备车桥、新能源电驱动车桥的研究、设计、生产和销售服务，是我国最大的车桥生产企业之一。在西安、宝鸡、株洲、铜川等地有五大生产基地，具备年产各类车桥总成 150 万根的生产能力，同时下辖汉德车桥（株洲）齿轮有限公司和陕西金鼎铸造有限公司两家全资子公司，共有员工 5500 余名。

一、提升核心竞争力的商用车桥研发创新体系构建背景

2020 年 4 月，"新模式、新业态、新技术、新产品"的四新指示为新时代商用车制造高质量发展指明方向。商用车高能耗、大排放问题突出，研发节能与新能源商用车是实现"双碳"目标、能源结构转型、生态环境保护的重要举措。在商用车产能与市场需求双饱和的背景下，作为商用车动力总成提供商，不仅需面临国外先进企业冲击等外部形势，企业内部还会存在因创新能力不足、正向研发能力弱而导致的产品性能迭代速度慢、技术落后、竞争力弱的问题，不能适应新形势、新需求，严重限制了企业发展。汉德车桥确立了"生产一代、储备一代、研发一代"的产品研发思路，持续加大自主研发创新力度，全面掌握关键核心技术，以满足节能与新能源商用车产业发展需求，引领行业发展，助力国家商用车产业弯道超车，实现从汽车大国到汽车强国的跨越式发展。

二、提升核心竞争力的商用车桥研发创新体系构建主要做法

（一）构建全新顶层框架，明确研发创新"行为准则"

1. 建立端到端的正向研发流程体系

汉德车桥坚持"做正确的事，把事情做正确"的基本原则，以客户需求为驱动，统筹考虑产品研发及应用全流程。

做正确的事：一方面，从细分市场需求出发，深入挖掘客户价值需求，对市场前景、趋势进行深入分析，准确把握产品技术研发方向；另一方面，从技术可实现度出发，综合考虑技术可行性、可制造性、可采购性、售后可服务性，统筹各职能部门进行项目投入与产出的详尽分析，输出项目可行性分析报告，并由公司高层和技术专家进行系统把关，以确保项目满足客户需求并与公司战略一致。

把事情做正确：一方面，采用 IATF 16949 质量管理体系、先期质量策划 APQP 流程，进行风险提前识别与系统管控，制订详细的应对计划，以确保产品技术研发过程高质量开展；另一方面，制定评审决策机制，有效规避研发技术问题与投资决策风险，提升产品技术研发一次成功率和投资回报率；同时建立包含市场营销、研发、采购、工艺、财务、质量和售后等职能部门代表在内的多功能项目开发团队，更好地协调和整合各部门的资源和专业知识，提高团队的协同效率，以确保产品技术研发项目的全面成功。

2. 构建多功能项目开发团队

一方面，将公司的项目开发制度由职能制转变为项目制，建立项目制＋职能制的复合型矩阵组织，从而高效集合各领域智慧，实现多方协同参与，解决项目开发过程中存在的沟通困难、效率低下、质量不高等问题，减少项目变更和暂停项目数量，提升项目一次成功率。

另一方面，组建包含三个层级、四大业务板块、七大职能的产品开发项目管理团队，由公司总经理牵头产品开发投资决策委员会（IPMT）负责项目立项、试制决策、试生产投资决策、产品上市决策，由公司副总经理牵头产品开发超级团队（SPDT）负责提供项目支持和决策，由项目经理牵头项目开发团队（PDT）负责项目目标实现与产品开发。

3. 建立以客户为中心的需求管理流程

一是优化调研团队，提升调研准确性。由研发人员和市场营销人员共同组建需求调研团队，在扩大调研范围的同时，不仅有效规避研发创新脱离市场需求、研发成功率较低的问题，而且解决市场调研忽略技术细节、调研深入度不足的问题，从而有效确保了需求线索收集的完整性与全面性。二是需求分析项目经理制，采用 $APPEALS 产品需求分析模型，有效规避需求遗漏，减少项目反复变更，提升产品开发效率，避免质量问题。三是基于功能展开方法（QFD），有效保证产品技术设计、制造、维护等全生命周期特性与客户需求的高度一致性。

4. 建立全面的评审决策机制

基于新产品开发流程，建立高效评审决策机制，将产品技术研发项目全流程分为五个阶段、四个评审点、四个决策点进行系统管控，有效降低产品技术研发风险，实现研发效率与质量的双提升。系统性梳理、评估技术研发流程管理现状，将产品技术研发项目全流程分解为不同的阶段，均设定明确的目标和任务，并在关键节点处设立评审或决策点，降低风险、提高决策效率；保证产品技术研发项目能够达到预期目标，同时便于研发团队进行研发项目控制与管理，更易进行项目阶段总结与调整，从而有效提升产品技术研发项目的成功率。

5. 建立产品技术研究并行工程机制

建立产品技术研究并行工程机制。一是要同步策划与准备，在产品方案设计初期，各职能部门同步进行策划与准备工作，包括工艺、采购、生产等，确保各职能部门"起跑线"与"终点线"一致；二是要同步进行工艺方案设计与产品研发分析，在产品方案设计环节，工艺与研发并行推进，提前发现和解决潜在因设计而引起的工艺问题，有效降低产品技术研究项目风险；三是要同步进行部件采购与产品开发，在产品开发环节，充分利用供应链资源，通过与供应商的密切合作，更快地获得所需的材料和零部件，缩短零部件采购开发时间，提升研发效率；四是要同步进行批产准备与市场验证，在产品技术验证环节，同步考虑生产线布局、工艺方案设计及投资预算等生产准备要素，进一步缩短批量生产准备时间，有力支持产品快速上市，从而显著提升新产品开发的效率与成功率，提高了市场快速响应能力和市场竞争优势。

（二）健全基础研发能力，支撑正向研发创新体系的升级

基于商用车桥产品技术研发全生命周期，统筹考虑产品技术研发全生命周期各阶段实际需求，聚焦硬科技手段提升，健全基础研发能力，支撑正向研发创新体系的全新升级。一方面，强大的基础技术研究与储备能力有助于增强研发创新体系韧性与可发展性，有力支撑产品技术研究高效开展；另一方面，全流程 CAE（工程设计中的计算机辅助工程）仿真分析、全要素试验验证及车联网大数据应用等基础研发能力的健全，既能够满足技术研发对时间及成本的控制要求，同时还能够满足对于阶段成果准确性、市场需求一致性的客观需求，有效提升产品技术研发效率与成功率。

1. 构建基础技术研究与储备能力

一是针对产品平台竞争力提升需求，从新技术、新材料、新结构、新方法的创新性研究与应用，实施基础研究项目推进机制，制定基础研究项目管理体系，根据研究项目属性特点进行任务下发，以对应研究科室作为项目承接单位，进行深入研究，系统推进，同时定期组织技术系统开展进展汇报，准确把握研究方向和内容与实际需求之间的紧密结合，尽可能地提高基础研究成果转化，有效提升研发成功率。

二是基于技术发展趋势，紧跟商用车技术拓新发展，与社会科研院所、高等院校等之间展开全面

的技术合作与成果转化，由科研院所负责研究方法和工具建立，由企业负责应用，开发系列产品和产业化，并在此过程中积累大量数据和经验，持续优化方法工具。目前汉德车桥与清华大学成立联合研究中心，与西安交通大学建立联合试验室，与浙江大学、西北工业大学等相关院所展开全面的技术合作，在设计分析能力建设、台架试验能力建设及生产问题专项改进等方面取得显著成果。

三是针对重点技术、产品攻关及产品市场"疑难杂症"问题解决等方面需求，评审形成重点推进项目清单，面向全公司开展"揭榜挂帅"活动；号召各领域专家、科技带头人牵头进行揭榜、组建团队、制订计划，公司层面统筹协调，建立全方位优先保障措施进行攻关。目前汉德车桥在商用车桥零部件新材料应用、结构创新等方面成果斐然，已解决复杂工况下的车桥密封、制动可靠性、传动噪声抑制等行业难题。

2. 提升全方位 CAE 仿真分析能力

通过自主开发与外部引进并行推进的 CAE 仿真分析能力建设思路，围绕材料成型（铸锻焊）、结构设计、传动润滑、NVH、制动系统等部件及性能分析需求，提升了全方位的 CAE 仿真分析能力。针对传动齿轮设计制造分析需求，汉德车桥自主开发 DX-Gear 齿轮分析设计平台，攻克了齿轮设计加工成套核心技术，实现从齿轮设计到成品的主动设计与全过程控制，为国内首创技术；同时联合清华大学针对车桥传动系统设计开发 Axle-Design 传动分析平台，并建立与试验对标的传动分析数据库，满足车桥传动系统设计使用需求。

组建专业 CAE 仿真分析研究小组进行深入研究与持续优化，编制金属材料成型、结构承载件、车桥传动、润滑系统等 CAE 仿真分析规范，分析过程标准化与能力传承性更为优异，有效支撑产品技术正向研发的高效开展。相较传统分析手段，产品方案确定时间缩短 2/3，显著提升产品技术验证效率。同时在产品性能提升、质量优化等方面作用显著，采用 CAE 仿真分析手段，汉德新一代重卡单级减速驱动桥成功实现减重 147.4kg/ 套，系统传动效率达到 98.8%，B10 寿命达到 180 万千米，产品核心竞争力得到显著提升。

3. 提升全要素试验验证能力

一是聚焦常规商用车桥传动试验能力建设，系统考虑中轻卡、重卡、客车、工程机械、农机等不同细分领域验证差异，以产品机械性能验证为主，完成车桥零部件承载性能验证、传动效率、零部件疲劳寿命等验证能力建设，具备轴荷在 1.5 吨～ 60 吨全系列商用车桥总成及关键零部件试验验证条件。二是紧跟商用车电动化发展步伐积极开展电驱动产品试验能力建设，以新能源技术的快速发展和战略产品的市场落地为导向，搭建新能源纯电动车桥测试平台，以满足中央电机、轮边电机、集成电机驱动桥等形式产品的加载测试需求，并整合整车控制器、电机控制器及加载设备的通信网络及控制逻辑的定义，实现了纯电动动力系统的协同测试。三是基于试验与市场验证一致性要求，基于车桥实际使用工况特征，提升高低温、泥浆、盐雾、淋雨等环境模拟试验验证能力；采集各特殊路况的道路载荷谱，开展道路模拟试验，有效保证试验验证的准确性与适用性。

4. 提升车桥运行大数据应用分析能力

一是基于商用车桥各细分市场差异化设计需求，利用商用车联网数据，开发车辆运行大数据清洗及统计算法，根据细分车型特点建立了自卸车典型细分市场＋运营区域、牵引车典型细分市场＋运营路线的车桥典型运行工况、路况数据库，有效支撑商用车桥设计研发的精准性。二是建立道路载荷谱采集能力，针对农机、非公路工程机械、矿用自卸车等无车联网数据的特定车型，建立载荷谱采集＋数据转化＋数据分析的大数据应用分析流程。

通过车桥运行大数据应用分析能力的全面提升，汉德车桥已完成包括载货车、自卸车、牵引车、非公路工程机械、矿用自卸车及新能源等车辆在内的 30 余种细分市场车型的实际工况、路况分析，共涉及相关车辆超 10 万辆,能够精确识别出不同区域车桥的使用差异特征,具备了从深层次分析研发结果可行性与适用性的能力,进而保证研发成果的优异客户体验与商业竞争力。

(三)优化业务管理措施,提升研发体系运营管理水平

1. 搭建研发业务全数字化平台

在 2014 年"导入正向研发流程、两化融合等先进管理思想对研发信息化系统进行优化升级及功能整合"之前,汉德车桥虽然已经实现 PDM(产品数据管理)系统、CAPP(计算机辅助工艺规划)系统等数字化平台的应用,但各子系统之间相互独立,未能实现研发系统的高效统筹性管理,研发工作效率提升有限。因此,基于包括"计划和项目确定阶段""产品设计和开发阶段""过程设计和开发""产品确认阶段"四大阶段在内的产品正向研发流程,汉德车桥将研发系统数字化平台分为流程管理层、业务执行层和工具资源层进行系统化搭建,综合考虑 RDM 系统、PDM 系统、TDM 系统、TCM系统及工艺在线指导系统、QMS(质量管理体系)系统等子系统功能,按照正向研发流程管理思路,打通各子系统之间的数字壁垒,基于流程到货和流程反馈,实现数字化平台的高效协同与统一管理,在提升研发效率的同时,有效支撑研发创新体系从逆向开发到正向研发的全面转型。

2. 建立全方位知识产权保护体系

汉德车桥坚持加大创新研究与产权保护并举的知识产权发展理念,持续加强自身硬实力建设,不断加强自身知识产权保护体系的建立。一是根据自身技术发展特征、产品对外保护需求,从知识产权申请、知识产权保护、知识产权价值评级、发明创造奖励等维度开展全面的制度建设,建立了完备的产品技术专利与专有技术管理规定体系。二是将知识产权活动和产品技术开发项目流程进行全方位集成。在项目的需求挖掘、初始方案等各阶段开展专利侵权风险排查与规避、创新点挖掘和保护等工作。保证在技术研发初期合理规避侵权风险的同时,实现对技术创新要点的全方位保护。三是通过对标知识产权保护优势企业和对外咨询两种途径,持续完善知识产权保护体系,实现自主创新知识产权管理能力的进一步强化;积极借助智能化手段,建立知识产权自动检索预警平台,实现侵权与被侵权的实施监控与预警,实现风险的高效防范与管控。

基于全方位知识产权保护体系,汉德车桥近年来的知识产权申请与获权数量大幅增加,完成电驱动、中轻卡、重卡、客车、非公路工程机械、农机等领域车桥知识产权的系统性挖掘,近三年平均每年申请产品核心专利 85 项,是保护体系建立前的 3.3 倍;同时获得陕西省知识产权保护部门的大力支持,连续多年被评为"陕西省知识产权示范企业""专利密集型培育企业"等。

(四)聚焦体系标准化建设,增强研发创新可持续发展潜力

1. 构建全面的产品技术研发标准化体系

一是制定满足研发创新可持续性发展的全生命周期标准,指导产品设计开发、制造销售及售后服务等与研发相关业务作业的标准化,有效满足现代商用车桥轻量化、无害化、节能降噪、资源节约、高可靠性和长寿命等发展要求。截至 2022 年年底,汉德车桥共完成编制设计标准 137 项、产品标准102 项、工艺标准 15 项、工装标准 36 项、试验标准 46 项、材料标准 41 项,标准化、规范化思想已深入公司产品技术研发管理体系,有效支持公司研发创新体系持续性发展。

二是完成从产品编码、命名到产品设计、计算、验证、开发、改进、退市全生命周期标准技术文件全覆盖,做到产品技术研发全流程有法可依、有标可循,运用标准化手段规范自身管理,提高管理科学化水平。

2. 健全标准化执行检查制度

一是应用技术研发项目推进机制,将技术标准化过程嵌入技术研发过程科技研发和标准制定的一体化发展,同时建立标准专家委员会评审机制,广泛听取多方意见,提高标准公开性,优化标准审

批流程，缩短标准制定周期，加快标准更新速度。二是明确强制性标准实施责任，建立推荐性标准符合性检查、监督机制，长期动态开展标准执行与落地实施情况检查，实现研发创新业务"有标准必应用，有标准必执行"的工作作风。三是建立标准实施效果评价机制，定性或定量评价标准实施效果，建立标准实施奖惩制度，按照标准实施效果收益客观明确奖励等级，提高科研人员对于标准实施的积极性。四是不断完善标准实施信息反馈渠道，强化标准意识，调动公司各部门共同监督标准实施，从而有效确保标准体系的高效实施与落地，促进研发创新体系高质量发展。

（五）完善组织活力激发机制，保障研发业务高效推进

1. 建立研发人员能力提升机制

一是针对公司和个人发展需要，搭建包含员工认知发展、横向跨序列发展通道及纵向发展通道在内的员工职业生涯管理体系，关注员工沿着发展通道在组织中价值与作用变迁的过程，实现公司发展目标与个人发展的有效结合，为员工成长搭建高效发展平台与通道，同时打破研发团队各职能人员之间的"交流壁垒"，实现具备"一岗多能"的骨干型人才的快速成长。二是制定《员工职业发展管理办法》《青年英才管理办法》《高级专业人才管理办法》，为研发人员自主发展和方向选择指明方向，促进人才队伍创新能力的主动性提升。三是深化职业能力培训，通过内外部培训结合的方式，为员工设计了能够满足岗位需求和能力提升的各类培训课程。四是建立全面的员工激励制度，主要包括薪酬福利激励和荣誉激励两方面，以工作价值、业务能力作为整体评判标准，以业务能力学习和掌握效率作为辅助评判标准，综合考虑新老员工之间的能力差异，有力激发研发团队的创新活力与前进动力。

2. 优化绩效管理与分配制度

坚持"定岗定级、以级定薪、人岗匹配、易岗易薪"的薪酬管理十六字方针，遵循价值导向，以岗位价值、个人价值、工作业绩为标尺确定员工薪酬，突出人才价值和工作业绩贡献，不断优化绩效管理与分配制度。

建立基于价值贡献的项目激励体系，以研发项目创新性、实现难度、应用价值为依据完成项目奖金包评级；项目奖励以目标为导向，以牵引过程效率为宗旨，分为过程奖励和结果奖励，有效激发项目团队成员的积极性，牵引项目团队围绕项目目标努力奋进、高效协同。最后建立项目团队成员考评体系，以完成技术研发任务的效率和质量为考核依据，对项目团队成员出现的任务拖期、过程错误、质量问题进行统计考核，有效规范项目团队成员行为，保证技术研发项目的运行效率和质量。

三、提升核心竞争力的商用车桥研发创新体系构建效果

（一）正向研发创新能力全面提升，研发效率与质量实现双优化

近三年累计完成包括新材料、新工艺、新结构等在内的基础研究与产学研项目35项，科研成果转化率高达95%以上；累计完成全新产品开发项目56项，创新性产品实现营业收入121亿元，创新性产品已成为支撑企业发展和提升竞争力的关键保障；新产品开发周期缩短31.5%，市场故障率降低30%以上，开发项目成功率达到52.6%，研发效率显著提升，在新产品验证交付周期不断加快的同时，产品交付质量得到有效保证，配套客户的满意度持续提升，实现研发效率与交付质量双优化。

（二）经济规模和发展效益双增长，企业核心竞争力显著增强

2022年，汉德车桥实现销售各类车桥总成53万根，市场占有率达到20%以上，产销增速同比高于行业10个百分点，创新性产品占比高达45%以上，实现总体营业收入74.5亿元，净利润4亿元。

（三）支撑产品性能的快速升级，持续引领行业技术发展

基于正向研发创新能力的不断提升，汉德车桥完成产品性能的全面迭代升级，产品核心竞争力得到显著提升。新一代主流重卡车桥在轻量化、低能耗及免维护性能等方面实现全面突破，达到国内领

先、国际一流水准；超重型非公路宽体自卸车桥的承载、传动与制动能力国内第一，车桥安全性与可靠性远超行业整体水平；高端农机完成国内首款可集成 CVT 变速功能的车桥开发与产业化应用，关键技术性能与产品指标全面接近国际先进水平；在港口机械、工程机械驱动系统开发方面，对标国际先进水平完成多款产品的开发与应用，实现该领域动力总成部件的全面国产化；新能源产品实现卡车、客车、非公路领域全车型、全场景、全覆盖，市场配套应用超过 20000 辆，全面掌握电机、电控、传动系统等核心技术，并根据市场需求完成多代次产品性能的迭代升级，在产品集成度、能耗水平、免维护性能方面引领行业发展。截至 2022 年年底，汉德车桥共获得省部级以上科技创新表彰 12 项，其中商用车驱动桥动力总成创新成果荣获 "2018 年国家科学技术进步奖一等奖"，是全国唯一获此殊荣的车桥企业。

（成果创造人：王占朝、丁炜琦、芦　鑫、李海强、张新明、惠永勇、
　　　　　　　张振华、张　龙、吴　斌、汪德彦、吕宝殿、王　勃）

军工集团适应研发变革的"穿透型"管理机制构建及实施

中国航空发动机集团有限公司

中国航空发动机集团有限公司（以下简称中国航发）于 2016 年 8 月成立，是中央直管大型军工企业，主营业务包括航空发动机、辅助动力、燃气轮机、飞机和直升机传动系统，以及其他衍生产品的研制、生产、维修和服务，建有多个国防科技重点实验室、创新中心。中国航发设计生产的涡喷、涡扇、涡轴、涡桨、活塞发动机和燃气轮机等产品，广泛配装于各类军民用飞机、直升机和大型舰艇、中小型发电机组，客户涉及航空、航天、船舶、能源及空天等领域，为我国国防武器装备建设和国民经济发展做出突出贡献。

一、军工集团适应研发变革的"穿透型"管理机制构建及实施背景

（一）推动航空动力装备高质量发展的迫切要求

中国航发成立之初就开展航空发动机研发变革，把以产品研发体系为核心内容的 AEOS（大气环境立体探测实验研究设施）建设作为集团"五大工程"之首强力推进，并将其定位为"一场没有退路的管理变革"。在思想理念、组织机制、流程方法等方面实施深刻的研发变革，从航空发动机全生命周期、全业务域、全层级改变传统的产品研发模式，规范研发活动，提升创新能力，从体系层面保障航空动力装备高质量发展。研发变革成功最大的挑战不只是体系建设本身，更重要的是打破传统的思维方式和管理模式，使用科学的管理方法和手段，推动体系建设成果真正落地执行，真正发挥产品研发体系规范高效支撑研发活动的作用，助推航空动力装备高质量发展。

（二）打造航空动力研发业务新模式的必然要求

航空动力装备进入高效、高速、低成本研制的新阶段，新时代军事斗争形势带来的快速交付新需求，以及竞争择优、大批量阶梯降价等装备采购新要求，使航空发动机研制面临更大挑战，原有研发模式难以有效应对，亟需打造航空发动机产品研发新模式。重塑航空发动机研发业务模式，势必要打破原有业务形态，改变业务人员固有的思维方式和行为习惯，必须提供切实可行的实施方案和推进措施，避免研发变革停留在表层，出现"两层皮"等现象，这就要求研发变革过程要从观念、任务、组织、能力等方面贯彻变革管理要求、深入应用变革成果，使新的研发理念和业务模式穿透至各个层级，才能保障研发变革成果落地生效，重塑研发业务运行模式。

（三）破解创新、协调、共享发展难题的现实需求

中国航发构建航空发动机产品研发体系，横向覆盖产品全生命周期，纵向打通研发、制造、采购、财经等全业务领域，贯穿从整机到零部件的产品全层级，具有覆盖范围广、涉及领域多、贯通层级深的特征，如何推进如此庞大的研发变革，以最短的时间在中国航发迅速落地见效，是中国航发面临的巨大挑战。同时由于历史原因，中国航发存在"一所一厂"设置、设计制造分离、多法人单位独立运行的现状，存在跨单位、跨领域协同不足、知识共享困难、各单位发展不均衡等问题，这些也进一步制约了研发模式变革的推进，必须找到一条有效的变革方式和路径，在持续开展航空动力装备高质量交付的同时，实现研发业务模式变革，这是中国航发面临的前所未有的难题，也是破解创新、协调、共享发展的现实需求。

二、军工集团适应研发变革的"穿透型"管理机制构建及实施主要做法

（一）凝聚研发变革共识，穿透理念边界

1. 构建研发变革愿景

中国航发召开高层推进会，邀请标杆企业分享变革成功案例，集团高层分享对于研发体系的理解和认识，进一步凝聚了研发变革共识；召开集团战略研讨会，邀请各单位领导分享对研发体系变革的认识和措施，在思想观念、组织推进、厂所协同、愿景、问题导向等维度开展研讨，聚焦推进研发变革。此外，鼓励各级领导干部率先垂范，在单位内部宣贯变革理念、宣讲研发变革的重大意义，将愿景穿透至一线研制人员。

2. 规划研发变革目标

中国航发明确"2022年初步建成集团统一、流程牵引、技术要素基本完整、各业务域高效协同的集成产品研发模式，在18个型号、23家单位推广应用并取得初步成效；通过体系建设成果落地应用、型号研制成果提炼准入，形成体系持续优化提升机制"的2022年建设要素和应用推进等方面细化目标，将目标落实到年度计划，牵引目标达成。

结合业务实际，基于目标，分别制定产品不合格品率、一次试车合格率、研发周期缩短率等业务结果指标，以及设计更改率、需求变更率等业务过程指标，梳理出68个业务结果指标和业务过程指标，形成指标字典。各应用型号和单位基于指标字典，制定适用的目标和业务指标，全集团自上而下规划价值目标，锚定研发建设应用的变革方向，将战略目标穿透至业务结果指标和业务过程指标。

3. 统一研发变革策略

中国航发论证研发变革实施方案，明确实施范围，以系统思维引领研发变革精准落地、整体规划、分步实施，以"主干刚性、末端灵活"为原则，以科研生产一线为主战场。明确"开放胸襟、引入外脑、以我为主、借助外力"的策略，广泛考察标杆企业、高校，深入调研直属单位，引入第三方机构作为智囊团指导研发变革，及时纠偏。变革过程中为及时解决应用问题、提振变革信心，明确"纵向到底、横向到边、问题导向、速赢速效"的策略，组建研发体系总师系统和专家团队，迈入体系开发应用的快车道；明确"试点蹚路、复制推广"的策略，启动试点应用，同步跟进复制推广；明确"解难题、接地气、聚人气"的策略，分片区加快推进建用，体系与型号协作，组建近200名体系建设专家综合推进团队体系建设应用工作。具备全面推行条件后，明确"全面用、系统用、务实用、坚决用，以用促建、以建保用"的策略，形成全方位的计划，组建跨单位的组织，制定最佳实践、需求问题管理等一系列推进变革的措施。中国航发从上至下统一变革步伐，有序推进研发变革工作。

（二）制订三层五类计划，穿透任务边界

1. 运用体系思维，制订建用协同计划

中国航发抽调部分一线人员，全职参与研发体系建设工作，并在一线开展应用。研发变革涉及人员范围广、层级深，不同计划有着不同的责任主体。为了更好地将研发变革的任务穿透组织边界，将体系建设应用的计划落实到一线，中国航发组织形成三层五类计划体系，实现分层分责和计划间的协调统一、上下贯通。

运用体系思维和系统观念，对体系建设应用总目标开展战略解码，形成第一层"标志成果计划"，涵盖体系建设、应用的"年度计划蓝图"，是整个推进工作的顶层纲领性计划。第二层"建设应用主计划"，是将标志成果计划分为"体系建设主计划"和"体系应用主计划"，并进行细化。其中，建设主计划由集团统一组织制定，应用主计划由集团组织，联合体系建设与应用团队共同编制，以"一本计划"为原则，实现型号研制按照体系流程开展计划编制，将体系成果落实到型号研制计划中。基于应用主体，将应用主计划落实为第三层"单位应用计划"，分为"型号应用计划"和"单位应用计划"，

把任务和责任落实到科研生产一线。

三层五类计划体系建立和运行后，纵向实现集团总部与各单位、型号内各单位间的目标对齐，责任穿透，横向实现体系建设团队与体系应用团队的任务对齐，信息穿透，确保集团战略目标的实现。

2. 适配型号特点，完整覆盖时间、空间

航空发动机研制覆盖多个阶段，一般研制周期长达十余年，使用单一型号难以在短时间内完整验证体系成果成熟度。在变革推进过程中依据型号研制特点，创新推进策略，将型号种类及型号所处阶段设置为能否成为第一批重点推行型号的重要关注点，选取多个不同类型、处于不同阶段的型号进行应用，所有型号有机融合，协调地实现应用覆盖全周期、全业务域、全层级，保障了体系成果推行的全面性，在时间上穿透型号研制全生命周期，在空间上覆盖跨地域各承研承制单位，在业务上涵盖各业务域关键流程活动。

（三）构建推行协同团队，穿透组织边界

1. 构建两级推行团队，引领研发变革方向

中国航发构建"1+2+3+N"的变革推行组织机构，"1"为集团级领导组，"2"为集团级总体组和项目管理组（PMO），"3"为技术组、培训组、巡回辅导检查组，"N"为涵盖型号应用组的单位级推行组织。"1+2+3+N"的变革推行组织机构实现从集团领导到一线员工的纵向穿透，开展规范化、例行化、可视化的分层例会运作，同时在各个层级横向穿透体系建设与业务应用团队的壁垒，促进全集团统一思想，推动研发变革快速、有效地落地生根。

2. 组建产品开发团队，落地研发组织模式

为保证研发组织运行顺畅，研发变革推行过程中明确包含项目组合管理团队（IPMT）和产品开发团队（PDT）的集成产品团队基本阵型及其与型号"两总"系统主要角色的对应关系，集团正式发文任命成立 PDT 核心团队，由型号总师担任 PDT 经理，主要承研承制单位相关人员担任研发、制造、采购、服务、财经和质量等八大领域代表，打通各业务领域，通过计划分层管控并授予合理考核权，开展团队运作，保障体系研发组织模式落地执行。

（四）精准实施分层培训，穿透能力边界

1. 实施两级三层培训，因"材"施教

中国航发高度重视培训工作，按照"集团级、单位级"两级和"全面宣贯、骨干启蒙、导入培训"三层的分级分层培训要求，执行以考促学、训战结合的策略，全力拓展培训的广度和深度。

面向集团相关业务主管部门、型号"两总"系统、直属单位主要领导，开展研发变革理念等"全面宣贯"培训，统一思想，传播变革理念，在一把手和中层骨干中发展变革同路人，将"体系思想、概念、原理"穿透至单位领导层；面向型号研发团队主要成员、直属单位业务负责人，开展角色认知、赋能、集成产品开发理论等"骨干启蒙"培训，培养变革中的专家团队、"金种子"人员，将"体系内涵、方法、要求"穿透至骨干层；面向直属单位和型号一线人员，实施流程、技术、组织、数字化等方面的"导入培训"，对理念进行深度解读，发展成为一线的变革同路人，获取广泛的拥护和支持，将"体系做法、实践、技能"穿透至一线人员。

开展近 3000 场培训，覆盖 11 万人次。通过分层分级培训，促进学员真知、真会、真应用、真推广，保证应用不走样。发布术语定义手册、应知应会手册、常见问题解答手册等文件，作为"字典"和"用户指南"；发布 344 份培训课件、23 份视频课件，固化培训资源。持续选拔和培养各方向培训师，进行业务培养和技巧培训并动态更新培训师业绩，已组建一支"怀激情、擅表达、有逻辑、强沟通"的培训师队伍，124 位集团级培训师和 400 余位单位级培训师扎根一线、互相支撑，将产品研发体系建设和应用的种子撒播到每寸土壤。

执行以考促学策略，面向全员开展应知应会考试，19068 人参加考试，促进体系知识普及和氛围营造；面向型号核心团队成员开展专项考试，514 人参加考试，加深了 PDT 核心成员的角色认知；面向型号引导员开展技能鉴定专项考试，296 人参加考试，提升能力，进而增强检查辅导效果。

执行训战结合策略，基于具体应用场景，采用授课、交流与演练的方式，引导核心团队灵活运用流程、充分协同，对型号应用、重构流程、场景演练等工作开拓了思路，解决了困惑，增强了型号人员的信心。

建立培训矩阵，着力提升培训覆盖度和培训效果。系统梳理产品研发体系框架内的对应关系，针对七大类人员角色给出了必修培训课程。利用等级评价条款、考试等方式强化考核，要求新上任领导一个月内完成必修课程，并在月度工作简报中报送相关信息。经系统策划实施，全集团培训覆盖率已达到 95%。

2. 设置型号引导人员，贴"身"辅导

通过设置"金种子"培训班、老带新、学习沙龙、角色认知培训等系列课程，以及专题考试、述职等特色活动，精心培养一支从巡回辅导检查组到各单位的懂体系、会应用的"金种子"团队，在型号项目贴身辅导，担当合格"引导员"的角色，做到事前能引导、事中能辅导、事后能检查，将体系推进全套方法论通过引导员直接穿透至各型号，助力将体系推进能力内化到型号一线，为体系落地生根提供持久动力。

巡回辅导检查组、各单位引导员面向一线人员具体问题开展贴身辅导，将"体系做法、实践、技能"穿透至一线人员。一是进行流程落地辅导，针对具体活动开展操作层面的指导，对指导书逐字逐句进行解读，解决"想干不会干"的问题，避免"穿新鞋走老路"，进一步建立信心，让体系落到一线、落到实处；二是开展组织运作辅导，深入参与到型号核心团队例会，洞察存在的问题，指导各型号、项目组织运作发挥实效；三是指导各单位开展速赢速效和最佳实践的挖掘和培育；四是开展综合评估指导，辅导各单位精准查找短板弱项，找到推进发力点，引领能力提升。

（五）打造立体管控模式，穿透信息边界

1. 开展巡回检查，及时掌握一线状态

巡回辅导检查组作为总体组深入一线的"触角"，抽调各单位内部既懂变革项目理论，又有工程实践经验的专家，肩负建立体系与业务间的桥梁的重任，跨地区长期驻扎在体系成果应用一线，承担"教练员"及"吹哨人"的角色。作为"教练员"，及时准确传达顶层理念和要求；收集 945 项需求问题，为各单位应用团队开展 996 场一线贴身的辅导答疑和现场培训；对变革现状、意愿、趋势和需求等开展深入研究和分析，为变革决策提供第一手信息和一线优秀实践经验。作为"吹哨人"，在各型号、各单位开展体系应用时，对近 10000 项应用活动进行过程及结果检查，及时发现体系执行未落实的问题，避免体系应用走形失效；定期汇报推进过程中存在的风险情况，准确暴露问题和风险，确保变革的持续优化；监测和评估变革效果，挖掘、提炼 273 项一线最佳实践、175 项速赢速效项目，提升变革成效。

2. 搭建两大平台，实时呈现建用全貌

中国航发开发与搭建体系建设及运行全景平台，遵循"一图一树多表"的呈现逻辑，配合集团级产品研发体系计划管控平台，面向高层管理者、体系建设者和体系使用者，穿透三者之间的信息边界，实现集团和直属单位体系建设与应用的全局管控。

建设集团级产品研发体系计划管控平台，包括进度管理、沟通管理、文档管理、任务单管理等模块，对计划的执行过程进行监督和控制，避免偏离预定目标，确保计划能够按照预期的目标和时间节点顺利完成。基于集团级产品研发体系计划管控平台的进度管理，实现计划完成情况的自动收集和可视化展示，对计划的执行情况进行实时监控，及时发现问题并进行调整。

3. 实施综合评估，客观研判整体态势

在研发变革推进过程中，直属单位按照计划扎实推进，为了更好地牵引研发变革推进效果，营造"比学赶帮超"的氛围，建立综合评估机制，分为即时性、重过程的月度健康报告晾晒和长周期、重结果的年度等级评价。通过月份、年度评价工作，实现信息向上穿透。

月度健康报告评价晾晒各型号、各单位的推进情况，主要关注体系落地的支撑要素及变革落地与价值实现。通过开展产品研发体系变革推进综合评估，对过程中各类数据进行收集、整理和分析，洞察体系建设和应用过程存在的主要问题和关键差距，并给出行动建议，从而实现改进与修正，牵引各型号、各单位建深建透、用深用透。

等级评价是标杆企业的最佳实践，也是体系建设的内生需求，不同于任务考核，更加侧重于能力的评价和提升。等级评价从"体系成效、体系应用、体系建设"三个维度开展评价。其中"体系成效"评估各单位体系建设应用的成效；"体系应用"评估各单位在业务活动中应用体系成果的范围，评估各单位体系与业务活动融合的程度；"体系建设"评估各单位组织、培训、交流方面开展的工作，评估各单位承接研发体系总师系统建设任务情况，评估各单位以用促建、完善体系情况。等级评价指导并促进各单位体系建设及应用，明确了各单位能力基线、引领能力提升方向，各单位、各部门、各车间在"初级、达标、铜牌、银牌、金牌"五个等级中识别当前水平、明确奋斗目标。

（六）创新交流共享机制，穿透文化边界

1. 搭建交流平台，共享研发变革经验

为积累短期成效，提升变革信心，实施最佳实践案例培育、月度分享交流会和速赢速效，将研发变革经验穿透至各单位。

一方面鼓励各单位积极报送科研生产过程中应用体系产生实效的最佳实践案例，另一方面从上至下进行全生命周期、全业务域、全层级的审视和培育，部署各巡回辅导检查组主动挖掘和培育各单位、各型号应用过程中的典型优秀案例，不断增强信心、鼓舞士气，形成273项最佳实践案例，覆盖需求管理、产品开发、研发支撑、技术规划、技术研究与开发、结构开发、软件开发、采购支撑、制造支撑、服务支撑、财经支撑、项目管理、适航管理和成附件开发等流程，在集团发布6期《最佳实践案例集》。

组织月度分享交流，由各型号总师、单位领导在集团范围内系统讲解共69个最佳实践案例，共享知识经验，让变革过程中的短期胜利和成效在集团内迅速推广，提振变革信心。通过持续开展最佳实践及分享交流，充分调动各型号、各单位产品研发体系应用中的主动性与积极性，结合需求、问题及薄弱环节，不断完善和补充体系要素，反哺体系建设。

研发变革过程中结合产品研发体系应用及建设业务痛点，以解决型号研制需求、问题为导向，实施速赢速效项目，在一个较短的周期内产生业务收益和工作绩效，树立变革榜样，助推型号研制。研发变革项目实施过程中形成175项速赢速效项目，覆盖产品开发、研发支撑、制造支撑、服务支撑、财经支撑、构型管理等流程，其中38项由各单位领导直接挂帅。

2. 丰富宣传手段，营造全员参与氛围

通过发布《产品研发体系概览》专题视频片、研发体系微课视频评比、印发应知应会宣传册、宣传应用实时动态、部署体系作战室等方式，提升体系的存在感，培育全员建体系、用体系的文化生态，将体系文化穿透至基层。在研发体系微课视频评比中，集团各直属单位踊跃报名、积极推荐参赛。微课精品课程树立了优秀课程建设标杆，提升了课程资源建设能力，是知识萃取、共享和传承的重要手段。统编和印发应知应会宣传册、宣传应用实时动态为推进产品研发体系成果的落地应用，体系语言和体系语境的形成发挥了重要作用,营造全员参与体系的良好氛围。为规范研发变革的组织管理工作,搭建可视、高效、管理透明的体系作战室,融入了多种管理工具,可视化、领导力、甘特图、问题快反机制、例会日历、合理化建议、信息化等工具和方法,实现体系建设中自上而下高效部署任务、横向问题的及时协调沟通,以及自下而上合理化建议的高效解决。

三、军工集团适应研发变革的"穿透型"管理机制构建及实施效果

(一)研发模式焕然一新,科学管理深入人心

研发变革管理实施的各项措施有力推进体系用深用透,初步实现我国航空发动机产品研发模式由跟踪研制为主向正向研发转变、由关键技术薄弱向自主创新转变、由职能型组织模式向矩阵式组织模式转变、由孤岛式信息系统向集成互连转变、由各单位独自建设向共建共用转变。通过本成果的实施,形成了一套推进机制、一支人才队伍、一种变革文化,进而引领体系思维穿透各层级人员、实践经验反哺体系建设,推动理论性与实践性进一步深度融合,集团上下坚持系统观念已成自觉、科学管理思想深入人心、流程架构方法广为运用、体系术语成为共同语言。

(二)成果比肩国际水平,研发绩效显著提升

通过产品研发体系建设成果的应用落地,形成了研发过程并行、协同的工作模式,使研发团队运行更为顺畅、设计制造等跨域协同更为高效,同时各型号建立了绩效指标统计方法和数据累计机制,经全面审查后得到了上级机关的认可和认定,达到国际同类别水平,实现了成本降低、质量提高、效率提升,在经济效益方面得到显著改进和提升。

(三)固化经验形成流程,分享交流推广成果

研发体系应用工作取得了显著成效,得到了国家高度认可,首次列入国家重大工程,获得国拨经费全额支持。中国航发在研发变革管理过程中形成的一系列流程、机制和经验,适用于大型军工集团、复杂组织的深刻业务变革,极具行业借鉴价值。在珠海航展论坛上,面向各大军工集团和相关企事业单位,中国航发分享了研发体系变革管理经验,并在上级机关组织的多次交流活动中向50余家军工单位深入推广中国航发研发变革管理成果,得到了上级机关、军工集团兄弟单位的高度认可和一致好评。

(成果创造人:李宏新、徐　新、孙彦贵、官新华、苏丽媛、杜力伟、
郭　放、杨慧赟、程　嘉、薛树林、周昊翔、彭　婧)

能源装备研发企业以研转并重为导向的体制机制变革管理

兰州兰石能源装备工程研究院有限公司

兰州兰石能源装备工程研究院有限公司（以下简称兰石研究院）作为兰石集团重大技术攻关项目牵头组织者，地处甘肃省兰州新区，成立于 2013 年，国有控股，现有员工 150 余人。兰石研究院聚焦新能源技术及装备，绿色现代煤化工工艺及装备，集成化、数字化、智能化技术及装备，生物化工及资源综合利用四大研发方向和核氢光储新材料五个产业化方向，持续厚植核心优势，实现科技成果转化额累计超 20 亿元。兰石研究院拥有"国家企业技术中心""能源装备国家级专业化众创空间"等 3 个国家级创新平台，拥有甘肃省新型研发机构、甘肃省新型氢（氨）储能技术研发中心等 6 个省部级创新平台，拥有全国劳动模范、"全国五一劳动奖章"获得者、甘肃省领军人才等一批高层次专业技术人才。此外，研究院通过战略联盟、项目合作、人才培养、基地建设等途径与清华大学、西安交通大学、兰州大学等 30 余所高等院校、研究机构开展战略合作，多项项目和课题获国家和省部级奖项。

一、能源装备研发企业以研转并重为导向的体制机制变革管理背景

（一）应对复杂多变的国内外经济形势和疫情反复挑战的需要

"十四五"时期，新一轮科技革命和产业变革深入发展，国际环境中的不稳定性和不确定性明显增加，外部形势错综复杂。同时，我国经济已转向高质量发展阶段，对加快构建以国内大循环为主体、国内国际双循环相互促进的新发展格局带来了新的机遇和挑战。身处市场化经济中，兰石研究院急需重构发展战略、功能定位和运营模式，秉持"先行先试""敢为人先"的改革创新思维，在危机中育新机，于变局中开新局，为助力兰石集团高质量发展提供科技创新支撑，奋力开启科技创新发展新征程。

（二）响应国家科技创新政策和引领兰石集团高质量发展的需要

兰石研究院自建院以来共研发科技创新成果 232 项，科技成果覆盖面广、市场导向性弱、转化难度大，急需通过实施体制机制创新，搭建"两院协同"经营模式，一方面达到充分发挥兰石研究院科技创新主体地位、聚焦主导产业技术创新、保持科技领先的目的，另一方面达到充分发挥工程院成果应用主战场地位、提升成果转化率的目的。

（三）激发员工创新创业活力和实现企业自我升级的发展需要

兰石集团始终把职工对美好生活的向往作为奋斗目标，兰石研究院能不能自力更生，能不能做大做强，能不能具备较强的市场竞争优势，要靠市场推广和成果转化的业绩来支撑，而市场推广和成果转化需要每个科研人员的努力。通过体制机制改革，变思想、换打法、出新招，重塑血性经营团队，挖掘全员的内生动力，激发组织活力和创造力，有效应对这些困局，实现科研与成果转化双轮驱动。

二、能源装备研发企业以研转并重为导向的体制机制变革管理主要做法

（一）搭建"两院协同"运营模式，实现研转并重

1. 创新经营模式，明确两院功能定位

兰石研究院通过体制机制创新，科技创新体系变革，形成"一套机构，两块牌子"的新研发经营模式，并提出了管理运营的基本思路，边试边干。兰石研究院的功能定位是创新引领，作为兰石集团重大技术攻关项目牵头组织者，兰石研究院在科技创新上持续发力，凝练梳理开展一批重大研发项目，确保研发成果对兰石集团未来发展起到引领作用，打造集团重要战略科技力量和原创技术策源地。工程院以独立法人性质开展成果转化和市场推广工作，强化市场营销主体责任，以经营业绩反哺

兰石研究院，引领研究院发挥市场导向作用，实现研究院与工程院"两院协同"。

2. 聚焦研发方向，重建组织结构

兰石研究院原有8个管理部门、13个中心、3个分院，科研方向繁杂。为适应新形势下兰石集团对研究院的战略定位，经过组织体系重组、科技成果梳理、研发方向聚焦、人力资源精准调配等举措，总体架构变更为"一院、一所、四部门、五中心及若干事业部"，聚焦新能源技术及装备，绿色现代煤化工工艺及装备，集成化、数字化、智能化技术及装备，生物化工及资源综合利用四大研发方向和核氢光储新材料五个产业化方向，持续厚植核心优势，从源头规避改革前科技成果覆盖面广、市场导向性弱、科技成果转化难度大等问题。

3. 完善公司制度，精简管理流程

一是修订完善公司章程及党委会议事、董事会议事、经理层工作、监事工作等规则制度。二是制订《体制机制改革方案》《"对准瓶颈制约精准发力，蹄疾步稳推进改革创新"实施方案》两个改革创新实施方案，明确人才建设、提质增效等37项改革攻坚任务。三是出台《业绩考核和薪酬分配管理办法》《创新项目团队建设实施方案》等一系列制度办法。四是推进职能部门结构优化，进一步明晰部门职责，使资源要素向研发一线倾斜，持续夯实研发力量。

（二）搭建创新平台，提升协同创新水平

1. 整合集团信息化平台，实现线上与线下有机结合

整合价值链、产业链、生态链双创资源，整合集团信息化平台、研发体系、产学研合作平台、制造能力、机构知识库、产业情报大数据平台等基础条件。一是汇集外部优势资源，构建以价值链协同创新为核心的综合服务平台。二是汇集六个主体、产学研合作单位、生态链相关企业，构建以生态链协同创新为核心的协同研发平台。三是汇集集团内部制造板块各公司、上下游企业、行业内相关企业，构建以产业链协同创新为核心的协同制造平台，依托互联网建立能源装备云平台，实现线上与线下有机结合。

2. 打造双创平台，建立成果转化市场化运行机制

一是建立双创门户网站，实施双创导师培育工程，搭建"资源聚集+项目运行+成果转化+综合服务"有机结合的运行模式。二是打造双创项目、创客管理、服务支撑、双创资源聚集与共享、双创基金与融资管理、导师团队管理、项目超市与成果交易七项服务功能。三是建立选项目、建团队、精准支持、成果转化的市场化运行机制，实现"面上培训—挖掘需求—项目撮合—推广对接—达成合作—签约—项目落地"无缝对接，有效吸引创客。

3. 创新多边弯曲式产业价值链，集聚双创资源

一是针对装备制造业企业涉及范围广、专业多，以及与其他产业关联度大的特点，突破传统价值链管理思维和模式，将单边直线式产业价值链改造为多边弯曲式产业价值链，整合多边不同群体的供给和需求，建立多方互动的生态系统并进行选择性投资，在互动过程中激发网络效应，实现平台增值。二是初步促成"天使基金"投资，拓宽双创平台融资渠道，吸引更多社会资源向双创平台聚集。三是成立甘肃省先进能源装备制造技术创新产业联盟。兰石集团被确定为全省石油化工装备产业链链主企业，牵头组建成立甘肃省能源装备创新联合体。截至目前，联盟通过加大先进装备制造、工业设计、智能制造、增材制造、大数据、人工智能、工业用软件开发、高端经营管理等专业人才的引进和培养，为企业创造了良好的人才培养和使用环境，提升智能绿色制造水平，培育企业技术创新体系，完善产业链条，壮大产业集群，实施集智工程，提升协同创新水平。

（三）实施项目全周期过程管理，确保研发质量

1. 严控项目储备的流程及考核

项目储备首先需要研发项目团队对项目开展的必要性、市场分析、主要研究内容、技术创新点等进行简要说明，提交《初步可行性研究报告》，分管领导初步审核，技术管理部进行形式审核，总工程师、专家委员会成员进行兰石研究院层面的把关与复核，并签署意见。专家审核通过的《初步可行性研究报告》，由各单位完成项目详细的《可行性研究报告》，总工程师、专家委员会成员进行终审和批复，通过终审和批复的项目纳入研究院储备项目库并依据《兰石集团研究院储备项目考核细则》进行定量与定性结合的阶段性考核。

2. 严审技术创新项目立项

兰石研究院各研发项目团队根据各自的储备项目编制技术创新项目立项申请书并提交技术管理部，项目申报资料必须包括项目的主要目标、研究内容、项目团队、量化考核的技术和经济指标、经费预算等，由技术管理部组织研究院层面的专题会议进行讨论，讨论通过的储备项目提交集团科技质量部进行初审，初审通过的项目提交集团装备技术专家小组评审，必要时在做好技术保密的前提下邀请集团外部专家参与评审，集团装备技术专家小组及外部专家评审通过的项目继续提交集团技术委员会进行最终审批。经集团技术委员会批准立项的"揭榜挂帅""赛马制"等项目，由集团科技质量部负责编入集团科技专项计划，并纳入集团年度经营计划大纲进行监督管理。兰石研究院在集团立项结果出来后依据《兰石集团研究院储备项目考核细则》对各研发项目团队的立项成功率和立项类别进行定量考核。

3. 强化项目过程管控

一是制定《项目运营管理考核细则》，强化项目过程管控，进一步缩短研发周期，提高研发质量。立项项目实行"项目研发费用包干制"，经费实施封闭运行、独立核算的原则，项目结束后接受以项目费用支出合规性为核心的项目审计。二是立项项目实施前集团与兰石研究院签订研发合同书或任务书，明确项目周期、技术指标、经济指标、经费使用明细、知识产权归属等条款，编制项目进度节点计划甘特图。兰石研究院严格按照项目进度节点计划组织项目实施，立项项目实施门径管理，针对关键研发节点必须组织专家进行阶段性评审，按评审意见进行整改并做好资料整理归档，阶段性评审通过后方可继续实施下一步工作。三是兰石研究院每月末向集团科技质量部报送《技术创新项目管理台账》，集团科技质量部根据节点完成情况进行绩效考核。

4. 规范项目结题验收

一是立项项目研发完成后，由研发项目组编制《技术创新项目结题报告》《项目总结报告》，提交结题申请，由集团科技质量部审核通过后组织集团内外部专家进行验收，并形成最终验收意见。项目验收评价的主要依据包括立项申请书、项目研发合同书或任务书、《技术创新项目结题报告》、《项目总结报告》及图纸、技术资料、工艺资料、标准、技术验证资料、试验资料、专家评审鉴定资料、专利、论文、销售合同、用户验收报告等项目成果，参照项目技术指标完成情况、推广应用及经济效益、项目运营情况、研发经费管理、验收材料和答辩质量等评价指标，重点突出项目实效性和经济性。

二是严控结题验收标准。项目研发完成合同书或立项书规定的所有研发任务，技术、经济指标达到预期目标，提交资料完整，项目验收通过；项目研发完成主要任务和技术指标，但经济指标没有达到预期的，项目阶段性结题；对于项目合同书或立项书规定的主要任务、技术、经济指标未达到预期目标，技术、经济指标难以实现或后续没有继续研发价值的项目，验收不通过。

三是技术创新项目验收完成后，项目团队可依据《兰州兰石集团有限公司科学技术奖励办法》

申请奖励。阶段性结题的项目，项目结题后，三年内实现经济价值的，项目团队可以享受相应的奖励政策。

5. 实施科技成果转化

一是进入集团科技质量部建立的科技成果池。技术创新项目完成后，根据验收结论，项目成果进入科技成果池，作为集团对各分子公司科技成果转化考核基数，科技质量部每年年初制定科技成果转化指标，对各分子公司进行考核。科技成果池实施动态管理，每两年科技质量部组织集团装备技术专家小组对所有未实现转化的成果进行评价，及时淘汰没有转化价值的成果。技术创新项目取得的技术成果可以优先推荐申报国家、省、市、集团内部各种奖项。

二是规范科技成果转化工作。兰石研究院研发形成的科技成果，优先由对应的产品公司承担转化，兰石研究院负责成果转化过程中的技术服务工作；其余由研究院自行负责转化。成果实现经济价值后，项目团队可依据《兰州兰石集团有限公司科学技术奖励办法》申请奖励。兰石研究院、科技创新企业可以按规定对做出突出贡献的科技人才和经营管理人员以科技成果入股、科技成果收益分成、科技成果折股、股权奖励、股权出售、股票（份）期权进行奖励。严格执行国家和甘肃省相关规定，依规履行相关审批手续。科技成果转化取得收益但不具备实施上述条件的，可在科技成果转化后实现的新增税后利润或超过计划净利润的部分中提取一定的比例，对有关人员给予奖励，提取比例原则上不超过60%。

6. 完善项目"后评价"

制定《项目后评价管理制度》，为成果转化赢得先机。项目后评价是指对技术创新项目在结题验收或成果转化一段时间后，对项目的目标、执行过程、结果、效益等进行分析、总结和评价，通过分析评价找出成败的原因，总结经验教训，为未来项目的决策提出建议，同时也为被评项目实施运营中出现的问题提出改进建议，从而提高项目运营和管理质量。项目后评价体系由项目目标评价指标、项目过程评价指标、项目效益评价指标、项目可持续性评价指标四个一级指标构成。项目后评价采用定性和定量相结合的方法，主要有对比法、调查法、因果分析法等，其中对比法包括前后对比、有无对比和横向对比。项目后评价的具体方法可根据项目类型、特点和后评价的具体要求，由项目后评价工作小组成员自行选择上述一种或多种方法。

（四）组建成果转化事业部，助力成果转化走深走实

1. 组建成果转化事业部

一是设立赋予一定自主权的成果转化和市场推广事业部进行试点，总结经验，条件成熟后再设立和组建独立的法人实体；二是事业部组建遵从自愿申报的原则，通过培育的项目团队自主申请组建事业部，事业部经理在兰石研究院内部公开竞聘；三是事业部组建运行之初，考虑以逐步放权的原则进行管控，各事业部业务受研究院职能部门的管理。兰石研究院共组建科技成果转化事业部4个，优化完善《成果转化事业部组建实施方案》，进一步明确事业部职责、目标，设定准入"门槛"，推动事业部去行政化，强化"技术创新＋成果转化"理念，加强研发成果关键技术验证，逐步形成兰石研究院自己的核心技术和特色产品，提升技术和产品的市场竞争力。

2. 制定《事业部超额利润分成激励办法》

制定《事业部超额利润分成激励办法》，根据事业部经营及盈利状况，将其划分为孵化期、成长期、成熟期三个阶段，对超额利润分成方式采取差异化激励措施。在孵化期，以事业部承接的合同项目为单位，将项目利润的20%设定为基础利润，采取"项目超额利润分成"方式激励，项目超额利润按照50%计提奖励，一项一提，逐项核发项目超额利润。核算工作待项目验收完成和项目回款到质保金节点，按照销售合同总金额核算。鉴于事业部奖励核发的及时性和质保金催收，项目在质保金未收

回前，项目奖励提成按照核算标准的 70% 发放，结余部分待项目质保金收回后补发。当核算项目利润出现亏损时，亏损部分计入下一个项目的成本，直到补回亏损才能核发提成。在成长期，以事业部为单位，设定年度基础利润，采取"基础利润＋超额利润"方式激励，基础利润按照 10% 计提奖励，超额利润按照 50% 计提奖励。兰石研究院参考孵化期盈利能力为事业部设定年度基本利润考核值。事业部在完成基本利润的前提下享受超额利润分成。在成熟期，孵化成新型创业公司，采取股权激励方式分成。

（五）建立营销激励体系，实现激励全方位覆盖

1. 制订《打破营销"天花板"实施方案》

兰石研究院以"十四五"规划和深化国企改革三年行动为引领，聚力客户价值创造和客户满意度提升，紧紧围绕研究院业务定位和发展方向，加快产品向高端化、智能化、绿色化的转型步伐，向客户提供面向整体解决方案的服务供给，强化工程院的营销主体责任。制订《打破营销"天花板"实施方案》，工程院下设事业部的激励政策按照《成果转化事业部激励方案》执行。各中心实现的订单，按照《合同项目"项目制"营销激励办法》执行。研究院销售副总和与营销工作密切相关的其他班子成员按照《中层经营管理人员业绩考核和薪酬分配管理办法》中"年薪＋超额提成"的薪酬分配方式激励。营销奖励上不封顶，打破收入"天花板"。建立研究院市场拓展人员年度"营销标兵"比拼激励机制，结合订单、货款业绩，通过年度比拼评选出研究院"营销标兵"等优秀市场拓展人员进行精神和物质激励，树立优秀典型，营造争先氛围，宣传先进事迹，打造榜样力量。

2. 制定《"项目制"营销奖励办法》

针对除事业部外其他核心业务单元签订的合同项目，制定《"项目制"营销奖励办法》。营销奖励的分配采用项目制分配原则，将合同项目具体划分为销售合同、工程咨询服务合同、设备租赁合同、办公楼租赁合同四大类，分别制定营销奖励核算办法，实施差异化奖励。奖励分配秉承"坚持突出贡献，兼顾成果共享"的原则，奖励对象采取备案制，依据各奖励对象实际参与合同项目的程度及奖励分配系数要求，公平公正实行奖励分配。原则上分配比例是备案登记参与项目的管理部门人员奖励比例为 0 ～ 10%，备案登记参与项目的技术人员奖励比例为 90% ～ 100%。

3. 制定《中层经营管理人员业绩考核和薪酬分配管理办法》

经营层按照"年薪＋超额提成"的薪酬分配方式激励，培育"一个领导挑头，激活一个团队，发展一个产业"的成果转化新模式。企业中层经营管理人员的营销提成不占用本单位营销团队提成额度，班子成员的营销提成按照本办法执行，单独核定、单独列支，营销奖励最高不能超过任期内各年度年薪总额的 30%，且营销奖励须经本单位党组织会议研究决定，并须经集团分管领导签字。

分管营销工作的班子成员，在超额完成营销订单计划且实现规定比例回款等目标的前提下，可以实行年薪＋超额营销的提成制度。在营销工作中做出直接贡献的班子成员，可以给予营销奖励。新增订货未超过年度计划的，营销副总按规定考核兑现年薪；新增订货超过年度计划的，在年薪外另行给予营销副总超额营销提成，即超额营销提成不计入年薪。超额营销提成上不封顶、下不保底。

三、能源装备研发企业以研转并重为导向的体制机制变革管理效果

（一）科技成果再创新高

甘肃省首台（套）1000Nm³/h 碱性电解水制氢装置成功下线并完成新品发布，加压循环流化床煤气化成套技术及装备、300MN 多缸薄板成型液压机组、压裂车组、地热直接利用项目、压力容器用 CrMo 钢新材料研制、280mm×3000mm 重型全液压数控四辊卷板机电气自动化控制等一批重点项目落地并实现成果转化。12000m 钻井装备研发、模块式小型反应堆用大盘管直流蒸汽发生器等三个省级项目通过省科技厅验收。300MN 多缸薄板成型液压机组项目获"甘肃省科技进步二等奖""工业优秀新

产品""中国好设计银奖",是西北五省区唯一一家获奖单位。获批省级项目奖项 8 项、行业级标准奖项 4 项、市级奖项 3 项,累计争取政府扶持资金 3157.70 万元,获批甘肃省高新技术企业、甘肃省大型锻压装备技术创新中心、甘肃省第二批新型研发机构、博士后科研工作站,获批一个国家级工业设计中心,一个能源装备国家专业化众创空间。兰石研究院科技创新主体地位日益突出,对兰石集团分公司、子公司产业的支撑功能日益显现。

（二）经济效益显著提升

兰石研究院 2021 年累计实现科技成果转化额 4.3 亿元,创历史新高。冷氢化反应器工艺技术开发实现成果转化 1.52 亿元,加压循环流化床煤气化成套技术及装备在盘锦浩业 10 万 Nm^3/h 煤制氢项目中实现成果转化额 1.5 亿元,1.6MN 径向锻造生产线出口缅甸实现成果转化额 3600 余万元,3000hp 压裂车成套装备实现成果转化额 3500 余万元,40MN 环坯生产线实现成果转化额 6000 余万元,地热直接利用项目实现成果转化额 1500 余万元,压力容器用新材料实现成果转化额 3800 余万元。2021 年实现营业收入 5539.78 万元,同比增幅 30%。2022 年实现营业收入 11258 万元,同比增幅 103%。

（三）社会效益持续提升

兰石研究院被评为"国家级企业技术中心","甘肃省新型研发机构"获评优秀,成功申报"能源装备国家专业化众创空间",成为甘肃省先进能源装备制造技术创新战略联盟盟主。兰石研究院充分发挥国家级企业技术中心、国家工业设计中心、能源装备国家专业化众创空间、产学研平台等作用,把创新平台作为汇聚要素资源、延揽高端人才的重要抓手,有力支撑和带动本地区技术研发和产业发展。

（成果创造人：王玉虎、杨云翔、杨　娜、王震军、叶　海、
　　　　　　　高晓勇、缪淑萍、高　雯、王　平、贾春芳、陈　璐）

微电子企业突破关键核心技术的高效研发管理

华润微电子有限公司

华润微电子有限公司（以下简称华润微电子）是华润集团旗下负责微电子业务投资、发展和经营管理的高科技企业，是国内最大的功率器件厂商之一。华润微电子拥有芯片设计、晶圆制造、封装测试等全产业链一体化运营能力，主营业务可分为产品与方案、制造与服务两大业务板块。华润微电子产品聚焦于功率半导体、智能传感器领域，为客户提供系列化的半导体产品与服务。

一、微电子企业突破关键核心技术的高效研发管理背景

近年来，华润微电子在科技创新成果方面与国际前沿领先水平仍有较大差距，在发展方向和应用领域方面仍未能形成清晰、系统的技术路线指导研发和市场拓展工作，技术、产品立项以短线产品居多，缺乏谋划未来、提前布局的项目，直接影响着华润微电子长期核心竞争能力的建立。因此华润微电子亟需根据整体战略及发展方向，加大研发投入力度，建立健全研发管理体系，培育优势技术和产品群，以实现华润微电子的高质量发展。

二、微电子企业突破关键核心技术的高效研发管理主要做法

（一）重塑研发组织架构

2020 年为加强研发管理，提高研发效率，华润微电子按产品与方案、制造与服务整合内部产品与制造资源，将微电子分成集成电路设计、晶圆制造、功率器件、封装测试四个事业群；成立运营中心，统一规划内外部客户的产能资源配置，向运营型总部转型。同时，突出微电子研发机构的整体性，结合研发机构的功能和定位，设立总部级研发机构和 BG 级研发机构，整合微电子研发资源，成立技术研究院，由微电子主要领导担任技术研究院院长，承担微电子研发创新任务；设立科技管理部，负责统一管理微电子的研发创新活动；并同步建立健全研发管理、评价、激励制度，营造良好的科技创新氛围。明确各研发机构的职责定位，技术研究院负责华润微电子内部研发资源的统筹管理、规划和组织实施微电子的研发创新工作，同时以微电子长远发展规划为指引，立足于未来 5～10 年的技术发展需求，聚焦前瞻性技术和产品的研发，布局未来市场应用，为微电子储备相关技术。而 BG 级研发机构则以满足当前市场需求为先，负责应对市场竞争的中短期技术及产品的研发。同时，公司级研发机构由科技管理部直接归口管理，BG 级研发机构采取矩阵式管理模式，向科技管理部和 BG 双向汇报。公司级科技创新活动由科技管理部统一组织，各 BG 支持参与。

（二）完善研发项目管理制度

健全研发项目管理制度。根据微电子发展需求，在满足短期经营的同时，兼顾中长期产品开发和技术储备，对现行《华润微电子研发项目管理制度》《华润微电子有限公司研发项目成效评价工作细则》等研发管理制度进行调整优化，进一步细化微电子研发项目的立项预审、过程管理及成效评价规则。明确研发项目的分级管理，将能够填补国家或微电子技术空白的全新门类研发项目、省部级及以上的政府科研项目和投入金额较大的晶圆制造项目定义为公司级重大研发项目，由技术研究院统一管理；其他项目定义为 BG 级研发项目，由 BG 自行管控，实行报备制，在确定的技术定位方向内由各 BG 根据市场和客户需求自主立项、自主审批，报公司科技管理部备案。对于公司级重大研发项目，华润微电子会在整个公司层面进行统筹协调，优先保证其资源需求，以确保项目可以按期完成，为微电子的中长期发展战略的实现奠定技术基础。

（三）强化研发项目管理

1. 研发项目立项调研

研发项目立项前必须进行充分的立项可行性评估，因为项目一旦立项通过，研发工作就会正式启动，资金、人力等资源开始投入，因此加强项目立项的可行性评估，是避免大量无效资源投入的必要环节，未经可行性评价证实技术上可行、预期开发后能为公司带来经济效益的项目，不予立项。华润微电子内各事业群承担的研发项目，立项调研由承担单位组织完成，非事业群承担的研发项目，立项调研由华润微电子市场部组织相关单位共同完成。研发项目可行性评估需从以下维度展开。

与微电子发展战略匹配性评估。华润微电子的愿景是成为世界领先的功率半导体和智能传感器产品与方案供应商。围绕功率半导体、智能传感、智能控制三大主攻方向，以科技创新作为微电子高质量发展的引擎，坚持创新驱动发展战略原则，以企业为主题、以市场为导向、产学研用相结合，实现产品规模和技术水平的行业领先，在"十四五"期间进入世界功率半导体企业前5名。拟立项的研发项目需与微电子的战略发展方向相匹配。

技术可行性评估。论证项目的技术发展方向及相关技术水平，综合考虑研发团队能力、技术基础、技术壁、技术风险、知识产权等因素，论证拟立项项目的技术可行性，避免因前期技术评估不充分带来的项目延期或开发失败，提升微电子研发资源的有效利用率。

项目效益评估。在项目调研阶段，需对项目实施的贡献程度、项目的创新程度、项目的紧急程度、项目实施对研发团队建设的贡献程度，以及项目实施后预计产生的销售收入、产品和技术的获利能力、市场前景进行综合评估。原则上立项开发的产品和技术获利水平应高于所属业务单位的平均获利水平，或者一体化毛利率水平应高于公司整体毛利率水平，前瞻性项目除外。

2. 立项审核和过程管控

重大研发项目立项审核。BG重点及一般研发项目，由各BG的项目管理部门完成立项审核及过程管控即可。对符合条件的微电子重大研发项目，项目主承担单位在完成内部评审后，将《研发项目可行性研究报告》及相关及资料报送科技管理部，科技管理部对申请材料进行审核后，向预审委提请预审。预审通过后，再按照相关规定上报华润微电子主要领导或公司执委会进行审批。批准立项的项目由科技管理部通知项目负责人编写《重大研发项目任务书》并安排签署。《研发项目可行性研究报告》和《研发项目任务书》是项目验收和后评价的主要依据。

重大研发项目的过程管理。重大研发项目的执行情况由科技管理部负责按照研发项目任务书的计划进行跟踪管理。科技管理部月度组织会议对项目执行情况进行回顾检查，内容包括但不限于研发项目的进展情况分析、当前存在的问题、下阶段工作计划及项目取得的技术突破或阶段成果等，重大研发项目的承担单位应每季度向科技管理部报送项目的执行情况。

重大研发项目调整变更管理。研发项目在执行过程中，当立项的边界条件发生重大变化时，应对研发项目执行方案进行优化调整，必要时终止研发项目，以减少不必要的资源投入。由项目主承担单位组织对研发项目可行性研究报告进行必要的修订和调整，并填写《研发项目变更审批单》，阐明项目调整的原因和依据。由科技管理部根据变更内容执行变更审批程序，调整申请方案审批通过后，由科技管理部直接通知项目执行单位研发项目的调整和批复情况，必要时组织修订签署《研发项目任务书》，并报华润微电子财务部、战略发展部、审计部备案。

3. 项目验收及后评价

重大研发项目的验收：研发项目完成后，由科技管理部组织专家组进行验收评审，验收实行回避制度，被验收项目牵头单位的人员不能作为验收专家参加验收评审工作。项目以立项时批复的《研发项目可行性研究报告》和签署的《研发项目任务书》中约定的内容和确定的考核目标为基本依据，对研发项目产生的技术成果、经济效益贡献度、项目实施的技术路线、攻克关键技术的方案和效果、科技人才的培养和队伍的成长、经费使用的合理性等方面做出客观、实事求是的评价，并最终形成验收意见。完成验收的项目由科技管理部按照科研档案管理办法对相关验收资料进行归档。未通过验收的项目，需要在首次验收会议结束后的三个月内完成整改工作，整改报告提交至验收组织部门审核，审核通过可视为验收通过；如有必要，可再次提请组织验收会议。完成验收的研发项目才能参加微电子级科技成果奖及类似奖项的评选。

重大研发项目后评价。通过验收的重大研发项目，需在完成验收或者转量产一年以上、三年以内完成成效评价。研发项目的成效评价由科技管理部牵头，组织微电子战略发展部、财务部、市场部和项目执行单位实施。项目实施单位负责对项目进行总结自评并提供佐证材料，评价内容包括但不限于项目背景、验收情况、项目取得的科技成果与奖励、项目经济及社会效益情况，包括量产化程度、市场竞争分析及社会效益等，还需对项目在量产过程中出现的问题进行总结并提出改进建议，以提高未来科技项目的管理和实施水平。针对项目成效评价报告所揭示的问题和教训，由科技管理部反馈相关单位或职能部门，落实必要的整改措施；多项目管理和执行过程中的好经验、好做法应在公司内部分享，以促进公司研发管理水平的提升。

（四）持续提升研发投入强度，加大激励支持力度

近年来，华润微电子研发投入逐年提升，仅2020—2022年三年间研发投入累计达23.14亿元，2022年研发投入10.33亿元，研发投入强度10.27%，较上年提升了51.91%，达到历史最高水平。

为了落实华润微电子科技创新驱动战略，调动科技工作者创新的积极性，激发基础科技人员的创造性，实现精神重塑，华润微电子不断完善创新激励制度、推广科技创新文化，颁发并积极推动落实《关于推进科技创新工作的若干政策》和《华润微电子科技成果奖励办法》两项制度，这两项制度为微电子建立了有吸引力的研发激励奖励办法和分配机制，使为微电子科技创新做出贡献的研发人员收入水平得到进一步的提高。其中《关于推进科技创新工作的若干政策》明确了微电子对研发项目及研发人员的激励政策及奖励原则，规定各业务单位可以根据获利能力的高低，在研发项目实现量产后的一定时间内按照营业额的一定比例提取研发效益奖，用于项目研发人员的激励；对于华润微电子的重大研发项目，可根据对微电子的战略支持度、对利润提升的贡献度、技术先进性、技术创新点、技术难度等方面的综合评估结果，设置项目奖金，最高可达100万元，并且可以在开发过程中根据项目里程按阶段进行评价考核兑现激励，对提前完成开发任务的项目团队，可按公司制度上浮奖励金额。而《华润微电子科技成果奖励办法》则明确指出，对为微电子做出具有价值贡献的科技成果进行奖励，包括科技论文、著作、标准、专利及项目成果等。该项科技创新制度的落地和实施，对营造华润微电子良好科技创新氛围、调动科研人员的创新积极性起到巨大的推动作用。

（五）建立科技创新容错创新机制

为鼓励技术人员开展科技创新和技术革新活动，华润微电子积极探索并建立科技创新容错机制。华润微电子在《关于推进科技创新工作的若干政策》中明确指出，在产品和技术开发过程中，确实因难以预计的技术难题导致项目延期或者失败，不会影响项目技术负责人和项目参与人员的业绩考评及职务晋升，项目负责人也可以根据实际情况提出变更申请，按照华润微电子项目管理相关流程制度完成审批后，可以对项目的实施计划、研发范围及目标进行调整并更新项目任务书，根据更新的项目任务书予以考核，项目相关激励不受影响。另外，因市场变化或者策略调整导致项目中途终止执行时，对负责和参与项目人员的付出与努力同样予以认可。这种在创新研发工作中的容错机制对微电子企业营造良好的创新氛围具有非常积极的推动作用。

（六）推动产学研合作

作为业务重塑的诸多举措之一，华润微电子根据自身产品研究、技术发展和专项任务的需求，充分发挥企业、高校各自的独特优势，开展技术合作、人才培养。一是与电子科技大学合作研发。截至2022年，华润微电子累计签订了39份合作项目任务书，28项已结题。其中，通过"1200V 10A SiC-PJBS器件评价和优化"项目实施，电子科技大学研发团队对华润微电子提供的20个1200V/10A碳化硅二极管样品进行了测试分析，与业界领先竞品电学参数进行了比较，在保证基本参数不退化的情况下，提出重点优化非重复正向浪涌电流IFSM参数的方案，经过试验，最终器件的正向浪涌能力已经超过CREE样品的实测水平（110A），目前该产品已进入批量生产。"高可靠器件结构版图布局及建模研究"项目通过分析问题产生及避免的机理并设计具有高可靠性的MOS管版图进行流片测试验证，经过制造工艺优化，参数一致性更好，耐压满足应用需求，消除了用户对相关可靠性问题的疑虑。而"高压横向变掺杂结终端的优化设计"项目的实施，通过理论与仿真相结合，优化仿真终端表面电场，最终实现了模拟器件的高可靠性。合作项目共同申请发明专利10项，发表论文3篇，国际顶级会议报告两篇。二是与东南大学合作研发。2021年11月3日在北京人民大会堂举行的2020年度国家科学技术奖励大会上，华润微电子旗下无锡华润上华科技有限公司（以下简称华润上华）参与的"高压智能功率驱动芯片设计及制备的关键技术与应用"项目荣获"国家技术发明奖二等奖"。该项目是由东南大学牵头与华润上华及其他两家单位组成产学研联盟进行的合作开发。华润上华在获奖项目中的技术发明点为"600V浮置衬底高低压兼容工艺（1μm 600V HVIC BCD工艺）"和"550V SOI工艺（0.5μm 500V SOI BCI工艺）"。华润上华和东南大学国家ASIC（专用集成电路）工程中心功率IC团队通过长达10年的深度合作，完成了以上两套特色工艺的原型技术开发和产品验证，并实现了产业化，已获得双方共同所有的发明专利授权7项和十几篇共同署名的国际高水平论文。

此外，华润微电子在逐步加深与现有高校合作的同时，也会根据实际业务需求不断拓展新的合作伙伴。2022年，华润微电子与华中科技大学建立联合研发，启动了"高性能数字硅麦的专用集成电路的设计开发"课题，实现国内硅麦ASIC芯片国产化替代，有利于提高ASIC芯片设计能力，增强在智能传感器领域的技术能力，为未来进入物联网、智能控制、AI等应用领域做技术储备；与西安电子科技大学关于第四代宽禁带半导体氧化镓外延材料及SBD器件的研发确定合作关系；与同济大学基于电池模组车规级BMS AFE芯片的研发确定合作关系，启动模组级AFE技术的对标研究与分析；与复旦大学在先进存储与嵌入技术、MEMS工艺及产品技术、BCD及特种工艺技术研发和科技人才培养方面达成战略合作。

（七）加强科技人才队伍建设

1. 人才引进

根据华润微电子战略发展规划要求，围绕微电子产品聚焦领域及技术方向，通过网络平台、猎头、高管推荐、项目合作等方式累计引进中高端管理及技术人才，提升公司技术创新能力，同时，充分发挥与国内高校合作关系，加深校企合作互动，共建实训实践基地联合培养人才，定期组织校园招聘活动，做好人才储备。

2. 人才培养

组织开办集成电路工程研修班。和国内知名高校联合打造专业人才培养深耕项目，通过研修班定制化课程的学习，技术员工进一步完善专业知识体系，开拓创新思维，探索前沿技术，提升自己的理论知识和专业技能。培训模式采用2+1模式，两年面授学习，学习内容与非全日制课程同步，一年毕业项目设计，通过论文答辩后方能授予结业证书。研修班满足了关键技术员工自我提升的需求，让技术人员感受到华润微电子对专业人才的重视，在内部打造持续学习的良好氛围，促使员工与华润微电子共成长。

组织开展科技论坛。面向华润微电子重点战略发展方向及已经涉及的重点产品、技术和市场领域，构建技术交流平台，展开专题研讨，营造交流、学习环境，促进内—外和内—内交流，拓宽华润微电子技术人员的视野，激发员工的创新意识，从而推动华润微电子技术进步。

开展高潜中层经理人远航班。旨在通过"领导自我""领导团队""领导业务""领导组织"的系统学习，辅以导师辅导和岗位历练，提升经理人复合管理能力，传承并引领华润文化价值观，打造一批懂技术、会管理的复合型经理人后备梯队，完善经理人梯队建设，推动华润微电子"十四五"战略转型。远航班重点培养学员规划决策能力、塑造创新型组织能力、卓越执行力、推动变革的能力，并将学习与实践相结合，让学员打破思维束缚，学会独立思考，拓宽视野，打造高质量决策思维，培养全局意识，凝心聚力、勠力同心，为华润微电子"十四五"战略规划贡献力量。

优化科技人才激励政策。完善研发激励体系，探索科技人员收益与项目成果挂钩的激励机制，鼓励科技人员承担开创性研发工作。实施按项目里程碑评价考核的项目激励制度，明确主要技术骨干的长期受益权。

开展科技人才评优活动。鼓励科技创新，培育创新文化，推动可持续发展创新体系建设，激发科研人员创新动力，提升公司整体竞争力。定期组织评选"功勋""卓越工匠""百人优秀科技工作者""十佳科技人员""科技新锐"，并在微电子的科技工作会议上进行表彰奖励。

三、微电子企业突破关键核心技术的高效研发管理效果

近年来，华润微电子实现营业收入、毛利双增长，顺利进入了高质量发展的快车道。2022 年，华润微电子营业收入突破百亿元大关，利润创历史新高，实现了 GaN 高效能快充、IGBT 产品、SiC MOSFET 功率器件多项关键技术及核心产品实现突破，累计申请专利 4925 项（85.1% 为发明专利），荣获"国家技术发明二等奖""国家专利优秀奖"等奖项。

（成果创造人：方　浩、齐从明、葛　珏、郑晨焱、

王德进、潘效飞、梁晓黎）

汽车行业服务企业以打造产品力为核心的科技创新体系构建

中国汽车工程研究院股份有限公司

中国汽车工程研究院股份有限公司（以下简称中国汽研）始建于 1965 年 3 月，原名重庆重型汽车研究所，系国家一类科研院所。中国汽研属于科学研究和技术服务业，经过 58 年的发展，现已构建起以重庆本部为核心，辐射全国主要汽车产业集群的技术服务布局，是我国汽车行业国家级科技创新和公共技术服务机构，是我国汽车测试评价及质量监督检验技术服务的主要供应商，拥有国家燃气汽车工程技术研究中心、汽车噪声振动和安全技术国家重点实验室、替代燃料汽车国家地方联合实验室、国家智能清洁能源汽车质量监督检验中心等国家级平台，致力于为我国汽车行业科技创新和企业技术进步提供支持和发挥引领作用，在我国汽车技术服务领域拥有较高的行业地位。面向未来，中国汽研始终牢记为汽车工业发展注入强劲科技动力的使命，秉承创新、拼搏、担当、快乐的企业精神，践行数字化、平台化、国际化发展理念，努力建成核心竞争优势和特色优势突出，引领行业发展的百亿元级国际化上市公司。

一、汽车行业服务企业以打造产品力为核心的科技创新体系构建背景

（一）科技创新体系是国家科技强国事业的助推器

党的十八大以来，以习近平同志为核心的党中央高度重视科技创新事业，把科技创新摆在了国家发展全局的核心位置，如何以科技创新引领高质量发展成为我国经济社会发展的机遇和挑战。而建立健全科技创新体系是企业回答这一问题的关键，科技创新体系对于提升科研创新效率，最大化利用有限资源，培育出更多具有中国原始创新力特征的科技成果，增强我国在全球科技竞争中的主动性和竞争力具有重要作用。

（二）科技创新体系是汽车工业转型升级的催化剂

我国汽车产业正处于百年未有之大变局中，产业发展态势已呈现"新五化"（电动化、智能化、低碳化、服务化、国际化）的时代特征。近年来我国汽车行业取得了突飞猛进的发展，成为全球最大的汽车市场之一，面对"从制造大国到制造强国"的时代需求，针对汽车产业链、供应链关键技术"卡脖子"问题，建立健全科技创新体系是中国汽车产业主动求变、科学应变的制胜"法宝"。

（三）科技创新体系是企业持续健康发展的支撑点

中国汽研一直以来秉持"为汽车工业发展注入强劲科技动力"的企业使命，坚持将"科技创新"作为企业发展的核心动力，按照"科技立院、产业兴院、创新发展"的指导思想，抓住"科改示范行动"的发展机遇，通过建立健全科技创新体系支撑企业"产品力"提升，并将其作为纵深推进公司高质量发展的总牵引。

二、汽车行业服务企业以打造产品力为核心的科技创新体系构建主要做法

（一）迭代技术体系，打造"产品力"创新基线

1. 完善顶层设计，制定科技规划

中国汽研瞄准汽车行业发展趋势，制定了公司《"十四五"科技发展规划》，以服务国家战略为导向，深入贯彻落实新发展理念和高质量发展要求，提出公司发展的新使命，全面提升自主创新能力，以科技创新助力公司核心业务升级发展，为落实公司"15365"发展战略目标提供科技支撑。

2. 研判行业大势，建立核心体系

中国汽研作为行业第三方机构，为适应新业态，以行业需求为导向，确立了进入新时代的

"33310"科技创新技术体系：聚焦安全、绿色、体验3条主线，面向政府（G）、企业（B）、消费者（C）不同客户主体，打造以标准为核心的技术服务、数据应用、装备工具3类产品，持续深耕未来出行生态等场景应用，着力布局智能驾驶、智慧座舱、智能线控底盘、在用车健康管理、氢能动力、双碳应用、通信软件、网络与数据安全、高端装备、指数应用等技术，积极拓展在汽车产业链上下游、汽车产品生命周期10大重点业务领域，为汽车行业高质量发展提供科技支撑。

3. 制定产品型谱，部署研发任务

在"33310"科技创新技术体系框架下，中国汽研结合市场需求，精准部署科技研发任务，力求打造一批具有核心竞争力的重点产品。分别在2019年和2021年发布了产品型谱1.0和产品型谱2.0，其从产品设计、研发到应用全方位考虑，形成了一套全面而系统的产品规划，以满足不同客户主体的需求。通过产品型谱的制定和产品开发任务的部署实施，中国汽研成功攻克了一批共性技术难题，开发了多款重点产品，将技术创新转化为"产品力"，加强了其在市场中的竞争优势，也推动了技术体系的持续迭代和优化。

（二）优化组织体系，勾勒"产品力"创新实线

中国汽研通过公司、事业部层面的职能调整与机制优化，设立了多维度的科技创新实体，构建出"事业部主要领导亲自挂帅、公司科技部统筹推动、技术委员会专业负责、创新实体合力共进"的组织体系新局面，进一步巩固技术体系研发优势，优化资源配置，形成创新目标更明确、上下单位协同作战、各层级创新组织互为支撑的新型组织体系。

1. 落实责任主体，明确事业部层面CTO

中国汽研下设各事业部是技术创新和产品研发的责任主体，为确保科技创新工作落到实处，科技创新体系有效实施，在各事业部确立了研发负责人（CTO），由事业部级领导担任，全面负责事业部技术与产品研发、成果转化与推广应用、投入与人才保障等工作，定期召开产品研发工作例会，做到重要工作亲自部署、重要问题主动协调、重要项目带头推进。

2. 构建决策机制，成立公司技术委员会

为了规划和指导公司的科技创新，增强技术发展决策的科学性、合理性，中国汽研设立了技术委员会，由公司分管科技工作领导、各事业部CTO，以及内外部技术专家组成，为公司最高技术咨询和决策机构，负责公司技术发展方向和中长期技术发展规划的研究制定，重大产品开发项目立项论证、实施方案、经费预算的评审及决策，研究讨论重大技术专题或有争议的技术问题，为打造产品竞争力提供智力支撑。

3. 注重创新实效，建立多形式研发实体

中国汽研为解决科研力量分散、资源整合程度不高、创新实体定位模糊等科技创新组织问题，结合自身实际与行业发展规律，按照"33310"技术体系的具体要求，设计与市场需求相匹配、以问题为导向的科技创新联合体系，在资源利用、知识整合、技术创新等方面具有更高的效率和创新性，从而进一步激发组织活力，发挥科技创新体系整体效能。

一是上下联动的组织机制。中国汽研通过设立公司科技部与各事业部研发组织实体，构成了上下联动、协同高效的科技创新组织机制。科技部负责公司全局的科技创新策略与方向设定，统筹制定产品创新规划，整体匹配创新资源。而事业部层面的研发主体更侧重技术线产品研发，专注于技术研究、产品设计及试验验证等。二是领域协同的技术团队。中国汽研引入高等院校、科研机构等外部专家力量，围绕十大重点业务领域设立了各领域专业技术团队，既能聚焦技术领域专业力量，又能实现跨业务单元间的部门协作。技术团队建立"专职负责"的三级技术人才梯队，依据各自领域的特性和需求，进行深度协作和技术交流，使其能充分发挥各团队成员的专业优势，集中力量解决各自领域内

的关键技术问题。三是聚焦根技术的研究中心，为解决产品研发过程中的共性技术难题，围绕三大根技术，分别设立了测评、算法、控制根技术"虚拟"研究中心，开展共性技术研究和关键技术攻关，支撑以"技术同心、产品多元"为核心的关键产品研发。四是面向前沿的科创基地，中国汽研在汽车安全、新能源汽车、智能网联汽车等领域先后获批组建了汽车噪声振动与安全技术国家重点实验室、国家燃气汽车工程技术研究中心、替代燃料汽车国家地方联合工程实验室 3 个国家级科技创新基地，以及 20 个省部级科技创新基地，既为科研人员提供了优质的研发资源，也为公司与其他科研机构、企业和政府部门的合作提供了重要的平台。

（三）增强投入体系，提升"产品力"创新引线

为了持续优化研发投入结构，提高研发资金的使用效率，中国汽研采取积极的研发投入策略，设立了"研发准备金"，每年从经营收入中提取不低于 5% 的资金作为科研经费，为科研工作的持续开展提供充足的资金来源，采用多样化的研发投入形式及二元化的联动投入机制实现研发费用的科学投放及分配。

1. 多样化的研发投入形式

中国汽研采用多种研发投入形式以满足各类研发需求，使其能够孵化出具有产业化前景的产品，推动科技成果的转化和应用，进一步创新"自研投入为主，外延投入为辅"的研发投入模式，打出投入形式"组合拳"，有效推动公司科技创新进程。一是坚定不移强化自主研发投入。为全力解决现阶段和未来发展过程中的科技难题和瓶颈问题，中国汽研对核心"产品力"的技术攻关，坚持以我为主，持续加大自身投入，通过精细化管理科研经费，实现科研资金的高效使用。二是积极探索如何拓展对外孵化投入。中国汽研以投资为工具和纽带，加强内部初创项目与外部资本的深入合作，通过种子资金、风险投资等多样化的融资方式，帮助解决成果转化初期资金瓶颈问题，推进有较好市场前景的产品快速实现商业化。三是大胆创新推出"揭榜挂帅"机制。2021 年 6 月，中国汽研联合中国汽车工程学会举办了以"创榜聚贤・智创共赢"为主题的"揭榜挂帅"大会，面向社会公开发榜了千万余元的10 项亟待攻关的技术难题，吸引了 50 余所高校参与，清华大学、上海交大、湖南大学、环境科学研究院等 10 余所高校及科研院所揭榜，通过产学研合作模式，盘活科研经费，拓展了科研经费渠道。

2. 二元化的联动投入机制

中国汽研既往研发投入主要以公司投入为主，事业部自身投入偏低，占比不足公司总体研发投入的两成，未能充分激发创新主体开展研发活动的积极性。近年来，中国汽研逐步优化公司与事业部研发投入比例，探索形成上下联动投入机制。围绕战略产品研发和根技术研究，组织实施公司级产品研发项目，持续提升研发经费投入强度。各事业部通过自设产品研发项目、申请外部科研课题等方式加大研发投入，通过增强"产品力"催生科技创新内生动力。

（四）搭建人才体系，耦合"产品力"创新磁线

中国汽研持续拓展引才渠道、创新方式方法，加强中高端技术人才引进和培养，以综合性的策略吸引、培养技术人才，实施持续的教育与培训计划，提高技术人才的专业能力，以及建立公平的科技人才上升系统，最大程度地发挥技术人才的专业技能，力求打造一支规模适当、结构合理、专业匹配、素质精良的技术专家人才队伍。

1. 实行内培外引的人才策略

中国汽研深感汽车行业正处于深度变革期，行业技术人才供不应求，尤其是热点技术方向人才非常紧缺。为了能够吸引人才，确保与公司战略发展相匹配的人才数量和质量，中国汽研构建了两个科技人才策略。一是"广聚才、汇英才，先有后优"，通过加强雇主品牌建设、扩充招聘渠道、搭建产学研人才联合培养机制等举措，先解决"量"的问题，再通过核心技术人才和高潜骨干人才盘点、专

业技术领域专家选拔、重大项目攻关实践培养与专业培训等举措解决"质"的问题。二是加大柔性引才，借智引智，通过国家重点研发计划、校企合作等项目，积聚了大批高校教师、博士与博士后、实验室研究人员、海外专家及特聘专家等高端人才资源。

2. 打通科技人才的上升渠道

中国汽研建立了技术人才晋升专家成长路径，设立首席专家、资深专家、高级专家三个层级。各级专家由公司通过内外部渠道进行选聘，公司内部现任中层干部及以上人员不得兼任各级专家，真正做到管理渠道与技术渠道的分离，建立了专家体系职业发展路径，有效解决科技人才的职业发展顾虑，充分发挥骨干人才效能。

3. 夯实科技人才的梯队建设

中国汽研围绕科技发展重点方向，持续引进所需的核心技术人才，探索建立青年科技人才库，设立青年科技人才项目，为创新能力强、发展潜力大的青年科技人才提供创新环境支持，促进青年科技人才在所从事的研究领域形成代表性成果，加快培育一批具有成长为行业级和国家级人才潜力的优秀青年后备军。

（五）强化激励体系，扩张"产品力"创新曲线

为充分激发科研人员的积极性和创造力，中国汽研积极深化体制改革和机制创新以激发科技创新活力，先后建立了以需求为导向的科技成果共创、共有、共享模式，形成了限制性股权激励、科研项目虚拟跟投激励、科技成果产出激励等机制，有效调动了科研人员积极性，将科技人才优势转化为公司高质量发展动力。

1. 实施限制性的股权激励计划

中国汽研按照公平公开、同股同价、以岗定股和动态调整等原则，依法合规、择机推行员工持股或股票分红权，并且适当放宽优秀管理人员、优秀科研团队带头人和核心骨干人员的持股比例限制，鼓励核心骨干员工按照市场价格购买公司股权。截至目前，中国汽研已先后实施了三期共计800余人股权激励，累计激励4500万股，极大提升了核心人才干事创业的动力和活力。

2. 探索科研项目虚拟跟投机制

中国汽研探索建立了科研人员收益与科研成果推广应用紧密挂钩的科研项目虚拟跟投激励机制。项目核心技术骨干以自有资金参与跟投，项目目标达成后获得本金返还、跟投激励及分红激励，实现员工与公司风险共担、利益共享。

3. 开展广泛性的科技成果激励

对于科技成果产出，实施优秀科技成果奖励、专利授权与应用奖励、著作权发表、出版、登记奖励，鼓励发明创造与应用；对于行业标准及行业活动，实施标准制修订工作奖励、优秀行业平台与机构奖励，推动行业标准化与行业平台建设；对于科研支持，给予技术委员会专家咨询补贴，充分调动技术专家积极性。

（六）演进流程体系，升级"产品力"创新环线

产品开发体系的建设与信息化管理工具的应用，对科技研发活动的高效运转和持续获取产品竞争力起着强大的支撑作用，为此中国汽研结合自身需求，创建了产品开发流程体系及数字化管理系统。

1. 构建中国汽研产品开发体系

中国汽研结合自身实际，构建了贯穿"论证—规划—开发—验证—生产—运维"的全过程产品开发体系（CR-PDS），规范了产品开发的各个环节，并差异化地构建了"技术服务、数据应用、装备工具"三类产品的开发流程，确定了各阶段输出物；设置了技术评审和决策评审点，加强了开发过程管控；形成了端到端的跨部门协作机制，明确了核心研发团队架构与职责；强化了效率和质量的结合，

有效保障了产品开发的成功率。

2. 实现产品开发项目数字管理

针对重大项目进度不清晰、项目数据分析准确度差、项目风险难以及时了解等问题，中国汽研建立了符合自身需求的项目管理系统（CD-MOP），可实时跟踪和监控项目进度，使各项目遵照 CR-PDS 体系规定的各个阶段执行，呈现管理数据，包括里程碑、任务交付达成情况、风险与问题、费用成本与效益等展示。在研发投入强度不断加大的背景下，CR-PDS 体系实现了研发数字化、管理平台化，提升了项目的执行效率，降低项目管理风险并增强了项目透明度。

（七）健全评价体系，规范"产品力"创新标线

中国汽研结合自身特点，设计并实施了一套全链条科技创新评价体系，覆盖"研发投入—科技成果产出—科技成果转化"的整个过程。评价体系的结果不仅作为评价科技创新活动成效的重要依据，同时也被纳入各事业部及其负责人的年度绩效考核 KPI（关键绩效指标），从而将科技创新的目标及进度与各部门及其领导的绩效考核紧密地联系在一起。

三、汽车行业服务企业以打造产品力为核心的科技创新体系构建效果

（一）科技促经营显成效

中国汽研强化科技创新与经营孪生互促，通过科技创新体系的有效实施，科技创新工作"蹄疾步稳"，实现核心产品的开发，转型升级工作换挡增速，创新业务成效逐步显现，经营发展质量和效益进一步提升。

（二）成果转化硕果累累

近五年，中国汽研通过持续创新，积累了丰硕的科研成果，在新能源汽车测试、智能网联汽车测试、试验设备开发等领域培育了中国汽研的技术能力，共获得 55 余项省部级及行业奖励。同时，知识产权保护工作也取得了显著成就，获得专利授权 680 项（其中发明专利达 200 项），软件著作权 150 项。此外，中国汽研在国家和行业标准的制定和修订方面也起到积极推动作用，完成了近 200 项国家或行业标准的制（修）订，为提升行业技术水平和规范行业发展做出重要贡献。

（三）"产品力"显著增强

1. 消费者的"好顾问"

中国汽研立足第三方行业机构，积极响应消费者对汽车行业的关注诉求，先后与美国 IIHS、欧洲 RCAR、国际交通医学会、中保研、中国信息通信研究院等机构，开展跨地域、跨领域的多元合作，发布"中国保险汽车安全指数、中国汽车健康指数、中国智能汽车指数"三大指数，并持续推进指数体系升级。截至 2022 年年底，中国汽研汽车指数已完成 56 家品牌、293 款车型测试，涵盖消费者关注的 90％以上热点车型。在中国保险汽车安全指数推动下，近年来我国车辆安全水平提升显著，与国际主流市场热销车型安全性能差距明显缩小，车内乘员安全整体评价优秀率由 2018 年的 22％提升至 93％。在中国智能汽车指数的推动下，我国车辆智能化功能持续提升，智能安全、智能行车、智能交互水平保持稳定提升，且自主品牌智能驾驶技术水平实现行业领跑。

2. 企业的"好助手"

围绕智能网联测评需求，中国汽研在智能汽车量化评价体系构建、数据驱动加速验证、虚实耦合高效测试、车路协同感知测评等方面实现了一系列关键技术突破，陆续推出室内外高精定位系统、智能汽车道路测试系统、数字孪生整车在环系统等 9 款软硬件一体化产品，并行仿真软件在环系统、安全合规性评价软件等 6 款纯软件产品，以及中国自然驾驶数据库一款数据产品。这些智能网联测评产品中部分产品已成为国产品牌市占率第一，涵盖智能驾驶测评、智驾智舱仿真、网联车路协同等功能。

围绕企业测试验证需求，中国汽研推出了一系列高端试验装备。面向汽车领域，中国汽研采用先进的电液和电驱技术平台，独立开发出大吨位作动器、高精度控制器和静音油泵等基础核心部件，构建出一套全面的、系列化的整车及系统级道路模拟试验系统，大幅提升了试验效率与精度。面向航空领域，中国汽研研制了国内首台（套）航空动力学大装置——航空轮胎高加速试验台，帮助解决我国航空轮胎关键技术"卡脖子"难题，助力我国航空产业自主稳健发展。

3. 政府的"好帮手"

中国汽研服务政府实施科学有效监管，平稳有序促进行业发展，推出了安全预警、数据监管等产品，成为协助政府交通安全管理的技术"帮手"。

针对安全监管需求，中国汽研研发的新能源汽车安全预警平台是业内的先驱之作。该平台支撑市场监管总局召回中心开展风险车辆识别、缺陷挖掘及召回效果评估工作。

针对事故调查需求，中国汽研与重庆市公安局交巡警总队共建"智慧交通安全管理联合实验室"，在全国 10 个省市进行事故调查，成功构建中国出行交通事故数据库，以揭示交通安全的潜在问题并研究有效的预防策略。

（成果创造人：万鑫铭、刘安民、张亚明、吴　瑜、

陶　倩、唐淑花、张振华）

科研院所以推进玻璃产业升级为导向的关键技术创新管理

中建材玻璃新材料研究院集团有限公司

中建材玻璃新材料研究院集团有限公司（以下简称中研院）的身前是 1953 年在北京成立的第一批国家级综合性甲级科研设计单位，是国家重点高新技术企业、国家技术创新示范企业、国家级工业设计中心。2000 年加入中国建材集团并改制成立中国建材国际工程集团有限公司。2014 年，以中研院为核心企业在北京注册成立凯盛科技集团有限公司。2019 年成为国有企业混合所有制改革试点单位，2021 年年底完成重组更名。2022 年营业收入为 172.63 亿元，利润总额为 7.46 亿元，建有国家玻璃新材料创新中心、浮法玻璃新技术国家重点实验室等国家级创新平台 12 个，硅基材料安徽省实验室、安徽省玻璃新材料工程技术研究中心等省部级创新平台 30 个，现有中国工程院院士 1 名、国家高层次人才 4 名、战略性新兴产业领军人才 20 多名，累计承担国家 863 计划、973 计划近 20 项课题，获"国家科技进步奖一等奖"1 项、二等奖 3 项。

一、科研院所以推进玻璃产业升级为导向的关键技术创新管理背景

现代化产业体系是现代化国家的物质支撑，是实现经济现代化的重要标志。作为国家战略性基础材料，中国玻璃产业规模长期处于全球领先地位，但"大而不强"的问题一直存在，加快玻璃产业传统技术升级和新技术开发具有重要的战略意义。

中研院依靠深耕玻璃行业 70 年的老牌科研院所的历史积淀，在"十二五"和"十三五"10 年的跨越式发展历程中科技攻关成果丰硕、产业建设覆盖全国、工程板块服务全球，已经为玻璃产业升级奠定了一定的优势和基础，在显示材料和应用材料、新能源材料、优质浮法玻璃和特种玻璃领域形成了一批创新和产业化成果，但对照建设世界一流玻璃新材料研究院的战略要求，还需要继续发挥"原创技术策源地"作用，在推动传统玻璃技术和产业技术升级更新的基础上，推动战略性新兴产业融合集群发展，构建新一代玻璃新材料、高端装备、绿色环保的新产业增长引擎，打造世界一流先进新材料产业新高地。

二、科研院所以推进玻璃产业升级为导向的关键技术创新管理主要做法

（一）开展顶层设计，统筹规划部署

1. 坚持高标站位，明确思路目标

围绕推动产业化升级的玻璃新材料关键技术突破转化，中研院坚持以习近平新时代中国特色社会主义思想为指导，组建以国家高端智库组成的科学技术委员会，由院士领衔，聚焦"四个面向"，把握科技创新的选型和方向，实施创新驱动发展，聚焦玻璃新材料及应用材料关键技术和科技前沿领域，加强技术创新协同体系建设，以创新玻璃新材料关键技术为思路，以建设世界一流玻璃新材料科技产业集团、推动现代产业升级为目标，以技术研发为核心，以推动产业升级为立足点，充分发挥市场在资源配置中的决定性作用，整合科技创新资源，完善科技创新平台，开展玻璃新材料关键技术攻关突破，创造性开展产业协同发展，解决产业发展的共性问题，推动玻璃新材料产业高质量发展。

2. 开放创新组织，汇聚创新资源

中研院牵头建设"十四五"首批国家制造业创新中心——国家玻璃新材料创新中心，重点围绕信息显示玻璃、新能源玻璃、特种玻璃、节能低碳玻璃四大方向，开展关键共性技术攻关、产业孵化及行业公共服务，发挥原始创新策源地作用，组建形成以"两院"院士为领军、科研经理人为带动、核心骨干为支撑的人才队伍研发团队。采用"公司＋联盟"方式运营，涵盖玻璃新材料行业领军龙头企业、高校、科研院所和投资平台，吸收 12 家股东和 82 家联盟单位参与建设，如福耀玻璃主动提出参与创新中心投资。建立国内玻璃新材料领域唯一国家级创新平台，联合股东单位及联盟成员单位，聚焦整个行业上下游产业链，发挥平台研发资源整合与统筹功能，明确股东单位、联盟单位、行业其他单位在合作中的角色定位，依据行业所需和未来发展方向，科学制订发展战略和技术研发规划，合理分配创新资源，推动重点研发项目及其转化，建设各方角色明晰、有机协作的开放化创新机制，打造世界一流玻璃新材料协同创新平台，建设由股东单位齐聚的开放式"产学研用金"核心层、联盟企业组成的中间层、其他行业及上下游企业汇聚的外围层三个层面产业升级创新发展新格局，形成玻璃新材料关键技术突破转化管理，推动产业化转型升级。

3. 制定实施路径，分步统筹推进

深入分析玻璃新材料行业面临的内外部环境，依据产业升级目标，制定推进产业升级的玻璃新材料关键技术突破转化管理实施路径，确定各阶段工作重点。

在启动部署阶段，分析玻璃新材料领域的空白点，柔性可折叠玻璃、玻璃熔窑二氧化碳捕集与提纯技术等在国内尚未实现技术突破；梳理现有技术薄弱点，如"十三五"期间刚实现技术突破的 8.5 代 TFT-LCD 玻璃基板、中性硼硅药用玻璃、发电玻璃等技术还不完善，良品率仍需提升，产业化还有差距。将上述确定为"十四五"期间的重点专项，进一步厘清玻璃新材料关键技术突破转化与产业化转型升级发展间的关联。

在攻坚突破阶段，依托各方协作创新机制，通过实施关键技术突破，填补国内技术空白，实现玻璃新材料技术自强自立，推动新材料产业化转型升级，全方位服务新材料作为国家战略性支撑和重大工程不可或缺的基础材料。

在成果转化阶段，深化玻璃新材料科研成果的应用，加快成果转化应用，建立健全长效替代应用机制，提升玻璃新材料成果转化应用效率，推动玻璃新材料科技成果产品示范应用。

在产业升级阶段，深入总结玻璃新材料科研成果转化带来的改变，提炼产业布局发展运营新方法，形成玻璃新材料关键技术突破转化管理，推动产业升级，引领玻璃新材料产业高质量发展。

（二）集成创新要素，发挥攻坚合力

1. 布局全球研发，协同技术攻关

中研院加快布局全球研发基地建设，已建成蚌埠、合肥、黄山、成都等研发基地，初步完成全球新材料研发基地布局。深化国际化技术合作，联合美国新泽西理工大学、国外研究机构及相关企业，积极开展玻璃新材料技术、光伏建筑一体化（BIPV）、后置式光伏发电屋面系统（BAPV）等研发合作，促进新材料技术成果标准化，多项成果实现产业化。2022 年对外合作项目 39 项，占全部开发项目的 75%。

加强产学研合作，实施协同关键技术攻关，联合清华大学、北京大学等国内外多家高校、行业优势企业开展协同创新，建立研发合作平台，共同申报国家研发计划重点专项，合作探索碳捕集与利用封装技术。以浮法玻璃新技术国家重点实验室、玻璃技术节能国家地方联合工程研究中心为主线，建设和完善玻璃镀膜技术研究中心、玻璃深加工工程中心、光电应用技术研究中心等研平台，与德国 Avancis 公司合作进行光伏新材料研究，打造新能源和光电材料研发平台，全面开展新玻璃、新材料、新能源产业和节能减排技术装备研发工作。依托 TFT 液晶玻璃基板方面多年的技术和经验积累，中研院联合行业技术、产业化领先的优势企业，发挥各自优势，实施技术联合攻关，促进资源共享、协同发展。

2. 首席专家管理，激发创新动能

建立首席专家制度，将在关键科学技术方面做出重大的、创造性的成就和贡献，主持重大科研任务、领衔高层次创新团队、领导国家级创新基地和重点学科建设的科技人才聘任为首席科学家或特聘专家，负责玻璃新材料的研究方向和发展规划，负责提出科研工作领域的发展目标、阶段任务和总体部署建议，组织推进重点业务，负责科研工作领域重大成果集成和服务产品研发，促进成果的转化应用，同时发挥"传帮带"作用，指导推进科研工作领域的人才培养和团队建设。通过制度建设，在保障首席专家享受职级、住房、医疗、落户等方面的同时，充分赋予首席专家科研团队人事任免、科研组织等自主权。

3. 攻坚原创技术，摆脱国外垄断

自 2020 年以来，中研院通过要素集成，协同开展技术研发，相继研发出以全球领先柔性可折叠玻璃、玻璃熔窑二氧化碳捕集与提纯技术等为代表的引领玻璃行业产业升级的关键技术，推进高世代 TFT 电子玻璃基板、中性硼硅药用玻璃、发电玻璃等为代表的基础原材料实现了产品升级和市场应用。

（三）创新成果转化，推进产业升级

1. 推动产研融合，加强科研生产

中研院在内部推进组织变革，将科技管理部门与浮法玻璃新技术国家重点实验室科技管理办公室合并运作，成立若干重大关键核心技术项目攻关专班，推进创新组织趋于柔性化、扁平化和网络化；在外部构建合作创新组织，通过契约化形式，形成自上而下和自下而上相结合的良好沟通机制和问题快速响应机制，加强科技创新和成果产业化组织及人员之间的协调合作，消除科技成果从研发—小试—中试—产业化各阶段之间的障碍与隔阂，加速科技成果产业化进程。比如，中研院为加速柔性可折叠玻璃产业化进程，利用自身在电子信息显示玻璃研发方面的优势，以市场化协同开发的方式，组织上下游产业链从事手机盖板玻璃生产、玻璃薄化、盖板玻璃加工和贴合生产等方面具有产业链系统及比较优势的企业甚至终端客户，成立协同攻关团队；针对超薄柔性玻璃技术指标要求，制订可行的工艺路线和详细的技术实施方案，攻克料方研究、原片生产加工、玻璃性能提升、工艺及装备开发、质量控制等 100 多项产业化技术难题，形成国内唯一覆盖"高强玻璃—极薄薄化—高精度后加工"的全国产化超薄柔性玻璃产业链，成功实现工业化生产。

2. 工艺装备替代，加速产业发展

中研院主持开发玻璃新材料系统成套装备，在显示玻璃领域集成创新超薄信息显示玻璃成套装备，突破国外封锁，打通完整产业链。在高世代 TFT 电子玻璃基板的开发过程中，创新掌握具有中国特色的铂金流道超薄浮法新工艺，实现窑炉、锡槽、退火窑等关键装备的国产化开发，实现高世代 TFT-LCD 玻璃基板"零"的突破。攻克中性硼硅药用玻璃管技术，自主创新研发关键核心工艺装备，解决行业内"玻璃液不易澄清"和"高质量成型困难"的"卡脖子"问题，在国内率先实现高品质药用中性硼硅玻璃管的稳定量产。柔性玻璃厚度公差微米级，厚度仅有 A4 纸的 1/3 左右，无法使用常规的切割加工手段进行加工，没有可用的设备，没有现成的工艺，所有的一切都要从头开始摸索。在研发过程中，研发团队联合国内同类型设备企业自主开发超薄柔性玻璃切割设备，同时对精雕、化学强化等全制程加工设备的开发均采用这种方式进行。在原有液晶玻璃减薄工艺的基础上，项目团队打通了化学减薄配方调整、工装治具改进等工艺环节，成功研究出适合实现工业化生产的柔性超薄玻璃核心国产装备。

3. 推进示范应用，贯通产业链条

中研院以产业升级为导向进行玻璃新材料关键技术创新攻关，攻克一批关键核心技术，示范一批前沿引领技术，通过应用示范加速产业发展，打通了从材料研发到终端应用的"最后一公里"。

2022 年，中研院实施第一个非洲坦桑尼亚的水泥余热发电项目，成功打开非洲市场；建设土耳其最大的余热电站炭黑余热发电项目。2023 年，经美国国家可再生能源实验室（NREL）独立证实，中研院的铜铟镓硒发电玻璃的光电转换效率达到 20.3%，再次刷新世界纪录；碲化镉发电玻璃单片功率突破 331 瓦特，转化效率达到 17.25%，创造了我国大面积（1.92 平方米）碲化镉发电玻璃转化效率最新纪录。

中研院充分利用自主研发的发电玻璃建设光伏建筑一体化应用示范项目，建成"世界单体规模最大薄膜光伏建筑一体化应用示范项目"，单体厂房建筑面积 12 万平方米，与美国苹果总部大楼并列为世界最大的千万瓦级别自发电工程项目。在厂房墙面和屋顶的结构、安装方式、施工及运维等方面进行一体化同步设计，采用"自发自用、余电上网"方式，大幅降低工业能耗指标，实现建筑从"高能耗向低能耗、正能耗"转变。2020 年 2 月 28 日至 2021 年 3 月 1 日，单体规模 10 兆瓦薄膜光伏建筑一体化（BIPV）应用示范项目运营一周年，累计发电超过 1100 万千瓦时，收益约 900 万元。在全球瞩目的 2022 年北京冬奥会上，碲化镉发电玻璃应用于国家速滑馆和张家口冬奥会场馆 BIPV 建筑一体化项目、赤城奥运走廊项目等，以绿色低碳、节能环保助力绿色冬奥。

（四）两化深度融合，服务产业互联

1. 科研数字化助力协同创新

针对玻璃行业创新基础薄弱、创新资源"碎片化"和前沿技术研发进展缓慢的问题，凯盛 AGM 工业互联网平台通过集成 SAAS 化虚拟仿真工具创新数字实验与物理实验验证的协同，通过全球科研管理体系打通全球科研资源助力协同创新。

玻璃材料仿真基于基础物理模型，依靠计算机技术，从原子水平出发，模拟和预测材料的服役性能。作为实验方法的辅助手段，凯盛 AGM 虚拟仿真平台通过玻璃材料仿真和高通量虚拟筛选，有效降低试错成本，缩短产品开发设计周期，先于实验预测材料性能，进行配方筛选；部分代替化学合成、结构分析、物性检测等实验，减少仪器占用率，降低总体研发成本。

中研院以国家重点实验室为核心建设全球实验室运行管理系统，通过统一门户统一认证，打通数据接口对实验室主流程进行数字化管理，建设智慧实验室。搭建全模型全关联的单一数据源的数据架构，搭建包含需求、审批流程、BOM（物料清单）、技术文件、变更等的数据管理体系，关联需求与计划、计划与交付物、资源，对科研项目进行在线管理。

2. 工程数字化推动成果转化

针对玻璃行业创新成果转化应用不够、核心装备及工艺国产化替代不足的问题，凯盛 AGM 工业互联网平台通过设备智能运维和全流程工程数据服务推动成果转化。

基于凯盛 AGM 工业互联网平台的设备智能运维系统为玻璃装备数字化、智能化管理总体建设提供总体框架和技术保障，一方面建立灵活高效的数据基座，为数据接入、功能应用提供稳定基础；另一方面增强智能化数据处理手段，充分挖掘玻璃装备数据价值，为各功能应用的信息集成、数据整合、信息共享、统一展现提供了支撑，也为智慧化分析决策与数据挖掘提供有力支持。在设备全生命周期管理的基础上，通过在线监测与诊断、设备巡检、油液监测、特种视频监控与图像识别等一套综合性设备运维系统开展设备预知性维护。基于传感器、数据采集、大数据分析等技术手段，使基于设备状态监测的预测性维护变得更加便利，成本更低，设备管理将逐步从事后维修转变为预知性维护。

凯盛 AGM 工业互联网平台通过数据积累、算法优化、模型迭代，形成覆盖玻璃行业的各类知识库、工具库和模型库，将自身工业经验知识进行提炼和封装打造标准化工业 App，打造玻璃行业标准化创新应用。玻璃行业创新成果通过标准化工程服务实现成果快速转化。

3. 制造数字化驱动产业升级

针对玻璃行业产业发展存在短板、产业升级驱动力不足的问题，凯盛 AGM 工业互联网平台聚焦智能制造和数字化工厂，以制造数字化驱动产业升级。

中研院通过打造基于工业互联网平台的智能制造系统，通过协调各企业内部及各个组织之间与生产相关的业务活动，利用行业优势，打造生产协同。在下游，利用平台集采优势提供"拼团订单"为小、非、散型客户赋能。在上游，联通上下游市场动态及时共享、统筹引领业态同步配合。建立企业配套关系，企业与平台实现各自独立、相互依托，树立共生共赢的目标。在生产层面通过数据采集及时把作业执行结果反馈给生产计划，与企业现有 ERP 系统集成数据对接，及时采取产线现有生产订单数据。在分析层面将采集到的数据进行统计和分析，自定义各种管理统计图表，分析计划执行情况、生产经营状况等，为企业生产经营决策提供丰富的数据支持。在集团层面通过对运营管理数据、生产线实时数据、设备运行数据的采集与分析，对生产过程、产品质量、运维智能化，解决上下游公司分厂之间的信息孤岛，信息系统与自动化系统之间的孤岛问题，实现集团智能工厂的作业协同。打造行业数字化新业态标杆，驱动产业优化升级。

（五）健全保障机制，推动落地实施

1. 建立价值导向，完善激励机制

制定出台《卡脖子重点项目保落实机制及监督机制》《科技项目揭榜制工作实施办法》《科技奖励办法》等管理制度，建立以人才资本价值为导向的分配激励机制。一是每年组织优秀工程设计、优秀工程总承包、优秀工程咨询、优秀科技成果、优秀技术革新和优秀发明专利项目的评审，对评优项目进行配套奖励；二是研发项目实行项目经理负责制，充分调动研发人员创新创造的积极性、主动性，在项目开发规定期限内能完成或提前完成全部开发要求或取得突破性、阶段性进展，给予项目团队和个人一定的奖励；三是建立科技成果转化收益分配和激励机制，以技术转让或者许可方式转化科技成果的，从技术转让或者许可所取得的净收入中提取不低于 30% 的比例用于奖励；四是采用股份形式推动技术成果转化，以技术成果作价出资设立公司或者开展股权投资时，从科技成果入股时作价所得股份中提取 30% 用于奖励。

2. 建立人才培养发展长效机制

坚持以人为本、人才强企，实施人才引进与培养相结合的战略举措，面向全球招揽人才，营造人才发展环境。一是实施导师制培养，筛选富有经验和技能的资深管理者或者专业人员作为新进青年技术人员的导师，有序培养青年技术人员快速成长；二是建立联合培养机制，与具有优势的高等院校及科研院所制定合作培养方案，以不同方式选派中青年科技人员继续深造，采用个性化设计、订单式培养管理，让科技人员掌握核心知识，为后续科研工作奠定坚实基础；三是搭建培养平台，依托联合实验室、院士工作站、博士后流动站、独立研究所或实验室等平台，配套提供灵活的项目管理和绩效管理机制，吸引、聚合、培育高水平专业人才；四是创新对外交流人才培养方式，努力创造条件让科技骨干走出国门，通过进修访问考察及开展合作研究、学术交流等途径，拓宽视野，了解前沿动态，提升研究水平，培养一批国际化人才。通过一系列培养举措，激发广大科研人员干事创业热情，培养"百名博士、千名大师、万名工匠"高素质科研和技能人才团队，打造人才高地。

3. 构建创新文化，弘扬创新精神

在总结企业 70 年来实践经验的基础上，不断构建一流创新文化，研发一流创新成果，打造一流创新能力，形成有中研院特色的创新文化内涵：以目标文化推进思维创新，明晰战略、指引方向；以自强文化推进科技创新，激发活力、凝聚动力；以速度文化推进模式创新，与时俱进、勇立潮头；以开放文化推进市场创新，追求卓越、竞合共赢；以争先文化推进管理创新，攻坚克难、力争一流；以团结文化推进组织创新，开放包容、彰显担当。

三、科研院所以推进玻璃产业升级为导向的关键技术创新管理效果

（一）明确创新主体地位，打造创新体制机制

中研院通过实施关键技术突破转化管理，突破了"卡脖子"关键技术，推动了玻璃新材料产业升级，玻璃新材料技术研究走在全国前列，也建成了一套有着中研院特色的助力新型产业化升级的体制机制。中研院作为科技领军企业，充分发挥集成创新、组织平台的优势，打通从科技强到企业强、产业强、经济强的通道，整合集聚创新资源，形成跨领域、大协作、高强度的玻璃新材料创新平台，开展产业共性关键技术研发、科技成果转化及产业化、科技资源共享服务，推动重点科技项目、基地、人才、资金一体化配置，推动创新链、产业链、资金链、人才链深度融合。同时，明确中研院的创新主体地位，发挥企业出题者作用，推进重点项目协同和研发活动一体化，加快构建行业龙头企业牵头、高校院所技术支撑、各创新主体相互协同的创新联合体，建立高效强大的共性技术供给体系，提高科技成果转移转化成效。

（二）科研成果快速转化，取得显著经济效益

中研院通过开展玻璃新材料技术攻关，科技研发投入年均增长超过10%，科技成果转化率达到60%以上，推动科技成果成功转化50余项，培育、打造了玻璃新材料产业化公司20多个。柔性可折叠玻璃的全部关键材料的技术突破，使中研院成为全球唯一掌握全套UTG工艺技术企业。TFT-LCD液晶玻璃基板生产线良品率达到国际先进水平，打破了美国康宁等国外少数企业的垄断，实现国内自主生产，显著降低TFT-LCD面板生产成本。中研院已经应用于建筑物的碲化镉发电玻璃年均发电量可达1.1377亿度，年节约标准煤39138吨，年减排二氧化碳118967吨，荣获"第七届中国工业大奖表彰奖"，并成功应用到第三十一届世界大学生夏季运动会比赛场馆和运动员下榻酒店中，用科技力量助力绿色大运。光伏玻璃生产线累计实现产值超过500亿元，全球市场占有率达60%。建成了世界最大规模的1200吨级高品质浮法玻璃生产线，满足了国内市场对高品质浮法玻璃的需求，累计创造利润100亿元，推动了中国玻璃技术和装备走向世界。组织实施美国福耀、韩国现代、印度HNG、印尼ARB、伊朗ARDAKAN等大型成套工程，创汇30多亿美元。截至2022年12月，中研院总资产达到450.84亿元，与企业改制之初相比增长237倍，主营业务收入172.63亿元，利润总额7.46亿元，实现增长达790倍。玻璃新材料科研成果转化效益显著。

（三）推动科技自立自强，促进产业升级发展

中研院通过建立玻璃新材料技术研究、产学研协同、示范应用、产业化发展、资金支持的创新举措，成为国内唯一一家掌握超薄触控玻璃、高强盖板玻璃、TFT-LCD玻璃基板三大主流显示玻璃基板关键技术的企业，创造了国内外玻璃新材料领域多项第一，形成具有自主知识产权玻璃新材料"中国首创、世界第一"的创新成果并成功实施产业化。研发高世代TFT-LCD玻璃基板关键技术并实现产业化，实现国家高世代液晶玻璃基板零的突破，获评国务院国资委"央企十大创新工程"，2021年10月作为国家新材料领域的重大标志性成果，亮相国家"十三五"科技创新成就展，得到党和国家领导人的高度肯定。中研院获得国家级特色专业型工业互联网平台、国家服务型制造示范平台、专精特新"小巨人"企业、全国建材行业2022年度十大科技突破领军企业等称号。

（成果创造人：彭　寿、周　鸣、陈　勇、陶立纲、张　冲、江龙跃、
　　　　　　　蒋荣英、王　伟、胡华波、金望琳、吴佳伟、陶天训）

以"三维四化"为核心的冬奥火炬项目精细化流程管理

北京航天动力研究所

北京航天动力研究所（以下简称研究所）创建于1958年，是我国液体火箭动力事业的发源地，研制了多种用于战略导弹和运载火箭的液体火箭发动机，在"两弹一星"、载人航天、深空探测等国家重点任务中得到广泛应用，支撑着国防现代化建设和中国航天事业发展。研究所依托火箭动力专业技术优势，致力于民用产品技术创新与规模经营，形成了热能工程、特种泵阀、环保与节能装置、氢能利用等关键装备及产品，是中石化、中石油、中海油、中化、神华集团等重点企业优秀供应商。作为国家特种泵阀工程技术研究中心、北京市技术创新中心、中国航天科技集团有限公司低温液体推进技术实验室、中国航天科技集团有限公司氢能工程技术研发中心的依托单位，研究所不断推动产业化发展与应用。近年来，在国家推动能源结构转型升级及实现全球"碳中和"目标进程中，研究所利用氢能工程技术研发中心平台，开展了可再生能源储能转换技术集成与利用、电解制氢系统技术，以及再生燃料电池发电系统研究，新产品成功进入陆海空天等各领域。截至2022年年底，研究所总资产67.58亿元，实现营业收入38.85亿元。

一、以"三维四化"为核心的冬奥火炬项目精细化流程管理背景

（一）航天高科技助力"绿色奥运""科技奥运"的国家需要

在国家"碳中和、碳达峰"的战略规划下，为传递绿色环保、清洁与可持续的高质量发展理念，2022年北京冬奥会将低碳和环保融于体育竞技，首次实现了冬奥会历史上火炬零碳排放，火炬完全采用氢气作为燃料，比传统烷烃更契合"简约、安全、精彩"的原则，树立了"绿色奥运""科技奥运"的新标杆。研究所具有深厚的氢能利用基础和成熟的氢能应用技术，研制的工业火炬产品技术先进、性能优异、可靠性高，广泛应用于能源化工领域。研究所以精湛先进的技术实力，承接了冬奥会手持火炬和主火炬的研制任务，在突破一系列关键技术的同时，创新研究了项目管理经验，践行了航天企业的社会责任。

（二）创新全流程管理、保障专项任务顺利实施的迫切需要

航天重大工程任务具有技术创新性强、投资规模庞大、参与单位众多等特点，工程组织管理挑战巨大，实施过程中需要研究管理理论和方法创新。冬奥火炬专项任务具有航天重大任务"工程规模大、前沿技术运用、跨专业协作、跨组织统筹"的特点，包括手持火炬、主火炬及张家口、延庆和鸟巢三地火炬台的研制及运维，项目团队要在两年内完成需求对接、方案设计、设备研制、工程施工、系统集成和测试等全流程研制任务，工程进度紧、质量要求高、协同范围广。采用传统组织管理模式，其科学化水平和管理效能难以满足复杂任务要求，项目组需要在传统项目管理基于时间、成本、质量的目标管理上，研究探寻适合这种特殊重大工程项目的管理模式，进一步提升和优化顶层设计与统筹运作能力，保障专项任务顺利实施。

（三）提升管理能力、推动产业链整体运作的现实需要

在航天重大工程任务实施中，当资源出现冲突时，往往采用"优选优配"原则，更加考验组织能力和流程管理能力。在火炬项目实施过程中，项目组一方面需要综合集成密集复杂的新技术，有效配置从设计生产到试验验证各环节的资源保障，准确识别和科学应对大量不确定性风险；另一方面还要注重流程优化与管理融合，上游对接国家奥组委、导演团队、航天科技集团冬奥专项工作组，下游对接30余家协作供应商，涉及范围广、接口多、协调难度大。项目配套产品种类和数量多，产品实现

过程和接口环节复杂，增大了项目采购和施工难度。如何通过对业务流程不断理顺改造，快速改善成本、质量、服务、速度等主要运营要素，项目组在技术创新、资源管理、质量控制及供应链管理等方面创新思路，研究适用于火炬项目的精细流程管理及组织模式，进一步创新产业链整体运作的组织管理，以支撑系统级产业项目的可持续发展。

二、以"三维四化"为核心的冬奥火炬项目精细化流程管理主要做法

（一）组织维：全级次配置管理要素，搭建一体化责任链

1.增强系统抓总能力，构建"领域聚焦，专业齐全"的总体层

为统筹考虑火炬项目研制需求和工程技术基础，应对高度复杂系统和高度分散的分工协作机制，项目组以解决实际问题为重点，借鉴航天重大工程组织管理中的"两总"系统，从顶层架构入手设置组织机构、梳理各环节业务流程、制定组织管理措施等，进一步强化责任体系落实。成立了"领导小组＋专项办公室＋专业团队"组织机构，明确每个环节的角色和责任，制定详细的工作指导和规范，上游对接国家奥组委、导演团队、航天科技集团冬奥专项工作组，下游对接30多个外协供应商，形成环环相扣的"责任链"，对项目开展全生命周期、全要素的精细化流程管理。

2.聚焦核心专业技术，构建"创新驱动，技术引领"的专业层

项目领导小组负责全局实施战略目标管理，将工程研制周期划分为"技术基础、攻关集成、试验验证、运行维护"四个阶段，自上而下制订研制方案，将工程系统总体目标分解为环环相扣、层层递进的阶段性目标，形成责权清晰、资源统筹、高效协调的组织集成管理模式。针对火炬研制系统复杂、输入变化多、工程进度紧的特点，通过向专业团队赋能，设立项目总体负责人和专业负责人，管理和技术两条线互为补充，实现各专业分系统研制与综合系统研制的协同联动，统一规划技术研发全维度要素。专项办公室对项目进行协调管理，整合计划进度精准推进，以月调度会、周例会制度定期落实分系统进度情况、质量情况及需要协调事项，实现专业计划与综合计划的协同联动，大幅提升了项目组织管理能力。

3.提高综合保障水平，构建"职能集中，运行高效"的管理层

建立项目管理责任链，将研制队伍、计划进度、配套采购、信息沟通等要素统一策划、统一调度、协同推进，尤其是针对主火炬LED屏幕色彩效果的创意方案频繁变化进行了大量更改。在自动化控制设计和调试工作量急剧增加，分系统进度严重滞后的情况下，成立专项突击队。参研人员24小时三班倒，控制系统调试24小时不停歇，集中主力攻克难关，工作效率迭代增长，短短5天时间补齐了一个月任务量短板，形成了从透光板到LED彩灯带再到"LED直显异形屏"等一系列方案，最终随"雪花"造型完成了110种、1032块LED异形屏的编程控制，出光率从70%到100%阶梯变化，图案显示细腻多彩。

（二）流程维：创新多元化业务流程，实现演化思维与管理融合

1.设计"迭代式"技术流程，搭建"倒金字塔"模型

面对高难度、设计目标逐步优化的技术任务，项目组在借鉴航天重大工程任务管理思路基础上，创新"迭代式"流程设计方法，充分与冬奥组委、导演团队沟通协调，深入挖掘用户需求，把问题的整体复杂性分解到方案生成过程中的各个阶段，及时固化形成技术要求，形成模块化"技术包"，在输入发生变化时，可以迅速将任务分解、专业分解，形成系统级设计输入点，用输入点特性对标相应"技术包"，再通过完善升级"技术包"，将导演的艺术创意落实到产品技术设计中，通过适应性迭代设计形成研制方案序列。

通过整合集成火炬、阀门、自动化、试验等相关专业和资源，将有限的资源进行优化布局，科学系统地规划实施，策划形成了各专业从需求分析、论证、设计、生产、总装到调试、试验等全生命周

期的研制任务。在试验调试中，逐步呈现为从底层到高层反复迭代的任务流程，从单机到整机、从整机到分系统、从分系统到系统等，自下而上形成研制技术流程的"倒金字塔"模型。在分系统"飞扬火炬"研制任务中，按照系统性"技术流程"要求，由研究所负责总体流程设计，三个单位分别负责燃烧装置研制、轻量化减压装置研制，以及储氢装置研制和综合性能试验任务，明确了研制总目标和各分系统要求，各分系统并行开展关键技术攻关，完成预期目标任务。通过各专业技术系统的协同保障，实现了火炬产品基于功能、性能等技术指标与可靠性、风险性的充分匹配，增强了系统设计的一致性和匹配性。

2. 构建"产品保证"流程，加强关键节点控制

在火炬专项任务实施中，产品保证主要是应付复杂任务的质量管理，以技术流程为依据，通过分析、分解技术程序和步骤，在产品研制生产过程中对技术风险进行识别和控制。项目组从火炬系统设计、生产、测试、试验等环节分阶段分层级开展，加大对产品研制过程数据的收集、处理和判别，在达到航天质量管理要求基础上，对系统涉及产品质量的可靠性和安全性、元器件、工艺、软件等要素，将质量控制点嵌入技术流程关键节点中，从技术和管理上加强流程控制。要求各配套单位、供应商设置恰当的任务监控点，系统选择关键节点进行监控，进一步消除和降低可能影响产品质量的风险。同时，注重先进的可靠性技术、试验方法的引入和应用，补齐专业技术短板，保障工作顺利开展。

3. 优化进度计划流程，实现全过程精细化管控

火炬项目计划流程按层级、过程可以分为五个层次：一级计划是里程碑计划，包含对工程整体影响较重大的或业主较关心的节点目标，有利于跟踪、报告整个项目进展；二级计划是总体进度计划，建立和分析火炬不同项目的逻辑关系，用来协调、调配各分系统及专业技术资源，提高工作效率；三级计划是一体化计划，整合了所有分系统的进度进化，并可以垂直分割成不同的滚动计划，各分系统按同样的颗粒度制订滚动计划，加以实施；四级计划是一周滚动计划，包含周例会的工作任务布置；五级计划是三日滚动计划，用简化编排形式，形成具体工作目标。其中，除了第五级进度计划由技术管理人员负责外，一到四级进度计划均由专项办计划人员负责，对接业主上游要求，提高了各级计划之间的沟通效率及计划管控的快速反应能力。

为了充分适应火炬项目特点，项目组还设置了有针对性的进度计划流程管理模式，以满足用户需求为目标，综合考虑进度、质量、风险等关键要素及人员配置、设备能力、场地条件等制约条件，对技术流程和产品保证流程进行动态整合和优化。

一是用里程碑进度计划承接冬奥火炬五个项目目标，根据技术流程和产品保证流程中的重要性、关键性节点来确定。二是针对上游设计输入的不确定性和技术流程的波动，用二级总体计划作为控制性进度计划，用以统筹协调各分系统、各专业技术部分的关系，动态评估关键路径及优先级，集中资源完成关键工作，与用户方沟通。三是火炬产品在实现过程中"研"与"制"同期，针对后续输入信息不够明确的特点，用渐进明晰、滚动迭代的方法编制一体化进度计划，详细规划近期要完成的工作，同时在较高层级上粗略规划远期工作，通过加载"技术点"，形成"技术包"的升级计划。四是"一周计划"+"三日计划"强化进度计划的执行力，动态灵活调配人员和资源，作为与上下游沟通的工具载体，以协调生产、试验及施工产地的窗口时间。

（三）运行维：创新数字化协同模式，提升动态流程管理效能

1. 统一技术指标，实现数据共享

建立火炬产品指标体系库，存储产品模型、指标体系、指标结果等内容。建立从"系统—分系统—单机"的数据联系，设立各级指标体系。通过标准化、开放式的数据接口各方实时反馈的数据，

实现各系统、分系统和单机产品的技术指标数据的统一管理，实现对数据的灵活调用、合作共享，便于横向比较，共同为系统性能评价提供数据支持。

2. 整合质量记录，实现信息共享

基于产品实现过程，通过梳理提炼统一管理颗粒度，形成一套内容全面、易于沟通和传递的产品通用质量要素，形成设计、工艺、检验数据、试验数据、影像记录、问题处理等方面产生的质量数据包，实现了对产品质量过程管控的深层次、专业化实施，加强了产品质量数据收集、汇总、追溯、共享。

3. 建立在线沟通机制，实现计划共享

在线协调工具。建立可编辑文档，通过统一数据汇总口径，实现多方协同编辑功能，及时开展数据交互。

即时通信工具。使用钉钉、微信等工具，按研制需求建立产品、技术攻关工作群组，时时沟通工作进度及在线解决问题。

会议沟通机制。以计划流程中四级周计划为协调工作抓手，跟踪总结计划落实情况，编制下周计划，及时沟通和分析问题，提出改进性方案，协调各项目工作进度、人员及资源调配。月例会是周例会的及时总结和补充，形成"月管控、周检查、日落实"的管理要求。各级例会形成会议纪要和待办事项，限期对问题进行闭环管理。同时不定期组织线上线下技术评审会，针对重大、关键技术攻关，邀请行业专家开展技术评审，消除潜在技术风险，确保技术方案符合设计需求。

（四）实施精细化质量风险管控，确保万无一失、一次成功

1. 从源头抓质量，实现"三个延伸"

一是顶端延伸。质量策划工作源头化，组织专家依据航天型号质量保证大纲要求，制定火炬项目质量保证大纲，明确设计、生产、工程实施，以及交付保障各阶段的质量和风险管控要求，针对 10 个阶段节点制定 24 个质量控制要素，将质量管理要求分解到各阶段的具体工作中。

二是前端延伸。对研发前端技术人员进行质量"管理赋能"，打破研发与生产制造之间的工艺壁垒，设计生产协同评审确认工艺方案，识别新材料的特性和风险，推行设计研发中的质量管理工作。

三是供方延伸。完善供应商考核及相关资质能力要求，制定明确的质量职责，强化质量风险意识，对供应商生产全过程数据进行采集，实施监管，有效控制协作产品质量。

2. 加强过程管控，做好"三个吃透"

一是吃透技术。火炬项目 5 个系统涉及关键技术 30 余项，在方案研制阶段通过设计复核复算、设计评审、原理性试验，确保设计质量。手持火炬全球首创采用氢气作为燃料，采用焰色反应原理，研发碱金属固化方法，解决氢气火焰在阳光下无可见光且微火更难显示的瓶颈难题，以安全环保的方式实现氢气微火长周期的可视性；创新研发了采用快速插接技术的最后一棒火炬，解决了气路、电路快速连接和氢燃料密封难题，实现了燃料安全切换供应和盲插操作，确保最后一棒火炬手顺利完成冬奥会开幕式圣火点燃仪式。

二是吃透流程。产品保证流程覆盖各系统、分系统和单机的研制全过程，指导、指引产品各环节质量保证工作的布局开展。为实现奥运圣火长期燃烧，全过程"零碳排放"，确保火炬安全可靠运行，系统需要突破长期稳定燃烧、姿态控制、减控压等一系列关键质量控制点，项目技术复杂，技术攻关与产品研制同步开展，各项生产测试、试验工作交叉并行，需要将质量管理的控制要求分解到每一项具体工作中。

三是吃透状态。5M1E（人、机、料、法、环、测）是影响产品质量波动的 6 个重要因素，因此在项目执行过程中强调质量意识的培养，向各级各类人员宣贯质量第一、保证成功的质量理念；加强源头控制，完善安全性设计及试验研制质量保证措施；加强产品生产过程、工程施工过程的质量控制与管理。

3. 运用工具优化设计，提升产品可靠性

第一，通过实验设计 DOE 优化设计。实验设计 DOE 是六西格玛管理中的常用工具之一，通过对性能参数、工艺参数的量化分析，找出关键因素并进行控制，可以实现质量改进与优化。电控系统是火炬控制系统实现的关键环节，运用实验设计 DOE 工具进行实验目标的制订，根据性能参数要求选择不同的实验种类，设计实验步骤，形成科学的实验方案。根据方案在控制回路的设计上进行反复试验和论证，对样本参数进行数据收集和统计分析，有针对性地进行流程优化和设计优化，最终使电控系统在火炬上的控制回路实现了三重化冗余设计，关键控制回路达到了四重化冗余。以此为依据，对火炬开展了各类验证试验工作：按照关键技术攻关阶段试验、集成阶段试验和交付验收阶段试验，火炬关键组成件阀门根据需要分阶段累计试验测试 500 余次。手持火炬总试验状态 40 多种，需要进行的总试验次数至少 300 次。其中静态试验 30 次，单因素试验 97 次，多因素试验状态 165 次，跌落试验 12 次，共 304 次。

第二，关键问题双归零，聚焦细节举一反三。在火炬项目研制、试验、运行过程中，也暴露出一些质量问题。项目组借鉴航天质量双归零方法，坚持做到技术负责人是归零工作的第一责任人，质量问题无论大小，逐一拉条挂账，归零销号；重视举一反三，无论是本项目问题，还是其他类似专业问题，均要在项目内部通报，杜绝重复问题发生；邀请同行专家和军品质量管理人员参与归零工作，发挥技术专长和审查把关作用。其中，项目组在主火炬研制过程中运用"双归零"方法攻克了氢气软管与滑环等"生命线"，成功实现了低温环境下氢气滑环在国内外的首次应用。

4. 加强风险分析与防范，提高产品安全性

为实现奥运圣火长期燃烧、全过程"零碳排放"，火炬系统需要突破长期稳定燃烧、姿态控制、减控压等一系列关键技术，研制难度大、技术风险高。技术攻关与产品研制同步开展，生产、测试、试验工作交叉并行，增加研制进度、质量和技术状态管理风险。

领导小组借鉴航天型号风险管理的思路和方法，从项目初期就制定了深度融合项目研制的风险管理顶层设计，通过全面评估风险模式、构建风险控制流程、创新风险管控对策及完善风险管控机制等方面，对技术、质量、供应链、成本、进度和安全等多维风险进行研究部署。

其中，创新采用成败型可靠性评价方法，形成了火炬可靠性综合性能评价方法与检验标准，得出了满足要求的火炬可靠性指标；创新提出火炬量产交付可靠性保障方案和监控方法，火炬交付使用可靠性达到 100%，创造了手持火炬燃烧稳定、安全可靠、零熄灭的奥运火炬传递纪录。

三、以"三维四化"为核心的冬奥火炬项目精细化流程管理效果

（一）突破一批重大关键技术，科技进步贡献率达到 50% 以上

通过实施精细化质量管控及优化设计管理，大幅提升了产品设计质量与可靠性，"高压储氢手持火炬燃烧系统"和"控氢阀"具有自主知识产权，填补了国内外技术空白。经集团公司成果鉴定，整体技术达到国际领先水平，批量化应用于北京 2022 年冬奥会及冬残奥会，实现了火炬系统"稳定、可靠、零熄灭"目标。该项目获得了北京市颁发的科技进步和优秀团队等奖项，依据项目管理经验编制发布六院标准两项，取得发明专利 22 项，其中国际专利两项。

（二）管理方法具有创新性和普适性，适应于复杂系统项目

基于火炬项目的研制特点，项目组在航天重大工程任务研制经验基础上，创新了快速迭代方法、计划流程分级次法、线上线下协同沟通机制等，实现了基于流程的要素化、动态化、敏捷化管理，推进业务与管理的有效融合；通过量化细化各环节工作、矩阵布局工作流程、优化组合时间节点等方法，进一步实现精细化管控。

（三）取得显著的政治效益和社会效益，带来可观的经济效益

基于冬奥火炬项目形成的技术成果与管理经验，研究所于 2022 年先后承担了火炬、阀门系统承制项目 16 个，合同额近 4 亿元，为推进工程系列化项目技术发展提供持续动力。项目成果应用在裂解器项目中，完成了"天津南港乙烯项目 60 英寸超大口径裂解气大阀研制"工作，创造裂解气阀口径世界纪录。项目成果为航天技术应用产业进入氢能产业提供了技术支持，以氢能为应用场景的阀门研制有利于开拓新的经营领域，如氢燃料电池的相关阀门应用，寻求新的发展空间和市场资源，潜在经济效益巨大，进一步推动氢能应用技术的发展，为氢能推广提供范例，为航天技术应用产业可持续发展注入新活力。

（成果创造人：李晓峰、吴　疆、李明帆、文　婷、胡佰龙、

季　康、宋晓峰、刘　悦、吕正林、张运龙）

航天企业基于"物联—数联—智联"的多环境多专业协同研发体系构建与实施

北京控制与电子技术研究所

北京控制与电子技术研究所（以下简称北控所）成立于1968年，是中国航天科工集团有限公司内唯一的控制系统总体所，是国有大型科研事业单位，是集航天装备预先研究、研制、批量生产等多业务种类为一体的综合性研究所。经过55年的发展，已成为我国航天装备控制领域的领军单位和国防科技工业建设的中坚力量。北控所现有从业人员1000余人，硕士及以上学历占比超过70%，专业技术人员占比超过80%，中、高级职称占比超过70%。

一、航天企业基于"物联—数联—智联"的多环境多专业协同研发体系构建与实施背景

（一）落实国家战略、顺应时代大势，打造竞争新优势的必然之路

北控所作为我国航天装备研制的重要单位，有责任、有使命积极响应党和国家的号召，深刻认识新时期的形势要求，落实国家战略、顺应时代大势，扎实推动数字化转型建设工作，赋能军民产业数字化、智能化加速转型升级，对标世界一流，积极抢占数字经济竞争制高点，打造自身竞争新优势，全力支撑数字经济、数字中国建设。

（二）聚焦主责主业、突出强军首责，建设新一代航天装备的必然要求

加快把人民军队建成世界一流军队，是全面建设社会主义现代化国家的战略要求。北控所作为航天装备控制系统建设的主力单位，紧随大势，聚焦主责主业，超前部署、主动求变，明确数字北控建设思路，主动运用智能制造、大数据、云技术等先进理念、方法和手段持续提升航天装备数字化研制能力，不断强化主责主业的可持续发展，推进航天装备建设实力的进一步升级。

（三）突破瓶颈问题、推动转型升级，实现企业高质量发展的必然选择

"十四五"期间，航天装备研制任务数量急剧增长，研制周期大幅缩短，研制经费严格管控，产品性能跨越式升级。北控所在航天重大装备研制、重大专项任务攻关、新产品研发等方面面临着高质量、短周期、低成本的更高要求。在人员数量、场所面积等客观条件短期难以等比例扩充情况下，北控所当前的研制条件存在协同研发能力不足、产品研发生产效率低等瓶颈问题：一是航天装备研发、试验等过程大多涉及多个部门、多个环境，跨部门之间设计流程无统一平台支撑，无法快速协同、共享；二是现有的试验生产环境大多以"孤岛"形式存在，试验产生的海量数据在物理隔离的试验环境与办公环境之间无法便捷传输；三是当前数据存储多分散在个人终端，无数据存储、版本管理等平台支撑和管理机制，未实现数据的多维融合、二次分析和价值升级。在外部环境和内部需求双重驱动下，北控所必须主动转变传统思维、传统模式、传统打法，快速适应新的发展要求，迫切需要加快新一代数字化技术与航天装备建设的深度融合，通过数字化手段，支撑产品研制效率提升，在新形势下，实现数字赋能企业高质量发展。

二、航天企业基于"物联—数联—智联"的多环境多专业协同研发体系构建与实施主要做法

（一）以数智赋能为牵引，顶层规划数字化协同研发体系架构

1. 顶层规划设计，以协同研发为核心打造数字发展总体框架

北控所以数字航天和数字三江战略要求为指引，围绕"打造数字赋能新模式"的发展目标，引入TOGAF（开放组体系结构框架）架构设计思路和两化融合贯标理念，编制了数字北控"十四五"建设

规划，形成"2+4+2+N"（2 个数字化模式，提升 4 个数字化能力，构建 2 个数字化基础，培育 N 个数字化产业）数字北控建设目标，构建以协同研发为核心的数字化转型发展体系，全面描绘支撑协同研发模式转型的发展愿景目标，为多环境多专业协同研发体系构建与实施奠定坚实基础。

2. 深度挖掘分析，以业务矩阵为牵引构建信息系统总体架构

北控所围绕数字北控"2+4+2+N"发展目标，系统梳理研发业务流程矩阵，结合具体业务场景、流程需求及现状问题，按照"平台牵引、系统融合，业务贯通、专业互联，数据共享、高效协同，一体建设、开放集成"的总体思路，统筹规划信息系统总体架构，以支撑协同研发业务开展。信息系统总体架构概括为"1+2+M+N"，具体如下。

1 个企业大脑作为顶层牵引，建设智慧企业大脑，实现对经营管理和研发生产两个业务域的全维度、跨业务全面感知、综合分析与辅助决策。

计划主线链接 2 大协同平台，以智慧企业运行平台贯通管理全生命周期业务活动，以协同研发平台贯通产品全生命周期研制环节，通过计划管理系统链接经营管理、研发生产两个业务域实现全局协同。

M 个应用系统服务精益化管理，统一规划服务经营计划、项目管理、财务管理、质量管理、人力资源、党建宣传、综合办公、安全保密等全维度管理业务运行的应用系统，以基于 SOA（面向服务的架构）架构的智慧企业运行平台贯穿集成，实现精益化运营管控。

N 个专业工具支撑数字化研制，统一规划支持各研发中心或事业部、各专业数字化研发、数字化试验、数字化生产、数字化保障等全流程研发生产环节的专业工具，围绕基于模型的系统工程（MBSE）研发流程，以协同研发平台贯穿集成，实现数字化系统工程的研制。

（二）以网域融合为基石，通过"物联"打通全域数据安全传输链路

1. 积极探索两网融合，突破数据跨网传输瓶颈

北控所内部现有办公和试验两种环境，办公环境主要开展经营管理、研发设计等业务活动，试验环境主要开展项目测试、试验等业务活动。受试验环境业务特点限制，办公环境和试验环境采用物理方式隔离，跨网数据传输速率和数据资产利用效率不高。试验环境平均每天生成的有效数据量达 400G，耗费在两环境间数据传输的时间巨大，严重影响设计和试验效率。为突破试验环境与办公环境因物理隔离造成的数据传输瓶颈问题，北控所组建专项攻关团队，结合试验业务特点创新保密技术和管理手段，强化网络安全防护体系建设，通过技管结合的方式，按照试验环境改造、终端安全域建设、试验网组建、两网安全传输建设等不同阶段，细化安全保密防护方案，有效防护来自试验网组建、试验网与科研办公网互联、两网互联后安全运行三个阶段及试验设备风险、试验组网风险、跨网传输风险、数据安全风险、安全管理风险、物理环境风险六个方面的 49 项具体安全风险，实现了风险点全面有效管控，形成办公环境与试验环境间数据高效传输解决方案，成功申请保密局全国首批两网融合试点建设资格，并按期完成项目全部建设，彻底实现了试验环境与办公环境的双向数据互通。通过两网融合，实现了手动数据摆渡向自动数据传输模式转变，跨网数据传输时长缩短至分钟级，数据传输效率提升至 90% 以上，为航天装备设计和试验协同建立了基础支撑。

2. 积极实践跨域互联，夯实异地协同研发基础

北控所位于北京市海淀区，另有门头沟和木樨地两个办公园区，共计千余人办公，现已实现基于数百兆带宽的异地办公网络协同。近年来，北控所深入践行"开放办所"理念，充分利用京外部分地区人力、技术和高校等资源，结合本所专业技术体系和产业发展布局，着力打造功能定位清晰、优势资源互补、体制机制灵活的异地协同研发创新模式，成功拓建成都研发中心。为实现全所多地域各业务高效协同，北控所在人防、技防、物防相结合的基础上，从业务场景、防护技术、安全保密等方面

全方位、多角度研讨论证将成都研发中心接入北京办公网络的安全防护解决途径，成功以单点形式接入北京区域办公网络，顺利通过安全测评，实现了北京和成都一所两地三区域间办公网高效互通，为多地协同研发提供基础环境保障。

（三）以业务协同为导向，通过"数联"打造全维业务协同研发模式

1. 贯穿全周期业务流程，实现所内研发高度集成

一是建立协同研发平台，以模型贯穿跨专业设计流程。依托业务场景分析，北控所搭建了13个专业全覆盖的可配置、可扩展的协同研发平台框架，建立以计划为牵引、以任务为主线、以模型为桥梁的协同研发业务链路。从计划角度，依托所级计划管理系统与协同研发平台集成，建立顶层计划与底层执行之间的通道，计划通过所级计划管理系统下发至协同研发平台，由项目主任将计划分解或下发至相应责任人执行，具体责任人基于平台按照流程执行完毕后，计划将实现自动闭环。从任务角度，建立以任务为核心的项目全流程管理链路，打通各设计任务之间的信息流转通道，通过与不同层级、不同专业、不同阶段的执行者协商，确定输入输出关系网，基于协同研发平台底座，建立部门任务流程模板库、规范库，实现同类型不同任务的自动分配，支持研制过程中各角色的协同配合。从模型角度，以平台为底座，集成多类设计分析模块，打通各类设计工具软件之间的通路，实现跨学科的数据流通，为模型便捷传输提供支撑。打造基于模型的多学科联合设计新模式，实现总体、精导、仿真、软件、单机设计等专业基于模型的多环节任务交互，减少烦琐的文档传输，提高设计循环效率。

二是建立试验数据平台，以数据驱动设计试验优化迭代。基于两网融合基础环境，在协同研发平台基础上，北控所建立试验数据平台，进一步打通跨网域的设计研发与测试试验协同环境。基于试验数据管理平台，北控所实现研发设计与试验生产业务协同：协同研发平台推送试验计划至试验数据平台，自动触发试验任务创建流程，引导设计师对试验计划和任务进行分解、准备试验资源，并同步从PDM系统、协同研发平台获取试验指导文件，为测试试验的开展做好准备；根据试验数据平台的任务和要求，试验人员在试验环境中开展测试试验，所产生的测试试验数据通过两网融合基础环境，实时传输至研发设计环境，设计师对测试试验数据进行实时判读；测试试验数据自动保存在试验数据平台中，设计师可以随时查看分析，并以测试试验数据反补优化设计过程，实现产品优化迭代。通过基于数据的试验数据平台建设与应用，北控所全面打通了跨网域、跨层级、跨系统、跨业务的研制环境孤岛，实现了需求、设计、仿真、试验、优化全生命周期流程贯通，大幅提高了产品设计质量，缩短产品研发周期，为企业数据资产汇聚与知识共享复用奠定坚实基础。

2. 打通跨单位业务流程，实现所外研发高效协同

一是基于产品数据平台，以状态管控提升跨单位研制效率。面对新时代、新要求、新挑战，中国航天科工集团有限公司在数字化系统工程体系建设实施方面提出了要改变以往协同模式，通过模型、虚拟样机逐步取代文件和图纸，并以此作为研发、设计制造的主要依据。北控所以集团战略为引领，基于PDM系统，全面实施面向MBSE的跨单位协同研制模式，建立了与集团内部十余家单位间的协同链路，实现了需求、基线、三单、设计工艺、试验模型、基础资源等全面协同共享，支撑基于模型、结构化数据的跨单位协同研发，大幅减少迭代或重复设计，降低数据重复存储率，实现版本一致性控制，促进科研生产效率和质量的全面提升。

二是基于供应链协同平台，以交付管控畅通跨单位研制过程。在航天装备研制过程中，需对外包外协的供应商及供应商的任务接收、任务执行、产品质量、研制全过程的关键节点管控。北控所以外包外协全过程管控为目标，依托供应链协同系统，将供应商管理制度固化至信息系统中，实现准入、准入认证、准入审批、供应商主数据管理、合格供应商清单管理、供应商后评估、供应商绩效改进和退出等全过程合规管控，避免了制度执行两张皮现象；以保障产品按期交付为目标，建立与供应商之间及时、有效的沟通渠道，实现对计划、订单等全周期在线管理，通过进度风险点时时展现，及时更新产品交付时间，避免因信息不畅导致产品到期未能及时交付影响整体进程；以提升产品验收效率和质量为目标，依托供应链系统，对供应商自验收及验收相关结果数据进行统一管理，加强不合格品的审理与管控，有效提高验收效率和质量保证，从而缩短外协任务周期。

（四）以知识共享为驱动，通过"智联"实现全局数据资产增量汇聚

1. 以知识积累为目标，打造数据汇聚与知识管理能力

以知识积累为目标，北控所围绕"业务全覆盖，流程全打通，数据全在线"，构建所级数据集成与融合平台，搭建数据底座，并以数据总线模式打通各应用系统至中台数据链路，全维度保障数据产生、传输、存储过程。北控所构建"两横三纵"的数字化管理框架，包括基于项目管理和质量管控的"两横"贯通线，以及基于精益化业财管控、协同化设计研发、高效化生产制造的"三纵"贯通线，为数据汇聚覆盖度提供管理保障。北控所已形成16个业务域、86个业务主题、552个信息项的数据资产目录。在数据汇聚基础上，北控所进一步构建知识工程管理体系，建立数据治理与分析机制、知识生成与管理机制，通过大数据、知识图谱等数字化技术，实现数据向知识的转化，实现知识的融合与应用，推动知识在数据中台中"活"起来。

2. 以知识再造为抓手，助力企业研发和管理水平提升

知识再造是知识核心价值的体现，北控所在知识采集、传输、存储的基础上，构建全域知识管理与应用，推动航天装备研制与企业经营管理水平提升。在经营管理方面，通过知识提取、计算、展示，实现320余项KPI指标的统一管理，实现了指标线上化存储、精准化展现，为企业决策者提供知识支撑和导向，全面推进精益化业财管控和智慧化决策支持实现。在科研生产方面，通过质量问题数、严重以上问题发生数及售后质量问题数等指标分析和量化展现，为科研生产质量原因挖掘、质量问题归零等提供知识支撑，融合分析形成质量知识库，引导设计、生产等源头举一反三，降低质量问题发生比例；通过测试试验数据分析与利用，修正设计研发模型、数据，大幅降低首次设计的故障率，全面提升企业研发能力。

（五）以管理变革为支点，全方位保障、推动、协同研发体系落地

1. 组建专项团队，确保内部资源保障到位

按照"以用引建，以评促建"的原则，组建"管理＋技术"双负责制的协同研发体系专项团队，明确协同研发体系构建与实施的责任体系，以需求部门为牵引、信息化部门为支撑、管理部门为统筹，开展相关建设工作，保障资源持续投入；建立应用评价机制，利用管理手段推动新系统、新流程的型号工程应用，利用信息化手段分析用户应用效果，定期组织对建设应用效果进行评估评价，通过评价结果推动优化升级；建立奖惩考核机制，对在规划论证、关键技术攻关、技术创新、体系优化、能力提升等方面发挥关键作用、做出重大贡献的职工或集体给予奖励，对工作懈怠、推进迟缓的责任部门及人员给予考核批评。

2. 构建生态环境，确保外部资源优势利用

航天企业多环境多专业协同研发体系是北控所数字化转型的核心，为推动协同研发体系构建，亟需将先进的数字技术与企业业务流程相融合。因此，北控所着力打造数字化转型生态环境，一方面，与一流企业建立交流渠道，通过调研学习开展持续对标分析，以此不断优化北控所发展规划；另一方面，积极调研一流企业先进技术及应用情况，充分发挥和利用行业内优势资源与良好经验，为所内发展提供有力支撑。

三、航天企业基于"物联—数联—智联"的多环境多专业协同研发体系构建与实施效果

（一）数字化系统工程体系脉络形成

北控所通过实施本项目，运用数字化手段彻底、本质解决了传统科研生产模式带来的协同研发能力不足、产品研发生产效率低、产品质量保障难等问题，将现有传统的科研生产体系转变为数字化的科研生产体系。通过数字化系统工程体系的构建，5 个部门、10 个专业实现研发设计任务流程协同，新研项目 100% 构件化设计，构件通用化率达到 60%，软件代码复用率达到 60%；控制系统方案论证周期从两个月缩短至一个月，设计仿真、软件研制周期从 6 个月缩短至 3 个月，有效提高了跨专业研发设计、试验数据采集、设计试验迭代优化效率，数据资产利用率由 40% 提升至 90% 以上，推动航天装备工程研制的要素模型化、经验模板化、工具集成化、设计协同化、流程规范化，推动研发模式从各专业串行独立向跨部门、跨专业、跨网域并行协同转变，从基于文档的人工开发向基于模型的智能辅助设计转变。

（二）精益化企业治理能力效果凸显

北控所通过实施本项目，聚焦主责主业，快速提升精益化企业治理能力，企业竞争力、创新力、控制力、影响力和抗风险能力进一步加强，为推动"一张蓝图三步走"的中长期战略目标，以及实现"冲百、两番、三新、四优"、初步建成国际先进的航天防务装备控制与信息技术研究所的"十四五"发展目标奠定坚实基础。2022 年，北控所净利润超额完成 6000 万元，营业收入超额完成 7.75 亿元，两项指标平均增速 20% 以上，远优于航天科工平均水平；营业收入利润率为 7.07%，全员劳动生产率为 104 万元 /（人·年），人均营业收入为 612.26 万元，人均利润为 43.35 万元，均为历史最优。

（三）数智化转型发展模式全面引领

北控所通过实施本项目，打造了企业大脑数据汇聚、经营和研发业务纵向打通、计划和质量管理横向贯穿的"一点、两纵、两横"数字北控核心引擎，推进两个数字化模式、提升 4 个数字化能力、夯实两个数字化基础、培育 N 个数字化产业的数字化转型目标的实现，将数字属性全面融入各业务领域和全过程，数字化转型场景更加清晰，拉动业务应用由独立场景向企业画像转变，系统架构由单一应用向平台服务转变，信息链路由局部互联向全维贯通转变，初步建成与国际先进的航天防务装备控制与信息技术研究所相适应的数字化组织形态和新质能力。

（成果创造人：郑　莉、姚宏达、黄　锴、谢振鹏、于龙海、
梁　彪、刘聪聪、谢　艳、张学伶、李晓龙、王朋朋）

军工院所面向体系作战能力生成的重大任务管理

中国电子科技集团公司第二十八研究所

中国电子科技集团公司第二十八研究所（以下简称二十八所）始建于 1964 年，隶属于中国电子科技集团有限公司，是目前国内唯一能同时承担军委及战区联合作战指挥，以及陆军、海军、空军、火箭军、战略支援部队等各军兵种、各级各类指挥信息系统和装备研制、生产、维修及服务的大型专业研究所，是国防信息化建设的骨干力量。二十八所拥有在职员工近 6000 人，其中院士 5 人，国家及省部级各类专家 129 人、研究员级高工 166 人，研究生及以上学历人员占比达到 60%，人才队伍持续壮大，业务规模连续多年保持高增长态势。二十八所以高度的责任感和使命感发挥"国家队"作用，为国防现代化和国民经济信息化建设做出重大贡献。

一、军工院所面向体系作战能力生成的重大任务管理背景

世界正处百年未有之大变局，局部冲突动荡不安，形势复杂多变。在数字化时代，一体化联合作战成为现代战争的基本形态，参战力量更加多元，战场空间更加广阔，作战行动更加多样，是体系与体系的对抗。国防工业既是国防军事力量建设的重要组成部分，也是促进国民经济发展的战略性产业和国家科技进步的原动力。站在新的历史起点，面对国家军事战略新要求，作为国内军事指挥系统建设的引领者，二十八所从党和国家事业发展的全局、长远和大势出发，深刻洞察国防军事力量建设的新需求，主动谋划武器装备研制建设新方向，积极承担国家各项重大工程，通过建立一套单位内部的重大任务管理体系，作为支撑国家战略目标实现的重要途径，推动装备体系现代化建设。

二、军工院所面向体系作战能力生成的重大任务管理主要做法

（一）设计重大任务管理体系框架

1. 明确重大任务战略核心定位

首先，重大任务是全所战略规划制定的落脚点，每年规划制定前二十八所各业务领域需分析当前最新军事技术前沿，研判各军兵种领域建设需求，形成各业务领域未来支撑用户谋划和争取军方重大工程的目标方向。其次，重大任务是全所资源配置的依据，针对各业务领域全年需要谋划、实施的重大任务，二十八所在单位层面进行等级分类，并统筹全所的人、财、物按照任务等级进行差异化配置，给予重大任务有效保障。最后，重大任务是全所经营管理活动的重点，明确年度重大任务目标后，所内市场部门围绕目标做好重大任务的争取和开拓，研究部门围绕目标制订全年科研生产工作计划，职能部门围绕目标做好管理支撑、计划质量管控和服务保障，保障各项重大任务得到有效落实和实施。

2. 建立"123"重大任务管理体系框架

面对军工行业市场化改革，为了谋求高质量发展，二十八所建立了一套"123"重大任务管理体系，提升核心竞争力。

"1"是重大任务管理的 1 条主线，也是二十八所的经营活动主线，包含重大任务的需求管理和实施过程管理。在需求管理方面，基于当前使命任务和作战场景分析提出各军种系统装备研制谋划和军方重大工程争取目标，形成全所年度重大任务清单；在实施过程管理方面，围绕既定的重大任务清单开展任务分解、项目运行过程计划和质量监控，以及相关资源配备，推动重大任务有序实施。

"2"是适配重大任务高效实施而开展的研发模式转型和数字化转型。在研发模式转型方面，通过搭建矩阵式研发组织架构、建设产品组件和功能标准化的软件工厂，匹配作战力量节点要素多域战场

整体联动；在数字化转型方面，通过搭建贯通需求、设计、开发、测试、联试等软件研制全过程的数字化研发平台和能够实现企业经营信息和重大任务状态一图集成的管理驾驶舱，推动重大任务多专业协同和全要素统筹配置。

"3"是支撑重大任务有效落实和高效实施的保障底座：一是制订面向新员工、青年骨干、中层管理和业务专家的《三鹰人才发展计划》，为重大任务打造人才梯队；二是建立包括以物质激励为基础、事业激励为核心、学习与成长激励为关键的三层硬性激励和参与激励、精神激励两种软性激励的"三层两翼"多元化激励体系，激发重大任务争取和实施过程的内生动力；三是建立匹配重大任务管理目标和计划的能力建设管理体系，为重大任务成功落实和高质量实施提供基础设施和研发环境保障。

（二）构建主动研判型需求管理体系

1. 建立基于作战场景的需求研究方法，提升需求获取分析能力

二十八所总结凝练牵头体系性项目的成功经验，充分利用业务涉及面广的优势，梳理整合各领域已有成果，同时深化顶层设计方法研究，优化需求获取方式，创新需求分析方法，通过基于场景的需求生成机制和多样化的需求验证手段，构建以指挥信息系统为核心的装备体系需求方法、产品和支撑环境，打造联合作战体系需求智库，显著提升了军事需求获取分析能力，从而准确、快速发掘武器装备建设方向，形成重大任务谋划的科学输入。

2. 设计重大任务评审标准和流程，构建发展机遇筛选机制

二十八所采取上下结合的方法谋划重大任务，根据军队武器装备机械化、信息化、智能化融合发展，以及国家科技自立自强、提升产业链供应链现代化水平等要求，战略规划部对公司战略目标进行分解细化，提出重大任务意向并由重大任务委员会指定相关部门开展研究论证，最终列入重大任务建议清单。同时，各业务领域根据国家、军队用户需要，结合自身优势和实际，谋划提出重大任务建议，由领域分管首席、副总工审核通过后，列入重大任务建议清单。

基于重大任务建议清单，二十八所通过重大任务委员会评审、党委会审议的方式，筛选出最终确定的重大任务，并进行正式立项。重大任务委员会主要评审任务的必要性与可行性，包括是否有助于支撑强军兴军、技术创新、产业发展，以及任务方案的实施计划、经费分配是否可行。党委会主要审议任务的方向正确性与必要性，包括是否符合集团公司与本单位的发展规划，以及对履行使命责任、完成经营目标的贡献程度等。

3. 制定"三层两类"管理机制，设置差异化资源配置依据

重大任务在评审立项之后，为加快落实重大任务对应的甲方合同，二十八所根据任务的甲方单位、创新程度和市场进度，对重大任务进行分层分类管理，差异化配置人、财、物等资源，加强对重大任务资源要素保障。

二十八所根据重大任务评审结果，把重大任务分为"三层"（国家层面、集团层面、单位层面）、两类（争取类、谋划类），其中"三层"主要依据任务的甲方单位级别进行划分，军委、战区、各军兵种的任务均属于国家层，集团公司下达的任务属于集团层，二十八所自主谋划实施的项目属于单位层；"两类"主要依据任务的创新程度和市场进度进行划分，谋划类是指任务概念十分新颖，尚未纳入军方用户规划，计划通过超前布局引领军方客户立项，争取类是指任务已在军方客户有关规划中立项，研究创新性较强，计划通过投标落实合同。

基于重大任务"三层两类"的划分，二十八所在配置人、财、物等资源时明确了两个"优先"原则，即优先向甲方层级高的任务分配资源，优先向市场进度靠前的任务（争取类）分配资源，确保有限的科研资源得到充分合理使用，保障高层级的重大任务更好地落实、市场进度靠前的任务更快地落实。

（三）健全重大任务实施过程管理机制

1. 构建"三线一系统"任务实施团队，推动组织多层级同频共振

为使重大任务能够充分承接各领域的战略目标，为重大任务提供充分的资源保障，保证各层级工作步调同频共振，二十八所在各重大任务项目执行层面设立了"三线一系统"的团队架构，既能充分发挥上层领导资源调配能力优势和领域专家专业技术能力优势，又能打破专业人才部门隶属关系壁垒，促进技术人才和研发资源协同共享。行政指挥线由所领导负责，负责项目整体资源统筹和方向把握；技术指挥线由各领域专家负责，负责项目整体技术把控和难点攻关；项目管理线由军工市场部门负责，负责项目整体计划推进和风险管控；设计师系统根据项目需求从各部门人才库中进行选择搭配，根据任务实际情况，进一步细分子系统，并逐级明确责任分工。"三线一系统"任务团队具有典型的扁平化特征，是纵向贯穿全管理层级、横向打通全专业部门的敏捷组织，有效解决了项目组织协调难度大的问题。

2. 建立模型化的任务分解方法，保障重大任务规范有序执行

一是制订项目基准计划，贯彻"用户要求为计划考核的唯一标准"，聚焦合同节点及考核节点，建立以合同节点为基础的基准计划，并将计划分解至各年度、各部门。基准计划是重大任务计划管理的后墙，调整基准计划需要将用户明确的计划变更需求作为输入，超过基准计划，将对项目挂"红牌"进行督办。

二是制订项目实施计划，以项目基准计划为基础，聚焦科研生产实施过程实际，明确项目开发进度节点，对计划节点要素进行规范，形成"计划标准件"，每一个"计划标准件"均明确了工作要求、前置关系、完成标志等属性，确保任务在计划分解时要求一致，在计划执行时理解一致、行动一致，真实反映项目实际进展，助力研发过程精准管控。实施计划的制订是内部资源统筹协调的结果，避免因不同来源的多个项目造成的内部资源统筹失序，将计划向前提一定的时间，确保各项任务均按计划推进。

3. 打造业财融合的运营管理机制，实现全流程精细化管控

一是结构化预算分解。基于大型军工项目的研制周期长、研制任务紧、标准性低、经费预算难度大的特点，二十八所构建"直接费＋开发费"的预算分解模型。直接费包括材料费、外协费、专用费和内部协作费，核算项目硬成本；开发费包括事务费、管理费、折旧费等，与项目工时紧密联系，核算项目软成本，体现项目的进展情况和毛利空间。通过结构化的预算分解，实现了财务经费与项目进展的关联，为基于财务平台的数字化监管奠定基础。

二是数字化运营监测。经济运行中心和财务管理中心以预算执行差异分析为起点，定期召开月度、季度、年度经济运行管理调度会，根据统计数据开展运行监测，分析总结当期市场和科研生产经营态势，查摆项目风险，明确各业务单元下阶段工作重点，并监督落实，保障各项重大任务按计划推进。

三是财务赋能合同管理关键节点。财务管理贯穿于业务活动的全过程，依托合同管理系统，从合同签订、执行、回款、交付等关键节点，防范业务风险。在合同签订节点，通过销售合同和采购合同的财务评审，从源头掌握项目信息；在合同执行进度节点，通过跟踪进度节点交付物提交情况，结转项目收入，及时反映成本收入对比；在资金进度节点，通过跟踪项目付款情况，及时完成配套单位资金拨付，加强业务流和资金流的风险管控；在产品交付阶段，通过跟进产品交付物提交情况，督促业务人员及时履行结项审批程序。

（四）实施面向一体化联合作战的研发模式转型

1. 建立矩阵式研发组织架构，加强多领域联合攻关协同

二十八所改变面向军兵种的事业部型研发组织，按照"总体牵引、领域主导、专业融入、平台

支撑"的思路，建立"上设总体、下置平台、中间矩阵"的矩阵式研发组织，加强多领域联合攻关协同。

针对顶层设计和统筹需要，设立总体研究部，负责研究制定信息系统技术体制要求，统管全所专业化产品谱系，牵引各研发部门遵循软件工厂要求进行系统研制。集中各领域基础软件和工业软件专业人员成立平台部，承担各级各类指挥信息系统运行平台研制任务，遵循联合作战指挥信息系统技术体制要求研制分层分类的共性软件产品，与各领域部门在需求、设计、开发、验证等研发业务上协同作业。面向各作战域设立陆战部、海战部、空战部等领域部门，作为各作战域指挥信息系统研制的技术总体单位，主导陆上作战、海上作战、空中作战等各作战域指挥信息系统研制；同时，依据指挥信息系统应用功能组成，在各领域部门内部设置态势、筹划、指挥等专业科室，并赋予各领域部门对应的专业职责，构建"领域＋专业"的矩阵式研发分工架构，使领域部门既是本作战域指挥信息系统研制的主导者，又为其他作战域指挥信息系统研制提供专业支撑，形成了天然联合的指挥信息系统研发分工。

2. 统合软件工程技术体制，构建软件工厂流水线研发流程

统合技术体制是建设联合作战信息系统、形成体系作战能力的先决条件。二十八所开展联合作战信息系统顶层架构、标准、产品和技术的专项研究，通过梳理共性特征、提炼重大工程实践、引入先进技术方法等举措，梳理、提炼、形成指导和约束信息系统研发的标准体系、技术体系、产品谱系，以及涵盖设计、开发、验证的研发标准，作为软件工厂设计和研发共同遵循的技术体制。基于统一的技术体制，二十八所立足军用软件开发的特点，重构了软件开发和产品研发两个关键流程，打通了软件工厂研发链路，将研发业务与管理业务深度融合，整合各研发能力和要素，构建了软件工厂流水线研发流程，确保软件工厂高效运行。

（五）实施适配高效率交付能力塑造的数字化转型

1. 搭建四合一研发作业平台，实现全流程贯通的高效生产作业

二十八所整合以往分散的研发资源，创新采取矩阵式研发模式，打造一体化研发平台，统一技术开发"底座"。一是纵向整合需求论证、设计开发、系统验证和运维保障四大功能，实现软件科研生产全流程上平台。二是横向覆盖各个研发环境，采用分布式云数据中心技术，构建高性能的计算、存储、网络等资源池，提供以弹性、智能、高可靠为特征的研发云服务，为项目各参与方提供协同研发平台，实现静态代码审核、测试与持续集成，各环节基础数据不断汇聚，支撑项目全研发要素统筹配置和协同管理。

2. 搭建数字化管理驾驶舱，实现重大任务全面动态监控

为了提升重大任务管理的精细程度，二十八所建立数字化管理驾驶舱，形成宏观覆盖各项经营指标、微观覆盖各重大任务项目运营状态的全面管理，整合了营业收入、利润、财务费用、管理费用等各项经营目标和指标，以及各重大任务进度、回款、风险消除项等各项实施状态，同时对人力资源和场地资源供给等资源进行统筹，实现了对企业全局信息的一图集成，支持所领导、重大任务项目管理者、相关业务和职能部门人员浏览，并能根据设定的单位运营目标阈值和项目管控目标阈值自动发现问题，向相关部门和所领导发送预警，保障重大任务实施时刻处于健康状态。

（六）建立重大任务资源保障体系

1. 建设"三鹰人才"梯队，打造重大任务创新和研制生产能力核心

二十八所面向新员工、青年骨干、中层管理和业务专家制定了"三鹰人才发展计划"，构建人才成长路径，打造人才梯队。

第一人才阵营为"雏鹰计划"，针对人工智能、云计算、无人装备等领域加强靶向招聘，做好战略

人才储备，并在大系统大项目大工程中大胆使用青年人才，明确重大任务至少设置一名35周岁及以下副总设计师，激励年轻业务骨干锐意进取、拼搏奋进。

第二人才阵营为"飞鹰计划"，通过综合考核评价和专题调研，筛选潜在年轻业务骨干作为技术专家和中层领导的后备人才，优先推荐其担任重大任务项目负责人，使其逐步成长为高级专家或中层领导人员。

第三人才阵营为"雄鹰计划"，通过对有进一步发展潜力的中层领导人员、高级技术专家，重点从重大任务供给、学术成果策划、前沿技术培训、行业影响力提升等方面提升引领主业领域技术发展能力，使其逐步成长为能够独当一面、在行业内具有较大影响力的技术领军人才。

2. 建立"三层两翼"人才激励体系，提升人才干事创业热情

二十八所优化建立包括以物质激励为基础、事业激励为核心、学习与成长激励为关键的三层硬性激励和参与激励、精神激励两种软性激励的"三层两翼"一体化激励体系模型。

物质激励方面包含岗位工资、绩效工资和中长期激励三大基于绩效贡献的激励模块，岗位工资根据当前岗位价值并结合在重大任务中的角色任命综合确定，绩效工资根据在重大任务中的绩效表现核算，中长期激励针对重大任务核心骨干及以上员工设立，引导员工在重大任务中勇于担责。

事业激励主要聚焦员工职业发展和自我价值实现，为此构建了包含管理、市场、技术、技能、社会化五大序列的发展通道及其岗位序列职级体系，鼓励员工在重大任务磨炼过程中发挥专长、干事创业，走适合自身的专业化发展道路。学习与成长激励通过推行在岗全周期培训、师徒带教和多专业技术交流三种形式持续提升员工专业能力。参与激励通过引导员工全程参与重大任务谋划—争取—落实—实施决策流程，共同制订目标，积极建言献策，尊重员工主体地位，增强员工归属感和认同感。

精神激励通过开展各类优秀评选表彰活动，宣传员工重大任务中的优秀工作事迹，营造奋发有为的工作环境，建立员工与单位之间亲密心理链接，提升组织认同感和使命认同感。

3. 开展体系效能型军工能力建设，重塑重大任务能力底座

在全单位层面，二十八所以一体化联合作战信息系统装备建设需求和科研生产方式变革锚定能力体系建设整体方向，统筹存量和增量资源，构建以资源管理中心为主的新一代系统装备研发基础设施，打造"云＋端"指挥信息系统研发环境，形成二十八所"一中心、四基地"的核心研发能力整体布局。在各重大任务层面，以各领域重大任务发展目标和计划为牵引，构建"策划—实施—检查（改进）"能力建设全流程体系，形成规划引领、效能优先、统筹实施、持续改进的能力建设工作总体思路。在策划阶段，各业务领域根据自身重大任务目标提出能力建设需求，并启动审查程序，由战略规划部组织对需求的前瞻性、体系性和效能进行评审；在实施阶段，战略规划部对通过评审的能力建设需求进行实施方案策划，并统筹组织实施；在检查（改进）阶段，由资产管理部对全单位存量资产的效能进行监管，将效能情况反馈到重大任务谋划阶段，不断完善各业务领域重大任务谋划和能力建设需求策划，并为能力建设审查论证提供支撑。

三、军工院所面向体系作战能力生成的重大任务管理效果

（一）重大工程交付能力显著提升，支撑体系作战能力生成

自实施面向体系作战能力生成的重大任务管理以来，二十八所系统谋划了76项重大任务，通过将论证成果推介给军方，撬动了用户潜在需求，推动30项任务在军方立项，多数任务由二十八所牵头建设，研制的信息系统成功保障了国庆70周年阅兵、全军战略集训等百余次任务，获得了党和国家领导人、各级主管部门领导和用户的高度评价，行业总体地位持续夯实。二十八所指挥信息系统研制建设总体地位持续巩固，产品已覆盖战略—战役—战术各层级，市场贡献率超过70%，部分领域超过90%，并仍在进一步增长。

（二）军事科技创新能力更加凸显，引领系统装备跨越发展

近年来，二十八所紧抓电子信息技术重大变革机遇，实现了在重大专项论证、关键市场争取、核心装备研制方面的新突破，在军用网信体系和指挥系统领域建立了技术创新和品牌高地，在体系设计、仿真验证、数字化协同、云计算等关键技术攻关和核心产品研制中取得了一系列重大突破，形成关键技术成果近千项，填补多项国内空白，有力支撑了指挥信息系统的研制。自 2018 年以来，二十八所累计获得"国家科技进步奖一等奖" 1 项、二等奖 3 项，"国防科技进步特等奖" 1 项、一等奖 4 项、二等奖 4 项，"国防技术发明二等奖"两项，处于行业领先水平，打破了西方在指挥信息系统领域的技术封锁和全球垄断，产品远销 40 余个国家。

（三）经营管理效率逐年提升，经济效益快速增长

自 2018 年以来，二十八所优化了重大任务管理流程，业务流、信息流、价值流、资金流高效整合，在项目管理人员数量基本不变的基础上，管理项目数量实现成倍增长，增加到千余项，项目管理效率（项目数量、管理人员数量）翻番，项目管理成本显著降低，重大任务按期推进率显著提升，经营状况持续优化，营业收入由 106 亿元增加到 140 亿元以上，复合增长率 7.2%，经济规模稳步扩大，连续 5 年在百亿元级的体量上稳定增长，高质量发展成效显著。

（成果创造人：毛永庆、邵　静、傅　军、李苏宁、余文伟、
　　　　　　　叶　翔、刘　露、庄国献、陆　超、万一棋、茅　迪）

铁路运输企业两万吨重载列车开发与运行管理

国能朔黄铁路发展有限责任公司机辆分公司

国能朔黄铁路发展有限责任公司机辆分公司（以下简称朔黄机辆公司）是国能朔黄铁路公司的分公司，成立于 2006 年，现有员工 5500 余人，主要承担朔黄铁路运输任务，负责电力交（直）流机车、内燃机车的运用、维修管理和各机务联运单位机车的综合管理。现有机车 363 台，电力机车 310 台，负责朔黄线、黄大线的干线牵引任务，以及朔黄线、黄大线沿线调车及施工配合作业、黄万线干线牵引及黄骅港港口作业区的调车作业等。总里程 889 千米，运输能力 3.5 亿吨。近年来，朔黄机辆公司克服隧道长、桥梁高、坡道大、海拔高、曲线半径小等特殊地理环境影响，成功进行了两万吨重载列车试运行和正式运行，牵引总重达 21600 吨，总长度 2662 米，单列运输资产达两亿元以上。截至 2023 年 3 月，两万吨重载列车共开行 87455 列，完成煤炭运输 9.76 亿吨，实现安全运行七周年。塑黄机辆公司先后荣获"全国五一劳动奖状""全国文明单位""全国绿化模范单位""中国首届十大环境友好工程"等国家级、省级荣誉称号。

一、铁路运输企业两万吨重载列车开发与运行管理背景

（一）建设世界一流水平运输企业的使命担当

朔黄机辆公司肩负着国家发展能源铁路运输的重要使命，特别是在当前世界铁路运输以重载为主体的发展背景下，铁路重载运输朝着开行距离更长、载重更大和智能化、数字化发展。2017 年国际重载大会提出了"国际重载 4.0"理念，通过搭建现代化网络平台，广泛应用传感器、大数据计算、信息通信、人工智能等技术，大幅提升重载技术装备智能化水平、运输效率和安全性。澳大利亚已成功部署世界首个采用自动驾驶系统的长距离重载铁路运输网络。瞄准世界铁路运输装备最前沿，持续推进运输装备重载化、智能化、绿色化发展，是建设世界一流铁路运输企业的使命担当所在。

（二）打造国家能源运输排头兵、保障能源供应的责任担当

朔黄铁路自开通运营以来，运量持续快速增长与运输能力支撑乏力、常态化高运量任务要求与饱和状态运输的矛盾日益凸显。上游企业煤炭产出后无法及时运出，华东、东南沿海地区等经济发展核心区域对煤炭的需求无法得到满足，以载重 5000 吨的普列和万吨级重载列车的运营模式已不能满足煤炭运输需求。特别是在"十四五"发展期，各地经济建设在一定程度上依赖能源供应，要求能源运输增量进一步扩大。开发运行两万吨重载列车，缓解能源供应和供需矛盾已势在必行。

（三）提升核心竞争力、推进企业高质量发展的己任担当

朔黄机辆公司充分认识到与世界先进水平存在的差距：一是与世界铁路重载装备企业相比，还存在着运营成本高、运输效率低、运输装备技术先进程度低、运维保障性不足等问题；二是世界铁路运输装备突出向智能化、数字化、绿色环保方向发展，迫使企业掌握成套核心技术；三是随着国铁运能集中释放，浩吉、准朔、唐呼等煤运通道的开通和增运扩能加剧了运输市场竞争。基于企业内外部环境发展要求，开发运行两万吨重载列车成为抢占重载运输市场制高点、提升行业话语权和竞争力的迫切需要。

二、铁路运输企业两万吨重载列车开发与运行管理主要做法

（一）加强顶层设计，明确两万吨重载运输发展战略和总体思路

朔黄机辆公司以建设世界一流水平重载运输企业为目标，以大数据、移动互联、人工智能等现代信息技术为手段，加强科技创新的顶层设计和总体布局，充分发挥创新需求源头和创新成果运用主体

地位，推动产学研结合，形成攻关合力。通过构建两万吨重载运输研发平台，建立两万吨重载运输关键技术体系，系统规划做好满足重载运输技术要求的基础设施建设和机车车辆关键技术体系建设。加强系统集成，系统规划并构建两万吨重载运输的通信信号、检测监测、自动驾驶、技术标准等技术支撑体系。加强管理变革，建设满足两万吨重载运输运行的研发平台、对标体系、联合运输体系等新机制，确保重载运输开行和运营。通过科技创新引领，促进管理方法、管理方式、管理手段进行变革。建设满足两万吨重载运输运行的研发平台、联合运输、容错纠错新机制，构建以两万吨重载运输为核心的安全保障和人力资源保障体系。

（二）加强技术引领，建立两万吨重载运输关键技术体系

1. 建立两万吨重载运输的基础设施加固与评估体系

为突破既有基础设施对两万吨运输的适应性和耐久性制约问题，朔黄机辆公司联合铁道科学研究院、中国中车集团有限公司（以下简称中国中车）、中铁二院工程集团有限责任公司（以下简称中国中铁二院）等优秀科研力量，全面攻克30吨轴重及以上既有线路强化加固与评估技术。一是构建完全自主知识产权的既有铁路基础设施强化改造成套技术体系，研发可提高列车轴重的辅助钢梁、体外预应力自平衡和拼装钢桁梁3种重载铁路桥梁强化技术，完成两万吨径路轨道结构加强、普通钢筋混凝土梁改造、钢桁梁加固、墩台基础加固、盐碱腐蚀墩加固、涵洞加固和路基加固等工程。二是建立30吨及以上轴重条件下既有基础设施检测与评估方法体系，研发重载铁路轨道路基快速连续检测、桥梁静动力性能检测与实时监测、桥梁与路基服役状态评估等技术，实现重载铁路基础设施服役状态实时自动监测和智能评估。

2. 建立两万吨重载运输的机车车辆关键技术体系

为实现重载运输，突出解决影响机车车辆重载运输的关键核心技术。一是为降低两万吨列车开行难度，联合中车株洲电力机车有限公司等企业，攻克了机车变流器、网络控制系统、车体及制动系统等关键技术，创新研制拥有我国完全自主知识产权的八轴和十二轴大功率交流传动电力机车，开发两万吨模拟驾驶系统，更好地提升司机开行技术。二是为解决车辆本身自重问题，提高两万吨列车煤炭装卸效率，联合中车长江集团公司等企业，攻克车体轻量化、低动力转向架、降低列车纵向冲动等关键技术，成功研制30吨轴重载重100吨级KM100型底开门自卸式煤炭漏斗车，显著提高重载车辆装卸效率。

（三）加强系统集成，构建两万吨重载运输的技术支撑体系

1. 构建两万吨重载运输的通信信号支撑系统

一是联合华为等企业研发第四代铁路移动通信技术（TD-LTE-R），在国际上首次开行基于4G（LTE-R）通信的重载组合列车，实现开行所必需的同步操控、可控列尾、调度通信、视频传输等语音和数据传输功能，有效保障两万吨超长编组列车安全运行，达到了世界领先水平。二是联合交控科技、北京交通大学、卡斯柯等企业和高校，突破重载铁路移动闭塞技术，攻克了融合北斗卫星导航技术的高精度车载定位、列车完整性识别检查、超长移动体安全制动等八大关键核心技术，在国际上创造性地提出并采用移动闭塞进行技术升级和改造，并形成一套重载铁路移动闭塞列控系统技术标准规范，为重载铁路运输和两万吨列车效率提升提供成套解决方案。

2. 构建两万吨重载运输的检测监测技术支撑系统

为探索两万吨重载列车动力学规律，实现对弓网、线路、机车、同步网络状态等工况常态化检测。朔黄机辆公司联合国内外铁路检测主流技术供应商和科研院所，研发成功世界唯一一台集成钢轨探伤、路基道床、轨道几何、接触网检测系统等11个检测系统的重载铁路综合检测车，实现基于在同一时空坐标内"动态监测、静态监控、综合分析、立体养护、状态检修、寿命管理"的重载铁路运营

检修模式，达到国际领先水平。截至 2022 年年底，朔黄线全年检出各类病害缺陷下降了 83%，消除了影响行车的轨道Ⅲ级偏差。2020 年 8 月，自主研发我国首台两万吨综合检测（试验）机车，建立车钩受力、车钩摆角、钩缓伸缩量、振动加速度等 8 项重载列车运行动力学数据库，有效提升两万吨常态化动态监测及科学化管理水平，填补我国重载列车动力学性能常态化采集技术空白。

3. 构建两万吨重载运输的自动驾驶支撑系统

两万吨重载列车开行的关键影响因素之一在于对列车操纵技术的攻克。朔黄机辆公司联合中国中车等单位，自主研发并首次应用重载列车智能驾驶辅助系统，实时指导乘务员操纵列车；升级改装轨道交通自动驾驶系统，实时监测列车运行状态和线路信息，替代人工操纵，规划列车运行，智能跟随列车控制，提升列车安全和运营效益。两万吨重载列车自动驾驶试验是基于全自主牵引网络控制、空气制动、无线同步操控等车载控制系统，其自动驾驶装置采用自主研发的最高安全等级的 SIL4 平台。试验列车采用"1+1"编组模式，共计 216 节车辆，列车全长约 2.6 千米，总重达到 21600 吨，全程采用自动驾驶控制。试验结果表明，在智能控制方面，实现 100% 自动化控车，全程运行平稳，到站停车精准、正点；在绿色节能方面，其平均牵引能耗可降低 2.9%。

4. 构建两万吨重载运输的技术标准支撑系统

为规范和统一重载运输中的设计、建设、维护管理流程，相继制定和发布集团层面和公司层面的系列技术标准，以及《重载铁路 1.8GHz LTE 宽带移动通信系统网络技术体制》等 14 项企业标准，正在推进重载铁路列车运行控制系统技术、线桥隧强化改造技术等标准的研究。系列标准的制定和发布为各专业数据的获取提供保障机制，为智慧重载运输建设积累大量基础数据。

（四）推进管理变革，构建两万吨重载运输运行的新机制、新方法

1. 建立重载运输研发平台新机制

加强科技创新组织和平台建设，成立科学技术管理委员会、重载技术委员会，设立国能运输技术研究院，搭建重载原创技术研究策源地。成立以董事长为主任的重载技术应用研究委员会，选聘铁路科研院所 14 名专家学者和 45 名内部技术专家成立专家组，组建重载运输技术研究院作为运输产业研发平台。新组建两个技术研究实验室，汇集国内外创新资源，形成产学研用技术联盟，提供两万吨重载运输等应用型研发任务解决方案。建立科研投入分级保障及增长机制，鼓励申报国家级、省部级重点科研项目。制定下发《激励干部担当作为，实施容错纠错工作办法（试行）》等规定，在科研项目开发和改革创新上允许容错，营造和鼓励创新、创造、创业。

2. 建立两万吨重载运输管理制度体系

朔黄机辆公司先后编制《朔黄线重载列车操纵原则》《两万吨重载列车非正常行车处理办法》《两万吨行车组织作业管理和规则等行车组织办法》《两万吨列车紧急制动后机车检查范围》《两万吨机车准入准出管理办法》等 20 项管理制度，建立《重载机车技术管理及检修标准》等 8 项两万吨重载技术标准，形成两万吨重载列车安全管控标准化体系。

3. 推进检测监测方式、养护方式变革

朔黄机辆公司联合行业科研力量成功研发世界首台重载综合检测车。高度自动化和智能化的检测重塑了传统的人工检测模式，重载综合检测车每月进行一次综合检测，减少朔黄铁路基础设施周期性人工检查的工作量和频次，全年综合检测替代人工检查 245 人。重载综合检测车已经替代 60% 下行正线的人工探伤，人工探伤周期从每月一次延长至半年一次，技术站到发线钢轨探伤取消人工作业。创新研发量值检修系统、自动吹扫设备、车底智能机器人等技术成果，大大提升两万吨列车部件检修的自动化程度。建设地面数据处理中心，实现数据共享、数据管理和数据分析，研究各专业合理维修周期，促进基础设施与设备修理模式变革。

4. 实施重载运输安全保障体系建设

朔黄机辆公司实施设施设备智能化监测预警，全面推进"朔黄铁路天网监控系统"项目，实现对关键设备、施工现场、基础设施等重点环节智能化监控。抓好重载列车运行中安全风险防控，开展两万吨重载列车仿真计算技术应用分析，掌握影响列车冲动的关键操纵因素，针对9处困难区段优化操纵办法，先后分4个阶段开展42次操纵验证，形成两万吨重载列车精细化操纵办法。强化应急预案准备，制订两万吨列车生产安全事故、应急故障处理、非正常行车办法等系列预案。建立起复救援、防洪抢险、故障处理、新技术试验"四位一体"的应急救援综合演练基地，建设应用救援管理信息化系统。

（五）构建两万吨重载运输运行的人力资源保障体系

朔黄机辆公司为两万吨重载列车运行提供人才保障，制定人才培养规划。培养高层次人才，依托国能运输技术研究院、重载研究委员会平台和重大技术攻关项目，引进集团首席科学家、科学家等高端人才。在各专业分别组建科技攻关团队，深入实施首席师制度，培养重载铁路技术领军人才。组建技术咨询专家委员会，对两万吨重载运输重大决策进行咨询和指导。培养专业人才，各核心专业设高级工程师（研究员）、工程师（副研究员），选拔35岁以下青年专业骨干人才担任公司、子公司、分公司创新团队负责人。培养高技能人才，依托两万吨重载列车常态化、规模化运行，构建技能人才培养体系，以多岗位递进式培养模式为根本，以多元化培训方式及激励措施为重点，培养两万吨重载机车乘务员、技术站车站值班员等核心技能岗位的工匠型人才。

三、铁路运输企业两万吨重载列车开发与运行管理效果

（一）经济效益显著提高，铁路能源运输效能大幅度提升

通过铁路运输企业两万吨重载列车开发运行的管理变革实践，取得了良好的经济效益。运营收入和净利润逐年增长，2015年至2022年，营业收入由134亿元提高到216亿元，净利润由50.5亿元提高到86.29亿元，2022年净利润率高达39.83%。

2022年全年货运总量完成34911万吨，非天窗日日均开行31.2列，在完成运输任务中占比52%。截至2022年12月31日，重载列车累计开行84250列，完成煤炭运输9.48亿吨，占全国铁路煤炭运量的14%左右，为缓解国家能源运输瓶颈制约做出巨大贡献。设施设备运用集约高效、运输产出效率卓越，单台机车货物周转量5.44亿吨公里/车、平均运营速度57.80千米/小时，均远高于国外知名重载运输企业，达到世界领先水平。两万吨重载列车日均开行达30列以上，在完成运输任务中占比达52%，为保障国家能源供应发挥了重要作用。

（二）科技创新实力与核心竞争力显著增强，有力地促进了企业高质量发展

通过持续自主科技创新，朔黄铁路两万吨重载列车关键技术装备国产化率达到98%以上。在重载运输舞台上，单机平均牵引总重、单机日产量、动力学性能等指标达到先进水平；在国内铁路运输行业，打造了高密、重载、高效兼顾的运营典范，以标志性的自主创新技术提升了我国在重载运输领域的核心竞争力。"重载列车与轨道相互作用安全保障关键技术及工程应用"荣获"2019年度国家科技进步奖"二等奖，为既有设施适应两万吨重载运输条件提供强有力的技术支撑。

（三）提升了品牌效应与社会效益，为打造世界一流运输企业提供了强有力支撑

运输辐射区域更加广泛，绿色生态效益显著。依托两万吨重载开行的基础设施改造，形成了北上天津、南连齐鲁，正线全长889千米的国家西煤东运第二大通道干线铁路网，成功构筑了"多口对一路""一路对多港"的"鱼刺型"运输辐射格局。两万吨列车按每日图定开满94列计算，每日可合计运输煤炭118.46万吨，相当于每日减少或缓解晋冀区域内19744辆重载卡车开行所造成的空气污染影响。

　　两万吨重载列车技术被国务院国资委评为年度中央企业品牌建设典型案例。"两万吨综合检测（试验）机车自主设计及应用"获"国家能源集团奖励基金"一等奖。每台机车完成货物周转量、吨公里成本、人均货物周转量、收入净利率等 9 项指标达到了世界一流水平。两万吨重载列车的开行拉动了沿线地区经济增长和社会发展，为当地纳税占比达 60% 以上。两万吨重载列车品牌已成为铁路重载领域具有世界影响力的亮丽名片。

（成果创造人：兰　力、李长生、王春毅、张　建、王志毅、孙　云、

侯　冶、徐　桢、马　政、周少游、陶学亮、王大龙）

电网企业促进科技成果转化应用的科研项目价值评估管理

国网山东省电力公司

国网山东省电力公司（以下简称山东电力）是国家电网公司的全资子公司。本部设22个部门，下辖17家地市级供电企业、17家业务支撑单位和综合单位，3家新兴产业单位及98家县供电公司，服务电力客户5347万户，是全国第一家"中国一流管理的省级电力公司"，对标、业绩连续多年居国家电网公司前列。山东电力是国内最大的特高压交直流混联大电网之一，接纳省外来电能力达到3000万千瓦以上，新能源装机总量达到8067万千瓦，居全国第一，首批建成国家电网公司技术标准创新基地，拥有省部级实验平台23个，建立山东省首个、省级电力公司唯一的IEC/TC129技术委员会。先后荣获"中国电力行业责任沟通创新卓越企业奖""首届山东工业突出贡献奖"等。

一、电网企业促进科技成果转化应用的科研项目价值评估管理背景

（一）应对转型发展挑战、提升科技价值实现能力的必然选择

电网企业正处于能源转型、电网转型升级和跨越发展的关键阶段，如何有效提高科技投入产出比，提高科技成果转化价值已成为制约科技创新管理的重要瓶颈，亟需引入价值理念，创新价值管理方法，以价值实现为导向，有效提升科技价值创造能力，最大程度发挥科研价值实现能力，最大限度服务电网发展和经济社会发展。

（二）强化全流程闭环管理、持续提升科技竞争力的现实需要

山东电力在科技项目管理中存在以下三个方面问题。一是科技项目全流程管理功能缺位问题。科技项目从立项到验收，与科技成果转化推广是相对独立运转的，缺少一个重要价值评估管理环节来贯通、闭环科技项目管理全流程。二是科技项目价值科学量化问题。对科技项目价值评估尚处于起步阶段，未从价值角度对科技项目及其产生的成果进行量化和系统评估。三是科技成果价值最大化实现问题。山东电力面临科技成果转化和创新成果推广不足的问题，成果价值未充分发挥。

二、电网企业促进科技成果转化应用的科研项目价值评估管理主要做法

（一）确定以价值实现为导向的科技项目全流程管理的原则和思路

1. 导入价值理念，明确科技项目全流程管理的基本原则

聚焦科技发展战略，树立价值理念，明确科技项目全流程管理基本原则。一是全流程一体贯通原则。通过增补科技项目价值评估业务，全面贯通科技项目全过程，实现科学闭环管理。向前端指引科技立项，汇集优势资源，提高立项决策质量；向后端指引价值挖掘，提升价值实现能力。二是价值评估量化原则。促进业务链、价值链深度融合，以科技、技术、经济、社会和文化价值为驱动，创建价值评估模型和指标体系，持续提升科技项目管理能力和水平。三是价值评估灵活应用原则。遵循"分级分类"评价要求，围绕科技项目实施责任主体、专业分布、价值要素及科技项目类型和等级，实施评估与分析，提高评估结果灵活应用的实用性和有效性。

2. 确立补链、延链、强链工作思路

山东电力坚持创新驱动，战略导向，按照"三步走"思路有序部署和推进科技项目全流程管理。一是补链，创建价值评估体系，实施差异量化评估。基于国家电网公司"建设具有中国特色国际领先的能源互联网企业"战略和"诚信、责任、创新、奉献"核心价值观，系统分析科技项目管理业务链和科技成果"科技、技术、经济、社会、文化"价值链，构建价值评估模型和指标体系，针对不同项目类型和价值维度，实施差异化精准评估。二是延链，运用价值评估结果延展拓宽成果转化推广应

用。精准实施项目孵化、成果推广和专利运营，提高科技项目价值创造能力和成果转化能力。三是强链，通过辅助手段推进科技项目全流程科学闭环管理。开发一体化创新创效平台，嵌套价值评估业务流程，一体化贯通科技项目前后端业务。优化科技项目督导考核激励机制，持续提升前端业务科技产出和后端业务成果转化推广。

（二）创建价值评估模型和指标体系

1. 基于价值链—业务链分析，创建价值评估模型

按照科技项目价值评估覆盖范围和作用，以科技项目价值实现为导向，以"科技转技术、技术转应用、应用转市场"价值链分析为起点，系统识别科技项目全业务链价值创造特征，构建价值评估指标模型，确定"过程管理、成果质量、技术水平、成果应用、社会贡献"五个维度为科技项目价值评估指标维度。科学价值对应成果质量，关注科技项目立项等级等小指标；技术价值对应技术水平，关注科技成果数量、成果贡献度等小指标；经济价值对应成果应用，关注成果推广价值等小指标；社会价值对应社会贡献，关注成果转化及对社会影响等小指标；文化价值对应过程管理，关注科技项目制度机制、战略资源、创新责任及贡献等小指标。

2. 建立"四类五维"价值评估指标体系

一是明确科技项目价值评估成果特征。按照科技项目研究方向，确定"基础前瞻、应用技术研究、开发研究与示范、决策支持"四大类型。基础前瞻类项目指揭示电力发展相关的客观事物本质、运动规律，获得新发现、新学说而进行的实验性或理论性研究项目。其成果主要特征是科技论文和著作。应用技术研究类项目指利用科研项目所获得的知识，创造性应用于电力发展，产生新产品、材料和装置，建立新工艺、系统和服务。其成果主要特征是发明专利、实用新型专利、专有技术、具有新产品基本特征的产品原型或具有新装置基本特征的原始样机等。开发研究与示范类项目指应用科研项目所获得的知识，开展系统、技术产品开发等，形成具有一定规模的产品或装置，具有带动示范作用，真正投入生产现场进行使用。其成果主要特征是达到应用成熟度的产品原型机等。决策支持类项目指运用能源科学、管理科学、经济学和工程技术等学科知识，为实现决策科学化、民主化，支撑能源经济技术发展而进行的创新性研究。

二是统一设计价值评估指标结构。依据价值元素特征和科技项目业务流分析，确立过程管理、成果质量、技术水平、成果应用、社会贡献五个维度。以文化价值特性选取过程管理指标，突出科技项目关键业务特性和科技创新环境。以科学价值特性选取成果质量指标，突出关注科技项目产出质量、水平和影响力。以技术价值特性选取技术水平指标，突出技术成熟度和先进适用性。以经济价值特性选取成果应用指标，突出应用程度、推广前景及经济效益。以社会价值特性选取社会贡献指标，突出社会效益和环境影响。在五维一级指标框架下选取17项二级指标，形成"四类五维"科技项目价值评估指标体系。

三是确定指标权重和规则。依托价值评估模型和指标体系结构，按照差异化原则，运用层次分析法，对不同立项级别①、评估项目类型和价值维度设置加权系数及指标权重。对各级指标进行定义、指标说明，明确评价要点和评分细则，形成"三级四类五维"12份"科技项目价值评估指标体系表"。

（三）补强分级分类差异化价值评估业务

1. 开展四类评估项目两级筛查

考虑科技项目研发时效、成果应用周期和科技成果作用，项目主体单位对已通过验收的科技项目

---

① 科技项目立项类别分为国家级、省部级（国网公司级）和地市级（山东电力级）三个级别。

进行分类及预筛查，其中基础前瞻类项目为项目结题验收后 3 年，应用技术研究、开发研究与示范应用类项目为结题验收后两年，决策支持类项目为项目结题验收后一年。符合筛查条件的项目纳入科技项目价值评估计划，由专家评审组进行评估收资和项目资料审查，近三年从价值评估指标体系试点应用到全面推广，共评估科技项目 371 项。其中应用技术研究类项目居首位，项目占比为 57.14%，其次分别为基础前瞻类、开发研究与示范应用和决策支持类项目，占比分别为 8.63%、24.26%、9.97%。

2. 实施单一项目差异化双重评估，科学判定科技项目成熟度

科技项目价值评估首先从单一项目开始，按照计划对每个项目进行双重评估。一是实施单一项目五维评估。按照价值评估技术导则，根据评价结果得分率确定单一项目总体得分等级。其中，总得分率 ≥ 85% 为"优"，70% ≤总得分率＜ 85% 为"良"，60% ≤总得分率＜ 70% 为"中"，总得分率＜ 60% 为"差"。二是实施二维矩阵判定。为精准挖掘科技成果价值潜能，运用二维矩阵法对单一项目进行二次判定。确定价值成熟度判定矩阵表，将每个项目的总得分等级与成果应用成熟度等级进行对应，给出单一项目价值评估结论。其中，单一项目总体等级和"成果应用"维度等级均为"优"，给出"成果具备推广条件可实现广泛推广"结论；"一优一良"或"同时为良"，给出"成果具备局部推广条件"结论；任一维度含"中"的项目，给出"成果暂不具备推广条件需继续孵化"结论；任一维度含"差"的项目，给出"不具备推广条件、无推广价值"结论。2022 年经科技项目价值评估列入成果推广目录的项目共计 61 项，列入成果转化目录的项目共计 88 项，列入孵化清单的项目共计 10 项。

3. 开展科技项目多元化整体评估，系统判定价值实现优劣势

2021 年，对首次纳入科技项目价值评估范围的所有项目进行多元化综合分析。其后每年对持续进入价值评估范围的项目进行动态评估。一是按照价值维度。针对公司 4 类科技项目，分别按照"过程管理、成果质量、技术水平、成果应用和社会贡献"五个维度的得分情况，同类项目横向比较不同维度的得分率，不同类项目纵向比较同一维度的得分率，发现价值实现的趋势和管理短板。二是按照专业维度。根据单一项目得分情况，统计分析"规划设计、电网运行、新能源、输电、变电、配电、用电、信通综合"8 个专业在五个价值维度的得分分布，专业内比较各维度的得分率，专业间比较相同维度的得分率，确定专业研发能力、技术水平趋势和科技成果应用价值实现能力及水平。三是按照项目承担单位。统计对比 25 家市县公司及直属科研产业单位项目得分情况，单位内部明确先进、落后指标和专业，单位之间对总体、各专业、各指标得分全面对标排序，确定各单位科技项目优势和劣势。

（四）逆向推升前端业务链，促进科技项目科学闭环管理

1. 精准识别核心领域价值高地，优化科技研发布局

深刻领会电网转型升级和能源转型对科技工作的新挑战，以高质量建设科技创新跨越高地为首任，聚焦科技项目全流程价值评估优势与短板，系统修订和建立科技项目价值评估管理办法及规章制度和标准，优化项目决策、立项、实施、验收、运营等重点环节工作。系统分析技术研究水平现状和未来发展趋势，精准识别价值高地，全面部署"十四五"科技规划和年度重点工作。主动配置优质资源，建立以专业部门为主导，科研单位为技术支撑，市县公司为应用主体的科技创新组织体系，面向前瞻和应用基础研究领域，加强源网荷储、人工智能等高层次实验室建设。坚持"优势更优、特色更特"，优化各单位重点攻关方向，加强优势领域持续投入，主动部署能源互联网长线研究，构建重点突出、梯次接续的新型电力系统长线框架项目格局；推动多种形式的协同联合创新，加大与能源行业和政府科技管理主管部门的沟通力度，主动争取高等级研发项目。建立与知名高校的新型合作模式，与清华大学签订合作协议，凝聚优势创新资源，加强与发电、装备制造等产业链上下游企业合作，提高科技创新质效。

2. 服务科技项目立项决策，加强前端业务过程管控

发挥"专业引领、科研支撑、市县应用"效能，构建"长线框架、命题项目、自主研发、实验室专项、青年人才专项、群创专项"分类协同的项目储备模式，坚持重大项目"揭榜挂帅"、重大课题"持续立项"，围绕源网荷储数智六大领域，落实科技项目分层精准督导服务机制及验收要求，不断提升技术原创首创能力。开展价值评估后，以提升技术成果应用能力，促进产业链、创新链深度融合为引导，调整所辖不同科研性质单位在四类科技项目中储备立项的比例，提出科研支撑单位要适当增加应用基础性研究投入，地市公司等单位要聚焦打造科技示范，侧重储备应用技术研究和开发研究与示范应用类项目；调整科研技术攻关子项领域和科技项目立项评审侧重点，引导聚焦新型电力系统储能微网、应急保供、电力气象、监测预警、多元市场价值体系等技术研究方向。牵头国家重点研发计划"极高渗透率分布式光伏发电自适应并网与主动同步关键技术"获批立项，参与承担国家电网公司新型电力系统科技攻关计划 12 项，主动承担新型电力系统建设、智能电网等关键技术攻关；主动打造能源互补示范基地，着力解决"卡脖子"技术难题，推动关键领域核心技术自主可控。

（五）延拓成果转化应用业务链，最大化挖掘科技项目价值

1. 挖掘成果价值潜能，协同培育孵化高质量项目

一是着力培育重大成果。在建立科技项目价值评估体系基础上，以培育具备市场竞争力和高价值的新技术、新工艺和新产品为目的，新增山东省电能智慧应用技术创新中心和综合能源工程研究中心，建立高等级成果储备库，优化公司重大成果培育机制，提高成果培育能力。电科院、经研院及济南、青岛、临沂公司等单位牵头 12 项成果获评"国网科技奖"，5 项成果获评"山东省科技奖"，其中省部级一等奖 3 项，创十年新高。二是协同孵化高质量项目。优化双创中心组织结构，建设 8 个双创分基地和 100 个创客团队，形成协同创新新模式。明确覆盖"孵化遴选、孵化实施、出孵验收、成果转化推广"关键业务的孵化管理流程，制定双创孵化项目管理办法，做到入孵有原则、孵化有指南、出孵有标准。每年，根据科技项目价值评估结果及推广建议，将部分"成果具备局部推广条件"和全部"暂不具备推广条件需继续孵化"两类项目列入公司技术类创新成果转化目录，通过开展孵化项目可行性研究和评审，确定纳入双创孵化名单项目，追加资金投入，实施孵化培育，不断提升成果的应用成熟度、市场接受度和使用满意度。

2. 拓展成果推广渠道，充分释放成果应用价值

开展技术类创新成果推广目录编制，拟推广成果筛选参考项目价值评估结果，包括全部"具备推广条件可实现广泛推广"和部分"具备推广条件但推广受限"成果。技术类创新成果推广目录与国网新技术推广征集、公司综合计划及国网公司电商平台等有效衔接。通过列入国网公司新技术推广目录、进入公司零购、生产技改等专项计划、上架国网公司电商化专区（电网零星物资采购专区或办公用品及非电网零星物资选购专区）等方式，拓宽成果供需渠道，大批量生产制造和规模化推广应用，服务于电网生产现场，促进科技成果转化为生产力，推动科技创新提质增效。

3. 深挖高价值专利运营，提高知识产权转化价值

为打通知识产权运营全流程体系，提高知识产权价值管理水平，2021 年 11 月，山东电力制定首个省公司级知识产权运营规范，与山东产权交易中心合作确定"专利许可"知识产权运营模式，专利产权单位履行决策，在山东产权交易中心对外挂牌，由受让方揭牌，最终双方签订合同实现标准化交易，许可合同签订、费用划转均经山东产权交易中心监督执行，确保专利运营工作依法合规、创新高效，形成了可复制、可推广的知识产权许可运营模式，有效盘活项目产出专利资产，推动专利技术的转化、应用和推广。

（六）研发一体化管理平台，推动价值评估高效落地

1. 全面升级数字化架构，研发创新创效一体化管理平台

为了发挥科技项目价值评估作用，推动科技项目业务链闭环管理，以科技需求为导向，挖掘价值为目的，梳理科技数据来源和关联关系，汇聚业务系统 562TB 高价值数据，全面升级数字化架构，物联管理平台接入 19 类场景 20.5 万台边缘智能设备，打造集业务、数据、展示、评估、分析、辅助决策于一体的创新创效一体化管理平台，其规模稳居国家电网公司首位。针对科技项目管理、知识产权运营等关键环节进行功能优化和建设，以微应用微服务为架构，分层部署和优化创客空间、成果集市、知识产权运营等功能模块。汇集管理各类科技创新资源，实时掌握影响科技创新能力和水平的关键要素，精准统计、直观展现各类资源发展现状、价值创造和发展趋势，实现资源整合、数据共享和业务协同，提高创新效能。

2. 嵌入科技项目价值评估管理，全流程贯通前后端业务

为了规范新业务、实现科技项目科学闭环管理，系统识别和优化设计价值评估管理流程，明确包括"项目筛查、计划编制、单项评估、综合分析、策略制定"五个阶段，由山东电力科技部牵头开展，双创中心组织实施，市县公司及直属科研产业单位等具体承担。山东电力每年年底组织地市公司及直属科研产业单位开展项目预筛查，根据筛查结果下达价值评估工作计划，明确价值评估任务和要求。评审专家组按照价值评估技术导则对每个项目指标数据及资料进行审查和评估，并对评估结果和科技项目基础数据进行综合分析，系统识别科技项目价值高地，出具科技项目综合评估报告，引导科技项目的规划计划、立项实施等前端业务的系统优化和管理提升，以及科技项目孵化、转化推广、知识产权运营等后端业务的深化应用。

（七）优化督导考核激励机制，全面提高科技创新效能

1. 设立山东电力科学技术奖，精准实施科技激励机制

一是设立山东电力科学技术奖。为科技项目深化培育的成果提供奖励评审渠道，对获奖项目根据获奖等级给予完成人现金奖励；建立高等级奖项配套奖励措施，对取得"中国电力科学技术奖""国网科学技术奖"的完成人给予额外现金奖励，激发科技项目成果后续培育热情，提高成果深化应用质效。二是实施薪级动态调整积分管理。充分发挥薪酬分配的激励导向作用，建立对专利奖励、科技创新、技术标准等科技项目成果的积分细则，对参与科技项目价值评估成果深化应用中取得较大效益的员工给予积分奖励。三是实施成果转化推广精准激励。科技项目价值评估及成果转化推广遵循"统一管理、协同推进，专业主导、规范流程，分工负责、有效激励"原则。结合工资总额增量与各单位成果转化推广情况动态调整激励资金总额。激励总额根据成果转化方式差异化设置激励标准，其中，对于成果转化方式为转让、许可他人实施方式的，激励总额为从成果转让净收入或者许可净收入中提取不高于 50% 的比例；对于成果转化方式为自行实施、与他人合作实施的，激励总额为在实施转化成果投产后连续 3 至 5 年，每年从实施该项成果的净利润中提取不高于 5% 的比例。按照分类管理原则，根据受让单位不同，分为公司系统内转化、国网公司系统内转化和国网系统外转化三类，激励标准分别按规定标准的 70%、90%、100% 执行。根据按劳分配原则，由于科研支撑单位与其他单位的主营业务不同，激励标准按规定标准的 100%、70% 执行。由一个单位完成的转化成果由该单位制订分配方案并组织激励资金的分配，报送双创中心审核；由两个及以上单位共同合作完成的转化成果，由第一完成单位负责与其他完成单位协商确定激励资金的分配方案，并报送双创中心审核。个人年度激励总额原则上不超过所参与转化成果激励总额的 30%，且不高于其激励前上一年度工资收入的三分之一。2022 年对 47 个项目团队实施精准激励。

2. 优化科技项目柔性督导与考核机制

一是建立考核评价机制。价值评估结果与科技项目立项、研发团队评价、成果转化评价等挂钩，对项目责任单位实行考核激励，对于价值评估得分高的项目承担单位给予表彰奖励和绩效加分，在各级先进评选、人才选拔中优先推荐。对未按要求完成价值评估、工作进度缓慢、综合评估结果差的单位给予预警警告，列入年度绩效考核，并要求其做出书面说明，提出后续改进方案。二是建立柔性督导机制。定期召开价值评估工作推进会，对工作开展情况进行总结，对下一步工作进行部署。定期通报价值评估工作情况，对各单位价值评估完成进度和质量统计分析，编制简报进行宣传，对正面典型树红旗，对落后单位亮警灯，形成"你追我赶"的良好局面。建立"专业部室＋柔性团队"的项目督导及验收运行机制，定期开展基层调研，关注基层单位意见建议，研究解决集中反馈的共性问题，动态优化调整科技项目价值评估工作流程，推动价值评估工作水平不断提升，促进科技项目成果转化应用，推动提升科技项目价值实现能力和水平。

三、电网企业促进科技成果转化应用的科研项目价值评估管理效果

（一）科技项目全流程闭环管理效果显著

山东电力发布了《国网山东省电力公司知识产权运营工作规范》等系列文件，填补了科技项目验收环节后的价值评估管理，打通和补强了科技项目前后端业务链，实现了全流程科学闭环管理。自2021年以来，山东电力牵头获省部级及以上科技奖励45项、中国专利奖3项等奖项。

（二）加速提升了科技项目价值实现能力和成果转化水平

自2021年以来，山东电力共完成213项专利挂牌交易，科技项目成果实现应转尽转，2022年公司成果转化率同比提升14.6%，推广率同比提升16.5%，完成218项成果推广，助力山东电力供电可靠率由2020年的99.9566%提升至2022年的99.968%，用户平均停电时间由3.8小时降至2.8小时。

（成果创造人：焦　敏、李雪亮、王　凯、李　勇、曾　帅、李　笋、
　　　　　　　肖　卫、王　涛、张培杰、马　帅、毛　菲、袁海燕）

空调企业基于自主技术突破的焊接设备自动化改造升级管理

青岛海信日立空调系统有限公司

青岛海信日立空调系统有限公司（以下简称海信日立）成立于 2003 年 1 月 8 日，总部位于中国青岛，是由海信集团与江森日立共同投资的集商用和家用中央空调技术开发、产品制造、市场销售和用户服务为一体的大型合资企业。海信日立本着"坚守诚信立企，坚定市场导向，坚持创业精神"的价值观，积极推行卓越管理、创新研发、智能制造、专业营销、客户导向、高效供应、精心服务的经营体系，致力于成为中央空调市场的领导者，引领中央空调行业不断进步，为人类创造一个更美好的生活空间和可持续发展的生态环境。

一、空调企业基于自主技术突破的焊接设备自动化改造升级管理背景

当前，坚定不移推动制造业高质量发展，大力发展先进制造业，加快重点领域核心技术突破和产业化，增强制造业竞争新优势，是党和国家对制造业的要求。2021 年，海信集团将路径和追求锁定"先进制造"，既包含了制造本质，又涵盖了先进手段。海信日立响应国家政策和集团经营层的要求，必然要快速转变对"制造"的战略认识，强化对"制造"的重视，做好"引领先进制造"的变革，推进空调系统管路焊接自动化是海信日立先进制造的重要组成部分。同时，由于企业生产所需原材料价格大幅上涨，市场竞争压力增加，提升制造效率与降低制造成本成为制造业无法逃避的话题。海信日立自成立以来，坚持市场导向，保证订单按时交付是工厂端的第一要务，焊接过程作为特殊过程对焊工的要求较高，培养周期长，特别是高难度岗位的焊工培养需一年以上时间。焊接对人员技能过度依赖是海信日立保障市场订单交付的重要瓶颈，因而推进自动化，使用焊接设备代替焊工，不仅是制造效率、制造质量提升的要求，更是保障市场订单交付的要求。

二、空调企业基于自主技术突破的焊接设备自动化改造升级管理主要做法

（一）创新组织架构，分层管理，实现资源统筹

2021 年，"先进制造"被写进了海信集团的使命，也列入了集团 8 大战略主题，提出了以自动化、智能化、数字化等先进技术持续追求"质效双升"的先进制造模式。基于此，海信日立成立了以经营层为核心的智能制造常务委员会，统筹公司智能制造建设的顶层规划、实施路径和资源投入；委员会下设智能制造日常推进小组，以相关部门负责人为核心，负责智能制造建设的项目规划、资源调配和过程管理；部门内部设智能制造担当兼职岗，选取具备较强的创新意识并对板块业务有深入理解的骨干员工担任，负责本板块业务蓝图规划、内部资源协调及重点项目跟进等工作。同时，海信日立每月召开智能制造例会，对体系建设中的重点难点项目进行周期性点检，为公司智能制造建设提供了坚实的组织保障。

焊接设备自动化作为智能制造自上而下分解的重要板块，在委员会的统筹下，项目组成员均由各业务部门骨干人员组成，具有 8 年以上工作经历人员占比 80%，其中包含工艺专家 1 人、设备专家 1 人。

（二）制定焊接设备自动化推进目标与思路，强化目标导向

1. 明确推进思路

海信日立对行业内目前自动焊接设备的尖端技术应用及研制进行了详细的调研、分析，厘清这些技术的优势与短板，同时，对海信日立的焊接工件所需求的技术进行了评估。考虑到快速实现收益，对已有的成熟技术，选择与设备厂家进行协同开发以适应海信日立独有的产品结构；对行业内空白，

但对海信日立收益较大的焊接技术选择自主技术攻关，依托海信日立工艺技术储备充足的优势，跨前一步，完成工艺技术优势向设备自主开发优势转化，形成了行业内成熟设备协同定制开发，行业内空白领域设备自主开发的思路，按照技术种类分类，即感应焊接技术协同开发，简单的管件专机设备焊接技术协同开发，机器人自动焊接技术自主开发。

2. 确立推进原则

为确保焊接设备自动化板块目标的达成，自动化推进务必全面，但绝不能一拥而上，依据二八原则，抓住主要矛盾，确定板块下分项目的开展前后顺序，以项目收益、项目难度为导向，进行项目开展的先后顺序评估。

基于以上原则，依据两个维度进行子项目挖掘。一是应用场景主线，借助于各条生产线体的自动化地图，依据工作量大、可复制性强优先的原则，从工作量大的工序着手开展自动化项目推进，以快速实现收益。二是技术路线主线，坚持先易后难的原则，逐步攻克难点痛点，确定好技术攻关顺序后，反推所攻克技术的可行应用场景。基于这两条主线，海信日立确定了黄铜分流器自动焊接、分流管自动焊接、四通阀自动焊接的推进顺序。

3. 设立推进目标

围绕推进思路与推进原则，结合海信日立的生产现状，确定了三级目标。其中，感应焊接设备与专机自动焊接设备选择与现有设备厂家协同开发，焊接机器人技术为行业内空白，由海信日立组织专业团队自主开发。

一级目标是首台（套）设备导入，包括单风扇分流管自动焊接机器人、双风扇四通阀自动焊接机器人、室外机等壁厚分流器支管黄铜感应焊、室内机不等壁厚分流器支管黄铜感应焊、室内机过滤器专机自动焊和室内机分流管专机自动焊；二级目标是差异化推广，包括双风扇分流管自动焊机器人、模块机分流管自动焊接机器人、单风扇四通阀自动焊接机器人和室外机不等壁厚分流器支管黄铜感应焊；三级目标是规模化推广，即一级目标与二级目标所覆盖所有设备类型的横向推广。

（三）建立焊接技术研发机制，实现焊接工艺技术水平领先

1. 制定整体技术路线

海信日立通过调研行业内自动焊接设备的设计理念，分析其优势与劣势，重点分析其焊料添加方式、加热方式、焊接过程中的温度变化控制对焊接过程的影响，制定了整体技术路线。

通过分析，目前行业内通过时间控制焊接过程温度变化，该种控制形式仅适用于对焊接加热区域均匀性要求不高的场景。海信日立产品焊点相对密集，需要连续焊接或者同时焊接，对加热均匀性要求较高，该种控制形式不能满足海信日立焊接自动化工艺需求。在此基础上，以适应海信日立产品焊点结构为基本原则，考量对于焊接质量与焊接效率的需求，海信日立在行业内首次提出了基于时间控制与流量变化实现温度控制的技术路线。通过这一技术路线的应用，可以有效满足海里日立产品焊接对焊接质量、焊接效率的标准与要求，同时该技术路线降低了对焊点结构、焊点位置的要求，降低了后续产品的开发难度，提高了对在产产品的适应性，更加科学高效。

2. 实现设备和工艺一体化设计

工艺过程控制是保证焊接过程稳定的核心内容，设备的主要功能就是保持稳定地实现工艺过程。海信日立结合自身实际，为充分发挥焊接工艺技术水平优势与设备技术水平优势，提出了设备和工艺一体化设计的理念，核心目标在于整体最优，即在设备结构设计上考虑工艺过程实现，在工艺过程设计中考虑设备结构设计，引领行业自动化发展趋势，实现设备实现与工艺实现高度协同，提高整体效率。

目前行业内普遍存在设备制作与工艺过程脱节的问题，尤其体现在设备中工件固定夹具的设计与

现场作业过程匹配度差，设备设计过程没有充分考虑转产、物料公差波动对焊接的影响，造成设备转产工时损失高，转产后质量波动大。海信日立基于一体化设计的理念，在设计过程中充分考虑转产、物料公差等因素，设计出满足全生产过程高效运作的焊接设备。

3. 构建模块化的设计规则

按照自上而下的设计思路，将自动焊设备分为多个功能板块进行设计，基于标准化、通用化的目的，构建实现不同产品焊接的共用的设计模块，包含共用设计方案、零部件、结构特征等设计成果。

海信日立目前已经完成了自动焊接设备的电控系统模块化设计、焊料添加系统模块化设计、火焰控制系统模块化设计、物料传输系统模块化设计、焊接夹具系统模块化设计。通过模块化设计，大大提高了设计效率，降低了设计质量风险，压减了零部件的种类，增强了互换性，降低了由于设备后期的维修备件储备造成的资金占用。

4. 实施焊接全过程的系统性设计

自动化焊接是一个系统化的工程，涉及人、机、料、法、环、测等方面的生产因素，从设备（机）单一层面去推进自动化必然会导致项目推进效率低下、工件焊接质量波动等问题。基于此，海信日立除重点考虑工艺方法与设备方案设计之外，还对操作人员能力、物料因素等焊接全过程进行了系统化设计。

在操作人员方面，海信日立依据自动焊设备操作岗位的能力需求，确立了以机器人操作资质、焊点检查资质、火焰状态确认资质为基础的自动焊接设备操作人员能力模型。操作工在进入该设备岗位进行学习前，首先需到海信日立焊接培训学校进行系统的焊接基础培训，培训合格后进入设备操作岗位脱岗培训；在本岗位由师傅进行为期一个月的师带徒学习过程，学习期间工艺工程师、设备工程师、工程质监、焊接指导员亦需进行各自负责内容的培训，整个学习过程贯穿3次上岗鉴定，即三天试上岗鉴定、半月鉴定、全月鉴定，鉴定合格后方可独立操作设备。

在物料因素方面，自动焊接对物料的敏感性要高于人工焊接，人工焊接会自动识别焊接过程中的异常状态并通过焊接手法加以修正，而自动焊设备不具备焊接过程异常识别、解决能力。基于此问题，海信日立自动化项目组进行系统识别，发现主要影响因素为物料问题，包含焊缝间隙、物料插入深度、物料翻边孔高度、物料的累积公差等。对于上述因素，海信日立自动焊项目组组织相关开发工程师、部品质量工程师对问题物料进行设计尺寸、公差带控制的优化，并固化到设计标准当中，实现物料状态最优。

（四）基于技术路线，专项攻坚行业空白技术

1. 系统梳理，全面识别生产痛点

海信日立基于目前行业内自动焊设备技术发展趋势及自身已有的自动焊设备应用状态，系统地梳理了影响海信日立焊接自动化推进的痛点，主要痛点包含设备定制化程度高、产品迭代设备闲置风险大、焊接效率低、装配精度要求高、焊接过程物料热变形量大且不可控、转产损失大。

2. 瞄准生产痛点，快速转化为技术课题

面对上述痛点，海信日立焊接自动化项目组联合生产强相关部门的技术骨干对各项痛点进行分析、分类，形成了包含横跨多个专业的技术课题清单，主要包含火焰控制稳定性研究、设备柔性化研究、焊接效率提升研究、焊接位置动态调整研究、工装夹具通用性研究等。

3. 聚焦工艺需求，有序开展核心工艺方案研究

海信日立依据技术课题的专业属性，成立了多个跨专业、跨部门的技术攻关小组，经过一年的努力，完成了核心工艺方案的论证。其中，火焰控制稳定性研究历经5个版本的迭代，达到行业领先水平；设备柔性化研究提出了机械手配合凸轮分割器形式焊接设备平台，可兼容海信日立80%以上的管

组焊接，最大限度地降低了设备闲置风险；焊接效率提升研究突破行业水平，通过"2112"结构焊排设计实现了四焊点同时焊接，焊接效率较行业水平提升60%；焊接位置动态调整研究首次将视觉技术导入火焰钎焊设备技术方案当中，工装夹具通用性研究在海信日立首次实现单套工装兼容8种以上机型，同类设备转产速度行业内领先。

（五）降低投资风险，建立焊接技术验证及评审机制

1. 建立技术方案的试验论证机制

海信日立基于降低技术方案可行性差造成投资失败的风险，建立了技术方案模拟验证的制度，对于首台套项目和差异化推广的项目必须进行技术方案的模拟验证。为保证模拟效果，在海信日立经营层领导的大力支持下，自主开发包含电控系统模块、焊料添加系统模块、火焰控制系统模块化、机器人模块在内的焊接工艺技术方案试验工作台。在完成新设备的方案设计时，制作机器人焊接夹具与工装夹具装在试验台上，参照规划的设备动作流程、工艺流程进行焊接验证。在此过程中对设备程序（包含机器人程序与PLC控制程序）进行设计，并初步调试工艺参数（包含燃气、氧气流量参数，加热时间参数，设备运动速度参数等），达到最佳状态后，焊接工件进行质量确认，确认内容包含钎料渗透、表面焊接状态、耐压性能等。最终判定合格后方可继续该项目，否则要返回设计阶段进行方案修改直至技术方案试验论证合格。

2. 实行制造技术评审管理机制

建立制造技术评审管理机制，全面评审工艺技术设计、装备设计和实施方案。设置制造技术评审委员会，由评审主席、评审组长、评审委员、书记员组成，评审主席由公司制造分管副总担任，执行主席由制造中心各部门长担任，对评审结论进行最终批准。

焊接设备技术方案试验论证合格后，海信日立焊接自动化项目组应编制技术评审资料（包含整体方案设计、可行性分析、费用评估等内容），技术评审资料在获得制造副总工程师批准后提交至委员会书记员处并申请技术评审，由委员会书记员组织评审。评审会议上由项目组向制造评审委员会进行汇报，汇报结束后由评审组长给出评审结论。若评审通过，会后由项目组对会上所提出问题进行闭环，会签，会签完成后方可进入招标采购环节；若评审不通过，重新论证后再次申请评审。

（六）生产数据实时呈现，形成全面、准确的质量效率控制手段

1. 实现生产数据统计信息化

海信日立以推进焊接自动化为契机，实现焊接设备生产数据实时、集中呈现，打破原有的焊接设备生产数据人工记录、人工汇总的低效模式，解决生产数据统计不全（仅统计一次质量不良数据与生产总量数据）、统计滞后的问题，实现实时更新设备当前产量、当前生产进度、当前一次不良率、设备稼动率、设备综合效率等生产数据，保证生产数据的时效性与准确性；同时，提高数据存储便利性，为后续生产数据的周度、月度趋势分析奠定基础。

2. 基于实时生产数据推动现场质量提升

海信日立基于实时的信息化统计，以周期性更新的生产现场标准节拍、标准良率等数据为标准，以实时生产数据与标准数据差异为牵引，拉动生产现场进行质量、效率改善。实现"连三累五"拉动改善，现场同一产品缺陷连续出现三例或累计五例则拉动技术人员按照"三现"原则进行分析改善；对于日不良超标的设备，拉动技术人员进行工作群内日度分析改善；对于周度不良超标的设备，拉动技术人员在周度例会上进行分析改善；对于效率不达标的设备，拉动班组管理人员及时进行干预。

三、空调企业基于自主技术突破的焊接设备自动化改造升级管理效果

（一）智能制造水平显著提升，自动化率在行业内领先

海信日立响应国家坚定不移推动制造业高质量发展、大力发展先进制造业的要求，大力推展焊接

自动化项目，截至 2023 年 6 月，已实现自动焊接设备导入共计 40 台，完全自主开发机器人火焰自动焊接设备 15 台，其中包含分流管火焰焊接机器人 12 台，分流管火焰焊接机器人在行业内首次实现四焊点同时焊接，技术水平达到行业内领先；四通阀火焰焊接机器人 3 台，四通阀火焰焊接机器人在行业内首次实现大管径的单侧加热焊接，焊接技术水平行业内领先。共实现焊工人员缩减 49 人，人力成本降低 455 万元 / 年，通过导入自动焊接设备，提升焊接质量与稳定性，从而实现焊料中银含量降低、焊料浪费缩减，在保证产品质量不下降的条件下，实现钎料成本降低 839.6 万元 / 年。在自动化率方面，海信日立薄型天埋产品生产线配管焊接工序自动化率由 2020 年的零提升至 2023 年的 42.8%，焊点自动化率提升至 60.4%；侧出风配管焊接工序自动化率由 2020 年的零提升至 2023 年的 27%，焊点自动化率提升至 65.8%，自动化水平居于商用空调制造行业首位。

（二）升级设备导入模式，突破关键瓶颈技术，填补行业空白

海信日立积极进行"先进制造"意识转变。作为商用空调主机生产商，海信日立在委托外部厂商设计制作的设备导入方式可应用场景越来越少的背景下，利用自身技术优势，开拓了一条机器人焊接设备自主开发、专机类协同开发的道路。在新模式下，海信日立突破现有设备焊接理念，在行业内首次提出了基于时间控制与流量变化实现温度控制的技术路线。该技术路线并非行业内技术路线的改进、衍生，而是完全不同的两种理念，基于这种新理念，可以进行更加复杂焊点结构的自动焊设备的开发。海信日立在行业内首创不等热量输入技术，提出了"2112"焊排流量控制模式，实现加热区域的不等热量输入，为多焊点同步焊接的实现奠定了基础；基于对产品焊点结构的充分研究，海信日立总结出了一套适应自身产品结构的焊接动作工艺模型，实现焊点主管、支管热量的差异化输入，保证焊点加热均匀性；在行业内首创基于视觉技术的焊接热变形控制技术，解决了焊接过程中的热变形这一"卡脖子"技术难题，实现了物料装配公差的自适应修正；在行业内首创具备熔化反馈功能的焊料添加技术，实现焊料用量闭环控制；在行业内首创基于增加零电流等待间隙模式的不等壁厚焊接技术，实现海信日立独有不等壁厚分流结构的分流器组件焊接；V 形焊排结构的提出及应用实现了大管径焊点的单侧加热焊接，解决了四通阀组件结构紧凑、焊接困难的问题。

（三）完成焊接设备自主开发体系建设，引领行业技术升级

海信日立在焊接自动化推进过程中，用流程规范管理，不断发现痛点、解决痛点，完成了《自研设备工艺设计开发控制程序》，明确了自研设备开发过程中各部门的职责，规范了自研设备开发流程，提高了研发效率；用标准沉淀技术，完成了《自动焊设计手册》《自动焊调试手册》，做到设备设计过程、调试过程有据可依，降低了设备开发、调试过程中对技术人员经验的依赖，降低了设备开发、调试技术门槛。焊接设备自主开发体系化为海信日立自主开发其他门类设备提供了良好借鉴。

（成果创造人：李　虎、张连荣、刘伟强、黄宝东、
王　镇、李金磊、刘春祥、徐晓龙、王洪涛）

专业化重组与深化国有企业改革

大型钢铁集团基于综合性改革的央地重组整合管理

鞍钢集团有限公司

鞍钢集团有限公司（以下简称鞍钢）是国务院国资委监管的中央企业，公司资产规模4919.76亿元，粗钢产能6300万吨，位居中国第二、全球第三。2022年实现营业收入3366亿元，利润总额80亿元，行业排名第5位，销售利润率达到行业平均水平的1.6倍，员工总数约13.8万人，公司下属全资、控股子公司285户，其中，鞍钢股份有限公司、攀钢集团钢铁钒钛股份有限公司和本钢板材股份有限公司为上市公司。鞍钢在中国东北、西南、东南、华南等地有九大各具特色的生产基地，并有效掌控位于中国辽宁、四川等地的丰富铁矿和钒、钛资源，是中国最具资源优势的钢铁企业；拥有32家境外公司及机构、500多家国内外客户及合作伙伴，产品销售覆盖全球70多个国家和地区。

一、大型钢铁集团基于综合性改革的央地重组整合管理背景

（一）贯彻落实东北振兴战略的客观需要

振兴东北，经济先行，钢铁作为省内经济支柱产业，鞍钢和本钢集团（以下简称本钢）作为驻辽央企和省属国企代表，通过重组整合，重振东北钢铁企业，带动钢铁上下游及相关产业发展，使命在肩、责无旁贷。

（二）服务构建钢铁产业发展新格局的必然选择

推动钢铁行业兼并重组是深化钢铁行业供给侧结构性改革的重要举措，鞍钢集团和本钢集团（以下简称鞍本）重组整合有利于发挥科技创新在产业升级中的驱动作用，进而打造资源高效配置、市场快速响应、协同创新迭代演进的钢铁产业生态圈，开启钢铁产业有序竞争、高质量发展新篇章；同时，通过鞍本矿山统筹策划、统一开发，能够有效增加铁精矿有效供给，推动构建国内铁矿资源保障体系，维护钢铁行业产业链、供应链安全稳定。

（三）打造世界一流企业的有效路径

鞍钢确定了"十四五"时期"7531"（即7000万吨粗钢、超5000万吨铁精矿、3000亿元营业收入、100亿元级利润）规划目标。鞍本重组整合，有利于鞍钢钢铁＋矿业"双核"战略的进一步深化，推动关键资源要素和价值链核心业务协同整合，发挥采购、销售、科研、物流、国际贸易聚合效能和协同效应，提升资源配置的效率效益，打造钢铁主业核心竞争力；快速放大资源综合优势，将铁矿资源优势转化为核心竞争优势，加快打造具有全球竞争力的世界一流企业。

二、大型钢铁集团基于综合性改革的央地重组整合管理主要做法

（一）优化顶层设计，系统谋划重组整合的目标及路径

鞍本重组整合是一个涉及面广、复杂程度高、操作难度大的系统工程。鞍钢落实国务院国资委安排部署，围绕"打造具有全球竞争力的世界一流企业"的战略愿景，筑牢放大国有资本功能、提升公司治理效能的治理基础，把牢做强做优主业、提升产业链供应链发展水平的管控核心，抓牢持续激发动力活力、提升运营效率效益的管理动力，统筹推进鞍本重组"六措并举"，全面提升协同效应，充分激发改革活力，形成央地重组整合的新模式（见图1）。

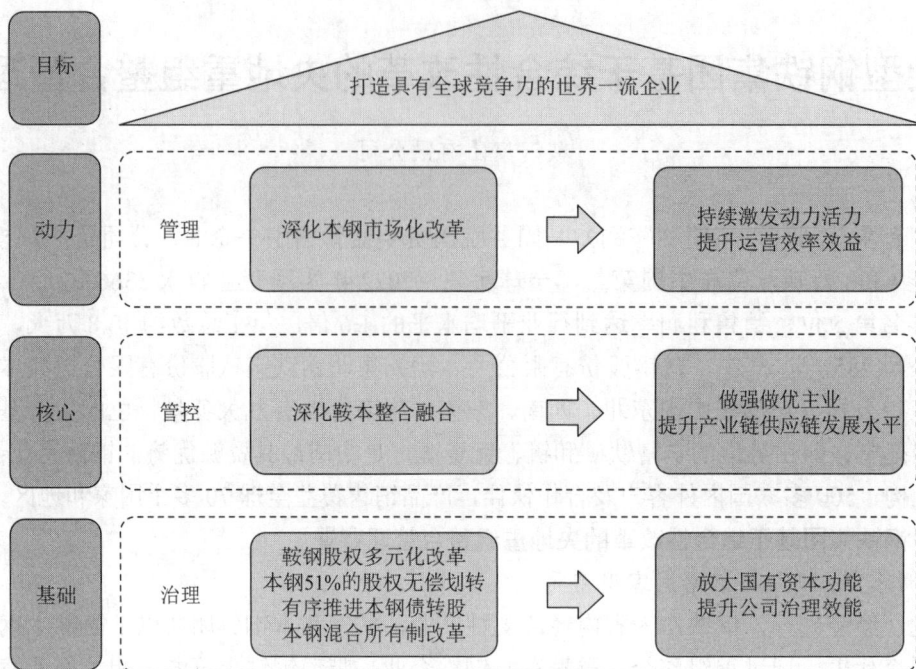

图 1　鞍本重组整合的整体框架

目标：放大国有资本功能，提升公司治理效能；做强做优主业，提升两链保障能力；持续激发动力活力，提升运营效率效益，打造具有全球竞争力的世界一流企业。

思路：一是通过鞍钢股权多元化改革、本钢 51% 股权无偿划转、推进本钢债转股、实施本钢混改四项举措，夯实企业治理基础，放大国有资本功能，提升公司治理效能。二是通过深化鞍本管理和运营整合融合，做强做优主业，提升产业链供应链发展水平。围绕"高站位谋划、高标准设计、高效率开局、高质量推动"，鞍钢形成"1+2"整合总体方案（即《鞍钢重组本钢实施一体化管理总体方案》《鞍钢重组本钢管理整合实施方案》和《鞍钢重组本钢业务整合实施方案》），明确"要素管控＋管理移植"和"战略引领＋资源协同"两条主线，确定管理过渡、启动整合、重点整合、全面整合、深度整合、文化融合六个阶段，形成管理过渡期、整合后首月、百日、半年、一年、两年、三年计划，设立 20 个后方专项组和 20 个前方项目组，确保整合工作扎实有序推进。三是通过深化本钢市场化改革，形成以总体方案为引领、体制改革和三项制度改革实施方案为支撑、各项具体文件为配套的"1+2+N"系列改革政策文件，持续激发本钢动力活力，提升运营效率效益。

举措：鞍钢集团层面实现股权多元化改革；辽宁省将所持本钢 51% 的股权无偿划转给鞍钢；有序推进本钢债转股；积极引入优秀民营企业参与本钢混合所有制改革；深化鞍本整合融合；深化本钢市场化改革。

（二）分步实施重组，混资本、优结构和强治理

1. 实施股权多元化改革，提升鞍钢资本运营能力

国务院国资委积极协调中国诚通、中国国新各向鞍钢注资 75 亿元，分别持有鞍钢 17.826% 的股权，在充实鞍钢资本实力、有效缓解本钢资金压力的同时，发挥多元股东治理优势，进一步提升鞍钢治理效能和资本运营能力，为鞍本重组后实现高质量发展提供有力支撑。

2. 实施 51% 的股权无偿划转，本钢成为鞍钢子公司

在辽宁省委省政府大力支持下，辽宁省国资委将所持本钢 51% 的股权无偿划转鞍钢，本钢正式成为鞍钢控股二级子公司。鞍钢按照"集团总部管资本、子企业管资产、制造单元管生产"三级管控架

构，聚焦"党的领导、战略规划、资本运营、资源协同、创新驱动、风险防控"六大管控要素，对本钢实施战略型管控模式。

3. 实施本钢混合所有制改革，构建多元治理格局

鞍钢按照"高匹配度、高认同感、高协同性"原则，通过完全市场化方式引入发展战略、能力优势和资源要素高度匹配的建龙集团（以下简称建龙）作为战略投资者。通过混改，本钢引入了资本增量和资源增量，优化了股权结构和股东结构。建龙增资 16.37 亿元、持股比例 5%，拥有一个董事席位，充分发挥积极股东作用，切实将国有企业制度优势转化为治理效能。

4. 实施本钢债转股，优化资本债务结构

鞍钢将市场化、法治化债转股作为深化供给侧结构性改革和有效防控金融风险的重要手段。由本钢所属本溪钢铁为主体实施市场化债转股，工、建、中、农四大银行债转股实施机构合计出资 44 亿元，持股比例 14.99%，依法派驻董事、监事参与公司治理，按照市场化原则确定了效益分享机制和股权退出机制，减轻本钢债务负担，优化债务结构，拓展融资空间，巩固了转型升级和可持续发展基础。

（三）聚焦"要素管控 + 管理移植"主线，推进管理整合

聚焦统一平台、统一标准、统一语言、统一行为"四统一"，落实要素管控，在满足国资央企监管要求的基础上，明确母子公司管控定位及权责界面，鞍钢聚焦管控核心要素，发挥积极股东作用，对本钢充分授权、放权，切实履行出资人的有限责任和本钢的独立法人责任；实施鞍钢管理体系和管理信息系统对本钢复制移植，将管理理念、模式、方法、要求在本钢迅速推广落实，通过系统统一实现管理统一。

1. 推进"三位一体"管理体系覆盖

以管理体系全面覆盖、深度嵌入为标志，向本钢所属企业全域延伸、逐级贯穿，推动组织效率、管理效率、运行效率全面提升。鞍钢聚焦"党的领导、战略规划、资本运营、资源协同、创新驱动、风险防控"六大管控要素，对本钢实施战略型管控。本钢逐级完善公司治理，各级企业"一章程、两规则、三清单"建立健全，所属 26 户"应建企业"实现董事会应建尽建和外部董事占多数"两个100%"，170 项核心权限逐级下放，238 项规章制度全面贯通，对身处市场一线的子企业授予采购销售自主权，对厂矿、作业区授予选人用人、考核分配权，矿业公司用好销售自主权，仅矿山副产品销售创效 2605 万元。

2. 植入三类 38 项信息系统

落实"先固化、再优化"的信息化先行原则，统一业务规则、数据标准，实现鞍本数字、视频链路全面联通，推进"国资监管、集团监督、管控共享"三类 38 项管理信息系统覆盖移植本钢。一是国资监管类系统：落实国务院国资委对央企在线监管要求，指导推进本钢在"三重一大"、大额资金、投资监管等领域构建完善全方位信息化监管体系，提升国资监管效能。二是集团监督类系统：按照鞍钢对审计、法律、安全、环保等业务职能领域的管理要求，指导本钢按照统一标准规范业务流程、建立基础数据，通过信息系统消除集团监督盲点，提升集团专业监督效率。三是管控共享类系统：围绕"人力资源、财务、信息化办公"三条主线，贯通本钢各级信息系统，最大限度发挥集团共享服务优势，提升整体运行效率。

3. 深度融入鞍钢管控体系

在体系覆盖和系统移植基础上，以国资央企监管、鞍钢管控要求、化解风险问题"三类清单"为抓手，推动本钢深度融入鞍钢管控格局。一是提升工作标准，加快推动本钢各项工作达到央企标准是整合融合的基本要求。比如，安全环保以制度植入、培训交流、管理诊断、现场评价作为"四个抓

手"，全面看齐中央企业工作标准，逐条、逐项、逐级贯穿至本钢厂矿、作业区、班组，根植于心、固化于制、外化于行。二是落实管控要求，全面落实鞍钢管控要求是管理融合的基本前提。比如，内部成立专项对接小组，外部聘请中介机构，内外结合先后10余次对本钢名称字号、案件管理、合同管理、风控合规四个重点领域现场指导检查，有力推动本钢法治工作全面融入法治鞍钢建设体系。三是防范化解风险。比如，宣传、信访本着"关口前移、源头治理"的原则，线下指导本钢逐级搭建"网格化"管理体系；线上指导本钢构建"舆情引导防御线""舆情应对处置线""舆情管理出击线""三道防线"，线上线下相结合建立舆情管控和维稳保障体系，为本钢改革发展提供了坚实保障。

4. 全面开展对标管理提升

围绕"十四五"规划，全面深化"五地、五工序"立标、对标、赶标、超标。确定137项关键环节改进提升项目，推进鞍山、本溪、鲅鱼圈、朝阳、北营"五地"，炼铁、炼钢、热轧、物流、能源"五工序"核心技经指标取长补短、协同提升。本钢全面承接落实《鞍钢集团加快建设世界一流企业实施方案》，制定"123"精益体系框架，形成"强基固本、协同共进、管理精进"的三年规划、研究制定"精益十年"长久规划。深化"日清日结"管理，建立运行"日结算、周分析、月总结"的成本管控模式。自2023年以来，本钢通过"红牌作战、识别七大浪费"等活动，完成精益改善课题126项，创效7037万元。以"提升效益、增强效率、激发活力"为目标，聚焦市场化和"精益＋"，在本钢市场化改革各项举措中率先突破，构建"合规＋授权＋同利＋精益"管理模式，实施"精益＋"管理新模式。其中，"精益＋生产销售管理"旨在推进上下道工序由推动向拉动式生产和销售过渡；"精益＋现场管理"旨在推进定置管理和目视管理的有效实施；"精益＋基础管理"旨在解决流程烦琐、效率低下等堵点问题；"精益＋仓储管理"旨在解决积压库存、资金周转率低等痛点问题，一举扭转连续十几年亏损困局。

（四）聚焦"战略引领＋资源协同"主线，推进鞍本运营一体化

围绕鞍钢"7531"规划目标，横向上聚焦平台化、集约化、专业化、市场化，深化业务协同整合；纵向上沿产业链逐步延伸拓展，不断放大"1+1>2"的聚合效能。落实资源协同，以集团整体效率效益和价值创造最大化为目标，发挥有效市场和有为集团作用，充分关切和维护属地利益和各相关方利益，以优势企业主导、向先进模式看齐，推动关键资源要素和价值链核心业务协同整合。

1. 开展业务平台化整合

落实战略引领，将本钢融入鞍钢"十四五"发展战略规划，聚焦打造钢铁、矿山"双核＋第三极"产业发展新格局，提升主业核心竞争力，整合培育多元产业发展。对于鞍钢已有平台承载发展战略的业务，采取"直接整合"路径，实现平台化运营、市场化发展。成立鞍钢集团钢铁研究院本钢技术中心，构建"1+3+N"科研管理体系，聚焦"四统一、四共享"协同机制（统筹发展规划、统筹科研立项、统一管理模式、统筹能力建设；研发手段共享、科技成果共享、人才资源互动、科技信息互通），实施三批次27项科研协同项目，整合科研资源"集中力量办大事"，共创效5681.15万元，在高水平自立自强中勇当原创技术"策源地"。国际贸易聚焦打造集团统一的进出口贸易、外贸融资和招标服务"三个平台"，整合鞍本海外销售渠道资源，提升能力、信用、品牌、服务水平，成为钢贸行业供应链领先企业；整合本钢招标业务，打造集团统一招标服务平台，实现阳光采购、集中招标、扩大寻源，提升企业核心竞争力，自2022年以来，共协同创效5074.55万元。物流聚焦物流企业和企业物流"两个关键"，基于鞍钢德邻陆港现代供应链服务平台整合本钢腾达公司，推广线上线下融合发展的平台型供应链服务商模式，推进船舶"散改集"、港口"借还料"，打造东北区域物流最优、外部区域通道和能力最强的大物流体系，2023年1—9月，降低本钢海运费1884万元。产业金融聚焦打造集团统一的资本运作、股权投资和数字化产业金融服务"三个平台"，以鞍钢资本控股为平台，整合本钢金融

业务资源，以产业为支撑，以"科技＋金融"为驱动，产融结合构建新的产业生态。

2. 整合钢矿主业

对于鞍本上市公司独立运作暂不具备实质性整合条件的业务，采取"先协同再整合"路径，持续深化协同协作，逐步向实质性整合过渡。一是钢铁产业。采购聚焦平台、代码、标准、流程"四统一"，确定"能协同尽协同"的采购原则，推进供应商双向共享，全品类原燃料及重要生产备件协同采购，通过统谈分签，以量换价，大幅降低采购降本。2023 年 1—9 月，鞍本协同降采 12.32 亿元。销售聚焦资源、价格、服务、渠道、物流、系统"六协同"，统筹渠道服务资源，统一期货、现货定价体系，协同打造"产品＋服务"精品战略，化解区域内同质化无序竞争，持续提升产品市场竞争力。2023 年 1—9 月，本钢汽车钢月均订货量 22.09 万吨，比 2022 年增长 17.31%；供主机厂 17.02 万吨，同比增长 82.5%。二是矿产资源。推进鞍本矿山产能稳定化、生产柔性化、矿山绿色化、管控智能化、产品市场化、资产证券化"六化"发展，以"基石计划"项目和"三个一批"项目为抓手，鞍本矿山产量均连创历史新高，持续巩固铁精矿产量国内第一的地位。

3. 多元产业整合

采取"本钢内部培育整合、集团内部适时分类集中"的路径，以优势企业或产业链核心企业为主导，横向上推动相邻相近业务资源整合；纵向上推动工艺链、产业链上下游整合，逐步实现集团内部资源向优势企业集中。本钢内部按照"清理退出、对外转让、重组整合、改善提升"的原则，分阶段整合同质化资源，范围涵盖 59 户法人企业，涉及 27 个行业、85 个业务种类，形成"9+1"个多元产业板块，同步实施"两非"剥离和"两资"清理。鞍钢内部组建新材料、能源环保、智慧服务等产业发展专班，定规划、定方案，整合培育、打造集团产业发展"第三极"集群。比如，实施鞍本水渣资源整合，延伸"水渣＋微粉"产业链，打造"资源＋制造＋供应链＋服务"一体化运营平台，2023 年 1—9 月实现增收 2.5 亿元、创效 1500 万元；推动鞍本废钢产业、碳材产业整合发展，着力培育"专精特新"隐形冠军。

4. 智能化升级

鞍钢坚持多基地一体化运营，大力推进本钢智造升级。在智慧运营层面，钢铁产业一体化经营与制造管理系统成功向本钢板材、北营基地推广移植，实现一体化经营管控、多基地协同制造。本钢热轧热装率提高 12%，在制品库存降幅 21%，吨钢修理费平均降低 17%，设备综合效率提升 4%。在智能生产层面，快速补齐 15 套 MES 系统短板，三级系统覆盖率达 100%；上线 25 套工业机器人，铁区集控、一键炼钢、冷轧集控、智慧能源管控系统成功投运，全面降低生产成本，提升制造效率。

（五）深入推进市场化改革，充分激发动力活力

以重组整合融合为契机，遵循改革规律，坚持市场化改革方向，以建立完善的公司治理体系为基础，以承接落实鞍钢战略管控模式、构建符合本钢实际的管控架构为前提，健全市场化管控体系；以深化三项制度改革为抓手，形成灵活高效的经营机制，建立市场化运营体系。

聚焦制约"三能"机制的堵点、痛点，以市场需求为导向，以竞争的优胜劣汰为手段，深度转化经营机制，激活"人"这一生产力中最活跃要素，结合中长期人力资源规划，深化三项制度改革，倒逼企业新陈代谢。一是坚持党管干部原则与发挥市场机制作用有机结合，推行"两制一契"，全面实施竞争上岗，科学构建"三区间、双跑赢"绩效考核体系。管理人员实施聘期制，畅通上下渠道，100%完成经营业绩责任书签订，76 家子企业的 158 名经理层成员全部实现揭指标竞聘、带契约上岗，竞争上岗比例达 83%，退出比例达 29%。二是全面推行用工市场化，深入开展岗位重建和流程再造，实施"双合同"管理，建立以劳动合同为关键、以岗位合同为基础的市场化用工机制。明确员工岗位绩效考核指标和胜任标准，将岗位合同作为劳动合同的补充，厂矿、作业区、班组、岗位 4 类指标有效衔接，考核结果与收入、岗位退出"双挂钩"，岗位合同签订率达100%。实施劳务用工盘点，推行劳务置换，优化从业人员13411人，劳动生产率显著提升。三是坚持激励为主、公平为先，围绕薪酬市场化、激励多元化，推进考核分配权层层穿透，优化工资总额管理方式，实现工效联动。建立以效益为中心、"授权＋同利"相结合的薪酬分配机制，探索超额利润分享机制，坚持"下管一级"分配模式，落实"强制分布、末等调整"机制；建立全员岗位绩效管理体系，按照"谁管人、谁考核、谁分配"的原则，强化单位、作业区直至班组的考核分配自主权，推进收入分配向关键岗位和紧缺急需的高科技、高技能、营销和苦脏累险岗位的倾斜；深化"四到"（干到、算到、给到、得到）考核，将考核指标层级转化分解至基层岗位，实施"一人一表"考核，引导职工从"干了算"向"算着干"转变。2023年，本钢同岗位浮动工资差异系数达1.55，一线厂矿同岗位收入差距达到4000元。

（六）推动文化深度融合，全面倡导"一家人"理念

在鞍本"合体"的基础上，着眼长远融合化合，倡导"一家人"理念，发扬好传统，画好同心圆，推进文化的传承弘扬、融合创新和认同践行，增进价值认同、观念认同、行为认同，凝聚成企业发展更基本、更深沉、更持久的精神力量。

1. 以文化建设为抓手，统一核心价值理念

鞍本重组涉及中央企业、省属国企、地方民企、上市公司等不同形态的企业，战略愿景、使命、核心价值观、经营理念必然存在差异。为此，鞍钢以核心价值理念统一作为整合融合的重要目标，统一鞍钢品牌传播口径，持续打造新鞍钢文化，引领企业与员工发展，将文化力真正转化为企业生产力、核心竞争力和社会影响力。

2. 以企业形象为媒介，规范文化识别体系

一方面，逐步完成司旗、下属企业铭牌、重点建筑标识及电视、报纸、新媒体、第一批工作服、安全帽等物料标识的更换，本钢新的品牌形象在第一时间得以展现。另一方面，将本钢品牌纳入《鞍钢集团品牌架构手册》统一规范，把本钢品牌形象融入鞍钢统一品牌塑造要求；编制印发《鞍钢集团品牌传播手册》，明确品牌形象基础信息，形成统一的集团品牌传播口径，保证品牌形象的聚焦塑造和一致传播。

3. 以文化宣传为渠道，增强沟通凝聚共识

整合首月，鞍钢集团新闻传媒中心本钢记者站正式揭牌，构建"一总部多基地、一中心多记者站"模式，将本钢区域纳入集团统一宣传报道范围；鞍钢集团官方新媒体在本钢区域实现全域传播，形成全集团一个声音、一个步调、一个节奏的"一盘棋"宣传工作格局，鞍钢和本钢网站融合整改全新上线。

三、大型钢铁集团基于综合性改革的央地重组整合管理效果

（一）重组整合效能充分释放，经营效益创历史新高

从经营效益看，2021年，本钢实现营业收入907.89亿元，同比增长47.29%；利润创十年来历史最好水平，实现销售利润率6.84%，比行业高1.76个百分点；全员劳动生产率同比提升34.8%。2022年，销售利润率跑赢行业，资产负债率比重组前下降14.26个百分点，财务费用比上年同期下降51.49%，主业劳动生产率同比提升22.58%。从协同效应看，重组以来鞍本以同区域同质化发展状况下资源共享、业务协同及效率效益提升为重点，深化业务协同，促进集约高效发展。自重组以来实现协同创效26.17亿元，持续放大"1+1>2"的聚合效能。与此同时，基于对重组后本钢高质量、可持续发展的充分认同和良好预期，金融机构大幅降低本钢的融资利率，最低利率下浮25%。2021年，鞍钢营业收入突破3000亿元大关，经营利润突破300亿元，成为鞍钢发展史上的重要里程碑。

（二）形成了东北地区钢铁产业发展新格局

鞍本成功实现重组，鞍钢"7531"规划目标和"双核＋第三极"产业发展新格局正在加速实现。鞍钢粗钢达到 6300 万吨，粗钢产量在辽宁省占比 58.6%，在东北三省一区占比 33.5%，形成"南有宝武、北有鞍钢"的钢铁产业新格局。2021 年铁精矿产量 4984 万吨，创历史最好水平，位居国内第一、世界第五。2021 年、2022 年，鞍钢分别上缴税金 226 亿元、172.07 亿元；在辽宁地区完成投资 115.7 亿元、141.2 亿元，同比分别增长 37.3%、22%，对地方经济的贡献度进一步增强，引领带动区域经济振兴发展。重组带来的资本增量和资源增量有力促进了企业发展，重组实现的科研、技术等价值链核心业务协同效应有力提升了企业竞争力，重组推进矿山"六化"发展和"三个一批"项目，有力支撑国家"基石计划"和"五大安全"战略。鞍钢 18 个入选"基石计划"项目，6 个项目已开工建设，计划 2025 年铁精矿产量比 2020 年增长 50%。

（三）成为央地重组整合示范典型案例

鞍本重组整合"六措并举"综合性改革的顺利实施及良好效果，得到党中央、国务院领导、国务院国资委和辽宁省委省政府的大力支持和充分肯定，为我国特大型国有企业专业化重组整合积累了成功经验。新华社、《人民日报》、新华网等中央媒体多次报道了鞍钢重组整合和改革成效。清华大学总结形成"六措并举"综合性改革案例，收入高校教程。在重组整合过程中，本钢板材上市公司股票实现 10 余次涨停，体现了资本市场对重组后企业发展的良好预期。

（成果创造人：谭成旭、王义栋、计　岩、王永刚、李宇梁、崔　健、
巴　祎、毛希文、陈　雷、李　博、侯　东、吕振杨）

国有大型能源集团中国特色现代公司治理体系构建

国家能源投资集团有限责任公司

国家能源投资集团有限责任公司（以下简称国家能源集团）于 2017 年 11 月 28 日正式挂牌成立，由中国国电集团公司和神华集团有限责任公司联合重组成立的中央骨干能源企业，是集央企联合重组、国有资本投资公司试点改革、创建世界一流示范企业、国有企业公司治理示范企业"四个试点"于一身的中央企业，拥有煤炭、电力、运输、化工、新能源等全产业链业务，产业分布在全国 31 个省、区、市，以及美国、加拿大等 10 多个国家和地区，是全球规模最大的煤炭生产公司、火力发电公司、风力发电公司和煤制油煤化工公司。2022 年，国家能源集团资产总额为 19422 亿元，利润总额为 1100 亿元，煤炭产量 6 亿吨，供热量 4.98 亿吉焦，发电量 11393 亿千瓦时，发电装机容量 2.88 亿千瓦，火电总装机量为 1.99 亿千瓦，水电装机容量为 1868 万千瓦，风电总装机量为 5373 万千瓦，新能源装机容量为 7014 万千瓦，取得年度经营业绩、年度党建责任制、三年任期、改革三年行动、三项制度改革考核 A 级，董事会考核优秀和任期科技创新突出贡献企业的"五 A 一优一贡献"优秀业绩，在中组部组织的中管企业领导班子任期综合考核评价中荣获优秀。2023 年，国家能源集团在世界 500 强排行榜上排第 76 名。

一、国有大型能源集团中国特色现代公司治理体系构建背景

（一）贯彻"两个一以贯之"、深化企业改革的必然要求

国家能源集团作为集四个示范为一身的中央企业，肩负着深化国有企业改革的使命任务，必须提高政治站位，主动担当，更加有力地贯彻"两个一以贯之"，用好改革"关键一招"，把加强党的领导和完善公司治理统一起来，把集团党组、企业党委"把方向、管大局、保落实"的领导作用放在突出位置，以治理体系构建的实际举措推动和完善中国特色现代企业制度，真正把制度优势转化为治理效能。

（二）夯实企业发展之基、迈向高质量发展的有效途径

国有企业推进公司治理现代化对于建设世界一流企业、夯实中国特色社会主义物质基础和政治基础具有重要意义。2021 年中共中央办公厅印发了《关于中央企业在完善公司治理中加强党的领导的意见》，进一步为全面加强党的领导、深化国有企业改革、完善中国特色现代企业制度提供了行动指南，对建立健全"权责法定、权责透明、协调运转、有效制衡"的公司治理机制提出明确要求。国家能源集团充分认识完善中国特色企业现代公司治理的重要意义，始终站在服务国家战略、保障国家能源安全、建成世界一流企业的高度去谋划、去部署、去推动。

（三）加快重组整合融合、破解企业治理难题的实际需要

2018 年重组之初，国家能源集团共有直接持股、出资的二级公司近百家，全级次公司超过 1200 家，重组后完善企业治理体系遇到前所未有的困难。一是股东权利行使意识较弱。部分单位从思想认识上对各治理主体在公司治理中的作用和合规运行缺乏基础认知，控股、参股公司对"三会"（股东大会、董事会、监事会）召开缺乏主动性。二是原来分属两个集团的各级子企业，由于管理模式、运行流程、管控重点、企业文化等存在差异，在职能、规则、制度及标准等方面不统一。三是治理主体决策运行机制不健全，包括议案审核工作烦冗、管理关系与产权关系不匹配、参股公司缺乏有效管控机制、决策程序缺失或决策与审核程序倒置。四是董事会建设不到位。董事配置人数不足，影响董事会正常召开。五是现代化管理手段缺乏。在"三会"运行过程中，会议筹备、议案征集与审核、会议召

开、决议签署等一系列工作都通过原始的人工方式进行，工作量大，效率低下。有效解决这些影响治理规范和效能发挥的系列问题，成为破解治理难题现实而迫切的需要。

二、国有大型能源集团中国特色现代公司治理体系构建主要做法

（一）强化顶层设计，构建中国特色现代公司治理体系的基本框架

1. 主要思路

国家能源集团构建中国特色现代公司治理体系的指导思想是以习近平新时代中国特色社会主义思想为指导，全面贯彻"两个一以贯之"，落实中央关于加快建设世界一流企业的决策部署，以推动高质量发展为主题，把加强党的领导与完善公司治理相统一，优化体制机制，依法规范权责，推动有效运行，分层分类，把握重点，进一步健全"权责法定、权责透明、协调运转、有效制衡"的公司治理机制，不断完善中国特色国有企业现代公司治理。主要目标是到2024年，公司治理能力全面提升，整体达到世界企业一流水平，体制机制更加科学高效，市场化经营更具活力，形成具有国家能源特色的治理文化和治理品牌，中国特色现代企业制度优势充分彰显，为建成世界一流企业提供有力保障。基本原则如下：一是坚持党的领导。落实"两个一以贯之"，把加强党的领导落实到公司治理各领域、各方面、各环节，明确和落实党组织在公司治理结构中的法定地位，切实发挥党组（委）"把管保"领导作用。二是坚持深化改革。突出企业市场主体地位，尊重市场经济规律和企业发展规律，以规范决策机制和完善制衡机制为重点，围绕集团公司"一三五七"发展战略和"一体化运营"特点，坚持激励与约束相结合，体现效率与公平原则，充分激发企业内生动力和发展活力，提升企业的市场化、现代化经营水平。三是坚持依法治企。严格遵守《中华人民共和国公司法》等有关法律法规，以产权为纽带，以公司章程为行为准则，切实维护公司章程的严肃性和权威性，规范权责定位和行权方式，健全完善内部规章制度体系，深化法治企业建设，强化合规管理，全面提升企业依法合规经营水平。四是坚持权责对等。坚持权利义务相统一，规范权力运行，强化权责对等，坚持有权必有责、有责要担当、失责必追究，构建大监督体系，聚焦集团公司"四重一要""四保一大"工作要点和重点环节风险管控，完善履职评价和责任追究机制。

2. 基本框架

按照"总体设计、一体构建、系统推进"的思路，着力打造"一个基础、五根支柱、分层分类"国家能源集团公司治理体系架构（见图1）。"一个基础"是以健全公司章程为核心的内部制度体系为基础，夯实治理根基。"五根支柱"是以把党的领导融入公司治理各环节、依法规范行使股东权利、提升董事会行权履职能力、增强经理层经营活力、强化大监督体系为支柱，构建上层建筑。分层分类是以集团总部、二级、三级及以下子企业为层，以全资、上市、控股非上市企业等为类，开展治理提升，进而持续完善具有国家能源集团特色的公司治理模式。

3. 实施策略

一是坚持整体把握、突出重点、点面结合、统筹推进，以"一盘棋"系统思维推进集团公司和全级次子企业各项治理工作。围绕股权管理、董事会建设、章程完善、治理主体行权履职、治理效能发挥、制度细化优化、风险控制等重点领域，逐级强化治理结构优化、体系支撑、工作机构建设、主体高效运行等工作，整体提升公司治理规范化、制度化、标准化、信息化。既突出系统化"大治理"思维，又聚焦"小切口"，强调抓得实，统筹协调，全方位体现"治理现代"新要求。二是健全完善以公司章程为基础的内部规章制度体系，实施子企业章程规范化工程，持续完善章程内容，强化章程约束和权责对等，保障各治理主体依法合规有效履职。健全以"三重一大"决策制度实施办法为牵引，以各治理主体议事规则为支撑，以投资、产权、财务、组织人事等管理制度为主要组成的系统完备、横向协同、上下贯通、务实管用的制度体系。严控章程及内部制度的执行和监督，坚决纠正与章程不符

的规定和行为，确保章程依法有效实施。三是统筹规划集团公司总部和基层单位公司治理岗位人员职责和队伍能力提升，编制公司治理相关法律法规文件、国有企业公司治理常见问题及解答。从多个方面着手，既注重业务培训，又重视理论提升，系统化加强各级人员履职培训，持续提高各级人员的业务素养和管理能力。

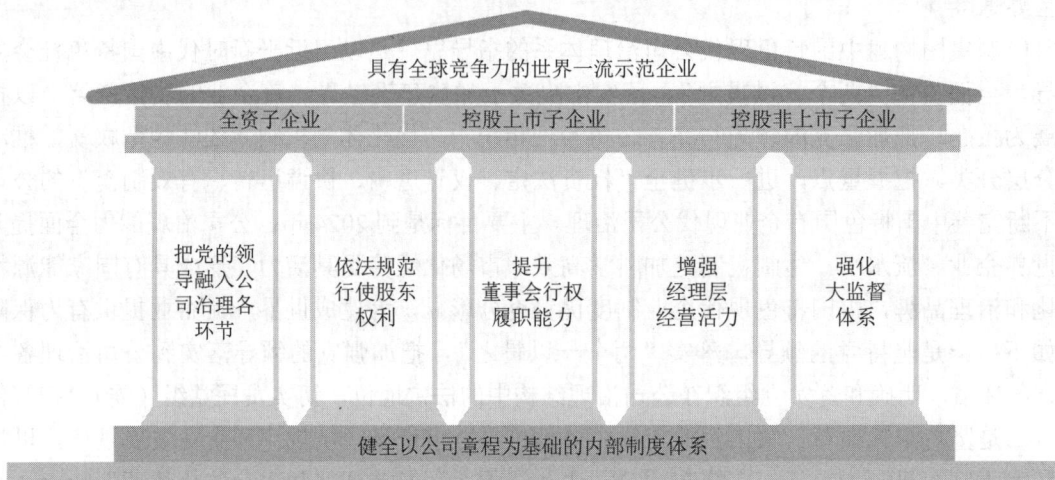

具有全球竞争力的世界一流示范企业

| 全资子企业 | 控股上市子企业 | 控股非上市子企业 |

把党的领导融入公司治理各环节

依法规范行使股东权利

提升董事会行权履职能力

增强经理层经营活力

强化大监督体系

健全以公司章程为基础的内部制度体系

图1　国家能源集团公司治理体系架构

（二）把党的领导融入公司治理各环节，推动独特优势转化为治理效能

1. 明确党组织在公司治理中的法定地位

国家能源集团出台《子公司章程指引》，全面完善章程中党组织的职责权限、机构设置、运行机制、基础保障等重要条款，从组织、制度、机制上确保党组织的领导地位，使党组织成为公司治理结构的有机组成部分，确立法定地位，发挥党组（委）"把方向、管大局、保落实"的领导作用。优化完善企业党的领导体制机制，结合各子企业实际，以制度形式明确党组织在决策、执行、监督各环节的权责和工作方式。推进"党建入章"工程，特别对多股东企业、混合制企业，坚决贯彻党建入章要求，大力协调，克服困难。

2. 明晰党组织讨论决定重大事项的职责范围

首创《决策事项权责清单》，得到国资委肯定，并在央企中大力推广。对重大决策事项，严格落实"三重一大"制度，明确党组织参与决策的基本原则、具体内容、实现途径和基本程序，明晰"三重一大"事项与日常一般性事项决策界面，将党组织、董事会、经理层的职权范围、决策事项的权限具体化、规范化、程序化，把党对企业的全面领导规定在制度里、保障在程序上、落实在实践中。对重大经营管理事项，明晰党组织前置研究讨论要求和程序，厘清各治理主体权责，按照"四个是否"标准，聚焦大局大事，清晰界定研究决定和研究讨论的范围，特别明确重大经营管理事项"重大"的标准，并与"三重一大"事项等范围和标准衔接一致。坚持决策质量和效率相统一原则，把前置决策过程、结果有效融入其他治理主体的决策、执行中，巩固和发挥党组织的领导作用。

3. 明确党组织在授权决策中发挥作用的方式

明确党组（委）严格把关董事会授权决策方案，防止违规授权、过度授权，对落实情况全程监督，对董事会授权董事长、总经理决策事项，党组（委）一般不作前置研究讨论。对授权董事长决策事项，需董事长专题会议研究讨论的，相关党组织成员可以视议题内容参加或者列席。对董事会授权总经理决策事项及总经理办公会决策的其他重要事项，决策前听取党组（委）书记、董事长意见，意见不一致暂缓上会。

4. 确保党的主张和重大决策贯彻落实

坚持落实"第一议题"制度，把学习贯彻习近平新时代中国特色社会主义思想和总书记重要讲话精神作为首要政治任务和"第一议题"，健全贯彻习近平总书记重要指示批示长效机制，形成"传达学习、研究部署、贯彻落实、跟踪督办、报告反馈"工作闭环。推动党建工作与公司治理深度融合，坚持公司治理各项工作不偏离，将党建和业务工作同谋划、同部署、同落实、同检查，更加突出党建引领保障作用，更加聚焦贯彻中央决策部署、落实集团党组工作安排，实现与领导人员考核、经营业绩考核有效联动。

（三）以保障股东权益为中心，加强公司股东权利行使与监督

1. 规范行使股东权利，以更大力度推动向"治理型"管控转变

坚持"以产权为纽带"，建立健全股东行权相关制度，持续推进股东行权与股东事务规范化管理。通过派出董事表达股东意志，支持董事会依法依规行权，维护子企业自主经营权。对于全资企业，推进董事会权责归位，董事会依法独立决策，改变了股东审核"三会"议案、"举手董事"的情况；对于控股、参股企业则行使好股东知情权和决策把关权，体现"协调运转，有效制衡"。

2. 积极探索实践股权委托管理模式，提高决策效率和治理效能

针对管理权与产权主体不一致和对部分参股企业管理弱化等问题，探索推广股权委托管理模式，按照区域相近或专业同类、责权利相统一、相对等原则，发挥受托企业管理优势，在不违背《中华人民共和国公司法》、公司章程及相关监管规则的前提下，规范订立委托协议，代表股东意志，行使部分股东权利。截至2022年年底，已将70余家所出资公司授权至相应二级单位管理，发挥了代管优势，显著提高了决策效率和治理效能。

3. 消除"控股不控权"等治理隐患，有效防范治理风险

2022年，国家能源集团开展了"控股不控权"问题专项整治行动，全面检视各企业章程及股权合作协议，对照"35种情形"，对1538家子企业全方位核查，对查出的问题加大整改力度，确保管控目标与治理机制相协调、董事会席位与股权比例相一致、股权结构与控制权相匹配，强化关键岗位人员的派出和管理，落实对企业发展和经营决策的管控责任，避免设定小股东一票否决权等妨碍控股股东有效行权相关机制，及时修订和完善章程关键条款，防止治理机制失灵、"治理僵局"等情况发生，消除治理瑕疵。对于无法控制或无需控制的企业，尤其是亏损企业及时退出、转让。新设企业增设审核关，严格按"控股控权"原则设计治理结构和治理机制，保障控股股东依法有效行权，从源头上防范风险。

（四）全力推进子企业的董事会建设，切实增强董事会整体功能

1. 以完成国资委董事会试点任务为基点，不断完善决策机制

自2007年国家能源集团成为国资委规范型董事会建设试点以来，不断完善董事会相关制度和运行机制，发挥专门委员会决策支持作用，实行外部董事占多数，发挥独立性作用，强化履职支撑，建立董事会向国资委、经理层向董事会定期报告制度，建立董事生产经营信息沟通机制，重大事项决策前沟通机制，经常性开展外部董事调研活动，通过一系列举措，切实发挥了董事会"定战略、作决策、防风险"的重要作用，为子企业董事会建设树立"参照系"。

2. 依法合规设置子企业董事会，确保应建尽建、配齐建强

综合考虑企业业务规模、管理复杂程度、股东数量等实际情况，细化和明确不同层级、不同类型子企业董事会建设规则及设置合规型董事会、设执行董事的标准和运行的要求，建立董事会应建清单动态调整机制，从最初的508家优化到目前的478家，合理设置董事会规模，落实外部董事占多数要求，健全专门委员会，全方位配齐建强。

3. 强化子企业董事会履职行权，不断增强权威性、有效性

坚持因企施策，建立分层分类、动态调整的授放权机制，印发《落实子公司董事会职权工作方案》及《操作指引》，明确重要子公司标准及名单，分类实施差异化授权。修订《权责指引手册》及《授权放权清单》，本着"能授尽授、应放尽放"原则，进一步厘清集团总部与各层级子企业权责界面，增加授放权内容，明确须由子公司董事会决策事项，在落实6项重点职权的基础上，围绕新能源发展、三项制度改革、中长期激励等任务加大对各级子公司董事会的授权力度，增强和提升董事会自主经营决策能力，确保子企业董事会接得住、管得好。加强董事会能力建设和监督体系建设，健全责任追究机制，强化授权、放权与权力运行监督的有机结合。

4. 健全董事会运行机制，切实提高科学决策水平

健全董事会规范运行管理制度体系。科学制定董事会会议计划，规范会议筹备、召开、审议、表决程序。建立健全董事长专题会、总经理办公会会议制度和定期汇报授权决策事项情况的工作机制。建立决议跟踪落实及后评估机制，加强决议执行监督，通过定期听取报告、建立督办台账等方式进行跟踪检查，形成决策管理闭环。完善董事会评价机制，综合运用评价结果，形成评价考核、评优表彰、督办整改、宣传推广、培训交流的闭环管理。

（五）构建新型经营责任制，激发经理层内生动力、活力

1. 建立健全经理层责任落实及监督机制

完善经理层董事会负责的制度体系，强化保障措施，发挥经理层"谋经营、抓落实、强管理"的作用，健全总经理向董事会报告机制，完善权责对等的行权履职规则，进一步压实经理层经营管理责任，完善对经理层行权监督机制。坚持放管结合，强化过程管控，加强事中事后监管，定期评估总结，严格责任追究。

2. 推行经理层成员任期制和契约化管理

推进经理层任期制和契约化管理向有条件的各级子企业覆盖。按照"市场化选聘、契约化管理、差异化薪酬、市场化退出"要求，在市场化程度较高的子企业中，探索建立职业经理人制度，完善市场化选人用人机制，畅通系统内部经营管理者向职业经理人身份转换通道，积极稳妥推进职业经理人队伍建设。

3. 持续完善经理层业绩考核和激励机制

突出业绩导向，健全对经理层成员的业绩考核指标体系，完善工资总额与利润等指标挂钩机制，推行经理层任期目标"摘标制"，根据"竞标"结果组建经营班子，签订"两书一协议"。探索建立"摸高"机制，分档制订富有挑战性的考核目标，鼓励挑战历史最好水平。探索正向激励举措，完善物质激励和荣誉表彰体系，在符合条件的子企业内灵活开展多种形式的中长期激励。

4. 探索子企业经理层市场化退出机制

建立经理层成员末等调整和不胜任退出机制，加强精准考核和刚性兑现，不适宜继续任职的人员，严格按契约中止任期、免去现职。加强对经理层成员日常管理、考核评价和监督执纪问责，对政治上不合格、工作不在状态、能力素质不适合、履职业绩平庸或者作风形象较差的人员及时予以调整。

（六）完善大监督体系，提升公司治理监督效能

1. 加强党对监督工作的领导，建立贯通联动的大监督体系

进一步健全以党内监督为主导，统筹出资人监督、纪检监察、巡视、审计、内控、财会、职工董事监事、职代会、社会监督等各类监督贯通协同机制。进一步健全党风廉政建设和反腐败工作协调小组工作机制，强化部门支持配合，形成监督合力，着力解决缺位、错位、越位问题。突出党组织对监

督工作的全面领导，严格落实集团党组《加强对"一把手"和领导班子监督的意见》，明确监督重点，压实监督责任，细化措施，健全制度机制，确保监督实效。

2. 高质量推进巡视巡察工作，充分发挥监督保障作用

贯彻中央巡视工作方针，深化政治巡视，围绕集团"41663"总体工作方针，聚焦安全环保、能源供应、提质增效、绿色低碳、深化改革、加强党建等重点工作落实情况，坚持问题导向，精准开展政治监督，持续构建巡视巡察上下联动的工作格局，切实发挥巡视利剑作用和"管理的再管理、监督的再监督"职能。

3. 进一步完善审计监督管理体制机制，强化内部审计监督

加强审计组织体系、内部审计机构和审计队伍建设，落实法定代表人或主要负责人分管内部审计工作要求。推进审计全覆盖，建立差异化内部审计绩效考核机制，加强审计结果运用，加强审计信息化建设及应用。健全违规追责工作体系，制订相关实施办法和事项清单，完善内部协同机制，建立问题线索台账，加强对子企业违规追责工作指导与监督检查。

（七）建设"三会"管理信息系统，推进公司治理现代化水平不断提升

1. 搭建数智化系统功能架构，实现"三会"运行管理现代化

为切实解决子企业在"三会"运行过程中流程不统一、文件管理不规范、手段原始、效率低下、治理风险高的诸多难题，以建设管理信息系统为突破口，按照"六统一、大集中"原则，国家能源集团自2019年起历经5年时间，设计完成了可实现横纵贯穿"全生命周期"的"三会"管理信息系统。截至2023年6月底，全集团已完成全级次1200余家子企业"三会"系统上线，"三会"报送超过17280批次，议案审核累计超164160件，运行效率提升64.3%，审核周期由之前的平均14个工作日缩短至目前的5个工作日，以管理手段现代化保障公司治理现代化。

2. 强化全生命周期管控，有效防控治理风险

"三会"管理信息系统将制度中的各项要求嵌入系统，设定相应模块，实现对"三会"年度计划、议案征集、会议召开、议案审核、材料存档等全生命周期的流程固化和业务管控。功能包括年度计划、议案发起、征集、审核、公司信息、决议签署、文件归档、"三会"模板、通知印发、治理考核10个模块，具备对系统运行大数据汇总分析能力，同时实现移动端远程审批、电子签署等功能。同时系统嵌入323个累计30万字的《"三会"文件标准化模板》[针对上市、控股和全资三类公司，股东（大）会、董事会、监事会三种会议，共计8个子类型、14个程序文件类型、7个专业编制]为各级法人单位的"三会"管理提供业务操作范本。

3. 分层分类开展考评，有效促进治理能力不断提升

根据《中华人民共和国公司法》等与公司治理相关的法律法规、政策文件，按照集团有关制度及工作要求，充分考虑不同类型、不同层级子企业公司治理实际，分类梳理公司治理重点内容，按照指标精练、可操作、可衡量的原则，设计、编制了《子企业公司治理考核评价指标体系》。围绕党的领导、股东权责等6方面重点任务，分别设计规范性和有效性指标，并在各治理主体议事规则、"三会"议案管理、中小股东权益保护、ESG（环境、社会、治理）建设等方面实行差异化考评。分全资、控股上市、控股非上市等4类，二级、三级及以下多个层，设置46～48个评价指标，同时将评价指标设置正常目标值、重点关注值、预警临界值，纳入三会系统实现在线考评。将年度评价结果纳入经营业绩考核和先进单位评选，充分发挥导向作用和指挥棒作用，有效促进治理体系构建与效能发挥。

三、国有大型能源集团中国特色现代公司治理体系构建效果

（一）促进了公司治理结构不断完善，提升了公司治理效能

国家能源集团圆满完成国企改革三年行动，"三重一大"决策制度落实、董事会建设运行、"三会"管理等多项工作走在央企前列，得到了国务院国资委表扬。各治理主体权力分配合理、运行顺畅、监督有效，公司治理发生了根本性变化，集团公司、各上市企业及大部分子企业公司治理已处在央企一流水平，有力保障了业绩提升，集团公司取得了年度经营业绩、年度党建责任制、三年任期、改革三年行动、三项制度改革考核 A 级，在中组部组织的中管企业领导班子任期综合考核评价中荣获优秀，切实将中国特色现代企业制度优势转化为治理效能。

（二）推进了集团高质量发展，助力实现中国式现代化

国家能源集团通过不断构建与完善中国特色国有企业现代治理体系，从公司治理架构和模式上实现了统一，从管理体制上实现了总体理顺，从管理理念上促进了有效融合，从管控方式上做到了有效衔接，整合融合的目标得以加速实现，有效解决了少数子企业公司治理"不够好""不够优"的问题，有力消除了"上下左右"之间治理水平不平衡的差距，根本扭转了公司治理存在的"上热、中温、下凉""形似而神不至"的局面，有力促进了以行政推动为主导的"管"和以产权为基础的"治"的有机统一，切实丰富了加强股权管理、提高行权履职效率的方法、手段、载体，全集团治理效能和经营活力得以有效激发。截至 2022 年年底，国家能源集团资产总额、利润总额分别较重组之初增长 6.2% 和 36%。2023 年，国家能源集团在世界 500 强中排名第 76 位，较重组之初跃升 24 位，创历史新高，充分体现了"1+1>2"的重组改革成效，构建了中央企业高质量发展助力中国式现代化的新格局。

（三）成功入选"国有企业公司治理示范企业"名单，形成了中国特色国有企业现代公司治理实践经验

2022 年，国家能源集团成功入选国资委"国有企业公司治理示范企业"名单，在中央企业乃至全国国有企业中切实发挥了示范带动作用，为国有企业特别是国有大型能源企业集团提供了可资借鉴的做法经验，助力新一轮国企深化改革提升行动全面取得成效，为中央企业发挥好科技创新、产业控制、安全支撑作用奠定坚实的治理体制基础，不断增强国有经济活力、控制力、影响力和抗风险能力。

（成果创造人：刘国跃、魏慎洪、杨　波、于志永、
莎日娜、杨秋波、曹　阳、郭宝灿）

地方军工企业以全面提升竞争力为目标的关键能力建设

四川九洲电器集团有限责任公司

四川九洲电器集团有限责任公司（以下简称九洲电器）的前身为国营涪江机器厂，始建于1958年，位于四川省绵阳市，是国家"一五"时期156项重点工程之一，主要从事二次雷达系统的技术开发与产品研制，是国内最大的二次雷达系统科研生产基地。九洲电器先后参与国家、军用标准制定37项，累计承担国家重大工程任务100余项，创造军工电子领域的多项第一，两次荣获中共中央、国务院、中央军委联合颁发的奖项，获得"国家科技进步特等奖""国防科技进步奖一等奖"等重大奖项近100项。截至2022年年底，九洲电器有职工2600余人、总资产91.44亿元、净资产32.9亿元。2022年实现营业收入58.18亿元，同比增长7.48%，利润总额2.57亿元，同比增长73.83%。

一、地方军工企业以全面提升竞争力为目标的关键能力建设背景

（一）满足军工产品交付新要求、提升产品体系化运作能力的现实需要

武器装备是军队战斗力的重要构成因素，新时期军工企业要从"交付装备到交付战斗力"，即交付的装备要管用、好用、耐用、买得起，这对军工企业整体的产品体系化运作带来新的挑战。军工企业从以往只交付装备，到如今根据军方要求交付战斗力，是一个重大转变，需要贯穿全生命周期进行装备研制、建设和使用保障。企业也必须具备快速响应和以实战为导向的体系化关键能力，传统的能力边界必须进行扩展。同时，交付战斗力要求实现"准时交付，保质交付，按量交付，低成本、可持续交付"，这对企业本身提出了更高要求。

（二）应对军工行业竞争日益加剧、提升生产经营管控能力的迫切需要

从2019年开始，军品的采购机制和定价方法发生重大变化。一是在招标立项环节引入"双流水"乃至"多流水"机制，实行竞争性采购，至少有两家以上单位参与竞价。二是定价方法从成本加成法变为目标价格法，军品"以量换价""阶梯降价"对企业成本控制能力提出更高要求。因此，提质、降本、增效和强化竞争成为军工行业的主旋律。然而，九洲电器长期处于"小富即安"状态，适应市场竞争能力不足：一是产品研发效率不高，关键核心技术储备不足，难以适应需求快速变化、技术不断升级的新形势；二是生产交付压力大，面对订单任务重、质量要求高、交付周期短等新特点，尚不具备相应的敏捷制造和柔性采购能力；三是质量意识不足，产品研制过程中质量问题频发；四是成本管控力度不足，全员成本意识不强。

（三）做强做优做大企业、实现高质量发展的内在要求

2019年6月，九洲集团实行"营管分离"，九洲电器直接扛起集团军工产业发展的责任。从原来背靠集团大树到独立经营、自负盈亏，九洲电器在扩大经营自主权的同时，经营压力也骤增。如何在固定成本快速上升的同时，还能保持发展和盈利，要求企业必须在经营和管理上狠下功夫，提升全员能力是第一要务。此外，九洲电器地处三线城市，在信息、资源和人才上与地处一线城市的央企有较大差距，但又在一个平台上竞争，如何利用有限的资源和人才赢得竞争主动性，同样需要提升关键能力。如何做强做优做大、实现地方国有企业的高质量发展，成为摆在公司面前的一道难题，提升能力成为破局的关键。

二、地方军工企业以全面提升竞争力为目标的关键能力建设主要做法

（一）科学制定能力建设规划，明确能力建设机制和方法路径

1. 开展全企大讨论，达成能力建设共识和总体思路

2019年6月，九洲电器由董事长挂帅、各经营管理部门参与成立专项工作组，对16个部门展开一对一调研，发现公司存在能力意识淡薄、活力严重不足、部门协同性差等问题。随后，通过走访主管部门、关键客户，摸清外部相关方对企业的能力需求。针对问题和需求，九洲电器用3个月的时间召开三次全体干部＋核心骨干大会，展开能力建设大讨论，分析能力差距，思考措施路径。方案初步形成后，由九洲电器所有领导给400名员工分别授课宣贯。同时，由综合管理部牵头在全公司宣贯"现代企业"理念，并出台企业文化手册1.0版，将企业文化执行率与组织绩效、个人绩效直接挂钩。上述措施在广大干部职工中树立起能力建设的明确导向。2019年9月，九洲电器确立开展能力建设全面提升竞争力的总体思路。

2. 以全面提升竞争力为目标，开展关键能力规划分解

九洲电器紧紧围绕交付战斗力要求，将企业竞争力划分为高效交付竞争力、可持续交付竞争力、高质量交付竞争力和低成本交付竞争力四类。九洲电器根据调研发现各部门能力薄弱环节，随后，采用"识别业务域→细化业务能力→凝练关键能力→提升核心竞争力"的方法进行能力分解。首先，结合公司战略和业务价值来源，识别出九洲电器的15个业务域；其次，针对各业务域工作所需能力进行分解，细化出30项业务能力；再次，从价值创造和职能支撑两个维度，从30项业务能力中凝练出4项关键能力，即快速研发能力、柔性保障能力、全域质量能力、精细控本能力，分别对应于高效交付竞争力、可持续交付竞争力、高质量交付竞争力、低成本交付竞争力（见图1）。

能力建设是一个长期过程。九洲电器提出"三步走"规划。第一步是2019年的探索期，以问题为导向，找能力短板、补弱项；第二步是2020年的改进期，以结果为导向、倒逼能力提升；第三步是2021—2022年的跃升期，对标先进、精准发力。每个阶段设置量化目标，用四年时间实现竞争力明显提升。

3. 组建跨部门的能力建设团队，强化自上而下的专班负责制

基于关键能力分解和能力规划，九洲电器2020年2月制定发布《能力体系建设整体实施纲要》，明确能力建设的"1+7+X"组织模式，"1"即成立一个总体组，由公司一把手挂帅，抽调业务及管理骨干，负责能力建设整体架构设计、路径规划及效能评估等工作；"7"为涉及的七大业务牵头部门，由公司业务分管领导牵头，聚合业务归口单位，开展归口能力建设工作；"X"为能力建设工作专项组，由各部门负责人组建，以跨部门项目组形式，落实工作行动项。同时，按照能力建设与组织适配的原则，新成立综合管理部、装备制造中心、项目管理中心、运行保障中心等部门，调整技术中心办公室、质量流程体系部等部门职责。九洲电器将经营管理和人力资源管理统一纳入综合管理部，同时负责组织绩效和员工绩效考核工作，打通能力建设绩效评价存在的部门瓶颈。

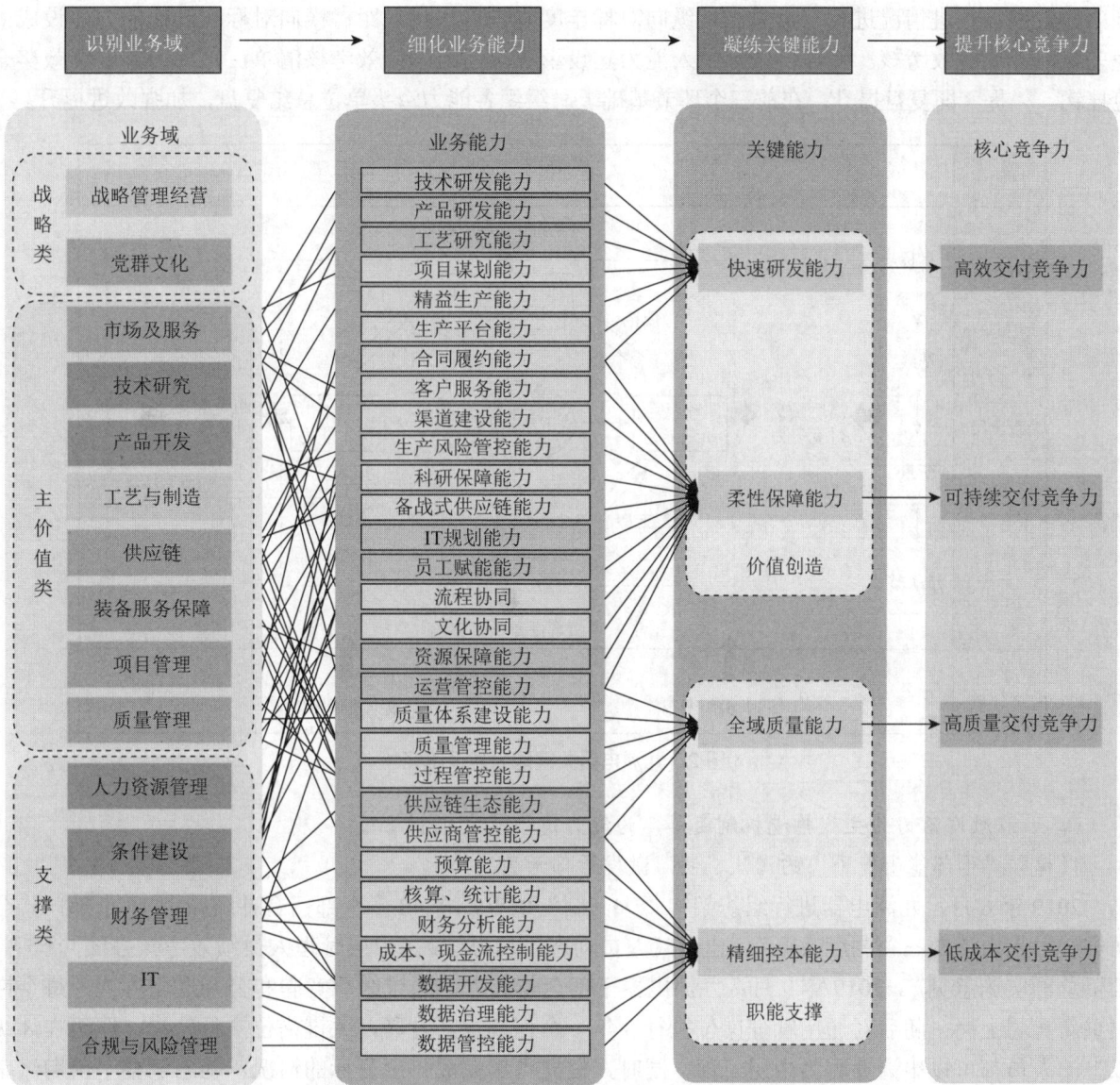

图 1　九洲电器全面提升竞争力的四个关键能力分解

4. 借鉴先进管理工具，确定能力建设路径

九洲电器借鉴 NQMS（新时代装备建设质量管理体系）、航空工业 AOS（自动操作系统）体系建设、卓越绩效管理等框架和方法，结合军工特点和自身情况，科学提出能力建设路径（见图2）。一是推行"目标—基线—变量—行动项"能力建设方法。首先，总体组设定关键能力建设目标；其次，各能力建设牵头单位解析实现目标所需的能力基线；再次，瞄准能力基线，识别影响能力生成的关键变量；最后，结合能力现状寻找提升改进机会，制订能力建设年度工作目标和行动项。其中，能力行动项以项目制为抓手，由行动项牵头部门组建跨部门工作小组，进行资源配置、推动行动项落实，并将输出成果固化进制度、标准、流程中。通过目标、基线、变量及行动项层层递推，持续提升关键能力。二是建立"检、评、考、提"能力建设评估机制。首先，"检"即日常检查，通过周检查、双周调度、月总结，使用卓越绩效管理中的 ADLI（ADLI 代表四个阶段，即评估、设计、实施和学习阶段）过程评价方法定期检查能力建设推进情况、调整资源部署。"评""考"即中期评估与年度考核，针对

能力建设整体推进情况进行复盘总结，纵向对标年度建设目标找差距，横向对标与其他能力建设成效找差距，开展验收考核。将评价结果纳入能力建设牵头部门组织绩效考核清单，与部门年度绩效奖金包挂钩。"提"即复盘提升，在前三个环节基础上，组织各能力牵头单位总结复盘，加强改进提升。

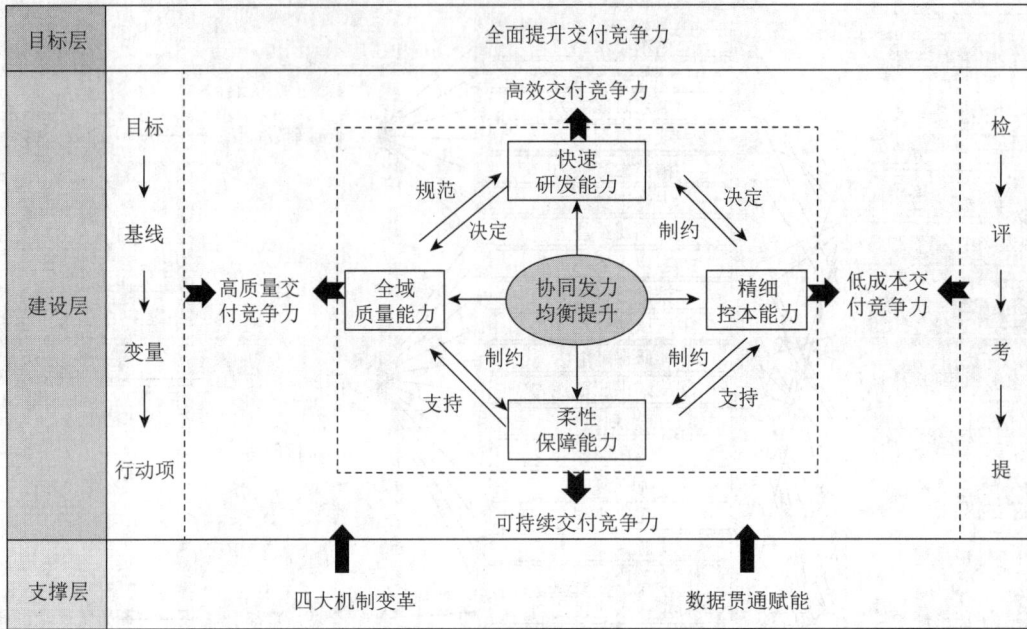

图2　九洲电器关键能力建设路径

（二）以激发活力为主线推进机制变革，为能力建设奠定机制基础

1. 建立"干部能上能下"的淘汰机制，激发干部活力

2019年6月，九洲电器进行组织架构"大部制"调整，将40多个部门合并缩减为16个部门，全面推行"人力资源三项制度改革"，出台《人员动态管理办法》《中层管理人员绩效考核办法》《部门工资总额实施意见》。2019年9月，九洲电器干部全体起立，通过组织竞聘和公开选聘方式，每个岗位重新竞聘上岗；随后对通用管理岗位执行3年一个任期重新竞聘，关键岗位实行轮岗，职级在8级以上的人员都可以申请竞聘为中层干部。同时，根据当年完成年度目标的情况，动态调整干部淘汰率指标：如果超额完成目标，干部淘汰率设定10%；如果刚好完成目标，干部淘汰率设定为15%；如果没有完成目标，干部淘汰率设定为30%。被淘汰人员身份从干部变为普通员工，具体渠道包括转岗、劳务输出、轮休直至解除合同。

2. 建立由绩效牵引的"一部一策"协同机制，激发部门活力

九洲电器以往的绩效考核只与回款率挂钩，导致考核不精准，很多部门搭便车，部门之间缺乏相互制约。2019年"营管分离"后，九洲电器的业绩与工资总额直接挂钩，工资总额的限制给公司内部绩效分配带来巨大挑战。为改变不利局面，基于卓越绩效的过程评价和结果评价方法，制定绩效牵引的"一部一策"协同机制。第一，制定针对各部门的KPI指标，平均每个部门10多项，克服单一指标的不足。2022年，九洲电器围绕产品主价值链，优化提炼出每个部门1～2个核心KPI指标，通过该指标嵌入主价值链的实现过程而将上下游部门紧密关联。通过这种方法，九洲电器实现市场、研发、采购、生产、质量、检验检测、交付、售后服务等主价值链业务部门的上下打通。第二，为打破业务单元和职能部门间的"部门墙"，九洲电器于2019年提出"周边绩效打分法"：每个月由业务单元给周边部门绩效（包括管理部门、职能部门）打分，该分数会应用于各周边部门月度绩效的结果，最终

影响月度和年度奖金。后来，该方法又升级为业务单元和职能部门的双向打分，同样影响月度奖金和年度奖金的发放。"一部一策"办法实施后，允许部门绩效得分超过100分的情况，即薪酬"上不封顶"。比如市场部门就出现过120分，这使部门奖金激励大幅提升，对部门活力的激发影响巨大，同时也大幅提升部门间的协同性。

3. 建立"收入能增能减"的全员激励机制，激发员工活力

九洲电器领导层始终认为"好员工是奖出来的"。从2019年开始，九洲电器推行薪酬改革，制定"职级工资＋月度绩效＋年度绩效"的薪酬结构。其中，公司领导的薪酬结构与年度绩效挂钩部分占80%，中层干部占50%，普通员工的月度绩效占20%、年度绩效占20%，形成一种与绩效深度绑定的薪酬结构，解决传统以岗位技能工资为主、与绩效挂钩不足的问题。同时，九洲电器在2019年推行任职资格体系，即以岗位为核心设计任职资格体系和职业上升通道。按照这种体系，走专业技术职级的员工可以拿到比管理干部更高的工资、取得比以往更高的技术职级。此外，九洲电器参照国家、省、市关于全面创新改革、高质量发展、科技创新新政等系列文件精神，设置23类奖项，连续4年出台16项激励文件，从科技奖、质量奖、专利奖到降本增效奖，从大创新奖到小改小革奖，从个人奖到团队奖，从业务单元奖到职能支撑部门奖，从月度奖、季度奖到年度奖，从通用奖到专项奖，实现奖励的全方位覆盖。奖励分两个等级：部门级奖励（按月发放）和公司级奖励（按季度发放），针对项目团队的激励最高可以到100万元。以科技创新奖励为例，自2019年至今，累计奖励创新近2300余万元，员工的奖励金额最多可以占到个人全年收入的30%。同时，为了让奖励评价变得更为客观和规范，九洲电器采用卓越绩效中的过程评价方法ADLI和结果评价方法LeTCI。采用该方法后，虽然申奖数量有所下降，但评奖质量大幅上升。

4. 坚持"文化考核"的长效机制，激发公司活力

以军工文化价值观考核推动关键能力建设是九洲电器机制变革的一大特色。2020年，九洲电器由综合管理部牵头提炼形成军工文化价值观：创新没有止境，奋斗者没有天花板，成就客户，诚信创造价值。随后，九洲电器将其印制成《军工文化手册》并在全体干部和员工中进行宣贯学习，在会议现场采取抽查等方式评价学习质量，同时进行线上达标考试。通过考试后，九洲电器要求每个能力建设责任部门按照军工价值观的三个维度提炼文化故事。干部的文化价值观得分项在年度绩效考核中占12分。

（三）开展技术跃升专项行动，培育快速研发能力

按照能力建设方法论，九洲电器基于高效交付的目标，以平均研发周期同比缩短50%为质变基线，识别出关键核心技术、技术成果复用、标准化研发流程、科研条件平台四个变量，于2019年7月由技术中心办公室、科学技术委员会牵头开展"技术跃升专项行动"。

1. 开展前沿关键技术储备，满足新品研制需求

九洲电器从2019年12月开始瞄准制约重点型号产品开发的瓶颈难题和前沿技术需求，制定技术发展规划及关键共性技术路线图，先后发布4批83项预研课题指南，组织技术创新中心、各事业部及装备中心的工艺研发团队进行攻关。截至2022年年底，九洲电器共投入1.28亿元，成功攻克蜂群无人机目标高分辨探测、单光子远程激光测距等关键技术58项，其中10余项技术水平达到国内领先、国际先进水平，研制的某系统、某卫星通信前端等产品成功填补领域技术空白。这些提前开展的关键技术研发形成的技术成果库有效支撑了20余项重点新产品研发。

2. 推行CBB建设，实现技术复用、模块共用

为避免重复研发，九洲电器于2018年启动CBB建设论证（CBB指可以复用的技术基础模块），研究制定《CBB开发及货架管理规定》。2020年，技术中心办公室和科学技术委员会牵头，组织各事业部全面开展CBB梳理及入库评审，遴选公司级CBB模块30项，初步构建CBB资源库。2022年，

九洲电器以"宽进严用"为原则推进 CBB 库建设。一是梳理事业部级 CBB，扩充 CBB 资源池；二是对入库一年及以上未使用的 CBB 组织开展原因分析、考核和清理退出；三是基于数字化协同设计平台（TC 系统）搭建技术资源共享平台，实现 CBB 货架化管理。九洲电器对当年入库的 CBB 及使用的 CBB 进行奖励，最高入库奖励 10000 元 / 个，对使用人和持有人分别给予一次 500～1000 元、1000～2000 元不等的奖励。截至 2022 年年底已上架公司级 CBB 共计 63 项，事业部级 CBB 共计 240 项。九洲电器的年度新立项科研项目使用 CBB 的比例达 30%，部分 CBB 已在 90 余项项目中成功应用，相关产品研制周期同比缩短最高达 50%。

3. 推动设计流程标准化，提升研发效率

为减少因设计失误带来的研发周期不可控问题，九洲电器分两步推动设计流程标准化。2022 年 1 月，成立项目管理中心牵头制定《产品开发手册》，对产品开发业务活动进行标准定义，明确各项设计活动的标准输入、输出，规范设计活动及数据传递关系。2022 年 9 月，九洲电器又以"揭榜挂帅"方式激励独立团队牵头制定《产品设计指导手册》，固化设计要求、开发流程、设计规范、设计检查、测试要求等。榜单发布后，九洲电器 10 个团队揭榜，经科学技术委员会评审遴选最终形成硬件（结构）、软件、工艺三大专业领域 6 个专业方向的《产品设计指导手册》。随后，九洲电器通过对设计师的定向指导和多轮培训，推动《产品设计指导手册》的推广应用。

4. 升级科研平台，提高创新能级和研发响应速度

自 2019 年开始，九洲电器遵循"能建尽建"的原则，将创新平台建设作为关键能力建设发力点，按照原创技术策源地、机制试验田和打造创新生态的思路开展高能级创新平台申建，累计自筹两亿余元开展科研环境升级改造，购置专业研发试验仪器设备及软件 100 余台（套），相继获批四川省航电系统产品轻量化设计与制造工程实验室、四川省卫星互联网通信应用技术工程实验室。2020 年 9 月，组建我国某领域首个先进技术研究院；2021—2023 年，申报并获批某工作站、某创新中心等国家级高能级科技创新平台，上述创新载体的建立快速提升了公司的创新能级。同时，九洲电器加快构建数字化设计能力。早在 2016 年 8 月，九洲电器就投资 2500 万余元引入数字化协同设计平台，2018 年上线试运行，2020 年 3 月正式运行和推广应用。该平台有力支撑了近百项重点型号系列产品开展全三维数字化在线协同研制。为实现研发模式由实物样机研制向数字样机研制转变，2019 年九洲电器启动 MBSE（基于模型的系统工程）建设，先后投资 1500 万元，论证实施基于模型的需求管理工具、功能开发工具、任务设计工具和航电接口开发工具，基本具备需求捕捉、单专业和单应用场景的数字样机设计能力，有力保障了多个项目需求模型、功能模型和性能模型交付需要。上述举措让九洲电器的研发设计问题较 2019 年下降 40%～60%，主要产品研发周期从 2019 年前的近 4 年缩短至两年左右。

（四）开展生产交付难题攻关，提升批产的柔性保障能力

按照能力建设方法论，基于可持续交付的目标，九洲电器识别出生产模式改善、物料供给转换、供应链优化三个关键变量，从 2019 年开始进行生产交付难题攻关，通过多措并举形成柔性的采购和生产保障能力，有效提升可持续交付竞争力。

1. 推动生产过程的自动化改造和排程优化，提升按期产出率

围绕军工产品研制生产多品种、小批量、多批次的特点，针对生产效率不高、产能不足、混线生产切换时间长等问题，九洲电器从 2019 年开始推进自动化制造能力建设工程。同年实施一期工程，通过自主研发、合作研发等方式，投入 1500 余万元，对腔体类零件精密铣削、钣金类零件数控加工、接收功放模块柔性装配、综合一体化模块共性指标测试等关键工艺过程进行自动化、柔性化改造。2020 年实施二期工程，围绕测试效率提升和产品生产质量提升，推进自动化测试系统研制，自主开发专用产品、常规产品等自动化测试系统，改造某测试场地，补充建设自动测试环岛及试验条件，实现 28 种

产品的自动化测试。从 2021 年起，九洲电器构建基于"5M1E"约束理论的科学计划排产模式，在工艺、工序标准化全贯通的基础上，建立底层的逻辑库、资源库、算法库，计划排程精确到三级，一级计划（公司级）、二级计划（车间级）、三级计划（班组级）。九洲电器的计划精确到工序、设备、人员并可柔性调整，削弱插单、故障等导致的影响，提升了生产管理透明度，按期产出率较以往提高 15%。

2. 推动元器件统型和 SRM 建设，提升按期齐套率

元器件统型是指对不同类型的元器件进行分类、标记和管理，减少元器件类别，保留需求量大、质量可靠性高的元器件，提升按期齐套率。为推动统型工作，九洲电器在 2022 年 3 月由设计、采购、质量和生产工艺等部门成立"元器件统型工作组"，公司首席专家挂帅，分批开展元器件统型。第一批为标准件统型，2020 年标准件统型目录物料 3272 种，2022 年动态优化缩减至 2000 种以内，形成 73 个统型系列；第二批是在上批次目录中开展协议件厂家统型。凡在统型库内选用的元器件，都要按照齐套周期，100% 保证供应。

为提升按期齐套率，2020 年采购部和信息化部牵头，投入 300 余万元对 SAP 系统和 ERP（企业资源计划）系统进行升级，通过线上平台掌控物料主要信息。2021 年，九洲电器又投入 100 万元由采购部与外部软件公司联合开发 SRM（供应商关系管理）系统，2022 年全面投入运行，80% 的供应商上线系统实现从需求到谈价、定价、电子合同、电子签章的全线上处理，大幅提升按期齐套调度率。

3. 建立战略供方协同机制，推行储备机制和替代验证

九洲电器在 2020 年提出建立"战略供方协同机制"，采购部联合质量部、设计部，根据供应商的业务量、重要程度、以往合作情况，从 330 余家长期合作的元器件、原材料供应商中筛选出 100 余家优质供应商。随后，又根据业务覆盖面、产品质量、保障能力、可替代性等精选出 30 余家战略供应商，采购业务向这些供应商倾斜，以此提升柔性供应能力。从 2019 年开始，针对关键元器件的国外进口限制和提升国产化率要求，九洲电器提出双 5%（关键的 5% 瓶颈供应方和 5% 的瓶颈物料）的战略储备机制。2019 年，九洲电器对长周期进口器件进行梳理，分三批实施储备。从 2021 年开始，针对关键技术"卡脖子"问题，九洲电器开展元器件验证替代工作，每两个月召开一次落实推进会。上述举措让九洲电器的柔性保障能力显著提升，2022 年年底、2023 年年初的统型优选比例达到 70%，按期齐套率达到 95%，业务线上处理率达 80%。

（五）全方位开展质量提升工程，培育全域质量能力

1. 推行《全员质量抵押金》制度和《质量等级评定》制度，提升全员质量意识

2021 年 8 月，为消除全员日常工作中的一般性质量问题（低级错误），九洲电器由质量部牵头，参照安全抵押金和保密抵押金的制度，设立《全员质量抵押金》制度，每年将全员工资包总额的 5% 作为质量抵押金并配比 10% 的激励奖金。该制度采用积分制，每周 100 分，每年 5200 分，按周进行考核，只要不出质量问题每个月底奖励；出了问题即扣分，累计到年底处罚。近年来，九洲电器低层级质量问题每年下降 50% 以上。为进一步推动员工、班组和部门的质量管理全覆盖和管理激励，九洲电器从 2019 年开始对标先进企业做法，正式发文推出实施《质量等级评定》机制，通过量化积分考核，评选质量等级产品、星级员工、星级班组、星级部门，共分三个等级产品和五星级的员工、星级班组和星级部门，星级评定直接与考核奖励挂钩。

2. 实施"关键业务质量提升工程"，增强质量控制手段

2021 年 6 月，九洲电器聚焦设计、制造、检验等关键环节，启动关键业务质量提升工程。在研发环节，重点抓关键技术设计、工艺、质量评审，确保评审的质量和风险控制；在生产制造环节，制定《新产品试制控制程序》《生产技术准备状态检查》等系列制度，规范试制前状态检查、工艺评

审、首件鉴定和产品质量评审相关程序，对批生产产品的特殊过程、关键过程设置质控点，通过系统监控过程能力，提高产品制造质量；对科研、生产、试验、检验、售后等过程质量问题建立"质量问题一本账"，确保问题及时关闭；同时开展检验试验数字化设备升级改造，打通工控网与内部网络。此外，建立以产品质量数据 BOM（物料清单）为主线的产品全生命周期产品数据中心及覆盖质量业务全流程的智慧质量管理系统（QMS++），实现主要产品试验、检验数字化、主要质量业务数字化。

3. 强化质量过程管控，推进全流程质量改善

九洲电器采用 CBM 模型（业务组件模型）对所有业务活动进行分类分层，形成 15 个流程域和 593 个标准流程组件的流程库，确保业务流程规范运行。同时，在传统关注设计、制造和检验环节质量的基础上，将质量管理向需求、采购和售后服务端延伸。在需求质量管理方面，制定《营销项目线索到订单（LTO）阶段运作流程》等 27 份流程文件。在采购质量管理方面，出台《供方评价和选择控制程序》《"飞行"检查实施细则》等 10 余项供应商质量管理制度；通过供应商评级、联合质量问题归零、供应商大会等方式向供方推广先进质量管理模式。在售后质量管理方面，设置两条 7×24 小时服务电话，提供质量保证期和产品全寿命周期保障服务，在接到维修服务信息 24 小时内到达现场。2023 年 6 月，九洲电器通过中国新时代认证中心组织的 NQMS 质量体系三级审核评价，是全国第 6 家通过三级审核评价的单位。供方交付产品故障率累计降低 40%。低质量造成的重新采购率从 2020 年的 0.38% 下降到 2022 年的 0.19%，批产生产各环节直通率提升 6%。

（六）以业财融合为主线开展全流程降本增效，培育精细控本能力

1. 引入业财一体化系统，实现按单核算、成本可视

2020 年 3 月，九洲电器对 SAP 系统进行定制化开发升级，2020 年 11 月业财一体化系统上线，TC、MES（生产执行系统）等业务系统和财务系统接口全面打通，实现财务部门和业务部门的数据贯通。合同、交付、回款、BOM、生产领料等数据直观呈现，为财务部门提供了成本精细管理的数据基础，实现成本"算得清"目标，做到按产品、按单核算收入成本，开展毛利偏差分析管理，做到对每个产品、每个批次合同进行单独核算，这是一个重要变化。经统计，引入业财一体化系统后，财务核算精细化程度同比提升 40%。

2. 构建全流程成本管理指标体系，提升业绩

2021 年年底，九洲电器的财务部以公司"经营五有"目标（投资有回报、经营有增长、经营有利润、经营有效率、经营有资金）为起点确定一级指标，在年度全面预算过程中，对全流程关键环节成本管理目标进行层层分解，设置成本管理标准，并将其设计列入公司"一部一策"的绩效考核中。

3. 紧盯价格生成机制，推行精细目标成本管理

九洲电器从 2021 年开始从依靠"成本加成获利"的思路转变为"围绕目标价格开展成本设计"，全面推行精细目标成本管理。一是成立价格委员会，根据客户前置审查价格、市场价格和同类产品比较确定目标价格，按目标利润倒推出目标成本。二是财务部价格中心和科研项目团队将目标成本分解，确定每个模块材料费、工时费及分摊的期间费用。其中，九洲电器创造性地利用价格中心常年接触价格审查工作积累的经验，将审价方法植入采购管理中，对供应商进行价格审查，把销售价格贯穿到采购价格，实现采购端精准控本。三是设立追踪机制和一票否决机制，由价格中心进行成本测算跟踪和成本控制。如果项目团队的实际成本与目标成本差距超过警戒值，即发出预警，直至目标成本达标。对无法达到目标成本的项目，价格委员会不予通过，也无法进入批产立项阶段。基于上述举措，九洲电器的销售利润率从能力建设前的 3.12% 提升至 4.41%，净资产收益率从建设前的 7.88% 提升至 8.86%，控本能力有效提升。

（七）以数据贯通为目标开展数据治理，为能力建设赋能

从 2019 年开始，九洲电器围绕数据展开数据专项行动，年均投入 5000 万元，通过数据组织构建、xBOM 数据链打通等手段，实现数据贯通赋能。

1. 成立数据管理专业部门，推进三层数据组织建设

2018 年，九洲电器由信息化部牵头成立数据整理小组，涵盖设计、工艺、采购、生产等部门。2020 年，成立数据管理委员会，董事长任主任，各业务部门第一负责人为成员。2021 年，在数据整理小组基础上成立数据管理部，负责数据治理，由此形成数据管理委员会负责规划决策、数据管理部负责规则制定、各应用单位负责使用的三层数字化管理结构。在制度层面，九洲电器于 2020 年发布《数据管理总纲》，并基于总纲形成 20 多个企业级规范和标准，如《产品研制数字标准化大纲》。同时，参照中层副职岗位设置部门级 CDO（首席信息官）岗位，参照设计师体系建立数字化管理专职岗位及专业任职资格通道，数据职责写入各业务部门"一部一策"权责清单。

2. 构建 xBOM 数据链，推进全流程业务数据化

自 2020 年起，九洲电器以核心业务价值链为主线，建立贯穿核心业务域的 xBOM 数据链，实现以 BOM 的形式对产品数字化与产品研制流程进行定义。一是建立统一的数据分类与编码体系，赋予全域数据统一的定义和编码，构建 xBOM 模型；二是借鉴设计 BOM 的数据组织与管理方式，在传统设计 BOM、制造 BOM 的基础上，向上拓展形成市场 BOM，向下延伸形成采购 BOM、质量 BOM、交付 BOM、服务 BOM 等，形成横向到边、纵向到底的产品数据链，实现全业务数据打通和高效连接。

3. 强化数据治理，为能力建设提供有效支撑

2021 年 3 月，九洲电器以《GBT 36073—2018 数据管理能力成熟度评估模型》为指导，建立数据自循环体系，通过数据复用、校验、诊断、决策等手段，为能力建设提供支撑。在研发能力方面，数字赋能在于支撑以设计 BOM 为轴心贯通的三维数字样机开发，并为基于一体化工艺 BOM 的生产提供精确数据支撑。在采购和生产能力方面，数字赋能是在制造 BOM 的基础上，推动"全量齐套保障＋渐增式配料控制"落地，同时助力建立生产能力模型、形成科学排产能力。在质量能力方面，数字赋能是提升以质量 BOM 为抓手的端到端全过程质量追溯能力，深度集成 PLM（产品生命周期管理）、ERP、MES、SRM（供应商关系管理）、QMS（质量管理体系）等系统，形成完整的质量信息链条与产品质量档案。在成本控制能力方面，数字赋能以 xBOM 数据链贯穿业务主线为核算基础，实现财务信息 ERP 集成和精准可视，以业财系统集成将成本管控流程植入系统，建立业务行为与成本结果的广泛链接。基于上述举措，九洲电器业务数据化率整体提升 137.8%，数据业务化率整体提升 219.1%。

三、地方军工企业以全面提升竞争力为目标的关键能力建设效果

（一）关键能力建设取得显著进展，高质量满足了交付要求

九洲电器瞄准新时期军方的现代化交付要求，在激发全员活力和数字贯通赋能的基础上，进行了富有成效的关键能力规划和建设，形成了快速研发能力、柔性保障能力、全域质量能力和精细控本能力，核心指标数据改善明显，产品的体系化运作和生产经营管控取得长足进步（见表1），全面增强了"高效、可持续、高质量、低成本"的交付竞争力。

表1　九洲电器关键能力建设提升指标对比

	指标名称	建设前	建设后
快速研发能力	主要产品研制周期/年	4.24年	2.14年
柔性保障能力	按期产出率/%	70%	85%
	按期齐套率/%	80%	95%
全域质量能力	产品一次交验合格率/%	99.94%	100%
	质量损失率/%	0.58%	0.19%
精细控本能力	销售利润率/%	3.12%	4.41%
	净资产收益率/%	7.88%	8.86%

2019—2022年，九洲电器完成数百项工程任务，累计交付装备近万套。其中，某项目在较上年任务增长4倍的情况下提前10天完成，受到军方高度肯定，成为"厂军精品工程"。同时，九洲电器先后完成了各军兵种实战演练、"国庆70周年阅兵保障"和"建党100周年保障任务"等专项保障任务，受到了军委机关及各军兵种、主机厂所的高度评价，数次获得中电科、兵器工业、中航工业等相关单位颁发的"优秀供应商"称号。

（二）企业竞争力明显增强，企业高质量发展取得新进展

通过能力建设全面提升竞争力，九洲电器的经营业绩也得以快速提升。2022年九洲电器实现营业收入58.18亿元，同比增长7.48%，产值61.78亿元，同比增长11%，利润总额2.57亿元，同比增长70%。自2020年以来，三年营业收入累计增幅46.87%，产值累计增幅24.17%，利润总额累计增幅107%，销售利润率从2020年的3.12%增长到2022年的4.41%；净资产收益率从2020年的7.88%增长至8.86%；人均营业收入从161万元增长至201.4万元，累计增幅25%；人均利润从5.01万元增长至8.89万元，3年累计增幅77%。2022年经成都市质量协会测评，顾客忠诚度达91.49%，产品复购率达到90%；2021年6月被世界品牌实验室评为"中国500最具价值品牌"。

（三）企业主营业务的核心技术能力和行业影响力进一步提升

自2019年至今，九洲电器作为某领域三代总师单位、全军某体系总体牵头论证单位，累计承担了国家重点型号任务100余项，包括10余项重大体系战略任务和40余项重点专项任务。相关科技成果解决了困扰已久的行业技术难题，多项技术填补了国内技术空白。经第三方科技成果鉴定及机关单位评价，10余项技术达到国内领先、国际先进水平，获得行业专家和用户单位一致认可，荣获"国防科技进步奖"特等奖、一等奖，以及"军队科技进步奖"一等奖等省部级以上奖励10余项，并作为首批唯一的地方军工企业荣获国防科工局颁发的某突出贡献奖。

（成果创造人：程　旗、顾　辉、杨红菊、袁　红、谢海东、田　殷、
夏克洪、袁瑞敏、贾智钦、王　雷、赵平路、申洛霖）

央地企业联合打造行业龙头的民爆业务重组上市管理

易普力股份有限公司

易普力股份有限公司（以下简称易普力）是中国能源建设集团有限公司（以下简称中国能建）成员企业，由中国能建分拆旗下中国葛洲坝集团易普力股份有限公司（以下简称葛洲坝易普力）与湖南省国资委旗下湖南南岭民用爆破器材股份有限公司（以下简称南岭民爆）进行重组，于2023年1月完成重组上市。2023年2月3日，重组事宜完成新股上市，中国能建成为南岭民爆间接控股股东，葛洲坝易普力成为南岭民爆控股子公司。易普力主营业务为研制、开发、生产、销售民用爆破器材、爆破设计及施工等，市值逾150亿元，年营业收入规模超80亿元，净资产规模超60亿元，在册员工7899人，管理的工业炸药许可产能56.55万吨/年，工业电子雷管7550万发/年，是国内民爆行业工业炸药许可产能规模最大的上市公司，拥有营业性爆破作业单位、矿山工程施工总承包"双一级"资质，业务覆盖国内约20个省（自治区、直辖市）和纳米比亚、利比里亚、巴基斯坦、马来西亚等国，是国内市场覆盖率最高的央企民爆企业，综合实力、发展潜力等均位于民爆行业前列。

一、央地企业联合打造行业龙头的民爆业务重组上市管理背景

（一）建设世界一流民爆企业的客观要求

民爆行业素有"能源工业的能源、基础工业的基础"之称。随着以国内循环为主、国内国际双循环相互促进的新发展格局加快构建，国内经济运行持续向好，"十四五"期间金属、非金属矿产资源开采和铁路、公路、港口机场、水利水电、新型城镇化等基础设施建设力度不断加大，对矿产资源等原材料的刚性需求持续增加，国内民爆市场迎来良好发展机遇。2021年12月，工业和信息化部印发《"十四五"民用爆炸物品行业安全发展规划》，提出打造3到5家具有较强行业带动力、国际竞争力的大型民爆一体化企业（集团），为建设世界一流民爆企业提供了行动指南。2019至2022年，中国证监会出台《上市公司分拆所属子公司境内上市试点若干规定》及《上市公司分拆规则（试行）》等文件，为中国能建分拆葛洲坝易普力上市提供了政策保障。

（二）促进央地资产融合发展的必然选择

作为国家特许经营的行业之一，民爆行业市场相对稳定，器材广泛应用于矿山开采及能源、建筑、交通、农林水利建设、地震勘探及国防建设等领域，与基础工业、基础设施建设关联性强，与固定资产投资规模密切相关。推动葛洲坝易普力与南岭民爆重组，既是深化中国能建与湖南省央地合作的积极探索，也是湖南省国资委首次让渡国有上市公司控股权，着力打造市场化央地合作新标杆的实际行动。不仅解决了南岭民爆产品主要以包装炸药为主、爆破一体化延伸服务未达预期，在管理成效和发展动能等方面存在的不足，还进一步深化了央地企业融合发展，扩大合作领域、深化合作层次，在环保民生、军民融合等领域实现全面战略合作；有利于进一步强化规划对接，参与湖南省重要经济产业和基础设施建设，实现更多优质项目落户湖南，助力中部地区崛起做出新贡献，为企业健康可持续发展提供有力保障。

二、央地企业联合打造行业龙头的民爆业务重组上市管理主要做法

（一）确立指导思想、基本原则和实施路径

此次民爆业务重组上市以深化供给侧结构性改革为主线，紧扣《"十四五"民用爆炸物品行业安全发展规划》，深入践行中国能建《关于全面加强党的领导、加快高质量发展、深化系统改革和加强科学管理的若干意见》和发展战略，努力推动民爆企业做强做优做大，实现更高质量的发展。

面向民爆行业整合关键期，围绕交易对象选择，明确"四个聚焦"工作原则：一是聚焦做强做优，着眼打造具备与国际民爆巨头竞争的上市公司，优先选择工业炸药产能规模在 15 万吨以上的合作方作为交易对象，交易对象应具备工业炸药许可产能规模优势；二是聚焦融合融入，优先考虑具备国有资本背景民爆公司合作，有利于实现文化和管理融合，有利于风险防控和合规经营，也有利于发挥央企引领作用，打造央地合作示范；三是聚焦协同互补，与并购对象在区域市场上形成互补，合作双方能够实现较好的市场协同效应，有利于提升企业效益；四是聚焦稳健经营，交易对象控股股东有让渡控股权的意愿，交易对象运营质量较为稳定，市值可以满足注入资产后取得控制权的诉求。

通过深入论证、对比分析分拆上市可选择的两种路径，即 IPO（首次公开募股）与重组借壳。与 IPO 相比，重组借壳上市审批时间普遍更短，并在上市同时能够同步实现资源优化整合。考虑到行业特点和企业发展瓶颈，兼顾企业发展和获取上市平台效率，重组借壳更有利于易普力抓住当前民爆行业整合关键期，因此最终确定与优质民爆上市公司强强联合这一分拆重组上市实施路径。

（二）强化组织领导，扎实做好重组筹划

1. 建立联动机制，细化责任分工

相关单位成立分拆重组上市工作领导小组和工作小组，建立中国能建、葛洲坝集团、易普力三级联动机制。易普力单独成立重大专项工作领导小组和工作小组，明确责任分工，科学制定实施方案，建立"领导小组决策、工作小组执行落实、专业机构全力支撑"的工作机制，设置周例会与不定时会议机制，按照"一事一议、重点突破"的原则，及时反馈、解决问题。统筹近 20 家专业机构，形成多线并行的团队组，累计召开各级例会 118 次，组织各类专题会、工作会议、讨论会 823 次，按项目节点有序推进，保质保量完成各项任务。

2. 全面深入尽调，防范化解风险

重组正式启动后，各方迅速组织专业机构及相关职能部门，共投入 100 余人进驻双方现场开展尽职调查工作，经过数月全面梳理企业历史沿革、资产权属、同业竞争、关联交易、财务数据、签约合同、安全生产等情况。坚持从严口径，对发现的问题提出整改方案并倒排计划，确保各项风险可控、受控，保障国有资产保值增值。通过尽调整改，为重组上市易普力规范运作和高质量发展奠定坚实基础。

3. 上下同频共振，协同高效工作

中国能建是沪港两地上市公司，南岭民爆是深交所上市公司，项目涉及与国资监管部门、证券监管部门等诸多管理部门的沟通协调和报批工作。在停牌、董事会、股东大会、评估报告备案、交易所问询、联交所审核、中国证监会审批等阶段，易普力尊重资本市场运行规则，严格履行国家各项监管要求，积极与各监管机构沟通汇报，提前谋划、科学决策，做好各项审批工作的衔接，在各监管机构的指导和支持下，确保各环节顺利通过。

（三）深入调查研究，选择地方重组企业

1. 系统全面筛选，选择优质对象

围绕"四个聚焦"，筛选 10 余家行业上市公司积极开展对接工作，最终选择与南岭民爆开展合作。南岭民爆是一家有着历史沉淀的湖南省国有企业，由湖南省地方军工企业湖南省南岭化工集团有限责任公司为主发起人发起设立，是中国民爆行业重要骨干生产企业。2006 年 12 月，南岭民爆在深圳交易所上市，是我国民爆行业第 3 家上市的公司，中国中小板上市公司五十强之一。2012 年，依据湖南省委、省政府决策部署，南岭民爆与湖南神斧民爆集团有限公司进行重组整合，拥有湖南省内绝大部分民爆资产。近年来，中国能建深度参与湖南省内综合交通、生态治理、风电等项目建设，为湖南经济社会发展做出积极贡献。南岭民爆为地方国有企业，与葛洲坝易普力能够实现良好市场协同，在产能规模、运营质量等方面均符合选择交易对象的标准，同时其控股股东也有让渡控股权的意愿，为此最终选择南岭民爆作为重组上市易普力的交易对象。

2.深入多方治谈，达成合作意向

中国能建与湖南省政府开展多次治谈，湖南省政府表示大力支持南岭民爆与葛洲坝易普力进行重组，认为双方在民爆业务结构、产能结构、市场布局和企业文化等方面起到互补作用，实现"1+1>2"的效果。秉承"对方有需求，能建有优势，双方有共识，合作有共赢"原则，最终与湖南省政府就民爆板块重大资产重组达成合作意向，并对控股地位、人员接收、企业注册地等事项基本达成一致。

3.开展多轮磋商，签订重组协议

中国能建、葛洲坝集团、易普力三级联动机制与湖南方面同步启动财务、法律、市场、技术、安全、人力资源等全方位的尽职调查工作。本着企业发展优先的原则，中国能建与湖南省政府经过多轮磋商，签订重组协议。

（四）优质高效推进，实施资产置换重组

1.择优引入外脑，严把工作质量

易普力作为刚刚完成"回A"的中国能建的成员企业，分拆上市对政策理解的准确性、决策过程的合规性、交易程序的专业性要求极高。着眼确保项目合规运作、最大程度节省运作成本，确保与中国能建"回A"工作顺畅衔接，在项目实施中聘请经验丰富、行业排名前列，同时为"回A"工作提供服务的保荐机构和券商团队，以及律师事务所、会计师事务所、评估机构等专业机构，细致研讨确定各阶段工作重点，项目可行性论证、交易方案拟定、尽调问题规范整改、回复监管机构问询等工作顺利推进。

2.建立资本纽带，实现共创共赢

合作双方转变以往直接投资思路，通过周密设计的软连接代替平台的硬连接，凝聚最大合力、形成最大公约数，凸显价值创造，形成中国能建间接控股南岭民爆、南岭民爆控股葛洲坝易普力的合作架构，实现"你中有我、我中有你"。南岭民爆采用向特定对象非公开发行股份的方式购买中国葛洲坝集团股份有限公司、攀钢集团矿业有限公司及23名自然人合计持有的葛洲坝易普力95.54%股权，实现"以股换股"。重组上市后，中国能建持新发股份成为南岭民爆第一大间接控股股东，湖南省国资委保留原有股份成为第二大间接控股股东，二者股权比例差为24%，确保在稳定控制的同时持续发挥地方国资股东力量，促进央地融合融通、高效发展。

3.创新工作模式，高效推进审批

交易涉及分拆与重组，审批决策涉及国务院国资委、中国证监会、国家国防科工局、国家市场监督管理总局反垄断执法一司、湖南省国资委、湖南省证监局等主管部门，还需履行香港联交所、深证证券交易所、上海证券交易所有关程序。中国能建、南岭民爆按照证券监管相关规定，认真履行股东大会、董事会及其各项会议决策程序。相关部门就本项目涉及的员工持股、法人户数压减、合规风险防范、未来公司的发展战略、资产评估等方面进行深入研讨。中国能建董事会办公室召开一次股东大会和三次董事会，共发布公告168份；南岭民爆召开一次股东大会和四次董事会审议本项目，共发布公告318份。项目审批决策在各方积极支持下，用足中国证监会规定的三次审核延期的政策，于2022年12月28日通过中国证监会并购重组委员会无条件通过，整个决策流程历时15个月。

（五）融合资本需求，开展重组上市演绎

1.编制路演材料，挖掘投资价值

2023年1月初，在取得中国证监会正式批文后启动路演准备。通过系统谋划，借助承销机构销售经验共同研究制定路演方案，对易普力的奋斗历程、安全管理、业务模式、竞争优势、财务数据、战略规划及实现路径等方面进行详细的分析梳理，系统阐明本次重组对推动民爆行业资源整合、促进国有资产保值增值等方面的重要影响。路演初期，投资者普遍认为民爆行业是传统行业，监管模式导致企业成长空间有限、估值天花板不高，项目组通过精练介绍、精准答疑，有效转变投资者的行业认知，为易普力在资本市场的首次成功亮相夯实基础。

2. 对接潜在投资，转化投资需求

2023 年 1 月 17 日，邀请 30 余家投资机构进行首次线上见面会，初步了解资本市场的投资意向，投资者均反馈愿意继续深入研究。2023 年 2 月至 4 月期间，中金公司协助易普力触达百余家市场活跃的投资者，涵盖央企、地方国企、产业基金、民爆行业上下游企业、公募和私募基金、银行、保险机构及超高净值个人等多类型投资主体，在北京、深圳、上海、重庆和长沙等地开展近 70 场一对一路演，先后邀请超过 40 家投资者前往长沙或重庆进行实地考察。路演期间，围绕投资者对易普力业绩预测、毛利率情况、销售单价稳定性、硝酸铵价格影响、合同订单执行周期以及新疆地区市场竞争格局等方面提出的疑问，项目组逐一进行客观解答，全力配合推动投资者内部决策，推动超过 30 家投资者的投资意向转化为投资需求。

3. 把握发行窗口，实现超额申购

路演工作开始后，易普力与承销机构建立周报机制，每周汇总与投资者对接的情况和投资者的投资意向。2023 年 3 月，召开易普力募集配套资金工作推进专题会，明确下一步工作安排及责任分工，力争年报披露前完成配募工作。部分意向投资者开始履行内部决策程序，易普力把周报机制改为日报机制，每日更新路演答疑情况及投资者内部决策进展。鉴于部分市场化投资者需在启动发行后视公司股票价格再决策是否参与竞价及申购报价，易普力每日汇总实时股价和理论发行底价，制定市值管理方案和工作计划，严格按计划推进工作。根据市场波动和股价变化，4 月初易普力抓住最优发行窗口，在底价折扣稳定在 20% 的时候启动发行，有效满足大部分投资者决策要求。最终参与申购机构 32 家，认购倍数 1.86 倍，募集资金 13.39 亿元，按期实现发行目标。

（六）完成股份发行，实现重新挂牌上市

1. 办理股权交割，实现公司重组

取得中国证监会正式批文后，葛洲坝易普力、南岭民爆迅速安排专班办理股权交割事宜。2023 年 1 月 12 日，葛洲坝易普力资产过户至南岭民爆，实现从 2023 年 1 月 1 日起对南岭民爆的合并报表；1 月 30 日完成新股登记；2 月 3 日新股上市，股权交割完成。3 月 15 日，重组后的上市公司召开首次股东大会、董事会、监事会，产生新一届"三会一层"，完成易普力董监高改选，完成管理权交割。5 月 15 日，完成募集配套资金新股上市，成功募集 13.39 亿元资金。5 月 22 日，南岭民爆公司名称变更为易普力股份有限公司。7 月 6 日，易普力在深交所完成重组上市仪式，证券简称正式变更为"易普力"。

2. 募集配套资金，推动高质量发展

重组后，易普力采用询价方式向不超过 35 名特定投资者非公开发行 1.17 亿股募集配套资金，发行价格不低于发行期首日前 20 个交易日南岭民爆股票交易均价的 80%，最终募集金额不超过 13.39 亿元，用于持续支持新的上市公司高质量发展。易普力在这一过程中，一是对企业奋斗历程、安全管理、业务模式、竞争优势、财务数据、战略规划及实现路径等方面进行详细分析与梳理，充分挖掘投资价值。二是积极对接各央企投资平台和产业基金、知名公募和私募基金、各银行、保险等旗下大型投资机构总部，传递重组后上市公司投资价值，充分激发投资者决策信心。三是准确把握发行时机，根据市场波动和股价变化，确定在底价折扣稳定在 20% 的时候启动发行配募，满足大部分潜在投资者决策要求。募集配套资金在市场化发行条件下，没有寻找一家基石投资者，创造市场上少有的经典案例。最终参与申购的投资者共 32 家、成功获配 21 家，认购倍数 1.86 倍，实现 13.39 亿元全额募集，成功引入多家国资背景战略投资人、知名公募和私募基金，全面优化上市公司股权结构，资本市场形象得到全面提升。

（七）建立治理体系，持续提升重组效能

1. 优化治理架构，提升治理效能

组建"3+3+3"制董事会（3 名外部董事、3 名独立董事、3 名内部董事），实现中央企业、地方国资、中国工程院院士、专家学者、企业高管等力量共建共治，切实提升治理效能。对标对表世界一流企业，推进技术创新、基础管理、安全发展、人才建设、文化塑造等方面与国际全面接轨，同步促进业务、技术、标准等"引进来""走出去"，打造国际民爆产业龙头。

2. 组建管理团队，形成治理合力

一是在党委、董事会、经理层全面整合两家单位领导班子，构建全新管理团队，实现共建共治；二是聚焦易普力战略发展需要，构建"职能部门＋事业部＋直属机构"的本部组织架构，通过全员竞聘上岗打破企业界面择优组建本部管理团队，打造战略引领型、价值创造型、开拓创新型、资源配置型、监督服务型、和谐阳光型的"六型"总部；三是以原南岭民爆本部人员为班底组建湖南事业部，聚焦湖南区域市场，以多项目管理为主要价值创造点，直接管理原南岭民爆生产与项目管理、市场营销、安全质量环保管理三方面工作，实现机构职能融合"1+1>2"，赋能易普力高质量发展，跑出融合发展"加速度"。

3. 整合资源优势，发挥品牌价值

坚持品牌效用最大，重组后上市公司名称变更为"易普力"，股票代码沿用南岭民爆原代码，既发挥易普力的行业影响力，又保留南岭民爆在资本市场多年深耕的资源优势。嫁接湖南省属地化工业制造资源，聚焦绿色施工一体化、绿色建材发展，推动电动储能钻孔、矿用电铲、新能源矿卡等新能源设备新技术新工艺在矿山开采过程中的应用，不断挖掘新的增长点，提升品牌价值创造力。

三、央地企业联合打造行业龙头的民爆业务重组上市管理效果

（一）圆满完成分拆重组上市

历经近 15 个月的谋划与运作，易普力民爆业务重组上市于 2023 年 1 月完成交割实施，是国内资本市场首单分拆重组项目，属于重大无先例的创新模式，涉及多个主管部门审批、约 20 家专业机构参与，找到了国企改革、央地合作、产业整合的新路子。2023 年 5 月，南岭民爆公司名称变更为易普力股份有限公司，并完成发行股份募集配套资金新股上市，总股本达到 12.4 亿股，其中中国葛洲坝集团股份有限公司持股 43.37%、湖南省南岭化工集团有限责任公司持股 12.46%、湖南神斧投资管理有限公司持股 6.97%、攀钢集团矿业有限公司持股 4.71%、其他股东合计持股 32.49%。成功引入多家国资背景投资者、公募及私募基金和知名 QFII（合格境外机构投资者），一举转变了上市公司过去散户为主的股东结构，有利于二级市场形象的进一步提升，为未来业务发展注入了新动能。通过重组上市＋募集配套资金，易普力进一步提升了在资本市场、产业市场和全社会的影响力，实现了易普力"价值重估"和行业地位重塑。

（二）确立了企业在民爆行业龙头地位

易普力重组后，具备集研发、生产、销售、运输、爆破服务为一体的完整民爆产业链，成为国内从事现场混装炸药生产和爆破施工一体化服务规模最大的专业化公司。葛洲坝易普力以自身广阔的市场空间消化了南岭民爆的低效无效产能，迅速优化产品结构和产能布局，部分包装炸药产能向单位附加值更高的混装炸药产能转换，并利用区域控制优势，实现转化产能的高质量释放，有效避免了南岭民爆包装炸药许可产能核减风险，提高了企业盈利水平，充分发挥规模效应。重组上市完成后，易普力市值逾 150 亿元，成为国内民爆行业工业炸药许可产能规模最大的上市公司，成为国内市场覆盖率最高的央企民爆企业，综合实力、发展潜力等均位于民爆行业前列。

（三）创造了央地上市公司资本合作的成功经验

易普力分拆重组上市既是国内资本市场首单分拆重组项目，也是央地合作代表性项目，创造了全国首个"A+H 股分拆＋重组上市＋配套募集资金"典型案例，为央企分拆上市打造专业化优质上市公司探索了新路径。既为易普力服务民爆行业高质量发展打造了新平台、拓展了新空间，也对民爆行业提升产业集中度和提高本质安全水平发挥了示范引领作用，更为深化国企改革、优化国有资本布局、强化央地合作和市场化兼并重组提供了"能建样板"，成为市场化央地合作新标杆。

（成果创造人：付　军、曾德坤、邓小英、蔡　峰、胡　丹、刘　刚、
李绍军、邹七平、唐庆明、陈继府、熊亚康、刘田杨）

远洋渔业上市公司以做强主业为目标的资产专业化重组管理

中水集团远洋股份有限公司

中水集团远洋股份有限公司（以下简称中水渔业）是中国农业发展集团有限公司（以下简称中国农发集团）旗下从事远洋渔业和国际经贸合作开发的股份制上市企业，是中国农发集团渔业板块整合资源、实现打造专业化渔业企业战略构想的平台。中水渔业主要从事远洋捕捞生产和经营，是我国较早开发太平洋、大西洋金枪鱼和南美鱿鱼资源的企业之一。1998 年 2 月，公司在深圳证券交易所挂牌上市。

一、远洋渔业上市公司以做强主业为目标的资产专业化重组管理背景

（一）提升中国渔业企业全球竞争力的发展要求

渔业在全球粮食供给和营养提供方面发挥着重要作用。中国是海洋水产品的重要消费国，消费规模持续增长。然而我国远洋渔业起步较晚，企业整体经营实力偏弱。全球领先的大型渔业集团都是在资本运作的基础上不断发展壮大，形成对全球重点区域的资源垄断和价格控制，同时大力发展海洋食品业务、进入零售乃至餐饮领域，形成滚雪球式的发展态势。国内在远洋渔业领域，缺少全产业链覆盖的领军企业，更缺少世界级的产业巨头。中国农发集团的渔业板块企业是中国远洋渔业事业的开拓者和主力军，拥有中国最大规模捕捞船队，年捕捞渔获约占全国总量的 30%，产值接近全国总量的 25%。在全球范围内，中国农发集团渔业企业的作业海域已经拓宽到太平洋、印度洋、大西洋和南极海域。但现有渔业经营分散在中水渔业、中国水产有限公司（以下简称中水公司）、中国水产舟山海洋渔业有限公司（以下简称舟渔公司）及其多家子企业中。在船队规模扩张的同时，不同企业间出现了协同性不强，控制力不够，转型升级不快等问题，因此必须通过内部重组，进行资源整合和布局优化，提升中国渔业企业的全球竞争力、影响力。

（二）解决集团公司内部"同业竞争"的急迫需要

此次整合前，中国农发集团所属渔业板块共有三家企业，分别是中水集团远洋股份有限公司、中水公司和舟渔公司。1998 年，中国农发集团分拆出一部分渔业资产，以中水渔业为主体打包上市，客观上形成了集团内部相关公司经营同类业务的历史问题。整合前，中水渔业共有金枪鱼延绳钓船作业船只 74 艘，拥有国内最大的金枪鱼延绳钓船队，也是国内唯一一家拥有蓝鳍金枪鱼捕捞配额的公司。2011 年开始，中国证监会提出上市公司需要整改"同业竞争"问题。中国农发集团分别于 2011 年、2016 年、2021 年针对中水渔业与集团内其他渔业企业的同业竞争问题，出具了 3 次同业竞争承诺和同业竞争说明函，也曾于 2014 至 2015 年尝试整合，两年努力却因各种原因宣告整合失败。其间，中水渔业采取多种方式推进整合工作或采取分业务线发展的思路，其努力虽然得到了证券监管部门的认可，但是均未有效、彻底解决"同业竞争"问题。触碰"同业竞争"的红线，致使公司 25 年来难以利用中水渔业的上市平台实现再融资，严重掣肘了中水渔业的健康发展；同时，三家企业也很难有效发挥管理协同效益、规模效益及资本效益，拖后了公司向行业世界一流企业进军的脚步。

（三）突破上市公司兼并重组的工作难点的需要

一是底层资产复杂。渔业板块重组涉及的标的公司包括中国农发集团渔业板块两家重点企业——中水公司和舟渔公司。其中，中水公司是成立于 1984 年的"老企业"，在 20 多个国家开展业务，下属并表 6 家子公司以及包含极地、摩洛哥、马达加斯加、塞拉利昂、几内亚比绍、塞内加尔等在内的 20 多个海外项目部。舟渔公司下属并表 13 家子公司、3 家分公司，业务类型涵盖远洋捕捞、食品加工、

渔业服务、产业服务等。两家公司历史沿革很长，资产情况复杂，涉及的底层资产类型和区域繁多、各海外项目部权属情况复杂，究竟如何设计交易方案才科学，能够得到市场和证券监管机构的认可都是极具挑战的难题。

二是交易结构复杂。本次重组希望彻底解决"同业竞争"问题，将符合要求的资产全部注入上市公司。但是经过初步摸底，将中水公司和舟渔公司整体性注入上市公司的难度极大，需要对多个标的公司及相关资产进行多轮重组和调整，其中涉及公司（项目部）股权的转让与剥离、船舶资产的转让与处置、特殊分红和商标专利资产转让等复杂事项。与此同时，交易过程中还要妥善解决标的公司人员、债务方面的遗留问题等。这些都给重组工作的实施推进增添了极大难度。

三是交易时间紧迫。本次重组交易需要中国农发集团践行 2023 年 6 月完成整合申报工作的资本市场承诺。上市公司从正式启动重组到交易完成整体工作推进时限仅为六个月。要在有限的时间内完成上述重组交易，必须让多家标的企业形成价值共鸣，同时需要与中国农发集团紧密配合，完成资产备案、审批等国资管理程序，让方案设计、工作推进、审议审批环环相扣，才可能保证按照向市场承诺的时间完成重大资产重组工作。

二、远洋渔业上市公司以做强主业为目标的资产专业化重组管理主要做法

（一）强化组织领导，确立资产重组的核心理念

1. 集团牵头，成立联合领导小组和工作组

为确保资产重组工作顺利完成，上市公司与中国农发集团紧密配合，从三个方面加强了组织保障。一是成立领导小组和工作小组。由于重组涉及公司多，利益平衡难，因此集团层面成立由董事长直接挂帅的领导小组；三家渔业企业紧密配合，成立工作小组；同时将两家标的公司党委书记、董事长、法人调整成为由中水渔业党委书记、董事长一人担任，从根本上实现了三家企业的统一领导。二是实施充分授权。集团董事会向工作组创新性地实施了 7 项授权，具体包括确定本次重组所需中介机构的聘请、相关股权转让、相关企业间资产转让、有关企业担保借款等资金筹措、未进入上市公司资产托管事项等，有效解决了很多企业重组中出现的"决策迟迟不定"及"决策流程长、决策慢、层层审批"等问题。三是实施周例会和月度专题会的工作机制，确保多项并行工作进度统一，工作小组有问题及时发现、及时解决；如有需决策事项立即上报集团领导小组，集团组织多部门联合会审，加快审批进度及时推进批复。通过上下通力配合，机制有效衔接，保证了重组项目严格按照时间表推进每一项工作。

2. 确立全产业链发展理念

从利益相关方角度来看，市场上的广大投资人期待中水渔业以市场化方式，推动上市公司业务板块从捕捞公司转型升级为综合性渔业企业，并以此来确定交易资产边界原则。一是优化产业结构，聚焦主业、主辅协同。以业务模块为基础，真正实现以上市公司中水渔业为核心的远洋渔业板块布局，打造主业清晰、主体突出的产业格局。二是调整业务架构，清晰业务体系。以深化央企改革、加快重组整合为契机，梳理纳入整合的集团资产范围，厘清资产边界；根据业务属性与特点，划分形成清晰的业务板块边界和资产股权架构。

在远洋捕捞方面，金枪鱼、鱿鱼等业务原本分散在各家公司，中水渔业上市公司以金枪鱼捕捞作为核心主业，拥有国内最大的金枪鱼延绳钓船队；中国农业发展集团舳远洋渔业有限公司（以下简称农发远洋）是鱿鱼捕捞平台公司，拥有国内规模领先的鱿鱼捕捞船队；中水公司上述两类渔业资产都拥有。为了一次性做好重组和整合工作，中水渔业、中渔环球（中水公司所属企业）等主体的金枪鱼船队，以及烟渔公司（中水公司所属企业）、农发远洋的鱿鱼钓船队予以先行整合，能够充分体现规模化发展优势的同时，便于后续管理协同。在渔业服务方面，中渔环球具备比较优势，尤其是其金枪鱼

延绳钓项目，可为公司的远洋渔业业务提供全面的运维保障。在水产品加工方面，舟渔制品（舟渔公司所属企业）的深加工能力及"明珠"品牌的市场影响力，处于产业链"微笑曲线"的两端，具有高附加值。基于公司多项稀缺的渔业资源，大力发展食品加工业务，可推动上市公司实现业务转型，确立更为稳定的盈利模式。将相关资产进行重组整合，构建完整的产业链体系（见图1），是本次重组工作的核心任务和顶层设计。

业务事项	重组前	重组后
主营业务	远洋捕捞 水产品贸易	远洋捕捞 水产品贸易 **水产加工** **渔业服务**
产业链	捕捞、加工、运输、仓储的金枪鱼一体化产业链	覆盖远洋捕捞、食品加工、**渔业服务和水产品贸易**四大业务板块的**渔业完整产业链**
船队	远洋捕捞船74艘	**远洋捕捞船186艘**
	金枪鱼延绳钓船	金枪鱼延绳钓船、**金枪鱼围网船、拖网船、鱿鱼钓船**
品种	金枪鱼	金枪鱼、**鱿鱼、硬体鱼、软体鱼、野生虾**等品类
捕捞类型	远洋捕捞	远洋捕捞 **过洋性捕捞**
涉及区域	太平洋、大西洋、印度洋公海等	太平洋、大西洋、印度洋公海，以及**几内亚比绍、塞拉利昂、马达加斯加、阿根廷等40多个国家（地区）的管辖海域**

图1　中水渔业基于资产重组实现产业链一体化发展

3. 确立三家企业共兴共荣理念

从集团内部的利益相关方来看，除了确立和提升中水渔业"渔业航母"地位，更需要关注中水公司和舟渔公司两家标的公司的新发展问题，否则无法有效推动内部重组的实施。中国农发集团一方面重新定位了两家标的公司的战略定位角色：其中，中水公司定位水产种业与海洋牧场，着力打造水产养殖类国内新龙头企业；舟渔公司定位港口运营、船舶维修、酒店经营等业务，实现与远洋渔业的错位发展，但又相互支撑，更加突出细分领域的专业化发展（见图2）。另一方面，资产重组方案设计也充分考虑了标的公司在新的发展定位下，钱从哪里来的问题。针对舟渔制品人员和债务负担等问题，在确定重组方式的同时，方案配套细化了舟渔公司的偿债方案，解决了企业长期的发展困扰，回应了利益相关方的核心关切；同时通过现金支付购买重组资产的形式，中水公司也获得了新业务发展的启动资金，为下一步快速进军新领域、新行业积累了资本。只有充分考虑内、外部利益相关方的核心价值诉求，才能真正推动实现三家企业"共兴共荣"。

（二）科学谋划"现金收购＋托管"重组方案

1. 划定资产边界

按照聚焦性原则、盈利性原则、清晰性原则，进行资产边界划定。一是聚焦性原则，就是围绕渔业产业重组，将产业链相关资产纳入重组范围内，突出主业、契合战略，减少关联交易，切实解决同业竞争问题。二是盈利性原则，就是注入上市公司的标的资产应当有利于提高上市公司资产质量、改善财务状况和增强持续盈利能力，兼顾考虑资产的稀缺性。三是清晰性原则，就是注入上市公司的标的资产的权属状况应当清晰，一般不得存在抵押、质押等权利限制情形；不得存在重大或潜在重大的诉讼、仲裁、司法强制执行等重大争议；股权不存在代持及争议情形。由此，中水公司的中渔环球部分资产、极地项目等资产，舟渔公司的海洋渔业制品、明珠海洋食品、明珠贸易、远洋渔业等资产，符合重组原则，纳入本次重组范围内。港口、船舶、酒店等业务与远洋渔业产业关联度差，继续由舟渔公司存续经营。

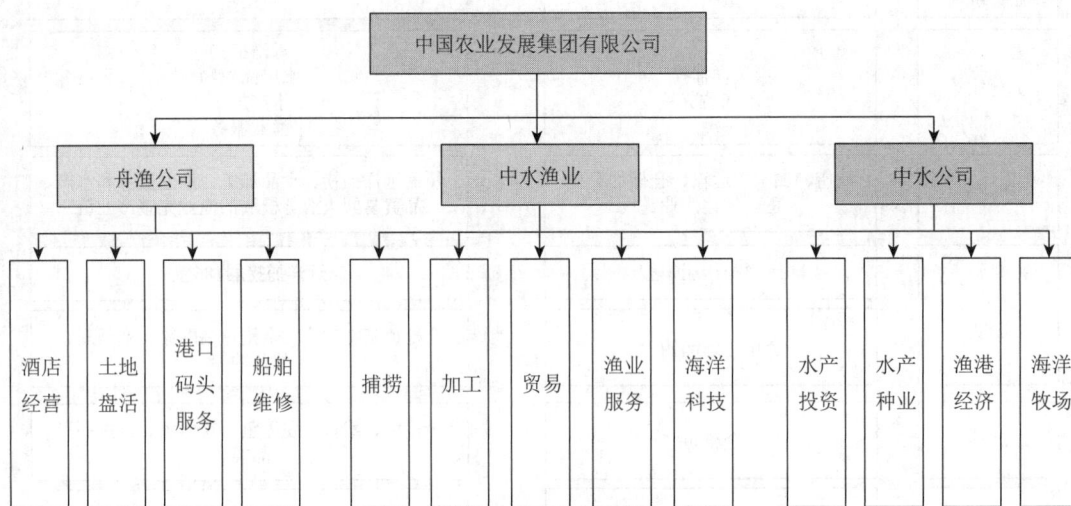

图2　三家企业战略布局

2. 组合托管模式

重组资产确定后，中水公司尚有部分盈利能力较差的金枪鱼捕捞业务和过洋性捕捞业务，在捕捞方式及鱼种方面与上市公司存在业务重合的情况，构成同业竞争问题，且与重组后上市公司客户、供应商有重合情况。为解决"同业竞争"问题，在将盈利能力好、发展前景好、无资产权属问题的资产，纳入本次重组范围的同时；将持续亏损、存在资产权属瑕疵的资产，全部委托上市公司管理，便于上市公司能够一体化盘活目前暂时亏损的项目，不仅彻底解决了"同业竞争"难题，而且有助于下一步提升渔业资产的盈利能力。

在资产注入方面，市场原本最担心的，就是看中水渔业如何一次性解决产权如此复杂、盈利能力差异极大的资产边界问题。最终，工作组创造性地将整个资产分为两大部分，一部分是中水公司和舟渔公司中的核心资产；其他暂不适合上市的资产及业务仍保留在中水公司和舟渔公司体内，作为托管资产，一体管理，提升盈利能力。本次重大资产重组，一次性托管了所有渔业资产，如此彻底地解决同业竞争问题，也让资本市场投资人看到了中国农发集团渔业板块整合的决心和发展的强烈动力。

3. 采用资产基础法进行评估

鉴于本次交易涉及大量海外业务评估，项目组系统分析境外市场发展情况，包括对境外资产所对应的捕捞海域捕捞量所占比例情况及趋势进行了统计分析；对境外资产所在不同区域的同一作业海域的市场竞争情况进行了分析，主要从渔船种类、渔船数量、捕捞方式、智能化程度、所属国家等分析捕捞工具及技能方面的优劣势；从捕捞种类、配额数量、政策倾斜度等方面分析相关海域国家给予的政策力度；从捕捞人员的构成、燃料来源等角度分析成本情况；从销售区域和销售渠道等方面看销售价格的抗竞争能力等进行综合考量。

在最终评估结果选择上，一方面从收入收益特点看，中渔环球和农发远洋近三年毛利率存在较大波动，虽然根据公司管理层规划，未来将会有相应的经营改善，但是根据该行业的宏观因素考虑、当前经营情况现状及补贴政策的不确定风险因素，未来收益存在的不稳定性因素较大，导致评估基准日未来现金流量的预测存在较大的不确定性。舟渔制品销售的海洋食品属于大众消费品，其销售会受到宏观经济形势及居民可支配收入等因素的影响。另一方面，从资产特点看，中渔环球和农发远洋均为重资产企业，具有较典型的资本密集型特征，其利润贡献主要来自其船舶资产。舟渔制品基准日前后实现了新建工厂的建成投产。在此背景下，收益法基于对未来宏观政策和市场预测的评估方式就不太适宜。工作组对三家公司资产负债分别进行了全面的清查和评估，最终选择了资产基础法评估结果。同时，工作组又结合实际情况采用了资产基础法评估嵌入收益法评估的评估方法，对于收益法评估主要是标的资产中部分二级子企业净资产为负或以贸易为主的公司价值，该部分资产如果用资产法评估，将造成国有资产的低估；因此采用两种评估方法"相互嵌入"，这样能够有效解决评估公允性的问题，既能够充分体现国有资产价值，又能够给市场一个合理定价水平。

4. 确定现金交易方式

工作组通过综合分析资本市场及行业形势、监管审批重点障碍，根据上市公司及相关标的资产的具体业务范围、财务情况、权属情况等，提出了发行股份收购资产、支付现金收购资产、支付现金收购部分资产三种基本方案。最终从审核难度、审批层级、交易时间、资金需求、重组效果等方面，结合舟渔制品债务高企问题，中水渔业海外项目底层资产复杂等问题，确定了"现金收购股权＋托管"模式，实现了三家企业整合后的共生共荣。

一是评估现金收购的综合优势。通过现金收购股权，交易所审核速度快，上市公司中水渔业能够按期完成对资本市场解决同业竞争的承诺。同时，以现金支付对价给舟渔公司，能够解决长期困扰舟渔发展的负债高且利息成本高的问题，为下一步轻装再出发创造良好条件；以现金支付中水公司后，有足够的现金培育水产种业、海洋牧场等新业务，为再造一个"新中水"，发挥"新中水"在水产种业、海洋牧场领域的核心功能奠定坚实基础。

二是确定现金收购的资金来源。工作组分析认为，现阶段中国市场整体处于低息周期，借款资金成本和利息支出较为可控，是现阶段较为理想的融资手段。上市公司长期与国内多家大型商业银行及其他金融机构保持良好的合作关系，目前农业作为实体经济和民生的重要一环，亦是银行重点投入资源的战略领域，公司合作银行均积极推进本次交易并购贷款事项。最终，中水渔业向银行申请不超过11亿元并购贷款用于支付部分转让对价，剩余部分资金采用自有资金和自筹资金等。

三是核准现金收购的还款能力。对于现金收购可能产生的财务费用和资金压力，项目组也进行了翔实的论证。上市公司收购后资产体量、持续经营和盈利能力得到有效增强，叠加多元化的融资渠道和股东支持，偿还本次并购贷款本息的资金来源较为充足，不会对上市公司的日常经营、财务状况产生显著不利影响。确定了上市公司的还款能力，采取现金方式进行重组交易，成为中水渔业最佳的实施选择。

（三）分阶段分类型推进联合重组

面对复杂的交易结构，工作组采取了"先内部重组再注入上市公司"的多层次、分阶段的实施方式，如图 3 所示。

1. 先行推进标的公司内部重组

中国农发集团首先对多个标的公司及相关资产进行了内部重组和调整。中渔环球将所持烟渔公司100% 股权，以非公开协议方式转让给中水公司；烟渔公司将所拥有的若干船舶资产及与之相关的债权、负债、劳动力以非公开协议方式一并转让给舟渔公司，进一步放大资产的协同价值和整合效应；中渔环球将所属塞内加尔项目部以非公开协议方式转让给中水公司；舟渔公司将所拥有的与水产品捕捞、加工及销售相关的"明珠"等境内外商标全部转让给制品公司。

本轮内部重组共涉及 3 次公司（项目部）股权的转让和剥离、2 次船舶资产的转让、2 次船舶资产的处置、2 次标的公司特殊分红及 1 次商标专利资产的转让。内部重组工作的提前开展，为后续跨机构的渔业资产重组奠定了良好基础。

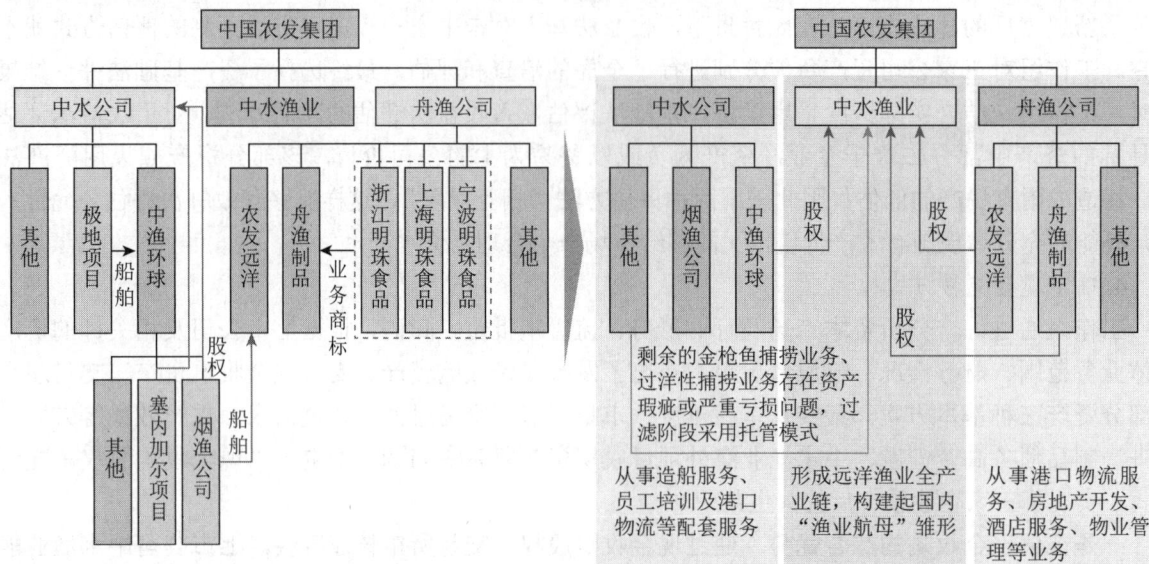

图 3　中水渔业两步走完成资产整合

2. 正式进行标的资产的重组交易

按照"现金收购股权＋托管"的重组模式，中水渔业推进实施了渔业板块的资产重组工作。中水渔业分别以现金收购了经过"小重组"后的渔业板块核心资产，即中水公司所持中渔环球 51% 股权；中国农发集团所持农发远洋 20.89% 股权，舟渔公司所持农发远洋 51.19% 股权；以及舟渔公司所持舟渔制品 100% 股权。同时，中水公司涉及远洋渔业捕捞业务的剩余资产全部与中水渔业签署了托管协议。至此，集团完成了以中水渔业上市公司为平台的资产重组工作，形成了远洋捕捞、食品加工、渔业服务和水产品贸易四大业务板块，构建起国内"渔业航母"雏形。

3. 不符合条件的剩余资产采取托管模式

对不符合注入条件的剩余项目进行集中式管理，实现最终全部资产的集中统一。本次交易完成后，中国农发集团下属中水公司、舟渔制品中仍有部分代表处、项目或子公司从事远洋捕捞、水产品贸易等业务，与中水渔业存在业务重合，相关业务由于盈利、资产权属等问题暂不具备注入上市公司的条件。为彻底避免和消除标的公司控股股东及其控制的其他企业侵占上市公司商业机会和形成同业竞争的可能性，中水公司与中水渔业上市公司签署《托管协议》，将尚不具备注入上市公司条件的相关资产或子公司委托上市公司管理，相关资产或子公司待具备注入条件后将优先注入上市公司。同时，中国农发集团已出具承诺，舟渔制品下属开展近海水产品贸易业务的三家公司也将在一年内终止其相关业务。

4. 启动专业整合工作

中水渔业在资产重组完成后，积极推进业务整合和组织架构调整。在业务整合方面，中水渔业将继续推进原中渔环球金枪鱼船队与中水渔业船队的深度整合，成立"远洋渔业事业一部"；原烟渔公司、农发远洋鱿鱼钓船队的深度整合，与南极磷虾船及其配套的海上加油运输船队一起，成立"远洋事业三部"；原本中水公司海外业务管理体系较完善的部分和西非所有代表处一起，组建"远洋事业二部"；通过既分工又合作的方式，进一步发挥规模效应和协同效应。同时，中水渔业将凭借丰富的境外业务经验和完整的境外管理团队，对托管的境外业务予以深度融合，制定了扭亏增盈方案，其中阿曼、塞内加尔等托管项目已经通过职业经理人选聘制度，派出了新的管理团队，推动建立更为完善的管控体系，力争托管项目能尽快扭亏为盈。同时，中水渔业也在积极利用上市公司治理规范的优势，加强对标的公司的管理规范性提升，并有序推进后续食品深加工、船舶升级改造、营销网络优化、品牌提升塑造等发展计划。

三、远洋渔业上市公司以做强主业为目标的资产专业化重组管理效果

（一）顺利实现资产整合，有效解决了"同业竞争"问题

中水渔业进行的渔业资产专业化重组，是最大的农业行业央企控股上市公司联合重组项目，是至今最大的渔业行业联合重组项目、最大的远洋捕捞行业联合重组项目；同时，该项目亦是央企以市场化方式推动的第一产业行业整合。中水渔业通过资产重组，本次资产重组工作，从根本上解决了长期以来"同业竞争"的历史问题。整合后的中水渔业，完全吸纳了中水公司原有金枪鱼业务，消除了与舟渔公司在秋刀鱼捕捞和鱿鱼贸易领域的业务重合。中水公司和舟渔公司都按照新的发展定位，开展新业务，形成了与中水渔业的错位发展，彻底解决了"同业竞争"问题，有效回应了市场关切。

（二）有效优化完善集团下属三家企业的产业分工，集团综合竞争力显著提升

通过此次重组，中国农发集团不仅借助中水渔业整合了系统内优质的围网金枪鱼船资产，做大做强公司的金枪鱼捕捞业务，还大幅扩大捕捞船队，捕捞品种拓展至鱿鱼、硬体鱼、软体鱼、野生虾等多元化品类，捕捞范围也拓展到了南北极，大幅提升了中农发集团在远洋渔业行业的话语权和影响力。同时，对于中水渔业，远洋捕捞船只增加到 186 艘，占全国远洋捕捞船舶数量的比例达到近10%，成为全球最大的远洋渔业船队、收入规模领先的远洋渔业上市公司；在业务方面，中水渔业实现了远洋渔业全产业链的一体化经营，在金枪鱼、鱿鱼产量方面占据了市场领先地位，实现产业链、价值链和供应链的串联倍增，一举形成了中国渔业领域的航母旗舰，成为我国远洋渔业的龙头上市公司。本次重组完成后，中水渔业上市公司经营业绩明显改善、资产规模实现多倍增长，归母净利润和每股收益均得以较大幅度的提升。2022 年度本次交易前，中水渔业总资产 13.49 亿元，营业收入 5.97亿元，归母净利润 983.44 万元，每股收益为 0.0287 元／股；重组合并后，总资产 52.72 亿元，营业收入 39.74 亿元，归母净利润 1.58 亿元，每股收益为 0.4612 元／股。此外，通过本次重组，明确了中水公司作为国内水产种业＋海洋牧场的龙头企业的战略定位，以及舟渔公司做强做优渔业服务业的战略定位。通过重组的现金交易，使得两家公司一次性获得发展所需资金，突破发展困境为后续快速发展奠定了坚实基础。

（三）促进了中国远洋渔业全球化竞争发展

远洋渔业是战略性产业，是构建海洋命运共同体、建设海洋强国、实施"走出去"战略和"一带一路"蓝色合作倡议的重要组成部分，对保障国家粮食安全、促进多双边渔业合作、维护国家海洋权益等具有重要战略意义。重组前，中水渔业境外业务占比约30%；重组完成后，境外业务占比接近60%，境外业务规模比例进一步提升，形成了国内国际双循环发展的良好基础，扩大了产业规模，延长了产业链条，为助力国家深度参与全球海洋治理与国际规则制定、争取海洋权益及加强多双边渔业合作交流夯实基础。

（成果创造人：宗文峰、杨丽丹、叶少华、陈伟义、
周张帆、李占杰、刘振水、李海涛、张天舒）

国有能源企业集团以深化改革为抓手的化债脱困管理

河南能源集团有限公司

河南能源集团有限公司（以下简称河南能源）是先后经过 2008 年 12 月和 2013 年 9 月两次战略重组成立的省管重要骨干企业，注册资本金 210 亿元，现有职工 15 万人，产业涉及煤炭、化工及新材料、新能源、现代物贸等，拥有煤炭资源储量 284 亿吨，化工产品产能近 1000 万吨。现有生产矿井 52 对，产能 8465 万吨，规模以上化工企业 34 家，化工装置 94 套，主要分布在河南 16 个省辖市，以及新疆、贵州、内蒙古、陕西、青海等省（自治区）和澳大利亚。拥有河南大有能源股份有限公司（以下简称大有能源）、九天化工集团有限公司（以下简称九天化工）2 家上市公司和濮阳绿宇新材料科技股份有限公司（以下简称濮阳绿宇新材料）1 家新三板挂牌公司。居 2022 中国企业 500 强榜单第 224 位。2022 年，完成商品煤产量 6850 万吨、营业收入 1120 亿元，盈利 50 亿元、同比增加 18 亿元，上缴税费 144 亿元，经济效益创近十年来最好水平。

一、国有能源企业集团以深化改革为抓手的化债脱困管理背景

（一）化解企业巨大债务的迫切需要

由于多种历史因素影响，河南能源的发展存在产业发展方向不明、主业辅业不分、化工产业布局分散及过度投资等弊端，企业债务风险高企，资产负债率长期居高不下，在经济由高速增长转向高质量发展的新形势下，企业积弊集中凸显。自 2020 年下半年开始，河南能源集团由于新冠疫情突发和宏观经济形势波动、主要产品市场下滑、自身债务结构不合理等因素影响，一度陷入资金周转难、债券发行难、生产经营难的"三难"困境。据 2020 年 10 月测算的 2021 年资金平衡情况，在银行全面展期的情况下，资金缺口达到 442.1 亿元，企业生存危在旦夕。2020 年 11 月，受周期性、体制性、行为性因素叠加影响，河南能源核心子公司永煤控股发生债券违约事件，造成主体信用评级由 AAA 降至 BB，金融机构停贷、债券发行停滞、一度资金链断裂，随之出现涉法涉诉案件增多、安全投入欠账、职工薪酬长期欠发、核心人才流失严重等问题，企业发展陷入被动、跌入谷底，对全省及煤炭行业融资环境造成巨大影响。根据历史其他案例，一旦生产经营停滞，将需要几倍甚至十倍以上的成本才能恢复正常经营水平。同时，河南能源一旦进入破产程序，金融机构将对河南省国有企业丧失信心，可能会引发千亿级别以上的系统性金融风险，银行会迅速降低河南省信用评级，从而恶化河南省的金融环境。

（二）深化改革转型、促进企业健康发展的现实需要

河南能源两次战略重组时省政府注入的省管企业股权价值 210 亿元，后期国有资本金注入量较小，资产总额已由重组之初的 734 亿元增加到目前的 2800 多亿元，对资金严重依赖的化工产业自有资本金不足，短贷长投、建设周期长、滚存投资大，建成后没有及时形成经济增长点。企业人员多、摊子大、层级多、包袱重，现有传统产业占比大、发展不均衡、转型升级步伐较慢。管控体系不够活，管控的权责边界还不清晰，效率不高、基层负担重的问题还未从根本上解决。管理体制机制不够科学，管控效率偏低，权责边界不够清晰。近年承担社会责任多，兼并重组省内小煤矿、政策性投资和借款、预缴资源价款共计 219 亿元，资金基本来源于市场融资，财务成本居高不下，成为制约发展的包袱。

由于持续欠薪，职工承压已达极限，队伍极不稳定，企业骨干员工流失严重，安全运行受到极大威胁；煤矿职工不能专心工作，所属的义煤公司、焦煤公司发生了多起不稳定事件，维稳压力巨大。同时，由于长期拖欠运费、电费和原材料费用，部分供应商已停止合作，安全投入不足，严重影响安全生产，随时可能引发安全稳定重大事件。

（三）全面贯彻落实省委省政府脱困改革部署的需要

针对河南能源的发展困境，河南省委、省政府高度重视，从讲政治的高度迎难而上，集中全省审计力量迅速摸清河南能源家底，聘请国际知名专业咨询机构出谋划策。省委书记、省长履新伊始即组织专题研究，明确"不刺破、不引爆"原则，扛稳扛牢属地化解重大风险责任，及时做出推动河南能源改革重生的决策部署，出台"1+5+N"方案体系（"1"即1个纲领性方案《河南能源化工集团改革重生方案》，"5"即债务风险化解、改革转型、稳生产稳岗位稳人心、审计调查、涉稳风险工作5个子方案，"N"即多个配套实施方案），全力支持河南能源实施重塑性改革举措，要求坚决守住"不发生系统性金融风险"底线。方案明确提出河南能源要实现"五个确保"，即确保实现安全环保"双零"目标、债务风险总体可控、转型升级迈出坚实步伐、企业大局保持稳定、全年实现整体盈利，带动全省金融环境明显改善，用两年时间推动债务风险得到根本性化解，改革转型升级取得突破性进展，建成"创新引领、绿色循环、低碳高效、竞争力强"的现代一流企业，实现涅槃重生、再创辉煌，助力河南省构建良好金融生态和信用环境。河南能源深入贯彻习近平总书记关于国资国企改革发展的重要论述精神，从政治和全局高度出发，坚持系统思维、底线思维，围绕实现改革重生、优化全省金融环境和营商环境的目标，综合施策、精准施策，推动省委、省政府改革重生方案落地落实、见行见效，推动企业实现改革脱困、化险重生。

二、国有能源企业集团以深化改革为抓手的化债脱困管理主要做法

（一）完善组织领导和职责清单，高标准执行改革方案

在总体方案的指导下，河南省政府成立河南能源改革脱困工作领导小组，省政府主要领导同志亲任组长，分管副省长任副组长，设立稳生产促发展、债务化解、资产审计、社会稳定4个工作专班迅速开展工作。河南能源成立工作领导小组及相关工作机构，下设8个工作组全面对接省政府各专班，明确职责清单，制定"施工图""责任状""任务书"，确保落地见效。同时，健全与省工作组各专班的对接配合工作机制，科学建立健全层层分包的责任体系，层层形成一级抓一级、层层抓落实的工作格局。针对涉嫌舞弊问题，立即实施"纪审联动"，严肃追究责任，形成闭环管理模式，构建审计整改长效机制，实现重大风险早发现、早处理。构建"五个三"大监督工作格局，强化对权力集中、资金集中、资源富集、资产聚集的重点部门和单位的监督，推动干部作风和政治生态明显转变，凝聚推动改革重生的强大合力。

同时，河南能源以推动改革重生为突破口，制定全面摸清企业家底、深化体制机制改革、加快转型升级、全面提质增效、确保大局稳定、加大政策支持等8大类，28项具体措施。创新提出"企业运营审计"工作思路，紧紧抓住"经济责任"和"履职用权"两条主线，在全省审计力量的帮助下，通过内部公开招聘等方式进一步充实审计人员，在15家核心二级单位成立审计部或合规部，形成审计体系"上下一盘棋、落实一股劲"的集约管控格局。在此基础上，河南能源扛稳扛牢主体责任，以化解债务风险为重心开展专项审计，找准风险处置化解"梗阻"，充分揭示问题，确保改革重生主攻方向不偏、重点事项不漏，重点关注企业运营流程，针对物资采购、工程建设、资金管理、外协外包等高风险领域，关注经济运行合规性、经营管理效益性、内控健全性和有效性，倾斜计划制订和项目安排，确保实现全覆盖，全面系统推动改革重生工作。

（二）坚持从党的建设发力，以"四个聚焦"发挥改革引领作用

河南能源把党的领导贯穿于改革重生全过程，坚持"两个一以贯之"不动摇，充分发挥基层党组织战斗堡垒作用，构建严密的责任体系，积极调动企业各层级党组织主观能动性，加大基层干部激励措施，将责任落实到每个最小单位、落实到个人，切实增强工作内生动力。

1. 聚焦把关定向，推动治理效能提升

河南能源党委坚持把准"决不引发系统性金融风险"方向，将债务风险化解作为头等大事来抓，防止债务风险演变成"灰犀牛""黑天鹅"。制定并严格落实《党委前置研究讨论重大经营管理事项的实施办法》，切实把党的领导融入公司治理各环节，实现党委发挥作用组织化、制度化、具体化。在改革重生关键时期，坚持每天召开领导班子会，集思广益研究企业的急事、难事、关键事，遇到重大事项不分工作日、节假日，及时召开党委常委会研究决策。2021 年，集团党委召开常委会 69 次，前置研究或审议决策议题 245 项，一系列改革决策促进企业面貌焕然一新。对于重点督办事项，原则上 1 天内进行研究部署，3 天内反馈办理情况；一般性问题 7 天内落实解决；重大问题 1 个月内落实解决，确实解决不了的必须拿出解决的时间节点和方案；确保所有事项都跟踪到底，销号清零。自 2021 年以来，河南能源将改革重生 78 项重点任务细化为 1000 余项督查事项，实现台账式管理、清单式交办，到期办结率达到 98%，为改革重生各项任务落实提供了执行力保障。

2. 聚焦压实责任，推动党建机制落实

河南能源党委抓住各级党组织书记这个"牛鼻子"压实党建责任，引导各级党组织书记真正放下架子、扑下身子。围绕企业改革重生等重点工作，面向职工群众把形势讲清、任务讲明、措施讲实，各级党组织书记开展形势任务宣讲 1100 余场次，引导全体职工心往一处想、劲往一处使；面向广大职工征询合理化建议 21 个方面 331 条，开展"三最"问卷调查 140 余次，参与职工近 2 万人，广泛凝聚了广大职工参与改革重生的智慧力量。

3. 聚焦选人用人，推动队伍建设升级

大力弘扬企业家精神，完善"三推一考"办法与市场化选人用人相结合的干部选拔任用机制，推进干部竞聘制、岗薪制、任期制、淘汰制"四制"改革，在改革重生关键时期稳住干部队伍基本盘。坚持专业化导向、基层导向和业绩导向，注重选拔不怕事、能扛事、干成事的干部。自 2021 年以来，集团党委先后调整优化中层干部 107 人次，开展"百名干部大交流"，从各级企业总部和基层一线各选派 100 名左右年轻干部实现挂职交流，有效优化干部队伍的年龄结构、专业结构，为企业改革重生提供了人才队伍保证。

4. 聚焦正风肃纪，推动全面从严治党

自 2020 年以来，集团各级纪检监察机构对落实责任不力的 363 名领导干部进行问责。坚持开展企业内部巡察，形成具有河南能源特色的"一次巡察两个体检"的巡察经验；2020 年，探索开展两个批次的安全环保专项巡察，促进管党治党和企业管理水平整体提升。此外，完善监督问效机制，制定一体推进"三不"体系建设实施办法，为企业实现改革重生和债务化解提供了重要的纪律作风保障。

（三）坚持从化解债务发力，以"三个降低"促成化险脱困

河南能源将债务风险化解作为头等大事，以高度的政治自觉遵循"不刺破，不引爆"等基本原则，集中力量攻坚克难，逐项逐笔化解债务。

1. 积极走访，降低违约影响

河南省政府主要领导走访国家金融监管部门和多家金融机构总部，表明省委、省政府支持河南能源改革重生的态度和决心，取得理解和支持，全力修复区域金融生态，逐步夯实"政银企命运共同体"共识。策划整合省内各类基金，引入社会资金，设立煤化工转型升级基金。极力争取省政府发起设立总规模 300 亿元省企信保基金，专项用于化解和处置省管国有企业债券风险，协调 70 亿元专项支持河南能源用于刚性兑付，并带动省属 5 家法人银行配投 10 亿元，有力保证了河南能源债券展期、兑付，确保了地区金融环境稳定。

2.全力争取，降低借款本息

河南能源坚持"风险点"就是"关键点""突破点"的化解思路，将稳住公开债券市场作为债务化解的首要任务，成功召开新一届债权人委员会，促成债务重组方案，保持存量融资稳定，完成贷款利率下调，提振社会各界信心。2021 年 5 月 31 日河南能源新一届债委会高票通过了对企业实施一系列帮扶措施的债委会决议。债委会决议着眼长远，一致行动，支持帮助河南能源实施债务重组，积极化解债务风险；支持帮助河南能源改革重生，有效保障债权人利益，体现了风险化解多方共赢。债委会成员单位在企业正常还息的前提下，对存量债权"不抽贷、不压贷、不断贷、不下调分类"。银行机构对 2023 年年底之前陆续到期的贷款，在贷款到期时通过展期、期限调整、借新还旧等方式及时办理延期或无还本续贷，延期期限为三年；延期贷款实施按年结息，利率按同期一年期 LPR（贷款市场报价利率）执行。对中长期贷款，期限 5 年（含）以上的，利率按同期五年期 LPR 执行，贷款按年结息。对于利率低于一年期 LPR 的存量贷款，利率仍按照原合同执行。对于非银行金融机构存量债务，剩余期限统一延期至五年，利率按同期五年期 LPR 计算，利费按年结清。通过全力争取债务展期及降低借款利息，企业改革重生赢得了宝贵的时间窗口。

针对存量债券，河南能源设立工作专班，制定展期方案，全力与主承销商、债券持有人对接、协调、沟通，既要争取投资人的理解，又要适当降低投资人的预期，还要提振投资人的信心，经多轮谈判，确定了"到期债券先行兑付 50% 本金，利率不变，剩余 50% 按约定期限展期兑付，并豁免本期债券违约"的债券展期方案。之后，又严格遵循资本市场规则，千方百计争取债券投资人理解，逐笔沟通到期债券，重建了河南能源的信用，成为企业化解债务风险成功案例。

3.盘活存量，降低资源占用

积极争取存量资源政策支持，对企业转型发展项目，在项目用地上优先采取土地置换，并在税收上依法争取减免优惠政策。实施土地分类盘活，对城区内符合"退二进三"政策的土地，获得政府收储补偿；对不具备调规变性的土地，以工业用地性质得到收储；对远离城区的土地，采取增减挂钩指标交易等方式予以盘活。同时积极推进扩边扩储矿井及预配置资源"探转采"。强力压减"两金"，长期应收款同比下降 8.3 亿元，存货总额同比下降 30.7 亿元；非生产性支出同比下降 12.9%；实施集中采购和"公转铁"节约生产成本 3.6 亿元。统筹实施共享用工 2 万人次，激活沉淀人力创收超 1 亿元；争取各类财税政策性资金 33.5 亿元。加大治亏提效力度，2021 年 21 家单位实现扭亏、同比减亏 61.3 亿元，2022 年纳入亏损源治理范围的 20 家单位全部扭亏，同比减亏 9.96 亿元。

（四）坚持从"瘦身健体"发力，以"三种方式"精准处置资产

按照有进有退、有所为有所不为原则，聚焦主责主业，加快非主业和低效无效资产退出。自 2020 年以来，河南能源共完成资产处置项目 81 个，其中：股权类项目 41 个，矿权类项目 4 个，土地、房产、设备类项目 36 个，回笼资金 250.23 亿元，在有效压缩管理层级和精简法人户数的同时，最大程度盘活了资源、实现了资产变现，为有效化解企业债务危机提供了重要资金保障。

1.对外转让"低效资产"

在资产优化工作推进过程中，河南能源系统梳理所属企业资产状况，研究界定划分"两非两资"①范围，用好高效资产，转化低效资产，激活沉睡资产。对于符合河南省产业布局且与其他国有企业存在同类业务的非主业资产，在省政府国资委改革脱困组的帮助和协调下，通过协议转让的方式转让给其他省属企业，实现其他省属企业做强做大，河南能源资产处置变现。如：将河南能源的房地产业务

---

① "两非两资"是指非主业、非优势资产，以及低效资产、无效资产。

转让给铁投公司，将12项钼产业资产转让给洛阳有色矿业集团。同时，对于其他不具备协同效应、与主业关联度不高的参股企业和低效资产，通过进场交易挂牌转让的方式公开处置。加快非优势资产盘活，淘汰落后产能，33对关闭退出矿井获得退还采矿权价款2.88亿元，坚决止住长期拖累企业盈利的"失血点"，使得企业资源更加集聚。

2. 移交地方"辅业资产"

突出做强做优主业资产，清理退出有色金属及房地产等产业和低效无效资产，有效解决了河南能源法人户数多、主业发展不优、低效无效资产占比较高等突出问题。积极对接属地政府，充分利用各项有利政策，通过属地政府收储闲置土地、接收林场、学校等国有企业办社会职能机构，将处置收益补偿给企业，推动闲置、非主业资产的盘活，实现优势互补、合作共赢，带动当地经济发展。如：在当地政府的大力支持下，顺利剥离鹤壁能源化工职业学院、鹤壁迎宾馆等企业办社会资产，完成煤层气园区土地、开封空分厂老厂区土地、永煤龙宇国贸二期土地、三门峡戴卡老厂区土地等政府收储工作。低效无效资产得到有效处置和盘活，企业得以集中更多优势资源发展煤炭、化工及新材料两大主业，发展动能更加充足，国有资产运营质量和效率得到显著提升，总资产报酬率由2020年的1.27%提升至2022年的4.68%。

3. 清算退出"无效资产"

坚持一企一策，分类出清，加快退出落后淘汰产业、无发展前景的子公司，尽快进入解散程序。对于已资不抵债、拟依法破产的企业，提前对接法院，沟通梳理重点难点问题。对无现金流、长期处于亏损状态和长期未开展业务的各级子公司采取关闭、注销或整合重组等方式，全面完成清退工作。首批破产企业中有5家已经全面完成了破产重整和破产清算工作，做到了与主业无关、不具备竞争力的产业坚决退出。

（五）坚持从改革转型发力，以"三个重构"推动全面跃升

1. 重构产业结构

突出煤炭、化工新材料两大主业，全面退出不具竞争优势的氧化铝、钼等有色金属产业和房地产等非主业，实现产业"去杂归核"。煤炭板块推动省内做精做优、提质增效，省外做强做大、重点发展新疆，开拓优质资源，保持稳产增产，2021年高附加值煤炭销量实现提价增收近50亿元；大力实施智能化建设，加快实施煤矿"机械化、自动化、信息化、智能化"改造，建成智能化示范矿3对，实现全国首个F5G（第五代固定网络）矿山商业应用。化工产业坚持实现高端化、多元化、低碳化发展，实施"东引西进"和"1+4"产业发展战略，提高化工产业集中度，将省内化工园区由9个缩减为4个，将省内部分乙二醇、甲醇等基础化工产品搬迁到新疆等地实现"腾笼换鸟"，与鹤壁、濮阳、三门峡、商丘等地共同招商引入16家央企和知名民企合作，高位嫁接9个高端新材料合作项目，推动从传统煤化工向化工新材料转型。与此同时，河南能源坚持创新驱动战略，强化科技投入保障，加快推进转型升级，在2021年投入22.8亿元的基础上，2022年又投入32亿元，投入强度达2.5%，以科技创新赋能改革重生。与中国科学院签约合作成立中部地区最大的化工新材料联合研发中心，不断扩展与郑州大学联合研发中心的研发广度和深度，与上海交通大学沟通谋划"合成气制烯烃""碳中和"等项目研发，与河南理工大学合作成立"煤炭安全绿色开采联合研发中心"，突出攻克了一批制约企业转型发展的"卡脖子"技术难题。

2. 重构组织机构

按照"扁平化""大部门制"要求，整合优化现有部室和机构，建设机构科学合理、人员精干高效的总部机关，提高整体运行效率。实施总部机构改革，将总部职能部室及其他机构由28个精简到17个、精简率39.3%，正式员工由291人精简到202人、精简率30.6%。制定并落实"煤炭十条""化工十六条"授权放权举措,打破原高度集中的"六统一"管控模式,全面下放资金、销售、人事等六大类权限,扩大基层自主权,充分激发动力。

3.重构经营机制

推动混改提质扩面,稳妥引进战略投资者,在永城、鹤壁等园区引入美瑞新材料股份有限公司、上海丹通新材料有限公司等行业内知名企业实现"以混促转"。累计239户存量混改企业提质,混改比例64.8%,持续选取优质资源提升资产证券化率。加快推进市场化选聘,积极推广郑煤机"三个100%"经验,力争经理层全部市场化选聘、中层全员竞聘上岗、员工全员市场化流动。全面推进各级经理层任期制和契约化管理,各级公司1009名经理层成员全部由"身份管理"转变为"岗位管理",实现"能上能下"。优化人力资源结构减员提效,定期开展评估和分析研判,按照成熟度分层分类建立人才库,动态管理、优胜劣汰,自2021年以来分流安置人员近2.5万人,人均工效提升11.7%,实现"能进能出"。优化收入与业绩联动机制,选取试点单位实施长效激励机制,实行全员绩效考核,一岗一薪、易岗易薪,推动薪酬分配向做出突出贡献的人才和一线关键苦脏险累岗位倾斜。

(六)坚持从稳定大局发力,以"三个稳住"强化发展保障

河南能源坚持"安全是第一责任""职工是第一牵挂",把"人民至上、生命至上"贯穿到改革重生的全过程各方面,以一域之稳定为全国之稳定尽责。

1.以关爱职工为使命,稳住人心民心

健全完善企业应急帮扶、节日帮扶、日常帮扶等长效帮扶机制,重点帮助解决一批职工最关心、最直接、最现实的利益问题,凝聚发展合力。坚持将职工作为第一牵挂,扎实开展"我为职工办实事"实践活动,办好民生实事2100多项,加大职工慰问帮扶力度,千方百计筹集资金,为职工补齐欠发的6个月工资40亿元,投入4580万元慰问帮扶职工23万余人次,开展"金秋助学"活动,为1800余名职工子女提供320多万元助学金,增强职工归属感、幸福感、获得感。在企业最危难、矛盾最突出、改革最艰难、任务最紧迫的时刻,河南能源始终坚持党的领导,15万名干部职工和近百万家属大力发扬煤矿工人"特别能战斗精神",不离不弃、同舟共济、竭尽所能守望付出,为河南能源的化险重生提供了最强大的信心底气和力量源泉。

2.以精准施策为关键,稳住就业岗位

稳定现有就业,控员提效稳总量,对正常生产单位人员,坚持提质增量、效率效益优先原则,通过控制总量、优化结构、严把入口、畅通出口,持续推进控员提效,不断增强就业吸纳能力,保持当前用工总量不变。扩大新增就业。精准招聘稳总量,依照效率指标和定员结构,分类实施人员招聘。改革用工优存量,煤矿井下生产岗位、特殊工种岗位和化工及其他企业一线生产操作岗位,新增岗位工人通过"定制培养+竞争上岗"方式,全面推行变招工为招生,从源头提升招聘质量。

3.以坚守安全底线为根本,稳住生产经营

践行安全"零"理念,落实企业安全管理主体责任,积极推进安全隐患双重预防体系建设和安全生产标准化建设,持续强化重大灾害治理和危化品管理,加强各类风险辨识、评估、措施管控和隐患排查治理,严防各类事故发生。强化运行分析调度。加强经济运行监测,及时准确反映经济运行状况,提高经济运行质量和水平。建立日调度、周通报、月分析、季总结经营监测机制,研判各产业发展趋势,精准施策、合理调控。强化销售增效。履行煤炭中长期合同和"基础价+浮动价"的长协定价机制,提高电煤长协合同兑现率,落实省内电煤中长期电煤购销合同,建立电煤合同兑现与发电基础电量挂钩的奖罚制度。加大治亏力度。持续推进亏损源治理三年行动,推动化工资产分类处置,重点采取对外合作、吸收合并或解散注销、破产重整和破产清算4种方式,对13家资不抵债、扭亏无望的化工企业实施出清退出。深挖内部潜力。全面树立过紧日子思想,2021年大力压缩各类非生产性支

出，在去年对应总额基础上再降 10% 以上。推进诉讼案件司法集中管辖，通过郑州中院司法集中管辖案件办结 2930 起，化解率 93.3%，维护企业核心资产，为企业化险重生营造稳定的生产运营环境。

三、国有能源企业集团以深化改革为抓手的化债脱困管理效果

河南能源坚决贯彻落实党中央、国务院和河南省委、省政府决策部署，团结带领 15 万员工，实施一系列改革化险重生创新举措，绝地奋起、逆势突围，取得新增融资实现破冰、经营效益实现破局、产业转型实现破题、发展合力充分凝聚的成效。

（一）债务风险成功化解

通过全力协调争取，存量融资重组取得积极进展。债务结构明显优化，有息负债总额由 2000 亿元以上降至 1700 多亿元，防止了债务风险蔓延和外溢。截至 2022 年年底，河南能源与 74 家债权人通过艰苦细致的沟通谈判，完成 1105 亿元各类借款展期及利率下调，利息支出同比减少 10 亿元，融资成本和综合利率连续两年"双减双降"，实现了银企合作的"最大公约数"。充分利用省委、省政府统筹设立的省企信保基金、中豫信用增进公司，积极争取市场化资金支持，推动信用增进，于 2022 年实现新增融资 57 亿元。债券展期平稳兑付，累计完成 59 笔债券展期及兑付，兑付债券本息 361.9 亿元，展示出有诺必践的诚信形象，重建了河南第一国企的信用，于 2022 年被中国企业联合会、中国企业家协会评为 AAA 信用企业。河南能源债务风险的化解，成功避免风险外溢，并带动全省金融环境明显改善，成为我国债券市场鲜有案例，也为国有企业防范化解债务风险提供借鉴。

（二）经营效益再创新高

河南能源坚守安全环保底线，统筹新冠疫情防控和经济运行，抓住煤炭、化工主要产品价格回升有利契机，压实企业安全稳定主体责任，做实做细"稳生产、稳岗位、稳人心"各项工作，增强盈利点、增加创收点、堵住"失血点"，夯实发展根基，经济效益持续攀升，为有序推进债务风险化解奠定了坚实基础。累计建成省级以上智能化示范矿 11 个，智能化采煤工作面 61 个、智能化掘进工作面 79 个，实现智能化成果在煤矿的多场景、多维度应用，优化人员 5600 余人，月均提高掘进进尺 15% 以上，煤矿先进产能得到不断释放。通过分类确定目标等措施，推动亏损源治理三年专项行动取得显著成效，2020 年 23 家单位实现扭亏、同比减亏 18.9 亿元，2021 年 21 家单位实现扭亏、同比减亏 61.3 亿元，2022 年纳入亏损源治理范围的 20 家单位全部扭亏，同比减亏 9.96 亿元。2021 年，完成商品煤产量 6736 万吨、化工产品产量 441 万吨，营业收入 1100 亿元，利润 32 亿元，上缴税费 100.7 亿元；2022 年，完成商品煤产量 6850 万吨，营业收入 1129 亿元，盈利 50 亿元、同比增加 18 亿元，上缴税费 141 亿元，经济效益创近十年来最好水平，企业职工士气更高、发展动力更足、市场信心更强。

（三）职工队伍保持稳定

河南能源全面推动全员能力素质提升，培训职工 21.7 万人次。足额按时发放职工工资和缴纳当年社保，全员工资平均增长 8.44%，其中井下一线平均增长 10.12%，所属永煤公司等省内所属煤业共 1500 名离职骨干技术人员全部"回流"。河南能源 15 万名干部职工在企业危难之时不离不弃、同舟共济、竭尽所能，持续稳生产、稳岗位、稳人心，干事创业热情持续高涨，企业发展动力持续激发。

（成果创造人：李　涛、梁铁山、田富军、宋录生、张　毅、吴山保、

宋立新、尹　征、康东亮、吴建辉、刘彦龙、田连涛）

以培育中药全产业链特色优势为目标的全方位经营管理提升

中国中药控股有限公司

中国中药控股有限公司（以下简称中国中药控股）是中国医药集团有限公司（以下简称国药集团）的二级子公司，是其现代中药板块的核心平台。中国中药控股在香港联合交易所主板红筹上市，截至 2023 年 6 月 30 日，拥有下属子公司 100 家，资产总额人民币 414.4 亿元，员工 1.8 万人，业务覆盖中药材生产及经营、中药饮片、中药配方颗粒、中成药、中药大健康产品和国医馆六大板块。

一、以培育中药全产业链特色优势为目标的全方位经营管理提升背景

党的十八大以来，以习近平同志为核心的党中央把中医药工作摆在更加突出的位置。党和国家高度重视中药行业产业链发展，为此颁布《中医药发展战略规划纲要（2016—2030 年）》《关于加快中医药特色发展的若干政策措施》《"十四五"中医药发展规划》《中医药振兴发展重大工程实施方案》等系列行业相关政策，从基础药材培植到终端医药服务，对中药行业全链条给予了全方位的发展指导意见。中国中药控股立足新时代新征程国资央企新使命新定位，聚焦主责主业，锚定中药产业"主力军、国家队"的定位，当好推动中药行业高质量发展的排头兵，全面布局中药大健康全产业链，把分散在中药产业链不同环节、不同领域的生产要素和资源进行整合优化，是贯彻落实国家中医药发展战略的工作需要。

二、以培育中药全产业链特色优势为目标的全方位经营管理提升主要做法

（一）构建全产业链闭环管理

中国中药控股以党和国家对中医药改革发展的各项重点任务为指引，以符合自身战略定位的现代中药板块核心业务为主要发展方向，将产业链向上延伸至中药材生产，向下拓展至中药大健康增值服务，逐步形成以中药饮片、中药配方颗粒、中成药为核心主业，贯通上、中、下游的中药大健康全产业链，确立中药材生产及经营、中药饮片、中药配方颗粒、中成药、中药大健康产品和国医馆六大业态。围绕六大业态，中国中药控股在提升中药材生产水平、加快中药工业转型升级、积极发展中医药健康服务业三个方面持续发力，做全中药大健康全产业链各个环节。

1. 聚焦药材质量，严控行业源头

中国中药控股把中药材资源作为构建中药大健康全产业链的起点，从药材的种子种苗开始就按照世界卫生组织公布的药用植物种植和采集质量管理规范指南进行种植与管理。严格把控中药材质量，在满足优质药材资源内外部需求的同时，推动行业中药材质量提升，实现中药材资源的可持续发展。一方面，中国中药控股强化种子种苗良种繁育研究，实施种子种苗产业化经营，致力于为中药大健康全产业链下游提供有质量保障的药材种子；另一方面，秉承"原料来自药材主产区的优质中药"的核心定位，坚持规范化、规模化、专业化中药材种植，将"坚持质量第一"的理念贯穿全产业链的各个环节。

2. 聚焦中药工业，推动转型升级

中药配方颗粒是现代中药革新的代表，中国中药控股在该领域具有起步最早、规模最大、科研平台行业领先、市场份额和覆盖最广等显著优势，长期以来持续引领行业发展。中国中药控股不断巩固在中药配方颗粒领域的龙头地位，在原有的"一方制药＋天江药业"的基础上，着力推动配方颗粒产业的全国布局，将成熟的生产工艺技术和先进的企业管控经验复制到全国重点地区子公司。

中药饮片工业是中药产业链中承上启下的核心环节。中国中药控股科学规划统筹中药饮片协调发展，以国药集团北京华邈药业有限公司、上海同济堂药业有限公司、国药集团冯了性（佛山）药业有限公司（以下简称冯了性药业）为核心，建立高标准饮片的标准体系、质量追溯体系，逐步促进中药饮片工业规范化、现代化程度提升；依据行业特点及道地药材全国分布情况，在全国20多个省（自治区、直辖市）建有中药饮片生产企业，形成华北、华东、华南、西南、华中等若干区域龙头企业，引领中药饮片行业健康、规范发展。在工业饮片方面，重点围绕药材资源优势，解决供给端与需求端的矛盾，打造完整的全国性中药饮片供应体系。在医疗服务方面，与全国各大医疗机构合作共建"共享中药·智能配送中心"，在12个省（自治区、直辖市）布局近50家智能代煎配送中心，构建"多剂型、个性化、一站式"中药产品服务平台，提供更全面、更高效、更便捷的中药药事服务，满足全国对优质中药饮片日益增长的需求。

中国中药控股在中成药工业方面布局有冯了性药业、国药集团德众（佛山）药业有限公司、安徽环球药业股份有限公司、国药集团同济堂（贵州）制药有限公司等业内知名中成药企业，具备先进的成药生产线和丰富的成药产品资源，集结玉屏风颗粒、仙灵骨葆胶囊、化湿败毒颗粒、鼻炎康片等800余个中成药品规，在中成药细分领域具有较强的竞争实力。

3. 聚焦中药健康服务业，打通产业链最后一环

中国中药控股不断创新中医药健康服务业务模式，通过推动中药大健康产品和国医馆两大业态发展，完善在C端的产业布局，促成中药大健康全产业链的闭环，实现产业集群整体布局，搭建更加稳固高效的产业链条，推动现代中药板块整体价值提升。利用产业链供应链集采优势、丰富的食品药品资源、强大的中药健康产品研发实力、严格的生产质量控制标准和可追溯的质量保障体系，多模式、多渠道探索中医药大健康产品业务，推动大健康产品的转型升级，积极拓展自主品牌、连锁运营、OEM（原始设备制造商）或ODM（原始设计制造商）代工、大宗物料供应等多元商业模式；探索搭建大健康产品孵化基地平台，引入创业团队进驻孵化，构建商业生态圈新模式。中国中药控股还积极响应国家鼓励社会力量举办规范的中医养生保健机构，加快养生保健服务发展的政策相关要求，在重点地区着力建设集中医诊疗、理疗康复、健康衍生品经营为一体的国医馆，打造有别于公立医院的中医医疗康复技术与服务体系。

（二）强化中药产品全生命周期管理

1. 开展良种繁育研究

中国中药控股开展中药材新品种选育和良种繁育研究，从源头保障中药材基源纯正，保障中药产品质量安全可控。中国中药控股旗下国药种业有限公司，是国内唯一一家致力于中药材新品种选育和良种繁育技术研究的企业，拥有种子种苗基原鉴定实验室、濒危药材繁育国家工程实验室等平台，中药材新品种选育和良种繁育科研能力和研发成果产出处于行业领先，推进金荞麦、甘草、黄芩等8个品种的新品种选育研究，其中黄芩新品种"国芩2号"获得《植物新品种权证书》。

2. 打造中药材生产质量追溯管理系统

中国中药控股着力提升药材的可追溯性，积极开展中药材生产质量追溯管理系统建设，打造集中药材种子、种植、收储、初加工、中药饮片、销售等全过程可追溯一体化管理平台和全过程可追溯质量控制体系。系统自2020年运行至今，统筹中国中药控股体系内26家中药材生产企业，辐射全国20多个省（自治区、直辖市）、200余个中药材基地，实现84个品种中药材全过程溯源工作，追溯基地面积近20万亩。

3. 建设中药全产业链质量技术服务平台

中国中药控股在中药材生产质量追溯管理系统的基础上，进一步打造中药全产业链质量技术服务平台，用数字化、智能化手段促进中药产业不断转型升级，加快中药产业高质量发展。该平台已获批

为工业和信息化部 2022 年产业技术基础公共服务平台项目。

（三）加快数字化转型，推进数字中药建设

加快数字化转型、全面打造数字中药体系是中国中药控股"十四五"战略的重点任务之一，以科技为支撑，赋能中国中药控股业务管理变革，实现提质、降本、增效。中国中药控股的数字化转型以"战略＋运营"为核心管理模式，以六大业态为依托的业态协同模式，规划"1+6N+1"的"数字中药"全景图：以决策平台为一个核心智脑；打造一套横向覆盖六大产业板块、纵向穿透中国中药控股总部与子公司业务职能的业务及运营管理系统；打造一个基于全产业链赋能的一体化数据平台。

1. 产业数字化

通过数字化系统集群构造产业链追溯智能闭环，加速推进智能工业制造生产线与工厂建设，拓展产业数字化创新发力场景，全过程赋能产业链，实现产业数字化持续打造以中药配方颗粒为核心的全产业链工业设计。指导旗下广东一方制药有限公司的"一方制药工业设计中心"获得广东省工业和信息化厅认定，入选第五批省级工业设计中心。一方制药工业设计中心在中药大健康全产业链上游打造中药品控溯源一体化管理平台，在中游构建跨区域大规模、精细化管控的中药配方颗粒智能数字化生产车间，在下游研制开发具有自主知识产权的中药配方颗粒自动化调配系统，为推动中药产业数字化发展提供强有力的平台支撑。

自主研发数字国医馆系统，链接产业链上中下游，覆盖零售、理疗、医疗三大模块业务场景，集成信息共享、业财一体、集中管控和可视化运营四大模式，为国医馆板块实现高度协同提供有力支撑。

2. 管控数字化

强化以经营分析决策为抓手，产业赋能与业务支撑为核心的数字化平台集群，建立以总部统筹，分公司、子公司协同的数字化管理体系，实现管控数字化。从战略、财务、运营、组织和信息化五大管控维度，系统性管理数字化，建设统一门户平台，着力实现业务信息高效集成和共享；启动财务报表智能化平台项目建设，通过后端财务信息数据驱动前端业务流程变革，对同类型业务场景进行整合和业务场景瘦身，推进业财融合；启动人才智能化管理系统项目，深化人力资源精细化管控；启动中成药营销数字化系统项目，建立数字化经营体系；夯实信息化基础底座能力，完成信息系统安全等级保护（一期）项目建设工作。

（四）深化改革提升管理，稳固中药大健康全产业链发展

中国中药控股在国药集团的大力支持下，加大投资并购和工程建设的力度，逐步形成"央企平台＋民企机制＋外企管理＋国企传统"的混合所有制治理结构。

1. 做深党的建设、党的领导

一是扎实推进党建工作总体要求纳入公司章程。中国中药控股党委结合各子公司企业性质和实际情况，分层次、分类型稳步落实党建工作总体要求纳入公司章程工作，确保党的领导、党的建设在国有企业中得到充分体现和切实加强，牢固确立党组织在公司治理结构中的法定地位，持续释放治理效能。

二是健全完善党委前置研究讨论重大经营管理事项工作。结合工作要求，中国中药控股党委制定《前置研究讨论重大经营管理事项清单（试行）》，并督促所属党委建制企业均落实前置研究讨论重大经营管理事项工作，确立党组织在企业重大经营管理事项上的"把关"作用。

2. 做实董事会科学决策

一是完善董事会制度体系。《落实董事会职权实施方案》获国药集团批复同意后，制定印发落实董事会职权配套制度 12 套，全面有力落实董事会中长期发展决策权、经理层成员选聘权、经理层成员业绩考核权、经理层成员薪酬管理权、职工工资分配管理权、重大财务事项管理权六项法定基本职权。

二是有力保障董事会高效履职。中国中药控股董事会下设审核委员会、提名委员会、薪酬与考核委员会及战略委员会四个专门委员会，搭建支撑董事会决策、议题完善、信息交流的平台，促进企业决策水平和质量有效提升。董事会办公室协助董事会秘书做好对董事会的服务支撑，定期报送公司经营情况有关材料，畅通外部董事问询渠道，为董事开展工作提供必要支持。

3. 做好经理层行权履职

一是全面完成经理层成员任期制和契约化管理。中国中药控股积极推进经理层任期制和契约化管理，并紧密结合国务院国资委和国药集团有关要求，动态调整完善经理层成员及契约化管理细则。中国中药控股全系统经理层成员全面实行任期制和契约化管理，激励经理层干事创业的积极性和主动性。

二是强化董事会规范授权。按照经理层谋经营、抓落实、强管理的职能定位，中国中药控股制定印发《董事会授权管理办法》，明确不可授权的职权清单，并规定一定范围或额度内的可授权事项，释放企业经营活力。

4. 深化多层次全维度公司治理

一是推进产业布局优化和结构调整。聚焦中医药大健康全产业链建设，通过战略重组、优化调整股权结构、清理退出相关低效股权及资产等方式实现产业布局优化，打造更完善、更安全、更有韧性的产业链、供应链及价值链。

二是持续建设高水平科研平台。全面整合优化科技资源，完善中药工业和资源产业深度融合的协同创新体系，研发投入逐年攀升，2022年研发投入占工业销售收入比重为4.82%，原始创新和自主创新能力大幅提升，持续以科研创新引领现代中药产业高质量发展，荣登"2023中国中药研发实力排行榜"第三位。

三是加快从规范管理迈向高效治理。中国中药控股确立以战略为中心的集团化运营组织，以战略加运营的混合管控模式，全系统、全方位、全流程加强企业管理。同时推动建立基于产权关系的母子公司管理方式，积极探索运用股东权利，通过董事会实现对子公司的有效管理，有效激发企业内生动力。

四是落实ESG（环境、社会和公司治理）更高标准。在战略委员会职权范围内加设对ESG管控的职能，推动独立董事高度参与公司ESG治理工作，促进信息披露数量和质量提升，保护各方股东权益。

5. 落实对下属企业运作的支持

一是推进独立法人企业的支部建制企业建立完善"三重一大"决策制度。结合混合所有制企业性质，通过摸底调研、起草《指导意见》、分组研讨、精选试点组织、全面总结试点成效"五步走"工作方法，以6家具有代表性的党组织（党委、党总支、党政班子高度匹配的党支部，以及基层干部担任书记的党支部）作为"三重一大"决策制度指导意见的试点党组织。结合试点工作情况，进一步指导提升基层党组织参与企业"三重一大"集体决策前置程序的科学化、民主化、规范化水平。

二是全面完成董事会应建尽建、配齐建强。按照应建董事会标准要求，明确由董事会办公室指导子企业董事会建设和规范运作，党委组织部（人力资源中心）负责董事提名与委派，加强工作协同，全面实现所属企业董事会应建尽建及外部董事占多数。结合自身成熟的治理经验，印发《子公司股东会、董事会运作管理指引》，为子公司"三会"规范运作提供制度指引。同时，保持高强度日常沟通交流，指导推动所属企业全面完成公司治理制度体系建设，强化制度落地执行，鼓励直接管理企业实行公司治理经验"传帮带"，全面系统提升公司治理能力。

（五）优化人力资源管理体系

1. 完善顶层设计和组织支撑

一是制订并落实人才战略规划，组织年度人才工作会议，召开培训研讨会，推动规划落地。二是完善组织（人事）部门设置，对系统内人力资源管理工作实施专业管理。三是搭建完善的干部管理体系建设，制定人员任免管理办法、人事档案管理办法、选人用人流程规范操作指南手册等。四是进一步健全干部人才管理机制，落实党委选人用人主体责任，严把干部人才选用关，强化干部人才监督，加强人才引进与用工管理。

2. 强化人才发展体系建设

一是加强干部队伍能力建设，自主开发中国中药控股领导力模型及后备干部能力模型，为中国中药控股管理干部建立明确、统一的领导力标准。二是健全人才梯队管理体系，持续开展人才梯队评审，截至 2023 年共评出专业技术人才 1135 人，同比增加 25.69%，其中特、高级人才 150 人，占比 13.22%，人数同比增加 33.3%。三是完善员工职业发展体系，建立员工能上能下机制，构建"五行名方"人才发展体系，构建中医药特色培育体系，开展"中药材生产与经营人才培训班"。2022 至 2023 年组织开展初级班 5 场、中级班 3 场，课程数量超 70 个，培养中药材特色人才 60 余人。四是推动建立中医药内训师队伍。发布中国中药控股内训师管理办法，打造中医药特色内训师队伍。截至目前共有 439 名内训师，已开发课程 336 门，总授课时长达 1135 课时。

3. 优化激励约束机制

一是完善绩效管理体系。组织各级子公司签订绩效合同，发布公司奖惩管理制度，优化直管子公司年度绩效合同及补充建立考核指标库，建立巡视整改目标责任考核机制。二是强化工资总额管理。建立工资总额管控机制，发布工资总额管理办法，全面落实工效挂钩机制和工资总额预算管理，强化工资总额过程监督，促进工效联动。三是构建"1+4+N"的多元化激励体系，用好中长期激励"工具箱"，持续强化正向激励，实现人才共享企业发展成果。

4. 加大人事队伍战略运营管控力度

一是强化战略运营管控，全力推进巡视整改工作，统筹推进落实人力资源管理机制建设，从严开展人力资源检查。二是提升组织人事工作水平，构建胜任力模型，为指导人力资源从业人员能力提升打下坚实基础。推动子公司完善背景调查机制。

5. 推动人力资源数字化转型

全面推进人力资源数字化，强化人事信息准确率；引入招聘管理系统，开发课堂学习平台；首次引入市场成熟的人力资源管理系统，重点推进组织管理、干部管理和员工自助模块建设，稳步搭建人才智能化管理系统。

三、以培育中药全产业链特色优势为目标的全方位经营管理提升效果

（一）产业链协同效应凸显，铸就四个全国第一

实现中药材种业、基地布局和产地初加工能力全国第一，截至 2023 年 6 月，在全国 21 个省（自治区、直辖市）累计参与共建中药材生产基地 239 个，共覆盖 97 个道地品种，种植面积近 30 万亩，其中 84 个品种列入中药材追溯系统；种子种苗繁育基地面积达 1.2 万亩，共选育品种 26 个。

实现中药饮片产业规模和"共享中药·智能配送中心模式"全国第一，在全国 21 个省（自治区、直辖市）建有 29 个中药饮片生产企业（车间），形成华北、华东、华南、西南、华中等若干区域龙头企业，同时打造毒性饮片、特殊（精制）饮片等若干炮制或初加工特色企业。通过覆盖全国重点区域的近 50 家共享中药·智能配送中心，为上千家医疗机构提供优质的中药饮片产品和服务。

实现中药配方颗粒科研技术、生产能力、市场规模全国第一，拥有全国首批中药配方颗粒科创单位（企业）广东一方制药和江阴天江药业，中药配方颗粒产品在全国等级医疗机构的覆盖率超 60%。

实现中成药基药数量、产品梯队和生产能力全国第一，拥有 800 余个中成药品规，其中包括独家

基药品种 10 个，另外有 420 个产品进入国家医保用药目录，玉屏风颗粒、化湿败毒颗粒等数十个品种在新冠疫情期间被纳入多版新冠病毒感染的预防、治疗、恢复期诊疗方案。

（二）服务中药产品需求的能力全面提升

在全国范围内布局建设中药大健康全产业链，已基本形成以科技创新为动力、中药农业为基础、中药工业为主体、中药商业为枢纽的现代化新型中药产业体系，为社会提供道地药材、优质饮片、标准化中药配方颗粒产品，并通过打造国医馆和探索中药大健康产品业态，不断拓展中医药应用场景，持续提升人民群众中医药健康获得感。将传统中药产业的粗放型发展模式转变为质量效益型发展模式，产业技术标准化和规范化水平明显提高，推动我国中医药产业在传承创新中高质量发展。

中国中药控股拥有产业园企业近 20 家、中成药生产企业近 20 家、中药配方颗粒生产企业近 20 家、中药饮片企业近 30 家、中药大健康业务企业近 20 家、国医馆企业 6 家，构建了规模庞大、产业覆盖全面、竞争力领先行业的中药工业产业集群。中国中药控股旗下中药工业产业实体产能规模优势明显，中药提取产能超 7 万吨，中药饮片产能近 8 万吨，中药制剂产能近 4 万吨，每年为市场供应过百亿元中药产品和服务，满足人民群众个性化、多样化和不断升级的中医药服务需求。

（三）为推广应用中药全产业链提供范式

通过成果实施服务乡村振兴战略，以共建中药材生产基地、中药材采购扶持等形式，推动中药大健康全产业链在乡村振兴地区的布局落地，带动当地一、二、三产业融合发展。与此同时，中国中药控股还将经验模式推广至共建"一带一路"国家，投建海外加工基地，促进海外中药产业转型升级和中药贸易多元化；推进国际认证，推动中药产品走出国门，增进世界民众健康福祉；构建"全球化中医药学术推广平台"，旗下江阴天江药业连续两年中标国家中医药管理局"中药配方颗粒产业发展国际合作基地"项目，面向美国、澳大利亚等 7 个国家和地区一线中医药执业人员开展中医药学术交流活动，推动中医药全球化发展进程。

（成果创造人：陈映龙、杨文明、程学仁、赵东吉、
　　　　　　　黄　鹤、赵夏荫、李易伶）

服务地方高质量发展的央地电网企业专业化重组整合管理

国网陕西省电力有限公司

国网陕西省电力有限公司（以下简称陕西电网）是国家电网有限公司的控股子公司，由国家电网有限公司、陕西省国资委共同出资设立，是在原国网陕西省电力公司（以下简称原国网陕西电力）、陕西省地方电力集团公司（以下简称原陕西地电公司）基础上重组整合而来。公司注册资本 340 亿元人民币，其中，国家电网有限公司持股占比 73.55%，陕西省国资委持股占比 26.45%。2021 年 7 月 20 日，正式完成工商登记并取得营业执照；2021 年 8 月 6 日，正式揭牌成立。公司资产总额 1148.22 亿元，下辖 11 个地市供电公司、115 个县供电分公司，员工总量 5.27 万人，负责陕西省行政区域内电网建设、管理和运营，为陕西经济社会发展和城乡广大电力客户提供安全可靠电力供应。

一、服务地方高质量发展的央地电网企业专业化重组整合管理背景

（一）加快提升电网支撑能力，服务陕西高质量发展的需要

党的十九大提出我国经济由高速增长阶段转向高质量发展阶段。电力是经济社会发展动力，陕西电网承载着服务陕西经济高质量发展的重要使命，对加快提升电网支撑保障能力提出了迫切需求。长期以来，陕西电网管理体制不顺畅，局部地区供电能力不足；农村电网建设滞后，设备重过载、低电压、频繁停电问题突出；两家企业在营业交叉区域存在无序竞争，用户对供电可靠性、降低用电成本等需求无法得到有效满足。因此，亟须理顺陕西电网管理体制，优化电力营商环境，实现同网同质化服务，服务陕西民生，满足陕西经济转型发展新需求。

（二）贯彻国家能源安全新战略，建设建强能源保供基地的需要

陕西是我国重要的能源生产基地，有丰富的传统能源和风、光等新能源，迫切需要依托大电网，融入全国大市场。由于陕西特殊的电网管理体制，全省电网统一规划无法有效落地、统一调度运行不顺畅，影响电网安全稳定运行及外送能力。亟须破解体制机制障碍，促进陕西各级电网协调支撑、有序发展，提升陕西电网安全稳定运行、能源资源调配及外送支撑能力。

（三）全面落实国企改革要求，促进国有企业高质量发展的需要

国务院国资委持续深入推进国有企业改革，以国企重组整合为重点，加快国有经济布局优化和结构调整，推动国有资本和国有企业做强做优做大。陕西两家电网同属国有企业，但由于特殊的管理体制，两家电网企业业务领域重合，经营区交叉，省市两级机构重复，电网管理运营成本重叠，资源布局不合理，重复性投资建设问题突出。亟待重组整合陕西两家电网企业，聚焦主责主业形成规模效应和协同效益，全面提升企业核心竞争力。

二、服务地方高质量发展的央地电网企业专业化重组整合管理主要做法

（一）系统规划顶层设计，指导整合工作开展

1. 确立专业化整合目标与原则

围绕国家电网有限公司，陕西省委、省政府确定的"理顺陕西电网管理体制、实现电网'四统一'（统一规划、统一建设、统一调度、统一管理），推动陕西电网高质量整合发展，全面提升电网服务支撑能力"的重组整合总体目标，按照国有企业重组整合有关政策要求，系统研判分析两家电网实际及业务属性，确立整合工作原则：一是加强配套保障，确保安全不出事、队伍保稳定、服务不滑坡，保障电力持续供应。二是统筹考虑各方利益，确保双方出资人规范参与企业治理、双方职工合法

权益受到有效保护。三是坚持依法合规，在高度规范的基础上完成整合任务。四是围绕业务一体化、同质化，推动实现两家电网深度整合，释放规模效应。

2. 制定整体实施方案

深入开展调研，摸清两家企业底数，成立了重组整合工作领导小组及 22 个专业工作组，制定"1+4+4+22"一揽子方案，保障整合工作平稳有序。一是编制总体实施方案，明确思路原则、关键节点和重点任务，强化整体工作管控。二是针对电网企业业务特性，聚焦重大风险管控、重难点问题破解、专业整合需求，出台安全生产、信访稳定、优质服务、舆情监测 4 项保障方案。三是印发市、县公司整合工作指导意见、组织机构整合指导意见、过渡期有关事务处置指导意见等 4 项专项意见，明确市县层面整合任务目标。四是编制 22 项专业方案，覆盖两家电网全部业务领域，有序推进业务一体化运作、同质化管理。

3. 确定重组整合工作路径

聚焦陕西电网"四统一"目标，依据国家电网有限公司批复的《陕西电网整合发展方案及框架协议》，按照"新设 + 吸收合并"方式，在确保安全生产、队伍稳定、优质服务的基础上，以"整合"促提升，推动公司和电网转型升级，实现两家电网从"物理整合"向"化学整合"有机转型。聚焦难点重点任务，按照管理过渡、架构整合、业务整合三个阶段压茬推进，实现资产整合集约化、机构整合差异化、人员整合专业化、电网整合一体化、服务整合同质化、信息整合数字化。一是管理过渡阶段，以新公司挂牌为起点，统一接管两家电网管理权，业务分区运作、保持稳定，突出抓好摸底调研、方案制定及配套保障，夯实后续整合工作基础。二是架构整合阶段，以资产、机构、人员整合为重点，依法合规建立"一盘棋"产权体系，构建一体化运作组织架构。三是业务整合阶段，以电网业务整合、服务体系整合和信息化支撑整合为重点，带动各项业务同质化管理，形成"1+1>2"的规模效应。

（二）全面治理理顺，优化整合企业资产

1. 依法合规操作，规范搭建产权架构

按照出资人协议及有关法律法规，全面梳理核查资产，严格履行财务审计等法定程序，规范构建陕西电网完整的产权架构，确保国有资产不流失。一是置换剥离长安汇通公司拥有的原陕西地电公司49% 股权，确定原国网陕西电力股东实缴出资额及股比，将原两家公司出资人变更为陕西电网，建立资本纽带关系，实现新老公司资产"一张表"。二是严格履行法定程序，规范实施吸收合并，注销原两家公司、变更相关权利义务主体，压减产权层级。三是加强业财协同，加快房屋、土地等资产确权、更名，分批次完成市县公司整合并账，实现财务"一本账"，全面纳入国家电网有限公司财务资产管理体系。

2. 聚焦主责主业，优化调整资产布局

落实国家电网有限公司"一体四翼"布局要求，统筹资产调整，优化业务布局，做大主业、做强支撑业务、拓展战略新型业务。一是结合长安汇通股权置换工作，加大与省国资委协调沟通，将原陕西地电公司与电网业务关联度不高、盈利能力不强的陕西铁路等 27 项产权实施剥离，聚焦主业主责发展。二是调整综合单位业务布局，剥离供应链金融、发电类公司股权等"两非两资"，拓展布局储能等新型业务，服务支撑新型电力系统建设。三是调整电网规划，全面评估优化原两家公司投资项目，盘活两家公司重复投资、重复建设的电网资产，提升电网投资效益。

3. 系统治理问题，实现产权"瘦身健体"

全面梳理、分类治理遗留问题，理顺产权关系。一是全覆盖排查原所属各级企业工商档案，摸清产权底数，梳理研判产权 293 项，拟定 243 项产权处置意见。二是以产权布局更优化、法人户数更精简、内部管控更到位、经营风险更可控、效率效益有提升为目标，分别制定吸收合并、资产划转、税务筹划、层级精简等治理方案，分类组织实施。三是制定印发清算处置办法、产权治理合规指引，规

范做好 29 户吊销未注销企业处置，全面解决"民企挂靠"、控股不控权、低效无效、混改过程不规范等问题产权，产权层级压减至 5 级以内，实现公司产权"瘦身健体、轻装上阵"。

（三）分层分步实施，优化整合组织机构

1. 精兵简政，优化本部管理机构

遵循"同类整合、差异保留"原则，以原国网陕西电力本部机构为基础，整合原陕西地电公司同类部门及职责，全面提升管理能效。差异化保留原陕西地电公司资本部、规划部，稳妥做好子公司管理和历史遗留问题处置。剥离职能部门承担的社保、新媒体、市场交易组织等非职能类业务，实施管理"瘦身"。整合后，本部设置"23+1"个部门（职能部门 23 个、电力调度控制中心 1 个），减少本部部门 17 个。

2. 规范设置，精简整合市县供电机构

在两家地市公司试点基础上，进一步完善市县机构整合方案，全面推广实施，压减重叠机构，形成"一市一公司、一县一公司"。一是采取"成立新公司、整合旧机构"操作方式，整合"一市两公司、一县两公司"，整建制划转其他县公司，保持市县公司机构调整与业务迁移平稳过渡。整合后，共设置 11 家市供电公司、98 家县供电分公司，压减两家电网重叠设置的市公司 9 个、县公司 2 个。二是按照"总量管控、分档核定"原则，分档确定市县公司内设机构设置数量，各单位结合实际差异化调整内设机构。三是按照"一乡（镇）一所"原则，优化 1180 个供电所布局，完善网格化供电服务机构，统一业务模式和职责流程。

3. 一企一策，优化业务支撑机构

坚持"围绕战略、突出主业、避免重叠、压缩层级"原则，统筹优化业务支撑机构。一是整合原两家公司党校、培训及学校资源，做强管理培训、技能培训支撑。二是分类研判，制定子公司"一企一策"优化调整方案，同类整合规划评审、项目咨询、采购招标、试验检测等业务，形成"一业一企"。三是整合县域配网施工业务，将子公司电建集团 68 家县域施工项目部业务、人员并入属地产业单位一体化运作，满足整合后县域配电网建设任务快速增长的需求。

（四）突出素质提升，优化整合人力资源

1. 坚持平稳有序划转，妥善完成人员整合

积极争取国家电网有限公司在人员编制、干部职数、薪酬水平等方面给予政策支持，以保持队伍稳定、业务稳定为要素整合人力资源。一是率先召开四级及以上干部大会，宣讲整合有关政策，加强思想教育，严肃纪律要求，压实责任，稳定干部队伍，发挥中坚力量。二是加强有关方案宣贯培训，组织薪酬福利并轨一对一面谈 2.16 万余人次，出台员工心理辅导、法律咨询、"幸福陪你"职工关爱等举措，及时回应员工诉求，化解问题矛盾，稳住员工人心，保持大局平稳。三是按照"人随资产走、随机构走、随业务走、随岗位走"的原则，统筹优化人力资源配置，同岗级调整安置干部员工，两家公司 5.4 万人整建制平稳划转，薪酬福利平稳并轨。

2. 聚焦素质能力提升，打造高质量员工队伍

围绕业务同质化运作和陕西新型电力系统建设需要，大力实施能力提升工程。一是聚焦业务素质提升，实施全员"大培训"，部署推进 8 大板块 3264 项培训计划，开展岗位技能过关测评，打造素质过硬的员工队伍。二是聚焦作风转变，实施领导人员素质提升 39 项具体措施，分层分类实施三级、四级领导人员和县公司负责人集中培训，打造作风过硬的干部队伍。三是聚焦制度标准落地执行，全面开展规章制度"学讲赛考"，实施对标促融行动及市县结对帮扶，编制全员岗位说明书，促进各级人员明责、履责、尽责。四是聚焦文化价值认同，实施"文化铸魂、文化赋能、文化融入"专项行动，促进价值认同，凝聚干部员工干事创业合力。

3. 强化成长激励导向，持续激发队伍活力

结合整合后公司实际，针对性优化考核激励体系，拓展干部员工成长通道，激发动力活力。一是优化业绩考核体系，设置大前期、营销服务、数字化转型等15项专项考核奖励，加大"挣工资"激励力度，发挥考核"指挥棒"作用。二是设计典型岗位宽带岗级框架体系，大力推进"五个倾斜"（薪酬分配持续向关键业务岗位、高端人才、生产一线、艰苦偏远地区和克难攻坚者倾斜），拓宽员工薪酬晋升空间。三是规范领导人员选育管用全链条管理，出台领导人员队伍建设规划，贯通职务职员互联互通机制，树立鲜明的选人用人导向。四是健全管理专家序列，形成"管理专家、技术专家、技能工匠"三维发展平台，拓展人才成长通道。

（五）主动对接地方资源，推动电网业务整合

1. 强化衔接地方发展规划，统筹"一张网"规划业务整合

强化规划引领，结合地区经济社会发展需求和新能源发展态势，加强陕西"一张网"整合规划研究，紧密衔接陕西省委、省政府和地方经济社会发展规划，积极对接能源主管部门和各级自然资源部门，基于陕西全域，全面修订省、市、县各级电网"十四五"发展规划，做好电网项目与省市县国土空间规划全方位衔接。与省、市政府签订"十四五"电网发展战略合作协议，推动召开近年来陕西省规模最大、范围最广、力度最大的一次全省电力专题会议。同步加强与市县政府部门的政策衔接和落地执行，成立领导小组并制定公司实施方案，加快推进《任务清单》项目审批和建设，加快解决电网发展欠账，着力在"内强城乡电网、外拓送电通道"上下功夫，全域开展配电网格化规划，滚动更新全省"分区—网格—单元"划分，充分利用存量电网，剔除重复布点，补齐中低压配电网短板。补强750千伏骨干网络，加快推动特高压外送通道核准，推动各级电网协调发展。

2. 对接协同各级地方资源，推进电网重大项目高效落地

陕西电网抓住整合发展契机，立足"两网整合"发展现状及西安、榆林地区330千伏主变重载、不满足N-1校核等突出问题，紧扣西安、榆林等地区经济社会和能源资源特点，锚定"五年规划、三年前期、全面落地"目标，促请省政府首次印发《进一步优化电网建设审批流程意见》及《年度省电力建设重点任务清单》，建立横向专业协同、纵向上下联动的工作新机制，将电网项目纳入各级政府重点工作，重大项目同步纳入政府督办，成立电力补强工程推进工作领导小组，实施"一口对外"协调、"挂图作战"和"挂单销号制"，形成"政府挂帅、企业实施"的电网攻坚新模式。

3. 加强需求响应深化应用，提高电网供电可靠性

自整合以来，陕西电网负荷屡创新高，高峰时段电力供应十分紧张，陕西电网推动需求响应深化应用，成立"需求响应推广应用柔性团队"与省发展改革委沟通联动，配合政府主管部门研究制定适应需求响应长效发展运营的支持政策，以实施市场化的需求响应代替行政命令式的有序用电，增加电网的柔性调峰能力，建立可调节负荷资源库，持续挖掘可中断可调节负荷资源，构建169万千瓦的可调节负荷资源库，完成450万千瓦的需求响应用户负荷签约。发挥统一调度优势，推动发、供、用各环节协同，压降机组受阻率和故障停机率，协调启动投运省内应急调峰电源，改造三大稳控系统，提升主网供电能力。

（六）推进服务体系整合，提升用电服务水平

1. 工单闭环驱动，提升快速响应服务水平

打造统一高效服务协同指挥体系，设立省级供电服务指挥中心，全覆盖建设县级供电指挥分中心，实现全流程线上管控。坚持"五全"（全量工单分析、全员参与、全业务实施、全过程管控、全方位评估）管理理念，建立"一事一单、三级审批、省级复验"的快速响应机制，设立12.3万个客户微信服务群，对于客户服务意见做到"事不过夜、日清日结、当日闭环"，全力压降业务工单，细化检

修计划安排，提高配网检修效率，避免由于计划安排或执行不当导致的重复停电，加强不停电作业占比，抢修人员实现故障停电及时感知、及时抢修、及时复电，积极践行"不停电就是最好的服务"，提升用户用电体验。完善工单运营管理体系，畅通横向协同与纵向沟通的渠道，将工单穿透力分析成果融入日常管理和业务运营的全过程，以客户的诉求逆向推动全业务领域优质服务水平的提升。

2.优化前端业务，提升供电服务品质

打造模式统一、基础扎实、管理精益、指标领先、服务优质的标准化供电所，促进同质化供电服务品质提升。建立省市县三级乡镇供电所管理提升包抓工作体系，深入开展同期线损、供电质量、数据治理、量价费损等基础治理，补齐管理短板。建立标准化主动服务机制，以台区为"最小服务单元"，进一步规范供电所作业组织模式，压实台区经理网格责任，推广运维包干制，推进"三先三后"（先接入，后改造；先复电，后抢修；先转供，后检修）工作刚性落地，主动超前响应客户诉求。打造"平台＋微应用＋小工具"营销数字化转型新路径，"手机＋背夹＋蓝牙打印机"新三样装备全覆盖应用，"全能办"数智作业新模式在全国电网推广。

3.突出绿电导向，提升电力消费服务

通过绿色电力交易平台汇总所有绿电交易全链条信息，推送至区块链，完成上链存证，生成绿色电力消费凭证，将绿色电力消费凭证和绿证分发至电力用户"e—交易"平台账户，打通陕西省内一般性企业在绿电获得渠道的"最后一公里"。引导有需求的用户直接购买绿色电力，推动电网企业优先执行绿色电力的直接交易结果。新能源发电企业参与绿色交易后，收益同比提升20%，较大程度上缓解新能源企业的经营压力。落实省政府中小企业纾困帮扶政策，组织完成市场外小微企业及个体户新能源打包交易，切实释放改革红利。

（七）推动信息系统整合，强化数字赋能

1.加快网络延伸部署，搭建数据业务快车道

通过全面系统评估，原国网陕西电力积极采取"自建＋租用""永久＋过渡"的方式开展原地电电力通信信息专网建设，全面实现了9个地市公司、70个县公司通信接入，216个110千伏变电站、373个35千伏变电站专网接通，842个供电所（营业厅）通信信息网络全覆盖，为信息系统建设推广和数字化转型打下了坚实基础。

2.全覆盖推广业务系统，强化企业信息化支撑

充分发挥信息系统对管理制度、机制、流程的固化作用，按照国网信息系统全面覆盖，原陕西地电公司系统陆续关停，基础数据治理后迁移至新系统的原则，全面实施信息系统建设推广。一是以企业资源管理系统（ERP）为主线，按照"试点先行，分批推广"的策略，由发展、人资、财务、物资、设备等核心部门，共同制定ERP系统融合实施方案，横向联动、纵向贯通实现ERP系统部署到位。二是按照"一系统一策略"，紧密贴合ERP系统建设的关键时间点，依托ERP主线开展上下游系统上线切换，涉及行政、安全等18个专业78套业务系统。三是按照"统一配置、稳妥迁移"的原则，针对企业门户、统一权限等21个通用性业务系统，完成人员与组织架构信息收集、人员账号与角色权限配置，对原地电相关系统的基础数据按照新系统的数据规则进行治理后迁移至新系统。

3.深化数字化转型，推进企业管理升级

进一步落实国家电网有限公司"十四五"数字化规划、数字化转型发展战略，按照"分层分类转型"总体思路，以业务执行层的县供电公司数字化建设的突破口，聚焦县域营配业务堵点、痛点，积极探索具有陕西电力特色的数字化转型之路。以云平台、电网资源中台、数据中台为支撑，通过贯通生产管理系统、配网自动化系统、调度电能量系统，采用数字化建模，实现覆盖0.4千伏到750千伏全电压等级的"电网一张图"，通过开展源端基础数据治理，统一安装智能融合终端采集数据，推动营

配业务系统数据贯通，实现"数据一个源"，通过整合跨系统流程，用数字化工单打通断点盲点，实现"业务一条线"，以"搭积木"的形式，建设数字化工作台，整合各系统中业务，实现"应用一平台"，通过应用 i 国网 App 开发 165 移动作业终端，整合各类移动应用，实现"作业一终端"，保证客户服务"一单流转"、现场作业"一机通办"。

三、服务地方高质量发展的央地电网企业专业化重组整合管理效果

（一）安全平稳实现企业专业化整合

通过实施央地电网专业化整合管理创新实践，探索出一套央地国企电网专业化重组整合创新机制，彻底解决了陕西长期"两家管电"体制问题，实现全省电网统一规划建设和运营管理，有效解决了陕西两家电网企业重复建设、同质化竞争问题，推动电网运营管理质效全面提升，基础管理不断夯实，企业管理水平迈上新台阶。通过专业化整合机制创新，优化电网投资策略，降低重复建设投资，节省资金达 50 亿元以上；对省市机构进行了精简，实现电网管理更高效；合并口径线损率降低 1.35 个百分点，同期线损综合达标率保持国网第一梯队。

（二）电网和企业发展质量显著增强

陕西电网形成全省统一电力市场，新能源市场化交易规模较 2021 年增长 130%，确保千万千瓦级外送基地消纳，新能源利用率始终保持 97% 以上，为"碳达峰、碳中和"目标做出贡献。2022 年新投产 110 千伏及以上变电站 61 座，总容量 1043 万千伏安，新增 110 千伏及以上线路 159 条，总长度 1729 千米，全省供电能力较 2021 年迎峰度夏提升 500 万千瓦，保持全省电力供应平稳。

（三）陕西电网支撑地方经济发展能力大幅提升

陕西电网探索出一条央地优势互补、共享发展、共赢发展创新实践之路，政企协作迈向新高度，电力外送取得新突破，供电服务体现新面貌，一批长期受阻的电网项目取得重点突破，更好地为三秦百姓美好生活充电，为陕西经济社会高质量发展赋能。

（成果创造人：张薛鸿、孙　强、王晓刚、朱　泽、张　伟、余坤兴、

郭　磊、胡　斌、李　旭、张　斌、王晓云、曹　敏）

大型航空制造企业提高资源配置效率的重组整合管理

中航西安飞机工业集团股份有限公司

中航西安飞机工业集团股份有限公司（以下简称中航西飞）隶属于中国航空工业集团有限公司（以下简称航空工业），中航西飞 A 股股票于 1997 年 6 月 26 日在深圳证券交易所挂牌上市，成为中国航空制造业首家上市公司。中航西飞主要从事大中型飞机整机及航空零部件等航空产品的研制、批产、维修及服务，目前主要产品有大中型运输机、轰炸机、特种飞机等，同时还承担了 ARJ21、C919、AG600 等民用飞机机体零部件设计、制造、配套与服务。西飞产业集团是新时代创新型国家级大中型飞机研发制造服务一体化基地，是航空工业以中航西飞为平台，整合陕西省、甘肃省境内航空主机相关资源而组建的第一家新型航空产业集团。西飞产业集团由中航西飞、第一飞机设计研究院（简称一飞院）、陕西飞机工业有限责任公司（简称陕飞）、中航西飞民用飞机有限责任公司（简称西飞民机）、中航天水飞机工业有限责任公司（简称天飞）等单位联合组成。

一、大型航空制造企业提高资源配置效率的重组整合管理背景

党的十九大开启了全面建成社会主义现代化强国的新征程，提出把人民军队全面建成世界一流军队目标，指明了我国航空工业发展的方向。世界一流航空武器装备是支撑世界一流军队建设的必要条件，中航西飞作为航空工业乃至我国航空产业发展的战略力量，肩负着航空强国使命，承担着推动航空工业高质量发展的历史重任。航空工业作为第三批国有资本投资公司试点企业和军工央企第一家试点单位，于 2019 年年底获得了试点改革方案批复，统筹部署了一系列重大工作，新型航空产业集团重组整合是其中一项重点改革任务。在航空工业的正确领导下，中航西飞必须把握战略机遇，进一步深化国企改革，通过整合相关航空制造、科研力量，组建具有全球竞争力的新型航空产业集团。这是贯彻落实航空工业重大决策部署的具体举措，也是中航西飞建设具有"产品卓越、品牌卓著、创新领先、治理现代"特征的世界一流企业的必然选择。基于上述情况，2019 年开始中航西飞探索大型航空飞机制造企业提高资源配置效率的重组整合管理，奠定未来发展基础。

二、大型航空制造企业提高资源配置效率的重组整合管理主要做法

（一）制定重组整合实施路线图

1. 对标借鉴世界一流企业组织模式及发展经验

中航西飞通过资料收集、咨询服务、专家论证等方式，深入研究美国波音公司、欧洲空客公司、中国华为公司等知名企业的组织机构和管理模式，形成对标分析报告。分析认为，一流企业经过不断重组整合，集团化发展的特征越来越明显，集团管控呈现扁平化网络化的特点；企业管理呈现总部职能部门平台化、下属企业专业化、资源配给服务化的趋势发展；研发资源融入制造交付全过程，实现研发制造一体化。通过对标分析，为产业集团组织机构和运营管控模式设计提供有益的借鉴经验。

2. 系统策划重组整合总体方案及部署

中航西飞采取头脑风暴分析法，集思广益，研究讨论改革的重大原则和总体方案；同时聘请专业咨询机构，从中立的角度出具企业重组整合的税务测算方案和风险分析报告。通过充分调查研究、分析研讨，形成深化改革总体方案并向航空工业上报请示。航空工业下发正式批复，原则同意深化改革总体方案，并要求根据外部环境变化情况适时调整推进策略。总体方案对新型航空产业集团的管理关系及产权关系进行全新设计，并制定改革目标、推进策略和实施路径，形成重组整合的规划蓝图。

总体方案在解决历史遗留问题、优化资源配置及结构调整的基础上，着重设计新型航空产业集团

未来的高质量发展构想，明确以大中型军民用飞机及特种飞机的研发设计、生产制造、维修服务及相关业务为统领，以军用航空、民用航空和航空服务三大产业为核心，基于"1+N"新型管理架构的新型航空产业集团构建模式，即：1个产业集团总部、若干个能力中心，其中包含飞机研发中心、大型飞机研制生产中心、中型飞机研制生产中心、民用飞机研制生产中心、飞机维修服务中心、资产管理中心等。同步规划五年达到绩效卓越；十年迈入世界一流；十五年实现国际领先的三阶段发展目标。

3. 统筹建立重组整合推进组织机制

为确保深化改革工作高效推进，中航西飞组建成立深化改革实施领导小组、领导小组办公室和五个专项工作组（政治保证组、股权事务组、财务管理组、资产处置组、上市融资组），采取"工作组牵头＋业务支撑＋体系保障"的工作模式，体系化推进改革重组工作，严格控制过程中的风险。深化改革实施领导小组主要负责研究制定深化改革的重大原则、总体改革方案，总体统筹协调推进改革任务，组长由董事长、党委书记担任；领导小组办公室主要负责深化改革日常具体事务统筹实施工作。深化改革实施领导小组建立沟通协调机制和分级例会制度。

（二）科学设计重组整合股权结构

1. 协议收购华融公司所持股权

中国华融资产管理股份公司（以下简称华融公司）因2000年实施债转股，持有陕飞34.17%股权、中航飞机起落架有限责任公司18.73%股权、西安航空制动科技有限公司37.71%股权，华融公司持股问题严重影响中航推进主机单位专业化整合和机载业务专业化发展改革。为顺利推进整体改革，按照"统一协商、综合实施"的思路，统筹考虑各单位实际情况，详细分析各单位存在问题中的共同点及差异点，研究制定多套实施方案，经过与华融公司多轮沟通，最终确定中航飞机有限责任公司以现金方式，协议收购华融公司持有的上述三个单位的债转股股权。依据资产评估备案结果，扣除国有独享资本公积，交易价格共计约6.75亿元。2019年6月，协议收购实施方案通过中航飞机有限责任公司内部决策，同年9月公司与华融公司签署股权转让协议书，并将协议收购实施方案上报航空工业，经中航正式批复后执行，实现华融公司退出。

2. 合规解决交叉持股问题

在改革前，中航西飞、陕飞、西安航空制动科技有限公司分别持有的中航西飞195、688、961股股份（占总股本7.07%），74、447、181股股份（占总股本2.69%），33、101、256股股份（占总股本1.2%），导致上市公司股权结构复杂。为后续整体上市扫清障碍，必须提前解决交叉持股问题。按照深化改革总体方案，综合考虑税务支付、实施周期、合规操作等各类因素，结合各因素对改革工作推进的影响程度，深入开展各方案的优劣势分析比较，并确定最终实施方案。实施方案经航空工业批复后正式推进，2019年12月，中航西飞、陕飞、西安航空制动科技有限公司分别与中航飞机有限责任公司签署《股份划转协议》，将其持有中航西飞股份无偿划转给中航飞机有限责任公司。2020年4月，完成相关过户登记手续，交叉持股问题得到圆满解决。

3. 灵活推进资产及股权划转

为合理筹划税务，改善上市公司业绩，在整体上市前，需要将中航西飞、陕飞、天飞不符合上市条件、低价值等资产，通过无偿划转方式剥离给中航飞机有限责任公司。按照"符合上市条件、提升上市公司盈利能力、减少对上市公司负面影响"原则，2019年航空工业与中航飞机有限责任公司签署股权转让协议，将航空工业所持有天飞100%股权无偿划转给中航飞机有限责任公司，天飞成为中航飞机有限责任公司全资子公司，理顺管理关系与股权关系。2020年4月至8月，研究制定不符合上市条件的资产与非主业企业划转方案并通过审议决策，上报航空工业。经航空工业正式批复后，以无偿转让的方式将中航西飞、陕飞、天飞非主业企业股权、尚未移交完毕的"三供一业"资产、企业办社会职能资产、权属具有瑕疵预期无法完成整改的土地、房产及其他不具备上市条件的资产无偿划转至中航飞机有限责任公司。

4. 系统完成土地房产瑕疵问题整改

中航西飞、陕飞等单位成立于20世纪五六十年代，部分土地、房屋建筑物因历史遗留问题存在瑕疵。工作团队针对具体问题建立资产合规化工作标准，认真细致组织调研，做好全面盘点工作。经梳理，中航西飞共涉及10项瑕疵土地、10项无证房产，陕飞涉及34项瑕疵土地、8项无证房产。按照上市规则，在上市前要通过办理不动产证，或取得地方政府主管部门出具关于取得权证不存在实质性障碍的说明，满足上市要求（房产瑕疵率不高于3%、土地瑕疵率为0）。中航西飞、陕飞等单位发挥与地方政府建立的良好关系，通过专题会议、专项问题上报等方式协调政府主管单位开辟绿色通道，加快土地房产瑕疵问题整改，通过办理不动产证，或取得地方政府主管部门出具关于取得权证不存在实质性障碍的说明，有效满足了整体上市关于合规方面的基本要求。

（三）稳步推进航空制造业务重组整合

1. 推动主机业务与机载业务专业化发展

航空工业统一规划部署将中航飞机起落架有限公司（含起落架分公司）、西安航空制动科技有限公司（含制动分公司、贵州新安、西安天元）调整至中航机载系统有限公司管理。中航西飞在与中航机载系统有限公司友好协商沟通的基础上，通过制定下发《关于移交航空工业起落架和航空工业制动及相关单位管理业务的函》《制动、起落架主要业务完成情况及后续管理建议》及《资料移交清单》等形式。

2. 深入剥离"两非"企业

为推动资源向航空主业集中，进一步深入压缩管理层级、减少法人户数工作，全面剥离不具备竞争优势、缺乏发展潜力的非主业企业和非优势企业，根据国务院国资委和航空工业的统一部署，中航西飞制定"两非"剥离专项治理总体工作方案，拟定8户非主业企业的清理工作计划；坚持运用项目管理的方法与工具，坚持问题导向和目标导向相结合，针对企业实际"一企一策"制定差异化处置方案，对纳入剥离范围的企业实施台账管理，对剥离工作任务重、情况复杂的重点企业挂牌督导，定时间、定目标、定责任，同时建立"两非"剥离定期汇报及反馈工作机制。各相关单位通过产权转让、清理注销等方式有序清理非主业投资，按时间节点全部完成8户企业清理退出，实现"管理层级4级、法人层级4级、法人总户数19户"的任务目标，为实现产业集团的高质量发展剥离了不必要的负担，为轻装上阵做好准备。

3. 精简集中公司行业门类

按照航空制造产业链上游配套专用产品、材料，航空产品制造专用设备、工装、模具等业务规范为航空相关设备制造；物流、仓储、运输等业务规范为供应链管理服务；涉及建筑、建设装修等业务规范为工程管理服务等分类原则，结合"两非"业务清理、小微企业处置等专项工作，研究制定切实可行路径和方式，运用体系化、工程化思维对工作任务、组织职责、所需资源进行分解，制订详细的拉动计划，压缩非核心业务，精简战略贡献度低、与主业关联度不高的行业类别，产业竞争力和创新力弱、行业市场地位低的行业门类，将国民经济行业门类由14大类调整至5大类，实现产业布局进一步优化。

（四）实施完成主机资源整体上市

1. 研究确定资产置换方案

按照"上市公司以主机研制、批产、维修及服务为发展定位，同时按专业化、集中、统一发展机载系统"的原则，研究制定资产置换重组改革方案，将中航飞机有限责任公司所持西飞100%股权、陕飞100%股权、天飞100%股权置入中航西飞，同步将中航西飞所持贵州新安（含起落架分公司、制动分公司）、西安天元、沈飞民机、成飞民机、西飞铝业等相关单位股权置出，实现中航西飞、陕飞、天飞整体上市。

从上市公司置出的公司包括贵州新安 100%、西安天元 36%、沈飞民机 36%、成飞民机 27.16% 和西飞铝业 63.56%，评估备案价格约 27.2 亿元。置入上市公司的公司包括中航西飞 100%、陕飞 100% 和天飞 100% 股权，评估备案价格约 29.7 亿元。上述资产置换交易差额约 2.5 亿元，由中航西飞以现金方式向中航飞机有限责任公司补足。

2. 推进资产置换重组改革

中航西飞在取得国家国防科工局关于军工事项审查的同意批复意见后，召开董事会审议通过相关议案并签署重大资产置换及支付现金购买资产协议；同时，申请并取得航空工业关于资产置换有关事项的批复，完成资产评估结果备案，取得国有资产评估项目备案表；最后，中航西飞召开股东大会，非关联股东均以 99.99% 高票审议通过重大资产重组全部议案。在涉及交易的 8 家企业均已办理完毕资产过户及工商变更手续后，同步完成相关企业的更名工作，实现中航西飞、陕飞、天飞三家主机单位整体上市，完成航空整机生产制造与维修服务资源的系统整合，建立区域特色显著、资源配置高效、专业分工明确的航空先进制造业产业链。

同时，在产业集团组建过程中，严格遵循上市公司各项法律法规，及时公告、披露主要进展，做到在"阳光下运行"，让股东和社会公众充分享有知情权，营造了有利于改革推进的良好环境。

至此，通过一系列改革行动，顺利完成了承接航空工业国有资本投资公司试点改革，航空工业第一个新型航空产业集团——西飞产业集团正式成立运行。

（五）建立新型产业集团发展模式

1. 明确产业集团发展特点

在全面承接党中央、国务院关于深化国有企业改革的战略部署的基础上，围绕"六新"特点研究明确新型航空产业集团建设思路。以更加开放、解放、释放的心态参与市场合作、参与区域经济发展，通过创建聚力共建、追赶超越、共享共赢的新思维；构建"产业集团总部＋若干能力中心"的新架构；统一运营管理体系，实现体系平台化、平台资源化、资源服务化、服务能力化、能力制度化、内部协同化的新体系；提升产业集聚、科技创新、体系治理、供应链管理、价值创造、成本管控的新能力；通过以授权分权清单的编制和责任机制的完善，构建横向到边纵向到底的工作责任体系，推动授权分权，创新激励机制，释放人才潜能，激发组织的新活力，最终实现承接新时代航空强国战略，确定成为世界一流的航空产业集团，跻身世界航空航天百强前列的新目标。

2. 构建产业集团管理架构

产业集团发展定位明确为大中型军民用飞机及特种飞机的研发设计、生产制造、维修服务及相关业务。以各成员单位历史渊源、发展现状、未来规划等阶段内涵为出发点，综合考虑合规、高效等因素，以"聚焦全局规划、统筹产业发展、提供服务平台、充分放权授权"为原则，系统构建新型产业集团运营架构。按照管理关系，西飞产业集团由中航西飞、一飞院、陕飞、西飞民机、天飞等成员单位联合组成，围绕控制与授权、独立反应与协同配合、业务组合与核心竞争力，形成精干、规范、高效的管理架构。

3. 建立产业集团运营模式

新型航空产业集团的组建旨在通过优化资源配置形成航空资源整体合力，在协同机制、标准体系、能力统筹等领域建立高效统一的运营模式。西飞产业集团通过聚焦价值链、延伸产业链、优化供应链、部署创新链、嵌入责任链，围绕"五链"开展运营模式建设，提高产品研制效率，加快世界一流航空企业建设。

（六）实施高效协同的产业集团管控

1. 确定产业集团管控模式

常用的集团管控模式有三种，分别是财务管控型、战略管控型及运营管控型。其中，财务管控型属于总部高度分权模式，战略管控型属于集权与分权相结合相平衡的模式，运营管控型属于总部高度集权模式。西飞产业集团采取"运营管控型"管控模式，对下属单位进行集中控制和管理，实现经营活动的统一和优化。后续则根据产业集团发展情况，适时调整管控方式，确保各主体充分协同，切实释放活力、增强动力、提高效率。

2. 构建产业集团管控机制

在正视产业集团各单位利益诉求和能力的基础上，为更好地推动各单位高效协同发展，西飞产业集团在运营管控型模式下，结合各单位功能定位、治理能力、管理水平等实际情况，以运营管理体系（AOS）为基础，围绕七个关键业务领域构建"七统一"管控机制，进一步明确产业集团整体运行方式，发挥母合优势对于各业务的调和，不断增强发展活力和抗风险能力。

构建统一的党组织管理。西飞产业集团建立统一的党组织管理架构。中航西飞党委直接领导各成员单位党组织，系统构建"管理制度＋决策清单＋操作指引"的决策管理落实机制；持续健全完善"三重一大"决策管理制度、决策会议议事规则和决策结构清单、党委前置研究讨论重大经营管理事项清单等，厘清党委和董事会、经理层等其他治理主体的权责边界，持续提升决策管理水平，确保依法合规、科学决策。

构建统一的规划管理。西飞产业集团按照"下位规划支撑落实上位规划，下级规划支撑落实上级规划，等位规划相互协调"的构建逻辑，确立"1+4+14+4"规划体系，即以1个产业集团规划为统领，以4个产业规划为骨干，以14个专项业务规划为支撑，以4个成员单位规划为基础的规划架构，全级次、体系化引领各级单位高质量发展。

构建统一的流程制度。西飞产业集团围绕组织架构和业务模式，以需求为牵引、以架构为基石、以流程为核心，建立多业务系统、多需求要素、多管理工具相融合的 AOS（AVIC Operation System）运营管理体系，将各业务转化为以流程为核心的业务架构，建立健全规章制度体系，将各单位制度有机融入运营管理体系文件，进一步规范产业集团规章制度建设。作为唯一治理体系，西飞产业集团建立一套能够承载产业集团管控需求的制度文件架构。

构建统一的计划考核。西飞产业集团通过"自同构"和"递归"的层级逻辑和跨省市、多类型单位计划"拉网"和"穿透式""全透明"信息化管控方式，在各成员单位、各层级计划间建立树形结构关系，构建从运营级计划到成员单位执行级计划的计划及考核管理体系，通过信息化系统分解下达至各成员单位并实施管控，形成高度统一、科学合规的管理机制。在评价考核体系方面，西飞产业集团建立健全对各成员单位的经营业绩考核体系，实现目标与责任层层传递。

构建统一的财务管理。西飞产业集团按照管理会计业财融合思想及精细化管理理念，全级次推进"战略财务、业务财务、共享财务"财务管理体系新模式，突出承上启下、统筹策划、全面监督、管控考核职能发挥，整体协同三级职能作用，有效发挥战略财务、业务财务效能。西飞产业集团作为航空工业预算考核及财务管理的承接主体，以产权关系为基础开展进行财务报表编报，实施财务管理。

构建统一的项目管理。西飞产业集团按照"项目抓总、业务支撑、体系保障"项目管理思路，建立一套项目管理的标准方法，实现项目全要素过程管控。

构建统一的科技创新管理。西飞产业集团以"有利于完成军品任务、有利于发展壮大航空产业、有利于增强自主创新能力"为战略指引，基于"正向研发、智能制造、性能服务"业务模式，构建航空武器装备握指成拳的科技创新协同管理体系，联合推进创新平台建设，由中航西飞、一飞院、西工大、浙大组成的研制创新团队入选国防科技创新团队；制定下发西飞产业集团科技管理及科技创新考核相关制度，强化产业集团科技创新管理。

三、大型航空飞机制造企业提高资源配置效率的重组整合管理效果

（一）航空主机资源配置效率大幅提升

西飞产业集团组建成立后，实现了对大中型军民用飞机整机制造资产的专业化整合，有利于产业集团加大航空装备产业的投资力度，满足国家重点型号的建设要求；实现起落架与机轮刹车业务专业化发展，有利于提升机载业务能力。通过进一步聚焦主业发展，优化管理结构与资源配置，增强了航空装备业务的研制效率及合同履行能力，产品质量稳步提升，实现产品研制周期压缩 20% 以上，客户满意度提升至 93.5 分，资源配置效率大幅提升。

（二）西飞产业集团核心竞争力有效加强

西飞产业集团重组整合后，完成了资产与资质的统一，大幅降低了内部交易成本，减少了不增值的流程和环节，资产、业务完整性和盈利能力进一步增强。四年来，西飞产业集团经济规模总体保持稳中有进，营业收入同比增长 17%，净利润同比增长 32%，各项经营指标持续向好，企业管理效能和经营质量稳步提升。连续两年，中航西飞在航空工业经营业绩考核中保持 A 级单位，市值突破 1000 亿元，品牌价值和美誉度、影响力不断凸显，充分体现了社会公众对改革成果的认可。

（三）为建设世界一流企业奠定了坚实基础

西飞产业集团完成重组整合后，累计获得各类科技奖 171 项，其中"国家技术发明奖"二等奖 1 项，"国家科学技术进步奖"一等奖 1 项、二等奖 1 项；管理创新成果奖 46 项，其中国家级管理创新成果奖 3 项。同时，西飞产业集团作为航空工业第一个成立的新型航空产业集团，为国资国企改革提供了系统成熟的实践经验。

（成果创造人：吴志鹏、雷阎正、袁春衡、张志鹏、袁　通、刘　浩、

郭林宏、闫建明、吴崇阳、高长宇、孟　民、季文静）

基础设施投资企业以"五大工程"为核心的管理提升

中铁（上海）投资集团有限公司

中铁（上海）投资集团有限公司（以下简称中铁上投）成立于 2016 年 7 月 15 日，总部位于上海市，是中国中铁股份有限公司（以下简称中国中铁）的全资子公司，立足上海、江苏、浙江、安徽、山西、山东、河南"六省一市"，服务长三角一体化发展、东部率先发展、黄河流域生态保护和高质量发展战略，打造中国中铁在东部及黄河流域高质量的投资集团和资产经营平台。中铁上投注册资本 76.68 亿元，总资产 681.91 亿元，净资产 168.56 亿元，拥有市政、建筑、公路工程施工总承包一级资质，自主承揽杭海、杭德、宁马和皖通等城际铁路项目，以及南京、杭州、合肥、青岛、济南、郑州、芜湖等地铁项目，逐步发展成为"六省一市"轨道交通投资建设市场的排头兵、领头雁；先后投资开发安徽博望产城融合发展示范区、台州仙居高铁新城市民中心区块城市更新项目，积极助力打造长三角高质量发展样板区。

一、基础设施投资企业以"五大工程"为核心的管理提升背景

（一）推动国有基础设施投资企业可持续发展的必然要求

国有基础设施投资企业具有规模大、管理层次多、管理难度大的特点，必须突出高质量发展这个首要任务，坚持"一个目标"，用好"两个途径"。在宏观层面，国有基础设施投资企业必须聚焦主责主业，不断优化产业布局，强化资源配置与整合，建立长期稳定的竞争优势、获得稳定超额利润的竞争力，在激烈的市场竞争中脱颖而出，使产品和服务的价值在一定时期内得到提升；在微观层面，通过开展各种管理创新活动促进管理水平提升，提高企业的管理效率，降低企业的运营成本，提高企业的经济效益，保障企业可持续发展。

（二）落实国有基础设施投资企业全新定位的形势要求

根据中国中铁关于投资公司改革方案，国有基础设施投资企业要沿着"专业化运作、集约化经营、差异化发展、实体化运行"的高质量发展方向，不断提升区域深耕、项目建管和资产经营能力，以打造资产质量实、专业能力强、运营效益佳、投资回报高的"投建营一体化"平台为抓手，争当基础设施投资业务的引领者、主力军，成为支撑企业转型升级的重要载体。这要求中铁上投要顺应行业发展趋势，准确把握企业发展阶段，推动企业由债务驱动发展向积累和创新驱动发展转化、由传统生产经营向资产经营和资本运作转化，加强战略引领，建立适应性组织，强化价值创造和效益提升，推动企业理念创新和管理模式创新，实现企业管理提升，促进企业高质量发展。

（三）激发国有基础设施投资企业发展动能的迫切要求

随着市场环境的变化，企业需要不断加强战略引领、调整和优化管理模式、引入先进理念提升管理水平，以适应市场需求的变化。中铁上投布局江浙沪皖晋鲁豫等"六省一市"，部分长时间、深层次的问题逐步暴露，与行业标杆在"战略规划、组织管控、创效水平、风险管理"四方面存在差距，在开展工作时按照比较传统的管理方法进行，有些组织对战略落地的重视程度不够、现有组织架构设计已不适应当前企业发展需求、创效理念没有直入人心、在投资前期侧重中标规模而忽视风险。中铁上投需要开展一定的管理创新，才可以更好地了解市场需求，把握市场趋势，激发企业动能，提高企业的市场竞争力。

二、基础设施投资企业以"五大工程"为核心的管理提升主要做法

（一）依据企业发展战略，确立管理提升工作思路

1. 依据发展战略，开展对标管理提升行动

中铁上投始终坚持"以'五新上投'为战略定位、以'国内一流''五强五优'为战略目标"的总体战略，为早日实现城市建设全产业链领军企业，中铁上投立足自身先发优势，开展对标世界一流管理提升行动，制定对标世界一流管理提升行动实施方案，确定了包含 9 项一级指标和 31 项二级对标指标体系，借助第三方咨询机构，研究分析出中铁上投与行业标杆企业在战略规划落地效果、组织管控模式、创效水平及风险管理四个方面存在差距。

2. 明确提升目标，开展"五个工程"创新活动

中铁上投在对标标杆企业的基础上，结合宏观经济形势，提出通过开展"五个工程"创新活动，实现战略规划行而有效、组织管控保障有力、创效水平明显提高、风险管理卓越高效的管理提升目标。实施战略落地创新工程，全面推动战略落地，将战略引领和战略落地相贯通，确保企业战略规划目标实现；实施组织管控创新工程，优化项目公司和项目总承包管理部设计方案，创新管控模式，降低管理成本，提高管理效率；实施价值创造创新工程，以深化大商务管理和项目效益提升行动为载体，突出结果和过程导向，持续提升价值创造能力，不断提升企业核心竞争力；实施投建营一体化创新工程，由工程思维转变为投资思维，创新投建营一体化管理思路，提升项目全生命周期管理能力；实施风险管理创新工程，创新风险管理方式，在守住管理红线的基础上，持续创造效益。

（二）实施战略落地创新工程，保证管理提升方向不变

1. 强化宣贯创新，凝聚战略思想统一性

一是创新性地前移宣贯时间。根据企业内设机构、所属单位的定位与分工，拟定具有针对性调研沟通宣贯提纲 23 份，完成调研宣贯工作共计 50 余场次，沟通访谈约 100 名中层干部，对战略规划的设想完成初步宣贯。二是利用工作会、职代会契机，中铁上投党委书记、董事长向企业高层管理者、职代会正式代表、列席人员、工作会参会人员讲解企业总体战略，使参会人员对相关背景具有清晰的认识，为后期宣贯打好基础。三是要求各单位结合企业改革取得的成效和本单位实际情况，通过研讨会、座谈会等方式深入、持续开展形式多样的宣贯活动，确保对战略规划的充分理解和落地实施。四是中铁上投战略规划部门负责人到各单位就战略规划重点内容进行集中宣贯。

2. 形成战略文化，加强战略举措可操作

在推动战略落地过程中，中铁上投将战略规划和企业文化理念紧密结合起来，使企业文化理念真正落实到各项投资经营、管理制度、日常行为规范中去，将战略落地的各项措施的完成通过员工的工作行为、态度、形象等表现出来，形成特有的战略管理文化，提升企业的经济效益和社会效益。

3. 加强战略控制，动态修正战略执行

中铁上投印发《关于开展"十四五"发展规划"大学习、大实践"活动的通知》，明确战略执行机制。一是细化分解战略目标对应的各项重点工作计划，每项任务形成可执行、可操作、可追溯的工作实施方案。二是规划落地完成情况加入所属单位业绩考核指标中，将战略规划与业绩考核、奖惩机制紧密衔接，提高战略规划执行指标考核权重，完善"战略规划—年度目标—全面预算—过程监督—业绩考核"的纵向闭环工作系统和工作推进机制，充分调动广大干部员工落实规划的积极性。三是形成定期汇报机制以促进规划的落地执行，坚决防止战略引领与实际执行"两张皮"，确保企业战略规划目标实现。

（三）实施组织管控创新工程，保障管理提升载体高效

1.创新运用九宫格原理，分类确定 1+N 管控模式

中铁上投运用"九宫格"原理来确定管控模式，将主责业务主要分为三大板块，对应中心格、十字格、四角格三个层次。一是投资"项目"，设立项目公司，通过行使股东权利，派驻高级管理人员和核心岗位骨干，实现对项目投资、建设、运营、退出的控制。投资项目具有前期投资大、运营周期长、投资回报收回时间久的特点，适合放在"中心格"，用"战略＋运营"管控模式，从全生命周期的角度，测算成本利润情况及开展各项日常管理。二是投资"股权"，以设立合资公司、投资并购的形式进入一个新业态，其中为获取细分市场、关键技术、核心资源、知名品牌等为重点，实施并购重组引进先进科技资源，推动实现主业拓展和强链补链，以长期持有股权为主，适合放在"十字格"，主要为战略管控；而为了赚取资本利差，适时退出股权，适合放在"四角格"，主要为"财务管控"。三是大标段的施工总承包管理，不涉及投资业务，考验的是集约化能力，适合放在"中心格"，适用"战略＋运营"管控模式。中铁上投把不同的业务按照各自特点，研究明确专门的管控模式，最终形成"1+N"分类模式，其中，一个核心即战略管控，坚持战略引领，找准市场方向，聚焦主责主业，提升专业能力，培育核心竞争力；N 个选择代表财务、运营或其他有利于管控的更符合管理实际的模式。

2.结合 1+N 管控模式，明确各级组织机构定位

在选择管控模式后，中铁上投确定各级组织的定位，首次提出本部建立"310"功能定位和所属单位"5566"职能定位。一是中铁上投本部明确要素管理、业务管理和业绩考核三个方面的"3 项功能定位""10 个中心定位"。要素管理是中铁上投本部最重要的功能，发挥资产管理中心、资源配置中心、人力资源管理中心作用；业务管理是本部对各业务板块重大事项的战略决策及有效协调，发挥战略管理中心、投融资决策中心、生产管理中心、运营管理中心作用；业绩考核主要包括中铁上投本部对所属单位的各项工作及业绩绩效考核和奖罚，发挥计划统计中心、财务管理中心、业绩考核中心作用。二是中铁上投所属单位确定"5566"职能定位。各项目公司抓好项目决策边界条件、投资合同条款、项目公司章程要求、项目投资和生产安全、股东权益"五个落实"；各区域经营机构应强化投资开发规模、投资项目质量、成本费用可控、培养投资开发队伍、各项活动依法合规"五个确保"；各项目总承包管理部重点突出设计和施组优化、重大方案审批、安全质量环保体系、主要管理人员履约、验工计价、资金拨付"六个管控"；各子公司、分公司实现注重投资开发力度、管理创誉创效、资金统筹、经营性现金流、企业治理规范、投入产出比例"六个注重"。

3.结合投资项目实际，创新投资项目管控模式

中铁上投深入多个项目公司和项目总承包管理部调研，总结提炼项目公司与总承包管理部一体化管理模式存在的"六利三弊"，并创新项目公司和项目总承包管理部管理模式，优化集团公司对项目公司和项目总承包部的管控方式，提出虚拟的投资项目管理办公室，以新中标的某城市综合开发投资项目为试点。投资项目管理办公室作为中铁上投临时派出机构，代表中铁上投全面负责该项目"投融建营退"全生命周期管理，通过派员兼职和集体决策等方式实现一体化管理，充分发挥集约化管理优势，大大节省了项目公司和项目总承包部、股东方的沟通成本。

（四）实施投建营一体化创新工程，保证管理提升理念先进

1.坚持投建营一体化全周期价值创造理念，提升项目全周期管理水平

一是牢固树立全周期思维。坚持用长期思维运作项目，用全周期思维管理项目，推动企业发展模式由传统生产经营向资产经营和资本运营转化，注重项目合作模式、利润形成机制、投资峰值、资产流动性、回款风险等全周期投资风险与回报，注重投资项目标前管理，出台《项目标前工作管理办法》，将投资、融资、税务、运营、法务等关键环节融入前端，突出源头创效和综合利益最大化。二是

坚持合作共赢理念。坚持从"工程思维"向"投资理念"转变，从"承包商思维"向"投资运营商理念"转变，发挥投资公司专业优势，在投资策划、资本运作、资产经营等"富油区"挖矿，避免与工程单位在建设管理上争利。三是坚持投资风险源头把控理念，回归投资本质，优选高质量投资项目，严格落实投资边界条件，从源头上保证项目质量和预期收益。

2. 创新编制投建营一体化信息管理系统，提升项目全周期管理能力

一是投建营一体化平台整合各方资源和信息，实现流程优化和效率提升。通过提前介入、前期策划，减少重复投资和资源浪费，优化项目进度和质量，降低运营成本，提高整体效益。二是建立统一的项目管理体系和标准，提高项目管理的规范性和可控性。三是应用信息化系统，实时监控和管理项目进度、质量、成本等，提高项目管理的精细化和科学化水平，将建设和运营紧密结合，实现智能化、数字化的管理和运营模式，提高用户的满意度和忠诚度。四是基于大数据分析等技术，深度挖掘分析公司数据资产，为决策提供可靠依据，降低决策风险；通过实时监测掌握项目资金、进度、质量等情况，建立风险模型、预测算法，同时内嵌公司管理标准，实现智能数据预警，辅助企业调整策略、资源和计划。

（五）实施价值创造创新工程，确保管理提升效益提高

1. 建立"1+2"融资机制，创新资金融通方式

一是建立"1+2"融资新机制，设立资本经营部，专抓融资的系统管理工作，统筹投资项目前期融资测试，中标后融资落地及过程中融资成本管控等工作，使融资管理更加系统化、规范化。从多个层面开展融资工作，中铁上投本部负责调动管理全域内的所有金融资源，特别是发挥上海金融资源优势，助推项目融资谈判；编制《中铁上投投资项目融资管理办法》，将融资成本管理指标纳入各投资项目年度业绩考核体系，引导各投资项目优化融资提款节奏、还款计划，促进融资管理水平提升；根据各投资项目融资成本现状，结合项目所处区域金融市场价格水平，"一项一策"制定切实可行年度融资成本专项压降工作目标，明确融资成本压降奖惩机制；负责抓好主体信用评级。项目公司层面各专业以良好的投建能力、坚韧的谈判毅力，获得金融机构认可和支持，以实现融资成本压降。

二是创新企业资金融通方式。在投资前端加强创新，在项目整体策划中植入绿色低碳、智慧节能、乡村振兴等符合国家战略导向的项目因素，提升项目对外部资金方的吸引力；针对不同项目特点，分类设计不同的权益资金融资方案，根据保险资金、私募基金、国家引导基金等财务投资人股权投资偏好，匹配不同投资项目，结合项目收入、成本形成阶段设计个性化权益融资方案，既满足投资人要求，也符合股权融资规定；设立自有基金管理平台，积极寻求外部合作方，共同搭建表外合作基金平台，锻造外部募资能力，丰富投资项目股权融资手段；首次提出"三不"原则，即不具有可融性的项目不投资，不具有可盘活性的项目不投资，运营期存在还本付息缺口的项目不投资。

2. 创新税务筹划，突破创效关键节点

一是坚持税筹先行，逢项目必筹划。将税务筹划前置，确定标前谈判要点，从源头规避涉税风险并植入税筹空间；全面开展存量项目梳理排查，将税务筹划融入生产经营重大业务事项、新业务模式等必要环节，扎实做好项目全周期税务筹划，合理降低项目税负和税务风险；整理税筹案例，过程改进提高，为新增项目提供借鉴。二是坚持问题导向，降低涉税风险。引入税务咨询机构对存量项目进行全覆盖、全方位税务风险点排查，系统梳理筹划点，逐一指定整改方案，狠抓方案执行落地，有效降低税务风险。三是用足政策红利，狠抓留抵退税。深入研究国家优惠政策，制定留抵退税工作的具体目标和实施路径。四是瞄准难点问题，精准施策攻关。中铁上投深入剖析税务损失风险问题根源，加强后台业务指导，强化过程监督跟进。

3.强化典型引路，创新多种创效路径

一是印发《中铁上投大商务管理暨项目管理效益提升典型案例汇编》，从中铁上投内部投资项目和总承包项目标前联动、设计优化、方案优化、项目组织及策划、投资及成本管控、集采管理、二次经营、造价标准等方面发掘各种创效路径，紧盯"开源""节流"两条线，打好"降、减、增"组合拳，通过对标学习、交流、分享好的经验做法，所属各单位进一步拓宽全员全程创效思路，稳固综合创效方法路径。二是创新验工计价目标考核专项奖惩制度，将奖励与验工计价完成情况挂钩，奖励分配原则为项目领导班子成员30%、商务管理部30%、其他部门40%，进一步激发商务人员清收，树立起"以效益论英雄"的价值导向，促使产值验工比稳超股份公司要求指标，取得了较好的"清收"效果，加速了项目资金回笼。

（六）实施风险管理创新工程，保障管理提升底线不变

1.创新编制项目风险分析对策，提升投资项目风险全过程管控能力

为积极应对和化解投资风险，不断提升投资项目风险全过程管控能力，中铁上投成立风险管理领导小组，对投资项目全生命周期进行全方位扫描、分析和研究，对易发多发风险及时分析，提出解决方案和应对措施，并编撰《投资项目风险分析及对策》，汇集项目跟踪策划、可研立项、合同签订、投融资、项目实施、运营维护、移交及退出等阶段，涵盖规划、土地、投融资、税务、招投标、建设工程、公司法人治理等业务知识领域，共梳理出各类风险166项，提出解决建议468条。

2.狠抓投资项目各个环节监管，提高存量投资项目风险控制能力

一是多角度狠抓投资项目监管。认真编制项目年度投资计划，坚持以投入产出为导向，整体把控好投资节奏和建设进度，建立分级预警和督导约谈机制，强化投资计划刚性约束。强化合同管理标准化建设，通过规范合同示范文本、提升合同评审效能、开展合同维护等方式，实现风险控制的源头把控；强化合同履约监管，认真梳理合同履行过程中的风险源，制定风险应对措施，完善关键环节法律合规审核机制；系统梳理建设期、运营期政府方的责任和义务，提前制定政府违约应对措施；强化投资风险分类识别，逐级建立风险管控及预警台账，推动预警纠偏机制常态化运行；坚持审计关口前移，开展投资项目专项审计调查，强化成果应用，堵塞效益流失的"黑洞"。二是多方式化解存量项目风险。积极开展PPP（政府和社会资本合作模式）项目风险化解专项工作，制定中铁上投PPP项目风险化解方案和专项风险化解措施，对14个PPP项目进行现场指导、督促化解；加大对存量项目风险管控力度，召开专题会协调解决高速公路风险隐患；梳理建立风险防控动态台账，累计识别风险120项，有效保障股东权益。

三、基础设施投资企业以"五大工程"为核心的管理提升效果

（一）可持续发展能力不断提高

中铁上投深度参与长三角一体化发展、东部率先发展、黄河流域生态保护建设，坚持聚焦主责主业，强化资源配置与整合，促进企业可持续发展能力不断提升。一是不断推动企业各项经济指标向好发展，近三年来，中铁上投营业收入增长率平均值为63%，净利润增长率平均值为261%，总体经济运行情况平稳有序、持续向好。二是品牌信誉不断提升。济南地铁6号线、青岛地铁5号线等12个项目分别获地方及业主表扬信23份；全年获"国家优质工程奖"1项，省部级奖项15项；全年未发生一般及以上安全质量责任事故，项目履约优质高效；克服新冠疫情影响，经国内权威评级机构联合资信评估股份有限公司认定，评级展望为稳定，成为中国中铁系统投资公司中首家首评即获得AAA信用评级的单位。此外，旗下中铁发展投资有限公司也获评东方金诚AAA级主体信用评级，为中铁上投后续高质量融资及资本运作打下坚实基础。

（二）企业贯彻落实全新定位

中铁上投顺应行业发展趋势，不断推动企业由债务驱动发展向积累和创新驱动发展转化、由传统生产经营向资产经营和资本运作转化。2022 年，中铁上投营业收入为 273 亿元，净利润为 14.8 亿元，经营性净现金流为 33 亿元，平均资金集中度为 84.69%，资产负债率为 76.5%，"两金"余额为 21.5 亿元，取得银行综合授信为 2425 亿元；流动资金贷款利率降至 2.6%，应收账款联合保理、资产证券化综合成本分别降至 3.7%、3.62%；13 个参与压降的投资项目平均融资成本由 4.14% 降低至 3.59%；完成各类审计任务 8 项，收回资金近 6 亿元；年底企业的货币资金存量达 137 亿元，基本实现自主经营、自我造血、自力更生、自我发展，企业积累不断增加，为资产盘活、资本运作打下坚实的基础。

（三）企业激发内部发展动能

中铁上投开展以"五个工程"为核心的管理提升，提升了企业的市场竞争力。一是战略规划行而有效，中铁上投"十四五"的 87 项重点任务已完成 60%，达到了时序进度目标。二是创效水平明显提高。借助投建营一体化平台，汇集各类项目完整数据信息，实现投资管理一张表、项目建设一张图、资产经营一本账，有效助力企业开展科学投资、智能建设、盘活资产等工作。2022 年，通过大商务策划节省投资近 7 亿元；通过物资集采，降本 3000 万元；实现变更索赔额近 20 亿元，创效 2 亿元；实现留抵退税 25 亿元、税收优惠 1.5 亿元，新增纳税信用评级 B 级以上单位 5 家。三是风险管理精准有效。中铁上投逐个梳理存量投资项目，建立分级分类管理的风险管理清单，全年共发现较大风险 60 项、化解 40 项；目前在实施投资项目总体风险可控，重大风险边界全部受控，投资收益好于可研预期的项目达 70% 以上。

（成果创造人：张　超、李　宏、王春晖、代胜元、王　宇、刘振邦、
寿洩仁、李世民、刘增光、唐贵雄、刘茂乾、瞿舒杨）

炼化企业以要素为牵引的制度体系融合管理

中国石油化工股份有限公司北京燕山分公司

中国石油化工股份有限公司北京燕山分公司（以下简称燕山石化）隶属于中国石油化工集团有限公司（以下简称中国石化），成立于1970年，是我国第一个炼油化工联合企业。近50年来，燕山石化建成了国内第一套引进的30万吨乙烯装置，创出我国建设大型引进装置的成功范例；率先实施了两轮乙烯改扩建工程，为石化工业加速发展做了有益探索；北京奥运前夕，完成了千万吨炼油系统改造，成为国内第一家生产欧IV标准成品油的炼油基地，2016年年底又率先推出京VI油品，始终走在全国油品升级的前列。经过几代建设者的不懈奋斗，目前燕山石化拥有生产装置63套，可生产94个品种、431个牌号的石油化工产品，是中国石化12个千万吨炼厂和10个大型乙烯装置之一，是我国重要的合成橡胶、合成树脂和高品质成品油生产基地。作为传统大型炼化企业，截至2022年年底，燕山石化累计加工原油3.717亿吨，生产乙烯2567.91万吨，实现销售收入15102.55亿元，上缴利税1869.94亿元。燕山石化先后获得"全国五一劳动奖状"、"中央企业先进基层党组织"、全国"安康杯"示范企业、"中华环境友好企业"、"全国节能减排十大功勋企业"、"国家职业卫生示范企业"、"中国能源绿色企业50佳"、"中华宝钢环境奖"、"国家级信息化和工业化深度融合示范企业"等荣誉称号。

一、炼化企业以要素为牵引的制度体系融合管理背景

（一）制度体系融合是企业多体系运行的必经阶段

燕山石化先后建立质量、职业健康安全、环境、测量、能源、HSE（健康、安全与环境）、两化融合七个管理体系，以规范各项管理活动，按照"共性兼容、个性互补""管理手册为纲领、制度为依据"的原则，建立以业务、职责部门为单元的多维制度体系，但在其建设过程中，更多是查缺补漏的修补过程，缺少系统性的梳理，导致制度逐年增加，从2014年的400余项增加到589项制度。2021年，公司对标一流国际安全与可持续发展评级系统（ISRS），专家提出体系融合不彻底，未能实现一体化运行，表现在制度管理要求存在缺失或重复、冲突。为此，燕山石化必须进入体系融合的关键阶段，加以改进。

（二）制度体系融合是企业提升管理效率的必要措施

燕山石化在装置建设、人才培养、产品创新方面做出了很多创新尝试，但是，由于近年来机构的不断变化、人员的不断交替、利益诉求的多元化，导致管理效率有所下降。燕山石化多个专业管理体系分属不同部门主管，各体系之间融合力度不够，在实际工作中，存在个别管理部门重事务轻统筹、重主责轻配合，导致业务链条衔接不畅，造成制度"碎片式"，业务流程存在"各管一段"等现象，大大降低了管理效率。为了理顺流程、明确职责、提高管理和运行效率，公司决心要下功夫解决当前存在的管理问题，开展制度融合成为提升效率的必要措施。

（三）制度体系融合是企业加快高质量发展的必然要求

在新一轮科技革命和产业变革蓬勃兴起的关键时期，石油化工行业正在进行一场深刻的转型变革。燕山石化在中国石化的大力支持和帮助下，明确了绿色发展、创新发展的重点方向，以及打造"四个基地"产业格局、实现"两个领军企业"愿景目标的战略定位。管理的使命是服务于发展的根本需要，为了达成既定发展目标，公司必须以革命性的举措提升管理质量，制度是管理的依据，燕山石化以制度体系融合为契机，破除习惯思维，以更好激发内生动力和活力，努力向管理要效益、以管理促发展，推动公司高质量发展迈上新台阶。

二、炼化企业以要素为牵引的制度体系融合管理主要做法

（一）构建以要素为牵引的制度体系框架

1. 确定以要素为牵引

燕山石化全面开展制度体系融合工作，重新搭建一体化管理体系框架，围绕法律法规、政府和上级部门提出的各项标准和要求，将管理活动、资源提供、产品实现及测量、分析与改进活动相关的过程，根据企业特点选用若干国际标准体系的"要素"对现有业务加以组合，形成符合企业实际的要素组成，包含企业经营管理的全部内容。再以要素为维度，牵引管理目标、管理职责、管理制度、管理流程和管理标准，以此进一步厘清文件关系，打通部门壁垒，将"碎片化"的制度转化为互相关联的管理体系文件。

2. 构建具有企业特点的三级要素

燕山石化对比 ISO（国际标准化组织）质量管理体系框架、中国石化 HSE 管理体系框架、国际先进企业管理体系框架，参照中国石化《HSE 管理体系手册》中要素对照表，落实安全生产"三个必须"要求，融合公司文化与管理基因及现有组织机构、业务职责划分，细分三级要素，其中：一级要素作为统领，确定以 ISO 发布的管理体系标准高层结构为基础，结合炼化企业特点，增加风险策划要素，确立以领导承诺和责任、方针和规划、风险策划、支持、运行和控制、监视测量和分析、评审和改进要素 PDCA（计划、执行、检查和处理）循环机制为牵引的一级要素 7 项；二级要素作为细分，结合 ISO 体系架构、公司实际业务与国际最佳实践，本着精简原则，设置二级要素，细分为领导决策、资源、法律法规、能力、文件控制、生产、投资管理、安全管理、环境管理等 38 项二级要素；三级要素作为补充，原则上不设置三级要素，但出于避免业务交叉的考虑，若某个二级要素涉及多个部门工作，且基本均分，则考虑设置三级要素，对其中计划与目标、安全监管、技术与质量管理、供应链管理等 16 个二级要素又拆分出 46 个三级要素，进一步匹配公司组织机构职能定位，最终形成 22 个二级要素和 46 个三级要素组成的 68 个最底层要素。

3. 确立要素牵引方案

通过对管理要素的策划，重点是实现对国际最佳实践的全覆盖，避免文件存在缺失，避免管理要求在不同文件中的重复、冲突与矛盾，从结构上对文件进行优化与整合，避免简单地将几个文件合并为一个文件。由此，以要素作为牵引，匹配管理关系、制度关系、ISO 标准的关联关系，将传统的专业纵向条线管理模式转变为要素下的"归口 + 配合 + 执行"的管理关系，其中归口负责要素统筹，配合负责专业管理与技术支持，执行负责具体工作落实；将无序的制度关系转变为要素下的"干 + 枝 + 下位（叶）"制度关系，其中：管理办法代表主干制度，公司层面的实施细则代表分"枝"制度，二级单位层面的实施细则代表下位（叶）制度；将单一制度文本转变为要素下的"制度目录 + 制度文本 + 检查底稿"展现形式，其中：目录展现管理组织基本组成和 PDCA 基本环节，文本展现基本要求、组织分工、各环节管理内容以及监督考核等内容，检查底稿展现执行落地的管理要点；将 ISO 标准分散在不同文件转变为要素下的"一一对应"，梳理 ISO 标准逐一确认承接制度，建立对应关系，实现一套制度对应所有标准；将碎片化的持续改进转变为要素下的"员工诊断 + 内外体检 + 重复治理"，其中员工诊断是搭建管理体系文件诊断平台，便于职工提出改进建议及闭环跟进；内外体检是用好内审、外审、管理评审机制，培养内审队伍发现问题，系统改进；重复问题治理是每年选取 3 ～ 6 项重复性问题重点治理，通过体系主管部门选题出题、专业部门答题解题、大监督委员会评题审题，逐个攻坚、持续改进。

（二）再造以要素为牵引的"干 + 枝 + 下位（叶）"制度

1. 选择专项要素开展试点

制度体系融合是一项系统工程，需要选取一个专项要素开展试点建设，深入探索，积极构建，分类分层推进，抓试点、求突破，加强试点工作统筹，及时评估试点的成效、经验和问题，对证明行之有效的经验和做法，及时推广应用，发挥试点对一体化融合整体建设的示范、突破、带动作用。考虑燕山石化地处首都，为强化本质安全管理，以"风险识别和评价"要素为试点，确认要素归口部门和配合部门职责，探索"要素统筹、专业支撑"风险管理关系，以打破管理定势，重构管理框架，再造管理制度，细分承接条款。"要素统筹"是指要素归口部门负责制定主干制度《燕山石化全面风险管理办法》，关注目标制定、风险信息收集、风险评估、风险应对、监控预警和监督评价与改进 6 个业务环节，形成计划—执行—检查—改进（PDCA）循环；指导要素配合部门优化专业风险管理制度；"专业支撑"是要素配合部门负责业务范围内的专业风险管理工作，根据《燕山石化全面风险管理办法》提出的 6 个业务环节，建立并细化专业风险管理制度，形成"1 个主干制度 +10 个'分枝'制度"的风险制度体系。由此确立了管理关系和制度关系模型、制度文本模板。

2. 确立"干枝叶"关系编写制度

主干制度名称为《燕山石化 ×× 管理办法》，重点描述 PDCA 各环节的基本内容，如果能够将各个环节的管理要点写透，则不需要制定分"枝"制度，主干制度中写明每个环节 5W1H（what 做什么、who 谁做和谁检查考核、where 在哪里做、when 什么时候做、why 为什么做，how 怎么做或者用什么方式做）管理要求，但如果主干制度对一些环节写不明确，需要要素配合部门制定分"枝"制度《燕山石化 ×× 实施细则》，在要素管理流程的框架内，制定本专业的运行控制文件并组织开展相关管理工作，明确 5W1H 绩效标准，另外，对于二级单位层面，如果一些制度考虑各单位的特殊性，需要在二级单位制定下位制度，即《×× 厂 ×× 实施细则》，该下位制度按照条款模式，清晰明确展现具体落实要求。燕山石化以 68 个要素为牵引，全面梳理制度体系文件，逐一与归口部门按照"一对一"确定要素下的主干制度，与配合部门"一对多"确定分"枝"制度和下位制度，顺序上，按照先主干制度，再分"枝"制度，最后下位制度的步骤，分层分步构建以要素为牵引的"干 + 枝 + 下位（叶）"制度。将原有制度进行了"立改废"，一类为延用的必须按新格式完善；一类为缺失 PDCA 或5W1H，应进行补充完善；一类为需要新建立的制度应满足未来可使用的角度新设；一类为废止，按照程序办理。最终形成 109 项主干制度，278 项分"枝"制度及 119 项下位制度（涉及公司制度 19 项，由不同单位的数量累加）。如：环境管理要素搭建"1+8+2"制度关系，"1"是主干制度《燕山石化环境保护管理办法》，"8"是《燕山石化厂容厂貌管理实施细则》《燕山石化环境监测与统计管理实施细则》等 8 项分"枝"制度；"2"是《燕山石化环境保护管理办法》要求 8 个生产厂要建立下位制度，《燕山石化固定废物管理实施细则》要求属地单位要建立下位制度。通过要素为牵引的制度梳理，形成要素归口部门负责要素统筹，编制要素主干制度，负责要素环节推动，负责监督检查与考核；配合部门负责专业管理与技术支持，根据管理需要编制分"枝"制度，负责专业管理要求落实落地，并开展检查提出考核意见；执行单位负责具体工作落实，由此，实现从"专业化单线条的管理"到"体系要素化管理"的转变。

3. 确立执行对象实施宣贯

针对制度宣贯未达"最后一公里"的突出问题，搭建信息平台，开发制度承宣贯模块，实现"承接 + 宣贯"头尾结合"双直达"，提升制度落地运行效率。其中：承接模块，将对上级制度的整体承接完善为对上级制度对应条款的承接，并直达承接人员，确保承接上级制度要求不漏项，并要求制度承接三个月内完成的目标；宣贯模块，是将制度应知应会直达执行人员，制度发布后一个月内制度主管部门将宣贯材料上传至宣贯平台，统一制度宣贯模板，包括制度制定（修订）背景和目的、职责分工、制度规范主要事项和要求、制度涉及流程关键环节和要求、新旧制度与关联制度之间管理等，在信息系统中通过逐级选取宣贯人员，实现直达制度执行人员；同时建立在线答题功能，巩固宣贯效果，利用统计功能对宣贯人数、学习及时率、学习完成率、学习时长和答题情况进行统计分析，实现宣贯过程和效果可视化，同时通过制作明白纸、思维导图等易于职工接受的宣贯材料，有效促进制度的宣贯落地。

（三）建立基层单位制度执行标准"一本账"

1. 搭建"三标"手册

上面千条线，下面一根针。如果各项管理要求在基层落不了地，再好的顶层设计也只是设计而已，就会沦为一纸空谈。依托中国石化炼化板块《基层单位工作三标手册》（以下简称《三标手册》）建设工作指引，燕山石化充分利用《三标手册》系统展现组织建设、专业技术管理、班组管理、作业许可管理、现场管理、通用管理全部工作内容的优势，从公司—二级单位—基层单位逐级识别制度，将制度中涉及基层单位要执行的内容和工作标准全部纳入《三标手册》中，并借助信息化手段对《三标手册》进行动态管理，实现随地随查随用，便于基层使用。燕山石化以"标准化班组、标准化现场、标准化岗位"的"三标"建设为载体，按照"三层级、三步走、三结合"原则，通过强化体系思维来夯实基层单位管理基础，组织 52 个基层单位按照基层单位建设标准化、专业技术管理标准化、班组操作标准化、作业许可标准化、工作现场规格化、通用要求规范化等通用内容，明确每项工作"谁来做、怎么做、做成什么样、做好做坏怎么样"，将基层多头管理变"一本账"管理，重点对照燕山石化"干+枝+叶"制度在基层单位分解和落实，全面梳理要素下"干+枝+叶"制度在公司、二级单位、基层单位、岗位执行对象，整合到《三标手册》中，将多头管理变"一本账"管理。全面完成 1 本公司级、9 本二级单位级和 52 本基层单位级"三标"工作手册的编制工作，实现炼化类基层单位工作手册建立 100%，为基层单位承接制度并落实提供"一本账"支撑。

2. 搭建岗位工作清单

为强化岗位制度执行，结合《三标手册》梳理岗位工作清单，助推岗位责任制工作落实、落地。围绕机关部室、二级单位、基层单位、班组"4"个层面分别对应建立主干和分"枝"制度、下位制度、"三标"手册、工作清单，逐层逐级开展制度建设。各二级单位、基层单位按照承接制度内容分专业进行承接，责任到岗位，落实到制度执行人。每名职工结合各自岗位对上级部门发布的制度拆分成条款，逐一识别、逐一承接，建立岗位工作清单；明确岗位制度要求、工作标准、工作任务清单，进一步强化制度宣贯、制度执行。

3. 搭建员工工作台

为高效推进基层岗位工作自动化，以进一步强化岗位责任制落实，提升员工执行力和个人岗位能力，按照"试点+全面推广"工作计划，选取基础较好的四个基层单位试点搭建员工个人工作台。员工个人工作台实现结合岗位工作清单的工作任务、工作标准、工作要求，具备个人周期性工作和学习任务定期提醒、临时性工作和学习任务直达个人、紧急性工作和学习任务实现定时提醒、限时反馈等功能，提供以岗位为中心的一站式服务，应用工作台集成整合本岗位所需信息系统，实现线上、线下工作一站式办理。

（四）实施制度体系持续改进机制

1. 建立"全员做诊断"改进机制

燕山石化追求全员参与，坚持定期体检和根治病因的原则，开展员工诊断活动，重点针对"干枝叶"制度、《三标手册》进行诊断，员工诊断建立诊断标准、诊断流程、诊断激励、诊断平台，实现诊断建议线上提报、审批、反馈、跟进，提高诊断建议的审批效率，实现审批流程可视化。针对个人提报建议的数量、采纳情况进行季度通报，为了更好地激励员工参与，对建议被采纳的优秀个人、优秀组织单位进行奖励；同时结合采纳的制度诊断建议，制订制度文件修订计划，持续完善制度文件。

通过开展员工诊断，推进制度体系文件动态评审，保持制度文件的严谨性、执行可靠性，同时诊断工作日常化、常态化地开展，激发了员工积极参与体系建设工作，2022年全年诊断建议数量3519条，采纳率61%，奖励金额1.8万。

2. 建立内外体检评审机制

燕山石化采取因地制宜模式，每年组建内审团队开展全要素覆盖体检，将387项公司级"干+枝"制度要求分解、细化，明确执行范围、执行岗位、制度考核标准、对应管理体系标准条款号，制定一套覆盖所有管理体系要求的制度检查底稿，同时动态发布制度检查底稿，便于二级单位、基层单位识别制度要求。每年审核时，将制度检查底稿作为审核标准输入，内审团队抽取制度检查底稿中审核要素下制度要求，结合不同执行范围、不同执行岗位开展体系审核工作，验证制度执行有效性。按照"所有问题进三基平台"的要求，将内审、外审及日常检查中发现的问题，每个月统一上传到"三基"工作信息化平台，通过BPM（业务流程管理）系统推送的方式进行线上整改验证，同时借助"三基"平台统计功能，分析要素、制度、被检查单位、检查部门不同维度下问题发生的数量和频次，聚焦重复性问题。制度考核是对制度执行的评价机制，符合者不考核，不符合者考核，以"罚"为主；针对内外审、日常制度执行问题落实制度考核。通过评审和考核机制推动体系运行的有效性、适宜性、充分性不断提升。

3. 建立重复性问题专项审核评审机制

燕山石化每年选取3～6项重复性问题重点治理，通过体系归口部门选题出题、专业部门答题解题、大监督委员会评题审题，逐个攻坚、持续改进，燕山石化2022年结合上半年内审、外审检查问题，专业部门、二级单位重点治理变更、应急、培训、报警、标准、工艺卡片6项重复性问题，2022年第四季度开展重复性问题专项审核，总结专业部门和二级单位治理成效、重复性问题治理进展、存在问题，并召开推进会跟踪问题改进进展；在2023年年初的管理评审会上进一步分析，由要素主管部门牵头总结成效、查找不足确定持续改进计划，2023年确定建立应急演练、变更专业管理重复性问题"回头看"治理循环机制，同时明确非计划停工和生产波动管理、生产安全风险分级管控、现场5S管理、环保管理等新增重复性问题，2022—2023年连续两年推进变更管理、应急管理问题治理，选取典型单位制作变更管理、应急演练示范片推进制度宣贯和执行，各单位变更风险评估质量有所提升，人员能力持续提升，变更随意性填报问题杜绝；各单位应急预案完整性、可操作性提升，职工应急响应能力得到提高，燕山石化通过建立重复性问题滚动治理机制，推进制度执行有效性。

三、炼化企业以要素为牵引的制度体系融合管理效果

（一）企业运营管理效率明显提高

一是管理体系文件更加系统。燕山石化通过制度体系融合，形成了"一套管理体系手册""一套管理体系框架""一套权责清单""一套制度""一本账""一套工作清单"的"六个一"管理成果，为一体化管理提供了文本支撑。二是管理职责更加清晰。通过制度体系融合工作，建立了要素为牵引的"归口+配合+执行"的管理关系，实现要素下的矩阵管理关系，主次管理关系分明，消除了管理盲区、管理重复和相互推诿的问题。三是管理流程更加高效。根据战略、业务、流程实施制度融合，统一分配权力、资源与责任，使公司管理设置更加合理，组织能力更加匹配业务需要，运作更加高效。业务流程和关键节点制度要求更加明确，管理效率得到提升。

（二）助推企业生产经营持续向好

燕山石化三级及以上非计划停工在2021年下降78.8%（较2018年）的基础上，继续保持下降态势；连续3年深化报警管理，装置平均报警率降至0.47，达到国际先进标准。1—己烯、二级高压装置创最长运行周期纪录，炼油单因能耗、乙烯高附能耗等17项技术经济指标刷新纪录。炼油板块实现系统内首家 100VLL（超低铅）航空汽油取证生产，生产 HVI Ⅲ类 4CST（厘斯）高端润滑油基础油 8421 吨、有效替代进口资源，"油转化"收率增加 6.15%，开满做大高附加值产品产量，EVA 产销量稳居中国石化首位、创效 17 亿元，1—己烯、VAC、VAE 乳液等特色产品产销量创新高，氢气月供应量持续超 100 吨。2022 年，实现营业收入同比增长 11.17%，上缴利税涨幅 9.15%，完成年度利润指标，其中化工板块盈利 13.48 亿元，在中国石化同类企业中排名第一。

（三）得到社会各方认可

2022 年，燕山石化圆满完成了北京冬奥会、冬残奥会氢能保供，圆满完成了北京冬奥会、冬残奥会能源保障、党的二十大服务保障等重大任务，自产氢气成功点燃冬奥会、冬残奥会"主火炬"，率先产出京标Ⅵ B 成品油供应北京市场，净味环保沥青在"北京冬奥公园"成功应用，为首都大气环境质量做出积极贡献。"牛口峪湿地"入选全球生物多样性保护案例、获评"中国石化十大社会责任示范项目"，建立环保指标三级标准和分级预警推送机制，VOCs（挥发性有机物）排放量连续 5 年下降 10%，燃气锅炉 NOx（氮氧化物）排放浓度达到行业最好水平，上缴利税持续增加，燕山石化树立了安全绿色高质量发展的良好形象。2022 年，燕山石化成为国内首家通过国际安全与可持续发展评级系统（ISRS）第 9 版 6 级评审的炼化企业。

（成果创造人：李　刚、曲宏亮、付　潇、张建国、杨建勇、胡金玉、

王　晶、刘瑷琴、张　静、赵明亚、李昌昊、张景姝）

电网企业服务川渝高竹新区的跨省域一体化供电管理

国网四川省电力公司广安供电公司

国网重庆市电力公司市北供电分公司

国网四川省电力公司广安供电公司（以下简称广安公司）成立于 1998 年 4 月，负责广安市电网规划建设、运行管理、电力销售和供电服务工作。供区面积 3887 平方千米，总用户数 101.36 万户。共有变电站 55 座，35 千伏及以上输电线路 1955.9 千米。2022 年完成售电量 62.53 亿千瓦时，营业收入 25.48 亿元，综合线损率 3.45%。国网重庆市电力公司市北供电公司（以下简称市北公司）成立于 1995 年 8 月，负责渝北区、江北区两个行政区和一个国家级开发开放新区两江新区电网规划建设、运行管理、电力销售和供电服务工作。供区面积 1673 平方千米，总用户数 208 万。共有变电站 96 座，35 千伏及以上输电线路 1388.76 千米。2022 年完成售电量 166.62 亿千瓦时，营业收入 95.8 亿元，同比增长 18.3%。综合线损率 2.54%。

一、电网企业服务川渝高竹新区的跨省域一体化供电管理背景

中央财经委员会第六次会议做出推动成渝地区双城经济圈建设、打造高质量发展重要增长极的重大决策部署，为新时代川渝地区发展提供了根本遵循和重要指引。川渝高竹新区作为全国唯一的跨省域共建新区，跨省域供电服务一体化上面临新区产业发展不平衡、新区电网发展不平衡，以及供电管理不统一、供电服务不统一、电力政策不统一的问题。电网企业是关系国民经济命脉和国家能源安全的国有重点骨干企业，应认真履行政治、经济和社会责任，先行先试、开拓创新，主动参与经济区与行政区适度分离改革试点，积极探索服务成渝地区双城经济圈建设的供电管理模式，率先为全国毗邻地区跨区域合作提供可复制可借鉴的供电服务样本，更好地推动和服务国家战略落地。

二、电网企业服务川渝高竹新区的跨省域一体化供电管理主要做法

（一）坚持高位谋划，构建跨省一体化供电服务管理体系

在国家电网公司总部的坚强领导和两家省级公司的具体指导下，广安公司与市北公司协同联动，提出跨省一体化供电管理体系建设"1241"总体思路：锚定实现川渝高竹新区跨省供电管理一体化这一个目标，明确构建跨省一体化供电服务管理体系、打造一体化数字化供电服务平台两条路径，抓住统一电力政策、统一电网规划建设、统一电力运维服务、优化电力资源配置四项重点任务，建立一套定期评估考核机制，不断总结完善、持续改进，打造全国首个跨省域一体化供电服务样板。

1. 确立新区跨省一体化供电服务管理体系

秉承川渝高竹新区经济区和行政区适度分离改革试点的指导思想，针对"两个不均衡、三个不统一"的现状，国网四川省电力公司和国网重庆市电力公司在国网总部的统一领导下，坚持"一盘棋"谋划，一体化推进，明确提出适应新区改革发展的一体化供电服务管理目标体系：即实现组织保障一体化，价格形成机制一体化，规划建设一体化，运维服务标准一体化，资源配置运用一体化。

2. 构建一体化组织保障运行新体系

成立以国网四川省电力公司、国网重庆市电力公司分管副总经理为组长，相关专业部门负责人为成员的省级公司领导小组，负责川渝高竹新区跨省电力管理机制体制创新工作推进的组织领导和决策部署，整合调动资源，督导省级各专业、相关单位贯彻落实各项工作，负责与政府、川渝高竹新区管委会的沟通协调。广安公司和市北公司共同负责川渝高竹新区的供电管理。自 2021 年以来，领导小组与省市两级政府对接 2 次，协调解决服务窗口、服务流程、服务标准不一致等问题 10 个，并努力向上争取政策支持。

3. 制定互通协同"一盘棋"运行新机制

一是制定政企互通协同机制。成立以广安市委常委、副市长，渝北区委常委、副区长为组长，广安市、渝北区政府相关部门负责人、广安公司、市北公司主要负责人为成员的工作专班，推动落实川渝高竹新区跨省域一体化供电管理等相关工作。2022 年，市委、市政府组织召开专题协商会议 4 次，部署、指导、督办跨省一体化供电工作 5 次，完成川渝高竹新区供电机构实体化运作、电网规划方案编制、人员机构设置等 12 项任务。二是制定横向互通协同机制。成立以广安公司、市北公司主要领导为组长的工作组，建立"双月"常态会商机制，贯彻落实省级公司领导小组各项决策部署，及时发现、解决具体问题，按照"清单＋责任＋时限"的机制，细化工作任务，明确具体措施，推动跨省供电管理的机制体制创新不断向前，定期向省级领导小组汇报工作进展情况。2022 年，两家公司共同会商 6 次，针对人员管理、电网规划、业扩流程、电费电价等问题制定任务 15 项。三是制定专业互通协同机制。广安公司、市北公司在规划建设、营销服务、运维抢修、人力资源、财务资产、新闻宣传 6 个专业分别结对建立跨省一体化供电管理专业小组，发挥专业特长，务实推进专业制度、专业方案、专业措施等具体工作，形成多维度支撑保障体系。2022 年各专业小组一共解决问题 36 项，确保跨省一体化供电管理各项工作部署的落地落实。

（二）打破地域壁垒，打造一体化数字供电服务平台

1. 共建一体化跨省供电新机构

广安公司、市北公司共同协作，打破川渝高竹新区供电边界壁垒，以"小窗口、大平台"为定位，共同建立川渝高竹新区供电服务中心，2022 年 6 月正式挂牌运行，共同派员、合署办公、统一管理，实现"一窗受理、一站式办理、一体化服务"的跨省电力服务，实现川渝高竹新区供电机构实体化运行。共建一体化基层党组织。利用属地红色资源，广安高滩党支部和渝北茨永党支部之间、市级专业部门支部之间，因地制宜开展形式多样的"三会一课"和党建座谈交流、工作经验分享等活动，推动和保障上级各项决策部署在高竹新区的落地落实。共建一体化党员服务队。用好党员志愿服务队平台，组织服务队成员上门服务，对客户进行电气化改造、线路设计建言献策，定期对各工厂内配电箱、线路情况、表计表箱全面检查，及时排除隐患故障。

2. 搭建一体化高效运营新构架

一是机构设置"扁平化"。前期设置客户服务部、综合管理部两个部室，下设高滩、茨永两个供电服务站，并根据业务情况适时调整。二是人员派驻"高效化"。一方面，按照"人随业务走"的原则，将广安高滩供电所、渝北茨永供电所现有员工整体派驻，协同管理；另一方面，根据业务发展情况，双方公司共同派驻相应领导人员、管理及技术类骨干。目前，派驻人员中 2 名是国网四川电力"青干班"优秀学员，1 名是市北公司优秀青年干部，1 名是国网重庆市电力公司"千人三库"成员，1 名是国网四川电力"青马班"学员、广安公司优秀年轻人才梯队库成员。三是激励政策"优先化"。分类建立机构薪酬管理体系，加大业绩工资分配比重，优先考虑提拔任用，实行"业绩升、收入升，业绩降、收入降"的激励分配机制。

3. 创建一体化数字管控新平台

建设一体化跨省办电数字管控新平台。通过自建光纤通道，依托内部数据通信网平台，在省公司层面开放网络和关键业务互访权限，推动"网上国网"新装、增容功能处设"高竹新区"办电专区，实现跨省线上办理。建设一体化政企联动数字平台。打通政务系统与业务系统的信息交互渠道，破除跨省域信息交互与业务办理的障碍，实现重庆政务、"渝快办"、四川政务等平台跳转至该内部业务系统，推动线上业务融合，实现川渝高竹新区内川渝用电"一网通办"。建设一体化能源监测数字平台。详细监测工商业客户日、月、年用能趋势，为新区政府了解企业产能情况提供数据支持；详细监

测工商业客户功率因素、峰谷占比、负载率等用能情况，为新区客户科学用能提供数据支持；详细监测用户侧光伏、储能等新能源发电消纳、上网情况，为新区优化用能结构、打造绿色低碳园区提供数据支持。

（三）攻坚"差异"痛点，致力川渝政策互认统一

1. 统一电力市场体系建设

按照"能交易，全交易"原则，全力推进川渝高竹新区客户无差异化参与电力市场交易。2022年，高竹园区市场工业直接交易客户 41 户，占比 64%，交易电量 4895.43 万千瓦时，降低用户用电成本 274.14 万元。为打破行政区域、供电边界限制，广安公司、市北公司也积极探索建立跨省电力交易"市场化"选择机制，有效助力川渝高竹新区可持续健康发展。

2. 统一业扩报装规则流程

统一投资界面，严格执行国办函〔2020〕129 号文，供电的投资界面延伸至用户建筑区划红线，与储备土地相关的供电配电设施建设纳入政府土地开发支出。统一环节时限，明确小微企业 160 千瓦及以下采用低压接入，包括"受理签约、施工接电"2 个环节，接电时长不超过 8 个工作日；明确高压业务包括"业务受理、供电方案答复、竣工检验和装表接电"3 个环节，环节总时长不超过 15 个工作日，提升接电效率。统一报装收资，业务受理采取"容缺受理"方式，客户仅需提供办电主体资格证明即可受理，其余资料后续补齐，实现企业"一证办电"。

3. 统一供电服务窗口渠道

广安公司、市北公司共同派员入驻川渝高竹新区供电服务中心，合并窗口服务，同时接入四川、重庆两地的营销服务系统，统一服务标准并对外公示，设置"一站式服务"视频连线窗口，零距离服务新区客户，执行"首问负责制"，实现"内转外不转"，无差别受理川渝高竹新区客户用电诉求。探索水电气讯联合办理，整合高竹新区"水电气讯"等市政公用基础设施服务资源，统一联办服务窗口，打造"一单受理、联合查勘、一并答复"的联合报装服务模式。推广"网上国网"App，推动建立"渝快办"与"四川政务服务网""国网四川电力"微信公众号的线上融合渠道，川渝高竹新区客户可通过任一渠道提交用电申请，实现"一件事、一次办"。

（四）突出高效协同，"一张网"推动电网投资规划建设

1. 共谋电网投资，成本投资使用精准高效

一是共同测算。由广安公司与市北公司共同成立预算委员会，完善川渝高竹新区供电服务中心成本、投资核算机制，当年年底议定次年度成本投资、资本投资计划额度，联合出文将总额下达至川渝高竹新区供电服务中心。二是统一计划。根据项目储备情况，结合实际需求，将成本、投资分解明细，履行川渝高竹新区供电服务中心决策程序后，以正式文件统一下达，明确出资渠道和投资主体。三是分别核算。根据计划文件，川渝高竹新区供电服务中心统一组织实施，项目分别在双方公司进行财务管理、核算、决算和转资，为川渝高竹新区供电服务中心高质量运转提供财务管理支撑。四是联合监督。由广安公司、市北公司共同成立联合监督小组，拓展监督深度与广度，每年按工作计划开展专项审计或立项监督，联合出具监审报告，并督导川渝高竹新区供电服务中心统一整改反馈。

2. 共谋电网规划，主网设施互联互供

构建跨省域电网统一规划机制，广安公司、市北公司联合成立规划小组，共同会商，共同谋划。坚持一体化模式，以"高供电可靠性＋绿色低碳＋智能智绘"为方向，打破现有川渝供区边界壁垒，双方已统一完成川渝高竹新区新型电力系统规划方案，新区未来将形成以 2 座 220 千伏变电站为核心，7 座 110 千伏变电站为支撑，6 回 110 千伏及以上输电线路相互联络的互联互供、互享互用的"一张网"供电格局，实现区内变电站资源共享、协同供电。同时，构建川渝高竹新区管委会、广安公

司、市北公司等三方规划联络会商机制，定期召开电力专项规划对接会议，将电力规划充分融入川渝高竹新区控规，保障项目用地与廊道预留，确保项目按期落地。

3. 共谋电网建设，配网设施共建互用

广安公司、市北公司共同组建配网队伍，在川渝边界建成重庆 35 千伏茨竹站两条 10 千伏线路与四川 110 千伏石马河变电站 10 千伏马乐线、马平线的两条跨省配网联络项目，可以转供约 4000 千瓦用电负荷。在迎峰度夏（冬）、防汛防涝特殊时段进行负荷转供，从而降低电网运行风险，减轻新区供电压力，提升电网运行的稳定性。

（五）突显供电服务的特色亮点，建立运维服务一体化模式

1. 运维一体化，提升供电服务可靠性

明确新区电网调度管理模式。实行区域协同调度，坚持"公平、公正、公开"原则，定期向新区内用电大户公布有关调度信息，保障高度透明和新区电网的整体性、安全性和稳定性。明确新区配网运维管理模式。一方面，绘制配电网"一张图"，根据运检双方差异化管理要求和上级文件规定，结合川渝高竹新区实际情况，进一步明确配电网核心业务、常规业务、一般业务的管理要求，提升川渝高竹新区配电运维效率；另一方面，开展"配网一体化"专业管理，建立配电网运维一体化组织模式，成立联合计划技术室和配电运维班组，统一指挥、统一标准，负责川渝高竹新区配电线路设备的运维管理和用户报修工作。目前，联合开展巡视维护 12 次、供电抢修 20 次，边界区域的抢修响应效率提升 20%。

2. 办电用电一体化，提升供电服务高效性

实施小微企业"无感化"接电，深化小微企业"三零"服务，提前获取企业开办信息，提前实施配套工程，全面推行"先接入后改造""开门接电""无感接电"。实施大中型企业"零等待"接电，提升大中型企业"三省"服务，编制园区"系统型"供电方案，提前开展 35 千伏及以上接入方案可研等前期工作，确保配套电网工程适度提前于客户工程完工投运，实现客户受电工程完工即投运，提升客户用电感知。村网共建服务"零距离"，推行"客户经理＋村社网协员"村网共建、社网共建服务新模式，深化供电客户经理驻点服务，在村干部中选优培训网协员，打造居民客户"十分钟便民服务圈"。

3. 政企合作一体化，提升供电服务支撑性

一是助力招商引资，提供电力服务保障工作。在政府招商引资阶段提前介入，及时收集有关信息，辅助管委会招商引资，跟踪建设进度，提前谋划电网布局，实现用电业务的主动跟踪、快速响应、高效办理，切实做好管委会招商推介的电力服务保障工作。川渝高竹新区供电服务中心成立以来，成功协助管委会参与"成渝地区双城经济圈（福建侨商川商渝商）合作推介会""2021 年中国新能源汽车国际合作大会"等 5 项大型招商引资会，提供电力政策咨询 20 余条。二是做好电力参谋，提供电力信息决策支撑。构建政企联动公共关系，主动服务于川渝高竹新区政府工作大局，推进与相关职能部门"政企共建"互动，定时报送川渝高竹新区电力月报 12 次，主动上门汇报电力工作 8 次，参与公共决策 5 次。

（六）发挥比较优势，以最优原则做好资源配置

1. 共享电网资源，高效用能提升配置

基于川渝高竹新区电网基础设施互联互通建设，电力资源跨省互济，共同保障区域内一体化发展用电需求，充分共享主变容量、线路裕度、电源结构等资源。同时，结合负荷增长需求及电网发展需要，依托高竹新区就地资源优势，构建火电、水电、地热能、抽水蓄能发电配套、风光互补能源新格局，实现川渝高竹新区电网资源共享、互供互济，电网裕度容量互用，提升新区电网抗风险能力与供电可靠性。

2.共享电价优势，价格就低不就高

目前新区正在大力发展电网侧风光储电站及用户侧储能、屋顶光伏，供电服务中心根据川渝电价差异化特点（四川上网电价高、重庆下网电价高），为投资商提供一案一策，引导重庆的用电客户配置用户侧储能，四川的用电客户配置屋顶光伏；引导电网侧风光储电站投资商在四川上网，力争资本投入回报最大化，为新区新能源产业建设提供智力支持，进一步加快新区构建新型电力系统的进程。

（七）定期评估考核，持续优化跨省一体化供电

1.开展内外评价，全面查找短板

一是建立内部评价体系。构建配网跳闸次数、公变停运率、台区电压合格率、各类投诉、意见类工单数量等12项评价标准，对新区跨省电网建设、配网运维、供电服务进行评价，通过评价数据查漏补缺。二是政府组织社会各界进行测评。政府组织管理部门、各类型客户代表对高竹新区供电服务进行评价，主要维度是服务态度、响应速度、服务能力、服务质量、电价政策执行等，并将测评结果反馈给双方的市级供电公司。三是新区管委会提出建议。根据目前新区电力体系运行情况经过评估，新区管委会建议川渝两省市政府支持川渝高竹新区为"统一电力市场"改革创新的试点区域，结合新区实际情况，进一步细化28条支持措施中关于"统一电价机制"的实施方案，以"政策就高不就低，成本就低不就高"原则，尽快推动"同区同价"的改革。

2.建立阶段目标，持续优化提升

一是持续深化跨省域供电一体化平台建设。探索四川公司与重庆公司在高竹新区共同注资成立新区"供电有限责任公司"，按照现代企业管理制度，完善公司法人治理结构，增加机构设置，补充人员编制，能够独立参与生产、供用电，设计、安装、调试、维修输电线路及设备等依法经批准的项目。二是持续探索高竹新区域内电力市场建设。建立川渝电力交易平台，制定跨省交易机制，在高竹新区试点开展跨省电力交易。新区内客户可以自由选择川渝内电厂作为交易主体，充分发挥市场指挥棒的作用，保证电力要素在高竹跨省新区充分流动。

三、电网企业服务川渝高竹新区的跨省域一体化供电管理效果

（一）保障了新区的建设发展

一是为政府招商引资做好了电力服务保障。川渝高竹新区供电服务中心成立以来，成功协助管委会参与"成渝地区双城经济圈（福建侨商川商渝商）合作推介会""2021年中国新能源汽车国际合作大会"等5项大型招商引资会，提供电力政策咨询20余条。2022年，高竹新区加快招商引资进度，新签约金迪智慧谷、阿巴斯等项目14个，协议投资72亿元，实现工业总产值同比增加30%以上。

二是为地方党委政府提供了电力信息决策参考。构建政企联动公共关系，主动服务于川渝高竹新区政府工作大局，推进与相关职能部门"政企共建"的战略互动，定时报送川渝高竹新区电力月报12次，主动上门汇报电力工作8次，参与公共决策5次，切实当好"电参谋"，为川渝高竹新区管委会战略决策、改革创新提供全面、准确的电力信息支持。自2022年以来，高竹新区形成了经济活动5个一体化、社会事务3个属地化和以18项重点改革事项为支撑的"5318"改革创新体系。其中，税费改革成果入选党的二十大"奋进新时代"主题成就展，探索跨区域监督执纪执法联动新路径入选"中国改革2022年度地方性全面深化改革典型案例"。

（二）满足了客户的用电需求

一是提升了新区的供电可靠性。自2022年以来，新区供电可靠性由98%提升至99.9%，供电合格率由95%提升至99.7%，优质服务实现"零"投诉。二是提升了客户的电力获得感。自2022年以来，客户办电效率提升50%，业扩外线建设"零"投资，电力营商环境大大提升。三是降低了客户的用能成本。自2022年以来，累计发送能效账单1080份，通过能效诊断建议为企业节约用电费用约110万元。

（三）形成了跨省新区的供电体系

一是完善了跨省新区供电管理机制。政企凝心聚力，共同建立了一套省市上下联动、专业横向协同的组织保障机制，保障跨省供电服务向着可持续、健康方向发展；川渝齐心协力，共同建立了跨省供电服务中心，整合了广安、渝北在川渝高竹新区的供电管理资源，完善了人资、财务、发展、运维、营销、审计 6 方面 9 个跨省供电管理制度，理顺了双方公司之间的管理关系，权、利、责更加清晰，为川渝高竹新区供电服务中心实体化运作提供了强有力的制度保障。

二是融合了跨省新区供电业务流程。理顺发展、规划、运检内部管理流程，达到规划发展、运维抢修一体化，跨省抢修业务协同更加顺畅，抢修工作效率大大提升；优化整合了营销服务流程，将 10 千伏、0.4 千伏业扩报装流程缩减至 3 个、2 个，缩短客户办电时间，提升业扩办电效率，节约客户办电成本。

三是驱动了跨省新区供电政策互认。梳理跨省供电政策差异 44 项，以政策最优、成本最低为原则，相向而行，逐步实现统一，打破了电力政策行政边界的壁垒，在川渝高竹新区形成了电力"政策"高地与"成本"洼地，为跨省电力统一大市场的建设提供了实例和经验。

（成果创造人：马　宇、薛　伟、赵　芳、曹　刚、唐　勇、谭书云、
柏海峰、王　卫、陈　攀、杨云莹、张一凡、柳　狄）

中小型科技服务企业以专精特新为导向的转型发展

河南油田工程科技股份有限公司

河南油田工程科技股份有限公司（以下简称油田科技）创立于 2006 年，长期深耕石油石化行业，聚焦安全环保业务，通过信息化、数字化、智能化赋能，已转型成为为石油石化行业提供安全环保及其数字化一体化解决方案的高科技技术服务企业。油田科技与国内知名高校共建有 2 所重点实验室、2 个研发平台；打造石油石化安全风险智能识别系统、石油石化行业岗位能力提升培训系统、气浮增效分水撬装装置、甲烷在线监测系统等 12 项创新产品；参编 6 项标准，拥有 30 余项专利、100 余项软件著作权。

一、中小型科技服务企业以专精特新为导向的转型发展背景

油田科技作为国有改制企业，如何走出自己的发展之路，如何成为一家成功的企业，如何成为一家持续成功的企业是一直探究的重要问题。近年来，随着科技进步加快，信息化、数字化、智能化应用在传统行业不断渗透，打破了原有的生态圈，油田科技在传统行政许可业务上面临着前所未有的挑战与压力，迫切需要转变传统国有改制企业理念，变革传统行政许可业务结构，打造差异化竞争优势，必须向"专精特新"企业转型，向科技型企业迈进，以期实现跨越发展。

2014 年，油田科技就已经开始思考以专精特新为导向的转型发展之路。2015 年，油田科技深入研判分析内外部环境，认为以专精特新为导向的转型发展高度契合公司发展战略，能够打造差异化竞争优势，培育发展新动能，帮助公司跳出"红海"竞争实现转型发展的目标。自此时起，油田科技正式确立以"专精特新"为导向的转型发展道路。

二、中小型科技服务企业以专精特新为导向的转型发展主要做法

（一）打破传统思维定式，树立专精特新转型发展的理念

1. 确立专精特新转型发展的目标、原则和路径

油田科技专精特新转型发展的目标为以专精特新为导向，在石油石化行业细分市场打造专业化技术，提供特色、精良、创新性产品服务，优化业务结构，建立竞争优势，实现公司健康可持续发展；原则是"聚焦、深耕、创新、发展"；路径是思想、业务、人才、技术及管理转型。

2. 开展专精特新转型发展"大讨论"

油田科技组织全体员工开展"专精特新转型发展大讨论"。讨论内容为油田科技是否要进行转型，是否要以专精特新为方向转型；油田科技应在哪些业务作为转型发展的领域；油田科技内部有无与发展不匹配的思想，其具体表现、产生根源、负面影响是什么，如何改进；如何做到个人利益与公司利益相统一。"专精特新转型发展大讨论"持续了两个多月，取得了多项成果，首先正式确立向专精特新转型发展的方向；其次明确要持续深耕于石油石化安全环保领域，并借助信息化、数字化、智能化赋能，转型为科技服务企业；最后员工统一了思想，转型发展意识、大局意识、团结意识显著增强。

3. 持续组织专精特新转型发展学习与分享

为彻底扭转员工传统保守观念，改变不思进取的想法，顺利推进专精特新转型发展，油田科技确定读书分享的"铁规"，对于读书分享的思想"碰撞"、经验总结等切实应用到实际工作中，取得了丰硕的成果。比如读《华为研发》，油田科技借鉴华为研发优秀的经验做法，编制了《三年研发规划》，推动《研发管理办法》的修订，对研发投入、项目管理及成果激励等方面均进行了优化完善；读《你

在为谁工作》，形成总计 11 万字的《〈你在为谁工作〉读后感》，树立员工正确的从业理念，激发员工敬业进取、不懈努力的拼搏精神，也使得员工能够以更加积极的心态面对工作。

4. 举办专精特新转型发展的文化活动

为使专精特新转型发展理念融入于心、外化于行，举办专精特新转型发展为相关主题的文化活动是油田科技文化建设的重点。比如围绕着公司 12 项创新产品，油田科技举办"创新大家谈"文化活动，要求每位产品负责人、单位负责人及研发负责人围绕着对创新业务对转型发展重要性的认识，所负责创新产品技术的现实意义与推广前景，本业务板块创新产品技术未来持续提升的思路与想法，创新发展的寄语，四个方面录制讲解视频，对外推广传播。

（二）紧扣行业安全环保需求大、区域分布集中等特点及客户痛点，开展业务转型

1. 聚焦石油石化安全环保领域，保持战略定力

油田科技通过业务"主辅互补"及资质"集约化"建设，不断强化聚焦战略。在业务"主辅互补"上，油田科技对各业务板块均提出聚焦发展的具体要求。安全板块坚持行政许可业务与技术服务业务并举的发展思路，大力开展安全管理与安全技术服务，充分融合信息化、智能化技术手段以及先进的安全管理理念，形成服务产品与工作方法体系。环保板块形成"环评 + 设计 + 研发 + 现场技术服务"的发展模式，行政许可类的环境影响评价坚持自营，污水处理产品的技术研发、甲烷在线监测及企业排污许可系统等产品采取合作研发、引进核心技术或兼并优质企业等开放形式，打造拳头产品。信息化板块紧贴安全、环保业务板块，按照安全环保信息化、智能化的业务定位，开展研发创新，开发安全环保信息化产品，支撑公司转型发展。

在资质"集约化"建设上，油田科技通过"人"和"专业"的集约开展资质建设，强化业务聚焦。一是引进关键专业领军人才，确保资质申请及后期业务的顺利开展；选择专业对口的外部人才作为储备，油田科技承担其专业技术培训费用，在其取得职业资格证书后引入。二是结合公司实际，按照"集约化"理念和"一盘棋"思想，统筹规划部署各专业，实现业务板块间协作，专业队伍互为支撑；三是发布《不具备主岗职（执）业资格人员取证计划安排》及《执业资格证书奖励标准》，要求员工在规定时间内必须取得主岗执业资格。对于取得专业技术执业资格证书的员工，按资格证书获取难度给予最高 8 万元的一次性奖励和按月发放 4000 元的技能工资。通过资质"集约化"建设，现有队伍中 80% 以上的员工持证，形成具有公司特色、符合公司实际、业务之间具有内在联系的资质体系，为油田科技业务聚焦发展提供了强有力的支撑和保障。

2. 开发安全环保"四智"产品，同时赋能传统业务

针对石油石化行业专业特点，油田科技聚焦安全环保管理核心业务场景，建立信息化团队，与安全环保业务深度融合，重点研究适配业务场景的算法模型，利用新技术实现现有产品的迭代升级，打造以算法模型为核心的全新产品模式。开发基于工业互联网的风险评估、决策模型和工具集，对安全环保管理处置措施的充分性、适宜性和有效性进行全面准确的评估，实现具有一定感知能力、学习能力、推理能力、预测能力和决策能力的"HSE 大脑"，打造"四智"产品，即蓝深智云、蓝深智培、蓝深智联、智慧监督，赋能石油石化行业安全环保管理，为安全环保管理提供辅助决策支撑。

3. 依据油气地域分布特点，布局国内市场

油田科技改制前的母体单位为中石化河南油田，随着河南油田油气产量萎缩，油田科技所能承接的项目数量骤降。为实现长远发展，油田科技必须走出河南，布局国内市场。油田科技开展国内市场布局，采取了"三步走"策略。

第一步是守好基本盘，拓展石油重镇。油田科技原有的华中区域市场是基本盘，坚持深耕策略；根据国内油气田分布不均的特点，拓展华东、东北、西北、西南、陕西区域市场，设置分公司或办事

处，贴近客户，快速反应。

第二步是设立北京区域市场。油田科技服务的客户为中石化、中石油、国家管网等大型央国企单位的下设机构，北京区域市场作为油田科技对外服务的"窗口"，紧邻央国企总部，能够及时地收集研判政策信息、了解客户需求、推介公司业务产品、协调市场问题。

第三步是布局安全环保创新业务。围绕石油石化安全环保信息化业务，油田科技已打造12款创新产品，通过内部产品培训、市场与业务部门共同推广等方式，讲好"产品故事"。

（三）以专精特新为导向，开展安全环保信息化技术研发

1.持续优化完善技术研发体制机制，激发技术研发活力

油田科技研发工作在很长一段时期缺乏标准、标杆和标志，即研发工作的标准不明确，研发流程及管理过于随意，研发成果判定缺少标志。同时，研发工作缺乏方向感、目标感和成就感，即研发工作缺少政策指引，研发项目从立项、过程控制到成果鉴定无科学的监管和规范性管理，研发成果很难商业化、产业化，员工缺少成就感。归根结底，公司的技术研发体制机制亟须优化完善。

为解决制约公司科研创新发展的体制机制障碍，激发科技创新的激情，加快技术进步，提升科技实力和核心竞争力，油田科技每两年修订完善《科技管理办法》，出台《科技体制改革方案》《技术研发中心组织架构及岗位设置方案》。主要做法有：一是明确油田科技科委会为科研工作最高决策机构，技术研发中心承担研发项目具体管理工作。二是设立安全技术课题组、环保技术课题组、信息研发组，与安全环保业务板块深度融合，分领域承接研发项目。三是每个领域长聘外部专家保持10人以上，指导科研项目工作，解决技术难题，评审研发成果。四是明确研发流程，包括概念阶段、论证阶段、设计阶段、开发阶段、推广阶段以及研发变更流程。五是保障待遇和优化激励方式，坚持从事研发的人员有地位、有待遇的原则。

2.加强外部科研院所及企业合作，补齐技术短板

在科研院所的合作上，油田科技锚定自身安全环保信息化业务，坚持三个原则：一是能够解决自身技术难题，二是紧急迫切需要，三是市场前景广阔。经过多方比选，油田科技与北京邮电大学联合共建"智慧安全监管重点实验室"，以智能视频识别、智慧安全监管领域的相关研究作为工作重点，在施工现场安全事件识别、人员风险行为识别、物品及设备规范性识别等方向开展研究。与河南理工大学共建"生态建筑与环境构建"重点实验室，合作开发气浮增效油水分离装置。与中国人民大学合作研究企业排污智能管控技术，以及与中国计量院合作开展的甲烷监测定量计算反演模型研究等。通过将先进科研成果应用到生产现场，真正实现科技服务生产、科技保障生产、科技促进生产。

在外部科技企业合作上，一是通过合资合作攻克技术难关，寻找行业内外契合公司数字化、信息化发展的企业，共同出资成立研究中心，实现公司安全环保软件、算法与外部感知和高清智慧产品有机融合，共同打造面向石油石化行业的安全环保智能化解决方案。二是通过并购快速形成产品技术核心能力，已经启动一家技术互补型公司兼并工作。三是购买市场成熟的产品技术，实现技术快速突破。

3.积极参与政府组织的科技创新申报，检验研发产品

科研工作离不开政府科研政策的指导，油田科技在科研成果管理上，积极参与政府组织的科技创新申报，检验研发产品。首先，油田科技建立了《科研情报信息管理办法》，要求技术研发部门每日扫描国家、省、市、区四级政府的科技、工信等部门的科技政策，每周汇总并于油田科技例会通报研判情况，是否有申报的可能及申报的具体组织建议。其次，油田科技以季度为单位研究分析与公司"专精特新"转型发展相关的政策要求，发布研究结果并进行内部分享；以年度为单位、以政策发布部门为归口，整理所有科技政策，建立政策信息台账并汇编成册。再次，油田科技依据自身发展阶段及自

身条件，符合科技创新政策要求的，从公司、产品两个层面积极参与申报；对于暂不符合政策要求，但合乎油田科技发展方向的，由技术研发部门组织相关业务部门深入研究政策的细项要求，作为油田科技科研努力的方向，提前筹划，为未来申报打下基础。

（四）多措并举，强化人才队伍建设，打造专家型团队

1. 制订并严格落实专家型人才发展规划

在人才发展规划上，油田科技尤其重视专家型人才发展规划。油田科技革新传统的人才理念，提出人才的基础属性是"胜任"，推行专家型人才队伍建设"四维"规划。

首先是业务规划。油田科技的业务特点，要求专业技术员工为"T"型知识结构。为此，油田科技要求包括高管在内的所有技术员工"一专多能"，都要结合业务需要和个人专业特长，至少选择三个专业作为方向，其中主攻方向一个，学习费用由公司承担。油田科技建立了专业技术员工主副岗培养机制，每位员工设置主岗一个、副岗两个，其中副岗之一为跨业务领域，员工在完成主岗业务的同时，每年至少完成副岗业务各1项，作为年度考评的重要指标。

其次是技术规划。油田科技打通传统技术人员职位晋升及薪酬调整无据可依的障碍，从有利于技术提升和专业化管理出发，建立专业技术人员从助理技术员—中级技术员—高级专家—首席专家的专业技术序列发展通道，明确各专业技术岗位的任职资格及岗位标准，同时为技术员工"量身定制"技术培养方式，助力员工成长。

再次是资质规划。油田科技在重视公司资质建设的同时，也特别注重员工个人资质、职称建设，发布《资质管理办法》及《执业资格证书奖励标准》，启动员工执业资格培训考试费用报销等机制，激发员工学习、获取个人资质的动力。

最后是文化规划。油田科技将专家型人才作为公司宝贵的财富，选择培养志同道合的人才尤其重要。油田科技推进文化建设"五个一工程"（一个网络、一个微信公众号、一份报纸、一本故事集、一面文化墙），强化专家型人才学习，增强文化认同感。

2. 加强"专题教育、针对性培养、实践校验"的"三阶"培养

在人才培养上，油田科技把帮助人才胜任工作并发掘人才最大潜能作为一项重要工作，强化人才队伍的"三阶"培养。

首先是专题教育。油田科技建立了专题教育培训体系，包括结合转型发展战略的实施，每年选派若干优秀中青年员工参加政府部门组织的企业领军人才学习；参加省级高层次人才选拔、评价和认定；培养一批专业对口、有发展潜质的专业技术人员，参加省级正高专业技术资格评审和认定等。出台《周末培训学习管理办法》，要求公司包括董事长在内的所有员工必须坚持每周末培训。按照业务和职能分工不同划分，包括事业部培训单元、管理部门培训单元、市场培训单元、两级班子培训单元。对于各培训单元培训内容做了明确的规定，按季度选出"学习标兵"进行奖励，并将各员工培训情况纳入年度考核。

其次是针对性培养。依据公司转型发展要求及员工个人实际情况，针对性制定培养目标和培养方式，确保培养工作既满足公司发展需要又满足员工技能需求。包括出台《师徒帮带管理办法及实施方案》，要求新员工及转岗员工确立"一对一"或"一对多"的师徒帮带关系，签订《师徒帮带协议》，由师傅指导徒弟确定"一人一策"的培养目标、培养内容和实施举措，备案至人事管理部门，接受公司监督和考核。油田科技先后有70余名员工实施了师徒帮带，兑现师徒帮带奖金近40万元。参加师徒帮带的多数员工已经成为公司的技术骨干，其中中层负责人以上岗位员工有10余人。

最后是实践校验。油田科技坚持培养与实践相结合的方式，采取考核、面谈、挂职锻炼等方式校验员工成长过程，分析总结存在问题，帮助员工改进，提升员工能力。

3.实施全面测评的专家型人才评价及选拔要求

在专家型人才队伍评价及选拔上，油田科技坚持人岗匹配、适岗适人原则，实施全面测评的专家型人才评价及选拔要求，实现顶尖人才、领军人才及高级人才合理布局，"老中青"人才有序衔接。首先坚持德才兼备、注重实绩的原则，建立明确的专家型人才选拔录用标准及评价机制并坚决执行，杜绝"带病上岗"。其次建立专家型人才素质管理模型及专家型人才考察与评价机制，从敬业态度、专业能力、沟通能力、反应能力、学习意愿等十个方面进行考察，明确每个方面的考查内容和考查方式，保障人才评价及选拔的合理性。最后坚持"三个必须"原则，即选聘为领导班子的，必须具有一年及以上重点市场岗位工作的经历；选聘为公司级专家或行业技术专家的，必须具有一年及以上相关业务高级项目经理岗位工作经历；选聘为专业领域负责人的，必须具有一年及以上业务部门综合管理岗位工作经历，或外派锻炼半年及以上。

（五）优化评价激励措施，确保"专精特新"转型各项措施落地

1.实施员工股权激励，实现优秀人才与公司共同长远发展

为解决公司新老接替问题，打造利益共同体，实现优秀人才与公司共同长远发展，油田科技先后3次开展优秀人才股权激励。以最近1次为例，主要做法包括：一是在激励对象选择上，本次股权激励是为了解决45岁以下中青年非股东中高管理者及技术骨干股东身份，让此部分员工持有公司股份。二是在股份数量分配上，按照收益与贡献对等的原则，依据职位重要程度及考核表现分配股份数量。三是在发行价格上，依据油田科技上年每股净资产确定。四是在发行方式上，员工股权激励的股票来源为公司向员工持股计划平台定向发行的股票。五是在认购及退出机制上，鼓励符合条件员工积极认购，因特殊情况退出的，持有员工可转让其持有份额给普通合伙人指定的符合条件的员工。

2.实施全面考核，保障当期业绩实现

为有效调动员工积极性，保障当期业绩实现，油田科技实施全面考核机制，即采用全员、全要素、全周期、全方位的考核模式。

油田科技实施的考核全员化，主要体现在两个层面，将各分子公司、管理部门在内的所有组织机构包括董事长在内的全体员工纳入考核范围，真正做到人人身上有指标。激励考核全要素，一是将指标分为目标责任、业绩指标、能力指标、质量指标并逐级细化，形成以财务指标＋重点工作＋技能评价＋满意度评价相结合的指标体系；二是对于特殊事项专项激励考核，发布《技术成果奖励标准》《技能工资标准》和《技术（产品）推广应用奖励标准》，对获得国家科技进步奖、国家技术发明奖、发明专利、软著、现代管理创新奖等，取得专项执业证书以及技术（产品）获得应用等方面进行专项激励，做到激励考核无死角。激励考核全周期，油田科技通过以固定时间（周例会督办与督导、月度绩效按进度预发、季度依据实际绩效调整、年终综合考核兑现）激励考核为主，非固定时间（重大专项、重大突破等及时兑现）为补充的方式。激励考核全方位，一是以自我评价＋全员评价＋客户评价＋薪酬绩效委员会综合评价方式，实施全方位激励考核，体现内部公平性；二是在实施物质激励的同时，强化精神激励，通过优化环境、打造平台、职务激励、情感激励和荣誉激励等方式，激发员工潜能。

三、中小型科技服务企业以专精特新为导向的转型发展效果

（一）成功认定为国家级专精特新"小巨人"企业

通过以"专精特新"为导向的转型发展，油田科技企业特质发生了深刻变化。一是油田科技业务性质发生根本性变化，由传统的行政许可业务成功转型为科技服务业务。二是形成了多项科技创新产品，针对性地解决了石油石化上游企业的痛点难点问题。三是落地多项技术研发成果，参编6项行业及团体标准，获得30余项专利、100余项软件著作权。四是科技人才队伍质量明显提高。2023年，油

田科技从众多企业中脱颖而出，成功入选国家级专精特新"小巨人"企业，此为油田科技发展历程中一个标志性事件。

（二）培育多项核心产品技术，创新业务占比持续提高

通过以"专精特新"为导向的转型发展，油田科技技术创新加快，科研水平明显提高，在安全环保及其信息化领域培育了多项核心产品技术，广泛应用在安全产品、环保产品中。坚持深耕石油石化安全环保领域，在各市场强化推广安全环保专精特新技术及创新产品，创新业务占主营业务比重显著提升，至2022年达到70%以上。

（三）在行业细分市场上，市场影响力持续增强

油田科技持续提升传统业务质量，持续强化技术产品创新，油田科技过硬的团队素养、技术水平、产品质量获得客户的持续满意及业内的良好口碑。同时，油田科技的全国化市场布局正稳步扎实推进，已在中石油西南油气田、长庆油田及青海油田区域市场相继取得突破并得到客户认可。油田科技着力推广产品技术应用，获得了资本市场的关注与认可，已转型为石油石化行业提供安全环保及其数字化一体化解决方案的高科技技术服务企业。

（成果创造人：史传坤、李英豪、郤永军、宋　峰、谢朋文、潘　进、

张瑞玲、王永坤、梁　攀、张晓明、王向阳、高平阳）

供电企业以高质量发展为导向的战略执行体系构建

国网河北省电力有限公司石家庄供电分公司

国网河北省电力有限公司石家庄供电分公司（以下简称国网石家庄公司）是国网公司大型供电企业之一，负责石家庄电网的规划建设和运营管理，营业区域覆盖石家庄市辖8区、14县，供电面积1.58万平方千米，供电服务人口1123万，电力客户552万户，现有15个职能部门、15个支撑机构、17家基层单位、1个集体企业，全口径用工1.6万人，35千伏及以上变电站达到415座，总容量3735.98万千伏安。2022年，全年发展总投入26.36亿元，售电量517.24亿千瓦时，同比增长7.01%；业绩考核位列河北电力第一。近年来，先后获得"全国五一劳动奖状""全国企业文化优秀成果一等奖""中央企业先进集体""全国和谐劳动关系创建示范企业""河北省先进集体""国网公司管理提升标杆企业"等奖项和荣誉称号。

一、供电企业以高质量发展为导向的战略执行体系构建背景

（一）高效承接战略落地，推动企业高质量发展的需要

国网石家庄公司是国网公司所属大型供电企业，随着电力改革纵深推进、国企改革行动全面实施，电力行业改革不断提速，公司所处的政策环境、市场环境、监管环境发生深刻变化，需要通过全面、高标准落实国网公司战略部署，提高战略执行能力，全方位推动公司体制机制、发展方式、增长动力等领域变革升级，实现更高层次、更高质量发展。

（二）服务区域经济发展，充分发挥央企责任价值的需要

国网石家庄公司承担着电力公共服务的重要职责，面对区域经济社会发展对供电保障、优质服务等提出的更高要求，其需要立足"六个力量"定位，在稳大局、惠民生、促发展中发挥"压舱石"和"顶梁柱"作用。为此，国网石家庄公司将区域经济发展目标、城市建设重点项目要求，以及乡村振兴、"碳达峰、碳中和"等关键部署与公司战略执行目标、关键任务相协同，打造"政企合作、共建电网"新模式，通过强化战略承接和执行，不断提升央企履责和民生保障能力，辐射支撑石家庄区域经济发展和绿色低碳转型需求。

（三）突破企业发展瓶颈，巩固提升核心竞争能力的需要

国网石家庄公司仍存在一些薄弱环节和问题短板亟待弥补解决。在电网发展方面，网架结构不够清晰、变电站布点不足，配网故障率高等问题依然未能有效解决。在能源转型方面，随着新能源在供给侧快速增长，"产消者"在用户侧大量涌现，配电网消纳能力薄弱问题逐渐凸显，市场化经营机制的适应性仍需增强。在企业管理方面，专业管理横向协同不够、纵向穿透力不强等问题依然存在，现代化治理体系还需进一步完善。战略制胜是高质量发展的关键所在。针对上述问题，国网石家庄公司以战略承接和执行体系的构建和实施作为抓手，与时俱进优化战略落地实施方案，以发展战略牵引公司各项工作提质提档，更好地凝聚企业资源力量，突破发展瓶颈，巩固和发展企业核心竞争优势。

二、供电企业以高质量发展为导向的战略执行体系构建主要做法

（一）对接"公司＋省会"双线发展战略，构建闭环管理体系

1.明确战略承接定位

国网石家庄公司承接国网公司和石家庄市的战略目标和规划要求，明确公司战略承接定位。一是承接国网公司战略。国网公司将国际领先作为建设世界一流企业的更高追求，明确建设具有中国特色国际领先的能源互联网企业战略目标，坚持以推动高质量发展为主题，提出"一业为主、四翼齐飞、

全要素发力"总体发展布局，提出加快建设一流现代化能源强企的发展目标。二是对接省会发展规划。石家庄市发展规划指出，要围绕"经济总量过万亿"目标，奋力推动创新驱动、产业升级等领域实现"八个新突破"，加快建设现代化、国际化美丽省会城市。结合内外部的战略要求，国网石家庄公司明确"打造现代化企业"和"建设现代化电网"两大战略承接和执行的目标定位。

2. 明确发展原则导向

基于战略承接定位，国网石家庄公司明确战略执行的三个导向。一是坚持问题导向，把发现问题、解决问题作为夯实基础、补齐短板的有力抓手，树立全局性、系统性解决问题的工作思路，对照目标，找准问题，持续推动管理升级；二是坚持目标导向，结合新形势、新任务、新要求，科学分解战略目标任务体系，把公司总体目标细化分解落地为各个部门、单位，各个规划、项目，各个季度、月度的具体执行目标，推动国网公司战略布局和石家庄市发展规划的落地实践；三是坚持领先导向，积极承接国网河北省电力公司精品示范建设，对标国际国内领先水平，实现思想作风争先与重点项目争先的相融共促。

3. 设计战略承接与执行体系

在明确战略承接定位和工作指导原则的基础上，科学构建包括"战略承接定位—战略分解传导—实施路径制定—任务组织下达—过程监控督办—战略评估改进"六个阶段的战略承接和执行闭环管理体系。

（二）开展"目标—任务—指标"三层分解，实现精准分解传导

1. 对接战略"关键目标"

一是打造"领先石供"，对接国网公司战略，瞄准国网"大供"第一方阵和国网河北省电力公司业绩考核"第一"目标，实现在治理能力、人才队伍、工作业绩等方面全面领先，为国网战略落地实践提高贡献度、打造先行地。二是当好"电力先锋"，对接经济社会发展目标，聚焦供电企业主业责任，以打造"安全可靠、高效利用，智能互动、智慧配置，能源共享、价值共赢"的"高、智、享"电网为战略交汇点，在经济发展、绿色发展、民生保障等方面当好服务"现代化、国际化美丽省会城市"建设的"电力先锋"。

2. 承接战略"重点任务"

根据企业战略定位和目标，综合形成八个维度的重点任务。电力保供，完成重要保电任务，做好负荷管理，建设电力负荷管理中心，完善市县两级有序用电监控体系；安全生产，健全安全管理体系，实施现场反违章管控，建立市县两级电网风险督导机制，保障电网安全运行，强化设备运维管理，抓好各领域安全管控；电网转型，持续建强主网网架，制订城区配网提升三年行动计划，全力打造高可靠性配网，加快新型电力系统建设，服务分布式光伏发展；经营发展，实施量价费"零差错"示范区建设，持续优化经营策略，深入实施降本增效，开展"供电＋能效"服务，推广电能替代，大力拓展新兴市场；现代管理，推动供电所管理全面提升，建立营配调数据常态管理机制，加快推进数字化转型，提升现代化治理水平；客户服务，构建"阳光办电"服务体系，全面推行业扩流程线上化、节点化、可视化，建设客户智能服务云平台；人才队伍，建立阶梯式项目储备机制，实施"雁领"人才工程，打造"大人才"培育体系示范，充分发挥人才价值；党的建设，持续推动高质量党建，实施"赶考夺魁十大行动"，打造"党建＋优质服务"等10个"党建＋"示范工程，全面加强党风廉政建设，营造团结奋进浓厚氛围。

3. 衔接战略"核心指标"

国网石家庄公司划分公司级和专业级，构建战略"核心指标"体系。公司级核心指标，与重点任务划分维度相一致，反映总体绩效结果，包括电力保供、安全生产、电网转型、经营发展、现代管

理、客户服务、人才队伍、党的建设8个维度，共27项指标；专业级核心指标，反映专业管理过程和专项工作成效，根据公司专业部门划分，包括物资、法律、宣传、建设、数字化、调控、发展、财务、科技、审计、党建、工会、设备、营销、组织等专业维度，共46项指标。

（三）细化三个"一号工程"及项目方案，明确具体实施路径

1. 横向确定三个"一号工程"

结合公司战略核心目标的设置，横向从专业和重点任务维度划分，确定优化发展环境、提质增效、改革创新三个"一号工程"，统筹解决公司发展的重点、难点问题。一是攻坚优化发展环境工程。发挥电网平台作用，面向政府，主动服务政府需求，聚焦电网规划、电网建设、电网安全、营销服务、业务拓展、科技创新6个方面深化沟通；面向企业，建立超前获取信息、超前主动服务、超前规划建设的"三个超前"服务机制；面向社会，建立供电可靠性提升机制。通过推动政府、企业、社会协同发力，更好地服务经济社会发展用电需要。二是攻坚提质增效工程。强化数字赋能、精益管理、价值拓展，着力"增动能"，用数字化转型倒逼观念变革、流程再造和技术创新；着力"增效益"，坚持"增供扩销、降本节支"两条主线，深化31项长效经营策略；着力"降线损"，建立"全环节、全区域、全时段"线损监控机制，形成"监控—通报—督办—反馈—验证"常态化管控模式。三是攻坚改革创新工程。通过加快新型业务发展、实施供电所建设提升、打造联合创新生态圈，为高质量发展提供创新支撑。根据三个"一号工程"的部署，具体制定发布"供电可靠性提升方案""增量配电试点项目工作方案"等23项工作方案，统一发文贯彻落实。

2. 纵向制定三年"行动路径"

纵向从时间维度出发，明确以未来五年奋斗目标为总体目标，针对三个"一号工程"，细化分解近三年年度重点工作，形成三年"行动路径"，按照问题、目标、领先"三个导向"原则，从思想观念、方案制定、执行落实入手，制定执行战略地图。

3. 重点突破三类"示范项目"

结合自身资源禀赋和管理优势，重点策划打造"主网—配网—新型电力系统"三类示范区，其中包括19个具有引领突破效应的示范工程项目，支撑"高、智、享"电网建设，带动企业专业管理水平提升。一是打造坚强智能电网提升示范区。聚焦主城区网架，全面加快双"1+4"变电站建设，以解放站为中心，东南国际、西南红旗、西北北苑、东北石钢站为四角，破解石家庄主城区17年来无新增220千伏变电站难题。二是打造可靠性配电网提升示范区。按照国际一流城市配电网建设标准，全面梳理城区配网4大类22项负面清单，治理8类问题、应用40项技术、实施18个管理转型，打造形成具有"安全可靠、优质高效、绿色低碳、智能互动"特征的国际一流城市配电网和"规、建、运、检"一体管理体系。三是打造新型电力系统提升示范区。以正定新型电力系统示范县建设为试点，打造"1+4+1"示范项目群，建设平山县、西柏坡镇、北庄村三级乡村电气化示范区，投运北庄村光储一体微电网，打造新型电力系统在乡村发展路径的典型示范。

（四）整合综合计划和全面预算管理抓手，推动任务组织下达

1. 开展全员宣贯学习，提升员工战略意识

国网石家庄公司结合"领先文化"体系建设，从战略领会、认同和实践三个层面，全方位、多视角开展战略宣贯，逐层深入推动公司战略任务入脑入心。一是在战略领会层面。通过开展战略研修班、战略专题课、战略纳入员工培训必修课、开展联学战略专题行动等形式，推动全体员工深刻理解领会战略内容；在内外部网站、融媒体平台发布"一张图看懂公司战略"，推动战略展板进营业厅、变电站、供电所，营造浓厚氛围。二是在战略认同层面。根据公司战略承接和执行的目标、任务，开展讨论学习，依托《石供先锋日报》等媒体平台开展"战略路径专题讲""领先文化大家谈"等专题讨

论，引导全员增强战略认同，投身战略实践。三是在实践转化层面。根据公司战略承接和执行的重点任务，在专业层面，每年设置 5～8 个"专业鼎"，明确升级进位目标，开展"问鼎行动"；在个人层面，在公司职工活动中心和公司网站建设"实体＋网络"的"荣誉殿堂"，为公司业绩突出、业务领先员工举办入堂仪式，促进战略认同向具体实践的转化。

2. 加强综合计划牵引，精益管控战略实施

将公司综合计划管理工作与战略执行相衔接，构建"战略—综合计划"协同机制，确保每年将战略任务层层分解落实到具体业务中，推动战略任务的落实，助力战略目标的实现。一是通过综合计划分解，匹配重点任务需求。通过综合计划管理分解二级专业指标目标值，分析当前专业能力差距，确定专业项目需求，并与每年下达综合计划相匹配，逐项梳理计划实施项目明细，建立以战略为导向的综合计划项目库。二是通过统筹项目储备，保障战略落地时序。在项目定期入库和固化下达的基础上，灵活确定总控目标，构建应急项目绿色通道、项目预安排、打包项目分批分解等机制，实现与项目常态储备机制的灵活对接，保障战略项目落地时序的科学性和可控性。三是通过综合计划监控，强化战略执行管控。编制《战略信息监控表》对于专业问题需求无支撑项目落实、项目未能对应列入综合计划、立项后未能按计划执行、成效未能达到预置目标的，分析原因，明确措施。

3. 落实全面预算管理，加强战略资源配置

衔接战略任务和综合计划管理，开展全面预算管理，实现"战略任务管指标、综合计划管项目、全面预算管资金"。一是开展项目分型，找准预算投入着力点。对公司战略任务进行综合分析，划分"效率提升型、稳定发展型、重点投资型和优化投资型"四种典型投资层次，分型施策，保障战略执行的财力资源投入分解平衡。二是构建"三分段"预算投入机制。创新建立"统一标准的基础保障性支出＋效益评估激励的治理提升性支出＋各单位灵活安排"相结合的预算分配方式，充分发挥预算指导作用，确保资源配置精益高效。三是实施全链条预算管控，针对项目立项、审批、招标、采购、建设、验收、转资的全过程，按月监控项目实施进度，实行"临期提醒＋超期预警"双管控，确保战略执行资金链清晰顺畅。

（五）构建"监测—纠偏—督办"管控机制，把控战略过程进展

1. 针对执行过程，构建"多维监测"机制

依托运营监测平台，战略指标和任务开展执行过程监测，通过数据溯源揭示问题成因，横向传递到管理部门落实责任，纵向传递到业务单位督导整改。一是识别指标偏差。对事前导入的战略指标进行实时监测，设置指标阈值，实现对指标绩效偏差、异常的即时预警和短板指标的及时识别。同时，根据指标变化情况，穿透到相关业务系统挖掘比对明细数据，查找异动及问题根源。二是任务执行监测。根据指标与重点任务的关联，依据考核周期，采用即时分析与专题分析相结合的方法，对重点任务的异动和问题及时处理，对即将到期的任务给予提醒、进度滞后的任务及时发出预警。

2. 针对难点问题，构建"两库纠偏"机制

针对监测发现的偏差问题，与安全生产专项整治、优化营商环境检查、巡视巡察审计等各类检查整改工作结合，建立"问题库"和"措施库"，与年度重点任务进行联动管理。一是建立核心"问题库"追本溯源。深化各类问题整改成果应用，从基础管理、制度执行、责任落实等维度入手，通过"基层自查—专业核查—综合管理部门抽查"三级检查，建立"问题库"，分析偏差背后存在的问题和根源因素，提出治本思路。二是建立改进"措施库"分类施策。根据"问题库"追本溯源，分类施策，完善流程，明确各类问题标本兼治的时间表、路线图，制定"治本措施库"，形成目标任务问题措施"一张表"，作为战略任务问题解决的着力点。

3. 针对重点任务，构建"跟踪督办"机制

通过"全过程、全方位、全专业"目标任务督办管理体系抓实战略重点任务。一是实施四级分类督办。综合运用提醒、通报、走访等方式，按宏观政策、常规工作、"一号工程"部署、重大紧急事项对应"蓝、黄、橙、红"四级督办，跟踪节点问效，确保各类任务落实到位。二是应用督办数字化载体。建立"互联网＋督办"模式，应用协同办公系统、i 国网 App 等平台搭建线上意见建议反馈渠道，应用数字化手段拓展"督办＋调研""督办＋研究"等协同工作效率。三是建立督责可视化看板。红色履责看板对整改情况月度督办，使问题、目标、结果清晰明了，指明履责发力点；蓝色督责看板聚焦监督检查，发现问题进行通报，跟踪进展，推动整改责任落实具体化、可操作化。

（六）开展"综合＋专题"多维评估研判，实现战略持续改进

1. 定期综合研判，评估战略执行过程

一是战略任务全面评估。每年针对战略任务执行情况进行全面评估，梳理指标目标、项目和主要工作任务的偏差，分析任务调整情况，提出加强战略执行管理、提高目标任务适应性的相关建议。二是工作报告分析评价。考虑到重要会议工作报告是企业战略决策和工作部署的重要载体，工作报告反映了对企业战略的理解和把握，国网石家庄公司对各专业和单位的年度报告进行定性和定量评价，保障战略承接和分解传递的一致性和有效性。

2. 实施三级对标，评估战略执行效果

以企业内部（供配电中心、县级单位）对标为业务支撑，国网河北省电力有限公司对标为抓手，"大供"点对点对标为交流平台，从指标先进性和指标成长性两个维度，完善公司三级对标指标体系，评估战略执行效果。一是企业内部对标。常态实施公司内部配供电中心和县级供电企业对标，搭建内部指标体系，每年结合战略承接和执行目标任务的分解，调整企业内部对标指标体系，鼓励各单位强电网、强服务、强经营，提升发展质效。二是河北省内对标。根据国网河北省电力公司省内对标情况，开展与兄弟单位横向对比和与历史数据纵向对比相结合的分析，对领先指标、客观因素影响较大指标、管理因素影响较大指标分类落实整改措施。三是"大供"点对点对标。瞄准管理先进、体量相似、地域相近的 5 家大型电网企业，加强与武汉、合肥等兄弟单位的交流互促，建立"线上＋线下"常态化对标交流平台，互相交流对标数据，共同分析不同省份对标体系，学习先进的管理方法、提出改进措施。

3. 开展专题研究，提升战略执行能力

根据年度战略承接和执行重点，设置"十大战略课题"，聚焦战略理论体系和落地实施关键问题，对公司重大战略课题选题进行谋篇布局，支撑公司战略决策部署，助推公司战略执行落地。例如，2021 年开展的《面向"碳中和"目标的新型电力系统发展路径研究》，相关成果直接转化为管理流程 12 项、技术标准 11 项，对公司战略任务实施形成了巨大的推动作用。

三、供电企业以高质量发展为导向的战略执行体系构建效果

（一）企业管理体系完善，增强了战略执行能力

国网石家庄公司通过战略承接与执行体系的构建和实施，公司战略执行管理的系统性得到全面提升，重点业务管理机制和组织机构得到健全优化，公司全员对战略目标的理解和认识得到深化，管理理念和价值认同进一步落地生根。一是战略执行更加系统。建立了科学有效的全过程闭环管控体系，促进了企业战略目标以目标任务为载体进行有效传递，各级的执行力显著增强。二是重点任务全面完成。高标准完成党的二十大、全国两会、北京冬奥会等重大保电任务，2022 年分解落实 211 万千瓦精准有序用电指标，成功应对 963 万千瓦负荷新高，电力保供、安全生产、电网转型等 8 个方面重点任务全面高质量完成。三是战略指标有效提升。公司级和专业级核心指标得到有效管控，公司业绩

考核、同业对标实现省内"三连冠"，在关键业绩指标 27 个考核要素中，排名前三考核要素占比由 64.7% 提升到 85%，绝对第一的要素由 17.6% 提升到 29.6%。

（二）综合实力稳步增强，提升了企业经营业绩

国网石家庄公司有效破解了企业发展过程中遇到的困难和障碍，提升了公司综合实力。一是经营业绩指标提升。经营效益提升的各项措施全面落地，2022 年，售电量 517.24 亿千瓦时，同比增长 7.01%；综合线损率 3.1%，同比降低 0.7 个百分点。二是"高、智、享"电网加速建成。2022 年，电网投资 19.62 亿元，35 千伏及以上线路、容量分别达 10278 千米、3887 万千伏安，推动石家庄电网迈入坚强智能时代。城区"1+4"5 座 220 千伏变电站规划全部落地。三是形成多类示范突破成果。建成平山县营里乡 10 千伏兆瓦级（村级）新型电力系统示范，实现了首个模拟转动惯量的新型电力系统示范工程等 5 项国内"首创"，创造了单体最大的构网型变流器等 5 项国内"第一"。探索分布式光伏柔性调控技术，在国网公司率先完成基于互联网大区物管平台的分布式光伏分层分级调控技术，通过研制自动化光伏 5G 控制终端，实现分布式光伏调度直采直控；建成河北南网首个高比例光伏微网群示范乡，形成"村—乡—区—城"特色示范场景，取得了良好的示范带动作用。

（三）服务区域经济发展，支撑了石家庄"强省会"建设

国网石家庄公司通过战略承接与执行体系的构建和实施，更加聚焦石家庄市经济社会发展需求，不断加强电网建设、优化供电服务，提升获得电力指数，主动担当、积极作为，取得良好社会效益，做法得到政府和社会的高度认可。一是配合政府高效完成民生工程。2022 年，开工投产电网改造项目高达 500 余个，为经济社会发展注入强劲动力。完成高开、桥西"30+20"平方千米两个供电可靠性最薄弱区域的全面改造提升，实现线路配变零过载、零高损、业扩零受限、电压零越限"4 个零"。完成 255 个美丽乡村、568 个老旧小区建设改造任务，营造了安全宜居用电环境。二是高质量服务新能源项目发展。2022 年度新能源发电量 27.79 亿千瓦时，替代压减燃煤 34.18 万吨、减少碳排放 92.3 万吨。石家庄能源供给结构得到快速有效优化，示范区分布式光伏装机规模年均增速达 30% 以上，电能与终端能源消费占比提升至 30%。三是获得电力指数提升。省内率先建成市县公司全覆盖的"阳光业扩"全线上管控平台，保障了石钢搬迁、晶澳工程、诚信化工等 190 个省市重点项目快速接电。2021 至 2022 年，国网石家庄公司先后获得"全国五一劳动奖状"、"全国和谐劳动关系创建示范企业"、国网公司管理提升"标杆企业"等重大荣誉。

（成果创造人：赵　宁、马伟强、王永朝、李佳琪、江贤康、程自强、
　　　　　　　林晓乐、李　响、曹　培、王跃峰、韩　力、薛　宁）

以高质量发展为引领的铁路多元化经营管理变革

中国铁路北京局集团有限公司

中国铁路北京局集团有限公司（以下简称北京局集团公司）为中国国家铁路集团有限公司（以下简称国铁集团）出资的法人独资公司，是以铁路客货运输为主的特大型国有企业，所辖线路分布在北京市、天津市、河北省及山东省、河南省、山西省的部分地区，是连接华北、东北、华东铁路运输的重要枢纽和咽喉要道。北京局集团公司用工总量167218人，管辖营业里程10129.4千米，其中，高速铁路营业里程2693.6千米。北京局集团公司现有从事多元经营的直属公司12家，法人企业73家，已经形成了现代物流、商旅传媒、建筑施工、地产置业、资产运营、科技制造、运输委托服务7大板块产业布局。

一、以高质量发展为引领的铁路多元化经营管理变革背景

（一）落实中央战略部署的必然要求

2020年，中央全面深化改革委员会通过了《国企改革三年行动方案（2020—2022年）》，旨在增强国有经济竞争力、创新力、控制力、影响力、抗风险能力。国铁集团按照要求，以全资产、全要素经营开发为重点，积极推进市场化改革，将"以铁路客货运输为主业，实行多元化经营"摆在更加重要的位置，指导国铁集团抓重点、补短板、强弱项，加快推进铁路多元化经营改革。

（二）推进北京局集团公司高质量发展的必由之路

围绕铁路客货运输开展的相关多元化经营业务，涉及现代物流、商旅服务、资产运营、运输委托管理、建设施工管理、信息平台开发及科技产品研发制造等方面，承担着延伸运输业供应链、服务链、盘活闲置低效资产资源、提高运输产品供给质量，更好地服务经济社会发展和人民群众需要的重任，是北京局集团公司高质量发展的重要组成部分。

（三）解决制约铁路多元化经营瓶颈问题的必然选择

铁路多元化经营企业历经多次改革重组，在资源集聚、产业整合等方面取得较好效果，但是与社会优秀企业相比仍有一定差距。一是资产资源开发利用不足，传统产业和低端产业比重较高；二是多元经营企业小散弱、管理效率不高；三是市场化程度低。通过改革变革激发活力、将解决问题作为推动发展的潜力，才能真正实现高质量发展。

二、以高质量发展为引领的铁路多元化经营管理变革主要做法

（一）坚持集约化，重组资源要素

1. 按照"一业为主、适度多元"原则整合业务

从厘清多元经营企业业务界面入手，通过对同类资源或业务进行归集；对优势资源进行专业化、区域化聚合；对同类业务进行规模化、集约化整合，共完成调整直属企业交叉界面业务75项，有效解决了多元经营企业之间经营定位不清、业务交叉重叠和内部恶性竞争问题，推动了区域经营与专业经营相协调、资源禀赋与主营业务相统一，实现了主营业务突出、经营界面清晰的格局。

2. 按照"母子协同、资源匹配"原则重组企业

调整46家参控股企业投资关系，构建与业务归集相匹配的企业发展集群。其中，调整二级以下多元经营企业投资关系42家，调整直属企业投资关系4家，实现了母子公司经营业务协同发展。

3. 按照"管控有效、精干高效"原则优化职能

一是立足问题导向，强化专业管理能力。围绕国铁集团经开部在直属企业安全管理、股权投资

等方面的薄弱环节，调整设置安全管理科、投资管理科，补强关键职能，提高对直属企业专业管理能力。二是立足精干高效，强化系统协调能力。围绕增强建筑施工、科工制造、物流商贸、商旅传媒、资产运营、运输委管产业集群之间业务协调配合，更好地推动与北京局集团公司相关部室建立协同联动机制并推进实施，实现集中统筹、精干高效、管控有效。三是立足对口清晰，优化职能管理界面。将对口国铁集团经开部、北京局集团公司综合管理部室，以及各公司经营管理机构、各站段经营开发部门部分职能由合资办调整到经开部本部。在合资办增加北京局集团公司派出董事、监事管理职能。做到定位清晰、职责明确，避免缺位、越位和错位。

（二）坚持专业化，调整产业布局

1. 新设资产运营板块

一是实现管内经营性房屋资产专业化经营。支持资产运营公司作为全局房屋租赁主要经营单位，对北京局集团公司产权的经营性房屋进行专业化租赁经营，以归口经营北京局集团公司统管房屋为试点先期推进。

二是实现管内公网覆盖通信设施的统一经营与代维护。支持资产运营公司负责全局铁路沿线通信铁塔、通信杆路、光缆、电缆、槽道、管道、公网室内分布系统等通信运营商或其他路外单位单独建设的通信设施的归口经营管理。

三是实现再生资源业务属地化处置向规模化经营转变。支持资产运营公司按照"区域归集、集中存放、分拣分解、公开销售"的原则，利用北京局集团公司闲置货场、场地等资源，规划建设一般废金属集散中心，做到数量规模化、价格差异化销售。以大修基地、集散中心为依托，逐步实现再生资源业务归集拆解、分拣加工、仓储销售、增值服务等一体化经营，实现资源价值最大化。

2. 改组物流商贸板块

一是将占地150亩以下的低效闲置货场打造为专业物流基地。北京局集团公司将低效闲置且具备开发条件的货场支持物流公司综合开发，由物流公司进行投资改造，为相对固定的、具有较大运量的客户提供全程物流总包服务。北京局集团公司相关部门通过设定运输条件限制其他品类，做到客户集中、到发品类集中，提升专业物流服务水平。

二是将占地150亩以上的低效闲置货场打造为综合物流园区。研究创新铁路货场向现代物流基地转型发展和服务模式，集聚全局之力争取国铁集团政策支持，力争作为全路盘活铁路存量货场资源的试点单位，将具备区位和规模优势的铁路货场调整为物流公司的综合物流园区，通过自有资金、引入社会资本、银行贷款等方式进行投资开发。由物流公司按照市场规则与客户签订合同协议，提供装卸、搬运、分拣、到发等"一站式"服务，提升客户服务体验。

三是将紧邻物流公司专用线的低效闲置货场交由物流公司统筹规模化开发。对物流公司权属专用线，或者物流公司通过租赁（合作经营）方式具备经营控制权的专用线，且该专用线紧邻货场的特殊项目，支持物流公司对货场进行综合开发。由物流公司根据专用线、货场场地及市场客户情况，统筹研究确定打造为专业物流基地或综合物流园区，发挥规模优势，做到货源集聚、批量到发，提高运输经营效率。

3. 改造科技制造板块

一是支持铁路配件产品、关键部件等研发供应。采取运输业提需求、确定产品，非运输业抓研发、组织生产的方式。组织专精特新和单项产品攻关生产，完善供应体系，形成产品备份，降低采购成本。北京局集团公司及时公布《直属企业生产产品（物资）目录》，支持产品在局内推广、扩大市场占有率。以铁路通信信号安全设备、客站广播系统、显示屏、调车机视频监控系统等工业产品，医用口罩等防疫物资为重点，尽快扩大供应规模。

二是支持铁路相关设备设施维修维护等业务需求。以确保质量、降低成本为前提，支持多元经营企业承揽铁路外包运维养护业务。通过业务整合重组、流程再造，减少中间环节，发挥资源规模优势，进一步提高轨道技术公司技术水平、服务质量和经营效益。以和谐机车电机和齿轮箱维修、客服设备维保等为重点，不断扩大业务范围。

三是支持科技创新、专利技术等成果转化。加速科技成果转化应用，参与北京局集团公司、科研所、创新工作室等单位科技成果转化研发和实施工作，探索建立完善转化平台，推进科技成果、专利技术安全、高效、低成本转化，健全市场化运用机制。支持与中国铁道科学研究院等院所及专精特新"小巨人"企业通过合资合作等方式，迅速壮大科技实力和研发能力。

4. 优化建设施工板块

一是增强工程项目管理能力。充分整合北京局集团公司人力资源和专业公司经营优势，打造项目管理、工程代建专业化工程项目管理公司，使专业公司具备承揽 EPC（设计采购施工总承包）项目的能力。进一步完善专业公司与路外工程管理机构的协同机制，统一涉铁工程的项目管理和代建市场。通过发挥项目管理的带动作用，提升工程咨询、工程施工、物资设备供应、专用线运维、公网覆盖等相关多元经营企业市场占有能力和盈利能力。

二是扩展咨询业务广度。打造集工程设计、技术检测、招标代理、工程监理、视频监控等业务为一体的工程咨询公司。对于北京局集团公司更改及零小工程，原则上由天佑京铁工程咨询有限公司承担；大力支持拓展路内基建、涉铁等项目。抢抓京津冀三地协同发展契机，充分利用北京局集团公司与地方政府在运输、建设、土地等资源的对接条件，争取参与地方城际铁路建设、产业疏解项目、环境治理项目等社会市场。

三是扩大工程施工市场。以北京局集团公司内部更新改造和大修项目为基础市场，以涉铁项目施工为核心市场，以基本建设和扩展工程项目为优先发展市场。对建筑施工板块既有人员、技术、资质、设备等要素资源进行全面梳理，维护和提升建设工程企业资质。支持专业公司采取与中铁工、中铁建等知名施工企业合作等方式，进入铁路基本建设领域，提升施工能力和水平。

5. 聚合商旅传媒板块

一是将客站商业红线范围外可开发场地和空间资源交由中铁传媒公司统一开发。支持中铁传媒公司进行统一规划设计，办理场地客运及商业红线调整事宜，拟订自营方案或组织招商，完成建设装修，实现商业运营。重点推进大型客站售票厅闲置场地开发利用等项目。

二是充分利用配餐基地等生产供应能力。发挥中铁旅所属酒店、配餐基地餐食产品生产和加工能力，拓展管内市场，为各单位、各活动场所提供半成品、成品及商品服务等规模化餐食供应服务。重点推进施工现场职工盒餐供应、职工生日蛋糕供应、党员生日纪念品定制等项目。

三是鼓励各单位资源共享、优势互补。围绕客站商业、列车服务、媒体运营、旅游餐饮、文化创意等方面，利用多渠道、多样化的方式整体开发各类资产资源，研究优化客站商业、广告媒体经营年限相关政策，打造新型站车商业发展模式。

（三）坚持规模化，打造骨干企业

一是撤销"小散弱"企业。坚持"有进有退，有破有立，优化结构，动态管理"的工作思路，撤销了 11 家不符合企业发展定位、不适应产业链运营实际需要、缺乏发展潜力的二级多元经营企业，进一步减少管理级次，优化产业结构。

二是做大直属公司规模。通过先后两轮企业重组，直属公司数量从 16 家减少到 12 家。企业规模进一步加大，在新冠疫情防控常态化和日益复杂的经营环境下，对增强企业经营韧劲、实现企业规模经济提供了支撑。

三是打造旗舰骨干公司。通过重组整合，12 家直属公司已经构建了母子公司业务协同、各类优势资源集聚的新局面，为把规模优势转化为发展优势、在全路打造旗舰骨干企业创造了基础条件。

（四）坚持规范化，完善制度建设

1. 增强市场意识，规范企业名称

为突出行业特点，提高市场辨识度，对直属公司名称进行规范变更，旨在弘扬詹天佑精神，体现首都局特点，彰显"交通强国、铁路先行"的责任与担当，对 10 家直属公司名称赋予"天佑京铁"品牌标识，提升企业员工的归属感和自豪感，释放推动企业发展的潜在动力。同时，保留具有"中国铁道""中铁世纪"2 家字号的企业名称。通过规范企业名称，在市场竞争中，让企业品牌标识更靓、集团化经营的规模效应更强。

2. 遵循市场规律，完善法人治理

修订完善直属公司章程，规范企业各治理主体行权履职，完善议事规则，加快形成权责法定、权责透明、协调运转、有效制衡的公司治理机制。为直属公司配强专职董监事，全部由具有丰富生产经营经验的正处职级人员担任。

3. 探索市场机制，推进制度变革

会同北京局集团公司相关部门共同研究，完善了工资总额决定机制，实行多元经营创效与部室、站段联挂考核；制定了企业负责人薪酬机制，打破多元经营企业收入天花板；研究制定了"一企一策"的经营业绩考核办法；搭建人力资源调剂管理信息平台，出台"效费"办法，打通站段与多元经营企业之间的用人用工渠道，进一步激发了企业发展活力。

（五）勇于市场竞争，转变发展模式

1. 融入共享经济，构建商业经营新生态

适应共享经济发展方向，打造铁路旅行高品质服务链条，构建"高铁＋共享经济"站车商业服务新模式。通过在高铁客站、列车及相关场所建设共享充电宝、共享汽车、移动扫码消费等专用设施，同步研究拓展高铁闪送、新零售等共享业态，满足旅客多样化、个性化出行需求。

2. 融入区域经济，构建路地合作新模式

一是开创性推出"铁路＋旅游＋扶贫"主题推介新模式，形成了"路地"旅游融合发展的新格局，培育和打造旅游专列品牌，结合京津冀区域文化旅游元素，研发"环京津冀文化旅游班列"等旅游产品，推进实施"京和号"（北京—和田）、津和号（天津—和田）等旅游列车冠名，为客运产业链提升效益打下良好基础；二是发展城市绿色物流，与北京市共同研究城市绿色物流配送体系的构建工作，确定了"外集内配、绿色联运"服务首都民生物资的战略定位，明确了"2（2 个市外铁路集配基地）＋9（9 个市内配送中心）"双核多中心绿色物流体系，实现了货运改革以来直属企业运营北京局集团公司货场资产的新突破。

3. 融入"供应链"，构建路企共生新格局

抓住区位和实体资产优势，整合地方铁路、机车、车辆等资源，运营煤炭班列。为解决天津北疆电厂对神华煤炭需求量大，但是难以满足的问题，打通国铁和地方铁路互通的机制和技术障碍，搭建了上下游联动、以铁路为主的供销运平台，融入了北疆电厂的供物流供应链体系。

4. 融入信息时代，构建企业发展新驱动

一是建立客站商业信息管理系统。及时掌握和分析商业经营数据，优化客站商业布局，提高创效水平；积极开展数据管理和应用研究，综合运用信息处理技术，设计面向市场的票务、购物等客运服务增值产品，实现精准营销，提高市场竞争力。二是搭建资产资源招商平台。运用信息化手段，促进资产资源的价值发现和动态管理。建立"阳光＋科技"运行模式，加强对招商主体的指导与监督，使

招商活动制度化、规范化。三是建立统计分析管理模块。加强对招商数据的归集分析和应用，用信息化、市场化的手段促进资源效益最大化。

5.防范市场风险，构建全方位防控体系

一是坚持抓重点。针对商贸业务风险防控重点，修订下发了《商贸业务风险防控管理办法》，实施"三个审批"制度，制定了商贸业务审查机制，加强新业务风险论证和既有商贸业务风险监管，杜绝新增风险债权。发挥两级专班作用，多措并举，探索清收方式，通过处置抵押房产、债权债务三方抹账、引入第三方代偿等方式，扩大风险债权清理效果。二是坚持控难点。针对经营类合同审查难点，建立了经开部合同审查机制，设置了联签审查和会议审查两种方式，明确了适用范围、流程和分工责任。三是坚持全覆盖。围绕直属企业经营业务，梳理政策文件，甄别风险环节，揭示风险点，分类制定风险防控指南。目前，已经完成《商贸业务风险防控指南》。四是坚持管长效。结合审计问题整改，坚持"整改一类问题，完善一项制度"的思路，组织直属企业一手抓现实问题整改，一手抓长效机制建设，强化合规经营。

三、以高质量发展为引领的铁路多元化经营管理变革效果

（一）企业资源配置得到优化，核心竞争力明显提升

形成多要素组合、多业态协同、多部门联动的铁路全产业链经营新格局。实现了企业专业化重组，减少内部无序竞争，提升盈利能力及专业化水平。促进了资源优势和资源效益相匹配，直属企业各板块盈利能力均得到显著提升。

（二）直属骨干企业得到培育，细分赛道经济效益显著

直属公司企业规模优势显现，综合创效超亿元企业达到6家，2家企业综合创效超3亿元。直属公司本级经营实力增强，12家直属公司本级户均资产20.91亿元，同比增长28.52%；户均利润7005万元，同比增长5.77%。在现代物流、建筑施工、运输委管等板块，培育了一批业务边界清晰、主营业务突出、具有知名品牌和较强市场竞争力的骨干企业。

（三）促进了管理变革，企业进入高质量发展新阶段

推进了多元经营企业系统性管理变革。运输业与多元经营企业项目联动开发、工作联系协调、业绩联挂考核的一体化经营机制已经初步形成，多元经营企业迈上"市场化、专业化、规模化、集约化"高质量发展轨道。2022年，多元经营企业利润10.12亿元，同比增加2.59亿元，增幅34%；支付资产资源占用费8.92亿元，同比增加1.78亿元，增幅25%。

（成果创造人：曹洪水、徐　昊、张宏伟、张　颖、唐景良、杨明波、
　　　　　　　陈　岩、王　磊、卫林楠、刘　儒、范　翔、张　鹏）

供电企业适应电力体制改革的代理购电价格管理

国网辽宁省电力有限公司

国网辽宁省电力有限公司（以下简称国网辽宁电力）成立于 1999 年，是国家电网有限公司的全资子公司，供电营业区域覆盖辽宁全省。截至 2022 年年底，资产总额 1192 亿元，2022 年售电量 2114.02 亿千瓦时，营业收入 1311.71 亿元，利润总额 2.67 亿元。近年来，国网辽宁电力全面实施"一体四翼"发展布局，真抓实干、锐意攻坚，在新冠疫情防控、电力保供、深化改革等大战大考中经受住了考验，公司经营能力、管理水平、综合实力大幅提升，先后获得"全国五一劳动奖状""全国文明单位""辽宁省先进基层党组织""辽宁省省长质量奖金奖"等荣誉。

一、供电企业适应电力体制改革的代理购电价格管理背景

（一）深化电力体制改革的要求

2015 年党中央、国务院《关于进一步深化电力体制改革的若干意见》（中发〔2015〕9 号）印发后，输配电价改革实现全覆盖，市场化交易规模不断扩大，电力市场优化资源配置成效日趋显著。然而自 2021 年入冬以来，煤炭等一次能源供应持续偏紧，叠加电力需求超预期增长、能耗双控等因素，保障能源电力安全可靠供应面临严峻挑战。与此同时，电力市场建设进度趋缓，市场参与主体数量和类型有限，市场竞争不够充分，市场价格信号难以准确反映电能真实成本，煤炭价格高企成本疏导存在瓶颈。在此背景下，国家发展改革委发布《关于进一步深化燃煤发电上网电价市场化改革的通知》（发改价格〔2021〕1439 号），坚持市场化改革方向优化煤电上网价格机制，理顺市场化价格形成机制，以更加精准、灵敏的价格信号反映电力供需形势和电能生产使用成本，为改善煤电紧张环境下的电能供需关系提供政策支撑，具有十分重要的意义。

（二）优化电力资源配置的需要

燃煤机组市场化改革政策出台后，国家发展改革委进一步发布了《关于组织开展电网企业代理购电工作有关事项的通知》（发改办价格〔2021〕809 号），标志着电网公司将代理暂未直接参与市场交易用户购电，代理购电价格由平均上网电价、辅助服务费用和保障居民、农业用电价格稳定产生的新增损益分摊构成。代理购电价格机制的合理性、公平性与完备性将直接影响用户用能价格水平，对电力市场化改革推进质量与效果产生重要影响。由于工商业电力用户全面放开规模大、时间短，新入市用户从原先目录电价接受者转变为市场交易参与者需要一个适应过程。在此期间，对暂未直接从电力市场购电的用户而言，建立电网代理购电机制，有效引导电力资源优化配置，对有序平稳实现工商业用户全部进入电力市场、促进电力市场加快建设发展，具有很强的紧迫性和必要性。

（三）提高供电服务水平的要求

实施代理购电，推动全体工商业电力用户进入市场，通过市场方式促进供需匹配形成价格，标志着我国电力体制改革进一步向纵深推进，改变了电网企业当前的购售电业务关系和管理模式，相关业务涉及的部门职责分工和工作流程也需要进行调整完善，为支撑代理购电业务顺利推进提供坚强保障。主要包括：如何保障合理测算代理购电量规模价格，满足市场主体要求电网企业公开透明操作、完整准确披露相关信息等诉求；深入结合输配电价改革、代理购电等监管要求，持续优化经营策略，深化应用多维精益变革成果，区分用户属性单独核算价费、单独归集盈亏、合规披露信息，保障供电企业营收规模及现金流稳定、确保合理传导上下游环节电费资金。考虑深化电价市场化改革与其他电力体制改革专项任务紧密相关，着眼持续深化改革、提高供电服务水平，加快促进电价改革相关措施

与优化放开发用电计划、电力市场建设、售电市场改革等专项任务衔接，统筹推进代理购电价格机制稳妥高效落地实施，意义重大、影响深远。

二、供电企业适应电力体制改革的代理购电价格管理主要做法

（一）明确代理购电价格管理的指导思想、目标和基本原则

1. 落实政策要求，明确指导思想

国网辽宁电力深入贯彻国家发展改革委政策文件要求，认真落实国家电网有限公司代理购电工作指引，推动完善配套政策细则和市场交易规则，建立健全公司代理购电组织体系和管理制度办法，加大信息化、数字化技术手段赋能支撑，加强市场信息公开、业务合规管理和风险防控，打造专业化人才队伍，不断提升代理购电服务水平和经营管理质效。

2. 系统科学论证，制定工作目标

着眼规范推进代理购电业务、不断提升代理购电服务质量，国网辽宁电力深入开展调研、系统科学论证，在深入比较国外有关售电侧放开政策研究及国内各省执行代理购电机制实施情形的基础上制定工作目标，即加快建立健全代理购电组织架构和运作机制，形成标准化、规范化的业务管理制度体系；建成数字化、智能化的购电预测和辅助决策支撑平台；打造专业化购电交易人才队伍，确保代理购电公开、公平、公正参与市场交易；加大力度推动所有工商业用户参与直接交易市场，履职尽责为居民、农业用电提供保底供电服务。

3. 精心组织实施，确立工作原则

针对代理购电业务实施，提出四项工作原则：一是坚持政企协同。加强与政府主管部门的沟通汇报，促请完善符合辽宁省实际情况的代理购电配套政策机制和市场交易规则。科学制订优先发电计划，保障居民、农业用电需求和价格稳定。二是坚持建章立制。制定省、市、县三级供电单位代理购电职责分工和业务流程，配强专业力量，完善配套管理办法，实现制度化、规范化运作。三是坚持数据赋能。加强信息化手段支撑和数据赋能，运用自动化、数字化、智能化等技术，推进电力电量预测、购电交易智能分析决策，丰富代理购电服务产品，提升用户获得感。四是坚持规范运作。规范代理购电业务实施，及时准确发布相关信息，严格遵守市场交易规则，公开、公平、公正参与市场交易。

（二）建立代理购电价格管理体系

1. 构建代理购电工作组织体系

国网辽宁电力将代理购电工作作为电力保供稳价重要举措，成立代理购电工作领导小组，由公司主要负责人为组长、分管领导为副组长，各相关专业部门负责人为领导小组成员；下设办公室，负责组织贯彻落实国家政策和改革要求，统筹公司代理购电工作，对外做好政府沟通汇报，全力争取政策支持，对内强化协同配合，集中力量深入研究重大关键问题；成立5个专业部门，省、市、县三级骨干人员组成的30人柔性团队，负责业务技术支持、大数据分析监测、专项课题研究等专业支撑工作。

2. 建立横纵协同互动工作机制

国网辽宁电力创新构建"横向纵向协同互动"工作机制。横向协同方面，各相关部门加强协同配合，明确各专业、各层级职责，构建财务牵头负责，发展部、营销部、调控中心，电力交易中心配合、经研院技术支持的工作体系。建立代理购电价格机制分析平台，具备专题征集、专题立项、专题实施、专题验收、专题成果归集全过程管理功能。鉴于代理购电价格管理涉及部门、环节众多，部门之间壁垒需统筹协调，建设业务交流平台，协调辅助功能，以完成公司整体重大问题研究论证、政策制定，便于后续推广研究成果等工作，推进合作共享。纵向互动方面，公司各单位结合自身业务现状，分析梳理当前代理购电价格机制存在的问题，有针对性地提出适应本单位发展形势的代理购电价格机制优化策略建议。

3. 建立经营策略分析例会机制

建立"月度专题研究、季度综合分析和突发、重大事项集中研究"的经营策略分析例会机制，创新经营模式，全面提质增效。通过月度专题会议抓专业问题、提实招硬招，季度分析会议抓管理闭环、见阶段成效，逐步破解经营管理难题。坚持"常态分析与动态议题"相结合，紧跟形势、深入分析，积极解决代理购电实施过程中遇到的新问题。建立畅通的信息渠道和沟通机制，积极应对突发、重大事项，紧跟国家、行业政策导向和省情企情，针对公司经营形势变化，常态化开展代理购电分析工作，灵活、滚动开展分析。

（三）构建代理购电价格管理智慧平台

1. 打造代理购电智慧管理平台

国网辽宁电力利用"大云物移智"等现代信息技术，建成数字化、智能化集购电预测与辅助决策支撑功能于一体的智慧平台。一方面，开发售电市场智能分析预测功能。依托售电市场智能分析预测平台和分析预测工作体系，发挥现有预测模型、基础数据、系统技术等优势，融合外部气象、经济等数据资源，结合电力市场建设情况和代理购电市场交易实际需求，开展代理购电年度、月度、月内、日前、日内等电力电量预测。另一方面，开发购电交易辅助决策支撑功能。依托营销2.0等系统平台，与发展、财务、调度、交易等信息系统数据贯通交互，结合售电市场智能分析预测数据，开发建设购电交易辅助决策支撑功能模块，实现代理购电市场形势实时跟踪、供需关系及电价走势预测研判、电量电价申报辅助决策、交易结果复盘、业务运营综合分析等信息化支撑，提升购电业务数字化、智能化水平。

2. 动态分析代理购电价格水平

自发改办价格〔2021〕809号文印发、电网企业代理购电实施以来，国网辽宁电力按月实时分析全国33地（不含西藏）工商业代理购电量、代理购电电量结构、代理用户购电价格等信息，动态掌握全国代理购电价格水平，同步分析预判全国价格走势变化，为科学合理制定辽宁代理购电价格水平、保障代理购电机制平稳运行提供了强有力的基础数据支撑。

3. 代理购电价格影响因素分析

经过梳理分析，辽宁省代理购电价格水平影响因素主要包括三个方面：一是受优先发电电量与价格影响。居民、农业低价保供电源平均上网购电价格高于燃煤基准价（0.3749元/千瓦时），保障居民、农业用电价格稳定的新增损益基本可控。二是受市场化购电电量与价格影响。当优先发电电量不足以满足代理购电电量需求时，需通过市场化手段采购缺额电量以满足代理工商业用户用电需求。三是受代理购电电量预测精度影响。代理购电电量预测精度将直接影响次月代理购电偏差电费水平，合理的代理购电电量预测精度有利于确保偏差电费运行在合理区间内，避免预测偏差过高导致的价格畸变。

（四）规范代理购电业务流程

1. 全面剖析代理购电执行问题

从代理购电价格与市场交易价格协调性、中小微企业代理购电价格水平与享受优惠规模、高耗能用户认定和代理购电价格执行情况等方面出发，全面分析各省代理购电价格机制及配套政策执行过程中存在的实际问题，结合辽宁省实际情况分析代理购电价格机制执行中存在的及可能发生的风险问题，为全面优化代理购电价格相关政策机制提供有力支撑。一是代理购电价格形成机制导致。由于代理购电工商用户价格由代理购电价格（含平均上网电价、辅助服务费用等）、输配电价（含线损及政策性交叉补贴）、政府性基金及附加构成，而代理购电平均上网电价按照809号文件规定的由优先发电电量电价及市场电量电价加权平均确定，而优先发电电量电价一般相对较低，因此，代理的工商业用户执行电价一般低于参与市场的同类工商用户的交易电价，由此产生代理购电工商业用户与市场用户的不公平问题。二是剩余优先电量用于代理购电工商用户导致。由于优先电量电价一般较低，如果剩余优先电量匹配给代理工商业用户用电，必然会产生相对较低的电价，对参与市场的同类工商业用户不公平。三是代理购电不收售电服务费导致。即使不存在上面两个问题，由于代理工商业用户购电不收售电服务费，相对于参与市场交易的同类工商业用户，代理购电的工商业用户不用支付售电服务费，也会产生不公平问题。

2. 优化代理购电分月购电组合

目前代理购电机制规定燃煤发电机组及发电量全部进入电力市场，其他电源要加快进入电力市场。尚未进入市场的优先发电电量继续按现行价格机制由电网企业收购，并按照上网电价从低到高排列，确保足够稳定的低价电源优先满足居民、农业用户用电及线损电量需要。优先发电电量满足居民、农业用户用电及线损电量后的剩余电量，暂作为电网企业代理工商业用户购电的电量来源，不足部分为电网企业市场化购电规模，通过市场化方式采购。有剩余电量且暂时无法放开的地方，可将剩余电量暂作为电网企业代理工商业用户购电电量来源。各地保量保价的优先发电电量，不能满足居民、农业用户用电和代理工商业用户购电规模的部分，由电网企业通过市场化方式采购。

3. 理顺电网代理购电业务流程

按照809号文要求，供电企业需在月度最后3日前公布下月工商业代理购电价格，即需全面考虑供电企业在购电侧不同资源条件、市场条件下的购电成本，实现代理购电价格向用户侧的传导，确保供电企业通过政府核定的输配电价实现准许经营收入。流程步骤包含如下几个主要环节。

一是营销部分别预测下月电网代理居民农业、工商业用户的用电量和分时曲线。二是发展部对优发机组下月发电进行预测和安排，下发月度优发机组电量计划。三是营销部根据发展部下发的月度优发机组电量计划，确定电网需在市场购买的代理购电电量和分时曲线。营销部根据代理购电的年度合同和下月代理工商业用户用电量预测情况，参与月度电力市场交易。在现货市场环境下，营销部还需按照现货市场规则在月内每日参与现货市场。四是财务部（营销部）综合优发机组电量、代理工商业用户市场购电合约和偏差电量等，计算电网代理购电下月工商业用户电价。五是财务部（营销部）根据交易中心出具的月度结算依据，计算电网代理工商业用户的实际上网电价、偏差电费、辅助服务费等。

在代理购电业务的流程中，重点关注以下几个问题：一是准确预测居民、农业用电量，工商业用电量和电力曲线。二是准确预测优发机组的发电量和分时曲线。三是确定优发机组与农业、居民用户的匹配方式。四是结合电力市场规则，科学参与电力市场。代理购电用户对电网购电策略非常关心且敏感，相关的信息披露、对外应答工作重要性更加凸显，需要有相关的分析决策平台对该项工作给予支撑。现阶段，809号文对供电企业参与市场购电的方式做了一定限制，要求采用电网报量不报价、价格接受者方式参与电力集中竞争。在统一集中竞争方式下，供电企业只能接受统一集中竞价的典型标准曲线，难以与电网代理工商业的市场化购电需求匹配，限制了电网代理工商业购电的灵活性，可能导致电网代理购电的偏差费用较大。

（五）优化代理购电经营策略

1. 优化配置剩余优先发电电量

考虑到辽宁省优先发电电量的省内结算平均价格不高于燃煤基准价，将保障居民、农业用户剩余的优先发电电量供给代理购电用户将导致电网企业代理工商业用户的购电价格低于市场化工商业用户交易电价，一定程度上引发市场主体和社会的异议。对电网企业而言，将保障居民、农业用户剩余的优先发电电量供给代理购电用户除有利于保障维持代理购电用户电量规模外，不会产生实际的效益增长。在实践中，国网辽宁电力通过提高电量统筹安排的准确性和科学性，将保障居民、农业用户剩余的优先发电电量匹配给市场化用户，将上网电价与市场交易价格的差额控制在最小范围内，最大限度保障了代理购电用户和市场化工商业用户电价处于平衡区间。

2. 退出市场用户实施惩罚性价格

按照政策要求，对无理由退出市场的用户执行 1.5 倍电网企业代理购电价格，在很大程度上否定了用户参与或退出市场的自主选择权，不仅使得参与市场的用户难以选择退出市场，也使得多数的市场潜在进入者因具有很高的退出门槛而选择暂不参与市场。在实践中，国网辽宁电力结合省情网情，向政府价格主管部门提出政策建议，对退出市场不满三个月（最长不超过 6 个月）的用户执行 1.5 倍电网企业代理购电价格。此类业务电量规模虽小但随机性大，不利于购电合同签订，执行 1.5 倍电网企业代理购电价格的机制兼具合理性和保障性；执行 1.5 倍电网企业代理购电价格达到限期后，执行正常代理购电价格。

3. 保障准许收入合规实现策略

由于代理居民、农业损益分摊或分享要到下月才能执行，当损益较大或损益分摊标准较大时，会产生较大的利率损益，甚至引发政府主管部门和电力市场各方主体的高度关注，产生合规性风险。因此，需尽可能避免损益分摊，可以最大限度地避免利息费用损失，保障代理购电业务的依法合规性。电量预测机制等策略可以控制形成损益分摊或分享。

（六）健全代理购电监督考核和保障机制

1. 建立代理购电监督考核评价机制

持续强化代理购电综合统计分析工作，依据有关部门和单位编制、审核、汇总并按规定时限上报代理购电统计报表和分析报告，按月开展代理购电业务运营情况综合统计分析，主要内容包括：代理购电用户数量、电量规模及变化情况，代理购电电量结构、电价构成情况，代理购电价格水平与直接交易购电价格水平比较分析情况，1.5 倍代理购电电价执行情况等。同时，强化监督考核评价工作，营销部常态开展代理购电业务规范性和服务质量监督并定期评价，包括代理购电关系建立、变更及解除、购售电合同签订、电量预测、市场化采购、价格测算及发布、价格执行、信息发布等业务实施的规范性、准确性，95598 热线电话等各类渠道客户反映问题的核实情况等。

2. 完善代理购电服务质量保障机制

一是加强地方政府部门汇报沟通，主动配合地方政府制定并出台代理购电方案，明确低价保障性电源清单及电量分配方式，明确代理购电价格计算方法，明确代理购电信息披露范围及标准，健全代理购电价格报备机制，畅通信息公开渠道，保障代理购电工作平稳落地实施。二是加强代理购电价格测算，动态跟踪代理购电价格变化情况，深入研究电量结构变化、上网电价波动等对代理购电价格的影响机理，强化电量、电价预测，合理控制偏差电费和新增损益，避免代理购电价格水平出现大幅波动，保障终端用电价格平稳变化。三是做好信息系统优化改造，依托数据中台开展代理购电价格预测及结算信息在线聚合，做好沟通衔接，在业务、技术、人员等方面加强协作，做好系统改造功能测试工作。四是建立沟通会商机制，加强业务部门间的横向协同，定期召开推进会议，统一数据口径、规范业务标准、贯通系统流程，确保压力层层传递、责任严格落实。

三、供电企业适应电力体制改革的代理购电价格管理效果

（一）有力促进了电力体制改革

通过深化国网辽宁电力体制改革的代理购电价格机制创新与实践，保障了辽宁代理购电价格水平平稳。实施代理购电以来，辽宁省工商业代理购电价格在 0.42 ～ 0.44 元 / 千瓦时之间小幅波动，代理购电均价处于全国 33 省（区、市）中第 20 位，各类电价在全国排名与改革前基本持平，电价浮动水平处于合理区间，有力保障了上网电价市场化改革的稳定和延续改革前电价优势，持续巩固电价对地区经济发展和招商引资的支持作用，助力电价市场化改革平稳有序实现既定目标，推动电力体制改革不断取得新成效。

（二）提高了电力资源配置效率

国网辽宁电力于 2021 年 12 月正式开展代理购电工作，积极承担社会责任，解决了大量一般工商业用户不具备入市交易条件的问题。通过研究规避代理购电大额损益的经营策略、代理购电模式与工作机制建议、代理购电价格平衡机制等方面对电网代理购电经营策略，助力公司财务管理改革创新；积极向政府主管部门建言献策，配合出台辽宁省代理购电实施细则，有序推进市场化改革进程。通过优先发用电匹配和新增损益平衡机制，最大限度地保证了电力市场条件下居民、农业的用电权益，在保障居民农业用电和能源供应安全中发挥了重要作用，促进了全社会共同负担居民、农业等供电保障责任，更大范围地促进了电力资源优化配置。

（三）推动了企业的高质量发展

通过线上线下服务渠道、服务网格，严格做好代理购电信息公开，持续向代理购电用户开展电价政策解释、电费账单解读。对高耗能用户、拥有燃煤自备电厂企业用户、无正当理由退市用户等执行 1.5 倍代理购电价格的用户，逐户沟通解释电价和代理购电政策，为政策实施营造了良好环境。自实施代理购电以来，国网辽宁电力代理购电各月平均上网电价在全国排名 20 位，处于中下游水平，参与市场交易的电力用户平均上网电价与电网代理购电上网电价水平基本持平。工商业两部制用户代理购电到户电价全国排名第 24 位，处于较低水平，单一制用户代理购电到户电价全国排名第 17 位，处于中下游水平。工商业用户、居民、农业用户整体平均电价居于全国第 20 位，处于中下游水平。自实施代理购电价格机制以来，辽宁各类电价在全国排名与改革前基本持平，电价浮动水平处于合理区间，有力保障了上网电价市场化改革平稳落地和改革前电价优势，推动了企业健康可持续发展，以实际行动践行了人民电业为人民的企业宗旨，确保了电力安全可靠供应，彰显了大国重器"顶梁柱"的责任担当。

（成果创造人：范士新、陈冬梅、许文达、纪永满、张明慧、王　阳、
　　　　　　　李正栋、武志锴、李　理、尹　悦、张　娜、胡旌伟）

电热材料企业以高质量转型发展为目标的新产品开发与产业化管理

北京首钢吉泰安新材料有限公司

北京首钢吉泰安新材料有限公司（以下简称吉泰安）前身为北京首钢钢丝厂，是我国最早的电热合金材料研发生产企业。2008年首钢集团为加强非钢企业协调服务能力，探索开展了非钢企业主辅分离、改制分流。北京首钢钢丝厂作为首批改制企业更名为"北京首钢吉泰安新材料有限公司"，注册资本金2600万元（首钢集团占股35%，其余为职工股）。自"十四五"以来，吉泰安抓住国家大力发展光伏发电的机遇，以研发、生产、销售光伏发电所需电热合金等特种金属功能材料为主攻方向，聚焦细分领域做精做细，目前已成为国内电热合金行业领军企业。拥有"国家高新技术企业"、"中关村高新技术企业"、"高新企业科技成果转化示范企业"、国家级"产学研"创新示范单位、国家级专精特新"小巨人"企业等荣誉称号，"钢花"牌电热合金享誉全球。截至2022年年底总资产3.7亿元，年营业收入3亿元，员工241人。

一、电热材料企业以高质量转型发展为目标的新产品开发与产业化管理背景

（一）推进国家重大工程装备关键部件国产化的需要

我国电热合金产业化较瑞典、美国、日本等发达国家晚了近30年，经过60多年的发展，虽已建立较为完备的电热合金生产体系，在白色家电、工业热处理炉等领域实现了电热合金国产化，但由于国内电热合金产业起步晚，产品质量水平总体不高，存在使用温度低、寿命短等问题，尤其是芯片制造所需1300℃以上温度区间用电热合金，玻璃制造、陶瓷烧结、有色金属熔炼、热镀锌、冬季供暖等领域需要的高性能电热合金等主要依赖进口。随着国际贸易摩擦加剧，欧美国家对我国芯片等高端产品及技术进行限制，为化解行业发展风险、保障产业链安全，迫切需要研制能替代进口的电热合金材料并实现高质量的产业化。

（二）顺应属地规制要求和企业绿色转型参与国际竞争的需要

2020年我国正式提出2030年前碳达峰、2060年前实现碳中和的战略目标。北京作为首都积极响应国家号召，统筹疏解非首都功能，加快传统产业转型升级，促进产业节能减碳和绿色发展；鼓励加快光伏发电系统与建筑、基础设施等城市要素融合发展，通过光伏发电应用带动相关产业优化升级。吉泰安地处北京，短期来看，需要解决清洁化生产问题，以适应属地对制造产业提出的绿色化生产要求；欧美发达国家正组织制定碳规则，构建碳关税壁垒，吉泰安需加快绿色转型，以适应未来国际竞争考验；电热合金材料作为光伏产业链的关键环节，如何抓住国家、地方大力发展光伏产业的历史机遇，为相关产业提供高性能战略支撑材料的同时推动自身转型发展。

（三）全面提升企业品牌价值和企业核心竞争力的需要

经历企业搬迁之痛的吉泰安职工，需要公司快速实现价值提升来增强自信心。吉泰安改制后虽一直保持增长，但面临"长不快、长不大"的问题，急需改变企业经营现状。从企业长远发展的角度看，替代进口材料是大势所趋，未来与国外企业间的竞争将是品牌价值的竞争。经过30多年的培育，吉泰安的"钢花"已成为国内高品质电热合金材料的首选品牌，国内客户要求吉泰安开发高性能电热合金的呼声越来越高。通过研发高性能电热合金，满足芯片制造等领域的国产化要求，可显著提升品牌附加值，增强企业的抗风险能力；进而提升产业自信，坚定吉泰安员工打造百年品牌的信念。为

此，吉泰安亟待聚焦优势产品、优化产品结构，通过研发高附加值产品并实现高质量产业化，突破企业发展瓶颈，为公司加速发展提供动力。

二、电热材料企业以高质量转型发展为目标的新产品开发与产业化管理主要做法

（一）精准识别客户需求，系统谋划新产品开发主攻方向

技术人员深入走访市场，走到客户技术开发部门和生产车间现场去交流，找准细分领域客户需求，将客户需求整理后，细分成内部若干个具体课题，找准并系统谋划新产品开发的主攻方向。

1. 技术人员走访市场，精准识别客户需求

为了解客户需求，吉泰安坚持让技术人员定期跑市场和邀请客户技术团队开展技术交流。骨干技术人员均制订市场服务计划，对有发展潜力的客户进行经常性走访，掌握用户需求的最新动态信息，为技术发展方向和定位提供支撑，形成用户需求资源池。技术人员解读用户需求并形成分析报告，及时分享到各个课题组进行可行性论证，成熟时进行课题立项。自 2020 年以来，先后走访了 47 家公司，通过梳理，厘清下游客户需求主要聚焦三大类产品，相关产品所需材料国内均不能满足需求，且均与吉泰安的产线能力及现有产品发展方向高度匹配。

2. 对标国际一流，锁定细分领域推进产品设计

全面对标国际一流电热合金材料企业瑞典康太尔公司的相关产品，通过解析，其产品拥有更高温度下的高抗氧化性能、更好的高温下抗蠕变性能、更稳定的电阻特性及更优秀的电热元件加工性能。2020 年，吉泰安组建市场技术调研小组、材料解析小组和验证试验小组，通过技术人员客户走访、同行材料深度解析研究和客户验证对比试验三种方式，结合吉泰安现有技术、生产及品控能力，组织对客户提出的产品特性需求进行展开，并逐一转化分解为产品质量要素，明确了吉泰安材料在合金设计、技术工艺方面的主攻方向：在充分弄清合金高性能形成机理基础上，结合吉泰安现有工艺技术体系特点，走吉泰安特色的高性能合金开发之路。作为主攻方向，分别对标康太尔的 APM、A—1、AF、NICKEL40 合金，对应开发吉泰安的 SGHT、SGHYZ、SGAF、SG240 四个产品谱系。

3. 统筹规划创新课题，构建模块化研发体系

与发达国家先研究机理、再研究产业化的发展路径不同，我国电热合金前期主要以试制产品满足市场需要为主，对电热合金高温下的工作机理、材料设计和制造技术原理研究不足，当产品向高端升级，这种经验积累型的技术储备暴露出基础研究的短板，造成一些重要的新品种研发遇到瓶颈。为解决基础研究短板问题，吉泰安持续强化与北京科技大学等大专院校、科研院所产学研合作，通过项目合作同步推进高端技术研发人才培养，提升科研能力水平，同时解决产品开发机理性问题。

为加快研发进度，推进新产品产业化进程，将产品开发的理论认知难题拆成若干个子课题模块，先后解决了铁铬铝合金冶炼过程中的稀土回收率提升、凝固裂纹控制、合金纯净化冶炼等重要基础性理论认知问题，这些研究补齐了国内铁铬铝合金机理研究的短板。在解决这些理论认识问题后，组织吉泰安科技人员结合企业实际实施转化落地，大幅缩短新产品研发、试制及产业化周期，同时模块化研究模式也有效保护了企业知识产权。

4. 着力锤炼"三大能力"，突破材料应用测试瓶颈

电热合金材料因其应用领域不同，会提出细分领域的个性化需求，下游客户看不懂电热合金现行标准中的测试指标，无法将电热材料出厂指标与客户使用电热材料做出产品的性能指标关联起来，这个矛盾对电热合金新产品推广产生很大的制约作用。为化解此矛盾，吉泰安着力打造"三大能力"。

一是近使用端综合性能测试能力。如材料高温蠕变性能与其加工和热处理状态有密切关系，现行标准中规定的测试方法要求样品的尺寸状态不是客户实际使用的状态，造成按标准方法测定蠕变指标不能准确与客户要求对应，吉泰安科研人员自行研发非标蠕变性能对比测试装置，解决了这个问题。

二是材料应用领域技术原理学习沟通能力。为提升客户应用领域技术原理认识和沟通能力，研发部设立情报课题，有针对性地收集电热材料不同应用领域的前沿信息，每个季度开展情报内部学习交流工作，安排科研人员对新应用领域重点客户进行走访，开展技术交流。

三是应用端失效问题向电热材料归因改进能力。对重点新领域应用过程中发生的材料失效行为，安排专业人员进行材料失效机理分析，以此积累对客户需求的深度认知，为材料持续改进和提升创造有利条件。

通过"三大能力"建设，显著提升了电热合金材料开发应用的针对性，为新产品成果快速与市场接轨打通了瓶颈环节。

（二）强化要素协同，提升生产转化效率

通过策划清洁化生产技术课题，改革研发费归集模式，理顺专业部门管理职能、集智创新等做法，拓展了政策空间，扫清了成果转化的障碍因素。

1. 开发清洁生产技术，争取产能提升政策空间

随着光伏发电规模不断扩大，电热合金材料市场需求前景广阔。吉泰安立项"产线自动化、信息化、清洁化技改提升"项目，研发清洁生产新技术。针对产能增加环节立项攻关课题，开展清洁化工艺技术攻关。通过攻关，开发出辊模拉丝技术、微电水润滑液拉丝技术等清洁化生产新技术并成功应用于实际生产，既提升了环保性，又进一步提高了材料性能。项目获得环评批复，批准新增产能占现有产能的50%，解决了新产品成果转化产能的制约问题。

2. 适时归集研发投入，激发生产转化内生动力

在新产品成果和清洁化生产技术转化试验过程中，会对生产效率和作业区生产成本造成影响，影响生产作业区试制生产的积极性。通过计财部、技术开发部和生产作业区共同研究，制定出现场生产试验投入及时归集的统计流程，实现当月发生的生产试验成本及时从生产成本归集入研发投入，提高了生产环节试用转化新技术的积极性。

3. 简化流程，提升新产品生产转化专业审批效率

在推动新产品成果转化和新技术应用试验时，生产部门认为会影响正常生产订单，安全部门需要评价安全风险，物资管理专业需要对物资进行把控，多部门对同一个试验交叉管理，造成科研人员承受较大压力，对试验组织工作形成了一定的制约。为解决此问题，技术开发部牵头多部门，优化了科研试验计划的生成流程。技术开发部起草计划单，明确试验目的和内容，进行安全风险识别，提出进度和资源需求；安全部对风险识别进行评估审核签字；制造部对生产周期和资源进行评估审核签字；由分管技术开发工作的副总经理签字生效后，科研试验计划单由制造部编入生产计划，作为指令下到生产作业区。通过理顺流程环，把各个专业对科研试验管理的专业"阻力"变成了共同支持现场科研试验的专业合力。

新产品转化落地的高质量起点虽然在思想上达成了共识，但在具体落实过程中还存在专业理解差距和各级领导重视程度的差距，造成新产品落地在追求高质量时出现标准不一的扯皮现象。党委书记、董事长牵头调研，组织技术、质量、生产部门和车间，形成强化质量管控的专项方案，组织培训。质量部开展专项督导检查，保证了高质量管理措施的落地见效，统筹做实了新技术新产品落地的"质量优先"。

4. 整合内外部资源，集智创新解决生产难题

在产品转化过程中，针对光伏电池用高性能铁铬铝裂纹发生率高达12%，单件产品重量不能适应客户更高标准要求的情况，组建以公司领导、业务骨干和一线技能人才组成的攻关项目组，实现了内部人才资源的整合。为利用外部优势资源，鼓励项目组组长牵头，在吉泰安内部完成机理论证，提出

技术设想的基础上，调研设计开发拉丝装备的公司，联合解决裂纹卡点问题。攻关项目组按权重设定攻关方向，设定目标完成后奖励金额。如2021年借助外部资源，开发了专用拉丝新装备，解决了高性能铁铬铝产品拉丝裂纹问题，裂纹率由12%降至零，产品成材率和单重指标显著提升。

建立科技创新问题的"会诊"机制。生产转化过程中遇到技术问题、难题、瓶颈，项目负责人有权组织相关技术人员、相关领导，来"会诊"解决遇到的问题、难题、瓶颈，相关人员、领导必须积极参加、出谋划策，贡献想法、方案、智慧。运用"会诊""交流""讨论""头脑风暴"等系列集智创新的微机制，最大限度整合创新的脑力资源，让创新的流程畅通起来，提升创新的时效、质效。坚持严格创新的过程控制。主管领导和部长随时跟进课题进度，协调解决遇到的问题。建立周反馈、月调度机制，使课题进度有了大幅提升。

（三）紧盯细分市场，深挖新产品销售潜力

牢固树立"增加大规格、细丝深挖潜、品种再优化、产能放量转移、出口拓市场、转化促提升、服务双满意"的营销方略，强化市场为王的经营理念，以市场带动经营生产，不断拓展市场。

1. 瞄准细分领域，以点带面构建市场拓展营销网络

电热合金材料因其自身特点，应用领域极其广泛，材料应用场景复杂多变，吉泰安自身提供客户技术支持面临细分领域短板。为化解此难点，系统规划代理商设置，以客户承诺制的方式，培养细分领域有技术和服务优势的代理商，形成业务拓展型销售网络，助力公司优势产品的市场拓展。对在细分领域有专业优势且愿意承接吉泰安产品代理销售的法人，采取承诺制阶梯授权的方式分步授权，即：要求代理人充分调研市场需求，承诺预计销售量，按承诺目标先授予"特约销售代表"资格，按预期完成后，综合考察合作信用情况，评估后再正式授予代理商资格。2020年，吉泰安成功培养多家代理商，在点火针、火花赛电极材料、ODS铁铬铝合金市场开发等应用方向取得突破，获得销售和新材料研发前沿需求，并且成为玻璃装备龙头企业福耀玻璃工业集团股份有限公司供应商，SGHYZ产品成功替代瑞典进口材料，被福耀玻璃评为A级供应商。2021至2022年，该产品以每年翻一番的速度快速增长，在光伏电池半导体扩散炉装备上成功替代进口材料，从而使吉泰安成为国内唯一成功代替瑞典康太尔A—1进口产品的供应商。

2. 拓展海外市场，提高国际竞争能力

大力拓展产品出口市场，通过发展国外主要国家代理销售等方式，加快在共建"一带一路"国家市场布局，参加国外重要的电热产品展会，建立海外客户走访机制，加大产品在国际市场宣传推介力度，五年来，实现产品出口3647吨，实现了16.38%的增长，截至"十三五"末，年出口占总销售收入的17.4%。坚持扩大高端产品市场订单，不断带动产品结构优化。五年来实现生产销售7242吨高端产品，使高端产品收入占比达到了50.62%。

3. 建立新产品价值挖掘机制，拓展应用"做"出新市场

针对新产品成果，进入转化销售阶段后，吉泰安成立由公司领导牵头、成果研发骨干、生产和销售人员组成的新产品销售项目组，积极扩大产品成果应用细分领域。项目组长由成果研发人担任，设立转化销售任务目标，明确每销售1吨新产品后给项目组每半年兑现一次销售奖励。为增强技术人员在新产品销售过程中识别新需求、解决新问题的主动性，在按销售量提取奖励的基础上，将新产品转化销售过程中的新技术难点拉出清单，由项目组组织攻关，按任务项量设立的权重兑现奖励。针对客户新需求，由项目组长组织采购、生产、销售、质量等专业部门人员进行评审，制定针对性生产技术方案，必要时与客户的技术、质量、采购等部门召开需求对接会，沟通解决各个专业方向的相关问题。通过采用此办法，SGHYZ合金应用领域由光伏电池热处理装备领域迅速拓展到玻璃窑炉、陶瓷烧结、点火针等新应用领域，为迅速扩大产品销量打好了基础。

4. 推动管理改革，为新产品销售打造更好管理环境

适应战略调整，推进系统性组织变革。按照"战略决定组织、能力决定位置、效率决定用工、贡献决定薪酬"的原则开展了系列改革。

一是调整优化组织架构。进一步聚焦产业，原有非晶和冷轧项目停止运行，进一步整合产线资源，将炼轧作业区、拔丝作业区提级由公司直管，加强生产制造环节质量管控，推动企业从"小规模、多品种"经营模式向专精特新模式转变。

二是开展竞聘上岗。采取"减员不减资"，推动各部门主动提质增效。2020 年净减员 94 人。建立中层干部末位淘汰的赛马机制。对中层干部进行年度考评打分，通过基层员工代表直评、中层干部之间互评、公司领导考评多维度、同权重打分，按得分高低排名，处于末位的中层干部降级使用或免职，处于末 5 位的中层干部将被诫勉谈话，三个月后复评。

三是建立以财务核心驱动业务管理的管控体系。通过深入剖析财务数据，比较各个业务部门资源占用及其对财务业绩的贡献度，对标找差，催生业务改革动力。结合各部门业务特点，将财务指标转化成各部门具体业务指标，提升业务指标对财务指标的支撑作用。例如，通过解析库房资金占用问题，促使制造部形成了《加强物料管控实施方案》，梳理出各个物料管理单元的问题，整理出工作任务清单，逐项整改，既控制住增量，也削减了存量，为达成降库存、提升资金周转率、完成经营性净现金流等财务目标提供了有效支持。为促进高质量发展，根据吉泰安内部各单位的业务特点和关键程度，构建各单位对标的指标体系，建立了 119 项部门指标，并进一步分解到班组形成岗位指标。各专业、作业区制定每项指标的对应措施，落实到责任人，每月对比分析研定措施，在与优秀值、平均值对比基础上，工序间开展内部指标互相对比。以各级财务管控的职责落实为抓手，引导广大员工立足岗位，养成对标找差习惯，全面推进人人抓效益管理。

四是开展多要素激励，确保产品高效产业化可持续。推动薪酬改革，形成《科技人才薪酬管理办法》，明确了科技人才的晋升以业绩贡献为准则，打破了科技创新人才工资"天花板"。自管理办法实施以来，研发人员人均工资较以前增长 2 倍以上，彻底打通了科技人才晋升通道。每半年对科技人才业绩进行评定。对理论能力、创新能力、学习能力、协作能力等八个方面的能力进行综合考评。坚持业绩导向，建立科技人员技术业绩贡献档案，收入分配和业绩贡献挂钩。2021 年，提报机理理论研究相关报告 85 项，占比 53.6%；提报基础理论研究相关报告 52 项，占比 32.9%。

在科技人才工资绩效改革基础上，每年设定科研课题目标奖励金额，按结题权重兑现奖励，鼓励科技人才主动担课题，接任务。为鼓励新产品成果落地转化，新产品成果科研阶段结题后，科研骨干可作为新产品转化落地的重点产品项目组组长，在做好技术支持的同时，继续分享成果转化奖励。

三、电热材料企业以高质量转型发展为目标的新产品开发与产业化管理效果

（一）突破高性能电热合金领域技术瓶颈，打破国外长期垄断

吉泰安解决了芯片制造业晶体生长炉和扩散炉用高性能电热合金材料、高性能铁铬铝纤维多孔材料等多个细分领域基础材料"卡脖子"问题，实现了铁铬铝合金熔炼及凝固控制技术、冷热加工工艺技术及全流程清洁化生产工艺等工艺技术升级换代，提升了我国铁铬铝合金生产制造水平。北京金属学会专家组对吉泰安自主研发的高性能铁铬铝合金技术开发与产业化项目科技成果进行了综合评价，项目成果达到国际先进水平，迫使国外同类产品价格降低了 50%，产业化后吉泰安同类替代产品价格仅为进口产品降价后的 46%，吉泰安一跃成为北方华创、拉普拉斯等光伏龙头企业的指定供应商。

（二）成为国内唯一参与全球竞争的企业，掌握行业话语权

目前国内电热合金行业四项国家标准均由吉泰安组织制定、修订。"钢花"牌电热合金成为国内电热合金领域知名度最高、影响力最大的品牌，产品销量近三年年增长率 20% 以上。高性能电热合金

成为吉泰安附加值高、有核心竞争力的"拳头产品"，掌握的高稀土铁铬铝合金设计及熔铸技术、铁铬铝合金压应力拉丝技术、微电水拉丝技术、近使用端材料综合性能测试技术等"看家技术"使吉泰安在电热合金行业拥有一定的资源掌控力及行业话语权，成为国内唯一具备参与全球竞争的企业。吉泰安凭借在新材料领域的突出表现，获评国家级专精特新"小巨人"企业。

（三）构建产品谱系并实现产业化，推动企业实现绿色转型

2020 至 2023 年，吉泰安主动融入地方发展战略，通过技术创新带动全面创新，以专业化拓市场、以产业化谋发展，先后开发了 HRE SGHYZ SGHT 等产品系列，占据了国内高温电热合金材料 80% 以上的市场份额。高附加值新产品销售收入占比从 51% 提升至 84%，贡献的利润占比提升至 90% 以上。经营性净现金流较 2020 年翻一番，企业发展质量显著提升。"电热合金清洁化生产技术开发与应用"通过清洁生产现场审核，实现冷拉丝工艺清洁化，大幅削减危废和固废产生量，改善了生产作业环境，实现产能释放的同时推动了企业高质量转型发展。

（成果创造人：李　刚、陶　科、杨庆松、王　刚、张德汉、王志强、
宁永顺、肖晓锋、席林涛、张志永、李新生、孙浩鑫）

新能源商用车企业有效提升发展活力的混合所有制改革

德创未来汽车科技有限公司

德创未来汽车科技有限公司（以下简称德创未来）成立于 2021 年 11 月，总部位于陕西省西咸新区泾河新城院士谷，是集"政产学研用金"全要素融合的创新平台公司。2022 年，德创未来获得"中国智能网联汽车优秀企业""西安市五一劳动奖状"等荣誉。

一、新能源商用车企业有效提升发展活力的混合所有制改革背景

（一）顺应数智化浪潮的必然趋势

在百年不遇的电动化和智能化变革的大潮下，在智能网联汽车产品和应用场景井喷的现状中，在诸多汽车企业及产业资本积极布局新能源智能网联方向的行业趋势下，只要引入"政产学研用金"多方力量，聚合制造、技术和场景资源，新能源和智能网联商用车创新业务就有广阔的技术前景、丰富的落地机会和市场潜力。

（二）汇集创新资源的必然要求

随着现代科学技术协作系统的复杂性不断提升，企业直接投入进行创新工作的代价和门槛越来越高，研发创新技术在早期投入巨大且不确定性高，难以在企业内部获得持续的研发支持，不利于创新技术的发展和应用。亟须聚集教育、产业、金融等多方资源形成一个创新科技公司的孵化平台，将前沿科技成果以企业引领多方共享方式进行产业转化，以灵活的体制机制和激励模式吸引大批优秀人才投入核心创新工作中，使得创新科技公司在产业扶持和金融支撑下快速发展，加快技术更新迭代进程。

（三）汇聚高端人才的现实需求

技术研发工作，尤其是前瞻性、共性高端技术具备风险较大、周期较长、不确定较高、信息不对称程度高等特点，因此对于研究工作者的绩效管理模式、激励模式与传统制造业相关管理方式截然不同，在国家法律法规及国资监管框架下，亟须探索一套长效高效的、针对技术研发人员的一揽子内部激励体系。

二、新能源商用车企业有效提升发展活力的混合所有制改革主要做法

（一）通过多种改革路径整合资源，创新混合所有制股权结构

一是引入多元资本，合资组建发展混合所有制企业。德创未来混合所有制改革不是为了"混"而"混"，而是围绕创新链布局产业链，促进新能源商用车产品和技术转化，培育壮大新能源商用车新模式、新业态，与产业链上下游企业进行资本合作，共谋发展。陕西省商用车龙头企业陕西汽车集团有限责任公司（以下简称陕汽集团）持股 50%，西咸新区泾河新城产业发展集团有限公司持股 40%，重庆星乔瑞汽车零部件有限公司、北京超星未来科技有限公司、深圳市有为信息技术发展有限公司等16 家上下游产业链企业持股 9%，专家团队持股 1%，通过多元化资本重组，与优秀国有资本、民营资本、地方政府等有机结合起来，形成推动新能源商用车发展的巨大合力。同时，德创未来在孵化的产业公司中积极探索引入多元化资本，如：德创未来旗下运力公司德萃（河南）科技有限公司引入安阳市城控新能源科技有限公司资本；德创未来旗下租赁公司榆林质电未来能源科技有限公司引入榆林云顺德电子科技有限公司资本，以上企业均为私人资本。

二是探索市场化融资方式，逐步推进公司上市。为推动新能源智能网联商用汽车技术创新集成落地，撬动社会资源进行产业链布局，德创未来于 2022 年 4 月成立新能源智能网联整车公司——质子汽

车科技有限公司（以下简称质子汽车），商用车整车公司的设立、研发、推广等过程需要大量的资本支持，整车公司的发展与孵化必然需要依托大量的社会资本的融资支持。2022年，质子汽车按照上市规划完成PRE-A（A轮之前的融资）轮股权融资，已获得中国国有企业混合所有制改革基金有限公司、陕西秦创原硬科技创业投资合伙企业（有限合伙）、厦门福来华通投资合伙企业（有限合伙）、嘉宜科技（惠州）有限公司、陕西工业技改电子轻工产业投资基金合伙企业（有限合伙）投资2.6亿元。2023年4月，质子汽车已启动A轮股权融资的审计评估工作，预计投前估值40亿元，融资4.5亿元；计划2024年进行B轮股权融资、2026年完成股权改革，最终实现上市。质子汽车探索通过市场化估值并融资的方式引入外部财务投资人提供企业发展资本，以开放、共享、共赢的经营理念，借助各方股东政策、资源、产业等优势，实现产业链发展全过程的共享共赢。

三是推进员工持股，构建员工与企业命运共同体。德创未来以陕西省混合所有制改革试点企业为契机，敢为人先，先行先试，在公司内部及孵化的产业公司通过员工出资购股、奖励股权等形式推进员工持股工作，以普惠性、示范性、目标性为原则，明确实施员工持股的根本目的是建立健全公司长期的激励机制，吸引和留住关键人员，有效绑定公司利益和员工利益，构建资本所有者和劳动者利益共同体。一方面，在公司内部探索建立决策跟投机制，科学界定高级管理人员跟投比例，规定单一跟投人的投资比例不超过跟投对象注册资本的1%，将企业发展利益和风险同高级管理人员经营决策相捆绑，通过跟投共享企业发展成果；另一方面，根据不同产业项目实际情况，按照"一企一策"的原则界定员工持股的范围及员工持股比例，以现有孵化的公司为例：整车公司质子汽车员工持股21.84%、新材料公司迈默智塔员工持股10%、轻量化技术公司质镁融合员工持股、环卫车公司融城环境员工持股3%，通过实施员工持股，给予长期以来表现突出的业务骨干、业绩优秀的团队股权激励，创造更好的创业环境，把股权的价值实现出来，让持股员工给自己提出更高的目标，杜绝原有的懒惰、狭隘、偏私、享乐主义、不思进取等缺点，为了共同的事业艰苦奋斗。

（二）通过合理授放权，创新混合所有制治理机制

发展混合所有制，市场化运作是基础，规范运作是保障。混合所有制经济作为多元化资本合作的有效性质，必须严格按照公司法和现代企业制度建立规范治理结构，本着契约精神，按照合作各方的协议履行权利义务，依法办事，规范操作。

一是完善法人治理机构。德创未来及其子公司在进行混合所有制改革的同时，严格按照公司法同步建立规范的新公司治理结构，陕汽集团作为德创未来的大股东，在公司控制形态上不再追求绝对控股、不参与德创未来日常经营决策、不进行财务并表。德创未来设计了"无董事会、只设执行董事且任职总经理"的法人治理结构，以适应全新的新能源市场竞争格局，维护企业的市场主体，大大提高决策效率。

二是合理授放权。为强化决策与责任的一致性，进一步探索市场化改革，面对新能源商用汽车市场探索性强、创新性强的特点，在满足国资监管相关要求的前提下，对部分投资项目、研发项目、资产租入等事项充分授权德创未来总经理办公会进行决策，提高经营决策效率及决策的市场化水平。同时，执行董事并担任法定代表人，负责按照《执行董事工作细则》落实股东意志，快速反应、动态调整德创未来的体制机制创新路径；建立全新的事前、事中、事后三类监管手段，确保授权有的放矢；监事通过调研、座谈等方式随时了解公司制度建设、投资项目市场调研及论证等情况，做好事前监督；通过监事列席总经理办公会实现事中监督，激活监事更好履职和发挥监督职能。在公司章程中，明确并建立总经理季度定期报告制度，加强事后监督。

三是推行经理层全员市场化选聘机制。德创未来推行经理层市场选聘和任期管理制度，按照《高级管理人员市场化选聘方案》竞聘公司总经理、副总经理、财务总监等经营管理层人员，建立能上能

下，能进能出机制，签订聘任协议和业绩合同，按照约定严格考核、实施聘任或解聘、兑现薪酬。公司全部员工采用市场化招聘，建立正激励机制，激发人才活力。德创未来推行以"挑战目标"为主体的绩效管理与激励机制，通过鼓励各级团队、员工设立"只奖不罚"的挑战目标，打造战略竞争力与创新能力，带动创业团队快速成长。通过月度目标管理、360度综合评价、年终特别奖励的结合，实现短期激励与长期激励的统一。

四是构建平台型架构实现人才协同。针对科创团队的特点与需要，公司创新性地设计了"平台型"组织架构，以"前台""中台""后台"为载体，实现组织资源的流通与共享："前台"为一线自主经营体，面向外部市场及终端客户直接提供产品、技术、运营等整体解决方案；"中台"为资源共享池与能力孵化池，为前台赋能，确保产品设计、采供、生产、质量、售后等流程充分满足客户需要，并实现资源的共享、能力的复用及沉淀；"后台"以各职能部门为主体，实现战略落地与管理协同。

（三）通过多种模式探索实践，创新混合所有制经营管理方式

一是以产业孵化培育壮大新业态，实现技术同盟与商业联盟融合。围绕新能源、智能网联、自动驾驶等主导产业方向，德创未来采取多元化产业发展方向，积极培育壮大各类产业链资源，与全国各地政府、产业链上下游企业开展合作，进行属地化布局与子公司孵化。为加快新能源商用车销售战略落地，2022年4月，德创未来在西咸新区泾河新城成立了质子汽车科技有限公司，初步建立了整车研发、销售一体化的全过程产业链，推动新能源整车产品生产与销售；为统筹长三角地区市场布局，德创未来新能源商用车产业园区项目落户上海港城新区，并成立德创未来（上海）汽车技术有限公司，聚焦城市交通、场内作业、倒短运输、移动出行四大场景需求，重点开发以氢燃料、纯电动为技术路线的环卫车、厢式车、自卸车、码头车、牵引车等新能源核心产品；为推动燃料电池研发和应用，设立了氢质氢离（北京）氢能科技公司；为推动智能驾驶，设立了苏州德宜溪谷智能科技公司和甘肃智行未来科技有限责任公司；为推动换电设施和服务，设立了德创数字及其西部智联公司、质电未来公司；为推动运力平台建设，设立了唐山畅电、德创绿运和德萃公司；为推动物联网和人工智能项目落地，德创未来在鄂尔多斯市参股设立智能网联科技有限责任公司；为做好长三角地区新兴能源技术研发，德创未来在南京参股设立德创晶能新能源商用车（江苏）有限公司；基于榆林丰富的金属镁资源，德创未来联合榆镁集团等企业成立陕西质镁融合科技有限公司，促进汽车轻量化水平提升，助力榆林"千亿级镁铝产业"战略目标达成。

二是探索多元化生产代工模式，整合产业链、供应链资源，推动优势互补与企业转型。德创未来在商用车制造领域创新性地推行"多元化"代工模式，与陕西重型汽车有限公司（以下简称陕重汽），陕西汽车控股集团有限公司（以下简称陕汽控股）下属通力、新疆、淮南等子公司开展了新能源汽车代工合作，为了保证产品交付质量，德创未来已建立了代工质量管控流程及标准、采购及供应链数据管理流程，通过信息化等智能制造管理方法，逐步建立了平滑顺畅的业务流程，完成头部客户、重点客户专属服务保障站的建设，初步实现了产品生产、质量、交付、售后的全过程标准化管理。

三是创新属地化营销模式，以产业整合带动地方经济高质量发展。围绕商用汽车"智能化、网联化、电动化、轻量化"的产业发展方向，德创未来垂直整合产业链资源，与供应链深度战略合作开发，形成属地化运力解决方案商业新模式，积极组建驻地项目团队，深入榆林、韩城、内蒙古、京津冀、长三角等地，通过"属地化营销＋场景化运营"的模式开展市场推广。结合陕西西安、内蒙古鄂尔多斯、甘肃酒泉等地政府需求和细分，德创未来积极开展智能驾驶场景示范，在智慧矿山、数据监控平台、智慧环卫等领域发力。

三、新能源商用车企业有效提升发展活力的混合所有制改革效果

（一）人才团队建设初见成效

在选人用人新模式、新机制的吸引下，德创未来已吸纳了近 500 名各专业人才的加盟，其中博士占比 5%，硕士及以上占比 40%，高级工程师 20% 以上，初步组建了一支开放、创新、灵活、高效的创业团队。其中，在陕西省科技厅的政策扶持下，由 2 名高层次引进人才牵头负责的"下一代新能源智能商用车开发"项目，已成功申报秦创原引用高层次创新创业人才项目；另有 4 支团队入选 2022 年、2023 年度陕西省"科学家＋工程师"队伍，初步建成了新能源智能人才培育的新高地。

（二）供应链、产业链建设初具规模

德创未来创立了 26 家创新型孵化子公司，以产业孵化培育壮大新业态；与陕重汽、通力公司、淮南公司等 6 家公司建立代工生产战略合作关系，整合产业链、供应链资源；建立 9 家属地化公司，创新属地化营销模式，以产业整合带动地方经济高质量发展。

（三）带动经济效益显著提升

截至目前，德创未来已签订销售订单 1400 余辆，实现销售收入 13 亿元。2022 年，德创未来及其子公司实现营业收入 8721 万元，已构建新能源整车销售、技术合作、运力平台等核心产业体系。

（成果创造人：王　钊、吕文雅、晁鹏翔、李司光、党宪斌、
于瑞玲、王若愚、袁　凯、田　方、姜　伟、陈宏亮）

油气田基于最终评估可采储量目标的产建一体化总包项目管理

大庆钻探工程公司

大庆钻探工程公司（以下简称大庆钻探）成立于 2008 年 3 月，是中国石油天然气集团有限公司（以下简称中国石油）按照集约化、专业化、一体化整体协调发展思路，整合大庆石油管理局钻探集团、技术培训中心 4 支钻井队伍、大庆油田井下作业分公司钻井相关单位、地质录井分公司和吉林油田 8 个钻探专业公司，在大庆油田体制内组建的专业化石油工程技术服务企业。2011 年 12 月，中国石油将吉林油田井下、修井、试油测试三项业务划归大庆钻探。大庆钻探产业规模日益壮大，拥有各类自营专业队伍 380 支，是我国东北地区业务门类最齐全的石油工程技术服务一体化运营商。2022 年大庆钻探年产值 170.14 亿元。

一、油气田基于最终评估可采储量目标的产建一体化总包项目管理背景

（一）保障能源安全，突破非常规资源开发的需要

"十三五"以来，国内油气增储上产稳步推进，为保障国家能源安全做出重要贡献，其中以页岩气为代表的非常规天然气实现了跨越式发展，已成为我国天然气供应增长的重要组成。大力推动页岩油气成为战略接续领域，加快页岩气非常规资源开发已成为未来发展的必然趋势。西南地区是国内页岩气开发的主战场，但在盆地边缘南部的某些区块，由于埋藏较浅（1500 米以浅），构造陡峭复杂，存在资源逸散风险，先导试验的 16 口井，日产量和油气田开发最终评估可采储量（Estimated Ultimate Recovery，EUR，通常以 20 年为期限）均未达标，内部收益率不足 6%，无法实现有效动用。通过对浅层页岩气资源开发实施 EUR 风险承包，将一部分不达标风险由甲乙双方共担，推进浅层页岩气区块产建项目启动，在实施过程中通过整体协调、简化环节、优化工序、工厂化作业施工持续降本增效，能够为低品位页岩气资源效益开发动用探索途径。

（二）整合油田资源，实现企业转型发展的需要

大庆钻探在中国石油和大庆油田亲切关怀与大力帮助支持下，打赢了三年扭亏解困攻坚战，但整体收入规模和人均创效水平与其他钻探公司相比还有不小差距，高质量发展的基础还不够牢固。此外，大庆钻探受服务地域限制，收入来源主要依靠大庆和吉林两个油田市场，随着两大油田投资紧缩、工作量减少和市场开放程度加大，大庆钻探面临的经营形势将更加严峻，竞争更加激烈，而外部市场尤其是国内市场，收入规模小，盈利能力较低，仍处于拓展布局期，迫切需要创新市场营销方式、商业合作模式，实施 EUR 产建一体化总包模式，不断拓展外部市场新空间。

（三）创新合作模式，实现产能联合共建的需要

项目实施区块页岩气 6 亿立方米产建项目是浙江油田建成 50 亿立方米页岩气生产规模的重要接替领域。由于该区块勘探对象复杂，稳产难度大，亟须技术过硬、服务一流的油田技术服务承包商。大庆钻探自 2018 年以来，积极参加西南页岩气会战，建立了较为完整配套、持续迭代完善的钻完井、井下作业技术体系，在西南地区创出多项高指标，赢得了浙江油田的信任，具有良好的合作基础。此外，大庆钻探隶属大庆油田，在其长期服务中形成了较为成熟的井筒工程技术体系，业务衔接紧密，自营产业链相对完整，依托大庆油田勘探开发研究院、工程建设等单位，以及油田勘探开发人才资源，可以开展从钻前工程到钻、压、试、采全生命周期一体化油气开发生产技术服务，具备较强的一体化总包技术服务能力。

2021 年 6 月，大庆钻探提出基于最终评估可采储量目标的产建一体化总包服务新模式，并与浙江油田在某区块油气勘探开发过程中达成产能联合共建合作意向。

二、油气田基于最终评估可采储量目标的产建一体化总包项目管理主要做法

（一）开展项目可行性研究论证，筑牢项目运行基础

大庆钻探牵头，在大庆油田框架下组建由工程建设公司、勘探开发研究院、井下作业分公司等单位共同参与的联合总承包项目经理部，设定为大庆油田二级项目经理部，前线指挥部设在该项目施工区块属地县城，与浙江油田合署办公、统一协调，共同推进项目运行。

总承包项目经理部成立后，在大庆钻探和大庆油田范围内调兵遣将，开展为期三周的项目可行性分析和风险评估，并与浙江油田结合，确定总包技术参数和指标。

一是以浙江油田上报的项目实施区块开发方案、框架协议和已开展的16口先导性试验井资料为基础，组织相关参建单位和各路专家对该区块地质条件、研究方法、开发方案中的经济技术指标、先导试验井效果及工艺技术适应性等方面进行细致研究评价，模拟测算，总结出该区块的难点和地质工程风险。

二是强化地质工程一体化结合，摸排钻前工程、钻井、压裂工艺状况和成本分析，开展项目顶层设计，确定总体技术政策，即按照"一井一工程"原则，钻井提速、提效、降低事故率和压裂防套变、防地动、防出砂，提高EUR，控制成本的"三防一提一控"。

三是组织大庆油田勘探开发研究院、相关施工单位技术专家，以项目实施区块及相邻区块已投产井和16口先导试验井开发情况为参考，按照开发井收益率8%和施工队伍具有边际效益为目标，对EUR和产量指标进行风险评估分析，按水平井A点埋藏深度将区域内的水平井分为超浅、A1和A2三种类型，分别确定标准井EUR目标，以区块或平台EUR在一定目标范围内（本项目实施区块评估为80%～120%），按相应比例实行风险结算。

四是组织技术、生产、管理和法律专家形成合同签订谈判组，与浙江油田专家进行协商谈判，本着公平公正原则，对甲乙双方风险共担、收益共享的合同细节及条款进行商议，签订项目实施区块《EUR产建一体化总包合同》，以效益产量为目标导向，采取与EUR挂钩的一体化总包模式，做到"七包"：包区块、包投资、包产量、包安全环保、包质量、包进度、包廉洁，实行一体化项目管理。

（二）成立双方联合式组织机构，强化项目运行保障

1. 打造精干"小核心"项目组织机构新模式

总承包项目经理部设置地质研究、工程技术、生产运行、安全环保、计划经营和综合管理六个部门，从大庆钻探、大庆油田各相关参战单位抽调25名业务骨干竞争上岗，建立监督、井控、外协、HSE等领导小组和专项管理体系，形成项目矩阵管理。

2. 构建项目多方合作的大平台

充分利用大庆油田、浙江油田生产、科研、技术、保障等资源，展现一体化总包项目的突出特点，在三个层面构建项目多方合作的大平台。一是在一体化总包框架内，加强油田内部各单位、各队伍间的合作。打破原有各单位各自为战，单打独斗的不利局面，加强统筹谋划，加强统一布局，加强协调配合，加快各环节、各工序、各业务链衔接，提速、提效、提质、提产，充分发挥一体化总承包项目经理部的资源优势、人才优势、整合优势、协作优势。二是在一体化总包合同约定下，加强与承包商、分包商和相关单位的合作。以合同为基础，建立一体化统一的管理奖励机制。通过树标杆、立榜样，开展劳动竞赛，把承包商和分包商纳入一体化管理体系中，增进沟通，消除隔阂，通过大庆精神，大庆人的感染、感化、感悟力量，让承包商、分包商理解和接受利益共享、合作共赢、风险共担的理念，同心聚力，携手共进。三是与浙江油田深入合作，按照思想融合、机构融合、管理融合的思路，与浙江油田天然气勘探开发事业部共同着力打通业务链、组织链和运行链，建立合理优化、高效协同的组织机构。

同时完善合作机制，一是机构共建。突出项目一体化管理，由大庆钻探代表大庆油田牵头，与浙江油田天然气勘探开发事业部组建联合项目部，下设管理实施领导小组，组长由产建双方正职领导担任，负责建立一体化总承包项目联合管理机制，对项目重大问题进行协商决策。同时成立方案设计组、工程质量组、安全环保组、监督管理组、生产运行组、党建组，主要负责推进相关具体工作。二是责任共担。大庆钻探和浙江油田天然气勘探开发事业部，联合制定实施《总承包项目过程管理实施细则（试行）》，明确双方在项目组织管理、方案设计管理、工程质量管理、安全环保管理、监督管理、生产运行管理的职责，厘清工作界面，细化岗位分工。三是决策共商。围绕战略决策、重点工作部署等方面，大庆钻探和浙江油田双方主要领导，不定期召开沟通协商会议，听取项目运行情况，明确地质工程一体化、勘探开发一体化、技术经济一体化、生产科研一体化等工作方向，以及共同协商解决项目实施过程中重大问题和难点。联合项目部建立领导班子周例会、联署办公会、部门月度例会等制度，全面进行工作界面对接，推进融合办公，确保各项工作任务落实落地。

（三）构建高效集约型生产模式，共享项目运行资源

一是统一管理。大庆钻探与浙江油田外协工作部、天然气勘探开发事业部，开展联合踏勘，协调解决工农事务，减少误工时间。根据生产运行总体安排，制定运行大表，对钻前、钻井、压裂等工程需要的紧缺施工材料提前储备，对施工机械和劳务队伍统一管理，避免因为人、机、料的准备不足影响施工，保障项目正常运行。

二是统一调度。根据勘探开发部署和生产运行大表安排，大庆钻探细化施工运行节点，量化运行周期，统一调度钻前、钻井、固井、清洁化和压裂等机械设备动迁和队伍动用，保障项目高效运行。

三是统一协调。大庆钻探与浙江油田外协工作部、天然气勘探开发事业部，联合建立生产协调工作群，及时通报对外事务动态，共同协调解决项目运行中的问题。

四是统一准入。大庆钻探对承包商准入和备案统一管理，优选承包商队伍，收集市场准入资料，报至浙江油田天然气勘探开发事业部审查并录入系统，实现承包商规范准入。

五是统一验收。大庆钻探与浙江油田加强验收对接讨论，梳理开钻验收点项、统一标准，完善表单，确定施工队伍自检自查，总承包项目经理部验收，事业部与总承包项目经理部联合验收的各次开钻前验收制度，及时达到开钻条件。

六是统一信息。按照时间节点汇报生产情况，产建双方统一编写生产运行日报、周报、月报，统计钻前施工进度、井队月度时效、完井报表、压裂进展等生产信息。搭建生产信息共享、共用平台，定时生产动态，及时下达作业指令，加强道路、场地、水电、通信、外协等资源共享，提高生产施工时效。

（四）建立一体化融合技术体系，提升项目运行效率

1. 开展三方面技术工作

一是组建三级专家团队，即浙江油田地质工作保障团队、施工现场导向监管团队、大庆技术把关专家团队，加强项目运行技术支持和指导。构建学习培训平台，通过举办技术讨论会、开展专题培训、组织技术人员积极参与方案设计、单井及平台施工复盘等方式，提高技术人员能力和水平。注重成功经验复制，形成钻前、钻中、钻后"三过程管控"的工程作业模式，并推广应用到其他区块。

二是把握"六个着力"。着力提高构造断层裂缝识别精度，采用高保真、高分辨率的地震资料处理流程，对地震资料进行重新处理及解释。着力优化选台布井方案，通过科学部署井型，将原方案18个平台优化为15个，为甲方节省投资。着力提高单井及平台产能，加深地质认识，优选甜点井位，提升储层钻遇率和压裂改造规模。着力发挥导向监管团队作用，形成"钻前垂深预测＋钻中逐层逼近"的入靶轨迹控制技术，以及"两类井＋两型挠曲"的水平段轨迹控制技术。着力开展先导试验井 EUR

评估，加强井位设计、钻井定导、压裂、试气排采对比分析，进一步提高单井 EUR 达标率。着力开展"三级复盘模式"，即完钻一口复盘、平台完井整体复盘、压裂排采复盘，形成布井、钻井、导向、压裂和排采的地质工程一体化全生命周期闭环管理。

三是形成"四个模板"。定期召开布井方案、地质工程一体化、压裂地质方案和压裂工程论证会，分析总结地质工程一体化成果，形成区块浅层页岩气地质建模方案模板、钻井施工方案模板、压裂地质方案模板、压裂工程方案模板，有力支撑浅层页岩气经济有效开发。

2. 突出两方面技术引领

一是突出技术创新，优化钻井促提速。攻克表层恶性井漏、井塌等难题，研发地勘与井口一体化、表层井身结构设计等 7 项复杂表层钻井施工技术，特别是"工程机跟管空气钻表层专打技术"，填补国内空白，形成技术专利。优化二开钻头选型、钻具组合、钻井液性能等 7 项技术措施，建立区块钻井施工学习曲线，优化施工工艺方式和流程。

二是突出试验研究，精细压裂促提质。积极开展"一提一控三防"（提高产量、控制成本、防套变、防地动、防出砂）压裂试验，建立两级压裂地质工程一体化方案审查制度，完善压裂地质工程方案设计方法，形成套变风险预测及防控、动态暂堵现场诊断优化等 10 项压裂配套技术。深化套变机理研究，形成非均匀载荷挤压套变定量防控技术，建立定量分级预测、定量分析计算、定量措施防控方法。

（五）强化多维度风险管控机制，控制项目运行风险

1. 强化工程监督管理，控制项目质量风险

建立"1234"监督管理体系，即大庆钻探 HSE 监督站在该区块设立一个监督中心，制定《总承包项目经理部监督管理办法》和《总承包项目经理部监督考核办法》两项制度，形成驻井监督、总承包项目经理部巡井监督和浙江油田监督中心总监三级监督管理体系，紧扣住开工验收、关键工序、入井工具、入井材料四个关键，组织开展钻井地质、工程监督、压裂试油监督，确保施工质量。

2. 强化安全环保监管，控制项目安全风险

一是拓宽安全环保管理"广度"。实践"四个三"的安全管理防控模式，即"安委会＋联合检查组＋巡察监督中心"三级管理组织机构、"事业部＋项目经理部＋基层队"三级协同共管局面、"远程监督＋巡查中心＋驻井监督"三级监督模式、"安环中心重点抽查＋联合检查组关键节点全覆盖检查＋现场安全监督日常巡查"三级风险隐患排查治理体系，推进安全防控统一协调、统一指挥，实现检查层级全覆盖、检查业务全覆盖、检查领域全覆盖。

二是加大安全环保管理"力度"。突出"开工验收、重点工序、敏感时段、大型作业"等重要节点，加大动态监管、关键环节监督、现场隐患排查力度，严肃追责问责。

三是强化安全环保管理"精度"。牢固树立"统一决策、差异管理、精准防控"的理念，实施"一平台一策"的安全管理机制，明确 19 类 512 个检查项点，精准建立预防与控制措施。

四是提升安全环保管理"温度"。从提升员工、爱护员工入手，常态化举办"学制度、养习惯、灭违章、除隐患"培训活动，深化线上线下送教学、岗位知识需求学、现场实操督导学、知识共享自主学的"四学"方式，开展安全先进个人、先进班组、标杆站队、优秀承包商团队的评选。

3. 强化经营结算管理，控制项目经营风险

一是加强结算的组织领导。在项目结算过程中，产建双方成立专业结算小组，细化结算资料准备、工作量确认及验收等职责，依据总包合同约定和承包方相关服务价格标准，组织好浙江油田与大庆油田、大庆油田与参建单位、参建单位与外部承包商之间的结算，保障各方利益。

二是明确结算的原则方式。在本项目中，实际 EUR 低于目标值的 80%，甲方支付乙方总包费用的

80%；实际 EUR 介于目标值的 80%～120% 之间，甲方按照相应比例支付乙方总包费用；实际 EUR 高于目标值的 120%，甲方支付乙方总包费用的 120%。结算方式：预付启动平台估算金额的 10%；以平台钻前、钻井、压裂等工程结束为结算和支付节点，确认验收资料及结算资料后，结算平台总费用的 80%；区块全部完成施工后，根据 EUR 实际完成情况计算区块应结算总合同价款。

三是优化结算的业务流程。紧跟钻前、钻井、压裂等施工进度，打破以往工作量统计方式，采取"步进式"结算方式，做到"三个及时"，即钻前工程在钻井平台施工验收完成时，及时统计工作量完成情况；钻井工程在每口井钻完井后，及时收集验收所需技术、生产等完成井资料；压裂工程在完成单井压裂并确认合格后，及时确定压裂段数及参数，确保工作量及时确认和结算。

（六）建立项目全方位保障机制，凝聚项目运行合力

1. 抓好人、财、物落实保障机制

一是项目部员工实行 AB 双岗，两月倒休制度，搭建培养平台，组建"以储层改造为中心"的涵盖地质、油藏、地应力、钻完井、压裂、压后排采等地质工程一体化全产业链技术团队。搭建保障团队、学习团队、培训团队和复制团队四个平台，培养、锻炼忠诚干净担当型、尖端专业创新型、绝活绝技工匠型人才。

二是强化奖励政策，提升员工福利保障。及时申请包括钻探 EUR 突出贡献奖、疫情防控奖、井控专项奖励等各类奖励奖金，积极为员工申报优秀党员、优秀管理者、各类先进个人等荣誉。

三是打通采购渠道，加强后勤物资保障。建立物资绿色通道，融入西南采购平台，实现物资快速采购。强化料场管理，提高物资保障能力。加强企业内部管理，强化井控、钻头、钻具、钻井液及清洁化物资保障。

2. 抓好党建保障工作

一是思想联抓、作风联扬。组织开展"一家人、一条心，一股劲、一起干"讨论实践活动，教育引导产建双方干部员工"你想我的、我想你的"，积极建言献策，确保思想统一、步调一致。强化干部员工作风建设，增强攻坚克难意识。

二是组织联建、业务联学。建立"党建联盟"，编制《党建联盟工作规程》，成立党建联盟领导小组，实行负责人轮值制，为项目高效运行提供组织保证。强化政治理论、项目管理、安全、生产、技术等能力提升，通过将课堂搬到施工现场、绘制从井位部署到 EUR 产建的最优最快学习曲线等，对标提升。

三是资源联用、效益联创。集聚产建双方在人员、技术、设施、场所、精神文化等方面的优势和力量，实施资源高度共享，共同打好产建攻坚战。深入开展"转观念、勇担当、强管理、创一流"主题教育，搭建主题劳动竞赛、"金点子"征集、小改小革等适用的创效载体。

四是活动联办、关怀联心。实施党员"六个一"（为思想做一次教育、为产建提一条建议、为合作尽一份义务、为工作搞一项革新、为岗位创一项指标、为群众做一件好事）积分夺旗行动，组织参观"红色教育基地"，联合开展"共走长征路"徒步活动，教育引导广大党员当先锋、打头阵、挑重担。针对员工远离亲人、常年驻外、劳动强度大，制作员工基本信息名册和家庭互助联系卡，切实解决员工实际困难。

五是标杆联树、模板联享。深入开展基层建设标杆、先进集体和个人评选活动，通过广泛宣传、组织观摩、推广经验等方式，推动标杆变标准、示范变规范、经验变制度，营造"有第一就争、见红旗就扛"的浓厚氛围。

三、油气田基于最终评估可采储量目标的产建一体化总包项目管理效果

总承包项目管理获得浙江油田高度认可，所属钻井队创出瞩目佳绩，8 次荣登中国石油西南页岩气

钻井英雄榜前十名。其中，尖刀 1202 钻井队创出钻井周期 56.75 天的深层水平井最短纪录，并累计刷新 23 项区块纪录，2023 年 9 月荣登中国石油西南页岩气钻井英雄榜第一名。

（一）创造了显著经济效益，保证了项目顺利开发建设

以提高 EUR 为共同目标，在保证单井储量控制的基础上，与原钻井方案对比减少钻井 13 口，节省投资 2.15 亿元。目前该项目为大庆钻探创收 8.2 亿元，并在工程项目监督、新区块钻井、试气服务等方面达成多项新的合作，额外增收 1.49 亿元，带动了大庆钻探国内市场中石化神府、新疆油田某区块等一体化总包项目顺利开展，同比增收 10 亿元以上。

（二）建立了地质工程一体化深度融合技术管理新体系，实现了提速、提质、提效、控成本

形成钻前、钻中、钻压后 3 大类 12 项地质工程一体化技术系列，"工程机跟管空气钻表层专打技术"填补国内空白，获国家专利，一开表层钻井事故复杂时率降低 79%，钻完井周期缩短 3.67 天。二开水平段提速技术实现"两增一短三提高"，在增加 203 米情况下，钻完井周期为 23.59 天，较原指标缩短 8.34 天，平均机速为 14.31 米 / 小时，提高 71.78%，箱体钻遇率为 90.79%，提高 9.89%，水平段固井质量优质率为 96.93%，提高 6.66%；后期施工的 5 个平台 30 口井 404 段，在单段压裂规模提高 48%，储层改造体积提高 31.7% 的条件下，未发生套变，确保了项目套变率、丢段率均控制在 0.27%，后期平台开发效果达标。

（三）形成了油气产建的新模式，为探索非常规浅层页岩气资源有效动用开辟了新途径

充分协调和利用大庆油田、浙江油田各方面资源，形成了"两套班子一个机构"的联署办公、统一管理、规范运营的工作机制和内部各部门、所属分包商、大庆油田内各部单位、浙江油田相关单位的一体化管理，确保项目规范有效实施。在目前以采代试情况下，10 个平台日产气量 92 万立方米，其中，最后实施的 A 平台 8 口井，平均单井日产量 3.54 万立方米，实现了效益开发。

（成果创造人：艾　鑫、刘文鹏、高　伟、范晓东、步永伟、周照明、
　　　　　　　王文军、王建君、李　博、逄志坚、孙玉群、王桂友）

国有投资运营公司基于"一核四强"的影视文化产业协同运营管理

青岛海发国有资本投资运营集团有限公司

青岛海发国有资本投资运营集团有限公司（以下简称海发集团）是青岛市委、市政府批准成立的市直大型国有企业，2012年3月成立，注册资本金100亿元，下设10家一级子公司和6家控股或参股上市公司，信用评级AAA级，跻身"中国企业500强"第233位，青岛百强企业前三名。

一、国有投资运营公司基于"一核四强"的影视文化产业协同运营管理背景

（一）践行山东影视基地"1+N"龙头使命，建设高水平影视基地的需要

《"十四五"中国电影发展规划》提出了"积极把握新技术发展趋势，建立完善电影科技自主创新体系，在关键技术与装备研发等方面实现重点突破"的发展要求。《山东省"十四五"电影发展规划》明确以青岛灵山湾影视文化产业区为龙头，形成"1+N"影视基地（园区）布局，突出青岛影视基地引领作用，力争到2025年形成千亿级影视产业价值链。为实现规划目标，青岛影视基地需进一步完善产业配套服务和电影工业体系建设，形成功能齐备、配套完善、综合效益突出的影视产业基地格局。

（二）发挥国有资本投资运营平台优势，筑强影视文化全产业生态的需要

青岛西海岸新区2014年获批第9个国家级新区，灵山湾影视文化产业区是青岛西海岸新区十大功能区之一，围绕"新经济发展新高地、创新创业人才新沃土和幸福美好生活新城区"的发展定位，创新建立"集团公司主导＋政府指挥部一体化运作机制"，由海发集团主导整个灵山湾影视文化区的开发建设。海发集团有责任担起全面筑强世界一流的影视文化全产业生态，助力世界电影之都品牌建设的重担。

（三）解决国内影视基地困局，推进影视工业化转型升级的需要

中国影视基地面临缺观念、缺特色、缺技术、缺标准的阶段性问题，部分影视基地还存在着低水平重复建设、低价格无序竞争、自主创新技术少、新基建应用堵点多等困境。如何在凭借高标准科技影都制做出高质量影视作品的同时，搭建起高效协同的影视文化产业生态，引领中国影视文化产业高质量可持续发展，是青岛影视基地当前正在谋划并将持续推进的发展目标。

二、国有投资运营公司基于"一核四强"的影视文化产业协同运营管理主要做法

（一）依托海发集团平台优势构建"一核四强"的影视文化全产业生态

海发集团作为国有资本投资运营公司，充分发挥"两类"公司平台优势，以青岛影视基地为产业核心，围绕强科技、强人才、强服务、强生态四个方向发力，高水平构建影视文化全产业生态平台。通过高标准建设以"科技影都"为特色的青岛影视基地，夯实影视文化产业核心竞争力；通过高起点布局影视技术创新，培育产业升级科技引领力；通过校企联合实施人才双引双培，多层次构建产业发展支撑力；通过政企携手做好影视产业链服务，持续强化产业招引凝聚力；通过平台化发展影视文化产业集群，踏实铸就产业可持续发展能力。

（二）高标准建设以"科技影都"为特色的青岛影视基地，夯实影视文化产业核心竞争力

1. 硬件设施全方位国际化，全流程科技化

东方影都影视产业园坚持以国际顶尖标准的硬件设施覆盖影视拍摄制作的全流程，为全球剧组提

供高品质的影视制作服务。园区提供服装、彩绘、喷涂、木工、铁艺等功能支持，拥有 3D 打印机、数控机床、激光雕刻等先进设备，以及 10000 平方米设备设施最先进的单体摄影棚，配有声学隔音墙、棚顶可换轨吊挂系统、全覆盖高速安全无线网络。

2. 建成高科技水下制作中心，攻克拍摄"瓶颈"

海发集团建设亚洲最大室内外合一水下制作中心，由室外拍摄水池和室内恒温拍摄水池组成，其中室外拍摄水池由深浅两个正方形水池组成。配备有毛发收集器、石英砂过滤沙缸等高效能的水过滤系统和紫外线消毒杀菌系统，水质达到世界游泳联合会（FINA）和国内 CJ244"泳池水质标准"。

3. 建设虚拟现实平台，实现前瞻性技术应用

影视产业园引入国内最具前瞻性和市场开拓性的影视虚拟化制作平台，涵盖虚拟拍摄、LED 拍摄、可视化剧本、动作捕捉、面部扫描、CG 内容等技术。剧组能够据此以协作方式对视觉细节进行实时迭代，制出高质量画面，实现资源相互兼容，从视效预览到最初输出过程均可使用。

4. 建设数字影音中心，拓展影视后期制作产业链

青岛影视基地严格按照 MPAA（美国电影协会）标准建设数字影音中心，包括声音楼、剪辑楼、特效楼三部分，配备有先进的全流程后期制作设施。同时，数字影音中心配备了高速安全的工艺网络及 Avid NEXIS 云存储技术，剧组可以借助远程 ADR 录音技术与异地或国外的声音团队同步录音，既保障了异地团队间的实时沟通，又满足了音频物料的同步传输。

（三）高起点布局影视技术创新，培育产业升级科技引领力

1. 产学研协同，引领高新视频科研创新

5G 高新视频实验园区坚持科研带动，搭建形成"总局科研平台 + 高校研究院 + 企业创新中心"的园区科研创新体系，联合国家广电总局广科院、规划院、设计院三大院，落地国家广播电视网工程技术高新视频研究中心、5G 高新视频应用安全重点实验室等科研平台，面向全国首次发布互动视频、沉浸式视频、VR 视频和云游戏 4 个 5G 高新视频系列技术白皮书，编制完成 2021 版 5G 高新视频系列标准体系，发布高新视频行业标准 3 项，在园区推出 21 项示范应用场景。

2. 搭建创新平台，实施关键共性技术攻关

海发集团牵头成立山东省 5G 高新视频创业共同体，立足 5G 高新视频产业发展，布局科技创新、内容创新、业态创新、模式创新，聚焦沉浸式软硬件、虚拟制作引擎、视频云、新型终端、视觉智能等 5 大类实施协同关键技术攻关。落地华为 5G 高新视频联合创新中心，引进山东省超高清视频制造业创新中心，联合浙江大学成立浙大青岛求是工业技术研究院，孵化高精度 AI 机器视觉半导体激光器、高精度陶瓷 3D 打印等 10 个项目落地园区。

3. 沿链定向招引，提升产业发展能级

5G 高新视频实验园区与东方影都影视产业园通过深耕高新视频、影视后期特效、网络视听、新媒体等领域，与东方影都影视产业园联动互促，赋能影视制作生产，提升"科技影都"发展能级。联合在园企业创新推出"虚拟演播室、LED 虚拟拍摄系统"、全国产化 MOCO"影视拍摄机器人"等对前期拍摄的科技赋能。聚焦发展以云、AI 大数据为技术支撑的影视后期云化升级，在动捕云端技术实现、高新视频云网络互通、拍摄素材上云三方面实现与东方影都影视产业园的联动发展。

（四）校企联合开展人才双引双培，多层次构建产业发展支撑力

1. 发挥产业生态集聚优势吸引行业头部人才

创作人才方面，青岛影视基地凭借鲜明的影视工业化特色聚集了一批优秀的青年导演，进而吸引肩负着中国影视产业重任的优秀电影人不断汇聚青岛。制作人才方面，青岛影视基地建立行业顶尖的影视供应商联盟，在美术置景、道具、特效、水戏、虚拟拍摄等环节招引了一批顶尖制作团队。美术

制作方面，吸引知名服装道具团队、著名置景道具专家、知名物理特效团队、高端原创模型雕像、三维建模、特效化妆、影视置景等全流程专家人才。视频制作方面，聚集可提供现场调色、视频管理、云拍摄等专业服务团队，大家共同探索中国电影工业化之路，形成了浓厚的影视文化氛围。

2. 发挥国有资本平台政策优势培育产业成熟人才

海发集团内部也十分注重影视产业人才的培育，坚持党管干部、党管人才与市场机制有机结合，结合自身发展实际和破局方向，建成启用全国首个 5G 高新视频党建教育基地，全面铺开自有培训平台和创新品牌"蔚蓝学院"培训业务，开展"启航计划""领航计划""上兵伐谋战略重塑"等 10 余个培训品牌项目，通过"揭榜挂帅""擂台赛"等方式不拘一格委任重用人才。强化制度引导，实施"创新驱动 + 人才战略"，联合西海岸新区创新发布灵山湾"人才特区"新政，完善人才引进、培养、使用、评价、流动、激励"六项机制"，加快构建匹配城市战略、集团战略和改革创新的专业化人才体系。明确业务导向，海发集团通过自我培养与资本纽带相结合，构建内容开发生态矩阵，成立五大工作室，布局内容创制、经纪、影视科技、广告等领域，重点向内容生产进发，搭建内容开发、艺人培养、拍摄制作和基地招商协同重点吸纳培育成熟人才，实现对各业务板块的人才赋能。

3. 发挥产教融合优势办好大学吸引学术专家人才

青岛电影学院完成转设以来，锚定"双师型"教师队伍定位，国内外一大批既能搞创作又能产理论的顶端师资力量在此引聚、落地、生花。学校表演系主任谭晓寅教授入选 2023 年福布斯中国名人榜，其参与的电视剧《孝子贤孙》获得黑天鹅奖，动漫系主任、中国传媒大学博导贾否教授编写的《动画概论》（第四版）是目前全国大多数高校动漫艺术系的必修课用书；学校主导编制的《电影蓝皮书：全球电影产业发展报告》已经连续三年出版发行，成为各国政府、业界、学界和公众了解全球电影产业发展态势的重要工具书；此外录音艺术与技术系主任尹哲、导演系副系主任李晨曦副教授等也都是业内领军人物，大师级顶端行业人才的云集，在各专业（系）持续发光发热，有效地保证了学校高质量教学和科研水平，为青岛电影学院各专业学科的优质发展提供了有力支撑，也为影视产业园的创制能力打牢地基，提供"火车头""助推器"的引擎作用。

4. 创新联合施教模式培育优秀青年人才

青岛电影学院设有戏文、编导、表演、摄影、录音、美术、管理、动画等 27 个本科专业，致力于为影视全产业链布局输送专门型人才，海发集团影视产业链得到进一步延展完善。结合中国影视产业发展需求，青岛电影学院创新实施了毕业联合作业，即每年由学校 8 个系的师生根据不同专业（方向）联合制作完成 30 余部影视作品，激发学生蕴含的前沿性、引领性创制能力。近年来毕业联合作业的品质质量随着新技术、新场景、新理念的应用，剧本创作、视频制作优秀作品频出，亮相国内外各类影视大奖，荣获"美国洛杉矶短片电影节最佳导演奖""纽约独立电影最佳短片奖""戛纳艺术电影节最佳摄影奖"等奖项，真正打通了科研、教学、实践、产业通道，培养与输出了众多优质青年人才，实现了产教深度融合。

（五）政企携手做好影视产业链服务，持续强化产业招引凝聚力

1. 优化产业扶持政策

为更好发挥扶持政策引导作用，海发集团联合西海岸新区政府为区域内企业与人才量身定制符合影视文化产业特点、反应产业主体迫切需求的优惠扶持政策。面向园区企业发布并实施《关于支持影视产业健康平稳发展的政策措施》《青岛西海岸新区促进影视产业发展的若干政策》《青岛灵山湾影视文化产业区影视产业发展专项资金管理办法》《中国广电·青岛 5G 高新视频实验园区产业发展扶持办法》；为广招人才创新发布灵山湾"人才特区"新政，深入实施《青岛西海岸文化艺术领域高层次人才引进和培育办法》《关于建设灵山湾"人才特区"引领新经济发展的实施意见（试行）》《关于促进"双

招双引"二十条政策》《关于实施"梧桐树"聚才计划的若干政策》《企业引才奖励资金管理办法》等政策规定，对影视产业进行全流程、模块化扶持，加快产业要素集聚。

2. 成立政府服务机构

为进一步提升服务水平，海发集团推动灵山湾影视文化产业区成立国内首个地方影视管理服务机构——青岛西海岸新区影视产业发展中心，履行青岛影视基地办公室、西海岸新区影视文化产业链链长办公室等政府职能。作为剧组和企业的贴心"娘家人"，为提高行政服务效率，节省驻地企业时间成本，影视产业发展中心梳理了涵盖行政审批、海关、公安等方面的20余项影视公共服务事项清单，提供"一窗受理、全流程跟进"的一站式服务，还为每个前来拍摄的剧组配备一名24小时服务专员，树起公共服务标准化、政策兑现零跑腿、业务办理零等候的"一标双零"影视服务新标杆，为影视产业高质量发展当好"服务员"和"规划师"。

3. 增强剧组服务能力

剧组服务涵盖影视器材、群演、外联、餐饮、住宿、车辆等方方面面，青岛影视基地以"建立服务口碑，树立江湖地位"为指引，建立"剧组不收工，服务不打烊"的工作制度，形成了"想剧组之所想，急剧组之所急"的工作氛围，受到了剧组的一致好评和认可。影视基地采取自营与联营相互补充的方式开展剧组服务，目前自营业务主要包括吊装设备、餐饮、外联、住宿及部分群演业务，年均营业收入近1亿元，成为园区经营的稳定收入来源；联营业务充分调动周边商户服务能力，为影视拍摄及剧组日常生活提供全方位服务，园区为剧组提供产品（服务）品质管控、供应价格保障和投诉响应处理等服务，让剧组在供应商选择和使用过程中可以省时、省力、省钱、省心，努力提高剧组满意度，联营业务的不断优化不仅弥补了园区自身服务能力短板，也为园区周边提供了大量创业和就业机会。

4. 成立影视产业基金

配套制定《青岛市影视产业发展基金管理使用办法》等产业扶持政策，对入驻影视产业园的影视企业、剧组给予资金补贴。青岛市自发展影视产业基金成立以来，已向《流浪地球》等56部优秀影视作品和五洲发行等90余家影视企业发放补贴资金超2亿元，尤其新冠疫情防控期间助力困难企业企稳回升、升级发展。目前海发集团正与青岛出版集团、华人文化集团、华夏基金等行业头部企业筹建基金，形成由青岛市国有企业＋引导基金同台主控、行业头部企业参与的基金组建新模式，引入青岛市级文化产业投资引导基金、战略合作单位充分参与的基金结构，融合吸收政府、国企公信力及头部企业行业优势，打造规模更大、更加开放的影视基金格局。

（六）平台化发展影视文化产业生态，踏实铸就产业可持续发展能力

1. 以影视产业园为核心高标准配套服务业态

为了能让剧组来得了、留得下、过得好，产业布局上以影视基地为核心，高标准、前瞻性的整体规划布局，打造出目前全球规模最大、以拍摄制作为主的影视产业综合项目，周边建有大型商场、儿童乐园、大剧院、秀场、星级酒店群、游艇会、滨海酒吧街、国际医院、国际学校等配套服务业态，可满足国内外剧组工作人员一站式、全方位的工作、生活、会客、休闲、写生、旅游、实践需求。

2. 以产城融合开发为路径高效补齐外景拍摄短板

海发集团坚持产城融合、产融结合、迭代循环，通过功能区市场化开发、价值提升、功能升级，深耕灵山湾影视文化区十余载，实现生态、产业和市民幸福感的三大升级，将灵山湾片区由偏远渔村打造为世界级影视文化新城，荣获生态环境部"全国首批美丽海湾优秀案例"。同时为补齐外景地拍摄短板，在紧邻灵山湾影视文化区的藏马山区域开发建设藏马山外景地，总投资50亿元，占地1500亩，规划建设旅游服务区、欧美街区、商周城、民国老上海街区、老北平街区五大区域，集影视拍

摄、旅游及商业功能于一体，与东方影都影视产业园的影棚内景拍摄、后期制作等功能实现配套互补，进一步优化完善影视产业功能布局，形成"东有灵山湾、西有藏马山"的影视产业发展格局。

3. 以影旅融合为方向打造特色"电影之旅"文旅目的地

结合影视产业发展实际和自身产业优势，在围绕影视产业需求配套相关产业链的基础上，海发集团又建设了青岛电影博物馆，开展了汽车影院、海上观光等众多业态，在满足剧组工作生活休闲娱乐需求的基础上，将影视产业链拓展至市民游客的影视文化生活、休闲购物和旅游度假等多元化消费领域。以影旅融合为目标，高水准策划青岛影视基地"电影片场之旅"，注重体验性、系统性，提升剧组、市民、游客的影视主题游体验感，培育春之寻味星光岛美食节、夏之星光岛啤酒节、秋之星光岛音乐节、冬之星光岛跨年狂欢夜四季活动 IP，深挖星光岛旅游潜能，打造心向往之的影视旅游度假目的地。

4. 以影展融合为纽带开创影视产业全链条新业态

主动拓展影视市场新业务，与区域内影视、文旅、广告等业态全面合作，优势互补，协同发展，充分发挥展会带动作用，有效撬动影视产业全链条新的利润增长点。先后承接上合组织国家电影节、青岛影视博览会、中国电影表演艺术学会颁奖典礼、青岛影视周等重大影视节会活动，推出国内首届影视后期产业"金海鸥"奖，坚持走出去、请进来，打造集影视工业化展示、市场化交易于一体的节会平台，充分发挥展会的辐射带动和凝聚整合作用，开创影视产业发展的新生链。

三、国有投资运营公司基于"一核四强"的影视文化产业协同运营管理效果

（一）科技影都优势突显，优秀作品层出不穷

截至目前，东方影都影视基地已累计服务影视作品、综艺节目、大型活动、品牌广告 200 余项，《警察荣誉》《号手就位》《中国说唱巅峰对决》等一批优秀剧集、综艺均在此拍摄制作，刘德华在园区举办抖音线上演唱会，观看人次超 4 亿。从《长城》《环太平洋：雷霆再起》到《流浪地球》《疯狂的外星人》《刺杀小说家》，成就了一批中国电影里程碑式的大片，累计为中国电影贡献票房超 255 亿元。继《独行月球》《万里归途》接连获得 2022 年暑期档、国庆档票房冠军后，2023 年春节《流浪地球 2》再续前作荣光，口碑热度双爆棚。2023 年暑期上映的《封神第一部：朝歌风云》，是华语电影史上首部采取三部连拍模式的电影作品，也是目前中国电影史上投资规模最大、工业化程度最高的作品，以现代影视技术诠释经典神话、展现传统文化魅力，开创了中国神话史诗电影的先河。从《流浪地球系列》到"封神三部曲"，从中国科幻到神话史诗，青岛影视基地以自身硬实力、强作风不断推动中国电影开启新纪元、攀上新高峰。

（二）辐射带动作用明显，发展势能持续增强

自 2019 年以来，共有 149 部电视剧、网络影视项目、综艺项目在青岛西海岸新区完成取景拍摄。自 2020 年以来，青岛西海岸新区共有 74 家影视企业的 133 个电视剧、网络电影、网络剧、微短剧等项目在国家广电总局备案公示，其中青岛本地影视企业出品或者参与联合出品的项目共有 23 部，精品迭出。截至 2022 年年底，灵山湾影视文化产业区已注册入驻中视实业、五洲发行、华谊兄弟、英皇娱乐等影视企业 750 余家，带动区域影视及服务配套企业注册超 3000 家，带动新增城镇就业逾 5 万人。青岛影视产业坚持"一核四强"深度融合逐渐成势，海发集团下属影视产业主体青岛海发文化集团和青岛东方影都产业控股集团实现稳定盈亏平衡，青岛电影学院在校生超 4000 人，盈利能力持续增强，"东有灵山湾、西有藏马山"双城联动、辐射全区的影视产业版图加速成型，规模优势与发展势能持续增强。

（三）成为讲好中国故事，展示文化自信的重要载体

无论是电影、电视剧还是综艺节目，近年来从青岛影视基地腾飞的部分影视作品在北美、英国、

澳大利亚等海外地区同步上映并多次加场，获中央宣传部、国务院国资委、外交部点赞，在打响"中国科幻"品牌、助推行业发展，增强民族自信、文化自信的同时，也成为讲好中国故事、传播好中国声音的重要载体。前联合国秘书长潘基文、美国国会代表团、英国利兹地区政府代表团及法国驻中国大使馆总领事等先后到影视基地参观访问并给予高度评价，称赞为"中外文化艺术交流的重要平台和中国文化对外展示的重要窗口"。2021 年，东方影都当选为中国影协影视基地第一届委员会理事单位，并获国家电影专资办专资支持。2023 年 5 月，中央网信办组织"走读中国"外国媒体行活动，来自亚太、中亚 18 个国家的 28 名外国媒体及 30 名中国媒体记者进行了采访拍摄，被赞誉为"中国科幻大片的摇篮"，让"科技影都"的定位愈发深入人心，也真正成长为代表中国电影创制水准的"国家队"。

（成果创造人：管学锋、周玉晓、陈　超、张甲勇、潘黎峰、
　　　　　　柴　巍、管晓亮、杨贵琳、张晓岳、黄　晓）

国有化工企业以"五新"为目标的市场化经营机制构建

云南云天化股份有限公司

云南云天化股份有限公司（以下简称云天化股份）是一家具有核心资源优势的综合性大型国有控股上市公司，是以磷产业为核心的优秀磷肥、氮肥、共聚甲醛制造商，主营肥料及现代农业、磷矿采选、精细化工、商贸物流等产业，磷矿采选生产能力、聚甲醛产能规模均居全国前列，磷复肥产能规模居亚洲前列。云天化股份旗下拥有 40 余家分公司、子公司，企业总资产超过 500 亿元，营业收入超过 700 亿元，员工总数超过 1 万人，在云南、重庆、内蒙古等 10 余个省市建有生产基地，肥料服务国内耕地面积超过 5 亿亩，在中东、东南亚等地区设立了销售公司，销售网点分布于世界各地。云天化股份多年位居中国化工百强上市公司排行榜前三，位居 2023 年《财富》中国企业 500 强排行榜第一百八十一、2022 年中国石油和化工企业 500 强"独立生产经营"类榜单第十四。

一、国有化工企业以"五新"为目标的市场化经营机制构建背景

自 2010 年以来，我国化肥行业产能过剩问题越发突显，市场竞争激烈，产品价格大幅下滑，行业开工率不足，磷肥上市企业近十年平均扣非净资产收益率（ROE）为负，在有色、煤炭、钢铁、建材、采矿和化工等 50 个子行业中排名倒数第一。云天化股份作为行业龙头企业，2016 年经营状况急剧恶化，亏损达到 34 亿元，内部深层次的结构性矛盾和体制机制问题集中暴露。一是盈利能力不足，转型升级急迫。经多次行业整合和资产重组，云天化股份经营规模快速增加，但资产总量大、质量低，资产结构不合理的矛盾凸显。合成氨、煤炭等关键资源掌控不足，原料获取成本高，产品和市场结构不合理。支撑企业转型升级的高层次、专业化、职业化人才紧缺，研发资源分散，技术创新能力亟待提升。二是董事会职能发挥不充分，公司治理水平有待提升。云天化股份"三会一层"架构设置完整，制度和程序较为健全，但各专业委员会和独立董事在决策咨询、监督制约等方面的作用发挥不足。三是组织机构臃肿，人力资源效率低下。组织文化相对保守，管理职能重叠交叉、职责权限模糊、管理流程冗长等问题未得到根本解决。四是缺乏市场化的激励约束机制，组织活力不足。核心骨干的正向激励不够、积极性调动不充分、流失率攀升、人才吸引力不足等问题依然比较突出。员工归属感和凝聚力不强，薪酬水平的对外竞争力、对内公平性都有待改善。

二、国有化工企业以"五新"为目标的市场化经营机制构建主要做法

（一）加快结构性改革步伐，促进绿色高质量发展

1. 强化落后产能淘汰和资源整合，提升创新能力，优化产业结构

云天化股份紧紧围绕产业转型升级这一关键环节，积极推进供给侧结构性改革，主动关停了 20 万吨硫酸、10 万吨合成氨、3 万吨黄磷等一批高耗低效装置。在云南省国资委的支持下，2020 年完成对云南大为制氨股权的收购，增加尿素产能 40 万吨，实现云南省内所有 50 万吨级合成氨装置的集中整合运营，有效补齐化肥产业原料短板，提升化肥产业一体化竞争能力。建立新能源、精细磷化工、氟化工、现代农业等新产业平台，通过与行业优秀企业成立合资公司或合作项目方式，整合内外部资源，进行优势互补，扎实推动产业结构调整。

2. 推进混合所有制和股权多元化改革，改善资本结构

资本结构不优、负债高企是传统制造业企业的一大通病，严重影响企业盈利能力。云天化股份以"降负债、活机制、提效益"为思路，按照"宜独则独、宜控则控、宜参则参"的原则，积极引入高匹配度、高认同感、高协同性的战略投资者，通过实施混合所有制改革、债转股等方式，2018—2019

年先后在下属磷化集团、红海磷肥等分公司、子公司引进权益资金近20亿元，持续改善资本结构，有效降低财务费用，同时在分公司、子公司层面建立起差异化、市场化的经营机制，盈利能力进一步提升。

3.实施"三新"战略，优化产品和市场结构

我国肥料产品及市场同质化严重，市场竞争极为激烈。作为国内产能规模最大的行业龙头企业，云天化股份提出新产品、新市场、新模式"三新"战略，重点培育产业链"微笑曲线"的两端，推动传统产业从单一的制造向"研发＋制造＋服务"转型。新市场方面，强化国际、国内市场统筹，以"绿色环保产品＋科学用肥技术"为核心，以缅甸、越南市场拓展为重点，加大对印度、孟加拉国、巴基斯坦、澳大利亚和新西兰新市场的开发力度，在助力东南亚国家农业发展的同时，进一步提升国际市场的掌控力；在新产品方面，结合云南省高原特色农业发展需求，针对作物、土壤、环境差异，先后开发出"镁立硼""花匠铺"等品牌肥料；在新模式方面，整合推动"卖产品"向"卖产品＋服务"和"提供定制解决方案"转型，以"农资＋服务＋解决方案"的新模式，在全国布局农科小院和农化服务平台34个，打通了现代农业技术服务走进田间地头的"最后一公里"。

4.实施"三绿"工程，创绿色制造品牌

采矿业、化工制造业因其自身特点，一直是我国环保治理的重点领域。云天化股份以"高效、清洁、绿色、低碳"为抓手，系统性、科学化推动"绿色矿山""绿色工厂""绿色产品"三绿工程建设。截至2022年年末，累计投入13.5亿元开展矿山生态修复，国家级绿色矿山增加到7个、绿色工厂增加到17个，绿色产品增加到180个。

（二）健全制度化、规范化的治理机制，提升法人治理水平

1.着重加强董事会的建设

控股股东云天化集团在放权、授权上做文章，集团层面负责人不再担任云天化股份董事长，并推动董事会改选，董事会成员构成更加市场化、专业化。同时，根据《中华人民共和国公司法》（以下简称《公司法》）、《公司章程》，完善战略委员会、薪酬与考核委员会、提名委员会、审计委员会及磷酸盐业务委员会五大专业委员会实施细则，对各专业委员会的职责权限、履职程序等细化规定，补充、调整专业委员会成员，切实发挥各专业委员会决策咨询作用。

2.充分发挥各治理主体的作用

按照规范公司治理和内部控制的要求，进一步完善《党组织前置决策事项清单》《国有股东授权清单》《董事会决策清单》《经理层职权清单》四份清单。细化党委"三重一大"前置研究事项，充分发挥党委（党组织）把方向、管大局、保落实"领导作用。细化董事会决策事项，充分发挥董事会"战略管理、科学决策、防控风险"决策作用。细化经理层职权清单、总经理办公会议事规则和程序，明确董事会对经理层的授权原则、管理机制、事项范围、权限条件等主要内容，严格落实总经理对董事会负责、向董事会报告的工作机制，充分发挥经理层"谋经营、抓落实、强管理"执行作用。

（三）推进组织变革，提升组织能力和人力资源效率

1.实施组织机构改革

针对机构臃肿、流程不畅、协同效率低下等问题，云天化股份以打造运作精良的新型组织为目标，从总部开始，实施组织机构改革，构建"集约化管理＋共享型平台＋专业化制造"组织构架。在总部层面，突出打造为运营决策、赋能支持、价值集成的价值创造型"后台"，着实推进去行政化、去机关化，职能部门从16个精简到11个，并制定总部与下属单位职责权限清单，开展各职能部门角色定位、职业化和专业化水平提升专项行动。在下属单位层面，突出打造为实现业务成长和商业成功的专业化"前台"，实施大部门、大车间制度，大幅压缩管理层级，精简组织机构，主要单位组织机构数从 201 个精简到 99 个。为推进全产业链协同和全价值链提效，设立装备技术、研发、采购、财务、信息等共享中心，实现资源共享、功能复用，为前台提供专业服务和"火炮"支援，组织效率有效提高。

2. 实施事业部制改革

针对部分产品在生产、管理、市场等方面协同不足、市场竞争力弱等问题，打破单位和部门界线，在工程材料、复合肥等产品板块实施事业部制改革，先后将 4 个部门整合为聚甲醛产品事业部，将 3 个单位整合为复合肥产品事业部，建立新的经营主体。事业部定位为"利润中心"，按照统一原料采购、统一产销协调、统一财务管理、统一绩效考核的"四统一"模式运营。通过"清单式"责、权体系设计，明确各事业部权限边界、经营目标及考核激励措施，有效转换经营机制，充分调动了事业部积极性，经营业绩持续改善。以复合肥产品事业部为例，2018 年云天化整个复合肥产品板块亏损 1.67 亿元，2019 年成立复合肥产品事业部后当年减亏达到 0.44 亿元，到 2020 年实现扭亏为赢，2021—2022 年连续两年利润达到 2 亿元以上。

3. 完善市场化劳动用工机制

针对用工总量大、机关管理后勤冗员多、员工结构不合理、员工能进不能出等问题，云天化股份建立内部人力资源市场，完善员工流动和退出通道，按照自上而下的方式，大力推行竞聘上岗制度。从总部开始，组织机构改革所涉及的单位或部门，按照大职能、大岗位重新定岗定员，全体员工"卧倒重来"，通过公开竞聘、组阁等方式竞争上岗。落聘或暂时没有岗位的员工，通过新项目分流、协商解除劳动合同、内部退养、停薪停职、进入内部人力资源市场等通道进行分流或安置。在此基础上，在总部推行以能力积分为核心的职位晋级制度，员工年度能力积分低于下限标准者，将下调职级，打破员工职级只能升不能降的常态；在营销和新业务单位实施末等调整、不胜任退出制度，每年员工岗位调整和退出率不低于 5%；在制造单位建立人力资源配置标准，通过内外部对标方式，明确管理、技术、操作、后勤事务等人员配置总量及比例。针对研发、物流、资本运作等领域关键人才缺乏问题，2019 年至 2022 年，持续开展"猎英"专项行动，从院校、科研机构、知名企业市场化引进管理和专业人才 100 余人，进一步改善人才结构，补齐人才短板。通过"强组织、控总量、调结构、降成本、活机制"一系列改革"组合拳"，在岗员工总量、组织机构数量、干部人数、机关管理后勤人员均较2016 年压缩 50% 左右；三项费用持续下降，2022 年较 2020 年下降 26.5 亿元。

（四）全面推行职业经理人及契约化管理制度，建立市场化经营新机制

三项制度改革是国企建立市场化经营机制的关键，核心是真正建立干部能上能下、员工能进能出、收入能增能减的长效机制，改革的对象在人，难点和阻力也在人。云天化股份借改革之势，抓住干部这一关键群体，从身份市场化、管理契约化两大环节入手，在云南省属企业中率先突破束缚，建立起市场化的选人用人机制，持续激发组织活力，提升组织绩效。

1. 存量转换和增量引进相结合，做实身份市场化

在存量转换上，云天化股份经理层成员、主要职能部门负责人及下属分公司、子公司经理层成员共 67 名领导干部，按"本人申请""资格审核""身份转换""重新聘用"程序，就地转变为市场化管理的职业经理人，按职业经理人管理制度，不再保留国企干部身份或纳入现行干部管理体系。对不提出申请者，退出经理层，重新安排岗位；符合内部退养条件的，可申请办理内部退养。职业经理人实行首任 1 年试用期制度，试用期满后考核合格者办理聘用手续；不合格者，不予聘任。在增量引进上，根据经营发展和加强职业经理人队伍建设需要，把转机制和调结构相结合，通过外部公开选聘、人才中介机构推荐等方式，在总部及下属单位中高层管理岗位新引进 27 名职业经理人，进一步改变管

理机制，改善人才队伍结构，提升经理层职业化、专业化水平。

2. 建立"五化"模式，做实管理契约化

职业经理人按照"市场化选聘、契约化考核、对标化薪酬、合同化管理、制度化退出"的"五化"模式进行管理。在选聘方面，按照确定选聘职位、制定选聘方案、组织实施选聘、决定聘用人选、履行聘任手续五个步骤，实行职业经理人公开选聘，提高人岗匹配性；在考核方面，按"一岗一责一考核"的方式，签订年度和任期业绩合同，实行高目标管理，制定具有挑战性的考核目标值，激励职业经理人自我驱动、自我超越；在薪酬方面，按"一岗一薪""业绩薪酬双对标"原则，合理确定薪酬水平，强化高目标、硬约束、强激励管理，业绩增、薪酬增，业绩降、薪酬降，与业绩挂钩考核年薪占比达到 60% 以上；在合同管理方面，身份转换或新聘任的职业经理人解除原劳动合同，签订新劳动合同，同时签订聘任合同，明确责任、权利、义务及续聘、解聘条件等事项；在制度化退出方面，根据职业经理人综合考评结果，采取降职、免职、辞退等退出方式，强化行为、业绩约束，如在任期考核得分 80 分以下的或年度考核得分低于 70 分的，予以免职；年度考核得分低于 75 分的，予以降职或调整岗位。2022 年，管理人员竞争上岗率达到 75%；云天化股份直接管理的经理层成员收入差距倍数达到 5 倍，真正做实能高能低；结合职业经理人业绩表现，按职业经理人管理程序，21 名管理人员未通过考核退出管理岗位，退出比例达到 3.28%，真正做实能上能下、能进能出。

3. 穿透实施，打造"三层一体"市场化选人用人新机制

在职业经理人管理的基础上，持续推广契约化、市场化用人机制的穿透实施。制定发布《管理人员任期制和契约化管理操作规范》《员工"双合同"管理操作规范》，形成"经理层职业经理人管理＋中层任期制和契约化管理＋员工双合同管理"三位一体的用人机制。全面推行全员"双合同"管理，将市场化的管理机制从管理人员向全体员工覆盖；按照"培养骨干、置换一般、淘汰不合格"用工理念，健全以合同管理为核心、岗位管理为基础的市场化用工机制，推行"劳动合同＋岗位合同"双合同管理，做实竞争上岗、末等调整和不胜任退出，推动员工转变传统观念、强执行、提绩效；在成功试点国际营销中心、国内营销中心、采购中心、花匠铺、现代农业等 8 家营销、新设单位的基础上，2023 年持续推进各层级、各岗位员工签订岗位合同，25 家主要单位均全面完成岗位合同签订，激发全员活力的市场化机制全面落地，在云南省属企业中首家做实全员绩效管理，得到云南省国资委高度肯定。

（五）构建"821"激励体系，全面激发组织活力

1. 针对 8% 的关键少数实施股权激励

2018 年，云天化股份启动实施限制性股票激励计划。按公开透明、突出核心、程序合规要求，经过严格遴选，对经营业绩和未来发展有直接影响的高级管理人员、核心管理人员、技术和业务骨干共 977 人参加了股权激励，占在岗员工人数的 7.8%。共授予限制性股票 11105.56 万股，占总股本的 8.4%，个人最高授予占总股本的 0.055%。坚持激励与约束并重，激励计划制定了极具挑战性的业绩目标，以 2017 年为基准，2019—2021 年，企业净利润增长幅度必须依次达到 10%、50%、150%，激励对象获授股票对应份额才能解禁。目前云天化股份全面超额完成激励计划制定的各阶段目标，激励对象获授股票全部解锁，充分点燃关键少数干事创业的激情，成为"共创、共担、共享"的事业合伙人。

2. 针对 20% 的骨干员工实施超额利润分享、业绩捆绑激励

为有效落地"以奋斗者为本、以价值创造者为本"的"两本"文化，云天化股份于 2019 年开始实施超额利润分享计划。超额利润分享实行两级提成、两级分享机制，即在兼顾企业整体经营目标的前提下，各子公司通过协同经营取得的超额利润，按一定比例提成，由云天化股份按各子公司不同的协

同效率和经营业绩进行分配。超额利润分享部分纳入各级公司工资总额统一管理，主要用于激励贡献突出的骨干员工，激励人数不超过本级公司总人数的 20%。自实施超额利润激励以来，云天化股份对超额完成业绩目标的分公司、子公司，兑现超额利润分享奖励 5000 余万元，3000 余名骨干员工参与分配。另一方面，为有效推动新项目、新业务的快速成长，2020 年，制定《初创及创新型业务激励管理办法》，对重大投资项目、技术创新项目或新业务单位团队中的骨干员工，以其缴纳的业绩捆绑金为标的，根据约定周期的业绩目标达成情况，按照 0.5～3 倍返还兑现捆绑金，强化精准激励，有效激发骨干员工成为"价值创造者"，共计 20 个攻关项目开展业绩捆绑激励，其中 10 万吨湿法磷酸项目、特肥销售项目、车用尿素与二氧化碳项目完成较好，摘得"大红牌"，最高奖励返还金额达到 247.53 万元。

3. 针对全体员工实施"双效"激励

2017 年开始深推"效率＋效益"导向的"双效"工资总额管理办法，进一步强化薪酬激励作用。落实工资总额与经营结果直接挂钩、同向联动，坚持增效必增资、减效必减资，扭转工资总额"普升普降"的低效模式。在二次分配上，用好有限资源，以"双效"为核心，加大向关键岗位核心人才倾斜力度，打破"低水平大锅饭"，提高关键核心人才薪酬市场竞争力。以研发人员为例，2020 年建立研发人员收入与项目进度、研发成果挂钩的考核激励机制，关注价值创造，研发人员整体增资达到 28%，最高与最低差距达 5 倍，"高业绩、高收入"激励文化真正落地，激励每一名员工成为"奋斗者"。通过构建"三位一体"、短中长期结合的多元化激励体系，有效补齐企业激励机制不健全的短板，充分调动了各类员工的积极性、责任感和使命感。

（六）打造党建特色品牌，引领高质量发展

云天化股份坚持把全面加强党的领导和党的建设与企业改革发展同谋划、同部署、同落实，以高质量党建引领企业绿色高质量发展。共修订 39 家下属单位公司章程，明确党组织在公司法人治理结构中的法定地位，切实为公司改革发展提供坚强的政治、思想、组织保证。完善《"三重一大"决策管理制度的实施细则》《党委会议事规则》，进一步厘清了党委会的权责边界，使党委研究讨论作为董事会、经理层决策重大问题前置程序的制度安排落到实处。2020 年 9 月，制定并发布企业"十四五"党建规划，创新性地把品牌管理的理念、方法和党建工作有机结合，在省属国企中率先提出并打造"云聚众志·创领五新"的特色党建品牌，从"组织、队伍、文化"三个要素深度切入，实施聚力、聚智、聚心三大行动，汇聚引领力、驱动力、原动力三种力量，并以"六个建设"促进"六个实现"构建党建工作体系，着力将党建优势转化为企业竞争优势和发展优势。

三、国有化工企业以"五新"为目标的市场化经营机制构建效果

（一）转型升级成效初显，经营业绩持续改善

云天化股份以新国企建设为战略牵引，通过加快结构性改革，有效解决了上下游产业瓶颈和纵深发展的问题，创新能力明显提升，资产、产品、市场结构进一步优化，绿色制造品牌影响力持续扩大，新旧动能转换进一步加快，初步形成了"化肥＋精细化工＋现代农业"三轮驱动的发展格局。2022 年，云天化股份精细化工板块产值达到 61.13 亿元，较 2019 年翻番；精细化工板块利润达到 20 亿元，较 2019 年增加近 15 倍；产业链、供应链、价值链各环节高效协同，运营成本明显下降。2022 年全年实现利润总额 85.23 亿元，归母净利润 60.21 亿元，同比分别增长 75.02%、65.33%。

（二）全面形成市场化经营机制，组织活力明显提高

通过深入推进组织变革、职业经理人制度改革、激励约束机制建设，搭建起精简高效的组织构架，形成市场化的选人用人机制，企业人才结构进一步优化改善，组织效率、员工活力大幅提升，以"激情、变革、创新"为核心的进取型组织文化正逐步形成，在提升人才吸引力、持续改善经营业

绩、推动企业转型升级及新国企建设等方面发挥重大作用，改革内生动力明显增强，人力资源投入产出效率持续提高。劳动生产率从 2019 年的 43.87 万元 / 人提高到 2022 年的 132.17 万元 / 人，增幅达 201.28%；百元工资利润率从 2019 年的 37.15% 提升到 2022 年的 482.47%，增长近 13 倍。

（三）为国企改革贡献了"云南经验"

云天化股份综合改革得到了云南省及国务院国资委的高度认可，改革案例在国务院《双百行动专刊》《国资报告》等刊物登载。2019 年 8 月，作为唯一地方国企，云天化股份受邀参与全国国资国企改革精选案例分享；2020 年 9 月，改革经验和做法收录到国务院国资委《改革样本：国企改革"双百行动"案例集》中；2021 年 7 月，云天化股份成功入选国务院国资委管理标杆企业；2022 年云天化股份成功入选上证 180、中证 500 和 MSCI 国家指数名单，信息披露质量被上交所评为最高的 A 级；入选全国国有企业"公司治理示范企业"，获评云南省唯一全国改革发展"标杆企业"。《人民日报》《经济日报》等多家主流媒体对企业改革发展情况进行了报道。综合改革既解决了制约企业发展的深层次问题，又为国企改革贡献了"云南经验"。

（成果创造人：段文瀚、崔周全、钟德红、师永林、李发光、苏　云、
郑朝辉、张晓燕、蒋吉军、陈明礼、李　强、李　林）

能源企业有效履行"一保障两优化"主体责任的转型升级管理

山东能源集团有限公司

山东能源集团有限公司（以下简称山东能源集团）是山东省能源产业的国有资本投资公司、全国唯一拥有境内外四地上市平台的大型能源企业。山东能源集团以矿业、高端化工、电力、新能源新材料、高端装备制造、现代物流贸易为主导产业，拥有6家主板、1家科创板、4家新三板公司，产业分布在国内22个省（区）和12个国家（地区），从业人员22万人。

一、能源企业有效履行"一保障两优化"主体责任的转型升级管理背景

（一）顺应能源保供的时代要求

自2021年下半年以来，受多重因素影响，全国能源保供形势骤然严峻，个别区域出现拉闸限电现象。国家有关部委到各级地方政府，对能源保供工作进行层层部署，提出明确要求。同年11月，中央政治局会议首次把矿产安全和能源安全并列，将"确保能源矿产安全"提格上升到国家安全战略的空前高度。这一系列重要部署和要求，充分体现了党和国家对能源地位的战略清醒、能源供需形势的科学把握、保障能源安全的高度重视。特别是面对近年来山东省能源需求快速攀升、对外依赖程度不断增加、全社会电力需求持续快速增长、区域能源供需偏紧加剧、煤电结构性矛盾突出等严峻挑战，山东能源集团牢记职责使命、扛牢国企担当，切实承担起"一保障两优化"主体责任，在保障全省能源安全中发挥"主力军""顶梁柱""压舱石"作用。

（二）引领能源转型的必然选择

山东是全国最大的能源消费省区，产业结构偏重、能源结构偏煤，碳排放和能源消耗均居全国首位。山东能源集团落实省委、省政府部署要求，履行"一保障两优化"主体责任，就是要顺应全球低碳发展趋势，着眼于我国能源发展大局，通过优化能源结构、优化能源布局，在保障全省能源安全的同时加快能源绿色低碳转型，推动构建清洁低碳、安全高效的现代能源体系。

二、能源企业有效履行"一保障两优化"主体责任的转型升级管理主要做法

（一）优调提升煤炭供应系统

煤炭是山东能源集团保障全省能源安全的"主力军"，也是开发其他能源的"敲门砖"。山东能源集团优化省内开发布局，加大省外资源开发力度，构建内外协同、强劲有力的煤炭供应系统。

1.调优煤炭生产布局区域

山东能源集团煤炭生产基地与国家大型煤炭建设基地高度重合，在"一中心五基地"能源供给区域布局中，山东、内蒙古、澳大利亚煤炭产能、产量基本各占三分之一，是当前煤炭生产的重要基地；陕西、甘肃、新疆是未来煤炭增量保障基地，超前谋划煤炭生产接续布局安排，确保全省煤炭稳定供应来源。

在山东，巩固提升省内煤炭产量，以济宁、枣庄、菏泽、泰安等市为重点，巩固省内产能规模。目前省内正在建设万福煤矿，该矿核定180万吨产能。在内蒙古，运用核增产能、新建煤矿、兼并重组等手段，扩增煤炭产能，推动内蒙古矿业沉默资源开发，增加煤炭产量。目前内蒙古正在建设油房壕煤矿，该矿于2022年2月办理完成探矿权变更手续，2023年5月取得内蒙古自治区自然资源厅划定矿区范围批复，总投资54.5亿元，查明地质储量8.89亿吨，设计可采储量4.7亿吨，矿井设计能力500万吨/年，服务年限67.8年。在陕西，以煤化工项目为引领和依托，积极获取榆林市煤炭资源；加强与陕西省政府主管部门的沟通，全力申请煤炭资源开发建设权。在甘肃，以平凉市为基点，以"陇

电入鲁"为契机,争取煤炭资源开发权,目前已经投产邵寨煤矿。在新疆,加大投资建设力度,以煤化工项目为抓手,围绕哈密、准东、伊犁、昌吉等煤炭供应基地,积极建设千万吨级煤矿。目前正在建设五彩湾四号露天矿,一期产能达 2000 万吨。在澳大利亚,实施优质煤炭资源兼并重组,扩大资源储备量。

2. 提升省内煤炭生产能效

山东省内煤矿坚持增产能、转动能、提效能、保供应,充分挖掘矿井潜力,提高煤炭生产能力。加大煤矿"增优汰劣"力度,发展优质高效产能,持续增加有效供给。

稳定产能。一是通过补充勘探、优化设计、变更工艺等方式扩大经济可采储量。二是针对冲击地压影响核减产能、"一井两面三刀"开采布局制约,从技术、管理突破入手,最大限度释放矿井创效产能。三是瞄准"零压覆、全回收"目标,实施治灾换煤、系统换煤、搬迁换煤、政策换煤、采法换煤、工艺换煤"六个换煤",提高资源回收率,延长矿井服务年限。四是运用收购、兼并等市场化手段或整合、重组等行政化手段,兼并重组部分优质地方煤矿。

转换动能。一是优化矿井生产布局,加强技术攻关,积极采用先进工艺组织生产,实行精采细采。二是深入推进智能矿井建设。以数字化、网络化、智能化为方向,构建实时、透明的采、掘、机、运、通、洗、选等数据链条,实现煤矿智能化和大数据深度融合。三是实施精煤战略,推进煤炭生产方式与产品结构优化,提高省内矿井精煤产量,提升矿井发展质量。四是大力发展煤炭资源循环利用产业,提高煤矸石、矿井热害等资源综合利用水平。五是全面普查山东省劣质煤储量,运营科学技术手段,分解处理转换为优质煤和板结土地改良剂,增加化工用煤。

提高效能。一是优化劳动组织,通过提升智能化开采水平,精简井下作业人员,提高劳动生产率。二是大力发展煤炭洗选加工,提高选煤厂整体装备水平,实现煤炭入选率和综合利用率的全面提升。三是加强经济运行过程管理,实施全面成本管理,提高效益水平。

3. 强大省外煤炭支撑能力

聚焦煤炭富集区域,打造内蒙古、陕西、甘肃、新疆、澳大利亚等煤炭开发基地,加快推进大型煤矿建设,打造一批世界一流矿井集群。积极与省内重点用煤企业签订中长期合同,确保煤炭调入能力和调入量保持双增长。

新建增产。抓住国家西部大开发、"一带一路"和大型煤炭保供基地建设机遇,投资建设一批优质大型露天和井工煤矿,增加煤炭产能和产量。一是以西北矿业为开发主体,积极与陕西和甘肃省委、省政府及主管部门沟通交流,争取在平凉和神府南区投资建设大型煤矿。二是以兖矿能源为开发主体,积极与陕西省榆林市委、市政府及主管部门沟通汇报,争取新建煤矿。三是以新疆能化为开发主体,重点围绕伊犁、昌吉、准东等煤炭基地,投资建设露天煤矿。

并购整合。抓住国家及部分省区推进煤矿兼并重组的政策机遇,寻找优质标的资源,加大兼并重组力度,重点推进内蒙古、澳大利亚及其他区域优质大型矿井并购。一是以整合重组内蒙古矿业(集团)有限责任公司为抓手,优化内蒙古地区的存量产能,依托区域发展优势增拓产能空间。二是充分发挥澳大利亚基地海外成功煤炭开发和运营优势,实施优质煤炭资源兼并重组。三是紧抓国际能源巨头退出优质资源机遇,积极推进与国际知名矿业公司在煤炭资源方面的合作。

拓产提效。一是通过管理改进、技术创新、设备升级等手段,提升金鸡滩、营盘壕等千万吨级煤矿生产效能。二是加快推进内蒙古等地重点矿井的核增手续办理和新建矿井手续办理。三是加强区域内部协同,实现组织资源高效配置。

4. 全力确保电煤供应任务

山东能源集团直面省内煤炭产能降低、储备不足等严峻挑战,将保证煤电安全,尤其是电力供应危机时的电煤安全作为首要任务，保生产、保电煤、保长协、稳价格，全力保障全省电煤供应，合力规避拉闸限电对生产生活的影响。

保生产，严格遵守国家煤炭安全生产规定，按照矿井核定生产能力，提高煤矿生产效率，统筹安排矿井检修和职工轮休，没有特殊情况不停产，确保产能利用率稳定在较高水平，持续增加煤炭产量。保长协，统筹集团省内生产动力煤矿井，积极与电厂签订电煤中长期合同；通过政府间沟通协调，陕西、山西、内蒙古等集团省外煤矿加大与省内电厂签订电煤中长期合同，确保全省煤炭长协签约率和兑现率。保运量，通过调整生产结构、停售市场煤、减少原煤入洗、压减炼焦煤、调集省外资源等措施，不计成本增加电煤发运量，提升电煤合同兑现率。稳价格，停止市场户发运，直发终端用户，杜绝中间商炒作，稳定电煤价格。

（二）转换低碳电力供应结构

电力产业建成并网 190 万千瓦煤电机组，鲁西发电 2 台机组具备并网条件，田陈富源 1 台机组并网发电，盛鲁电厂完成发电量 114 亿千瓦时，灵台电厂项目开工建设。

1. 做大风光储装机规模

围绕"一核心、五重点"，坚持海陆并进、集散并举，大力发展风电、光伏发电，配套发展储能，自建和并购双轮驱动，推动清洁能源成为电力增量主体。风电，以海上风电、"外电入鲁"通道电源端配套风电和新疆、澳大利亚风电资源为重点，坚持集中规模化开发与分散式开发并举，运用自建、并购、合作等方式，加大项目资源获取和建设力度，推动风电快速实现规模扩张。光伏发电，按照海上风电建设开发模式，围绕鲁北盐碱滩涂地、鲁西南采煤塌陷区、"外电入鲁"电源端、新疆、澳大利亚等重点区域，加快光伏发电规模扩张。储能，加快推动储能发展，快速提升储能装机规模，实现可再生能源电力调峰调频、保障电力稳定。一是大力推进电源侧储能项目建设。二是开展"共享储能电站"示范项目。目前，新能源装机达到 152 万千瓦，渤中 A、B 场址 90 万千瓦海上风电场实现全容量并网发电，成为我国"十四五"五大海上风电基地最大规模全容量并网发电项目。杭锦旗风电、灵台光伏项目建成并网。

2. 优化煤电产业结构

优化煤电产业布局。紧抓"外电入鲁"政策机遇，重点推动省外大型煤电项目建设，以内蒙古、陕西、甘肃、新疆大型现代化矿井为依托，发挥"外电入鲁"输电通道及煤炭资源优势，加强与电力企业战略合作，采取相互参股方式实施煤电一体化，推动"外电入鲁"电源点煤电项目建设，择机布局大容量、高参数、清洁高效的大型煤电项目。目前，盛鲁电厂完成发电量 114 亿千瓦时，灵台电厂项目开工建设。调整煤电装机结构。严格执行"五个减量替代"要求，采取"上大压小""上新压旧""上高压低"等方式，大力推广应用超超临界燃煤发电、超低排放燃煤发电等先进技术，适度布局建设大型燃煤热电机组。转换煤电传统功能。落实国家煤电机组改造升级相关要求，大力实施煤电节能降碳改造、灵活性改造、供热改造"三改联动"。推动煤电机组气改。以能源集团计划退出的小型煤电机组为改造基础，充分考虑地区电力热力需求、气源保障等因素，优先在重点工业园区、产业集聚区、负荷中心城市和燃气管道沿线城市，结合小煤电机组更新改造，推动煤电机组气改联动，在煤电机组出力不佳的情况下，及时补足电力供给。

3. 畅通"外电入鲁"通道

山东能源集团积极争取"疆电入鲁"等输电通道建设，开拓山东省受电新格局。拓展输电通道布局。依托山东能源集团煤炭、煤电、煤化工等产业分布区域，深入推进"外电入鲁"战略，积极与国家电网公司签署战略合作框架协议，同时与宁夏、甘肃、新疆、吉林、青海、内蒙古等能源输出省（区）签订一系列涉及能源、电力等领域的战略合作协议。强化通道电源支撑。重点围绕既有直流通道配套电源基地建设，积极融入建设鲁固直流通道千万千瓦级"风光火储"一体化电源基地，加快建设风电、光伏发电、储能项目。协同通道资源发展。积极与山东发展投资集团、水发集团、华能山东公司等省内能源骨干企业联合"走出去"，在送端省（自治区）开发建设配套清洁电源基地，保障通道可靠稳定送电，助力全省能源结构绿色转型。

4. 推进生物质综合利用

因地制宜发展生物质能清洁供热、供电，科学布局分布式生物质成型燃料收集、加工和销售基地，有序推进生物质热电联产项目建设，适时布局垃圾焚烧发电项目，积极探索生物质多元化利用，实现生物质高质量发展。目前，田陈富源1台机组并网发电。择机拓展储备增量项目。关注省内农作物秸秆和林木资源丰富地区的项目资源，加强与秸秆经纪人和农村合作社合作，重点以配套综合能源解决方案为主要目的进行布局。稳健经营在运生物质电厂。提升优化在运项目运营能力，积极探索热、电、蒸汽等运营模式，提高生产效率和热电转化率。有序推进在建生物质项目。按照能源集团新能源"十四五"规划，稳步建设在建生物质项目。

（三）提升海陆兼备油气供应

1. 扩建煤制油气甲醇

依托山东能源集团煤制油、煤制气技术领先优势，以陕西榆林煤制油、新疆伊犁煤制气项目为基础，投资建设煤制油、煤制气、煤制甲醇，拓宽油气类能源供应渠道。运营扩建煤制油气。主动落实国家和山东省油气保障重大决策部署，推动煤制油、煤制气等现代煤化工的技术升级与项目稳健发展，提升煤制油、煤制气技术创新能力，推动产业链和创新链深度融合，稳健推进榆林煤制油、新疆煤制气重大示范项目，促进煤炭清洁环保高效示范利用。统筹甲醇生产销售。运用能源集团甲醇协同产量全国第一优势，协调运营好山东、内蒙古、陕西、新疆等省（自治区）煤制甲醇项目。跟踪研究国家将甲醇调整为汽车燃料政策机遇，在山东、内蒙古、陕西、新疆等省（自治区），适时投资建设煤制甲醇项目，扩大煤制甲醇规模，为甲醇转燃料做好准备。

2. 培育发展氢能产业

综合考虑国家氢能产业发展政策支持力度、山东能源集团技术储备、未来产业市场空间及目前技术水平条件下产业经济性等因素，以山东省加快氢能产业发展为契机，借化工副产氢之船谋风光发电制氢之海，打造氢能"生产—储存—运输—销售"完整产业链，稳步推进氢能及燃料电池新业态新模式，并推动全国布局发展。布局氢能全产业链发展。以新能源研发创新中心为载体，从生产、储运到综合利用，重点向氢气下游利用领域延伸产业链，贯通氢能产业链条。大力发展风电光伏制氢。结合渤中海上风电基地、鲁北盐碱滩涂地风光储一体化基地、鲁西南采煤沉陷区光伏基地建设，研究可再生能源制氢配套技术，探索风光氢储一体化发展新路径，积累绿氢制造经验，实现灰氢向绿氢的模式转变和技术积累。加快燃料电池产业发展。围绕山东省新能源发展规划和能源集团氢能产业发展优势，加快佛山嘉鸿公司高温甲醇燃料电池项目建设，开拓应用市场，快速形成产业规模化发展。

3. 涉足油气进口领域

优化裕龙岛石化项目。围绕"油化控调"发展理念，加速推进烟台裕龙岛炼化一体化项目建设，全力实现裕龙岛2000万吨/年炼化一体化项目达产达效，逐步建设成为具有国际影响力的高端石化集中区域。优先推动卡塔尔进口项目。以国家"一带一路"确定的路线图和行动指南为遵循，借助卡塔尔世界第二LNG（液化天然气）出口国地位，运用山东能源集团管理、人才、资金等优势，探索开展合资合作LNG全产业链项目，保障全省天然气稳定供应。

（四）提高安全能源储备能力

健全能源储备应急体系，构建省内储备与省外储备相结合，战略储备与商业储备并举的能源储备体系，提高能源储备能力，提升风险应对水平，强化能源应急安全保障。

1. 加快储煤基地建设

按照山东省委、省政府统一部署，山东能源集团全力推进煤炭储备能力建设，建立多元、合理、灵活的煤炭储备体系，提高煤炭供应保障能力，为全省经济社会平稳运行提供支撑。科学合理制定任务目标。根据政府储煤能力建设任务目标，山东能源集团制定《政府可调度煤炭储备能力建设三年规划（2021—2023 年）》，坚决完成能源集团承担的煤炭储备能力确保达到 1650 万吨、力争达到 1850 万吨任务，占全省煤炭储备能力的 92.5%。科学谋划储煤基地布局。依托铁路交通枢纽和中转港口，在济宁、枣庄、泰安等地，集中规划建设 15 个煤炭储备项目，重点打造五大综合物流园、五个矿厂储煤项目、三座煤炭储配基地。有序推动储煤基地建设。分四类建设煤炭储备项目。一是依托现有储备基地、关闭矿厂土地资源，围绕瓦日线、京沪线和京杭运河等物流通道，建设 5 大综合物流园。二是依托生产能力大、服务年限长的生产矿井，在现有储备设施基础上进行改建扩建，建设 5 个矿厂储煤项目。三是围绕煤炭消费集中地，规划建设 3 座煤炭储配基地。四是通过租赁港口等物流企业，增加煤炭储备能力。2023 年 9 月建成枣矿综合物流园二期、唐口储煤等项目，具备 1850 万吨政府可调度煤炭储备能力。

2. 做好储能项目建设

根据《山东省能源发展"十四五"规划》要求，在能源集团能力范围内，积极对接储能建设项目，做好压缩空气储能、场站储能、煤电备用电源建设，增强电力系统调节能力，打造多元协同储能调节系统。一是推进新型储能规模化发展。积极参与全省新一轮储能示范推广行动，利用泰安地区枯竭盐穴资源，大力开展压缩空气储能示范项目，建设培育泰安等地区新型储能基地。二是积极建设独立储能设施。三是推动煤电由供电转为应急调峰。根据应急备用需要，部分淘汰关停煤电机组"关而不拆"，在符合能效、环保、安全等政策要求和标准条件下，积极主动转为应急备用电源，增强应急调峰保障能力。

三、能源企业有效履行"一保障两优化"主体责任的转型升级管理效果

面对国际局势复杂演变、经济下行压力加大等考验，山东能源集团承担"一保障两优化"主体责任，各项工作保持稳中向好、进中提质的良好态势。

（一）效益影响力大幅提升

一是规模效益显著提升，年末资产总额突破 9511 亿元，全年营业收入 8347 亿元，消化历史潜亏后利润总额 420 亿元以上，收入、利润、税金居省属企业首位。二是品牌价值显著提升，居中国品牌价值榜能源化工领域第 6 位、山东省企业首位。兖矿能源市值突破 2200 亿元，上榜"福布斯 2022 中国 ESG 50"，荣获第七届"中国工业大奖"。三是行业地位显著提升，居中国煤炭 50 强第 1 位、能源企业 500 强第 5 位、中国企业 500 强第 23 位、世界 500 强第 72 位。国企责任显著提升，实现社会贡献总额 1370 亿元，上缴税金 520 亿元。

（二）产业结构优化调整

一是传统产业转型实现新突破。顺应"双碳"目标要求，转方式、转结构、转动能，传统产业加速向绿色低碳迈进。煤炭产业高标准建成 9 处首批国家级智能化示范矿井，智能采掘工作面达到 130个。二是新兴产业培育实现新突破。集聚资金、技术、人才等优势资源，推动新兴产业多点突破、高效发展。新能源产业全面布局，装机达到 152 万千瓦，渤中 A、B 场址 90 万千瓦海上风电场实现全容量并网发电，成为我国"十四五"五大海上风电基地最大规模全容量并网发电项目。

（三）电煤保供和煤炭储备能力增强

一是圆满完成电煤保供任务。山东能源集团认真贯彻落实国家和山东省关于煤炭增储保供政策部署，积极践行国企社会责任，较好完成电煤保供任务。二是煤炭储备能力建设成效显著。自 2021 年以来，山东能源集团认真落实保障山东省能源安全主体责任，积极承担政府可调度煤炭储备能力建设任务，制定实施煤炭储备能力建设三年规划，规划投资近 100 亿元，全力建设一批储煤基地项目，已完成 9 个储煤项目建设任务，形成 1300 万吨煤炭储备能力，正在加快推进 5 个储煤项目建设，确保形成 1650 万吨政府可调度煤炭储备能力。

（四）煤炭保供项目建设稳步推进

聚焦重点工作、重点项目，带动整体工作全面提升。煤矿手续办理迈出坚实步伐，10 处矿井完成产能核增，有望释放产能 3260 万吨。新上海一号矿实现合法生产，长城三、五、六矿获得采矿许可证，长城二矿、杨家坪矿完成项目核准。未来能源 50 万吨高温费托合成项目获批，新疆煤化一体化项目取得重要进展。

（成果创造人：李　伟、张宝才、岳宝德、徐西超、尹东凤、李丑小、
　　　　　　　田德凤、宋瑞梅、韩　嘉、杨成良、蒋学超、郑　鑫）

工程设计企业有效贯通治理与经营管理的分类分级制度体系建设

中国铁路设计集团有限公司

中国铁路设计集团有限公司（以下简称中国铁设），是中国国家铁路集团有限公司所属企业，前身为铁道第三勘察设计院集团有限公司（铁三院），成立于 1953 年，总部位于天津，是以铁路、城市轨道交通、公路等工程勘察、设计、咨询、监理、工程总承包、产品产业化业务为主的大型企业集团，具有工程设计综合资质甲级证书。中国铁设注册资本 6.6 亿元，现有员工 4900 余人，2022 年实现营业收入 413 亿元，实现利润总额 23.9 亿元，位居 2022 年 ENR 全球工程设计公司 150 强第 39 位。企业综合实力位居行业前列，是国家首批认定的高新技术企业。建有城市轨道交通数字化建设与测评技术国家工程实验室、轨道交通勘察设计国家地方联合工程实验室、博士后科研工作站等研发平台，获批国家企业技术中心，在高速铁路、城市轨道交通、重载铁路、综合交通枢纽、磁悬浮等领域具有核心竞争力。

一、工程设计企业有效贯通治理与经营管理的分类分级制度体系建设背景

（一）落实国有企业改革发展的要求

2020 年 6 月，中央全面深化改革委员会审议通过了《国企改革三年行动方案（2020—2022 年）》，提出系列重点任务，公司治理方面要完善中国特色现代企业制度，坚持"两个一以贯之"，形成科学有效的公司治理机制，推动党建工作与企业的生产经营深度融合，管理机制方面要激发国有企业活力，健全市场化经营机制，加大正向激励力度，提高经营效率。对标改革要求，中国铁设还存在治理主体职权不清晰、决策事项清单不稳定、议事规则不细化等问题，需要深化细化改革措施，开展公司治理和经营管理制度体系的优化完善工作，提升公司治理水平，激发经营管理活力。

（二）实现企业高质量发展的需要

我国经济已由高速增长转向高质量发展。加快完善公司治理机制，优化经营管理机制，是实现高质量发展的软实力。经过梳理分析，公司治理方面，中国铁设党建入章后配套治理机制尚需进一步完善，需要细化各治理主体的权责，优化议事规则，做好衔接授权，提升治理效能；经营管理方面，长期以铁路勘察设计为基础建立的体制机制弊端频现，制度建设缺乏系统规划，数量繁多且分类分级不清晰，管理分散且不规范，需要以支撑多元战略和实现高质量发展为导向，优化制度体系，开展制度重塑。

（三）服务支撑企业多元发展战略的需要

"十三五"期间，中国铁设业务多元化发展，业务体量和营业收入大幅提升，从 2016 年不足 100 亿元至 2020 年突破 300 亿元。为适应新发展，中国铁设提出了"一个目标，两个手段，三个方向，四类业务，五大区域，面向世界"的总体经营方针。按照战略部署，为实现"十四五"做强做优做大多元业务的目标，中国铁设对组织机构、生产模式等进行了调整，管理体制发生较大变化。然而，在运行机制方面，多数基于传统勘察设计业务建立的制度难以满足外部市场需要，亟须健全法人治理机制，建立分类分级经营管理制度体系，加强中国特色现代企业制度建设。

二、工程设计企业有效贯通治理与经营管理的分类分级制度体系建设主要做法

（一）坚持问题导向和战略导向，统筹谋划分类分级制度体系建设思路和制度图谱

1. 调研梳理公司制度文件，为谋划分类分级制度建设奠定基础

中国铁设全面梳理了集团公司层制度共计 600 余项。为进一步了解制度运行现状，在全公司范围内开展问卷调查，收集不同层级职工、不同类别单位对制度现状的第一手评价信息，共收回有效问卷

1239 份，结果显示参与人员分布比较合理、样本有效性较好。对制度充分性、有效性、适宜性、驱动性及先进性和执行情况的调查结果基本上呈"二八"分布，说明现有制度基本可靠，但仍有 20% 的优化空间，应进一步开展制度立、改、废和体系完善工作。调查反馈应按照两级管控原则，坚持责权利统一、人财物协调的理念，进一步厘清集团与各生产单位的职责，推动市场、生产经营与技术创新"三位一体"，保障年度经营目标和长期战略目标的实现。

2. 以企业新发展战略为导向，明确分类分级制度体系建设框架

按照供给侧结构性改革增加有效制度供给的指导思路，建立了制度体系优化工作框架，对照新旧战略差异点，确定制度优化目标，坚持目标导向和问题导向，深入开展基础准备，筹划任务路径。在目标方面，服务战略安排，明确制度体系优化工作以支撑多元化业务高质量发展为目标；在基础准备方面，结合国有企业特点和中国铁设业务实际，开展公司治理体系和治理能力现代化研究，实施制度体系调研梳理，指导制度体系优化工作；在任务路径方面，按照合规原则，以《公司法》为准则，从公司治理机制、顶层决策机制和经营执行机制三个层面开展制度体系优化。策划"1+N+X"制度体系，其中 1 为章程及议事规则，作为公司治理机制，主要任务是通过优化章程及相关议事规则，界定主体权责；N 为基本管理制度，作为顶层决策机制，主要任务是明确制度清单，衔接股东会等治理主体与经理层的授权经营；X 为具体规章，作为经营执行机制，主要任务是构建分类分级体系，服务多元化和高质量发展战略目标。

3. 发布"1+N+X"制度图谱

中国铁设发布公司制度图谱，明确按照"1+N+X"方案构建制度体系，并确定各分类分级的原则与内涵。在具体规章分类方面，按照管理要素和业务类别为 11 个一级分类，分别为：法人治理、战略规划管理、人力资源管理、财务管理、资产管理、科技管理、生产经营管理、质量环境职业健康安全管理、法律事务管理、审计和风险管理、综合管理。各一级分类下细化建立若干二级分类，如财务管理一级分类下设置会计核算、资金管理、收入管理、成本费用管理等二级分类，人力资源管理一级分类下设置组织机构、人员招录使用退出、干部选拔及管理、员工培养、员工福利、用工管理、工资管理、绩效考核等二级分类。在具体规章分级方面，按照规章制度的内容分为一级、二级、三级及以下具体规章。

（二）完善公司治理制度，构建公司基本管理制度清单

1. 坚持"两个一以贯之"完善公司治理制度

在完善公司治理体系方面，以章程修订为首要任务，贯彻中央关于中央企业在完善公司治理中加强党的领导的意见，在党建入章的基础上，坚持"两个一以贯之"，进一步开展集团公司和子公司两级章程修订，从组织上、制度上、机制上确保党委的领导地位，同时结合外部董事占多数等新要求，持续优化公司治理体系。制定、修订股东会、董事会、监事会、经理层议事规则和董事会专门委员会工作细则，修订"三重一大"实施细则，明晰党委会与董事会、经理层对重大生产经营事项的决策机制，优化党委会前置研究事项清单，建立董事会授权经理层事项清单，明晰治理主体职责，优化议事工作流程。

对于子公司治理，中国铁设有效推动、指导子公司开展章程修订，结合实际情况分类施策，明确设置党支部子公司的重大事项先行研究工作机制，对于力量较强的支部，依托支部联席会议进行先行研究，对于力量较弱的支部，由上级党委对重大决策事项进行先行研究，进一步明确党组织在公司治理中的法定地位，推动党的领导与公司治理深度融合。通过章程直接明确董事长、副董事长由中国铁设集团公司直接委派确定，简化工作流程，提升治理效率。

在外部董事制度建设方面，建立服务中国铁设本级外部董事工作机制，充分考虑外部董事来源多、

分散广特点，开发董事会议案审议线上系统，提升履职效率。加强子公司外部董事队伍建设，组织培训交流，制定、修订《派出专职外部董事实施细则》《委派股东代表和派出董事、监事管理办法》《派出董事履职评价细则（试行）》，优化完善派出专职外部董事管理和评价机制，提升外部董事履职效能。

2. 明确董事会职权，构建基本管理制度清单

研究总结关于公司"基本管理制度"界定标准，明确了基本管理制度的确定原则，制定基本管理制度清单。基本管理制度以紧扣董事会职权，围绕法律和公司章程赋予董事会"定战略、作决策、防风险"的定位，将其工作重点放在发展战略、经营导向、投融资等重大事项论证决策、总体风险防控方面，突出导向性、原则性管控，更好地从战略和全局角度履行管理职权。具体包括战略规划管理办法、经营计划管理办法、投融资管理办法、机构设置管理办法、资产处置管理办法、财务管理办法、安全管理办法等。除董事会管控的重大工作外，尽量减少对具体经营管理的干预，以赋予经营层足够的权限和空间，发挥经理层主观能动性和创新性。完成清单后，以维护股东权益为出发点，明晰董事会和经理层的决策权为落脚点，编制《生产经营计划管理办法》《投融资管理办法》《资产处置管理办法》等基本管理制度，对章程中未明确的"经营计划""投资""资产处置"等概念，结合实际进行定义，明确董事会对经理层实施相关工作的原则要求。

（三）构建经营管理具体规章层级关系，优化完善具体规章制度

1. 构建经营管理层级具体规章层级关系

通过梳理有效制度，在分类的基础上按照分级理念，以统领与细分、全面与局部、原则与操作为思路，建立具体规章的上下位关联关系，完善各分类制度的分级关系。中国铁设确定了具体规章层级的设置原则，明确一级是同一管理要素或业务的统领性制度，二级是规范性或操作性制度，三级及以下是更为细化的操作性制度。在此原则上，以分类为基础逐一对照具体规章内容确定层级。未按照分级原则搭建的制度列入优化目录清单，通过拆分、合并或新设重构该分类下的具体规章清单。

以股权管理为例，原制度中仅2项具体规章，未体现分类分层原则。通过统筹谋划建立了分类分层的股权管理制度体系。其中，《股权管理办法》为股权管理工作的总纲，按照投资、持有期、处置管理的不同阶段，细化全过程股权管理制度，投资阶段建立了《股权投资实施细则》，持有期阶段建立了《子公司股权管理实施细则》《参股公司股权管理实施细则》和《委派股东代表派出董事监事管理办法》，处置阶段建立了《股权对外转让招商实施细则》，同时在《委派股东代表派出董事监事管理办法》下建立《派出专职外部董事实施细则》和《派出董事监事履职评价细则》等制度。

2. 构建支撑新发展战略的经营管理制度

中国铁设秉持"按照业务类别分业务搭建生产体系和按照管理要素全业务搭建职能体系"的原则优化经营管理具体规章。制定《市场开发和生产经营管理办法》作为生产业务维度统领性制度，在市场开发方面明确职责分工、目标管理、信息管理、开发流程、客户管理的要求，在生产经营方面明确职责分工、计划管理、资源管理、项目组织的要求，并确定合同管理、安全质量管理、风险管理等工作的原则要求；在此基础上，制定顶层通用制度《合同管理办法》《采购管理办法》等，按照多元业务分别制定基础类、工程类、产品类等业务的综合性管理办法。

鉴于工程总承包业务近年来快速发展，中国铁设紧紧抓住总包业务与传统勘察设计业务的区别，制定《工程总承包综合管理办法》并在其框架下完善细化总包业务经营管理具体规章体系。在市场开发方面，针对总包业务市场开发周期长、前期投资决策影响大等特点，按照"市场、生产、技术"三位一体的原则，建立复合型经营人才超前深度介入和多专业融合的市场开发机制；在勘察设计生产组织和技术管理方面，以服务客户需求、强化设计深度、保障设计质量、加快出图效率为导向，制定专门针对总包业务的生产组织办法、变更设计办法、技术管理办法等制度，全面保障和提升总包业务的

勘察设计质量；在人力资源方面，针对人员需求缺口大、人才来源多样化、从业意愿不强的特点，差异化制定总包项目机构设置、人才引进、人员调转与激励考核等制度，加快人才队伍建设；在施工管理方面，深入分析能力短板，建立培训交流机制，制定总包业务进度、费用和安全质量管理制度，提升施工管理能力。在财务、科研、法务等方面均建立了具体规章，保障业务风险可控，健康发展。

3. 对照内部控制规范和指引完善内控制度

对照财政部发布的《企业内部控制基本规范》和《企业内部控制应用指引》，从组织架构、发展战略、人力资源等18项管理要素出发，将现有制度与各管理要素涉及的相关内容进行全面对照，发现制度空白、制定填补方案。基于内控管理制度的对照分析，中国铁设从战略、财务、人力资源、资产、质量安全环境、法律事务、审计风险、行政保障等方面，优化完善具体规章。战略方面，修订战略规划管理办法，规范战略规划管理，充分发挥战略规划引领作用，提高战略规划的科学性和执行力；财务方面，制定全面预算管理办法，补充会计档案管理办法，修订收入确认管理办法，建立以预算管理为导向的管理工作机制，优化资源配置，加强风险管控，有效组织和协调公司生产经营活动；人力资源管理方面，按照适应多元业务需求目标，对组织机构、薪酬考核、人才队伍建设等制度进行修订；法律事务方面，修订法律事务管理办法，明确工作内容，进一步细化制定、修订了重大决策法律论证办法、案件纠纷管理办法、领导人员旁听庭审制度、外聘人员管理办法等具体规章，有效防范法律风险；质量安全环境管理方面，除完善质量安全环境管理的具体规章外，重点研究并整合了ISO管理体系制度文件。考虑现有质量安全环境三体系标准化文件相对独立，部分体系文件与生产经营制度存在交叉重叠，研究了质量安全环境管理体系与具体规章的整合方案，将三大体系的《质量环境职业健康安全管理手册》纳入具体规章，35项程序文件组织整合、修订或废止后，根据要素或业务相关性，分别纳入具体规章的各分类，其中与"质量环境职业健康安全"体系认证相关的通用性规定纳入"质量环境职业健康安全管理"分类下的"体系通用制度"，其他程序文件分别纳入其余分类。

（四）建章立制和建设信息系统，提升制度体系运行效能

1. 修订《制度管理办法》

在分类分级制度体系的基础上，为固化并规范制度管理工作，中国铁设对《制度管理办法》进行修订。在建立分级体系前，部分制度的审批主体在分管经理、总经理或总经理办公会的界定上以主观判断为主，偶尔还存在审批层级低的制度将审批层级高的制度废止的情况。办法重点明确了具体规章的分级审批主体和权限，避免下位制度废止上位制度。将"1+N+X"制度体系纳入制度管理办法，优化制度范围表述，完善董事会、经理层和相关部门的制度管理职责，明确制度归口管理部门和主办部门的职责分工，细化完善制度起草、审查、发布、监督等要求。

2. 建设制度管理信息化平台

为提升制度公开化水平，保证制度及时、有效更新，中国铁设按照两步走的方式搭建制度信息管理平台，第一步通过门户系统以清单方式分类发布所有管理制度，第二步建立制度分类分级及与公文管理系统动态关联关系，搭建规范、清晰的分类分级制度管理信息系统。信息系统按照"1+N+X"架构设置分类分级编码，建立树状结构体系，明确制度在架构中的层级定位，同时在主分类的基础上引入职能类与业务线两个辅分类，查询管理要素或业务板块均可以实现相关制度的汇总呈现，便于管理者和使用人全面掌握制度覆盖范围。同时，系统简洁展示了各项具体规章的分类分级关联关系，使得制度在图谱中所处定位明确，制度间逻辑关系与上下位关系清晰可视。打通公文发布系统与制度系统的传输通道，建立数据互联，通过在公文发起阶段填报制度各项属性，明确其在图谱中的分类分级定位，以及关联制度建设计划、废止清单，实现制度公文审批后自动推送至制度管理信息系统，即时更新制度图谱。

三、工程设计企业有效贯通治理与经营管理的分类分级制度体系建设效果

（一）有效提升了企业经营管理效能

制度体系建立后，经过有效运行，企业经营管理效能逐年提升，全员劳动生产率近三年来年均复合增长率达到 10.6%，企业净资产收益率连续 3 年保持 20% 的高水平指标，在复杂国际国内市场环境和新冠疫情冲击下，利润总额近三年来实现高水平增长，年均复合增长率为 12%。总体而言，经营管理机制的系统性、协调性、规范性、计划性进一步提升，制度支撑企业高质量发展的作用得到更加有效发挥，企业经营管理效能得到有效提升。

（二）有效支撑了企业发展战略实施

近 3 年来，中国铁设全面开展具体规章立改废工作，填补多元业务的制度不足，2020 至 2022 年分别制定、修订了 73、79、114 项具体规章，特别是在工程总承包、海外业务拓展过程中，跨业务领域、职能类别的综合性管理制度及分层树状制度体系填补了空白，对支撑中国铁设战略拓展、管控风险发挥了至关重要的作用。工程总承包和海外业务收入已由十年前的占比 10% 发展为 2022 年的占比 85% 以上，成为中国铁设跨越式发展的主要增长点。

（成果创造人：方天滨、张利国、张春明、李广厚、孙衍福、李　杰、焦文涛、
陈　珂、侯经文、李　刚、孙建发、张　鑫）

财务管控与合规管理

特大型石化集团基于长期价值量化模型的战略财务管控体系构建

中国石油化工股份有限公司

中国石油化工股份有限公司（以下简称中国石化）是国务院国资委直管央企，是中国最大的一体化能源化工公司之一，是中国大型油气生产商、世界第一大炼油公司、世界第二大化工公司，是中国最大的成品油供应商，加油站总数位居世界第二，是中国最大的石化产品供应商，乙烯生产能力排名中国第一位，构建了完善的化工产品营销网络。在 2022 年《财富》世界 500 强企业中排名第 5 位。2022 年实现利润总额 1205 亿元（净利润 952 亿元），约占中央企业利润总额的 5%。

一、特大型石化集团基于长期价值量化模型的战略财务管控体系构建背景

（一）落实国务院国资委建设世界一流企业财务管理体系的要求

按照国务院国资委《关于中央企业加快建设世界一流财务管理体系的指导意见》，通过 5 年左右的努力，中央企业整体财务管理水平明显跃上新台阶；通过 10～15 年的努力，绝大多数中央企业建成与世界一流企业相适应的世界一流财务管理体系，一批中央企业财务管理水平位居世界前列。2021年，中国石化开始探索构建具有中国石化特色的世界一流财务管理体系。旨在通过构建战略财务管控体系，加强战略管理，实现企业战略量化管控，谋划战略落地最优路径，提升战略引领能力，更好地践行央企在国民经济中先锋队、生力军、稳定器和压舱石的支柱作用。

（二）实施世界领先发展战略的要求

进入新时代，中国石化实施世界领先发展战略，紧扣打造世界领先洁净能源化工公司这一愿景目标，坚决扛起保障国家能源安全、引领我国石化工业高质量发展、担当国家战略科技力量三大核心职责，加快构建以能源资源为基础、以洁净油品和现代化工业为两翼、以新能源新材料新经济为重要增长极的"一基两翼三新"产业格局。中国石化作为特大型央企，比一般企业管理层级更为庞大、复杂，从股份公司、板块到企业的各层级、各业务战略，涉及市场开发、生产管理、投资建设、科技发展等职能规划，缺乏系统性的价值量化引领，导致战略执行面临更为艰巨的挑战：一是长期战略缺乏定量刻画，无法精准匹配战略目标，难以充分发挥战略引领作用；二是集团上下各种战略规划缺乏统一的"通信协议"，导致战略蓝图在宏观方向上大体一致，但在微观路径上"壁垒分割、各说各话"；三是战略执行缺乏关键边界约束，容易忽略全局性价值指标的引领和约束，不自觉陷入各种具体场景性矛盾，不同层级战略执行冲突，导致战略蓝图在不知不觉中"变形走样"。中国石化将战略财务管控体系作为重要抓手，发挥全要素、全过程量化战略的优势，在战略落地过程中发挥重要牵引、支撑作用，服务中国石化"一基两翼三新"产业格局，承接世界领先洁净能源化工公司的愿景目标。

（三）提升财务管理对企业战略支撑的要求

"十二五"到"十三五"期间，中国石化构建了战略财务、经营财务、共享财务、专家团队"四位一体"的财务管控模式。面对企业战略长期价值管理的要求，传统财务管控模式很难做到事前与事中管控，也很难提供前瞻性建议，需要财务管理人员站在支撑企业战略的高度，主动开展财务管理模式创新：一是改变财务人员用过去的财务状况、经营成果和现金流状况分析评价的习惯，让财务管理的时间轴指向更远的未来，将财务人员从"后视镜看过去"转变为"望远镜看未来"；二是破除"战略不可量化"的思维桎梏，通过开展对财务指标长期趋势的研判测算，将战略目标与定量指标关联起来，形成承接战略的财务蓝图，为财务人员真正融入战略管理提供切入点；三是破解长期价值量化"技

术"瓶颈，创新构建以自由现金流、资产负债率、回报率等关键指标为约束的长期价值量化模型，通过模型实现核心业务全覆盖，形成"业务追根、价值溯源"量化管控机制。

二、特大型石化集团基于长期价值量化模型的战略财务管控体系构建的主要做法

（一）统一思想，系统谋划战略财务管控总体框架

2021年，中国石化财务工作会议指出，要将战略财务管控体系作为持续财务转型新目标和"十四五"重大财务工作部署。当前和今后一个时期，财务管理将更加突出战略服务、更加注重价值创造、更加注重信息化智能化系统集成，为世界领先发展方略提供强有力的财务支撑。统一思想理念，厘清工作思路，夯实组织保障，全方位谋划战略财务管控体系的内核与外延。

1. 明确和宣贯战略财务内涵

中国石化发布构建战略财务管控体系的指导意见，分层级开展理念宣贯，讲清楚战略财务与传统财务的本质转变，讲清楚战略财务的内涵意义和工作要求。战略财务的根本目标是以高质量发展为目标牵引，以长期可持续发展为底线约束，通过解码战略、承接战略、量化战略，为企业战略决策和战略执行提供支撑支持，推动战略落地。中国石化战略财务管理特别强调"长期价值量化"这个关键手段，分解为三个关键点：一个是长期，以未来15年超长时间跨度来推演战略的绩效落地表现；一个是价值，聚焦国有资本保值增值、自由现金流长期平衡、财务状况稳健可控的长期价值管理目标；一个是量化，通过构建一组数学模型，连接宏观战略目标与微观资源要素、连接业务要素与财务要素，为战略"望远镜"装上了定量刻度。

2. 总体思路

一是模型创新为先行条件。企业战略价值量化模型是最具难度的技术挑战，也是战略财务管控体系的工作基础。在"股份公司→板块→企业"组织架构下，将处于最基层的企业作为最小战略主体，将其主营业务作为价值量化的基本对象，按照"产业分析→规划路径→财务推演→价值目标"基本逻辑，实现单业务战略长期价值量化。基于单业务财务目标的前瞻性感知、集约化管理，以股份公司、板块为主体，构建以跨业务资源优化配置为主要任务的战略财务管控体系。二是模型应用是工作重点。在创新实践中，中国石化深刻体会到"知易而行难"。为保证模型顺利应用，需要形成一套较为通用、便于操作的模型应用程序。这套程序应满足三方面要求：战略引领，实现解码战略、承接战略、量化战略；循环提升，形成迭代循环提升机制，在持续性纠偏和优化中保持正确航向；管控有力，突出底线思维，为"战略驾驶舱"画出警示红线。据此，提出战略财务"六步法"闭环管理，作为长期价值量化模型的应用方法。三是支撑机制是延伸保障。为有效规避战略规划与执行脱节的风险，杜绝战略落地不知不觉"变形走样"，必须将战略财务管控的触角延伸到当期运行。为此，应配套战略财务衔接机制，通过预算牵引机制、底线约束机制及加强人才数据支撑，实现指导业务，完成长期战略与年度运行链接，保障战略预算扎实落地。

3. 确立"六步法"的实施路径

中国石化以集成攻关构建长期价值量化模型为基础，创新应用战略财务"六步法"，并配套完善战略财务支撑机制为体系提供管理落地衔接，三者相互配合，共同驱动体系完成战略财务牵引，打造向上承接战略、向下链接执行的"战略驾驶舱"，助力建设世界一流财务体系。

4. 完善组织保障

一是夯实人才支撑。在总部、板块层面，建立专家团队，集中抽调各板块多名财务专家骨干，开展战略财务模型集智攻关。在企业层面，全面开展战略财务理念、方法宣贯，激励企业财务人员主动结合企业业务特点，探索支撑本企业战略财务目标制定的战略分析、战略成本管控、资金资本管控、生产经营优化等专业管理会计工具。二是强化技术引导。总部加强工作统筹与顶层设计，并以文件形

式专项下达战略财务实施指导意见。组织板块、企业分层、分专业部署开展战略财务工作，并分别选取上游板块、炼化板块、销售板块中各一至两家单位开展关键模型、重点方法试点，先行先试、典型推广，保障战略财务稳步推进。三是引入数智工具。在总部和板块层面，统筹开发战略财务模型工具、效益敏感性测算模型、全产业链一体化价值管理模型，协同战略财务总体优化平衡，支撑转型发展、资源优化配置、长期成本目标管控等。在企业层面，开展数智融合管理平台建设，油田企业实施单井价值核算、油井措施算赢、"三线四区"模型，炼化企业实施优化排产决策模型、装置成本优化模型、多维度成本对标，在销售企业实施油品购销资源顺推模型、非油活动投入产出分析评价、单站效益评价。

（二）创建长期价值量化模型，为战略财务管控奠定基础

1. 设计长期价值量化模型架构

按照"业务横向贯通、管理纵向穿透"要求，构建模型架构（见图1），以达到"正向推演、测算，反向约束、引领"的目标。

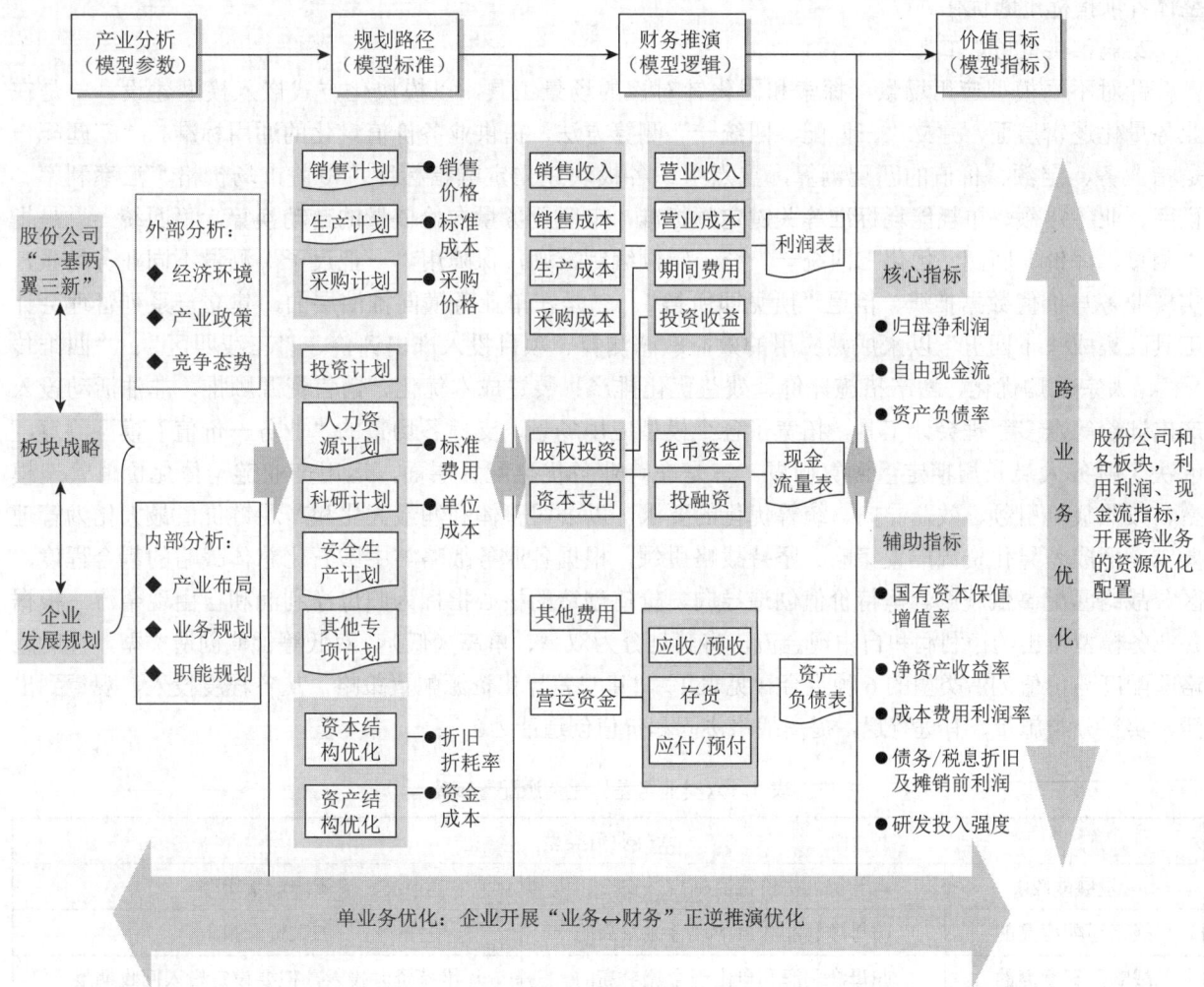

图1 长期价值量化模型架构

一是产业分析。股份公司、板块、企业上下联动，财务部门牵头业务部门，以科学研判市场环境、精准解读战略规划为起点，分析把握战略周期内经济环境、产业政策、竞争态势变化，承接企业战略规划的产业布局、新业务新市场，形成模型参数。二是规划路径。财务部门统筹业务部门，汇集

业务战略的销售计划、生产计划、采购计划、投资计划等分项，从财务视角抽取销售量、生产量、销售价格、单位成本、标准成本等影响长期价值量化的关键要素，形成包括业务指标、市场价格、成本单耗指标的模型标准。三是财务推演。财务部门主责推进，以三张报表为逻辑枢纽，站在汇集业务规划要素配置的高度，推演输出业务、市场、运营、管理等要素组合条件下财务经营预测结果。这个环节是单业务优化的基础，各企业能够基于"业务←→财务"正逆推演，高质量优化配置各业务要素。四是价值目标。按照支撑战略要求，设定核心指标、辅助指标清单。有三项核心指标，一个是归母净利润，聚焦价值创造；一个是自由现金流，紧盯现金良性循环；还有一个是资产负债率，平衡财务杠杆和财务风险。围绕战略确定的价值目标并非一蹴而就，需要在规划路径、财务推演两个环节进行反复测算、正逆推演、不断优化配置各项资源，通过多轮循环提升，逐步逼近最优解，以确保达成单业务价值目标。这个环节按照统一清单输出财务指标，建立贯穿"股份公司→板块→企业"各层级的"战略通信协议"，奠定了跨企业、业务优化的数据基础。股份公司和板块基于整体利润、现金流、资产负债率等指标进行优化排序对比，能够对所辖企业、业务组合开展资源优化配置，推动支撑板块和公司整体各项指标不断优化。

2. 嵌入典型场景工具

针对不同模型应用场景，探索和固化针对性的场景工具，以模块化方式嵌入模型建设。一是在业务量化逻辑层面，建立"三匹配、四统一"测算方法，提供业务价值量化的通用标准。"三匹配"是指业务、定额、价值的匹配测算，重点组织各板块建立定额指标库，覆盖市场价格、汇率利率、税率、业务定额、单耗能耗标准等关键定额标准，串联业务量向价值量的自动换算。"四统一"是指"测算、评价、回溯、优化"四统一，统一定额编制准则，保障用"一把尺子"测量不同业务场景，实现业务与价值数据推演、倒逼"所见即所得"。二是在单业务横向推演层面，建立一系列管理会计工具。集成"十四五"以来成熟应用的效益敏感测算、项目投入产出评价、"三线四区"、"四维传导"、大宗采购优化、增产措施评价、效益优化排产、装置成本优化、销售资源顺推、非油活动投入产出评价等众多管理会计工具，拓宽了各个模型应用场景，支撑各场景的"业务→价值"模型测算，解决了财务人员长周期定量测算问题。三是在跨业务优化配置层面，运用产业链一体化价值管理模型，按照战略引领、效益导向、统筹优化的要求，以公司整体利润最大化和产业链价值最大化为管理要求，形成差异化资源配置策略。坚持战略引领，根据各业务战略与中国石化总体战略的耦合程度，区分战略匹配高低程度。坚持价值创造导向，价值创造的核心指标为归母净利润和自由现金流，根据各业务模型得出的净利润和自由现金流，将其划分为双高、单高（低）、双低等价值创造类型，针对战略匹配度与价值创造类型的 6 种组合（见表 1），建立差异化资源配置策略，从各程度投入、观望到出清，实行分类施策、有进有退，提高战略协同和价值创造能力。

表 1　六类业务差异化资源配置策略

六类业务类型		
发展战略	价值目标	资源配置策略
战略匹配度高的	归母净利润和自由现金流双高的	加大资源投入
战略匹配度高的	归母净利润和自由现金流单高的	维持资源投入，但要设定投入回收期限
战略匹配度高的	归母净利润和自由现金流双低的	维持低限资源投入，确保最低回报水平
战略匹配度低的	归母净利润和自由现金流双高的	维持必要资源投入，加速资源回收
战略匹配度低的	归母净利润和自由现金流单高的	以观望为主，短期维持投入，加速回收
战略匹配度低的	归母净利润和自由现金流双低的	降低资源投入，逐步出清

3. 确定模型运行规则

一是固定时间周期。参考朱格拉经济周期理论，兼顾石化产业特点和化工业务7年一个周期的实际，结合我国第二个百年奋斗目标的第一个阶段，将战略财务模型的预测周期设定为15年。这个周期既能覆盖到百年奋斗第一个阶段2021—2035年，并对接三个"五年计划"，熨平短期市场波动影响，也有利于平滑掉折旧折耗对全周期投入产出的影响，更客观、科学、完整地反映长期经营状况。二是建立假设模型。在假设基础上，单独建立假设基础模型，客观嵌入原料及产品价格、运行费用、资金成本及汇率等系统性变化趋势，规避市场系统风险对经营状况的影响。三是嵌入逻辑模型。在推演逻辑上，梳理企业资本、资产、资源、能力和产品的内在价值逻辑，建立资源要素拟合与战略财务解码的依存关系，以固定规则逻辑嵌入模型，支撑战略财务迭代优化。如自由现金流指标，受经营现金流与投资支出加合影响，经营现金流受经营现金流入与经营现金流出汇集加总，增加现金流入可以通过提高业务量、提升市场价格实现，减少经营现金流出可通过综合降低单位成本和提高毛利率完成。在经营现金流无法提升的限制下，可倒逼投资方案优化、投资支出压减等措施。

（三）基于长期价值量化模型，构建战略财务"六步法"闭环管理体系

在应用长期价值量化模型时，创建战略财务"六步法"闭环管理体系（见图2），建立循环修正程序，以战略财务目标为负反馈指引，迭代优化规划路径，做实战略价值量化。

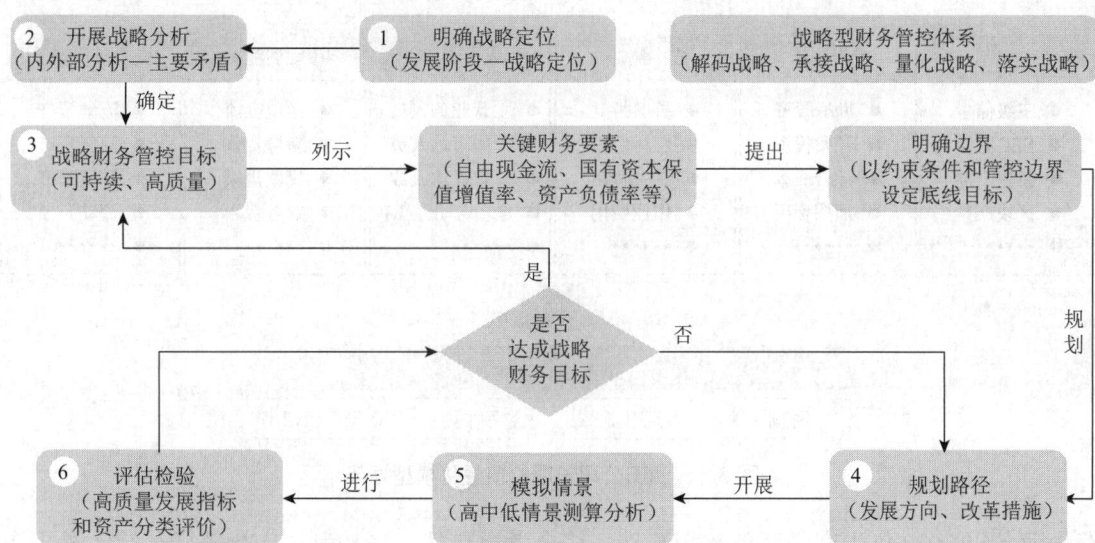

图2 战略财务"六步法"闭环管理

1. 明确战略定位

各板块和企业在整体战略框架下，结合"十四五"规划，立足生产经营实际，明确自身所处发展阶段，找准战略定位，适度延伸测算周期，清晰描述长期发展战略和愿景目标，以及与之相匹配的产业布局、转型发展方向。

2. 开展战略分析

结合战略定位，开展战略分析，研判内外部形势，形成战略财务的基本假设基础。外部分析展望未来产业变革方向、行业发展趋势、市场竞争态势，识别市场机会和潜在风险；内部分析梳理产业布局特点、资源禀赋、业务规划和职能定位。立足内外部形势和战略定位，分层分类制定战略财务应对策略，为应用模型财务推演提供具体业务场景基础。以中国石化为例：通过战略分析形成了以上游油气业务为夯实优化业务、三新及天然气销售业务为问题业务、化工业务为明星业务、炼油及成品油销售业务为金牛业务的业务场景组合。按照上述定位，分别制定不同业务的战略财务应对策略。

3. 确定财务目标

基于战略分析得出的基本假设，应用长期价值量化模型开展正向测算。依据投资和资本规划和产供储销研计划，合理测算未来投入与产出情况，基于企业资本、资产、资源、能力和产品等基本假设条件，分业务运用管理会计工具开展横向推演，完成"业务→价值"的场景模拟测算。考虑整体价值最大化原则，对不同业务开展差异化资源配置，倒逼业务基本假设条件优化，形成反向价值优化引领，最终实现企业未来 15 年发展趋势数据优化拟合，形成以损益、资产负债和现金流为核心的价值目标量化。

以 2022 年 H 油田公司为例：H 油田公司从战略分析出发，应用长期价值量化模型，遵循油气采掘业务属性，将油气主业拆分为存量业务、增量业务，以产量、投资、成本、人员、筹融资、资产负债等测算为支撑，推演业务发展规模、盈利能力、现金流贡献，确定未来 15 年的战略财务管控目标，如图 3 所示。

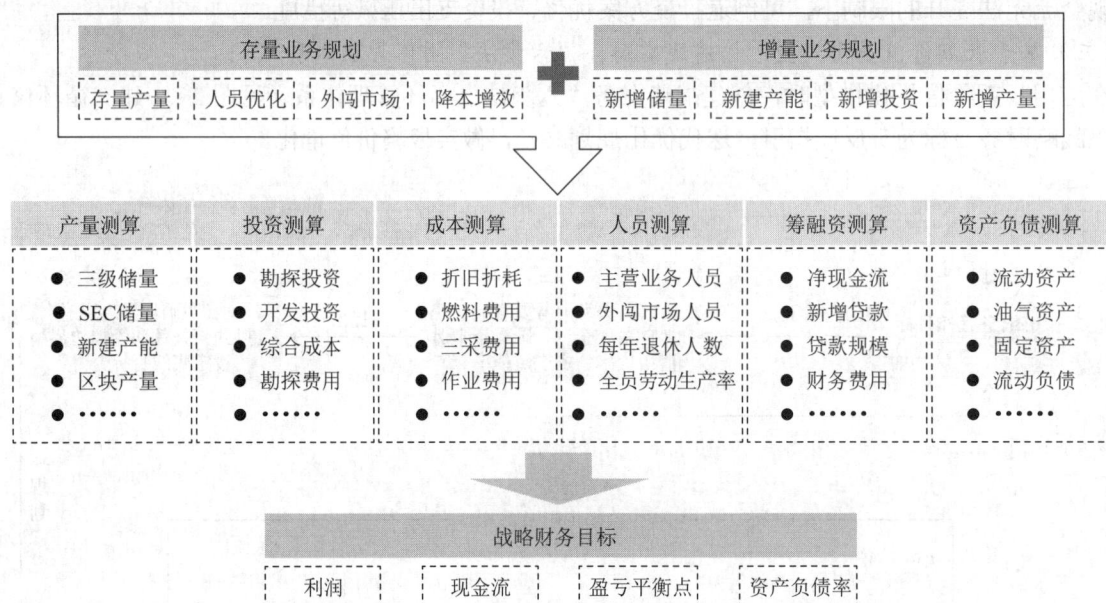

图 3　H 油田公司长期价值量化模型框架

存量业务以 2020 年生产经营基数为基础，综合考虑自然递减控制、人力资源优化、外闯市场创效、降本增效等措施，测算油田在不投资情况下的经营状况。增量业务基于油藏资源及勘探开发突破，按照油气稳步上产规划，测算油田在稳健投资情况下的经营状况，最终得出战略财务管控目标。根据资产负债、损益和现金流的平衡点，设置了战略财务管控边界：持续盈利、自由现金流为正、盈亏平衡点 50 美元／桶以内、资产负债率 80% 以内。H 油田公司战略财务管控目标如表 2 所示。

表 2　H 油田公司战略财务管控目标

	项目	2021年	2022年	2023年	2024年	2025年	2026年	2027年	2028年	2029年	2030年	2031年	2032年	2033年	2034年	2035年
1	储量／万吨	322	400	400	400	400	500	500	500	500	500	600	600	600	600	600
2	投资／亿元	12.48	14.11	9.36	9.6	9.92	10.97	11.74	12.48	13.17	14.2	14.44	15.12	15.31	15.62	15.75
3	原油产量／万吨	114.3	114.8	115	115	115	116	120	124	127	130	132	135	139	142	145
4	天然气产量／亿方	0.7	0.8	0.9	1.2	1.8	2.4	3.2	4.1	5	5.9	6.8	7.8	8.6	9.2	10.3
5	利润／亿元	-8.76	1.67	0.4	0.31	0.29	-3.74	-2.96	-1.48	0.05	1.37	-0.03	1.35	4.33	6.59	8.2
6	自由现金流／亿元	-10.12	-5.68	0.36	0.17	0.29	-4.15	-3.47	-2.57	-1.7	-1.35	-3.27	-2.2	0.67	2.56	4.16

4. 规划实施路径

围绕战略财务管控目标，通过绘制企业战略价值图，衔接战略财务目标与关键业务要素，运用一系列面向业务的管理会计工具，从产业结构调整及转型升级、长期投资和资本规划优化、产供储销研规划优化、改革创新举措、人员队伍建设及战略成本管控等方面规划最优战略实施路径，形成"组织层面→流程层面→运营层面→财务层面"的战略价值图。对各项关键业务进行资源配置时体现差异化策略，从战略匹配度和价值创造两个维度，采取从"加大投入"到"逐步出清"的6项资源配置策略，实现关键指标和资源配置双重约束下的持续增长、投资回报和风险控制平衡。以中国石化上游板块为例：战略财务目标是盈亏平衡点受控和自由现金流自求平衡。围绕战略目标细化分解关键业务要素，核心是提升储量夯实基础，围绕勘探开发各个运营环节和关键业务流程，进一步制定战略财务的实施路径，组织层面加强人员培训和激励政策保障，作为底层保障，流程和运营层面体现优化资源配置，引导资源向提高勘探开发质量和成功率，提升项目管理能力，获取新技术降低勘探成本等一系列措施倾斜，推动储量提升，投资不断优化，确保实现战略财务目标。

5. 开展情景分析

为更好地应对长周期的不确定性，分析长期战略的可实现程度，还要考虑开展情景分析，加强风险底线识别和应对，在不突破财务管控边界的前提下，运用长期价值量化模型对多情景进行迭代优化测算。财务人员结合行业和市场形势、投资规模等态势具体变化，对业务假设参数、标准数据进行手工修正，不断调整战略规划路径措施及要素指标，迭代测算形成高、中、低三种情景方案，将方案从单一情景扩展为区间情景，以提高战略财务方案适应性和可行性。

以中国石化Q炼化公司为例：基于原油价格、投资额、原油加工能力、乙烯产能、用工总量等业务假设，针对炼油、化工装置的三种负荷情景，开展了高、中、低情景分析，并结合资源能力及市场趋势，开展战略分析。在外部形势上，所在省区的动能转换潜力大、资源整合优势大；地方企业竞争能力增强，产业政策倒逼节能减排，发展规划用地难度增加。在内部形势上，具有原油成本优势、炼化产品特色优势、绿色能源技术优势；人工成本较高，部分装置规模偏小，产品结构调整受限，乙烯装置能耗偏高。结合内外部形势，Q炼化公司提出高、中、低三种情景。高情景：炼油、化工装置均能实现满负荷生产。原油加工量1600万吨/年，成品油按最大能力排产。乙烯产量120万吨/年，乙烯链、丙烯链、碳四链装置满负荷运行。中情景：成品油市场受新能源等冲击导致需求降低，装置无法实现满负荷生产。原油加工量1200万吨/年，成品油按80%排产。乙烯产量100万吨/年，乙烯链、丙烯链、碳四链装置降负荷运行。低情景：成品油市场受新能源等剧烈冲击导致需求锐减，装置低负荷运行或停产。原油加工量1000万吨/年，在保证供应乙烯原料基础上低负荷运行。乙烯产量80万吨/年，部分乙烯链、丙烯链、碳四链装置停产。从三种情景分析结果看，资产负债率、现金流等指标符合财务测算预期，但仍有部分指标不符合战略管控边界，净资产收益率趋低，单位费用较高，用工总量偏大。据此，对实施路径进行针对性调整，进一步聚焦效益建产，以投资回报优化项目投资安排，以资产负债率、自由现金流为约束边界，加大"去杠杆"力度；深化战略成本管理，开展弹性成本研讨、成本全价值链动因分析，推动标准成本建设，优化装置运行；优化压减用工总量，全面推进三定工作，突出工效联动激励考核。

6. 评估检验落地

自2021年起，中国石化建立了年度战略财务评估检验机制，组织各板块、企业于次年初按照"周期固定、逐年写实、逐年递延"要求，开展战略目标评估测算，盯财务目标、盯边界底线、比趋势变化、比差异变动。在2022年年初战略财务评估检验中，发现油田事业部J油田公司偏离自由现金流为正、盈亏平衡点50美元/桶的既定战略财务边界，责成事业部组织J油田公司开展专项问题分析治理，部署包括加大勘探开发力度，推进效益稳产；加大产能结构优化，降低百万吨产能投资等主要的 8 项优化措施，联动开展不同措施结构及节奏情境下的产量、工作量、价值量测算，最终形成回归既定战略财务目标的调控方案，报事业部、股份公司审核后指导运行，发挥了动态评估、指导优化、校验纠偏的作用。

（四）以预算和风控为主线，完善战略财务管控配套机制

1. 衔接预算牵引机制

从强化战略财务闭环衔接角度，建立战略财务目标、五年发展规划、三年滚动计划、年度生产经营预算、三个月滚动预算、月度预算 5 级预算管控体系，"一级分解一级、一级保障一级"，实现当期预算与长期战略财务的无缝链接。以月度预算保季度目标，月度运行重点关注异常管理，识别工作任务、财务管控、增量效果及存量效益的异常偏差，抓实效益动态跟踪纠偏。以三个月滚动预算保年度目标，突出落实重点项目全生命周期价值管理，抓实重点方案优化。以年度生产经营计划保三年滚动执行，突出以最小经营单元为核心的全要素资源优化配置，着力推动生产、投资、成本、资金统筹协同运行，实现年度执行与三年滚动的有效承接。以三年滚动计划保五年发展规划，突出对比对标高质量发展规划目标，持续调整做实三年滚动计划，确保规划落实落地。以五年发展规划保长周期战略财务目标，突出对比战略财务目标、业务边界和底线指标，迭代实施财务闭环管理，保持战略方向和发展趋势良性循环。

2. 筑牢底线约束机制

一是建立底线边界，包括业务边界和指标底线。结合战略闭环低情景测算，在充分考虑可能面对最不利的市场环境、政策条件下，形成最低战略财务目标。落实《中央企业负责人经营业绩考核办法》对中央企业国有股权资本回报率 5.5% 的要求，设立中国石化战略财务管控底线，包括自由现金流实现长期平衡，财务状况保持稳健，确保企业可持续发展；国有资本保值增值率不低于 105.5%，满足国家对国有资产回报最低要求。二是推行联动预警处置。按照"精准导航、保障护航"的要求，依托信息化手段，将边界和底线约束物化为监督预警指标，内嵌于战略财务工具模型、闭环管理体系中，融入年度预算编制、经济活动分析，专项跟踪、动态预警，一经发生，必定触发预置业务风险提示、分析应对反馈、综合治理报告等风险应对处置方案。三是跟进制度流程再造。分板块组织专家团队，开展可能触发边界和底线约束的关键因素和情景分析，制定风险应对预案，形成风险应对措施库。收集各板块、企业开展有效风险预警和应对措施的成功做法，择优重点培育、成熟试点推广，并以制度流程的形式进行样板固化，为后续标准化操作、规范化管理提供模板支撑。

三、特大型石化集团基于长期价值量化模型的战略财务管控体系构建效果

（一）初步形成了基于长期价值量化分析的战略财务管控体系

中国石化应用长期价值量化模型，创新形成了"六步法"闭环管理，建立起战略规划"通信协议"，破除"壁垒分割、各说各话"，形成上下协同统一的战略财务目标。在模型创新应用上，通过量化测度战略财务目标，描绘了战略运行的财务蓝图，实现了战略规划与财务管理的连接、宏观战略目标与微观资源要素的连接、企业发展现状与未来走势的连接，为财务人员长周期价值管理提供新的管理手段。在链接战略执行上，以战略财务为中枢，坚持全局性价值指标引领，形成资源配置为主、底线约束为辅的工作机制，建立五级预算管控体系，将长期战略与年度运行连接起来；建立财务底线约束边界，将边界和底线物化为监督预警指标，实行联动预警处置，杜绝战略蓝图在不知不觉中"变形走样"。

（二）有效支撑了企业战略实施和产业布局调整

以长期价值量化模型为"标尺"，各层级应用战略财务"六步法"，围绕"一基两翼三新"产业布

局细化制定战略财务应对策略，针对战略财务目标落地提供可靠的资源支撑，确保产业布局高质量稳步推进。从 2022 年看，在能源资源方面，勘探开发抓住高油价机遇，加强高质量勘探，扩大效益建产规模，全年油气当量产量 48900 万桶，同比增长 1.9%，境内油气当量产量创历史新高，盈利创近十年最好水平。在洁净油品和现代化工方面，2022 年洁净油品突出效益导向，优化调整成品油收率，全年成品油收率 57.8%，同比增加 0.6 个百分点。优化重油加工流向，增产低硫船燃、石油焦等适销创效特色产品。2022 年现代化工突出产品结构优化提升。其中，合成树脂新产品与专用料比例 69.2%，同比提高 0.9 个百分点；合成橡胶高附加值产品比例 35.4%，同比提高 1.7 个百分点；合成纤维高附加值产品比例 39.9%，同比增加 5.2 个百分点；精细化工高端产品比例 36.7%，同比增加 2.7 个百分点。在新能源、新材料、新经济方面，2022 年三大合成材料新增顶替出口 27.2 万吨；已在 9 家企业建成氢纯化及充装设施，总能力达 1.9 万标立方米 / 时，全年供氢量 1686.5 吨，同比增加 243%。

（三）推动企业经营效益取得有效提升

以对标世界一流的高质量发展指标进行评价，公司高质量发展综合评价得分逐年上升，2022 年得分 59.4 分，进一步接近高质量发展 60 分的门槛值，资本获利、科技创新、社会贡献及绿色发展等能力稳步提高，资本获利能力中利润总额、经济增加值、已占用资本回报率和净资产收益率等指标已跨过高质量发展门槛值。2022 年"一利五率"等主要财务绩效指标与"十三五"平均水平均有明显提升，当年实现利润总额 1205 亿元，增加 442 亿元，净资产收益率 7.5%，提升 2.4 个百分点，营业现金比率 3.9%，提升 0.2 个百分点，研发经费投入强度 0.8%，提升 0.25 个百分点，全员劳动生产率 121 万元 / 人，增加 34 万元 / 人，资产负债率 48.4%，降低 2 个百分点。归母净利润、自由现金流和资产负债率三大核心价值管理指标均好于"十四五"规划水平，有力支撑战略高质量落地，2021—2022 年，累计实现归母净利润 1186 亿元，比规划的增加 416 亿元，自由现金流基本实现收支平，比规划的收窄 1331 亿元，资产负债率平均 48.7%，比规划的下降 0.8 个百分点。

（成果创造人：张少峰、寿东华、吴　泊、宋振国、刘汝东、
李墀欣、卢　静、谢　斌、李　硕、刘晓军、寇　添）

能源央企与业务深度融合的内控合规风险一体化管理

中国华电集团有限公司

中国华电集团有限公司（以下简称中国华电）是中央直管的国有重要骨干企业、国务院国资委监管的特大型中央企业，主要业务包括发电、煤炭、科工、金融四大产业板块，资产及业务主要分布在全国 31 个省（自治区、直辖市）以及印度尼西亚、柬埔寨、越南等国家。现有职工 9.3 万人，资产总额超 1 万亿元。发电装机超 2 亿千瓦，其中清洁能源装机占比 48.35%；煤炭产能 5420 万吨 / 年；拥有 8 家金融产业机构；科工产业拥有国家级火力发电检测、分布式能源技术等科技创新平台。连续 12 年上榜《财富》世界 500 强，连续 11 年获评国务院国资委经营业绩考核 A 级企业。

一、能源央企与业务深度融合的内控合规风险一体化管理背景

（一）全面提升企业管理质效的内在需要

内部控制、合规管理、风险管理的职能范畴、目标要求、管理重点和发展历程有所不同，国务院国资委先后于 2006 年、2012 年、2018 年分别印发了《中央企业全面风险管理指引》《关于加快构建中央企业内部控制体系有关事项的通知》《中央企业合规管理指引（试行）》等文件，对中央企业风险管理、内部控制、合规管理体系建设和相关工作进行了分别部署。近年来，着眼发挥内控、合规、风险管理对中央企业的强基固本作用，国务院国资委先后印发了《关于加强中央企业内部控制体系建设与监督工作的实施意见》《关于进一步深化法治央企建设的意见》《中央企业合规管理办法》等系列文件，提出探索构建法律、内控、合规、风险管理协同运作机制，加强工作统筹，提高管理效能。中国华电认真落实监管要求，在全面建成风险管理体系、内控体系和合规管理体系并有效运行的基础上，积极探索实现协同管理的实践路径，但还存在一些短板不足：一是公司系统对三个体系之间的关系认识有待深化，交叉融合、相互作用的路径机制需要进一步厘清；二是内控、合规、风险管理工作缺乏统筹协调和统一组织，职能交叉重叠、工作内容重复，影响企业的整体管理效率；三是覆盖重点业务领域、贯通各级企业的一体化管理信息平台有待构建，强化风险智能监控预警、全过程精准防控、及时阻断违规操作还需要加强。中国华电坚持问题导向，探索构建与业务深度融合、协调运转的内控合规风险一体化管理体系，成为完善风险防控机制、全面提升内控有效性、推进治理体系和治理能力现代化的内在需要。

（二）支撑保障企业高质量发展的必然选择

依法合规是治企之道、兴企之本，企业只有依法合规经营才能行稳致远。推进内控合规风险一体化管理，既是企业治理体系和治理能力现代化的重要任务，也是创建世界一流企业的必然要求。中国华电地域分布广、行业跨度大、内部层级多，给企业风险防范和合规管控带来了很大挑战。健全完善内控合规风险管理体系，推进法治工作与生产经营深度融合，将业务高质量发展与加快推动内控合规风险管理工作高质量发展有机融合、互促共赢，抓好各类风险的监测预警、识别评估和研判处置，加强对重大决策事项的合法合规性审查，定期开展内控监督和合规管理有效性评价，提升与世界一流企业相匹配的内控合规风险管理水平至关重要。但是，部分企业还存在内控合规风险管理工作与业务管理相脱离，未能实现与业务同向发力；总体上内控合规风险管理与业务的融合程度仍需加强，服务保障企业高质量发展的能力仍需提升。

二、能源央企与业务深度融合的内控合规风险一体化管理主要做法

（一）明确一体化管理思路，加强机制建设

1. 总体思路

中国华电认真贯彻落实党中央、国务院决策部署及国务院国资委工作要求，紧紧围绕集团公司发展战略和法治华电建设目标，构建内控合规风险一体化管理体系，全面提升内控合规风险管理工作的规范化、标准化、智能化水平，服务保障公司系统各级企业全面增强依法合规经营管理能力和风险防控能力，为公司推进治理体系和治理能力现代化、实现高质量发展、创建世界一流能源企业提供支撑。

2. 建设目标

系统规范：坚持体系化规范化，建立健全以风险管理为导向、以合规管理为基础、以内部控制为手段，严格、规范、全面、有效的内控合规风险一体化管理体系，突出重点领域、关键环节、重要岗位的内控合规管理，推进管理制度化、制度流程化、流程信息化，形成全员、全面、全过程的风险防控机制，实现对重大风险的有效防控。

协同高效：构建各治理主体有效履职、企业主要负责人总负责、全员有效参与的内控合规风险管理责任制，建立业务部门、牵头部门、监督部门"三道防线"协同机制，推动内控合规风险管理深度融入业务管理流程，确保一体化管理体系协同高效运行。

智能先进：通过科技创新，将业务流程节点的内控合规管理措施嵌入各类业务信息系统，提高重要业务的信息化覆盖率，构建具有高集成功能、高安全性能、高应用效能的一体化信息管理平台，实现内控合规风险的在线管理、实时监测和自动预警。

3. 实施路径

（1）构建一体化运行机制，协同高效运行

中国华电坚持"重点工作部署到哪里，大额资金运用到哪里，决策权力行使到哪里，内控合规风险管理就跟进到哪里"的管理思路，聚焦重点业务领域、重点业务流程，将内控合规风险管控措施与业务管理流程和业务信息系统深度融合，形成"跟着流程走、聚焦重点管、责任有人担"的管理模式，不断增强管控的针对性和有效性，强化企业"免疫系统"，为业务高质量发展保驾护航。

为了将内控风险合规管理工作深度融入业务经营，避免各体系管理要素重叠、语言规范不统一、管理流程不一致等多体系运行的弊端，中国华电在梳理内控、合规、风险管理之间内在逻辑的基础上，对三大体系的运行流程进行融合提升，通过机制整合、信息共享，统一设计内控合规风险一体化运行流程（见图1）。三大体系协同运作、互为支撑，以一套运行机制实现多重管控成效。

一是以风险管理为导向，统领合规风险、内控操作风险和内控缺陷管理工作。整合建立《风险清单》，在开展全面风险识别分析时，一并开展相关业务内控操作风险和合规风险的识别分析。发生重大合规风险事件、重大违法违规问题和发现的重大内控缺陷等，一并纳入风险事件统筹管理，统筹开展事件上报、处置整改、总结报告和问责等工作，跟踪整改落实效果，健全长效管理机制。各业务领域发生的重大合规风险事件、重大违法违规问题和发现的重大内控缺陷作为风险评估打分的重要依据，提高年度重大风险评估结果的准确性。

二是以合规管理为基础，筑牢内控防线和风险底线。以法律法规、监管政策、行业准则等外部要求和企业规章制度、规范性文件等内部要求作为内控的基础性依据，全面识别合规义务，建立岗位合规审查要点，动态更新内控标准，筑牢内控防线。统筹开展合规风险排查治理，及时处置化解合规风险隐患，守好风险底线。对于风险监测、内控评价发现的合规问题，及时改进合规管理，促进提升合规管理水平。

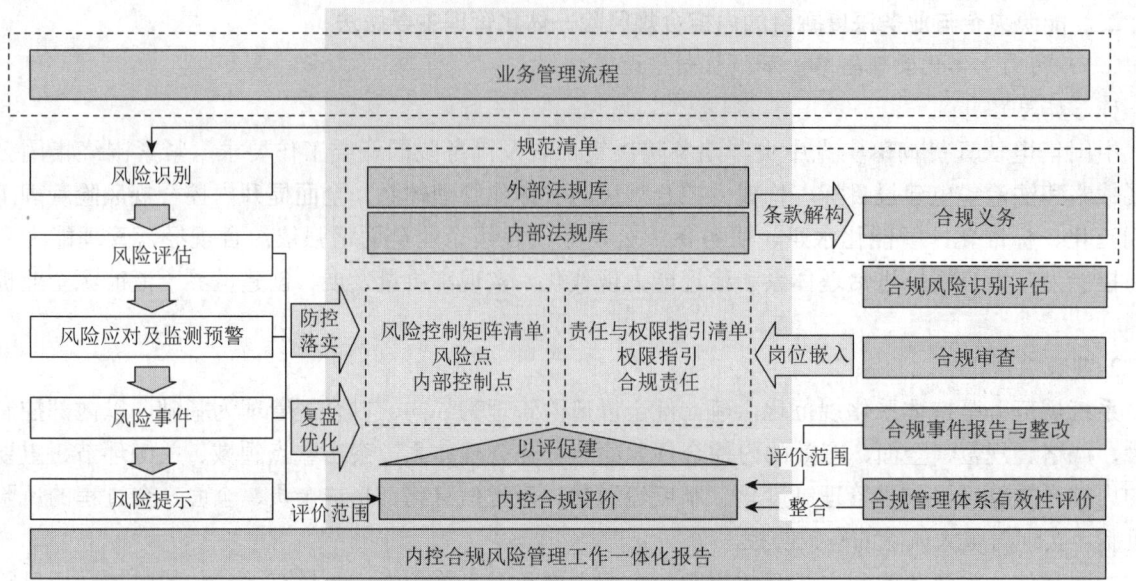

图 1　与业务深度融合的内控合规风险一体化运行机制

三是以内部控制为手段，落实合规要求，防范应对风险。建立完善内控合规风险一体化管理标准，以业务流程为主线，将风险防控措施和合规管理要求嵌入内控流程，实现一站式管理，促进实现"强内控、防风险、促合规"的管控目标。在开展内控监督评价时，将风险评估结果、风险预警指标运行情况、合规风险事件等信息，作为监督评价范围选取的重要依据，重点关注风险事件、违法违规问题易发高发领域。在开展合规问题和风险事件整改的过程中，推动内控合规风险一体化管理标准持续完善。

（2）整合管理职能，凝聚治理合力

中国华电着力优化完善一体化管理的组织体系，整合管理职责、明确管理责任，凝聚形成治理合力。

一是整合建立内控合规风险管理委员会。整合公司原有的内部控制与全面风险管理委员会、合规委员会，建立内控合规风险管理委员会。内控合规风险管理委员会主任由公司主要领导担任，对内控合规风险管理工作进行统一领导，并纳入经营全局统筹谋划，对重要工作亲自部署、重大问题亲自过问、重点环节亲自协调、重要任务亲自督办，实现内控合规风险管理目标与经营目标的同向聚合、深度融合。委员会每季度召开会议，研究分析各业务领域内控合规风险管理工作情况，揭示风险，沟通信息，明确管理措施和要求。

二是整合设立内控合规风险管理牵头部门。将原来分散在两个部门的内控、合规、风险管理职能，统一整合到企业管理与法律事务部。直属单位和具备条件的基层企业均设立独立的企法部门对接落实集团公司企法部职责，其他基层企业均明确了一体化管理牵头部门。组织体系实现上下贯通，内控、合规、风险管理实现职能整合，全面建立与"三级管控"模式相适应的一体化管理工作体系。

三是建立健全"三道防线"协同联动机制。构建筑牢由业务部门、牵头部门和监督部门组成的内控合规风险管理"三道防线"，各司其职、协同联动、形成合力。各级企业的所有部门均设置部门内控合规风险管理员，按照"管业务就要管内控合规风险"的基本要求，牵头落实本部门和本专业领域内控合规风险管理职责，通过风险防控前移夯实"第一道防线"。

（3）实施一体化监督评价，强化长效管理

中国华电统一制定内控合规评价标准和风险评估标准，强化监督评价，整合底稿、统一实施、协同整改，通过"以评促建、考核引导"，形成持续优化流程、完善体系的长效机制。

一是统筹实施监督评价。滚动式制定三年《内控合规风险管理体系监督评价工作规划》，为一体化体系监督评价工作实施提供指引。每年印发《关于做好年度风险评估与内控合规评价的通知》，全面落实国务院国资委对内控评价与合规有效性评价两项工作的相关要求，兼顾共性评价点，突出个性关注点，统一部署并一体化开展评价工作。实践中采取企业自评、上评下、外部审及"回头看"相结合的监督评价方式，促进各级企业规范流程、消除盲区、夯实基础。

二是标本兼治抓好整改。对于监督评价中发现的内控缺陷、合规问题、风险隐患，建立了"台账管理、季度督导、年度核查、对账销号"的闭环整改工作机制，统一纳入一本台账进行跟踪管理。为确保整改质量，实施"业务部门专业垂直督导、牵头部门整体协调督办"的整改督导工作机制，督导相关单位抓好问题缺陷和隐患整改。针对缺陷问题背后暴露的管理短板，组织及时修订制度、优化流程、完善系统，通过"以评促建"，持续完善一体化管理的长效机制。

三是强化考核引导。充分发挥内控合规风险管理考核的"指挥棒、风向标、助推器"作用，将所属企业内控合规风险管理工作情况及重大经营风险事件、重大内控缺陷、违法违规问题发生情况，纳入直属单位经营绩效考核指标体系，在百分制的考核分数中设置15分的权重，每年进行严格考核。督导直属单位科学设置对所属企业的内控合规风险考核指标，推动管理责任层层传递落实。在公司法治建设一流企业指标体系中，设置了内控合规风险管理指标和依法合规经营指标，以一流企业指标体系为牵引，促进系统单位健全完善一体化管理体系，提升风险防控能力和依法合规经营水平。

（二）健全"1+2+X"一体化管理制度体系，强化制度保障

中国华电在公司系统各级企业推动构建以"1"个管理办法为统领、"2"项操作规范为支撑、"X"项专项制度为重点的"1+2+X"一体化管理制度体系，规范一体化管理职责和工作程序，做到制度层次分明、协调配套、管控有力，为一体化各项机制运行提供制度保障。

1. 加强顶层设计，整合形成"1"个管理办法

"1"个管理办法是指《中国华电集团有限公司内控合规风险管理办法》。将原先分别制定的《内控管理办法》《全面风险管理制度》《合规管理办法》，整合优化为《内控合规风险管理办法》，从管理要素、管理目标、组织与职责、管理流程、监督评价、信息化建设等方面进行顶层设计、统筹整合。《中国华电集团有限公司内控合规风险管理办法》明确了各治理主体以及业务部门、牵头部门、监督部门等"三道防线"的内控合规风险一体化管理职能，规范了统筹协同、信息互通的内控合规风险一体化管理工作程序和要求，为全面推进一体化管理提供了基础性的制度依据和保障。各级企业结合本单位实际，均制定《内控合规风险管理办法》，保障一体化管理思路和工作要求在公司系统全面贯彻、层层落实。

2. 夯实支撑基础，配套出台"2"项操作规范

"2"项操作规范是指《内控合规风险管理手册》《风险评估与内控合规评价手册》。《内控合规风险管理手册》规范了各业务领域内控合规风险一体化管理的工作程序，明确了各管理主体内控合规风险职责权限及各项业务的内控合规风险管理标准和要求。《风险评估与内控合规评价手册》明确了风险评估标准、内控缺陷认定标准与合规评价标准，为相关工作开展和结果认定提供了依据。

中国华电将《内控合规风险管理手册》作为内控合规风险一体化管理的核心工具，建立起与业务管理深度融合的"一流程三清单"，即业务流程架构下的《规范清单》《风险控制矩阵清单》《责任与权限指引清单》，以风险和问题为导向，梳理合规义务，将内控合规风险管理要求融入业务管理流程，

明确内控措施，落实合规要求，规范业务行为，有效防范应对风险。

一是搭建业务流程架构，靠流程管理。中国华电围绕业务价值链与管理层次链两条主线，对公司各项经营管理进行梳理，按照"管理流程化"理念构建各项业务流程架构并逐级细化形成一级、二级、三级流程，理顺层次结构和对应关系，明确了各流程对应的归口管理部门、协同部门、控制目标等，厘清权责。在此基础上，明确业务流程中关键环节的控制节点及内控合规风险管理要求。

二是健全完善《规范清单》，按制度执行。《规范清单》全面梳理各业务领域需遵循的外发内规要求，并持续关注法律法规、监管规定等"外法"的最新变化，建立"外法内化"管理机制，通过信息化手段辅助快速识别合规义务和评估法律合规风险，及时将外部有关合规要求转化为企业内部规章制度，动态调整《规范清单》，推动建立健全依法合规、稳健经营的内部制度环境，确保用制度管权、按制度办事、靠制度管人、依制度问责的长效机制有效运行。

三是健全完善《风险控制矩阵清单》，照要点防控。《风险控制矩阵清单》一体化明确了每个业务领域中的主要风险，以及为控制该风险而匹配的关键控制点、具体合规要求。中国华电把内控合规风险管理与解决企业发展面临的问题深度融合，对各项业务流程中的风险高发点、管理薄弱点、操作易错点等进行全面、动态的梳理识别，把更多管理资源优先配置到重点业务领域和关键薄弱环节，结合企业规章制度中的规则性条款和具体操作要求，建立健全相应控制点的内控合规审查要点和风险防控措施，并细化到岗位，引导业务岗位知边界、守底线，确保严格落实各项合规义务和防控要求。

四是健全完善《责任及权限指引清单》，依指引行权。《责任及权限指引清单》对公司重要审核审批事项进行梳理，明确了各事项的行权主体、行权范围、行权方式及行权程序等，厘清了权责关系，形成集团公司、直属单位、基层企业上下贯通、衔接有序的权责管理体系。中国华电持续优化调整各项业务的职责权限分配和审批程序设置，做到分事行权、分岗设权、分级授权，确保不相容职责相分离，形成相互衔接、相互制衡的权力制衡机制，防范权力运行风险。

3. 深化业控融合，细化制定"X"项专项制度

"X"项专项制度是指针对重点业务领域存在的风险制定的各类专项制度和实施细则。中国华电紧盯权力集中、资金密集、资源富集领域，着力推动内控合规风险管理与业务深度融合、有效协同，将内控合规管理要求和风险防控机制内嵌到具体业务的管理制度和流程中，进一步细化明确内控合规和风险防控管理要求，在电煤管理、电力市场风险、新能源项目管理、境外投资经营、资金管理等重点方面，分别专门制定了《电煤全过程业务监督办法》《电力市场风险管理办法》《风光电项目全生命周期主要风险点防控指引》《国际业务前期风险管理办法》《境外投资并购合规管理指引》《资金内控管理实施细则》等专项风险管理办法和业务内控监管制度，进一步深化细化相关业务领域风险防控和内控合规管理的操作要求，强化重点领域和关键环节内控监督、合规执行与风险防范。

（三）建设一体化信息平台，增强风险智能防控能力

中国华电基于"平台统一、管理融合、监控智能"的功能定位，按照"试点先行、全面推广"的步骤，建设横向覆盖重要业务领域、纵向贯通各级企业的内控合规风险一体化管理信息平台。平台在集团总部进行集中建设部署、在全级次各级单位应用，共包含管理驾驶舱、内控管理、合规管理、风险管理、自动监控预警、业务系统融合、综合管理七大功能模块，对接联通企业内外部15个信息系统，实现了线下流程线上化处理、文档数据电子化存储、数据自动化采集、模型智能化运算、风险穿透式监控、任务动态化跟踪等功能，解决了数据处理繁、统计分析难、管理时限长、控制手段弱等管理痛点，推动建立更加全面、精准和实时的内控合规风险管理体系，进一步增强风险技防技控能力，提升内控合规风险一体化管理效能。

1."一流程三清单"在线维护,保障业务规范运行

一体化管理信息平台以"一流程三清单"信息化落地为重点,全面梳理建立各重点业务领域的流程框架、风险清单、合规义务、内控措施、内控合规审查要点等,以内部控制点串联各要素间的逻辑关系,推动《内控合规风险管理手册》根据外法内规的变化情况和风险事件、内控缺陷等发生情况得到及时更新维护,促进内控合规要求有效落地,保障业务规范运行、风险闭环防控。

一是合规义务全面识别。中国华电一体化管理信息平台接入了北大法宝外法数据库、OA制度管理系统,一旦相关业务领域有新的法律法规、监管规定出台或者发生变动,平台能够及时获取详细信息,协助各业务部门及时掌握外部法律法规的变化更新,科学评估对内部规章制度及业务的影响。对于已入库的外法文件,一体化管理信息平台能够自动进行条款级的解构,运用大数据技术开展分析,自动识别区分"强制性要求""禁止性规定""处罚性条款"和"普通条款"等并进行分级提示,辅助业务管理人员判断确认合规义务,生成合规义务清单,并与具体内规条款相关联、相匹配,形成以结构化、自动化、智能化为特点的"外法内化"管理模式。

二是岗位权责精准推送。将各业务领域、管理流程上的内控合规风险管理责任、审核审批权限、审查合规要点细化到岗,并借助一体化管理信息平台将相关要求及时推送到部门和岗位,确保最新合规义务和要求在业务操作执行过程中得到同步落实,避免重复管控,减轻操作执行负担。各级单位各岗位人员可在平台上筛选查询"岗位一体化手册",促进业务岗位快速了解掌握本岗位需要遵循的内控合规风险管理要求,将内控合规风险管理的"触手"落实到业务前沿。

三是手册动态更新完善。一体化管理信息平台运用先进的管理理念和多种数智化技术,针对已入库的法律法规,自动对接外法数据库并执行法律法规库的更新操作。一旦发生废止或修订,系统同时保留历史版本的外部法律法规文件并标注失效状态,同步生成外法内化待办任务,实现外部法律法规、内部规章制度、一体化手册的在线管理、实时联动。针对待内化的外部合规义务条款,一体化管理信息平台自动发起相应内部规章制度的配套修订任务,避免存在内规缺失、更新不及时,甚至与上位外规相冲突的问题,促进外部法律法规及时转化为内部规章制度和一体化手册,有效解决了内控合规风险管理与外法内规"两层皮"、与业务管理实际脱节等问题。

2.一体化管理工作在线开展,提升工作质量和效率

中国华电积极推动信息科技与内控风险合规管理的有效结合,实现风险全周期智能管理、内控合规评价全过程线上实施、报表报告自动出具,大幅提升工作质量和效率,全方位赋能业务高质量发展。

一是风险全周期智能管理。中国华电在一体化管理信息平台中建立了风险数据库,并预设了风险定量和定性评估标准。开展风险评估时,平台能够自动抓取该领域曾经发生的风险事件或内控缺陷,为评估人员提供多维评估辅助信息,评估结果更加客观。评估完成后,平台自动收集评估结果并进行风险排序分析,生成风险应对解决方案制定任务,推送至风险归口管理部门和配合管理部门。对于需要从内控方面落实的风险应对措施,自动关联生成一体化手册内控措施修订任务。对风险防控措施落实情况和风险事件发生处置实施全程台账式闭环管理,并充分考虑风险的关联性和传播性,借助平台"风险提示函"工具,及时向相关单位下发风险提示函,将风险事件的管理从"单体被动响应"转变为"统筹主动出击",提升风险防控工作的质量和效率。

二是内控合规评价全过程线上实施。一体化管理信息平台上线后,各级企业在线制定评价计划,实现评价范围灵活勾选、评价任务在线分配等。平台提供内控合规评价底稿模板,能够在线一键生成工作底稿,支持线上记录评价过程和结果。上级单位可线上查看工作完成情况,督导工作质量和进展。同时,一体化管理信息平台自动汇总评价发现的内控缺陷、合规问题,并派发整改督办工单至相

关人员，落实问题整改跟踪，有效推进整改工作闭环管理。根据缺陷问题，平台自动触发任务进行规章制度和一体化管理手册的完善性排查，形成制度修订任务单，推动及时堵塞制度漏洞，持续完善内控合规管理措施。

三是报表报告自动生成。一体化管理信息平台引入RPA（机器人流程自动化）技术，支持制度解构、手册编制、缺陷汇总、报告分析等各环节各类信息的批量化、自动化导入与下载。过往公司系统每年形成近千份内控合规评价工作底稿和工作报告，以及日常的各项管理报表报告，需逐级进行整理审核，一体化管理信息平台的上线实现了一体化报表报告自动生成和线上编辑，将"自下而上"依靠手工统计汇总和人工识别分析的工作，升级为管理通知一键下达、消息待办自动推送、业务信息一站采集、数据结果自动汇总、统计报表一站出具，全方位、系统性提升管理水平与工作效率。

3. 全级次穿透式在线监管，全方位动态掌握所属企业信息

中国华电以内外部各类生产经营和监管数据为基础，以提升监控成效、支撑管理决策为目标，通过数智化技术手段，创新改进监控模式和方式，在一体化管理信息平台中设计一系列风险感知模型，数智化、穿透式呈现各级企业风控画像，从而有效辅助管理层实时掌握全集团各层级企业内控合规风险管理动态。

一是构建所属企业行政处罚等风险感知模型。一体化管理信息平台接入了外部第三方数据，多维度、多渠道获取分析内外部风险信息，构建了所属企业行政处罚等一系列风险感知模型，并持续拓展、丰富，不断织密风险多维感知网络，推动及时防范内外部风险。以"所属企业行政处罚"风险感知模型为例，一体化管理信息平台对接了企查查、司法大数据等外部第三方数据库，定期自动获取系统内900多家法人实体单位所涉及的行政处罚、纠纷案件、失信人情况等信息，解决了人工报送可能存在的信息滞后、漏报瞒报等问题，提高风险辨识的全面性和时效性。

二是构建风控全息智能画像。中国华电在一体化管理信息平台中建立"管理驾驶舱"，打造集中化、实时化、可视化的数智管控中心，利用数据层层下钻技术，聚合风险信息，数智化、穿透式呈现各级企业风控画像，全息展示各模块、各级次、各领域、各场景内控合规风险管理情况，宏观可看发展态势，微观可寻异常原因，动态体现变动趋势，静态实现横向对比。"管理驾驶舱"包括风险管理看板、缺陷问题整改看板、一体化管理全息看板等模块。其中，一体化管理全息看板聚合了关键业务领域预警、前十大风险预警、重大经营风险事件、重大合规风险事件、内控合规缺陷、法律诉讼案件、行政处罚事件、被列入失信人名单八个维度的风险信息，以地图可视化的方式，呈现公司系统各级企业的一体化管理画像，实现数据一键可得、信息一屏掌控、预警一有即出、管控一贯到底。

（四）重点业务嵌入式防控，着力推动风险"源头"治理

中国华电一方面设计内控合规风险防控规则，嵌入业务管理信息系统，实现刚性约束；另一方面设计风险监控预警指标，对接业务管理信息系统数据，在一体化管理信息平台开展风险动态预警，实现柔性管理。目前，中国华电全系统已在燃料、资金、采购、合同等四个重点业务领域及对应的燃料采购管理系统、银行账户管理系统、资金管理系统、合同系统、电商平台等13个业务管理信息系统，实现防控规则嵌入实施、数据对接和风险预警。

1. 设计防控规则，嵌入业务信息系统

中国华电建立了内控合规风险防控规则嵌入业务管理信息系统的工作机制，并设计成为系统开发逻辑语言，嵌入业务管理信息系统之中，从而实现重要经营管理决策和执行活动强管控、硬阻断、全留痕、可追溯、易检查，做到"多点联控"。创新性提炼形成了八种内控合规风险管理融入业务系统规则，在对接嵌入各类业务管理信息系统中可推广应用（见表1）。

表 1 中国华电八种内控合规风险管理系统融入规则

防控规则	主要做法与作用
授权控制	通过多层级系统权限设置，防止未经授权的操作
输入控制	通过输入条件和数据间钩稽关系，从源头控制信息的准确性和可靠性
输出控制	根据预设的统计、运算规则，自动输出相关数据、报表或报告，确保信息的准确性和可靠性
合规提示	在系统审核流程中自动弹出提示框，提示审查过程中需要关注的合规义务
自动阻断	遇到触及系统预设的阻断条件时，系统自动拦截、中断业务流程，防范风险事件发生
自动预警	当触及预警条件时，系统自动推送警示信息，提醒采取防范措施，第一时间消除风险隐患
自动校验	根据校验规则自动执行数据校正检验，发现异常信息，并提示相关业务人员审核确认
自动留痕	通过自动或强制保存相关审核审批及业务操作痕迹，保障各项经营管理决策和执行活动可控制、可追溯、可检查

通过全面梳理近年来巡视、审计、内控合规监督评价等内外部监督检查发现的问题，中国华电对燃料管理、资金管理、采购管理、合同管理四个试点业务领域的内控合规风险管理要求进行了优化，完善了一体化管理手册，并以此为依据，设计嵌入相关业务管理信息系统的内控合规风险防控规则 210 项，已实现嵌入 103 项，其他 107 项将在业务信息系统升级改造中，与业务部门共同推进陆续实现。

2. 设计监控指标，及时预警业务风险

针对重点业务领域，中国华电设置风险监控预警指标，在一体化管理信息平台中开展跨周期的趋势分析、跨区域的横向比对、跨系统平台的数据校验，对重点业务领域的关键控制点进行动态监测预警，实现问题风险早识别、早预警、早处置，做到"中心管控"。每个监控预警指标都明确了含义、计算公式、统计频率、预警阈值等，并在一体化管理信息平台中通过轨道交通图的方式，以红、黄、绿亮灯的可视化方式提示自动监测预警状态。目前，平台针对燃料、资金、采购、合同等四个业务领域设计了 70 项风险监测预警指标，集成对接了燃料采购、电商平台、财务共享平台、合同管理等 13 个内部系统和 2 个外部系统，动态获取数据并进行监控预警。一旦发生指标异常的情况，平台将自动向相关单位的业务管理部门发送提示函，并以消息方式提示上级单位的相关业务部门，对预警的风险点及时采取防范处置措施，对提示的管理关注点及时进行优化完善。

3. 防控规则与监控预警智能防控应用场景

以合同管理领域为例，中国华电围绕合同管理全生命周期，聚焦合同立项、合同起草、合同审批和签订、合同履行、合同变更、转让和解除、合同归档等流程，从解决合同管理存在的现实问题和防范具体风险出发，将 47 项内控合规风险业防控规则、7 项风险监控指标，嵌入具体业务应用场景。

在合同履行环节，通过梳理诊断发现：过往个别企业存在未及时发现合同相对方资信变化进行预付款项导致损失的问题，但业务系统现有防控规则未实现对供应商资信异常情况进行自动排查功能。因此，在合同付款业务场景中提出将"供应商异动自动阻断预付款流程"的防控规则嵌入合同管理系统的优化建议，并对合同管理系统进行升级改造：在供应商预付款申请环节，合同系统将对接外部第三方数据，自动扫描供应商是否存在异常，对于被列入失信人、注销、吊销执照等异常情形，系统自动阻断预付流程。

在合同审批环节，按照中国华电制度要求，不得与 D 级供应商发生交易。D 级供应商数据在电商平台"供应商评价"模块进行维护，但相关数据尚未接入至合同管理系统。合同签审过程中，审查人员无法直接在合同管理系统中掌握合同相对方是否为 D 级供应商，可能导致审查漏项。一体化管理信息平台通过同时对接合同管理系统、电商平台和外部企查查数据，打通数据断点，在合同审批环节设置了"与D级供应商审签中合同"指标，对在合同起草或者合同审签生效过程中相对方已被列为D级供应商的合同进行预警提醒，有效避免因相对方审查不到位而引发后续履约风险。如果合同签审过程存在合同相对方为D级供应商的情形，一体化管理信息平台中的"合同管理领域监控看板"上，相应指标将处于红色预警状态，并支持穿透查询预警台账，详细了解预警单位、预警明细等信息。对于超出预警阈值的指标，系统自动向预警单位的业务管理部门发送预警提示函，并在线跟进预警提示函反馈处置情况，实现风险预警的及时处置和闭环管理。

三、能源央企与业务深度融合的内控合规风险一体化管理实施效果

（一）一体化管理的协同效能显著

中国华电通过实施内控合规风险一体化管理，从根本上破解了职能管理界面不清、多头管理、工作重叠和基层企业工作负担重、疲于应付的困境，公司系统内控合规风险管理职能界面更加清晰，管理更加顺畅，工作效率明显提升，风险防控手段更加智能，预警处置更加精准及时。公司系统各项工作报告、常规管理报表数量从原先每单位每年30余份大幅压减至不到15份，内容质量普遍提升。

（二）风险智能防控能力不断增强

中国华电自与业务深度融合的一体化管理体系运行以来，通过优化业务流程、嵌入管理规则、平台汇聚数据，实时透视、复盘、监控重点业务领域内控合规风险管理现状，实现了经营风险的实时监控、及时预警和违规操作的及时阻断，有效弥补了风险识别与应对不到位、留盲区的管理短板，公司系统依法合规经营和防范化解重大风险的能力水平持续增强。近年来，中国华电违法违规问题存量得到大幅削减，增量得到有效遏制，新发案件数量和涉案金额连续三年实现"双下降"，违法违规问题得到有效遏制，未发生系统性、区域性重大经营风险事件，未发现重大内控合规缺陷，内控合规缺陷数量逐年下降。

（三）经济社会效益持续显现

中国华电内控合规风险一体化管理经验在国务院国资委"国资法治"平台进行推广交流，在全国性的合规管理高峰论坛上发表主题演讲进行经验分享；公司现代企业制度管理入选国务院国资委管理提升标杆项目，获评国务院国资委公司治理示范企业并在国务院国资委专题推进会上作经验交流。公司系统内控合规风险管理队伍的专业素质得到不断提高，公司被列为电力企业合规管理人才开发试点单位。

（成果创造人：李旭红、董全学、陈德贵、蔡阳阳、陈　艳、王超君、
　　　　　　　高婷婷、张　柯、徐黎明、李建光、蒋志强、潘国媛）

铁矿企业基于三网联动的战略成本管控体系构建与实施

鞍钢集团矿业有限公司

鞍钢集团矿业有限公司（以下简称鞍钢矿业）是国内最大的铁矿石生产企业，也是鞍钢最重要的原料生产基地和利润"稳定器"，集勘探、采矿、选矿、烧结球团、民爆工程、矿山设备制造、工程总承包、资源综合利用、物流贸易为一体，是我国掌控铁矿石资源最多、产量规模最大的冶金矿山企业，探明铁矿资源储量 86.43 亿吨，远景储量 174 亿吨。现有 9 座大型铁矿山、7 个选矿厂、2 个球团厂、1 个烧结厂和 2 座石灰石辅料矿山。铁矿山采剥生产能力 2.3 亿吨，铁矿石生产能力 6300 万吨，选矿处理能力 7600 万吨，年产铁精矿 2200 万吨、烧结矿 380 万吨、球团矿 600 万吨、石灰石成品矿 600 万吨。

一、铁矿企业基于三网联动的战略成本管控体系构建与实施背景

（一）服务国家战略，保障我国钢铁产业链及供应链安全的需要

我国钢铁产量和消费量占据全球半壁江山，铁矿石进口量约占全球的 70%，但长期以来，我国铁矿石却受制于人，缺乏定价话语权，其深层次问题是自产矿生产成本高，矿山企业没有竞争力，无法抵御四大矿山的"降价清场"，生存基础不牢。铁矿石供给问题得到了国家层面前所未有的高度重视，铁矿石被列为国家战略矿产资源，2022 年国家正式启动实施"基石计划"国内铁矿资源推进工程，鞍钢矿业作为"基石计划"的重要组成部分，牢记"国之大者"，通过不断提高成本竞争力，提升战略性资源供应保障能力，切实维护我国钢铁产业链供应链安全。

（二）支撑鞍钢集团战略，发挥原料"压舱石"和利润"稳定器"作用的需要

鞍钢集团提出"双核"战略，鞍钢矿业作为钢铁工业链条中的核心产业，不仅是鞍钢集团的精品原料基地，更要成为具有较强盈利能力的利润中心，为成为"双核"中的硬核，鞍钢矿业以建成世界一流资源开发企业为战略目标，制定了《鞍钢矿业中长期发展战略规划》，一方面要扩大产品规模，提高产品质量，满足鞍钢生产需要，成为精品原料的"压舱石"，另一方面要大力降低生产成本，不断提高成本竞争力，确保在低矿价时仍然具备盈利能力，能够抵御市场冲击，成为钢铁利润的"稳定器"。

（三）实现矿业发展，打造世界一流资源开发企业

成本是企业的核心竞争力，是企业的生命线，没有世界级成本就做不到世界级规模和世界级产品，不断降低成本，提高市场竞争力是鞍钢矿业实现战略目标的首要任务，尤其是鞍钢矿业大部分矿山已进入开采末期，规划建设的新项目尚未投产运营，面临产能不断下滑的困难局面，为稳定产量规模，尽可能减少规模效益损失，需要通过强化重点部位剥岩、增加低品位难选矿入选量等措施挖潜增产，由此导致生产成本不断升高。一方面要降低成本，提高市场竞争力，在任何市场条件下都能求得生存；另一方面又要加大成本投入，提升规模能力，在产能深度调整期也能谋得发展。为妥善解决两方面辩证关系，鞍钢矿业坚持实施战略成本管理，牢固树立底线思维和系统思维，构建了三网系统联动的战略成本管理体系。

二、铁矿企业基于三网联动的战略成本管控体系构建与实施主要做法

（一）变革管控理念和方法论，构建"135"战略成本管控模式

1. 以五变为重点标志，实现成本管控体系升级

一是变革价值链管控为价值网管控。将过去的价值链管控转型升级为价值网管控，树立"大成本"观，要求企业中每个人、每个部门、每个流程、每项技术、每项管理，要习惯整体观，既要贯穿

纵深链条，也要架构横向关联，立体化看成本和降成本，既要看短期、看技术性，也要看长期、看战略性，织密降低成本网络，网格化成本管控体系。

二是变点状式思维为系统性思维。鞍钢矿业不仅人人头上有指标、人人肩上扛责任，实现公司给每名员工和部门的成本任务"点"，还要为本人、本环节、本要素和本部门的左左右右、前前后后、上上下下、里里外外的成本要素、人、部门、供应链，做出互动性、动态性、系统性贡献，改革创新，变被动任务型推动为主动远景引领，变单向传导为互动协同，构建共建、互动、协同的系统化成本管控体系。

三是变单纯内部管控为三网系统联动。鞍钢矿业在成本管控领域突破围城，既要内部挖潜，构建网络体系，也要眼睛向外，构建包含行业和国际的分类对标体系。完全成本以世界一流为标杆，工序成本以行业领先为标杆，发挥标杆牵引力，赶超标杆，实现对标价值。此外，公司以一体化、差异化、资源化为思路，构建供应端、客户端、合作端的协同机制，创造协同价值网，变单独单项激励为联动激励，变单项指标目标为指标联动优化，构建三网联动的价值体系。

四是变单纯成本要素分解为技术创新先行。鞍钢矿业落实技术驱动发展战略，除了系统化推进运营过程成本要素管控外，加大技术创新力度，打造"133X"科技创新体系，开展"以爆代破"、"自然崩落法"、"深度填充协同开采"、"干磨干选"、"以破代磨"、"尾矿再选"、智能制造等技术改造，以及创新办法，实现从源头上发力，突破降本边界，实现战略性、系统性降本。

五是变单纯压任务为运用动力机制。鞍钢矿业在战略成本管控中，变单纯压任务为挖掘和发挥动力机制，包括企业治理机制、行业内外、企业内外的协同机制、标杆的牵引机制、目标的倒逼机制、质量—成本—价值的联动机制、奖惩的联动机制、系统降本工作动态发布机制、重大问题协调解决机制、薪酬分配机制等机制谱系，保障长期成本管控的内生性。

2. 以"135"为框架，构建新型成本管控模式

树立"1"个目标。即瞄准世界一流成本的"世界级成本"目标。推进"3"网联动。树立"大成本"观和"系统性降本"的理念，企业不仅在内部价值网发力，还对接行业价值网和行业外部价值网，实施"三网联动"，咬定目标，对降本大系统中各个有机构成部分不偏费、不轻视、不忽视，上下齐动，左右互动，内外联动，整体推动。突出"5"种能力。即行业标杆引领力、内部自主创新力及精益管理穿透力和外部全产业链价值聚能力和创造力。

（二）以5种能力为重点，打造三网联动价值

1. 以创新力和穿透力强化内部价值网管理

鞍钢矿业穿透成本到"3"端，对成本进行创新性、精益化和结构化管理。一是精心策划决定成本70%的前端。在前端，以世界级成本为衡量标准，规划了西鞍山铁矿采选项目、东部尾矿再选工程、东烧厂难选矿技术升级改造、弓露天干磨干选等有竞争力的项目，对新项目强化研发、设计、施工等各环节管理，在研发设计阶段通过价值工程分析进行系统论证，综合考虑产线、地区系统效益最大化，统筹规划总体设计，确保新项目科学决策；在工程建设阶段，完善工程管理办法，对照可研设计突出工程全流程管理，把握成本达设计的关键点，严格按照设计对工程建设进行监理和过程评价，确保新项目达产达效；在项目投产运行后，对照设计的投产时间、达产时间、达效目标，跟踪开展项目后评价，以推广经验和改进不足，提高投资项目成本管理水平。

二是精益管理决定成本20%的中端。在中端，优化和创新管理机制，持续抓好供产销、人财物等成本要素的精益管理。在物资管理上，将物资采购纳入内部价值网，实施物资购消存一体化管理，做实物资采购部门的物耗管理责任，实行"降采＋降耗"双维考核，当年物耗成本同比降低4.6%，折吨精矿成本3.8元／吨。在能源管理上，采取光伏并网发电、增加清洁能源占比等措施，年降低能耗成本

0.25亿元，折吨精矿成本1.1元/吨。在设备管理上，推进耐磨材料和备件的长寿化，延长检修周期降成本，球团回转窑耐磨材料更换周期延长70天；破碎机动定锥衬板使用寿命提升56小时，提升幅度40%。在生产管理上，开展"以爆代破"专项攻关，通过缩小爆破孔网参数，优化起爆方式和微差时间，增加单孔装药量等措施，缩小爆破后矿石粒度，为后续工序提供颗粒级更加合理、易于破碎研磨的初级矿产品，年实现工序联动系统降本0.2亿元，折吨精矿1元/吨。在人力资源管理上，实施弓长岭汽运公司、铁运公司专业化整合，整合后压减领导职数5个、优化科级机构20%，实现区域运输链一体化管理，提高全员劳动生产率10%以上；优化人力资源结构，取消技术含量不高、专业性不强和非连续性劳动力项目，杜绝"穷人雇保姆"现象，并配套完善在岗职工收入政策，对劳动力项目转为自营方式的，按项目人工费1/3核增工资总额，提高在岗职工的积极性。在财务管理上，运用作业成本法，全面推行单机台成本管理，分层级、分机台、分岗位差异化设定单机台成本核算与考核指标，包括作业量、台时、关键物耗与能耗等以单机台为载体、与岗位操作紧密相关的各项技术经济与成本指标，将成本管理覆盖到全员、穿透到作业端，通过单机台作业成本分析与管控，消除非增值作业，提升作业链价值创造力，实现以价值为导向的精准降本。

三是升级改造决定成本10%的后端。坚持科技创新驱动，尾矿再选是铁尾矿综合利用原创技术的重大突破，是选矿行业颠覆性创新，每年可使2400万吨铁尾矿"变废为宝"，年回收铁精矿220万吨、减排二氧化碳8.07万吨、增加碳汇0.24万吨，经济效益和生态效益显著。大孤山球团厂和弓长岭选矿厂的尾矿再选项目投入运行，年增加铁精矿25万吨，创效0.7亿元，一年收回投资。推进持续迭代升级，围绕降低能耗成本，从用电设备、用电时间等方面开展用电结构多维度分析，找出耗电量高的重点设备和环节，淘汰高能耗设备176台，年节约电成本0.08亿元；采用高效节能泵50台，年节约电量3080万千瓦时；实施燃煤锅炉改造，燃煤锅炉效率提升5%，节约煤耗0.1亿元。打造建设智能制造试点工程，高标准实施齐大山智能采矿、关宝山选矿黑灯工厂、眼前山井下智能矿山示范建设项目，建立全网可靠感知、信息高效的传输体系，攻克地质信息动态建模、物料实时动态检测等行业共性难题。项目建成后，齐大山铁矿电铲效率提升11%。

2. 以标杆牵引力强化行业价值网管理

鞍钢矿业构建了"2级4维"行业价值网对标体系，"2级"即公司级和厂矿级；"4维"即公司级"2维"，主要对标世界一流和国内重点联合矿山企业，重在改善资金筹划、物流布局等方面的全系统全链条管控模式，厂矿级"2维"，主要对标采选工序的制造成本和技术经济指标，重在改善工艺技术、业务模式、管理方法等。以世界一流和行业领先为标杆，实施对标管理的全面性、精准化、分级化、分类化、步骤化、闭环化管理。

一是构建成本对标指标体系。鞍钢矿业在全公司范围内开展分级分类多层次、全过程立体式对标的基础上，按照价值网构建了对标指标库，共90项指标，分核心指标、重要指标和一般指标三类管理，其中核心指标指国务院国资委重点关注与考核的指标及与采、选等核心主业密切相关的指标，包括国务院国资委考核的财务比率和金属回收率、球磨机利用系数等16项；重要指标指与核心指标紧密相关，对核心指标具有支撑和保障作用的指标，包括吨精矿制造成本、吨精矿管理费用、外销收入占比等42项；一般指标指对核心指标和重要指标影响不大，但在一定程度上会影响企业高质量发展水平的指标，包括吨精矿管理岗位、闲置资产处置率、绿电使用率等32项。对标指标库的建立，聚焦了关键性指标，科学确定了对标指标的颗粒度，更加注重数据可取、指标可比和对标实效。

二是坚持开展常态化对标。铁精矿完全成本以世界一流为标杆，通过对标世界一流，查摆了与世界铁矿巨头在规模、技术装备和效率、资源综合利用等方面存在的差异，并据此在放大规模、技术升级、智能制造、资源综合利用等方面明确了努力方向。工序成本以国内领先为标杆，通过对标国内同行业，查摆出井下矿贫化率、球磨机利用系数、绿色工厂等 7 项指标处于行业短板水平，金属回收率、污染物超低排放、实物劳动生产率等 5 项指标处于行业中板水平，对此在提升运营效率和运营质量方面制定了赶超目标和提升措施。

3. 以聚能力和创造力强化行业外部价值网管理

一是关键原料向后一体化整合。鞍钢矿业采、选生产耗用的复合油相、捕收剂等关键原材料一度处于行业垄断状态，导致采购价格连年上涨，采购成本不断攀升。为打破行业垄断，鞍钢矿业自主研发生产了乳化炸药油相材料，替代了国际著名炸药生产商奥瑞凯的油相材料，年降低炸药成本 0.2 亿元；研制并推广使用了新型低温选矿药剂技术，应用该技术，浮选作业温度可降低 10℃，大幅降低了选矿能源成本，年效益在 0.5 亿元以上。目前，这些关键原材料分别由内部单位生产服务中心、辅助材料厂生产，并且作为独立的市场化经营主体，这些辅助材料单位还立足市场竞争，对标市场同类产品和服务的质量与价格标准，提升内部供应和服务性价比，为主业提供增值服务。

二是关键环节向前一体化整合。鞍钢矿业基于整体价值链考虑，本着效率最优、成本合理、效益最大原则，推进轻资产、柔性化生产运营模式，在齐大山铁矿、鞍千矿业公司等单位实施合同采矿，只负责生产管理相关工作，由承包方负责穿、爆、铲、运、排等所有采矿工序的日常生产组织，实施后两单位采矿成本降幅 33%，年降成本 2 亿元以上，折吨精矿 10 元 / 吨；在眼前山铁矿和弓长岭井下矿推行了"工序外包"模式，实施后两家单位都压缩了 6 个作业区，减员幅度 37%，降低成本 28%；在汽车发动机、运输机皮带等领域实施功能性包保，比如齐矿实施生产汽车检修维护功能性承包，降低维修费用 15% 以上，年节约 0.12 亿元。

三是对客户端实施"产品＋服务"差异化销售。对鞍钢集团内部，以集团利益最大化，最大限度满足炼铁需求；对外部市场，合理组织精矿品位，通过质与量的统筹管理，实现矿业效益最大化。鞍钢矿业在产品定位上，着力打造世界级产品，根据市场和客户需求，统筹布局高品质铁精矿和碱性球团矿等系列产品，形成满足客户需求的多元化、高端化产品系列；在销售策略上，着力增强服务能力，实施"产品＋服务"差异化销售，延伸服务链条，同时培育适应矿业发展战略的销售体系和人才支撑体系，完善数字化和智能化营销配送平台，加快建设面向多组织、多库存基地、全销售体系的全流程数智化采购销售平台，有效降低营销、物流成本。为提升定价权和产品溢价，鞍钢矿业有效利用期货，通过套期保值等工具进行风险管理和价格发现，提升定价市场溢价能力。

四是对合作端和产业端通过多元化经营充分挖掘资源价值创造力。鞍钢矿业为盘活存量资产，提升固废资源综合利用水平，依托尾矿库、排土场等闲置土地和废石等资源，通过合资合作等方式加快培育多元产业，拓展固废资源综合利用渠道。以齐大山矿为例，齐大山矿实现固体废物资源化，2022年岩石利用率达 5%。尾矿制砂项目投产，尾矿利用率达 25%。同时，加快发展清洁能源产业，推进实施的绿电等项目，扩大新能源等非矿产业贡献占比，目前鞍钢矿业已建成 8 座分布式风力电站，实现并网发电，创效 500 万元。

（三）以"5 个机制"为基础，构建战略成本管控的保障体系

1. 坚持推行市场化机制

一是坚持业绩决定位置。鞍钢矿业，实行管理人员分级分类管理，彻底取消身份级别，实现由身份管理向岗位管理转变，打破干部、工人身份界限，全面推行竞争上岗、公开招聘。二是坚持效率决定用工。鞍钢矿业深化用工机制改革，实现市场配置资源；推行以劳动合同管理为核心、以岗位合同管理为基础的"双合同"用工制度；建立员工公开招聘、竞争上岗、末位淘汰机制；建立人才赋能中心，采取竞争上岗、置换劳务、跨单位流动等方式转岗安置。三是坚持效益决定薪酬。建立目标"两区间"和"跑赢自身、跑赢大盘、跑赢先进"的"三跑赢"绩效考核机制。

2. 优化战略绩效考核机制

实施"1+2+X"薪酬分配机制。1是"一条起跑线"：以人均工资为基础，结合功能定位和贡献度，核定基层单位工资总额的基础部分，占工资总额74%。2是"两条主赛道"：聚焦产量、利润两项核心指标，实施阶梯式考核评价，强化即时激励，占工资总额15%。X是"多条辅赛道"，设立结构性降本、"三个一批"项目建设、提升金属实收率和降低混岩率、三项制度改革、对标提升、科技创新等6条赛道，占工资总额9%。通过优化战略绩效考核体系，充分发挥绩效考核导向作用，以辅助赛道专项奖励形式，对降本成果给予专项奖励，强化激励约束，形成工作闭环，有效促进降本目标任务高质量完成。

3. 构建对标提升工作机制

在公司层面，鞍钢矿业成立由党委书记、董事长，总经理、党委副书记任组长的战略成本管理领导小组。在矿区层面，各矿区成立由矿区总经理挂帅，机关各部门、业务单元负责人、各作业区负责人组成的建设"一流成本"领导小组。在工作体系上，成立5个建设世界领先资源开发企业的总体协调和牵引推进组；组建9个本专业领域对标提升工作组；构建了由N个基层单位组成的落实突破组。同时，制定《鞍钢集团矿业有限公司关于创建一流成本管控的指导意见》《鞍钢集团矿业有限公司系统降本实施方案》，建立工作会议、统筹协调推进、培训交流、考核评价四项工作机制，签订责任书，带指标上岗，锚定目标、守信践诺、善作善成。

4. 打造科技创新激励机制

鞍钢矿业瞄准高端研发力量不足、技术瓶颈突出的问题，整合规划技术路线决定权、经费支配权、资源调度权3个权力及推进实施院士后备人才、核心技术人才、卓越工程师"3大培养工程"，打造"133X"科技创新体系和机制，实施揭榜挂帅制，探索实施项目经费使用"包干制"。2022年"大型金属露天矿全流程智能安全开采关键技术研究与应用"项目获"冶金矿山科学技术一等奖"，突破了大型金属露天矿全流程智能安全开采、全系统要素协同和全流程安全生产关键技术，近两年累计创效0.72亿元。

5. 搭建"全体系"联动数智化管控机制

鞍钢矿业通过数据"破圈"、业务"跨界"、管控"上云"，构建爆破、采矿、配矿、选矿、冶炼全工序指标联动优化，生产、设备、安环、质计、物流等全业务贯通融合的内部成本价值网络，利用大数据分析、预测分析模型等先进技术，建立基于品位—成本、成本—效益分析的优化决策模型，横向打通业务数据链，纵向感知终端信息流，实现业务融合、数据交互、辅助分析、综合决策、预测预警，打造一体化、数字化、智慧化运营成本管控模式。同时，通过智慧物流管控平台，优化配置人、财、物、产、供、销等要素，搭建矿产品营销生态体系，实现企业内部价值网、行业价值网、行业外价值网联动，有利于保障系统降本效果。

三、铁矿企业基于三网联动的战略成本管控体系构建与实施效果

（一）产品成本实现逆势降低，与世界一流差距大幅缩小

近两年，鞍钢矿业由于老项目受政策性瓶颈制约和新项目尚未投产等因素影响，铁矿石生产能力不足，处于产能深度调整期，稳定产量规模需要加大成本投入，叠加大宗物资能源价格高位震荡带来的成本上升因素，鞍钢矿业面临成本逐年升高的巨大压力。通过构建和实施基于三维联动的战略成本管理体系，近两年鞍钢矿业克服了诸多不利因素影响，实现逆势降本，铁精矿完全成本2022年比2021年同口径降低9美元/吨，降幅10.9%；与世界一流成本的差距进一步缩小，2022年与淡水河谷成本（到港）差距缩小至13.1美元/吨，缩小幅度40.4%，与FMG集团成本（到港）差距缩小至12.6美元/吨，缩小幅度33.7%，成本竞争力进一步增强，助推了企业核心竞争力的增强。

（二）高质量发展能力不断提升，行业示范作用有所增强

2022 年，鞍钢矿业获得省部级以上科技成果 11 项，冶金矿山科学技术特等奖 1 项；成为国内矿山行业绿色发展标杆；成功发行 2 亿元绿色债券，创国内铁矿业首笔绿色债券纪录。基于三网联动的战略成本管理的做法，被国务院国资委作为国企改革三年行动典型案例在网站上报道，起到很好的示范和辐射作用。

（成果创造人：刘文胜、刘炳宇、于　淼、温慧明、张　凌、
马　跃、韩连生、马希琢、郝　成、张　楠）

赋能港口高质量发展的资产全生命周期管理体系建设

山东港口青岛港集团有限公司

山东港口青岛港集团有限公司（以下简称山东港口青岛港）始建于 1892 年，由大港港区、黄岛油港区、前湾港区、董家口港区、威海港组成，是世界第四大港、中国第二大外贸口岸、沿黄流域最大的出海口，主要从事集装箱、原油、铁矿石等进出口货物综合港口服务，拥有液体散货储罐约 1085 万立方米，粮食储罐约 72 万吨，堆场总面积约 1300 万平方米，原油长输管道约 1000 千米，同时拥有世界最大的 40 万吨矿石码头、45 万吨原油码头、可停靠 2.4 万 TEU（标准箱）船舶的集装箱码头和 10 万吨级粮食等专业化、深水化生产性泊位 124 个，岸线总长 33.3 千米，设计年通过能力 4 亿吨。2022 年，完成货物吞吐量 6.87 亿吨，居全球第四位；完成集装箱 2682 万 TEU，居全球第五位。集装箱航线 223 条，航线密度居中国北方港口第一位，海铁联运连续八年保持全国第一，国际航运枢纽竞争力指数位居东北亚之首，综合评价位居世界一流港口前列。

一、赋能港口高质量发展的资产全生命周期管理体系建设背景

山东港口青岛港作为拥有 600 多亿元资产的重资产企业，始终高度重视资产管理工作，多年来形成了"价值管理统筹、实物归口负责"的"1+3"管理模式（即财务部门负责价值统筹，三个业务主管部门分别归口负责资产的实物管理）。在这种管理模式运行下，面对资产体量大、种类多、条目细的复杂情况，尽管没有发生过重大资产流失问题，但管理中存在着投资决策无量化依据、资产闲置浪费、资产成本归集不全、业务管理效率较低等问题，面临从"管得住"向"管得优"转变的挑战。主要存在问题包括：一是资产编码对应关系没有形成一套完整的标准；二是资产颗粒度没有明确定义，只有财务管理角度的资产分类，对实物管理缺乏适用性；三是管理制度还存在不足，职责分工和管理流程个别未明确；四是资产信息存在不一致、不完整、不同步等问题；五是管理效率较低；六是管理决策依据不充分，缺乏数据支撑，闭环管理不完整，改善管理效果不明显。

面对这些问题，山东港口青岛港集团党委自 2020 年 7 月提出，要落实国务院国资委关于"国有资产保值增值"的要求，引入先进理念和方法，进一步优化资产管理体系，实现更高质量的资产管理。山东港口青岛港以追求"卓越绩效""高质量发展"为战略引领，以实现资产管理"安全、效能、成本"综合最优为目标导向，以先进的资产管理理念及体系架构为指导，开展构建高质量资产管理体系实践工作。

二、赋能港口高质量发展的资产全生命周期管理体系建设主要做法

（一）全面制定实施规划

1. 顶层设计，顶格推进

山东港口青岛港成立由总经理担任组长的研究建设领导小组，负责集团顶层设计和规划，提供资源保障，建立常态化工作机制，解决重大难题和矛盾。由集团企业管理部负责具体组织实施。同时，全集团选拔具有财务管理、设备管理、设施管理、标准化管理知识和工作经验人员成立工作专班，专人专职开展工作。

2. 对标学习，明确分工

专班成员学习 ISO 55000 相关要素，梳理资产管理活动，形成山东港口青岛港资产管理体系整体架构。根据不同的工作背景，进行分工，各自深入研究管理活动的详细内容。

3. 全面梳理，找准问题

结合管理要素，查阅涉及管理的各项制度，采用座谈、基层调研、问卷等方式，了解包括管理人员业务知识、管理流程在内的管理现状，形成问题报告。

4. 制定策略，完善制度

将问题清单逐项分析，找准问题原因，从组织架构、职能设计、制度管理、数据标准、数据分析等角度提出改进措施，形成报告。征求各方意见，最终达成一致，完成形式上的整改。

5. 开发工具，保证落地

开发与管理措施、管理目标相一致的资产管理系统，将改进措施嵌入系统，保证管理制度落地，流程可溯、数据可依。

（二）首创港口泛资产全寿命周期管理体系

项目将 ISO 55000、PAS 55 标准导入管理，结合山东港口青岛港特色，形成了从管理策划、资产全寿命周期活动、支持与管控到监督与改进的完整闭环的资产管理体系。项目首创的港口资产管理体系已通过团体标准《港口企业资产管理体系实施指南》立项，为项目社会化复制推广做好准备。

1. 构建资产管理策略体系

从集团战略出发，分析集团在战略实现中对资产管理的要求，从而明确集团资产管理目标，依据资产价值和对生产经营的影响程度，制定各类资产全寿命周期管理策略。突出重点，抓住关键，让管理性价比最高。同时，研究建立 10 个资产管理业务决策模型，为资产管理可靠可依奠定基础。

2. 构建资产管理组织体系

通过梳理资产管理的关键任务，按照"资产全寿命周期管理尽可能在一个部门内闭环"的原则，重新优化职责分工，明晰牵头部门、归口部门、价值管理部门及使用单位的职责和权限，形成"1+1+3+N"新的管理模式，消除管理空白，明确职责范围，融合流程衔接。

3. 构建资产管理流程体系

通过梳理资产管理相关制度以及设备管理系统、OA 系统资产管理流程，绘制了 10 大类、102 条末级流程，形成实物流、价值流、数据流"三流合一"的执行体系，末级流程实现岗位、职责、制度、考核、风控"五位一体"管控体系，使管理流程更加顺畅。

4. 构建资产绩效监测体系

统筹协调安全、效能和成本三者的关系，基于总体资产和个体资产两个层面，建立山东港口青岛港资产绩效结果性指标（SEC）体系。依据资产绩效指标性质，建立面向不同角色的关键指标，进行资产绩效监测、评估和改进。

5. 构建资产风险防控体系

梳理与资产管理相关的战略规划、合同管理、财务核算等 9 个风险类型，依据 102 条资产管理流程，分析排查 94 个风险事件和 169 个风险控制活动，制定措施，构架严密风险防控体系。

（三）首创港口泛资产管理标准

项目组跳出实物资产的视角，将港口涉及的土地、海域、专利、著作、软件等无形资产及股权投资等进行整体研究，开展泛资产管理。围绕标准建设下功夫，规范管理，并为信息化、数字化管理奠定基础。

1. 制定资产分类标准

依据国家资产管理标准和行业资产分类惯例，结合山东港口青岛港实际，研究建立 19 类一级、132 类二级、683 类三级资产分类标准，规范资产名称，清晰定义每一类资产说明。集团上下统一分类标准，为分类管理、统计分析奠定了良好基础。

2. 制定资产数据标准

为实现资产信息化管理，山东港口青岛港建立一整套资产数据标准，包括结构化数据，如基础数据（基础数据、编码规则、目录数据）、资产数据（预算数据、采购数据、财务数据、运行数据、维保数据、处置数据）、位置数据（定位数据、传感数据）、分析数据（统计数据、决策数据）等，也包括非结构化数据，如图像文件（照片、视频、图纸、单据）、文本文件（公告、制度、标准）等。围绕资产卡片，不同资产匹配定义不同字段，并明确字段名称和含义。围绕系统对接，建立资产编码规则和系统接口标准，从而打通数据烟囱。此外，重点围绕设备类资产的管用养修管理，还建立点检标准、标准工作包、位置树等标准，日常管理更规范。其中部分资产数据已被纳入集团主数据管理。

3. 制定资产管理标准

通过梳理和优化业务流程，制定投资立项、投资预算、招标采购、验收交接、领用保管、维护保养、使用记录、能源统计、大修改造、资产出租、资产租入、资产出借、资产报废、对外捐赠、资产盘点、资产保险等全流程、全过程的管理标准。

（四）首创港口资产管理分析模型

按照"数字驱动、科学管理"的项目研究思路，通过应用数据中台、业务中台等最新的数字化和智能化技术，有效盘活内部沉寂的资产数据，项目首创了"资产购置决策分析""资产投资后评价分析""资产全生命周期成本（LCC）分析""设备类资产能耗分析""港口设施利用率分析""备品备件质量评价分析"6个港口资产管理分析模型，深度挖掘资产数据价值，发挥辅助决策作用，在资产规划计划、采购选型、技改大修、维修维护、报废处置等关键环节反映港口经营现状，保证全局最优、平衡发展，是港口数智化转型建设的重要组成部分。

（五）研发"决策层、管理层、操作层"的智慧化应用

1. 服务决策层整体把控

通过 EAM 系统建设，梳理建立集团资产分类标准，全覆盖装卸机械、港口设施、信息化设备、房产、绿化等19大类。首次统一建立集团各类无形资产台账，实现不同类别资产管理策略，全面满足各方业务需求，全方位强化资产管控力度。

国有企业肩负着经营管理国有资产、实现保值增值的重要责任。秉持这一重要理念，坚持服务山东港口青岛港决策层，通过数据归集、整理、分析以驾驶舱的形式将资产管理数据可视呈现，让决策层从宏观层面更加清晰全面地掌握集团资产情况。向集团决策层提供全生命周期、全种类、跨领域的资产数据分析，使决策者能够通过一屏面板宏观、客观地掌握资产管理的现状和资产运营的绩效，为决策者提供数据支撑。

系统提供股权登记功能，根据股权台账信息，自动形成股权关系图，通过桑基图、树形图等图形化形式呈现股权信息，厘清各级公司的股权层级，使集团的股权体系更加清晰、透明，方便决策层快速弄懂、看清各公司的股权关系，辅助股权投资决策。从服务决策层的角度，项目做到宏观数据可视化，辅助决策。

2. 服务管理层风险管控更加有力

系统建设之初，项目就充分与实物主管部门及董事会办公室、审计部等部门沟通，充分辨识资产管理过程中的风险点和风控活动，将系统业务功能设计与风险内控深度结合，利用更加综合的数据集，实现风险自动管控。前期梳理的94个风险点、169个风险控制活动，其中通过 EAM 系统功能能够规避或提供管控抓手的风险点有88个，主动防控风险事件。例如针对"关联交易"业务的风险管控，根据关联交易定义，系统自动识别关联交易行为，审批流程自动跳转至主管部门董事会办公室，从而强化了关联交易这一活动的监管力度，实现了风险事前控制。

项目做到管理融合更加顺畅。随着 iEAM 系统与各个系统的打通对接，重新呈现出围绕资产全寿命周期业务的管理模式。在宏观的数据画像之下，是资产全生命周期不同阶段、不同业务单元的融合，通过对接财务管理部主管的金蝶财务系统、法律合规部主管的合同管理平台、安全环保科技部主管的科技创新平台等共计 7 个系统 43 个接口，替换原有设备管理系统及基层单位自建相关系统 5 个，后续还将陆续替换 11 个，统一资产管理信息化平台，拉齐全集团资产管理水平，打破部门壁垒，跨部门、跨层级的数据得以交互。

以资产卡片为例，一张资产卡片集实物基本信息、运维管理数据、财务价值数据、法务合同信息于一身，使各部门之间数据更加透明，管理口径一致规范，部门协作更加畅通。从服务管理层的角度，项目做到核心资产全程跟踪。重点围绕装卸机械等港口核心类资产，服务集团及基层单位设备管理人员。系统功能从项目可研、购置验收到运行维护、资产保险、计量检测、转让租赁再到最后报废处置，覆盖全寿命周期各个管理环节和业务，提供 232 个功能点。通过完整功能设计，满足各方管理者的需求。不仅实现全寿命周期管理流程的线上化，而且通过对这些资产数据的跟踪、记录，可以完整呈现出每项资产的业务历史，资产档案可读，方便集团及基层单位设备管理部门查阅、跟踪资产业务状况，快速了解资产情况。

项目做到资产管理业财融合。系统立足资产实物管理，服务集团及基层单位财务管理人员。项目以实物流、价值流、信息流"三流合一"为目标导向，通过业务功能紧密对接，固化全集团资产新增、转让、盘点、变动、委外维修、报废处置六大业财联动流程，实现数据单一录入、实时共享的资产实物与价值管理联动，提高业务处理效率，降低了管控难度和管理风险。

3. 服务操作层现场移动互联运维

为更好地服务基层一线操作人员需求，设计开发许多移动端 App 功能，支持现场操作人员随时随地使用，方便快捷地开展点巡检、故障隐患提报、处理派工任务等。移动端功能的开发极大地提高了数据采集的及时性，提升了人员操作的便利性，强化了现场资产运维工作的管理监督。

电子工单贯通业务全流程。EAM 系统上线后，32 种纸面单据被取消，取而代之的是电子工单，并成为现场重要的业务流程传递媒介。从问题发现到派工、维修、验收、总结评价，均实现线上化，这不仅强化管理闭环、提升管理效率，还将物料消耗、故障数据、维修成本等资产运维的核心数据进行归集留痕，赋能基层管理人员，为资产绩效指标的计算提供数据支撑。从服务操作层的角度，项目通过信息工具变革管理方式。为满足加强港口设施专项管理方面的迫切需求，根据最新的《港口设施维护管理办法》，系统借助中台技术及时响应，快速实现了港口设施维护、检测预警、点检记录等功能，变革了过去利用表格管理的落后方式，赋能全面实现港口设施的信息化管控。

（六）通过纵横贯通提升管控

1. 资产管理全寿命周期纵向贯通

重点围绕装卸机械等港口核心类资产，服务集团及基层单位设备管理部门主管人员，实现全寿命周期管理流程的线上化，全寿命周期关键管理数据可追溯、可查看。系统功能从项目可研、购置验收，到运行维护、资产保险、计量检测、特种检验、转让租赁，再到最后报废处置，覆盖全寿命周期各个管理环节、关键资产业务，共计 232 个功能点。

2. 资产管理业财融合横向协同

系统立足资产实物管理，服务集团及基层单位财务管理人员，以实物流、价值流、信息流"三流合一"为目标导向，通过业务功能紧密对接，固化全集团资产新增、转让、变动、盘点、委外维修、报废处置六大业财联动流程，实现数据单一录入、实时共享的资产实物与价值管理联动，提高业务处理效率，降低了管控难度和管理风险。

3. 资产管理全种类覆盖

通过本次系统建设，从实物管理角度出发，梳理建立集团资产分类标准，全覆盖装卸机械、港口设施、信息化设备、房产、绿化等19大类。首次统一建立集团各类无形资产台账，实行不同类别资产管理策略，全面满足各方业务需求，全方位强化资产管控力度。例如，系统提供股权登记功能，根据股权台账信息，自动绘制股权关系图，以三种图形化形式呈现股权信息，服务投资发展部股权主管人员，快速弄懂、看清各公司的股权关系，厘清各级公司的股权层级，让集团的股权体系更加清晰、透明。

（七）通过数字联接赋能现场

1. 公务派车线上智能管控

项目通过与OA、微信、钉钉等系统的交互，实现了公务用车的申请、调度和跟踪的全面线上化管理，保证了业务流程各环节处理人能够获得实时提醒，实时跟踪用车进度情况，避免遗漏消息延误派车流程的进行。对公务车辆及司机信息的维护、车辆燃油能耗、车辆ETC、车辆违章、车辆维修、单车核算等全方位、周期性管理，提升了对集团各单位公务车辆的统一化管理，提升了对公务车辆业务各环节的管理效率。

2. 三维数字感知慧联现场

项目搭建三维场景，通过与岸桥远控系统、场桥定位系统、风速气象平台等系统进行对接，获取资产物联监测数据，呈现作业现场资产运行状态，通过精细化模型开发，实现大型设备维修保养交互式培训、线上防风应急演习等功能，提升资产精细化、智慧化管理水平。

（八）搭建"中台+微服务"技术架构平台

基于大数据、人工智能、云计算、物联网、移动互联网等数智化技术，采用云原生（含微服务）、元数据驱动、中台化、数用分离等新一代技术架构，构建资产管理技术平台、数据中台、智能中台和业务中台，打造资产管理数字化底座平台。技术中台是基于云原生技术，集容器云、DevOps、服务治理、诊断与运维工具为一体的综合技术支撑平台。技术中台是在继承原有的云基服务基础上，深入践行DevOps理念，更新容器编排系统，全方位监控业务应用，满足资产管理所需的快速交付、应用微服务化、运维自动化等需求。数据中台以数据移动、大数据和人工智能等数据加工处理技术为基础，主要提供主数据管理、数据移动、画像标签、关系图谱和智能分析服务等标准服务。智能中台主要基于AI和PA/RPA机器人智能技术，提供智能语音、图像识别等服务，为资产管理提供智能化支持。业务中台，全面支撑八大核心领域SaaS服务（软件运营服务）、行业云服务及企业服务生态伙伴的云服务创新；业务中台提供数字化建模能力，采用低代码平台进行应用快速开发，低代码平台主要是采用云原生、多租户架构的编程模型，基于统一元数据规范的模型驱动实现，支持代码生成到本地，源码深度定制，通过可视化设计器，插件化开发，拖拽实现业务建模、界面设计等负责环节，满足资产管理个性化业务的需求。

三、赋能港口高质量发展的资产全生命周期管理体系建设效果

（一）管理水平提升

山东港口青岛港通过推行高质量港口资产管理体系，打破了员工原来只关注"用"的单一认识，转变为从全寿命周期管理的视角统筹资产管理工作。将实物资产分类与财务固定资产分类做到对应，既满足了实物管理颗粒度的要求，又满足了资产价值管理的要求。建立统一的资产数据标准，解决了生产数据、财务数据、设备数据等不一致的问题，为数据多维度利用奠定基础。重新理顺各部室职责，消除管理边界不清、管理内容不明的问题，管理制度更加健全。通过建立标准、优化流程，以及信息化处理和移动办公模式的转变，提高了管理效率。改变过去只凭经验和单一维度分析的决策模式，在资产购置、更新等决策依据上更加注重用数据说话。

（二）经济效益显著

本项目研发工作采用中台技术底座，敏捷开发，支持代码复用，开发效率高，每功能平均减少 5 人天，相比于传统开发方式，直接节省 2100000 元。项目上线后，满足各单位资产管理信息化需求，替换已建、在建系统 5 个，节省信息化升级、建设投入成本共约 150000 元。项目取消纸质业务单据、通过智能语音、移动端等手段提升资产管理效率，原每单业务平均需要 1 人天，每单业务平均提速 30%，即每单业务减少 0.3 人天，系统上线后共发生 121882 单资产管理业务，因系统在 2021 年年底上线，综合考虑培训、办公设备购置等因素，节省人天按实际的 10% 计算，共节省 3656 人天，直接节省人工成本约 3600000 元。

（三）社会效益卓著

山东港口青岛港资产管理项目架构合理，技术路线领先，建设效果卓著，在港口行业内打造了可复制、可推广的资产管理数字化样板工程，为加快建设世界一流海洋港口、打造绿色智慧港口提供有力支撑，为全国国有企业借数智化转型东风实现国有资产保值增值提供案例参考。

凭借优异的发展成绩和卓越的企业治理水平，山东港口青岛港相继培养出了"改革先锋"、"最美奋斗者"、"时代楷模"、"连钢创新团队"、全国"五一劳动奖章"获得者、"最美港口人"等先进模范群体。先后荣获国家质量管理奖、国家环境友好企业、全国首批"绿色港口"、亚洲品牌 500 强、中国 500 最具价值品牌等荣誉称号，被交通运输部推树为世界一流港口建设标杆示范港口。

（成果创造人：苏建光、李武成、张兆炜、刘　民、王　涛、
徐　斌、李怡萱、李建良、姜橙华、黄　健）

国有建筑施工企业应收账款资产证券化全过程管控

中铁大桥局集团有限公司

中铁大桥局集团有限公司（以下简称中铁大桥局）是国务院国资委监管的世界500强企业中国中铁股份有限公司（以下简称中国中铁）的全资子公司，成立于1953年，是中国唯一集桥梁科学研究、工程设计、土建施工、装备研发四位于一体的承包商兼投资商，具备在各种江、河、湖、海及恶劣地质、水文等环境下修建各类型桥梁的能力。中铁大桥局是中国桥梁事业的领军者，70年来在国内外设计建造了4000余座大桥，拥有桥梁智能与绿色建造全国重点实验室，荣获第三届中国质量奖。在大跨度公路桥、铁路桥、公铁两用特大桥、超长跨海大桥、大跨峡谷桥等建设方面形成了独特的技术优势，达到世界领先水平。

一、国有建筑施工企业应收账款资产证券化全过程管控背景

（一）建筑行业拓宽融资渠道的需要

建筑业是国民经济的重要支柱产业之一，特别是受新冠疫情影响，经济增长对投资依赖加强，拉动了整体建筑行业产值增长。但是，建筑行业的资产负债率普遍偏高，平均水平在80%左右，主要是工程建设所需资金投入大、项目周期长、工程款支付进度慢等现状造成企业资金投入和收益之间存在时间差。2023年稳增长仍为经济建设重要内容之一，建筑行业在投融资项目持续推进等因素影响下，企业投资活动产生的现金流量净额持续为负。因此，基于基础设施的未来现金流、未来收益证券化融资成为一个有效的融资手段。

（二）中国中铁融资管控的需要

"十四五"期间，中国中铁进一步贯彻落实关于降杠杆减负债、两金管控的决策部署，对企业资产负债率的管控力度不会放松。一方面，进一步压缩工程局融资额度，将两金总额、融资规模、资产负债率等指标纳入对企业绩效考核指标体系；另一方面，企业资产负债率偏高，应收账款金额较大且周转率较低，是建筑施工企业长期以来面临的内外部困难与挑战，迫切需要盘活存量资产、加快资金周转、拓宽融资渠道。因此，降杠杆、减负债、盘活存量资产仍然是建筑施工企业今后经济结构调整和产业转型升级的重要目标之一。

（三）企业自身高质量发展的需要

近些年，中铁大桥局通过强化项目资金集中管理和项目现金流自平衡管理，在企业资金链安全运转方面取得一定成绩。但随着市场竞争日趋激烈，利润空间越来越小，项目资金监管力度愈加严格，资金状况总体处于较为紧张状态，资金保障压力仍然较大；两金压降与降杠杆任务艰巨，外部工程款拖欠矛盾日益突出，对民营企业刚性兑付款项进一步加剧了资金紧张的局面。为化解融资规模受限问题，企业需要通过多元化的融资手段获得合理的现金流。目前我国的资本市场已日趋完善，相关的监管力量也在逐步加强，特别是机构投资者队伍也在不断地发展壮大，企业应深入研究和分析利用资产证券化方式处置企业应收账款的可行性，最大限度地盘活存量资产，为规模增长提供有力的财务支持。

二、国有建筑施工企业应收账款资产证券化全过程管控主要做法

（一）结合实际，选择合适实施模式

中铁大桥局开展应收账款资产证券化业务整体表现较好，企业高层领导高度重视，财务部门精心组织，业务部门和所属成员单位紧密结合企业实际，依法合规开展资产证券化业务。通过"自主发

行""代理发行""财产权信托"三种方式共同发力，实现中铁大桥局应收账款资产证券化业务的融资管理创新。

（二）统揽全局，优化完善顶层设计

1. 梳理基础资产，确定发行规模

中铁大桥局开展应收账款资产证券化业务，明确不在负面清单内的基础资产才能作为合格资产入池资产支持证券专项计划。为此，中铁大桥局选定基准日，对集团公司所有在建工程项目的应收账款进行初步筛选。

一是看建筑工程承包合同。合同中工程项目涉及国防军工或其他国家机密的，债务单位为政府部门或地方融资平台、与中铁大桥局存在关联交易关系、被列入失信人名单的，该工程项目不列入资产转让备选项目名单。二是看工程项目应收账款。进入备选名单的工程项目，要根据合同约定的支付条款对业主计价后形成的应收账款作款项性质划分。工程进度款回款日期明确且回款速度快，优先选择入池；已完工项目，可以选择将能在专项计划结束前收回的应收保留金入池；应收质保金因收回的期限和金额具有不确定性，为避免逾期形成违约资产，一般不推荐入池。为规避法律风险，基础资产必须具有可转让性，转让行为合法且转让前已经履行审批、登记等法定前置程序。在初筛后，经过咨询已发行过类似产品的兄弟单位和相关专业机构，基本确定资产证券化的产品结构和主要交易要素。

2. 完成内部决策，获得上级批复

应收账款资产证券化属于资产端供应链金融业务，为企业重大融资事项，需履行"重大事项"决策程序。基于此，中铁大桥局在进行充分调研和可行性论证的基础上，形成应收账款证券化拟发行议案，在提交总经理办公会履行前置程序后，根据经理层议事规则或董事会议事规则，履行党委常委会、董事会决策程序。因内部决策会议召开时间不定，同时考虑上级单位批复流程时长不确定等因素的影响，这一阶段至少要预留60天左右。在向中国中铁提交申请时，请示报告的内容包括业务规模、业务期限、产品结构、预计交易成本、交易主要参与者等信息；同时针对产品结构分层要求，申请中国中铁作为增信方对专项计划ABS（防抱死制动系统）产品优先级提供差额补足，以提高专项计划信用评级，降低优先级发行成本。

（三）精心选聘，组建优质高效团队

1. 设计交易结构，明确各方职责

开展应收账款资产证券化业务的全过程中，需要聘请中介机构参与专项计划的发行及后期跟踪工作。一是证券公司作为计划管理人，负责设计整体交易结构，协调各中介机构的工作，组织开展基础资产尽职调查，分析基础资产现金流并进行产品设计，审阅律师准备的交易文件，与评级机构协调沟通评级结果；负责申报文件准备及监管沟通，组织路演、推动销售，与中铁大桥局共同确定发行利率区间；负责与登记公司、证券交易所进行沟通，安排资产支持证券的登记和转让；负责专项计划存续期管理，并向监管部门就计划的设立及运行情况进行汇报。二是会计师事务所协助原始权益人、计划管理人提供计划说明书等交易文件中的相关财务信息，出具商定程序报告，从会计角度进行基础资产尽职调查，出具现金流预测报告和会计意见书。三是律师事务所负责从法律的角度对产品结构设计提出建议，分析基础资产相关合同及法律文件，进行法律尽职调查，起草交易文件、出具法律意见书等，根据项目实际情况为原始权益人撰写相关决议、承诺函等。四是评级机构负责分析基础资产、根据现金流预测报告从评级的角度对产品结构设计提出建议，对原始权益人、差额支付承诺人等交易相关机构进行现场访谈、尽职调查，出具评级报告。

2. 选聘中介机构，成立项目小组

通过对比市场价格、企业资质、过往业绩及当前在鲁班网注册的情况等，中铁大桥局对服务于资产证券化的中介机构采取不同的招标方式，其中证券公司采用公开招标，律师事务所和评级机构采用竞争性谈判，会计师事务所采用单一来源采购方式确定。采用公开招标和竞争性谈判方式采购的严格遵守《招投标法》和《招投标法实施条例》对招标时间节点的规定。中标候选人公示期满后，中铁大桥局将采购情况报告提交集团公司分管领导审批，确定最终中标人。中标人确定后，招标人应将中标通知书和中标结果通知书分别送达中标人和各参与投标人。中标通知书发出 30 日内，招标人和中标人按照招标文件和中标人的投标文件订立书面合同。公开招标、竞争性谈判、单一来源采购工作可同时进行，从中介机构标书拟定、挂网、投标、评标及签约等全部工作完成应至少预留 45 天左右。

（四）明确节点，保证计划顺利发行

在开展应收账款资产证券化工作时，应尽量争取更多可入池的满足专项计划条件的应收账款，进而保证计划发行规模和存续期循环购买所需要的应收账款。

1. 确定基础资产，开展尽职调查

专项计划项目组正式成立后，证券公司牵头组织召开项目启动会，根据项目整体时间安排表，明确中铁大桥局及各中介机构下一阶段的工作分工。

一是证券公司发出尽调清单、资产池信息表及访谈清单，中铁大桥局根据基础资产池信息表筛选资产。所选基础资产所对应的合同不得含有权利转让限制，且应收账款确权文件齐备。同时，各中介机构启动现场尽职调查和访谈，筛选入池资产并确定抽样尽调资产。律师事务所负责按照启动会确定的方案，提供全套交易文件的初稿，包括《应收账款资产支持专项计划标准条款》《差额支付承诺函》《认购协议与风险揭示书》等。中铁大桥局负责准备抽样资产的全套资料，包括基础资产所对应的合同、应收账款确认单据及发票、工程项目结算单等，并发送给证券公司复核确认。根据中介机构首轮尽调反馈，中铁大桥局持续提供尽职调查缺失资料。

二是召开全套交易文件讨论会，就交易文件初稿进行反馈，重点沟通交易条款存在的重大分歧点。为了便于中介机构了解中铁大桥局的基本情况，项目组先后与中铁大桥局 12 个部门的主要负责人及增信方中国中铁相关人员进行面对面访谈。中铁大桥局作为原始权益人，与证券公司就专项计划发行期限、资金归集和循环购买的安排设置、信用触发机制设置、违约资产的认定、不合格基础资产赎回、逾期资产置换等进行反复沟通确认。在对尽调掌握的情况基本认可后，评级公司出具评级报告初稿，会计师事务所出具现金流预测报告初稿，律师事务所出具法律意见书初稿和全套交易文件第二稿。

三是按照沟通—反馈—修改的程序，交易文件及机构报告至少要重复三次以上才能定稿。从项目组成立到各中介机构正式完成报告至少需要 30 天，在此期间，证券公司协助中铁大桥局与会计师事务所和评级公司就出表方式进行沟通，重点讨论由于差额补足条款设计所带来的风险报酬转移问题。申报文件基本成型后，证券公司及各中介机构开始发起内部立项流程，并进行内核、风控的业务问答，中铁大桥局负责提供盖章版决议文件；在证券公司完成内部立项流程和申报文件提交的同时，项目推介路演工作也同步开展。

2. 提交申报材料，正式获批发行

证券公司将中铁大桥局盖章确定的申报材料提交上海证券交易所（以下简称上交所），并争取优先审核。上交所在审核过程中需要充分论证项目的可行性及优质性，项目组积极与上交所保持沟通，尽力减少反馈问题的数量。针对上交所反馈的内容，项目组成员及时答复、反馈并获得无异议批复。待上交所完成对申报材料的审定工作，项目组在征得中铁大桥局同意后，向上交所提交封卷材料。

在取得上交所的无异议批复后，中铁大桥局与证券公司反复协商，确定专项计划发行合理的定价区间，并选择合适的发行窗口，为项目发行争取最优惠的利率。资产支持专项计划的投资人由证券公司采用路演推荐的方式寻找潜在投资人，中铁大桥局作为原始权益人也可以向日常合作的金融机构发出邀请，让其购买资产支持计划的优先级部分。中铁大桥局"自主发行"的资产支持专项计划最终确定的优先级投资人为民生银行、兴业银行、招商银行和中信银行；次级投资人为中铁融信。在投资人全部认购完毕后，证券公司将专项计划募集到的资金划转至专项计划账户，再从专项计划账户划转至中铁大桥局账户。

（五）依法合规，恪守规范操作理念

存续期是资产支持专项计划生命周期中时间跨度最长，也是继专项计划发行成功后最重要的阶段，做好存续期间各项管理工作是整个专项计划顺利结束的重要保障。

1. 筛选确定基础资产及回款日

中铁大桥局将审核合格的基础资产作为发行资产证券化的重中之重。一是根据项目合同条款、项目目前工程状态筛选出优质的合格资产。审核要点包括项目签约主体须是企业本身或其子公司；债务人与债权人不存在关联关系；合同无限制转让条款；对照合同约定支付条件和项目施工进度，能够初步判断应收账款预期回款时间；应收账款账龄不应超过存续期剩余期限；存在不良记录的资产谨慎入池。二是通过与工程项目业主、项目部各部门多方交流，精准敲定应收账款的预期回款时间。初始入池资产应选择回款期较长的资产，以减少存续期过程中循环购买工作的压力；临近摊还期时，应选择回款期较短的优质资产，特别是在建项目的进度款为最优选，以保证资产支持专项计划的顺利终止与清算。

2. 监测基础资产质量变化情况

基础资产作为现金流来源，对其后续状态、回款情况跟踪就尤为重要。一是基础资产回款情况跟踪。核查基础资产的早偿、逾期、违约、不良等运行表现情况，将实际现金流回款与各现金流预测周期基础资产回款情况进行比较，以备原始权益人及时做出调整；跟踪查询基础资产是否处于相关的争议、纠纷、仲裁程序，是否会影响基础资产的权属；按照资产支持证券合同的约定对不合格基础资产或违约资产进行处理。二是循环购买情况跟踪。按照每一期资金归集、收益分配、税金缴纳后专项计划账户剩余可循环的资金余额，核查企业用于循环购买的资产是否符合标准，资产数额是否充足，杜绝出现因循环购买基础资产不足造成企业资金沉淀在专项计划账户的情况，做到过程中资金应回尽回。

3. 建立资产池储备合格资产

一是针对无限制转让条款的应收账款，应分为在建应收工程款、在建或收尾应收保留金、竣工已结算应收工程款三个梯次进行动态管理。二是根据企业新中标工程项目、财务新开账套项目进行实时更新，确保每个循环购买日快速、有效选取合格应收账款进行循环购买。三是动态更新项目库。为确保企业工程施工项目应收账款全覆盖，分析在资产封包日、循环购买日企业账面已形成应收账款余额的项目情况外，还比对已开账套工程项目与有应收账款余额的工程项目，确认在确定时点还未形成应收账款的工程项目，作为后续跟踪项目管理，在确认应收账款权利后，及时纳入资产池管理。

4. 严格履行信息披露义务

存续期管理工作的成果最终都要落脚到各类报告的信息披露上，信息披露的及时性、充分性和有效性也是监管机构检查的重点内容。中铁大桥局在存续期间积极配合、协助计划管理人做好存续期各项信息披露工作，规范履行各项信息披露义务。

（六）提前筹划，确保摊还期资金平稳过渡

1. 复盘成本费用

发行资产支持专项计划的费用支出主要有支付投资人利息费用、中介机构费用、增值税费、验资费用、证券登记费等，以上费用支出中除次级投资人利息在存续期过程中未按预期目标支付外，其他费用支付金额都相对固定。在进入摊还期后，必须利用专项计划最后一次循环购买机会，将预定对次级投资人分配的利息费用做充分预计后通过折价购买实现最终期望的收益分配金额目标。同时，增值税费用支付也会受最终折价购买金额的影响。做好专项计划整个期间各类税费支出的全面复盘，是确保产品发行费用受控可控的关键控制点。

2. 续发产品衔接

中铁大桥局应收账款资产证券化发行规模基本在 6 亿～ 8 亿元，多则 10 亿元，大额到期兑付资金对企业资金池稳定产生较大的影响。为了尽可能消除到期兑付给企业资金周转带来的压力，中铁大桥局一是通过在摊还期增加一次对优先级的本息兑付环节来分散资金支付压力，建议平均分；二是提前计划发行新一期的与即将到期专项计划规模相当的产品，用新发行融资款偿还当年到期应兑付的本金及利息，确保企业资金周转平稳有序。

（七）整章建制，系统规范会计处理

应收账款通常在中铁大桥局基层单位项目部进行核算列报，为规范应收账款资产证券化业务会计处理，中铁大桥局起草印发《关于应收账款资产证券化会计处理有关事项的通知》，对有关注意事项进行规范和明确。

1. 明确基础资产来源

应收账款分布在集团公司的各个层级，首先要明确的是基础资产来源于中铁大桥局集团公司层面还是子公司层面，由于应收账款资产证券化工作都是以集团公司层面为原始权益人，所以子公司层面的入池基础资产要在签订完应收账款转让协议的基础上做好资产转让会计处理，同时还需注意子公司向母公司转让应收账款需要按照子公司的公司章程要求履行前置决策程序。考虑资产转让属于"三重一大"决策事项，为确保资产转让事项的合规性，建议优先选择集团公司层面的应收账款为入池基础资产，特别是专项计划存续期间的循环购买资产。

2. 明确会计核算列报

应收账款资产证券化业务操作过程烦琐复杂，必须将不同法人层级、不同业务节点该如何进行账务处理予以明确，主要包括不同法人间转让应收账款、应收账款出售给专项计划、项目部收到业主支付工程款、资金归集日将相应资金转入归集专户、归集专户资金划转至专项计划托管账户和合格基础资产进行循环购买等；不同核算主体如何对科目余额进行重分类，填列报表。一是项目部层面的应收账款不因被确认为入池基础资产而改变原有的会计核算方式，日常只需对确认为入池基础资产进行台账管理，在会计报表日对应收账款池内、池外金额进行区分并重新分类列报即可，这样既能保证与业主单位在核对债权债务时金额一致，又能满足会计列报"出表"的要求。二是专项计划发行后，不因基础资产转让前原始债权人不同而进行相应的资金划转，募集资金全部纳入集团公司资金池统筹管理使用；涉及集团公司层面与子公司本部层面应收账款转让、资金收回、资金归集和转付至专项计划等环节做好账务列转即可。

3. 明确凭证传递及取得

在梳理基础资产时，项目部要将项目合同、项目计价单、应收账款明细账等原始资料向上汇集；集团公司层面确定入池基础资产后，需要第一时间通知项目财务负责人，落实应收账款预期回款日，并督促项目财务人员对入池部分的应收账款做好标注。存续期间，项目收到入池资产回款，应及时通知集团公司层面，做好回款登记，在资金归集日将池内资产的回款汇至专项计划账户，并做好相应的账务处理。

4. 明确资产管理要素

为更好地对基础资产进行台账管理，需明确基础资产的核心管理要素，至少应包括项目名称、项目债权人、项目开完工时间、项目状态、结算周期、支付条款、合同金额、开累计价金额、开累已支付金额、后续可形成计价金额、入池时间、入池金额、预期付款日等基本信息，并进行动态管理。

三、国有建筑施工企业应收账款资产证券化全过程管控效果

（一）拓宽融资渠道，盘活存量资产

中铁大桥局通过连续三年开展应收账款资产证券化工作，发行 5 期资产支付专项计划，共计实现融资 38.21 亿元，优化了企业融资结构和关键财务指标，增强了企业资金流动性，降低了短期融资偿还压力，为企业生产经营发展提供了有力的资金支持。中铁大桥局在开展"自主发行"模式应收账款资产证券化工作中，通过交易结构设计，年内可进行 5 次资金归集，最大程度实现财务决算报表时点应收账款"应出尽出"。截至 2022 年年末，包含当年新发行的 2 期专项计划，该业务累计实现应收账款出表 78.3 亿元，借助资产证券化业务企业资产负债率近四年平均降低 0.19%。

（二）创新列报方式，简化会计核算流程

中铁大桥局为不影响项目部层面正常的会计核算，满足各类审计检查、对账等管理需要，创新了会计核算列报方式。一是在规范进行会计核算和报表列报的基础上，项目部层面应收账款在报表日根据入池情况进行重分类列报即可，无须进行会计处理，简化工作流程。二是按照募集资金全部纳入集团公司资金池统筹管理使用的要求，不因基础资产转让前原始债权人不同而进行相应的资金划转，集团公司层面与子公司本部层面在应收账款转让、资金收回、资金归集和转付至专项计划等环节做好账务列转即可，简化会计核算流程。

（三）培养管理人才，创新应用新金融产品

中铁大桥局通过发行并管理专项计划的历练，培养了一批供应链金融管理方面的复合型人才。一是借助该业务累积了从资本市场等渠道创新融资的宝贵实务经验。二是借助该业务开展对重点环节、操作流程和风险管控等有较为清晰的认知和预判，能更好地将企业需求融入专项计划，实现融资风险可控在控和企业价值最大化。三是借助该业务增强了与中介机构的沟通交流，培育和拓宽了金融系统"人脉"，确保专项计划顺利推进，为创新应用新金融产品及做好后续风险管控奠定基础。

（成果创造人：李同杰、陈　华、杨　瑛、周　靖、

宋令威、徐　怡、李丹青、桂敏娟、雷蓓蓓）

有效盘活高速公路存量资产的出表型资产证券化管理

葛洲坝集团交通投资有限公司

葛洲坝集团交通投资有限公司（以下简称葛洲坝交投）是中国能建葛洲坝集团全资子公司，于2020年5月6日正式挂牌成立，注册资金60亿元，是中国能建葛洲坝集团立足新时代新格局，深度融入交通强国战略，成立的交通基础设施投建营一体化管理专业化平台。主营业务涵盖国内高速公路及其他收费公路等交通基础设施投融资、建设、运营和资本运作业务，以及国内高速公路能源、商超、物流、旅游、广告等路衍经济业务。投资建设高速公路总里程超过2600千米，总投资额超过3000亿元。

一、有效盘活高速公路存量资产的出表型资产证券化管理背景

（一）践行国家"盘活存量资产扩大有效投资"政策要求的需要

葛洲坝交投作为一家具备丰富高速公路经验和实力的企业，时刻牢记"国之大者"，切实发挥国有经济战略支撑作用，坚决落实国家重大战略、全面贯彻落实新发展理念、推动经济高质量发展，基于国家政策关于企业盘活资产、探索投融资模式等法律法规的大力推行，结合葛洲坝交投战略管理、提升市场竞争力、优化资产结构等发展的需要，坚持一路一策，成熟一个推动一个，运行一个成功一个，将存量高速公路资产通过创新手段盘活，为国家经济转型升级贡献力量。

（二）促进中国能建优化产业资本布局的需要

在中国能建及葛洲坝集团的决策部署下，葛洲坝交投立足于价值最大化放大资本效应，着力提升资本运作能力，突出效益优先，提升产融结合的深度与效率。加速资产流动和重组，积极盘活存量资产，加快低效、无效资产处置，持续优化资产结构，提高资产质量和价值创造水平。同时，创新资本运作思路及优化产业资本布局可拓宽企业单一传统的银行贷款等间接融资手段，开辟企业融资"双行道"，通过衔接国内资本市场，有效践行"产融结合"战略。

（三）解决融资难题、降低公司融资成本的需要

目前，我国高速公路建设进程在不断推进，总里程也在不断增加。但葛洲坝交投作为大型高速公路企业也面临着一系列挑战，包括资金、技术和环保等问题，因此，开展资产特性及行业现状的研究对高速公路企业具有重要意义，其中存量资产盘活及优化高速公路公司资产结构更是重中之重。因此，葛洲坝交投进行资产证券化创新能最大限度地发挥企业内部资源优势，拓展融资渠道，降低融资成本，为公司可持续发展目标奠定坚实基础。

二、有效盘活高速公路存量资产的出表型资产证券化管理主要做法

（一）明确总体思路和产品架构，确保决策的有效性

1. 充分论证可行性，明确总体思路和方向

葛洲坝交投在中国能建及葛洲坝集团的领导下，准确把握存量资产盘活政策的东风，于2022年3月21日启动葛洲坝交投内遂高速资产证券化工作，以葛洲坝集团四川内遂高速公路有限公司（以下简称内遂项目公司）为基础资产，创新设计出表型资产证券化类不动产投资信托基金产品于上海证券交易所完成资金募集及发行工作。

葛洲坝集团作为大型高速公路企业，对所持有的高速公路资产进行资产证券化等创新手段具有高度的可行性。一方面，高速公路通过拥有大量固定资产和稳定的现金流入，已经具备了进行资产证券化的充足资产基础；另一方面，采用资产证券化可以为葛洲坝交投提供多样化的融资渠道，以提高融资效率和降低融资成本，对于加强其高速公路建设和运营效率具有积极的作用。

2. 深入研究监管政策，创新设计产品架构

我国的类不动产投资信托基金核心架构大多采用的是"专项计划＋私募基金"的双 SPV 核心架构。创新设计的类不动产投资信托基金核心架构优化为"专项计划直接持有底层资产（去除私募基金）"的单 SPV 核心架构，并完成以下几点创新产品构建。

一是本成果交易结构对标公募不动产投资信托基金，在以往类不动产投资信托基金常规架构的基础上，结合当前监管政策，延续了公募不动产投资信托基金交易结构设计思路，去除了私募基金架构，由专项计划直接持有项目公司股权、直接对项目公司发放股东借款，简化了交易结构，使得专项计划交易结构与公募不动产投资信托基金中公募基金下层的交易结构保持一致。规避了提前偿还银团贷款、提前全额出资办理私募基金备案导致的资金过桥成本和风险。

二是本成果增加优先级规模占比作为出表项目，突破了风险自留的要求，向监管机构争取实现了高占比的优先级规模，实现了高达 94.79% 的优先级规模占比，自持权益级份额的规模占比仅为 2.54%，有效扩大了发行规模、降低了募集资金成本。

三是创新设计运营管理报酬的支付机制，本成果在运营管理方案中创新设计运营管理报酬的支付机制，在项目出表的前提下实现收益回流。

3. 精细化估值模型测算，对国有资产合理估值

葛洲坝交投以根据专业评估机构出具的评估报告，针对类不动产投资信托基金项目底层资产的葛洲坝集团四川内遂高速公路有限公司的全部资产及负债。为规避国有资产流失风险，遵循国有资产保值增值要求，葛洲坝交投聘请审计、评估机构、交通量预测机构进驻内遂项目公司，全面开展资产评估工作，对高管、财务负责人、运营负责人、人力资源负责人等业务相关人员进行一对一访谈工作，调取内遂项目公司近三年报表及序时账，葛洲坝交投安排专人到现场与评估、审计、车流量预测机构协同办公，紧盯审计评估过程，加强评估过程管控，确保评估估值准确。最终确认内遂项目公司评估值并向中国能建集团完成国有资产评估公示及备案工作。

（二）健全资本运作工作机制，加强资本运作的效率

1. 落实主体责任，强化使命担当

一是以勇于担当、高度负责的态度，直面资本运作中遇到的每一道关卡，提高方案决策的专业化和高效化。二是加强组织领导，倒排工作时间表，以节点为目标推动工作落实，推动资本运作各项工作取得快速突破。三是聚焦重点目标，合理调配全部资源，实现全过程高效率、高质量、严要求地完成。四是加强资产评估，动态优化调整，不断探索完善适合企业自身特点和模式的新方案，确保创新资产证券化方案保质保量、高质高效地顺利实施。

2. 强化组织领导，健全工作机制

葛洲坝交投设立了专项工作领导小组，下设方案申报工作小组、竣工验收工作小组、银行贷款沟通工作小组、资产评估工作小组、运营工作小组、现场工作小组，明确组织领导和责任分工，各小组各司其职、各负其责、通力协作，有序推进创新工作。其中方案申报工作小组与证券工作对接，负责整体把控项目方案，组织提交内部决策并向主管部门及监管机构申报，召开项目例会及专题讨论会，对整体工作进行把握协调；竣工验收工作小组与当地政府及交通运输厅、环保部门等有关部门对接，负责完善土地变更手续，确保用地性质合法合规，按期完成竣工结算、竣工验收；银行贷款沟通工作小组负责对接贷款银团，主要负责协助葛洲坝集团股份有限公司对接贷款银行，就提前偿还银行贷款、解除他项权利等事项取得贷款银行的书面同意；资产评估工作小组与资产评估机构对接，负责组织资产评估及备案等专项工作；运营工作小组负责对接运营管理中心，负责制定运营方案、运营协议，搭建项目部组织架构，与外部合作方磋商运营方案等相关事项；现场工作小组负责对接所有合作

方。此外，针对创新资产证券化工作进展过程中的重点、难点问题，各工作组之间群策群力，形成合力，拧成一股绳，各个击破，解决一系列突出矛盾和重点问题。

3. 紧盯重点问题，建立定期协调机制

一是在管理机制上建立专项工作专题会，及时汇报协调解决实际问题，对于重大问题及待解决事项及时报请中国能建葛洲坝集团研究决策。二是派驻专业分工小组入驻企业现场指导协调，专人跟踪处理重点问题，比如对资产评估、土地证、房产证、方案调整等重大问题，安排专人每天跟踪和督促工作进展，有相关问题及时向领导小组汇报并同步协调解决，确保创新方案按照时间计划表加速推进。三是建立工作简报机制，根据最新进展定期梳理并报送问题难点、进展情况等信息，确保方案在实施过程中能够及时获取领导小组的指导和支持。四是加强工作强度，为了在规定时间内完成资产评估备案、方案论证、内部决策申报流程等重要工作目标任务，各工作组攻坚克难，24 小时全天在线待命并第一时间完成领导小组交派的工作任务，推动相关问题得到有效及时解决。

（三）创新金融机构选聘方案，全方位支撑创新方案

1. 制定金融机构比选制度

资本运作业务具有实施路径多样化、标准化程度低、方案不确定性高、外部因素影响大等特征，难以事先确定详细方案和具体要求，为规范资本运作项目合作金融机构的比选程序，提升工作效率，结合上级单位相关法律法规要求及公司实际，葛洲坝交投制定并发布了《葛洲坝集团交通投资有限公司资本运作项目合作金融机构比选工作指引》。

2. 多维度评估金融机构

葛洲坝交投开展全面的市场调研，评估各家金融机构在资产证券化领域的经验、专长和声誉，考虑其专业能力、行业水平、业务资质及合法合规审查。研究不同金融机构的服务模式和业绩记录，了解其在资产证券化项目上的成功案例和客户满意度。提前与多家金融机构进行方案预沟通，详细讨论其提供的方案可行性，同时完成初步筛查工作，为后续金融机构选聘工作提升工作效率。

3. 创新定制选聘方案

根据出表型资产证券化业务的特点和需求，定制以竞争性磋商为比选规则的金融机构选聘方案。一是综合评标标准中考虑了方案设计的合理性、方案设计的创新性、成本报价、项目经验、资源配置、人员安排、合作基础、前期对接情况及现场磋商表现等维度评分标准。二是创新费用支付条件，磋商协议中通过约定发行成功付费的前置条件，规避了项目费用支出的成本管控风险。三是通过磋商备忘录的协议签订，将磋商过程中约定的具体条款进一步落实确认，为后续合作协议签订打下坚实基础。

（四）严格审核申报材料，合规推进交易流程

1. 申报文件审查

将规范性申报文件法律合规性审查、内控符合性审查要求融入并固化在审查流程中，在起草人、业务审核、申报文件（初审）、申报文件复核（复审），葛洲坝交投实现全套材料及申报文件 100%审查。

2. 重大决策审查

针对资本运作等涉及"三重一大"重大决策事项，法律合规人员全过程参与研究。提请会议决策前，进行法律合规审查和风险评估，出具法律意见书和风险评估报告。对于未经同意或法律审核不合格的，或重大风险敞口未关闭的，需经总法律顾问及法律合规人员针对问题进行沟通修改后方可重新进行审核决策。

3. 合同协议审查

根据葛洲坝交投决策系统议事规则，将本成果申报所涉及的全部合同协议经过业务所有相关部门共同评审通过后，上报至合同管理委员会及董事长办公会。全套合同签订流程完成后，才能与相关参与机构签订合同协议。此举一是确保了合同的依法合规性，为以后可能出现的争端、纠纷等负面影响关闭风险敞口，二是切实保证了资产证券化创新业务的顺利推进。

资产证券化作为一种金融创新工具，旨在促进资金流动、风险隔离和市场发展。然而，合规性和透明度是确保其可持续发展的关键要素，通过严格审核资产证券化申报材料，可以保证交易的合规性和风险的可控性，从而提升市场的信任和稳定性。

4. 国有资产股权进场交易流程

按照国有产权转让的相关规定，国有资产应于国务院国资委授权的产权交易所通过公开挂牌进场方式进行股权交易。本次转让为控股权转让，按照产权交易所交易规则，并为尽可能压缩外部流程，葛洲坝交投选定了耗时最短的动态报价方式，在40个工作日的公告基础上增加了3个工作日的竞价时间，于2022年6月24日最终确定受让方，同时完成100%股权对价支付至葛洲坝交投，并于2022年6月27日正式取得产权交易所出具的产权交易凭证。

5. 资产证券化创新业务申报流程

本成果自启动日起至取得上海证券交易所无异议函，多次就产品结构、申报材料、问题反馈等工作积极高效地与上海证券交易所提前开展沟通回复，因此仅耗时两周就获得了上海证券交易所对本成果出具的无异议函。

（五）主动引入竞争性销售，确保销售工作高质高效

1. 组建专业化承销团，创新竞争性销售机制

结合本成果规模大、期限长、控成本及时间紧等特点，葛洲坝交投主动引入了5家持牌金融机构组建承销团，以未事先约定承销比例、未事先分配重点投资人的前提条件为基础，确定了全市场竞争性销售机制，用于充分调动承销机构积极性。

2. 组织投资者路演工作，夯实销售份额及发行利率

自本成果正式向上海证券交易所申报后，葛洲坝交投协同葛洲坝集团、内遂高速运营管理中心和5家承销机构组织了十余场一对一、一对多的现场或线上路演推介会，主动争取光大银行、国泰君安、建信信托、申万宏源、易方达、银河证券、招银理财、中信建投等数十家全市场重点投资者参与认购。同时，及时反馈中国民生银行股份有限公司、渤海银行股份有限公司等重点投资者的疑问并按需办理开户、授信等相关事宜，由此提前锁定了部分意向投资者的认购额度及认购利率。

3. 建立每日反馈机制，全面提升销售质效

葛洲坝交投针对对外销售份额进行了持续一个月的每日销售情况统计，根据统计结果实时更新意向投资者，最终提前锁定意向投资者认购额度及认购利率。以保证在簿记日当天取得较高认购倍数及最低认购利率。

（六）落实风控规范，全面管控风险

1. 以法律合规为抓手，严控项目申报风险

合规风险方面，严格遵守资本市场监管规定，所有业务在满足证监会、上海证券交易所、北京产权交易所等相关机构合规条件的情况下，要求外部律师书面发表合规意见。

2. 筑牢企业保密防线，严防信息泄露风险

根据国家保密安全及公司保密规定，为防控因信息泄露导致国有资产流失的重大风险，为严防内幕交易，需高度重视信息保密工作，与相关参与机构即使签署保密协议，做好内幕知情人信息登记

工作，做好信息保密工作。一是涉密会议不得随意录音、拍摄和摘抄，不得擅自复印涉密会议相关文件；二是重大项目载体需依法合规存储，包括但不限于纸质、光盘、优盘、录音、视频等涉密载体，需按照保密办要求进行及时归档并按要求存储。

3. 杜绝决策风险，保障资本运作合法合规

葛洲坝交投严格遵守"三重一大"审议决策标准流程，从企业内部完成了重大项目资本运作的决策。按照上海证券交易所、地方政府、交通运输厅等政府部门及监管审核单位要求，相关决策的程序、内容、过程必须规范、完整、透明。

（七）充分沟通审计机构，落实增信措施及出表安排

1. 严格把关增信条款，切实符合监管要求

基于 2021 年国务院国资委 75 号文《关于加强中央企业融资担保管理工作的通知》相关规定，就中央企业超股比担保、隐性担保等有关事项，项目工作小组定期安排现场或电话会议与审计机构团队进行条款梳理，严格根据会计准则要求针对增信条款逐句进行完善，提供完整、准确、真实的财务数据及增信条款文本资料，及时回复及解决审计机构提出的疑问和要求，确保信息的畅通、准确和及时传达。最终确保本成果中涉及的所有增信措施均不违反会计准则及国务院国资委等主管部门的监管要求。

2. 提前筹划前置流程，实现会计真实出表

为保证规定时间内完成会计出表，现场工作小组全力完成以下几点工作，一是驻点项目公司就工商变更所需的具体操作步骤及所需提供文件提前与当地工商部门进行沟通，确保于规定时间内完成工商信息变更工作。二是更新公司章程修订、股东结构、董事会成员、出资证明等关键信息，并办理相关法律手续。三是制定详细的会计出表时间计划表，落实到具体责任岗位，确保各个环节的工作进度可控。最终由审计机构出具专项会计出表处理意见，完成高速公路资产出表型资产证券化中最关键的会计出表处理的工作。

（八）细化存续期管理工作，压实中央企业主体责任

第一，葛洲坝交投顺势成立内遂高速运营管理中心，按照《运营管理协议》约定对内遂高速的日常运行及管理开展工作。第二，坚持运行、管理、养护费用等"以收定支"，加强对项目公司的计划预算管控，促进项目降低运维成本，保证项目公司预留足够现金流以保障资本市场投资者本息兑付。第三，积极协同本成果实施金融机构，按照证监会关于资产证券化产品信息披露要求的相关规定，定时按期遵循公平性、准确性、透明性的基本原则，充分清晰地向资本市场投资者展示资产证券化业务的结构、特点、风险、收益及重大变更等方面的信息，使投资者能够充分了解和分析底层资产的运营情况。第四，围绕专业化高速公路运营企业目标，葛洲坝交投牢牢盯住稳增长、降成本、提效率等方面关键环节，多点发力推动卓越运营，围绕年度生产经营重点目标任务，提升统筹协调、资源配置、高效服务的能力，压实项目成本管控和稳增长职责，打造葛洲坝交投作为专业高速公路投建营一体化企业的行业知名度。

（九）强化金融机构合作力度，提升公司创新管理素养

1. 扩展金融机构合作维度

葛洲坝交投为应对企业发展的需要，积极开展创新资产证券化工作。为了充分开展存量资产盘活的工作，认真研究国家政策，持续深化与各类金融机构和服务机构的合作力度，包括但不限于证券公司、保险公司、基金公司、信托公司、资产管理公司、律师事务所、会计师事务所、持牌产权交易所、评估公司、评级公司等专业机构，不断扩大金融业务"朋友圈"。

2. 开展公司优秀人才专业化培育

葛洲坝交投充分利用优秀人才，结合中国能建勇于担当、敢于跨越、开拓创新、创造辉煌的企业

文化，特别是在实施了重大项目出表型资产证券化后，积累了一系列成功经验，培育形成了专业化的业务团队，锻造了一支高素质的资本运作人才，组建了一支拥有金融、法律、财务知识背景的专业团队，为中央企业落实加大盘活存量资产的重大任务贡献核心力量。

3. 强化项目考核机制，推动价值创造

考核过程中坚持对创新成果与创新工作过程的定期盘点，全面对标，建立特殊奖励考核与日常KPI考核双规机制。依据影响未来企业战略和经营计划实现的关键成功因素，确定重大资本运作项目，其中包括出表型资产证券化，并同时配置专项奖金，按项目达成情况及经济成效达成差异化激励机制。考核机制以"牵头部门带头工作，跨部门团队协同"为原则，建立分层级、分类别的绩效管理。确保重大项目实施完成后实现公司考核的公平、公正、客观以及激励性。

三、有效盘活高速公路存量资产的出表型资产证券化管理效果

（一）规避项目资金缺口，经济效益显著

根据前期测算，内遂项目公司于2022—2028年处于银团贷款集中还本期，未来经营期内预计发生大额资金缺口。本成果完成发行后，成功规避未来银团贷款还本产生的大额资金缺口，且葛洲坝交投资产负债率大幅下降，净利润大幅上升。预计每年节约财务成本近3000万元，显著提升了资产经营效益、有效支撑了产业良性发展，将进一步拉动公司加大基础设施领域的投资与发展。

（二）加快资本市场建设，拓宽企业融资渠道

通过建立多样化的融资工具和渠道，资本市场为企业提供了更多选择和机会，降低了融资成本，加快了葛洲坝交投运营质量及产业布局持续优化，价值创造能力不断提升。在履行葛洲坝集团降本增效要求的同时，葛洲坝交投通过对自身战略和资产结构进行不断的精细化调整，提高对资源的合理利用效率，降低企业交易、融资及运营成本，为企业创造经济效益，推动了企业的快速发展。

（三）打造全周期资本运作模式，提升资本市场认可度

借鉴公募不动产投资信托基金创新产品交易结构，并明确将以公募不动产投资信托基金作为退出途径，是打通基础设施行业"不动产投资信托基金、类不动产投资信托基金、公募不动产投资信托基金"全周期新型资本运营的创新尝试，为基础设施领域资产的深层次盘活和公募不动产投资信托基金的前端安排提供了新的解决思路，为国有企业盘活存量资产、打造全周期资本运作模式，助力实体企业滚动发展提供了重要借鉴，得到了资本市场的普遍认可。

（成果创造人：胡永强、戴　端、廖光荣、姚　磊、杨荣煌、
沈子祥、汪　晨、廖小琴、吴　淞、顾冰雪、李婧茹）

能源企业天然气套期保值数智化风控管理体系建设

新奥天然气股份有限公司

新奥天然气股份有限公司（以下简称新奥股份）是中国规模最大的民营能源企业之一，经过多年稳步发展，业务覆盖天然气分销、贸易、储运、生产、工程等产业全场景。在全国运营 254 个城市燃气项目，为近 3000 万个住宅用户和 22 万家工商业用户提供燃气服务，覆盖接驳人口超 1.2 亿，总销售气量达 362 亿立方米，约占全国天然气市场消费总额的 10%。2022 年，新奥股份营业收入同比增长 33.04%，归母净利润为 58.44 亿元，基本每股收益达到 1.90 元。新奥股份以优良的业绩表现逐步得到资本市场认可，2022 年标普信用评级首次达到 BBB- 投资级，国内信用评级提升至 AAA 最高级，ESG 评级提升为 BBB 级，新奥股份首次纳入沪深 300 指数，2022 年居中国企业 500 强第 220 位。

一、能源企业天然气套期保值数智化风控管理体系建设背景

（一）"双碳"背景下维护国家能源安全的内在要求

天然气作为最清洁的化石能源，将在我国优化能源结构、实现"双碳"目标进程中为保障国家能源安全发挥重要作用。国家能源局预测，2030 年我国天然气消费规模将达到 5500 亿～ 6000 亿立方米，其后稳步可持续增长，2040 年前后进入发展平台期，天然气产业仍有巨大的需求前景。旺盛的天然气需求催生了日益蓬勃的天然气贸易。近年来，挂钩国际指数的天然气供销合同在国内市场越发普及，国际价格波动不断向国内传导。受季节、天气、设施及地域等影响，天然气价格具有极强的差异性、波动性和周期性。叠加复杂多样的定价机制，错综复杂的地缘政治危机，以及巨幅波动的大宗商品金融市场，天然气全球贸易参与者面临越来越大的风险。以东北亚天然气价格（Japan-Korea Marker，以下简称 JKM）为例，2020 年最低价格为 1.825 美元 / 百万英热，但在 2022 年最高飙升至 84.762 美元 / 百万英热。如果不进行风险管理，将会给生产经营带来巨大的不确定性风险。在助力维护国家能源安全、持续提升天然气供应能力的同时，如何有效管控天然气贸易风险，逐步成为能源行业的共同课题。

（二）规范业务操作、提升风控能力的必然要求

市场价格波动风险管理通常采用套期保值的方式。套期保值是在金融场外或者场内交易包含期权组合类等产品，通过浮动—固定价格转换、买卖期权或锁定价差等方式实现对价格风险的管理。通过套期保值可以平滑企业盈利、稳定生产经营活动，但套期保值必须在完善的管理制度体系下操作，使合规管理贯穿策略可行性审核、交易执行监控、会计核算等环节，从而确保业务过程中的市场、实货、纸货等风险管理的有效性、合规性。

（三）满足业务规模、加速数智化转型的发展要求

自 2016 年起，新奥股份控股子公司新奥能源陆续与道达尔能源公司、雪佛龙股份有限公司、锐进公司签署了为期 10 年的长约采购合同，定价与原油指数布伦特、日本原油清关价格及美国天然气价格指数挂钩。2020 年，新奥股份开始深度参与国际天然气现货贸易，业务体量开始呈现指数级增长。随着新奥股份天然气实货业务场景日益复杂，且业务发展对风险管理提出了更高的实时性和前瞻性要求，传统的依靠人工开展风险管理的模式暴露出越来越多的弊端，难以满足飞速发展的业务场景，更无法支撑业务高质量高速发展。近年来在数字技术的驱动下，我国数字经济发展迅猛，数字技术展现出强大的业务赋能效应。面对当前企业风险管理的痛点，寻求数智化管理方法成为必然选择。

二、能源企业天然气套期保值数智化风控管理体系建设主要做法

（一）健全管理制度，规范套期保值业务流程和组织分工

能源交易风控中台体系（Energy Trading Middle Office，以下简称 ETMO）作为基于套期保值业务的数智化风险管理体系，规范的业务流程和内控体系是实现数智化的前提。为规范套期保值业务的经营行为和操作流程，规避业务风险，明确管理原则及相关组织职责，确保企业资产和资金安全，保证套期保值业务健康有序开展，新奥股份制定了以《套期保值业务管理办法》为主体的套期保值业务管理制度体系，配套制定《套期保值业务管理细则》《套期保值业务风险管理细则》《套期保值信息系统管理细则》等，有效规范风险识别、风险预警、业务流程、内控合规、核算审计等各环节。

同时，为打造与数智化管理匹配的业务架构，新奥股份在上述制度中对业务管理模式进行优化。一是成立套期保值执行小组。小组成员由新奥股份授权管理套期保值业务的公司高级管理人员构成，主要负责从战略、风险、管理等方面对套期保值业务进行总体把控，对关键业务流程进行审核审批，并定期向董事会汇报。二是进一步细分套期保值职责分工。将套期保值业务按照不同定位划分为前台、中台、后台三个业务群，其中，前台定位为策略单元，负责制定套期保值交易策略、研究市场并执行交易指令等；中台定位为风控单元，负责交易风险监控、仓位市值盯市、市场深度研究、风险预警、止损、盈亏模拟、套期保值会计核算等职责；后台定位为保障单元，负责现金流净结算、内外部审计沟通、文档管理等。

优化完成后，新奥股份的套期保值业务实行套期保值执行小组和衍生品交易业务组织二级管理模式，进一步明确各个层级的业务权限，提升了规避操作风险、财务风险的能力，为后期推进风控数智化打下了良好基础。

（二）全面分析需求，明确 ETMO 功能目标和总体架构

为保证数智化风控管理体系能够紧密贴合企业发展需要，同时契合发展战略，新奥股份在构建数智化风控体系初期开展全面系统的策划和调研，通过业务访谈、头脑风暴、桌面推演、外部调研等方式，全面分析了企业当下需求和未来发展需要。立足企业风险类别涵盖实货贸易、纸货、信用及外汇等维度业务场景风险，新奥股份构建的 ETMO 必须能够完整、可靠、有效记录并存储各种数据，通过严谨的业务流程设计、完整的场景逻辑及丰富的算法，对多维度数据进行监控、分析、报告各类敞口及其他风险，为管理层和各级业务人员提供及时、可靠信息，为决策提供依据，以有效应对市场快速变化。

基于对天然气业务风险场景的认知、理解和穿透，新奥股份聚焦"以创新为核心、以风控为屏障、以数智为基石"的目标理念，从数据整合、模型迭代、平台搭建和示险互动四个维度出发，明确"一张网、两个平台"的 ETMO 总体架构，以此实现从业务风险源头的"抽丝剥茧"，到数智化平台上的智能互动和输出，着力打造行业领先的风险管理能力。具体来讲，"一张网"是指基于实纸货结合套期保值业务中出现的风险相关数据，创新构建一张"风险网"；"两个平台"是指搭建移动端 App 和 WEB 端两个平台，从而构建起从搭建用户风险数据、风险报表、风控数字化产品，再到风险结果输出的全流程闭环风险管理体系，赋能企业内部用户及外部生态伙伴协同发展。

"风险网"是打造 ETMO 核心功能的基石。新奥股份从数据入手打造"风险网"，从 Bloomberg、路透等专业数据机构接入外部行业数据，同时接入内部客户业务数据。这些数据经过穿透式分析，按照不同业务需求，分别构建起市场风险网、实货风险网及金融风险网，从而建立由点到网的中央风控网体系。同时，"风险网"还能够通过数智化风控技术进行风险识别分析，构建对天然气、原油等不同标签体系下的风险报表网，依据产品化、模块化标准形成市场、实货、纸货等不同类别下的风控数

智化产品，并依托于新奥股份自主研发的风控平台 ETMO-App 及 WEB 端，向内外部用户提供风控数据、风控报表、业务示险等信息，实现对业务全场景多品类的敏捷覆盖。

除此之外，ETMO 具备强大的外部客户支持能力。随着国内行业生态伙伴更多参与国际天然气贸易，对套期保持风险管控的需求也更加迫切，单独研发风控体系无疑将投入巨大的时间、资金成本。新奥股份 ETMO 基于自身成熟完善的风控能力、方法及已有的平台实践，进一步提升外部支持能力，有效解决行业伙伴业务风险管理的需求痛点，实现合作共赢。

（三）规范编码规则，筑牢 ETMO 数据基础

业务风险管理的首要环节是统一数据标准，新奥股份以"节点代码"理念，对已沉淀的海量业务数据及行业数据的类型、口径、属性等按照统一的标准进行清洗、整合并形成唯一编码，打破数据在前台、中台、后台及不同业务部门之间的应用壁垒，提升数据利用效率和交互敏捷度，从而将风险数据"点"串联成风险"线"，并进一步将风险数据"点和线"编织成风险报表"网"。

按照这一理念，新奥股份有效实现对海量业务数据的精准管理。一是构建起六维立体中央数据库，打通数据"点"到风险"线"的应用通道。为行业内外大宗商品、外汇等数据分别赋予唯一节点代码，一方面通过清晰的逻辑架构实现数据清洗，规范数据管理，为数据耦合、数据分析提供便利，有利于将数据"点"的价值汇聚、转化为风险"线"；另一方面也保持数据库的可扩展性，为持续完善 ETMO "风险云"创造了良好条件。二是构建起覆盖业务流程全链条的七维立体中央报表库，打通风险"线"到报表"网"的应用通道。ETMO 以实货和纸货业务逻辑为基本出发点，根据事前、事中和事后的风险监控逻辑，每日监控全流程风险。从交易前对方交易背景信息（包括对方信息库、合同库、信用状况库），到交易中实货交易信息（包括天然气贸易船期事前计划、船期执行、船运信息、实货清算匹配风险敞口等）、纸货交易信息（包括纸货交易信息、每日盯市、现金流预测、盈亏情景模拟、在险价值监控等），再到交易后财务结算（包括现金流净结算、纸货套期保值会计模型核算、财务报表数据等），所有业务流程均以"节点代码"理念搭建报表体系。

"节点代码"技术的应用为精准高效管理 ETMO 海量数据、充分发挥数据价值、提升"风险云"运行支撑能力打下了坚实基础。

（四）自研模型算法，提升 ETMO 风控产品精准水平

1. 聚焦纸货风控管理，完善场外复杂期权套期保值会计管理

套期保值会计准则可以使衍生工具的公允价值变动计入"所有者权益"，且从"所有者权益"报表中转出来的已实现损益可以和实货盈亏结合起来，真正体现出实货和纸货套期保值的效果。新奥股份对套期保值会计进行了数智化落地应用，主要包括以下几点。

一是成立风控专业项目小组，攻坚克难会计准则和模型算法。深入理解准则要求，并对实际交易和理论交易原则进行剖析研究，形成一套完善的套期保值会计模型算法。算法模型在与上市公司进行沟通、探讨和确认后，得到审计师的充分认可，使套期保值会计得到顺利落地。二是以业务为场景基础，制定完善的套期保值会计制定流程，指导业务区分交易产品是否符合套期保值会计交易，确保公司的套期保值交易操作基础符合套期保值会计准则。三是以数智化思维牵引业务开展，为了实现套期保值会计线上化，成立专门数字化项目落地小组。通过算法学习、循环与再循环匹配等技术设计，搭建套期保值会计金融算法模型，实现套期保值会计在 ETMO 体系中的顺利应用。

目前数字管理体系可覆盖原油和天然气等不同交易产品，包含掉期、期权组合等套期保值会计核算，提高了新奥股份套期保值会计数智化风控管理能力。不仅计算频次从月度提升至每日，效率从一周提升至一小时，同时也实现由"极专业人员"操作转变为"一般专业人员"操作，大幅提升工作效率并满足了业务发展要求。如衍生工具典型的交易结构领式期权，缩小和指数挂钩的长约资源采购成

本的变动空间。假设采购和原油挂钩的长协资源，采购资源的成本价格随着布伦特原油价格指数不断变动，使采购成本面临很大的不确定风险。领式期权可以把原油价格锁定在一个价格区间，控制成本在油价的变动区间内波动，实现管理成本的套期保值目的。但场外交易的领式期权由于结构复杂，需要区分内在价值和时间价值的有效性套期保值。套期保值会计原理晦涩难懂，模型算法的搭建也十分复杂。通过数智化技术模型实现平台统一管理，避免以往衍生工具的套期保值会计核算技术只掌握在极少数专业人员手中的问题，缩短计算模型时耗费的时间，大幅提升计算频次，支撑套期保值业务的高速发展和交易的高频大量达成。

2. 聚焦实货风控管理，完善实纸货清算匹配管理

新奥股份拥有多元化指数挂钩资源池，包括全球不同地区的天然气价格指数、原油价格指数。基于不同的业务场景，面临不同的指数敞口，且指数多空头敞口分布在未来几年每个月里。业务场景的变化会使敞口发生重大变化，叠加复杂纸货交易场景，新奥股份需以数智化风控手段支持管理实纸货敞口每日动态，在降低实纸交易风险的前提下，精准量化公司整体风险，为纸货套期保值提供精确的数据依据。

为量化实纸货风险敞口，真实把控交易风险并核算匹配套期保值效果，新奥股份搭建实纸货清算匹配模型，利用数智技术对数据进行结构化查询、关联、实纸货交易数据循环匹配、数据重组等计算实纸货敞口及盈亏清算匹配结果，实现了国内对实纸货套期保值清算匹配模型算法的搭建。首先，梳理新奥股份能源板块不同业务场景下实货合同细节，包括实货采销交易期限、合同量、价格定义等，按照不同指数敞口梳理多空净敞口。其次，根据纸货交易多空头进行净仓位计算，并通过循环匹配的方法将纸货分为已匹配仓位和未匹配仓位。最后，以基础业务场景变化为依据，动态调整实纸清算匹配后净敞口风险数据。实纸货清算匹配模型算法可使业务人员快速理解公司在未来每个月、每一类风险敞口的真实状况，支撑纸货套期保值制定精准的远期交易策略，实现对公司未来实纸收益的提前锁定。

3. 聚焦外汇风控管理，完善外汇风险敞口管理

新奥股份拥有与汇率挂钩的业务风险场景，包括天然气采购、美债美贷、分红等。为有效防范汇率、利率波动风险，新奥股份创新搭建外汇风险敞口管理模型。外汇风险敞口管理模型可穿透公司各业务板块外汇未来多年敞口，精准把握每个时间节点外汇资金敞口，并基于不同风险场景中的市场变动，对不同类型的实际业务外汇敞口逐日盯市，实现对外汇业务场景多维度的穿透管理。另外，针对不同外汇敞口类型，该模型能够模拟不同风险管理场景下的风控方法，如叠加多种参数因子计算直接换汇、套期保值锁汇等风险管理效果，有效防范了公司的整体外汇风险。

（五）强化支持能力，打造 ETMO 全场景数智化平台应用

1. 聚焦便捷性、高效性，打造 App 应用日常风控业务场景

ETMO-App 是新奥股份创新研发的一款专门定位为实纸货套期保值业务日常风险管理的移动端App，自开发两年多以来，获得极高的风控价值认可。其整体架构包括中央数据库、中央资讯库和中央报表库三个主要部分。App 以"便捷"和"高效"为两大核心亮点，满足客户日常风控业务及时获取风险数据、市场资讯和业务风控报表的需求。第一，中央数据库每日用自动化手段 API（应用程序编程接口）获取数据信息，早上 8 点完成数据采集，使用户上班第一时间能够获取到专业数据信息。第二，中央资讯库由全球专业小组运营，覆盖亚洲、欧洲和美国全球市场动态，依托 24 小时风控管理机制追踪行业市场信息，如欧美天然气库存变化、全球气候预警、信用市场风险等一系列影响业务经营的市场动态，防范天然气贸易的业务风险并捕捉创值机会。第三，App 以便捷操作和高效运营为目标，由专业的风控小组负责运营，及时将最新且难以通过普通渠道获得的行业信息和风险数据快速准确推送给用户，并通过数据模型出具行业专业分析报告和业务风控报表，为用户提供专业、具有一定深度、

高品质的风控参考信息。

2. 聚焦专业性、全面性，打造 WEB 端专业领域应用场景

ETMO-WEB 是新奥股份为全面满足风险业务用户、实现专业业务场景风险管理而搭建的 PC 端风控平台，WEB 架构可并通过构建模型算法满足专业业务风险领域风控的需要。以 WEB 为各区域业务风险管理的开端，能够进行全流程风险管理。例如，某区域业务场景需对实货风险进行套期保值，业务用户可将新签订的和指数挂钩的实货合同在 WEB 的实货录入界面中快速录入相关信息。录入业务数据后，通过"实纸货清算匹配"模型算法自动计算实货风险敞口，并自动生成该业务场景的风险敞口报表。在完成授权管理、纸货交易策略落地后，WEB 的风控模型算法对业务风险进行纸货全流程风险管理，并对实货交易、交付及结算的全流程进行风险监控。

（六）建立反馈机制，促进 ETMO 持续改进和提升

新奥股份搭建完善的反馈—研判—实施工作机制。在反馈方面，新奥股份在企业内部设立专门邮箱，接收企业内部对 ETMO 的意见建议；在产品端，将上线产品反馈入口，为用户反馈意见建议提供便利。在研判方面，明确由中台初审、执行小组集体审定的合理化建议决策机制，审慎兼顾调整产品功能与改变用户习惯的平衡。在实施方面，对于决定采纳的意见建议，由技术开发团队推动落地，对于初核通过、但未最终采购的意见建议，则由 ETMO 维护团队向用户进行定点反馈。自运行两年以来，ETMO 已累计接收各类意见建议超 120 条，有效地促进了产品功能的进一步完善。

三、能源企业天然气套期保值数智化风控管理体系建设效果

（一）ETMO 夯实了业务基础，提高了运营效率

新奥股份通过构建 ETMO 风控管理体系，天然气贸易风控管理水平得到了有效提升。一是管理制度更加完善。补齐了业务管理中的制度漏洞，为规范应对实纸货业务管理中存在的市场风险、操作风险等打下了坚实的制度基础。二是组织分工更加精细。通过成立执行小组及细分前台、中台、后台工作职责，推动业务链条上各岗位工作内容更加聚焦、更加专业，从而更加深入地挖掘业务价值。三是内控管理更加有效。按照权责分离的思路，建立完善的授权体系，推动业务过程通过数智化方式留痕，提升了对全业务链条的监督能力。

实现了从"0"到"1"搭建风险管理体系，完成了套期保值风控管理模式的创新体系落地。首先，新奥股份制定了严谨的套期保值制度、管理办法、业务管理细则等；其次，新奥股份成立了完善的授权体系、集团套期保值执行小组，以及前台、中台、后台组织架构，确保权责分离，规避合规风险；最后，新奥股份坚持用创新的 ETMO 数智化体系管理业务风险，以确保业务操作留痕及高效运营。经过风控体系持续迭代，新奥股份依托 ETMO 体系从多维度规范了实纸货交易的合规操作，确保了风险管理机制的顺利执行与落地。

（二）ETMO 强化了决策支持，提升了盈利能力

ETMO 解决了人工无法完成的风险管理事项，其提供的智能风控服务为企业决策提供了有效支持，并在业务实践中验证了产品价值。新奥股份依托先进的风控管理平台成功抵御了全球疫情、俄乌危机等事件对天然气市场造成的巨大波动风险。自 ETMO 应用以来，实现国际国内实货贸易风险敞口管理超千万吨、纸货套期保值交易风险管理近万笔，通过对交易事前市场风险、交易中操作风险、交易后仓位盈亏等进行逐日监控，稳定支撑新奥股份实纸货业务的开展，识别业务过程中各类潜在风险，提前锁定盈利目标，助力企业实现实纸结合的盈利。2022 年，新奥股份天然气总销售量为 362 亿立方米，约占全国天然气市场消费总额的 10%，全年营业收入上升 33.04%，营业收入额为 1540.44 亿元，归母净利润为 58.44 亿元。在巨大的市场波动下，ETMO 风控管理体系有效促进了新奥股份盈利目标的实现，提升了企业盈利能力。

（三）ETMO 丰富了企业生态，培养了行业人才

ETMO 作为国内能源行业天然气贸易风控领域的专业创新产品，在为新奥股份发挥价值的同时，也积极提升服务行业伙伴的能力。近三年来，新奥股份通过交流座谈、调研访谈、专题培训等方式，持续为行业伙伴实纸货商业模式转型提供风险管理咨询服务。另外，新奥股份在近年 ETOM 风控管理体系建设的同时打造出一支朝气蓬勃、专业有素的风控队伍，累计培养了风控骨干人才 30 余名，为行业天然气套期保值业务高质量发展提供了有力的人才支撑。

（成果创造人：朱　海、张　洁、李　茜、刘彬涛、暴文兴、
张孟闯、孙江涵、陈　煜、高　雪、韩岳秀、刘　帆）

建筑企业贯穿项目全生命周期的"大双清"债权动态管理

中铁四局集团有限公司

中铁四局集团有限公司（以下简称中铁四局）是具有综合施工能力的大型建筑企业，隶属于中国中铁股份有限公司（以下简称中国中铁），是其旗下最具品牌影响力和综合实力的标杆企业。中铁四局持有铁路、公路、房屋建筑、市政公用工程4项施工总承包特级资质，以及铁道、公路、市政、建筑、风景园林、岩土工程（勘察）、测绘甲级7项设计、勘察、测绘甲级资质，是全国建筑行业中为数不多、安徽省唯一"四特七甲"施工企业。业务范围除国内外基础设施工程建设外，还包括建筑勘察设计、新型材料制造、铁路运营服务、大型施工机械租赁、设备及材料出口、房地产开发、基础设施建设投资和运营维护、交通园林绿化、文化旅游等。2022年实现新签合同额2766亿元，完成营业额1526亿元，位列中国中铁、中国铁建股份有限公司（以下简称中国铁建）两大建筑央企二级公司第一；累计33次荣膺铁路施工企业信用评价A类，全国领先；被列为国资委"国有重点企业管理标杆创建行动标杆企业"。

一、建筑企业贯穿项目全生命周期的"大双清"债权动态管理背景

（一）破解行业管理难题的必然之举

建筑行业普遍存在债权信息不清、回收拖延、管控不到位等难题，亟需采取系统性的举措予以破解。一是债权信息存在"三个不清"。建筑行业普遍存在项目区域分布广、类型多、状态复杂、周期长等特点，导致项目债权管理普遍存在家底不清、结构不清、成因不清的问题。二是债权回收面临"三个拖延"。建筑施工企业客户群主要是地方政府及其下属平台公司，受需求不足、预期转弱等因素影响，地方政府债务管理不断趋紧，建筑行业普遍面临竣工验收拖延、决算审价拖延、资金支付拖延，存在坏账风险。三是债权管理存在"三个不到位"。项目收尾阶段人员调动频繁，导致管理人员不到位。项目竣工后迟迟不能开展决算、内部审计和考核，导致奖惩不到位。债权管控过度依赖人工填报，缺乏信息化工具，不能及时准确发现问题，导致管控不到位。

（二）夯实企业资产质量的必需之策

建筑企业大都具有债权规模过大、部门协同不到位、项目全生命周期支持管理决策、风险预警缺失等特点，给债权管理带来挑战。一是债权规模过大，严重影响资产质量。近年来，建筑企业债权金额不断攀升且变现困难，企业面临资金持续紧张的困境。中铁四局作为具有综合施工能力的大型建筑企业，规模巨大，债权规模长期居高不下。二是部门协同不到位，未能形成债权管理合力。传统的债权回收工作主要依靠财务部门开展，其他业务部门不清楚在债权管理工作中的职责，参与意愿不足，业务端出现债权回收堵点无法及时解决，导致债权变现困难。三是项目全生命周期风险预警支持管理决策缺失。在项目启动环节，业主履约能力与投标工作脱节，导致部分投标质量不高，造成债权管理先天性不足。在项目实施过程中，不能对自身履约情况及时掌握，导致外部违约风险加大；不能按合同约定及时测算应收款项，导致无法判断应收款项是否逾期。在项目业绩考核方面，不能全面反映项目管理人员的工作业绩，导致债权管理内生驱动力不足。

二、建筑企业贯穿项目全生命周期的"大双清"债权动态管理主要做法

（一）构建债权管理新体系，做好顶层设计

1. 突出"加速变现、提升质量"新目标，坚持目标引领

针对建筑施工企业债权管理普遍存在的难题，中铁四局基于"项目全生命周期""大双清"的管理

理念，构建了一套科学合理、有效实用的债权管理体系，全面提升企业债权管理水平。中铁四局以加速企业债权变现、降低"两金"规模、改善现金流、提升资产质量和防范系统性风险作为企业债权管理的目标，通过进一步强化债权管理，促进企业高质量发展。

2. 突出"全生命周期""大双清"新理念，坚持理念先行

一是建立"项目全生命周期"的债权管理理念，根据建筑施工企业项目全生命周期各重要节点，将项目状态分为项目在建、完工未竣工、竣工未决算、竣工已决算等类别，对每个项目状态进行定义，并据此进行债权分类，厘清制约债权管理工作的内部堵点。二是建立"大双清"的债权管理理念，由营销、法务、商务、工程、审计、考核、财务等部门协同管控，实现各债权管理工作节点环环相扣，建立"集团公司、三级公司、项目部"三级联动的"大双清"工作机制，明确各层级、各部门管理职责，将完工、竣工、决算等履约节点滞后情况推送至业务部门，将责任成本下达、内部审计、考核等内部管控滞后信息推送至管理部门，及时推动项目履约及内部管控问题的解决，疏通影响债权回收的各个节点，推动债权管理由"单打独斗"向"多部门联动"转变。

3. 突出"自主研发、智能预警"新平台，坚持平台支撑

自主研发"项目全生命周期＋大双清"债权管理信息化平台，将业主合同条款、履约情况、企业管控等信息结构化，构建指标算法及分析预警模型，开发商务智能（BI），为各级管理层提供多维智能、穿透可视决策支撑信息。债权管理信息化平台适用于不同业态、不同合同类型、不同状态的工程项目，覆盖工程项目生命周期中各履约节点，能够实现自动统计、汇总、分析、预警，为债权管理提供有力支撑。

（二）实现债权管理一体化，推动"大双清"新理念的落地

1. "部门一体化"协同，齐头并进形成合力

一是债权管理部门从少到多，由营销、法务、商务、工程、审计、考核、财务等部门协同聚力，打破部门壁垒，形成集团作战新局面。二是债权管理职责由模糊到清晰，进一步明确相关部门的管理职责，法律合规部、市场营销部负责合同签订；商务管理部负责责任成本下达、决算审价、已完工未计价清收、已竣工未结算项目结算；工程管理部负责过程施工管理、应完工未完工项目按合同履约、项目完工缺陷整治、应竣工未竣工项目竣工交验；审计部负责内部审计；考核管理部负责考核兑现；法律合规部负责进入法律诉讼阶段的债权管理工作；财务部负责组织清欠和全过程协同监督。三是部门协作由松散到紧密，各部门围绕共同目标发挥各自专业优势，营销、法务、商务、工程、财务等部门通力协作配合，齐头并进、形成合力、联动创效，使债权管理工作迈上新台阶。

2. "手段一体化"推进，多措并举提升效力

中铁四局在清收清欠过程中综合利用各种方法，多措并举实现债权回收。一是利用"节假日"清欠，事先组织召开专门的节日清欠会议，利用节假日开展清欠行动，制定预案、精心策划、按日督查，确保实现回款目标。二是利用"金融手段"清欠，在传统保函置换保证金、应收账款无追保理的基础上，充分利用与金融机构的良好关系，主动为建设单位推荐优质金融资源，帮助建设单位主动开展资产证券化、应付账款反向保理、发行信托计划等，促进债权回收。三是利用"行政手段"清欠，利用网络平台开展网上清欠工作，或借助舆论力量，吸收群众参与，整合社会力量协同清收清欠。四是利用"法律武器"清欠，对于不诚信单位、恶意拖欠等原因形成的"老大难"债权，坚决诉诸法律或申请仲裁，充分运用律师函、仲裁、诉讼等，并抢先实施财产保全，确保诉讼及仲裁效果，最终达到回款目的。对于以上四类手段，可采取"1+N"的组合方式全力开展债权回收工作。

3. "资源一体化"整合，上下联动激发潜力

中铁四局对包括人力资源、财务资源、营销资源、信息资源等不同领域的企业资源进行有机整

合，形成协同效应，推动"大双清"新理念的落地。一是通过上下联动实现人力资源整合，构建"集团督办、三级公司主抓、项目部落实"的三层级纵向贯通的管控合力，项目部可反向寻求公司、集团的帮扶指导，运用多层关系运作，达到债权回收效果。二是通过横向联动实现区域资源整合，强化区域债权管理的协同策划和跟踪落实，共享、借力各方资源，可以实现区域内债权管理的优势互补和互利共赢，打破集团、公司、项目边界，使区域内不同项目间拧成一股绳、汇成一股劲、合成一股力，共同完成债权回收工作。三是通过前后联动实现价值链资源整合。建筑企业作为施工业务主体，在投资、设计、采购、运维等价值链上都积累了丰富的资源，以价值链为中心，向前后端共享、协调、借力各方资源，进行双向考核评价，建立优质的"朋友圈"，打造价值链"生态圈"，有效促进债权回收。

（三）实现债权管控节点化，推动债权全生命周期管控

1.债权管理"关口前移"，做到风险源头防控

为防止片面追求市场份额和规模增长而忽视债权管理风险，债权管理工作从合同签订前的招投标阶段就要开始筹划。在合同签订前的招投标阶段，严守"禁投"红线和"慎投"底线，市场营销部门、法务部门负责投标阶段的项目承揽与合同管理，全面筛选投标项目信息来源，科学评估投标项目风险系数，严格落实标前合规评审、资质审批、投标评审三项制度，如针对低比例支付和垫资项目设置准入条件和决策审批程序，从源头上把控投标项目质量。工程中标后签订合同时，以效益最大化为基本原则，对中标项目进行合同谈判，要求与业主合同明确项目竣工验收、末次决算、审价审计及质保金退回的时间周期等内容，避免模糊的合同条款给债权管理带来不利影响。

2.管控节点"环环相扣"，做到压力自动传导

以项目全生命周期的债权管理为主线，按照责任成本下达到考核兑现等项目债权管理实施的先后顺序和重要节点，自动传导债权管控压力，督促相关业务管理部门自主推动债权管理进度。在责任成本下达节点，商务管理部门负责下达各工程项目责任成本，明确项目管控目标，为过程审计、成本督查提供依据，推动项目债权全过程管控和综合绩效考核；在项目施工节点，工程管理部门审核已完成的合同工程量，配合商务管理部及时完成计价工作；商务管理部门负责工程项目全过程工程款的确权工作，办理验工计价；在项目完工节点，工程管理部门在项目完工后及时登记完工信息，并向下一管理节点推送竣工交验任务；在竣工交验节点，工程管理部门在收到竣工交验任务后，及时组织办理竣工交验手续，并向下一管理节点推送决算审价任务；在决算审价节点，商务管理部门在收到决算审价任务后，及时组织办理决算审价、对久竣未决项目跟踪督办等，并向公司审计部门推送审计任务；在内部审计节点，公司审计部门负责及时对已决算项目进行内部审计；在考核兑现节点，业绩考核部门负责对已审计项目开展考核兑现，实现项目债权最终销号。

3.业务堵点"精准定位"，做到问题及时发现

紧紧围绕加速债权变现的核心目标，通过对债权规模、逾期债权的变动趋势分析，及时发现并准确判断影响债权回收的原因，精准定位债权管理的业务堵点。各层级、各相关业务管理部门可随时查看完工、竣工、决算等履约节点滞后情况，以及责任成本下达、内部审计、考核等内部管控滞后情况，并根据"大双清"职责分工，自动认领各业务堵点任务，重点关注、持续跟踪长期应完工未完工、应竣工未竣工、应决算未决算、应审计未审计、应考核未考核等项目进展，层层压实责任，实现压力自动传导，有效提高债权业务管控效率。

（四）实现债权数据信息化，促进基层减负增效

1.债权信息采集，实现"多维智能"

通过系统集成贯通，自动从业务系统获取管理机构层级关系、业主信息、合同信息、管理人员信息、责任成本下达信息、验工计价和收款信息等基础业务信息。按照公司、业态、区域、项目性质、

业主类别、债权管控节点等维度，建立统一的工程项目债权管理模型，为管理者提供"多维智能、功能强大"的债权管理信息。管理机构层级关系涵盖项目名称、项目性质、项目实际管理机构等信息；业主信息涵盖业主类型、业主名称、业主所属地区等信息；合同信息涵盖不同款项性质的付款节点、付款基数、付款比例等信息；管理人员信息涵盖公司分管领导、项目负责人、项目财务负责人、业主现场负责人和清欠联系人等项目全生命周期的债权履约责任人信息。

2. 债权数据分析，实现"实时穿透"

实时呈现债权总体情况，展示全局项目数量、年初债权余额、本年计价、本年收款及期末债权余额等信息，并可实现按管理层级、项目状态、项目类型、业主类型、营销区域等维度的穿透查询；实时跟踪债权变动趋势，实时反映全局和各单位债权余额变动趋势，为编制资金预算提供参考依据；自动获取本年新增、完工、竣工、决算、审计、考核及销号等项目增减变动情况，准确反映各业务系统工作进展；实时呈现逾期债权总体情况，展示全局债权逾期项目数量、逾期项目数量占比、逾期金额和逾期时长等信息，并可实现按管理层级、项目状态、项目类型、业主类型、营销区域等维度的穿透查询；实时跟踪逾期债权变动趋势，实时反映全局和各单位期末债权逾期余额变动趋势、逾期本年增减金额和逾期本年增减比；实时分析债权成因及影响金额，反映各业务部门工作开展对债权总额的影响，帮助各业务部门厘清债权回收责任；实时掌握各单位在手任务，自动获取各单位在手任务情况，反映各单位持续发展能力；实时监控低支付比例项目动态，动态监控合同约定低比例支付项目的投标审批情况、资金到位情况；实时反映项目所处周期，准确获取项目所处周期及历经时长，为管理资源配置提供参考依据。

3. 债权流程运行，实现"精简高效"

传统的债权管理工作开展情况需要手动统计、层层上报、汇总，基层财务人员需要经历"基层上报—汇总数据—下达目标—核实结果"等人工流程，数据统计流程极为复杂且工作量大，不能高效地开展债权工作管控。工程项目全生命周期债权管理将合同结构化数据和履约变动信息等债权管理信息内嵌在业务管控流程中，通过业财深度融合，能够实时根据业务流程自动提取债权数据，按日对全公司所有项目债权数据自动统计、汇总、分析、预警，数据更新及时，不需要基层上报债权管理进展情况，债权管理流程精简为"自动提取数据—下达目标—自动提取结果"，提高债权管理数据精准性与时效性，极大地减轻了财务人员工作量。

（五）实现债权预警精准化，推动问题靶向解决

1. 聚焦"逾期债权"预警，有效降低逾期债权

按合同约定条款实时计算应收业主款项金额，并与业主实际拨款金额对比，计算出逾期未收金额或超收金额。按先进先出法计算逾期未收金额账龄，并根据查询时间自动更新。对逾期项目数量、逾期金额和账龄、未按时履约的时长及对应收金额的影响等数据提供预警信息。督促各项目识别并评估重点项目债权逾期风险，逐项分析可能逾期的原因并采取对策，借力各方资源，适当运用法律武器，着力推动"逾期债权"清欠工作进度，消化存量逾期债权，严格控制新增逾期债权和逾期规模。

2. 聚焦"履约滞后"预警，推动项目按期履约

对全局按合同约定应完工未完工、完工后 6 个月未竣工、竣工后 6 个月未决算的项目信息进行预警，按单位预警滞后项目数量、滞后时长及对债权回收的影响金额。督促各单位相关管理部门和项目部抓实节点滞后项目治理工作，着力推动"久竣未结"等履约节点滞后的项目清算，"梳理节点滞后项目→分析原因→一项一策→签订责任状→定期跟踪、通报→识别债权风险→实施相应激励或惩罚措施"，积极推动应完工未完工、应竣工未竣工、应决算未决算等合同履约节点滞后治理和确权，为资金回收创造条件。

3. 聚焦"内部管控"预警，促进公司加强管控

动态监控项目债权内部管控节点推进情况，为各级管理层提供相关管控预警信息。分别对开工后3个月未下达责任成本、决算后6个月未完成审计、审计后6个月未完成考核情况的单位进行预警，按管理单位、业务部门预警滞后项目数量、滞后时长等信息。促进各相关单位、业务管理部门及时下达专项目标、进行问题专项督办、组织专项考核，对难度大、进展慢的项目实行挂牌督办，对工作不力、进展缓慢、计划完成率差的单位定期通报进展，对管控不到位的单位或相关负责人进行约谈，持续加大债权工作的管控力度。

（六）建立债权管理保障机制，提高债权管理成效

1. 建立"协调机制"，加强组织领导

中铁四局成立以局总会计师为组长，相关业务部门负责人及专家、骨干为成员的中铁四局财经管理提升研究领导小组，不断适应企业新发展阶段要求和先进技术变革趋势，加快提升财经管理水平和价值创造能力，切实指导解决实际工作中遇到的重难点问题，从构建债权管理体系入手，探索出一套针对债权管理难题的相应解决方案及措施，打造中铁四局品牌的全生命周期债权管理工具。

2. 建立"长效机制"，抓好贯彻落实

强化工作进展通报，成立中铁四局清收清欠协调专班，落实债权管理工作进展通报的"晾晒制度"，定期开展债权管理提升季度例会，建立长效管理工作机制。商务管理部通报清收相关情况；投资发展部通报房地产、基础设施投资项目清收清欠完成情况；工程管理部通报应完工未完工、应竣工未竣工项目专项治理推进情况；法律合规部通报依法诉讼清欠开展情况。根据通报的问题明确相关责任人，限定时间整改解决。

3. 建立"专项机制"，开展债权行动

积极开展债权管理专项清欠行动。根据建筑行业特性，充分利用中国传统节假日等有利时机，结合债权管理部门重要业务节点，深入开展行业政策、工作重要节点等专项清欠活动，对长期已完工未竣工、久竣未结、应审未审等各类项目及时预警，从而针对不同节点工作情况下达专项"双清"计划，做好债权管理重点项目跟踪，实时展现目标完成情况和最终成效，加快收入确权、存货去化、债权变现。

4. 建立"奖惩机制"，跟踪考核评估

落实债权管理目标下达与绩效考核管理，制定债权管理年度工作安排，确定各单位年度资金清收总目标、应收款清欠目标、重点监控项目和债权销号项目等清欠目标，相较于以往依据经验设定目标比例，上级公司可利用平台自动计算各合同应收金额，精准下达专项"双清"目标。同时，将相关绩效考核指标纳入债权管理提升信息平台预警考核和效率排名，其中年度清欠目标完成率、竣工项目清欠回收率、重点监控项目清欠回收率、债权销号目标完成率、应收款项周转率、两金压降等指标纳入经营者年薪考核预算指标体系，工程款清收、资金集中、资金上缴等指标纳入项目领导班子绩效考核体系，充分调动各部门债权管理工作的积极性、主动性和创造性。

三、建筑企业贯穿项目全生命周期的"大双清"债权动态管理效果

（一）提高债权管理水平

一是夯实债权资产质量。通过债权管理精准督导，在营业收入规模持续增长的情况下，实现债权总额、逾期债权双下降。二是提升外部履约能力。组织商务、工程、财务、法务等部门联合开展竣工验收、决算审价等专项治理行动，推动190个项目完成竣工验收，165个项目完成决算审价。三是强化内部管控力度。通过"后台"强力管控，推动319个项目完成责任成本下达、278个项目完成内部终审、156个项目完成考核兑现、319个项目完成债权销号。

（二）彰显财务管理价值

一是经营性现金流状况持续得到改善。盈余现金保障倍数保持在一倍以上，现金流动负债比率持续提升，货币资金总量稳步增长，财务抗风险能力得到加强。二是助力金融业务创新。在国资委设定担保管理"三条红线"的背景下，为外部评级为 3A 的优质客户进一步画像，精准锁定无逾期账款客户，提振了金融机构信心。2023 年 3 月，中铁四局成功发行"建筑业全国首单"无增信工程款 ABN 产品 14 亿元，提升了企业在资本市场上的品牌影响力。三是促进财务数字化转型。以工程项目全生命周期债权管理提升为契机，通过建立债权管理大数据，实现债权由"经验管理"走向"数据管理"，有效促进财务数字化转型。

（三）助力企业经营决策

一是在市场营销方面，对履约能力不强、回款能力差的业主单位，对财政偿还能力弱、信誉不佳的高风险市场区域情况进行反馈，为招投标决策提供数据支撑。2023 年，中铁四局市场营销部已根据提供的数据终止了 35 个业主履约能力差、支付比例低的项目的投标。二是在施工组织方面，通过向施工生产部门提供合同剩余工期、剩余任务等相关数据，为施工生产部门做到均衡生产提供决策支持。2023 年，中铁四局已向施工生产部门提供 900 余个在建项目数据。三是在主诉维权方面，法律合规部门协同财务、商务等部门对逾期债权进行全面梳理，研判分析各项到期债权的最优清收方案，对近三年毫无进展的逾期债权主动提起诉讼。

（成果创造人：李　峰、陈建藏、赵纯斌、汪绍青、李兴伟、

王　存、雷　波、邓升升、赵　洁、谢　晴、刘振邦）

中央企业内部审计数字化转型管理

中国石油审计服务中心有限公司

中国石油审计服务中心有限公司（以下简称审计中心）组建于1990年，是中国石油天然气集团有限公司（以下简称中国石油）从事企业内部审计工作的一级审计机构。审计中心在业务上接受中国石油审计部领导，依照法律法规及中国石油有关制度规定，通过监督检查、调研分析和综合评价等审计工作，发现中国石油所属企业在生产、经营和管理过程中存在的问题和不足，客观公正、有针对性地提出管理意见和建议，为中国石油党组和管理层决策提供参考。审计中心管理层级为两级，按照本部—直属机构、本部—区域中心两级管理，已基本实现扁平化运营和专业化发展。本部设有4个职能处室（办公室、人事处、党群工作处、计划财务处）、9个直属机构（勘探与生产审计处、炼油与化工审计处、销售审计处、管道与天然气审计处、基建与投资审计一处、基建与投资审计二处、工程技术审计处、金融审计处、信息技术审计处）、4个二级单位（沈阳中心、西安中心、成都中心、乌鲁木齐中心），托管1个单位（海外审计中心）。审计中心员工共220人。

一、中央企业内部审计数字化转型管理背景

党的二十大报告提出"加快发展数字经济，促进数字经济和实体经济深度融合，打造具有国际竞争力的数字产业集群"，国资委要求各中央企业积极探索数字化转型。2021年10月，中国石油党组将"数字化转型、智能化发展"作为中国石油发展战略之一，企业内部审计的胜任能力再次受到严峻挑战。

中国石油审计信息化建设工作已跨越初级阶段，以审计数据仓库建成和推广应用为标志，正处于信息化中级阶段。近年来"集中分析、发现问题、分散核实、系统研究"的数据驱动型审计模式开始普及，大数据审计模式探索取得良好效果。紧跟中国石油"数字化转型、智能化发展"的战略，内部审计亟需顺应形势向信息化高级阶段即数字化阶段阔步迈进，在数据驱动审计模式基础上，强化审计数据模型建设，探索大数据、人工智能等新一代信息技术与审计实务融合，逐步实现大数据审计，夯实智能化审计发展基础。

二、中央企业内部审计数字化转型管理主要做法

（一）坚持"科技强审"导向，识别内部审计数字化转型重点与工作思路

1.明确内部审计数字化转型原则

以支撑内部审计高质量发展为目标。通过审计数字化转型促使审计作业效率、审计资源配置能力、审计成本效益等方面实现综合提升，强化内部审计在问题核查和咨询建议中的话语权，支撑内部审计有效发挥"经济体检"职能，切实做好"治已病、防未病"，强化内部审计的权威性，实现内部审计价值提升。

以强化数字化审计能力建设为途径。审计数字化转型需要实现信息技术和审计业务的深层次融合，对审计人员的学习能力、应用能力、领悟能力提出更高要求。要以数字化能力体系建设为基础，引导各级审计组织和人员从知识体系、技术能力、思维方式、格局视野等方面逐渐具备数字化特质，确保审计数字化转型人才保障。

以充分利用中国石油数据资产为抓手。数据已成为企业的重要资产和关键生产要素，审计数字化转型首先要充分激活企业数据资产价值，在数据获取、数据分析和数据挖掘上实现全面提升，要循序渐进探索更高数量级、更多分析维度、更高智能化水平的数据分析技术在审计中的应用场景。

以内部审计全系统形成合力为保障。审计数字化转型工作是一项系统性工程，要在集团公司总体战略框架内部署和实施，需要全集团公司内部审计凝聚发展共识，按照统一规划，统筹推进各项工作任务。中国石油审计部、审计中心、各所属企业、相关技术服务单位等应齐心协力、各尽其责、优势互补，共同保障审计数字化转型稳步推进。

2. 确定内部审计数字化转型重点方向

结合中国石油数字化转型总体框架及审计信息化内外部环境条件，提出内部审计数字化转型技术框架，用以明确工作重点、技术路线和提升方向。中国石油信息化建设起步早、起点高，经过多年的信息化基础设施建设，形成"两地三中心"的数据中心布局，云计算、物联网、区块链等新一代信息技术储备充足，数据治理工作正在深入推进，在算法、算力、存储等方面为各业务领域实施数字化转型提供了坚实保障。

审计数据仓库基于中国石油大数据分析平台建设，与中国石油重要统建信息系统均实现了自动数据采集，并通过购买方式获取外部关联企业基本信息数据，已经可以满足大部分审计需求。但通过应用效果来看，少数关键业务数据还没有入仓，部分数据质量还需进一步提升，自建系统数据采集和应用存在欠缺，具备人工智能特质的新型审计技术应用场景相对空白，ERP 等核心业务系统的嵌入式审计工具还在规划当中；数据审计和智能审计模式的基础相对薄弱，在算法和模型方面创新有限，缺乏统一规划的审计模型库和协同工作机制。

3. 制定内部审计数字化转型"四点十面"工作框架

审计中心不断摸索和总结审计数字化的实现路径，明确文化是顶层基调，组织是资源保障，团队是关键要素，制度是机制保障，流程是实现路径，系统是技术保障，工具是提效利器，模型是核心抓手，数据是重要基石，实现理念、模式、方法、技术等全面升级，重视规划、重视投入、重点突破，把"研究型审计"贯穿审计数字化全过程。充分运用智能审计关键技术，积极推进审计数字化工作，推动审计工作目标转变、新技术应用赋能审计工作、提升审计数据挖掘价值，实施"四点十面"（见图1）。

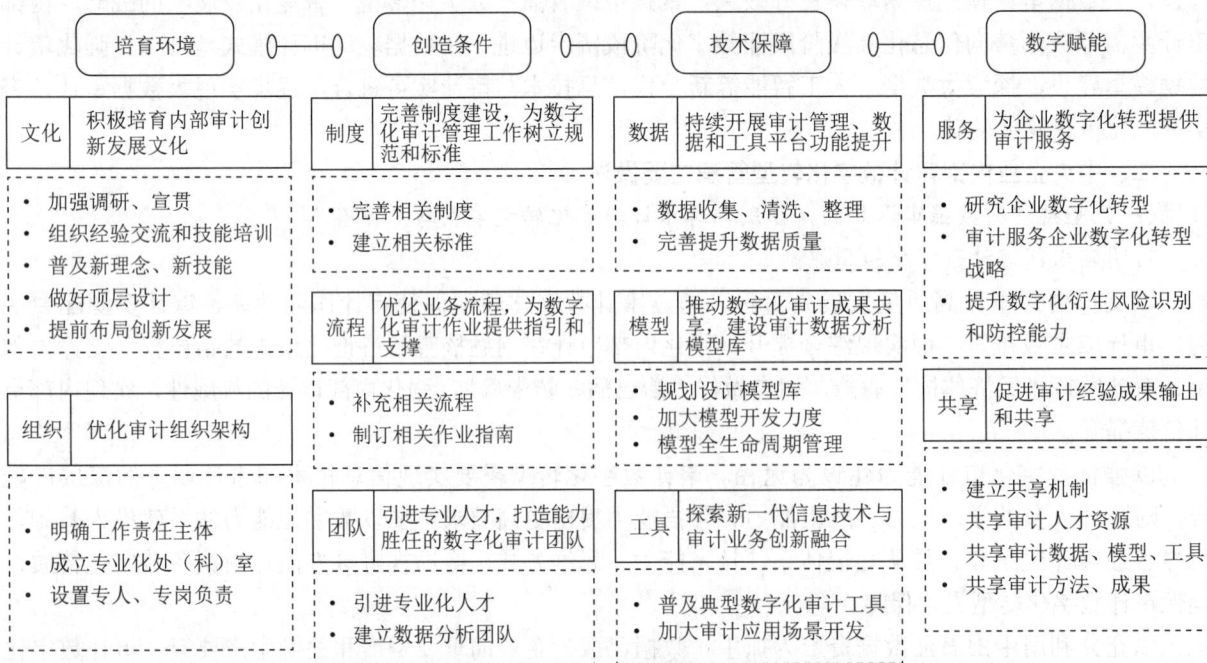

图 1　内部审计数字化转型"四点十面"工作框架

（二）培育文化、优化组织，营造转型发展环境

培育内部审计创新发展文化。深入宣贯内部审计创新发展理念，让广大审计人员明晰新趋势、新技术，认清数字化转型的重要意义及必然趋势，抓牢新的发展机遇。审计中心加大数字化转型在工作考核中的评分比重，常态化组织审计数字化转型工作先进单位（个人）评选，开展审计数据分析建模大赛和数字化审计成果评优，凝聚共识，持续推动内部审计学习和创新热潮。

优化内部审计业务组织架构。一是聚焦组织建设，培养复合型审计人才。重点培养和积极发挥中国石油数字化审计专家作用，集中参与共性强、难度高、影响面大的关键性工作，鼓励开展"师带徒"活动，帮助和带动其他审计人员快速成长，为总体工作顺利推进做开路先锋。二是聚焦能力提升，开展系列在线培训。逐步提升审计人员在大数据、统计学、人工智能等方面的技术能力，打造审计组织中的"数据中台"。整合内外部优质资源，基于集团公司大数据分析平台，围绕业务类别、系统操作、审计实例等开展多角度、多维度、多层次在线培训。三是聚焦考核指导，发挥领航定向作用。按照数字化转型标准优化组织架构设置，审计中心各单位设置兼职数字化转型工作人员。职能部门制定科学合理、切实可行的信息技术考核办法，重点强化数字化应用，促进审计方式转型升级。四是聚焦方法创新，营造以赛促学氛围。积极拓宽人才引进渠道，打造精英型数字化审计团队。广泛动员审计人员参与集团公司审计数据仓库建模比赛，考察审计人员对大数据技术和知识掌握和应用能力，营造扎实学习、刻苦钻研的良好氛围。五是聚焦业务实际，激发以干代训效能。每个审计组要明确数据分析角色，发挥数据分析支持和辅助指挥作用。充分调动审计人员参与大数据审计项目工作的主动性和积极性，通过实际项目强化大数据技术的应用，提炼总结和共享交流经验及做法。

（三）优化流程创新机制，创造转型发展条件

1. 完善制度建设，为数字化转型建立规范和标准

坚定不移贯彻"科技强审"理念，以落实中国石油《关于推进集团公司内部审计数字化转型工作的指导意见》和《2023年内部审计数字化转型工作方案》为统领，按照审计中心2023年工作会议精神及重点工作任务安排，制定《中国石油审计服务中心2023年审计数字化工作实施方案》，明确内容，规范程序，指导本部审计处室、区域中心和海外审计中心有效开展审计数字化工作，促进审计中心高质量发展。

2. 优化流程设计，为数字化转型提供指引和支撑

优化审计项目管理和作业流程，突出对非现场审计阶段作业支持。促进信息技术与大数据审计项目和常规审计项目的有机融合，提高审计效率和审计质量。普及推广数据驱动型审计模式，支持精准选择审计时机，投入与工作量相匹配的审计人员和审计工日的"敏捷审计"项目管理及作业，实现审计资源配置最优化。例如，"油田技术服务和工程建设企业的业务外包和转分包管理""虚假贸易专项审计"和"装备制造企业存货管理"等专项审计项目，均按照大数据审计项目的组织模式开展工作。在评估和论证实践效果基础上，各单位数字化审计人员和信息化专业处室联手完善项目管理及作业流程方案。

3. 开展专业培训，为数字化转型提供团队和人才

审计中心突出技能提升，精心组织数字化审计技能应用培训。按照分级培训计划安排，对数字化团队人员组织培训。初级培训注重熟练应用，让员工掌握大数据平台数据分析模型、Excel电子表格分析技能；中级培训注重进阶提升，让员工掌握SQL查询、Python编程等分析技能；高级培训注重寻求突破，让员工掌握网络爬虫、地理信息、知识图谱等分析技能。

（四）应用技术模型，强化转型发展保障

1.丰富数据资源，持续开展审计数据平台功能提升

完善审计数据仓库，逐步优化数据利用机制，持续扩充采集更多内外部数据源。强化数据支持服务保障，做好数据清理、验证和视图开发等技术服务。按照数据治理要求进一步提升入仓数据质量，不断提高数据完整性、真实性和时效性。拓展"租户式"数据应用场景，引导各单位探索采集和利用自建系统业务数据。

2.构建数据模型，建设审计数据分析模型生态库

统一规划设计建立审计数据分析模型库，科学设计模型库总体框架，整合应用较为成熟的模型，分层级、分专业、分类型纳入模型库，建立相应的授权使用和共享机制，多渠道发现优秀建模思路和案例，纳入模型库规范管理。按照"四个一批"的工作部署，以"定时、定人、定责"为原则开展审计数字化模型构建工作，通过不断迭代，逐步建成规划统一、分类清晰、开放共享、运算高效的审计数据分析模型库。

3.应用分析工具，探索技术与审计业务融合

审计中心统一组织选取有能力、有热情的审计人员，在熟练掌握审计数据仓库应用技能的基础上，持续丰富和优化数据分析工具，满足不同操作能力和技术水平审计人员的数据应用需求。

（五）提供保障共享成果，赋能转型发展价值

1.战略保障，为企业数字化转型提供审计服务

审计中心在谋求审计数字化发展的同时，密切跟进审计行业和中国石油的数字化转型动态，及时发现方向偏离、管控缺位和技术舞弊等问题，在中国石油审计部的领导下明确审计工作延伸方向和具体职责。同时，按计划开展数字化转型规划审计、数字化转型绩效审计和信息技术应用风险专项审计，重点关注数据治理、信息安全、智能化运营管理等领域的数字化衍生风险，并对风险防控提出合理建议，做中国石油"数字化转型、智能化发展"战略有效执行的守护者。

2.共享成果，促进审计经验成果输出和共享

借助中国石油"数字化转型、智能化发展"战略实施，进一步提高运营管理和执纪监督工作效率，促进风险管控信息共享。在数字化转型中坚持开放包容，追求合作共赢，与生产和管理等业务部门建立良好互动机制，保持审计监督与业务同频共振，推动审计监督关口前移，向业务端输出成熟审计监督思路和数据模型，与纪检、巡视、内控风险等监督部门建立成果共享机制，构建企业大监督体系。

例如，审计中心于2021年开展的物资采购价格大数据审计项目依托数据仓库审计平台固化多维物资采购价格情况分析等4个物资采购价格审计数据模型专题，共计10个维度画像和11个疑点模型。其中，价格审计模型被中国石油工程和物装管理部用于2021年物资采购管理专项检查工作，有效性得到充分印证。同时，中国石油纪检监察组主动与审计中心联系，了解与审计中心数字化相关的技术和应用。

（六）实施"123471"审计数字化工作体系

1.依托"1"个平台强化审计全生命周期管理

审计中心依托中国石油统建的审计管理信息系统，强化审计项目全生命周期管理，包括"审前准备阶段调查情况""审计实施方案""审计通知书""工作底稿及附件""审计报告交换意见稿""审计报告定稿""审计发现问题清单""审计整改报告""审计处理及意见书"等，供中国石油审计部和审计中心领导全面准确地审阅项目资料，及时掌握以往审计发现的重要风险问题。

2. 加速审计与信息技术"2"方面融合

充分发挥大数据等新一代信息技术优势，促进与大数据审计项目和常规审计项目的有机融合，提高审计效率和审计质量。一是在制订年度计划中，明确按照大数据审计项目的组织模式开展相关审计项目工作，指定信息技术审计处派专人全程参与，要求实施审计建模工作。二是各单位在开展常规审计项目过程中，优先利用本单位数字化审计人员提供技术支持，信息技术审计处根据需求进行指导。对重点大型审计项目，信息技术审计处进行审前和现场审计的技术支持。

3. 构建"3"位一体的审计作业平台

构建支持实时在线审计的 ERP 系统嵌入式审计模块。依托中国石油大集中 ERP 项目建设，设计开发嵌入式审计模块，在原有 ERP 审计系统基础上，升级为全流程、常态化、实时化审计查证和持续性监督的新型在线 ERP 审计系统，现已设计 240 余个风险监控模型。

支持全局性数据采集管理、分析预警和可视化数据建模的大数据分析平台。依托中国石油企业级大数据分析平台，按照内部审计需求整合内外部数据资源，建设审计专属"数据仓库"，集成功能强大、操作便捷的 BI 工具，满足用户在线高效开展数据清洗、数据查证和数据建模等需求。

可高效引用非结构化数据的审计数据中台。汇集审计问题定性检索系统，企业内控测试手册及测试样表，国家、各级企事业单位规章制度、审计指南、审计案例、审计质量考核等为一体，形成系统完整的审计资料库和知识库，支持用户高效利用各类非结构化数据。

4. 贯彻落实"4"个一批构建数据分析模型生态体系

一是研究设计一批。重点在投资、油气生产、产品销售、工程技术服务、金融等业务领域，研究设计一批数字化审计模型，构建"大基建、大生产、大销售"等业务领域模型库，适时转入开发建设及审计应用等后续工作。

二是开发建设一批。重点在年度审计项目中研究设计并开发建设一批审计数据分析模型。要求各单位充分发挥自身数字化审计骨干人才力量，在审计项目中构建审计数据分析模型，适时由审计中心统一升级推广应用。同时，信息技术审计处充分发挥专业优势，在信息系统专项审计项目中出经验、出成果，构建审计数据分析模型并推广应用。

三是升级推广一批。对涵盖油气生产、炼油与化工生产、成品油销售、非油商品销售和合同管理等领域的数十个审计数据分析模型进行跟踪，及时了解应用效果，适时对上述模型进行优化升级和成熟应用。

四是成熟应用一批。重点推广应用 8 个审前分析的"企业画像"模型、26 个通用业务领域中的招标和采购专题模型、2 个销售业务领域中"非油商品销售"和"化工产品销售"的"虚假贸易走单"模型、5 个生产业务领域中炼化"三剂"专题模型和 4 个国际贸易领域中的"期货交易"专题模型等。

5. 应用业界成熟"7"种分析工具

有效开展大数据审计，分析发现被审计单位存在的问题、风险和异常，为审计项目提供相对准确的疑点线索，各单位根据中心统一组织选取有能力的审计人员，在熟练掌握审计数据仓库应用技能的基础上，初步掌握《现代内部审计》（2021 修订版）要求的 SQL（结构化查询语言）查询分析、地理位置信息、机器人流程自动化（RPA）、网络爬虫技术、OCR（光学字符识别）应用、知识图谱、Python 和 R 语言等数据分析工具，并在合适的审计场景中探索应用，定期提交可量化成果。同时，审计中心增强数据仓库中数据视图功能，提供便捷的筛选、排序和汇总计算，并支持 Excel 用户导出开展常规数据分析，以及应用 Python、R 语言用户做大数据分析。持续优化敏捷 BI（商业智能）分析工具，提升数据处理效率，丰富数据可视化形式，支持更加灵活多样的数据建模操作。

6. 打造"1"支高素质专业数字化审计团队

为提高审计人员审计数据分析能力，精准分级分层做好培训，组织开展初级、中级和高级水平的数据分析能力培训；强化内部审计数字化能力建设，连续举办数字化技能培训和数据分析建模大赛，整合各方数字化审计人才，已打造出一支近100人的专业化数字化审计专家团队。

三、中央企业内部审计数字化转型管理效果

（一）获取和利用数据效率显著提高

建设完成大数据分析平台（审计应用），建立了审计对企业核心重要业务数据的常态化采集机制，以购买服务方式整合常用外部数据资源，现已实现43个内部信息系统及4套外部数据入仓，开发审计数据分析视图800余个。审计中心获得中国信息通信研究院组织评估的内部审计数据建设能力成熟度引领级，代表行业内先进水平。

按照"四个一批"规范实现模型全生命周期管理，开发建设多个画像类、查证类、分析类、预警类模型。各类数据分析模型在审前阶段和审计实施过程中的广泛应用，极大地提高了审计效率，较好实现审计全覆盖，有效降低了审计风险。

（二）推动审计突破查证能力极限

针对人力无法处理的海量数据分析挖掘和非结构化数据利用场景，审计中心引入机器学习算法、自然语言处理等技术提高审计智能化水平，探查数据间非显性关联关系，帮助审计人员发现异常行为和潜在线索。现已在围标串标分析、融资性贸易分析、合同关键信息智能提取、加油卡违规分析等典型场景中建设智能审计模型，在审计实践中同步完成模型训练，通过持续迭代优化，促使模型更加精准高效。例如，在围标串标线索分析上，围标串标行为隐蔽，依靠人工难以发现，借助大审计方法，结合外部数据查找抱团投标的围标串标行为。

（三）探索灵活高效的审计组织，加强队伍建设

审计人员基于数据范围可以自由拓展审计边界，审计分析问题维度得到丰富扩展，创新审计方式，远程审计、工单式审计、两段式审计等敏捷审计成为常态化审计模式，审计成本效益更加凸显。

审计中心打造了一支专业化、数字化审计专家团队，为顺利推进审计数字化转型工作做好了人力资源储备；内部审计数字化采用的创新技术和手段，已获得了公司领导和各业务主管部门的高度认可，多个数据模型被相关业务部门借鉴，将风险控制预警机制内嵌到业务端，促进业务端强化合规管理和风险管控能力提升。

（成果创造人：蒋尚军、饶瑞久、郑利岩、韦宝峰、袁冬明、王　福、
李　涵、熊　涛、崔海涛、汪　旭、周　浩、杜虓龙）

提升国有企业监督与服务能力的境外审计管理

首钢集团有限公司

首钢集团有限公司（以下简称首钢集团）始建于 1919 年，迄今已有百年历史。目前已发展成为跨行业、跨地区、跨所有制、跨国经营的综合性企业集团，全资、控股、参股企业 600 余家，总资产 5000 多亿元，职工近 9 万人，自 2011 年以来 12 次入选世界 500 强企业榜单。在改革开放之初的 20 世纪 70 年代末，首钢集团便开始尝试发展国际业务，作为最早"走出去"的中国企业之一，有近 40 年的境外发展历史。先后在香港收购 5 家上市公司，在欧美成立多家海外企业，具有 670 平方千米永久开采权的秘鲁铁矿完成新区建设，成为中国企业进入南美的"桥头堡"。

一、提升国有企业监督与服务能力的境外审计管理背景

（一）加强境外资产监管，保障国有资产安全的需要

随着境外投资经营规模的扩大，中共中央办公厅、国务院办公厅印发的《党政主要领导干部和国有企事业单位主要领导人员经济责任审计规定》和中央审计委员会办公室、审计署印发的《"十四五"国家审计工作发展规划》等文件，均要求加强对境外国有资产的审计监督。北京市国资委印发《北京市国有企业境外投资监督管理办法》等文件，强调规范境外投资经营管理行为，防范投资经营风险，维护境外国有资产安全等。因此，企业应当深刻认识加强境外国有资产监管的重要意义，创新境外审计方式方法，有效发挥审计监督作用，保障国有资产安全，服务企业在"走出去"战略中行稳致远。

（二）强化境外合规经营，推动企业高质量发展的需要

截至 2021 年年底，首钢集团境外企业共 85 家，分布在秘鲁、新加坡等近 20 个国家和地区，涉及矿产资源开发、进出口贸易、海外工程建设、融资租赁、城市综合服务、汽车零配件制造等业务领域，境外资产总额达 532 亿元，已形成了集资源开发、工业制造、金融服务为一体的境外产业链。随着首钢集团境外企业数量和境外资产规模逐年扩大，境外监督管理亟待加强。开展境外审计，强化境外合规经营，不仅是加强国有资产监管、保障境外国有资产安全完整的要求，也是提升企业国际化经营水平、把首钢集团建设成为具有世界影响力的综合性大型企业，实现高质量发展的现实需要。

（三）提高审计管理质效，充分发挥监督与服务作用的需要

在新时代国家推进高水平对外开放和首钢集团奋力打造"世界一流"企业的背景下，审计需加强境外国有资产监管。不同于传统的境内企业监管，境外企业在监管方面受到东道国法律法规、合资合作协议和国际惯例等影响及签证、语言、时间等多重限制，审计监督全覆盖的需求和审计资源短缺之间存在矛盾，使境外审计监督存在困难。近年来，首钢集团对境外企业开展了经济责任审计、专项审计、工程审计、风控评价等工作，积累了宝贵的实践经验，在总结经验的基础上，不断创新境外审计管理模式，筑牢首钢集团境外企业"第三道防线"，充分发挥监督与服务效用，为境外国有资产安全、规范、高效运营管理提供保障。

二、提升国有企业监督与服务能力的境外审计管理主要做法

首钢集团认真落实国家、北京市决策部署，坚持将审计工作融入"走出去"战略发展大局，以提升监督与服务能力为工作主线，以提升审计质量、提高审计效率为导向，以管理集约化、业务标准化为发展方向，以信息技术应用为驱动，构建"一审多项、一审多融、一审多措、一审多果、一审多促"境外审计模式（见图 1），有效提升国有企业的监督与服务能力。

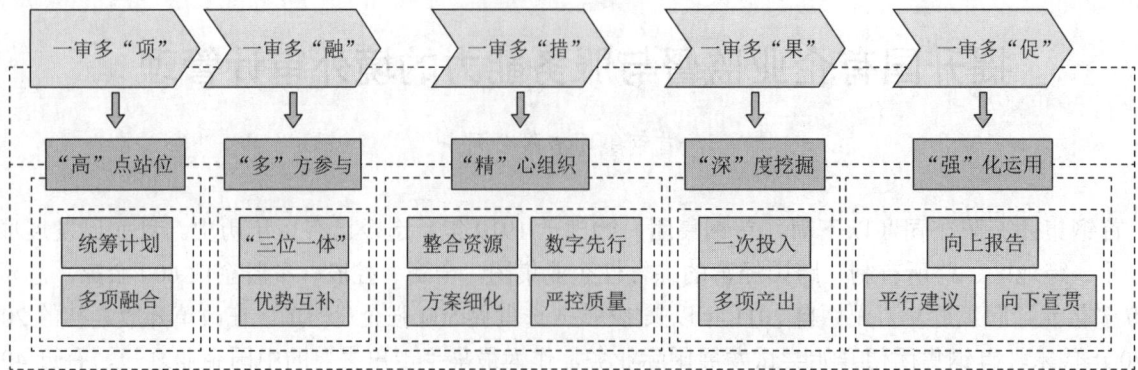

图1　"一审多项、一审多融、一审多措、一审多果、一审多促"境外审计模式

"一审多项"，"高"点站位，抓住计划源头，对于同一境外被审计单位，统筹开展多类型审计项目，实现审计资源集约化、审计项目多元化、审计覆盖全面化；"一审多融"，"多"方参与，建立"三位一体"境外审计协作模式，实现优势互补，提高境外审计监督效果；"一审多措"，"精"心组织，抓牢项目实施，多措并举，加强过程控制，保证审计质量和进度；"一审多果"，"深"度挖掘，将研究型审计贯穿项目始终，一次投入，多项产出，提炼项目经验成果，培养境外审计人才；"一审多促"，"强"化运用，抓好境外成果利用，建立信息共享、结果共用机制，用好用足境外审计成果。

（一）"一审多项"，统筹境外审计工作

随着国家对境外投资监管日趋严格，对国有企业境外资产审计提出了更高的要求，因此对境外资产监管力度的需求和境外审计成本均远大于境内项目。境外审计由于其特殊性，存在审计时间紧、人员有限、任务重等情况，统筹规划境外审计项目是实现资源利用效益最大化的关键。

结合国家及首钢集团境外资产监管要求，认真分析研究，吃透政策精神，在评估投资风险、经营风险、行业风险、历年发现审计问题等基础上，对境外企业进行"分级分类"审计监督管理，"高"点站位，制订境外审计计划，实现融合式、嵌入式审计项目组织模式。在审计项目安排上，搭建境外审计"一盘棋"，加强境外审计战略谋划，高效利用审计资源，统筹开展审计项目。

（二）"一审多融"，组建"三位一体"境外审计团队

首钢集团高度重视境外资产监管工作，为了准确把握国家政策，消除语言障碍，降低审计风险，创造性提出境外审计以企业内部审计为主导，政府审计为指导，社会审计为支撑的"三位一体"审计协作模式，统筹调配审计资源，组建审计团队，实现资源共享和优势互补，提高境外审计的监督效果。

企业内部审计拥有信息优势，掌握境外企业业务流程、运营管理、财务制度等一手情况，在保证机密信息不泄露的情况下，提高审计人员与被审计单位的沟通效率，帮助审计组快速摸清经营管理情况。在组建内部审计团队方面，一是充分发挥集团审计专业垂直管理优势，结合境外企业所处的地区、行业及审计重点，在审计体系内选拔"对口"专业人才，充实境外审计团队；二是适时引入集团其他专业部门加入审计团队，形成多专业、多部门联动，实现对境外企业经营风险的深度剖析；三是配备信息化人员，为境外审计组持续提供信息技术支持，提高审计效率。

政府审计掌握国家层面对境外企业、境外投资及建设项目的监管要求，以北京市审计局为指导，保障审计目标始终与党和国家的境外监管体系建设紧密结合，保障审计监督服务于党和国家工作大局，使审计资源投入有效。

社会审计具有较强的专业性，根据被审计单位所处的行业及地区配备专业的审计人员，打破境内审计与境外审计的法律法规、会计语言等壁垒，提供全球化的审计技术支持。

（三）"一审多措"，加强境外审计精细化管理

相对于境内审计项目，境外审计项目现场驻地时间受限、地域法规制度差异大，信息沟通复杂，工作开展存在诸多困难，因此项目管理需多措并举，抓好精细化管理，加强全流程管控，保障审计质量和进度。

1. 整合资源，建立境外审计数据库

境外审计环境与国内差异大，审计人员不熟悉境外企业业务流程、适用的会计制度、法律法规、行业规范等，给风险核查、账目核实、业务检查等关键环节开展审计工作带来困难，影响效率效果。对此，首钢集团结合以往境外审计项目经验及成果，建立境外审计数据库，包括规章制度库、审计专家库、项目资料库、风险数据库等，为开展不同地区、不同审计重点的境外审计提供较为全面的审前资料，便于审计人员快速掌握境外项目全貌，既有助于明确审计重点，又可以帮助审计人员聚焦新问题新疑点，提高审计效率效果。

规章制度库主要收录我国政府颁布的境外企业投资管理相关法规、境外企业所处地区颁布的与本企业紧密相关的法律法规及集团管控部门下发的相关规章制度等。

审计专家库主要收录集团内部和中介机构在不同行业、不同专业的优秀人才，根据不同的境外企业、不同的审计项目类型及不同的审计重点，优化配置集团内部审计资源和社会资源，充分发挥专业优势，提高审计团队的业务水平和工作质量。

项目资料库是对过往境外审计经验成果的沉淀。在国务院国资委各项发文的指导下，对境外资产监督评价重点进行梳理，并形成境外审计重点内容标准，对特定境外企业的关键业务流程、财务系统科目对照、信息系统操作流程等进行梳理并录入项目资料库。另外，将日常工作中总结的经典审计案例、审计思路、审计方法、审计测算表等资料收录于项目资料库，便于随时调取研习。

风险数据库结合C-SOX（《企业内部控制基本规范》）风险管理，在全面梳理外部法律法规及行业监管要求的基础上，考虑境外资产所处的国家、行业及发展阶段，从关键业务控制点中梳理出风险事项，对风险事项进行识别、评估并分类分级。将审计过程中发现的问题在风险数据库中不断完善，实现业务数据与审计数据相融合，提升审计重点挖掘能力。

2. 数字赋能，提高审计监督时效

利用远程信息化技术，构建"远程＋现场"的境外审计团队，将传统的现场审计和远程信息化相结合，实现交互核查、双向验证，提高审计监督的效率效果。

远程支持团队按照"数据采集、筛查分析、确定重点、异常推送"路径，运用信息技术持续提供支持服务，提高审计效率。在开展审前调查时，充分利用集团信息化系统获取相关业务数据，并利用系统内置的多种数据分析工具，采用模型分析、透视分析等技术手段，通过多角度、多方面、多层次分析确定审计重点，形成审前调查报告并在此基础上编制审计实施方案；在审计过程中，远程支持团队实时采集分析内外部数据，挖掘境外企业经营风险及审计线索，筛查异常业务数据，交互验证，追溯疑点，及时推送至现场审计团队，保证了审计监督的时效性。

现场审计团队根据远程支持团队分析排查出的线索疑点进行查证核实。对于现场审计工作中发现的新疑点，及时将线索发送至远程支持团队，由远程支持团队收集信息并进行整体的数据分析，将收集到的信息、数据分析结果和整理的有关证据及时传递给现场审计团队。同时，现场审计团队实时更新并传递新产生的相关数据，对数据进行双向核实。

3. 方案细化，量化现场工作时间

境外审计组通过审计工作方案表单化、具体审计事项专人化、现场工作安排小时化，有效压降境外现场审计时长，克服境外审计项目审计时间不足的问题，提高工作效率。

采用"专人责任制"、方案表单化、明确审计重点及查证要求、集体研究解读审计工作方案等方式，保障境外审计工作方案对项目实施的指导性作用。境外审计组根据被审计单位审前调研报告及审计组人员特长将审计组分成多个小组，审计事项安排以小组为单位，小组长直接对分配的审计事项负责，直接向审计项目负责人汇报工作实施情况。审计小组根据分配的审计事项，结合审前准备筛查的风险点、关键业务环节控制点等内容，将每名成员的工作内容细化为具体事项审计实施表，明确每名审计成员的工作事项安排。针对每个审计事项集体讨论研究可采用的查证方法及资料支撑，各小组的具体审计事项实施表最终形成表单化审计工作方案，明确每名审计成员的工作事项安排及审计查证要求，经审计负责人审批后执行。为了杜绝方案与实施"两张皮"现象，组织项目组人员集中研究解读审计工作方案，确保全体审计人员对自己在本次审计中的审计重点和目标了然于胸。

考虑境外企业当地员工的工作时间，开展驻地审计时，境外审计小组除遵循具体事项审计实施表之外，还将审计工作精准安排到小时，制订审计小组日计划表，严格执行"周有计划、日有安排、时有任务"的工作方式，确保驻地审计时间高效管理。运用甘特图控制工作进度，用不同颜色显示工作进度和配合情况，其中红色最严厉，表示任务完全没有进展，对方拒绝配合；黄色表示对方答应配合，但是已超过规定时限；蓝色表示对方答应配合，在规定的时限内尚未配合；绿色表示对方已经配合完成。小组长根据表格上的颜色即可知道每天、每个小组的工作进展，重点协调黄色和红色部分。

4. 全面把关，严控审计工作质量

通过建立严格且高效的信息沟通机制及审计三级复核机制，保障审计工作质量。

境外审计采用工作动态定期汇报和重大问题随时汇报的双重汇报机制，保障境外审计信息有效传递，推进审计工作有序开展。境外审计组执行每日例会机制，除重要审计线索及时报告外，每天定时召开审计组业务会议，由审计小组长将资料提报进展、审计事项核查情况及进度、遇到的新问题及与被审计单位沟通存在的问题等进行汇总后向审计项目负责人汇报，由审计项目负责人对相关事项把关，防止跑偏或重大遗漏，并对当日工作进行复核、点评，做出下一步工作安排，实现审计事项闭环管控，解决了现场审计分散作业造成的"信息不对称"问题。项目负责人将汇总事项与被审计单位联系人沟通，推进审计工作顺利开展，保障了审计方案的有效实施。首钢集团定期督导并听取项目负责人对境外审计工作整体情况汇报，督促重要事项及时落实。通过双重汇报机制，实现审计过程精准把控，提高工作效率效果，同步实现审计事项不遗漏、无偏差。

境外审计工作底稿采取三级复核，保障审计工作成果质量。一级现场组员之间交叉检查，二级由项目组长复核，最终由审计机构核定。三级复核机制主要对审计底稿的规范性、核查的全面性、检查的精度及深度进行全面把关，确保审计取证、审计判定及语言表述的准确性、恰当性、规范性，严控审计质量"生命线"。

（四）"一审多果"，提升审计监督工作实效

一是通过统筹开展境外审计项目，对同一境外企业，下发一份审计通知书，编制一份被审计单位资料清单，统筹实施一次境外驻地审计，并行开展多种类型的审计工作，最终区分不同的审计类型，分别做出定性定责，对应出具多个审计报告，做到"一审多果"。在一定时间内完成多个审计项目，一方面避免了重复进点、重复审计，节约了审计资源，降低审计成本，做到了一次投入，多项产出，提升了审计监督质效；另一方面，最大限度实现现有审计资源的高效利用，在一定程度上缓解了当前审计力量不足与审计任务繁重之间的矛盾，保障了审计监督的覆盖面。同时，也减轻了被审计单位配合

审计工作的负担，一次配合，完成多个审计项目，降低时间成本。

二是培养境外审计专业人才，促进审计队伍整体能力提升。将研究型审计贯穿项目始终，在审计工作方案编制阶段，组织项目组人员集中研究解读审计工作方案，使审计人员深入了解境外审计工作的目标和总体要求，把握境外审计重点；在审计实施阶段，通过与北京市审计局及中介机构的交流沟通，熟悉国家对境外企业的监管要求，掌握国际会计与审计准则，开阔视野，学习审计思路、方法和技巧，提高了审计人员的专业技能；通过充分利用信息化技术建模集约、图表化智能分析等方式，提升了审计人员看数据、读数据的能力；同时，及时对境外审计项目进行复盘，提炼境外审计工作经验，分享经验心得，使得未参与境外项目的审计人员也有所收获，提升境外审计整体能力水平。

（五）"一审多促"，强化境外审计成果转化

坚持"治已病""防未病"要求，加强对审计查出问题整改的督促检查，建立境外审计整改督查工作机制和对账销号机制，落实问题整改"最后一公里"，进一步巩固和拓展审计整改实效，从以下三个方面，进一步将境外审计成果用足用好。

"向上"报告，提供决策参考。将境外审计发现的普遍性、倾向性、苗头性问题及集团关注的重点问题进行提炼，挖掘深层次原因，形成信息专报，为集团决策提供专业支撑。将多年境外审计管理工作经验和亮点进行提炼，以信息简报、专题报告、理论研究等形式向中国内部审计协会等单位报送，为审计行业开展境外资产管理工作提供案例参考。

"平行"建议，促进业务管理。将涉及重要风险、跨条线、难落实的问题，以审计问题移交清单的形式推送至集团各专业部门，通过审计和专业协同督办，促进审计、业务同频同振，切实解决业务管理问题。对境外审计中高发频发问题在一定范围内进行风险提示，促使相关职能部门深入研究分析，提出相应的管理意见和整改建议，早预防、早整改，促进各业务提升管理水平。

"向下"宣贯，输出审计理念。开展驻地审计时，向被审计单位分享审计典型问题案例，探讨风险防范措施，对政策落实、项目建设、资金使用等注意事项进行细致讲解，互动交流，充分输出内部审计理念，起到促管理、控风险的作用。同时，总结近年来境外审计经验，对各级审计机构开展培训，提高思想认识，深入了解境外审计工作的目标、任务和总体要求，准确把握境外审计内容和重点，更好地履行境外审计监督职责。

三、提升国有企业监督与服务能力的境外审计管理效果

（一）经济效益

近年来，首钢集团陆续对秘鲁、新加坡、美国、捷克等国家和地区的境外企业开展审计，审计资产总额占境外资产总额的95%以上，基本实现重点境外企业审计监督全覆盖。通过审计监督，规范境外企业的经营管理，督促境外企业落实整改，提升境外企业治理效能。其中，针对境外某企业研发人员工时不饱满、上工率不足的问题，根据研发岗位实际情况提出人员调整和精简建议，经过整改大幅降低年人工费，实现降本增效；发现境外某企业成立项目公司开发土地，转让项目公司股权过程中未明确土地收益的问题，经过整改收回土地资产收益，维护企业权益。同时，提高境外企业风险防控能力，促进境外企业稳健发展。

（二）管理效益

近年来出具的境外审计报告指出的问题和提出的管理建议，受到首钢集团领导的高度重视，促进了首钢集团和境外企业风险防控体系逐步完善。一方面，促进首钢集团陆续颁发境外企业管理办法、境外投资管理办法、外汇风险管理办法、境外经营合规管理指引等规章制度；另一方面，推动境外企业在"抓基础、强管理、控风险"上狠下功夫，完善资金支出、业务活动、预算编制、全球银行账号管理等。

　　通过做实审前调研、细化审计方案、审计现场精细化管理及构建高效信息沟通机制等措施，节约境外现场审计时间，降低审计成本。通过充分利用信息化技术建模集约、图表化智能分析等方式，有效提升审计人员看数据、读数据的能力，提高审计工作效率 20% 以上，提升审计管理效益。

　　（三）社会效益

　　首钢集团高度重视内部审计工作，连续获得 2014—2016 年和 2017—2019 年中国内部审计协会授予的"全国内部审计先进集体"称号，是全国内部审计工作的最高荣誉。

（成果创造人：郭丽燕、高　强、尚潞君、李　蔚、郝红梅、李沛环、
顾　瑞、李子琪、刘文玉、张丽松、王春红、王德志）

有色金属企业以数智驱动和管控升级为重点的智能财务管理

铜陵有色金属集团控股有限公司

铜陵有色金属集团控股有限公司（以下简称铜陵有色集团）是新中国铜工业的摇篮，先后建成新中国第一座铜矿，自行设计建造新中国第一座铜冶炼厂、第一座机械化露天铜矿等。经过70多年的建设，铜陵有色集团已发展成为以有色金属及非金属采选、冶炼、加工和现代服务业（金融、贸易等）为主业，集精细化工、装备制造、科研设计、房地产开发等相关产业多元化发展的大型企业集团。自2019年以来，连续五年跻身世界500强，进出口贸易总额连续保持全国铜行业首位，2022年营业收入达2327亿元。先后获得"国家创新型试点企业""国家首批循环经济试点企业""全国实施卓越绩效模式先进企业""全国质量奖""中国工业大奖表彰奖""全国五一劳动奖状""全国先进基层党组织"等荣誉称号。

一、有色金属企业以数智驱动和管控升级为重点的智能财务管理背景

伴随着国家政策层面对财务管理智能化的日益重视，铜陵有色集团经营规模的逐步扩大、发展战略的转变和内部组织结构的变化，铜陵有色集团下属分公司、子公司一百多个，组织层级架构较为复杂。财务管理实行分层管理、分级核算。各下属公司设置独立的财务部门，分公司实行单独核算，子公司实行独立核算。在财务智能化建设和环境复杂的情况下，作为国际化的大型国有企业集团，存在着财务信息系统不能适应发展需求、业务流程运营管控较弱等诸多问题，建设基于数字化转型和大数据支撑的智能财务平台意义重大。

（一）新形势下国家政策的大力驱动

在人工智能、大数据、云计算、物联网的支撑下，新IT浪潮已引领人类社会进入数字经济时代。国家"十四五"规划明确要求加快数字化建设，让数据成为生产要素、技术赋能企业发展，提高决策科学性和服务效率。国务院国资委和财政部鼓励大型企业集团建立财务共享中心，形成面向管理会计的信息系统，通过财务领域的变革突破，推进企业数字化转型。国务院国资委明确提出要推动财务管理功能手段变革，财政部提出以数字化技术为支撑，以会计审计数字化转型为抓手，加快数字化转型步伐。新技术快速发展给财务管理带来新的发展契机，加快了财务从信息化向数字化、智能化转变。

（二）铜陵有色集团转型发展的战略需要

铜陵有色集团作为大型国有企业，经营板块及细分业态众多，主业产业链较长，核算及管理差异明显，信息系统孤岛现象严重。随着全球经济一体化，铜陵有色集团在向国际化进军的同时，面对复杂的国内外环境及激烈的市场竞争，如何顺应变革、协调共享核心资源、发挥集团资源协同优势，成为企业需重点思考和亟待解决的问题。铜陵有色集团明确提出"两化融合发展主业"和"管控信息化"的管理创新要求，将信息化建设与流程优化、管控提升结合起来。财务管理作为集团管控的重要抓手，支撑集团变革与发展，为铜陵有色集团战略分析、战略实施、战略评价、战略目标提供支持，迫切需要加快建设业财深度融合的智能化财务平台。

（三）财务价值创造转型的必然选择

铜陵有色集团财务信息化管理自1997年开展以来，历经三次版本升级，发展成为Client-Server（服务器—客户机）结构的SQL（结构化查询语言）数据库版本，软件系统在满足财务核算基础上，逐步开发应用预算、材料、领导查询等模块，为财务管理、领导决策提供了管理手段。但财务软件未在集团内所有成员单位统一应用、完全覆盖，部分二级单位缺少统一的标准化流程，管理手段相对落后，难以做到业财融合，形成了各自的信息孤岛，缺乏有效的事前、事中监控手段，无法满足财务集

中管控。财务数据的实时性、颗粒度、准确性对精细化管理支撑力度不够，需进一步提高数据质量，实现数据实时更新、深入挖掘、高效处理。铜陵有色集团急需创新财务管理模式，促进业财深度融合，加快推进管理会计应用实践，构建创造价值的智能财务管理体系。通过信息和资源共享，促进财务工作从"价值守护型"向"价值创造型"转变，为公司转型升级、高质量发展提供坚实保障。

二、有色金属企业以数智驱动和管控升级为重点的智能财务管理主要做法

（一）组织制度保障，夯实智能化建设基础

为确保智能财务建设有序落地实施，铜陵有色集团侧重组织和制度保障，积极推进组织变更，以满足专业化分工需要；梳理业务流程，明确职责边界，统一标准制度，规范业务核算，形成以业务为导向的标准化流程管理和业财一体化的基础数据体系，为智能化建设夯实基础。

成立专业化财务共享中心。铜陵有色集团领导亲自挂帅，各部门协同配合，在全集团精选业务骨干组建财务共享中心，以适应专业化分工需要，为智能化建设提供组织保障。财务共享中心定位为"管控服务型"，强调管控与服务并重。在为集团内部单位提供专业化核算服务的同时，注重业务流程管控，强化统一规范标准。

构建标准化财务管理流程。建立以流程为导向的管理模式，充分了解各成员单位管理及业务流程特点，开展面向全集团财务核算与报告的标准化流程梳理工作，内容涵盖费用报销、财务核算、财务报告等一系列业务活动。前期梳理财务流程蓝图 68 个，包括采购到付款、订单到收款、核算到报告等核心流程，将财务流程先固化、再优化。后期又重新梳理并规范包括费用报销、资金结算、资产、内部薪酬、税金、总账等 12 个一级财务流程类别，48 个二级流程，117 项明细业务标准流程。

建立一体化基础数据体系。一是制定《集团数据指标业务标准》，建立一套基础数据管理标准，保持业务财务管控、核算、分析的一致性和连贯性。在全集团范围内实现基础数据的统一，规范统一会计核算科目、客户（2.5 万个）、供应商（10 万个）、物料（54 万条）等。二是加强基础数据日常管理，将数据治理纳入日常工作，对基础数据持续进行清理。累计清理科目段 1600 余条、公司段 45条、项目段 5000 余条，物料编码清理 60 万条，客户和供应商数据整理 2 万余条。

（二）采用先进技术，搭建智能化管控平台

铜陵有色集团经过多年管理实践摸索，深入应用大数据、云计算、OCR（光学字符识别）、API（应用程序编程接口）、RPA（机器人流程自动化）机器人等自动化、智能化新技术，高度集成信息、流程、组织人员和相关系统，完善系统平台建设，消除信息孤岛，形成内涵丰富、结构完整的智能财务管理体系。搭建了以财务流程、规范数据为基础的标准层；以 ERP（企业资源计划）系统、财务共享为核心的核算层；以合并报表、BI（商业智能）分析平台为核心的决策支持层。同时集成银行、税务、合同、OA（办公自动化）等外部系统，并预留支持其他拓展系统功能的接口。真正实现信息流、单据流、影像流、票据流、税务流、资金流的"六流"合一，打破系统壁垒，实现业财资税深度融合，支撑企业战略目标，提供实时决策。

（三）业财深度融合，自动核算与报表

业财一体贯通，自动生成凭证。铜陵有色集团面向成员单位开展业务财务一体化建设，建成一套集中化的 ERP 系统和自动化的财务共享系统，内容全面覆盖销售到收款、采购到付款、成本、资产、库存等业务类型和业务流程，通过固化财务处理规则和流程，支持多层级管理架构，实现集团多组织、多层级统一管理，支撑起集团及各成员单位产供销、人财物等一体化运营。ERP 系统与其他业务系统集成，同步搭建主数据、流程等单位层级平台，提供基础财务数据信息支撑，建立业务与财务的紧耦合。财务共享系统基于费用报销、应收、应付、资金结算、综合核算、薪酬、资产、存货八大业务模块，开发 53 个接口联通 ERP 系统；根据不同业务场景，通过搭建智能财务引擎转换业财数据，

建立业财数据转换规则；根据核算模块与类型，制定相应映射关系共计11000余条数据，制定各类报账业务对应的51个主凭证规则，160条分录规则，3000余条明细规则，通过进一步规范业务交易对应的核算科目，建立自动会计凭证数据库。如涉及集团内部资金上收下拨、票据调拨、票据内转等业务，系统处理完成发起方业务单据后自动生成本方和对方单位凭证。前端业务单据经审批、处理、结算后，共享凭证自动生成并推送至ERP系统，实现业务单据驱动凭证生成、业务数据至核算数据的自动融合及智能转换，自动生成会计凭证，账务实时集成。

系统联动集成，自动生成报表。通过与ERP系统高度集成，利用多维数据模型，建设系统集成、数据共享的海波龙合并报表系统。实现数据采集、校验、调整、抵销、合并、展现等功能，达到财务数据的共享整合，适应多元化格局，满足集团内部管理和外部披露的信息处理要求，提高信息反应速度，降低信息成本。搭建8类股权架构变化时的合并场景，模拟审计抵销规范初始化操作，合并权益抵销过程清晰直观。增加主附表校验，倒查ERP业务处理、主数据管理问题，提高系统操作规范性，提升报表数据准确性。内部交易数据实现系统自动取数，设置对账规则实现合并报表系统自动抵消，出具对账报告，保证内部交易数据真实可靠，整体提高效率95%以上。通过设置多个合并范围、多层级集团合并，建立铜陵有色集团多级合并模式，实现集团产权口径、管理口径、区域口径合并。统一报表取数公式，设置合并对账数据源，统一固化取数逻辑，系统定时自动抽取ERP核算数据，实现系统无缝对接。集团111家单位四级合并20分钟内一键完成，报表自动出具，合并效率大幅提升，报表整体自动化率达98%以上。

（四）资税一体智能，助力管理提升

1. 可视化资金管理

搭建资金管理平台，资金信息实时可视、可监控，大大降低了资金管控风险，实现了流程标准化、管控集约化。

开通银企直连，提升结算效率。财务共享对接财务公司系统和银行网银系统，实现银企直连、数据共享。取消现金结算，资金支付依靠系统指令自动完成，实现从报账到支付的全业务流程系统处理，减少人工干预操作，实现数据不落地，大幅提高支付效率。

资金信息可视化，核算自动化。一是通过共享资金池模式，整合多方系统资源，实时监控资金情况，实现资金"可视"化。二是自动获取银行收款、票据来款信息，系统根据账号、摘要等自动生成收款单，同时支持收款信息实时认领、自动入账，借助内嵌式RPA技术，实现"四单"自动匹配（凭证、报账单、付款单、电子回单），资金核算自动化、智能化。

票据风险智能识别，票据影像自动同步。一是通过系统搭建风险票据识别规则，实行承兑银行黑名单管理，实现风险票据的智能识别，有效防范票据风险。二是通过系统之间的互联互通，实现财务共享系统自动推送票据如合同发票等附件影像，以供财务公司系统审核票据贴现等相关业务时调阅，大大方便成员单位的同时实现附件资料资源共享。

2. 智能化税务管理

借助税务管理模块建设，实现发票全生命周期管理、智能直连开票，提升了税务管理水平，防范了税务风险。

进项发票自动识别、认证。利用OCR发票采集技术自动获取发票信息，实现发票结构化数据的自动获取，支持移动端扫码识别，数据自动存储。实现票面信息、发票状态、流程跟踪等全生命周期的管理，实时监控异常发票，规避税务风险。借助信息技术，打破发票数据信息的孤岛，建立企业的发票池。同时，依托人工智能技术，实现发票信息的自动采集、校验、稽核、验真、认证、归档等功能，提升了业财资税融合水平。

销项发票智能开具。通过财务共享系统与 ERP 系统、税控开票系统的无缝对接，实现了多场景销售模式的直连开票，实现发票数据电子化流转，支持繁杂业务的发票拆分、合并，支持全电子发票的开具。通过调用智能赋码快速获取商品税务分类编码，引入企业名片智能匹配客户开票信息，实现销售订单到发票开具的智能转换。

（五）强化内部控制，增强风险管控力

根据国家的法律法规、财税政策及相关规章制度，铜陵有色集团以风险管控为核心，全面梳理控制规则，通过系统实现控制规则内置，形成了标准化、智能化的风险管控模式。

1. 流程标准控制规范

系统内嵌管理标准并进行限额控制，如费用报销：预制集团统一交通、住宿、伙食等补助标准，根据需要进行刚性控制或柔性超标准提醒；将分散的审批流程及节点进行标准化和规范化，明确各级审批的范围和职责，审批节点完整不重复，各尽其责；针对各成员单位的管理方式和特点及集团重点事项管控需求，系统内置流程引擎控制，搭建了可视化的流程审批模式，有效强化了集团的管控；同时，为满足个性化的审批需求，系统设置了灵活的授权审批方式。

2. 费用预算刚柔相济

通过引入预算控制引擎，实现预算的刚柔并济按需管控，即通过预算费用项目、费用核算科目、预算归口管理等多维度组合实现业务管控。通过逐单提示加年度总额控制，实现时间与过程控制；系统设置预算预警指标，超过百分比自动预警提示，将财务管控前移到业务管控；实现费用有预算允许发生，无预算不支出的预算管控模式，让业务实时掌握预算执行数据。同时，设立柔性的超预算调整流程，由年初预算评审方负责超预算的费用事项审批，从而保证业务的有效开展。

3. 合同控制闭环管理

按照各业务模块特点、业务场景及合同类别，系统搭建合同控制引擎，通过与合同管理系统的联通，报账单自动调阅合同条款，同时回传合同结算相关信息，合同收付款信息在系统间共享，强化合同履约控制及合同操作的规范性。

（六）支持管理决策，构建战略决策平台

铜陵有色集团以整合的相关数据为基础，借助数据挖掘、数据分析、数据建模等技术，建设集团、专业部门、成员单位三层管控分析体系，支持管理决策。以集团经营分析为导向，深化财务业务数据应用，建立风险监控指标体系，构建以多维数据为核心的考核模型，展现多种形式的业务绩效指标。将系统海量数据处理成高度集成的、具有更强决策力、洞察发现力和流程优化能力的优质信息资产，通过可视化展示工具为集团及各成员单位领导主动提供多维度、多层次、多权限的决策参考信息。通过以 ERP 和财务共享为核心的各信息系统高度协同，以数字化展示集团经营成果，洞察问题、预警风险，引领决策层的经营决策。

从战略出发，基于 ERP、财务共享、合并报表等系统，梳理关键指标，构建数据分析平台，创造数据价值，为领导决策提供依据。结合集团实际情况，建设战略决策平台。针对不同层级设计符合自身需求的仪表盘界面，构建风险监控指标体系，分析内容包括财务（总账、应收、应付）、人事、生产、供应链等各模块，突出管理重点，提供决策依据。设置系统预警指标，加强对业务、财务、运营等关键指标监控，降低了企业的经营风险及财务风险，如应收账款风险，收入波动情况，库存资金占用，还本付息压力等。

（七）数字化运营，增添管理"活力"

运营平台实时监控。通过电子运营看板，动态掌握各成员单位入池业务量，实时播放作业任务量、业务效率、环比分析等状况，实现对业务全流程、各环节处理时效、人单量等管理数据的提取分析，明确瓶颈环节和工作短板，有针对性采取措施，有效提升各项工作效率。

运维平台一站服务。开发与建立大运维支持平台，实行集团总部＋成员单位本地运维支持模式，联动处理 ERP、财务共享、合并报表等系统问题，形成问题处理有流程追踪、有结果反馈的闭环，沉淀并形成知识库，以保障系统安全高效运行；注重培养各信息系统关键用户，协同集团运维，分层解决系统运行与应用中出现的各类运维问题。

（八）特色应用场景，赋能财务管理

智能报账一键上传。以差旅费报销场景为例，通过充分应用 OCR、API 等智能化技术，自动获取发票信息并与税务系统联通查验，实现发票"一拍即传、一传即验"；在系统云票夹内引入上传发票，差旅行程根据发票内容自动填写，实现报账单据"一引即填"；系统内嵌数据映射关系及规则，自动检查校验表单数据，重复报账、费用超标准等风险提示主动推送。实现报账一键完成，简便易操作。

移动应用一键登录。通过云＋、企业微信、集成办公 OA 系统方式，为员工提供便捷的自助式应用体验。员工可在手机上进行费用报销、影像扫码自动上传等，也可在移动端、办公 OA 实时审批，充分利用碎片时间，降低了沟通成本、提高了工作效率、提升了共享服务应用体验，实现了真正意义上的移动办公。

RPA 财务机器人。针对高频通用、量大重复、有规则、可标准化的报账单据，通过引入 RPA 财务机器人，辅助完成稽核工作，实现跨系统、跨平台财务智能结算。

智能稽核提升管理质量。根据"提升效益、提升质量"的指导思想，一是在会计标准化的基础上，进一步梳理、优化主要报账业务流程，统一规范、标准。二是搭建自动化稽核系统，通过数据采集、数据分析、流程定制、智能稽核等操作环节，将人工稽核转换为系统自动稽核，支撑报账规范检查的有效准确运行。三是构建系统集成接口，向前同报账系统、合同系统、电子影像系统等对接，为稽核平台提供真实的数据支撑，向后形成报账稽核结果及稽核智能报告，用于数据分析及决策。

智能结算提升工作效率。通过设置资金结算环节相关规则，同时系统内嵌控制引擎，借助智能结算 RPA 机器人，实现符合规则的结算单据自动处理。同时，机器人可自动获取企业账户余额信息，便于及时掌握账户资金状态，减少因账户余额不足无法支付的问题，实现了在确保资金结算安全的前提下，释放人力，结算效率明显提升。

三、有色金属企业以数智驱动和管控升级为重点的智能财务管理效果

智能财务历经多年的建设，通过总体规划、分步实施、稳步推进的战略实施步骤，形成了独具铜陵有色集团特色的智能财务管理体系，提升了集团运营效率和管控水平，保障集团高质量发展。

（一）建成独具特色的智能财务管理体系

铜陵有色集团智能财务管理有效推动了企业会计制度和财务业务标准化落地，实现了"六统一"，即统一会计制度、统一会计科目、统一会计凭证、统一业务流程、统一财务报告、统一财务评价体系，各单位财务核算纳入一套系统，实行透明化运行，可视化监管；联通业财资税系统，打破信息壁垒，实现信息流、单据流、影像流、票据流、税务流、资金流的"六流"合一；建立了一套标准化、集中化、集成化的智能财务管理体系。

（二）提升集团运营效率及财务管控水平

铜陵有色集团智能财务管理围绕资源要素与业务战略组合，推进了财务组织的变更，使财务分工更加专业化、精细化。财务共享中心为集团成员单位提供更加专业化的集中核算服务，夯实了数据基础，统一了数据口径。依托智能技术，通过流程优化、专业分工的综合应用，审批、核算、结算、对账等处理效率显著提升，彰显了规模化效应；将管理制度内嵌于系统，将业务规则固化到流程环节，

加强过程管控，有效规避风险。通过有效推动企业会计制度和财务业务标准化落地，将各单位财务核算纳入一套系统，实现流程再造，形成财务管控一张网，有效强化了集团对全局的管控。

（三）加强对业务的支持，保障集团整体高质量发展

铜陵有色集团智能财务管理结合企业生态链系统，整合数据信息，充分利用自身专业优势，沉淀业务与经营数据，形成财务大数据，建立集团大数据中心，实现财务大数据分析和经营数据分析，为集团的战略决策提供重要支撑。基于同一管理系统，各业务部门（采购、生产、销售、质量技术等）实时获取相关数据信息，消除了部门之间的信息差异，为各业务部门准确、科学决策提供可靠依据，有力保障了集团整体高质量发展。

（成果创造人：龚华东、汪农生、解硕荣、王　志、周龙兴、
周展翅、童艳艳、吴雪霞、程　琼、梅　燕）

建筑施工企业基于数据集成的业财一体化系统构建

湖南路桥建设集团有限责任公司

湖南路桥建设集团有限责任公司（以下简称湖南路桥集团）始建于 1954 年，2014 年由全民所有制企业改制为国有独资企业，先后隶属于湖南省交通运输厅、湖南省国资委、湖南省交通水利建设集团有限公司、湖南建设投资集团有限责任公司。湖南路桥集团属于土木工程建筑行业类企业，注册地为湖南省长沙市雨花区，注册资本 30.03 亿元，业务涵盖高速公路、市政、轨道交通等基础设施建设领域，市场覆盖国内 20 多个省级行政区域和全球 20 多个国家，是一家集投、建、运为一体的交通基础设施综合服务商。湖南路桥集团作为全国首批公路工程施工总承包特级资质企业，拥有公路行业设计甲级、隧道一级、市政一级等建设资质 58 项，以及对外援助成套项目总承包企业资格，累计架设大中型桥梁 1000 余座，建成高速公路和高等级公路近 5000 千米，贯通隧道 170 余千米，承建的国家重点工程南京长江三桥、湘西矮寨特大悬索桥分别荣获全球道路、桥梁最高奖——"古斯塔夫斯·林德恩斯奖""GRAA 国际道路成就奖"，湖南路桥集团连续 5 年获得 ENR（《工程新闻记录》）全球最大 250 家国家承包商，先后获得国务院表彰的全国 14 家先进企业、"全国五一劳动奖状"、"全国交通运输系统先进集体"、"全国文明单位"等殊荣，创立了"路桥湘军"品牌。

一、建筑施工企业基于数据集成的业财一体化系统构建背景

"十四五"时期，国家全面加快数字化发展，进入建设数字中国的新阶段。建立数字化企业，加强数字化能力建设，对企业来说提升到了战略高度。公路施工行业存在工程结构复杂、项目地点不固定、人员易变动、管理易脱节等特点，在实际工作中劳务、物料两项成本存在管理环节多、采购、设计、建造、运营等环节孤立存在、涉及人员杂、一线数据收集难、资料易丢失等难点，为解决管理痛点，优化集团管控水平，湖南路桥集团根据《数字中国建设整体布局规划》《湖南省国民经济和社会发展第十四个五年规划和二〇三五年远景目标纲要》等对企业数字化转型的要求，根据自身实际情况制订了湖南路桥集团数字化建设规划：到 2025 年，基本形成移动互联、大数据驱动、智能化决策的数字化体系，建立以数字化为支撑的集团"数智平台"，推进数字化与集团战略管理、内控体系和组织变革深度融合，实现对业务流、信息流、资金流等的全域、全程、实时、智能和网络化管控，初步形成以物联网、大数据和人工智能相融合的智慧企业形态。为贯彻执行数字化进程，助推湖南路桥集团高质量快速发展，从根本上解决落后生产模式与新发展格局之间的矛盾，湖南路桥集团遵循行业特点，推进业财一体化平台建设工作。

二、建筑施工企业基于数据集成的业财一体化系统构建主要做法

（一）成立信息化与数字化转型组织机构

为推进湖南路桥集团信息化与数字化转型工作，确保业财一体化工作顺利开展，成立湖南路桥集团业财一体化实施工作机构，董事长任组长，信息化分管副总经理任执行组长，集团其他副总经理及高管任副组长。领导小组下设业财一体化建设工作办公室，作为集团业财一体化建设工作的办事机构。各相关职能部门负责人、专业人员和外部专家组成专业团队，相关用户参加研发实施。

业财一体化建设工作办公室组织各职能部门前期需求调研，深剖企业管理痛点，找准设计切入点，科学合理布局整体架构，制定开发方案、组织系统研发和测试，逐步推行各功能模块上线，做好系统运维服务，集团、各分（子）公司及项目配合应用各模块功能完善，反馈相关优化需求，助力系统改进、升级。

（二）"业财一体化"系统建设与推广

业财一体化平台设计遵从"1+4+6"原则，即"一个核心"、"四个控制"和"六量对比"，以施工台账为核心，辐射项目全业务生命周期；以清单控预算、预算控合同、合同控结算、结算控支付四连环紧锁成本数据链路；图纸量、预算量、计划量、合同量、结算量、计量量六量进行对比，多维度达到项目生产量控、价控要求，确保成本管理有效运行。

1. 一个核心，以施工台账为核心精心设计

从构架设计上打破传统思维僵局，将施工台账与计量台账相互独立，不受项目初期计量台账终版审定延迟性和不确定性牵制，以尊重设计图纸为原则，通过图纸算量编制施工台账，建立以单位、子单位、分部、子分部、分项、子分项、清单为树状层级的施工台账结构。施工台账设计特点：切合项目施工特点，支持多次导入和各类变更；与项目清单关联，实现数据相互返写；支持编码自校验功能，编码规则适应多业态领域清单类型，包括公路、市政、轨道等模式；工、料、机直接费实际成本关联施工台账；预算管理、形象进度计划等模块关联施工台账；质量、安全模块关联施工台账。

2. 四个控制，成本数据链路过程连环控制

以清单控预算、预算控合同、合同控结算、结算控支付四连环紧锁成本数据链路。项目责任预算数据基座为项目清单及工序、物料的上限价，以招标平台为载体，利用项目预算价对合同进行量价的宏观控制，合同结算单直接引用合同清单的项、价、税率、支付条款、保证金信息等，结算单自动生成记账凭证推送至财务共享，应付确认单引用合同结算单，过程环环相扣，相互控制。

3. 六量对比，满足成本核算分析精细化需求

设立六大核算需求，实现成本精细化管控。湖南路桥集团通过建立业主清单数量、设计图纸数量、责任预算数量、计划数量、实际发生量与合同结算的数量来满足项目上所有的核算分析需求，六量对比贯穿工程数量演变全过程。通过报表在各功能子模块提取相关数据字段，对比分析落地精细化管理目标。

4. 业财融合，完善业务财务内控标准

一是以创新管理为引擎，强化业财融合。打破部门条线分割，将业务与财务系统放到一个平台建设，所有生成财务数据的单据均来源于业务系统从而达到业财融合。通过经济合同实现业财对接，预算实现事前控制，共享中心完成合规性控制，最后实现核算、资金、报表自动化和集中化处理，财务"倒逼"现场管理、加强业务前端的信息化，从而完成业务到财务，财务促业务的流程闭环。

二是以成本管理为核心，强化过程管控。系统实现以合同为主线的成本控制与业财数据相互对接。从业务合同管理开始，进行合同登记、变更、结算、支付等业务，进行收入合同的核算统计；合同管理联接施工图梳理，建立施工台账，并以此为基础，梳理出具体部位的劳务图纸量、预算量、计划量，用以指导预算量，控制分包合同结算量；计算出物资预算量、计划量用来控制物资领用数量，并与物资总需计划打通，形成总需计划量指导采购，控制采购合同签订结算。以"六量"控制形成对比分析，强化建设工程全生命周期成本过程管理。

三是以财税联通为支撑，强化风险管控。在实现项目管理系统信息接入的同时，植入税务管理系统。实现费用报销、合同支付等业务发票的登记、查验和认证功能，实现业务报销与发票的匹配管理。通过打通税局发票库，实现企业发票池管理，在线完成发票查验、查重、认证等工作，提高税务管理效率。利用发票池的全票面信息，加强对客商、商品价格、采购事项进行分析。强化税务风险识别与防范，将税务认证植入业务审批、财务记账和资金支付环节中，实现实物流、发票流、资金流的统一。

四是以规范流程为重点，提升管理水平。通过梳理并规范现有业务单据及管理流程，实现统一主

数据、统一标准、统一流程、统一控制规则，通过"管理制度化、制度表单化、表单流程化、流程信息化"的管控模式，确保集团内所有项目的标准化运作。

（三）通过全面数据化与流程化，实现企业管理现代化

湖南路桥集团现有系统包括 OA 协同办公系统、财务共享、业财一体化平台、人力资源系统、档案管理系统、招标采购平台、视频会议系统、视频监控系统、路桥云课堂、物料管理系统和设备智能采集系统。业财一体化平台横向打通各业务领域数据壁垒，统一主数据标准，建立业务间数据映射，消除数据孤岛，注重数据高复用性，实现各业务板块数据互联互通、各业务部门高效协同；纵向秉承顶层设计原则，强化集团、分（子）公司、项目三级机构管理，优化集团成本管控的网状立体化信息系统，构建适应施工企业个性特点的基础数据构架。在此构架基础上逐步向智慧工地延伸，掌握数据源头，确保业务基础数据实时、真实、有效、完整，织密织牢织全集团三级管控体系，充分将集团各板块制度嵌入信息化系统中，切实反映成本管控全过程、全环节、全流程，闭环系统成本构架，形成数字化孪生业务模型；架构体系边界辐射连通产业链上下游，与业主、银行、税务机关、供应商等各关联业务主体数据无缝对接，相关电子回单、合同签订、结算对账等实现电子化签认，降低信息处理时空成本。业财一体化平台通过数据治理，统一业务数据标准，各模块间数据深度融合，互相穿透，全过程线上完成实时业务。

湖南路桥集团信息化建设程度高，为经营业务赋能，根据自身经营业务发展需求，业财一体化平台在业务层面上包括项目管理、合同管理、物资管理、设备管理、周转材管理、采购管理、财务管理、税务管理、人力资源管理等模块，利用系统信息化、固化业务流程，进而提高业务人员的工作效率，降低业务过程中的信息不对称因素，帮助管理人员进行决策。

财务管理模块以财务数字化转型为目标，通过财务共享服务提高工作效率，降低运营成本，形成满足自身商业环境和企业管理特色的财务管理模式，促进管财融合、业财融合及税财融合，为业务运营赋能，打造智能化财务，促进提升财务价值创造能力。

成本管理模块具备对标准清单库、标准工序库、施工清单、施工台账、计量清单、计量台账、成本核算等管理功能，其中劳务标准清单工序库是根据湖南路桥集团历年施工项目经验，制定的相应工序单价、计价规则、施工内容等信息的标准清单；标准物料库根据行业惯例及经验数据，制定物料编码规则，进行统一编制管理、使用。通过业务人员录入的材料出库单、劳务结算单、收方单据形成实时动态的劳务与材料核查台账，对各项实际成本进行统计分析，进而生成不同时间段、多核算维度的实际成本核算台账，与财务成本科目进行匹配，实现对项目成本的有效管控。

合同管理模块主要对收入、支出、业主、劳务、物资、设备、周材、公车等不同类型合同进行归集管理，立项信息与合同登记进行信息回写，实现项目与合同间信息互联。

设备管理模块主要具备对设备的计划、验收、使用、维保、配件、安拆、安检、点检、单机单次计量与分摊等功能，方便设备标准分类信息的录入，使设备分类、编号规范化，有利于设备查询与管控。

物资管理模块主要具备对物资需求、采购、仓库、调拨、材料处置、盘点、运输、结算等功能，通过标准物料库的数据互联对物料的详细信息进行整合，从物资需求（事前）到采购计划控制（过程）再到出入库存管控（事后），使物资的管理与工程实体紧密衔接，实现降本增效和智能管控的效果。

周转材（即周转材料）管理模块主要包含对周材各类需求计划编制、领用、采购、调拨、租赁、盘点、处置、出租、维护与结账等功能，实现工程项目生产中对周材使用的闭合管理，从而达到降低生产成本、减少材料储备和提高周材使用效率的效果。

物料管理系统主要应用于物料出入库数据智能采集，通过系统实现物料验收过程的标准化，IOT（物联网）设备智能采集数据，减少人为因素干预，保证数据真实、准确。通过二维码锁定单据唯一

性，问题单据可追溯原始信息，核查有依据，通过不同维度进行供应商偏差分析，对供应商进行智能评价。

设备智能采集系统主要通过在设备上安装智能终端和油位监测仪、姿态监测仪等物联网设备进行数据采集，借助 4G 网络，将设备的地理位置、工作状态、油量等数据实时上传至云端，经过 AI 智能分析设备各项指标，将设备的实时动态、工时和燃油数据、设备资源利用情况、异常情况在电脑端或小程序端进行可视化展示，提高设备整体利用率。系统与业财一体化平台进行数据互联，自动化生成设备运行记录，辅助成本分析决策。

人力资源系统主要应用于湖南路桥集团人力资源管理，其包括组织、员工、考勤、薪酬、绩效、招聘、培训和统计报表等模块功能。且人资系统与主数据平台进行数据对接，为主数据平台进行数据归集与分发提供基础支持。

招标采购平台主要应用于采购计划核报、项目立项、招标公告、结果公示、中标通知书、合同备案等全流程的采购活动。与此同时，平台实现在线开标评标功能，所有开标与评标流程可在线办结，使业务流程更高效与便捷。

档案管理系统主要应用于收集与记录电子档案生命周期中的所有业务痕迹，包括对档案的收集、整理、保存、检索、利用、下载、鉴定、销毁等功能，且能够形成电子档案生命周期表，实现对电子档案信息全过程的规范整理与管控。

（四）强化业财数据分析，赋能企业战略决策

1. 业财数据互联互通，消除数据孤岛

目前湖南路桥集团业财一体化平台实现业务系统与财务系统间数据互联，涵盖交通、市政、建筑等全业态，源数据来源于一线基层工作人员，遵循"数出一源，一源多用"的原则，确保数据的真实性、唯一性、及时性、有效性，实现源数据的纵向互通、横向互联、集成共享，并通过场景化的应用实现业务替代、基层减负，一方面能够提升系统使用效率；另一方面，利用数据共享，实现对于公司经济业务的实时控制，帮助公司发挥出最大经营效益。

2. 设定六大核算需求，成本实时管控

湖南路桥集团通过业主清单数量、设计图纸数量、责任预算数量、项目计划数量、实际发生量与合同结算的数量来满足项目上所有的核算分析需求。以劳务标准清单工序库与标准物料库作为系统的核心数据，既对项目材料采购过程中的采购上限价进行审批控制，也在劳务合同签订前对劳务招标控制上限单价进行管控，从各业务节点上做到了预算控劳务合同量、劳务合同量控结算、结算控支付的层层把控，让公司经营业务实现降本增效的效果。

3. 报表数据智能化，深挖数据价值

打通业务数据链，整合碎片化、孤井式的数据源，以智能报表取代传统台账报表，实现报表自动生成，通过报表体系深层分析数据机理、汇总比对数据偏差，直接穿透追溯基础数据表单，让数据过程核查、经济效益审计变得简单易行，让现场施工与风险预控同步进行，提升内控运行管控能力。

4. 数据自动分析展现，助力企业高效决策

企业在战略规划方面，坚持数据安全第一的原则，设计源数据与管理数据平行与交互管理的总方案，通过数据智能分析、智能风险预警，为企业战略规划、风险管控、目标管理、绩效考核、决策分析提供数据支持。集团、分（子）公司、项目三个层级构建以数据化驱动为导向，自下而上的知识链与数据流协同、开放的组织结构，结合 BI（商业智能）建立数据可视化智慧辅助决策。采用标准数据格式和接口规范体系，通过数据治理和数字建模等基础工作，全面提升业务数据质量，建立企业数据资源池，使用管理驾驶舱和智慧大屏动态展示企业的各项指标，赋能企业经营战略决策。

5.成本控制模型设计，符合施工行业特点

系统成本管理核心模块具有高弹性控制功能，各模块内不同资源类型数据均可自由挂接单位工程的任意层级，层级高至一座桥，低至一根桩基。例如在施工台账WBS（工作分解结构）中设置核算粒度，企业根据施工项目的业态领域、经营模式等情况，对不同单位工程、不同资源类型制定核算粒度规范，以此来掌控成本归集的粗细程度，既统一又不刻板。

三、建筑施工企业基于数据集成的业财一体化系统构建效果

（一）应用数智化信息技术，有效提升企业运营效率

落地夯实企业管理制度，围绕企业成本管控点，跨越时空节点，划破传统业务模式，锤实网格化成本责任区域，同时匹配管控指标，真正意义实现企业降本增效目标。量价双控成效显著，系统将量、价双控贯穿清单控预算、预算控合同、合同控结算、结算控支付四连环控制全过程。通过业务单据预算量进行量控，防范合同超方超量结算，物料使用上超量消耗，堵塞成本管理漏洞实现了"量控"；系统开发了劳务上限价管理功能，由集团管控所有劳务工序的上限价，形成系统工序库，通过合同引用工序，上限价控制合同单价，从源头上对合同结算实现了"价控"。建立责任主体、核算粒度、成本要素、核算周期四维成本体系，让成本管控无死角，集团运营效能稳步提升。通过与财务共享系统对接，实现预算事前控制，标准、合规性共享中心控制，最后实现核算、资金、报表自动化和集中化处理，完成"业务推财务"和"财务促业务"的流程闭环，提升内部运营效率。同时通过批量处理、标准化工作流程，统一数据口径，实现财务数据的标准化和规范化，业财效率进一步提高，实现业财一体化平台与财务共享深度融合，提高集团整体运营效率。

（二）数智化管理优化业务流程，有效防范企业管理风险

通过信息技术实现管理制度的在线化、可视化、首尾相接、完整连贯的整合性业务流程，依托财务共享平台，实现财务、业务相关信息一次性处理和实时共享，将规范的流程固化到各环节关键控制点上，减少人为干预，有效防范了集团的资金、合同、结算、税务上的财务和运营风险，为集团的风险管理和审计工作提供了数据输出，强化了集团内控体系建设，从整体上提高了集团的风险应对能力。

（三）数智化管理全面运用，促进科学决策

湖南路桥集团业财一体化平台于2020年6月正式投入运行使用，兼容公司全业务领域，截至目前已全业态全面推广，公路、桥梁、铁路、建筑、市政等领域全面运用，系统各业务模块数据融会贯通，实时发现过程管理存在的问题，实现施工过程管控全生命周期管理的信息化、规范化、流程化、精细化、透明化。通过数智化系统建设，利用好内外部信息资源，实现信息资源整合和有效管理，提高部门之间的协同效率，同时对企业业务经营数据、成本数据等进行深度挖掘与分析，提升信息资源的准确性和全面性，为决策层提供有效数据服务，使管理者的决策更加科学，增加了企业抗风险能力，提升企业整体发展水平，增添"湖南路桥"企业品牌效应。

（成果创造人：王术飞、刘迪祥、陈国初、李　青、胡志强、魏　波、
张红国、彭梦林、陈　曦、刘爱荣、李　敏、屈丽娟）

港口企业集团基于数智化的业财一体化管控体系建设

天津港（集团）有限公司

天津港（集团）有限公司（以下简称天津港集团）是天津港的经营主体，是天津市属国有大型交通运输企业，由天津市国资委100%持股，主营业务为港口装卸、仓储物流、区域开发及相关辅助服务等。2022年年末总资产1566.47亿元，营业收入182.79亿元，在中国香港联交所和上海证券交易所拥有两家上市公司，所属参控股企业180余家，从业人员3.2万余人。2022年年末天津港集团完成货物吞吐量5.49亿吨，居世界港口第十位；完成集装箱吞吐量2102万标箱，居世界港口第八位。2023年在中国服务业企业500强中排第303名。

一、港口企业集团基于数智化的业财一体化管控体系建设背景

（一）提升国有企业经营质效服务国家的需要

大型国有企业在经营过程中面临着复杂多样的业务和财务挑战，传统的财务管理模式在大型企业集团中往往会因为成员单位数量众多、业务种类纷繁复杂而显得组织相对分散、财务管控链条冗长烦琐，导致效率低下和风险难以掌控。为提升管理效能，作为货物吞吐量和集装箱吞吐量双双排进世界前十位的大型港口，天津港集团更要积极贯彻新发展理念，深度服务新发展格局，充分发挥自身战略资源和"硬核"优势，大力推进数字化转型和智能化管理，打通港口各类业务与财务全流程实现业财融合，建立一流的财务资金管控体系，以提高风险管控能力和实现高质量发展。

（二）推动港口数字化转型和发展的需要

港口行业面临着前所未有的挑战和机遇。在财务管理方面，大型港口企业庞大的资金流动涉及多个领域，包括装卸搬运、仓储物流、区域开发等，各类业务通常没有统一的数据管理标准，导致传统的财务管理方式中业务与财务部门数据的核算口径不一致，各个成员单位财务部门资金管控的执行标准不一致。客户的资金收支也多种多样，包括POS机收款、在线支付、转账汇款等，财务人员需要手工逐笔核对业务收款情况，这一过程烦琐且容易出错。此外，各成员单位自主操作银行账户付款，导致资金无法实现集中管控，资金使用效率低下，也已经无法满足数字化时代的需求。为进一步提高港口企业的运营效率，降低资金风险，推动港口数字化转型，天津港集团着力建设智慧、高效的系统与平台，以实现213个码头泊位、六大港区各类作业数据和信息的共享，运用数字化和智能化技术对港口全业务、全流程资金往来进行有效管控，从而提高服务水平，满足客户需求，为港口行业的可持续发展创造有利条件，同时进一步促进国家经济的繁荣和发展。

（三）实现天津港集团企业战略的需要

天津港集团拥有180余家参控股企业，集装箱和散杂货等码头装卸企业、滚装汽车和货物运输等物流企业、旅游和地产等多元化经营企业的业务种类各不相同，业务和财务部门之间的协同效率有待提高，财务资金管理相对分散，对外资金收付结算尚未实现集中管控，且尚有一定比例的业务仍需手工完成，工作量大且容易出现误差，这些问题不仅影响了天津港集团的运营效率，还增加了财务风险。天津港集团积极推进"拓集、优散、强物流、重协同"的经营策略，强调业务和财务部门的有效融合对于港口业务的重要性，要统一各类业务的作业流程标准、统一各类业务的会计核算标准、统一各类资金的支付结算标准、统一各个系统的数据对接标准，创建业财数智一体化资金管控体系，以实现数据的集中管理和共享，打通各类业务与财务实现业财融合，推动港口数字化转型和发展，不仅符合国家战略，也是天津港集团实现企业战略的迫切需要。

二、港口企业集团基于数智化的业财一体化管控体系建设主要做法

（一）围绕战略，明确管控体系目标

1.围绕战略，提出总体目标

天津港集团以"人为本、质为先、客为尊"为理念，坚持高质量发展思维，为进一步加快港区内各成员单位业务和财务工作的高度融合，减少差错率提升业务办理效率，提升客户服务满意度，实现财务管理的集中化，实现支付结算的高效化，充分共享业务财务数据进行智能管控以降低资金风险。为此，天津港集团以资金安全为主线，提出创建"1+2+N"的业财数智一体化资金管控体系，即以建设世界一流企业为目标，通过全面建设财务共享和资金结算两个平台，针对集团内涉及港口装卸、仓储物流和多元化三大板块各类成员单位的 N 种业务场景，设计 N 种行之有效的业务财务全流程对接方案，实现数据的集中管理和共享，不断推动港口数字化转型。

2.根据实际，细化具体目标

天津港集团创建"1+2+N"业财数智一体化资金管控体系，首先，要设定统一的标准流程，确保同类场景业务处理口径一致，优化取数逻辑，实现数据和信息的共享，提升管理效率；其次，要加快建设两个平台，迅速覆盖集团内所有成员单位的财务核算和资金管理工作；再次，打通业务部门与财务部门之间各类系统、数据和信息的壁垒，促进港口企业的业财高度融合，实现资金管控一体化；最后，不断挖掘体系潜力，利用数字化程序和产品实现对业务全流程资金进行智能化管控，有效防范资金风险。

（二）科学组织，高效建设管控体系

1.集团内部开展调研，集团外部对标学习

为实现全面建设业财数智一体化资金管控体系，达到理想效果。天津港集团锚定任务目标，组织相关人员对内先后深入基层调研集团内各板块有代表性的单位 40 余家，了解业务开展、业财对账、财务管理和资金结算方面存在的问题，对集团两级财务部门组织结构、职能、工总量、信息化等角度进行分析；对外积极对标对表学习，为进一步提升管理，更好地实现自身战略，天津港集团先后到外部其他省市央企、国企对标先进学习管理经验，进而优化内部管理经验，并应用于港口各成员单位所开展的各项业务中。

2.成立专项小组，制定体系建设方案

为提升管控体系建设效率，天津港集团成立资金管控领导小组及以集团总会计师为组长，集团公司财务管理部总经理和财务公司总经理为副组长，各相关业务、财务部门负责同志为组员的专项工作小组。专项工作小组通过深入调研基层了解实际业务情况，对标对表其他企业学习先进管理经验，分别制定《天津港集团综合管控项目实施方案——财务共享》和《关于优化天津港集团资金结算模式的方案》，并以此为基础全面建设财务共享平台和资金结算平台。

3.召开会议，制定制度，有效推进方案实施

在双平台的建设过程中，天津港集团坚定工作目标，抓好财务共享平台和资金结算平台这两条建设主线，建立标准化建设、多样化交流和常态化培训的保障措施。

天津港锚定任务目标狠抓推动实施，多层次多措施保证目标落地，确定各成员单位要梳理各种业务场景，对应建立业务的标准化操作流程，同时对于财务共享和资金结算两个平台还要分别制定《业务指导手册》《会计核算手册》《结算业务操作手册》，为平台的全面运行奠定坚实基础；明确财务共享平台的组织架构和业务流程，在集团范围内本着"应上尽上、能上快上"的原则推动全业务、全级次、全功能上线，完成资金结算平台系统升级和账户体系重构，在集团范围内按照"前期准备、试点开展、全面推广"分三阶段推广实施，坚实、有效推动两个平台高效化建设。

2021 至 2022 年，天津港集团资金管控领导小组召开 7 次会议，指明工作方向、确定工作方案、听取工作进展汇报，有效推进业财数智一体化资金管控体系建设。专项工作组在集团范围内部滚动开展培训宣贯，培训对象涉及 110 余家单位得财务人员、业务人员，系统客户约 3400 名。

（三）统一标准，推进业财深度融合

1. 统一前端业务标准

在统一业务标准方面，天津港集团虽然早已利用 SOP（标准作业程序）工作法将业务操作标准固化成为操作手册，业务人员均采取针对此类业务设定的标准作业流程，遵循相同的操作规范进行作业。但各业务部门平时均是粗放式开展业务，未能树立财务管理意识，未能细化设置业务统计的要素和字段标识，未能了解开展某项业务所需成本和预计收入，所以在进行业务经营统计分析时通常找财务部门获取业务数据，并请财务人员帮其分析经营原因，财务部门为此要重复计算大量数据，承担大量重复工作。

为此，在提出创建管控体系的目标之后，天津港集团各单位财务部门主动对接业务部门，利用规范的会计核算思想推动业务部门改变，逐步建立业务部门自身的财务管理意识，确定各类业务环节、事项、编码标准，以精益化开展相关业务，通过相关要素、字段获取相应数据进行业务统计分析。同时，财务共享平台为了承接集团港口装卸、仓储物流和多元化三大板块中涉及收入、投资、成本费用、资产购置等 9 大类业务，梳理计费收入、合同收入、其他业务收入等 44 余个业务场景，编制《业务指导手册》共计 3 万字，制作统一的表单模板，实现标准化。

2. 统一会计核算标准

在统一核算标准方面，天津港集团虽然早已建立统一的会计核算管理制度，但因未形成配套的指导规则，导致各成员单位处理业务时掌握的财务规则各有差异；同时又因各成员单位财务岗位并未统一，部分单位并未体现资金、预算、税收等管理岗位，导致混合岗位的财务人员主要忙于基础的统计核算工作，未能担负起真正的财务管理工作，导致财务部门对公司业务开展的支持及运营方分析方面的支撑不足。

为此，在提出创建管控体系的目标之后，天津港集团在所有层级成员单位中实施会计核算标准化，让装卸、物流及综合配套业务用统一的会计语言说话，先后完成了收入、费用、资产、税务和往来等 7 大类会计核算类型、235 个业务核算场景、51 种费用详细核算事项、3615 个会计科目和 2710 个辅助核算项目的梳理，编制《会计核算手册》共计 22 万字，通过核算标准的统一，实现集团公司财务管理和会计核算标准化，为高效建设财务共享平台打下良好基础。

3. 统一支付结算标准

在统一结算标准方面，天津港集团早已成立财务公司实行"收支两条线"的结算模式进行资金集中管理，但因资金结算模式较为单一，各成员单位在对外付款时只能申请资金下拨，将资金从财务公司账户下拨至银行账户，再单独执行付款操作，导致付款操作较为烦琐，流程较长；同时还存在部分成员单位收款后，直接使用收款资金对外付出，导致集团公司无法对各成员单位资金收付进行有效管控。

为此，在提出创建管控体系的目标之后，天津港集团构建新型账户体系，优化资金结算模式，简化对外资金收付结算流程，同时梳理 110 余家合并范围成员单位的收付结算业务类型和方式，按照对内、对外、主动、被动、收款、付款、拨款、归集、还款及对手方类型等不同维度进行梳理并制定针对 5 大类业务 28 种收付结算指令的支付结算规则，编制《结算业务操作手册》共计 5.47 万字，明确指令受理时间、处理方式、金额限制等维度的操作标准，规范成员单位收付结算行为，为高效建设资金结算平台打下良好基础。

4. 统一系统数据标准

在统一数据标准方面，天津港集团虽然早已对应各种业务建立现代化系统高效开展，但各个系统之间的各类数据标准却不统一，编码规则混乱，颗粒度不同，甚至同一事项在不同系统中的名称出现多种叫法，系统间数据口径粗细不同，严重影响企业经营的分析结果；同时还存在不同成员单位的资产分类、物资分类等业务数据标准不统一，业务与财务部门数据口径不统一，进而各做各的分析，业务分析无法推导企业经营效益，财务分析缺乏业务数据的支撑，分析精细度不足。

为此，在提出创建管控体系的目标之后，天津港集团梳理确立统一的数据标准、流程标准和系统集成标准；在进行系统集成对接时，确定项目、合同和客户等主数据，实施一套数据标准管理。当某个数据需要进行变更，只需追溯主数据履行严格的数据调整流程，即可高效完成各个系统之间的数据变更，有效减少操作环节，提高工作效率。

（四）拉通系统，完善全程资金管控

财务共享平台和资金结算平台初步建成后，为进一步实现业财数智一体化资金管控的目标，天津港集团对集团内各成员单位系统进行摸底梳理，以财务共享系统为核心，前端以收入为纽带，与集装箱计费系统、散杂货计费系统、电子招标采购平台和资产管理等系统进行对接联通，实现业务控制触发财务核算并反馈数据实现业财共享；中间以数据为连接，与预算系统、合同系统、资金系统等进行对接同步，实现预算、合同和计划控制，环环相扣；后端以指令为根据，通过资金结算系统、清算系统、金融网关和银行间系统进行直联，实时获取账户资金变动情况，实现资金有效监控和高效收付结算。同时，财务共享系统外围与百旺税务系统和金税连接进行发票查验，与金蝶系统和档案系统对接用以生成记账凭证进行电子归档。最终，天津港集团实现业务财务系统数据互联互通，实现资金从收入确认到对外付出的一体化管控，提升业务办理效率，降低资金风险。

1. 收款环节，高效联通，智能核对自动确认

天津港集团的港口装卸、仓储物流和多元化三大板块业务涉及数十个资金收入场景，在此仅以天津港集团主营业务中业务量占比相对较大的集装箱计费收费业务为例，分收款到账、生成收款单、进行收款确认三个环节说明系统高效联通后有效实现资金管控一体化的目标。

一是创新收款结算，有效降低风险。集装箱板块公司在面对众多陆运小型客户办理收款业务时均通过 POS 机刷卡或者扫码方式完成收款，天津港集团为进一步防范资金风险，积极组织相关人员对收款业务模式、收款操作流程、时效要求等方面开展调研，并与主要结算银行、三方支付机构和天津银联进行深入研究。通过将集装箱板块公司用于 POS 机收款的银行账户切换成在财务公司开立的内部账户并进行账户映射，最终实现集装箱板块公司 POS 机收款资金由银联或三方支付机构直接汇入财务公司，实时归集资金，有效降低资金风险。

二是自动生成单据，高效标准完成。收款资金被收至集装箱板块公司在财务公司开立的内部账户中，资金结算系统将收款信息直接推送至财务共享系统。财务共享系统按照预设模板生成集装箱计费收款单，推送至集装箱板块公司。

三是智能收款核对，完成收款确认。集装箱板块公司在收到收款到账信息后，通过预先部署的RPA 财务机器人登录集装箱计费系统智能进行逐笔数据核对，在财务共享系统中对计费收费数据进行收款确认。

2. 付款环节，严格管控，有效防范资金风险

同样，在付款时，天津港集团以资金为链，各成员单位各部门全过程参与预算管理，创建的业财数智一体化资金管控体系基本实现资金管理"全方位、无死角"的目标，能够做到无计划不付款，同时大额资金支出数据直接与智慧国资互联，成为资金管理的"守门员"。平台上线成员单位的资金支付

业务需由财务共享平台发出经过资金结算平台对外付出，形成统一的资金支付出口。在支付过程中，平台可以高效地按照"优先同行、其次大行"的资金支付结算目标和"小额指令不落地，大额指令有审批"的管理目标，将成员单位在不同时间发出后的不同收款行、不同类型的付款指令，智能分发至不同付款结算银行，完成付款结算的最后一个环节。两个平台的建设将业务管控要点和资金管控措施嵌入成员单位资金支付业务过程中，包括计划预警、大额提醒、重复性校验、人盾双控等，加强资金业务风险的事前和事中控制，实现资金风险的管控前移。

（五）数字孪生，实现智慧风险管控

1. 搭建资金看板，实现数据穿透，有效辅助决策

天津港集团通过打通各个系统壁垒，有效衔接财务共享平台和资金结算平台，确定单位、账户、客户、项目和合同等主数据，以其为抓手实现各个系统数据的互联互通，开发资金看板展示功能和资金账户监控功能，不仅可实时穿透监控各成员单位资金账户余额情况、逐笔滚动显示大额资金支付情况，分类汇总显示各成员单位资金分布情况。天津港集团通过根据对各成员单位过往付款行为进行总结建立数据模型，不仅包括了历史数据的分析，还能够预测未来的财务和业务趋势。例如，在资金流动方面，数据建模可以帮助天津港集团预测未来的资金需求，从而更好地进行资金调配和规划，提高资金使用效率。这一智能化的数据模型为天津港集团金融资源调配决策提供了有效的数据支持。

2. 创建数据模型，智能识别监控，有效防范风险

天津港集团持续加强业财数智一体化资金管控体系的风险防范能力。一方面，利用数仓系统收集各成员单位开展收付结算的交易对手客户分布，进行自定义名单库管理，对于成员单位发送的付款方和收款方相同的频繁交易和其他在黑名单范围内客户的异常交易等付款指令在第一时间进行拦截预警；另一方面，在系统中以业务为单位，以资金和账户为管理目标，按照预先自定义的风险条件抽取业务信息，对业务操作进行智能识别、监控、预警。风险管理部门制定《综合业务管理系统风险查询查复模块运行方案》，一旦系统中风险事件触发预设条件，风险管理部门将启动风险查询查复机制进行事件认定，有效防范资金风险。

3. 组建智能助手，简化人工操作，有效降低差错

天津港集团通过引入 RPA 机器人组建智能助手，既可以应用在港口各类生产型企业收款确认等低风险重复操作次数较多的场景中，简化人工操作，又可以应用在财务共享平台上用于高度标准化的自动稽核凭证，降低差错率。如集装箱板块公司在财务公司开立的内部账户收款后，可以利用预先部署好逻辑的 RPA 机器人根据工作人员根据路径模板对两个系统数据进行核对，之后完成共享系统中的收款确认；财务共享平台方面，对于计费应收单、POS 收款单等高度标准化、规范化的单据，应用智能稽核机器人，将研究开发后的审核规则内置到稽核机器人的处理逻辑中，实现单据使用智能机器人实时稽核。一旦经过审核的报账单达到标准，这些机器人基于报账单与会计凭证转换规则，自动生成相应的会计凭证。这一流程不仅提高核算的准确性和效率，还确保财务共享系统在审核和入账方面严格遵循规则，实现财务数据的自动化处理和无误入账。

此外，天津港集团创建业财数智一体化资金管控体系还为后期进一步强化风险管控体系预留数据接口，方便对接集团内部各个平台系统数据，支持个性化定制风控模型形成风控集市，设定风险指标计算方法并利用语言脚本实时计算数据，拦截风险事件、实现多屏提醒。

三、港口企业集团基于数智化的业财一体化管控体系建设效果

（一）提升业务规模，实现降本增效

天津港集团创建业财数智一体化资金管控体系，实现合并范围内 110 家成员单位 100% 上线。2022年，财务共享凭证单据办结量达 66.2 万余笔，同比大幅增长 231.00%；完成资金结算业务 129336 笔，

同比大幅增长 72.58%，资金结算金额 7785.15 亿元，同比大幅增长 141.74%。管控体系的建立进一步促进集团整体财务人员结构优化，节省人工成本约 598 万元；通过一体化资金管控，有效实现降本增效约 742 万元，累计为集团公司创效 1340 万元。

（二）提升企业形象，产生示范效应

业财数智一体化资金管控体系在沿海大型港口范围内处于领先水平，产生了示范效应，可被其他同类企业或其他大型集团借鉴。同时，在天津市属国企范围内也处于领先水平，天津地方国企曾多次来港调研学习。

（三）提升内部管理，助力集团发展

一是实现了业财融合，推动了集团业务开展。二是规范了会计核算，助力了集团高效发展。三是加强了资金管控，强化了集团风险防范。总之，通过业财数智一体化资金管控体系的建设，天津港集团实现了全业务、全级次、全流程的业财融合，聚力智慧创新、数字转型，构建世界一流财务体系，提高了资金使用效率，提升了资金管控水平，以世界一流绿色智慧枢纽港口和世界一流港口营运集团建设的优异成绩，更好服务京津冀协同发展。

（成果创造人：鞠兆欣、马　洁、陶　力、苏　静、李晓琳、贾江东、
　　　　　　　陈　欣、王一凡、张宗炎、王　婷、韩　露、赵　杰）

军工总体单位面向"源头设计"的精益成本管控体系构建与实施

中国空间技术研究院遥感卫星总体部

中国空间技术研究院遥感卫星总体部（以下简称遥感卫星总体部）于 2020 年 8 月 11 日正式组建成立，其前身为 1968 年 8 月 16 日成立的五〇一部一室，是遥感卫星任务抓总单位，相关遥感领域及陆地观测、海洋观测、大气环境观测等宇航总体业务的经营管理主体和责任主体。涉及领域先后成功发射 40 余颗卫星，包括我国第一颗传输型遥感卫星（资源一号）、第一颗海洋动力卫星（海洋二号）、第一颗民用立体测绘卫星（资源三号）、第一颗亚米级对地观测卫星（高分二号）、第一颗高分辨率全极化雷达成像卫星（高分三号）、第一颗高轨高分辨率光学遥感卫星（高分四号）、第一颗民用亚米级分辨率立体测绘卫星（高分七号）等，形成了资源、高分、海洋等卫星系列。

一、军工总体单位面向"源头设计"的精益成本管控体系构建与实施背景

党的十九大做出全面建设社会主义现代化国家战略部署，提出要加快建设航天强国和世界一流军队。航天强国建设进入新的发展阶段，世界一流宇航企业建设面临新的任务，统筹党和国家关于加快世界一流企业战略要求与遥感卫星总体部实现中远期发展战略内在统一、相互促进。"十四五"初期，竞争性采购、在轨实物择优和阶梯式降价呈现常态化，"两高一低可持续"和"三降一快一转型"发展理念逐步落地实施，军品价格管理改革、军品含税采购进一步挤压产业链利润空间，传统宇航型号经费管理模式已无法满足装备研制生产效率、价格经济性的综合平衡。"在轨实物择优"新模式下，2023 年度遥感卫星总体部订单规模减少 30 亿—35 亿元；"先研制后付款"模式下，在轨稳定运行后才能得到合同款，自主投入前提下需自主承担质量风险。遥感卫星总体部在适应新时代武器装备现代化管理体系方面仍有差距，成本管控的观念转变依然困难重重，亟须建立成本文化，提升市场化竞争能力。着眼设计源头的优化与创新是投入最少、产出最高、收益最大的成本控制方法，方案设计是成本控制中心和关键。军工总体单位仍不具备将体系论证、效能评估、关键技术攻关等设计类工作价值最大化的能力，无法将基于成本的限价设计融入型号全寿命周期，缺乏一套标准、成熟、可复用的"源头设计"考核评价方法、管理机制、管理工具、管理经验作为典型标杆在各型号、各领域、各单位"即插即用"。

二、军工总体单位面向"源头设计"的精益成本管控体系构建与实施主要做法

（一）强化顶层规划，建立成本管控体系

1. 明确思路、夯基架梁，强化成本管控工作规范性

为确保成本管理工作稳步推进，遥感卫星总体部聚焦型号成本从可知可视到可用可控，建立面向"源头设计"的"1+2+2"精益成本管控体系，顶层引领成本管控工作。即制订"一"个顶层管理模式统筹规划成本管控总体思路和工作方案，在方案中明确精益成本体系的建设目标、建设方法及工作安排；结合成本可知可视和可用可控形成"两"套模块化的科学管理方法，聚焦"模型筑能、数据赋能、系统聚能、应用释能"，构建"一个目标、三个阶段、五类人员、多项业务流程"的管理模式；建立"双"轮驱动的组织保障长效机制，不断推动差异化成本责任落地落细，打造可复制、可推广、可应用的行业示范性"样板间"。

2. 明确主体、梳理需求，培养技术经济复合型人才

结合遥感卫星总体部的型号团队岗位目录，明确型号团队两总、总体主任设计师、分系统主任设计师、项目办计划助理、机关管理人员等各类数据使用主体及应掌握知悉的范围，形成成本应用主

体清单。同时，面向组织、面向产品、面向流程梳理各成本应用主体的需求，覆盖所有影响成本的环节、业务和流程，形成型号价格库、财务成本、单位经营成本、全周期预算、合同台账等支撑产品研制生产的估算、预算、核算等 13 类成本相关数据。

随着目标成本管理和限价设计要求的逐步提升，只有财务专业背景的传统机关管理人员难以完成技术与经济论证的深度论证工作。在源头设计阶段，面向技术与经济的强耦合要求，遥感卫星总体部打造专业化经济论证队伍，增强经济论证资源保障，设置型号经济师专职 / 兼职岗位，培养精通市场、经营、技术的复合型人才，与项目团队同步开展技术论证与经济可行性论证，不断优化设计方案，提升经济效益。

3. 明确观念、强化意识，打造"人人皆为经营者"文化

遥感卫星总体部全面贯彻"开源节流、降本增效、以部为家、精益管控"成本观念，深化"人人皆为经营者"成本文化内涵，将成本意识与保密意识、安全意识、质量意识放到同等重要的高度和重视程度。

遥感卫星总体部重点在设计类工作方面营造成本文化氛围。作为总体单位，专业领域的设计能力是企业的核心资产，为提升核心技术自主能力、加强设计类外协成本的管控，遥感卫星总体部遵循"设计类外协非必要不外流"原则，面向以设计类工作为主的研究室和设计师开展设计类外协专项审查，聚焦专业技术发展和组织能力提升，瞄准外协计划的共性特征优化审查模式和流程，通过研究室内部的纵向整合和研究室间的横向对比，探索出更有利于组织能力提升的外协审查方式。同时，不断强化"核心在手"意识，建立专项奖励机制鼓励外协转自研、鼓励研发外协成果支持型号研制需要、鼓励成果共享。2022 年累计节省设计类外协成本共计 1025 万元，在设计师团队中已产生良好化学反应，主动寻求设计优化方案，降低外协成本。

（二）构建成本模型，实现成本可知可视

1. 横向到边、纵向到底，多维度构建型号成本模型

型号成本模型由"阶段性成本模型""全周期成本模型"组成。阶段性成本模型覆盖研制、试验、发射及在轨阶段，包含了型号发生的所有成本；全周期成本模型将间接成本从阶段性成本中提取出来并按照人工成本、运营成本、管理成本进行梳理归集，与直接成本共同组成面向组织的成本模型。

2. 整合数据，建立标准，打造"技术 + 经济"数据资产

遥感卫星总体部牢固树立"数据是财富、数据是核心竞争力、数据是效益"理念，将数据作为支持企业发展和经营决策的重要资产。在航天数据挖掘整合过程中围绕型号设计产生的技术数据、经营管理产生的经济数据，对技术和经济进行重点统筹构建，规划适用于航天企业大数据管理标准和技术标准，构建基于"技术 + 经济"的成本数据资产库。

面向型号总体设计全方位采集技术数据。推动型号设计过程中相关参数的规范化描述，确保型号技术指标规则的一致性。结合遥感卫星总体部通用产品体系，按照 ZY2000、ZY3000、ZY4000、个性化四类平台，梳理 10 个分系统 367 型通用产品技术基线，通过制定成本范围标准遴选与成本相关的技术数据，纳入成本数据资产库。

面向型号经费管理全流程获取经济数据。针对经济论证、经费策划、成本执行及验收结题等关键节点设置"数据采集器"，实现"流程产生数据、数据支撑接口、接口驱动流程"的闭环管控。经济数据分为两类，一类是财经基础数据，结合财经管理流程梳理经营过程中产生的财经数据；另一类是财经关联数据，与财经业务相关的进度、质量、产品等业务要素数据。

3. 洞悉规律，量化分析，确保技术与经济"同声传译"

遥感卫星总体部作为总体设计单位，基于"技术 + 经济"的成本数据资产库，深入分析技术与

经济之间的耦合关系，重点识别与成本有数据交互的技术指标，洞悉技术指标变更带来的成本变化规律，不断丰富、优化成本模型，助力型号限价设计和产品成本量化测算，推动产品成本估算更合理、更精确、更高效。

（三）前移成本重心，推进成本可用可控

1.提前布局，分类管控，建立差异化经费管理模式

在预先研究及方案论证阶段，遥感卫星总体深化运用现代化管理方法和工具手段，根据当前的型号特点细化管理颗粒度，按照预计盈利型、经费不足型、在轨择优型等进行分类，围绕型号经费特点制定相应的经营策略，指导型号设计方案的论证，形成装备现代化经营管理的长效机制，全面构建新时期宇航型号经费管理模式。

其中，针对预计盈利型卫星，适当提升技术指标用于新技术验证，提高经费使用效率；针对经费不足型卫星，以技术经济一体化为基础，充分发挥"五化融合"能力，在设计过程中优先选用通用产品，利用产品化、规模化降成本，定义基于规模数量的成本量化方法，在论证阶段为型号规划布局提供成本数据支撑，同时有效推动多型号选用同类产品情况下的成本统筹，形成规模化成本模型，优先采用基于"数字＋半物理"桌面式通用验证平台替代初样产品带来的投入；针对在轨择优型卫星，发挥总体优势建立面向总体单位—分系统单位—单机单位—生产单位的共享收益、共担风险的经营产业链，在设计阶段提前建立经济秩序。

2.提前策划，建模分析，精准化预测型号经营态势

遥感卫星总体部将型号全周期经费策划前移，在设计阶段结合经济论证结果开展型号全周期经费策划，建立"基本信息＋收款＋支出"的数据化经费台账，按照"可预计成本"和"不可预计成本"分类精细化管控。基于成本模型测算可预计成本，直接纳入策划；结合技术方案与经济论证结果，论证不可预计成本的必要性和预算，开展专项外协审查后纳入策划。最终在设计阶段形成全周期经费策划草案，预测全周期经费的"收、支、余"情况，指导设计方案和经济论证方案优化。

型号全周期经费策划场景：型号经济论证过程中，型号经济师利用成本可知可视系统整理型号相关的财经信息，启动全周期经费策划→经济师依据经济论证结果及研制进度，估算各年度收款计划→成本可知可视系统结合项目财经信息和成本模型自动生成"可预计成本"中的事务费、外协计划、材料采购计划及间接费用，经济师根据整星经费情况做适当增减及调整→型号两总利用经费策划态势分析看板做出管理决策→经济师与设计师根据反馈意见重新迭代并优化设计方案→经济师根据最终结果归档型号经济论证方案并建立基线台账、设计师归档设计方案。

为确保组织与项目统一、事业与经济统一，遥感卫星总体部深入分析型号对组织经营的影响，结合经营特点建立基于型号的组织级经营态势分析模型（BPPMCC Model），要素包含经营基础（Base）、政策形势（Policy）、在研任务（Project）、市场预期（Market）、成本支出（Cost）、资金状况（Capital），预测型号立项后组织经营态势的变化。

3.提前管控，一体设计，寻求限价设计方案最优解

作为总体单位，遥感卫星总体部创新实践在论证阶段综合评估产品的技术指标和历史价格开展产品选用，在卫星总体与控制、载荷之间开展多专业、多层次、多维度的广泛协同，采用统一的协同设计规范、统一的数字化开发环境深入、精细、集约的开展多学科一体化设计，实现在设计前端有效控制成本。

在产品选用环节，型号设计师通过成本可知可视系统，根据产品代号、产品技术状态、主要特征等技术指标查找相似产品，与此同时重点关注产品价格，在经费不足的情况下，通过优化设计方案，适当降低产品技术指标需求，选用成本更低的产品，确保技术经济方案最优化。

应用"总体—控制—载荷"一体化设计模式，从系统设计源头着眼用户需求与卫星好用易用，使整星在轨应用效能有效提升，实现技术经济综合最优。将系统顶层需求、各专业底层参数在统一模型中集成分析，系统性地开展多专业、多设计要素的影响分析和协同优化，以最小代价满足设计需求。在方案设计过程中，取消以往逐级分解的指标要求和硬性约束，开展多学科仿真分析，对总体、控制、载荷等学科间的耦合作用效果进行模拟，多专业联合分析并确认关键环节裕度，有效简化实物验证环节，有效降低研制试验成本。同时，多层次开发接口软件，将新开发的协同软件平台与各专业已有分析工具无缝对接，重点实现跨专业耦合分析算法，包含 11 个业务应用工具组件和 3 个基础框架工具组件，为各相关专业设计师协同开展工作提供统一的设计开发环境。

近年来"总体—控制—载荷"一体化设计模式在遥感领域相关型号任务中得到了推广应用，研制周期压缩到约三分之一，研制成本有效降低，并取得良好的在轨应用效果，并逐步积累形成了院级和厂所级的管理文件、设计指南、标准规范共计 11 份。

（四）深化责任传导，落实成本考核评价

1.流程驱动，同步实施，建立技术经济一体化流程

以科研生产技术流程、计划流程、产保流程和技安流程为基础，遵循"四合一"流程思想，遥感卫星总体部建立技术经济一体化流程标准，以源头设计的经济论证结果为基线，增加成本强制检验点推动项目经济性审查，强化成本要素对技术状态变化的影响力度。按照型号研制流程将型号技术经济一体化工作程序分为立项论证、全周期策划、经费执行、考核评价四个阶段，将源头设计的项目经费作为基线，在工程立项、方案转初样、初样转正样、型号完工结算四个常规节点以及重点技术状态变更情况下分别开展项目经济性审查，并形成《项目经济性报告》，成本超出总经费 5% 的情况下需重新论证技术合理性。通过项目经济性审查，进一步加强了源头设计工作的严肃性，确保成本管控工作延续并融入型号研制全流程。

2.责任驱动，利益趋同，构建全级次责任传递体系

在型号方案设计过程中，针对成本责任不明确、覆盖不全面的问题，遥感卫星总体部将项目办明确为宇航型号的经济责任主体，构建总体单位→项目办→分系统单位和单机承研单位→末端供应商的目标责任矩阵，在"源头设计"过程中加强总体、分系统、单机、模块、关键技术间的联动，做好产品先进性、市场应用需求和成本竞争力的综合平衡，采取多维度产品化工作促进阶梯式降低成本。

3.管理驱动，奖惩结合，实行差异化考核评价机制

遵循"成本是设计出来的"思想推动型号两总经费管理"责、权、利"统一。建立基于刚性约束与正向激励的"双轮"驱动考核评价模型，一是项目立项后开展技术经济一体化总结与预测效益评价，通过利润率、外协成本控制率、报价审减率等经济指标对两总开展年度差异化考核，纳入院两总相关考核体系；二是建立型号两总利润贡献专项奖励机制，超额完成项目利润按标准予以奖励，由型号两总拟定奖励方案，充分调动型号两总创造效益的积极性。

（五）建立长效机制，推广成本管控实践

1.建章立制，明确流程，着力推动成本控制常态化

从当前军工企业的成本工程建设情况来看，大多数企业虽然完成流程梳理、机制建设和管理方法研究，但成本管控并未见行见效，根本原因在于尚未形成长效机制和标准规范，导致在实际业务中无法实施应用。遥感卫星总体部针对"源头设计"中的各环节，分别发布《型号成本模型常态化工作管理办法》《技术经济一体化管理制度》《对外报价管理办法》《型号两总财经考核实施办法》等 11 项规章制度约束设计及经济论证工作按照规定方式开展。

2. 一站服务，全景可视，聚焦成本建设信息化系统

遥感卫星总体部面向型号"源头设计"，结合军工总体单位特点，以基础服务层为支撑，构建"功能应用层＋业务交互层＋战略决策层"系统架构，基于"技术＋经济"成本数据资产库，建设适用于总体设计单位的成本可知可视系统，有效汇聚成本管控动能。

成本可知可视系统在"源头设计"阶段的典型应用场景：在型号经济论证过程中，设计师选用通用产品型谱中的产品，根据产品的成本要素，在产品选用结束后自动获取初步经费结果→经济师应用成本可知可视系统精确定位、对比同系列产品价格，选取技术、经济最优解优化产品配套→部领导和型号两总通过系统的态势分析看板了解经费整体情况，包括按阶段、按承研单位、按卫星全级次配套的价格分析，做出相应决策→型号经济师论依据决策结果利用系统按成本科目拆解报价，形成 atk 报价包→型号正式批复或竞标结束后，经济师将经费批复结果录入系统，纳入型号成本模型。

3. 树立典型，示范推广，构建成本控制最佳实践库

利用成本模型优化设计方案：着眼设计源头，基于整星、分系统、单机及服务建立全级次成本模型，打通与通用产品库数据链路，使设计师在完成产品选用后快速构建初步经济论证方案，实现技术和经济论证的高效迭代；经济师利用成本模型价格"计算器"，使用参数法、工程法等估算方法缩短经济论证周期，降低论证难度。例如某型号卫星 A 的 75% 产品完全继承卫星 B、15% 完全继承卫星 C、10% 完全继承卫星 D，在设计师完成产品选用后，经济师输入新研产品的核心技术指标、费率驱动因子等关键参数，自动匹配继承型号的量化计算基准值，根据关键参数生成量化计算结果，效率提高 80% 以上。

利用成本数据优化设计方案：技术与经济的耦合交汇点是数据，通过历史数据能够辅助型号团队凝练更多知识、整合更多经验、拓展更广阔的设计思路，更有利于开展限价设计工作，有助于系统性地开展多专业、多设计要素的影响分析和协同优化。例如某型号设计师在开展一体化力热匹配设计时，将各专业底层技术指标数据与系统顶层需求预估的成本数据在"总体—控制—载荷"的统一模型中集成分析，基于热稳定性模块对平台与载荷的刚度与温度分布整体分析优化，有效降低热控与结构研制难度，新产品研制试验成本节省 80%。

利用成本系统优化设计方案：某型号正处于经济论证阶段，型号两总通过成本可知可视系统中的报价分析可视化看板，关注到论证经费超过目标价格，通过报表数据定位到初样阶段经费有一定的优化空间，逐项产品分析后在保证充分验证的前提下压缩了部分初样产品的规模、取消不必要的验证试验，初样阶段经费压减 40%，整星经费满足了目标价格。

三、军工总体单位面向"源头设计"的精益成本管控体系构建实施效果

（一）精益成本管控体系落地见效，经济效益持续稳中求进

遥感卫星总体部精益成本管控体系日臻完善，成本管控举措在各业务领域中有效实施。建立了基于通用产品型谱的 367 型通用产品成本模型，面向 4 类通用平台、18 个典型型号形成 5000 余项"技术＋经济"数据，通过成本可知可视系统实现成本数据向型号团队推送覆盖率达到 90% 以上，协助型号团队圆满完成 2022 年 20 星报价、14 星 19 次审价 / 评估和 1 星竞标工作，实现总经费规模 138 亿元，较 2021 年增长约 56.8%；在经费规模及数量均增长 50% 以上的情况下，投入人员当量仅增长 21.2%，提升经济论证效率 50% 以上。通过成本可知可视体系的应用，助力遥感卫星总体部营业收入增长 23.7%，净利润增长 44.2%，全员劳动生产率增长 15.5%，经济效益显著提升。

（二）全员成本意识得到切实增强，限价设计文化逐步建立

遥感卫星总体部成本可知可视工作逐步走深走实，全体员工牢固树立"开源节流，降本增效，以部为家，精益管控"经营理念和"人人皆为经营者"的成本意识，及时掌握内外部环境变化和形势任

务，正确认识遥感卫星总体部经营发展态势，坚持部经营发展"一盘棋"。成本可知可视系统发布后，将型号全级次成本价格具体、清晰、量化予以下达，各型号研制团队，尤其是设计师能够在开展总体设计时准确、及时了解成本情况，使价格成本意识深入人心。与此同时，持续壮大经营专业化人才队伍，设置型号经济师专职/兼职岗位，培养精通市场、经营、技术的复合型人才。

（三）总体单位影响力进一步提升，行业示范效应持续扩大

遥感卫星总体部开拓军工总体单位成本可知可视新领域，构建的型号成本模型和成本可知可视体系被集团公司选树为成本可知可视典型"样板间"，作为优秀代表完成3次集团级交流汇报，成本可知可视系统已在五院其他三家总体单位推广应用，年底扩展至全院各所厂，按照集团公司统一部署预计2024年推广至集团内所有单位，为集团公司高效完成成本管控工作提供工具技术支撑手段。遥感卫星总体部成本模型作为优秀案例被集团公司《航天成本建模指导手册》收录，向全集团推广应用。

（成果创造人：黄　昕、肖　涛、邵　壮、李炳烈、何　群、
王小岛、吴延龙、罗　成、曹　瑞、刘浩淼）

医药流通企业以价值创造为核心的审计数字化转型管理

重庆医药（集团）股份有限公司

重庆医药（集团）股份有限公司（以下简称重药集团）前身是成立于 1950 年的中国医药公司西南区公司，注册资本 5.57 亿元，是一家总部位于重庆、致力于服务医药全产业链的大型国有控股医药流通企业，同时开展医药研发、医疗器械生产、投资医药工业等业务，是上市公司重药控股股份有限公司（以下简称重药控股，两家公司实行"一套班子，两块牌子"管理）旗下唯一的经营与投资主体，是中央和地方两级药品医疗器械定点储备单位，也是国内仅有的三家经营麻醉药品和第一类精神药品的全国性批发企业之一。截至 2023 年 6 月，重药集团在全国 30 个省（区市）布局 211 户全资或控股公司，在职员工 16193 人，2022 年营业收入 675.41 亿元，利润总额 15.17 亿元，是重庆营业收入最高的国有控股上市公司，居全国医药流通行业第五位、西部第一位。2021—2023 年连续 3 年入选中国企业 500 强，2023 年列中国企业 500 强第 340 位，较 2021 年上升 95 位，较 2022 年上升 18 位。

一、医药流通企业以价值创造为核心的审计数字化转型管理背景

2018 年 5 月 23 日，习近平总书记在中央审计委员会第一次会议上提出"努力构建集中统一、全面覆盖、权威高效的审计监督体系""要坚持科技强审，加强审计信息化建设"等系列要求，为新时代审计工作指明了前进方向，提供了根本遵循。2020 年 7 月，国际内部审计师协会 IIA 重塑内部审计职能与价值，将"三道防线模型"进化成"三线模型"，内部审计需要由"防御"风险向保护（"防御"）和增加（"进攻"）价值转变。近年来，国家持续深化医疗改革，出台药品两票制、集中带量采购等系列政策，同时加强行业监管、整治不正之风、大力实施医疗领域反腐，医药企业依法合规经营面临严峻挑战。重药集团"十三五"期间由一家西部企业高速成长为全国性企业，收入从 2016 年的 205 亿元增长到 2020 年的 452 亿元，截至 2020 年拥有下属企业近 200 家，覆盖全国 25 个省级行政区域，企业规模增加、级次增多、监管难度增大，企业内部审计对象与审计资源、技术、方式等不匹配矛盾日趋突出。走一条科技强审之路，重药集团积极探索审计数字化转型，探索实现审计模式、方式、技术等创新与变革，实现审计工作转型发展。基于上述情况，重药集团从 2020 年下半年开始谋划审计数字化转型，于 2021 年 1 月正式启动审计数字化转型一期项目建设，2022 年 5 月建成审计作业、审计管理、审计预警、协同业务四个审计数字化平台，经过一年多的运行成效显著。

二、医药流通企业以价值创造为核心的审计数字化转型管理主要做法

（一）以战略为牵引，明确审计数字化转型的总体思路

1. 以战略牵引，强化顶层设计

重药集团"十四五"战略中全面"业务数字化"要求为内部审计数字化转型指明了方向。在认真分析内外部环境发展及变化基础上，重药集团审计部提出"成为内部审计数字化转型领先者"的审计数字化转型愿景，确立"以技术创新驱动数字审计，以数字审计创造企业价值"的审计数字化转型目标，并进一步制订审计数字化转型建设计划：第一步，在 2022 年 6 月前完成一期项目建设，通过运用信息技术自主建成"以内部业财系统为基础的涵盖审计作业、管理、预警等为一体的审计数字化平台"，促进实现审计方式、作业模式、技术方法等创新与变革；第二步，在 2025 年 6 月前完成二期项目建设，探索建成"集内部所有数据和外部平台数据为基础的'多元、智能、智慧、共享'数智化审计平台"。

2. 以理念指引，明确价值导向

按照价值链理论并结合技术、场景、业务等融合需求，进一步将价值细分为：技术层价值（技术融合下审计效率提升、成本降低、质量提高等）、平台层价值（场景融合下审计工作场景化、促进审计模式、方式、技术等创新与变革）、业务层价值（业审融合下成为业务不可或缺的一部分，深度服务企业经营管理活动）、共生层价值［ESG（环境、社会和公司治理）理念下，与环境、社会、公司治理等共生共荣，构筑新型"生产关系"，叠加释放价值等］四个层层递进、逐步提升的期望价值。

3. 以技术驱动，确立实施路径

为了解最新信息技术及应用情况，在正式启动建设前组织人员对用友、中普、鼎信诺等国内知名审计软件公司进行调研，全面了解不同审计数字化产品设计理念、技术框架、功能模块、优势劣势、数据治理、智能化水平、发展趋势等情况，同时还了解到部分央企审计数字化创新做法。基于满足内部审计"监督、评价、建议"等职能需要，确立审计数字化转型一期全面建成审计作业、审计管理、审计预警、协同业务四大感知场景平台，目标是实现审计数字化、数字平台化、平台智能化。分析研究数字化产品开发管理模式后确定实行项目制管理，围绕价值导向层层递进思路，实行项目关键事件里程碑式节点交付模式管理，确保完成一个，交付一个。

（二）以"点线面体"切入，推进审计数字化平台建设

1. 构建审计数字化平台总体框架

按照数字化开发常用分层建设理论并结合实际，将审计数字化平台总体框架分为四层。一是基础设施。包括部署服务器、操作系统、Oracle等数据库、网络环境、BI开发软件、杀毒软件等。二是底层仓库。建立开发软件与业财系统连接，设置自动备份，做好数据校验、清洗、转换、分类存储等工作，确保数据及时性、完整性、准确性，根据需要导入部分自建企业级次表、预警指标表、审计预警报告模板等。三是中层仓库。利用智能算法、数据建模等技术建立相关中间表、数据模型，为顶层平台提供数据来源，加强数据校验，设置自动运算规则，实现自动化。四是顶层平台。通过规划布局、功能设计、技术应用等建成四大感知平台，为用户提供直观、便捷、智能、可视化、可操作的使用场景。

2. "点线面体"切入推进平台建设

按照"点线面体"数字化转型方法论，以顶层平台"面"为基础循序渐进推进平台的设计与建设工作。一是平台"面"设计。确定每个平台原则上最多下穿2级，平台设计主要包括大屏样式、框架布局、可视化功能组件、设计标题、整体配色等内容。注重布局美观、设计合理、便于识别、重点突出等。二是功能"点"设计。以平台"面"为基础确定相应的功能模块，功能模块原则上最多下穿3级，注重划分合理、层次分明、以上统下、便于理解等。三是流程"线"设计。对各平台"面"及其功能"点"，围绕人员、职责、运行、控制要求等嵌入相应工作流程"线"，进一步保障运转。四有机"体"设计。为避免各"点、线、面"形成"孤岛"，建立起"点对点""端对端""面对面"等连接路径，实现平台与仓库数据模型等连接、"点、线、面"互联互通、形成有机整体。在完成设计、校验等基础上，进一步由技术人员推进平台建设工作。

3. 完善审计数字化转型配套机制

一是完善审计数字化建设小组内部定期会议沟通、审计部与其他部门之间定期沟通反馈、审计部向公司主要负责人定期报告等机制。二是建立项目任务清单、疑难事项清单，由专人台账管理，定期跟踪、反馈、报告。三是在项目里程碑节点交付下，设置"边建设、边优化、边校验、边交付"四边管理模式，确保交付落地。诸如财务查询模块交付后立即投入使用，不仅为正在进行的审计项目提供工作支持，同时根据审计人员反馈得以进一步完善和优化。四是重要模块交付后及时建立运行机制。

如审计预警首批仅设置 10 个预警指标，为切实发挥审计预警作用，及时实行周报、月报管理，先行建立起线下"预警信息—周报推送—月报反馈—逐个销号"管理机制。

（三）实现技术融合，解决"能查需求"

基于新时期审计人员"能查、能说、能写"本领要求下"能查需求"，重药集团审计数字化转型过程中首先是推动实现信息技术与审计技术融合，满足审计作业基本需求，促进从线下到线上的转变，进一步提升审计工作质效。

1. 实现线上查询

基于底层仓库中的业财数据，结合业财系统中的数据字典、数据结构等内容，以审计人员为用户视角，建设符合审计人员作业习惯、满足审计作业需要的财务查询、业务查询功能模块，完成自动化功能设置，确保数据的及时性、真实性、完整性、准确性，进一步完善功能和操作界面，为审计人员提供直观、便捷、灵活的操作体验。

2. 实现线上分析

梳理近年来内部审计发现的重大问题，将部分可抽象、可归纳的审计方法定义为标准化的、信息技术可实现的技术方法语言，利用开发软件构建模型并建成集自动取数、自动计算、自动分析、自动输出等功能为一体的分析功能模块，为审计人员提供全面、实时、精准的线上分析支持，促进实现由传统抽样审计向全量审计、个人经验向标准化模块分析转变。如建立供应商、客户、品种等不同维度下销售毛利分析模型，审计人员输入条件后直接获取分析结果。

3. 实现线上预警

结合企业日常管控重要风险点，选定部分预警指标范围、内容，设计比例、趋势等预警逻辑，将预警指标划分为关键、重要、一般三类，参照气象预警逻辑设置四个风险等级，结合企业实际设置固定阈值或变动阈值，构建不同风险等级阈值间的关联关系，进一步利用开发软件建设预警指标，建成如现金收退货款预警、有记录以来首次预付预警、前次预付未到货再次付款预警、一年以上应收账款增长预警等指标。为便于识别和分析，进一步建立自动生成预警报告模块。

（四）推动场景融合，打造"审计生态"

1. 审计场景化

在技术融合基础上，基于项目制为主的审计模式，围绕审计项目计划、立项、准备、作业、成果、整改等设计流程图，构建中层仓库模型。按照"点线面体"切入逐个建设审计作业、审计管理平台，建立与技术融合相关功能模块连接，完成审计资源等基础信息导入，实现审计工作场景由线下向线上转变，提升审计工作效率和质量。

2. 预警场景化

在线上预警基础上，进一步根据已设计的预警指标完善预警模型，以"点线面体"推进审计预警平台建设，建立自动取数、自动计算、自动生成等功能。与企业主要工作平台"重药之家"建立"端对端"连接，实现一体化协同、无须登录就能进入审计预警平台，提高审计预警的及时性、准确性、灵活性和便捷性。

3. 协同场景化

围绕实际需求构建"总体情况大屏""上市公司对比""财务指标查询"三个协同业务子平台。按"点线面体"切入，建立相关中间表单、数据模型，设置自动功能，建立"端对端"连接，支持手机端 /PC 端多场景进入获取实时应收账款、预付账款、存货、营业收入、营业利润等重要经营数据、同行业 10 家上市公司已公告财务数据，以及涵盖成长能力、盈利能力、偿债能力、营运能力等财务分析指标。

（五）探索业务融合，构建"业审融合"

围绕企业日常经营管理活动，进一步增加平台功能、权限、内容等，搭建更多维度、更深层次场景，为相关人员开通平台使用权限，赋能平台价值，构建形成企业业务管理活动不可或缺的"业审融合"新生态。

1. 支撑决策管理

完善"财务指标查询"，实行指标分类管理，划分为关键指标（10%）、重要指标（30%）、一般指标（60%）三类，便于筛选识别重要信息；结合管理需求增设销售业态划分毛利率、销售回款占经营现金流入比、预付账款占经营现金流出比、税负率等个性化指标，建成涵盖一般财务分析、企业日常管理常用等指标 625 个，支持在线获取当期及历史期数据，为企业领导、大区经理等决策管理提供实时、重要、准确的数据支持。

2. 支撑对标管理

完善"上市公司对比"，增设对标管理，支持在线对标同行业 10 家上市公司历年及最新公告数据；完善"总体情况大屏"，增设与企业考核和对标管理强相关的应收账款周转天数、一年以上应收账款、营业收入（纯销/分销/终端）、营业成本（纯销/分销/终端）、毛利（纯销/分销/终端）、三类费用等指标及指标变化、排名情况，支持在线获取汇总数据及下穿查询明细，为企业领导、相关职能部门、大区经理及所属企业经营对标和考核管理提供契合、实时、准确的数据支持。

3. 支撑风险管理

进一步完善审计预警平台，以"点线面体"建设预警跟踪流程，与"重药之家""企业微信""企业邮箱"等建立连接，实现预警推送、通知、填报、审核、反馈等全流程线上运作，实现审计部、风险部门、大区经理及所属企业人员实时感知预警风险，获取每天审计预警风险名称、等级、金额及穿透了解明细情况，同时自动提醒加持下进一步促进预警风险得到跟踪落实，实现闭环管理，形成审计预警"新生态"。

（六）践行 ESG 理念，注重"融合共生"

ESG 理念下审计数字化转型要融合环境、社会和公司治理等方面，满足多重需要，重药集团审计数字化平台重点加强治理、用户（需求）、业务等维度深度融合，实现共生共荣共享。

1. 治理维度融合

在企业党委、董事会直接领导的内部审计领导架构下，着力构建集中统一、全面覆盖、权威高效的内部审计数字化监督体系，围绕"监督"职责及工作规程推进审计管理与作业数字化建设，全面提升审计监督能力水平，提升监督工作质效；着力切实发挥内部审计"建议"职能，构建协同业务数字化平台深度服务企业日常经营管理活动；着力拓展内部审计功能作用，促进由"防御"风险向"进攻"风险转变，构建审计预警"新生态"，提升企业风险管理能力水平。

2. 用户维度融合

着力提升工作质效，构建覆盖全集团内审人员涵盖审计资源、计划、准备、实施、报告等全面的审计管理与作业平台，帮助内审人员便捷、灵活、高效使用；着力提高企业经营管理水平，从辅助不同经营管理人员需求出发搭建协同业务平台，注重平台的实时性、重要性、准确性、智能性、协同性、支撑性、权限性等；着力提升企业风险管理水平，从主动预见和揭示企业风险出发搭建审计预警平台，围绕精准预警、迅速响应、快速跟踪、及时处置等构建预警风险的全流程管理。

3. 业务维度融合

着力利用技术创新推动审计模式、方式、技术等根本性变革，促进由传统"线下＋现场"向"线上＋远程"审计转变，由事后监督向事前、事中监督进行转变，由传统项目制审计向持续审计、敏捷审计转变，促进内部审计转型发展，构建高质量审计服务企业高质量发展新局面；着力审计数字化嵌入企业经营管理活动中的决策、计划、组织、执行、控制等全方位、全领域、全过程，提高服务的广度、深度，提升审计与业务的黏性，以业务视角深度挖掘数据价值辅助经营管理活动，提高企业经营效益，促进企业实现高质量发展。

（七）加强基础保障，夯实"四个支撑"

1. 夯实组织支撑

一是加强组织领导，确定为"一把手工程"。成立以企业党委书记、董事长为组长的领导小组，审计部负责人牵头负责项目统筹、推进及落实工作。二是明确主责、加强协同。明确审计部主要负责，信息、营运、风控、资产等部门全面配合，明确项目所需软硬件、技术外包、运行维护等资金预算，明确业财系统相关软件公司协同配合要求，明确网络环境、服务器部署、安全等工作要求。三是成立专班，确保项目落地。审计部成立信息组全面负责推动审计数字化转型工作。

2. 夯实人才支撑

自2018年以来通过对外招聘、人才引进等方式引入既熟悉审计业务又掌握大数据技术的复合型人才数名；工作中大力提倡实施大数据审计，通过数据分析技术挖掘有关企业重大问题，进一步提高认识、积累经验；多方收集有关典型案例、先进做法，对审计数字化转型理念、思维、技术方法、实现路径等进行学习和探讨；组织人员前往重庆三峡银行等企业调研数字化审计，增进对审计数字化的认识和了解，为进一步构建审计数字化战略、目标、计划等工作奠定良好基础。

3. 夯实文化支撑

重药集团秉承"责任、人本、和谐、感恩"的核心价值观，追求"献身医药、追求卓越"的企业精神。审计部在发扬企业文化中锻造出"队员美、氛围美、精神美、专业美、心里美"的"五美"团队精神文化。审计数字化转型得到企业领导全面支持后，以"五美"精神为指引，大力提倡"工匠精神""人人皆能创新、处处皆可创新"，形成浓厚的探索创新氛围。此外，通过内部OA网站、调查问卷等宣传形式，进一步增进企业干部员工审计数字化转型的认识，获取更多支持。

4. 夯实技术支撑

重药集团前期规划十分重视技术保障，考虑纯B/S架构、支持手机端/PC端、算力可承载、异地网速等需求，全面了解国内主流BI产品数据治理、大屏可视化、大数据分析、模型搭建、低代码开发等情况，确保选定开发软件技术领先，选定后进一步约定技术迭代更新保障措施；通过服务外包方式引入专业技术团队为项目建设提供强大技术支持；加快技术人才培养，关注最新前沿技术发展，通过学习培训、案例分享等不断提升内审人员数字化能力水平。

三、医药流通企业以价值创造为核心的审计数字化转型管理效果

（一）有力支撑企业战略，护航企业高质量发展

审计数字化转型源于企业战略规划指引，以价值创造为核心理念，着力保护和增加企业价值，加强治理、用户、业务等维度深度融合，服务企业经营管理活动，为企业领导、职能部门、大区经理及所属企业等提供日常工作支撑，提高经营效益，提升企业经营管理能力和水平；审计预警显著增强了企业在激烈市场竞争中快速捕捉风险能力，提升风险管理能力，对企业发展形成强有力的保护和支撑。平台建设之初就充分考虑并预留了"三百城"战略路径下潜在的增量企业"空间"，护航企业高质量发展。

（二）极大提升审计质效，促进审计转型发展

自2021年9月完成技术融合陆续投入使用后，极大地提升审计工作质效，推动内部审计工作模式、方式、技术等根本性变革，促进审计转型发展。2022年实施审计项目78个，平均单个项目作业时

间 19 天较 2021 年减少了 20%，人均作业 5 个项目较 2021 年提升 38%，2022 年人均增收节支 241 万元，较 2021 年提升 148%。2022 年审计部作为 17 个职能部门中仅有的 3 个部门之一荣获企业"优秀集体"称号且排名第一位。2023 年对 4 家企业试行敏捷审计，发现实时问题立即响应，为企业增收节支 1200 万元。此外下属企业遍布全国各地，通过推行"远程＋线上"审计，进一步减少审计人员现场作业、降低成本费用。

（三）审计预警成效显著，精准预警重大风险

审计预警只设置 34 个指标，但"含金量"十足，预警范围覆盖全集团，具有实时性、重要性、精准性等特征，通过全流程跟踪构建审计预警"新生态"，自 2022 年运行上线以来成效显著。截至 2023 年 6 月，持续预警风险 9.6 万余条，其中重大风险 8000 多条，促进企业收回资金 3.16 亿元。2022 年 6—7 月持续预警 M 公司风险数量内部排名第 1 位，经启动审计后发现重大财务舞弊行为并按规定处理。2022 年 7 月持续预警 S 公司大额预付账款超三个月未到货风险，经跟踪督促企业采取措施处理，促进有关风险问题提早发现、早处置、早解决。

（成果创造人：吴洪伟、沈　方、程玉娇、
陈贵福、田运全、杜梦媛、龙泓锦）

轻工企业以效益稳定增长为目标的"工贸融"联动经营管理

宜宾丝丽雅集团有限公司

宜宾丝丽雅集团有限公司（以下简称丝丽雅集团）是集生物基纤维制造产业、医疗卫生材料制造产业、供应链贸易产业、房地产产业、白酒酿造产业为一体的大型综合现代化国有企业集团，总资产逾248亿元，2022年营业收入352亿元。现设21个集团职能部室，6大产业板块、54家子公司，员工9000余人。丝丽雅集团紧抓宜宾市建设生态优先绿色低碳发展先行区机遇，主动融入全市竹产业和千亿纺织产业发展规划，实施以"生物基纤维"产业为基础，以"纺织医卫新材料"产业为一元，以"房地产开发"产业为一元的"一基二元"的发展战略。丝丽雅集团是首个"中国大企业集团竞争力500强"企业之一，荣获"全国纺织业系统先进集体""四川省优秀企业""四川省重点骨干企业""2021四川企业100强""2022年度四川省企业管理现代化创新成果一等奖"等荣誉。

一、轻工企业以效益稳定增长为目标的"工贸融"联动经营管理背景

（一）实施"工贸融"联动经营管理是践行"双循环"新发展战略的需要

自2018年3月起中美贸易摩擦持续升级，我国出口增速明显下降，导致企业经营、产业升级压力较大。自2020年以来，中央提出加快构建以国内大循环为主体、国内国际双循环相互促进的新发展格局。丝丽雅集团作为西南地区最大的生物基纤维制造商，如何高质量地贯彻国家"双循环"新发展战略，寻找新形势下全球化竞争中公司的发展道路，实现公司转型升级，是当前面临的首要任务。

（二）实施"工贸融"联动经营管理是抵御市场风险，提高生存能力的需要

近年受全球经济低迷和新冠疫情影响，生物基纤维行业处于低谷周期，国内国际市场需求大幅度萎缩，纤维销售价格持续下跌，在此情况下，有效分化经营风险是促进企业健康发展的关键。丝丽雅集团由于前期以"购买浆粕—生产纤维—销售纤维"的传统经营模式为主，仅有纤维生产和销售业务，浆粕作为生产原料仅根据生产需求按需采购，业务单一、产业链不完善、风险集中度高，导致不能有效分化市场变化带来的经营压力，因此其必须创新发展多元化的经营模式，分化生产经营风险，防范市场波动为公司生存发展带来的不利影响。

（三）实施"工贸融"联动经营管理是实现产业链延伸的需要

丝丽雅集团经过40多年的发展，逐步形成了较为完善的生物基纤维产业体系，成为西部纺织产业龙头企业，但"集而不群"仍是公司进一步转型升级的痛点。根据《宜宾市千亿纺织产业发展规划（2019—2025年）》《宜宾市国民经济和社会发展第十四个五年规划和二〇三五年远景目标纲要》中关于"打造世界级生物基纺织产业基地"的发展规划，宜宾市将建设千亿纺织产业园区。在此背景下，公司作为西部最大的生物基纤维企业，是宜宾市打造"千亿纺织产业园"的龙头引领企业。通过实施"工贸融"联动经营管理，一方面有助于公司完善产业链配套，凝聚产业链上下游，延伸下游纱线产业，将原销售在东部沿海区域的纤维在本地转化为纱线，提升纤维本地销售比例，以纱线产业的附加值弥补纤维销售中的运费劣势，进一步激发产业链价值创造活力，创造公司"造血"新动能；另一方面有助于带动宜宾市大中小纺织企业协同发展，推动宜宾市"千亿纺织产业园"建设，发挥产业集聚效应，形成群体竞争优势和规模效益，提高区域经济竞争力，切实扛起西部纺织企业在新时代高质量发展的光荣使命与责任。

二、轻工企业以效益稳定增长为目标的"工贸融"联动经营管理主要做法

（一）厘清思路，系统规划，强化顶层设计

1. 分析研判，提出基本思路

丝丽雅集团通过对全产业链在资源配置、资产使用效率、原料与产品价值周期规律及大宗商品的流通性等方面的详细调研分析，以工业发展为基础，以效益为中心，确立"工贸融"联动经营管理的基本思路。积极主动研究解决生存发展现状的新经营模式，全力规避市场波动、市场低迷、行业周期等因素为经营带来的不利影响，并找到一条风险对冲、稳固资金流、实现盈亏平衡的经营之路：在保障生产系统稳定生产、持续经营的前提下，通过实施"工贸融"联动经营管理，进一步完善上下游产业链，形成"原料贸易—产品制造—金融业务"业务链，实现供应链、产业链"工贸分离、以贸强工"的联动经营管理模式，通过引入市场大数据进行分析，着力利用管理会计、成本核算等经营管理工具，对原料贸易、产品制造、融资创利等进行全面、综合的分析和评价，构建以"工"为根本，以"工"促"贸"，以"贸"强"工"，以"融"保"工贸"，以"贸"拓"融"的经营模式，打造"三位一体、优势互补、联动支撑"的"工贸融"联动经营管理，能够有效地分化和抵御单一产业的市场风险，同时实现风险对冲和盈利叠加。

2. 系统规划，科学部署

战略布局"三位一体、优势互补、联动支撑"的"工贸融"联动经营管理，主要是着力打造集工业制造、贸易、融资一体联动发展路径，形成产业集群效应和具有现代特征的经营管理模式，根据公司顶层战略设计，明确目标并配套机制、改革体制，科学引领战略落地。一是工业端持续赋能生产经营，提高资产运转效率。二是贸易端弥补工业劣势，实现以贸强工。三是金融端支撑工贸齐发力，实现以"融"保"工贸"。四是建立健全精算模型，提高数据化决策效率。

3. 系统构建"工贸融"联动经营管理的方法论

一般情况下，产品和贸易商品市场价格组合有四种组合场景，决定了生产端、贸易端的盈利能力情况。不同组合场景下采取不同的经营策略，可以实现在产品端和商品端进行套利，从而实现利益最大化。

第一，最优场景的方法。

最优的场景为生产端、贸易端均有较好的盈利能力时，则优先以"生产端"为主，以资金和贸易资源最大的使用为限来配置"贸易端"。

"工贸融"系统组织中，"三位一体"的各本位各司其职，信息互通，统筹结合；紧扣"以工为主"、以产品市场为导向的原则，工业端要持续生产赋能市场需求，贸易端和金融端要做好原料保障和资金保障支撑作用，确保"工"的主要收益。若有富余原料或仍有金融资金用于采购贸易，且贸易有效益，则可将贸易用于补充收益，发挥"工＋贸"效益最大化。

第二，择优场景的方法。

择优场景指某一端无效益或生产端与贸易端效益差异非常大的场景，则优先以有"效益端"或对比生产端与贸易端两者效益更优端为主。"工贸融"系统组织中，同样以"三位一体"的各本位各司其职，核算清晰、信息互通、统筹结合；紧扣"效益优先"的原则，结合生产端与贸易端两者的核算结果，遵从都有效益时，择优选择效益最大化结构侧为主的"孰优孰先"选择，灵活兼顾另一侧的发展模式；不能同时有效益时，择优选择生产端与贸易端两者有效益一侧为主，无效益一侧需考虑公司资金平衡、现金流量、库存容量、人员稳定等因素后，综合平衡无效益侧的经营模式；生产端与贸易端两者都无效益时，在最大程度降低公司经营亏损前提下，根据公司经营需要，结合公司当期原料头寸、产品头寸、敞口风险、资金平衡、现金流量、人员稳定等，择机选择以生产端或贸易端为主的短期经营决策模式。

（二）深化"工贸"融合，以"工"促"贸"，以"贸"强"工"

1. 夯实主业基础，持续稳健经营，为贸易创造可行性条件

稳健经营、规模化经营是企业安身立命之本，丝丽雅集团作为西南地区最大的生物基纤维制造商，形成了以浆粕加工、纤维、纱线、无纺布生产为主的较为完善的生物基纤维产业体系，具备超过40万吨/年的浆粕消化能力和年产40万吨纤维生产能力，整体生产运行平稳。同时丝丽雅集团产业链向纱线、水刺无纺布等下游产业延伸，进一步保障了上游浆粕原料的稳定、规模化采购，为浆粕贸易创造条件，有助于公司大胆突破、积极探索浆粕贸易新业态，激发浆粕的价值创造能力，实现"工＋贸"的联动经营价值。

一是产量提升保障原料需求稳步提升，为浆粕贸易创造基础条件。丝丽雅集团自2019—2022年进行了三次产量提升行动，整体通过设备改造升级、工艺提升等方式，集中对纤维原液、纺练、酸站等车间实施效率提升精细化管理。二是产业链延伸拓展，巩固工业稳健发展，助推贸易做大做强。通过向下游无纺布产业拓展、实施"纤转纱"战略，着力强链、延链、补链。

2. 大力推进资源优势转化为发展优势，以"贸"提效

为充分将资源要素优势转化为发展优势、补齐产品销售劣势，丝丽雅集团在以"工"为主的同时，开展浆粕贸易，聚力做大做强做优贸易新业态，以"贸"提效。一方面公司积极延伸产业链，发展下游产业，进一步扩大了上游浆粕原料、纤维的消化量与采购量，促进产业链资源要素的内部循环，为"工"注入内生动力。另一方面，发挥进出口优势和外汇优势，通过建立长协客户管理模式，动态掌握市场效益变化；合理规划市场布局，扩宽优势产品市场范围；建立运输成本和客户时效最优的运输模式，利用船运模式扩大销售半径、降低运输费用和提高时效性，形成了产品销售优势。同时，通过提高贸易销售的比例，实现即使在市场低迷、产能受限的情况下，也能通过贸易销售获得资金回笼和盈利，保障公司资金有效周转、现金流稳固，充分发挥贸易端的支撑作用，达到以"贸"强"工"的目的。

一是浆粕采购总量增加，提高采购议价能力，促进产品生产成本下降。丝丽雅集团通过加强自身产业链建设，在保证生产用浆和产品质量稳定的基础上拓展浆粕资源使用渠道，增加浆粕需求量，提高浆粕采购总量，加快形成浆粕规模化采购，减少外部资源的制约，确保在关键时刻"不掉链子"，提高公司的采购议价能力和话语权，降低"工"即纤维生产的制造成本。

二是构建贸易新经济增长点，促进工业制造创新发展，实现工贸良性循环。丝丽雅集团自2018年实施"工贸融"联动经营管理模式以来，通过找准浆粕贸易作为新经济增长点，提升生产与贸易的联动能力，累计实现效益近3亿元，为工业制造的创新探索提供了坚实的资金保障，同时把资金引向决定公司高质量发展的关键领域和薄弱环节，全面提高工业制造创新发展水平，切实推动公司向绿色低碳转型升级，促进"工贸"良性循环。

（三）发挥贸易"虹吸"效应，以"贸"拓"融"

浆粕贸易作为丝丽雅集团新的效益增长点，在贸易做大做强的同时，丝丽雅集团供应链板块在合规和风险可控的基础上，通过实施货权变现、美元额度变现、期货对冲、期权、锁汇等举措，形成资金"虹吸"，进一步拓展融资渠道和获得低成本资金，促进公司"融"能力的强化提升。

1. 提升货权变现能力，加快销售资金回笼

纸浆进口量大，进口时间周期长，为了减轻资金占用压力，将货浆货权进行变现。美元额度变现：离岸公司开立远期信用证，取得纸质货权（单据）后，以美元现汇方式销售该笔单据，获取资金；货权变现：货物进口通关手续完成后，取得实物货权，在口岸仓库以现汇方式销售该笔货物，获取资金。

2.善用期货套期保值，强化资金收益增长

使用纸浆（SP）期货，对远期到货实行卖出套保的方式。2022年开展木浆套期保值2450（手），24500吨，通过套期保值等金融工具，规避价格波动风险，套保浮动盈利500万元；2023年9月，尝试性地完成SP纸浆期货的首次交割，期货盘面亏损96万元，但是实物交割盈利120万元，净利润较市场销售增加24万元。

3.开展期权金融业务，强化贸易风险管控

买入看跌期权、卖出看涨期权，累沽期权都予以开展和探索。以较小的成本减少远期木浆到口岸的现货巨幅下跌的风险。

4.运用锁汇金融工具，提升资金汇差收益

通过对汇率的预判，争取更多的汇差收益。即在人民币汇率较低时，预判美元会大幅度升值，及时锁汇97万美元，锁汇汇率6.753，付汇到期购时汇率为7.2069，通过锁汇产生汇差44.2万元收益。

（四）构建循环资金"蓄水池"，以"融"保"工贸"

根据丝丽雅集团改革方案对供应链产业的定位，在保障生产系统稳定生产、持续经营基础上，要对市场、贸易、财务、税收和金融有序进行改革，架起货币、证券和信贷资产、金融工具与生产、贸易有效运行的桥梁，充分发挥出供应链金融价值，实现以"融"保"工贸"。

1.全力新增美元授信，保障贸易原料资金需求

丝丽雅集团积极对接外资银行和金融机构，连续三年新增美元授信，截至2023年7月末，授信总额约3.5亿美元，折合人民币26亿元。同时按计划目标完成公司全年50万吨大宗原材料的采购和约170亿元的产业链贸易总额，为保障生产和开展浆粕大宗贸易提供了充足资金保障。

2.集中利用外汇优势，构建产业贸易架构

丝丽雅集团年进出口总额在4亿美元以上，长期保持在全省进出口排名第11名，公司外贸市场发展机遇巨大。因此公司集中利用进出口优势，积极协同金融机构搭建贸易构架，形成了包括但不限于前置代采、质押融资等贸易渠道和方式，进一步促进公司产业贸易架构的优化。

3.建立风险对冲机制，金融工具保驾护航

在大宗原料进口和现货销售过程中，丝丽雅集团积极引入了多家金融机构，重点防范汇率、货物价格变动涨跌等风险，并调集1800万元专项资金用于进口美元外汇的锁汇、美元掉期等汇率对冲产品。同时在国内将纸浆纳入大宗商品期货后，公司运用期货期权和套期保值等多种金融衍生工具，规避和对冲了大量经营风险。

4.设立专户专项资金，重点保障贸易流转

丝丽雅集团设立了贸易银行专项账户并投入3000万元封闭运行资金，在保证资金平衡、现金流合理通畅运行的基础上，供应链产业拥有资金使用的自主决策权，安排专人专项负责开证、资金支付等协调工作，为公司实施"工贸融"联动经营管理提供强力保障，保证了贸易流程的畅通。

（五）打造全方位保障体制机制，提升运行效能

1.成立专项管理组织机构，有效推动"工贸融"联动经营管理

为推动"工贸融"联动经营管理的构建与实施，促进模式运行常态化、持续化，丝丽雅集团强化组织保障，成立以"一把手"牵头，公司主要领导以及纤维产业、供应链产业和采购、资金、财务等负责人为主要成员的"工贸融"工作领导小组，明确职能职责，全面负责"工贸融"联动经营管理的组织领导和统筹安排，对重大事项进行研究决策，强化工作的推动和落实。

2.配套建立相关管理制度，确保全员执行力

制定《基于大数据的纤维销售与浆粕贸易模式操作大纲》（宜丝集〔2022〕44号文件），《关于调

整纤维产业及供应链产业部分经济业务管理规定的通知》（宜丝集〔2021〕210 号文件）等文件制度明确纤维产业"生产中心"和供应链"商务中心"的协作关系，规范 OEM（原厂委托制造）模式的业务流程，对纤维产品生产公司的持续性、稳定性、成本控制等方面做出了要求。同时，在核算上为实现工、贸分离，公司下发《关于下发 2022 年纤维产业及供应链产业相关产品、原料及业务定价的通知》（宜丝集〔2022〕7 号文件），要求从事纤维产品生产的公司以定价核算，供应链贸易以市场现价核算，制定关于相关资源及产品定价制度。

3. 健全管理控制保障机制，确保"工贸融"联动经营管理模式运行实施

第一，建立经营管理委员会决策机制。

建立常态化的经营管理例会、短期经营会议模式，制定上会决策机制，确保经营决策定时、定期、定项、定量的全面推进。建立线下"经营管理例会""短期经营会议"与线上会议沟通机制，按照模型精算结果和决策场景方法形成"工贸融"综合经营议案并决策。2022 年，针对市场波动较大、原料价格高企等现状，组织召开周经营例会，分析研判经营形势并下发经营决策，推动工业生产和供应链贸易决策部署高质高效落实。

第二，资金保障机制。

引入金融衍生工具对公司的美元授信额度的已用量、可用量及存量进行闭环管控，确保资金的有效使用，强化资金管理责任制，并进行资金的跟踪预测，落实资金的使用责任。丝丽雅集团为供应链产业提供 1 亿元人民币作为专用资金，并将美元授信总额提升到 3.5 亿美元，由供应链公司统筹运用及调度。

第三，权利保障机制。

为相关责任主体打造适配性权力机制，激发活力。一是下放部分用人权及分配权。除丝丽雅集团相关方案外，在不违背公司总体管理规定的原则下，其余人员均由供应链自主制定和分配。二是市场决策自主权。供应链公司在坚持以市场为导向和公司实际情况的基础上，在合理控制销售节奏与头寸敞口管理、网点仓库布局、产品定价或其他市场营销策略等方面享有自主决策权。三是允许开展期货套期保值业务。供应链公司可以开展为避免价格波动出现损益或现货与期货对冲（期货与现货对冲）的非投机性套期保值业务。

第四，人才保障。

以"打造开拓创新人才队伍"为主线，持续深化人才发展管理体系、人力资源管理效能评估等项目的实施推进，建立多元化职业发展通道，以项目历练促进能力提升和履职担当，打造多层级的人才队伍体系，全面提升人才队伍综合素质能力。

第五，激励考核方案。

构建基于"共性＋个性"的以产出为导向的绩效激励约束保障机制，鼓励产业链公司通过开拓经营、精细经营、创新经营实现超额利润，进而更大程度激发全员提质增效。2018 年至 2023 年，每年制定并出台《宜宾丝丽雅集团有限公司浆粕贸易专项激励方案》《供应链公司自主贸易类、计划贸易类和资金效益类利润分享细则》等制度文件，明确各单位在经营任务、资源调动、人力资源、贸易销售策略等方面的责任、权限和激励约束、保障。

4. 全面推进信息化、数字化建设，服务生产经营

全面启动信息化、数字化项目建设，对整体业务运作模式进行重组，逐步通过实施生产要素的数字化、生产与管控的数字化、构成基本作业单元的数字化和业财一体化，纵向融合各业务线如技术、商务、生产等数据，实现数据集成，为数据决策模型提供及时、有效、完善、客观的数据，为经营决策提供科学依据。

三、轻工企业以效益稳定增长为目标的"工贸融"联动经营管理效果

（一）探索形成了"工贸融"联动经营管理模式

丝丽雅集团实现了制造业传统经营模式向 OEM 经营模式的转变，纤维生产从传统的"购买浆粕—生产纤维—销售纤维"经营模式逐步向"供应链采购浆粕—委托公司生产纤维—供应链销售纤维"的联动经营管理模式转变，通过"工""贸"互补，进一步提升了公司创新管理能力和综合竞争实力。

（二）推动国内国际双循环，实现效益稳定增长

丝丽雅集团推动国内国际双循环，构建了公司对外开放新格局。短期经营决策及时平衡工、贸；开展浆粕贸易获得机会效益；产业链延伸平衡纤维销售和纱线生产，减少生物基纤维市场周期性波动对公司效益产生的影响，保障公司稳定运行，仅 2022 年就实现机会收益近 7600 万元。通过延伸浆粕贸易链，逐步形成成熟的浆粕贸易产业，使浆粕贸易成为公司新的利润增长点，弥补了纤维下行周期特别是新冠疫情防控期间纤维价格大幅度下跌造成的生产亏损，有效提升了公司盈利能力，支撑了产业链稳定发展，保障了生产经营稳定。

（三）完善了供应链金融体系，推进了本地纺织产业集群化的形成和升级

丝丽雅集团联同渣打银行、联易融三方共建"渣打迅连"供应链服务平台，合作推行了约 2 亿元的"链易融"金融产品，荣获了亚洲《财资》2023 年度"最佳供应链数据模式"奖项。该产品利用可分割和可流通的区块链数字化供应链金融，将合作范围扩展到深层次的供应链中小微企业，有效提升了产业链上下游的黏合力与供应链的韧性，为公司及其合作伙伴的供应链数字化转型提供了强大支持，实现了制造业传统经营模式向 OEM 经营模式的转变，为公司实现高质量转型升级奠定了基础，也为国有企业的转型升级提供了典型经验。

（成果创造人：邓　敏、邓　明、宋　伟、张志刚、
范东林、邓　飞、刘　刚、文学金）

基于项目全过程分析的农村电网精准投资管理

国网河南省电力公司

国网河南省电力公司（以下简称河南省电力公司）是国家电网有限公司的全资子公司，现辖 18 家市供电公司、110 家县级供电企业和 21 个直属单位，服务客户 4570.9 万户。截至 2022 年年底，河南省电力公司用工总量 12.2 万人，资产总额 2115.6 亿元，分别居国家电网系统第 2 位、第 4 位。全年售电量 3367.6 亿千瓦时，营业收入 2058 亿元，均居国家电网系统第 4 位。河南省电力公司先后荣获"全国文明单位""国家电网公司抗洪抢险保供电突出贡献单位""省政府营商环境建设先进单位"等荣誉称号，五获全省脱贫攻坚考核"好"的最高等级评价，四获服务河南经济社会发展优秀中央驻豫单位最高荣誉。

一、基于项目全过程分析的农村电网精准投资管理背景

（一）准确把握投资方向，满足乡村振兴战略实施的需要

河南省电力公司身处农村相对聚集的大省，肩负涉及国计民生的保电供电工作和企业经营发展双重责任，需积极落实国家和国网乡村振兴发展战略，加强农村电网投资管理。原来"撒胡椒面"式的投资模式，容易造成投资需求把握不精准；同时，前期勘查深度不足，项目建设未能有效解决实际问题；市供电公司未掌握投资红线界面，造成工程实施效率较低。因此，有必要开展基于项目全过程分析的农村电网精准投资管理，提升储备项目精准度，从而将有限资金应用到最需要的地方，服务好国家乡村振兴战略落地。

（二）细化管理资金使用，满足资金利用效率提升的需要

由于技术标准体系不健全、管理机制不严格，原来"散漫式"资金管理方式导致农村电网项目资金使用不精细，造成较大的投资计划浪费，年度电网资金不能充分利用。主要原因一是工程"量价费"计列不够精细，二是技术评审把关不够严格。因此，需要基于项目全过程分析的农村电网精准投资管理，从源头提升农村电网工程可研估算精准性，避免投资计划浪费，实现电网资金高效利用。

（三）严控投资方案执行，满足资产转化效率加快的需要

原来"点断式"的管理模式导致项目建设上下游衔接不畅通，难以实现全流程管理，造成农村电网投资执行不到位、设计方案落实不全面等问题。主要原因如下：一是项目可研方案不能有效落实，二是设计单位设计能力不足，三是投资预警机制尚不健全。因此，基于项目全过程分析的农村电网精准投资管理，通过加快储备项目出库、推动设计单位能力提升、加强投资预警管控，从而推动投资项目及时投运，加快转资效率。

二、基于项目全过程分析的农村电网精准投资管理主要做法

（一）科学规划总体思路，加强全面统筹管控

1. 明确项目实施路径，统一工作引领方向

为贯彻落实国家和上级单位乡村振兴战略，提升农村电网项目管理工作质效，河南省电力公司结合当前农村电网工作实际，以解决投资方向不精准、资金利用率偏低、计划执行不到位、尚未形成全过程管控机制等问题为导向，以数字化技术为手段，采用大数据分析和试点项目重点监控相结合的原则，开展基于项目全过程分析的农村电网精准投资管理。打破以往粗犷式、点断式管理思路，创新采用项目全过程精准投资分析手段，明确投资关键要点、强化数据赋能，为开展农村电网项目精准投资管理打好基础，在规范投资需求管理、抓细方案编制审核、加强专业部门协同、严格质量

考核评价等方面精准施策，贯穿可研工作前、中、后，覆盖农村电网投资全过程，建立基于项目全过程分析的农村电网精准投资管理模式，推动项目投资管理水平有效提升，助力农村电网投资提质增效。

2. 健全协同管理体系，充分凝聚各方合力

结合河南省电力公司实际管理情况，建立横向协同、纵向联动的一体化组织管理机制。健全横向一体化投资全流程管理体系。建立涵盖规划、可研、储备、计划、设计、采购、建设、结算、决算9个项目投资全流程阶段，涉及发展、建设、设备、营销、财务等业务部门的工作管理体系，打破专业壁垒，推动各部门协同管理，确保项目投资各环节高效互动衔接，实现项目投资精准管控。建立纵向高效联动的项目管理组织架构。组建"省公司、建设管理单位、评审单位、业主项目部（业主单位、设计单位、施工单位、监理单位等）"四级纵向联动的项目投资全过程组织架构，分别负责统筹管控项目进展、项目实施建设、项目可研评审、设计施工监理等，打造投资方向有把控、项目可行性有掌控、工程造价有管控、阶段落实有监控的组织架构。

（二）明确管理关键要点，强化投资全过程管控

1. 划分投资主要环节，明确投资管控主线

结合造价管理对可研工作影响的关键环节，按照可研前准备、可研编审中、可研后落实三个阶段对农村电网项目全过程管控环节进行系统梳理，进一步并将其划分为"9个管控环节"（即项目需求管理、项目必要性论证、可研技术设计、可研造价估算、可研评审、可研项目出库、项目初步设计、项目实施及结算、考核评价），明确各环节的重点工作和各阶段衔接关系，打造"横向专业协同、纵向环节贯通、投资主线明确"的投资管理机制，有助于准确把握农村电网投资管控主线。

2. 梳理投资典型问题，精准定位管控要点

加强试点工程研究。河南省电力公司发展、建设、财务相关部门联合选取3个试点项目并深度参与可研设计及建设等投资全过程工作，组织设计单位在可研、初设、施工图和建设各阶段全面落实投资管控要求，做好项目评审和全过程跟踪，及时发现总结投资控制关键问题。梳理投资全过程问题。围绕着技术方案调整、"量价费"计列不精细、立项储备与投产间隔时间过长等造成投资不精准、不精细、执行不到位的主要问题，对照以上9个投资全过程管理环节，总结出20条农村电网项目全过程投资管理的典型问题，为精准施策提供依据。确定投资管控措施。基于农村电网项目投资管理问题分析，结合河南省电力公司实际，提出加快数字化转型、规范投资需求管理、抓细方案编制审核、加强专业部门协同、严格质量考核评价等具体措施，构建基于项目全过程分析的农村电网精准投资管理模式，有效提升农村电网投资精准水平。

3. 分析投资管理数据，把握重点项目指标

汇总分析2018—2020年379项主配网工程决算数据样本，含可研估算、初设概算、财务决算等数据，为深入分析结余率高的原因提供数据支撑。从电压等级、建设性质、项目类别、立项年份等维度开展研究，进行多维度工程结余情况分析，编制结余投资分析报告，得出工程决算较估算结余率偏高（达20.7%）的基本结论，主要原因有三条：部分项目精准度欠缺，初设技术方案发生调整影响投资准确率（约占10%）；部分项目造价管控不够严格，"量价费"计列不够精准（约占60%）；部分项目立项储备与投产时间间隔过长，建设推进较慢，各项费用波动较大（约占30%）。明确结余率高的根本原因，为加强技术审核提供指导。

（三）夯实数字转型基础，实现业务数字运营

1. 汇集海量数据资源，全面支撑项目投资分析

建立投资管控应用数据中心，汇集农村电网建设相关的评审信息、投资信息、项目信息、专业

信息等各类数据,开发数据分析、质保监测预警等功能,实现项目投资全过程管理智能化、数据化。建立技经资源库,发布常用计价规范、不同层级的政策性文件、法律法规及模板文件,为技经人员提供规范统一、完整的技经资源库;建立信息价库,研究跟踪国网信息价、国网招标价、河南省协议库存价等价格信息,跟踪预测设备及材料价格走向,收录国网经研院发布的设备材料信息价、地方定额站及住建局发布的建筑材料信息价及省公司物资系统中的物料采购订单价,用于支撑可研造价评审业务。

2. 智能监测全链数据,实现指标差异及时预警

计算决算指标标准值。开发评审大数据平台,录入近三年历史决算数据,设置线路单公里造价、征地费用等 12 项关键监测指标,利用大数据技术和平台功能,自动生成基于不同区域、不同类型项目特点的关键指标的合理区间值,形成智能比对基准。实现指标监测预警。要求设计单位在评审前逐项录入关键监测指标数据,实现系统自动比对,对超出合理区间的指标进行预警,指导评审单位和设计单位从量、价、费角度分析差异构成及产生原因,促进可研质量和评审效率提升。

3. 充分挖掘数据潜能,完善项目预测调整机制

构建投资预测模型。基于投资管控平台数据库,对比分析工程各项费用在可研阶段、初设阶段以及决算阶段的差异性,开展设备材料价格及造价水平预测研究,构建价格预测模型,实现设备材料价格及造价水平预测功能,进一步结合地质、气象、建设环境、建设规模等因素,细化可研标准参考价,动态更新并季度发布,辅助支撑可研投资精准管理。优化标杆项目方案调整机制。依托可研造价管控应用数据中心,搜集历年来技术经济真实工程数据,建立变电站、架空线路、电缆线路等可研标杆方案库,通过智能提取项目基本信息、项目所属标杆方案、项目及标杆方案的投资数据,动态比对项目单位和标杆方案单位指标,优化提升标杆方案的适用性,保证标杆工程投资的精准性。

(四)规范投资需求管理,完善项目投资部署

1. 科学实施需求预测,准确把握投资方向

明确公司投资方向。以支撑乡村振兴战略实施、持续提升农村电气化水平为目标,明确投资方向,分阶段将网架联络提升、农田机井配套、迎峰度夏、迎峰度冬等项目作为投资重点,分批下达项目资金,坚持"一项多能"原则,最大限度获取配电网投资效益。编制印发《国网河南省电力公司城镇用电接网工程管理办法》(豫电发展〔2022〕9 号),厘清河南公司投资红线界面,严格遵守省电力公司和用户之间投资界面要求,严格执行电缆工程投资差价政策。做精电力需求预测。精准负荷水平和趋势研判,要求市供电公司以客观事实为依据,从地区经济发展情况、历史用电情况和大负荷增长点等方面科学分析,由评审单位进行重点核实;加强需求预测指导,每年下发电力需求预测水平推荐方案,指导市供电公司结合最新情况校核取证。

2. 做好前期勘查研究,确保项目必要可行

严格项目必要性论证。针对农村电网工程特点,从满足负荷增长需求、完善网架结构、提高供电可靠性、满足电源送出及用户接入需求等方面核实工程建设必要性。农村电网日常需求稳定,由于逢年过节等原因导致用电负荷成倍增长,易造成用电故障,因此针对农村负荷突增的电网项目,严格核实突增负荷情况,保证工程建设确有必要。扎实开展前期勘查。组织建设、设备、营销、财务等专业部门,针对农村基本农田、生态红线、洪涝灾害等实际情况,深入现场调研掌握一线情况,准确把握工程建设难点及敏感点,提高项目可实施性,避免项目完成可研进入储备库后无法落地,影响项目储备精度。

（五）抓细方案编制审核，提升可研估算准度

1.深化可研技术创新，严控项目方案质量

创新开发辅助设计系统。组织开发基于 WebGIS 技术的三维全景生态敏感区查询系统，整合省内自然保护区、世界文化遗产地等 8 类生态敏感区数据，为电网项目提供沿线生态信息查询、相对位置在线生成等服务，辅助合理规避生态敏感区，提高可研编制准确性。深化项目接入系统设计。利用"网上电网"系统，在满足项目供电区域近远期负荷发展需要的基础上，从站址选择、线路选择、导线截面等方面深化方案比选，着重从总投资、年运行费用、安全可靠等方面进行技术经济比较，确定最优的接入系统方案。优化技术方案设计。在变电技术方面，围绕变电站规模、平面布置、配电装置选型、变电容量、设备选型、挖填土方等方面深化制定 11 条变电技术控制措施，明确变电工程量控制重点，控制变电站造价规模。在线路技术方面，围绕线路路径方案、线路曲折系数、线路裕度、线路架设方式、通道清理等方面深化制定 10 条线路技术控制措施，明确线路工程量控制重点，控制线路造价规模。

2.细化技经费用控制，提升费用估算准度

制定可研标准参考价。根据全过程投资分析情况，在国网系统率先制定《河南电网输变电工程可研标准参考价（2021 年版）》，为工程估算造价提供统一明确标准。研究跟踪国网信息价、国网招标价、河南省协议库存价等价格信息，跟踪预测设备及材料价格走向，按季度发布统一的设备材料价格，同时修正标准参考价，提高其适用性。强化标准参考价执行。对于设计单位上报的可研估算高于可研标准参考价，或者低于可研标准参考价达到 20% 的，严格要求在设计文件中增加翔实的专题论证材料，审查时重点把关。加强工程费用管控。根据全过程投资分析，优化招标费、特种设备安全检测费、基本预备费、项目法人管理费、勘察设计费 5 类费用的计列标准，严格专项费用控制。

3.强化可研评审管理，提高可研编制质效

修订评审原则，细化评审标准。针对全过程分析整理出来的重点问题，编制《河南电网输变电工程可研编制及评审技术原则（2021 年版）》，逐条落实投资精准管控要求，统一可研编制和评审尺度，细化评审标准。加强内审管控，提升内审质量。组织省经研院修订固化内审意见模板，明确必须征求建设、设备、调度、县供电公司等部门或单位意见的要求，规范内审深度和要点，强化对农村电网特殊要求的重点管控，对于内审不满足要求、主要协议缺失等项目不得纳入正式评审计划，2021 年共有 36 项未纳入当次评审计划。加强预审把关，提高评审质效。要求评审单位在评审前一周对项目成熟度进行预审，原则上超标准参考价 15% 以上的不上会、杜绝内审意见缺失、关键协议不齐等项目"带病"上会，项目一次评审通过率由 82% 提高到 96%，提高了评审工作质效。加强可研评审，精准工程投资。强化可研必要性、可行性和经济性论证，严禁超标准建设，2021 年共有 10 项因不满足要求而退回重新论证，确保评审质量，全面提升精准投资水平。

（六）加强专业部门协同，提升项目建设质效

1.规范可研出库管控，确保项目及时开工

规范项目开工时间。项目可研审批通过后，原则上 1 年内开工建设，尽可能缩短项目前期阶段时间和项目建设周期，降低因设备、材料价格受市场影响大、建设周期长导致估算不精准的风险。规范可研成果移交。严格执行《国家电网有限公司电网项目前期工作管理办法》及省电力公司相关要求，项目前期成果通过审批后 1 周内书面移交建设部门，确保工程建设依法依规。严格履行可研批复变更程序。可研批复后，建设过程中因系统方案、规模等发生较大调整，或投资变化超过 20%，均要求严格履行可研批复变更程序，2021 年共有 2 项严格重新履行了可研批复变更程序。

2. 严格设计单位管理，减少可研初设偏差

加强设计单位技术指导。组织省电力公司系统内外 50 余家设计单位开展 2 次集中培训和多次线上技术交流，覆盖 1000 余人次，确保设计单位能够全面掌握重要设计技术标准和原则。推动评审信息共享。每月总结可研优秀案例和常见问题通病，每季度在评审平台中发布共享，为设计单位提供取长补短的平台，避免通病再次发生。加强设计单位分类管理。加强设计能力调研，结合资质业绩、人员配置等情况，对设计单位的各专业能力进行调研并分类管理；合理利用分类结果，对特殊电网项目设计和课题研究进行重点支撑。

3. 强化工程建设协同，确保可研方案落实

参与工程建设阶段工作。积极参加工程初步设计及审查、设计变更、决算审核等相关工作，及时协调解决工程遇到的新情况、新问题，确保可研确定的主要技术原则、重大技术方案及造价管控措施落实到位。加强"三率合一"管控指标监控。建立投资项目预警机制，明确预警标准，加强对"三率合一"管控指标匹配程度监控，每月对项目投资进度、财务进度、建设进度出现匹配程度超过预警标准的项目进行预警，2021 年共对 25 个项目进行了预警。加强对预警项目协同整改。针对 25 个预警项目，配合建设部门深入分析工程建设情况，查找阻工因素和存在问题，提出具体改进措施，并加强问题整改进度监控，做到"事事有落实，件件有回音"，确保可研方案落实到位。

（七）严格质量考核评价，实现投资闭环管理

1. 完善可研质量考核机制，强化项目投资依据

强化管理业绩考核。将投资控制纳入各基层单位业绩考核，下发前期工作计划，细化评分内容，明确考核标准，加强"三定"（定项目、定指标、定责任）管理，确保考评落实到位。强化设计单位可研质量评价。编制可研质量打分表，包含 4 大类 32 项评分要点，针对全年 190 个电网项目开展现场评审打分并公示，评分结果纳入资信评价管理，年度发布并直接与招标活动挂钩。做好事后监督检查。以设计质量"回头看"工作为抓手，每季度开展 1 次可研质量监督检查，对合同履约、可研质量等工作进行通报。监督检查中发现的技术质量问题纳入可研编制和评审单位资信评价，问题严重的列入"黑名单"。

2. 加强关键影响因素考核，落实投资管控措施

加大对"量价费"审查考核。工程量方面，严格限制因设计标准过高导致的工程量增加，严格核减必要性论证中缺少量化指标分析的工程量；价格方面，严格要求按照河南省电力公司统一发布的设备材料价格计列，不得蓄意提高价格；取费方面，严格按照河南省电力公司统一发布的费率标准取费，不得私自提高费率或漏列取费科目。对于存在以上问题的项目均纳入可研质量评价，2021 年共有 45 项电网项目给予扣分考核。加大估算重点问题考核力度。对地质资料造假（地质描述与实际明显不符）、通道清理打埋伏（规模或数量明显高于所提供证明材料）、滥用新技术（不符合使用条件采用评审闯关的）、超标准建设等 4 类问题加大扣分力度，2021 年共对 34 个投资审减率超过 5% 项目进行了评价扣分。加大项目落地审查考核。将未深入了解建设敏感区域、未详细测量通道拆迁、未严格开展压覆矿调查、未深化安全校核分析等 4 类严重影响项目顺利落地的情形纳入考核重点，加大考核力度。

3. 强化投资管理成效分析，提升农网建设质效

开展全过程投资对比分析。在初步设计、施工图设计、工程建设等阶段广泛收集问题，紧密联系电网建设实践，深入分析造价变化原因，分析年度工程造价水平和造价结构的变化情况，为持续提高投资管控水平积累经验。建立投资控制管理体系。制定"投资控制管理成效分析标准"，及时对各项措施的落实情况、成效及问题进行剖析，查找管理工作中的不足，提出 5 项改进措施，实现管理工作的闭环提升。

三、基于项目全过程分析的农村电网精准投资管理效果

（一）投资方向更加精准，有效助推乡村振兴战略

本项目加快推动了农村从"用上电"向"用好电"转变，全面支撑农村供电服务水平和质量提升。2020 年农村电网年平均停电时间为 16.34 小时／户，2021 年和 2022 年分别减少至 14.72 小时／户和 11.2 小时／户。乡村供电能力和服务水平持续提升，广大农民群众的幸福感、获得感不断增强，有力助推乡村振兴战略顺利实施。

（二）资金使用更加精准，投资精益水平明显提升

本项目大大提高了投资估算准确性，减少了投资计划浪费，提高了农村电网投资效益。2021 年评审单位电网基建项目可研评审支撑工作质量由 95% 提升至 100%，2022 年持续保持 100%；2021 年电网项目前期工作完成质量由 91.8% 提高到 98.4%，2022 年进一步提高至 99.4%；2021 年可研投资审定较送审的审减率由 2020 年的 9.03% 下降至 5.63%，2022 年进一步下降至 3.04%；2021 年配网工程造价准确率由 87.72% 提高到 90.86%，2022 年进一步提高到 93.15%；2021 年工程决算较估算结余率为 13.32%，同比下降 3.64%，2022 年进一步下降为 9.56%。

（三）投资计划执行有力，项目转资效率明显加快

本项目保障了项目规范开工、按期投产。2021 年，电网项目初设概算较可研估算的审减率平均由 7.99% 下降至 2.57%，2022 年下降为 1.79%，可研方案更加扎实；2021 年农村电网项目计划执行率由 90% 提升至 95%，2022 年提升至 98%，执行力度明显提升。项目建设节奏加快，工程建设周期平均缩短 10%，有效提升了转资效率，管理效益显著。

　　　　　　　　　　　　　　（成果创造人：刘跃新、刘　强、孙才华、牛　鑫、李大鹏、
　　　　　　　　　　　　　　　　　　李旭阳、郭　静、席小娟、李　勇、范　岩）

环保企业集团基于业财融合的智能化财务共享管理

中国环境保护集团有限公司

中国环境保护集团有限公司（以下简称中国环保）成立于 1985 年，是大型央企中国节能环保集团有限公司（以下简称中国节能）的全资子公司，是我国固废领域领军企业。中国环保集规划设计、工程建设、技术研发、装备制造、投资建设和运营管理为一体，业务涵盖生活垃圾焚烧发电、有机固废处理、智慧环境服务、环境工程技术服务四大板块，连续多年被评为"中国固废十大影响力企业"。截至 2022 年年底，中国环保资产规模达 400 亿元，实现年营业收入 75 亿元，利润总额 9 亿元，投资、建设、运营项目近 100 个，综合日处理能力 10 万余吨，产业规模稳居国内同行业领先地位。

一、环保企业集团基于业财融合的智能化财务共享管理背景

财政部《会计改革与发展"十四五"规划纲要》指出企业财务要"着眼于服务各类单位提高内部管理水平和风险防范能力"，为公司财务职能实现从传统的以核算为主向价值管理、资本运营、战略决策辅助等职能转型升级提供了方向。

传统财务管理模式下，中国环保各项目公司核算口径不一致导致集团报表汇总效率低，影响报表数据准确性和及时性，年度决算需花费大量时间核查和调整账务，影响公司信息准确性和披露时效。

一是组织效能较低、成本较高。中国环保规模随着城市建设步伐而扩张，传统管理模式下组织结构与管理效率成反比，规模越大总部对各子公司的监管力度越弱。同时，建立在法人实体基础上的财务组织架构，财务机构是法人主体的标配，人员轮岗难度大，财务体系管理成本较高。

二是标准化建设有待加强。虽然科目体系及其辅助核算基本能涵盖业务场景，但是存在科目设置维度交叉、科目设置冗余和同一业务事项不同单位核算处理不一致等情况。业务的个性化设置加大了管理及对标的难度。

中国环保虽然已部署统一的基础财务信息系统，并建有多个业务信息系统，但报表系统自动化程度较低、协同性不强，数据口径不一，未打通各单位系统之间的集成链条，难以支撑集团化发展需求，亟须破除业财融合壁垒，构建并强化财务共享中心，推进制度规范化和流程自动化。

二、环保企业集团基于业财融合的智能化财务共享管理主要做法

（一）科学定位，搭建财务共享组织体系

科学调整财务组织人员定位，按职能类型将财务人员重新划分为战略财务、业务财务、共享财务、专家团队四个层级，打造"四位一体"的财务管理模式。战略财务承担财务管理的核心职能，立足企业战略实施体系构建、决策支持、资源配置、价值管理等顶层策划，发挥财务价值引导作用；业务财务主要承担管理会计职能，深入一线、面向业务前端，为管理者和业务部门提供具有针对性、相关性的财务支持和专业分析，协助其提升经营管理能力；共享财务负责通过财务共享系统、银企互联系统、会计核算系统的建设和应用，为中国环保总部及业务单位提供集中的财务会计核算服务业务及资金结算业务，并提供标准规范的会计凭证、真实准确的财务报告，降低共享单位财务人员的基础核算、结算工作比重，促进财务人员职能转型，保证公司财务信息的规范性、准确性、及时性；专家团队是由战略财务、业务财务和共享财务中的核心骨干及信息技术部门的专家构成的虚拟组织，集中精力研究财务管理中的重大专项问题、信息化前沿技术及进行集团各业态财务状况分析，对实践工作提供专业的指导意见。

共享财务通过统一标准、规范流程，实现基础核算信息的高效采集、快速处理、集中输送，有效避免重复作业、数据冗余造成的资源浪费，为战略管理打下扎实的数据"底座"，业务财务以"融入＋指导""融合＋监督"的方式发挥作用，将战略计划推行至业务单元的主干末梢，并作为信息传输的纽带为共享财务、战略财务提供"一线"声音；战略财务定位于决策，既要"开好局"，更要"收好口"，一方面为共享财务、业务财务的工作开展提供方向指引，另一方面通过整合、提炼、分析基础数据挖掘信息价值、提供科学决策；专家团队集中研究解决、突破重要财务、税务、资金管理等方面问题，对各类财务实践提供专业指导意见。

财务管理部下设财务共享服务中心，作为财务共享管理主体机构，由总部财务管理部统一管理和指导；财务共享服务中心相关事项的直接汇报领导为中国环保总会计师。该定位利于中国环保对财务共享服务中心的集中管控，统筹管理。为了满足垂直管理的需要，财务共享服务中心对于各共享核算单位将承担管理和服务的双重职能。中国环保财务共享服务中心是共享财务人员的管理单位，根据专业和职能类别的不同下设资金结算组、成本费用组、收入核算组、资产核算组、总账报表组、运营管理组6个组，每组设有组长及相应业务岗位。

（二）管理闭环，构筑财务共享制度体系

中国环保制定相适用的运营管理制度，用于管理共享服务中心与其服务对象的关系，以及财务共享服务中心的内部运营，形成服务运营管理闭环。其中运营管理制度旨在规范财务共享中心标准化管理、培训体系以及服务质量，进而提升管理水平。中国环保运营管理制度清单具体如表1所示，主要从服务定义、日常管理、运营监控、持续优化四个大类制定制度。

表1　运营管理制度清单

类别	运营制度	主要内容
服务定义	服务水平协议	财务共享中心与业务单位签订的协议，主要包括约定双方的服务内容、服务期限、权利与责任、违约条款等内容
日常管理	绩效考核组织	明确绩效考核管理小组成员以及考核职责
	绩效考核流程	建立完善绩效考核流程，包括绩效考核数据、考核评分、考核结果公布，以及考核申诉
	绩效考核体系	规定月度考核体系指标、年度考核指标、考核奖惩以及员工晋升通道
运营监控	服务管理制度	规定财务共享中心员工对业务单位提供服务的机制，包括服务规范、服务评价、服务水平提高等内容
	时效管理制度	规定财务共享中心各项业务的服务时效管理、单据库存管理等内容
	质量管理制度	规定财务共享中心各项业务的服务质量，包括质量管理组织、质量目标及评价规范、质量检测规范、质量报告规范等内容
持续优化	标准化管理制度	建立财务共享中心标准化制度，包括业务流程、核算规则、文档管理的工作过程和职能界定
	培训管理制度	建立财务共享中心的培训体系，包括培训组织、方式、流程、计划、过程、收尾等

（三）统筹管控，优化财务共享运行机制

一是绩效管理：包括组织绩效和人员绩效两个方面。组织绩效主要从财务维度、客户维度、内部流程维度，以及学习创新维度设立指标。人员绩效指标设定主要体现在各个岗位的时效性、工作量、质量和满意度等方面，与组织绩效目标保持一致。

二是质量管理：财务共享中心综合业务时效、整体业务质量与服务质量三个方面设计指标维度，健全质量检查与控制办法，完善业务操作过程，提升操作的标准化。

三是服务管理：服务管理主要包括服务效果、服务能力、服务时限、服务态度等指标维度，通过客户沟通管理规范、公共邮箱和在线咨询、呼叫中心、满意度调查等工具提升服务质量。财务共享服务中心通过签署服务水平协议的方式进一步补充和完善服务管理，并对服务数据进行分析。

四是人员管理：周期性地开展职业指导和培训，不断提升员工的专业水平；通过资源整合，将原本分散于各财务部门的业务和技术人员进行集中，形成优势；培养具有数据思维、全局视野、思考能力、动手能力、协调能力的财务人员。

（四）流程优化，实现多模块智能化管理

通过智能管控要素的优化设计实现对台账信息的线上化、集中化、标准化管理。共享表单设计过程中，在满足基本核算要求的基础上，结合企业需求增加相应管理要素，并基于管理要素字段的设计及信息统计的维度，通过表单数据的自动抓取，最终以报表或台账形式予以展示，替代传统线下手工台账形式，有效解决人为统计工作量大、耗时长的问题，同时也提高了数据统计的规范性、及时性及准确性。

中国环保通过共享表单与预算系统的联动对接实现预算执行全过程管控。基于科目标准化，通过共享表单费用项目的梳理及与费用预算项目的映射对照，经办人员通过共享表单在业务报账提交、审批、稽核等环节进行预算控制，切实做到费用预算的事前计划、事中预警控制和事后分析，保证所有日常费用报销均在费用预算内，所有费用的列支均合理合法并得到及时准确的记录，从而将企业日常运营成本控制在预算范围内。

（五）智能财务，运用人机协同新兴技术

一是运用引擎实现智能审核。通过将补贴分类、垃圾处理量、时间段、摘要等相关信息进行结构化处理，利用规则引擎搭建集团审核规则库，形成面向不同角色、不同审核需求的审核事项，并嵌入流程引擎中，实现流程审批智能化。一旦发现不符合审核规则的内容，智能审核将自动转换为人工审核，并对错误事项进行定位，大幅提高审核效率以及审核体验。

二是通过银企互联提升资金管理核算流程效率、降低资金支付风险、提升企业资金管理水平。通过银企直连付款处理、银企直连对账等功能，实现"处理支付指令""生成银行可识别文件""完成付款"全流程自动化，并及时获取并反馈资金支付的交易进度和付款结果，实现信息同步、效率提升、监控实时和支付安全。

三是重复性、稳定性、线性业务处理自动化。通过RPA财务机器人的自动化操作取代部分人工操作工作，并将其应用于采购及付款管理、销售及收款管理，大量节省财务人员多类型数据的重复录入，提高单据比对的效率和准确率。

四是以员工需求为导向，不断升级服务体验。遵循系统建设的生命周期，将推广应用作为系统优化的起点，在实务中创新业务场景，完善现有功能，深化数据运用，拓宽平台资源，不断迭代升级。一是实现手机端移动报账及移动手机端和电脑PC端双向审批；结合生物识别技术，个性化定制签名版式，全过程记录线上审批详情，包括审批人、所属岗位、审批意见、审批时间等信息，打破单据审批的时间界限和空间界限。二是上线"7×24在线"的智能答疑客服，根据财务共享中心业务规章流程、日常业务审批场景与咨询场景积累，构建答疑知识库，并根据业务经验，人工审核和标定问题关键词，构成答疑关键词库，为智能客服提供基础依据，实现制度性、标准性及基础性咨询问题的及时高效反馈。

（六）业财融合，打造业财一体化系统

充分利用新一代信息技术，覆盖业务端到财务端数据传递，形成全价值链的海量运营数据的沉淀；以全自动取数配置和智能化应用为目标，把管理、决策、分析等作为财务数字化常态化服务；通过电子化、自动化、智能化手段，主动响应数据需求的千变万化，确保数据响应的快捷高效，管理应用灵活可扩展。

第一，完善业财接口建设。一是前端业务系统之间建立接口，使得生产数据能够传输至 MIS（管理信息系统）。二是将 MIS、电子商务平台、爱数系统与财务系统建立接口，从而能够传输前端业务数据。三是财务公司网上金融系统与财务系统建立接口，传输资金上收下拨信息至财务共享平台并自动生成相应的收付款凭证。四是搭建大数据平台，业务和财务系统均与数据平台建立接口，传输业财数据便于对生产经营及财务状况进行分析，从而提升管理。

第二，充分集成财务报表取数。将业务信息系统、财务信息系统与报表系统贯通，结合共享中心的管理特点、国务院国资委和中国证监会管理要求及集团自身管理需求，进一步规范财务报表的列报规则及取数规则，实现全口径财务报表和相关管理类报表自动生成。一方面，根据财务报表统计口径自动推送明细级的财务或业务数据，自动生成财务报表数据；另一方面，梳理全量业务板块的各级次子公司间合并抵消规则，将规则内嵌至报表系统，由系统自动抓取、计算财务或业务数据后自动化出具集团层级合并报表。

第三，积极拓展管理分析应用。一是聚焦研发业务管理的主题化架构，将财务数字化应用体系分为决策域、运营域和财务域三个层次，针对性满足各层级、各专业对项目管理的需求，分别重点关注总体的盈利能力、支出水平、项目投资决策、业务运营效益等方面内容。二是聚焦不同业务的场景化梳理，紧扣业务管理各环节和价值点，将前端业务运营至后端财务核算管理全过程转换为分析场景，满足涉及前期决策预测、资源配置能力、资金管理能力、业务评价与考核等方面的多层次、多方位、全周期的场景化管理需求。三是聚焦业务全流程管理的指标化设计。以业务管理数据为资源，按来源、属性、传递途径等口径对数据进行归纳、整合，借助财务共享平台所形成的数据资产库，制定贴合外部监管、考核管理、日常运营管理三方面要求的标准化指标库，灵活应对不同层级、专业需求。

（七）项目辅助，构建财务共享保障体系

1. 财务队伍保障

一是在专业培养方面，采取集中学习与长期培训相结合的模式，着重智能技术认知、业财融合理念以及综合专业能力提升，培养复合型、管理型财务人才。二是在观念塑造方面，通过建立横向与纵向相结合的沟通反馈机制，促成财务管理各项业务活动中不同部门之间良好的信息交互，推动业财融合；同时，定期组织关于智能财务共享平台优化的研讨会，引导各部门人员积极谏言献策，鼓励员工参与到智能财务共享服务活动中，提高人员参与度。

2. 后台资金保障

资金投入是智能化财务共享实现的保障。中国环保从战略资源配置角度制订财务信息化资源保障计划，综合考量优化方案的实际投入，同时积极开拓融资方式，为平台运行保证稳定现金流。

一是根据现有系统及业务发展情况，制定智能化财务共享体系建设与信息系统优化方案，评估后续资金需求，做好投入产出测算及预算管理，并形成资金计划，在提供资金保障的同时防止资金浪费。二是在资金渠道方面，在传统银行贷款的同时，结合环保行业特点不断丰富融资渠道，积极探索REITs（不动产投资信托基金）模式，着重盘活重资产项目，加大资源流转。

3. 闭环管理保障

中国环保采取"规划设计—监督把控—反馈优化"的闭环管理模式持续不断地保障智能化财务共享体系升级优化。

在规划设计方面，树立包括推动财务从核算型向管理型转变、提升企业管控水平及促进企业智能化转型在内的三个目标，并结合集团现有情况与环保行业特点进行智能化共享体系优化的规划设计。

在监督把控方面，站在共享内部的角度，设置相关质量提升监督人员，对规划设计方案落实与智能化运行情况进行定期抽检，监督是否达成如审核时效、服务质量等在内的指标。

在反馈优化方面，构建起持续有效的反馈机制，根据定期抽检情况与客户满意度调查形成反馈结果，并有针对性地制定优化措施，确保问题解决得到有效落实。

4. 考核评估保障

中国环保在财务共享体系建设过程中围绕质量管理、效率提高、服务提升、综合管理四个考核维度，确定各维度绩效考核重点，建立绩效考核指标库，设定考核指标，并层层分解到智能财务共享中心内部各组、各岗位。

在质量管理方面，重点关注能否及时准确地向企业内外部提供财务报表及相关财务信息，各项业务作业处理的差错率在智能化辅助下是否达标并呈降低趋势、准确率是否提升，同时财务共享服务中心内部各小组是否及时跟踪会计政策及准则变化，建立与之相适应且规范完善的制度体系。

在效率提高方面，重点关注在实现智能化财务共享后，中心内部各小组完成关键业务作业及业务单据处理的总量和人均标准单处理总量是否得到提升。

在服务提升方面，重点关注投诉次数、投诉处理时长是否达标、客户是否对财务共享中心的工作感到满意等。

在综合管理方面，重点关注人员流失率是否控制在既定范围内、员工培训次数是否达标等。

三、环保企业集团基于业财融合的智能化财务共享管理效果

（一）提升财务管理效能

在组织效能方面，智能财务共享中心上线前，中国环保财务人员共计 240 人，其中各项目公司财务部门均配备了 3 名以上人员，业务同质性高。财务共享中心上线后简化整合冗余业务流程，减少行政管理层次，共享中心配置 96 人，分别服务中国环保上市范围 49 家单体以及非上市 43 家单体各项目公司仅保留 1 名业务财务负责现场工作。全系统财务人员压减至 190 人左右，综合精简财务人员 20%，年节约成本费用约 700 万元。

在会计核算标准化方面，中国环保规范了 1 套统一的标准化科目体系，完善了 27 类会计科目辅助核算档案，梳理核算场景 11369 个。在此基础上实现对中国环保业务范围内各经济事项四个统一，即核算规范统一、稽核规则统一、附件要求统一、系统凭证规则配置统一。

在财务风险防控能力方面，将公司财务制度、业务标准嵌入共享系统对应单据，以及 OCR 识别、智能校验、智能审核等技术的应用，减轻了财务人员审核、稽核、辅助计算、单据核对、凭证制作的工作量，通过流程表单承载数据管理需求，替代了大量手工台账，实现财务风险实时管控。

（二）推动财务智能化转型

在形成人员培养长效机制方面，在智能化转型过程中，"四位一体"财务管理模式推进会计工作从事后管理转变为"事前、事中、事后"全链条管理，促进财务人员从记账、算账的"账房先生"转变为融入战略顶层、深入业务前端的决策"指挥'、经营"参谋"，实现生产经营信息数据在收集、传递、加工、应用过程中的有机循环，进一步深化"业财融合"，提升财务管理的价值创造能力。

在增强一体化管控能力方面，通过信息化解决跨业务、跨地域的管理问题，实时获得信息共享，及时控制业务财务风险；并且在未来投资、经营决策方面引入数字化支持，深度挖掘数据价值为经营决策提供必要信息输入，增强企业一体化的管控能力。

在系统快速升级迭代方面，以财务智能化转型为契机，集中发现和处理财务系统的建设需求，将新技术或新系统功能统一覆盖延伸至全公司财务管理，快速适应业财发展变化。

在推动企业数据资产管理方面，统一了主数据的标准、源头、维护，实现了企业全局数据共享；通过提高财务数据水平，促进企业源数据的规范，实现财务数据资源为企业创造价值。

（三）服务企业高质量发展

中国环保财务共享体系建设以标准化建设为核心，横向通过"业、财、资、税"一体化融合，纵向通过集团内各级次数据层层传递，着力打造了整个集团的"财经数据处理平台、业财融合集成平台、经济运行监测平台、分析决策支持平台、智慧财务应用平台"。一是信息传递效率显著提升。管理应用的落成使项目数据实现高度集成和快速传递，大幅提升了公司内部行动步调的一致性。根据平台数据统计，智能化共享平台上线后，单据处理时长整体缩减了约42%，有效提升流程处理时效。二是综合分析水平大大加强。沉淀企业数据资产，挖掘企业数据价值，赋能经营管理水平提升。依托财务智能化系统平台，深度挖掘数据、因类施策，中国环保2022年度累计清收回款63.4亿元。三是闭环管理水平有效加强。通过建立具备立项、统计、监控、预警、评价功能的数据分析体系，强化对各类研发项目经营效益的闭环管控，为经营分析、运营管理、科研规划、绩效评价、激励机制创新提供有力的决策支持，促进财务管理由"核算型"向"战略管控型""价值创造型"转变。

（成果创造人：邓先柏、黄　珊、徐　曼、许大明）

船厂系租赁公司以自身业务为特点的风险量化评估

中国船舶集团（香港）航运租赁有限公司

中国船舶集团（香港）航运租赁有限公司（以下简称中船租赁）于 2012 年成立，是大中华区首家船厂系租赁公司及全球领先的船舶租赁公司之一。作为全球船舶租赁行业的领先市场参与者，为全球的船舶运营商、货主、贸易商提供定制及灵活的船舶租赁解决方案，以满足客户不同的需求。中船租赁的核心业务为提供船舶租赁服务，包括融资租赁及经营租赁，亦向客户提供船舶经纪及贷款服务。中船租赁拥有多元化、现代化及年轻化的船队，船舶组合利用率达到 100%，租金现金收款率为 100%。

中船租赁拥有全面、稳健的风险管理体系，覆盖业务经营所涉多种类型的风险。中船租赁在业务流程（包括尽职调查、项目评价及批准、合约执行、资金发放及租赁管理）中的每一个重要阶段均施行风险管理程序，于 2021 年设计并应用风险量化评估模型，建立客户资信评价体系，开展全面、审慎的压力测试及动态风险预警，以实现项目全生命周期风险量化管理。

一、船厂系租赁公司以自身业务为特点的风险量化评估背景

随着全球贸易的增长和航运市场的竞争加剧，航运金融业务的规模和复杂性也在不断扩大。在这样的背景下，风险管理成为保持行业稳定运行的关键要素。随着全球航运业的不断发展，航运金融业面临着多样化和复杂化的风险。这些风险包括市场波动、船舶运营风险、经济衰退、地缘政治问题等。近年，国内的船舶融资行业竞争激烈。

作为央企子公司，中船租赁在航运金融业务中承担着重要的国家责任。建立风险量化评估模型不仅有助于保护金融系统的稳定运行，还能够为国家经济的可持续增长提供坚实的支持。通过建立风险量化评估模型，中船租赁能够与国际接轨，提高自身在航运金融业务中的竞争力和声誉。

二、船厂系租赁公司以自身业务为特点的风险量化评估主要做法

（一）船厂系租赁公司以自身业务为特点确定风险量化评估模型

1. 针对航运业客户特征确定风险量化评估模型

航运业客户风险量化评估模型适用于从事水上船舶运输服务的公司。其包括集装箱班轮运营商，液体和干散货船东，特种承运人等各类涉及船舶运输的企业。该模型可以帮助中船租赁评估这些公司在经营过程中面临的各种风险，并量化这些风险的程度和可能性，以提供准确的风险评估结果。

2. 针对航运金融业务类别确定风险量化评估模型

融资性船舶租赁：融资性船舶租赁是指中船租赁的客户通过租赁方式获得船舶使用权，并将其作为资产用于融资活动。航运业务风险量化评估模型可以考虑融资租赁方面的各种风险因素，包括市场风险、租赁期限、租金支付能力、租赁物价值等，以量化和评估这些风险对租赁项目的影响。

经营性船舶租赁：经营性船舶租赁是指中船租赁以船舶作为经营资产，通过租赁方式提供给客户使用。航运业务风险量化评估模型可以考虑经营性租赁方面的风险因素，如市场需求、租金收入、船舶管理和维护成本等，以量化和评估这些风险对租赁业务的影响。

船舶抵押贷款：船舶抵押贷款是指客户将船舶作为抵押物，向中船租赁融资的一种方式。航运业务风险量化评估模型可以考虑抵押贷款方面的风险因素，如船舶价值、市场状况、贷款利率、还款能力等，以量化和评估这些风险对抵押贷款项目的影响。

（二）根据风险量化评估模型特点,确定数据收集策略

1. 全面收集客户信息,支撑风险量化评估模型搭建

航运业客户风险量化评估模型数据收集是一个重要的过程,其中包括评级数据和财务数据的收集。评级数据的时间跨度为 2000 年至 2020 年,涵盖了全球航运企业的评级信息。评级机构包括 S&P's、Moody's 和 Fitch 等知名评级机构。这些评级数据提供了对航运业客户信用状况的评估和分类。财务数据的收集过程非常严谨。首先从全球数据库中购买的数据被下载下来,然后与评级数据进行匹配。这些财务数据涵盖了航运业客户在这个时间段内的财务状况,包括各种财务指标和报表。

2. 依据业务分类评估要求,精准收集业务数据

通过访谈和行业专家经验,并结合中船租赁总结的项目风险要素清单,确定需要收集以下数据。

各船型的历史运价:这些数据将用于预测不同船型的运价走势,提供对未来市场情况的参考。

运价指数:运价指数将用于修正历史运价数据,以反映市场整体的波动和变化。对于一些船型的历史运价可能存在缺失的情况,建立了船价与运价指数之间的回归模型,以插补缺失的数据,并确保数据的完整性和准确性。

国家评级:由于中船租赁客户遍布全球,国家评级数据将用于反映各国的政治、经济和信用风险,以帮助评估业务涉及国家的整体风险水平。因此,收集了各个国家的最新评级数据,以反映不同国家的风险水平,并作为综合评估的重要参考。

二手船实际交易数据:这些数据将用于预测二手船的价格,并为标的船舶提供合理的估值,以确保资金安全。船舶价值是防范风险的重要手段,因此对船舶进行合理估值以确保资金安全是非常重要的。为此,收集了几个典型船型的历史交易数据,以构建二手船舶的估值模型,为价值评估提供依据。

（三）结合分类客户关键风险因素,建立客户风险量化评估模型

1. 对客户风险关键因素进行识别和分类,构建完整准确的评估结构

航运业客户风险的评估受到多种因素的影响。为了对这些因素进行分析,需要确定它们的重要性,并为它们赋予相应的风险权重。在评估过程中,通常关注客户自身的财务状况、股东背景以及竞争优势等定性因素。为了更全面地评估客户风险,中船租赁采用了一个结合"财务评级 + 定性模型"的二维评价体系。

首先,财务评级是评估客户财务状况的重要工具之一。通过分析客户的财务报表和财务指标,可以评估其偿债能力、盈利能力、流动性和资本结构等方面的风险。这些财务指标可以提供客观的数据支持,帮助了解客户的财务健康状况,从而评估其偿债能力和经营稳定性。

然而,仅仅依靠财务指标评估客户风险存在局限性,因此还需要考虑一些定性因素。其中,客户的股东背景是一个重要的考虑因素。通过了解客户的股东结构、股东的信誉和行业声誉,可以评估客户的治理结构和股东支持程度。股东背景的稳定性和专业性对客户经营的稳定性和可持续性起着重要作用。

此外,竞争优势也是评估客户风险的重要因素之一。了解客户在行业中的地位、市场份额、产品差异化和技术能力等方面的竞争优势,可以评估客户在竞争激烈的市场环境中的可持续性和增长潜力。

因此,在评估航运业客户风险时,中船租赁采用了"财务评级 + 定性模型"的二维评价体系。这种综合评价方法既考虑了客户的财务状况,也综合考虑了其股东背景和竞争优势等定性因素。通过综合考虑这些因素,能够更准确地评估客户的风险水平,并制定相应的风险管理策略。

2. 根据客户数据特征，形成定量模型指标分群

定量模型指标的构建充分考虑了业界的经验和数据的可靠性，从企业规模、盈利能力、资本结构、流动性、营运效率、偿债能力、波动性这 7 个方面选取了 113 个财务指标，然后经过单变量分析，从中筛选出区分风险能力较强的 54 个指标。并通过以下 4 个步骤，最终确定 8 个定量指标。

步骤 1：将通过单变量分析合格的 54 个变量放入统计软件，使用逐步回归方法从纯统计角度初步选择模型。通过选择不同的数据子集进行反复测试，观察哪些变量具有较好的稳健性。

步骤 2：从表现最好的单变量模型或二元、三元模型开始，逐渐增加变量并扩展模型，直至新增加的变量对模型没有贡献为止。

步骤 3：选择在不同的数据集上性能表现相近的模型作为统计选择的模型。

步骤 4：根据经验和先前验证过的模型，对统计结果的权重进行干预，以获得相对均匀的权重并符合经验。

经过筛选，确定了以下 8 个定量指标：资产净负债率、短期有息负债占比、非经常性损益占营业收入比、利润率、经营性净现金流占总负债比、固定资产规模、利润波动性和航运行业评分。这些指标的计算结果与外部评级相差在 3 个小级别以内的比例达到 92.55%，证明该模型与外部评级模型具有较好的一致性。

3. 考虑非结构化因素，形成定性模型因素设定

针对无法用定量模型揭示的一些风险因素，通过使用定性模型进行有效的补充。通过对航运企业的风险特征进行分析，并结合中船租赁和行业专家的经验，筛选出 10 个风险因素，涵盖 6 个维度。这些风险因素是股权稳定性、信息透明度、市场地位、航运业务运营时长、业务多样性及质量、长期合同收入占比、资产政策、融资能力、中船租赁信用记录和特殊风险。

通过定性模型，可以更全面地评估这些风险因素对航运企业的影响。股权稳定性可以衡量客户的内部治理情况及股东结构的稳定性。信息透明度则反映了客户披露信息的准确性和及时性。市场地位是指客户在行业中的竞争地位和市场份额，这直接影响着其收入和盈利能力。航运业务运营时长是一个重要的因素，它可以展示客户的经验和业务运营能力。业务多样性及质量可以衡量客户在不同航运领域的参与程度及所提供服务的质量水平。长期合同收入占比反映了客户的合同稳定性和收入可预测性，这对于维持业务的稳定性和增长至关重要。资产政策和融资能力是衡量客户船舶投资能力和偿债能力的重要指标。中船租赁信用记录可以提供有关中船租赁与客户之间的合作历史信息。特殊风险是指与航运行业特定因素相关的风险，例如排放及环保政策变化等。通过对这些风险因素的全面评估，可以更好地理解航运企业面临的风险，并采取相应的措施来管理和应对这些风险。

（四）根据业务属性风险特征，建立业务风险量化评估模型

第三方咨询公司通过对中船租赁所从事的船舶租赁业务经营特征进行分析，中船租赁的还款能力主要依赖于船舶资产所产生的收入。基于这样的分析，船舶租赁业务具有项目融资和物品融资的特点，因此参考这两类融资的风险分析方法，来构建航运业务风险量化评估模型的框架。

1. 针对业务属性进行分类风险因素识别

为确保模型的实用性，第三方咨询公司组织了一次实地访谈。这次访谈的目的是介绍中船租赁公司的经营特点和未来发展方向，并全面展示航运业务的风险特征。中船租赁向咨询公司提供了当前阶段的数据构成和资产质量情况，以便咨询公司开发的模型更符合实际业务需求。第三方咨询公司在研究中船租赁的相关业务流程制度时，查阅了不同船型项目的业务报告和风险评审报告，并从中获取了以下关键信息。

每艘船都设立了单独的船舶公司，以实现风险隔离。这样做可以将每艘船的风险与公司的其他资

产相互独立，一旦发生问题，可以最大程度地减少对整个公司的影响。

租金和资金成本大部分以美元计价，因此基本不存在汇率风险。这种安排有利于降低外汇波动对中船租赁财务状况的影响，提高业务的稳定性。

中船租赁的业务重心主要是支持中船集团的新造船业务。这意味着中船租赁的主要客户是中船集团在全球范围内的合作伙伴，这种合作关系为公司提供了稳定的业务基础。

中船租赁的客户遍布全球，说明中船租赁在全球范围内有广泛的市场渗透度。这种全球化的客户分布有助于降低公司在某个特定地区或行业的风险暴露，增加了业务的多样性和稳定性。

除了融资客户之外，中船租赁还与船舶管理公司和客户的租约方有着重要的业务关系。这些合作伙伴对项目具有较大影响，因此与他们保持良好的合作关系对于业务成功至关重要。

2. 针对风险因素的相互影响确定其对整体风险水平的贡献度

船舶租赁业务具有项目融资和物品融资特点。为了评估船舶租赁业务的风险因素，需要通过多种渠道收集、整理和归纳相关信息。在参考项目融资和物品融资的评级框架基础上，可以确定航运业务评级模型的风险维度如下。

资产自偿性：评估航运业务所带来的现金流是否足以覆盖债务。这个维度考察了单船公司的财务状况和偿债能力。

船舶资产特征：评估船舶资产本身对债务的保障能力。这包括考察船舶的价值、抵押价值及资产的折旧和损耗情况。

交易特征：评估租赁交易的合理性和可行性。这个维度考虑了租赁合同的条款、租金支付方式及租赁期限等因素。

担保人实力：评估担保人的信用和偿债能力。担保人在船舶租赁业务中承担着风险分担的角色，因此其信用状况对业务评级有重要影响。

担保安排：评估担保安排的可靠性和有效性。这包括担保形式、担保物的价值及担保的覆盖范围等方面。

船舶管理公司：评估承租方船舶管理公司的专业能力和运营水平。良好的管理能力有助于保障租赁业务的稳定性和持续性。

法律、政治、环境风险：评估法律环境、政治风险和环境因素对船舶租赁业务的影响。这包括考察相关法律法规的稳定性、政治因素对行业的影响，以及环境风险对船舶价值和运营的潜在影响。

以上是航运业务评估模型初步确定的风险维度。这些维度将在评级过程中用于综合评估航运业务的风险水平，以提供决策者关于业务风险的参考和判断依据。中船租赁结合业务特点及第三方咨询公司的专业经验，最终确定航运业务评估模型框架如图1所示。

3. 选用适当的方法和指标为风险管理和决策提供支持

一是资产自偿性。为了评估单船公司现金流对债务的覆盖能力，采用了平均偿债覆盖率的多情景模拟方法。在这个建模过程中，使用了不同的情景来模拟变量，其中一个主要的变量是运价。考虑到2007年和2008年船舶运价处于历史高位，为了保守起见，选择了从2009年开始的历年运价作为多情景模拟的依据，并制定了三种情景来模拟预计的运价水平。第一种情景是预计运价处于近十年较高水平，对应近十年运价的75%分位值。第二种情景是预计运价处于近十年中等水平，对应近十年运价的50%分位值。第三种情景是预计运价处于近十年较低水平，对应近十年运价的25%分位值。除了这些情景之外，还考虑了航运业周期波动的特点，选择了运价变化相近的历史情景进行模拟，并为四种情景下计算的平均偿债覆盖率分配了不同的权重，从而计算出最终的平均偿债覆盖率。情景一至情景三的设定排除了近十年过高和过低运价的情况，使得运价取值更加合理和谨慎。而历史情景模拟则确保了模拟的覆盖范围更加全面。除了运价，还考虑了利率的变化对平均偿债覆盖率的影响。在进行四种情景的运价模拟的同时，还设置了初始利率、轻度利率压力和重度利率压力三种利率情景进行了模拟。通过充分考虑运价波动和利率变动对平均偿债覆盖率的影响，多情景模拟方法可以得出更加科学的结果。

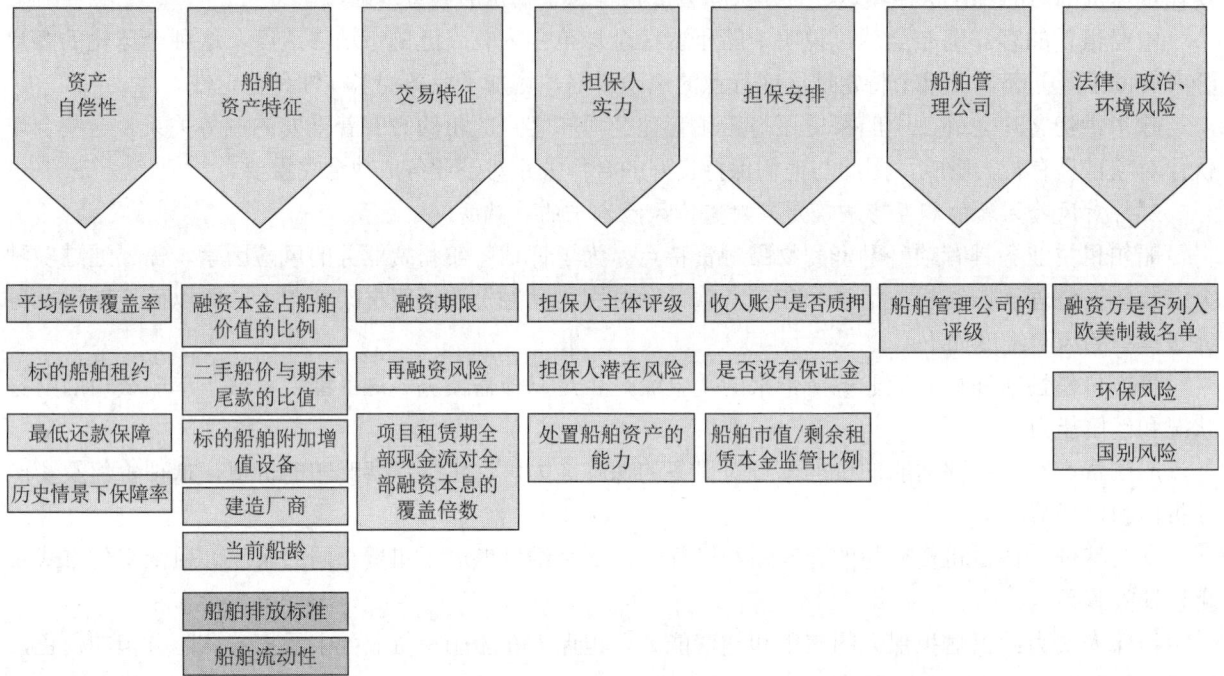

| 资产自偿性 | 船舶资产特征 | 交易特征 | 担保人实力 | 担保安排 | 船舶管理公司 | 法律、政治、环境风险 |

平均偿债覆盖率	融资本金占船舶价值的比例	融资期限	担保人主体评级	收入账户是否质押	船舶管理公司的评级	融资方是否列入欧美制裁名单
标的船舶租约	二手船价与期末尾款的比值	再融资风险	担保人潜在风险	是否设有保证金		环保风险
最低还款保障	标的船舶附加增值设备	项目租赁期全部现金流对全部融资本息的覆盖倍数	处置船舶资产的能力	船舶市值/剩余租赁本金监管比例		国别风险
历史情景下保障率	建造厂商					
	当前船龄					
	船舶排放标准					
	船舶流动性					

图1　航运业务评估模型框架

二是船舶资产特征。对不同船型不同船龄的估值，通过建立船舶估值模型，实现资产对债务覆盖能力的评价。在船舶资产特征中，有两个指标涉及对不同船龄船舶的估值。一方面是融资本金占船舶历史价值的比例，也可以是购买价格占船舶历史价值的比例；另一方面是二手船价或拆船价与期末尾款的比值。

三是担保人实力。担保人主体评级，直接引用本次开发的航运业客户主体评级模型结果。根据该评级模型的结果，可以对担保人的实力进行准确的量化和分类。评级结果将提供一个客观的参考，帮助判断担保人是否有足够的能力承担所担保的责任。评级结果越高，表明担保人的实力越强，信用风险相对较低；评级结果越低，表明担保人的实力相对较弱，信用风险相对较高。

四是船舶管理公司。参考中船租赁内部的船舶管理公司评分表，该评分表包括多个方面的考核指标，包括船舶运营管理、船舶技术管理、客户服务管理、船舶安全管理等方面，以全面评估船舶管理公司的绩效和能力。

五是法律、政治、环境风险。对国家风险的评价直接引用国际三大评级机构的最新评级结果。三大评级机构专注于研究和评估不同国家的法律政治环境，根据政府的稳定性、法律体系的可靠性、政治氛围的透明度等因素，给予国家相应的评级。这些评级结果不仅仅是对国家风险的量化评估，还提供了对国家政治稳定性、法律体系健全性及相关环境因素的综合分析。针对每个风险维度中的各个风险因素，第三方咨询公司采取类似于风险维度权重的方法，根据风险因素的显著性程度对其进行排序。为了找出能够较好反映案例风险的各个维度权重，应用了统计方法，并根据中船租赁提供的测试案例进行分析。中船租赁结合自身业务特点，在前期的权重建议基础上最终确定各个风险维度的权重，确保能够更准确地评估风险，并将其纳入风险管理策略中。通过对每个风险维度内的各个风险因素进行排序和评估，获得一个更全面的风险图景，并将其用于决策制定和优先级排序。

（五）利用信息化建设实现模型对业务全链条的风险动态管理

1. 将验证后的量化模型嵌入业务全生命周期管理流程

通过对中船租赁提供的几家已上市航运业客户的年度财务报告进行测试，发现基于这些财务报告的客户评级结果与标普和穆迪评级基本一致。这表明客户模型的评估结果与国际评级机构相符合，并且能够准确地评估客户的信用风险水平。

业务评级主标尺采用十个级别，表示项目的风险水平，随着级别的下降，项目的风险逐步增加。通过 43 个案例的测试，并进行统计分析。结果显示，其中有 6 个违约案例，它们被评定为 CCC、CC和 C 级别，这明显表明项目的风险随着级别的下降而逐步增加，表明业务模型在风险量化方面具有准确的区分能力。

2. 通过评估模型的自主知识产权应用提升市场竞争力

为了避免公司核心信息泄露的风险，中船租赁采取了信息化开发措施，并全面应用风险量化评估模型，把风险量化评估模型与内控信息化系统紧密结合，将其融入项目准入、项目评审、贷后检查、风险预警等业务全生命周期管理流程中。通过这种方式，中船租赁有效提高了模型的使用效率，降低了操作风险，并增强了内部数据共享能力，实现了对风险的动态管理。

此外，中船租赁还成功向中国国家版权局申请了该风险量化评估模型信息化系统的计算机软件著作权。这项申请的成功使中船租赁确立了对风险量化评估模型的自主知识产权，进一步提升了市场竞争力。通过拥有自主知识产权，中船租赁在该领域拥有了更强的技术优势，能够更好地满足客户需求，并在市场中占据更大的优势地位。

三、船厂系租赁公司以自身业务为特点的风险量化评估效果

（一）风险防控能力显著提升

在过去的一年中，中船租赁在信用风险评估和监测方面取得了重大进展，将风险量化评估模型引入项目准入立项、项目评审和贷后跟踪评级等流程，以强化风险管理措施。通过对正常项目实施联动风险管控措施，对已经显露风险的项目果断采取有效的风险缓释措施，中船租赁与承租人共同努力，积极化解风险。结果显示，2022 年中船租赁的租金收取率达到了 100%，在风险防控能力方面取得了显著的提升。

（二）船舶资产质量始终优质

截至 2022 年年末，中船租赁的船队规模达到了 158 艘，其中有 129 艘正在租赁运营中，另外还有29 艘正在建造当中。在这些船队中，清洁能源海上装备占比 40.5%，散货船占比 13.8%，集装箱船占比 19.8%，液货船占比 15.4%，特种船占比 10.5%。平均而言，这些船舶的剩余租期约为 7.3 年，平均船龄约为 3.2 年。船队的结构现代化、多元化、绿色化，并且船龄相对年轻，这使得中船租赁能够同时兼顾抵御风险和实现稳健增长的效益。2022 年全年，中船租赁没有新增不良资产，船舶项目的租金收取率达到 100%，资产利用率也达到了 100%。此外，18 艘联营船舶创下了投资收益的新纪录，达到了3.1 亿元，同比增长了 446%，船舶资产质量保持在优质水平。

（三）经营效益实现高速增长

通过风险量化评估模型的建立和应用，中船租赁已经成为一家国际一流的船舶租赁与投资运营企业，其船舶资产质量一直保持优质水准。截至 2022 年年末，中船租赁年营业收入达到 32.08 亿港元，净利润为 17.35 亿港元，总资产达到 405.21 亿港元，净资产为 116.42 亿港元。与 2019 年上市时相比，公司净利润增长了 94.5%，年复合增长率达到 24.8%；收入增长了 39.8%，总资产增长了 46.3%，所有

者权益增长了 36.9%。同时，公司的 ROE（净资产收益率）增长了约 3.1 个百分点，ROA（资产回报率）增长了约 1.2 个百分点，所有主要经营指标均创下历史新高。

　　中船租赁自上市以来，连续四年获得惠誉评级机构的 A 级评级，以及标普评级机构的 A 级评级，充分展示了卓越的信用水平。作为国内首批入围国务院国资委"双百行动"综合改革试点的企业，中船租赁荣获了 2021 年国务院国资委"双百行动"考核中的标杆最高级别评定，这是对其在综合改革方面的出色表现给予的高度认可。

（成果创造人：钟　坚、李　晞、丁唯淞、

王　濛、袁　超、王宇堃、卢琳玲）

电网企业营销业务风险的数字化内控体系建设

国家电网有限公司客户服务中心

国家电网有限公司客户服务中心（以下简称国网客服中心）为国家电网有限公司直属单位，2012年7月正式成立，本部设在天津市，下设北方（天津市）、南方（南京市）两个分中心。作为国家电网有限公司供电服务及营销稽查业务的执行单位，承担各省95598服务工作质量的监督、检查与评价，负责公司95598客服热线、网上国网App、营销稽查等专业运营工作。

一、电网企业营销业务风险的数字化内控体系建设背景

国家电网有限公司辛保安董事长在两会报告中重点指出，审计监督暴露出公司系统在依法治企、合规管理等方面还存在不少易发多发问题，从源头防范化解风险的能力有待提高。仅2020年，国家电网有限公司系统查实的营销业务问题数量就达93.71万个，电费差错达48.97亿元，因工作差错导致的客户投诉达1.26万起，影响公司的稳健经营和良好社会形象。面对直接服务客户超5亿户、日均处理业务工单超过17万张、数据更新交换次数超63亿次的营销业务，传统的业务管控模式和"人海战术"越来越难以满足现代化治理的需要。为此，亟须利用数字技术为营销业务管理赋能，精准实施营销业务风险识别和防控，强化营销全业务、全流程、全环节监督管控，持续提升营销业务风险识别能力和防控能力，推动营销业务高质量发展，助力企业夯基固本、提质增效、稳健经营。

二、电网企业营销业务风险的数字化内控体系建设主要做法

（一）强化顶层设计，搭建网格化风险内控体系

1. 明确风险内控体系建设目标思路

聚焦营销全业务、全流程、全环节风险点，遵循"问题导向、数字赋能、分级管控"工作原则，以构建"三道防线"（事前、事中、事后）、"三个流程"（预警流程、稽查流程、整改催办流程）、"两套关系"（稽查经济成效校验关系、校验预警稽查勾稽关系）和"一个看板"（营销稽查成效看板）（3321）为核心，围绕"顶层规划、内控防线、规则标准、平台功能、闭环管控、工作机制"六项核心工作，加快推进"横向专业协同、纵向五级联动、多维数智防控"的营销业务风险数字化内控体系建设。

一是建立总部、省公司两级内嵌校验规则库、预警防控规则库和稽查主题库；二是在能源互联网营销服务系统（以下简称营销2.0系统）内嵌校验规则，实现对各流程各环节所涉客户基础档案信息完整性和计费参数完整性、准确性的强制校验；三是在营销2.0系统或各省营销稽查自建平台中并联部署预警防控主题，实现当前在途业务流程的实时监测与异常预警；四是在营销2.0系统中丰富完善数字稽查主题，实现对营销全业务的结果性稽查；五是健全总部—省—市—县—所（站）风险预警防控流程和评价体系，提升营销业务风险防控能力和自愈能力；六是统筹开展常态在线稽查、重大问题专项随机现场稽查，为电力保供稳价和安全提供坚强保障，推动营销精益化管理水平持续提升。

2. 优化完善营销稽查业务工作职能

一是优化总部营销稽查工作职能。在国网公司营销部营销质量管理处设置营销业务风险内控工作管理职能，强化营销业务风险内控顶层设计，统筹完善工作标准、制度体系和工作机制，组织开展营销业务风险内控和工作质量评价，管控全公司营销重大风险。赋予国网客服中心营销业务风险稽查与监控职能，建立实体化运作的总部级营销稽查监控机构，组织落实现场稽查、交叉检查等工作，督办国家及公司重大政策落实，监督各项重点工作落地，监管各专业工作执行质量，支持总部做好稽查专业发展规划、制度体系建设、稽查系统运维。二是强化省公司营销风险内控主体责任。坚持"总部抓

总、省为主体"，明晰各省公司各级稽查监控岗位职责，支持各省公司立足实际，聚焦营销管理漏洞和供电服务短板，因地制宜完善稽查主题规则，对营销全业务、全流程、全环节常态化开展在线稽查监控，管控消除本省营销重大风险，推动省级重大问题治理。强化省级营销服务中心营销风险内控支撑能力建设，常态开展省级营销风险内控、稽查运营、指标监控、系统运维，组织本省差异化主题规则设计更新和现场作业指导，落实本省营销重大风险识别，跟踪督办问题闭环处理。三是提升市县营销风险事件查处能力。压紧压实市县公司营销风险内控执行责任，常态组织开展异常事件专项稽查和现场稽查工作，管控消除本单位营销风险。推动市县公司成立营销稽查监控中心或营销稽查监控班组，承接总部、省级各项稽查任务，落实本单位营销重大风险识别、预警、稽查、防范，督促闭环整改，推动稽查结果与绩效管理挂钩，严格考核业务差错和营销风险事件。

3. 搭建多层协同的网格化内控体系

建立健全总部—省—市—县—所（站）"五级联动、分层协同、网格管理"的营销稽查风险内控体系，强化总部对重大营销风险的管控职能，压实省公司稽查监控常态运营主体责任，发挥基层单位网格化管理优势，实现风险问题直插网格，提高营销工作质量管控效率、防范营销经营与服务风险。以"灵活调度、精准研判、专项治理"为目标，分专业领域组建总部、省、市公司三级营销稽查柔性专家团队，常态化开展专业分析诊断与专项课题研究工作，全面稽查国家和企业重大部署、重点工作落实情况及营销各项业务执行情况，保障各层级重点难点问题及时查办。

（二）坚持防治结合，筑牢系统化风险内控防线

1. 推行事前嵌入式数据校验

针对基层重复发生的"习惯性违章"问题，结合历年稽查成果和专家经验，梳理总结成熟有效的稽查校验规则，依托能源互联网营销服务系统（以下简称营销2.0系统），在全业务、全流程、全环节设计开发10303条嵌入式校验规则，对工作人员业务操作结果进行实时校核，重点开展用户基础档案、设备参数、计量采集、电价策略等规范性、准确性验证，自动校验工作质量，有效拦截业务差错，从业务源头封堵问题和差错。

2. 加强事中过程化预警防控

依托经验证有效的营销稽查主题规则，整合电网结构、地理位置、运行设备、财务往来等数据，部署2634个预警防控主题（一级部署649个、二至五级部署1985个），对在途业务流程进行合规性审查和预警性防控。一是对电价执行、业扩时限、光伏档案等常见差错实施"精准化"预警；二是对变损漏计、高可靠性供电费差错等隐蔽性问题实施"智慧化"预警；三是对客户用电异常行为实施"数字化"预警。开展分层级、分专业、分岗位、分主题管控，协助各专业及时发现和处理业务风险，确保各业务关键风险点管控到位。

3. 实施事后结果性数字稽查

深化大数据分析在业扩报装、电价执行、电费抄收、装表接电、光伏电站并网结算等领域稽查应用，重点围绕国家重大决策部署落地、电力保供及客户服务、内外部监督检查发现问题，部署4708个稽查管控主题（一级部署2028个、二至五级部署2680个），持续拓展稽查深度、广度和精度，常态化实施"三位一体"（在线、专项、现场）数字稽查，深度开展营销业务风险溯源分析，建立联防联治、问题销号制度，全面提升闭环整改质量。

综合实施事前嵌入式校验、事中过程化预警、事后结果性稽查，细化梳理各环节间的勾稽关系，确保"量价费损"执行正确、保供稳价政策落实到位、安全管理扎实有效，助力维护社会经济安全稳定。针对电费参数异常情况，重点围绕定价策略、执行电价、计量参数等与用户电量电费密切相关的系统参数，在业扩报装环节实施嵌入式数据校验，从源头确保电价执行正确。针对电费结算异常情

况，重点围绕电费"抄核收"的关键节点和薄弱环节，实施"线上实时预警、线下及时整改"O2O预警管控模式，确保电费结算服务关键风险点管控到位。针对保供稳价政策落实情况，积极开展"三位一体"营销数字稽查，重点督查小微企业和个体工商户欠费不停供、电费95折等阶段性用电优惠政策执行情况，配合政府开展转供电环节乱加价乱收费整治，确保电力政策红利直达快享。针对电费支出不合理情况，重点围绕基本电费、力调电费和峰谷电费，运用大数据分析技术，量身定制优化用电建议和能效提升措施，帮助客户降本增效。针对安全管理薄弱情况，重点检查高危及重要用户保安电源配置、高低压电气设备运行、停电应急预案编制等客户侧安全用电情况和计量装置安装运维、业扩现场服务等电网营销侧安全生产情况，建立问题隐患管理台账，扎实推进闭环销号整改，确保营销安全可控、能控、在控。

（三）规范风控管理，建立规范化风险内控标准

1. 构建营销业务风险内控规则标准

重点围绕各类外查内审、监督监管、客户投诉等问题及风险，结合营销业务薄弱环节，以及频发、易发"出血点"，编制《营销业务风险数字化内控体系建设指引》《营销业务风险防范手册》，系统梳理业扩、电费、计量、客户服务和新型业务5大领域204项营销业务风险点，细化分解典型风险和防范措施，将管控策略嵌入业扩报装、电费抄核收、保供电、用电安全管理等业务环节；针对业务人员在客户档案、设备参数、计量采集、电价策略等关键业务中容易重复发生的"习惯性违章"，按照"专业自控、稽查防控"原则，完善固化营销业务源头风险提示、智能校验和归档审计等多道风险防控标准。累计建立营销风险内控主题规则118项，常态开展规范性、准确性验证。特别是建立9项电力保供主题的内控规则，督促业务人员规范、有效地执行需求侧响应、有序用电等电力保供措施，有力保障了居民、公共服务和重要用户正常用电。

2. 建立风险防控分层分级主题标准

针对重点稽查主题、营销重点任务、关键业绩指标及营销业务主要风险点，建立预警规则、稽查主题分级管理机制，按重要性等级由高到低分设五级主题，其中，一级主题为公司总部统一部署，对关键指标、易发生重大风险问题部署防控主题；二级主题为省公司统一部署，对列入当年业绩考核、同业对标等关键指标和重点工作任务部署防控主题；三级主题为省公司统一部署的其他防控主题；四级主题为各省公司选择设置，地市公司自行管控的主题；五级主题为各地市公司选择设置，区县公司自行管控的主题。

3. 完善营销稽查工作质量评价标准

在总部层面，按照"分级管理、正向激励"原则，从组织体系建设、平台贯通应用、业务运营管理、风险防范成效、稽查工作成效等方面细化完善《营销稽查监控工作质量评价标准》，量化稽查监控工作考核指标。推动各省、地市公司因地制宜建立营销业务质量问题考核办法，由各级稽查专业牵头，结合公司供电服务奖惩规定，将风险防控结果与绩效管理挂钩。按照"问题定性、责任定位"原则，强化"稽查发现问题、专业处理问题、稽查复核整改"闭环管控，严格考核业务差错和营销风险事件，形成稽查与专业齐抓共管的良好氛围。

4. 创新营销合规经营指数评价标准

围绕内控体系建设完成度、内控体系运营成熟度、营销业务质量合规度、风险防控质效达标度四个方面，建立营销业务合规经营综合评价体系，全面评价"事前校验、事中预警、事后稽查"实施质效，反映营销各专业实际工作质量。利用大数据技术，分层、分级、分专业开展工作质量量化评价和多维画像，将营销业务问题追溯至业务环节、责任单位，支撑各级业务人员按专业自主查找存在问题，精准定位异常数据，为专业管理提升提供靶向性指导。

（四）深化数字转型，打造数字化风险内控平台

1. 开发营销业务数字驱动稽查功能

依托营销 2.0 系统企业级业务中台和数据中台，按照云架构统一设计、统一标准，打造数字化风险内控平台，研发风险防控"六大引擎""七大全库"，进一步满足海量数据存储和大数据分布式计算需求，推动主题运算效率从小时级提升至分钟级，逐步实现主题自主构建、关键信息智能校核、风险实时预警、稽查任务自动派发、现场稽查移动作业、结果智能审核、质量智能评价、问题自主闭环，推动营销业务风险管控更加数字化、自动化和智能化。

研发风险防控"六大引擎"，一是通过语音语义分析引擎，结合 95598 工单信息，分析客户来电原因，给出改进建议；二是通过自动化处理引擎，根据主题频度后台自动抽取，并根据所属供电公司自动派发至业务处理人，有效缩短工单流转时间；三是通过知识图谱引擎，开展事后深度溯源和归因研判，计算对目标指标的波动影响，提出改进策略措施；四是通过深度影像识别引擎，为关键数据与档案校核、客户信息服务、筛选异常合同文本提供图像识别应用支撑，减少人工核对合同、表单工作量；五是通过向量检索引擎，构建智能稽查知识模型，打造稽查知识库，提升知识复用及共享能力；六是通过工单聚类分析引擎，构建智能稽查工单评价模型，支撑稽查智能审单。

构建风险防控"七大全库"，细化分解营销稽查、审计巡察、综合监管等发现的历史敏感突出问题的整改措施和专业管理意见，建立嵌入式校验规则库；结合问题特征，利用大数据建模技术，建立过程化预警防控规则库和结果性数字稽查主题库，配套建立对应的智慧稽查标签库、业务政策知识库、历史问题库和典型案例库。深化"一键检索"平台功能应用，完善稽查主题全寿命管理和共享机制，实现总部、省、市、县各级规定主题和自选主题统一入库，优质主题开放共享，支撑基层单位相互借鉴、同步提升。

同时，构建数字稽查移动作业模式，上线"移动稽查"微应用，实现专项、现场稽查工单向移动端传递，有效支撑 95598 工单、停电信息、预警记录等常用信息实时查询，全面提升稽查移动作业能力。

2. 增设营销业务嵌入式数据校验功能

在营销 2.0 系统中建立标准化流程、优化标准参数模板，按照主体属性、用电类别、典型设计及标准化设备等智能生成各项参数，减少人工参与，降低人为差错发生概率；在各业务环节增加内嵌校验规则，在各环节下发前强制校验该环节所涉客户基础档案信息的完整性和计费参数的完整性、精确性，并通过设置页面强弱提醒功能，准确定位参数异常，提示业务操作人员核实修订，持续强化"技防"措施，自动校验工作质量，从系统源头和业务源头实现"双源"防控。

3. 部署营销业务风险预警防控功能

基于预警防控分级标准，针对供电方案制订、竣工检验与装表送电、归档审核等关键业务环节，在营销 2.0 系统中并联部署预警防控主题，对正在办理中的业务开展实时监测，根据预警防控分级标准分别对一至五级主题进行分层分级的系统提醒、短信告知，及时通知管理人员开展异常分析，督促业务人员及时整改，确保差错不传导至下一个环节，实现对营销业务风险全流程防范。

（五）升级闭环管控，再造智能化风险内控流程

1. 构建五级风险防控工作管控流程

依据业务风险影响严重程度，建立五级风险防控工作管控流程，国网营销部和国网客服中心负责管控一级主题；省公司营销部和省营销服务中心负责管控二级、三级主题；地市、县公司负责管控四级、五级主题。按照问题风险影响程度、范围，省公司逐一对各主题设置分级管控策略，分层分区分级发布预警信息。对预警数量较多的单位或预警等级较高的预警信息发起整改催办任务，并督促处理

消缺，同时推动将预警信息处理工作质量纳入本单位指标考核体系，提升预警防控质效。截至目前，已构建覆盖营销重点领域关键业务的一级校验规则 572 个、预警规则 575 个，二至五级校验规则 5949 个、预警规则 1421 个，日均实时监控约 2.6 万条业务流程风险异动，通过有效治理消缺，预防"量价费损"及供电服务差错出门，持续提升客户满意度。

2. 构建历史问题闭环整改流程

全面梳理历次内部外监督检查、供电服务与营销业务质量检查问题，建成历史问题典型案例库，实现问题整改在线跟踪、闭环管控，达到"发现一个问题，解决一类问题，预防一片问题"的目标。一是系统性收集营销各类历史问题，通过智能分类整理技术手段，将多源问题清单自动转化为信息完整、格式统一的历史问题典型案例库。二是问题入库时同步触发闭环销号流程，实时派发至整改责任单位，依托总部、省级、市级三级业务支撑部门强化整改进度的在线跟踪管控，确保问题整改到位。三是对库内全量历史问题进行分析，部署、优化预警和稽查主题，全天候不间断地对营销 2.0 系统内的全量数据进行筛查，自动研判形成问题数据清单，形成"问题入库—销号整改—动态筛查"的闭环工作流程，有效防范同一问题反复发生。

3. 构建营销业务质量评价流程

依托营销 2.0 系统，分层分级建立风险成效展示看板和全景地图，完成对供电单位、营销专业、员工个人的多维智能评价。组织制订校验成效、预警成效、稽查成效及专业管理健康指数等风险防控成效关键指标及计算标准，按照时间趋势、单位个人、专业主题、防控方式等维度，开展营销业务工作质量和管控成效统计、分析及评价，推动营销业务质量不断提升。

（六）保障有效运行，建立常态化风险内控机制

1. 持续强化营销稽查队伍建设机制

配合人资部门开展营销稽查定额标准修订，推动各级单位完善稽查机构、稽查岗位设置和人员配置，组建各级专家团队 28 个、现场稽查大队 258 支，覆盖稽查人员 9000 余名。定期组织现场稽查和交叉检查，实现稽查工作常态化、实体化高效运作。试点开展总部、省公司两级柔性稽查专家团队建设，按照"能上能下、能进能出"原则，建立营销稽查常态化激励机制、柔性稽查专家团队正向激励评价机制，按照参与时长、稽查成果、问题治理成效等对专家团队成员的贡献度进行综合量化，调动稽查人员发现消除重大风险隐患、避免重大经济损失的积极性。强化廉洁教育与监督考核，打造工作责任心强、业务能力精通、保持廉洁本色的复合型营销稽查专家队伍。

2. 建立营销稽查团队分层培训机制

健全总部、省、市、县四级稽查培训工作机制，与各级人力资源部门和专业条线协同联动，定期组织开展稽查人员营销业务理论技能培训，确保及时、准确掌握最新专业管理规定和业务关键点。开发稽查培训微课件、微应用，探索远程视频、多场景授课等培训形式，组织开展稽查与业务人员跨单位、跨专业学习交流，提高稽查人员的业务能力和综合素质，提升问题异常剖析能力和现场检查能力。强化稽查技术、大数据分析应用以及典型案例的互学互鉴和专业分享，编制下发《营销稽查作业指导手册》，努力培养营销稽查复合型人才，全面提升问题溯源分析能力和风险防范能力。

3. 建立营销风险主题规则会商机制

建立营销风险主题规则会商机制，定期组织审计、纪委、调度、运检等专业召开稽查工作专题分析例会，吸收借鉴外部监管检查经验，针对业务问题疑点、难点、痛点开展综合诊断评估和溯源分析，推动问题源头治理和闭环整改，持续优化完善稽查主题规则，促进营销各专业逐步整改"费用收取不规范""业扩流程不规范"等屡查屡犯的业务问题。开展专业整改防控成效评估，针对管理短板及时补充完善相关规范标准，动态优化业务管理流程，不断提升营销工作质效。定期分析风险预警和在

线稽查工单信息，滚动优化主题算法 236 项、新增总部一级稽查主题 27 个，动态调整预警阈值，提高预警的针对性和有效性。结合政策调整及专业发展趋势，以及各类内查外审、监督监管发现的问题，及时迭代优化嵌入式校验规则，确保业务执行符合最新要求。

4. 健全营销稽查业务考核评价机制

基于营销稽查工作质量评价标准，量化稽查监控工作考核指标，围绕组织管理、任务执行、工作成效等方面，对基层单位进行综合评价。组织各级稽查专业分级分类开展营销稽查质量评价，对稽查工作开展不力、弄虚作假，造成重大风险的单位进行严肃处理或通报约谈；对稽查工作机制完备、运作顺畅、成效显著的单位予以通报表扬。客服中心、各省级营销服务中心组织定期开展各层级业务健康指数评价，发布业务体检报告，评价各单位专业工作质量和稽查防控成效。推动各专业加强评价成果应用，常态化督办业务规范问题，助力专业健全制度、完善系统、强化考核，实现从"问题整改小闭环"到"业务管理大闭环"，从"整改一个问题"到"防范一类风险"的转变。

三、电网企业营销业务风险的数字化内控体系建设效果

国家电网有限公司通过开展营销业务风险数字化内控体系建设，实现了营销全业务、全流程、全环节闭环监督管控，有效筑牢了风险内控防线。2021 年至今，人工差错数量同比下降 50% 以上，问题整改率提升至 97% 以上，追收国有电费资金 71.45 亿元，促进公司依法合规经营，助力企业高质量发展。该项目有效促进了营销稽查业务数字化转型升级，2021 年至今，公司系统客户投诉数量同比下降96.90%，业务处理满意率由 95.14% 提升至 96.66%，品牌影响力和美誉度不断提升。

（成果创造人：李　明、王延芳、李树国、张　全、赵郭燚、张祥坤、
　　　　　　　陈仕军、马　亮、游　晟、王宗伟、任海洋、周　俊）

高速公路投资企业智能财务系统建设与运营管理

广东省南粤交通投资建设有限公司

广东省南粤交通投资建设有限公司（以下简称南粤交通）于 2012 年年底由省政府出资组建，负责广东全省政府还贷高速公路建设、经营和管理。南粤交通负责建设、经营和管理的高速公路项目共 23 个（段），总长超 2000 千米，总投资近 3000 亿元，截至 2023 年 6 月，总资产超 2800 亿元，净资产超 1100 亿元，员工超 8000 人，荣获鲁班奖、李春奖、国家优质工程奖等奖项。

一、高速公路投资企业智能财务系统建设与运营管理背景

（一）顺应数字交通发展和数字化转型浪潮的必然选择

党的十九大报告明确提出"建设交通强国"，国家也颁布了《关于积极推进"互联网＋"行动的指导意见》《数字交通发展规划纲要》等系列政策文件，要求将信息化技术融合进交通行业企业发展，推动交通行业的数字化转型。随着数字经济蓬勃发展，数字化转型浪潮以不可阻挡之势重塑各行各业的生产和经营管理方式。数字化转型已非"选择题"，而是关乎生存和长远发展的"必修课"。南粤交通作为高速公路投资企业，肩负着粤东西北地区高速公路建设管理的重任，亟待通过建设智能财务系统，推动财务数字化转型，以数字交通助力公司高质量可持续发展。

（二）适应公司战略和业务发展的内在需求

南粤交通以振兴粤东西北为战略出发点，业务具有资金密集型的鲜明特点，呈现主业较集中、项目多而散、投融资额巨大、风控要求高等特征。面对激增的资金需求量和前所未有的财务管控难度和挑战，公司亟待变革现有管控方式，引入智能财务模式驱动财务转型升级，以主动满足公司业务高质量发展的需要。

（三）适应外部监管新常态的外在需要

在新时代新常态下，巡视巡察、纪检监察和审计等作为党和国家监督体系的重要组成部分，充分运用大数据、人工智能等新兴技术积极探索监管新举措、新模式，以前所未有的力度开展监管。对此，南粤交通迫切需要通过实施智能财务，促进财务工作提质增效，以适应监管新常态。

二、高速公路投资企业智能财务系统建设与运营管理主要做法

（一）规划"1-1-1-4"战略定位，助力财务管理转型升级

南粤交通秉持"共享时代・财务先行"理念，积极引入智能财务新型管控模式推动财务数字化转型，规划"1-1-1-4"战略定位，即坚持以"成为广东省乃至全国交通系统智能财务的领先者"为愿景，以"创新・共享・开放・发展"为指导思想，以"规范、细致、严格、安全"为基本原则，确立四大目标定位，构建集战略财务、业务财务、共享财务和专家队伍于一体的智能财务服务云平台，实现资金集中和财务共享，推动财务向信息化、数字化、智能化转型升级，全力支撑公司业务的高速发展和扩张，为政府还贷高速公路的健康可持续发展提供强有力的财务保障。

实施智能财务的四大职能目标定位：一是作为智能财务提供者，发挥共享财务职能；二是作为业财融合推进器，发挥业务财务职能；三是作为财务人才智囊团，发挥专家队伍职能；四是作为决策管理驾驶舱，发挥战略财务职能。

（二）成立系统建设工作机构，明确智能财务工作机制

1. 成立工作小组，制订总体规划

一是成立建设工作领导小组，以董事长为组长、总经理、财务分管副总经理和信息化分管副总经

理为副组长，财务部门负责人、信息化部门负责人、重要业务部门负责人参与，负责统筹、规划智能财务的整体工作，研究讨论建设过程中的重大决策及重大事项。

二是成立建设工作办公室，组建拥有业务、财务、IT复合型知识和经验的实施团队，由财务部门负责人担任组长，优秀财务骨干和所属单位相关业务部门人员共同负责智能财务实施任务分解和整体进度把控，汇总上报整体工作进度并验收各期建设成果。

三是在财务部门内部设置会计核算、报表税务、管理会计、内部稽核、资金结算、筹资融资、综合管理、技术支持、政策研究九个功能小组，共同完成各项财务工作。

2. 推行 PDCA（计划—执行—检查—处理）模式，落实全过程管理

一是明确建设智能财务的总体目标，并将目标层层分解，便于执行；二是做好建设过程的总体计划，特别要在总体计划中设定里程碑，同时根据总体计划和目标分解结果做好具体实施计划；三是严格按照具体实施计划推进实施，建立"计划—执行"的动态反馈机制；四是确定各业务过程之间的连接方式，持续优化业务处理过程节点。

3. 全覆盖梳理和重塑业务流程，并以制度为抓手加以固化

一是业务流程梳理和重塑。对流程的梳理与再造主要分为三个步骤实施：流程分析、流程测试和流程整合。流程分析以"预算编码（项目）"为起点，将各项经济业务活动归类进对应的预算项目，然后将业务活动发生的流程节点进行职责切分。职责切分根据业务、预算、领导审批、财务审核进行划分。完成基本的职责切分后，分析职责涉及的管理风险和职责履行的充分必要条件。最终梳理出费用报销流程，合同款项支付流程，人工成本支付流程，资本金、银行贷款等收款流程，车辆通行费业务流程五大流程。

二是建立全面完善的配套制度体系。南粤交通建立了涵盖整体运行规程、业务流程制度、信息系统管理制度、财务活动制度、运营管理制度在内的配套制度体系。整体运行规程明确了智能财务运行规则、智能财务中心的组织架构、总体职责及内部岗位职责规范。业务流程制度明确了各项业务流程的范围、节点、路径，描述业务流程应用场景，规定各业务流程节点的具体处理事项，设计各项业务最优流程。信息系统管理制度定义信息系统的运行环境和条件，明确信息系统的服务功能，规范信息系统正常运维的各项管理使用规则，确保信息系统安全、可靠、稳定运行。财务活动制度定义各项财务活动的适用范围和主要内容，明确各项财务活动的管理目标、原则和职责，规范财务活动的管理流程和实施路径，确保各项财务活动按制度有序开展。运营管理制度定义各类运营管理活动的目标、职责和管理规范，提高资源配置效能，确保高质高效运营。

（三）设计智能财务应用场景，实现财务管理全程闭环

1. 电子档案管理场景：先行先试电子会计档案系统

一是明确归档范围。根据《会计档案管理办法》结合公司实际进行梳理，将公司业务范围内的58种会计凭证、会计账簿、财务会计报告和其他会计资料文件归为会计档案，并分别梳理出文件类别、文件名称、保存期限、责任单元、密级、文件格式、载体类型等相关要求，并将以上要求预置固化于系统中。

二是原始凭证电子化。采用两种路径：一种是纸质资料扫描成为电子影像资料，在扫描过程中进行自动编号；另一种是系统接口推送版式文件或以附件上传的形式上传电子资料，有源自共享系统的合同信息、源自财务系统的电子凭证，以及源自共享系统、报销系统和OA系统的内部业务单据。

三是数据采集"一键归档"。通过电子档案归档模块触发"一键归档"，系统自动匹配记账凭证与原始凭证并生成版式文件，系统自动生成上架信息。数据采集通过系统自动采集的方法，首先从财务集中管理系统中采集记账凭证、会计账簿、会计报表等数据，然后识别记账凭证是否有上游单据，追

溯相关单据是否存在影像、电子文件及上游单据，再将采集的数据转换为版式文件并执行检测，最后推送至电子会计档案系统中。

四是档案安全存储和保管。南粤交通采用二级等保防御网络攻击和在线定期备份的方法防范灭失风险。在转移过程中的安全，可从电子会计档案系统中调取最后环节操作人员信息，通过水印、元数据等方式标注，同时以制度规定转移方式和转移路径，规避转移过程中的信息泄露或遗失风险。

五是档案安全调阅与利用。对于外部使用者，可根据其档案利用需求为其开通档案利用权限，以对接网络专线的方式为其提供直接查询的路径；对于内部使用者，可将其在智能财务平台的用户权限与其在电子会计档案系统的用户权限进行绑定，确保其账户一致性。在利用档案前，通过电子审批程序后方可开通对应档案的查询、查阅、下载权限，并定期关闭权限。在利用档案时，在电子会计档案展示页面标注使用者水印，同时在日志中记录使用人信息和电子档案被使用的信息，确保过程留痕，保障会计档案的安全利用。

2. 业务信息收集场景：建立影像信息采集管理系统

南粤交通以 AI 的图像识别技术为核心，建立支持原始单据扫描、上传的影像信息采集管理系统，实现了跨地区的业务信息以电子化形式高效收集，为实施智能财务提供了有利条件和支撑。

所属各单位业务经办人可通过客户端，经由扫描仪将原始单据扫描的图像上传至系统，形成电子化会计档案，通过 OCR（光学文字识别）图像识别可将凭证上文字区域内的黑白点数特征及结构特征作为对象进行抽取，将其与文字数据库对比，实现智能化识别、抽取和审核。

3. 发票验真查重场景：建立电子发票系统

南粤交通基于 AI 图像识别和 AI 机器学习等技术，将电子发票系统嵌入影像采集系统，同时直接与税务机关发票查验系统关联。针对纸质发票，业务经办人员将发票影像文件上传至发票管理系统，系统利用 OCR 识别技术将发票信息快速录入系统，发票系统自动连接全国电子底账库实现增值税发票的一键验伪、发票信息合规性校验及实现防止电子发票重复报销管理，并存储票据影像，对经认证后的发票获取全票面信息并进行审批流程，审核无误后，系统自动匹配对应的业务单据并对已入库的业务票据进行勾选认证；针对电子发票，只需要将文件上传至系统，即可完成以上流程。

此外，电子发票系统直接联通了电子发票云数据库，业务人员将获取的电子发票上传到电子发票系统中，系统调阅电子发票云数据库自动核对电子发票信息，实现上传电子发票和查验电子发票同步运行，并将该电子发票信息保存至该凭证下，在防止假发票入账的同时，杜绝发票的重复上传和报销。

4. 会计账务核算场景：实现会计核算智能化

南粤交通利用 AI 的 RPA（机器人流程自动化）技术设置流程自动处理账务，以标准业务事项为中心，梳理有关业务流程、预设单据、附件、记账凭证模板与集合规则之间的关系，实现各部分之间的互相佐证与匹配，有效提高会计数据的处理速度和信息质量，实现会计核算标准化、自动化和智能化。

5. 资金收付管理场景：搭建银企直联系统

南粤交通通过云计算的银企联云技术实现单笔支付资金及支付状态查询、账户状态校验、账户交易明细和存款余额查询等，通过 INS（信息网络）- 身份认证、INS- 数字签名技术实现资金安全支付结算、资金数据传输安全加密。通过搭建银企直联系统将网上银行系统与企业财务系统连接在一起，实现在封闭的通道内进行支付数据交互。所有指令只需在系统中录入一次，一经审核批准，立即进行对外支付并自动更新公司账务信息。通过银企直联系统集中管理企业银行账户，实现对资金的统一管控。

（四）搭建业财一体信息系统，打破信息孤岛提升效能

南粤交通构建报账、影像、电子发票、电子档案、资金管理、移动审批、大屏展示等信息系统功能模块，打破信息孤岛，实现财务系统间、财务系统与业务系统间互联互通，打造了集成化、业财一体的智能财务信息系统。智能财务平台包括报账业务前端、共享作业平台和财务管理终端三个部分。报账业务前端对接公司业务系统，运用移动互联网，可同时对用户提供移动报账和 PC 端报账服务，报账单据类型包括预算申请单据、费用报销单据、应收应付单据和收付单据等。共享作业平台由财务人员对任务池中的经济业务进行审核、账务处理、绩效管理等。财务管理终端主要包含预算系统、总账系统、大屏展示系统、资金管理系统，并对接了外部商业银行系统。

在业财一体化过程中，南粤交通重点关注以下事项。一是同步启动主数据建设。南粤交通建立了一致、标准的主数据，统一描述企业核心业务实体。二是关注数据安全与存储工作。高度关注加密保护工作，在关键环节设置数据安全控制节点，保障网络通信系统的安全；做好数据的备份工作，有效防范系统瘫痪和数据丢失的风险，并在条件允许的情况下设立灾备中心，制定系统应急管理制度。三是预留系统接口。考虑到未来管理需求，预留了相应接口以接入第三方系统。四是与实施方密切配合。南粤交通与系统实施方密切配合和充分沟通，及时高效确定最优解决方案，确保实施高效推进。

（五）打造财会人才智囊团队，形成智库创造参谋价值

一是财务人员全面集中，为财务人才智库奠定基础。所属各单位不再设置财务机构和财务人员，以提升财务独立性，更好发挥财务的监督职能。二是优化财务人才队伍结构，向管理型财务转型，成为公司决策智库。实施智能财务后，大量财务人员得以从基础财会工作中解放，专注于财务分析、经营分析等高附加值的管理会计工作。三是发挥人员集中优势，组建财会人才智囊团队。南粤交通制定员工综合素质提升行动实施方案，利用共读共享、岗位轮换、知识竞赛等方式对员工进行培育，对全公司经验丰富的财务经理、资深会计师和财务骨干进行考察和选用，组建专家团队攻坚疑难杂症、财税政策研究、管理模式研究等特殊领域的工作，最大化发挥智囊团的参谋价值。四是强化校企合作，共建科研智慧中心。与上海国家会计学院、广东财经大学、广东海洋大学寸金学院、广州华商学院等高校达成了科研合作意向及共建教育实训中心的合作意向，形成以理论创新推动实践创新、实践创新驱动理论发展的态势，加强产学研合作，共建科研智慧中心。五是形成财务知识中心，助力知识共享共用。将知识和经验进行传播、共享、整理和优化，不断建立完整、系统化的知识体系，并以知识库和案例库的形式加以呈现，形成知识中心，从而有效发挥知识创造价值的作用。

（六）把稳决策管理驾驶舵盘，发挥战略财务职能价值

1. 决策导向，建立多层次的管理报告体系

第一，主动推送业务数据报表通用版和定制版。公司以业务和预算数据报表为基础，依托智能技术，每月根据需求自动生成业务数据报表，同时每月自动生成预算执行报表并执行横纵向对比，形成描绘公司业务价值数据图谱，并通过大屏实时、动态展示，揭示生产经营过程中可能存在的风险，并结合业务层面为所属各单位提供切实可行的改进建议。

第二，形成以内部管理建议书为主要形式的主动咨询机制。南粤交通针对每季度公司的业务活动、预算执行和战略推动进度进行深度的统计分析和对比，并对公司相关业务信息和数据进行挖掘、比较、分析，按照季度自动出具管理建议书，形成财务视角的管理建议，并动态跟踪建议的实施情况，确保公司及所属各单位业务开展和业务执行的规范性、合规性，为公司及所属各单位提供高效、高质的基础信息和科学合理的经营管理建议，发挥决策支持作用，有效提升公司的内部管理效能。

第三，跟踪宏观产业财经政策，形成宏观政策解读报告。鉴于公司对国家宏观政策、财经法规反

应敏感，智能财务平台充分发挥人才智库作用，积极追踪和解读最新宏观产业金融政策、会计准则等变动，建立政策数据库，形成《政策解读周报》、《政策解读月报》、专题研究报告，研究政策变动对公司及所属各单位产生的影响，并提出应对策略和合理建议，为公司及所属各单位决策和管理改进提供有益的政策咨询和支持，助推公司高质量发展。

2. 预算刚控，实现全业务的精益管理管控

第一，年度预算前置控制。年度预算编制完成后，共享平台自动获取所属项目本年度各预算项目汇总数，各预算项目累计额不得超过年度预算，实行年度总体控制。第二，业务执行预算额度控制。业务部门开展经济业务前，需要先通过智能财务平台申请预算额度。预算额度审批完成后，对应的预算项目通过"预执行"方式占用额度。具体经济业务发生的费用金额不得超过预算额度。

当预算执行时，系统即可通过以下三个步骤对其进行实时采集。第一步，通过智能财务平台进行预算审批，在实现预算前置控制的同时，在执行环节完成预算收支项目，并将执行的实时取数反映在预算管理系统"日常执行"节点，"预执行"的预算额度也将自动释放，最终统计报销金额。预算审核人员可通过智能财务平台实时查询各项收支项目的可用余额。第二步，财务人员编制会计凭证时，需填写会计辅助核算项目"收支项目"，平台将自动根据该辅助核算项目的发生额统计预算执行数据。第三步，预算编制人员通过预算管理系统"日常执行"节点获取所属各单位预算汇总执行情况及各业务部门预算实时执行情况，以了解各项收支情况。

3. 未雨绸缪，聚焦财务预测和风险防控

为推动公司可持续发展，南粤交通未雨绸缪，对未来公司及所属各单位项目的财务状况、经营成果、资金缺口等进行科学、合理的预测，并聘请中介机构进行专业咨询，有助于掌握未来公司的发展能力尤其是还本付息能力，为防范债务风险和资金缺口奠定了数据基础。

4. 可视决策，建立智能财务数据大屏展示系统

为更快捷、直观地为公司各项决策提供可视化的数据支持，南粤交通建立了大屏展示系统。通过与总账管理系统、智能财务服务平台、文档数据库等数据源对接，对数据中心的关联关系、血缘分析和影响分析等方式进行管理，再传输到自由报表、仪表盘、多维分析、智能报告、语义模型、多维数据等不同模块进行分析，实时滚动播报所有银行账户及资金池的留存金额、所属各单位的预算执行情况等，并对各单位资金使用的情况、流向进行动态追踪，确保资金安全的同时，强化对预算执行情况的控制；及时自动获取相关财务数据，为管理层提供更为有效的决策支持。

5. 预警风险，建设债务风险预警分析平台

南粤交通债务风险预警分析平台以资金预测版本化、融资过程透明化、融资数据标准化、决策支持动态化、风险管控体系化为目标，包含合同管理、筹融资提款、筹融资利息、筹融资还本和筹融资付息五大板块，同时与智能财务系统对接，可将计息单、付息单、还本单和放款单等按合同进行汇总后推送至财务共享系统以便后续审核。在数据展示看板上，可直观实时监控债务及风险情况，从不同维度呈现银行存款情况、银行贷款情况、授信情况、贷款投放情况、还款情况、资本金到位情况、利率水平和还本付息预测八项主题，助力管理层以智能化、数字化方式掌握资金流向、债务风险等信息。

三、高速公路投资企业智能财务系统建设与运营管理效果

（一）加强财务管控，助力战略决策

一是增强财务人员独立性，由从属关系转换为服务关系，强化会计监督职能，从而有效控制了业务前端违规的风险；二是审核随机派单、交叉互审，增强审单客观性、公正性；三是打破地域限制，通过数智共享平台对集团业务进行全方位的横向、竖向对比和穿透式监测，及时发现异常和风险，并进行必要督导和提前应对；四是分工更加细致化、专业化，从基础财会工作中释放出的人力可专注于

财务分析、经营分析等高附加值的管理会计工作，提供更充分的战略决策支持，促进业财融合，助推公司高质量发展。

（二）规模效应凸显，实现降本增效

一是提高财务工作效率，节省人工成本。智能财务的实施大大提高了会计核算、资金结算、报表编制等财务工作的效率，人均效率提升 50%；同时，财务人员由 154 人减少至 100 人，较实施前减少 35%，每年人工成本节省超 1000 万元。

二是发挥资金集中优势，节约资金成本。自实施智能财务以来，资金归集率超 90%；落实新建项目贷款超 1300 亿元，2019 年至 2023 年 6 月节约融资成本约 30 亿元，经营期节约资金成本超 100 亿元。

三是压缩档案存储空间，节省档案管理成本。电子会计档案管理系统解决了纸质载体档案无法接受多方调阅、利用效率较低、调阅流程难追踪等弊病，且档案存储空间仅为原来的七分之一，每年节省人力和耗材成本约 200 万元。

（三）探索出交通行业智能财务管理新路径

一是打造了省属国企和交通行业智能财务典型样本。南粤交通持续以理论指引财务转型实践发展和落地，并以实践推动理论迭代输出，实现财会理论创新和实践创新的良性互动，关于智能财务主题的论文及课题共获 11 次省部级奖项。

二是形成可推广可复制的智能财务模式。自 2019 年以来，粤海、能源等省属国企和山东、浙江等兄弟省市国有企业，以及上海国家会计学院、广东财经大学等企事业单位来访调研超 100 次，为其他单位数字化转型和实施智能财务提供了借鉴，形成了"南粤交通方案"。

（成果创造人：陈子建、林　楠、陈　丽、徐一辰、朱葆洁、
谢树平、左光梅、程馨瑶、张焜彦、肖凯文）

施工企业以精管细算为目标的项目经费管控优化

中铁七局集团郑州工程有限公司

中铁七局集团郑州工程有限公司（以下简称郑州公司）始建于 1953 年，是世界 500 强企业——中国中铁股份有限公司（以下简称中国中铁）的成员单位，是中铁七局集团重点骨干子企业，注册地位于河南省郑州市。郑州公司资产总额 57.03 亿元，年施工产值 100 亿元以上，年新签合同额 200 亿元以上，具有公路、铁路施工总承包一级资质，桥梁、隧道、公路路基、铁路铺轨架梁、建筑装修装饰等专业承包一级资质，钢结构工程专业承包二级资质，同时拥有工程测绘甲级资质和国家认定检验检测资质。现有员工 2180 人，其中，中、高级以上技术职称 922 人，各类专业技术人员 1289 人。郑州公司先后转战河南、湖北、江苏等全国 20 余个省区市，远赴海外博茨瓦纳、埃塞俄比亚、纳米比亚等国家，优质高效地完成了一大批在国内外具有较大影响力的重大工程，多次荣获"全国优秀施工企业""全国最佳施工企业""全国铁路安全生产先进单位""河南省施工企业综合实力 50 强""河南省重合同守信誉企业"等称号。

一、施工企业以精管细算为目标的项目经费管控优化背景

（一）建筑行业增速放缓对改革创新的要求

目前建筑业正处于变革的关键时期，整个行业面临经济增速放缓、地区发展差距拉大、基建领域投资力度持续高位、国有企业尤其是央企转变为投资主体、工程款不到位常态化、利润空间收窄等环境变化，融资难、高负债成为国企新雷区，房开企业、建筑企业艰难负重前行。这些变化深刻影响着建筑企业的前进方向，竞争大、中标难、利润低、收款慢，大而不强、专而不精等问题倒逼建筑企业管理转型。创新改革、降本增效成为新的经济增长点。在"疫"后重建、刺激经济的政策重心下，基建投资对社会经济发展的拉动作用会愈发凸显，顺应"稳增长、高质量"趋势的基建行业将快速发展。因此，积极推进管理模式变革，强化降本增效理念，能够在新发展格局下谋得一席之地，实现企业的高质量发展。

（二）工程项目管理粗放对成本管控的要求

随着基建规模扩张的增速放缓以及建筑市场的恶意竞争，施工企业必须及时转变思维，求变求存，将成本管控作为企业盈利的关键点，最大程度节约成本，才能获取生存空间。通过健全成本管理责任制度，不断完善工程项目成本控制方法，将成本管理始终贯穿项目施工生产的全过程，找出项目盈亏的真实原因，定期分析总结推广，才能在提升企业管理水平和效益水平上做到有的放矢，使企业站在市场的制高点，立于不败之地。因此，如何在保障工程质量的前提下做好成本要素管控，提升项目的经济效益，将是施工行业艰难越冬的关键。

（三）经费管理内控缺陷对精管细算的要求

经费支出作为施工企业一项必要成本开支，虽然其占项目总成本比例不高，但大型施工企业经费绝对值普遍较高，尤其是基础设施类项目，项目种类繁多且战线较长，受征地管线迁改、设计图纸、资金不到位等外界因素干扰较大，极易产生无意义的管理消耗，浪费现象尤其突出。结合行业管理粗放、全面预算管理不严格、内部控制存在缺陷等现状，现场经费管理难度较大。施工企业往往缺乏完善的经费预算管理体系，缺乏对人员管理的精准决策，缺乏对费用支出的精准管理。因此，加强工程项目经费预算管理，坚持无预算不支出的刚性原则，改变经费管控理念，创新经费管控方法，提升经费管理水平，确保非生产性支出切实受控，降低施工现场经费在成本费用中的占比，将成为影响企业

市场竞争、长远发展的重要因素。

二、施工企业以精管细算为目标的项目经费管控优化主要做法

郑州公司围绕"效益提升、价值创造"为核心，主动作为、勇于创新，坚持"一个共同目标、两个管理小组、三个基本原则、四个管理层级、五个核心要素"为指导，推动工程项目和企业效益量质齐升，彰显出中央企业的创造力、竞争力、执行力。郑州公司通过对基础数据的整合分析，找出影响项目经费管控的关键因素，发现经费管控的薄弱环节，进而有针对性、创新性、实用性地加强制度体系建设，抓住项目人员配置和工期时间安排主要矛盾，对项目经费业务进行精管细算，对项目管理模式进行改革创新，对资源平台配置进行优化管理，加强项目全生命周期的经费管控工作，做好收尾项目人员的动态监控、有序调整，最终达到施工企业工程项目"成本最小化、效益最大化"实施效果。

（一）推动关键数据整合，善于抓住主要矛盾

1. 剖析项目经费管控的关键因素

郑州通过基础数据的整合分析和日常工作中对项目成本督查、财务监察和共享稽查等检查过程中发现的问题，发现影响项目经费管控的两方面关键因素：人数和工期。一是工程项目定员定编与实际人员配备相脱钩。从经费管控最理想的状态来看，工程项目平均人数应与经费、产值呈正相关关系，但从项目经费管理现状来看，项目平均人数与经费总额有密切关系，但与产值关系不大，这充分说明项目对人员的筹划不合理，人力资源未得到充分利用。此外，部分项目实际人员配置与公司下达的人员定编相脱钩，存在"机构求全、人员求多"现象，未能根据工程项目工期进度安排合理增减人员，甚至在项目停工、窝工、收尾阶段未能做到人员及时分流，造成人力资源的浪费，同时使公司下达的定员定编成为摆设。二是工期延长造成经费超支。由于征地拆迁、资金、环保、变更等客观因素影响，同时部分项目在施工生产中存在管理问题等主观原因，使得项目工期延长，而伴随着工期延长，职工薪酬、差旅费、伙食费等固定经费不断支出，使得经费超出预算的情况时有发生。

2. 分析项目经费超支的主要科目

通过统计分析，项目经费出现超支的科目主要集中在职工薪酬、车辆费和办公费三个科目。职工薪酬主要与人员配置、工期安排和绩效奖金息息相关。车辆费主要包含小车租赁费、燃油费和修理费等，项目管理水平参差不齐，管理手段滞后，未对小车油耗、修理费进行有效管控。办公费主要包含办公机具、文具纸张等，项目部配置标准不统一，落实"勤俭办企业八不准"的要求不到位，成本节约意识不强。

3. 总结现场经费预算刚性约束的实操情况

根据大商务管理"精管、细算"的管理要求，郑州公司向项目批复经费预算额度后，项目对照施工组织安排进行分年度预算控制，并上传至业财共享平台进行经费预算管控，超出预算不得报销。但在实际操作过程中，个别项目可能通过经费列支研发费用、安全费用等科目来逃避公司监管，

存在管理漏洞。此外，由于部分项目人员超编和工期延长，造成职工薪酬等经费超支，超支后项目以不能发放工资为由向公司申请经费补批（不作为项目责任成本调整依据），公司考虑到不能拖欠职工工资，多予以审批。部分项目认为经费超出预算后可以申请经费补批，从而造成经费管控效果大打折扣。

（二）加强制度体系建设，提高科学管理水平

1. 完善项目经费预算管理体系

为充分发挥全面预算管理在施工生产经营中的引领约束作用，结合企业管理现状，郑州公司加强制度体系建设，打造"一二三四五"经费管理体系。围绕"精管、细算"的共同目标，坚持统一标准、因地制宜、权责清晰三个基本原则，以公司领导小组、经费管控小组两个小组为核心，横跨经费

管控组、公司财务部、区域指挥部、工程项目部四个管理层级，涵盖组织架构设计、制度体系建设、关键因素管控、聚焦价值创造、全周期管理五个核心要素，打造符合施工产业的项目经费预算管控新模式。

2. 设计组织架构

公司的经费预算管理工作由公司领导小组和现场经费管控小组组成。公司领导小组包括公司总经理、公司总会计师及公司副总经理，负责经费管理的领导决策、统筹指导和工作安排。现场经费管控小组包括公司工程管理中心、商务部、人力资源部、办公室、党工部、财务部等相关部门，具体负责项目经费制度的完善及更新、经费预算的审批和调整、经费考核奖惩等管理工作。为进一步规范项目现场经费管理，强化项目成本管控，郑州公司确定了现场经费管控小组、公司财务部、各指挥部、项目财务部四个管理层级，层层压实经费管理责任。

3. 加强制度体系建设

郑州公司不断加强制度体系建设，提升公司科学化管理水平。围绕集团公司"一定编、两定额"管理制度制定出符合公司实际的《中铁七局集团郑州工程有限公司工程项目劳务分包限价及项目部经理部定编定员、管理费用定额标准》（中铁七郑工经〔2014〕146号）、《关于进一步加强项目现场经费管控的通知》（中铁七郑财〔2020〕148号）等文件，2022年下发了《关于进一步规范施工现场经费管理的通知》专项工作通知。郑州公司坚持统一标准、结合实际、精干高效的原则，坚持权责清晰、逐级管理、后台监控的原则，坚持总额控制、过程管控、包干使用的原则，明确项目经费的事前计划、事中控制和事后评价工作，从职责划分、经费管控、流程管理、经费分析等方面持续强化项目经费管控，全面做好经费事前计划、事中控制和事后评价工作，积极推动项目管理效益提升和企业高质量发展。

（三）统筹安排人员施组配置，提升人员使用效率

1. 合理配置定员定编与项目实际人数

一是郑州公司充分考虑项目产值和工期等因素，参考定员定编并结合项目实际情况，在项目前期策划时根据施工安排合理确定项目全周期平均人数，过程中严格督促各项目按照工程进度计划，统筹安排人员配置，在项目大干阶段增加人员，在初期和收尾阶段减少人员，做好人员安排与产值进度的协调工作。二是对施工过程中的停、缓建项目，除必要的留守人员外，其他人员进行及时分流，提高人力资源使用效率。

2. 分解合同工期与施组安排

一是从经费预算的起点着手，公司业务部门结合项目实际，对合同工期和施组安排进行分解，积极寻找提前完成工程施工的有效路径，有效缩短项目实际工期，降低施工现场经费支出。二是督促引导各项目努力克服由于征地拆迁、资金、环保、变更等客观因素影响引起的工期延长，同时加强项目管理，杜绝由于项目管理不力等原因造成的工期延长。一旦有工期延长现象的发生，指导项目及时收集相关资料，积极向业主单位索赔，减少工期延长造成的损失。

（四）规范经费业务核算，严格落实精管细算

1. 规范费用列支和披露

一是规范费用列支。随着业财共享平台的深层次发展，日常经济业务核算愈发标准化，郑州公司结合会计核算和业务实质，及时与共享中心沟通费用列支，如竣工资料整理费列支从间接费到直接费的变化，确保经费管控范围更加合规、合理。二是针对项目食堂支出标准高低不一、缺少预算收入等情况，郑州公司印发《关于进一步加强职工食堂管理的通知》，通过对食堂费用标准进行广泛调研，在责任经费审批中增加职工伙食费细目，严控食堂费用开支水平。三是针对项目宣传费列支不规范、项

目领导班子兑现缺少预算等情况，公司经费管控小组召开专题会议进行研讨，界定项目宣传费和安全费列支范围，确保经费预算和执行过程统一性。对于兑现缺少收入，鉴于各项目板块不同、经营状况不同，领导班子兑现在预算审批时无法进行有效预估，在项目中后期责任成本调整时予以考虑。

2. 加强费用支出过程管理

一是针对研发费用支出，要求项目费用归集应符合国家政策和相关要求，加强过程管理，严禁期末一次性分摊，研发费用列支需经课题负责人签字审核。除取得实质性收入外，列支在研发费用的经费在项目经济活动分析时应还原至间接费。列支研发费用的经费属于公司经费管控范围。二是规范项目经费台账管理，要求各项目日常建立好直接费和间接费台账，按季度更新，准确核算直接、间接费，对虽列在间接费科目下但实际属于直接费的内容，及时调整账务、更新台账，在经济活动分析报告中列报在其他直接费；对虽列在直接费科目但实际属于间接费的经费也应进行还原，大大提升财务信息的规范性和准确性。三是针对项目经费分析，郑州公司制定《中铁七局集团郑州工程有限公司工程项目成本督查管理办法（试行）》（中铁七郑商务〔2022〕104号），通过综合对比经费分析中工期进度分析和产值进度分析的优缺点，最终确定项目经济活动分析中按照产值进度进行经费分析，避免工期进度分析时产生经费虚盈，与形象进度收支不匹配等现象，督促工程项目日常主动作为，通过管理举措压降现场经费支出，推动项目管理效益提升。

（五）创新项目管理模式，有效压减管理成本

1. 推行区域项目群管理模式

郑州公司推行区域项目群管理模式，根据地域分布、项目集中度等特点建立"集中型项目部"，依托一个大项目对区域内多个项目进行统一管理和资源共享，将项目群内业务部门进行精简，人员统一调配，可在基本不增加管理人员的前提下，大幅提升项目施工生产规模，降低各项成本支出，提高项目生产和管理效率。

2. 采用"代局指"管理模式

本着"尊重实际、精干高效、总量控制、积极创新"的原则，郑州公司在沿黄高速项目采用代管工程项目（指挥）部模式（以下简称代局指），即集团公司指定一家三级公司主责组建，代理行使集团公司指挥部职能，其他参建三级公司组建项目分部，实行"一套人马，两块牌子"，统一管理项目施工生产各项活动的经济事项，以提升管理效率，减少工程项目管理人员数量，为企业创誉创效。根据代局指管理模式，郑州公司履行代局指职能，沿黄项目代局指人事管理权属郑州公司，薪酬待遇执行郑州公司项目薪酬管理制度，沿黄代局指的经费预算包含在郑州公司分部经费预算总额中，代局指不再单独发生经费。企业管理模式的创新，人员的一专多能为企业降本增效。

3. 构建一体化资源配置平台

郑州公司建立统一的资源平台，推进劳务、材料、租赁集中采购，优选生产规模大、垫资能力强的战略合作伙伴，既是公司集约型管理的重要举措，也是降低项目管理人员数量、优化管理层级、减少矛盾纠纷的长效解决方案，有利于工程项目优化资源配置、降低生产成本，确保如期履约。为探索项目管理新模式，优化人力资源配置，降低项目管理成本，郑州公司在雅叶高速项目试点推行劳务分包方自带技术员、实验员等现场管理人员的分包管理模式，以减少项目管理人员数量，节约现场经费支出。

（六）强化收尾项目管理，做好人员动态监控

工作不饱和，造成人力资源的极大浪费和管理成本的不断增加。针对此类情况，郑州公司专门成立尾工指挥部，以加强对收尾项目成本的管控。一是坚持"压减收尾人员、释放有效生产力"的原则，以公司人力资源部和尾工指挥部为主导，统筹区域内收尾项目实际情况，综合考虑人员工作饱和

度和人员分部情况，适度考虑"调配补位"和"关键人员联动"，严格执行"收尾销号策划书"分流节点，大力推动收尾项目人员分流。二是贯彻落实区域内的"调配补位"工作，建立收尾项目与区域内相邻在建项目或收尾项目的横向联系，由区域指挥部统筹安排，适度考虑在建项目管理人员代管收尾项目部分职能，在收尾项目负责人安排下开展收尾工作。三是做好"关键人员联动"工作，在科学压减收尾人员的基础上，要求原项目主要人员定期参与收尾项目双清和销号工作，与业主和其他管理单位保持密切联系，避免收尾策划节点滞后和成本的"二次投入"。四是自收尾项目移交业主单位运营管理起，原则上不再保留专职收尾人员，确需保留的，均应在公司指定地点集中办公，按照公司作息要求上下班。确需因公出差的，必须征得公司主管领导同意，做好费用支出和工作效果的有机统一，严控尾工项目管理成本。

三、施工企业以精管细算为目标的项目经费管控优化效果

（一）聚焦抓规律、抓落实，在内控建设上显功夫

一是发现规律，在"谋"上下足功夫。深入把握郑州公司"一定编、两定额"的经费管控基础，结合施工现场实际情况，采用一切工作到项目的工作方法，把经费管控中存在的问题梳理到位。二是精准施策，在"抓"上彰显力度。积极探索影响项目经费超支的关键因素，找准经费管控中重点、难点、薄弱环节，发现项目经费管控中存在的管理误区，抓住主要矛盾，有针对性地开展调研工作，拿出切实可行的管理建议，起到政策先行的指导效果。三是求真务实，在"做"上务求实效。建立健全经费内部控制体系，改革创新经费管理模式，严格控制现场经费支出。经费事前管控上，严格落实大商务管理"精管、细算"的管理目标，组织公司经费管控小组及时下达合理、准确的项目经费预算。事中监督上，充分发挥业财共享平台风险控制和数据分析的优势，强化项目经费预算的刚性约束，同时做好经费超支的预警提示工作，及时督促项目施工过程中合理安排人员配置和工期履约。事后评价上，采用定量和定性分析相结合的工作方法，定期总结经费管理中的经验和不足，推动经费管理工作做深做细做实。

（二）聚焦抓管理、抓带动，在效益提升上显实效

自经费管控模式优化以来，严格的经费管控措施、创新型的经费管理模式，切实压降了项目经费支出，控制了间接成本，提升了企业的经营效益和运营质量。一是工程项目加强经费实施策划，从细处着手、向实处发力。深圳小梅沙聚焦职工探亲交通费管控，员工探亲返深后乘地铁到指定出站口后，由项目派车接回，在提高职工出行安全性和舒适度的同时，单次油费对比深圳北直接接送项目节省38.68元。二是区域项目群管理把业务部门集中管理、鼓励员工一人多兼，相较传统模式精简效果明显，降本增效效果显著。山西区域项目群通过项目群管理模式节省经费529.40万元，有效降低经费产值占比。三是沿黄高速项目推行代局指管理模式，有效减少企业内部管理层级和管理成本，节约项目经费2597.78万元，取得了良好的实施效果。四是收尾项目人员动态管理成效显著。2022年郑州公司收尾项目82个，收尾人员62人，对比年初收尾项目76个，收尾人员274人，本年收尾项目新增6个，但收尾人员减少212人，在提高人力资源使用效率的同时切实压降了工程项目的经费支出。

（三）聚焦抓保障、抓发展，在央企职责上显担当

一是坚持把员工切身利益放在首要位置。合理的经费标准、标准化的审批流程、周密的过程控制、创新的节约成果，能够降低项目经营中的显性成本与隐性成本，最终通过季度、年度绩效考核奖励等方式将工程项目降本增效红利回馈给职工，提升人力资源的活力和动力。同时，郑州公司积极保障按时、足额缴纳各项社会保险费，提高一线人员的薪酬待遇，采取措施切实解决项目职工急难愁盼问题，维护好职工的合法权益，传承了优秀的企业文化内涵，在凝聚人心、团结奋斗上起到

积极的作用。二是将央企"担当"扛在肩上。郑州公司优化成本管控模式，推广成本管控理念，切实减轻了企业压力、激发了市场活力、增强了发展动力、释放了内需潜力，带动上、下游产业链以降本减负与转型升级相结合，以制度体系与阶段措施相结合，切实提高资源使用效率，有效降低社会生活中的内耗成本，加速促进行业的新旧动能转换，带动行业经济的高质量发展。

（成果创造人：徐水龙、杨星辉、牛学忠、石军伟、王　立、宋立其、
　　　　　　　王　毅、邹栋佳、张亚萍、路　波、王　锐、陈　光）

建筑施工企业以提升价值创造能力为目标的内部控制管理

中国铁建大桥工程局集团有限公司

中国铁建大桥工程局集团有限公司（以下简称大桥局）是世界500强中国铁建所属的中央企业。其前身是铁道兵第三师，1984年1月兵改工为铁道部第十三工程局，2001年4月改制为中铁十三局集团有限公司，2014年3月改建为中国铁建大桥工程局集团有限公司。拥有铁路、公路、市政、建筑施工总承包"四特四甲"资质，注册资本金32亿元，年新签合同额超千亿元，施工生产能力600亿元以上，是中国基础设施建设和桥梁行业的领军企业。在铁路、公路、城轨、水利水电、机场、码头、工民建等大型综合项目建设上具有较强的施工能力，在埃塞俄比亚、安哥拉、马来西亚、尼日利亚、巴基斯坦等近20个海外国家承建基础设施工程。

一、建筑施工企业以提升价值创造能力为目标的内部控制管理背景

（一）适应经济形势，推动高质量发展变革的需要

新时期，建筑施工企业要改变传统的规模化发展思路，以价值创造为关键抓手，全力拓市降本提效益，积极抢抓市场机遇，及时优化经营策略和内控管理，在细分市场开拓、新兴需求响应、城镇化改造等方面提速提质，大力压降成本费用，眼睛向内、管理挖潜，加大全产业链、全价值链降本节支力度，不断提升经营效率和质量。

（二）推动建筑业升级，促进行业可持续发展的需要

近年来，随着建筑施工企业规模的不断扩张，大型化、复杂化、长周期的工程项目越来越多，一系列涉及国计民生的标志性建筑产品对建筑企业的内控管理提出了更大的挑战，一成不变的内部控制体系已不再适用时刻处于动态环境中的大型项目，项目也不会在既有的内控制度框架内按部就班地运行，既有的管理机制和内控制度反而成了项目管理中的冲突源，急需在体制机制和内部控制管理的基础上深化改革，不断释放更多内控红利，为施工项目管理注入内生动力，促进建筑施工企业为社会奉献更多的高质量、绿色化建筑精品工程。

（三）深化国有企业改革，提升企业价值创造力的需要

作为国内重难点桥梁建设的领军企业，大桥局营业收入连续三年保持20%的规模增长，在对规模的片面追求中，忽视了对企业价值能力的提升，对企业资产规模、利润水平和实际筹资能力等情况重视不够，"两金""带息融资"等规模不断上升，现金流与货币资金持续减少，企业经济运行质量未见根本好转。同时从公司生产经营全局来看，存在资源整合程度低、经营一体化程度低、行政成本较高，核心竞争优势不集中，运作方式不灵活，管理效率低等方面的问题，企业向高质量发展步伐缓慢、抗风险能力差。企业在规模化发展向高质量发展转变的进程中，急需改变现有的内部控制管理体系，需要在优化完善公司法人治理结构的基础上，围绕国家重大战略部署和企业中长期发展规划，以提升发展质量效益效率为主线，结合企业生产经营全要素、全环节、全流程，通过现有内控管理体系的优化，进一步突出管理体系的价值识别、价值创造、价值提升和价值转化，为企业高质量发展保驾护航。

二、建筑施工企业以提升价值创造能力为目标的内部控制管理主要做法

（一）以重塑制度体系架构为支撑，优化价值识别体系

1. 构建内控制度分级管理体系

鉴于集团企业规模的壮大，越来越多的制度呈现点状、区块化分布形态，制度较散乱。为了构

建高效规范的制度体系框架，也为了方便三级公司和基层项目部在众多内控制度中便捷地查找对照，按照内部控制管理内容的共同性对制度实行分级管理，按照内控制度的不同效力、执行主体共分五个层级。

一级制度，集团公司章程，是公司组织和活动的基本准则，公司章程在公司治理中具有十分重要的制度架构能力，是内控制度中的"宪法"。二级制度，有关法人治理结构的规则和标准，包括董事会议事规则、监事会议事规则、党委会议事规则、总经理工作细则和企业标准等。三级制度，在实施企业战略、项目管理、人才管理、资金管控、风险防范和企业文化等方面的基础性管理制度和办法，是制度体系架构的根本。四级制度，针对基础性管理制度中某项或多项特定事务的专项管理规定或决定，是对基础性管理制度的补充和支撑，也是对企业部门、下属单位实施分权、授权的依据。五级制度，为执行某项制度、办法及专项规定所制定的指导意见和实施细则，重点描述流程性、事务性、操作性的条款，便于企业下属基层单位操作执行。

2. 精简优化制度注重化繁为简

通过内控制度精简优化，构建完善"系统完备、科学规范、运行高效"的内控制度体系，实现效率与合规的平衡。大桥局以构建大部门制、扁平化管理为基础，改变以往以细分业务单元为制度建设基本单位的做法，坚持以业务序列为制度建设基本单元，将其所属业务板块诸多内控制度系统集成为几项业务制度，比如将原有物资管理方面的 10 项制度整合为 1 项，整合后的设备物资管理制度包括招标、采购、核算、租赁、供应商、考核等设备物资管理的各个方面，进一步明确职能定位，划定业务范围，厘清部门权责，设置岗位权限。同时制度优化时注重内容的化繁为简，切忌大而空，脱离实际，强调内容简约明了，便于基层单位易读、易学、易懂，具有实用性、针对性、可操作性。除满足法律法规、外部监管、集团公司和公司等硬性要求外，大桥局及各所属单位制度文件数量在原有制度数量上，整体精简率在 15% 左右。

3. 优化完善法人治理体系

大桥局在优化完善法人治理体系的基础上，以"依法合规、权责对等、风险可控、决策质量和决策效率相统一"为原则，制定《董事会授权管理制度》，编制《董事会向董事长授权清单》和《董事会向经理层授权清单》。以"1 个制度 +2 项清单"的模式，将董事会职权中的机构编制、对外投资、对外捐赠、融资担保等风险相对较小、发生频次高、与企业日常经营紧密相关的 4 大类 14 个事项的决定权授予董事长和总经理。在优化精简审批流程的基础上，坚持"授权不放权、授权不授责"的原则，避免违规授权、过度授权。

（二）以规范化流程管理为基础，助力企业提质增效

1. 建立管理流程"双预控"机制

为确保精准有效把控业务审批环节关键风险点，防范经营风险，在管理流程表单中设置了防范业务违规风险的"双预控"机制，首先设定业务工作流程的始发条件，明确了该项业务工作发起必备的决策、审批、评审、调查等前置条件，其次是明确列示出该业务流程需把控的关键风险点及相应评判标准，基于以上条件，对业务合规性作出综合评判，同时对违规审批、超权限审批等违规行为的惩戒措施作出明确规定。为充分适应合规工作管理要求，提升业务管理合规水平，有效防范合规风险，在系统识别判断的基础上，将第三方尽职调查、合同合规审核、现金支付合规审核等合规管理元素有机嵌入投标、采购、合同、劳务注册等制度管理流程，强化合规嵌入刚性约束，助力内控制度流程体系标准提升，实现流程体系自我合规、良性运转。

2. 实行业务流程表单标准化管理

坚持制度管人，流程管事，标准约束行为的管控原则，以管理流程表单作为内控制度的主要表

现形式，实现法人管理下的业务流程化、流程表单化，并统一表单样式标准，为后期上线运行打好基础。以经济管理制度为例，管理流程表主要包括主表20个，附表7个，基本覆盖经济管理的全部业务管控点，把经济管理业务以管理流程表的形式表现出来，实现各细分板块、各环节业务线上发起、流转、审批、归档。

同时将总部及项目两级业务流程各环节应把控的关键项点嵌入管理流程表中，明确列示出业务流程关键控制项点的审核评判标准，通过对照标准实现对业务流程关键控制点的精准把控，防止各级管理人员审批的盲目性和形式化，实现科学决策审批。以劳务队信用评价管理流程为例，首先明确了队伍评价标准，对照标准，将各部门需要把控的关键项点一一列示，让审批部门在审批过程中对照标准逐一评价，实现精准审批、科学决策。

（三）以精益化成本管理为中心，增强价值创造动力

1. 逐层量化经济管理责任管控体系

大桥局以建立"大商务"管理体系为核心，在传统成本内部控制管理的基础上，贯彻全员、全过程、全方位"三全"商务管理意识，建立以项目经理、项目总工程师和项目商务经理"铁三角"为核心的全员创效组织体系，项目经理是项目履约、成本管理的第一责任人，项目总工师是设计变更、方案优化、化解风险的枢纽和灵魂，项目商务经理，履行商务策划、要素协同、成本管控等经济管理职能，带动全员参与创效，逐步提升项目创效能力和水平。同时围绕"盈利点、亏损点、风险点"等重点管控核心，统筹项目设计、技术、施工、财务、物资等各支撑体系的经济职责，精密策划、严格落实、月结月清、精准创效，打造全要素、全方位一体化的项目商务管理体系。

2. 打造嵌入式融合式劳务管理机制

大桥局在既有劳务队伍管控机制的基础上，建立了嵌入式、融合式劳务管理机制。企业站在共享、共赢的商业合作伙伴高度，把劳务队、供应商当作一家人来看待和管理，推进劳务管理由传统的同吃、同住、同工作、同生活，向同学习、同交底、同标准、同考核的"新四同"升级，通过正向融入和逆向融入相结合的方式，将作业队的班长、现场负责人、安全员、技术员等关键岗位人员纳入项目管理体系，统一参与劳动竞赛，统一考核管理，真正使其融入项目生产中，并定期实施分包商盈亏平衡点分析，及时掌控施工成本，打通施工管理体系的最后一米，提升项目基层作业管控能力。大桥局每两年召开一次优秀分包商表彰会和座谈会，邀请优秀分包商代表参加，传递集团分包商管理理念，表彰优秀分包商，交流管理经验，畅通沟通渠道，进一步与实力强、业绩好、资源足的分包商深化合作模式，通过狠抓劳务分包，促进利益关联方共同发展提升企业价值创造能力。

3. 实现各类生产资源要素最佳配

大桥局改变传统工程项目物资管理体系管控机制，精打细算，从压缩工程项目物资设备采购成本角度出发，深入推进"大物资"管控体系建设。集团公司总部牵头组织量大物资框架供应，统一采购谈判、统一签订合同、统一供应商入库工作，统筹全集团资源，做强量大物资"框采超市"，实现以量换价，降低物资采购成本，降本增效；同时建立了集团内部工业产品内部供应体系，坚决落实"自己投资的项目自行设计、自己生产的产品自购自销、自己能提供的服务优先使用"的要求，畅通内部服务和产品的供需渠道，盘活资源，降低成本，提升效能，实现效益最大化。大桥局统筹专业化发展布局和在建项目实际需求，精准研判市场趋势，多维分析匹配度与经济性，推进大型设备工装专业化管理，建立健全跨法人调配机制，统筹规划、统一配置、统一调度，提高使用效率；同时持续提高专业化机构技术服务能力，研究设备技术性能提升，加强设备工装通用性改造，提升使用功效。

（四）以优化人力资源为驱动，保障价值创造资源

1. 科学评估，制订人员存量调整规划

大桥局 HR 部门对人力资源结构现状形成的历史、过程和背景进行深入剖析，聘用外部咨询机构，对现有人力资源做出客观评估，并根据企业情境找到驱动人力资源结构调整的最核心因素，打破企业历史惯性，从以数量为导向的人力资源结构，向高质量人力资源内涵转变，统筹考虑规模导向和效益导向，在此基础上，从选育用留等维度，来制定盘活人力资源存量的具体举措，用最优化、最适宜的人力资源管控架构来支撑企业精益化战略目标的实现。

2. 精减人员，实现企业员工总量下行

大桥局按年度公司营业收入和人均营业收入核定三级公司员工总量，按人均产值核定工程项目人员总量，授权三级公司负责劳务派遣用工管理，按每两年 10% 的比例末位淘汰，动态控制劳务用工比例。加强劳动合同管理，把握合同制员工试用期、合同到期、第二个合同期等三个时间节点，在时间节点前完成相应考核，对未通过考核的员工按规定终止合同。通过员工信息电子化平台记录个人日常考核结果，形成内部个人电子业绩档案，伴随员工全过程发展周期，自 2020 年以来全集团累计清理、终止考核不合格员工 1890 人。

3. 优化结构，畅通职业发展通道

大桥局制定了《员工职业发展内部控制管理制度》，按照人才发展有"方向"、建"通道"、给"位置"、享"待遇"的中心任务，构建了涵盖管理、职员、专业技术、经营、项目管理、技能和服务 7 大序列职业发展通道、25 个层级的岗位职级体系，其中高中低层级人员比例分别为 20%、70% 和 10%，人才呈橄榄形结构，实现了职务岗位与职级晋升的匹配互动，纵向理顺了内部晋升通道，横向打通了序列交流屏障，序列中每个等级有明确的晋级标准，横向有条件转化，有效解决了既有的人力资源内控体系中员工职业发展通道不畅的问题，为员工创造了多渠道的成长平台，引导员工自我激励、自我发展。

（五）以数字技术应用为保障，赋能价值提升新模式

1. 聚焦智慧工地加快科技引领

大桥局面对建筑业数字化赋能转型的新形势，加快了数字化、智能化应用研究，围绕产业链、供应链生态，启动了企业大数据平台建设，建设了工程基本信息、劳务实名制、合同管理系统、财务共享平台、信息化硬件资产集采订单等管理系统，以及全集团统一的视频监控平台、工程量及进度管理系统、智慧工地管理系统、装配式工厂管理系统、梁场管理系统和 BIM（建筑信息模型）平台。企业通过大数据平台，打通不同业务系统间"数据孤岛"，推进"上云、用数、赋智"行动，挖掘大数据价值，学会用数据说话、用数据经营、用数据决策，通过数字化赋能与传统承包领域的有效结合，提升企业经济价值的增长率。

2. 聚焦创新驱动优化创新平台

为打造企业原创技术策源地和专业技术领军人物孵化基地，提供前瞻性和可操作性的发展方案，聚焦创新驱动发展开展价值创造，大桥局在原有科技创新管理架构的基础上，对工程创新研发平台管理模式进行进一步优化。工程创新研发平台根据集团公司发展战略，结合国家科技规划，立足解决工程实际问题，做好集团内部重点施工组织方案研究、重难点工程技术攻关等工作，并整合技术力量服务工程项目，实现技术支撑；对桥梁主业、基础设施建设及新兴领域科技发展方向和市场前景进行研究，开展基础性技术、前瞻性技术、关键核心技术等研究与开发，筑牢科技创新基础，提升科技创新能力，为企业发展赋能。工程创新研发平台作为大桥局科技创新的主要研发平台，在承担重大科研课题研发工作、培育工程技术专业人才队伍的同时，肩负着引领企业数字化转型，落实企业智能建造研究的主要任务。

三、建筑施工企业以提升价值创造能力为目标的内部控制管理效果

（一）法人治理效能明显改善

大桥局通过内控制度体系的不断完善优化，先后梳理评估内控管理制度 300 余项，废止制度 38 项，评估保持制度 195 项，现行有效内控管理制度共 313 项，较上年度下降 15%，形成了涵盖 5 个级别、82 个业务板块的内控制度框架体系，围绕经营、生产、经济、技术、监督、保障"六条线"建设的重点领域管理制度基本完善，党委会、董事会、经理层决策程序进一步规范，"1+9"合规制度体系等有效实施，各类风险得到有效把控，有力破除了大桥局各层级各部门纵横边界壁垒，组织柔性明显提高，内控制度体系的组建趋于平稳，决策的权威性和有效性得以提升，筑牢了企业持续健康发展的内控制度管理基础。

（二）降本增效价值成果显著

以经济运行实效为核心，体现价值增效益，全力打造框架供应商超市，着力培育优质供应商资源，已签订框架供应商 73 家，2022 年累计实现采购降低成本 1.7 亿元。落实量大直供 30.7 亿元，节约资金 1.56 亿元，节资率 5%。抓实物资专项管理，落实地材自加工 443 万吨、钢材定制定轧 5.9 万吨、电商采购 6.68 亿元，实现降本 3 亿元，严格限额发料，混凝土、钢筋、水泥等材料超耗项目数量明显减少。2022 年大桥局强力推行"向 16 方面管理要效益"活动，活动覆盖 312 个项目，累计实现管理创效 40030 万元，有效提升项目创效能力，管理增效的价值创造力逐渐凸显。

（三）价值创造核心指标持续提升

通过内控管理体系的完善和优化，各级领导班子决策管理水平、总部服务能力、领导干部履职尽责、项目创誉创效能力均得到了明显提升，特别是企业价值创造、价值转化有了根本性转变。集团对下属各二级子企业年度绩效考核过程中，改变传统的以规模化指标为主的考核体系，综合考量利润总额、资产负债率、净资产收益率、全员劳动生产率、经济增长值、研发经费投入密度、营业现金流比率等价值创造核心指标，更加侧重子企业经营过程中的质量、效益和效率。通过大桥局上下两级的共同努力，2022 年全集团企业营业利润率达到 4.2%，较上年度提高 25%；2022 年企业劳动生产率达到 32 万元／人，较上年度提高了 21.8%，人工成本利润率从 8.6% 增长到 16.1%，增幅 86.4%，经济运行质量及企业价值创造明显改善。

（四）开创企业高质量发展新格局

大桥局坚持"建设以桥梁为核心竞争力的行业先进、国内领先、国际一流的建筑企业集团"战略目标，大力培育工程承包、勘察设计、资本运营、海外事业、工业贸易"五大板块"，"一主多辅"产业格局持续巩固。自 2020 年以来，共承揽重特大标志性桥梁工程 22 项，桥梁任务占比持续增加，桥梁专业装备实力和新度系数持续增强，桥梁工程规模和施工技术等不断取得突破，"高精尖难险特"桥梁管理经验和业绩成果日益丰富，桥梁品牌的影响力明显增强，企业各项经济指标不断向好，2022 年企业营业总收入 600 亿元、新签合同额 1500 亿元、利润总额 4 亿元，均创历史新高，大力推进了企业高质量发展的进程。

（成果创造人：芦　静、刘成涛、于德彬、刘　畅、孙　磊、
于槟炎、安培清、李慧章、王正来）

战略控股型产业集团"大合规"管理体系构建

北京电子控股有限责任公司

北京电子控股有限责任公司（以下简称北京电控）是以电子信息产业为主导的高科技产业集团，产业主要分布于半导体显示、集成电路、新能源、电子信息服务等领域。北京电控所属部分重点企业被誉为"共和国电子工业的摇篮"，为我国民族工业发展做出突出贡献。截至 2022 年，北京电控旗下拥有二级企业 14 家（含 4 家上市公司）、事业单位 2 家，全年营业收入超 2000 亿元。北京电控始终坚持科技引领，保持高强度科技创新投入，近三年累计研发投入 469 亿元，占营业收入比重年均超 8%，累计申请专利超 10 万件，拥有有效授权专利约 4 万件，形成了一批国际一流、国内领先的创新成果；始终坚持人才强企，面向全球引进战略科技人才，建立市场化人才工作机制，构建了一支国际化、职业化的高端创新团队；始终坚持开放共赢，通过联合研发、战略合作等形式与全球优势企业、知名科研院所，开展多形式、宽领域合作，不断扩大创新合作"朋友圈"。

一、战略控股型产业集团"大合规"管理体系构建背景

（一）国内外环境深刻变化对企业合规管理提出更高的要求

"大合规"管理体系建设是适应国际环境变化的需要"十四五"时期，世界百年未有之大变局与中华民族伟大复兴的战略全局深度联动，新一轮科技革命和产业变革深入发展，世界进入以信息产业为主导的经济。这时期，数字化、网络化、智能化成为新一轮科技革命和产业变革的突出特征，未来一个时期，国际国内形势复杂严峻，发达国家纷纷实施"再工业化"战略、经济全球化逆流对产业链、供应链安全稳定造成巨大冲击。随着北京电控所属企业"走出去"步伐的不断加快，参与国际竞争，开展跨国经营的风险显著增大，一旦出现违规行为而遭受制裁，企业的损失不仅仅是经济利益和市场声誉，更有可能是生死危机、灭顶之灾。

（二）"大合规"管理体系建设是遵守国内监管要求的需要

为促进国有经济持续健康发展，防范企业风险，国务院国资委及北京市国资委对国有企业建立健全法治体系、合规管理体系、全面风险管理体系，以及内部控制体系均提出了明确要求。国务院国资委在 2018 年 11 月出台了《中央企业合规管理指引》，规范央企合规经营。2018 年 12 月，七部委联合印发了《企业境外经营合规管理指引》，推动企业持续提升合规管理水平。2018 年 12 月 26 日，北京市国资委发布《关于印发〈市管企业合规管理工作实施方案〉的通知》（京国资发〔2018〕28 号），决定在市管企业中探索开展合规管理体系建设。2019 年，国务院国资委《关于加强中央企业内部控制体系建设与监督工作的实施意见》（国资发监督规〔2019〕101 号）倡导国有企业构建"以风险为导向，以合规为底线，以内控为核心"的风控整合体系。2020 年，北京市国资委党委关于印发《关于进一步加强市管企业法务和内控工作，提高重大风险防控能力的若干意见》的通知（京国资党发〔2020〕2 号），明确建立健全以风险管理为导向，合规管理监督为重点，严格、规范、全面、有效的内控体系。统筹推进内控、风险、合规管理的监督评价工作。鼓励企业结合自身实际探索建立法务管理、内部控制等管理体系有机融合、协调运转、相互促进、共同推进的工作格局。上述文件对企业探索建立"大合规"管理体系明确了要求，指明了方向，为企业探索建立"大合规"管理体系提供了根本遵循。

（三）战略管控型产业集团实现可持续发展的内生需求

合规管理作为与业务管理、财务管理并称为现代企业管理的三大支柱，是世界一流企业历经多年实践形成的一套行之有效的管理方法，对推动国有企业实现治理体系和治理能力现代化具有不可替代

的作用。北京电控作为首都高科技制造的头部企业，承担着引领首都高科技制造发展的重任。同时，北京电控作为国有的高科技制造行业，虽然其已经建立了较为完善的内控管理、法务管理体系，但存在多套管控体系各自为政、管理制度与业务流程融合度不够、各企业风险管控水平参差不齐等亟待解决的问题。严格以合法合规的方式开展经营活动，通过建立"大合规"的管理体系是其有效应对国内外市场环境和监管政策的变化的必然选择，也是推动北京电控治理体系和治理能力现代化，实现自身高质量发展的基本之道和长远之策。

二、战略控股型产业集团"大合规"管理体系构建主要做法

（一）以党建为引领，围绕"一个核心"构建合规管理体系

北京电控在建设"大合规"管理体系中坚持以党建为引领，坚持以习近平新时代中国特色社会主义思想为指导，深入践行新时代党的建设总要求。一是突出党委带头作用，建立健全合规管理组织架构。建立健全党委把关，董事会决策，经营管理层全面负责，分管领导牵头组织，法律合规部门具体推进协调，各业务部门分工协作，全体职工主动参与的合规管理体系。成立以董事长、总经理为组长，副总经理为副组长的合规管理体系工作领导小组，负责全面领导、统筹、推进公司合规管理体系建设工作。领导小组下设办公室，由集团分管合规管理部门的副总经理担任主任，各部门主要负责人为成员，按照领导小组要求负责合规管理体系建设的具体实施和日常协调工作。二是按照"三会一层"的要求，构建公司党委研究讨论事项的前置流程规范，对于涉及党委前置讨论的各类经营决策事项，严格按照党组织的议事程序设定前置研究清单，对公司"三重一大"决策事项进行前置研究。三是遵循企业发展的客观规律，建立健全公司法人治理体系。依据国资委法人治理相关要求，结合企业自身发展情况选择适当的法人治理合规机制，以法人治理合规理念及机制保证国资委对企业的控制权，以促进企业发展的并为企业创造价值。

围绕企业战略目标的落地实施是"大合规"管理体系建立的核心。北京电控在充分总结"十三五"时期发展成就和经验、深入分析和研判"十四五"时期发展环境的基础上，提出"十四五"时期核心战略为"一二一一"。具体内涵如下："一"是指构建以芯屏为核心的产业生态；"二"是指增强技术创新能力和智能制造能力；"一"是指提升产业发展自主可控水平；"一"是指建设具有国际竞争力的高新技术产业集群、综合实力进入世界500强。围绕"一二一一"核心战略，北京电控将树立依法合规、守法诚信的价值观，建成科学合理、有效运行的"大合规"管理体系，培育企业特色合规文化，为顺利实现北京电控"十四五"规划战略目标和健康可持续发展提供有力保障。

（二）立体布局，纵深推进"两级衔接"合规管理体系建设

在北京电控大合规体系建设中，分层分级管理是确保合规管理有效执行的重要手段。分层分级管理能够将权责明确分配到不同的层级，提高合规管理的精细化和有效性。通过制定分级管理政策、分配资源与支持、沟通与培训、建立监督与协调机制及开展审计与改进等步骤，可以实现各层级之间的有效合作和合规管理的有序推进。

1. 搭建立体式合规管理组织体系，明确合规管理职责

北京电控作为战略控股型产业集团，集团总部不直接从事生产经营，其主要通过战略管理行为，推动所属企业增强主营业务竞争力，促进产业关联度密切的子公司间协同效应发挥。集团总部是整个集团的投融资、重大项目决策、财务管理、运营管理调控中心，主要行使战略管理、财务资源配置、资本结构调整、人力资源规划、行政统筹和企业文化建设职能，并不直接插手下属单位的业务经营活动。通过合理配置"集权—分权"幅度，发挥集团总部的集中管理作用。下属单位在集团限定的战略边界范围内，按照既定的经营管理逻辑和统一政策，进行自主经营。

根据北京电控"管控＋赋能"的总部定位，明确两级风险管理责任，建立协同机制；建立两级风

险管理清单，制定相互协同的应对措施。电控系统的风险在充分调研、访谈、参考企业关注的风险基础上，形成电控系统层面的风险清单。所属企业的风险充分体现电控系统关注的风险，同时结合产业情况，形成企业层面的风险清单。电控层面负责统筹整体风险管理体系建设工作，指导和检查企业的风险管理开展情况，识别电控层面应关注的风险并协调企业做好两级风险防控。企业层面负责防范化解自身生产经营风险，抓好风险管理体系建设，加强风险预判与管理，切实解决管理过程中的短板和漏洞，确保生产经营平稳有序。

2. 试点先行，分批次逐渐扩大合规管理体系建设范围

为加强集团化建设，有效防范经营风险，全面提升电控系统所属单位合规管理水平，北京电控综合考虑所属单位业务分布情况及合规管理的基础。采取试点先行，分批次开展合规管理体系的建设。

2017 年，北京电控所属的京东方集团作为市国资委合规管理体系建设第一批试点单位，首批开展合规管理体系建设的试点企业，在企业合规管理体系建设方面先行先试，为北京电控开展"大合规"管理体系建设积累了宝贵经验和做法；2019 年，北京电控总部及下属四家重点企业［京东方科技集团股份有限公司（以下简称京东方集团）、北方华创科技集团股份有限公司（以下简称北方华创集团）、北京电子城高科技集团股份有限公司（以下简称电子城高科）、北京燕东微电子股份有限公司（以下简称燕东微）］作为第二批合规试点企业，北京电控总部充分发挥总部赋能的定位，亲自带队前往内外企业进行实地考察调研，在深入调研的基础上启动第二批合规管理体系建设试点工作；2021 年，所属二级单位全面启动了合规管理体系建设工作。为妥善推进下属企事业单位合规管理工作开展，北京电控总法律顾问带队电控公司法律合规部及外部合规专家参与，通过线上研讨＋实地走访的方式，对所属二级单位进行了合规情况调研，深入了解各企业合规管理现状，并针对各企业业务特点就合规方案完善和后续合规管理工作开展方式等提供一系列指导意见；在此基础上组织由总法律顾问、外部合规专家等专业人员共同参与的合规方案评审会，各单位《合规管理建设工作实施方案》均通过评审。

3. 建立全生命周期的制度管理机制，夯实合规管理基础

北京电控建立"立改废释"全生命周期的制度闭环管理机制，完善《制度建设管理办法》，并将合规管理要求和防控措施嵌入重要领域、重要环节的制度管理流程中，构建纵向贯通、横向协同、行之有效的制度体系。北京电控致力于打造以合规行为准则为核心、运行机制为保障、重点领域合规管理指引为支撑的合规管理制度体系，制定《合规管理制度》《诚信合规守则》，结合经营管理实际，研究制定《合规审查操作指引》《出口管制专项合规管理指引》等专项合规指引。

北京电控持续加强内控合规信息化管控，策划搭建"制度管理系统"、上线《管理制度审核流程》等，通过信息化技术手段实现管理制度线上审核、发布、任务设置、执行跟踪及统计分析的全流程管理。此外，根据年度制定的《授权审批方案》和风险评估的结果，北京电控不定期对重点流程进行抽查监控，确定各流程中的主要风险、关键环节和关键控制点，对所涉风险、操作流程等维度进行补充和细化，持续优化风险管理体系。

4. 推进合规专项计划，以点带面完善合规管理体系建设

企业合规的灵魂并不是大而全的合规管理体系，而在于针对企业的"合规风险点"确立专项合规计划。北京电控以问题导向，先针对突出风险领域开展专项合规，先行先试，由点及面，以点带面，以专项合规逐步推进全面合规。《北京电控合规管理试点工作实施方案》针对北京电控目前面临的高风险领域，明确供应链保障、人才和技术引进保障，投资活动保障及数据有效性保障四大专项合规计划。北京电控已经制定《北京电控供应链专项合规指引》《北京电控投资专项合规指引》《北京电控公司章程制定专项合规指引》，有效规范北京电控的供应链建设、投资活动及公司治理等领域的经营行为。北京电控下属二级企业合规管理模式由其所处行业、所处规模、所处地域及所处公司层级不同，

其专项合规计划涉及的重点领域也具有差异性。比如京东方集团和北方华创集团的知识产权及海外业务合规、北京七星华电科技集团有限责任公司（以下简称七星集团）及北京正东电子动力集团有限公司（以下简称正东集团）的园区安全及传播内容合规、信息学院及技师学院的校园行为及教学质量合规等，都是立足于企业的自身特点制订的专项合规计划。

5. 健全合规保障机制，推进合规管理落地见效

北京电控总部根据企业规模和业务需要设立法律合规部，配备符合履职需要的专业合规人才，充分发挥总部合规赋能的作用，通过"两横两纵"的人才培养体系加强电控系统合规人才的培养。其中"两横"内容：一是电控总部通过搭建合规沟通交流平台，定期组织所属企业横向开展合规交流与研讨，便于企业横向交流，取长补短；二是企业之间建立一对一合规帮扶，由合规开展较早的企业辅导后开展合规建设的企业，实现合规经验的无缝传承。例如，京东方集团是电控系统试点先行的第一批合规试点企业，已试出经验，试出成效。燕东微在 IPO（首次公开募股）筹备期，积极向京东方集团取经，京东方集团对其进行全方位的指导和帮助，使得燕东微迅速建立了完备的合规体系；"两纵"内容：一是北京电控每年组织 3 天的合规训练营对全系统人员进行全面培训，请外部讲师团队对全系统法务人员进行法务、内控及风险专业知识的培训；二是通过电控总部和所属企业法务人员两级纵向交流、实现合规经验的上下传递。

北京电控高度重视企业特色合规文化的培育，由集团总法律顾问亲自谋划，多措并举打造企业合规文化阵地。一是开设北京电控合规宣传专栏。在《北京电子报》开设专栏，鼓励各单位就合规专业问题予以分析，对合规管理工作经验和做法、基层单位推进合规管理工作的难点和痛点等撰写工作总结和心得体会，同时鼓励下属企事业单位积极打造符合自身特色的合规文化阵地；二是创办北京电控合规季刊，结合行业合规热点事件，定期向电控系统推送专题合规知识。

进入数字时代，数字化技术为解决企业各种生产经营管理问题提供了新思路、新方法、新手段，全方位赋能企业推动内部控制体系和风险管理体系深度融合。北京电控按照"内控制度化""制度流程化""流程信息化"的思路，对相关内控业务进行归集和整合，将内控子系统的工作流程连接起来，实现端到端流程畅通，打通业务流程数据流，为后续流程数据的高效挖掘利用，助力企业风险科学决策夯实基础。

北京电控成立以合规委员会为主的合规管理组织架构、建立合规联席会议、合规风险评估、合规审查和强制咨询、合规风险反馈、合规风险嵌入、合规举报和调查、合规考核评价、合规宣传培训、合规管理信息化建设、合规风险事件报告和应对、年度合规报告等运行机制，培养上、下两级合规管理人才队伍，为企业进一步搭建全面合规体系建立了坚实的组织、制度、运行机制及人才的保障体系，从而保障企业最终实现全面的大合规管理局面。

（三）搭建合规管理"三道防线"，筑牢风险防范体系

北京电控根据各级岗位职责及功能，对风险管理责任进行划分，严格执行风险管理三道防线机制，构建"资源共享、信息互通"的合规风险防范体系，三道防线强强联合，相互作用、缺一不可，督促运营层、管理层等在组织或管理中认真履行工作职责，有效预防和排查潜在风险，以此促进企业战略目标的实现。

第一道防线应落实风险 / 合规 / 内控主体责任，负责部门职责范围内的日常业务工作，以业务部门为主，对准入类合规风险、广告合规风险、知识产权风险、合同管理类合规风险、劳动人事合规风险、金融类合规风险等进行风险评估、风险治理、落地执行、自我改进。

第二道防线负责建立健全四项职能体系，参与重大事项的专业审查、咨询以及督导工作，以合规团队为主，职责是明确责任、风险评估、制定标准、推进整改、完善体系、定期报告；侧重制裁与出

口管制、反腐败与反贿赂、隐私与数据保护、反洗钱、利益冲突、产品安全与消费者权益保护等。

第三道防线对第一、第二道防线风险防控效果进行独立监督和评价，以审计、纪委 / 监察监督部门和巡视巡察为主，其职责是合规检查、违规追责等。

（四）建立"四项协同"工作机制，提升合规管理效能

为了更好发挥企业内控管理、风险管理、法务管理和合规管理的管理合力，北京电控提出"四项协同"的工作机制。四项协同是指合规、法务、内控和风险四项管理职能在履行中存在诸多同类项或相似项，在具体实施时将性质相同的工作同步实施，避免重复；在相关工作开展过程中应该实现同计划部署、同实施落地、同检查考核、同数据共享，具体如下。

一是同计划部署。每年年初同步制订四项工作的年度计划和工作要点，制订中做到四项工作的统筹协调，避免交叉布置或遗漏；每年统一下发年度工作计划及要点，统一部署工作安排级要求，避免多次开会，多次下发文件。二是同实施落地。在具体实施工作中，注意相关工作的相关性和接续性，把属性类同、高度关联的工作事项一次完成，最大限度地避免工作重复、交叉。比如法律合同审核，案件处理中发现的问题可以总结为风险点，同步纳入内控或合规检查点。三是同检查考核。每项职能年底都有相应的检查工作，具体实施时应注意统筹协调，统一时间要求各单位提交法治国企检查，总法律顾问述职，内控报告，合规报告；避免年底反复检查，增加基层单位的负担；对每年的法治国企建设考核，内控评价，总法律顾问述职，法治建设第一责任人等工作统一布置考核，对于同类事项避免重复填报。四是同数据共享。打通风险内控数据与合规法务业务壁垒，建立北京电控的制度流程库，风险数据库，案件库，实现公司统一的管控数据库，作为统一风险管控基础，数据实时入库与定时更新相结合，不断充实及完善数据库，保证风险管控数据的完整性与准确性。

三、战略控股型产业集团"大合规"管理体系构建效果

（一）两级合规管理体系基本建成，提升企业管理能力和水平

除电控总部外，下属单位分三批次开展合规管理体系建设，两级合规管理体系基本建成。充分整合了内控、合规、法务和风险四项职能，纠纷管理及法律支撑工作发现的法律风险纳入风险点进行持续跟踪，也同步纳入内控控制点进行管控，四项管控职能逐步协同。各职能部门对日常业务中潜在的合规风险进行定期自查，有效降低企业风险系数。电控总部每半年召开各专业线参加的风险联席会，实现了风险点的及时发现及各职能线风险管控的横向沟通，极大地增强了管控效率。北京电控专业队伍力量逐步增强，初步建立起一支懂业务、懂法律、懂管理的专业人才队伍，实现电控系统合规人才队伍专业水平整体提升。北京电控全系统专职法务合规人员共 152 人，其中，具备法律有关职业资格人员数量为 132 人，资格到位率达 86.84%。

（二）企业核心战略目标逐步实现，助力企业高质量发展

北京电控根据自身发展阶段和实际，逐步完善"大合规"管理运行机制和重点领域管控措施，充分发挥总部合规赋能定位，辅导所属单位开展合规管理实践。有效防控了各产业平台的合规风险，保障各项经营管理活动依法合规。从北京电控经营情况来看，北京电控 2022 年营业收入达 2082 亿元，比"十三五"末增长 36%，受国际环境、新冠疫情、产业周期等因素影响，2022 年利润总额实现 40 亿元，2022 年资产总额达 5191 亿元，比"十三五"末增长 32%。经营运行质量稳中有升，实现了经济规模和效益的快速增长。北京电控基本形成 9 个产业平台、1 个投资平台和 1 个调整保障平台的发展格局。北京京电将内控体系、ISO 三体系（质量—环境—职业）及合规管理体系有效融合，提高管理质效，降低管理成本。

（三）企业合规文化初步形成，推动打造合规生态圈

北京电控持续推进合规管理工作，加强合规文化宣传，着力营造崇尚合规、践行合规、捍卫合规

的文化氛围。"领导带头合规，合规人人有责、合规创造价值"的合规理念广泛传播，全员合规意识普遍提高，依法合规、主动合规逐步成为各级企业的主动选择。北京电控整体风险意识普遍提升，风险管理文化已初步形成。通过合规管理体系建设，推动北京电控自身及商业伙伴的合规管理，打造合规生态圈，进一步优化营商环境，营造合规、有序、健康和公平竞争的营商环境，在保护利益相关方的同时，实现企业与商业伙伴的可持续发展，同时也能促进企业更好地承担社会责任。

（成果创造人：潘金峰、宋士军、陈勇利、王　谨、俞　铮、李　岩、

金春梅、崔晋璇、孙　阳、刘思源、冯莉琼、焦　健）

境外上市公司国际化合规管理体系构建与实施

北京能源国际控股有限公司

北京能源国际控股有限公司（以下简称京能国际）是北京能源集团有限责任公司（简称京能集团）重点打造的国际化、市场化清洁能源投资平台，京能国际于香港联交所主板上市，注册地是百慕大群岛，其业务范围涵盖太阳能、风能、水能、氢能、储能、综合能源等领域，业务范围遍布全国20多个省（自治区、直辖市），以及欧洲、共建"一带一路"国家等海外新能源市场。

一、境外上市公司国际化合规管理体系构建与实施背景

（一）境外上市公司国际化合规管理体系构建与实施是响应国资监管的需要

京能国际是北京市混合所有制试点单位，又是国有资金投资企业，也是注册地在中国香港的上市公司，同时受到来自国资和上级企业、注册地法律及中国香港上市规则的多重监管。可借鉴、可学习的成功经验尚未形成，需要京能国际依据国务院国资委、中国香港监管机构及京能集团的相关要求，积极探索，科学设计，有效建立既能适合公司发展，又能防范风险，还能满足国资监管需要，并符合注册地法律及境外上市公司规则的国际化的合规管理体系。

（二）境外上市公司国际化合规管理体系构建与实施是企业融合发展的需要

京能集团入主京能国际后，存在产业生态布局和转型发展步伐待提速，自主开发能力存在落地执行力不够、国际化视野不强等管理缺陷，需要构建符合上市公司发展的国际化合规管理体系来支撑京能国际迅猛发展，解决制约发展上的问题，需要用合规管理助力京能国际发展。

（三）境外上市公司国际化合规管理体系构建与实施是全面风险管理的需要

入主后的京能国际，按国资监管的要求，建立"一体化"管理体系，改变基础管理薄弱的局面，实现了管理要求标准化、控制矩阵流程化、岗位标准规范化、技术措施科学化。但既往的管理要得到彻底"根治"需要用一套可以整合各类要求的综合性管理体系来化解风险管理较为单一、应对措施较为粗放等问题。市属企业合规管理提到日程后，京能国际从境外上市监管与国资监管融合入手，构建国际化合规管理体系来解决基础管理薄弱，境内外风险管理差异化的问题，用合规管理体系构建与实施助力全面风险管理屏障的建立。

（四）境外上市公司国际化合规管理体系构建与实施是提升科学管理水平的需要

入主京能国际以来，围绕相对控股的混合所有制企业管理模式、方法进行多轮设计，套用既往的合规管理明显不适用于境外上市和国际化企业的要求，既往的企业经营侧重于开发并购和项目融资，入主更名初期的京能国际基础管理缺陷逐渐暴露，特别是风险意识屏障尚未形成，风险保障机制比较薄弱，风险管理薄弱直接影响京能国际当期和未来的发展。

二、境外上市公司国际化合规管理体系构建与实施主要做法

境外上市公司国际化合规管理体系构建与实施包括法人治理国际化、运营机制市场化、管控模式双重化、合规管理全面化四个方面。各类合规基础标准、专项指引、支撑标准覆盖合规管理的全业务、全过程、全方位，实现基础标准作统领，专项指引作配套，支撑标准作保障，从而构成境外上市公司国际化合规管理体系，主要做法如下。

（一）适应新形势，订立新目标，科学设计合规工作实施方案

京能国际的国际化合规管理体系是以习近平新时代中国特色社会主义思想为指导，深入贯彻落实

党的二十大精神，进一步推动京能国际市场化机制体制改革，全面推进法治建设，切实防范经营管理中的重大合规风险。

1. 学习新标准，明确新目标

京能国际从实际出发，积极研究适合境外上市公司，符合境内监管要求的国际化合规管理新模式。改变既往重外援，轻内研；重聘请机构设计、全面托管，轻与实际情况对接，少过程监督的管理方式，积极组织研读国务院国资委、北京市国资委、国标《合规管理体系 指南》的内容，对新准则、新要求有了更深的理解。同时，对多家红筹企业合规体系建设、实施、评价等工作成果进行比对；听取多家咨询机构有关合规管理情况介绍，初步形成京能国际合规管理体系建设总体目标和进度计划，明确了阶段性成果的内容和要求。围绕京能国际发展战略，充分考虑境内外监管的要求，按计划、分阶段、有重点地开展京能国际合规管理体系建设，切实防范合规风险，提升依法合规的运营水平。

2. 适应新形势，设计新框架

鉴于京能国际的特殊性，合规管理在满足国资监管和控股上级要求的同时，也要满足境外上市公司监管的要求，设计适合京能国际，又能满足发展的合规管理体系至关重要。合规管理模型设计始终坚持顶层设计、全面覆盖；强化责任、客观独立；有机融合，协同联动；上下衔接，横连纵通原则，经多层次、多角度、多方位的测算，确立了既符合上级、国标要求，又符合境外上市监管要求的合规管理模型，为合规管理体系的有效建立提供了技术依据。围绕合规管理的总体目标，组织目标分解，明确主责和从属工作责任，落实责任人和责任单位；发挥纪检监察、审计监督的作用，增设监督环节，共促工作的有效推进，切实防范合规风险。

3. 组织合规管理工作全面启动

正确分析京能国际合规管理现状，将合规纳入一体化管理范畴，以各类合规标准为抓手，建立适合京能国际发展的国际化合规管理体系；以合规审核为主导，建立合规风险防控机制。围绕新形势、新目标，客观评估混合所有制企业对合规工作的需求，科学构建京能国际合规管理体系，编制《合规管理体系建设工作方案》（以下简称《合规方案》），明确合规管理的组织和管理体系、运行和保障机制及合规重点领域内容和要求，强化合规责任意识，闭环管理。

京能国际领导高度重视合规工作，明确合规主责部门，设置合规风险总监，组织召开启动会，党委书记、董事会主席，总裁分别对合规管理体系的建立、实施、评价和改进工作进行部署，要求"提高站位、深化认识，以高度的责任心推进合规管理体系建设工作；夯实基础、防范风险，以合规管理助推战略规划的高质量实施；统筹谋划、密切配合，以促进健康高质量发展的公心落实合规体系建设要求"，为合规管理体系的建设创造了条件。

（二）明确新要求，落实新责任，规范建立合规管理体系

京能国际在全面论证和科学设计的前提下，确立了合规管理必须体系化管理的目标，有规则作保障，有机制作支撑，有体制作后盾，才能构建完整的体系，并保证有效运行。

1. 成立新机构，落实新责任

为确保合规工作的有序推进，京能国际成立了以党委书记、董事会主席为主任、总裁为副主任的《法律与合规委员会》，法律与合规委员会下设办公室，设置专职合规风险总监。明确构建党委会、董事会、总裁办公会、合规负责人的合规职责，构建合规管理综合部门、合规管理参与与落实部门、合规管理监督部门组织架构，形成各司其职、各负其责、紧密配合、协同联动的工作机制。法律与合规委员会统领合规管理体系建设、实施、评价与改进工作。

2. 对标新国标，提出新诉求

2022 年，国务院国资委重新颁布合规管理新标准，国家标准化委员会颁布《合规管理体系要求及

使用指南》后，京能集团对合规管理提出新要求，京能国际在发布《合规方案》的同时，编制和印发了合规系列标准，对重点领域、重点环节的工作提出新要求。围绕新规和新标要求，针对业务和监管的特殊性，对年度合规管理进行重新布置，制订工作计划，明确工作内容，加强过程监督，细化工作要求，并提出推进实质性合规管理新诉求，将合规与业务管理有机结合，将合规入标准、入流程、入岗位，真正做到关键节点有审批，关键环节有控制。董事会依据公司章程和香港交易所上市规则，对《合规方案》进行审议，确保审批程序的合规性。

3. 建立适用于国际化合规管理体系

合规管理标准体系由合规系列标准、重点领域合规管理指引、运行保障合规管理标准构成。实践中遵循补短板、控增量、减存量的实施准则，通过采取新设、优化、调整现行有效管理标准的方式，提升标准的有效性和可执行性，为合规管理体系运行提供技术保障。根据整体工作安排，在合规管理工作中嵌入合规审核、合规联席会议、合规报告、合规检查、合规奖惩、合规评价等运行机制，在合规管理体系设计上充分考虑港交所对合规诉求，管理体系同建设，管理要求同提出，文件形式分别满足不同的监管要求，针对境外企业，统一标准，区别化建设，加强境外投资、运营的合规管理工作。严格遵守国际规则、境外投资监管要求和所在国法律法规以及最佳实践，确保境外各类投资经营活动合规。

（三）制定新标准，明确新要求，推进合规管理体系有效运行

构建合规管理体系是贯彻全面依法治国战略，推进企业法治建设的应有之义，也是有效应对国际形势，拓展国际合作的必要举措，更是京能国际融合发展，建立新发展环境下风控体系的手段。

1. 制定新标准，培训新要求

京能国际《合规方案》发布后，及时将实施方案的各项要求传递到标准中，围绕体系建设、运行提供组织、技术、运行的保障，明确了合规管理内容、要求，提出了体系运行、组织建立、运行机制、保障措施的具体要求。为配合重点领域，重点环节，编制和发布《合规咨询与合规举报管理办法》和《尽职合规免责管理办法》等专项管理标准（指引），编制和发布，支撑合规管理体系有效实施的法人治理、财务管理、人力资源管理等28类业务管理标准120余项。结合境外上市监管的要求，明确混合所有制法人治理国际化的工作内容；针对国资监管与境外上市监管的差异化，发挥独立董事监管职能，确保监督职能得到有效落实；完善境外上市董事会、董事会下设专门委员会决策和监督机制和体制建设，为国际化合规管理体系的有效实施提供依据。

培训是标准有效实施的前提，《合规方案》和《合规管理办法》发布后，合规管理部门组织全员培训工作，以促进合规工作有效实施为目的，以合规各类专项指引为抓手，科学设计合规培训工作方案，充分考虑特殊性等问题，编制工作计划，明确培训内容；创新培训方式，落实培训责任，督促计划实施，自行编制《合规管理"一问一答"》和简报等系列培训教材，有效推进培训工作的开展。

2. 覆盖新业务，补充新内容

进入2022年京能国际海外业务不断扩充，权益融资业务启动，已经建立的体系已经不能满足业务增长的要求，2022年年初京能国际围绕新业务开展和既往业务体量的增加，制订合规工作计划，对标准制修订，体系有效运行，合规体系优化提出具体要求。将合规工作管理纳入法治年度工作计划，设立考核指标，参与业务管理。围绕新业务对并购、境外、权益融资提出合规新要求，补充相关管理标准和合规专项工作指引；对境外企业合规相关规定同步进行更新，全业务覆盖、全过程监督已经成为后续合规工作目标。

3. 推进国际化合规管理的有效实施

2022年京能国际以合规管理体系有效实施为切入点，覆盖全业务管理，将合规的管理要素、风险

防范、监管监督、审核审批嵌入流程，充分发挥合规三级合规管控作用，增加合规审核点，对应管理职能；设计全级次人员矩阵，将全级次人员矩阵嵌入各级审核审批流程合规控制点，系统自动精准对接业务人员，减少负责人在一条审核流程上反复征询转办带来的合规风险。流程关键节点增加合规审查，实现合规控制点专人管理；增加审批流程的合规会签点，从专业角度实施合规管理，为全流程合规审查创造条件。将同级会签、同级审核并联设计；将业务总监与部门负责人实施双签；对标境外监管要求，在法人治理、上市监管审核审批流程上充分考虑双重监管的特点，流程合规点设置上，业务线选择与境外业务同步设置，对应分别的审批节点，满足不同的审核要求，将各类监督全过程设置，在控制风险的同时提升管理效率，为国际化合规管理体系有效运行提供保证。

编制合规风险清单，涵盖公司治理、投资管理、合同管理等15类；结合京能国际业务特点，设计合规风险库框架，现有合规风险库划分为合规基础信息、合规信息和管理信息三个区域，每类管理由各项分类管理组成，明确内规、外规依据，执行法律法规、上级监管、国家标准、行业标准、集团标准、企业标准，并附有该项管理归口部门及从属管理部门，要求定期对内规进行有效性评估，对外规、内规进行更新。围绕港交所对合规的要求，实现境外合规文件手册化，境内合规文件标准化，合规管理总要求一致，但境外合规管理更加细化，境内合规管理更加规范。

（四）总结新经验，转化新成果，组织分子公司合规体系建立

在京能国际完成合规管理体系构建与实施后，为实现全业务覆盖，全过程管控的目标，京能国际在全面总结已经取得成果的基础上，统筹启动京能国际所属分子公司合规管理体系建设工作。

1. 实施新准则，总结新经验

合规管理部门组织合规培训，解读新准则，对标新条款，制订新计划，围绕新要求，对合规管理系列标准及支撑合规的管理标准进行技术性评价，结合自身情况组织标准修编和补充工作，2022年先后补充了《境外业务合规管理指引》、《关键岗位合规风险识别管理办法》及支撑合规管理有效实施的各类标准70余项，为合规管理有效实施创造条件。在合规管理体系运行过程中建立合规联席会议机制和反馈机制，每年组织两次联席会，统筹指导和协调京能国际合规工作，解决合规管理遇到的重大问题、提出合规管理新要求、组织合规管理定期评价工作。

2. 进行新筹划，转化新成果

全面评估京能国际及所属分子公司业务特点，大胆提出自行设计、有序推进，试点先行，取得成效、全面推广的新工作目标。编制《推进分子公司合规管理体系建设工作实施方案》，明确合规管理体系内容和要求、确立合规重点领域、重点环节和重点人员，在建好合规管理体系的同时，做好运行保障机制的建立，综合衡量现有10个分子公司的治理结构、业务范围、人员构成，经研究、批准，选在1个区域分公司，1个专业子公司作为试点单位，为分子公司合规管理体系建设工作的有效推进创造了条件。

3. 统筹分子公司合规管理体系构建

在进行充分论证后，京能国际启动了分子公司合规管理体系建设工作，印发了《关于推进分子公司合规管理体系建设试点工作的通知》，聚焦国务院国资委和京能集团合规相关要求，依据京能国际《合规方案》及《合规管理办法》等系列标准，确立了有计划、分阶段开展京能国际分子公司合规体系建设，落实责任分工、明确管理要求；构建合规体系、防范合规风险，逐步提升分子公司依法合规的运营水平的工作目标，在合规建设中坚持科学设计，全面覆盖、强化责任，分工负责、构建体系，编制标准、明确要求、客观公正、上下衔接，前后连通、评价质量，持续改进的工作原则。

在试点企业如期完成机制体制建设，成立的合规组织机构，印发了试点企业《合规管理体系建设实施方案》和《合规管理办法》后，京能国际组织了分子公司合规管理试点工作总结会，认真总结试点企业的工作经验，试点企业总经理介绍了工作经验；非试点企业针对合规管理体系建设进行了表

态发言；党委书记，董事会主席在总结京能国际总部、试点企业合规管理取得的成绩和不足的同时，对后续分子公司全面推广合规管理体系建设提出了要求，明确管理目标，落实管理责任，细化管理要求，实施闭环管理。境外分子公司结合所在国法律法规，建立适应境外企业的管控体系，明确合规要求，在分子公司共同努力下，在规定的时间里全部完成合规管理机制体制的建设工作，合规管理体系建设工作画上了圆满的句号。

（五）组织新评价，发现新问题，开展合规管理体系有效评价

合规管理体系构建后，体系进入运行阶段，体系的运行既是对合规标准质量的检验，也是对体系全面性、规范性、适用性和科学性的验证，只有通过定期评价发现问题，不断改进，确保合规管理体系在持续改进中有效运行。

1. 信守新条例，组织新评价

京能国际合规管理体系构建过程中，坚持凡是闭环管理的原则，在《合规管理办法》中要求建立健全合规管理评价工作机制，将合规管理体系建设、各级合规人员履职、合规风险防范、不合规事件处理等纳入评价工作范畴，并随工作的开展、业务的扩充，及时更新、完善评价工作内容，依据标准评价工作每年组织，确保合规管理体系运行的有效性。

2. 评估新缺陷，发现新问题

在季度自评和年度评价工作中，对标上级政策、企业标准均可以查找到一些管理上的缺陷，一些新的问题也会随标准实施和体系运行不断出现。在季度定期检查和总结过程中，围绕管理上的不足，组织评价，客观分析，制定措施。评估新缺陷类型和性质，评判新缺陷可能存在的潜在风险，制定保障措施。组织问题的整改，明确责任人和责任单位，随季度工作检查整改工作完成情况，境外企业同步参与自评和年度评价工作，评价目标和要求内外一致，方式不同，为国际化合规管理体系的持续改进创造条件。

3. 有效组织合规管理体系定期评价

自体系建立以来，坚持闭环管理的原则，每半年在自查的基础上总结合规工作的开展情况；每年均组织合规性评价，内容上除合规管理以外，还包括了支撑合规有效运行的其他体系及影响合规专项工作；范围上要覆盖京能国际总部和分子公司；形式上采取统一组织，分别自查，局部抽查，自行总结，年度合规评价是标准实施，体系运行质量的一次检验。

（六）研判新风险，验证新效果，持续优化合规管理体系

随风险识别与评价工作的持续开展，既往成果的科学性、适应性需要重新验证，确保合规管理体系持续改进。

1. 研判新风险，整改新缺陷

每年持续进行的风险识别与评估是发现新风险，评价既往风险的有效途径，组织年度识别后新发现风险的内、外成因分析，评判可能造成的损失及影响程度；采用问卷调查法对识别的风险进行评估，与风险内容相关的领导、业务总监、部门负责人及相关人员均参与年度风险评估，且随风险内容的不同，参与评估人员的数量在动态增加，2022 年 44 位各级领导，风险管理人员参加评价，风险评估结果按权重确定风险等级。年度合规风险评估结束后，围绕合规管理体系的完整性、适当性和有效性；合规风险防范及应对机制的适当性和有效性；合规管理各级人员合规管理职责履行情况发现的问题组织有效整改。制订计划，落实责任，提出要求，验证质量，为国际化合规管理体系的不断优化提供保证。

2. 验证新效果，实施新方法

追求卓越是京能国际助力合规管理体系有效运行的新目标。2022 年年初，针对合规管理的新要求，及时总结工作经验，提炼工作成果，并组织工作质量、实施效果的评价，对成果科学性、适用性、合规性及可转化性进行论证，并研究成果转化的新方法。针对不同企业制定相应保障措施，修正相关数据指标，确保新方法适用于不同企业，且工作成果可推广，工作经验可借鉴，为合规管理全业务覆盖提供技术保证。

3. 持续优化合规管理体系

2022 年在不断完善合规管理体系的同时，在重点领域、重点环节、重点人员管理上不断优化，公司治理、公平交易等 13 个重点领域实现标准全覆盖，运用信息化手段实现监督全过程。治理、投资及供应商管理等 5 个环节，基于合规基础标准、专项指引和支撑标准保障下实现组织到位、措施到位和监管到位。5 类重点人员岗位职责明确，强化培训管理，开展关键岗位风险识别和评估，实现风险意识的全面提升。在完成合规入标准、入流程、入岗位的同时，推进合规管理融入内控管理体系，在《内控管理手册》中的流程控制矩阵中加入合规性审核的要求，发挥合规第一道防线的作用，从部门负责人审核开始，增加合规性审核的具体要求，后续的每个控制矩阵均有合规性审核审批，实现合规管理与内控管理有机融合，为实质性合规管理提供了保证。

三、境外上市公司国际化合规管理体系构建与实施效果

（一）对标国资要求，构建起有效合规管理体系

自境外上市公司国际化合规管理体系构建与实施以来，站在国际化的角度构建了符合境外上市监管，境内管控监督的综合性的管理体系，在完成合规管理机制体制建设的同时，推进合规管理全面有效实施。围绕新发展，制定新标准；对标新准则，完善新要求；整改新问题，优化新体系。促进合规管理与日常管理有机结合，将合规管理要素融入标准、岗位，将合规管理监督嵌入审核审批流程；对接内部控制管理体系，合规性审查成为内控手册中控制矩阵不可缺少的环节，实质性合规管理的推进，验证了京能国际合规管理体系的科学性、适用性，为后续工作的开展创造了条件。

（二）实施融合发展，促进企业发展战略实施

自境外上市公司国际化合规管理体系建立与实施以来，坚持以国际化视野调整发展规划，抢抓发展机遇，实现投资开发新突破；强化工程建设管理，以更实的举措实现项目建设新突破；持续开展全面管理提升，以更高的标准实现基础管理新突破，深化改革创新，持续保持高质量快速发展态势。以澳大利亚为根基，积极拓展区域全面经济伙伴关系协定（RCEP）国家清洁能源市场，加大新西兰、加拿大等国家项目储备力度及境外优质项目储备，为健康可持续发展奠定基础。

（三）有效防范风险，建立起全面风险管理体系

自境外上市公司国际化合规管理体系构建与实施以来，通过合规管理体系构建与实施，助力了全面风险管理体系不断完善，合规风险库的不断更新，为全业务管理提供精准依据。各类业务启动前，提前制定防范措施，在合规风险库中查找依据；将合规性审查融入风险控制矩阵的审核审批全过程，为在复杂环境中识别潜在的风险创造了条件；将合规融入日常管理全业务，违规责任追究实施常态化管理，扎牢控制防线。

（四）推进合规管理，科学管理水平持续提升

自境外上市公司国际化合规管理体系构建与实施以来，京能国际科学管理水平在逐年提升，2022年京能国际营业收入同比增加 45.66%，利润总额同比增加 26.23%，总资产同比增长 30.30%。2022 年首次参加境外国际信用评级工作，取得了惠誉评级为 A（展望稳定），标普评级 BBB+（展望稳定）国际信用评级证书；首次境内联合资信评估为 AAA，境内外信用体系建设，标志着京能国际成功跻身全国企业信用第一梯队，为公司可持续、高质量发展提供新动能。

（成果创造人：张　平、吕进儒、刘国喜、朱　军、刘东升、王六虎、
金　鑫、王晓瑞、赵　立、陶　炜、李　珲、苗春谊）

核电企业生产领域标准化风险管控体系建设

海南核电有限公司

海南核电有限公司（以下简称海南核电）位于海南省昌江县海尾镇，成立于 2008 年 12 月，是中国核能电力股份有限公司（以下简称中核集团）控股子公司，主要负责一期项目、二期项目、小堆项目，建成后总装机容量 382.5 万千瓦，每年发电量近 300 亿千瓦时。海南核电一期工程两台 650MW 核电机组已分别于 2015 年 12 月 25 日、2016 年 8 月 12 日投产商运，截至 2022 年累计发电已达到 611 亿度，约占海南全省电力供应的三分之一，为海南自由贸易港和国家生态文明示范区的建设输入源源不断的绿色"核"级动力，海南省由此成为全国核电发电量占比最高的省份。依托中国核工业集团有限公司（以下简称中核集团）在海南产业集群。"玲龙一号"小堆示范工程，2021 年 6 月正式获得国家核准，2021 年 7 月开工建设，建设一台具有中核集团自主知识产权、装机容量 12.5 万千瓦的 ACP100 核电机组，项目总投资估算约 53.1 亿元。

一、核电企业生产领域标准化风险管控体系建设背景

当今中国的各个行业，正在经历一场由高速发展向高质量发展的重大历史变革。在这一鲜明时代背景下，中国电力生产领域也在积极探索实现高质量发展的重要途径。安全是电力行业的生命线，电力生产领域的高质量发展，必然要树立确保安全、突出安全的鲜明旗帜，切实降低生产领域内出现重大运行事件、非停、非计划降功率等异常事件的风险，保障机组安全。否则，中国电力生产行业的发展将无法满足社会飞速发展需求，制约人民生活水平的提高。中核集团作为强核强国排头兵，全面启动保障安全生产工作，既是一场增信心、添动能的攻坚之战，也是一场形象之战、改革之战。海南核电作为此次保障安全生产活动的急先锋，全面开展标准化生产领域风险管控体系建设，积极响应中核集团号召，坚决落实中核集团战略部署。为了有效降低电力企业生产工作风险，充分克服海南核电与电网"大机小网"模式的不利因素，为海南自贸港建设贡献全部力量，自 2022 年以来，海南核电在精细化管理的基础上建立一整套完整、全面、有效的管控措施，提升电力企业的本质安全。

二、核电企业生产领域标准化风险管控体系建设主要做法

（一）制定标准化风险识别措施

海南核电标准化电力企业生产领域风险管控体系建设，目的是建立一整套完善的标准化风险识别、风险管控、风险处置和特殊风险应对的流程，其核心为：以"1-2-5"战略思想为指引，以体系建设四大准则为准绳，以"两通报、四管控"工作机制为主体，以标准化风险分析方法为基础，以八大基础保障制度为支撑，辅以完善的组织机构和可执行性强的激励制度，从而达到系统化、全面降低电力企业生产领域风险的目的。

1. 标准化风险分析方法

为了实现对两类风险（一是对人的风险，即人身伤害风险；二是对物的风险，即设备损坏风险）的标准化分析，需要对其进行进一步细分，以便制定针对性更强的标准化措施，在此基础上，为降低生产领域风险，海南核电制定了标准化风险分析方法，该方法充分融合工作安全分析（JSA）法和工作分解结构（WBS）法，对重要工作风险进行分类管控，并针对具体工作进行合理化细化分解，对每个细化项目逐一进行风险分析并制定应对措施，并根据情况引入独立评价或挑战机制。标准化风险分析方法主要包含两个层次的工作。

第一层次：识别风险管控种类。

针对人身伤害风险，主要管控种类为：溺水、窒息、高处坠落、触电、中毒、物体打击、灼烫、爆炸、粉尘、有害挥发气体、化学品腐蚀、机械伤害、异物等。针对设备损坏风险，主要管控种类为：重要设备性能降级、重要设备不可用、重要设备误/拒动、非计划降功率、非计划停机等。

第二层次：识别具体工作风险。

降低生产领域风险，最重要最关键的一环是对于具体工作的风险分析，只有风险分析全面准确，才能制定切合实际的风险管控措施。为了有效地对某项具体工作开展风险分析，特制定了标准化风险分析方法，该方法针对具体工作进行合理化细化分解，并对每个细化项目逐一进行风险分析并制定应对措施，并根据情况引入独立评价或挑战机制。

2. 基础保障制度

第一，全领域讨论制。探索出一整套覆盖全部生产领域各板块的计划性和非计划性生产会议机制，这些生产会议的参与人员主要为生产领域领导、运行/维修/设备管理/技术支持/生产计划等生产领域的主要负责人和技术骨干，各领域专业人员通过在生产会议上进行风险管控方案的碰撞和融合，从而保障每个领域的风险管控措施的有效执行，不留短板。计划性会议包括生产早会、生产晚会、日常计划会、大修计划会、月度消缺会等；非计划性会议主要包括"五大岗位"讨论会、重要缺陷专项分析会等。

第二，科技引领制。海南核电立足于服务机组，借助大师工作室等科创平台，推动"智慧运行"体系建设，推动各类降低运行风险的高科技工具的研发，最终达到风险管控措施中"人防"和"技防"实现"两手抓，两手都要硬"的目标，切实降低机组安全稳定运行风险。

（二）制定标准化风险管控措施

1. "两通报、四管控"工作机制

海南核电秉持"领域化、专业化"思想，创造性地创建"两通报、四管控"工作机制。"两通报、四管控"工作机制是建立在公司生产领域完善的机组信息通报制度基础之上的，制定两条相互独立的信息传递和处理途径：将两类日常工作信息（正常工作信息和机组异常信息）通过不同途径进行收集和通报，并根据紧迫程度的不同由不同部门采用不同手段组织处理；虽然有两条信息传递和处理途径，但管控原则是一致的，即以"领域化、专业化"思想为基础，通过四项管控要求（前端管控、日常管控、重大操作管控和专项管控），根据电力生产领域风险管控体系导图梳理、制定风险管控方案，并通过执行后的经验反馈或良好实践不断优化方案，相关内容通过标准化信息通报途径进行反馈，实现信息传递、处理的闭环管理。

2. 基础保障制度

第一，热线指挥制。

极关键设备热线许可。以单一跳闸设备（SOT 设备）为例，SOT 设备是指单一操作错误将直接导致停机停堆、功率波动等后果的设备控制单元（开关、阀门等），此类设备对于保持电力机组运行稳定性具有极其重要的作用，编制"SOT 设备管理制度"，明确 SOT 设备识别标准和管理措施等，规定设备现场操作前必须得到值长或副值长的许可，以降低人员误操作对机组运行稳定性的影响。

次关键设备热线许可。以门型风阀类设备为例，电力企业的门分为很多类型，其中一种是作为通风系统阀门的形式存在的，对于这一类设备，由于与常规阀门在外观上差异较大，被误动作的风险更高，专门对此类房门进行了专项提示和管控，明确开启/关闭此类房门前必须得到值长或副值长的许可，极大程度上降低了现场人员误动作通风系统设备导致影响系统功能、影响机组安全稳定运行的情况发生。

其他设备热线管控。值长是运行值的核心，不能把所有精力只关注在一件事情上。因此，大部分的电力生产设备，是由主控操纵员、现场人员来进行热线管控的。这也是热线指挥体系的重要组成部分。

当班值人员作为总体协调人员，对工作把好最后一道关，确保风险管控计划顺利实施，防止不同专业人员获取信息不全面的情况下开展了对机组产生影响的工作。

第二，设备性能提升制。

当今发电机组作为高精尖技术的产物，自动化程度非常高，因此设备的可靠性提升对于机组运行稳定性的提升具有举足轻重的作用，设备性能的高低，直接决定了精细管控的水平，因为在一系列可靠性极低的设备面前提精细管控是不切实际的。为此，制定设备可靠性持续提升机制，用以确保实现风险精细化管控的物质基础。

主控无报警运行机制。报警一定程度上体现了设备性能的弱化，为了提升设备可靠性，降低机组报警数量，保障两台机组安全稳定运行，海南核电编制《一、二号机组主控室零报警运行专项方案》，明确报警响应流程和处理要求，实现主控无报警常态化运行。

设备主人制度。为了精细化提升重要设备性能，制定设备主人制度，从运行、维修、设备管理不同维度进行分工协作，将设备健康管理与缺陷精细化管理制度相结合，不断完善重要设备的基础数据。通过定期编制设备主人可靠性报告和编制设备启动关键运行参数材料，促进设备可靠性提升，极大程度提升了机组运行稳定性。

主控无报警，是提高设备可靠性的初步阶段，因为单靠主控报警无法提前识别设备隐患；而设备主人制度的建立，则代表了精细化提高设备性能的措施，从具体设备入手，保障设备安全，为精细化风险管控提供了物质基础。

（三）制定标准化风险处置措施

1. 编制标准化任务操作规程

为了避免个体能力差异带来的风险管控工作的区别，使用标准化任务操作单制度来将以往同类型工作的经验反馈、良好实践及风险预防措施直接体现的具体执行步骤中，无论执行个体风险意识强弱、工作技能高低，只要严格按照标准化任务操作规程执行，则能够将工作风险降至最低甚至降至零。为了保证规程的准确性，设置一系列标准化规程编校审批流程，以及制定标准化定期升版机制，确保规程的正确性，以及与现场设备的一致性，避免规程错误带来的额外风险。

2. 基础保障制度

第一，全流程文件制。在基于立体化风险管控理念指导下，海南核电建立一体化全流程、全覆盖文件体系，一方面包括机组参数趋势分析类文件和缺陷、高风险工作识别管控类文件，实现了某一时间段内机组稳定运行的监视和管控的横向全方位覆盖；另一方面包括指导机组状态改变时的全寿期风险管控类文件，实现了纵向全时间段覆盖机组风险管控。全流程、全覆盖文件机制的创建，明确了电力生产领域风险管控体系中立体化核心特点。

第二，偏差管控制。当具备了全流程、全覆盖且可执行性强的规程体系后，"最后一公里"的问题就成了如何有效执行，如何避免偏差的问题。因为无论工具再好，执行中出现偏差不仅无法降低风险，还可能带来额外的其他不可预知风险，因此，人员行为偏差的管控在体系建设中发挥不可替代的作用。

全体人员规范提升机制。通过建立防人因失误、工具使用偏差和常见行为规范偏差数据库，利用统计学方法，分析不同重点人群的行为规范偏差并制定针对性纠正行动，通过趋势分析确定纠正行动的有效性，从而达到科学制定管理行动的目的。

小偏差清零机制。海南核电有效落实人因精细化管理措施，重点关注人因类小偏差，从小事做起，严格落实人因管理要求，防微杜渐，全员提升，消除重大运行事件的孕育温床。

（四）制定特殊风险应对机制

1.持续完善风险管控预案

标准化风险管控体系建设能够取得成果的前提之一就是必须切实认识到：体系建设中必然存在非标准状况，因此不断将非标准状况转化为标准状况成为一种必然的措施。

针对非标准化风险管控工作，除了上述提到的标准化风险管控措施外，还必须建立完整的预案收集升版机制，以便于将各种非标准工作转变为标准工作，持续完善和提升风险管控预案，不断追求卓越，不断自我挑战和提升。

2.基础保障制度

第一，全员技能提升制。

值长领导力提升机制。值长是运行值的灵魂，是热线指挥体系的核心，值长领导力的高低，直接决定了机组稳定运行水平的优劣。为了提高值长领导力，公司实施年度值长领导力提升机制，开展了"值长说事件"等一系列活动。

各科值协同机制。为了解决机组存在的热点、难点问题，并促进各科值技能水平共同提高，公司制定了各科值协同机制，明确了该机制的准入条件和标准化流程，在充分研讨的基础上制定强化行动，实现值长对重要缺陷处理、处室管理优化的高度参与。

值长领导力是对团队个体的提升，体现了公司"管理出优秀的你"的理念；而各科值协同机制，则体现了个体对于组织和体系的反哺作用，体现了"优秀的你去管理"的理念。这两种理念互相促进，共同提升人员技能，持续降低电力生产领域风险。

第二，重大工作复盘制。

海南核电结合厂内和同行电厂良好实践，制定重大缺陷检修活动的复盘机制，通过组织各专业对检修过程整体分析，收集专项工作过程中产生的经验数据和待改进项，将相关内容收集到运行控制方案中，作为重要经验反馈对后续同类工作进行指导。

（五）制定标准化资源保障机制

1.完善组织构架，提供组织资源保障

组建了生产计划管控、当班主控管控的两条信息收集机构，日常计划工程师团队为主体的组织协调机构，以早晚会等生产会议平台为基础的战略决策机构和以运行值/检修班组为主体的工作执行机构，具有完善的组织构件，提供了坚实的组织保障。

2.制定人员激励/监督机制，提供人力物力资源保障

海南核电与科研院所共同开发了针对全体运行人员的绩效考核软件系统，改善以往绩效考核规则宽泛、无法有效区分和引导的问题，将考核细则扩展为数百项，以对机组安全的贡献度为主要评判点，科学评估相关人员在电力安全生产领域中的有效工作量，并对安全生产带来负面影响的组织或个人进行以警示为主的负面考核监督，并以绩效考核结果为资源分配依据，有效激发了电力生产领域人员的积极性与责任心，为体系建设提供了切实的人力物力资源保障。

（六）制定标准化体系建设准则

标准化风险分析方法和"两通报、四管控"工作机制，本质是对电力生产领域的工作风险进行管控，基于"标准化、立体化和可推广性强"的体系特征进行框架搭建，为了使体系建设蓝图更为清晰，提炼出标准化电力生产领域风险管控体系四大准则。

1.信息传递和处理制度化

海南核电制定详细的机组日常信息传递和管控的管理制度，针对正常信息，经过全面的公司级会

议讨论分析，制订工作计划，确定处理方案和风险管控措施，降低非预期情况发生。针对异常信息，特别是针对紧急的机组异常信息，采用高效的紧急分析手段，主控人员、专业人员及支持人员同时行动、制定专业化的紧急干预措施，并通过信息汇总与跟踪机制，实现异常紧急处理和后续行动持续跟踪。

2. 风险分析和管控体系化

保障全面性的主要手段是风险管控方案推演、挑战制度。通过借鉴军事领域"红蓝双方"对抗模式，白班科值负责与维修、技术等外部部门联合编制高风险工作风险管控预案，进行风险"防御"，采用桌面或现场推演，寻找预案漏洞，模拟风险"攻击"，不断完善方案。在多轮"攻防演练"中，持续寻找和弥补方案漏洞，从而保障风险分析和管控的全面性。

保障精细性的主要手段为风险分级管控制度。对具体的某项工作而言，风险管控的力度必然是越大越好。制定一整套相对完善且可执行性很强的运行操作风险分级管控制度，确保了精细化风险管控。

3. 人员技能提升全面化

由于电力行业的特殊性，强调精密的专业化分工，任一专业人员不可能经历所有的高风险工作，风险管控措施、执行经验反馈等都是以可长期保留和查询的文件方式出现的，而且面对的是全体运行领域人员，甚至是全体生产领域人员，受众面广泛；并且在同一类型高风险工作的多次实践中，必将不断完善风险管控文件，实现风险管控措施及经验反馈的高质量积累，以实现风险管控体系的不断优化和可持续发展。最后再辅以本体系建设中编制的各类风险识别、分析和管控教材、技术文件与管理程序，全面覆盖电力生产领域各岗位的风险管控措施，可实现从新员工入职第一天开始的"一站式"风险管控培训，从而达到电力生产领域风险管控能力的全员整体提升。

4. 措施效果提升持续化

为了避免风险管控措施的僵化和弱化、与现实脱节等情况的发生，海南核电推行了"重要工作复盘机制"，通过组织各专业对检修过程整体分析，收集专项工作过程中产生的经验数据和待改进项，将相关内容收集到运行控制方案中，作为重要经验反馈并对后续同类工作进行指导，从而保障风险管控措施的有效性得以持续提升。

以上四方面细则以体系化管理为基础，强化全员参与与整体提升、强调以人为本，通过制度化管控和建立各种适用面广泛的机制，来实现可复制、可推广的核心特点。

（七）制定标准化体系建设思想

标准化电力企业生产领域风险管控体系建设，来源于电力安全生产实践，立足于电力安全生产实践，也必将服务于电力安全生产实践，体系建设的标准化特征及引申出的立体化和可推广性强特征，无一不是针对电力安全生产实践中切实降低工作风险的。因此，对标准化电力企业风险管控体系进行剖析和升华，以系统化全面降低电力生产领域工作风险为目标，海南核电创造性地构建了"1-2-5"战略思想。

一项中心：系统化全面降低电力生产领域工作风险。

两条主线：一是建立运行白班科值离线风险管控体系；二是建立运行当班值热线风险管控体系。

五个方向：一是标准化，编制针对不同岗位、不同工作类型的标准化执行单，相关人员都可以借助各类执行单实现标准化管理，有效降低个体能力差异等原因导致的风险管控不足；二是立体化，体系要求"站在巨人肩上"，集百家之所长，将各类风险管控措施融合为一个有机整体，实现立体化管理和全流程覆盖；三是精细化，将各类高风险工作的应对行动进行深入分解和剖析，剔除"标题类""口号类"行动措施，实现精细管理，切实提高可执行性；四是制度化，制定切实有效的管理制度，完善组织机构和人员激励/监督措施，明确管理要求，细化资源分配和保障措施，从管理层面确保体系良好运转；五是可持续发展，必须建立防止体系僵化的措施，避免骄傲自满和故步自封思想，实现可持续发展，不断为体系注入新鲜血液和新的活力。

"1-2-5"战略思想，是体系建设的思想保障，也为体系建设明确了总体工作思路，即通过"五个方向"的有力推动，持续完善白班科值离线管控体系和运行当班值热线管控体系这"两条主线"，最终实现全面降低电力生产领域工作风险这"一项中心"。

三、核电企业生产领域标准化风险管控体系建设效果

（一）提高经济、社会效益，促进电力行业高质量发展

自 2022 年开展精细化、标准化风险管控体系建设以来，海南核电提高调门试验功率平台，为公司提高了经济效益，全年可带来直接受益 274.56 万元。电动开阀工具的使用，一定程度缩短了机组大修主线工期，降低了电厂损耗，提升了发电量，每年可带来收益约 600 万元。

体系建设提升公司机组安全水平，为促进海南自贸港建设提供了有力保障；同时提升了电力行业本质安全水平，利于行业发展。该体系适用性很强，可推广至航空航天、医疗等其他"高精尖"行业，可有效促进社会整体高质量进步。

（二）创建标准化体系和制度，落实集团战略部署

自开展基于标准化、立体化、可推广化的电力企业生产领域风险管控体系建设以来，海南核电彻底改变了以往风险管控方案数量少、用过即废、重复利用率低的情况，形成了系统化的体系，从方案编制、推演挑战、经验反馈，再升版到有效收录等各个环节均形成了标准化制度，极大提升了电力行业风险管理水平，切实将中核集团管理创新战略落到实处，新编制标准化制度达 20 余份。

（三）提升设备可靠性，保障公司高速发展

1. 无报警运行时长大大提升

自 2022 年 6 月 13 日正式实施报警管控以来，1、2 号机组零报警运行天数占比分别为 68.66% 和 51.20%，远超双机组清零 3 次的年度目标。

2. 重大事件数量明显降低

自 2022 年开展核电运行风险标准化管控体系建设以来，公司重大人因事件及执照运行事件数量明显降低，且保持零执照运行事件的良好运行业绩。两台机组保持安全稳定运行，全年零非停、零事件；双机组 WANO 满分；2 号机组首获中国核电"金牌机组"称号；2022 年发电量突破 105 亿千瓦时。

（成果创造人：田雷雷、张　超、冯献灵、信彭皓、
杨恕非、常东旭、祖天龙、陈启启）

地方金融企业基于风险共担理念的员工项目跟投管理

江西省金融控股集团有限公司

江西省金融控股集团有限公司（以下简称江西金控集团）于 2015 年 9 月正式组建成立的省属重点企业，也是江西省唯一的省级金融投融资平台，江西省首家国有全资金融控股集团。截至 2023 年上半年，已控股或参股银行、保险、期货、金融发展研究院等 18 家金融、类金融及科研机构。其中三家主体评级 AAA 级（集团总部、省信用担保集团、省金控投资集团），三家主体评级 AA+ 级（省金融资产公司、省融资租赁公司、省财通供应链集团），基本实现金融牌照全覆盖。截至 2022 年年底，江西金控集团总资产超过 600 亿元，注册资本金超过 80 亿元。

一、地方金融企业基于风险共担理念的员工项目跟投管理背景

江西金控集团作为省属金融国有企业，始终坚持金融工作的政治性、人民性和专业性，深入学习贯彻党的二十大和习近平总书记视察江西重要讲话精神，完整准确贯彻"三新一高"战略部署，充分发挥国资平台和产业基金的作用，多措并举提升金融服务实体经济水平。从当前的金融发展形势来看，国际政治冲突对我国系统性金融风险产生的诱发要素风险增大，相关的重大技术安全问题对系统性金融风险的产生推动力增强，金融监管制度空白和漏洞引发金融市场风险、金融产品风险、金融机构风险增加，开放的资本市场大国的金融体系的局部风险事件也有一定概率，房地产、互联网平台的发展瓶颈让金融风险加剧，地方举债违约加大系统性金融风险的发生机会。江西金控集团深入贯彻落实党中央、国务院和省委、省政府关于国企改革的决策部署，深入贯彻国资国企改革创新三年行动方案，以增强企业发展活力、提升企业效益和效率为目的，进一步深化企业收入分配制度改革，坚持权责对等、风险共担原则，探索实施项目跟投机制。

二、地方金融企业基于风险共担理念的员工项目跟投管理主要做法

（一）结合公司战略，构建员工跟投的顶层设计

1. 制订五年发展规划

江西省金控集团在 2019 年制订实施五年发展战略规划，确定地方金融企业提升金融风险管理能力，实施员工项目跟投机制的战略目标。2020 年按照国务院深化国有企业改革三年行动方案的部署要求，制定《江西省金控集团深化国企改革三年行动实施方案》《江西省金控集团人才发展工作计划》（2019—2024），细化探索在国有金融控股企业试点实施员工项目跟投机制等改革创新举措，再次提出探索建立权责对等、风险共担的员工项目跟投机制，在员工中开展股权激励，为企业金融人才发展戴上"金手铐"。

2. 确立员工跟投机制的实施路径

员工项目跟投机制结合金融投资企业实际，设置跟投逻辑、跟投方式、跟投额度、退出制度和风险管理模式，通过投资决策制度化、项目管控流程化、风险把控一体化、投后管理高效化、企业管理精益化，实现项目跟投的相关责任人员与项目风险共担、利益共享，做到把业务团队与项目、项目风险与业务团队收益进行有机捆绑，达到"共创、共享、共担"目的。跟投人员以自有资金与所在企业共同投资项目，实现风险共担、利益共享的一种中长期激励方式，更好地为企业创造价值。

3. 健全员工跟投机制的制度体系

建立以《公司项目跟投管理办法（试行）》为统领，涵盖员工项目跟投决策工作规则、议事规则、投后管理评价办法等为一体的员工项目跟投制度体系。明确项目跟投办法设定的三大主要目的：一是

创新国有资本投资激励约束机制，二是加强项目投资风险管控，三是提升相关人员的责任意识。通过员工跟投机制，确保更好地实现和提升集团的经营目标，让管理层与员工分享经营成果，增强员工的主人翁意识，更加充分地激励项目运营团队的积极性，进一步提升项目公司的质量和运营效率。江西金控集团及其实施具体员工项目跟投机制的子公司董事会、党委会、经营层、工会职工代表大会等各司其职，按照各自决策权限，负责审核员工项目跟投的管理办法、具体跟投细则、相应的跟投个案项目，确保员工跟投机制的实施合法依规、公平公正、民主决策、高效合理。加强组织领导，主要领导深入实施员工跟投机制的子公司主题开展跟投机制调研，并通过召开集团现场会、经验交流推广会的形式，推动子公司学习复制员工跟投工作经验。

（二）加强组织领导，压实员工跟投的责任体系

1. 完善组织架构，加强协作配合

成立江西金控集团深化国企改革三年行动领导小组及员工项目跟投工作专班，由江西金控集团主要领导担任领导小组组长，统筹领导和推进各项工作，全程指导员工项目跟投工作方案、管理办法、工作流程的制定。领导小组下设综合、财务、风控三个工作小组，各小组各司其职、通力协作，确保跟投工作的责任落实落地。综合组负责跟投工作的统筹协调、信息汇总、台账制定、资料存档等。财务组负责跟投资金的管理、税务筹划、项目评估、跟投要素预设等工作。风控组负责项目风险的评估、尽调、跟投实施过程中的风险纠偏、法务审查、法律文件的合法性对接。

2. 压实工作责任，确保工作成效

落实主体责任，在江西省金控集团党委的统一领导下，将员工项目跟投工作作为贯彻落实党中央决策部署、实施国企改革三年行动的创造性改革举措来实施。集团党委认真部署、科学决策，通过党委会前置研究，提高决策效率和水平。江西金控集团的相关职能管理部门比如人力资源部、资金财务部、董事会办公室、资本管理部等部门按各自管理职责，跟进推进员工项目跟投工作，确保工作实施有序落地。江西金控集团的各子公司主体依据金融机构的职责使命和牌照要求，结合项目投资的属性，在国有控股金融企业探索开展员工项目跟投工作。

3. 细化管理机制，提升执行效率

建立跟投工作月度工作例会、年度总结会、重点项目跟投推进会等管理协调机制，及时协调解决实际问题，重大决策问题提交集团党委会、董事会决策审议。在具体实施过程中，设立"项目跟投工作小组"，设组长一名，由财务总监担任，组成人员为业务部、财务部、风控法务部的部门负责人。财务总监负责组织召集会议；业务部负责提供项目基本情况及强制跟投方案编制及提报等资料；财务部负责各具体项目的自愿跟投方案编制及提报、财务管理与监控、项目收益分配的监管，以及日常沟通协调和项目信息披露等事宜；风控法务部负责跟投机构的设立、风险评估和控制及审计检查。建立工作简报机制，定期报送跟投工作的进展、成效、困难、经验等信息，确保跟投工作得到集团的持续关注和支持。

（三）深化发展共识，制定投前管控体系

1. 明确跟投原则，组织动员实施

江西金控集团实施员工项目跟投坚持三个原则。一是坚持依法合规、公开透明原则。二是坚持权责对等、风险共担原则。三是坚持严格审批、强化监督原则。原则确定后，江西金控集团召开员工会议，组织动员部署项目跟投工作，发布项目跟投公告，征集跟投意愿，组织符合条件的员工参与项目跟投。截至2023年年底，实施跟投的子公司中，已经启动跟投5轮，员工跟投比例超过60%。

2. 确定员工项目跟投的主体

坚持市场化原则，跟投范围仅限于公司（或子公司）通过市场化渠道拓展的项目，这是跟投项

目的底线。随后，江西金控集团明确员工的跟投项目分为强制跟投项目和非强制跟投项目，其中，项目收益来源为直接或间接财政支持的项目或是根据上级指令进行投资的项目等非市场化项目原则上不跟投，避免跟投制度与国资监管要求产生冲突；项目收益来源为直接或间接财政支持的项目、根据上级指令进行投资的项目、由公司或子公司发起设立（或增资）并主导运营的项目、投资期低于 3 个月的项目、被投资方不接受跟投的项目，以及特殊情况下由风审会决策不适宜强制跟投的项目等，原则上不执行强制跟投。江西金控集团在选择跟投人员时，项目跟投对象分为强制跟投人员和自愿跟投人员。

参照行业经验，以参与具体的项目投资和决策人员为主，将江西金控集团领导、投委会成员、前中台部门与该跟投项目有业务关系的人员、该跟投项目的投资经理均纳入强制跟投范围。将对项目标的的确立、项目投资决策、投资风险防控的核心人员均纳入跟投范围。项目的决策者和承办部门为强制跟投人员，包括投决会主任委员、风审会主任委员、项目分管领导、项目承办部门负责人、项目负责人。自愿跟投人员为公司本部全体正式员工及子公司高管，通过实施以上强制措施，将项目风险与业务审批的整个条线的员工利益捆绑。同时，按照风险共担、权责对等的原则，鼓励公司员工自愿跟投，参与项目投资和管理。

3. 界定员工项目跟投额度和方式

员工跟投额度主要受到跟投比例与计算基准的影响。江西金控集团基于金融投资企业和投行领域的实际，综合考量项目体量规模、公司投资总额、国有企业对投资项目的控制权、跟投人员的出资能力等定量指标，结合行业特点、公司发展阶段等定性指标，科学设定跟投额度，特别是重点对强制跟投人员的出资进行明确。其中单个项目跟投额度的股权项目跟投上限：公司对项目投资总额的 15%；单个项目跟投额度的债权项目跟投上限：公司对项目投资总额的 20%；单个跟投人员的跟投额度不得超过该项目跟投额度上限的 10%。单个自愿跟投人员的认购下限为 0.5 万元。认购份额以 0.5 万元为最小单位。

从目前投资的数据成效看，自 2021 年 12 月项目跟投制度出台以来，已累计开展跟投 37 个项目，平均跟投人员数为 18 人。其中 2021 年跟投项目 1 个，2022 年跟投项目 23 个，2023 年 1—7 月跟投项目 13 个，跟投金额合计近 1000 万元。其中，自愿跟投额度超过 96%。

4. 明晰员工项目跟投权利与义务

跟投员工和公司管理部门各司其职，各自明确自身的权利与义务。江西金控集团的风控法务部负责设立具体的跟投机构（为实现跟投目的而相应设立的法律主体或法律载体）并与公司共同投资。跟投机构设定为有限合伙企业，选择基金公司作为普通合伙人，符合跟投条件的员工推举若干名核心且稳定的员工作为有限合伙人。跟投员工与有限合伙人签订代持协议。跟投机构必须与公司签署一致行动人协议，由公司代为行使跟投机构相应的表决权。在跟投要素设置时，注意规范项目收益与员工收益核算的合理性和制度化，防止跟投机制成为国有企业资产流失、企业资源向特定人群输送利益的工具。

（四）优化跟投流程，规范投中风险管理标准

1. 设计跟投决策方案

江西金控集团在员工项目跟投管理实施过程中，项目承办部门和财务部分别制定相应的强制跟投方案和自愿跟投方案，经审批通过后，项目跟投工作小组向各部门发布跟投方案，以部门为单位启动跟投认购工作。各部门员工根据项目跟投方案向部门负责人提出跟投额度（须明确出资额），部门负责人统计汇总后提交至财务部门，财务部门按规定计算确定每位员工实际可认购的跟投金额后，报项目跟投工作小组审定。风控法务部负责完成法律文书签订工作，办理相关手续，签订《员工跟投协议书》。

2. 规范跟投资金管理

实施员工跟投的子公司财务部在公司向目标项目支付投资款日之前，向各跟投人员发出缴付出资通知，要求跟投人员向跟投机构缴付出资，缴付出资通知应载明各跟投人员的出资额及缴付出资期限。跟投人员在接到缴付出资通知后按要求足额缴付出资，跟投人员按时缴付跟投资金至指定的银行账户，并将相应的转款证明交至财务部。跟投机构应在收到全部跟投出资款后，按规定对目标项目进行出资。

3. 严格管控跟投核算机制

跟投机构按照跟投项目分别设置子账户，每个子账户对应一个项目独立核算。跟投人员将其对应的出资金额统一归集到跟投机构，由跟投机构对外投资并相应承担风险与收益。风控法务部应定期关注有限合伙人的个人征信情况，有限合伙人每半年向风控法务部提交个人征信资料。跟投机构的资金账户，由公司财务部统一监管。员工跟投通过划定和规范项目的范围，符合江西金控集团的战略方向，有利于寻找项目盈利与风险的最佳平衡点，倒逼江西金控集团实施项目风险源头管控，一体化推进风险体系建设。

（五）畅通退出环节，建立投后管理服务体系

1. 退出管理刚性管控与柔性约束

在项目跟投过程中，跟投人员不参与跟投项目的具体经营决策。跟投人员与公司保持一致，共同进退。若出现员工退休、离职、岗位调动等客观情况，跟投资金可以在跟投人员之间处置，既保证项目投资人的整体稳定性，又解决个别项目投资人的退出问题。员工丧失劳动能力或身故的情况下，可以选择保留或继承相应项目跟投份额，并在其他跟投人员返还本金并兑现收益时，根据项目清算情况，以同样的收益计算方式，核算返还其本金及跟投收益。

2. 项目核算损益量化管理

项目退出时如出现亏损，则跟投人员应按跟投比例（在该单个项目的跟投金额占跟投机构对单个项目投资额的比例）承担亏损份额，返还本金时需扣减其承担的亏损份额。跟投的债权项目如涉及抵押物优先顺位权的，公司的登记顺位应优先于跟投机构（如有）。设立跟投项目管理台账，管理核算跟投人员对不同项目的出资、本金返还、投资损益等变动情况。所有项目均实行单个项目损益核算方式。债权项目在项目发放利息或该项目结束时进行损益确认并分配。股权项目在项目现金分红或项目退出时进行损益确认并分配。跟投人员按照约定的项目损益核算方式相应获得各对应单个项目跟投损益。在跟投机构收到跟投项目利润分红或通过项目清算、股权转让等获得投资本金和收益款项 10 个工作日内，实施分红或投资本金的退回。员工项目跟投实施 2 年不到，江西金控集团的现金流回正周期大幅缩短，年化资金收益率明显提高，资金回款率进一步增强，财务资源配置进一步优化。

3. 跟投信息保密管理

江西金控集团在实施员工项目跟投中，将向跟投人员提供投资决策所必要的项目信息，跟投人员应对所有项目信息予以严格保密，如有因疏忽或故意造成项目信息泄露的，公司有权视情况取消其跟投资格；因泄露信息给公司项目投资带来损失的，公司有追溯其法律责任的权利。截至目前，已经实施的所有跟投项目中，无 1 例员工个人信息发生泄露，无 1 例跟投项目的投资情况被恶意提前披露。

通过线上、线下的员工谈心谈话、问卷调查、项目走访等方式进行了解，对已跟投的项目进行评估，对满意度、收益率、风险度多个维度进行测评反馈，通过项目投资实践经验，对跟投机制进行优化，适时修改完善员工跟投管理办法。

（六）强化要素支撑，细化员工跟投保障措施

1. 权益保障合法化

员工项目跟投分为股权和债权项目，实施股权激励，可以将员工与项目紧密捆绑在一起，就如同"力出一孔，利出一孔"，聚焦项目实现精准激励，强化内部激励机制和约束机制，激励管理团队与项目运营结果的绑定，达到管理降本增效、投资收益倍增的效果。在人力资源考核设计上，员工项目跟投的收益分红，不纳入国有企业工资总额管理，提高了员工参与项目跟投的积极性。探索员工项目跟投制度的有效性和可持续性，用足政策空间，强化制度保障，强化项目跟投的投后管理体系，激发投资主体的主动性，跟投员工通过其实现对被跟投项目的投资并取得收益，由合伙企业向税务机关代扣代缴跟投员工应缴纳的个人所得税。员工个人直接跟投项目公司，所分收益按 20% 缴税；资本利得按"财产转让所得"交个人所得税。在实际运作中，江西金控集团对员工跟投产生的涉税事项，往往会采用多种方式进行组合操作，做好税务筹划，并根据实际情况，及时调整制度方案，确保其发挥更大的激励作用。

2. 股权管理科学化

明确跟投管理部门江西金控集团财务部门建立跟投项目档案信息管理台账，对实施的每个跟投项目独立建档，如实保存跟投项目全部流程原始信息，自觉接受有关部门和全体跟投人员监督。跟投机构每年 4 月 30 日前向跟投人员通报跟投项目上一年度运行情况，保障跟投人员的知情权。跟投机构设立后，财务部门具体负责跟投机构的日常运营及相关非财务信息的内部披露。财务部按季度提交季度财务报告，季度财务报告于当季度结束后 30 日内提交，内容为该季度未经审计的财务报表（包括资产负债表、损益表、现金流量表），并包括跟投机构的投资、退出、分配等信息。跟投机构根据具体情况，可于每一会计年度结束之后，聘请独立的审计机构对跟投机构的财务报表进行审计，并于每年 4 月 30 日之前出具审计报告。

3. 组织结构变革扁平化

推行员工跟投制度后，跟投员工成为项目公司股东，加大跟投员工对项目成本管控、风险把控、财务管理等环节流程费用的直接管理力度，将企业原有的管理架构进行重塑，管理者的权利、责任、利益分配机制进行有机结合，一定程度上压缩管理半径，提高管理效率，增强组织结构的柔性，促进组织结构扁平化变革。

4. 防范国资流失监督常态化

员工跟投资金来源于员工个人，参与项目跟投后，跟投人员成了项目公司的股东，有利于提升公司的凝聚力和员工的归属感，让员工以主人公的身份参与到项目投资工作中去，拥有劳动者和所有者双重身份，与公司项目建立利益和命运共同体，通过这种正向激励措施，让公司大量骨干员工参与到项目实施全过程，引导公司员工积极开拓业务，促进资源向业务一线倾斜。具体实施过程中，项目投资经理参与项目跟投，成为项目股东，角色转变倒逼工作积极性和责任心进一步增强，使跟投人员更好发挥项目前期尽调、项目风控审核、项目投行服务的个人价值，确保个人资金与项目发展休戚相关，从而提高项目投资收益率和风险保险能力注重全面梳理风险管理领域存在的问题及薄弱环节，建立以季度和月度风险分析为主体，以客户集中度、行业集中度、不良率指标、重点项目风险专报等专项分析为辅的风险分析预警体系。通过员工项目跟投机制，有意识地引导投资经理关注中长期效益好、风险适配的投资行为，提升项目投资的管理水平和运营效率，挖掘项目的最大化盈利空间，做到国有企业保值增值。为防止国有资产流失，鼓励对于项目跟投人中应履行的职责进行监督，如情节严重者追究其法律责任。

三、地方金融企业基于风险共担理念的员工项目跟投管理效果

（一）企业的项目投资风险管理能力稳步提升

跟投员工通过诸多渠道了解和掌握项目情况，统筹投资、建设、收益等经营活动"全周期"参与和"全流程"把控，员工的投前尽调意识、投中审核意识、投后风险纠偏意识进一步增强。特别是项目投后管理能够更好地实现前、中、后台联动，提升项目全过程的管控能力，增强被投资项目的抗风险能力，推动江西金控集团风险管控体系实现系统性构建、制度化优化。近三年江西金控集团的项目投资风险降低到15%，隐患整改完成率达到98%。2022年，存量或有风险全部或部分化解项目47个，累计化解风险金额12.64亿元，金额化解率37.27%。

（二）企业的经济社会效益显著增强

示范龙头效应推动江西金控集团整体实力显著提升，截至2022年年底，江西金控集团总资产604.9亿元，同比增长18.2%；净资产235.8亿元，同比增长8.3%；实现总收入115.3亿元，同比增长175.3%；实现利润总额10.3亿元，同比增长30.4%。有力打造省内头部、全国有影响力的综合性投资管理平台，提升江西金控集团的社会影响力和评估价值。被东方金诚国际信用评估有限公司评定主体信用等级为AAA，评级展望为稳定。获评"2022最佳国资直投机构TOP20""2022年度硬科技领域黑马投资机构TOP10""2022最具潜力母基金TOP30""2022中国最佳直投LPTOP10"等荣誉。

（三）企业员工的稳定性和凝聚力得到增强

一方面，整个集团的员工稳定性得到显著增强，全年员工离职率低于千分之十；另一方面，吸引一批高层次、高素质、高学历的金融人才队伍，逐步建设成为省内重要金融人才中心和创新高地。近年来，清华大学、北京大学等一批国际国内知名大学博士、硕士研究生、高级职称等专业型人才加盟，向地方政府输送各类金融干部近10名。其中35岁及以下1124人，占比55.15%；博士研究生10人；硕士研究生占比20.06%，本科占比达60%。副高级职称59人，占比2.89%；中级职称293人，占比14.38%；初级职称80人，占比3.93%，江西省金融领域领军人才2人。

（成果创造人：席文良、吴　敏、罗红生、胡亚平、罗建梅、
熊洁敏、张　凡、张余思思、杨　磊、芮正光）

石油企业以提质增效为目标的效益风险管理

中国石油天然气股份有限公司辽河油田分公司

中国石油天然气股份有限公司（以下简称中国石油）辽河油田分公司（以下简称辽河油田）是中国石油的地区分公司，总部位于辽宁省盘锦市。辽河油田1970年投入大规模勘探开发建设，1986年突破1000万吨、成为全国"油老三"，到2022年连续37年保持原油千万吨规模稳产。目前形成油气主营业务突出，储气库业务、工程技术、工程建设、燃气利用、多元经济协调发展的格局。油田开发建设50多年来，累计生产原油5亿多吨、天然气900多亿立方米，实现财税贡献2900多亿元，获省部级以上科技成果499项，全面建成"国家能源稠（重）油开采研发中心"，蒸汽驱、SAGD（蒸汽辅助重力泄油）、火驱等特色技术，保持行业领先水平。先后获得"全国五一劳动奖状""中央企业先进集体""全国先进基层党组织""全国文明单位""辽宁省五一劳动奖状"等荣誉。

一、石油企业以提质增效为目标的效益风险管理背景

（一）抵御国际油价波动下行的客观需要

在原油价格较高时期，国内原油市场供求矛盾突出，辽河油田作为大型石油企业，以保障国家能源供给为己任，动用一切有利资源，全面挖掘生产潜力，保障稳产上产需要。在这一时期，只要有了产量规模就有了经济规模，上产目标和效益目标是并行一致的。

面对低油价给石油行业发展带来的巨大冲击，国际大石油公司纷纷采取降低成本、削减资本支出、搁置项目、降薪、裁员及压低服务费用等措施，尽可能减少低油价的冲击。

面对低油价的严峻形势，辽河油田作为国有大型企业不能以简单的裁员、减产来应对低油价的挑战，需要在油田生产的全过程实施效益风险管理，从源头上避免无效低效投资，在运行中降低生产成本，通过精细管理保证每一个项目、每一口井、每一吨油都有经济效益，才能最大限度地缓解国际油价波动下行给油田带来的压力。

（二）应对严峻的油田生产经营形势的现实需要

2021年是国家"十四五"规划开局之年，也是油田公司推动改革发展转型，实现高质量发展的关键之年。在新冠疫情和持续低油价冲击下，辽河油田提出要做好《千万吨油田》《百亿方气库》《流转区效益上产》三篇文章，而切实抓好新井优化和老油田措施挖潜是实现千万吨油田的有力保障。然而在实现目标的过程中却面临着产能建设投资逐年压缩，老油田成本逐年升高的挑战。

辽河油田批复的百万吨产能建设投资由2018年的38.2亿元下降到2021年34.2亿元，而辽河油田框架计划需求为42亿元左右，存在资金缺口，百万吨产能投资的硬下降，势必对新井实施造成影响。因此，在有限的投资内，加强单井投资优化力度，对提升新井产能建设经济效益具有重要价值。

辽河油田低效井年产油约50万吨，占总产油量的5%，而发生操作成本占总操作成本的15%以上，每年油井措施投入占到了油田总操作成本的13%，可见，低效井治理和措施投入控制是成本管理的重点。

因此，以提质增效为目标的效益风险管理尤为重要，是实现油田公司"十四五"规划目标的重要保障。

（三）实现油田可持续发展目标的内生需要

辽河油田已进入开发中后期，油田可持续发展面临许多困难和挑战。一是勘探难度越来越大，资源量探明程度超过50%，是东部勘探程度最高的油田，后备资源严重不足。二是和其他东部老油田一

样，油田开发进入了中后期，开发效果变差，操作成本升高，产量递减加快，采收率较低，稠油蒸汽吞吐只能达到23%，辽河油田面临着整体产量递减的局面。三是在新区资源接替不足的条件下，传统油气生产向综合能源开发利用发展势在必行。但是目前以油气勘探开发为主，多数新能源业务尚处于技术探索和起步阶段，油气业务与新能源产业融合不深，部分项目经济效益未达到预期。四是随着油价走低，高油价时代掩盖的一些企业自身问题逐渐暴露出来，效益风险管理意识薄弱、盈利能力不强等问题，严重制约油田的可持续发展。

在推进供给侧结构性改革的发展战略下，油田企业既要贯彻落实国资委关于中央企业提质增效的部署，又要积极适应经济发展新常态、加快推进企业转型升级。然而，伴随经济下行压力持续加大、油价波动频繁、油气供需形势和市场格局深刻变化、油气生产组织和产销衔接难度增加，油田企业提质增效面临巨大挑战。

面对油田内外的各种困难和挑战，辽河油田确立油气开发和新能源业务相融合的效益风险管理目标，针对油田勘探、开发、采油、作业、生产、经营等全业务流程，实施全方位、全过程、多角度效益风险管理模式，以实现东北老油田的二次腾飞和高质量发展。

二、石油企业以提质增效为目标的效益风险管理主要做法

（一）构建管理体系，确保提质增效指标高效完成

1. 搭建效益风险管理机构

为了实现从"要产量到要效益"的转变，辽河油田依托现有组织架构，建立由油藏工程、钻井工程、采油工程、地面工程、生产管理、财务经营、安全环保等多专业协同合作的效益风险管理领导小组，经济评价全过程、全方位、多角度参与，推进油藏开发过程中的技术与经济的最佳匹配，从勘探开采到生产经营的每一个环节筑牢效益风险管理基础，实现油藏的高效开发和提质增效。

经济评价利用独具辽河特色的"油田公司—采油单位—基层作业区"三级经济评价运行体系，着重加强效益风险管理环节，成立包括计划、财务人员在内的3个项目组，即产能建设效益管控项目组、低效井治理升级提效工程项目组、油井措施降本增效工程项目组，明确项目组成员职责及分工。重点实施产能建设效益管控、低效井治理升级提效和油井措施降本增效三大提质增效工程。建立项目经理负责制，做到"五个一"，即"一项任务，一名领导，一个团队，一张图表，一抓到底"。

2. 建立效益风险管理制度

从规章制度和内控流程的两个方面，建立效益风险管理制度体系，为实现以提质增效为目标的效益风险管理保驾护航。

管理制度。秉承"一切以效益为中心"的工作理念，践行"全员抓产量、对标创效益"的经营思路，坚持量效并重，致力精准评价，研究制定辽河油田经济评价管理办法、辽河油田投资管理办法、辽河油田工效挂钩办法等系列效益风险管理制度，助力油田公司提质增效目标的实现。

内控流程。建立规范的油田企业内控业务流程，包括投资项目经济评价、油井措施效益评价、单井效益评价、探矿权登记、证实石油储量、效益认证、油气开发现场试验项目、产能新井钻井工作流程等内控业务流程，保障效益风险管理有序运行。

3. 落实考核激励机制

加强效益风险管理考核激励机制，依托辽河油田工效挂钩办法配套考核细则，与采油单位业绩及奖金挂钩，年初签订经营指标责任书，年中督促检查各项经营指标实施进度，年终验收各项指标完成情况，形成经营指标闭环效益风险管理。

产能建设效益风险管理考核：考核各采油单位产能建设经济评价覆盖率；考核各采油单位重点敏感区块经济效益复算指标。低效井治理效益风险管理考核：考核各采油单位基础数据及时性和准确

性；考核各采油单位负效井治理率和效益升级率。油井措施效益风险管理考核：考核各采油单位油井措施前经济评价覆盖率和经济有效率。

通过对产能建设、低效井治理、油井措施效益风险管理考核，极大地激发了各采油单位工作的积极性和主动性。

（二）健全保障体系，为效益风险管理提供支撑

1. 增强宣传力度，提升效益理念

为进一步增强全员效益风险管理理念，辽河油田从采油单位基层作业区、采油站入手，重点加强"三大效益风险管理"，即产能建设效益风险管理、低效井治理效益风险管理、油井措施效益风险管理，开展"增储稳产降成本，安全优质提效益"主题劳动竞赛。与此同时，利用报纸、电视、网络等多媒体载体加强效益理念宣传力度，着重打造"工作经验总结、评价成果应用、新思路新认识实践"效益风险管理专栏，全面提升全员效益风险管理意识，实现人人讲效益，事事算效益的管理新格局。

2. 加大技术培训，提高管理技能

以"要产量也要效益"为主题，举办年度效益评价培训班，精心设置包括投资管理、成本分析、降本增效、业财融合等培训课程，结合油田公司做优经济效益基本盘的工作目标，及经济增储、效益建产、外围上产的任务需求，加入《提高采收率技术经济评价方法及应用》《油田产能建设经济评价方法与应用》等专题内容，将理论与实践相结合，全面提高全员的综合素质。同时，针对基层管理人员的具体需求和知识短板，组织"单井效益评价、措施评价、效益产量、成本分类方法、数据管理"各类专题培训，通过"一对一""传帮带"等培训模式，有针对性地提高技术人员素质，补短板、强弱项、提能力，全面加强提高技术人员的管理技能。

3. 狠抓素质建设，打造效益风险管理团队

随着油田开发进入中后期，开发难度逐年加大，特别是随着新能源业务的拓展，效益风险管理难度也不断升级，效益风险管理人员的素质需要不断提升，以适应新形势新任务的需求。为了提升管理人员的综合素质，从以下两方面入手，打造过硬效益风险管理团队。一方面搭建辽河油田内部技术交流平台，重点组织经济效益管理提升方案、产能建设经济评价体系等技术交流和研讨，有效拓宽管理人员的思路和能力。另一方面牵头搭建股份公司级交流平台，组织大庆、吉林、塔里木、冀东等外部兄弟油田，共同探讨如何推动企业有质量有效益可持续发展、上游业务可持续发展的效益风险管控体系建设、渤海油田投资效益评价方法等提质增效问题，发挥重要的决策参谋作用。

4. 推行数智化，建立完备的技术保障

细化最小评价单元为单井，按厂、区、站设置三级成本效益分析数据库，制定单井效益分析细则，规范井站单井经营分析内容，并充分考虑油品、油藏特征、开发阶段等因素，创建投资、产量、成本、效益四个参数单井效益分析数据库，从数据采集上保障单井效益评价的实施。集中优势力量推进评价数智化转型。成立数智化专班，以软课题研究为抓手，瞄准油气田经济评价平台主战场，集中优势力量攻关数智化转型。纵向上提升数据深度，横向上拓展功能广度，建立"投资、成本、产量"三位一体的数据库，重塑数据结构。增加单井效益评价模块、单井极限日产油、单位成本、单井成本等多类型数据分析功能，客制化升级服务生产经营。增加全过程措施效益评价体系功能，业务100%线上运行，有效提升措施决策效率。完成井位部署方案、风光电评价、储气库评价等模块设计，标准项目全面实现线上运行。

（三）开展产能建设效益风险管理

落实"各司其职，专业对接，全程管控"的工作思路，在产能新井建设经济评价效益审核中与开发、计划、财务、生产运行等部门相辅相成，明确经济评价审批的职责和具体嵌入节点，融入经营管理当中，由被动操作向经营管理的转变，在优化井位部署、精细投资管理、提高投资收益及降本增效中发挥积极的作用。在严格执行中国石油投资效益标准的基础上，以提升抗风险能力为手段，压减新井投资，保障新井效益建产。具体措施及实施路径如下。

建立规范的经济评价审批审核流程，两级经济评价中心联动开展工作，共同发挥效益保障作用，既强化油田公司提升效益的基础，也完善了油田生产经营工作的完整和全面性。二级单位自主审核，推动两级经济评价部门对效益评价工作的主动性和积极性。

同时，以抗风险能力中级为效益审核标准，在同步跟踪生产时率的基础上，严格按照投资项目经济评价内控管理流程，多部门协作，严格流程管控，实现效益建产节降投资。组织采油单位按计划批次开展年度产能建设新井效益审核工作。

重点加强抗风险能力管理和参数动态化调整工作，未达到中级能力标准的，开展投资优化工作，组织采油单位开展优化设计、资产利旧、商务谈判等系列措施降低单井投资。优化后仍不达标的，效益审核不予通过。

严格考核机制，对采油单位重点、敏感区块的产能新井内部收益率和利润开展经济效益复算考核，指标不低于方案设计90%。

（四）开展低效井治理效益风险管理

在10个采油单位开展低效井治理工作，跟踪低效井治理效果，进一步提升单井和区块效益，全年目标实现低效井治理率达到50%，同口径油价下效益升级率达到55%以上。具体措施及实施路径如下。

建立低效井效益评价平台。依托单井效益评价数据库，建立低效井效益评价平台，筛选低效井井号，精准定位效益管理的薄弱点。

强化管理机制。及时将低效井井号反馈给各采油单位，根据不同低效无效井的实际生产情况，与采油单位一同编制低效井治理方案，开展低效井治理工作，跟踪低效井治理效果，强化管理提升单井效益。

强化成本管控。开展成本分析、确定效益关键点，将占比高的前五项费用作为提质增效的工作重点。围绕成本相关业务流程，制定由厂主要领导牵头，分管领导主抓，项目经理负责、业务人员参与的专项行动方案。以可量化、可操作、可考核为原则，建立健全五项工作机制：工作例会机制、运行督导机制、总结报告机制、经验交流机制、考核激励机制，强化成本管控。

（五）开展油井措施效益风险管理

通过油井措施风险预评价制度的落实，前移评价关口，前评价与后评价相结合，全年避免无效成本投入2400万元。具体措施及实施路径如下。

全面实施油井措施前评价。调查现行措施效益评价体系、收集各级评价人员反馈意见，完善措施效益评价工作制度，改进措施效益评价体系，加强措施评价工作节点把控；加大措施效益评价推广力度，各采油单位经济评价部门与地质、工艺部门联合，多部门分工明确、联动共管，确保增油类措施评价覆盖率100%。

全面推行油井措施预评价模板。按照直观便捷、适合基层管理者操作的原则，依据投入产出平衡原理，以预算指标为参数，创建"油井措施风险预评价模板"，将复杂的计算公式浓缩到一张图表上，将油井措施效益分为高效、有效、边际效益、无效四个类别展示，即"三线四项"管理法，使措施评价变得简单直观，按照"高效、有效优先上，边际效益谨慎上，无效措施不许上"的原则组织实施，把住了成本投入关口，从源头上杜绝无效投入和低效投入，保证每一项实施的油井措施都是有效益。

全面开展措施全过程效益评价。全面提升油井措施评价监管水平，通过措施前评价把住措施成本投入的第一道关口，借助跟踪评价实时监控措施效果评价，确保措施经济有效率稳中有升，实现措施全过程效益风险管控。

（六）开展新能源效益风险管理

秉着"低成本发展"理念，持续跟进新能源业务进展，全过程参与项目决策论证，从项目可研投资、工程建设、生产运维等若干个维度进行细化分析，并以新能源和油气生产融合发展为主线，内挖潜力推进油气生产绿色转型，外拓市场争取绿电指标落地，形成内外共抓、齐头并进的发展新格局，多措并举实现新能源业务的提质增效。具体措施及实施路径如下。

在风光发电方面，合理谋划，降低投资风险。在可研阶段，按照"先外后内"思路开展新能源项目规划，以风力发电为主，分析项目建设模式、建设期运维成本，重点关注外部优质市场经营和大地块指标获取，实事求是控制投资并测算效益，履行板块审批手续从而规避效益风险。

在地热利用方面，加大科技攻关，探索多元化地热利用模式。结合油田地质条件，积极发挥资源勘查、地热能综合利用等方面的技术优势，以及对外技术服务的丰富经验，合力攻关地热重点技术，开展不同储藏物性先导试验，规避项目前期投资风险，为多元化地热利用奠定重要基础。

在CCUS（碳捕捉）方面，加大优化地面投资，降低生产运行成本，是实现"双碳"目标与提高油气采收率的完美结合。在CCUS项目试验阶段，力求提高采收率的同时，以经济效益为中心，优化工艺流程，严控地面投资和运行成本，多情景分析碳源价格、政策等因素对经济效益的影响，实现项目效益正向拉动。

（七）开展重大开发项目全生命周期效益风险管理

在项目论证阶段经济评价利用"有无对比法"，通过比较"有项目"和"无项目"两种情况下，投入物和产出物可获量的差异，识别项目的增量费用和效益，度量增量带来的增量效益。"有无对比法"所采用的评价方法是现金流量法，即在考虑资金时间价值的基础上，根据项目在经济寿命期内各年的现金流量，对项目经济效益进行分析、计算和评价的方法。项目决策阶段从多角度评价项目的增量效益，即站在项目自身的层面，通过"有无对比"评价计算项目的增量效益；站在地区公司层面，在整个油区范围多角度评价项目的附加增量效益；站在集团公司层面，在全部业务范围内评价项目的综合增量效益。

在项目建设阶段采用"跟踪对比法"通过跟踪评价方案设计指标的完成情况反馈项目完成率。对已竣工的项目，在"总目标、决策过程、建设过程、投资与效益"范围内进行系统的分析、客观的总结、综合的评价。通过经济评价，判断项目预期效益目标的实现程度，总结经验教训，提高类似项目的决策管理和实施水平。

项目运营阶段侧重于项目运营过程的效果反馈，将运营期间取得的实际数据，从投资、产量、成本和效益四个层面进行月度跟踪评价，通过完成指标与方案设计指标的对比，分析差异和原因，评价项目的阶段效果，为管理层决策、方案调整提供对策和依据，实时监控项目的运营效果。

三、石油企业以提质增效为目标的效益风险管理效果

（一）全面超额完成提质增效目标

产能建设效益风险管控方面，针对难采低效区块，采用极限投资经济指标开展效益风险管理，投资计划下达及市场的商务谈判价格严控在极限投资指标之内，确保难采低效区块效益开发。全年完成1120口产能新井及套损井经济评价及效益审核工作，产能建设经济评价覆盖率100%；在产能新井效益达到基准收益率要求的基础上，将抗风险能力提升至中级为手段节降投资，累计节降投资1.24亿元。

油井措施降本增效方面，全年组织各采油单位开展措施前评价6687井次，否决低效负效措施215井次，杜绝风险性支出6627万元。

低效井治理升级提效方面，2020 年年底筛选拟治理 1087 口无效井。2021 年全年共治理无效井 826 口，产油 17.57 万吨，平均单位操作成本由治理前的 5646 元 / 吨下降至 2624 元 / 吨，低效井治理率预计达到 73.36%，效益升级率预计达到 73.07%（在 2020 年同油价条件下），超额完成预定目标。同时，联合开发事业部开展 7 家采油单位、14 个完全成本大于 70 美元 / 桶的区块高成本区块治理工作，累计实现增油 5.75 万吨，节约注汽费 5069 万元，修旧利废节降设备投资 870 万元。

新能源持续推进节能降耗方面，在风光、地热、CCUS 等领域进行了不同程度的科研攻关、现场试验和规模实施，突出抓好"产量结构调整、天然气上产增效、工艺优化降耗、技术进步节耗、管理提升节能、燃油燃煤归零"等重点工作，阶段完成非热采产量 653.1 万吨、天然气产量 13.5 亿立方米；CCUS 目前已在双 229、齐 131、沈 625 等 6 个区块开展注入，累注碳 10.2 万吨，助力减碳 360 万吨，签订地热供暖合作协议 130 万平方米。完成 400 千瓦井下电加热装置试验，30 千瓦电热熔盐储热先导试验等技术攻关，并取得较好试验效果。

（二）为油田开发提供决策依据

在勘探上，计算石油探明经济可采储量 440.87 万吨、控制经济可采储量 110.2 万吨，圆满完成了三级储量任务。在重大开发项目上，《曙光油田稠油 300 万吨稳产开发总体方案》测算 SAGD、蒸汽驱及"SAGD+ 蒸汽"的开发方式经济效益，为辽河稠油 300 万吨稳产奠定基础；本着"设计优化是最大的节约"理念，同时完成《加拿大麦凯河油砂项目开发方案》《曙三区化学驱 14 井组开发方案》等项目优化和调整工作，项目经济评价累计优化投资 4300 万元，从源头把控方式转换项目的经济效益，为辽河油田效益开发提供决策依据。

在新能源方面，突出清洁能源效益转化，锚定集团公司任务指标，与油气生产相融合，利用经济评价把控项目投资开发、工程建设、生产运维、发展政策，服务项目决策。

（三）探索效益风险管理的有效经验

辽河油田通过实施以提质增效为目标的效益风险管理模式，实现了投资、成本的全过程控制，达到了降本增效的目的，提升了辽河油田管理的集约化和精细化水平，推动企业实现发展方式的转变，实现油气开发和新能源发展高度融合，为辽河油田带来新的增长点，有效降低能源消耗和碳排放的同时，进一步降低了新能源投资风险，被中国石油推广到其他上游业务 14 个油气田企业，取得了较好的经济效益，获得集团公司的高度赞誉。

（成果创造人：孙义新、杨立龙、黄　鹤、胡龙飞、陈　敏、杨　明、
　　　　　　　吴宇博、王禹心、孙思丹、王　帅、刘雪乔、徐　迟）

全国企业管理现代化创新成果

（第三十届）

下　册

中国企业联合会　编

企业管理出版社

ENTERPRISE MANAGEMENT PUBLISHING HOUSE

图书在版编目（CIP）数据

全国企业管理现代化创新成果.第三十届.下/中国企业联合会编. -- 北京：企业管理出版社,2024.4

ISBN 978-7-5164-3054-5

Ⅰ.①全… Ⅱ.①中… Ⅲ.①企业管理—现代化管理—创新管理—成果—汇编—中国 Ⅳ.①F279.23

中国国家版本馆CIP数据核字（2024）第072236号

书　　名：全国企业管理现代化创新成果（第三十届）下册

书　　号：ISBN 978-7-5164-3054-5

作　　者：中国企业联合会

责任编辑：张　丽　耳海燕

出版发行：企业管理出版社

经　　销：新华书店

地　　址：北京市海淀区紫竹院南路17号　　邮　　编：100048

网　　址：http://www. emph. cn　　　　电子信箱：emph001@163.com

电　　话：编辑部（010）68701638　　　发行部（010）68414644

印　　刷：河北宝昌佳彩印刷有限公司

版　　次：2024年4月第1版

印　　次：2024年4月第1次印刷

开　　本：880mm×1230mm　1/16

印　　张：34.5

字　　数：968千字

定　　价：588.00元（全三册）

全国企业管理现代化创新成果（第三十届）

顾　问： 王忠禹

主　编： 胡文瑞　朱宏任

副主编： 史向辉

专家组成员：（排名不分先后）

周绍朋	蒋庆哲	杜莹芬	吴贵生	刘丽文
陆　燕	戚聿东	苏敬勤	张秋生	王利平
秦志华	崔新健	蔡曙涛	董小英	崔永梅
闪四清	项安波	赵　晶	汪　涛	冯海旗
王　毅	高红岩	范合君	吕　萍	吴剑峰
张学平	王雪莉	赵　峰	魏秀丽	赵剑波
蔺　雷	何　霞	杨子真	张文彬	

目　录

绿色低碳与服务管理

国际化经营与高端化转型

人力资源与绩效管理

绿色低碳与服务管理

特大型电网企业全面践行宗旨使命的卓越服务管理

国家电网有限公司

国家电网有限公司（以下简称国家电网）是中央直接管理的国有独资公司，以投资建设运营电网为核心业务，是关系国家能源安全和国民经济命脉的特大型国有重点骨干企业。公司设有 1 个总部（29 个部门和机构）、6 个区域分部、27 个省级子公司、42 个直属单位、11 个驻外机构，经营区域覆盖我国 26 个省（自治区、直辖市），供电范围占国土面积的 88%，供电人口超过 11 亿。20 多年来，国家电网持续保持全球特大型电网最长安全纪录，建成 33 项特高压工程，成为世界上输电能力最强、新能源并网规模最大的电网，专利拥有量持续排名央企第一。公司位列 2023 年《财富》世界 500 强第 3 位，连续 19 年获国务院国资委业绩考核 A 级，连续 10 年获三大国际评级机构国家主权级信用评级，连续 8 年获中国 500 最具价值品牌第一名，连续 6 年位居全球公用事业品牌 50 强榜首，是全球最大的公用事业企业，也是具有行业引领力和国际影响力的创新型企业。

一、特大型电网企业全面践行宗旨使命的卓越服务管理背景

（一）满足新时代人民对美好生活的服务需求

"人民电业为人民"是老一辈革命家对电力事业提出的最崇高、最纯粹、最重要的指示，是国家电网的企业宗旨，也是国家电网始终坚守的初心使命。进入新时代，我国社会主要矛盾已经转化为人民日益增长的美好生活需要和不平衡不充分的发展之间的矛盾。随着人民生活水平的提高，客户对电网企业的服务提出更加多元、更高品质的新要求。电网企业在供电可靠性、便捷性、获得感等方面，距离人民群众对美好生活的新期待还有一定差距。2017 年，西北区域户均供电容量和停电时间分别是华东区域的 55.5%、2.6 倍，农村地区户均停电时间和停电次数分别是城市的 4.05 倍、3.7 倍，东西部、城乡之间供电服务水平差距较为明显。居民申请用电、交纳电费还需要线下办、多次跑，体验有待改善提高。

（二）经济高质量发展对优化用电营商环境的要求

我国经济进入高质量发展阶段，国家电网作为服务经济社会发展的先行官，是落实新发展理念、推动高质量发展的重要力量。一方面，产业转移与区域产业结构调整深入推进，高端制造业快速增长，对供电能力、可靠性、用户接电时间和成本等，提出更高要求。另一方面，我国"获得电力"指数排名与世界先进经济体相比，较为靠后，在 2018 年世界银行公布的营商环境报告中，排名仅 98位，存在手续复杂、审批烦琐、工程造价高等突出矛盾。小微企业接电平均环节 5 个、时长 80 天，世界银行推荐的最佳实践为 2 个环节、15 天周期，对比差距较大。国家电网亟待坚持国际视野，实施办电业务变革，持续提升企业办电满意度和获得感，加快打造市场化、法治化、国际化一流用电营商环境，为经济高质量发展注入强劲动能。

（三）贯彻落实国家重大战略部署的要求

近年来，国家部署"双碳"目标、推进乡村振兴等一系列重大战略任务。国家明确"双碳"目标，要求从能源结构和用能方式进行调整。在发电侧，由于新能源间歇性、随机性、波动性的特点，国家电网急需强化新能源产业服务能力，满足大规模新能源接入的需要。在需求侧，"双碳"目标要求全社会树立节能意识，转变用能方式，这就需要国家电网发挥技术、数据优势，聚合各方资源，打造能效服务生态，引领绿色生产生活方式。国家乡村振兴战略规划提出了"产业兴旺、生态宜居、乡风文明、治理有效、生活富裕"的总要求，这就要求国家电网确定"乡村振兴，电力先行"的服务理念，提供智慧、多元农村供电服务，更好地服务"三农"，以电驱动，助力乡村振兴。

二、特大型电网企业全面践行宗旨使命的卓越服务管理主要做法

(一)秉承"人民电业为人民"宗旨使命，系统规划卓越服务管理总体思路

1. 清晰界定电网企业卓越服务内涵特征

国家电网从人民电业为人民的企业宗旨出发，坚持"不断超越自我，追求'只有更好、没有最好'"的卓越精神，聚焦政治、经济、社会"三大责任"，服务党和国家、居民用户和政企用户，实现服务内容、服务方式、服务生态、增值服务"四个升级"。在升级服务内容方面，由供电服务向能效服务、充电服务、电力数据服务、产业金融拓展，打造多元化服务产品；在升级服务方式方面，通过各类服务渠道全面感知客户需求，打造企业级"互联网+"线上服务，线上主动调配资源响应客户诉求，实现多元化、线上化、智能化服务转型；在升级服务生态方面，打造政府、服务供应商、电网企业、客户多方参与的开放、协作、共赢服务生态，构建电力能效服务、光伏接入服务、电力金融服务等产业链发展生态，打造开放化服务生态；在升级增值服务方面，为政府提供电力大数据服务，为用户量身定制提供能效、综合能源、安全管理等增值服务，在助力政府治理能力现代化、服务经济社会发展方面持续放大服务价值。

2. 科学制定卓越服务目标

国家电网卓越服务的目标是实现公共服务效能最大化，国家经济及产业政策高效落地，均等化服务惠及更多人群，提供效率最高、便利化程度最好、体验最优的服务。通过卓越服务管理实践，打造四个企业级标杆流程，即：客户供电质量治理流程、自然灾害应急抢险流程、业扩报装并网接电服务流程、客户诉求全面感知即时响应流程。

3. 搭建卓越服务管理体系总体框架

国家电网按照"黄金圈法则"搭建卓越服务管理体系总体框架（见图1）。"内层圆"理念层，锚定全面践行人民电业为人民宗旨使命的卓越服务目标，以服务人民美好生活、赋能经济高质量发展、服务国家重大战略任务为出发点。"中层圆"行动层，以卓越服务理论指导实践，重塑基础业务服务流程，打造超预期多元服务产品，搭建高效能服务系统，构造产业链上下游服务生态，推动卓越服务管理体系贯通落地。"外层圆"做法层，以完善的卓越服务管理保障体系为基础，面向居民用户打造普惠均等供电服务，面向政企客户构筑高效便捷的用电营商环境，面向国家重点战略任务，全面实施乡村电气化提升工程、能源消费转型工程，推动服务效能、服务水平"螺旋上升"、持续改进。

4. 实施卓越服务管理"三步走"策略

国家电网构建了集团总部驱动、省公司联动的推进机制，部署卓越服务管理变革"三步走"安排。2018年开展顶层设计，以点带面，以公司1号文的形式明确服务变革目标、原则、工作重点、实施路径并开展试点建设。2020年，系统建设、全面实施，深化各项管理规范和管理制度，确定卓越服务指标及目标，全面构建卓越服务管理体系。2022年，迭代完善、巩固提升，系统总结卓越服务管理实践，结合党的二十大有关要求，持续优化卓越服务管理体系。

(二)打造普惠均等的供电服务，服务人民美好生活

进入新时代，公司经营区11亿城乡居民对供电服务的可靠性、便捷性、多样性提出更高要求，国家电网从"用得上、用得起、用得好"三个维度，实施服务流程再造，打造政企协同服务平台，向人民群众提供普惠均等供电服务，全面提升用电获得感和服务满意度。

1. 打造坚强配电网，保障广大人民用得上电

围绕配电网建设发展不平衡不充分，部分边远地区人民群众"用电难"等问题，国家电网持续夯实电网基础，提高供电可靠性和电能质量，全面保障城乡居民用电需求。一是加大配电网投资，着力解决电网发展不平衡问题。持续提高配电网投资规模，加强中心城市和城市群配电网建设，推进东部

城乡电网一体化、中部持续补强供电基础设施、西部地区民生供电重点保障。加强低电压综合整治，建立了配网规划设计、建设改造、生产运行、营销服务等全环节标准化整治流程，确保优质供电。配电网投资占比由 2014 年的 22% 提升至 2022 年的超过 50%，配电网薄弱问题有效消除，供电能力进一步提升。2016 年以来，超过 6.6 万个小城镇、中心村完成电网改造升级，7.8 万个自然村通上动力电，农村配电网基本消除频繁停电、低电压现象。二是建立公司级自然灾害应急抢险流程，"一盘棋"筑牢"光明防线"。国家电网健全"1+26"应急预案体系，完善应急责任体系，建立风险综合防控、预警响应一体化管理、政企警企联动协同、应急抢修等机制，构建"市域 2 小时、跨市 4 小时、跨省 8 小时"应急物资保障模式，搭建规范化标准化指挥处置流程，高效调配资源、统筹工作，应对特大、重大灾害的应急监测、预警、救援能力不断增强。三是打造公司级客户供电质量治理流程。为了从源头更好治理客户反映的频繁停电、低电压等供电质量问题，集团层面统一印发加强供电质量治理方案，实施建立配套电网改造绿色通道、提升配电网精益运维水平、优化停电安排和抢修服务、加强服务全过程风险与质量管控、建立突出问题治理协同督办机制、强化治理结果跟踪考核等举措，实现治理全流程标准化规范化。

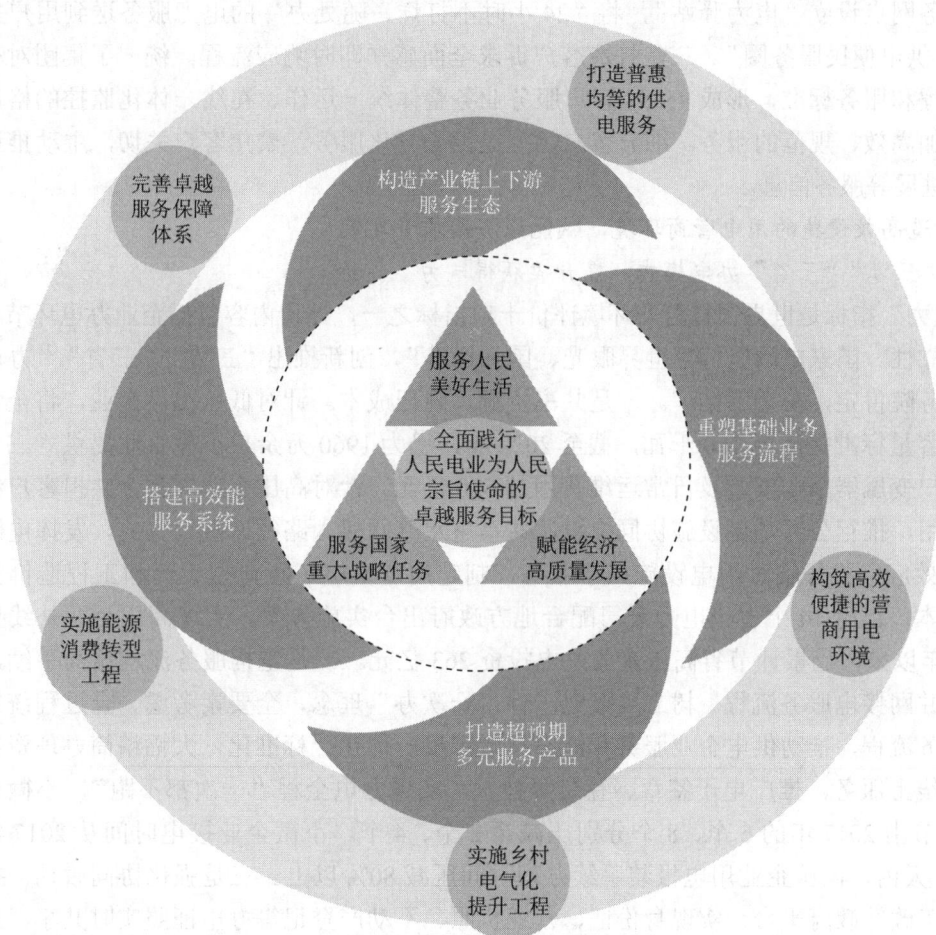

图 1 国家电网卓越服务管理体系总体框架

2. 实施电力普惠服务，做到人民用得起电

国家电网履行电力普遍服务义务，确保人民群众以较低成本享受到稳定和高质量的电力服务。一是实现居民用户"免费办电、低价用电"。积极延伸投资界面，免费提供并安装智能电表，实现居民

办电不花一分钱。严格执行国家电价政策，在世界能源价格持续上涨背景下，连续 14 年居民电价保持不变，在全球一直处于较低水平。根据经合组织（OECD）35 个国家的可获取数据，我国 2021 年电价水平位列倒数第二，有效确保居民用得起电。二是实现特殊群体电价优惠政策落地全覆盖。积极落实国家电价政策，主动对接民政部门，获取城乡低保户和农村五保户清单，让利于民按月兑现免费用电基数，做到"免申即享"。仅 2021 年，国家电网就为 2044 万城乡低保户和农村五保户减免电费 13.9 亿元。

3. 拓展服务渠道，便利居民用得好电

国家电网构建线上线下融合的服务渠道，为用户提供高效便捷的服务。一是提供线上"一网通办"服务。建设"网上国网"APP，统一线上服务平台，提供"全业务、全天候、一站式"线上办电、交费、故障报修等服务。目前"网上国网"APP 注册用户突破 3 亿，月活跃用户 5010 万，月均服务量超 5 亿次，线上办电比例超过 97%，已成为全球最大的互联网公共服务平台。二是打造线下网格化服务新模式。国家电网结合地理特点、客户密度、物理网架、服务半径等因素，确定服务网格划分原则，各级单位因地制宜划定，实施网格客户经理制和设备主人制，实现服务人员"一专多能"、业务"协同作业"、服务"一次到位"，提升客户体验。同时，推动供电网格与政务网格融合，在村镇（社区）便民服务网点设立"电力驿站"，将"24 小时不打烊、随处办"的电力服务送到用户家门口，打造 10 分钟"供电便民服务圈"。三是打造客户诉求全面感知即时响应流程。统一了集团对客户诉求办理的服务流程和服务标准，形成 95598 客户服务业务整体统一运作、在线一体化监控的格局，为用电客户提供更加高效、规范的服务。细分客户类型提供差异化服务，聚焦客户关切，主动推送停电情况和抢修复电进展等服务信息。

（三）打造高效便捷的用电营商环境，赋能经济高质量发展

1. 推出"三零""三省"办电模式，提升"获得电力"指标

"获得电力"指标是世界银行营商环境评价十项指标之一，评价内容包括企业办电环节、时间、成本和供电可靠性。国家电网坚持"世界眼光、国际标准"，创新推出"三零""三省"①办电服务新模式，获得国务院肯定，在全国推广。一是共享资源，降低成本。针对低压小微企业，将全经营区"零投资"接入容量标准提高至 160 千瓦，截至 2022 年，已为 1960 万余户小微企业提供"三零"服务，累计节约客户变压器采购安装及日常运维费用超 620 亿元。针对高压企业，政企共担客户红线外电力接入工程费用，推行公共基础设施协同建设，共享电水气网接入路径、敷设方式，发挥电网公司物资集采等规模效应，推行临时用电设施共享服务，制定用户受电工程典型设计和工程造价参考手册，降低接电成本，已有 14 个省级电力公司配合地方政府出台实施方案，实现高压企业外线接入"零投资"。2021 年以来，已累计节省高压企业办电投资 263 亿元。二是重构服务流程精简手续，建立企业级业扩报装并网接电服务流程。树立"接电一件事一次办"理念，全要素考虑、全过程统筹、全环节优化办电服务流程，推动供电企业服务和涉电行政审批一体化、标准化，大幅精简办理资料和手续。提供全流程线上服务，推广电子签章、签名等技术，实现办电全程"一次都不跑"。小微企业、高压企业办电环节由 2017 年的 6 个、8 个分别压减至 2 个、4 个。小微企业接电时间从 2017 年的 140 余天缩短至 10 天内，高压企业用电报装手续办理时间压减 80% 以上。三是强化协同联动，提升效率。贯通政务、工改等政府平台，实现身份证、营业执照、不动产登记等办电证照实时共享，推行"刷脸办电""一证办电"，政府在线审批串联办理改为并联办理，有效破解审批速度慢、流程繁、过程难问题。截至 2022 年年底，低压项目、高压项目行政审批时限分别压减至 5 个、10 个工作日以内，累计调用电子证照 300 万次，服务 99.1 万企业用户。

---

① "三零"：零上门、零审批、零投资；"三省"：省力、省时、省钱。

2. 推出电力大数据服务产品，助力政府和企业决策

国家电网充分发挥电力大数据经济感知优势，向政府和企业提供电力大数据服务，推动产业结构调整，服务经济高质量发展。一是建设电力能源大数据中心，共享能源数据资源。2019年组建国家电网大数据中心，实现公司数据资产的统一运营，向全社会提供7个服务域、21个服务类、70个服务项的《业务服务目录》。以"政府主导、电网主建、多方参与、共建共享"为原则，协助各级政府建设10个省级能源大数据中心和超过60个地市、县级能源大数据中心，整合电力能源数据资源，向全社会提供服务。二是激活电力数据"富矿"价值，服务经济社会发展。国家电网各级单位陆续开发适用国家治理、商业决策、企业降耗、金融征信等多种场景的超过1000种数据产品，"电力消费指数""电力看经济""电力看住房空置率""转供电费码""企业污染监测分析指数"等数据取得大范围推广应用。疫情防控期间，设计的"企业复工复产指数"在全国推行，为复工复产提供有力支撑。

3. 推出产业链"电力金融"服务，解决企业融资难题

国家电网挂牌成立27家省级金融服务中心，联合地方政府和超过百家金融机构，运营"电e金服"平台，提供产业链金融服务。一是提供供应商金融服务。研发电力智能征信风控系列产品，开通线上企业征信报告申请服务，向金融机构提交供应商电力大数据征信产品，帮助普惠金融落地。二是提供客户多元金融服务。联合政府、商业银行、用电客户，创新"电力绿色贷""光e贷""抵押电e贷"等服务，在"电e金服"平台快速便捷地提供金融保理、票据融资等全方位、多层次金融产品，为普惠金融发展提供有益补充。三是向金融机构提供征信数据服务。研发用电客户贷前调查电力报告、贷后检查电力报告等贷款全流程征信电力服务数据产品，助力金融机构提升风险管控能力，现已与建设银行、工商银行、兴业银行等77家金融机构达成合作协议。截至2022年，"电e金服"注册用户2.4亿，服务企业用户201.12万家，其中，中小微企业超过9万家，累计帮助上下游获得超过4000亿元融资。

（四）实施乡村电气化提升工程，全面服务乡村振兴

乡村振兴，电力先行。国家电网充分发挥用电服务对农村发展的支撑保障作用，通过实施农业生产、农村产业、农村生活的电气化，开展光伏扶贫，助力农业更强、农村更美、农民更富。

1. 推动农业生产电气化，为现代化农业添动能

针对农业生产需求，提供精准化、共享化、智能化的用电服务，降低风险，提高效率，减少成本，推动农业生产模式的升级。一是构建"二十四节气"季节性精准农业用电设备督导巡视机制。国家电网根据农业生产规律和特点，编制二十四节气对应的涉农用电设备清单，各级单位开展相应供电线路巡视和用户用电设备巡查，实现经营区128万个农村排灌台区常态化用电运维巡视，确保农业用电稳定，助力国家粮食安全生产。二是实施扫码用电。针对粮食、蔬菜、水果季节性灌溉需求，通过建设标准、安全的共享用电设施，一方面降低户外农户自行拉电、用电的安全隐患；另一方面在"网上国网"APP中开发扫码交费功能，满足农户通过手机扫码即可用电的需求，提高用电设施利用效率，减少农业生产成本。全经营区机井通电每年可节约燃油275万吨，降低农民灌溉成本116亿元。三是赋能农业生产智慧化升级。各级单位针对本地特色农业，协同设备商、服务商，引入智慧滴灌、渔光互补、智慧养殖、鱼菜共养、农业观光等先进智能化农业生产模式。截至2022年年底，全经营区推广电气化大棚10.5万个、电烘干设备3.01万台套、电制茶设备2.09万台，助力农业生产现代化、智慧化升级。

2. 推动农村产业电气化，助力农民致富达小康

国家电网坚持因地制宜、突出特色、注重效果、政企合作原则，大力推动农村产业电气化，促进农村能源生产和消费升级。一是协同多方构建特色产业典型电能替代解决方案。针对制茶、烤烟、制

瓷（陶）、食品加工、食品存储等特色农业产业，牵头组织高等院校、设备厂商、能源服务企业，研发电能替代设备，提供产业电气化改造和设备物联网建设为一体的电能替代解决方案，助力农村特色产业升级、效益提升。二是联合推广典型电能替代方案。联合多方组成联合推广组织，选取试点单位试行，通过政府推介、行业协会牵头，以政策宣讲会、现场推介会等形式推动特色产业单位主动实施电能替代。三是打造特色农业产业电能替代服务品牌。在全经营区实施"一市一行业、一县一特色"电能替代，打造全电民宿、全电景区、电烤馕、电炒茶等具有地方特色的农村产业技术升级品牌。2022年，完成乡村电气化项目3888项，应用电气化设备29.97万台（套），拓宽农村致富道路，助力农民共同富裕。

3. 推动农村生活电气化，促进乡村发展提质升级

国家电网适应农村用电新要求，供电服务从满足基本供电需求向更加注重服务品质转变，积极推动农村生活用电设施电气化，提升生活品质。一是推动农村能源消费向电气化转型。扎实推进北方地区"煤改电"和南方地区"电采暖"，积极宣传电炊具，实施乡村电能替代项目4.5万个，用电量334亿千瓦时，减少散烧煤1870万吨，减排二氧化碳3330万吨，助力农村生活方式向绿色、环保转变。二是加快乡村充电桩建设。截至2022年年底，在乡镇主干道、集镇停车区等场所配建7778座充电站，加快电动汽车充电网络向农村延伸，提升充电便利度，保障新能源汽车"回得了家、出得了城、下得了乡"。

4. "光伏扶贫"落地生"金"，打造央企扶贫样板

光伏扶贫是国家电网发挥主业优势，实施精准扶贫、打造电力产业推动乡村振兴的样板。一是支持光伏扶贫项目建设。累计投资41亿元，实现2268万千瓦扶贫项目同步并网，惠及305万贫困户；捐赠7座集中式光伏扶贫电站和254座村级光伏扶贫电站，荣获第十一届"中华慈善奖"。二是构建国家光伏扶贫信息检测中心。服务超过4000个地方部门和700家光伏运维企业，实现全国8.1万座光伏扶贫电站数据分钟级实时监测，为全国光伏扶贫电站长效运行、持续收益提供可靠支撑。2022年，全国光伏扶贫项目专业运维覆盖率达96.5%，发电能力保持100%。

（五）全面实施能源消费转型工程，助力"双碳"目标实现

1. 打造光伏并网服务平台，助力能源清洁消费

一是建成全国最大的光伏云网平台。应用物联网、云计算、大数据等技术，整合了光伏全产业链资源，为客户提供分布式光伏投资咨询、建设选址、设备选型、并网申请、电费结算、运维等"一揽子"服务，用户可以通过手机客户端实时查看电站运行状况和预期收益。二是建立健全分布式光伏并网服务机制。系统开展分布式电源接入电网承载力评估，统一各区域分布式电源并网服务规范，推广分布式光伏并网典型设计，取消低压光伏设计审查环节，并行受理申请与现场勘查、计量装置安装与合同协议签署等环节，提升分布式资源并网服务能力和利用水平。三是强化分布式光伏消纳服务能力。制定低压分布式光伏分层分级调控方案，应用光照预测技术、数据实时采集技术和遥测遥感技术，实现分布式光伏出力可测可观、可调可控，提高光伏消纳水平。截至2023年8月底，国家电网经营区内分布式光伏509.07万户、装机容量2.04亿千瓦，支撑分布式光伏正成为清洁能源新增的装机主力。

2. 打造能效服务生态，提高社会用能效率

一是提供多品种节能服务产品矩阵，全面推广能效服务。依托"网上国网"APP每月为435万户高压客户和2.5亿户低压客户推送能效账单。对不同行业的高耗能企业开展典型用能需求分析，绘制用能画像，设计开发清洁能源开发、设备改造、碳交易、能源托管等服务产品矩阵，增强定制化服务能力。二是形成行业节能提效典型示范，提高推广效率。针对工业领域，聚焦钢铁、水泥、纺织、印染

等重点行业，推广综合能效服务先进技术，在多能联供、余能梯次利用、系统节能改造、运维托管等方向，打造工业节能降碳示范工程，形成可复制可推广典型案例库。针对公共建筑，推出"一站式"解决方案，以配电房智能运维、楼宇中央空调用能优化、负荷聚合等在线服务功能开发和推广，打造"零碳"公共机构示范。截至2022年年底，帮助节约电量超过200亿千瓦时，公共机构能源托管项目超过100个、节能率超过10%。

3. 构建电动汽车充换电服务平台，助力全社会绿色出行

一是推动完善充换电设施标准体系。推动建立健全新能源汽车充电设施建设、充电系统和网络互联标准，统一充电控制、物理接口、通信协议标准，解决了车桩兼容的问题；发布、制定充电服务信息交换系列标准，实现了车、桩、网之间信息互联，引领推动了充电行业蓬勃发展。二是建设电动汽车充电基础设施。国家电网推动各级政府出台相关政策，推出"购车办电－装桩接电－充电服务－增值服务"联网通办服务，实施电动汽车进小区行动。2022年全经营区域接入超过400万支充电桩，打造全球最大的充电基础设施网，全力满足人民群众绿色出行的服务需求。三是建成了全球规模最大的智慧车联网平台。建成全球覆盖面最广、服务能力最强的智慧车联网平台，智慧车联网累计接入可启停充电桩超43万个，服务用户数超过1060万户，获国际爱迪生大奖，国家电网成为首个获得这项殊荣的中国电力企业。

（六）完善卓越服务保障体系，持续提升服务能力

1. 构建"强前端、大后台"的服务架构，提供坚强组织保障

一是构建"一专多能"的服务强前端。加强"全能型"供电所建设，融合高压客户业扩报装、用电检查等前端业务，实施政企客户经理制、台区经理制、营业厅电管家制，不断提升服务人员对接属地政府能力、市场拓展能力、客户互动能力。二是构建支撑强大的服务大后台。国家电网集中各省分散的客户服务资源，建成全球规模最大、服务人口最多、功能最全的国网客户服务中心，"7×24"小时受理全域95598热线和"网上国网"APP渠道的客户诉求，统一、集约、标准化处理客户诉求。在省、地市、县公司三级统一部署组建供电服务指挥中心，实现故障抢修、客户投诉、业扩报装等服务业务的指挥、调度、协调、监督、考核，设置总指挥长、搭建供电指挥平台，有效提升服务质量和客户响应效率。

2. 构建企业级数字化服务平台，提供坚强系统保障

建成业务中台，涵盖电网资源、客户服务、营销数据等业务，实现工单驱动、业务在线处理。为内部工作人员提供人工智能图像识别、语音识别、流程自动化等智能分析数字化工具，全面提升工作效率。开发出定制化数字服务产品，实现对客户的快速响应、高效互动。推出"网上国网"、光e宝、e充电、电e金服等一系列线上服务平台，全面提升客户办电、能效、充电桩、金融等服务便捷性。

3. 构建服务质量全面管控机制，提供坚强品质保障

一是设计评价指标体系。构建包括办电便利度、供应可靠性、服务数字化、信息透明度等6个方面、31项评价指标。二是实施多维度评价考核。从绝对水平、先进性、成长性三个维度共同评价，推动各级单位既与先进比服务，又与自己比、与过去比、与同规模单位比服务，促进公司整体水平提升。三是制定统一的员工服务和行为规范。建立健全一线员工供电服务行为规范，制定实施员工服务行为"十个不准"、"三公"调度"十项措施"和供电服务"十项承诺"，根据卓越服务建设需要，滚动丰富服务和行为规范内容，提升标准。四是建立服务质量全过程监督机制。依托95598客户服务热线，受理客户用电投诉，直派服务工单至属地处理，通过办理时限和工单办理质量实施在线监督，全量开展客户诉求办理满意度回访，保障诉求响应及时、处理有效、办理满意，解决客户各类业务、服务问题，2022年95598服务满意率达到99.60%。

4. 践行"你用电·我用心"服务文化，提供优秀文化保障

一是实施统一的服务品牌宣传。在经营区所有营业场所有线上渠道开展"你用电·我用心"服务理念的统一展示、宣传，推介公司服务文化，促进深入人心。二是开展常态化服务竞赛。截至2022年，连续举办九届"服务之星"劳动竞赛，为各级服务人员树立榜样和示范。三是打造共产党员服务队。成立4900余支共产党员服务队，定期开展敬老院、社会福利院等特殊供电场所和用电群体免费安全检查等亲情服务。截至2022年，开展志愿帮扶活动225万人次，荣获"中央企业志愿服务品牌"，共收到锦旗、表扬信3万余件，获得省级及以上集体荣誉2130个。

三、特大型电网企业全面践行宗旨使命的卓越服务管理效果

（一）全面落实企业社会责任，客户满意度显著提升

一是客户满意度稳居我国公共服务行业榜首。在中消协对全国47个重点企业服务热线开展的调查中，国家电网95598热线总体评价排名第一。95598客户服务被2023年"3·15"用户满意经营承诺倡议活动暨2022年满意中国大会授予"2022年度用户满意标杆级（五星）服务"。二是供电安全可靠水平大幅提升。彻底消除无电人口，村村通上动力电，实现世界电力发展史上从未有过的壮举。2022年公司经营区平均供电可靠率达到99.908%，北京、上海等示范引领城市供电可靠性位列国际先进水平。与"十二五"末相比，2022年年底用户平均停电时间降低64.2%，电压不合格时间降低97.1%；农村用户平均停电时间降低60.7%，农村用户电压不合格时间降低90.1%。2022年农村综合电压合格率为99.808%，城市综合电压合格率为99.968%，城乡综合电压合格率为99.859%，均获得大幅提升。

（二）全面落实经济责任，高质量服务经济发展

一是人均生活用电量大幅增长。全经营区人均生活用电，从2020年776千瓦时/人增加至2022年947千瓦时/人，增幅达22%。东中西部地区和城乡电网发展差距缩小，西部省份全社会用电量2020—2022三年年均增速来看，西藏、陕西、四川、青海、重庆、新疆分别为15.2%、12.2%、9.4%、8.8%、6.6%、6.5%，全国排名分别为1、2、4、7、10、11位，高于6.1%的全国平均水平。二是用电营商环境国际领先。目前，在全球范围内，只有中国实现了所有居民用户和160千瓦及以下的低压小微企业"免费办电"，世界银行"获得电力"指标排名由2018年的第98位跃升至2020年第12位，为我国整体营商环境排名提升至第31位做出重要贡献。中国"获得电力"指标被世界银行评价为"已接近或位于全球最佳实践的前沿"。在全球国家级电网中，国家电网系首个实现用电侧信息自动采集全覆盖，累计安装智能电表5.81亿只，自动采集覆盖率达到99.98%，并开始对沙特、印尼出口智能电表，我国的服务标准和解决方案开始走向世界。三是客户用电更省。煤炭（5500大卡下水煤）中长期合同价格从2018年至2022年上涨了31.2%，居民电价一分未涨、工商业用户电价仅微微上浮，我国用电价格维持较低水平，有力地保障了民生，助力经济发展。新冠疫情期间，减免企业电费约926亿元；实施"欠费不停电"政策惠及企业92万户、居民3490万户次，为客户垫付电费约135.2亿元，有力缓解企业经营资金问题。

（三）全面落实政治责任，支撑国家战略任务落地实施

2021年，国家电网统筹协调救灾力量，组织跨区跨省支援878次，支援电量56.8亿千瓦时，累计投入抢修人员26.6万人次，积极应对河南特大暴雨、东北地区雨雪冰冻、台风"烟花""卢碧"等自然灾害，抢险救灾赢得社会赞誉。2022年夏季，19个省级负荷共计百余次创新高，国家电网成功应对最高温度、最少水电、最大负荷、最长时间"四最"叠加的历史最严峻考验。2022年完成农村电网巩固提升工程投资1314亿元，光伏扶贫电站发电能力保持100%，当年结算光伏扶贫电费112亿元，转付国家补贴98亿元，受益群众987万人。截至2022年，"能效账单"累计服务企业数量超过438万

户、推送量超 1.16 亿次，挖掘潜力客户 44 万户。2022 年全年完成替代电量 633 亿千瓦时，累计完成替代电量超过 9000 亿千瓦时，累计接入在运分布式光伏电站 490.05 万座、装机 1.95 亿千瓦，结算电费和补贴 851.16 亿元，为"双碳"目标提供了有力支撑。

（成果创造人：辛保安、庞骁刚、金　炜、李　明、王延芳、唐文升、
郭　朋、何宝灵、李树国、周建方、潘　博、薛　松）

钢铁企业集团以工艺、用能和材料为重点的
绿色低碳发展战略实施

河钢集团有限公司

河钢集团有限公司（以下简称河钢），是世界上最大的钢铁材料制造和综合服务商之一，是中国第一大家电用钢供应商、第二大汽车用钢供应商，世界第二大钒钛材料制造商。拥有一级子分公司 30 余家，员工近 10 万人，其中，境外员工 1.2 万人。截至 2022 年年底，资产总额 5396 亿元，营业收入 4007 亿元，服务网络遍布全球 110 多个国家和地区。连续 14 年位列世界企业 500 强，2022 年居第 189 位，品牌价值高达 1435.86 亿元，位居钢铁行业第二，先后荣获世界钢铁协会"可持续发展卓越成就奖""低碳生产卓越成就奖"，国内唯一入选世界钢铁协会"可持续发展优胜者企业"，荣获中国工业碳达峰"领跑者"，在 MPI 中国钢铁企业竞争力排名中获"竞争力极强"最高评级，连续 7 年成为中国国际化程度最高的钢铁企业，是世界钢铁协会执行委员会成员单位、中国钢铁工业协会轮值会长单位。

一、钢铁企业集团以工艺、用能和材料为重点的绿色低碳发展战略实施背景

（一）引领全球钢铁行业绿色转型发展的需要

世界钢铁协会近年来在环境、应对气候变化、可持续发展等领域发布一系列政策、指南和标准。随着全球钢铁逐步进入"中国时代"，我国在顶层设计层面对钢铁行业降碳提出更高要求，必须通过工艺流程变革、用能结构优化、研发全生命周期绿色低碳材料等措施，从源头和根本上摆脱对化石能源的绝对依赖。虽然我国钢铁行业节能减污降碳已取得很大成果，但"高炉—转炉长流程"结构仍占主导地位，以化石能源为主的能源结构仍未发生根本性转变，碳排放量占全国碳排放总量的 16% 左右，占全球钢铁碳排放总量的 60% 以上。河钢作为世界钢铁协会执行委员会单位，实施绿色低碳发展战略，是实现企业高质量发展的根本要求，更是企业保持国际化发展领军者地位的根本需要。

（二）实现企业高质量发展的迫切需求

在经济进入高质量发展新时期，我国钢铁工业进入由增量发展向存量优化转变的新常态，钢铁产品未来将承载低碳、绿色、智能等多种创新元素，具有更多技术含量和竞争价值。河钢作为钢铁行业绿色低碳转型的推动者、引领者、示范者，将 ESG（Environmental，Social and Governance，环境、社会和公司治理）理念融入企业发展战略，将自身可持续发展与国家"双碳"目标、社会环境可持续发展紧密结合，全面提高钢铁材料高质量供给，加快探索钢铁工业低碳、零碳、负碳经济最佳路径，是河钢全面完成国家"碳达峰、碳中和"目标，打造绿色低碳产业生态圈的迫切需求。

二、钢铁企业集团以工艺、用能和材料为重点的绿色低碳发展战略实施主要做法

（一）制定企业绿色低碳发展行动计划和技术路径

"十三五"期间，河钢积极践行绿色发展理念，以守护碧水蓝天为责任担当，聚焦钢铁制造流程，将绿色环保嵌入钢铁产业链条，大力推广应用节能减排先进技术，推动"绿色制造"和"制造绿色"有机融合，构建形成了绿色制造、绿色产业、绿色产品、绿色采购、绿色物流、绿色矿山为一体的绿色制造体系，为企业绿色低碳可持续发展夯实了基础。

近年来，河钢积极响应国家"碳达峰、碳中和"战略目标及相关产业政策号召，坚持与国家战略同向同行，深化建设绿色制造体系，先手布局"双碳"行动，以工艺、用能和材料为核心，围绕工艺流程变革、用能结构优化和绿色钢铁材料，明确企业绿色低碳发展整体思路（见图 1），制定《绿色低

碳发展行动计划》，确定碳达峰、碳中和总体目标，大力推进减污降碳、协同增效。河钢于2022年发布低碳发展技术路线图，计划2025年碳排放量较峰值降10%以上，2030年碳排放量较峰值降30%以上，力争2050年实现碳中和。

结合未来低碳发展趋势，河钢从自身实际和技术发展出发，将企业绿色低碳发展划分为"碳达峰平台期""稳步下降期""深度脱碳期"三个阶段，并制定"6+2"低碳发展技术路线图，通过铁素资源优化、流程优化重构、低碳技术变革、系统能效提升、用能结构优化、产业耦合降碳六大技术路径，精准减少钢铁产业链各环节碳排放，推动能源结构优化，同时自主建设碳数据管理平台和产品全生命周期评价（LCA）管理平台，实施碳排放数据的精准管理和产品全生命周期的环境影响评价，全面推动企业绿色低碳发展。

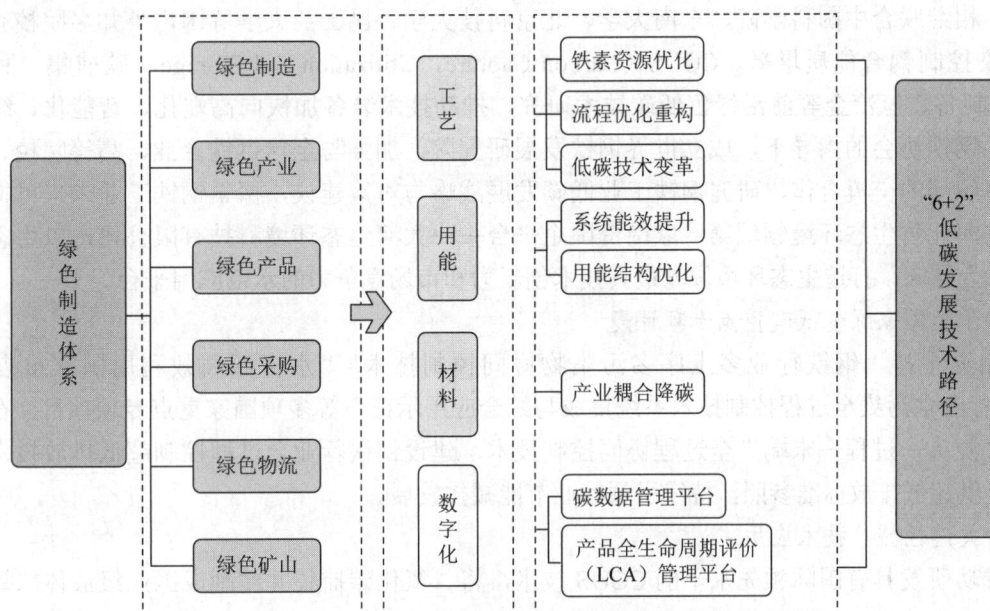

图1　河钢绿色低碳发展框架

（二）建立绿色低碳管理机制，激发绿色发展新动能

河钢强化组织保障和整体统筹，建立绿色低碳组织体系，锚定"双碳"目标，强化激励考核机制，聚焦关键技术和关键环节，系统推进绿色低碳战略，激发企业绿色发展新动能，实现经济效益与生态效益双提升。

1. 成立领导组织机构

在集团层面成立可持续发展委员会，作为可持续发展战略的决策支持、决策执行和日常事务管理机构，设立绿色低碳技术、低碳产品价值实现、碳体系管理、ESG体系管理、宣传五个工作组，实现绿色低碳、社会责任、ESG体系建设等工作的全面统筹管理。

2. 完善绿色低碳发展研究与支撑体系

在钢铁行业率先成立可持续发展研究中心，明确"具有国际视野、行业高度和竞争优势"战略定位，聚焦"低碳发展、绿色制造"，以河钢材料院、河钢数字、大河环科、河钢工业、河钢碳资产5家子公司为支撑，全面开展绿色低碳政策研究、课题研究、组织协调，推动前沿技术、材料技术、数字赋能、绿色能源、减污降碳等技术研发示范与应用，深入推动绿色低碳工作各项举措落地。

3. 建立健全绿色低碳激励机制

利用网站、报纸、公众号等多种宣传媒介，全面动员、广泛宣传，全面提高员工对低碳、碳减排工作认识，同时健全绿色低碳奖惩机制、加强专项资金支持，全方位引导员工推动降碳、脱碳工作。建立健全河钢环保指标考核办法，对环保绩效 A 级单位给予最高 50 万元奖励，对未完成环保绩效或在线监测环保指标超标的单位和分管领导进行考核。将碳达峰规划列入年度投资项目预算重点内容，统筹安排低碳发展专项资金，保障资金向低碳及碳减排项目倾斜。

（三）强化自主创新，为实现"双碳"目标提供技术支撑

河钢主动承担国家绿色技术研发任务，实施技术产学研用一体化运行，推进突破性减排技术应用，支撑绿色低碳行动实施，确保实现"双碳"目标。

1. 建立内外协同的绿色低碳科技创新体系

河钢广泛联合高校、科研院所、各行业领军企业等社会智力资源，开展关键核心技术研发和产业化应用。相继联合中国科学院、东南大学、北京科技大学、昆士兰大学等国内外知名院校企业，开展大气污染控制耦合能质增效、CCUS（Carbon Capture，Utilization and Storage，碳捕集、利用与封存）、绿氢制备、氢冶金等前沿绿色低碳技术研究，推动技术装备加快向高端化、智能化、绿色化升级。在世界钢铁协会的指导下，成立世界钢铁发展研究院，加强与全球钢铁企业、高等院校、科研院所、协会组织间的交流合作，研究钢铁工业低碳发展战略与对策建议，探索钢铁工业未来可持续发展路径。成立河北省生态环境领域第一家国资国企平台——大河生态环境科技有限公司，以生态环境领域重大需求为导向，打造生态环境领域最具技术创新力和市场竞争力的示范应用平台。

2. 主持承担国家绿色低碳重点专项课题

河钢相继主持"钢铁行业多工序多污染物协同控制技术""水资源高效利用国家重点研发计划""钢铁行业水污染全过程控制技术系统集成与综合应用示范"等多项国家重点专项项目，在行业内率先研发"源头—过程—末端"全过程协同控制技术，建设钢铁行业全过程控制超低排放技术体系，为全行业提供超低排放标准参照，持续引领行业节能减排发展。

3. 推动关键性减排技术应用

河钢成功研发具有国际领先水平的 CCUS 技术，将二氧化碳捕集并精制成工业级液体二氧化碳和食品级液体二氧化碳，目前已在河钢产线应用，每生产一吨直接还原铁可捕集约 125 千克二氧化碳，年生产二氧化碳副产品约 6 万吨。牵头成立"河北省 CCUS 产业技术联盟"，依托河钢丰富的应用场景，构建覆盖碳捕集、碳利用、碳封存、碳核证、碳监测、碳资产的 CCUS 全流程发展体系，形成了可复制、可推广的钢铁行业深度脱碳全流程、一体化解决方案。

（四）突破传统冶炼模式，引领钢铁行业绿色发展新方向

目前，我国钢铁行业以高碳排放的"高炉－转炉"长流程炼钢占 90% 左右，低碳环保的"废钢－电炉"短流程炼钢仅占 10%。长流程炼钢技术已接近热力学极限，难以大幅度降低碳排放。河钢积极实施工艺流程结构性变革，推动电炉短流程、研发氢冶金等颠覆性技术应用，建成全废钢电炉短流程特钢厂、全球首例氢冶金示范工程和绿色化智能化新一代大型联合钢厂，开辟出降低碳排放强度的重要路径，引领行业绿色低碳发展。

1. 建成全球首例氢冶金示范工程

河钢大力发展氢冶金技术，建成全球首例 120 万吨焦炉煤气零重整氢冶金示范工程，利用氢作为还原剂代替碳还原，有效减少二氧化碳排放，项目稳定连续生产，各项指标达到世界领先水平，成为钢铁行业实现绿色可持续发展的样板，引领钢铁行业迈入"以氢代煤"冶炼"绿钢"时代。河钢氢冶金示范工程首创"焦炉煤气零重整竖炉直接还原"工艺技术，可实现炼铁工艺流程近零碳排放；与同等生产规模的传统"高炉－转炉"长流程工艺相比，每年可减少 80 万吨、约 70% 的碳排放，相当于塞罕坝林场 1 年的固碳量，并在降低污染物排放方面，实现二氧化硫 30%、氮氧化物 70%、粉尘颗粒 80% 以上的减

排量。该项目形成"氢冶金直接还原关键技术与示范"等 6 项科技成果，成功入选《国际氢能领先技术成果册》，并拥有《全氧富氢低碳还原熔化炼铁系统及炼铁方法》等 44 项氢冶金专利，启动编制相关国家及行业标准 7 项。生产的绿色低碳热锻模具钢，售价比普通模具钢高 50% 以上，经济效益显著。

2. 建成国内首家全废钢电炉短流程特钢厂

河钢结合工业化进程的加快推进和废钢资源逐步积聚，集成应用 70 多项国际先进的节能减排技术，积极发展"废钢－电炉"短流程炼钢，建成国内首家"全废钢电炉短流程"绿色低碳特钢企业——石钢新区，以废钢为原料，以电和天然气为主要能源，实现零煤、零焦清洁生产，能耗和污染物排放大幅降低，成为钢厂与城市协同发展的示范。为行业内首家采用分质盐结晶技术实现浓盐水资源化的企业，达到废水零排放，成为钢铁行业与城市水环境深度融合的样板。在生态环境部 2022 钢铁行业绿色发展水平评估中，获得最高级别的"绿色发展领先水平"评价。

3. 建成世界领先长流程绿色钢厂

河钢结合区位布局调整，行业首次从长流程工艺设计层面应用冶金流程工程学原理，以物质流、能源流、信息流的最优网络结构为方向，运用最新的钢厂动态精准设计、冶金流程学理论和界面技术，将河钢下属唐钢新区打造成为环保绿色化、工艺前沿化、产线智能化、流程高效化、产品高端化的世界级现代化沿海钢铁工厂，开创了长流程低碳转型、绿色化生产的新路径。编制《钢铁工业绿色工厂设计规范》《钢铁工业绿色园区标准》等文件，建成钢铁绿色技术指标体系及技术数据库；在新区整体布局设计中，植入先进绿色技术，提出物质循环、能源循环及废弃物资源化循环深度融合的绿色钢厂设计理念，实现过程排放最小化；全流程应用 130 多项绿色制造技术，实施钢铁行业多工序多污染物超低排放控制技术，污染物排放比行业超低排放标准再下降 10%；实施全工序节能降碳技术，建成全流程能源管控系统和转换体系，自发电比例提高到 85% 以上，吨钢比传统长流程减少二氧化碳排放 21%；水重复利用率 98.5% 以上，实现固废减量化、100% 资源化利用。

（五）推广应用清洁能源，逐步摆脱化石能源依赖

河钢以氢能、绿电和全钒液流电池储能为突破口，推进清洁能源替代，加快发展非化石能源，提高新能源和可再生能源利用率，逐步构建多元互补清洁能源体系，实现能源结构的转型和升级，推动钢铁行业的可持续发展，为全球应对气候变化和环境保护做出积极贡献。

1. 加快氢能应用

依托河钢庞大的物流业务基础，推动氢能应用于物流全链条，加快物流运输去碳化进程，并逐步推动氢能在生产工艺应用，提高氢能使用比例。一是在业内率先实施"焦炉煤气制氢＋加氢服务网点＋氢能重卡运营单元"氢能物流一体化运营，大宗物料和产品清洁运输比例达 80% 以上。二是依托丰富的焦炉煤气副产品氢气，实施加氢站建设，在邯郸、唐山建成我国钢铁行业首批 3 座固定式加氢站，联合长城汽车建设氢电能源站，并与中石油合作布局河北省 30 座加氢站，在建和建成的加氢站预计可服务近 400 辆氢能重卡。三是采用"氢能联盟＋地方政府＋企业"模式，率先建成我国第一条"柴改氢"绿色物流链。四是推动氢能应用冶炼生产工艺。加快应用高炉富氢冶炼低碳冶金技术，通过向高炉内喷吹焦炉煤气、天然气等富氢气体或氢气，建成了高富氢气体高炉喷吹低碳冶炼技术示范，年可以减少焦炭消耗 5.4 万吨，降低二氧化碳排放 15 万吨以上。

2. 扩大绿电使用比例

积极开展绿电交易和可再生能源布局，设立河钢售电公司，对接河钢各子公司绿电需求并实施绿电交易，使河钢成为钢铁行业最早实现绿电交易的企业。目前，河钢累计交易绿电 8.09 亿度，可降低二氧化碳排放量 46 万吨。利用光伏发电技术，建成 4MWp 屋顶分布式光伏发电站、2.5MWp 屋顶光伏发电项目，实现并网发电，年可减少约 6300 吨二氧化碳排放。

3. 布局液流电池储能产业

河钢积极探索全钒液流电池等储能技术应用，提高可再生能源利用率，建成 5kW/20kW·h 全钒液流电池储能系统，实现河北省能源综合利用新突破。高标准、高质量、高效率推进全钒液流电池储能规模化建设，正在实施 5000 立方米 / 年钒电解液、100 兆瓦 / 年钒电池储能装备制造、20000 立方米 / 年钒电解液三期项目建设，支撑风光储氢一体化产业基地建设，加速全钒液流电池商业化进程，满足河北不同储能场景对全钒液流电池储能技术的需求。

（六）推动全产业链协同发展，构建绿色低碳产业生态圈

河钢把握全球绿钢市场发展机遇，瞄准绿色产品的强溢价特点，加强与产业链上下游企业合作，从产品设计、使用和全生命周期碳排放评估入手，加快绿钢产品研制，加快突破更低碳排放、更高性能和更长服役周期的钢铁材料研发，推动全产业链、全过程的绿色低碳协同发展，构建低碳产业生态圈。

1. 实施绿色钢铁材料研发

全面实施《河钢集团低碳排放产品发展规划》，构建"6+6+5"低碳产品矩阵，以高炉转炉低碳长流程工艺、氢冶金、电炉等 6 条工艺路径，重点打造绿色低碳高档次汽车板、高档次家电板、高品质特钢、高强度中厚板、高端装备用钢等 6 类产品，按照低排放、绿钢、近零碳排放等 5 个碳排放等级产品，推动低碳排放产品研发，为用户提供绿色低碳材料创新方案。目前，已打造形成河钢 HINEX Steel 低碳排放产品品牌。

2. 促进低碳钢铁材料全生命周期降碳

围绕下游用户需求，加强与下游汽车、建筑、电力等行业用户协同创新，通过钢铁产品的高强长寿、耐磨耐蚀等性能提升，助力下游行业减碳发展。一是汽车用钢方面，与宝马集团国内首次开展绿色低碳钢铁供应链战略合作，开展汽车用钢碳排放全生命周期评价，推进绿色低碳材料技术的创新与应用，成为跨行业协同降碳典型。与长城集团签署《共建绿色低碳产业链战略合作协议》，共建第一家国产品牌汽车绿色供应链。河钢首批超低排放汽车用钢已分别供货宝马集团、长城集团，碳排放相比常规产品降低 30%。二是在优特钢和特材方面，依托"氢冶金高品质清洁原料 DRI（Direct Reduced Iron，直接还原铁）"和"电弧炉'非涉碳'单元技术"双重优势，生产的绿色耐低温角钢，成功用于世界海拔最高特高压直流输电工程——金沙江上游至湖北 ±800 千伏特高压直流输电工程建设。

3. 推动低碳原燃料使用，促进源头减碳

加强与上游产业合作，推动低碳原燃料使用，促进全生命周期低碳排放钢铁材料生产。与上游原材料供应商，签署《共同应对气候变化战略合作谅解备忘录》，在氢气直接还原铁、钢渣处理及循环利用，以及铁矿石块矿使用等重点领域深入合作，着力研究温室气体减排技术和路径。在能源领域，加强与中石油合作，加快天然气在河钢短流程冶炼中使用，实现零煤、零焦的清洁能源结构。与中石化签署共建绿色氢能产业链战略合作框架协议，共同研究氢冶金示范工程绿氢供应综合解决方案。

（七）应用数字化驱动转型升级，为精准降碳赋能

1. 提升碳中和全流程数字化解决方案能力

河钢自主研发 WisCarbon 碳中和数字化平台，以碳足迹和碳数据管理为核心，以"数字化"推动低碳钢铁产品认证体系建设，帮助钢铁企业全流程采集、监视和分析碳数据，为钢铁及上下游企业精准降碳提供全流程数字化解决方案服务。依托数字化平台，建成钢铁产品 LCA（Life Cycle Assessment，全生命周期评价）碳足迹评价体系，牵头起草钢铁产品碳足迹评价技术规范团体标准。河钢 WisCarbon 碳中和数字化平台，已获得世界著名的检验和认证机构——南德意志集团符合性认证，为宝马、奔驰、舍弗勒等客户产出 9 款碳足迹证书，并成立专业公司——北京盈碳科技有限公司，负责平台运营和推广，以市场化方式，为更多企业精准降碳提供服务。

2.在业内率先建设企业碳排放管理体系

以河钢下属各钢铁子公司为应用场景，建成碳排放管理绩效体系，配套制定20余项管理办法，按照"策划、实施、检查、改进"思路，从数据原始记录到公司碳管理专员，形成了三级数据流转台账，为数据准确计量、管理精准高效提供保障，填补行业体系建设空白。

3.加强碳数据统一管理，推动碳数据资产化

成立碳资产管理公司，服务于内部碳资产管理。拓展WisCarbon碳资产平台功能，开展碳资产储备和开发，实现企业碳数据配额及履约统一管理、碳资产预警管理、履约风险分析和CCER（Chinese Certified Emission Reduction，中国核证自愿减排量）项目管理，为钢铁企业未来进入全国统一碳市场交易、应对国际低碳贸易壁垒等形成了基础支撑。

三、钢铁企业集团以工艺、用能和材料为重点的绿色低碳发展战略实施效果

（一）成功突破一大批行业性绿色低碳关键技术，企业核心竞争力显著提升

河钢自2016年绿色低碳发展战略实施以来，累计投资305亿元，实施500余项重点节能减排项目，攻破一大批颠覆性、示范性、关键性技术，通过装备国产化和自主技术集成，打破了国外技术垄断，在行业内具有复制推广价值。建成了国内首台套大型双竖井废钢预热型超高功率直流电弧炉，各项绿色指标达到国际领先水平；首创亚熔盐法高效清洁利用等技术研究，解决了固废处理、末端治理等世界性难题；WisCarbon碳中和数字化平台获得中国国际数字经济博览会创新成果奖、中国国际数字经济博览会"青山杯"绿色低碳创新大赛二等奖。截至目前，河钢获绿色低碳领域国家科技进步奖2项、河北省科学技术进步奖3项，连续3年荣获环境保护科学技术奖一等奖，入围2022年"科创中国"先导技术榜单，"钢铁行业多工序多污染物超低排放控制技术"被认定为"取得我国钢铁行业超低排放核心技术的重大突破"，入选中国生态环境十大科技进展。主持制定百余项绿色低碳专利标准，推动了钢铁工业可持续发展。

（二）打造出多个绿色低碳样板工程，为钢铁行业树立可持续发展的成功典范

河钢坚持从"绿色制造"到"制造绿色"，推进全产业链、全价值链的绿色低碳发展。建设全球首例120万吨氢冶金示范工程，彻底解决钢铁冶金过程中产生的环境污染和碳排放问题。牵头成立国家氢冶金标准组织，举办首届世界氢冶金技术交流大会并形成常设会议机制，推动和引领全球氢冶金技术变革。建成现代化短流程特钢工厂，成为京津冀区域一张靓丽的特钢品牌，为我国钢铁工业电炉短流程发展做出示范。河钢荣获世界钢铁协会"可持续发展卓越成就奖""低碳生产卓越成就奖"，被中国钢铁工业协会誉为"创造了钢铁企业清洁生产、绿色发展的成功典范"，旗下7家子公司入选钢铁行业"双碳最佳实践能效标杆示范厂"培育企业，4家子公司入选环保绩效A级企业，旗下海外公司获得联合国开发计划署与欧盟联合颁发"绿色议程"证书。

（三）绿色低碳发展引领企业转型升级，企业高质量发展取得明显成效

河钢以绿色低碳发展作为推动高质量发展的重要引擎，促进生产经营水平持续提升。2016年以来，河钢在钢产量总体下降的情况下，经济技术指标大幅提升。2022年，资产总额达到5396亿元、营业收入达到4007亿元、利润达到55亿元，与2016年相比，分别增长50%、37.9%、206%，品牌价值高达1435.86亿元，位居钢铁行业第二。在绿色低碳领域，河钢建成了多元互补的清洁能源体系，实现整体节能降耗水平行业领先，每年降低水、电、气能源消耗约2亿元。强化绿色低碳产品研发，实现低碳排放钢、绿钢产品有效供给，已具备为国内外下游用户提供绿色用钢解决方案能力，批量生产425万吨低碳排放钢，绿色溢价产生的经济效益达到8亿元。河钢获得中国工业经济联合会2022中国工业碳达峰"领跑者"企业，并成为唯一获得世界钢铁协会"可持续发展优胜者企业"的中国企业。

（成果创造人：于　勇、李毅仁、王宇辉、孙晓明、田京雷、单立东、
　　　　　　　申　培、钟金红、李梦龙、高　华、刘兆博、张晓康）

以碳信用为基础的电力减碳服务体系构建与实施

国网湖北省电力有限公司

国网湖北省电力有限公司（以下简称国网湖北电力）以电网建设、管理和运营为核心业务，承担着维护湖北电网安全稳定运行的重要职责，是三峡外送的起点、西电东送的通道、南北互供的枢纽、全国联网的中心。截至 2022 年年底，湖北省发电装机总容量 9436.97 万千瓦，其中清洁能源占比 62.24%。湖北电网 220 千伏及以上变电站 335 座、变电容量 15651 万千伏安，220 千伏及以上输电线路 893 条、长度 34588 公里。

一、以碳信用为基础的电力减碳服务体系构建与实施背景

（一）发挥电网优势，解决全社会碳管理痛难点的需要

随着碳市场的不断发展，碳排放难以精准实时计量成为制约各类社会主体开展碳管理的痛难点。一是碳排放数据公布时间滞后，国家层面公布的碳排放核算数据一般存在一年半到两年的滞后期；二是碳排放数据时间尺度单一，当前碳排放核算主要依托各类能源消费数据及对应的碳排放因子进行计算，能源数据主要以年为时间尺度进行更新，导致地区碳排放数据仅能局限于"年度"单一时间尺度进行核算；三是电碳因子久未更新，国家发布华中地区电碳因子的时间为 2012 年，已无法准确反映当前湖北省电力碳排放水平。电网上连发电企业，下接电力用户，涉及面广、信息化程度高、数据准确可靠，以电力数据来进行碳计量更全面、准确，即时性强。以电为纽带，建立用电量与碳排放的直接关联关系，能够帮助企业对碳排放实现精准计量和量化管控，解决碳管理核算和计量难题，有助于推动全社会各主体碳管理水平提升。

（二）履行央企担当，充分发挥影响力和带动力的需要

湖北是全国首批碳排放权交易试点和全国碳排放权交易市场登记及结算中心，率先探索碳市场引领推动碳减排的路径措施，为全国打造样板经验，是其肩负的重要任务。国网湖北电力作为中央企业，是湖北地区社会经济高质量发展的骨干力量，理应做好履行社会责任的表率，通过自身的示范作用，在能源转型、绿色发展、节能降碳等方面积极探索，主动作为，充分发挥影响力和带动力。在助推全社会碳减排和碳管理方面，国网湖北电力具有诸多优势：一是掌握了涵盖各类社会主体的可测量、可核查、可追溯的大量发电、用电量数据，可实现"以电算碳"；二是具有健全完善的供电服务体系；三是与政府各部门建立了良好的沟通合作机制；四是与产业链上下游企业具有广泛和良好的合作基础。因此，国网湖北电力充分发挥自身优势资源，以电为纽带，以供电服务为基础，拓展服务界面，为全社会提供电力减碳服务，既是高效利用自身资源，开拓新业务、新业态、新模式，开辟新发展空间的有效举措，也是在市场主体层面体现国家意志，履行央企责任担当，带动各类社会主体节能降碳，引领全社会绿色低碳转型的现实需要。

二、以碳信用为基础的电力减碳服务体系构建与实施主要做法

（一）完善顶层设计，明确电力减碳服务体系的内涵和思路

1. 明确碳信用内涵，构建电力服务与减碳服务的内在联动关系

"碳信用"本来专指碳权，是一种可以进入碳交易市场的碳排放计量单位，只有火电厂和限排高耗能企业才能参与。国网湖北电力扩展碳信用的内涵和外延，以电为纽带，以区块链公开账本技术公开、透明、不可篡改可追溯的特点和区块链内生的共识机制为基础，电力公司记录用户（中小微企业、政府机关、医院学校、商户和居民）的节电量，并通过实时电力碳排放因子精确计算出降碳量，

中碳登（全国炭排放权注册登记系统）对降碳量进行确认，银行依据降碳量对用户进行信用评估，给出碳信用评价结论，成为个人、法人、企业信用评价新维度，并应用于电力交易、碳交易、金融交易等场景，使原本只有电网和少数企业参与的碳信用，变成各类主体都可参加的，可以达成共识、平等参与、精准计量、自由交换、全体收益的可持续低碳生活的标杆，建立起节电与节碳的直接关系，实现电力服务与减碳服务的内在联动，使碳信用赋能全社会节能降碳。

2. 聚焦全链条碳管理，确定电力减碳服务体系构建思路

国网湖北电力立足湖北经济社会发展和资源特点，将自身定位为全社会节能降碳的服务者和带动者，以客户需求为导向，履行央企社会责任，坚持"开放共享、合作共赢"原则，基于碳信用，围绕碳计量、碳定价、碳消费、碳交易的碳管理链条，构建电力减碳服务体系（见图1）。建立起用电量与碳排放的直接关联关系，实现基于电力数据的碳计量和监测；拓展碳信用应用，建立起"碳减排—碳信用—碳积分—价值变现"的链条，实现基于碳减排成效的碳定价；面向各类社会主体，将"电力碳银行"作为碳信用的推广应用平台，开展电力减碳服务推广应用，实现各类主体碳消费减量；加强指导支撑，服务全社会主体开展碳交易和碳管理。通过碳信用赋能全社会节能降碳，打造互惠互利的电力减碳服务模式，引领带动全社会主体开展绿色低碳生产生活，实现低碳理念在全社会的深化根植，助力全社会节能降碳。

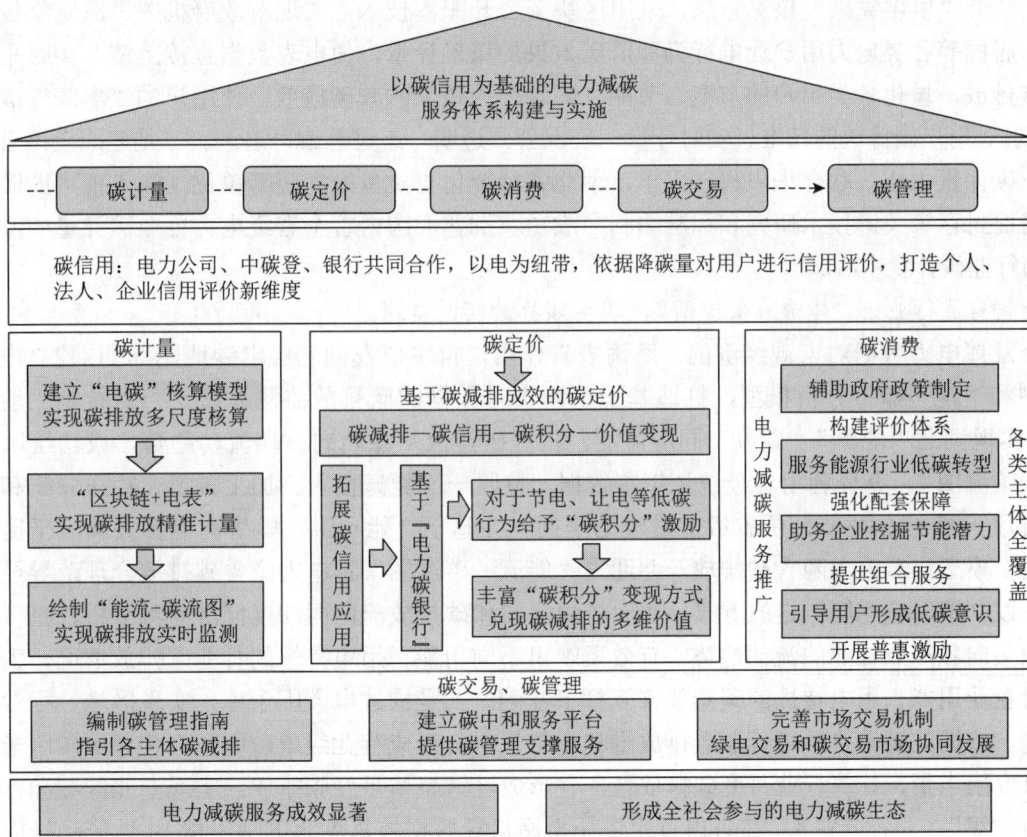

图1 以碳信用为基础的电力减碳服务体系构建思路

（二）确立电碳联动关系，实现基于电力数据的碳计量和监测

研发"电-碳"分析和核算模型，开创"区块链+电表"的碳计量模式，绘制行业级"能流-碳流图"，实现更高频度的碳排放动态计算与监测，解决碳排放计量难题。

1. 建立"电－碳"分析和核算模型，实现碳排放多尺度核算

碳排放核算是国家制定"双碳"政策的重要依据，是各相关主体有效开展碳减排工作的基本前提。国网湖北电力充分利用电力数据高频度、高精度、高可行度的优势，以及电力数据与能源数据、碳排放数据的高度关联关系，研发出"电－碳"分析和核算模型，实现了更高频度的碳排放动态计算与监测，解决碳排放核算难题。一是构建湖北"电－碳"数据库，充分考虑湖北省"缺煤少油乏气，水资源开发殆尽"的能源资源特点和湖北省电源结构特点，集合全国及湖北能源统计年鉴数据、公司数据中台中电源及用电数据等，形成湖北"电－碳"模型数据库，为精准测算奠定基础。二是研发湖北"以电算碳"核算方法，通过关联 IPCC（Intergovernmental Panel on Climate Change，联合国政府间气候变化专门委员会）全社会碳排放历史数据、湖北省能源供应及消费数据和湖北全省及各地市电力供应及消费数据，核算出省内历史年度碳排放，充分调用电网口径历史发、用电量，创新耦联形成"电－碳"核算模型，可实现湖北地区"年度""季度""月度"等不同时间尺度的碳排放核算。

2. 开创"区块链＋电表"碳计量模式，实现碳排放精准计量

开创碳排放实时计量方法，建立起节电与节碳的直接关系，打牢碳信用体系构建和电力减碳服务的底层根基。一是创新"电表＋区块链"碳计量模式。运用电力＋区块链＋AI（Artificial Intelligence，人工智能）等新技术，依托国网公司区块链数据平台，利用用电采集系统精准实时获取台区及用户相关数据，结合"以电算碳"核算方法，采用区块链公开账本技术，实现对政府机关、医院学校、工商业企业和居民等各类电力用户让电行为和降碳效果的精确计量，使电表数据直接上链，实时采集用户电量和碳排放，量化各类用户的节电、节能、降碳行为带来的减碳成效，使用户的"电表"成为"碳表"，实现对用户碳排放的精准、实时计量，确保公开透明，不可篡改可追溯。二是建成全国首个省级电力行业碳计量中心。联合华中科技大学、湖北省标准化与质量研究院等单位，深入推进能源高效利用、碳捕捉封存等关键技术研究和标准编制，成功获批建成国内首个省级电力行业碳计量中心——湖北省电力行业碳计量中心。

3. 绘制省域行业级"能流－碳流图"，实现碳排放实时监测

充分发挥电力数据对宏观经济的"晴雨表"作用，自主研发湖北"电碳地图"，构建"电－碳"分析模型和"能－碳"分析模型，打造基于电网实时数据的碳排放监测系统。一是绘制"能流－碳流图"，实现湖北"能流""碳流"同屏监测。梳理碳排放从源端向终端流动趋势，成功绘制行业级"能流－碳流图"。充分利用各级统计年鉴数据，按照一次能源投入、加工转换、输送分配和终端消费四个阶段 N 个细分环节分析省级能量流动平衡，并基于"能－碳"模型构建省级碳流平衡，利用"电－碳"模型核算电力隐含碳排放，并通过"能流－碳流图"将电力隐含碳排放合理疏导至终端用电行业。以"碳"随"能"走的方式，实现能源流向和碳排放流向同纬度同屏监测分析，直观展示碳排放从源头向各产业行业的流动趋势，有效反映出不同用能、用电特性的行业碳排放情况，为进一步探索考虑企业用能、用电特性的碳排放核算打下基础。二是构建电碳因子库，实现区域、行业碳排放实时监测。依据能源消费终端行业碳排放量和用电量拟合形成行业级电碳因子，构建电碳因子库，利用行业月度用电量，计算行业月度碳排放量，并形成区域整体月度碳排放，实现湖北区域和行业碳排放"一地一算""一行一算"。在省内首次依托电网口径数据核算湖北电网所辖 14 地域碳排放实时情况，核算湖北省各产业及其所含 35 个行业的碳排放情况，全面梳理，掌握了省内碳排放源构成，为未来减碳路径指明方向。三是拓展湖北"电碳"生态版图，在湖北省能源大数据中心上线"湖北电碳地图"数据应用，面向生态伙伴提供"以电观碳"增值服务，成果被新华社、人民网、国家电网报、长江云、湖北日报等多家内外部重量级媒体报道，引起广泛关注。

（三）拓展碳信用应用，实现基于碳减排成效的碳定价

拓展碳信用的应用场景，建立"电力碳银行"，通过电力价值撮合交易、设置"碳积分"激励等方式实现碳信用价值兑现，建立起"碳减排—碳信用—碳积分—价值变现"的链条，实现基于碳减排成效的碳定价。

1. 建立"电力碳银行"平台，实现碳减排计量和碳信用评价

面向最广大用户、企业等各类社会主体，建立"电力碳银行"服务平台。各类电力用户均可在"电力碳银行"注册账号，开设"碳账户"。"电力碳银行"依托"区块链＋电表"技术，利用智能电表实时采集注册并授权的电力用户的用电量和碳排放，实现用户高峰让电行为和降碳效果的精确计量，并联合中碳登和银行，定期对用户碳信用进行评价，在平台上进行显示，并应用于各类服务场景中。在"电力碳银行"平台上，用户可深度感知电网，根据动态发布的区域电网电力供应紧张情况自发调整自身负荷，参与需求响应，开展节电、让电、碳排放管理等绿色低碳行为。平台结合错峰让电量，确定用户的让电贡献度和降碳贡献度，给予碳信用评价的对应调整，并向用户发放"碳积分"，"碳积分"可通过多种方式价值变现，鼓励全社会主体开展绿色低碳生产生活。

2. 开展电力价值撮合交易，实现电力资源优化配置

"电力碳银行"具有电力撮合交易平台功能，可将各类具有智能电表的注册用户负荷调度纳入需求侧响应，通过鼓励用户在用电高峰时段调整用电安排，从需求端实现削峰填谷，促进全网电力余缺互济。高峰期电力短缺情况导致的拉闸限电会极大地影响政府机构、企业商户等用户的正常工作和经营。在"电力碳银行"平台上，用电高峰期急需用电的政府机构、各类企业或商户用户可在线上平台发布某时段电力需求信息，由"电力碳银行"进行电力需求的承接，按照供电区域划分，在平台发布区域让电需求，有意进行让电的用户可发出让电申请，平台发布供需双方申请。用电用户可依据让电方的碳信用情况及其他基本情况，选择主动买断让电方的订单，让电方根据需求在相应时段进行让电，并获得"碳积分"以及用电方的相关激励；用电客户亦可全权委托电力公司统筹组织让电，并给予让电用户相应激励，实现电力价值的撮合与交易。依托"电力碳银行"平台，用户节电、让电等低碳行为能够换取实际收益，急需用电的机构和企业也能够获取电力资源，电网企业则获得了用电高峰期电力资源配置的新的解决方案，各参与主体实现互利共赢。

3. 丰富"碳积分"变现方式，兑现碳减排的多维价值

依托"碳积分"，对用户绿色低碳行为给予多样化、多频次、多幅度的激励，丰富"碳积分"变现方式，建立"碳减排—碳信用—碳积分—价值变现"的价值转化通道，鼓励用户主动参加需求侧响应和节能降碳活动，培养用户的用电习惯和低碳理念，实现碳信用的应用推广和价值兑现。一是吸引各类商户入驻，实现"碳积分"兑换多样化服务和商品。吸引电气设备供应商、综合能源服务商、电动汽车公司、第三方负荷集成运营商、碳排放交易商等新电力相关产业服务商以及日用百货、数码产品、家具家电等社会化品牌商户入驻平台，打造集聚多样化服务和商品的线上商城，为客户提供丰富的"碳积分"兑换产品和服务。二是打通CCER交易通道，实现"碳积分"兑换碳汇。开发错峰平谷CCER方法论，打开通道让"电力碳银行"用户参与碳市场，将碳积分换算成碳汇，进行CCER交易，获得核证自愿减排量，积累碳资产，获得收益。三是联动金融市场，实现"碳积分"换取优质权益。与银行建立碳信用和碳积分联合互认机制，银行可依据用户的碳信用情况和碳积分数量，选择给予用户无息贷款、低息贷款、高息存款等优质权益。

（四）开展电力减碳服务，实现各类主体碳消费减量

面向各类社会主体，将"电力碳银行"作为碳信用的推广应用平台，开展电力减碳服务推广应用，依托基于碳减排成效的碳定价和多维价值转化，促进和服务政府部门、能源企业、电网企业、工

商业企业及个人用户开展碳减排活动，推动全社会绿色低碳转型。

1. 加强技术支撑，辅助政府科学制定减碳政策

发挥电网企业在能源转型中的主体作用，利用电力碳信用体系的电碳联动技术模型优势，从碳排放评价和管理角度出发，为政府部门提供辅助分析和评价服务，助力政府部门科学决策。一是构建超大型城市级碳排放计算模型。从"碳视角"出发，以电流追踪碳排，建立具备电网动态碳排放因子计算、传输损耗碳排放分摊、典型领域碳排放的计算模型，支撑政府完成市级、区级碳排核算及重点监管企业碳排放量核查。二是构建行业级碳排放和产值绿色低碳发展四象限评价体系。对主要 35 个碳排放行业绿色低碳发展模式进行量化评估，将各行业划分为"增产降碳、减（稳）产降碳、增产增碳和减产增碳"四类，为政府未来有针对性地制定减碳政策提供数据支持和决策依据。

2. 强化配套保障，服务能源行业清洁低碳转型

充分发挥电力系统碳减排的核心枢纽作用，围绕能源电力"源网荷储"全链条，为新能源项目提供碳管理服务及项目建设配套服务，助力新型电力系统建设，服务能源行业清洁低碳转型。一是提供新能源项目碳减排成效分析评估服务。针对拟重点开展的水电、风电、光伏等新能源建设项目，主动介入项目前期工作，为项目投资主体提供碳信用多维价值预测、碳减排成效评估等碳管理分析服务，从能源电力价值、碳减排价值和经济价值三个维度分析新能源项目预期效益，为新能源项目前期投资规划提供有力支撑。二是提供新能源并网"一站式"服务。打造一个省级电源服务中心、两个服务分中心、N 个地市公司"电源接网服务柔性团队"的"1+2+N"新能源并网服务组织网络，实现新能源项目并网办理、补贴申报及初审、消纳计算等"一站式"服务，保障湖北 2022 年超 400 万千瓦新能源及时并网。三是服务新型储能快速发展。推动湖北省能源局出台"新能源 + 调节能力"同步规划、建设、投产相关政策，严格把关新型储能接入系统方案，充分调用储能减少新能源弃电量。在荆门钟祥建成国内首个规模化构网型储能电站，助力湖北新增锂电池和钠硫电池以外的 100 万千瓦新型储能试点示范项目，为孝感应城久大压缩空气储能电站建设 220kV 送出线路工程，有效提高电力系统灵活性调节能力。四是打造零碳电力系统示范工程。试点开展农村能源革命，构建以电力为核心、分布式风光发电为电源主体、微电网与配电网灵活交互、"源网荷储"协同互动的农村配电网，实现碳净零排放，形成不同地域范围、不同地貌特征下的新型农村能源典型建设方案，在全国农村能源革命中走在前列。

3. 提供组合服务，助力社会企业挖掘节能潜力

打造"供电服务 + 能效服务 + 电力碳信用"组合服务模式，助力各类企业挖掘节能潜力，开展节能降碳转型。面向工业园区、景区、公共机构及各类工商业企业，推广碳信用和"电力碳银行"服务，提供能效服务、综合能源托管等碳减排服务，配套采用"碳积分"变现、节能效益分享、节能量保证、能源设备租赁、能源站等商业模式，利用数字技术助力挖掘节能潜力，服务企业节能降碳，打造电力服务、碳服务、能效服务的协同共赢生态。与东风汽车公司 M 园区开展深度技术合作，推广零碳智慧园区构建成套化解决方案，共同打造湖北首个"零碳智慧园区"样板。推动黄冈祥云化工"源网荷储"一体化绿色园区示范工程落地。

4. 开展普惠激励，引导个人用户形成低碳意识

面向个人用户，广泛推广"电力碳银行"平台和碳信用，开展碳普惠激励，鼓励用户参与需求侧响应，节约用电，引导个人用户形成节电、节能的绿色低碳生活意识。一是提供多样化电碳联动增值服务，包括错峰平谷、电力服务、客户引领、价值转移、数据加工、碳补偿、中小企业运维外包服务、电动自行车充换电、国网商城等。二是构建居民用电互济机制。根据电力供应紧张情况，用户可自发组团调整负荷，加强邻里互助意识、互助能力。试点开展以居民"个人"用户为主，商业用户和中小微企业等"法人"用户参与的"居民＋"模式的需求响应，构建开展社区内商业用户与居民用户用

电互济机制，扩大居民用户低碳行为收益。三是建设典型示范社区。打造襄阳民发世界城、武汉二七街等多个"减碳"示范社区，快速、有效、精准降低负荷，开展多方位低碳建设，形成绿色低碳居民生活圈，实现低碳生产生活理念方式逐步融入居民日常生活，形成节能降碳共识，推动打造全民参与的电力减碳服务生态。

（五）加强指导支撑，服务全社会主体碳管理和碳交易

通过编制碳管理指南、建立线上碳中和管理服务平台、完善绿电交易和碳交易市场机制，指导和支撑全社会各类主体开展碳管理和碳交易。

1. 编制碳管理指南，指引各主体开展碳减排活动

为引导社会各主体有效开展碳减排活动，开展碳管理指南文件编制。一是编制形成《用户侧需求响应减碳机制方法指南》，内容包括项目边界及排放源确定、减排量核算方法学、监测方法学、项目审定与核查要点等内容，规定了"电力碳银行"模式的以电算碳规则、碳排放计量规则、电力交易撮合规则、负荷管理规则，形成流程规范、界面清晰、服务到位的需求响应和电力减碳服务模式，为用户参与需求响应和碳减排提供方法指南。二是构建"交易前准备、交易中操作、交易后处理"的企业碳交易标准化流程。碳交易前，制定准备清单，研判企业自身配额盈缺情况、企业自身 CCER 库存情况、近期交易收益情况、碳市场价格走势、碳市场成交量走势、注册 / 交易 / 资金存管账户是否正常等；碳交易中，利用收益法和成本法测算出碳排放权合理的价值取值范围，综合考虑市场价格和对企业经济利益影响程度，制定包括入场时间、交易量、预期价格、交易方式、交易对手方等方面的交易策略，实现企业的收益最大化；碳交易后，根据碳市场政策，完成配额划转、会计处理、财务报表列示和披露等工作。有效指导企业通过碳资产管理实现降低成本、对冲风险、取得收益。

2. 建立碳中和管理平台，实现"省 - 市 - 县 - 园区"四维支撑

坚持数字赋能碳管理服务，搭建碳中和支撑服务平台。面向政府单位、电网企业、工商业企业、第三方服务机构、居民用户等全社会主体提供碳管理服务。以电为纽带，开展碳排放折算和经济数据融通支撑科学测算，构建"经济 - 能源 - 电力 - 环境"全要素分析模型。构建覆盖宏观碳管理到典型场景应用的功能体系，部署多类典型应用场景的碳计量方法学和动态碳排放因子等计算模型，通过完成对不同用电主体的电能计量，动态计算碳减排量，换算成"碳积分"，开放"碳积分"兑换奖励渠道。打造绿电供需、绿色交通、低碳诊断等特色模块，探索具有湖北特色的"省 - 市 - 县 - 园区"四维碳中和支撑服务体系。

3. 完善市场交易机制，深化绿电交易和碳交易市场协同发展

完善绿电市场机制，将绿电作为电碳市场协同的枢纽，推动电碳市场协同发展。一是加强电力行业和碳管理专业融合发展。充分发挥绿电交易市场和碳交易市场两大市场的优势互补作用，在机制衔接、产品创新、数据共享、结果互认、碳资产管理、碳金融服务等方面深化合作，促成两个市场实现互信、互认、互通，全面激发市场活力、降低资源配置成本。2022 年 4 月，国网湖北电力与湖北宏泰集团有限公司在武汉签署《电 - 碳市场协同发展合作框架协议》，打造全国首个电 - 碳市场企业合作样板。二是完善绿电交易机制，颁发双认证"绿色电力交易凭证"。做好绿电结算、绿电认证、绿证划转与绿电消费证明等工作，建立绿色电力交易与可再生能源消纳责任权重挂钩机制，组织引导电力用户与新能源企业签订中长期交易合同，通过购买绿色电力或绿证完成可再生能源消纳责任权重。设计《湖北省绿色电力市场化交易实施方案》，组织开展绿电交易，71 家电力用户获颁由交易中心和湖北碳排放权交易中心联合打造的全国首批电 - 碳市场双认证"绿色电力交易凭证"。凭证应用区块链技术，注明了用户信息、交易电量、电量类型、来源电厂、等效二氧化碳减排量等关键信息，实现绿电交易全过程的可记录、可追溯、可认证，风电、光伏交易电量的绿色属性更加清晰且具有唯一性，满

足欧盟等国际市场的"碳关税""碳足迹"政策要求，极具环境价值。

三、以碳信用为基础的电力减碳服务体系构建与实施效果

（一）打造了"电碳联动"的以电降碳服务模式

围绕碳管理视角，充分发挥电力数据高频度、高精度、高可行度的优势，利用电力数据与能源数据、碳排放数据的高度关联关系，开创了"电－碳"核算模型，确定电力碳排放因子，建立起用电与碳排放之间的直接关系，依托"区块链＋电表"碳计量模式，实现了电碳同步实时测算，解决了碳核算和碳计量难题。通过拓展碳信用内涵和应用，推广"电力碳银行"服务，以碳信用为桥梁，建立节电与降碳的直接关联关系，贯通了通过电力服务促进碳减排的电力减碳服务路径。面向各类社会主体，打造了多样化电力减碳服务产品，有效推动各类主体碳减排。

（二）取得了电力减碳的显著成效

通过基于碳信用的电力减碳服务体系，充分发挥央企的影响力和带动力，建立起一套全社会推广电力减碳理念的具体方法，全面提升用户绿色低碳意识，推动形成以碳信用为核心的、全民互动参与、共建共享的电力减碳服务生态。服务政府部门方面，打造出"湖北电碳地图""能流－碳流图"等一批具有湖北特色的碳计量和监测服务产品，服务政府碳管理科学决策；服务能源行业方面，打造孝感红畈零碳乡村、黄龙滩电厂零碳智慧园区，建设武汉光谷能源互联网等示范项目，建成投运世界首个县域级 100% 新能源新型电力系统科技示范工程，为能源清洁低碳转型提供示范样板。服务社会企业方面，推广零碳智慧园区构建成套化解决方案，打造湖北首个"零碳智慧园区"样板，助力社会企业节能降碳。累计组织各类绿电交易 11 场次，落实绿电交易电量 15.2 亿千瓦时，有效解决了武钢、百威啤酒等企业的绿电需求。推动 71 家参与交易的电力用户获颁湖北电力交易中心、湖北碳排放权交易中心共同认证的全国首批"绿色电力交易凭证"，成交电量 4.62 亿千瓦时，等效二氧化碳减排量 33 万吨。服务个人用户方面，广泛推广"电力碳银行"，已在武汉、襄阳、宜昌、黄石、十堰和黄冈等六地市开展实际推广，打造襄阳民发世界城、武汉二七街等多个"减碳"示范社区，为全社会提供广泛认可的"双碳"价值。2022 年，国网湖北电力助力实现"双碳"目标贡献碳减排量 1.015 亿吨。"双碳"相关工作成绩得到政府高度肯定、受到媒体高度关注，相关成果被央视网、人民网、新华网、湖北日报等媒体报道 50 余次，彰显央企责任担当，树立电网企业品牌形象。

（成果创造人：吴英姿、彭天海、张承彪、张　凯、祁　利、穆利晓、

詹智民、董明齐、詹学磊、雷庆生、陈秋红、高　洁）

全国首个"风火储"打捆外送大型能源基地
开发建设与运营管理

北方联合电力有限责任公司

北方联合电力有限责任公司(以下简称北方公司)是中国华能集团有限公司(以下简称中国华能)控股管理的股份制企业,资产总额883亿元,总装机2224万千瓦,其中运行煤电装机1855万千瓦、新能源装机369万千瓦,供热面积1.7亿平方米,煤炭年产能3100万吨,拥有上市公司以及火电、新能源、煤矿、运销等基层单位29家,是中国华能重要的区域子企业,也是内蒙古最大的发电供热企业。2022年北方公司营业收入398.5亿元,利润总额48.56亿元,近三年净利润平均增长超过20%。

一、全国首个"风火储"打捆外送大型能源基地开发建设与运营管理背景

(一)推动区域资源优势向经济优势转化的重要途径

内蒙古自治区风能资源丰富,在全区118.3万平方公里的土地上,风能总储量达到8.98万千瓦,风能技术可开发利用量为1.5亿千瓦,占全国可利用风能储量的40%。锡林郭勒盟风能可利用资源占内蒙古自治区三分之一,70米高平均风速超8.5米/秒。国家提出"十四五"期间要在沙漠、戈壁、荒漠等"沙戈荒"地区规划建设装机规模达2亿千瓦的大型风电光伏基地。北方公司坚决贯彻国家能源战略部署和中国华能北线清洁能源基地建设战略布局,立足锡林郭勒盟区域优质风能资源禀赋,建设煤电与新能源实质性联营的上都能源基地,积极参与构建区域清洁低碳能源格局,推动内蒙古自治区能源资源优势向经济优势转化。

(二)推进传统能源与新能源协调发展的内在要求

长期以来煤电作为我国的主力电源,在我国电力安全供应保障中发挥着决定性作用。在低碳减排和安全保供的双重约束下,一方面煤电需要逐步由高碳电源转变为低碳或零碳电源,发展绿色低碳技术,推动煤炭的清洁高效利用;另一方面煤电同时作为电力供应安全、能源系统碳中和以及生态环境治理的"压舱石",仍将长时期承担电力安全保供的责任,由主体性电源转向基础保障性和系统调节性电源,要求未来煤电向更加清洁低碳、更加高效、更加灵活的方向发展。北方公司利用既有火电送出通道冗余,抢抓绿色发展战略机遇,加快推进上都能源基地和配套储能建设,探索构建高效的"风火储"一体化运营模式。

(三)突破上都能源基地建设与运营诸多挑战的需要

上都能源基地是国内率先通过审批、率先开工建设、率先建成投运的新能源大基地,缺乏成熟的管理经验和模式,实现安全、创新、高效、绿色建设与运营面临诸多挑战。一是征地和施工面积大。项目占地1200余平方公里,342台风机分布较为分散,两台风机最大跨度达95公里(驾车行驶距离超160公里)。二是土建、运输难度大。项目地处草原丘陵地带,319台风机和60%检修道路处于山地,地面起伏多、坡度大、大件运输难度大、土建降方量大。三是技术难度大。需要解决"风火储"打捆外送、山地大容量风机施工、自建220千伏输电线路等多项国内"首个"问题。暂态过电压、风火打捆调度方式、储能关键技术、次同步振荡、宽频振荡等问题均是前所未有的新课题。四是牧企协调工作难度大。项目征地范围涉及2个旗县、7个乡镇、48个嘎查村、200余个浩特组,涉及农牧民3万余人,征地地类众多,包括耕地、林地、草地、湿地等,确权工作复杂,施工过程中阻工频发,协调难度大。

二、全国首个"风火储"打捆外送大型能源基地开发建设与运营管理主要做法

（一）加强项目整体设计，高效推进项目建设

1. 明确建设运营与管理总体思路

针对上都能源基地占地面积广、风机机位分散、地质地貌多、技术难度大、建设周期长等特点，统筹大基地建设与能源保供、科技创新、生态保护、投资运营等多维度任务，整合项目建设、运营全流程管理要素，明确"安全、创新、高效、绿色"四位一体建设目标，打破"整建整投"的传统项目建设管理模式，创新采取以"保送出"为重点，"接入优先、边建边投、分批并网"的新模式，将解决线路送出问题作为重中之重，率先开展基地"六站五线"（1座500千伏中心汇集站、5座220千伏升压站和5条自建220千伏输电线路）建设、投运工作，保证风机"建成一台、并网一台、创效一台"；在风机建设过程中，坚持多点开工、以线串点，安排同一条集电线路上的风机依序开工，并同步推进该条集电线路建设，最大限度降低风机闲置率，构建适应新能源规模化开发建设的管理体系，着力提升管理效率和管理水平。

2. 明晰建设与运营管理路径

坚持全流程管理，将基地开发、建设、运营管理科学划分为4个阶段，确保目标如期实现。一是规划可研阶段（2019年10月—2020年10月），重点是明确项目建设与运营管理总体思路，建立项目建设运营体制机制和管理架构，做深做细前期规划，深度开展风资源评估和现场勘探，拟定重大科技攻关项目和生态保护方案；二是设计施工阶段（2020年10月—2022年9月），重点是确定"大业主"主导管理模式，开展设备选型、施工图设计和施工组织策划，深入推进关键核心技术攻关和生态保护，坚持"接入优先"，确保实现"六站五线"全线按期投运和首批风机并网；三是建运共管阶段（2022年9月—2023年6月），重点是推进实施"边建边投、分批并网"的基地项目建设管理模式，统筹集电线路规划和风机施工难度，形成"多点开工、以线串点"的建设局面，同时为全容量并网运营做好准备；四是并网运营阶段（2023年6月至今），重点是实施精智运营管理模式，推进基地项目精益化、智能化、集约化、标准化管理，实现项目安全稳定运行和经济效益最大化。

3. 完善基地项目管理体制机制

一是建立"大业主"管理机制。聚焦新能源大基地分散式建设和多专业协同的特点，以智慧化管理为基础，建立多专业协同工作机制，将业主单位的管理触角延伸至基地建设的各环节，着力提高业主单位对基地建设的管理能力。二是建立重大课题研究机制。围绕推进基地项目科技创新和管理创新，超前谋划、系统布局，组建课题研究项目组，制定重大研究课题清单和目标，建立健全重大研究课题立项、结题等管理制度，着力提升项目可研和初步设计、经济性仿真研究、关键核心技术研究、新能源生态治理研究以及现场施工建设研究等重要课题的深度细度，为高标准推进新能源大基地建设打下坚实基础。三是建立高效决策机制。围绕提升基地项目决策管理效率，研究制定基地项目投资和建设"两张"权责事项清单，北方公司主动下沉一级，深度介入项目建设与调试管理，确保投资、建设、施工之间管理无缝隙、沟通无障碍。四是建立动态寻优机制。北方公司主动对标对表国内外同类型、同期项目建设运营标准，持续动态寻优，不断总结提炼大基地项目"融投建管"等全过程各方面管理经验，努力向"探索变示范""先试变先行"目标迈进。

4. 完善责任机制

精准实施"党建引领＋新能源建设"系列行动，切实把党建工作的优势转化为加快推进风电大基地建设的竞争优势。强化包保责任，建立领导班子包保风电工程建设机制，推动班子成员划片包干，每人包保一项重点任务，及时协调解决工程建设难点堵点问题，形成运行顺畅的工作机制。深化联建联创，与地方政府、村镇、各施工方开展"项目＋属地""项目＋机关""项目＋施工"等地企、

农（牧）企多维联建，以党建联学、联创、联动，畅通彼此沟通交流渠道。精心策划劳动竞赛，启动"保投产，创国优，增电量"劳动竞赛，成立竞赛领导小组、考评组和协调组，围绕安全、质量、进度、创优贡献值、政策响应度 5 个维度，制定 41 项评分细则、2 项加分原则、4 种难度系数和 3 层考核基准，月评比、月考评，并将评比结果通报至各参建单位的上级管理单位。

（二）深入实施"大业主"管理模式，不断提高精益化管理能力

1. 搭建纵向贯通、横向联动的"大业主"管理架构

纵向上，成立由主要领导挂帅的项目建设领导小组，工作成员由涉及项目建设运营的工程、采购、财务、安全、人力资源、营销负责人组成，各级领导靠前指挥，下沉一线，重大问题点对点直接呈报，有效提升项目现场重大问题协调解决效率；推动实施"大业主"主导管理模式，成立由投资、基建、安质、财务、生产计划、设备管理等部门构成的综合协调管理机构，负责跟进落实投资主体有关项目前期、初步设计、施工进度、安全质量、资金保障等管理要求，具体推动项目建设运营的精益化、智能化、标准化和集约化；施工现场按照"就近管理、属地负责"的原则，成立 5 个施工项目部，配齐配强施工负责人、技术员和安全员，大力采用数字化、智能化等新技术，强化在一定区域内、一定权限范围内的施工安全、技术、质量和进度管理。

横向上，上都能源基地涉及一级施工主体单位 11 家、设备厂家 51 家，协调管理前期、设计、安全、土建、运输、调试等细分专业 73 个。北方公司采取智能化技术手段，将"大业主"管理的触角延伸至设计单位、设备厂家和现场施工的重点领域。建立技术专家全程跟进把关机制，在中国华能系统内选调风电领域技术专家组建专家组，长期派驻现场协助解决技术难题；建立联络员和联席会议机制，组建工作专班，安排业务骨干固定对接设计单位、设备厂家，各综合协调机构和施工项目部按照职责分工，分别对接一级施工单位及其上级管理单位，要求一级施工单位主要负责人（项目分管负责人）驻场监督，定期召开"线上＋线下"的全专业联席会议，全面打通横向多专业协同壁垒。

2. 深度介入项目前期工作

树牢基地项目整体思维和建设、运营全流程管理思维，坚决避免"只管理不参与"，统筹风力资源、交通运输、线路跨越、输电线路、地质条件、经济成本、项目安全、地方民俗风俗和权属人意愿等情况，编制支持性文件手册，建立草原、林地、湿地、文物等 11 种边界条件排查清单，组织基建各部门和设计单位、地方政府部门，逐个机位、逐条线路进行现场勘探，逐项核查确认，共同推进深度调研、微观选址和边界排查。同时，预留不低于 10% 的预留机位，实现检修道路、输电线路、集电线路综合规划最优。

坚持前瞻性开发原则。考虑我国新能源发展、技术更新和基地项目建设周期等情况，坚持适度靠前选择机型，本项目是全国首个全部应用 4.5 兆瓦及以上大容量风机的陆上大型能源基地项目，有效防止"建成即落后"情况发生。

3. 运用智慧基建管理系统支撑项目设计建设全程管控

积极推广应用智慧基建，建立数字化基建管理系统，下设合规性管理、安全管理、进度管理、质量管理、质检管理等 14 个一级管理目录和安全检查、文明施工、形象进度、概算管理、质量验收、疫情管理等 25 个二级目录，自动生成多级下传的进度甘特图，涵盖上都能源基地开发、建设全流程、各环节，方便管理人员及时掌握项目建设全面、详细、准确的信息，防止各专业间形成信息孤岛。搭建数据共享平台和监督平台，通过个人电脑和手机端 APP，实现与工程监理单位、设备厂家、施工单位间的实时联络，不断提高沟通管理能力和效率，创新现场调度模式，加强现场监督管理。

4. 深入实施基地项目统一建设管理

一是建立征地、基建一体推进机制。上都能源基地征地范围广，涉及农牧民 5000 余户，征地覆盖

面积达 1200 平方公里，征地地类众多。为此，北方公司实行"征地组＋项目部"管理模式，征地组成员编入项目部，紧跟项目建设进度，以政府为纽带，直接面向农牧民，联合开展政策解读、权属确认和入户协调工作，全面掌握诉求信息，加强正面引导，为项目建设创造有利条件。落实征地协调"一库两制"，制定动态问题库，实行督办制和销号制，加强归类分析，同类问题统一工作标准，征地经验实行总结共享，共计解决征地问题 7 大类 1600 余件。

二是建立建设速度保障机制。上都能源基地自主建设 342 台风机、122.7 千米 220 千伏输电线路、514.6 千米 35 千伏集电线路、5 座 220 千伏升压站和 1 座 500 千伏中心汇集站，工程量大、施工难度大。为此，北方公司采取"基建管理部门居中协调、项目部各负其责"的管理模式，以线路建设为重点，统筹地理地貌、风机容量、交叉运输和交叉施工，按照"相对独立、界限清晰、管理方便"的原则，共计划分为 10 个风机施工标段和 3 个输电线路施工标段，由 5 个项目部分别负责，各项目部紧盯责任范围内现场施工作业，基建管理部门统一协调跨区域的大件运输和机具转场，保证交叉作业、交叉运输互不干扰、衔接有序。坚持打表推进、挂图作战，按照全容量并网目标，制定三级施工网络进度图，排定交叉作业和交叉运输次序表，建立日汇报机制和纠偏机制，并同气象部门建立天气预报预警机制，利用夜间等小风期，合理、紧凑安排风机吊装，项目建设全面提速。

三是建立工程质量保证机制。编制风电工程质量工艺标准化手册，会同监理单位开展联合质检，质检中心按规定抽检，全部风场均一次质检通过；完善原材料、设备进场跟踪机制，安排专人常驻主要设备厂家和重点原材料生产厂家，抓住生产核心环节开展首次质量监督检查，原材料、设备进场后，开展二次质量监督检查，建立详细完善的台账资料，确保质量始终可控在控；严格施工方案审查，根据施工类型、施工地点、施工环境等因素，细化审查项目和条件，确保施工方案能够指导现场作业；严格落实施工主体自检和监理单位、建设主体复检，加强土建、吊装等关键工序验收节点和验收标准把关，抓好工序交接检查和隐蔽工程检查验收，保证整体工程质量。

（三）着力推进关键核心技术攻关，为"风火储"打捆外送提供科技保障

1. 完善科技攻关的制度保障

加大科技创新投入，规范研发经费使用，优先保障上都能源基地科研攻关，确保突破关键核心技术。在机构设置方面，成立负责科技项目决策管理的科技攻关领导小组，以及负责支撑科技项目决策和具体技术把关的创新工作委员会，下设创新工作办公室、研发经费保障办公室和科技人才培养办公室，以及 2 个关键核心技术专项攻关组、7 个专业技术领域工作组，层层压实科研攻关目标、责任、质量、进度要求。

2. 搭建科研工程一体化联合攻关平台

在上都能源基地建设过程中，积极与清华大学以及华北电科院、华北电力设计院、华能清能院等国内多所知名高校和科研院所开展联合攻关。坚持边建设、边攻关，科研、工程双向发力，搭建"风火储"打捆外送和高性能电池储能两个科研平台，打造原创技术策源地。其中，在"风火打捆"外送系统输送能力研究中，形成的无功功率补偿配置容量调整优化方案已推广至国内其他"风火打捆"外送能源基地项目；储能项目是华北电网第一座大规模储能电站，也是分散式控制、集中式控制、高压级联直挂式和站房式等多种形式储能的实证基地，运用中国华能自主研发的精细化分散控制电池储能技术，成功投运中国华能牵头研制的全球单机功率最大电化学储能系统——35 千伏高压直挂储能系统，并在国内首次应用模组级泡沫消防技术，同时开创性将火电厂余热耦合到电池系统，建设站房式储能电站，实现高效节能供热。

3. 聚焦关键核心技术攻关

上都能源基地接入到上都电厂现有网架结构中，与上都火电 500 千伏输电线路、串补深度耦合，

导致整个送出系统发生变化，接入串补输电系统面临极高的次同步振荡风险，在复杂扰动下极易诱发连锁事故，破坏系统安全稳定运行。为此，北方公司围绕"风火打捆"系统暂态过电压问题和次同步振荡问题展开研究，搭建上都"风火打捆"经串补输电线路外送系统电磁暂态仿真平台，通过时域仿真方法、阻抗分析法、小信号分析方法，评估"风火打捆"外送系统送出风险，专题攻关上都"风火打捆"系统暂态过电压风险分析、次同步振荡风险评估及送出能力校核、次同步振荡治理、接入京津唐电网稳定特性分析和运行优化策略研究等技术。技术攻关过程中，基于 ADPSS（Advanced Digital Power System Simulator，电力系统全数字实时仿真装置）完成上都能源基地 100% 机型的数字封装模型，提出动态无功补偿装置故障穿越优化控制策略；模拟 177408 个实时工况，提出"机组－集群－电网"宽频振荡综合防治技术，攻克 6080 种宽频振荡风险；构建千万千瓦级新能源汇集系统和上都火电机组及送出电网的电磁暂态仿真平台，研究开发风电场站简化平均值建模方法、火电机组模型轴系机械阻尼参数校正方法等技术，提高次同步振荡的仿真精度和仿真计算效率；提出以"风火打捆"联合送出经济效益最大为目标函数和优化运行评价指标，提升上都能源基地的系统性送电能力和经济效益；开展"高性能电池储能系统集成关键技术研究与示范"科技项目研发，解决"风火储"打捆外送能源基地安全、稳定、高效发电难题，推动加快构建具有中国华能特色的新型电力系统和新型能源体系。

（四）坚持精智建设运营管理，打造竞价上网绿电品牌

1. 加强"人财物"集约化管理

深入实施集约化管理，依托火电管理基础，实行"风火联建联营"模式，调整火电人员参与风电项目建设，上都能源基地整体实现人员"零"新增，有效提高北方公司整体全员劳动生产率。建立全过程参建人员、机具计划管理模型，统筹建设进度、建设难度、资金管理，动态调整参建人员、机具入场数量，最大限度压降资金成本。以国内首次自建的 500 千伏中心汇集站为枢纽，打造区域新能源集约化送出平台，提高整体经济效益。加强物资采购集约化管理，签订主变、箱变、SVG（Static Var Generator，静止无功发生器）、电缆等 27 个框架协议，实行招投标、物资采购阳光化管理，以集中、绿色采购引导产业链绿色、健康发展。

2. 大力推进智慧化运营

北方公司以中国华能新能源智慧运维中心为基础，搭建符合项目实际、满足现场需求的智慧运维平台，建立风机点位、升压站、中心汇集站一体化管理机制，风机并网即接入中国华能新能源智慧运维平台，实现运行监视、指令调度、统计分析、决策支持、生产报表、故障分析的智慧运维、智慧监管和智慧生产，以信息化、智能化手段，实现"无人值班、少人值守"管理。建立风功率智慧预测机制，综合风机转速、桨叶角度、现场风速、温度、气象预测等指标，开展 72 小时实时风功率智慧预测，为风机运行调整提供数据支持。搭建"风火"实时监控平台，一体化监管风电、火电运行方式和数据。

3. 高效开展专业化交易

高度重视绿电入市工作，按照"早入市早盈利"的思路，成立绿电入市专项工作组，跟进绿电入市相关工作，理清规则诉求、突破重重困难，9 个月完成五批次的电力业务许可证持续更新办理工作。作为京津唐地区首家"竞价"上网新能源项目，初期冀北、天津地区对京津唐区外直调绿电进入市场规则并不明朗，市场交易暂缓开放，为消纳风电，北方公司在全国范围内积极探寻市场需求，针对港口城市所在省、高新企业工业园区、进出口绿证退税企业、环境溢价需求用户进行重点摸排，寻找合作用户，先后与 45 家用户达成绿电交易合作意向。积极解决新能源出力中长期预测问题，与国内间断气象专家团队合作，为新能源机组提供高精度、长周期的出力预测，并将预测模型和结果优化至智慧运维平台，避免过大的交易偏差影响既定收益。

（五）坚持全过程绿色管理，一体推进建设运营和生态保护

1. 科学绿色规划基地建设

项目在设计之初充分利用当地丘陵地形特点，科学绿色规划风机机位、检修道路和集电线路布置，将 90% 以上的风机机位选址在草原山脊，优化检修道路 300 公里，减少耕地占用 30 亩、林地占用 50 余亩，减少对草原网围栏破坏 200 余处，从源头上做到对自然生态的保护。同时，以 500 千伏中心汇集站和 5 座 220 千伏升压站为基点策划绿色创优路线，精心设计制作 26 台彩绘草原风景和草原文化的塔筒风机，形成与草原生态相融合的地标景观。

2. 精细化推进全过程绿色施工

推进精细化绿色施工管理，对原地貌腐殖土分类保存，在施工完成后利用原地貌腐殖土对道路及机位平台进行植被恢复，解决项目 50% 以上面积的水保覆绿要求。严格控制施工范围，在征地范围利用警示带对施工区域圈围，避免超范围碾压。全过程严格执行绿色施工方案，坚持文明施工要求，材料堆放采取挡风措施，并覆盖密目网；施工中对材料和土方运输时，采用封闭性较好的自卸车运输或采用覆盖措施，防止材料散落造成环境污染。

3. 多维度开展生态治理和污染防治

一是积极参与区域生态治理，针对部分村镇雨季频发山洪等自然灾害问题，将边坡修复、排洪设施修筑纳入设计和施工方案，加固易发生冲垮和积雨的道路，有效保护地方村镇农田和草地。二是在混凝土浇筑及大型设备运输期间严格控制车辆行驶速度，同时要求各施工标段至少配备 2 辆洒水车，配合大型车辆运输，做到行驶前洒水保湿，行驶后洒水抑尘，为防范扬尘污染做好有力保障。三是高度重视风机运行的噪声污染防治，要求风机厂家从风机制造方面针对叶片翼型厚度、尾缘厚度、叶尖形状开展优化设计，在提高风机气动性能的同时，有效减小噪声；施工现场安排专业监测人员实地考察，考虑风机在运转中所产生噪音的频谱规律和特性，明确风电场建造与居民区的安全距离，并对全部风机机位详细复勘，最大程度减少噪声对农牧民的影响。

4. 积极推进和谐发展

坚持基地建设与地方经济发展互惠互利。基地建设期间，会同地方政府共同开展改善民生、助力乡村振兴的专题调研，围绕地方土豆等经济作物存储、拉运等需求，投入专项资金实施惠民工程，修建公路和经济作物多功能保鲜库，拉动地方经济发展。

三、全国首个"风火储"打捆外送大型能源基地开发建设与运营管理效果

（一）成功建成全国首个"风火储"打捆外送大型能源基地

上都能源基地以上都电厂原有 372 万千瓦清洁高效先进节能煤电为支撑，在浑善达克沙地腹地建设 160 万千瓦风电基地和 300 兆瓦/600 兆瓦时储能电站，开创了自主建设输变电工程先河，单日风机投产发电 57 台，基地建设仅用时 706 天。每年可输送清洁电力 52.35 亿千瓦时，减排二氧化碳约 314 万吨。基地采用风火打捆外送，通过风电和火电协同优化，充分发挥火电调峰作用，促进风电消纳的同时，保障电网安全稳定运行，为传统火电企业转型发展提供了新路径。上都能源基地在开发建设运营过程中，北方公司积极开展帮扶助农项目，先后投入 1458 万元实施惠民工程，新建公路 50.9 公里，修建经济作物多功能保鲜库 1 座。同时，联合地方政府，依托基地彩绘塔筒风机和地方万亩杏花林，策划春赏杏花节旅游活动，彩绘塔筒风机成为草原旅游网红打卡地，一定程度促进了地方旅游产业发展。

（二）攻克"风火储"打捆外送关键核心技术，填补技术空白

上都能源基地作为全国首个"风火储"打捆外送大型能源基地，突破了大兆瓦陆上风电场设计和建设成套关键技术，首次在百万千瓦级风电基地中全部应用 4.5 兆瓦及以上大容量风机，最大单机容量

为5.0兆瓦。攻克了许多专业领域内的技术难题，共计应用26项中国华能自主研发的专利，建成华北电网第一座大规模储能电站，对国内"风火储"打捆外送项目开发建设运营提供了可借鉴、可参考的技术经验。目前，上都能源基地已形成13项国内发明专利（其中授权1项、受理4项、申请8项）、1项海外发明专利、5项实用新型专利（其中受理1项、申请4项）、3篇论文和3项行业级QC（Quality Control，质量控制）成果。

（三）上都能源基地顺利并网，取得了显著管理成效和经济效益

北方公司如期高质量、高效益建成上都能源基地，取得了项目快速推进、效益快速释放、成果高效转化的"两快一高"的管理成效。对比设计方案和初设概算，风机利用小时、故障率等运行指标均优于设计指标，并且单位千瓦投资低于5000元，较初设概算节约2.8亿元。上都能源基地2022年11月取得首批机组并网许可，成为京津唐地区首家"竞价"上网的新能源基地；2022年3月获得绿电交易入市资格，完成华北电网在蒙直调电厂首单外送绿电交易，作为华北地区外送19届杭州亚运会唯一绿色电力供应商，为亚运场馆提供绿色电力9100万千瓦时，为14届夏季达沃斯论坛——梅江会展中心场馆全程提供绿色电力100万千瓦时，实现场馆100%绿电供应。上都能源基地风电年平均利用小时超过3305小时，截至2023年9月底，基地风力发电25亿千瓦时，新增利润5.3亿元，已圆满完成党的二十大、全国两会、"一带一路"国际合作高峰论坛等重要节点保电任务。

（成果创造人：陈炳华、高永峰、李　悦、吕景文、长　明、周春芳、
赵飞军、胡永强、王海洋、张　岩、张瑞锋、刘　啸）

省级电网企业基于供需平衡互动的用电需求精准管理

国网安徽省电力有限公司

国网安徽省电力有限公司（以下简称国网安徽电力）是国家电网有限公司的全资子公司，现辖 16 个市、71 个县公司和 16 家直属单位，各类员工 6.5 万人，服务电力客户 3568 万户。2022 年，全年售电量为 2471 亿千瓦时，增长 11.5%；完成固定资产投资 186 亿元，投产 110 千伏及以上线路 2009 公里、变电容量 1668 万千伏安；全员劳动生产率为 97.8 万元／人·年。

一、省级电网企业基于供需平衡互动的用电需求精准管理背景

（一）确保能源电力供需平衡的需要

由于电能无法大规模存储，电力系统需实时维护电力供给和电力消费的供需平衡。以近年迎峰度夏期间为例，受极端高温气候影响，空调等温控用电需求占比持续增高，新能源出力无法满足尖峰时段用电需求，造成全国性电力紧张的严重局面，其中安徽全省缺电规模年均超过 1000 万千瓦，存在极大的电力供应缺口。国家能源局针对安徽省电力供需形势发布红色预警，确定为全国电力供需形势最为严峻的省份之一。电网企业作为电力系统的供需调度平衡平台，在电力电量双缺，且缺口规模占比大，仅通过电源短时调节难以解决供需矛盾的情况下，需要深入挖掘用电需求调节价值潜力，推动电力系统由"供随需动"向"供需互动"转变，实现电力供应与需求的实时动态平衡，确保电力稳定供应，夯实能源安全稳定基础。

（二）推动能源供应时空匹配，服务地方经济发展的需要

近十年来，安徽省经济稳步增长，带动用电需求持续快速增长。"十三五"期间全社会用电量和最大负荷年均增速分别为 8.2% 和 8.7%，居华东第一，远高于全国平均水平。安徽省光伏资源集中于中部及北部地区，风能资源主要分布沿江西部的望江、宿松以及滁州地区东部，区域分布不均衡。因电力供应的时空因素叠加，日内、中短期和长期供需平衡的统筹难度加大。

（三）提升电网调节服务能力的需要

作为我国工业制造的后起之秀，安徽对稳定可靠电力供应要求极高，但以火电为主的电力消费结构，煤炭供给、煤炭价格不够稳定，容易导致电力稳定供应出现偏差。能源效率相对低下，能源浪费现象严重，进一步加剧了安徽能源的供需矛盾。电网企业作为调节电力生产供给与消费的枢纽平台，同时也面临着推动电力能源绿色低碳转型发展的重任，需要聚焦能源生产、传输、消费等领域的能源利用效率不高、绿色转型深度不足等关键问题，以促进电力能源结构优化为切入点，进一步丰富和完善电力调节能力和手段，对可调节、可控制电力需求进行市场化引导，革新行政命令式调节手段，构建电力供需平衡新模式。

二、省级电网企业基于负荷互动调节的用电需求精准管理主要做法

（一）开创网省共建模式，推动政府出台需求管理政策

1. 明确用电需求精准管理框架

聚焦电力供需不平衡、供应时空不匹配的现状，将用电需求管理作为推动电力平衡的重要手段，按照"兜牢民生底线、保障电网安全"的基本原则，确立以需求精准管理实现电力供需平衡、时空匹配整体框架（见图 1）。通过对用电需求进行精准分类，统筹考虑各地区工商业用电需求与电量结构占比、地区产业特性、产业链上下游关系、GDP 贡献度等因素，以市场化价格引导机制、激励型政策调控机制和数字化技术手段，引导电力客户主动降低或转移用电需求，实现用电需求与电力供给的动

态平衡。同时在电力供给结构方面发挥电网枢纽平台作用，推动分布式光伏、储能等新型能源并网消纳，实现供给与需求的灵活互动调节，进一步夯实电网供需平衡、时空匹配的基础，以稳定可靠电力供应，服务地方经济发展，维护国家能源安全。

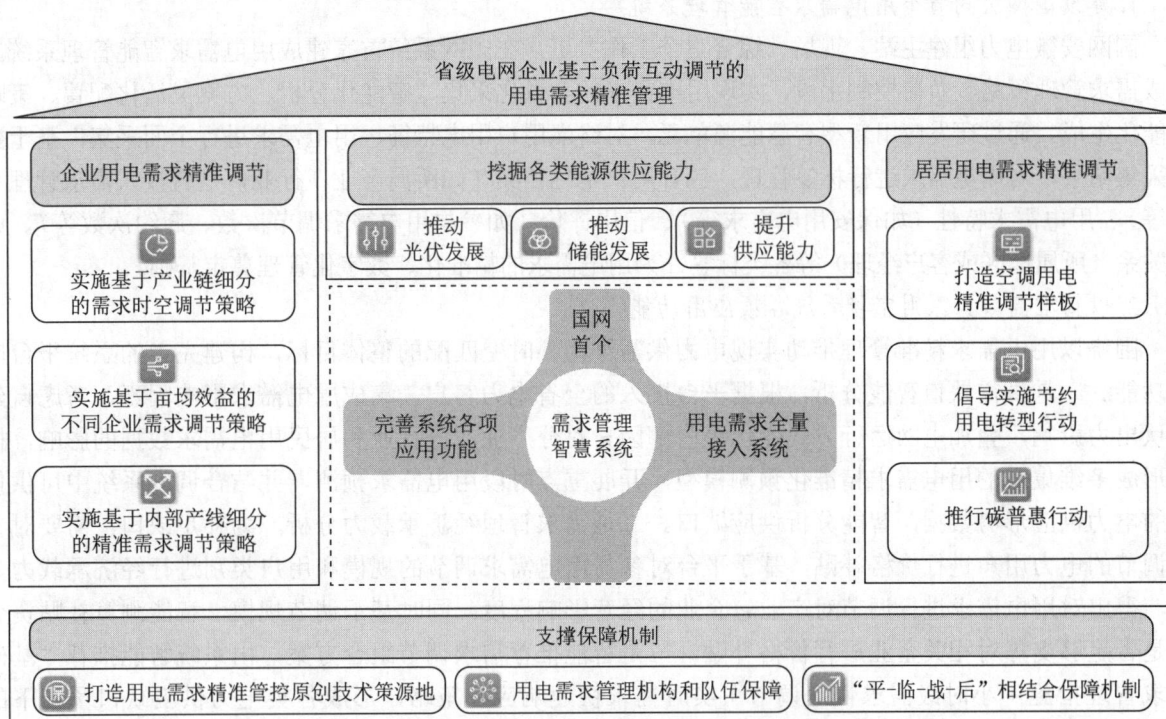

图1 基于负荷互动调节的用电需求精准管理框架

2. 网省共建，推动出台价格引导政策

国网安徽电力主动求变，坚持政策先行，通过网省共建形式推动政府出台省级价格引导相关政策，以优惠的用电价格引导电力客户主动调节用电需求，通过平抑或转移需求应对供应缺口，实现电力供需优化平衡。2022年推动安徽省能源局印发《安徽省电力需求响应实施方案（试行）》（皖能源电调〔2022〕3号），对通过需求管理临时减少（增加）的电力客户执行补偿价格，规定按照约定时间对用电需求进行调整的客户执行每次每千瓦8元的价格补偿，对实时进行需求调整的客户执行每次每千瓦12元的价格补偿，利用价格杠杆撬动电力用户需求调节意愿。同步推动省发展改革委、省能源局联合出台《关于完善迎峰度夏（冬）期间用电峰谷时段划分等有关事项的通知》，通过峰时段调整，结合峰谷电价差异，引导用户错峰用电，推动供需平衡。节约用电方面，联合省能源局发布《致全省电力用户节约用电倡议书》，促请省发展改革委、省经济和信息化厅、省住建厅、省商务厅、省机关事务管理局、省能源局联合印发《关于加强空调负荷管理和节约用电的指导意见》，引导全社会平抑高峰时段用电需求，应对电力供应缺口。

3. 推动出台能源结构优化调整政策

推动政府持续出台相关政策，确保用电需求顶峰时段电力供给能够"顶得上、靠得住"。先后印发《关于推进光伏电站持续健康发展的通知》（皖能源新能〔2016〕30号）、《安徽省推进整县（市、区）屋顶分布式光伏开发试点实施方案》（皖能源新能〔2022〕11号）等文件，推动和支持光伏电站建设与并网消纳，加快能源绿色转型，积极通过财政补贴、整合使用乡村振兴等各类项目资金，撬动社会资本广泛参与新能源开发。储能方面，先后推动出台《抽水蓄能中长期发展规划（2021—2035年）

安徽省实施方案》《安徽省新型储能发展规划（2022—2025 年）》等文件，发挥储能在协调电力供应时空不匹配方面的重要作用，推动电力供需平衡。

（二）构建用电需求智能管控系统，奠定精准管理基础

1. 建设国网公司首个用电需求智能管理系统

国网安徽电力组建主站、现场、综合三个工作专班，在国网系统首家建成用电需求智能管理系统，集成需求管理策略、负荷控制手段，实现用电需求的全量化采集、智能化分析、方案灵活化配置、策略智能化生成。通过研发应用新型智慧能源单元，对终端用户用电特征、用电需求进行全面采集，基于数据采集结果，对用电需求进行标签管理，包含用户基础档案（如所属产业、行业，是否接入需求管理系统等）、用电需求特性（如保安用电需求等）、信用评价（如参与用电需求调节次数、履约次数等）、归属关系（所属地区或客户经理）等各类标签，为用电需求的精准化、数字化管理奠定基础。

2. 以精准高效为原则完善系统各项应用功能

围绕以用电需求精准管理推动实现电力供需平衡、时空匹配的整体目标，构建完善的系统平台应用功能。一是供需缺口智能分析，根据平台接入的全省电力客户，集成用电需求影响因素，考虑自建光伏出力影响，叠加电网运行方式变化等内部因素对分产业、分行业和居民用电需求数据的影响，构建形成多维集成的用电需求精准化预测模型，开展重点时段用电需求预测，并结合调度系统中可供使用的电力供应形势数据，智能分析供应缺口。二是需求管理经济承载力分析，为补足缺口，需要对参与调节的电力用户进行价格补贴，基于平台对参与用电需求调节的规模和用户类别进行经济承载力分析，得出对用电需求进行调节对产业、企业的经营影响程度。同时基于调节规模，智能测算补贴资金池是否足够支撑对相关企业进行价格补贴。三是智能推荐需求调节组合方案，由系统智能推荐"基础需求管理措施＋小时级需求快速调节＋实时需求快速响应"策略，形成各类电力供应缺口场景下的"最优解"，并支持人工调整。

3. 建立"双密钥""可溯源"的安全架构

由于平台对内需要接入调度系统的电力调度相关数据，对外需要接入电力用户的用电需求数据，需要全面加强系统的数据安全管理。国网安徽电力建立"双密钥""可溯源"的安全架构，落实信息安全和运行安全保障。"双密钥"方面，采用二次密码确认的方式对系统进行"双密钥"的安全保证，以防误点误发误试跳的情况出现，确保系统在使用过程中避免被外部人员获取相关保密数据。"可溯源"方面，对系统操作记录进行全线跟踪，确保可溯源，确保最快时间定位查找问题，进一步夯实数据安全基础。此外，在系统中增加控制指令识别、终端身份绑定等安全验证，综合应用密码验签、地址绑定、权限分级等安全防护技术，确保系统稳定运行、安全可靠。

（三）推进用电需求接入智能管理系统，实施用电需求分类管理

1. 完善接入建设原则，规范施工标准流程

为将全省需求安全高效地接入系统平台，国网安徽电力开展系统接入标准研究，明确具体施工规范、实施流程。明确接入建设原则，接入过程需要对企业用电设备加装采集设备，国网安徽电力按照"一户一策"原则制定建设方案，有序推进企业用能采集设备安装。规范施工标准流程，按照"一支队伍、两次现场、三方确认"的建设模式，实行"预制式、模组化"科学施工方法，最大限度减少入户次数，现场施工时间压降75%。明确10千伏（6千伏）及以上高压电力用户纳入需求管理范围，优先将500千伏安以上的高压专变用户纳入实施范围，逐步延伸至专线用户和全量高压用户。截至2023年9月底，累计接入1.3万户，可参与用电需求调节容量达到560万千瓦，占2023年度全省最大负荷10%。

2. 推进实施分类管理，实现需求精细管控

对不同用电需求进行调节，对产业、企业生产经营情况影响不同，传统行政式有序用电管理优先

对用电大户的用电行为进行调整，手段粗放，对企业生产经营活动影响较大。国网安徽电力从时间、区域、行业等多个维度做细做精需求管理。基于时间维度的用电需求分类，按照早峰、午峰、晚峰三个时段建立时间维度分类，结合用户参与度和历史执行效果区分优质、良好、一般可调节用电需求。基于地域维度的用电需求分类，综合各地区资源禀赋、行业特性、用电特征，因地制宜制定地域维度用电需求分类。基于产业维度的用电需求分类，不同产业用电需求存在差异，如高新技术产业等调节用电需求会对产业企业发展造成较大影响，根据经济影响程度，从产业链维度区分不同行业、不同发展水平、不同产业的用电需求。基于调节时长的用电需求分类，根据各类资源的负荷特性和应用场景，构建"日前－小时级－分钟级－秒级"全时维需求分类，其中日前分类是需要提前一天与电力客户约定进行需求调节，小时级是需要提前至少一小时与电力客户约定进行需求调节，分钟级和秒级分类不需要进行预约，当电力供应无法满足需求时，可直接进行需求调节。通过用电需求分类，实现各类用电需求实时可观、可测，奠定精准管控基础。

3.明确不同类型用电需求调节优先等级

针对接入系统的各类型用电需求，国网安徽电力结合不同场景下的电力供应缺口，明确不同类型用电需求参与调节的优先等级，辅助制定需求精准调节方案。结合基于产业维度的用电需求调节次序，充分考虑企业流程工艺、安全生产等需要，根据不同行业、不同企业能耗强度，优先选取钢铁、建材、有色、化工等高耗能行业的用电大户参与用电需求调节，科学制定用户轮休轮停方案。结合基于调节时长的用电需求调节次序，按照提前准备时限，优先安排可进行日前调节的用户参与需求调节，形成"日前－小时级－分钟级－秒级"梯次调节顺序。明确需求调节引导方式，按照参与调节梯次顺序，制定不同引导方案，如针对日前约时需求调节，根据用户参与用电需求调节的时间，在现有补贴标准基础上，制定补贴标准系数，参与时间越长，系数越高，客户可获取的补贴越高，培育用户参与积极性。在小时级、分钟级响应中，建立"固定容量电费＋执行单价补偿"的"两部制"价格引导方式，合理弥补用户调整用电行为成本。

（四）聚焦区域产业特色，推动实施用电需求精准管理

1.实施基于产业链细分的需求时空调节策略

安徽目前已经形成合肥新型显示、芜湖新能源和智能网联汽车、马鞍山磁性材料等7个国家百强产业集群，产业链协同效应凸显。国网安徽电力对133个行业按照上游原料、中游制造和下游消费进行梳理，统筹"全链条"最优产能配置，实施群组化管理。按照产业链细分实时监测链上企业用电需求变化规律，量化感知需求调节影响范围，做到用电需求调节最准、各方影响最小。以安徽合肥京东方为例，该企业在安徽省内有12家上游原料生产供应企业和37家下游企业。针对该类大型龙头企业，统筹该产业链省内用电主体的特性，针对"长周期、大缺口"场景，结合企业产能、生产特性合理安排轮休轮停，对参与企业"定时段、定负荷、定设备、定人员"，采取间歇开停形式进行科学排产，实现生产保障最大化、负荷影响最小化。针对"短周期、小缺口"场景，综合考虑各环节剩余库存、市场需求等情况下，优先安排库存足、需求低、影响小、调控快的链条环节实施需求响应，确保高精尖产业发展不受影响。

2.实施基于亩均效益的不同企业需求调节策略

强化与属地政府企业"亩均产值"指标评价结果的挂钩联动，按照企业工业总产值与用地面积比值，将企业划分为A、B、C、D四个等级。在进行需求调节时，优先保障关系国家安全、社会秩序、民生及安全的"六保"用户、专精特新企业、主导产业龙头企业、亩均产值效益评价A类企业稳定用电。优先安排低产值、高能耗、"散乱污"的D级企业参与需求调节，合理支撑地方经济转型发展。2022年迎峰度夏期间，国网安徽电力按照上述调控顺序，排定参与需求调节企业为1724户，总错避峰

负荷 117.7 万千瓦。优先管控 D 类企业 34 户、高耗能企业 19 户，优先保障 A 类企业 123 户、专精特新企业和龙头企业 150 户，通过采用市场化柔性调节手段，有效保障极端形势下对经济影响较大的企业安全稳定用电，支撑安徽地区汽车工业、装备工业、优质金属材料工业、信息电子工业、生物技术工业等产业发展。

3. 实施基于内部产线细分的精准需求调节策略

国网安徽电力提升用户不同线路用电设备可视化能力，深入排查用户主要生产设备和电气拓扑关系，实现用户生产运行状况"一图监测"，可控用电、保安用电等实时可观、可测，在进行需求调节时细化到具体产线设备，将对企业影响最小的用电需求作为调节对象，实现需求调节的精细化管理。以安徽华铂再生资源科技有限公司为例，协助企业梳理可调节供电回路，发现其中 8 条线路需要 24 小时连续运行，属于不可调节用电需求；4 条线路可调节能力约为 1100 千瓦，但需要提前 6 小时通知，属于日内小时级调节需求；3 条线路可调节能力约为 12000 千瓦，可在 30 分钟以内随时调节，定位分钟级、秒级实时调节需求。通过产线细分，实现电力客户内部资源的精细化管理，引导客户按照约时、实时分场景参与需求调节，将需求调节对企业影响降至最低，提升客户参与需求调节积极性、主动性。

（五）开展节能降耗专项行动，助力电力供需实时平衡

1. 聚焦高峰场景，打造空调用电精准调节样板

近年来夏季空调用电需求陡增，已经成为造成高温时段电力供需不平衡的主要影响因素。国网安徽电力聚焦夏季空调用电高峰场景，对温控用电需求进行精准调节。摸排空调可调节用电需求，将各级企事业单位、公共机构作为空调用电需求调节主要对象，掌握楼宇面积、供冷设备、用能需求关键信息，在夏季空调用电高峰时段，协调公共机构将空调温度设定为 26℃ 及以上，降低用电负荷，推动供需平衡。开展空调用电需求调节技术研发，结合不同空调类型和应用场景，制定监测、柔调、刚控、平台四类、八种典型改造技术路线，应用新型智慧能源单元和分路量测技术，实现公共机构空调用电的精准监控、开关状态实时召测、调控能力实时计算、用电需求柔性调节。持续推进空调用电节能降耗，针对具备条件的楼宇，引导政府推进空调系统节能降耗、客户开展老旧设备改造和更新淘汰，推广能效等级高的节能型空调，实现节能降耗，助推电力供需平衡。

2. 倡导节约用电，助力用电高峰时段需求压降

国网安徽电力多措并举，多方位多渠道开展节约用电，助力用电高峰时段需求压降，服务供需平衡。开展节约用电专项行动，依托"网上国网"APP，组织开展居民用户"e 起节电"活动，广泛宣传节电政策，发起节电倡议，提供节电建议，通过发放节电积分、电费优惠券等方式引导居民用户迎峰度夏期间节约用电，倡导绿色低碳的生产方式和生活方式。开展公共机构节约用电活动，通过严格控制照明设备使用、设置空调使用温度限制、优化电梯系统运行方式等多种措施，积极引导各级公共机构发挥示范带头作用，加强用电管理，深化节能改造，带动全社会节约用电。截至 2023 年 6 月 30 日，累计纳入节电序列公共机构 2935 户，景观照明 5 万余处，"e 起节电"活动累计参与用户达到 39.09 万户，参与率 4.08%，节约用电总量达 472.89 万千瓦时。

3. 推行碳普惠行动，引导全社会节能降碳减排

围绕绿色生活、绿色消费和节能减排，国网安徽电力作为全省碳普惠实施机构，逐步将乘坐公共交通，购买绿色家电，使用绿色包装、高峰时段节水、节电、节气等自愿节能减排行为进行碳积分奖励，纳入碳普惠工作范围，出台激励政策措施，推动碳普惠发展。建立健全碳普惠绿色投融资服务，联合金融机构参与碳普惠绿色投融资服务，为碳普惠项目提供金融服务，为碳积分高的企业和个人提供优惠的金融产品和服务。建立碳普惠项目库，将碳普惠工作与乡村振兴、新能源与节能环保产业

"双招双引"等工作结合，在林业碳汇、农业碳汇、新能源车、充换电桩、屋顶光伏等领域有序开发碳普惠项目，鼓励政府机关、企事业单位、社会组织和个人优先购买碳普惠核证减排量，用于各类赛事、活动、会议等碳中和，履行绿色低碳社会责任。

（六）挖掘各类能源发电能力，优化调整能源供给结构

1. 推动分布式光伏等新能源高质量发展

加强与政府主管部门的沟通汇报，及时掌握包括分布式光伏电源在内的新能源规划建设信息。发挥电网企业专业技术优势，将新能源规划纳入电网整体规划，根据新能源规划建设信息、传统电源情况、电网状况、负荷预测、地理位置、资源条件等，应用集群划分和"源网荷储"协同优化规划等新方法，逐年滚动修订电网规划，统筹兼顾各方需求，通过优化完善电网结构、有序开发新电源项目等措施，实现新能源发展综合利益最大化。发挥电网规划的引领作用，积极与政府、新能源业主沟通会商，推动电网规划成为各方共识，引导政府科学制定分布式新能源发展规划和项目开发计划，协调推进源网有序发展，保障分布式电源有序接入。

2. 推动源、网、荷各侧储能规模化发展

充分重视储能在新能源供应中的时空不匹配调节作用，发挥电网枢纽平台价值，推动源、网、荷各侧储能规模化发展。加快发展电源侧储能。根据电力系统运行需求，结合新能源开发建设，布局新能源场站储能，将新能源出力充足但用电需求不足时段电量进行存储，待用电高峰时段送出，解决时间不匹配问题，提升新能源并网友好性和容量支撑能力。重点开展电网侧储能建设。在大规模新能源汇集、负荷密集接入和电压支撑能力不足的关键电网枢纽点合理布局集中式储能电站，发挥储能设施对新型电力系统的支撑作用，提升电力系统灵活调节能力和电网安全稳定水平。重点在淮北、宿州、淮南、蚌埠、亳州等电力外送困难地区和合肥、滁州等电力负荷中心建设集中式储能电站，促进电力就近平衡，解决空间不匹配问题。灵活开展用户侧储能建设。积极实践客户储能在电力供需不平衡时段的供给支撑能力，围绕大数据中心、5G基站、工业园区、公路服务区等终端用户，推进智慧电厂、虚拟电厂建设，实践谷电时段充电、供给不足时段放电，并获取价格补贴，形成可持续储能应用场景和商业模式，支撑电力供需平衡。

3. 源网联动提升清洁能源供应能力

国网安徽电力联动各类电源，提升系统调节能力，实现清洁能源应发尽发，最大化提升清洁能源供应能力。分布式光伏方面，牵头"高渗透率分布式可再生能源集群系统集成及示范应用"国家重点科技攻关项目，针对分布式发电大规模接入的消纳问题，采用自治-协同的分布式发电分层分级群控群调方法，着力应对大规模分布式发电并网带来的控制对象的复杂性和多级协调的困难性的挑战，提升分布式发电的可控性，实现集群的灵活友好并网，提升分布式能源电力供应能力。水电方面，优化调整全省水电峰谷时段，组织全省地县调水电午间停发，为新能源电力消纳预留空间。火电方面，推动煤电向基础保障性和系统调节性电源转型，深挖燃煤电厂调节能力，最大调节高峰时段电力约120万千瓦。

（七）构建支撑保障机制，实现用电需求精准可持续管理

1. 打造用电需求精准管控原创技术策源地

国网安徽电力针对数据精准采集、精准调控、用电需求预测等技术进行持续迭代创新。建立与中国科技大学、合肥工业大学等高等院校，以及国网电科院、中国电科院等研究机构的常态化合作机制，以实现用电需求精准管理为目标，确立科技项目，持续开展技术研发与创新工作，确保需求管理技术走在国网前列。同步与产业单位、设备制造厂家等密切合作，推动用电需求技术向设备、产品进行转化，在实践中落地。近年来累计研发生产分路量测技术、智慧能源单元、导轨安装技术等，夯实国网需求管理原创技术策源地建设。

2. 夯实用电需求管理组织机构和队伍保障

在省能源局、各地市电力主管部门的大力支持下，建成"1+16"政企协同的省市两级需求侧管理实体化运作机构。省级需求侧管理中心与16个地市级分中心紧密协作，负责电力需求侧管理数字化平台建设运行，配合政府组织有序用电、需求响应，开展用电需求和行为数据监测、统计分析等工作，支撑全省进一步强化需求侧管理，提升需求侧各类资源参与电网宏观调控的能力和积极性。在省营销服务中心、市县供电公司市场营销部成立专业化班组，抽调全省534名专业人员从事需求侧管理工作，统筹2600余名客户经理队伍直接对接服务到用电客户，为电力需求侧管理筑牢组织和队伍保障。

3. 构建"平－临－战－后"相结合的保障机制

国网安徽电力在实施电力需求精准管理的基础上，针对极端形势下的电力保供，构建"平－临－战－后"结合的保障机制。稳固"平时"基础管理，将需求调节签约注册、有序用电方案编制修订等纳入常态工作，逐级压实责任，全面夯实管理基础。扎实"临战"各项准备，动态开展电力供需缺口预警，按日监测保障各类需求侧响应资源充足可用；各地市落实7×24小时值班制度，在战前主动汇报政府成立用电需求管理指挥领导小组。保持"战时"紧密联动，按照"皖北、皖南、皖中"划分以及"管理人员分片、客户经理到户"原则，每30分钟通报各地区需求响应执行情况、每15分钟通报大用户执行情况。跟进"战后"服务保障，在需求调节执行结束后，完成效果评估，协助政府做好统计分析，及时完成需求响应补贴计算、公示与发放，确保政策红利传导到位。

三、省级电网企业基于负荷互动调节的用电需求精准管理效果

（一）形成用电需求管理典型模式，有效助力电力供需平衡

国网安徽电力成功建成用电需求数字化管理平台，实现用电需求实时感知、远程调控等功能。构建了分时间、地域、资源特性和产业链结构的用电需求分类管理机制，构建"日前－小时级－分钟级－秒级"全时维用电需求精准调节体系。推进实施空调柔调改造572户，监测、调控能力分别达到20.22万千瓦、6.19万千瓦；深化"3制（清单制、契约制、责任制）"措施落实，精细排定六级用电管理方案，累计错避峰负荷1716.19万千瓦（与实测关口负荷持平），超过全年最大值30%；累计完成用电需求精准控制建设11161户，晚高峰时段可调节用电需求达到558.73万千瓦，占2022年最大负荷10.1%，意味着电力供给在小于用电需求10%以内情况下，不会发生电力供需失衡事故，确保电力稳定可靠供应。推动政府出台用电需求价格疏导、储能发展、能源结构优化调整等各项政策累计65项。

（二）有效保障极端形式下电力可靠供应

2022年度夏期间，安徽经受了三轮极端高温天气，在严峻的电力供需形势下，电力需求管理手段发挥了重要作用。保住民生用电"魂线底线"，最大调控负荷1025万千瓦，单日最大需求响应负荷297万千瓦，度夏期间未发生拉闸限电和有影响的舆情事件，守住了保障电力供需失衡极端形势下民生用电底线。实现了需求调节从行政命令式向价格引导式转型，执行期间需求响应日均参与户数达到了2千余户，平均响应执行率均超过90%。全省需求响应注册用户由3000户增长至10875户，市场化手段的接纳度稳步提升。全省累计有3209户有效响应企业享受到政策红利，成为第一批市场化电力需求管理机制的参与者。通过精细化负荷柔性调控策略管理实现了电力保供精准化、影响范围最小化，受到各级政府部门、电力用户高度认可。

（三）打造了服务能源转型示范样板，受到各界广泛认可

通过精准开展新能源发电和用电特性分析，提升预测准确率，在精准调节的基础上，滚动进行新能源消纳分析并发布消纳预警，安徽新能源迎来飞跃式发展，能源供给结构实现优化调整。2023年2月20日，安徽全口径光伏发电出力年内第三次刷新历史纪录，达到1411.7万千瓦，占同时刻用电需求的43%。截至2023年上半年，安徽光伏装机容量达2027.5万千瓦，占全省装机容量的30%。通过本

项目实施，进一步促进安徽用电需求管理中用户与电网之间良性互动，确保保障基本民生用电需求，最大可能避免出现拉闸限电情况，为坚决守住民生、发展和安全底线打下坚实基础。通过引导用户积极参与需求响应，降低有序用电影响范围，有利于全面提升服务质量，赢得用户信任和口碑，形成良性循环，创造了良好的社会效益。

（成果创造人：杨　勇、李智勇、夏　勇、何　胜、吕　斌、邢应春、
甘业平、陈　伟、白云龙、王　品、刘辉舟、王白根）

全面落实生态环境保护的特高压电网项目群建设管理

国家电网有限公司特高压建设分公司、国网经济技术研究院有限公司
国网河北省电力有限公司建设公司

国家电网有限公司特高压建设分公司（以下简称国网特高压建设公司）是国家电网有限公司（以下简称国网公司）直属单位，负责特高压输变电工程、跨区电网工程的建设管理、技术统筹、管理支撑和直流核心设备监造管理工作。截至 2022 年，公司负责建设管理和统筹支撑的交流工程 21 项、直流工程 31 项。建设管理项目获国家优质工程金奖 13 项、国家科学技术进步特等奖 2 项、中国工业大奖 5 项、国家优质工程奖三十周年经典工程奖 2 项、新中国成立 70 周年百项经典暨精品工程 2 项、中国建设鲁班奖 2 项、国家优质投资项目特别奖 1 项、国家水土保持生态文明工程 2 项、国家水土保持示范工程 2 项。

国网经济技术研究院有限公司（以下简称国网经研院）是国家电网有限公司电网规划和工程设计技术归口单位、公司直属科研单位、国网环保咨询中心挂靠单位，负责电网规划、工程设计、项目评审、技术经济及相关标准研究和制定工作。国网经研院长期承担特高压等重点工程可研设计牵头及全过程环水保技术咨询工作，近年来，牵头开展特高压可研设计 40 余项，审查环评水保、设计、验收等各类环保水保技术文件 500 余项，承担环保水保领域重大科技项目 20 余项，牵头或参与编制相关国际标准、行标、企标等 20 余项，获得科技进步奖等各级奖项 10 余项，荣获"首都环境保护先进集体"等多项荣誉，为服务电网绿色发展、助力能源清洁低碳转型发挥了重要支撑作用。

国网河北省电力有限公司建设公司作为国网河北省电力有限公司电网项目管理专业机构，主要负责河北南网特高压、超高压工程项目建设管理任务，同时，负责雄安新区 10 千伏及以上电压等级电网工程建设管理任务，先后建成投运河北南网"六交四直"10 项特高压工程，形成"两横两纵"特高压网架，构筑起世界上第一个特高压交流双环网，成为国家电网公司"先签后建"、绿色环保、工程档案管理等工作的标杆和典范。高质量推进雄安电网建设，实现了全电压等级建设及投运，形成了全国电力行业内多个第一，多项技术居于国际领先水平，打造了雄安建设样板，建管、监理的多项工程荣获国家优质工程奖、鲁班奖、安装之星，其中榆横—潍坊、扎鲁特—青州特高压工程荣获国家优质工程金奖，创造了电网建设的"河北质量"。

一、全面落实生态环境保护的特高压电网项目群建设管理背景

（一）践行习近平生态文明思想，统筹工程建设与环境保护的必然要求

加快特高压工程等重大基础设施建设是服务能源绿色低碳发展的长远之策。按照全要素、全过程计算，全口径工程建设碳排放占全行业碳排放 40%，推动特高压电网工程建设绿色转型，对实现"双碳"目标意义重大。需要公司正确处理好工程建设与生态环境保护的关系，建立有效工作机制，助力生态环境保护，增强发展潜力后劲，让良好生态环境成为特高压工程建设可持续发展的支撑，统筹实现大规模特高压电网工程建设与环境和谐共生，使绿水青山得以持续转换为金山银山。

（二）降低工程建设潜在影响，保护区域生态环境的根本路径

目前，我国已累计建成投运"十七交十六直"特高压工程。"十四五"期间还将续建和开工 34 项特高压和直流工程。工程建设规模大、输电距离长，对生态环境可能产生潜在影响：一是输电线路经过河网、山地、丘陵等复杂地质条件和生态环境敏感地区，变电站（换流站）工程土方开挖量较大，主设备、铁塔体积重量较大，运输情况复杂，会造成植被破坏、水土流失等问题。二是输电线路、变

电站（换流站）的建设过程中永久和临时占地会对地表造成不同程度的扰动、对生态脆弱区域产生一定的影响。施工过程中会产生扬尘、施工废水、生活污水、生活垃圾和建筑垃圾等。三是运行期对周围局部空间会产生电场和磁场。

近年来，国家、地方相关法律法规持续健全，简审批、强监管、严追责的监管模式全面形成，生产建设单位的环保主体责任不断强化，对工程建设提出了明确要求。工程建设不能对原有环境造成破坏，需要有效控制降低对生态的影响，否则就丧失了绿电输送的初心和优势。在工程全寿命周期内，必须处理好建设与生态保护的关系，解决"落地难"的问题，最大限度减少生态影响，肩负起保护生态环境的社会责任。

（三）解决工程建设难题，适应复杂环境条件的必然选择

特高压电网发展初期工程数量少、规模小，环境保护体系尚不成熟。2015年后，特高压工程进入了高速发展新阶段，涉及21个省（自治区、直辖市），建设规模大、输电距离长，面临建设条件复杂、影响因素多、建设扰动大，资源用量大等客观难题。一是步入两个"无人区"。随着金上、川渝等工程开工，以及藏东南、沙戈荒特高压送出，工程面临技术和地域无人区的双重挑战。技术无人区方面，换流站、线路工程最高海拔达到4500米至5000米，空气间隙、电磁环境、宇宙射线等电气物理特性规律不明确。地域无人区方面，无人、少人区，覆冰、水文、落雷等自然地理气象等基础信息匮乏，地质条件差，地震、滑坡、泥石流等自然灾害风险高，地基处理和灾害防护难度大。二是多重需求叠加，工期压力大。特高压工程投资大，产业链长，带动效益明显，及早开工实现投资落地的需求迫切。三是大规模集中建设，安全质量压力大。重冰、极寒地区、生态敏感区和地质灾害敏感区等复杂建设环境，对"保安全"提出新的挑战。

二、全面落实生态环境保护的特高压电网项目群建设管理主要做法

（一）确立生态环保目标与路径，强化执行力建设

1. 设定"一个总体、两个严控、四个全面"目标

以"全面落实生态环境保护"为根本，明确"一个总体、两个严控、四个全面"目标。"一个总体"即"程序合法、监测达标、环境友好、公众满意"，"两个严控"即"严格控制环境影响和合规风险"。严控环境影响方面，实现环水保设施与本体工程建设"三同时"[①]，推动专项验收一次通过率100%，确保环境因子监测达标；严控合规风险方面，着力防范"未批先建、执行不力、未验先投、带病验收、设施保护、处置不规范"等风险。"四个全面"即"工程全面覆盖、过程全面贯穿、责任全面落实、制度全面夯实"，统筹各地区、各等级、各环境类型工程项目群，贯穿规划、可研、设计、建设全寿命周期，构建权责明晰、协调联动、齐抓共管的项目群环保格局，确保有章可循、有据可依。通过各工程解决方案的系统集成，逐步建立项目群生态环保管理模式。

2. 科学规划特高压电网项目群生态保护实施路径

充分运用项目群理论"集约、协同"核心思想，构建"四集三化"[②]特高压电网项目群生态保护实施框架（见图1），统筹推进30余项特高压交直流工程建设。组织集成：集成业主、设计、施工承包、分包商、供应商、监理咨询单位，落实各方责任，凝聚强大合力。环境要素集成：全面准确识别项目群多环境要素、多治理目标，全局统筹制定管控重点，筑牢生态环保管控基础。全周期集成：工程项目生命周期各阶段集成，贯穿从设计、施工建设到评价的整个周期。技术集成：集成"降碳、减污、扩绿"技术，夯实生态环保技术保障。将生态环保管理解决方案制度、定量、规范标准化，按照

---

① "三同时"：同时设计、同时施工、同时投产。

② "四集三化"：组织集成、环境要素集成、全周期集成、技术集成、标准化、场景化、模块化。

"生态环境功能、生态敏感脆弱区与生物多样性"三个维度，划分30余项工程建设生态环境场景，统筹具体场景与生态环境要素，对标准化成果实施场景化、模块化综合应用，协同构建"绿色引领、体系完善、应用灵活、运转高效"的工程建设生态环境保护体系，建设资源节约型、环境友好型的特高压电网工程。

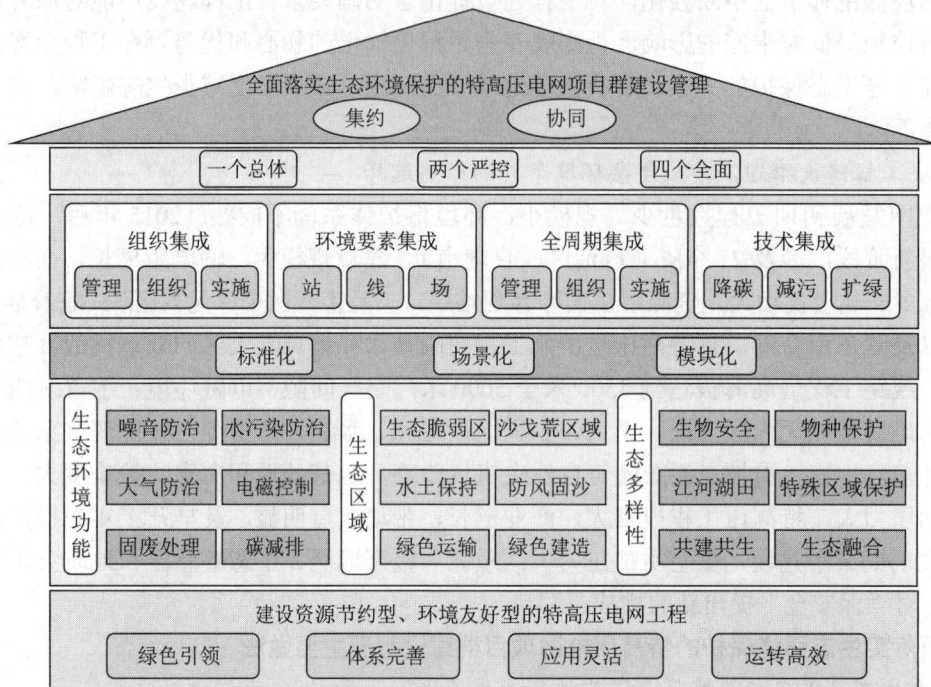

图1　特高压电网项目群建设管理体系示意

3. 构建"三维一体"组织体系，健全"2+3"基础制度

一是建立"专业公司管理、建管单位组织、参建单位实施"环保组织体系，保障项目群管控统一性。国网特高压部和国网特高压建设公司作为管理者，统一组织环保实施。建管单位为组织者，成立由各单位业主项目部、设计、监理、施工和服务单位组成的工作小组，强化建设、监理、设计、施工、运行五方环保责任落实。设计和施工单位为实施者，本体监理单位受建设单位委托，提供过程监督和技术服务，协助和指导环水保措施落实。环水保技术服务单位作为第三方咨询服务机构，在专项策划、监理、监测、验收等方面提供专业化保障，落实监督协调和自我完善机能，提高监督工作质量和效率。

二是健全"2+3"基础制度，筑牢环保执行力基本遵循。以建设管理纲要为基础编制《生态环境保护和水土保持管理策划》，建设管理单位编制《现场环水保管理策划》，指导项目部层面环水保管理可视化和标准化。同时，设计单位编制《环水保专项设计方案》、施工单位编制《环水保施工实施方案》、监理单位编制《环水保监理方案》，各技术服务单位分别编制《专项监理规划及实施方案》《环水保监测实施方案》《环水保验收工作方案》等管理制度，确保"有章可循、有据可依、有人负责、有人监督"。

（二）落实"四不四全"全过程机制，强化生态闭环管控

1. 刚性执行"四全管控"，确保环保措施落实到位

建立"全业务链、全过程、全方位、全覆盖"的"四全管控"体系。一是全业务链管控。落实"3个10"管控，协同"总部部门、建设单位、评审单位，属地电力公司、设计单位、监理单位、施工单

位、编制单位、技术服务单位及沿线生态环境、行政主管部门"十个主体。统筹"编制报审、初步设计审查、设计与环评水保方案一致性核查、设计与施工一致性核查、施工图专项交底和图纸会审、专项培训、过程巡查和专项检查、验收调查及预验收、专项验收及报备和公开验收核查"十个环节；有序跟进"环境影响报告书和水土保持方案、初步设计、招标文件、专项设计和施工图、专项策划、监理计划、施工实施细则、服务大纲、巡查和闭环整改报告以及验收报告"十项管理技术文件。二是全过程管控。按照工程前期、建设、验收准备、专项验收四个阶段编写并发布《生态环境保护和水土保持管理指导意见》。构建工程垃圾分类及处置环保体系，做好回收利用处置。三是全方位管控。建立施工现场生态环境信息、水土保持在线监测与灾害预警、变电站环水保智慧管控等信息系统，开展环水保要素数据监测和统计分析工作。四是全机制管控。按照"逢查必查环水保"推进资料核查；推进三级人员培训，提升专业能力；"四不两直"抽查与定期巡查检查相结合，确保无遗漏；作业现场问题整改建台账，销号验收全覆盖。

2.专项验收"四不放行"，严把生态环保关键关口

一是不符合"不得开工"。严格开工核查，存在设计与水保方案原则上不一致，无图、施工图缺乏指导性或施工图不符合现场实际，《管理策划》《监理策划》无指导性，《实施细则》《水保措施单基策划》无针对性，施工道路修筑未经过业主审批，手续未申报或未备案、培训内容未入脑入心、错误理念未转变，现场交底内容未掌握等6种情形的不得开工。二是不完成"不得进入下一环节"。开展"表土剥离、先拦后堆（弃）、先护后扰、及时恢复"四个关键环节管控，严格落实监理单位旁站签字后放行，一个环节未完成、不得进入下一环节。三是不合格"不得转序"。严抓检查整改闭环，有针对性地开展月度巡查，一个季度形成全覆盖。精准定位检查目标，开展季度抽查。对挡土墙施工土地整治及表土回覆情况进行质监检查，按杆塔组立前、架线前、投运前三个阶段开展预验收。对不合格塔基停工整改，整改不到位一票否决、不得转入下道工序。四是不通过"不得投产使用"。按照基础、组塔、架线三道工序开展环水保分阶段预验收，不合格限时整改。推动施工、监理、业主单位将线路防护设施和施工基面整治在基础阶段全部完成。开展水保措施验收与基础工序中间验收，不合格立即整改。工程竣工前，组织开展环水保设施预验收，全部问题整改完毕申请预验收复查，复查不通过"不得投产使用"。预验收复查合格后组织开展专项验收，出具验收评价报告。投产后及时公开报备，做好核查准备。自主验收覆盖率和整改率必须达到100%，避免行政主管部门事后核查不通过。

3.强化监测与评价机制，强化生态监督执行力度

一是开展影响因子监控。基于高精度遥感数据融合方法，建立地形、地貌、生态环境扰动信息建立三维场景模型。落实工程现场环保要素实时监测与可视化监管。二是开展影响过程监控。基于"高分遥感普查＋无人机详查＋移动数据采集"，研发空天地一体化环水保巡查系统。构建业内首个环保水保相关典型地物波谱数据库与样本数据库、首个环保水保信息自动解译系统，首个卫星遥感监管比对库系统，提升多幅影像信息应用精度。三是开展影响趋势监控。建设地质、洪涝、火灾灾害监测系统。基于多源数据识别沿线地质灾害，实现高效管控、快速定位。建立洪水灾害模型，多渠道推送应急措施，降低损失影响。建立火点影响线路关系 GIS（Geographic Information System，地理信息系统）模型，实时推送火点信息，提供准确位置信息和导航功能，实现无人值守、自动分析和自动推送。四是落实评价激励机制。明确建设管理单位环保督察、水保核查主体责任，组织参建单位开展环保水保设施运行情况复查，对措施落实情况评定为"红、黄、绿"三色。月度召开协调会，进行巡察主要情况反馈和通报，制定有针对性的整改措施。季度采取"四不两直"抽查，发现严重问题时停工处理，对检查情况进行通报，纳入承包商资信评价和服务单位考核。年度开展示范工地评选，按建管段通报对相关业主、监理、施工单位进行表扬。

（三）推行"两降一保"生态优化设计，注重生态要素源头管控

1. 分类归集影响因子，精准识别环境要素

全面掌握工程建设生态环境影响要素。一是识别生态环境要素对工程建设产生的影响。开展"输变电工程生态环境影响因子"研究，确定十八个生态环境要素，制订要素说明，明确监测方式。二是确定工程建设"站、线、场"生态环境保护管控重点。变电站管控重点在生态环境保护，主要要素为"气、水、声、渣、油"，重点防控大气、水、噪声、油、垃圾污染。线路工程管控重点在水土保持，主要要素为"木、水、土、渣"，重点防控弃渣溜坡和植被恢复不到位。现场管控重点在废物处置，主要要素为"木、水、火、土、尘、油、圾、物"，防控重点为火灾消防、表土剥离、弃土外运、抑尘、废油处理、动物保护和防疫。

2. 推行最优化设计，降低生态干扰

综合考虑线路长度、地形地貌地质、水文气象、交叉跨越、施工运行及地方政府意见等因素，进行多方案优化比选，对穿越特殊生态敏感区的进行专项设计。比如，青海—河南 ±800 千伏特高压直流输电工程路径规划中，以保护秦岭生态环境为出发点，规划了"北、中、南、南接中"四条路径方案。中方案，线路路径最短，投资最少，但是跨越秦岭核心和重点保护区，不满足保护条例要求；南接中方案，线路路径在秦岭一般保护区，环境影响最小，且取得了沿线所经区域相关规划部门的同意，虽比中方案增加长度约 20 千米，工程静态投资增加约 1 亿元，但综合考虑后，公司最终采用了该方案。

3. 创新总平面布置，降低噪声影响

充分考虑周边声环境敏感目标情况，开展总平面布置优化，最优降噪同时节省工程投资，实现"环境友好、资源节约"绿色变电站。比如江苏泰州 ±800kV 换流站规模较大，站址西侧建有大量居民房屋，噪声控制难度大。通过对设计方案不断优化，首次采取换流站"阀厅一字型布置""交流滤波器改进一字型布置"措施。优化后，换流站围墙距西侧村庄距离由 30 米增加到约 120 米。环保验收监测噪声值均满足环评批复《声环境质量标准》中 2 类标准限值，且非常接近 1 类标准限值，同时节省拆迁费用约 3 亿元。

4. 开展精细化设计，保护生物多样性

组织对工程线路开展"一塔一图、一档一图"精细化保护设计，最大程度减少扰动，保护生物多样性。从路径方案比选、塔高调整、塔位微调、塔位施工平台优化、牵张场及周转场设置方案优化等五个方面开展多方案、多维度综合技术经济分析优化。定期邀请专家开展保护动植物专业知识培训、普及法律法规，邀请专业人员协助调查。比如青海—河南 ±800kV 特高压直流工程陕西段穿越秦岭腹地，塔位狭窄陡峭，生态环境极其脆弱，涉及国家一级保护区——汉中朱鹮国家级自然保护区。在选址选线上，将路径向北进行迁移，绕行保护区，保护朱鹮栖息繁衍。在基础选型上，山丘区全方位采用高低腿和不等高主柱设计，在塔腿增加桁架适应地形，以减少或不开基面。尽管线路长度增加近 40 千米，新增塔基数 56 基，但最大限度保护原始地形地貌，全面守护秦岭绿水青山。

（四）强化科技领航，实施"减污、降碳、扩绿"建设举措

1. 研发快速处置技术，减少建设过程污染

特高压工程作为国家大气污染防治计划的组成部分，有效处理好水、大气污染防治是推动工程高质量建设的必要任务。一是在水污染控制方面。开展污水进行全阶段、全流程治理，将污染物分离或转化为无害物，使污水得到净化、回用、达标排放；设置一体化污水处理回用装置，水体中立塔施工采用拉森板桩围堰与钢吊（套）箱围堰等形式；变压器注油采用全封闭自动检测滤油技术，降低绝缘油灌注泄漏的水污染风险。二是在大气污染控制方面。通过监测设备采集环境空气质量数据，实时监

测大气污染物并对重污染环境进行预警；应用机械化施工技术，采取定期喷洒、裸露地表及时苫盖、限制车辆行驶速度、材料围挡遮盖等措施，抑制施工扬尘。

2. 研发绿色建造技术，驱动建筑节能降碳

建立变电站建筑节能基准模型，在围护结构、能源和设备系统等方面综合选用节能技术，最大程度使用可再生能源，推进低能耗建筑。推行全预制装配式变电站，实施建筑物、围墙、电缆沟、防火墙、构支架等部件无条件装配式改造，实施挡土墙、预制管桩桩基等装配式部件有条件部件化改造，由集成商提供通用定型钢模板、统一圆形支架基础、道路面层、整体灌浆墙等现场浇制部件。

3. 研发靶向恢复技术，促进植被快速扩绿

采用植生袋建设生态挡墙及护坡护面，实现对余土产生有效拦挡、及时恢复，降低水土流失发生率。对于干旱区（森林草原、温性草原、荒漠草原和半荒漠植被区）建设过程的地表扰动、植被破坏及修复困难，研发塔基小型边坡植被快速修复技术，提升恢复效率、降低成本。

（五）控制环境污染，降低特高压项目群对生态环境功能影响

1. 综合施策严控噪声，降低各类敏感区噪声对环境影响

特高压变电站（换流站）24小时连续运行，其噪声属于持续稳态噪声。按照源强控制、传播途径控制、敏感目标防护优先级，依次制定防控措施。源强控制采用限制源强和加装隔声罩两种措施；传播途径控制采用优化站区平面布置、优化防火墙、对建筑物内部进行隔声吸声设计，以及加高围墙、设置隔声屏障四项措施；敏感目标防护采用加装隔声窗。推广应用"特高压换流站滤波设备声振特性与噪声控制关键技术及应用"成果，实现成套装备多场景全过程噪声评估，填补国内外空白，并在十余项工程中应用。

2. 应用绿色运输方式，减小山丘区工程建设对环境扰动

发挥山丘区环境下重型索道技术优势，采用多承载索双线循环货运索道运输技术，满足最大6吨的运载能力，索道线路仅为地面运输路程的10%至30%，是步行盘道的33%至50%。线路可随坡就势架设，不需要大量的土方开挖，对土壤破坏小，可重复利用，恢复容易。

3. 建立碳减排管控体系，提升大规模工程建设整体控碳能力

工程建设耗用大量高碳排建材，过程产生大量二氧化碳排放，须提前进行碳管控部署。公司构建ESG降碳成效评价体系，建立全生命周期碳足迹核算方法及追踪机制，立足产业链链长职责，驱动上下游协同降碳。六氟化硫气体具有良好绝缘性和灭弧性能，运行不受气象和环境条件的影响，广泛应用于特高压工程。公司组织气体全寿命周期闭环式智慧管控。一是研发具有自主知识产权的气体回收净化处理成套装置，应用多通道分流测量，提升六氟化硫气体检测效率70%。二是建立26个省级六氟化硫回收处理中心，实施分散回收、集中处理、循环利用。2022年共回收六氟化硫气体405.7吨，回收率97%，相当于减排二氧化碳969.6万吨。三是推广应用混合气体绝缘电气设备，使用六氟化硫与氮气（3∶7）的混合气体。四是同步探索全氟异丁腈、全氟戊酮环保型混合绝缘气体替代，从源头减少用量。

（六）建设目标与生态目标并举，持续推进生态保护修复

1. 多措并举快速复绿，促进生态脆弱区工程扰动区域植被恢复

特高压工程线路施工区域划分为塔基区、牵张场区、跨越施工场地区、施工道路区4个分区，占地面积大，土壤耕植层易受到破坏，后期维护极难且成本高。通过设置施工绿色屏障，实施草皮养护和播撒草籽，站内采用草皮剥离、专人养护、后期恢复，全力呵护施工地生态环境。

2. 因地制宜防风固沙，实现沙戈荒地区工程安全和生态环保双赢

防风固沙既是荒漠风沙区水土保持管理的重要内容，也是保障安全建设运行的关键。比如，内蒙

古上海庙—山东 ±800kV 特高压直流输电工程沿线干旱少雨，植被脆弱极难恢复，且部分沙丘具有流动性。深入开展现场勘查，设计时尽量使塔基布置在地质较为稳定的丘间地，避免在沙丘上立塔，对位于沙地的 93 基塔因地制宜设置草方格沙障 21.8 万平方米，栽植沙柳 200000 株，撒播沙蒿、沙打旺等 10.6 万平方米，撒播各类适生草籽等共实现绿化总面积 43 万平方米。

（七）保护生物多样性，促进项目群沿线生态系统和谐共生

1. 大力保护江河湖田，统筹工程建设与途经流域的生态保护

公司建设的 30 余项特高压工程，涉及长江、黄河、淮河、辽河、海河和松花江六大水系，横跨长江、黄河等干流及重要支流湖泊。公司强化陆海统筹、河海贯通、生态要素一体化保护，像保护眼睛一样，保护好途经流域江河湖田。

2. 精心组织建设维护，推动工程与各类生态系统共建共存

在开展工程建设的同时，公司广泛开展生物多样性保护项目，探索与动植物及沙地、湿地、林地等不同生态系统的共建共存、和谐共生之道。发起"生命鸟巢"品牌公益，打造"绿色工程·护线爱鸟行动""候鸟生命线"等示范项目。以东方白鹳等 30 余种珍稀鸟类为主要保护对象，通过开展巡护救助、搭建人工鸟巢、架设护鸟设施、组织宣教活动等多种手段，引导金雕、隼、大鵟等珍稀猛禽在安全区域筑巢繁衍。该项目已覆盖 18 个省份、东西部两条候鸟迁徙主要线路。截至 2022 年年底累计调研候鸟迁徙路径超过 3000 千米，组织联合巡护活动 800 余次。

"电力天路"的青藏工程采取多项措施保护青藏高原的植被及野生动物生存环境，合理规划施工便道、施工场地和施工营地，严格划定施工范围和人员、车辆行驶路线；对施工范围内的地表植被做好草皮移植、保存，施工后及时覆盖到已完工的场地；委托科研机构开展了高寒植被恢复试验示范研究，工程施工后期采用当地高原草种对施工临时占地全面进行植被恢复；穿过自然保护区的区段，线路走向尽可能与青藏公路和青藏铁路并行，以保护工程沿线的自然保护区和野生动植物生存环境。

三、全面落实生态环境保护的特高压电网项目群建设管理效果

（一）提升了工程建设水平，实现了工程建设绿色转型

历经十余年探索实践，特高压工程生态环境保护水平达到国际领先水平。依托工程建设共发表论文 211 篇（SCI 检索 18 篇，EI 检索 27 篇），出版专著 23 部，授权专利 41 项（发明专利 26 项），软件著作权 24 项，发布标准 18 项。"交流特高压工程环保监测与施工关键技术及应用"获中国电力科学技术进步奖一等奖，"以'一型四化'为核心的特高压工程建设环境保护管理与实践"获得 2021 年电力创新奖创新大奖。公司已累计建成投运的"十七交十六直"特高压工程线路长度达到 4.5 万公里、变电（换流）容量达到 4.7 亿千伏安（千瓦），新建项目环评率持续保持 100%，全部实现绿色施工、绿色建造，服务落实"西电东送、北电南供"部署，保障电力安全可靠供应，助力区域环境质量改善。

（二）凸显生态效应，取得了显著的环保效益

经对张北—雄安等 9 个特高压工程进行统计测算，减少山体破坏 1117 公顷，减少林木砍伐 838 万株，减少弃渣 558 万立方米，累计产生经济效益超过 11 亿元。绿色建材应用率达到 70% 以上，建筑垃圾综合利用率达到 70% 以上。累计回收六氟化硫气体 1548.8 吨，回收率保持在 96.9% 以上，相当于减排二氧化碳气体 3701.6 万吨。

（三）履行社会责任，形成了广泛的社会效益

张北—雄安 1000 千伏特高压交流输变电工程、青海—河南 ±800 千伏特高压直流输电工程获"国家水土保持示范工程"荣誉称号（国家水保领域的最高奖项）。截至目前，党和国家领导人对特高压有关工作的批示达 60 余次（64 次），其中涉及环保和绿色发展方面达 10 余次（11 次）。央视、人民网

等中央和省级新闻媒体深入报道 246 次，促进了公众对特高压工程认知和信任度提升。张北柔性直流电网试验示范等五项工程连续荣获第二至第六届中国工业大奖。国网巴西美丽山特高压直流输电项目荣获巴西社会环境管理最佳实践奖、PMI（Project Management Institute，项目管理协会）中国项目管理大奖、第二届"一带一路"能源部长会议能源国际合作最佳实践奖等多个重大奖项。

（成果创造人：潘敬东、宋继明、刘冀邱、董朝武、王　劲、张桂林、
　　　　　　　张　智、郄　鑫、王关翼、周亦夫、王敬德、陈豫朝）

民营化工企业以绿色低碳为导向的垂直一体化循环产业链构建

福华通达化学股份公司

福华通达化学股份公司（以下简称福华化学）成立于 2007 年，位于四川省乐山市五通桥区金粟镇，现有员工 3000 余人，是一家集矿产资源开发、基础化学品与精细化学品应用研究开发的综合性化学品企业，已经形成了矿产资源、化工中间体、终端化学品的全链条绿色循环产业模式，产品范围涵盖精细化学品和基础化学品。2022 年公司草甘膦产能位居全球前三、国内第二；目前离子膜烧碱产能已位居西南地区第一。2018 年公司草甘膦原药荣获工业和信息化部授予的"单项冠军产品"称号，同年公司被工业和信息化部授予"绿色工厂"称号，是四川省循环经济示范企业和国家高新技术企业，位列"中国石油和化工企业 500 强"和"全球农化企业 20 强"。

一、民营化工企业以绿色低碳为导向的垂直一体化循环产业链构建背景

（一）行业产能过剩与外部制约，促使企业寻求破解发展瓶颈

草甘膦作为一种广谱型除草剂，已经投放市场 40 余年，在全球 130 多个国家完成了农药登记，是全球使用最为广泛、需求量最大的除草剂品种，也是我国出口量最大的农药品种。2009 年，我国草甘膦企业超过 200 家，产能超过 100 万吨，而全球草甘膦需求总量仅为 80 万吨，行业产能严重过剩。与此同时，中国农药行业在附加值高、加工深度以及技术要求高的产品领域基本上被国外农药巨头占据。低端过剩，高端不足，农药行业供给结构错配现象严重，行业恶性竞争趋势明显，一些企业为了降低成本，更是不惜以牺牲环境为代价，肆意排放污水，严重破坏了环境，损坏了草甘膦行业的整体形象。

福华化学采用甘氨酸法生产草甘膦，主要原材料包括甘氨酸、烧碱、黄磷、液氯和甲醇，呈现生产链条长、副产物多、原材料成本占比大等特点。2013 年以来，我国化工行业整体发展趋势一路下行，上游原材料供应的不稳定性和不确定性持续增长，加之公司地处西南，与沿海一带企业在交通便利、产业配套方面存在差距，企业生产容易被"卡脖子"，急需找到降低依赖度，提高利用率、合规率，打破地域劣势的破解之法。

（二）深挖区位资源优势，提升企业高质量可持续发展能力的需要

福华化学位于四川省乐山市，拥有丰富的煤炭、盐卤矿、磷矿、萤石矿、铅锌矿等矿产资源和水电资源。其中，水电占全国水电发电量约 1/3，煤矿储量大且适用于中大型循环流化床锅炉，为企业在生产、采购、运输等环节带来便利。2009 年，福华化学拍卖取得储量约 7600 万吨的盐卤矿，并形成 100 万吨 / 年的采卤能力。2011 年，福华化学获得储量约 8400 万吨的磷矿资源，且其伴生大量的铅锌矿和萤石矿。除四川省和乐山市当地丰富的水电电力资源外，福华化学建有 3.75 万千瓦热电联产装置，可满足自身热能需求。

为深度挖掘磷矿、盐矿潜在价值，进一步释放草甘膦产能内在潜力，充分发挥资源优势，提高资源综合利用率，助力企业长久稳定运行，福华化学需要立足资源优势和原始积累，积极探索传统化工行业不同于传统模式的高质量发展方式，打造产业生态和价值链共赢模式，找到一条民营农药生产企业面向更广阔市场的、可持续健康绿色发展的新路径。

二、民营化工企业以绿色低碳为导向的垂直一体化循环产业链构建主要做法

（一）充分调研分析，提出主要思路与规划

1. 立足资源禀赋，明确总体思路

福华化学按照"绿色、环保、创新、循环"总体基调，以草甘膦生产线为基础平台，依托乐山自然资源，利用自有核心开发、生产能力，在技术、管理和业务模式上探索创新机制，加快关键技术、节点突破，深挖研、产、销协同价值，构建福华化学垂直一体化循环产业链，取得"双碳"目标实现的主动权，打造企业高质量、可持续发展能力。

2. 按循环经济发展理论，制定发展规划

福华化学以草甘膦为平台，通过实现原材料基本自给自足，副产物基本循环利用，能源集中应用，研产销一体化运营，对未来 5～10 年发展进行规划。2013—2017 年，基本建成以"烧碱项目为基础、草甘膦产品为核心"的垂直一体化循环产业链框架，完善草甘膦原料端。2018—2022 年，在建成的垂直一体化循环产业链框架基础上，对部分关键环节填平补齐，开展节能降耗技术创新，提高草甘膦清洁生产水平，实现废弃物、副产物的资源化利用，进一步巩固产业链成本领先优势和规模优势，最大化提高磷、氯、钠、氢等元素的综合利用率，减少污染物排放。2023—2027 年，一是持续增加核心资源的获取，提升资源梯级开发和综合利用能力，提高公司循环绿色产业链附加价值；二是继续夯实基础化学品和精细化学品产业竞争力，增强公司在全球植保行业的影响力；三是持续加大化学新材料布局，全面实施科技创新驱动战略，实现转型升级的战略目标，最终成为全球领先的创新驱动型综合化学品制造企业。

（二）加大研发投入，攻克"卡脖子"技术难题

1. 建立研发中心，组建技术团队

2015 年，福华化学成立四川福思达生物技术开发有限责任公司，与大专院校、科研单位开展广泛合作，向农化行业企业开展技术服务。2013 年，为积极响应国家环保要求，福华化学成立项目组，组织工程技术人员开展技术攻关，与沈阳化工院开展工程化合作，通过 1 年多的反复论证和多次试验，累计投资 6 亿多元，经过四代技术创新和摸索，形成了以"膜处理＋高温氧化＋冷冻结晶＋常温氧化＋膜分离"为核心的工艺技术，实现了草甘膦废水的无害化资源化利用。

同时，福华化学采用"事业合伙人模式"引进优秀人才，组建了一支包含国内外知名大学的博士、硕士研究生等高等学历的研究团队，其中高级职称 20 名，其余均为中级职称。技术人员专业领域主要分布在化工工艺、化工机械、分析化学、仪表、自动化、农药学、植物保护、环境工程等各个专业。制定创新激励措施；通过特有的"两再"目标管理、重点工作完成奖励和项目完成奖励等多种激励方式，激发研发人员的科研动力和研发潜力。此外，积极打造自有的研发实验室。投资 3000 余万元，配备高端分析检测仪器，整体水平达到国内一流水准。

2. 利用国际先进研发水平提升研发能力

在加强自主研发的同时，福华化学积极开辟"走出去""引进来"学习通道，与更优秀的团队、企业合作，通过更高更优的平台，提升自身的研发能力。2017 年，福华化学与德国赢创工业集团签订战略合作协议，形成独有的"福赢"合作模式——从研发端开始到项目工业化转化全过程进行合作，端口前移，不再局限于产品买卖；并建立"福华－赢创"联合实验室，福华化学也成为德国赢创在全球唯一一家实验室合作单位。该合作模式成功后，福华化学开始不断拓展与跨国企业的多点纵深合作。其中，与索尔维集团在农化领域建立了长期合作关系，在相关农药原药合成新路线以及制剂开发方面开展深入合作；与全球领先的特种化工产品公司科莱恩签订战略合作协议，共建联合开发平台，在新型农化助剂及高端磷系阻燃剂上开展全面合作；与陶氏集团达成合作协议，利用其高通量实验室共同

进行适用于草甘膦、草铵膦、麦草畏等农药产品的制剂及助剂开发方面的合作；与高化学株式会社共建"福高新能源新材料研究所"，开发和引进国际先进技术，打造国际国内具有重大影响力的新能源电池材料联合体等。

2022年，福华化学成立福华研究院，统揽海外研究所、境内研发子公司、联合研发平台等，通过"自主研发＋联合研发"的研发模式，精准解决公司相关生产项目的工艺技术瓶颈，针对产业薄弱环节，实施好关键核心技术攻关。

（三）优化装备配置，改造生产工艺

1. 利用烧碱装置副产的氯建设原料生产项目，打破原材料制约

多聚甲醛、甘氨酸和亚磷酸二甲酯，是甘氨酸法生产草甘膦的三大原料。其中，多聚甲醛和甘氨酸的产地主要集中在河北、江苏等地。由于距离远、资金占用大、产品质量不可控等因素，严重影响公司生产经营。为突破发展瓶颈，福华化学从原料端着手，利用烧碱装置副产的氯作为基本原料之一，建成8万吨／年甘氨酸项目，以及6万吨／年多聚甲醛项目和2万吨／年固体亚磷酸二甲酯项目，确保原料供应稳定、质量可控、收率提高、成本降低，极大增强了草甘膦产品的市场竞争力。

2. 改造升级老旧设备和工艺，提高生产效率

（1）提高主要设备利用率和耐用性

草甘膦水解作为草甘膦生产工序的重要环节，耗能占比达到80%以上。福华化学联合研究院和国内外技术团队，提出采用分段升温方式，实现草甘膦水解连续化，延长设备利用率和寿命的解决方案。在气相处理中，福华化学采用溶媒回收技术，将所有水解釜水解尾气进行并联，进入中和塔，调节气量直接接入精馏塔，省去原工艺的气相冷凝及升温过程，减少蒸汽和循环水、冷冻水的消耗。2019年，福华化学投资1.65亿元，进一步对水解工序进行技改，对有机挥发气体进行治理，采购安装中和塔、精馏塔、高温磁力泵及电气设备等600余台套，进一步提升企业生产效率和资源利用率。

（2）优化装置能效，提升下游产品配套水平

氯气作为危险化学品，不宜长途运输，只能就近采购，且氯碱厂普遍将氯气与下游产品配套，市场供应量极为有限。随着草甘膦水解连续化工艺实施，福华化学对氯气、烧碱的需求超出原20万吨／年的生产能力。为更好地实现产业规划，2019年福华化学投资13.25亿元，建设30万吨／年离子膜烧碱装置，采用节能领先的零极距电解槽，烧碱单位产能能耗达到国内领先水平，进一步节能降耗、提高产品竞争能力。

（3）改进技术路线，实现水资源循环再创效

福华化学投资8000多万元，对离子膜烧碱装置产生的淡盐水进行技术路线优化，实施淡盐水管道技改工程，将淡盐水通过管道输送回卤矿作为盐卤开采补充水，进一步配套50万吨／年烧碱产能，降低离子膜烧碱产品的综合能耗，实现淡盐水资源的循环创效，有良好的环保效益和经济效益。

（四）挖掘副产物潜在价值，变废为宝

1. 原料型副产物重新利用

草铵膦是广谱触杀型除草剂，产品处于成长期，市场前景广阔，是公司的主要生产投入方向之一。氯甲烷是草甘膦装置的副产物，也是有机硅、甲基纤维素等生产的原料。前期，福华化学由于其低附加值，处理策略是将产生的氯甲烷外售，但由于距离远、价格低，基本没有利润，处于"废物丢弃"的阶段。在经过反复试验和论证后，福华化学开发"新三步法"技术，升级装备将"低附加值"副产物氯甲烷通过反应生成甲基二氯化磷，再与甲基二氯化磷反应生成"高附加值"产品草铵膦，不断循环利用，最大限度地"榨取"了原料价值。

2. 能量型副产物回收利用

公司离子膜烧碱装置副产氢气，为资源化利用副产氢气，从 2012 年起，福华化学引入合作伙伴，带资带技术入股建设 12 万吨/年双氧水装置，将氢气进行回收利用，生产双氧水。在过氧化氢的生产过程中，氢气占生产成本的 30% 左右，利用烧碱副产的氢气为原料生产过氧化氢，具有明显的成本优势，同时减少资源浪费，提高企业总体效益。

3. 产品型副产物开发利用

三聚磷酸钠是一种优质便利的化工原料，也是日化品的一种添加剂，有一定的出口量。福华化学锚定草甘膦生产废水，提炼废水元素聚合生产三聚磷酸钠，主要供出口，不仅丰富了公司的产品线，提高生产利润，更是增强了创汇能力，有利于全球化布局。

（五）上下延伸开发产业链，全球化配置拓展市场空间

1. 以"磷"资源为依托开发上下游产业

磷矿是一种极具特色的稀缺性战略资源，具有耗竭性。世界磷储备量将在今后 50 年至 100 年内消耗殆尽。磷资源节约与综合利用工程开展，对缓解我国磷资源压力意义重大，是推进"资源节约型、环境友好型"社会建设的重要战略举措。

向上拓展，提高资源附加值。福华化学在乐山马边彝族自治县拥有 7300 万吨磷矿，以及伴生铅锌矿和萤石矿，形成 135 万吨/年磷矿开采能力和 95 万吨/年磷铅洗选能力。福华化学秉承"绝不单纯卖矿石，要实现矿产资源价值最大化"的理念，收购四川金光化工股份有限公司攀枝花黄磷冶炼工厂，设立子公司四川汇丰和新材料科技股份有限公司，在 2 万吨/年黄磷和 3 万吨/年黄磷两套装置的基础上进行环保安全和节能提升，并立项配套建设尾气利用制甲醇项目。至此，公司草甘膦生产的所有原料都有一定量的自我配套，有效缓解采购压力和成本控制。

向下延伸，从传统化工产品向新材料升级发展。福华化学依托在资源和技术方面的优势，2022 年规划建设福华新材料一体化产业园。产业园占地面积约 2000 亩，总投资约 220 亿元，规划建设磷酸铁、六氟磷酸锂、聚偏氟乙烯、磷系阻燃剂等产品，广泛运用于新能源汽车、半导体芯片应用、航空航天材料等。2022 年，福华化学结合十二水磷酸氢二钠的优势，对传统"钠法"工艺进行改良，结合"铁法"工艺，合成电池级磷酸铁，并投资建设 10 万吨/年电池级磷酸铁项目，极大提高了磷资源的附加值。同时创新性地引入双极膜电渗析技术，充分开发"元素利用"，将十二水磷酸氢二钠制成液碱和磷酸，将钠元素制成附加值较高的氢氧化钠，将磷元素制成附加值较高的磷酸，进一步提高了十二水磷酸氢二钠的价值，也降低了原料成本。同时，福华化学利用自有萤石资源、氯资源及区域内的电石和硫黄资源，规划建设 2.5 万吨/年电池级聚偏氟乙烯（PVDF）项目，应用于锂电池隔膜材料、电极黏结剂、太阳能背板隔膜、涂料、建筑膜材、电线、电缆绝缘材料、装饰材料等领域。

为显著提高阻燃效果，降低燃烧时有毒有害物质的产生，福华化学与科莱恩共同研究改进传统的无机磷系阻燃剂和卤素阻燃剂的缺点，基于草铵膦关键中间体甲基二氯化磷，开发出高端磷系阻燃剂衍生产品，并基于此技术建设 3 万吨/年磷系阻燃剂项目，敲开广阔的环保阻燃剂市场。

2. 收集分析客户数据，积极拓展国外市场

福华化学自 2008 年开始就提前谋划，在海外登记领域进行大力投入，拿到 62 项海外自主农药登记证，并结合与海外各区域客户合作登记的方式，收集、积累了大量海外客户的基础数据。在美国、巴西、阿根廷、澳大利亚等主要农业种植国家设立海外分支运营机构，下设海外子公司、分公司、办事处，在全球约 80 个国家和地区建立销售渠道和网点，主要客户包括先正达、纽发姆、科迪华、住友化学等国际知名化工企业，覆盖全球主要农药市场，充分保障公司在北美、拉美、亚洲、大洋洲、欧洲、非洲等全球草甘膦主要市场的销量，维持全球草甘膦市场的头部地位。

（六）集中能源管理，构建低碳产业体系

1. 热能梯级利用

草甘膦生产过程中，会产生大量的热能。随着企业内部生产体系逐步完善，福华化学原 3.75 万千瓦热电联产装置已无法将热能全部利用。2015 年开始，福华化学累计投资 14 亿元，建设 20 万千瓦热电系统扩能技改项目。建成 3×280t/h 高温高压循环流化床锅炉和 2×50 MW 机组，配套 3 套烟气电袋除尘器、3 套烟气石灰石 - 石膏双循环湿法脱硫装置、3 套烟气 "SNCR（Selective Non-Catalytic Reduction，选择性非催化还原）+SCR（Selective Catalytic Reduction，选择性催化还原）" 脱硝装置，烟气粉尘、二氧化硫、氮氧化合物达到国家超低排放标准。

2. 园区污水集中处理

为提高资源利用率，提升企业环保水平，福华化学投资建设处理能力为 3 万 m³/d 的园区污水处理厂。污水处理厂占地面积 46 亩，主要采用 "UASB+A2/O+ 化学除磷 +MBR 膜" 工艺，接收公司 A、B 生产区内产生的废水，以及整个化工生产基地的外部废水。经过处理后，进入污水处理厂的废水可达到《四川省岷江、沱江流域水污染物排放标准》（DB 51/2311-2016）。

3. 实施 "低碳福华" 项目，探索绿色低碳高质量发展

2017 年，福华化学与南方科技大学工程技术创新中心联合共建 "南科大工程技术创新中心福华工作站"，在环境治理、现代农业等相关领域建立校企战略合作长效机制，开展污泥与工业废物减量与资源化、农药减量化、工业废水处理与工艺改进合作研发项目，促进公司产业技术提升。2021 年，福华化学与南方科技大学北京环丁环保大数据研究院合作开展 "低碳福华" 项目，为福华化学践行绿色发展理念提供科学有效方案。

（七）充分激发人才与团队潜力，改革组织机制提升管理效率

1. 充分发挥党建引领作用，打造民营企业经营管理 "聚合力"

福华化学探索总结出 "三个四" 党建工作法：一是坚持 "四个培养"，把员工培养成骨干，把骨干培养成党员，把党员培养成榜样，把榜样培养成文化。二是打造 "四种能力"，加强思想建设，增强党组织凝聚力；加强组织建设，提升党组织战斗力；加强载体建设，扩大党组织影响力；加强作风建设，提高党员的免疫力。三是构建 "四心组织"，铭记初心，助力中心，凝聚人心，奉献爱心。将 300 人的党员队伍作为干事创业的 "生力军" 来培养，在创新创效的考核中党员干部设置额外的考核内容，在技术、市场攻坚克难的项目，要求 90% 以上由党员负责或参与完成，申报的发明专利 90% 以上由党员承担或牵头实现。

2. "事业合伙人" 模式激发员工创新创造能力

2013 年，福华化学自创 "两再" 目标管理，员工在公司下达的年度目标基础上，自主提出在 "技术再突破、效益再提升" 方面的工作目标，通过跳起摸高的方式，激发自身能动性和创造性。员工缴纳一定的保证金，公司根据项目内容，核定考核标准。员工按照目标完成后，公司按照最少 1：1、最高 1：10 的标准进行奖励，并退还保证金。"两再" 目标成为福华化学激发员工创新创造，一次次实现新突破的有力 "法宝"。每年的大年初九，员工与公司签订 "两再" 目标也成为一项传统。

福华化学采用 "事业合伙人模式" 引进优秀人才，用 "激情、责任、分享、创新" 的企业文化精神创新激励制度。成立 4 个员工持股平台，让关键岗位和骨干员工与企业同发展、共进步；通过特有的 "两再" 目标管理方式，重点工作完成奖励和项目完成奖励等，激发员工自我加压，挑战更高的目标。

3. 推行事业部改革，向扁平高效管理转变

福华化学结合公司发展情况，2022 年年底实行事业部制改革，即以产品为业务核心，成立基础化

学品事业部、农用化学品事业部、新材料及特种化学品事业部等5个事业部。事业部拥有人事聘用、物资采购审查和绩效分配等权限，独立性增强，审批流程缩短，工作效率得到极大提升。特别是在安全环保和工艺技术方面，各事业部分别成立安全环保部和生产技术部，针对各自的业务情况，第一时间解决安全环保隐患和问题。同时，职能部门转变管理方式，以指导服务为主。公司设立总工办和HSE（Health, Safety, and Environment，健康、安全和环境）部，对工艺、设备、安全环保、电气、仪控进行专业指导，定期或应事业部要求召开专题会议，对工艺技改方案进行研讨评价，论证其可行性和安全性，形成评审报告，增强决策的科学性，推动技术创新并减少失误。人力资源、财务、审计监察等职能部门对事业部的各项工作形成严密的运行监管和绩效管控机制，助力事业部的目标任务达成。

（八）开展自动化、数字化制造，支撑循环经济规划落地

2020年以来，福华化学提出"绿色低碳、数字赋能"战略思路，引领智能制造和数字化转型工作。福华化学对离子膜烧碱装置、草甘膦装置、多聚甲醛装置、甘氨酸装置、过氧化氢溶液装置等10余套装置进行自动化升级改造，大大提升草甘膦装置上下游系统的自动化、连续化生产效能；对数十个生产单元升级了DCS控制系统、SIS安全仪表系统、ESD紧急停车系统、GDS有毒可燃气体监测等安全仪表系统，极大优化装置的控制系统，提高装置的自控水平；增建消防站、增加消防应急装备，积极推进"智慧消防"建设，提升消防应急处置能力；引入杜邦安全管理体系，以杜邦在全球各地采用的世界级标准和最佳实践为基准，为福华化学量身定制安全管理改善方案，启动福华化学安全管理提升项目，计划用3年时间，从安全理念、过程安全、设备完整性、安全文化等方面，全面提升公司安全管理水平。

2022年以来，福华化学组建数字化专业团队，启动"福智"项目。项目从设备层、控制层、生产执行层、经营管理层、战略管理层5个层级进行蓝图规划，共涉及业务系统40余套，通过"两地三中心"模式确保数据安全和业务稳定运行，计划用3年时间建成一体三翼的数字化运管中心。2023年10月1日，"福智"项目正式上线试运行，为福华化学绿色高质量发展插上数字化和智能化的双翼。

三、民营化工企业以绿色低碳为导向的垂直一体化循环产业链构建效果

（一）建立了资源完全利用的循环产业链，产业集群化效益和经济效益显现

经过十余年的积累，福华化学打造了一条从卤水到烧碱到甘氨酸再到草甘膦、草铵膦的垂直一体化循环产业链和相关产业集群，并实现了多种化工产品的工艺路线优化及综合利用的进一步延伸，以成熟的工艺应用能力形成了氯、氢、磷、钠等元素的循环利用链。全产业链"磷"资源的利用率达到99.8%，"氯"资源利用率达到92%以上，主要原材料消耗、能源消耗指标行业领先。其中，开发的废气氯甲烷变压吸附回收工艺具有自主知识产权，氯甲烷回收率达99.8%；在热能利用方面，形成梯级式的四级利用，减少二氧化碳等废气排放。其中，冷凝水余热利用率达到80%，冷凝水资源回收利用率达到80%。

资源综合利用使对外销售的化学产品形成了丰富的产品库，涵盖了上下游产业链上的不同需求，打造了持续稳定的盈利能力，提高了产品的附加值，产生了良好的经济效益：2020—2022年，公司营业收入累计超过200亿元，年增长率超过50%；累计超过40亿元，增长率接近100%。

（二）技术突破取得显著效果，构筑了企业长久高质量发展的基石

通过自主创新与技术改造，福华化学取得授权专利89件，14项科技成果达到国内领先水平，1项达到国际领先水平。建立的以"四川省有机磷除草剂废副产物循环利用技术工程实验室"为代表的各类研发团队与载体，在化工行业产生了积极的示范效应。草甘膦母液资源化利用技术荣获4项国家发明专利，该技术在2014年被评为工业和信息化部工业清洁生产示范项目，福华化学成为全国草甘膦行业内第一家获此殊荣的企业，2016年荣获四川省科技进步奖。获得四川省重点流域总磷污

染源防控技术研究项目支持，被评为"石油和化工行业环境保护与清洁生产重点支撑技术"。与德国赢创工业集团合作两大系列 14 个高端助剂产品，技术水平行业领先；与陶氏集团、中国农业科技大学合作开发的全国独家产品——低泡草铵膦助剂 SNB-0，以及柑橘飞防专用助剂威航-888 两个系列产品，技术国际领先。

（三）践行了绿色低碳发展的国策和愿景，实现了良好的社会效益

福华化学通过自动化升级改造，减少重大危险源 8 个，减少现场作业人员 400 余人，实现了"机械化换人、自动化减人"的科技强安专项行动目标，并逐步为"无人生产"构筑基础。通过实施 10 余个节能技改项目，从源头实现了节能减排，草甘膦能耗达到了行业领先，烧碱单位产品能耗达到国内领先水平。生产过程中产生的污染物均达国家标准，整体污染物排放量减少至核定排放量的 30% 左右。2019—2022 年实现碳排放盈利 48.06 万吨，约 2500 万元市值，连续 5 年（2018—2022）省级环境信用评价为"环保诚信"企业（绿牌）。成为《绿色设计产品评价技术规范 农药乳油制剂》（T/CPCIF 0013—2018）、《绿色设计产品评价技术规范 农药制剂》（HG/T 5681—2020）中 2 个绿色设计产品的标准制定者，《有机磷农药行业清洁生产评价指标体系（征求意见稿）》中草甘膦农药企业清洁生产评价指标、权重及基准值的起草单位。草甘膦原药荣获工业和信息化部授予的"单项冠军产品"称号，同年被工业和信息化部授予"绿色工厂"称号。

（成果创造人：张　华、杨　奇、杨国华、李晓鸿、李瑞琪、李　舟、
姜永红、彭　琼、王莲娣、罗　茜、刘巧凤）

全面提升客户体验的数字化供电服务管理

国网福建省电力有限公司福州供电公司

国网福建省电力有限公司福州供电公司（以下简称国网福州供电公司）是国网福建电力的分公司，也是国网公司确定的大型地市供电企业之一，担负福州六区一市五县及平潭综合实验区供电任务，下辖 8 个县级供电企业。截至 2022 年年底，企业用工总量为 8266 人，供电客户 417 万户，资产总额 221.1 亿元。福州地区有 500 千伏、220 千伏两个电压等级主干电网，220 千伏电网形成"沿江双环、南北两翼"结构，110 千伏电网形成以单链、"T、∏"混合接线为主的合理分区网架结构。10 千伏全地区"N-1"通过率为 97.8%。地区电网拥有 220 千伏变电站 43 座，变电容量 1776 万千伏安，线路长度 2588.9 千米；110 千伏变电站 163 座，变电容量 1577 万千伏安，线路长度 3150.2 千米；35 千伏变电站 37 座，变电容量 53.7 万千伏安，线路长度 777.7 千米。配网 10 千伏公用配变 3 万台、容量 1638.6 万千伏安，10 千伏线路长度 2.4 万千米。2022 年地区最大负荷 1025.1 万千瓦。

一、全面提升客户体验的数字化供电服务管理背景

（一）优化地区营商环境的战略举措

党的十八大以来，国网公司加速推进后疫情时代企业复工复产服务工作，推出"三零三省"服务举措，即低压小微企业"零上门、零审批、零投资"，高压用户用电报装"省力、省时、省钱"。国网福州供电公司依托"数字福州"建设，贯彻"三零三省"工作部署，主动探索如何提升客户办电效率、降低客户用电成本、减少客户停电时长等新课题，努力营造公平透明、安全可靠、竞争力更强、效率更高、成本更优的电力营商环境，助力经济稳增长，做到让客户满意、让党和政府满意。

（二）推进新型电力系统建设的迫切需要

推进可持续发展与能源转型，提高电力供应的稳定性与可靠性，成为尽快推动新型电力系统建设的重要原因，亦对电网企业的配电网建设、运维、抢修提出更高的要求。各类交互式能源设施快速发展，高品质、多元化用电需求不断增长，对供电企业的客户服务水平提出了更高要求，亟须大力推动信息技术与智能电网融合发展改造。在推进新型电力系统建设过程中，迫切需要深入开展数字化供电服务变革，利用集中调控、远程协作、人工智能等数字化手段，实现隐患故障的实时感知、快速响应与精确控制，构建以提升客户体验为核心、科学调度指挥的新型电力系统。

（三）供电服务数字化转型的必然要求

随着福州地区数字经济和数字技术的快速发展，深入推进数字化转型发展、建设数字化企业，已经成为供电企业的战略焦点。福州地处东南沿海，台风灾害多，响应速度快、时效要求高是抗台抢险的重点和难点，而配电网灾损情况瞬息万变，传统的配电网运维、抢修管理方式已经难以应对。因此，依托数字化管理手段提高电网监测分析能力，对客户诉求精细分类，加快构建跨部门、跨业务高效协同机制，加强对网格区域人员、物资配备的精益化管理，打造综合性的资源指挥平台，探索建立有效、有序的供电服务指挥模式，增强用户服务的针对性和及时性，确保停电诉求得到快速处置，已成为供电企业数字化转型的迫切需要。

二、全面提升客户体验的数字化供电服务管理主要做法

（一）构建数字化供电服务管理体系的总体思路

1. 以客户需求为导向，明确管理创新任务

国网福州供电公司立足"人民电业为人民"的企业宗旨，以全面提升客户体验为目标，"三维三

线"构建数字化供电服务管理体系，聚焦居民、商企及政府三大维度客户需求，围绕客户感知显著的办电、用电、停复电三大核心业务流程主线，通过搭建服务客户用电报装的"智慧办电平台"，服务客户持续可靠用电的"配电网格化智能运维管控平台"和推进快速停复电的"供电服务指挥平台"三大数智平台，实现客户办电、用电、停复电零上门、零烦恼、零感知三大体验提升，为助力营销服务水平持续提升、服务福州经济社会发展与营商环境优化贡献电网力量。

2. 明确分层实施路径，引进科学管理模式

供电服务指挥中心调整为独立机构，对上衔接省公司职能部门，对下指导县级指挥中心提升服务指挥能力。市县供电服务指挥中心建立配网抢修应急机制和进度督办机制，减少派单流程；深化业务流程再造，制定指挥体系管理文件和业务工作标准，指导业务有序开展。将县公司供电服务指挥中心纳入市公司指挥中心领导，将电网运行信息和客户诉求及时传递到班组，督促主动运维、快速处理故障，使网格人员由传统被动运维模式向以信息化作支撑、准确量化考核为抓手的主动运维方式转变。

3. 专业协同沟通联动，建立高效工作机制

推动营销业扩、电费、计量等专业规范和标准制定，指导县级指挥中心加强服务风险监测、服务质量监督和服务舆情响应。做好故障抢修过程分层分级预警跟踪管控，开展运检类用户诉求分析管控，提升本质服务能力。优化配网调度方式安排，推进配网在线化网架诊断，提升安全管控水平。

（二）构建数字化供电服务管理平台

1. 打造服务客户用电报装的智慧办电平台

建设贯通先导式办电、方案辅助编制、预估物资用料、配套项目流程管控、数字化验收等功能的智慧办电平台。根据已申请及潜在办电客户信息，智能生成延伸投资电网规划布局，实现一次投资服务多个客户，推动供电方案由满足单一客户的"独立型"方案向满足区域负荷需求的"系统型"方案转变。提速配套工程建设，服务客户"开门接电"，提高办电效率。

2. 打造服务客户可靠用电的配电网格化智能运维管控平台

推动数据工单化变革，围绕配网业务末端网格融合的需求，打造配电网格化智能运维管控平台。贯通各专业信息系统数据，搭建智能分析决策模型，构建自动派单人员的网格体系，建成覆盖配网规划、建设、运维、用电服务"全场景、全流程"的配电网格化智能运维管控平台，助力配电专业多岗多级人员实时获取数据及工单信息，实现设备风险、缺陷隐患等信息及时精准发布，打造"数据驱动型"配网，改变依靠人员责任的"随机管理型"配网，提升配网智能化管理水平，提高供电可靠性。

3. 打造快速精准停复电的供电服务指挥平台效

打造具备可视化全景监控以及故障智能研判两大模块的供电服务智慧平台。配网主动抢修可视化全景监控模块，将运行数据信息进行多维统计分析、精准定位，完整展示配电网运行信息、设备状态信息、运行环境信息、基础地理信息和状态监测信息等，实现全景监测、报修预警、实时态势监控和工单分析等监测分析功能，提升抢修指挥效率，实现快速复电。

（三）数字化服务客户高效办电

1. 引入办电"数字营业员"，流程省时便捷

优化网上国网四种营销类业务系统流程，引入数字营业员"榕小智"，通过电力营销专业知识库智能调取，实现与客户的快速互动、业务的智能办理，优化客户线上体验。在现有营销 2.0 系统及网上国网 APP 程序基础上，增加客户能耗分析，对于可能出现的超容用电问题，主动向客户推送增容业务提醒，避免客户因过负荷用电造成线路过热，表计、开关损坏的风险隐患。优化语音识别能力，适配个性化业务流程，定制 IVR（Interactive Voice Response，交互式语音应答）语音导航，实现数字营业员对语音、复杂文字诉求的自动识别和智能交互，让每个客户都随时随地体验一对一的 VIP 专属服务。

2. 优化服务流程，满足不同客户办电需求

面向商企业客户，优化办电服务，降低客户办电成本。推广"一证启动、一码通办"办电服务，为每位办电客户赋码，一码贯穿客户服务全寿命周期，推动政企信息平台贯通，为客户办电提供"免申请""免提资"的先导式服务，在此基础上提供上门收资和企业代办服务，精简办电资料，全面降低客户办电成本。面向居民客户，简化办电流程，快速精准服务客户。创新推出"一键下单、现场办结"低压用电报装服务新模式，客户办电可通过多渠道进行在线申请、预约上门，国网福州供电公司工作人员开展现场勘察并负责外线工程实施和装表接电。面向政府客户，发挥政企共建优势，助力优化营商环境。与政府建立分层对接、项目协调、内部协同的沟通机制，配合政府加快医院、学校、政府机关等公共服务行业双电源改造建设，由电网企业与政府共同分担从用户受电点连接至电网供电接入点发生的入网建设费用，有效降低企业办电成本，助力优化营商环境。

3. 强化接入管控，助力新能源客户快速安全并网

充分利用业扩智慧办电平台，为客户定制个性化接入方案，满足不同容量及电压等级的客户接入需求，降低客户入网成本。开辟"绿色通道"，推广线上办电，将原先从受理到并网共 14 步流程整合为 9 步，配套同步开展电网侧改造，助力新能源客户快速并网。将电压等级在 400V 以上且容量超过 400kW 的企业光伏项目纳入调度管辖，由营销部牵头，跨部门多专业开展并网验收，为客户提供专业指导帮扶，提升客户设备精益化管理水平，共同保障电网和客户设备的安全。

（四）数字化保障客户无忧用电

1. 构建数智"全能指挥官"，管控精准高效

建设供电服务指挥智能中枢，提升业务受理端线上管控规范性。依托语音识别、NLP（Natural Language Processing，自然语言处理）、专家研判推理等人工智能叠加技术，实现语义判断、诉求类型监测、重复致电预警等功能，节省大量人力资源的同时还解决了客户报修等待时间长、生成工单准确率低的业务痛点问题。基于用能监测智能传感终端，依托供电服务指挥平台快速定位故障点、掌握客户诉求、派出抢修队伍以及推送主动服务信息，达到快速准确定位故障点、合理安排抢修资源的目的，提升抢修指挥的效率。打造中低压电网一体化调控系统，实现中低压营配数据全量贯通校验、故障感知全自动研判到表箱、"营配调"信息全数据共享应用。自动解析供电路径、调取比对关联业务系统信息，快速研判用户报修停电原因，有针对性地定制抢修方案，达到停电故障的精准感知、快速研判、高效指挥、及时通知。

2. 提供个性化服务，满足不同客户用电需求

面向商企业客户，建立需求侧响应机制，引导、激励企业用户优化用电方式，主动参与电力需求响应，实现电网削峰填谷，保障电力供需平衡；实施两部制电价制度，将与容量对应的基本电价和与用电量对应的电量电价结合起来形成最终电价，引导用户合理报装容量，提升电力系统经济性。面向居民客户，利用大数据技术，依托供电服务指挥系统，精准分析客户的电压、负载、分时段电量等数据，为客户推送专属用电信息，主动靠前服务客户，成为客户用电贴心管家。面向政府客户，建立政企沟通机制，针对重大活动时期的重要用户，制定"一户一册"保电方案，24 小时在线监控政府部门用电情况，组织各专业对重要保电用户进行走访帮扶，指导政府做好产权设备的维护。

3. 应用末端泛在感知，提升配网监测能力

灵活应用就地式、智能分布式等技术，推广 14 项融合终端高级应用，加强线路自动化终端标准化配置，制定融合终端与低压设备的交互规约，构建信息智能感知体系，实现 V2G（Vehicle to Grid，车辆到电网）、充电桩有序充电、低压互联箱和光伏等功能的智能化管控，实现新能源信息有序管理。引入配电线路防外破系统，与市政部门数据对接，实现异常情况自动预警、保障线路安全稳定运行。推

进"营配调"数据贯通，实现多系统间数据的横向绑定，强化监测分析信息支撑，涵盖电网监测、分析、辅助决策等各项功能，采用大数据分析技术，融合"以需求为中心"的相关数据信息，实现供电服务全景掌控，支撑精准主动服务、高效指挥。

4. 推行工单驱动模式，变被动抢修为主动预防

依托配电网格化智能运维管控平台，通过配网设备状态主动监测，结合配网运维历史数据及重大活动保供电需求，自动生成下派主动工单，有针对性地开展设备巡视和带电检测，将运维发现问题纳入缺陷流程进行线上处置，有效降低配网故障风险，提升故障停电主动预防能力。深化"营配调"数据贯通应用，实现配网设备状态主动监测，完善设备状态评价标准，对于设备重过载、电压质量异常、低压三相不平衡等配网异常情况，根据状态评价结果自动生成检修工单开展检修，减少设备故障带来的停电影响。加强对配网工单数据的挖掘分析，实现设备运行和缺陷等关键指标的全过程管控，提升配电设备风险评估和预警能力。细化各类工单完成质量的评价标准，多维度智能评价工作质效，完善信息化评价手段，以问题为导向促进配网运检工作提质增效。做好工单常态监控及溯源分析，定期梳理存在问题，制定改进措施，建立差异化考核评价机制。

（五）数字化助力减少客户停电

1. 试点督查"AI指挥长"，监控智能高效

基于"岗位人员+AI助理"协同思想，建立非结构化数据分流模型，打造人机协同的工作模式，"AI指挥长"通过综合用户、设备、员工画像及历史经验库，实现任务智能派发、资源智能指挥、时空智能预警、质量智能评价，提升供电可靠性及客户服务感知。通过深度嵌入业务系统的RPA（Robotic Process Automation，机器人流程自动化）程序，模拟人工操作实现RPA预警功能，及时通过系统语音、短信通知及微信机器人等多渠道提醒班组人员，实现风险预警管控，提升班组工作效率和供电服务质量，达到降本增效的成果。打造自驱动双工制智能绩效管控模式，激发班组内生动力。通过将工作业务工分量化，将业务执行单元转变为具备自我驱动、价值创造的团队，积极推动"生命体"班组"活力"提升，实现班组成员价值创造的自我驱动。

2. 拓展延伸服务，满足不同客户复电需求

面向商企业客户，建立联络人机制，加强供需双方用电信息交流，提前推送计划停电信息，引导企业合理安排生产，降低影响程度；建立综合指挥长管控机制，故障停电涉及大中型企业以及水厂、交通枢纽、医院等关乎民生用户，由当班综合指挥长统一调派抢修资源，缩短停电时长。面向居民客户，开展频繁停电专项整治工作，依托营销系统2.0智慧大脑，根据频停次数分层分级开展管控，通过专业分析，整理共性问题并开展专项整治，逐步压降频繁停电用户数量，在客户产生不良停电感知之前消除停电隐患，提升供电稳定性。面向政府客户，建立极端天气停电信息报送机制，及时将停电范围、影响客户数、集中停电区域等信息报送政府机构，作为政府决策依据；建立恶劣天气应急保障机制，当政府机构在极端天气下停电时，将其纳入第一优先保障对象，明确抢修队伍响应时间、对接人员、复电方案等工作要求，争取最短时间复电。

3. 精准计划停电，持续缩短用户停电时长

精准安排停电计划，根据年度检修计划合理制定全年和分阶段停电时户数预算；根据设备负面清单等要素差异化制订综合检修计划；严格落实计划刚性执行，拦截重复计划停电，确保计划检修合规。做好计划停电事前人员、物资、流程管控，确保工程顺利实施；依照计划停电过程管控实施步骤和操作方法，发现异常环节及时介入、开展支援并做好提级工作；合理安排操作计划，有效分配运维操作资源，避免操作挤兑。编制不停电作业方案审核单，落实逢停必审，确保能带不停；推进零计划停电区域建设，完善带电作业台账，实现电网"无感"检修；推进不停电作业能力提升，创新"四提

升"（管理提升、队伍提升、技术提升、装备提升）工作法，建立全业务、全类型需求的快速组网技术体系。

4. 加强故障管控，提升电网故障复电效率

开展停电事前预控。编制配网故障抢修管理规范，建立配网故障抢修指标评价体系；实施"网格化"精准抢修，确保每个点位上的队伍服务半径均控制在30分车程可达的范围内；按照配网故障停电事件分级响应标准，建立配网分级预警机制，督促部门领导、专责到岗到位，协调人员及时开展支援。强化停电过程管控。开展精益化抢修指挥调派，实时跟踪抢修到岗进度，缩短抢修衔接时长，提升各环节协同效率。开展抢修资源统一调派管理，实现资源调配过程电子化流转、痕迹化管理，精简调配环节，大幅缩短抢修各环节衔接时长。深化停电事后分析。一是利用大数据分析和预测手段，增加"抢修预警"和"工单分析"两个反馈环节，提升预警研判准确性。二是针对故障抢修过程中遗留的缺陷隐患，结合主动工单下派开 e 展跟踪督办，督促按时按期完成隐患消缺。三是定期开展故障时长分析，查询复电过程中的薄弱点，进行优化提升，进一步缩减停电时长。

（六）建立多元评估闭环机制

1. 以问题为导向，建立服务品质监管机制

针对业务办理、意见诉求、停电报修等客户服务全生命周期业务处理情况，根据重要程度和紧急程度不同，差异化采用 AI 语音电话、客服人工电话回访、现场走访等方式开展事后回访，聆听客户声音，在拉近与客户距离的同时，获得客户真实反馈，寻找潜在的问题和短板。依托营销 2.0 系统部署智慧大脑平台，打破数据烟囱对各专业口数据进行融合分析，对客户办电各环节用时、电能质量和用电稳定性、抢修复电时长等敏感关注点进行监测预警，绘制看板界面直观展示监测情况，颗粒度达到供电所网格层级，精准剖析服务弱环，实现精细管理。供电服务指挥中心牵头，依据各系统监测预警分析结果，综合开展生产服务管控，形成日报、周报、月报、年报，结合公司会议进行通报，对弱项指标和整改进展进行分析，确保服务品质闭环提升；开展典型案例分析，针对重点管控诉求、客户评价不满意的诉求、重复诉求、诉求外溢开展实地核查与监管，组织各专业部门现场办理，确保诉求一次解决，持续提升客户服务水平。

2. 以指标为导向，完善工作成效奖惩机制

以客户感知为核心，重新梳理优化指标体系，将原有的按照营销运检调控等不同责任部门作为分类标准的各自独立的指标重新融合为覆盖客户用电全生命周期、可衡量评价经济、社会、环境综合效益的客户服务综合指标评价体系，全面实现业务过程动态实时监控，有序推进数字化建设成效落地。采用"目标-趋势-对比"三因子评价方法进行指标评价，通过"目标"因子衡量客户服务指数当前的绩效水平、"趋势"因子衡量客户服务指数在近三年的提升趋势、"对比"因子开展相关的外部比较，三因子通过加权计算最终获得客户服务综合评价指数水平，精准当前客户服务总体水平和提升方向。修订相关考核实施细则，以客户视角重新开展供电服务质量事件和供电服务过错认定，加大指标评价与绩效工资的挂钩力度，对各单位按月度执行考核要求，对同一类型重复发生的问题加重考核，规范全体员工服务行为，通过月度合约形式评价各单位客户服务总体水平，确保客户服务各项创新举措成效落到实处。

三、全面提升客户体验的数字化供电服务管理效果

（一）实现数字化供电服务模式变革

办电业务实现 100% 线上受理，76% 业务受理实现自动处理。实现 2 小时内客户信息 100% 线上审核，普通居民用户低压报装时间由 5 天缩短至 2 天，企业用户高压用电报装时间由 88 天缩短至 33 天。客户电话诉求等待时长下降至 5 秒，日均受理时长从 17 小时缩短到 5.6 小时，业务申请到受理时

限缩短至 5 分钟内，达到国内先进水平。精简优化线下窗口 41 个，撤销关闭 15 个实体营业厅，精简
33% 人力成本并开展增量业务，每年节约人工成本 213 万元。客户诉求一次解决率达 93%，百万客户
投诉量下降 10 个百分点，客户诉求满意率达 97.19%。派单准确率提升至 98%、人员到岗及时率提升
至 100%。抢修队伍接单、回单均 100% 线上流转，平均减少每张工单处置时间 4.1 分钟以上，班组故
障平均复电时间从 51.4 分钟下降到 38.7 分钟，平均减少电量损失 808.3 万度 / 年，合计增收 452.6 万
元 / 年。

（二）助力新型电力系统建设

依托配网网格化智能运维，智能巡检及时发现隐患缺陷 3.7 万余条，消缺及时率 98%，低压台区
数量同比减少 92.3%，用户低电压数量下降 89.4%。全地区供电可靠率提升至 99.968%，10 千伏馈线故
障比降 31.21%。实现故障智能定位。通过强化停送电过程管控，用户平均停电时长同比下降 13.9%。
企业新增光伏接入时限最快缩短至 1 个月以内，持续提升新能源企业客户满意率，增供清洁能源 175.2
万千瓦时，有力助推国家"碳达峰碳中和"战略落地。帮助客户节约电量 130 万千瓦时，共同践行
"低碳中国"理念。

（三）保障福州地区经济社会发展

通过实施"三零"服务策略为小微企业节约办电投资 1300 万元。2023 年截至 9 月累计为福州地
区工商业用户节约办电工程投资 137 万元，为地区营商环境持续优化，经济快速发展保驾护航。为政
府机关用电设备改造节约资金 23.7 万元。未发生县级以上政府机关停电事件，为政府开展抗险救灾指
挥工作提供可靠用电保障。智能化合理调配用电负荷，强化电力保障，为"数字中国""两马元宵灯
会""世界地球日活动""国家网络安全博览会"等重大活动提供可靠供电，保证活动正常举办，助力
提升福州地区知名度。

（成果创造人：谢　辉、周　靖、吴簪麟、陈宗伟、吕　鹏、张　颖、
赖茂杰、魏建文、何书华、程宏辉、陈炜岳、林立洲）

以有效改善宜商环境为目标的供电服务示范区建设

内蒙古电力（集团）有限责任公司鄂尔多斯供电分公司

内蒙古电力（集团）有限责任公司鄂尔多斯供电分公司（以下简称鄂尔多斯供电分公司）是内蒙古电力（集团）有限责任公司直属国有特大型供电企业，承担着鄂尔多斯市8个旗区（除准格尔旗）工农牧业生产及城乡居民生活供电任务，供电范围7.95万平方公里，服务客户123.99万户。辖区内现有7座500千伏变电站，30座220千伏变电站，101座110千伏变电站，110千伏及以上输电线路9344.259公里，是集团公司范围内管辖输电线路最长的供电单位。截至2022年年底，资产总额148亿元，售电量完成398.77亿千瓦时，营业收入219.54亿元，同比增加42.21亿元。连续六届获评"全国文明单位"，荣获"全国五一劳动奖状"，优化营商环境"获得电力"指标连续四年居自治区首位。

一、以有效改善宜商环境为目标的供电服务示范区建设背景

2021年9月，世界银行决定停止发布《营商环境报告》（Doing Business），并宣布将研究制定评估营商和投资环境的新方法。2022年世界银行发布新评估体系——宜商环境（Business Enabling Environment）概念书。新评估体系将"获得电力"拓展为"公共服务连接"指标，从监管质量、公共服务、整体效率三个方面衡量电、水、互联网的服务水平。着眼适应营商环境新评估体系，内蒙古自治区强化顶层设计，制定印发《内蒙古自治区以更优营商环境服务市场主体行动方案》，面向供电企业明确压缩办电时限、降低客户成本、建立一体化服务平台、强化政企联动、压缩审批时限、提高供电可靠性等14个方面任务；鄂尔多斯市政府推出《打造全国一流营商环境实施方案》，将获得用电、用水、用气、用暖指标整合为市政接入指标，在加强政府监管、落实"双碳"目标、推动转供电治理、实现水电气暖讯联办等方面提出9项任务，打造"五心"营商环境品牌。

在内蒙古电力公司和鄂尔多斯市的大力支持下，鄂尔多斯供电分公司全力提升"获得电力"服务水平，连续四年在自治区营商环境评价中排名第一。但与国内标杆城市相比，还存在政企联动不足、信息系统支撑不够、高压客户办电环节较多、办电时限较长等问题。面对营商环境的新要求，迫切需要鄂尔多斯供电分公司将服务民生和企业供电作为工作主线，以更大力度和更强举措，提升供电服务质量效率与服务水平。

二、以有效改善宜商环境为目标的供电服务示范区建设主要做法

（一）明确供电服务示范区建设的指导思想与工作目标

1. 系统科学论证，明确供电服务示范区建设目标思路

着眼推动全业务数字化转型、促进政企无缝衔接"双向奔赴"、打造供电服务示范区，鄂尔多斯供电分公司坚持高标站位、系统科学论证，进一步明确办电环节最少、办电时间最短、供电品质最优、电价更透明、便捷度最高、客户诉求处理高效的目标任务：保持低压客户接电2个环节，高压客户办电环节压3个环节；实行"三零"服务的低压客户平均接电时间不超过5个工作日，其中无外线工程的不超过3个工作日，未实行"三零"服务的低压非居民客户、高压单电源客户、双电源客户的供电企业办理用电报装业务各环节办理时间分别压减至6个、22个、30个工作日以内；10千伏普通高压客户平均接电时间压减至22个工作日以内；城镇配网可转供电率达到92%以上，中心区、市区、城镇、农村地区客户年均停电时间分别压减至1个、3个、5个、14.5个小时以内；城区45分钟内，农村地区90分钟内，边远地区120分钟内到达现场；深化"互联网＋"营销服务，为客户提供蒙电e家APP、蒙速办APP等多种线上办电渠道，客户常办业务全过程线上"刷脸办电"，打通政企之间数

据壁垒，推行企业开办、建筑许可和不动产登记等政务服务与用电业务"一窗通办"服务，实现水、电、气、暖等公共服务"一次办成"，客户满意度进一步提升。

2.完善组织体系，压实责任扎实有序推动工作

统筹加强组织领导。成立由总经理、党委书记亲自挂帅，领导班子全体成员、副总师和17个部门主要负责人组成的供电服务示范区建设领导小组，下设系统升级组、政企联动组、办电提升组、供电提升组和综合保障组，对照示范区建设重点工作任务，各部门单位各司其职、形成合力，按照"一把手"工程推动实施。

科学划分管理职能。结合业扩配套工程管理职能划转，及时将项目经理职能划转至分公司生产专业，完善业扩报装跨专业联动，保障流程衔接顺畅。强化全程管控，优化客户服务中心管理职能，实施业扩"五同时"管理，即业务受理同时开展电话回访，严控体外循环；业务开展同时动态跟进办理进度，实施各环节超期预警；业务跟进同时开展工单规范性检查，提升工作质量；发现问题的同时建立整改台账，细化工作要求；优化制度同时强化培训学习，推动政策落地。

（二）强化供电服务内外部高效协同

1.加强政企联动，强化政策支撑

一是建立政企联合组织机构。推动成立由市委书记、市长任组长的优化营商环境工作领导小组，下设市场环境组，成员单位涵盖市场监管局、市能源局、鄂尔多斯供电分公司等单位，统筹推进获得电力、获得用水用气等有关工作。着力打通专业壁垒，围绕公共服务"一件事一次办"，梳理优化工作流程，向社会发布涉电业务"一件事一次办"清单目录，为市场主体开放全业务办理窗口。

二是完善政企工作推动机制。紧密对接公共服务指标下的"监管质量"指标，积极配合市政府全面梳理制约电、水、气等公共服务的堵点、难点，助力出台鄂尔多斯市《打造全国营商环境优秀城市行动方案》。按月督办任务进度，保障任务落地见效。

三是建立政府支撑企业对标机制。与佛山供电局全面开展同业对标，及时向政府反馈对标成果，推动出台各项政策。例如，构建客户侧隐患整改共监机制，对存在重大安全隐患或者一般安全隐患拒不整改的，按客户分类向旗区级政府部门或市能源局进行报备，推动隐患整改清零。

2.对内纵横联动，提升服务效率

一是整合资源，优化管理组织。以客户为中心，构建支撑客户服务全过程的管理组织。在"双经理责任制"和"2+N"云模式柔性工作小组基础上，设立营销、计划、财务、生产、工程等部门及分公司用电营商环境"首问负责联络人"，组建"一站式"报装的服务加速站，由客户服务中心统筹调度各类资源，共同推动10千伏及以上电压等级业扩报装工作。

二是创新模式，强化专业协同。设立统一的调度机构，实施"轮值制＋项目制"运作方式，客户服务中心领导班子成员按月轮值，并对重大报装项目负责督办。各项目客户经理和专业部门严格按轮值经理要求推动工作，确保"首问负责制""一口对外"落实到位。

三是完善储备，保障物资供应。推行标准物料和年度框架招标，在招标阶段明确供应商寄售、协议库存等多种储备方式，在确保框架到期前完成全部寄售物资消纳的前提下，由供应商先行储备物资至公司物资仓储中心，保障物资供应，构建"定额储备、分级存放、随时领用"的现代物资供应体系，压缩物资领用时限。

（三）紧盯客户感受，全面提升民生供电服务水平

1.聚焦"简"，做到申请零证件、网上办理零上门

实施"互联网＋"服务，建立客户聚合、业务融通、数据共享的网上服务平台，推动营销系统与蒙速办APP、市政务服务平台全面对接，为客户提供蒙电e家APP等多种线上报装渠道，5类电子渠道

常办业务上线率达到 100%，实现客户用电"一次都不跑"。在用电申请环节推行电子证照互信共享，在线调用获取身份证等办电资料，实现居民客户"刷脸办电"、低压客户"零证办电"。强化公共服务事项联动，推行"一网通办""一窗受理"模式，通过政务数据推送、信息共享等方式，实现不动产加水电气暖联合过户，客户在办理不动产过户时，可同步申请水电气暖联合过户业务。客户申请信息会同步推送供水、供电、供气、供暖企业，无需客户再次前往水电气暖业务柜台，即可完成过户业务办理，水电气暖讯一网通办率达到 95% 以上。

2. 聚焦"快"，做到接电零审批、5 天就通电

接电审批环节，针对低压电力接入工程规划、占（掘）路等行政审批事项，制定免审批备案表、承诺书，按年签订文明施工承诺书。项目实施时，提前一日将施工方案和交通疏解方案通过工程联审平台推送至公安、交通等部门，承诺依法合规施工，相关审批部门履行事中事后监管职责。对不符合承诺免审政策的项目，按规定编制论证报告，通过在线审批监管平台，提交相关部门并联审批，限时 2 天办结，推动办电全过程提速。勘察设计环节，实行勘察设计一体化作业，开发完善移动端应用程序，实行供电方案线上审批，借助远程视频和电网地理系统图进行"云勘察"，减少现场往返和方案审批等待时间；施工过程进行"云检验"，线上指导过程消缺，工程完工后零缺陷送电，有效压减竣工检验时间。

3. 聚焦"好"，做到供电更可靠、服务更贴心

大力提升供电可靠性，深入落实生产精益化管理要求，围绕"三全三强五提升"和"一抓五联动"，创新可靠性全过程管控机制。与电网建设、运维等专业管理融合互动，试点开展康巴什核心城区取消计划停电和各分公司建设检修不停电线路，全面推进自动化提档升级。

持续优化应急抢险模式，对停电建立网格化急抢修模式，实行急抢修人员 24 小时值班制度，第一时间处置各类故障，优化故障处理机制，实行内转外不转，一次性处理完毕。

深化营销网格化 2.0 服务，完善网格经理"计件制"薪酬管理。丰富电力服务窗口便民设施设置，设立便民专席；实施"一站式"电管家服务，实现发票、供电方案等实物单据的免费寄送。对特殊人群提供优先服务，对行动不便的特殊人员开展"一对一"上门服务。

4. 聚焦"省"，做到接电零投资、电价更透明

扩大"零投资"范围。进一步延伸至用电容量 160 千瓦及以下的普通低压客户，提前一年完成国家发展改革委、国家能源局工作目标。对符合政策要求的中小型农业生产设施动力电客户、电机井客户，以及满足乡村振兴所需广播发射台客户，全部纳入"零投资"范围。开通电采暖服务"绿色通道"，配合政府"煤改电"规划，实施整镇、整村改造，电能表计以及计量综合表箱出线压接螺栓以上的电力设备、设施全部由供电企业投资建设，保障农牧民冬季清洁取暖需求。

拓展降本增效节能服务。建立政府、电网、用电企业三方协作机制和地市级电网公司电力现货交易管理体系，形成生产、营销各专业紧密配合的工作机制，面向重要客户建立"1+N"专属服务团队，提供定制化服务，引导企业通过优化用电方式。同时，积极拓展能效服务，引导客户科学规划用电时间和用电负荷，助力客户降本增效。

推动清理规范转供电环节收费。多部门协同建立转供电主体信用惩戒、违规曝光等长效管理制度，推动转供电终端用户改为直供电，清理规范转供电环节收费。针对转供电环节违规加价和截留降低电价政策红利等问题，推广"转供电费码"查询功能，转供客户领取率达到 100%，联合市场监管局推进电力业务系统与市场监管系统线上贯通，建立"转供电费码"信息线上传递、监管部门查处整改结果线上反馈常态工作机制，实现风险预警信息与监管处置信息实时共享对接，形成数字化闭环，将政策红利传递至终端客户。

（四）紧盯关键环节，全面提升产业供电服务水平

1. 提前对接，前移服务界面

建立全市用电需求提前共享机制。建立对应项目储备库。针对储备库项目设置专职客户经理，主动对接、动态跟进282项工程客户侧进度，按照"日刷新、周调度"机制，为84项储备项目开展供电方案咨询，提前预留配套工程物资，合理压缩方案答复和业扩配套工程建设时限，推动企业用电"即来即接"。

面向重点园区推行"开门接电"。根据各园区产业结构特点，建立重大项目包保机制。设立自治区首个园区电力服务工作站，通过园区驻点办公前移服务端口，建立供电企业、园区政府、用电企业三方常态会商协作机制，完善政企信息共享机制，确保重点项目电力配套工程与园区规划布局一致，建设进度与项目进度齐头并进。建立电网应急资金使用流程，最大限度满足紧急项目用电需求。推进电网规划和园区规划深度融合，适度超前布局电网配套工程。服务期间，选派业扩报装等业务骨干入驻园区服务站，"零距离"解决园区和企业的用电问题。

完善重点项目全周期供电服务机制。招商引资阶段，围绕项目选址与政府提前沟通汇报，核实是否具备供电能力。项目立项阶段，针对具备条件的项目，推动政府提前落实配套电力工程选址选线工作。项目实施阶段，创建重大项目列表，成立工作专班，实行"项目责任制"和"工程主人制"，保障项目前期工作顺利开展。推进可研初设一体化、EPC（Engineering Procurement Construction，工程总承包）、一次二次设备集成采购，实施"政府帮办、垫资青赔、拿地即开工"等模式，保障电力工程与客户工程同步建设、同步投产。开辟重大项目配套工程建设、物资供应、验收送电绿色通道，提供"一揽子"接电服务。利用三级仓储体系实现公司物资资源共享、统一调配。深化电子采购100%、提升供应商寄售服务质效，将业扩物资寄售向旗区周转库延伸，探索应用计量周转柜，推行标准化物资自助领用模式，提升业扩配套工程物资供应服务质效。项目送电后，安排专职客户经理建立一对一服务关系，"一口对外"主动收集客户各类用电需求、开展政策宣传、维护客户关系。

2. 主动服务，提高服务效率

推动优化高压外线审批流程改革。推动营销系统与政府工程项目审批和智慧监管平台全面对接，出台《关于进一步优化"水电气暖信排"接入外线工程行政审批程序的实施办法》，实行一般工程建设类项目并联审批，实现在线审批、统一出件的并联办理全流程"跑零次"。推动市住建局将"占用城市绿地审批""临时占用、挖掘城市道路审批""工程建设改装、拆除或迁移城市公共供水设施审批"等合并为"市政设施建设类审批"，由住建局统一受理、并联审批。面向重点园区，实行高压客户电力外线工程行政审批告知承诺制，通过外线联审平台同时提交告知承诺书和相关申请材料，各审批部门线上确认、线上批复，整体行政审批时间压减至2天。

优化完善非永久性用电解决方案。针对基建工地、市政建设等非永久性用电，通过供电设施以租代购的方式提供临时用电解决方案，客户自主选择符合资质的电力工程承包商，签订变压器等电气设备租赁合同，享受全过程保姆式服务，无须自行组织图纸设计、施工安装等事项。

提升电力交易和代理购电服务能力。主动服务政企客户、售电公司、发电企业等各类市场主体，落实电力现货交易、分时电价政策，优化市场化交易服务，引导客户参加电力交易市场，确保程序规范、业务高效、信息公开。逐渐扩大用户侧中长期曲线化交易范围，降低偏差考核用电成本。

3. 融入发展，深化服务内涵

将电网发展规划纳入城市发展规划，促请地方政府统筹市政综合管廊建设。建立电网规划定期评估及滚动调整机制，推动电网高质量发展。全力支持数字能源、数字生态、数字政府"三位一体"数字产业基地建设，对符合政策要求的增量5G基站，配置专属客户经理，全部纳入"零投资"范围，支持存量 5G 基站转供电改直供电，对产权清晰、改造条件较好的 5G 转供电基站，优先采用公变接入方式纳入改造计划。

（五）紧盯堵点难点，全面提升"双碳"供电服务水平

1. 服务新能源发展和绿色用能

结合新能源接入和汇集送出需求，完善网架结构，建立健全《分布式新能源并网技术标准》《分布式新能源并网服务标准》《电动汽车充电桩运营管理服务标准》《户用光伏并网服务标准》4 大自治区地方标准。规范新能源等各类项目服务流程，由客户服务中心负责全程服务，履行"内转外不转"机制，实现"一口对外"。对符合国家规定的新能源发电项目，接入公用电网工程以及由接网引起的公用电网改造工程。

2. 大力推进现代能源经济发展

全力支持零碳工业园区建设，与园区、用电企业建立微电网建设三方联席会商机制，针对园区建设组建多专业服务团队，实行全过程驻点服务、现场办公，全过程提供技术咨询。扎实推进零碳产业园配套送出工程，充分发挥电网建设"双首长制"工作机制，开辟园区配套接网工程绿色通道。全力支持零碳园区配售电公司建立，依据"达旗增量配售电园区"管理经验，积极参与电网公司入股、园区划界等问题协商，并提出建设性意见。

（六）建立健全供电服务保障体系

1. 打造数字智能服务模式

一是借助信息化技术实现客户报装"一次都不跑"。对接政府投资项目审批平台和工程建设审批平台，实行"政务服务＋用电报装"业务联办，实行不动产登记与电、水、气、暖更名"一站服务"。打造"多多评码上生活"平台，为居民提供"电、水、气、暖"多费合交、多单合一的缴费服务。二是完善移动端业务平台。

2. 完善监督评价体系

一是联合多部门开展多维度监督评价。联合营销（包括客户服务中心、营销稽管中心）、审计、监察等部门，在业务、廉政、合法合规层面进行监督评价，引入多维度评价考核机制，对报装项目从业务受理至验收送电全过程服务、质量、时限开展评价。

二是建立用电营商环境"体验官"制度。建立"真实感知、及时发现、快速响应、高效处置"的营商环境"体验官"工作机制，发挥"体验官"观察员、监督员、联络员和宣传员作用，精准发现企业办电、用电的难点、堵点和痛点。

三是开展报装接电服务综合性评价。引入第三方机构，通过模拟报装的方式对营业厅政策掌握、服务规范等行为开展明察暗访，并通过多种渠道的客户回访，将评价结果纳入绩效考核，与"客户经理＋项目经理"服务小组工资绩效分配挂钩，定期发布"获得电力服务排名榜"，设立"蜗牛席"，不断提升用户办电体验。

四是完善社会舆论监督机制。通过政府网站、公司官方微信公众号等渠道，实时发布和更新服务信息，主动接受社会各界监督。定期向能源局报送业务办理量、平均办电时限、客户办电成本、停电信息，自觉接受政府监管。

五是建立接诉即办工作机制。将政府服务热线 12345 统一纳入服务调度管理范畴，明确规范受理、即时转办、限时办理、满意度测评等要求，健全接诉即办工作机制。

3. 健全风险防控体系

营销专业协同其他专业部门共同梳理潜在风险，全渠道、全环节、全主体搭建立体防控网。将电采暖、充电桩服务可能造成的服务风险和舆情风险，纳入舆情风险监控体系；将"三零"服务和延伸

投资带来的岗位廉洁风险，纳入廉政监察体系；将业扩配套工程可能产生的安全风险，纳入安全监控体系；将项目管理模式改变可能带来的风险，纳入审计风险防控体系。

三、以有效改善宜商环境为目标的供电服务示范区建设效果

（一）全面建成供电服务示范区

建成供电服务示范区，在自治区 2022 年营商环境评价中，"获得电力"高低压接电环节分别缩减至 3 个、2 个，低压时限缩短至 6.3 个工作日，高压时限缩短至 24.8 个工作日，接电成本下降为零；供电可靠性指标显著提升，为集团公司内最优水平。2023 年，高压客户办电时限进一步压缩在 30 个工作日以内，客户用电实现了电水气暖"一网通办""刷脸即办"。截至 2023 年 8 月，公司线上报装率达 100%，线上缴费率达 98.67%，"获得电力"指标连续四年排名自治区第一，评为蒙电营商环境示范区。

（二）显著优化了电力营商环境

有效降低了客户办电成本，低压客户、电能替代客户、5G 基站办电全部实现"零投资"，高压客户公司延伸投资至客户红线，2021 年以来累计节约客户办电成本超 2 亿元，有力推动了地方经济发展。大幅缩短了客户办电时限，有力支撑了增供扩销，售电量超额完成集团公司考核目标，保障了企业稳健经营。

（三）大幅提升了供电服务水平

打造了政企高效联动、内部纵横贯通的协同机制，客户经理一口对外、全程代办，实现了报装"一站式服务"。居民客户实现"刷脸办电"和电水气暖联合过户、一键缴费，做到"一次都不跑"。完善政企业务联办，提前获取客户需求，持续提升服务质效，为企业发展提供全过程服务。推广配套物资定额储备和临时变压器租赁，规范优化了新能源服务流程，总结形成了一套成熟且可移植的网格化服务模式，为其他地市公司提升供电服务水平提供了有益借鉴。

（成果创造人：田　斌、郑　浩、冯　香、王智勇、王林融、乔政远、
　　　　　　　张　嵘、马原原、秦　瑜、娜仁花、刘　西）

轨道交通装备企业服务产业链的深度协同管理

中车永济电机有限公司

中车永济电机有限公司（以下简称永济电机公司）隶属于中国中车股份有限公司，是我国交通、新能源领域牵引电传动系统专业化研制企业，是"国家认定企业技术中心""科创中国"轨道交通与能源装备创新基地。永济电机公司建立了国内一流机车、动车、地铁、风电产品试验台、站，具备各种功率等级的交直流电机和变流器、功率模块及IGBT（Insulated Gate Bipolar Transistor，绝缘栅双极晶体管）试验验证和系统联调试验能力，形成了电传动系统、新型材料应用、变流及网络控制、智能运维等核心技术的自主化技术创新体系，是中国铁路主要的电传动系统供应商，国家城市轨道交通牵引系统、网络控制系统定点研制企业。永济电机公司坚持轨道交通电传动核心技术的纵深研究和技术应用的横向拓展，不断拓展轨道交通、风力发电、工业电传动、新产业、国际市场等业务领域，产品出口美国、澳大利亚、巴西、智利等50多个国家地区。

一、轨道交通装备企业服务产业链的深度协同管理背景

（一）中国铁路行车安全重要性，是产业链链长企业必须肩负的责任与使命

中国高铁承担着数亿万人民群众的安全出行，永济电机公司作为轨道交通装备核心制造企业，引领当今世界先进的轨道交通牵引电传动技术，产品在整个轨道交通产业链中具有心脏般的重要位置并覆盖中国高铁近50%的市场。随着越来越多的高速动车组进入检修服务高峰期，服务环节显得更为重要，这对产业链链长企业如何建立高质量的产品服务产业链提出了更高要求，也是企业作为央企一员从国家战略高度认知高铁名片，终身对产品设计和制造质量负责的责任感与使命感的体现。

（二）铁路修程修制改革深入推进，对企业战略转型提出要求

根据中国国家铁路集团有限公司（以下简称国铁集团）《关于深化动车组修程修制改革推进自主检修工作的通知》，车辆维修里程上限从原来120万公里延长到160万公里。企业"原造承修"格局将逐步被打破，各铁路局市场话语权和议价能力持续提高，企业面临着市场份额与利润断崖式下滑局面。永济电机公司只有通过激发创新活力，准确把握新时期中国高铁装备检修服务方向，积极统筹检修服务布局规划，深度参与修程修制改革，促进服务产业链上下游企业深度融合，才能实现战略转型目标。

（三）多维度用户需求，对构建生态服务产业链提出要求

自2017年，永济电机公司以中国高铁技术发展需求布局为企业数字化转型方向，瞄准高铁检修服务策略由计划性预防修逐步向数字化精准预防修转变的历史机遇，聚焦高铁检修服务关键环节部件等翻新重造技术深度研究，从而提升企业原创技术需求牵引，打造原创技术策源地，赋能服务产业链。同时通盘考虑不同用户在成本、管理、利润、未来发展等方面的诉求，各自在产业链中的位置、资源、重要度，实现优势互补，分工明确，始终坚持互利共赢、聚焦共同发展底线。根据参与的广度与深度不同，探索不同的合作形式，不断实践验证，最终构建起高效率、高效益的深度协同生态服务产业链。

二、轨道交通装备企业服务产业链的深度协同管理主要做法

（一）明确目标，顶层规划多维度用户需求服务产业链

1. 制定高铁装备服务产业发展战略

永济电机公司提出围绕国铁集团检修产业布局，推进属地化检修工作的属地修；通过技术支持、

配件供应、服务等业务，参与国铁集团自主修；结合国铁集团"高级修互修"，拓展企业同类产品检修市场的突破互换修；以合资公司为依托与路局组成利益共同体开展合作修，形成以"推进属地修，参与自主修，开展合作修，突破互换修"的高铁装备服务产业发展战略，为轨道交通装备牵引电机检修产业链的形成，提供良好的发展空间。

2. 构建自主创新科技创新管理体系

永济电机公司优化组织架构，成立科学技术委员会，为企业科技创新决策提供建议和支撑，研究确定企业重大技术研究方向。一是构建科技创新体系，形成体制机制一体化及数字信息一体化管控模式；二是坚持产品全生命周期设计的正向设计理念，以技术引领为轨道交通装备服务产业链提升全方位技术支持；三是搭建知识工程平台，逐步构建知识平台系统。同时，成立专业电气研究院，开展新型电传动技术系统研究，实现知识对研发技术发展驱动，为产品全生命周期技术创新链发展提供人才动力。

3. 提供"集成式"解决方案

永济电机公司成立检修服务产业链管理部，统筹管理各模式之间集群化集群协作。一是人员流动管理。根据产品产量统一人员调配，发挥资源最大化。二是技术质量标准统一。统一的工艺管理平台，统一的质量管理体系，聚合各种资源一起推行质量改善。三是成本可控数字化管理。推进 MRO（Maintenance, Repair, and Operations，维护、维修和运行）系统应用，实现物料统一供应、调控，动态化管理。四是经营规范统一。建立与市场强关联的价格形成机制。五是安全标准"本土化"。实现检修服务产业链管理模式深度融合、参与国铁集团修程修制改革并发挥行业引领、示范作用。

（二）强化产品设计开发，提升全生命周期创新链技术引领

1. 打造原创技术高地，持续推进产品升级换代

第一，加快"四个一代"技术布局。永济电机公司坚持探索一代、预研一代、研制一代、装备一代的"四个一代"技术布局与研究，实现产品全生命周期创新链核心技术提升。

第二，绿色产品技术研究。一是基于氮化镓（GaN）的高功率密度电源研究，同功率等级电源损耗降低 50%、体积缩小 30% 以上，达到国际先进水平；二是基于碳化硅（SiC）器件的电传动系统研究，实现系统效率提高约 0.9%，输出电流谐波降低约 10%，额定工况电机温升降低约 20k，达到国内先进水平；三是永磁直驱系统研究，突破大功率直驱永磁牵引系统核心技术，额定工况下，机车总效率提高 91%。

第三，自主可控技术研究。基于国产化芯片和软件的轨道交通装备控制系统研制，采用国产芯片（不低于 98%）和软件（100%），研制控制系统装置并实现装车；电机轴承及润滑脂国产化应用研究，通过对电机轴承边界条件研究、高级检修样本检测及对标竞品方法，完成机车、地铁牵引电机轴承 60 万公里耐久性试验，并开发出国产脂及参与铁路标准制定。

第四，组建开放创新联合体。永济电机公司在加强技术自主创新的同时，通过跨界融合、协同联合技术合作，组建开放创新联合体，实现企业科技进步。一是与西安理工、西安交大分别联合成立功率半导体器件与智能系统集成陕西省高校工程研究中心、智能制造与电气系统联合研究中心；二是与美国伊利诺伊、华中科大等国内外知名高校开展国际技术合作，从大功率直驱永磁电机控制等方面展开研究，为企业科技创新搭建高水平舞台；三是与高科技企业开展系统控制软件技术等相关技术研发与服务、产品认证等合作。四是挖掘科协、产业联盟等科技资源，承担重大科研课题、国家重大专项、行业标准制定，为企业培养领军人才。

2. 共享数字化平台，赋能检修装备服务品质提高

一是建立面向设计工艺的研发管理平台。永济电机公司以数字化设计工艺管理系统为核心集成大数据平台，与QMS（Quality Management System，质量管理体系）、MRO（检修售后）、WMS（Warehouse Management System，仓库管理系统）、ERP（Enterprise Resource Planning，企业资源计划）等业务系统，统一数据源，提高业务系统协同能力，建立以产品为中心的结构化关系网络，完善设计到工艺到制造的全业务流，实现跨部门跨领域的高效协同，达成工作流协同、系统间无缝集成的目标。

二是强化PHM（故障预测和健康管理）技术远程监测。永济电机公司着力攻坚PHM牵引电机和牵引变流器技术。自主研发车载数据传输设备，集数据高速传输和智能诊断技术于一体，实现对列车状态实时监控和分析、远程控制。软件应用方面，经过信号采集、采集信号预处理、特征提取以及进行模型对比，对电机状态进行实时全面诊断，提升轨道交通装备电机运行实时数据采集、监测能力，实现关键部件状态监测、故障预警、故障诊断、寿命预测并反馈，提高系统可用性，减少用户维修投入。成功应用于太原地铁2号线、西安地铁14号线项目。

（三）发挥工艺技术支撑，提高全生命周期创新链产品制造水平

1. 工艺技术体系建设

永济电机公司按照产品全生命周期创新链，形成从产品制造技术、产品检修技术到共性专业技术的工艺技术体系。产品制造技术为产品首次生产所包含的技术，产品检修技术为产品修理过程中特有的拆解、修理等技术，共性专业技术为新造和修理过程均有的检测、试验技术等。企业从产品结构入手，对每个零部件从机加工、焊接、组装等制造过程所包含的制造技术进行分析，同时结合企业现有制造水平，并在认知领域内分析可能采用的新技术，形成产品工艺技术树，为产品工艺攻关、技术研究及制造过程升级提供技术储备。

2. 制造过程管控

一是工序质量监控。通过QMS系统实现制造过程质量数据的搜集，对关键特殊过程的检测数据进行统计分析，并采取可视化展示，使企业相关部门及管理层实时了解工序质量控制水平，保证工序处于受控状态。二是外部工艺管控。通过对委外工序进行技术协议签订、交底、文件会签及首件检验等措施，实现对委外工序的工艺质量管控，保证产品委外、工序委外、工序外包质量处于受控状态。

（四）聚焦精益制造，夯实全生命周期创新链产品运行服务基础

1. 推进"精益产线+智能装备"，提升产品制造服务能力

一是推进"全产线"精益化建设。永济电机公司通过推进精益化产线平台建设，不断提升产品制造能力。制定《现场标准工位评价标准（试行）》，围绕企业21个制造单元、129条生产线、974个工位全面开展标准工位建设，建成102个标准工位，标准工位覆盖率由2021年年初的79.7%提升至现阶段的90.6%。

二是加快智能装备应用投入。永济电机公司大量投入智能影像、智能力矩系统等智能工具，减少人工作业，增强检修的准确性与及时性，同时实现数据直接采集和数据可追溯。内窥镜智能检测系统，消除关键工位异物产生，传输存储检测数据，实现每台电机机内异物可追溯；投入AR运维指导系统，通过远程专家语音指导和现场智能自检，将图像、图纸实时传输给现场技术人员，提高标准化作业效率。

2. 加大智能化产品运用，提高产品运行服务水平

第一，智能化产品运用研究。永济电机公司研制高度集成化变流器便携式智能检修设备，解决了机车C5修变流器下车检修检测带来的操作步骤复杂、人力与时间成本耗费大的情况，实现电机检修不下车狭小空间检测；研发的时速160公里动力集中动车组远程数传系统、机车远程数据监测和诊断系统、电力机车CMD网卡、机车数据记录仪（HDLC网络）、机车数据记录仪（WorldFIP网络）、机车

云端信息管理系统，实现列车运行系统数据实时采集、下载并同步远程回传，为车辆运行数据分析、产品设计提供数据支撑。

第二，运行技术服务研究。永济电机公司在加快原创技术创新引领同时，对高铁装备从产品设计、制造、运用、检修等全寿命周期技术参数和衰减趋势进行分析，评估产品及关键部件的剩余寿命和可靠性。一是开展牵引电机关键环节检修技术攻关。针对轴承理论寿命计算和故障率统计进行计算分析，在不同修程，对电机轴承装配尺寸、磨损量等关键指标进行检测，建立轴承寿命衰退曲线及失效判定标准。开展电机定子绝缘检修周期延长验证工作，对检修周期上限延长的电机定子绝缘系统的各项性能指标检测分析，并进行绝缘健康评估；开展结构部件的再制造技术研究。二是开展变流器检修技术深入研究。建立产品设计、制造、运用、检修全流程关键部件性能参数和检测数据的大数据平台。建立部件衰退曲线，制定失效判定标准。通过运维数据、试验测试，评估部件可靠性及寿命。

（五）紧抓铁路发展机遇，创新检修产业链发展新思路

1. 统筹规划检修基地区域布局

永济电机公司通过建立基地规划专业团队，协同路局、主机企业做好检修业务布局，争取成为部分地区与路局洽谈合作的牵头单位，实现对现有建成的各检修基地进行优化整合，对有属地修需求的路局，积极筹划基地布局，争取在该路局建立检修基地。同时企业发挥总部孵化剂作用，实现产品属地修与合作修落地，形成铁路局、动机车段、主机企业等参与，覆盖北京、上海等大都市的 7 大动车、7 大机车检修基地。

2. 标准化属地业务管控

永济电机公司成立检修基地办公室，协调基地工作开展，形成"标准化模板、规范化样板、制度化管理、常态化巡查、信息化互通"的"五化融合"管控，实现各检修基地统一的管理标准、管理体系无损平移、标准化属地管理系统、管理体系运行常态化、点对点间时效对接五个目标。

3. 搭建属地化运营保障体系

永济电机公司在检修市场拓展中注重运营保障体系建设。一是挖掘内部资源优势，实现检修大修、故障修产品部件的快速修复，满足用户交付需求；二是利用外部资源效应，开展检修属地化检修改制、外委加工，满足路局用户修程修制改革个性化需求；三是建立物资预储备机制，对人员、设备、物料、场地、工装仪器仪表进行全面平衡；四是建立物资配送机制，保证各检修基地物资供应及时、充足；五是完善人力资源保障库，建立以公司管理、技术、操作人员为主，合作方"属地化"员工队伍为辅的人力资源保障库。

4. 培育检修战略合作团队

永济电机公司注重优化区域产业链布局，培育轨道交通检修装备产业链上下游中小企业战略合作团队，共享检修产业发展成果。在合作方选择上，企业优先培育在主机企业、动车段（用户）新市场开拓，社会资源维护、业务支持等方面提供支持的战略合作伙伴，形成利益共同体。

5. 提升检修服务能力

永济电机公司聚焦用户，推行精益检修，不断提升产品检修能力。一是产品快速交付。工位制、节拍化精益产线运行，满足"多品种、分批量、快速切换"市场需求。二是保证产品质量。智能工具对检修工艺操作过程全方位质量管控，作业过程精准追溯。三是提供技术支撑。基于产品全生命周期研究。具备电传动系统产品及核心关键部件等多维度检测试验、研究分析能力。四是产能规模化发展。产品检修覆盖所有动车组三、四级修程，机车 C5、C6 级修程，具备年检修牵引电机 20000 台的能力。

（六）基于共建共赢，探索多维度需求服务产业链发展模式

1. 搭建合作平台，共创技术平移新模式

针对动车段用户在国铁集团修程修制改革下，检修技术研发能力不强，寻求高铁装备企业技术支持的需求，通过优势互补、共享资源与成果搭建的一种合作模式。动车段通过加强与高铁装备企业在市场开拓、客户关系维护等方面的合作，大幅提高自主修能力。这种模式在2019年由企业与上海动车段在上海检修基地共创，实现双方信息技术共享、效益能力提升。

一是技术平移。永济电机公司通过把高铁装备技术分为三个层次：1.0版，解决70%的共性技术，平移给段方；2.0版，解决20%的关键性技术、人员及专业团队问题；3.0版，开展10%的预判性技术研究，解决高铁装备检修中出现新的技术问题，研发前沿性、动态性、创新性技术。二是信息共享。动车段在采取市场换技术和自主组织技术攻关的同时，与企业联合办公，分享高速动车组运行信息数据，强化联合攻关，使企业实现对高铁装备运维大数据共享，为企业开展故障预测与健康管理研究与应用，分析故障、诊断故障、解决故障提供了数据支持，不断提升原始技术创新能力。三是用户自主检修能力提升。永济电机公司常年派驻技术人员服务现场，通过视频等形式对用户现场操作人员进行检修规程、工艺培训，对关键岗位人员免费集中实作培训，用户自主修能力得到大幅提升。

2. 探索建立联合体，共享合资合作新模式

通过强强联手打造创新联合体，共同探索高铁装备检修高质量发展新途径。企业以技术入股，铁路局以人力资源、设备、场地及市场入股。企业通过技术取得市场拓展，用户依托企业技术、平台优势取得资质，提升自主修能力，实现利益共享、风险同担。这种模式目前在企业与沈阳铁路局合作的合资公司得到实践。

3. 强化多方协同，共建多元化合作模式

多元化模式主要面向主机企业、合作方用户。永济电机公司通过劳务输出、配件销售等多元化合作，减少永济电机公司投资及人员带来的风险，实现双方风险共担、共享检修产业发展成果。

一是外包内控模式。由合作方投入设备、工装、人员，承修主机企业产品。企业免费为合作方人员能力提升提供培训，并对流水线产品技术、工艺、质量进行管控，确保产品交付用户。这种合作模式有利于永济电机公司减少投入，降低人工成本，合作方企业实现综合能力提升。这种模式目前在与中小企业合作方合作的长春检修基地成功实践。

二是外包内做模式。由主机企业投入厂房设备、人员，永济电机公司提供市场。主机企业承揽产品非关键工序，在企业的组织下完成产品交付。这种合作模式，实现企业产品属地化检修，缩短产品检修周期、降低运输成本，快速响应用户，同时解决了主机企业员工就业。这种模式目前在与主机企业用户合作的太原检修基地成功实践。

三是合作建设模式。国铁集团规划的检修基地主动与各车辆和部件制造企业进行接洽，由制造企业协助其建设检修生产线后入驻实施属地化检修。优点是生产线专业化程度高，投资少见效快。这种模式目前在与动机车段用户合作的北京、大连检修基地成功实践。

四是自主投入模式。由用户提供场地或租赁既有生产场地，进行工艺布局、设备设施投入后实施属地化检修。优点是自主化强，可实施精益化的生产流程布局，设备选购自由度高，利于"高、新、尖"技术工艺、设备设施的投入使用。这种模式目前在与机车段用户合作的广州、西安检修基地成功实践。

五是洽谈入驻模式。用户按照国铁集团属地化检修要求，引进国内外成熟的检修生产线（包括工位器具、设备设施）后与各车辆和部件制造企业进行洽谈，邀请其入驻实施属地化检修。优点是投产快、风险小、成本低。这种模式目前在与主机企业用户合作的天津检修基地成功实践。

六是配件销售模式。这种模式面向铁路局、动机车段、主机企业用户。永济电机公司根据用户工

艺要求和产品特点，以最小的成本、合理的设计，提供成熟并经过验证的工位式智能化流水线，减少用户二次开发带来的投入成本。目前有 5 家用户选择企业技术方案及智能流水线、升级改造自主修流水线。这种模式产生直接经济效益 4000 多万元。

三、轨道交通装备企业服务产业链的深度协同管理效果

（一）提高中国高铁行车安全可靠性，助力修程修制改革深入推进

永济电机公司原始技术创新能力的不断提升与引领，推动了中国系列高铁装备服务技术的深入研究。动车组电机高级检修关键核心部件轴承 95% 可延续再使用，检修过程电机绝缘设计寿命满足 30 年要求，提高了中国高铁行车安全可靠性。驱动板及数字量输入输出模块国产化替代，成为国内首个形成 HXD3B 型电力机车牵引及微机控制系统自主检修能力资质的专业化企业，提升了用户自主修信心与满意度。在国铁集团确认的全国 7 个动车组高级修自主修检修基地，有 6 个基地与企业展开多维度深度合作，同时企业参与国铁集团全路所有机车修程编制工作。

（二）企业经济效益大幅提高，生态服务产业链效能整体提升

2022 年，永济电机公司实现营业收入 111.52 亿元，连续三年突破百亿目标。2022 年企业高铁装备检修服务营业收入 8.2 亿元，与同期相比增长 12.3%。多维度服务产业链基地管理模式营业收入占到企业检修市场份额的 70%，实现企业高铁检修业务由"本土化"向"属地化"成功战略转型发展。永济电机公司为轨道交通装备检修服务产业链上下游中小企业提供了创新发展条件，形成了"区域链—解决物流—降低碳排放"绿色检修装备服务产业链集群，带动 6 家合作中小企业整体效能快速提升，实现营业收入近 30 亿元。同时也间接带动合作的中小企业履行社会责任，直接创造 360 余个就业岗位，发挥大企业"以大带小"引领支撑作用。

（三）服务产业链深度协同化管理模式得到广泛移植与发展

永济电机公司把轨道交通装备服务产业链深度协同化管理模式不断向新能源、工程机械等行业领域移植与创新。新能源行业，创新"企业＋政府＋合作方"区域配套为主的制造服务合作模式与技术移植，2022 年实现营业收入 62.18 亿元；工程机械行业，创新"制造外包＋企业内控"本土化服务合作模式，将企业轨道交通装备可靠的结构和技术应用于轨道车，2022 年实现营业收入 7.09 亿元。目前，这两个行业成为企业"双核心""双支柱"产业。这种模式得到了产业链共同体认可，并应用于城市轨道交通、船舶、核电、机械制造等行业领域。外包内控合作模式，应用于城市轨道交通行业的地铁司机操控台装配等环节。合资公司合作模式，应用于结构铸件行业风电总装环节等，并从技术引领衍生到技术、产品授权等多种合作模式。

（成果创造人：邢晓东、王　彬、贾　健、牛志钧、申军平、雷平振、
胡天召、荆卫锋、李宝恩、王勇刚、孟　琦、王艳芳）

供电企业以数字赋能推动电碳协同的城市降碳管理

国网福建省电力有限公司厦门供电公司

国网福建省电力有限公司厦门供电公司（以下简称国网厦门供电公司）成立于1979年，是国家电网公司辖区内唯一服务特区的大型重点供电企业，服务供电用户169万户。以建设和运营厦门电网为核心业务，承担着保障厦门全市清洁、安全、高效、可持续电力供应的重要使命。2022年，完成售电量324.91亿千瓦时，同比增长2.6%；全市供电可靠率99.9964%，连续四年位列全国主要城市第一方阵，达到国际先进水平。近年来，公司蝉联"全国文明单位"，先后荣获"中央企业先进基层党组织""中央企业先进集体"等荣誉称号。

一、供电企业以数字赋能推动电碳协同的城市降碳管理背景

（一）推动城市能源低碳转型的责任落实

"双碳"目标提出后，城市节能减排成为一项重要任务。电力是城市能源供给的主力军，作为城市能源调度的重要枢纽，电网公司在城市能源转型中扮演着至关重要的角色。电力数据与碳排放量呈现显著的相关性，电网公司有实力、有责任引领城市能源向绿色低碳方向转型。

（二）优化城市能源市场配置的必然选择

在城市级降碳过程中，优化能源市场资源配置是重要的突破点，通过引入多种能源选择，可以减少对传统高碳能源的依赖。能源市场引导资源配置优化主要通过供需关系和价格信号来实现，电网公司作为能源消费渠道提供者，调动消费侧降碳积极性是责无旁贷的选择。

（三）突破数智降碳技术难点的必要探索

城市降碳需要高效精准的信息获取、数据说话的科学诊断工具以及高效互动的能源调控平台。通过智能电表和各类数据分析平台能够实时监测和分析用户的能源消费情况，通过智能调度控制系统实现消费侧能源的精细化管理和优化调度，区块链等数字技术引入还可以保障能源市场的透明度和公平竞争，这是电网公司当下技术和管理创新方向责无旁贷的重要任务。

二、供电企业以数字赋能推动电碳协同的城市降碳管理主要做法

（一）强化顶层设计，确立区域降碳总体思路

国网厦门供电公司建设"电碳地图＋虚拟电厂"两个数智平台，实施"构建双平台、编织一张网、形成一个圈""三步走"路径，建立"政策、商业、技术、组织"四个维度保障措施，实现以数字赋能推动电碳协同的厦门城市级降碳，推动供电服务高质量发展，支撑厦门新型电力系统示范区及低碳城市建设，助力"碳达峰、碳中和"战略实施。

国网厦门供电公司秉承"共建平台、共治数据、共享成果"的建设思路，建设"电碳地图＋虚拟电厂"两个数智平台。电碳地图平台构建电碳数据、碳排预测等分析模型，贯通"电力—能源—碳排"数据链条，实现对区域、行业、企业的碳排放总量的动态推算，成为城市级碳监测平台。虚拟电厂平台通过对接调控平台、电力交易平台及网上国网、客户能源控制系统等电力上下游平台，实现电力消费侧负荷分级分类管理、源网荷储区域新型能源调度能力。

"构建双平台、编织一张网、形成一个圈""三步走"实施路径为：第一步，以"电碳地图＋虚拟电厂"双平台为基础；第二步，建立双平台之间、平台与客户之间、平台与电源之间数据互动一张网，实现电数据与碳数据的实时换算，使得电力调度在满足电力平衡时达到碳最优，推动电能替代有效支撑降碳；第三步，推动政策保障，配套组织机制，引入技术机制，运用管理机制，形成城市级节能降碳生态圈，其中政府是维护者，电网是渠道商，客户是消费者，同时为投资商的加入创造了优良的条件。多方合力培育低碳产业链，共享低碳生态新成果。

（二）建设两大平台，搭建区域降碳技术构架

1. 聚焦电碳数据可观可测，打造国内首个电碳地图平台

一是构建碳电强度基础模型。国网厦门供电公司"电－碳"分析模型的核心在于构建碳电强度（碳排放／消费电量）关系，通常认为一段时间内各品种能源在生产中的占比相对稳定，碳电强度的变化反映了行业、企业碳排的综合成效。结合电网拓扑，建立跨区域跨行业的碳电强度耦合模型，可以追踪电网中的碳流动。碳电强度指的是行业或企业全能源口径消耗的二氧化碳排放量除以其用电量的比值。基于碳电强度的变化，可以实现区域、重点行业碳排放月度、年度测算，提升碳排放监测时效性。

二是细分领域全量采集分析。国网厦门供电公司建立数据目录管理，以电力数据中台架构为基础，在贴源层汇聚电网、政务、企业等内外部多源数据，通过中台 Dataworks 数据资产管理，创建区域、行业、用户等碳数据资产目录。采集细分行业碳电数据，以厦门市统计年鉴数据构建历史行业碳电强度，结合厦门（行业、企业）全口径月度用电数据，推算得出行业碳电强度和企业碳排放现状，组织推动直接采集全市规上企业、重点企业用能数据，引导其他中小微企业自主填报用能数据，积累构建行业企业级排放数据库。完善碳电趋势分析数据和模型基础，利用神经网络模型持续训练，细分行业用电量、企业规模、燃排系数、碳电强度关系模型，优化提高模型精度。基于分析层构建区域碳排放趋势、行业碳排放指数等能源数据分析体系。

三是开展宏观至微观的三级电碳监测。厦门市电碳生态地图以行业碳电强度和实时电力数据为基础，结合各类用能数据，根据不同能源碳排放系数，计算形成区域、行业、重点企业等多维碳排放量。以时间为横向维度，分析能耗总量、能耗强度、碳排总量、碳排强度等指标趋势变化情况，展示碳监测信息。结合排放排名、历史排放和趋势预测，快速定位高排放企业，辅助政府、园区和企业制定减碳政策，助推"供电＋能效"服务。

2. 创新能源调度模型模式，构建省内首个虚拟电厂平台

一是运用智慧物联体系汇聚云用户。虚拟电厂平台应用国网统一边缘计算框架，完成客户侧"云云""云边""云端"三类可调资源的感知数据接入，实现虚拟电厂平台与物联管理平台的规范互联互通。

二是确定双平台数据交互技术路径。电碳地图和虚拟电厂采用云边技术，通过数据中台 API（Application Programming Interface，应用程序编程接口）接口进行数据交互。云边技术是指将计算资源和数据资源分布在不同的云端或计算节点之间，通过数据交换协议，实现数据共享和计算资源的协同分配。虚拟电厂据此进行分析决策和优化调整，并将调整后的结果数据返回至电碳地图，形成双平台的动态补充和优化控制。

三是接收需求触发响应策略。结合调度负荷预测数据、电碳地图碳排信息以及用户的可调负荷预测数据，自动生成不同场景调控策略方案。平台根据响应执行情况，自动评价每个用户的调控达标率及信用等级，信用等级高的用户，将优先安排参与下一次需求响应。

四是创新应用区块链技术。虚拟电厂平台将任务分发、需求响应邀约与反馈、履约执行、补贴发放等业务需求响应全流程关键数据转化为哈希（Hash）信息上链存证，同时为用户提供可视化的数据展示页面和邀约信息接收、应邀反馈、响应结算数据查验等基础功能服务。

（三）数智聚力赋能，构建区域降碳众创空间

1. 加强"电源、客户、双平台"数据互动，形成城市电碳数据网

依托"电碳地图＋虚拟电厂"双平台，运用技术手段、管理手段，以"线上＋线下"多种数据

接收方式，实现海量电力数据与非电力数据的快速高效聚合。虚拟电厂平台，上承电网内部调控云平台、新型电力负荷管理平台、电力交易平台，获取实时电力数据及客户地理位置信息；下接客户侧能源控制系统，获得电力现货能量市场、辅助服务市场、容量市场等相关电力市场交易信息，实现电力数据汇聚。电碳地图平台，一方面与虚拟电厂平台进行技术对接，获取电力实时监测数据，另一方面聚合客户侧的非电力数据，包括煤、油、气、热等多种用能数据及 GDP 等经济数据。客户侧电力数据来源 4 个方面：线下数据对接、对接公司能效系统、企业主动参与、终端采集确认。

2. 推动"电源侧、电网侧、负荷侧"三端发力，共同提升降碳质效

运用电碳地图看碳排变化，消除企业、行业、区域碳排放异动点。电碳地图是基于行业碳电强度和实时电力数据的智能助手，能够全景、动态地反映区域、行业、企业和楼宇的碳排放水平和趋势，为政府和企业制定"双碳"目标、时间表和路线图提供科学依据。通过电碳地图动态推算能力，准确评估碳排放总量，构建碳评价体系。对行业而言，一方面可以通过"历年碳电强度对比图"，清晰了解行业能效及碳排变化情况；一方面通过电碳地图自动生成的行业"碳电强度－碳排放－总产值对比图"，综合分析碳排放量、GDP、电碳强度等关键参数。对区域而言，电碳地图通过热力图，直观展示厦门碳排地理分布，各区、镇、园区直至企业的碳排放集中区域可清晰观测，有助于区域降碳改造。

聚焦负荷侧的"柔性资源潜力大"特征，打造具有开放接入、灵活扩展、快速调控能力的虚拟电厂平台，带动电源侧、电网侧、消费侧三端发力，实现全域能效最优。在台区内部，应用边缘计算技术、智能调节台区内的光伏、储能和柔性负荷。推动"电调度、碳调度"协同互促，实现能源配置碳最优提出"碳调度""电调度"协同互促理念，即新型的电力调度工作不仅是要解决电力的平衡、电量的平衡，还需要做碳平衡，在保障用电用能的情况下，使碳排放最小。在满足电平衡条件下，虚拟电厂平台向电碳地图平台提供多种电力调度策略。由于不同策略分解方式下，电源出力不同、客户主体地点不同、响应的负荷类型、响应的设备不同，造成对碳排放的影响不同，电碳地图平台对各种调度策略进行碳评估，并将结果反馈给虚拟电厂平台，通过优化电力资源配置的调控策略，以实现电力调度时的碳最优。

运用电碳地图平台，分析电力行业与能源活动、工业生产碳排放的相关性，依托"电碳分析模型"，以电算能、以能算碳，运用实时用电量采集，推算实时碳排放情况，预估未来碳排放量趋势。突出核心指标"碳电强度"的意义，通过指标标识出重点行业、企业，反映出电源端绿色电力的占比水平。达到电气化降碳，消费侧电能替代和清洁能源建设的有效协同。通过"电碳地图＋虚拟电厂"双平台实现电力数据与非电力数据的聚合，建立电源、客户、双平台之间的数据互动网。通过虚拟电厂灵活调度，推动电源侧、电网侧、消费侧三端发力，实现全域能效最优。运用电碳地图消除碳电强度末端企业、行业、区域异动点，并为双碳目标制定提供科学依据。通过电碳协同互促，实现电网和消费侧碳排双最优。这些措施完成区域降碳路径的探索，为社会各方参与区域降碳，打造了众创空间，是值得循序的厦门城市降碳新技术路线。

（四）强化共建共享，形成区域降碳新生态圈

1. 配套平台服务，电网聚力搭建电碳生态圈的互动渠道

电网企业是电碳生态圈的渠道商，国网厦门供电公司一方面依托双平台预测电力负荷、优化电网运行、促进清洁能源交易和使用、提高能源利用效率，通过区块链技术保障交易可信，为电碳生态圈上下游快速、积极参与交易提供支持，向用电客户推送电碳地图"碳查查"工具，提供碳查询免费端口，定期开展企业能效走访服务，补充和完善电碳地图企业端能效数据。另一方面是构建"平台＋生态"商业运营模式，面向能效数据出现异动的企业，智能生成能效诊断报告，主动向客户提供"设备＋管理＋交易"的全流程综合能效服务。

2. 依托平台支撑，推动政府全力维护电碳生态圈良性运行

政府是电碳生态圈的维护者，政府通过电碳生态地图算碳、观碳的基础功能，实现厦门碳排放情况的监管及评价。其中，碳排热力图分区域、分行业呈现城市碳排放现状，每月自动生成碳报告。平台内嵌碳电强度为核心的指标分析体系，还能对比各行业碳排总量及单位 GDP 碳排放量，结合能耗水平，制定重点行业、重点地区梯次达峰方案，规划城市能源体系布点，支撑优化城市配套建设和产业结构，引导绿色行业战略发展。通过对具体企业、项目的实时碳数据跟踪，电碳地图为政府发放新型电力系统创新基金项目提供客观的数据，形成初审依据。在低碳项目建成后，电碳地图的碳积分模块将持续跟踪项目落地成效，对基金投放效用开展后评估。

3. 应用平台功能，客户持续参与电碳生态圈降碳活动

客户是电碳生态圈的消费者，国网厦门供电公司指导客户利用电碳生态地图的功能和数据，以主动或被动方式，获得企业资金、技术等支持。作为主动参与者，客户通过电碳生态地图提供的能耗数据，了解自己的能耗模式和高能耗设备，自发提升能效。作为被动参与者，客户碳排异动数据被电碳生态地图捕获后，平台将提供能效评估和分析，找出提升能效之策，如更换高效设备、优化能源管理系统、参与电力需求响应等，并通过虚拟电厂评价、电碳地图跟踪，实现项目降碳效果被认可。

4. 发掘平台价值，推动投资商着力提升电碳生态圈投资效率

国网厦门供电公司推动投资商应用电碳生态圈，参与城市降碳，为低碳产业链注入金融活力，加快城市降碳。首先，电碳生态地图快速生成能效提升客户清单，定位目标投资客户、发掘低碳技术投资项目。此外，电碳生态地图还提供市场数据和趋势分析，帮助投资商了解电力市场低碳减排的供需情况、价格波动、政策变化等因素，辅助投资商做出更准确的投资决策，提高投资回报率。企业依托平台自主申报新电创新基金项目，由电网公司初审，政府复审，按复审结果从银行获得低息贷款，银行也将获得融资回报。平台对绿电交易需求开展流程跟踪，闭环管理，加速撮合交易双方进行合作。

（五）建立四维保障，服务区域降碳生态圈运作

1. 促成政府精准提供降碳政策支持

一是推动出台福建省内首个地市级需求响应（减排）政策。国网厦门供电公司联合厦门市发展改革委出台《厦门市电力需求响应实施方案（2023—2025 年）》，依托厦门虚拟电厂平台组织电力需求响应工作，提升需求响应补贴基准价格至 4 元 / 千瓦时，并增加实时响应的方式，补贴价格最高可达 12 元 / 千瓦时，补贴力度位居全国前列，大大提升客户参与需求响应、实现节能降碳的积极性；二是推动出台厦门市新型电力系统建设指导性文件。促成厦门市政府发布《关于印发新型电力系统建设方案的通知》，以顶层设计促进政府主导、电力主动、社会参与的具备节能降碳能力的厦门市新型电力系统建设生态逐步形成；三是推动设立厦门市新型电力系统技术创新基金。将厦门能源低碳转型相关项目及新型电力系统建设企业的研发投入纳入厦门市技术创新基金扶持范围，降低融资利息成本，延长贴息期限，构建产业发展基金池，引领厦门新型电力系统产业链协同发展，助推城市节能降碳。

2. 创新数据驱动的降碳商业机制

一是构建基于电碳地图平台数据服务的商业机制。电碳地图以可视化的形式，展示了区域范围内用电主体的电碳数据情况。数据服务从应用场景来分，分为征信、非征信用途两类。其中，征信用途以金融应用为主，通过直接数据输出、评价模型共建等方式，为征信公司、地方人行、信用评级机构、金融机构的信息披露、数据校验、企业信用完善等需求提供数据服务。非征信用途包括各类商业化数据服务，发挥电碳地图能够提供集中、批量化的第三方数据优势，支撑认证机构进行数据校验，为研究机构、数据库、智库等主体提供研究样本等。对于企业客户，可向其提供企业级、行业级、区域级碳实时数据查询、碳评估，定制差异化降碳解决方案等服务，拓展以电为中心的综合能源服务业

务。二是构建基于虚拟电厂平台资源调节的商业机制。从服务场景不同来分，分为解决紧急负荷缺口和市场化常态交易服务两类。其中解决负荷缺口是以电力需求响应为切入点，根据电网调度指令启动需求响应，调动零散资源、云平台资源等，参与全市电网供需缺口、局部重载的调节，参与资源主要通过需求响应补贴获取收益。市场化常态交易服务是根据参与电力辅助服务市场、现货交易市场需要启动，其中参与电力辅助服务市场，是将虚拟电厂平台参照实体电厂技术参数，提升特性约束，聚合资源参与调峰为核心品种的区域辅助服务，各参与方通过对辅助服务的贡献度获得相应的电力辅助服务费用补偿。参与现货交易市场是指虚拟电厂平台为负荷聚合商、企业客户、储能资源等提供参与现货市场交易的集中申报、协同出清的路径，推动调节资源在大范围内优化配置。对于负荷聚合商，虚拟电厂平台传导电力市场价格信号，支撑聚合的源荷储资源开展自主交易。

3. 攻关保障交易安全的关键数智技术

一是强化数字赋能。国网厦门供电公司通过打造调度侧强免疫安全接入区、基于区块链技术的分布式源荷快速需求响应应用的网络安全防护建设、基于边缘计算的低压台区源荷协同控制应用的安全防护建设，保障电碳"双流"融合架构体系网络安全。在负荷预测、负荷数据治理与校核、碳数据方面，通过数字化赋能大数据运算。基于区块链技术聚合交易管理应用，为用户聚合签约、响应、调控等业务提供互信交易体系，即通过数字化赋能市场化交易。二是构建"省-地-配-台"分层协同调控新体系。借助省级调控云平台，将电网感知"神经"从500千伏电网设备贯穿至0.4千伏的末梢电网，实现电网运行机制由"源随荷动"升级为分布式资源灵活高效协调参与的"源网荷储协同互动"，绘就协同降碳的"总路线图"。三是在全国率先将区块链技术引入"虚拟电厂"平台。在厦门虚拟电厂平台负荷调控、效果评估、补贴结算等流程，创新引入区块链技术，利用其不可修改、可溯源特点，确保业务公开透明，保障降碳交易的公平、公开、公正。

4. 建强内外融合协同的组织机构保障

一是强化新型平台建设的组织保障。成立新型电力系统市级示范区建设指挥部，采用实体化运作模式，涵盖主要专业部门。协同开展虚拟电厂平台、电碳生态地图平台等项目建设，建立健全一系列工作协调、评价管控等机制。二是健全新型电力系统创新研究的智库保障。联合多方力量，按照"政府引领、多方协同"的模式，推动建立新型电力系统研究院（以下简称研究院），在厦门打造"政产学研用"相融合的创新平台。依托研究院，积极与一流研究机构、高等院校、能源电力行业上下游企业展开多方位的合作，充分发挥高端人才的科研引领作用，深入研究协同虚拟电厂等新型电力系统相关项目的关键技术攻关、标准研究以及成果应用。研究院每年提供500万科研基金，向国内外学者及机构提出新型电力系统前瞻性科研课题研究悬赏，通过"揭榜挂帅"，全面激发科研领域的活力。对有产业化前景的重大科研成果，采用合作开发、技术入股、技术转让、技术授权等灵活的合作形式，选择一些实力强、信誉好的企业建立区域性产业化合作关系，开展后续的工程化研究，共建成果转化基地，加快前沿成果的产业化进程，助力带动各方构建降碳生态圈。

三、供电企业以数字赋能推动电碳协同的城市降碳管理效果

（一）柔性调控提高资源配置效率，助力电网经济提质增效

一是增强电网对分布式能源的消纳能力，实现分布式新能源100%消纳，提高能源利用率，减少能源浪费。二是有效减缓电网输配电设备投资，通过虚拟电厂聚合社会可调节负荷35万千瓦，可节省土地资源和管廊投资约13.8亿元；每利用100小时，可提供电量3500万千瓦时，节约标煤1.42万吨/年，减排二氧化碳近4万吨。

（二）产融协同服务企业减排增效，促进城市低碳经济发展

一是通过业务融合用能数据形成碳监测体系，提高社会电气化水平，以"厦门太平货柜制造有限

公司光储一体绿色减碳"示范为例,光伏总装机容量可达 2.6 兆瓦,年约发电量 250 万千瓦时、碳减排 2000 吨。二是以"电碳地图+综合能源"为主线,挖掘降碳潜力企业,提供分布式光伏等能效提升建议、整体解决方案及增值服务,累计已增加电网公司综合能源重点业务营收约 1.3 亿元,并指导客户通过节能方案的应用每年受益约 1300 万元。

(三)平台互动支撑政府科学决策,推动社会绿色低碳转型

一是通过建设鼓浪屿全电岛、绿色低碳示范区,深化绿色校园、医院建设形成引领标杆,带动全社会更加关注和践行"双碳"行动;二是通过推广"供电+能效"服务为客户提供智能运维、楼宇节能、光储充等综合能源方案,进一步提升社会能效和降碳成效;三是通过打通"电-能-碳"关系,形成电能碳数据资产,并以"碳+金融"融碳功能实现碳核查、碳征信、碳交易等数据应用场景,为政府决策、企业经营提供深度服务;四是借助电流、碳流"双流"融合体系,提高全社会电气化水平,丰富推进"双碳"的具体实践方案。2022 年厦门全市每万元 GDP 能耗下降 4.1%,达到全国领先水平。

(成果创造人:林国新、叶鎏芳、邱学军、刘　应、张　颖、张　俊、陈可钰、
　　　　　黄东明、陈浩珲、欧阳小健、詹呈艳、徐铭伟)

钢铁企业基于生命周期评价的碳减排管理

包头钢铁（集团）有限责任公司

包头钢铁（集团）有限责任公司（以下简称包钢）是中国重要的先进材料制造和服务商，成立于1954年，总部位于中国内蒙古包头市，主要从事稀土、钢铁、资源及综合利用、物流、煤焦化工、节能环保、装备及生产生活服务等多种业务，位列中国企业500强第225位、中国制造业企业500强第109位。截至2023年6月，企业资产总额2169亿元人民币，在册职工5.62万人，各级控股公司147家，其中上市公司2家。上半年实现营业收入740.97亿元、利润22.70亿元，上缴税费67.72亿元。包钢具有独特的矿产资源优势，拥有铁、煤、钨、锡、萤石、稀土以及富钾板岩等多种战略资源矿藏。所属白云鄂博多金属共伴生矿是中国西北地区较大铁矿，稀土储量居世界第一位、铌储量居世界第二位。包钢是世界最大的稀土工业基地和中国重要的钢铁工业基地。

一、钢铁企业基于生命周期评价的碳减排管理背景

（一）贯彻绿色发展理念的需要

党的十八大把生态文明建设纳入中国特色社会主义事业"五位一体"总体布局，明确提出大力推进生态文明建设。包钢完整、准确、全面贯彻新发展理念，坚定不移走以生态优先、绿色发展为导向的高质量发展新路子，积极构建科技含量高、资源消耗低、环境污染少的工业企业，全力实现绿色低碳转型和高质量发展。《中国制造2025》明确提出要全面推行绿色制造，支持企业开发绿色产品，推行生态设计。2014年，工业和信息化部发布《关于组织开展工业产品生态设计示范企业创建工作的通知》，以引导工业污染防治从"末端治理"向"全生命周期控制"转变。包钢顺应时代发展步伐、依托国家工业企业绿色发展战略，全面实现绿色生态发展。

（二）提高绿色产品竞争力的需要

近年来，一些发达经济体正在谋划或推行碳边境调节机制等绿色贸易制度，不仅提高了技术要求，更对经贸合作和产业竞争提出新的挑战。我国汽车、家电等领域产品出口面临环境足迹披露及达标的压力，纷纷向上游行业传递绿色低碳产品的需求信息，钢铁、稀土等产品环境信息的披露渐渐成为准入的一个附加条件。经过50多年的发展，LCA在欧美等发达国家应用非常成熟，已成为国际上认定绿色产品或生态产品的主要方法。包钢借助世界钢铁协会LCA表彰活动，将LCA作为生态设计的重要工具，一方面有利于应对未来的绿色贸易壁垒，取得走向国际市场的通行证，另一方面达到绿色发展、快速发展、健康发展的目的，满足下游越来越多的汽车企业、家电企业和建筑企业对碳足迹认证的要求。

（三）提高绿色运营管理水平的需要

做到产品全生命周期碳足迹的把控是提高绿色运营水平的有效抓手，LCA可以为企业系统化、定量化从制造全流程探索节能环保新模式提供新的方向和思路；从全产业链能源环境绩效最优视角，为行业驱动上下游全产业链的绿色化，提供实践经验。通过对产品碳足迹的核算，梳理研究产品上下游关系，详细分析影响企业碳排放的主要因素，从绿色产品研发、绿色生产、绿色销售及回收再利用等方方面面入手，引导职工形成绿色设计与绿色制造理念，养成运用LCA的思维习惯，自觉将习惯带入工作中，从而降低管理、采购、生产、销售等各个环节的能耗和原材料消耗，减少污染物排放，营造人人参与绿色制造的氛围。

基于以上背景，包钢从2015年开始探索LCA在钢铁联合企业的应用研究。

二、钢铁企业基于生命周期评价的碳减排管理主要做法

（一）构建基于产品全生命周期碳足迹的碳减排管理目标和路径设计

1. 系统调研确定工作目标

包钢开展 LCA 研究后，形成了多学科背景的研究团队，构建起一支包含全公司矿山、钢铁、稀土专业的技术专家，以及管理、研发、制造、营销、采购、财务等多部门的跨领域合作团队，总计参加的工作人员超过 150 人。制定包钢产品 LCA 研究应用实施方向和计划。确定包钢以构建基于产品全生命周期碳足迹的碳减排管理为目标，分析产品在设计、制造、生产以及销售等环节实际产生的环境影响，从而发掘出成本效益最大化的碳减排实施路径，在开展内部产能优化、完善内部管理的过程中，针对产品生产最大碳排放量环节设立碳减排目标，借助产品碳足迹报告对企业碳减排实施效果提供定期的全流程的绩效跟踪，实现碳减排优化管理。

2. 基于实际设计实施路径

根据实施目标，结合实际情况，包钢科学设计规划实施路径。首先从基础理论研究入手，对 LCA 在钢铁、稀土领域的应用方法进行研究，形成方法论和 LCA 模型，建立起符合实际的理论模型体系。在此基础上，选择重点产品开展生命周期评价，通过对产品生命周期过程的定量计算，分析环境负荷，制定出环境负荷改善措施，并将此结果反馈给产品生产的各个环节，以提高产品的"绿色性能"。为充分发挥标准化的基础技术支撑和战略引领作用，进一步开展标准研制工作，开展环境产品认证（Environmental Product Declaration，EPD）工作，助力产品碳标签管理，开展绿色设计研究实现产品设计阶段的最优化方案选择，开展碳排放管理，超前准备，积极应对未来的碳交易。包钢最终形成由理论研究、软件开发、应用为支撑的技术路线图，实现碳减排管理和路径设计，指导企业推行绿色管理。

3. 制定标准夯实管理基础

为完善绿色设计、绿色工艺、绿色产品等绿色制造技术标准和管理规范，包钢牵头和参加 20 余项绿色产品行业标准、团体标准和企业标准的制定，并组织研发技术人员积极参加，全面了解评价规则，围绕标准要求，从全生命周期出发考虑问题，践行绿色设计、绿色制造和绿色运营。制定实施的多项团体标准已在公司持续得到推广应用。工业和信息化部 2021 年碳达峰碳中和专项标准《钢铁产品碳足迹评估通用要求》，由包钢牵头编制，已经进入送审阶段，标准发布后将进一步规范引领行业的碳足迹评估工作。

（二）突破 LCA 方法难题，构建产品生命周期碳足迹评价的计算模型

1. 编制方法论奠定基础

包钢开展了大量的理论研究工作，完整地制定包钢产品生命周期评价方法，撰写完成《包钢稀土产品生命周期评价方法论报告》《包钢稀土钢产品生命周期评价方法论报告》《包钢矿山系统产品生命周期评价方法论》。项目组反复深入现场，无数次开会研究探讨，尝试焓、质量、经济价值等多种分配方法，最终确立白云鄂博矿采选过程中环境负荷分配方法，解决环境负荷分配难题，使分配方法更易于理解、符合实际且便于操作，起到鼓励高附加值产品的回收利用，促进循环经济的作用。方法论的编制是生命周期评价的前提，规定了 LCA 计算过程中原则和方法，细化了包钢各道工序的关键问题，进一步梳理采矿到稀土、稀土钢产品全流程生产工艺，通过物质流、能量流、环境流成功建立起产品生命周期各单元过程之间的关联，以及各阶段的关联，为 LCA 计算模型开发和碳足迹计算奠定了基础。

2. 突破模型计算关键技术

包钢通过大量的研究确定模型的关键技术，采用投入产出矩阵、直接消耗系数矩阵以及 Leontief

逆矩阵来计算完全消耗系数，构建 LCA 计算模型，使工序之间和阶段之间形成密切关联，完成生命周期清单的计算。计算模型的成功开发打破了使用商业软件进行 LCA 研究的各种限制，破除了国外的技术壁垒，也提升了包钢碳足迹计算和管理的技术基础。通过大量的计算验证，建立基于矩阵的产品生命周期影响评价模型，完成《包钢稀土产品生命周期评价计算模型》《包钢稀土钢产品生命周期评价计算模型》报告，形成 LCA 研究应用的理论基础，填补了多金属共生矿和稀土产品的生命周期评价研究国际空白。

（三）产品生命周期碳足迹评价在线系统的开发及全面评估

1. 开发评价软件和在线系统

包钢在逐步消化吸收国外 LCA 专业软件的基础上，基于稀土和稀土钢产品生命周期评价方法论和模型原理，开发适合国内及包钢情况的生命周期分析系列软件工具。首先开发单机版软件，主要方便线下计算机使用，将数据导入后进行相关的计算分析工作，方便随时随地建模应用。在此基础上，包钢技术人员进一步开发在线系统。为了消除数据差异，使得收集来的数据可信、可用、匹配度高，技术人员通过深入走访现场，召集各单位技术人员研究探讨，最终采取制定数据字典、数据规范或定义数据模型等方式，确定了一个统一的数据标准，确保数据口径统一。并对数据进行清洗和转换，建立数据映射关系，将不同单位或口径的数据进行匹配，开展验证和检查。采用全产线矩阵模型进行统筹处理，每个环节和物料都以矩阵的形式进行表示，用于分析和管理复杂生产过程中的交叉和依赖关系，并支持决策和优化，使得清单数据符合 LCA 计算要求，并采用 BI（Business Intelligence，商业智能）分析工具，对结果数据再抽取，进行多维度分析和比较，形成网站、大屏等多种可视化展示形式。最终包钢成功开发出基于企业 ERP 系统的国内首个集数据收集、计算、展示于一体的 LCA 在线系统。

2. 推广在线系统应用范围

单机版软件和在线系统均取得了国家计算机软件著作权，最终用户为包钢产品制造全流程环境管理与决策人员，能源管理人员，产品开发设计人员，绿色采购、绿色营销人员等。单机版软件和在线系统计算模型逻辑清晰，计算结果准确，界面友好，数据输入和查询方便，具备数据更新功能和生成报表、图形分析等功能，受到操作人员的普遍好评。由于包钢是国际上首家开展稀土产品生命周期评价的企业，面临稀土上游 LCA 数据缺失较多的难题，经过技术人员的反复调研、筛选和计算，终于完成上游数据的收集与制作，形成国际稀土行业首个基于企业生产实际的 LCA 数据库。与此同时，建立北方稀土全产业链碳排放核算模型，进一步扩大包钢绿色设计工作信息化水平的覆盖范围，实现各产业的协同发展，为稀土行业 EPD 平台的建立奠定坚实基础。

2022 年包钢全面对标中国钢铁工业协会 EPD 平台，优化升级生命周期评价系统，更新环境指标、计算模型和数据库，重新建立各工序实物流数据项与 LCI 指标基本流的映射表，提升大数据量状态下的计算准确性及计算速度，具备自主开展 EPD 工作的基础。升级后的在线系统采用目前行业最先进的 LCA 技术和最新的数据库及算法，已经包含公司主要稀土产品和全部钢铁产品的环境绩效数据，为包钢开展生态设计工作奠定了基础，具备行业推广的条件。

3. 高效管理企业碳排放

包钢建成的 LCA 系统实现了全流程碳排放数据管理展示，支撑包钢碳排放量化、碳足迹分析，辨识产品生产工艺碳排放热点，为产品对比方案优化、低碳战略规划发展提供技术支持，对产品绿色低碳设计发挥了重要作用。利用 LCA 软件，包钢已完成全部钢铁产品和重点稀土产品的生命周期评价，为实现量化分析企业在生产过程中的环境负荷情况和节能减排潜力提供了数据支撑。通过分析产品 LCA 结果，进行生命周期结果解释，针对 CO_2、COD、NOx、SOx、粉尘、能耗和水耗等指标，系统化地提出改进建议，为包钢碳减排和环境负荷改善提供方案。根据评价结果反映出的问题，包钢不断挖掘进步空间，持续改进提升，使其各项指标不断优化；在此基础上，继续探索利用评价结果科学实施全流程绿色改进，提升资源能源利用效率和清洁生产水平，降低主要污染物和二氧化碳排放总量和强度，进一步夯实碳减排管理的基础研究。

以包钢产品生命周期生态设计评价系统为支撑，创新构建企业绿色运营管理体系，绿色制造标准体系填补了行业技术空白，实现技术引领。包钢利用 LCA 量化评估新技术新工艺应用、产品结构变化、能源结构调整、节能减排改进、供应链优化等因素对企业组织和产品层面的碳减排绩效，实现数字化碳减排路线图的描绘，为企业的低碳规划提供参考，制定全生命周期、全流程的碳中和路径。

（四）从源头的绿色设计入手来实现碳减排

1. 绿色设计引导全流程减排

评价生命周期设计最有力的工具是生命周期评估法，它能对改善环境的各种绿色产品开发方案做出评估，并为开发方案的改进提供方向，同时也有利于企业及时做出产品开发的各种决策，是绿色产品设计特有的评估方法。

包钢引入绿色设计的概念和工具，通过生态设计人员与产品开发人员的紧密结合，按照产品全生命周期理念，从产品设计开发阶段系统考虑原材料选用、生产、销售、使用、回收、处理等各个环节对资源环境造成的影响，提出设计优化方案。根据生态诊断的结果，进一步进行数据替代模拟，改变产品中对环境影响最大的部件结构或选择新的材料，提出相应的替代方案，比较新方案与原方案之间对环境影响的差别，为生态产品的定义和开发打下基础。

2. 绿色研发实现源头减排

包钢在钢铁产品、稀土产品、采矿等领域都开展了产品研发的生态设计研究，获得了非常宝贵的研究经验和技术实现路径。下面以储氢合金绿色设计研究为例说明，研发人员通过研究储氢合金原料的不同使用比例对产品 LCA 环境绩效的影响，制定了两种配料方案，经过计算发现方案二在使用不同原料后，合金的性能得到了提高，但生命周期环境影响也增加，因此研发人员在保持合金性能的前提下尽量选用对环境影响小的金属原料，通过调整合金的组成比率来控制合金的相结构，保证合金的电化学性能，不断分析合金的环境负荷情况，使储氢合金的性能和环境负荷处于最佳的平衡状态。包钢通过在储氢合金、稀土耐磨钢、稀土钢轨、镍氢动力电池、稀土靶材等产品设计开发阶段成功应用绿色设计，使绿色产品开发取得突破。

（五）从工艺优化、上下游合作等多途径入手实现碳减排

1. 致力工艺改进带来碳绩效

碳排放的准确核算和系统管理分析是碳减排的基础。通过边界条件的设定和模型的建立，利用 LCA 对包钢主要产品的碳排放进行了计算分析；通过建立覆盖全公司主要产品生命周期评价模型，量化评估新技术新工艺应用、产品结构变化、能源结构调整、节能减排改进、供应链优化等因素对于企业组织层面和产品层面的碳减排绩效，实现数字化碳减排路线图的描绘，指导企业开展碳减排工作。

对超低排放改造项目进行 LCA 研究，从全流程的角度分析工艺实施前后环境负荷的变化情况，为包钢和行业的污染治理提供新的思路和数据支撑。通过分析烧结机超低排放改造方案的环境负荷，发现改造方案可以大幅度降低二氧化硫和氮氧化物的排放，小幅度增加能源消耗和二氧化碳排放，环境负荷改善明显，说明该超低排放改造方案科学可行。

2. 关注副产品及产品下游减碳效果

包钢对副产品的回收利用开展高附加值研究和管理，分析比较钢渣用作水泥、矿棉、微晶玻璃、路基材料等情景下的 10% 的替代对钢铁产品产生环境收益情况，发现用作微晶玻璃和用作矿棉环境收

益都较高，用作铺路材料环境收益最低，节能效果为 0.21%，减碳效果为 0.08%。通过开展多个绿色设计案例，为包钢相关决策和管理提供了科学的参考依据，也提升了钢铁行业助力全社会绿色协调发展的能力。

高性能钢铁产品属于绿色产品，对全社会的碳中和工作意义重大。包钢利用 LCA 工具和理念成功开发绿色产品，并成功实现绿色营销，将稀土耐磨钢成功推广至下游矿用车企业。包头市天盛重工有限公司是一家矿用宽体自卸车车厢斗制造商，其车厢斗被广泛应用于矿山专用车，具备抗撞击、耐磨、结实等特点，原材料主要为包钢生产的耐磨钢。在稀土耐磨钢销售过程中，包钢研发人员从上下游协同降碳的角度出发，对该矿山专用车车厢斗进行了细致的分析，计算分析了影响矿用自卸车 DM80A 车厢斗碳排放的主要因素，并进一步分析使用稀土耐磨钢后对车厢斗全生命周期减碳效果，为车企选择原材料考虑低碳因素提供了科学方法和数据支撑，进一步提升了包钢产品的绿色形象和知名度，提升了产品销量，提高了盈利能力。包钢通过分析生产工艺、原燃材料、资源利用等因素变化对产品生命周期环境性能的影响，从全产业链的视角考虑问题，避免能耗和污染转移，更好地保证碳减排工作，并为全社会的碳中和工作贡献了包钢方案和产品。

（六）构建绿色制造体系，保障碳减排有效实施

1. 打造绿色制造体系

包钢作为自治区"工业长子"，始终坚持经济发展与绿色发展并行，在本地区和本行业内率先开展 LCA 研究应用工作。通过一系列卓有成效的绿色设计工作，成功荣获国家级"工业产品绿色设计示范企业"称号，包钢工业（生态）设计中心成功获评第五批国家级工业设计中心，并且有多种产品获评国家"绿色设计产品"。这些平台和荣誉的获得为包钢开展"碳减排、碳中和"打下了坚实的基础。包钢充分发挥国家级平台的带动作用，进一步推动了 LCA 在碳减排方面的应用。

2. 开展碳核查及碳资产管理

包钢积极布局碳交易工作，全面系统开展碳核查，构建企业碳排放数据库，摸清全产业链能源使用情况及重要耗能节点，全面推进节能减排降碳工作。根据碳达峰、碳中和规划工作内容及特点，结合包钢低碳领域相关工作实际，以"包钢产品生命周期生态设计评价系统"为依托，建立快速、准确的数据收集、计算、分析方法，形成企业内部碳排放量计算管理模式，积极构建碳排放数据库，为碳减排提供有力的数据支撑。提前布局碳资产，与森工集团携手，开展碳资产管理、碳汇交易合作，全国钢铁行业首笔绿色低碳金融贷款创新业务在包钢成功落地。针对包钢钢铁和稀土产品具有生产流程长、产品种类繁多等特点，制定多项标准，依据标准定期开展评价，深入对比分析产品 LCA 结果，为各类产品减碳提供科学的数据支撑。在此基础上，开展重点产品碳足迹认证、发布，打造碳足迹标识认证应用示范，促进包钢不断降低产品碳排放，也为应对欧盟碳边境税等贸易壁垒做好了充分准备。

3. 营造全员减排降碳氛围

包钢强化企业内部管理，推动全员上下开展节能减排工作。由于产品全生命周期的绿色制造涉及企业生产经营活动的全过程和每一个人，因此包钢不断加强对"低碳、绿色"理念的宣传，开展多层次、多形式的低碳发展与绿色制造的培训和宣传教育，促进发展战略与低碳绿色产品、生产、销售及回收再利用相结合，引导职工形成低碳绿色消费理念和消费习惯，培养具备开展碳减排的工作能力，自觉地将习惯带入工作中，运用先进的理念和工具，降低各个环节的能耗和原材料消耗，减少污染物排放，将碳减排融入每个人的自觉行动中，助推企业节能减排降碳工作。

三、钢铁企业基于生命周期评价的碳减排管理效果

（一）全面提升包钢绿色制造水平

该管理成果的实施，有效提升了包钢的绿色制造能力，支持包钢开展节能减排和工艺升级改进，

促成包钢 12 种产品成功申报国家级绿色设计产品，三个工厂获评国家级绿色工厂，两个工厂获评内蒙古自治区绿色工厂，两个工厂获评内蒙古自治区绿色供应链企业。构建起包钢白云鄂博矿系列产品绿色设计体系，实现了包钢在绿色设计与绿色制造方面的技术引领，成为行业绿色发展的排头兵，相关技术成果获得内蒙古自治区科研成果二等奖，有效促进了传统产品向绿色产品的转型升级。

（二）助力包钢有效提升绿色竞争力

该项管理成果的实施，使包钢有效辨识全流程生产过程的节能减排突破点，清晰呈现出企业制造过程中的用能和排放情况，为开发生态产品和绿色制造提供科学依据。截至 2022 年年初，包钢三类稀土功能产品和十一类稀土钢产品的 LCA 研究报告，顺利通过国际权威第三方认证机构 SGS 公司的鉴定性评审；在此基础上，公开发布了产品环境声明规则文件（PCR）和包钢十三类（个）产品的环境声明（EPD）。冷轧钢板及钢带、热轧钢筋（带肋、光圆）、稀土耐磨钢和铁精矿四类产品的 LCA 报告通过了中国钢铁工业协会 EPD 平台认证，EPD 报告在中国钢铁工业协会 EPD 平台成功发布。EPD 认证、产品碳足迹核算及管理，为用户提供绿色增值服务，增加用户黏性和产品销量；为企业塑造低碳环保的品牌形象，形成市场端竞争优势，奠定了应对绿色贸易壁垒基础。

（三）切实推动包钢实现绿色运营

该项管理成果的实施，创新构建了企业绿色运营管理体系，为工业企业在协同"降碳"、大力"减污"、多元"扩绿"、高效"增长"四大方面提供了科学的工具和宝贵经验，该管理模式具备向其他行业推广的基础。利用评价结果明确产品的绿色程度，指导企业绿色采购、协调绿色物流，并提出相应的改进方案，科学实施全流程绿色改进，提升资源能源利用效率和清洁生产水平，降低主要污染物和二氧化碳排放总量和强度，为企业开展碳减排行动设定阶段性目标和方案。为下游用户提供绿色产品的环境属性影响数据，推动全产业链采用更加环保、低碳的生产制造材料和方式，减少温室气体排放量。

绿色运营在推动包钢绿色高质量发展的同时，也进一步体现包钢承担的社会责任。发布的绿色制造系列标准，不仅为包钢的绿色制造工作奠定了坚实的基础，也为钢铁稀土产业绿色高质量发展做出了贡献。截至 2023 年年初，全国采用包钢发布的 3 项绿色设计产品标准申报国家级绿色设计产品的企业有 20 个，产品数量为 42 个。随着国家绿色制造工作的推进，数据将进一步增加，在行业实现碳中和目标进程中不断发挥作用。

（成果创造人：孟繁英、王胜平、赵国庆、陈　松、班　华、曹晓明、

田　毅、王　琦、王佳薇、孙佳政、刘艳蕾、忠　诚）

支撑石油企业集团提升勘探开发能力的
一体化全流程科技咨询服务管理

中国石油天然气股份有限公司勘探开发研究院、中国国际工程咨询有限公司、
中国石油天然气股份有限公司西南油气田分公司

中国石油天然气股份有限公司勘探开发研究院（以下简称勘探院）是中石油面向全球石油天然气勘探开发的综合性研究机构，现有科研人员近2000人，拥有4个国家级和21个公司级重点实验室／研发中心，建有中石油首家总部级数据中心，业务领域涵盖油气勘探、开发、工程、信息化等。先后参与国内主要油气田的勘探开发，直接参与中石油几乎所有海外项目的立项、研究和发展，是国内最重要、国际知名的油气综合性研究机构。

中国国际工程咨询有限公司（以下简称中咨公司）是国家高端智库和综合性工程咨询中央企业，拥有20余个专业部门及所属企业，业务领域覆盖国民经济的主要行业，具有多项专业资质和管理体系认证，形成了贯穿投资项目建设全过程的业务链条。截至2023年6月，中咨公司累计完成7万项评估、规划咨询任务，涉及总投资超110万亿元。现有职工5000余名，凝聚社会各界力量，拥有各行业专家5.4万名，具备跨行业、多学科的综合性咨询优势。

中国石油天然气股份有限公司西南油气田分公司（以下简称西南油气田）是西南地区最大的天然气生产和供应企业，约有2.6万名员工，资产超千亿元，年经营收入超600亿元。天然气年产量已达400亿立方米，在川渝地区的天然气用户超过2500万家，市场份额占75%以上，为川渝地区发展做出重要贡献。

一、支撑石油企业集团提升勘探开发能力的一体化全流程科技咨询服务管理背景

经过几十年的勘探开发，我国油气资源劣质化程度不断提高、品位持续下降，发现规模优质储量难度越来越大，原油递减快，稳产难度大；天然气上产的主力是非常规低品位资源，产量提高难度日益加大，油气勘探开发已经进入了"高难度区"。而新一代油气勘探开发主体技术尚未形成、技术攻关方向选择难度大、理论技术创新过程困难多、技术现场试验迭代升级周期长，亟须通过高水平的科技咨询评估来加快重大技术立项、加强研发过程指导、加强试验效果评估反馈等。

重大勘探开发领域的选择、重要技术方向的把控、重大油气方案的评审优化等，影响因素多、涉及面广、非常复杂，需要高水平、有深度的咨询评估论证。勘探院、中咨公司和西南油气田（以下简称三家单位）作为大型国有企业，通过联合咨询评估能够有效集成专家智慧，深化我国油气资源潜力认识，选准油气增储上产主攻方向，评估优化重大勘探开发方案，支撑国家、石油企业油气增储上产目标的实现，为国家重大油气能源战略决策提供高质量建议支撑。

二、支撑石油企业集团提升勘探开发能力的一体化全流程科技咨询服务管理主要做法

（一）设计健全科技咨询体系，保障咨询工作规范科学

1.厘清科技咨询工作框架，确立目标方向

目标：以支撑油气重大战略研究、重大方案评审、重大技术研发、企业提质降本增效为根本目标，以科技咨询支撑科学决策，以科学决策支撑高质量发展。

原则：独立性、科学性和公正性。独立性是指咨询工作不依附于任何部门或者企业，其工作方式和内容不受委托方辖制，从而保证科技咨询结果的客观公正。科学性是指按照科学的理念思维、科学的方式方法，形成准确科学的咨询结论和意见。公正性是指基于事实、秉持公正的态度，做出客观、

准确的判断。

要素：任务需求、制度规范、方法工具、信息资源、专家团队、成果意见。任务需求是咨询工作的出发点；制度规范是咨询工作的保障和规则，是咨询工作的遵循；方法工具是咨询工作的手段，能有效提高咨询效率和质量；信息资源是咨询工作的必要条件，只有充分掌握和运用信息、调用一定资源才能做好咨询工作；专家团队是咨询工作的根本，是决定咨询工作质量的最关键因素；成果意见是咨询工作的结果，是咨询效果的基本体现。

方向：借助各种科学工具手段，发展 AI 科技咨询，更加充分地发挥专家作用，不断提高咨询工作的效果和效率。

2. 创新科技咨询理念，奠定咨询工作基础

思路开放。在开展科技咨询工作中，秉持开放的思路和心态，学习借鉴其他长处，鼓励专家发布自己的真知灼见，积极对外交流。

做法专业。按照制度、流程、规定来组织和开展咨询工作，以专业的态度、做法等获得专业的咨询成果。认真分析研究咨询任务，遴选有真才实学的专家，得到专业的指导意见。严格按照模板、遵循专家意见撰写形成专业的咨询报告。

成果前瞻。遵循抓住本质、适度超前的理念组织筹划咨询工作，提高预见性，保障咨询成果在较长一段时间持续有效。

采用新技术。紧跟社会和科技发展步伐，积极采用和研发新技术新工具来支撑咨询工作，持续提高咨询工作的效果和效率。

3. 打造高水平咨询团队，规范咨询制度

首先，广泛吸纳专家，建立高水平专家团队。一是来源广。广泛吸纳来自国家重要智库机构、四大石油公司、多家高校、科研院所等不同组织的技术专家和学者教授，保证专家团队的多样性和全面性。二是专业全。专家团队涵盖石油企业勘探、开发等各个专业领域，为重大咨询需求提供全方位的支撑。三是水平高。设置资质门槛，专家团队主要由油气、能源领域教授级高工及以上人员组成，其中院士 137 人，正高级职称以上专家 1800 余名。

其次，建立工作支撑团队，明确职责任务。一是根据咨询任务特点，选取相关专业人员组建工作支撑团队；二是高效组织咨询会议或调研等相关工作。

最后，三家单位共同健全制定《科技咨询评审工作办法》《咨询专家管理支撑服务细则》《咨询成果审查办法》《科技咨询报告撰写规范》等系列制度办法，保障咨询工作和专家履职有章可循。

（二）构建一体化全流程咨询机制，提升重大任务评估效果

1. 创建咨询联合体，一体化协同完成重大任务

三家单位共同成立"重大油气任务咨询联合体"，明确工作职责和协同机制，共享咨询专家和数据，充分发挥各自优势，协同开展油气重大任务咨询研究。

机构支撑：勘探院科技咨询中心、西南油气田技术咨询中心、中咨公司的业务发展部和石化轻纺部等实体机构共同为"重大油气任务咨询联合体"提供支撑，保障其开展工作和有效运行。

工作职责：承担油气重大发展战略与规划研究、重大项目与方案咨询评估、重大技术把关指导、重大专题调研等职能，并协调三家单位的其他相关部门，充分发挥专家智库作用，助力企业油气上游业务发展与科技创新。

协同机制：搭建共同交流工作平台，充分发挥三家单位的比较优势。西南油气田发挥油田现场优势，提出重大问题和技术需求，实施方案并反馈意见建议适用性，提供油气生产实效支撑；勘探院发挥理论技术研发优势，针对问题需求确定重大技术发展方向、制定技术路线、评审优化重大方案；中

咨公司充分发挥综合高端的优势，针对油气战略、技术方案或建议等进行宏观把关和综合提升，结合其他相关研究，使之上升到国家或能源行业高度，并将具体建议反馈到勘探院和西南油气田进行有针对性的完善或优化。

2. 构建全流程咨询服务，提升咨询质量和效果

全流程咨询是从项目立项决策到研发过程跟踪，再到项目实施效果评估的全过程咨询评估服务。立项决策咨询，围绕当前油气上游业务增储上产的迫切需求，通过开展技术瓶颈研讨、攻关方向把关，提出重大项目研发和重大战略研究的立项建议，为石油企业重大项目立项提供决策支撑服务。过程跟踪咨询，在项目研发或方案编制过程中开展的专家跟踪咨询，助力难题攻关找准突破、保障项目实现创新目标、提升重大方案编制水平。成果效果评估，对重大战略规划实施进展、重大研发项目创新成果、重大方案实施效果等开展评估评审，以保持重大战略规划的引领作用，促进技术迭代升级，进一步优化完善方案提升效果，助力石油企业上游业务高质量发展。

3. 建立具体任务咨询程序，确保评估工作严谨有序

根据科技咨询业务特点，构建"2 个小组 +3 个阶段 +15 个步骤"的咨询评估流程，充分发挥专家作用并压实工作组责任。2 个小组是咨询专家组和工作支撑组。3 个阶段是会前筹备、会中评估和会后总结。会前筹备包括确定咨询评估要求和目标、咨询评估方案制定、专家遴选、专家预审咨询材料、专家提出修改意见、梳理预审意见并反馈、关键数据内容的补充完善 7 个方面；会中评估阶段分为制定议程准备材料、组织召开咨询会、介绍咨询评估要求、记录收集专家意见建议 4 部分工作；会后总结包括梳理专家意见、讨论撰写咨询评估报告、总结咨询过程、反馈评估结果 4 项内容。

（三）创新咨询工具方法，提高咨询工作质量和效率

1. 设计研发专家–项目库，实现专家推荐报告生成智能化

基于三家单位已有的专家资源以及大量油气能源项目研究报告、成果资料等，采用人工智能技术设计研发专家–项目库，实现咨询专家客观遴选和咨询报告辅助生成。

一是收集和整理专家和项目信息。利用网络搜索、学术期刊、专家填表等方式收集相关领域的专家信息，并与科研项目报告分批导入专家–项目库。

二是利用人工智能技术构建专家项目知识图谱。基于大数据、人工智能等技术，将专家数据库中专家人员信息与项目数据库中项目研究 / 评审人员进行自动关联，构建专家项目知识图谱：形成清晰的专家画像，包含专家个人信息和主持参与项目信息；形成完备的项目主题聚类，包含相关主题的所有项目信息和相关主题的所有专家意见建议。

三是专家智能推荐。基于专家项目知识图谱，针对拟咨询的项目 / 方案信息和评估要求，专家–项目库根据专业领域、研究方向等自动匹配专家信息，实现专家智能推荐。

四是报告辅助生成。基于报告模板和知识平台进行数据挖掘，自动填充模板并生成报告，对已有或正在撰写的报告内容进行智能纠错，提供优化建议，提升报告写作的效率和质量。

2. 建立咨询评估方法，提升评估的科学性

一是分析（Analysis）：对咨询项目的背景、目标、实施过程和预期结果进行全面梳理和分析，包括收集已有相关资料、开展相关技术调研、实地考察访谈等，汇总整理、分析相关数据，明确项目存在的关键问题，为后续研究和改进提供依据。

二是研究（Research）：将咨询项目分解为若干子任务，运用定性和定量相结合的方法，开展并行研究。运用案例研究、比较研究等方法对子任务进行宏观归类；运用统计学方法对子任务进行分析，深入挖掘相关规律，辨识关键影响因素。形成子任务解决方案或咨询建议。

三是集成（Integration）：将各个子任务的研究结果和咨询建议进行集成整合，构建项目整体的评

价指标体系，对咨询项目进行综合评价，形成初步的评估结果或整体解决方案。

四是提升（Improvement）：由专家对咨询项目的初步评估结果或整体方案进行论证和优化，形成完整的改进措施或优化建议。建立项目的持续改进机制，在项目实施过程中，由专家进行跟踪、调整和优化，提高项目的执行效果。

（四）研究谋划重大战略，积极为国建言献策

1. 研判油气发展形势与热点，优选战略研究方向

"重大油气任务咨询联合体"每年召开一次年会和三次季度油气发展形势与热点研判会，邀请政府部门领导、集团公司管理部门领导专家、院士、油田专家等参会，共同研判国家油气能源政策、行业发展趋势、公司油气上游业务重大需求、勘探开发热点难点痛点等，提出并形成若干重要战略研究问题或战略研究方向等。

针对这些重要战略研究问题或研究方向开展专家研讨，采用 SWOT 分析等方法，进一步凝练、优化、合并、删减，形成初步的重要战略研究问题和方向。然后按照重要性、超前性、急迫性、针对性、可操作性等原则进行专家打分，根据打分结果排序确定要研究的重大战略问题或方向。每年年初举行的年会上，确定本年需要重点研究的重大战略问题或方向不超过 10 个，每年季度会上根据国家、行业和集团公司发展形势、关注热点等进行适当调整、优化。

2. 分析主题资料成熟度，采取差异化策略开展研究

针对确定的重大战略问题或方向，组织讨论会，落实每个主题的资料数据积累情况，分析确定每个主题的研究成熟度，将研究主题划分为两类进行差异化研究。

一是针对内容较复杂、目前研究成熟度较低的重大战略问题，如"中国西南天然气大庆发展战略研究""公司中长期科技发展规划研究"等，推动开展项目立项，明确项目研究的重点和主要内容，组织或参与这些重大战略问题研究，并在重要研究节点通报项目研究进展情况。二是针对时效性较强、目前研究成熟度较高的重要战略问题或热点，充分协调内外部研究力量进行"联合快速反应"，在较短时间内形成研究成果报告。

3. 总结提升研究成果，适时上报对策建议

在形成重大战略研究成果的基础上，将重大战略或任务研究成果升华为决策参考或对策建议等，上报中央办公厅、国务院办公厅或中石油集团党组，为国家、行业、集团公司发展建言献策。

在凝练或升华为对策建议时，通常采用"确定提纲—分头起草—集中办公成稿—专家指导把关"的方式。首先，由一位牵头人负责拟定对策建议的提纲初稿，"重大油气任务咨询联合体"共同讨论修改。其次，三家单位各自发挥优势，分头起草初稿。接着，由对策建议牵头人从每家单位抽调 1～2 名专家进行集中办公，交流整合形成完整的对策建议初稿。最后，邀请院士、行业专家开会研讨、修改、完善并形成对策建议最终稿，适时上报。

（五）评审优化重大方案，有力推进油气增储上产

1. 制定评审工作方案，采用专家项目库遴选匹配专家

深入剖析重大方案评审咨询任务，制定评审工作方案。接到咨询任务后，收集整理方案相关资料，了解重大方案实施的背景、实施路径和目标，对重大方案咨询评审任务进行充分研究和分析，形成评审工作方案，包括专家团队的人员构成、会议组织、预期成果等。

高水平的专家是保障重大方案评审效果的关键。建立评审专家遴选规范，增加专家筛选和回避机制，并按照企业内部－集团公司－企业外部"3个三分之一"原则组建合理评估团队，并运用专家－项目库按照遴选规范智能生成推荐专家名单，确保专家组构成客观科学合理。

油气重大方案评审工作严格按照咨询体系构建的"2个小组+3个阶段+15个步骤"的咨询评估

流程组织实施，并坚持如下咨询评审原则：独立、科学、客观；态度严谨、过程认真、程序完备；尊重专家意见，每位专家独立发表意见；回避原则，项目组成员及相关人员不作为咨询评估专家参与评估；不对外披露原则，所有参会人员（包括专家和工作人员）有义务不向任何人披露专家意见。

2. 评审优化跟踪评价，促进油气田发现与开发建设

组织召开重大方案评审会。由方案实施方汇报重大方案内容，专家组着重论证审查方案的先进性、经济性和可推广性，提出评审意见和建议，会后由咨询工作组根据专家意见形成重大方案评审论证意见，报送管理部门决策。对于专家评审论证直接通过、完善后通过和优化再评审通过的方案，在准予投资实施后，开展方案实施效果跟踪评价。评价未达到预期效果的方案，由方案实施单位根据专家评审建议编制调整方案后，再开展调整方案评审，持续提升方案效果，完成重大方案全流程评审。对于评审论证不通过的方案，必须向管理部门上报方案存在的问题和实施风险，并提出不予投资实施的咨询建议。

（六）把关指导重大技术，促进创新水平提升

1. 搭建跨学科交流平台，支撑勘探开发新技术立项

围绕石油企业上游业务发展问题与需求，主动搭建跨学科交流研究平台，推进优势技术团队交流研讨，同时组织专家咨询把关指导，促进新技术立项培育。对咨询专家在油气勘探开发技术和项目咨询过程中产生的创新想法和思路，组织相关技术研发团队与专家交流对接，帮助研发团队梳理形成新技术攻关思路，助力企业找准油气勘探开发新技术立项方向，促进技术创新和研发升级。

2. 跟踪咨询重大研发项目，提高研发质量和创新水平

筛选企业油气上游业务的重大研发项目，每个重大项目匹配 2～3 名专家进行长期跟踪，把关技术研发方向，指导项目团队攻关瓶颈技术。在项目咨询跟踪过程中，专家将项目研发中存在的问题全面客观地反馈给"重大油气任务咨询联合体"工作支撑团队，工作支撑团队对收集到的专家意见建议等进行整理后，与重大项目研发团队进行对接交流和跟踪，以达到把控企业重大研究方向、提高项目研发质量、促进高水平创新的目的。

3. 服务指导瓶颈难题攻关，助力关键技术创新

石油企业研发团队或部门在油气勘探开发技术研究过程中，遇到技术难点或疑问，向"重大油气任务咨询联合体"提出咨询需求，后者组织相关专家进行咨询指导。对关键"卡脖子"技术／装备难题，搭建对接交流平台，寻找和邀请优势技术储备单位与攻关团队进行深入对接交流，帮助研发团队开展难题联合攻关。

三、支撑石油企业集团提升勘探开发能力的一体化全流程科技咨询服务管理效果

通过成果的实施，在支撑国家能源重大战略研究、促进大型油气田增储上产、加快重大技术创新、降低运营风险和节约成本等方面，累计评估重要项目方案 200 多个，指导培育重要勘探开发技术 20 余项，提出咨询建议 3000 多条，上报决策参考建议 60 余篇。

（一）支撑了国家能源重大战略决策

围绕国家重大油气能源发展热点难点命题、重大油气发展规划等，开展研究、积极建言献策，完成了我国能源安全面临的形势及对策研究、我国油气科技发展瓶颈技术与挑战研究、中国西南"天然气大庆"发展战略研究、国家能源局"十四五"油气专项规划编制、中国石油中长期科技发展规划编制等一系列重大研究成果。

研究撰写的"能源安全新形势""南海油气勘探开发""能源应急供给"等 7 篇决策建议得到党和国家领导人重要批示，"加快推进我国千亿方页岩气生产建设工程"等建议已被写入《成渝地区双城经济圈建设规划纲要》。为国家能源重大战略制定与优化提供了重要支撑。

（二）促进了石油企业规模增储上产

完成了 90 余项重点勘探风险井位、重大开发方案咨询评估工作，涵盖石油企业主要盆地和常规油气、页岩气、致密气、页岩油等勘探开发重要领域。直接参与多个盆地 20 余口风险探井论证，助推了鄂尔多斯盆地米探 1 井、塔里木盆地托探 1 井和准噶尔盆地湾探 1 井等多个油气重大发现，有力支撑公司勘探战略突破、重要发展和储量增长。审查并优化了西南油气田"泸州区块阳 101 井区页岩气开发方案""安岳气田开发规划方案""威远页岩气田 40 亿产能建设稳产方案"等 40 余项常规气、页岩气、致密气等主要上产领域方案，推动了西南油气田 2022 年天然气上产 3000 万吨油气当量。

（三）指导了重大油气勘探开发技术创新和培育

积极落实习近平总书记加大油气勘探开发力度的指示要求，系统梳理分析了油气勘探开发面临的重大技术需求和瓶颈技术难点 30 余项，组织高水平专家开展咨询指导 60 余次，推动了地震地质工程一体化勘探技术、空气辅助热混相驱、新一代智能高效采油装备、柔性侧钻大幅度提高采收率新技术等 10 项重大技术的创新和突破。空气辅助热混相驱已在吉林油田开展现场试验，效果良好，预计可以提高采收率 30 个百分点以上。该技术被中石油集团列为重大推广技术并在华北油田和长庆油田推广应用，有望成为油气田开发领域近 20 年来最重要的技术创新。

（四）降低了企业经营风险且节约了投资

咨询论证的经营投资类项目投资规模累计超 1500 亿元，通过咨询评估，科学统筹和优化调整节约投资累计 50 多亿元；咨询评估的科研项目总经费超 10 亿元，通过咨询论证优化项目立项和经费预算，节约投资约 0.8 亿元；咨询论证的国际合作、信息化和实验室建设等项目投资预算达 4.3 亿元，论证合并、优化、暂停了部分项目，减少投资约 1 亿元。大大降低了决策、运营风险，提高了资金使用效率，促进企业高质量发展。

（成果创造人：马新华、陈佳鹏、鲍敬伟、王凤江、陈水银、刘朝霞、
　　　　　　　张　宇、任利明、杨　帆、徐立坤、贾　桢、初广震）

电网企业助推区域经济低碳转型发展的清洁能源服务管理

国网浙江省电力有限公司宁波供电公司、国网浙江省电力有限公司嘉兴供电公司

国网浙江省电力有限公司宁波供电公司（以下简称宁波公司）是国家电网公司大型重点供电企业之一，下辖 8 家区县供电公司和 3 家供电分公司，代管 1 家产业单位，服务电力用户 477.21 万户。2022 年，宁波全社会用电量为 972.66 亿千瓦时，连续 3 年保持浙江省第一；完成售电量 878.31 亿千瓦时。截至 2022 年年底，拥有 500 千伏变电站 9 座、220 千伏变电站 60 座、110 千伏变电站 268 座，总变电容量 8167.6 万千伏安，110 千伏及以上线路 916 条，总长度 8807.26 公里。

国网浙江省电力有限公司嘉兴供电公司（以下简称嘉兴公司）下辖桐乡、海宁、嘉善、平湖、海盐五个县（市）供电公司和南湖、秀洲、滨海三个市区供电分公司，供电客户 279.9 万户。2022 年，嘉兴全社会用电量为 653.34 亿千瓦时，其中风、光等清洁能源发电量 50.31 亿千瓦时；完成售电量 580.14 亿千瓦时，全口径供电可靠性 99.9925%。

一、电网企业助推区域经济低碳转型发展的清洁能源服务管理背景

（一）建设清洁能源示范省，推动杭州湾经济低碳发展的需要

浙江省是"两山"理念的发源地。杭州湾位于浙江核心地带，是浙江省经济社会发展的核心区。作为经济发展的必要能源基础保障，电网对于推进经济发展绿色转型具有重要支撑作用，需要贯彻落实"四个革命、一个合作"国家能源安全新战略，推进能源消费革命，以能源电力绿色转型，助推区域经济低碳发展，发挥清洁能源示范省建设排头兵作用，服务浙江省加快建成绿色智慧和谐美丽的世界级现代化湾区。

（二）建设新型电力系统省级示范，推动能源绿色转型的需要

围绕碳达峰、碳中和战略目标，国家统筹推进新型电力系统建设。国家电网公司推出"双碳"行动方案，探索能源电力碳达峰路径与碳中和方向，以浙江为试点打造新型电力系统省级示范。电网企业需要主动作为、迎难而上，聚焦杭州湾经济特色、资源禀赋和能源特点，推动源网荷储协同发力、政策机制多方突破，探索具有杭州湾特色的新型电力系统实践路径，支撑浙江省新型电力系统省级示范区建设。

（三）推动电网企业转型发展，提升服务能力和水平的需要

能源"双碳"和新型电力系统建设，促生了电网企业业务生态重大变革，对电网运营能力和水平提出了更高要求。需要革新传统"购－输－配"经营和服务模式，聚焦新型电力系统形态下清洁能源多元化发展、能源消费低碳化转型市场诉求，以及杭州湾地区打造清洁能源产业发展基地、发力高端制造的规划要求，发挥电网企业枢纽和平台作用，探索向清洁能源服务转型的实践路径。

二、电网企业助推区域经济低碳转型发展的清洁能源服务管理主要做法

（一）梳理低碳发展需求，确立转型目标和实施思路

1. 明确新形势下电网企业转型的实施目标

基于当前"双碳"目标落地、经济发展低碳转型、能源电力绿色升级的形势发展要求，立足杭州湾地区资源禀赋，梳理清洁能源发电企业在发电并网便捷化、生产制造企业在能源消费低碳化、杭州湾区政府在打造清洁能源产业聚集区等方面的发展需求，确立新形势下电网企业转型发展实施目标。推动电网企业由传统"购－输－配"经营模式向清洁能源服务模式转型升级，围绕杭州湾经济低碳发展的总要求，在方式上开展新型电力系统全域感知能力建设，构建数字化服务平台，向数字智能服务模式转型；在对象上主动服务清洁能源发电企业发电和并网、服务生产制造企业等电力客户节能和降

碳、服务政府清洁能源产业汇集与发展，向能源多元服务模式转型；在内容上源侧推动清洁能源多元供应，网侧推动清洁能源全额消纳，荷侧推动能源消费绿色低碳，向能源综合服务模式转型。通过清洁能源服务转型，推动新型电力系统可持续发展，推动构建政府、电网、清洁能源企业、电力客户深度合作的发展生态，服务和支撑杭州湾经济低碳发展。

2. 制定清洁能源服务转型升级的实施思路

围绕绿色转型升级的总体目标，结合新型电力系统下各方绿色低碳发展需求，确立以数字牵引为主线，服务清洁能源多元供应为核心，助力电力用户节能降碳为重点，支撑区域清洁能源产业发展为特色的服务能力提升思路。以数字牵引为主线，以电网数字升级引领新型电力系统全域感知能力提升，实时掌握源网荷储各侧需求和形式变化，打造能源服务智能微应用，奠定服务转型基础。以服务清洁能源多元供应为核心，深化能源供给侧结构性改革，服务水电、核电、风电、太阳能发电、生物质发电等各类非化石能源发展，加大清洁能源关键技术的集中攻关与示范应用，探索"绿电＋储能""绿电＋氢能"等耦合场景，打造多元清洁的能源供应体系。以助力电力用户节能降碳为重点，充分发挥消费侧绿色低碳转型的牵引作用，与供给侧双向发力，提升终端用能低碳化电气化水平，提供能效、碳效、绿色认证等新型电网服务，形成绿色低碳的生产方式。以支撑区域清洁能源产业发展为特色，推动政府出台专业化产业集聚与发展政策，试点打造多个能源转型示范工程，面向社会全面展示绿色低碳转型成果成效，引导分布式光伏、储能等清洁能源企业集聚杭州湾。

3. 梳理重点建设任务，搭建工作组织体系

梳理识别"专题研究策源－数字中枢牵引－业务模式革新－示范落地推广－政策机制赋能"等任务，搭建工作架构。"专题研究策源"组由属地电网企业新型电力系统工作室专家、能源战略发展研究所专家等组成，负责制定建设的技术路径，研究专项提升策略和方案。"数字中枢牵引"组负责开展源网荷储一体化等数智管控平台建设，统筹资源管理，打破管理专业壁垒，提升资源控制能力。"业务模式革新"组负责理顺内部管理流程，畅通外部服务流程，基于新形势下的社会、政府、客户需求，不断拓展能源服务边界。"示范落地推广"组通过推动区域、专项示范项目建设，展开管理具体方法，并通过不断学习整合推广，提升建设成效。"政策机制赋能"组负责研究政策机制原理，互相借鉴先进经验，推动政府出台新能源、储能、需求响应等配套政策，激活资源活力。

（二）打造数字化服务平台，构建清洁能源数智中枢

1. 开展新型电力系统感知能力建设

清晰直观了解、掌握和控制清洁能源电力供应、消费以及碳排放情况是电网企业向清洁能源服务模式转型的基础和前提，以感知能力建设提升电网资源实时调控能力。设备感知层开展智能化改造，网络通信层搭建信息传输网架，通信平台层统一管控支撑业务。

2. 打造全要素互动数字化服务平台

考虑新型电力系统中海量小散资源现状，在电网推进分布式光伏并网、用户侧能效提升等过程中面临海量的控制对象和计算需求，采用人工智能等技术打造全要素互动数字化服务平台。主要围绕五个关键环节进行运作，分别是孪生、预测、推演、训练和决策。

3. 开发实用型清洁能源服务微应用

在数字化服务平台的基础上，丰富实用型清洁能源智慧管理应用系统（Intelligent Energy Management System，IEMS），实现与平台的云边协同，聚焦内外部需求，提升清洁能源服务质效。针对内部需求，构建调节应用集群，确保清洁能源规模化并网消纳的基础上电力系统稳定运行。针对外部需求，重点打造能碳应用集群，通过云边协同计算，可视化展示区域绿色转型质效，实时捕捉低碳发展的薄弱点。通过精细到生产线、用能设备的能效采集，实时掌握企业能效优化、节能减排的重点环节，为

综合能源服务转型奠定基础。

（三）推进开发并网便捷化，服务清洁能源多元供应

1. 研制"光伏雷达"清洁能源开发工具

杭州湾地区规模化光伏资源少，市场化企业对分布式场景开发存在开发成本过高、开发意愿不强等问题。电网企业按照地市、区县规划网格，结合地形地貌、日照、风速等要素，充分评估区域内风光等清洁能源可开发潜力，开发清洁能源开发潜力测算工具"光伏雷达"。以"网上电网"为载体，借助电网资源与土地控规"多规合一"等技术，率先推出"光伏雷达"，一键"找资源、算潜力、晒排名、做评估"。依据土地规划，筛选出适合发展分布式光伏的地块资源，建立专业分析模型，以聚合计算方式，评估到2025年、2035年和2050年，每一个区县、乡镇以及行政村和供电网格的光伏发展潜力值，晒出在区域内的排名情况。光伏雷达推广应用以来，累计梳理杭州湾地区超3800万千瓦光伏经济可开发容量，扫描结果与地方政府清洁能源发展规划充分融合，形成杭州湾各地市《光伏发展分析与研究》专题研究，协助完成浙江省《可再生能源发展"十四五"规划报告》，服务清洁能源高质量可持续发展。

2. 规范电源入网标准服务清洁能源发展

针对分布式光伏、用户侧储能等发电企业、储能运营商关心关注的并网等问题，主动分析分布式资源接入消纳的难点痛点，以规范各类新型电源入网标准为切入点，服务清洁能源发展。一是创建技术标准体系，规范指导分布式光伏、用户侧储能等新型电源并网、运维全流程管理。二是研发安全并网装置。适应分布式光伏并网需求，研究开发"六个功能合一"的并网一体化装置，实现一个装置代替传统至少需要三个装置才能实现的功能，提升分布式光伏并网和管理效率。三是建立接入预警机制。基于变电站、线路容量和系统短路容量等参数，分站分线测算光伏、储能最大接入能力，分色标识预警级别，引导光伏、储能项目与配电网、负荷发展有效匹配。建设区域光伏及储能信息采集系统，接入非户用分布式光伏、用户侧储能等数据信息，开展运行状态精准监视、数据统计高效分析，满足新型电源精细化、有序化管理要求。

3. 推动多能耦合助力清洁能源全额消纳

多能耦合可以提升能源利用效率，减少弃风弃光等现象，有效解决清洁能源消纳问题。结合风电、太阳能发电、生物质发电等杭州湾地区清洁能源利用形式，探索多种耦合场景，助力清洁能源全额消纳。打造"绿电＋储能"场景，探索清洁能源一站式配置服务，形成全域"光伏＋储能＋充电桩集成一张图"，提升新能源就地消纳能力。与属地政府合作建设储能电站，面向有需求的清洁能源发电企业租赁储能容量，以满足风光富裕阶段电量存储需求，推进清洁能源百分百消纳。2022年，推进万通燃气与恒发新能源签订1.25兆瓦/2.5兆瓦时储能租赁服务合同，形成浙江省首个集中式储能"配额租赁"商业模式，推动储能发展。打造"绿电＋氢能"耦合场景，牵头国家电网公司首个氢能国家重点项目，建设宁波慈溪氢电耦合直流微网示范工程，突破氢电耦合直流微网在安全、稳定、经济运行方面关键技术，自主研发高效电解制氢系统、燃料电池热电联供系统、氢能与电池混合储能、多端口直流换流器等核心装备，实现绿电制氢、电热氢高效联供，车网灵活互动，离网长周期运行等多功能协同转化与调配，形成以电为中心的电氢热耦合能源互联网示范。打造园区级多能耦合微电网，在工业负荷大、新能源条件好的开发区、园区，调动负荷侧调节响应能力，依托光伏发电、储能、生物质发电、滩涂风电、氢能、充电基础设施等，开展绿色供电园区建设。推进分布式发电与电动汽车（用户储能）灵活互动，形成多能耦合互补微电网示范。

（四）推动能源消费低碳化，服务高端制造企业发展

1. 绿色认证助力外向型企业产品出口

杭州湾地区高端制造业云集，部分出口产品需要全过程碳监测，并取得绿色产品认证，以满足

欧美等国的绿色制造需求。推出绿电认证等服务，助力外向型经济高质量发展。认证绿色电力消费，联合能源大数据中心，实时掌握企业用电用能数据，获取市场监督管理局授权，为电力用户绿色电力消费授予绿电属性标识认证，建立基于绿证的绿色电力消费认证标准、制度和标识体系。积极推动与国际组织的绿色消费、碳减排体系衔接，助推相关产品满足国际绿色产品要求，助力企业应对"碳关税"壁垒。实施国际绿证交易，针对企业绿色电力消费经认证产生的绿证，电网企业推动绿证国际交易。以嘉兴为例，基于恒创集团投资的分布式光伏项目开发，与北京太铭基业投资有限公司完成全量交易，成交绿证5000张，折合发电量500万千瓦时。

2. 能效提升服务高耗能企业降本增效

针对重点行业典型高能耗企业，以内部挖潜增效为出发点，以"提高用能效率、降低用能成本"为主要目标，提出能效提升措施，助力产量、效益、能效间形成良性循环。一是生产设备升级更新，与企业用户协作制定"高能耗、低效率"设备更新改造计划，大比例采用数控新型设备，以获取更高的能力、更低的能耗。二是能源循环梯级利用，将定型机、退浆机等产出的高温废水废气余热回收用于下道工序，推进循环用能。以嘉兴平湖为例，建设4兆瓦余热发电和秀舟纸业1.4兆瓦生物质气梯级利用项目，将"废弃的能源"转化为"生产力"。三是提升数智化水平，在关键能耗设备、工艺节点加装感知设备，匹配前后工序产能，减少闲置和浪费，完成精细测控。以绍兴某印染企业为例，通过数智化提升，每年节约能源成本约1060万元，投资回收期3.6年，方案实施后亩均税收上涨35%，碳排放量下降30%。

3. 碳效监测支撑企业绿色低碳转型

以能源电力数据为核心，通过碳监测、碳足迹等手段，实现能碳实时监测追踪、动态评价优化，服务政府能效双控，服务企业节能减排。面向政府提供区域碳监测，基于终端感知设备，连接能源大数据中心，按照区域划分不同区块，系统生成区域碳排放检测数据，协助政府制定不同区域减碳降碳实践，精准指导企业开展中长期减碳规划、设备节能改造，实现关键用能设备数智化运行，降低企业整体碳耗。面向企业提供碳足迹服务，基于企业能源拓扑结构，打通"电碳"贯通路径，通过拓扑图直观了解企业碳足迹，清晰展示企业具体生产加工环节碳排放数量，细化归集不同产品全生产过程碳排放总量，一键生成企业的碳足迹报告，为企业进行科学碳排放监测核算提供数据支撑。形成碳资产最优处置策略，根据企业年度碳指标额度、实际碳排放情况和自身减排成效各方面数据，生成企业碳指标天平，直观呈现企业碳指标缺口，利用市场化手段来合理管控碳资产，实现最优低碳策略。

（五）推行政策扶持专业化，服务清洁能源产业发展

1. 推动出台清洁能源产业发展机制政策

将政策机制突破作为推动杭州湾经济低碳转型的重要支撑，从战略规划、机制政策层面将新型电力系统、现代智慧配电网建设与地方经济产业发展深度绑定。一是明确政策机制重点突破方向，统筹建设目标，从源、网、荷、储、碳五个维度梳理明确政策机制重点突破方向，将政策机制的相关内容充分融入与政府战略合作协议中。二是积极推动属地能源局出台鼓励政策，推动杭州湾各地市出台"光伏储能虚拟电厂"三位一体综合示范项目建设实施方案，结合集中式储能和分布式储能的各自特点，开创"集中式＋分布式"协同"双碳"新思路，推动出台地方储能建设补贴政策。其中嘉兴公司推动政府与产业单位建立合作机制，成立浙江恒发新能源有限公司，投资建设电网侧储能项目。三是推动出台价格补贴政策，重点针对储能产业，推动属地政府出台各类储能参与调峰调频等辅助服务补贴政策，如推动宁波前湾新区出台用户侧储能补贴发文，参与储能聚合调控的用户按照非尖峰时段放电量2元／千瓦时进行补贴。

2. 开展技术创新引领清洁能源产业发展

发挥电网技术和经验优势，在光伏并网控制、光储充一体化等方面开展技术研发与创新，促进产业规模化发展。在分布式光伏领域开展低压分布式光伏集中式构网终端等装置研发，牵头国网公司科技项目《考虑自治区域虚拟惯量支撑的源荷协同控制关键技术与装备研制》和浙江科技项目《高渗透率分布式光伏主动构网关键技术及装备研发》，研发并应用自同步电压源型光伏逆变器、低压分布式光伏集中式构网终端等装置，提升光伏主动构网能力，助力光伏产业发展。在储能领域开展电池材料、安全性能及芯片替代研究，建立产、学、研、用联合研发团队，立项气体传感器储能电站全寿命周期安全应用等国网科技部主持的颠覆性技术项目等 5 项课题，融合电力系统特定应用场景，开展储能体系关键技术研究与核心部件攻关。

3. 示范工程建设引领清洁能源产业汇集

基于地区产业链健全、配套产业周全、分布式清洁能源场景齐全的特色优势，确立嘉兴海宁尖山、宁波灵峰和前湾新型电力系统示范工程，需求引领地区清洁能源产业发展。其中海宁尖山着力推动分布式光伏、分布式风电、分布式储能、充电桩等规模化建设，引领晶科能源等光伏企业以及上下游配套产业汇聚杭州湾。宁波灵峰结合化工企业集聚副产氢特点，开展燃料电池汽车、氢能发电、氢能制热等应用，引领制氢、提纯、储运、燃料电池关键零部件、加氢站建设、整车等产业发展生态建设。宁波前湾公司与吉利威睿电动汽车技术公司共同成立新型电力系统（储能）联合实验室。立足"电网＋企业"深化合作模式，开展储能应用前瞻性技术攻关，助力威睿在柜式储能产品、集装箱储能产品、直流侧储能产品、户用储能产品、便携储能产品的研发与应用，打造地区储能产业发展样板。

（六）健全服务保障机制，打造杭州湾绿色发展生态

1. 建立一体统筹新型电力系统应急机制

随着能源绿色转型的深入实践，源网荷储各侧资源灵活互动趋势越来越高，区域电网之间联络关系越来越紧密，电网运营难度持续增加，特别是在调度日常操作、事故处理等情况下容易出现电源反充、非同期等情况。杭州湾属地电网企业根据电网联络情况、清洁能源并网情况，建立一体化统筹协调的应急机制。考虑相邻地市以及地、县两级调度联合事故处置的要求，编制一体化电力系统事故处置预案，并定期开展联合反事故演练，强化地市之间以及地、县两级调度分布式电源管理，形成一体化事故处置联动机制；针对分布式光伏分散布置的特点，指导用户制定自身的相应预案，实现故障情况下的快速响应，在推进能源生产、消费绿色转型的基础上，确保电网运行安全。

2. 持续开展绿色转型发展成果成效评估

为持续推进杭州湾地区经济低碳可持续发展，梳理构建绿色生态指数，用于表征"高质量发展"，衡量资源节约型、环境友好型、绿色低碳型社会的构建进度，持续开展绿色转型成果成效评估。绿色生态指数细分领域包括绿色生产、绿色消费和碳排治理三个方面，共 9 项指标。考虑电力发展趋势对经济社会发展反应的灵敏度，充分利用电力大数据和信息平台的技术支撑，通过确定性的历史数据反映不确定的发展趋势，并建立科学合理的逻辑映射关系。考虑电力数据为众多公共数据的一种，对社会整体发展的映射能力有限，因此采取全局性数据，包括能源大数据中心等相关政府授权数据，以更加全面的勾稽关系实现更加全面的映射。

三、电网企业助推区域经济低碳转型发展的清洁能源服务管理效果

（一）推动了杭州湾区域经济清洁低碳发展

通过电网企业清洁能源服务模式转型实践，有效推动杭州湾地区经济清洁低碳发展，不完全统计数据表明，2022 年单位 GDP 能耗均值同比降低 3.75%，优于全省平均水平；单位 GDP 碳排放相较 2015 累计下降 20% 以上。

（二）实现了能源电力行业绿色转型发展

项目以能源绿色转型带动区域经济低碳发展。能源供应多元化方面，推动分布式光伏等能源形式规模化并网发电，截至 2022 年年底，区域清洁能源装机总容量突破 2498 万千瓦，装机占比同比提高 28.6 个百分点，利用率 100%；消纳清洁能源电量 1670 亿千瓦时，占全社会用电量的 28.8%，同比提升 21%，减少二氧化碳排放 1.55 亿吨。建成宁波"南源北荷"、嘉兴能源电力长三角一体化等示范工程，推动能源跨区域自制平衡；储能在新型电力系统中调节价值得到充分释放；以电能为主的能源消费格局加速形成；形成了从开发、管理碳资产到撮合交易的完整商业模式。

（三）提升了清洁能源产业发展引领能力

通过创新实践，探索了未来形态下电网企业经营发展模式，形成电网企业转型升级示范样板。主导攻克了分布式光伏逆变器、集中上网、光储充一体化等技术难题，推动出台了清洁能源产业发展各项专业政策，吸引分布式光伏等清洁能源企业在杭州湾投资建厂，形成清洁能源产业集群。

（成果创造人：陈　嵘、应　鸿、王　谊、郑怀华、翁格平、郁家麟、
　　　　　　任娇蓉、张　捷、方建迪、钟伟东、马丽军、周　池）

大型水电站基于安全、质量、生态三位一体的工程建设管理

华电金沙江上游水电开发有限公司苏洼龙分公司

华电金沙江上游水电开发有限公司苏洼龙分公司（以下简称苏洼龙分公司）于 2014 年 7 月 29 日正式组建，主要负责苏洼龙、昌波两级水电站的建设管理，隶属于华电金沙江上游水电开发有限公司（以下简称金上公司）。苏洼龙水电站位于四川巴塘县与西藏芒康县境内的金沙江干流上，是金沙江上游河段 13 级梯级规划中的第 10 级，是国家"十四五"规划中的九大清洁能源基地之一——金沙江上游清洁能源基地首个核准开工项目、"西电东送"接续能源基地先导工程、西藏自治区境内首座百万千瓦级电站。电站正常蓄水位为 2475 米，最大坝体高度 112 米，总装机容量 120 万千瓦，为一等大（Ⅰ）型工程，每年可提供绿色电力 55 亿度，节约标准煤 180 万吨，减少二氧化碳排放 430 万吨。

一、大型水电站基于安全、质量、生态三位一体的工程建设管理背景

（一）推动建设清洁低碳、安全高效能源体系的内在需要

苏洼龙水电站作为国家重点工程、我国西电东送接续基地的先导和示范工程，也是金沙江上游川藏段国家水风光一体化示范基地的重要支撑电源，在新时代我国构建清洁低碳、安全高效的能源体系中发挥着重要推动作用，对沿江风光电顺利开发、配套外送，对华中地区电网稳定有着重要电源支撑作用。在电站建设中，应当从推动构建清洁低碳、安全高效的能源体系高度认识电站建设的重要意义，把安全质量放在首位，把保护好生态环境作为项目开发的重要前提，重点围绕安全、质量、生态三个方面、一体化协同推进，确保项目如期高质量建设，为经济社会高质量发展提供安全、经济、绿色、可持续的电力供应，展现能源央企的责任担当。

（二）破解难题挑战、建设精品工程的必然选择

苏洼龙水电站地处横断山脉深处，海拔 2500 米，人均耕园地面积小，移民搬迁难度大；地质条件复杂，大坝设计抗震烈度 9 度，开挖边坡高达 260 米，坝基覆盖层深达 91 米，地下工程、隐蔽工程多，安全质量管理难度大；流域没有在运电站作支撑，接机发电、生产准备要求高；地处国家级水土流失重点预防区，生态环境保护难度大、要求高。因此，要建设精品工程，迫切需要建立安全、质量、生态三位一体的工程建设管理新机制，切实提升工程建设管理水平，开创一条适合高海拔复杂环境大型水电站工程建设管理的新路径。

二、大型水电站基于安全、质量、生态三位一体的工程建设管理主要做法

（一）建立"三位一体"的管理体制机制

1. 建立"三位一体"的目标体系

结合苏洼龙水电站建设实际，围绕安全、质量、生态，建立三位一体的目标体系，努力打造优质、创新、绿色、效益、数字、廉洁的流域样板精品工程。在安全稳定方面，确保不发生安全事故，不发生影响工程建设和企业形象的不稳定事件；在质量优良方面，确保建成集团公司精品工程，打造一批有影响的科技创新成果；在生态环保方面，率先落实"绿色金上"建设方案，建设生态文明工程、国家水土保持示范工程、绿色水电精品工程。"三位一体"的总体目标层层分解，落实到各部门、各参建单位，纳入日常工作检查和年度考核、合同考核内容，最终将责任落实到人，确保目标层层落实落地。

2. 建立"三位一体"的组织体系

一是完善业主的工程建设组织体系。成立以苏洼龙分公司主要领导为组长，相关部门、参建单位负责人为成员的工程建设领导小组，负责工程建设决策部署、统筹协调，研究解决工程建设管理的

重点难点问题。二是建立业主对参建单位的协调体系。业主设置工程建设工作小组，明确各部门职责分工，形成逐级负责、层层落实的工作格局，发挥"服务、协调、督促、管理"职能。业主协助承包方完成项目管理策划，帮助承包方创建良好外部环境，督促施工承包方实施安全质量、满足环保要求的工序优化和工艺创新，指导施工承包方健全物资、材料、质量、安全等管理制度，确保工程建设安全、质量、生态一体化推进。三是建立技术管控体系。成立专家委员会，构建"工程项目－专家委员会－水电总院"三级技术管控模式，邀请国内院士、大师超前攻关，设立专项科研资金，为苏洼龙水电站工程建设做好科技支撑。四是建立进度管控体系。实行"强业主大监理"模式，成立以业主为组长、监理为副组长、各参建单位责任人为成员的进度管控小组，严格实行"计划、执行、反馈、纠偏"的闭环管理机制，根据发电"时间表、路线图"动态调整施工计划，加强安全、环保、质量、技术等有关方案落实及问题反馈，确保实现"以日保周、以周保月、以月保年"的进度管理目标。

3. 建立"三位一体"的过程管控机制

苏洼龙分公司加强与参建单位、相关部门的沟通对接，建立多元高效沟通机制，召开地方政府、设计、监理、施工等多方工作协商会议，提高工程项目推进效率。一是建立"周安排、月总结"沟通制度，每周集中梳理工作任务，落实责任到人，总结工作完成情况，及时反馈问题和困难，推动工作顺利开展。二是建立《专业建设项目周报》，每周更新各点位的形象面貌，及时督导安全、质量、进度和生态环保措施中的执行偏差。

（二）以建设本质安全型企业为目标，强化安全管理

1. 强化各级安全责任落实

苏洼龙分公司编制发放《安全管理职责手册》《安全管理制度汇编》，开展专题培训，促进各级人员明责、知责、履责、尽责。建立"分公司领导带队月检查，监理单位领导带队周检查，施工单位领导带队日检查"机制，严格执行汛期24小时值班和领导带班制度，各级人员认真落实重大作业重点部位到场到位要求，紧盯关键作业面，管好班组，管控违章，和参建各方形成了"上下齐动、相互支撑、齐抓共管"良好局面，总体上做到各项安排部署落地落实。

2. 多手段强治理防风险除隐患

一是扎实开展各项安全活动强基固本。以"重大事故隐患专项排查整治""安全生产月"为抓手，深入开展"安全管理强化年行动""本质安全型企业高质量建设""反违章"等活动，深化开展专项排查整治行动，组织开展流域防地震灾害专项演练，坚决做好风险防范和隐患排查整治。二是强化预防机制排除风险隐患。督促各参建单位持续开展班前五分钟、班前班后会等活动，落实"六交四查"工作，促进各项安全措施落实。组织各单位安全管理人员加强作业现场巡查，大力查处"三违"行为，严肃责任追究。开展高风险作业的风险识别和隐患治理，加强炸药、液氨等重大危险源管理。对发现的隐患按"五定"原则进行整改和评价分析，查找根本原因，制定避免同类隐患重复发生的措施，将隐患消灭在萌芽状态。

3. 实施先进技术确保大坝安全

为保证大坝安全，苏洼龙分公司积极开展坝基处理、坝体分区、防渗系统形式、料源优化等研究，对坝体合理分区，确定分区坝料填筑标准及质量要求，增大开挖料利用率。同时，通过大坝三维静动力有限元计算分析，提出适宜于深厚覆盖层上高沥青混凝土心墙堆石坝的防渗结构方案及工程抗震措施。建设过程中，与科研院所合作，运用大坝施工精益化管理系统建设"智慧大坝"，通过精密测量传感仪器，利用北斗定位系统，实时全过程监控大坝填筑碾压，将定位误差控制到厘米级。通过数字化、信息化、智能化手段对沥青混凝土心墙坝施工全过程进行智能监控与反馈控制，确保各项施工参数严格满足各项规范及设计要求，保证大坝填筑碾压过程的施工安全。

4.试行建管结合"四同步"确保生产安全

实行建管结合、无缝交接，通过规范建设与生产管理同步、施工队伍人员管理和技能培训同步、生产设备设计审查和设备选型同步、安全监督和质量监督同步，确保各项技术参数优于国家标准。超前谋划生产准备工作，选派生产骨干到运营电厂、设备厂家培训，运行维护人员全过程参与设备监造、机电安装、设备调试，全面推进机电安装标准化管理，编制《机电设备安装标准化手册》，提出优化建议 180 余项。电站投产前完成 93 项生产管理制度的编制印发，开发生产管理系统，管控全厂设备状态，做好缺陷分析管理，为机组顺利投产发电提供有力支撑。

5.构建风险应对体系提升应急能力

一是在汛前对防汛重要部位、薄弱环节进行再排查、再整治，对临边、临河、临沟板房和设备进行搬迁撤离，配齐防汛物资，增加备用电源。持续加强白格、沙东、敏都等不良地质体变形情况跟踪，实时发布预警监测信息，采取预先破堰措施成功应对两次白格堰塞湖地质灾害。二是积极开展高土石坝施工期遭遇堰塞湖灾害应对措施及灾后复建技术研究，创新性提出主动破堰和围堰快速施工复建方案，仅用 4 个月全面完成灾后复建，为水利水电工程防灾减灾及制定堰塞湖应急处置措施提供借鉴和参考。

（三）以建设精品工程为目标，深化全过程质量管控

1.加强工程建设质量全过程管控

在工区持续开展劳动竞赛，组织质量竞赛流动红旗、样板工程评选，委托国家可再生能源发电工程质量监督站开展驻站监督，确保工程质量可控在控。一是把好源头质量关，钢筋、水泥等工程主要原材料均组织招标采购，检测合格后才能使用；施工、监理及试验检测中心加大原材料的检测频次，特别是砂石料、施工自购原材料及非常规检测项目的检测频次。二是加强质量检测，与第三方检测机构合作，通过 UT、MT、TOFD 等检测手段，对压力钢管、蜗壳、座环、闸门等设备的焊缝进行随机抽检，对施工单位的自检报告进行严格审核，保障设备安装质量。三是严把设备出厂关，与设备厂家签订金属结构设备监造、机电设备监造合同，派驻专业人员对主机、主变、GIS、闸门、桥式起重机等设备开展监造工作，辨识防控风险，排查治理隐患，并及时整改闭环，进一步提高设备质量。

2.建立双重考核管理机制提高工程质量

针对水电行业承包商普遍分包协作以及当地劳务人员少、务工积极性不高、施工质量难以把控等难题，制定《施工承包商管理办法》《工程建设分包及民工工资监督管理办法》《苏洼龙水电站综合考核管理办法》，实施全方位动态考核。一是建立承包商考核机制。创新承包商准入、选择、监督、考核和处罚全过程管理，加强对承包商各环节管控；强化分包转包管理，严禁承包商将合同整体违法分包或转包，分包需经项目业主审批同意和详细审查；综合考核承包商，对 AAA 级承包商颁发荣誉证书，对 AA、A、B 级承包商要求限期改进，把 C 级承包商列为信誉不良承包商，限制其在一定时限内参与工程项目投标。二是建立工程质量奖罚机制。分解质量控制目标，明确质量主体责任，在重要施工准备工程和主体建安工程招标文件中设置综合考核奖，用于相应标段的现场管理和作业人员在安全、质量、进度、环水保以及投资管控等方面考核奖励。召开月度季度质量管理工作会议，进行施工质量大检查与质量创优考评；不定期抽查监理旁站情况、质量监督情况，对作业规范、质量达标的施工队伍进行奖励，对质量缺陷和问题严格考核追责。

3.多措并举推动工程质量提升

一是推进质量标准化建设。制定下发相关样板管理办法、质量管理小组活动管理办法，积极开展"QC 活动"，推行"首件工程认可制""样板工程"等管理模式；建立质量展示厅，抓好质量工艺培训，严格落实持证上岗制度。二是大力推进工法创新。在压力钢管焊接中，苏洼龙分公司组建创新创效团队，开展技术攻关，研制应用环缝加热的热源固定装置及加热系统，采用具有激光跟踪自动纠偏性能的双丝埋弧焊接工艺。同时，积极推动成果转化，牵头制定行业技术规程并申请获得两项国家专利，引领水电站大型压力钢管智能化施工技术发展。三是开展精益施工研究。优化施工配合比，通过细化仓面设计和施工工序，找出质量控制的关键点，强化对关键点的控制和管理，以点带面，逐步形成精细化管理模式，推动工程建设全面质量管理提升。

（四）以建设生态文明工程为目标，加强自然人文环境保护

1. 加强自然保护，打造"绿色金上"示范工程

统筹好水电开发与生态保护，从流域规划、项目前期、工程建设和生产运行全过程统筹规划，开展生态环保科研。一是在水电规划阶段，超前谋划生态环保措施。规划干流栖息地、支流栖息地进行保护，电站建设避开重要鱼类产卵场、索饵场。二是在工程建设中，把生态环保工作放在重要位置。在国内率先开展料源优化研究，合理使用工程开挖料240万立方米，取消原开采料场，减少环境影响。在场地施工前设置2处表土堆放场，在主体工程开工前完成枢纽工程区、弃渣场及表土堆放场区、施工生产生活区等占地区域表土剥离、收集和集中堆存，并将这些表土用于绿化工程和复垦工程，最大程度利用耕植土资源，保持水土环境。三是在水生生物保护中不遗余力。苏洼龙分公司投资建成西藏最大鱼类增殖站，连续6年开展增殖放流；建成国内首个上行升鱼机加下行集运鱼智能过鱼系统，并在首台机组投产前建成具备运行条件，实现大坝上下游鱼类种质基因交流，缓解水电工程建设对鱼类的阻隔影响；建立野生动物监测站，持续开展水质、陆生生态、水生生态、水土流失及环境空气质量等监测工作。

2. 强化征地移民，营造良好人文生态环境

一是建立补偿机制。协调川、藏、青、滇四省区相关政府部门，加强工程施工、移民安置管理和环境保护宣传，尊重驻地风俗习惯，采取逐年货币补偿安置移民，根据当地亩产值标准每三年调整一次，补偿年限持续至电站停止运营。在房屋补偿方面，按同库同策、两岸对等原则进行征地补偿，高标准配置安置点水、电、通讯、卫生等基础设施，实现移民生产生活超过原有水平的安置目标。二是有序组织参工参建。按照"合法合规、政府主导、市场行为"原则，以"县统筹、乡组织、村参与"，吸纳"施工区、移民区、影响区"近千名群众和280多辆运输车辆参与工程建设。三是积极履行社会责任。创新定向招生、定向培养、定向安置"三定培养"模式，招收15名库区"三乡一镇"建档立卡贫困户学生，入读四川水利职业技术学院，毕业后就业于苏洼龙水电站。高标准投资新建国道、乡道、跨江大桥等，结束当地6个村不通公路的历史，为工程顺利建设提供有力保障。

（五）强化支撑保障，确保"三位一体"目标顺利实现

1. 强化数字赋能，提升"三位一体"管控水平

一是搭建多元融合的数字化管理平台。苏洼龙分公司以高精度卫星定位技术、传感器技术、射频识别技术、无线通信技术等为基础，研发多元信息融合的工程建设数字化管理系统，形成苏洼龙水电站大坝综合数字化信息平台和三维虚拟模型，实现工程建设统一平台、统一标准、集中管控。其一，对大坝和隐蔽工程应用BIM（Building Information Modeling，建筑信息模型）建模，动态采集与数字化处理各类施工质量信息、进度信息，实现工程信息的集成化、可视化管理。其二，强化在线实时监控，建立各环节预警模型和机制，利用北斗卫星实时监测不良地质体，远程视频监控现场情况，以数字技术赋能工程建设，实现大坝施工质量和进度信息动态更新。

二是强化多维贯通的大数据监测管理。强化大坝多维贯通的大数据融合管理，在线实时监测大坝施工质量和施工进度，并进行反馈控制。建立大坝施工过程可视化仿真模型，通过施工进度智能管控系统，对大坝施工任意时刻形象进度、施工强度等进行仿真分析，对各分区进行施工进度监控，确

保实际进度与计划进度一致。建立土石方调配模型进行方案仿真计算，通过仿真计算得到渣场、堆石料等堆场库容变化，并与实际施工过程的土石方调配结果进行对比分析，实现施工过程土石方动态调配优化。强化坝面碾压填筑质量监控，编制形成仓面碾压施工质量报表，并对各仓面碾压遍数达标比率、超速及激振力报警等信息进行统计分析与查询。有效控制坝面施工的控制参数，实时监测和反馈控制大坝施工过程，减少施工质量监控中的人为因素，实现工程建设的精益化管理和信息的可视化展现，为打造优质精品工程提供强有力支撑。

2. 坚持以人为本，强化"三位一体"人才保障

一是制定《三支人才队伍建设实施方案》《青年员工成长成才培养方案》，强化"三支人才"和青年员工队伍建设，制定人才培养方案，建立基于专业领域的人才开发培养模式，采用关键岗位锻炼和交流培养结合、AB 角培养和"师带徒"等方式，为公司工程建设、生产经营提供有力人才支撑。二是建立人才数据库。按照分类建库、分级管控、培养选拔使用有机结合的原则，建立公司人才数据库，为公司人才工作提供信息支持。基于人才数据库，分析公司人才年龄、学历和专业，完成人才精准画像、人才供需预测和人才流失预警，便于选拔专业对口、工作能力强的专业人才参与到工程建设的关键节点、关键项目，带头开展技术攻关，确保工程建设有序推进。三是采用"六制定"模式，制定"人人当讲师""以考摸底，精准帮扶""1+X 师带徒""一人培训，众人受益"等模式，编制《培训月度考评表》《新进大学生培训工作方案》，分专业、分目标、多途径开展生产准备人员专项培训，培养工程建设专业管理人才和生产经营技能匠才，提升专业技能。

3. 构建"四方筑廉"，营造风清气正建设环境

高度重视廉洁工程建设，推进党风廉政建设与工程建设深度融合，总结提炼形成在全流域推广的"雪莲"廉洁文化体系。构建业主、监理、设计、施工"四方筑廉"风险防控机制，做好不定期走访、调研，开展廉洁警示教育、廉洁宣传教育、廉洁文化建设、廉洁谈话提醒。通过参建各方党支部党建联建、开展轮值讲座、畅通信访举报渠道、逐级签订责任书、与业主方人员交往行为规范自查、督促设计监理单位明确规定禁止行为，不断拓展和创新廉洁共建，建立健康规范有序的营商关系，防范工程建设廉洁风险。

三、大型水电站基于安全、质量、生态三位一体的工程建设管理效果

（一）建成高海拔复杂环境下的精品工程

苏洼龙分公司深入推进精品工程建设，本质安全水平明显提升，获得国家能源局电力工程建设项目安全生产标准化二级达标企业。通过大力推进质量标准化建设，严格落实质量督查与考评，厂房板梁柱混凝土、引水隧洞衬砌混凝土等工程实体质量全面提升，枢纽工程土建单元优良率 94.97%，金属结构及机电安装工程单元优良率 98.6%，创建了"苏洼龙水电站精品工程"。超前完成各阶段移民安置工作，缩短国道 215 代建复建工程工期 30%，创造了同类水电站复建公路工程施工新纪录，成为甘孜州境内唯一一条移交地方公路局管养的水电复建公路。2022 年 7 月电站首台机组投产发电，11 月提前实现 4 台机组全投，4 台机组均一次启动成功、一次并网成功、一次试运行成功。电站接机运行并连续安全运行至今，厂用电率 0.06%，耗水率 4.56 立方米 / 千瓦时，各项参数优于设计值。

（二）攻坚技术难题，引领水电建设行业发展

苏洼龙分公司与相关各方协同攻关，全面提升物资材料、资金、设计等要素保障水平，物资月度需求计划准确率在 95% 以上，工程物资核销率达 99.19%。完成模型试验、施工仿真等 13 项专项研究，开展左岸罗绒西沟料场优化、坝前 1# 堆积体处理等 5 项设计优化，实现大坝填筑料源再平衡，工程投资进一步压减。500 千伏送出工程较合同工期提前 3 个月带电运行，成为系统内首座国调直调电厂。下闸蓄水以来大坝内部最大沉降量 737.3mm，坝基廊道整体渗流量 4L/s，均大幅优于设计值。水

轮发电机安装实现"零配重"，4 台机组额定负荷下最大摆度控制在 0.1mm 以内，达到国内同类型机组领先水平。《压力钢管智能化施工技术及应用》荣获集团公司"2021 年度科技创新三等奖"。

（三）取得显著经济与社会效益

苏洼龙分公司为流域巴塘、拉哇、叶巴滩、昌波等多个梯级电站建设积累了经验、输送了人才，实现了金上清洁能源基地建设的"开门红"。苏洼龙水电站积极落实财税优惠政策，综合融资成本处于较低水平，取得留抵退税款 51629 万元，工程总投资控制在执行概算内。2022 年全年完成发电量 17.96 亿千瓦时，提前半个月完成全年发电量任务。建成野生动物观测站，目前共观测到超过 200 种野生动物，比 2015 年环评报告时新增加了 30 余种。建成西藏最大鱼类增殖站和长江流域第一套升鱼机、集运鱼船联合过鱼系统，入选集团公司 2022 年十大技术突破，得到生态环境部和历次中央生态环境保护督察组充分肯定。苏洼龙水电站高质量投产发电得到央视新闻联播等中央、地方主流媒体关注报道，首台机组 72 小时试运行网络直播收视超过 1000 万人次，电站全容量投产发电入选集团公司年度十大新闻，创造了集团系统重大项目节点宣传的"苏洼龙模式"。

（成果创造人：罗宗伟、王道荣、唐明武、刘　勇、褚　云、李万银、
　　　　　　　张中文、马武林、王　佳、黄隆志、吴雏音、毛　奇）

基于区块链技术的碳资产核证系统构建

河北建投融碳资产管理有限公司

河北建投融碳资产管理有限公司（以下简称建投融碳）成立于2016年6月8日，是河北省首家注册成立的碳资产管理专业公司，公司注册资本2448.10万元，由河北建投投资集团有限公司、河北建投能源投资股份有限公司、新天绿色能源股份有限公司、河北建投国融能源服务有限公司共同出资建立。建投融碳主要从事碳减排项目（CDM、VCS、CCER等）开发、碳盘查、碳资产综合管理与交易、低碳课题研发、碳达峰碳中和路径规划、应对气候变化规划、低碳项目可行性研究、温室气体清单编制、碳普惠建设、方法学开发、碳管理体系建设及低碳培训等业务。

一、基于区块链技术的碳资产核证系统构建背景

（一）提升碳市场数据的关键症结

随着现代信息技术发展，碳数据造假愈发隐蔽和便捷，依靠制度"补丁"和加强监管难以治本，区块链技术"打假"的必要性愈发凸显。作为全球最大的碳排放国，我国的碳排放数据的真实性、可信性问题始终难以解决。目前我国对碳资产核查主要依靠独立的第三方机构的人工审定核查，缺乏透明公正的核证机制。为维护公正、严肃和权威的碳交易市场，碳达峰碳中和工作领导小组通报碳市场数据造假问题，并部署严厉打击行为，研究技术手段解决造假难题。因此，丰富完善现有碳交易机制，探索形成客观公正的核证标准体系，通过区块链技术提升碳市场数据质量意义重大。

（二）促进河北省碳市场发展的关键助力

河北省作为重要工业基地之一，面临着严峻的环境污染和碳排放压力。为应对全球气候变化和环境保护的要求，河北省制定"双碳"发展规划及目标，采取多项措施节能降碳：调整产业结构，优化产业布局和推进产业升级，降低高能耗、高污染产业比重；优化能源结构，大力发展清洁能源，减少对化石燃料的依赖；加强节能降耗，推广节能技术和产品，提高能源利用效率；加强碳排放监管，通过技术手段，实时监督企业碳排放；推动绿色金融服务，建立保定气候投融资试点，鼓励金融机构开发基于碳资产的金融产品，通过资金支持的方式帮助企业节能降碳。

（三）整合绿色金融信息的迫切需求

在"双碳"目标的驱动下，绿色金融是促进可持续发展的重要保障，也是推动绿色发展的途径之一。目前我国绿色金融发展面临数据不准确和调研时间长的问题，同时缺乏完善的信息基础设施和信息披露机制。此外，绿色金融领域所需信息分布零散，导致绿色环境数据信息获取困难，用户企业无法及时获得资金支持，金融机构也无法根据需求定向开发产品。这些问题给相关的金融机构、政府部门、研究机构以及从业人员开展绿色金融业务、进行政策评估和研究带来了挑战。

二、基于区块链技术的碳资产核证系统构建主要做法

（一）明确区块链技术的碳资产核证的整体思路和目标

1. 确定总体建设思路

2021年开始，建投融碳与中国建设银行河北省分行合作，积极探索构建通过技术手段解决碳资产数据造假问题为解题思路，共同搭建全球首创的利用区块链技术自动采集存储数据、自动化生成碳资产核证报告的系统，即区块链碳资产核证及金融服务平台（以下简称"区块链+双碳"平台或平台），利用区块链、云计算、大数据、物联网等技术对目标产业进行需求分析，通过技术与产业的深度融合，以实际业务场景为框架，通过技术手段自动化采集、抓取各业务环节中的底层原始节点数据，并整理和整合形成可验证且不可篡改的动态区块链数据信息池。

通过利用区块链技术，实时抓取企业运营过程中的碳排放相关数据，直接采集上链，发挥区块链技术可跟踪、可溯源、不可篡改、交叉验真的特性，构成各方共同认可的数据证据链条；将碳排放核算方法学转化为自动可执行程序，内嵌于碳核证的全流程，再结合客观数据链条，实现项目批量化核证，大幅提升核证效率、降低核证成本。通过保障数据客观性和增加信息透明度，使核证过程中的真实性、标准化、公平性得到保障。

2. 明确平台建设目标

一是利用区块链特性，提升碳资产数据质量。平台引入区块链技术，实时采集数据，将企业生产数据实时打包上链，增加数据密度，并阻止数据篡改，解决碳数据可靠性、准确性、时效性问题，提升碳市场数据质量。二是自动化核证碳资产，降本增效。平台内嵌方法学及报告模板，具备监管流程和监测、核证签发的步骤，可自动核证、签发、备案、监管多个碳资产项目，解决了烦琐的核证过程和不足的监管信息，提高核证和监管效率。三是建立碳资产链接，提高碳资产数据应用。平台通过多节点存证数据，在各金融机构间建立碳资产链接。通过碳资产排放数据，帮助了解企业实时生产经营情况和偿债能力，降低金融业务风险。基于区块链共识机制，开展碳交易、碳金融等业务，盘活企业碳资产。四是建立国际认可的区块链技术碳核证模式。通过利用区块链技术，探索客观公正的碳资产核证标准体系，推动国内标准输出。采用国际认可的碳减排交易产品，如 I-REC 和 VCS，促进国际对自愿减排产品（CCER）的认可和信任度，提高我国在国际碳市场的影响力。

3. 成立平台建设工作组

由建投融碳、中国建设银行河北省分行及上海祺鲲信息科技有限公司共同成立平台建设小组，保障平台顺利建设运营。其中建投融碳负责平台的总体建设工作，包括碳资产核证流程优化、功能模块设计、平台运营等；中国建设银行河北省分行负责基于平台的企业碳资产数据开发金融端模型，为企业提供绿色金融服务；上海祺鲲信息科技有限公司为平台提供技术层面支持。

（二）结合业务流程，搭建"区块链 + 双碳"平台

1. 分析现有碳资产核证流程模式

在目前的碳资产核证模式下，碳资产数据主要依靠第三方审定及核查确保其真实性，存在人为因素影响。控排企业方面，国家发展改革委每年根据企业历史碳排放情况、行业特点和国家环保政策等制定碳排放配额分配方案，电厂需要采集燃煤量、全水分、低位热值等相关生产配额参数，计算二氧化碳排放量，按时上报国家和省级平台给主管部门审核。各企业每月需要在国家平台上填报月度排放报告，并自动生成年度报告，省级主管部门组织第三方核查机构对电厂填报数据、采制样流程及设备进行核查，电厂据此修改生成最终版排放报告。国家平台依据核查情况和最终数据生成年度核查报告，完成碳排放核查。减排企业方面，项目业主需要根据生态环境部门要求、方法学技术规范及自身项目类型，编制项目设计文件（以下简称 PDD 文件），并提交至全国注册登记系统公示，公示完成后项目业主需委托第三方审定和核查机构（以下简称 DOE 机构）审定核查 PDD 文件，并出具审定报告。之后，项目业主向注册登记机构申请项目登记，并提交项目申请函、审定报告及相关承诺性文件。注册登记机构审核提交材料后，进行减排量核算报告审核。项目业主与 DOE 机构签署协议，委托核查减排量并出具核查报告。

2. 构建"区块链 + 双碳"平台架构

平台引入区块链技术，实现数据的实时采集和可溯源，增加数据在传输和记录过程中被篡改的难度，已实现采集风电、光伏和火电企业生产系统涉及碳排放核算的基础数据和校验数据，并自动化存

证，内嵌动态核算方法，自动形成报告，利用区块链的技术手段，建立了可信任、可追溯的碳资产溯源机制。平台为支撑强制减排及自愿减排行业核算指南、行业方法学的多样性，数据采集计算任务分布在大量计算机构成的资源池上，使各种应用系统能够按照需要动态获取计算资源、存储资源、网络资源。平台结构分为 IaaS 基础插件、区块链基础设施、PaaS 基础设施、SaaS 应用设施。

3. 梳理平台运行机制

一是引入有碳排放权和核证自愿减排业务的企业，经相关部门认定的审定核证机构入驻；基于国家发展改革委公布的 24 个行业申报指南及 200 个自愿核证减排方法学，建立各行业标准排放监测方案与核算模型，协助业务企业完成监测设备改造，利用物联网技术，建立、部署并对接企业相关系统实时抓取排放监测数据。二是基于区块链、大数据等技术应用，结合 IoT（Internet of Things，物联网）技术手段，从原始节点将自动化采集的数据上链存证，通过数据建模的核算与验真模型进行交叉验证后，为业务企业向审定与核证机构输出实际排放和减排量报告。三是审定与核证机构通过对业务企业进行实时监控，于线上完成减排数据的审定与核证工作，基于自动化模板配合输出审定核证报告，实现实际排放和减排量的 MRV 平台高效提报，快速完成全国碳排放注册登记系统的注册、登记、备案工作，向市场批量输出可交易碳资产标的。四是平台向排放和减排企业、碳资产交易参与方提供交易撮合，实现交易共赢；向金融机构提供碳资产溯源查询与金融产品标的，促进碳金融发展。

4. 数据上链平台，实时监控管理

通过数据上链平台，提高了数据的安全和隐私保护，在数据采集和传输过程中，遵循相关的安全要求，确保数据的安全性和隐私保护。同时，将碳数据上链提供数据不可篡改和可追溯性，增强数据安全性。一是实现数据的实时监控和管理，通过实时采集相关生产实时数据，并上传到碳采集边缘计算服务，实现对生产过程的实时监控和管理。保证数据的准确碳排放计算，通过将碳数据上报至云采集计算系统，并进行相关的计算和汇总，实现准确的碳减排量计算。全面进行企业碳资产管理，通过将碳数据及区块链信息同步到其他业务系统，可以将碳资产与实际业务相结合，形成碳资产管理体系。二是通过平台进行项目管理和核证，通过将碳数据及减排量流转到项目监测、项目核证和碳资产系统，实现对项目的全面管理和监测。整合不同数据源，对于不同类型的数据源，根据实际情况选择部署方式和采集方法。对于火电、风电等数据源，在电厂内网部署边缘采集服务器；对于分布式光伏、水电等数据源处于云端设备物联平台的，在云端平台域部署边缘采集服务。实现核证过程的自动化和标准化，通过自动化采集和计算过程，提高数据处理的效率和准确性。同时，制定相关的技术规范和标准，确保整个流程的一致性和可比性。

（三）制定平台碳资产数据采集流转方案

1. 部署碳采集边缘计算服务，自动采集碳资产数据

通过对接企业的底层生产 SIS 系统、EAM 系统自动采集生产数据，生产管理区部署的数据实时采集服务，负责实时采集相关生产实时数据，上传到部署在工作区的碳采集边缘计算服务。生产数据边缘计算，形成碳数据上报至云采集计算系统，完成相关数据计算，汇总形成碳数据，按小时上报云端碳数据采集计算系统。碳数据及计算碳减排量结果上链，碳数据采集计算系统对碳数据进行解析、上链，并触发碳减排量计算；碳数据及减排量流转到项目监测、项目核证和碳资产系统，碳数据上链、验真和碳排放计算后，形成碳资产，与碳数据及区块链信息一并同步到其他业务系统。

2. 识别确定碳排放场景，标准化设计数据模型

在碳排放数据的设计上，首先根据 CCER 方法学模型或 CEA 核算指南模型将数据建模的过程标准化，定义项目的排放源、排放场景以及数据项，其次通用化处理数据获取方式，最后统一减排量计算模型。在计算模型时，根据方法学模型确定项目产生碳排放的活动类型以及计入和排除的碳排放源，

根据基准线情景识别确定该项目的碳排放场景，确定项目的数据项，采集项目实际排放的数据项，对数据项与项目实际排放的数据项做相关性关联，自动匹配出与项目相符合的减排量数据模型。

3. 建立监测参数元数据管理，科学计算数据模型

按照 CCER 方法学模型，将数据按层级拆分成明细数据项，并与碳排放数据项建立映射关系。通过计算引擎，根据模型计算公式和相关数据项计算减排值，通过人工输入生产数据或选择特定项目后自动获取生产数据，系统自动提取碳排放计算公式计算碳排放量需要的数据，并自动计算出每个电厂的碳排放量。在计算模型时，建立监测参数的元数据管理，保证监测参数的一致性，并建立监测参数与方法学之间的关联关系，进行事前预设值的参数管理，界定事前预设值的参数以及参数的取值来源。

4. 构建大数据校验模型，系统化校验核证数据结果

对提交的数据分别进行项目审定和核证。从项目提交审定开始，系统依据大数据校验模型对业主在项目设计期间所需提供的文件及其数据进行系统化验证，并生成系统验证结果，辅助审定机构在审定工作中有可视化的数据支撑。从核证自愿减排项目申请对一定监测周期的减排量进行核证申请时开始，系统依据大数据，对业主在监测期内所产生的减排量及其相关文件进行系统化验证，并生成系统验证结果，辅助核证机构快速追溯监测数据源。

（四）优化碳资产自动化核证业务流程

1. 控排企业备案核证全流程管理

平台内嵌备案和核证的全流程，具备碳配额注册备案过程的监管流程和监测、核证签发的流程，注册备案过程资料可上传监管，并引入审定机构进行线上审定；监测核证流程将方法学转化为可自动执行的程序，内嵌于核证全流程，实现了项目自动批量核证，提高核证效率和监管部门的工作效率。

2. 减排企业核查申报在线追溯

碳减排企业通过平台申报，平台系统自动编制 PDD 文件，实现与国家注册登记系统之间的数据传输，PDD 文件生成后，会与其他要求文件打包传输至注册登记系统，进行项目公示。平台设有核证端，平台运营公司与 DOE 机构签署合作协议，实现 DOE 机构在平台上对项目信息的审定。项目审定完成后，文件打包传输至注册登记系统，进行登记审核。平台自动生成初级核查报告，经过 DOE 机构修正后形成最终版减排量核查报告，项目业主无需与 DOE 机构签署协议，大幅度缩短了项目签发流程，改善碳资产申报过程中的数据透明性、可信度、可追溯性、流程高效性以及绿色金融开发的便捷性和安全性。

（五）区块链平台的实施与应用

1. 碳资产集中化管理

在原有模式下，各发电企业碳资产管理归口由各企业生产运营部或碳资产管理部负责，需配备专业负责人员 2～3 人，同时各厂在制定碳资产管理策略时，仅根据本企业实际情况制定。通过平台，可将碳资产管理模式改为集中化管理，集团内部各企业碳资产管理权统一交由集团所属碳资产公司进行管理，这样不仅有利于集团内部碳资产统一调配，并且大幅度降低了管理人员成本、提升了管理效率，同时通过将集团碳资产规模化实现碳资产价值最大化。

2. 碳减排资产高效开发

平台内嵌 I-REC、VCS、CCER 等碳减排资产核证方法学，接入平台企业可通过平台自动化、高效核证碳减排资产，德勤、普华永道等第三方机构对经平台自动化核证的碳资产高度认可，促进国内碳减排资产向国际输出。基于平台系统自动核证，河北建投集团与华美宏道香港股份有限公司在中国香港的极净星球数字化碳资产场外交易平台上完成了 10 万张基于区块链技术 I-REC 国际绿色电力证书

交割。该项交易受到国内外主流财经媒体的深度报道。

3. 绿色金融应用，盘活企业碳资产

在绿色金融发展方面，一是区块链技术可以提高绿色金融服务的便利性，增强用户个人数字身份的识别和防篡改能力，探索电子身份证在线上渠道的应用场景；二是增强碳足迹数据采集过程中的安全性，利用"区块链＋隐私计算"技术、数据生命周期等手段；三是助力解决信息数据收集困难、缺乏量化工具和系统方法论、绿色及转型项目评估识别困难、风险合规控制难度高以及缺乏完善的信息披露体系等难题；四是区块链标准化体系的建设取得重大进展，为各方提供支撑，同时确保公开性、隐匿性和易于监管的特点，交易过程公开透明，方便用户和监管机构查询。

在绿色金融交易方面，一是衍生品和碳远期交易可以冲抵现货交易风险，并提前锁定未来价格，以分摊未来价格波动所带来的风险；二是借碳业务可以带来利息收入，补足企业应对履约需要的采购资金，从而降低企业的履约成本；三是碳资产质押融资使企业可以利用无形资产来获取融资；四是发行碳债券或绿色债券，使企业不仅可以获得融资，还可以享受政策补贴；五是发行碳基金，丰富企业的融资渠道，以满足企业的融资需求。

（六）"区块链＋双碳"平台运行保障机制

1. 建设基于区块链技术下的碳资产核证标准体系

按照主管部门要求，平台以河北省建设投资集团内部企业作为试点，将区块链技术下的自动核证碳资产与传统 MRV 核算体系比照并行，形成了通过技术自动化核证、核算碳资产的经验，建立了基于区块链技术下的自动化核证碳资产标准体系，已上报主管生态环境部门，获得了初步认可；基于区块链平台申请的三项软著权，已经国家版权局审核，并已完成登记；基于平台区块链自动化核证碳资产及绿色金融业务模式课题已上报国家主管部门，并已获得相关批示。

2. 构建与第三方企业合作机制

平台针对控排企业及碳减排企业开展碳资产核证、管理及绿色金融服务，与第三方企业合作原则按照"平台免费接入使用，帮助企业获得收益再收费"的方式，即通过平台核证后的碳资产完成出售交易后收取部分核证费用，通过平台帮助企业获取到低息资金后根据节约资金成本情况收取部分费用。

3. 成立专班，提升平台服务质量

为提升平台服务质量，建投融碳成立平台工作专班，包括客户服务小组、运行技术小组、产品开发小组。其中，客户服务小组专门负责与客户的对接工作，实时了解客户需求，针对客户的痛点问题提供相应的解决方案；运行技术小组主要负责平台的日常系统运维、数据安全及功能模块发展工作，会根据不同客户的需求更新平台系统功能，开发与之对应的功能模块；产品开发小组主要负责为企业提供绿色金融服务，针对不同企业不同的资金需求及资质情况，开发不同的绿色金融服务，包括但不限于绿色债券、碳资产抵质押贷款、绿色保险等。

三、基于区块链技术的碳资产核证系统构建效果

（一）利用区块链技术的平台解决方案优势

平台解决了碳数据可靠性、准确性、时效性问题，提升碳市场数据质量，已实现风电、光伏和火电企业生产系统涉及碳排放核算的基础数据和校验数据采集、存证、分析，提升我国在国际碳领域话语权；解决碳核证过程烦琐、监管信息不足问题，提升核证和监管效率，保障核证过程真实、标准化、公平，保障数据客观性和信息透明度；技术自动提报和核证减少核证签发时间，解决信息管理和监督成本高问题，降低核证和监管成本；"智能合约"的应用节省了中间环节费用，简化了交易流程，提高了交易效率，恢复碳价格的市场性，提升碳市场活跃度；促进统一的核证标准及市场碳价格机制形成，区块链技术彻底改变了传统碳交易环境；建立了全民监督的共享式碳交易平台，交易价格得到充分的市场调节；平台模式目前已在火力发电厂、风力发电厂、光伏发电站、水力发电站、林业碳汇进行试点应用，并已形成试点经验。

（二）市场化手段助力节能降碳，生态环保价值凸显

一是利用资金手段帮助企业节能降碳，加快推进碳中和。平台可提供碳资产信贷、抵质押贷款、绿色债券、绿色保险、金融保理等绿色金融服务，支持绿色产业发展，实现碳中和目标。2022年省建行为承德热电提供年利率为3.45%的5000万元绿色金融贷款，节约资金成本约64万元。二是助力绿色金融发展，提高效率降低风险。金融机构可通过区块链监测、评估企业碳减排行为，减少信息不对称和操作风险，同时可通过平台获取企业碳资产相关的实时生产数据，评估企业偿债能力，降低金融风险。三是提高企业环境管理水平。企业通过平台了解和管理自身的碳减排行为，集团侧用户可集中化管理本集团碳资产，制定更有效的环境管理策略，有效降低了碳排放强度，提高管理效率。河北建投集团通过碳资产平台对所属风电厂、火电厂碳资产进行统一协同管理，减少管理人员约60人。

（三）社会效益显著，获得社会各界广泛认可

一是服务脱贫攻坚，彰显社会责任。建投融碳作为围场满族蒙古族自治县"五包一"包联帮扶单位，帮助围场满族蒙古族自治县实现133个村级光伏扶贫电站碳减排量及全县森林固碳量数据上链，完成全省首个村级电站碳减排项目及首个集体和个人权属林地固碳生产项目的开发和申报，首批扶贫光伏电站及哈里哈镇林业碳汇总计开发降碳产品87.7万吨，预计总约约4800万元。二是开展多方合作，推动低碳产业快速发展。与深圳排放权交易所开展合作，完成两笔国内首创基于区块链技术自动核证的自愿减排量转让交易；与围场满族蒙古族自治县塞罕坝生态文明创新研究院签署合作协议，开展围场满族蒙古族自治县可再生能源、林业碳汇等温室气体减排项目开发、交易及绿色金融服务。三是提高国际市场对国内碳资产的认可及信任度，完成全球首例运用区块链技术自动进行碳资产核证的国际交易，普华永道和德勤作为I-REC国际绿证机构的全球战略合作伙伴，对平台上所有的I-REC项目提供第三方咨询服务。

（成果创造人：余麟飞、宋少蓝、郝杨茜、梁彦军、张　玲、宋长安、
李蒙纳、彭　哲、尹　璐、杜子涵、武佳楠）

基于"互联网＋安保"的安保服务管理优化

吉林市江城保安集团有限责任公司

吉林市江城保安集团有限责任公司（以下简称江城保安集团）成立于1988年1月6日，前身为吉林市宝安总公司，是国内成立较早的保安服务公司之一，现为吉林市国资委控股的大型国有企业，是集人防、技防、物业管理、劳务派遣、无人机应用服务、消防应急保障服务、停车场经营、安保防范咨询为一体的综合性服务企业。注册资金达1500万元，下辖16家分（子）公司、7个机关部室，从业保安员、派遣人员、物业工作人员4300余人，服务客户400余家。服务单位涵盖党政机关、金融单位、教育机构、公用事业单位、通信公司、化工企业、商业经营场所、公共娱乐场所等多个领域。

一、基于"互联网＋安保"的安保服务管理优化背景

（一）在深化国企改革背景下保证企业生存的必然要求

2013年江城保安集团改制成为一家由吉林市国资委持股64%、员工持股36%的混合所有制企业，由于企业改制前包袱巨大，企业背负大量债务，改制之初市国资委和市公安局无资产投入。改制后，出现了国有企业普遍存在的思想僵化、论资排辈、吃大锅饭等问题。为保证企业的生存与发展，对传统保安业务进行迭代升级，谋求新利润的增长点就成为企业改革的必然要求。

（二）实现企业转型升级和拓宽经营领域的迫切需要

管理优化以前，客户群体面较窄，以事业单位、机关单位、学校为主，企业现金流紧张，生存困难，因此企业转型升级、拓宽经营领域是企业改革的重中之重。在激烈的市场竞争条件下，创新管理模式就成为实现企业转型升级和拓宽经营领域的迫切需要。

（三）推进企业技术升级，提升企业发展质量的重要需求

传统的人防业务以劳动密集型为主要特点，整体处于亏损状态，员工的工资收入、薪酬福利与付出不匹配等问题也长期存在。随着"互联网＋传统业务"改革趋势的兴起，加快推进保安业务技术创新与升级、拓宽企业经营范畴，加快与互联网相融合，形成人防、技防、互联网监控和报警平台、物业服务、劳务派遣业务、无人机植保和航拍航测等高附加值的综合类业务的迭代升级，成为企业实现创新发展的重要需求。

二、基于"互联网＋安保"的安保服务管理优化主要做法

（一）由原保安服务派出业务1.0版向"互联网＋安保"服务2.0版本整体迭代升级

1. 拓宽业务种类，推动业务版本迭代升级

2016年吉林市保安市场开始社会化，大量安保企业如雨后春笋般出现在吉林市保安市场，物业、劳务派遣公司等相关企业也开始向安保业务渗透，竞争十分激烈。江城保安集团开始拓宽业务种类，由原来的以人防为主（占业务总量的90%以上）的保安服务派出业务1.0版本，整体升级为依靠互联网、综合信息、联网报警、无人机技术应用与软件研发为依托的"互联网＋安保"模式的安保服务2.0版本。在对传统以人防为主的安保技术改进并与"互联网＋"相互融合过程中对业务进行板块分割，逐渐形成四大核心业务板块：人技结合的安保业务、物业服务、劳务派遣业务、无人机技术应用与软件研发业务，完成了从劳动密集型产业向高附加值的综合服务类企业的转化。

一是拆分人防分公司，提升人防的专业化能力。原人防分公司划分为两家公司，由文教卫生与工企整合为文教工企分公司；由金融与政法行业整合后与技防分公司合并，成立金融政法分公司；文教工企分公司和金融政法分公司分别下设综合办公室。借助96663信息综合服务平台的海量监控数据和

可视化联动安防系统，为党政机关、企事业单位、文化场馆、博物馆、商业经营场所、公共娱乐场所等几十个领域，400 多家公司提供线上线下相结合的安全服务和专业培训，并提供"互联网＋"与现场勘察相结合的大型活动方案的组织、策划及安全风险评估等服务。经过拆分，使人防业务的专业化程度大大提高，再加上新技术采用和创新管理模式的推行，使人防业务摆脱亏损，实现微利。

二是成立吉林市江城保安集团技防分公司。技防分公司以远程监控、可视化联动安防、无人机等多项新技术和互联网平台的综合应用为基础，提供监控设备安装与维修服务、安全技术防范、智能化安装工程、保安监控及防盗报警工程、网络综合布线、门卫、巡逻、守护、随身护卫、安全检查、秩序维护、安全风险评估、保安器材经销、物业管理、交通标线施工、安防工程的设计施工、民用无人机技术服务等多个服务项目。同时打造大运维平台"96663 信息综合服务平台"，借助 96663 平台对技防运维进行服务整合，把物联网技术应用于安保服务，开展企业、智能家居、商圈等领域的远程监控服务、可视化联动安防、民用防盗报警等服务，体现人技结合的安防理念，并向智能化技防服务转化。

三是成立物业子公司。2017 年 4 月成立吉林市保佼物业服务有限责任公司，物业子公司先后通过了企业信用等级（AAA）认证、ISO 9001:2015 质量管理体系认证、ISO 4001:2015 环境管理体系认证以及 ISO 45001:2018 职业健康安全管理体系认证，并成为吉林市物业管理协会的理事单位。物业子公司通过招聘和员工培训深造，聚集了众多专业技术人才和具有丰富管理经验的物业管理人员团队，构筑成较为完善的组织框架，下设物业综合管理部、维修技术部、环境保洁部、秩序维护部等多个职能部门，以先进的管理理念和互联网技术为支撑，借助 96663 信息综合服务平台，将小区监控纳入平台，开展远程监控；引进 O2O 的物业管理模式，借助社区服务电商平台，实现社区业主线下提货和体验，线上进行服务和商品的选择和购买，这种管理模式在疫情防控期间得到百姓的广泛认可；同时借助互联网将社会资源（养老养生、文化旅游、家政服务）与自身相结合，满足社区居民的多方位、多层次需求，实现多方共赢。物业子公司以物业管理，秩序维护服务，专业保洁、清洗、消杀服务，住宅水电安装维护，管道疏通服务，冬季清雪服务以及园林绿化工程服务等为主营业务；服务项目涵盖企业办公楼、政府机关办公楼、文教卫生机构、高档公寓别墅、住宅小区等项目。并对中省直企业"三供一业"跟踪服务。

四是成立劳务派遣子公司。2017 年成立吉林市铂润劳务派遣有限公司，公司已先后通过 ISO 9001:2015 质量管理体系认证、OHSAS 18001:2007 环境健康安全管理体系认证、ISO 14001:2015 环境管理体系认证和企业信用等级（AAA）认证。劳务派遣行业普遍存在信息不对称的问题，公司掌握劳务需求的信息以及劳务需求企业的具体情况，而务工人员却对此知之甚少，这就造成了劳务市场的严重信息不对称。铂润劳务派遣公司充分利用互联网和 96663 信息综合服务平台及时准确地公开用工企业信息与需求，同时公布务工人员的技能、学历、健康状况等信息，将信息不对称降到最低。即充分发挥互联网在生产要素配置中的优化和集成作用，将互联网的创新成果深度融合于劳务派遣工作之中，提升劳务派遣工作的成功率和公信力。铂润劳务派遣公司主要从事劳务派遣、劳务外包、人力资源管理外包、社保代理、工资代发、人才招聘与推介、企业咨询培训、劳动争议咨询及处理等服务。铂润劳务派遣公司还开设一对一"劳动争议事务"咨询热线、"互联网咨询平台"等业务，多方位、立体化地为企业解决多发性的劳动关系纠纷问题。

五是成立无人机应用子公司。2014 年成立吉林省先飞科技发展有限责任公司，其是吉林市内成立较早的无人机科技公司之一，也是同时具有人社局、民航局（CAAC）、中国民航飞行员协会（ALPA）、中国航空器拥有者及驾驶员协会（AOPA）等权威无人机驾驶员执照培训资质的国资背景公司。经过多年的奋斗与发展，公司已先后通过质量管理体系、职业健康安全管理体系、环境管理体系和企业信用等级（AAA）认证。目前，公司拥有 AOPA 无人机教员 3 人、无人机飞手 16 人，植保无人机及行业机 30 余架，拥有公安部认证的手持式、便携式、固定式无人机反制设备 8 台；可以并行开展无人机植保、无人机森林防火、无人机航拍航测、无人机电力巡检、无人机反制、联网报警、软件开发、无人机培训等服务。2019 年成立了无人机飞防作业大队，全年共计完成植保作业 5322 公顷；面对突如其来的新冠疫情，2020 年、2022 年先后响应政府号召，顺利完成吉林市委市政府、吉林市住建局、吉林市昌邑区政府等 80 余家单位、200 余家小区、359 个封控单元的消杀任务，累计消杀面积约达 46196008 平方米，获得 100 多封感谢信，为全市疫情防控工作提供重要助力。

2. 全面依托互联网加强基础建设，为业务版本的迭代升级保驾护航

一是积极推进公司合同管理的升级换代。以传统纸质合同为基础逐步向电子合同转化，建立贯穿整个合同生命周期的电子化台账和统计表，主要包括合同签订履行情况台账、合同变更解除台账、违约合同登记台账、合同履行情况进度表、合同签订情况进度表等。充分利用电子合同签约服务，形成贯穿整个合同生命周期的电子化合同体系，提高公司在合同签订、归档环节的效率以及在整个合同履行过程中监督合同履行情况的效率。同时，建立了风险防范机制，避免黑客和网络爬虫的侵袭风险。

二是依靠互联网在企业内部搭建开放式的档案管理平台及管理模式。由于档案管理中，管理对象不仅是数据，而是作为对象的人所包含的一系列的东西，比如，人员职位的变更、专业的优势、个人发展史、知识结构等潜在资源的管理，所以公司在开放平台的搭建过程中，进一步实现开放式的管理，即在内部的档案管理平台中，实施人事档案的数据整理，或按照职位线索，或按照个人发展史的线索，或按照知识结构的线索；同时做到纸质档案、电子档案的共存，以应对电子档案潜在的格式化风险、被黑客入侵等突发风险。

三是升级人力资源建设机制，利用互联网建立覆盖全国的全方位立体化人才网。全面升级了人力资源规划、招聘与配置、培训与开发、绩效管理、薪酬福利管理、劳动关系管理等 HR 建设机制。依托互联网逐步实现了人才的外部引进、自主培养，加强校企合作形成高校与企业共建人才库的人才的引进和储备机制。摒弃国有企业原有的选人、用人陋习，大力推行线上线下相结合，面向全国的公开招聘，竞争上岗、末位调整和不胜任退出制度，并制定一系列考评制度和奖励办法，形成干部能上能下、人员能进能出的灵活用人机制。持续开展内、外部培训，推行"学徒制"培养新型师徒关系，除新老员工之间的师徒关系之外，充分利用网络资源，深挖全国范围内的技术能手、管理专家，进行网络拜师建立"网络师徒"新模式，以加快新员工技能提升速度以及对公司的归属感。推行市场化选聘，为加强公司领导班子力量，进一步提高公司经营管理和市场运作能力。2018 年 5 月，经市国资委审核同意，公司面向全社会发出选聘副总经理和总会计师公告，在市国资委纪委和公司纪委直接参与监督下，经报名、资格审核、笔试、面试、体检、考察等环节，经层层公开选拔，2018 年 9 月选聘 2 人分别为副总经理和总会计师，并签订契约化选聘协议，2020 年经董事会考核，总会计师未完成契约化选聘协议要求，董事会决定对其解聘并降为公司中层正职。2021 年经董事会考核，副总经理未完成契约化选聘协议要求，董事会决定对其解聘并降为公司中层正职。通过推行市场化用工招聘制度，最终实现干部能上能下、员工能进能出、收入能增能减，薪随岗变的工资改革策略，营造积极向上的工作氛围。

四是建立安保企业安全生产制度。全面贯彻落实《中华人民共和国安全生产法》等法律法规和行业标准，加强安全教育和培训，利用网络资源定期（每周两次）向员工推送安全生产短片和警示教育宣传短片。同时鉴于保安类企业的特殊性，员工在执行任务过程中风险较高的特点，充分利用互联网和 APP 搜集客户和员工关于安全生产的意见和建议，尽量多地发现安保工作过程中的安全隐患，并制定防范措施，尽早消除风险，减少人身伤亡和财产损失。公司建立了完善的《安保企业安全生产制

度》，在企管部下设立安全生产办公室，将安全生产意识贯彻落实到全体员工，安全生产责任落实到人，在每次任务执行前指定安全生产责任人，建立安全生产监督机制，通过互联网和 96663 平台监控进行远程监督，建立健全应急预案和安全防范措施，保障客户和员工的生命财产安全。

3. 精兵简政，推行自上而下的大部室经营机构整合

将原第一、第二、第三人防分公司，解放大路分公司和公司综合业务部统一整合成一家人防分公司。根据现有客户服务单位具有的社会属性，将其划分为政法、金融、文教卫生、工企、机关事务管理五大行业类别。整合后的人防分公司按照现代企业管理制度要求，进一步转变管理职能，整合队伍管理模式，提高管理效率。同时，利用腾讯会议等互联网应用软件，召开会议，开展业务申请和审批的网络化，降低企业的时间成本和经济成本。

（二）实行整体薪酬绩效考核制度及"双挂钩"薪酬福利制度

2018 年开始施行整体薪酬绩效考核制度。对全员工作质量、效率进行打分、量化。工资发放采用 2 次 / 月的形式。月初发放基本工资，月末根据工作质量和效率的量化结果发放绩效工资。打破了国企论资排辈的僵化制度，虽然遇到了较大阻力，但是效果良好。

一是采用线上线下相结合的绩效考核机制。通过远程监控和网络的定位功能，随时对员工的工作地点信息定位，对员工的工作完成程度进行考核。二是实行全员绩效考核。每年集团公司将指标任务进行分解，与分、子公司签订年度经营指标任务责任书，由分、子公司经理与本单位大队长、中队长签订，层层落实指标任务和责任。三是在 2018 年推出新的考核机制，将人才考核与绩效考核捆绑并用，根据公司发展状况和战略目标，确定绩效管理战略体系，实行全员绩效考核机制。上至董事长，下至普通员工，全部拿出 30% 薪酬进行业绩考核，若完不成市场订单，则按考核扣发工资。对公司高管在国资委考核基础上，根据市场订单完成情况进行二次考核分配。凭完成任务额度对员工行为表现和工作结果进行数据收集、分析、评价和反馈，通过网络平台公开评价过程和评价结果，并将此项改革作为员工工作调动和职务升降、薪酬和奖励的重要依据。通过此项活动为公司增加收入 275 万元，增加利润 64 万元。四是根据经营情况，再次修订完善《2021 年度全员绩效考核办法》，对两级机关管理人员进行绩效考核，领导班子成员按照每月实领工资的 40% 比例，中层副职以上按照实领工资的 30% 比例，科员按照每月实领工资的 20% 比例，作为当月应完成的指标任务。在绩效制度面前，不分职位高低，人人平等。五是推行社会化的薪酬福利制度，实行员工工资与业绩挂钩，"多劳多得、少劳少得、不劳不得"，员工福利与薪酬、绩效、对公司的贡献挂钩的"双挂钩"薪酬福利制度；补缴改制前原事业单位拖欠员工的社保、医保，补缴的覆盖比率达 92%。

（三）全面实行事权下放，激发基层单位生产积极性与活力

打破集中决策的事权制度，将员工定薪权、市场定价权、大宗商品采购权、基层用人权等全部下放给一线基层单位，完全由基层单位自主经营、自负盈亏。每单业务成本利润核算、是否接受的决策权，全部由基层单位自己决定。2018 年后，开始实行全员承包经营。施行"不唯上、不唯下、不唯书、只唯实"的经营理念，使下属公司的决策、经营权快速扩大，并制定权力清单，规范下属公司的用权范围，使下属公司的参与经营、自主决策能力和生存能力大大增强。通过精准定位基层服务管理的范围，副总经理直接对接客户单位领导听取合理性建议，对基层队伍管理减少了若干个环节，公司精神能直接传导到位，发现问题快，整改问题更及时，大大促进了基层保安人员服务质量的提升，进一步夯实基层单位的业务能力、自主经营能力、决策能力。

（四）加强党建引领，注重党建工作与实际工作相结合，发挥基层党组织的战斗堡垒作用、党员的先锋模范带头作用

健全党组织，发挥党组织的作用，确定党把握方向、大局、经营的主导地位；配齐专职党务干

部、党务工作人员，建立基层党组织；与客户合作成立100多个联合党小组、工会小组，加强与客户融合，争取客户支持与理解，争取客户配合、反馈与沟通。加强宣传报道，利用党建平台公众号、新时代e支部等网络平台宣传"习近平新时代中国特色社会主义思想和党的二十大精神"。在日常工作中发挥党员的先锋模范作用，把基层党员当作领导干部使用，发挥其先锋模范带头作用。形成党员队伍建设"二十条"方案，加强党建工作与公司业务相融合。党组织发挥战斗堡垒作用，积极组织开展活动：一是向客户背对背征求意见。活动中由党组织抽调机关工作人员而非业务人员，与客户沟通进行不记名征求意见，避免了熟人提意见的尴尬，使客户能够畅所欲言，提出客观的意见和建议。二是公司组织党员领导干部，对50岁以上老员工，特别是55岁以上员工进行系统家访，建立台账，帮助老员工解决生活、工作中的困难。三是疫情防控期间，公司迅速成立了一支以党员为主的志愿者队伍，下沉到社区积极参与疫情防控工作，为协助社区做好人员排查、缓解基层防控压力贡献自己的力量。企业形成了"外树形象、内强素质、提高技能、保障安全"的服务宗旨，建成了"依法治企、依规管企、实干兴企、民主建企"的企业文化。

（五）形成"民主开放，竞争择优"的干部管理机制

开展岗位竞聘，严格贯彻以人为本，坚持任人唯贤、德才兼备，注重工作实绩与能力。建成每年一次的民主评议制度，全员竞聘上岗，从公司高管到普通员工都可以参与测评，每人一票，真正把选用干部的评判权和选举权下放给群众，在比较中鉴别，在竞争中甄选，更直接地体现了群众的意愿。同时，竞聘既为想干事、能干事、干成事的年轻党员干部提供了充分展示自己的机会和舞台，又扩大了选人用人的视野和渠道，真正做到权为民所用。竞聘当日，竞聘人员述职后当场唱票统计，当场宣布结果，真正体现公平公正，为参与竞职者从德、能、勤、绩、廉等方面进行一次综合考察。同时利用网络开展线上线下相结合的竞聘方式，保证因公、因私不能参与竞聘活动员工的参与权和投票权。

三、基于"互联网＋安保"的安保服务管理优化效果

（一）新增三大板块持续盈利，传统的人防业务扭亏为盈

新增的三个业务板块物业服务、劳务派遣业务、无人机技术应用与软件研发业务，常年保持盈利状态，传统人防业务迭代升级为人技结合的安保业务后扭亏为盈，江城保安集团的营业收入从2016年的8108.28万元逐年上升，2021年实现年营业收入1.8亿元，年均增长率24.4%，5年总增长率122%。近十年累计上缴利税2400万元。2022向吉林市国资委分红96.8万元。四大业务收入占比发生巨大变化，传统的人保业务收入占比由改制前占90%以上，到2022年收入占比下降不到58%，无人机安防业务、物业公司安保、劳务派遣业务新增业务收入占比由改制前的不到10%上升为42%以上。

（二）企业经营模式转型成功

成功将原来单纯依靠人保业务的劳动密集型企业转化为业务布局合理、生命力旺盛的高附加值的综合类服务企业。成功转型为以公共安全服务、城市安全整体运营服务为核心的"一网络、二平台、三中心"的综合服务类企业，能够为社会提供除保安以外的"隐患排查、应急预案、应急演练"等新服务。

（三）形成社会效益与经济效益共同提高的成果

截至2022年，为社会提供6000多个就业岗位，为社会稳定，尤其是疫情防控期间的社会稳定起到了巨大作用。疫情防控期间，迅速成立了一支以党员为主的志愿者队伍，下沉到社区积极参与疫情防控工作，为协助社区做好人员排查、缓解基层防控压力贡献了力量。改革期间员工收入水平逐年上升，增强了员工的归属感。

（成果创造人：马　卓、王纯明）

以零碳为目标的变电站全生命周期减碳管理

国网江苏省电力有限公司无锡供电分公司

国网江苏省电力有限公司无锡供电分公司（以下简称无锡供电）隶属国网江苏省电力有限公司（以下简称江苏电力），作为国家电网公司（以下简称国网公司）下属国有大中型企业，2019年7月纳入国网公司大型重点供电企业管理序列。无锡供电下辖2个县（市）公司，服务全市397.02万客户，拥有35千伏及以上变电站345座。2022年，无锡全社会用电量833.3亿千瓦时，完成售电量777.3亿千瓦时，调度最高用电负荷超过1500万千瓦，实现营业收入480亿元，资产总额210亿元。"十三五"期间，无锡供电积极推进能源供应清洁化，实现新能源并网容量114.76万千瓦；全力推动能源消费电气化，累计替代电量87.54亿千瓦时。近年来，无锡供电先后获得了"全国五一劳动奖状""全国文明单位""全国工人先锋号""国网公司先进集体""国网管理提升标杆企业""国家科学技术进步奖二等奖""全国'安康杯'竞赛优胜单位""全国实施用户满意工程先进单位""全国实施卓越绩效模式先进企业"等奖项，打造了公共服务领域的"无锡名片"。

一、以零碳为目标的变电站全生命周期减碳管理背景

（一）服务国家"双碳"目标的责任担当

中央全面深化改革委员会第二十一次会议中指出，"十四五"时期，推进碳达峰碳中和，将为我国建成社会主义现代化强国奠定坚实基础。我国是全球最大的碳排放国家，从碳排放结构来看，能源领域碳排放占全国总量的87%。因此，能源领域是实现"碳达峰"与"碳中和"目标的关键，任务最重、责任最大。电网是连接能源生产和能源消费的枢纽平台，到2050年，我国能源发展会出现"两个50%"，意味着一半以上的能源生产和消费将依靠电网来完成，是能源生产和消费革命名副其实的排头兵。作为责任央企，需要深化能源电力技术创新，推动能源电力从高碳向低碳演进，为推动我国能源清洁低碳转型和实现碳达峰碳中和目标做出积极贡献。

（二）推动企业可持续发展的长远之策

在能源革命与数字革命相融并进的当下，电力系统的脱碳是全社会零碳发展的关键，也是推动企业可持续发展的强劲动力。近年来，电网企业全面加快数字化技术与业务的深度融合，持续构建清洁低碳、安全高效的现代能源体系，国家电网公司基于"建设具有中国特色国际领先的能源互联网企业"的战略目标，立足"国民经济保障者，能源革命践行者，美好生活服务者"的战略定位，紧扣"一体四翼"发展布局，将可持续发展作为建设重点，提出并坚持"清洁低碳是方向、能源保供是基础、能源安全是关键、能源独立是根本、能源创新是动力、节能提效要助力"的原则，发布实施国内企业首个新型电力系统行动方案，争当能源清洁低碳转型的推动者、先行者、引领者。各级电网企业要围绕电网可持续发展的重点，统筹发展和安全、保供和转型，以绿色低碳发展为主线，积极服务构建新发展格局。

（三）促进变电站节能降碳的必然要求

近年来，各级电网企业深化绿色转型升级，发挥电网连接源荷两侧的枢纽优势，在源侧推进清洁能源上网消纳，在荷侧推进电能替代和能源消费绿色转型，但对于自身碳排放关注较少。变电站是电力系统关键节点和主要组成部分，在建设、运维、报废等过程中也存在大量碳排放。以110千伏变电站为例，其全生命周期（30年）碳排放总量超过7.5万吨，相当于燃煤火电机组发电6521.7万千瓦时所产生的碳排放。目前全国共有变电站6万余座，仅江苏电力就有3316座，减排的压力和潜力巨大。

二、以零碳为目标的变电站全生命周期减碳管理主要做法

（一）科学制定目标策略，落实碳排放量化管理

制定变电站全生命周期零碳管理目标。无锡供电全面贯彻绿色发展的理念，以变电站为主要减排对象，秉持"从全生命周期全面分析，对各环节部分透彻研究"的思路，对变电站不同阶段的各种碳排放进行归纳分析，综合考虑不同电压等级、不同地区变电站建设需求和可利用条件，以保障性能综合最优、环境扰动最小、全生命周期碳排放最少为目标，制定实施路径和技术措施，确立变电站全生命周期碳排放管理体系，树立央企绿色转型示范标杆，体现国企担当，展现社会责任，助力实现碳达峰碳中和战略落地，为能源绿色转型做出积极贡献。

确立变电站全生命周期零碳实施策略。以"零碳规划、低碳建设、负碳运维、降碳拆建"为主线，聚焦变电站全生命周期中各环节碳排放源头，建立变电站碳排放模型，搭建碳排放评价体系，确定变电站在规划、建设、运行、拆建各阶段各项活动中碳排放表现形式和量化方法，推进实施变电站全生命周期碳管理。

搭建碳排放指标化管理零碳评价模型，并以此为核心建立数字孪生碳管理平台。一是确定主体与边界、计算阶段与计算内容。以变电站项目为评价主体，将全生命周期内的规划、建设、运行、拆建阶段纳入碳排放计算范围。二是确定分项指标。将每一阶段的碳排放来源进行分类，归纳为建筑通用性指标和电力特征性指标两个方面的多个分项指标，确定各分项指标的计算评价方法。三是计算各阶段及全生命周期碳排放。将每个阶段的分项指标碳排放进行累加，得到各阶段的碳排放。将"变电站全生命周期碳减排率"作为评价变电站全生命周期低碳等级的标准。在此基础上，形成全生命周期碳排放指标管控，分级制定项目目标，逐级实施目标管控，直到项目全生命周期完成后，进行项目的一级评价，与目标值进行比较，对全生命周期的目标完成度进行考核打分。

建立全生命周期碳排放数字管理平台。在站内配置数字孪生碳管理平台，通过设备端、平台端、用户端三个层级，实现数字化碳管理功能。一是碳排放监测，监测对象为变电站全生命周期管理中有可能直接或间接产生碳排放的环节。其中固定碳排放数据计算根据实际物料、人工安排情况按照对应的折算因子，进行乘积折算；对产生持续碳排放的环节进行实时监测（包括输变电设备损耗、站内用电能耗、站内水消耗等环节），并将其折算成碳排放。对于不具备使用洁净空气 GIS（Gas Insulated Switchgear，气体绝缘全封闭组合电器）的变电站或是存量变电站改造项目，采集室内压力与环境温度进行折算，以增加六氟化硫监测项。二是碳中和监测，监测对象为屋顶光伏、BIPV（Building Integrated Photovoltaic，光伏建筑一体化）之类清洁能源等对站内碳排放进行补充中和的部分。当碳中和监测数值大于等于除设备损耗外的变电站碳排放时，即可认为该站是作为零碳排放变电站在运行。三是碳物流监测，针对不具备使用生物酯主变和洁净空气 GIS 的变电站，在进行变压器油回收更换或六氟化硫补气时，也会造成相应碳排放，因此应设置专门的碳物流监测环节，对单站和整个电网系统的碳排放物料进行监测统计。四是辅助运维，结合数字化三维设计成果，通过设备端、平台端、用户端三个层级，实现对主要设备（包括主变、GIS 等）状态的监测、分析、预警，并辅助运维。通过该平台，提高变电站运维效率，实现远程分析、辅助决策、模拟检修，缩短现场作业时间；提高变电站检修有效性，减少无状况检修次数，变"按时检修"为"按需检修"。进而减少由于运维需要造成的人员、车辆出动，实现运维检修的智能低碳化。

（二）源头开展零碳规划，引领新技术落地应用

1. 基于要素统筹方法开展绿色选址

前移碳管理关口，开展变电站绿色选址，使零碳目标的实现成为可能。一是优化变电站选址评估体系，在原有体系基础上，将太阳辐射量、光照时间、周边建筑高度等因素纳入评估体系，形成《无

锡供电公司变电站绿色选址实施指南及评估规范》，指导各类型变电站选址过程中关注清洁能源高效、梯级利用。二是在规划选址过程中预留储能装置、充电桩等空间位置，待具备条件后及时开展充电桩、共享储能等设施建设。三是融入"城市家具"理念，统筹考虑城市现有建筑与未来规划、站址周边交通条件、落地工程的建设进度，功能设计契合居民生活需求，外观设计融入周边城市景观。

2. 融入数字技术推动设计低碳转型

一是以被动式建筑设计理念为引领，优化变电站建筑结构。运用无人机勘察、三维平台多专业协同设计、仿真模拟现场施工过程等数字化手段，优化变电站整体建筑朝向、通风性、采光性等，选用兼具保温、节能、防火特点的一体化集成墙板。应用建筑信息建模技术进行精准布置，优化门窗布局、选材与采用工艺，充分利用自然资源，从源头降低变电站建筑自身制冷制热能耗。站内场地优选少维护耐候性强的绿植，设计一体化泵站雨水收集再利用系统对绿植进行灌溉，在实现循环节约用水的同时，起到抵消设备用电与日常运维活动碳排放的作用。

二是强化清洁能源利用，优化站用电结构。在变电站主体建筑及生产辅助用房屋顶铺设 BIPV 光伏瓦，在建筑墙面安装光伏幕墙，合理设计光伏发电装置的数量和布局，最大化利用太阳能资源。

三是提升设计成效，减少额外能耗。建设方案设计中，提前预埋管线，为部署变电站能源管控系统提供物理基础。施工方案设计中，应用 BIM 技术，通过多软件协同实现三维钢结构正向设计，实现全过程三维流转，深化建筑模型至加工精度，提高材料统计的准确率，精确指导现场施工，减少施工损耗。施工图设计中，利用自主开发的电缆自适应敷设设计技术、三维校审功能等，实现站内布置的路径优选和材料量精确统计，充分利用三维设计的优势，节约物料、缩短施工时间。

3. 推动新技术落地引导零碳产业化

一是以需求侧驱动供给侧技术创新，发挥电力设备产业链"链长"作用，组织召开零碳变电设备设计联络会议，结合现场实际需求，协同设备制造厂商确定零碳变电设备技术特性、使用环境条件等方面细节参数。编制发布技术规范、签订技术协议、规范型式试验报告，打通绿色低碳科技创新落地应用难点堵点。确定天然酯主变和洁净空气 GIS 等关键设备，实现"最可怕的温室气体"六氟化硫在变电站设备中的零使用目标。

二是开展变电站全生命周期降碳经济性分析，基于设备降碳技术方案，针对每项绿色低碳新技术准确计算单位增加投资降碳效果，开展风险分析，识别设计、施工、采购等建设全过程的优势和风险；开展投资分析，比对多种投资方案，先后探索设计采购施工总承包、设计施工总承包等建设模式，确保在保障零碳排放的技术上实现投资最优。经招标采购引进世界首款洁净空气 GIS 设备，实现国内首次应用，促进行业内同类设备生产厂家的生产研发。

三是完善国网公司绿色设备采购技术规范，根据《国家电网有限公司物资计划管理办法》，制定无锡供电零碳物资申报管理规范，指导项目单位，按流程有序、顺畅开展零碳、低碳物资申报，保障重大项目物资采购活动顺利开展。

（三）规范推进低碳建设，多举措改善施工细节

1. 编制首个变电站绿色施工规范流程

一是提出"两型三化"顶层设计标准。秉承"绿色低碳型、节能环保型、精益化管理、标准化设计、智能化建造"的建设理念，将变电站零碳建设经验固化为《110 千伏变电站节能设计标准化流程》《110 千伏变电站暖通设计指导书》等四类十个文件，促进变电站零碳建设标准化、规范化开展，同时在输变电工程建设顶层设计方面，因地制宜对建造全过程、全要素进行统筹，科学确定输变电工程绿色建造目标及实施路径。二是组织编制《绿色建造总体策划》，在工程可研阶段统筹考虑绿色建造相关要求，在可研批复后完成绿色总体策划，对建造全过程、全要素进行统筹，体现绿色化、工业化、信

息化、集约化和机械化特征。制定合理减排方案，明确建筑垃圾减量化、环境保护、节材与材料资源利用、节水与水资源利用、节能与能源利用等目标。三是组织编制《绿色施工策划》，组织施工单位在工程开工前，遵循"资源节约、环境和谐"的原则，结合工程施工现场及周边环境、工程实际情况等进行影响因素分析和环境风险评估，并依据分析和评估结果进行绿色施工策划。四是沉淀积累形成绿色施工规范流程，将变电站建设施工过程中相关绿色建造策划、绿色施工策划中可以固定下来的绿色施工技术、施工规范、施工流程等整理形成企业级绿色建造规范流程，明确施工过程中具体施工绿色参数、量化指标，形成《幕墙光伏安装指导手册》《屋面 BIPV 光伏安装指导手册》等技术规范。

2. 推广应用结构化、预制化施工工艺

一是引入结构化、预制化工艺，推广应用结构化施工工艺，屋外散水、雨水检查井圈井盖、视频监控基础和照明灯具基础均采用预制构件，减少现场切割作业；结构化钢结构主体采用全栓接技术，实现无明火作业、零交叉施工、全预制建设；制定合理施工能耗指标，提高施工能源利用率。采用适合于施工平面布置的多层轻钢活动板房、钢骨架水泥活动板房等标准化、预制化结构，减少临时用房碳排放。二是"永临结合"减少资源消耗与浪费，施工现场道路按照永久和临时相结合的原则布置，最终形成环形通路，减少道路占用土地，后期直接永久使用。三是合理安排施工布局和施工工序，即合理安排施工顺序、工作面，以减少作业区域的机具数量，相邻作业区充分利用共有的机具资源。

3. 开展数字化评价确保清洁低碳移交

无锡供电严格执行验收移交标准，一是合规完成环保验收，由第三方检测机构开展工程项目大气污染、固体废物污染、噪声、电磁环境等相关检测，并在规定期限内完成环保验收、水保验收工作。二是总结提炼绿色移交专项报告，建设单位组织设计、监理、施工等参建单位及时总结所移交项目在绿色设计、绿色施工中的实施情况，编写项目绿色移交专项报告，提炼形成绿色建造移交成果。三是开展绿色建造效果评估，工程竣工后，结合达标投产考核开展绿色建造评价，全面评估绿色建造成效。评估内容包含绿色设计、绿色施工、节能环保、低碳减排等方面。建设单位组织各参建单位对效果评估的具体内容、参考标准、评估结果以及证明材料等进行汇总，形成绿色建造效果评估表，组织开展绿色建造自评价。

（四）全面实施负碳运维，双管齐下优化站用电

1. 以逐室控碳实时化推进节能降碳

一是以站内小室为单元开展逐室控碳。无锡供电以变电站小室为单位，确定每个小室的气体泄放源的位置，根据每个小室的空间构造抽象权重时空分布模型，并确定权重阈值。根据所有温室的气体泄放源的气体浓度以及所述权重时空分布模型计算所有温室的碳排量。二是明确逐室控碳具体对象。从空间分布的视角来进行碳监测，将变电站每个小室内包括风机、空调、照明、继电保护设备在内的碳排放分别梳理，提供更全面的数据分析。三是数字化手段提升暖通设备运行效率。研究应用智能环境控制系统，根据室内外环境温度变化，自动调整送风装置的送风量，从而降低风机的运行功率。研究应用精准送风系统，将制冷空气从屏柜下方直接通到屏柜内部，达到"先冷设备后冷环境"的效果；在柜内加装温度传感器，实时感应，以此作为分配出风量的依据，最大化利用空调制冷量。

2. 以光储一体化推进自用能源清洁化

无锡供电充分利用太阳能资源，部署储能设备，优化光储运行配合，提高新能源发电消纳，实现变电站自用能源清洁化。一是以分布式光伏替代常规用能。二是结合分布式能源配置储能系统。三是建设一体化电源管理系统。在站用电交流母线柜设置旁路母线，将光伏和储能接入其中，推动绿电最大化利用。变电站正常运行时通过光伏及储能为站用电系统供能，当长期阴雨天气导致光伏及储能功率均不足或启动随机负荷时，自动调节为站用变补充。

（五）践行降碳拆建，以循环利用实现双重降碳

1. 推进变电站各类主体精细拆解

一是变电设备精细拆解，针对可拆解为多类金属材料的变压器等设备，通过拆解实现回收价值提升，同时实现零部件的重复利用。二是采用低碳拆除技术，通过应用 BIM 技术进行施工模拟，制定合理的拆除计划和施工方案，将机械拆除和人工拆除有机结合，采用低能耗、高效率的施工机械，从而缩短施工时间、降低能源消耗、减少人工数量，可有效降低拆除过程中的碳排放。三是循环利用建筑废弃物，利用拆除的木材制作成周转箱，利用废旧玻璃二次加工后制作成再生玻璃、装饰材料和玻璃沥青混凝土等。通过循环利用建筑废弃物，降低废弃物填埋造成的碳排放，同时实现对新材料生产的碳补偿，达到双重降碳效果。

2. 强化变电站废旧物资清洁处置

一是构建废旧物资循环利用体系，应用物联网、区块链等技术手段加强变电站废旧物资利用全流程核查溯源管理，引入具备先进绿色处置技术的回收商，利用机器人流程自动化等新技术对废旧物资进行再利用工作，推动废旧物资及时性、规范化处置，提升废旧物资利用水平。二是强化危险废弃物环保处置，针对废旧变压器油、废旧蓄电池、废旧绝缘子等物资，邀请市生态环境局指导危废物资全过程管理，明确存储、运输、处置、循环再利用流程，跟踪监控循环利用全过程，实现废弃物环保处置。

（六）构建人才培养体系，形成跨专业强力支撑

1. 搭建跨专业融合推进机制

转变以部门为协作单位的传统思维，打破原有组织界限和专业壁垒，抽调跨部门、跨专业的业务骨干成立"零碳、零能"项目柔性团队。一是形成项目柔性团队，实时调整成员组成。在变电站全生命周期管理的不同阶段，分别形成以发展部、建设部、设备部为牵头部门，贯穿财务、人资、物资、党建、安监以及电网规划、建设、运检、调控等核心业务，将经研所、设计公司、项目中心等部门纳入其中，打造全业务链条的管理组织架构。二是建立工作例会机制，定期召开工作推进会。

2. 构建基于责任的积分制考核机制

采用"揭榜挂帅"的方式分配项目实施具体任务，实行"个人负责制"，充分发挥成员的专业优势和协作优势。构建积分制考核机制，将外出调研、集中学习、方案讨论等常规工作纳入"日常打卡"考核内容，将制定减碳措施、撰写专题报告、协调重大问题等重要工作成果纳入"贡献打卡"考核内容，从成员参与度与贡献度两方面进行考核激励，充分调动积极性。

三、以零碳为目标的变电站全生命周期减碳管理效果

（一）推动"双碳"工作落地，生态效益显著

截至 2023 年 6 月，已建成国网公司首座绿色认证零碳变电站 1 座，近零碳变电站 7 座，推动在全域 345 座 35 千伏以上变电站进行节能降碳。全站设备运行期间环保无害，年均减少碳排放 201 吨。全域变电站通过节能减排举措，累计开发绿电资源 7.71 兆瓦，累计提供绿色站用电超过 900 万千瓦时，折算减少碳排放 7146 吨。

引领地区低碳生态城建设，在提高供电服务质量的同时，引导居民形成低碳生活理念。建成初期线路负荷较轻，年均累计输入电量约为 1597 万千瓦时，贡献 GDP 约 3.36 亿元，可支撑居民收入约 2848 万元。零碳变电站全生命周期减少碳排放 7.5 万吨，折合约为 3125 亩森林一年的碳吸收量，按欧盟碳交易期货市场 2023 年 6 月交易价格折算，价值约 647.63 万欧元（折合人民币约 5135.56 万元）。

（二）提升电网建设运营水平，管理效益突出

无锡零碳变电站设计获中国电力规划设计协会优秀设计一等奖，实现"工期－质量－成本"三

赢，缩短施工周期至 5 个月，较同类型变电站施工周期缩短 58%。填补了国网物资库词条空白，形成绿色采购技术规范书，推动零碳科研成果落地。形成精益建造管理方式，运用 BIM 技术、VR（Virtual Reality，虚拟现实）技术协同工作方式，提高设计效率；运用一体化墙板、预制构件，实现工厂标准化和模块化生产，实现变电站建设减排，将管理经验固化为《110 千伏变电站节能设计标准化流程》《绿色建造总体策划》《幕墙光伏安装指导手册》《天然酯主变检修细则》等四类十个指导文件，为后续电网零碳发展提供实践经验、技术储备和数据支撑。

响应国家鼓励中央企业促进低碳零碳负碳关键核心技术应用的号召，推动电力设备零碳产业化发展，促进《国家重点推广的低碳技术目录》中变压器用植物绝缘油生产技术的国产化发展；引进国际首个洁净空气绝缘 GIS 设备，助力该技术获评国际领先水平认证。

（三）建成首个零碳变电站，社会效益明显

建成国内首个 110 千伏零碳变电站，丰富了企业特有品牌——"电蜜蜂"的绿色内涵，通过向社会发布《"蜜蜂行动"履责指南》《社会责任白皮书》，不断推动包括"绿网降碳""绿色太湖""绿色出行"在内的多项驱动绿色发展的多项行动。首座零碳变电站受到新华社、江苏省委新闻网、澎湃网等多家新闻媒体关注报道，在以新能源为主体的新型电力系统中具有良好示范效应。

（成果创造人：完　善、陈　晟、顾志强、惠　峻、钱　洁、倪　俊、
缪立恒、严　栋、陆　远、李传洋、黄　芬、朱　玥）

供电企业面向"双碳"目标的沿海新能源供给消纳体系建设

国网河北省电力有限公司沧州供电分公司、国网河北省电力有限公司衡水供电分公司

国网河北省电力有限公司沧州供电分公司（以下简称国网沧州公司）位于河北南网东北部，担负着沧州地区五区、四市、十县的供电任务，供电面积 1.43 万平方千米，服务电力客户 374.89 万户。辖区内运行 500 千伏变电站 4 座，220 千伏变电站 34 座，110 千伏变电站 156 座。培养享受国务院政府特殊津贴专家 2 人、全国技术能手 1 人、全国青年岗位能手 2 人、大国工匠 1 人、电力行业技术能手 8 人。

国网河北省电力有限公司衡水供电分公司（以下简称国网衡水公司）是国网河北省电力有限公司直属企业，担负着衡水市 11 个县（市、区）的供电任务。目前，衡水电网有 220 千伏变电站 18 座，110 千伏变电站 72 座，35 千伏变电站 121 座，年售电量达到 149 亿千瓦时。

一、供电企业面向"双碳"目标的沿海新能源供给消纳体系建设背景

（一）沿海城市落实国家能源发展战略的有效途径

在国家政策的驱动下，国网沧州公司、国网衡水公司作为能源电力领域的骨干央企，充分发挥沿海临港优势，构建绿色能源体系、绿色用能体系，拓展新能源发展空间，对优化调整能源结构、推进海洋强市建设，推动能源电力从高碳向低碳、从以化石能源为主向以清洁能源为主转变，加快形成绿色生产和消费方式，助力经济社会绿色低碳高质量发展具有重要意义，为全面建设社会主义现代化国家提供清洁低碳、安全高效的电力保障。

（二）向海发展助力世界一流强企建设的重要举措

渤海新区地处渤海沿岸，具有丰富的风能和太阳能资源。河北首家新能源场站并网发电以来，新能源始终保持快速增长态势，一批新能源发电项目投用，近三年新能源装机年均增长率保持在 35% 以上。以新型电力系统和新型能源体系建设，更好统筹保供和转型，积极促进风能、太阳能、氢能、水电等清洁能源发展，推动形成绿色低碳生产生活方式，为全面建设具有中国特色国际领先的能源互联网企业贡献力量。

（三）智慧电网推动清洁能源全额消纳的必然选择

随着南大港"渔光互补"光伏项目正式并网发电，沧州电网新能源超越常规火电成为第一大电源。供电企业必须用好"沿海"区位、产业和资源优势，以坚强智能电网为中枢，优化电网发展格局，建设现代智慧配电网，积极适应分布式能源、微电网、电动汽车等发展需要，加快建设新能源供给消纳体系，强化源网荷储互动、多能协同互补，构建适合中国国情、具有沿海特色、具备更强新能源消纳能力的新型电力系统，提高能源自主供给能力，在推动能源低碳转型和高质量发展中贡献力量。

二、供电企业面向"双碳"目标的沿海新能源供给消纳体系建设主要做法

（一）明确沿海新能源供给消纳体系构建的总体思路

1. 坚持理念指导，建立协同管理组织

聚焦新型电力系统电源结构新、负荷特性新、电网形态新、技术基础新和运行特性新等"五新"特点，国网沧州公司、国网衡水公司坚持创新、协调、绿色、开放、共享新发展理念，建立以电网为主导的跨单位、跨部门协同管理组织团队，形成政府主导、政策引导、市场调节、企业率先、全社会共同参与的良好局面，全力接纳并网新能源装机，积极服务新能源有序发展。一是以创新为动力，优

化科技战略布局,加大关键技术攻关,形成创新促发展的模式;二是以协调为标尺,调动市场、社会、群众多方参与发展的积极性,处理好新型电力系统参与主体和能源网架的关系;三是以绿色为目标,全面优化沿海区域能源结构,提升清洁能源消耗占比,形成低碳、环保、循环发展模式;四是以开放为抓手,明确新型电力系统技术标准体系框架,规范源网荷储接口、运行、建设标准;五是以共享为宗旨,积极履行电网企业社会责任,促进沿海区域企业、政府、居民等共同价值提升,加速新型电力系统建设进程。

2. 规划实施方案,有序安排新增项目

聚焦沿海区域能源禀赋及用能特点,对接新型电力系统建设要求与目标,因地制宜编制《新型电力系统规划建设实施方案》,明确发展方向。一是发挥沿海优势,打造典范示范。以"陆海能源联动、岸湾电能互济"为特色,建设能源网架、信息支撑、价值创造三大体系,打造清洁低碳、安全可靠的渤海新区新型电力系统示范区,发挥"沿海优势"、突出"渤海特色"、创造"样例示范"。二是对接双侧需求,推动数字化转型。聚焦沿海区域大规模清洁能源并网和用户高可靠性用能要求,着力完善能源网架结构,建设多个微网系统,建设适用于新型电力系统的综合能源管理系统及安全防护平台,推动信息支撑体系向数字化转型。三是指明服务方向,保障可靠运行。深入推进"三零"(零上门、零审批、零投资)、"三省"(省时、省力、省钱)、"三公开"(流程公开、信息公开、标准透明公开)服务,通过"简、快、省、稳、惠"打造具有特色的"阳光服务"方式,及时受理并网申请、确定并网方案、签订并网协议,便捷高效开展接网服务,实现电网电源同步投产。

3. 电网引领发展,确定共建共享模式

积极贯彻落实电网企业"碳中和"核心责任,研究"源网荷储"互动柔性调控在"陆海能源联动、岸湾电能互济"发挥过程中的应用,构建"网架共建、风险共担、成果共享"管理模式,全面加快渤海新区新型电力系统示范区建设。一是深化资源整合。充分发挥电网规划在能源产业发展中的引导与促进作用,吸纳政府、企业、社会等多方资源,共同参与科研及技术研究,分摊新型电力系统投运风险,实现源、网、荷、储四个方向同步开工建设,同步推进。二是明确共建共享模式。以共享新型电力系统建设收益为导向,与能源系统产业链企业建设战略合作关系,凝聚专业合力,形成各参与方按需使用区域内廊道及土地等基础资源的共建共享模式,共享各自掌握、攻克的技术及工程方面资源,逐步将建成元素接入能源网架,共享新型电力系统经济效益、清洁能源效益和环保效益。三是打造基建管控平台。依托国网基建全过程综合数字化管理平台,移动端APP实时化图像数据采集,管控渤海新区新型电力系统示范区各项目建设进度和建设质量,实现基建现场作业状态的全感知、建设数据全共享、过程管控全覆盖,整体提升基建全过程数字化管理水平,促进项目高质量建设与发展。

(二)加强网源发展衔接,协同打造现代智慧配电网

1. 数字技术赋能,深化国网新能源云建设

一是深化新能源云建设,提升服务新能源发展能力。公司作为国家电网公司首家试点单位,主动承接新能源大数据管理平台(新能源云)试点建设工作。平台对内实现内部新能源数据共享和集中管控,对外实现与政府、新能源企业互动,同时融合国内外先进技术、政策舆情、新能源动态、热点问题等信息,构建"物联网+新能源"全产业链泛在连接生态圈。目前,新能源云平台已实现新能源大数据管理平台规划计划、内部运行管理、消纳计算、政策研究、新技术等5大核心模块的部署与试用,对优化沿海新能源管理流程、促进新能源有效并网消纳、提高新能源业务整体管理服务水平起到了重要作用。二是深化"网上电网"应用,支撑分布式光伏健康发展。通过可视化展现区域用电负荷、电量,新能源装机容量、发电量,电网设备规模、可开放容量,在线绘制了试点县各类建筑屋顶面积图层,精准测算出各类屋顶面积,确定屋顶分布式光伏开发潜力。基于图数一体的数字孪生电

网，实时调取设备运行工况，叠加沿海光伏电站典型出力曲线，科学准确地测算屋顶分布式光伏年度建设规模、并网时序及配套电网建设规模，运用"网上电网"智能规划库中的典型方案和造价，结合周边电网现状，快速制定接网方案，持续提升分布式电源并网能力。

2. 优化电网布局，实现规划项目就地消纳

坚持新发展理念，参照河北省政府制定的沿海区域产业及土地空间规划要求，设计开放式能源网架结构，为新型电力系统的建设与发展留有充足的接入裕度，便捷源、网、荷、储新元素接入。一是积极开展能源发展规划研究，合理确定电源布局、科学制定电网规划方案，组织开展"十四五"电力规划、新能源基地接入及消纳能力分析、可再生能源发展规划编制及中期评估等工作，合理确定电源布局、科学制定电网规划方案，促进"源网"协调发展。二是按照标准体系规范建设能源、数据通信等接口，建设智能坚强的电网网架，推广配电网典型模式、标准接线，提高配电网规划精细度和精准度，配置充足的间隔资源，适应分布式电源、微电网、需求侧响应负荷、储能电站的发展需要。三是构建连接全社会用户、各环节设备的智慧物联体系，提高全息感知和泛在互联能力，实现电网、设备、客户状态的动态采集、实时感知和在线监测。通过规范能源接口，数据通信接口，便捷各参建方和新成员接入、运维管控，提升网架对用户接入技术和管理服务水平，为共享资源、技术、运维服务奠定基础。

3. 加强源储融合，提升现有能源消纳能力

为更好地服务新型电力系统建设与运营需要，在示范区试点开展"新能源＋储能"的主动支撑型新能源调峰实践，实现针对不同地区的新能源场站与储能电站合理配置比例、配置位置，逐步提升"新能源＋储能"的融合度。一是统筹规划基地配套储能建设。按照《河北省"十四五"新型储能发展规划》的新型储能"一核、一区、两带"发展格局要求，在渤海新区新型电力系统示范区内统筹规划电源侧、电网侧、用户侧资源，合理配置各类储能，建设以大规模共享储能为支撑的区域性"虚拟电厂"，实施源网荷储一体化项目内部联合调度。二是科学布局共享储能建设。积极落实河北省发展改革委《全省电网侧独立储能布局指导方案》和《全省电源侧共享储能布局指导方案（暂行）》两大重要文件要求，结合渤海新区电力发展和新能源规划目标，衔接省内调峰需求情况，建立电网企业、电源企业和部分用户共同承担储能等调节能力建设的责任机制和投资回报机制，按照集约化、共享化原则，科学布局共享储能电站，营造公平公正市场环境，促进共享储能健康发展。

（三）构建多能联动机制，实现能源供给绿色低碳化

1. 加强多能联动，搭建柔性资源调控系统

为高效解决分布式新能源就地消纳、就近利用问题，国网沧州公司、国网衡水公司以输配电网和微电网协调发展为目标，深化微电网建设，强化电源侧和负荷侧资源整合，参与电力供需平衡控制，助力电力系统调峰和新能源消纳能力提升。一是实施客户内部用电态势纵深感知。依托"HPLC＋HRF"（电力线载波＋微功率无线）通信技术，研发并推广应用大功率电器柔性调控嵌入模块和智能插座，实现对空调、热水器等家庭用能设备运行数据的实时采集与功率调控，推动用电信息采集由"用户"向"户内"纵深，推动单向感知控制向双向互动转变。二是搭建柔性资源调控系统。深入研究探索客户可调节负荷、电源、储能纵深感控、双向互动，以分布式储能、微网、充电桩、中央空调等柔性负荷为重点，在实施客户内部用电态势纵深感知的基础上，建设用电侧聚合资源池，打造新型电力系统柔性资源调控系统，承载用电侧运行、监控、调度和源网荷储聚合响应、集成控制，解决新型电力系统下多元主体给能源生产和消费带来更多的随机性和复杂性的问题，实现源网荷储充分协同互动。

2. 强化主动防御，实现消纳监测自动预警

一是以能源数据为核心，优化新能源消纳监测体系。通过实时系统整合分析风光发电综合指标、机组状态、电量完成率、弃风率、弃光率、当前发电量完成情况等30多项数据，严密监控新能源发电情况。场站滚动显示实时日电量、风速、功率等概览信息，以及场站的风机故障告警信息、升压站故障告警信息、光伏监控故障告警信息等。二是以智能报警为手段，强化新能源故障防御体系。对已接入的风机、光伏、变电、储能设备进行综合报警管控，实现报警分类分级、报警推报、报警确认、报警查询、报警统计等功能，对预警结果进行跟踪、统计，及时修正预警模型，持续提高预警准确程度。系统报警分为事故报警、警告报警等6大类17项，事故报警包括逆变器主动上报故障信息，以及非计划性断路器跳闸；警告报警包括一般设备变位、采集数据异常、趋势报警等。当故障发生时，报警信号以图形、文字、语音等形式发出，并提供辅助诊断信息。三是以气象预测为引导，细化新能源生产运行计划。结合气象部门针对目标区域的天气预报，例如当地自然风速的大小和太阳辐射的强弱，以及风向、气压、湿度、阴晴、降雨、雷电、大雾等34种天气，应用新能源天气预报输出功率系统，理论数据与历史实际气象下风光出力数据相结合，对接入系统的风光电站的输出功率进行预测。根据日、周、月天气预报，预测风光输出功率，及时做好日、周、月的电网负荷平衡计划，提高电网接纳新能源的发电能力，改善电力系统运行安全性与经济性。

3. 实施碳排监测，推动示范区向低碳转型

依托河北省碳减排管控平台，提出含电量因子的碳轨迹碳采集和碳排放综合监测方案，建立新型电力系统碳排监测体系，为各方碳资产管理提供依据，为管控渤海新区新型电力系统示范区"双碳"目标的实现提供保障。碳监测平台通过电量因子法、化学质量平衡理论以及IPCC排放因子法、碳排放量实测、二氧化碳气体监测以及信息监测管控平台等多种方法开展碳排监测，调研电源装机结构，建立分时统计的电量比例结构识别模型，在示范区开展用电量实时拆分核算碳轨迹识别，对二氧化碳直接排放和吸收对象进行碳排放监测分析，管控区域"双碳"指标。依据碳排放数据，根据绿色能源出力情况，优化园区用电方式与用电结构，从节能、储能、灵活响应、绿色替代、增加碳汇等角度提出具体方案，提高企业碳资产管理水平，提升新型电力系统示范区在"双碳"目标的检测和实现能力。

（四）建立主微互济模式，助力能源消纳调度自动化

1. 增强源源互补，提升清洁能源利用效率

自河北南网首家新能源场站海兴风电场并网发电以来，新能源始终保持快速增长态势，随着盐山靖远光电、沧县桔乐光伏、海兴领跑者光伏基地、海兴258兆瓦渔光互补光伏发电等一批新能源发电项目投用，近三年新能源装机年均增长率保持在35%以上。相对于火力发电"发电厂—电网—用户"的传统模式，新能源的传输模式大不相同，这种多点开花的传输模式，对电网的稳定性带来了极大挑战。为此，国网沧州公司、国网衡水公司探索研究"含虚拟惯量新能源并网系统的区域协同控制及应用技术"，解决了风电、光储因调频能力欠缺无法实现高比例消纳的难题，提升了电力系统惯量支撑能力和抗干扰能力。随着项目不断深化应用，已连续3年实现新能源全额消纳，促进了新能源与电网协调发展，保障了"光伏+煤改电"和"光伏乡村振兴"工程顺利推进，对改善民生和促进京津冀绿色低碳发展具有重大的社会效益。这项技术已覆盖新能源场站12座，助力2022年沧州、衡水地区新能源发电量5.06亿千瓦时，折合减少标准煤消耗16.2万吨，减排二氧化碳42万吨，减排氮氧化物、二氧化硫0.26万吨，相当于种植1200公顷阔叶林产生的减排效果。

2. 确定互动策略，促进多元能源协调发展

一是源网协调，提升新能源调节性能。在现有电源、电网协同运行的基础上，通过新的电网调节技术，有效解决新能源大规模并网及分布式电源接入电网时的"不友好"问题，让新能源和常规电源

一起参与电网调节，新能源朝着具有友好调节能力和特性（即柔性电厂）的方向发展。沧州、衡水地区新能源场站已配置故障解列装置、防孤岛保护装置、频率电压紧急控制装置，针对系统故障后新能源场站控制手段已全覆盖。二是网荷互济，提升新能源运行水平。采取相关激励措施，与用户签订光伏发电项目并网协议，促使负荷转化为电网的可调节资源，通过负荷迅速增加与减少主动调节和响应来改变潮流分布，确保电网安全经济可靠运行。在屋顶上兴建了4.2兆瓦的光伏发电项目，实现自我负荷的供给和对系统负荷的弥补，真正将能源互补、资源综合利用政策落到了实处。三是源荷互动，提升新能源柔性能力。将电源侧和负荷侧作为可调度的资源参与电力供需平衡控制，签订增减自如的柔性负荷6户，形成政府批准的有序用电工作方案，柔性增减达到1.2万千瓦，引导用户改变用电习惯和用电行为，汇聚各类柔性、可调节资源参与电力系统调峰和新能源消纳。

（五）健全碳汇激励举措，保障能源消费清洁替代化

1.制定碳普惠方案，促进多元低碳化发展

以居民、中小企业为普惠对象，制定碳普惠激励方案，通过给予减碳行为商业激励、政策鼓励、核证减排量交易等相结合，实现新型电力系统的多元低碳化发展。一是组建低碳联盟。动员周边商户及商圈商户对低碳行为给予认同和支持，组建低碳联盟，提供低碳行为积分换取产品、服务优惠、公共服务，如公交费减免等，并制定政府回购低碳行为积分政策，以货币形式回购居民未消费的低碳行为积分。二是实施碳普惠机制。倡导公众践行低碳生活和低碳消费，调动全社会践行绿色低碳行为的积极性，引导公众和中小企业通过建设分布式电源、储能设施、电动汽车参与调峰等方式积极参与新型电力系统运营中，促进新型电力系统多元低碳化发展。三是实施低碳场景创建。选择部分行业领域和潜力较大的减碳行为开展碳普惠和碳交易实践，实施自建分布式光伏，储能，参与需求侧响应、节约用电、用水、用气，减少私家车出行，垃圾分类回收等低碳行为，积极开展低碳社区、低碳园区、低碳交通、低碳校园、低碳酒店、低碳景区的创建，将低碳行为数据实时同步到碳普惠平台，进行统一计算，统一发放碳普惠奖励。

2.负荷参与调峰辅助，扩大能源互联价值

借鉴华北分部所提出的可调节负荷作为第三方独立主体参与调峰辅助服务市场商业模式，依托示范区用电侧聚合资源池，制定负荷参与调峰辅助市场的管理模式，全面共享能源互联硕果。一是明确可调节负荷调峰贡献价值评价方法。结合示范区内用电侧负荷特征，研究制定基于市场供需系数和调峰贡献率的可调节负荷资源调峰贡献价值发现方法，确立可调节负荷参与电网调峰的价格机制，引导其常态化持续参与电网调峰。二是构建负荷聚合商参与调峰市场的商业模式。明确可调节负荷参与区域调峰辅助市场的整套方案与规则，将电动汽车充电桩、分布式储能等可调节负荷聚合成为第三方独立主体纳入调峰辅助服务市场，扩大能源互联价值。三是制定可调节负荷纳入电网调度规范化管理模式。统一签订并网调度协议、结算合同，严格执行市场准入、退出管理办法，可调节负荷主体根据准入条件，履行注册、公示、备案等程序，推动市场各类型数据共识互信、防篡改，进一步提高市场公信力。

三、供电企业面向"双碳"目标的沿海新能源供给消纳体系建设效果

（一）建成沿海新能源供给消纳体系，管理效益显著提高

一是通过共享基础资源、技术成果、运维团队等资源，有效降低整体建设成本，省去繁重的协调工作，提升能源互联网运维效率及建设难度。二是运用智能调控技术实现新能源消纳与清洁能源利用效益最大化，推动电源侧结构升级，提升电网侧运行效率，提高负荷侧清洁用能水平，多家公司参与到渤海新区新型电力系统示范区建设过程中，各方同时发力，各自承担投资范围内风险，共享资源及技术优势，并行建设，使新型电力系统建设风险由面降至点、建设进度再创新高。

（二）沿海新能源发电占比大幅提升，经济效益明显提升

通过持续打造沿海能源供给，构建新型电力系统生态圈，激发绿色物流潜力，开拓减碳减排新场景，积极探索多元合作模式，赋能产业发展，构建绿色物流新生态，将能源互联的能效发挥到最大，市场开拓能力进一步跃升，电力数据增值实现新突破。

（三）打造沿海清洁发电用能示范区，生态效益有效改善

一是形成了以电为核心，风电、光伏、潮汐、火力发电的电能互补，天然气网与电网能源互补，电池储能与氢气储能互补的能源供需模式，为沿海区域可靠的电能和冷、热供应，提升了新能源并网消纳能力及负荷的清洁能源利用率。二是通过开展碳轨迹检测、碳减排策略服务，提升企业用能效率，降低了碳排放量和用能成本，高质量打造沿海清洁用能示范区。

（成果创造人：赵春雷、徐亚兵、高建为、方椿锋、路　成、边少辉、
刘　俊、马阳阳、沈世林、宋文乐、张　博、王　倩）

高速公路企业以客户为中心的数字化运营服务管理

山东高速股份有限公司

山东高速股份有限公司（以下简称山东高速股份）成立于 1999 年，由山东省管国有独资大型企业山东高速集团有限公司控股，注册资本 48.11 亿元，主要从事对交通基础设施的投资运营以及高速公路产业链上下游相关行业等领域的股权投资。截至 2023 年 8 月，企业员工 9000 余人，运营管理路桥总里程 2887 公里，是全国高速公路路桥运营上市企业中路桥运营管理里程最长的企业。企业一直以来致力于高速公路数字化建设，数字化基础设施较为完备、数字化系统水平领先。依托数字化建设赋能，高速公路运营管理和公众服务水平始终处于全国同行业领先地位。

一、高速公路企业以客户为中心的数字化运营服务管理背景

（一）贯彻落实国有企业运营服务数字化转型的必然要求

2020 年国务院国资委印发《关于加快推进国有企业数字化转型工作的通知》，要求国有企业通过数字化转型推动产品和服务的数字化改造，推进生产运营智能化和用户服务敏捷化，拓展数字服务能力，丰富完善服务产品和业务模式，探索平台化、集成化、场景化增值服务，更好地满足和引导用户需求。中共中央、国务院发布的《交通强国建设纲要》也要求大力发展智慧交通，推动大数据、人工智能等新技术与交通行业深度融合，通过打造一流服务保障人民享有美好交通服务。

（二）提高高速公路企业对公众服务能力的必然要求

2020 年前，高速公路企业大多通过热线电话、路况服务系统及道路情报板等方式向公众提供事前路况信息查询、在途道路信息提示等传统出行服务内容，已不能完全满足公众出行前、出行中的多元化、个性化和主动式服务需求。因公众个人驾驶行为、对高速行车知识相对缺乏、与高速公路运营企业服务信息不对等以及企业运营管理等原因，存在高速公路交通事故时有发生以及道路救援和救援过程安全性差、效率低等问题。在节假日、早晚高峰等时间，高速公路主线、收费站拥堵现象呈高发态势，在恶劣天气、交通事故等原因影响局部路段情况下，高速公路往往进行长距离、大范围管制，畅通服务能力有待进一步提升。

（三）推动企业高质量发展的必然要求

截至 2020 年，山东高速股份基于运营管理高速公路里程长、服务公众用户多的特点，坚持业务数字化建设赋能高速公路运营服务，已建成收费、指挥调度、出行服务等各业务条线数字化系统，数字基础良好。但对照国家数字化转型要求和公众服务需求，仍存在海量数据"存而不用"以及传统数字化系统"数据孤岛"、流程烦琐、人工参与度高、自动化及智慧化程度不高等问题，数字化运营管理水平和公众服务便捷化水平有待进一步提高，亟须通过数字化转型，开展数字化运营服务管理推动企业高质量发展。

二、高速公路企业以客户为中心的数字化运营服务管理主要做法

（一）系统做好顶层规划，引领数字化运营服务方向

1. 做好顶层设计规划，明确运营服务新目标

山东高速股份以高速公路用户服务需求和企业发展战略为导向，制定"十四五"数字化转型规划。指出企业要由高速公路"公众服务"向"客户服务"进行服务理念转变，将以客户为中心的数字化运营服务管理作为企业数字化转型中的核心任务，明确重点实施工作和任务目标。

2.构建数字化运营服务体系，打造高品质客户服务

围绕顶层数字化转型规划，企业从强基、赋能、转型三个阶段，构建"13142"以客户为中心的高速公路数字化运营服务管理体系。"1"即企业着力构建1个数据中心；"3"即将数据、流程、标准作为3大核心管理支撑要素，开展适配于数字化运营服务的标准修订、流程再造及数据管理，支撑数字化平台和管理应用；"1"即基于"1个平台+2个载体+N个应用"的建设模式，构建1个数智平台，重点建设智慧运营平台和智慧服务平台两个子平台；"4"即对内依托智慧运营平台持续打造"N"个数字化管理应用产品，实现智慧运营、协同运营、畅通运营和安全运营4大运营管理赋能；"2"即对外依托智慧服务平台持续打造"N"个数字化服务应用产品，实现客户高速出行服务和基于"高速+"的会员化增值服务2大服务赋能，最终通过"对内数字化运营管理+对外数字化客户服务"合力打造安全、畅通、智慧的高品质客户服务。

3.建立健全新型组织，强化组织和能力保障

企业成立高速公路数字化运营服务管理专班，由董事长担任专班组长，总经理、首席数字官、运营服务业务及财务、人力等职能部门分管领导担任组员，负责总体统筹数字化运营服务体系规划和部署协调推动实施工作。在数字化转型背景下，全新成立"总部—路段"两级运营调度中心、两级客户服务中心和创客中心作为新型组织。

4.实施业务流程治理，支撑平台和管理应用

为适配数字化平台和管理目标需求，企业全面梳理、评估原有高速公路运营管理和公众服务标准规范及业务流程，先后优化修订、新建6大类40余项业务标准，废止10余项标准。由运营调度中心和客户服务中心牵头协同各业务条线推进原有业务流程优化和重点流程变革，着力打造以客户为中心的智慧化、协同化、少人化运营管理流程和数字化客户服务流程，完成指挥调度、路警协同、客户救援服务等30余个业务场景180余条流程的优化、重构，并实现在数字化平台的流程E化，实现流程智慧发布、监测、评估、迭代，全面支撑平台和管理应用。

（二）完善数字设施建设，打造高速公路数字化平台

1.完善建设数字基础设施，提供数字化基础支撑

企业依据数字化运营服务体系，建设山东高速大数据中心和"高速云"，实现业务系统全部"云上"部署应用、联通。通过大数据分析需要重点保畅通、保安全、保服务的高速公路收费站、路段、分合流等关键节点，有针对性地升级建设高清摄像机、毫米波雷达、可变信息标志、物联网设备等数字基础设施，提供前端感知、数据采集、信息载体等基础支撑。

2.打造山东高速数据中台，支撑数字化平台应用

企业将数据作为数字化运营服务管理过程中的核心生产要素，将数据中台作为数字化运营服务平台的核心支撑，由创客中心组建15人技术团队专职负责数据中台建设和数据全过程管理。

创客中心从统一数据标准、构建数据中台、规范数据管理、提高数据质量、推动数据共享服务五方面进行规范数据管理，形成企业跨流程、跨系统信息集成共享的数据管理框架，全新打造山东高速数据中台。中台围绕高速公路全业务、全流程、全场景，与数智平台的系统应用实现闭环协同，业务系统向数据中台汇聚全量数据，数据中台对数据进行标准化加工、存储，向业务系统提供数据标签、建模、实时计算及应用服务，实现数据高质量流动，打通系统数据壁垒。

3.打造"数智山高"智慧平台，支撑数字化运营服务

创客中心组织40余人技术团队负责数字化平台建设。依托原有业务系统、数据中台及数字基础设施，整合、重构、升级打造高速公路全业务一体化数智平台——"数智山高"智慧平台。平台通过统一门户入口、应用精准授权、纵向上下贯通、横向协同联动，全面实现运营服务"一平台管理"目标。

智慧运营平台实现基于"一个智慧运营 PC 端平台 + 一个掌上运营 APP"两个载体进行企业内部运营管理，打造集高速公路收费管理、路网监测、指挥调度、协同处置等运营管理业务全覆盖和基于高速公路 GIS 高精地图"一张图"可视化的"运营管理一站式通办"管理平台。

基于为客户提供畅通、智慧高速服务的理念，山东高速股份创立"畅和通"服务品牌，打造智慧服务平台——"畅和通"客户服务平台（以下简称"畅和通"平台），将"一个 APP、一个小程序"作为客户服务窗口，实现"一平台服务"。

（三）深化平台赋能运营，推进数字化高速运营管理

1. 深化技术赋能，实现多业务场景智慧管理

打造智慧收费稽核系统，实现收费稽核智慧管理。通过打造高速公路收费稽核机器人，以车辆通行数据为基础，将人工智能、RPA 流程自动化等技术深度融合，构建一站式工单稽核应用，实现车辆跑长买短、大车小标、倒换 CPC 卡（高速公路复合通行卡）等偷逃通行费行为的全流程自动检测、分析及处理的智慧稽核管理。

打造智慧监测和决策场景应用，支撑多业务智慧管理。针对高速公路指挥调度、路产管理、养护管理业务的事件发现、路网运行状态等感知监测、现场巡检业务场景，依托固定摄像机、巡逻车载终端、无人机及桥隧巡检机器人等前端设备视频数据，打造多场景 AI 智慧监测分析应用。

通过对智能监测数据、ETC（Electronic Toll Collection，电子不停车收费）门架数据、第三方地图数据、设备感知数据等多源数据融合分析，构建收费站、道路主线等关键位置的交通流量预测、在途车辆安全风险预测等 16 个场景的预测预警应用，以及道路管控、指挥调度、路桥隧病害养护等 12 个场景的决策支撑应用，智能化提供实时性、规范化、可视化的最优解决方案推荐，实现由纯人工决策向"智慧化 + 人工决策"的管理转变。

2. 深化系统联通，实现内外业务协同管理

企业以事件快速发现为主线、各业务条线协同处置为核心，构建业务协同管理系统。基于固化于平台的协同管理标准和流程，各业务线人员对道路异常、交通事故等 7 大类、34 小类事件通过智慧运营 APP 以及跨业务系统后台自动推送对接等方式实现在线化上报。

企业联合高速交警打通业务系统、数据，构建路警协同管理系统，实现企业与交警双方的巡逻车、摄像机、求援信息及事件信息等数据共享、资源共享。

3. 深化以数治堵，推进行车全过程畅通管理

针对高速公路拥堵问题，企业依托近 2 年高速公路车流量历史数据及实时数据，从时间维度、空间维度进行多维数据分析，得到不同时间段的高频拥堵收费站、拥堵主线节点及拥堵治理优先级，并依据优先级对收费站、道路主线进行数字化治堵。

打造智慧收费站，加强收费站畅通管理。针对高频拥堵收费站 ETC 车道，研发应用匝道准自由流、智慧诱导等技术，实现 ETC 车辆在匝道提前交易，到达收费站时无需慢速停留即可一次性快速通行。针对高频拥堵 MTC（Manual Toll Collection，人工半自动收费）/ETC 混合车道，研发应用车道智慧自助发卡和收费机器人设备，创新基于支付宝和微信等支付渠道的无感支付等支付手段，保障非 ETC 车辆入口快速取卡、出口快速缴费的快速通行。

针对高速公路主线、枢纽互通、分合流等节点的交通拥堵，建设主动交通管控系统。针对 19 种交通场景研发 151 种管控策略，依托后台算法支撑，基于可变信息标志、红绿灯及定向喇叭等前端设备，实现大交通流、交通事故等原因造成拥堵情形下的主线广域诱导及联动管控、应急车道动态开放管控和"道路主线 - 服务区 - 互通立交"协同智慧管控。

企业依托历史数据分析得到常发性拥堵路段，合理规划救援驻点及救援人员、车辆及物资配置，

奠定事件处置快速到达基础。依托业务协同管理系统，实现事件快速发现及救援到达时间、人力、物资的最优解调度，除特殊事件外，企业已实现救援队伍 20 分钟到达现场、30 分钟完成事件处置的快速到达、快速处置管理，从而保障交通事故等情形下的道路快速畅通。

4. 深化以数促治，推进行车全过程安全管理

针对高速公路行车安全问题，企业联合高速交警融汇双方历史交通事故数据，打造事故分析及预防系统，推动以数促治。基于 GIS 地图可视化展示交通事故高发空间、时间、频次分布及事故诱因，并智能化提供事故预防辅助决策方案。

针对夜间疲劳驾驶行车等因素诱发交通事故的高频区域，定点建设智能化道路疲劳唤醒系统，通过激光照射、声音、震荡标线等方式对疲劳司机进行有效唤醒；针对雾天行车事故高发区域，建设智慧雾区诱导系统对司机进行精准声光诱导；针对道路分合流事故高发区域，建设分合流智慧诱导系统进行车辆汇聚、合流的声光诱导。同时企业利用雨夜反光标线、震荡标线、智能融冰除雪系统等养护管理手段，有针对性地对雨天、雪天、长大下坡、弯道等事故诱因下的交通事故进行预防治理，保障客户行车全过程安全。

（四）丰富客户服务应用，推进高品质出行服务管理

1. 丰富"畅和通"平台应用，打造出行前个性服务

"畅和通"平台围绕客户服务需求，整合升级精细化路况查询、通行路径规划、通行费试算及满意度评价等共性服务内容，通过 APP 和小程序为客户提供便捷化的公共服务内容。同时面向不同受众客户，打造个性化路况订阅服务和社群广场服务，客户可根据通行高速公路频率，选择长期或临近出行前订阅重点关注收费站、路段，系统将在客户订阅时限内动态向客户推送收费站管制、道路拥堵等高速路况实时信息，方便客户提前计划出行。

2. 构建"伴随式播报"应用，打造行车中伴随服务

针对高速公路在途通行客户，"畅和通"平台通过整合静态实时路况信息，打造动态伴随式语音播报服务应用。客户可在播报服务应用中自行选择交通事故、道路拥堵、道路施工等播报类型，APP 将根据客户选择的播报类型、在途通行过程中的实时定位，精准播报行驶过程中的实时路况信息。

"畅和通"平台通过对客户车辆的收费站入口通行数据、在途通行路径数据以及企业视频监测数据等融合分析，打造在途车辆驾驶安全预警服务应用，为客户提供危险驾驶行为安全预警服务。"畅和通"平台将根据预设的安全预警标准，当监测并分析到在途车辆可能存在长时间疲劳驾驶、频繁变道及违规停车等可能危及客户安全及道路安全的驾驶行为后，将实时向路段管理单位推送预警信息，经路段管理单位人员确认后可通过道路定向喇叭、可变信息情报板等方式进行提示预警，也可对签约用户进行短信推送、APP 伴随式播报推送等方式进行定向预警提示，保障客户通行高速公路过程中的行车安全。

3. 构建"一键救援"应用，打造救援全链条服务

针对客户因车辆故障、交通事故等原因造成的求援，山东高速股份在电话热线服务基础上，依托"畅和通"平台打造"一键救援"服务应用。求援客户能够通过应用一键定位车辆所在道路桩号、行车方向、车道并授权获取电话信息，实现求援信息一键实时触达企业智慧运营平台，路段管理单位将在最短时间内调度最佳适配的救援资源对客户进行救援，救援车辆到达过程实现对客户可视化。救援完成后，客户可通过应用实现救援费用支付、发票开具、保险直连、过程回溯、服务评价等全流程一站式在线化办理，实现安全、便捷、高效的客户全链条救援服务。

4. 构建"通行码"应用，打造准全天候通行服务

山东高速股份联合高速交警打造基于用户信用体系的智慧通行码服务应用。在恶劣天气、交通事

故等情景下，系统根据预设管制标准智能化提供管制方案，对受事件影响的收费站和路段进行精准管制，对受事件影响低的收费站开启"通行码"服务。针对开启"通行码"服务的收费站，具有高时效性通行需求、高信用的客户可通过"畅和通"小程序、APP选择出行路径信息并获得"绿码"通行码，即可按约定行驶不受事件影响或影响低的高速路段。系统将对使用"通行码"服务的客户车辆在途路线、速度等行驶行为进行动态监控管理，对未按约定行驶客户车辆给予违规消息推送、信用降级及禁用通行码服务等进行约束管理。

（五）开拓"高速+"服务，推进客户增值服务管理

1. 开拓"高速+"路沿合作，铺垫服务资源支撑

企业会员服务中心依托高速公路运营优势挖掘高速公路路沿资源，对内整合救援服务以及服务区内餐饮、住宿、商品等服务资源，对外挖掘路沿货源和运输等物流类资源、景点和餐饮等文旅生活类资源及车辆维修、加油和保险等车辆服务类资源并开展深度合作，作为客户增值服务的重要资源支撑。

2. 开展会员化积分管理，推动会员化增值服务

山东高速股份打造高速公路会员积分管理体系，建设会员积分管理系统，开展客户会员化积分管理。高速公路通行客户和"高速+"路沿企业客户可通过"畅和通"平台注册为个人会员和企业会员，个人会员是以个体全车型"车辆"作为主体标识通行高速的注册会员，按车型、通行里程、通行费、通行频次作为关键要素进行会员积分；企业会员是以企业为主体标识的注册会员，按为客户增值权益服务的贡献度等要素进行会员积分。

"畅和通"平台全新打造高速商城，对优惠券、门票等商品进行合理化积分对等定价，个体会员可在平台消耗积分进行活动抽奖及商品、优惠券及景区门票等产品兑换，也能在自营高速公路服务区进行商品兑换及救援费用抵扣，获得多样化积分增值化权益。同时，平台根据客户运营服务规则，精准开展一对一定向账单推送、优惠活动推送、定制业务推送等个性化会员增值服务。

3. 丰富"高速+"增值服务，提升客户通行黏性

打造"高速+文旅"服务。山东高速股份联合已入驻"畅和通"平台的路沿文旅企业，开展沿着高速打卡文旅景点活动，客户沿指定高速公路路线、收费站通行，并在指定景点活动地点打卡后，可获得现金红包、通行费抵扣等活动奖励。

打造"高速顺路带货"服务。"畅和通"平台已授权国家网络货运平台牌照，通过打造"顺路带货"客户服务，实现为货源类企业客户和个人客户提供顺路货源发布，以及为运输类企业客户和个人客户提供高速通行行程发布功能，提供基于"车-货"匹配算法的车货双向接单推荐、双向在线接单、在线运货导航、在线支付和运货评价等全流程一站式数字化带货服务。

打造高速公路"先行后付"服务。在全国推广应用的ETC收费模式基础上，在全国首创基于客户信用体系的MTC车道"先行后付"服务。企业自行构建"先行后付垫付资金池"，高信用等级、高价值企业及货车大客户可在签约银行卡、信用卡等前提下，通行高速后直接驶离收费站，事后通过"畅和通"平台"先行后付"服务在规定时间内补交通行费或按约定扣款。

（六）强化保障措施，支撑数字化运营服务落地

1. 加强专项资金保障，确保专款专用

山东高速股份建立高速公路数字化运营服务专项资金，统筹每年度数字化基础设施投入、数字化平台建设、路沿生态合作等方面的合理预算、有效投入，做到项目立项、变更、实施、验收等过程的全生命周期资金保障管理。

2. 强化人才队伍建设，强化正向激励

企业柔性引入了60余名行业大数据、数字化人才及10余名客户服务人才，并对因智慧化、少

人化运营管理后而导致的富余收费员等进行转岗管理，不断优化数字化运营服务过程的全类型人才配置。同时通过打通各类人才的快速晋升通道、允许合理试错及制定奖励办法等正向激励方式，不断强化以业绩贡献和价值创造为导向的薪酬激励宗旨，进行多层次创新奖励，通过提高员工活力保障数字化运营服务体系的落地实施。

3.强化员工业务培训，赋能能力提升

企业建设高速公路学考训系统，全面强化员工业务培训，打破时间和地点限制，实现高速公路各条线业务运营管理、数据分析应用、客户服务等理论和实操的在线化学习、培训、考试竞赛，实现"学、练、测、评、比"五位一体的完整赋能闭环，全面赋能员工业务能力和综合能力提升，支撑体系高效实施。

三、高速公路企业以客户为中心的数字化运营服务管理效果

（一）实现高速公路运营管理提质增效，数字化管理水平显著提升

山东高速股份自开展以客户为中心的数字化运营服务管理工作以来，运营管理向智慧化、协同化、少人化管理进一步迈进，数字化管理水平显著提升。在智慧管理方面，高速公路收费稽核、路网监测、预警决策效率分别提升30%、35%、15%以上；协同管理方面，各业务条线内部协同管理效率提升35%以上、警企协同处置效率提升20%以上；安全管理方面，道路整体事故发生率下降23%以上；在畅通管理方面，收费站车辆整体通行效率提升25%以上，道路主线通过智慧扩容和事件快速处置整体通行效率提升20%以上。通过多项数字化项目的实施赋能，实现了企业年度运营设施降本约850万元、人力资源降本约1900余万元，收费稽核补漏增收约3500余万元，提质降本增效效果显著。

（二）实现高速公路客户服务效能提升，客户服务满意度显著提升

企业打造的"畅和通"客户会员平台和高速公路出行前、出行中客户服务应用全面推广，截至2023年8月，平台已累积为300余万个人和企业客户提供便捷化、多样化、个性化服务内容。道路一键救援应用在山东、湖北两省应用以来，已服务客户处理救援路赔案件1.3万余件，提高客户服务效率约40%，年减少客户跑腿约1.8万公里。智慧通行码应用已在山东、四川2400余公里高速公路应用，年度高速公路管制时长减少350余小时，年度服务高时效性通行客户车辆5000余车次。同时通过开展"高速＋文旅""高速顺路带货"等增值服务，已服务近6万余名客户，同时也带动企业直接增收通行费850余万元，引流带动路沿企业实现非通行费增收300余万元，客户满意度由2020年的94.5%提升至2022年的96.18%。

（三）打造高速公路数字化运营服务标杆，具有行业推广价值

山东高速股份开展的高速公路数字化运营服务管理围绕运营服务管理体系、流程、数据、平台及"高速＋"服务实施落地，走出了一条契合数字化转型要求和客户需求的转型之路。数字化成果先后荣获10余项中国公路学会科学技术奖、山东省大数据局等政府单位组织的数据应用创新创业大赛优秀奖及山东省企业管理现代化创新成果奖等荣誉，管理做法先后被山东省国资委、山东省交通运输厅、中国公路等官方媒体、公众号多次进行宣传报道。

（成果创造人：赛志毅、张　军、李高帅、常志宏、周　亮、崔　建、
郭玉波、孙凌峰、王树兴、康传刚、戚俊丽、韩金玲）

钢铁企业适应区域产业转移的绿色能源管理

邯郸欣和电力建设有限公司、邯郸钢铁集团有限责任公司

邯郸欣和电力建设有限公司（以下简称欣和公司）始于 1992 年，年产值逾 12 亿元。经营范围涵盖输电、变电、配电工程安装、维修及调试，土建工程，电子工程施工，配网抢修，勘察设计和综合能源服务等业务。欣和公司建成投运 110～220kV 输电线路 3000 余千米、110～220kV 变电站 200 余座，其中两座变电站工程荣获中国电力优质工程、中国安装工程优质奖，30 余项工程获得市优省优工程。欣和公司先后荣获"河北省建筑业先进企业""河北省建筑业 AAA 级社会信用企业""全国职工教育培训示范点"等称号。

邯郸钢铁集团有限责任公司（以下简称邯钢公司）是河钢集团的核心企业，1958 年建厂，现有总资产 1150 亿元，职工 1.8 万人，优质钢产能 1300 万吨，是我国重要的精品板材和优特钢生产基地。邯钢公司坚持把环境经营和绿色制造放在首位，推动企业高质量发展，实现产品结构高端化、绿色化，客户结构专业化、国际化，已成为区域市场的主导者和领跑者，跨入国内钢铁行业第一梯队，荣获"全国文明单位""国家创新型企业""全国绿化模范单位""全国节能先进集体""绿色发展标杆企业"等称号，是河北省首批工业旅游示范点，被工业和信息化部评为全国"绿色工厂"。

一、钢铁企业适应区域产业转移的绿色能源管理背景

（一）适应新型工业化建设，助力区域绿色低碳发展的需要

邯郸作为老工业基地，资源禀赋、产业基础雄厚，邯郸市人民政府为统筹做好"十四五"节能减排工作，促进经济社会发展全面绿色转型，助力实现碳达峰、碳中和目标，制定《邯郸市"十四五"节能减排综合实施方案》，提出在钢铁等重点行业实施绿色化改造工程。欣和公司和邯钢公司作为邯郸地区电力建设企业和大型钢铁企业，需要在推进新型工业化建设和区域绿色低碳发展中首当其冲，开展创新实践。

（二）推动区域产业转移，拓展制造业发展新空间的需要

钢铁企业退城进郊（园）使得迁入地负荷激增，迁出地负荷骤降，电力建设企业需要积极适应区域产业转移，为新增大型用电需求项目提供优质电力服务，协同钢铁企业做好电能规划和利用工作，提高钢铁企业绿色能源利用水平和电力设备利用效率，满足清洁能源利用需求。欣和公司为积极落实政府绿色发展政策，履行电力企业的社会担当，向大工业用户提供优良的电能规划咨询服务和电能供给服务，协调推进邯郸西部能源综合利用工程建设，满足钢铁退城进郊（园）之后能源开发利用规划建设和用电需求，助力制造业拓宽发展新空间。

（三）优化钢企能源结构，服务地区产业转型升级的需要

近年来，邯郸形成了以"精品钢材、装备制造、食品加工、现代物流、文化旅游"五大现有优势产业、"新材料、新能源、生物健康"三大战略性新兴产业、"安防应急、电子信息和网络"两大未来产业为支撑的"532"主导产业新格局。在地区产业转型升级中，邯郸市加快推动钢铁、装备制造等传统优势产业高端化、绿色化、智能化转型。欣和公司和邯钢公司面对地区产业转型升级，需要加强合作，发挥电力建设企业和钢铁企业经济社会发展责任，开展能源结构优化工作，多元化开发能源用途，积极服务邯郸地区产业转型升级，力促邯郸地方经济社会高质量发展。

二、钢铁企业适应区域产业转移的绿色能源管理主要做法

（一）优化能源管理顶层设计，明确目标原则思路

1. 明确管理目标原则，明晰能源管理思路

欣和公司和邯钢公司以钢铁产业绿色低碳转型升级为目标，坚持"协作管理、协调互补、数字高效、共建共赢"的原则开展以区域产业转移为背景的绿色能源管理。以钢铁产业退城进郊（园）项目为契机，以绿色能源的规划、建设、运营维护为主线，以政府、钢铁企业和电力建设企业三方协作团队为组织模式，共同参与开展产业、能源和电力三个层次的规划建设，满足项目用能需求；构建钢铁企业多能耦合利用体系，提升绿色能源供给水平；合作构建技术研发创新体系，建立产学研创新同盟，提升钢企电气化水平；建立能源数据管理平台，提高能源管理数字化水平和能源数据价值；联合打造低碳循环经济产业链、绿色物流链和循环链，推动钢铁产业转型升级，打造钢铁企业新型工业化的样板。

2. 健全工作管理制度，促进各方明责履责

以钢铁产业退城进郊（园）管理制度体系建设为纲，建立项目约束规则，编制并印发"功能区、网格化、单元制"钢铁产业退城进郊（园）规划与"一图一表"电力规划指导原则、工作手册等制度和流程，构建起钢铁产业退城进郊（园）项目的"四梁八柱"，明确职责与配合分工，制定《钢铁产业退城进郊（园）厂区电力规划项目实施方案》《钢铁产业退城进郊（园）厂区电力建设项目实施细则》等配套保障制度，指导各方全面开展各项工作。

3. 实施项目监督审查，确保项目执行到位

盯紧规划制度执行，建立协同监督、专项审查、限期整改的审查机制。一是建立钢铁产业退城进郊（园）厂区能源供给利用项目监督审查机制，拟定审查计划和审查原则，按月通报审查工作情况并告知邯钢公司，建立信息及时互通机制。二是欣和公司负责落实审查意见整改措施。双方加强内外部沟通，统筹考虑问题解决、负荷增长、网架优化和用户电源接入需要，优化规划方案，组织研究制定审查会议纪要和整改措施。

（二）政府－钢铁－电企三方协同，健全合作联动机制

1. 建立联合工作组织，三方共促项目落地

在邯郸市政府牵线下，组建退城进郊（园）协调管理委员会，邯郸市发展改革委副主任担任组长，双方一把手担任副组长，成员由政府专员与邯钢公司各部室、二级单位主要负责人和骨干员工，以及欣和公司下属电力设计研究公司、综合能源服务分公司、充电服务分公司等部门负责人和相关部门骨干员工组成。三方成员联合办公，领导定期磋商，研究电力建设企业和钢铁企业协作管理机制。邯郸市政府牵线签订《共同推进邯钢老区退城整合项目合作框架协议》，欣和公司积极满足邯钢公司老区退城整合项目搬迁至工业园区的电力规划建设和用能需求，邯钢公司主动做好企业转型升级、厂区搬迁用电等工作，政府在项目建设、职工培训、产业升级等方面出台支持政策，三方共同推动邯钢老区退城整合项目尽早投产。

2. 建立沟通协商机制，实现三方联动互通

一是建立项目常态沟通机制。三方成员通过月报和季度例会形式，每月形成项目跟踪对接材料，每季度召开协调会议，听取本季度重点项目跟踪对接整体情况汇报，审议下一阶段拟开展的重点能源项目。遇重大问题需提请委员会组长和副组长审议时，不定期召开专题专项会议研究解决。二是建立政企信息互通机制。邯钢公司将钢铁产业退城进郊（园）用能需求报予政府，政府负责每月15日前将建设的项目概况和用能需求信息提供给欣和公司；工作计划内退城进郊（园）能源项目全部纳入重点项目督办推进，对站址、路径等相关协议办理开辟绿色通道；在用地计划指标安排、耕地占补平衡

等方面对能源项目建设予以支持，年度用地指标在年度计划指标中统筹安排，所需补充耕地指标优先予以保障；能源项目实施过程中受阻无法正常施工时，政府予以协调解决。三是建立项目协调推进机制。三方协同制定项目推进计划，从可研、前期、建设等阶段细化职责分工，分解阶段目标和里程碑计划，定期开展项目进度推进会议，及时跟进项目工作进度，协调推动电能规划建设，保障绿色工业化进程中的电能支持。

3. 联合开展规划研究，明确能源管理策略

结合在电力能源咨询、勘察设计、综合能源服务、充电服务等方面积累的经验，根据钢铁企业多能耦合体系现状和用电需求，双方联合开展新型工业化建设背景下钢铁产业绿色能源规划管理策略研究，开展《大工业用户整合升级对邯郸西部电网影响及规划策略研究》《基于钢铁企业退城进园和新增大负荷用电的电网结构优化和策略》等研究项目，明确电力建设企业和钢铁产业开展绿色能源协作管理的策略。

（三）产业－能源－电力联合规划，满足项目用能需求

1. 开展钢铁产业规划，加快优化产业升级

坚持"生态优先、绿色发展"，开展以钢铁全流程为导向的绿色低碳体系建设，双方以钢铁产业退城进郊（园）为契机开展深度合作，通过电力赋能、打造低碳链条、搭建节能减排智能管理平台等措施，将传统的粗放式能源、环保管控模式，转换为节能、低碳、高效、绿色的发展管控模式，打造绿色低碳竞争新实力，向高科技、高环保、高附加值的"新三高"型产业跨越升级，进一步发挥低碳技术的示范引领作用，为钢铁行业减排提供新思路、新途径，积极助力"双碳"目标实现。

2. 开展能源结构规划，提升钢企绿能占比

在钢铁企业能源结构规划方面，积极落实钢铁绿色发展，推动邯钢公司与新能源开发企业签订框架协议，合作开发利用邯郸西部区域新能源、储能等电源资源，推进能源结构不断优化。一是根据冀南西部区域可再生能源的禀赋特性，提出新能源利用方案，促成钢铁企业与光伏发电企业签订战略合作协议，推动光伏电站绿色电能投入钢铁企业能源使用中，提升钢铁企业绿色能源结构占比，促使邯钢涉县新区实现钢铁绿色生产。二是邯钢公司优化现有能源管理职能和管理流程，优化能源结构和能源使用，开发能源用途，发挥能源效率。根据邯钢公司现有管理体系运行模式，策划能源管理体系文件框架、结构。搭建能源管理体系、编制能源管理手册，完善能源管理程序文件，修订专业管理制度及其他文件，从而降低能源消耗、提高能源利用效率，推动钢铁行业绿色制造和低碳发展。

3. 开展电力规划建设，确保项目立项精准

双方充分发挥电力专业技术力量，开展电力能源规划研究。一是科学开展负荷预测。综合考虑各大型用电项目的新增用电负荷、并网发电机出力及用电时序情况，科学开展负荷预测。二是精准分析能源供给问题。对220kV变电站潜在重过载、部分110kV变电站轻载低效、变电站高峰负荷持续时间短、园区企业各生产环节用电特性差异大等问题进行分析研究，深入讨论如何汇聚可调负荷资源、如何搭建调控平台、如何通过经济奖励和政策支持等多种手段引导用户转移尖峰负荷等问题，发现关键难点并提出改进措施。三是完善区域电网线路。优化调整区域电网规划，充分利用变电站电力供应能力，推进10千伏网架重构和线路互联互供。四是优化钢企电力系统。为满足退城搬迁项目涉及的铁、钢、轧、公辅等产业的电力能源供应，按照安全性高、可靠性强、投资成本低、输电成本低的原则，优化邯钢涉县厂区外部电源的规划设计。

（四）构建多能耦合利用体系，实现多能协调互补

1. 优化电能接入系统方案，满足生产用电需求

双方对外购电情况、新增负荷情况、电力供应方案、经济效益、建设用户变电站必要性等进行研

究和分析，论证指导优化邯钢公司电能接入系统方案。一是统筹新增负荷接入布局，挖掘存量设备电力供应潜力。针对周边能源供给现状，对暂时无法满足用电需求的项目，推动落实"先接入后改造"要求，按照周边能源供给现状和远景目标相结合的原则制定电力供应方案，统筹利用现状能源供给资源，及时满足过渡期用电需求。针对钢铁行业等新增负荷对能源供给的影响，优化局部负荷接入方式，统筹推进配套能源供给项目建设。二是差异管理，合理安排项目建设时序。实施规划建设"差异化"管理，深入分析钢铁企业周边变电站利用效率、负荷类型和产业需求等，全面摸清设备利用小时数和负载率的关系，科学调整项目入库时序；加强专业协同联动，深入摸排客户实际用电需求，按照轻重缓急、张弛有度原则，适度安排项目建设时序，及时满足钢铁企业用电需求。

2. 构建"源网荷储"微网系统，赋能钢企绿色发展

借鉴在产业园区、商业综合体等用电区域打造结构合理、绿色智能、经济高效的智能微网的经验，双方合力构建"源网荷储"微网系统，助力钢铁工业绿色低碳发展。一是打造"光伏＋钢铁"绿色转型示范项目。利用厂区闲置资源建设 22MW 光伏发电项目，在附近 10kV 就近并网，年发电量 6000 万千瓦时的绿色电能全部就地消纳，为钢铁生产输送安全高效的绿色电能，降低产品成本，转变生产方式。二是统筹推进厂区配用电力建设。统筹钢铁厂区新增负荷接入布局，根据周边能源供给利用现状和发展规划，按照近远期能源供给需求，统筹厂区当前周边电力资源，优化局部负荷接入方式，推进厂区能源利用规划和建设。三是利用数字化技术优化用电策略。利用智慧能源管控等数字能源技术分析用电特性，通过 AI 算法对未来的发电以及负载情况进行预测，结合电价模型，形成全局最优的负荷调节和用电策略，发挥储能调峰作用，助力工厂绿色低碳转型。四是构建基于钢铁生产流程的多能储能系统。构建由电化学储能、液化空气储能、煤气和储热组成的储能系统，将电化学储能用于光伏发电一次调峰，以提高光伏发电电能质量。

3. 构建多能耦合系统模型，提升能源调度水平

在兼顾多能耦合和工艺优化的前提下，双方构建多能耦合系统模型。通过分析煤气、蒸汽、电力及余热等多能介质耦合特性和可调节能量转化设备，建立钢铁企业内部多能耦合模型及能源系统可调节约束；根据生产工序可调节特性，建立钢铁生产工序可调节约束，构建生产工序与能源系统之间的映射关系；以外购电负荷调整量最大为目标，提出兼顾多能耦合和工序优化的钢铁企业外购电可调潜力评估模型；通过优化模型的求解获取外购电最大可调潜力及对应的能源系统与生产工序的调度运行策略。充分挖掘钢铁企业内部能源系统和生产工序的可调潜力，降低用能成本，为电力系统降低负荷峰谷差、消纳分布式清洁能源贡献力量。

（五）构建技术研发创新体系，攻克节能减排技术

1. 加强产学研用创新合作，合理攻克技术难题

一是成立国家级企业技术中心，培育低碳核心技术。邯钢公司建成国家级企业技术中心，设立博士后流动站和科技创新工作站，并依托河钢集团全球技术研发平台，加强与河钢东大产业技术研究院等科研平台对接，在铁前、炼钢、轧钢、节能环保等多领域开展产学研合作，形成具有市场竞争力的拳头产品和绿色低碳核心技术。二是建立产学研创新同盟，共同攻克技术难题。与国内外知名院校、科研机构、能源企业、电力建设企业、制造企业等建立产学研创新同盟，在创新同盟合作中积极推广电能替代技术；瞄准新一代清洁高效可循环生产工艺、节能减碳及二氧化碳循环利用技术、化石能源清洁开发转化与利用技术等，持续加大科技创新投入，攻克重点难题，提高全流程绿色制造能力。

2. 利用节能环保技术装备，提高电气化水平

为贯彻"绿色可持续"新发展理念，采用"近零碳排放"电弧炉短流程炼钢工艺，利用绿色清洁能源冶炼低碳或微碳原辅材料，通过"非涉碳"冶炼技术生产钢坯，节省了长流程炼钢必需的焦化、

烧结、高炉等高排放生产环节，实现炼钢过程二氧化碳的近零排放。

（六）构建能源数据管理平台，提升数字化管理水平

1. 搭建碳排放数据管理平台，一站式分析碳数据

依托 WisCarbon 碳中和数字化平台，智慧化管理碳数据，生产绿色钢铁产品，打造绿色产品供应链，为钢铁企业掌握定量的系统化方法探索节能环保新模式。一是碳数据管理平台根据排放标准及实际生产情况，对二氧化碳直接排放和间接排放精准管理，实现法人边界、工序边界的碳排放汇总，对企业的碳排放数据进行不同维度的对比分析。二是碳足迹平台涵盖产品建模、碳足迹计算、统计分析、数据库管理、结果展示等功能，实现简便、高效、精准的一站式产品碳足迹核算和分析。

2. 搭建能源管控中心平台，实现能源可视化管理

结合邯钢的总体发展规划，搭建邯钢能源管控信息化平台，实现邯钢能源、生产、物流管理的可视化、集成化、操控智能化、能效最大化。深化"以能源平衡为中心的生产组织模式"，利用能源管控中心的优势，强化"各种能源介质延伸管理到各二级厂内部"的服务理念，将高、焦、转三种煤气平衡，蒸汽平衡，电力负荷调整，空气平衡等工作捆绑，进行综合优化和平衡，高炉煤气、焦炉煤气、氧气放散率保持"零"放散，转炉煤气回收达到 $130m^3/t$ 以上，二次能源综合利用等指标达到国内领先水平。

3. 构建电力数据共享平台，挖掘电力数据价值

双方共同建成贯通厂区的能源开发利用数据平台，挖掘电力数据价值，为厂区能源综合利用升级提供决策支持。一是构建功能完备、兼容高效的厂区电力数据资产集中管理与高度共享平台。实现关系型、文件型、分布式、空间型等数据高效接入与深度融合，完成设备数据库、运行数据库、图形数据库、规划数据库的"四库合一"，有力支撑厂区电力数据资产的集中管理与高度共享。二是实现厂区电力资源高端智能分析与决策支持。基于平台数据云计算功能，建立能源电力"统一规划平台"，对接欣和公司系统各业务数据库，实现对未来不同投资主体能源电力存量与增量资产的统一管理，实现厂区电力资源的高端智能分析与决策支持。基于平台提出精益化、集约化的厂区电力开发利用全过程闭环管控体系，有力支撑厂区能源综合利用规划精细化、项目精确化、管理精益化、投资精准化。

（七）打造低碳循环经济产业链，推动产业转型升级

1. 打造绿色环保"物流链"，实现纯电绿色清洁运输

一是创建智慧物流服务平台。引入"互联网＋"思维，创建智慧物流服务平台，创新发展物流配送产业，开展智慧物流、金融物流等业务，实现物流资源高效协同管理。二是推动绿色运输。采用纯电重卡实现场站内交通运输，投资建设厂区外纯电重卡充电站项目；自主研发的"纯电重卡集群集控系统"，通过数据融合，推动充电设施合理布局、高效利用，实现移动源污染零排放、绿色运输零排放。

2. 打造绿色能源"循环链"，实现余热余能绿色回收

一是余热余能回收发电。充分回收利用传统"高炉－转炉"流程中富余的煤气和蒸汽等资源，利用余能余热发电，打造绿色能源循环链，提高能源综合利用水平，间接节省因发电需求产生的二氧化碳排放。二是余热余能回收供暖。高度关注民生工作，按照循环经济理念，拓展服务城市功能，实现高炉冲渣水、烧结烟气等低温余热资源全利用，为五公里以内的居民提供供暖服务，打造"工厂－城市"绿色供暖循环链。

三、钢铁企业适应区域产业转移的绿色能源管理效果

（一）能源结构不断优化，能源管理水平显著提升

一是钢铁企业能源结构实现优化。邯钢公司实施环保治理和节能改造项目 115 项，主要污染物颗粒物、二氧化硫、氮氧化物分别降低了 73.5%、70.1%、70.3%，吨钢排放指标全部优于钢铁行业清洁

生产评价指标体系Ⅰ级基准值，在全国长流程钢铁企业中环境绩效处于先进水平。二是厂区电力网络管理水平得到提升。厂区电力网络的规划和建设促进了电力规划与区域控制性详细规划、土地规划、城镇发展的协调融合，提升了与地方政府、钢铁企业战略合作的深度和广度。三是厂区电力网架结构不断完善。输电线路、变电站规划建设顺利进行，推动厂区及周边配套网架结构不断完善，平均电力供应半径不断缩短、区域划分逐步优化、设备负载率趋于合理、网络损耗稳步下降。

（二）电能利用不断加大，钢企经济效益显著提高

通过优化能源结构，实现钢铁产业升级，邯钢公司实现全流程绿色制造，拥有一大批高端拳头产品和高端直供用户，形成汽车用钢、家电用钢、优特钢、管线钢、重轨、中板等系列品牌产品，实现产品结构精品化、绿色化、品牌化，客户结构高端化、专业化、国际化，新增经济效益 3698 万元。欣和公司通过优化升级电网结构，售电量提升 11318 万千瓦时，实现售电收益 3717 万元；通过科学利用退运设备，提高资源利用率，折合售电量 1000 万千瓦时，折合售电收益 338 万元。

（三）绿色低碳生产转型，打造了新型工业化样板

一是资源配置得到优化，实现产业转型升级。钢铁生产工艺流程布局更加合理紧凑，生产节奏提升 30%；同时采用亚临界锅炉汽机发电，比老区效率提升 30%；每年比老区增加经济效益 2.5 亿元人民币，逐步实现钢铁产业转型升级。二是电能质量持续提升，保障经济社会发展。同步优化区域电网网架，推动邯郸市内供电可靠率持续提升，电能质量显著提高，电网规划建设科学性大幅提升。三是绿色低碳生产转型，地区人居环境现状改善。将邯钢老区搬迁后退运的 35 公里 220kV 专线用于公用电网建设，减少公用电网建设征用基本农田耕地约 800 亩。项目助力降低碳排放 1100 万吨，服务国家绿色低碳发展方向。

（成果创造人：申国强、邓建军、徐庆华、刘　航、刘渝辉、杨智龙、
卢建光、李巨辉、卢思远、马明禹、田志杰、刘立灿）

国有能源企业集团以"双碳"目标为引领的绿色低碳转型发展管理

中国海洋石油集团有限公司

中国海洋石油集团有限公司（以下简称中国海油）是国务院国资委管理的特大型国有能源企业，成立于 1982 年，既是我国最大的海上油气生产运营商，也是我国首个"海上特区"和全方位对外开放的"工业特行"，目前已发展成为油气主业突出、产业链完整、规模实力较强的国际能源公司。中国海油在《财富》世界 500 强中排名第 42 位，2020 年以来在国际普氏能源公布的"全球能源企业 250 强"排名中，成为唯一连续两年进入前十位的中国企业。主要经营业绩指标在央企位居前列，连续 19 年获评国务院国资委中央企业经营业绩考核 A 级。

一、国有能源企业集团以"双碳"目标为引领的绿色低碳转型发展管理背景

（一）贯彻落实国家重大战略决策部署的客观需要

实现碳达峰、碳中和是着力解决资源环境约束突出问题的必然选择，要以能源绿色低碳发展为关键，以能源结构调整为核心，将我国的能源结构由化石能源为主转化为以非化石能源为主。中国海油作为传统化石能源供应主体，亟须在新的发展阶段，对战略目标和实施路径进行升级重塑，积极推动能源绿色转型高质量发展。

（二）统筹保障国家能源安全和能源转型的必然要求

近年来，全球疫情、地缘政治冲突和经济复苏乏力导致能源供求矛盾加剧，凸显了能源体系的脆弱性。作为发展中国家，我国现阶段工业化城镇化深入推进，能源需求继续增长，必须以保障安全为前提构建新型能源体系，提高自主供给能力。然而，我国新能源发展还存在产业配套不足、接网和消纳适应性不强、关键技术环节制约等问题，传统能源的退出要建立在新能源安全可靠替代的基础上。为实现到 2060 年我国非化石能源消费比重达到 80% 以上的目标，需要传统化石能源企业的积极投入，推进新能源等新兴产业的科技创新与产业升级。

（三）加快建设世界一流企业的重要举措

建成多元化综合能源供应体系，成功实现向绿色低碳能源供应商的战略转型是中国海油建成中国特色世界一流能源公司的重要标志之一。然而，中国海油仍面临着绿色低碳发展意识有待提升、绿色低碳管理体制机制有待完善、生产生活方式有待改进、产业结构有待升级、绿色发展动能有待激活等问题，亟须突出产业战略接替和转型升级，持续做强做大油气主业，加快培育绿色低碳产业，充分发挥产业一体化协同效应，加快培育一流的产业链集群，以绿色发展理念引领世界一流企业建设。

二、国有能源企业集团以"双碳"目标为引领的绿色低碳转型发展管理主要做法

（一）完善绿色低碳转型发展的顶层设计

1. 持续完善绿色低碳转型发展战略体系

中国海油深入贯彻新发展理念，加强绿色低碳转型顶层设计，确定"1534"总体发展思路，明确建设中国特色国际一流能源公司的战略目标，推动实施创新驱动、国际化发展、绿色低碳、市场引领、人才兴企五个发展战略，发挥争做国内增储上产主力军、推进"卡脖子"技术攻关先锋队、国民经济稳增长的"稳定器""压舱石"的作用，推进实现从常规油气向非常规油气的跨越，从传统能源向新能源的跨越，从海上向陆上的跨越，从传统管理模式向现代化、数字化、智能化的跨越。

2020 年，发布《中国海油落实"五个战略"实施方案》《绿色低碳战略专项实施方案》，明确绿色低碳发展方向，细化关键核心指标，提出具体实施路径。2021 年，提出建设"三个工程、一个行动"，实施绿色发展跨越工程，推动绿色能源转型"再提速"；制定发布《中国海油"十四五"发展规划纲要》，将能源绿色转型作为产业发展的战略重点之一。2022 年，制定发布《中国海油"碳达峰碳中和"行动方案》《中国海油碳达峰行动方案》，围绕节能减排、结构调整、用能替代、消除吸附等四个减碳基本路径，系统部署碳达峰时期十二项重点任务和横跨"碳达峰""碳中和"两个时期六大行动。

2. 明确"双碳"工作组织领导体系

集团公司成立由主要负责同志任组长的碳达峰碳中和工作领导小组，在企业管理部下设领导小组办公室，完善决策机制和管理体系。领导小组负责指导实施绿色低碳战略，推动行动方案等文件落实，并审议更新情况，研究决定相关重大事项。领导小组办公室负责组织修订编制集团公司相关行动方案等文件，报请领导小组审议；组织编制"双碳"年度工作情况报告及下年工作计划，报请领导小组组长审定；负责牵头构建集团公司"双碳"管理体系，推动实施"双碳"行动方案、碳达峰行动方案及年度工作计划；协调"双碳"工作重大事项，协调联系政府部门的相关工作；督促检查领导小组议定事项的贯彻落实情况。各所属单位均成立"双碳"工作领导小组和相应的管理机构，形成上下贯通的组织体系。

3. 构建"双碳"工作管控流程体系

中国海油深入梳理"双碳"行动目标主要实现路径，构建了包括现有业务节能降碳管理、新建项目能耗和碳排放控制管理、绿电交易管理、碳汇管理、碳资产管理和绿色金融业务管理等 6 个重点领域的覆盖"全周期、全流程、全业务"的"双碳"管控体系。成立行业内首家碳中和研究所，改组成立新能源研究中心、化工与新材料研究院，强化智库力量支撑；设立新能源部和新能源分公司，加快布局新能源产业，完善组织机构支撑。重构"双碳"业务管理流程，建立完善重大项目投资决策管控流程和碳资产管控流程，新增新能源项目审批和绿电交易等新业务管控流程，将碳排放因素纳入新建项目投资决策体系，提升新能源项目管理审批效率，理顺绿电交易和碳交易工作管理流程，推动"双碳"各项任务与举措落实落地。

（二）建立"双碳"工作落实和考核机制

1. 建立工作推进落实机制

中国海油以办公会、专题会、"双碳"月报、督办机制等方式为督导，常态化推动"双碳"工作。每年年初制定"双碳"年度工作要点，明确当年指标，部署重点工作任务。通过工作领导小组会议、专题会议、办公室季度例会和专题会议等，指导和推动绿色低碳战略实施落地。以"双碳"月报和督办机制为督导，逐月跟踪重大工程、重点任务的完成情况，及时反映相关问题，并对管理制度更新开展督办管理。

2. 完善考核激励机制

中国海油建立"双碳"工作评价考核和激励机制，全面纳入各生产单位年度考核指标，将"节能降碳"纳入生产单位和相关管理部门年度考核指标，对新能源公司和新能源部设置"新能源及低碳技术研究及示范"指标。通过"两制一契"的签订，将降碳完成情况与经理层成员经营业绩考核结果挂钩。对新能源公司设置年度和任期业务考核指标，对其他相关所属单位在新能源项目建设、技术研究及资源获取方面做出贡献的，给予考核加分激励。专项考核煤化工企业股权退出，严控时间节点，积极通过产业结构的优化落实绿色低碳发展战略。组织开展集团公司"双碳"优秀实践成果评选工作，及时总结提炼绿色低碳转型发展的先进做法，加大宣传力度。

（三）构建油气生产节能降碳管理体系

1. 以节能为引领，开展能效综合提升行动

中国海油深入开展能效综合提升行动，加强能源综合利用，持续推进节能减排；推进生产过程节能增效，降低产品生产能耗；优化改造生产工艺流程，减少工艺过程碳排放，重点推动上下游各 10 类节能新技术。加强用能管理，严格执行重点行业能效标准强制管控要求，强化设备的检修与技术监督管理，积极利用节能降耗新技术，开展工艺过程用能优化，保持装置高负荷平稳运行，降低装置能耗。开展大型用能设备能效对标，推进技术改造升级，严格淘汰落后用能设备。实施高效设备替代和积极利用设备节能新技术，提高设备整体能效水平，减少无效低效能耗和热量损失。调整终端配气工艺，改进催化裂化生产工艺，优化电厂运行机制，改造生产工艺流程，减少工艺过程碳排放。

2. 使用低碳燃料能源，推进清洁能源替代

中国海油通过大力发展绿色电力，调整燃料和能源结构，减少高碳能源使用，稳步推动清洁能源替代。按照近海油气平台实施"岸电工程＋陆上绿电＋海上风电"，深远海平台实施"海上风电＋绿电制氢"，陆上设施实施"外购绿电＋内部绿电"的工作思路，积极推进清洁电力替代工作；在专业服务船舶及远洋运输船舶中推广 LNG（Liquefied Natural Gas，液化天然气）燃料替代燃料油和柴油，减少海上作业和远洋运输中的化石燃料消耗，降低碳排放；探索天然气发电低碳发展，努力获取碳中和 LNG 作为发电原料，探索掺氢发电等方式，降低天然气发电碳排放量。

3. 发展绿色低碳循环经济，促进资源高效利用

在上游环节，中国海油加大伴生气资源回收利用，全面梳理在产油气田伴生气排放现状，通过建设区域一体化供气管网、天然气发电及凝析油回收、回注驱油等手段，加大海上油气田伴生气回收利用，逐步将海上油田伴生气放空及燃烧量降到最低水平。联合成立"甲烷控排联盟"，共同提升甲烷排放控制水平。在下游环节，中国海油优化炼化企业现有生产设施操作管理，控制干气排放量，回收轻烃，减少火炬燃烧；强化管理、统筹调度，整合火炬和长明灯，减少干气燃烧；改造现有火炬回收系统，减少非正常工况下的火炬排放，增加火炬气回收。在全集团范围内，中国海油推动闲置物资优化利用，通过内部利用、改制代用、调剂、对外销售、贬值处理、鉴定报废等方式，加强废旧物资处置管理。推行"互联网＋"回收、公开拍卖模式，将废旧物资分级分类、集中管理、统一处理，探索建立逆向物流回收体系，实现废旧物资回收价值最大化。

（四）建立新型能源产业结构布局体系

1. 油气增储上产，保障国家能源供应

中国海油实施增储上产"七年行动计划"，持续加大国内石油天然气勘探开发力度，不断夯实油气储量基础，扩大油气开发产量规模，充分发挥油气的重要支撑作用。国内近海以大中型油田勘探为主线，强化价值勘探理念，坚持科学合理的勘探投资组合，加大甩开勘探和风险勘探力度，开辟储量接替新领域。持续推进渤海石油勘探，着力攻关岩性、超深层和潜山领域，聚焦新层系新领域突破，加快南海珠江口盆地和北部湾盆地石油储量发现，确保石油新增探明地质储量显著增加。实施"油气增储上产攻坚工程"，通过深耕成熟区、探索深层、开拓深水等措施，加大措施工作量，深入挖掘上产潜力，实现产量再提升。

2. 加大天然气供应，发挥"桥梁能源"作用

中国海油发挥国内天然气开发生产和进口 LNG "双气源"优势，增强天然气稳定供应能力。一是积极打造渤海、黄海、南海和陆上非常规 3 个万亿方大气区，持续扩大国内天然气产量占比。二是发挥天然气在构建新型能源体系中的桥梁作用，大力推进"以气代煤""以气代油"。完善燃气电厂布局，为构建新型电力系统起到重要保障作用；大力拓展 LNG 车船加注业务，运营 LNG 加注站点 270

座,为"气化长江""气化珠江"贡献力量;积极推进"煤改气",助力北方地区清洁供暖;探索发展LNG点供,共建美丽乡镇。

3. 减油增化,推进炼化产业转型升级

中国海油稳妥推进炼化产业转型升级,实施"减油增化"。严控"两高"项目投资,实现盐化工、煤制气等业务平稳退出。延伸发展炼油产业链,改造升级炼化企业产品结构,逐步将汽柴油为目标产品向烯烃、芳烃等化工产品转移,研究布局原油直接制低碳烯烃产业化发展。推动天然气化工由大宗化学品向功能新材料和复合功能肥料等高价值产业链延伸。优化现有炼化企业生产,在高端化学品领域积极研判和拓展市场,推动实施战略合作或并购。

4. 发展零碳负碳产业,打造绿色低碳经济增长点

中国海油提出"积极发展海上风电产业,择优推进陆上风光一体化发展,探索和逐步培育氢能产业,大力发展智能化终端能源服务产业"的零碳新能源产业发展思路,推动产业结构从单一传统油气产业转变为新型低碳能源产业体系。一是立足浅海风电实现规模化发展,推动深远海风电产业化发展,推进海上风电与氢能产业融合发展。开展深远海风电示范,开工建设我国首个"双百"海上漂浮式风电示范项目;探索发展绿电制氢产业,推进海上风电与氢能产业融合发展;结合自身区位优势,集零为整、因地制宜集约化发展分布式光伏,探索风电、光伏、天然气发电与规模化储能相结合的新型发电模式和多能互补综合能源供应系统。二是有序发展以海洋碳封存为主的人工碳汇产业,发挥海洋固碳优势,攻关海上CCUS技术,推动实现海上负碳技术规模应用。

(五)建设绿色生产生活方式体系

1. 打造绿色供应链,提升绿色采购基础能力

一是明确绿色采购战略。中国海油开展绿色采购顶层设计,制定出台《中国海油采购供应链绿色发展指导意见》,明确绿色采购内涵、主体责任和采购目标,制定绿色采购推广和应用行动计划、路线图,在集团内部普及绿色产品采购理念。二是制定绿色供应商管理要求。开展供应商绿色认证,向供应商发起《绿色供应链发展倡议书》,在招标文件中配置供应商绿色资质审核条款、增加绿色评价条款等,引导供应商向绿色低碳供应链管理靠拢;将绿色低碳纳入集团供应商资源库开发,优选供应商筛选中增加绿色低碳相关指标,鼓励潜在投标商共同推动绿色低碳生产;在所属单位部分品类产品招标文件中,明确绿色技术要求,带动厂家绿色产品设计,推动供应链重视绿色设计、绿色生产。三是构建绿色采购运输仓储体系。打造绿色物流平台,盘活车辆-运单派单对接关系,提高运输物流管理集群效应,整体提升现场作业和业务管控效率。推进零碳仓库项目建设,以智能化为抓手,在物流仓储过程中全面推行新能源应用,构建数字化平台打造物资共享服务和仓储资源服务,建立绿色仓储标准化建设体系。

2. 推广绿色建筑,提升建筑低碳水平

中国海油坚持绿色建筑全生命周期管理,大力推进既有建筑和基础设施节能改造,充分利用现有重要园区、厂区、楼宇等资源,建设分布式光伏发电设施,提升建筑节能低碳水平。选择近期新建大厦作为试点,构建全方位节能运营模式,进一步开展绿色建筑运营标识的认证工作。同时,新建项目严格遵照《绿色建筑评价标准》(GB/T 50378—2019),从节能、节地、节水、节材和环保五方面进行设计与施工。

3. 加大绿色低碳宣传力度,强化全员"双碳"意识

中国海油组织开展全国节能宣传周和低碳日宣传工作,制作宣传视频和网络"微课",优选节能低碳、绿色发展、能效提升等方面的典型案例并制作展板,编制节能低碳知识竞赛试题和节能降碳亮点工作展示材料;在集团范围内开展节能降碳"金点子"征集活动。第一时间对中国海油"碳达峰、碳

中和"工作领导小组关于碳达峰碳中和的重要会议进行报道，及时传达集团公司关于"双碳"的工作部署，生动形象地报道中国海油低碳转型绿色发展新举措、重大工程项目最近进展。

（六）强化绿色低碳转型支持保障体系

1. 打造专业化人才队伍

中国海油印发《中国海油纵深推进人才工作和人才发展体制机制改革的工作措施》，深化人才体制机制改革，优化人才引进政策的支持保障力度。一是加强专业化人才配置，有序配置培养专业化人才队伍，重点聚焦低碳减排专业技术人才、CCUS 技术研发人才、清洁能源应用领域技术人才、碳资产管理人才以及跨专业的复合型人才。二是坚持自主培养与外部引进相结合。制定引才目录和引才计划，有效衔接"蓝海计划"，重点引进海内外高层次人才；与清华大学、中国石油大学签署战略合作协议，储备优秀毕业生，做好人才梯队建设；配套完善激励机制，为高端人才提供具有竞争力的薪酬待遇。三是纳入高层次人才培育计划。选拔新能源方面的专家纳入"领航"、"巡航"和"启航"培养计划，扩大专家选拔规模，青年人才纳入"科技英才培育计划""数字化及新兴产业人才培育计划"等，组织面向新能源、风电、绿电交易、氢能专业骨干人员的专题培训班。四是壮大新能源科研队伍规模。优先支持新能源产业核心技术攻关和应用基础研究领域的科研队伍建设，探索培养海上风电、光伏、氢能以及数字化技术、人工智能等领域的基础研究型人才，科研人员增量向新能源专业技术人才、碳中和任务单位倾斜。

2. 发挥科技创新引领作用

一是持续加大绿色低碳领域研发投入。瞄准战略发展方向，大幅提升对新能源、CCUS 等战略性新兴产业支撑技术的研发投入。二是加强关键核心技术研发和应用。在油气勘探开发、碳减排及资源化利用、新型碳汇开发、新能源技术开发等方面突破，促进创新链、供应链与价值链深度融合，推动产业链高端化、智能化、绿色化。三是深化科技体制机制改革。积极探索"揭榜挂帅""赛马制"等，进一步激活创新创造潜能。四是加强前沿技术研发和储备。大力发展深远海风电产业化技术，积极探索发展高效制氢等相关技术，力争在天然气产业链关键环节加强布局，在化工新材料制造等方面取得进展，在漂浮式海上风电、CCUS 和新型碳汇等领域实现突破。

3. 提升智能化数字化水平

一是建设中国海油"双碳"数字化平台，包括目标管理、行动管理、综合分析和业务管理等 4 个应用场景。作为"双碳"工作的数字化基础设施，强化生产系统能耗碳排放数据统计分析，提高精细化管理，利用节能低碳大数据支撑绿色低碳战略执行，实现"双碳"行动跟踪汇总、"双碳"目标管控分析和贡献绩效展示，为"双碳"工作战略规划及资源分配提供决策依据。二是加速推进智能油田、智能工厂和智能工程建设。推动海上无人平台和三级运营中心建设，减少现场作业能耗。全面深化生产业务"智能工厂"建设，开展能耗管理实时优化系统建设，搭建能耗优化模型，降低生产能耗。以工程项目管理、协同设计和智能制造为重点，加快推进"智能工程"建设，以临港基地智能建造为重点，推进 MES（Manufacturing Execution System，制造执行系统）、WMS（Warehouse Management System，仓储管理系统）建设和 PCMS 系统应用；开展安装作业执行系统建设，实现装备智能化管理和工程智能化安装。

4. 积极发展绿色金融服务

中国海油坚持"产融结合、融融协同"，聚焦绿色低碳产业发展重点领域和关键环节，加强绿色金融顶层设计，开发绿色信贷、绿色租赁、绿色基金、绿色债券、绿色产业链等绿色金融业务，建设上下联动、协同发展的绿色金融服务平台与服务体系。成立全国首单以 CCER 为基础资产的碳中和服务信托；设计开发"中海－和光新能源投资集合资金信托计划"，募集资金投资于可再生能源发电项目；

建立向绿色项目倾斜的参股投资管理制度以及绿色股权投资和基金管理体系。

三、国有能源企业集团以"双碳"目标为引领的绿色低碳转型发展管理效果

（一）资源能源集约高效利用成效显著

中国海油能耗和碳排放强度长期处于行业较好水平。中国海油 2022 年国内油气总产量、资产总额、营业收入和利润总额较 2020 年分别增长 10.5%、19%、83% 和 356%，但碳排放总量和能耗总量较 2020 年分别下降 6.2% 和 8.3%，碳排放强度和能耗强度分别下降 12.8% 和 14.7%，以较低的碳排放和能耗水平支撑公司业务的高速增长，以实际行动践行"绿水青山就是金山银山"理念。

（二）产业结构布局绿色低碳转型取得初步进展

中国海油能源供应保障能力显著增强，产业结构布局持续优化。自 2019 年以来，中国海油国内原油增产量占全国总增量的 60% 以上。渤海油田成功建成我国第一大原油生产基地，南海东部油田油气当量提前三年上产至 2000 万吨。2022 年，中国海油国内生产原油 5203.7 万吨，为我国原油产量重上 2 亿吨做出重要贡献；生产天然气 252.9 亿方，同比增长 26.8 亿方，增速居三家石油公司之首；中国海油天然气总销量 612 亿立方米，市场份额 17.3%，稳居全国第二。炼化结构调整和运行水平持续提高，旗下炼厂全面实现国六标准成品油生产，船舶低硫燃料油、润滑油等高端油品产量稳步提高。新能源资源获取取得历史性突破，国内清洁能源产量占比达到 28%。建成国内海上首个碳封存示范项目——恩平 15-1CCS 项目，提出我国首个海上咸水层封存场地适宜性评价标准。

（三）绿色低碳品牌影响力逐步形成

2022 年，中国海油获评首届中国工业碳达峰"领跑者"称号，荣获中国大连高级经理学院 2022 年度碳达峰碳中和行动典型案例三等奖，截至目前，中国海油共 8 家单位获评国家级绿色工厂、15 家单位获评行业绿色工厂。中国海油自主研发的温室气体排放在线监测装置获得国家专利授权，并首次在电力企业开展应用。《中国海洋石油集团深入推进绿色低碳转型》专报信息被中央"双碳"工作领导小组办公室和国家发展改革委官网专题刊发，绿色低碳品牌影响力逐步得到国家和社会认可。

（成果创造人：白晓辉、武正弯、杨晓滨、张若玉、邢力仁、孙海萍、
孙洋洲、李　强、章　焱、徐庆虎、张俊峰、柴　维）

软件企业立足金融行业数字基础设施建设的
市场定制化服务管理

中电金信数字科技集团有限公司

中电金信数字科技集团有限公司（以下简称中电金信）是中国电子信息产业集团有限公司（以下简称中国电子）旗下成员企业，成立于 1995 年，是国内领先的、基于全栈信息技术的金融数字化咨询及软件提供商、重点行业数字化转型服务专家。在全球 28 个城市设有 65 个研发或交付中心，汇聚国内外 40000 余名员工。作为中国电子服务行业数字化的领军企业，中电金信专注行业需求，打造全栈全域解决方案，通过保障算力、加速创新、升级体验，持续为行业客户创造价值，成为国内最大的金融行业 IT 解决方案供应商。2022 年中电金信营业收入达到 928950 万元，利润总额 45364 万元，与 2019 年相比分别提升 33.8% 和 150.9%。

一、软件企业立足金融行业数字基础设施建设的市场定制化服务管理背景

（一）落实国家战略部署，保障金融行业自主安全和持续发展的需要

"金融是国家重要的核心竞争力""金融安全是国家安全的重要组成部分"。金融行业对信息技术高度依赖，其数字基础设施安全成为金融安全乃至国家安全的重要支撑。为避免国外软硬件产品断供，以及过多采用国外产品和技术带来后门漏洞的双重风险，金融行业数字基础设施需要在有限时间内全面换用国产化产品和技术。我国金融信创建设已取得了显著成果，实现了多点"从零到一"的突破；但由于缺乏体系性整合，金融机构仍有大量系统运行在国外芯片服务器、操作系统和数据库上，金融信创工作在解决由点及面、"从一到百"的过程中，存在技术路线发散、需求供给脱节、产业分工不清、重复适配研发、供给力量不足等问题，整体效率低，进度慢，存在体系性风险。

实现金融数字基础设施自主安全，重点在于向下管理调度各类底层基础软硬件算力元素，向上支撑多样化应用的中间层数字基础设施管理平台。此领域主要依赖零散的开源自研，行业主导力量不足，尚未形成规模化、体系性的产业能力。为此，需要能围绕国家战略需要、提供全技术栈国产化能力并能组织多方合力的大型企业，深度面向关键行业需求，打造强有力的国产化"腰部"力量和技术平台，以系统工程方法整合拉通优化整个技术供应链，形成可信可用可复制能力，激活规模化、产业化的技术供给体系，进而加速推进金融行业技术国产化转型的整体进程。

（二）聚焦金融行业特征，满足行业特有性能要求和差异化发展的需要

关键行业计算不同于社会通用计算，具有高度的行业特征。金融行业应用系统和数字基础设施已经融入 7×24 小时社会经济活动中的各个方面，有极高的稳定性、一致性、安全性、可用性、大容量、海量处理、高速响应和多地多活等性能要求。尽管我国在公有云市场规模位居世界第二，但仍无法借助在云计算业务（如电商、社交、娱乐、手机 APP 等）开展过程中形成的技术平台直接服务于金融、能源、交通等重点行业（即使在西方国家也是如此），也无法简单通过集中研发、批量售卖套装软件的形式快速满足金融行业数字基础设施和上层应用的构建需要。在此领域，有针对性、体系性的研发投入、与行业应用场景和工程实践的深度结合以及大规模有组织的定制服务至关重要。

（三）强化核心技术能力，打造世界知名国内领先软件企业的需要

作为金融行业核心科技力量的大型软件企业代表，中电金信经过 20 余年的发展，已成为中国银行业 IT 解决方案规模最大的全域解决方案提供商，产值接近百亿，但距离"具有国际影响力的大型软件

企业"还有相当距离。

中电金信作为中国电子控股的二级企业，是中国电子在行业数字化领域的领军企业，是中国电子自主计算产业体系、全栈产业链服务国家关键行业的汇聚点。在集团提出的重构计算产业体系的战略目标中，要求中电金信集聚力量开展原创性、引领性科技攻关，构建具有核心竞争力的行业新型数字基础设施平台，继续增强为金融等关键行业领域提供整体解决方案服务的能力，并通过较高速度的规模增长，加快助力关键行业数字基础设施自主安全的实现和行业深度数字化转型。

二、软件企业立足金融行业数字基础设施建设的市场定制化服务管理主要做法

（一）定战略，通过"系统工程＋行业定制服务"，打造核心竞争力

2020 年，中电金信制定"源启＋"战略，面向金融等国计民生重点行业研发新型数字基础设施平台——"源启"金融级数字底座，通过"平台产品＋定制化研发服务"帮助金融机构打造新型数字基础设施，实现服务国家战略的企业核心价值。围绕"源启"数字底座，为行业数字化转型、应用架构规划和 IT 架构国产化／现代化提供"源启＋咨询"服务，为行业数字化应用建设和重构提供"源启＋应用"软件产品和定制化实施服务，提升客户价值，扩展业务规模。

在此基础上，进一步开展顶层设计，确定战略实现的核心方法：以系统工程理论方法指导，开展全栈信息技术垂直打穿适配优化；参考国内外 IPD（Integrated Product Development，集成产品开发）研发管理体系的优秀实践，构建面向行业定制市场的研发服务体系。

1. 全栈垂直打穿，体系性解决金融数字基础设施可用安全问题

按照系统工程理论，面向金融核心业务、大规模数智计算等应用场景，采用"体系－系统－整机－单品"和"安全分级、架构解耦、开放兼容"的技术路线，通过全栈垂直打穿，进行纵向到底、横向到边的深度适配和系统优化，实现整体系统能力最优，满足金融行业超大容量、高并发、高可用、高可靠、高安全等关键特性。

以支撑银行核心业务系统为例，中电金信在 40 多台国产服务器集群上，通过全链路诊断和逐层技术产品打开优化，利用脱敏的真实业务数据，逐步将数据规模提升到模拟运行全国规模银行业务，在模拟 5 亿客户 10 多亿账户情况下，TPS（Transactions Per Second，每秒处理交易数）从最初的 1 千多笔逐步提升到近 3 万笔（在国有大行更高配置验证环境下已突破 5 万 TPS），并逐一攻克了交易响应速度、RPO（Recovery Point Objective，恢复点目标）、RTO（Recovery Time Objective，恢复时间目标）、高可用、长期运行稳定性等金融级关键指标，在处理业务能力和经济效率上实现了全栈国产化技术环境的可行性和高效性。

2. "前店后厂"，构建面向行业定制市场的 IPD 研发及服务体系

结合客户实际场景，通过"前店后厂"模式，将现场定制、工程实施、支持维护和标准产品研发／提取结合起来，在满足行业重大工程和性能目标同时，通过资产回收和标准化处理，加速产业化转化复制能力。

结合云原生架构、企业架构建模工艺和平台工程方法，深度实践业界针对行业市场提出的 IPD VRM（标准－客户）分级版本体系管理和细腰型产品体系，形成基于平台、微服务、公共组件和先进工艺的系统建设能力、重构能力、迭代能力和复制能力。

2020 年以来，中电金信集中科研力量，多次集中调度跨专业、跨部门、跨企业、联合客户的数百人到上千人现场攻关，并形成多点远程研发交付的并行工程支撑能力。通过深度结合业务场景，开展体系化攻关验证，持续打磨产品技术，经由行业客户定制带来新需求，验证新工艺，沉淀有价值的项目资产，形成可规模复制的平台软件、应用软件及服务能力。

（二）建体系，变革组织体系积聚研发能力，打造数字基础设施产品体系

1. 深化组织体系变革，汇聚资源打造科技创新平台

中电金信从企业战略出发，率先从研发体系开始组织架构变革。在 2020 年跨事业群研发委员会管理的基础上，2021 年 1 月成立中电金信研究院，作为研发创新的核心机构，承担战略转型重要任务，承载企业技术体系、产品体系和标准体系。中电金信研究院将分散的产品研发纳入统一管理体系，先后成立基础设施实验室、云计算实验室、人工智能实验室、大数据实验室、研发平台实验室、企业架构规划等 12 个专业技术实验室，设立技术管理、研发管理、应用规划等专业管理部门，管理覆盖 20 多个事业部的应用软件研发中心。通过"研究院 + 事业部研发中心 + 项目现场研发"的三层研发组织体系，将研发完成的"源启"数字底座和应用软件产品快速推向行业客户市场，又将不同行业客户场景中获得的新的业务实践和技术实践，快速反哺到数字底座和应用产品的研发迭代更新中。

同时，为落实全栈产业链适配优化能力以及开展前沿技术研发，研究院打通了与开源组织、高校、科研机构、集团内研究院体系的合作，形成可共享的研发成果。

2. 落实企业顶层战略，打造"源启"数字底座产品体系

加强技术体系的梳理，对标国内外技术大厂、专业领域厂商及金融行业头部应用服务商等一流企业，针对金融行业对性能和安全稳定性的极致要求，聚焦数字基础设施平台软件及上层数字化应用领域，形成包含平台软件技术、应用构建技术、数据资产技术和行业 AI 技术的企业技术创新体系框架，据此梳理和定位核心技术、优势技术、短板技术和卡点技术，制定短中长期发展目标、技术路径、关键里程碑和实施计划。

以企业核心技术体系为根基，面向金融行业打造满足自主可控、高安全、高可用和极致性能的"源启"金融级数字底座。"源启"作为整合性的技术平台，对下管理调度多种计算机设备、网络、操作系统、云、数据库、安全和技术中间件等基础算力软硬件设施，对上支持各种应用软件、数据资产和 AI 智能模型的运行和研发，进而支撑各类金融机构的业务运行和运营管理，体系化地解决金融行业自主安全问题，并支撑其持续数字化转型。

从 2020 年起，中电金信逐年分阶段开展"源启"金融级数字底座的研发和全路线技术单品适配，开展数字底座和行业主流信创产品的广泛适配优化，形成对信创生态下基础软硬件资源的统一纳管，基于数字底座的工具链建设，实现基本的全国产化迁移能力和数字化应用构建能力，形成金融行业数字化转型整体解决方案和应用重构方案。

（三）强能力，采用新架构新工艺新平台，塑造企业发展硬实力

1. 形成业技融合能力，采用新架构新工艺规划行业数字化应用集群

引入国际先进的企业架构业务建模方法，优化形成"行业新企架"实施工艺和集群应用重构方法，通过结构化的方法规范，打通业务和技术之间的鸿沟，纵向构建战略解析、能力提炼、架构设计、应用设计的生产流水线，横向形成数字化应用集群的能力协同和数据协同。

通过上述方式，形成新工艺、新方法，帮助金融机构打通应用竖井、激活当前应用资产、合理规划构建集群化数字化应用、实现业务敏捷创新，指导内部事业部开展解决方案内外协同，提升应用需求、软件和数据复制共享能力，提升综合服务能效。

2. 践行平台工程方法，构建数字化生产力平台提升研发服务能力

广泛吸取包括洛克希德·马丁软件工厂在内的业界先进经验，通过平台工程理念，运用"系统平台 +APP 应用"集群应用构建模式，取代传统的、孤立的竖井状应用建设，进而提高研发和服务效率。具体做法是基于"源启"数字底座统一的集群化应用创新底座、工具链和工艺方法，通过基础设施和公共组件的共享服务，帮助金融机构和自身研发构建复杂的系统，同时提高交付速度、流程灵活

性、用户体验和业务价值。

中电金信通过上述方式，在研发、生产、营销等方面形成围绕"源启"底座的数字化生产力平台，对下实现基础设施资源的标准化和自动化；对上支撑和横向协同方面，则基于企业架构业务建模方法和工艺，通过开发门户、开发工具以及可重用资产，快速构建上层应用。通过这一平台，采用敏捷的流程和规范，让业务人员、开发人员、测试人员和运维人员在一致的节奏中协同工作，逐步摆脱以往的作坊式项目开发模式，以现代软件工厂的方式持续开展大规模集群应用系统的生产。

（四）建支撑，开展科技人才体系机制创新，保障企业可持续发展

1. 重塑科技人才体系，焕发企业发展活力

2021 年，建立人才发展院，系统性地进行人才识别、人才赋能、人才发展等工作，人才队伍从 2020 年年初的 33000 人，在 2022 年突破 40000 人，形成了一支有竞争力的高质量专业团队，其中从事科技工作的人才占比高达 95%。人才队伍实现年轻化，员工平均年龄 30 岁，35 岁及以下员工占比 84%，形成良好的人才梯队。

为补充和进一步加强技术领域的全面能力，从 2020 年开始在行业内外广泛引进分布式计算、人工智能、大数据、企业架构设计、平台工程等领域的高级专家，累计引进科技管理与核心科技人才 280 余人，其中硕士以上学历共 113 人。在人才引进的过程中，除提供有竞争力的薪资待遇，还结合每位候选人的专业领域和诉求，制定未来 2 至 3 年的发展规划，做到"一人一策"，有效解决高层次人才后顾之忧，确保高层次人才引得来、留得住。

为攻坚关键科研问题，与上海市徐汇区深入开展政校企人才合作，挂牌成立"博士后创新实践基地"，并与复旦大学和华东理工大学签约，共建产教融合基地，打造人才"引聚留用"新高地，为公司长期持续的发展储备资源。

2. 聚焦人才机制改革，完善激励评价和晋升体系

针对科技人才，采用签署年度考核任务书的年度绩效评级方式来进行考核，在指标总得分的基础上设置了 0.8 ~ 1.2 的调整系数，是刚性绩效考核容错机制的重要体现。针对科技人才还制定多元化中长期激励方式，包括股票激励、留任奖金激励等。在科研人才密集的研究院，长期激励计划覆盖了近 75% 的科技人才，占总员工比例的 27%。在薪酬方面，同级别科技人才的年薪普遍高于管理人才 20% ~ 30%。

重视科技人才在公司长期的发展，通过岗位职级体系的设计，有效提高科技人才的重要地位，绝大多数科技管理者都进入专业序列。结合多年的实践，坚决破除唯论文、唯职称、唯学历、唯奖项、论资排辈倾向，让年轻有为的科技人才，可以得到快速提升；对于优秀科技人才和战略性科技人才，通过破格晋升的方式，为其打通职业发展路径。

（五）拓市场，开展品牌生态合作模式创新，提升企业产业地位

1. 强化品牌和生态建设，提升行业影响力

围绕重点行业、重大工程，精准设定品牌建设策略，组织形成营销支持中台能力，由内而外推动中电金信品牌转型升级。2022 年 8 月重磅发布"源启"产品，结合与大型银行联合实验室揭牌等系列事件，全面打响产品品牌知名度；围绕"源启"搭建政府科技创新推广体系，深度参与工业和信息化部、科技部、国家发展改革委等重大科技项目；组建专家委员会智库，聚集行业重磅专家学者，助力科技攻关和科技成果推广；在上海总部设立 700 平方米沉浸式创新体验产品展厅；建立媒体矩阵，与权威党媒央媒、行业专业媒体合作，讲好中电金信品牌故事，形成积极稳定、别具特色的舆论传播氛围。

同时，作为金融科技领域的国家队成员，依托中国金融学会金融科技专业委员会、全国金融标准

化技术委员会等机构，参与标准制定和技术攻关，成为金融科技发展的重要参与者，进而确立金融行业产业侧权威及领导地位。积极参加部委及监管机构，以及其他金融行业协会、科技协会等组织的相关课题及活动，在政府及行业领域中，增强中电金信影响力。

以金融行业 IT 解决方案的行业龙头地位为支撑，依托行业场景加强合作生态的打造。与主流国产 IT 厂商建立深度融合的合作关系和协同机制，通过优势互补和深度适配认证，完善产品及解决方案能力，打造行业领先的联合解决方案。

2. 成立创新联合体，加快产业化转换

"有限范围内开源联合创新"，联合多家金融行业客户以及复旦大学金融科技研究院等产学研用各方力量，发起成立"金融数字新型基础设施创新开放联合体"，集结资源、联合创新、相互赋能，体系化地突破关键核心技术、共建金融数字新型基础设施，以场景示范带动产业发展，打通基础研究、应用技术研究到产业化推广的双向通道，联合推广创新成果，发挥产业链牵引作用。

三、软件企业立足金融行业数字基础设施建设的市场定制化服务管理效果

（一）核心技术能力显著增强，管理效益和经济效益大幅提升

中电金信"源启"金融级数字底座从 2020 年开始投入大规模研发，2022 年进入产业化推广。2020 至 2022 年，研发投入总计 19034 万元，直接项目成果三年累计效益为 76944 万元，年度平均效益为 25648 万元，公司 2022 年整体收入达到 928950 万元，比 2019 年提升 33.8%，数字底座的创新带动作用显著。2022 年正式面向市场发布"源启"金融级数字底座平台产品，行业引领和技术引领地位得到进一步强化；2023 年在中央"建设世界一流企业"行动中，中电金信成为首批创建企业。

经过三年多积累，围绕"源启 +"战略执行，中电金信深度推进核心技术向专利、软著的转化，目前已授权发明专利 99 件，在途申请发明专利 348 件，获软著登记 1680 件。有效促进了技术创新成果保护，提高了科研人员的研发积极性。

在"源启"数字底座中，经过体系化攻关适配优化的"国产化芯片 / 服务器 / 操作系统 + 数据库 + 分布式应用"组合比基于传统架构堆叠的"Intel 芯片服务器 +Lunix 操作系统 +Oracle 数据库 + 集中式应用"组合在处理效能上高出 3 至 4 倍，长稳测试指标最终达到 99.9999853%。在实际落地的金融数字基础设施中，应对系统级灾难 RPO 和 RTO 均为 0；应对站点级灾难 RPO 和 RTO 约为 0；应对城市级灾难 RPO 小于 30 秒，RTO 小于 15 分钟，系统安全性达到等级保护 2.0 第三级认证，单一云最大可支持 4000 台物理服务器。这些指标的达成，标志着国产行业新型数字基础设施达到了产业化推广标准。

（二）重大工程标杆示范引领，行业地位持续提升

中电金信积极参与行业重大项目，目前已承担工业和信息化部融合应用专项《分布式金融核心业务系统》、上海市战略性新兴产业重大项目《基于信创技术的全栈技术平台及核心系统研制项目》、科技部"社会治理与智慧社会科技支撑（平安中国）"专项等多项重大课题；参与了中国信通院《分布式系统稳定性建设指南》等研究工作，为中电金信高质量持续发展打造软实力。当前，"源启"金融级数字底座深度应用于金融行业新型基础设施建设中，中电金信已在上百个重大项目中实施了企业级云原生技术底座、数字应用开发工具链、数据中台和行业 AI 平台建设，并首创性地启动了一批全栈国产化系统工程实施，形成了行业示范标杆。

"源启"金融级数字底座不仅得到了业内客户的青睐，同时也荣获多项行业内权威奖项。2022 年 12 月，"源启"数字底座混沌工程平台通过了中国信通院混沌工程平台能力评估最高等级——先进级能力检验，标志着相关技术能力达到行业领先水平。2023 年 8 月，"源启"数字底座先后斩获中国国际金融展组委会颁发的 2023 "金鼎奖"优秀技术创新奖以及赛迪网颁发的 2023 数字化基础设施创新突破技术，技术创新优势进一步得到行业认同。

截至目前，中电金信已经成为中国银行业 IT 解决方案规模最大、解决方案最齐全、产业链条最完整的企业，为 600 多家总部级金融机构提供服务，全面参与首批和第二批金融机构国产化替代试点，实施了上百项与数字基础设施平台相关的重要工程，涵盖主机下移、国产化替代、IT 架构现代化、关键业务系统等领域，为金融行业数字基础设施建设和国家金融经济安全贡献力量。

（三）带动国产产业链生态建设，落实国家自主安全战略成效显著

基于国家加快行业基础设施建设和保障自主安全的战略要求，中电金信采用自主创新与开放合作相结合的模式，充分发挥中电金信自身及与中国电子在技术整合、联合技术攻关方面的自身优势和生态能力，通过"源启"数字底座平台的打造，构建了基于全栈国产基础软硬件的基础设施平台，完成了纵向打穿和全栈预适配优化，满足金融行业稳定安全等关键特性要求，提供在极限情况下的"断供"替代解决方案，应对供应链风险，为金融行业提供托底保障，带动国产基础软硬件在金融行业的融合与落地。

（成果创造人：冯明刚、况文川、胡汝道、杜啸争、陈书华、曲向阳、
张东蔚、孙挺姝、安馥卿、章　澜、马　晓、廖文胜）

贯穿新能源发电项目全生命周期的"1+N+N"管控体系构建

华电新疆发电有限公司

华电新疆发电有限公司（以下简称新疆公司）成立于 2003 年 3 月，全面负责中国华电集团有限公司（以下简称中国华电）在新疆区域的电力开发、建设和运营工作。2020 年按照国务院煤电资源区域整合工作部署，由中国华电牵头，对华能、国家能源、大唐和国家电投在疆煤电企业进行整合。截至目前，新疆公司管控企业 30 家，资产规模超 850 亿元，职工总数 6768 人，总装机容量 2245 万千瓦，同时承担着 1.81 亿平方米、220 万用户的供热保障，是新疆最大的发电企业，也是疆内唯一集"风、光、水、火、储"多种能源协同开发的最大能源供应商。在役火电企业承担了全疆 3500 万千瓦新能源装机的全额消纳调峰及电网运行安全，获得国家技能人才培育突出贡献单位、中央企业思想政治先进单位、中国社会责任百人论坛"绿色环保奖"等国家荣誉，特殊奖励企业一等奖、"聚绿色动能、助'双碳'目标"劳动竞赛先进单位、管理创新成果一等奖等中国华电多项殊荣。

一、贯穿新能源发电项目全生命周期的"1+N+N"管控体系构建背景

（一）顺应绿色低碳转型发展客观需要

"十四五"是"碳达峰"的关键时期，可再生能源将逐步成长为支撑经济社会发展的主力能源。中国华电树立绿色发展理念，积极构建新的发展格局，明确"5318"发展目标，到 2025 年非化石能源装机占比力争达到 50.0%。新疆公司迅速启动"绿能行动"，明确"十四五""5338"发展目标，力争到 2025 年，实现非化石能源装机比例达到 55.0%。2020 年按照上级部署牵头完成区域煤电整合后，新疆公司清洁能源装机占比由 45.8% 降至 16.5%。由于前期存量项目少，结构调整压力巨大，迫切需要变革新能源发展管控体系，提高新能源项目前期、工程基建、生产运营精益化管理水平，尽最大可能释放生产要素活力，推动新能源发展跑出加速度，在发展中解决"力量""容量""质量"的问题，为打造集团公司战略性清洁能源基地提供坚强支撑。

（二）实现新能源项目高质量发展的现实需要

随着"绿能行动"持续深入开展，新能源项目开发力度加大，特别是风光电项目。项目建设点多面广、工期紧、任务重，在前期条件落实、施工安全、资金保障、设备物资供应、人力资源、生产准备等方面都面临巨大挑战，现有基建管理体系难以承载新能源快速发展和高质量发展的管控要求，必须进一步完善风光电基建管控模式，优化组织架构，厘清职责界面，完善管理流程，强化过程管控、闭环管理，健全完善工程建设绩效考核体系，加大对新能源的安全管控、工期控制、投产规模、造价目标和建设质量控制，进一步提升管控效率效能，更好地适应新能源大规模快速发展需要。

（三）提升新能源发展管理质效的迫切需要

"新能源+"正成为重组要素资源、重塑经济结构、改变世界竞争格局的关键因素，是各大能源企业绿色低碳转型的主攻方向。电力能源上下游地方央国企、民企纷纷涌入，创新多元化获取资源的方式，部分业内企业具有先发优势，资源储备规模较大、抢抓能力比较强，新能源资源竞争呈现"白热化"。同时自治区"十四五"规划新增可再生能源装机规模不足 4000 万千瓦，基地式、规模化、集约化开发难度高于预期。随着新能源项目大规模集中投产，生产管控体系和管理能力与新能源快速发展不匹配。新能源场站分布"小、散、远"、管理幅度大、管理链条长，生产管控的专业化和集约化程度不高，规模化效应未充分发挥，数字化、智能化技术支撑力度不够，迫切需要对新能源生产管控模式进行整体研究，以适应快速发展、形式多样的新能源装机格局。

二、贯穿新能源发电项目全生命周期的"1+N+N"管控体系构建主要做法

（一）构建新能源全生命周期管控顶层设计

1. 搭建全生命周期"1+N+N"管控体系

新疆公司从贯穿新能源项目前期、工程基建、生产运营全生命周期的管理视角，总结提炼出新能源发电项目的全生命周期"1+N+N"管控体系。在构建新能源发展项目前期，实行1个规划中心抓总、N个项目开发处统筹、N个前期工作组攻坚；在工程基建过程，实现1个工程管理中心、N个项目管理单位、N个项目公司；在生产运营期间，划分1个集控中心、N家主体、N个片区。

2. 完善体制机制保障

制定《"绿能行动"实施方案》等5个具体化方案，出台《"绿能行动"专项奖励暂行办法》等4项重要激励机制，为新能源发展提供体制、机制保障；建立与新能源发展相适应的措施，实行"赛马"机制，建立"绿能行动"人才库，加强专业人才队伍建设。建立"政企、企企、校企"合作三大协同机制。建立管理科学、界面清晰、权责明确、运转高效的管控体系，为实现新疆公司"一三五五"发展战略和"5338"发展目标提供机制保障。

（二）健全机构设置，构建"1+N+N"新能源全生命周期管控

1. 成立"绿能行动"领导小组，加快绿色发展

新疆公司将"绿能行动"作为生命工程，成立"绿能行动"领导小组，由公司党委书记、董事长任组长，党委副书记、总经理任副组长，其他班子成员任领导小组成员。领导小组全面统筹开展专项行动，研究战略性、方向性工作，解决重点难点问题，集全公司之力加快绿色发展。由公司领导分别负责党建联系点所在片区"绿能行动"的督导和协调，实现党建工作与发展工作的深度融合。

2. 建立"1+N+N"项目前期管控模式，提高新能源开发能力

按照"中心抓总、开发处统筹、工作组攻坚"的思路，综合考虑区域资源禀赋、管理范围、项目布局等因素，制定《"绿能行动"实施方案》，构建"1+N+N"（规划中心抓总、项目开发处统筹、前期工作组攻坚）前期管控模式优势，即"1个规划发展中心+N个区域项目开发处+N个项目工作组"，"建""选""储"同步推进，全域覆盖拓展项目资源，积极应对激烈的新能源开发竞争形势。按照自主开发为主、建购并举的发展路径，协同推进基地式、规模化和集中式、分布式的发展模式，通过多种市场主体合作创新的方式获取资源，创新体制机制，形成统筹推进、分片负责、资源共享、分级对接、相互补位的项目发展格局。全面融入自治区"三基地一通道"建设，推进"风光水火储一体化""源网荷储一体化"发展。

一是规划发展中心聚焦抓总，内设综合组、市场开发组、投资管理组。规划发展中心是"绿能行动"前期工作的职能管理和业务实施中心，履行职能管理的同时，将业务指导下沉到各区域开发处、工作组，动态掌控规划进展，跟踪重大项目进度情况，强化过程管控，提前介入重点项目经济性分析、重大节点攻关等，形成合力参与项目开发权竞配和资产并购，加快项目决策流程，提高参与项目竞配和资产并购的准确性和科学性；负责能源行业政策信息和收集分析研判，实现信息共享，健全完善前期管理标准、工作流程和工作机制，组织项目前期工作推进会和联席会，对区域项目开发处、项目工作组提出考核意见；负责对接自治区、兵团能源相关主管部门，为前期工作营造良好环境。

二是项目开发处负责本区域项目拓展的协调和服务，区域项目开发处在规划发展中心领导下，承担外联职能，牵头对接所负责区域地州级政府、能源主管部门，统筹研究区域资源、发展空间、发展布局及开发时序等策略；承担内协职能，协调发挥各项目工作组优势，督导落实区域风光电发展目标，定期召开协调会，对工作组开展业务指导。在全面普查资源基础上，结合公司资产分布情况，组建9个区域项目开发处，即哈密－博州、吐鲁番、和田－克州、乌鲁木齐－巴州－阿克苏、喀什、塔

城－阿勒泰、昌吉、伊犁、克拉玛依－奎屯项目开发处。考虑各企业区位优势、资源禀赋及前期管理经验等，委托 9 家企业牵头管理 9 个区域项目开发处。

三是项目工作组承担"绿能行动"项目拓展主体责任，负责对接地方政府及主管部门，拓展资源、获取项目。目前由基层发电企业牵头组建 24 个项目工作组，并与新疆公司签订年度业绩责任目标书，纳入年度业绩考评。

3. 建立"1+N+N"工程管控模式，提升新能源基建管理水平

优化工程管理模式是贯彻新发展理念的具体体现，是助力"绿能行动"的有力支撑，也是打造"精品工程"的重要举措。在"高标准达标投产，确保行业优质工程奖，力争国家优质工程金质奖"的工程建设目标要求下，按照"工程管理中心抓总、项目管理单位发挥主体责任、项目公司攻坚"的原则，综合考虑区域管理实际、项目布局等因素，研究制定《新能源项目工程管理模式优化方案》，构建"1+N+N"（1 个工程管理中心+N 个项目管理单位+N 个项目公司）管控模式，为工程建设提供强有力的机制保障。为提升新能源基建管理水平，加强施工现场管理力量，成立工程管理中心，与工程管理部合署办公。由工程管理部牵头，建立人力资源部、战略规划部、生产技术部、安全环保部、财务资产部、监督部、审计部等部门共同参与的工作协同机制，进一步提高管控效率和效能；工程管理中心下设综合组、工程组、物资组、督导组，负责建设项目的全过程管理；各项目管理单位和项目公司执行工程管理中心业务管理标准和流程，做好业务对接。

一是工程管理中心以监督、协调、指导、服务为原则，是新疆公司工程管理部职能的延伸，是新能源项目建设职能管理和业务实施中心。内设综合组、工程组、物资组、督导组。二是项目管理单位负责对项目公司的管理，履行所辖项目基建的主体责任。负责各项前期手续办理、施工策划及准备；健全安全管理保证体系和监督体系，落实安全生产责任制。三是项目公司负责项目基建的具体实施，对项目施工负有直接责任。负责基建项目的具体实施，承担基建项目的直接责任。编制各项工程计划，合理确定施工工序，优化资源配置，强化施工组织管理，协调送出等配套工程建设进度；抓好精品工程建设，将优质、创新、绿色、效益、数字、廉洁贯穿于项目建设全过程，着力抓好安全、质量、进度、造价、环保、水保等关键要素的管控，打造精品工程。

4. 建立"1+N+N"生产管控模式，接好管好新能源项目投产运营

坚持项目开发、建设、生产一体化理念，按照"远程集控、分级诊断、片区维护、专业检修"管控思路，制定《优化新能源企业安全生产管控模式切实推进"两个分离"的实施意见》《2022 年新增新能源项目生产管理"一厂一策"实施方案》，构建"一个集控中心、N 家主体、N 个片区"的新能源生产管控模式，向"现场车间化、业务中心化、技术共享化"方向转变，确保投产项目"接得住、管得好"。主体单位层面，按照"主体抓总、片区做实"的思路，强化生产管控，原则上主体单位仅设片区，对于环境状况复杂、管理半径大的个别主体单位，片区可下设场站。

一是合理设置新能源管理主体。根据《中国华电集团有限公司风光电项目管控体系优化指导意见》，统筹区域装机规模、不同发展阶段、不同管理需求，综合平衡规模效应和管理效率，对新能源主体数量进行动态调增。按照每 300 万千瓦装机设立 1 家管理主体原则，以后每增加 300 万千瓦装机即新增 1 家管理主体。二是统筹集控中心建设。按照一个区域一个集控中心原则，将现有三座集控中心统一整合为区域集控中心。存量、增量新能源均接入区域集控中心，实现远程电力调度、监视、控制职能。集控中心下设技术中心，强化技术支撑能力。三是优化片区设置。按照一个地州市设立一个片区原则，按照地州市权属边界对新能源片区进行优化调整，实现片区生产人员统一调配，集中驻守办公，场站无人值守。

（三）建立与新能源发展相适应的运营机制

1. 主动融入大局，深入推进"2+2+N"发展举措

新疆公司自觉把局部利益放在整体利益中把握考量，坚持以国家统筹部署作为落实任务的重要依据，以贡献清洁能源作为实现"双碳"目标的关键保障，坚持基地式规模化集约化发展，近中远期结合、牵头开发与优选竞配同步，结合中国华电在疆火电分布、区域资源禀赋，主动融入集团公司、自治区"十四五"规划布局，在"两基地一中心"基础上，研究制定"2+2+N"发展举措，组织编制《新疆新能源基地暨产业建设总体实施方案》，着力打造大型综合能源、新能源产业"两个基地"，建设科技创新、综合能源检验检测与智慧运维"两个中心"，实施"N"个聚焦源网荷储一体化、光热发电、氢能、储能、乡村振兴、零碳园区的综合能源服务项目，建设绿色制造和服务体系，以产业协同推进中国华电战略性清洁能源基地建设。

2. 完善工作机制，为项目开发建设提供基础保障

建立公司领导班子成员分工划片常态化统筹机制，联系对接自治区、兵团政府和合作企业，为项目开发营造良好外部环境；建立"进政府、进园区、进电网、进大用户、进设计院"的"五进"工作机制，各区域开发处、项目组、工作专班集中力量攻坚，全方位捕捉项目拓展机遇，形成统筹推进、分片负责、资源共享、分级对接、相互补位的项目发展格局。在全面普查资源基础上，结合公司资产分布情况，组建区域项目开发处，派出项目工作组，并与新疆公司签订年度业绩责任目标书，纳入领导班子年度业绩考评。区域项目开发处、项目工作组均由企业"一把手"担任负责人，1名班子成员负责日常管理，同时配备专职项目前期人员。区域项目开发处＋项目工作组的项目开发范围实现对全疆各地州、兵团师（市）的资源拓展全覆盖。

3. 加大对前期、项目建设管理时效性考核和激励力度

一是树立业绩导向鲜明的薪酬分配机制，建立与企业效益目标完成、效益改善、绿色发展、重点任务复合挂钩的工资总额决定机制，突出员工价值贡献。差异性设置绿色发展、提质增效、能源保供、工程建设等专项奖励，将通过主观努力做出突出业绩作为奖励主要依据，累计奖励1.18亿元。坚持广大干部员工与企业共同成长、共创价值、共享成果，深入开展"特殊贡献奖""十大奋进者"等荣誉评选，大力宣传表彰在绿色发展和重点项目突破等各项工作中敢于负责、敢于担当、做出突出贡献的先进典型。

二是建立"强激励、硬约束"的奖惩机制，按照"谁拓展、谁收益"原则，探索新能源项目开发收益与火电企业利益共享机制，在领导班子年度绩效考评办法中提高发展指标权重，加大对发展工作完成情况的奖惩力度。制定《"绿能行动"专项奖励暂行办法》《前期工作绩效量化实施细则》《重点前期项目考核办法》，优化前期、基建工作机制，建立基地项目、竞配项目两个管理平台，完善"日跟踪、周调度、月协调"工作机制，动态优化调整项目工作组、项目经理责任区，为项目开发建设提供有力保障。出台《新能源工程建设专项工作奖惩暂行办法》，创新"一个领导督战、一张军令状、一张作战图、一个过程督导、一套考核措施"的"五个一"责任机制，为工程建设提供强有力的机制保障。

（四）建立与新能源发展相适应的保障体系

1. 深化人才队伍建设，提供人才支撑

一是建立"赛马机制"，拓宽员工职业发展通道。在产业人才不足、人才竞争加剧背景下，新能源企业必须加大引才工作力度，根据产业发展规划和中长期人才生态建设目标，统筹短期、中期和长期产业发展人才需求，创新思路培养人才、引进人才。目前，新疆公司建立了"赛马机制"，根据工作绩效对区域项目开发处、前期岗位实施动态管理，将前期工作作为锻炼、培养干部的重要平台，对项目发展工作中表现突出的人员重点培养使用，拓宽职业发展通道。

二是建立"绿能行动"人才库，培育专业人才。建立"绿能行动"人才库，积极通过"人才＋项目"方式培育前期发展专业人才，注重在关键岗位培养锻炼干部，在"绿能行动"、新能源项目建设攻坚前沿发现使用干部，形成新能源人才培养、锻炼、储备体制机制。结合公司"绿能行动"实际需要，选派优秀人才到政府部门"挂职锻炼"，抽调人员成立新能源基地项目推进工作专班，根据工作绩效对区域项目开发处、前期岗位实施动态管理，将发展工作作为锻炼、培养干部的重要平台。选派优秀干部担任新能源项目负责人，为新能源项目建设大会战提供了人力资源保障和支撑。

三是根据公司转型发展需要，在集团公司大力支持下，通过"青年骏才"、"绿能英才"、校园招聘多渠道吸引优秀高校毕业生，首次启动社会化招聘录用新能源高端管理和技能人才，为企业高质量发展提供了强有力的智力支撑。

2. 创新合作发展模式，实现合作共赢

一是加强政企合作，谋求共赢发展。主动对接自治区能源发展规划，争做与自治区发展高度契合的支柱型企业，在自治区由能源大区向能源强区的转型中发挥主力军和骨干企业作用；按照"融合发展、企地共赢"的思路，寻求风光电资源开发与产业扶贫、乡村振兴的契合点，助力提升地方经济社会发展的同时提升资源开发竞争力；加强与地方国资和兵团企业全领域、全方位合作，本着融合发展、互利共赢原则共同开发风光电项目；讲好华电故事，树立华电品牌形象，通过华电在地方经济发展、履行社会责任、保障民生供热等方面做出的贡献，争取政府对华电新能源发展的更大支持。

二是构建华电联合体，打造华电朋友圈。践行创新、协调、绿色、开放、共享的新发展理念，协同各个联合体，发挥各自优势补齐短板，进一步提升公司影响力，加快绿色低碳发展，实现合作共赢。与大型光伏、风电、储能及输变电设备等有实力制造业企业构建联合体，共同推动能源产业基地开发与制造业基地落地协同发展，能源项目开发与设备配套相协同；与电网企业构建联合体，充分发挥公司火电保障电网稳定的支撑作用，取得电网公司支持，加快公司结构调整；与科研院所和高校构建联合体，在能源资源开发、储能技术、智慧电厂、5G 售电、增量配电网、碳市场交易等方面开展技术合作，培育新业态，打造新的发展增长极。

三、贯穿新能源发电项目全生命周期的"1+N+N"管控体系构建效果

（一）体系运转流畅，新能源管理走向成熟规范

新能源发电项目全生命周期"1+N+N"管控体系的构建实现了新能源发展体系化、流程化、专业化运转，大幅提升了新能源发展管控质效，激发生产要素活力，在发展中解决了"力量""容量""质量"的问题。同时，依托新能源发展管控体系构建，搭建了锻炼干部、培养人才的重要平台，建立完善新能源人才培养机制，2021 年以来累计选派 125 名优秀干部，有计划、有重点在新能源建设等重要领域及关键、吃劲岗位培养锻炼；选派 26 人到政府部门"挂职锻炼"，培养中高级新能源专业技术人才 199 人，为公司绿色发展提供了人才支撑。

（二）转型发展提速，新能源发展势头更加强劲

2021 年以来分别完成风光电核准（备案）10 万千瓦、747 万千瓦，取得建设规模 120 万千瓦、657 万千瓦，核准（备案）、建设规模均位列自治区首位。2022 年全年开工新能源项目 17 个共计 472 万千瓦，抢抓疫情后最后施工"窗口期"，1 个月内实现 8 个共计 82 万千瓦新能源项目集中投产。2023 年新疆公司在建和新开工项目规模达 1270 万千瓦以上，工程建设迈入史无前例的"千万"级建设期，为后续高质量发展奠定了坚实基础。2023 年以来，新核准（备案）风光电项目 150 万千瓦，取得建设规模 200 万千瓦，新投装机 377 万千瓦，在建规模 523.79 万千瓦，取得项目开发权 2292 万千瓦，项目核准（备案）、开工规模双双位列自治区首位、集团区域公司前列，企业经营、发展均创历史最好水平，为新疆公司"十四五"高质量发展奠定了坚实基础。

（三）品牌影响力提升，形成新能源发展管理样板

新疆公司的新能源项目步入集约化、标准化、规范化运转，在集团公司系统内率先构建了一套适应新能源发展相适应的管控体系，得到集团公司党组、各部门的充分肯定。深化央地融合、企企联合，签署战略合作协议113份。认真落实自治区关于扩大能源领域有效投资促进经济平稳健康发展，加快新能源项目建设进度有关部署，2022年完成投资173亿元，为在疆央企年度投资最大发电企业，为服务自治区做好"六稳""六保"工作、稳定宏观经济大盘贡献华电力量。"疆电入渝"配套电源项目开工、新疆首个"风光火储"百万千瓦清洁能源基地开工、华电新疆木垒风电全国陆上最大单机风电机组吊装成功等重要事件8次在央视新闻播报，着力打造国家、行业优质工程，打造戈壁治理、荒漠化土地利用与新型电力系统结合的"示范典型"，全面树立华电在疆品牌，为优化新能源管控提供可借鉴的良好经验。

（成果创造人：韩　嵩、常家星、田　亚、胡小梅、吴　镝、刘一民、张兴荣）

矿山企业以生态与发展共生共赢为导向的绿色低碳管理

中铁资源集团有限公司

中铁资源集团有限公司（以下简称中铁资源）是中国中铁为实施多元化发展战略而组建的专业从事矿产资源开发业务的全资子公司，基本形成了"矿山开发＋商贸物流和工程建设服务"的"一体两翼"经营格局。中铁资源经营区域国内主要分布在北京、黑龙江、青海等省市，海外拓展到刚果（金）、蒙古国等国家，铜、钼、钴资源储量位居国内有色金属行业前列。中铁资源伊春鹿鸣矿拥有钼金属资源储量 75.18 万吨，生产规模日处理矿石 5 万吨，年处理矿石 1500 万吨，钼金属年产能 1.15 万吨，钼精矿市场供给能力居国内第 1 位，在资源、装备、工艺、品牌等方面具备领先优势，已逐步成长为国内钼行业龙头企业。

一、矿山企业以生态与发展共生共赢为导向的绿色低碳管理背景

（一）响应国家"双碳"目标的需要

随着国家对"双碳"目标的推进，矿业企业更加需要贯彻绿色发展理念，破解资源约束突出问题，坚定不移地走生态优先、节约集约、绿色低碳的高质量发展道路。中铁资源伊春鹿鸣矿地处美丽的小兴安岭腹地、祖国林都伊春市，中铁资源始终牢记"林区三问"，履行好社会责任，在伊春这座优质的"碳库"中，以矿山全面绿色低碳管理推动企地协同发展，助力国家"双碳"目标达标。

（二）顺应矿业领域低碳转型升级的需要

我国有色金属生产和消费均居世界第一，自然资源部资料显示，2017 年我国有色金属行业二氧化碳排放量约占全国总量的 4.9%，有色金属工业将面临实现"双碳"目标而提出的一系列挑战。优质矿山资源匮乏，矿石工业品位和品质不断降低，从低品位矿石中获取金属需要更多资源和能耗；矿产资源利用过程中产生环境污染，提高了环保成本和社会成本。中铁资源作为国内钼行业龙头企业顺应行业发展要求，构建自然资源利用效率高、能耗低、排放少的矿山管理新模式，实现绿色低碳转型。

（三）推进矿山资源绿色开发的需要

随着新时代生态文明建设的深入推进，国家陆续出台生态环境保护、节约用地、水资源保护、中央生态环境保护督察等制度，均要求矿山企业从资源开发利用源头上进行治理，只有推进企业全面绿色低碳管理变革，才能实现矿产资源开发的同时更好地平衡好经济效益、生态效益和社会效益。中铁资源以生态与发展共生共赢为导向的全面绿色低碳管理，紧扣新时期绿色低碳发展趋势和特点，把绿色低碳管理理念贯穿于资源开发利用全过程，构建低能耗、低污染、低排放的管理新模式，不断推进矿山资源绿色开发。

二、矿山企业以生态与发展共生共赢为导向的绿色低碳管理主要做法

（一）强化顶层设计，明确总体部署

1. 明确绿色低碳管理思路及总体目标

以全国"双碳"发展规划为指导，坚定不移地走生态优先、节约集约、绿色低碳的高质量发展道路，建设"三维度"管理体系，推进前端、中端、末端全流程绿色低碳转型，双重路径促进生态平衡，三向协同创新驱动管理，四项措施保障绿色低碳管理，确保生产能力持续稳定，持续降低万元产值综合能耗和碳排放，努力打造"绿色矿山标杆者"，推动企业发展与生态保护共生共赢。

按照全面绿色低碳管理思路，从经济指标、技术创新、生态环保三个方面设定总体目标。一是经济指标目标，实现营业收入同比增长 10% 以上，利润总额同比增长 20% 以上，净利润力争与利润总

额同步增长。二是技术创新方面，获得 2 项及以上省级创新平台、取得 2 项及以上科学技术进步奖、参与制定 2 项行业标准。三是生态环保方面，实现能耗总量年增长率 <8%、综合能耗强度年下降率 >5%、碳排放总量年增长率 <8%、碳排放强度年下降率 >5%、氮氧化物排放强度年下降率 >8%、硫氧化物排放强度年下降率 >8%、循环水占比年增长率 >0.5% 和自然碳汇年增长率 >8%。

2. 建设"三维度"管理体系

一是建立全层级组织机构，以党政主要负责人为第一责任人，分管领导及各部门、各单位负责的领导工作小组，确定绿色矿山建设方案、碳达峰行动方案及实施细则等相关计划，根据职责与权限逐级分解任务指标，明确责任人、工作时限与标准，保证绿色低碳矿山管理工作有序实施。二是建立全方位管理体系，依据《质量管理体系 要求》（GB/T 19001—2016）、《环境管理体系 要求及使用指南》（GB/T 24001—2016）、《职业健康安全管理体系 要求及使用指南》（GB/T 45001—2020）、《能源管理体系 要求及使用指南》（GB/T 23331—2020）及《碳管理体系 要求》（T/CCAA 39—2022），以绿色低碳发展为目标、推进清洁生产为导向，系统梳理业务流程，形成质量管理、环境管理、职业健康安全管理、能源管理及碳管理"五位一体"的管理体系。三是建立全过程工作机制，运用 PDCA（Plan—Do—Check—Action，计划—执行—检查—处理）循环法，采用绿色信息管理手段，自主设计开发涵盖质量、环保、安全标准化、能源消耗、碳排放等的绿色信息综合管理系统，持续梳理分析节能降碳相关管理制度，定期开展内审、管理评审、监督审核，优化管理手册、程序文件及作业指导书，提升体系运行管理水平。

（二）前端引入"三绿"设计，实现低能耗

1. 标准化设计节能绿色厂房，实现厂房"四节一环保"

充分考虑极寒气候特点，采用模块化、立体化、标准化理念，按照"四节一环保"设计厂房的总平布局、建材选用、建筑结构、物流路径等。厂房总体布局充分利用坡地地形和工艺流程线，分区、分层台阶式立体排布设备，缩短碎磨、钼铜浮选、精矿处理、尾矿处理各工艺距离，实现生产工艺主要物料自流，结构紧凑减小占地，最优供暖，减少能耗。厂房采用钢框排架结构，压型彩钢板玻璃棉复合保温墙体，玻璃丝棉复合保温屋面，节能保温型的彩钢夹心板大门和单框双玻璃钢窗，达到节能设计标准，满足低污染、低耗能的工艺需求。

2. 综合选用绿色高效工艺，实现全生产流程清洁减排

优先选用满足基础设施、管理体系、能源与资源投入、环境排放等绩效综合评价要求的绿色工艺，降低能源消耗及污染物排放。采矿工序选用电力驱动的挖掘机、"汽车—半固定破碎—胶带"运输组合等绿色低碳装备，提高采矿作业效率，减少柴油消耗及碳排放；选矿工序为"绿色选矿工艺与特大型选矿装备"集成设计，其中碎磨选用"半自磨＋顽石破碎＋球磨（SABC）"工艺流程，减少工艺段数及辅助设备数量，提高单机产量，降低电能等资源投入；精矿处理工艺选用"浓密＋压滤＋干燥"流程，通过先脱水再输送，加快回水利用，减少新水补充，降低水耗。

3. 明确全生命周期碳排放量，提升产品绿色度

根据《矿山企业温室气体排放核算方法与报告指南（试行）》，确定核算边界，识别排放源和气体种类，核算温室气体排放量，编制年度温室气体排放报告，并委托第三方审核出具核查报告，识别高耗能、高排放环节及工艺；采用《温室气体－产品的碳足迹－量化的要求和指南》（ISO 14067:2018）、《商品和服务在生命周期内的温室气体排放评价规范》（PAS 2050:2011）中规定的碳足迹核算方法，以全生命周期评价为基础，获得生产产品全生命周期碳足迹，明确产品全生命周期碳排放量，制定中端"三化"管理及末端"三废"治理的降碳、减污、扩绿、增长策略，提高产品绿色度。

（三）中端把控"三化"管理，实现低排放

1. 采用数字技术，实现采矿管理智能化

实施智能采矿管理，建立采矿数字化资源储备模式和经济模型，合理优化采矿参数，自动完成矿山生产计划排产等工作，降低采矿吨矿碳排放水平。一是智能配矿作业。运用智能配矿模型，综合考虑设备作业能力、矿石品位、矿石岩性及供矿点运距等因素，自动形成当班最优作业计划，充分调配低品位矿进入选矿流程，最大限度利用矿石资源。二是智能生产调度。通过数字化模型与仿真建模实现运输演算、资源分配、车辆调配和设施控制，减少运送路径，降低排队、空运状况出现，大量减少橡胶轮胎的使用。三是智能计量技术。通过"配矿－调节－称重"智能控制，智能辨识卸载称重中卡车、出矿地点、出矿品位、吨位等信息，控制系统实现与配矿、调节信息即时比对，对不符合规定的货车进行提示，大幅减轻计量劳动强度，确保配矿和调度的工作正确。四是边坡在线监测。通过对边坡岩土体的沉降、倾斜、错动、土壤湿度、孔隙水压力改变等的连续控制，准确捕捉坡度特征变动的特征数据，根据地表控制的降水、位置等数据，迅速评估边坡的总体安全性，实现无人值守的边坡监控自动化。

2. 优化选矿技术，推进选矿工艺清洁化

采用多种高效选矿工艺技术和绿色环保选矿材料，不断降低处理吨矿碳排放水平。一是优化配矿工艺，通过稳定供矿品位，减少参数调整频次，降低能耗指标；矿石入磨前进行提前抛尾，采用阶段磨矿、阶段选别工艺，大幅降低磨矿能耗。二是优化碎磨工艺，采用弹性加球、控制磨矿浓度、优化钢球充填率等方式，实现多破少磨，降低磨矿电耗及钢球单耗，有效提高产品回收率。三是优化浮选参数，控制药剂消耗，减小循环量，提升浮选作业效果，提高产品品位。四是选择环保药剂，淘汰原始的丁胺黑药、2号油等药剂，使用煤油、石灰、巯基乙酸钠等无害化的安全环保材料，满足金属产品选矿要求的同时，降低尾矿多项环保指标，实现清洁生产。

3. 改变能源结构，推动能源利用低碳化

一是电能替代化石燃料。化石燃料使用来自锅炉、固定和移动式采掘设施、运输车队，按照不同技术措施方案和减排路线排列组合制定方案，采用电锅炉取代传统燃煤锅炉设备，降低碳排放。二是再生能源替代化石燃料。推进生物质锅炉改造，将可再生的生物燃料用于能源供应，降低企业运营成本的同时实现节能环保；利用绿电交易方式购置风能、光伏发电等新能源电能，推动形成以新能源为基础的新电力系统，推进能源结构低碳转型。三是均衡控制热损耗。采用老旧管线更新、换热装置清洁和更新方法，降低热能传递过程无效破坏；采用老旧结构安装保温性能板、更换保温门窗方法、蒸汽供热系统电压均衡控制，增加能源资源的利用，降低燃油消耗碳排放量。四是节能技改降电耗。依托清洁生产，采用节能技改等措施，从磨矿作业、浮选作业等环节入手，降低重点设备能耗。

（四）末端强化"三废"治理，实现低污染

1. 系统治理废气排放，减少环境污染

一是深化有组织排放控制。针对选矿和燃煤锅炉烟气中的二氧化硫、氮氧化物等，采用"SNCR+SCR"耦合脱硝工艺、石灰石－石膏脱硫工艺以及布袋除尘工艺对原有燃煤锅炉烟气处理装置进行升级改造，提高脱硫脱硝除尘处理效率，降低污染物排放水平。二是强化无组织排放控制管理。针对采、选生产环节及露天开采、爆破，运输、破碎过程中产生粉尘，采取湿式作业、封闭收尘、洒水抑尘等防治措施，实现车间外无可见烟粉尘；采取路面硬化、道路定期维护、车辆限速、车辆加盖篷布和出入车辆及时清洗等措施，减少产生道路运输粉尘。

2. 循环利用水资源，实现生产用水自平衡

系统梳理矿山水资源产生、处理和利用关系，加强水资源管理，推进水资源节约与循环利用，实现矿山生产用水自平衡。一是清污分类处理。合理利用矿区周边废水，在矿坑周边设置清污分流，对坑内水进行收集并引流输送、储存；在排土场设置集水沟和移动水处理站，对流经排土场、低品位矿堆场的淋溶水进行收集处理和再利用，污水处理后产生的淤泥、中和渣用于代替客土，改善排土场、低品位矿堆场等酸性边坡土质。二是生产回水利用。加密工艺流程回水频次，选矿流程中钼精矿浓缩脱水溢流、尾矿浓密机浓缩后溢流、尾矿库回水等水资源直接收集反复用于选矿生产补充水，实现废水零排放。三是厂区节水控制。办公区、生活区均采用节水器具或节水型压力阀门控制用水量，水泵房应用无人值守自动控制系统，自动控制水泵启停作业，防止水资源浪费。

3. 综合利用固体资源，减少固废排放

加强固体资源综合利用，对其产生、处理、利用和排放规范管理，减少环境污染，提高资源利用水平。一是伴生矿资源浮选回收。在选矿主流程工艺过程中，对伴生资源进行再次选别，采用一次粗选、三次精选、二次扫选的铜浮选流程，通过利用铜捕收药剂 EP 对铜矿物进行捕收，用石灰做 pH 调整剂调整矿浆 pH 值，用水玻璃做分散剂抑制脉石，进一步提高铜精矿回收率和品位。二是生产固废综合利用。对采矿废石、尾矿经加工为建材进行再次利用，实现固废资源循环利用；转变传统废弃物处置模式，开展修旧利废，充分挖掘废旧设备、备件的剩余价值。

（五）谋划双重路径，促进生态系统平衡

1. 谋划生态修复路径，促进自然碳汇增长

遵循"边开采、边治理、边修复"的原则，以自然恢复为主、人工干预为辅，加强生态系统修复，提升自然碳汇能力。从地貌重塑、本地土壤重构、周边植被重建、自然景观重现、生物多样性重组等方面编制《矿山地质环境保护与土地复垦方案》，保留开采过程中的土壤、植被等，用于生态环境修复，使修复后的矿山保持原始自然状态。开展水土流失综合治理，加强矿山地质灾害监测、治理，通过实施截洪沟、排洪沟、挡土墙、护坡等措施，避免水土流失。生产区域优先种植适应本地环境生长的植物种类，采用"宜林则林、宜草则草、梯级绿化"模式进行植被恢复与科学绿化，实现矿区分层次、分梯级生态修复。

2. 谋划生物多样性保护路径，维护生态平衡

遵循联合国《生物多样性公约》的约定内容，以生态环境部发布的县域生物多样性调查与评估技术规定、生物多样性观测系列技术导则为技术基础，设定矿区生物多样性保护阶段目标，制定各类物种的调查技术细则；与高等院校及社会公益性组织合作，重点开展本地域水生生物多样性调查，建立"总体统筹、分类推进、分区实施、质量把控"的工作实施流程，全面评估分析动植物生物多样性情况。通过科学动态监测动植物、土壤、水文等生物多样性，放养适宜的土著鱼类增加水生生物多样性，设置鸟类栖息地，进一步提高生态系统的完整性、连通性。

（六）推动三向协同，促进创新驱动管理提升

1. 整合优势资源，推动"产学研"横向协同融合

以综合效益提升为导向，整合优势资源，突出学科联动、领域联动、需求联动的联合攻关，搭建"产学研"科技创新平台。一是打通科研合作渠道。与重点高校、科研机构、专业企业等建立战略合作关系，攻关采矿、选矿、尾矿、资源综合利用和生态环保等技术难题，提高低碳化技术和装备水平；为高校、科研单位研究项目提供实验基地，形成双向需求互补。二是打开成果转化通道。研制应用水陆两栖作业平台及钢制浮桥、应用尾矿库坝面巡检机器人，降低人员操作强度，提高作业效率；研发应用"高寒地区生态修复技术"修复与重建矿山损毁土地，恢复生态系统碳汇功能。

2. 建设智能矿山，启动数字智能与绿色发展协同升级

围绕"绿色、智能、安全、高效"发展目标，制定智能矿山建设方案，推动数字智能与绿色发展深度协同、同步升级。一是升级生产管控系统。以矿石流为主线、设备自动化为载体，运用大数据、人工智能技术对生成设备、能耗、生成过程实施全流程管理和智能调度；通过数据中台，智能调用采矿智能化系统、选矿自动化系统、选矿专家系统、能源管理系统等各生产数据，实现数据应用、生产管控、监测监控、故障报警等生产管控一体化。二是升级安全环保监测系统。以安全监管和保护环境为核心，运用物联网技术将安全要素通过生产设备和传感设备等进行动态实时信息采集，集成安全、环境监测系统数据；建立各类安全评估模型和预警模型，实现立体、综合的全方位安全和环保评估。

3. 提高采供标准，促动上下游产业链纵向协同降碳

一是提高采购标准，促进上游供应商绿色转型。建立绿色供应管理机制，加大对供应商绿色低碳水平的审核力度，制定绿色供应商准入制度，对供应商实行定期考核。严格控制源头污染，明确采购物资绿色低碳相关指标要求，优先选用具有绿色标识的设备、产品和材料，促进供应商绿色低碳转型。二是提高产品质量，促进下游产业减排降碳。严格落实技术标准和管理措施，推进采选各工序质量控制，提高钼精矿产品品位，在提高经济效益的同时，促进产品全供应链温室气体减排，延伸带动下游产业减排降碳，实现合作共赢。

（七）采取四项措施，保障绿色低碳管理

1. 设立专项专用资金

以碳排放达峰为契机，加大绿色低碳创新研发投入，加强共性技术、应用示范性绿色低碳技术研发应用，根据国家相关政策，积极申请政府补贴和各项专项资金支持。加强绿色低碳项目资金管理，将绿色低碳创新技术推广运用费用、更新淘汰老旧设备费用、节能减污降碳重点工程费用、专业人才培训交流费用等纳入专项费用管理，同时单独设立碳达峰项目专项资金、绿色矿山建设资金专户，并列入年度财政预算，编制资金使用计划，定期开展监督检查，确保资金专款专用。

2. 加强能源消耗监管

根据管理层级和系统职能定位，对职能部门、生产单位、班组岗位各层级节能降碳指标进行分解，层层落实监管责任，保证能源消耗可控。基于能源信息化管理平台，加强能源监督管理，强化实时监控和控制、预测分析等自动化技术优化生产过程作业用能监测，推行节能标签、KPI（Key Performance Indicator，关键绩效指标）和记分卡等直观考评，注重重点用能设备节能审查和日常监管，动态掌握能源损耗状况，发现异常及时整改，确保能效标准和节能要求全面落实。

3. 制定激励考核机制

实施以碳强度管理为主、碳排放总量管理为辅的制度，对能源消耗和碳排放指标实行协同管理、协同分解、协同考核，通过安全环保监测平台对生态环境、能源、碳排放数据进行统计分析，根据重点目标完成情况及时预警。建立健全低碳综合评价考核制度，任务分解落实责任到岗位、到班组、到个人，强化目标监督考核，执行年度责任目标考核奖惩机制，签订年度责任状，强化责任目标过程跟踪和结果考核，考核结果与绩效薪酬挂钩。

4. 培育专业人才队伍

加强碳管理专业人才的培养，依托重大项目攻关和重点工程建设，通过导师带徒、技能竞赛、技术交流等多种形式，培养与绿色低碳发展相适应的技术能手、科研骨干和管理专家，形成以实践促进人才建设的培育机制。组建企业碳管理工作团队，加大绿色低碳技术创新人才培养和引进力度，适时增加碳排放管理员、碳管理工程技术人员等职业资格人员的准入机制，推进培养和引进绿色金融专业

化人才。定期组织开展生态文明建设与生态环境保护规划、减污降碳、碳达峰碳中和等专题学习讲座和技能培训，倡导全员参与绿色低碳管理工作，营造良好的环境氛围。

三、矿山企业以生态与发展共生共赢为导向的绿色低碳管理效果

（一）企地经营效益增长显著

围绕绿色低碳管理总体目标，中铁资源从矿山开发、技术应用、生产组织、资源循环利用、环境治理、生态修复等方面进行全产业链的系统优化，充分释放生产潜能。2022年，中铁资源伊春鹿鸣矿完成原矿处理量超过年度计划，营业收入同比增长远超10%，净利润同比增长远超20%，营收、利润创下历史最高水平，并作为纳税大户为伊春经济社会发展注入强劲动力。同时，将矿山采矿作业产生的废弃剥岩石、碎石加工生产骨料、机制砂等用于当地城市建设，减少排土场占地以及地方工程建设地材开采，降低地方工程建设综合成本，实现企地效益同增长。

（二）行业引领能力不断提高

中铁资源坚持高标准建设绿色矿山，入选自然资源部《智能矿山建设规范》标准示范贯标试点单位，获批黑龙江省企业技术中心、黑龙江省尾矿安全及利用工程技术中心。2022年回采率、钼精矿回收率、矿石损失贫化率、一般废弃物利用率、危险废弃物处置率均高出国家绿色矿山建设规定标准；《钼矿绿色选矿工艺与特大型选矿装备集成技术》《有色金属矿山数字化采选技术》入选自然资源部发布的先进适用技术名录；荣获中国施工企业管理协会、有色金属行业协会等单位颁发的多项科技进步奖，中国绿色供应链联盟年度先进单位；主导编制《用于水泥和混凝土中的钼尾矿微粉》团体标准，参与制定发布《矿区环境影响后评价技术规范》团体标准。

（三）生态效益提升逐步显现

中铁资源贯彻"绿水青山就是金山银山"理念，形成"生态修复、生态治理、生态保护"三道防线，实现钼矿生产企业的绿色低碳管理，碳排放量和综合能耗呈逐年下降趋势。2017年至2022年期间，能耗总量年均增长率为6.78%、综合能耗强度年均下降率为9.39%、碳排放总量年均增长率为5.82%、碳排放强度年均下降率为9.77%。2022年碳排放总量为236514tCO$_2$e，碳排放强度为0.866tCO$_2$e/万元，超额完成中国中铁碳排放目标指标，碳汇能力得到提升。同时开展矿区生物多样性保护工程，矿区周边生态系统整体处于平衡状态。

（成果创造人：李夏初、鲁和友、孟庆胤、李正山、王雨龙、李　莹、
徐彦胜、马志伟、言海燕、王　琦、赵兴华）

中药企业"五位一体"绿色智造管理

华润江中制药集团有限责任公司

华润江中制药集团有限责任公司（以下简称华润江中）前身是江中制药厂，1998 年重组为江中制药集团公司；2019 年 2 月，华润医药战略重组江中集团后，公司正式更名为华润江中，成为华润集团的直管业务单元。华润江中围绕 OTC、大健康、处方药三大业务布局，主要从事中成药和保健食品的研发、生产和销售，持有"江中""初元"两个中国驰名商标和"桑海""杨济生"两个江西省著名商标。主要产品有江中牌健胃消食片、江中牌复方草珊瑚含片、复方鲜竹沥液等。华润江中现已成为一家拥有超 300 亿元品牌资产、4 个国家级研发平台、2 项国家科技进步奖二等奖，智能制造和绿色生态引领行业标杆，系列产品深受消费者信任和喜爱的知名中药企业。

一、中药企业"五位一体"绿色智造管理背景

党的十八大以来，党中央以前所未有的力度和决心布局推进生态文明建设，更把生态保护的重要性提升到了关系国家和民族命运的高度。由高污染、高耗能、高排放转型为绿色环保节约的发展模式是我国产业结构升级的必经之路。由于过去长期以经济发展为主要目标，受工作惯性影响，传统制造企业（包括中医药企业）仍存在忽视环境保护或者环境保护让位于经济建设现象，全社会尊重自然、保护自然、顺应自然的生态文明观念还有待进一步提高，现有生态文明制度（体系）仍需进一步完善健全。与此同时，由于资源趋紧、环境破坏严峻、生态系统退化局面尚未得到根本扭转，高投入、高消耗、高排放、难循环、低效率的增长方式还未根本性改变。

二、中药企业"五位一体"绿色智造管理主要做法

（一）强化绿色设计理念

1. 工厂创新设计与生态融合

华润江中药谷制造基地设计和建设遵循"天人合一，自然如是"的生态理念，崇尚敬畏自然、尊重自然、顺应自然、保护自然。厂区布局采用集约化设计，厂房集中建设、释放绿色空间，建设用地仅占约 20%，约 80% 仍保留原生态森林与湿地。整个厂区看不到工业管道，生态环境得到有效保护。制造基地水里有鱼、水面有鹬、草丛有兔、林中有獐、空中有鹭，绘就"人与动物友好共存，人与自然和谐共生"的生态画卷，自然生态和工业生产相得益彰。

2. 厂房创新设计与低碳融合

华润江中科创城基地项目注重绿色低碳"内涵"设计，遵循自然科学与中医药传统文化，在景观环境中蕴含绿色低碳主题概念，实现建筑、景观、文化的有机融合。工厂设计过程充分融入绿色低碳元素，充分利用绿色、低碳、节能技术实现主动节能降耗，建设项目能够最大限度地节约资源、减少污染、保护环境，实现由绿色景观之美转向绿色内涵之美。

3. 产线创新设计与节能融合

华润江中药谷制造基地固体制剂大楼采用双 U 型立体设计，遵循"工艺顺畅、运行高效、节能降耗、柔性制造、发展有预留"的原则，洁净生产区内仅设计生产设备操作面，其他辅机均设计在二层设备层，减少占地与净化区面积。原料与成品从同侧进出，最大限度缩短了物流距离，同时减少人流与物流的交叉，契合 GMP（Good Manufacturing Practices，药品生产质量管理规范），保障产品质量。固体制剂楼项目获得国家级厂房设计银奖。

（二）完善绿色地毯管理制度

1. 建立能源管理体系

秉承"节能减排、持续改善、绿色江中、造福人类"的宗旨，以及"节能降耗、智能高效、低碳江中、绿色制造"的方针，按照管理体系和行业规范相关要求，建立了整套能源管理体系，涵括管理手册、程序文件、作业指导书、记录与表格类等四层文件。一方面，强化人员培训，针对新建立的相关标准、技术指标、质量现场监督手册等技术文件和新编或修订的制度，对相关人员进行教育培训，建立常态化培训机制；另一方面，加强考核评估，每年对制度实施情况进行考核评估，及时修订更新相关制度文件，形成制度建设的长效机制。

2. 推进绿色低碳发展

华润江中将绿色低碳发展纳入企业制造战略规划，把产品制造的立足点建立在提高低碳发展水平和绿色生态水平上。一是组织制定《华润江中碳达峰行动实施方案》，重点推进实施传统业务绿色低碳转型升级、能源资源节约降碳、绿色低碳技术创新与应用、碳排放管理能力提升等"碳达峰八大行动"，加快企业绿色低碳转型和高质量发展。二是组织编制《华润江中绿色低碳发展纲要》，基于绿色生态全生命周期的产品生产管理理念，从低碳设计、节能设备技术、回收利用、综合处置、绿色清洁能源、绿色生态链、绿色低碳生活等方面，推进产品生产绿色生态全生命周期管理，推动下属生产单位致力打造绿色低碳示范工厂。

3. 重视清洁生产管理

一是制定清洁生产管理制度及实施方案，明确清洁生产的目标与计划，严格按管控要求公布能源消耗或者重点污染物产生、排放情况，接受公众监督，优先购买和使用节能、节水设备（设施）。二是开展自愿清洁生产审核，通过江西省工业和信息化厅、南昌市生态环境局清洁生产审核备案，获评江西省节能减排科技创新示范企业。三是清洁生产创新实践，通过清洁生产创新实践，创建贯彻生产全过程的节能减排工作"江中441工作法"。经验做法得到主管单位及社会广泛认可，成为中医药行业绿色制造管理范本。

4. 深化精益管理

一是建立精益思维体系，提升能耗管理工作效率，将精益管理作为节能降耗的关键抓手，多措并举推进节能降耗工作。以精益制造为切入点，积极开展一线员工节能降耗精益改善，推进合理化建议、CQC（China Quality Certification Centre，中国质量认证中心）认证、班组建设等系列活动。近5年来节能降耗收益的精益案例达300余项，其中2020年《洁净空调系统优化》精益项目荣获中国质量协会质量技术奖精益管理优秀项目。二是首次从能源使用方的视角提出"能源管理质量"的概念，开展中药生产能源管理质量提升关键技术研究与应用，建立中药生产能源管理质量新模式，该研究成果获2020年度中国质量协会质量技术奖二等奖，是年度医药行业最高奖项。

（三）创新节能减排技术

1. 创新中药提取节能技术

在中药提取方面，华润江中通过自主创新或推广应用自主研发的吊篮式提取节能技术、MVR（Mechanical Vapor Recompression，蒸汽机械再压缩）浓缩节能技术、三效浓缩节能技术、燃气式喷雾干燥塔节能技术等，不断丰富中药提取节能技术措施。其中，华润江中自主研发的中药吊篮式循环提取MVR浓缩集成技术获得发明专利，大大提高了生产效率，实现能耗的有效降低；同时，首次将间接热风炉和高效换热器组合体与喷雾塔相结合技术应用于中药提取喷雾干燥，总体热效率显著提升。

2. 推广应用中药制剂节能技术

华润江中推进气流混合及输送节能技术、连续化工艺生产节能技术、粉碎机恒温恒湿进风节能技术等的应用。成功将气流混合及输送节能技术应用于华润江中特医项目，大幅缩短生产过程中的混合时间，设备自动化程度高，系统实现在线清洗，物料实现密闭输送。该技术逐步推广应用到江中牌健胃消食片、利活牌乳酸菌素片等制剂生产，实现生产效率与人工劳动强度双优化。

3. 公用系统节能技术集成应用

空调系统是保障药品生产质量关键要素。中药生产过程中，空调能耗占总能耗的 50% 以上。华润江中大力实施应用高效机房节能技术、热管回收节能技术、磁悬浮离心式冷水机组节能技术、恒温恒湿空调柜分区控制节能技术等公用系统节能技术。一是完成空调系统循环水泵变频改造，制冷系统集成控制节能率达到 33%；采用新型磁悬浮冷水机组节电约 26%；二是开展净化空调系统的热管节能技术应用改造，减少空调再热蒸汽用量约 80%，解决了原除湿方式对湿度要求高区域稳定性差的质量问题，获得发明专利 1 项，该项空调节能技术已推广到制药及其他行业应用。

4. 建设多元化能源管理平台

加快能源消耗在线监测体系建设，助推行业节能技术进步和信息化管理水平提升。研制构建三层次、十大功能的多元化中药智能化能源管理平台。该平台解决了蒸汽流量计在线校准难题，首次实现了单位产品能耗、能平衡、设备能效在线测试及盘查等功能，项目总体技术水平达到国内领先、国际先进水平。

5. 智能制造持续迭代升级

华润江中坚持科技创新推动绿色发展，不断布局丰富智能化生产线，系统性提升智能制造水平。第一阶段，于 2012 年建成智能制造液体车间。江中药谷制造基地于 2012 年建成全自动无人化操作中药液体制剂车间，从生产制造、储存罐装、堆码运输全流程实现自动化和智能化，并于 2016 年荣获工业和信息化部智能制造试点示范。第二阶段，于 2017 年建成中药提取智能制造车间。江中罗亭提取基地于 2017 年建成投产，获评工业和信息化部中药提取智能制造新模式"称号。该基地拥有两条中药提取智能生产线，应用大量节能降耗设备技术。此外，该项目成果课题"中药提取智能化绿色制造关键技术开发及产业化"荣获 2021 年江西省科技进步奖一等奖。第三阶段，于 2022 年建成口服液和颗粒剂智能连续化生产线。华润江中科创城制造基地于 2022 年竣工，该基地以高起点规划智能制造，注重智能制造的实用性，围绕基地生产运行的智慧园区（含环境、健康、安全管理，即 EHS 管理）、生产运营、智能供应链、制造协同等管理业务，借助数字化手段，建成口服液和颗粒剂两条中药制剂智能连续化生产线。第四阶段，于 2023 年通过国家智能制造能力成熟度四级评估。华润江中对标国家智能制造能力成熟度标准，深入推进智能制造能力水平提升，于 2023 年获得智能制造能力成熟度（四级）标准符合性证书。

6. 规划使用清洁能源

一是建设使用光伏发电。利用厂房闲置屋顶、车棚等建设分布式光伏电站。利用江中药谷制造基地固体制剂楼厂房屋顶，自主投资建成装机容量 1.5 MWp 分布式光伏电站。在江中药谷制造基地建成第二期光伏发电站、罗亭提取基地光伏发电站、科创城制造基地光伏发电站。二是规划建设风能发电。利用江中药谷制造基地地理优势，积极开展风能发电可行性调研，规划建设风能发电站，实现药谷制造基地使用 100% 可再生能源电力，力争实现 100% 碳排放抵消。

（四）推进"三废"合规与资源化处理

1. 落实环保合规"三同时"

华润江中高度重视生态与环境保护工作，通过不断采取切实可行的措施开展降污减排工作。结合废水、废气（粉尘）、固体废弃物排放实际，投资建有对应匹配的环保污染物处理设施，污染物均达标排放，主要污染物排放因子优于排放标准限值。所有建设改造项目从立项、审批、施工、投产使用等各个环节严格执行"三同时"制度，各项环保审批手续齐备，通过加大环保投入，大力推进"三废"合规处理。

2. 粉尘废气有组织排放

一是自主研制水幕除尘法。中药企业工艺粉尘处理是环保难题，通过多年实践摸索，华润江中药谷制造基地针对中药片剂备料、制粒、压片、包衣的工艺粉尘采用了"源头减量＋无尘输送＋干湿式叠加"的江中除尘法，末端工艺粉尘处理采用过滤袋式除尘基础上再增加水幕除尘柜深度除尘，使废气二次净化，除尘效率达到95%以上，经检测排放浓度仅为环保批复排放标准限值的三分之一，处于行业先进水平。二是废气有组织排放。2021年完成污水处理站废气有组织收集处理改造。通过对污水站集水井、污泥池、调节池、厌氧池、好氧池等加盖封闭收集除臭处理后达标排放，最大限度降低对大气的污染。

3. 中药渣资源再利用

江中牌健胃消食片等产品的原材料均为药食两用药材，提取后的药渣富含高糖分、高淀粉、高纤维，是养殖业的优质饲料。因此，将消食片药渣开发成动物养殖饲料，用于家禽畜牧业，破解了中药渣的处置难题的同时，也降低了养殖户的养殖成本，成功实现了中药渣回收利用最大化。不仅如此，针对木本草珊瑚药渣，经过沤肥发酵等工艺制成有机肥，也能实现资源再利用。

4. 工业废水高效处置实现中水回用

通过提升水生态环境综合治理，形成良好的水生态环境，以此打造"青绿"工厂建设。一是自建日处理量3000吨的污水处理站，该污水处理站工艺可靠稳定，污水排放主要污染物指标COD（Chemical Oxygen Demand，化学需氧量）、BOD（Biochemical Oxygen Demand，生化需氧量）、氨氮均在排放限值30%以内。二是建设日处理量1000吨的中水回用系统，净化后的中水回用于厂区湿地景观补水和绿化灌溉用水，中水回用率达到70%，实现节约用水的同时达到降低污染水排放量的目的。

5. 污泥生物处理资源化利用

华润江中药谷制造基地协同蚯蚓养殖合作社和外部研究机构，通过将蚯蚓的生活习性及特点融入污水处理工艺，结合污泥实际情况，成功将蚯蚓引入制药污泥处理工程领域，实现厂区污泥无害化处理，在不对环境产生任何不良影响的情况下，彻底消化污泥中的有机物。此外，处理后的污泥可作为有机肥料直接用于农业和花卉种植，大幅提升了污泥的利用率。

（五）着力打造绿色工厂

1. 注重厂区生态保护

华润江中药谷制造基地制定严格动植物保护制度，配备专职的野生动物保护员，对厂区内动植物实行严格的保护。持续开展植树活动，不断丰富林相，种植品种以江西本地名贵树种及中药材为主，如杜仲、厚朴、十大功劳、紫楠、红楠、红豆杉等，持续提升厂区绿色生态，为碳中和、碳达峰做出一份江中贡献，为厂区野生动物营造天然乐园，保护生物多样性，建成人与自然和谐共生的现代化工厂。

2. 绿色制造行业领先

根据《绿色工厂评价通则》和《绿色工厂评价要求》，2018年经中国船级社质量认证公司第三方绿色工厂独立评价，绿色工厂指标获得95.7的高分；获评国家绿色工厂、江西省首批绿色工厂。

三、中药企业"五位一体"绿色智造管理效果

（一）形成绿色智造生态文明发展模式

华润江中深入贯彻习近平生态文明思想，准确把握生态环境保护和经济发展关系，以绿色制造、生态保护为基础，坚持科技创新打造绿色制造，创立了理念创新、管理有方、节能有术、环保有效、绿色有为的"五位一体"绿色智造高质量发展策略和节能减排"江中441工作法"，系统形成华润江中绿色智造生态文明高质量发展模式。

（二）关键生产运营指标水平显著提升

通过实践绿色智造生态文明高质量发展，华润江中各项关键生产运营指标水平均显著提升，2022年生产总值相对2020年提升49%，人均产值相对2020年提升28%，万元产值能耗相对2020年下降32%，碳排放强度相对2020年下降28%，清洁能源电量使用占比规模相对2020年提升12%。

（三）建成绿色智造生态文明示范基地

华润江中药谷制造基地，保留原生态森林与湿地，内有湖泊环绕，野生动植物超200余种。原料绿色无害化、生产高效洁净化、废物减量资源化、能源清洁低碳化，让自然生态和工业生产相得益彰，使传统中医药制造以智能化、科技化的面貌呈现，是绿色智造及生态文明高质量发展模式的实践成果，曾荣获江西省生态文明建设先进集体、《中国生态文明》优秀案例、制造行业绿色智造生态文明标杆单位等荣誉奖项。

（成果创造人：刘为权、罗小荣、钟志坚、刘协斌、陈培武、李德安、
张礼仲、邓麟凤、陈水平、郭灵燕、韩宜川）

超硬材料企业以资源节约和循环利用为重点的绿色发展管理

中南钻石有限公司

中南钻石有限公司（以下简称中南钻石）是中国兵器工业集团有限公司豫西集团控股上市公司中兵红箭股份有限公司的全资子公司，占地 1000 余亩，在岗职工 2676 人，总资产 72 亿元，拥有郑州中南杰特超硬材料有限公司、江西申田碳素有限公司两家子公司，均从事超硬材料相关产品生产经营，2022 年实现收入 26.8 亿元，利润 11 亿元。

一、超硬材料企业以资源节约和循环利用为重点的绿色发展管理背景

（一）走绿色发展道路是贯彻新发展理念、构建新发展格局的需要

金刚石是工业生产加工的重要材料，但从环保角度来说，人造金刚石生产需要能耗较大，其生产流程存在电耗高、用水量大，产出废水、废石墨多等系列问题。随着环保政策的落实，国家会逐步加大对污染大、能耗高企业的淘汰力度。中南钻石必须在构建与实施绿色发展上持续用力，不断加大科研投入，持续强化绿色发展核心能力建设，实现绿色制造，获取绿色、环保生产优势，推动超硬材料行业长期稳定健康发展。

（二）走绿色发展道路是应对行业激烈竞争、提升发展质量的需要

在以市场驱动为主的发展模式下，中南钻石要保持传统超硬材料行业领先的优势和影响力，必须贯彻绿色发展理念，转变现有发展模式，坚持"技术＋管理"双轮驱动，在"源头减污降碳、资源循环利用"上持续用力，不断降低成本、提升效率、提高质量，摆脱低端竞争格局，走可持续高质量发展道路，牢牢把握市场话语权。

（三）走绿色发展道路是履行国企政治责任、建设世界一流现代化企业的必然选择

中南钻石作为国有企业和超硬材料行业的龙头企业，肩负着特殊的政治责任和引领行业健康发展的使命，这就要求中南钻石必须站在更高的高度，研究运用更加完善的绿色低碳生产技术，从根本上消除产生污染物的根源，减少污染物的产生，提高资源利用效率，实现绿色循环高质量发展。

二、超硬材料企业以资源节约和循环利用为重点的绿色发展管理主要做法

（一）加强顶层策划，构建绿色发展道路

1. 将绿色低碳理念融入经营发展全过程，打造绿色循环生产体系

中南钻石以"生产废物循环利用，持续提升绿色制造发展能力"为发展思路，基于绿色制造主题，从管理机制上融入绿色发展理念，从责任担当、行业趋势、市场分析、竞争策略、未来发展等方面进行战略系统布局，全面重构"横向协同、纵向贯通、兼顾长远、持续改进"的立体式绿色发展道路，系统推进绿色生产体系构建。中南钻石按照国家标准建立了环境管理体系、能源管理体系、职业健康安全管理体系、质量管理体系，对四大管理体系定期开展内部评价、外部审核等工作，对体系运行情况进行监督检查、考核评价，确保体系运行良好，绿色低碳管理要求得到有效贯彻落实。中南钻石编制《绿色工厂中长期规划》，制定中南钻石未来发展的目标、规划，明确绿色工厂在生产洁净化、原料无害化、废物资源化、能源低碳化等方面的具体量化目标值，为绿色发展指明方向。在前期谋划过程中，坚持"源头管控、末端循环"的发展路径，围绕废水、废石墨、废金属回收等方面开展深层次的论证，通过新技术研发、新设备应用及生产过程的精细化管控，建设完成触媒金属浸出生产线、精益化提纯生产线、回收石墨纯化生产线，系统推进绿色生产体系构建，实现企业高质量可持续发展。

2.科学规划生产布局，建立高效循环流程

以价值创造为导向，以资源节约和循环利用为主要途径，把生产经营活动组织成一个"原料—加工—产品—再生资源"的循环式流程，搭建起循环产业链，真正实现制造业的绿色循环。按照统一布局、功能集中、循环高效的建设原则，依据石墨柱—合成（高温高压）—后处理—淘洗—选型等大类工序，取消、合并、重排、简化烦琐工序，除不能合并工序外，统筹考虑生产高效运转和资源节约利用，将产品产出最后工序集中至后处理车间，做到集中管理、统一处理，打通了废水、废石墨、废金属回收等废物资源的可再生利用通道，实现了危险废物无害化、资源化循环利用。

（二）构建组织保障体系及完善评价体系，为绿色发展提供保障支撑

1.成立专项领导小组，组建联合团队，实现战略协同

为全面加强对资源循环利用建设工作的组织保障，根据"聚焦问题短板、系统谋划推进、整合力量资源、强化责任落实、突出特色建设"要求，运用项目管理方法，成立以董事长为组长、相关领导人员为成员的"绿色循环生产"项目领导小组，全盘谋划并系统推进绿色发展体系的构建及实施，有力保障工作的顺利开展。针对绿色发展体系各领域相互融合、业务相互交织，业务流、信息流、物流、资金流等贯通不足，工程建设与技术协同不到位，循环理念贯彻不到位等问题，中南钻石组建了多功能型跨部门联合团队，成立了由技术管理部、安全环保部、工程实施部、财务管理部、法律事务部、审计部人员组成的技术论证组、工程建设组、服务保障组、合规管理组等四个攻坚团队，开展方案的论证和实施，推进资源内部循环在全业务全流程应用，通过整体策划、实施、完善、提升、推广，打通技术—工程—设备—管理等一体化实施机制，把资源循环利用要求传递落实到各工序、各环节。

2.完善考核评价机制，推行创新激励

为解决管理过程中往往存在的职责划分不清、边界责任不明、领责认责履责不到位等问题，中南钻石制定了协调推进机制、报告督办机制、监督检查机制、考核问责机制、容错纠错机制及共建联建机制等六项工作机制模式，达到充分发挥工作小组协调、推动、督办功能目的，提升工作效率和工作质量，有效打通一系列以往想解决但迟迟得不到解决的业务线上的断点，突破一系列企业内部想主动做而外部被动应付的机制上的难点。按照危险废物、固体废物"减量化、资源化、无害化"的要求，修订《固体废物管理制度》《危险废物管理制度》，鼓励内部通过工艺研发、管理改善等措施，将金刚石生产中主要使用的石墨、金属触媒、废水等原辅材料进行分离提取，探索资源化利用途径，实现可再生利用，对取得突破的成果按照创造价值的百分比进行奖励。同时，协同推进技术创新，从技术开发项目管理、鼓励科技创新和推动科技成果转化三方面着手，制定《研发经费投入预算管理办法》《科技开发项目管理办法》《科技进步和技术创新奖励实施办法》《知识产权管理办法》等一系列制度，有力支撑和规范企业创新活动的开展，从体制机制上保证全体职工创新的积极性。

（三）通过科研攻关及科技成果转化，构建资源节约集约高质量绿色发展道路

1.建立生产端到原料端的循环通路，实现原料再利用

人造金刚石由高纯鳞片石墨转化而来，实际生产过程中约有60%的石墨未能转化，最终在生产工序末端变为危险废物，需付费交予有资质企业进行处置（年处置该类危险废物2000余吨）。金刚石合成过程中产生的危废石墨增加了处理成本，同时对生态环境也造成了沉重负担，所以加强危废石墨循环利用技术研究，实现资源高效循环利用，对于企业发展意义重大。根据"垃圾就是放错了地方的资源"的理念，中南钻石加强对《固体废物鉴别标准 通则》（GB 34330—2017）标准的研究，积极与政府环保部门和国家权威机构进行合作，尝试通过改变危废石墨的成分转变其用途。经过分析认为，其成为危废的主要原因是其中含有镍铁金属等杂质，只要将其中的镍铁金属进行提纯，危废石墨达到一

定纯度，便可成为再利用资源。经过反复摸索试验，中南钻石在废石墨提纯再利用技术上取得较大突破，提纯出碳含量达到99%的优质石墨材料，同时对镍铁金属进行了回收利用，使其成为能够循环用于人造金刚石合成的高纯石墨原料。通过小批和中批试样试验，验证了其可作为原材料使用。经过实践后，2019年至2020年，中南钻石投资4900万元，建成了废石墨循环利用生产线，通过设计建造智能化石墨提纯分级系统，实现了由危废石墨到石墨原材料的彻底转变，经处理的石墨原料部分循环应用于金刚石生产，部分可对外出售直接作为耐火材料、锂电池负极材料等产品的原材料，部分可作为炼钢行业的增碳剂。该生产线不仅提纯效率高，而且实现了从生产端到原料端的自循环。

2.优化工艺路线，改进生产布局，提高金属回收率，实现"变废为利"

石墨在转化为金刚石过程中需要添加金属催化剂，主要成分为镍铁合金，目前行业内采用电解提纯方式对镍铁金属进行提纯回收，但仍有10%左右的金属流失于废水中。该部分镍铁最终在污水处理过程中转变为含镍沉淀物，属于危险废物，需付费交予有资质企业处置（年处置该类危险废物1800余吨）。中南钻石梳理生产流程，找到主要矛盾点，跨行业调研冶金行业、选矿行业的除杂提纯工艺，对现行技术与装备进行升级优化。2020年，中南钻石投资2700万元，建成了金刚石提纯生产线，采用富集回收与冶金提纯处理方法，将物料中残余的触媒金属提取回收，回收率由90%提高至96%，年增收触媒金属180余吨（销售单价4万元/吨），同时减少酸的大量消耗，极大改善了作业环境。建成的金刚石提纯生产线，在行业内处于领先水平，帮助企业实现了生产模式的变革。

3.分工序开展废水循环利用，实现零排放

中南钻石排放的污水主要含有废酸、触媒金属离子、悬浮物等杂质，要想实现废水零排放，必须加强废水源头治理、收集分类、针对处理。中南钻石逐项开展科研攻关，采用精细化管控的生产模式，从各废水产生的源头出发，将不同工序产生的工业废水准确分类管控，区分不同成分的"酸性水"与"中性水"，最大限度降低污水之间的相互影响。结合实际处理要求，项目攻关团队通过对接市场，广泛调研，针对化学提纯废水主要污染物为氯化亚铁、氯化镍、盐酸的，处理思路为"酸性水"浓缩富集金属后返回生产线继续回收金属；针对"中性水"，采用"多级膜处理＋蒸发冷凝"等方式，最终得到高纯度的蒸馏水返回生产线替代自来水。2020年，中南钻石投资1800余万元，建成了行业内最先进的日处理300吨工业废水循环利用系统，经过处理后的废水，满足正常使用需求，远远高于国家要求标准，不仅实现了废水零排放，而且可以继续应用于工业生产。

（四）运用智能化和信息化手段，实现生产和管理效率综合提升

1.建设智能化生产线，从生产源头实现绿色节约生产

中南钻石以生产原材料为起点，重点围绕提高生产线自动化、智能化、安全、环保水平等开展核心能力建设，根据合成芯柱车间"流程化业务运行、全过程生产追溯、透明化制造监控、清洁化绿色生产"的业务发展需求出发，构建合成芯柱车间生产运行管控MES系统，实现计划编排、作业执行、设备监控、质量控制和运行管控等生产制造业务活动的数字化运行，打通车间"生产订单－计划排产－原料入库－芯柱制造－成品交付"的业务流程和数据链路，建设形成"业务协同、数据驱动、运行透明"的数字化车间，实现数据车间运行动态监控可视化、生产计划编排精确化、执行过程流程化、作业记录和统计报表数字化、石墨芯柱制造质量精细化，实现多业务协同运行和制造数据的实时传输共享，建成立体式现代化的智能化生产车间，在降低浪费、提升生产效率、提高成品率的同时，改善了原有脏乱差的生产环境，提高了绿色清洁生产能力。

2.建设多功能信息化管理系统，全方位监控污染物产生

依托水处理、石墨处理、金刚石提纯三条生产线，中南钻石开展相关信息化管理系统建设，采用数据采集系统进行信息化赋能，提升管理实效。智能化生产线可实现精准生产参数控制，由原来的人

工经验控制变成数据精准化控制，可保证生产过程严格执行工艺，实现产品质量的高度一致性，可有效满足"多品种""多配方"的生产工艺需求，提高了产品（再生水、纯化石墨、金刚石）质量。可做到运行数据实时监测与大数据收集，实现对产品配方设计、工艺参数设计、试验测试验证等数据积累，为产品工艺改进提供数据支撑。形成数据流自动分析与监控，可清晰监控废水回收量、石墨再生量、金属提纯回收量等，实现数据逻辑链接，形成闭环管理，杜绝污染风险的产生。同时可直观检测设备运行状态情况，改变原先靠人工排查设备的方式，利用运行数据直接汇总分析设备运行状态，做到设备状态提前预测、突发问题及时预警、现场问题及时解决，实现了多功能状态联动。

（五）建立绿色发展长效机制，实行标准化规范管理

1. 建章立制，固化管理流程，实现标准化管理

根据绿色发展过程中形成的科学方法，中南钻石及时进行复盘总结，按照"流程标准化、标准科学化"的理念，及时总结提炼绿色发展道路构建与实施过程中科学做法，形成制度文本，做到有章可循、有法可依。先后梳理制（修）订《环境保护工作管理标准》《绿色工厂管理手册》《能源管理手册》等50余项绿色发展、环境保护管理制度，对中南钻石在绿色发展方面的相关要求进行固化，并明确各级各类人员的能源、环保职责，完善配套制度，强化制度执行，让制度成为刚性的约束和不可触碰的高压线，严格用制度护蓝增绿、节能减排，做到有权必有责、有责必担当、失责必追究，保证中南钻石绿色发展体系的有效运行。

2. 强化绿色培训教育，厚植绿色发展文化

在日常工作中，中南钻石高度重视绿色发展意识的培养，通过专家讲解、内部培训、网络视频培训，教育广大干部职工加强对绿色发展基础知识、实现路径和工作要求的学习理解，准确把握相关工作部署、形势任务以及政策规定。结合现场管理要求，加强对资源利用、能源利用、设备维护、污染治理等知识教育，增强了职工绿色节能和环保治理的意识，提升了关于绿色发展的素养，绿色发展理念真正入脑入心，为绿色发展奠定了良好的基础。积极整合各方资源，以绿色循环文化为引领，通过多部门联合开展绿色发展应知应会抽考、现场检查考核等，全力推动绿色发展理念学懂弄通做实，推动层层落实、层层细化，形成密切协作、共同参与、合力推进的工作格局，实现绿色发展文化内化于心、外化于行。

（六）开展绿色专项行动，绿色发展成效持续提升

中南钻石是绿色循环发展理念的直接受益者，在开展各项技改技措过程中，始终坚持生态效益与经济效益相统一的原则，全面践行绿色发展理念。一是持续探索节能新技术在超硬材料行业的应用推广，统筹组织开展了节能变压器改造、循环水系统节能改造、太阳能照明改造及空压机余热利用等多项技术改造，实现了能源的大幅节约，节能降碳效果突出，实现经济效益和社会效益相统一。二是科学规划雨污分流系统，实现高水高排、低水低排，设置了三纵五横的分流管线，科学计算设置雨水截留池，实行自动化控制，编制雨污分离系统管理要求，通过管理手段与技术手段相结合的方式，实现了控制污染的环境效益，该系统雨污分流后能够实现雨水、污水的物理隔离和精准管控，杜绝污水对自然水体造成污染的风险。三是开展厂区美化工程，在厂区广泛种植香樟、桂花、垂柳、月季等景观植物，因地制宜高标准建设一处景观水塘，打造出水清、树绿、景美的花园式工厂。

（七）党建引领为绿色转型升级提供强劲动力和根本保障

1. 实施党建＋绿色转型，发挥党建聚合力的作用

中南钻石始终坚持以习近平新时代中国特色社会主义思想为指导，牢固树立和践行"绿水青山就是金山银山"理念，按照"党政同责、一岗双责、齐抓共管、失职追责"的工作方针狠抓责任落实，把党的领导融入中南钻石环保管理各环节，做到党建工作与绿色发展工作目标同向、部署同步、工作

同力、考核同责，以建设"绿色中南"为目标，党员干部率先垂范，群团组织紧跟步伐，逐步形成"党建＋绿色"的长效机制，紧紧抓住党委理论学习中心组学习和"三会一课"红色阵地作用，通过党建教育与环保培训相结合的方式，及时集中学习领会习近平生态文明思想，采用"会上集中学习＋会后自学扩展＋定期交流研讨"的学习模式，进一步提高党员干部在绿色发展工作上的政治站位，强化底线思维和红线意识，为生产经营筑牢环保支撑，助推中南钻石可持续高质量发展。

2. 选强配优生态环境守护者、绿色发展建设者

建设生态文明，是关系人民福祉、关乎民族未来的长远大计。中南钻石作为国有企业，为党分忧、为国尽责是我们无上崇高的使命和义不容辞的责任，而履行企业的社会责任、做好环境保护工作、维护企业和周边的生态环境是为党分忧、为国尽责最直接的具现形式。中南钻石从人才兴环保的战略高度，把加强绿色发展人才队伍建设摆在更加突出的位置，解放思想，创新机制，努力建设一支"政治强、本领高、作风硬、敢担当，特别能吃苦、特别能战斗、特别能奉献"的环境保护人才队伍。在人才选拔、培养、使用方面，中南钻石坚持党管人才原则，巩固深化"不忘初心、牢记使命"主题教育成果，凸显党员先锋模范作用，发挥好专业监督指导作用，主动担当、主动作为，想在前面、干在前面，指导好、督促好各单位肩负起环保主体责任，自觉做好各项工作。制定相关的激励政策，吸纳更多先进党员和环保专业人才加入专兼职环保管理人员队伍。中南钻石配备专兼职环保管理人员中环保及相近专业占比44%，中级以上职称占比67%，环境保护管理工作团队的专业性显著提升。

三、超硬材料企业以资源节约和循环利用为重点的绿色发展管理效果

（一）实现了创新引领，核心竞争力得到增强

中南钻石绿色发展道路的构建与实施，形成了完善的绿色发展体系，有力推动了生产经营变革，提升了技术创新能力，极大提升了核心竞争力。培养出一批专业技术型人才，为企业发展提供了强有力的人才资源保障。积极应用先进的污染防治工艺、技术，提升污染防治能力，高标准、严要求建设先进高效的环保设施，中南钻石"绿色竞争力"得到有效提升，建设的石墨提纯、金刚石提纯、工业废水零排放生产线，多项新技术可在同类型企业示范推广。2023年2月份获评"国家级绿色工厂"。

（二）实现了降本增效，经济效益稳步增长

一是废石墨循环再利用项目每年处理危废石墨2000余吨，产出高纯石墨原材料1500吨，节创价值750万元。二是提高金属回收率项目每年多回收金属180吨，相较于原生产工序减少65人，节创价值1220万元。三是废水循环利用项目实现300吨／天的废水提纯处理能力，同时减少危险废物产生1800余吨，节创价值360万元。以上共计节创价值2330余万元／年。

（三）实现了"变废为宝"，环保能力全面提升

中南钻石构建的资源循环式绿色发展道路，为中国超硬材料行业的长远发展提供了新的先进的解题方案，推动了行业的绿色化改造升级，有利于推动清洁生产的进行、金属资源和水资源的循环利用和人类社会的可持续发展。废石墨循环利用生产线、金刚石提纯生产线、工业废水循环利用系统的陆续建成投产，一是将危废石墨实现资源再生，减少石墨资源的浪费，年减少危险废物产生2000余吨；二是提高触媒金属回收率，减少了重金属资源的浪费，年减少危废产生1800余吨；三是实现再生水闭环回用，减少水资源的浪费，年减排废水近10万吨。由此可知，中南钻石的环保能力得到了全面提升。

（四）实现了品牌赋能，行业地位持续巩固

中南钻石在行业内的知名度得到显著提升，产品质量口碑、信誉度、社会知名度及品牌影响力受

到客户的广泛赞誉，产品远销 40 多个国家，人造金刚石产品市场占有率达 45%，牢牢占据了世界第一的地位，在国内外享有很高的知名度和美誉度。2022 年，中南钻石顺利完成国家技术创新示范企业复评及河南省创新龙头企业评估，连续通过制造业单项冠军示范企业复核，成功入选 2023 年河南省制造业头雁企业。

（成果创造人：郭世峰、刘建国、车　林、郭　浩、罗永波、周　飞、
　　　　　　　杨　阳、朱德栩、李延各、张　鑫、王楠楠、陈冬冬）

基于连锁经营的校园邮政服务业务开发与管理

中国邮政集团有限公司江苏省分公司

中国邮政集团有限公司江苏省分公司（以下简称江苏邮政）隶属于中国邮政集团有限公司，依法经营各项邮政业务，承担邮政普遍服务义务，受政府委托提供邮政特殊服务，对竞争性邮政业务实行商业化运营，践行国有企业的政治责任、经济责任和社会责任。江苏邮政下辖13个市分公司、56个县（市）分公司、2380个邮政网点，全部从业人员约5.3万人。近年来，江苏邮政通过深化改革创新，加快转型升级，已经发展成为经营普遍服务、现代金融、快递物流和农村电商的现代化大型企业，积极助力地方经济建设和社会民生发展，省政协给予"首位度高、融合度高、创新性高、认可度高"的评价。2022年营业收入达226亿元，规模位列全国邮政第二；完成利润9.8亿元，居全国邮政第二位。八次获得"江苏省文明行业"荣誉称号，13个市级分公司获评"全国文明单位"，全省邮政共有70个单位（13个地市，54个县市，2个直属单位和无锡寄递事业部）获评"江苏省文明单位"。

一、基于连锁经营的校园邮政服务业务开发与管理背景

（一）贯彻落实政府决策部署，健全高校公共服务体系的需要

《中华人民共和国邮政法》规定：高等院校应当设置提供邮政普遍服务的邮政营业场所。《国务院关于大力发展电子商务加快培育经济新动力的意见》中指出：鼓励学校、快递企业、第三方主体因地制宜加强合作，通过设置智能快件箱或快件收发室、委托校园邮政局所代为投递、建立共同配送站点等方式，促进快递进校园。交通运输部要求推进邮政公共服务均等化，坚持普惠性、保基本、均等化、可持续方向，提高公共服务共建能力和共享水平。教育部等六部门印发《关于推进教育新型基地基础设施建设构建高质量教育支撑体系的指导意见》指出，教育新型基础设施是国家新基建的重要组成部分，是加快推进教育现代化、建设教育强国的战略举措。江苏省人民政府与中国邮政集团有限公司战略合作协议中明确支持邮政进驻高等院校，建设邮政综合服务中心。

（二）解决高校管理痛点难点，赋能规范高效安全管理的需要

近年来，高校管理面临着一系列新形势、新难点。诸如校园快递的巨量增长、意识形态建设的紧张形势等都对高校规范管理提出了新挑战。随着校园快递量水涨船高，各快递公司蜂拥涌入校园摆摊设点收投邮件，具有极大的安全隐患，同时因疫情防控叠加影响，给高校带来快递服务"形象差""管理乱""意见大"的痛点。江苏邮政通过高举高打寄递服务和文创服务，针对高校管理的痛点难点，提出专项系统解决方案，提供规范、有序、安全、便捷的校园末端共享寄递服务；实施"六步消杀作业"，助力学校疫情防控，保障师生快递自由，帮助学校实现秩序管理。针对校方场地紧张、建设周期长等难点，创新建设方案，采取户外模块化建设方式，机动灵活、颜值高、成本低、时间短，有效提升进驻校园的综合服务竞争力。

（三）发挥邮政系统资源禀赋，推动高质量可持续发展的需要

校园市场既关乎当下，又影响未来。高校市场具有分布集中、综合价值高和客群不断迭代的特点，是最活跃、最具生命力的特殊市场。当前，公众服务型行业都在支付、通信、电商购物、包裹快递等领域，深度挖掘服务校园客群。邮政服务作为高校的公共基础服务，作用曾举足轻重；但随着时代变迁，邮政服务在高校却面临日渐淡化、边缘化的窘境，服务点也纷纷清退。长期以来，邮政公司在高校市场中存在"品牌认知低、金融进不去、寄递竞争弱、文传规模小、渠道利用差"的窘境，同时面临碎片化、低频化、零散化和阶段性的合作现状；局限于固定物理场所的普服网点和主题邮局难

以实现盈利；既有合作模式难以为继，特别是在社交媒体迅猛发展形势下，客群传播率、转化率、留存率和重复利用率低的问题凸显。从客观上讲，校园市场潜力巨大、社会效益明显，无论是从当期还是长远看，对邮政都极其重要。如何将邮政在高校市场的资源禀赋和有利条件充分发掘，转化为经营发展优势，变成了亟须解决突破，进而推动实现邮政高质量可持续发展的迫切需要。

二、基于连锁经营的校园邮政服务业务开发与管理主要做法

江苏邮政围绕"全面领先"目标定位，通过实施"两线原则"（以寄递和文创两项服务为明线；以金融和邮购分销两项业务为暗线）强化业务开发，落实"四大抓手"（强化推广"11411高校进驻作战法"；复制打造校企合作模式校园邮局；拓展提升校园邮局综合服务等级；竞标销号与分级扶持扩大覆盖面）加快高校进驻，推进"六大举措"（品牌连锁；平台打造；事件营销；产品赋能；场景经营；标杆示范）开展连锁经营，一举突破邮政在高校市场开发中面临的"进驻难、运营难、宣传难"三大瓶颈，形成了构建和谐共生邮政校园服务新生态"链式开发模式"的实践模板和体系方法论。

（一）"两线原则"强化业务开发

1. 高举高打"寄递和文创"两条明线

积极贯彻落实中央政策法规及省政府要求，结合高校管理的痛点难点，高举高打，加大投入，强势推进。一方面，通过借势邮政法关于高等院校应当设置提供邮政普遍服务的邮政营业场所的规定，形成"源头开发、刚性嵌入"，配套保障学校疫情防控政策，进一步升级提供规范、有序、安全、便捷的校园末端共享寄递综合服务方案。另一方面，发挥邮政特有文化资源比较优势，借助高校校庆、邮票、纪念封片、报刊图书订阅等，融入高校意识形态建设、校园文化建设以及系列活动组织，持续嵌入和升级邮政文化产品服务，助力高校形象宣传和意识形态建设。

2. 曲线布局"金融和分销"两条暗线

高校市场具有分布集中、综合价值高和客群不断迭代的特点，是最活跃、最具生命力的特殊市场，其中的基建、商业、食宿、教培、通信、文化、支付、电商购物、包裹快递、娱乐、出行、安保"等领域和业态叠加交织，形成了一个独特的封闭生态。对邮政而言，金融和分销业务影响尤其明显，特别是金融业务，在高校先期基建阶段，受配套银行信贷绑定，实行渠道资源置换的排他政策影响，导致在高校官方合作渠道，几无邮政金融业务的介入机会；同时，高校实施统一后勤管理，对校内分销零售实体店采取竞业限制政策。邮政作为后入者，对高校市场"金融和分销"两项业务开发转而采取"暗线"开发策略。在具体实施上，以发展学生团队开展内部扫楼、拓展线上渠道为抓手，积极搭建金融活动及支付场景，配套设计校园特色金融及分销产品，建立完善代销激励机制，形成一套以学生服务学生、学生带动学生的高校市场开发举措。

（二）"四大抓手"加快高校进驻

1. 提炼推广"高校进驻作战法"

总结提炼"高校进驻作战法"，做到"一个不漏，多轮摸排"：组织高校普遍走访，摸底高校进驻服务的具体情况；组织属地市分公司定期拜访，对接校方需求安排。"一把手挂钩，合力开发"：鉴于高校决策层级别较高，针对目前尚未合作的高校，统一组织实施"首席营销"，建立地市分公司领导挂钩开发机制，由总经理、分管副总经理挂钩，带头拜访客户，统筹协调人员、资源投入，进行销号开发；并按时间节点管控高校"覆盖走访、跟进开发、跟踪反馈"。"四种切入，千方百计"：履行邮政法规定和健全高校公共基础服务体系，以"快递超市、主题邮局、邮政支局、合作共建"四种切入方式，加快高校进驻，针对每一类切入方式，明确营销责任部门、责任人及重点营销对象。"一种模式，百花齐放"：主推邮政综合服务中心模式，强化"共享快递"运作基础。"一套工具，强化管控"：全省统一组织制作高校进驻开发流程、开发职责分工、校园邮局招投标模板及建设验收标准等一

系列配套工具，并强化管控应用。

2. 复制打造校企合作模式校园邮局

以"校企合作协议、租金优惠、打造综合服务中心、就业实践"四项标准，针对还未实现进驻服务的高校"校区"，以及已进驻但现状为单一服务形式的校园网点，组织全省性梳理，复制推广东南大学邮局校企共建合作经验，为广大师生提供综合服务。全省重点打造如河海大学、南京医科大学等17所高校的校企合作模式校园邮局。

3. 拓展提升校园邮局综合服务等级

遵循"源头开发、刚性嵌入、梯度叠加、深度绑定、持续服务"[①]的策略，转变校园邮局发展初期只注重数量而忽略质量的情况，逐个组织，大力推动已进驻校园邮局由功能较为单一的传统业态（文创／寄递／零售），向"共享寄递＋文创服务＋综合便民＋普惠金融＋分销服务＋创意实践"[②]的"综合服务中心"模式拓展升级，丰富业务叠加，更多融入师生日常学习生活，提供深度综合服务。

4. 竞标销号与分级扶持扩大覆盖面

一是全省性组织开展"快递超市"竞标销号专项营销活动，以高校"校区"为单位，采取目录式开发，销号式跟进，逐月管控反馈，广覆盖未进驻高校基于"共享快递"的校园邮局开发和已进驻高校校园邮局的接续经营。二是制定下发《全省邮政校园邮局建设管理实施意见》（苏邮分〔2022〕472号），遵循"业务优先、经济适用、分类打造、按级扶持、连锁运营"的建设原则，以"旗舰版引领，标准版覆盖，简易版补充"的方式，全省按照自主申报，分类补贴的原则，以机动成本补贴的方式实施定向扶持。其中，旗舰版按照不高于4500元／平方米进行改造，由市分公司提出申报，省分公司"一事一议"审批，给予相应补贴；标准版按照不高于3000元／平方米进行改造，省分公司原则上按改造费用的40%进行补贴。并根据校园邮局总体规划和具体布置，结合校园邮局分类分级及客户动线进行合理分区设置，具体涵盖共享寄递区、集邮文创区、便民服务区、共创空间区及新业态合作区等，统一构建校园邮局分级服务体系，进一步提升校园邮局的品牌形象与经营效能。

（三）"六大举措"推进连锁经营

根据高校市场特点、邮政资源禀赋、合作伙伴能力及流量经营需要，江苏邮政秉持开放共赢原则，通过实施"六大举措"推动校园邮局连锁经营。

1. 品牌连锁

品牌化是凸显邮政特色，推动客户认同取得成效的重要标志。江苏邮政注重高校市场开发中的品牌活化，统筹"实体渠道、线上平台、产品服务、场景策划"等进行品牌统一输出及互动经营；通过"高频场景＋校园活动"叠加，打造私域流量；通过"情怀故事＋趣味互动"，引入哔哩哔哩站、抖音、新华社等主流媒体及策划公司，共推品牌传播；通过品牌故事、高考知识、伴随活动等多种原创

---

① 与高校决策层对接共推校园邮局提档升级，以满足师生包裹快递和普邮服务的刚性需求为切入；根据师生服务需求层次逐步叠加拓展服务内容，深入融入高校师生日常学习生活，以持续性的活动组织及常态化的场景经营服务高校师生。

② 共享寄递：整合提供众多快递企业的代投和揽收邮件服务，打造校园邮局"一点统投、一点多发"快递服务共享平台；文创服务：通过借助邮票、邮资封、明信片、报刊、图书等邮文化资源，结合校园文化及意识形态建设，提供特色文化创意产品；综合便民：提供包裹信函／报刊订阅等普邮服务、微政务服务、共享充电、云打印、邮局咖啡等便民服务。普惠金融：提供金融支付、电子银行、储蓄保险、权益优惠等服务；分销服务：提供农产品带货、吃货团购等邮购分销服务；创意实践：提供文创产品研发创业创新，共享寄递勤工助学，校园邮局运营实习培训、就业实践等岗位。

内容多点连续曝光，在抖音、B站、新华社、中国国家地理、合作伙伴自媒体等多维平台传播，并联合省教育厅、联盟伙伴等单位共同宣推，形成裂变效应，提升校园邮局专属品牌知名度和美誉度。

2. 平台打造

打造线上线下于一体的高校综合服务平台，强化线上线下的相互引流与互动经营。在线下，构建包括邮政综合服务中心、快递超市、主题邮局、邮政支局等机构在内，相互独立但又密切关联的"蛛网式"（多业态形式且以众多高校阵地为节点的服务网络）校园邮局服务体系；采取"加盟＋准加盟＋代办"①的运作模式，提供一站式综合快递服务，拓展打造综合服务、开放共赢和创业实践平台；组织常态化、品牌化、平台化活动，打造创客产品研发基地，加强社会产品及渠道合作，推进如"大学时光""三生有信"等校园主题邮局转型升级。在线上，建立并持续完善"伴随 PLUS"服务平台，采取"公众号＋小程序"设计，设置"随心意、随心寄、随心逛"三项功能，对应提供"会员权益、快递服务及线上商城"服务，支持"一校一面"本地化运营，自高考录取通知书（以下简称"高录书"）投递环节起锁定并聚拢大批潜在大学生客群，构建私域流量。

3. 事件营销

积极把握"校庆""高录书""运动会"等热点事件开展项目营销。系统梳理校庆需求，配套高校校庆服务方案，逐校组织策划开发，如 2022 年形成高校校庆项目收入 5500 万元。连续多年策划"伴随高录书"项目，突出"线上线下运作、打造家国情怀、众多品牌联贺、多维媒介宣发、投递系统管控"等方式，与《中国国家地理》杂志社联手推出"中国国家地理江苏考生专刊"，并联合诸多知名媒体、品牌和高校共同开展创意"高录书"活动。选定重点高校如南京大学等，组织"冬奥文化进校园、校园马拉松"等活动，实现社会效益和经济效益双丰收。

4. 产品赋能

基于邮政"金融、寄递、文创、普服、电商分销、便民"等多维服务资源和能力，重构建设涵盖"服务、产品、权益"的邮政高校产品赋能矩阵。推出"寄取件、快捷支付"等服务；持续丰富"文创产品、电商分销"等产品，打造高校邮政特色产品线；提供"金融积分、寄递优惠"等权益；叠加"咖啡邮局、电商直播"等新业态。通过"快递服务、金融支付、电商零售、邮局咖啡、系列活动"的高频产品服务，采取"高频带高频＋高频带低频"产品策略，深度绑定学生客群。

5. 场景经营

策划经营"开学季、毕业季、校庆等时点节庆及学习生活"重点场景。如，"开学季"主要涉及金融服务、通信服务、学习生活必需品、社团活动等；"毕业季"主要涉及校园包裹、就业自荐、文创产品、珍藏留念等；"时点节庆"主要涉及文创礼仪、珍藏留念、活动组织等市场需求。并通过联合教育、团委、公安、环保等政府部门及合作伙伴共同组织开展"伴随种子计划、伴随合伙人计划、校园主题行"等系列活动，有效强化校企合作纽带。

6. 标杆示范

在集团公司大力支持下，以东南大学 120 周年校庆为契机，省市联动推动战略合作，校企共建东

---

① 加盟：邮政企业授权第三方公司或人员，采用邮政品牌规范、运营流程和管理标准的运作模式；准加盟：邮政企业通过授权企业内部团队或个人，允许其以邮政品牌的名义在授权范围内开展自主经营、自主定价、自控成本、自主分配的经营模式；代办：邮政企业与校园服务点以签订代办协议的方式确定邮件的代投和揽收、文创及分销产品的代售、综合便民服务的代办等合作。

南大学邮局，立足"三新三创三共"①，搭建"邮政综合柜台、文创展销、邮局咖啡、共享服务、包裹自提"五个功能区，引入邮局咖啡、直播带货、创意空间等新业态，校企共建"邮政服务、文化传播、共享体验和创业实践"四个阵地；植入金融场景，落地全国首家邮局咖啡高校店，并逐步打造为流量网红；投入智能摄像头、云屏等科技设备，通过热力图分析，为经营效能提升进行数据赋能，构建邮政校园生活新方式。此外，全省还重点打造了"扬州大学、苏州科技大学、常州工学院、南京工程职业技术大学"等一批校园邮局标杆，以点带面，促进邮政进校园实现量质双提升。

三、基于连锁经营的校园邮政服务业务开发与管理效果

（一）经济效益成效好

截至 2022 年年底，全省建有高校校园邮局 147 所，数量全国第一，实现高校市场收入 1.6 亿元，同比增长 1.2 倍（2023 年 1—6 月，高校市场收入同比增长 102%，持续高速增长）；实现高校进驻率 89%（截至 2023 年 6 月底，建有高校校园邮局 154 所，全国第一，高校进驻率 93%），服务师生 148 万人，提供实训岗位 980 余个；高校校区"共享快递"渗透率显著提升，从 2019 年的不足 3% 提升至 47.3%，月均代收邮件 32.1 万件，月均代投邮件 187.5 万件。以"增收＋降本"双轮驱动，通过产品和服务迭代升级拓客增收，通过机制创新和精细化管理降本增效，实现高校校园邮局平均利润率 24.7%，并通过校企合作合计减免房租 800 万元，形成了可持续高质量发展的经营态势。在集团公司大力支持下，以东南大学 120 周年校庆为契机，通过立足"三新三创三共"，通过校企共建，打造东南大学邮局标杆示范。除校庆项目收入 1800 万元以外，自当年 6 月营业以来实现常态化收入 148.3 万元，取得跨越式增长，同时吸引超过 23 万人次到访，成为校园网红打卡点，带动进驻合作高校新增 28 所，示范效应显著。

（二）师生体验获赞许

解决校园快递服务"形象差""管理乱""意见大"的痛点，提供规范、有序、安全、便捷的校园末端共享寄递服务；实施"六步消杀作业"，助力学校疫情防控，保障师生快递安全自由，疫情防控模式经验受到政府主管部门赞誉，并作为先进典型复制推广，多家主流媒体纷纷报道。结合高校文化、节庆、活动及校园邮局等需求和渠道，提供邮政特色校园文化产品服务，将其融入成为校园文化的组成部分，打造成为校园文化传播和传承的重要载体，在助力高校品牌提升、文化传播及意识形态建设上发挥积极作用。立足校园邮局阵地，在做好普遍服务基础上，积极延伸提供综合便民、创业实践及新业态叠加服务，便利师生，深度融入师生日常学习生活，在年轻学生客群中重塑中国邮政的品牌形象，受到广泛认可。

（三）社会效益美誉高

通过聚合资源，采取与政府部门联合发文等形式，联合合作伙伴共同开展多样化活动，得到了广大高校师生的高度认可，为邮政开发高校市场提供了政策保障和有利舆论环境。广泛联合《人民日报》、新华社、中国新闻、哔哩哔哩、抖音等主流媒体开展宣传推介活动，实现品牌传播 9500 余万次；《中国交通报》《中国邮政报》专题报道江苏邮政校园市场开发实践，品牌影响力和美誉度大幅提

---

① "三新"，即服务新内涵，展现新形象，释放新动能。融入邮政全业务、新业态、新科技，丰富服务新内涵；突出"网红"属性打造，空间布局展现新形象；设立高校市场专业团队支撑，全新制作高校展业服务手册，配套制定校园邮局管理机制，强化机制创新，释放新动能。"三创"，即创意创造创新，打造"创空间"。打造新零售、文化、创业等课堂以及校园直播空间、实践基地和学习研讨空间；校企共同培养新零售、新电商、新媒体、新文创等创业型人才。"三共"，即共建共享共赢，整合资源共同推进。多方共建搭台，整合资源助力乡村振兴、文化帮扶；借力团省委打造"青年创业基地"、全民阅读项目；品牌联盟共同开展文化、公益、金融等进校园活动。

升。连续四年开展高录书"伴随"项目，累计为110余万江苏高考家庭送出文化厚礼；开展各类线上公开课实现受众270万人次，得到江苏省教育厅和各大高校的赞许。与通信运营商、天猫校园等20多家第三方组成异业联盟，共建校园服务生态圈；积极引入8家校园初创公司共同推动校园产品、活动策划开发，与联通、维沃等12家合作伙伴共建校园生态。江苏邮政在江苏高校的影响力和号召力实现大幅提升。此成果首次系统形成了邮政在高校市场从"进驻建设、开发运营、业务拓展到品牌塑造"链式开发模式的实践模板和体系方法论，并在"战略合作、建设扶持、政府搭台、竞标走访、业务整合、宣传推广以及新业态拓展"等方面做出多环节原创性创新，在全省快速推广，取得显著成效，具有较强的复制性和方法指导意义。

（成果创造人：俞泽昕、王承东、莫志坚、郭晓苗、季　杰、彭秋收、薛　浪、杨　剑、王　昕）

电网企业促进湘赣边区振兴的多元协同赋能管理

国网湖南省电力有限公司株洲供电分公司

国网湖南省电力有限公司株洲供电分公司（以下简称株洲供电公司）是国网湖南省电力有限公司下属的供电分公司，担负着株洲市5区4县（市）的供电保障任务，供电区域面积11262平方公里，服务客户数193.25万户，其中10千伏及以上专变客户7695户。下设渌口区、醴陵市、攸县、茶陵县、炎陵县5个县级供电企业，以及天元区供电支公司、城东供电支公司2个城区供电机构。主办省管产业单位1个。目前共有长期职工1634人、供服职工1400人、省管产业集体工80人、直签工617人，各类用工形式总计3721人。在运35千伏及以上变电站132座，容量979.25万千伏安；35千伏及以上输电线路258条，总长3745.37千米；10千伏公线1129条，总长15493千米。公变19453台，容量575.33万千伏安。2022年，株洲供电公司完成售电量119.48亿千瓦时，营业收入75.22亿元，内部利润7.56亿元，资产总额86.29亿元，完成固定资产投资13.72亿元，其中电网基建投资11.67亿元。近年来，株洲供电公司先后获评"全国文明单位""全国五一劳动奖状""国家电网公司先进集体""湖南省文明标兵单位""湖南省光伏扶贫先进单位"等称号。

一、电网企业促进湘赣边区振兴的多元协同赋能管理背景

（一）落实国家乡村振兴工作要求的重要举措

全面建设社会主义现代化国家，最艰巨最繁重的任务仍然在农村。国网公司明确将助力乡村振兴作为彰显公司社会责任和政治责任的重要工作。湘赣边区虽然已实现全面脱贫，但仍存在电力基础薄弱、供电服务不佳等不足，与农民群众日益增长的美好生活需要还有一定差距。为了实现巩固拓展脱贫攻坚成果同乡村振兴有效衔接，亟待电网企业发挥央企责任担当，夯实农村电网基础、优化供电服务，为全面推进乡村振兴提供电力支撑。

（二）服务湘赣边区合作示范区建设的现实需要

湘赣边区域处于湖南、江西两省交界地带，是湘鄂赣、湘赣革命老区的中心区域，推进湘赣边区域高质量发展，是落实党中央、国务院关于新时代支持革命老区振兴发展和推动中部地区高质量发展重大决策部署的实际行动。受限于区位、交通等多重因素影响，湘赣边区域整体经济发展仍显滞后，一些脱贫地区特色产业发展，仍然呈现产业技术、资金、人才、市场等支撑不强，基础薄弱、发展不平衡不充分等特征。面对湘赣边区产业发展新形势和新要求，供电企业亟待发挥自身优势，探索省际交界地区电力赋能发展路径，服务湘赣边区乡村振兴，激活边区经济活力。

（三）促进电网企业多元服务转型的迫切需要

为支撑湘赣边区域合作示范区建设，高效服务边区乡村振兴，株洲供电公司提出了由单一供电服务型企业向服务政府治理、经济发展、社会民生的多元服务型企业转型的工作目标，但在转型过程中仍存在一些不足：一是边区行政交界区域电网基础薄弱，二是赋能边区特色产业发展能力有待加强，三是服务边区环保监管和节能提效潜力有待深挖，四是服务边区农村民生改善有待深化。亟待电网企业发挥自身企业优势，服务政府监测乡村发展和防返贫治理，帮扶村民丰富精神文化生活，服务农村地区民生改善。

二、电网企业促进湘赣边区振兴的多元协同赋能管理主要做法

（一）立足湘赣边区发展现状，明确电力赋能管理思路

1. 聚焦边区发展难点，明确管理目标

针对湘赣边区发展过程中存在行政交界区域电网基础薄弱、特色产业发展受限、环保监管和节能提效缺乏有效抓手、部分乡村物质生活和精神生活较为匮乏等问题，制定出构建坚强电网基础、赋能产业持续发展、支撑生态环境保护、推动民生福祉改善四大管理目标。

2. 结合多元振兴要求，制定管理原则

株洲供电公司通过深入调研、反复论证，明确电力赋能湘赣边区乡村振兴的"三个坚持"基本原则：坚持融合共建、坚持协同推进、坚持需求导向。

3. 强化多方价值共创，厘清管理思路

聚焦湘赣边区发展痛点，以"价值共创"理论管理思想为指导，充分发挥电网平台价值，加强供电企业之间，供电企业与政府、电力客户之间多方协作，合作互利共创价值，多元赋能湘赣边区电网基础、特色产业，生态环境和农村民生改善，促进边区乡村振兴。

（二）开展边区电网互联共治，夯实交界区域赋能基础

1. 区域多方协同电网规划建设，增强湘赣之间电网联络

为有效解决湘赣边区交界区域电网基础薄弱、电力供应能力不足等问题，边区电网公司多方协作，协调支持跨省特高压线路工程建设，协同开展配电网规划建设。支持协调跨省特高压交流线路建设，为有效支持南昌—长沙特高压工程建设工程，湘赣边区电网企业发挥属地供电企业协调优势，配合设计单位完成端换流站、接地极极址现场踏勘和比选工作，落实每个选址用地、压矿、地灾、地震、环评、水保、交通、接水、用电等建设条件，确定特高压工程送端换流站和接地极极址初选方案。联合开展交界区域电网规划，针对区县交界区域配电网基础薄弱问题，不同区县供电公司以改善交界区域电网基础为目的，联合深入开展交界区域电网短板问题研究，联合实施变电站选址规划、变压器新增布点规划，保障区域电力能源供应。

2. 跨区联动共治电力安全隐患，夯实交界区域电网基础

针对湘赣边区交界区域电力隐患排查力度不足、跨区域隐患治理困难等问题，边区电网企业依托统一"村网共建"平台，联合开展电力隐患排查与治理。通过政企信息互通，在村干部、村民范围内推广"村网共建"平台，针对外力破坏、线路断落、表箱脱落、表箱内部带电部位裸露等问题，村组、村民通过随手拍功能上传隐患照片至平台，供电公司根据隐患情况进行研判，积极开展隐患排查和危害治理。供电公司每季度完成一轮电力通道巡视，运用"村网共建"平台，定期交办树线矛盾突出点位整治清单至村（社区），由村（社区）开展砍青阻工点位协调，保障电力稳步推进。加强与通信运营商合作，共享外部监控资源，运用智能视频监控系统，自动识别各种外力破坏隐患情形，通过自动实时预警，及时发现并处理隐患故障，将问题消灭于客户反馈前。在鱼塘等危险点现场安装视频监控装置，实现危险点现场动态情况的实时掌控，减轻巡视人员的现场监控工作量，有效防止线路外力破坏事故发生。

3. 联合开展边区电力保供行动，保障边区道路建设供电

湘赣边区道路建设横跨多个区县，为有效支撑边区道路建设工作，边区电网企业联合建立跨区域保供电机制和故障应急抢修机制，保障边区道路建设供电安全。建立联合保供电工作机制，为保障边区道路建设电力供应，湖南株洲、江西萍乡等多个区县供电公司建立联合保供电机制和故障应急抢修机制，提前制定详细保电方案和应急预案，各供电公司强化沟通协作，全力为边区道路建设做好供电服务保障，为跨省域一体化供电服务打造示范样板。联合开展保供电行动，道路建设期间，定期联合

开展线路巡视、隐患排查，未雨绸缪对重点区域、重点线路开展拉网式安全检查，及时消缺保证线路设备健康运行，持续开展电力设备不间断巡视，组织应急发电车驻守现场，为边区道路建设提供电力保障。

（三）聚焦边区产业发展痛点，赋能特色产业持续发展

1. 电能替代助力节能提效，推进陶瓷产业绿色转型

湖南株洲醴陵市和江西萍乡已形成集陶瓷原料、装备、制造、物流于一体的完整陶瓷产业链，但由于陶瓷工业所使用的窑炉多以煤和重油作为能源，是能源消耗集聚行业，其能耗占规模企业能耗的60%～70%。实施"电能替代"工程。通过开展能效诊断，制定个性化实施方案，用高温电热窑炉替代传统柴烧窑，有效减少陶瓷生产过程中产生的烟气、粉尘、固体废料，环境得到明显改善。推进陶企"绿电替代"。边区电网企业以入选整县屋顶分布式光伏开发试点县为契机，积极配合电力规划的同时，进行配电网建设改造工程，为屋顶分布式光伏接网奠定扎实基础。

2. 电力数据赋能远程监管，联合保障烟花安全生产

针对湘赣边区域烟花产业安全监管难度大的问题，边区电网企业基于统一的能源大数据智慧平台，依托电力大数据优势，联合开展烟花企业违规生产先预警、生产异常先提醒、灾害天气先建议，构建烟花产业电力数据安全生产监管体系，实现由"广撒网式"现场筛查向远程监管"靶向"执法转变。违规生产先预警，利用电力大数据实施远程安全生产监测预警，开展违规生产预警，监测偷产、超额生产行为，对疑似违规生产的企业给出违规生产预警。实施历史违规行为追溯，通过回溯特定时间段的用电行为，获取企业违法违规生产行为的直接证据。生产异常先提醒，汇聚企业生产历史数据，以用电行为数据为基础，通过监测正常企业骤停骤启现象，进行生产异常提醒，有效防范安全事故发生。灾害天气先建议，全面融合降雨、高温、冰灾、雷击和地质灾害5类气象预警数据，提前3到7天发布气象预警，并将提醒信息发送给政府相关部门和相关企业，提供灾害天气停产排产建议，提前预防灾害天气导致的安全事故发生。

3. 电力扶持农村特色产业，共促农村产业多元发展

针对湘赣边区农村产业形式单一、农业发展潜力受到限制的问题，电网企业依托自身企业优势，组建驻村工作队伍，结合各个乡村农业资源优势，发展多元农村产业。

例如，株洲攸县供电公司支撑攸县樟井村开办村集体企业竹艺加工厂，积极为村里争取产业扶贫资金300万元，敷设1000余米低压电缆，加设12基电杆，新增200千伏安变压器一台，保障竹艺加工厂选料、切片、成型、包装等各环节用电需求。竹艺加工厂促进绿色竹资源转化为富民竹产业，带动当地60余名村民实现了就近就业，平均年收入增加5000余元。

江西赣州供电公司结合不同乡村农业资源优势，帮扶发展种植、养殖等传统产业，电力帮扶包括隘前村水养殖蚯蚓、种植烟叶，背村种植罗汉果，河坪村发展水产养殖，步前村种植脐橙，黄龙畲族村种植红天葵农业项目，金盆村蛇类养殖和槟榔芋种植等9个农村特色产业发展。

（四）助力边区生活水平提升，服务乡村民生福祉改善

1. 实时监测乡村发展水平，服务政府乡村治理

电网企业基于统一的能源大数据智慧平台，共享脱贫人口档案信息，依托电力数据内在的统一性、整体性，多方协同监测边区乡村整体发展水平，为乡村振兴各项工作任务融合、联动、协同发展提供有力保障。构建乡村振兴电力指数指标体系。围绕乡村振兴重点关注的问题，将电力指标融入乡村振兴五大目标，开展多维度电力大数据用电分析，建立以乡村振兴电力指数为顶层指标，人口流动指数、产业兴旺指数、生态宜居指数、生活富裕指数为核心指标，电力指标为基础指标的垂直指标体系，明确各层指标间的量化关联关系，构建乡村振兴电力指数指标体系。开展乡村振兴电力指数监

测。依据乡村振兴电力指数、指标体系，建成智慧高效的多场景应用监测平台，通过对电力数据进行聚类分析，从人口流动、产业兴旺、生态宜居以及生活富裕四个方面进行监测和全景展示分析。

2. 区域协同防返贫预警监测，改善村民物质生活

边区电网企业基于统一的能源大数据智慧平台，共享脱贫户档案信息，协同开展防返贫预警，帮扶农村低收入人口农产品销售和定向就业。依据"分类监测、分级预警"的原则，依据村民每月用电量、电费缴纳频次等数据，对农村脱贫户和正常户分类建立"红黄蓝"三级预警规则。基于返贫风险监测预警规则体系，开展贫困户用电数据监测和分析，从用电总量占比数据看脱贫质量，从用电趋势对比数据看生活状况，从用电缴费异常数据看突发情况。拓展农产品销售渠道，开展农产品的消费帮扶工作，拓展农产品线上线下销售渠道，线上通过直播带货、"团购"带货、"平台基地直采＋直播带货"、"惠农帮"平台采购等渠道，展示特色农产品"吸引流量"，助力农产品走上"销售云端"。线下通过食堂统购、电力职工爱心认购等多种方式，助力农产品消费销售。促进脱贫人口定向就业，依托"村网共建、便民服务"工程，在各村设立相关公益性岗位，在砍青扫障、线路巡视、防山火预警等方面，定向吸收符合工作要求的脱贫人员，以工增收。指导脱贫户子女就读电力院校，结合乡镇供电所根据农电缺员情况、岗位需求以及其他后勤类岗位需求，优先招聘脱贫户子女就业。

3. 村企联建多样文化场所，丰富村民精神文化

边区电网企业联合当地村委，共建"电力爱心超市"，推进"幸福屋场"电力改造，提升边区农民生活幸福感，有效推动乡村和谐文化建设。建设"电力爱心超市"，超市的物品包括基本生活用品、学习用品、自产特色农产品等，物品价格以"积分豆"替代，围绕"思想文化建设、文明乡村建设、美丽家园建设、村民自强自立"四个方面制定兑换标准，引导村民积极践行孝老敬亲、勤劳致富、治理环境、志愿服务等文明行为，村民在兑换物品的过程中，还能了解当地的特色产业和特色产品，增强村民们的文化自信和文化认同，提升村民精神面貌。推进"幸福屋场"电力改造，电网企业积极配合幸福屋场创建工作，推进乡村"幸福屋场"电力改造，针对"幸福屋场"建设区域内的电线、电杆阻碍屋场拓延的问题，逐户核查进户线，逐杆核查"三线"，迅速完成高压电杆的迁移改道、低压电杆拆除、用户下户线改造等整改措施，为屋场建设提供电力保障。

（五）强化边区排污节能治理，推动生态环境共保联治

1. 智能监测企业环保排污，联防共治高污企业

边区电网企业基于统一的能源大数据智慧平台，挖掘电力大数据潜在价值，联合开展治污设备监测，高污企业电力数据协查，对环保重点监测企业的生产经营运行情况、环保设备开启情况进行远程监测和在线分析，服务政府环保监管。治污设备"线上盯"，精准监测重点污染企业。在16家发电企业和5000家重点排污工业企业污染治理设施上安装智能监控设备，实时采集和存储污染物与能耗、环保设施性能、机组状态、用电量等数据。针对企业特点形成精准分析模型，开展企业发电量能耗与排污对比分析、超排计算对比分析、昼夜负荷不平衡分析，做到环保设备脱离用电特征即可自动预警，实现环保设备运行状况智能在线监测分析。电力数据"云端查"，精准查找"散乱污"隐藏点。根据"散乱污"企业白天不生产、晚上偷偷干、隐蔽性强等特点，对每家企业建档立卡，对所有企业用电情况进行大数据监测，把电力大数据与企业生产工艺、排放污染物性质、环保设施性能等企业数据结合起来，通过比对用电量是否异常，自动识别企业是否存在偷排行为，精准锁定夜间生产型企业。环境执法"及时管"，精准打击违法排污行为。将"电力大数据＋环保监管"模式与政府"数字环保"系统进行融合。生态环境部门依据电力大数据异常数据，做到快速反应、联动执法、处罚到位。

2. 推进乡村电气化建设，促进清洁能源应用

湘赣边区传统煤炭能源覆盖面小，能源开发利用效率不高，不能满足现代农村发展的需要。为进

一步落实"碳达峰、碳中和"行动方案，提升农业"供电＋能效"服务水平，边区电网企业大力拓展农业生产领域电能替代深度广度，加强农村综合能源服务和农村电气化建设，促进清洁能源的应用和推广。加强农村综合能源服务推广，利用优质屋顶资源，大力发展分布式光伏业务，推广以电为中心的多能互补、清洁高效的供能服务。加大乡村电气化推行力度，提高电能在"三农"产业中的能源占比，加大高标准农田、全电景区、农产品加工等配套电力设施投入。助力农村生活电气化提升，推广电厨房、家电产品，开展农村充电设施示范建设，推动新能源汽车下乡，引导绿色、智能的用电方式，逐步提升农村各领域电能利用水平；稳步推进乡村电气化，推进乡村电气化项目电网配套精准落地，有效推动农业农村绿色发展、农村居住环境改善和农民生活品质提升。

3. 开展整县光伏试点建设，引导绿色能源消费

在国家"双碳"目标和分布式光伏整县推进政策下，湘赣边区电网企业积极探索"光伏＋"模式，因地制宜建设一批林光互补、渔光互补和农光互补等集中式光伏，引导绿色能源消费。

例如，株洲攸县300千瓦地面分布式光伏项目，在攸县境内坑塘水面、荒山等合适地块，采用渔光互补、农光互补、林光互补等多种建设形式综合利用土地。项目由多个小于6MW的项目组成，投产后，预计每年可向国家电网输送3亿千瓦时的清洁能源，每年可节约标准煤约3.6万吨，减少二氧化碳排放24.42万吨，减少二氧化硫排放496吨。同时，还可以壮大村级集体经济，有效带动当地经济绿色低碳发展。江西宜春高安市推进"整县光伏"试点建设，探索建设集光伏发电、储能、直流配电、柔性用电为一体的"光储直柔"建筑。建立以屋顶光伏为主的农村新型能源供应系统，提高农村用能自给能力，在服务农村生产生活电气化需求的同时，满足分布式新能源接入需要。科学合理优化公交线路，推进公交场站低碳设施建设，通过利用公交场站铺设分布式光伏等措施，提高交通基础设施新能源利用率。

（六）构建多方联动协同机制，保障电力赋能高效运行

1. 政企联动，打造共建共治模式

2021年11月，江西萍乡市湘东区与湖南株洲醴陵市签署战略合作协议，积极推动两地在产业共进、社会共治、环境共管等方面开展探索与合作。在此基础上，边区国网供电公司与政府部门签订合作协议，政企合作高效赋能湘赣边区快速发展。

例如，湖南株洲攸县供电公司与攸县人民政府签订建设智慧绿色能源互联网工作推进协议，全面加强电网建设和智慧绿色能源服务。株洲供电公司乡村振兴办及时对接当地政府，建立定期不定期沟通、过程督导、多级联动、考核评价的工作机制，明确信息互通、定期督导、及时协调的日常运行机制，保障电力赋能乡村振兴管理工作有序推进。江西萍乡供电公司与湘东区人民政府签署《促进国民经济与电网协调发展战略合作协议》，共同推进湘东经济社会和电力企业快速发展，推动区域经济和电网发展实现共赢。

2. 联合保障，构建跨区协作机制

为促进湘赣边区电网企业联合协作，株洲醴陵供电公司与江西萍乡湘东供电公司加强跨区合作，联合成立区域电网建设协调领导小组和工作组，领导小组由两家公司主要负责人担任，负责跨区域协作事项协同，工作小组主抓落实，制定详细工作计划和工作方案。建立电网企业跨区协作工作机制，针对跨区联合保供电、故障应急抢修、电力安全隐患治理等工作内容，制定联合行动工作方案，开展跨省合作，打破区域企业之间壁垒。

3. 融通共享，建立经验推广机制

为提升湘赣边区电网企业电力赋能成效，边区供电公司依托国网公司统一平台，建立数字化产品推广应用机制，将"村网共建"平台、"电力大数据＋安全监管"、"电力大数据＋防返贫"、"电力

大数据＋环保监测"等优秀数据产品和经验做法，在电网企业间进行推广和应用，提升电网企业整体赋能乡村振兴能力。

三、电网企业促进湘赣边区振兴的多元协同赋能管理效果

（一）多元特色产业稳步发展

促进了陶瓷产业绿色发展。2020 年以来，陶瓷全产业链在保持产值产量稳定增长的同时，年能耗逐年降低，从 2020 年的 65.30 万吨标准煤下降到 2022 年的 56.81 万吨标准煤，全产业链能耗下降 15% 以上。提升了煤矿烟花安全监管水平，电力数据赋能行业安全监管，有效解决重点行业安全监管难度大等问题，促进安全监管模式由"广撒网式"现场筛查向远程监管"靶向"执法转变。支撑了农村特色产业发展，通过电力帮扶乡村振兴累计支撑 12 个农村特色产业发展，增加地区年售电量 22.67 亿千瓦时。

（二）脱贫攻坚成果有效巩固

政府防返贫监测卓有成效。共发布预警信息 64577 条，现场核查 1054 户，核实脱贫不稳定户 805 条、突发严重困难户 139 条，核查精准度达到 89.6%，为政府部门制定相应的帮扶政策提供了强有力的数据支撑。同时，大幅降低人工现场核查工作量，按全省 156.945 万脱贫人口每年核查 4 次计算，一年可节约人工现场核查次数 627.78 万人次，减少了帮扶资源的浪费，降低帮扶成本。乡村增收创效明显。共计投入帮扶捐赠资金 317.8 万元，为 12 个村建设完善村级服务平台等基础设施建设和因地制宜发展产业提供了资金支持，帮助解决脱贫人口就业岗位累计 30 余个。株洲供电公司驻点帮扶的湖南省株洲市攸县黄丰桥镇樟井村荣获"国家电网助力乡村振兴示范村"称号。

（三）排污节能治理成效显著

服务政府环保监管成绩显著。在全国率先探索"电力大数据＋环境监管"改革实践，已建成国内最先进环保"天眼"，研究建立了 13 个企业环保监测数据模型，已在全市 317 家重点排污企业安装 337 套智能监控设备，基本实现全覆盖，4 年累计发现并查处 900 多家未领排污许可证的未批先建生产企业，还累计查处关闭了 100 多家非法企业，稳步提升了环境质量，经验做法被《人民日报内参》《中国环境报》推介，获评全国电力系统 2020 电力大数据优秀应用创新成果奖、湖南省基层改革探索案例。

（成果创造人：王大强、朱翔宇、李爱元、廖丽萍、谌　彬、周彦尧、

陈　雄、李晨煜、李　晋、李丽英、李　琪、罗凌云）

电缆企业贯穿产品全生命周期的绿色减碳管理

无锡江南电缆有限公司

无锡江南电缆有限公司（以下简称江南电缆）始建于 1985 年，是一家始终专注于电缆产业的高新技术企业，台港澳法人独资，注册资金 3 亿美元，其母公司江南集团于 2012 年在香港上市（股票代码：HK 01366）。江南电缆是中国制造业企业 500 强、中国民营企业 500 强，中国质量诚信企业、中国出口质量安全示范企业、全国市场信用 A 等用户满意标杆企业，江苏省管理创新示范企业。江南电缆是工业和信息化部认定的首批绿色工厂、行业内首批绿色产品工业设计示范企业、绿色供应链管理企业，能源基金会（中国）授予的行业内首家"气候先锋企业"，其"江南电缆经营全流程互联网融合创新平台"被认定为工业和信息化部制造业"双创"平台示范项目和省首批制造业双创示范平台，是江苏省两化融合创新示范企业、江苏省两化融合网络信息安全示范企业。

一、电缆企业贯穿产品全生命周期的绿色减碳管理背景

（一）电缆行业践行绿色发展的需要

目前，我国电缆行业的绿色发展刚起步，行业内绿色材料使用率低、使用环节损耗高、制造能耗高、资源消耗高的问题仍未根本解决。大型电缆企业均受到上下游供应链及产品技术革新速度影响，面临产业绿色化难度大、成本高的现状。为全面落实推进国家"双碳"发展目标、实现高质量发展，行业必须主动适应日益强化的绿色监管趋势。绿色发展与智能、互联的新科技革命叠加与融合也催生大量的线缆传输新应用场景需求，带动需求结构由性价比向高性能、高质量、高可靠性的多元化需求结构发展。在"3060"双碳目标的政策刚性约束下，行业必须加大技术创新，强化管理，不断提高综合环保治理能力和能耗管理力度，切实提高行业绿色低碳的制造水平和能力。

（二）企业增强发展实力的需要

江南电缆发展既面临国际国内能源、资源、环保等约束的不断加强，也面临行业集中度过低、产品同质化严重、产能过剩、因恶性竞争普遍存在所导致的整合加速。长期低价竞争的结果，导致行业的价格弹性极小，需要企业具备很强的综合成本管控能力。实施经营全流程的绿色管理，不仅能够有效降低成本，也能够提升综合效率。江南电缆迫切需要通过推行绿色发展，来提升企业核心竞争力和增强企业发展实力。

二、电缆企业贯穿产品全生命周期的绿色减碳管理主要做法

（一）践行绿色理念，确立绿色发展战略

1. 塑造"低碳生态"绿色价值观

江南电缆秉持"做能源使者，让五彩光耀全球"的使命，以"建设国内一流、国际领先的大型电缆企业集团"为愿景，面向"特高压 + 智能电网 + 清洁能源"的全球能源互联网需求，矢志成为"高端电缆绿色产品供应商 + 智能电网绿色方案解决商 + 电力工程集成服务提供商"。江南电缆结合产品基本结构特征和品牌形象，坚持以电缆实业为基础，奉行品质诚信，以绿色、创新、智能为三种贯穿生产全流程的发展动力。作为江南电缆核心价值观的重要组成，"低碳生态"绿色发展价值观是全体江南员工共同的价值追求和行为准则。绿色蕴含生机、自然环保，绿色线芯是三大动力线芯之一，绿色发展与创新发展、智能发展有机融合、叠加发力，贯穿企业发展全历程和经营全流程，并覆盖产品全生命周期，强有力地支撑江南电缆的管理系统变革和全面高质量发展。

2. 制定绿色发展战略

在坚持深耕主业基础上，发挥绿色高质量发展支撑作用，做能源绿色使者、行业绿色领袖。建设绿色工厂、零碳工厂，2025 年率先碳达峰、2040 年率先碳中和。按照电缆产品生命周期阶段发展，围绕绿色设计、绿色制造、绿色产品、绿色能源、绿色供应链等方面，进行公司全过程、全环节的绿色改善，针对电缆供应链提供绿色系统集成服务，促进电缆产品全生命周期能效提升。

3. 建立绿色发展管理机构

为使绿色发展战略有效落地，江南电缆设置绿色管理的协调、组织机构，统筹各职能部门在绿色管理过程中的具体职能，以公司红头文件的形式，发布《关于绿色管理机构设置及人员任命的通知》，成立绿色管理领导小组，以公司总经理为组长、党委副书记为副组长、各职能部门负责人为组员；成立绿色管理专职工作部门绿色能源部，负责日常管理事务，牵头实施绿色管理目标的制定、绿色发展项目的组织实施及监督工作。

4. 构建绿色管理体系

江南电缆以工业和信息化部《绿色工厂评价通则》为基础，在标准架构解析的基础上，与《绿色供应链管理评价要求》、工业产品绿色设计示范企业等申报要求协同，同时充分考虑组织机构、产品、设备、用能、环境排放、资源消耗、生产过程控制等实际情况，编制《绿色发展管理手册》，并建立实施 ISO 9001 质量、ISO 14001 环境、ISO 50001 能源、ISO 14064 温室气体等管理体系，高度整合相关绿色发展要求。

江南电缆绿色发展管理体系覆盖企业经营全流程，包括企业文化、战略规划、组织机构设置、社会责任的管理，从设计、采购、销售到生产的全过程和支持过程的管控；覆盖产品全生命周期，包括原辅材料生产、产品生产、销售运输、使用、废弃处置等；覆盖全供应链，包括材料采购、生产、包装、下游企业回收利用等；覆盖全工序，包括直接生产系统和间接生产系统，设施、能源、资源的使用等。

（二）面向产品全生命周期推行绿色设计，打造绿色产品系列

1. 建立产品全生命周期环境影响评价程序

江南电缆建立生命周期评价管理程序，在行业中率先对标 GB/T 24040—2008 等要求展开自评及第三方评价，开展电缆生命周期评价研究，研究产品在原材料应用、生产、销售、使用、回收、处理等各环节对环境造成的影响。采用 eBalance 软件系统，内置中国生命周期基础（Chinese Life Cycle Database，CLCD）数据库、欧盟生命周期数据库（European Union Life Cycle Database，ELCD）和瑞士 Ecoinvent 数据库，进行全生命周期过程分析，建立电缆生命周期模型，并计算得到 LCA 结果。通过评价清单数据灵敏度分析，得全生命周期影响主要阶段，以此持续改进设计，减少评价产品全生命周期影响，采取相应措施进一步提高评价产品的生态友好性。通过综合评估的产品、服务或过程以及评估的环境影响类别，确定评估系统边界，同时协同解决在研制过程、材料和能源流等在各个流程中相互关系的影响。

2. 形成面向智能电网的低耗绿色节能核心技术

江南电缆积极发展新理念、新结构、新材料应用技术，形成了面向智能电网的电缆低耗绿色节能四大核心技术及系列创新成果，有效减少能耗，极大地减少或消除对环境的负面影响。一是高压直流电缆设计理论及实现技术，国内首次创建高压直流电缆设计思想，解决材料空间电荷效应问题；二是特高压特大截面低损耗导线关键技术，创新提出特高压特大截面型导线绞制成形、表面控制处理新技术、亚光物理喷砂技术和紧凑型光电复合技术；三是电缆轻型结构及仿真优化设计技术，实现结构最优化、外径最小化、资源最小化；四是轻量化绝缘材料制备及室温成形技术，解决复杂结构、线路、

狭小空间及施工修补的绝缘、耐火难题。

3. 面向新基建下全球能源互联网，开发系列绿色产品

江南电缆面向新基建下"特高压＋智能电网＋清洁能源（及军用）"的全球能源互联网，充分适应安全高效、智能绿色、互联互通的现代基础设施网络构建，适应先进制造、高端制造等关键设施配套的市场发展和绿色、民生安全需求，贯穿产品全生命周期，以降低制造能源消耗、降低电能输送损耗、提高信息传输效率为焦点，产品应用绿色新理论、新结构、新材料技术，发展轻量化、高效率、高性能的节能节材高效线缆产品，积极开发数百种环保、节能、降耗的绿色产品，极大增强了对特高压输电、智能电网、新能源、轨道交通、军工等战略性新兴产业的配套能力。新型大截面、高强度、低损耗系列产品有效降低线路损耗，提高远距离电能输送效率；绿色、节能产品结构最优化、外径最小化、资源最小化，满足智能电网及能源的输、变、配、用、调度，智能互联的城际铁路等需求。

4. 主导制定国家标准，强化企业的市场地位

江南电缆积极倡导产品全生命周期理论，主导制定国家标准《电线电缆环境意识设计导则》和生态环境部标准《环境标准产品技术要求 电线电缆》；在主导、参与制定各类电缆相关国家、行业、团体和企业标准过程中，引入绿色理念；与国家电网公司节能技术中心、中国质量认证中心等合作，面向电缆各环节绿色化水平评价指标，制定包括典型电缆节能评价研究、绿色设计评价研究、生产绿色化水平评价研究等系列绿色方法、机制及标准。

（三）建立绿色采购体系，对全供应链实施绿色管控

1. 建立健全制度规范，构建绿色采购管理体系

江南电缆面向主要原辅材料、包材、设备及服务类供应商制定完善供应商管理体系文件，并进行适宜性修改，增加节能、环保、安全等绿色相关条款，包括《采购控制程序》《供应商准入、评定、退出制度》《供应商分级管理制度》等，对合格供应商的准入、供应商质量管理、采购过程控制、持续改进、培训、供应商的监督管理、绿色供应商评价、分级管理和退出等做出明确要求，建立了较为健全的供应商认证、选择、审核、绩效管理和退出体系。按照综合评分将供应商划分为战略级、优先级、普通级、消极淘汰、积极淘汰5个等级，并按照绿色评价结果分为深绿、青绿、浅绿3个等级，在深绿的供应商中优先挑选供应商。江南电缆制定《绿色采购指南》，明确鼓励采购和不得采购的行为，充分考虑环境保护、资源节约、安全健康、循环低碳和回收促进，优先采购和使用节能、节水、节材等有利于环境保护的原材料、产品和服务。

2. 设计驱动，严格选用绿色材料

在原材料的选用上，江南电缆编制发布《限量使用有毒有害物质保证能力要求》《环境标志认证原材料采购控制程序》等文件，建立严格的准入控制程序；在设计之初就选用可降解、可回收原辅料，对废弃品及时回收再利用，降低环境影响，提高材料有效利用率。江南电缆建立并遵循《企业环境保护管理制度》《危险废物管理计划表》等，对生产过程可能涉及的有害物质高于标注规范管理，杜绝非可控性使用，在主管部门统一管理平台上填报危险废物产生、储存、转移量，严格按法律法规要求处置。

3. 制定指南，实现产品和包装材料的绿色回收循环再利用

江南电缆编制《产品说明书》，给出产品结构及构成材料，编制《产品分解回收循环再利用指南》《包装材料回收循环再利用指南》，随产品一并发货，或通过扫描包材二维码、企业官方网站获取回收信息，准确传递给客户，确保产品材料、包装最大可能循环再利用，由客户自行销售给有资质资源回收再利用机构处理，或由企业回购处置。

（四）覆盖产品研制全工序，深化落实绿色制造

1. 提升用地集约化，提高土地利用水平

江南电缆在新、改和扩建项目时，严格遵守国家"固定资产投资项目节能评估审查制度""三同时制度"和"工业项目建设用地控制指标"等产业政策和要求，并及时获得相关批文，工业项目投资强度均明显优于标准及行业要求。厂房积极采用多层建筑，超高压电缆立塔高达 18 层，科技创新楼达到 13 层，建筑采用钢混结构等资源消耗和环境影响小的建筑机构体系，采用节能降耗新型建材，外墙采用混凝土多孔节能砖，玻璃采用中空节能玻璃，减少耗材能源消耗；内部装修材料符合国家标准，通过工作场所危害因素检测；使用节能灯淘汰原有金卤灯，照明系统实现分区管理、自动控制。

2. 完善生产洁净化，有效控制生产过程中的污染

一是严格执行 ISO 14064 要求，定期盘查厂界范围温室气体，2010 年行业内首家并每年持续发布《温室气体排放报告书》，获得 CQC《温室气体核查陈述》，利用盘查结果对温室气体的排放进行改善和控制。二是全工序、全流程引进或改造升级高效、节能、绿色设备，关键工序全部实现数字化、自动化和信息化，具备工艺模拟、可编程等人机交互功能。攻关优化绿色关键技术，包括绞制工序、绝缘护套挤出及硫化工序、金属屏蔽/铠装工序、绕包工序、包装工序、检测工序等关键工艺。三是定期邀请专业环境检测机构，接受上级主管部门环境监测，改造染物处理设备设施，实施"锅炉煤改气""交联剂氮气供应设备改造"项目，添置"双阶式造粒机组烟气过滤、光触媒分解系统和粉尘旋分分离回收系统"，工业用冷却水循环使用，固体废弃物集中管理，建设选址过程中远离居民区，采取厂房安装隔音门窗、隔音墙等防噪声措施。

3. 促进废物资源化，指导废料循环回收

江南电缆对废弃的原辅材料、半成品、成品及时回收再利用，涉及生产工艺过程中各生产环节，报废后均具有 100% 回收利用的可行性，有效降低环境负面影响，提高原辅材料有效利用率。建立完善的《原材料外包装重量规范包装技术规范》《电缆型钢复合结构交货盘技术规范》《电缆包装贮运技术规范》《包装材料回收循环再利用管理制度》，采用可 100% 回收利用的包装材料，规范包装过程，提高包装的效率。

4. 推动能源低碳化，加快用能转型

一是通过投资可再生能源、使用清洁能源、设备改造等多种方式逐步优化用能结构和能源品种，如在厂区屋顶建设分布式光伏发电项目，建设电线电缆节能生产线，改造交联机氮气供应设备，淘汰明令禁止生产、使用的和耗能高、效率低的锅炉、电机、变压器。二是建设电能管理中心，加强电能在线监控，及时开展系统内耗电数据的分析，第一时间发现异常并做对应性处置。三是建立测量管理体系，对水、电、气进行分类三级计量管理。

（五）集成绿色技术，实现全产业链服务绿色化

1. 集成绿色技术，聚焦产品减碳创新

江南电缆以提升产品可靠性、稳定性，提高工作效率，降低劳动强度，节约资源、节约能源、防止污染、减少废弃物产生等为目的，进行全生命周期工艺创新，集成绿色技术。设计绿色仿真、快速化工程和产品，开发应用低耗导体、绿色绝缘、绿色包装等绿色材料，再造仿真设计下的工序、工艺流程，优化直接生产系统的全工序、全流程工艺，应用光伏发电、天然气改造、余热利用等绿色能源，辅助生产系统绿色节能改造，打造面向顾客/用户的经营全流程互联网融合创新平台，全工序、全流程信息化、互联网化提升。

2. 深化服务转型，全方位绿色发展

一是围绕电缆产业链和行业打造共同体，共同发展、互利共赢，矢志成为"高端电缆绿色产品供

应商＋智能电网绿色方案解决商＋电缆产业链绿色集成服务提供商"，为线缆行业上下游全产业链提供覆盖全工序、全流程绿色系统集成服务，提供绿色咨询、诊断、培训、推广等各类绿色技术服务，引导行业高质量绿色发展。二是通过采用绿色科技，持续获得绿色设计和绿色材料的研发支持，帮助企业开发出环保产品，助力绿色制造业更加清洁、高效和可持续生产，推动整个产业向低碳、环保发展；通过技术创新，提高绿色能源的效率和稳定性，降低成本和投资风险；应用智能电网技术，实现对分布式能源的监测和管理，提高能源的利用效率；研发新型能源存储技术，解决绿色能源的间歇性和不稳定性问题。三是以顾客满意为中心，为用户提供高端绿色产品的同时，从售前、售中到售后为顾客提供个性化绿色集成服务。例如，深度参与用户设计，为轨道交通工程、索马里铜矿等提供工程设计、线路技术咨询；组建 EPC 工程团队，参与孟加拉国水电等 EPC 工程；提供实地见证、异地检验、异地见证、异地认证、物流跟踪、异地交付和质量信息追溯等服务。

（六）集成应用新一代信息和智能技术，为实施绿色发展管控提供技术支持

1. 构建协同设计平台，支持绿色研发

针对设计环节，构建基于工业互联网化的研发设计协同平台，创新使用 eBalance 软件系统进行电缆全寿命周期设计，升级江南电缆线缆结构工艺辅助设计系统（CAPP）。针对采购环节，构建 SRM（Supplier Relationship Management，供应商关系管理）平台，搭建现代供应商信息管理平台，实现企业绿色信息披露、供应商信息管理、供应商培训等多项供应链管理功能。针对制造环节，应用 EAMIc 设备运行管理系统，关键工艺设备主要工艺参数实现自动采集，自动在线监测设备工作状态，在线数据处理、分析判断，及时报警和预诊断设备故障，自动调试修复设备温度控制、模具位置等；智能化管控生产线各关键环节能耗排放，引进太谷用能智能管理系统采集端，建立能源消耗与生产平衡的预测模型，给出优化负荷与能耗平衡的最佳生产组织方案；挤出机全部安装 VOC（Volatile Organic Compounds，有机挥发物）废气吸附处理装置，添置预报警系统、废气在线监测系统；实现 CRM、SRM、CAPP 与 MES、SAP-ERP 的信息交互协同，自主研发江南电缆高级计划与排产系统 APS，在客户订单的全生命周期中，实时采集供应链信息及绿色管控要求。针对服务环节，采用电子红本、TMS 等信息化手段，精准识别客户需求，并根据需求推算出常规库存量，及时备库。在发货的过程中进行物流全程追踪，设有专门的营销服务部门负责对接、处理客户反馈。

2. 构建综合管理驾驶舱，集成共享和深度连接业务数据

江南电缆通过 BI 系统建立综合管理驾驶舱，深度连接业务数据，CAPP、SAP、MES、TMS 等系统，通过 API、WebService、中间表、数据总线等接口方式，实现销售、采购、库存等多维度绿色管控数据集成共享，为管理人员提供准确的数据分析。构建数据模型，整合和关联各种数据，可视化呈现数据，使管理人员准确有效地决策。综合管理驾驶舱深度连接包括绿色发展在内的业务数据，实时反映运行状态，将采集的数据形象化、直观化、具体化，促进业务发展。

三、电缆企业贯穿产品全生命周期的绿色减碳管理效果

（一）绿色产品升级，提高技术实力

江南电缆进行绿色创新，面向智能电网的电缆低耗绿色节能四大核心技术及系列创新成果，获江苏省科学技术二等奖 1 项、湖北省科技进步三等奖 1 项、江苏省专利优秀奖 1 项、江苏省电力科技一等奖 1 项、无锡市专利优秀奖 2 项。拥有有效绿色相关发明专利 19 项，累计授权绿色相关实用新型专利 222 项；41 只绿色产品通过鉴定，绿色产品销售额占总销售额的 83.20%；15 大类产品通过各类绿色相关认证，在全国同行业率先通过工厂审查模式 RoHS 认证，在全国同行业率先获得由亚洲网络论坛（Asia Network Forum，ANF）颁发的 RoHS 认证证书，光伏电缆、充电桩电缆通过德国莱茵 TÜV 认证，全国同行业首批获得环境标志产品认证，轨道交通用电缆首批获得江苏省精品认证；新制定绿色

相关国家、团体标准 12 项，其中主导团体标准 2 项，获国家企业标准领跑者称号。

（二）巩固绿色发展成果，创造可观经济效益

江南电缆基于产品全生命周期的绿色减碳管理的构建，收获丰硕的绿色发展成果，创造显著的经济效益。在总规模超 1.4 万亿元、相关企业数量超 1 万家的国内电缆行业中，综合实力位于全国前十，是中国制造业企业 500 强、中国民营企业 500 强。提供绿色关键工艺系统应用集成服务，累计服务企业超过 80 家，服务收入超过 1.5 亿元；助推企业经济发展，主营业务收入从 2017 年的 84.38 亿元增长至 155.19 亿元，增长 83.83%。

（三）树立绿色发展标杆，彰显非凡社会效益

一是江南电缆集成绿色制造技术，制造技术绿色化率达 98.84%，较 2017 年提高 9.54 个百分点；制造过程绿色化率达 86.3%，提高 33.8 个百分点；绿色制造资源环境影响度下降到 26.9%，降低 12.6 个百分点。二是建立覆盖企业经营全流程的绿色制造体系，实现用地集约化、生产洁净化、废物资源化、能源低碳化，单位用地面积产值达 4.69 万元 / 平方米，增长 123.34%，单位产值二氧化碳排放量降低 41.85%，原辅材料、包装物可实现 100% 回收，新增可再生能源使用总量 4788tec，累计节约综合能耗总量 829tec，累计节约新鲜水用量 1476 万吨。三是江南电缆引领行业转型升级。江南电缆行业内首家并持续发布《温室气体排放报告书》，主导制定《电线电缆环境意识设计导则》，是工信部认定的首批国家绿色工厂、行业内迄今唯一的工业品绿色设计示范企业、行业内首批绿色供应链管理企业，能源基金会（中国）授予的行业内首家"气候先锋企业"。

（成果创造人：储　辉、蒋永卫、夏亚芳、陈晓军、江　明、蒋　琪、
　　　　　　　苏艳文、高红阳、梁　鹏、訾　林、韩　杰、蒋云刚）

以协同共赢为目标的新能源项目合作管理体系构建与实施

华能国际电力股份有限公司邯峰电厂、邢台兴力集团有限公司

华能国际电力股份有限公司邯峰电厂（以下简称华能邯峰电厂）隶属于中国华能集团有限公司，企业股东为华能国际电力股份有限公司、伟融投资有限公司、河北建投能源投资有限公司，持股比例分别为40%、40%和20%。华能邯峰电厂位于河北省邯郸市峰峰矿区，火电装机容量132万千瓦，拥有正式职工640人，是河北南网单机容量最大发电企业，是国家"九五"期间河北省最大的中外合资项目、河北电力一号工程，曾荣获"全国五一劳动奖状""中国建设工程鲁班奖（国家优质工程）"等多项荣誉。

邢台兴力集团有限公司（以下简称兴力集团）位于河北省邢台市，是一家集电力工程安装、建筑施工、供电服务等多行业为一体的大型企业集团，注册总资本6159万元，现有职工7686人，拥有一大批具备中高级技术职称和注册电气工程师、建造师、安全工程师、造价师等专业技术人员。多年来，先后设计承建华能清河县280兆瓦农光互补光伏发电项目，特高压1000千伏石家庄站和500千伏邢西站"四通一平"工程，都城220千伏智能变电站等重点工程。其中参建的500千伏邢西站获得建筑最高奖"鲁班奖"，多项工程荣获河北省建筑工程安济杯奖等荣誉称号，被授予河北省用户满意企业等殊荣。

一、以协同共赢为目标的新能源项目合作管理体系构建与实施背景

（一）深入贯彻落实国家"双碳"目标的需要

"双碳"目标已然成为能源电力行业最重要的发展要求，引导能源电力行业发展方向，驱动能源电力产业各环节低碳发展。各发电企业积极开发风电、光伏等新能源项目，创新推广应用新型低碳电力技术，全力构建新能源电源结构，逐步提高新能源占比发电比例。同时大力促进电网由电力传输平台向电碳平台枢纽转型，支撑火电与新能源跨时空的协同配置与互济。华能邯峰电厂和兴力集团需在服务国家"双碳"目标过程中实现跨企业协同管理，创新合作工作机制，打造服务平台，全力打造新能源并网接入一站式服务。

（二）加快推动源网快速协调发展的需要

国家发展改革委和能源局鼓励探索构建"源网荷储一体化"等模式的新型电力系统，提升能源清洁利用水平和电力系统运行效率，更好地发挥保障能源安全的作用。作为市（县）级地区发电企业及输电企业，华能邯峰电厂和兴力集团应在构建清洁低碳加快促进能源清洁低碳转型的跨企业新能源开发合作管理方面，通过建立稳定的合作机制，在技术创新、数据共享、投资经营等方面积极探索，承担环境和社会责任，可以加速推进清洁低碳能源转型进程。

（三）优化提升新能源并网管控水平的需要

邢台市"十四五"规划明确提出构建清洁低碳安全高效的能源体系。随着大量新能源的并网运行，新能源并网工作存在点多、面广、任务急，新能源场站安全生产基础相对薄弱、专业人员技术力量薄弱和运维水平参差不齐等问题。为确保高比例新能源下的系统安全稳定运行，华能邯峰电厂和兴力集团需充分发挥双方在新能源行业的资源和优势，进一步深化合作关系，在新能源、储能、智慧能源服务等项目的规划、方案、建设、运维、结算、创新等方面开展合作，实现新能源市场战略布局及产业共同发展的目的。

二、以协同共赢为目标的新能源项目合作管理体系构建与实施主要做法

（一）梳理协同共赢思路，明确三大合作目标

1. 深入挖掘问题，确立合作目标

伴随"双碳"目标加速落地，新能源行业进入高速发展时期，新能源供给消纳体系建设力度逐步加大，对电力行业提出新的要求和任务。同时邢台地区风光资源丰富，新能源场站并网项目多，增长速度快，对于促进新能源和清洁能源发展的创新手段需求更加迫切，华能邯峰电厂和兴力集团以"提升供电优质服务、确保网源运行安全稳定、助力服务能源产业转型升级"为目标，加快推动传统电力系统向新型电力系统升级，努力构建新能源高消纳水平的电力系统，促进地方新能源项目健康发展，让"邢台风光"成就"风光邢台"。

2. 梳通总体思路，构建顶层框架

明确以"通过创新跨企业新能源项目合作管理手段，建立安全高效协同共赢的管理体系，加快构建新型电力系统"的总体思路。推动以新能源为主体的新型电力系统率先在邢台落地，创新变革组织体系，深度洞察资源状况，树立"清晰化"合作目标；优化并网三大阶段，打造"集成化"合作平台；挖掘降本增效方式，实现"最大化"合作效益；加强落实支撑能力，构建"规范化"合作保障的"一体四化"的新能源项目合作管理体系。打造发电侧和输电侧一体化的合作模式，形成新能源场站并网"全链条"业务合作平台，实现业务场景全覆盖，打造以协同共赢为目标的新能源项目合作管理体系。

3. 建立实施原则，稳定合作基础

从"讲政治、讲安全、讲服务"不同角度进行合作管理认识提升，坚持"管理主导、创新驱动；统一部署、整合资源；规范实施、优化流程；降本增效、网源双赢"原则。一是强调企业间协同合作与规范管理，共同制定能源清洁低碳目标及计划，重视科技创新与人才培养，充分发挥"源网荷储"协调互济能力，优先可再生能源开发利用核心技术创新力。二是积极联合政府、企业和新能源用户等各方，形成协同效应，通过共享技术、协同研发等方式形成资源整合，为加速能源清洁低碳转型提供坚实的基础及支撑。三是遵守相关的能源政策和法规，不断优化工作流程和运维技术路线，创造更大的社会价值和生态效益。四是构建新能源和传统能源间的协同关系，实现能源共享互补，提高能源利用效率和降低合作成本，实现双方合作资源最佳利用。

（二）深度洞察资源状况，树立"清晰化"合作机制

1. "共同挖掘"合作项目，主动共建立项机会

一是积极发掘合作目标。华能邯峰电厂和兴力集团紧扣《邢台市可再生能源发展"十四五"规划》低碳建设要求，对邢台地区新能源发电潜力进行评估，发掘具有较大操作可行性的项目，并挖掘潜在的合作机会及合作优势，明确将发展分布式光伏发电项目列入重点合作项目。二是主动争取合作共建机会。明确项目共建目标后，华能邯峰电厂主动提出需求和诉求。兴力集团结合自身管理优势，全面分析形成工作推进方案，双方开展全方位、多轮次、数回合的沟通，完善项目共建方案，在邢台地区共同开发新河、清河光伏发电和信都区整县光伏等项目，规划新增发电装机 50 万千瓦。三是明确合作各方职责。华能邯峰电厂及兴力集团签订新能源合作框架协议，明确双方合作宗旨、合作内容。建立定期协商机制，双方定期磋商，研究合作事项，相互支持，密切合作，协调解决推进过程中出现的问题，推动实现互利共赢目标。同时建立部门落实机制，指定本单位相关部门负责日常工作的对接，加强即时信息交流，确保合作项目尽快落地。

2. "共同推进"资源共享，主动搭建协同体系

一是组建"纵向协同"领导小组组织。采取"集中管理，统一领导"的组织形式，成立由华能邯

峰电厂、兴力集团、外部科研单位组成的领导小组，由双方企业主要领导，跨部门、跨专业业务骨干和外部科研专家组成，负责总体领导及统筹规划工作，通过跨企业、跨部门协作、整合资源等方式，推动项目落实，实现内部管理协同协调。二是成立"横向贯通"新能源并网工作组组织。成立由各公司运营部、工程部、业务发展部、技术研发部、安全监管部成员组成的新能源并网工作组，构建横向贯通沟通协调机制，确保在新能源场站规划设计阶段、工程建设阶段、并网运行阶段过程中的可控、在控、能控。

3."共同实现"政企联动，主动并联审批机制

一是积极向属地政府汇报。在工程前期策划阶段，主动向属地政府汇报，落实关于分布式光伏工程建设用地指标及建设方式，与属地政府成立"项目联合建设办公室"，开通项目审批绿色通道，加快项目规划、环评、消防等前期手续办理，确保项目及时进入建设流程。二是积极对接市政设施建设业主单位，轨道、水务、燃气等公用事业单位。以互利共赢为基础，针对项目建设中的交叉跨越资料收集、方案审批、技术论证、管网搬迁、用水接电等常态化工作进行深入沟通，建立公开透明的合作对接机制，精简固化审批流程，明确各环节工作要求和时限，减少报审方案资料的往复修改和重复无效的咨询、沟通，提高办事效率。

（三）优化并网三大阶段，打造"集成化"合作平台

1.开展规划设计"三主动"，协同分析合作基础情况

一是主动开展新能源接入和消纳分析。在规划设计阶段，华能邯峰电厂收集分析包括自身企业系统信息、新能源场站的技术参数和运营数据等相关数据，兴力集团结合自身已有数据，及时对新能源接入及消纳进行分析，及早发现并解决接入容量不足、负荷预测不准等问题，有效避免后期出现延迟项目开工情况。二是主动及时出具并网接入方案。兴力集团规划最符合当地情况的消纳方案，借助对新能源场站接入系统进行严格把关，从短路电流、系统可靠性等多方面校核，确保项目建设选址最优化，靠近用电需求量最大的地方，防止双方并网合作出现弃光弃风现象。三是主动要求合规配置涉网设备。双方设计、建设部门等沟通交流以确保合规配置涉网设备，严格执行《河北南网继电保护、自动化设计审查要点》，加强可研、初设审查，与发展、设计等部门充分沟通，确保二次设备配置完善、选型正确。

2.开展工程建设"四个三"，协同确保工程顺利进行

一是"三超前"。超前组织开展新能源场站并网流程交底。双方提前两个月，共同组织召集召开第一次并网工作会，逐一梳理邢台地区在建光伏发电项目建设进度。超前建立内部并网例会制度，每周一下午定期召开周工作例会，保证合作双方及时掌握各新能源工程进展情况，平衡新能源场站停电计划工作，共同协调解决各专业、新能源场站间"卡脖子"问题。超前统筹安排并网工作停电窗口，兴力集团超前协调新能源场站工作停电计划，华能邯峰电厂结合新能源涉网工程进度，提前审核计划可行性，合作双方进一步共同开展风险分析、安全校核及安措制定，给新能源场站并网工程安排充足停电窗口。

二是"三管控"。强化电网风险管控，兴力集团开展电网风险闭环管理，逐项目开展电网风险分析，有针对性地制定电网防控措施和应急预案。华能邯峰电厂积极配合进行防控和应急工作，提前交底并按照布置的要求做好相关工作。强化工程涉网设备管控，兴力集团严格按照行业技术标准把控涉网设备质量，在装置配置、安装调试、运行维护等方面提供全方位技术指导，确保新能源场站零缺陷并入电网运行。强化工作现场作业管控。双方组织召开专题会议集中审核各项目"三措一案"，保障方案措施的必要性、可行性、安全性。兴力集团与外部工程单位签订"工程进度保证书"，保障现场工作质量和进度。

三是"三协调"。协调外部工作。双方派出企业代表，积极协调解决新能源项目送出工程所遇困

难，提前完成业扩报装、计量试验、并网检测、谐波治理等工作。协助完成并网资料搜集报送，尽早开展设备命名、定值计算等工作。积极与设备供应商协调，保证设备满足各项技术要求，按期到场。协调内在联系。双方打破专业壁垒，建立信息共享机制，通过周例会通报各专业未落实问题，提高内部协作效率，全方位减小专业管理阻力，共同促进新能源场站技术提升。协调上下联动。兴力集团开展市县分公司纵向协调，积极与各个市县公司对口专业沟通，及时同步并网工程情况和工作安排，以市公司为中心，结合项目进度，合理安排各项工作，确保新能源并网工程有序推进。

四是"三保障"。保障场站接入，以兴力集团为核心操盘企业，完成新能源并网场站操盘工作，明确部门主任亲自负责专业并网工作，确保新能源场站能够按期顺利投产并网。保障施工安全，综合考虑施工实际、项目进度和人员承载力，统筹安排停电计划，周密布置电网风险防控措施。保障优质服务，采取"列车时刻表"的方式管控工程节点，实施新能源场站涉网工程同步验收、同步投运，最大程度缩短验收至投运时间周期，把串联工作节点改为并联实施。

3. 开展并网运行"三评估"，协同评估关键环节情况

一是开展新能源场站运行评估。华能邯峰电厂严格落实华北能源监管局要求，开展邢台地区新能源场站调度运行自评价，重点从基础数据、并网运行、涉网安全等3个方面15个小项进行评价，确保运行后并网场站的安全稳定运行。二是开展邢台地区分布式电源承载力评估。新能源工作小组建立全电压等级电网拓扑模型，在开展热稳定计算的基础上进行电压偏差、短路电流、谐波等校核，明确邢台各区域可新增规模及预警等级，为科学有效开发分布式电源提供依据。三是开展新能源场站并网工作流程评估。并网场站并网后，华能邯峰电厂联合兴力集团开展全面整体的针对性后评估，查找工作流程中存在的问题和不足，不断优化完善，提升合作管理水平。

（四）挖掘降本增效方式，实现"最大化"合作效益

1. 合作进行"常态化"风险排查，降低运营成本

一是创新合作"专项隐患排查"模式，降低维修运营成本。共同进行风险评估，包括安全检查、风险评估、问题整改、交流教育四个隐患排查环节，精准识别运行风险。专家全面系统检查光伏电站对新能源场站的设备、供电电源等，提出相应措施和建议，助力电站预防类似问题再次出现。共同进行设备巡检，技术专家对新能源站内保护装置定值、压板、模拟量进行自动比对，开展新能源站内设备自动巡检和督导整改，有效防止定值误整定、压板误投入等，提高设备运维质量。二是升级合作"事故缺陷管理"能力，降低合作管理成本。兴力集团绘制新能源电站事故及缺陷处理流程图，明确事故处理流程及时间节点，发给华能邯峰电厂相关部门、单位。同时华能邯峰电厂建立事故后评估制度，对于新能源场站故障造成的跳闸，坚持事故后评估并向邢台地区光伏电站发布，在定期召开的光伏电站协调会上通报，合力提升应急响应速度。三是促成企业"共同培训"模式，降低人工操作成本。创新培训方式，组织编制《新能源场站运行规程汇编》手册。为新能源并网人员提供光伏故障处理、缺陷处理等技能培训，同时以考促培，提高光伏电站保护人员技能，结合专业人员上岗考试，确保人员能胜任工作，促使专业人员主动学习。

2. 合作利用"数字化"智能手段，提升工作效率

一是实现业务流程"数智化"。双方根据前期规划建厂图纸协商确定安装监测设备和传感器位置，实时采集光伏发电站的发电能力、天气状况、设备运行状况等数据，通过云计算、物联网技术等手段，整合、计算和分析数据，提高光伏、风电发电功率预测的准确度，为后期数据统计报送及收益预测提供支撑。二是实现结算流程"统一化"。在积极推进整县屋顶分布式光伏项目过程中，兴力集团充分发挥数字化技术和属地化优势，承接"自发自用、余电上网"用户的电费结算业务，收取电费后与华能邯峰电厂统一结算，提高结算效率。

3. 合作结合"现代化"发展要点，优化多方效益

一是合作引进新能源装备制造区。协助引入新能源上下游高新技术装备制造产业，打造风电光伏产业链集群，带动邢台市新能源、有色金属、新材料等相关产业集约化发展。二是合作开拓经济增长点。随着光伏电站的相继开发，光伏为地方开辟新的经济增长点，带动促进本地国民经济的发展和社会进步。三是合作打造乡村振兴基地。与地方旅游、康养和乡村振兴建设紧密融合，建成知名旅游景区，打造"网红打卡地"，擦亮邢台旅游新品牌。通过光伏场区及周边环境提升工程、特色农业开发、新能源科普教育基地等配套工程建设，逐步形成光伏旅游、农业观光、特色蔬果采摘、徒步骑行运动等观光旅游带，为乡村振兴事业注入新活力。

（五）加强落实支撑能力，构建"规范化"合作保障

1. 智慧引领，成立"清洁能源发展"联盟

在邢台市发展和改革委员会指导支持下，双方成立"清洁能源发展"联盟，包含输电企业、新能源企业、科研院校等其他相关方，全面服务全市清洁能源体系建设和发展。一是搭建企业合作平台。积极组织各成员单位紧密围绕合作宗旨，定期组织邢台新能源企业相关研究机构协同例会，共同探讨解决行业技术问题。组织邢台新能源领域期刊交流，邀请国内外领域专家学者分享，提高邢台新能源领域的影响力，实现与同行实时交流。二是进行技术联合攻关。通过举办专项技术座谈交流会议，着力开展高比例新能源接入对系统方式的影响、风电故障特性研究，进行接入配网保护适用性分析，保护控制适应性分析等工作，并依据分析结果在系统方式调整、保护配置和整定方案、输电调度等方面提出建议，为专业的不断进步提供了引领支撑作用。

2. 制度保障，完善多层面制度技术要求

一是完善技术标准体系。双方组织专家开展新能源技术标准汇编，汇编形成"全景式"技术标准体系，对现运行技术标准进行全景式收录展示，汇编中收录《光伏发电站并网性能测试与评价方法》《并网光伏发电监控系统技术规范》等32项技术标准，并保证与国家技术网同步更新。二是完善工作管理制度。兴力集团优化业务流程，细化关键工作节点技术和管理要求，按照"加强管理，制度先行"的原则，参与编制《光伏电站缺陷处理原则》《新能源并网参数报送管理规范》等规程规范，并汇总成册下发至新能源场站，形成完整的新能源项目管理制度体系，使新能源管理更加有序。三是编制作业指导书。为确保作业高质效完成新能源项目合作，双方以常规作业指导书、安全质量控制卡、工序卡等为蓝本，编制光伏设备并网作业指导书，包含并网验收、缺陷处理等多类别作业。每个类别作业指导书包含开工准备、安措执行、外部检查、设备检修、绝缘检查、保护检验、整组试验、送电检查、检查结论、发现问题及处理情况等10部分全过程作业管控，对光差保护联调、防孤岛装置整组传动、自动化设备调试等作业项目进行要求。

三、以协同共赢为目标的新能源项目合作管理体系构建与实施效果

（一）管理效益凸显，合作质量得到有效提升

一是打破专业壁垒，建立了完备的"六个三"工作机制，成立新能源并网工作组，建立新能源并网工作例会制度，明确各专业分工，构建新能源"全链条"服务平台，顺利开展新能源规划设计、工程建设、并网运行的各项服务工作。二是合作效率提升明显。随着双方合作流程不断优化，新能源并网由原来45天左右，缩短至20天左右。如参数报送环节，通过优化流程、明确参数报送管理规定，编制并向用户发放参数报送清单、模板等，参数报送示例等，参数报送时间平均需3～4天，时间缩短50%以上。

（二）经济效益突出，并网运维取得重大成绩

一是新能源并网任务完成量增加。2021年至2022年双方新能源并网任务完成量达到40万千瓦，

折合减少燃煤消耗 3.9 万吨，预计每年可增加清洁能源发电 4.8 亿千瓦时，有助于减少对化石能源的依赖，有效降低对环境和生态的破坏性。二是降低设备故障及维修成本，光纤保护配置率、并网线路距离保护功能配置率、光伏电站及并网变电站的录波器接入率及网络安全设备配置率均达到 100%，保护和监测措施显著降低运营、维修成本，减少经济损失 1180 万元，极大地降低了运营商的成本和灾难性的损失。三是成果效益显著。通过评估投资回报率、盈亏平衡点等关键指标，双方并网运行可靠性逐年持续提升，合作成果创造效益共计 4100 万元，对于项目后续的指导决策、优化资源配置、指导改进和评估可持续性具有重要的意义。

（三）社会效益显著，高质量发展动力更加强劲

一是二次设备缺陷发生率持续下降，运行可靠性逐年持续提升。自合作以来，华能邯峰电厂和兴力集团重视设备运行安全方面防护措施投入，新能源并网线路保护（含光纤）及自动化设备共发生缺陷 2 次，缺陷次数相较往年呈下降趋势，不断增加新能源电站数量的背景下，运行可靠性能够持续提升。二是光伏用户满意度明显提高。通过邢台清洁能源发展联盟召开，加强与新能源用户沟通，提高了透明度和工作效率，树立了良好的标杆；通过加强设计、运维等管理，提高了光伏电站的安全稳定运行，减少了用户跳闸造成的经济损失。三是深化新能源场站项目合作推广示范作用。创新构建"一体四化"新能源项目合作管理体系，形成电源侧企业与电网侧企业产业链各环节协同、资源共享的新能源项目合作管理机制。持续适应电网"双高"形态转化的新要求，打造可复制、可推广、可实操的新能源项目合作典型示范样板。

（成果创造人：王　宏、李国冀、刘兴晖、鲍海滨、武建利、李剑峰、
　　　　　　　韩天华、郑永强、朱燕舞、陶　涛、李　征、张　涛）

地铁企业促进高质量发展的 ESG 量化评估管理

广州地铁集团有限公司

广州地铁集团有限公司（以下简称广州地铁）成立于 1992 年，是广州市政府全资大型国有企业，主要负责广州市快速轨道交通系统的工程建设、运营管理和附属资源开发经营，2020 年下属控股子公司广州地铁设计研究院股份有限公司成功上市（股票代码：003013），成为国内第一个登陆 A 股资本市场的地铁设计院。2022 年总资产超过 5800 亿元，员工 2.9 万余人，全年完成广州市重点项目投资 855 亿元，实现经营收入超 120 亿元，运营的轨道交通里程达 849 公里，运营线路里程在国内排名第三、世界前五。

一、地铁企业促进高质量发展的 ESG 量化评估管理背景

（一）国家政策导向与外部投资机构的客观要求

党的二十大报告指出，"高质量发展是全面建设社会主义现代化国家的首要任务""必须完整、准确、全面贯彻新发展理念"。在理论上，ESG 主要强调企业要注重生态环境保护、履行社会责任、提高治理水平，为企业高质量发展指明了道路；在实践上，ESG 主要评价企业在环境、社会和治理三方面指标表现，是衡量企业可持续发展能力的评估指标，为企业践行高质量发展和贯彻新发展理念提供了必要的工具和切实可行的抓手。在投资领域，新型投资在追求财务回报的同时，兼顾投资的社会与环境效益。作为一种评价工具，ESG 为投资者提供了一种多维度的投资评价指标和可计量、可比较的评价方式，成为其做投资决策时的重要参考；作为一种投资策略，ESG 评估让金融机构、投资者从关注传统的财务指标到综合衡量社会效益、兼顾财务和社会收益逐渐成为一种投资取向。对于地铁企业而言，践行 ESG 理念、开展 ESG 量化评估，提升企业 ESG 绩效水平，可以增强企业应对危机的能力，也可以赢得绿色信贷支持，大大降低贷款利率和融资成本，提升企业自身可持续经营和盈利的能力，着力实现高质量发展。

（二）地铁企业所具有的公共服务行业属性的必然需要

地铁企业作为具有公共服务行业属性的企业，其发展涉及对市民、政府、合作伙伴、员工、社区及公众等各利益相关方的考量。此外，地铁具有准公益性、投资额大、建设周期长、回收投资慢等特点，其建设所需资金主要以政府和企业投融资为主，这给地方政府和企业带来了巨大的资金压力。借鉴 ESG 理念，构建具有地铁企业特色的 ESG 量化评估指标，以货币化方式体现地铁企业的 ESG 绩效，更全面、科学、合理评价地铁企业经营业绩，让政府、社会资本、公众等利益相关方认识到地铁正外部性等公共行业属性所产生的环境、社会等价值创造，进而吸引更多的资金进入地铁建设运营领域，支持地铁建设，促进地铁企业良性发展。

（三）综合评估地铁企业经营发展能力的现实需要

近年来，国内外研究机构和先进企业进行了大量的 ESG 量化模型研究，用于评估企业创造的价值。目前，这些 ESG 量化评估理念和方法得到了很多世界一流企业的关注和认可。比如，全球最大的化工企业巴斯夫和阿克苏诺贝尔在自然资本、社会人力资本相关评估方法基础上，开发了一种能够衡量或量化企业经济、社会和环境综合价值的方法，用于衡量和评估商业活动对社会和自然的影响。但对于地铁企业而言，目前还没有一套行之有效的 ESG 量化评估方法，地铁企业的 ESG 价值也无法被有效地量化评估，因此地铁企业需要根据实际探索符合自身业务需求的 ESG 量化评估方式方法，评估其

生产经营各个维度所创造的价值,来帮助企业精准识别生产经营中的风险和机遇,科学指导企业制定经营发展策略。

二、地铁企业促进高质量发展的 ESG 量化评估管理主要做法

(一)以促进管理提升为准则,明确 ESG 量化评估思路

一是明确 ESG 量化评估职责与业务流程。广州地铁基于现有高效运转的社会责任管理组织架构体系,融入 ESG 管理职能,明确各层级 ESG 工作的管理主体和职责权限,将 ESG 量化评估指标融入管理决策和运营。在顶层设计上,推动集团董事会参与 ESG 治理,对 ESG 管理工作进行决策、指导、部署和推进;在管理推进上,确保社会责任管理委员会决议顺利推进统筹与 ESG 日常工作稳步推进;在具体落实上,社会责任工作办公室牵头带动集团公司各职能与业务部门 ESG 管理提升工作。

二是对标国内外企业价值量化评估方法。广州地铁通过对自然资本评估、社会和人力资本评估、社会责任贡献值评估、三维损益评估方法、真实价值模型以及责任竞争力量化等国内外权威、通用的企业 ESG 量化评估方法进行对标分析,为构建地铁企业 ESG 量化评估指标提供依据。

三是找准企业 ESG 量化评估的关键要素。通过对标分析国内外 ESG 量化评估方法,广州地铁发现企业在进行决策和经营活动过程中,对外界产生的效益既有正面效益也有负面效益,企业价值量化评估方法大多从经济效益、环境效益和社会效益出发,通过货币化的方式来综合衡量企业创造的 ESG 价值。基于此,广州地铁认为构建地铁企业 ESG 量化评估指标的关键要素主要有:一是衡量企业产生的 ESG 价值,二是通过货币化方法实现价值量化。

四是构建地铁企业 ESG 关键评估指标。广州地铁遵循实质性议题分析流程,开展内外部利益相关方调研,从"对地铁企业发展的重要性"和"对利益相关方的重要性"两个维度进行评估,最终识别并筛选出具有较强实质性的关键影响指标。限于资源和技术可行性,地铁企业对环境、社会和治理的影响并未全部包括在评估模型内,如人权和劳工权利议题。

五是促进 ESG 量化成果向内部管理转化。广州地铁通过量化评估企业经营活动对经济、环境和社会的影响和依赖,将 ESG 价值创造融入生产运营全流程,在生产运营过程中充分考虑利益相关方的诉求与期望,全面有效管理各项风险和机遇,降低生产运营中的风险,针对薄弱项科学提升企业 ESG 管理水平,不断凸显 ESG 管理成效和实践绩效,促进 ESG 管理成为企业高质量发展的内生动力。

(二)围绕利益相关方需求,构建 ESG 量化评估指标

1. 建立地铁企业 ESG 量化评估议题库

广州地铁以国际标准化组织、国际自然资本标准、国际社会资本标准、国内外 ESG 标准体系、国家经济社会高质量发展政策、国家绿色发展与生态文明规划政策、典型企业经验为参考,通过实质性议题分析,识别和筛选出地铁企业对内外部利益相关方影响程度较高的 ESG 量化指标,构建起地铁企业环境、社会及治理三大类实质性议题库,不断提高企业研发投入、低碳环保、公司治理等非财务要素的认可度,进一步将企业的"表外资产"量化评估,为企业的长期收益提供保障。

2. 确定广州地铁 ESG 量化评估指标

广州地铁基于系统性、实质性、适用性和可操作性原则,结合企业业务实际情况,深度挖掘和梳理企业内部数据、公开信息和商业数据等,选取适合广州地铁业务发展和资源消耗的指标,最终确定地铁企业 14 个 ESG 量化评估指标。限于资源和技术可行性,广州地铁对环境、社会和治理的影响并未全部包括在评估指标内,如人权和劳工权利等。广州地铁 ESG 量化评估指标如表 1 所示。

表 1　广州地铁 ESG 量化评估指标

维度	指标	数据来源	指标说明及计算方式
1. 对环境的影响	1.1 地铁出行减排	企业提供、网络公开信息	乘坐地铁出行带来的温室气体（二氧化碳当量）减排 $$E_R = \sum_{i=1}^{N}(E_B - E_C) \times M_i \times P_C$$ 其中，E_B 为基准线情景排放因子，以目前城市客运交通产生的碳排放平均水平为基准线排放，基准线情景出行方式一般包括私人小汽车、大巴车、出租车、公交车、地铁等，单位为 kg CO_2/ 人·km；E_C 为乘坐地铁出行排放因子，即乘客采用地铁出行的平均人公里排放因子，单位为 kg CO_2/ 人·km；M_i 为乘客乘坐地铁出行的乘距，单位为人·km/ 次；P_C 为碳价格，单位为元 / 吨；N 为年度地铁出行次数，单位为次；E_R 为年度地铁出行二氧化碳减排对于环境的正价值，单位为元。
	1.2 电力间接排放	企业提供、网络公开信息	外购电力二次能源消耗带来的温室气体（二氧化碳当量）排放 　电力间接排放负影响 = 用电量 × 排放因子 × 碳价格
	1.3 土地资源利用	企业提供、网络公开信息	地铁建设与运营阶段对土地资源的使用 　土地资源消耗负影响 = 地铁建设地上占用面积 × 所在地区平均地价
	1.4 水资源利用	企业提供	地铁建设与运营阶段对水资源的使用 　水资源消耗负影响 = 用水量 × 消耗成本
2. 对社会的影响	2.1 出行便利性	企业提供	乘客出行时选乘地铁而不乘地面公交车辆所节省的时间为社会创造的效益 　乘客出行节约时间效益 = 年客运量 × 乘客平均节约时间 × 工作客流系数 × 人均小时 GDP
	2.2 票价优惠	社会责任报告	为乘客提供票价优惠折合人民币总额
	2.3 土地增值	中国土地市场网	因交通条件改善，带来的沿线土地和房地产增值效益 $$\ln P_i = \alpha_0 + \sum_{k=1}^{N}\alpha_k X_{ki} + \beta d_i + \xi_i$$ 其中，P_i 是第 i 个地块的价格，单位元每平方米；X_{ki} 为第 i 个地块的第 k 个影响因素；α_0、α_k 为待求系数；d_i 为与最近地铁站点的距离，单位米；ξ_i 为随机误差
	2.4 带动就业	网络公开信息、企业提供	地铁建设和运营带动就业、提高城市就业率所产生的效益 　带动就业价值 = 建设地铁所投入的资金 × 地铁建成后创造的长期就业岗位数 × 地区人均 GDP
	2.5 社区投资	社会责任报告、企业提供	对社区扶贫、社区公益慈善等的投入 　社区投资价值 = 社区教育投入 + 社区文化投入 + 社区帮扶投入 + 公益慈善投入
	2.6 薪酬福利	企业提供	对员工的录用、支付薪酬、提供福利，帮助员工提高生活水平，保障员工合法权益
	2.7 员工培训	企业提供	为员工提供专业技能、安全知识等理论和实践培训的投入
	2.8 伤亡事故经济损失	企业提供	建设和运营过程中由于企业自身原因导致的伤亡事故所引起的一切经济损失 　伤亡事故经济损失 = 直接经济损失 + 间接经济损失 其中，直接经济损失包括医疗费和误工工资，间接经济损失包括工作损失价值、补充新职工的培训费用、资源损失价值等

维度	指标	数据来源	指标说明及计算方式
3. 对自身治理的影响	3.1 纳税总额	企业提供	依照政府税收政策，企业全年实际缴纳的所有税金之和
	3.2 贪污腐败	企业提供	由于贪污腐败行为造成的企业经济损失

（三）科学量化 ESG 绩效，找准经营提升重点方向

根据 ESG 量化评估指标，广州地铁通过企业官方网站、年报、社会责任报告、环境报告等渠道收集指标相关数据，结合地铁企业环境、社会和治理价值指标的通用货币化核算方法及选取的部分关键指标的货币量化系数，计算得出广州地铁的环境、社会和治理价值，有针对性地制定业务发展策略提升 ESG 正面影响，降低 ESG 负面影响，保障广州地铁可持续高质量发展。

经计算，广州地铁 ESG 价值量化结果为 710.251 亿元，其中环境净价值为 −3.618 亿元，社会净价值为 700.445 亿元，治理净价值为 13.424 亿元。结果表明，广州地铁具有显著的正外部性，地铁建设运营能为投资者带来收益，助力节能减排，大幅带动地铁沿线经济发展，创造大量的环境、社会和治理正价值。同时，通过 ESG 量化评估也进一步明晰了广州地铁在环境、社会及治理方面的薄弱之处。

在环境层面，广州地铁对环境的正价值略低于给环境带来的负面影响，主要是由于在地铁施工和运营过程中，产生了大量的固体废弃物、废水及噪声，在电力、土地资源和水资源方面消耗较大，碳排放强度较高，对周边环境造成了一定负面影响。因此地铁企业在环境方面需要进一步降低施工和运营过程中"三废"的排放，减轻对环境的影响，进一步提升地铁运输能力，鼓励引导公众选择地铁出行，充分发挥地铁低碳出行优势。

在社会层面，广州地铁给社会带来的正价值显著高于对社会的负面影响。对乘客的社会价值贡献体现在为乘客的出行创造便利、舒适的乘车条件，以及具有折扣的票价优惠；对社区的社会价值贡献体现在拉动沿线地块的增值效益，以及带来的额外就业机会和收入；对员工的社会价值贡献体现在薪酬福利和技能培训方面。但广州地铁在建设运营过程中也造成了人员伤亡事故，给企业和社会带来了较大的负面价值，这是广州地铁在社会方面需要重点提升的方向。

在治理层面，广州地铁为保障企业的稳健运营，依法按时缴纳税款，开展卓有成效的反腐倡廉行动，取得了明显的治理成效，治理价值逐渐凸显。广州地铁要在依法纳税和反腐倡廉上持续发力，为企业稳健运营夯实治理基础。

（四）依据 ESG 量化结果，科学制定业务发展策略

1. 开展绿色研发，充分发掘车站高效节能潜力

地铁车站的通风空调系统普遍存在能耗较大、系统运行不科学等问题，其能源消耗和温室气体排放压力与日俱增。2022 年，对广州地铁三号线、五号线推广应用智能高效空调系统，对既有空调系统的低效、耗能设备进行升级更新，采用公司自主产权的智能高效空调系统技术，规划改造 42 个站点。

2. 严格施工管理，切实降低"三废"对环境的影响

废水、废气、废渣的排放，是地铁施工建设及运营期间对环境产生负面影响的主要表现。对于废渣，广州地铁大力开展技术攻关，将明挖顺作法优化为永临结合结构工法，有效减少临时结构混凝土凿除，降低建筑垃圾的产生，并通过约谈、挂牌、扣分等手段，进一步加大对违反相关管理制度的处罚力度，切实做好施工现场绿色环保工作。对于废水，广州地铁严格落实雨污分流制度，在各施工场地均修建三级沉淀池，并配备安装压滤机或污水净化设备，所有施工废水均收集至沉淀池和压滤机，经过污水净化设备后回用洒水降尘、车辆场地冲洗、绿化等，生活污水经化粪池处理后纳入市政管网，确保地铁建设和运营各环节产生的污废水得到有效处理和循环利用。对于废气，广州地铁贯彻落

实扬尘防治"6 个 100%"管理措施，并在施工现场安装淋喷、雾炮、防尘棚等设施，最大程度减少废气的排放，切实保障施工区域的环境空气质量。

3. 加强合规建设，全面提升企业风险管控水平

依法合规运营是广州地铁提升治理价值的重要保障。广州地铁不断加强合规管理体系建设，依法运营，全面管理运营风险。在合规管理方面，加强"四合一"合规检查，聚焦党的建设、全面从严治党、重大政策落实及合规经营等方面，摸清问题底数、找准短板弱项、推动问题整改，实现各级干部履职尽责、廉洁合规。在风险管理方面，建立合规、内控及风险一体化的管理体系，在合规管理体系符合市国资委监管要求之外，实现合规、内控及风险管理的整合。在反腐倡廉方面，持续强化监督过程全周期管理，加强廉洁教育，建立完善 12 个反腐倡廉教育基地矩阵，深入开展"反腐倡廉宣传教育月"等工作，全面营造廉洁从业氛围，提升领导干部和员工的廉洁意识，降低企业的经营风险。

4. 筑牢安全生产，坚决守住建设运营安全底线

广州地铁社会负价值主要体现在伤亡事故带来的经济损失，安全生产与运营是广州地铁工作的基础。广州地铁牢固树立"万无一失，一失万无"的安全底线思维，进一步抓好地铁建设安全、运营安全等各项安全生产工作，严格防范人员死亡、较大社会影响和较大负面舆情等突发事件，提升员工、乘客、承包商安全意识，坚决守住建设运营安全底线。2022 年，广州地铁进一步修订集团级安全规章，完善责任落实、风险管理等要求，通过加强员工及承包商的安全培训和安全宣传教育，规范及提升建设、运营及人员培训三方面的管理，全面夯实安全基础，守好安全运营根基。

5. 拓展融资渠道，吸引社会投资减轻经营压力

广州地铁作为城市大型基础设施和准公益性产业，虽然政府支持能够缓解经营压力，但是企业自身也需积极开拓多元投融资渠道，降低融资成本，进一步保障企业可持续稳健运营。广州地铁通过多元高效筹集资金，实现从"政府投资为主"向"政府＋社会资本"相结合的投融资模式转型。广州地铁协同市发展改革委制定《广州轨道交通项目建设投融资方案（2021—2023 年）》，采用"股权投资＋施工总承包"模式，吸引社会资本，促进轨道交通项目建设。除吸引社会投资外，广州地铁还通过发行债券、提用流动资金贷款、"融资租赁＋信用证"、银团及项目贷款等多种渠道筹集资金，降低融资成本。

（五）强化闭环管理，保障 ESG 量化评估落地有效

1. 健全机制保障

广州地铁依托社会责任工作办公室，建立 ESG 管理激励约束机制，通过定期检验 ESG 量化评估实施效果，横向和纵向对比各指标实施成效。对指标改进成效突出的责任部门颁发 ESG 相关奖项，激励责任部门进一步提升经营管理水平。对于未按计划完成的工作，责任部门应详细说明原因，并在下季度工作计划中予以考虑，及时总结经验、分析问题、制定业务发展对策，确保经营管理工作的有效开展，提升 ESG 量化评估绩效，实现 ESG 管理工作的闭环效应。

2. 完善组织保障

在环境层面，广州地铁积极完善组织领导，强化保障措施，以国家"1+N"政策体系为指导，把"双碳"纳入公司发展战略规划，成立碳达峰碳中和领导小组及工作小组，统筹、指导"双碳"工作的顺利开展，并印发碳达峰行动方案，形成碳达峰总体工作思路，通过实施八大行动，推动绿色运输发展体系的构建和完善。

3. 做好人才保障

广州地铁建立"科学合理选拔人、立体化培养人、多层次激励人、业绩导向使用人"的人才导向，系统构建不同层次不同领域员工的培训体系，开展多元化培训，培养复合型人才，引导员工拓宽

视野，增强履职本领，提升技能水平。通过构建起结构合理的各专业人才梯队，确保广州地铁各领域业务经营水平的提升，保障 ESG 量化评估的落地有效。

4. 强化宣传教育

广州地铁充分发挥自身媒体矩阵传播优势，大力宣传推广节能减碳、社区发展、稳健运营等 ESG 典型案例及成效，提高公众对广州地铁 ESG 工作的认知。同时，及时回应社会关切问题，注重舆论引导，健全社会公众参与机制，促进企业经营水平的提升。

三、地铁企业促进高质量发展的 ESG 量化评估管理效果

（一）形成一套对标世界一流提升管理水平的新方法

广州地铁通过 ESG 量化评估实践，建立了一套新的对标世界一流企业方法，改变了以往重企业经营管理指标、轻环境和社会指标的对标思路。在环境方面，广州地铁对标一流企业，引入了电力间接排放（碳排放）、固体废弃物排放、水资源消耗等新指标，与落实国家"双碳"目标相结合，将其落实到业务工作中；在社会方面，广州地铁将出行便利性、社区投资、伤亡事故经济损失等指标新增到经营管理指标中。这些指标的引入，有助于进一步帮助公司更好地识别企业经营中的风险和机遇，形成一套治理指标好、环境和社会指标也优的经营管理新方法。

（二）提升投资者对地铁企业的价值认知，降低融资成本

广州地铁通过 ESG 量化评估大大提升了投资者对地铁企业可持续发展能力的价值认知，拉动了金融机构、社会投资者等利益相关方对广州地铁的投融资热情，提高了企业债券吸引力，为广州地铁和行业营造了更良好的发展环境。2022 年广州地铁多元化融资成效显著，全年多元化筹集资金 1352 亿元，其中债券融资 240 亿元，银行贷款 1.05 亿元，政策性开发性金融工具 62 亿元（获批额度全市第一，为重点项目资本金提供了重要补充来源，有效减轻了财政压力），平均融资成本市属国企最低，城轨行业最优。此外，广州地铁积极创新投融资模式，积极引入社会资本，2022 年，广花、芳白项目"股权投资＋施工总承包"模式高效落地；探索并发行集团公司首支碳中和公司债；成功落地集团公司首笔境内外币流动资金贷款 40 亿元。2023 年，广州地铁以广州地铁 3 号线主线作底层资产打包上市，发行基础设施 REITs（Real Estate Investment Trusts，不动产投资信托基金），项目也已取得行政主管部门出具的无异议函。

（三）助推企业开启高质量发展新征程

广州地铁通过利用 ESG 量化评估结果找出企业经营提升的重点方向，多点发力，提升企业在环境、社会和治理等方面的经营管理成效，出色完成了各项任务，推动了企业可持续经营与高质量发展。环境方面，广州地铁 2022 年单位客运周转量综合能源消耗 0.1225 吨标准煤／万人公里，较 2021 年同期下降 87.75%，环境节约成效显著。社会方面，根据国际地铁协会（Community of Metros，CoMET）2022 年公布数据，广州地铁 2022 年主要安全指标排名第一（10 年平均伤亡率最低、车站犯罪事件发生率最低），运能利用率排名第二。经营方面，广州地铁全力以赴稳投资，完成年度投资任务 855 亿元，创造了广州地铁历史新高度，高质量推进多元经营业务，实现开源增收多点突破，房产业务稳中有进，市场拓展多点开花，轨道交通产业集聚发展，多元经营收入占比超过 50%。

（成果创造人：丁建隆、刘智成、吴　敏、方思源、李颖嘉、司乔娜）

煤炭服务企业基于"五统一"的区域设备服务管理

陕煤集团神南产业发展有限公司

陕煤集团神南产业发展有限公司（以下简称神南产业发展公司）是陕西煤业化工集团有限公司（以下简称陕煤集团）为在神府矿区所辖原煤生产矿井实现专业化生产辅助配套而成立的国有股份制企业，下设五个专业化生产中心、一个学院、五个子公司，主营业务涵盖矿用大型设备维修、安装回撤、采供、租赁、再造、矿山救护及消防，工程质量监督检测，职工教育培训，矿用电缆制造等。公司成立于 2008 年 5 月，注册资本金 18 亿元，占地面积 1095 亩，拥有员工 2000 余人。截至 2022 年年底，公司资产总额 62.1 亿元，累计实现营业收入 228.1 亿元，实现利润总额 6.96 亿元，上缴税费 11.16 亿元。公司先后荣获"全国模范劳动关系和谐企业""国家级绿色工厂""全国煤炭工业文明单位""陕西省国资委文明单位""全国设备管理优秀单位"等各级荣誉 200 余项。

一、煤炭服务企业基于"五统一"的区域设备服务管理背景

（一）响应国家绿色低碳发展号召，贯彻落实绿色环保理念的需要

2013 年国务院印发《关于加快发展节能环保产业的意见》，指出资源环境制约是我国经济社会发展面临的突出矛盾。2021 年国务院印发的《关于加快建立健全绿色低碳循环发展经济体系的指导意见》指出，建立健全绿色低碳循环发展经济体系，促进经济社会发展全面绿色转型，是解决我国资源环境生态问题的基础之策。因此，能源绿色低碳转型、节能降碳增效、绿色低碳创新等迫在眉睫。神南产业发展公司作为国有股份制企业，作为煤炭服务企业的开拓者、引领者，响应国家绿色低碳发展号召，贯彻落实绿色环保理念势在必行。

（二）落实陕煤集团战略布局，助力神府矿区煤炭生产企业提质增效的需要

陕煤集团提出在神府矿区建设一个"设施一流、管理一流、质量一流、服务一流"的专业化矿区生产服务企业的战略布局。随着陕煤集团在神府矿区原煤生产体量不断增大，暴露出矿井设备资产体量大、利用率低、配件库存储备资金大、报废设备利用率低等问题。如何更好落实践行集团公司战略布局、提高设备价值、降低煤炭生产企业生产成本，成为为保障神府矿区煤炭生产而成立的服务型企业神南产业发展公司的工作重点。

（三）持续提高企业"服务品质"，实现企业高质量发展的需要

神南产业发展公司承担区域周边多家生产矿井的各类型的煤炭综合服务业务。但随着煤炭产业结构的不断完善，对"设备"的服务能力提出了更高要求。特别是在新冠肺炎疫情全球大流行、俄乌战争爆发之后，全球产业链供应链因非经济因素而面临冲击，煤炭采掘设备及其配件供应链严重受阻。面对区域煤炭行业发展新趋势，如何聚焦主责主业，提升对矿井的服务水平，提高公司的竞争力和市场地位，成为神南产业发展公司发展亟待解决的问题。

二、煤炭服务企业基于"五统一"的区域设备服务管理主要做法

（一）科学规划，明确基于"五统一"的区域设备服务管理思路

神南产业发展公司立足晋陕蒙交界区位优势，聚焦主责主业，围绕煤矿采掘设备服务精耕细作，提出了基于"统一选型、统一储备、统一调剂、统一维护、统一替代"的"五统一"区域设备服务管理。

基于"五统一"的区域设备服务管理聚焦"设备"全生命过程管理，在统一选型方面，充分考虑现有设备的前提下，深入分析区域地质条件及未来开采计划，统筹设备后期选型及应用，研究编制设

备选型使用标准；在统一储备方面，基于"共建、共融、共享、共赢"理念，融入大数据、云计算、区块链等先进技术，构建设备综合服务平台，整合煤炭产业链上下游资源，形成云仓储；在统一调剂方面，充分利用榆林地区区位优势，与各大煤炭集团、平台加强合作，整合晋陕蒙闲置设备资源，打造"区域最大矿用设备调剂中心"，打破原有"二保一"综采设备保障模式，优化为"三保二"配置；在统一维护方面，多路径协助煤炭生产企业破解设备运维问题，成立专业化设备检测机构，成立设备故障抢修专业化服务队伍，建立设备管理、维修专家库，自主设计煤矿机电设备"数智管理"平台等；在统一替代方面，探索"高精尖"技术领域，实现从局部到整体的替代，"局部替代"推进关键零部件国产化替代及改进，"整体替代"推动再制造研究与应用，完成液压支架的整机再制造。多路径延长设备使用寿命，提升设备运行价值，降低煤炭生产企业设备资源储备，赋能煤炭生产企业提质增效，推动煤炭行业高端制造业产能释放，推进煤炭行业高质量发展。

在基于"五统一"的区域设备服务管理实施中，神南产业发展公司始终坚持统筹规划、合理选型、通用性强、减少储备，产权不变、统一管理、有偿租用、责权明晰，超前管理、修用有序、服务生产、及时高效等原则，助力实现设备优化配置，增强设备及零部件通用性和互换性，减少储备量，降低库存，盘活资产，提高经济效益。

（二）聚焦设备通用性能提升，研究编制设备选型使用标准

在探索设备选用管理标准过程中，神南产业发展公司始终坚持"为客户赋能"理念，从调研和分析陕北区域各矿井可采煤层地质赋存特征，现存设备型号、数量、使用状况及设备通用性和互换性等入手，坚持技术上的先进、经济上的合理、生产上的实用、管理上的融通四项基本原则，同时，融入工艺性、生产性、可靠性、维修性、节能性、环保性、经济性，及其符合煤矿设备有关规定，以理论联系实际编制采掘设备系列型谱和设备选型规范展开标准化研究，建立设备选用"量性"评估指标体系。

在矿井可采煤层地质赋存特征方面，根据陕北区域各矿井可采煤层厚度，各煤层埋藏深度与地层倾向等各地质因素，进行煤层赋存条件分类分析，得出红柳林煤矿、柠条塔煤矿、张家峁煤矿、小保当煤矿、曹家滩煤矿五大矿井均位于陕西省神木市区域，五个煤矿井田边界相邻，含煤地层均位于侏罗系中统延安组，除了各可采煤层厚度相差较大外，其他赋存条件差别不大，具有工作面综采设备统一选型、统一购置、统一调配的地质条件基础。其他煤矿虽有一定差别，但也有共性，有"统管"基础。确定了工作面支护设备需要适应煤层厚度 1.1～1.3 m、1.4～1.9 m、2.0～2.6 m、2.4～3.4 m、3.0～3.8 m、3.8～5.6 m、5.0～6.3m、6.0～6.8 m 及 6.8 m 以上九个梯度。

在矿井现存设备型号、数量、使用状况及设备通用性和互换性方面，展现多方融合，相似煤层设备统一选型，统一储备，同时兼顾搬家倒面和吊装运输设备能力；相同或相近开采条件下统一设备型号和设备"三保二"配置，不同开采条件下统一部件型号，以便于相互调剂和备件储备；综采设备报废后更新时，新购设备与原设备型号相同、主要技术参数保持一致，特别是易损件必须保持一致。实现陕北区域综采设备型号、参数、配套方案以最全、最简、最优为原则，编制综采设备系列型谱，以提高陕北区域综采设备的适应性、通用性和流转使用效率，降低备品备件的库存量，实现优化管理、降本增效。最终实现设备全生命周期内的费用最经济、综合效率最高、安全最可靠。

（三）构建设备综合服务平台，链接产业全域资源

2016 年，神南产业发展公司在立足陕煤集团陕北区域内部矿井"统一储备"的基础上，关注神府优质煤田及晋陕蒙交界区位优势、煤炭企业集中度高、利于市场化运作等要素，基于"共建、共融、共享、共赢"理念，充分利用陕煤集团和自身的资源优势，聚合煤炭产业链上下游企业（设备／配件生产厂家、煤炭生产企业、煤矿服务企业、煤炭销售用户等）、高等院校、科研院所、金融机构等社

会资源，深度应用融合设备智能化、物联网、大数据、云计算、区块链等先进技术，构建设备物资交易、仓储、物流、金融、售后安装和维修服务、技术诊断服务、人员培训及结算等为一体的设备物资线上、线下综合服务平台，改变设备物资供应链分散、重复、高成本备库，并基于实体库存，实现资源共享、产融结合、合作共赢，为平台用户赋能，促进产业链转型发展，打造全新生态圈。

通过设备综合服务平台为链上用户提供矿用配件、材料及设备等方面的交易，通过共识机制、智能合约等，输出免费线下仓储和交易场地、在线系统和管理服务，为行业提供高性价比真实商品，帮助产业链降低整体交易成本。

以"本地化联合仓储"服务业务作为实质性切入点，借助设备综合服务平台将矿用设备物资产业链各主体的库存整合成为平台共享库存。通过大数据、云计算、智能终端以及网络优势等软硬件技术，形成神南产业发展公司独有的监管仓系统。监管仓在交易过程中，链上用户可通过搜索、筛选，或是浏览商品页面方式，查找所需商品，点击查看，了解到商品基本信息、技术参数、设备描述及设备展示图片等，货主可实时查看到资金状况及货物流向，煤矿用户可实时查看所需商品库存及地理分布，实现不同用户对数据的实时掌握，同时结合上游各主要供应商工厂建立云仓，使设备物资从生产线一下线就能立即整合到监管仓现货资源中，真正形成行业大数据。

（四）实施定制化租赁服务，打造区域最大调剂中心

2017年，神南产业发展公司在落实陕煤集团赋予的陕北区域生产矿井设备集中调剂服务管理职责中，坚持"产权不变，统一管理，有偿租用，责权明晰"原则，建立起各矿井之间互备共享机制，打破了原有各矿井综采设备按照"二保一"配置（即一个综采工作面配两套综采设备），优化为"三保二"配置，充分发挥资产规模经营优势，实现降本增效。

神南产业发展公司在落实内部"统一调剂"职责发挥同时，紧盯外部设备盘活租赁大市场，并提出了打造"区域最大矿用设备调剂中心"的定位，通过调剂业务的扩展，不断赋能促使煤炭企业资产转型及库存配件降低。与神东煤炭集团、伊泰集团及速达股份"易装备"平台等加强合作，整合闲置设备资源，并建立起"闲置设备物资交易服务"平台，主要是对煤炭产业链下游企业（煤炭生产企业、维修企业及其他煤矿生产服务企业）二手设备、闲置物资现货资源及需求信息等资源进行整合，形成煤炭产业链闲置设备物资现货超市和信息集市，并对外进行交易、租赁、调剂和物流配送等定制化服务。同时，提供二手设备评估、交易撮合、转租、担保、租金安全服务等多项服务，会员可通过平台查看、买卖、租赁闲置设备物资。

随着租赁调剂业务的不断扩展，神南产业发展公司顺势而为，建立起实施定制租赁模式。一是根据客户需求，实施定制化租赁模式，目前共开展租赁、"租赁＋自修"、"租赁＋他修"、"租赁＋专业化"服务"等灵活多样租赁模式，满足客户个性化的需求。通过开展定制化设备租赁服务，大大提高了租赁业务成功率。二是按照市场化原则测算租赁费，设备租赁费测算以当前市场价格或设备净值为基础进行测算，测算得出的租赁费结果使客户容易接受。如在速达股份110台2.6米支架租赁项目中，由于设备原采购时间处于煤炭黄金顶峰时段，设备原值远远高于目前同等型号的设备价格，因此项目实施前期，通过与上级单位、设备所有单位积极沟通，按照目前同等型号的设备市场价格进行租赁费用测算执行，最终促使了该项目顺利成功实施。

（五）深耕多路径运维服务，夯实设备运行保障

成立专业化设备检测机构。2010年，建立油脂化验室，开展设备在用油脂化验工作，主要针对设备在用油脂的黏度测定、水分检测和铁普分析三项重要指标进行化验，通过化验对设备运行状况进行分析诊断，查找设备运行隐患。2013年，建立设备综合实验室，开展矿用无轨胶轮车安全检测项目，主要针对矿用无轨胶轮车的制动、尾气分析、灯光信号、警铃声级和传感仪器等17项安全性能进行检

测，保障车辆的安全运行，提前发现并排除运行隐患，避免故障的扩大和使用寿命的缩减。

成立设备故障抢修专业化服务队伍。2012 年，神南产业发展公司坚持以客户需求为导向，以提升客户满意度为目标，成立了由公司总工程师为负责人的设备故障抢修专业化服务队伍，并推行立体网状柔性组织管理机制，从专业技术理论强化、资源联动保障角度横向调动公司技能大师工作室，从领域细分角度纵向调动技术员工，在技术技能实操方面强化优势互补；实行 2 小时响应机制，在接到矿方的求助电话后，抢修服务人员必须在 2 小时内到达客户指定的服务现场进行服务；实施全天候设备保养、故障分析处理、设备操作注意事项等服务，实现在线沟通交流"零时差"。

建立设备管理、维修专家库。2014 年，神南产业发展公司整合企业内外部专业技术人员，建立了分层级多体系的设备管理、维修专家库，实现专家型人才资源共享，为煤矿提供技术咨询、人员培训、现场指导等技术服务，提升设备现场管理水平。推行专家不定期授课机制，神南产业发展公司利用培训资质资源，不定期邀请专家进行各领域授课，并保障授课费用发放，实现"双方"互利共赢。实行定期专家交流讨论机制，从 2016 年公司设立自己的节日"众创节"，于每年的 11 月 1 日邀请专家参与公司"众创节"，讨论交流行业痛点难点，及前沿技术等。

自主设计煤矿机电设备"数智管理"平台。随着统管调剂设备体量越来越大，过程中产生了大量业务数据，数据比较分散、准确性较差，缺乏系统的分析。为解决设备的选型、使用、维修、调剂等多个环节分散数据的整合，2022 年，神南产业发展公司引入大数据技术，利用大数据工具，基于大量数据对"过程"不确定性进行拆解、量化，挖掘出在数据后面的隐藏信息，降低这些不确定性造成的数据偏差，以保证生产过程尽可能透明，进而提高产品质量。企业还可以依据完备的数据分析结果及时地进行更换零部件、维修设备，实现对生产异常的快速发现和敏捷处理。在供应链方面，基于生产工艺的理论模型，利用大数据分析平台，对不同厂家、不同批次零部件、不同使用阶段的历史数据进行分析、解读。通过比较，对不同厂家、不同批次的零件进行质量评价，在零部件的使用环节上保持高效。在产品质量方面，通过对结果数据和过程数据的建模分析，针对产品的质量建立等级评价体系，摆脱原来单一的质量管理模式，实现生产过程控制与现场的实时设备互联，进而对生产过程进行有效的监控。在数据积累方面，搭建大数据平台，可以通过集群优化对生产过程中大批量数据的采集、存储、挖掘、应用的能力，加快数据的处理速度，对设备管理中各环节产生的数据协同管理、分析，提高数据的利用率；同时优化数据的展现方式（如结果导向的仪表、智能数据激活跳转、完整的资料流、数据关联的作业工作单等）以提供最佳的管理体验。在设备维护方面，通过对设备数据进行分析，可以得到生产设备之间存在的差异信息。进而可以发现潜在的设备故障信息，提早进行设备维护，延长设备使用寿命。在拓展服务方面，可拓展至企业上下游链、企业上级单位，实现设备需求、备件资源、金融物流、租赁服务、智力资源、维护服务等资源的整合优化，降低业务成本。最终，赋能各层级管理者能够根据设备的实时信息更加迅速对设备管理各环节做出科学决策。

神南产业发展公司还通过二维码信息管理系统、编制维修保养手册、开展专业化培训等协助顾客破解设备运维难题。

（六）推进关键零部件国产化和液压支架整机再制造，探索"替代"新领域

1. 进口设备关键零部件国产化替代

印发《国产化管理办法》。基于设备统管职能发挥，规范国产化管理工作，缩短进口设备维修服务周期，有效降低成本，提高效益，制定了该办法。该办法对在陕北区域各矿井国产化工作进行了统一规定，明确了国产化范围和原则，规定了开发、试验、评议、应用等流程，为推进国产化替代及改进提供了制度基础。

开展"产学研"深度融合。先后与大专院校、科研院所、制造厂家合作开展了液力耦合器、乳化液泵、摇臂、油缸等大部件国产化开发科研项目。遵循"降本增效"的基本原则，采取"先试用后推广、先易后难、质量优先、通用互换"原则深入国产化替代及改进，不追求"国产化"的国产化率，突出确保国产化的高可靠性与高性能；坚持在国产化设备中走技术集成模式，保证研发设备的可靠性和性能，能满足矿区生产的需要。做好配件国产化替代评估工作，通过物资管控系统，定期对国产化替代物资进行评价，评价结果作为国产化替代物资下一步推广的依据。

制定国产化推荐目录。充分利用社会资源，借助社会科技力量，进行"产学研"深度合作，联合研发、创新，将研发与矿区生产需要相结合；邀请国内行业专家、生产厂家及科研单位组织开展技术交流，拓宽国产化开发制造路径。先后制定整理下发四批次6652种国产化推荐明细，其中采煤机配件4253种、连采机配件1315种、梭车配件696种、泵站配件348种、其他配件40种。

2.液压支架整机再制造"替代"

神南产业发展公司为实现"废品"再利用，积极探索再制造技术应用，特别是在液压支架上，回收周边生产矿井的符合报废年限的液压支架，通过再制造技术改造，变"废品"为"宝贝"，再通过租赁方式租赁给生产矿井，实现再造液压支架替代"新"液压支架。

成立混合所有制子公司。随着再制造业务的开展深入及体量的增加，2021年，神南产业发展公司针对设备再制造业务与陕西天元智能再制造股份有限公司、西安智能再制造研究院有限公司联合成立了混合所有制子公司，实现了"产研"的深度融合，进一步激发再制造发展活力。

建设再制造检测实验室。神南产业发展公司充分考虑再制造设备的可靠性及新技术、新材料的研发，建设再制造检测实验室，引入先进设备，通过检测数据积淀，研究分析工艺问题、选材问题、失效问题、可靠性问题等，实现再制造寿命评估、再制造成形技术、再制造质量控制等。

立项《煤炭开采设备再制造技术研究》科研项目。制定了设备《寿命评估体系》《失效原因分析方法和标准》《验收标准》等八项企业标准，为推广整机再制造奠定理论基础。并充分梳理液压支架再制造相关技术经验、实验数据以及再制造支架应用现状，从定性和定量两个方面规范液压支架再制造过程，提高再制造液压支架产品质量，编制了《液压支架零部件可再制造性评估方法》《废旧液压支架再制造设计规范》《液压支架整机再制造质量检测及评价方法》标准，申报鉴定行业标准。

开展再制造新技术研究和应用。深耕熔覆修复技术，对关键零部件进行修复，以液压支架立柱修复为切入点，逐步扩展到采煤机滚筒、链轮、滑靴，三机链轮体等部件再制造维修，试点推行液压支架整机再制造维修。不断拓宽再制造修复种类及范围，加大零部件再制造修复利用力度，全力推进整机再制造，做好再制造设备及部件的使用跟踪评价，不断改进再制造工艺，提升再制造水平，延长设备使用寿命，降低企业生产成本。

三、煤炭服务企业基于"五统一"的区域设备服务管理效果

（一）形成了基于"五统一"的区域设备服务管理新模式

神南产业发展公司提出的基于"五统一"的区域设备服务管理围绕陕煤集团陕北区域10个矿井主力设备"统一选型、统一储备、统一调剂、统一维护、统一替代"深耕细作，实现了赋能煤炭企业产能优势发挥、生产效率提升、生产成本降低，构建形成了符合当前煤炭发展形势的标新立异的基于"五统一"服务的区域设备集约化专业化管理新模式，对煤炭行业乃至其他行业设备集约化、专业化管理有借鉴意义。

（二）增强了企业经济效益及品牌影响力

基于"五统一"的区域设备服务管理的实施，使企业经济效益持续提升，营业收入由2012年的19.02亿元增长至2022年的27.11亿元，利润由2012年的0.36亿元增长至2022年的2.29亿元。同时，租赁业务、再制造业务规模效应逐渐形成，近3年，调剂设备营收累计超1亿元，再制造营收累计超 2.3 亿元，降低库存超 0.8 亿元，有力推进了企业"十四五"目标的实现。入围了国家级绿色工厂名录、入选了省级节水型企业名录，"神南服务"品牌影响力、竞争力不断扩大。

（三）推动了区域煤炭生产企业的高质量发展

神南产业发展公司通过"五统一"的区域设备服务管理的探索，走出了一条创新驱动发展之路，盘活设备资源价值超 30 亿元，提高了区域设备的管理价值，降低了煤炭生产企业的运营成本，推进了绿色低碳可循环的煤炭可持续经济体系的构建，有效促使煤炭生产企业从"重资产"向"轻资产"转变，保障了煤炭设备产业链的健康平稳运行，赋能了区域煤炭生产企业高质量发展。

（成果创造人：乔少波、吴文良、李亚安、马晓燕、杨　林、
张　星、孙　璐、赵米玉、张海广、王　明）

以互补制衡为核心的医疗机构运营咨询服务管理

秦皇岛森源投资集团有限公司

秦皇岛森源投资集团有限公司（以下简称森源集团）始创于 2004 年，总部位于美丽的海滨城市——秦皇岛。经过近 20 年的发展，森源集团从一家小型商贸公司，发展成为包含大健康、可再生能源、生物科技等六大业务板块的集团公司，业务地域覆盖北京、河北、内蒙古、黑龙江、广东、山东、河南、海南、云南、陕西等大半个中国以及欧亚等海外地区。森源集团是央企混改的参与者，投资控股中粮集团下属的中粮数字健康科技（北京）有限公司。2022 年集团下辖业务板块职工总数 960 人，完成投资 8 亿元，营业收入 3.7 亿元。

医疗机构运营咨询服务是森源集团打造的重点业务板块，医院是我国医疗机构的主要存在形式，是森源集团咨询服务的主要对象。2019 年，森源集团应秦皇岛市青龙满族自治县委、县政府邀请，回报家乡，以第三方专业咨询机构身份，为青龙满族自治县人民医院提供运营管理咨询服务，为社会提供更加直接的健康服务。

一、以互补制衡为核心的医疗机构运营咨询服务管理背景

（一）贯彻国家医疗体系改革精神，实现医疗机构社会效益与运行效率有机统一的需要

良好的医疗是全方位、全周期保障人民健康的基础，健全的医疗体系是增进人民健康福祉、增强群众改革获得感的基石。国家出台了若干政策文件，为医疗体系改革、医疗机构健康发展指明了方向。例如，国务院办公厅 2015 年印发《关于全面推进县级公立医院综合改革的实施意见》，2017 年印发《关于建立现代医院管理制度的指导意见》。这些文件为医疗机构改革指明了方向，尤其是在两个方面提出了改革思路。一是政府治理机制改革。通过政事分开、管办分开的"两分开"改革，实现医院所有权和经营权的分立，最终形成政府举办、部门监管、医院依法自主管理的新治理机制。二是现代医院管理制度改革。要从健全医院决策机制、健全人力资源管理制度、健全财务资产管理制度、健全绩效考核制度等 13 个方面加强现代医院管理制度建设。

（二）破除医疗行业发展困境，提高医疗机构健康持续发展能力的需要

医疗机构亏损是行业较为常见的现象，也是医疗机构面临的发展困境。据有关媒体报道，2020 年全国超过 40% 的公立医疗机构处于亏损状态，年总亏损额超过 1 万亿元。医疗机构亏损反映了行业发展的困境，很多医疗机构臃肿，人心涣散，裙带关系密布，医疗水平停滞不前，有的陷入连年亏损、濒于破产、难以为继的境地。只有突破医疗机构发展困境，才能实现医疗机构的健康可持续发展。

（三）健全医疗机构治理体系，提升医疗机构专业化运营能力的需要

医疗机构是国家公共卫生事业的重要组成部分，也是发展科学教研及防治等卫生事业的中坚力量，在保障人民群众健康与培养医疗卫生人才的过程中发挥着重要作用。然而，我国医疗机构尤其是公立医院，在治理体系和专业管理方面还有很多不足。比如公立医院，本质上应是更加强调公益性，但是在资金投入方面又要依赖自己创收解决，因此在公益性与效益性平衡时经常出现失衡现象。

医疗机构专业性强，但是"医而优则仕"，很多管理岗位包括院长、副院长等领导层，一般都是提拔医疗技术能力强的医疗专业人才。但专业的人可以做好专业的事，不一定能做好管理的事。医学专家跨界成为管理者以后，要想同时增长管理本领与医学技能，往往会出现时间分配上的内在冲突。因此，医疗机构急需健全治理体系，补齐管理短板，提升专业化运营能力。

二、以互补制衡为核心的医疗机构运营咨询服务管理主要做法

（一）系统思维，总体规划运营方案

森源集团确立医疗机构运营管理的指导思想是：以党和国家关于医疗机构改革与管理的政策文件为依据，坚持以人民健康为中心，贯彻公开、公平、公正的阳光理念，构建互补制衡的法人治理机制，建立科学的现代医院管理制度，提升患者与职工的获得感与幸福感。

思想层面，以国家文件精神为指引，统一集团领导和医管团队工作人员思想，让大家深刻领会党和国家的文件精神，将指导思想作为开展工作的指引。

团队层面，精心挑选并组建结构合理、能力匹配、人品过硬的全职医管团队入驻医疗机构，为医疗机构提供长期运营管理咨询服务。医管团队负责人由森源集团常务副总裁亲自担任，团队成员包括战略、财务、人力资源等不同专业的骨干。此外，聘请多名医疗专家担任顾问，为医管团队提供技术支持。

机制层面，与政府、医疗机构分别签署协议，明确各自定位与权责利，构建具有特色的法人治理结构，形成互补制衡的法人治理机制。在传统法人治理结构的基础上，通过引入咨询者的角色，形成决策权、执行权、监督权和咨询权相互促进、相互制衡的新运行机制，为根治医疗机构的腐败提供可靠的治理方案。

管理层面，根据医疗机构特色，设计适合医疗机构的各种管理方案。出台快速止亏的"止血施救疗法"，向管理要效益，向优服要效益；开出提升职工积极性的"激发活力药方"，引入竞争机制和激励机制，建设医疗机构的清新文化；打造医疗机构造血机制的"工作抓手"，着力学科建设，完善计划体系，突出服务长板。

业务层面，通过"走出去"工程，加大医生培训力度，提升医生业务能力，提高医疗机构业务水平；通过"请进来"项目，引入一些高水平的医生，增设相应服务项目，提升医疗机构软实力；通过加大投资力度，购置引进更多先进设备，提升医疗机构硬实力。

（二）顶层设计，创新法人治理结构

在为青龙满族自治县人民医院提供运营咨询服务过程中，森源集团经过与青龙县委、县政府、县人民医院反复沟通，为青龙满族自治县人民医院法人治理机制创新制定了三大目标。一是形成决策、执行、咨询、监督相互透明、相互协调、相互制衡、相互促进的治理机制。二是解决包括关系型障碍突破、制衡机制缺乏、管理能力不足和监管信息不对称在内的县医院治理难题。三是为建立权责清晰、管理科学、治理完善、运行高效、监督有力的现代医院管理制度奠定治理基础。通过在传统法人治理机制基础上，增加外部咨询者作为法人治理结构的新角色，为传统法人治理机制注入新的活力，形成决策者、执行者、咨询者和监督者联合共治的新法人治理机制。

第一，决策者角色由青龙满族自治县政府成立公立医院管理委员会来担任，作为出资人代表，拥有决策权和对青龙满族自治县人民医院、森源医管团队的监督权。第二，执行者的角色由青龙满族自治县人民医院担任，作为独立事业法人，拥有经营权和对森源医管团队的监督权。第三，咨询者的角色由森源医管团队担任，拥有青龙满族自治县政府授予的咨询权、指导权、监督权和收益权。第四，监督者的角色由青龙满族自治县公立医院管理委员会、青龙满族自治县人民医院和森源医管团队共同担任，拥有监督权，形成三维立体的监督网络。

（三）互补制衡，完善医疗机构运营机制

1. 医院决策机制

一是医院党总支，讨论党建工作、干部任免、重大决策等相关事宜，并按照民主集中制原则，少数服从多数，形成会议决定。二是医院领导班子，讨论涉及保密或不宜大范围讨论的重大项目、大额资金使用等事宜。在领导班子成员充分讨论的基础上，由院长综合班子成员意见做出会议决定。三是医院行政办公会议，讨论医疗、教育、科研、管理等重大项目，大额资金使用等事宜。在会议成员充分讨论的基础上，由院长综合参会人员意见做出会议决定。四是专业委员会，根据医院实际工作需要，设立学术、医疗、教育、科研、药事等专业委员会。各专业委员会依照相关章程开展工作，就涉及医院战略发展的相关问题提出专家意见，供决策参考。

2. 医院执行机制

一是医院领导班子。医院实行党总支领导下的院长负责制，院长承担主要行政责任和相应法律责任，副院长协助院长分管医疗、教学、科研及财经管理等各项工作。二是医院内设机构。职能处室主要职责是执行医院管理决定，执行、细化医院在医疗、科研、护理等方面的管理制度，为医院业务发展及学科建设提供决策依据与管理支持；临床医技科室主要职责是依法组织开展学科范围内的相关医疗执业活动，为患者提供诊疗、护理、康复和健康咨询等服务，负责提高本科室质量管理和病人服务水平，开展学科建设、医学教育、人才培养和科研工作。

3. 医院监督机制

一是党纪监督。医院党总支纪检委员在医院党总支和上级纪委的领导下，依据党章和党内法规履行监督责任，对党的路线方针政策和医院重大决策部署的贯彻落实情况进行检查，严格对党员干部特别是关键岗位、重要人员履职和用权的监督。二是民主监督。医院实行院务公开制度，对"三重一大"事项以院周会等多种形式向全院通报，保障医院决策和管理制度的高效落实，并接受全院职工监督。三是社会监督。四是舆论监督。真实、完整、及时地公布服务信息，主动接受社会评价和舆论监督。五是政府监督。公立医院接受审计、财政、价格、医保等政府部门及举办主体的监督，配合相关巡查，保证医院日常执业行为及财务收支状况的健康运行。六是咨询监督。对于森源医管团队提出的咨询指导方案和合理化建议，在经过医院决策程序后，医院执行团队有组织实施并接受医管团队指导和监督的义务。

4. 咨询指导机制

一是建议。森源医管团队对医院年度计划的编制实施、运营管理、绩效考核以及人事管理、财务管理、物资采购、学科建设等业务工作提供咨询建议，并出具咨询指导建议书。医院按照决策程序，将森源医管团队的咨询建议，形成医院的决策。二是指导。森源医管团队对医院决策、执行的全过程提供指导服务。对专业性强的工作，森源医管团队通过会议等多种形式给予讲解、宣贯和指导，确保实施效果。三是监督。森源医管团队负责对医院咨询建议的执行情况进行监督。

（四）"止血"施救，快速止住"失血"源头

1. 止"失血"堵漏洞，向严控要效益

森源医管团队进驻医院后，认为"止血"为先，以加强"进销存"管理为抓手，向严控要效益。

首先，在"进"上要效益。以青龙满族自治县人民医院为例，2019年7月审计报告指出："县医院实物资产长期存在账账不符，账物不符，没有盘点制度，没有对账制度，没有内控制度；账务处理不合规，账面余额出现负数等情况；账目核对困难，医院资产和应付债务不能客观反映。"据此，在森源医管团队指导下，青龙满族自治县人民医院于2019年10月成立集中采购中心（后更名为物资保障部），对医院所有需要购进的物资、药品等严格实行集中公开招标采购和网采平台采购。2020年，集采中心成立后，行政后勤采购同比支出下降48%，医疗设备保养维修费用下降40%，大宗设备采购费用下降45%，2020—2022年累计节省采购成本4705.17万元。

其次，在"销"上降成本。努力降低有效成本，砍掉无效成本，实行全成本核算。把主要成本指标落实到部门，并进行层层分解，做到千斤重担人人挑，人人肩上有指标。通过制定降低成本的诱导

机制，将医疗收入与医疗成本的差额作为计算职工奖金的依据，以提升职工降低使用环节使用成本的积极性。

第三，在"存"上堵漏洞。建立一级库、二级库，并建立库房物品验收制度、出入库制度、科室支领审批制度、近效期管理制度等。各库配备库房会计岗位，实现不相容岗位设置，形成内部牵制机制。严格控制库房库存，减少资金占用，降低过期风险。以青龙满族自治县人民医院检验科为例，实行精益管理后，检验成本2020—2022年合计节约965万元。

2.实施"6S"管理，向优质服务要效益

成立组织，制订计划。成立院级"6S"管理工作领导小组，制定《医院"6S"管理工作计划和考核办法》，按照"先院部后科室、先领导后基层"的推进工作思路，稳步推进医院"6S"管理工作。

以护理作为提升优质服务的突破口，在护理打开突破口之后，迅速扩展到导诊服务、门诊服务、诊疗服务、窗口服务、治疗服务和跟踪服务等若干个方面，形成了全面开花的局面。

3.实施全成本核算，向管理要效益

第一，明确成本管控机构。明确财务科为成本管理中心，业务部门为成本管控源头。将成本目标分解，由各成本管理部门分别进行管控，压实责任，层层落实。预算成本指标共涉及药品成本、材料成本、人员工资、医疗责任险等35个。

采用"二上二下"（自上而下、自下而上、上下结合）模式分解指标。"一上"是指由10个归口管理部门编制预算，经财务科会审后报预算管理委员会审议；"一下"是指预算管理委员会审议后报院务会审批，审批通过后完成预算"一下"；"二上"是指45个部门根据"一下"预算方案修改预算后完成预算"二上"；"二下"是指预算管理委员会审议后报院务会审批，审批通过后完成预算"二下"。整体预算目标自上而下地下达，预算编制自下而上地进行，通过"二上二下"的预算管理流程，保证预算编报的一致性、准确性和可行性。

第二，明确成本管控动力。成本管理挂钩绩效管理，成本直接影响绩效。将医院的所有消耗全部纳入成本管理，与业务科室组织绩效挂钩。

第三，执行落地形成闭环。以战略发展规划为导向，实行全口径、全过程、全员性、全方位的预算管理，覆盖人、财、物全部资源，贯穿预算编制、审批、执行、监控、调整、决算、分析和考核等各个环节，形成了"预算编制有目标、预算执行有监控、预算完成有评价、评价结果有反馈、反馈结果有应用"的全过程预算管理机制，实现了工作有计划、行动有目标、过程有管控、结果有稽核的闭环式管理。

第四，服务外包降低成本。选择诸如洗衣、保洁等非医院专长的业务进行外包，减少用工，降低了费用，提高了质量。

（五）引入竞争，激发干部职工活力

1.相近合并，同类分立，引入竞争机制

对行管医辅等科室实施"消肿术"。首先，把职能边界接近或重叠的科室合并，实现科室职能共享，形成科室组织合力；其次，把业务职能属于上下游且衔接紧密的科室合并，打破部门壁垒，顺畅服务通道；再次，把业务量忙闲不均的科室合并，以实现工作量大体均衡，绩效分配接近公平。

对临床科室实施激活法。一是对部分临床科室进行业务重构。比如将普通外科改为普外一科，胸外科、泌尿外科合并为普外二科，淡化原有科室个性化名称，形成功能相似、名称相同的科室，让患者选择科室、选择医生，让医生以患者为中心，打破原有的医生"专业垄断"格局，进而构建普外的竞争格局。二是提升医技科室的设备利用率。医技科室的重点是CT、核磁、B超和功能科，主要问题是医技漏费问题比较严重。通过采用督查室联合设备信息科每月督查使用次数和检查单数，并设举报箱接收职工的举报信等技术手段，堵住漏费问题，提高设备利用率。

2.全部"起立"，择优"坐下"，创新人事制度

以青龙满族自治县人民医院为例，2019年年底职工总数已达700多人，但具备医生资格的只有200人，主副从业人员数量倒挂，主责主业受到严重冲击。为此，森源医管团队梳理各科室职能和人员，起草《青龙满族自治县人民医院机构和人事制度改革方案》，在三个层面引入竞争机制：主任上岗，公开竞聘；一般人员，双向选择，择优录用；临床科室，以科室为单位进行业务竞争。

3.公正公开，信息激励，形成清新文化

为了培育和养成公开公正、敢于批评与自我批评的清新氛围和工作风气，森源医管团队指导医院在信息公开的基础之上，建立信息激励制度，包括正向信息激励和负向信息激励。

首先，医院领导班子对凡是不涉及保密的医院事务进行内容公开和过程公开，大大提升了医院干部职工对医院事务的关注和关心。其次，对阶段性经营成果进行及时公开，形成正向信息激励。最后，对医院存在的主要问题，通过线上和线下会议进行公开。如对药品进药数量不合理等问题，自揭伤疤，勇于公开，形成了有效的舆论监督。

（六）着眼长远，培育医院造血机制

1.着力学科建设，打造提高医技能力的抓手

一是同先进医院对标，找出差距，纳入学科建设，打造提高医技能力的工作抓手。二是巩固医院现有主力科室的优势。从人才培养、技术引进、设备更新、绩效激励等方面给予支持，以主力科室建设标准为标杆，带动其他科室的建设和发展。三是打造有区域竞争力的特色专科，把特色专科打造成区域品牌科室。重点提高疼痛科、康复医学科、传染性疾病科等专科能力，提升县级医院"平战结合"能力。四是开展跨部门学科建设，成立介入治疗室，开展外周血管介入治疗和综合介入治疗、心脏冠脉介入治疗（造影、支架）、脑血管介入治疗（造影、支架）等治疗新项目。五是采用"送出去、请进来"的人才培养机制，全面开展学科带头人选育、培养，有力地推进了学科建设。

2.完善规划、计划体系，打造医院经营管理的抓手

以青龙满族自治县人民医院为例，2019年以前既没有战略规划，也没有年度计划。森源医管团队经过深入研究，将医院发展思路、经营目标、学科建设、主要任务、重点工作以及保障措施等纳入计划管理，形成包括医院长远发展规划和年度目标的计划体系，确保医院实现可持续发展。

3.突出服务长板，打造医院品牌建设的抓手

森源医管团队认识到，医院是高技术型的服务单位，其品牌建设的着力点是服务，关键点是患者的获得感和满足感。因此，医院一方面要提升医技水平，另一方面要提升护理水平。

以青龙满族自治县人民医院为例，在提升医技水平方面，森源医管团队为青龙满族自治县人民医院制定了详细的策略。一是因地制宜，突出服务长板。针对地方病、常见病、多发病等打造优势学科，力争外科微创化、内科介入化，和县域内外其他医院进行差异化竞争。二是做好医院传统优势学科，如手术科室、儿科、妇产科、心内、神内、呼吸科等，力争做到大病不出县。三是创建未来市场需要的科室，如康复医疗科、疼痛科、健康体检等，围绕疾病预防和健康促进两大核心，努力使群众不生病、少生病，实现未病先防、既病防变、病后防复。四是加快医共体建设，实现"基层首诊、分级医疗、双向转诊、上下联动"的医疗服务模式，确保精准治疗，降低城乡居民的医疗费用，提升患者的满意度。

在提升护理水平方面，选送优秀的护理人员参加专科护士培训，定期开展技术练兵，规范操作行为和礼仪，并对护理工作提出"四化"要求，即护士服务礼仪化、床头交接班标准化、疾病救治规范化、健康宣教多样化。

对入院、住院和出院三个阶段的护理服务提出更高的护理规范：入院时开展入院宣教，使患者很快熟悉医院的环境，消除患者入院后的陌生感；住院期间为患者"四包"到床头，由专业的护理人员陪同进行各项检查；护理工作做到"三心"，即护理人员精心、患者安心、家属放心；出院时护理人员提前做好出院宣教，告知复查日期，并向每一位患者征求意见及建议，以便完善护理工作；出院后三日内电话随访，指导患者用药、了解康复情况，把护理工作延伸到家。

三、以互补制衡为核心的医疗机构运营咨询服务管理效果

（一）建立了法人治理机制，实现了互补制衡

森源集团的医疗机构运营咨询服务，使得地方政府、医疗机构和森源医管团队三者之间形成了包括决策者、执行者、咨询者和监督者等四种角色的相互互补、相互制衡的法人治理机制，冲破了原来的关系型障碍，维护了各方的正当利益。

（二）弥补了医院管理短板，实现了可持续发展

森源集团在咨询服务过程中，引入专业的管理体系，为以医疗技术为主的医疗机构管理团队提供了专业的管理方法，弥补了医疗机构的管理短板。以青龙满族自治县人民医院为例，森源医管团队进驻的2020年至2022年，在提升服务质量、增加医院门诊数量和住院数量的同时，厉行节约，累计节省采购成本4705.17万元，节约检验成本965万元。医院一改过去连年亏损的局面，2020—2022年分别实现结余827万元、2485万元、3322万元，三年累计结余6634万元。三年来，医院人员经费支出也逐年增加，人均由2018年的7600元提高到2022年的10086元，医院添置新仪器、新设备等固定资产3700多万元，稳定了职工队伍，提升了医院的医技水平，增强了医院的发展后劲。

（三）改善了医疗机构运营质量，增加了患者满意度

森源集团为医疗机构提供运营咨询服务以来，提升了医疗机构的医疗服务质量，增强了患者的获得感和幸福感。以青龙满族自治县人民医院为例，2020年共收到锦旗42面，感谢信21封；2021年共收到锦旗54面，感谢信30封；2022年共收到锦旗110面，感谢信93封，拒收13个红包，共7100元，患者满意度达到98%。

（成果创造人：黄文选、李永平、霍春利、李耀宾、高志山、徐国江、

黄志超、房振东、乔亚杰、刘晓华、许　莹、陈玉荣）

国际化经营与高端化转型

国际化经营与高新技术型

大型能源央企融入全球油气体系的跨国经营管理

中国石油国际勘探开发有限公司

中国石油国际勘探开发有限公司（以下简称中油国际）是中国石油天然气集团有限公司（以下简称中国石油）的全资子公司，是负责海外油气投资业务的专业公司。海外油气权益产量 2011 年超过 5000 万吨，建成"海外大庆"；2019 年突破 1 亿吨并连年稳产，成为中国石油"三个一亿吨"格局的支柱之一。海外资产规模近 800 亿美元，居中国"走出去"企业第一位，列全球跨国公司 100 强第 18 位。截至 2022 年年底，海外业务在全球五大合作区 30 个国家运营 85 个项目，形成了完整的油气产业链；油气权益产量当量近 1.03 亿吨，其中原油近 8000 万吨、天然气近 350 亿方（含 LNG 400 多万吨）；管道输送原油近 6000 万吨、天然气 700 多亿方；加工原油近 800 万吨。

一、大型能源央企融入全球油气体系的跨国经营管理背景

（一）保障国家能源安全、深化"一带一路"国际合作的战略需要

1993 年，我国从石油净出口国变为净进口国，经济社会发展的油气需求日益增长。党中央、国务院审时度势，提出"充分利用国内国外两种资源、两个市场"，鼓励企业"走出去"。中国石油响应号召，大力实施国际化战略，肩负起保障国家能源安全的重任。2013 年习近平主席提出"一带一路"倡议，为高质量实施"走出去"战略提供了重要机遇。中国石油在既有海外发展"先发优势"的基础上，需要以共建"一带一路"国家为重点加大国际化布局和优化，积极践行政策沟通、设施联通、贸易畅通、资金融通、民心相通，努力做到技术过硬、管理到位、效益良好、美誉度高，走出一条成功之路、进取之路和经验之路。

（二）参与全球竞争、提升国际竞争力的需要

世界石油市场是一个开放的竞争市场，油气公司必须按照东道国法律法规以及国际油气市场通行惯例，加强与东道国政府沟通协作，与国际同行竞争合作，在与多元文化及多方利益相关者的碰撞融合中，依靠竞争实力与综合能力实现企业高质量发展。中国石油走出国门实施跨国经营，经营环境与国内大不相同，面临的项目运营、跨境融资、保险航运等挑战明显增多，需要发挥比较优势、培育竞争优势，在国际"商战"中稳中应变、变中求进，不断发展和壮大自己，成为中国企业"走出去"的典范和国际油气同行的标杆。

（三）加快建设世界一流企业、推进海外业务高质量发展的需要

党的二十大明确提出"加快建设世界一流企业"。中国石油尽管在世界 500 强排名中比较靠前，但企业核心竞争力还有待进一步提升。中国石油要建成世界一流企业，海外业务对国内技术服务和装备制造业的带动能力亟须提高，迫切需要"走出去"学习国际先进技术和管理经验，增强企业竞争实力。从最初"攒钱买大件"，引进大型设备到培养国际化人才队伍、发展海外业务，从引进技术合作开发国内难动用油田储量到"走出去"从事勘探开发合作、开拓油田服务市场，充分发挥海外投资作用，带动国内服务业"走出去"，带动国内制造业升级换代，提升综合竞争实力，需要认真学习和充分利用国际资本市场经验，从降本增效、商务运作、创新驱动、协同发展等方面全力提升国际化经营水平，不断增强核心竞争力和对国内业务的带动能力。这是破解油气产业矛盾的重要手段之一，也是实现高质量发展的重要途径。

二、大型能源央企融入全球油气体系的跨国经营管理主要做法

中国石油"走出去"从零起步，经历了由最初单个项目、区域布点、追求突破、奠定基础的基

础发展阶段，到由点连线、由线到面、追求数量、快速增长的规模发展阶段，再到追求质量、搞大项目、提升能力的优化发展阶段，逐渐形成了中国石油跨国经营管理体系（见图1）。

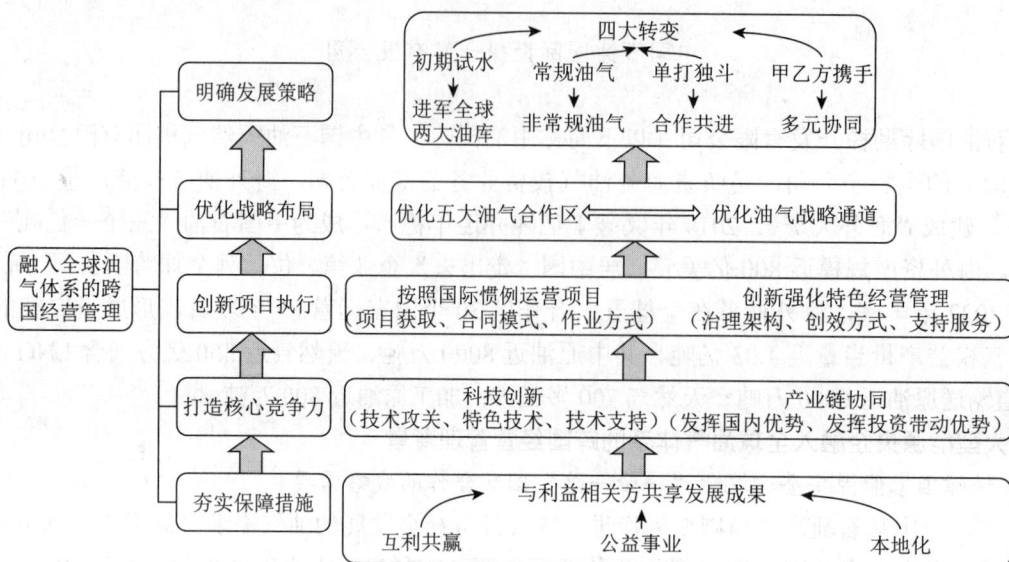

图1　融入全球油气体系的跨国经营管理体系

（一）分阶段"走出去"，实现跨国经营"四大转变"

1. 从初期试水向进军全球两大油库转变

出海之初，由于缺少经验和人才，只好从小项目、开发项目做起，中标秘鲁项目。为立足海外，集中技术和人才力量，相继打出多口千桶井，产量由收购时年产几万吨大幅上升到35万吨。立足之后，先后中标苏丹1/2/4区、哈萨克斯坦阿克纠宾、委内瑞拉陆湖等石油项目，拉开了海外事业发展的序幕。多渠道、多方式快速购买海外项目和扩大合作区域，海外油气投资业务由初期的几个国家、几个项目增加到30多个国家、90多个项目，其中哈萨克斯坦10多个，非洲苏丹、乍得、尼日尔、莫桑比克多个一体化项目，南美秘鲁、委内瑞拉、厄瓜多尔、巴西共10多个陆上和深海项目，中东阿曼、伊朗、伊拉克、阿联酋共10多个项目，建成区域性项目集群。

中东作为世界最大油气富集区，长期被西方大石油公司把持，我国企业曾长期被拒门外。中国石油改变策略，联手英国石油公司（BP）等多家国际大石油公司一起打破僵局，先后中标伊拉克鲁迈拉、哈法亚、西古尔纳等项目，并在两个项目上扩股；启动数年前签订的艾哈代布项目。由此，伊拉克境内石油合作全面铺开。在伊朗，回购合同下的北阿扎德甘大型项目快速推进、如期建成；在阿曼，在产石油项目一直由中阿双方联合作业；在阿联酋，中标陆上和海上巨型油田。短短10多年内，中东由"水泼不进"蜕变为中国石油最大的海外合作区。

俄罗斯油气资源丰富，却长期得不到突破，中国石油采用贸易入手、"贷款换石油"等策略，在金融危机后迎来转机，原油管道和贸易达成协议，3000万吨/年管道及复线相继投产通油。继而380亿方/年的东线天然气项目也在不久后投产通气。贸易和设施连通后，为啃下上游业务这块"硬骨头"，中国石油抓住俄方需要资金和市场的机会，签下了北极亚马尔上游和液化天然气一体化项目大单，成功进入俄罗斯石油产业上游，并提前建成投产。双方合作取得互信后，2020年又进一步获得北极LNG-2一体化项目。

2. 从常规油气向非常规油气转变

海外创业初期主要专注常规石油勘探开发，之后逐渐向常规天然气和非常规油气扩展。如澳大利亚煤层气、加拿大油砂和页岩气、巴西深海，俄罗斯、莫桑比克和加拿大四大 LNG 项目等。其中，进军巴西深水油气获得可喜成效，先后持有巴西里贝拉（10%）、佩罗巴（20%）、布兹奥兹（5%）和阿拉姆（20%）4 个深水项目。

3. 从单打独斗向与合作共进转变

早期项目基本由中国石油单打独斗，习惯于按国内油田管理模式，或全资或控股或当作业者。随着国际合作不断深入，开始与国内外同行携手共同投资、共同经营、共担风险、优势互补。如安第斯项目与中国石化携手联合作业；亚马尔项目与法国道达尔合作，各自发挥 LNG 技术和融资优势；鲁迈拉项目与 BP 合作，分散风险，相互学习；巴西深海项目与中国海油合作，一同出海学习深海勘探开发技术。

4. 从甲乙方携手向多元协同转变

一是甲乙方一体化协同。中国石油一直由甲方投资企业带动乙方服务队伍一起实施跨国经营。在诸多项目相继中标后，更是协助国内服务队伍和物资装备企业纷纷签下国际合作大单，带动乙方"走出去"。二是上下游一体化协同。为畅通油田开发后路，帮助欠发达东道国完善石油工业，先后在苏丹、乍得、尼日尔等多国配套建设炼油化工厂，形成产业协同，促进区域整体协调发展。三是油气实业与金融业务一体化协同。中俄合作突破不了的时候，先后三次实施石油贸易、管道与贷款融资挂钩合作，即"贷款换石油"。亚马尔 LNG 项目开启实业与金融协同新模式，撬开俄方石油产业上游市场。这一模式也在委内瑞拉等多个项目得到成功应用。

（二）精准战略定位，积极谋划区域布局

1. 布局和优化五大油气合作区

全球油气资源相对集中，中国石油在海外发展过程中，以共建"一带一路"国家为重点，相对聚焦在中亚-俄罗斯、中东、非洲、美洲和亚太五大区域进行布局和发展，明确了五大油气合作区的发展定位。

做优中亚-俄罗斯。利用独特的毗邻发展优势和助力"一带一路"先发优势，致力打造中亚合作示范区。在哈萨克斯坦先后中标 10 多个大中型油田，建成了境外油气生产基地和进口保供基地。为保证中亚管道气源，从土库曼斯坦获得 70 亿方/年气田开发作业权，累计向国内供气近千亿方，有力保障了冬季天然气保供等国内天然气需求。在乌兹别克斯坦、塔吉克斯坦拥有开发项目和勘探项目。做优俄罗斯项目的基础不断夯实，亚马尔项目提前建成投产后，连续多年规模平稳生产，项目经济效益连年排名前列。

做大中东。积极打造以"两伊+阿联酋"为支点的业务布局，逐步向海外最能发挥综合一体化优势的高端合作区靠近。早期中标阿曼项目，后在高风险安全形势下签署伊拉克艾哈代布项目，成为伊拉克战争后第一个对外合作项目；之后成功中标鲁迈拉和哈法亚项目。伊朗北阿扎德甘等项目同步推进，为"做大中东"奠定了坚实的资源基础。阿联酋是中东业务的另一重要支点，以规模较小的陆海项目为切入点，成功运作并得到充分认可后，先后打破国际大公司垄断，成功获取与国际同行相当的项目权益。

做强非洲。将中标的苏丹三大项目在零基础上达成 1 个 400 万吨/年和 2 个 1500 万吨/年产能的大型油田；一体化建设 2 个 250 万吨/年的炼油化工设施。先后在尼日尔、乍得中标勘探项目，分别建成年产能 550 万吨和 600 万吨的大型油田。中标莫桑比克深海天然气和 LNG 一体化项目，与外国同行共同推进科洛尔 350 万吨/年海上 FLNG（Floating Liquefied Natural Gas，浮式液化天然气）项目。

做特美洲。秘鲁项目中标后，又在委内瑞拉、厄瓜多尔、巴西和加拿大 4 国中标 12 个陆上和深海油气勘探开发项目，以及 LNG 项目。正在将区域内合作项目油气高峰年作业产量推高到 1 亿吨以上、

LNG 2800 万吨，努力将美洲建设成为非常规和深海油气高效开发的特色合作区。

做实亚太。中标印度尼西亚项目后，年产量从初期的 280 万吨提升到高峰期 500 多万吨。先后在泰国、缅甸和澳大利亚中标 8 个勘探开发项目。努力建成天然气及一体化项目的重要合作区。

2. 建设运营油气运输战略通道

打开西北通道。中国石油抓住时机、果断决策，修建总长度 1759 公里、年输送能力 2000 万吨的中哈原油管道，不但将哈萨克斯坦的份额油运回国内，而且发挥管道运输的放大效应，已累计向国内输油 1.6 亿多吨。中亚天然气管道始于土乌边境，途经土库曼斯坦、乌兹别克斯坦、哈萨克斯坦三国，到达新疆霍尔果斯口岸，ABC 三线敷设，单线长 1833 公里，AB 线建成 300 亿方 / 年输气能力，C 线建成 250 亿方 / 年输气能力，成为连通中国与中亚多国的重要跨境能源通道，实现了能源互联互通、价值共创和利益共享。

连通东北通道。经历 20 多年从"安大线"到"安纳线"再到"泰纳线 + 中国支线"的异常曲折过程，从斯科沃罗季诺到大庆的中俄原油管道成功建设运营，全长 1000 公里，连接到俄罗斯远东太平洋管道，投产当年达到满负荷 1500 万吨 / 年。之后与俄罗斯共同推进管道复线，整体管输能力提升至 3000 万吨 / 年。已累计输送俄罗斯原油 2.6 亿吨，是我国东北油气战略通道的重要组成，也是中俄合作的重大突破，带动了两国沿线地区经济社会发展。中俄天然气管道同样经历了一波数折 20 多年艰苦谈判，2019 年年底建成投产，管道全长 5111 公里，是继中亚、中缅管道后向中国供气的第三条跨国天然气长输管道，年输量 380 亿方。

打通西南通道。为绕开"马六甲困局"，中国石油四处寻找新的陆上通道。经过多年努力，建成了由中国、缅甸、韩国、印度四国六方投资建设的中缅天然气管道，干线全长 2520 公里，其中缅甸境内 793 公里，输气能力 200 亿方 / 年，是中国第四条油气能源进口通道，已累计输送缅甸天然气 400 多亿方。与此同时，中国石油经过多年前期和近 5 年建设，推进中缅原油管道投产，该管道与天然气管道伴行，输油能力 2200 万吨 / 年，已累计向国内输油 6000 万吨。

开辟"冰上丝路"。中国石油进入俄罗斯亚马尔项目后，建设期间需要运输大型模块等装备设备和建筑材料，在俄罗斯原子能船破冰和 Arc-7 冰级船运输条件下，开辟了从亚洲经白令海峡、北冰洋到达亚马尔半岛和欧洲的"冰上丝绸之路"。在中国建造的项目所需 85% 的模块从青岛、烟台、南通等港口经"冰上丝路"运输到亚马尔现场。亚马尔项目所生产的 LNG 同样经由"冰上丝路"运输到江苏启东等 LNG 终端。经由此路比西向绕行地中海节约了一半的运输时间和成本。新开辟的"冰上丝路"北极航线，成功绕开了地缘政治风险极高的马六甲海峡。

（三）因势利导，按照国际惯例以差异化方式获取和运营项目

1. 以收购和并购方式获取项目

国际上通行的油气资源获取方式主要有收购油气资产和并购公司两种。中国石油以收购资产为主，其海外项目 75% 以上是以这种方式收购的，经济评价主要着眼于油气储量和油田设施的价值来评估油田项目价值，这种方式比较靠实、更易把握。公司并购以被收购公司的整体市值为基础来评估和做收购决策。由于市值估价往往存在虚高风险，对收购者的能力要求更高。早期印尼石油公司和哈萨克斯坦 PK 公司的收购以及后期俄罗斯、巴西、莫桑比克诸项目的入股均属此列。

2. 以四种合同模式开展石油合作

国际上油气合作的合同模式大体分矿税制、联合经营、产品分成和风险服务四类，近年又在风险服务合同基础上衍生出回购合同。不同国家选择合同模式的倾向各异，同一国家不同时期也可能倾向采用不同的合同模式。一般来说，国际油价高企时，投资者偏好产品分成模式；油价较低时则相反。产品分成模式回报率可能较高，但风险更大。风险服务合同只赚取桶油服务费，回报率低，但风险

小。中国石油根据国际大势和各国具体情况，采取不同的合同模式组合，海外项目以矿税制和产品分成合同居多。在伊拉克、伊朗、委内瑞拉等国遵循东道国法律或惯例，采用风险服务合同模式；苏丹的两个油气项目、伊拉克艾哈代布和哈萨克斯坦 MMG 曼格什套项目（简称 MMG 项目）等则采用联合经营模式。中国石油在高油价时期，一反西方大石油公司对伊拉克风险服务合同鲜感兴趣的做法，大举进军伊拉克市场，先后中标几大油田项目。在高油价时期显得微利，但在 2015—2016 年、2019—2020 年低油价期间，这几大风险服务项目所实现的利润就格外显眼，成为海外业务高质量发展的"压舱石"。

3. 以三种作业方式运营海外项目

一般地，国际合作中根据股东股比的多少，各股东在项目中扮演着作业者、联合作业者和非作业者三种不同角色，股东大都争当作业者。中国石油早期的收购策略是，偏好作业者项目，至少是联合作业者项目。随着跨国经营能力的不断增强，以及瞄准大额投资、非作业者项目，逐步开始扮演非作业者角色。海外项目这三种角色的分布比例大体是 5:1:4。

（四）因地制宜，根据不同项目特点开展特色经营管理

中国石油先后与英国石油、壳牌、道达尔等多家国际大石油公司在伊拉克、澳大利亚等国合作，通过学习、借鉴、模仿、内化和创新，锻造自己的跨国管控能力，提升国际化经营管理水平，并根据不同项目特点创新强化了多样化的特色经营管理模式。

1. 跨国管控和股东行权双治理

顺势优化跨国管控。"走出去"早期，由于业务单一、更加专注业务发展，且管控经验不足，由专业公司授权在摸索中直接管控境外企业，行政管理线和法人治理线归口统一。"走出去"中期，由于项目众多、遍布全球，业务遍及油气全产业链，在大力促进业务发展的同时，更加注重加强管理，尝试分类分级授权和区域性授权管理，对境外企业的管控级别试点上升，行政管理线与法人治理线有所分离，对法人治理的重视程度弱于行政管理。近 10 年来，努力探索与国际大石油公司相比肩的跨国管控模式，分类分级管理和区域性管理非常清晰，对境外企业的管控严格分离行政线和法人治理线，前者完全上收，后者成为专业管理的重点。为加强法人治理，配备了一整套共享支持力量，作为对法人治理、股东行权的有力支撑。由此形成了由职能业务线、法人治理线和共享支持线组成的跨国经营独特管控体系。

不断改进股东行权。随着海外油气业务不断发展，中方持股比例和对项目的主导地位越来越多样化。海外项目中方股比 ≥ 50% 的占 54%，股比 < 50% 的占 46%；中方非主导或等权项目（中外双方各占股 50%）占 56%；非作业者项目的数量达一半以上。与之相对应，股东行权分为三类：第一类是大股东、作业者项目的行权，早期的项目多为此类，该类项目行权相对容易，争议不大。第二类是等权项目的行权，中期有为数不多的几个项目，该类项目的行权比较复杂，争议较多，主要体现在合资企业内部的管理中，法人治理层面的行权对合资企业内部中方高管的支持作用较大。第三类是小股东、非作业者项目的行权。在非作业者项目中，小股东行权难一直是困扰经营管理者的大难题。俄罗斯、巴西、莫桑比克等国众多小股东项目均面临行权难题。作为检验国际化经营的重要指标之一，中国石油一直致力于提升股东行权水平，许多项目的行权表现可圈可点。比如马尔项目，该项目中方持股 20%，属小股东、非作业者。经梳理、厘清，中方可行使知情、决策、建议、管理、监督和收益六种权利，分别制定相应策略，形成多维度、立体化、有机组合的策略，取得了很好效果。

2. 结果创效和过程创效两手抓

一般而言，项目投资回收由分红或产品分成来实现。但油气国际投资项目存在特殊回收环节，可在项目全生命周期通过为项目提供技术和工程服务等多种方式获得收入和收益。中国石油自"走出

去"之初，就注重以过程创效方式辅助投资回收，之后日臻成熟。科研院所以提供技术支持的方式获取报酬；自有的物探、钻井、井下作业、油田地面工程、管道工程、物资装备等全套服务均伴随投资项目"走出去"，活跃在各大战略区，并在提供服务过程中展示自己的实力，进一步拓展外部市场。过程创效还有倍增效应，所实现的收入往往能达到初始投资额的两倍甚至数倍以上。亚马尔、阿克纠宾、阿姆河和苏丹等项目是过程创效的典型。亚马尔项目创造条件实施过程创效，让中国元素遍布北极现场。利用提供融资和股东行权等一切机会，不断制造创效机遇。一是利用俄方寻找融资和急于融资到位的机会，引领俄方参观中国模块制造和船舶制造实力，将部分本在东南亚建造的模块拉到中国制造。二是利用股东行权、治理结构各层面例行开会机会，不断介绍中方 LNG 海运实力，将中方海运央企引入项目 LNG 运输；不断介绍中方物探和技术研究实力，推介拳头产品 GeoEast，从而分包到技术研究支持服务；介绍和争取中方保险实力，将份额内的专属财产保险拉回国内，使该笔保险成为该企业当年度最大的海外保单，也是国内乃至全球当年度排名靠前的大额保单。由于中方见缝插针地持续争取，过程创效成果丰硕，中国元素遍布项目内外。

3. 商务支持与共享服务齐发力

国际大石油公司纵横全球的一个重要秘诀是，总部提供商务支持和全球共享服务。中国企业"走出去"始终存在商务能力这一短板。为补齐这一短板，中国石油 2016 年起在国内先后组建全球财务、人力资源和 HSE 三个共享中心，后又组建了为海外提供商务支持的专家中心、提供技术支持的海外研究中心和后勤服务中心。这些支持和共享服务，避免了海外项目各自为战的"大而全、小而全"传统冗余和分割模式，实现了商务、技术、人力资源最佳配置，并为海外项目提供了实实在在的有力支持和保障。逐步推进财务、IT、HSSE（Health, Safety, Security, and Environment，健康、安全、安保和环境）、行政等十余项机关职能的共享服务模式探索与构建，建立统一的财务、人事、外事、HSE 等共享服务平台。对海外的商务支持与日俱增，如全部项目决策前的可行性研究评审把关、解决项目退出等问题。为支持到位，专门组建了 7 个专人专项股东行权支持组和 8 个商务支持专业组，形成商务支持的"七梁八柱"。

（五）整合技术优势，以科技创新驱动业务快速发展

1. 加强关键核心技术攻关，夯实资源基础

以国家重大科技专项和中国石油科技项目为依托，中国石油持续开展攻关研究，创新发展了全球油气资源评价与超前选区技术，取得重大理论技术创新和应用实效。系统深化全球四大类盆地油气富集与分布规律认识，发展完善以盆地为整体、成藏组合为基本单元的常规、非常规油气全资源类型评价方法，实现对全球油气资源空间分布的定量评价；超前评价、优选出 156 个有利合作目标区块，为成功获取新项目提供技术支撑；首次建成集地质信息、资源评价、制图及数据挖掘于一体的全球油气资源信息系统，为国家提供了安全可靠的全球油气资源大数据平台。依靠理论和技术创新，在快、准、稳勘探方针指引下，持续丰富和发展裂谷盆地油气地质理论，深化对走滑裂谷油气地质和叠合裂谷斜坡带两类原油成藏的认识，创新低位潜山复合体油气成藏模式，持续完善复杂裂谷盆地目标评价配套技术，支撑乍得和尼日尔项目开展风险勘探。创新前陆斜坡带油气两期充注成藏模式，明确油气运移路径和方向，指导安第斯项目 T 区发现亿吨级规模储量区。进一步发展含盐盆地油气地质理论，创新深水盐下湖相碳酸盐岩储层发育模式，明确了巴西里贝拉项目优质储层分布规律，推动联合作业体在西北区东侧实施 3 口关键探井均获成功，评价井均发现巨厚油层，进一步扩大深水储量规模。

2. 研发海外特色开发技术，保障一亿吨稳产

国内油气上游拥有一系列成熟技术，海外项目勘探开发以引入国内成熟技术为主。但有一些项目、一些区域，特殊的地质情况需要有创新技术。中东优质海相砂岩油藏及均质碳酸盐油藏等优质资

源经多年开发，采出程度高、含水持续上升、产量快速下降，整体处于开发中后期，形势十分严峻。国内外没有成熟技术和经验可借鉴。我国碳酸盐岩的研究与勘探开发在西南、塔里木和青海三大油气田相继取得突破，借鉴其成功经验，摒弃西方对巨厚碳酸盐岩油藏的已有观点，大胆探索，创新多项油田开发理论认识，国际上首次建立了"贼层"定量识别标准和空间刻画技术，提出了利用和规避"贼层"的注水开发策略，建立了不同类型碳酸盐岩油藏高效注水开发模式，填补了国内外技术空白。在理论创新、技术创新基础上，建立了两类规模上产开发模式，应用于巨厚碳酸盐岩油藏开发实践，显著提升了油田开发水平，支撑中东地区作业产量由2009年的107万吨增至2019年的1亿吨。该技术成果荣获2019年度国家科技进步奖一等奖。此外，在苏丹、乍得、尼日尔、安第斯均有在引入、结合国内成熟技术基础上创新科技理论与实践的案例。

3. 整合集成优质资源，打造技术支持体系

发挥中国石油整体技术优势，构建集"产、学、研、用"于一体的海外技术支持和研发团队，作为科技创新的基本保障。海外油气业务构建了以与勘探开发研究院共建的海外研究中心为核心、15个特色专业技术支持中心为支撑、多家油气田单位对口支持海外项目的"1+15+N"的技术创新与支持体系，促进了50多项自主创新重大新技术新产品在海外推广应用，在高含水油田推广应用"自适应调流控水工艺"降水提油增效明显，低渗油田水平井段分段压裂实现提质增产增效。

（六）充分依托和发挥母国优势，推动国内油气产业链共同发展

1. 充分发挥国内多种优势

中国石油"走出去"的过程中，充分发挥了自身比较优势。一是技术优势。中国石油国内的上游技术在世界上位居前列，海外多数项目都能从国内找到地质情况相似的油田，技术上可以借鉴，勘探开发上甚至可以复制。二是资金优势。国内雄厚的资金成为敲开国外上游市场的敲门砖。三是市场优势。国内庞大的市场对中亚、俄罗斯、中东、澳大利亚和美国等产油国或地区具有巨大吸引力，为"以市场换资源"拓宽了合作空间。四是人才优势。海外项目所需的技术和管理骨干大多可以从国内各大油田的成熟人才中选聘，节省了直接培养人才的漫长时间和成本。五是文化优势。中国石油独特的石油精神和大庆精神铁人精神，在海外创业实践中得到了传承和弘扬，由此创建出"爱国奉献、合作共赢、和谐融合、人本安全、温暖关爱"海外特色文化和"相互欣赏、快乐工作""四个特别""困难面前有我们，我们面前没困难"等企业文化，成为凝聚海外创业精神的不竭力量。

2. 充分发挥海外投资优势带动服务企业"走出去"

海外业务一个最大的优势就是能够带动国内服务一起"走出去"。中国石油充分发挥投资带动效应，自觉把工程服务企业带出去，尤其是在作业者项目上。围绕着油气勘探开发的工程技术服务、工程地面建设、物资装备制造、陆上和海上运输、金融保险和保障性服务等，各类企业均被大量、大规模带动，同步实现国际化和跨国经营。多数服务企业又以此为平台，在练好兵、提升能力之后，进一步闯向国际市场，寻求大发展。

（七）坚持互利共赢，确保利益相关方共享发展成果

1. 在东道国建立起现代石油工业产业链，实现共同发展

中国石油始终坚持"互利共赢、合作发展"的国际化经营理念，注重维护各方共同利益，设身处地帮助东道国政府解决问题，赢得了东道国的信任和支持。在海外油气项目投资合作过程中，国际油气合作为东道国提供了巨额的外汇收入，有利于保障财政稳定、实施各项社会经济计划、提高民众生活水平，实现经济快速发展；在苏丹、尼日尔、乍得从零起步，建立了从勘探开发到炼油化工，上下游配套的、完整的现代石油工业产业链。

2. 积极参与东道国公益事业，树立国际品牌形象

中国石油积极投身社会公益事业，帮助当地居民盖学校、铺铁路、建医院，支持当地基础设施建设，创造条件让社区民众分享企业的发展成果，实现了石油资源带动当地经济和社会事业共同发展进步，完成了共建共享的使命，赢得了东道国和战略合作伙伴的信任和支持，促进了"一带一路"民心相通，一次次擦亮了"CNPC"的国际品牌。自 2013 年起，中国石油在伊拉克积极促进战后重建，持续开展公益活动，充分利用可回收的"社区贡献基金"兴建社区医疗中心等项目、开展助学捐赠、修建道路等。

3. 逐步提升本地化含量，不断增强在当地运营的灵活性

中国石油始终秉承"管理国际化、作业本土化"的理念，在东道国积极推进人才本地化、技术本地化和采购本地化，履行国际化企业应尽的社会责任，逐步形成了具有中国石油特色的海外业务本地化运作体系。以人才本地化为重要基础推进企业本地化。严格遵守项目所在国政府的"本地化含量"用工要求，注重对本地人才的培训培养，逐步提高管理岗位的本地化比例，2022 年年底海外业务的本地化员工占比达 90% 以上。

三、大型能源央企融入全球油气体系的跨国经营管理效果

（一）跨国经营实现跨越式发展，大幅提升了中国石油国际竞争力

经过 30 多年的努力，中国石油建成了一整套遍布全球的油气产业链，大幅提升了中国石油的国际化水平。以油气勘探开发为核心，集管输、炼化、销售于一体的完整油气产业链已经形成。海外业务管线总长 1.5 万公里，年输油气能力分别为 9250 万吨、754 亿方，油气生产能力 2.1 亿吨油当量，油气权益产量连续 4 年保持在 1 亿吨以上，形成了一套国际油气合作经营管理体系，积累了不同合同模式油气项目运营的经验。截至 2022 年年底，中国石油跨国指数上升至 25.54%，位居全球 500 强第 5 位、全球 50 大石油公司第 3 位、全球跨国公司 100 强第 18 位、中国跨国公司第 1 位。先后锻炼培养出近 1 万名国际合作核心骨干，为近 10 万名国际合作人才提供锻炼培养舞台。核心骨干中成长为三大集团级高管人才 10 多名、高管人才近 50 名，海外项目经理近 1000 名，技术拔尖人才近 100 名、技术高端人才近 1000 名，只用了 30 多年时间就完成了西方发达国家诸多国际大石油公司走过的几百年的路程。同时，成功带动中国服务和标准"走出去"。带出去油田服务队伍近 200 支、装备企业 100 多家、运输企业 20 多家，收入效益大幅提升，并实现产业升级。逐步将中国技术、品牌、标准变为世界技术、品牌、标准，抢占国际标准先机。

（二）切实保障了国家能源安全，成为"一带一路"能源合作的主力军

成功建成四大战略通道和一批海外油气保供基地，有力保障了能源供应安全。陆上战略通道的油、气年供应能力分别达 7000 万吨和 1130 亿方，分别占我国年进口量的 13% 和 56%。海外保供基地权益年产量连续 4 年稳产 1 亿吨以上，建成了 2 个海外"大庆"，占油气进口当量的近 15%。建成的"冰上丝路"和 8 条陆上油气管道充分体现了设施连通和贸易畅通；国家间规划和政策对接，国家层面和企业层面的年度例行会晤和沟通机制，较好体现了政策沟通；惠及各方成功融资合作，实现了高水平资金融通；覆盖五大合作区的项目体现了有效的政策沟通、资金融通和民心相通。累计为东道国培训人员近 10 万人次，引入国内培养 6 万多人次，遍及 30 多个东道国，培养留学生 2000 多名，既激励了当地员工，又使其成为民心相通的友好使者，丰富了公共外交和国家外交内容，为构建人类命运共同体提供了有力抓手。

（成果创造人：黄永章、陈金涛、赵　颖、贾　勇、何文渊、刘贵洲、

张品先、黄先雄、张　宇、李程远、徐　冰、许　昕）

新能源商用车企基于全价值链创新的发展战略实施

浙江吉利远程新能源商用车集团有限公司

浙江吉利远程新能源商用车集团有限公司（以下简称吉利远程）创立于2014年，是浙江吉利控股集团（以下简称吉利集团）的全资子公司，总部位于杭州。吉利远程聚焦绿色智能，历经9年基于全价值链创新的投资发展，在"1.2.2.2.5"战略架构基础上，打造绿色慧联、万物友好、醇氢科技三个市场生态平台以及汉马科技、远程科技、醇氢科技等三驾马车，是中国商用车新能源变革的亲历者与推动者，更是绿色环保低碳生态的建设者、引领者。

一、新能源商用车企基于全价值链创新的发展战略实施背景

（一）落实吉利集团商用车业务整体战略部署的需要

吉利集团从1997年进入汽车领域，长期深耕乘用车行业，是中国领先的自主品牌汽车制造商，暂未涉足商用车行业。2014年8月，根据吉利集团对商用车业务的整体战略部署，商用车项目组正式成立，标志着吉利商用车发展征程扬帆启航。但彼时传统商用车行业经过长期发展，市场格局已基本成型，吉利远程作为行业新军，在传统商用车行业竞争中显然不具优势，开辟商用车新赛道成为必然选项。为此，吉利远程深入分析、权衡利弊，毅然选择新能源商用车行业"换道超车"发展，致力于打造"商用车中的新势力，新势力中的商用车"。

（二）适应商用车行业新能源发展趋势的需要

行业公开数据显示，交通运输领域石油消耗量较大，商用车能耗量又占交通运输领域总能耗的51%。为此，国家政策引导鼓励新能源汽车的发展，乘用车新能源化率先启动，商用车行业则是客车先行，2014年起逐步向轻型物流车发展。基于对国家政策和全球能源革命、能源安全的分析、预判，以及对各主流商用车企全价值链资源比较，吉利远程进一步坚定新能源商用车行业"换道超车"的发展思路。一方面选择行业相对成熟的电动路线；另一方面早在2005年起研发甲醇汽车，全新开发甲醇动力系统，探寻甲醇能源利用，走出一条突破传统能源、探索新能源的创新技术路线。为此，吉利远程确立了"电动＋醇氢"两大核心技术路线，以研发为先导，以创新商业模式为基础，逐步构建形成基于全价值链创新的发展战略，向着成长为全新一代、最具价值、绿色智能的新能源商用车领军企业的目标迈进。

二、新能源商用车企基于全价值链创新的发展战略实施主要做法

（一）坚定新能源技术路线，构建商用车全价值链创新发展战略体系

吉利远程围绕"在乘用车基础上，打造绿色、智能的新一代商用车产品与市场"的发展定位，根据不同时期企业内外部环境的发展变化，适时、动态地调整和完善战略重点，从初创期构建以研发为先导的"1.2.2.2.5"战略架构，致力于新能源技术路线选择和产品力打造；到成长期实施以商业模式创新为基础的"1.2.3.3"市场战略，开创新能源商用车市场头部地位；到发展期升华以两个市场协同、双轮驱动的"4.2.3"经营战略，从而实现企业发展战略与市场环境变化同步匹配，推动吉利远程基于全价值链创新发展战略的实施、落地。吉利远程基于全价值链创新的发展战略体系如图1所示。

1. 构建以研发为先导的战略体系

吉利远程以产品竞争力为核心，通过场景定义产品，研发让客户满意、符合场景需求的产品，先期构建了以研发为先导的战略架构，具体包括：以吉利远程集团总部为核心，负责对商用车产品技术研发、集中采购和市场业务进行统筹组织与集团化管理运营。在乘用车基础上的商用车发展定位和以

全新开发的新能源动力系统为核心的产品定位。确立以"电动＋增程式电驱动"为核心的城市商用车技术路线和以"醇氢动力＋采用换电技术的电驱动"为核心的公路商用车技术路线，形成"两条腿"走路的产品技术路线。同时，通过吉利中央研究院，建立起商用车新能源和智能化技术研发的杭州研发中心，构建覆盖城市商用车、公路商用车全场景，布局重卡、轻卡、小微卡、VAN、客车等全品系商用车的五大产品线。

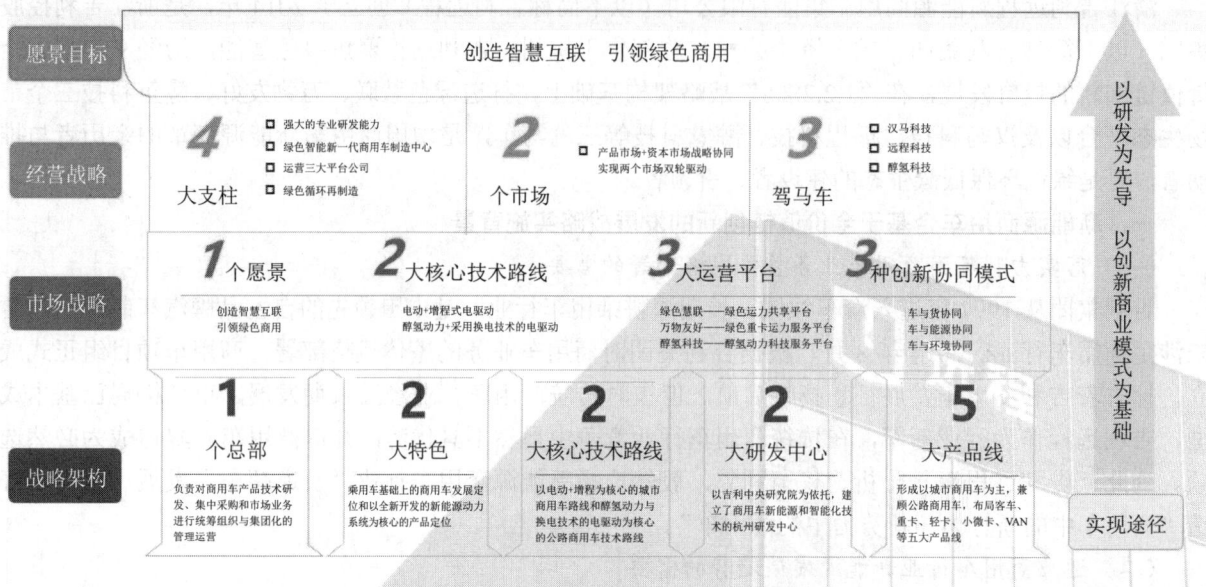

图 1 吉利远程基于全价值链创新的发展战略体系

在产品推出初期和电动技术路线上，吉利远程采取跟随战术，致力于解决产品定方向、技术定路线、经营定领域，为整体发展起到了"定路线"的战略意义，逐步实现在中国新能源商用车行业先期布局。在此基础上，吉利远程不断探索新业务模式和有效的市场驱动力，逐步形成以创新商业模式为基础的战略升级，构建形成具有远程特色的市场战略。

2. 构建以商业模式创新为基础的市场战略

商用车本质上是一种生产工具，加上新能源属性，决定了营销对象和商业模式的不同。传统的营销模式渐渐不适应新能源车型的市场推广，需要推动企业在传统商业模式上进行创新，更精准地满足客户需求、赢得市场先机，加快推动新能源有效渗透。以此为驱动，吉利远程在2021年构建形成全新的市场战略，具体包括：确立以"创造智慧互联，引领绿色商用，成长为最具价值的新能源智能化商用车企业"的愿景。围绕产品战略，通过区分不同的运力场景，打造城市绿色运力服务平台、智能换电运力服务平台和醇氢清洁能源运力服务平台，对应成立绿色慧联、万物友好和醇氢科技三大运营平台公司，成为相关战略落地的组织保障和有效载体。将车与货协同、车与能源协同、车与环境协同，在三个协同中创新推出新商业模式，使吉利远程从被动地适应商用车行业新能源渗透率提升，转变为主动引导、加速新能源渗透率的提升，为吉利远程扩大产品销量、夺取市场头部地位夯实了基础。

3. 确立以两个市场协同、双轮驱动的经营战略

为进一步梳理核心竞争力，打造更有深度的商业模式，吉利远程从全价值链和产业链出发，2022年构建、实施了有更深含义的经营战略。具体包括：构筑支持企业发展的四大核心竞争力，包括强大专业研发能力、绿色智能新一代商用车制造中心、三大运营平台公司、绿色循环再制造；通过推动产品市场到资本市场两个市场的战略协同，实现两个市场双轮互为驱动；围绕新能源商用车行业打造专

注于不同产品市场、以资本市场为导向的汉马科技、远程科技和醇氢科技三家科技平台公司，承载企业经营战略落地。

为保障战略执行、落地，吉利远程从集团层面优化、设计业务架构，将核心业务内容分设为三大平台，分别是：以五大品系车品与制造基地为核心的业务价值平台；以"绿色运力＋能源协同"的增值生态平台；以"商用车研究院＋智芯科技"为核心的科技创新平台。以三个平台为核心，通过进一步分设各业务实体与组织，围绕各自的战略定位，负责整个业务链条及创新商业模式的推进、实施，并坚持重点突出、分步实施、持续推进、不断进阶的发展策略，推动吉利远程在新能源商用车业务获得跨越式发展。

（二）构建前瞻性新能源动力路线，打造多元动力技术战略格局

1. 布局以"电动＋增程式电驱动"为核心的城市商用车技术路线

吉利远程一方面积极布局城市商用车电动技术路线；另一方面在充分市场调研、洞察不同应用场景和客户需求基础上，选择以"电动＋增程式电驱动"动力系统为核心技术路线，形成了区别于传统商用车企的研发优势、技术路线领先优势。

2. 布局以"醇氢动力＋采用换电技术的电驱动"为核心的公路商用车技术路线

为响应国家能源多元化的号召，作为行业先行者和醇氢路线的探索者，吉利集团深耕甲醇汽车19年，拥有丰富的甲醇科研成果及醇氢动力技术经验积累。在此基础上，吉利远程大力投资打造绿色甲醇－液氢燃料－醇氢动力的技术路线，助力吉利远程成为绿色商用车的引领者。

（三）深化以研发为先导的产品战略，聚力打造客户满意的车品

1. 以两大研发中心为依托，构筑强大的产品研发支撑

一是吉利中央研究院。其作为吉利乘用车的研发大本营，由整车研究院、汽车动力总成研究院、新能源汽车研究院、汽车创意设计中心等构成，研发队伍超2万人，是集设计研发、试验试制、质量控制、供应商协同开发于一体的"最强大脑"，与商用车的研发体系形成技术共享和数据共享，进而提升商用车的研发能力。二是吉利远程新能源商用车研究院。其以吉利中央研究院为依托，在杭州钱塘新区建立国内最大的新能源商用车研究院，下设轻型商用车中心、动力传动中心、智能电子中心等9大中心、40多个专业部门，汇聚全球超2000名研发工程师，致力于商用车新能源化、智能化技术以及乘用车基础上的全新一代绿色智能商用车产品的研发。

2. 以"五化五思维"为研发核心理念，打造领先市场的产品力

吉利远程围绕用户使用场景，从为用户创造最大价值和创新角度，持续降低成本，迭代产品升级，全力打造市场爆款产品，形成了以"场景思维、创新思维、成本思维、迭代思维、爆款思维"为特征的产品研发理念，又从"绿色能源多元化、产品平台模块化、产品智能互联化、整车质量轻量化、前瞻技术产业化"等五化角度，全力提升产品竞争力，以满足客户对不同场景、不同工况下对产品的适配需求。一是专注绿色能源多元化。多元能源、高效动力、集成设计、策略节能是吉利远程产品的关键策略，不仅提供了纯电、醇氢、光伏等多元能源形式，还提供纯电驱动、增程动力、醇氢动力以及混合动力等多种动力技术，既实现能源形式的多元化，又实现车辆运行的低碳节能、绿色环保、动力强劲，满足用户各种细分场景的需求。二是打造产品平台模块化。吉利远程将全系产品基于GMA、GTA两大模块架构平台进行打造，通过变型模块的扩展开发来满足产品的差异化需求，既实现研发效率显著提升，又可大幅降低制造环节复杂度，提高产品交付效率。同时，大量的共用零件，降低了服务站配件库储备的规模，也提高了服务的响应效率，助力产品在性能、成本、质量、开发周期等层面全面超越竞品。三是提升产品智能互联化。吉利远程以"智能驾驶保安全、智慧座舱享体验、智能联网提效率"为宗旨，全面提升产品的智能化应用，赋能客户运营。通过智能驾驶辅助、安全的

前碰撞预警、自动紧急刹车，车道偏移预警、自适应巡航、预见性能量管理等功能配置，减少事故发生率和降能耗；智慧座舱是基于吉利乘用车共享平台，用乘用车的造车理念提升商用车智慧、舒适体验；智能网联通过车联网整合生态各环节，打造全场景生态服务。四是提高整车质量轻量化。通过定义整车轻量化目标，从材料、工艺、设计多点突破，为产品价值提升赋能。具体通过高强钢、轻质合金、复合材料应用的材料端，先进热成型工艺、TWB（激光拼焊板）和 TRB（柔性轧制工艺的连续变截面板材）等应用的工艺端，拓扑优化、模块系统集成、消除零件材料冗余、精简结构的设计端等多点协同突破，提升产品轻量化竞争优势。五是推动前瞻技术产业化。重点从能源技术、驱动技术及线控底盘技术等多角度，开展技术研究、加大技术投入以及前瞻技术布局和落地，确保产品研发的技术领先，为客户创造价值。

3. 以全品系、全覆盖的产品布局，满足客户不断提高的需求

吉利远程以新能源化、智能化的商用车发展路线为产品战略定位，形成覆盖城市商用车、公路商用车的全系商用车产品系列，按车辆载重或车身特性分为重卡、轻卡、小微卡、VAN、客车等五大系列产品，以满足用户不同运力、不同场景的使用需要，已发展成为国内品类最全的新能源商用车供应商。按车辆使用场景的不同，吉利远程又将产品分为四大类：以干线物流、支线物流、城配物流为特征的物流运输类；以城市公交、城际客运、通勤运营为特征的公共交通类；以市政服务、道路保洁、垃圾清运为特征的公共服务类；以城市建设、港口作业、矿山作业、机场作业为特征的特定场景类。通过以上精准的场景定义，有利于吉利远程找准客户真正的需求，从而有针对性地打造客户满意的产品，实施精准营销。

（四）创新商业模式，构建智慧、绿色、零碳生态体系

1. 打造三大运力平台，提供智慧绿色零碳物流整体解决方案

吉利远程从新能源商用车的营销痛点入手，经过深入的市场分析，区分不同运力场景匹配不同车系，致力于打造绿色慧联、万物友好、醇氢科技三大运力平台，为客户提供新能源商用车全生命周期服务。一是绿色慧联——瞄准城市运力场景，打造城市绿色运力平台和智慧车联网平台，助力电动轻卡、小微卡及 VAN 市占率提升。浙江绿色慧联有限公司通过线下构建慧联租车租赁运营体系，线上打造慧充电、慧管车、慧运力三大数智化平台产品，形成线上线下一体化的全生命周期运营生态。作为连通新能源商用车制造端与用户端的纽带，实现三方共赢。慧联租车通过灵活多样的新能源物流车租赁服务，为客户解决城市物流全品类的用车需求。通过租赁方式降低客户的用车成本、减轻客户的财务压力，从而消融客户的租/购车的痛点。慧联车服为客户提供新能源物流车使用过程中各种更换件、易损件的服务保障以及保值回购服务，消除客户对新能源商用车使用寿命较短的痛点。慧联智控通过快速发展"慧充电、慧管车"两项增值业务，助力客户实现车辆数智化管理，提升客户经营能力。绿色慧联将车辆租给用户是业务的开始，更重要的是把业务延伸到用户车辆使用的全生命周期中，做"长链、多点、慢生意"，通过将业务链拉长，在每个节点上发现用户需求，满足用户需求，实现积少成多。这种模式的链条越长，与客户的黏性就越强；节点越多，盈利点就越多，抵御市场风险的能力就越强。二是万物友好——瞄准公路干线物流和固定场景，打造绿色运力服务平台，助力电动重卡车市场占有率的提升。吉利远程全资设立万物友好运力科技有限公司，致力于共创公路智慧绿色物流生态圈，为各类重卡物流场景匹配电动车辆及充换电站两大产品，提供金融、物流、能源、数字信息等服务，以全生命周期绿电运力解决方案提高物流行业运营效率，助力企业实现零碳发展。万物友好绿色运力服务平台目前已在新疆、陕西、广西等 10 多个省区，针对不同使用场景落地多种定制化换电运营模式，已落成和建设中的换电站 60 余座，满足不同企业和司机的实际需求。三是醇氢科技——以醇氢动力为核心，构建车、醇、站、货、金融的完整绿色甲醇运力生态，加快醇氢动力商用车的推广

应用。吉利远程全资设立浙江醇氢科技有限公司，与资源禀赋优异地区、企业合作，引入吉利二氧化碳捕集和氢耦合制蓝醇、绿醇的技术联合制醇，开展"车、醇、站、货、金融"一体化布局，注重全生命周期、全价值链创造，建设醇氢全产业链生态，打造醇氢零碳能源生态网络，引领绿色甲醇行业发展。在车端，吉利远程通过完善甲醇直驱、甲醇增程及混动产品，提升产品竞争力；创新以租代售模式，给运营企业赋能，利用社会资本撬动物流市场，带动物流企业车辆销售；通过上规模的产品运营，验证产品品质，促进产品质量升级。在醇端，通过对接吉利协同创新中心，开展绿色甲醇制备技术的研发推进和技术推广；以"1+N"战略为支撑，在资源区域布局绿色甲醇制备工厂；辅以中海油、梅塞尼斯等企业合作，保障醇源、稳定醇价；促进醇氢能源推广，开展甲醇制备、存储、储运、加注与销售体系的建设。在政策端，吉利远程结合不同城市能源禀赋、产业特点、政府诉求，积极争取政策支持，与政府共同构建醇、运、站、车的甲醇运力生态示范模板，加速甲醇（运力）全价值链布局，重点推进晋中、安阳、邯郸模式，运行成熟后进行复制推广，推动绿色交通、发展甲醇经济。

2. 构建"车与货、车与能源、车与环境"三大协同创新商业模式

一是车与货协同，打造三大绿色运力平台。除了重点打造绿色慧联、万物友好和醇氢科技三大绿色运力平台外，吉利远程开展城配物流业务创新，瞄准国内城配物流，深化推出远程 e 家与绿色城运，绿色城运正在杭州、成都、深圳三城布局、试点运营，采用直采运力解决方案、合同物流解决方案和共建运力解决方案等三种模式，协同经销商寻找和签订稳定的货源资源，与货运平台达成战略合作，共同推动绿色智慧物流行业的发展。二是车与能源协同，构建能源服务生态。以能源变革为基础，吉利远程勠力创新，通过多渠道、多平台持续为绿色运力生态赋能。这类平台包括：以阳光铭岛为重卡提供绿色能源充换电业务，打造能源资源中心，与电力能源企业强强联合，获得优惠电价；绿色慧联推出"慧充电"平台，倾力打造全国性充电网络，通过慧联 APP 满足客户的充电需求；绿色城配在城配场景采用换电模式，快速解决城配用户充电难、充电慢的痛点，降低物流企业运营成本；醇氢科技与资源禀赋地区企业合作，联合制醇，打造醇氢零碳能源生态网络，为运力企业提供绿色能源解决方案。同时，吉利远程组建低碳循环项目组，致力于电池回收与再制造，开展电池与核心零部件修复项目，延长电池生命周期，通过回收利用和后端变现，摊薄电池价格。三是车与环境协同，推动低碳循环发展。吉利远程围绕环境这一核心要素在全国统筹布局，重点瞄准华北、西北等重卡集聚及能源集聚的高潜目标市场，沿海地区商用车新能源化快速发展的核心市场，以多元投资策略拓展"1+N"项目快速落地，打造区域生态，协同业务发展。同时依托多元化投资、合作方式建立的区域工厂，以此为平台推进区域新能源商用车生产制造、运营服务等生态建设，并做好创新商业模式的孵化。吉利远程在四川南充、江西上饶、安徽马鞍山、山东淄博、湖南湘潭等五大整车制造中心基础上，围绕区域资源建设湖州、新泰、海口、天津、邯郸等区域工厂，形成"制造中心＋商业生态"的布局。"车与货、车与能源、车与环境"三个协同的高效联动是打开市场大门的钥匙，推动大 B 端商业客户及当地政府的力量形成社会化运行，引导市场接受远程新能源商用车产品，从而区域性引导新能源渗透率与吉利远程市占率的快速提升，真正打开新能源销售途径，实现新能源销量的快速提升。

3. 打通业务痛点，推动业务模式创新

吉利远程通过多维度的业务规划，实施多项业务模式创新，有效解决"油改电"的业务痛点。一是保值营销业务创新。坚持以客户为中心，推出保值回购政策，提高金融支持服务能力、增值溢价能力，降低首付及月供成本；再通过"再制造＋零部件拆解利用"扩大期末车辆剩余价值，提升轻商产品的市场竞争力，有效解决了首付及月供高的业务痛点。二是科技降险，通过提升车辆的智能化、网联化，及时回传、反馈车辆信息，辅以高级驾驶辅助系统、主 / 被动安全性配置等，增加安全保障，改善司机的安全驾驶习惯，降低车辆的出险率，从而降低保费。三是电车分离业务创新。第一阶段通过

与第三方换电站和电池银行合作，快速启动车电分离业务模式；第二阶段实施自主开发标准电池包，实现车端、电端、站端统一规划运营，实现对燃油车市场的精准狙击，与购车客户/生态合作伙伴形成多方共赢，也是解决首付高的有效途径。四是租赁业务创新，采取以租代售、经营性租赁、直租物流公司等多种业务模式，提供多样化的租赁产品组合，完善租赁运营管理，助力租赁业务量的提升。

三、新能源商用车企基于全价值链创新的发展战略实施效果

（一）新能源商用车产销快速增长，占据中国新能源商用车行业头部地位

通过创新发展战略的推进实施，吉利远程2020—2022年新能源商用车销售、市场占有率增长迅猛，近3年销售复合增长率达219%，市场占有率跃居行业第一位。其中，2022年度新能源商用车销量比上年增长170%，市场占有率13.9%（比上年增加5.2个百分点），行业第一；2023年1—6月份继续保持快速增长，销售同比增长117%，市场占有率提升到21.4%（超过行业排名第二名、第三名之和），行业第一；重要细分市场的新能源轻卡与微面产品市场占有率遥遥领先，稳居行业第一。2023年5月，吉利远程第15万台新能源商用车下线，成为全球首个达成这一成就的新能源商用车品牌。吉利远程在产品研发、市场占有率、产业布局等多个维度，已然成为中国新能源商用车行业的领跑者，牢牢占据中国新能源商用车市场的头部地位。

（二）有效践行绿色环保低碳发展理念，引领中国新能源商用车绿色低碳发展

通过创新发展战略的推进实施，吉利远程不仅成为中国商用车新能源变革的亲历者与推动者，更是绿色环保低碳生态的建设者、引领者。在线运行的新能源商用车，已累计减碳448万吨，每年可实现减碳216万吨，生态效益显著，全面助力国家双碳目标的实现。同时，吉利远程开辟了一条醇氢清洁能源的全新技术路线，布局全新的醇氢生态平台，迈入以二氧化碳捕集和风光绿电制氢的绿色甲醇3.0时代，为国家突破能源进口依赖、化解能源安全风险，提供了新方案、新探索。在内蒙古、黑龙江、新疆、陕西、山西等不断落地的制醇储能合作项目、新能源商用车项目，带动了当地经济发展、推动实现共同富裕目标。在第19届杭州亚运会开幕式主火炬点燃环节使用的燃料——绿色零碳甲醇，是由吉利提供制备、远程星瀚甲醇重卡保障运输和供给的，这是全球大型体育赛事首次使用甲醇作为主火炬燃料。同时，吉利远程以全品系新能源商用车投入亚运会后勤保障运输工作，为碳中和亚运目标提供了车辆精准管理和绿色运力保障。

（三）企业创新发展模式得到资本市场高度肯定

通过创新发展战略的推进实施，吉利远程旗下子品牌远程科技于2022年10月完成Pre-A轮融资，在当时严峻的国际国内经济环境下，吉利远程首轮融资超3亿美元。与其他新势力车企相比，本轮融资"含金量"十足，是其他造车新势力企业同期融资金额的3～8倍，由普洛斯旗下隐山资本领投，跟投方包括传化、湖南湘潭产业基金、GLY Capital、Mirae Asset等多家战略投资人和知名投资机构，这些投资方都是新能源商用车、物流运力行业的相关方、上下游合作方，与吉利远程形成利益绑定、战略支撑。本轮融资成功，也是吉利远程经营战略实施取得的重大突破。2023年年初，远程科技又开启A轮融资，依然受到资本市场的热捧，完成融资6亿美元；同时，吉利远程旗下醇氢科技也启动了Pre-A轮融资。

（成果创造人：李书福、周建群、范现军、端木晓露、李哲峰、陈洪良、周树祥）

通信企业集团以世界一流为目标的现代供应链管理体系构建

中国移动通信集团有限公司、中国电信集团有限公司

中国移动通信集团有限公司（以下简称中国移动）于 2000 年组建成立，注册资本 3000 亿元，是全球网络规模最大、服务客户最多、盈利能力和品牌价值领先、市值排名前列的电信运营企业。截至 2022 年年底，中国移动资产规模超过 2.1 万亿元，基站总数超 634 万站（其中 5G 基站 128 万站），移动用户达 9.8 亿户，物联网智能连接数超 10 亿个，家宽客户数 2.8 亿户，政企客户 2320 万户。中国电信集团有限公司（以下简称中国电信）成立于 2002 年，公司总资产 10466 亿元人民币，员工 40 万人，主要经营移动通信、互联网接入及应用、固定电话、卫星通信、ICT 集成等综合信息服务。

一、通信企业集团以世界一流为目标的现代供应链管理体系构建背景

（一）贯彻落实国家战略部署的需要

党的二十大报告提出要"着力提升产业链供应链韧性和安全水平，加快构建新发展格局，推动高质量发展"，供应链建设工作已经上升至国家战略层面，供应链管理的重要程度正日益凸显，提升产业链供应链现代化水平迫在眉睫。为落实党中央决策部署，国务院国资委组织开展对标世界一流管理提升行动，并发布《关于中央企业在建设世界一流企业中加强供应链管理的指导意见》，指出要以提升产业链供应链韧性和安全水平为主线，推动中央企业完成供应链管理体系变革，将供应链管理理念融入企业生产经营全过程，助推企业管理水平持续提升，全面提高风险应对能力，持续增强供应链弹性韧性，为加快建设世界一流企业提供有力支撑。作为现代产业链"链长"，中国移动和中国电信积极践行"链长"职责，充分发挥产业链供应链带动作用，加快构建世界一流供应链管理体系，争做"供应安全的守护者""降本增效的践行者""产业生态的构筑者"。

（二）有力支撑"产业自主可控和构建新质生产力"需要

国家加快推进网络强国、数字中国建设，新一轮科技革命孕育兴起、数字世界不断拓展，为经济社会发展持续注入生机和活力。新一代信息技术加速突破，呈现有机融合、系统创新的发展态势，推动信息文明向纵深演进，也为新质生产力的构建提供重要支撑。作为建设网络强国、数字中国和维护网信安全的主力军，信息通信产业亟须加快固链、补链、强链步伐，进一步提升产业链供应链韧性和现代化水平，攻克"卡点"，在保障产业链供应链安全稳定、确保关键核心技术自主可控、提升原创技术的科研创新能力等方面形成产业合力，锻造国家自主可控战略基石，助力产业加快培育新质生产力，更好地发挥国资央企"科技创新、产业控制、安全支撑"的新时代使命作用。

二、通信企业集团以世界一流为目标的现代供应链管理体系构建主要做法

（一）锚定世界一流目标，确立现代供应链建设整体思路

1. 谋划供应链转型升级战略方向

中国移动全面贯彻落实党和国家部署要求，明确"创世界一流供应链力量大厦"总体发展框架，持续坚持以"打造需求驱动、协同共享、数字创新、安全稳定、可持续发展的现代智慧供应链体系"为目标，以"创世界一流供应链"为中心，强力驱动由"招标采购"向"供应链管理"、由"交易型采购"向"战略生态构建"、由"集中管控"向"价值提升"、由"职能驱动"向"数智创新"的"四个转型"，全面推进"集约化、规范化、专业化、协同化、数智化"的"新五化"建设，着力打造"合规护航、价值提升、敏捷柔性、生态协同、智慧运营、组织能力"六大工程，争做"供应安全的守护者""降本增效的践行者""产业生态的构筑者"，推动供应链管理工作的高质量发展与数智化转型升

级，为公司建成具有全球竞争力的世界一流企业贡献更大力量。

中国电信明确采购供应链是企业"云改数转"战略的重要实施单元，是企业业务发展的重要支撑者，是企业云网安全的重要保障者，是企业价值创造的重要贡献者，是企业核心竞争力的重要组成部分，确定采购供应链"1-3-5-10"总体发展思路，即以"打造国内一流的现代化企业供应链，向世界一流供应链迈进"为总体发展目标，明确"强化供应链服务、保障供应链安全、提升供应链价值"三大关键任务，完善"集约化、专业化、协同化、生态化、数字化"五个核心运营机制，实施"深化运营机制改革、建设数字化运营平台、加强供应链数据治理、提升供应链效率质量、支撑公司重点发展战略、实现全面电商化服务、综合防控供应链风险、提升供应链综合价值、加强供应链生态合作、建设绿色供应链"等十类重点举措，打造有知名度的中国电信供应链服务品牌，推动中国电信内外部市场安全、高效双循环，实现内外服务的高效生态运营，助力企业高质量发展。

2. 制定供应链管理创新具体策略

在国务院国资委对标世界一流管理提升行动的统一指导下，以中国移动与中国电信为代表的信息通信企业以"创世界一流供应链"为目标愿景，经过多年的联合创新探索和试点验证，逐步形成了包含"描绘画像、搭建模型、划分阶段、科学评估、智能分析"五位一体的世界一流管理提升策略，持续推动向世界一流管理水平迈进。一是对标全球供应链领先实践，绘制世界一流供应链画像，指明通信运营商世界一流供应链奋进方向；二是搭建供应链管理成熟度评估模型，开展供应链管理能力和水平的全面体检；三是划分供应链发展演进五阶段，明确各阶段详细评价要素，以进行精准定位；四是设计全流程闭环的评估机制，从"自评、互评、专家评"等多个维度开展全方位准确评估，并输出"评分数、找差距、学标杆、立方向、促提升"等五阶段闭环成果；五是充分融合应用各类数智化新技术，开发智能化的一键评估工具，实现模型的持续迭代优化，推动企业供应链管理水平螺旋式共同提升。世界一流供应链管理提升框架如图1所示。

图1　世界一流供应链管理提升框架

3. 建设"五化"现代供应链管理体系

一是加强集约化管理，实现降本增效新提升。中国移动和中国电信都构建了覆盖全集团各单位的"横向归口、纵向集中"的两级采购管理机制，搭建统一、完备的制度体系，发布涵盖采购寻源、执行、供应商等多个模块的管理制度，统一规范了全集团采购专业语言，实现"书同文、车同轨、行同伦"。通过需求整合、需采协同、产品标准化等集约化管理，规模效应充分发挥，降本增效成果显著。

二是坚持规范化建设，实现合规护航新提升。建立了包含公开阳光采购、单一来源管控、分级决策等多项闭环举措的合规长效管理体系。坚持"应招必招"和"能公开必公开"的原则，全面公开技术标准、寻源方案和中标履约等信息，广泛接受社会监督。践行"阳光采购"理念，建设专用封闭评标场所，实现招、投、开、评、定等各环节的线上化、采购全流程的结构化、自动化、智能化，确保"全程在案、永久追溯"。

三是锻造专业化能力，实现采购价值新提升。根据不同品类，建立产品全生命周期成本模型，践行全生命周期管理理念，分析可见成本和隐性成本，制定最优化采购策略，实现采购总成本最优。与上游供应商开展战略协同，对 CPU、芯片、存储等关键部件实施 AVAP（Assign Vender Assign Price，指定供应商指定价格）直采模式。开展实物资产数字化管理，通过"一码到底"实时跟踪物资状态，切实解决末梢"跑冒滴漏"问题，实现全流程透明可视、可管可控。开展供应商分类分级管理，匹配差异化激励政策，培育优秀合作伙伴，引导产业链有序竞争，鼓励合作伙伴投入更多资源聚焦技术升级、自主创新等关键要素，成为产业发展的强大"助推器"。

四是推进协同化创新，实现产业生态新提升。中国移动和中国电信致力于做"最容易合作的企业"，建设一站式供应商服务门户，实现从需求计划、数据标准、订单交易、履约交付到自动结算等全流程在线交互，有效促进上下游协同发展、融合共赢。勇担通信产业链长责任，携手产业链合作伙伴，筑牢"产业链供应链"安全防线。针对 5G、传输、IT 云等关键领域，梳理技术卡点图谱，通过投资拉动、采购策略引导、多元化供应等方式带动产业链开展核心技术攻关，在设备整机安全可控的基础上进一步向关键器件延伸，持续扩大自主可控比例，提高极限生存能力。

五是探索数智化应用，实现智慧运营新提升。统筹布局供应链信息系统规划建设，建成涵盖电子招投标、供应链管理、电商采购、大数据平台等在内的数智化信息系统，融合网络、云计算、大数据、人工智能、区块链等新技术，设计采购端到端应用全景图，持续打造智慧采购新能力，实现了从在线化到数字化，再到智能化的飞跃。充分挖掘数据要素资产的重要价值，整合供应链端到端关键数据，覆盖寻源支持、供应商画像、合规管控等多个分析应用场景，赋能生产运营，支持科学决策。

（二）带动产业科技创新，强化供应链自主可控

中国移动与中国电信携手，主动融入国家创新发展大局，全面承接战略性新兴产业任务，充分发挥主体支撑和融通带动作用，紧密联合产业链上下游及产学研用伙伴，全力推动信息产业链协同创新发展。

1. 构建一流科技创新体系

中国移动勇担移动信息现代产业链"链长"职责，构建 5G 创新联合体，开展关键技术核心攻关，打造原创技术策源地。2020 年至 2022 年，累计投入研发费用 941 亿元，位居央企前列水平。构建从研发到应用的创新体系，加速研发成果落地。打造了覆盖应用基础研究、产品和解决方案、前端产品落地、外部合作、海外研发的"一体五环"创新体系，打通从科技到技术、从技术到产品、从产品到市场、从市场到生态的全链条，加速科技成果转化。中国电信聚焦前瞻研究、云网融合、网信安全和数字化平台四大研发方向加强自主研发，不断完善科技创新体系，全面完成基础研究、应用技术研发和运营式开发研发体系布局，建立产学研深度融合的创新体系，以链式思维引领带动战新产业融通发展、生态共建，不断增强自主创新能力。2022 年，中国电信研发费用为 106 亿元，同比增长 52.3%，自研成果达到 84 个，增长 2.9 倍。

2. 培育关键技术攻坚能力

一是突破一批"卡脖子"瓶颈。统筹梳理 5G、物联网、云计算和人工智能等重点领域端到端产

业链布局，明确设备、芯片、服务等制约产业链高质量发展的堵点卡点，绘制产业图谱，形成卡点图谱，制定攻关作战图，分步骤分阶段有序推进核心芯片/器件、操作系统、数据库、中间件等关键技术攻关。二是锻造一批长板能力。通过国家级创新平台、5G 创新联合体、"联创+"5G 开放实验室、产学研协同等多种形式，集聚产业链各类优质创新资源，加快云计算、大数据、人工智能等新兴技术能力锻造，推动融合赋能。三是培育一批前沿战略技术。布局 5G-Advanced、6G、算力网络、下一代光通信等前沿领域标准与技术，以及智能硬件、基础通信、信息安全、云计算、人工智能等云网端边的核心环节，打造一批专精特新企业，进一步充实国家战略科技力量。

3. 打造联合创新产业生态

一是联合产学研共同开展科研规划。成立首个以院士为核心，由政府机构、高校、科研院所以及中国电信、中国联通、华为、中兴等组成的产业链专家委员会，聚焦国家重大关切，共同研究产业重大问题、研讨产业发展方向、探索产业宏观路径、指导重大攻关任务、把关重要创新成果。二是持续建设完善联合创新机制。组建 5G 创新联合体，构建关键技术攻关、国产化替代和战略储备有机衔接、梯次推进的循环体系，与产业链各方共同实施"创新发展引领、千行百业赋能、供应链促产业链、产业投资升级、开放合作升级、重大工程牵引"六大行动。发布"联创+"行动计划，构建研发合作新体系，建设研发合作图谱、合作伙伴库、N 个研发载体（高校联合实验室、开放实验室等），通过"共投资源、共同研发、共有成果、共担风险、共享收益"的新型联合研发模式，积极与高校及企业开展高质量合作。三是建设协同创新基地。协同产、学、研、用合作伙伴，共同打造重大技术策源之地、跨界技术融合之地、科技成果转化之地、专精特新孵化之地。发布产业协同创新基地信息港主节点，聚焦前沿、战略、基础的科研领域，锚定新技术实验室、国家示范基地、产业聚合平台和新业态孵化器四大定位，为入驻产业合作伙伴提供联合创新孵化环境。中国移动和中国电信以创新基地、联合实验室为载体，打造产业链协同创新基地，画好"同心圆"、做大"朋友圈"，共同推进信息通信产业链高质量发展。

（三）深化"研采投"协同，筑牢两链安全防线

1. 推进"研采"深度协同

一是构建原创技术规模化应用生态。中国移动依托全球最大、业务场景最丰富的网络资源，制定测试规范，搭建实验室和现网测试环境，积极推进自主可控产品的试点验证，加快产业链迭代优化。通过采购策略引导、制定自主可控评估标准及产品性能准入机制、多元化供应、AVAP 直采等方式，"以用促研"，带动产业链积极开展关键核心技术攻关。二是推进自研生态体系建设。中国电信强化供应链条线与科技创新单元的紧密连接，全程嵌入推动，促进科技创新。需求环节，供应链与科创部门形成自主研发需求输入机制，实时传递产业链动态，汇总一线需求，与科创研发方向有效衔接。研发生产环节，为科技成果研发单位提供嵌入式供应链服务，如合作伙伴寻源与管理、出厂检查和到货抽检等质量检测工作，并将科创成果作为供应商分级分类及后续项目供应商选择等相关工作的重要依据。转化落地环节，建立自研产品的定价模型与综合评价模型，培育、保护自研产品应用，并开展年度使用效果评估，反馈至科技创新部和研发单位，实现闭环管理。三是加大自研产品采购力度。中国移动出台内部采购管理规则，制定核心能力清单和内部采购目录，目录内自研产品可通过内部采购通道实现便捷快速采购，有力支持内部研发成果加速转化为现实生产力。中国电信建立集团、省两级自研成果清单，加大研发投入，优化供应布局，降低物资供应受外部制约限制。明确对列入集团、省两级自研成果清单且有入网证的相关产品实现"应用尽用、应采尽采"，将有效满足客户需求的自研产品上线企业电商平台"翼商城"专区。2022 年，共 214 个项目进入集团、省两级自研成果清单，促进 5G 小基站、5G 移频 MIMO、边缘 UPF 设备等 19 款自研成果部署推广，提高供应链安全管理水平和风险防范能力。

2. 强化"研投"生态布局

一是开展重点领域投资布局。中国移动累计投资规模167亿元，涉及投资超聚变、启明星辰、创芯慧联、国博电子、鼎桥通信、大华股份、明珞装备7家公司。与参股企业/基金间接投资企业等共同设立中国移动－创芯慧联物联网芯片联合实验室、中国移动－奕斯伟联合实验室等5家联合实验室，聚焦自主可控芯片技术、基础软硬件标准、5G数字内容应用场景下关键技术等领域进行攻关突破。中国电信持续聚焦云计算、网信安全、AI大数据、数字化平台等数字经济核心领域，出资成立或参股入股辰安科技、中电信量子科技、云轴科技、天翼智慧航空科技、雄安云网科技、天翼智联科技、北京六分科技、数字广东网络建设等多家公司。二是设立产业发展基金。中国移动设立总规模约260亿元的产业链发展基金，投资布局一批标杆企业、超前布局一批前沿原创技术、瞄准突破一批"卡脖子"瓶颈、培育一批"专精特新"隐形冠军。

3. 加速推动国产化替代进程

一是推进重要网络设备自主可控。中国移动将服务器、存储、路由器、交换机、计算机终端、操作系统、数据库等国产自主可控设备和成熟软件产品纳入集采目录，以集中采购规模带动产业联合攻关，通过对拟入围的相关供应商开展资质审查、制定自主可控技术评价指标、划分国产化标包等系列举措，促进产品生态成熟和产业迭代。目前已实现重要网络设备整机国产化率达到100%。中国电信在移动网、数据网等关键基础设施中，通过技术要求引导，持续提高国产化设备采购占比。在集采招标项目中明确自主可控产品采购比例，并设置单独的自主可控产品采购框架，针对服务器、操作系统、数据库、办公软件、终端等建立中国电信自主可控产品采购目录。将成熟国产芯片引入集采模型、增加网络安全评分权重等措施，推动服务器、储存设备、PC终端供应商更多采用国产自主可控芯片产品。2022年重要网络设备自主可控比例达到92%。二是推进核心关键部件自主可控。中国移动在设备整机安全可控的基础上进一步向关键器件延伸，引入海光、鲲鹏、飞腾等国产CPU，加大CPU等重点关注部件国产化牵引力度，持续推进国产操作系统和应用软件的落地使用，助力扩大国产化产品应用部署规模，加速催熟自主可控产业生态。目前已实现服务器、交换机等IT产品关键部件国产化比例达到50%以上。中国电信在集采中明确使用自主可控核心部件，包括CPU和GPU。在整机关键部件层面，明确各供应商必须具备自主可控部件的适配和潜在供应能力，包括国产内存、硬盘、网卡、Raid卡等。在部件核心技术方面，鼓励各供应商使用具备核心芯片的部件，包括自主内存颗粒DRAM、闪存颗粒Nand-flash、SSD主控芯片、网卡芯片等。在服务器、交换机、电脑等品类集采中引入国产关键核心器件，2023年服务器集采国产化占比达到40%。三是推进安可产品研发应用落地。中国移动制定自主可控产品整体工作规划，印发2023—2027年中国移动自主可控应用替代推进工作实施方案，确定产品范围和目标计划，明确IT云、移动云、网络云等不同应用场景下硬件基础设施和软件系统的自主可控采购比例相关要求。中国电信建立信创工作五年规划，并按年度建立采购安可产品工作机制，为首台（套）装备、首批次材料、首版次软件等原创技术产品提供应用场景和试用环境，创新采购模式支持原创技术产品定制化研发。

4. 建立BCM安全供应机制

中国移动搭建"监测、预警、评估与响应"供应链风险管理体系，建立BCM（Business Continuity Management，业务连续性管理）供应机制，通过关键物料管控、多元化供应、价格联动、战略储备、风险研判、交付保障等多种方式着力提升供应链韧性和安全水平，确保产业链供应链安全可靠。积极开展供应链安全评估，及时跟踪形势变化，研究把握供应趋势，提前预判供应风险，推进供应商多元化和关键部件供应多元化，做好战略资源储备，广泛应用价格联动机制，统筹好各层级需求和供应平衡，有力保障数百亿元战略物资不间断供应，着力提升产业链供应链韧性与安全水平。中国电信持续强化供给侧业务连续性管理，严格执行网络安全审查制度，优化供应商综合评价模型、评价维度及相关权重，强化供应商供应连续管理与安全保障评估认证机制，健全供应商资质、业绩、能力投标信息库建设，面向终端、服务器、天翼供应链生态论坛成员等40家供应商开展BCM试点测评工作，编制供应商BCM评估分析报告。

（四）锻造数字运营能力，建设集中智慧平台

1. 勾勒新技术应用全景图

中国移动积极拓展新技术应用场景，探索应用自然语言处理技术辅助采购文件风险核查、机器学习技术辅助需求预测、IPA技术辅助采购文档自动归档、人脸识别技术辅助评标专家管理等。基于人工智能，建立远程电子评标系统，实现就近评标、有效监督、高效追溯；基于人工智能、图像搜索技术实现开评标违规行为智能分析；基于RPA（机器人流程自动化）技术实现信息自动录入、合规自动稽核、订单自动创建。通过新技术赋能，项目平均用时缩短17%，决策效率提升50%，采购过程合规性、专家评审质量、供应保障效率均大幅提升。中国电信自研物联网天翼标星产品，应用车载终端等物联网设备，借助GIS、NBIOT通信、GPS、北斗定位技术实现智慧运输监控，跟踪订单物流轨迹，实现订单100%可管可视。在电子招投标平台利用区块链技术实现文件上链存证，保证招投标全流程文件可追溯防篡改，确保平台安全可信。利用MAC地址识别、股权关系穿透等智能手段，识别围串标风险，为评审委员会提供预警参考。建设云仓数配智能仓储物流体系，从智慧人员/车辆、智慧物资和智慧设备三大应用场景出发，完成中国电信智慧仓库建设指引，陆续开展云仓数配、孪生仓、智慧园区、末梢无人仓/智能储物柜等项目。

2. 建设集中统一运营平台

中国移动供应链相关系统在大IT的整体架构下，实现了端到端业务流程高度集中化。对内与公司计划管理系统、ERP系统、合同管理系统、报账管理系统等主要资源系统的贯通，实现需求、寻源、执行、仓储、报账等供应链各环节全流程信息自动流转。对外与战略供应商进行全面系统对接和信息共享，针对一般供应商打造集信息发布查询、订单线上化、到货证明电子化、报账自动化等功能的统一门户。电子采购与招标投标系统（ES）涵盖认证、招标、评标等在内的采购寻源功能，年支撑项目约3万个；供应链管理系统（SCM）涵盖需求、执行、物流等在内的供应链全流程功能，年采购订单约100万单、出入库订单约5000万单、统一物料编码近9万条；电商采购平台面向全集团提供办公用品电商化一站式服务，年订单金额约25亿元。中国电信统筹打造端到端一体化的供应链数字化管理运营平台——CTSC，实行统一管理、统一运营。CTSC平台采用"1+8+N"运营模式，其中："1"代表平台；"8"代表重点构建的供应链运营八大能力，即供应链端到端全流程数字化的智能供应能力、动态履约能力、质量保障能力、合规监管能力，供应链上下游企业供需协同管理数字化的同步计划能力、产品协作能力、智能运营能力以及供应链生态运营数字化的生态连接能力；"N"代表重点业务应用，支撑省公司、专业公司、实业公司等面向客户的供应链应用场景，并加强基于应用场景和业务流程的能力编排组合，实现数字供应链的有效运作，赋能企业各生产经营单元。CTSC项目获得2022年度中国物流与采购联合会科技进步奖一等奖。

3. 深化产业链数字化协同

中国移动与各供应商合作伙伴在协同规模、流程、内容、系统平台等方面持续深化，在提升供应效率、缩短供货周期、交易电子化、配置和编码标准化等方面均取得了显著成效。供应商订单流转周期大幅缩短，减少了原材料呆滞和无效备货，降低了人工处理和沟通成本，大幅压缩了回款周期。合同签订至下单由21天减少到12天、电子订单流转3天缩短到2小时、供货周期由17.4天减少到9.3天。中国电信拉通供应链端到端的生产作业流程，从采购实施、合同签约、生产交付、到付款结算，全过程与供应商实现无缝衔接，实现与供应商端到端的业务协同，全网采购实施全流程、物流交付全流程 100% 可视化。大型供应商采取 B2B 直接对接的系统级协同方式，整合业务数据表单，对外提供标准化 API 规范，确保安全性，供应商可自助订阅并调用。中小供应商采取阳光采购网在线协同方式，灵活便捷、低成本。目前，CTSC 平台已实现与 7 家企业实现 B2B 系统互通，阳光采购网在线协同供应商超 20 万家。

（五）强化组织保障，为供应链发展提供基础支撑

1. 锻造卓越组织能力

一是变革组织架构。2023 年年初，中国移动将"采购共享服务中心"正式更名为"供应链管理中心"，强化供应链统筹归口管理职能，推动由传统的采购业务职能向供应链管理职能前后端的拓展延伸。在做好一级集采生产实施、两级集采职能管理、集中物流管理运营等职责基础上，积极主动承担了国家供应链相关政策承接落实、公司供应链管理体系建设、供应链生态构建与价值提升、供应链数智化能力建设、供应链安全保障等重要职责。中国电信于 2020 年对原采购事业部进行组织改革，更名为"采购供应链管理中心"，重点强化供应链发展战略规划、供应链体系建设、采购和供应链运营服务等供应链相关职责。变革之后的中国电信采购供应链采用"两级管理 + 三级供应"集约运营体系，全集团供应链运营管理核心能力向集团与省公司（专业公司）两级集中管理，并形成集团级集采、省级集采与本地化零星采购相互协同的三级供应体系。

二是明确"三者"新定位。中国移动和中国电信对标国家新一轮改革深化提升行动提出的"科技创新、产业控制、安全支撑"央企"三个作用"，推动公司采购管理向供应链管理的价值转型。中国移动明确"供应安全的守护者、降本增效的践行者、产业生态的构筑者"新定位，中国电信明确"企业业务发展的重要支撑者，企业云网安全的重要保障者，企业价值创造的重要贡献者"新定位，在进一步统筹整合产业链上下游、内外部资源的基础上，推进供应链业务集中统一运营，加快世界一流供应链体系建设步伐，充分挖掘发挥产业链的价值作用，为信息通信产业的长足发展和转型升级贡献更大的力量。

2. 建立制度保障机制

中国移动建立专业组织保障机制，强化应急处理能力，成立供应链安全领导小组。领导小组下设供应链安全工作组，负责具体工作落实。中国电信成立供应链安全领导小组和工作专班，制定了《供应链安全管理办法》《供应链风险防控管理办法与应急管理办法》《供应链体系管理办法》《科技创新产品采购实施细则》《关于加强重点物资供应保障的通知》等管理规定，加强制度保障。

3. 激发专业人才活力

一是制定供应链人才发展专项规划。覆盖引、选、育、量、留、用人才发展培养全链条，系统实施多项重点人才专项计划，构建闭环式保障措施，形成上下一体、覆盖全面、衔接流畅的人才工作实施体系。二是系统规划以数智化为核心的供应链组织体系建设，推进供应链领域组织架构、职位体系和岗位设置的优化调整。三是面向供应链管理数智化演进，搭建并完善适配数智化供应链管理与发展的知识图谱，可视化能力提升路径，稳固组织可持续发展基础。建立供应链人才标签，打造"3T"（CT：Communications Technology；IT：Information Technology；DT：Data Technology）和供应链专业人才队伍。深化供应链专业人才队伍建设，绘制供应链领域数智化人才画像，建立供应链人才标签，系统加强在招聘、培训、激励等方面的全面管理，培育多元化、创新型、可持续的数智"供应链人才"。

三、通信企业集团以世界一流为目标的现代供应链管理体系构建效果

（一）有效服务中国通信产业高质量发展

中国移动和中国电信持续加大 5G 投资、联合打造"创新高地"、共享基础能力，充分发挥通信运营企业的"扁担效应"，携手产业各界做大 5G 生态，促进数字经济健康发展，赋能实体经济转型升级。自 2020 年以来，中国移动和中国电信 5G 相关资本开支年均超千亿元，累计超 4000 亿元，有力地带动了各行业数字化转型发展，助力网络强国、数字经济"加速跑"，充分发挥了通信央企"压舱石"作用，有力践行了现代产业链"链长"的职责使命。

（二）有效助力新质生产力培育

中国移动始终坚持科技创新在公司发展全局中的核心地位，年均研发经费投入超 300 亿元，研发投入强度超 3.6%，不断强化关键核心技术攻关，关键设备国产化比例持续攀升，国产化设备年度采购金额超千亿元。在整机基本实现国产化的基础上，推动向关键部件国产化延伸。中国移动作为国内通信运营企业中首个公开规模化采购国产化芯片 PC 服务器的公司，服务器、路由器、交换机、存储等设备均引入国产芯片，有力保障了新基建所需关键设备的自主可控、安全可控，有力防范"卡脖子"风险。中国移动新增采购的无线、传输、IT 关键设备等国产化率均达到 100%，国产 CPU 服务器比例从 14% 提升至 60%，分布式块存储 CPU 国产化比例从 55% 提升至 100%，数据交换机芯片国产化比例从 30% 提升至 60%。中国电信以国产化替代来促进产业发展，重要网络设备及核心部件自主可控能力全面提升。持续提高国产化设备采购占比，在服务器、交换机、电脑等品类集采中引入国产关键核心器件。组织完成对 7 家国产 CPU 进行性能统一测试，对现有 12 家 GPU 厂商的加速卡统一测试验证，筛选符合需求的产品，将 6 款信创目录 CPU 全部纳入 2023 年服务器集采模型，2022 年重要网络设备自主可控比例达到 92%。

（三）有效锻造了供应链支撑企业生产运营的能力

通过多年的努力，中国移动和中国电信的供应链管理水平大幅提高，管理效率效能持续攀升，精益管理能力不断加强。采购供应链发挥集约规模优势，有力促进了全集团的提质、降本、增效，对公司"一利五率"提升发挥关键作用。中国移动采购效率平均提升约 20%，库存周转率平均提升 35%，集采成本平均每年节约超 500 亿元，累计清理盘活利旧物资约 35 亿元，AVAP 模式创新创收 6 亿元，公开采购率达到 100%，电子采购率达到 99.95%，有力支撑了全国各类市场业务发展，助力全集团增收。中国电信采购供应链集约价值创造能力显著增强，全集团全口径集中采购率达 96.8%，交付及时率达 100%，近三年累计节资金额超 400 亿元，累计闲废物资处置收益超 30 亿元，产数集采交易金额突破 100 亿元。在供应形势持续紧张的情况下，保障了重大工程项目的稳定供应。2022 年，中国电信完成了 17 万站 5G 基站、16 万台服务器、2.6 亿张 UIM 芯片、4364 万台固网终端的按时交付，按时保质完成了 5G、国家云等国家重大通信工程的供应保障工作。中国移动和中国电信分别于 2021 年和 2022 年相继成为由商务部、工业和信息化部等八部委认定的国家供应链创新与应用示范单位，并均入选国家供应链创新与应用优秀案例集；中国移动"数智化供应链"被国务院国资委评为国有重点企业管理标杆项目，中国电信供应链运营管理与服务平台（CTSC）项目获得 2022 年度中国物流与采购联合会科技进步奖一等奖；在国务院国资委中央企业采购管理提升对标活动中，中国移动和中国电信均位列央企前列，并在国务院国资委对标世界一流采购交易管理体系推进会上做优秀经验介绍，荣获国际采购领域权威组织 CIPS、WSIS、ICQCC 等多项全球荣誉。

（成果创造人：李慧镝、李　峻、李　威、张　新、吴　江、申志云、
刘治华、林　玲、高　峰、吴　凯、柳晓莹、刘　超）

纺织企业全方位数智赋能高端产品研产销管理

无锡一棉纺织集团有限公司

无锡一棉纺织集团有限公司（以下简称无锡一棉）创建于 1919 年，曾经是中华民族工业的典范，现在是中国棉纺织行业的"排头兵"。现有 70 万纱锭、500 台布机，年产高档纱线 40000 吨、高档织物 5000 万米。2022 年企业实现营业收入 22 亿元，实现利润 1.19 亿元。自主品牌"TALAK"在欧洲、亚洲和美洲共 55 个国家和地区注册，出口到全球纺织高端市场。特高支纱的市场占有率名列全球第一，成了高档纺织品细分领域的单打冠军。

一、纺织企业全方位数智赋能高端产品研产销管理背景

（一）高端产品是国内纺织业转型升级的必由之路

中国棉纺织业是参与全球竞争的行业。在目前国际棉纱线市场上，粗中支纱由于门槛低，竞争非常激烈，而高支纱及特高支纱由于技术含量高，利润较好。我国的棉花资源和劳动力成本决定了棉纺织业在粗中支纱市场已无国际竞争力，市场在逐渐丢失，亟须依靠创新和技术进步，开发高支甚至是特高支纱，实现产品的升级换代。为此，必须加快企业在装备及生产过程的数字化、网络化、智能化的建设，研发高档次高质量纱布产品，促进高档次产品的品牌建设和品牌影响力，提升企业整体竞争力，才能有效抵御各种风险和不利因素，促进纺织行业高质量发展，由纺织大国迈向纺织强国。

（二）数智技术赋能高端产品是推进企业高质量发展的重要举措

随着国内人民生活水平的提高和对高品质生活的追求，天然生态的、高档的特高支纱有广阔的市场。无锡一棉作为国内首个纺出国际上最细的 300s 紧密纺纯棉纱的厂商，居安思危，研判当前所面临的竞争态势：资源条件方面，缺乏原料供给优势、劳动资源优势、能源价格优势；装备方面，纺机装备的自动化和智能化程度均较低、工人劳动强度较高，不适应青壮劳动力越来越少的状况；虽然率先研制出特高支纱，却还停留在试验室阶段，成台细纱机纺制存在车速低、质量数据较差和用料消耗大等问题，在特高支纱规模化、产业化方面还有较大差距。为实现特高支纱规模化、产业化，企业亟待解决市场开发、关键设备研发、纺制核心技术突破、管理模式创新等系列难题。

二、纺织企业全方位数智赋能高端产品研产销管理主要做法

（一）强化战略定位，开展体系化顶层设计

无锡一棉以"高度专注、高端立足、打造高档纱布生产基地，做全球高支纱布领跑者"为企业定位，以"建设世界一流纺织企业"为目标，开展体系化顶层设计。

1. 确立整体目标

无锡一棉通过系统分析，做出了开展特高支纱产业化发展的战略决策，确立了"高度专业、高端立足、打造高档纱布生产基地，做全球高支纱布领跑者"的整体目标。同时，系统分析了特高支纱产业化发展需解决的关键问题：一是特高纱支纱纱支细、强力弱，纺纱时极易断头。原来的纺纱设备自动化智能化程度低，未采用在线质量监测手段，人为干预多，导致质量波动大。只有通过智能化改造和数字化转型，上马先进的智能化纺纱设备和在线质量监测系统，才能支持特高支纱规模化生产。二是虽然公司首家研发特高支纱产品，但从目前的实验室阶段走向车间规模化生产阶段，还有许多纺纱核心技术需要研究和攻关，必须加强研发力量和制定研发措施。三是特高支纱规模化生产中，面临智能化设备如何保养和保持精度、运转值车工的操作法完全不适用等问题，需要开展精益化生产，为此，需要推进零故障的数字化精益生产设备管理和精细的数字化精益生产运转管理。四是最终目标是

成功开发市场和商业化实现，为此，需要运用数字化技术，拓展市场营销，推动"TALAK"品牌建设，建立全流程客户服务，创建特高支纱销售新业态。

2. 制定实现目标的工作方针和工作路径

无锡一棉制定了"设备智能化、生产数字化、产品高支化、管理精益化"的工作方针，依托自身的产品、管理、技术、品牌和营销优势，进行信息化、数字化、智能化技术改造，引进和研发最先进的纺纱装备，加强特高支纱的工艺创新和工艺研究，全面实施数字化精益生产管理，推动"TALAK"品牌建设，创建特高支纱销售新业态，努力形成特高支纱规模化产业化生产，提高高端产品在全球市场的占有率。

3. 建立组织架构，加强统筹安排

为实现数智赋能特高支纱产业化，无锡一棉成立了领导小组，稳步推进，分步实施，任务层层分解，明确各任务的时间节点，件件落实到部门和责任人。按照"总体规划、分步实施、重点突破、监督检查、完善优化、持续改进"的原则，有序推进、稳步完成。

（二）紧盯前沿技术，研发特高支纱核心纺制技术

1. 紧盯国际纺织特高支纱前沿技术，建立研发平台

为加强国际纺织界最高端的特高支纱开发，无锡一棉加强了纺织研究院的研究工作，由公司主要领导出任研究院院长，引进国内纺织前沿的高技术人才。在资金投入、队伍建设等方面予以保证和优先。纺织研究院下设新材料应用及新产品研发、纺织科技情报及新技术、纺织智能制造、纺织绿色生产四个研究室和一个研发车间。研发车间是一个全流程智能化纺纱车间，占地面积6000平方米，拥有性能精良、数字监控完备的智能化设备，成为研究特高支纱线的试纺和实践基地，为特高支纱规模化生产打下坚实基础。中心实验室购置了从原料到成品检测用国际一流的纺织测试仪器，占地面积250平方米，专门用于特高支纱布试验检测分析。研究院紧盯国际纺织特高支纱前沿技术，紧密围绕纺织特高支纱纺制技术、纺制工艺、关键设备和关键器材等方面开展研究和攻关，重点在优选原料、优化工艺、优选专件器材等方面进行开展，持之以恒不断推进，取得了一系列科技成果，为特高支纱规模化产业化奠定了坚实的基础。

2. 突破"卡脖子"瓶颈，研发特高支纱核心纺制技术

经过努力，研发了特高支纱核心纺制技术，取得了关键性的突破。一是研发细纱机高倍牵伸技术。国产细纱机的高倍牵伸技术是特高支纺制的关键技术。经过潜心研究和大量试验，将后区罗拉牵伸改为皮圈牵伸，同时优化设计前区牵伸器材，并合理分配各区牵伸倍数，在国产细纱机自主开发了四罗拉四皮圈高倍牵伸装置，解决了特高支非伴纺成纱均匀度差的难题。二是研发特高支纱专用集聚纺技术。研发了适用于特高支纱生产的专用集聚纺技术，解决了因须条纤维集聚不充分而导致纱线毛羽恶化的难题。根据特高支纱成纱截面内纤维根数少、纤维须条不易集聚的情况，本项目在集聚气流流场分析的基础上，通过优化异型管的槽形设计、对网格圈表面特殊处理和加大网格圈目数，开发出适用于特高支纱生产的专用集聚纺装置，满足了特高支纱减少毛羽的要求。三是研发特高支纱初捻段捻度增强技术。研发了适用于特高支纱纺制过程中初捻段捻度增强技术，解决了初捻段成纱易断头的难题。创新性地在环锭纺细纱机的纺纱初捻段设置了细纱假捻装置，缩小成纱三角区，快速提升初捻段的成纱捻度，促进了初捻段纤维相互抱合，提高了初捻段的成纱强力，有效地降低了纺纱断头。采用该技术还可适当降低纺纱捻度，进而降低能耗和提高单产。四是研发显微镜分析优选纤维技术。通过显微镜分析优选纤维技术的研究，解决了特高支选择原料的方法，提高了特高支纱的强力。由于特高支纱截面纤维根数非常少，纤维之间的抱合力和摩擦力都很小，抱合力差使得在纺纱过程中纤维极易被机件带走，摩擦力小使得纱承受拉力时纤维之间容易滑脱。运用新研发的技术后，单纱强力提高7%～10%，质量品质好，达到批量生产的要求。

3. 攻关特高支纱纺制关键设备和关键器材

无锡一棉从战略高度运筹关键设备关键器材的攻关和研发工作，坚持不懈予以推进，攻克了一系列难题，取得了一系列科技成果，相当多的科技成果已得到转化，形成产品和样机。例如，网格圈的生产设备和网格圈成品。网格圈是紧密纺的关键器材，其对纤维的集聚作用显著，减少了成纱毛羽，提高了强力和耐磨性，对特高支纱的纺制尤为关键。经过潜心研究，成功研制了网格圈生产设备，并研发了专门用于特高支纱的几种规格的网格圈，完全实现了自产自用，冲破了特高支纱关键器材的技术难关。

（三）聚焦数智化改造，打造特高支纱智能生产线

为实施特高支纱产业化，无锡一棉于 2017—2018 年完成长江纺纱车间 13.5 万锭全流程智能化数字化改造，于 2019—2020 年完成扬子江纺纱车间 12.5 万锭全流程智能化数字化改造，推进智能制造装备关键技术及各管理系统等在企业应用集成，建成以智能工艺装备群为基础的网络化连通的纺纱数字化生产线。通过生产数据的自动化采集及生产信息双向追溯，以及信息流与物流协同管控，达到以精益、精确、精准为核心的集成制造执行运行效果，在纺纱制造领域率先建成全过程、全业务智能协同管控平台和实现特高支紧密纺纱智能工厂新模式应用示范，为特高支纱的规模化产业化打下坚实的基础。

1. 引进国内外最先进纺纱智能化设备

在"清梳联→预并→条并卷→精梳→精并→粗纱→细纱→络筒→打包"的生产流程中，选用国内外先进纺纱智能设备，包括清梳联合机、异纤除杂机、自动条并卷机、智能精梳机、全自动并条机、自动落纱粗纱机、集体落纱细纱机、自动络筒机等，单台设备的自动化和智能化水平处于国际领先水平：一是自动化程度高。如条并卷机有自动收尾、自动落卷输送、自动上管功能；如精梳机有自动退空筒管、自动换棉卷、自动新旧棉卷接头功能；如粗纱机有全自动完成尾纱清除、纱管筛选、空满管交换功能；如细纱机有集体落纱功能，许多机械传动改为伺服电机控制，形成电子式加捻和精密电子卷绕；如自动络筒机有自动换筒、自动落纱、自动生头接头功能。二是设备车速高。如条卷并机最高速度达 180 米/分，比原来提高 50%；并条机出条速度 500 米/分，比原来提高 42%；细纱机锭速 22000 转/分，比原来提高 15%。三是工艺质量控制效能优异。运用当今最先进的成熟的技术实现对纺纱各工序设备工艺质量控制性能的提升，如利用视觉控制技术实现异性纤维的分拣；并条机的自调匀整系统精度提升一个数量级；细纱机有单锭监测系统。四是适应特高支纱工艺路线。纱线越细，纺制难度越高。这些设备不仅制造精度明显上升，其工艺路线的选择、功能的配置、机械结构电气控制系统的设计均要适应特高支纱的纺制要求，例如，细纱机采用紧密纺纺纱工艺。

2. 构建物流自动输送新系统

无锡一棉吸收当今最先进的物流智能技术，使用传感器、条码、射频识别、工业机器人、自动导航和数据库等技术实现各生产工序之间的互联互动，包括条筒输送和存储、棉条自动接头、管纱输送和存储、筒纱自动输送码垛和产品打包。通过自动化设备实现内部物料的自动转移，减少人工使用，实现纺纱生产流程中物流的智能化配送。

3. 设备互联互通采集数据

无锡一棉构建了智能纺纱生产过程现场数据采集三层系统架构。三层架构分别是数据感知、数据传输和数据处理。感知层获得设备的各种信息并实现协议转换，传输层进行数据传输，数据处理层实现数据的接收、存储，为 MES 和 ERP 系统提供数据，其中数据传输层在车间主干网络采用光纤环网。系统覆盖了两个车间共计 26 万锭全流程设备，15 万个以上的数据采集点，涵盖的设备从清梳联、并条、精梳、粗纱、细纱到络筒工序的纺纱设备、车间物流设备、纱线在线质量检测装备电子清纱

器、细纱单锭检测设备，以及除尘、空调和照明等辅助设备。设备联网感知层的主要功能是采集设备的信息，包括设备各传感器的数据如速度、压力、位置、产量、质量、故障和工艺参数等全方位的生产过程数据，通过网关传输到车间主干网络。

4. 开发 MES 生产管理系统

在开发数字化管理系统过程中，首先充分利用许多纺机设备自带的数据管理系统，如条卷机、精梳机、并条机的蛛网监控系统，梳棉机的特吕茨施勒 T-DATA 数据管理系统和络筒机的络飞 TOP 在线监测系统。同时，利用物联网和大数据处理技术，打通和集成蛛网监控系统、T-DATA 数据管理系统和络飞 TOP 在线监测系统的数据，采集其他智能化纺纱主机设备、辅助设备、物流设备、人员、原料、成品、能耗等信息的数据，融合无锡一棉在生产管理、工艺设计、质量管控方面的专业知识建立模型和算法，并进行验证，形成特高支纱纺纱车间 MES 生产管理系统，系统功能可涵盖报表系统、订单管理系统、质量管理系统、工艺管理系统、设备管理系统、能耗管理系统、环境数据管理、人员绩效管理、生产成本核算、锭子精准维护等模块。达到了生产过程可视化，保证了生产过程信息的真实性，增强了生产过程信息的实时性，实现了订单自动排产柔性化生产，质量重要数据的实时监测和自动控制，设备状态的自动报警和温湿度自动控制的智能化有序生产。

（四）全面推行数字化精益生产管理

面对智能化改造数字化转型后的新设备新系统，特别是特高支纱纺制的高难度，原有的精益生产管理模式难以适应，提出了新的挑战。无锡一棉组织实施了对精益生产管理模式的创新工程，建立了对人、机、料、法、环精准管控的特高支纱数字化精益生产管理。

1. 推进零故障的数字化精益生产设备管理

MES 纺纱生产管理系统提供了各工序纺纱设备的关键监测重要数据，包括纺纱设备各传感器的数据如速度、压力、位置、断头、产量、质量、故障和工艺参数等全方位的生产过程数据。充分利用MES 纺纱生产管理系统和结合特高支纱规模生产的特点，使设备管理的维修方式、维修内容均有较大幅度的变革。设备的周期维修管理由 MES 纺纱生产管理系统管理，纺纱专件轮换周期也进行纳入系统管理，如果纺纱质量状态变差，系统会自动缩短轮换周期。同时，设备实行包管制，如一位保全工分管 3 台 1200 锭的细纱机，其负责这些设备每天的巡回检修、状态检查，检查的内容变成了 MES 纺纱生产管理系统不进行监测的项目。重点分担细纱机的细纱断头指标。两月进行一次停车的揩车检修，重点检查各部分结构是否正常，更换必要的轮换件，按照"五定"要求进行润滑加油工作。围绕追求零故障开展维修工作，零故障是精益生产管理的本质要求，仔细分析每一次故障原因，认真制定和落实整改措施。每月对所有故障进行统计分析，部署下阶段的改进措施。重视 MES 生产管理系统的设备状态数据和质量监测数据，对系统发出的维修工单及时跟进，及时修整，提高维修的有效性，把故障因素和纱疵因素消灭在萌芽状态。

2. 实施精细的数字化精益生产运转管理

由于特高支纱纺制难度高，工艺要求和纺制特性给值车工的操作带来了挑战，为此，由生产部牵头，组织各车间的操作能手进行标准操作法的创新，以产品零缺陷为目标，强调标准化、可操作性、精准性和培训容易性。特高支纱以零缺陷为质量目标，全面优化 MES 生产管理系统的质量监测项目和提升质量标准，充分运用 MES 生产管理系统实时在线监测质量数据，及时处理断头和异常，调整值车工操作方法，把事后的实验室测试转变成事中的在线监测，把质量缺陷消灭在萌芽状态。根据早夜班产量、效率、断头时间、断头数，为有效开展劳动竞赛提供依据。经过一年时间的试行、总结、改进和完善，全面完成了标准化操作法创新制定，大大提高操作的有效性和精准性。同时不断总结和升级数字化的精益生产管理，把人、机、料、法、环要素处于受控状态，不断提高特高支纱的产品质量。

3. 自主研发特高纱生产经营大数据分析平台

ERP 信息系统和 MES 生产管理系统产生了海量的数据，特高支纱纺制过程和整个生产经营需要精准化的分析和判断。如何利用这些大数据，挖掘大数据的潜力，为高端产品的升级管理锦上添花，无锡一棉决策引进高水平软件开发人才，结合两化融合管理体系要求，打通 ERP 与 MES 的联系，实现信息共享；强化数据分析应用和治理路径，建立数据分析模型和精准算法；紧紧围绕特高支纱产业化生产、经营活动的实际需要，自主开发了涵盖原料分析、成本分析、市场销售分析和质量数据等 50 多个数据模型，为经营决策、指挥高端产品特高支纱生产提供了有力的支撑，并且持续不断进行改进、迭代提高。

（五）拓展市场营销，创建特高支纱销售新业态

在特高支纱规模化生产的初期，销售部门未雨绸缪地制定了"创品牌、接高档、进欧美、拓国内"市场营销策略，积极开展市场调研，确定目标市场和目标客户；运用数字化管理系统，创新营销手段，加强"TALAK"品牌建设，建立全流程客户服务，为特高支纱产业化提高企业市场竞争力创造了条件。

1. 运用数字化技术增强销售能力

仔细分析和掌握特高支纱的特性，了解目标市场的需求和特点，以便制定有针对性的营销策略和销售方案。同时，不断培训和提升销售人员数字化技能和数据分析能力，积极应对国际化客户的需求，培养一支掌握数字化技术优秀的特高支纱销售队伍。无锡一棉利用 ERP 信息系统和 MES 生产管理系统产生了大量的数据，自主开发了涵盖原料分析、成本分析、市场销售分析和质量数据的大数据分析平台，为特高支纱市场营销提供了有力的支撑。利用大数据分析平台，梳理客户数据，了解客户需求和行为，以便制定更加精准和有效的销售策略，建立算法模型，根据客户订单的品种规格和详细要求，预判原料配棉，预算出该品种的成本单价和预测出利润，同时预测出订单的交期，为销售提供有力的支撑。对数据资产中的计划单数据、订单数据、销售数据、库存数据、设备数据、原料数据等进行集成设计，构建一个排产总图及数据模型，对特高支纱优先排产突出显示，可以更加直观地了解集团特别是特高支纱产能分布情况、订单交货进度、客户关系变化、开台产品的利润预测等，更加有利于特高支纱的销售和管理决策。

2. 提升品牌价值，推动"TALAK"品牌建设

无锡一棉注重品牌建设，1998 年实施品牌国际化战略，先在国内注册了"TALAK"品牌，后逐步在欧洲、亚洲和美洲共 55 个国家和地区注册。在特高支纱规模化和产业化的过程中，更进一步地推进精品战略和品牌建设战略。结合产品的特点，设计独特的品牌标志、包装等，运用多种方式向客户传递产品特性、品牌价值和文化内涵，提升品牌知名度和美誉度，扩大品牌价值及引领、集聚、辐射效应，从而吸引更多的潜在客户和目标客户。

3. 建立全流程客户服务体系

根据反馈客户使用中的问题，无锡一棉果断决策成立专门的用户服务部，制定服务流程和工作规范，加强售前、售中和售后全流程服务，构建完善的服务体系。以"质量、满意、接续"为宗旨，树立了全员"以用户为中心"的服务理念，快速高效响应用户需求。与用户"同心、同向、同行"，建立全产业链上下游关系，与用户建成"利益共同体"，效益共享、合作共赢。同时还不断创新服务模式，通过"互联网＋"的数字化管理系统，为用户提供各式自助服务，如合同订单查询、合同跟踪查询、库存及发运查询、发票结算查询等，以提高客户满意度和忠诚度。

三、纺织企业全方位数智赋能高端产品研产销管理效果

（一）特高支纱产业化取得明显成效，市场占有率全球第一

无锡一棉成功生产 100s、120s、160s、180s、200s、220s、260s、300s 特高支纯棉纱，与 HUGOBOSS、BURBERRY、ARMANI 等著名品牌，一流企业对口链接，成为世界顶级的色织、针织面料用户的供应商，被欧洲客商誉为全球最优秀的棉纺织工厂之一，走出了中国产品向中国品牌的亮丽之路。特高支纱的产量和销售收入逐年提高，实现了特高支纱产业化规模化的目标，常年生产目前世界上最细的纯棉 300s 纱线。经中国棉纺织行业协会市场统计，企业特高支纱的市场占有率连续多年名列全球第一，成了高档纺织品细分领域的单打冠军。

（二）数智化改造成效显著，企业生产经营效率显著提升

通过全方位数智化改造，企业实现了"高度专注、高端立足、打造高档纱布生产基地，做全球高支纱布领跑者"的战略定位，与 2016 年相比产量提升 25%，生产效率提升 30%，不合格品减少 18%，折标吨纱用电降低 10%，运行成本降低 22%，工人劳动强度降低 60%，万锭用工 10 人以内，用工成本降低 40%，成效非常显著。万锭用工 10 人以内的水平，达到了世界纺织企业的最好水平，彻底甩掉了传统纺织业劳动密集型的帽子。特别是 2022 年特高支纱销售收入达 53069 万元，销售利润率达 15.32%，具有良好的经济和社会效益，明显提升了企业的市场竞争力，在行业内有良好的示范和带头作用。

（成果创造人：周晔珺、蔡　赟、季　承、张胜明、糜　娜、缪梅琴、裴申荣、许海燕、朱振岳）

实现由大到强的世界一流炼铜工厂建设

江西铜业股份有限公司贵溪冶炼厂

江西铜业股份有限公司贵溪冶炼厂（以下简称贵冶）成立于1979年，隶属于江西铜业集团有限公司（以下简称江铜集团），是国家"六五"期间22个成套引进重点工程之一，也是中国第一家采用世界先进闪速熔炼技术，高浓度二氧化硫转化制酸技术，倾动炉、卡尔多炉杂铜冶炼技术和ISA电解精炼技术的现代化炼铜工厂。经过二期、三期改造和新30万吨改扩建，至2010年贵冶成为全球第一家也是唯一一家产能超百万吨的现代化炼铜工厂。目前已形成两台闪速炉双系统多系列生产格局，具备年产阴极铜102万吨、硫酸195万吨生产能力，是国内最大、最现代化的铜生产基地，黄金、白银、硒、碲、铼等稀贵金属和硫化工产品的重要生产基地。截至2022年，已累计产阴极铜、黄金、白银分别为1864.99万吨、517.09吨、9487.96吨，为振兴中国铜冶炼事业、推动中国经济发展发挥了重要作用。

一、实现由大到强的世界一流炼铜工厂建设背景

（一）践行"引领中国铜冶炼事业"发展使命的需要

40多年来，贵冶的1号闪速炉始终被称为"中国闪速炉的母炉"，相继点燃了国内众多同行的新建闪速炉，共同推进中国铜冶炼成为世界铜冶炼最为重要的力量，形成了铜冶炼"世界看亚洲、亚洲看中国"的局面。依托40多年来打下的坚实基础，肩负"引领发展"的国家使命，锚定"大而不强、大而不优"的问题导向，贵冶自我加压，提出"从世界最大到世界最强现代化炼铜工厂"战略攻坚目标，力争用3年左右时间在部分细分领域和关键环节取得实质性突破。

（二）落实江铜集团"三年创新倍增"战略目标的需要

作为江西省"2+6+N"中两个"万亿"之一有色金属产业的"领军者"，江铜集团在2018年年底启动"三年创新倍增"行动，明确了"到2021年，销售收入突破4000亿元"的目标。贵冶作为江铜集团旗下的骨干工厂和重要的铜冶炼基地，必须在集团公司"采选冶加"的全流程中，发挥更大的引领和支撑作用。一是在冶炼技术层面，贵冶必须进一步提升复杂原料适应能力，更好支撑"采选业务"的发展。二是在产品质量层面，贵冶必须进一步稳定高品质阴极铜生产，为"深加工业务"奠定更好的基础。三是在影响力层面，贵冶必须进一步提升管理和技术水平，实现由"世界最大"到"世界最强"的跨越式转变，支撑集团实现"三年创新倍增"的战略目标。

（三）实现贵冶由大到强的世界一流企业发展目标的需要

面对日趋激烈的行业竞争和高度活跃的经济发展，特别是智能设备、智能技术正在被全行业大规模地融合运用。一些新建冶炼厂，更是通过采用最新的冶炼工艺技术，在个别指标上建立了天然的优势。此外，区位限制和厂区限制、"百万吨"产能极限、铜冶炼行业的环保高压态势都制约了贵冶建设世界一流炼铜工厂的进展。贵冶瞄准新的定位，寻找新的突破，重点围绕环保、质量和效率指标，启动了"实现由大到强的世界一流炼铜工厂建设"，把铜冶炼领域的核心指标同世界最强做对比、找差距，力争所有核心指标都要达到世界第一或者世界领先。

二、实现由大到强的世界一流炼铜工厂建设主要做法

（一）明确战略目标，部署建设"世界一流炼铜工厂"

1. 全面调研，深入挖掘问题

2017年底，贵冶成立以党委书记、厂长为组长的"争创一流"专班，开展集团、国内、国际三个层面的前期调研，摸清企业的基础，挖掘企业存在的差距。一是集团内部由 8 名领导班子成员分别带队，深入 27 家基层单位调查研究，摸排各工艺流程还存在的技术难题，明晰改进方向。二是在国内范围，由技术部门负责人带领工艺技术和管理人员，与安徽铜陵有色、紫金矿业、大冶有色等国内先进同行进行技术交流，掌握国内关于闪速炼铜技术的最新技术方向，对标核心指标的完成情况。三是在国际上和知名咨询机构伍德麦肯锡合作，全面了解全球 84 家知名铜冶炼厂核心指标情况，认识贵冶在世界范围内的发展潜力和竞争能力。

2. 明确战略方向，制定总体思路

经过为期 6 个月的前期调研，贵冶明确提出以"建成世界一流炼铜工厂"为方向，将"核心指标跨越式提升"作为突破点，建成"工艺装备、科技创新、环境保护、现代化管理" 4 个领先。通过制度化、规范化、常态化的"对标创标管理"行动，探索工艺新方法，实现工艺装备的"消化吸收、跟踪发展、开发创新、输出技术"；创造载体支撑创新，达到科技创新的"创新规范化、内外联动化、平台多样化"；打造国家级绿色工厂，追求废水趋零化、废气超低排放、固废资源化、生产低碳化，不断提升工厂的铜冶炼整体竞争优势，助力达成"到 2022 年，力争 3 项核心指标达到世界第一、全部核心指标跻身世界前三"的目标，实现由"世界最大"到"世界最强"的跨越式转变。

3. 成立创建专班，两级推进

在制度保障方面，贵冶制定并逐年下发《江铜贵溪冶炼厂"实现由大到强的世界一流炼铜工厂建设"实施方案》，作为"从世界最大到世界最强"的行动纲领。在组织基础方面，工厂层面成立由党委书记、厂长为组长的争创一流专班，负责逐年对实施方案的修订、执行、考核，统筹协调解决实施过程中出现的问题。领导小组下设办公室，负责对"争创一流"的硬指标和硬任务进行日常管理，建立常态化的调度、跟踪机制，定期召开争创一流常态化管理小组会议，总结和评估工作完成情况。各职能部室及车间负责对厂部设置的一级目标任务进行细化分解，形成二级目标任务和具体实施方案，通过两级目标体系架构实现"世界一流炼铜工厂建设"的贯通与落实。

（二）围绕重点，全链条全覆盖推行"对标创标管理"

围绕铜冶炼核心指标的突破提升，贵冶构建形成"贵溪冶炼厂对标创标核心指标体系"，逐年进行指标体系的动态更新，实现对标创标管理工作的制度化、规范化、常态化。

1. 实事求是构建指标体系

贵冶坚持"横向世界最强，纵向历史最好"原则，从"创标指标、对标指标"两个维度，构建厂级"对标创标核心指标体系"，全面覆盖能源、安环、质量、财务、生产技术经济等方面。在创标指标方面，对标分析已达到国际同行业领先的指标、达到国际同行业先进水平和经努力可达到国际同行业领先的三类指标，形成了铜冶炼总回收率、FF 作业率、吨铜综合能耗、金冶炼总回收率、银冶炼总回收率、总硫利用率 6 项指标体系。在对标指标方面，深入挖掘与国际同行业先进水平存在差距、需力争取得突破性进展的方面，形成了全员劳动生产率、工业水复用率、转炉炉龄等 34 项指标。各二级单位将厂级对标体系指标进行科学分解，细化梳理本单位的指标体系，根据生产经营情况，适时选取厂级指标的支撑指标和业务特色的指标，建立本单位对标指标体系。

2. 动态优化核心指标

贵冶坚持"动态调整、持续扩大"原则，对指标体系进行常态化管理，通过横向、纵向对标创标，逐年优化调整核心指标体系，始终保持对标体系的引领性。在横向对标创标方面，以行业第一为攻关指引，积极组织和参加中国闪速年会和世界闪速大会，实时跟进掌握同行业发展水平；借助国际咨询机构动态跟踪世界最新对标指标，与全球 84 家铜冶炼强企逐年对标，依据行业发展态势制定"卓越考核指标"。在纵向对标创标方面，以历史年度最优为方向，综合统筹各单位实际生产管理能力，设置年度"刚性考核保证指标",加大考核的奖惩力度,促使核心指标自我向上突破。2018—2022年,贵冶的"对标创标核心指标体系"不断扩大,从16个增加到40个。

3. 分级管理指标体系

贵冶对创标、对标指标采取"分类管理"的攻关措施,激励全员以指标优化为目标、攻坚克难为手段,解决管理存在的问题、生产遇到的难题。一是"项目制"管理创标指标,组建团队重点攻关项目。针对涵盖广、难度高、影响大的核心指标,按指标立项,组建由厂领导牵头的项目团队,各职能管理部室协同成立针对性攻关小组,打破单位墙和工序墙,通过精细生产管控、优化生产组织,探索设备最优运行模式,及时有效地配置生产要素和技术共享,项目团队内实行总量和分组双重考核机制,提升了整体联动效率和效益。二是基层自主管理对标指标,由各基层单位成立专门攻关小组,强化科技创新在绩效考评中的权重,鼓励全员在一线发现问题、在基层解决难题。

(三)协同推进生产工艺及流程再造

贵冶按照"安全环保第一、效率效益优先"原则,打破固有思维,把"生产工艺和流程再造"作为最关键手段,实施了一批技术创新项目。

1. 逐点突破,攻关生产环节的关键核心技术

围绕铜酸系统的升级改造,贵冶积极开展关键核心技术攻关,逐个提升"三大炉"的生产能力和整个铜酸系统的协同效能。一是铜闪速炉精矿喷嘴结构优化研究,研制出一套具有自主知识产权的精矿喷嘴,并在二系统闪速炉生产中实际应用,实现了二系统闪速炉投料量满足142吨/小时稳定生产要求,闪速炉主要生产指标烟尘发生率由5%下降至4%以下,稳定反应塔塔壁挂渣均匀形态。二是自主研发无液压全伺服M18双圆盘浇铸机首创应用,实现阳极板合格率达98.8%,浇铸速度在108t/h以上,缩短浇铸时间,运行更平稳、控制更精准、使用成本更低,减少了重油和电能的消耗。三是有色冶金烟气绿色低碳高效脱硫关键技术开发与工业应用,围绕有色冶金烟气高酸雾高烟尘、烟气量与SO_2浓度波动大、SO_2平均浓度低、烟尘组分复杂等特性,联合研究攻关,系统解决"脱硫剂稳定性差与失效逃逸、出口SO_2浓度波动大、硫黄析出、能耗高"等共性技术难题,开发出以"高效烟气脱硫剂与功能维护技术、梯级净化硫酸雾烟尘技术、高效脱硫吸收塔-节能解吸塔技术、智能控制技术"等为核心的有色冶金烟气绿色低碳高效脱硫技术。

2. 由点到线,推进主流程工艺(熔炼工序)高效协同

贵冶构建了"以CF转炉为计时器的三大炉高效协同"生产工艺管理模式,由熔炼车间作业长进行统一协调,以转炉进料时间为计时器,反推上游工序投料参数和放铜时间,确定下游工序的进料时间。通过"由点到线"的协同管理,大幅提升了上下游的衔接流畅度和作业效率。由于固铍产出量大幅减少,2019年,贵冶在国内铜冶炼行业率先拆除了电炉。

3. 由线到面,实施设备能源全厂统筹管理

在设备管理方面,贵冶打破设备由各单位分别管理的模式,构建了"设备能源部统一归口,以点检为核心的全员预防维修机制"。一是开展"多层次联合点检机制",厂级联合督查、车间级联合点检、专业点检和日常巡检,确保点检的广度和深度,消除点检死角盲点。二是运用数字化点检和设备在线智能诊断,使传统设备点检与智能化、数字化新装备相结合,提升设备点检、维护和故障诊断水平。三是加强计划性检修,综合评估检修与生产之间的平衡关系,科学决策"定修"时间,提升铜酸系统的作业率。

在能源管理方面,变"单向考核"(由设备能源部考核各基层单位)为"双重考核"(工厂考核设备能源部;设备能源部考核各基层单位),强力促进设备能源部代表工厂实施节能降碳统筹管理。一是建立全厂层面的"低碳生产"能源体系建设,明确"三年(2020—2022年)节电一亿度"的目标和实施路径。二是推进管理变革,改变贵冶能源中心动力车间的供氧模式,新建6#制氧机代替原1#、2#、

4# 制氧机，大幅降低电力能源消耗。三是推广节能新技术和节能新材料的应用，实施余热利用、设施节能减排和提升使用效能等举措，分批次实施高能耗电机淘汰更新超过 1100 台。

4. 由面到体，构建铜冶炼领域智能工厂示范试点

贵冶按照"高起点、高标准、高质量、高效率"的总体要求，启动"智能工厂"建设，一期建设完成后，搭建形成智能化的基础框架，构建了智能工厂管控系统，初步形成企业"数据湖"，探索了智能装备的工业化应用，实现了关键工艺的智能化技术落地。一是构建智能工厂管控系统。作为全厂领导、管理人员、操作人员共同使用的统一、全面的管理信息系统，该系统上与公司总部 ERP、全面预算、OA 等系统互联，下与 DCS、监控以及其他过程控制自动化信息系统对接，涵盖生产作业、运输、仓储、质检、化验、设备、安全、环保、能源等业务管理领域，共分为供应链与质检子系统、生产管理子系统、设备管理子系统、安环管理子系统、能源管理子系统、辅助决策子系统 6 大子系统。二是实现关键工艺的作业智能化。基于工业互联网平台的搭建，贵冶充分挖掘数据价值，通过人机结合的数据运算，开创了有色行业智能工厂建设的新模式、新样本，包括行业首创的厂级四大管控中心（数据中心、生产指挥中心、视频监控中心、计量控制中心）、行业首创的熔炼生产节奏智能控制系统、行业首创的智能配料系统、世界首创的极板转运及智能质检系统、世界首创的铜精矿汽车智能取样机装置、世界首创的尾矿无人行车系统、行业首创的铁运智能编排及调度系统。

（四）坚持科技创新与成果转化，攻关生产瓶颈

1. 构建科技创新管理办法

贵冶明确"锚定问题做创新、奔着转化做科研"的科技创新思路。一是规范科技创新的机构设置，将行政管理部门科技生产部和群众性组织科协合署办公，下设专职科技创新机构科研站，加强对科技创新工作的统筹管理；二是强化科研创新激励与转化，健全科技创新管理办法体系，制定出台《科技标兵评选办法》《科研专项管理办法》《科研站进出站管理办法》等管理制度，鼓励表彰激励"项目攻关、成果总结、科技奖励、成果转化"的四有标兵，规范科研站引进项目和基层单位申请进站流程，充分利用科研站资源设立重点项目、攻关生产难题，提升复杂原料适应能力。

2. 构建"外部引智、内部协同"科研并进格局

一是依托江铜集团"揭榜挂帅"平台，充分利用外部科研力量、前瞻技术，广泛吸收最新科技创新成果，与生产工艺深入结合，解决制约"从世界最大到世界最强"的关键性难题，助力创标指标等核心指标的提升。二是在贵冶内部，每年由各单位以解决实际问题为导向，提出科技创新方向和具体科研项目，报科技生产部（科协）汇总，组织专家组论证立项后，分项目组建科研团队进行专题科研攻关。2019—2022 年，结题科研项目超过 40 项，解决了一批困扰生产、制约指标提升的问题。熔炼车间和计控车间协同开展"贵冶阳极炉智能精炼技术的研发"，以智能精炼系统指导生产，降低阳极炉的能耗，降低重油单耗 3.23%，降低天然气单耗 5.64%。

3. 构建全面覆盖的创新创造平台

一是搭建贵冶科技项目管理平台，统筹管理贵冶三级科研项目（公司级、工厂级、车间级），从项目立项开始对科研项目进行追踪管理，实现科研进度情况的可视化。二是推进"双首席课题制"。贵冶每年评选不超过 50 名的"首席工程师、首席技师"（以下简称"双首席"），对"双首席"采用"课题制考核"，即由"双首席"年初提交研究课题，厂部对其施行年度严格考核，优胜劣汰，考核"优秀"的，年收入可实现收入增值 70%。三是打造"劳模（大师）工作室联盟"，依托已有的 2 家国家级、2家省级和 4 家公司级"劳模（大师）工作室"，成立工作室联盟，每月召开专题会议，针对影响指标提升的瓶颈问题开展攻关研讨。四是建立工厂"揭榜挂帅"制度，汇集各单位科研需求，将生产难题清单化，调动各级科研力量，公开研讨难题堵点，激励创新。

（五）推进业财融合，全面提升财务管控和服务生产水平

1. 推进全面预算管理，优化财务预算指标

一是建立预警分析，从数据完整性、趋势、范围、勾稽关系、层级关系等5个维度搭建数据比对稽核模型，对全厂产量、作业量、能源（物料）消耗、产品质量、技术经济及成本费用等共计186项关键技术指标进行重点管控，实现执行数据的及时预警、快捷分析及跟踪优化。二是实施预算编制一体化，对预算编制过程数据进行关联校验，利用上年执行、历史最优、三年平均等历史数据穿透功能，直观对比预算差异和变化，提高预算编制的科学性。三是精确测算分析，经营分析模块根据技术经济指标的变动自动计算产品效益及降本效益；定期对各车间月度产品产量、能耗物耗及材料备件成本的预算执行情况进行跟踪分析，掌握指标数据变动情况及原因，对下一步工作计划及下一月度的情况预测提供决策支持。四是构建大数据驾驶舱，开发全面预算管理平台的"个性化＋多样"展示功能，使管理层能够清晰获取关键技术经济指标、单位成本及产品产量的信息，了解不同车间的重点管控指标、成本费用控制情况等，更好做出管理决策。

2. 实施业财融合，优化财务效益指标

一是实行项目责任制。根据主要项目清单安排专人精准对接车间一、二级科研及管理创新等项目，强化项目事前、事中的参与力度，在项目初期提前介入参与申报书编制，对项目预计成本效益进行充分沟通；在项目中期借助财务驻点服务的机会跟踪项目全流程进展情况，掌握项目运行成本情况，利用简单化、通俗化的财务语言现场一对一提供所需专业指导。二是梳理各车间近三年的科研成果转化、"双创"等项目，根据各车间关键效益点、技术经流畅指标分布情况，从产品效益、降本效益等多角度建立效益测算模型，帮助业务端提升项目效益测算效率。三是积极与市场接轨，保持销售贸易端信息互通共享，从前端原料采购市场行情和原料结构变化对成本效益进行财务测算与分析，预判经济效益的影响，及时响应并采取必要应对措施，有效发挥财务决策支持的重要作用。四是及时掌握市场化经营单位业务拓展动态，对防腐夹边条、树脂槽等拳头产品进行边际效益测算，为市场拓展提供数据支撑和决策建议，对新成立的铜信公司各项制度和业务流程进行查漏补缺，系统梳理了收入结算、材料备件采购、资金审批等七个重点业务流程，强化基础管理，规范重点工作流程，提高风险管理水平。

3. 整合多经单位财务，提升财务管理效能

一是改变固有的管理模式和思维，由分散式管理模式调整为混合式管理模式，整合精简多经单位财务人员划归财务管理部统一管理，由整合前的48人，逐步精减至30人，进行统一分工调配，充分发挥财务集中管理效能。二是建立统一规范高效的财务管理体制。从人员管理上加大了各单位财务人员履职情况的考核力度，同时通过定期组织开展交叉检查强化了财务管理和财务监督，提升抗风险能力。三是重新梳理优化业务流程，将多经单位同性质财务整合为股份子公司板块、集团子公司板块两大板块，加大了对多经的联动审核把关，增强了对生产经营的事前事中事后的管理。

（六）打造"绿色工厂"，引领铜冶炼行业低碳发展

1. 聚焦"绿色工厂"建设，开展节能环保工程改造

2019年，贵冶跻身"国家级绿色工厂"。截至目前，贵冶专职安全环保人员58人，达到21‰，是国标3‰的7倍。一是着力于推进"节水减排与废水综合治理"工程，增设循环水设施、改造现有循环水设施、引进先进的电化学处理设施、建设应急处理站，实施《提高工业水复用率》等节水减排管理攻关工作，自主开展蒸汽冷凝水回用、提高循环水浓缩倍数、污水回收利用等管理攻关和科技创新，2022年较2018年新水用量减少3.06万 m^3/d，外排水量减少0.81万 m^3/d，达到了重金属消减15%的目标。二是推进废气治理设施升级改造，实施熔炼一系统、熔炼二系统、硫酸二系列离子液脱硫升级改

造、倾动炉脱硫升级改造、硫酸一系列离子液脱硫、硫酸三系列离子液脱硫等项目，尾气脱硫效率达到了99%以上。三是增设自动监控设备，推进实施特别排放限值，主要废气排放口全部实施了在线监测（实时上传国家平台），二氧化硫、颗粒物等主要排放指标稳定保持在国家标准1/4以下。

2. 聚焦"双碳"，推进节电降耗节能

贵冶强力推进"低碳生产"能源体系建设，通过优化能源结构，研究节能空间，以刚性节电、降耗指标为导向，综合测算各类能源性价比，发布了以"到2025年碳排放总量比2020年减少21万吨、下降25%"为目标的"双碳"工作路径图。一是围绕"节电降耗"的刚性指标，厂领导深入基层广泛宣讲，科学分解考核激励，建立总量考核和单耗考核"双考核激励机制"，组织各单位分析近三年电能消耗历史最好水平，依据节电计划项目分类向车间下达节电指标，厂部、车间两级高效协同强力攻关。二是聚焦"节能"目标，推进合同能源管理，引进采用最新技术的新型制氧机等生产设备，加快高能耗设备的淘汰更新，开展节电劳动竞赛，自主实施高耗能电机的变频改造。截至目前，贵冶铜冶炼综合能耗值位居世界第一，创历史最好水平。

3. 聚焦"吃干榨尽"，推进固体废物资源化利用

贵冶坚持绿色冶炼的内涵发展，致力于"持续发掘资源价值，追求人与自然的和谐共生"，大力发展循环经济。一是坚持"吃干榨尽"实践渣选铜工艺。贵冶率先实践的"缓冷－半自磨＋球磨－铜矿物浮选"新工艺，攻克了炉渣回收铜的工艺难题。目前，通过不断的技术优化和工艺创新，贵冶的尾矿含铜已达到了0.240%，通过尾矿含铜指标的降低，每年从冶炼炉渣中回收的铜金属超过8000吨，相当于一座中型矿山。二是坚持"应收尽收"推进伴生元素提取。通过在废弃的废渣、废液中提取稀有金属，目前贵冶拥有硫酸铜、铼、硒、碲、铋、铂、钯等10多个优势产品。根据工艺流程、原料结构、生产组织的变化适时开展全厂范围的元素普查，充分掌握全厂物料元素的成分及走向分布、有价元素的富集和损失情况，进一步提高复杂物料所含有价元素的富集、分离、提纯水平，尤其是在延伸加工方面力争实现产品高端化、效益最大化。

（七）推进全领域改革升级，为"世界一流炼铜工厂建设"提供保障

1. 引强培优，升级人才队伍结构

一是优化人才队伍，引进"优秀生"（985大学毕业生、211大学研究生、QS排名前100位大学毕业生）。目前已拥有超过100名优秀生、本科以上学历超过800人的管理技术队伍。二是培养"青苹果"人才。通过挂职锻炼、岗位实践、项目历练，将优秀青年人才放在重要岗位、重点项目、重大课题上去，培养一批"政治素质硬、知识储备多、业务能力强、科研业绩好、管理水平高"的优秀青年人才。三是统筹设备管理人才，厂部统一制定集选拔、培育、考核、使用为一体的详细评定方案和《机电一体化点检员评定标准》，形成机电一体化复合型点检员的长效管理机制。全面提升点检员技术技能水平，发掘和培养机电一体化复合型高层次人才。

2. 业绩导向，完善考核激励机制

贵冶构建形成"具有国企特色的五位一体绩效管理"，有针对性地同步考核组织绩效和个人绩效，结果和过程并重，形成了"职责明确、流程优化、高效顺畅"管理模式。五位一体绩效管理，涵盖双文明建设考评、月度经济责任制考评两个组织绩效考评，以及中层干部考核、全员创星考核、全员创星考核三个个人绩效考评。

一是双文明建设考评，同时考核物质文明与精神文明，以定量考核为主，定性考核为辅，考核各单位重点工作、主要指标的完成情况，考评各单位整体工作绩效。2022年按双文明考核得分分配的各单位年终绩效基数，分别占员工总收入21.4%和中层干部总收入24.7%。二是月度经济责任制考评，按月度考核各单位安全环保、生产任务、技术指标、利润成本几个方面指标完成情况，指标按"最

好"考核，减少上下级的博弈，2022年月度考评的奖金占员工总收入的53.9%。三是中层干部年度综合考评，采取日常考评与年终考评相结合的方式，考核产量作业量、技术经济指标、财务成本指标、设备能源管理和基础管理以及组织建设、群团廉政文化建设、综合治理等工作内容。利用K值对全厂中层干部进行年度统一排名，考评结果作为干部选拔、调整、任免的重要依据。四是全员创星（员工个人综合绩效）考评，找准提升员工绩效的关键点，建立逐级考核机制，车间考核工段、工段考核班组、班组考核个人，通过调整各星种的权重分值，实现单位内全体员工大排名，并按照考核分分奖金，排名结果作为员工评优评先和岗位定格的依据。五是机关管理人员创优考评，重点考评机关人员服务基层水平、组织协调能力和决策参谋水平。各机关部室每年设定保证指标、联挂指标和卓越指标，通过指标完成情况加扣分进行机关部室大排名，有效解决机关定性工作定量化的问题，实现机关考核的全员覆盖。

3. 一体管理，创新质量安全管理模式

贵冶锚定"世界最强"目标对一体化管理体系进行梳理，对《一体化管理体系总纲》进行了修订完善，构建以质量为核心的一体化管理体系新模式。一是搭建一体化管理体系的持续改进模型，从自身的企业文化和实际情况出发，编制《一体化管理体系总纲》等管理手册。二是建立流程化的文件体系，结合组织机构调整工作，对100多个厂级流程、3000多个二级流程和作业流程进行了梳理。三是形成基于全过程监控的测量管理，以产品质量和服务的全过程监控为目标，不断完善测量过程的设计和实现控制，确保测量设备持续受控，计量确认与量值溯源到位，为产品质量、安全环保等的监控提供可靠的数据支撑。四是形成以指标、因素为依托的标准化作业模式，通过识别确定每个作业过程的环境因素、危险源、能源使用相关变量、各类指标和参数，在此基础上制定操作流程并推进标准化作业。

4. 文化聚力，打造争创一流文化氛围

一是贵冶启动"文化聚力"工程，大力营造"争创一流文化"，营造"人人参与、真抓实干"的对标氛围，营造"敢为人先、敢开先河"的创标理念，营造"自信自强、追求卓越"的标杆精神。二是广泛宣传，推进全厂干部员工解放思想，转变观念，进而把全员思想统一到"争创一流"上来。三是鼓励全员守正创新，以"创标"指标攻关为突破口，探索工艺新方法，实施科研新项目，修订行业新标准。

三、实现由大到强的世界一流炼铜工厂建设效果

（一）刷新贵冶技经指标，持续位居世界第一水平

贵冶指标体系整体实现大幅跃升，多项核心指标已遥遥领先，9项行业公认的核心指标中，有6项位居世界第一（阴极铜产能、闪速炉作业率、铜冶炼总回收率、金冶炼总回收率、吨铜综合能耗、总硫回收率），并且领先优势进一步扩大，巩固全球铜冶炼行业的领跑者地位。近年来，多项绿色冶炼关键性指标得到持续性优化。2022年同比2018年，碳排放总量下降3.95万吨/年，工业水复利用率达到99%以上，外购蒸汽下降超20万吨/年，外购电下降超1亿度/年；在经济效益方面，阳极铜单位成本下降4.89%，阳极泥产金单位成本下降6.06%，阳极泥产银单位成本下降11.53%。2019年贵冶首开了双系统"三年长周期生产"高质量铜冶炼新模式的世界先河，每周期可创效1.2亿元。首创了"一步法"拆除贫化电炉，仅电费每年节约超过1000万元；职工数量净减少1262人，全员劳动生产率实现了质的飞跃，劳务外包用工由原先的2472人下降至730人，劳务成本下降30%，每年节省生产成本约3000万元。2022年，贵冶完成营业收入153.33亿元，实现利润总额20.94亿元，缴纳税费4.61亿元。

（二）输出技术成果，持续贡献铜冶炼发展

在技术输出方面，为国内外多家大型冶炼厂提供技术保驾，参与援建俄罗斯铜业卡拉巴什铜厂的

烟气制酸工程、菲律宾 PASAR 冶炼厂扩产改造等项目；与印尼安曼矿业达成多项专利技术输出，一次性创造专利技术红利 220 万美元；每年派遣专业技术人员参与世界闪速大会和中国闪速大会进行技术推介，多次承办中国闪速大会并承办了与芬兰奥图泰公司合作的第 12 届世界闪速熔炼大会。在科技创新方面，重大成果不断涌现。截至 2022 年，共获省部级以上奖励 35 项，其中国家级科技进步奖 2 项，省级科技进步奖 5 项；共获专利授权 278 项，其中发明专利 59 项。在标准化工作方面，2018 年至 2022 年，共参与制修订外部标准 91 项。其中，主起草 12 项，包括国家标准 4 项、行业标准 4 项、团体标准 4 项；参与起草 79 项，包括国际标准 1 项、国家标准 12 项、行业标准 65 项、团体标准 1 项。

（三）创造了优秀管理业绩，持续扩大行业影响力

贵冶以现代化质量管控体系打造了品质卓越的产品，成为国内唯一一家阴极铜、黄金、白银三大产品全部在伦敦金属交易所和伦敦金银市场协会注册的企业；以世界一流的铜冶炼技术，连续 8 年主导世界铜加工费（TC/RC）协议价谈判，在国际铜市场上发出了贵冶声音；通过推进实施智能工厂建设，成为铜冶炼行业唯一一家智能制造试点示范企业；《铜冶炼物质流智能优化关键技术及应用》获得 2022 年江西省科技进步奖；《铜冶炼智能制造示范工厂》入选工业和信息化部智能制造试点示范工厂揭榜单位和优秀场景；荣获首届《2021 IDC 中国工业互联网平台应用领军者》；2022 年入选有色金属行业唯一的"数字领航"企业，成为国家级"数字领航"典范；入选"2023（第二届）中国标杆智能工厂百强榜"。

（成果创造人：吴　军、刘诗明、张志军、汤　静、刘东亚、夏中治、
黎　渡、孙敬韬、苏发龙、刘序砖、黄秋红）

电工钢企业打造全球竞争力的高端产品开发与运营管理

首钢智新迁安电磁材料有限公司

首钢智新迁安电磁材料有限公司（以下简称首钢智新电磁）是首钢集团的三级子公司。2005年首钢成立电工钢联合研发平台，2008年开始建设电工钢产线，2018年3月以北京首钢股份公司硅钢事业部为主体成立了独立运营电工钢产品的首钢智新电磁公司。现已成为年产200万吨电工钢、总资产212亿、年营业收入130亿元的全球第二大电工钢供应商及制造基地。2022年营业收入138.57亿元，实现利润总额12.73亿元，实缴税金（包含个税和教育费附加）4.25亿元。公司是制造业单项冠军示范企业、国家高新技术企业、国家知识产权优势企业、全国产品和服务质量诚信示范企业、全国冶金行业质量领先企业。

一、电工钢企业打造全球竞争力的高端产品开发与运营管理背景

（一）满足行业能效提升需求的需要

电工钢是电力、电子和军事工业不可缺少的软磁合金，也是产量最大的金属功能材料，广泛应用于家电、电机、变压器、无人机和新能源汽车领域，主要用作各种电机、发电机和变压器的铁心，是电力产生、运输、电磁能转化的核心材料，也是2019年11月我国颁布的《产业结构调整指导目录》中重点鼓励类钢铁产品。近年来，家电、电机、变压器下游行业能效提升的政策趋势以及新能源汽车行业的快速发展，对于电工钢尤其是薄规格低损耗高磁导性的高端电工钢产品需求逐渐提升，对产品结构的变化提出了要求，原有用于定频的0.5mm、0.35mm厚度电工钢产品将大幅减少，产品将向着更薄、磁性能更优的方向继续发展。而我国高端电工钢产品国内制造能力不足、进口依赖性高、产品性能质量相对偏低，对发电－输电－用电领域高效节能的产业发展造成影响。为此，首钢电工钢必须走高端化发展的道路，拓展新的发展空间。

（二）有效应对同质化增量的钢铁行业竞争形势的需要

国家在电气化和电力应用领域的发展，对于电工钢这一金属功能材料提供了广阔的市场和应用前景。近10年来，我国电工钢产量从600万吨增至1300万吨以上，但是，低牌号无取向产品占比接近70%，高端取向和无取向产品占比不足30%。国内电工钢产能的快速增长形成了同质化增量严重、低端产品相对过剩、高端薄规格高磁性产品占比低的行业现状。尤其是2020年以来国内各大钢厂迅速投入高牌号电工钢新产线建设，预计到2030年国内高牌号增量500万吨，总供应量预计达到740万吨，届时国内高牌号的供需盈余将超过100万吨。而在全球范围内，欧美是全球主要经济发达地区，环保意识强，同时汇聚了众多全球知名车企、驱动电机及配套企业，拥有巨大的电工钢市场。但欧美本地电工钢产能严重不足且新产能扩建迟缓，面临供低于求问题，预计2030年高端电工钢欧洲和北美市场缺口将分别达到50万吨和100万吨以上。因此从产能、成本、用户认可度等角度判断，未来电工钢中低端市场的国内竞争将更为激烈，一方面首钢电工钢需要聚焦高端市场；同时需要以产品为核心形成全球竞争力，推动高端电工钢海外市场的拓展。

（三）首钢钢铁主业大搬迁背景下企业竞争力提升的要求

为响应2008年北京"绿色奥运"和北京市产业结构调整和环境治理方案，首钢涉钢产业从2003年开始逐步迁出北京，以首钢京唐、迁安为主要基体开启了"从山到海""一业多地"的新的发展格局。新的发展格局下，首钢制定了以电工钢、高端汽车板和镀锡板为三大战略产品的科学规划，以"高端产品"定位和"技术创新"驱动为搬迁后首钢各主要基地的发展奠定了坚实的基础。在首钢发

展新格局以及产业行业发展新形势的背景下，电工钢高端产品实现"从大到强、从多到精"的过程中，仍存在管理和实践层面的多方面不足：一是产品定位以市场的当前导向为主，跟随性和从众性较强，而前瞻性和预见性不足。二是企业技术创新推进力度逐渐加大，但创新基点往往局限于生产现场和工艺制造技术，衔接现场和市场的产品开发技术、衔接产品和用户的应用技术相对创新能力不足，技术创新与目前的买方市场难以形成聚合效应。三是质量管控往往陷于不足和过剩的起伏状态，片面地以制造能力或以用户需求为基准，造成制造高效性、经济性与质量的稳定性难以兼顾。四是智能化建设难以与产品和制造充分融合，起到提升企业综合竞争力的作用。五是营销活动以价格导向为主，营销服务的差异化、多元性、全局性和灵活性不足。因此，需要不断探索具有自身特色的电工钢发展道路，进行以高端产品全球竞争力为引擎的管理变革及实践。

二、电工钢企业打造全球竞争力的高端产品开发与运营管理主要做法

（一）开展高端产品定位，保证企业发展导向性和持续性

1. 结合产业政策形势，预判并策划高端产品定位

首钢电工钢主要涉及的行业包括变压器、家电、新能源汽车、工业电机及微特电机行业等输电用电四大领域。在满足当前用户需求的基础上，首钢积极进行不同行业的发展趋势预判，进行提前布局和策划，保证产品结构的预见性和超前性。在变压器行业，结合新一轮变压器能效提升计划，2025 年全球及中国国内用于节能配电的高端牌号需求量达到 58 万吨，其中主要牌号为超低铁损 20SQGD075 和 18SQGD065。针对输变电产业形势变化，首钢抢在下游用户材料需求调整前快速推进薄规格低铁损低噪声取向产品的开发和应用，保证了取向超薄产品连续保持国内市场占有率第一。在家电行业，结合国家有关部委更新的《中华人民共和国实行能源效率标识的产品目录》及能源效率标识实施规则，积极开展产品厚度从 0.50/0.35mm 向 0.30/0.25mm 材料的过渡，实现电工钢性能提升和牌号升级，保证首钢无取向电工钢在高端家电领域全球市场占有率的领先。在新能源及薄规格行业，结合我国新能源汽车企业应用的电工钢产品电磁性能相对偏低影响电机的现状和国家《智能汽车发展战略》等政策指导，积极推进新能源汽车用高性能无取向电工钢的开发，开发了薄规格、高强度、极低铁损等六大系列新能源汽车用高端电工钢新产品，并提前部署在国内外领先车企的产品认证推进，进而实现在国内新能源前十车企的占有率第一。

2. 结合行业发展趋势，明确企业发展定位

针对国内电工钢产量急剧增加、同质化日趋严重的行业趋势，首钢智新坚持"建设世界电工钢示范工厂"的企业愿景，坚持以"高端高效、绿色发展"为发展理念，坚持以"精品制造、绿色制造、智能制造、精益制造"的四大制造能力建设。从普通电机到变频家电领域，进而到新能源汽车行业、薄规格取向和极薄带行业，逐步实现电工钢全领域、全系列的产品覆盖和技术突破。"精品制造、绿色制造、智能制造、精益制造"的四大制造能力建设，则为首钢电工钢持续高效发展提供战术策划和方向指引。首钢坚持精品制造，形成新能效家电用、新能源汽车用、高效变压器用、极薄带微特电机用等多领域的精品电工钢系列产品；坚持绿色制造，不断加大环保减碳投入和改造，并持续研发绿色低碳产品，实现全球首家超低排放企业的称号；坚持智能制造，建设全国首个钢铁企业冷轧工厂的智能制造新模式应用项目；坚持精益制造，通过精益项目、阿米巴经营管理模式，不断提升工艺和制造的效率和效益。

（二）以产品核心竞争力为中心进行研发创新，不断提升产品适用性和独特性

1. 用户应用技术创新，以适用性提升产品核心竞争力

为深入了解和挖掘用户对电工钢材料的真实需求并指导产品研发方向，首钢建设了电工钢用户技术实验室，系统性研究电机选材、加工制造、电机测试等过程中各种参数对于电机性能的影响规律，

为用户选材和设计提供指导，保证首钢产品在不同用户不同加工方式下的适用性。结合不同类型电机的电磁仿真分析和台架测试分析，将不同类型电机的应用需求转化为对电工钢材料的性能要求，明确了不同类型电机的核心运行要求和电工钢产品开发指标，解决了产品需求不明的问题，精准制导产品创新方向，并不断提升产品的适用性和用户满意度。同时，筹建行业内第一个通过 CNAS（China National Accreditation Service for Conformity Assessment，中国合格评定国家认可委员会）认可的新能源汽车用电机应用及测试平台，配备先进的样品机加工及测试设备，多次为大众、丰田等重点用户进行电工钢片到电机的整体加工测试和整机测试，极大地缩短了用户的新产品认证进程并拉近和用户的距离，推动了首钢新能源汽车产品在国际领先车企的应用。此外，搭建变压器铁芯模拟实验室，研究复杂工况下电工钢材料应用特性，促进取向产品在特高压变压器高端领域应用，并增强了用户对首钢材料的使用黏性。以新能源电工钢产品在大众的用户推进为例，针对高转速下电机噪声大固有频率偏低的行业普遍问题，首钢新能源汽车技术服务团队深入大众某工厂的用户制造现场，梳理制造工艺及加工细节，组织加工成型专业、材料学专业、电机仿真和应用专业等不同领域专家展开持续应用技术的"会诊"，迅速找到了影响高速电机噪声问题的根源，通过材料改进、用户加工方式调整以及铁心组装方式调整，解决了这一行业共性难题，成为目前唯一一家掌握新能源高速电机降噪解决方案的电工钢制造企业。

2. 强化产品开发，以独特性和稀缺性提升产品核心竞争力

首钢聚焦新能源系列产品研发、高强度高磁感研发、薄规格低铁损取向电工钢产品研发、极薄带产品及无底层产品研发和应用技术研究等过程中面临的工艺技术瓶颈，全面推进电工钢技术创新及应用。基于对产品设计和工艺技术的深入理解和实践，结合技术创新、设备工装创新和信息化智能化技术，开发一大批具有原创性 - 独创性和完整知识产权的核心技术，包括"高效环保变压器用高性能取向电工钢制备技术""新能源无取向电工钢产品研发技术""高牌号无取向电工钢超低同板差控制技术""无取向涂层开发技术"等。全球首发了 23SQGD080LN、27SQGD085LN、23SQG085LS、15SQF1250 等 4 款取向产品和 35SWYS900、低铁损 ESW1230、高强度低铁损 20SW1200H 等 6 款新能源系列产品。新能源汽车用极低铁损电工钢产品系列的开发为例，通过系统研究影响无取向电工钢产品铁损的主要因素，重点从钢质纯净度控制和组织织构优化为主要方向，以此带动工艺制造的技术创新，解决了高合金化带来的残余元素增多、二相析出物影响大及高纯净化冶炼等难题，实现杂质元素总量 ≤ 45ppm 的国际领先水平。同时，从铸坯组织遗传控制、热处理和轧制的组织演变控制等角度突破了低铁损控制极限和高合金降低磁感的问题，最终实现了极低铁损高强度高磁感产品的全球首发，通过该系列产品国际领先水平的磁性能和力学性能迅速打开了德系领军车企高端车型的应用市场。

3. 开展工艺制造技术创新，以经济性提升产品核心竞争力

首钢电工钢在坚持通过产品开发创新拉动技术进步和核心竞争力的同时，坚持工艺制造技术创新驱动技术进步和核心竞争力提升，以此作为首钢电工钢持续发展的两大主要动力。围绕产品关键质量和工序制造流程中的难题建立了多个由高层级技术职务人员牵头的专业攻关团队，包括以性能提升为主的产品研发团队、以表面质量攻关为主的起皮攻关团队和露晶气包攻关团队、以尺寸精度为主的尺寸控制团队、以涂层开发为主的涂层团队。从一贯制工序角度出发，先后建立前工序工艺及质量团队、热处理团队、轧机团队以及剪切包装团队。专管领导组织双周攻关例会、硅钢技术质量例会和重点用户推进会的形式保证制造能力与产品的充分融合和不断提升，进而实现制造过程的高效性和经济性。以不断推进产能提升和制造成本控制为例，首钢坚持全工序工艺制造技术创新来实现降本提效：炼钢工序真空冶炼和连铸工艺优化，热轧工序进行加热炉周期和工艺优化，冷轧工序进行热处理、抛丸酸洗工艺以及轧制工艺优化。通过一贯制衔接的全工序工艺制造技术创新，在保证产品质量稳定的

基础上大幅降低了制造成本，为首钢产品的市场竞争力提升提供了保障。

4. 开展前沿技术储备，以引领性蓄能产品未来的持续竞争力

着眼于未来市场需求趋势、未来技术发展方向和国家重点卡脖子问题，首钢电工钢着手拟定一批具备前沿性和引领性的技术，并开展技术探索，为首钢电工钢持续竞争力提升提供强劲支撑。以取向电工钢刻痕技术储备为例：尽管目前首钢取向已形成系列的低铁损产品供应市场，针对取向硅钢未来更低铁损更高能效的发展趋势，在目前尚未进行耐热刻痕产线设备和产线投入的情况下，首钢仍然持续研究"耐热刻痕取向硅钢产品开发及应用"，从机理上、技术手段上进行了长期和深入的储备，为未来取向高端产品的发展奠定了基础。

（三）以精准质量和极致效率为目标进行制造能力提升，实现制造高效性和质量稳定性

1. "精准质量管控"贯穿"产品生命周期"，保证质量稳定

电工钢产品要求尺寸精度高、表面质量好、性能稳定。面对高标准的质量要求，通过构筑产品顶层质量设计体系，开发自动质量判定和智能分切模式，搭建质量分级及智能优选供货平台，从"产品的全生命周期"实现产品"质量精准管控"，全面提高产品质量稳定性。一是顶层质量设计精准化，满足客户多样化需求。通过对用户实际使用产品尺寸数据信息管理，构建产品尺寸应用数据库，基于冶金知识库、成熟订单库，实现用户尺寸需求精准转化为质量设计关键因素。将用户需求因素与内部控制管理相结合，通过优化质量设计体系，行业内首次实现按全流程工艺路线从前到后的设计顺序，自动设计生产工艺路线中各个生产机组的带钢宽度和带钢厚度，实现尺寸精确化设计要求，提高了智能化设计的应用水平，高标准满足用户对产品尺寸的定制化需求。二是制造过程管控精准化，降低质量波动。结合实际生产流程及工艺特点，通过多方位评估轧机仪器仪表检测数据和产品的实际应用效果，创新开发了边部厚度多点综合评估控制技术、三机架自动窜辊控制技术，通过不断的工艺试验和算法优化，实现了生产工艺的改进和质量的稳步提升，增强了产品尺寸与性能全流程自动管控能力。三是结合标记设计及应用推动"柔性制造"，提高质量稳定性。针对大规模、长工序电工钢生产的实际控制波动及与其个性化用户精细需求的矛盾，根据产线的工艺特点，结合电工钢质量设计数据和经验的积累，形成了以工序过程技术要点集成代码为核心的标记系统。标记系统结合产品工艺路线及计划编排，动态调整工艺路线和生产工艺，实现上下工序无缝衔接，产品、设备、人、业务活动等的全面互联，企业内全要素、全过程互联互通和动态优化，在大规模工业生产的同时实现用户的多样化需求，同时实现了电工钢生产的柔性制造和质量稳定性提升。以无取向电工钢表面质量缺陷专题攻关为例，2019年年底至2020年年初，由于新能源汽车用户以及部分高端家电用户对带钢表面质量标准提高，无取向硅钢表面起皮缺陷问题急剧凸显，对用户使用和重点用户的认证推进造成极大影响。为此专门组建了以产品研发工程师牵头，多工序工艺专业、质量专业参与的表面质量攻关团队，公司领导按月进行资源和进度协调，经过为期2年的持续攻关，探明了硅钢起皮缺陷的发生机理和工序源头，并从全流程多工序进行一贯制工艺提升和管控，表面质量带出比例从2%降至<0.5%，极大地提升了高端无取向产品在新能源汽车市场的推进效率和用户满意。

2. "极致效率提升"融入"制造全流程"，保障工艺高效

电工钢工业产线具有生产流程长、制造工序多、工艺窗口窄的特点，质量和效率的平衡和兼顾贯穿制造过程的始终。一方面，始终在"质量优先"的原则下推进"效率提升"；另一方面，在持续的技术创新基础上，实现"精准质量"和"极致效率"的同步提升。以全工序极致效率的推进为例：炼钢连铸工艺持续攻关，通过冷却模式优化和浇铸流场的稳定控制，多次突破了硅钢连铸拉速极限，高端产品拉速从之前的0.9m/min提升至1.2m/min。常化工序通过抛丸酸洗能力的加强和常化工艺优化多次实现提速，保证常化工序效率提升30%，制造成本降低15%。取向环形炉通过技术研究和管理优化，

实现检修周期缩短 20%。

3. 技术创新、设备能力与工程建设高度融合，促进产能提升

一方面相继进行了退火产线的适应性改造、酸连轧机组的设备功能提升、连铸产线的冷却能力提升、热轧产线板卷箱设备改造等全流程的工序能力提升和改造。另一方面，在产线功能提升的基础上，新建"高性能取向电工钢""新能源汽车材料""高端硅钢热处理"等工程项目，高端电工钢产能大幅提升。通过产线功能升级和高端产品产能提高，取向和高牌号无取向等高端电工钢产能提升超 100 万吨，全面增强首钢电工钢市场竞争力和技术水平，引领中国电工钢生产技术进步。以退火产线适应性改造为例：通过退火炉微张力控制、气氛控制和精准再结晶温度控制等技术创新成果，结合退火炉炉辊和传动模式优化以及开发的带钢热膨胀与炉辊转速耦合控制模型，集成创新实施了以低成本投入、高技术融入、高效率组织为特色的退火线适应性改造，实现了中低牌号无取向产线千万投资改造即可生产高级别无取向电工钢的行业首例，投资额降幅超过 90%，高端无取向电工钢产能提升 40%。

（四）以"产销研用"一体化为驱动推动智能工厂建设，提升经营管理精细性和系统性

针对产品制造管理难度大、管理精细度不足，产品质量稳定性差、产品研发支撑力薄弱、物流管控及营销能力不足等问题，通过对信息系统优化升级改造、业务流程系统化设计和生产工艺动态控制等措施，打造衔接"产销研用"的"智能工厂平台"，提升经营管理精细性和系统性。

1. 产品研发智能化，提高产品研发效率

以流程驱动整合现有业务，通过搭建智能设计闭环管控体系，实现冶金知识库数据实时更新。基于产线基础数据，通过大数据平台实际数据对接与交互，数据清洗及整合，与用户需求数字化识别相结合，贯穿冶金知识库，利用多元回归、随机森林等因子筛选方法，构建了产品研发数据智能平台。结合数据资源服务平台，通过知识图谱，搭建知识平台，构建了性能预报模型，根据数据的分析快速响应内外部环境的变化，提高产品开发效率及精度。同时通过对质量管控过程数据监控，闭环反馈分析产品制造过程工艺差异、材料差异，实现研发智能模型更新优化。通过优化产品研发实施流程，实现用户认证流程高效精简化，完善了流程驱动的研发数字化管理，支持并行研发及研发活动的快速迭代更新，实现研发设计能力、研发管理效率双重提升。

2. 生产组织智能化，缩短生产制造周期

根据产线的工艺特点，结合产品标记体系，通过智能化排程系统确定了产品流转的最佳路线及计划编排，智能化动态调整工艺路线，高精准地实现用户的多样化需求。计划排程联合管控系统的搭建与实施，新的管理模式彻底打破原有弊端，从质量管控体系、理化检验体系出发，兼顾效率提升以及生产管理的整合创新，使物料从前工序下线到后工序直接上线，无需人工操作，无需等待，物料周转明显提速，大幅降低了周转库存。

3. 质量判定智能化，降低产品供货波动

在现有质量过程控制系统的基础上，立足于现有信息化、自动化系统框架，以产品质量为重点，围绕全流程质量管控与溯源，进一步丰富质量过程数据采集，通过边降仪、铁损仪、板形仪、表检仪、孔洞仪等测量系统对产品的尺寸、性能、表面进行全方位、闭环监测与控制。在铁损仪、横向厚差离线自动判定分切结果的前提下，融入了表面判定结果、人工判定结果，搭建质量处置决策库，通过卷长预测、重量、订单要求等进行综合处理运算，以数据为驱动，集成智能分切模型，精准输出产品分切意见，实现产品智能分切技术。基于实际产出的产品质量数据，引入成品标记技术，按性能、尺寸、表面质量特性对产品分区间划分。根据用户的特殊需求，通过成品标记的判定实现精准供货，快速完成现货匹配和产品优选，降低用户供货过程的质量波动。

4. 物流管控智能化，增强客户使用体验

通过对销售物流体系优化升级改造，实现对发货环节的精准控制，提高了物流资金管控的安全性。通过对物流流向智能设计，极大地增强了物流运输过程中运输方式、承运单位变更等要求的动态调整能力，提高了发运单位的工作效率。通过开发销售物流智能化系统，提高了企业的物流管控能力，高质量、高效率地实现了物流的动态调整，实现企业对物流管控调整精准化，发运单位运输的高效化，用户对物流动态跟踪查看的高需求化。

以客户精准系统作为强有力的支撑平台，构建了现货超市平台，实现用户购买流程简洁化、高效化，购买平台易操作化，满足了用户的购买需求，增强了用户的购买体验。同时，通过增设的智能售后服务平台，也全方位地提高了用户购买保障及权益，售前、售中、售后服务与企业内部业务环节的流程贯通和集成联动，支持用户的有效参与，加强产品及服务的创新。

5. 经营管理智能化，提升管理效率和精度

通过管理驾驶舱把公司内部各大工序的生产制造成本，包括原料消耗、设备折旧、加工成本、人力成本，进行统一的归拢和计算，可在以周或月为单位的经营例会上进行系统、全面、深入的比较和剖析，对于工序降本管理、产品生产平衡起到管理导向作用。管理驾驶舱还对各类产品的成材率、质量损失、成本、价格以及盈利情况进行全方位对比，从而对公司的管理决策、产品结构调整起到辅助作用。

（五）以定制化和全球化为互补进行营销模式创新，保障营销服务的有效性

1. 聚焦核心用户以规模化定制推动营销服务差异化

面对市场用户类型多样、电机发展技术方向各不相同的情况，通过细分市场与用户，紧跟行业关键典型用户，建设营销渠道分级网络，实施垂直协同营销，高效整合纵向价值链，主机厂、电机厂、冲片厂、分切厂形成缩短认证周期的利益共同体。持续深入地与高端客户终端展开交流服务，推出综合性能更高的新产品或者定制化产品。以新能源行业的系列产品定制为例：首钢在新能源市场推进前期，策划了区域的营销和用户服务团队，开展聚焦重点用户重点项目和特殊需求的先期技术和营销服务，充分掌握了新能源用不同车企、不同车型的产品需求特点，并以此规模化定制了低铁损、超低铁损、高强度、高磁感等五个系列 20 多个专有产品，并为丰田、奥迪等客户企业开发了 YS 系列的定制化超高强度产品，不同特点的专有产品分别应用于上海特斯拉、丰田、比亚迪、五菱等众多新能源用户，快速拓展了首钢头部企业、主流企业的份额。

2. 以全球化和多维度布局推动营销服务的多元化

一是建立多区域用户技术服务中心。首钢在苏州先后建立电工钢加工配送中心和技术服务中心，从材料选型、样品测试、技术交流、商务谈判以及加工配送多方面进行服务，实现了多元服务至用户家门口的营销模式。同时，首钢建立了日韩用户服务中心，通过与当地主机厂和配套厂的对接，加速了首钢的全球化布局，提升了首钢电工钢全球服务能力。

二是打造"1+3"特色化全球化研发中心。以电工钢生产基地迁安为基础，打造以用户技术研究和用户服务为特色的苏州研发中心、以前沿技术和基础理论研究为特色的北京研发中心、以海外新技术和海外用户应用技术为核心的欧洲研发中心。依托全球研发中心进一步拓展创新视野、丰富创新技术源头、提升营销活动的多元性和品牌性。通过与特斯拉、大众、比亚迪、丰田、奥迪等高端客户的深度交流和技术合作，充分了解到欧洲、北美、日韩头部车企的技术发展需求，精准把握新能源无取向电工钢的技术发展趋势，并在全球头部新能源车企的市场推进中抢占了先机，为首钢全球化营销打下了坚实的基础。

三、电工钢企业打造全球竞争力的高端产品开发与运营管理效果

（一）形成适应市场需求且具备全球竞争力的高端电工钢产品体系

通过科技创新、自主开发低温板坯加热工艺制造技术，成为全球第4家全低温高磁感取向电工钢技术的制造企业，无取向电工钢形成4大系列107个产品，涵盖了目前国内外一流钢厂的所有牌号产品，具备所有牌号批量稳定生产能力，产品质量达国际先进水平。新能源用无取向电工钢形成23个牌号的专用产品体系，产品性能达到JFE水平，其中强度达到国际领先水平，实现6款新能源驱动电机用产品全球首发。高磁感取向电工钢产品经鉴定，综合技术性能达到同类产品国际领先水平，实现4款取向电工钢产品全球首发。实现超薄规格取向产品连续4年国内市场占有率第一，跻身变压器材料世界第一阵营，成为全球仅有的2家具备18SQGD060、20SQGD070、23SQGD080等高端牌号批量生产能力的企业之一。

（二）助力钢铁行业技术进步和产业链自主可控能力提升

通过无取向电工钢纯净化冶炼控制及优化织构控制技术，实现氮、硫析出物的无害化控制，成功开发出极低铁损高磁感产品；综合利用多元合金固溶强化和位错强化的复合强化技术，开发出铁损和强度国际领先的高性能电工钢。开发的节能、低噪、优良附着性高性能取向电工钢产品，总体性能达到国际领先水平，得到了广大用户的认可与好评。新能源汽车用高性能电工钢，打破了日韩钢厂对国外新能源汽车用高端电工钢材料市场的垄断，实现了新能源汽车用高性能电工钢的国产化、本地化，为高磁感取向电工钢替代进口做出了重要贡献，为中国高端电力装备研发与出口提供了核心原材料支撑。薄规格无取向产品在无人机、航天、氢能源等高端领域广泛认可，填补了国内无人机专用电工钢产品空白，助力军工等特种领域高端制造水平提升。2021年"新能源汽车用高性能电工钢开发及产业化"科技成果通过中国金属学会组织验收，获评国际领先水平。近年来累计荣获北京市新技术新产品奖3项，河北省科学技术奖5项，冶金科学技术奖2项，冶金行业金杯特优奖、金杯优质奖、品质卓越奖、制造业（电工钢）单项冠军示范企业等奖项。

（三）取得显著市场份额和经济效益

2022年电工钢销量149.1万吨，包括中低牌号76.6万吨、高牌号52.9万吨、取向19.6万吨，2021年净利润108290万元，比2018—2020年年平均净利润增加84458.39万元。取向电工钢成功通过日立能源、SIEMENS、西电、保变、特变等国际知名变压器企业认证并批量供货，在特高压换流变、特高压"双百万"变压器、高效节能配电变压器等领域广泛应用，获得三峡集团、国家电网、南方电网等终端用户认可。产品成功应用于清洁能源输电工程张北—雄安特高压工程、港珠澳大桥、日本滨田太阳能发电站等重点项目，是"西电东输"重大工程乌东德水电站和在建规模最大的白鹤滩水电站的主要供应商。无取向产品市场占有率全球第二，其中家电行业市场占有率50%，成为美的、格力、日立等知名企业的主力供应商。无人机领域占有率30%；新能源汽车用无取向电工钢获得日系、美系、欧系及国内新能源汽车企业及电机厂的高度认可，成功在国内外知名品牌多个项目取得批量应用。新能源领域2020年中国新能源乘用车销量排行榜前10名车企中有9家车企批量应用首钢高性能电工钢产品。2018年至2021年8月首钢该类产品产量累计7.85万吨，累计141万辆新能源汽车应用首钢电工钢，累计节电8.1亿度，减少二氧化碳排放81万吨。薄规格无取向产品成功运用在国内部分高端车型转子铁芯，并在部分军工项目上成功运用，填补国际空白。首钢电工钢产品出口量累计62万吨，覆盖韩国、日本、意大利、土耳其、墨西哥、巴西等29个国家和地区，海外市场持续扩大。先后获得日立能源、西门子能源、美的、松下等知名跨国企业的最佳供应商的荣誉称号。

（成果创造人：张叶成、胡志远、程　林、赵松山、高　倩、周晓琦、
张保磊、马　琳、侯龙飞、赵运攀、赵　辉、董柏君）

以绿色、智能为核心的蔬菜产品全链条创新管理

凯盛浩丰农业集团有限公司

凯盛浩丰农业集团有限公司（以下简称凯盛浩丰集团）是中国建材凯盛科技集团下属成员企业，于 2020 年 12 月由青岛浩丰食品集团有限公司与凯盛科技集团进行混合所有制改革成立，注册资本 7045.13 万元，资产总额 158680.33 万元，员工总数 1300 余人。浩丰集团瞄准传统农业产供销痛点，以智慧玻璃温室、农业大脑、品牌三大发展战略作为抓手，大力发展现代设施农业，以绿色化和智能化为核心推动蔬菜产品全链条管理进行创新和发展，对加快转变农业发展方式、推动建设资源节约、环境友好的现代农业发挥了重要作用。

一、以绿色、智能为核心的蔬菜产品全链条创新管理背景

（一）顺应国家建设现代农业、加快转变农业发展方式的需要

2015 年中央一号文件提出，要"围绕建设现代农业，加快转变农业发展方式"。浩丰集团坚持国际标准种植蔬菜，已赢得了多个国际快餐巨头在中国采购结球生菜的多半市场份额，成为当时国内第一家能够实现结球生菜露地种植周年均衡供应的企业。为了提升公司可持续发展能力，浩丰集团积极响应国家现代农业集约化发展的要求，于 2015 年开始探索发展现代设施农业，加快推进中国特色农业现代化发展。

（二）改变传统农业生产经营模式的需要

传统农业的生产方式，无法实现农业资源优化配置，制约了农业现代化的发展。主要存在以下问题：一是分散经营规模小。由于农村每家每户经营的土地面积小、土地相对分散，导致传统农业没有条件吸纳现代科技装备，农户自身也缺乏转型革新的动机。二是机械化水平不高，缺少现代化设施设备。农业机械的使用可以大幅度提高农业劳动生产率，但是传统生产方式在我国农业生产方式中仍然占据较大比例，未达到实现农业机械化生产的阶段。三是标准化程度低，产品口感品质差异大。传统农业中管理粗放、经验式指导的做法已经不能满足农业转型发展对标准化管理的要求，应该用科学的标准化理念进行管理。四是生产技术落后，靠经验学技术。实际生产过程中，农民对先进生产技术的需求不强烈，农业技术推广措施不到位，造成我国农业技术推广应用与国外相比仍有较大差距，技术进步对农业增长的贡献率达不到发达国家的一半。五是食品安全不可控。分散的农业生产者，其食品安全意识较低，导致农药、化肥过度使用，农产品质量安全问题频出。六是农产品供应链冗长。冗长的贸易链经过了中间商层层加码，消费者难以获得新鲜、美味、安全的农产品。七是生产者老龄化严重，劳动力短缺。截至 2017 年年底，中国第一产业就业人数下降至 2.0963 亿人，比 1991 年最高峰值下降 46.4%，亟须培养一支有文化、懂技术、会管理的新型农民队伍。

（三）充分发挥体制优势、做强做大企业的需要

凯盛浩丰农业集团的两大股东属于强强联合，协同推进现代设施农业发展。中国建材集团充分发挥在高端玻璃产业、工程管理、国际合作、人才资金方面的强大优势，结合浩丰集团在现代农业领域近 20 年数据管理、智慧云端、市场、大数据等方面的专业优势，加上引进国际前沿设计方案、智慧温室生产设施以及荷兰瓦赫宁根大学的栽培管理技术，为凯盛浩丰集团建设现代设施农业全产业链奠定了强大的基础。

二、以绿色、智能为核心的蔬菜产品全链条创新管理主要做法

（一）突破关键核心技术，分阶段推进蔬菜产品玻璃温室建设和绿色化智能化改造

自 2015 年至今，凯盛浩丰集团在现代设施农业全产业链运营管理体系的探索共经历了三个阶段：第一阶段是探索运营期。凯盛浩丰集团于 2015 年探索建设第一个连栋玻璃温室，于 2017 年建成运营第一个荷兰文洛式智慧玻璃温室并开始探索番茄无土栽培业务，解决了传统塑料大棚环境不可控、植株土传病害和重金属超标、土地盐渍化问题。通过引进国际领先的 Hoogendoorn 水肥一体化设备、环控设备和 RO 反渗透净水设备，温室实现了雨水收集利用和水肥循环使用，同比传统农业节水率达 95% 以上，智慧玻璃温室在节能节水方面的效果初显。

第二阶段是快速发展期。2017 年至 2020 年，凯盛浩丰集团加快推进智慧玻璃温室的建设和运营，将智慧玻璃温室推广至 17 个省（市、区）。2018 年成立电商部，注册线上"绿行者"品牌天猫旗舰店，正式开启凯盛浩丰集团面向消费端业务模式。建立质量管理体系，温室管理制度化、标准化、流程化，在主框架的基础上完成流程及制度的建立，主框架流程 31 个，支持流程 104 个，标准作业指导书 100 余个，从温室定植、农事操作、采收、环境控制、水肥、植保、加工、销售等各个环节实现标准化、流程化运营，实现多基地协同管理。调整技术人员架构，专业的人做专业的事。水肥、环控、植保、园艺等岗位模块化管理，在管理逻辑、管理业务中寻找完成目标的路径，工作更加有条理，职位设置更加合理。

第三阶段是规模建设期。2020 年 12 月 31 日与中国建材凯盛科技集团完成混改重组，凭借中国建材在工程建设的优势和浩丰集团十几年种植经验，联合开展温室玻璃技术攻关项目，研制了超白无影减反玻璃，提高了 6% 温室透光率、解决了局部高温和叶面灼伤问题，目前凯盛浩丰集团已建成 3000 余亩智慧玻璃温室，同时仍有 20 多个项目正在日夜建设；与此同时，凯盛浩丰集团在 2022 年建设成了亚洲最大的双头双花智能育苗工厂和育种研究院，突破了国际高端种苗"卡脖子"技术，更推动了中国设施农业发展水平。

（二）开展育种育苗技术创新，不断提升蔬菜产品产量和安全

1. 引进与突破温室种植技术

引进国际领先技术，做国内设施农业领头羊。凯盛浩丰集团通过联合中国建材对温室玻璃进行联合技术攻关，研制了超白无影减反玻璃，能够提升 6% 透光率，且能够将射入的阳光均匀散射，避免了局部高温和叶面灼伤，从而防止了番茄灰霉病的发生；同时通过引进国际领先的 Hoogendoorn 水肥一体化设备、环控设备和 RO 反渗透净水设备，解决了传统塑料大棚环境不可控、植株土传病害和重金属超标、土地盐渍化问题。

技术创新保护食品安全，生物防治降本增效。为了提高产品品质，杜绝农药残留，凯盛浩丰集团建立了 ISO 9000 质量管理体系、HACCP 食品安全管理体系和 6S 现场管理体系，在生产、采收过程中严格按照 Global GAP 国际良好农业操作规范要求，采用了"物理防治＋生物防治"的先进技术，同时坚持进行产品农残检测、微生物检测、重金属检测，确保实现零农残番茄的周年供应。

优选全球高端番茄品种，实现产量倍增。凯盛浩丰集团玻璃温室棚高 6 米，其选用国际高品质无限生长型番茄种子，通过调控其生长环境并进行落蔓和吊蔓等园艺管护，可实现植株周年生产，番茄藤蔓可以生长到 14 ~ 16 米，平均产出 35 串果实，年均产量可达 50 ~ 60kg/m^2。

2. 技术标准化与产业规模化并行

引入专家合作，注重知识积累与分享。凯盛浩丰集团自开展温室无土栽培番茄种植项目以来，坚持与国内外专家进行深入交流合作与问题研讨，定期开展技术交流会议，通过不断学习国际先进种植

技术，结合国内现状与生产问题，总结并建立经验知识库，同时在每月技术交流会上鼓励技术人员进行经验分享、交流探讨，践行"共享阳光、分享硕果"的企业文化，共同进步。

实施复盘迭代，总结经验教训。凯盛浩丰集团技术团队坚持每月度复盘、每季度分析、每产季总结研讨。多年来，技术团队积累了很多经验教训。这些经验与案例是凯盛浩丰集团实现规模化扩大的基石，更是企业发展的宝贵财富。

鼓励技术创新，保护知识产权。凯盛浩丰集团为了实现技术落地转化和创新突破，引领国内设施番茄技术发展。凯盛浩丰集团坚持自主创新之路，秉承以创新驱动发展的理念，大力投入科研经费、实施科研创新和技术攻关，同时进行成果保护，目前已获得发明专利 8 项、实用新型专利 54 项、软件著作权 34 项，参编团体标准 3 项，发布企业标准 6 项，申请植物品种权 6 项。

经验知识具象化，建立落地技术标准与作业流程。凯盛浩丰集团通过总结实际生产经验、梳理研发成果、明确操作流程、标定判断条件、引入对比依据，将多年园艺技术知识和实际生产管理重点结合，编撰了多种形式的专有技术资料和种植技术标准、录制了学习视频，并将相关资料作为企业管理标准化的参考依据。凯盛浩丰集团现已建立技术标准 147 项、专有技术 2480 项、主框架流程 31 个、支持流程 104 个、标准作业指导书 100 余个，覆盖温室定植、农事操作、采收、环境控制、水肥、植保、加工、销售等各个环节，已实现技术标准化、农事工业流程化，为智慧温室在全国拓展和布局以及多基地管理奠定了标准化基础。

3. 突破"卡脖子"技术，实施种苗国产化战略

一是筹建种苗研究院，建立企业种质资源库和收集全球优良品种表型分析数据。二是引入科研院所合作并柔性引进育种专家，充分利用分子标记、航天诱变、全基因组选择等先进育种技术开展高效育种科研项目。三是结合 10 多年选品经验，充分利用面向消费端的方法由市场需求引导品种选育和产品开发。四是开展育苗技术攻关，研发国际先进的多头多花大苗嫁接培育技术，培育根系发达、茎粗稳定、苗高一致且带有花蕾 2～3 朵的健壮大苗。企业技术团队所攻克的番茄多头多花大苗培育技术已授权国家发明专利，进一步证明了该技术的先进性。五是建设亚洲最大的多头大苗全自动化育苗生产线，可年产双头双花、三头三花大苗 500 万株，直接经济效益 4000 余万元。

（三）全方位开展在线化智能化改造，不断提升蔬菜产品运营效率

1. 智能化助力育苗工厂高效运营

育苗工厂配置全自动潮汐式育苗床，可以进行精准肥水灌溉，配备 RO 水处理系统、幕帘系统、空调和新风系统，同时配置高精度环境调控的嫁接愈合室、岩棉拆垛机、自动化播种线、自动分选装置、自动插签设备、基质解压机、苗床转移天车设备。工厂内 500 多个传感器、1100 多个控制器，可以全程监控种苗的每日变化，实时采集数据，自动调控工厂温湿度、二氧化碳浓度、太阳光辐照情况等，为种苗提供各阶段生长的最适、最优的条件，保障种苗健康成长。通过智能化育苗工厂，帮助种植端提前 2 周采收，产量提高 5% 以上，同时可以节省 50%～70% 的种子成本，给种植端带来显著的收益。

2. 智慧玻璃温室在线化生产

智慧温室集成多项数字技术。环境控制系统和水肥一体化系统由一台工业计算机和多种控制器、传感器控制，温室中的温、光、水、气、肥等数据全部能够实时监控，实现温室环境控制无人化管理。使用的劳工管理系统可以实现棚内自动打卡，自动记录工时，工作情况和完成情况都会实时地显示，数据准确，省去人工计算环节。上线 ERP 系统采集供应链数据，自动计算成本，产生财务报表。使用的生产线 MES 系统实现采摘、生产、包装全线跟踪，流水线数据自动采集，并生成自动数据看板，可以在线了解生产情况，实现生产环节时时监督管控。钉钉平台集成了 OA 系统和各类第三方应

用，可以管理沟通全程在线化，各部门数据报表自动管理，并生成看板。与此同时，温室建立数据中台，将生产管理过程中的各类数据统一管理，形成宝贵的数据资产的同时，实现多地协同管理。

3. 算法支撑产销协同，实现日产日销

凯盛浩丰集团自主研发日产日销系统，实现产销协同对接。订单履约主要依靠自主研发的云端分单系统，能够实现订单实时自动分配给云仓履约。该系统基于云计算算法，实时接收天猫、淘宝、抖音、京东、拼多多等各大电商平台订单，并根据算法按照产品的品牌、品种、承运快递信息实时自动分配最近的云仓进行发货，若当天采收无法满足，则会自动下沉至次近的云仓履约发货，不断循环，确保客户下单 24 小时之内发货，48 小时将产品送达客户，实现日产日销。

4. 数字化赋能经营管理

凯盛浩丰集团持续从战略、运营、执行三个层面搭建与优化数据分析诊断体系，目前已搭建生产、销售、供应链、财务、人力等 297 个数据看板，全面实现系统替代人工，同时对接移动端钉钉建立移动化运营协同平台，利用数据信息、图片推送到运营群随时随地共享运营信息，实现数据找人，提升数据利用率。

5. 建设产业互联网示范项目——农业大脑

为充分利用互联网、物联网技术助力农业发展，凯盛浩丰集团于 2020 年开展农业产业互联网平台项目建设，并联合行业上下游开展设施农业智能装备研发。该平台以推进凯盛浩丰集团农业的全面数字化为目标，以实现产业信息互通共享、农事智能机器人研制、温室控制系统与决策系统开发为抓手，致力于推进农业数字产品生态建设，现已累计注册软件著作权近 30 项、专利 6 项。

（四）设立自主产品品牌，探索蔬菜产品在线运营新模式

1. 品牌推广方面

一是实行品牌标准差异化定位，满足市场多元化需求。凯盛浩丰集团下设三大品牌，分别是：一颗大™、绿行者®、哪吒豆豆。其中，一颗大™为高价位的高端水果番茄专家；绿行者®主打国际标准蔬菜，价位中等；哪吒豆豆则走高性价比路线。通过采用不同的产品分级标准、价格、差异化的包装设计形式以及面向的不同销售渠道，凯盛浩丰集团下属三个品牌可以满足不同消费者的需求。

二是拥抱数字营销时代，抢占消费者心智。在营销渠道，聚焦打造品牌力。在线上运营层面，一颗大™在抖音、小红书开设官方账号，通过邀请头部、腰部达人及 KOC（Key Opinion Consumer，关键意见消费者）进行全方位、多角度、大范围推广，实现亿级流量曝光；联动知名综艺节目，通过产品植入，实现千万级流量曝光；在传统媒体渠道，一颗大™也积极发布品牌动态，助力提升品牌知名度。线上运营如火如荼的同时，线下也全面开花。在一颗大™品牌上线前，邀请业内知名广告公司进行品牌 TVC 拍摄，并与专业咨询策略公司合作，明晰品牌定位及差异化；在品牌正式上线后，通过线下梯媒 TVC 海量曝光，在上海、北京两地进行多点位资源投放，达成 2 亿流量曝光；同时，积极参加中国品牌日、"好品山东"港澳山东周、FBIF 食品创新展、中国果品流通协会企业家年会、FHC 上海环球食品展等行业展会及活动，在杭州、上海等地参与市集活动并发起快闪活动，打造沉浸式品牌营销体验。

2. 线上渠道方面

一是自 2015 年开始，凯盛浩丰集团"绿行者"品牌售卖产品在原有叶菜的基础上开始增加番茄品类，前期业务渠道多以面向商业端为主，进军一线城市、特大中心城市的大型头部商超卖场；2018 年 10 月，凯盛浩丰集团正式成立电商部，注册线上"绿行者"品牌天猫旗舰店，正式开启了凯盛浩丰集团面向消费端业务模式。2019 年销售额突破 200 万元，2020 年销售额同比增长 600% ～ 700%，2021—2022 年更是在原有基础上翻了两番有余。后期电商相继拓展抖音、天猫超市、芭芭农场、盒马

官方旗舰店、盒马量贩等线上销售渠道，进行电商全域覆盖销售，好评率、复购率在各大电商平台永登第一宝座。

二是"一颗大™"在天猫、京东、抖音等主要电商平台开设品牌店铺共计6家，累计销量350余吨。其中，在天猫平台上的销量占据番茄行业排名第二位；京东平台店铺排名持续上升，目前已占据茄瓜果类排名第四位，单品好评率高达100%；在抖音平台上的累计销售额高达100万元，店铺好评率高达98%，自上市以来收获好评无数，获得了广大消费者的认可和喜爱。在2023年天猫618及"双11"活动中，"一颗大™"成为番茄品类第一。

3. 物流配送层面

一是在拥有"绿行者""一颗大™"两大品牌的基础上，再度优化销售模式，重点发力线上渠道。线上渠道以电商、O2O到家为主，线下以高端KA（Key Account，重点客户）、私域社群新零售为主，销售团队具备全渠道运营能力。同时在日产日销工作上下足功夫，向产销要效益。基于温室数字化产能预测，销售根据T-30/T-15/T-7/T-3温室未来采收数据制订销售计划，T-15排定销售履约计划，T-7确定活动量及价格，T-3销售订单录入，T-1加工包装部门根据销售SKU储备包装耗材、人力，T-0即采收、即包装、即运输，实现产供销链路"日产日销""0库存"的同时，为广大消费者提供最新鲜、即采的番茄。

二是与菜鸟全国8大仓已签署合作协议，完全覆盖目标地区发货，实现品牌聚焦发展地区当日达/次日达，提高目标地区消费者发货时效至12小时内，提高消费者复购率以及购买体验。

4. 客户服务方面

通过推动农产品供应链全托管服务，将源头产地新鲜蔬果入仓，实现"种子到餐桌"的全流程托管；同时，通过嵌入RFID标签分类循环框，实现基地果品物流全链路数字化，方便消费者对果品的产地溯源检索，有效解决农产品供应链信息不透明、食物安全隐忧等问题，保障消费者利益的同时，实现优质优价。

（五）充分运用混合所有制企业优势，构建充满活力的管理机制

1. 建立人才培训机制，实行技术支持策略

一是集团总部开设新员工"育苗"培训班，实施入职引导人带教计划，设立"金讲堂"每周知识培训课程和重点人才"乘风计划"项目，已建成人才引进、培训、成长、晋升的畅通机制。二是在各种植基地与农业技术部之间建立了技术咨询闭环处置流程和首询负责制度，通过闭环实际生产问题和处置方案，实现组织知识与经验的积累，为周期复盘和未来技术改进留下了丰富的案例资料。

2. 坚持目标导向，笃定目标，挑战不可能

绩效管理策略以OKR（Objectives and Key Results，目标与关键结果）为主体，紧紧围绕公司年度经营目标，全过程数字化绩效管理成为有效的落实工具和实施抓手，同时借鉴目标管理、360度考核、BSC（Balanced Score Card，平衡计分卡）等优秀做法，结合公司业务发展需要，与公司数字化优势相结合，形成"卓越绩效管理法"。以公司发展战略和年度经营目标为总纲，利用战略矩阵和目标地图为主要工具，通过自上而下和自下而上相结合的方式，层层分解到各一级部门/子公司、各团队、各岗位。各级组织制订严密的实施计划，将公司年度经营目标落实到具体责任人，细化到具体时间，做到事事有责任人，件件有推进计划。

3. 打造智慧温室"黄埔军校"与"特种兵"，培养骨干人员，帮扶新基地

临邑、莱西等基地在成功经验的基础上，总结管理方式方法，不断接收新人，在职能管理岗、种植、加工、水肥、环控等方面有针对性地进行培养，并且让新人直接参与基地的管理。新人测试合格后，被输送至新基地，将学习的管理内容应用到新基地，成为骨干力量；在新基地的投产过程中，老

基地相关人员会及时到现场指导，直至新基地运营步入正轨。截至目前，已采用此方法成功运营 10 个新基地。

4. 深度业财融合，推进业务提高运营效率和经营效益

面对财务人员不能现场深度学习温室运营业务痛点，财务部调整组织架构，成立财务共享中心、财务 BP 中心，明确前台、中台、后台职能分工。财务共享中心聚焦会计核算、财务监督职能，将集团内各公司的事务性的功能集中处理，以达到规模效应，降低运作成本。财务 BP 中心承担业财融合的主要工作：事前，财务 BP 深度学习业务运营模式，根据经营目标，与业务团队沟通经营计划、编制预算、事前算赢；事中，财务 BP 根据预算进行过程管理，根据突发事件与业务团队调整预算，确保业务在预算管理范围内有序运营；事后，财务 BP 与业务团队进行目标达成分析，定位问题，查找业务层面根因，制订下一步行动计划。

5. 引入数字化管理系统，打造高效数字化管理平台

一是将金蝶 KISS 系统升级为金蝶云星空系统，产供销各个模块均共用一个企业资源管理系统，确保物流、信息流、资金流一致性。二是上线易快报费用报销管理系统。OCR 功能可自动对电子发票、纸质发票进行查重、验真，并且启用了费用报销强管控功能，严格监控各部门在预算控制范围内开展活动，对降本、增效起到了极大作用。三是在观远 BI 看板建立资金看板、预实达成看板，给业务部门负责人设定推送权限，每日定时推送业务达成业绩信息，给业务团队高效的决策支撑。

三、以绿色、智能为核心的蔬菜产品全链条创新管理效果

（一）公司整体运营效果大幅提升

经过多年的战略布局及发展，截至 2023 年，凯盛浩丰集团已运营 3000 多亩智慧玻璃温室，成长为国内最大的智慧玻璃温室运营商。依托多年各番茄品种的种植经验，筛选出符合消费者喜爱的番茄品种，实现全年 52 周不间断供应，满足市场对高素质番茄的需求，每平方米产量突破 60 公斤，持续挑战国内番茄产量天花板。截至 2023 年 7 月，一颗大旗舰店平均老客复购率为 8.33%，会员复购率为 37.91%，非会员复购率为 10.47%。一颗大品牌首战 618 荣登天猫 618 番茄品类 top1，支付件数突破 10.7 万，在 6·18 期间爆款产品串番茄单品成交 28 万盒，粉番茄单品成交 21 万盒；首战天猫双 11 再登番茄品类 top1，支付件数突破 21 万，爆款明星产品樱桃番茄随手杯单品成交超 16 万杯，樱桃串番茄单瓶成交超 6 万串，番茄汁新品售出超 6 万瓶。

（二）成功探索了引领行业的现代设施农业运营新模式

凯盛浩丰集团率先建立了先进的封闭化智能温室和高标准的种植管理方法，避免了传统种植方式导致的农药滥用、农残超标、重金属超标的问题，不但节省了农药的投入成本，而且提高了产品的货架期，延长了保鲜期 1～2 倍，还使得产品风味浓郁、口感清脆且一致性好、甜度高、糖酸比稳定，从而树立了高品质果蔬品牌，并且番茄产量同比传统大棚能够提高产量 4～5 倍；所培育的多头多花大苗可缩短苗期 4～7 天、延长采收期 2 周，在为种植者带来直接经济收益的同时，也对推动大型智能温室种植技术的发展和管理水平的提高、促进设施农业产业的发展起到了示范和带动作用。自 2020 年以来在临邑基地采用了地热源储能技术，每产季约节省 25% 的天然气成本；自 2021 年安徽白马基地建成以来，其完全利用工厂废气进行供热，温室年度运营成本同比可降低 70%。

（三）得到了政府和社会各界的高度肯定

凯盛浩丰集团目前已在全国建设运营 20 个智慧玻璃温室基地，种植面积 3000 余亩，带动周边农民就业 1500 余人，每户农民较之前每年增收 3 万余元；为员工购买社会保险，使员工养老、医疗均有保障。智慧温室项目的建设大大提高了地区经济建设水平和环保事业发展水平，对于增加人员就业、拉动经济发展具有长远有利影响，更是吸引了各级领导来公司进行调研指导。2018 年 2 月 12 日至今，

先后得到了山东省政府、国务院、四川省政府、农业农村部等的高度肯定。曾荣获农业产业化国家重点龙头企业、国家高新技术企业、农业产业化头部企业、山东省"瞪羚"企业、省级扶贫龙头企业、山东省"新六产"示范基地、山东省设施农业标准化示范基地、山东省人工智能产业示范基地、山东省智慧农业应用基地、山东省农科驿站、新一代"青岛金花"培育企业,《哈佛商业评论》"拉姆·查兰管理实践奖"杰出奖等荣誉,获得了业内外的充分认可。

（成果创造人：马铁民、王海林、马铁军、赵　辰、沈文静、杨建齐、
　　　　　　　肖　军、李聚海、于浩杰、徐凤娇、潘　鹏）

石油企业战略、市场、风控 "三位一体" 的
海外资产组合优化体系构建

中国海洋石油国际有限公司

中国海洋石油国际有限公司（以下简称海油国际）是中国海洋石油集团有限公司（以下简称中国海油）下属全面负责海外油气勘探、开发、并购等上游核心业务的公司。自 1994 年实施第一次海外油气资产并购以来，海油国际主要通过资产并购和勘探新项目获取的方式建成超过 490 亿美元规模的海外资产，在亚太、中东、非洲、欧洲、美洲 22 个国家和地区拥有 40 余项优质油气资产。

一、石油企业战略、市场、风控 "三位一体" 的海外资产组合优化体系构建背景

（一）直面新形势下新挑战的需要

国内能源供应面临局部性与周期性紧缺风险，油气对外依存度居高不下，但大国博弈、地缘政治环境恶化、叠加全球能源转型结构重塑等因素，使得国际能源进口面临 "硬封锁" 与 "软遏制" 等新挑战。随着我国经济转向高质量发展阶段，优质能源供给不足与人民群众的需求不断增加之间的结构性矛盾日益显现，亟须从国家发展和安全的战略高度，全方位加强高质量国际合作，有效利用国际资源，加大全球优质资源获取力度，实现能源多元化供应，在低碳转型与能源安全两大主题并重的前提下切实保障国家能源安全和能源转型过渡期实际发展需求。

（二）获取高质量油气资产的需要

中国海油是伴随我国改革开放大潮诞生和成长起来的中央企业，面临复杂严峻的国内外环境和全面建成社会主义现代化强国的艰巨任务。为实现全面建成中国特色世界一流能源公司的战略目标，中国海油要把握国际发展主动权，必须打造具有中国特色、符合中国企业发展需求的核心管理优势和国际竞争力，以全局性高度从战略制定到落地、从市场机遇发现到捕获、从风险要素识别到应对，形成体系化突破。

（三）统筹海外发展与安全的需要

我国发展进入战略机遇和风险挑战并存、不确定难预料因素增多的时期，各种 "黑天鹅" "灰犀牛" 事件随时可能发生，要高度重视和切实防范化解各种重大风险，以维护能源资源安全落实总体国家安全观。因此需要中国海油深入理解和统筹把握发展与安全、合作与斗争、整体与局部三对核心关系，掌握与新形势、新要求相匹配的风险化解本领，全面调查、清醒认识、主动防范、有效应对风险挑战，从而满足全球市场竞争需要。

二、石油企业战略、市场、风控 "三位一体" 的海外资产组合优化体系构建主要做法

（一）明确顶层设计，系统构建 "三位一体" 海外资产组合优化体系

1. 明确以资产组合优化推动国际化业务高质量发展的总体目标

"三位一体" 海外资产组合优化体系聚焦战略、市场、风控三大核心要素，通过运用战略思维，以坚定战略和务实策略指明发展方向和路径；把握市场动态，以前瞻研判快评体系等方法捕获优质机会；主动管控风险，以地面风险研判与复核尽调等手段筑牢根基。海油国际依托对行业发展趋势的前瞻性判断和重点区域特点的综合分析，深入贯彻公司战略指导、立足自身能力与发展定位、结合现有资产组合的多维度剖析，进而通过油气资产的并购和处置，勘探区块的获取和转让，低碳资产布局等手段持续优化，不断打造可持续、绿色低碳、抗风险的高质量资产组合。

2. 把握三大核心要素，同向发力动态平衡

海外资产组合优化体系聚焦战略、市场、风控三大要素，以"三位"为点，以三要素间互通互融为线，构建立体式网络，体系化保障高质量发展目标落地。一是战略作为主体驱动，在总结历史经验、调查现状、预测未来的基础上，为实现高质量发展目标而制订长远性、全局性的整体谋划和灵活性、针对性的策略计划，是国际化发展的出发点和归宿点。二是市场作为行动载体，是把握外部形势与行业动态深刻变化过程中出现的发展机遇、深度融入国际化发展环境、主动识变应变求变的具体实践。三是风控作为实现发展目标的保障，针对新格局下外部环境和不同机会特点，对潜力、风险因素加以识别、分析和应对。

3. 三层组织架构保障，全球资源北京统筹

海油国际提出"业务发展部引领、区域团队执行、评价团队支持"的三层组织机构，由业务发展部上承公司决策机构，下接区域团队和具体项目组，横向跨部门、跨机构协调内外部资源，从流程管控角度起到上承下达、横向协调的作用；评价团队负责因地制宜提供灵活机动、经验共享的评价支持，共同助力区域团队高效开展机会开发和新项目评价执行。通过梳理明确权责界面，突出"北京引领 + 全球布局""总部决策 + 前方落实""国企管控要求 + 国际惯例"相结合的中国特色，实现全球资源的高效统筹配置，适应国际资产组合优化管理的实际需要。

（二）运用战略思维，以坚定战略务实策略指明发展方向与路径

1. 保持定力，锚定战略指引道路

海油国际秉持可持续高质量国际化发展理念，聚焦"一带一路"沿线重点区域和"两岸一带"勘探重点区域，按照"作业者、一体化、低成本、人才培养"的发展方式，围绕"开拓中亚 – 俄罗斯、做大中东、做强非洲、拓展拉美、做稳欧美、做实亚太"六大地区发展布局，以实施增储上产攻坚工程、科技创新强基工程和绿色发展跨越工程"三大工程"和"提质增效行动"为工作主线，从战略层面科学谋划。

2. 立足目标，剖析资产组合现状

海油国际全面摸排现有资产运营情况，研究世界一流油气公司战略演变及执行情况，深入剖析海外资产组合现状，总结提炼关键问题短板，明确优化提升的重点。一是资产已具规模，但储采比未来 8 年内将下降 60%，可持续性有待加强。现有勘探项目较少且缺乏优质目标。二是资产遍布全球 22 个国家和地区，但区域布局分散，缺少明显优势区域、优势资源类型，油气构成、作业者配比不均衡，80% 产量为石油，70% 在产项目为非作业者。三是成本整体偏高。其中页岩油气和油砂因开发方式的特殊性，生产成本居高位。四是高碳负资产占比 39%，天然气占比 22%，与一流公司基本在 40% 以上的水平相比较低，低碳发展面临挑战。五是欧美资产比重 43%，海外投资风险防控能力有待加强。

3. 激发活力，务实问题导向制定策略

在油气资产并购和处置方面，一是优势聚焦，在区域上和业务类型上向优势领域集中，打造海外发展的核心优势。坚持向"一带一路"沿线和"两岸一带"战略区域集中，形成区域优势，同时深度挖掘和释放中国海油一体化优势和海上优势，共同向效益优势转变。二是结构降本，并购低成本、处置高成本资产。在国际油气价格波动显著加剧的外部环境下，持续获取低成本优质资产、加大高成本和中后期"长尾"资产处置力度，提升经营韧性，有效实现资产组合结构性降本。三是低碳发展，坚持以油气主业为前提，积极获取优质低碳排、低碳负油气资产、深水超深水大规模低碳油气资产及商业化确定性高的优质 LNG 资产，积极参与海外天然气勘探开发项目，从资产获取源头控制碳排强度与总量；处置碳密集型资产，以"转移"方式促进海外资产减排脱碳，争取打造海外可持续、绿色低碳、抗风险的高质量资产组合。四是风险可控，控制投资、制裁、金融、项目实施等风险，通过市

场、油价、行业趋势、投资环境、地缘政治、政策变化、经济金融等全方位分析，加强风险预判，合理制定有针对性的防控措施，保障投资稳健性。

在勘探区块获取和转让策略方面，一是价值创造，勘探新项目以价值勘探为本，聚焦大规模、低发现成本、快速商业化区块，重视市场和商业化路径的考察，提前设计价值实现路径，控制资本暴露规模和时长。二是技术引领，强化资料基础，聚焦有深度认识和研究优势的领域，研学新技术、新思路，适时开展对标回顾，在实践中提高技术自信；同时重视资料获取，深化区域和盆地研究，积累地下资源认识，为新项目获取打下坚实基础。三是伙伴协同，加强和世界一流勘探公司合作，建立战略合作或区域合作关系，借助伙伴技术、经验、政府公关、基础设施等专长，深化勘探新项目与现有资产的协同，提升对资源禀赋的认识，加强对区域地面风险的把控和应对。四是组合平衡，注重潜力与风险的平衡，动态调整勘探区块参与权益比例，审慎优选新进国家或前沿勘探目标，运用组合平衡整体把控勘探风险。

4. 量化控制，设计高质量组合指标

海油国际结合资产组合优化理论，设计了量化评价战略策略契合度和可执行性的资产组合高质量控制指标，实现对新项目质量的精准衡量，有效支撑发展战略策略。一是油气资产并购和处置项目设核心区域净产量、一体化比例、桶油五项成本等9项指标；二是勘探区块获取和转让项目设大规模大潜力区块面积比例、首钻发现成本、一流勘探公司合作面积比例等11项指标；逐项明确指标定义、计算方法和量化目标值，实现业务发展质量、效益的动态跟踪与有效管控。

（三）把握市场动态，以前瞻研判快评体系高效捕获优质机会

1. 把握规律，前瞻研判形势动态

海油国际通过多维度、多层次、多角度形势研判工作，准确理解和把握行业发展趋势与方向，甄别和把握机会。全局性前瞻性研究方面，海油国际每年选取事关发展趋势、方向、路径、策略的全局性议题，聚集业务骨干成立跨专业专项工作组，展开综合研判。行业动态研究方面，开展多层次行业分析，通过对国际宏观政治经济动态、能源转型动态、油气行业动态趋势跟踪，区域性综合评估，项目所在国别研究等工作，分析市场新趋势、新特点，定期形成报告供团队学习和管理层参阅。信息情报分析方面，一是从国家、行业、公司等多种渠道获取信息，通过"一带一路"倡议、国家双边合作等优质平台，对接资源国发展计划，与资源国政府机构互动，参与行业重大会议等途径，发掘培育优质机会；二是加强与世界一流油气公司交流，通过高层互动、发展研讨等途径，了解其资产获取处置规划与潜在合作意向，主动促成合作；三是重点开展海油国际关注的重大并购、重点区域、重点公司、重点潜在机会的跟踪分析，实现重点信息深度解读。

2. 敏锐反应，构建快速评价体系

海油国际建立了快评机制和分级分类指标体系，实现并购和勘探新项目的一体化管理，切实提升评价资源配置效果和项目评价效率，助力在激烈的国际竞争中捕获机会。一是设计机会池排序工具，科学引导资源配置。海油国际以对标世界一流为手段，结合自身需求利用云平台建立了一套新项目机会排序工具，从战略契合度、可实施性及包括价值、潜力、投入成本和风险等要素的项目特质三方面出发，建立了3级16项排序指标体系、评价流程、计算方法、标准图件和一体化平台，对机会池中不同类型的新机会进行高效排序管理，明确优先程度，动态配置评价资源，确保重点项目得到最优资源支持。二是设计分级分类综合评价指标，快速把握项目基本面。海油国际通过整理对标评价工作特点，分析各项指标含义、影响因素及相互关系，经过业务发展全球团队的充分论证，并通过在现有机会和历史项目中的多轮测试和应用，形成了一套技术和商务相融合的评价方法和关键指标体系，快速把握项目基本面，解决数据完整性差异大，影响因素多，存在评价方法不统一、评价结果差异大等问题。

3. 温故知新，即时回顾更新认识

海油国际高度重视历史回顾与经验分析总结，建立了历史项目回顾机制。当有关区域策略有所调整、所在国发布新政策、新油气发现或获得新地质资料时，触发对区域内历史上已评价项目的即时回顾。以公司战略要求为出发点，一是比对最新市场动态；二是更新风险要素判断；三是分析新资料、新认识、新的较佳实践与海油国际在历史评价项目中得出的既有结论之间的差异与共通之处；四是形成趋势性总结提炼，探讨是否能够应用到类似的地面环境或地下条件的其他项目的可能性，最终实现更新认识、纠正偏差、深化理解的目的。

（四）主动管控风险，以地面风险研判与复合尽调筑牢根基

1. 全面评估，定性定量结合分析

海油国际将项目全链条投资风险的识别和评估贯穿整个评价周期，利用定性定量工具，在筛选、初评、详评、投资决策、执行谈判各阶段层层深入递进评估。在定量分析方面，海油国际协同内部专业团队开展专题研究，搭建"一带一路"沿线油气资源国投资环境多维度风险评价模型，建立量化设定不同国家投资风险等级的海外投资风险评价等级数据库，以年为单位更新评价国家名单与风险等级评分，以"一模一库"对油气投资所在国风险进行定量分析，编制形成"一带一路"沿线重点国家行业投资环境评估报告，对 62 个国家投资环境进行评分，并对其中 29 个重点国家开展详细分析，有力指导国际化业务。在定性分析方面，海油国际借鉴 TECOP 风险识别机制，从宏观环境、商业运营和交易 3 个维度出发，制定了覆盖地缘政治、宏观经济、本国政治、项目商业化等 17 项评价指标，按照低、中、高三个风险等级定性评估的"AGR 地面风险识别清单"，弥补了定量分析不够具象、缺乏针对性的缺陷，妥善应对风险敞口。

2. 并行推进，复合尽调评价风险

海油国际通过"多线并行＋商务统揽"的全专业复合尽职调查方式核实信息、发现项目价值、全面识别评价项目风险潜力，确保评价环节风险全面深度评估，相应做好风险应对安排，指导交易对价设定、交易结构设计和交易文件安排等整体商务方案设计。

在"多线并行"方面，同步开展全领域复合尽调。一是技术尽职调查，以油气资源可靠性、开发技术可行性和项目成本可靠性为核心，勘探资产重点判断资源潜力、重点目标不确定性和商业油气田规模门槛；开发资产重点研究开发方案可行性，对钻完井、采油、工程、开发投资及操作费、弃置费等投资估算合理性进行判断。二是法律尽职调查，通过审阅卖方提供的公司文件、公开查册、当地法律分析等方式，深入了解标的所在地政治法律环境稳定性、行业法律法规、本地化要求、当地公司注册运营要求，对方管理架构、资产负债、合规纠纷状况，以及油气资产所有权、合同完整性等重点信息。三是财税尽职调查，重点关注交易背景、财务状况等财税风险，综合考虑储量变动对财务报表影响、营运资本水平、业务模式安排、融资结构、资金需求等因素，判断目标公司价值，以及财税风险、油气销售模式、环境复原义务等投资环境风险。四是 QHSE 尽职调查，核心关注设施、产品、设计施工、维护等质量风险，油气田现场健康危害防控、医疗应急等健康风险，设施设备完整性、所在国家地区安全形势等安全风险，以及环保法律法规、溢油、放空、处置等环保风险。

在"商务总揽"方面，以"多线并行"为基础，开展商务综合尽调，对所有可能影响项目可行性的因素进行统领性调查研究，从全局性、整体性高度，抓总研判影响项目决策的核心诉求和关键问题，平衡风险与潜力因素后提出相对最优解与谈判策略建议。商务综合尽调涉及范围包括和交易相关的一切量化和非量化的可能影响项目可行性的商业风险因素，如资源国宏观投资环境、外汇政策、财税稳定性等。

3.打通专业，多重保障主动管控

海油国际以主动姿态积极开展风险要素的应对与防范，打通各专业，确保从合同谈判到执行的有效衔接，实现资产获取、管理、处置的前后贯通和系统管理。一是设计交易架构，通过技术与商务深度融合，实现前瞻性商务模式与交易架构设计，减小在油价宽幅振荡、市场不确定因素叠加的新发展形势下各类因素交织形成的风险敞口，综合提升国际化业务发展的风险把控能力。开展多情境模拟分析，针对已识别的各类风险提前设计相应商务安排，有效控制项目重大风险暴露，确保项目实施风险可控；对商务安排中无法与合作方达成一致的事项，通过调整技术方案加以补足，最终实现项目价值最大化。二是重视条款保护，针对尽职调查中发现的问题，通过合同语言约定固化，锁定最大风险敞口。对影响交易确定性的重大事项，如第三方同意或审批，作为交割先决条件加入交易文件，并设置先决条件无法满足时的责任分担机制；对于尚未发生或发现，但存在风险敞口的问题，作为陈述保证加入交易文件；对于政治法律环境不稳定，存在较高制裁、腐败风险的情况，考虑增加稳定性条款、制裁条款、反腐败条款等加以保护。三是精心筹划谈判，根据内外部条件调整谈判推进节奏，建立谈判全过程闭环质控管理机制，从谈判策略制定，谈判授权获取，谈判执行和反馈，关键风险识别和应对，到根据谈判态势适时调整策略和授权，视需要逐级上升谈判层级，关键环节由高层介入，直至最终完成谈判并定稿合同，将全周期谈判置于质控管理和专业指导之下。在执行谈判前，海油国际根据合同类型组建专项谈判组，清晰掌握谈判议题与方案，合理制定谈判策略。在谈判实施过程中，主动把握节奏，合理利用谈判筹码，由项目经理统筹协调各专业，主动预判与灵活应对谈判对手"出招"，动态平衡各方面要素，坚守我方核心诉求，争取实现我方整体利益最大化。

（五）形成保障机制，以制度体系与管理流程固化创新

1.门径管控，实现全过程动态平衡

海油国际借鉴国际通行的"门径管理"理念，建立了适应海油国际化发展需求的分阶段决策委员会机制，覆盖海油国际业务发展决策全流程，以制度化、流程化、表单化、信息化的形式，确保战略切实匹配，市场机会高效响应，专业有效把关，风险精准把控妥善应对。从项目评价内控程序涉及人员多、专业多、部门多、内部审查决策难的"三多一难"痛点为切入点，以关键决策节点、决策责任人、参与人员职责、各单位协同机制和审核要求"五个明确"为特点，从机制上促进专业人员各司其职、分工协作，针对不同评价阶段明确不同审查维度要求，将"三位一体"总体要求纳入项目评价，最大化释放管理效能。

2.制度迭代，全面固化创新成果

海油国际建立了一套融合了技术、商务、法律、财税等各专业，分层分级、系统全面的管理制度体系，包含4项业务标准、18项业务流程、4项操作细则、1项业务指南文件，为项目的高效评估与科学决策提供了扎实的制度基础和管理依据。《境外油气并购项目业务标准》和《境外勘探权益获取业务标准》规定了海油国际在实施境外新项目管理决策时应遵循的根本原则和流程要求，确保项目与公司海外发展战略和区域目标一致，有效把控投资方向，科学防范合规风险；《勘探新项目投标谈判阶段商务评价流程》指导勘探新项目在投标谈判阶段的商务评价工作，指导各专业紧密配合，高效实施商务合同谈判，把握市场机会；《海外油气资产并购项目技术评价操作细则》和《海外勘探新项目技术评价操作细则》针对详细阐述技术评价工作流程、研究内容和提交成果，有效防控技术评估论证不充分等风险，提高评价质量。

三、石油企业战略、市场、风控 "三位一体"的海外资产组合优化体系构建效果

（一）获取优质资产取得重大突破

2019年和2021年，通过巴西政府油气资产招标和资产并购，总计获得世界最大深水盐下油气田布

兹奥斯 10% 权益，成为作业者巴西国油的最大合作伙伴，为在世界增长潜力最大之一的巴西盐下深水区的长足发展夯实了根基。布兹奥斯油田地质储量近 300 亿桶油当量，可采储量约 100 亿桶油当量，未来可实现产能约 9000 万吨，带动权益直接投资约 76.4 亿美元，10% 权益下新增年产能 660 万吨，权益可采储量 7.2 亿桶，净储量 4.8 亿桶。同时，带动原油及天然气贸易业务板块一体化协同发展，在巴西首次拓展天然气销售市场，实现天然气自主销售，推动贸易规模和效益实现跨越式增长。

（二）高质量发展根基不断夯实

在聚焦油气主业的同时，牢牢把握低碳发展与能源安全并重的主旨，积极谋划未来高质量低碳发展。通过完成北极 LNG 项目、阿布扎比海上项目，成功转让墨西哥 Perdido4 勘探区块非作业权益，资产组合进一步改善，持续向"一带一路"沿线集中，共建"一带一路"国家资产净产量占比提升至 2022 年的 53%；SEC 1P 储量规模提升至 2022 年的 26.4 亿桶油当量，实现年复合增长率 19%；多个项目全周期平均桶油五项成本大大优于 30 美元 / 桶，大幅提升低成本项目净产量占比至 39%；积极获取优质低碳排、低碳负的深水大规模油气资产和商业化确定性高的 LNG 资产，处置高碳排、高碳负、高成本资产，提升发展可持续性。

（三）全球资产组合创效能力提升

通过优质油气资源获取和优化，公司整体海外资产组合创效能力得到实质性提升。截至 2022 年年底，阿布扎比海上项目与巴西布兹奥斯项目合计实现税前利润 15.93 亿美元、净利润 3.53 亿美元。海油国际整体销售（营业）收入突破 1043 亿元，较上年增长近 60%；利润总额达到 415 亿元，环比增加 1062%；净资产收益率环比提高 19.55%，达到 19.86%；总资产报酬率达到 14.81%，全球资产组合效益水平迈上新台阶，为支持海外业务开创高质量发展新局面做出贡献。

（成果创造人：刘永杰、刘向东、王　建、侯婉婉、汪　晶、高博禹、
　　　　　　　王恺飞、胡根成、赵　霖、谢　民、牟　迪、许志刚）

支撑海上风电稳定送出的海缆工程建设与运维管理

浙江启明海洋电力工程有限公司、国网浙江省电力有限公司舟山供电公司

浙江启明海洋电力工程有限公司（以下简称浙江启明海工），注册资本 2.5 亿元，是国家电网有限公司系统唯一一家专业从事海底电缆（以下简称海缆）施工的企业，也是国内专业的海缆工程建设技术解决方案提供商之一。浙江启明海工专注海缆工程，配备先进的海缆施工船及装备，拥有一流的先进海缆工程施工技术和一支"专业优秀、业务一流、战无不胜"的海上电力建设铁军，业绩遍及国内沿海及韩国、东南亚地区。公司曾获评"全国工人先锋号""全国青年安全生产示范岗""电力建设科学技术进步奖一等奖""浙江省青工创新创效大赛银奖""舟山市'诚信单位'"等荣誉。

国网浙江省电力有限公司舟山供电公司（以下简称舟山公司）肩负着为舟山经济社会发展和人民生活提供电力供应和服务的基本使命。供电营业范围覆盖三区两县，供电用户 71 万户，涉及 87 个岛屿，供电人口 117 万。舟山电网是典型的末端电网，承接着 3 个百万千瓦级海上风电基地的送出任务，拥有海缆 76 回，全长 1470.64 公里，在国网运行海缆总量中占比超过 80%。近年来，舟山公司先后荣获"全国文明单位""全国五一劳动奖状"等 26 项省部级及以上荣誉。

一、支撑海上风电稳定送出的海缆工程建设与运维管理背景

（一）落实"双碳"目标要求，助力海上风电快速发展的需要

落实"双碳"目标是推动能源高质量发展的内在要求，也是加快建设能源强国的必经之路。全球能源行业的碳排放量占比在 40% 以上，是节能减排的核心领域，其中发电侧的低碳转型尤为关键。我国海上风能资源储量丰富，是我国推进碳达峰碳中和、保障能源供应、构建新型电力系统的重要支撑力量。海上风电规模化开发利用，需要打造高质量的海缆工程，保障海上风电稳定送出。

（二）推动新型电力系统建设，支撑"一体四翼"发展的需要

构建新型电力系统是保障我国能源电力安全的长治久安之策。国家电网公司适应新形势下电网发展要求，提出"一体四翼"的发展布局。海缆工程施工作为支撑产业的细分，在推进海岛电网跨海互联、分散岛屿互联、海上作业平台供电等领域发挥了重要作用。海缆施工企业需要全面迎合海上风电规模化发展的趋势，深化市场思维，有效支撑国家电网公司"一体四翼"高质量发展布局。

（三）破解海缆工程施工难题，提升企业市场竞争能力的需要

一是技术方面存在短板。由于国内海缆施工起步较晚，与发达国家存在技术代差。二是施工质量有待提升。国内企业普遍在复杂海况的海底勘测、施工船的载缆量等方面存在实际困难，导致海缆工程质量不高。三是后续运维存在空白。海上风电企业尚无法有效兼顾海缆的海洋海底运维，国内专业从事海缆运维抢修服务的企业数量较少、技术水平不高，运维领域的空白亟须填补。

二、支撑海上风电稳定送出的海缆工程建设与运维管理主要做法

（一）明确发展战略目标，构建海缆工程业务发展模式

1. 明确以支撑海上风电送出为重点的战略目标

近年来，随着海上风电规模化发展，用于风电送出的海缆工程建设成为海缆施工企业的重要业务领域。浙江启明海工紧密结合国家电网公司产业单位市场化转型发展要求，聚焦海上风电大规模开发背景下电力需要依靠海缆进行高可靠送出的具体需求，积极投身海上风电海缆送出工程建设市场，对影响海缆工程建设高质量建设与运行的技术壁垒、设备差距、施工精度与埋设深度不足，以及工程投运后缺少专业机构进行运维的具体问题进行分析，提出以支撑海上风电稳定送出为重点的战略发展目标。将支

撑海上风电送出作为企业业务发展的重点，坚持问题导向，有针对性地提升海缆工程技术创新能力、建设施工能力和服务保障能力，打造具有国网特色的产业单位市场化竞争核心优势，实现企业自身高质量发展。

2. 基于战略目标构建海缆工程建设与运维体系

围绕发展战略目标，浙江启明海工针对海上风电海缆送出工程建设与运维过程中存在的具体问题，提出以"技术优先、品质优秀、服务优质"为核心理念的海缆工程建设与运维体系构建路径。其中"技术优先"是导向，将技术创新作为攻克海缆施工难题的核心举措，依托多年技术沉淀，进军海缆施工技术装备领域，联合科研院所、设备厂家开展技术攻关，攻克海上施工载缆量不足、定位不精、系泊不稳、深度不够等技术难题。"品质优秀"是核心，构建数字化施工体系，开展精细化施工勘测，深化智能装备研发应用，实施海缆智慧敷设，提升施工质量和效率。"服务优质"是抓手，在常规施工建设的基础上，依托优质服务拓展业务领域，向海上风电企业提供精准化预警、动态化监测、快速化抢修等增值服务，填补市场空白，拓展发展空间，巩固先发优势。

3. 成立与发展模式相适应的市场化组织架构

为切实提升海缆工程市场竞争优势，浙江启明海工推进内外联合，成立灵活性市场化组织机构，为市场化发展奠定基础。一是成立内部管控"三中心"。从公司实际出发，将隶属于各个不同管理体系的科技人才和资源进行有机结合，成立内部技术研发中心、成本管控中心、质量管控中心，发挥资源集约化效应，增强各个中心的融合度、信任度与配合度，使各个中心突破固有的关系网络，推动不同网络之间的交流与合作，实现内部提质增效。二是设立南北两个市场开拓机构。对标国际海缆施工先进模式，结合国家电网公司、南方电网公司布局以及南北方在海上风电资源禀赋、工程建设难度等方面的差异，建立与南北市场发展相匹配的两个市场开拓机构，形成基于地域特色海缆业务拓展发展新模式。三是建立对外联络合作框架。与国内科研院校，如浙江大学、华北电力大学、中国电力科学研究院、南方电网电力科学研究院等共同建立研发机构，组建研发团队，联合开展施工技术攻关。强化与市场优势资源"抱团"，联合江苏中天电缆、马尾造船厂、中车SMD等国内海工装备制造企业，组建"产用"合作团队，联合研发高端施工装备，全面增强施工能力。

（二）技术优先，攻克海上施工技术难题

1. 基于施工重点，联合"学研"开展技术攻关

海缆工程被世界各国公认为是一项困难复杂的大型技术工程，包含了多个环节，如接缆运输、敷设施工、保护安装、附件安装、电气试验、检修作业等，建设受地域条件、海洋工程条件和施工设备限制，各个环节可能面临着不同程度的技术挑战。浙江启明海工始终秉承开放合作理念，在多方面开展"学研"合作。在对外联络合作框架的基础上，聚焦海缆工程建设技术、装备、施工等关键难题，梳理"卡脖子"清单，联合开展技术攻关。近年来，浙江启明海工围绕海缆过驳、登陆段施工、海中敷设、过程检测、竣工电气试验的施工重点、难点，推动国家电网公司13项重点科技攻关课题立项，与相关合作单位组成联合攻关团队，协同开展技术攻关。同时，高度重视基础领域的技术研发合作，如在海缆安全方面，联合浙江大学等开展海底观测网方面的研究，夯实海缆敷设、海缆健康监测与防护以及海缆检修的技术创新基础，推动海缆施工技术工艺从底层进行创新实践，在提升施工质量和安全的同时，有力支撑全球能源互联网建设。

2. 聚焦工程重点，攻克海洋高精度施工技术

由于海底施工可视化程度低，施工过程中施工船受海流波动影响，高精度施工成为亟须破解的技术难题。浙江启明海工瞄准系泊稳定、水面与水下定位、埋设犁挖掘深度等关键技术，开展重点技术攻坚。一是开展施工船系泊稳定性研究。采用DS-30型智能数据采集仪对施工海域波浪数据进行采

集，利用造波控制软件进行分析处理，生成锚泊系统设备的数据值，根据不同流速给出对应的定位能力参考实施方案，有效应对极端海况，保障施工船顺利开展海缆投放、泊位、避风等海上作业。二是集成水面水下导航定位技术。应用"DGPS+动力定位＋超短基线"定位技术辅助海缆敷设协同控制。通过"DGPS+动力定位"技术实现水面精准定位，将施工船定位精度控制在亚米级，并结合动力定位系统，对导航定位、气象、船舶、颠簸和潮流等数据进行收集，控制船舶动力系统，确保船舶按照设计路由移动。通过"DGPS+超短基线"技术实现水下精准定位，利用超短基线水声定位技术将 DGPS 水面定位能力向水下延伸，确保定位精度与水面定位精度在同一量级，运用集中监控系统有效监控海缆施工船、水下埋设犁的准确位置，直观判断海缆实际敷设位置及偏差。三是改造埋设犁系统。研发自行式水喷机械组合先敷后埋挖沟机，具有挖沟、铺缆和掩埋等功能，以及埋设速度突出、掩埋及时、掩埋方法简单等优点。通过创新采用液压系统调节喷冲臂和高强度喷冲水泵，让坑道深度大幅增加，海缆埋设深度从 2 米增加至 4 米，埋设深度处于国内领先水平。四是研发高精度敷设施工工法。围绕海缆登陆施工、海中段敷设、高精准定位、高海况作业等技术难点，通过协调同步船体、电缆托盘、埋设机等设备，提升施工自动化水平，提高施工效率；采用平面退扭技术，较传统退扭方式，解决大截面海缆内应力释放难题，保障海缆敷设质量，形成海缆高精度施工工法。

3. 深化成果转化，打造海缆施工"大国重器"

传统海缆施工船体量较小、载缆量有限，需要频繁往返施工点与陆地，适用于短距离简单抛放作业，对于离岸距离较远的海上风电场海缆建设而言适用性不高。浙江启明海工密切关注海缆施工装备发展趋势和最新技术，深化与"学研"领域的创新成果转化，打造适合深远海施工检修作业的"大国重器"。一是打造建缆 1 号无动力施工船。将拖曳式水喷埋设犁技术融入其中，采用双层底结构，达到最大载缆量 2100 吨，适于近海浅水区作业以及浅滩作业，主要承接近海区域海上风电送出工程建设。二是打造舟电 7 号专业运维检修船。搭载自主研发的海缆鼓轮打捞系统、布放系统和动力定位系统，实现自航式单船作业，具备深远海上风电海缆检修运维能力。三是打造国内最先进的海缆施工船启帆 9 号。与福建马尾造船厂联合研发建造，配备先进的动力定位系统、水喷式冲埋犁、布缆机等海缆施工关键装备，排水量超过万吨。研发国内载缆量最大海缆拖盘，将国内海缆船一次施工长度由原有的最大 30 千米提升至 60 千米，可满足国内未来 5 ～ 10 年海上风电海缆工程发展需要。

（三）品质优秀，构建海缆数字化施工体系

1. 打造数字化海缆施工"一平台三库"

在提升技术装备水平的基础上，浙江启明海工融入智慧基建理念，立足海缆施工特征，积极搭建海缆施工数字化管理平台和应用场景库，深化数字化施工实践，切实提升施工质效。一是打造船岸一体海缆施工数字化管理平台。利用"5G+北斗通信系统"，对海缆工程项目的各实施环节进行全流程跟踪及管控，实现以动画形式展现海缆基建全过程，全程借助采集、融合、分析的数据进行量化管理，主动获取外部信息，融入公司全业务统一数据中心，形成海缆施工数智大脑。二是构建勘察场景库。依据推荐路由走向，结合海缆敷设工艺流程，梳理登陆点环境条件、水深与海底地形、海底面状况与人为障碍物、浅部地层特征、海底冲淤分析、不良地质作用、相关海底管线探测等 7 大场景，汇编形成勘察场景库，并于施工前进行重点勘察。三是构建感知技术库。针对梳理出的不同场景，引入国内外先进的感知技术手段，结合海缆施工特征，聚焦重点勘察要素，规定技术方法与程序，制定技术终端作业指导书，形成感知技术库。四是构建感知信息库。坚持问题导向，利用数字化平台全景展示每个场景的地质条件，突出数据佐证，详细描述环境特征，列入感知信息库。通过"一平台三库"建设，夯实海缆施工前期数据基础，将施工地形地貌以数字化形式进行展示，指导施工方案设计，实现施工过程的全过程数字监测。

2. 量化评价路由条件，持续优化施工方案

由于受深远海施工、海底作业等条件限制，海缆工程规划设计阶段往往存在路由条件评估不精准、缺乏工程技术指标等问题，海上风电送出工程开工之前，必须对海洋水文地质条件进行精细化勘测，确保工程建设质量。浙江启明海工强化施工数字化技术应用，开展精准、量化评估，梳理各维度利弊点，以及适宜开工条件和安全管理建议。借助智慧勘察，综合评价推荐路由的地质、海洋水文等施工条件，汇总为评估报告，对比主要工程技术指标，提出工程难点及解决路径，优化路由走向及要素表。此外，为深入掌握海缆路由情况，确保海缆施工及运行期间的安全，施工准备阶段组织开展路由及各关键点复测工作，对整个海缆路由进行全面覆盖作业区域扫测，同时重点关注原有管道路由坐标，确保实际地形符合设计及施工要求。

3. 实施数字化、精准化海缆敷设与深埋

海底路由资源有限，若海缆敷设过程中出现偏差，极易造成路由冲突，尤其是在我国东部沿海地区，除海缆外还有大量通信、油气以及军事用途管线，一旦发生海缆偏移，将影响附近管线。浙江启明海工深化数字化技术应用，确保海缆敷设精度、深度及相应管线安全。一是水平偏差精准检测。借助施工船的多波束、侧扫声呐等终端技术，实时跟踪海缆实际敷设位置，制成数据库，计算各海缆与设计路由的误差，评估海缆实际敷设走向与设计路由走向是否一致，记录偏差阈值及其位置，及时传输信息，获取最大偏差内因，调整水平偏差，确保敷设精度。二是海缆沟槽深度挖掘。针对当前全球主流深挖技术仅能保证海缆埋设深度在 2 米左右，无法抵御大型船只抛锚、拉锚造成的钩断风险的现状，自行研发启帆 9 号水喷挖沟机，由甲板 3 台水泵并机向水下进行供水，提高喷冲能力，埋设最大深度达到 4 米，作业速度达到每小时 100 ～ 600 米，通过电缆深埋工艺，确保海缆不受锚损，解决送出工程稳定运行的问题。三是海缆埋深精准检测。施工结束后，利用数字技术测量海缆沟槽宽度、深度的平均值及阈值，借助状态检测系统，实时采集、展示海缆埋设情况，确保海缆沟深度符合设计要求，提升施工质量，减少后续电缆钩断风险。

（四）服务优质，拓展施工后运维增值服务

1. 提供状态监测服务，提升海缆运行可靠性

浙江启明海工发挥在海缆施工及运维检测等方面优势，引入水下三维监视系统，跟踪监测海缆状态，为海上风电场提供海缆状态监测服务，实时监控各类运行风险。结合施工前期勘察报告，利用感知技术库的多波束等终端对海缆海域进行扫测，以三维效果图展现各条海缆沟槽，精准评估海缆周遭环境是否发生变化，深埋和保护设施是否受到洋流冲击，埋设深度是否满足运行要求等。利用多波束测量技术，监控海缆姿态及振幅，重点监测海况复杂区域的海域潮流流速、流向、地质条件等，即时预警隐性风险，针对隐患点提出海缆保护方案。

2. 聚焦海缆外破难题，及时预警锚损风险

由于海底地形地质以及埋设工艺等因素影响，部分海上风电送出工程海缆埋设深度不足 2 米，在有船只停航时，易受到锚体拖挂，发生锚损钩断等状况，影响海上风电的稳定送出。浙江启明海工依托原有的电网联网工程海缆监测服务优势，创新推出海上风电送出工程预警提示服务。基于开发完成的 AIS 船舶识别预警系统，围绕海缆敷设区域，构建海缆送出工程警戒识别区，形成"海上电子围栏"，全天候对进入识别区域的各类船只进行监控预警。通过海事电话、预警平台等，提醒船只切勿违规抛锚，避免海缆遭受"锚害"。同时记录过往船只的信息和航行动态，一旦发生锚损事故，可为海上风电企业提供索赔证据。借助在线监测系统，为海缆安全提供保护措施，减少海上风电因抛锚造成的海缆外破，提升海上风电稳定送出能力。

3. 推出海缆抢修服务，保障风电稳定送出

一是实施故障点精准定位。建立在线监测系统，集成海缆温度监测、海缆载流量评估、海缆扰动监测、海缆应力监测等功能，发挥统一管理、全方位监测的优势，在发生海缆故障后，基于监测数据及时精准定位故障点，实现误差不超过 3 米，将故障定位用时从原有 1 周缩短至不超过 1 天。二是开展海缆水下切割。传统形式下发现故障点后需要用抓斗将电缆暴力抓断后打捞，破坏影响范围大、施工精度低。浙江启明海工通过发布 QC 重点攻关课题，发挥一线班组员工技术和经验优势，创新提出并研发海缆水下切割装备，将电缆水下精准切断后实施打捞，有效减少故障海缆影响范围和海缆损耗，将原来需要 3 天的工作时长缩短到 1 天以内。三是创新海上接头制作。海缆接头对现场湿度、盐度、洁净度要求严格，浙江启明海工首创海上接头净化制作工艺，在检修船上建造净化房，满足接头制作工艺要求，提升海缆接头制作工艺质量，高效服务现存海上风电稳定运营。

（五）构建施工运维保障体系，全面提升同业竞争能力

1. 完善海缆施工标准体系，抢占市场话语权

打造标准孵化基地，积极与中国电力企业联合会对接，成立"海洋输电施工装备标准化分技术委员会"，实施标准领跑计划。相继完成《海底电力电缆输电工程施工及验收规范》《海底电力电缆输电工程设计规范》2 项国家标准、《海缆工程运维规范》《110kV 及以下海底电力电缆线路验收规范》《海缆退扭装置通用技术条件》3 项行业标准及多项团体标准、地方标准编制发布工作，参与 1 项行业标准和 1 项国家电网公司企业标准海缆检修定额编制工作，逐步构建海缆施工领域技术标准体系，填补了国内空白。

2. 培养坚强施工人才队伍，打造竞争新优势

基于全国海缆施工运维专业人才紧缺的现状，浙江启明海工强化自身人才队伍建设与培养，依托人才队伍保障，打造行业竞争优势。一是强化实战化培养。依托海缆工程业务总量丰富的优势，在每次施工作业中强化老中青员工配比，确保青年员工实践实战机会，通过业务实战，切实提升施工运维能力，建立一支"坚守自立、担当奉献、勇攀高峰"的海上电力建设铁军。二是强化中坚人才队伍建设。加强全国劳模、国家海缆技术专家、浙江工匠和青年技术骨干的培养，提供外部学习等机会，组织参加浙江大学等高等院校、浙江舟山海洋输电研究院等组织的各类理论和技术培训，夯实施工人才队伍基础。三是强化市场化薪酬机制保障。深化开源开放，建立市场化企业有效经营机制，激发企业和员工创新动力活力，公司编制完成并发布实施全员市场化薪酬标准制度和项目专项奖实施方案，打造企业人才优势。

3. 首建海缆施工定额标准，提升成本竞争力

市场化运营中，成本管控是提升企业竞争力的一项关键因素。浙江启明海工在技术装备、数字施工、运维服务不断创新提升的基础上，进一步严控施工成本，提出基于"全过程＋全要素"的"双全"成本精益管控模式，以工程成本计划管理、成本全过程闭环预警监测调节、可视化成本管控全景信息等手段优化海缆施工成本管控，以施工全过程和成本全要素的识别与应用为抓手，实现成本标准体系创新，构建政策制度保障，科学推进海缆施工工程成本全过程精益管控，进一步提高公司经营效益水平，夯实市场化竞争能力。

三、支撑海上风电稳定送出的海缆工程建设与运维管理效果

（一）建成送出示范工程，支撑海上风电快速发展

通过创新实践，浙江启明海工首次突破海缆深埋技术，完成江苏东台 200 兆瓦海上风电场送出工程，系国内首次突破长距离潮间带海缆施工，实现"当年建设、当年投产"的目标，工程荣获第二批国家优质工程金奖。

（二）提升海缆施工能力，形成产业发展示范样板

通过创新驱动，培育了浙江启明海工核心竞争优势，相继完成建缆 1 号船改造升级、舟电 7 号船资产购置以及改造升级等现有装备资源优化配置唤醒工作，成功完成国内首艘 5000 吨级载缆量新型海缆船建造，填补国内深埋海缆打捞技术空白。

（三）获得行业充分认可，塑造海缆施工强势品牌

成果实施以来，浙江启明海工国内海缆施工市场份额占比达到 40% 以上。国家电网公司董事长充分肯定了海缆施工业务取得的成效，指出海缆施工运维能力"全国第一、世界领先"。打造了国家电网"国蛟一号"海洋输电核心技术品牌，获评能源产业"绿能星"特等奖、中国企业品牌创新成果一等奖。

（成果创造人：陈伟龙、汪宇怀、匡剑勋、沈佩琦、张志刚、王　昕、
　　　　　　　梁帅伟、李　彦、应烨军、袁舟龙、励力帆、朱诤远）

新型研发机构助推材料高端化发展的平台化服务业务管理

上交（徐州）新材料研究院有限公司

上交（徐州）新材料研究院有限公司（以下简称上交新研院）成立于 2019 年，于 2020 年获批新型研发机构备案，2022 年获评市级优秀新型研发机构。上交新研院目前已掌握高强高韧钢耐磨材料研发制造、陶铝新材料、金属材料表面激光改性和增材制造、超大型超高米数复杂结构件焊接变形模拟仿真和焊接工艺优化、先进材料成型控制等关键技术，在国内处于领先地位，并实现国产化批量应用。解决高端新材料技术难题 20 余项，拥有自主知识产权 50 余项，参与制定国家标准 6 项，获评科创中国"新锐企业榜"100 强、荣获江苏省科技进步奖一等奖一项，已成为我国新材料领域最具影响力、竞争力的新型研发机构之一。

一、新型研发机构助推材料高端化发展的平台化服务业务管理背景

（一）实施制造强国战略、打破高端新材料国际垄断的需要

目前，全球新材料龙头企业主要集中在美国、欧洲和日本，在经济实力、核心技术、研发能力、市场占有率等方面占据绝对优势，形成全球市场的垄断。我国新材料产业虽然已经取得几十年的长足发展，但由于新材料技术含量高、投资周期长、革新速度快、上下游联动性强、生态环保性强，致使我国新材料研发与生产、市场脱节，材料、工艺与装备多学科交叉融合研究不足，材料细分产业关键技术和共性技术没能得到有效突破，部分关键原辅材料尤其是高端材料大量依赖国外进口。因此，建设"高效、高质、绿色、低碳"的自主新材料产业体系需要全面突破高端新材料核心技术，提升关键战略材料自给率，推动自主创新型新材料技术产业化。

（二）全面突破高端核心技术、探索新型研发机构全新运行模式的需要

目前我国的新型研发机构仍处于起步发展阶段，普遍存在促进产业发展的战略定位不清晰、产业关联度不高、服务产业的资源整合能力和功能作用不强、内部管理体系和运营机制不健全、股权结构分散、投资实力弱、成果转换效率相对偏低、人才引进与激励机制乏力等问题。材料领域应加强新型研发机构体系建设，创新运营管理机制，遵循科学研发和成果转化规律，完善机构组织形式、运行机制和管理模式，以原始创新和产业关键共性技术研究、人才培养为核心，强化新型研发机构产业技术供给和科技成果转化力度，为材料领域关键核心技术突破和产业化应用提供组织载体。

（三）提升企业管理效能、促进可持续发展的需要

为发挥上交新研院"成果产业化助推器、创新创业孵化器、科技与产业连接器、应用型人才哺育器"四大功能，需要根据区域产业发展重点和市场需求，找准核心业务发展方向和市场定位，制定发展战略，设计运营管理体系，匹配专业人才团队，整合"政产学研用"优势资源，构建一个从研究到商业化全过程的微创新生态，为区域产业转型升级和经济发展提供高质量服务。因此，上交新研院迫切需要探索建立适用于新型研发机构技术研究、成果转化和产业服务有机结合的运营体系和核心业务模式，快速提升自身可持续发展能力，为服务区域科技发展、技术创新和科技成果产业化蓄能助力。

二、新型研发机构助推材料高端化发展的平台化服务业务管理主要做法

（一）谋划制定平台化发展战略，构建运营管理平台体系

1. 明确企业战略目标，实施战略规划纲要

通过深度解读国家"十四五"规划纲要，深入调研新材料产业市场需求，充分分析新材料产业宏观政策及国内外发展趋势，结合新型研发机构建设要求和发展现状，为实现服务区域科技发展、技术

创新和成果产业化的使命责任，上交新研院成立战略委员会，进行顶层设计，谋划以市场需求攻关、产业瓶颈突破、资源整合协同为导向，以研发平台、成果转化平台和产业化平台为核心的平台化发展战略，确立"成为新材料领域融通资源链、整合价值链、锻造创新链、赋能产业链的现代化产业体系共同体"的战略目标，明晰"技术研发＋成果转化＋产业应用"的平台功能定位，为实现高强高韧钢耐磨材料、陶铝新材料、高分子润滑材料、激光熔覆材料等"卡脖子"高端新材料技术突破和产业化应用提供战略支持。

2. 构建运营管理体系，发挥平台功能作用

上交新研院联合上海交通大学、上海交大知识产权管理有限公司、徐州高新区安全科技产业投资发展有限公司、社会投资人、产业投资机构和专业服务机构，采取共同出资、技术入股、平台共建、联合科研、智库咨询等多种方式，构建协同研发平台、成果转化平台和产业化平台，形成促进材料技术研发、检测分析服务、科技成果转化的资源组合，实现技术突破与成果产业化应用的紧密结合与互通转化。一是联合上海交通大学和其材料科学与工程学院建立的协同研发平台，整合嫁接高校科研、实验和企业需求资源，根据新材料产业共性关键技术需求开展研究，为材料技术进步和产品提升提供测试验证保障。二是上交新研院成果转化平台有效促进知识产权形成和保护，及时转让知识产权，促进科技成果转化。三是上交新研院产业化平台充分与产业企业、投资机构、政府等资源联合，及时对研究成果进行投资，培育孵化企业，促进其产业化。

在三大平台的功能定位下，上交新研院针对产业需求，建立科研、成果转化与企业孵化、产业投资有机结合的机制。一是建立科技研究与市场紧密结合的新机制。与新材料、工程机械产业密切合作，聘请产业专家做咨询顾问，对科研项目做市场调研分析，使科技研究针对市场需求有的放矢，实现科研与市场的有机结合。二是建立科研成果快速转化的新机制。上交新研院加入的徐州地区新材料、精品钢材、工程机械产业联盟组织早期介入，增强科技研究的导向性，为上交新研院成果快速转化准备条件。三是建立科技研究与投资界有效结合的新机制。建立投资与产业化平台，依靠国内相关风险投资基金对科研项目进行市场分析和立项投资，并对项目进行培育、孵化，实现研究成果产业化效果最大化。

3. 建立高效组织架构，促进业务有效运作

上交新研院持续完善法人治理结构，建立高效的企业组织架构，保障各业务模块的有效衔接运作，实行董事会领导的院长办公会和技术委员会协同决策管理制。董事会负责上交新研院战略发展方向。技术委员会对董事会负责，决定上交新研院的研发方向和项目。院长办公会由首席执行院长组织实施上交新研院战略，代表董事会进行经营管理和运作，由政府代表、企业代表和外部专家人才团队组成的专业顾问团对院长办公会、首席执行院长的重要决策起到有效的参谋作用。在院长办公会下设综合管理部、技术管理部（包含各研究所）、产业合作部、分析检测中心和人才培养中心，分别负责实施综合管理、技术研究和成果转化、产业合作、检测技术分析、人才培养服务等，保障技术研发、检测分析、产业合作三大核心业务的有效实施运作，兼具新材料知识传播、教育培训功能，培养产业服务应用型人才。

（二）整合各类市场优势资源，开展关键技术应用研究

1. 聚焦工程机械新材料，把握关键技术需求

上交新研院利用地域优势，以工程机械企业为目标客户群，以徐工集团为核心客户，深入一线调研，调研内容涉及挖掘机械、起重机械、铲土运输机械、压实机械、桩工机械、混凝土机械、路面机械、隧道施工机械、桥梁施工机械、矿山工程机械、凿岩机械、叉车等多种工程机械产品及配套零部件设计、生产、使用现状及市场发展趋势，掌握制约中国工程机械企业向智能化、高端化和国际领先水平迈进的核心关键材料类型及工艺生产技术方向。

基于此，上交新研院整合上海交通大学、浙江大学、吉林大学、中国矿业大学等一流高校的新材料领军专家资源，与企业技术、生产、质量、运营负责人等关键岗位深入交流，并沉入生产与工况现场实地考察验证，精准把握高端金属材料、先进钢铁材料、先进无机非金属材料等亟须打破国际垄断和行业瓶颈的关键技术需求，进行分类分级管理，明确技术研究和成果转化方向。

2. 定位研发主攻方向，破解材料技术难题

上交新研院精准把握新材料关键技术需求，整合高校和大客户优势资源，依托上海交通大学金属基复合材料、机械系统与振动、微米／纳米加工技术三个国家级重点实验室和模具CAD、轻合金精密成型、纳米技术及应用三个国家工程研究中心，将研发方向精准定位在工程机械领域内的安全科技材料、材料加工与装备制造、高性能材料、轻量化材料、新能源材料五大研发服务方向。与徐工集团达成战略合作和产业联盟关系，签订了长期战略合作协议，强强联合，共同攻关破解高端新材料技术难题。

上交新研院一方面主导开展市场迫切需要的共性关键材料的技术升级、工艺优化和生产加工，解决基础零部件、基础原材料、基础工艺技术等技术瓶颈难题；另一方面帮助企业解决个性高端需求，提供新材料定向研发、新产品新工艺全套解决方案，从设计、制造、工艺、管理等全方位助力企业提高生产效率和产品质量。上交新研院联合高校科研力量，持续攻克高端特种钢材研发制造、轻量化陶铝新材料研发试制、激光改性和增材制造等关键核心技术，在超大型矿挖关键部件和大型矿卡耐磨板、大型掘进机伸缩筒、大型矿挖重载销轴等方面得到成功应用。

3. 推行项目经理责任制，提高研发成果效益

为高效发挥平台型新型研发机构资源整合优势，促进研发活动产出效益，提高科技成果转化效率，上交新研院推行研发项目经理制。按照不同项目研发领域、时间长短、难易程度，将项目划分为不同等级，匹配不同资源的研发项目团队，通过"揭榜挂帅""内外举荐""综合评选"等方式选定研发经验丰富、项目管理能力较强的技术人员担任项目经理，赋予其与研发项目直接相关的经营指挥权、人员调配权、财务管理权、技术决策权、设备／物资／材料的采购与控制权。项目经理对研发项目全过程负责管理，包括市场调研、项目评估、方案立项、合同签约、项目计划制订和过程执行、结果目标跟进、客户关系维护等。另外项目经理人选定后，上交新研院即与其签订《研发项目责任状》，包括研发控制指标、预算经费控制指标及进度、质量、安全控制指标，并于每季度对指标完成情况进行考核与激励，全面调动项目经理人的工作积极性和责任心，促进研发成果有效落地。

（三）推行"研测一体化"协同管理，提升技术突破服务成效

1. 促动研发检测业务融合，输出成套化解决方案

上交新研院按照"深化研测融合，强化协同支持，优化解决方案"的"研测一体化"服务方针，同步发展研发和检测两大核心业务。一是建设功能完善的分析检测实验室，匹配国内外先进系列化、成套性检测仪器设备，兼具样件加工、检测分析、失效分析、质量控制等服务能力和良好的测试验证环境，既能为新材料、新工艺、新方法的诞生输出溯源性分析手段，也能为样件、产品、售后服务提供成套化验证改进支持。二是以研发、成果转化项目为载体，联动分析检测实验室和外部顾问专家，组建跨资源、跨领域的项目攻关团队，制定高端新材料技术突破解决方案，全程输出包含技术研发、测试试验、验证分析互为支撑的协同保障服务，促使研发内容为检测分析提供方向指引，检测结果为研发改进提供验证支撑，提升项目研究质量和成果输出效率。

2. 实施一体化项目管理，提高跨团队资源协同服务效能

针对"研测一体化"项目资源联动性强、专业技术范围广、实施周期跨度长等特点，上交新研院制定实施一体化标准管理流程，通过上下联动、平级配合、内外延伸，充分应对客户需求，保障项目

高效实施和迭代升级。一是开放协作、资源链接，贯通内部"技术管理－研究开发－检测分析"职能部门与外部高校、企业研发检测、市场应用协同，实现内外联动、业务融合、资源共享的一体化连接机制。二是管理驱动、标准服务，不断完善研发检测创新体系，制定《"研测一体化"项目标准化实施管理办法》，为项目实施各环节一体化管理提供依据和方法，扫除多资源协同互动障碍，强化研发与检测之间的高效配合、互为协同支撑作用。三是线上共享、协同高效，搭建一体化线上管理平台，实现项目管理逐级分解、线上提报、线上管控、线上反馈和实时共享，使项目任务在时间和空间维度的全过程管控可视化，提高了"研测一体化"项目过程管理的可控性，实现项目立项、方案设计、过程实施、结果验证等全环节的有效衔接和协同管理。

（四）技术人才资金有效融合，塑造链条式产业服务模式

1. 技术成果转化落地，打通上下游产业链条

在科研平台、转化平台、产业化平台的有机协同作用下，上交新研院以"助力产业高质量发展"为宗旨，强化"人才链、资金链、服务链、产业链"四链融合的协同作用，全力促进研发项目成果落地，打通科技成果转化"最后一公里"。一是以高校核心人才团队基础理论研究结果为基础，以攻克工程机械高端新材料产业技术需求为目标，与工程机械企业合作形成新材料新工艺新技术研究项目，实现基础研究成果的针对性应用转化；二是嫁接产业市场客户，搭建中试基地，将工程机械企业生产车间作为试制现场，为应用研究成果提供最佳生产试制条件，并将中试产品直接投放到实际工况中进行市场验证，为产品改进升级提供一线数据支撑；三是借助政府土地资源、人才团队知识产权、金融机构资金实力及社会投资人生产管理经验，多方联合成立孵化企业，实现科技成果快速转化落地，助力产业转型升级。通过技术、人才、资金、政策等有效融合，上交新研院已打通从原材料到产品集"研发－试制－孵化－生产－销售"于一体的上下游产业链条，服务实力逐渐由单一企业、单一门类产品服务，向工程机械产业集群化服务迈进。

2. 集聚产业领军人才，增强市场核心竞争力

上交新研院挖掘破局产业瓶颈人才资源组合潜力，优化匹配新材料产业关键核心技术人才、专家人才。一是通过定向挖掘、"揭项挂帅"、柔性引才、全/兼职聘用等多种方式吸引招纳新材料产业领军人才、专家人才，为技术研发和产业化服务储备力量；二是通过人才持股、资源收益共享、生活住房保障等措施激励专家人才与上交新研院形成长期合作，持续输出技术成果为区域产业升级服务；三是针对人才团队不同领域的研究方向，与工程机械客户定向开发科研项目，研究与市场紧密结合，增强市场核心竞争力。

3. 校企研联合培训，提升产业应用人才接续力

上交新研院与高校、企业三方深度融合，优势互补，达成"项目合作＋技术培训"共识，形成"上交新研院－高校－企业"教研相长、理论与实践相结合的新模式。一是在与工程机械企业合作过程中，针对新材料基础理论应用、技术应用、新兴学科/交叉学科短板，研发项目团队亲临企业现场提供技术指导、方法演练和技术咨询服务支持。二是整合高校师资力量针对性开发培训课程，如《焊接工艺模拟仿真》《激光熔覆与再制造技术应用》等，着重培训培养企业技术人员的基础理论转化应用和创造性实践能力，助力企业提升技术创新能力，促进产业链工艺优化、技术升级、成本控制、产品迭代。

（五）夯实内部控制体系建设，保障平台运营管理效力

1. 完善制度体系建设，防范规避运营风险

基于"规范化、模式化、体系化"原则，上交新研院深度学习国内外研究机构先进经验和优秀案例，结合新型研发机构业务管理特点，经过探索验证和持续改进，形成一套系统完整的内部控制管理

体系，包括纵横向项目管理体系、知识产权管理体系、实验室质量管理体系、财务管理体系、人力资源管理体系、品牌发展管理体系及配套关联的120余项制度、流程、办法，严格规范业务运作程序和规则，使笼统要求具体化、复杂管理简单化、系统工作程序化，实现体系与制度、职能与流程的统一协调全面规避防范运营管理风险，保障上交新研院科创平台功能全面实现。

2. 优化绩效激励指标，强化目标引领作用

围绕上交新研院战略纲要和运营目标，坚持"战略引领、目标驱动、方法导引、全员参与、激励为要"的原则，以关键战略目标和年度运营目标为依据，以技术成果、管理成效、市场提升、经营发展为绩效指标，以创新性、改善性、成长性、发展性为衡量标准，建立健全绩效管理。在绩效目标设定上，涵盖战略目标、经营目标、技术目标和管理目标，战略目标以上交新研院战略规划及相应的技术、产品、服务、客户、市场、运营等关键目标为指引承接分解；经营目标以年度经营管理任务目标为指引进行分解，侧重于市场目标、管理目标、人才目标和财务指标；技术目标以研发技术服务目标任务为指引进行分解，侧重衡量技术成果、成果转化率、孵化贡献度和客户满意度；管理目标以年度经营管理目标为指引，侧重管理成果输出和效能改善贡献度。在绩效测量评价上，按照分级分层原则，构建以"运营财务指标和市场客户指标"为主的经营业绩测量，以"成果指标、成长指标、发展指标"为主的可持续发展管理业绩测量，以"内部业务改善、提升、创新指标"为核心的职能管理绩效测量，充分激发和调动各部门以及全体员工的积极性，全方位保障总体战略目标实现。

3. 建立梯队晋升机制，增强平台服务后劲

上交新研院开展以"超越为先、创造为要"的员工梯队培养机制，遵循"长期开发，重点培养，以点带面"的培养策略，全面实施《人力资源战略发展规划》《员工培养管理办法》《人才梯队建设方案》，形成较为完善的员工职业发展通道和激励机制。在员工梯队晋升机制上，建立管理梯队和技术梯队晋升通道，其中，管理梯队分为基层、中层和高层三个层次，技术梯队分为初级、中级、高级三个层次。在员工能力素质培养上，分别制定不同梯队的培养方案，通过专题研讨、项目历练、角色模拟、轮岗锻炼、专项培训、导师帮带、标杆学习、案例分享等形式，使各梯队员工得到业务理论、专业知识、管理方法的系统学习和平台历练的梯次成长。同时，鼓励员工提升学历层次，大力培养具有发展潜力的年轻人才，营造良好的人才关爱文化，有效形成一支"技术专、业务精、管理强、技术管理能力相长"的新型研发机构人才梯队，为员工持续超越晋升打通了道路，增强新型研发机构平台服务功能后劲。

三、新型研发机构助推材料高端化发展的平台化服务业务管理效果

（一）突破关键核心技术，打破国际垄断格局

上交新研院走进80余家工程机械企业深度市场调研，梳理出产业共性与关键技术和行业"卡脖子"新材料技术难题175项，整合资源持续攻关破解，已掌握突破高端特种钢材研发制造技术、金属材料表面激光改性和增材制造技术等多项关键技术，实现知识产权自主可控。围绕新材料技术革新，参与科技部、国家自然科学基金委员会等主办的纵向研发项目10余项，签约横向研发项目20余项，参加制定国家标准6项，申请获批发明专利14件、实用新型专利8件，并荣获2023年江苏省科技进步奖一等奖、2022年"科创江苏"创新创业大赛装备制造创新组一等奖等称号，成功入选2021年"科创中国""新锐企业榜"100强。

（二）多项成果转化落地，产业应用效果显著

上交新研院促进多项关键技术成果转化落地，已转化孵化高强高韧钢耐磨材料、激光熔覆涂层研发及应用、陶铝新材料和高分子自润滑耐磨滑块四个产业化应用项目；自主研发的超高超大吨位矿用挖掘机斗齿韧板系统经海外厄瓜多尔铜矿市场验证寿命较全球第一品牌产品提升30%，已成为徐工超

大吨位铲斗供应商，扭转了关键机械材料长期依赖进口的被动局面，为新型研发机构以现代化运营管理创新赋能产业高质量发展提供了标杆示范作用。

（三）综合实力稳步提升，经济效益逐步增强

上交新研院已成为集"新材料基础研究与应用研究、产业共性与关键技术研发、科技成果转化、企业培育孵化、分析检测保障、人才培养服务"于一体的综合型研发基地，新型研发机构"项目化研发、产业化孵化、平台化服务"的科创平台功能作用得到充分体现。企业综合实力得到显著提升，年技术服务收入超 1500 万元，平均项目收益率从 12.07% 提升到 30.03%，营业收入年平均增长率为 115%，研发经费投入强度三年均大于 90%，净利润平均增长率超 20%，资产总额增长率超 25%。

（成果创造人：单爱党、徐筱慧、吕　杰、张少宗、陈　彬、王　端、
彭　振、刘拴住、李广州、王倩倩、薛小伟）

面向过程管控的大型特种飞机供应商管理体系构建

中航通飞华南飞机工业有限公司

中航通飞华南飞机工业有限公司（以下简称通飞华南）隶属中国航空工业集团有限公司旗下中航通用飞机有限责任公司，成立于 2012 年，地处广东珠海。具备通用飞机及大型水陆两栖飞机总装、调试测试能力，获得"中央企业先进集体"等称号。现有员工 1000 余人，本科以上学历占比 80% 以上，其中百千万人才工程国家级人选 1 人，享受国务院政府特殊津贴专家 7 人。

一、面向过程管控的大型特种飞机供应商管理体系构建背景

大型灭火 / 水上救援水陆两栖飞机 AG600 改进型飞机的主制造商是 2012 年成立的年轻主机厂，组织机构、制度体系陆续建设中，截至 2019 年 AG600 原型验证机研制期间，主制造商自身管理体系不健全，内部管理不完善，对供应商管控能力弱、管理手段单一、运行机制不健全，缺少一套规范全面的包括供应商管理体系在内的企业运营管控体系，型号研制缓慢。AG600 改进型研制中，主制造商需要通过统筹规划企业全业务流程管理体系，提高自身能力和水平，重视供应商管理能力提升，增强企业核心竞争力。

AG600 原型机研制配套质量差，对型号研制进度影响极大；AG600 改进型研制进度极度紧张；共同参与 AG600 研制的供应商分散在全国各地，上下游产业链 240 多家企事业单位各自管理能力水平参差不齐，亟须构建覆盖项目、构型、质量、制造、适航、交付等管理过程的供应商制度体系和管理机制，强化合作过程管控，以推动研制生产问题解决落实。

二、面向过程管控的大型特种飞机供应商管理体系构建主要做法

（一）系统梳理管控要点，构建完整供应商管控体系

1. 要素全覆盖，系统规划供应链业务流程

主制造商围绕企业"建立市场、设计、供应链、制造、交付、客服一体化运营管理体系"战略目标，按照企业 AOS 体系建设部署要求，全力组织开展企业各业务管理 AOS 体系建设。聚焦产品准时交付，提升供应链管理水平，主制造商系统总结梳理供应链管理业务痛点、内外部管理合规要素、与相关业务域逻辑关系，从供应链规划、供应链计划、采购执行、供应商管理、仓储物流管理等五个流程组系统策划供应链管理业务域，提高外包采购质量和效率、强化供应商过程管控、规范仓储物流管理。

系统解析从内至外、从上到下各项供应链管理要求，梳理提炼管理要素，纳入供应链管理流程体系；供应链管理合规要素涉及的范围包括国家、集团、第三方、合规、标准等方面，对外系统承接质量管理体系要求、设计保障体系要求以及保密管理体系要求，环境保护和职业健康、国家招投标等要求，对内承接航空工业集团公司内控指引要求等，共承接外部需求文件 43 份，共 522 项要素。

2. 过程全覆盖，构建完整供应商管理体系

主制造商从型号研制全过程强化对供应商全生命周期的管控，涵盖供应商寻源开发、准入、合作、评价、退出等方面，确保供应商管理流程完整、要求全面、职责清晰、管理要素全覆盖、管理表单化；细化对供应商成本、质量、工艺、适航、交付等过程的管控，优化供应商评价指标，做好供应商产品交付前后的评估，建立起"成本对标，程序规范，强化评估"的供应商管理体系。

针对零组部件供应商、系统 / 设备供应商，重点从项目管理、构型管理、工艺过程管理、适航管理、质量管理、交付管理等过程制定切实有效的供应商过程管控要求，确保供应商能够按时、准确交付符合设计和质量要求的产品。

（二）科学合理统筹规划，确保策略有效组织有保障

1. 优化组织架构管理，强化组织保障

AG600 飞机项目管理委员会授权设立供应商管理委员会作为供应商管理的最高决策机构，负责制定供应商管理政策，对供应商管理中的重大问题进行仲裁；供应商管理委员会下设供应商管理办公室，挂靠供应链管理部，负责供应商归口管理；组织经营规划与项目部、研发中心、质量安全部、制造工程部、适航工程部、财务管理部等以供应商管理 IPT 团队的形式，共同进行供应商开发选择、招投标、合同谈判、合同签署与管理、供应商测评奖惩等工作；各部门 / 团队协同工作、流程扁平化，极大提高了组织执行效率。

针对机体结构类供应商、机载系统级供应商等设立包含设计、工艺、质量、适航、供应链等成员的供应商联合工作组，负责组织供应商管理活动实施以及监控供应商管理要求落地，协助供应商解决项目研制过程中的问题；项目部门抓总，各职能部门提供资源保障，组建派驻供应商现场的联合办公团队，监督和协调供应商严格执行项目研制计划及工作要求；与供应商项目团队沟通，跟踪供应商研制进度，帮助供应商协调解决工程、制造、质量、适航、交付等问题；收集供应商处发现的重要问题以及供应商的重要关切问题，上报供应商联合工作组组长及供应链管理部协调解决。各专业协同联动，研制问题解决效率大幅提升，生产进度大幅提高。

2. 统筹供方分类管理，实行差异管控

主制造商合理调配内部资源，集中优势力量强化机体部段、机载供应商等重点供应商管控，确保各供应商能够持续稳定按期交付配套产品。按型号采购金额大小和采购风险高低，结合供应商供货范围和不同特点，将 AG600 供应商划分为战略型供应商、杠杆型供应商、瓶颈型供应商、一般型供应商。主制造商与战略型供应商形成良好互动，以"双赢"经营理念为指导，与供应商结成长期稳固和互惠互利的伙伴关系；对杠杆型供应商实施资源整合，提高产品集中度，发挥规模效应；重点关注降低瓶颈型供应商风险，保障供应，并积极开发替代供应商；简化与一般型供应商合作流程，关注管理成本降低，保持市场交易关系。以分类管理为策略，以有限资源为保障，实现了供应商管理高效协同。

（三）完善供应商管控机制，加强全生命周期评估

供应商考核评估工作从供应商准入审核入手进行第一关考核，辅以对合格供应商合作过程的监督审核作为第二种评估手段，再加上周期性供应商绩效评价，三种考核手段相结合覆盖供应商全生命周期。

准入评价、过程监督审核以及绩效考核三个评价阶段环环相扣，通过对考核结果的分析，持续优化供应商队伍，为及时改进企业和供应商的合作策略提供支撑。

1. 分类管控，差异化管控供方准入模式

AG600 供应商准入评价基于全面、具体、客观原则，综合考虑供应商的业绩、质量控制、成本控制、技术开发、用户满意度、交付等因素，建立并使用了一套全面的供应商准入综合评价指标体系，确保对供应商做出全面、具体、客观的评价。针对不同类别的供应商制定不同的选择标准、明确不同的关注要点、制定不同策略的审核方式，以此来实现供应商选择准入以及退出效率提升，同时不降低对供应商质量的把控。重点体现在按供应商类别确认是采用书面审核还是现场审核、按供应商类别和实际采购产品的特点制定不同审核计划、按供应商类别及产品特点确认是否开展产品验证考核。

2. 突出重点，强化外包供应商过程管控

针对机体零组部件、机载设备等供应商，做好过程管控是保障产品交付质量和交付进度的关键环节。以部件交付计划节点为牵引，梳理前置条件、做好过程分解，科学合理制订各级分解计划，以

计划为牵引，做好供应商研制生产过程的管控。顶层规划做好供应商项目管控，包括项目计划管理、项目成本管理、项目沟通管理、项目风险管理、项目研制经费管理等，保证项目良好、有序运转；统一项目构型管理，按照型号构型管控要求，保证设计构型、交付构型和制造构型的统一，构型完整可控；加强工艺协同管控，规范工艺数据管理、贯彻设计更改管理、工艺偏离管理、工艺文件管理、特殊过程确认管理、关重件管理、交付BOM管理、并行协同管理等；严肃管理质量先行，规范供应商器材代用管理、首件检验管理、质量问题处理、不合格品审理、质量业绩管理等，保证产品交付质量；统一规范适航管理，从委任代表、制造符合性检查、工艺规范适航等方面做好适航管控，保证产品适航性；资料完整实现完整交付，从供应商交付资料、履历本、产品包装防护、保留和撤保留等方面规范供应商交付管理，保证产品状态完整。

3. 优化模型，分类开展供应商绩效评价

AG600供应商绩效评价从供应商产品的符合性质量、交付进度、服务水平、质量问题及影响等评价指标进行专项评分，并按一定权重比综合评价。针对不同类别供应商，制定不同的供应商绩效评价指标模型结合不同类型供应商供应产品的复杂程度等特点，设置不同的考核指标，以确保通过绩效评价能够更加客观、公正地体现每类供应商交付绩效。针对战略型供应商、杠杆型供应商增加考核不合格品审理单、代料单以及保留项数量，考核紧急订货及返修服务响应程度；针对瓶颈型供应商关注分批交付进度满足程度，针对一般型供应商重点考核一次性交检合格率；依据绩效评价结果进行供应商等级划分，包括优秀、良好、合格、不合格，为供应商管理委员会及时改进企业和供应商的合作策略提供支撑。

（四）优化供应商结构，提升供应商管理综合水平

1. 结合实际，制定供应商开发培育方案

通过不断探索、优化供应商培育模式，推动供应商从能力补充向结构优化转变，有效降低了项目质量和交付风险，为主制造商科研生产提供了有力保障。AG600飞机研制任务量逐年增加，主制造商统筹规划未来与供应商合作方式、研究供应商整体规模、质量能力、技术水平、交付能力及区域布局等关键要素。通过按专业类别和产品特性，以数据梳理、评估供应商资源和能力需求，着眼对未来的前瞻性，基于企业产能和技术需求，分析供应商资源缺口和风险，结合外部航空制造产业发展趋势，构思培育目标、结构布局、实施策略等，制定供应商资源开发培育方案，建立供应商主动开发培育机制，为持续提升供应商综合水平夯实基础。

2. 取长补短，相对合理优化供应商结构

按照供应商资源开发培育方案，采取持续开发、培育、退出相结合的方式，实现供应商资源优胜劣汰。供应商资源总量和各专业供应商资源均得到增强，供应商在资质、能力、管理水平等方面普遍有所提升。供应商承揽的产品范围由部分工序加工、全工序加工拓展到部组件加工，加工类别覆盖机械加工、钣金加工、标准件加工制造与部组件装配。对标国际先进航空巨头的供应商分层结构，形成以战略供应商为主、一般供应商为辅、潜在供应商备选的"三层"供应商结构；同时，为保障供应链的均衡生产，针对瓶颈项目，应用产品导向、技术升级、管理协同等方式培育杠杆供应商，形成优势互补、适度竞争的结构效应，为逐步解决瓶颈供应商交付问题奠定基础。

3. 聚焦发展，培育中长期战略合作伙伴

着力开发培育一批"目标一致、志同道合、风险共担、利益共享"的战略零部件供应商。通过建立零部件供应商主动培育机制，储备有意向的优秀供应商资源；同时结合现有供应商资源，按照供方基本条件、产品复杂重要程度、历史配套及绩效成绩情况、供方合作意愿、潜力等内容，筛选实力强、体量大、合作意愿强的供应商进一步扩大合作范围。通过三年的培育，目前已经在机械加工、钣

金加工、零部件集成上分别培育了 1～2 家战略供应商，并且机加件、钣金件均具备了全工序加工交付的能力。与供应商之间初步实现由合同供需关系向战略合作模式转变，以及由能力补充、应急被动向主动协作、创造价值方向转变。

（五）细化组织模式，提升供应商协同管理能力

1. 准确划分研制阶段，做到计划科学合理

分阶段策划工作，梳理串并行关系，确保计划合理。管理策划阶段，策划供应商管理模式，组建供应商管理团队；投产准备阶段，启动材料、标准件等风险采购，完成详细设计工艺性审查，完成工艺方案策划，启动工装研制；零件制造阶段，装配拉动零件生产计划、零件制造外扩外协计划，做好制造过程检验、适航目击、制造偏离管理；装配交付阶段，以装配计划为牵引，组织开铆配套，推进总装下架，开展适航挂签，保障交付运输。主制造商加强项目计划管理的科学性，并统一协调控制利益的合理分配，以增强供应商对项目研制成功的信心、参与研制工作的积极性和对主制造商的信任度，推动项目总体研制顺利进行。

2. 建立多层沟通机制，确保信息对称统一

为做好供应商沟通管理，除基于项目指令、研制会议纪要、传真、函件等基本沟通手段以外，主制造商通过集团公司、通飞总部着力打造供应商大会、行政指挥师系统例会、研制现场办公会等会议平台；建立与供应商高层的互访机制；供应商定期向主制造商发布其研制进度周报/月报；应用电话会议、视频会议、微信群等手段，及时了解供应商工作进展，督促、协调、解决供应商存在的问题；保证了与供应商之间的高效合作与信息沟通交流，压缩了问题处理周期，提升了沟通效果，加速了型号研制进程。

3. 阶段开展风险识别，避免重大进度延误

阶段性回顾并识别风险，统筹策划风险规避措施，从设计类风险（设计要求、方案设计等）、制造类风险（工艺准备、工艺评审、工装和设备、质量、适航等）、试验类风险（试验计划、重大试验质量、试验条件保障、软件试验等）、保障类风险（人员保障、综合保障、集采件配套、人员培训、代表资质授权等）、管理类风险（构型管理、费用控制、团队管理等）、进度类风险（执行过程中关键控制点实现、周期等）等方面入手，由项目部门组织行政指挥系统、现场指挥系统例会，识别项目方向，制定措施行动方案，细化各部门行动项，落实行动责任主体，行动项纳入项目计划考核管理，利用项目例会开展点评；各业务部门组织专业例会，梳理阶段目标，分析识别业务风险，强化风险信息管理，持续化解风险事项。

（六）主供深度协同，取长补短共同推进研制进度

1. 供应商落实体系要求，协助主制造商改进提升

按照供应商管理体系要求，供应商在初级设计阶段、详细设计阶段，全面深度参与型号设计。各供应商利用自己成熟的制造工艺能力和体系，按照主制造商要求共同构建符合中国民用航空规章中的《运输类飞机适航标准》第 25.605 条款的适航要求的工艺规范体系；编制特殊过程确认大纲，配合主制造商对特殊过程进行审查及批准，确保型号特殊过程受控，保证最终产品质量；编制部件工艺总方案、装配协调方案等相关工艺方案确保受控工艺方案满足主制造商产品要求；各供应商赴主制造商开展多轮次集中工艺性审查，针对构型划分、材料选用、零件制造、部件装配等方面向设计提出存在问题和改进建议 7000 余条，通过工艺提早介入，预先发现工艺问题，给出工艺改进建议，优化了初步设计方案的工艺性，有效减少后续详细设计因工艺性问题造成的反复，极大提升主制造商型号研制质量。

2. 主制造商培训供应商，推进民机研制能力提升

针对重要机体结构供应商，由主制造商派驻质量代表，现场指导、监控产品实现过程；对其余供应商，推行主机委任质量代表（SQAR）模式，代表主制造商对供应商研制过程和产品交付质量实施监控，有效解决民机主机单位对系统设备供应商研制过程质量监控手段薄弱的难题；建立局方制造符合性检查预检查及供应商交付验收点检机制，推行大部件挂签资料模块化、标准化，提升挂签效率，根据局方关于大部件交付制造符合性检查的61条原则要求，编制大部件挂签准备资料的标准化模板，对供应商进行培训宣贯，推进部件挂签交付质量和进度。通过型号质量培训、质量问题专题分析会、经验交流会、研讨会等多种工作交流机制，创造主机和供应商交流、供应商和供应商交流的机会，及时深入剖析典型质量问题，总结质量经验；引导和培育供应商落实主机要求，提升供应商民机研制质量管理水平。

3. 供应商协同研制平台，确保研制数据实时共享

通过信息化平台手段实现主制造商和供应商数据源唯一、数据信息有效传递是"主—供"模式下必须引以为重的要素，供应商与主制造商相互呼应，以供应商管理体系为指导，统一供应商管理系统门户，主制造商通过协同研制平台与各级供应商共享工程数据、任务数据、进度数据、质量单据等信息，并实现异地联合设计、数据报表工艺会签，确保有效的沟通和交流。实现设计信息、工艺信息、质量信息、交付信息的有效、实时、唯一传递，以此加强供应商数据和各种研制信息的管控。

三、面向过程管控的大型特种飞机供应商管理体系构建效果

通过项目研究与实施应用，华南公司管理水平尤其是供应商管理水平和能力显著提升，型号研制产品供应链风险明显降低，供应商民机质量适航能力得到大幅提高，产品生产交付速率和质量显著提升，主制造商配套管控能力和水平系统性提高，型号研制进度全面提速，各里程碑节点目标完成等经营业绩指标均按期完成，主–供合作共赢的合作关系进一步加深稳固。支持平安中国建设目标进一步逼近，降低了管理成本，为企业创造了一定经济效益。

（成果创造人：王　彬、李长庆、赵　刚、张学振、陈振兴、任　健、
王　乐、陆汉东、陈　丰、赵海升、匡君君、艾　奇）

国有资本运营公司战略性产业集群培育与发展

广东恒健投资控股有限公司

广东恒健投资控股有限公司（以下简称恒健控股公司）成立于2007年，是经广东省政府批准设立、由广东省国资委履行出资人职责的国有独资公司，是广东省重大战略投资平台和省级国有资本运营公司。恒健控股公司以"服务国家战略，赋能产业升级"为使命，以资本运营和专业金融服务为手段，引导和带动社会资本共同发展，推动国有经济布局优化和结构调整，服务广东省委省政府重大战略部署，助力广东省产业集聚和转型升级。

一、国有资本运营公司战略性产业集群培育与发展背景

2020年5月，广东省政府发布的《关于培育发展战略性支柱产业集群和战略性新兴产业集群的意见》提出，打造新一代电子信息、先进材料等十大战略性支柱产业集群和半导体与集成电路、高端装备制造等十大战略性新兴产业集群，绘出了20个战略性产业集群建设的"路线图"。作为省重大战略投资平台和省属国有资本运营公司，恒健控股公司必须贯彻落实中央精神和省重大决策部署。

恒健控股公司在推进自身高质量发展时也面临一些瓶颈。一方面，恒健控股公司持有多家央企股权和省属企业股权，股权资产过千亿元，然而，这些股权资产缺乏流动性，难以做大投资规模。另一方面，公司面临人才资源约束，相比较纯市场化投资机构，存在机制不够灵活等短板。因此，如何突破上述发展约束，发挥自身优势，成为亟待解决的问题。

二、国有资本运营公司战略性产业集群培育与发展主要做法

（一）建立适应资本运营公司功能定位的治理体系和管控模式

围绕公司战略定位和功能定位，围绕中央和省重大决策部署，恒健控股公司通过国企改革三年行动，建设有中国特色的现代企业制度，将党的领导融入公司治理和运行各个环节，充分发挥党组织"把方向、管大局、保落实"和董事会"定战略、做决策、防风险"及经理层"谋经营、抓落实、强管理"各自作用，确保公司的战略和功能定位执行到位。强化基层党组织建设，确保党建与业务相融合，总结形成了党建与业务深度融合、一体发展的"四看"工作法：看战略定位是否准确，看商业模式是否匹配，看关键问题是否解决，看规范标准是否到位，围绕核心工作开展党建。梳理制定各业务板块定位与商业模式。建立投资评审审核标准，明确参与投资评审各部门审核内容和标准。强化中后台建设，建立三大中心——财务管理中心、风控法务中心、审计中心，进行垂直管理，支撑下属企业一线业务。加强重大业务统筹，建立战略性产业基金等业务的内外协同机制。

（二）聚焦支持战略性产业重点领域重点环节

结合大湾区优势产业，恒健控股公司重点选择新一代电子信息、汽车产业、先进材料等战略性产业作为投资领域。在选定该产业链"链主"企业后，进一步分析该产业链发展趋势及重点环节，确定产业链延链补链强链方向，围绕该方向和"链主"企业开展产业整合升级投资活动。

恒健控股公司围绕承担的广东省农业供给侧结构性改革基金，结合乡村振兴战略，研究中国农业产业链存在的痛点和国外乡村产业振兴经验，选择农业产业链加工环节、流通环节为重点布局环节，在产业链终端价值可实现的前提下，由中下游带动上游种植养殖端，促进产业标准化和可溯源，在食材供应环节和预制菜加工环节重点布局了一批龙头企业。

围绕种业振兴战略，组建运营广东省种业集团和种业基金，开展种业产业链研究，重点布局种猪、白羽鸡等重点育种科技成果转化环节、种业全产业链布局企业。

围绕中医药现代化国际化战略，恒健控股公司和国开行合作设立中医药大健康产业发展基金。团队通过研究中医药产业链全链条存在的痛点，重点选择中西医结合符合现代化标准的研发、标准制定认证、院内制剂，包括传统饮片、配方颗粒、传统中成药等环节。

（三）精准筛选"链主"企业，着力提高产业组织化程度

第一，研究梳理广东省制定的20个战略性产业集群的整体发展规划，以及对应各地市细分领域分工布局，结合地市重点打造产业，确定各地市的筛选赛道。

第二，梳理广东省20个战略性产业集群覆盖的上市公司整体分布情况。一是从数量分布上来看，截至2022年5月5日，广东省共有777家上市公司，其中659家属于20个战略性产业集群，总体而言，广东省上市公司在20个产业集群中的布局比率较高（约85%）。二是从区域布局上看，按各地市上市公司总数统计，分为四个梯队。三是从收入和市值情况来看，除深圳外，广东省共有351家上市公司属于20个战略性产业集群，2021年总收入2.24万亿元，2022年5月6日总市值4.08万亿元。

第三，对应各地市所处战略性产业重点赛道，筛选对应赛道的核心企业上市公司。对核心企业上市公司选择的考量因素为：一是该产业发展空间及产业聚集前景；二是上市公司的产业整合功能，主要基于利用上市公司开展产业并购整合的角度，建立上市公司产业整合功能综合指标；三是实控人潜在合作能力和动力，主要基于恒健控股公司与上市公司实际控制人联合出资设立基金，并绑定其经营责任的角度，建立实控人潜在合作能力综合指标。

（四）对接和整合各方资源，赋能战略性产业"链主"企业

一是从产业链角度，支持延链补链强链。恒健控股公司通过战略转型和商业模式优化，聚焦打造省重大战略投资平台的战略定位，投资策略重心实现了从"投项目"向"投产业"的转变。公司一旦选择"链主"企业，会组织专业机构研究该产业产业链短板弱项，制定包括通过扶持"链主"企业实现延链补链强链规划，指导"链主"企业整合资源，提高产业链整体组织能力和创新能力，将扶持"链主"企业和解决产业链短板弱项问题结合起来。公司各业务板块基金投资、资本运营、股权管理围绕战略性产业集群提供全产业链和全周期金融服务及赋能，发挥整体优势和协同效应，通过实现政府－产业－金融－科技的充分融合，加快推进各地战略性产业集群发展。

二是从"链主"企业角度，支持解决产业要素资源不足的问题。针对广东省战略性产业"链主"企业上市公司数量多但规模普遍偏小、创新能力不强、核心环节存在被"卡脖子"情况等突出问题，恒健控股公司发挥省级国有资本运营公司的平台优势，通过资源整合型基金模式，汇聚政府、产业链上下游企业、金融机构、科研机构等产业相关资源，通过国有资本带动更多的社会资本联合投资，大力支持核心产业链、核心环节和核心上市公司的高质量发展，在推动产业整合和创造产业价值的同时，实现多方共赢。

（五）贯通产业链、创新链、资金链，有效支持成果转化

服务高水平科技自立自强，以基金方式促进创新链产业链融合，推动科技成果加速从"科学实验室"走向"工程实验室"再到产业化。恒健控股公司探索设立创新联合体基金，以资本为纽带打造产业创新生态，促进"政产学研用金"各要素高效协同，通过提升科技成果转化效率为相关企业带来增量收益并向各相关方反哺，带动上下游产业的共同发展，解决创新链、产业链、人才链不匹配问题，打通创新成果转化"最后一公里"，提高成果转化效率，带动产业链整体竞争力的提升。

恒健控股公司参与组建创新联合体建设的主要做法是：以龙头企业聚合创新资源和产业力量为导向，围绕产业链核心技术创新需求，共同打造或引入拥有先进技术的工程实验室和专家团队，以此为关键依托，整合集聚各类创新资源和产业力量，共同组建创新联合体。

（六）发挥国有资本引导带动作用，以基金聚集各方资本投入战略性产业

1. 为各相关方创造增量价值，吸引社会资本积极参与

恒健控股公司牢牢把握国有资本运营公司的功能定位和省重大战略性投资平台的战略定位，发挥平台优势，创新产融结合模式设计，一方面要贯彻落实出资人意图和公司定位；另一方面凭借专业化资本运营能力识别和获取优质资产，将出资人意图转化为市场行为、转化为优质金融资产。围绕战略性产业和核心企业发展需要，利用恒健平台优势聚集各类要素资源为核心企业提供资金等增量投入和赋能，提升整个产业链价值，通过在资产端创造价值，保障资金资源端的安全和回报。同时，通过创新提出支持产业高质量发展的解决方案和金融产品，为整个产业链创造增量价值，从而给地市政府、产业核心企业及上市公司、金融机构、科研机构等各利益相关者带来价值增量。

2. 整合各方资源组建系列基金，"恒健系"基金群总规模超过 1750 亿元

一是依托持有央企股权资产不断深化与央企合作，支持央企加快布局战略性产业重大项目。恒健控股公司持有央企股权、省市属企业股权共 8 家，包括南方电网、南方航空、中广核集团、中广核电力、宝钢湛江钢铁、中航通飞 6 家央企，管理央企股权资产过千亿元，持股央企数量和资产规模居全国省级国有资本运营公司首位。恒健控股公司在积极参与中央企业公司治理的同时，积极构建与央企多层次合作格局，通过战略投资、合作设立基金等方式，在管好存量投资基础上，累计出资近 255 亿元，与中广核，南方航空，南方电网，中航通飞开展业务合作，扩大央企在粤投资，包括出资 100 亿元参与南方航空股权多元化改革并合作组建规模 30 亿元产业基金，累计出资 108.12 亿元支持中广核集团发展新能源产业，出资 14.51 亿元支持南方电网下属企业发展，出资 2.24 亿元支持中航通飞发展等。

二是与地市联合设立产业基金，从地市战略性产业"增量"和"存量"两方面支持各地市资本招商和上市公司快速发展，帮助引入战略性产业龙头企业、重大项目。一方面是联合地市设立战略性产业促进发展基金，支持各地市资本招商，引入战略性产业"增量""链主"企业。恒健控股公司已分别与社会资本合作设立了两只战略性产业促进发展基金作为引导基金，并进一步分别与各地市联合设立地市子基金，围绕各地市拟引入的重大项目，联合产业方共同设立项目基金。将政府、金融、产业各方资源聚集一起，发挥国有资本的带动作用，贯彻落实省"大招商、招大商"策略，实现各方优势结合和风险降低。另一方面是发起设立各地市上市公司高质量发展基金，支持全省战略性产业的"存量""链主"企业上市公司开展上下游并购，加快做强做优做大。恒健控股公司首先分别与各地市国企平台公司联合设立上市公司高质量发展基金，作为产业引导基金，再分别围绕地市上市公司和并购项目设立多只基金，将产业方"链主"企业、证券公司、银行等金融机构和其他各相关方整合进来，目的是服务实体企业，根据该上市公司所在领域发展空间和上市公司优势劣势，确定上市公司发展策略，指导产业整合，弥补上市公司短板，创造上市公司价值增量，创造融资需求。各层基金分别由恒健公司、证券公司或地市平台公司担任管理人，发挥各自挖掘项目和募资优势，各层按照总价值增量和各方贡献约定分配机制。通过多层资源整合型基金模式，帮助地市培育产业集群，促进上市公司快速发展壮大营收规模和市值，为各金融机构创造业务机会和融资需求，并控制风险，保障资产退出和流动性。

三是带动支持省属企业投资布局战略性产业。通过组建产业基金模式撬动社会资本共 56 亿元投资支持广晟公司湖南楚盛元、交通集团路桥公司、旅控集团南海产业园 3 个项目；以定向增发方式投资 13.82 亿元支持广新集团（星湖科技）、粤科金融（广东鸿图）、广业集团（宏大控股）、广晟集团（风华高科）等省属企业主业发展；投资 31.43 亿元支持水电集团（恒广源）、机场集团（天合租赁、空港城）、广新集团（海事重工）、广晟集团（南方稀土）、广物集团（广物汽贸）、建工集团（华隧建设、建筑科学研究院）、广业集团（广业石油）等 13 家省属企业项目，支持省属企业主业资产高质量发

展，积极布局战略性产业。

（七）支持大湾区基础设施和新基建项目，夯实战略性产业发展基础

2018年，在广东省政府和澳门特区政府共同推动下，恒健控股公司和澳门特区政府金融管理局签约设立200亿元的粤澳基金，引入澳门财政资金参与粤港澳大湾区建设，也是首个通过合格境外有限合伙人（QFLP）方式引入澳门财政资金的基金，成为恒健控股公司支持粤港澳大湾区建设的重要抓手。2022年起，恒健控股公司基于旗下广东省建筑设计研究院有限公司的建筑设计专业优势和粤澳基金资本优势，结合公司与中央企业省内国资国企的密切联系，打造"粤澳基金＋省建院＋央企/国企"基础设施建设联合体模式。截至2023年6月底，粤澳基金累计已投资项目共30个，累计投资金额244.65亿元。粤澳基金通过不断加大基础设施和新基建项目投资，进一步推动湾区互联互通，并将投资领域拓展至新型基础设施，在新能源及节能环保产业、5G等战略性新兴产业投资金额将近85亿元；推动横琴建设国内领先的创新性特色园区和国际一流的都市型科技园区，助力打造粤港澳合作新模式示范区；投资横琴科学城项目，以产融结合为发展理念，聚集创新科技、金融支持等先进产业配套，集合人工智能、大数据、云计算、生物医药四大产业板块；投资珠海国际会展中心项目，助力横琴区域城市形象提升。

三、国有资本运营公司战略性产业集群培育与发展效果

（一）战略性产业的培育和发展初见成效

恒健控股公司立足战略定位和功能定位，聚焦培育战略性产业集群，投资策略的重心从"投项目"转向"投产业"，在全省战略性产业集群培育发展方面发挥了国有资本运营公司的独特作用，在快速培育壮大战略性产业方面取得了初步成效，对打造产业集群、提升产业链整体竞争力发挥了重要作用。现代农业与食品方面，农业基金管理体系累计发起及参与设立的基金认缴规模累计达281亿元，累计投资项目57个，投资金额78亿元，覆盖广东省16个地市，支持有广东乡村特色的预制菜产业做强做大和有潜力的预制菜产业链上下游企业成为"链主"企业，持续放大产业"链式"发展价值效能，为广东省预制菜产业注入"金融活水"。

（二）服务省重大战略能力得到提升

恒健控股公司以资本运营和专业金融服务为手段，引导和带动社会资本支持广东省制造业高质量发展，投向战略性产业集群关键链条、关键环节、关键企业，助力产业聚集和转型升级，更好地实现了经济属性、政治属性、社会属性的有机统一。恒健控股公司在坚持以高质量投资全力服务广东省委、广东政府战略部署的同时，也实现了自身高质量发展，实现了经济效益、政治效益、社会效益的平衡。

（三）国有资本的影响力、带动力显著增强

恒健控股公司充分发挥自身资产质量优、信用评级高、融资能力强的比较优势，牢牢扭住"整合资源"这个关键，探索构建的适合国有资本运营公司功能定位的基金商业模式，实现了以自有资本直接投资为主转为国有资本带动社会资本投资为主的转变，形成各级政府、产业资本、金融机构、社会资本间的利益联结机制，既有效放大国有资本功能、整合带动各方资源共同服务广东省重大战略部署，又借助各方优势识别和防控重大投资风险，从商业模式设计上实现参与主体合作共赢和自身安全发展，有效增强了国有资本的活力、影响力、带动力。恒健系基金的行业影响力也不断增强，农业基金入选"清科2021年中国股权投资基金有限合伙人榜单"前50强；资产公司荣获"投中2021年度中国最佳中资私募股权投资机构TOP30"，以及"中国最佳私募股权投资机构TOP100"等奖项。

（成果创造人：唐　军、李　彪、许泽群、肖大志、李一鸣、

　　　　　　　叶仲豪、冯　坚、蓝志威、欧阳才干）

立足"三个服务"的央企集团国家级高端智库建设管理

中国石油集团经济技术研究院

中国石油集团经济技术研究院（以下简称经研院）成立于 1964 年，是中国石油天然气集团有限公司（以下简称中国石油）直属科研院所和主要从事发展战略研究的决策支持机构， 2014 年被纳入国家能源局首批 16 家研究咨询基地，2015 年入选 25 家首批国家高端智库建设试点单位中唯一一家企业类智库， 2016 年成为央企智库联盟副秘书长单位，形成了面向国家、行业、中国石油三个层面的决策支持研究格局。

一、立足"三个服务"的央企集团国家级高端智库建设管理背景

（一）建言献策服务中国式现代化建设社会主义国家的需要

2015 年 11 月，原中央全面深化改革领导小组第十八次会议审议通过《国家高端智库建设试点工作方案》。会议强调，建设一批国家亟需、特色鲜明、制度创新、引领发展的高端智库。2020 年 2 月，中央全面深化改革委员会会议审议通过《关于深入推进国家高端智库建设试点工作的意见（2020—2022 年）》。会议强调，建设中国特色新型智库是党中央立足党和国家事业全局作出的重要部署，要精益求精、注重科学、讲求质量，切实提高服务决策的能力水平。近年来，国际地缘政治格局深刻调整，新冠疫情影响深远，经济全球化遭遇逆流，实现"双碳"目标任重道远，科技创新成为国际战略博弈的主战场。面对严峻复杂的外部形势，这就需要高端智库切实提高观大势、谋全局、出良策的能力，把研究工作放入全球政治经济大环境、世界能源大格局和国家能源安全新战略中全盘谋划，加强分析研判、积极建言献策，在保障国家能源安全、构建现代能源体系中发挥决策支持作用。

（二）勤思善谋支撑中国石油建设世界一流企业的需要

近年来，全球能源行业加快清洁转型，油气供需格局深度调整，国内油气全产业链加速开放，中国石油作为世界一流企业示范建设公司，正在加快建设基业长青的世界一流综合性国际能源公司，建设世界一流智库是其建设世界一流企业的一个重要组成部分。经研院必须紧盯国家及中国石油发展转型的迫切需要，按照中国石油"两个阶段、分三步走"的战略路径开展咨询研究，着力打造高水平研究成果，着力培养科技领军人物、科研骨干、专业研究人才，健全体制机制，提升治理能力和水平，为中国石油高质量发展、建设世界一流企业提供更有价值的决策参考。

（三）志存高远构建国家高端智库高质量发展新格局的需要

2015 年，经研院入选 25 家国家高端智库，在努力建设高端智库的征程中，经过持续的智库建设探索与实践，已建成最具特色的战略与政策研究、油气市场研究、地缘政治研究、科技创新研究以及信息资源开发的软科学研究体系，形成了一系列成果，整体达到国内领先水平。但是对标高质量发展和世界一流，智库建设也存在决策支持力还不够强、学术影响力还不够大、社会影响力还不够高、国际影响力还不够广、可持续发展能力还不够实等一些短板弱项，需要抓住机遇、应对挑战，推进经研院高质量发展，加快建设中国特色世界一流新型企业智库。

二、立足"三个服务"的央企集团国家级高端智库建设管理主要做法

（一）明定位、强使命，确立高端智库发展新思路

经研院成为国家高端智库建设试点后，适应新形势、新任务、新要求，提升站位，明确建设中国特色新型智库的总体目标和"三个层面、三步走"的发展思路，即努力建设中国共产党执政兴国的国家高端智库，建设中国构建绿色低碳和安全高效能源体系的行业权威智库，建设中国石油最有价值的

企业重点智库，分三步走，力争到 21 世纪中叶建成国际知名的中国特色新型智库。面向服务党和国家决策、服务行业发展、服务中国石油建设世界一流企业三个层面，系统谋划智库建设目标、发展战略和具体举措。

在服务国家层面，从党和国家事业发展全局出发，胸怀"两个大局"，坚持"立足行业跳出行业、立足企业跳出企业"，积极承担和参与国家重大战略性、前瞻性、储备性问题研究，增强对国家层面的决策支持能力。同时，坚持决策需求导向，主动对接中央决策部门，积极参与座谈研讨、政策调研、规划编制等工作，全面融入决策、全面服务决策。自 2015 年以来，紧紧围绕国家"一带一路"建设、油气市场化改革、天然气需求预测、成品油价格机制调整、央企技术创新等一系列重大问题，开展几十项国家级项目和大量咨询任务研究。多次在国家发展改革委、商务部、国家能源局等部委会议上建言献策，参与 IMF 与我国政府的磋商会谈，许多重要观点与政策建议获得认可和应用。承担国家油气重大专项专题"陆上油气勘探技术发展战略研究"，开展国家发展改革委和国家能源局下达的近中远期油气需求、油气行业高质量发展、全球 LNG 供需及价格等多项课题研究。

在服务行业层面，加强与行业主管部门、国资监管部门、行业协会、研究机构等联系，积极承担涉及行业发展共性的战略规划、改革创新、政策调研等任务，开展咨询服务。通过举办行业论坛、研讨会、咨询会，发布行业报告等，凝聚行业与社会共识，促进行业发展。不断加大与中央财办、中央外办、发展改革委、外交部、商务部、科技部、国务院国资委、国家能源局等中央和国家有关决策机构的对接沟通，高质量完成一大批智库课题和部委任务，完成"我国油气发展战略政策"等国家油气重大专项研究，定期为部委提供研究报告，深度参与行业改革部署与政策制定，成为央企智库联盟副秘书长单位，大量研究类信息被中央办公厅、国务院办公厅、国务院国资委采用，主动为中央贡献智慧。共完成智库课题近百项，刊发智库报告十余篇、成果要报多篇，多项成果获中央领导批示，参与中央宣传部组织的 2 项十九大专题调研和 3 项"百城百县百企"调研活动，2 项获评优秀调研成果。

在服务企业层面，持续加强对中国石油全方位决策支持、信息咨询及生产经营服务。围绕公司发展战略、市场营销、国际化经营、科技创新等重大问题，发挥研究平台优势，组织开展深入调查研究和形势分析研判，及时提供有价值信息和咨询建议。密切围绕中国石油当前面临的热点、难点问题科学咨政，在中国石油决策支持体系中的核心引领作用更加突出。

（二）提站位、勇担当，打造高端智库建设新模式

2019 年，首期试点建设考核评价不理想，经研院被亮"黄牌"，限期整改。2020 年年初，中国石油新一届党组高度重视整改工作，对高端智库的治理结构进行大刀阔斧的改革和系统性重塑，建立了中国石油国家高端智库建设工作领导小组、学术委员会、智库研究中心"三位一体"的新型治理体系。

中国石油董事长亲自担任领导小组组长、学术委员会主任和首席专家。依托经研院成立中国石油国家高端智库研究中心，作为中国石油整合资源、举全集团之力建设国家高端的运行平台，增配专门机构、专项经费和人员编制，统筹协调中国石油总部部门、直属科研院所等内外力量，对接国家部委和外部研究机构，聚集两院院士、行业专家、高校教授等共同承担课题、研究难题。

智库建设工作领导小组统筹推进国家高端智库建设各项工作，确定国家高端智库建设重大事项，形成强有力的组织动员、资源整合、支持保障体系。学术委员会聘请部分两院院士以及国内外知名学者专家、政府官员、企业家等担任委员，发挥对智库科研指导把关作用，学术委员会成员直接参与课题研究、报告起草等具体工作。

坚持向管理要质量、管理与服务并重，建立科学规范、简捷实用的运行机制，制定完善智库建设工作领导小组、学术委员会、智库研究中心"三个层面、七项制度"，全面推行完全项目制管理，建立以成果质量及实际贡献为导向的激励机制，完善选题滚动储备、质量管控、"揭榜挂帅"等运行机

制，不断激发智库研究生机和活力。

以机构职能优化协同高效、业务归核化一体化发展为核心，结合经研院高质量发展要求，构建满足治理体系和治理能力现代化需要的高效组织体系。调整形成"7 个职能部门 +7 个主力科研单位 +4 个支持服务中心"的高效组织体系。主业更加突出，新增能源战略研究所，重点开展能源战略和新能源发展研究；其他 5 个研究所业务更加聚焦。机构更加精简，二级单位总数从 22 个压减为 20 个，公司法人从 4 个压减为 1 个。科研队伍更加强化，重点业务研究人员占比从 54% 提升至 64%。

优化完善智库运行体系。一是建立智库研究中心月度工作例会机制。研究部署智库研究工作，中国石油勘探开发研究院和规划总院等中国石油其他直属研究院领导参加例会，更好地发挥了集团整体作用。二是建立科研会商机制。每 1 ～ 2 个月召开一次，经研院领导、首席专家、职能部门和业务单位负责人参加，就重要热点问题、重大战略问题展开会商讨论。三是建立双周工作例会机制。经研院领导、职能部门和业务单位负责人参加，学习交流国家和集团精神和工作要求，交流重点工作进展，安排近期重点工作。

（三）观大势、谋全局，实现服务公司决策新突破

紧密围绕中国石油党组关注的重点热点问题精准发力，紧贴公司决策部署和生产经营开展跟踪分析与研究，其中关于中央与地方收入划分、油气矿业权、美元贬值、国际油价、天然气供应安全、中非油气合作等 200 余份报告获主要领导批示。在中国石油党组会、市场营销会议上分别汇报支持海外业务优质高效发展、大变局下世界油气市场大趋势报告，持续为公司工作会议和领导干部会议提供高质量决策参考材料。开展的"十四五"规划、石油对外依存度、低油价下应对策略、区域协调机制、公司体制机制改革、天然气发展路径、"一带一路"建设、新能源新技术、大物流等系列研究和"油气市场与价格研究小组"工作以及开发的成品油市场情报系统在公司战略决策和生产经营上发挥了重要作用。在中国石油各类会议上提出的一大批建议获采纳，高效完成大量临时咨询和日常支持任务，专利、成果、期刊等科技服务以及网站、数据、实验室等信息化工作获总部机关高度评价。共获中国石油科技进步奖 10 多项、行业奖 70 多项、局级科技奖励 190 多项，获大量感谢信，决策贡献力和专业公信力显著提升。

（四）优结构、提质量，实现科研管理能力新提高

学科体系建设取得新进展。丰富完善能源战略与安全、能源经济与市场、地缘政治与国际能源合作、能源科技创新与发展、公司治理与企业管理等 5 大优势领域，优化形成重点学科，建立培育国企党建、宏观经济、科技与专利评估、品牌与软实力等新学科。

科研业务结构持续优化。新建共建财税金融、成品油市场、天然气市场、海外发展战略、网络舆情、品牌形象等 15 个研究中心，为中国石油提供全方位立体多维的决策支撑。年均承担各类科研项目近两百项，较"十二五"时期大幅增长。

成果体系建设更加完善。持续提供经费支持院自立课题，建立健全以能源展望、油气行业发展、能源（油气）科技进步展望等八大报告为核心的品牌成果体系，持续打造高端会议、战略决策支持成果、综合性长远性成果、及时性针对性成果、公开出版物、新媒体等 6 大类 30 余种院系列科研成果，成果的价值含量、思想分量与辐射示范效应持续增强。

"智慧研究院"建设迈出新步伐。优化信息资源采购清单，统一数据库集群，应用信息成果共享平台，巩固国内最大石油石化信息资源开发中心地位。建成中国石油"油气市场模拟与价格预测"首个软科学重点实验室和"基于大数据的全球能源信息系统"首个大数据项目，开展海外投资风险、石油科技创新、战略与政策等实验室建设，开发优化能源远景预测、资源国产量和消费量预测、页岩气开发等模型工具方法，软科学研究的科学化、智能化水平不断提升。积极探索形成符合软科学研究规

律、有利于高质量发展的体制机制。

科学决策更加规范高效。修订"三重一大"决策实施细则，严格实施决策程序，实时向国务院国资委上报重大决策事项，每年集体决策80余项，督查督办重要工作百余项。

激励力度持续加大。开展重点成果后评估，在重点激励、精准激励上发力，薪酬分配继续向科研一线及核心业务骨干倾斜，全方位科研成果创效奖励体系基本建成。

高度重视战略引领和规划引领，强化顶层设计，紧密围绕建设世界一流企业智库目标，研究形成了"1+2+4+N"的发展战略规划体系，即1个总体规划、2个专项规划、4个专项工程实施方案和N个实施细则。

（五）建机制、聚合力，开辟人才队伍建设新路径

经研院党委充分发挥"把方向、管大局、促落实"的重要作用，各党支部充分发挥战斗堡垒作用，两级党组织在团结带领广大干部员工改革创新、攻坚克难方面的核心作用更加凸显。坚持党管干部、党管人才原则，完善"生才有道，聚才有力，理才有方，用才有效"的人才培育机制，打造忠诚干净担当的领导班子和勇于创新创造的人才队伍。机制创新取得新进展。推进专业技术岗位序列改革，打通人才成长通道；优化绩效评价指标体系，按工作量、成果数和个人贡献量化打分，突出业绩贡献在薪酬分配中的主导作用；建立党委联系服务专家制度，支持帮助专家实现职业发展道路；积极争取政策支持，工资总额较大幅度增长。人才培养方式更加丰富。开辟与国家能源局互派挂职的人才"旋转门"，选派人才到国家部委和中西部地区挂职，到 IEA、沙特国王研究院和海外项目锻炼，安排部委干部和 GE 专家来院工作，与中国石油大学共建博士后工作站，充实外部专家库，汇聚优质人才资源。

不断加强领军人才队伍建设。一是稳步建设外聘专家队伍。按照政治素质好、学术造诣高、社会影响大、事业心和责任感强的原则，以两院院士和社科院学部委员、知名专家学者、大型企业高管、资深媒体人为重点，推进智库外聘专家聘任工作，扩大领军人才队伍规模，优化领军人才队伍结构。二是有序引进高端复合型人才。以智库研究中心为统筹，以中国石油各直属院所为主体，发挥地处首都区位优势和国家高端智库平台优势，用好各类引才平台、引才政策、引才渠道，以具有战略科学家潜质的高层次复合型人才为重点，聚焦重点领域"高精尖缺"岗位需求，采取市场化招聘方式精准引进高端复合型人才

加快青年人才队伍建设。一是实施青年人才精准补充计划。强化青年人才队伍现状盘点，结合业务发展需求，科学编制补充规划。充分利用国家高端智库平台，以应届硕士、博士和博士后科研人员为重点，继续引进青年科研人才。二是高质量建设博士后工作站。稳步推进与中国石油大学（北京）、北京大学、中国人民大学等高校联合培养博士后工作，探索吸引留学博士等外部智力资源。三是强化青年人才动态培养。面向优秀青年人才，开展与总部机关常态化人才双向交流，以科研项目为依托，建立与业务关联企业双向交流渠道；通过借调等形式，每年安排一定数量的青年研究人员到国家部委工作，参与重要报告起草、重要政策和课题研究，开阔思路和视野；通过轮岗实习，安排部分青年员工到生产业务一线实习锻炼。

人才队伍不断充实。新增享受政府特殊津贴专家3人、新华社特约经济分析师4人、央企智库联盟专家10人、正高级职称10人、副高级职称86人、青年科技英才培养人选12人，选聘首席专家8人、高级专家18人、一级工程师及以下青年专家40余人，建成一支具有国际视野和专业能力的人才队伍。

（六）"走出去、引进来"，开拓对外交流合作新空间

一是强化话语传播网络建设。充分利用中国石油分布在全球5大洲30多个国家（地区）的投资项

目平台和业务窗口，建立全球信息资讯网络和交流合作关系，形成联合研究、经验交流、论坛举办、成果发布、人才培养、驻外工作等机制。与中国社会科学院、中国人民大学国家发展与战略研究院、日本能源研究所、沙特国王研究院等20余家国内外机构签订战略合作协议，与国际能源署（IEA）、国务院发展研究中心、中国工程院、清华大学等国内外机构开展了机制性交流活动，与日本、印度、韩国等多个国家的研究机构合作开展联合项目研究。全面参与国家"一带一路"国际合作高峰论坛，连续举办国际能源发展高峰论坛以及行业报告、能源展望、科技报告发布会，创办六铺炕央企智库能源论坛、文明古国能源合作智库论坛，承办中国石油国际合作论坛、国际能源发展高峰论坛等，高水平举办中日、中韩成果交流会以及油气技术系列研讨会，持续加强成果推广和传播增值。

二是精心组织开展或参加特色专业论坛活动。每年分别与标普全球、非洲政策研究所、日本韩国研究机构共同举办国际能源发展高峰论坛、中非智库能源论坛、亚洲天然气市场论坛，组织举办中国石油国际合作论坛、石油精神论坛等。参加亚洲文明对话大会和进博会国际经济论坛，加入"一带一路"智库合作联盟，与国内外机构加强交流合作，与20余家机构建立战略伙伴关系，在海外联合发布中国石油在非洲报告、宣讲能源展望报告，在各类国际会议上发表演讲，持续增进智库间的互鉴共享和国家间的互信共识。

三是积极开展公共外交活动。围绕国家有关重大外交活动，超前分析研判形势，主动向国家报送相关信息和分析研判报告。配合国家主场外交活动，参加中俄能源合作委员会会议、金砖国家能源合作论坛会议、虹桥经济论坛等；加入"一带一路"国际智库合作委员会，承办中加能源二轨对话，与国际能源署联合发布《氢的未来——抓住今天的机遇》，在全球能源治理中发出"中国声音"。

四是加强与主流媒体的合作。利用中央媒体高端发声。智库专家每年约50人次在中央电视台、新华社、《经济日报》、《中国日报》等中央级媒体接受访谈或发表文章。重大活动期间主动发声。在党的二十大、全国两会、金砖国家能源部长会议等重大会议期间，发表专访文章、答疑释惑。国际高端平台有效发声。智库专家每年在中俄、中国-东盟、中国-欧佩克（高级别对话），金砖国家能源部长会议、"一带一路"能源部长会议等国际高端平台贡献智慧、展示形象。与国务院发展研究中心信息中心共建"中国智库网"，智库专家参加中央电视台的经济评论节目，在《求是》《学习时报》《经济日报》《光明日报》以及新华社、新华财经等中央及行业媒体上发表文章，就能源议题发表观点。自有媒体渠道频繁发声。通过自办媒体及微信公众号发布最新研究成果和观点。利用《国际石油经济》、《石油商报》、"油气经纬"、智库微信公众号等自有媒体发布研究成果。

三、立足"三个服务"的央企集团国家级高端智库建设管理效果

过去8年，经研院累计实现科研总量近20亿元，完成科研项目1300多项、咨询任务1900多项，为国家和集团公司提供大量有价值的研究成果，整体实力显著增强。

（一）管理效果突出

一是整体发展能力显著增强。2015年以来共完成智库课题58项，刊发智库报告9篇、成果要报2篇，多项成果获中央领导批示，咨政建言作用有效发挥，服务中央外办、中央财办、外交部、国家发展改革委、国务院国资委等10家左右中央决策部门，评价优良率从65%提升至100%。二是咨政建言能力和行业影响力大幅提升。定期参加国家发展改革委、国家能源局、国务院参事室等部委的行业形势分析会，参加中财办专题研讨会，发挥重要作用。增强行业影响力建设取得新进展，2022年组织智库专家接受中央级媒体采访或约稿30人次，累计流量突破1000万人次；召开油气行业发展报告和能源展望报告发布会，累计300多万人线上参会，极大提升经研院的行业影响力。三是成果数量和质量水平大幅提升。2022年直接呈送中国石油领导参阅的"呈阅件""专题研究报告""石油情报"共248份，同比增长125%，获得领导批示164期（中国石油主要领导批示高达124份），双双创历史同期新

高。四是人才队伍建设取得新突破。专家作用得到充分发挥。按照5大研究领域18个学科科学选配8位首席专家及18位高级专家及相应研究人员，承担260多个研究课题。高层次人才引进取得突破，2022年首次引进3名国内外高层次人才，推荐1人申报国家级人才计划；成功获批设立博士后工作站，2022年首批接纳5名博士后。

（二）经济效益明显

2015年以来，年均承担各类科研项目近200项。2022年，全院承接科研项目300余项（包含国家高端智库项目），同比增长25%；科研收入同比增幅50%。与此同时，强化优化管理，在信息资源采购、会议费、调研费、外协费等方面节支近千万元，全年取得近亿元直接经济效益。此外，研究成果获得中国石油领导和生产经营采用所产生的间接经济效益显著。

（三）社会效益可观

2015年以来，持续加强成果推广和传播增值。2022年，经研院有大量成果获得国家有关部委、中国石油领导、专业公司和生产经营单位采纳采用，为领导科学决策、生产经营决策、品牌软实力建设等方面提供良好支持，同时公开发布多项成果，社会反映良好，产生较大的社会效益。2022年，经研院共接待10余家单位前来调研智库建设经验，围绕智库内部治理、课题管理、报告编审、专家管理、合作交流、成果激励等方面介绍智库建设经验。

（成果创造人：李尔军、朱颖超、余　国、陆如泉、林东龙、张永峰、张珈铭、李欣怡、李苏晓）

元器件研制企业以稳链强链为目标的流程管理

中航光电科技股份有限公司

中航光电科技股份有限公司（以下简称中航光电），隶属于中国航空工业集团，是专业为航空及防务和高端制造提供互连解决方案的高科技企业。中航光电拥有国家认定企业技术中心、博士后科研工作站以及国家和国防认可实验室。中航光电专业从事中高端光、电、流体连接技术与产品的研究与开发，自主研发各类连接产品300多个系列25万多个品种。产品广泛应用于防务、商业航空航天、通信网络、数据中心、工业装备、轨道交通、医疗设备、新能源汽车、消费电子等高端制造领域。截至2022年年底，中航光电累计授权专利4400余项，员工16000余人，年销售收入158亿元，行业排名全球第12位，是中国连接器领域和技术的领航者。

一、元器件研制企业以稳链强链为目标的流程管理背景

中航光电目前拥有国内外客户6000余家，供应商3000余家，每年顾客订单总数超过60万项，涉及300多个系列24万余个型号，其中100只以上产品订单仅占10%，10只以下产品订单约占50%，社会化资源利用率高达95%，供销两端均呈现多品种、小批量，离散特征明显。面对上下游复杂的供应商、客户特点，中航光电要在复杂的市场和竞争环境中保持健康发展，就必须以价值创造、客户满意为中心，面向供应链打造可持续的核心竞争优势，构建能够拉通客户需求的、适应快速变化的、全链条流程框架，推动整个产业链提升。

此外，随着规模体量增加和业务复杂度上升，企业边际效益递减，劳动生产效率、净资产收益率等企业运营能力指标与一流企业相比还存在差距，合同准时履约率仅70%、产品交付周期平均约41天、客户满意度持续低于90分难以满足客户需求。一方面是企业内部业务碎片化、不透明，另一方面是供应链两端需求不匹配、业务链接不畅等问题显著。因此，如何精准地传递客户需求并及时响应满足客户变更，实现供应链有效链接，成为企业重点治理主题。中航光电亟须深入开展流程治理，切实提高供应链管理能力和水平，实行集约化运营，实现高质量发展目标。

二、元器件研制企业以稳链强链为目标的流程管理主要做法

（一）系统策划，设计顶层治理架构

1. 明确价值驱动的发展目标

面对国际、国内复杂的经济环境，充分考虑市场竞争以及内部供应链准时交付率低、响应速度慢、链接不畅、产销不协同、突发风险应对能力弱等现实，通过标杆对比、目标决策分析，中航光电回归价值初心和管理核心，确定把稳链强链、提升运营效率和质量作为建设总目标。

面向供应链价值创造过程，要拉动全链条优化资源配置，实现客户满意，一方面要通过信息流、实物流拉通，将顾客需求精准地传递至业务全过程；另一方面要通过加强链条业务开拓，实现市场开展与供应链能力培养相匹配，将管理要求落实至制造交付全链条，并同步开展流程治理、组织治理，全面提高供应链的柔性、韧性和稳定性，驱动业务流程持续优化和业务能力稳步提升，提升企业运营效率和质量。

2. 确定架构牵引的实施路径

面向市场、面向客户、面向流程，在有限的资源条件下，为充分发挥数字化技术的驱动与支撑作用，将整个供应链拉通与治理分为三个阶段：第一阶段以供应链端到端流程拉通切入，厘清并拉通供应链企业内外部流程，实现供应端与市场端信息流、实物流贯通，第二阶段拉通供应端流程，对准市场需求，拉通采购供应链与供应商的流程，实现供应端与市场端信息流、实物流贯通，并全面开展组织适配与流程优化。第三阶段面向整个供应链构建统一集成的信息化平台，实现产供销协同，并进行迭代完善，推动企业运营管理由自发走向自觉，提升业务能力。

3.构建专业高效的保障组织

为充分保障流程治理工作建设落地，中航光电建立了流程体系管理委员会，由主要领导挂帅，并下设流程管理推进办公室和各单位流程建设小组，凝聚共识，统一思想和行动。流程体系管理委员会负责流程体系建设，流程治理工作具体的规划、组织和实施。流程管理推进办公室负责日常流程治理工作的组织和策划。

为加快供应链流程治理，保障资源调度与配置，成立了供应链流程治理专项项目组。项目组严格按照项目制管理模式，对准强链稳链建设目标以及治理计划，自上而下逐层按月、周细化分解任务，明确责任人和里程碑，并构建常态化的激励考核机制，确保流程治理工作落地落实。

（二）理顺全链条流程衔接关系，夯实稳链强链根基

1.建立业务流程治理准则

从需求方面来分析，要满足客户需求，市场端产品要精准交付、生产制造端要精准生产、供应端物料要精准交付，并实现有机衔接，从而实现价值创造过程与客户需求相匹配。从发展方面来分析，要实现企业发展需要，其市场端要不断开拓、供应端要能力储备、生产制造端要能力提升，同时要推动整个链条集聚协同，并匹配企业发展开拓需要。考虑到不同环境和企业自身的状态，确定供应链流程治理准则：第一是要对准价值创造，拉通业务价值实现过程；第二是对准业务发展，拉通业务开拓过程；第三要对准业务实际，开展业务复盘确保可执行可落地。

2.明确内外流程接口标准

从价值创造出发，基于供应链运作模型，可从价值实现过程确定供应链上下游业务衔接接口主要包括计划、交付以及退货等。从业务发展开拓出发，面向整个供应链产业链，企业需向产业链下游寻找线索商机，向产业链上游寻找能力资源，并做好客户和供应商的培养和管理，匹配业务发展开拓需要。基于梳理出的业务流程接口关系，要实施市场端及供应端流程梳理与贯通，需按照《流程管理办法》的要求稳步实施。

对准市场端拉通市场端流程，客户日常关注的重点是"产品准时交付"，从市场报价、合同签订、计划下达、产品制造、交付发货、开票等产品交付管理全过程，通过梳理调整确定适配了报价管理、市场合同管理、客户服务、发票管理等5个流程组17个流程。市场开拓关键是"线索商机获取"并将商机转化为订单，从线索搜集、线索确认、线索培养、机会管理到商机项目管理等过程，面向市场开拓过程通过打通线索全生命周期管理流程，确定适配了市场开发策划、商机管理、项目立项管理、客户管理等5个流程组14个流程。整理市场端梳理确定的所有流程，按照业务实际执行过程进行复盘，形成销售管理流程，并结合业务需求完成流程详细设计。

对准供应端拉通供应端流程，企业供应链端日常关注的重点是"物料精准交付"，从物流／零件计划下达、物料采购、物料到货、仓储配送等物料交付全过程，确定适配了采购计划下达、采购执行、采购到货、物流配送等6个流程组26个流程。采购供应链业务开拓关键是"供应商能力培养"要适配公司发展，满足客户速度、质量和成本各方面要求，从供应商资源开发、供应商引入、供应商优化等供应商全生命周期管理过程，确定适配资源开发、供应商管理2个流程组14个流程。整理供应端梳理确定的所有流程，按照业务实际执行过程进行复盘，形成供应链与物流管理流程场景图，并结合业务需求完成流程详细设计。

3. 打通端到端价值创造流程

面向全过程拉通供应链端到端流程，以信息流、物流为主线，规范完善企业内部计划管理、物料计划管理、生产作业管理、制造执行、质量管控等 9 个流程组 53 个流程，最后组织完成全部供应链 121 个流程详细设计与拉通，实现市场端到供应端的业务有机衔接和密切支撑。

为进一步强化供应链基础，匹配快速变化的产业链和行业环境，中航国际遵循先进性、紧密合作、资源共享协同、风险最小化四大原则，结合梳理贯通的业务流程，以项目为形式，深度推动整个供应链运作开展业务治理。其中，项目按照对整个供应链及产业发展影响程度、预期收益分为战略合作项目、重要合作项目、常规合作项目，客户和供应商在联盟的基础上开展分级分类管理。通过整个市场行业深度细分，基于项目实施建立敏捷、高效的流程体系和管理保障机制，推动整个供应链降低成本和风险，形成良性竞争、合作共赢的生态。

（三）建立全过程绩效管理机制，提升供应链内生动力

1. 构建流程绩效指标体系

为全面掌控供应链流程执行状态，实现对流程精准、量化的管控，依据《流程绩效管理办法》，自上而下围绕供应链流程全面梳理了 70 余项流程过程和结果指标，加快推动业务治理，由结果管控向过程管控转变。流程绩效指标制定做法为：一是明确指标设置目的，二是确定指标制定方式，三是确定指标承接人员，四是明确指标分类范围，五是确定目标设置方法。

2. 精准监控业务执行过程

为全面保障流程绩效指标的监控效果，基于商业智能分析系统 BI，搭建了公司流程绩效监控平台，实现供应链流程指标自动采集、分析与展示。为深度挖掘和发挥这些数据的价值，建立常态化的流程监控机制，通过《流程绩效监控分析报告》《流程绩效月报》等流程绩效监控汇报机制，实现对供应链流程持续监控。供应链各级流程所有者通过流程监控平台，对流程绩效指标完成情况进行监控分析，对于异常情况及时发现，采取措施进行业务纠偏和流程优化。

3. 实施常态化的流程优化

基于流程绩效监控平台的流程绩效指标完成情况以及流程梳理规划情况，开展流程成熟度评估。参考 CMMI 的能力分级标准，结合业务实施及应用，将流程能力分为五个等级。基于流程成熟度评价和流程绩效目标偏离度，由流程所有者结合公司整体业务管理定位及管理要求，针对供应链流程需求响应慢、满意度低，各层级流程协同困难、控制点过多、效率低等问题，成立流程优化项目进行提升改进。

根据各流程的成熟度以及提升重要性、紧迫度，将流程优化与管理创新项目充分融合，成立年度公司级、季度部门级、月度现场级三级流程改进机制，基于《管理创新项目管理办法》《"群策群力"创新管理办法》，运用标杆瞄准法、DMAIC、ECRS 分析等方法，全面开展流程调整、标准优化、管理要素融合、信息技术应用等工作提升业务能力。

（四）推动风险要素融入流程，筑牢稳链防护墙

1. 开展全维度风险要素识别

基于"风险受控、稳健经营"的原则，根据《全面风险与内部控制管理办法》，从业务全级次、全过程、全要素对供应链风险进行识别，并把风险防控融入日常管理过程，着重突出风险防范前移，形成常态化的风险日常识别与运维机制，确保风险事件有效受控和化解。

开展"全级次"风险识别，主要是从企业规划层、管理层和执行层，识别采购供应链重大风险事项，重点是对企业治理机制完备性、规范性进行识别。

开展"全过程"风险识别，主要是从市场、计划、生产、采购供应链涉及全部 26 个流程组 121 个流程，识别采购供应链业务风险事项，重点是对流程完整性、流畅性、柔性风险进行识别。

开展"全要素"风险识别，主要是围绕客户信息、市场信息、产线设备、物料、人员等基本管理要素，识别采购供应管控风险事项，重点是对要素管理可替代性、韧性风险进行识别。

2.分层分类确定风险应对策略

公司制定风险管理要求规范，并设立风险管理办公室，搭建风险管控平台，专项推动风险全生命周期管理，实现对风险要素库、风险识别、风险评估、重大风险应对等全面管理。从业务实际，按照风险发生频次、影响度、可控度，对照发展要求及管理标准，中航光电明确风险承担、风险规避、风险转移、风险减少四类策略，保障业务高效开展。针对供应链各环节识别的风险要素，对其按事件大小、涉及业务领域系统分级分类整理，并将风险要素与供应链121个流程进行对应映射，形成风险流程映射矩阵，厘清风险要素与流程对应关系。对照风险流程映射矩阵，为充分发挥流程主责的引导作用，将风险事项主责认领至流程所有者，同步确定风险事项主责部门。后续由流程所有者牵头，从流程整体出发，对风险事项做进一步分析，按照不同的业务情况，明确风险应对策略，制定风险预警指标，推动风险防控落地。

3.完善风险管理薄弱环节

基于识别的风险要素及风险流程映射矩阵，全面开展全链条风险防控工作。一方面针对风险要素相匹配的流程，优化流程执行标准或步骤，或新增流程专项开展治理；另一方面针对匹配流程组、业务域的风险，匹配开展组织调整，确保风险控制落地。针对突发事件，制定应急保障预案，保障业务不中断；对供应链突发环境事故、安全事故、突发公共事件以及信息安全等重大事故，提前策划成立应急领导小组，制定专项应急预案，保证突发事件快速响应。

（五）构建集成共享的数字化平台，赋能供应链高效运行

1.推动全链条业务流程上线

面向供应链全过程，充分考虑各业务单位的需求，系统将供应链流程划分为核心和非核心流程，并制订上线计划，加快实现供应链业务全面贯通、显性化。在市场端，重点围绕客户关系管理系统以及项目管理系统推动整个商机的全面管控，同时围绕准时交付和问题处理流程，推动呼叫中心管理系统、合同管理子系统、产品管理子系统、发货管理子系统等一体化建设，推动流程上线，截至当前已完成23个流程上线，开发200余项功能。在供应端，重点推动供应商协同系统、移动应用系统、采购计划系统、采购执行系统、仓储物流等系统建设，推动流程上线，完成38个流程上线，开发400余项功能。最后系统拉动产供销全面流程上线，截至目前企业主价值链流程上线率78.8%，核心流程上线率为89%。

2.构建系统集成的供应综合管控平台

基于公司整体业务架构和IT架构，围绕CRM、ERP、APS、MES、NWS、SCM等务板块系统，通过聚焦价值创造主线，构建统一综合运行管控平台，打通业务断点完成系统集成，全面实现企业产供销协同。第一阶段是推动内部供应链集成，这一阶段重点是内部供应链集成，围绕计划生成、采购生产、订单交付管理过程，聚焦优化资源和能力，以集成技术将CRM、ERP、APS、MES、NWS、SCM等系统联结至综合管控平台，以最低的成本和最快的速度生产最好的产品，快速地满足用户的需求。第二阶段是推动内部供应链与外部供应链集成，与主要供应商和客户建立良好的合作伙伴关系，将企业内部供应链与外部的供应商和客户集成起来，形成一个集成化供应网络，第三阶段是基于需求管理，将用户的需求与制造计划和供应商的物流同步化，减少不增值的业务，以提高企业反应能力和效率。

3.建立高效协同的数据共享管理模式

供应链要实现高效协同，还需要保障上下游业务关键数据共享互通。首先是确定信息共享的目标

和范围，结合供应链流程精准化交付和业务发展需求，定义出需求、计划、订单交付、供应、回流等主业务共享数据，以及产品技术确保、仓储管理、分销管理、会计核算、人力资源等职能支持领域共享数据，并确定这些数据共享的范围。其次是确定信息共享平台和共享方式，基于不同客户群和数据群建立灵活共享形式。最后是确定信息共享机制，明确信息采集、处理、分析和反馈等环节，以确保信息共享的顺畅和有效。基于数字化转型的发展要求，中航光电同步制定《数据治理管理办法》，建设并持续完善数据治理体系，系统推进数据资产化，规范供应链信息共享，实现核心数据资产"可看、可用、可管"。

（六）构建面向流程的敏捷型团队，打造稳健供应链生态

1. 打造管家式营销服务团队

为更贴近客户以快速捕获市场线索和商机，企业制定差异化的军民营销策略，建立以客户为中心的"营销＋方案＋服务"的敏捷营销团队。

在线索商机获取方面，设置以"产品总师＋项目总师""行业总监＋地区总监"的多功能团队，充分把握市场脉动，响应顾客需求。其中产品总师负责制定技术发展、产品规划和项目应用场景解决方案，贴近用户实现现场服务；项目总师主要负责对内满足客户研制进度要求；行业总监及地区总监常驻客户所在地，直接获取市场需求，做到快速响应、快速决策。

在产品准时交付方面，设立研发中心和服务中心以贴近客户，成立"项目经理＋交付经理""客户经理＋专业客服的专业团队"，全周期提供优质服务。秉承为客户提供更为周到服务的理念，鼓励研发、市场前置，近年来先后在北京、成都、韩国、德国等在国内外的客户聚焦区，建立 12 个研发中心和服务中心，保证及时响应。同时建立售前、售中、售后全生命周期的服务流程，项目经理、交付经理负责搭建市场与研发、生产对接、沟通桥梁，督促内部服务落地；客户经理、专业客服负责 24小时给客户提供系统化、标准化和针对性服务，提供精准的交付节点、进度及商务保障，做到管家式服务。

2. 建立精准保供的采购组织

在物料精准交付方面，成立采购供应链部，推动战略采购及执行采购分离，确保采购精准交付。将原有的物资管理中心、成件采购中心以及采购专家团进行整合，成立采购供应链部，强化资源配置和整合能力，实施"集中＋分散"采购，最大化发挥杠杆作用，全面提升公司采购执行效率和能力。

在供应链能力培养建设方面，成立采购供应链委员会，建立常态化工作机制，保障整个采购过程受控。采购供应链委员会负责企业整体供应链战略规划，并指导各事业部、产品部及制造部开展供应商能力规划、队伍建设、绩效评价、风险评估及物料验证等工作，并对日常采购业务开展专项指导和监督，打造专业化采购、精准化交付能力。

3. 构建精准交付的精益单元

面向市场、面向客户，持续推动市场化组织变革，打造流程型组织，撤销生产 / 交付管理部，实现内部生产直面市场，并且成立计划交付中心，负责整体生产及计划策略的制定，提高专业化管理水平。同时全力推动事业部制组织建设，目前已建立"3 事业部 +2 产品部 +4 制造部"的专业化价值创造单元，贯通供应链价值创造全过程实现专业化一体化管理，扁平化生产组织模式基本成型。

在精准交付的框架下，构建面向市场的"需求拉动＋逐级考核"机制，明确客户代表负责制，实现客户服务要求能快速响应、精准落地。在内部流程的每个下游工序都是上游工序的客户，且具备对上游工序的考核权，这样实现了客户与销售、生产，采购与供应商的精准对接，将整个供应链凝聚至客户需求这一目标，全面保障业务快速响应、高效协同。

三、元器件研制企业以稳链强链为目标的流程管理效果

（一）增强企业核心竞争力，有效提升供应链治理水平

通过实施以"流程梳理设计、要素融入、业务上线、流程监控、流程优化"为核心的流程治理工作，中航光电建立面向流程推行创新变革的长效治理机制，驱动了供应链流程持续优化和业务能力稳步提升。流程由碎片化、不透明、适应波动差转为系统化、数字化、柔性化，供应链运营更加强健、稳定。2022年对比实施前的2019年，合同准时履约率从70%提升到95%，提升了25%；产品平均交付周期从41天减至30天，缩短了约26%；劳动生产率由22.79万/人提升至34.27万/人，提升了约50%；客户满意度达到96.84，得到客户多方的肯定。

（二）提高企业运营质量，促进经营业绩再上新台阶

通过项目实施，在系统提升流程畅通高效程度、提升综合业务能力的同时，中航光电着力强化主价值链的推进和应用，保障各级客户的需求得到快速、高效、高质量满足，在市场、制造、采购、研发等主价值链业务领域均取得显著成效。从2019年至2022年，中航光电在市场端、供应端、内部流程衔接段等主价值链开展了各类创新改善项目4700余项，项目收益超过8000万元。2022年，中航光电经营业绩再上新台阶，完成6.93亿只产品交付，营业收入达到158亿元，同比增长23%，公司市值突破1000亿元。

（三）彰显企业社会形象，为元器件行业发展提供借鉴

中航光电流程治理的实施，形成了一整套的实践案例，对供销两端协同需求快速变化、业务快速迭代、需快速高效适应市场需求变化的企业，尤其是元器件研制企业，提供了变革思路和参考，具备一定的借鉴性和推广性。中航光电荣获"中央企业先进集体"称号，航空工业集团的金牌供应商和交付明星，以及中国兵器集团、华为、诺基亚等企业的"优秀供应商"，领导班子获得集团优秀领导班子称号，上榜2022年度国务院国资委科改示范企业，荣获第十六届中国上市公司价值评选"主板上市公司价值100强"。2023年，中航光电入选国务院国资委"创建世界一流专业领军示范企业"名单。

（成果创造人：李　森、王艳阳、寇　飞、张宏剑、李　昕、赵　卉、
陈晓龙、陈　明、游振文、王　佩、马昂扬、赵娇妍）

汽车企业基于国内外双循环联动的国际散件组装业务核心能力建设

安徽江淮汽车集团股份有限公司

安徽江淮汽车集团股份有限公司（简称江汽集团），是一家集全系列商用车、乘用车及动力总成研产销和服务于一体，涵盖汽车出行、金融服务等众多领域的综合型汽车企业集团。江汽集团积极开拓全球海外市场，截至 2022 年年底累计出口各类汽车超 100 万辆，在哈萨克斯坦、越南、墨西哥等国家建立了 19 家海外工厂，并在越南和哈萨克斯坦成立合资公司，在欧亚地区成立全资子公司，开展属地化运营。

一、汽车企业基于国内外双循环联动的国际散件组装业务核心能力建设背景

（一）响应国家政策，突破海外贸易壁垒的需要

汽车行业是许多国家和地区的支柱性产业，在国内生产总值中占有举足轻重的地位，越来越多的国家和地区开始设置贸易壁垒，引导汽车从整车进口向散件进口乃至零部件地产化转变，以带动本国汽车工业的发展与国民就业。因此，做好国际散件组装（Knock Down，KD）业务能力建设成为中国车企做大做强海外市场，实现可持续发展的必由之路。

（二）加快打造国际化汽车企业的需要

汽车以 KD 件形式出口，符合全球汽车企业出口发展规律。纵观全球大型汽车企业，KD 件出口是其汽车出口的主要形式，在企业整体出口中比重无不超过 50%，甚至突破 70%。以 KD 件形式出口，有利于企业加深与当地政府及当地企业的合作关系，突破诸多贸易壁垒，拓展海外市场；有利于企业整合利用全球资源，提升国际竞争力；有利于企业加快实现由全球制造基地向国际化公司转型升级的战略目标。

（三）企业国际 KD 业务快速发展的需要

后疫情时代，加之全球地缘政治冲突不断，对于中国汽车出口来说，危中有机。江汽集团应抢抓机遇、乘势而上，着力提升出口业务尤其是 KD 业务的体量，积累大批量 KD 件出口运作的实践经验，快速提升国际 KD 业务核心能力，补齐在企业内部体系协同度、海外工厂规划建设、组装本土化、部件地产化、集散精益化、业务数字化等方面的能力短板，最大程度为客户创造价值，提升国际 KD 业务发展质量和效益，建立综合竞争优势。

二、汽车企业基于国内外双循环联动的国际散件组装业务核心能力建设主要做法

江汽集团通过以市场为导向，坚持"敬客经营，为用户创价值"的发展理念，对 KD 业务核心能力建设进行全方位剖析、系统梳理和探索，创新提炼出国内外循环联动的 KD 业务核心能力建设模型——六力模型：以构建面向市场的组织管理体系能力为基础，外部建设"海外工厂规划建设、组装本土化、部件地产化"三大能力，内部建设"集散精益化、业务数字化"两大能力，形成六大核心能力国内外循环联动的新格局，相互促进、互为支撑。围绕六力模型，全方位、创造性地推进独具特色的国际 KD 业务核心能力建设，补齐国际 KD 业务的能力短板，提升国际 KD 业务的总体能力与水平，为全球客户创造更大价值，提高产品国际竞争力。

（一）秉承用户思维，构建面向市场的组织管理体系能力

业务的底层逻辑，决定着业务发展的方向及能否实现健康、可持续发展，是业务的生命力之所在。江汽集团以"敬客经营，为用户创造价值"的面向市场的发展理念设计 KD 业务底层逻辑，进而构建 KD 业务的组织管理体系。

1. 践行用户思维，设计 KD 业务底层逻辑

江汽集团从用户与用户价值的识别中践行用户思维。在用户识别方面，将 KD 业务的用户识别为两个：一个为海外工厂，即将江汽集团出口的 KD 件在海外组装成整车的企业；另一个为市场终端用户，即购买在海外工厂组装完成的整车的终端消费者。在用户价值识别方面，同样划分为两类，分别是 KD 产品核心价值和用户体验价值。基于对用户与用户价值的识别，江汽集团提炼设计出国际 KD 业务底层逻辑：为两个用户，创造四项 KD 产品核心价值与四项用户体验价值。"四项 KD 产品核心价值"分别为组装整车的质量与成本、KD 件质量、KD 件准确性、KD 综合成本，"四项用户体验价值"分别为全方位、专业、及时、赋能。

2. 以市场为导向，构建集约高效的大协同组织管理体系

KD 业务涵盖海外工厂布局研究、工厂建设、KD 件的集散、海外工厂组装生产实现及问题处理、地产化等方面，业务链长、覆盖面广、协同难度大。江汽集团在不断强化对 KD 业务发展规律认识的基础上，充分调研优秀同行企业 KD 业务运营模式，守正创新，构建了极具特色的高效协同、服务市场的差异化组织管理体系。将 KD 业务划归为由直接面对国际市场、专门负责集团公司国际业务的事业部（以下简称国际公司）统筹管理与扁平化调度，并对集团公司其他事业部设立协同指标以保障高效协同；同时，在国际公司内部设立专职部门专业管理 KD 业务，主要负责通过高效运营 KD 项目，强化海外工厂能力建设，深入推进地产化工作，创新 KD 集散管理，系统提升产运销协同效率等工作，全面提升 KD 件国内高品质交付能力及海外制造水平，竭力满足市场需求。

3. 职责分层落地，支撑 KD 管理体系健康良性发展

江汽集团在总部层面制定国际业务战略，国际公司分解制定 KD 业务战略，专职 KD 业务部门负责具体战略举措的贯彻落实，助力集团公司国际业务战略目标的达成。专职 KD 业务部门具体职责主要为：（1）负责海外 KD 项目的主动性研究分析、开发突破与项目管理等工作；（2）负责海外工厂（生产）规划、建设及技术支持、参与实施海外工厂的质量体系建设等相关工作；（3）负责组织地产化的实现；（4）负责 KD 订单管理，提交并协调落实生产计划；（5）负责 KD 件的验收、包装及出口装集装箱发运等集散工作；（6）负责 KD 装运技术、工艺设计与质量管理；（7）负责接收并处理海外工厂反馈的少、错、坏及质量问题件信息，并负责少、错、坏件问题追溯；（8）负责 KD 业务安全生产、精益经营的管理。

（二）拓宽全球视野，加快形成海外工厂规划建设能力

江汽集团始终坚持习近平新时代中国特色社会主义思想，结合国内外发展形势、KD 业务发展规律及集团自身发展情况，制定了"十四五"海外工厂布局规划：通过"从南美向北美，从东南亚、中东、北非向欧盟"两条路线加快海外工厂布局，到"十四五"末形成"全球发展中区域全覆盖，并辐射至发达区域"的海外工厂布局态势。

1. 以创新海外建厂管理模式为先导，提高海外建厂效率

江汽集团目前已建立多种合作方式并存的海外工厂建设模式，主要为以贸易合作为基础切入、以技术合作为深化合作、以资本合作为融合发展的推进策略。可实现 CKD I、CKD II、SKD I、SKD II、DKD 五种供货状态供客户结合其市场政策要求定制化选择；同时通过不断总结、迭代创新，形成了江汽集团独有的海外建厂项目管理机制：1 个大项目组下设商务、产品、工艺工程、包装发运、物流单证、质量管控、现场技术 7 个业务分组；融入 NAM 流程管理思路，分可行性研究阶段、商务谈判阶段、试生产准备阶段、试生产阶段、批量生产阶段 5 个阶段，4 大节点进行管控；按项目综合、产品认证、工厂工艺、适应性开发和改进、质量保证、物料确认和维护、KD 件物流、本部生产准备、海外工厂生产准备、零部件地产化、现场技术支持、市场准备 12 个子模块开展具体工作。

2. 以国家产业政策为引领，加快重点区域工厂布局

江汽集团积极响应国家"一带一路"倡议，目前出口市场已覆盖"一带一路"沿线的 80 多个国家和地区。2015 年 3 月，江汽集团与哈萨克斯坦阿鲁尔集团在人民大会堂签署《JAC（江淮汽车）产品组装授权协议》，并在 2019 年 5 月中国机械进出口（集团）有限公司收购阿鲁尔集团，实现对其本土汽车集团的收购，打造哈萨克斯坦第一家具备焊接、涂装、总装的现代化汽车工厂。

3. 以全球区域一体化为依托，拓展海外工厂辐射能力

在全球化越来越深入的今天，国际贸易得到前所未有的发展，各国间的贸易往来更加频繁，贸易竞争和摩擦也日益增加，很多国家和地区通过出台一系列贸易限制政策，建立区域保护联盟、经济共同体等手段，达到保护本国或本区域的企业和市场的目的。江汽集团聚焦重点区域、重点市场、重点产品积极布局海外工厂，目前已在南美洲国家共同体、东南亚国家联盟、俄白哈海关联盟等建立海外工厂，其中哈萨克斯坦合资工厂产品已成功实现每年 1 万台的周边辐射能力，产品出口欧亚地区、乌兹别克斯坦、吉尔吉斯斯坦等国家，实现对区域贸易壁垒的突破。

（三）坚持选育结合，全面强化组装本土化能力

鉴于各国家的工业基础条件和人员素质参差不齐，对海外工厂组装产品一致性带来很大的挑战，江汽集团通过科学规划海外工厂布局，因地制宜，合理分配资源，制定差异化组装能力提升策略，多措并举，强化海外工厂组装本土化能力。

1. 建立海外工厂评价指标，量化组装能力

针对现有工厂，江汽集团从设备的完整性、物流管理情况、工艺执行情况、质量控制执行情况、人员配置情况（江汽集团派驻人员及对方主要管理者）及信息沟通协调渠道进行调查，结合现有质量标准要求，输出整改计划及确定整改方向，明确后期工作内容；落实整改纪要，定期跟踪和评价，并推行海外工厂退出和奖励机制，督促现有问题海外工厂完善本土化能力。针对新工厂引入，明确评价标准，从人员、设备、物流、工艺等全方位进行系统评价，输出可衡量、数字化分值，设定不同等级引入条件，确保符合质量控制要求，满足组装能力要求。

2. 全过程监控管理，进一步识别能力短板

江汽集团通过多种形式的远程技术支持、现场驻点技术支持，重点从工厂物流、工艺执行、装配质量、设备维护、人员素质方面进行全方位监控，定期开展海外工厂管理体系审核，识别不足，制订改进计划，跟踪闭环，从而实现海外工厂组装本土化水平有效提升。

3. 制定提升策略，全面强化海外工厂组装本土化能力

为全面提升组装本土化能力，江汽集团系统完善海外工厂驻点机制，明确驻点人员选拔及退出标准，定期开展"走出去"培训，派驻人员需具备指导海外工厂建立物流、工艺执行、质量、工装设备等管理体系的能力，以及独立完成海外工厂培训的能力，同时从协议上增加驻点人员对海外工厂的监督权及话语权。在集团内部推进国际飞行专家人才库建设，整合公司人才资源，为高效解决国际市场组装复杂问题、高质量响应国际市场组装培训需求储备人才，同时为基层骨干员工创造了培训与成长的平台，增强了员工归属感，形成良性循环。在专家人才库基础建设上，完善技术资料库建设，针对海外工厂从项目合作开始的工艺布局规划、工艺设备采购、工厂建设、生产线安装及调试、物流、质量、生产、安全、工艺等全方位形成体系化培训资料并实时更新，定期邀请重点海外工厂管理及骨干团队开展"请进来"培训。针对战略及重点市场，开展属地化人才服务工作，建立属地化员工招聘及管理制度，明确工作范围，定期激励，实现长期海外派驻。

（四）顺应发展规律，不断提升部件地产化能力

受制于地缘政治及产业政策影响，越来越多的海外市场对 KD 业务出口的零部件地产化提出较高

要求。江汽集团已逐步形成以客户为主、双方协同开发、生产线复制转移三个层次不断深入的零部件地产化策略，重点市场与重点产品地产化率达到70%，满足产业政策要求，提高所属市场的产品竞争力。

1. 突破地产化准入，快速达成地产化率初始目标

针对一般简易类零部件，采取以客户为主的开发模式，由江汽集团提供零部件地产化类技术文件，以客户为主体进行开发过程管控及OTS（Off Tooling Samples，工装样件）/PPAP（Production Part Approval Process，生产件批准程序）认可、地产化后的供货、量产品质确认及管控，产品涵盖蓄电池、轮胎、玻璃、地毯等零部件。此类零部件全球资源较为丰富，模、夹、检具开发周期短，可快速实现地产化，达成初期地产化率的目标，实现市场准入。

2. 协同推进地产化，进一步提升地产化率

针对关键、核心零部件，采取双发协同开发的模式，由江汽集团提供地产化技术文件的同时全面介入供货状态确认、开发过程管理、样件确认、量产认可及后续质量管控，客户负责工艺及后续生产、质量管控类要求的落地。产品涵盖发动机、座椅、排气管、变速箱等零部件。此类零部件在地产化初期仍需进口部件，在客户当地进行地产化组装，随着地产化的深入，可实现部分部件继续进口，部分部件当地采购，最终完成地产化组装。

3. 实现深度地产化，延长产品生命周期

针对高投入零部件地产化，采取生产线复制、转移的策略，缩短开发周期，最大程度地降低开发成本及风险，实现工装设备的快速落地，产品涵盖侧围总成、地板总成、保险杠、仪表台、副车架等零部件。此阶段零部件地产化完成，已经实现较高的地产化率，可享受较低的关税政策，进一步提升产品的竞争力。同时，随着客户投入的增多，客户的忠诚度逐步增加，促进销量提升，延长产品生命周期。

（五）聚焦关键要素，持续夯实集散精益化能力

多年来，江汽集团在集散精益化方面始终不断探索、迭代创新，总结形成了"以革新成本管理模式为统领，以经营的视角全面审视KD集散全价值链，聚焦重点，系统推进KD包装物流降本增效工作"的精益管理模式。

1. 革新管理模式，统领全价值链降本增效

创新变革，打破原有KD件包装成本管理模式，针对KD包装物流全价值链，设立虚拟"KD经营体"，建立"KD经营利润"指标，创建"KD经营利润管理模型"，推动KD包装物流由成本管理向全面经营管理模式转变，提升自主管理水平。最大程度激发全员"开源节流"的积极性、自主性、系统性与团队意识；同时彻底摒弃"总成本/总数量=单台成本"粗放型成本管理，实施精细化管理，有效消除不同车型、状态之间单台包装成本差距大造成降成本成果统计难、不客观等问题。通过聚焦"3个重点"（重点市场、重点产品、重点状态），围绕"3个环节"（KD包材、装运劳务、物流运输），坚持"3个维度"（管理、技术、创新），全面扩大KD包装物流全价值链降本增效成果，释放产品价格空间，提升产品市场竞争力。

2. 加强理论学习，持续提升包装正向设计开发能力

江汽集团以往的KD包装设计，需要利用实物在现场进行多角度摆放确认包装方式，当遇到较大、较重的物料操作时，存在诸多不便，且有较高的安全隐患，同时根据实物样件逆向设计，效率低、精准度欠佳。鉴于此，江汽集团和国内车企、KD包装设计企业建立良好的技术交流学习平台，运用三维设计软件根据零部件3D数模进行仿形设计，避免了因样件不断优化更改而浪费人力物力的情况，缩短了包装设计周期并提升了包装防护质量。

3. 创新生产模式，深入挖掘各生产要素效益

学习精益生产理念，将拉动式生产模式导入江汽集团国际 KD 业务，推进 KD 订单的拉动式生产，消除浪费。在计划方面，协同国际货运代理、制造公司、供应商整个链条，根据船期锁定每个订单的集装箱发运时间，并结合生产资源及以往订单的作业周期，分析推算出包装及进料时间，制订拉动式生产计划；在具体执行方面，KD 件集散作业单位以日为单位，以集装箱发运为龙头，反向拉动现场包装及物料配送的一个流作业，实现物料快进快出，提升现场作业效率及场地利用率。

4. 推进包装前移，清洁物流

常规 KD 件包装作业模式是由各供货方使用自带工装将物料送至 KD 件集散作业现场，由 KD 件集散作业单位将物料翻包至专用 KD 包装中，腾空的工装再由各供货方安排车辆拉回。翻包过程需要投入场地、设备及人力资源，增加物料滞留的时间，同时也会增加物料丢失与表面损伤的风险。为此，江汽集团识别物料属性并充分与各供货方沟通，推进车身钣金件、前后悬架、保险杠、玻璃等 40 余种大件的包装前移工作，即各供货方不需再投入资源制作自有工装，而是直接使用江汽集团 KD 件集散作业单位免费提供的或由其支付费用委托供货方按要求制作的包装进行物料包装与配送作业。

5. 打造 DKD 专属模式，构建差异化竞争优势

DKD 作为一种大总成出口的散件状态，通常模式是整车生产下线入库后，再拆解为车身总成、动力总成、轮胎、悬架等几大件的形式进行包装发运。组装后再拆解，一是存在生产资源的浪费，二是延长了产品的交付周期。鉴于 DKD 市场需求旺盛，江汽集团通过对整车组装工艺的优化调整及生产线的改造，实现了车辆在生产线上直接装配成 DKD 状态下线的模式，免去了拆解环节及所需的场地、设备、人员、时间的投入，降低了生产运营成本，提高了产品交付能力；同时不断总结，制定有针对性的质量管控体系。从 DKD 生产及质量两方面动态完善管控体系，打造差异化的竞争优势。

（六）践行两化融合，创新建设业务数字化能力

1. 搭建 KD 集散管理系统，实现 KD 集散全过程数字化

基于 KD 订单拉动式波次进货集散模式及快进快出的多品种大批量集散需求，在传统仓储管理系统（WMS）基础上，国际 KD 业务定制化推动搭建零库存、高流转模式下的 KD 集散管理系统（简称 KDWMS），实现生产过程数字化、生产进度可视化、生产环节可追溯、生产对象定置化、报关单证自动化。

生产过程数字化：KDWMS 将明确的生产节点以定制化二维码的方式在生产过程中自动标记，通过手持 PDA（Personal Digital Assistant，手持数据采集设备）设备扫码审验模式，实现来料验收、生产确认、发运绑定等生产环节数字化，降低作业人员劳动强度的同时，提高生产过程准确率。

生产进度可视化：在订单拉动式生产模式下，KDWMS 以订单为生产进度管理单元，实时统计生产过程数据库，汇总演示生产进度报告，满足生产调度需求；同时 KDWMS 根据来料情况汇总展示订单内可生产对象，为下一步生产提供指导意见，满足生产管理需求。

生产环节可追溯：KDWMS 通过绑定手持 PDA 终端，确保生产过程实时记录操作人员及操作时间，进而实现生产全过程人员与时间追溯。

生产对象定置化：KDWMS 在物料库位概念基础上创新提出成品库位概念，将生产对象的全生产环节纳入库位管理范围，实现各生产环节的紧密衔接，从而减少生产过程中的寻找浪费。

报关单证自动化：对已完成发运订单，KDWMS 通过规整生产对象的基础信息、成品在集装箱内情况等数据，按照定制化的单证格式进行报表编制，大幅度降低现场生产与单证编制环节中的对接强度，简化单证编制工作流程。

2. 构建 KD 国际供应链可视化系统，提升 KD 订单交付效率

江汽集团以现有 KDWMS 中的生产节点数据和国际订单管理系统（简称 DMS）中的订单物流数据、海外工厂组装数据为基础数据源进行汇集整合，搭建了国际供应链可视化系统（简称 KDOTD 系统）。实现订单交付全过程状态跟踪、订单月度执行情况跟踪、订单执行周期分析等功能。通过 KDOTD 系统，对 KD 订单国内集散、国际物流、海外工厂组装三大环节主要节点进行全面贯通，实现对 KD 出口国际供应链的整合监控，通过对过程数据的收集、整理、分析，对当前供应链中的瓶颈因素不断识别、优化，提升了 KD 订单产运销各环节协同水平，提高了 KD 订单交付效率。

三、汽车企业基于国内外双循环联动的国际散件组装业务核心能力建设效果

（一）适应了我国汽车行业"走出去"的发展要求

江汽集团在积极开拓国际市场的实践中，紧跟国家和行业的政策走向，通过海外工厂为其他国家直接创造的就业岗位就达 2.5 万个；哈萨克斯坦 KD 项目被誉为"中哈国际产能合作典范"，数次受到两国领导人的高度认可；安徽省外办代表团多次赴江汽集团墨西哥、越南等海外工厂进行走访调研与指导。在推动企业国际业务自身转型升级的同时，江汽集团较好地适应了我国汽车行业"走出去"的发展要求。

（二）发展上下游产业链，社会效益显著

国际 KD 业务的发展壮大，同步促进了零部件仓储配送行业、装运业务服务行业、KD 包装制造行业及国际货运行业等上下游产业链的发展。其中 KD 包装制造行业作为 KD 业务独有的衍生行业，对 KD 业务的发展尤为依赖。目前江汽集团主要 KD 包装供应商共 6 家，提供了近 500 个就业岗位，2022 年带动创造产值约 2 亿元。随着 KD 业务的不断壮大，带动 KD 包装行业的发展，社会效益将越发显著。

（三）提升了企业国际 KD 业务管理水平与经营能力

2022 年江汽集团 KD 件累计出口 6 万余台，同比增长 81.92%，占集团整体出口 42%，利润同比增长 83.66%，规模与效益均创历史新高；2023 年上半年 KD 件出口量同比增长 241%，占比达 60%，刷新纪录；KD 包装物流 2022 年实现降本增效 1529.28 万元，为提升产品国际竞争力发挥了积极作用。国际 KD 业务核心能力建设，为江汽集团由全球制造基地向国际化公司转型升级战略目标的实现奠定了坚实的基础，更为同行企业国际 KD 业务发展提供了可借鉴经验与示范案例。

（成果创造人：张　鹏、余　阳、黄福德、钱海林、罗旺远、丁志海、
孙彦宏、谢　放、邓晶晶、梁　廷、解庆龙、郭晓坤）

精密制造企业适应国际竞争新形势的供应链战略管理

深圳长城开发精密技术有限公司

深圳长城开发精密技术有限公司（以下简称深科技精密公司）是中国电子信息产业集团有限公司（以下简称中国电子）二级企业——深圳长城开发科技股份有限公司（以下简称深科技公司）下属全资子公司，成立于 1996 年，是传统机械式硬盘关键零部件——硬盘铝基片的主要生产企业，是中国唯一的硬盘盘基片制造商，现有员工 735 人，2022 年营业收入 5.29 亿元人民币，利润 10656 万元。深科技精密公司致力于硬盘盘基片产品的超精密制造，是国家高新技术企业，拥有扎实的技术积累和丰富的行业经验，掌握该产品的核心制造技术，金属双面研磨和抛光技术处于全球行业领先地位，连续多年获得硬盘终端客户——西部数据公司的最佳供应商奖。

一、精密制造企业适应国际竞争新形势的供应链战略管理背景

（一）贯彻供应链创新发展战略、实现高质量发展的迫切需要

2017 年 10 月 5 日，国务院办公厅发布《关于积极推进供应链创新与应用的指导意见》，明确提出加速供应链自主创新与运用。深科技公司"十四五"发展战略也明确提出加强市场开拓能力，优化业务结构，维护稳固的客户关系。深科技精密公司的硬盘基片业务面临供应链管理能力较弱、供应链成本过高、核心技术缺乏的突出问题，通过构建聚焦国际竞争的供应链体系，逐步提升硬盘基片的供应链水平，提高公司硬盘基片在盘基片行业的国际竞争力，是实现创新驱动、高质量发展，贯彻落实国家供应链创新战略，践行央企行业引领和责任担当的必要举措。

（二）应对匹配企业竞争战略、强力支撑业务可持续发展的需要

作为云存储大数据信息储存技术关键部件的硬盘盘基片的制造商，深科技精密公司按照企业竞争战略，需要为客户提供低成本、快速响应、产品多样性及能跟上不断迭代升级需求的产品，而其供应链却由于关键原材料如铝基片、研磨石、游星轮、冷却液甚至包装胶盒等都需要从国外进口，不仅存在供应周期长，易造成呆滞物料增多、频繁的供应短缺及原材料涨价和产能受到限制等问题困扰，使制造业成本居高不下，而且关键原材料技术主要依靠国外，这些成为制约我国盘基片产业高质量发展的短板。因此，以供应链创新为抓手，推动供应链重构，提高供应链上关键核心材料自主可控能力及安全可靠，是化解深科技精密公司供应链风险，支撑盘基片业务转型升级发展，实现高质量发展，打造创新型企业的重要途径。

（三）推动供应链协同制造、适应新时代高质量发展的需要

随着国际分工不断深化和跨国公司在全球范围内配置资源，供应链竞争成为企业竞争的关键。而要打造高效供应链，不仅需要借助创新技术，还需要分阶段逐步搭建起一个全生态、全链协同的平台进行供应链的创新。深科技精密公司属于典型的两头在外的来料机械加工企业，供应链绩效对企业财务绩效的影响较大。尤其受新冠疫情、国际经贸摩擦、地缘政治动态加剧的影响，形成了促使全球产业链分化和重构的新驱动因素。因此，为支撑深科技公司快速抢占国外市场份额，保持国际市场竞争力，充分发挥供应链的客户需求的导向功能、提高质量和效率的目标功能、整合资源的手段功能，将供应链重塑作为提高创新能力和参与国际竞争的关键工作。

二、精密制造企业适应国际竞争新形势的供应链战略管理主要做法

（一）紧扣问题导向，规划将供应链管理融入公司发展战略体系推进

1. 明确供应链管理需求及定位

为贯彻落实国家推进供应链创新与应用的战略要求，从顶层谋划供应链管理工作，整体推进供应链管理，对供应链现状进行调研总结，从解决问题的角度明确供应链管理需求与定位，认识到由直接或间接地满足顾客需求各方组成的供应链包括制造商、供应商、运输商、仓储商及顾客本身。从2019年开始，每年通过PEST（Political, Economic, Social, and Technological, 政治、经济、社会和技术）和SWOT（Strengths, Weaknesses, Opportunities, and Threats, 优势、劣势、机会和威胁）分析，确定公司战略BSC，以技术发展为核心，在财务价值实现、客户需求、内部流程优化、学习成长能力提升四个层面，全面推动转型升级，强化创新驱动，优化供应链。深科技精密公司通过每年对企业所处市场环境、现状及发展战略分析，重点抓建立和完善关键材料的供应链优化，助力实现客户需求与提质增效，并针对核心材料和客户产品开展课题攻关，为占据市场优势地位奠定了基础。

2. 制定公司发展战略，抓重点、补短板

经过前期充分论证，针对深科技精密公司供应链自主掌控能力较弱、核心技术缺乏、信息化程度低等突出问题，识别影响企业财务绩效的供应链绩效关键驱动因素，明确供应链管理工作应当从核心技术突破、制度建设、人才培养、风险防范等方面入手提升创新的水平和能力，平衡好发展与安全、响应性和效率的关系。一是将铝基片、研磨石、游星轮、冷却液、清洗剂、包装胶盒列为关键原材料，将原来100%靠进口的关键原材料供应加快国产化，与核心产品紧密联系的原材料国产化率明显增长，并持续优化原材料性能，原材料对供应链的价值贡献明显。二是要求助工以上管理人员按照精益六西格玛方法论绿带项目要求，每年在工艺改进、原材料国产化、信息化、生产流程精益化等降本增效、提质增效方面寻找两个绿带项目改善机会。三是建立全球盘基片供应链信息系统，提升信息化水平，各个产品线自觉将供应链工作与客户新产品开发的品质达成、交期保证、成本降低、利润实现等重大环节相结合，实现供应链管理融入主营业务全过程，供应链管理工作综合能力大幅提升，在满足客户有价值的新产品开发过程中，供应链的降本增效和提质增效作用得到有效落实。

3. 以供应链管理为抓手，进行持续优化

按照"121"供应链战略策略管理导向要求，明确关键海外原材料国产化是降低供应链成本的关键步骤，将海外关键原材料国产化分为认证和优化两步走的策略；明确每年国产化材料的具体任务，分阶段实施原材料国产化的认证过程和认证后的优化过程。一是原材料国产化的认证过程以健全供应链认证体系、完善来料品质要求、推动国产化来料数量和质量快速增长、培育和打造深科技精密公司的供应链为主要目标，在这期间，深科技精密公司供应链管理工作将重点围绕健全供应链体系、开展供应链战略研究、推进重大项目产品供应链全过程管理等方面开展工作。以国内寻源、与相关企业联合开发、与客户协同选购、与其他企业联合制造为主要方式。二是国产化认证后的优化过程以盘基片供应链为平台，推动供应链的关键来料品质不断改进持续优化，以满足客户不断提升的新产品质量要求为目的，在云存储大数据硬盘每次迭代升级中抢得样品被客户提前认可的先机，为企业赢得了经济效益和市场地位。

（二）建立健全组织机构与制度体系，形成全面高效的供应链管理模式

1. 完善管理制度，工作实施有规范

在来料国产化认证和优化期间，深科技精密公司按照集团公司的规章制度要求，结合本公司的实际情况，差异化识别，通过"立、改、废、留"，进一步完善来料认证管理、流程优化管理、激励管理等管理制度，形成了涵盖本公司涉及供应商认可、来料认证、生产和品质管理、经营管理、持续优化

等方面的供应链协同创新机制，将供应链管理融入生产、经营各环节，建立起有效的管理机制，为提高供应链盈余提供有力的基础保障。一是集团层面，制定"生产物料供应商开发和管理流程模块""生产性物料采购执行流程模块""非生产性物料供应商开发、管理和采购执行流程模块""供应商质量管理流程模块"等流程文件，作为集团各下属单位实施供应链管理的文件依据和考核依据。二是深科技精密公司根据自身情况，制定"企业研究开发的组织管理制度""研发投入核算体系""产学研合作管理制度""科技成果转化的组织实施与激励奖励制度"，建立开放式的供应链创新创业平台，建立"科技人员的培养进修、职工技能培训、优秀人才引进以及人才绩效评价奖励制度"，进一步落实供应链管理体系要求，明确各管理层级的职责分工。

此外，设计了一套完整的供应链指标体系，从横向业务流的角度看，按照 SCOR（Supply Chain Operations Reference，供应链运作参考）模型将供应链界定为计划、采购、生产、配送、退货 5 大流程和面对客户的可靠性、响应性、灵活性，以及面对企业内部的成本及资产 5 个绩效属性，描述了各流程的标准定义、对应各流程绩效的衡量指标，制定了各部门的 23 个 KPI 目标指标。供应链的绩效管理不仅包含考核评估，更重要的是运营监控与分析改进，重改进、轻考核，通过该指标体系进行数据分析，查找并且解决问题，实现经营目标整体提升。

2. 搭建管理体系，任务分工有依据

在建立健全供应链管理制度的同时，深科技公司进一步完善供应链工作体系，实行中央职能、地方职能、事业部职能矩阵式管理体系。一是供应链管理部负责供应链的组织领导，寻找供应商资源，获得供应商认可，组织对供应商进行定期监督、考核；二是来料控制部负责对供应商的来料品质进行检查、控制；三是事业部负责制定来料质量标准、供应商的品质持续改进、生产工艺和流程的持续优化，降低制造成本。各部门根据实施方案中所列目标和任务要求，组织实施本部门供应链优化工作，确保各项工作取得实效。

3. 制定管理流程，过程管控有保证

供应链的优化以来料国产化替代为突破口，分两个阶段来实施来料国产化认可和持续优化两大过程。深科技精密公司着重采取有效措施提高供应链管理的系统性，建立完善供应商认可流程，注重对创新点的挖掘，把控技术突破点对工艺和产品的质量和成本贡献，持续推动来料的质量优化，建立来料评估审查制度。制造部门按照 12 个制造成本类型每月召开成本会议，监控关键物料单件成本和制造成本以及人力和水电成本单件变化，跟踪供应链过程优化对客户端的反馈意见，及时跟进改进，迅速提升反应速度和产品品质。

研发项目的技术负责人按照供应链战略管理要求开展工作：负责提出满足客户新产品质量要求的工艺路线和材料优化需求，保证生产工艺的合格率水平，组织完成新产品项目的可行性分析；组织项目技术点梳理、创新点提炼；参与供应链优化讨论；分解和落实供应链战略计划；负责物料编码和计划的申请调整，配合供应链产权及成果的维护及转化工作。物料部门负责人负责物料计划的落实及产品线各项成本的定期监管，保证供应链降本增效的目的落实。供应链管理部每季度组织技术部门、品质部门对关键供应商的商务、品质、工程技术或服务等维度进行 QBR（Quarterly Business Review，季度业务审查）评估，为供应链的稳定运行奠定基础。

（三）聚焦核心技术及材料，推动供应链管理全过程、全链条有效实施

1. 结合不同材料及技术特点，明确供应链来料管理流程和管理内容

通过总结不同材料的技术成熟度和产业特点，供应链管理部门规范不同类型材料的供应链管理模式，将研发到制造及售后客户服务反馈的全过程管理的成功经验借助来料认可和来料优化两个阶段进行全面推广和应用。在来料认可阶段，采取采购寻源、协同制造、协同选购、联合开发等不同模式，

将海外来料国产化，并持续优化其性能，满足客户不断提高的品质要求。通过开展供应链的全过程管理，供应链与企业产品的紧密程度不断加深，供应链管理能力得到显著增强。

2. 瞄准重点材料，形成示范带动效应

为将供应链全过程管理落在实处，供应链管理从客户需求的云储存大数据市场急需硬盘所用的盘基片作为重点产品，有针对性地开发重点产品所需重点材料。深科技精密公司瞄准加工过程中使用的关键原材料游星轮和研磨石，开展供应链协同攻关，开发出一种厚度更薄、尺寸结构优化的新型游星轮和硬度更低、气孔直径更大、磨削效率更高的新型研磨石，再配合生产工艺的改进，最后成功量产8碟12T大容量硬盘所需盘基片。为开发此款8碟12T大容量硬盘盘基片而进行供应链上下游协同攻关，量产出质量卓越、成本有竞争力的产品而成立的"降低新一代高容量硬盘盘基片加工成本"六西格玛项目，为公司产生359万元硬性收益。供应链的创新有力地支持了产品创新，对后续开发更大容量的97A（8碟18T容量）及97U（11碟28T容量）硬盘所需盘基片，形成了示范带动效应。

3. 围绕重大科技专项，助力创新成果产出与运用

以实施大数据储存硬盘的盘基片科技创新专项为契机，在重大科技专项中构建供应链保护和运用体系，促进供应链与技术研发融合，提升重大科技专项创新能力，抢占竞争制高点。在构建供应链保护和运用体系过程中，掌握重大科技专项关键技术知识，先后申请了9项发明专利和11项实用新型专利，以及18项计算机著作权登记证书。

（四）强化信息资源建设，打造供应链管理的利器

1. 搭台建库，为供应链管理与创新提供必需手段

供应链依靠数据驱动，通过指标报表设计应用、完善管理驾驶舱等内容实现数据应用、数据质量提升等功能，为高效运行的供应链打下坚实的基础。在供应链的建设工作中，完善供应链规则制度体系，梳理供应链的全流程，包括供应材料的关键品质参数，生产过程中投料和制造中的批号、品质、机台、人员、时间等关键信息，建立SAP系统、MES系统的生产模块、品质模块、物料模块和QMSD客户沟通系统、办公的QA系统与ERP、SRM相互交互的信息系统，构建来源可查、去向可追、责任可究的全链条可追溯体系，为研发、生产、品管提供供应链信息检索、利用、预警等服务，提高供应链智能化的服务水平。

2. 形成供应链预警分析长效机制，培育高价值产品

一是依托本地化的信息服务平台，供应链管理人员开展一系列关键技术战略研究，指导技术人员从信息平台中数据分析下手，比对各种数据差异，找准优化供应链的突破方向。二是利用本地化信息平台和供应链体系，推动自上而下全面落实供应链战略实施方案，包括开展新产品的研发和成本分析，开展关键参数和关键技术的战略研究，以客户迭代推出的大数据硬盘盘基片产品为重点，开展技术研究，预先谋划新产品的工艺方案和供应链，在近几年高价值产品的量产中取得丰硕成果。

（五）加强人才培育与队伍建设，夯实人才保障能力

一是依托集团精益六西格玛专家库内部资源，组织精益六西格玛绿带培训，以建立精益供应链为目标，打造供应链管理团队，开展精益六西格玛项目，现在供应链管理团队成员已经100%获得精益六西格玛绿带认证。二是聘请外部专家培训，请外部专家进行"精益供应链管理与运作"培训，从理解组织环境下的供应链管理、供应链环境中的上下游协同与领导力、物料管理与库存控制、高效仓储与物流管理等四个维度指导提升供应链工作。三是在供应链的各个流程环节中，设立PA流程管理员，其通过集团培训并考核合格后上岗，承担流程的政策宣传和流程协调及管理工作，最终形成上下左右联动的团队效应。

（六）加强考核激励，以工作闭环确保供应链管理目标全面实现

1. 强化过程监督，保障工作落地

为确保供应链工作的质量和效果，深科技精密公司研究制定严格的工作、考核及监督流程，拟定供应链管理的流程和 KPI 目标，布置工作思路和重点，每半年对 PA 流程管理员进行考核，每月召开成本分析会议，对供应链中各环节及开展的项目进行分析考核。

2. 建立激励机制，提高创新积极性

深科技精密公司每年对流程改善先进部门和个人进行表彰，对开展项目取得硬性收益的部分按照收益的 1% 进行奖励，对获得国家级项目奖的进行现金奖励，督促供应链各部门优化制度，提高一线技术和管理人员积极性，从供应链优化创造源头上保障创新成果产出。

3. 纳入考核体系，牵引工作开展

一是通过评选先进部门，设置节约奖、项目奖等方式，鼓励大家加大优化改进力度，提高项目实施转化效益。二是集团也设置改善优化能力以 KCA 指数、降本目标、利润目标考核各部门，全面考核企业的创新能力、核心竞争力以及企业供应链的管理水平，激发大家创新热情。

（七）打造开放、协同创新平台，助力供应链管理

1. 推动创新成果形成

以国家战略、市场需求为导向，深科技精密公司通过供应链战略管理推动科技创新。"一种硬盘基片装载游星轮"和"一种硬盘基片双面精密研磨磨石"等 8 个有关原材料创新成果获得发明专利和实用新型专利，另有 3 个原材料创新成果专利正在申请中，18 个供应链信息化建设成果获得软著专利。围绕客户的云存储大数据硬盘盘基片产品等重大专项研发需求，依靠供应链等内外部资源，促进优秀创新成果的产生。

2. 促进央地合作，主动承担链长作用

深科技精密公司以供应链创新为切入口，利用市场资源优势，充分发挥央企撑起盘基片产业链自主可控能力建设重任，积极开展与地方企业合作，做强做优国有企业，带动链条上的企业共同发展。深科技精密公司作为领飞的头雁"链长"，提供联结条件或者技术研发平台，目前与供应链上的供应商合作开发的研磨冷却液和研磨游星轮等原材料，已经销往全球盘基片制造或相关领域的其他国家，更好地服务国家"一带一路"建设大局。

三、精密制造企业适应国际竞争新形势的供应链战略管理效果

（一）建立供应链战略管理办法，实现供应链与价值链相互促进

深科技精密公司建立了一套基于项目管理与 PDCA 循环理论，以"121"供应链战略策略管理为导向，以关键原材料自主可控能力和多快好省的能力为关键能力，以关键原材料国产化率和客户 SPR 综合得分及每千片的加工成本为关键 KPI 指标，以供应商开发和管理流程、供应商质量管理流程、流程优化流程等为核心供应链管理流程，以信息系统和人才及组织结构为基础支撑的供应链管理体系，对增强企业市场核心竞争力、实现企业竞争优势起到支撑作用。经过深科技精密公司实施，促进降本增效，助力产品创新，提升客户价值，为其他央企集团供应链管理与实践提供参考借鉴。

（二）大幅降低供应链风险，降低供应链成本

深科技精密公司在关键材料的国产化上下功夫，关键原材料类型国产化率由 0 大幅提升至 91%，关键原材料的购买价格、交货周期、周转库存、供货提前期等指标大幅降低，研磨石降价 32%，游星轮降价 41%，冷却液降价 55%，研磨石的物流距离由 2514 公里缩短至 8 公里，冷却液的物流距离由 11671 公里缩短至 6 公里，游星轮物流距离由 2840 公里缩短至 8 公里，许多物料的交货周期由 2 ～ 3 周缩短到当天送达，保证了较低的库存水平。深科技精密公司建立的盘基片供应链韧性强、潜力大、

活力足，大幅降低以前关键原材料依靠国外的供应链风险，着力提升了盘基片产业链供应链韧性和安全水平，深化了中国产业链供应链合作，成为企业抵御风浪的"稳定之锚"。

（三）显著提升科技自主创新的能力，社会效益突出

深科技精密公司创新改善能力不断提升，知识中心行为指数连续4年稳居集团第一名，2019—2022年4年期间共完成7个黑带项目和146个绿带项目；先后对关键原材料申请了国家专利，供应原材料对企业效益作用贡献明显，如研磨石通过改进，精磨磨石使用寿命由30天延长到70天，初磨磨石由30天延长到120天。2022年，深科技精密公司实现净利润1.06亿元，同比增长9.8%。与2018年基准年比较，2022年在销售收入增加3.4%的情况下，每千片盘基片产量关键物料采购金额下降38%。关键物料采购成本大幅降低，2019—2022年可节省的关键原材料采购金额1.925亿元。2022年深科技精密公司由于具备在硬盘精密加工的技术创新能力，被广东省科学技术厅授予"广东省机械硬盘超精密制造工程技术研究中心"。

（成果创造人：蔡　泊、张新虎、曾　卫、黄　卫、冉红锋、秦献超、
陈定林、邱伏龙、王京军、王少华、姚锡勇、邝剑华）

家电企业提升市场竞争力的生产组织变革管理

珠海格力电器股份有限公司

珠海格力电器股份有限公司（以下简称格力电器）成立于 1991 年，是多元化、科技型的全球工业制造集团，产业覆盖家用消费品和工业装备两大领域，产品远销 190 多个国家和地区。2023 年上半年，格力电器实现营业总收入 997.90 亿元，同比增长 4.16%，归母净利润 126.73 亿元，同比增长 10.52%。截至 2023 年 8 月，公司拥有员工总量 8.2 万余人，累计申请专利 112965 件。

一、家电企业提升市场竞争力的生产组织变革管理背景

（一）落实国家关于自主创新的工作要求

格力电器认真落实国家关于加快增强自主创新能力和实力、努力实现关键核心技术自主可控的发展要求，面向新时期人民群众美好家庭生活需要，加强优质供给，增强自身对市场需求变化的适应性和灵活性。从管理工程改革入手，提高全要素生产率，优产能、去库存、降成本。

（二）提升市场竞争力的需要

空调市场通常分为家用内销市场、家用出口市场、商用市场三种。截至 2017 年，格力电器空调生产板块国内有 7 个生产基地，整体产能配置难以有效保障市场需求，经过综合研判，需要扩充产量投建一批生产基地，解决市场整体需求量的保障问题。适当增量的同时研究大规模生产能力对三类市场的快速响应机制。而大规模生产基地配置本身的集团化高效管理也是一个难点。

（三）推进高质量发展的需要

格力电器伴随市场规模高速增长，产值规模、组织规模、人员规模快速增长。在市场趋于平稳的情况下，要审视系统效率是否高效、组织结构是否合理、岗位配置是否冗余、业务流程是否精益等问题。同时，新一代信息技术的快速发展也为制造企业高质量发展提供了强大的技术支持。

二、家电企业提升市场竞争力的生产组织变革管理主要做法

（一）明确指导思想和基本原则

1. 确立指导思想

格力电器认真学习消化关于供给侧结构性改革、高质量发展等文件精神，面向市场，立足行业，结合自身企业发展特点，提出提升市场竞争力的生产组织变革指导思想。

一是更好满足消费市场需求，适当增量的同时，加强优质供给，实现生产基地与销售市场深度融合，快速响应、区域自足；二是增强格力电器对市场需求变化的适应性和灵活性，集团层面统一部署调配，深化渠道改革工作，优产能、去库存、降成本；三是提高全要素生产率，从管理工程改革入手，优化组织机构，提升专业工厂软实力，强化集团职能管理，制定科学评价绩效体系。

在指导思想下，格力电器统筹组织各生产单位改革改善工作，充分开展关键业务流程分析，明确生产组织变革的基本原则，科学规划推进改革工作。

2. 制定基本原则

格力电器围绕进一步提升市场竞争力目标，以市场为出发点，以业务流程为主线，强化生产单位经营利润意识，完成了切实有效的管理创新工作，形成了"快速响应、结构精简、专业提升、诊断督办、科学评价"的基本原则。

快速响应。改善目标是实现销售区域自足，生产基地与销售区域深度融合，解决销售区域品种匹配难题，大幅降低原空调生产模式下高库存与高成品发运成本费用。基础是解决满足销售市场需求规

模量的问题。格力电器现有生产单位配置能力不能有效满足市场量，在主要市场就近布点增量满足市场需求。生产基地数量及产能快速扩充，各地发展阶段不同、销售特点不同，需要健全高效综合管控机制，协调各区域单位稳定有效发展。

结构精简。格力电器由高速发展转向高质量发展，管理工程改革改善工作先行。总结高速发展过程，组织机构设置与岗位配置快速扩张，由此产生结构僵化、人员超配等问题，按照"公共集中、专业独立"原则进行精简改善。同时新投产基地在借鉴成熟基地管理模式后，部分单位出现"麻雀虽小五脏俱全"的问题，按照"横向职能整合、纵向流程精简"原则，重新设计新投产基地管理组织架构，大幅削减组织层级，提升管理效率。

专业提升。建立中心工厂管理机制，提升专业工厂管理软实力。空调生产涉及四类配套工艺——注塑、钣金喷涂、蒸发器冷凝器、电子控制器，集团有四类庞大的专业工厂群。鉴于新老基地发展水平不一，同类业务管理水平参差不齐，尤其是新投产基地管理体系不健全、关键设备产出低效、物资耗用异常等问题，发挥总部专业工厂优势，围绕"专业、服务、创新、标杆"理念，成立中心工厂矩阵式管理组织，横向取优补齐共同发展，进一步发展建立行业标杆工厂。

诊断督办。建立"后浪"管理机制，创新运营型集团化管理模式。格力电器采用运营型集团管控模式，相比于财务型集团管控模式，进一步精细化管理集团各单位，同时对集团职能单位管理能力提出更高要求。相较以往常规办法，格力电器创新建立"后浪"诊断督办机制，"后浪"是一种态度，更是一种精神，是善良、勇敢、无私、无所畏惧、坚定信念、不断向前，勇于打破常规的创新精神。成立"三（专家、大学生、一线员工）结合"小组，结合不同时期管理重点、不同单位经营水平情况，制订专项诊断计划，开展分阶段、有主题、有对象的生产单位诊断工作，调研、总结、输出诊断报告，抓好整改计划及持续改善工作，促进各单位自主管理体系完善运营。

科学评价。建立 GEBM（G：Gree，格力；E：Efficiency，效率；B：Benefits，效益；M：Management，基础管理）评价体系，提升集团绩效精细化管理水平。以生产为核心的管理复杂度为基础，客观评价不同单位承接市场任务量、产品种类、订单批量的差异度。创新建立 GEBM 评价体系，紧密围绕效益、效率两项核心指标，以基础业务管理提升为主线的综合管理，解决生产单位承接集团一级 KPI 不能用来做过程管理指导的问题，避免新投建基地的"新投产基地是最落后的先进基地"陷阱。

（二）建立"产销一对一融合"新模式，提升格力速度

一切以市场为中心，保证"一台都不能少"，格力电器采取靠近销售市场布点策略，生产基地与销售区域深度融合，解决销售区域品种匹配难题，实现销售区域自足，大幅降低原空调生产模式下高库存与高成品发运成本费用。优化集团化产能综合调配机制，强化集团生产以市场为中心的统一部署、统一执行，发挥集团化资源调配优势。

1. 主力市场全面布点，产销一对一精准保障

经综合研判，格力电器在原有 7 个生产基地的基础上，在主要市场区域就近新增 6 个生产基地，在江苏南京、山东临沂、江西赣州、浙江杭州等地投建生产基地，实现全国主要省份市场全覆盖，当地生产基地满足当地市场需求，改变以往点少库存式生产模式，进一步升级为点全面向订单的制造模式，为渠道改革工作打下坚实基础，大幅降低以往成品板块高库存、高费用。同时新建基地极大补充系统产能，有效解决市场增量问题。2021 年格力电器空调市场销售额占比 37.4%。

2. 复杂市场订单保障机制研究，强化系统自主经营能力

以"以销定产"为基本原则，建立集团生产能力高效综合管理机制，按照销售需求预测、综合效益分析、需求分配策略、确定最终分配方案四个步骤执行。制定集团产能规划方案，发挥集团产能一盘棋的管理优势，最终实现运费最少、政策好地区优先、效率高单位优先、全面均衡生产、设备利用率

最高。

销售需求预测，对家用出口、商用、家用内销三个不同销售板块计划特点及生产特点，制定有侧重的分配策略。家用出口销售为订单式需求，峰值集中在上半年，非常不均衡，制定策略为最大化均衡生产原则优先，同时进行订单分流其他生产基地，提前削峰填谷。商用销售为订单式与预测式相结合，不同产品种类生产工艺差异大，需分类安排，普通机型就近生产，特殊机型集中生产。家用内销为预测式需求，市场需求体量大，通用性强，有规模化效应，考虑政策好效率高的生产基地优先排产。

综合效益分析，结合物流运费、当地政策、生产效率三个因素，制定效益最优策略。一次分配到集团战区，运费最少，普通机型就近生产。二次分配到生产基地，新基地、政策好优先，效率其次，中高档机型集中生产。

需求分配策略执行在时间、空间需求不均衡的情况下均衡生产。全年不同时间的不均衡，适当提前生产备库削峰，策划人力资源保障方案。同一时间不同地方的不均衡，调整人力产能或就近区域调货满足。

3. 运营型集团产能动态调配机制，提升市场快速响应能力

空调市场具有显著的出口与内销、旺季与淡季特点，峰值月份需求量高满负荷生产，同时重点工程、重点客户的保障要求高，综合下来对集团生产组织工作提出更高要求。

格力电器结合阶段生产特点，不同基地生产形势，进行集团产能动态调整。内销市场组织适当提前生产储备库存削峰填谷，满足尖峰交货。组织做好各项资源（人力、采购）随一季度、三季度销售峰值峰谷快上快下的保障策略。发挥集团规模优势、发挥生产基地布点优势，统一部署、统一调配、统一执行。

（三）推进高质量发展，两类管理工程改革工作先行

格力电器以提升管理效率为目标，解决产能调整背景下"组织结构僵化、人员配置不均衡"等问题，按照"责任上移、垂直管理、公共集中、专业独立"原则，设计并推进两类生产单位组织精简工作，提升流程效率，激发组织活力。

1. 新建基地建立一级高效组织结构

新基地成立之初组织结构对标成熟基地，但是产能规模与管理难度达不到成熟基地水平，出现组织架构与产能不相称的问题。按照"横向单位整合、纵向业务缩减"规划开展新建基地组织结构精简改革工作，提升组织效率，解决"麻雀虽小五脏俱全"的问题。

横向单位整合，各生产单位二级工厂降级为三级生产车间，整合为制造中心一个单位。新基地原设置总装分厂、两器分厂、控制器分厂等5个工厂，整合为一个制造中心，下设5大生产车间，减少4个二级单位。原分厂均设置生产管理科、质量技术科、设备环安科、人力资源科共20个，统一合并设置一套4科室，减少16个科室。

纵向业务缩减，人力、计划、保全等职能收归一级职能单位统管，各单位不再单设岗位，原各级统计汇总模式，改善为业务一体化办理，明确责任，减少职能交叉。各生产单位人力资源业务统一划归总经办管理，一次服务到人。计划排产统一划归生产计划部管理，计划到线与计划到设备。设备保全职能划归工艺设备部管理，区分公共保全与设备保全，区分日常保全与改善保全。

2. 成熟基地优化流程型组织结构

成熟基地产能调控下降，出现组织结构僵化、岗位超配等问题。按照"公共集中、专业独立"规划开展减量基地职能流程型组织改善，重点开展生产计划、仓储管理、人力资源、设备管理等核心模块去层级改善工作，解决"尾大不掉"的问题。

生产计划板块开展组织结构优化、编制与实际配置优化、排产改善、ERP 系统业务提升 4 期改善工作。组织结构优化，取消生产管理科设置。编制与实际配置优化，按照编制核定规则修订 2023 年定编。排产改善，总装计划、预装计划、机台计划，推进生产部收编管理；计划排产模型构建与优化，总装与配套的计划排产规则与模型提炼。ERP 系统业务提升，重点对延期订单、冻结数据进行专项管理。

仓储管理板块开展去二级库、业务流程标准化二期改善工作。去二级仓库，由物流部集中管理，使用单位按需领用，应急库存安排兼职管理。开展库位规范、职能管理规范、账务管理规范。业务流程标准化，申购、领用及退废流程标准化，各级审批权限规范化。扫描工具应用推广，MES 应用于收发货，非生产物资条码化。

（四）建立"中心工厂"新模式，提升专业工厂管理软实力

为实现高质量发展需要，强化各专业板块能力，格力电器围绕"专业、服务、创新、标杆"理念，以珠海总部专业工厂为核心，建立集团专业板块中心工厂垂直管理机制，不同于以往单一职能或项目制，首次以专业工厂为对象的矩阵式管理，抓同类专业工厂协同管理提升，发挥"人多力量大"的优势，打造标杆。

格力电器设置有珠海总部 4 个专业工厂，分别是钣金喷涂分厂、控制器分厂、注塑分厂和两器分厂。总部专业工厂与生产基地为平行单位。

1. 中心工厂管理模式

珠海 4 个专业工厂定位总部，着眼集团同类专业工厂专业化协同管理提升，增加集团化专业工厂管理职能，重点对关键设备资源管理、专业板块技术能力提升、生产管理基础业务改善等开展工作，制定并发布《SGGD 0300 18-04 配套分厂集团化管理办法》。

各中心工厂对子分公司的配套分厂发挥专业统筹作用，担负全面兜底责任。负责推进子分公司配套分厂体系的建立和完善工作；负责制定及梳理标准生产流程，杜绝物资呆滞，减少成本浪费；协助子分公司配套分厂完成生产全流程体系搭建，以及前期人才培养、生产组织过程监督和管理；运用信息化手段监控自动化设备使用情况，逐步全面提高生产效益。各中心工厂负责推进子分公司配套分厂制定生产运营管控清单内容，每周输出管理评价。子分公司配套分厂按总部中心工厂管理要求，完成各项生产运营管理工作。

2. 中心工厂组织专业板块技术能力提升

中心工厂专业技术提升工作重点开展专业技术标准发布与执行、各专业工厂技术审查两项工作。

4 个中心工厂牵头制定各专业板块技术标准。以强化专业能力、挖掘落后问题、推动集团取优补齐为目标，聚焦效率与效益管理，具体从效率、成本、自动化、信息化、设备、模具等六个方面，进行全流程梳理，识别关键控制点、重点设备、贵重物资、重大危险源等内容，制定集团最优标准（含结果达成与过程操作标准），规范审查流程及持续整改提升工作要求，修订发布《生产系统配套分厂专业技术审查标准（2023 版）》。其中两器专业板块 87 项、注塑专业板块 73 项、控制器专业板块 63 项、钣金喷涂专业板块 50 项。同时，4 个中心工厂组织常态化技术审查工作，有主题、有侧重地实施。

3. 中心工厂统筹专业板块关键设备资源管理

各子公司配套分厂负责对月计划进行分析，每月 28 日输出下一月计划分析，厂长审核后发给总部中心工厂审核。各子公司配套分厂负责分析因设备故障、销售变动导致的产能短缺，分析结果 1 个工作日内由厂长审核；总部中心工厂组织关键资源统筹小组成员，结合集团配套资源分布情况，2 个工作日内给出明确调配意见。

4. 中心工厂策划开展专业板块基础业务改善

下面以两器中心工厂基础业务改善工作为例，说明中心工厂就专业板块基础业务提升的开展流程。

首先，以集团专业板块问题为出发点。2023 年 3 月，两器板块有两家单位对总装工厂的生产保障持续失效，总部两器中心工厂展开生产计划管理的问题调研，同步组织全集团两器交流、讨论，完善管理标准，杜绝"跑偏、断档、漏项"。

其次，以点带面整理分析典型问题。计划分析问题：部分单位分析周期按旬、月分析，未做到日滚动分析，提前识别瓶颈。计划下达问题：部分单位下达到车间，未细化到机台，订单生产时间节点不清晰。关键报表问题：生产强相关报表管理不统一，不利于对标、追溯分析及改善等。库存管理问题：先进先出问题均普遍存在，最精益库存标准不完善。

最后，针对典型问题制定改善措施并组织整改。统一排产标准：统一排产到机台为工作中心（部分基地计划下到车间），统一生产时间（两器、总装）、订单捆绑关系、产量目标、订单数量、班产进度、对应孔数及特殊关注信息等。统一报表管理：关键信息管理标准化，供、求、存管理不跑偏、不漏项，横向、纵向对标，取优补齐。统一库存标准：合理控制提前期，防滞防呆，杜绝库存转运、管理浪费；最高库存标准根据生产基地实际生产情况确定。

（五）建立"后浪"专题机制，创新运营型集团化管理模式

格力电器总部职能创新管理机制，成立"后浪"工作组，组织开展分阶段、有主题、有对象的生产单位诊断帮扶工作，促进各生产单位管理体系自主建设运行，补齐生产系统集团化管理工作漏项，强化总部管理单位职能。具体以近 3 年"后浪"专项工作开展情况进行说明。

2021 年"后浪"管理主题为"大扫除、取优补齐、改革创新"。"大扫除"是以精益化项目为主，重点开展车间布局优化、流程重组等改善项目。取优补齐是以集团成熟自动化、信息化项目为准，重点是项目资源协调、关键节点管控。改革创新项目主要以攻坚克难、首创标杆为主，重点是结合各生产单位特点，打造适合的特色项目。

2022 年"后浪"管理主题为"双效管理体系建设"。侧重三大精益工程、大物流改善等重点内容，先后组织 4 个批次对 15 个生产单位进行体系审查并输出审查报告。以 2022 年 9 月"后浪"工作组对某单位开展为期 3 天的专项诊断为例：整体诊断结论为"不合格"，6 个审查项中，1 项合格、2 项待改进、3 项不合格。要求落实"三个不、四个跑起来、五个亲自"的领导作用，组织 2 号精益工程等 15 个整改主题，"大干 60 天，决战四季度"，10 月效率稳 8.5，11 月效率上 9。

2023 年"后浪"管理主题为"以问题为导向的专项帮扶"。侧重落后单位、问题单位审查帮扶。上半年开展了 5 个单位的 9 次审查。

（六）建立 GEBM 评价体系，提升集团绩效精细化管理水平

为确保生产组织变革工作成效有效、固化，以客观地评价各单位管理复杂度为基础，建立 GEBM 管理评价体系，进一步提升基础业务执行水平，完善自主经营管理体系。

1. 以生产为核心的管理复杂度评价

生产管理复杂度从产品机型（25%）、订单批量（30%）、原材料种类（20%）、生产班组配置（20%）、部件化（5%）5 方面评价。产品机型评估分体机、柜机、商用机等不同机型生产组织难度；订单批量（PQ 分析）评估大批量优势及小批量切换的管理难度；原材料品种评估物流体系管理难度；班组规模是现阶段生产班组开班情况，评估管理幅度；配套率是考虑配套零件自制率，评估配套管理难度系数。

基于评价结果，对干部配置、生产规划等内容进行有重点的管理调整。以2022年第二季度评价管理为例，对阶段管理复杂度高的两个单位上调管理分数，对阶段管理复杂度低的两个单位增加班组配置。

2. 构建 GEBM 评价体制

从效率、效益、基础管理三类17个维度进行生产单位过程绩效达成情况的综合评价，明确集团各单位优良中差排名，具体指出各板块阶段典型问题，提出有效整改措施，抓落后单位限期整改情况。

效率板块设置效率达成、控员达成、项目过程管理等5项内容，效率管理导向既要关注效率绝对值大小，又要关注效率相对提升率。效益板块设置人均产值提升率、降本项目达成率、存货和理性等8项内容，效益管理导向强化成本管理体系建设，抓贵重物资降本，抓重点技改项目快速落地推广。基础管理板块设置账实相符率、冻结数据、延期订单等5项内容，基础管理导向重视基础业务标准执行与提升，侧重以 ERP 系统为主线的标准化应用与管理，抓计划层面的生产管理提升。

三、家电企业提升市场竞争力的生产组织变革管理效果

（一）市场竞争力稳步提升

格力电器通过建立集团快速响应集控模式，有效保障市场需求，年度营收回升。2020年营业收入1705亿元，2021年营业收入1897亿元，2022年营业收入1902亿元。更好地服务成都天府国际机场、北京冬奥村、中国共产党历史展览馆、北京大兴国际机场、杭州萧山国际机场、深圳地铁等重点工程项目。其中，2020年4月，格力电器海南公司连续作业，10天安装近万台空调，用"格力速度"助力海口市中小学生清凉复课。2022年11月卡塔尔世界杯期间，为教育城体育馆、974体育馆、麦蒂娜娜球迷村等著名的场馆提供共计4万余套空调设备。

（二）高质量发展取得良好效益

格力电器生产组织变革的扎实推进，在有效保障消费市场需求的同时取得了良好的利润业绩。2020年净利润223亿元，2021年净利润228亿元，2022年净利润230亿元，呈上升趋势。各专项工作切实有效，实现旺季用工成本2022年比2021下降11%，2023年比2022再下降13%。中心工厂编制下发多份专业技术文件，发挥专业工厂集团矩阵式管理效用，强化百千万人才工程建设工作。"后浪"工作组开展有主题、有侧重、有对象的活动，沉淀职能管理有效机制。

（三）品牌影响力进一步增强

格力电器秉持"让世界爱上中国造"品牌理念，履行社会责任，推动行业品质服务升级。2019—2022年连续四次入选《财富》世界500强，2023年在中国制造企业500强排名143名。2020—2022年累计纳税288.77亿元，其中2022年纳税113.37亿元。

（成果创造人：董明珠、庄　培、王晓彬、唐望胜、张智骞、孙　凡、伍玉行、张松柏、戈　武）

军工院所数字技术赋能的高效柔性供应管理体系构建与实施

中国兵器工业第二〇三研究所

中国兵器工业第二〇三研究所（以下简称二〇三所）位于古城西安，主要从事精确打击、远程压制和高效毁伤高技术装备的研制，是我国"制导兵器技术开发中心""弹药技术研究开发中心"和兵器工业"制导火箭研发中心"，服务领域覆盖陆军、空军、海军、火箭军等各军兵种。经过 60 余年的发展壮大，形成雁塔园区、青华园区、高新园区和草堂园区"一所四区"的研发格局，现有员工 1700 余人，其中各类专业技术人员 1000 余人，中国工程院院士 4 人，国家有突出贡献专家 3 人，国防科技工业有突出贡献专家 2 人，享受政府特殊津贴的专家 14 人。累计获得科技成果 1500 余项，作为第一完成单位，获国家级科技成果 30 余项，其中，国家科技进步奖特等奖 1 项、一等奖 5 项、二等奖 6 项、三等奖 4 项。

一、军工院所数字技术赋能的高效柔性供应管理体系构建与实施背景

近年来，国际形势风云变幻，国防工业作为科技竞争的最前沿和主战场面临着更加复杂严峻的挑战，支撑武器装备生产的供应稳定性要求持续提升。作为军工院所面临着"跨行业、跨领域、常态化竞标"的新形势，产品的技术难度及复杂性不断增加，生产研制周期不断缩短。特别是在科研和生产高度交叉的制造环境下，骤增的科研生产任务和军工院所产品离散型、多品种、小批量、多状态的特点加大了物资供应难度。自 2017 年起，二〇三所供应管理电子元器件类物资已达 9000 余种，共计 700 余万件，科研生产计划供应需求周期已被压缩至平均 23 天，加之频繁的科研生产任务换产需求，原有的供应管理体系已无法适应现阶段供应管理需要。近年来，随着二〇三所在火箭巡飞弹、地地战术导弹等领域取得新突破，科研生产任务屡创新高，交付压力持续增大，原有的供应管理方式已无法满足现阶段发展需要。在此情况下，二〇三所探索建设高效柔性的供应管理体系。

二、军工院所数字技术赋能的高效柔性供应管理体系构建与实施主要做法

（一）顶层设计供应管理框架，明确整体建设思路

1. 制定供应管理发展规划，确立建设实施目标

二〇三所紧跟现阶段供应管理发展新趋势，以提高管理效率、降低采购成本、提升数智化水平为重点，从顶层制定"供应管理发展规划"，明确发展方向和核心任务，围绕"提升管理效能，形成高效柔性供应管理能力"目标，提出构建基于数字赋能的高效柔性供应管理体系。一是优化完善制度和流程，实现供应管理各环节、各设施设备以及数据信息的衔接配套，促进供应管理体系高效运转；二是加快关键设施设备的建设应用，以及供应管理数字化平台的系统升级，实现供应端上下游各环节业务流、信息流的全贯通；三是加快内部供应管理向全链条供应管理转型，形成具有较强产品竞争力和良好合作配套水平的供方集群，提升供应保障工作的运行效率，保证供应资源不断链、不掉链。同时，为落实该规划的内容，将其逐年分解为目标任务，随各相关部门年度目标责任书进行考核落实，全面推进供应管理发展规划的实施。

2. 建立供应管理组织机构，明确任务协同职责

成立供应管理发展办公室，由所长亲自挂帅，全面领导供应管理体系建设的各项工作，定期组织发展规划、经营管理、质量管理、物资供应、信息化管理、基建管理等部门召开工作推进会议，实时掌握进展情况，协调处理重大问题，加强督促指导，推动供应管理效能提升工作有序开展。各相关部门结合实际制定各项规划内容具体落实方案和完成节点：一是由经营管理和物资供应部门完善供应管

理的各项规章制度，规范、细化管理要求；二是由信息化管理和物资供应部门构建供应管理数字化平台，实现各业务板块信息数据的互联互通；三是由发展规划和基建管理部门负责供应管理设施设备的提升，建设以智能化仓储物流设备为核心的数智化物资库房；四是由质量管理部门进行供方资源的整合，构建良性供需生态圈，实现双方之间有效优势互补；五是由物资供应部门加强关键环节的过程管控，实现供应过程的高效管理。

3. 建立健全制度和流程，推动管理过程规范高效

根据集团公司相关要求并结合二〇三所工作实际，首先对供应管理业务流程进行统一的梳理、整合、优化，通过智能设备的运用来替代人工作业，减少了大量原有工作流程中的操作工序；其次建立起"专项制度为统领，操作制度为支撑"的供应管理制度体系，组织编制 20 项、修订 16 项管理制度，覆盖全部供应管理领域，明确组织架构、过程实施标准、仓储管理、物流管理、比质比价、质量管控、供方管理、岗位职责与绩效考核、数据统计监测等环节的全过程管理要求，使各项管理工作做到有法可依，有章可循。

（二）夯实信息基础，实现供应管理数字赋能

1. 构建供应管理数字化平台，实现全链条信息协同

首先，通过统一供需双方物资信息编码，实现供应管理全链条信息数据的标准化管理；其次，构建供应管理数字化平台，实现全链条信息数据的互联互通。一方面，依据《军用电子元器件分类与代码》中电子元器件分类编码原则，结合二〇三所物资三级分类规则，制定并对外发布《二〇三所外购物资编码规则》。对外完成供需双方物资编码的统一，实现物资信息传递的一致性；对内完成科研选型、物资供应、生产制造等各环节物资编码的信息校核和赋予，实现物资信息传递的同源性。另一方面，针对原有 ERP 软件仅部署了基础采购业务模块，与供应端上下游管理环节未实现数据互通，不满足军工院所小批量、多品种、频繁换产的使用需求情况，构建供应管理数字化平台，其中包含多个专项开发功能和模块，并于 2019 年正式上线，该平台整体信息化水平在兵器集团位居前列。

2. 数字赋能物资库房，实现仓储物流"四化"管理

面对军品常态化竞标的形势，物资快速响应科研生产需求的能力不足，供应各环节协调配合度不高，仍存在大量人工作业过程，原有的仓储物流管理模式已远远不能满足现阶段管理需要。因此，依据供应管理发展规划，自主投资建设数智化物资库房，购置了一批智能仓储物流设备，并改变原有多工序、分散式管理方式，规划柔性物流路线和智能化功能区域，数智化融合智能仓储设备 WMS 与供应管理数字化平台，可通过系统调配仓储资源，实时监控仓储物流信息，实现仓储物流自动化、仓储管理数字化、存储单元立体化、信息传输网络化的"四化"管理。一是通过 AGV（Automated Guided Vehicle，自动导引车）机器人、组合自动物资输送线将内部物流和外部物流环节进行有效的衔接，实现物资配送的自动化管理；二是提高仓储物资拣选的效率和精确度，实现物资存取的智能化管理；三是对物资的存取通过扫码进行操作，提高物资出入库效率和管理水平；四是充分利用库房垂直空间，使库房仓储空间利用率最大化，并由设备自主调节仓储环境，实现精密电子元器件类物资恒温恒湿的存储要求。

3. 数字赋能新型库存管理，保障物资供应效率和效益

基于数智化物资库房整体布局，结合军工院所产研结合的特点，打造新型库存管理模式，先后构建 VMI（Vendor Managed Inventory，供应商管理库存）模式及常备管理机制，并在数字化平台中开发相应的功能模块，将常用物资以一定库备基数分别备于二〇三所产线边和供方库房，其中存放于二〇三所的部分先进入供应商库存数据库不进入正式库存账套，后续使用过程中按照系统设定的安全库存量随用随补，用后进入正式库存账套结算。同时，利用各种传感器、RFID 技术及后台大数据处

理，实时监控库存状态、采集数据、分析库存需求，实现物资的库存预测、自动化出入库、库存优化规划。通过数字技术的全程监测和管理，提高了库存流转效率、降低了运营成本、加快了物流速度，解决了全面竞标形势下科研试制对物资的快速响应需求，有效应对了研产交叉状态下对物资需求变化的快速反馈。

4. 强化信息收集和利用，实现数据的自主统计和分析

利用供应管理数字化平台的大数据统计、分析功能，按照月度、季度、年度由系统自动生成《采购总体情况清单》《采购物资使用情况分析清单》《供方履约情况分析清单》《物资库龄分析汇总清单》等数据报表，并结合科研生产项目需求，多维度反映供应过程中关键物资使用的变化趋势、变动比例、进度变化、潜在风险等情况，有效指导后续采购业务的准确开展，推动供应管理由被动反馈向主动预警进行转变。例如，以科研项目电子元器件类物资使用数据为基础，定期对通用化情况进行全面梳理统计，由数字化平台分析得出通用化程度较低的产品类型及影响因素，形成《科研选用电子元器件通用化情况统计分析报告》。并依据报告分析结论，开展元器件优选库迭代工作，通过制定科学的型谱整合与选用规划，引导设计人员减少定制产品的选型，从而提升整体元器件通用化水平，实现规模化采购效应。

（三）建立新型供需协同关系，打造良性供应生态圈

1. 构建供需协同机制，实现供应端融合发展

一是通过与重点配套领域，经全面考核的优质供应商建立"合作共赢、融合发展"的战略合作模式，与供方达成互惠共赢、资源共享、融合发展的协同机制，并在供方管理制度中明确战略合作级的评定标准和相关权益。现已与10余家优质供方签订战略合作协议，完成了物资战略合作级供方体系的搭建。此种机制的达成，不仅节约了采购成本，而且促进供需双方利用自身专业和产品领域的丰富资源相互支撑，全方位地开展深度合作，实现供需双方的融合发展。二是针对设计选型中被垄断的类型，引入综合实力较强的竞争性供应商，累计已引入20余家供方。通过良性竞争，不仅拓宽了设计选型的选择范围，还促使竞争方不断通过提升产品质量、履约能力、服务水平以及降低产品售价来提高竞争门槛；三是充分发挥供应管理在"军、民"领域之间的桥梁作用，为供方建立与二〇三所技术交流的机制，定期组织产品推荐会、技术讲座等活动，为推进军民融合发展提供平台。

2. 构建供需优势互补机制，提升物资敏捷供应能力

一是在科研试制和研产交叉阶段，供需双方进行紧密的沟通联系，需方根据产品规划、产品型谱和型号选型规划，为供方产品的技术发展方向和产品发展路线提供相关信息，让供方充分深入了解产品需求，磨合工艺技术，提前弥补供应能力短板，缩短供应周期。同时不断突出优秀供方的作用，对每类物资均选出 3～5 家优质供方，进入《优选供方名录》进行科研选型的推荐，要求研发部门优先选用，引领选型工作开展；供方立足自身成熟技术和货架产品，结合国内外主流趋势，向需方提出相关领域产品的总体方案设计和选型建议，并及时向需方提供在研产交叉过程中出现的产品问题解决方案，促使双方在各自领域的资源共享、技术共享、信息共享，构建快速研发供应环境。二是在生产阶段，二〇三所在接到军方订货需求后，与供方协同快速响应供应需求，促使供方提前组织生产，全面保障物资供应进度。通过持续协作促使供方当供货出现资源冲突时优先向二〇三所供货，同时对于产品和服务价格要低于其他合作方的同类产品售价和技术服务费价格，有效降低采购成本。

3. 构建供需联保联供机制，提升物资高效供应能力

一方面，与供方构建联保机制，依托数字化平台的供应商库存管理模块，依据未来较为明确的科研生产订货需求，与优质供方联合开展三级库备工作。其中，一级是签订库备协议和备产订单，将需求物资库备于供应商库，使用时入正式账套，确保需求物资的准时供应；二级是签订备产协议，要求

供应商按照协议节点自行组织生产并具备交付状态，二〇三所不定期组织下厂核对；三级是下达备产通知，建议供应商合理评估并制订排产计划，开展重点物资配套件的采购，并按照二〇三所后续需求及时交付。目前，运用三级库备管理机制，已完成库备物资共计457种52万余件，为后续重点科研生产任务的顺利完成提供有力支撑的同时，还有效提升了物资响应速度，减少了采购资金占用周期。另一方面，与用户构建联供机制，针对部队实战化训练强度加大，装备损耗激增，现有保障周期长、效率低、难以满足部队练兵备战装备需求的问题，采取"四联"（装备联修、手段联建、人才联训、器材联供）的方式，融合军地优势，打通保障链路，构建一站式、综合型高新装备技术服务站，全面实施人才培养、配套建设、装备维修和器材保障，着力提升新型装备区域化维修保障能力和质效，实现战区供应保障力量的有力提升。

（四）建立柔性物流管理机制，实现物资供应效率提升

1. 建立物资采购周期基线，提高采购效率

为解决重点物资采购瓶颈问题，通过对历史采购情况的大数据统计，分析主要瓶颈物资及其采购周期，运用数理统计相关分析法，对瓶颈物资至少30次的采购周期数据进行概率分析，计算得出相关物资以天为单位的到货周期期望值数据，并以此建立物资采购周期基线。2019—2022年，基于此方法对60余家重点供方的280余项瓶颈物资建立采购周期基线数据库，并在供应管理过程中，指导采购计划按照基线数据合理规划、提前启动瓶颈物资的采购或库备工作，科学、准确地安排采购周期，使瓶颈物资的采购准时化率从2018年的52%，提高至2022年的89%，有效提升物资供应效率。

2. 设计柔性物流路线，提高整体物流效率

二〇三所作为典型的军用电子产品科研生产型企业，产品物资需求具有多品种、小批量、多批次、短周期、多频次的特点，因此在生产制造过程中对物资的配送方式有着较高的要求。基于数智化物资库房整体布局，一是通过设计柔性物流路线，在库房内布设信息识别点位，用于AGV机器人的自动化配送，减少内部物流周转时间，提升库房内部物流效率，保证科研生产物资使用需求；二是通过梳理从物资到货、送检二筛、物资入库、物资出库、物资配送、成品入库、成品出库、退换货全链条流转过程，规划与检验筛选部门、质量部门和生产车间的外部物流路线，实现相关业务部门之间智能化、自动化的高效物流衔接；三是基于数字化平台开发物流配送信息共享功能，并与生产MES系统集成，实现供应端与制造端物流信息的实时共享，有效减少因信息不对称造成的生产等待。

3. 优化物资配送模式，保障拉动式生产

为了打造均衡式高效供应管理链条，改变原有配送模式，编制《物资配送管理规定》，明确并规范物流环节相关人员的岗位职责和工作流程。一方面根据试制部门预估的排产计划，利用预配套、大数据的分析方法，有效挖掘库存资源，实施提前齐套准备，最大限度提高配送齐套率；另一方面通过赋予计划员调度职能，要求其主动追踪物资齐套情况，将原有的试制部门发起物资配送的被动配送模式，变为根据物资齐套率或采购周期配送的主动配送模式。同时，编制支持流线化生产模式，按照加工工序配置所需物资单元的试制项目齐套表，配送时按照工序一次配置物资单元，并根据生产节拍发放，此模式减少了清点次数，提高了配送效率和准时化率。目前，重点项目物资齐套配送时间已由原有的3天缩短到1天，常规项目物资齐套配送时间已由原有的5天缩短到2天。

（五）强化关键环节动态管控，实现供应过程高效管理

1. 动态监控执行状态，提升供应过程控制能力

一是在数字化平台中开发"关键物流信息动态监控"功能，将采购执行分为"计划、询价、订货、到货、送检、已检、入库、出库"8个关键环节，由系统实时统计，及时进行预警提示；二是建立一般项目周报和重点项目日报制，由系统定期对采购节点信息进行梳理，自动汇总生成《采购情况一览表》。若某阶段出现履约风险，则根据风险级别，采取下厂跟产、资源调配、加大库备、拓宽渠道、发布预警等措施进行有效应对，并将履约问题与供方考核紧密挂钩。

2. 构建"3+"合同管理方式，提升采购过程控制能力

利用数字化平台构建新型合同管理模式，采取"年度框架协议＋采购订单＋结算合同"的"3+"合同管理方式开展采购。一方面供需双方年初签订框架协议后，日常只需向供方下达采购订单即可完成订货，减少了合同定制、审签、备案等工作。在供方产品检验合格入库后，由数字化平台定期汇总生成结算合同，供方依据合同明细开具发票完成报销。此种方式不仅使合同签订效率大幅提升，同时有效防范法律风险。另一方面通过数字化平台将供方在合同履行过程中的流程、质量、进度、价格等予以约束，同时强化执行效能监督，定期自动统计、考核供方合同履约率、产品合格率、服务评价等要素，并将考核结果直接与供方付款、科研选型、供方评定、准入退出等内容挂钩。

3. 加强质量管控要求，提升质量过程控制能力

一是重点强化对外包、外购产品研制、生产和检验过程的质量管控要求，降低质量风险。编制《协作配套产品研制过程质量控制要求》《协作配套项目生产过程质量控制要求》《外购物资生产过程质量控制要求》，并向所有合格供方传递，要求供方严格执行。这3份文件详细规定合格供方在设计输入要求、质量体系建设、设计开发过程控制、样机试制控制、文件和记录控制、来料质量控制、技术状态管理、生产过程与批次管理、特殊与关键过程控制、产品检验与交付、质量监督要求、质量责任及奖惩等方面的工作标准和管理要求，覆盖产品研制、生产和检验过程质量管控的各个环节，实现从供应源头控制质量风险的目的。二是为动态、准确掌握外包、外购物资质量状况，及时采取有效应对措施。从2018年起建立外包、外购物资质量风险管控机制，形成质量管理档案，利用信息化手段，对出现严重质量问题及批退产品信息进行备案、统计、分析、跟踪。对于记录在案的质量问题要求供方提供质量归零或分析报告，制定明确的整改措施，同时由主管部门向质量管理部门进行质量月报，会同质量管理部门定期进行追踪，考核其整改结果。

三、军工院所数字技术赋能的高效柔性供应管理体系构建与实施效果

（一）建立高效柔性供应管理体系，供应管理效能全面提升

通过基于数字赋能的高效柔性供应管理体系构建与实施，有效提升了供应管理效能，缩短了物资交付周期，不仅保障各项科研生产任务高质量顺利完成，而且推动二〇三所在跨行业、跨领域、常态化竞标的新形势下，在愈加严酷的竞争环境中突出重围，供应管理能力持续增强，能够较好地适用于军工院所小批量、多品种、需快速换产的制造特点，特别是在有效运用信息技术的多域链接和高度数智化设备设施后，实现全链条信息共享，进一步带动研、产、供一体化协同能力的提升。

（二）价值创造成效显著，综合竞争实力持续增强

基于数字赋能的高效柔性供应管理体系实施后，二〇三所供应管理能效得到全面提升。2022年，供方履约率较2017年提升7个百分点以上，达到89.84%，其中20家重点供方履约率达到91.22%；一次配送齐套率、配送准时率已达97%以上；质量合格率连续3年超过99.9%；重点军品按期交付率100%，供应管理效能实现质的飞跃。同时，供应端价值空间不断得到拓展并取得显著成效，已实现年均节约各项成本7000万元以上，为二〇三所经济效益增长起到积极的推动作用，有效保障核心经济利益。

（三）树立军工行业品牌标杆，带来良好的示范效应

通过先行先试、积极探索、大胆实践，不仅有力地提升了二〇三所在国防工业领域的整体技术

实力与影响力，而且带动相关民用领域供方在技术升级、管理改善、就业扩大、利润增长等方面的提升，产生显著的社会效益。在实施过程中，实践并沉淀了管理经验和通用方法，多次受到集团公司领导的表扬，也为国内军工行业起到良好的示范效应，可供广泛学习、复制和借鉴，为后续贯彻落实集团公司"1+5"战略，全面实施数智工程等部署要求奠定了基础。目前，已有多家同行业单位到二〇三所进行调研，并将其定为供应管理体系建设的对标单位。

（成果创造人：陈毅平、孙文博、李刘晨、高　勇、陈效全、强金辉、

雷　声、张　锋、杨　楠、孙　赫、丁　挚、李端松）

融合中欧铁路法规规范的匈塞铁路贝诺段项目建设管理

中国铁路国际有限公司

中国铁路国际有限公司（以下简称中国铁路国际）是中国国家铁路集团有限公司（以下简称国铁集团）为开展国际铁路合作而设立的全资子公司，于 2014 年成立，注册资金 12 亿元，现为 49.7 亿元。作为国铁集团开展国际铁路合作的经营平台，中国铁路国际主要负责牵头组织中国国内铁路相关企业开展国际铁路项目合作，按市场化运作方式开展国际铁路项目技术咨询、工程承包、装备制造、铁路运营及维护等业务。

一、融合中欧铁路法规规范的匈塞铁路贝诺段项目建设管理背景

（一）落实"一带一路"倡议的需要

为落实"一带一路"倡议，中国铁路大力实施创新驱动发展战略，不断提升铁路建设自主创新能力，在高速铁路建设方面，构建了覆盖科技研发、勘察设计、工程建造、高速动车、牵引供电、运营管理、安全保障等成套高速铁路技术体系，实现从追赶到领跑的跨越，已具备了更加深入融进国际化铁路建设的优势，具备了走出国门、走进欧洲高价值链端与欧洲铁路标准规范对接、融合的国际适应能力，具备了将具有中国自主产权的中国装备带进欧洲、为推动世界铁路发展开辟新空间的自信与从容。

（二）实现匈塞铁路建设目标的需要

匈塞铁路是中国和中东欧国家合作的旗舰项目，采用欧洲铁路技术标准（以下简称欧标）和欧盟铁路互联互通技术规范进行设计、采购和施工。为了高效满足中国、匈牙利、塞尔维亚三国的合作协议，落实"一带一路"铁路建设的政治任务，中国铁路国际承接匈塞铁路的建设任务，开始谋划进行贝旧段项目建设。2021 年 1 月 22 日，应塞方强烈要求，中国铁路国际－中交股份联营体与塞方以贝旧段商务合同附件的方式签署了旧诺段通信信号工程合同。

（三）适应复杂建设环境和突破难题的需要

匈塞铁路作为中国铁路走进欧洲的首个项目，也是中国铁路技术标准和装备与欧盟铁路互联互通技术规范对接的首个项目，推进过程中面临不同于国内铁路建设项目的复杂环境和组织推进难题。例如，法律法规与国内差异大、政治经济及安全舆论环境复杂、外部协调难度大、建设资源匮乏、中国元素入欧难度极大等困难亟待解决。

二、融合中欧铁路法规规范的匈塞铁路贝诺段项目建设管理主要做法

（一）搭建实施平台，构建建设团队

为有序推进匈塞铁路塞段项目，实现依法合规、通过欧盟认证、实现中国元素入欧及树立中国铁路品牌等核心目标，同时团结带领更多中国铁路企业进入欧洲，中国铁路国际牵头搭建了项目实施平台，组建了建设团队。

1.注册塞分公司，搭建实施平台

依据塞尔维亚相关法律，所有在塞执行项目的企业必须在当地成立机构并须取得合法资质。为此，率先在塞尔维亚注册分公司，聘请当地有资质的工程师，申报并取得必要专业资质，获得当地合法身份，在短时间内设计并竖起了"中国铁路"的统一大旗，及时搭建完成项目建设管理实施平台，为中国铁路扎根、深耕欧洲市场，带动更多中国企业入欧打下坚实基础。

2.厘清各方关系，组建实施团队

项目涉及的单位众多，关系纷杂。塞方参与部门及单位主要有：交通部（融资方）、国家铁路局（DeBo 认证机构）、国家技术审查委员会、劳工局、环保局、统计局等；铁路基础设施公司（业主或投资方）、塞铁高铁项目管理中心、塞铁技术验收委员会、第三方技术验收委员会等；NoBo 认证机构、AsBo 认证机构、监理机构等；认证咨询公司、职业健康与安全咨询公司、律师事务所、会计师事务所、保险公司等；当地设计单位、分包商和供应商。

中方参建团队主要有：中国铁路国际－中交股份联营体；设计单位、施工单位、物资代理、物资集成商等。

在厘清各方关系，各参建企业成立当地机构并获取必要资质后，中国铁路国际将其统筹协调、紧密结合充实于项目建设管理实施平台，逐步构建并优化项目组织管理结构，形成了适应当地建设法规、满足当地铁路项目建设需要及合同义务执行的建设管理组织结构，即总承包商、中方参建单位、专业实施作业队或当地分包三级组织管理模式，组建形成体系化、集团化建设团队。

（二）遵守合规经营，畅通沟通渠道

1.研习当地法规，强化风险防控

为迅速熟悉掌握当地政策、法律法规及欧盟铁路互联互通技术规范，规避法律风险，一是聘请律师事务所提供法律咨询服务；二是利用塞籍员工熟悉当地建设法规的优势，充分发挥当地员工作用，规避项目风险；三是聘请当地国家技术审查委员会主席、欧盟认证专家和咨询机构、安全咨询公司开展培训，加速中方员工掌握相关法律法规和技术标准；四是广泛收集、关注塞尔维亚法律法规修订相关信息，组织进行对比分析，及时规避风险。

2.畅通沟通渠道，改善外部环境

为高效解决一系列制约现场进度的外部因素，建立了中塞政府层面例会机制，与塞总统办、交通部和业主例会机制，与监理周会议机制，与认证和动态测试机构会议机制，联营体项目部内部例会机制，协调解决项目各方、地方政府、当地企业等层面问题，并聘请了资深协调顾问担任组长，专职与地方政府、企业等就征地、拆迁等问题开展协调工作，定期全线平推，全面梳理存在的问题，协调解决相关问题。

3.开展经营开发，讲策略见成效

从合同和技术文件入手，不断寻找创效点。一是深挖细掘商务合同条款及各阶段设计资料，梳理满足合同变更条件及可争取合同变更的工程项目，对比工程范围变化情况，多层面分析查找新增、变更点，并翔实编制新增、变更判据；二是针对项目实施过程中发生的现场实际与业主需求不符、业主需求变化等导致的变更项，积极与业主、监理磋商，并通过与业主签署合同附件实现商务拓展；三是针对合同中责任定义模糊的工作项目，与业主开展商务谈判，争取由业主承担相关责任；四是基于合同价格表里程碑计价方式导致已完成工程得不到及时计价的问题，积极向塞方成功争取按照完工百分比开展计价，加速了资金回笼，保障了项目资金链。

从向塞方推介方案入手，积极创造变更点。鉴于较多业主需求不系统、不完善的情况，结合国内高铁建设、运营经验，从优化施工组织、提升线路整体功能、改善线路运营效率、提高铁路服务水平等方面，主动向塞方提出合理化建议。一是针对《商务合同》中规定的"分六个施工单元，一侧运营、一侧施工、换侧施工"的整体施工组织方案，开展施工组织优化，变为"分两个施工单元，一侧运营、一侧施工、换侧施工"，提高施工效率的同时也极大减少了过渡工程及相关成本；二是从加速旧诺段通信信号工程推进、统一信号系统制式、方便运营维护等方面向塞方极力推介中国通信信号设备，促成旧诺段通信信号新增工程合同的签署，不但扩大了整体合同额，也实现了匈塞铁路塞段全线采用中国通信信号设备的重要成果。

从商务协商的策略入手，稳把谈判主动权。新增、变更工程的商务协商，必须认真谋划、制定策略、步步为营，才能把握谈判主动权，争取最大权益。在与塞方商务协商的过程中，一是争取新增定性，对有望争取新增的工程，细致筹备、编制有力技术支撑文件，先争取对新增工程的定性；二是争取新增定价，以类似新增工程有利价格为谈判基础，统筹变化、影响因素，与业主谈判确定新增工程定价依据、原则；三是争取新增抓大放小，主抓体量及金额较大的新增项目，让步体量及金额较小的新增项目；四是巧施谈判压力，深入剖析、挖掘业主及监理对初步报价的审查意见，找出有利依据，再次商务磋商时报价不降反增，施加商务谈判压力。

4. 融入铁路规划，适时跟进项目

在全力组织推进现有项目建设的同时，注重思考企业在塞后续发展，对塞方铁路网改造规划高度关注、密切跟踪，积极与塞方高层、驻塞大使馆保持良好沟通，根据国际形势和塞方需求对塞尔维亚的铁路网进行了规划研究，组织了塞交通部、国家铁路局及基础设施公司、客货运公司进行路网规划推介会，以便中国企业适时跟进相关重点项目。

（三）坚持装备输出，提升中国占比

1. 设计先行、源头控制，把握设计方案的中方主导权

由于塞尔维亚近 30 年未有过大型铁路建设项目，当地设计院无高铁设计经验，较多设计理念已难以适应高速铁路发展要求，存在设计适用性的技术难题，为把握设计方案主导权，助推中国方案入欧，从以下几个方面开展了工作。

争取设计主导权。组织中国设计单位聘用当地设计师并取得当地设计资质，由中方设计师牵头组织塞方设计师开展设计文件编制，实现中塞设计理念融合的同时，有效提升了设计话语权。

力推中国技术方案。一是组织系统研究欧标及欧盟铁路互联互通技术规范、塞尔维亚标准，寻找中国铁路技术标准与之的契合点，同时积极与业主和监理对接、灌输先进理念，使塞方逐步认可中方的设计理念和技术方案，为中国技术装备入欧奠定基础；二是基于在中国成熟应用的 CTCS-3 列控、CTC 调度集中、CSM 信号集中监测等系统的设计理念、技术标准和方案，结合欧标、业主需求等，开展自主创新研发设计，创造性完成与欧标兼容及当地国家规范深度融合的 ETCS-L2 级自主化列控系统、CTC 调度集中及 CSM 信号集中监测系统，为中国高铁通信信号尖端技术装备走进欧洲创造了条件；三是基于中国高速铁路接触网、变电工程设计标准，结合欧标及业主需求，对中国高铁接触网、变电相关设计文件进行了成果转化，为国产接触网、变电设备进入欧洲创造了条件；四是结合匈塞铁路线路技术特点和塞方实际运营需求，协助中车组织中塞设计师联合设计了一款长途高速动车组。

2. 交流互鉴、认证排障，把握中国装备的入欧主动权

欧洲主流供货商（西门子、庞巴迪、阿尔斯通等）产品对业主的运营组织管理、安全理念、设备认知等影响较大，中国技术装备被逐渐认可、开展互通性认证的每一步，都充满着不确定性与艰辛。

坚持交流互信，逐步赢得认可信任。一是为增进塞方铁路建设专家对中国高铁建造、装备、维护等技术的全面了解，增进互信，邀请塞方政府和业主专家赴中国参观交流，让塞方全方位了解中国高铁建造、装备、维护的标准化、信息化、智能化技术管理水平；二是投资搭建首个海外 ETCS-L2 系统实验室，开展子系统功能、系统间接口和与欧洲其他信号厂商设备的互联互通测试，并为业主运营维护人员提供技术培训，让塞方技术人员能够操作中国通信信号技术装备；三是协助塞方编制通信信号系统用户需求，通过与塞方技术人员长达两年的技术对接，解决了硬件平台和应用软件的自主化可控问题，最终用先进的理念、专业的技术使塞方信服，形成令塞方满意的 6 册用户需求；四是在轨道精调期间，针对塞方分包商多遍精调未达标的现实情况，指导塞方技术人员制定专项精调方案，并组织

其开展轨道精调，加速了验收通过。

坚持产品输出，开展中国装备认证。一是重视对中方参建单位思想及经营理念引导，转变中国企业"走出来"追求短期内实现利润最大化的经营理念，树立着眼长远效益的品牌经营理念；二是组织对国内相关物资设备入欧符合性进行全面调查，对认证证书已过期的物资进行证书更新，对未获得证书的物资加速开展认证，并对参建单位物资设备采购方案进行严格把关，督促优先从中国进口符合欧盟标准的物资设备，力推中国物资设备入欧；三是招标专业认证咨询机构，聘请认证专家，组织成立认证技术团队，指导中方参建单位或供应商通过选择最优认证模式、开展理论计算及仿真模拟等方式，加速推进认证工作，把控中国装备入欧主动权；四是针对塞方聘请的认证机构对中国产品认证故意设置的障碍，发扬斗争精神，组织中方认证团队据理力争，最终赢得塞方对中国装备认证过程的认可；五是在组织对中国产品认证的同时，对中塞产品配套匹配程度进行研究，优先集成塞内厂家生产的设备、零部件，助力塞技术装备取得欧盟互通性认证证书，带动塞尔维亚国内相关产业的发展，为塞尔维亚部分产品进入欧盟其他国家排除了障碍。

（四）围绕工期目标，推进项目建设

1. 加强对分包商的督导，从队伍组织上保障工程进度

当地分包商的履约能力、信誉普遍较差，为在施工队伍组织上保障工程进度，必须做好如下工作：一是在当地分包商的选择上，严格审查其资质证明、关键人员简历、机械设备清单、健康安全及质量方案、完税证明、工作业绩等系列书面材料，综合考虑分包商的报价、资金能力、技术力量、履约能力、信誉等，选择较为可靠的当地分包商；二是与分包商在合同阶段即明确工作界面、动态计划并作为合同附件，有效预防当地分包商工作效率低下、动辄进行商务索赔的风险；三是积极协调业主、塞交通部以及塞方政府高层定期约谈当地分包商，督促其增配施工资源，并采取延长工作时间、倒班等措施加快实施进度；四是针对当地分包商工程进度滞后，在约谈后仍无效果的情况，果断切割其分包合同，并选调其他分包或从国内调集专业队伍代替其执行；五是针对当地分包商无大型轨道施工机械的难题，提前调查、谋划，在周边国家自行租赁大型轨道施工机械，加速轨道的调整进度。

2. 强化对供应链的筹措，从物资采购上保障工程进度

针对当地供应商生产供应、履约能力不足、大型机械设备缺少的现实情况，为保障物资稳定供应，防止采购渠道、物流链断裂等情况出现，一是通过多渠道开展物资生产厂家调研，拓宽物资来源渠道；二是根据各类物资不同的采购周期，科学筹划采购计划，设立安全库存，并对库存实行动态管理；三是对于大宗物资、关键物资安排专人驻场催发，实时掌握物资生产、发货、进场信息，如对于道岔等关键性设备，派员对生产、装载、运输、卸载、存储、安装等全过程跟踪；四是针对关键物资制定应急供应及运输保障措施，对国内及塞方当地物流运输资源进行整合，在项目关键物资供应紧张时，保障应急运力及调度能力；五是在大型机械、装备保障上，提早谋划开展调研，特别是当地紧缺的大型铺轨及捣稳设备、道砟运输列车、长轨装卸设备、桥梁移动模架、跨河施工便梁等，尽早确定来源。

3. 加强监督体系的建设，从安全质量上保障工程进度

当地《职业健康与安全法》《环境保护法》《消防法》《废物处理法》《临时和流动施工现场职业安全与健康法令》《铁路法》等对施工人员的资质、岗位风险评估、职业健康、地下水、噪声、土壤及空气的监测、工地环境、消防、现场组织、施工人员培训等均提出一系列与国内不同的要求，为依法合规、安全的推动项目建设，一是聘请当地安全咨询公司及具备当地资质的安全工程师，成立由中塞双方安全专职人员组成属地化安全管理团队，专职负责安全、职业健康、环水保等工作，健全安全管理体系，并有针对性地开展与当地政府监督检查管理机构沟通协调；二是依据相关法规要求建立与塞政

府工程监管部门、业主职业健康与安全部门、安全咨询公司层面的三级培训机制，即施工准备阶段联系塞政府工程监管部门开展相关法规培训，进场前邀请业主开展营业线施工安全培训，施工过程定期组织安全咨询公司对参建员工开展培训；三是与当地警察建立直接联络机制，一旦发现哑弹或治安问题，及时排除危险。

4. 提高问题解决的效率，从协调渠道上保障工程进度

塞尔维亚政府、企业工作习惯、方式与国内差别较大，协调效率很低。为解决一系列制约现场进度的外部因素，保障项目平稳有序推进，除建立基本的沟通机制外，还与国内政府、塞方高层争取到了沟通机会，升级了沟通渠道和问题协调维度，提升了问题解决效率，营造了较好外部环境。例如，不但在业主、监理、认证和动态测试机构、地方政府、当地企业等层面建立了基本的沟通机制，还积极争取到了中塞政府层面的例会机制、与塞交通部及塞总统办等较高层面的沟通渠道，加速了棘手、久拖不下问题的解决效率。

（五）筹划验收测试，获取使用许可

欧标、欧盟铁路互通性技术规范及塞尔维亚《技术规则》对静、动态验收测试有着较为严格、细致的要求，项目静态验收后，须由欧盟第三方测试机构进行动态验收测试，其测试标准和方案均按照欧洲标准进行，通过测试后国家铁路局予以颁发项目使用许可。

1. 积极进行测试筹备，把握测试的主导权

一方面认真研究欧盟第三方测试机构动态测试方案，制订内部测试大纲及测试计划，并与测试机构就测试内容及方案深入研讨，稳定动态测试方案；另一方面鉴于欧洲多数车载设备供应商对中方车载和地面设备兼容性测试（列车控制系统分为车载和地面两部分）不予配合的障碍，与塞方及相关企业展开多轮激烈谈判，并自行租赁测试车辆完成预测试，为通过正式动态测试奠定基础。

2. 认真做好安全保障，加强测试过程沟通

一是编制《安全风险识别评估表》，明确业主、承包商、测试机构安全责任，并对全体测试人员进行测试安全教育；二是采取三重安全保障措施，组织安全咨询公司进行安全风险识别，确定重点防护区域，并现场核查落实情况，聘请安保公司在全线防护薄弱点进行全时间段、全方位驻点盯控、组织中方管理人员全线巡查，发现安全隐患及时处理；三是测试过程中与业主、监理、测试机构召开日例会，分析测试过程中发现的问题并及时组织整改。

3. 建立文件管理机制，确保获得使用许可

塞方《建设与规划法》等法律法规对竣工技术文件、使用许可报批等的规定与国内差异较大，技术文件的种类繁多且量很大。为及时规范做好技术文件的梳理、存档、提报工作，以便顺利获得使用许可，组织中塞工程师对建设法规进行深入研究，搭建了技术文件组织结构，建立了竣工文件收集、编制、更新、云上传、定期梳理和校核等工作机制，制定了技术文件归档组织结构先定位再分类、同一专业统一文档结构并结合实际合理调整、分批次整理扫描上传、设计变更及其支撑性文件专人负责的系统化编制、管理原则，高效、系统地梳理开工以来的所有技术文件，最终顺利通过第三方技术验收委员会的审查，一次性取得了使用许可。

4. 围绕保障平稳运营，持续帮扶运营维护

贝诺段项目开通运营后，旅客发送量短时期内就突破百万人次，为确保塞方运营、维护、操作人员正确操作和维护各子系统，中方在合同外继续调派专业技术人员，对业主的运营、维护、操作人员进行为期逾一年的跟踪指导，协助进行了百余次应急处理，还完成了各类节假日的运营保障工作。

三、主动融合中欧铁路标准法规的匈塞铁路贝诺段项目建设管理效果

匈塞铁路贝诺段高铁的如期建成及开通运营，旅行时间由 90 分钟压缩至约 30 分钟，极大地方便

了当地人民的交通出行和地区交流，提高了当地铁路行业影响力和服务口碑，树立了"中国铁路"在欧洲大陆的品牌。

（一）实现贝诺项目工程建设的目标

经过全体建设者不懈努力，2022年2月，DBST（德铁测试机构）完成了匈塞铁路贝诺段项目动态测试，2022年3月19日，贝诺段项目在塞尔维亚总统和匈牙利总理的见证下正式开通运营，标志着匈塞铁路取得重大进展，也是中东欧地区开通运营的第一条高速铁路。

（二）实现欧盟铁路技术认证的目标

依据《商务合同》，贝诺段项目须在欧洲相关法律法规框架下，建成符合欧标及欧盟铁路互联互通技术规范的高速铁路，通过欧洲第三方安全评估、验收测试、互通性认证，并最终取得欧盟铁路互联互通认证证书。通过开展欧盟铁路互联互通认证工作，对中国铁路企业如何遵守欧洲铁路市场规则并证明符合性，形成了可复制、可推广、可借鉴的经验做法。

（三）实现中塞两国互利共赢的目标

贝诺段项目推进过程中，中塞双方不断增强互信、扩大合作，签署了百余项、近1亿美元新增及变更工程；同时，中国通信信号、电力及电气化技术装备得到批量应用，中国元素占比超50%，实现了中塞双方互利共赢的同时，也实现了中国元素最大占比，为中国高铁全产业链走进欧美高价值链端奠定基础。

（成果创造人：鞠国江、高　峰、周　鑫、齐丰然、宋　剑、段　伟、
杨冠岭、李刚钰、张小华、宋　伟、邓　可、刘菁蕊）

以支撑自主业务整合运营为目标的汽车零部件价格协同管理

东风汽车集团股份有限公司

东风汽车集团有限公司（以下简称东风公司）是中央直管的特大型汽车企业，1969 年创立于湖北省十堰市，前身是"第二汽车制造厂"，1992 年更名为东风汽车公司，2005 年成立控股子公司东风汽车集团股份有限公司，在香港联交所挂牌上市，2017 年完成公司制改制。东风公司总部位于"九省通衢"的江城武汉，现有总资产 5377 亿元，员工 13 万多名。东风公司主营业务涵盖全系列商用车、乘用车、新能源汽车、军车、关键汽车总成和零部件、汽车装备以及汽车相关业务。事业分布在武汉、十堰、襄阳、广州等国内 20 多个城市，在瑞典建有海外研发基地，在中东、非洲、东南亚等区域建有海外制造基地，在南美、东欧、西亚等区域建有海外营销平台。

一、以支撑自主业务整合运营为目标的汽车零部件价格协同管理背景

（一）推动零部件价格协同管理、发挥规模效应是自主事业协同管理的重要内容

经过多年发展，东风公司已成为一家以整车制造为主，涵盖汽车研发、制造、销售、金融、服务生态等汽车全产业链的多元化集团型公司。其中，整车零部件价格管理是各整车单位"控本增效"的关键内容。但当前主要整车单位的整车零部件价格管理各自独立，东风公司整体存在零部件价格管理内部控制不规范、零部件价格数据管理标准不统一、零部件价格数据价值挖掘不充分等问题。为最大程度实现汽车零部件资源的协同、整合，发挥零部件采购规模效应，降低整车零部件采购成本，东风公司协同下属东风风神、东风启辰、东风柳汽、岚图科技 4 家自主品牌整车单位 7 款车型，以整车平台协同研发、整车共用零部件协同采购、各自量产销售为中心，着力推进整车零部件价格协同管理，探索推进公司整体经营管理机制优化升级。

（二）促进系统互联、推进数据共享是提升零部件价格协同管理水平的必要方式

东风公司立足于传统汽车制造业，各整车单位相对封闭、独立的零部件价格管理体系无法实现全方位、全链条数据穿透，目标成本管理、采购管理、合同管理、财务管理等业务系统相互割裂，成千上万的零部件价格数据没有统一归集端口，无法在业务系统之间有序流动，零部件价格管理效率有待提高，协同管理经济效应难以实现。为更好支撑东风公司自主品牌零部件价格管理协同机制落地落实，切实推进高质量、可持续的自主整车事业发展，构建集约化的零部件价格信息化管理架构、促进自主整车单位"业务畅通＋体系优化＋系统互联＋数据共享"是东风公司提升零部件价格协同管理水平的必要手段，切实推动零部件价格全价值链对象、过程、规则数字化，实现全流程可视化、全链条协同化。

（三）发挥数据优势、强化数智赋能是实现零部件价格协同管理优化升级的关键手段

为实现历史零部件价格数据支撑基层采购服务、自动对比零部件价格与历史价格差异支撑中层内控管理、联动经营数据实现利润分析支撑高层经营决策，东风公司认真研究零部件价格数据特性，依托已经覆盖主要整车单位的合同管理系统，开展数据一致性、规范性、完整性等数据治理工作，开发标的物检索、价格统计等多种智能化应用工具，统一建设零部件价格管理平台，充分发挥海量零部件价格数据和丰富应用场景的潜在价值，促进数字技术与实体经济深度融合，切实解决东风公司零部件价格管理整体存在的问题，持续赋能东风公司零部件协同管理能力的提升。

二、以支撑自主业务整合运营为目标的汽车零部件价格协同管理主要做法

（一）整体规划

东风公司立足行业特点、管理实际，研究制定"三步走"的管理提升方案，以强化零部件价格管理内部控制为基础，推进零部件价格管理信息化建设，搭建零部件价格共享平台，深入推进零部件价格协同管理体系优化升级，进一步提高东风公司管理效率、降低管理成本。

1. 强化系统思维，做好统筹谋划

东风公司统揽全局，以对标世界一流和采购管理对标提升为契机，按照零部件价格管理整体"智治"理念，对推动零部件价格全价值链"数智化"管理的各个层次、各个要素统筹考量，将协同管理顶层设计规划为"标准""数据"两个层级。"标准"着力解决东风公司零部件横向研发、目标成本、采购、合同、财务付款等业务流程协同管理关键管控要点统一的问题，纵向下属单位零部件价格管理体系一体融合的问题，全面实现各业务系统关键数据和重要字段的一致性，强化以零部件价格全周期管理、全过程保障、全方位风险防控和全要素效能管控为核心的"四全管理"。"数据"解决东风公司与零部件价格协同管理相关的数据治理、数据资产目录、数据服务体系、数据价值挖掘的问题，切实保障数据输出的质量，加快提升以战略支撑能力、资源保障能力、风险防控能力、价值创造能力为支撑的"四个能力"。"标准顶层设计"与"数据顶层设计"互为支撑，共同形成"数智"赋能协同管理两大抓手。

2. 加强组织领导，落实工作责任

东风公司根据"内部控制规范制定→全价值链协同管控要点信息化→零部件协同管理数据价值挖掘"零部件价格协同管理提升方案的不同方向，成立不同的专项工作小组。东风公司总经理部署，指定法务合规部协同经营管理部、财务控制部等业务部门成立专项工作小组，研究制定零部件价格内部控制解决方案，通过完善制度、优化流程、健全机制，切实推进零部件价格协同管理规则规范化。东风公司分管领导组织协调战略规划部、经营管理部、法务合规部、S2平台项目组、技术中心及东风风神、东风启辰、东风柳汽、岚图科技等各S2协同板块抽调骨干力量组成专项工作团队，着力解决零部件统一编码"数据标准不统一""协同管理及变更决策体系差异大""数据管理系统相互分立"等核心问题。公司法务合规部协同财务共享中心基于已基本形成的"横向到边、纵向到底"的合同管理系统，开展数据一致性、数据治理工作，推动各单位零部件价格管理相关协议文本标准化、零部件价格数据集中化，持续做大做强东风公司数据资产，推动单一、扁平的零部件数据向综合、立体的经营管理数据升级转化。

为确保专项工作按照预定时间节点实施，东风公司坚持整体统筹、专项推进、统一考核，采取多项举措推动专项工作走深走实。在工作建设时期，各专项工作小组建立定期例会、专题工作会、各阶段评审会等多层次沟通机制，定期跟进整体进度，协调解决复杂问题；在专项工作推广时期，协调重要单位法务合规部、研发管理部、商品收益部、采购管理部、财务管理部一对一开展专项沟通会及培训会20余次，500多人参与学习、交流、研讨，不断提升各重点单位能力水平；在工作落地期，将专项工作落实情况纳入合规评价及管理提升要点，成立专项督导组，开展"制度贯穿监视"和"专项工作回头看"。

（二）优化零部件价格管理标准，建设统一化协同管理规范

1. 精准摸查体检、识别管控要点

本次专项工作聚焦零部件价格管理职能设置、目标成本控制、采购管理流程、协议文本构成、信息系统建设等重点环节，逐一对公司下属整车单位进行多次调研，识别零部件价格协同管理问题点如下：零部件价格管理流程不统一，导致零部件价格管理标准不统一、数据输出端口不一致，数据难以

归集；零部件编码规则不统一，导致零部件价格数据结构不一致，数据难以穿透共享；零部件信息系统设计逻辑不统一，导致零部件价格数据分析基础不一致，数据价值难以挖掘。

基于专项调研情况，结合东风公司整体零部件价格管理实际，零部件价格全价值链协同管理有赖于以下几方面：科学的管理流程，突出抓好零部件新品初始价格制定、设计变更调价以及市况联动调价流程管控，明确零部件价格管理关键管控点的管理标准，保证零部件价格协同管理重点内容规范化；分层分类的零部件协议文本，明确零部件采购通则、零部件价格协议、零部件订单等法律文本核心字段，保证零部件价格数据能被合同管理系统有效读取；智能化的信息系统，研发管理、目标成本管理、采购管理、合同管理、供应链管理、财务支付管理等业务系统互联互通，保证零部件价格数据穿透共享。

2. 制定管理规则，明确核心要求

经对零部件价格管理现状调研及管控要点分析，针对零部件价格管理核心领域，制定发布《零部件价格内部控制管理规定》等制度文件，明确整车零部件价格管理各业务领域职责分工、流程管控标准，配套编制发布《岗位职责清单》《流程管控清单》《风险识别清单》三份清单模板；指导、协助各整车单位开展三份清单内化工作，编制符合本单位业务实际的零部件价格管理三份清单，明确本单位零部件价格管理流程管控要点并将管控要点嵌入业务系统、明确业务系统基本功能及输出内容，构建立体多维、科学规范的整车零部件价格内部控制协同管理体系，保障零部件价格管理规范化、高效化，提高零部件价格协同管理经济效益。

（三）推动信息化建设，建设敏捷化零部件价格协同管理机制

信息化是保障企业经营管理工作稳健发展、协同管理工作落地落实的关键举措。为进一步推进零部件价格管理的主动性和精准性，专项工作小组着力推进各单位业务系统横向互联互通、集团总部与各下属单位纵向数据协同，大力提升协同管理效能。

1. 以点带链，推进全价值链协同管控要点信息化

专项工作小组综合各下属单位零部件价格全价值链业务系统建设情况，以合同管理系统为中心，以点带链，推动各单位加快研发管理、目标成本管理、采购管理、仓储管理、财务支付管理等业务系统信息化建设；集中梳理采购、销售、金融信贷等10类核心业务的管理流程及核心要点，实现了款项性质、合同审批、验收支付、履约计划等12项流程标准化；以合同管理标准化为标尺，以合同管理系统为纽带，倒推前后端采购系统、付款系统等业务系统内容标准化、信息化、流程化，以系统手段助推东风公司零部件价格管理制度规范落地，切实把科学规范的管理要求转化为协同管理效能；明确各业务系统零部件价格管理功能及建设要求，全面推动零部件价格管理全线上化运转，加强东风公司对零部件全价值链实物流、信息流、资金流的协同运营管控，强化供应链资源共享，驱动零部件价格管理向数字化、智慧化转型。

2. 建设统一编码系统，强化零部件价格数据协同管理

零部件编码是串联研发、制造、采购等领域的重要主数据，但目前东风公司各下属单位由于体系不同导致零部件编码规则各不相同，相互之间无法识别，零部件的管理应用以及设变管控都是采取点对点的线下管理模式，当前模式存在着"看不懂——数据标准不统一""不好管——协同管理及变更决策体系差异大""不贯通——数据管理系统相互独立"3个主要痛点和不足。因此针对前面3个痛点，集团牵头以S2平台项目为试点，技术中心及各协同单位共同从编码体系、协同数据管理、协同设变管理这3个方面寻找对策，以便于更好地支撑集团提出的"四全管理"的落地以及"四个能力"建设的需要。

首先，通过建立集团统一编码规则以应对"看不懂"的问题。在集团的领导下，以S2平台项目为

试点，技术中心牵头组织东风风神、东风启辰、东风柳汽、岚图科技共同对各家现有的编码规则进行解读和分析，各协同单位结合车型零部件数据在项目管理中实际业务场景及限制，通过数据推演验证集团零部件编码规则生成 S2 项目平台零部件编码的可行性。同时专项工作团队综合各板块实际应用，综合考虑汽车技术发展新趋势，兼容新能源、元器件等领域，通过 2 轮修订以使其更具有实用性、操作性。经过各协同单位之间多次交流、评审，最终制定并发布了集团层面的零部件编码规则，该规则可确保协同范围内零部件的通用识读。编码作为唯一性标识，具有通用性强、识读性高、拓展性强、可精准定位等特点。

其次，建立协同数据管理平台，通过统一的接口连接各协同单位数据系统，以解决"不贯通"的问题。目前由于东风公司各下属单位的研发体系不同，业务模式不同，导致各单位的研发数据系统均是独立的，协同数据无法进行有效及时的流转和管理。以 S2 平台项目为例，之前的平台件管理采取线下的 EXCEL 清单的方式，存在数据版本不唯一、信息交换不及时、数据应用不方便等问题。通过搭建协同数据管理平台，打通与各协同单位的产品数据系统之间的接口，能够支持 S2 平台零部件的相关信息及时有效地展示和共享，代替线下管理的方式，从"200+ 项的线下管理数据"，逐步扩展到"1000+ 项的线上数据"，随着应用的推广，可支持更多的数据接入，还保证数据的唯一性和及时性。同时结合第一点中集团编码的应用，建立不同单位零部件数据之间的关联，保证不同单位之间的共用件使用同一集团编码，连接采购、生产、商务等数据后可开展多场景的应用分析，例如集采、合规等数据分析的需求。

最后，通过上述对策解决"看不懂"和"不贯通"问题的基础上，与 S2 项目 CFT 团队以及各协同单位一起全面梳理东风公司 S2 项目组平台协同零部件管理的业务流程和系统需求，建立平台件的数据管理机制和设变管理机制；基于系统需求，开发相适应的平台件设变管理系统模块，从而进一步解决了"不好管"的问题。通过该模块可实现对于平台协同件从"设变方案"—"方案会签"—"设变决策"等信息在系统中的流转和流程管理，以支持东风集团 S2 项目组的设变管理应用。

结合集团统一编码在 S2 平台开发上的应用开展，此方案可进一步应用于集团内更多单位（例如"3+1+N"板块等）以及更大数据范围（例如整车、元器件等），通过数据价值挖掘，结合业务应用场景，让数据持续产生价值。

（四）强化数字转型，建设智慧化零部件价格协同管理平台

东风公司已基本建成的合同管理系统现有 80 万合同所属标的物、价格数据，为进一步挖掘零部件数据价值，专项工作组通过合同管理系统归集的各成员单位零部件价格协议核心数据，持续推动集团总部零部件价格协同管理平台建设，进一步赋能公司经营管理体制机制数字化转型。

1. 深化数据治理及智能化工具开发

东风公司以保障数据一致性、数据规范性、数据完整性为方向，全面排查 366 家合同管理系统使用单位系统数据流转情况，并针对重点单位开展现场督导；开展零部件相关协议标准化专项工作，诊断各单位协议文本质量并逐一反馈意见，推进整改，全面收集各重点单位当前标准合同文本类型需求，确保零部件相关协议文本数据流转满足公司总部"数智化"转型要求。

专项工作组经研究，以合同管理系统为基础，从 4 个维度开发工具进行零部件数据汇总分析，满足采购管理对零部件价格数据对比分析的需求：标的物价格区间检索，采购人员可检索需采购内容，参照标的历史价格区间，便于内部参考价格；标的物供货商检索，采购人员可在系统内部检索本次采购标的物在历史采购中的供应商信息，用于本次采购参考；标的物供货商分布，采购人员可在系统内部检索同类标的物供应商在境内地域分布信息；标的物价格趋势统计，管理人员、采购人员可在系统内部查看标的物历史价格走向趋势，辅助判断后续采购计划。

2. 建立数据汇集平台，发挥数据协同管理作用

以合同管理系统数据为基点，实现各下属单位业务系统传递零部件型号、价格组成、价格数据至各下属单位合同管理系统，合同管理系统把合同数据汇集至东风公司集团总部，作为价格数据成立依据，形成一套数据汇集平台。

数据汇集平台囊括零部件编号主数据、供应商数据、供应商报价数据、价格组成明细数据、历史调价频次等数据，经过一段时间的数据积累，可在采购管理领域从合规审计、降本增效方面对企业发挥数据价值：集中采购，分析各单位实际采购价格及供应商历史年内提供货物价格差异，分析利润比例，推荐集中采购货物清单；辅助定价，基于零部件平均价，协助整车生产成本零部件部分价格组成分析，实现精准制定目标价格；采购辅助，基于供应商货物清单、历史供货价格数据，进行数据分析，提供更多供应商可供货线索，在进行零部件采购的过程中实现快速选商、价格打合，提高效率；价格预警，分析各单位采购价格数据，对超过平均价固定阈值且超过历史最高价的零部件进行主动预警；选商预警，对同企业超过比例阈值均采购同一供应商零部件进行主动预警；合规预警，对使用不在公司零部件清单库内的零部件进行主动预警，便于稽查零部件非法修改等问题。

3. 做大做强数据资产，推动协同数据价值持续升级

通过"大数据"技术，将合同管理系统协同单位分散于各系统中运行的零部件业务数据（含自身业务系统数据及采购、财务等系统集成获取的关键业务数据）同步采集、清洗、加工处理转换为更具价值的"决策支撑数据"，为经营管理分析、决策精准，提供数据支持，提高东风公司整体"数智"化管理水平。

其中，"决策支撑数据"将围绕经营、内控、风险，为东风公司及合同管理系统应用单位建立决策分析模型，通过经营总览主题、供应商分析主题、风险总览主题、支出类分析主题等 12 项主要分析主题、400 多项重点分析指标，为各下属单位提供以满足高层决策支持需求、中层内控管理需求、基层服务支持的管理体系，打造"人机共融"的数据可视、场景链接、安全可控的管理平台，进一步贯彻标准、强化体系，持续积累数据资产。基层服务支持，提供价格依据，快速完成采购。通过零部件供货商筛选，同比历史相同／相似零部件价格走向区间，快速完成意向供应商选择，并将价格数据作为谈判依据，实现快速完成采购任务。中层内控管理，自动形成完整的价格证据链。自动对比零部件价格与历史价格区间，分析零部件价格合理性，并形成零部件历史调价因素、调价过程到调价完结的完整证据链，规避合规风险。高层决策支撑，联动经营数据实现利润分析。通过匹配车型生产数据，自动分析同类零部件全国市场价格，联动工艺、质量、物流等数据，实现统一采购降低生产成本的管理目标。

三、以支撑自主业务整合运营为目标的汽车零部件价格协同管理效果

（一）降低零部件共用件研发采购成本

东风公司自主整车单位之间在协同研发机制下存在众多零部件共用件，目前对于零部件共用件均采取集中选择一家整车单位以整体共用件规划量组织对外招标采购的模式。鉴于协同管理机制下零部件共用件整体规划量远高于各整车单位单独规划量且零部件定价与规划量负相关，协同机制下的零部件价格可获得最大程度的集中采购效应。目前仅零部件共用件模具开发一项，预计可节约成本亿元以上。

（二）降低零部件编码系统运维、开发费用

经东风公司及各方综合评审判断，零部件统一编码系统专项工作已顺利达成一阶段预期目标：编码统一及编码库管理，S2 平台协同 4 个单位实现集团统一编码，完成新旧编码对照，并实现对集团编

码库的管理及应用；接口贯通及数据穿透，贯通各板块系统接口，完成协同数据库构建，满足业务相关查询、编辑及授权管理需求，支持各领域数据归集应用；设变管理，建立设变管理模块，满足 S2 平台设变申请、审批及数据管理需求；数据高效应用，实现核心元器件数据应用、芯片键原件集采、零部件研发协同等业务场景应用。通过统一管理流程及信息系统，同步节省运维、开发费用，年均可实现降本增效亿元以上。

（成果创造人：陈 枫、胡 晓、张雁军、杨彦鼎、郑卿卿、杨 兵、
姜纤楚、汤泽波、张铁兵、李晓波、江新伟）

大型港口集团助推"双一流"建设的一体化合规体系建设

浙江省海港投资运营集团有限公司

2015 年 8 月,浙江省委、省政府做出全省港口一体化、协同化发展的重大决策,浙江省海港投资运营集团有限公司(以下简称浙江省海港集团)由此组建成立,成为国内第一家集约化运营管理全省海洋港口资产的省属国有企业,是全省海洋港口资源开发建设投融资的主平台。旗下拥有各类企业 300 多家,经营板块主要包括港口运营、航运服务、金融、开发建设等"四大板块"。宁波舟山港连续 14 年货物吞吐量位居世界第一,集装箱装卸量稳居前三。2021 年,荣获第四届中国质量奖,并被国务院国资委列为"国有重点企业管理标杆创建行动标杆企业"。2023 年,宁波舟山港跻身国际航运中心第九强。2023 年 3 月,浙江省海港集团入选国务院国资委"创建世界一流示范企业名单",是浙江省唯一入选此名单的企业,也是国内港口行业唯一入选此名单的企业。

一、大型港口集团助推"双一流"建设的一体化合规体系建设背景

(一)国资监管的基本要求

自 2015 年以来,中央企业已经经历了合规管理体系建设试点、全面推广、深入强化等阶段。2022 年,国务院国资委发布部门规章《中央企业合规管理办法》。2022 年 3 月,浙江省国资委陆续发布《浙江省省属企业合规管理指引(试行)》《关于开展省属企业合规管理示范企业创建工作的通知》,在浙江省省属企业全面开展合规管理体系建设,并选择具有代表性的企业,经过对标努力,建立更为完善的合规管理体系,形成可推广可借鉴的经验做法,建成一批合规管理示范企业。

(二)集团"双一流"建设的内在要求

世界一流强港要求有"一流管理",世界一流企业要求"治理现代"。"一流管理"和"治理现代"都以合规管理为基本要求和核心内容。这些都要求浙江省海港集团主动对标对表,加强合规体系建设,不断提升公司治理现代化水平,实现"合规创造价值"。

(三)国际合作的现实需要

由于港口天然的物流联通属性,浙江省海港集团涉外业务总量较高,涉及德国、迪拜、几内亚、斯里兰卡、越南、西班牙及日本等国家。尤其是,宁波舟山港已成为对接"一带一路"的重要枢纽、中国南方海铁联运业务量第一大港,航线总数达 300 条,辐射全球 200 多个国家和地区的 600 多个港口,拥有海铁联运班列 23 条。在世界各国和国际组织等主体纷纷强化对企业经营的监管力度的大背景下,国有企业海外经营面临的合规风险加大。浙江省海港集团及下属企业在开展业务活动时,需要遵守境外法规以及国际组织的强制义务规定。通过建立并有效运行合规管理体系,严格落实合规管理职责,是有效面对境外合规监管的基本要求。

二、大型港口集团助推"双一流"建设的一体化合规体系建设主要做法

(一)顶层设计一体化谋篇布局

1. 领导重视

在学深悟透习近平法治思想的基础上,浙江省海港集团领导高度重视合规管理工作,将合规管理体系建设上升到事关国有企业贯彻依法治国战略部署、治理能力和治理体系现代化、塑造企业全球核心竞争力的高度,将合规管理作为建设"双一流"的重要抓手之一,坚持以高度的政治自觉,全面推动合规管理体系建设。一是率先垂范,集团董事、监事、高级管理人员带头学合规,强化合规经营理念,签订合规承诺书,以身作则践行诚信合规;二是亲自部署,集团党委书记、董事长、合规委员会主任、总经理、总法律顾问、首席合规官分别主持召开合规管理体系建设启动会、推进会，加强总体谋划和推动落实；三是反复强调，如集团党委书记、董事长在集团中层领导干部学习贯彻党的二十大精神培训班动员会上，专门强调了全域、全员、全程合规要求；四是持续推进，在主题教育期间，浙江省海港集团将"合规管理体系建设，深化扩面提效研究"作为领导调研课题，通过调查研究，推动合规管理进一步走深走实；五是强力保障，在建立常规合规组织体系的同时，浙江省海港集团还专门成立了合规管理领导小组，组建工作专班，新设集团法务合规中心，增加合规管理岗位职数，增加合规经费预算，为集团合规管理提供全面保障。

2. 科研先行

与国资监管部门、参与央企合规政策制定的咨询机构进行深入交流，全面了解国企合规管理政策的制定背景、历史沿革、具体要求，逐条理解每项规定的实质内涵，确保合规管理体系建设全面符合监管要求，"少走弯路""不走弯路"。选择主营业务高度契合、合规管理先行的中央企业招商局港口集团作为合规管理对标单位，通过上门求教、请进指导等方式，把先进经验和做法引进来，争取后发优势，力求"弯道超车"。开展《浙江省省属企业合规管理体系建设与实施路径研究》和《浙江省海港集团合规管理体系建设实务研究》两个专项课题研究，夯实合规管理建设运行理论基础，探索符合浙江省属企业以及自身实际的合规管理建设模式，争取"道路创新"。

3. 方案引领

集团党委会审议第一时间研究通过《集团合规管理建设暨合规管理示范企业创建工作方案》，确定"3+2"（合规管理组织、合规管理制度、合规管理保障三大体系和合规动态管理、合规管理运行两大机制）建设目标，确立全面覆盖、突出重点，协同联动、全员参与，客观独立、公平公正，有效适用、持续改进4项基本原则，设定前期准备、合规建设、合规试运行、合规认证及常态化运行提升5个工作阶段，明确26项工作任务，逐项分解落实到各职能部室和各下属单位。此后，在《五年（2023—2027）战略规划》和《创建世界一流企业实施方案》中对合规建设进行专章部署。

4. 标准指路

在广泛调研和课题研究的前提下，经过深入研究和探讨，确立集团全系统建设合规的统一标准，即以最新颁布的《中央企业合规管理办法》《浙江省省属企业合规管理指引（试行）》《关于开展省属企业合规管理示范企业创建工作的通知》为主要依据，以最新发布的合规国际标准 ISO 37301:2021 和国家标准 GB/T 35770—2022 为技术标准，全面贯彻落实国资监管要求和 PDCA 合规管理理论，确保合规管理体系建设符合监管政策要求、符合国企实践经验、遵守当前主流标准。

（二）实施路径一体化全面推进

1. 并表单位一体推进

总部率先垂范，各项工作都走在基层单位前列，为基层单位打好样，示好范。下属133家合并报表范围内单位一体纳入建设范围，紧随集团总部开展合规体系建设和管理落地。确立"1+4+3+2+N"（集团总部 +4 大板块代表单位 +3 家区域代表单位 +2 个主业货种代表单位 + 自愿加入单位）合规认证集群，以此确保所有单位在集团内部均有标可对，有标可追；确定"层层示范、层层对标"的工作机制，努力开创学习标杆、超越标杆、成为标杆的浓厚氛围。2023年4月，浙江省海港集团第一批贯标认证单位全部通过认证，获得认证证书。

2. 分解任务一体推进

细化《集团合规管理建设暨合规管理示范企业创建工作方案》，将工作内容分解细化为41项具体任务，81个统计指标，逐月编报合规工作月报在全系统公开晾晒。在内部对标交流的同时，2022年，浙江省海港集团分8个片区对基层单位开展合规管理体系建设工作调研，在现场指导、答疑解惑的同时，为片区各单位深度、系统交流提供平台和机会。2023 年，联合股份公司，分 8 个片区对合规管理示范企业创建工作进行检查，并再次为各片区单位的交流提供平台和机会。

3. 挂牌督导一体落实

实行合规管理体系建设挂牌督导机制，对工作进度较慢的单位通过发送督导函、召开重点企业推进会等方式，督促其加快进度、提高质量、强化保障。此外，将合规管理纳入对基层单位经营绩效和法治的考核范畴，将合规管理与领导薪酬、单位评优、个人评先"挂钩"，通过"正激励"和"负激励"相结合的方式，提升员工合规履职的积极性和责任心，进而促进合规建设责任落实。

（三）合规人员一体化管理提升

1. 构建一体组织架构

高度重视合规管理队伍建设，全力推动合规管理组织体系建设。浙江省海港集团系统各单位全面建成合规管理委员会、首席合规官、合规牵头部门、合规管理员、合规内审员的五级合规管理组织体系。集团总部新设法务合规中心，统筹集团法务合规工作，13 个部门全部配备业务骨干担任合规管理员，全系统 39 名总法律顾问担任首席合规官，各单位配备 493 名合规管理员，统一聘任 255 名持证合规审核员担任内部审核员，在检查考核、贯标认证等方面一体调配使用。

2. 进行一体专业培训

高度重视合规专业化人才培养。2022 年，在全系统选调法治基础好、懂业务、懂管理的业务骨干进行专业化培训，先后组织 59 名职工考取 CCAA（China Certification and Accreditation Association，中国认证认可协会）合规体系审核员证书、196 人考取内审员证书，为合规管理培养了一支坚实的队伍。2023 年下半年，第二批次合规体系审核员、内审员培训考证又按计划完成培训和考试，再次培育了一支 210 人的合规专业队伍。

3. 开展一体管理实战

统一管理使用 255 名合规审核员，逐个登记造册，分门别类登记专长，坚持"以内为主、有效运行"的原则，创造条件实战，不断提升合规审核员的实务和专业能力。组织开展合规内审示范工作，抽调合规内审员上阵实践，各职能部室逐个访谈应答，其他人员现场观摩，外部机构现场指导。强化合规检查，全系统随机抽调不同单位的合规内审员，分批次对下属单位开展交叉合规检查，开展合规经营、安全生产、审计监督等合规专项检查，发现问题限时完成整改。

（四）三道防线一体化联动运行

1. 一体制定清单式目标

遵守"PDCA"原理，"三道防线"严格按照 ISO 37301:2021 和 GB/T 35770—2022 标准建立。在合规牵头部门的组织协调下，各司其职，认真履行各自职能范围内的合规职责。每年年初，合规牵头部门统筹制定年度合规总目标，各职能部室结合各自实际工作需求，逐个制定各自线条的合规量化子目标和重点工作内容，综合形成集团年度合规工作任务清单。每季度收集统计各部门合规量化子目标和重点工作进展，分析存在的问题，相互协同推进工作。年末，各职能部室形成各自年度合规工作报告，向集团合规管理委员会汇报年度量化目标和重点工作开展情况，并根据合规管理委员会，要求全面改善各自职能内的合规管理工作。

2. 一体业规融合

坚持管业务必须管合规，牵头必须牵好头，监督必须严格到位。各职能部室形成做业务先问合规的机制，在开展具体业务时，业务经办人先要征求本部门合规管理员的意见，在获得无保留意见的合规审核意见后，逐项报本部门主要负责人审核、相关业务部门会审、集团法务合规部门复审、首席合规官再审共五道审查机制，多层把关，确保了合规的全面贯彻落实。同时，积极探索大合规建设，推进合规与法治、内控、审计、纪检监察"五合一"。建立党风廉洁"大监督"联席会议制度，围绕加强党风廉洁建设、防范风险隐患、推进合法合规经营、保障国有资产保值增值等，交流情况、移交问题，提出意见建议。

3. 一体数治并网互联

严格落实"三重一大"合规事先审查机制，将合规审查作为经营决策和业务开展的必经前置程序，持续细化工作流程及审查时限要求，对于涉嫌违法违规、存在重大风险的"一票否决"，不断提升审查质量，确保经营活动合法、合规。《合规审查管理办法》出台后，及时升级数字化法治信息系统，增加合规管理模块，嵌入合规审查刚性流程，细化合规审查事项和条目，压实业务部门合规管理员合规审查责任，在经济合同、规章制度、重大决策、重大项目、涉外业务等方面全面实现数字化合规管理。

（五）境内外合规一体化并行并重

1. 一体开展境内合规管理

全面开展境内合规管理工作。组织开展全级次、全方位、全领域合规风险排查，通过合规调研、法律研究、类似企业案例等风险梳理方法开展合规风险识别，从合规风险事项、风险源、违规后果、法律依据、风险评价、责任主体、应对措施等方面建立合规风险清单，全面掌握合规风险底数，帮助风险管控部门有效应对合规风险。目前，已形成公司治理、港口经营、安全环保、投资采购、工程建设等16个覆盖各经营领域的合规风险清单，共梳理重点专项领域合规风险860条。以风险为导向，分级分业务门类，编制流程合规管控清单，将合规要求和管控措施融入业务流程，全面提升相关业务领域风险管理效率，全面防控合规风险，确保了境内项目依法合规顺利推进。

2. 一体开展境外合规管理

同步开展境外合规管理工作。出台《法律尽职调查操作指引》，对境外事项专门规定东道国法律环境尽职调查，以识别和防控境外法律合规风险；所属各级企业严格按照《境外投资合规指引》《境外经营合规指引》开展投资合作和经营活动；依照国别风险调查报告，进行风险评估和管理，制定相应的风险清单、流程清单和防控措施；抓项目落地和运行的同时，严格按照国资要求和国际合规标准建立合规管理体系，所有落地项目均按集团要求一体全面建成各项合规管理制度体系、组织体系、保障体系和运行机制；强化境外投资项目合规管理，定期开展风险清单更新，定期检查合规管理检查，确保境外项目依法合规顺利推进、安全运行。

（六）合规文化一体化全员培育

1. 领导一体带头

领导干部以身作则，带头合规，率先进行合规宣誓、签订合规承诺书，并对合规管理重大事项部署和决策，传达企业高层合规声音，明确合规态度。各级领导干部带头遵守合规制度，在企业经营的过程中，发挥合规管理模范作用，为企业树立良好的榜样。充分利用各类学习平台，把法治教育纳入各级领导干部的学习内容，同时以违法违规案例为反面教材，广泛开展领导干部依法履职警示教育，并把守法合规作为考察任用干部的必备条件。

2. 全员一体参与

职工全面参与文化建设。职工自编自导自演合规宣传视频《奋进新时代 合规赢未来》，并以各种形式各种载体进行播放，确保每个职工都至少收看一次，一个月内视频点击量就超10万次，点赞量超2万次。征集合规管理文化标志和宣传语，充分发挥广大职工的积极性和创造力，职工广泛参与，经反复修改，最终形成极具海港特色、符合合规管理要求的作品，并印制张贴于职工办公桌或卡座前，时刻提醒广大干部职工践行"人人合规、事事合规、时时合规"基本理念。

3. 全域一体宣传

专版专栏开展全方位合规宣传教育。编制合规手册，以业务门类为经、以公司和员工为纬，分别提出具体合规要求。先后在《宁波舟山港报》上推出三个专版，深度解读合规知识，发表合规书法绘画文艺作品，总结阶段性工作经验。在《法治海港》月刊上，每期都刊载合规理论和实务文章，探讨合规实务问题，交流建设管理经验，宣传合规先进典型。开展合规宣誓，所有领导干部职工均统一签订了合规承诺书。

4. 一体对外宣传

加强合规文化的对外推广工作。将合规作为企业经营理念和社会责任的重要内容，加强商业合作伙伴的合规管理，积极传达合规立场，树立积极正面的合规形象，传播企业合规文化。在与客户、供应商合作交流的过程中，通过签署合规承诺书、廉洁协议等，将合规文化传递至利益相关方。

三、大型港口集团助推"双一流"建设的一体化合规体系建设效果

（一）合规管理体系稳健运行

浙江省海港集团秉承一边建体系、一边抓管理理念，建一个体系，抓一项落实，出一个制度，落实一个制度，让合规体系建设充分体现合规管理的有效、实效、长效。截至目前，全集团合规组织体系、制度体系、文化体系、运行机制、保障机制全面建成，并全面发挥作用。一年多来，全系统各单位及时开展制度外规内化和更新迭代，累计开展 39 次制度集中清理，累计废止 895 件，修订 2010 件，新增 2323 件，确保了制度的合规性和有效性；全面规范梳理 306 个重要业务合规管控流程清单、1835 个重要岗位合规岗位职责清单，开展 243 次合规风险排查，整改 9902 个合规风险点；合规事先审核嵌入流程，累计完成 21306 份合同、2942 项规章制度、348 项重大决策事先合规审查，对外投资、工程建设、业务开展等全面实现全程合规数字化管理。由于强大的合规保障，境内境外项目均未出现合规风险事项。

（二）风险防控指数全面向好

相比较于合规体系建设前，浙江省海港集团涉诉纠纷案件数量和总标的额分别下降 47.5% 和 38.7%，年内新发案件数量和总标的额分别下降 61.1% 和 59.3%，新发案件年内结案率达 87.4%，避免和挽回经济损失总额均实现集团利益最大化。2022 年年底，存量案件数量、总标的额、占年度营业收入和利润额的比重等指标均远低于省属企业平均水平，综合排名在浙江省省属企业集团中排名均居前列，在自身历史上也是最好水平。2023 年年初至今，浙江省海港集团仅受理 5 起违规事项举报，违规经营管理事件急剧减少，且每起举报均做到"受理—调查—整改—追责—回复—复查—满意度调查"闭环管理，每起举报均做到让举报人完全满意。

（三）"法治海港"品牌影响力日益扩大

在基本实现"治理完善、全面覆盖、有效运行、国际认证"的工作目标后，"法治海港"品牌的外界影响力日益扩大，一些中央企业、地方国企先后来学习交流。浙江省海港集团作为唯一企业代表，先后在省"一号改革工程"法治化营商环境建设例会、全省检察系统企业合规改革研讨会等重要会议上作经验分享；2023 年 4 月，国务院国资委官网、"国资法治"官微以《浙江省海港集团：以全系统合规 助推"双一流"建设》为题，推介浙江省海港集团合规管理体系建设四方面的经验。2023 年 6 月，浙江省海港集团及下属股份公司荣获了由国际风险与合规协会颁发的 ISO 37301（2022—2023 年度）成就奖。2023 年 10 月，浙江省海港集团成为浙江省省属企业全系统推进合规管理示范单位。

（成果创造人：张建军、唐　剑、朱　健、李　超、王　倩、王文静）

军工院所以提升自主能力为导向的开放型共研管理

中国兵器工业第二〇四研究所

中国兵器工业第二〇四研究所（以下简称二〇四所）是中国兵器工业集团有限公司所属国有事业单位，是我国唯一的火炸药及常规毁伤技术综合研究机构。1948年始建之初就立足服务于国防安全和武器装备的创新发展，是新中国"一五"期间156个重点建设项目之一，一直服务于陆、海、空、火箭军、武警部队，以及兵器、航空、航天、船舶、核等国防事业，是国家战略力量的重要组成部分，支撑国家稳定和可持续发展。二〇四所现有从业人员1600余人，含各类专业技术人员1200余人，其中博士、硕士研究生600余人。

一、军工院所以提升自主能力为导向的开放型共研管理背景

新时代国防科技创新事业，呼唤更大格局、更多维度、更广空间的开放式合作。只有把准世界国防科技发展大势，加快基础性、前沿性、颠覆性科技的发展，才能履行好强军首责，实现高质量发展，不断提升我国国防科技的基础创新能力和整体水平。然而，对照国家期待和行业发展的使命任务，传统的科技工业科研模式较为封闭，未能有效整合创新资源。火炸药科学横跨理工科多个基础研究领域，横跨物理、化学、数学、机械、配方、工艺等大量基础学科方向，具有强烈的交叉学科属性。领域内相关单位在火炸药研发过程中侧重宏观应用效果研究，没有从本质原理上对内在机制进行深度解析，而各领域较为封闭的研究模式则进一步阻碍了原理引进和消化吸收，创新活力不强，也使科技创新出现了瓶颈。火炸药人才培养是一个长期和系统的过程，需要持续开展培训、学习，提升多学科交叉水平和前沿领域原研能力。二〇四所是火炸药领域国家高科技研究所，长期承担重点型号、重大工程等各类技术研发，从2021年开始，探索以提升自主能力为导向的开放型共研合作管理体系构建与实施。

二、军工院所以提升自主能力为导向的开放型共研管理主要做法

（一）基于核心需求，完成共研合作的顶层设计

1. 搭建开放型共研合作管理体系顶层规划框架

以提升自主能力和实现创新发展为导向，基于"交流—引进—共研"的核心路径，搭建开放型共研合作管理体系顶层规划框架图：基于核心需求，运用科研管理模型，从"时间维""逻辑维""知识维"拆解合作目标、路径、资源和方法，完成行业发展顶层规划和制度规范；立足科技路线图和关键瓶颈，基于基础性、前沿性、颠覆性领域"构建工作任务清单和共研合作清单，明确发展路线"明晰对外合作的具体任务，指导后续动态调整，更新和完善；构筑期刊等学术纽带，搭建"研究所—高校—学会"联合交流平台，以学术交流为牵引，高效破解与国内外专家的沟通壁垒，建设并完善国内外行业智库平台，深度挖掘情报资源，绘制全球行业人才及对应机构分布地图；转变传统共研合作模式，发挥基地集成化优势，注重火炸药领域基础性、原理性技术的引进，构建技术与理论原理并重、项目研发与人才培育并行的引进工作方式，实现引进成果"为我所用"和人才落地生根；培育共研力量，共建研发平台，实现多元化、灵活性畅通合作方式，在共研过程中培育自主创新人才，持续提高基础研究研制水平，推动自主创新能力提升；优化完善知识产权、专项经费、对外保密等相关制度及工作流程，形成共研合作的长效机制。

2. 运用科研管理模型解析共研合作任务目标

将火炸药领域对外科研合作从"目标—任务—方式"模式分解为"时间维""逻辑维""知识维"

三个维度，建立起互相促进、协同发展的三维合作思路框架，即在"时间维"层面，注重共研合作应伴随专家引进，将与国内外专家在交流过程中形成的学术信赖基础与相关项目、技术等引进过程中形成的合作基础进一步深化为共研合作；在"逻辑维"层面，梳理核心需求，明确合作内容，构筑交流纽带，搭建合作渠道，加强原理引进；优化合作层级，深化共研合作，提升自主能力，创新管理机制，保障合作推进，层层递进又相辅相成；在"知识维"层面，依据火炸药行业发展趋势，推动由设备与技术引进深化为原理和自主化孕育，实现提升二〇四所自身创新能力的总目标。最终，形成既清晰明确又相互关联的方案思路，为后续充分利用国内外人才和智力资源、优化不同领域、不同机构的资源配置奠定了基础。

3. 健全顶层管理制度，以制度规范确保合作实施

依据开放型共研合作体系图，拆解管理机制，并基于制度，制定流程表单，细化管理步骤。当前已发布《兵器四院对外人才交流合作管理办法》《兵器四院学术交流管理办法》等核心管理制度及办法，在合作过程中确保制度流程化、流程表单化，实施创新引领，完善共研合作。对国内外顶尖人才，依托联动保障机制和专项经费保障，在住房分配、工资薪酬、团队建设、项目立项、人才申报等方面给予全方位支持。

（二）基于关键瓶颈，制定共研合作的工作清单

1. 立足专业发展方向，制定科技发展路线图

二〇四所提出了"十四五"期间火炸药提升自身创新能力的总目标，围绕新材料研发、新工艺方法、新装置设备、新设计理念等方面，制定了具有兵器特色的发展与项目布局。二〇四所科技发展路线图重点关注短板严重的领域，对关键技术、专用设备、基础材料等存在的核心瓶颈问题，以及原创性与引领性技术研发能力不足的现状及对策进行了深度解析。科技发展路线图梳理一批火炸药新优势技术，明确未来一段时期专业发展的方向，也对健全完善科技创新保障机制做出了全面部署，为构建开放式火炸药科技基础创新厘清了技术发展方向。

2. 依据共研合作总目标，制定本行业国内外创新清单

二〇四所在共研合作总目标基础上，依据科技发展路线图，结合重大项目、重点工程和关键学科的发展，明确了共研合作总体思路，全面梳理了共研合作清单。二〇四所客观分析早期共研合作以及引才引智模式的单一性和局限性，发挥火炸药原始创新院所的优势，系统归纳、动态更新全球范围火炸药科研发展趋势和前沿领域，深挖科技路线图中的国防战略和装备发展中动态出现的关键基础需求。形成初步的行业合作清单，同时结合二〇四所自主攻关情况和行业发展情况，组织各研究方向针对新材料、新工艺、新配方及新问题，提前布局、定期研讨，细化具体共研合作项目需求，形成基础性、前沿性、原理性合作课题清单，并随着科技发展路线图的调整，不断进行动态更新和完善。根据目标合作清单，有效明晰共研合作具体项目任务，为专家项目申报、专家检索提供了依据。

（三）强化交流渠道和联系纽带，绘制行业专家地图

1. 创办全球性刊物加强与国内外行业专家的沟通交流

二〇四所为充分整合全球范围内行业专家资源，加强与国内外行业专家的沟通交流，创办专业科技刊物《火炸药学报》和 *FirePhysChem*，并在不断优化期刊运行过程中，高标准筛选全球顶级行业专家学者加入期刊编委会，《火炸药学报》聘任国内以军事科学领域 8 位两院院士为代表的科学家组成期刊编委会，*FirePhysChem* 组建以各国行业泰斗和领军专家等为代表的国际编委 26 人、国内编委 24 人。两刊编委成员均是当前全球火炸药领域最具影响力的专家学者。通过期刊编委会的创办，为二〇四所开展高影响力、高质量的学术交流与合作奠定了坚实基础。

2. 拓展研究所—高校—学会三方联动的学术交流渠道

由于高校和学会本身的学术属性，其在聘请国内外专家参加各类交流等方面渠道更加流畅，拥有更广阔的学术资源，而二〇四所则拥有开放型氟氮化工资源高效开发与利用国家重点实验室、含能材料全国重点实验室等交流平台。二〇四所充分利用高校、学会以及自身实验室的优势，加强资源的信息互通与开放共享，将高校与学会资源纳入对外整体战略，构建研究所—高校—学会联合的"三方联动"交流渠道，共同打造学术交流、学术沙龙等活动，内容涵盖含能材料、推进剂、在线检测、模拟仿真、炸药安全等领域，影响力全面覆盖国内外 10 余个国家的专家学者，充分发挥研究所科技资源的优势和高校与学会的渠道优势，在疫情防控期间组织开展 20 余场线上会议和 10 余次学术沙龙论坛，除大量国际专家外，国内 10 大军工集团、国内外数 10 个高校近两万人次参与相关交流活动，有效促进国内外专家学者的交流互动。

3. 绘制火炸药行业专家与顶尖机构分布的动态地图

为有效整合国内外行业顶尖智力资源，聚焦领域热点，在期刊专家、国际会议参会专家、研究所—高校—学会积累的专家基础上，结合行业文献信息，充分利用数智化手段对全球专家与机构信息进行大数据收集整理，开展可视化的火炸药行业分布地图绘制工作，直观呈现火炸药各领域专家与机构的地域分布及相互关联信息，实现一种新的火炸药各领域专家与机构信息检索途径。依托绘制的火炸药行业分布地图，二〇四所对国内外专家的研究信息及个人信息进行全面解析，包括其优势研究领域、所处机构、团队成员、与其他专家与研究机构的关系等。按图索骥，邀请高校及学会专家在内的国内外行业各领域专家学者，共同有针对性地、分步骤地参与开展专家定位与筛选工作，择优聘请国内外专家担任兼职教授或期刊编委，进一步邀请其加入二〇四所需求项目的攻关。

（四）发挥基地优势，全面推动核心原理引进

1. 注重原理引进，为后续自主创新奠定基础

此引进思路创新基础上，二〇四所围绕关键催化剂制备、高性能含能推进剂配方、模拟仿真技术应用等前沿重点基础领域，依托火炸药行业分布地图，在国内外充分进行调研，定位相关原理的发祥地并有针对性地开展交流对接，促进原理、技术的引进，打通科研工作"最后一公里"，将引进成果直接应用于后续研发，促进先进原理方法为我所用。二〇四所不仅在国内顶级院校引入一批关键的基础理化原理方法，更是已先后从俄罗斯、德国、英国、爱尔兰等国引进了一批火炸药领域的先进基础技术原理，为后续基础研究领域自主创新能力的培养注入了动力。

2. 发挥基地集成化优势，高效推进原理引进工作实施

为全面推进火炸药领域国际化水平，二〇四所规划高层次国家××基地工程并最终成功获得科技部批复，为汇集国内外火炸药领域智力资源、统筹规划火炸药领域引进工作，奠定了基础。技术突破方面，××基地针对二〇四所共研合作科研的特点，结合具体项目研发所需原理与技术，由项目总师直接牵头开展全球性资源定位、引进渠道选择、具体项目任务、项目工作实施等。管理流程优化方面，××基地管理工作由科技委办公室业务总负责，科学技术部、装备研发部、发展规划部、产业发展部、人力资源部等多部门配合，有效保障了××基地相关工作方案的策划、组织、实施、服务及保障，能够及时研究解决具体问题，协调各方资源。专家引进提升方面，依托××基地，二〇四所不断扩展对外原理与技术引进的规模和层级，先后在火炸药设计仿真、关键装备、核心技术、测试评估及军民融合等方面进行国内外资源征集，尤其是大量国际资源汇聚至二〇四所内部。在引进的过程中，对具有高度原创力的专家，在合同订立、薪酬支付、成果输出等多方面进行严格的专家信息第三方保密，让国内外专家感到"引得放心""引得安心"。

3. "从引到留"，保障专家"引得进""留得住"

在保障短期专家合作中，二〇四所本着"高层级原理引进必须依托高层次专家资源"的理念，针对难以长时间逗留的具备顶级原创力的专家，以开放的形式创新性地提出"候鸟式专家""周末式专家"和"离岸式用人"的策略，注重工作实效，灵活推进。通过不断提升和优化保障，形成良好的示范效应，为专家全职引进奠定了基础。针对全职引进的专家，二〇四所为其配备专业化高水平团队，全面配合入职专家工作，同时按照专家要求配置办公和研究场所，提供充足的经费支持。完善入职专家的管理和考核评定制度，提出"尊重专家，激励创新，鼓励合作，共创辉煌"的管理理念，按"一事一议"方式给予国内外专家一揽子支持，赋予其创新所需相关用财权、用物权，职称评审提供优先条件，对领军性质的顶级专家给予年化100万元的薪酬激励，开展"揭榜挂帅"的竞争性制度，营造以成绩论英雄和平等竞争的氛围，切实将国内外专家资源转化为实际科研攻关的动力。此外，在住房分配、子女入学等服务配套上同样为专家提供优先和便利。

（五）培育共研力量，建设共研平台

1. 在原理引进过程中，推动基础共研攻关

二〇四所依据核心领域的需求，在相关项目工作中，实现了与专家共研合作的跨越式发展，在此过程中，针对"并跑"领域，与国内外专家共同制定目标、共同探索方案，培育和打造了一批囊括火炸药基础研究各个环节的共研团队力量，团队成员以具有较好专业知识背景和较强科研攻关能力的青年科学家为主。为培养具有国际竞争力的科研骨干，在与顶级专家，尤其是顶级国际专家的项目共研过程中，二〇四所内共研团队成员不断吸收消化先进的设计与实施理念，学习先进技术和具体创新路径，提升并不断突破和补齐自身在科学原理和技术研究中的短板，不仅能够有力配合专家完成现有共研的科研项目，也为未来独立承担相关研究项目奠定基础。

2. 积极实施共研力量，培育"走出去"的机制

在共研合作中，二〇四所不断推动加强与全球高水平研究机构和专家学者合作，打通了共研人才梯队"走出去"培养的渠道，不仅鼓励青年骨干到国内顶尖高校继续学习，更不断组织青年骨干出国"储能蓄电"，为后续原理与技术引进项目申报实施、相关成果的转化共享和自主创新能力提升总目标的实现提供了有力支撑。"十三五"期间与多个全球性机构展开合作，向英国、美国、德国、法国、以色列、意大利、澳大利亚、捷克等共选派境外访问学者22名，短期出国培训60余人。青年人才在开阔全球化视野的同时，为项目合作共研发挥了纽带作用。部分联培人才进入以色列理工科顶尖学府特拉维夫大学、德国理工科著名学府慕尼黑工业大学、德国著名学府柏林洪堡大学和弗莱堡大学等深造学习。

3. 推进共研实验室建设，规划长期共研合作

在深化共研的基础上，二〇四所与国内外知名科研机构形成了良好的长期合作关系，在此基础上，为充分互通有无、取长补短，形成了一批共赢共建的联合实验室，一方面促进了国家级实验平台的成长，另一方面则加速了国际共研实验室的构建。近年来已与西安交通大学、西北工业大学等高校签订战略合作协议，强强联合组建协同攻关实验室，大幅强化了国家级实验平台的建设力量。而在"先进纳米氟化物材料的制备及应用"共研合作项目中，二〇四所依托氟氮化工资源高效开发与利用国家重点实验室，与德国柏林洪堡大学、法国波尔多大学、巴黎科学艺术人文大学建立了氟氮资源化工新材料国际联合实验室，在该共研实验室支持下，所内团队与对方机构共培了博士研究生及访问学者。此外，二〇四所持续与欧洲顶级院士团队在纳米氟化物制备及其形成机理方面打造共研实验室，取得了一系列研究突破，相关成果发表在国际著名无机材料杂志 *Dalton Transactions* 上，形成了互利共赢的局面。

（六）优化关键机制，形成长效保障

1. 针对合作重点方向，实施知识产权保护

二〇四所共研合作极度重视知识产权分配，为维护自身利益，在共研创新的过程中，尤其是共研合作的前期，采取一系列措施明确知识产权归属，约定双方利益分配。为解决合作过程中存在的知识产权风险，二〇四所首先完善了知识产权管理体系，编写知识产权管理文件，了解行业各单位知识产权保护具体做法，学习先进经验。在此基础上对现状进行整体分析，查找体系、制度、文件、人员等各方面存在的不足，有针对性地完善制度、改进流程。针对课题重要程度、专利申请紧急程度、突发事件类型等情况，确定快审专利筛查原则，建立流程简化、紧密配合、审查高效的快审绿色通道，为项目合作打好基础。规范合作中各项知识产权活动，提高知识产权保护、管理及运营转化能力，促进知识产权工作良性发展，进而实现共研合作，尤其是国际合作共研共赢。

2. 优化完善对外保密制度及工作流程

涉军单位共研合作保密风险大。基于此，二〇四所建立对外活动保密管理办法，特别是针对国际合作，全方位落实对外活动保密工作方案，确定保密负责人，明确参加人员及职责、保密事项、保密要求、禁止和注意事项、异常情况处置等内容，落实相应的保密措施。对参加对外活动人员进行保密教育提醒，对对外交流、谈判口径、提供资料进行保密审查，并与参加人员签订《保密承诺书》。相较之国内共研合作人员，针对境外来访人员，采取更加严格的身份审核。留存护照复印件，明确活动区域、路线，要求接待陪同人全程陪同，做好提醒和监督，制定防范措施。未经保密办和国际合作部共同批准，二〇四所内部不准擅自接待境外专家来访，凡经批准接待境外专家来访，必须有保密办和国际合作部人员共同参与。针对境外出访，二〇四所要求外派访学的青年学者必须经过严格审查，在出国前由保密办和国际合作部共同进行保密教育，出国前移交所有涉密载体和设备。外派出国学习或交流的人员不得擅自对外提供文件、资料或者其他物品。在共研合作中，国内外单位及境外专家以正当理由和途径要求提供具有一定敏感性的文件、资料等，应当根据平等互利的原则，按照规定呈报上级保密工作部门批准，并严格要求对方承担保密义务，确保合作全过程受控，保障合作顺利进行。

三、军工院所以提升自主能力为导向的开放型共研管理效果

（一）建成开放型共研合作体系，自主创新能力大幅提升

通过构建完整、系统的以提升自主能力为导向的开放型合作管理体系，加大原理引进和共研合作力度，通过与国内外100余家高校、科研院所、企业合作，共有11国326位1000余人次知名学者加入共研工作中，快速提升了基础研究创新活力，二〇四所专利申请数年均增加10%以上，科研人员有效专利拥有量超3件/人，专利申请数、授权数位居集团公司首位，国防专利申请数、授权数位居国防单位前列。获得集团公司级、省部级/国防级奖数目年均增加超18%，多项高等级奖项有望冲击国家奖。高质量完成了各项基础和装备科研生产任务，全面推动科技引领，三年来出版《粉末火箭发动机原理》《新型含能材料：性能、燃烧及应用》《新型含能材料的开发新技术》等著作16部，高水平论文数年均增长率超16%，在国际一流期刊发表论文。

（二）科研核心能力得到增强，经济效益显著提升

通过项目合作，累计申请国家级、省部级各类人才荣誉、称号13项，获批人才经费1500余万元；实施了国际合作项目64项，获批专项经费2700余万元。各级资助及自筹交流合作专项经费年均增加21%，交流合作相关基础科研项目立项数年均增加26.8%，相关科研任务成果年均增长23.9%，完成相关装备定型数增加22.5%。加快了5个项目26个瓶颈关键的研发进程，已实现火炸药、动力、环保介质、在线检测等多个领域技术突破，搭建了具有自主知识产权的58套设备，如某型战斗部突破了多项国际瓶颈关键技术，研发周期由5～7年缩短至3年以内。环保介质项目成果新增57项国家发

明专利和 9 项国际专利申请，实现了放大化生产及推广应用，带来了 8000 余万元的技术转让收益。综合计算，直接经济效益增加 16.8%，整体效益增加 22.7%，已形成了良好的国际合作局面，显著提升了二〇四所的市场推广能力。与法国巴黎科学艺术人文大学在新一代环保制冷剂氢氟烯烃开展合作，设计出国内首台自动化汽液双循环法相平衡测量装置，突破了流体热力学性质的准确计算技术，获得了物性评价数据，正在国内进行推广，持续提升经济效益。

（三）共研合作管理获得认可，创新活力持续提高

科技部、集团公司对二〇四所开放型合作管理模式高度认可，对人才引进、技术积累、成果转化给予肯定，在国防建设、城市环境保护、刑侦破案、海关检测等领域发挥了重要作用，有力支撑了国防强国建设。从美国阿贡国家实验室引进海外高层次人才，在原子层沉积技术领域创建了国内首个火炸药原子层沉积实验室，搭建了自主知识产权的原子层沉积装置，形成了自主研发能力，完成了设备与技术的自主创新，被选入首届"大国工匠"创新交流大会，被央视重点推荐报道，该技术目前已成功转让至清华大学、浙江大学、中国航天科技集团、中国航天科工集团、中国兵器工业集团等十多家高校、科研院所及企业，社会效益持续提高。

（成果创造人：徐若千、魏　卫、蒋忠亮、邵颖惠、张俊林、谢　娟、
姜　振、安　亭、梁　勇、刘芳莉、李梦玮、李念念）

有色冶炼企业以创建世界一流专精特新企业为目标的战略管理

河南豫光金铅集团有限责任公司

河南豫光金铅集团有限责任公司（以下简称豫光集团）位于河南省济源市，始建于1957年。历经60余年，豫光集团已发展成为中国有色金属行业大型骨干企业、中国铅锌冶炼企业、中国大型白银生产企业。目前拥有控股和参股子公司60余家，员工6000余名。主要产品生产能力为铅60万吨、锌40万吨、铜15万吨、黄金20000千克、白银2000吨、硫酸130万吨。

一、有色冶炼企业以创建世界一流专精特新企业为目标的战略管理背景

（一）提升管理绩效，创建世界一流企业的需要

豫光集团作为地方国企，经过多年发展，已逐步成长为中国有色金属行业大型骨干企业，但仍存在基础技术创新不足、新动能接续能力不强、主责主业聚焦不够等问题，与世界一流水平相比还有不小差距。在新形势下，豫光集团加强专业突出、创新驱动、管理精益、特色明显的专精特新企业建设，实现竞争力、创新力、控制力、影响力和抗风险能力持续提高，才能夯实创建世界一流目标的基础。

（二）提升发展质量，实现传统制造业转型升级的需要

制造业是国民经济的主体，是立国之本、兴国之器、强国之基。推动"中国制造"向"中国智造"迈进的过程中，豫光集团亟须通过数字技术与制造技术深度融合实现传统制造业的数字化转型，实现内部高效精细管理、优化外部供应链的协同，推动整个产业链向数字化、智能化、高端化发展。

（三）提升竞争优势，破解同质化发展困局的需要

豫光集团进一步做大做强的成本明显高于国内同行，专业发展遭遇瓶颈、创新驱动面临卡点、精益管理存在短板、特色发展优势不足，成为豫光集团不得不应对的风险。坚持不懈推动产业升级，实施创新驱动，强化精益管理，发挥特色优势，走专精特新转型之路，是提升企业竞争优势，破解同质化发展困局，夯实长远发展基础的重要举措。

二、有色冶炼企业以创建世界一流专精特新企业为目标的战略管理主要做法

（一）明确战略目标，科学规划发展路径

1. 科学谋划，明确战略目标

豫光集团所在的铅、锌、铜行业已进入产业升级和结构调整的关键时期，以资源整合和技术进步为牵引的国内产业格局已发生战略性转变，以大集团为核心的更高级别的竞争新格局将形成，铅、锌、铜骨干企业生产规模将进入世界前列。谁能突破现有发展瓶颈，培育出新的发展优势，谁将具有国际竞争力，具备世界一流企业的发展潜质。为此，豫光集团秉承"愚公移山，产业报国"的核心理念，以企业愿景为指引，建立了科学务实的战略管理体系。

豫光集团通过深入分析宏观形势、政策形势、行业形势，准确把握公司实际，科学规划公司战略期间的发展思路、发展目标和工作重点，使规划更具科学性、系统性和操作性。通过对公司现状的分析与问题诊断，在均衡考虑机遇与挑战、相关方利益、主要竞争对手和标杆的预测绩效的基础上，确定了"做强有色主业，坚持循环经济，加快转型升级，完善产业链条"的战略布局和"上游抓资源，主业抓标杆，下游抓延链，外向抓贸易，周边抓多元"的工作思路，并确定以下发展目标：

一是主要经济目标。到2025年，公司实现营业收入1000亿元以上，利税25亿元，利润、利税、净资产收益率、成本费用利润率等盈利能力指标有较大幅度提高，企业自身造血能力和高质量发展水平显著提升，行业排头兵地位、省内龙头企业地位更加巩固。

二是循环经济发展目标。到 2025 年，实现铅锌铜产业协同发展，使铅锌铜熔炼过程中产生的固废有序流转，伴生的有价金属得到富集回收，循环经济产业链趋于完善，再生资源循环利用量提高到 40% 左右，做大做强循环圈。

三是科技创新目标。到 2025 年，企业研发机构更加完善，科技创新环境明显优化，各类创新资源科学合理配置并充分利用，自主创新能力进一步提升，新材料、新产品产值年均增长 20% 以上，科技成果转化率达到 90% 以上，科技投入占主营业务收入的比例达到 1.5%。

四是人力资源管理目标。到 2025 年，实现全员劳动生产率提高 30% 以上，具有中高级职称的研发人员占比达到 10%。以提高自动化水平为支撑，以业务流程再造为手段，以创标、阿米巴、班组标准化为抓手，力争"十四五"末员工总量基本持平，收入稳步增长。

五是智能制造目标。到 2025 年，建成集团统一的集成管控平台、稳定可靠的设备控制系统、高度自动化的过程控制系统、科学严谨的决策支持系统、协同协作的网络办公系统，智能制造水平持续提升，"数字豫光"初见成效。

2. 建立机制，保障战略实施

一是内外结合，确保规划的可行。豫光集团的战略规划涵盖战略层—规划层—计划层三个层面内容，战略层包括企业战略定位、目标、路径，规划层包括各专业规划的目标和任务，计划层将规划落实到年度目标、工作重点及具体措施。三个层面的规划内容需要有效整合内外部信息，以确保规划的可行性。在战略层，主要借助公司管理团队和行业智库力量，梳理国家产业政策和国内外发展动向；在规划层，各专业部门会同专业机构、高校、院所沟通技术层面发展现状；在计划层，各职能部门、生产单位会向供应商、渠道商、金融机构等了解具体操作层面信息。

二是上下联动，确保规划的执行。豫光集团的战略规划编制是一个自上而下、自下而上的双向交互过程。在执行层面，战略规划部门将各专项规划的阶段目标纳入责任单位的年度目标责任书中。豫光集团的目标责任管理体系是企业管控的重中之重，与配套的预算管理、目标责任书分解、考核规则等形成完整的"目标—手段—考核"链，将规划目标分解融入企业管控的主渠道，通过目标责任体系自上而下、逐级保证目标的实现，确保战略规划有效落地实施。

三是前后对比，确保规划的适行。豫光集团以战略规划为基础，战略规划部门每年会组织专项研究，研究主题涵盖产业宏观环境、产业资源条件、产业市场环境、行业竞争态势和豫光集团竞争力分析等，并对规划年度目标完成情况进行前后对比。根据实际情况滚动调整规划内容，以保证规划更加符合当地的产业投资发展要求和行业发展趋势，同国家、行业、地方规划要求无缝对接，使企业战略规划内容更具现实意义和可操作性。

（二）坚持循环经济特色，努力做到"铅、锌、铜"降碳和全资源综合利用

1. 发展"铅、锌、铜"循环经济，降碳减碳

豫光集团持续推动铅、锌、铜协同发展，使铅、锌、铜熔炼过程中产生的危险废物规范化流转，进入富集回收流程，循环于各产业链之间，作为产品、原料互补互足，实现主业循环低碳转型和低碳辅业生态循环。

在铅产业循环圈方面，完善"废旧铅酸蓄电池自动分离—底吹熔炼再生铅"工艺，优化铅产业链"原生＋再生"的循环经济模式，实现资源高效利用，促进铅工业"生产—消费—再生"的循环发展。

在锌产业循环圈方面，强化工艺提升和精细化操作，通过锌冶炼系统对锌精矿、铅系统产生的氧化锌、浸出渣经过回转炉产出的氧化锌进行充分冶炼，在各金属回收工序持续开展生产工艺研究，优化资源利用模式，进一步提升锌系统铅、铜、银、铟、镉、钴、硒、汞等多金属的回收能力，做大做

强循环圈。

在铜产业循环圈方面，利用底吹熔池熔炼的优势，在铜冶炼底吹熔炼炉内，充分利用硫的发热量，将含铜渣料搭配金精矿、铜精矿进行生产，打造二次资源与原生资源相结合的连续炼铜新工艺。

2. 实现全资源综合利用，变废为宝

豫光集团持续提升技术和装备水平，抓住铅、锌、铜在原料中的伴生性，在铅、锌、铜联合生产的基础上，加大技术创新力度和产业集群建设，确保废渣循环利用率达到100%，真正做到对物料的吃干榨净。

（三）坚持科技引领，加快推进"原创、中试、产业化、推广、提升"五链深度融合

1. 持续投入，提升原创技术攻关能力

豫光集团找准制约行业和公司发展的关键技术瓶颈，组织课题攻关。持续开展冶炼基础理论、双底吹资源高效综合利用、固废资源综合利用等关键技术研究，扎实推进新能源、新材料、高纯金属、复杂多金属矿投用冶炼技术、锶锰等三稀金属综合回收、冶炼装备智能化等核心技术攻关。如研发"铅电解大极板全自动成套机组""成套剥锌装备"等具有较大领先优势的工艺技术和装备，正在申报或已通过河南省首台（套）重大技术装备认定。开发的新型铅铋合金、锌铝镁合金等具有高附加值的差异化产品一经投入市场，就赢得了市场空间。

2. 产研结合，加速中试基地成果转化

中试基地是中间试验的承接场所，是基础研究的延续和扩大，是新技术或新产品开发的必经之路。豫光集团依托绿色有色冶金与新材料中试基地项目，加快铜熔炼渣有价金属全组分回收、新型高效火法炼锌技术、侧吹技术处理典型危废等一批科研成果的产业化进程。如利用中试基地的立式氧压釜开展的黑铜泥处理的中试，利用卧式氧压釜开展的砷滤饼处理的中试，均已完成工艺运行参数的摸索，初步确定了较高回收率的工艺操作条件，为下步产业化奠定了基础。

3. 延链强链，推进新能源材料产业化

豫光集团持续深耕并前瞻布局新能源材料的高成长性赛道。充分利用铜系统生产过程中富集的镍，锌系统生产过程中富集的钴、锰等进行深加工，积极与国内相关机构开展交流合作，开发三元前驱体共沉淀法的制备技术，稳定生产工艺，打造三元前驱体材料新市场。如在实验室研究、中试应用的基础上，铅系统开展以锑白为原料合成光伏用焦锑酸钠产品的产业化应用，铜系统开展综合回收产出的粗硫酸镍到电池级硫酸镍制备的产业化应用，锌系统开展综合回收产出的钴精矿到电池级硫酸钴制备的产业化应用，部分产品已投入市场，进一步延伸补充了产业链。

4. 紧贴市场，推动新装备的行业应用

改变思维和认识，以高端成套装备的研发及产业化为基础，加强市场开发，推动"废铅酸电池拆解设备""铅电解大极板全自动成套机组""成套剥锌装备"等自主开发高端成套设备的行业应用。针对俄罗斯等国外客户需求，推动设计院、冶金机械公司、炉业公司等子公司联合出海，进行以设备销售、总包施工为主的施工总承包，提高成套设备产品的销售毛利率和市场占有率。

5. 集思广益，推进技术装备迭代升级

鼓励基层创新，持续开展创新工作室活动，加强创新工作交流，围绕设备改造、工艺提升、技术创新、环保创新等方面，进行优化和创新，充分发挥创新工作室、工匠工作室的创造力和引领性，不断推进技术装备的迭代升级。如通过创新工作室的"揭榜"攻关，铅系统侧吹炉突破液硫动力波循环液冷却降温、铅口收尘等提产瓶颈，粗铅产量提升15.6%。铜系统突破无预转化高气浓制酸、除铜渣低温熔炼等新工艺，矿产铜产量提升10.6%。锌系统通过实施整流器、锌电积冷却塔改造，实现夏季析出锌每天增产7.2%。

（四）坚持价值导向，充分激发员工内生动力和创新活力

1. 开展标杆创建，挖掘员工工作潜力

豫光集团建立以"立标杆、追标杆、创标杆"为核心的三位一体创标管理体系。通过创标、创效、增收的有机联动，使员工在完成岗位创标目标的同时可充分实现个人价值，从而激发员工自主管理、主动创标的内生动力。

一是立标杆，推动最优指标与最佳效益相融合。在制定创标目标时，注重影响企业发展质量和经济效益的关键可比指标的设置。在回收率、渣指标、能耗指标等技术指标的设置上，统筹考虑局部与全局、近期与长期、内部与外部的关系，力求综合效益最大化。横向对比，向行业领先看齐，通过对比分析，分别选取各对标企业在某个优势领域的领先指标作为相应领域的一流标准，确保标杆具有科学性、代表性和先进性。纵向对比，向历史最优看齐，始终关注更优方法、更优流程、更优模式，以历史最优指标作为标杆，通过创新改进实现新的提升。

二是追标杆，推动跟踪指导与管理升级相融合。标杆创建工作参与单位多，涉及范围广，时间跨度长，为加强组织领导工作，成立以总经理为组长，各二级机构负责人为成员的"标杆创建领导小组"，负责方案制订、目标分解、跟踪指导、过程考核、经验推广等工作；各职能部门按照职责分工，细化工作方案，抓好分管领域的措施落实和指标提升；各子公司、生产厂成立专门小组，进一步细化任务、建立台账、责任到人，做到不漏指标、不缺项目、全面覆盖。

三是创标杆，推动持续改进与有效激励相融合。秉承"创标就是创效，创效才能增收"的工作理念，把员工收入增长通过"创效"这关键一环与指标提升进行联动。工资分配向减员增效有突破、产量指标有提高、节能降耗有进步、技改革新有实绩、管理机制有创新的创标先进单位倾斜，并制定《标杆创建活动评选表彰办法》，对标杆生产厂、创标单项冠军、标杆工段、创标先进个人等进行表彰。2022 年焙烧炉炉窑寿命、精铟直收率、析出铅直流电耗等指标创行业标杆，公司发放奖励超过300 万元，充分调动了全体员工创标、创效、增收的积极性。

2. 实施阿米巴经营，激发员工工作动力

豫光集团探索建立了一套符合企业实际，具有豫光特色，适合企业当前经营和管理现状，面向企业未来发展的阿米巴经营管理系统。

坚持"模拟市场，因地制宜，全面展开，逐步完善"的基本思路，针对原料采购、生产制造、产品销售等环节逐级设计阿米巴，定期核算利润，超额完成利润目标的，按超额部分的 5% ～ 15% 提取阿米巴超额利润奖。生产单位实行一厂一策，按照投入产出法建立阿米巴利润核算表，用金额而不是简单用产量、消耗等数量标准来呈现各阿米巴的目标和成果。各级阿米巴通过对经营会计报表的统计分析，清楚明白地掌握销售、生产、经费、时间等经营数字后面暴露出来的经营问题，从而主动应对，调整生产策略，促进管理工作的持续提升。

为有效促进重点创效岗位核心人员为企业创造更多增量价值，阿米巴超额利润奖向单位负责人、管理、技术、经营骨干适当倾斜。一级阿米巴负责人（厂长）的利润奖不超过本单位一线员工平均利润奖的 6 倍，二级阿米巴负责人（工段长）的利润奖不超过所属一线员工平均利润奖的 3 倍，三级阿米巴负责人（班组长）的利润奖不超过所属员工平均利润奖的 1.5 倍，形成了激励机制有效发挥作用的良性循环。

3. 实施班组标准化，提升员工工作能力

豫光集团紧紧围绕公司战略发展目标，立足新时代新发展新要求，以提升员工综合素质、实现生产力革新为重点，深入开展班组标准化建设。

一是服务大局，明确目标任务。班组建设的最高目标是实现班组全员自主管理。豫光集团班组标准化建设工作以"班组管理流程化、岗位作业标准化、人员职责明晰化、业绩考核透明化"为总目标，以创建"标准制定好、员工执行好、监督考核好、工作业绩好"的"四好"班组为抓手，围绕理流程、定目标、强监督、促规范的建设思路，通过完善标准、强化考核、过程监督、年终验收的方式，保障班组标准化建设工作扎实推进，为提升员工自主管理能力打下坚实基础。

二是着眼长远，完善实施路径。遵循四项基本原则：一是遵循"管理下沉到班组"原则，促进班组管理和标准化建设深度融合，确保班组标准化在基层落地生根；二是遵循"责任落实到班组"原则，全面落实班组的管理责任，强化授权与赋能，激发员工自主管理效能；三是遵循"红线管控到岗位"原则，安全、环保、质量三条红线关口前移到工作岗位，确保风险辨识与管控落实在岗位；四是遵循"人才培养到员工"原则，编制岗位技能清单，细化岗位操作标准，实现人才培养的精准化和可复制性。

三是立足岗位，激发班组动能。坚持有工作必有流程。班组工作流程的梳理以提高班组绩效为目的，通过精细化管理提高受控程度，通过持续优化提高工作效率，通过快速复制使隐性知识显性化。坚持有操作必有标准，在完善操作标准的过程中，充分发掘员工优秀操作习惯，固化形成操作标准，员工只要按照标准操作，就能实现最佳效果。如铅电解除铜工序通过评估员工操作习惯，确定了一次搅拌捞渣温度 380～400℃，二次降温温度 300～310℃，捞渣标准定为镜面等操作标准，班中人员按照标准进行操作后，成效显著，阳极板含铜指标降至 0.016%，阳极泥含铜指标稳定在 1.0% 以下，均创历史最好水平。

（五）坚持数字赋能，打造行业领先的"5G+智能制造工厂"

1. 搭建可视化大数据平台

利用新一代信息技术对传统产业进行全方位、全链条、全周期的数字化、网络化、智能化改造，围绕生产管理、供应链管理、安环管理、辅助决策等六个方面建设信息化系统，构建大数据平台，推动生产、经营业务场景数字化重塑，为科学决策和调度提供有力支撑。如利用大数据平台对各个业务系统的 ETL 抽取，以及边缘层对现场数据采集，实现生产报表的数字化，节省了大量的人力、物力，提高工作效率约 30%，为生产数据形成数字化资产起到了重要作用。实现边缘采集、数据治理平台数据融会贯通后，形成的领导驾驶舱、经营分析、生产分析看板等，为管理者有效决策提供了有力数据支撑。

2. 实现数据精准集成应用

以大数据平台为基础，构建多业务数据中心管理体系，实现设备管理中心、能源管理中心、财务共享中心、人力资源数据中心等多应用系统的数据集成化管理。如设备管理中心以实现设备全生命周期管理为目标，通过制定标准作业流程，优化设备三级点巡检、缺陷管理、预防性维护、周期管理等，构建了全天候在线云诊断、状态监测和预测性预警服务。能源管理中心可监控和分析公司能源生产、消费、使用的全过程，并提供优化策略和优化方案，协助公司改善用能方式、提高用能效率、减少能源消耗，实现能源数据的精准集成应用。

3. 打造豫光特色智能工厂

在普遍应用 PLC（Programmable Logic Controller，可编程逻辑控制器）、DCS、SCADA（Supervisory Control and Data Acquisition，数据采集与监视控制）等系统的基础上，在铸造、电解、打包、计量等生产关键工序，部署和应用产线智能机器人、无人智能天车、AI 智能视频识别、自动打包机、自动码垛机、无人值守产线等装备，实现关键工序数控化率的行业领先。如通过 AI 智能识别无人值守的门禁系统、称重系统等，实现大宗物料入厂、采样、检斤、质检、入库、结算的全流程电子化、信息化，主要产品的销售业务实现收款、发货、计量、出厂、审核等的全过程电子化，提高产、供、销协同工作效率，单流程业务效率提升达到 60%。

4.构建 5G 专网智慧园区

在行业率先建立高水平 5G 专网智慧园区，实施 5G 专网建设和场景应用项目。部署实施"5G+机器视觉的电解槽红外测温系统""5G+生产数据可视化点检移动应用""5G+设备管理及预测性维护应用"等场景。利用 5G 网络、大数据、云计算、人工智能、工业互联网等新型技术，打造了河南省首个有色金属冶炼行业领先的"5G+智能制造工厂"。如电解槽极板间短路是有色冶炼行业常见故障，严重影响电解效率和冶炼金属的品级率，传统的生产监控办法都是现场采用人工巡视。豫光集团开发应用"5G+机器视觉的电解槽红外测温系统"，采用红外热像仪扫描、图像识别的方式，自动巡测判断短路极板和区域，精确定位短路电解槽的位置，通过报警功能及时提醒工作人员进行故障处理，解决行业难题的同时，提高了企业核心竞争力。

三、有色冶炼企业以创建世界一流专精特新企业为目标的战略管理效果

（一）创建世界一流工作取得积极成效

豫光集团循环经济提质发展，再生铅、再生锌、再生铜等再生资源基地建设成效明显，锰、钴、锂等小金属回收取得积极进展，资源综合利用水平进一步提升，高质量发展能力全面提升。2023 年 2 月 28 日，成功入选国务院国资委发布的"创建世界一流示范企业和专精特新示范企业"名单，成为国家首批 200 家入选企业之一，河南省 2 家入选企业之一。

（二）企业管理绩效和经济效益显著提升

豫光集团较好实现销售利润最大化、成本费用最小化，企业经营质量得到较大改善。企业发展更具韧性，保产、保供、保销能力不断提升，生产经营更趋稳健，发展基础更加牢固，驾驭复杂局面的能力不断提升。员工收入水平与企业发展同步提升，员工收入较"十三五"末增长达 15%。

（三）企业核心竞争力明显增强

豫光集团 2022 年实施技术创新项目 149 项，申报专利 31 项，主持和参与"国家重点研发计划"3 项，主持起草和参与修订国家、行业、地方标准 8 项。员工积极参与企业管理，提出合理化建议和技术创新 519 条，较"十三五"末增长达 7.6%。豫光集团铅冶炼板块、锌冶炼板块入选重点用能行业能效"领跑者"企业。

（成果创造人：孙兴雷、王有臣、杨安国、任文艺、张安邦、李飞燕）

铁路装备企业以世界一流为目标的战略实施体系构建

国能铁路装备有限责任公司

国能铁路装备有限责任公司（以下简称国能铁路装备公司）是中国铁路装备行业的领军企业。国能铁路装备公司是国家能源投资集团有限责任公司（以下简称国家能源集团）的全资子公司。作为国家能源集团产运销一体化运营的重要组成部分，主要承担国家能源集团机车货车的维修保障、设备租赁及铁路线路的维修养护工作等业务。截至 2022 年年底，国能铁路装备公司管理铁路自备货车 56049 辆、大型养路机械 89 台、物料运输车 16 台、轨道车 17 台、铁路客车及货车型附属车辆 126 辆，业务范围覆盖 2408 公里集团铁路，资产规模超过 233 亿元，职工总数 3290 人。近年来，国能铁路装备公司通过引进技术、联合开发和自主研发，积累了一批自有技术和核心技术，具备了自主创新能力，形成了重载铁路货车智能运维"状态修"，25 吨轴重智慧环保煤炭漏斗车，重载长大列车无线控制 ECP 技术，大型养路机械智能清筛、捣固、配砟、稳定作业技术，交通运输部"驮背运输铁路专用车辆技术"等多项技术、多种产品配套的格局，业务范围遍布集团内外、全国各铁路局、工程局及地方铁路。

一、铁路装备企业以世界一流为目标的战略实施体系构建背景

（一）落实建设世界一流企业的内在要求

加快建设世界一流企业，是以习近平同志为核心的党中央统筹中华民族伟大复兴战略全局和世界百年未有之大变局，着眼于党和国家事业发展需要而做出的重大决策。国能铁路装备公司积极落实国务院国资委对标世界一流管理提升的部署，将对标世界一流要求作为提升核心竞争力的重要抓手落实到"十四五"规划，将其作为新时期加强管理体系和管理能力建设的重要保障。

（二）顺应"以一流企业建设领航企业"发展的必然选择

国家能源集团将世界一流示范企业创建融入企业发展战略，确立了"一个目标、三型五化、七个一流"的发展战略，明确了国家能源集团新时代的治企哲学、治企理念、治企目标和要求。国能铁路装备公司作为国家能源集团产运销一体化运营的重要组成部分，肩负"固本强基、创新发展"两大企业使命，在集团一体化运营中担当关键角色，是集团铁路运输体系的主要组成部分。除了为集团的煤炭运输提供货车车辆和从事铁路机械化养护，公司还率先提出了多式联运等铁路物流业务。随着市场经济和物流产业的快速发展，铁路物流运输产业在集团产业结构调整中的地位日益突出。在顺应落实国家能源集团总体发展战略的过程中，国能铁路装备公司建设成为引领行业的智慧铁路装备企业就成为护航国家能源集团以一流企业建设领航企业发展的必然选择。

（三）开启高质量发展新征程的必要之举

重组后，国能铁路装备公司明确了"十四五"计划期间的"1256"发展战略，然而，国能铁路装备公司仍然面临一些现实问题。第一，组织结构在业务和财务协同保障方面存在不足；第二，制度体系相对独立，存在"横向衔接"和"纵向匹配"的问题；第三，年度计划的承接与计划预算之间的匹配度不高；第四，在执行过程中缺乏有效的纠偏措施；最后，考核的有效性较低，难以激发员工的积极性。因此，对标国际一流管理标准，提升公司的战略引领能力，强化战略执行，是开启国能铁路装备公司新征程的必要之举。

二、铁路装备企业以世界一流为目标的战略实施体系构建主要做法

（一）理念先导，确立战略管理体系建设思路

1. 确立指导思想

以习近平新时代中国特色社会主义思想为指导思想，以响应国务院国资委和国家能源集团对提升行动的要求为使命，国能铁路装备公司以其"1256"发展战略和"2035"远景目标为指引，以世界一流战略实施体系为标准，着眼于提升核心竞争力。始终坚守问题导向，根据国能铁路装备公司的实际情况，聚焦于组织协同、机制构建、流程优化和决策支撑等方面优化。同时，积极借鉴国际一流企业在战略实施方面的经验，结合国能铁路装备公司的实际情况，形成了适用于国能铁路装备公司的战略实施方法论，以指导公司全体员工的日常工作，以最大程度实现协同效应，为国能铁路装备公司的目标，即成为引领行业的智能铁路装备企业，提供坚实的支持和保障。

2. 坚持基本原则

一是坚持顶层设计原则。高度重视并统筹协顶层设计是国能铁路装备公司开展以世界一流为目标的战略实施体系建设，以国家能源集团建设具有全球竞争力的世界一流能源集团为引领，统筹开展顶层设计，精准发力，分步推进，持续提升。二是坚持问题导向原则。聚焦国能铁路装备公司战略实施过程中所面临的挑战，如战略实施保障性不足、组织协同性不高、缺乏科学决策依据等问题，着力提升国能铁路装备公司的管理水平，使其明显提高，达到或接近一流水平。三是坚持融合创新原则。工具融合是以世界一流为目标的战略实施体系建设中一项至关重要的策略。通过工具融合，实现管理模型的标准化和模型化，从而提高管理的科学性和有效性，为国能铁路装备公司的持续发展和创新提供有力支持和保障。四是坚持精益管理原则。将精益管理理念纳入战略管理体系，通过对标工具的应用，对内部各项经营活动进行对标比较，找出改进和优化的潜力。通过持续的精益管理实践，国能铁路装备公司不断优化管理流程，提高效率和质量，从而提升整体绩效和竞争力。

3. 明确总体目标

将"战略驱动"理念有机融入国能铁路装备公司的管理体系，以保障"十四五"战略规划和"2035远景目标"的实现为导向，以组织机制协同为保障，依托科学决策工具和工作机制创新应用，建立一套适配度高、指导性强的战略实施体系。通过战略解码、目标分解、执行监督、绩效管理、持续改善等流程，加强决策支撑能力；通过创新融合管理工具，提升战略管理的科学性、系统性和可操作性；通过责任落实到员工，实现战略实施全员参与，加强组织凝聚力，推动组织高效协同，提升国能铁路装备公司"合力"效应。

（二）权责明确，推进国能铁路装备公司组织协同

1. 完善公司治理

以世界一流为目标的战略实施体系涉及横向部门间的沟通协调和纵向与分公司的沟通，为提高整体效率和协同效果，国能铁路装备公司整合原有计划管理、预算管理、绩效管理等组织体系，成立一体化工作机构，以简化组织结构、减少内耗，在提高整体活力的同时，确保业财协同。一体化工作机构由决策机构、工作机构和成员企业构成，包含一体化机构领导小组和办公室。一体化机构领导小组是国能铁路装备公司开展战略实施工作的专门机构，实行会议制度，主要负责研究部署、指导协调国能铁路装备公司战略实施体系建设和管理工作、研究审查年度综合战略实施体系工作方案、研究解决战略实施体系重大事项，按照"三重一大"管理要求履行报批并负责组织落实。办公室主要负责战略实施体系相关方案的制定工作以及执行与评价工作。

2. 推进制度设计

为确保战略实施体系的有效落实，国能铁路装备公司采取整合优化的方式，形成了以战略实施为

引领的"1+3+N"制度体系。"1"代表母制度——《计划—预算—绩效战略实施体系管理办法》，明确了管理目的、原则、组织机构、职责和管理流程等；"3"代表三个子制度——《综合计划管理办法》《全面预算管理办法》和《绩效管理办法》；"N"是对子制度的进一步细化和完善。通过以世界一流为目标的战略实施体系建设，国能铁路装备公司的相关管理制度从最初的5个扩充至12个，实现了制度间的"横向衔接、纵向匹配"状态。此外，国能铁路装备公司还建立了定期进行适用性调整的机制，通过持续的回顾、修订、培训和检查等工作，对制度进行细化和调整，以适应外部环境和内部管理要求的变化。

（三）战略立基，年度综合计划支撑决策平衡科学

1. 计划项目优先级评价

项目优先级评价模型基于"战略导向、提质增效、安全生产"等要素的指标选取原则，设计项目优先级评价的准入指标和排序指标。准入指标主要包括战略符合性和可研批复等要素，用于筛选符合公司战略且具备可行性的项目；排序指标则涵盖战略性、经济性和决策机构意见等要素，结合项目能力评估分数，对项目进行优先级排序，以此为基础确定计划项目的必保、优选和可选程度。

2. 分公司战略保障能力

分公司战略保障能力采用定量评估方法，旨在判断分公司是否具备足够的能力来保障计划的顺利实施。评估方法采用综合评分，评分体系由降本增效能力、计划执行保障能力、安全运行能力、盈利能力四部分组成。在评估分公司管理能力时，可根据分公司实际情况，依据该评估指标体系评出分公司管理能力得分，评价结果帮助国能铁路装备公司计划归口管理部分实现分级、分类管理，并影响计划的平衡结果。

3. 形成年度综合计划

一是采用项目优先级评价模型，对各候选项目进行排序，以确定其在综合计划中的优先级别，综合考虑战略导向、提质增效、安全生产等要素，运用准入指标和排序指标对项目进行全面评估，筛选出优先级别高的项目，以确保综合计划与公司战略目标的紧密契合。二是运用分公司管理能力评估模型，对各分公司进行排序，以评估其管理能力。采用定量评估方法，通过综合评分体系，考虑保障能力和实施经验两方面因素来进行全面评估。三是将项目优先级评价模型与分公司管理能力评估模型的评估结果相结合，进行综合平衡，制订下一年的综合计划。在综合平衡的过程中，优先考虑项目优先级别高的项目与管理能力较强的分公司，以支撑以世界一流为目标的战略实施体系的有效落实。

（四）资源保障，预算融入管理明确战略实施路径

1. 强化关键要素，对标提升

国能铁路装备公司走争创世界一流的道路，不断强化关键要素的对标提升，将主要预算指标嵌入公司的管理体系，通过与先进企业、标杆企业以及内部对标，制订具有挑战性和可实现性的预算目标，并采取具体的提升措施，推动国能铁路装备公司实现进位赶超，不断向世界一流水平迈进。国能铁路装备公司不仅关注财务指标的提升，更注重整体竞争力的提升，包括经营效率、安全生产、服务水平、技术创新等方面。

2. 优化标准成本，精细管理

一是通过"拧螺丝"的方式，国能铁路装备公司精细分配成本要素，进一步压紧压实经营责任，落实过程管控目标。以生产费用和期间费用为突破口，优化主要产业板块的标准成本管理，采取生产流程改进、技术创新等措施，压缩可控费用，实现降本增效。二是以标准成本为目标，对超标单位制订达标计划和保障措施，促进成本费用不断改进。三是优化期间费用的有效管控对策，确保期间费用增幅不超过收入增幅，控制可控管理费用同口径不增长。

3. 推动预算指标，逐级分解

国能铁路装备公司通过逐层分解法，将指标分解到每个员工，实现责任的层层穿透和落实到人。为实现"全员预算"，国能铁路装备公司将人、财、物等各方面内容纳入全面预算管理体系，形成了"从上而下"逐级分解、"从下而上"逐级承诺的全面预算责任体系，并签订岗位责任书，确保每个员工都有明确的指标和绩效，从而保障整体目标的实现。

（五）刚性执行，完善年度经营计划执行过程管理

1. 围绕偏差分析定期评估

国能铁路装备公司通过围绕偏差分析定期评估的工作机制，及时发现问题，定期组织和召开双周、月度、季度等经营分析会，对经营结果、差距、风险和机遇进行综合分析，调整策略、行动和资源配置，从而将年度经营目标转化为实际成果。围绕偏差分析定期评估主要以经营分析会形式开展，通过滚动预测，实行动态监控，找出目标差距、执行差距并预测变动，提升战略实施的把控能力，加强风险的应对能力。

2. 建立计划执行预警机制

国能铁路装备公司建立了计划执行预警机制，对风险偏差进行及时预警，实现分类管理。计划归口管理部门定期监控计划完成率等预警指标，查找风险动因，并制定降低风险的相关方案。专业归口管理部门定期对分公司的风险预警指标进行统计和分析。一旦发现相关指标达到风险预警标准，立即进行预警，并采取相应的应对措施。根据偏差程度，风险预警分为两个等级：对于Ⅱ级预警，国能铁路装备公司及时与分公司沟通，了解具体的风险情况，并要求分公司采取有效的风险管控措施以降低指标水平；对于Ⅰ级预警，国能铁路装备公司要求分公司及时上报重大风险情况的报告，同时加强对分公司计划的监控。对于发生重大风险事故的分公司，国能铁路装备公司会进行通报批评，并将其影响纳入单位的考核结果中。通过这种分类管理的方式，国能铁路装备公司能够更好地监控和应对风险，确保计划有效执行。

3. 建立成本管控责任机制

国能铁路装备公司建立"管业务必须管成本"的责任机制，将年度预算分解为各科目，实现了从制造费用到部门、项目、责任人的落实，以及从材料成本到修程、车型、班组的层级化管理。一是设定成本管控的"警戒线"，加强计划管理，细化项目不同阶段和关键节点的管控措施，严格控制采购限价，遏制无计划、超计划以及临时计划的采购行为，以精确的计划执行确保成本的准确掌控。二是采用材料成本定额管理，建立材料消耗定额异常预警和联合分析机制，通过深入分析工艺变化和现场管理等方面的成本驱动因素，防范成本的漏洞和异常。三是合理设定现场周转配件定额，定期清查盘点现场周转配件数量，避免车间班组内部物料交叉的弹性调整，提高成本管控的准确性和精准性。

（六）指标量化，完善计划执行考核的评价与应用

1. 优化计划执行考核指标体系

在计划执行考核过程中，国能铁路装备公司引入计划完成率和项目执行偏差作为考核的核心指标，以材料成本和制造费用的考核评价作为降本增效的补充。计划完成率反映了分公司计划实际执行与计划目标之间的偏差程度，而项目执行偏差则衡量了实际项目执行与计划之间的差异情况。通过引入这些核心指标，全面地评估分公司的计划执行情况，从而提升考核评价的管理效果。

2. 深化计划执行考核结果应用

一是激励机制优化，将计划执行考核结果与员工的绩效考核和薪酬激励挂钩，激励员工更加积极地参与计划执行，推动目标的实现；二是决策支持，基于计划执行考核结果，提供有关决策的数据支持和建议，帮助领导层做出更明智的决策，优化资源配置，调整战略规划；三是风险管理，通过分析

计划执行考核结果中的偏差和风险，及时发现问题并采取措施进行风险管理，降低项目执行风险，确保计划顺利实施；四是过程改进，通过对计划执行考核结果的分析，找出执行过程中的问题和瓶颈，并进行改进措施的制定和实施，提高执行效率和质量；五是业绩评估，将计划执行考核结果作为国能铁路装备公司整体业绩评估的重要依据，从而全面评估公司的综合表现，对国能铁路装备公司整体发展进行指导和管理；六是业务优化，根据计划执行考核结果，优化业务流程和管理体系，提升装备公司的组织能力和执行能力。

（七）激励引导，优化考核机制，促进组织协同凝聚

国能铁路装备公司本着目标导向与行为管理相融合、积极激励与制约约束相促进的原则，不断完善考核评价机制，以促进集体协作和潜力开发，降本提效。在材料成本考核评价方面，制定现场周转配件定额、车型关键部件消耗定额、高低库储超限次数、一退一领等关键控制指标，结合"检修成本数据分析系统"，对成本核算及定额履行进行控制与评价，以实现全方位的材料成本控制。在制造费用考核评价方面，引入项目制管理，设定月度滚动预算控制、综合计划执行情况、采购计划准确率、合同签订时效等关键业务指标，以监控和考核制造费用的预算、计划和采购等关键环节，确保多方面的控制举措得到有效落实。国能铁路装备公司不断优化考核评价机制，凝聚协同合作力量，营造良好的氛围，推动整体发展和潜力释放。

（八）工具辅助，增强战略实施体系相应配套保障

1. 标准化表单工具保障流程标准化

在计划管理的全生命周期中，采用标准化表单推动流程标准化，提高工作效率。这些标准化表单在计划的各个阶段，如编制、分析和考核阶段，被用于收集相关信息，来确保国能铁路装备公司的计划管理过程合理、有序、可控且有效。通过采用可视化的表单形式，助力内部沟通交流和数据管理；通过建立适用于不同场景的标准化表单工具，更高效地进行综合计划管理。

2. 内部建标创标保障先进经验推广

为推动内部建标创标活动，国能铁路装备公司详细总结计划管理、精益管理和预算管控能力出众的分公司，并提炼出值得借鉴的先进做法进行宣传和推广。一是重点关注计划管理、精益管理和风险管控方面的亮点，涉及计划编制、执行和监控、精益生产、资源优化利用和效率提升、风险预警、应急响应和危机处理等多方面。二是鼓励各分公司在探索中寻找适应自身生产特点的精益管理模式，有针对性地发展适合自身情况的精益管理策略。为了实现降本增效的目标，国能铁路装备公司提供支持和"容错"空间，鼓励各分公司在精益管理方面进行实践。

3. 文化宣贯保障全员提升战略意识

为加强全员战略执行文化的宣传，国能铁路装备公司将战略实施体系的理念宣传和培训作为企业文化宣贯的重要内容，多渠道丰富战略体系传播的媒介，以加强战略理念和相关管理制度的学习宣传。一是通过指导手册、月报、定期培训等方式，确保相关的管理理念、要求和工具能够落实到全员的实际工作中。二是新员工培训时针对企业和岗位进行有侧重点的培训。三是在日常工作中，鼓励管理者和员工分享经验、做法和未来改进建议等。

4. 数字平台保障计划执行有序高效

国能铁路装备公司针对现有的计划统计分析系统，进行信息化平台功能强化建设，以提升计划分析和跟踪能力，实现计划监督、跟踪和统计等功能。通过信息化系统的支撑，完善公司数据资产并应用数据，加强对公司计划项目的经济活动分析，提高计划决策和管理的信息化和智能化水平。构建覆盖全公司各分公司和各部门的计划管理系统网络，使公司的计划管理与信息系统有机结合，通过信息化手段，在计划形成、下达、执行和管控等全过程中提高风险管理能力和管理效率，推动公司计划

的有序执行，实现战略目标。一是加强财务管理与业务管理的融合和衔接，提升专项计划与财务预算的协同性。优化财务科目与计划项目金额核算的口径，以节省编制时间和沟通成本，提高计划编制的可行性。二是拓展综合计划管理的范围和深度。通过数据的提取和分析，及时掌握计划项目的执行情况，并有效利用分析结果。

三、铁路装备企业以世界一流为目标的战略实施体系构建效果

（一）协同效果提升，战略管理连贯一致

通过建设以世界一流为目标的战略实施体系，国能铁路装备公司打破了原有的组织边界，全员参与赋能战略管理，成功地将新的管理理念融入其独特的业务特点和管理需求中，实现了全体组织的协同一致。遵循"战略决定组织和流程"的原则，国能铁路装备公司的战略不再仅仅是高层层面的决策，而是每位员工日常工作的指导方针，共同实现全员参与的共同目标。同时，在不同管理职能之间加强了协同衔接，确保了整个管理体系的内在连贯性，推动了持续发展。

（二）经济效益初显，降本增效效果显著

国能铁路装备公司在2022年高质量地完成了全年的生产经营指标，并以卓越的成绩实现了集团A级企业目标。营业收入同比增加2.7%，利润总额同比增长10.9%，净利润同比增加32.8%。同时，国能铁路装备公司的年度综合计划水平也在逐步提升。2022年的综合计划完成率超过98%，这表明公司的计划制订和执行能力得到了有效提升。此外，全年未出现计划外项目，这体现出计划管理的严谨性和一致性。

（三）社会效益彰显，注入持续发展动力

在加快建设交通强国的背景下，国能铁路装备公司积极践行新的发展理念，将制造业高端化、智能化、绿色化发展转型管理要求融入战略实施体系，为大型铁路装备企业提供了示范效应。在高端制造方面，通过推进移动互联等新技术在新一代铁路智能装备上的应用，配套研发智能监测技术、关键装备再制造等新技术，取得突破；在智能化方面，大力推进多式联运示范工程实施，初步形成"西北地区—京津冀区域"智慧物流新通道，智慧物流多式联运平台搭建完成；在绿色化方面，通过设备技改、检修整治、多维度节能降碳管理、运行优化等措施，减少对传统化石能源的消耗，进一步提高煤炭清洁高效利用水平。

（成果创造人：惠舒清、傅瑞珉、徐人弟、王　军、李权福、黄冬晓、杨二斌、李志鹏、王利波）

大型能源央企以"双提升"为核心的海外投资法人治理体系建设与管理

中油勘探开发有限公司

中油勘探开发有限公司（以下简称中油勘探）是中国石油天然气股份有限公司（以下简称中国石油）负责海外油气投资与经营作业的投资平台，目前在全球 30 个国家运营管理着 85 个项目，建成了中亚—俄罗斯、中东、非洲、美洲和亚太 5 个海外油气合作区，构筑了横跨我国西北、东北、西南和东部海上的"四大油气运输通道"，形成了以油气勘探开发为核心，集管道运营、炼油化工、油品销售于一体的完整油气产业链。

一、大型能源央企以"双提升"为核心的海外投资法人治理体系建设与管理背景

海外投资业务是中国石油开展国际化经营、落实国际化战略的主战场，中油勘探更是中国石油开展国际化经营的先锋队和主力军。跨国油气合作必须按照国际规则开展。法律协议是海外油气合作的基石和准则，是合作各方责权利划分的依据和准绳。国际石油投资合同是开展跨国油气合作的核心，是合作各方约定权利利益的纲领性文件，对矿产资源的所有权经营权以及投资收益的约定不同，基于不同石油合同的合作方式、治理架构和决策机制也不尽相同。中国石油的海外油气业务呈现合同模式多元化、持股比例多种化、管控模式多样化的特点，治理幅度大，治理难度高。同时伴随全球油气供应格局以及结构性权力的变化，中油勘探亟需建设以提升效率和效益为目标的海外投资业务法人治理体系，为实现企业"走出去"可持续发展提供制度和机制保障。

二、大型能源央企以"双提升"为核心的海外投资法人治理体系建设与管理主要做法

（一）基于海外油气合作特点，确定海外投资法人治理体系建设框架

中油勘探立足海外投资业务特点以及重要意义，以石油合同和法律协议为基石，坚持突出法人治理为主线，将法人治理结构融入全部海外项目，所有海外项目均设立包括股东会、董事会、监事会等在内完整规范的法人治理结构；以创新思维构建了"两种治理模式、六个法人类型、四种管控模式"的公司治理顶层设计。突出法人治理主线，构建全周期全过程三级制度管理体系，强化制度体系顶层设计以及项目全生命周期重要管理制度不断优化完善，将法人治理作为公司合规运营管理的基础，促进中方管理架构与国际化合规管理架构紧密融合；坚持依法合规、权责一致、风险可控、决策高效的授权基本原则，有效融合"中方行政管理线"和"联合公司法人治理线"的管理需求，构建差异化授权管理体系，有效平衡中油勘探本部重大决策事项的管控要求和海外单位靠前管理及时决策的实际需求，实现管理的规范高效；构建股东行权管理体系，充分利用合同、协议赋予的权利，发挥国际化商务技术支持体系作用，在治理机构会议及各类委员会增强中方影响力。

（二）以国际石油合同为基石，依据法律协议构建法人治理架构

1. 以国际石油合同为基础，构建国际油气投资治理架构

国际油气投资合作主要通过与各方（包括资源国政府或国家石油公司、国际石油公司等）之间签订的石油合同来进行。由于国际石油合同是资源国与外国石油公司之间约定责权利最重要的文件和依据，因此国际石油合同中也对油气合作项目的管理和决策进行了规定，是项目建设和运营治理模式确立的基础。国际上现行的石油勘探开发合同形式主要有矿费税收制合同（通常简称为"矿税制合同"）、产品分成合同、服务合同（包括风险服务合同、无风险服务合同）和回购合同四种。国际石油

投资合同模式的选择是资源国与合作者之间基于彼此利益最大化的博弈。不同国际石油合同中，资源国政府的矿产资源的所有权和经营权不同，导致政府对资源的监管力度、石油合同层面的治理架构和决策机制均不同，并且基于资源国宏观环境、法律政策以及投资地区的竞合态势、投资公司的战略和优势，在同类型石油合同下，具体的治理架构和决策机制也会有变化和调整。

2. 矿税制合同类项目治理架构建设

矿税制的特点是合同者拥有在矿区内进行石油勘探、开发和生产的专营权，并对矿区内所产的石油拥有所有权。油气产量的收益首先应向政府缴纳矿区使用费，剩余部分扣减成本费用后为合同者的应税收入。矿税制合同的特点决定了项目运作基本是严格的公司制运作，即合资方在当地注册法人公司，负责项目运作和经营，按照石油合同以及当地税法缴纳税费即可，因此在这种石油合同下，合同者和政府无需成立联合管理委员会（Joint Management Committee，JMC）。合资公司按照法人治理构建，包括股东大会、董事会、合资公司组织机构等。

3. 服务合同类项目治理架构建设

服务合同（风险服务合同）是石油资源国拥有矿产的所有权和经营权，合同者提供勘探开发所需的技术和资本，并承担全部勘探和开发风险。如果没有商业发现，合同者承担所有的投资风险。如果勘探获得商业发现，作为回报，政府允许合同者通过出售油气回收成本，并获得一笔服务报酬。由于合同者只是负责资源开发，全部的产量归属于资源国政府，因此在这种石油合同下，完全由政府对资源进行监管，作业层面通常是由合同各方成立非营利、非法人、契约性质的联合体。整体来看，在服务合同下治理结构主要分为三级决策机构，分别是石油合同层面的联合管理委员会、联合作业协议（Funding Parties Joint Operating Agreement）层面的指导委员会（Steering Committee，SC）以及作业联合体。

4. 产品分成合同类项目治理架构建设

产品分成合同是指在资源国保留矿产资源的所有权的前提下，合同者通过与资源国政府签订合同，从事作业服务，利用生产出的原油进行成本回收和获得产品分成。这种合同模式下，合同者承担勘探风险及开发和生产费用，所生产的全部产量分为用来偿还合同者投入成本费用的"成本油"，以及由资源国政府和合同者按合同约定的比例分享的"利润油"两部分。根据石油合同和联合作业协议等基础合同的约定，治理结构主要包括联合管理委员会、联合作业委员会和联合作业公司。

（三）基于复杂环境和合资合作方式，构建"264"差异化管控模式

1. 坚持守正创新，优化完善海外投资法人治理体系顶层设计

首先，结合海外企业治理模式特点，将海外企业分为法人治理结构和非法人治理结构两种模式。法人治理结构是指法人企业中股东会（包括股东）、董事会（包括董事）、监事会（包括监事）和经理层（"三会一层"）之间权利、责任、利益的分配关系及其运行机制。非法人治理结构是指通过不具有法人资格的、由合作各方代表组成的联合管理机构对合作运营项目中各方的权利、责任、利益进行约束和分配的运行机制。厘清不同治理结构中各利益攸关方权利、责任、利益的分配关系及其运行机制，有利于科学研究制定不同治理结构下的最优治理机制。

其次，结合法人企业的功能定位，将公司所属法人企业分为六类，探索适合不同类型法人企业的管理方式。境内投资主体，是指中国石油国际勘探开发有限公司、中油勘探开发有限公司及中石油国际投资有限公司。中间层级公司，是指其母子公司都为中方直接或间接有效控制的，以股权投资、资产整合及管理、筹融资、税收等为目的所成立的法人实体，其本身不开展实质性生产经营活动。合资经营公司，是指中方有效控制的与资源国政府、其他投资人联合成立的合资公司，其直接或间接持有项目权益、资产并开展相关生产经营活动。投资管理公司，是指由中方有效控制的用于参与股权、资

产投资的法人实体，其本身不开展生产作业活动，仅按照相关协议赋予的权利参与投资和作业管理。作业管理公司，是指中方实际控制的为组织开展项目生产运营活动而设立的法人实体。支持服务公司，是指中方直接或间接控制的，以提供商务、人力资源、技术、后勤等支持服务为主要业务的法人实体。

最后，通过明确不同类型项目中各法人/非法人管理层级的功能定位和核心职能，厘清各层级管控界面，将海外项目划分为作业管控、决策管控、程序管控和财务管控四种管控模式类型，逐步建立和完善更加灵活高效、目标明确的差异化、精细化管理的机制与路径。作业管控指中方全资控股或在合资合作协议中被明确为作业者，中方可控制派遣管理层、执行层和作业人员；决策管控指中方与其他投资者联合管理或合资经营，且中方处于主导地位，中方可派遣核心管理团队及主要管理人员；程序管控指中方与其他投资者联合管理或合资经营，且中方处于支持配合地位，通过治理机构参与决策（对重大决策和主要作业活动有控制力），中方可派遣中层及以下管理、技术人员；财务管控指中方与其他投资者联合管理或合资经营，中方主要关注财务目标的实现，但中方除对项目处置等极个别重大事项之外，对开发方案、年度工作计划与预算等重大事项及主要作业活动无控制权。

2. 优化完善治理机构，有效维护出资人的权利和利益

完善法人治理机制。一是针对不同类型的法人治理机构，依法合规建立股东会、董事会、监事会，健全股东会运行机制，规范董事会决议机制，完善监事会内设外派监督体制与运行机制，全面依法并依据股东协议及公司章程落实各项权利义务。二是规范管理层履职，分类建立董事会向管理层授权的管理制度，依法依规明确授权原则、管理机制、事项范围、权限条件等。加强经理层履职约束，严格落实总经理对董事会负责、向董事会报告的工作机制。三是建立健全董事会各专门委员会，完善技术、商务、风险支持体系，向董事会提供独立、专业意见，加大对董监事的行权支持力度。

完善非法人治理机制。一是健全非法人治理结构下的联管决策机制。针对不同类型的非法人治理，依法合规建立联合管理委员会、联合作业委员会及各专业委员会，规范联合管理委员会、联合作业委员会决策机制，完善各专业委员会运行机制。二是完善非法人治理结构下的沟通机制。各项目公司应建立健全重大事项管理层审议决策机制和各层级治理机构我方代表高效畅通的沟通交流机制，建立联合管理委员会/联合作业委员会代表向各专业委员会我方代表通报会议情况、各专业委员会我方代表向联合管理委员会/联合作业委员会我方代表提供专业意见的机制。三是规范合同者、作业者行权履职事项。明确联合管理委员会、联合作业委员会决策范围及合同者、作业者执行决策范围，依法依规明确对合同者、作业者的授权范围和管理机制，保障合同者、作业者代表联管会各方依法依规行权履约。

（四）强化法人治理主线，构建全周期、全过程、三级制度管理体系

1. 修订制度管理规定，强化制度体系建设的系统性和规范性

首先，构建全过程的三级制度管理体系。中油勘探本部规章制度按照内容分为三级管理。公司其他规章制度按照内容实行三级管理。第一级为规则和规定，规则仅用于明确公司法人治理机构的议事程序和要求；第二级为办法，用于明确某一领域或某一方面的管理方法、工作程序和工作要求；第三级为实施细则和实施办法，明确某一领域或某一方面的具体程序和操作规范。

其次，按照职能管理或业务管理领域分类管理。以职能管理为导向，划分为公司治理、勘探管理、油气开发管理、生产运行管理、工程建设管理、炼油化工管理、管道管理、业务发展管理、规划计划管理、财务管理、资本运营管理、法律事务管理、股东事务管理、健康安全环保管理、科技信息管理、销售采办管理、审计管理、纪检监督、企业管理、行政综合管理、党群工作管理、人力资源管理、后勤综合管理，共计23个管理领域。

最后，开展制度信息系统建设。2023 年 3 月 6 日，公司制度信息系统二期上线，系统增加了制度间纵向贯通、横向衔接的属性信息，实现制度网格化管理。

2. 完善重点领域制度体系，强化项目全生命周期闭环管理

在新项目获取方面，初评筛选阶段加强对勘探项目和作业者项目开发力度，实现高中低的不同投资风险组合。全面评价和商务谈判阶段加强组织尽职调查工作，抓主要风险，从技术商务一体化的角度研究分析，制定切实可行的应对措施。

在项目前期方面，进一步完善规范投资行为，完善投资决策程序。按照"计划先行、合规管理、确保质量、事前算赢"的原则，梳理制订详细的项目前期年度工作计划和三年滚动计划安排，对纳入年度工作计划的项目，严把报告的启动、编制、上报、评审和审批各个环节。

在投资计划方面，突出规模优质储量的发现，加大风险勘探投资力度，优先安排可快速动用储量的投资，持续优化地震采集、探井、评价井部署。遵循"严谨投资、精准投资、效益投资"的原则，科学合理安排年度投资计划，致力打造提质增效升级版。

在经营策略方面，进一步加强经营策略研究，做好项目合同延期、合资合作、资产优化或退出等工作，抓好技术参数把关，做好项目动态管理。

3. 优化完善流程管理和内控体系建设，强化制度规范执行

加强制度配套流程建设。中油勘探坚持以"风险导向、业务驱动"为原则，围绕"简捷、简单、效率"的要求，持续开展流程优化和完善工作，建立业务流程 235 个，识别关键风险控制点 182 个，制定风险控制措施并形成风险控制文档 141 个，通过强化业务关键环节控制，实现制度刚性约束。

完善内控体系建设，推进流程管理。中油勘探以 COSO 内控控制框架 /COSO 企业风险管理整体框架要素为基础，以"使用、简捷、有效、易操作"为原则，以管理制度为基础，通过梳理业务流程、权责、表单、评估风险、设计控制措施等，完善控制环境、风险评估、控制活动、信息与沟通、监督 5方面内容，并以内控管理手册形式予以规范固化。

构建差异化内控管理体系，强化对海外投资项目关键领域、关键环节的制度管控。按照"有效性、差异化、全覆盖"的原则，构建海外差异化内部控制体系，把对生产经营影响权重较高的关键因素作为内控建设重点，进行潜在风险测评，进而对规章制度、内部控制措施进行补充和完善。

（五）立足海外投资项目特点，构建差异化授权管理体系

1. 以规范高效为导向，优化授权管理制度

中油勘探基于有效融合"中方行政管理线"和"联合公司法人治理线"的管理需求，坚持依法合规、权责一致、风险可控、决策高效的授权基本原则，通过综合评价被授权单位的管控模式和资源配置情况，制定个性化授权策略。坚持"依规治企、依制管人、制度先行"的管理理念，将制度建设作为业务规范操作的基础，对授权原则和程序等进行了规范。同时，结合不同发展阶段体制机制、组织架构、管控目标的新要求，在充分融合管理要求与操作实践后，对制度进行修订更新。新版《有限授权管理办法》对授权管理体系中的管理对象范围、授权归口管理部门及相关职责，授权期间被授权人变更和授权期限到期等方面进行详细的界定和规定。

2. 精准设置符合差异化管理策略的授权权限

中国石油参考项目规模、效益和综合难度系数进行综合评价，对海外中方项目机构进行分类分级，划分为一级企业、A 级、B 级、C 级。在中国石油对海外投资项目制定的分类分级标准基础上，中油勘探进一步结合被授权单位的项目规模、所占股比、所处的发展阶段和运营管理特点，在对被授权单位的基础管理水平、公司治理能力及体系建设能力进行综合评估后，合理制定授权策略，以定性和定量结合的形式，确定授权事项和相应的授权金额，将差异化管理要求进一步具体化。海外中方机

构授权是依据石油合同、伙伴协议及项目公司内部决策体系要求相配套的授权事项，为各类业务事项决策提供指引。海外国别、项目公司授权包含联合公司事务授权、股东行权事务和中方事务授权三大类。

3.构建上下贯通的全业务链重大决策管理

中油勘探为促进公司运营管理合规高效，规范决策管理层行使职权，明确集体决策和个人决策的事项范围，在年度有限授权书的基础上，结合中国石油集团公司和公司《"三重一大"事项决策权责清单》、《公司章程》规定重大决策事项和《委员会前置研究讨论重大经营管理事项清单》等重要规章制度，系统梳理本部审批决策事项的权限，厘清海外单位和本部管理的权责界面，打通全业务链决策审批关键节点，制定并发布了《权限手册》。《权限手册》继续沿用矩阵式表格，将业务审批事项、承办部门、审批决策层级及权限、对应业务流程和相关制度有机结合。

4.积极探索差异化授权试点应用

中油勘探以"作业管控、决策管控、程序管控、财务管控"4类项目管控模式为指导，通过研究总结非作业者项目的公司治理机构和管理模式，逐步总结经验并推行差异化授权试点项目，开展差异化授权改革。俄罗斯公司试点授权方案进一步细化并加大授权力度，授权事项包括规划计划、财务管理、资本运营、人力资源、销售采办等10大类96个，在涉及联合公司管理事项中，中方没有一票否决权且不属于重大投资管控的行权事项，尽可能做到权力下放，授权俄罗斯公司决策。

（六）以强化行权管理和商务支持为核心，构建股东行权管理体系

1.明确海外投资业务股东行权管理的地位与作用

中油勘探作为中国石油海外投资业务的投资平台，以股东行权为抓手，借助股东行权管理体系，通过派出股东行权代表积极参与项目合资公司治理，维护中方投资权益，有效应对了行权业务工作量大、治理机构会议时效性强、复杂事项综合协调能力要求高等难题。中油勘探以本部和原海外地区公司股东事务部/海外平台公司形成"三位一体"的工作机制及配套保障措施，为行权代表积极参与项目合资公司治理提供了有力保障。

2.探索形成海外投资项目股东行权管理的初始架构

中油勘探探索形成了本部决策、原海外地区公司靠前支持协调、海外项目公司执行落实的股东行权管理体系。公司本部作为股东事务管理的"信息枢纽"和"组织协调中心"、依靠技术商务支持体系，形成"前中后三位一体"工作机制。在三级股东行权管理体系下，按照国际通行的法人治理结构运作项目，由专业公司依托投资平台对海外项目进行专业化管理，海外各区域项目（联合）公司通过法人治理结构下的各层级治理机构进行项目运营和管理，通过委派各层级行权代表参加海外项目（联合）公司治理机构会议行使股东权利，指导并监督项目（联合）公司生产经营策略制定和执行落实。

3.优化完善股东行权与商务管理机制

首先，强化"行权"与"商务支持"定位。结合五大油气合作区分布现状，设立5个区域"行权管理团队＋综合管理团队"，履行区域行权管理职能。其次，健全股东行权业务有限授权。通过优化股东行权有限授权，为股东行权管理体系的优化调整与创新进一步夯实了基础，围绕"专业化管理"职能，由区域管控向专业管控转变，在业务上归口管理海外油气项目，承担业务管理、股东行权和商务管理工作。最后，开展体系化梳理与设计制度流程。修订了股东行权业务的相关管理制度，为加强中油国际对平台公司和项目（国别）公司的业务指导和支持提供了制度保障。

4.整合构建全球化商务支持体系

一是确定整体架构设计，提出全球化海外业务商务支持体系，发挥本部股东行权部管理职能，借助本部各业务部门、公司专家中心及公司海外研究中心的专业职能，利用传统内部资源及外部资源。

二是加快开展试点项目商务支持工作，通过试点项目工作，深挖问题、提炼经验、优化方法，形成"典型范例和示范效应"，以此补充、丰富和完善体系建设框架及执行方案。三是梳理并建立了海外业务重点商务问题清单及台账，为商务支持体系实施方案的完善提供了实践基础和试点实施路径与方法。四是通过基础架构的深化设计及具体项目试点实施工作，完成商务支持体系配套制度与机制、人才团队的建立、培育和完善，形成分工明确、职责清晰、激励政策配套等工作机制完备的海外业务商务支持体系。

三、大型能源央企以"双提升"为核心的海外投资法人治理体系建设与管理效果

中油勘探通过构建和实施海外投资业务法人治理体系，切实提升了海外投资项目的管理效率和效益，有效保证了海外国有资产安全以及高质量发展。截至 2022 年年底，在全球五大地区 30 个国家，运营 85 个油气合作项目，年油气权益产量超过 1 亿吨油当量，为保障国家能源安全发挥了重要作用。与此同时，中油勘探整体效益表现在中国石油集团公司居于前列，实现油气业务量效齐增，各项考核指标均超额完成，在集团公司排名第二，经营效益创历史最好水平。中油勘探参与建设运营了中亚—中国天然气管道、伊拉克鲁迈拉与哈法亚油气项目等一批能源合作旗舰工程，有力促进了共建"一带一路"国家的能源产业建设和经济社会发展。

（成果创造人：陈金涛、何文渊、张　宇、汪向东、冯　丹、韩　涛、
黄海蓉、曹仁波、黄湫涵、何　峻、高晓姝、崔　宁）

大型水电厂以世界一流为目标的全面管理提升

华能澜沧江水电股份有限公司糯扎渡水电厂

华能澜沧江水电股份有限公司糯扎渡水电厂（以下简称华能糯扎渡水电厂）作为中国华能集团有限公司（以下简称中国华能）投资建设的装机规模容量最大的水电项目，是云南省内装机规模和单项投资最大的发电工程，也是国家实施"西部大开发""西电东送""云电外送"等战略的骨干电源点，在建设过程中创造了 5 项世界纪录和 9 项中国纪录。华能糯扎渡水电厂以发电为主，兼具防洪、灌溉、旅游等综合效益，投产总装机容量 585 万千瓦，年均发电量超过 235 亿千瓦时，年减少二氧化碳排放约 1877 万吨；坝体高度 261.5 米，水库库容 237.03 亿立方米，调节库容 113.35 亿立方米，水库具有多年调节能力。近年来，华能糯扎渡水电厂连续获评中国华能安全生产先进单位，在设备综合治理评价中蝉联第一，人员使用效率 0.31 人 / 万千瓦，是首家被中国华能授予"一流水电厂"荣誉称号的水电企业。

一、大型水电厂以世界一流为目标的全面管理提升背景

（一）引领水电行业高质量发展的需要

进入新发展阶段，对照中央提出的"产品卓越、品牌卓著、创新领先、治理现代"16 字世界一流企业标准要求，华能糯扎渡水电厂深刻认识到，亟待以更加先进的管理体系和管理能力，引领水电行业不断提高价值创造能力、能源电力优质高效供应能力、具备水电特色的品牌影响力以及支撑高质量发展的科技创新力。当前，随着能源电力行业转型发展步伐不断加快，水电行业必须以更加高效的体系和更加完备的能力，高标准落实"四个革命、一个合作"能源安全新战略、碳达峰碳中和等重大决策部署，在建设新型电力系统和新型能源体系中更好地发挥现代水电功能作用。

（二）适应电力市场化竞争新形势的需要

随着国内电力现货市场交易试点区域不断扩大、电力市场化改革进程不断加快，水电企业亟待以具备"实现市场需求跟踪分析、资源要素快速优化、经营成效实时反馈、成本在线动态监控"能力为目标，在效率效益、创新驱动、体制机制等方面加快实现全面提升，形成"以市场为导向、以客户为中心的精益化、数字化、智能化的全员、全产业、全要素、全过程"的管理体系和管理能力，主动适应电力市场化改革要求，以更加高效的体系和更加完备的能力，在电力市场竞争中赢得主动、实现领跑。

（三）创建领先型世界一流现代化水电厂的需要

华能糯扎渡水电厂作为中国华能和云南省水电领域装机容量最大的电厂，在建设运营过程中创造了多项世界纪录和中国纪录，储备了大量的水电运营技术数据，形成了一批先进的管理经验模式，打造了一支复合型水电人才队伍，具备了率先创建领先型世界一流现代化水电厂的基础。华能糯扎渡水电厂亟待向着创建世界一流的目标更进一步，加快建设领先型世界一流现代化水电厂，为中国华能、为行业提供可复制可推广的一流水电企业发展经营模式。

二、大型水电厂以世界一流为目标的全面管理提升主要做法

（一）围绕企业发展战略目标，构建领先型世界一流现代化水电厂管理体系总体架构

1. 明确创一流"五年三步走"战略目标

围绕落实中国华能《加快建设世界一流企业方案》要求和华能澜沧江公司加快建设世界一流现代化绿色水电企业愿景，经华能糯扎渡水电厂党委研究，提出通过深入实施"五年三步走"战略，构建

形成领先型世界一流现代化水电厂的管理体系和管理能力，全面推动"管理—环境—设备—运维—检修—人才—绩效—形象"八个维度创一流工作：第一步在 2020 年实现水电生产"无人值班"，基本建成信息高度集成、设备高度可靠、机构高度精简的智慧水电厂；第二步在 2022 年跨入国内同行业"一流水电厂"行列，推动"水电胜境、华能荣光"品牌影响力、科技创新能力、企业现代治理能力不断提升；第三步在 2025 年建成"领先型世界一流现代化水电厂"，水电智慧运营、核心技术、治理能力、经营实力、效益效率、品牌影响力等实现质的提升，成为世界领先的世界一流现代化水电厂。

2. 构建创一流"1+7"工作体系

围绕实现"五年三步走"创一流战略目标，构建"1+7"创一流工作体系："1"是成立深化创建世界一流水电厂领导小组，作为创一流工作的决策管理者、过程监督者、带头执行者，下设创建世界一流水电厂办公室（以下简称创一流办），负责创一流过程中的组织协调与具体落实工作；"7"是抽调业务骨干成立 7 个创建世界一流水电厂管理组，针对提升"开停机成功率""零非停""精品机组"等关键指标水平实施重点攻关。在创一流过程中，通过采取"以上率下""分点突破"等形式，构建形成"厂部决策部署、创一流办统筹、各管理组牵头、业务部门执行"的运作模式，实现了创一流工作情况及时掌握、问题及时协调、进度实时可控的管理目标。

3. 配套建立创一流"PDCA"工作机制

一是加强顶层设计。基于战略研究和管理评价结果，及时制定与修订企业战略，在厂部层面研究制定统一的创一流实施方案和创一流工作制度标准体系。二是加强组织实施。聚焦企业创一流战略目标，围绕水电智慧运营、技术创新、现代治理、合规经营、提质增效、品牌创建等创一流核心任务，对照管理界面和工作链条进行逐级分解落实，组织动员部署，大力推进实施，确保创一流各项工作落实落地。三是加强过程评价。按照"固定评价标准、固定评价时间、固定评价人员、固定评价地点"四固定原则，在安全管理、基础管理、创新管理、目标管理、人才管理等方面建立过程性评价体系标准，督促定期发现问题、整改问题。四是加强改进提升。建立对标提升机制，通过实地调研、座谈交流等形式，广泛收集国内外水电企业管理、技术、设备、人才和经营发展现状，建立考核评定机制，编制印发《创建世界一流水电厂绩效指标分解表》，明确考核权重、目标值及具体评价计划，突出攻坚克难、目标摸高、效益效率、价值创造导向，按照"考核精准、激励即时、兑现刚性、效果显著"原则，在工资绩效考核分配过程中对创一流工作取得突出成效的岗位员工予以倾斜。

（二）围绕实现企业做强做优目标，着力提升领先型世界一流现代化水电厂价值创造力

1. 施行精细化预算管控模式

华能糯扎渡水电厂对年度预算执行实施从前期汇总编制、中期动态管控、后期监督分析的闭环管理。依托中国华能预算管理统一平台，开发具备水电特色的数字化应用，通过健全全员、全要素、全价值链、全生命周期的成本费用管控机制，采取细分职能部门责任、动态跟踪预算项目实施进展、月中多次反馈预算执行、及时协调职能部门修正偏差等综合管理措施，推动实现"月度和年度预算标准化编制—年度预算科学分解—月度预算精细化管控—异常指标或可控风险及时调整化解"的良性循环。

2. 施行精细化成本管控模式

华能糯扎渡水电厂持续健全水电成本精细管理标准体系，细化成本定额标准，严控各项费用性开支和非生产性支出，推广应用作业成本法、标准成本法、量本利分析、价值工程等工具，做好机组检修费和材料费等生产成本管控。树立"精简高效"用工理念，优化水电检修等业务领域劳务用工管理，提高全口径用工效率。开展成本管理对标竞赛，促进全员树立"人人都是成本控制第一责任人"的成本控制意识。

3. 施行精细化物资管控模式

华能糯扎渡水电厂推行库存物资标准化管理，优化库存结构，盘活存量库存，降低资金占用。加快低效无效资产处置，开展废旧物资的梳理、统计、分类、鉴定工作并制定相应标准，印发《废旧物资清理工作方案》，通过采购平台充分询价，确定最高价回收的原则，以合规、合理的废旧物资处置方式最大化实现效益增收。合理优化闲置物资调配，依托数字化仓库及智慧物资供应链，利用大数据技术分析工区闲置资产的形成原因和构成情况，有针对性地加强闲置资产管理，对可调剂物资积极协调调入方，实现闲置物资利用效益最大化。

4. 施行精细化绩效管控模式

华能糯扎渡水电厂注重员工业务素质、工作素养、政治觉悟等全面考评，深化综合评级体系，建立与业绩挂钩的动态聘任制度，员工岗位聘任实行一年一聘。弱化资历、职称等基本条件，打破论资排辈、平衡照顾的观念和现状，上岗主要重能力、看表现、听口碑、凭实绩。结合岗位设置控员增效，提升全员劳动生产率，员工数量由 2019 年 234 人降至 2022 年的 210 人，精减员工人数比例约 10%，实际在岗员工 175 人，实际人员使用效率 0.299 人/万千瓦，在国内水电行业保持领先水平。

（三）围绕实现能源电力安全保供目标，着力提升水电产品服务供给力

1. 打造水电精益生产管理模型

华能糯扎渡水电厂推行水电生产全过程和全要素的标准化、规范化、精准化、精细化管理，致力于打造"生产精益型"水电厂。一是推行生产管理标准化、规范化，建立形成一整套符合现代水电生产运营实际的科学管理模式和机制，提高水电安全生产标准化、规范化、精准化、精细化管理水平。二是推行"运—维—检"一体管理标准化，通过优化管控流程，推动水电运行、维护、检修等工作流程各工序环节精准紧密衔接。三是推行本质安全管理标准化，推动生产过程中人员、设备、环境、制度等要素的安全可靠和谐统一。

2. 打造水电检修精品样板工程模板

华能糯扎渡水电厂着力提升水电检修工艺质量，实施全过程设备治理，在华能系统内首个获得"水电精品检修机组"荣誉称号。一是推行水电技术管理标准化，针对"机组开停机成功率""零非停"等关键指标与标准差距较大等问题，在技术与管理两方面研究制定改进策略和提升措施，实施技术攻关表单化管理，提升技术管理效率效益，先后攻克顶盖垂直振动超标、开停机成功率不高、主变分支母线补偿单元形变、高压电气设备六氟化硫气体泄漏等技术难题。二是推行水电检修管理标准化，围绕提高设备安全可靠性水平，在检修文件包中对水电机组性能参数、规律特性等进行细化明确，健全水电运检维护标准。三是推行设备管理标准化，系统梳理制约精品机组率指标提升的因素，建立《水电精品机组管理办法》，自主开展基于振动波形分析的关键技术研究，将解决水电机组瓦温偏差大、振摆超标等共性问题的经验做法融入设备管理制度和标准，显著提高设备安全可靠性水平。

3. 打造水电发展综合效益样板

华能糯扎渡水电厂聚焦绿色低碳发展，大力提升水电生态环保治理水平。一是围绕建设新型电力系统和新型能源体系，在澜沧江普洱段开展水风光一体化清洁能源基地建设，形成水电与新能源发电多能互补一体化发展模式。二是健全生态共建、措施互补、企业共治的全流域发展保护协同体系，推动流域梯级水库群联合运行调度，充分发挥防洪、航运、发电、抗旱、补水等综合效益，在保障流域防洪安全、航运安全、生态安全、水资源安全和能源安全等方面发挥重要作用。三是健全水电环评制度，严守"三线一单"生态环境分区管控要求和环保水保"三同时"要求，常态化开展生态环境监理监测工作，推行水电基建环保标准化管理，做到绿色施工、文明施工、和谐施工。

（四）围绕实现水电行业示范引领目标，全面提升华能水电品牌影响力

1. 提升水电市场引领力

华能糯扎渡水电厂结合在华能系统和云南省内处于水电"建设标准最高、装机规模最大、应用技术最新"等特点，积极致力于打造华能水电品牌。一是主导和带动水电行业标准制定，在高海拔地区水电、绿色水电等领域发布一批具有行业影响力的水电标准。二是总结固化一批水电高效运营模式，在水电领域总结提炼"投建营一体化""全产业链条整合优化"等管理模式，形成水电基本建设、运营管理、科技创新等方面优势，实现水电机组管理成效和经营业绩行业领先。三是培育华能水电知名品牌，借力华能水电上市优势，强化华能水电品牌驱动作用，着力打造品牌卓著的世界一流水电企业形象，提升华能水电品牌行业影响力。

2. 提升水电文化示范力

华能糯扎渡水电厂坚持把提升企业文化示范力作为提升品牌影响力的重要途径，实施多渠道、全方位培育和展示水电企业文化，提高在行业的影响力和认可度。一是构建水电企业文化模型，在传承和发扬中国华能"三色文化"和华能水电"三色水文化"的基础上，通过积极履行社会责任、构建高质量 ESG 信息披露体系等举措，持续扩大华能水电文化影响力。二是打造特色鲜明的党建工作品牌，把党建优势转化为发展优势，引导党员干部主动作为、担当有为。三是充分发挥作为全国企业文化最佳实践企业、中国华能党风廉政建设示范企业等阵地平台作用，突出水电企业文化各方面亮点特色，加强水电文化建设成果宣传和推广，汇聚干事创业的合力。

3. 提升水电社会影响力

华能糯扎渡水电厂坚持把企业发展融入服务国家、社会发展大局。一是助力澜沧拉祜族自治县"直过民族"整族脱贫。在澜沧拉祜族自治县投入精准帮扶资金 13.5 亿元，帮扶"直过民族"，覆盖 149 个行政村 1825 个村民小组 10.77 万户 39.78 万人，同时累计完成消费扶贫金额 500 余万元，深度助力如期打赢脱贫攻坚战。二是主动解决周边群众急难愁盼问题。2006 年以来，持续在电站周边实施"百千万工程"项目：以"农村美、农民富、农业强"为目标，通过实施"百村示范"工程、"千人兴业"计划和"万亩兴农"工程，累计投入资金 3737.05 万元，完成帮扶项目 194 个，认真践行造福一方百姓理念。三是助推边疆地区教育高质量发展。捐助云南希望工程"华能希望班"，成功落地普洱市第一中学，为促进云南边疆少数民族地区繁荣稳定和谐美丽，贡献力量。

（五）围绕更好发挥水电在新型电力系统和新型能源体系中的功能作用，全面提升科学技术创新能力

1. 引领突破水电"卡脖子"难题

华能糯扎渡水电厂健全重大科技项目管理体系，完善科技创新管控、投入和激励体制机制，坚持科技创新统筹管理，制定《水电创新发展规划》，开展国内外水电创新成果梳理与分析总结工作，建立适用于国内水电发展与科技研发的成果库，投产以来已累计取得授权发明专利和实用新型专利 74 项、发表论文 60 余篇。以提升水电机组及电网稳定性水平、确保水电关键技术自主可控为目标，搭建水电调速器、励磁系统核心软硬件研发平台，牵头开展设备适配、比选和研发工作，实现了水电核心控制系统软硬件 100% 国产化，解决了水电核心控制系统关键部件长期依赖进口产品的困境。

2. 加强水电技术技能人才队伍建设

华能糯扎渡水电厂大力营造全员参与的科技创新氛围，加大科技骨干团队和优秀领军人才培养力度。开展水电学术技术讲座和劳动竞赛活动，完善科技创新激励机制，不断壮大科技领军人才队伍和一流创新团队。坚持以高水平、专业化的人才作为高质量发展的战略支撑，聚焦实现"做强做优水电、确保水电生产运营关键环节自立自强"的目标，大力打造水电高素质专业人才基地，培养出了一批管理精通、技艺精湛、行业领先、具有一流竞争力的水电管理和技术技能人才队伍。

3. 以服务提升水电核心竞争力构建数字化转型体系

华能糯扎渡水电厂搭建水电5G专属网络，在系统解决传统网线／光纤等有线网络与水电前端设备有距离限制、灵活性差、铺设难度大、维护成本高等问题基础上，实现枢纽区域5G信号全覆盖，同步开发环境监测、水域检测、安全监测等多种智慧管理平台，提高水电全业务精细化管控能力。建立智能机器人巡检模式，在高压室内采用智能机器人巡检，通过"摄像机（机器人、红外线）+5G+AI分析"的巡检方式，每条线路的巡检时间缩短至20～35分钟，每次巡检工作完成后系统自动生成分析报告，发现异常及时通知运维人员，使巡检工作自动化、无人化，提升巡检效率。

（六）围绕进一步提高水电管理的效率效益，全面提升现代企业治理能力

1. 完善水电企业管控模式

结合水电生产运营实际，聚焦产品质量（面向市场竞争的一条线）、主体责任（明确职责流程的一条线）、考核评价（强化内部控制、实现闭环管理的一条线）三条主线，加强标准、制度和内控体系建设，构建适应电力市场化改革要求的管理体系，不断加强管理体系和管理能力建设。

2. 健全市场化经营机制

完善市场化用工制度，加强业绩人效薪酬对标，构建以市场评价业绩、按贡献决定报酬、与劳动力市场价位逐步适应的分配体系。建立以岗位价值为基础、以绩效贡献为依据的薪酬管理制度，强化全员绩效考核，推动以岗定薪、易岗易薪、按绩取酬、能增能减，加大薪酬分配向一线关键苦脏险累岗位和核心骨干人才的倾斜力度。

3. 深化法治能力建设

完善重大事项决策合法性审查机制，深化法治与中心工作、全员职责、全过程管控深度融合，推动法务与财务、产权、投资等系统平台的互联互通，促进业务数据相互融合、风险防范共同响应。全面推进依法监督，强化对知识产权、数据保护等业务的法律监督和指导。

4. 提高风险防范能力。

推进风险内控合规数字化与业务数字化的深度协同，实现各业务领域流程全程在线管理，完善业务应用嵌入式、内生型的内控合规监督检查功能，强化业务分析与风险分析一体化应用。积极探索利用数值模拟、机器学习等数理方法，聚焦安全生产、经营发展等重要领域重要场景，推进风险量化建模研究和应用。

三、大型水电厂以世界一流为目标的全面管理提升效果

（一）提升了企业能源保供能力

华能糯扎渡水电厂作为"西电东送""云电外送"的骨干电源点，积极为国家经济社会发展做出贡献。一是生产管理标准化、规范化建设持续强化。保持安全生产"零事故"，圆满完成重大节假日保供电任务，连续4年在中国华能设备评级中排名第一，荣获全国安全文化建设示范企业。二是能源保供责任有效落实。充分发挥多年调节电站作用，有效缓解了云南乃至南方区域长期存在的"丰余枯缺"矛盾，在优结构、增供应、保稳定、减弃水、促消纳中作用显著，社会效益突出，累计完成发电量2335亿千瓦时。

（二）提升了企业核心竞争能力

一是现代化管理全面形成，实现了价值创造。2020年至2022年，华能糯扎渡水电厂发电量平均值202亿千瓦时，增长率为21.43%；2022年，华能糯扎渡水电厂营业总成本较2020年降低1.44亿元，人均营业收入2305万元，人均利润684万元，实际人员使用效率0.31人／万千瓦，对标国家电投、长江电力、国家能源等电力企业均保持领先水平。二是企业竞争力全面增强，实现了品牌引领。作为全国水电企业首家单位荣获"全国企业文化最佳实践企业"殊荣，获全国文明单位、新中国70年企业文化建设优秀单位、全国电力行业文化品牌影响力企业奖牌等荣誉。先后获评中国华能先进企业，中国华能及华能澜沧江公司首批党风廉政建设示范企业，一流水电厂建成之际各项成绩荣誉达到了历史最好水平。

（三）提升了企业社会责任形象

一是践行央企使命，社会责任担当充分彰显。在澜沧拉祜族自治县投入精准帮扶资金 13.5 亿元，帮扶"直过民族"，覆盖 149 个行政村 1825 个村民小组 10.77 万户 39.78 万人，同时累计完成消费扶贫金额 500 余万元，深度助力如期打赢脱贫攻坚战。2006 年以来，持续在电站周边实施"百千万工程"项目，累计投入资金 3737.05 万元，实施帮扶项目 194 个，切实践行造福一方百姓理念。二是坚持绿色发展，生态文明建设成效显著。作为云南省生物多样性保护教育基地的"两站一园"（珍稀动物拯救站、珍稀鱼类增殖站和珍稀植物保护园），珍稀植物园成功实现了 53 种国家珍稀植物的有效管理和人工育苗；在世界上首次实现人工增殖放流巨鲇，累计放流鱼苗 48.42 万尾；稳步实施"生态库区"建设，主库区持续保持能直接饮用的 II 类水质标准，获得中国华能"环保单项奖"，荣获"云南省美丽河湖""中国美丽电厂"称号。

（成果创造人：查荣瑞、杨　华、谢　军、武　莉、杨　凯、李　遥、
邹　静、段月和、李秋云、郑海涛、郭佳睿、孙嘉棣）

钛业企业对标世界一流的综合性改革管理

宝钛集团有限公司

宝钛集团有限公司（以下简称宝钛集团）是我国钛及钛合金研发制造企业，拥有钛、装备设计制造和新材料等三大产业板块，控股宝钛股份、宝色股份两大上市公司，主导制定钛标准110多项，占钛的国标、军标和行标的90%以上，产品远销50多个国家和地区，综合实力居全球钛行业前列。

一、钛业企业对标世界一流的综合性改革管理背景

目前，宝钛集团在经营管理中还存在一些痛点和难点，表现在：管理工作机制还很单一，与宝钛集团的战略目标、重点工作、主营业务及自身生产经营活动关联度不够；职能部门的管理作用发挥不足，管理机制及专业程度还很欠缺，订单执行不顺畅，利润较低，职工薪酬普遍较低，不能体现多劳多得，大锅饭现象比较普遍；由于各单位基础管理、人员结构、推进思路、重视程度等方面存在差异，导致实际改善效果极度不均衡；管理的导向和问题改善意识不强，持续改进动能不足，公司运营能力有所减弱；对标国内外优秀企业，还存在管理流程复杂且粗放，内部管理效率不高，品牌推介效应还不足，高质量发展的动能不足、产品的国内市场占有率相对下降等潜在问题。为此，2018年1月，宝钛集团公司领导班子及时调整了运营管理推进策略，积极探索"1+N"改革管理运行体系和推进模式。

二、钛业企业对标世界一流的综合性改革管理主要做法

宝钛集团提出"建设国内一流、国际知名，职工有获得感、幸福感的世界钛业强企"的企业愿景，制定"两步走"的战略目标及"做精军品、做活民品"的发展思路，强化资本、技术、产品与管理相结合，强力推进"1+N"改革，逐步实现合作共赢、共同发展的混合所有制模式，为公司的改革发展指明了方向，并针对存在的问题，快速跟进改革措施。"两步走"战略目标是：第一阶段在3～5年内，实现主导钛产品产量3万吨、营业收入300亿元。通过深化改革，焕发企业新的生命力和创造力，把企业发展成为具有较强盈利能力的国内一流企业，职工收入大幅增长，有较满意的获得感。第二阶段在8～10年内，实现主导钛产品产量4万吨、营业收入400亿元，实现利润的稳定增长，宝钛集团成为世界航空工业和国内大客户的主要供货商，实现建成世界钛业强企的宏伟目标。

（一）实施业务专业化细分机制改革，优化产业布局

按照"做精军品、做活民品"的发展思路，对宝钛股份业务进行专业化细分，成立军品部和民品部。铸件材料公司等一并试行模拟法人运行机制，为后期进一步优化壮大产业集群奠定基础。整合精简机关部门。按照精干、效能的原则，整合调整机关部门职能，合并撤销有关部门。通过部门撤并，整合了管理资源，明晰了管理职责，减少了职责交叉和不均衡，提升了工作效率。在军品部率先开展"五定"工作，进行全员优化组合、竞聘上岗，推行了新的薪酬改革方案。设立再就业中心，为后期"五定"工作人员优化分流做好了准备。这些机制性的改革、布局和创新，前所未有，极大提升了管理人员和营销人员的积极性，提高了组织管理效率。

（二）以追赶超越细分管理提升指标，提升了任务指标的完成效率

为确保"对标世界一流管理提升行动"落地见效，宝钛集团成立以董事长任组长、总经理任副组长的对标提升行动领导小组，制定了工作方案、确立了53项对标提升工作清单；9个对标专业组围绕"跟谁对""对什么""怎么对"等关键问题，确立对标领域和对标对象，明确与标杆企业之间的主要差距，注重横向对标与纵向对比相结合、问题发现与整改相统一，积极探索指标达标升级、管理持续

提升的有效途径；坚持因企施策，将对标提升行动与三个体系建设、国企改革三年行动等工作融为一体，统筹推进，向管理创新要竞争力、创新力、控制力、影响力和抗风险能力。为了激活员工的主动精神和工作激情，公司打破原有的工资分配制度，推行"岗位＋技能＋贡献"的薪酬评定模式，建立员工价值、创造能力和贡献水平密切相关的薪资体系，提升了管理水平。公司按照省国资委及陕西有色集团"追赶超越"绩效考核要求，落实责任，确定追赶超越目标，细化分解指标，制定实施细则，完善业绩考核办法，借助精益管理工具，加强过程控制。

自 2018 年以来，宝钛集团按照"剖析诊断＋高效运营"的推进思路的工作机制和管理模式，持续完善管理运营体系和推进机制、厘清职责分工、增强管理能力，引导全员持续开展管理提升活动。以"稳增长、增效益、降成本"为目标，从管理的全要素、运营的全流程入手，推进扁平化管理和产供销一体化经营。

（三）积极稳妥推进经营体制改革，实现扭亏为盈和均衡发展

宝钛集团坚持"先行先试、模拟运行，分步实施、稳妥推进"原则，以建立更加灵活高效的体制机制为目标，积极推进全面深化企业改革各项工作。按性质类别合理区分机关部门，突出管理职能，细分调整机关部门职能，继续合并撤销有关部门，减少机关人数，实现机关部门管理职能向资产管理、指标管理、考核管理和风险管理为主转变。坚持以市场为导向，实施"放、管、服"，简政放权，减少束缚，解决效率问题，激发各市场主体的活力和创造力，多措并举完善监管，不断创新优化服务，真正做到机关管理部门职责清晰、运转高效、监管更强、服务更优。

宝钛集团积极探索推进公司经营体制改革，推进扁平化管理，以宝钛股份为龙头，与集团所属单位同步，在条件成熟的单位试行混合制、股份制、承包制、租赁制和职工持股、参股等经营模式，一企一策，把各二级单位建成自主管理、具有一定人事自主权、产供销一条龙的市场主体单位。积极探索以企业战略为导向，以管理机制为保障，以制度措施为准绳，以考核激励为动力的管控模式，保证改革过程程序依法合规、公开透明，企业治理结构规范建设，管理激励制度有效执行。建立适合扁平化管理模式的经济责任制考核办法，干部职工收入与经营业绩挂钩，突出效益中心。以"三项机制"为保障，盈利必增收入，盈得多拿的多，上不封顶；亏损必减收入，只保障最低生活标准。对无效用资产进行管理和处置，新经营体制运行后，单位盈利即可按照考核办法进行兑现，充分调动各二级单位的积极性。

宝钛集团做精军品，借助上市平台进行再融资，对部分生产系统进行重新优化布局，扩大产能，保持市场占有率，提升盈利能力。做活民品，对存续的管材、棒线材、带材、铸件及其他业务采取搬迁改造、降低产品成本，引入合作伙伴、借船出海等办法，在民品市场保持市场占有率和盈利空间。对集团所属的装备设计制造等产业积极采取混合所有制改革、转换经营管理模式、减负放权等措施，一企一策，激发各单位自主管理、自主经营、自负盈亏的积极性和主动性，在新的考核阶段内实现扭亏为盈，实现各单位均衡发展。

（四）有效推进薪酬体制改革，发挥管理创新激励机制作用

宝钛集团选取两个二级单位先行完成"五定"试点工作，根据工作需要进行人员优化组合，在条件成熟的情况下，逐步在全集团内推开。建立工作流程和保障机制，加强与各单位业务衔接，积极稳妥做好人员接收、培训、竞聘上岗和分流安置等工作，进一步推行工资制度改革，进行定员、定岗、定编，实行岗位工资制。各经营单位实行绩效工资制，职工收入由基本保障收入和绩效收入组成。绩效收入采取计件与计量办法，与产量、质量、成品率、资产占用、利润等指标挂钩。赋予车间班组考核分配权，考核指标细化分解到车间班组。各单位依据公司新的薪酬改革框架方案，制定绩效收入办法，经职代会讨论通过后实施。

　　通过改进职业技能鉴定标准条件，对于技术能手、骨干可破格晋级，鼓励职工主动学技术、学技能，快速成长。通过劳务派遣、业务外包等方式逐步减少临时用工岗位。建立劳务派遣人员择优转为短期合同制工人长效机制，对主要生产岗位连续3年考核为优秀的劳务派遣工将转为短期合同制工人。按照"五定"工作方案，打破现有的职工身份界限，统一薪酬体系，实现同岗位、同考核、同绩效、同待遇，提升基层一线操作工人队伍的稳定性和工作的积极性，优化改善职工队伍结构。

　　（五）做精军品、做活民品，有效释放产供销动能

　　宝钛集团按照"做精军品、做活民品"的发展思路，以钛产业为龙头，与集团所属的装备设计制造等产业同步，深入实施内部业务专业化细分、板块专业化管理、转型升级、发展混合所有制经济、员工持股改革等一系列改革探索，通过创新解放生产力，充分释放能量，使更多的产品进入中高端市场，使每种产品的产量有较大增长，全力扩大外贸出口，保持在世界航空市场的话语权。依据各业务板块内扁平化管理模式特点，从提升营销及服务能力、提升产品研发能力、提升制造能力、提升风险监控能力等四个方面进行支撑和保证。聚焦核心竞争力，提升"产销研"策划与运作能力，以应用于航天、航空、舰船等中高端领域的铸锭、锻件、板材和高端管材等业务走品牌发展道路，确立市场主导地位。以全市场竞争的管材、棒线材、带材、铸件及装备设计制造、特种金属材料、复合材料等产业，集中力量形成关键产品族群，保持在细分的行业领域中的市场竞争优势地位。

　　宝钛集团根据产品特性，提供与产品特征及市场差异化相适应的产品供应能力及营销模式，完善营销网络渠道建设。以战略用户为核心，稳定长期用户群，拓展营销网络渠道建设，强化快速响应和服务增值效果，不断提升用户满意度和忠诚度。将宝钛阿里巴巴电子商务渠道与国内民品、跨境外贸销售有机整合，多方合作，全网营销，充分发挥电子商务的线上销售渠道作用和宣传广告作用。完善营销人员激励机制，建立科学有效的薪酬体系和奖励机制，进一步增强营销人员的积极性和主观能动性。针对公司核心产品和关键产品族群，以"做精、做强、做大"为发展定位，在发展完善有竞争力的产品的同时，重点拓展高技术、高附加值的板、棒、管等产品。积极借助军民融合配套政策，重点开发与航天、航空、海洋等领域配套的材料、结构件产品、关键标准件，实现在新型号上突破。以宝钛研究院为主体，各事业部产销研相结合为载体，依托社会优势科技资源，建立"以我为主"、开放型的研发团队，集中力量解决关键技术难题，加快新产品研制及产业化进程。积极探索研发人员激励机制，尝试技术参股、利润分红等模式，最大程度调动研发人员的积极性。积极加强与政府有关部门和科研院所的交流沟通，了解信息，争取项目。强化合作共赢、共同发展的理念，加强与有关单位的合作，共同争取项目，确保公司在新项目中都有一定的份额。

　　（六）优化产品实现能力和质量管理，提升制造能力

　　宝钛集团深化以客户为中心的管理理念，持续改进制造管理体系，优化生产组织，提高设备功能精度，强化过程质量控制，实施工序质量闭环管理，以增强过程控制能力来提高产品制造能力。推进全流程合同周期管理，实现产供销无缝对接，减少生产指令传递环节，实现合同管理到班组、到机台，提升交货精度与准时交货管理能力。加快实施宝钛智能信息化制造项目制造执行系统应用，强化公司生产调度协调职能，提升生产服务水平和生产信息监测水平。加强公司核心产品和关键产品族群生产过程重要特性监控，推进重点产品的质量攻关，稳定产品质量。强化"下道工序即用户"的理念，上道工序为下道工序创造条件，严格把好产品质量检验关，为下道工序提供合格的坯料。充分发挥绩效评价在质量工作中的杠杆和导向作用，建立上下工序内部用户满意度的考核机制，坚持质量问责，提升公司的整体质量水平。在公司内部积极推行模拟市场运行，授予各单位原辅材料、备品备件采购权。打破内部保护机制，倒逼各单位积极想办法、找措施降低生产成本。实施新的考核办法，将成本、利润、资产占用等财务指标与单位职工的收入紧密挂钩，将产品成本与职工利益紧紧捆在一

起，倒逼各单位干部职工想办法降低成本、增加收入。开展不良资产集中清理处置工作，梳理各单位不良资产，对长期闲置不能利用的资产按照程序进行处置，优化资产构成，减少资源浪费。

（七）加强运营管理和风险监管，提升运营和风险防控能力

近年来，宝钛集团持续加强企业管理体系和管理能力建设，推动企业竞争力、创新力、控制力、影响力和抗风险能力不断提升，以管理创新为"风帆"，为公司改革发展提供了强劲动力。公司发布对标提升管理工作实施方案，梳理和实施了53项对标提升工作任务，对企业的基本情况、运营现状和内外部环境进行 SWOT 分析，抓住关键环节和瓶颈制约因素；对企业的关键绩效指标进行差距分析、趋势分析、潜力分析，采取有效措施，制定行动方案实现战略目标，为企业完善、调整运营目标，制定未来战略目标提供方向性的指导和支撑。公司制定了关于开展企业剖析诊断管理提升自查工作方案，组织19个业务部门和21个生产单位开展剖析诊断活动，抓住"症结"，突破"瓶颈"，认真开展自查、诊断工作。围绕"明确提升目标—剖析诊断问题—实施改善消除—价值绩效评估"的工作路径，进行层级量化分解，落实到岗位，确立本年度急需解决的关键问题，推动剖析诊断工作向车间、班组延伸，并与运营管理工作紧密结合。

宝钛集团把各二级单位改革成为具有一定人事自主权、产供销一条龙的市场主体单位，是公司推进经营体制改革的方向。但同时要防范各类经营风险，做到监管到位、管控有力。机关各部门不干预各单位能自行调节、自我完善的事情，不设置壁垒，让各经营主体运转更畅通、更快捷，富有效率。机关各部门将职能定位为确定思路、制定规则、规定秩序、过程监管、考核奖惩和服务协调，切实地担负起服务、监管的重任。实行财务体系集中管理、资金集中管理、核算集中管理、财务风险集中管理、战略投资集中管理，实时监测各单位贯彻落实公司战略、完成财务指标、资产管理、安全环保责任、产品质量等关键要素并划定红线。完善和创新监管机制和模式，重规则、重机制，建立健全科学的抽查机制、责任追究制度，规范自由裁量权，防止缺位失位或选择性监管，堵塞缝隙和漏洞。按照"谁审批、谁负责"和权力与责任相统一的要求，明确审批人员的责任和义务，并实施相关的责任追究。充分发挥审计和监察部门的监督检查职能，加强事中事后监控，保证政令畅通，加大对主观故意过错和不作为的责任追究力度。

（八）以宝钛品牌为中心，积极打造宝钛品牌国际化

宝钛集团积极打造宝钛聚为党建品牌。形成"聚智改革、聚力发展、强根铸魂、兴钛富民"的核心理念和"聚心同向、聚智同进、聚力同行，以人为本、创新为魂、务实为要"的"三聚三为"内涵体系，构建"创先争优、铸魂赋能、工匠培育、文化聚能、考核增效、清风聚力、共融共建、同心逐梦"等8个子品牌，公司党建影响力进一步增强，探索出一条高质量党建引领高质量发展的实践道路。

宝钛集团为规范公司品牌管理，制定《商标管理办法》《自主创新管理办法》等制度。现有26项注册商标，目前在美国、欧盟等28个国家和地区注册、使用。设计完成"宝钛 BTAOTI"及图形商标，陆续在国内相关商品类别注册了14件各种组合形式的"宝钛 BAOTI"商标；陆续在美国、英国、法国、瑞典等28个国家对图形商标予以注册，图形商标被广泛应用于公司产品包装、企业宣传与信息传递的各个领域；"宝钛 BAOTI"及图形商标被认定为"陕西省著名商标""中国驰名商标"。

宝钛集团采取将企业名称与"宝钛品牌"合二为一的品牌营销一体化策略与技术创新策略相结合的方式，获得了空客等公司的客户支持，赢得了钛行业良好的商业信誉。公司始终坚持品牌国际化战略，主导制定的国际标准《钛及钛合金命名系统》等发布实施，为国家钛领域标准真正"走出去"发挥了引领作用。2022年，共制定国际标准、国家标准、国家军用标准和行业标准29项；制定修订内部标准217项、生产工艺文件110项。2022年，获得并签订和空客十年长期协议，进入空客的全球采购

体系，打开了国际航空界的通行证。国际商务合作对宝钛集团品牌国际化的路径影响深远，宝钛钛材产品由 2017 年的年出口销售额 3.69 亿元，发展到 2022 年的年出口销售额 9.26 亿元。

三、钛业企业对标世界一流的综合性改革管理效果

（一）"1+N"改革持续推进，公司科技创新等运营成效显著

宝钛集团坚持创新驱动，推动产业升级，实现科学发展和可持续发展，公司非常重视新产品开发及科研攻关工作，建立健全科技研发体系，增强科研实力，组建战略研究团队"成立专班"。2022 年聘请了内外部专家共 9 人，对外联合申报陕西省"科学家＋工程师"团队项目。宝钛集团以专利带动技术创新，以商标和品牌经营维护公司信誉。近三年，宝钛集团实施科研项目 190 余项，其中国家重点项目 71 项；获上级科技成果奖 49 项，其中省部级以上 16 项。研制的航天用高精度精密型材等 8 项钛合金产品，成功实现国产替代。突破"卡脖子"技术，钛合金航空液压管、紧固件用丝材实现首次供货。

（二）持续开展剖析诊断，强化对标提升和"三个能力"，实现改善收益稳步增长。

宝钛集团管理体制和机制发生了显著变化，企业发展持续释放活力，2019 年，共发现管理提升项目 117 项，并对提高企业运营效率、提升各市场主体经营质量、生产性收入稳步增长，提升企业盈利能力等方面起到了促进作用；2020 年，共确立管理提升项目 102 项，组织各单位以"发现问题"为导向，以"数据说话"为基础，以"注重实效"为核心，持续开展改善活动；2021 年实施六西格玛项目 63 项、改善项目 86 项；2022 年实施六西格玛项目 71 项、改善项目 300 余项。同时，宝钛集团以"价值最大化、浪费最小化"为着眼点，以"稳增长、增效益、降成本"为目标，从管理的全要素、运营的全流程入手，大力推进扁平化管理和产供销一体化经营，积极探索实践基于职能战略的运营体系，全方位地开展价值创造活动，提升发展质量和提高运营效率，呈现出"全员性、实用性、创新性、效益性"四个特点。2018—2022 年，通过项目改善，累计收益 18230 余万元，并在流程优化、质量控制、设备能效、工艺优化等方面也取得了较好的间接收益；共实施剖析诊断管理提升项目 219 项，减少资金占用 12000 万元、节约成本 5830 余万元、增加产值 44990 万元，对提高企业运营效率、提升各市场主体经营质量、生产性收入稳步增长，提升企业盈利能力等方面起到了促进作用；3830 余人次参与了管理学习交流活动，极大推进了公司改革和发展。

（三）深入推进国企改革三年行动计划，公司效益稳步增长

宝钛集团按照国企改革三年行动统一部署，通过大力实施"1+N"改革，务实推动改革深化，55 项国企改革任务全面完成。建立了适合扁平化管理经营模式的经济责任制考核办法，实行总经理承包制、内部风险抵押金制、超额利润分享；打破了原工资分配制度，推行"岗位＋技能＋贡献"的薪酬评定模式，结合关键绩效指标，建立了与员工价值、创造能力和贡献水平密切相关的薪资体系；按照"多劳多得"分配原则大力推进薪酬改革，建立了激励与约束机制，多管齐下，激发团队"内生动力"，促进企业发展。2022 年，公司营业收入和净利润大幅增长，全年实现钛产品产量 3.42 万吨，同比增长 10.8%；营业收入同比增长 14.3%；利润同比增长 131.6%，创历史最好业绩。建立了以"岗位绩效、技能绩效、贡献绩效"为架构的薪酬管理体系，极大调动了职工的积极性和主观能动性，薪酬改革后，近三年员工收入年均增幅 16.8%，收入水平稳居地区和系统内第一梯队；围绕绿色低碳，优化升级工艺装备，实施清洁能源替代，近三年钛材单位产品能耗下降 28.2%，年均减少碳排放 1.9 万吨。助力对口帮扶村 3982 户如期实现脱贫目标，连续六年被评为"省级驻村联户扶贫（乡村振兴）工作优秀单位"。宝钛集团通过实施"1+N"改革管理，各类成果与管理效能持续释放，树立了宝钛品牌在国际国内钛行业中的领先地位。

（成果创造人：雷让岐、王　俭、王建超、陈战乾、张保生、耿爱武、曹　震）

旅游零售企业以世界一流为目标的管理提升

中国旅游集团中免股份有限公司

中国旅游集团中免股份有限公司（以下简称中旅中免）从 1984 年起经国务院授权在全国范围内开展免税业务，经过近 40 年的快速发展，已在枢纽口岸、国际交通工具、城市中心区域等渠道设立 9 大类约 200 家零售门店，形成兼营免税、有税零售业务，线下、线上多渠道融合的旅游零售全场景布局。企业每年为约 2 亿人次提供销售服务，年营业收入突破 700 亿元，连续多年在世界品牌实验室发布的《中国 500 最具价值品牌》排行榜中位列旅游服务行业第一名。

一、旅游零售企业以世界一流为目标的管理提升背景

（一）构建新发展格局对旅游零售央企提出更高要求

国民经济和社会发展"十四五"规划提出，坚持扩大内需，把实施扩大内需战略同深化供给侧结构性改革有机结合起来，加快构建以国内大循环为主体、国内国际双循环相互促进的新发展格局。强调通过"培育建设国际消费中心城市，打造一批区域消费中心""完善市内免税店政策，规划建设一批中国特色市内免税店"等举措全面促进消费。主动服务扩大内需国家战略，既是中旅中免作为旅游零售国家队坚决落实党中央、国务院决策部署，牢记"国之大者"，体现责任担当的职责使命，也是抢抓行业发展机遇实现高质量发展的战略路径，对企业在战略层、执行层、管理层都提出了更高的要求。

（二）建设"世界一流旅游零售运营商"的必由之路

2020 年，中旅中免面对新冠疫情对旅游服务整体造成的巨大冲击，大胆创新，逆势而上，销售收入首次在全球旅游零售行业实现排名第一。随着疫情缓解和防控政策全面放开，消费市场呈现复苏回暖和竞争加剧的新形势，"十四五"时期，中旅中免明确了建设"世界一流旅游零售运营商"的发展愿景，但对标国内外主要竞争对手，中旅中免必须全面查找差距和短板，进一步强化战略引领，优化结构布局，加快创新驱动，不断创新经营管理，才能巩固竞争优势，实现升级蜕变。

二、旅游零售企业以世界一流为目标的管理提升主要做法

（一）强化战略精益管理，积极服务国家战略

1. 以助推国家战略为核心，制定"十四五"规划

一是深入贯彻党中央、国务院部署，全力助推中国旅游集团"立足香港、深耕海南、拓展内地、做精海外"战略落地。企业提高政治站位，拓宽格局视野，深入研究如何助推国家和集团战略落地，在编制"十四五"规划的前期，深入开展政策趋势、行业格局、新零售、数字化、人才发展、有税业务、供应链建设、商品规划、国际化战略 9 个专题调研，全面剖析内外部环境和企业的优势劣势、机遇威胁，对如何做强做优做大旅游零售央企形成系统性研究。

二是突出旅游零售业务促进消费升级回流的核心功能作用。企业更加聚焦"为旅行者提供高品质的商品及服务"的主业方向：在产品维度，坚持为旅客消费者持续提供品质上乘、时尚度高的商品零售服务，不断融入旅行场景和生活方式，满足人民日益增长的美好生活需要；在品牌维度，坚持构建世界领先的旅游零售品牌体系，打造具有卓越影响力和美誉度的品牌形象。

三是形成兼营免税、有税零售业务，线下、线上多渠道融合的旅游零售业务布局。以不断巩固国内口岸渠道免税业务，筑牢织密销售服务网络为基础，重点推进海南离岛业务提质增效，打造旅游零售综合体标杆项目，助力海南国际旅游消费中心建设，对市内免税业务进行前瞻性布局，持续拓展海外新兴市场，特别是"一带一路"沿线国人旅游目的地，实现线上、线下有税商贸业务与免税协同

发展。

四是明确"具备国际竞争力的世界一流免税运营商"发展愿景。主动对标借鉴优秀的实践案例和管理理念，针对核心业务运营能力、数字化和科技创新应用、财务管理和风险防控、人力资源管理等方面，选取国际主要竞争对手杜福睿集团、韩国乐天集团等、国内相关领域头部公司开展对标分析，确立了6大类14个关键KPI指标，补短板、锻长板。

2.构建旅游零售战略管理体系，强化落地执行

一是进一步丰富中旅中免"1351"战略框架。"十四五"期间，基于新形势、新要求，不断丰富"1351"战略框架内涵，即夯实"旅游零售市场驱动"发展基石，发展免税、有税、资本运作三大业务板块，强化招商采购、运营管理、市场营销、数字化、供应链管理5项核心能力、完善市场化选人用人保障机制。分别形成内地、海南、香港及粤港澳大湾区、"一带一路"沿线国人旅游目的地等重点市场区域竞争发展策略，为战略顶层设计向基层落实顺利转化、执行到位奠定基础。

二是结合旅游零售业务特点，开展战略监控。企业基于五年期战略规划，每年年初制订经营计划，结合全面预算管理和经理层任期制契约化管理要求，固化主要经营指标，压实各单位经营责任。按月开展经营分析，针对重点业务内容，如毛利率波动、会员管理、汇率影响、节庆销售、存货周转、采销匹配等专项，开展常态性分析监控，对战略执行效果进行深入分析和及时预警。年末开展考核评价，使战略规划、工作计划、全面预算、绩效考核有效衔接，形成完整有效闭环。

三是主动适应变化，前瞻制定2025衔接战略。随着新冠疫情减缓和防控政策放开，消费市场回暖为旅游零售企业带来新的发展机遇，同时海南自贸港封关运行日益临近，对离岛免税业务形成新的影响。企业为更好地适应国内外宏观经济环境，积极开展"十四五"规划中期调整工作，研究制定2025衔接战略，进一步明确以顾客为中心，优化业务结构，完善新零售业务模式，加快国际化发展进程，推动线上线下、免税有税、机场市内、国内国际、进口国产复合发展的战略方针，进一步提升了战略管理的系统性、连续性、前瞻性。

（二）加快主业资本运作，实现企业跨越式增长

1.有序实施投资并购，优化旅游零售产业布局结构

一是聚焦主业，不断提升投资管理水平。中旅中免立足旅游零售国家队战略定位和业务布局，做好投资顶层设计，明确专业化、市场化的投资策略，针对内地、海南、港澳及"一带一路"沿线国人热点旅游目的地，分类建立项目库，加强对经济形势、产业政策、区域规划、市场竞争环境、法律合规要求的研究，整合外部董事、专业机构力量，识别出可能存在的机遇和风险。结合旅游零售市场变化，合理调整投资节奏，针对不利的影响应提前化解或制定应对方案，严格管控投资过程，强化投资后评价的监督指导作用，使投资成为旅游零售央企实现国有资产保值增值和高质量发展的重要手段。

二是通过并购，显著提升旅游零售央企竞争力。中旅中免把握投资机遇，2017年成功收购北京首都国际机场免税运营商日上免税行（中国）有限公司。2018年成功收购上海虹桥、浦东国际机场免税运营商日上免税行（上海）有限公司，通过中国旅游集团与海南省国资委换股收购地方免税运营商海南省免税品有限公司。通过从集中采购、品牌融合等方面有效整合并购项目资源，显著优化业务布局结构，提高国有资本配置效率，为各区域免税运营商注入发展动力，帮助企业加快拓展国内业务，促进新型业务落地和海外延伸步伐，使中旅中免国内市场占有率提升到86%。

三是持续推动央企旅游零售业务专业化整合。中旅中免坚决落实国企改革要求，推动央企同类业务横向整合。2023年与国药集团二级公司国药国际开展中国出国人员服务有限公司（以下简称中出服）股权合作项目，实现优势互补，促进国有资本向优势企业集中、向优势企业集中，由中旅免税整

合中出服，一定程度上减少了重复建设和行业过度竞争导致的低效和亏损。

2. 建立"A+H"模式，为创建世界一流奠定坚实基础

一是通过在港股公开发行，对接国际资本市场。2022 年，中旅中免在新冠疫情反复、国际局势动荡、美元持续加息等导致资本市场出现不确定性的情况下，选择了最佳发行窗口期，完成当年香港甚至亚太市场规模最大的 IPO（Initial Public Offering，首次公开募股），被纳入 MSCI 全球标准指数、MSCI 新兴市场指数和 MSCI 中国指数等著名股票指数，与 A 股资本市场形成优势互补，为推进"十四五"战略募集充足资金，引入 9 个基石投资人，显著增强企业的国际影响力，为发展注入强劲动力。

二是不断增强投资者对旅游零售央企的价值认同。中旅中免借助港股上市契机，与投资者高频次、高质量深入交流，在上市公司年度、中期、季报发布后，采取一对一路演沟通、业绩说明会、实地考察及调研、投资者论坛及峰会、互联网平台推广等方式开展投资者沟通，举办"国际投资者大会"等系列活动，持续创新投资者沟通方式，举办多次反向路演及投资者开放日活动，增强投资者体验感和对旅游零售业务的了解。中旅中免投资者关系公众号累计获得近 30 万次阅读量，小程序得到拥有来自近 1000 家机构用户关注，雪球号粉丝量超过 8000。

三是持续提升信息披露的主动性、有效性、及时性。企业坚持"同步"披露、两地监管"孰严"原则，确保信息披露依法合规，进一步加强与境外专业机构高效协作，保障两地信息披露内容的统一性、时间的同步性，以投资者信息需求为导向，优化披露内容、丰富披露形式，特别关注投资者做出价值判断和投资决策所必需的信息，并做到简明清晰、通俗易懂。至 2022 年，中旅中免信息披露连续 7 年再度被上交所考核评价为 A（优秀）等次。

（三）践行优质服务要求，打造旅游零售央企卓越品牌

1. 优化"供应商＋商品"管理，巩固增强正品优势

一是不断巩固与供应商的战略合作关系。依托与全球超过 1300 个知名品牌供应商建立的稳定合作关系，中旅中免不断引入契合消费趋势的高品质品牌及商品，满足消费者多样化、个性化需求。目前在售产品超过 30 万个 SKU。企业深入洞察消费趋势，通过与供应商开发交流、合作创新，不断丰富公司品牌矩阵和产品序列，着力引进更多畅销款、旅游零售独家特供款、首发款、小众设计师或限量版产品，在入驻品牌资源上处于世界一流水平，形成旅游零售央企的核心竞争力。

二是严把供应商入口关和商品质量关。企业严格执行采购审批流程，在供应商寻源纳入环节做好监督复核工作，建立合格供应商名单库，定期考核评价，动态调整，及时清退违规供应商。为保障商品质量，公司制定了《进口商品安全质量风险预警与检验检测管理规定（试行）》，加强进口商品安全质量管控。自 2022 年起，国产烟酒与供应商重新签署的协议中均加入了《酒水质量保证协议》的签署，确保交易产品质量合格。

三是食品安全方面，全力构建并完善涵盖食品管理细则、监督管理、追溯协助、检验检测等在内的全面管理体系，坚持线上线下同质管理标准，通过全流程管控，确保客户舌尖上的安全。在临期商品管理方面，针对产品品类及实际情况，采取退运、向供应商退货换货、折扣促销、买赠促销活动、在海关监督下销毁等方式处置，并不断通过预测市场需求、灵活调配商品和提高采购效率来减少临期商品的出现。

2. 树立旅游零售服务标准，不断提升客户服务水平

中旅中免将"诚信经营、优质服务"要求作为开展旅游零售业务的根本遵循，聚焦客群需求，持续提供高质量产品和服务供给。

一是结合旅游零售场景，不断提升服务标准化。编制免税店运营手册、销售员行为规范等操作指

引，进一步完善出入境免税店服务标准。同时针对消费者需求创新服务模式，落实离岛免税"邮寄送达""返岛提取""担保即提""即购即提"等提货政策，显著提升购物便捷度。对标国际一线品牌运营标准，打造"S 店"，树立零售运营标杆，并推出特殊旅客优先服务、寄存服务等一系列贴合客户需求的服务项目。

二是持续优化中旅中免会员体系。公司建立五级会员体系，注册会员超过 2900 万。公司不断完善会员管理系统， 创新线上营销模式，2023 年全面升级会员权益，充分联动中国旅游集团全场景旅游资源优势和第三方平台的优质产品，从购物、出行、酒店、景区等多元场景为会员提供权益焕新升级，包括生日礼券包、VIP 贵宾休息室、专车接送、签证礼券、邮轮礼券及酒店、景区专属礼遇等诸多服务。

三是完善售后服务体系，提升消费者获得感和满意度。企业制定 400 客服座席操作规范、商品售后服务操作规范，明确售后服务的操作标准。组建北京、海南、上海和深圳四大呼叫中心，客户服务团队近 500 人，及时倾听和响应消费者诉求，简化售后问题处理流程，快速响应处理客诉问题，针对高发、突发问题，成立会商小组，快速制定并执行解决方案，提升服务效率。

（四）实施数字化转型，实现业务线上化管理智能化

1. 为消费者提供覆盖"行前、行中、行后"的数字化体验

一是创新线上旅游零售业务，引领行业变革。2020 年，中旅中免面对疫情对旅游零售业务的巨大冲击，自我加压，求新求变，凭借深耕旅游零售行业多年积累的经验，解决商品、物流各环节问题，设计出不同政策下的线上业务零售服务模式并迅速落地，各类线上平台陆续上线，实现效益，近半数门店实现扭亏，实现了稳岗就业，彰显了社会责任。2021 年，公司设立专业运营公司逐步整合线上业务，不断提高运营水平和市场竞争力。会员购、中免日上 APP 等线上旅游零售平台深受消费者青睐，公司 2022 年线上业务收入占比超过 50%。

二是打造旅游零售全场景智慧门店。2020 年以来，中旅中免抓住线下门店业务受疫情影响的时机，围绕人、货、场核心要素，创新应用数字技术，解决顾客"行前、行中、行后"需求痛点。通过移动端 APP，顾客可以在行前了解店内活动、商品促销，安排购物行程，使用 VR/AR 对心仪的商品进行试妆、试穿、试戴、试妆；到店后体验智慧导购、扫码购物、优惠券领取等便捷服务；完成购物后可通过智慧售后服务系统享受 24 小时购物咨询、开具发票、售后维修等，以及在 CDF 会员购继续下单和观看直播等。目前，各类智慧门店应用已在多家门店部署投用，让消费者体会更多乐趣，消除旅游购物的后顾之忧。

三是打造世界领先水平的旅游零售数字艺术商业空间。中旅中免海口国际免税城于 2022 年正式开业，刷新了全球最大单体免税店纪录。其商业空间重要组成部分——"天际秘林"主题中庭由 6 次荣获奥斯卡最佳视觉效果奖的维塔工作室（Weta Workshop）打造，运用智能实时交互感知、时间轴精准同步算法、声光电协同控制、场景预编程技术等多种数字化技术构建数字童话世界，实现以艺术点亮商业空间，以科技赋能消费体验，在为消费者带来美轮美奂的参与体验的同时，极大地提升了旅游零售产业的科技创新性。

2. 构建商业大数据平台，为科学化决策提供强力支撑

一是建立商业大数据平台，夯实数据治理底座。旅游零售业务政策性强、流程复杂，需要依法对购买者的身份和行程信息进行查验，产生了庞大的客群群体和海量的业务数据，为了规范管理数据资产，深入挖掘数据价值，中旅中免开发建立具有完全自主知识产权的商业大数据平台，接入企业总部 16 个信息系统，拉通全链条销售、库存、客源等业务数据，采集外部 200 余个关键数据，如竞品价格销量等，有效打通内外部数据生态，为推动旅游零售央企"数据决策"奠定了基础。

二是搭建旅游零售分析体系和模型库。基于商业大数据平台，企业打造一站式数据智能分析与可视化平台，逐步建立面向管理层、执行层各层级的低门槛、高效率的数据分析决策体系，含 18 个模块，近 400 张报表，以消费者大数据为基础，从人货场与进销存双维度，基于机器学习算法与人工智能技术，按采购、销售、疫情、库存、营销活动 5 大主题，构建销售归因、客户画像等多个旅游零售业务特定数据模型指导决策，显著提升仓储物流、采购补货、市场营销等业务领域的智能化决策和精准执行能力，业务流程数字化率 100%，有效提升业务部门工作效率 30% 以上。

（五）完善现代企业制度，健全旅游零售央企治理管控体系

1. 突出党的领导核心作用，夯实企业治理基础

一是制定优化党委前置研究清单。公司持续完善《"三重一大"决策制度实施办法》《党委工作规则》和《党委前置研究讨论重大经营管理事项清单》等制度，充分结合实际，分解形成 82 项决策事项，对金额标准进行了合理细化，指导所属企业党委修订"三重一大"制度、前置研究事项清单，不仅厘清了党委、董事会、经理层等治理主体的权责边界、决策流程和授权机制，更显著增加了制度和清单的合理性和可操作性。切实发挥党委把方向、管大局、促落实的作用。

二是持续增强制度体系的系统性和有效性。公司形成以公司章程为基础的完备的制度体系，各级企业全面实现党建入章。公司目前有规章制度 244 项，其中公司治理类制度近 30 项，对"三会"规范运作、信息披露、投资者关系管理、董监高等人员管理、关联交易、对外担保等关键领域做出具体细致的安排。2022 年，公司为适应港务上市后监管政策的变化，修订制度 5 项，制定制度 4 项，发布制度 14 项，为实现企业各治理主体权责匹配、决策高效，提供了法律基础和制度保障。

三是建立完善落实董事会职权配套制度。公司严格落实国企改革三年行动要求，落实中长期发展决策、经理层成员业绩考核、经理层成员薪酬管理、职工工资分配管理、重大财务事项管理等职权。2022 年上半年，完成各项配套制度的制定，理顺和规范了董事会研究决策的边界、机制，更强化了对董事行权履职的服务支持，使董事会承接各项职权依据充分、流程规范。

2. 发挥上市公司治理优势，创新治理管控体系

一是不断增强上市公司董事会多元化。截至目前，上市公司董事会由 7 名董事构成，其中独立董事 4 名，均曾担任大型国有企业、旅游集团、金融企业、会计师事务所重要职务，在旅游管理、企业管理、财务审计、法律风控等方面具备较强的专业素质和丰富的实践经验，进一步提高了公司董事会成员经验和能力的多样性和互补性。

二是建立了良好的董事履职保障机制。公司出台《独立董事制度》，规定了独立董事的职权义务、履职保障，明确了独立董事享有与其他董事同等的知情权，定期将公司董事会决议执行情况、其他内部会议纪要、重大项目进展、证券事务简讯、行业发展报告等书面资料整理发送给独立董事，每年至少组织独立董事参加 2 次集中调研活动，有力地促进了独立董事深入了解公司业务。近年来，独立董事对审议公司重大收购、重大关联交易议案均提出了有益建议，有效提升董事会决策能力。

三是带动各级加强所属企业董事会建设。公司各级所属企业近 100 家，纳入董事会应建范围的企业全部设立董事会，实现外部董事占多数。公司出台《所属企业董事会规范运作管理办法》《派出董事履职管理规定》《派出董事、监事管理办法》等制度，明确派出董事的任职条件、选聘机制、履职管理，以及评价、退出及责任追究机制。在所属企业董事会规范运作的基础上，逐步在 10 余家所属企业落实重点董事会职权，进一步将与一线企业运营相关、需要做出市场快速反应的非重大事项决策权授权给子企业。

三、旅游零售企业以世界一流为目标的管理提升效果

2020 年以来，中旅中免持续推动以创建"世界一流旅游零售商"为目标的管理实践，强化战略引

领，服务国家战略，从投资管理、资本运作、服务提升、科技创新、企业治理等维度自立自强，守正创新，在经济效益、管理水平方面均取得了显著效果。2020 年至 2022 年中旅中免连续三年位居全球旅游零售运营商收入排名第一。2022 年，中旅中免入选国务院国资委"国有企业公司治理示范企业"和"创建世界一流专精特新示范企业"名单，获批进入国资委"双百企业"；在资本市场屡获殊荣，2022 年荣获"中国主板上市公司价值百强""中国百强企业奖"等多个权威荣誉，入选"央企 ESG·治理先锋 50 指数"及中国上市公司协会"年度 A 股上市公司现金分红榜单丰厚回报榜"等榜单。在品牌影响力方面，中旅中免以 1057 亿元的品牌价值，位列《中国 500 最具价值品牌》排行榜第 60 名，位居旅游服务行业第一。

（成果创造人：王　轩、张　磊、高　岩、邓立早、吴静涛、吴燕辉、
李俊锋、李　展、徐玉龙、王家祺、徐　静）

以创建拉美领先能源电力公司为目标的跨文化融合管理

国家电网巴西 CPFL 公司

巴西 CPFL 公司（以下简称原 CPFL 公司）是巴西知名的大型能源电力上市企业，成立于 1912 年，主营发电、输电、配电和市场交易等业务，2017 年被国家电网并购和控股运营后，更名为国家电网巴西 CPFL 公司（以下简称国网 CPFL 公司），随后开展要约收购、资产整合、再上市、并购新资产等一系列资本运作，成为由央企控股 83.71% 的大型海外能源电力公司，在巴西证券交易所（B3）上市。

截至 2022 年年底，国网 CPFL 公司业务遍及巴西 11 个州，拥有配电营业区 30 万平方公里，配电线路约 35 万千米，配电容量 2648 万千伏安，服务用户 1050 万户、2200 万人口，输电线路近 7000 千米，变电容量 1606 万千伏安，水电、风电等可再生能源发电装机 750 万千瓦，共有各类发电站 112 座。年发电量 246 亿千瓦时，年输电量约 400 亿千瓦时，年售电量 695 亿千瓦时，市场交易电量 155 亿千瓦时。资产总额 949 亿元，营业收入 513 亿元，净利润 68 亿元。

一、以创建拉美领先能源电力公司为目标的跨文化融合管理背景

作为"百年老店"，原 CPFL 公司拥有辉煌的历史，而 2016 年，原 CPFL 公司净利润仅为 17 亿元，存在企业文化定位模糊、员工动力不足、企业债务负担重以及管理低效等问题，原有企业不能适应世界电力变革与发展形势。2017 年，国家电网并购和控股运营后，原 CPFL 公司更名为国家电网巴西 CPFL 公司，随后开展了要约收购、资产整合、再上市、并购新资产等一系列资本运作。在并购接管初期，原 CPFL 公司高举债、多并购、重视资本市场运作的发展模式，与控风险、稳增长、注重精益管理以及国有资产保值增值的央企治理和发展理念存在较大差异。同时，中巴文化导致的认知差异和文化冲突成为国网 CPFL 公司实现跨越式发展必须面对的、亟待解决的问题。近年来，巴西能源电力改革政策调整的步伐加快，市场自由化程度逐步加大，政治经济不确定性始终存在。在新发展阶段，如何做好跨文化经营管理，凝聚中巴两国员工的合力，是助力国网 CPFL 公司抓住新机遇，战胜新挑战，实现高质量发展，成为拉丁美洲领先能源电力公司必须面对的课题。

二、以创建拉美领先能源电力公司为目标的跨文化融合管理主要做法

（一）开展顶层设计，建设跨文化经营管理架构

1. 以文化融合为依托，完善经营管理架构

融合中巴企业和中巴员工之间的文化差异，研究提出"3C"（Corporate Governance、Core Competence、Culture Inclusion）管理理念，即加强公司治理、提升核心能力、强化企业文化融合，明确以"打造文化优势，成为拉美最佳"的愿景为引领，推动国网 CPFL 公司成为提供可靠能源电力供应和可信服务的拉美领先能源电力公司的战略目标。

以文化融合为依托，擘画"以一个根本、两项基石、五个支柱、四维工程"为核心的跨文化经营管理框架，即以人才队伍建设为根本，资产质量和社会认可为基石，安全、治理、创新、合规、可持续发展为支柱，建设安全基础、质量品质、进度合力、投资测算满足国际化发展要求的四维工程，有效实施大型海外能源电力公司提升国际竞争力的跨文化经营管理框架，服务国际化战略落实落地。

加强组织领导和管理架构顶层设计，建立多管齐下的协调推进机制，董事长和 CEO 亲自挂帅，靠前指挥，成立项目指导委员会。强化协调推进和跟踪督办，建立多部门和跨业务领域的核心工作团队，按照设置子项目组，推进项目实施工作。为加大工作力度，确保工作质效，聘请外部咨询顾问协助推进实施，先后学习交流 49 家国内外不同类型、不同领域公司的典型做法，博采众长，凝聚共识。

2. 部署行动路径，开展文化融合工程

中巴双方在企业战略目标上逐步形成共识，公司管理层组织开展一系列的宣贯工作，对公司战略、企业愿景、发展任务、价值理念等重要概念和意义进行宣讲和解读，引导员工形成思想共识，营造公司内部合作共赢、团结奋进、共同成长的良好氛围。同时，尊重当地文化习俗，积极宣传中国传统文化与内涵，分享中国企业管理理念，创造中巴员工之间用英语、葡语和汉语的分享交流机会，打破沟通障碍，建立尊重互信、真诚合作的工作氛围。

建立涉及目标、沟通、合作、责任、提升5个方面内容的文化融合指南，制定包括使用语言、表达方式、交流模式、共事机制等10项文化融合工作基本规则。进一步细化措施、明确任务，定期召开专题会议，检查工作成效和明确后续工作。分步实施文化融合行动方案，循序渐进落实跨文化管理目标。

（二）以培育人才队伍为根本，强化跨文化组织基础

1. 强化绩效管理和考核激励，持续完善公司人才评价

建立完善的选人用人机制和激励考核机制。融入国家电网的管理理念，增强员工的责任意识、认同意识、归属意识，实施管理人员绩效及潜力评估，每年通过多轮考核测评，编制公司管理人员年度绩效评价及核心管理岗位继任计划，注重核心人才的内部培养和管理人员的内部选聘，为全体员工提供公平、公开、公正的成长平台，提升员工归属感和竞争力。

密切关注人才市场动向，开展人员轮岗培养，推广敏捷管理、员工多样性等管理理念，降低核心岗位人员离职率。在输电公司组织架构及人员整合阶段，宣贯母公司企业文化理念，实现快速整合，输电公司员工满意度显著提高。强化企业大学培训职能，支持企业大学与当地培训机构加强协作，打造能源电力领域精品培训课程，加入公司经营和生产管理典型经验案例，提升员工培训质效。

优化整合员工岗位薪酬管理体系，研究分析各业务板块岗位工作标准及薪资标准，结合近年来市场趋势，形成覆盖公司各业务和岗位级别的薪酬福利标准体系，为各业务板块间人员流动、员工职业晋升，清除障碍。及时收集市场和同行信息，为公司人工成本科学合理使用提供依据，规避员工同工不同酬风险。加强公司人力资源部门管理职能，高频度宣传国家电网"市场化、长期化、本土化"经营方针和以人为本的管理理念，组织优秀员工与国家电网多次开展技术和管理交流。推广英语办公，鼓励中巴员工分别加强葡语和英语学习，清除语言沟通障碍，管理效率大幅提升。

2. 加强海外党建，培育能打胜仗的核心人才队伍

遵守海外党建"五不公开"原则，充分发挥党组织的独特优势，创新方法方式，开展一些特色化、个性化党建工作，积极推进党建工作与项目建设、企业文化等深度融合，开创党建工作新局面。员工勇担当，支部重培养。针对绿地输电特许权项目竞争激烈、第三回特高压投标及后续工作人员储备不足等现实挑战，鼓励支部党员勇于担当作为，跳出舒适区，主动承担重点工作的关键角色。支部以老带新、传帮带、学习大讲堂等方式，通过具体项目培养核心人才队伍。

3. 建立"选用育留"人才机制，培育本地化管理团队

在选人方面，注重实战考验，将经验丰富的人才充实到关键岗位，优先从公司内部选拔有潜力的员工。在用人方面，注重人岗适配：通过项目管理组织架构改革，打通员工职业发展通道；通过优胜劣汰，做到人岗适配。在育人方面，注重实战锻炼：以赛代练，给机会，压担子；以老带新，确保能成事；推行会议轮值制度，快速提升骨干员工的综合素质；着力加强梯队建设，健全人才队伍培养体系和管理机制，构建以"项目经理、项目经理助理、专业工程师、现场工程师"为梯次的格局。在留人方面，注重共同发展、快乐工作和加强团建，通过事业留人、文化留人、情感留人，增强团队凝聚力。

（三）以资产和社会责任为基础，筑牢跨文化管理基石

1. 筑跨文化经营之基，夯实"资产质量"基石

围绕输配电资产，一是完善资产管理体系，在保证技术经济合理的基础上，应用资产全寿命周期理念，对规划、设计、采购、建设、运维、改造、退役处置方面的关键业务管理、评价管理、持续改进等环节进行全面完善提升。二是优化检修策略，应用状态检修技术，实现检修管理由"到修必修，修必修好"向"应修必修，修必修好"转变，优化完善定期检修策略向精准检修方向发展。三是加强风险管控，深入开展设备隐患排查和治理，提高设备安全运行水平，大幅减少非计划停电，提升监管指标。四是应用先进技术，借鉴国家电网"实物资产 ID 管理系统"设计思想，开发基于区块链、物联网技术的物流管理平台，提升设备台账和供应链管理水平，解决物资"账实不符"问题，提升物资调拨配送效率。围绕发电资产，推行发电资产全寿命管理，整合发电板块 SCADA、生产管理、大坝管理等管理系统，拓宽设备状态监控、评估覆盖范围，建立发电板块设备全寿命管理中心，打通设备状态、生产计划、检修维护、更新报废、预算管理全流程，夯实发电资产管理基础。围绕投资策略，跟踪行业动态，加强市场研判，强化项目前期决策、建设期管控、建设后评估工作机制，建立境外和国内常态化沟通机制和重点项目联合工作机制，甄选优质项目，严守回报底线，稳健投资，滚动发展，确保资产实现长期保值增值。

2. 赋跨文化管理之能，夯实"社会认可"基石

克服沟通渠道和宣传途径不通畅等困难，以文化融合为核心，牢固树立企业价值提升是公司发展第一要务的意识，在提升企业价值的同时，做到兼顾投资者和利益相关方权益，强化与股东、供应商、客户等利益相关方的沟通，加强对外公关和媒体宣传。打造品牌公益项目，扩大社会影响，提升社会各界对公司的认可度和美誉度；国家电网捐资建设的苦咸水淡化公益项目成功建成投产，解决北大河州 3 个原住民社区 3000 多居民长期以来饮用水短缺的难题；举办公众开放日活动，邀请中、巴知名媒体前往国网 CPFL 公司总部和工作现场参观，宣传促进特许权区域经济文化发展、履行社会责任的企业公民形象；注重主动发声，深化社交媒体矩阵建设，加强正面信息发布与舆论引导；深化与公关机构、智库合作，形成有影响力的研究报告和智力成果，增进社会各界认同。

（四）树立五大支柱，架起跨文化管理桥梁

1. 树立"大安全"理念，强化安全建设

一是对比分析国家电网和国网 CPFL 公司的安全管理差异，结合巴西管理实际，进行查漏补缺，完善安全管理工作体系，开展"隐患排查治理""安全生产月"等一系列活动。二是成立公司安委会，CEO 担任"大安全"第一责任人，每月向董事会汇报安全工作情况。三是加强安全管理整合，建立安全指标监测及安全事故信息收集、报告流程，由专人负责人身安全、资金安全、资产安全、信息安全的督导，将监管业务和非监管业务安全管理合并，实现全公司安全归口管理。四是应用"杜邦安全理念"，根据公司杜邦安全文化调查结果，开展有针对性的安全文化宣传活动，提升员工的安全意识，加强一线作业人员安全培训、安全防护，落实现场监督，切实保障员工生命安全。

2. 优化治理建设，构建最优管理机制

一是采用"罗伯特法则"（在公司治理中优先对最具影响力的问题进行解决，明确每个问题的优先级和关键性，帮助管理层更好解决问题），规范公司治理工作，对董事会、高管会、财委会以及董事会下设机构的组织架构、人员配备、职责权限、工作机制和程序进行全面优化，实现权责清晰、决策高效。同时，成立公司治理办公室，高质量支撑和服务董事会、高管会、财委会以及相关机构工作。二是建立与股价等资本市场表现指标挂钩的激励机制，强化管理层考核激励，推行经营、客户、管理提升、员工成长"四维"绩效指标考核，营造学习、成果、互信、探索为导向的"四新"工作环境，切

实提升公司整体治理水平。

优化完善和提升 Plug-Play（即插即用）管理模式，改进原有直线型集约化管理机制，建立自下而上、自上而下、横向联动的网格化和矩阵式管理架构，构建符合新发展环境的管理机制。一是通过集约化管控，使下属公司人事、财务、采购、法律、信息等业务归集至集团公司统一管理，强化企业运营成本和资本性投资管理，并对职能相近、业务重叠或协同效应明显的部门，优化调整组织架构，提升工作效率。二是在高管委员会下设置专门委员会，加强对重大决策的审核支撑，增强管理活动中的横向联系，建立标准化委员会，加强标准化工作，建立绿地项目管理委员会，加强项目全过程、全寿命周期管理。建立客户体验委员会，优化客户关系，提升客户服务质量。三是强化物资采购管理，在平衡效率与公平、共性与个性、本土与全球关系的基础上，实施供应链"四化"精益管理项目，即制度流程规范化、技术要求标准化、供应商库扩大化和集团采购一体化，以"科学规范、合理合规、固化原则、特例审批"为工作原则，全面实现物资精益化管理。四是优化中方人员工作定位和岗位安排方案，明确工作覆盖面、介入深度、岗位职责和考核方案，做到中巴员工目标同向、行动同步。

3. 推进创新建设，提升企业管理效能

一是大力培育创新文化，激发全体员工立足岗位创新的主动性和责任感，建立鼓励创新的制度体系和激励机制，加强创新文化宣传，积极创新实践，将创新能力作为员工发展的重要素质之一，列入考核评价范围。二是探索智能资产与传统资产最优化组合，建设新一代配电管理系统，提升配电网智能化水平和优质服务水平。建设数据分析中心，打造分工明确各有侧重的数据分析团队。利用人工智能和大数据，大力推动自动化流程机器人、客户自助抄表和信息自动识别等信息化项目建设。通过信息系统的平台化和云端化，带动公司业务标准化。按照巴西用户数据保护要求，建立全面系统的信息安全、系统开发和数据管理机制。

4. 完善合规建设，规避企业经营风险

一是以健全完善职工守则制度为核心，重点打造公司合规文化，成立公司道德委员会，关注员工思想教育和人文关怀，丰富合规文化宣传内容，开展员工警示教育，增强员工合规意识和法律意识。二是成立审计委员会，厘清审计委员会与财委会的职责与定位，强化审计委员会的独立性，突出审计委员会对公司重大事项的监督职能。三是优化审计部的岗位设置和人员配置，建立重点工作汇报机制，将审计工作纳入公司绩效考核。四是不断加强规章制度体系建设，形成完善的规章制度体系图谱及目录，开发规章制度编制、审批、发布和查询的信息系统，并应用至员工管理及培训系统中。

5. 深耕可持续发展，提升国际影响力

一是充分发挥可持续发展委员会指导和监督职能，加强宣贯，积极梳理总结典型案例，举办"可持续文化周"主题活动，引入可持续发展主题的线上培训课程。二是积极创造国际国内交流机会，多次参加联合国气候大会和在联合国总部纽约举办的全球契约组织会议等高层次国际会议，掌握全球和巴西本土可持续文化发展的最佳实践，在国际平台分享国网 CPFL 公司可持续发展经验成果，提升公司全球影响力。三是通过国网 CPFL 公司可持续发展部主任当选联合国全球契约组织巴西区董事会主席的有利条件，加强与国际机构、当地政府、企业和相关社会团体的沟通合作，邀请相关企业家、学者、专家到国网 CPFL 公司交流指导，提升可持续发展工作水平。

（五）强化全方位落实，提升工程建设各维度质效

1. 筑牢工程安全基础，从源头压降安全风险

筑牢安全基础。深入开展"抓责任、精管理、固基础"安全主题活动，分月推进重点工作。通过项目建设管理平台，编制隐患排查清单与治理手册，定期开展项目建设安全隐患大排查大整治行动，录入排查信息及跟踪后续整改情况；对设备材料的出厂试验和测试结果进行监督检验，工程本质安全

水平不断提升；不断组织开展各类安全培训，全员参与，培训合格率达到100%；检查施工班组安全作业管理措施的落实和进行制度手册更新修订等。

严格全过程风险管控。制定《现场安全检查程序》，按照全过程安全风险管控的原则，建立风险预警和风险评估机制，从安全风险类型、等级、影响评估和治理措施等方面做实风险压降、过程管控、评估管理。强化全链条责任落实。制定全面强化安全责任落实的20条意见，建立四级责任体系，推动公司安全管理体系在现场有效运转。规范公司领导巡视、项目经理挂点制度，推行项目安全总监理工程师及驻队监理制度，补强作业单元现场监督。

2.严把工程质量品质，全过程强化质量管控

实行质量五级管控。编制发布《现场工程质量检查程序》，规定主要质量管理制度、施工与验收质量标准，用以指导工程各相关方开展日常工作、实施建设任务，确保在工程建设过程中各项质量管理行为有据可依、有制可循。设置EPC承包商、监理、业主工程师、项目经理、部门主任五级质量管控制度。深化优质工程示范引领，持续在巴西市场建设内塑品质、外树形象的精品工程，积极引进干式电抗器、复合绝缘子等国内先进设备和技术，建设过程中邀请国家电力调度通信中心、电监局等政府相关机构的专家进行调研参观，输出中国制造和中国标准，扩大国家电网的品牌影响力。

3.合理预判工程进度，以科学赋能进度管理

科学制定合理工期标准。立足于巴西市场实际情况，组织开展输变电工程合理工期标准研究，以竣工项目为参照，合理预判新工程建设项目的进度，并科学统筹建设资源，实现优化配置。深化进度管控的报告、协调机制，要求工程承包商、供货商等严格执行形象进度管理和进度计划管控程序，加强监管要求，健全周、月度、季度以及专题专项进度报告、协调机制，发挥属地资源优势，凝聚专业合力，解决建设难题。精准控制计划执行进度，以商业投运日期为目标，建立项目执行进度台账，充分考虑前期进展、工程特点、外部环境、建设需求，统筹制定设计、考古审批、环保取证、征地、设备材料采购以及物资供应、停电配合、手续办理、开工投产、合同结算等各建设环节的全覆盖"全景图"，强化前瞻预判、智能管控、实时纠偏，提高计划执行精准水平。

4.精准测算工程投资，以精细深化成本管控

提高商业计划模型测算的精准度。在商业计划测算中，落实全生命周期成本最优理念，统筹工期影响和宏观经济数据的假设，科学分析、详细论证，提高模型精准度。对于发生5%以上商业计划变更的情况，应及时完成必要的论证和审批，提升商业计划的指导意义和项目管控作用。实施项目"两全管理"。对扩建项目和绿地项目实施全面综合计划管理和全面预算管控，对项目的工程形象进度和财务进度进行考核，以此为抓手，精细管理、严控成本，实现降本增效，推动项目管理集约化发展。强化结算质效管控。细化过程分部结算管理，强化现场设计、施工、结算"三量"核查，对重大偏差项及时组织技术论证，确保量、价、费依据准确，实现工程结算零误差。加快工程款审批和结算进度，有效支撑决算转资并形成有效资产。

三、以创建拉美领先能源电力公司为目标的跨文化融合管理效果

（一）运营管理显著提升，效率效益屡创新高

通过文化融合促进本土化管理，中巴管理人员发挥出优异的管理能力，彰显出色的管理效率，使国网CPFL公司发电、输电、配电、电力交易等业务板块的运营管理相关指标显著改善，达到了历史最优水平。供电质量和服务质量不断提升，2022年事故率和严重率实现历史最低。配电公司年停电事件累计时间和年停电事件频率显著下降，下属三家配电公司的年平均停电时间指标包揽巴西能源电力行业前三名。成功并购南大河州输电公司，实现输电业务发展质效的历史性突破。发电业务整体平均可用率96.9%，保持巴西行业领先水平，开创巴西风电自主运维先河，大幅降低运营成本。2022

年，国网 CPFL 公司净利润达到交割接管前的近 6 倍（以巴西币值计），税息折旧及摊销前利润增长 259%，资产规模增长率 72%。2019 年以来，国网 CPFL 公司加大分红力度，截至 2023 年 9 月底，已累计向国家电网分红约 139 亿元。在拉美能源电力行业中，国网 CPFL 公司资产质量、核心竞争力、股东收益和企业价值等已进入第一梯队。

（二）品牌价值持续彰显，高质量发展动能强劲

国网 CPFL 公司品牌价值持续彰显，"CPFL 文化融合"项目荣获中国企业形象建设十大案例，"CPFL 在医院"等项目入选联合国可持续发展优秀实践。国网 CPFL 公司风电场"饮水思源"公益项目入选第三届全球减贫案例，《CPFL 青少年》短视频获得国资委举办"一带一路"百国印记短视频大赛"优秀作品"奖。国网 CPFL 公司苦咸水淡化公益项目获得 2023 年度海外安防优秀实践奖。

国网 CPFL 公司作为上市公司，先后入选多项重要国际指数，入选数量位居巴西能源电力企业前列，受到监管机构、行业协会、咨询机构、媒体的广泛关注和一致好评。同时，国网 CPFL 公司被世界金融杂志评为巴西最佳公司治理奖，重新上市被金融时报评为美洲最佳股权交易奖，先后荣获巴西最佳配电企业、最佳客户服务奖、年度可持续发展奖、最佳雇主等多项重要奖项。

（三）支撑公司重点工程，服务"一带一路"高质量发展

实现了安全生产规范化、常态化管理，保障了各在建和已投运项目的安全、有序、平稳开展，有效防范了重大安全事故的发生。截至目前，未发现重大安全事故。所有项目均一次性通过巴西国家电力调度中心的最终投运验收，未发现重大质量缺陷。2021—2023 年 15 个扩建项目全部实现提前或按期投运，增收 7487 万雷亚尔。截至 9 月，STE 项目总体进度达到 90.9%，有望比巴西电监会规定的投运时间提前 500 天投运，增收 6315 万雷亚尔。在通货膨胀、汇率大幅波动、大宗材料价格上涨的情况下，所有竣工项目投资均控制在批准的商业计划内，确保项目的投资回报率。

实现"硬联通""软联通""心联通"：打造出美丽山二期项目、特里斯皮尔斯二期项目、STE 项目等一批精品工程，实现"硬联通"；带动国家电网特高压、干式电抗器等一批技术标准走出去，实现"软联通"；塑造中巴融合的一体化团队，在项目线路沿线帮助当地居民建设和修复道路及桥梁，捐助果汁厂、学校等一批惠民生项目，实现"心联通"。

（成果创造人：文　博、陈道彪、潘月辉、黄富涛、何大勇、张凯航、
柴继勇、刘云威、刘明岩、傅章彦、陈新建、张　昱）

人力资源与绩效管理

建筑企业基于发展战略的全员绩效考核管理

中铁建设集团有限公司

中铁建设集团有限公司（以下简称中铁建设）成立于 1979 年，前身是中国人民解放军铁道兵 89134 部队，是中国铁建股份有限公司全资子公司，是建筑工程施工总承包特级、市政公用工程施工总承包特级企业，具备建筑行业 11 个专业最高等级资质。业务涵盖工程总承包、建筑工程设计、装饰装修、市政施工等领域。现有员工近 2 万人，81% 的员工分布在 800 多个项目上，由一支 700 余人的强大项目经理队伍开展管理。拥有注册建造师 2000 余人，各类注册人员 3000 余人。年施工能力超 7000 万平方米，工程遍布全国百余个城市及海外数个国家。2022 年新签合同额 1900 余亿元，营业收入 900 余亿元，人均营业收入 500 余万元。先后获得鲁班奖 68 项、国优奖 66 项、詹天佑奖 13 项。

一、建筑企业基于发展战略的全员绩效考核管理背景

（一）实现企业发展战略的客观要求

"十三五"初期，通过诊断，中铁建设在绩效考核方面仍然存在一些问题，主要体现在考核覆盖面不足，战略触角未能延伸到全体员工；绩效考核指标以"德、能、勤、绩、廉"定性指标为主，无法客观反映考核对象实际工作完成效果。考核的不充分性，导致业绩导向、能力导向的目标难以落地，直接影响综合实力和治理能力的提升。作为劳动密集型大型建筑企业，高质量发展目标与庞大用工总量导致人力成本不断攀升之间的矛盾更加突出，迫切需要运用绩效考核机制畅通人员出口，淘汰冗员，以素质的提升换取员工总量的精简，以结构的优化换取组织效能的提升，只有将全员绩效考核作为"以绩付薪、按劳取酬"的重要手段和参考，才能在工效联动的工资总额预算管理前提下，使科学合理的内部分配激励机制真正发挥对组织绩效的提升作用，真正实现"以绩付薪、按劳取酬"，使广大员工的获得感、幸福感不断提升。

（二）深化人才发展机制改革的有效支撑

对标世界一流企业，深化人才发展体制机制改革，是企业做强做优做大的重要支撑。中铁建设搭建"管理＋专业"职业化发展双通道，除两级总部经理层成员及部门管理干部等为代表的管理序列外，为所有专业类人员横向搭建 14 条发展通道、纵向设置 6 个职级。使项目经理、工程技术、工程设计、成本造价、财务审计、生产安全、职能管理等各条线人员均拥有自己的"跑道"和进阶标准，一改以往"想发展、挤官道"的现象。清晰员工职业规划，筑牢员工发展根基，使员工的价值得以体现，在适合自己的岗位上发挥最大潜能。同时便于组织精准地识别人才、合理地使用人才。但在体系运行过程中，往往存在为了实现进阶只重个人任职资格条件的积累，而忽视了对组织贡献的现象，导致个人对组织绩效的支撑不够充分。所以，将全员绩效考核结果作为职级晋升条件之一进行考量，使"重积累、业绩优"的员工实现个人发展与价值提升。

二、建筑企业基于发展战略的全员绩效考核管理主要做法

（一）明确全员绩效考核体系总体思路

为建立相对统一的人员业绩评价标准，支撑各级机构乃至集团战略目标的实现，中铁建设持续探索、践行先进的绩效管理模式，建立"纵向到底、横向到边"的全员绩效考核体系（见图 1）。通过确立目标、规范考核、绩效引导、全面沟通、适度施压、重点激励等多种有效措施，使全员绩效考核工作为各层级员工指明工作方向、工作重心，使员工个人目标与集团发展战略紧密结合。

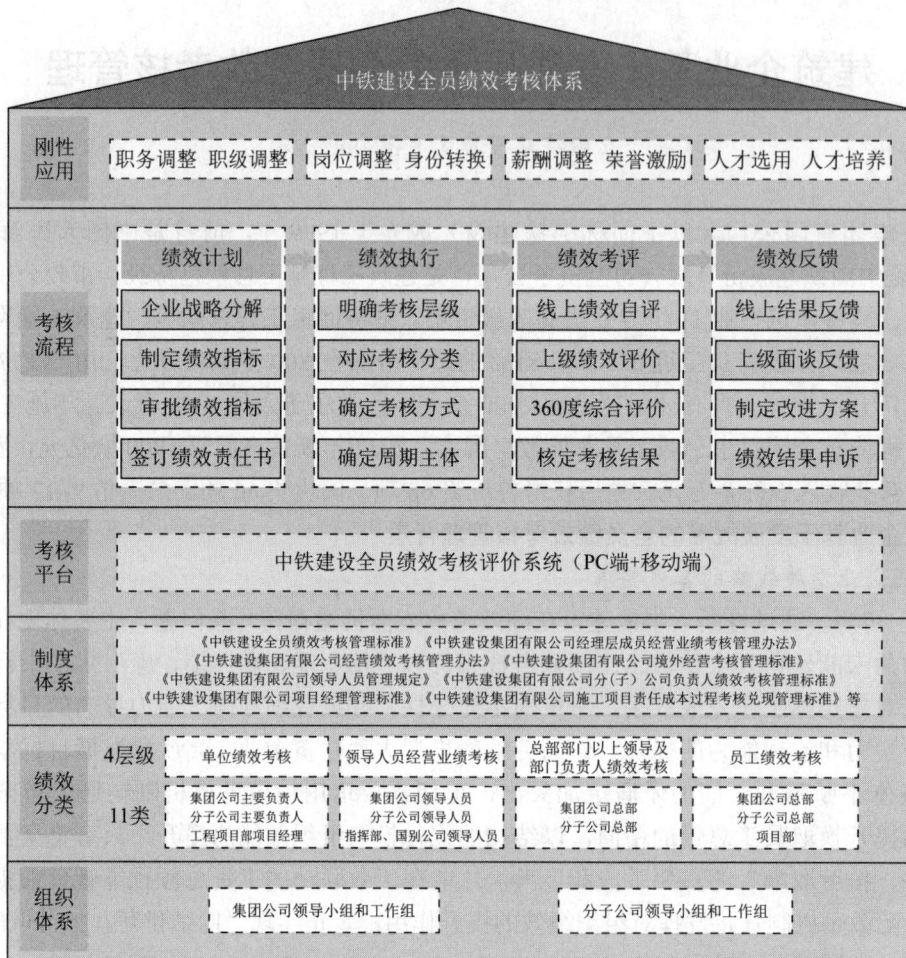

图 1 中铁建设全员绩效考核体系

（二）制定层层分解的绩效指标，做到考核全员覆盖

按照党中央、国务院、中国铁建股份有限公司关于建立健全市场化经营机制的决策部署，中铁建设全面实施经理层成员任期制和契约化管理，将集团及分子公司经理层成员经营业绩考核纳入全员绩效考核体系。以"保障战略目标实现"的总原则，"自上而下"将集团发展战略分解至每个管理层级，上至经理层，下至普通员工，都要"绑定"发展战略，承担各自的绩效考核指标，签订《绩效责任书》，落实责任。

各层级员工分别签订《绩效责任书》，明确工作目标和绩效标准，以此为依据开展绩效考核工作。一是两级总部经理层层面，总经理与董事长签订年度、任期《经营业绩责任书》，全面承接集团公司绩效考核指标；经理层成员与总经理签订年度、任期《经营业绩责任书》，承接本业务条线绩效考核指标。例如总会计师绩效考核指标，重点锁定总经理绩效考核指标中的资产负债率、清收清欠完成率、经营性净现金流等，强化资产质量、盈利效果的保障职能。二是两级总部部门层面，部门负责人代表部门签订《年度绩效责任书》，分解分管该部门的经理层成员绩效考核指标，由经理层领导审核、确认；部门员工签订《年度绩效责任书》，分解本部门的绩效考核指标，由部门负责人审核、确认。三是项目部层面，项目经理代表项目部与分子公司签订《项目部竣工绩效责任书》《年度绩效责任书》，设置履约、计价、收款、责任成本、安全、环保、质量等过程管控指标，确保"干出来、计回来、收回来、挣到钱、不出事"，实现项目部创誉创效目标；项目员工签订《年度绩效责任书》，分解本项目的创誉创效指标，由项目经理审核、确认。

（三）设计定量为主的指标体系，让绩效目标可预期

建立"KPI+GS+综合评价"的指标体系，突出"量化考核为主，定性考核为辅"的特质，将质量实现作为绩效考核的关键控制点。绩效考核指标细分为可直接量化反映岗位工作成果的"关键绩效指标（Key Performance Indicator，KPI）"，反映工作目标和任务的"工作任务指标（Goal Setting，GS）"，反映整体工作完成质量及效果、资源消耗的"绩效效果评价指标"，以及反映员工执行力、创新能力、协同合作、专业能力和工作态度的"综合评价指标"（见表1）。

表 1　总部员工年度绩效考核评价权重

考核对象	绩效考核指标	具体指标示例（技术质量）	考核主体权重	绩效考核指标权重
总部员工	KPI 指标	1. 高危方案审批及时性 2. 工程实体质量检查覆盖率 3. 工程质量创优目标完成率 4. QC 成果创优目标完成率	部门负责人（60%） 部门副职（40%）	35%
	GS 指标	1. 科研平台申报、认证及维护 2. 培训课程开发及培训效果 3. 劳务分包商质量评价		35%
	绩效效果评价指标	KPI、GS 指标完成质量及效果，资源消耗情况		20%
	综合评价指标	1. 执行力 2. 创新能力 3. 协同合作 4. 专业能力 5. 工作态度	部门负责人（60%） 部门副职（25%） 部门员工（15%）	10%

KPI、GS 两项量化指标与《绩效责任书》严格对应，合计权重70%，利于衡量工作效果和充分体现重点工作完成情况。绩效效果评价指标作为 KPI、GS 指标的有效补充，识别某项重点工作事项在按期完成、质量达标的情况下，员工是否需要协助、是否消耗额外资源、是否发生"抢工"现象等。综合评价指标分为管理、专业两类，管理类岗位评价政治素质（德）、领导能力（能）、工作态度（勤）、专业能力（绩）、廉洁从业（廉）等维度；专业类岗位评价执行力、创新能力、协同合作、专业能力、工作态度等维度。同时，中铁建设搭建各层级、各业务条线绩效考核指标库，规范指标设置的"维度"与"量度"，形成供不同层级员工选取、使用的指标字典。指标选取"字典化"，实现同类职责员工选取指标基本一致的效果，做到同业务板块、同岗位员工评价标准、评价结果在全集团范围内通用。

（四）确立客观评价的考核方式，让考核结果拉开差距

1. 聚焦岗位主责，科学合理下达指标

绩效考核指标根据履职要求和考核期内的重点任务进行制定，覆盖岗位职责。考核对象的上级严格对职责分工、考核期内任务分配进行审批，规避绩效目标不清晰或避重就轻的问题。

2. 明确考核层级，确定考核分类

中铁建设全员绩效考核体系覆盖单位绩效考核、领导人员（含经理层成员）经营业绩考核、两级总部部门以上领导及部门负责人绩效考核和员工绩效考核等四个层级。在单位绩效考核层面，突出对

单位的绩效考核结果即是对该单位主要负责人的绩效考核结果理念，分为集团公司、分子公司、项目部 3 个类别，考核周期覆盖季度、年度和任期；在领导人员（含经理层成员）经营业绩考核层面，以提高考核对象工作积极性和创造性为主要目标开展绩效考核工作，分为集团公司、分子公司、区域经营指挥部及国别公司 3 个类别，考核周期覆盖年度和任期；在两级总部部门以上领导及部门负责人绩效考核层面，在关注关键绩效指标和重点工作指标完成情况的同时，更加注重工作质量及效果的达成情况，分为集团公司、分子公司 2 个类别，考核周期覆盖季度和年度；在员工绩效考核层面，突出过程管控的重要性，更加关注工作执行情况，分为集团公司、分子公司和项目部 3 个类别，考核周期覆盖月度、季度和年度。

3. 关注协作效果，考核主体多方联动

不同类型绩效考核指标由不同考核主体评价，使绩效考核结果更全面、客观地反映考核对象绩效表现。KPI、GS 指标由考核对象本人自评（不占权重）和上级评价；绩效效果评价指标由考核对象上级评价；综合评价指标由上级、同级、下级对考核对象进行 360 度全方位评价，代表考核对象在本组织的团队协作效果和对组织支撑的有效性。以总部部门负责人年度绩效考核为例，在对中铁建设年度绩效考核指标、各业务系统年度绩效考核指标和各单位重点工作计划进行逐层分解后，部门负责人从指标库中选取相应指标，由分管领导审批。开展考核评价时，KPI、GS 指标首先由本人进行自评，再由分管领导对部门负责人的 KPI、GS 和绩效效果评价指标进行评价；综合评价指标由分管领导（上级）、同层级其他部门负责人和分子公司党政主管（同级）、所在部门副职及以下员工（下级）进行全方位评价。所有指标考核结束后，按照指标权重汇总、核定绩效考核结果。

4. 确保拉开差距，分值区间强制分布

根据绩效考核结果分值区间，划分优秀（A）、良好（B）、合格（C）、需改进（D）以及不合格（E）共 5 个等级（见表 2），合理拉开绩效考核结果差距，"优秀""良好"为考核成绩前 30% 的员工，使员工时刻保持争先意识；明确"D""E"的退出机制，为优胜劣汰提供依据。

表 2 绩效等级标准确认

绩效等级	分值区间	分布比例上限	备注
A 优秀	95 分（含）至 100 分	10%	
B 良好	85 分（含）以上且不满足 A 等级条件	20%	
C 合格	75 分（含）以上且不满足 A、B 等级条件	不限制	
D 需改善	70 分（含）以上且不满足 A、B、C 等级条件	不限制	在同层级或本业务部门参评人员范围内排名后 10% 的，对比其综合评价分值与最高分差距，大于 15%（含）、小于 20% 的为 D
E 不合格	70 分以下	不限制	1. 在同层级或本业务部门参评人员范围内排名后 10% 的，对比其综合评价分值与最高分差距，大于 20%（含）的为 E 2. "KPI+GS" 指标得分率低于 70% 的，绩效等级为"E"

5. 引入第三方复核，保证客观公正

聘请第三方机构独立进行绩效考核复核，将考核、评定职能分离，保证公正性。对考核结果的准确性、指标设置的合理性进行复核，出具复核报告；对全员绩效考核体系运行效果进行分析，出具管理提升意见书。

（五）开发高效数字化系统，实现"线上线下"评价相结合

设计并开发中铁建设全员绩效考核评价系统，作为绩效考核实施工具，实现"线上线下"评价相结合，人人有入口、移动可操作。解决考核层级多、考核类型复杂、考核周期频繁、指标和权重设置差别大、考核结果准确性不足、人力物力消耗大等问题，使绩效考核实现全流程高效管理，更加符合精细化、实战化使用要求。

运用云计算、大数据技术，构建与企业战略相匹配的数字化评价系统。前台使用功能，服务于考核对象和考核主体；后台管理功能，服务于绩效考核工作组。以数据传输与存储、操作日志、权限管理等全链路的安全防护体系为保障，使绩效考核各环节工作信息数字化流转。基于绩效考核全流程应用场景，建立绩效计划、绩效执行、绩效考评、绩效反馈等四个系统模块，实现绩效管理的 PDCA 闭环管理。

（六）形成多元联动的管理模式，强化结果刚性应用

1. 绩效考核结果与职务职级调整联动

在经理层成员岗位聘任和解聘上，年度经营业绩考核结果未达到完成底线（百分制低于 70 分）或主要指标未达到完成底线（70%）的；连续 2 年年度经营业绩考核结果为不合格的；任期综合考核评价不称职，或者在年度综合考核评价中排名末位，经分析研判确属不胜任或者不适宜担任现职的，终止任期或免去现职。在两级总部部门管理干部职务调整上，年度绩效考核结果排名本层级人员末位的，由直属上级对其进行谈话，指出问题和不足，并要求限期改进；连续 2 年绩效考核结果排名本层级人员末位的，经分析研判确属不胜任或者不适宜担任现职的，进行职务调整。在员工职级调整上，将"历年绩效"纳入序列职级任职资格标准，在职级升降中予以运用。一是职级晋升管理方面，取近 3 年年度绩效考核结果作为衡量员工晋升资格的重要条件之一，职级越高，对员工绩效完成情况的要求也越高，以专业类序列为例：职级由 P3 级（业务经理）晋升至 P4 级（高级经理）的，近 3 年年度绩效考核结果至少有 1 个 B，且不低于 C；晋升至 P5 级（资深经理）的，近 3 年年度绩效考核结果至少有 1 个 A，且不低于 C；晋升至 P6 级（专家）的，近 3 年年度绩效考核结果至少有 2 个 A，且不低于 C。二是职级降级管理方面，连续 2 年年度绩效考核结果为 D 或年度绩效考核结果为 E，直接降低一个职级，原则上 2 年内不得再次晋升职级。

2. 绩效考核结果联动员工岗位调整、身份转换

在两级总部员工岗位调整上，年度绩效考核结果排名本部门末位，且综合评价低于 80 分的，进行岗位调整调离现岗位；总部助勤人员连续 2 个季度或年度绩效考核结果排名本部门末位的，返回原单位工作。在员工劳动合同模式转换上，将全员绩效考核结果作为劳动合同模式转换的必要条件，直接写进《中铁建设集团有限公司劳动合同管理办法》，与员工基本任职条件共同作为劳动合同模式转换的依据。绩效优的劳务派遣人员（上年度绩效考核结果为 A 或 B），可以优先转换为正式在编职工；绩效劣的正式在编职工（上年度绩效考核结果为 E 或连续 2 年为 D），经培训或调整岗位，仍不能胜任工作的，解除劳动合同或转为劳务派遣人员。

3. 绩效考核结果联动员工薪酬调整、荣誉激励

在薪酬分配上，中铁建设员工基本薪酬体系主要由月度职级薪酬、年度绩效薪酬构成。以季度绩效考核结果作为核定各层级次季度每月职级薪酬中浮动部分（40%）的依据；以年度绩效考核结果作为核定年度绩效的依据，真正实现"以考核来审视业绩，用薪酬来体现价值"。在薪档标准动态管理上，依据全员绩效考核结果，按年度有序开展绩效调薪。绩效优、薪档升；绩效差、薪档降。使努力的员工在职级不变的情况下也能每年实现薪酬水平提升，切实提升员工获得感和幸福感。在荣誉激励上，绩效优，优先推荐评先评优；绩效差，实施荣誉禁入，年度绩效考核结果为 D 或 E 的不得参加各类评先评优。

4. 绩效考核结果联动人才培养、选用

在组织层面，绩效考核结果提供的量化数据积累，成为员工培养工作的参考依据。通过分析绩效考核结果，可以精准分析考核对象的短板和弱项，作为挖掘培训需求的重要参考，有利于靶向锁定培养方向，制定培训方案，使培养工作更加精准，达到节约培训成本、增强培训效果的双重作用；通过分析绩效考核结果可以使组织及时发现人才，为"青马工程"学员、优秀年轻领导人员等关键人才队伍的选拔及培养提供依据。在员工层面，通过绩效结果沟通，可以助力员工"找不足、补短板"，员工可以认识到自己的短板和弱项，找到下一步改进目标，形成自驱力，再创佳绩。

（七）坚持常态化的反馈改进机制，迭代升级保效果

重运行、抓实效，高度关注全员绩效考核管理效果，积极通过巡察、审计、业务考核、基层调研、考核后评估等多种途径，及时发现问题，解决问题，做到运行反馈，实现全员绩效考核体系"迭代升级"。

1. 建立定期反馈制度，促使员工找差距、补短板

每个周期绩效考核结果核定后、结果应用前，进行绩效考核结果反馈，通过有效的双向沟通，增强上下级互信，凝聚战斗力。一是通过线上反馈绩效考核结果及工作完成情况，将考核对象上级的评分及评价说明进行点对点反馈，使考核对象及时了解本人绩效考核结果和领导的评价情况。二是上级与下级进行一对一面谈。通过正、反两方面的面谈反馈，一方面肯定成绩、努力和进步，起到鼓励作用；另一方面提出本周期的差距和不足，找到改进方向，谈话双方共同制订改进计划，促使员工在下一周期内加以提升。员工可向上级进一步反馈本周期的自我评价，工作中存在的障碍和问题，结合上级反馈的意见，提出下一周期的工作设想、对组织的期望等。三是通过绩效考核结果申诉提高绩效管理效果。员工对绩效考核结果有异议的，可在绩效反馈结束后的一周内提交申请，说明申诉理由，由全员绩效考核工作组对绩效考核结果复核、领导小组裁决，保障员工权益和绩效考核的公平性。

2. 增加绩效效果评价主体，强化总部部门职责敬畏

将公司主要领导纳入总部部门负责人的"绩效效果评价"指标考核主体，考量部门重点任务完成质量及效果，是否额外消耗了组织资源、是否延误"工期"等，促使两级总部各部门进一步敬畏职责，高质量"履约"。规避以往考核中，总部部门负责人的绩效效果评价指标仅由分管领导进行评价，在部门重点任务完成的情况下，各部门多为满分的现象。

3. 完善各业务绩效指标库，保障指标下达科学合理

完善全员绩效考核指标库。一是进一步区分集团公司总部、分子公司总部、项目部三个层面，分别设置各业务条线相应指标。二是项目部增设施工周期的不同阶段来对应员工绩效考核指标，具体划分为施工准备阶段、施工阶段、竣工阶段。在项目部开展考核工作时，可根据不同阶段的员工重点工作任务，选取相应指标进行考核。例如，项目总工在施工准备阶段、施工阶段、竣工阶段分别选取"三项策划""质量创优""档案移交"等指标进行考核。

4. 修订全员绩效考核制度，建立高效执行长效机制

整理归纳巡察、审计、业务考核、调研反馈及考核后评估情况，结合国企改革三年行动任务要求，在总结全员绩效考核体系运行成效的基础上，印发修订后的《中铁建设集团有限公司全员绩效考核管理标准》，将经理层成员经营业绩考核、绩效考核指标权重、评价标准、绩效考核结果的反馈和沟通机制等管理需求固化到制度中。对全集团分子公司人力资源管理部门开展制度宣贯，为各业务条线

对应的经理层成员、部门负责人及项目经理进行政策解读，助力用好全员绩效考核工具、抓实员工队伍管理，确保全员绩效考核体系有效运行。

三、建筑企业基于发展战略的全员绩效考核管理效果

（一）形成了全员绩效管理的科学机制

中铁建设以实现战略为目标，以"绩效计划、绩效执行、绩效考评、绩效反馈、绩效评估、绩效应用"为核心流程，以完善的制度体系为保障，以信息化评价系统为依托，形成全流程科学管理机制。2022年，中铁建设共计7.5万人次通过信息化评价系统开展绩效考核工作，在全集团范围内营造出"干多干少不一样，干好干坏不一样，多劳多得"的良好氛围，充分发挥了绩效考核"指挥棒"和"风向标"作用，践行了中铁建设"以业绩论人才，重实绩、求实效"的绩效优先导向，推动了战略落地。

（二）支撑了企业发展战略的实现

全员绩效考核体系的有效运行，促进了中铁建设发展战略的实现。2022年与全员绩效考核体系运行之初（2019年）相比，"三个领先"远景目标开局良好。经营承揽、营业收入实现翻番，综合实力持续增强，通过绩效考核主动淘汰768名绩效劣的员工，合理控制了员工总量，盘活了人员存量，人均营业收入、全员劳动生产率年均增长7.4%、3.9%。年均20%的员工绩效优而涨薪，职工人均年收入年均增长6.1%，年均15%的员工通过绩效考核联动晋升职级，有效促进了人才发展。

（三）促进了三项制度改革的深化

全员绩效考核体系的有效运行，有力促进了三项制度改革的深化实施。在管理序列上，2019年以来，绩效劣的9人由正职调整为副职或被免去相应职务，绩效优的4人被重新任命为正职；近2年绩效优的41人提拔为集团公司中层干部、30名项目经理成为集团公司优秀年轻领导人员；在专业序列上，2021—2023年，共有3841人因绩效优实现职级晋升，共有98人因绩效劣实施职级降级。在绩效工资上，同一单位经理层副职年度考核结果最高分差达到18.8%，绩效最高差距达到11万元；同一单位同级别管理层人员、同职级员工年度薪酬差距最高达到31%、21%；在薪档调整上，2021—2023年，共有5524人次因绩效优实现薪档晋升，年均20%的员工动态涨薪，共有452人次因绩效劣调降薪档；8名业绩优秀的项目经理进入中国铁建收入排名前五的行列，最高年度收入达到700余万元。在总部员工末位调整上，2021—2023年，集团总部共有11人（2021年7人、2022年2人、2023年2人）由于绩效考核结果为E（末等），被调出总部，安排到基层单位工作；在劳动合同模式转换上，2021—2023年，共有376人因绩效优由劳务派遣用工转换为正式在编职工，共有267人因绩效劣由正式在编职工转换为劳务派遣用工或解除劳动合同。全集团范围内形成了能者上、优者奖、庸者下、劣者汰的良好局面。经问卷调查，员工对人力资源管理工作的满意度达96%；近3年，员工平均离职率为3.62%，多年保持在较低水平，因无发展空间原因、薪酬原因的离职人员占比显著降低。

（成果创造人：梅洪亮、文　华、赵　伟、孙洪军、王宏斌、张加宾、
申彦涛、连　昫、张子昂、卢显朋、于涵民、王　超）

军工院所面向价值创造的差异化工资激励体系构建与实施

西安微电子技术研究所

西安微电子技术研究所（以下简称 771 所），始建于 1965 年 10 月，是国家为航天工程和武器装备发展所布局的唯一集计算机、半导体集成电路和混合集成电路科研生产为一体的大型专业研究所，是中国微电子发源地之一，是中国航天微电子与计算机技术的奠基者，是中国微系统集成技术与产品研制的先行者、中国航天装备自主可控和嵌入式综合电子系统技术领域的引领者、中国军用集成电路设计与制造领域的中坚力量。771 所占地总面积 1116 亩，共 6 个园区，职工 4600 余人，其中各类专业技术人员 2500 余人。771 所创造了中国微计算机、半导体集成电路、混合集成电路发展史上的"多个第一"，取得"全国五一劳动奖状""全国文明单位""高技术武器装备发展建设工程突出贡献奖""国防科技工业突出贡献奖""科学家精神教育基地""国务院国资委优秀基层党组织"等国家级、省部级荣誉奖励 131 项，获国家科技进步特等奖、国防科技进步特等奖 19 项。

一、军工院所面向价值创造的差异化工资激励体系构建与实施背景

（一）适应人才市场激烈竞争，增强人才竞争力的需要

据《中国集成电路产业人才洞察报告（2020）》披露，2020 年全行业人才需求达到 74.45 万人左右，行业每年的人才缺口已经达到 30 万人。目前国内高校培养的集成电路专业人才不到 3 万人／年。西安是集成电路产业聚集的重镇，近年来国内外企业纷纷在西安设点布局，华为、三星、中兴、英特尔、高通等头部企业不断扩大在西安的芯片研发和生产。经统计，2021 年西安市集成电路类企业、科研院所及相关机构总数达 200 余家。产业的迅速发展推动了人才的激励竞争，2020 年，西安地区集成电路行业技术类岗位的薪酬水平达到 30.9 万元／年。而同期，771 所同类人员薪酬水平仅为 18.5 万元／年。薪酬竞争力不足对 771 所科技人才队伍稳定造成巨大冲击，以集成电路设计岗位为例，"十三五"期间，771 所集成电路设计人员总数从 2015 年的 260 人降至 2020 年末的 180 人，每年的人员流失率均在 6% 以上。改革薪酬分配机制，实现薪酬的市场化接轨，构建组织的人才竞争优势，成为必须关注的核心问题。

（二）充分发挥薪酬激励导向作用，健全收入能增能减机制的需要

按照 2020 年国有企业改革三年行动方案，目前各法人单位基本已建立收入能增能减的工资总额决定机制。但薪酬的激励导向作用仍然受到一定程度的制约，主要原因是工资总额预算管控只在法人层面实施，未能贯通到事业部、产品线、项目组等底层业务单元。由于利益传导机制不明确，组织、团队和个人的利益未能真正实现紧密联动，组织上下没有形成合力，难以达成"力出一孔，利出一孔"的目标。如何将工资总额预算管控方式贯穿到组织基层的事业部、产品线、项目组，建立一套"可落地、可量化、可评估、可检查"的分配激励体系，打通制约薪酬激励作用发挥的"最后一公里"，从而有效地激发组织活力，推动三项制度改革落地是迫切需要解决的问题。

（三）完善市场化薪酬体系，提升组织价值创造能力的需要

为适应建立现代企业制度的需要，771 所在薪酬市场化改革方面进行了大胆探索，但薪酬市场化接轨方面仍存在不足。体现在薪酬没有真正实现与市场对标，没有充分体现人才的市场价值，高价值创造者的薪酬水平与市场同类人员相比明显偏低，而受制于历史因素等导致的工资刚性，一些普通岗位人员的薪酬水平与市场同类人员相比明显偏高。经统计，2020 年 771 所科技人才的薪酬水平约为市场 50 分位值的 70%，核心人才的薪酬水平约为市场 75 分位值的 60%，而普通制造、辅助保障等岗位的薪酬水平却达到了市场 90 分位值。薪酬资源配置不合理影响了高价值创造者创新创业的积极性，也对

771 所的人才队伍结构带来较大冲击。2020 年，771 所科技、技能、管理三类人员占比为 4∶5∶1，人才队伍结构失衡，作为主要价值创造者的科技人员占比明显偏低，与 771 所建设世界一流电子技术强所的战略定位和发展目标不匹配。为提升组织价值创造能力，需要充分发挥薪酬的调节导向作用，让薪酬分配向优势主导产业倾斜，向发展潜力大的科技创新产业倾斜，向高价值创造者倾斜。

二、军工院所面向价值创造的差异化工资激励体系构建与实施主要做法

（一）构建"工资包"分级预算管控机制，推动自主管控

771 所部分借鉴了阿米巴的经营理念，将事业部、产品线、项目组等底层业务单元视为独立的经营主体，将组织的业务向下分解到事业部、产品线、项目组的同时，将工资总额预算管控同步细化到底层业务单元，建立"工资包"分级预算管控体系，按照分层授权，自主经营、自我管控的原则，构建责任与利益同向传导机制。

每年年初，771 所根据事业部的关键绩效指标（KPI）核定事业部"工资包"预算，事业部根据产品线和项目组的 KPI 指标核定产品线和项目组的"工资包"预算，事业部的"工资包"预算由所薪酬委员会批准后实施，产品线、项目组的"工资包"预算由事业核定后报所薪酬委员会备案。

对各业务单元的 KPI 的完成进度和"工资包"预算的使用建立动态监控机制，在季度业绩与 KPI 分解指标未发生重大背离的情况下，"工资包"预算不做调整，实行包干使用，增人不增额，减人不减额。如 KPI 完成进度和 KPI 分解指标发生明显偏离，及时对"工资包"预算进行修正。年底根据业绩考核结果，对"工资包"进行结算，多退少补，实现薪酬与业绩贡献的强关联，既鼓励事业部、产品线、项目组主动挑战更高的经营目标，又防止不切实际的冒进，通过提升团队的价值创造能力去推动组织的高质量发展。

（二）创新衡量价值贡献的指标体系，保证改革公平

1. 面向外部市场的利润中心将利润、增加值作为衡量价值贡献的关键绩效指标

为了保证内部的相对公平，推动"工资包"改革的顺利实施，771 所对衡量价值贡献的指标进行了创新设计，利润中心在关注利润额的同时，将增加值纳入衡量价值贡献的关键绩效指标。"增加值"，指生产过程创造的新增价值，等于总产值减中间投入。以增加值作为衡量价值贡献的关键绩效指标，可以牵引不同业务单元建立发展共识，将改革的焦点聚集到产业发展上来，以高质量价值创造为目标，努力提升竞争力，将产业的"蛋糕"做大，通过发展来解决原有的历史问题，实现增量改革的目标。同时，以增加值作为衡量价值贡献的主要指标也有效地避免了经营成果叠加，保证了内部分配的相对公平。

2. 面向内部配套的成本中心将费效比作为衡量价值贡献的关键绩效指标

771 所自 2021 年 1 月起不再核定成本中心的经济指标，避免内部价格和市场价格"剪刀差"导致的不公平。同时，将费效比作为成本中心衡量价值贡献的关键绩效指标。费效比是指某成本中心的总成本与其服务的利润中心增加值总额的比值。各成本中心的"工资包"采用间接计算法，即以历史数据为基础，按照费效比、终端利润中心的经营业绩变动去核算成本中心的"工资包"指标。

以"费效比"作为衡量价值贡献的指标，对不同类型的事业部形成改革合力，聚焦高质量发展起到良好的推动作用。改革前，成本中心按产值、利润衡量价值贡献，核算其经济指标的内部价格采用成本加成定价法，即按实际成本加上目标利润确定内部价格，在物料成本已定的情况下，为了做高内部价格，成本中心往往通过提高人工成本来应对，就出现了"人员效率越低，内部价格越高，收益越大"的情况。成本中心和利润中心利益割裂，常出现"面粉"比"面包"贵的现象。改革后，利润中心将关注焦点集中到市场开发和新产品研发上，成本中心将关注焦点集中到如何配合利润中心降低成本、提升效益上来，达到了"利出一孔"的效果，有效地提升了组织整体的竞争力。

3. 对于战略性新兴产业、科技创新团队以关键成果作为衡量价值贡献的关键绩效指标

基于战略性新兴产业、科技创新团队投入的高风险、长周期特点，771 所对于战略性新兴产业和科技创新团队采用 OKR 管理。由团队根据 771 所的经营战略目标，自下而上提出挑战目标，以目标为方向，共创出有创新力的关键成果，然后由 771 所组织专家组，对团队的关键成果按照创新性、资源需求、风险、难度四个维度进行评估，根据评估等级来核定团队的"工资包"。

（三）打造差异化考核激励体系，激发组织活力

771 所根据事业部、产品线、项目组战略定位和核心价值的差异，以目标为导向，建立差异化考核激励体系。

对于利润中心的考核突出其价值创造者的定位，坚持效益最大化原则，严格按照经济责任令考核净利润、营业收入、全员劳动生产率。

对于成本中心的考核突出其利润中心战略合作者的定位，强调服务质量和效率的提升，以一次交验合格率、订单交付及时率、顾客满意度等指标构建考核体系。引导成本中心将关注点聚焦到提升服务质量和效率，提升保障利润中心的价值创造能力上来，促进组织内部有效地沟通和协作，提高组织的整体绩效和竞争力。

对于战略性新兴产业、科技创新团队的考核突出其未来价值创造者的定位，将团队的关键成果转化为行动计划，按行动计划实施里程碑考核。将对科研创新的考核由结果导向转化为过程导向，建立了科技创新容错机制，为科研和创新人员创造了宽松的创新创业环境，鼓励勇于试错、勇于创新，不断实现新突破，保障了组织的长效发展。

（四）制定"专项包"激励措施，建立薪酬特区

"工资包"改革坚持效率优先、兼顾公平的原则，既关注组织的现实利益，更强调保障组织的长远利益。771 所在"工资包"改革中，将各业务单元的"工资包"划分为"基础包""绩效包"和"专项包"。"基础包"是对职工生活的基本保障；"绩效包"是基于岗位价值和业绩贡献给予职工的报酬；"专项包"是对战略性新兴产业，或承担前沿技术研究、新产品开发、战略人才培养实施的专项奖励和补贴。"基础包"、"绩效包"和"专项包"的总体结构比例为 3 : 6 : 1。"专项包"是组织面向未来的战略投资。通过制定了"专项包"激励措施，实施靶向激励，建立了薪酬特区，来充分释放组织创新创业的活力，加速推进高水平科技自立自强，打造科技创新高地。

1. 对战略性新兴产业的专项激励

对处于初创期或成长期的战略性新兴产业，由 771 所进行专项补贴，确保战略性新兴产业的资源投入。补贴的标准根据产业发展状况、市场行情，分类动态地核定不同阶段的补贴额度。当战略性新兴产业进入成熟期，具备了经济规模和盈利能力时，按协议返回当年补贴额度，实现对其他产业的反哺。

2. 对新技术研究、新产品开发的专项激励

新技术研究、新产品开发一般具有投资大、回报周期长、风险大的特点。"工资包"的分配强调效益优先，对于底层的业务单元来说，这种投资在当期往往是不经济的，如果再考虑到干部的任期制和流转，对于这种长期投资更是容易因为激励政策的导向被忽视。然而，新技术研究和新产品开发，对组织的长远发展无疑是起决定性作用的。为了避免业绩"短视"，771 所将新技术研究、新产品开发定性为组织的战略投入，并承担投入的风险。对于承担新技术研究和新产品开发的团队，按照项目评级进行专项补贴，在减轻团队压力的同时，激励团队加大面向未来发展的业务投入，确保了组织的战略发展和长期收益。

3. 为战略性人才和高端人才建立薪酬特区

战略性人才和高端人才具有市场定价高的特点，在"工资包"额度已定的情况下，战略性人才和高端人才的引进，无疑会冲击原有员工的利益，也容易导致战略性人才和高端人才在团队中被孤立。然而，战略性人才和高端人才为组织建立人才高地，确立市场竞争优势和行业领先地位具有关键作用。为了激励团队引进和培养战略性人才和高端人才，711 所按照经营战略规划制定了战略性人才和高端人才目录清单，对于列入目录清单的人才分类确定了薪酬基线，建立薪酬特区，按薪酬基线对团队进行补贴。强化对领军人才、科技创新人才、青年拔尖人才的定向激励，保障了组织的战略性人才需求。

（五）厘清权责界面，实施充分授权

"工资包"改革，意味着 771 所真正将其所属的底层业务单元当成独立的经营主体来管理，是建立现代企业制度、打造母子公司体制进行的前期尝试，而对各级团队赋能和放权、实现管放结合是"工资包"管控的需要。

771 所根据"工资包"改革的需求，打造了放管结合的管控体系，制定了《西安微电子技术研究所层级管理权责界面清单》，厘清了总部、事业部、产品线、项目组的权责界面，明确了各层级的权责边界，使各级团队根据界面清单在职责范围内开展自主经营、自我管控，实现减策放权，减少审批层级，缩短决策流程，建立快速反应机制，实现了层层授权、层层激励。

为了让各级团队能够放下包袱，轻装前行，771 所全面推行负面清单管理，修订了相关内控管理制度，明确经营、管理、科研、生产等方面各层级的负面清单，对于负面清单以外的情况导致没有取得预期效果的给予宽容，对于触犯负面清单的按条款明晰处罚。这既保证了充分授权，又实现了有效管理。

（六）统筹配套政策体系，推动改革落地

"工资包"改革让各级团队拥有了薪酬的决定权，完善了能增能减的收入分配机制。但是如果没有统一协调的配套机制，"工资包"制度很可能陷入"螺蛳壳里做道场"的窘境，难以从根本上推动 771 所的机制体制创新，实现高质量发展。771 所在布局"工资包"改革的同时，根据顶层策划，筹划了一系列的配套政策体系，确保"工资包"改革取得实效。

1. 完善人员市场化退出机制，推动人员的能进能出

"工资包"的推行，授予了各级团队更大的用人自主权，团队为创造优秀业绩，挑战更高经营目标，强化了对员工的能力和素质要求，团队成员的优胜劣汰力度明显加大，对人员的能进能出提出了更高要求。

771 所修订完善了相关规章制度，在人员的引进、管理、退出方面授予事业部、产品线、项目组充分的自主权。建立了内部人才市场，鼓励员工合理流动和竞争上岗，推进契约化和任期制管理，完善员工的市场化退出。

2. 推行任职资格标准认证，落实岗位能升能降

全面推进以任职资格标准为核心的人才评价体系，建立客观的人才评价标准，强化岗位评聘分开，建立规范有序的员工晋升、交流、降级和退出的动态机制，贯通不同类别人员的纵向流通和横向流通，实现人员的能升能降。

"工资包"和相关配套政策的有机结合，形成统一协调的政策体系，解决了"工资包"推行的各种阻力，从而激发了组织活力，调动了员工创新创造的积极性、主动性，引导核心人才扎根一线、立足专业、深入钻研，推动了产业的高质量发展。

三、军工院所面向价值创造的差异化工资激励体系构建与实施效果

（一）激发组织活力，提升经营业绩，推动了高质量发展

2020 年至 2022 年，771 所通过深化三项制度改革，在将职工总人数由 4927 人降至 4671 人的同时，实现了产业的快速高质量发展，营业收入从 40.05 亿元增长至 60.12 亿元，年均增长 22.5%；产业利润从 1.6 亿元增长至 2.6 亿元，年均增长 27.2%；全员劳动生产率从 28 万元/人年改善至 41.17 万元/人年，年均改善 21.3%，有效地改善了 771 所的经营状况，提升了 771 所的市场竞争力和行业地位。

（二）优化资源配置，改善人才结构，提升了价值创造能力

2020 年至 2022 年，771 所主产业员工收入和其他员工的收入倍数比由 2020 年的 1.3 倍改善为 2022 年的 1.61 倍；核心人才（薪酬排名前 10% 的科技人才，不含所领导和中层领导干部）的年收入增幅达 30%，大幅领先其他员工 12.5%，核心人才和其他员工的收入倍数比由 2020 年的 1.84 倍改善为 2022 年的 3.66 倍。

"工资包"制度改善了科技人才和核心人才的薪酬收入水平，稳定了人才队伍，降低了人才流失。2021 年至 2022 年，771 所科技人才流失率分别为 1.49%、0.47%，相比"十三五"期间的 3.72%，明显改善。

"工资包"激励体系推动了人才队伍结构优化。截至 2023 年 9 月底，771 所科技、技能、管理三类人员占比由 2020 年年底的 4：5：1 改善为 5.5：3.5：1，科技人员占比大幅提升，提升了组织的价值创造能力。

（三）推动薪酬市场化接轨，增强人才优势，打造了核心竞争力

"工资包"改革推动了 771 所薪酬的市场化接轨，截止到 2022 年年底，优势主导产业的核心人才薪酬水平接近市场 75 分位，科技人才薪酬收入水平超过市场 50 分位。

人才引进和科技领军人才培养取得新突破。2021 年至 2022 年，771 所引进海外高层次人才 2 名（一人入选国家级人才工程，一人入选省部级人才工程），双一流高校的博士 28 人、硕士 302 人，高端社会成熟人才 34 人，人才引进的数量和质量较"十三五"时期大幅改善。

2021 年至 2022 年，新增国家级专家 1 人、省部级专家 9 人（"十三五"期间新增国家级专家 0 人、省部级专家 3 人），人才队伍建设成果明显。

（四）加速科技创新和成果转化，推进了高水平科技自立自强

"工资包"改革释放了创新活力，有力推进了 771 所的科技创新，加速了成果转化。2021 年至 2022 年，771 所累计申请专利 1240 项，获得授权 641 项，获得授权专利数量与"十三五"时期相比增长了 351%。获得国家、省部级、集团级科技成果奖共 126 项，其中：国家科学技术奖特等奖 7 项、一等奖 3 项、二等奖 2 项，国防科学技术进步奖特等奖 10 项、一等奖 12 项、二等奖 9 项、三等奖 15 项，军队科学技术一等奖 1 项、二等奖 3 项。在获奖层级显著提升的前提下，获奖数量与"十三五"时期相比增长了 385%。

两项股权投资项目以知识产权作价入股，实现了 771 所科技成果转化的新突破。2022 年，771 所将 1 项专有技术和 28 项专利资产经过评估作价入股郑州兴航科技有限公司，知识产权评估价值为 1.88 亿元；2023 年，771 所将 49 项知识产权（17 项已授权发明专利，32 项发明专利申请）、3 项专有技术经过评估作价入股珠海天成先进半导体科技有限公司，知识产权评估价值为 2.04 亿元。

（成果创造人：唐　磊、龙耀军、薛东风、钱　丹、李玉香、
任明波、狄刘俊、张　颖、范颖洁、陈　珺）

以价值创造能力提升为目标的班组效能量化评价体系构建与实施

航天动力技术研究院

航天动力技术研究院（以下简称研究院）隶属于中国航天科技集团有限公司（以下简称集团公司），是我国历史最久、水平最高、实力最强、规模最大的固体火箭发动机专业研究院，是国防科工局确定的唯一的固体发动机专业统筹建设单位。拥有国内唯一的固体火箭发动机燃烧、热结构与内流场国防科技重点实验室，相继建成了 10 个省级工程技术中心和企业技术中心，为航天技术成果转化和项目孵化提供了有力的支撑。人才实力雄厚，现有职工 11353 人，拥有国际宇航科学院院士 1 名、中国科学院院士 1 名，中国工程院院士 2 名，国家级专家 5 名，百千万人才工程国家级人选 7 名、省部级专家 100 余名，中华技能大奖获得者及全国技术能手 19 名，研究员 369 人，200 多名享受国务院政府特殊津贴专家。累计获得 1000 余项省部级以上奖励，其中，国家级奖 60 余项，特等奖 7 项，国家发明奖 6 项，国家科技进步奖 22 项，拥有国防专利 580 余项。截至 2022 年年底，研究院资产总额414.48 亿元，营业收入 257.03 亿元，利润总额 20.35 亿元。

一、以价值创造能力提升为目标的班组效能量化评价体系构建与实施背景

新时期，面对复杂严峻的国际国内形势，国家对固体动力高性能、低成本、规模化的研制需求更加迫切，采用传统的以生产要素累加的方式已难以满足短期内国家对武器装备高强密度供给的需求，更不能满足长期内固体动力产业高质量可持续发展要求，固体动力必须走出一条以价值创造为本的创新发展新道路。2021 年，研究院积极落实国家创新发展战略，召开了"十四五"技术创新大会，确定了"十四五"技术创新的重点任务，突破固体动力关键技术，加快固体动力发展进程。为全面提升研究院经营管理的效率、效益和效能，2021 年 4 月研究院构建了精细化经营管控指标体系并全面推行。班组作为基本的研制和生产单元，是科技创新的前沿，是生产制造的主体。班组价值创造能力体现为班组以更为有效的生产组织方式达到预期经济目标的程度，即班组效能。构建班组效能评价体系，发挥好班组价值创造作用，已成为固体动力高质量发展的关键，国家武器装备任务完成的有力保障。

二、以价值创造能力提升为目标的班组效能量化评价体系构建与实施主要做法

（一）明确工作目标，制定工作方案与建立工作组织

1. 明确工作目标

基于战略引领，聚焦企业发展，研究院把"以价值创造为本"的发展理念落实到班组这一生产经营管理的最小单元。依据效能理论，把班组效能定义为以更为有效的生产组织方式实现预期经济目标的程度，以提高一线班组价值创造能力为目标，明确开展班组效能量化评价管理创新工作。以研制生产主体的科研类班组和生产类班组为重点，建立班组效能量化评价模型，构建选定量化评价方法，实现班组效能的量化评价。依据评价结果找出影响班组效能的关键问题，制定并实施精准有效的效能提升策略，打造高效能班组，形成班组效能创新成果群；构建多层级班组效能管理模式，逐步实现全院精细化经营管控；通过全面推广应用，最终实现全院价值创造能力提升目标。

2. 制定工作方案

研究院自 2021 年 6 月启动该项创新工作，开展为期半年有余的调查研究、理论学习和方法探索等准备工作，确定创新工作方案，明确工作准备、体系建立、全面应用三个阶段的工作内容和节点计划，同时明确院本部相关业务部门和院属单位的具体责任。

鉴于科研班组（组织结构为：研究院→研究所→研究室→科研班组）与生产班组（组织结构为：

研究院→生产工厂→车间→生产班组）是构成企业价值创造中技术研发及转化阶段的基础单位，其效能提升直接推动企业整体价值创造能力的提升，研究院选取涉及预研、设计、试验以及生产等覆盖固体动力全业务流程的 21 个科研班组与 20 个生产班组，构建"模型＋指标＋方法"的班组效能量化评价体系，开展班组效能测评并揭示制约效能提升的短板瓶颈，推进现场管理、数智化转型以及管理创新，全面推广量化评价体系应用。

3. 建立工作组织

为保证工作方案的顺利实施，研究院成立班组效能量化评价领导小组及办公室，由副院长担任领导小组组长，为工作顺利推进提供保障；组织成立由经营计划部、科研生产部、研究发展部、财务部、院工会等业务部门人员和院属单位骨干人员组成的工作团队，并成立专门的技术攻关小组。经过学习培训，技术攻关小组负责运用生产效率、运营管理以及数据包络分析等理论，研究建立量化评价模型、确定评价方法。院工会负责工作方案的实施，其他业务部门负责成果的全面推广运用。

（二）梳理班组效能量化评价难点与需求，明确评价思路

1. 班组效能量化评价难点

对标班组效能量化评价的目标任务，工作团队开展大量的理论研究与现场调研，主要难点为：一是原先班组评价侧重于任务完成情况的业绩考核，按照传统分工方式分散于各业务领域单项考核，比如人均产值、人均产量、人均出图量、人均科研产值，虽然能够反映班组效能的某一方面，但不能反映班组"多投入－多产出"运营系统的特征，要素之间的联系与替代关系难以体现，班组运营的总成本难以评价；二是班组效能评价需要获取企业内部或外部同类班组效能的标杆信息，鉴于航天科研院所的行业特点，尚未形成可参考比较的同类班组效能标杆信息；三是受制于目前单位财务核算制度，一线班组的投入成本和产出价值的财务数据尚未进行专项核算；四是不同班组具有各自独特的运营特征，效能评价涉及的生产或科研要素指标差异性大，需要对班组效能进行无量纲的评价，才能实现班组效能的横向比较。

2. 班组效能量化评价需求

班组效能量化评价需求主要为：一是重视班组运营系统的个性化与独立性特征，能够开展个体班组效能测评，识别制约单个班组效能的短板问题，制定精准高效的效能提升措施；二是结合个体班组效能测评结果，开展同类班组效能评价，分析确定影响班组效能的共性问题，从组织管理层面制定效能提升路径，为研究院科研生产能力建设、技术攻关、计划管理、成本管控等工作提供科学的决策依据，推动一线班组提高价值创造能力。

3. 班组效能量化评价思路

根据班组效能概念，针对班组的"多投入－多产出"系统结构特征，建立班组效能量化评价模型，确定个性化评价指标，构建多层级融合的数据包络分析方法作为评价方法，以解决班组效能标杆信息获取难、"多投入－多产出"系统效能测算难以及指标量纲对效能测算影响的问题，形成"模型＋指标＋方法"量化评价体系，并在全院组织实施。

（三）建立量化评价体系，实现班组效能测评

1. 构建"多投入－多产出"系统特征的班组效能评价模型

按照生产效率理论，通过实际产出与预期产出的比值来量化衡量班组效能，反映运营系统资源从投入到产出的价值增值过程。"多投入－多产出"的班组效能量化评价模型如下：

$$E_j = P_j / P_j' \Leftrightarrow E_j = \sum u_{rj} y_{rj} / \sum v_{ij} x_{ij}$$

其中：

班组效能 E_j：为实际总产出 P_j 与预期总产出 P_j' 的比值，根据生产率理论，E_j 等价于总产出 $\sum u_{rj}y_{rj}$ 与总投入 $\sum v_{ij}x_{ij}$ 的比值。

总产出 $\sum u_{rj}y_{rj}$：u_{rj} 表示第 r 种产出的权重系数，y_{rj} 表示第 r 种产出。

总投入 $\sum v_{ij}x_{ij}$：v_{ij} 表示第 i 种投入的权重系数，x_{ij} 表示第 i 种投入。

2. 设定多投入与多产出指标类型及其赋权方法

结合科研类和生产类班组的"多投入 - 多产出"的运营系统特征，以及"投入（资源）→转换（过程）→产出（目标）"的价值创造过程，将每个班组视为相对独立的评价对象，每年的班组运营数据作为量化评价样本，在明确班组共性指标基础上，班组结合自身特点建立个性化"菜单式"指标体系。

借鉴科技部制定的科技统计指标，设定科研类班组的共性投入指标：人员类指标包括研发人员全时当量、设计人员全时当量以及试验人员全时当量等指标；日常性经费支出指标包括研发人员薪资、非资产性材料、物资费用以及管理费用等；资产性经费支出指标包括设备技术购买与改造、引进技术消化吸收经费支出的费用。设定科研类班组的共性产出指标：科技成果类指标包括新产品、专利、国家或行业标准、图纸、软件著作权、论文以及著作等；经济效益类指标包括专利所有权转让及许可数、专利所有权转让及许可收入；社会影响力指标主要指科技成果奖。

结合航天企业生产实践，设定生产类班组的共性投入指标：人员类指标指员工数量；可变成本指标包括员工薪资、原材料、零部件以及工装；固定成本指标包括生产设备固定折旧费用、生产场地固定租金；生产费用指标包括能源费用、办公费用以及培训费用。设定生产类班组的共性产出指标，包括产出量、质量改进项、创新成果、降本增效收益和社会影响力。

每个班组对照共性指标，结合班组自身实际，在以上投入、产出指标基础上选取制定个性化指标，并依据指标重要程度，利用"相对比较法"确定每项指标权重。

3. 构建多层级 DEA 模型融合创新的班组效能测算方法

综合对比多种效能测算方法的优缺点，选定 DEA（Data Envelopment Analysis，数据包络分析方法）模型作为班组效能测算的基本方法，实现具有"多投入 - 多产出"系统特征的班组效能量化评价。为保证效能评价的科学性，开展班组效能静态自评价与班组效能动态横向评价两个层面的效能测算。

一是班组效能静态自评价。对每个班组自身效能进行自评价，为解决小样本效能测算结果无法区分、产出或投入指标权重等于 0 等问题，改进创新 DEA 模型，经过反复的试点应用、有效性验证和修正完善，以班组每年运营数据作为测评样本，并选取班组 2017—2021 年的数据，采用基于时间序列的班组效能标杆寻优法，有机融合三类 DEA 模型测算班组相对效能，即"超效率 DEA 模型（识别标杆）→ DEA 网络排序模型（构建虚拟标杆）→ DEA 保证域模型（测算班组效能）"。

二是班组效能动态横向评价。为实现同类班组之间效能的横向比较和效能增长的归因分析，揭示院属单位同类班组效能提升存在的共性问题，运用全要素生产率（Total Factor Productivity，TFP）方法测算班组效能，具体步骤如下：第一步利用班组效能静态自评价结果，对班组投入 - 产出数据的标准化与合并，实现同类班组具有相同的投入 - 产出指标结构；第二步运用非参数曼奎斯特（Malmquist）生产率指数测算相对动态效能，实现同类班组效能可比；第三步运用自举法（Bootstrap）测算绝对动态效能值，实现同类班组效能的总体估计。

（四）分析班组个体效能短板，强化班组现场管理

1. 分析班组个体效能短板

个体班组效能测算及归因分析主要做法如下：一是测算分析个体班组效能演化趋势，归纳总结班组自身的管理经验；二是利用投入资源利用效率－重要程度矩阵分析，制定投入资源优先改进路径，找出制约班组效能提升短板要素；三是利用期望产出率－重要程度矩阵分析，制定产出要素优先提升路径，找出提升班组效能的重要产出要素；四是分析班组投入、产出要素的效能贡献度，制定有针对性的班组效能提升措施。

根据班组效能静态自评价结果，分析制约个体班组效能提升短板瓶颈。结果表明，班组效能低的原因主要反映为：人员、软硬件设备以及资金成本利用效率低，科研及生产产出不足的问题。

2. 强化班组现场管理

根据班组效能静态自评价结果，班组长及成员可根据制约自身班组效能提升的短板，自主开展工作现场的组织、协调和监督，确保班组的科研生产活动按规定流程和要求进行，保证预期目标的达成。

针对人员类问题，通过引进高技能人才，开展岗位练兵，培养一专多能，提高人力资源利用率，组织以老带新、以强带弱的技能培训，不断提高全员技能水平；针对软硬件设备类问题，班组通过设备升级改造加以解决；针对资金成本类问题，优化设计环节，降低加工成本和管理成本。针对科研及生产产出不足问题，班组通过强化技术水平增加产出。

（五）确定班组整体效能影响因素，推进数智化转型，推动自动化升级改造，革新班组管理方式

1. 确定班组整体效能影响因素

根据班组效能动态横向评价结果，揭示制约班组整体效能提升影响因素。科研班组平均效能由2018年的0.4693提高至2021年的0.7877，生产班组平均效能由2018年的0.4136提高至2021年的0.8951，班组效能仍存在提升空间。并且，2021年科研班组效能增长的83.01%来源于效率改善贡献，而技术进步对科研班组效能增长的贡献率仅占16.99%；生产班组效能增长的100.96%来源于效率改善贡献，而技术进步对生产班组效能增长的贡献率则为－0.96%，因此提升技术进步水平成为促进班组效能提高的有效路径。

结合效能测评结果，院及所属单位组织一把手、职能部门领导、研究室主任、车间主任、班组长和职工代表，共同分析确定制约全院及各所属单位班组整体效能提升的共性问题，主要包括：一是数智技术应用程度较低，多网并行造成信息孤岛，增加了班组运行成本；研发设计与产品生产、生产上下游工艺间的衔接不畅，造成资源浪费，增加了等待时间；二是设备自动化率低，产品生产大部分仍然依赖手工作业，可变生产成本较高，环保技术与工艺改进有待进一步提升；三是绩效考核的精准性不高，员工激励效果有待提高，人员与业务匹配程度有待提高，需要培养一专多能、适应多种操作的员工。

2. 推进数智化转型

聚焦数智化转型对班组生产效率提高、供应链管理优化、成本降低以及质量提升作用，实现智能化研制生产制造。一是建立经营管理数字化体系奠定评价体系的数字化基础。通过制定统一技术标准和协议、数据整合和转换以及跨部门合作，深度融合融通现有的组织人力资源管理、全要素财务管理、全级次供应链管理、全流程综合管理等信息系统，打破系统间的技术、数据以及组织壁垒，建设以集中管控、精细管理为核心的业务管理体系，实现班组经营管理数字化转型，提升统筹管控能力。二是建立产品质量信息系统推动班组提质增效。鉴于航天产品制造的高质量、高安全以及高度复杂化的特征，树立让"数据多跑"促使"人少跑"的成本节约思想，利用数字技术，构建产品质量信息系

统，实现产品生产制造过程中的全生命周期的质量信息数据收集、管理工作，有效降低管理成本，减少无效资源投入，提高产品质量管理效能，推进班组工作提质增效。

3. 推动自动化升级改造

建立研制生产智能化体系，推动班组研制模式转型升级。围绕研制协同、设计仿真、两化融合、样机交付、虚实验证等能力提升要点，基于统一模型，加强 MBSE（Model-Based Systems Engineering，基于模型的系统工程）、MBD（Model-Based Design，基于模型设计）、数字孪生、工业互联网等新技术的融合应用，建立跨厂所的三维协同研制平台，基于三维数字化模型定义技术，构建发动机零件及组件、整机设计工艺及制造等数字化模型。以数字模型为基础推进研制过程的数字化，以研制过程信息数据的一致性、完整性及技术状态管理为核心，构建"整合集中、数据建模、自动分析"的数据智能体系，改变"数据分散、指标不一、人工统计"等原因所造成的班组低效运营，实现设计、工艺、生产、装配、检验、交付的全过程业务协作协调，提升发动机研制质量和效能，实现发动机研制模式的全方位数字化转型升级。

4. 革新班组管理方式

一是管理革新优化班组资源配置、改进工艺流程、加强组织协调，实现生产高效作业。通过优化人员、机器与场地间的资源配置，合理的工艺流程设计、作业的重新分解及标准化，以及现场改善 IE（Industrial Engineering，工业工程）技术的应用，实现班组间和工序间的有效协调，促进生产的持续作业，减少非价值创造时间，提高班组效能。二是完善考核激励机制，培养多能工，优化人力资源配置。面对任务的不确定性和各种压力挑战，通过业务培训、科学调控、任务管理，强化组织韧性，更好地应对生产任务的突发情况或变化需求，充分发挥考核机制，激励班组成员增强创新意识、提高技能水平和专业能力，对班组内员工进行"一人多岗，一岗多能"的培养，为生产过程创新优化夯实人力基础。如：生产类某试验班组培养"多能工"，保证了急剧增长的科研生产任务的顺利完成，促进班组间和工序间的有效协调，实现生产的持续作业，提高了工作效率和生产效益。

（六）形成效能提升的多层级联动机制，验证班组效能提升效果

1. 形成效能提升的多层级联动机制

在班组效能量化评价领导小组的指导及推动下，建立并逐步形成"院属单位—车间（研究室）及职能部门—班组"的效能提升多层级联动机制。在院属单位层面，制定效能提升的目标导向和激励政策，协同推进班组效能提升；在车间（研究室）及职能部门层面，针对量化评价体系发现的共性问题，开展技术升级改造、生产资源协调和再配置；在班组层面，结合自身评价和横向同类比较结果，重点评价识别班组效能影响因素，通过现场管理等方式进行改进，高效协同推进班组效能提升措施的落实。

2. 验证班组效能提升效果

2023 年年初对 41 个班组开展 2022 年效能提升效果评价，结果显示班组效能明显提升，科研类班组平均效能由 2021 年的 0.7877 增长至 2022 年的 1.1248，效能增长率达到 42.80%，研发人员、经费等综合成本节省 11.10%；生产类班组从 2021 年的 0.8951 增长至 2022 年的 1.4788，效能增长率达到 66.02%，生产人员、生产成本及生产费用等综合成本节省 32.38%。并且，技术进步对班组效能提升明显，2022 年科研班组效能增长的 67.31% 的动力来源于技术进步；生产班组效能增长的 58.80% 的动力来源于技术进步。

（七）巩固评价体系成果，推广应用

1. 巩固班组效能量化评价体系

通过召开全院推进会、优秀班组宣传、形势任务教育、品牌班组建设、班组文化阵地开设等多种形式，在全院宣贯班组效能量化评价体系应用成效，督促一线班组增强效能意识。修订

《院"金、银、铜牌"班组、品牌示范班组和优秀班组长评选考核管理办法》（院发〔2022〕889号），把班组效能量化评价与提升作为考核指标纳入管理办法，加大此项工作在年度品牌班组和优秀班组长评选的考核分值比重，督促一线班组用好效能量化评价这一创新管理工具，推进新时代班组管理转型升级。

2. 推广应用班组效能量化评价体系

2023年在全院478个科研、生产和保障类班组全面推广量化评价体系的应用，并编制《航天企业班组效能理论与实践研究》培训教材（已完成初稿，计划年内出版），在全院范围内开展1500余人次的班组效能量化评价培训；开发《航天企业班组效能测评系统》（软著证书号：软著登字第11722777号），实现班组效能静态自评价，能够一键式自动生成《班组效能量化评价报告》，奠定体系全面推广应用的技术基础。

三、以价值创造能力提升为目标的班组效能量化评价体系实施效果

（一）形成了高效能班组，价值创造能力显著提升

夯实班组效能量化评价体系基础，明确评价结果效能优化的导向，紧抓数智化转型、技术升级改造以及管理创新，促进一线班组效能提升，推动科研类、生产类班组的产出能力显著提高。2022年科研班组效能增长率为42.80%，有力推动16型新研装备任务承揽，保障了23型竞争类装备研制有序开展；生产班组效能增长率为66.02%，产品质量安全平稳受控，任务完成总量创历史新高，高质量全面完成年度各项装备科研生产任务，更好地践行了强军首责。

（二）形成了企业精细化经营管控模式，降本增效成效显著

从班组、车间（研究室）及职能部门、院属单位多层次合力推进班组效能提升，形成了贯穿融合班组、车间（研究室）、院属单位不同层级的科研、生产运营管理需要的班组效能管理模式，为技术改进、流程优化以及资源配置指明方向与量化目标，形成了全院的精细化经营管控模式。2022年，全院成本费用率达到92.32%，连续两年下降1.78个百分点；全员劳动生产率由年37.9万元/人提高到年46.6万元/人；利润近两年复合增速达到9.80%，营业收入利润率7.84%，提升了1.29个百分点，经济发展效益不断提升。

（三）形成了班组效能创新成果群，获得良好社会评价与示范效应

成果实施起到了良好的示范效应，并取得了一系列技术创新成果，其中职工经济技术创新成果国家级1项、省部级4项、集团公司级4项、单位级别6项，"五小"成果省部级1项、集团公司级3项；QC成果国家级1项、省部级4项、集团公司级1项，获得各类专利300余项，软著27项，工艺改进110项，工装改进63项，有力支撑了研究院重大武器型号立项核心技术攻关。在第二届大国工匠创新交流大会暨大国工匠论坛上，徐立平班组（化学动力整形班组）的《固体火箭发动机先进装药和整形技术》荣获第七届全国职工优秀技术创新成果一等成果。此外，西安航天动力测控技术研究所一室测控组2023年荣获"全国工人先锋号"称号。在《航天工业管理》发表两篇论文《航天固体火箭发动机科研班组岗位效能评估方法与应用研究》《航天企业生产班组岗位效能评估方法与应用研究》，得到了同行的普遍认同，并作为集团公司试点推广应用。

（成果创造人：任全彬、王永杰、李爱红、刘伟凯、房　红、
　　　　　　　姜大帅、班　莹、张　翔、李青频、王绪涛）

以数字铁路为导向的生产实训一体化体系构建

邯黄铁路有限责任公司

邯黄铁路有限责任公司（以下简称邯黄铁路）为地方控股合资铁路公司，公司所辖邯黄铁路是河北省控股的第一条区域性干线铁路，全长 468 公里，全线设置车站 32 座，承担冀中南、晋中南、豫北地区矿石、煤炭及沿线货物运输，通过直通运输可延伸至河南、山西以及更远地区，是西联东出、晋煤外运最为便捷的出海通道。2022 年，邯黄铁路完成货运量 3830.2 万吨，实现清算收入 14.63 亿元，实现运量和利润连年增长。

一、以数字铁路为导向的生产实训一体化体系构建背景

（一）融入国家数字中国布局的需要

加快数字化发展、建设数字中国，是顺应新发展阶段形势变化、抢抓信息革命机遇、构筑国家竞争新优势、加快建成社会主义现代化强国的内在要求，更是提升企业发展动能、助力企业高质量管理的必然要求。要实现以数字化为支撑的管理变革，就要打通邯黄铁路存在的信息孤岛，统一基础数据标准，以数字化智能化升级转型为主线，让人才战略和生产经营实现彼此融合相互融入，才能走好企业的数字化转型之路，跟上数字经济的大潮。

（二）落实行业数字铁路规划的需要

数字铁路是服务国家战略、提质增能创效、保障运输安全、提升服务水平和促进高质量发展的重要手段，是数字时代推进铁路现代化的重要引擎。铁路企业在落实数字铁路规划的过程中面临着市场、竞争、自身等多方面的挑战，建设符合现代物流企业发展的人才队伍是应对挑战的关键。而由于不同时期不同环境企业发展的关键限制条件和关键岗位不断变化，精准迅速识别企业发展中关键岗位、关键人员瓶颈，科学规划作业流程和关键节点就成为建设符合数字铁路发展的数智化人才管理战略的关键。

（三）驱动企业一体化实训建设的需要

随着数字化转型中人才战略的推进，关键岗位员工素养成为运输秩序保障、运输效率提升的前提，过去简单的评价手段和选拔筛选机制已无法满足铁路智慧化、数字化发展要求，培训成本高且效果不佳，人才培养难以满足运输生产的需要，现有培训方式无法实现全线数据共享且难以与实际生产相联动，一成不变的培训评估模型难以跟上关键岗位技能要求的发展变化。

二、以数字铁路为导向的生产实训一体化体系构建主要做法

（一）明确关键策略，做实体系建设规划

1. 出台顶层设计明确实施策略

2020 年 11 月，发布《邯黄铁路智慧建设规划纲要（2021—2025）》，围绕"建设综合交通枢纽和物流网络，加快城市群和都市圈轨道交通网络化"的指导思想和"轨道上的京津冀""建设现代化物流体系"的总体要求，基于邯黄铁路环渤海经济带黄骅港疏港第一通道的区域发展定位，企业里程长、人员少、市场波动大的特点及河北省第一条地方投资控股铁路体制创新的需求，在充分借鉴国铁智能高铁技术体系框架的基础上，构建了"智慧邯黄总体技术框架"，首次提出了"生产实训一体化"的理念、实施步骤和配套应用，将提素智能平台设立为第一个智慧邯黄的建设项目。以数字铁路为导向的生产实训一体化体系以推动河北省的智慧交通、绿色物流发展为宗旨，以实现地方铁路的数字化转型、推动高质量发展为目标，本着"统一框架，分析需求，试点先行，逐步推进"的原则，通过促进

先进技术与铁路运输深度融合，将云计算、大数据、物联网、移动互联、人工智能等新技术应用到生产实训一体化体系中，使数字化成为企业经营发展的强力支撑。

2. 建立组织架构保障逐级落实

一是成立由邯黄公司董事长、总经理任组长的生产实训一体化体系建设领导小组，从公司科技信息部、运输管理部、人力资源部、调度指挥中心、安全监察部等多部门合力高素质人才，打造技术突出、作风过硬的专业技术队伍。二是组建一线跟踪测试团队，形成了上下联动互为支撑、规划与实施顺序推进、研发与落地分工负责的协同机制。三是完善管理流程，明确岗位职责和标准，实现过程控制、结果考核、制度约束的研发团队管理。四是统一思想，提升工作动力，层层传导压力，强化过程管控，建立统筹推进落实工作机制，实时掌握工作推进情况，及时协调解决推进中的重大问题，严防体系实施行动形式化、过程化。五是强化团队工作的领导负责制，坚持主要领导专题部署，引导流程创新，细化任务分解。邯黄公司做到保障项目建设范围不压缩、试点岗位不落空、研发投入强度逐年递增，实现了与生产需求的合理布局。

3. 创新驱动引擎支撑人才战略

将作业实训融入运营生产的全链条上，把员工参与作业全过程、安全质量考查、仿真实训、考试评价等要素统一集成，通过拟人化校正，实现企业需求与人员素质的有机结合与统一。一是以实时同步的异地线上数字化非正常演练目标进行数字基础建设，对铁路数字化必备的网络、北斗定位、三维地图、数据中心等载体进行建设，完成提素培训与运输组织、安全管控链路打通的应用试点，搭建像素级复刻车站行车作业和场站实景的大数据仿真平台。二是以全线行车作业安全预防性推演为目标进行数字中台及应用推广，使真实生产系统与仿真平台相融合、真实作业环境与培训人员相融合，实现了生产与实训全链条的数字化。

（二）定位关键模块，抓稳体系建设落地

1. 实现生产增效、实训提素和人才升级三位一体的耦合递进

针对运输生产与员工素质不匹配的"卡脖子"问题，邯黄铁路依托于生产实际进行关键核心技术攻关和生产支撑结合及应用。一是统一培训与作业，做实人才评价的顶层设计，增强运输生产链条上的协同性。二是加强培训关键核心技术攻关，突破空间、时间对人才评价的限制。三是针对需求驱动的培训领域，把扩大培训范畴和创新驱动发展战略有机结合起来。四是定制特色化的智能培训平台，与实际作业对接并实现多角度的量化评估与手段拓展，将异地实训系统与生产系统结合，融入智能邯黄规划建设体系，并适度超前建设的思路。

2. 实现人才评价多元化、作业实训一体化的整体画像

针对现场作业需要作业人员必须具备实际应急处置能力的需求，一是在原有的考试等理论培训的基础上，加入日常作业实践和针对性的强化训练的内容，并且在选拔评价体系中不再局限于单一的量化指标，而是将作业环节的数据元整体获取，进而精准分析。二是对原有封闭独立的作业系统进行打通，根据员工参与作业各个环节的实际情况，进行实景画像，基于个人不同的优劣势，智能规划每个受训人员的实训内容的优先次序，实训项目实时动态调整，达到一人一课、AI助教的效果。从而将实训结果和数据处理的优化改进直接引入邯黄铁路的调度指挥和培训评价系统中，形成了综合一体化对接平台。

3. 实现作业效能瓶颈突破和分步能力解析的实时量化

针对渤海西站调机运用效率难以提升的瓶颈，一是进行 CTC（Centralized Traffic Control，调度集中）实训仿真的部署及应用，解决缺乏轨道电路和完整 CTC 系统的数据支持，以及调机运用效率分析缺乏实际评估手段的问题。避免投资巨大的国铁既有的 CTC 系统改造，避免对既有运输生产产生重大

影响。二是结合自带北斗高精定位的定制智能终端，打通实训平台对调机作业过程中的全程定位数据记录，通过对比训练、模拟仿真的方式，进行量化的调机运用效率分析，反向对比实操流程进行优化。

4. 实现生产实训效果的持续追踪和个性化检验的持续优化

结合邯黄铁路的既有运营生产机制与流程以及数智化实训项目的特殊情况，将邯黄铁路既有的人力资源到生产部室，到车间、班组，到员工的技能评价人工交互流程改为人力资源到数智化系统、到员工之间的评价考核数据交互流程。将业务知识考核、列车运行图、仿真实训、调机智能管控、作业安全管理、装卸作业分析等整合在一个数据链上，实现作业指挥、人才管理、战略决策的一体化交互，通过持续的优化迭代来逐步提升个性化评价能力，运用多维度、多视角、多层面数字化检验手段营造良好效果验证路径。

（三）突破制约技术，保障体系建设推进

1. 首创车站作业虚拟仿真引擎

首创基于虚拟仿真技术的 CTC 系统培训以及基于多站互联技术的微机联锁培训模式，运用综合虚拟仿真技术，通过人工仿真的环节将引导信息、作业数据、操作模型和性能评估串接在一起。在综合仿真技术的基础上，采用 3D 仿真，利用 3D 扫描设备辅以人工建模，构建与实际场景等比同源的场景模型，结合虚拟仿真数据，引导作业人员在虚拟 3D 场景中以不同的视角通过实时渲染，营造逼真效果和场景变化。

2. 首发行车指挥场景和流程的三维建模实景

为满足数字铁路所要求的高精度实时作业三维场景需求，首先采用基于 SLAM（Simultaneous Localization and Mapping，即时定位与地图构建）算法的三维移动扫描技术，结合测量平差技术、惯性导航系统和摄影测量技术及多传感器技术融合，研发独有的无源 Re-localization（重定位）SLAM 算法，解决大面积大场景的高精度连续特征匹配，在保持高效的同时保证测绘级精度，主要用于建设和运维领域。

3. 先行智能调度科研成果的生产应用落地

一是算法优化，基于 CTC 系统的调度集中特指在 CTC 场站图的基础上分别针对信号机、区段、列车、股道和闭塞分区的状态进行标记、显示的模式。针对邯黄铁路的原有 CTC 作业指挥系统，融入了智能化调度技术，在列车运行自动调整替代图理论基础上叠加了帕累托最优算法，实现了自动求取当前调整后的全域自动调优解，实现了秒级的晚点控制、冲突控制和协同控制。二是风险自动识别，采用的 Petri 预警模型，在仿真实训时自动识别作业风险，将智能调度方法应用于 CTC 实训，为实训员工提供风险判断和优化操作方案的比对。

4. 先试同步交互、集中管控的云端同步部署

为保证行车调度指挥的同步性，一是在数据调用、逻辑功能、UE（User Experience，用户体验）交互和同时间轴交互四个层面上进行云端开发、云端部署，分别从对接数据保护、对接安全防护、软件定义网络、软件定义存储、优化资源管理、优化事件管理六方面进行虚拟化平台数据和逻辑方面的优化与标准化，实现端到端的组件交互流程。二是进行云端 UE 交互和同时间轴交互的优化，实现所有管理终端和受训终端同时间轴运行，所有 UE 交互均集中在私有云资源管理和数据采集部分进行，在监控管理和配置管理方面强调了主从数据中心的双机灾备，确保了主服务器异常后从服务器可以无缝启动对接。

（四）数智化赋能，生产实训一体化融合

1. 打造数字通道，实现多站联动的生产实训一体化数字化基座

一是建设完成覆盖邯黄全线的万兆封闭网络和三维地理信息平台、邯黄铁路大数据中心、网络安

全管控平台，为运输生产、安全管控、设备运维、调度指挥、提素培训、工程建设等提供统一的部署基础和保障。二是针对调度指挥和行车控制等关键岗位需求，在全线各实训站点部署实施微机联锁、CTC 调度集中综合实训系统，应用云端开发、云端部署、多站互联模式。异站操控系统通过同步技术实现联动指挥、同步处置，同时采用 IP 直通电话和视频实现相邻站的全真实场景沟通协同。三是通过多维度多角度进行虚拟化平台数据和逻辑方面的优化与标准化，实现端到端的组件交互流程；将作业中的真实数据接入实训平台，通过对状态进行标记、显示，对实操结果进行评价和优化。

2. 打造数据平台，实现实景复刻的生产实训一体化沉浸式体验

结合虚拟仿真数据，引导作业人员在虚拟 3D 场景中以不同的视角通过实时渲染，营造逼真行进效果和场景变化。一是作业仿真，各实训终端可按照员工岗位调整实训内容，高精度复刻现实作业操作台，根据铁路系统真实案例或重大作业事故，下发模拟场景到直接实训平台，多站联训是否具备符合作业要求的正确处置能力。二是场景仿真，学员客户端操作和指令发布直接利用邯黄铁路的实景建模仿真，实时同步实训操作，让学员直观感知感受到一个操作或指令对列车运行、车站作业在真实场景的结果，实现了操作实操与模拟系统操作的数字孪生，创造接近真实的实训场景，给予员工强烈的感官感受。

3. 打造全数据链，实现生产实训一体化的全流程追踪

通过打通网络隔离消除数据"孤岛"，统一数据标准进行数据整合，同步作业分析和员工评价模型，实现作业人员从培训到上岗到提升的全过程追踪分析。一是通过网络安全平台将既有作业系统的列车运行数据、货运作业数据接入到数据中心。根据关键岗位特点、扩展数据采用范围，部署基于北斗定位的调机运用分析平台，通过研制适合驾驶舱作业环境使用的车载智能终端、建立北斗差分基站、研发北斗高精定位接收模块、实现调机作业计划电子化和调机运用效率自动化分析与可视化展示系统，构建调机定位追踪和运用效率分析技术方案。二是搭建分布式邯黄远程培训中心，整合视音频、控制和管理系统，集合摄像跟踪、视频会议、数字会议、身份认证、无线签到等功能，进行考试、培训过程录播，形成常态的数字培训内容资源。三是基于不断更新的数据源及项目实施期间的数据积累，运用机器学习算法不断优化员工作业效率分析的效率和准确度，结合模拟仿真数据，得出当前员工素质中、作业中的效率瓶颈、卡控节点，供管理人员进行效率分析，便于优化模型，模拟作业计划、验证优化流程的实际效果，为实际作业中安全问题和作业效率问题发现、评估和改进提供量化依据。

4. 打造智能推演算法，实现生产实训一体化的前瞻性预测

一是采用多数据源和实景仿真，将作业中的阶段性实操数据和机车、列车定位运行数据及车站装卸作业数据积累，实景在线复示分析。二是查找通过列车和站内调车效率限制因素，根据员工素养真实评价，合理预测全线列车运行图铺画和车站限制因素的定位，调整作业方式和流程。三是针对不同员工的实训上岗结果，定位关键岗位、关键人员的选拔范围，综合采样分析作业与培训数据，做出人员岗位匹配度评价，作为人才梯队建设的抓手。四是根据企业发展和运输环境的变化，以预测场景和关键要素为依据推演展示需要达到的列车运行图、调机运用等运输组织场景，及调度指挥岗位的能力效能指标，作为经营决策和人才评价的参照。

（五）实施多维支撑，强力保障体系建设

1. 严格控制体系推进流程，优化实施条件

强化运行机制，各项目团队成员认真分析制定实施方案，明确工作范围、标准和完成时限，细化工作量及责任主体分工，制定推进措施，形成推进方案。在实施推进过程中，严格按照既有规章制度和时效性的约定，对成果实施前可能发生的情况做到超前防范，推进过程中产生的新情况、新矛盾的

不间断识别分析和处置解决。结合既有项目实施机制与流程，根据智能化实训的特色，建立从项目发起人、决策者、执行者到最终使用者的完整流程，形成完整的运营机制与实施流程。

2. 细致计划实训平台建设排期，推进有序可控

邯黄铁路将沿线大型站点作为重要实训教室基地，在各站点的实训教室系统搭建安装，精细化把控实施内容和进度，确保项目按时按质推进。按四个阶段推进项目，一是技术方案的概要设计；二是部署实训教室远程培训软硬件，并进行阶段验收；三是研制综合实训平台，并完成平台内容的部署和综合测试；四是综合联调和验收，最终形成验收报告。对每个阶段，明确时间要求，根据时间节点来严格监督任务的推动进度，推动任务的实施与设备物资的及时进场，确保项目任务切实有序推进。

3. 灵活修正模型评估机制，提高系统适应度

根据现场人员的操作习惯和使用效果的反馈，尤其是一线行车指挥人员的实际作业情况，不断优化修改，使系统最终贴合邯黄现场的使用要求和作业人员的操作习惯。在保证现场使用正常的前提下，尽可能减少更换系统给作业施工带来的不利影响，提高系统对环境的适应性，进而提高作业效率，实现预期的培训效果。邯黄铁路原有培训存在现场行车作业、调度指挥受作业规范和安全生产的限制，因此，选取核心作业场站将调度作业、能力查定、故障处置等重点培训内容，通过仿真演示实现量化的效果打分和综合排名，智能化提示作业的问题点与优化建议，辅助教师提高培训的授课效果，便于学员根据培训中心暴露出来的问题，进一步提升实操的技术水平和理论的专业能力，并通过培训后台实现培训成绩的个性化统计分析，形成实操效果的精准画像。

4. 全面优化融入生产技术思路，把握体系实施方向

以邯黄铁路渤海三站为切入点进行细致分析，以实现整体作业的顺畅和效率提升为目标，比较选择优化培训系统方案，使调度指挥人员能尽快有序地完成车站运输生产作业任务，同时均衡有效、最大限度地利用作业设施，提高运输作业效率。依据铁路现场情况与邯黄调度中心的作业计划，正点接发列车作业与重要紧急的调车作业。减少和避免进路交叉干扰，在建立进路的优化选择模型时，根据各个作业的不同特点和作业要求来建立进路优化选择模型，灵活使用到发线，合理调度进路，变换列车的运转机制。实训操作台原型机与实训云平台同步进行软硬件设计，以便统一软硬件接口规范，同步测试实操信号与模拟指令的兼容性，重点关注指令延迟时间和异地远程同步的稳定性两个指标，在原型机和系统原型阶段确保达到相关技术指标要求，满足了调度指挥人员的使用要求。系统测试版完成后编制专门的测试用例，对操作系统、后台编辑系统、后台数据分析系统和智能算法系统进行专项黑盒测试，方便后续的运维保障。

5. 充分凝聚多维合力，保障全流程培训效果

一是内部与外部结合的强大教师资源。既有外来培训讲师，还有来自企业内部、具有丰富现场经验的内训师力量。师资团队成员具备中高级职称，有主持或参与国铁集团 CTC3.0 系统、铁科院／交大版本 CTC 实训系统的经验以及对邯黄铁路现场实操的深度理解，具有丰富的一线现场经验，切实提升了受训人员操作水平。二是制度与技能兼顾的优质课程设计。培训课程的设置，不仅包括理论知识和实操能力的培训与指导，根据邯黄铁路的实际，引入与培训内容相配套的规章制度、场景特点的学习。三是致力于员工发展的考核机制。围绕着员工提素这一核心宗旨，设立相应的激励与考核制度，逐步将数智化建设融入员工的日常工作中，带动邯黄铁路的数智化升级改造。

三、以数字铁路为导向的生产实训一体化体系构建效果

（一）全面促进经营质量，展现数字化产业升级的显著成果

通过以数字铁路为导向的生产实训一体化体系的实施，发挥了科技与数字化的巨大价值，激发了精细化管理的强大驱动力。2022 年实现全年运量 3830 万吨，超过 2021 年 325 万吨，装车时间同比压

缩 20 分钟，列车停时、中时、周转时间等效率指标均有较大幅度提升，实际列车运行对数高峰日达到 29 对，打出了满图运行的高水平。全年实现清算收入 14.63 亿元，较上年增长 1.08 亿元；全年实现利润 4119.2 万元，超考核指标 107.2 万元，保持了持续盈利的良好势头。培训开展次数从 2019 年的 62 次提升到 285 次；培训师资从 2019 年的 110 人次减少到 12 人次；行车人员操作失误次数从 2019 年的 7 次降低为 1 次；应急处置时间从 2019 年的 30 分钟减少到 20 分钟；指挥失当影响运输组织从 2019 年的 5 次到 2022 年已无此情况发生。

（二）全面提升人才素质，展现数智化人才管理的比较优势

一是实现员工精准画像。智能规划受训人员实训内容的优先次序，实时动态调整实训项目，达到一人一课、AI 助教的效果。精准掌握个体实训全貌，按照岗位要求快速准确定位称职员工，及时优化流程和目标，彻底解决了关键岗位、关键作业培训质量难以评价，培训周期长的难题。二是重构评价机制。结合动态的作业数据、生产系统统计数据和实训考核数据，建立线上综合培训评价机制，实现了有计划、分步骤快速人才培养，新老人员有序接替、管理队伍梯次储备，将人才评价立体化，突破培训不能切入生产的关键瓶颈。三是作业和实训的深度融合。仿真技术营造出在虚拟环境对接真实作业场景，实训平滑接入生产作业环节，将关键岗位人员、车间管理人员、人力资源、实际作业全部组合进培训全流程，保证了岗位作业技能要求变化的动态适应。

（三）全面破解落地难题，展现生产实训一体化的增值效益

生产和实训一体化体系建设颠覆了培训与生产两条线的人才选拔模式，激发企业经营管理的创新力、创造力，助力智慧交通、绿色物流建设。一是通过数字化与智能化的介入，进一步明确岗位责任，划清了管控边界，提升了应急处置能力，推动了专业管理、系统管理、分工管理责任的细化和明晰。二是通过数字化平台和数字化基础的搭建，为生产运营、运维管理、工程建设、决策分析等提供了统一的支撑环境。三是通过数字化仿真推演，为铁路运能运力调整，提高运输组织效能提供了创新性工具。四是通过数字资源的广泛采集、收集和清洗，为数据的资产化管理铺平了道路。

（成果创造人：左站峰、姜建民、吴会江、商　霖、赵　磊、金树桥、

杨　涛、范玉琪、左松松、孙晨刚、崔智昊、刘　烨）

装备制造领军企业基于"两个导向、五大体系"的工匠人才管理机制变革

潍柴控股集团有限公司

潍柴控股集团有限公司（以下简称潍柴集团）创建于 1946 年，是中国领先、全球具有重要影响力的工业装备跨国集团，属于山东省国有控股企业，总部位于潍坊市，旗下拥有潍柴动力、陕汽重卡、潍柴雷沃智慧农业、法士特变速器、汉德车桥、火炬火花塞以及意大利法拉帝、德国凯傲、德国林德液压等国内外知名品牌。全球员工 10 万人，2022 年，年营业收入超 3000 亿元，位列中国企业 500 强第 86 位、制造业 500 强第 31 位、跨国公司 100 大第 18 位，海外营业收入占比达到 47%。主营业务涵盖动力系统、商用车、农业装备、工程机械、智慧物流、海洋交通装备等六大业务板块，分子公司遍及欧洲、北美、亚洲等地区，产品远销 150 多个国家和地区。重型发动机、重型变速器销量全球第一，工业叉车、豪华游艇全球领先，农业装备销量中国第一，重型卡车中国领先。企业先后荣获国家级技能大师工作室、全国示范性劳模和工匠人才创新工作室、国家创新型企业、中国质量奖、中国工业大奖等荣誉称号。

一、装备制造领军企业基于"两个导向、五大体系"的工匠人才管理机制变革背景

（一）工匠人才管理变革是支撑制造业强企建设的现实需要

工匠人才作为企业人才核心竞争力的重要代表，不仅在实施技术改造和解决技术难题方面发挥着不可替代的作用，更承担着技术发明和科技成果转化为现实产品的重大责任。潍柴集团正致力于迈向科技型制造业集团，需要大规模的高端工匠人才，为企业打造智慧工厂提供强大技能力量支持。潍柴集团坚持以提升能力素质和专业技术水平为重点，以培育技能"工匠"为引擎，急需做好工匠人才顶层规划设计，助力企业战略转型。

（二）"匠心与匠薪"匹配是工匠人才梯队培育的内在要求

工匠人才的缺乏受技术工人的社会地位不高、各项待遇保障较弱、职业发展通道狭窄、社会环境、传统思维观念影响等，其内在原因是"匠心"与"匠薪"的问题。完善符合工匠人才特点的工资分配制度，建立工资正常增长机制，探索长效激励机制；拓宽产业工人发展空间，创新技能导向的激励机制；建立技术工人创新成果按要素参与分配的制度，持续不断地提升技术工人对于自身职业的认同感和自豪感，增强自身获得感，持续激发技能提升，需要企业迫切改革现有的管理机制，做到"匠心"与"匠薪"的有效匹配。

（三）常态化的评聘机制是强化技术技能导向的有效举措

工匠人才的成长建立在科学的"评""聘"基础上，常态化的聘任机制对于牵引长期深耕技能领域具有十分重要的作用。国家职业资格和企业内部聘任级别，因对两者存在什么样的关系缺乏科学的认识，造成只有"评"没有"聘"的现状，且集团各二级单位因历史、厂情及对技能型人才培养程度不一，积累了大量在岗未聘和聘任不在岗等问题。潍柴集团迈向高端战略需要大量高技能人才，如何识别技能高超、绝技绝活的人，使他们能够脱颖而出，成为细分专业领域的技能大师，牵头解决重大工程性问题，需要迫切建立常态化的聘任机制，形成评聘一体的管理方法。

（四）工匠队伍结构优化是企业人才供给侧改革的重点方向

工匠人才存在岗位技能价值低、工作效率低下、员工技能素质与岗位要求不匹配等问题，虽数量

庞大，但与企业要求的高素质、高技能、高效能的技能人才队伍存在一定差距，需要进一步优化人员结构。青年技能人才起点低、晋升慢与高技能人才职业发展显现"天花板"的双重矛盾：一方面新入职员工定岗在高级工起点，晋升至技师需要 10 年左右时间，不利于基层工匠的保留与培养；另一方面高技能人才向工程技术人才流动的渠道未打通，职业发展出现天花板，无进一步晋升的通道，不利于员工激发内在动能。

二、装备制造领军企业基于"两个导向、五大体系"的工匠人才管理机制变革主要做法

（一）以人才规划为引领，做好工匠人才顶层制度设计

1. 把工匠人才创新上升为潍柴集团"四位一体"创新体系的重要组成部分

面对新形势、新科技、新要求，潍柴集团打造了"自主创新＋开放创新＋工匠创新＋基础研究创新"四位一体的科技创新体系，对以工匠为代表的高技能人才创新给予充分肯定。把工匠人才队伍建设作为企业人才战略的重要内容，在集团层面专门召开工匠工作会议，阐述了潍柴工匠精神的内涵：精益求精、持之以恒、爱岗敬业、不断创新。要求各级党政工团组织把营造尊重工匠生态，推动建设高素质的工匠队伍，作为集团迈向高端战略的一项重要工程来抓。

2. 健全工匠人才价值管理体系，完善爱才、识才、造才、育才的管理机制

引得进人才，更要用得好人才，要从完善人才价值管理体系入手，让每个人都能在工作中找到成就感和获得感。一是完善人才识别和人才使用的体制机制，建立人才盘点机制，把合适的人精准配置到合适的岗位上去，充分激活各类人才主观能动性。二是畅通员工职业发展通道，完善任职资格体系建设，进一步明确员工职业发展的方向和路径，持续牵引员工和潍柴同奋进、共成长。三是科学实施员工价值评价和价值分配，以能力和业绩为导向，优化考评晋升、破格晋升体系，完善考核激励机制，让价值创造者、持续贡献者获得实实在在的回报。

3. 实施高技能领军人才培育计划，围绕产业链精准培育急需紧缺岗位人才

围绕企业重大项目、重点产业、新业态对高技能人才的需求，实施高技能领军人才培育计划，强化企业转型升级和产业基础再造。一是根据业务需要，建立高技能领军人才"揭榜领题"，制定参与重大技术革新和技术攻关项目的制度；二是注重青年高技能人才选拔使用，并将人才培养纳入部门考核范围；三是对业绩突出的优秀高技能人才，畅通向专业技术岗位或管理岗位流动的渠道，丰富成长路径。

4. 制定技能人才供需和培养规划，建立引进、培养与淘汰的良性循环机制

一是开展高技能人才供需预测和培养规划，精准分析重要技能岗位人才培养需求，把高技能人才培养计划纳入单位年度工作计划；二是加强与院校的合作，开展订单式培养、套餐制培训，每年引进一定规模专科（技校）优秀毕业生，补充新鲜血液；三是制定精准考核机制，持续优化低效人员，实现人才引进、培养与淘汰的良性循环，激发技能人才队伍活力。

5. 成立潍柴工匠学院和潍柴现代产业学院，促进高端工匠人才定制化培育

潍柴集团充分发挥高端装备产业优势，依托潍柴职业大学教育培训体系，积极支持现代产业学院建设，与青岛理工大学、潍坊学院、山东科技职业学院等院校共建现代产业学院，促进教育链、人才链、产业链、创新链"四链"融合，推动建立高端装备技术技能人才培养范式。成立潍柴工匠学院，拓展了企业职工与院校合作培育工匠型技能人才的平台，为企业技术进步和产业创新发展提供人才储备和技术支撑。

（二）精准设置岗位图谱，全面畅通工匠人才发展通道

1. 聚焦技能价值，精准设置"潍柴技能技师"和"潍柴金蓝领"岗位序列

潍柴集团现有技能工人约 1 万人，涵盖了钳工、电工、车工、内燃机装试工、电焊工和铸造工等

100多个工种。潍柴集团基于不同工种的岗位性质、所要求的知识技能、所在岗位的生产组织模式三个维度，从生产流程、工作内容、知识需求、技能需求、培训周期、配置来源等六个因素，结合解决问题的四种方式（重复式、定模式、推理式、应变式），合理建立了技能岗位识别标准。根据识别标准，潍柴集团将技能工人分为技术支持、一线工人和生产支持三类。其中，技术支持类岗位要求技能水平最高，主要包括机械设备维修、产品试验、质量检验等岗位。潍柴集团赋予了技能型人才两个响亮的名字，将技术支持工人命名为"潍柴技能技师"，将一线及生产支持工人命名为"潍柴金蓝领"，人员岗位序列更加清晰。

2. 基于成长规律，搭建五通道十层级的职业发展通道

按照技能水平和人才成才晋升规律，设计了高级工、助理技师、技师、高级技师、首席技师五位一体的晋升通道，坚持一年一聘，依据任职能力和业绩贡献形成常态化能升能降、能高能低的机制。员工职业发展有了通道，技能成才牵引更加有力，为各类技能人才搭建了良好的事业平台，助力他们通过技能水平成就精彩人生。

3. 优化定岗晋升标准，增强青年工匠的成长性和稳定性

一是依学历程度优化定岗级别，即技校生定岗在高级工，专科生、本科生分别高聘一级。二是重新修订积分晋升标准，晋升高级技师及以下岗级，适当调低晋升积分标准，由原来的60分调低为40分；晋升首席技师，由原来的120分调低为80分。以新入职技校生为例，优秀人才晋升至技师需要3～5年，晋升至高级技师需要6～8年，晋升至首席技师需要9～12年，晋升速度相比以前标准大幅加快，更有利于青年技能人才成长和保留。

4. 打破技能人才成长"天花板"，打通高技能人才向工程技术岗位流动渠道

为进一步突破技能人才成长的天花板，持续激励技能人才发挥更大作用，并落实中央办公厅、国务院办公厅《关于加强新时代高技能人才队伍建设的意见》精神要求，高技能人才在聘任至首席技师后，绩效积分达到一定条件，且取得重大国家级荣誉/内部重大贡献，经评审后可跨通道转岗至首席试验（机械）师，岗位调整为装备工程师岗，相应薪酬执行工程技术族岗位薪酬体系，沿着工程师通道方向继续晋升发展。

5. 明确企业技能人才聘任等级与国家新"八级工"职业技能等级的对应关系

立足于不同层次技能人才所具备的技能水平，从能力上建立对应关系：明确企业高级工、助理技师级别与国家高级工职业技能等级相对应；企业技师级别与国家技师职业技能等级相对应；企业高级技师级别与国家高级技师职业技能等级相对应；企业首席技师B级别与国家特级技师职业技能等级相对应；企业首席技师A级别与国家首席技师职业技能等级相对应，形成了企业内部晋升机制与职业技能等级晋升的双通道。

（三）以职业能力为牵引，建立工匠人才任职资格标准

1. 尊重历史贡献，建立晋升发展的门槛条件

门槛条件是员工参加认证必须达到的标准，主要包括绩效结果、组织贡献和专业工作年限。比如，聘任到助理技师及以上的技能型员工，近三年考评结果不能有D。组织贡献主要考察员工对组织核心能力建设做出的贡献，包括专业技能成果、知识分享、技术革新，以及个人取得的职业资格证书等。按照奖项或成果级别赋分，聘任至助理技师、技师、高级技师、首席技师等需要积累相应的组织贡献积分。专业工作年限主要考察员工在某专业或工种上持续积累的时间。比如，聘任到技师的人员，大专、高级技术人员需要3～5年专业工作年限。

2. 基于岗位职责，建立专业技术能力标准

从岗位要求出发，以高级工、助理技师、技师、高级技师、首席技师等岗层为纵，以各技能型岗

位为横，基于岗位说明书，组织专家确定每一个纵横交点上的工作职责、能力要求，形成各类别、各层级的岗位工作职责矩阵和专业技术能力配置表。它们将共同形成人岗匹配的标准，将决定什么人可配置到什么岗。

按重要程度，专业技术能力分为核心能力点和一般能力点，聘任到某一岗位和岗层的员工，核心能力点必须 100% 全部通过，一般能力点 70% 通过；按能力要求，能力又分为了解、熟悉、精通、综合运用和反向驱动五个层级，每个层级的能力都有明确的定义。比如聘任到机修钳工岗上的高级技师，必须具备设备预检预修能力、开展技术攻关能力、钳工专业技能等核心能力，以及计算机基础知识、电工技术知识、钳工基础知识等一般能力。其中，设备预检预修能力须达到精通水平，开展技术攻关能力和钳工专业技能须达到综合运用的水平。任职资格标准的建立，从根本上打破了传统的认证资历、不认能力的弊端，同时也有利于员工看到职业前途，明确努力方向，提高工作和学习的积极性。

3. 以爱岗敬业为导向，建立通用素质标准

潍柴工匠精神就是"精益求精、持之以恒、爱岗敬业、不断创新"。爱岗敬业是对工匠通用素质的要求，主要包括责任心、诚信正直、锐意进取、抗压能力、学习创新、客户导向、沟通包容、团队合作等八大指标。通用素质采用 360 度评估方式，对不同岗层的认证采用不同的问卷，由上级、同事、下属、客户等打分，达到规定分数为通过。

4. 优化破格和降级聘任标准，实现人员能上能下

一是对在企业工作期间获得行业内知名荣誉、竞赛名次，为公司做出突出贡献的员工，按照贡献程度、荣誉奖项级别，可直接破格至高级技师、首席技师，并兑现待遇。例如获得国家级技能竞赛一等奖、潍柴工人技术革新成果特等奖等可直接破格至首席技师。二是高级技师及以上级别人员需按年产出相应的技能贡献，如年度内需完成 3 项公司级技术革新成果、自动化改造项目等；培训授课学时在 30 课时以上等。如未达到要求则降低聘任等级，打破能上不能下的聘任机制。潍柴集团成立公司级和单位级两级评审委员会，依据任职资格标准，对技能型人才进行聘任。目前潍柴集团共聘任技能型人才 4000 余人。其中，"潍柴技能技师" 1600 人、"潍柴金蓝领" 2400 人，高级技师及以上人员 300 余人、助理技师及以上人员 3000 余人，人员梯队结构更加科学合理。

（四）完善创新激励政策，提高一线岗位价值和吸引力

1. 基于岗位价值，建立技能型人才晋升机制

技能型人才对致力于迈向高端的企业至关重要，没有高素质的工匠队伍，企业战略目标很难实现。潍柴集团从岗位所要求的知识技能、解决问题和责任三个维度，评估技能型岗位价值，确定技能型岗位价值最高可达到高级技师、首席技师，相当于企业中、高层领导干部的收入水平。对技能型人才，建立积分晋升制度，年度考评结果为 S 和 A 员工有机会晋升到上一岗层，实现员工按能力业绩规划职业发展。

2. 树立技能导向，建立月度技能绩效制度

对应首席技师、高级技师、技师和助理技师四个层级，在现有薪酬标准的基础上，增加月度技能绩效单元 300 ～ 5000 元 / 人不等，每年发放技能绩效近 5000 万元。同时对高级技师及以上层级人员在企业年金、补充医疗等方面都予以倾斜激励。

3. 重视一线创新，实施物质与精神双激励

潍柴集团每年设置 500 万元专项基金，用于一线职工创新激励。在每年一度的科技创新大会上，企业一次性将 200 万元用于奖励一线职工创新项目，一等奖奖励 10 万元，二等奖奖励 5 万元，许多一线创新达人，一次就获得了 10 多万元的奖金。在潍柴集团，创新有环境、有平台、有奖励，大项目大

激励、小改善小激励，只要创新就会"名利双收"。同时，荣誉授予向技能型人才倾斜，定期评选劳动模范、十大工匠等，在重大节日公开表彰，从精神层面激发了技能型人才的荣誉感和归属感。

（五）系统改革培育模式，高水平打造高技能集团强军

1. 以工匠工作室为平台，建立工匠创新体系

潍柴集团建立了9个工匠创新工作分站、7个劳模创新工作室和44个工匠创新工作室。拥有1个"国家级技能大师工作室"，1个"全国劳模创新工作室"，2个"山东省劳模创新工作室"，3个"山东省行业创新工作室"，3个"潍坊市高技能人才创新工作室"。各工匠创新工作室累计投入设备、资金等达4500万元，完成重大一线员工创新项目700个，申请专利170项，改造设备800台，直接创造效益4亿多元，以职工命名的先进操作法300多项。多项成果获得省市奖励，其中，"自主修复电主轴项目"获得全国职工创新成果优秀奖。

2. 以千名工匠培养为目标，建立三级工匠培养体系

潍柴集团制定了"三级五位"千名工匠培养计划，建立种子工匠、青年工匠、首席工匠三级培养模式，探讨积分制、末位淘汰制等日常管理模式，建立入库、使用、激励、评估、淘汰等一体化机制，确保各级工匠的参与积极性。潍柴集团力争用3年时间培养1000名工匠人才，实现首席工匠国际化、青年工匠高端化、种子工匠知识化的目标。目前，潍柴集团培养出以大国工匠王树军为代表的，以20名省级以上工匠、30名潍坊市工匠、100名潍柴工匠为骨干的大批高技能人才，这些工匠覆盖20余个工种，广泛分布在一线工作领域，形成了完善的人才梯队和创新网络，打造了行业一流的高端工匠队伍。同时，潍柴集团三级工匠培养体系在潍坊市得到了推广。

3. 常态化开展技能竞赛活动，技能提升有保障

潍柴"百场万人技术大比武"已经成为企业的品牌，每年组织各类比武活动100余场，参与职工超过万人次，涌现了一大批工匠人才。2022年企业组织了集团智能制造比武、首届大缸径发动机技能大赛、质量技能大赛、焊接技能大赛等比武活动，目前已组织比武112场，参与职工12800多人。48名员工通过大赛获得潍柴技术标兵或技术能手称号，在技能人才评聘中得到加分或破格聘任。近三年，潍柴员工获得国家级大赛特等奖1次、一等奖3次、二等奖4次，省赛1等奖6次，2人获得全国技术能手称号、13人获得山东省技术能手称号、7人获得齐鲁首席技师称号、16人获得潍坊市技术能手称号、6人获得山东省五一劳动奖章。同时，竞赛成绩与年终考评、评聘晋升挂钩，极大激发了职工参与的积极性。

4. 以技师大讲堂为载体，搭建技艺传承平台

依托首席技师创新工作室，潍柴集团策划开展了首席技师大讲堂活动，现已开展线上线下授课260期。邀请各创新工作室带头人和潍柴工匠为一线职工培训授课，内容以生产中的问题为导向，以案例分析为主，聚焦解决现场技术难题。以案例分析为主，重实践、接地气，职工听得明白，看得懂。培训职工达18000多人次，首席技师大讲堂的开通，既锻炼了工匠们的讲课能力和总结提炼能力，又传授了知识，深受一线职工欢迎。

三、装备制造领军企业基于"两个导向、五大体系"的工匠人才管理机制变革效果

（一）全面改革用人机制，夯实一线创新长期价值导向

潍柴集团把工匠创新纳入企业"四位一体"创新体系中推动，赋予工匠创新更高的战略地位，并先后制定《新时期产业工人队伍建设改革试点工作方案》《优化创新环境、释放创新活力十条意见》《技能型人才聘任管理办法》《一线员工技术创新工作实施意见》《人才创新激励政策实施细则》等制度，为深化工匠人才管理体系变革提供了制度保障。

（二）全面改革评聘机制，打破了员工职业发展天花板

持续开展"潍柴技能技师"和"潍柴金蓝领"评聘工作，总体聘任比例五年来提升了42%，让广大工匠人才发展有了希望和"奔头"，让每一个人才创业有机会、干事有平台、发展有空间，高级技师及以上按照中层干部标准兑现相关待遇，打好"平台留人＋待遇留人＋生态留人＋文化留人"组合拳，不断提升人才的认同感和获得感，实现了工匠人才"匠心"与"匠薪"的高度匹配，形成了技能成才牵引事业发展的良好生态。

（三）全面改革激励机制，涌现出一批高水平技能成果

从助理技师到首席技师，技能激励从月度300～2000元提高至300～5000元不等；创新激励按照项目及时兑现待遇，大项目与小改善并行，大激励与小奖励并举，如王树军因创新重大成果被授予"潍柴首席工匠"称号，奖励高达100万元。2021年汤海威工匠创新团队完成的《内燃机高温运动件动态测量技术研究及应用》项目获得中国机械工业科学技术进步奖一等奖，相关技术成果达到国际先进水平。荣誉激励从企业内部到市、省、国家级技能荣誉实现全覆盖。

（四）全面改革培育机制，系统加快工匠人才梯队建设

五年来，企业工匠人才工作活力和创造力不断释放，经营业绩连创新高，关键核心技术不断实现新突破。潍柴集团产销发动机突破100万台，位列全球第一，各主要细分市场占有率持续提升。率先发布全球首款本体热效率突破50%、51%、52%的商业化柴油机和54%热效率气体机，树立行业新标杆。潍柴集团相继获得国家级技能大师工作室、全国劳模创新工作室、齐鲁技能大师特色工作站等重大技能荣誉，拥有中华技能大奖、大国工匠、全国技术能手等国家级人才荣誉30人次以上，拥有齐鲁首席技师、齐鲁大工匠等省市级荣誉300人次以上，并作为工匠人才管理标杆在中国重汽、中通客车、潍柴雷沃智慧农业、山推股份等山东重工集团各权属公司内推广。

（成果创造人：马常海、姜宁涛、王延磊、吴晓勇、杨汉亮、

李　明、苗庆峰、毛晓燕、钟建民、赵永昌）

高端装备制造企业以提升效能为导向的人才价值链管理

四创电子股份有限公司

四创电子股份有限公司（以下简称四创电子）为中电博微电子科技有限公司控股的上市公司，于2000年8月成立，2004年5月在上海证券交易所挂牌上市，注册资本2.76亿元，总资产74.49亿元。四创电子立足中国电科电子装备、产业基础、网信体系板块，以电磁感知技术、产品和产业为主责，重点聚焦气象雷达、空管雷达、低空监视雷达、特种车辆改装、印制电路板、电源、微波器件、安防信息系统、应急人防、粮食信息系统等核心业务，着力打造国内民用雷达及配套产品研发生产基地。

一、高端装备制造企业以提升效能为导向的人才价值链管理背景

（一）响应国家人才工作部署的必然要求

当今世界正遇百年未有之大变局，中国正逢全面建成社会主义现代化强国关键时期，对高科技人才的需求愈加旺盛。党的二十大报告强调"科技是第一生产力、人才是第一资源、创新是第一动力"，凸显了人才在现代化建设全局中的重要地位。企业应积极响应国家号召，高度重视人才工作，不断深化人才体制机制改革，注重以系统思维谋划推进人才队伍建设，形成有利于广聚英才的引人机制、有利于人才成长的培养机制、有利于人尽其才的使用机制、有利于人才各展其能的激励机制、有利于人才脱颖而出的竞争机制，充分调动人才创新创造的积极性，切实把人才优势转化为创新优势、发展优势，为建设现代化强国提供有力的人才支持。

（二）应对行业人才环境变化的必然需要

从国际人才市场环境看，随着新一轮科技革命和产业变革深入发展，人才的价值受到前所未有的重视，全球劳动力市场对高科技人才的需求愈加旺盛。从国内行业市场环境看，随着中国经济崛起，制造强国、数字中国等重大战略加速实施，大力培育和发展高端装备制造业，是提升中国产业核心竞争力的必然要求，高端装备制造行业迎来了更为广阔的市场空间。

应对不断发展变化的人才环境，企业要正确认识和把握新的战略机遇，采取科学有效的应对举措，准确识变、科学应变、主动求变，全方位谋划人才管理工作，提高人才自主培养质量，增强人才凝聚力、向心力，充分释放人才创新发展的内在活力。

（三）推动企业高质量发展的必然选择

四创电子作为高端装备制造企业，有着技术要求高、资本投入高、技术更新快的特点，能否抓住改革发展这个关键时期，实现产业布局优化和结构升级，首先要看高端人才队伍能否提供有力支撑。人才是企业保持创新与发展的关键因素，而四创电子人才发展现状距离匹配新目标新任务新要求仍存在一些差距：人力资源供给不足，人才队伍结构不合理，顶尖人才、后备人才难以满足业务发展需要；考核评价体系不完善，人才活力未被充分激发，价值创造动力不足；薪酬分配不合理，激励导向不明显，对核心骨干、核心岗位人员倾斜力度不够，造成核心员工流失，薪酬分配公平性、有效性亟待提升。

二、高端装备制造企业以提升效能为导向的人才价值链管理主要做法

（一）建立价值链管理体系，提升人力资源管理价值

1.成立人才价值管理组织，推进价值链管理体系构建

四创电子以"人力资源效能提升"为目标，开展人才价值链管理体系的顶层设计，统筹推进人才价值链管理体系的构建和稳步运行。

四创电子成立人才价值链管理工作领导小组，由总经理担任组长，各部门分管领导协助，形成领导小组统一领导、人力资源部牵头抓总、各部门各司其职、密切配合的人才价值管理工作格局。

同时，成立 6 个人才价值管理项目工作组，以人才价值提升为发力点，通过聚焦人才价值提升的重点任务、关键环节、核心要素，制定科学合理、精准高效的提升措施，统筹推进实施。定期开展阶段性工作总结，针对推进过程中出现的问题和薄弱环节，动态调整工作措施，优化完善实施路径。

人力资源部每季度组织召开工作推进会，对各工作组工作进展情况进行实时掌握、重点评估，强化全过程监督评价，确保各项重点任务落地见效，实现人才价值提升。

2. 构建价值创造体系，聚焦价值创造源泉

近年来，四创电子人员流失情况较为突出，造成支撑产业发展的行业领军人才、高端人才不足，人才队伍无论在规模和结构上，均不能满足企业高质量发展的需要，人力资源供给不足的问题日益凸显。

为改善人力资源供给不足的现状，四创电子通过构建价值创造体系，为企业提供高质量的人才队伍支撑，加快推进新时代人才强企战略。一是建立科学有效的人才招聘及引进机制，持续提升引人质量，聚焦专业水平，优化人才队伍结构；二是建立全生命周期的人才培养机制，全面提升员工专业能力及综合素养，培育造就高素质战略人才队伍，积极培养一批起方向性、全局性、引领性作用的高层次专业技术人才，充分发挥人才的基础性、战略性支撑作用，为企业发展提供充足的价值创造源泉。

3. 构建价值评价体系，实现价值显性评价

企业的价值来源于每位员工所做出的贡献，而每位员工在价值创造过程中的重要度和价值贡献度不完全相同，企业缺乏科学的评价机制，价值导向较为模糊，导致价值分配激励力度不够明显，影响核心员工工作积极性，抑制人才价值创造潜力。

为建立科学的价值评价机制，四创电子通过构建价值评价体系，树立以能力和贡献为核心的价值导向，激发人才的内在动力。一是建立以基本能力为基础的职业层级评价体系，将员工的隐性能力进行显性评价；二是建立以业绩能力为核心的绩效评价体系，将员工的内在潜力进行显性评价。通过科学评估员工在价值创造过程中做出的贡献大小，树立以能力和贡献为核心的价值导向，充分发挥和挖掘员工的能力和潜力，为企业创造更高价值。

4. 构建价值分配体系，发挥激励导向作用

价值分配既是对员工价值创造成果的回报，同时又是对价值创造主体的激励。不公平的价值分配机制，造成企业人浮于事或核心人才流失等人力资源浪费现象。

为提高薪酬分配的公平性和导向性，四创电子通过构建价值分配体系，发挥价值分配的激励与约束作用，充分调动员工工作积极性。一是建立以"五元"薪酬为基础，以工资总额分盘管理的精细化分配体系，明确价值分配核心理念；二是强化价值评价结果的联动运用，根据价值贡献结果进行合理分配，提高价值分配公平性，塑造积极向上的组织氛围，将全体员工的价值创造行为有效调动、凝聚起来，从而创造更高的价值，助力企业可持续发展。

（二）锤炼价值创造体系，创新引人育人机制

为更好吸引、培养人才，四创电子以优化人才结构为主线，以提升人才素质为核心、以激发人才活力为动能，探索出适合企业自身发展实际的人才价值创造体系，为高质量发展聚力赋能。

1. 优化"招才引智"机制，解决人才供给不足

"招才引智"是围绕四创电子核心业务领域，建立高端人才、紧缺人才、核心技术人才的定向招引机制，通过多种途径优化人才引进结构，为公司高质量发展提供有力的人才保障。为满足产业布局优化和结构升级背景下的人才需求，四创电子进一步完善引才机制、创新引才模式，精准实施各类人才的引进工作。

发布人力资源招聘规则，设定引人标准，提升引人质量，优化学历结构，聚焦专业水平。2022年研发技术岗位招聘录用人员中硕士研究生及以上占比60%，985及211院校毕业生占比50%，相较于2021年完成情况实现质的提升。

构建成熟人才引进平台，面向离职的高绩效核心岗位员工发布"雷达人"召集令，召回高绩效离职员工9人。发布"招才引智"工作方案，重点引进紧缺专业方向高学历、高水平的专业技术人才、拥有行业领先技术成果的创新团队和高业绩的市场团队，优化薪酬政策，提升企业吸引力，打造"一人一策"的精准引才模式，成功引进行业紧缺高端人才4人，雷达信号处理、IC载板设计研发、印制电路基板设计研发、印制电路CAM（Computer Aided Manufacturing，计算机辅助制造）工程技术方向各1人。

2.打造"青蓝工程"方案，赋能人才在岗培养

"青蓝工程"是指根据一定的条件选取经验丰富的优秀人才对新员工或需培养员工开展为期一年的一对一或一对多辅导机制。为促进优秀员工技术经验传承，建立良好的"传帮带"机制和互助互学的良好学习氛围，四创电子打造"青蓝工程"人才培养体系，实施开源、提能、护航、搭台四大行动，积极培养各专业领域、各层级人才。

"开源"行动悉心护苗。成立"青蓝工程"工作小组，开展年度人才盘点、绘制人才画像，确定培养对象。根据导师甄选标准确定业务导师，依据导师与培养对象岗位匹配程度完成师徒结对，目前共有"青蓝"结对107组。"提能"行动潜心育苗。组织具有良好职业道德及较好专业技术水平的业务导师，通过签订培养协议，开展"双月"沟通机制，一对一或一对多地将技能、知识、经验传授给培养对象，形成良好的人才梯队进阶管理机制。"护航"行动用心管苗。建立谈心谈话机制，每半年至少召开1次经验交流会，导师、培养对象相互交流、共同提高；组织开展导师与培养对象中期、年终评价，对培养对象"全方位"关心与培养，培养机制反哺导师，提升导师综合素养与能力。

3.策划"磐石计划"培训，全面提升专业技能

"磐石计划"是指为提升各专业领域人员能力、拓宽专业视野、加快知识结构调整与优化而推行的专业系列培训，覆盖"管理、技术、职能、销售、技能"五大专业领域。通过"磐石计划"系列培训激发员工潜能，把稳思想之舵，铸"磐石"品质，助力企业高质量发展。

为提升企业经营管理能力，四创电子策划实践以"战略管理、财务管理、投融资管理、运营管理、营销管理及人力资源管理"等为主题的经营管理能力培训。为营造良好的科技创新氛围，充分发挥科学技术专家在技术引领、人才培养等方面的作用，组织开展"开讲啦"科技创新系列讲座，从科技发展动态、技术发展方向等方面与大家共同分享各技术领域专业知识，实现技术传承与创新。为强化职能人员竞争意识、责任意识、服务意识，打造"50%专业课程、40%人文技能、10%理念"为主要内容的"541"职能人员培训沙龙，萃取卓越经验，实现经验内化。为建设开疆拓土排头兵队伍，提升大客户营销与销售能力，引进"外部"专家，以市场运营、团队管理为明线，清晰把握市场方向，打造高端市场人才队伍。以"技能大师工作室"为引领，在感知基础、感知产品领域建立技能实训基地，践行以"量体裁衣、实战为王、互动教学"为理念的技能理论与实操训练。

（三）建立价值评价体系，激发人才内在活力

为建立相对科学有效的价值评价方法，四创电子通过建立以职业层级评价和绩效考核评价相联动的价值评价体系，对隐性的、内在的员工能力进行清晰化、数据化的显性评价，明晰人才职业化成长路径，精准赋能员工成长管理，形成高效的人才输送链，为选人用人提供正确导向，为企业提供强有力的人才支撑。

1.塑造职业层级体系，构建人才发展梯队

为畅通员工职业发展路径，引导员工职业发展方向，建立以能力为基础、以贡献为核心的人才晋

升通道，四创电子细化岗位分类、量化岗位评价要素，以"识别能力"为基础，从员工学历、职称、工作年限、知识技能、能力素质、业绩要求、考核结果等多维度设置 1 ～ 7 级职业层级评审标准，建立由初做者到资深专家的员工晋升发展通道。

2022 年，基于"遵循标准、贡献导向、优中选优、动态调整"的原则，四创电子在全公司范围内开展员工职业晋升通道建设工作。评审前，从不同业务领域选取部门进行试点，完善通道建设方案。试点结束后，在全公司范围内共开展包括高层管理人员参会的宣贯答疑会 23 场次。从个人申报、部门遴选、资格审核、专家评审、认证审批及职级反馈等各个环节严格把控，建立"能上能下"机制，全年共完成 1351 人的岗位层级评价工作，合理评价员工价值，确定岗位能力价值，构建人才梯队画像，为企业可持续发展奠定人才基础。

2. 完善考核激励体系，强化价值导向作用

为科学评价员工工作业绩成果，树立正确的价值导向，四创电子以问题和目标为导向，通过推行以 PBC（Personal Business Commitment，个人绩效承诺）为核心的个人全面绩效管理体系，真正识别出低绩效与高绩效的员工，向员工传达清晰一致的绩效导向，形成企业、员工共同发展的绩效文化。

一是实施分级管理，明确考核关系。根据业务实际确定各级人员的绩效考核关系，按照岗位工作内容及业务实际，在部门内设置一线、二线人员经理。

二是明确考核结果，实行强制分布。绩效评价结果分为 1、2+、2、3、4 共五个等级，按照"1441"比例强制分布，即：评价结果为 1 的（突出贡献者），不超过 10%；评价结果为 2+ 的（高于平均的贡献者），不超过 40%；评价结果为 2 的（扎实的贡献者），一般占 40% 左右；评价结果为 3 的（一般贡献者，需要提高），一般占 10% 左右；评价结果为 4 的（不满意）不做比例限制。

三是明确评价方法，进行科学评价。首先，与所在层级的期望进行比较，分别标注出超出或低于绩效期望的值，再与同层级的其他员工进行比较；其次，依据员工级别比较相对贡献，对所有员工进行排序，由人员经理给出 PBC 初评建议；最后，由部门负责人召开团队决策会议，确定绩效等级为"1"、"3"和"4"的员工，得出最终排序及评价结果。

3. 健全考核结果运用机制，持续提升人才价值

绩效考核有激励导向作用，但不等同于激励，绩效考核结果的合理运用才能达到激励的目的。四创电子通过完善选人用人、职业层级、薪酬管理、评优评先等各项管理制度，强化绩效考核联动运用机制，保障考核结果落地见效，充分发挥绩效考核导向作用，持续提升价值创造能力。

选人用人方面。通过完善各项选人用人制度，将绩效考核结果作为选人用人的基本前提条件。其中，中层管理人员及高层次人才管理制度中明确要求选聘人员上年度绩效考核结果为优秀等级；后备中层管理人员制度中明确要求推荐人选近三年绩效考核结果为优秀等级。

职业层级评定方面。规定连续两年绩效考核结果为 3 或上年度绩效考核结果为 4 的员工，职业层级下降一个职级；上年度绩效考核结果不是优秀等级的，不能申请更高层级职级认定。

薪酬分配方面。规定绩效奖金与个人绩效考核结果强关联，其中，明确绩效考核结果为 1 和 2+ 的员工，次年起在薪级范围内对应上调月度工资及年收入；绩效考核结果为 3 的员工，次年起强制核减月度工资及年收入的 10% 以上。

年度评优评先方面。规定参与评选年度评优奖项的，当年度绩效考核结果需为优秀等级。绩效考核结果不是优秀等级的，不具备参与当年度评优评先资格。

（四）优化价值分配体系，提升人力资源效能

为深入挖掘员工价值创造潜力，四创电子建立员工收入与业绩贡献相匹配的价值分配体系，打通工资总额总量控制与企业内部分配两个管理层面，提升人工成本投入产出效率，支撑企业高质量

发展。

1. 创新分盘管理模式，重构内部分配机制

四创电子以"五元薪酬"架构为基础，根据国有控股上市公司工资总额管控要求，建立工资总额分盘管理机制，划分基础保障工资盘、绩效激励工资盘与专项激励工资盘，充分发挥薪酬的保障与激励作用，统筹推进收入分配改革。

基础保障工资盘体现保障属性，结合当地市场环境、CPI（Consumer Price Index，消费者物价指数）、社会平均工资水平等要素综合确定，通过多维度、多层级的定薪标准，有效推动员工基本任职能力的提升。绩效激励工资盘对接绩效考核体系，依托各业务单元独立核算的属性，采取工效联动核算方式，按照年初预算、序时管控、年终决算的方式组织实施，促进经营目标的实现，支撑企业战略目标达成。专项激励工资盘不与效益指标直接挂钩，对科技创新、核心攻关、市场开拓等领域取得优异成果实施专项激励，旨在强化企业前瞻意识，驱动高水平创新，推动高质量发展。

分盘管理模式将工资总额总量管控与企业实际相结合，打破绩效考核难以落地的僵化局面，建立工资和效益双对标调节机制，在发挥薪酬保障作用的前提下，充分调动员工的主动性和积极性。

2. 聚焦价值增量考核，分享企业价值增值

为驱动团队与员工价值创造，四创电子坚持增量激励、效益导向的原则，构建以企业战略发展规划、经营目标和重点工作为核心的激励约束机制，划拨工资总额的 50% 实施考核联动。

业务单元业绩奖金统筹考虑业绩年度增量与目标超额双增长因素。一方面以净利润增长率为主体指标，综合运用合同、收入及人均营业利润等指标增长率设置工效增长联动系数，另一方面以净利润较目标增长额为基础建立超额利润分享机制。结合业务单元特点设置序时管控额度，按节点实施考核，兑现奖励，营造企业内部"赛马"机制。

职能部门落实定岗定编，对标市场薪酬核定基本薪酬标准，建立以工作履职为考核基础，以重点任务为考核增量的激励分配机制，通过年度综合考核评价，兑现奖励。

四创电子坚持短期激励与长期激励相结合，甄选出承担重要职责、具备优秀专业能力、保持良好绩效和突出贡献的核心骨干，实施股权激励，让员工分享企业价值增值，提升企业在资本市场的价值认可度。

聚焦价值增量的激励约束机制，将价值贡献与企业效益紧密联系，推动全员参与提升经营质量，形成风险共担、利益共享的利益共同体。

3. 突出岗位价值贡献，助推企业价值提升

为进一步规范内部分配秩序，形成收入分配从企业层面到员工层面的有效统一。四创电子建立完善以岗位绩效工资为核心的收入分配机制，综合外部市场水平、行业属性及岗位特点，以职级评价为基础，划分岗位序列设置宽带薪酬结构。

经营管理岗位序列薪酬分配坚持业绩和薪酬双对标原则，执行契约化管理方式，实行经营者年薪制。基本薪酬与员工工资水平挂钩增长，适当拉开差距，绩效薪酬与经营业绩考核强挂钩，加大绩效浮动区间，强化薪酬的强激励、硬约束作用。

研发技术岗位序列薪酬分配突出技术能力贡献，向做出自主创新和科技成果转化的人员倾斜，合理拉开高职级、高贡献技术人员与普通技术人员薪酬差距。设置科学技术奖、创新平台、专利等创新成果奖励，调动研发技术人员开展高水平科学研究和科技创新的积极性和主动性。

市场营销岗位序列薪酬分配以价值增量为导向，聚焦主责主业，鼓励新领域、新客户开发，对标市场化薪酬结构，实现精细化激励，提升市场人员自信心，增强产品与服务的竞争优势。

职能管理岗位序列薪酬分配以任职资格及技术职务资格为基础，以重点工作任务为导向，通过设

置宽带薪酬标准引导职能管理人员提升综合素质与管理水平，推动公司经营管理质量提升。

工勤技能岗位序列薪酬分配坚持按劳分配、多劳多得的原则，对高水平专业技能人才、复合型人才加大激励力度，强化及时激励，稳定高水平技能人才队伍。

四创电子高效统筹薪酬的核定与分配机制，实现薪酬增长与员工激励相统一，助推企业价值与员工自我价值同步提升。

三、高端装备制造企业以提升效能为导向的人才价值链管理效果

（一）人才引进质量大幅提升，人员结构稳步优化

新入职员工中高学历、研发人员占比提高，离职人员中高学历人员占比下降，人员结构稳步优化；优秀老员工开始回流，引才聚才效果显著。2022 年，新入职人员中硕士研究生占比从 2021 年的 22% 提高至 49%，实现翻倍增长。2022 年，离职人员中硕士研究生及以上学历占比为 37%，较 2021 年降低 7 个百分点；研发人员占比为 58%，较 2021 年降低 8 个百分点。截至 2022 年年底，本科及以上学历人员占比为 74%，较 2021 年提高 2 个百分点；研发人员占比为 53%，较 2021 年提高 3 个百分点，现有人员结构进一步优化。

（二）人才激励机制成效显著，员工留存率大幅提升

考核激励成效明显，广大干部员工干事创业热情增长，离职人数大幅减少，员工整体离职率及高绩效员工离职率均明显下降，人才流失问题得到改善。2022 年离职 127 人、离职率为 8.6%，较 2021 年减少 73 人、离职率下降 3.5 个百分点。其中离职员工中高绩效人员占比较 2021 下降 5 个百分点，低绩效人员占比较 2021 年提高 4 个百分点。离职人员中高绩效人员占比降低、低绩效人员占比提高，高质量人才留存率提高。

（三）人才效能持续增强，推动企业高质量发展

人员能力大幅提升，人才效能持续增强，发展质量和效益显著提高，企业价值稳步提升。2022 年新增建造师 20 人、数通工程师 6 人、云计算工程师 4 人。14 人获评中国电子科技集团有限公司高级专家或专家；80 人获得专业技术资格或职业技能等级晋升；新增发明专利授权 36 件、软件著作权 13 项、专业论文 17 篇，获省部级科技进步奖一、二、三等奖各 1 项。完成多型号印制电路板的国产化替代，实现关键军用材料加工自主可控，高端产品制造能力升级。

（成果创造人：任小伟、袁　园、王家勤、胡　娟、李国兰、朱　洁、武堂帝、王　玥、唐立鸿）

油田企业突出价值创造的劳动定员管理优化

中国石化集团胜利石油管理局有限公司

中国石化集团胜利石油管理局有限公司（以下简称油田）是我国重要的石油工业基地，主要从事石油天然气勘探开发、石油工程技术服务、地面工程建设、油气深加工、矿区服务与协调等业务。工作区域分为东部油区和西部油区，东部油区主要分布在东营、滨州、德州、济南、淄博等 8 个市的 28 个县（区），西部油区分布在新疆、青海、甘肃、宁夏 4 个省（自治区），主要工区位于准噶尔盆地。成立 62 年来，共发现油气田 81 个，探明石油地质储量 57.36 亿吨、天然气地质储量 2795 亿立方米，油气水井总数 4.79 万口；累计生产原油 12.93 亿吨，约占全国同期陆上原油产量的五分之一，自 1986 年以来实现收入 2.61 万亿元、利税 1.04 万亿元，有力保障了国家能源安全和国民经济社会发展。

一、油田企业突出价值创造的劳动定员管理优化背景

（一）推进国企国资改革发展，提升经营管理水平的需要

党的十八大以来，党中央高度重视国企国资改革发展和党的建设，国务院国资委坚持问题导向，坚持试点先行，制定了以《关于深化国有企业改革的指导意见》为引领，以若干文件为配套的国企改革顶层设计方案。其中，推行以价值创造为核心的经营理念，突出以价值创造为导向的用工理念，全面提升经营管理水平，是油田企业改革的核心目标任务之一。

（二）提升全要素生产率，加快建设世界一流企业的需要

中国石化提出《集团公司深化改革三年行动计划》《中国石化对标世界一流管理提升行动实施方案》，要求持续提升生产经营水平，优化经营质量，聚焦价值引领，统筹好投入与产出，努力提高全员劳动生产率。上游板块各企业构建完善了覆盖各单元、内外部主体之间的市场体系，提升了经营效益，各业务单元依靠技术进步、业务流程优化和人力资源优化等举措，实现了质量提升、效率提升和价值提升。但从内外部环境来看，油价波动带来的挑战仍然存在，资源接替、人多油少的矛盾依然突出，综合竞争力、抗风险能力、发展能力还不够强。其中对标一流、提升全要素生产率、优化人力资源配置、提升人力资源价值是未来五到十年的重中之重。

（三）创新油田企业劳动定员方法，支撑企业高质量发展的需要

长期以来，油田企业主要通过"定业务、定机构、定岗位、定人数"，依据工作量，采用效率、设备、比例、岗位等分析方法，建立油气当量、计量站、配水间数量等生产指标与用工之间的关系，给出定员公式或比例区间，分别测算各业务岗位定员，最终汇总形成总体定员，用以核定用工，在一段时期内为油田企业科学合理配置人员提供了重要依据。但面对当前新的形势，劳动定员方法需要进一步与企业发展战略紧密结合，在注重内部分析的同时也需要与外部标杆企业关键指标进行对比，在提升劳动生产率的同时也需要同步提升价值创造水平，从而支撑企业高质量发展。

二、油田企业突出价值创造的劳动定员管理优化主要做法

（一）突出价值创造理念，开展劳动定员系列标准编制和测算

1. 强化顶层设计，明确定员标准目标任务

突出"三新"，引领企业自主优化用工。一是引入新理念，以价值创造为导向，引导各企业自觉自主优化用工配置，使各企业从"要我减"转变为"我要减"，激发各企业优化用工配置的主观能动性。二是采用新方法，优选价值创造指标，开展线性回归分析，划分价值创造区间，层次分析法确定权重，多因素综合确定定员，确保价值创造劳动定员标准科学合理。三是聚焦新模式，瞄准油公司建

设"管理＋专业技术＋业务外包"模式，实现劳动定员由一元化管控向适用于不同价值创造水平、不同发展阶段的多场景模式转变。以提升价值创造水平为目标，划分盈利高效、运行有效、边际有效、亏损无效等四个价值创造维度区间，针对企业所处不同区间及经营目标，分类施策给出不同的定员模型，并以定员测算结果为牵引，引导价值创造能力低的企业改进现有用工策略，逐步减亏、扭亏直至盈利，提高劳动生产率。按照各业务"三分一定"（分主营、非主营，主营业务分核心、非核心，核心业务分管理技术型和劳动密集型，根据业务划分确定未来经营方式和用工模式），综合考虑业务发展和自然减员速度，分别给出适用于年度用工计划（或业务承揽、业务外包用工参考人数）、中长期用工规划、远景用工目标等多场景的系列定员标准，引导各企业提前做好规划，分阶段优化自营自管、自营他管、合作经营、业务外包等方式，逐步向"管理＋专业技术"模式转变。

2. 先总后分，编制油田层面总体劳动定员标准

油田层面采用先宏观、后微观的定员方法，通过分析营业收入、利润总额、油气当量等反映价值创造水平的关键指标与劳动用工之间的关系优选价值创造指标，通过考虑主营业务未来发展目标、历史情况和资源禀赋、行业发展和市场竞争力三个方面，对各指标分别赋予权重，确定总体定员标准。油田企业在此基础上测算总体定员，作为宏观把控用工规模和对标世界先进企业的参考依据。

3. 聚焦"1+X"模式，编制开发单位层面劳动定员系列标准

开发单位层面主要聚焦石油天然气勘探开发核心业务，围绕油气生产、成本控制和模拟利润中心职能定位，以持续推动油公司体制机制建设、构建勘探开发"管理＋专业技术＋业务外包"运行模式、实现高质量发展为目标，综合考虑开发单位生产规模和价值创造水平，分析用工人数与价值创造关键指标之间的关系，构建开发单位"1+X"模式劳动定员系列标准："1"对应"管理及专业技术岗位定员"，聚焦油田公司模式的主营核心业务，考虑企业价值创造水平和发展战略需要确定定员，解决按照企业发展战略或远景目标"该用多少人"的问题。具体包括多因素综合定员标准、特色技术与应急队伍定员标准、管理水平定比提升定员标准、关键指标对标定员标准，支撑指标包括管理及专业技术岗位现有人数、油田井数、总收入、油气当量、总成本、总投资、勘探投资、科研项目数量、作业总成本、人均油气当量、人均管井数等。"X"对应"技能操作岗位定员"，聚焦油田公司技能操作等劳动密集型业务，分析反映年度价值创造水平、投入产出效率、运营效率等的指标，以及与标杆企业关键指标对标以确定定员，解决企业在现有价值创造水平基础上"能用多少人"的问题。具体包括依据价值创造区间的定员标准、依据投入产出比的定员标准、依据人均劳效对标的定员标准、依据吨油开展业务成本对标的定员标准，每个标准有系列支撑指标。其中"依据价值创造区间的定员标准"是核心标准，应用方法为：将企业吨油完全成本、吨油生产成本、吨油操作成本分别与税后油价进行对比，判断企业所处价值创造区间，选取对应的定员公式测算定员。

4. 推进标准实施应用，开展开发单位定员测算

组织开展价值创造劳动定员系列标准宣贯培训，推进开发单位观念引导和系列标准的学习应用。编制价值创造劳动定员测算指导手册，将各业务劳动定员标准、适用场景及对标指标数据予以公布，指导各单位结合自身实际，梳理各类业务构成，收集相关生产经营指标，优选定员标准和标杆值，开展价值创造劳动定员测算，明确了各单位在现有价值创造水平下"该用多少人"，显化了富余人员，为下一步各单位有针对性地开展人力资源优化配置、提升创效水平制定了清晰的目标。

（二）以大岗位融合建设为抓手，促进劳动定员落实落地

1. 厘清业务界面，明确各层级权责定位

油田机关围绕"引领统筹、指导服务、监督监控"职能定位，持续优化整合机关部门设置，推进大办公室机制改革，实现大系统、大部室、大业务。开发单位机关围绕"指导服务、协调保障、监督

监控"职能定位，推进大部制改革，落实管、服分开，建立"管理部门＋服务中心"组织架构。基层单位自上而下依次梳理基层单位"管理手册"、组室（班站）"管理手册"和岗位"工作手册"。通过"三册"划清单位业务边界，厘清部门职责分工，明确岗位任务和流程。采油管理区重点结合新型采油管理区建设要求，进一步梳理明确技能操作业务边界。鼓励有条件的管理区，将井场"三标"管理、油水井管线巡护等技术含量较低、劳动力占用较大的技能操作业务逐步实现市场化运行，推动采油管理区向"管理＋技术"型转变，持续提升经营创效能力。

2. 梳理业务流程，提升运行质量效率

实施管理业务流程再造，打破业务条块化设置，重新划分管理流、业务流、监督流，全面实施业务流程再造，简化审批环节、科学下放权限，提高业务运行效率。以业务为单元，绘制业务流程图及工作表单，建立权责清单，明确各部门（单位）各业务职责界面，为大岗位融合建设奠定基础。实施生产流程优化升级，基层单位结合"三册"梳理情况，从低效环节清除、复杂流程简化、相近业务整合、作业顺序重排、自动化技术替代等5个方面对传统生产业务流程进行诊断、优化，提高流程运行质量，为岗位优化设置明确了方向。

3. 开展岗位分析，优化整合业务岗位

油田、开发单位两级机关全面推行大岗位管理，将同一工作范畴内的相关业务岗位归并整合为一个大岗位。通过岗位横向融合，扩展岗位职责，提升岗位价值，增强岗位运行弹性，激发岗位员工活力。实施"五维融合"，从岗位相容、专业相近、流程相邻、职责不冲突、工作饱和度适宜等五个维度，以办公室（部）为单元进行岗位融合可行性验证，提出数量最少、效率最高的岗位设置方案。基层单位根据职责梳理和业务流程优化情况，突出业务板块特点，结合专业化发展需要，差异化推进岗位优化设置。基层单位内设的职能组室合理确定岗位职责，校正缺位、越位、错位等问题，拓宽员工业务界面和成长渠道。采油管理区注采班站采用"三册递进"工具，客观反映采油工岗位在工作内容、劳动强度、技术含量和素质能力需求等方面的变化。结合各管理区实际，将注水泵工、资料员、化验员等岗位与采油工融合，设置油水井管护岗，推动劳动组织形式优化，为劳动定员落地奠定了基础。

4. 编制岗位配置规范，指导基层员工日常工作

组织编制岗位目录，以开发单位为单元，自下而上逐层编制岗位目录，并在油田层面统一规范，赋予统一的岗位编码，形成覆盖全面、分类分级、设置科学的岗位图谱，提升岗位标准化水平。与油田"三册"编制工作相协调，统筹编制岗位说明书与操作手册，明确新岗的工作职责、管理权限、任职条件等内容。规范新岗位工作流程、操作规程、安全风险防控等要求，作为基层员工岗位操作的参照和指南，以人均劳动效率和工作规范性的提升推动人力资源精干优化。

（三）以人力资源优化配置为手段，促进劳动定员落实落地

1. 统筹人力资源内部优化，有效盘活用工存量

清退业务外包用工，坚持自己的活自己干，根据油田业务外包用工业务、岗位分布情况，本着"基本实现清退、保障生产安全"的原则，制定年度外包用工清退计划，努力实现降本增效。各开发单位通过信息化智能化建设、创新劳动组织形式、承包经营改革、业务承揽顶替等途径清退外包用工，腾岗安置优化配置人员。突出采油管理区油藏经营主体地位，在各开发单位设立人力资源服务中心，将人力资源外闯市场管理责任和优化配置人员管理服务等权限交由采油厂集中统筹管理，形成"人力资源池"，释放采油管理区经营创效活力，推动开发单位SEC经济可采储量提升、盈亏平衡点下降。

2. 培育优势外闯市场，助力企业增收创效

完善油田内部业务承揽管理办法、配套激励政策，破除单位间人力资源流动壁垒，鼓励单位间实施业务承揽，在内部建立起市场化的人力资源优化机制。结合集团公司优化配置激励政策，有针对性地加大中石化系统内部业务承揽力度。实施"走出去"战略，推动开发单位走出中国石化，融入地方区域经济发展，积极与其他企业建立业务合作关系，打造胜利品牌，实现油地互联共赢、协同发展。以提升价值创造能力为目标，对"走出去"外闯市场行为进行风险管控，明确人力资源外闯市场应遵循的原则。以开发单位为主体推进外闯市场工作，以低成本原则优先做好油田内部业务承揽。同时注重发挥油田管理、技术和人才优势，不干需投资拉动、可能影响员工身心健康，以及花钱赚吆喝的项目，确保油田整体利益最大化。

3. 搭建优化配置服务平台，提高资源配置效率

畅通优化配置服务流程，建设人力资源信息服务平台。加强人力资源盘点和统筹优化配置使用，通过平台将各单位"人力资源池"相互连通，实时发布岗位供需信息，实现了存量用工资源与内外部市场有效对接。油田层面抓重点、强统筹；开发单位层面重服务、促流动；油田内部上下联动、横向贯通；油田外部双向选择、供需匹配。促进了资源向价值创造流动，为油田在更大范围整合资源、实现规模创效、提升价值创造能力提供了支撑。

（四）以绩效考核为导向，促进劳动定员落实落地

1. 强化价值创造导向，健全绩效考核体系

构建价值创造导向的绩效考核体系，制定绩效考核办法、经营业绩和风险管控责任考核细则，以及人力资源和存量资产优化配置指导意见，把党建引领、价值思维、效益观念、风险意识贯穿生产经营管理各领域全过程。其中，经营绩效考核各单位通过生产经营以及增收增效、降本增效、人力资源优化、存量资产优化等措施取得的经营业绩，管理绩效考核生产过程、经营管理、领导班子建设和领导干部管理、可持续发展和基础管理等风险管控责任，党建质量全面考核各单位党建工作。

2. 强化挂钩联动，健全绩效工资考核分配机制

油田建立"完成基本目标保基本薪酬、多创效益挣绩效工资"正向激励机制，实现绩效工资与经营效益及生产过程风险管控紧密挂钩。单位完成月度阶段经营业绩基本目标，核发单位基本薪酬；超过基本目标多创效益部分，按50%的比例奖励。加大外部市场奖励，对油田内、外部及国外市场承揽业务，分别按当期结算回收款收入的3%、5%、10%奖励。盘活工资总额存量、统筹工资总额增量，优化工资总额结构，逐年提高绩效工资占比，引导人力资源向价值创造水平高的岗位流动。

3. 价值创造观念引导，有效激发各层级创效动力

以绩效考核为抓手，推进油田各层级在思想上实现"四个转变"：考核方式逐步由工作量考核向效益化考核转变；经营方式逐步由"指令生产型"向"自主经营型"转变，行政性、指令化管理逐步弱化，算效益账、干效益活的独立经营核算逐步强化；工资分配由"分奖金"向"挣绩效工资"转变，彻底打破"人均奖励"概念，按单位创效增效额度进行总量考核，挣得的绩效工资人多就少分、人少就多分；员工思想观念从"等着安排活、工作清闲是好岗位"向"抢着多干活、能创效才是好岗位"转变，创效氛围更加浓厚，创效动力明显提升。

（五）以岗位素质能力提升为保障，促进劳动定员落实落地

1. 油田层面重点提升"在池"人员素质能力

以实现岗位价值最大化、员工配置最优化为目标，提升"在池"员工的综合素质能力。坚持专题培训与常规培训相结合、线上学习与线下培训相融合，利用现场授课、钉钉直播、视频会议等方式，积极引导"在池"员工学技术、练本领、强服务。聚焦效益质量，加大复合型员工培训力度，搭建交

流竞技平台，组织劳动竞赛激发活力，不断提升员工服务水平，增强创收能力和创效本领。深化"三基本""三基"手册的宣贯应用，全面提升基层管理效能和管理能力。

2. 开发单位层面重点提升油藏经营管理水平

聚焦油藏经营核心业务，以全面提升基层员工岗位胜任力和综合素质为目标，切实把油藏开发好、管理好、经营好。把握增产能、提能量、控含水、降递减中心工作，注重常态化开展"团队攻关""专家讲堂""技术训练营""导师带徒"等基本功训练工作，把握油藏开发规律。把握安全绿色生产和岗位价值创造，围绕基层生产组织实际、生产现场要求、员工履职需要，注重常态化开展"应急演练""标准化操作""业务竞赛""线学线练"等基本功训练工作，实现生产环节紧密衔接、生产运行优质高效、员工素质持续提升。

三、油田企业突出价值创造的劳动定员管理优化效果

（一）价值创造理念深入人力资源管理全过程，有效支撑油田高质量发展

系列标准在各单位应用实施后，各单位深化人力资源优化配置，为东营原油库迁建工程、国内首座含水圈闭型地下储气库、国内首个百万吨级 CCUS 项目、国内首条百公里百万吨二氧化碳输送管道工程、胜利济阳页岩油国家级示范区等油田重大项目工程建设提供了人力资源保障。2022 年各开发单位共完成原油生产 2340 万吨，挖潜增效 26.3 亿元，增加 SEC 储量 3734 万吨，实现了产量稳、效益升。

桩西采油厂人力资源优化配置工作从片面追求"外闯人数"转变为"外闯价值"，从"数量第一"向"质效双提"转变。在家门口搭建平台集聚资源，通过电商直播代理地方特色产品，粉丝数量 7.7 万，月均带货 35 万元，人均创收 5800 元 / 月，实现了"提质量、增效益、树形象、做品牌"的目标。对照分析利润目标和创效潜力点，调整创效方向，优化整合存量，逐步消除小微、低端、高风险等 10 个项目，调整 158 人次，全厂外闯劳务收入 2310 万元，同比增加 296 万元，人均创收水平提升 24.3%，有效促进了员工向高价值岗位流动，实现了效益最大化。

（二）管理效能更加突显，推动人力资源向人力资本转变

各开发单位设立人力资源服务中心，对 2.75 万名优化配置人员进行集中管理服务。一方面聚焦高效项目，提高外闯用工效率，提升人均创收水平；另一方面有针对性地缩小低附加值、与主业关联程度不高的外闯市场项目规模，有序引导员工向创造价值更高的岗位流动。

现河采油厂等单位输出 711 人承揽新春公司油水井管护等项目，人均创收 10.1 万元。东辛采油厂等单位输出 384 人承揽西北油田油气开发等项目，人均创收 17.7 万元。新春公司采油管理三区业务大包后，按照价值创造劳动定员工具自主优化，业务承揽人员由 200 人减少为 172 人，人均劳效提升 14%。新东营原油库实施数智化管控新模式，实现了人工巡检向在线监控、离散控制向集控操作、低效管控向智能决策"三个转变"，操作人员由 189 人减少到 54 人，人均库容、年人均转输量指标分别提升 193% 和 131%。

矿区物业服务中心接收开发单位办公物业服务后，结合自身实际，统筹考虑工作量因素，创新构建"二维四象限"人力资源流动模型。以人均利润 11.3 万元和缺员 15 人作为分界线，按人均利润由低到高、劳动定员测算结果由低到高的顺序，将所有服务部定位于四个象限，人力资源由"低人均利润超员区"向"高人均利润缺员区"流动最有价值，并予以优先引导。共有 88 人自愿由中心区域流动到偏远基层单位，彻底打破了以往员工只愿留在中心基地、不愿去外围单位工作的局面；有 420 人由住宅小区物业服务岗位流动到矿区物业服务岗位，实现了跨区域、跨单位的人力资源高效利用。2022 年实现物业服务项目数量增长 30%，收入增加 20%。

2022 年，油田输出石化系统内用工 2600 人，年人均合同额 15 万元，主要分布在西北油田、东北石油局、江汉油田、共享公司、百川公司、山东石油等企业。油田输出系统内外 2.17 万人，占全部用工比例的 20.2%；内部人力资源优化 6000 余人，全员劳动生产率同比提升 66.9%；油田开发单位输出系统外 9533 人，直接经济效益 4.77 亿元，采油管理区层面人力资源优化比例超过 50%，实现了队伍结构有效优化、管理效能明显提升。

（成果创造人：孙永壮、项习文、肖国连、姚　旭、俞庆国、靳红兴、

苏永进、李修伟、杜宝更、杜　磊、于　洋、张　波）

央企集团基于标准工时的管理部门员工量化考核体系建设

中国核工业集团有限公司

中国核工业集团有限公司（以下简称中核集团）成立于 1999 年 6 月，前身先后为第三机械工业部、第二机械工业部、核工业部、中国核工业总公司。中核集团是中央管理的国有重要骨干企业，是我国战略技术领域拥有自主知识产权、创新能力突出、核心竞争力强的国有特大型高科技企业集团，是国家核科技工业的主体、国家战略核力量的核心、国家核电发展的主力军、核燃料专营供应商和核技术应用的骨干，肩负着强核强国、造福人类的使命。作为全球率先进入世界 500 强的核工业企业，中核集团拥有 1400 余家成员单位，分布全国 31 个省区市，遍布全球 40 个国家地区，形成了从科研设计、生产制造到工程建设的完整的核科技工业产业链、创新链。现有职工约 16 万人，两院院士 13 人，资产规模超万亿元，连续 18 年国资委考核 A 级，党建责任制考核、脱贫攻坚考核、董事会建设考核等均名列央企前列。

一、央企集团基于标准工时的管理部门员工量化考核体系建设背景

（一）贯彻落实党中央关于深化国企改革要求的创新探索

党中央高度重视国企改革工作，2020 年启动的国企改革三年行动和 2023 年推动的国企改革深化提升行动，都聚焦提升国企核心竞争力。三项制度改革是深化国企改革、激发国企活力，提升竞争力的重要途径，其关键在于解决管理人员能上能下、员工能进能出、收入能增能减问题，而"三能"问题的解决均有赖于精准衡量员工绩效。在实践中，一线生产和销售等业务部门都可以按照产出确定员工绩效，但如何精准衡量管理部门员工绩效却始终是难点。为深入贯彻党中央关于深化国企改革的部署，纵深推进三项制度改革，必须探寻有效的管理部门员工绩效管理新方法。

（二）加快推进建设世界一流核工业集团的重要举措

党的十九大明确提出我国要加快培育具有全球竞争力的世界一流企业；党的二十大进一步提出要完善中国特色现代企业制度，加快建设世界一流企业。管理体系和管理能力现代化是世界一流企业的重要特征，中核集团要打造具有全球竞争力的世界一流核工业集团，必须主动强化基础管理能力、持续提升管理水平。绩效管理作为管理体系的重要组成部分，推动其向量化、精细化、标准化发展是管理体系现代化建设的必然要求，是中核集团对标世界一流管理提升行动取得新突破的重要举措。

（三）系统提升管理部门效能的内在要求

绩效管理是组织战略落地、绩效实现、竞争制胜的核心抓手。在实践中，对管理部门员工的绩效评价主要有基于任务完成度和基于满意度两种导向。基于任务完成度的考核方法以关键绩效指标法（KPI）为代表，强调绩效就是产出和结果，但因管理部门工作成果与组织经营成效的关系难以衡量，精准确定其员工绩效考核指标的难度较大且时间成本高，员工工作量无法客观衡量比较。基于满意度的考核方法以 360 度考核法为代表，主要依据考评者的主观印象，极容易受到"光环效应""近因效应"的影响。因此，无论是基于任务完成度或是基于满意度的方法，对于准确衡量管理部门员工的实际工作绩效都存在一定困难，亟须通过理论和实践的创新破解管理部门员工绩效管理难题，推动管理部门效能提升。

二、央企集团基于标准工时的管理部门员工量化考核体系建设主要做法

（一）构建"五工一改"体系，打造绩效管理新模式

中核集团在充分调研分析的基础上，结合管理学界研究成果，创新构建了由工作分解、工时定

标、工时获取、工时考核、工时应用、绩效改进构成的"五工一改"量化考核有机体系，并编制了《基于标准工时的管理部门员工量化考核工作法指导手册》，对量化考核工作法的价值理念、方法内涵和实操流程进行了详细阐述，为开展量化考核工作提供了一套相对完整的方法论、系统的解决方案和标准化的程序指引。量化考核"五工一改"各部分主要内容如下。

1. 工作分解

工作分解是在深入开展业务体系优化、工作流程改进的基础上，按照"工作模块—一级任务—二级任务—基础作业单元"的顺序将管理部门各项业务逐级分解为边界清晰、成果明确、相互独立的若干基础作业单元，形成适度领先、横向到边、纵向到底、全面覆盖的工作分解体系的过程。通过工作分解，将抽象模糊的管理工作具化为标准化、流程化、专业化的操作内容，使管理工作变得明确、清晰、具体。

2. 工时定标

工时定标是按照合理适度、实测定标、民主集中、持续优化原则，通过工作现场观测、历史经验分析及专家研讨等方式，确定完成各项基础作业单元所需标准工时的过程。根据管理部门业务特点，将工时定标分为了标准业务工时定标、非标准业务工时定标、临时任务工时定标和无直接成果产出业务工时定标四大类型。通过工时定标，确定了各项基础作业单元价值大小，为衡量员工绩效贡献大小提供了客观依据。

3. 工时获取

工时获取是员工完成绩效目标并获得相应基础作业单元工时的过程，主要包括确定基础作业单元年度工时标准和完成基础作业单元任务两个环节。首先，在年初对各项基础作业单元设置差异化的调节系数，通过对战略性、创新性、挑战性任务加计工时，引导员工主动承担此类任务。绩效目标确定后，管理者与员工共同分解制定可实施、可检查的工作计划，并及时跟踪关键绩效目标和节点任务完成情况及员工身心状态，帮助员工顺利达成工作目标，推动组织成功与员工成长同步实现。

4. 工时核定

工时核定是对员工任务完成质量、效率以及完成任务过程中团队合作情况等进行综合评价，并按照一定规则核定其可获得最终工时的过程。通过工时核定环节，引导员工在工作过程中不仅关注完成工作任务的数量，也重视工作的完成质量和团队合作。工时核定主要包括确定综合评价系数 Q、核定最终工时、发布考核结果三个环节。综合评价系数 Q 取值范围设定在 0.9 ~ 1.1 之间，避免了取值范围过大，影响定量为主的考核评价。通过工时核定，实现了对员工工作定量评价和定性评价的有机结合。

5. 工时应用

工时应用是指通过在奖金分配、管理优化等方面应用量化考核结果，有效激发员工活力、提升部门管理水平的过程。一是根据工时核定结果核定奖金，有效拉开奖金分配差距，实现多劳多得，充分调动员工工作主动性积极性。二是根据员工工时获取等情况，调整工作任务分配，合理配置人力资源，提高工作任务成效。三是分析工时数据、工作量与员工岗位编制关系，为定岗定编、跨处室和部门进行绩效对比提供合理依据。四是不断拓展工时数据应用范围，根据单位经营发展和能力建设需要，总结归纳工时的规律和趋势，为生产经营提供决策依据，不断促进组织管理提升。

6. 绩效改进

绩效改进是对考核结果进行归因分析，开展经验反馈的过程。绩效改进分为组织和员工两个层面。在组织层面，对于绩效实现过程中涌现的创新理念、良好实践、标杆做法等组织交流推广，推动知识组织化；对于过程中发现的方法缺陷、管理漏洞、能力不足等问题，制定有针对性的改进方案和培训计划，加强人员准入资格管理，系统性推进方法优化、管理提升。在员工层面，管理者与员工逐一开展绩效面谈，进行绩效反馈，并会同员工有针对性地制定下一考核周期绩效改进方案，促进员工绩效提升。

（二）系统开展工作分解，建立标准业务体系

中核集团应用系统思维，全面梳理各个管理领域工作，在深入开展业务体系优化、工作流程改进的基础上开展工作分解，并提炼总结了工作分解的有效方法。目前，中核集团已建立经营管理、人力资源管理、财务管理、党建工作管理、纪检监督／监察管理、综合业务管理等六大主要领域工作分解体系。工作分解主要步骤如下。

1. 梳理职责边界，确定工作模块

根据中核集团经营发展需要，运用项目管理的 WBS（Work Breakdown Structure，工作分解结构）等科学方法，对标行业标杆实践和学界研究成果，综合考虑工作性质、职责划分等因素将管理部门业务划分为"1+N"个工作模块。其中，"1"指该管理领域体系建设模块，该模块是对整个领域管理工作的系统谋划，主要包含价值理念和目标、运行模式、业务范围、制度体系建设、运行质量、营销宣传管理等内容。"N"指根据理论研究和单位战略定位及组织业务实际，划分的具体管理业务模块。在进行业务分解的过程中通过单列模块的形式，将对能力建设较为重要但又相对薄弱的业务分离出来，引导各单位加强对这些业务的资源投入。

2. 优化工作流程，确定一级和二级任务

各个业务模块均按照"1+N"的体例进行分解。"1"是本模块的总体设计，即在进行具体业务分解之前先明确本模块的客户需求、目标及路径方法等，主要包含客户需求分析、目标管理、明确工作方法、明确资源支持保障、评估与改进五个二级任务。"N"即本模块具体业务，按照业务类别将本模块所有业务分解成为多个一级任务，再按照"制度建设+PDCA 业务流程+材料归档与信息维护"的体例将各个一级任务分解为二级任务，确保了各一级任务分解为二级任务后制度完备、流程完善、档案健全，并且不重复、不遗漏。

3. 建立工作分解体系，确定基础作业单元及成果标准

根据成果导向原则，运用 PDCA 管理循环法和 ECRS，工业流程优化法等分解各二级任务下的工作内容，确定各项基础作业单元及其成果标准，以有效衡量员工工作任务完成情况。对基础作业单元的描述一般采用"动词+宾语"结构，以有效区分不同基础作业单元的任务量，如"编制、修订"，为下一步确定各项基础作业单元标准工时奠定基础。例如，人力资源管理分体系建设、规划管理、招聘管理等 12 个模块，每个模块分一级任务和二级任务以及基础业务单元，其中招聘管理一级任务有 8 项，二级任务有 33 项，基础业务单位有 154 项工作。

（三）制定标准工时库，确立价值衡量标尺

中核集团在完成工作分解后，逐项核定了各个基础作业单元的标准工时，编制形成了经营管理、人力资源管理、财务管理、党建工作管理、纪检监督／监察管理、综合业务管理等领域标准工时手册，为有效衡量员工完成工作任务产生的价值提供了标准和依据。工时定标主要步骤如下。

1. 积累工时历史数据

为确保工时定标符合实际情况，编制了《管理部门员工业务工时统计表》作为统一记录表单，选取典型代表单位从工作模块、工作任务、工作描述、工作周期、工作责任人、年度工时预估、单次工时预估、每日实际工时等方面据实记录，建立了基础作业单元实际耗时汇总表，形成标准工时定标数据源。

2. 统计分析数据

对各单位原始工时数据进行梳理，通过横向比较各单位不同业务人员完成同一基础作业单元的用时情况、纵向比较不同业务模块中同类或相似基础作业单元的用时情况，逐一分析各个基础作业单元用时的最优数、平均数、众数差异及形成差异的主要原因，合理确定基础作业单元的标准工时值，形成工时定标库。

3. 组织专家研讨

在对历史工时数据进行统计分析的基础上，组建相关管理部门、业务专家对工时定标库进行研讨。专家组通过头脑风暴法、问卷调研法、对标分析法等，对各项基础作业单元工时定标情况进行讨论，重点对用时差异较大、对照较少、存在明显不合理的基础作业单元标准工时结合中核集团实际情况进行修正，形成了标准工时手册征求意见稿。

4. 校验工时定标合理性

按照年度各项基础作业单元发生的频次模拟测算产生的工时总数，并计算所需员工数量〔员工数＝（∑基础作业单元标准工时×年度发生频次）/（8工时/天×年度工作日天数）〕，再与业务实际、人员编制情况等进行对比分析。此外，将标准工时手册征求意见稿下发各单位征求相关业务人员意见，并对各单位反馈意见进行研讨分析，吸纳合理的意见建议，并根据实施反馈经验，不断完善工时定标体系，确保最终工时定标结果能够准确体现工作价值。以人力资源管理部门为例，实施单位员工每日获得标准工时与每日实际工作8小时接近，表明各项基础业务单元工时定标较为贴合实际，能够有效反映员工工作量。

（四）科学设计实施程序，打通量化考核全流程

2021年，根据改革意愿和管理基础，中核集团选取了6家成员单位人力资源部门作为量化考核试点单位。根据各实施单位量化考核工作法导入运行经验，提炼形成了"前期准备—方案制定—方案发布—方案实施—评估与改进"的标准化实施程序和操作步骤。

1. 前期准备

在前期准备阶段，各实施单位结合实际采取培训、重点交流等方式认真学习量化考核相关材料，并深入讲解量化考核工作法价值，统一员工思想认识。在该阶段，通过匿名问卷调查的方式了解员工对量化考核实施的支持度。对于支持度不高的，重点了解员工对实施量化考核存在顾虑，对工作不充分、职责分工不清晰、工作流程不明确、单位信息化基础较差等问题采取有针对性的解决措施。

2. 方案制定

各实施单位在以中核集团《基于标准工时的管理部门员工量化考核工作法》和各个领域标准工时手册为主体的基础上，结合实际制定本单位的《量化考核实施方案》和《管理部门业务标准工时手册》。为确保量化考核方案和工时手册的有效性和实用性，各实施单位要进行专项讨论，并通过问卷调查了解员工的满意度和意见建议。员工对方案满意度大于80%的，正式发布实施，对未达到满意度要求的，深入分析原因，优化至具备实施条件。

3. 方案发布

方案发布后，各实施单位在部门内部组织宣贯，介绍本单位量化考核推进工作总体安排、标准工时手册和量化考核方案的使用方法，重点讲解工时统计、工时核定、工时应用、绩效改进等具体内容，确保实施范围内的员工充分理解量化考核工作的要求。

4. 方案实施

按照循序渐进、稳步实施原则，将量化考核实施分为导入试行与正式运行两个阶段。在导入试

行阶段，根据发现的问题修订完善本单位量化考核方案和工时手册。为确保量化考核实施工作顺利推进，该阶段员工绩效奖金核定暂不与量化考核结果挂钩。在正式运行阶段，通过定期发布工时排名前30%员工名单、将量化考核结果与员工绩效奖金适度挂钩、拓展量化考核结果应用范围等措施，有效调动员工工作主动性积极性，促进个人和组织绩效改进。

5. 评估与改进

编制了《量化考核实施成效评估表》，从量化考核实施基础、标准工时手册质量、量化考核方案质量、运行质量和应用成效 5 个方面 19 个维度对量化考核实施成效进行评估，引导各单位不断提高量化考核工作质量。指导各单位根据运行情况，定期分析研究检查评估结果，持续改进本单位量化考核实施方案，并将优秀经验做法反馈至中核集团人力资源部。根据各单位经验，中核集团同步升级优化集团公司的量化考核工作法指导手册和各领域标准工时手册，不断提高量化考核的适用性和有效性。

（五）强化赋能机制，助推量化考核落地推广

中核集团通过建立"组织赋能、专业赋能、信息化赋能"三位一体的赋能机制，为量化考核顺利实施提供了有力支持。截至目前，已有 120 个管理部门实施量化考核工作法，2024 年将在二级、三级成员单位全部实施。

1. 强化组织赋能

建立覆盖中核集团领导、二级单位和实施单位的"领导组－开发组－支持组"三级团队，形成"决策指导－专业支持－资源保障"上下贯通、覆盖全面的管理体制。制定《中核集团推进量化考核工作计划大纲》等专项工作方案，为量化考核工作推进提供了总体指导。加强正向激励，推选绩优单位在中核集团人力资源系统工作会上进行经验分享，对成效突出的单位给予专项激励和通报表扬。

2. 强化专业赋能

从各单位选调优秀业务人员组成量化考核专家组，定期优化量化考核指导手册和标准工时手册，并对量化考核实施过程中出现的问题进行分析，制定有效解决方案。建立月报和问卷调查机制，定期了解实施单位量化考核重点工作与主要成果、创新举措、存在困难、员工意见建议等方面情况，全面掌握实施单位实施过程出现的问题和困难，及时主动提供支持和帮助。定期开展专项培训交流，为实施单位进行经验交流提供沟通平台，促进实施单位共同改进提升。

3. 强化信息化赋能

开发具有标准工时库管理、统计工时管理、考核工时管理、分析报表等功能的量化考核信息化管理系统，各单位可根据实际需要配置个性化系统设置。量化考核信息化管理系统的是开发和使用实现了量化考核数据填报、统计与分析的数字化、可视化、智能化，满足了各实施单位量化考核数据统计、分析和应用需要，切实减轻量化考核工作量，提高了量化考核工作的效率和质量，为进行数据驱动的人力资源管理提供了有益探索。

三、央企集团基于标准工时的管理部门员工量化考核体系建设效果

（一）激发了员工干事创业内生动力

首先，每月发布工时总量考核排名前 30% 员工名单，营造"比学赶超"氛围，推动排名靠后的员工积极主动认领工作任务，大幅降低任务分配难度。其次，通过提高战略性、创新性、高难度任务调节系数的方式，提高了员工主动申领高价值任务的积极性，助推各项高难度高价值工作高质量完成。最后，刚性兑现考核结果，实现多劳多得。通过强化考核分配联动，有效拉开奖金分配差距。实施量化考核后，员工奖金增幅最大达 26%，降幅最大为 28%，同职级岗位员工之间奖金分配差距最高为64%，有效拉开了分配差距，实现了多劳多得，解决了"干与不干一个样、干多干少一个样"的问题。根据无记名问卷调查，实施单位近 90% 的员工认为量化考核能为奖金分配提供客观依据。

（二）提升了组织管理效能

开创了管理部门员工绩效管理的新模式，通过在成员单位主要管理部门实施验证了其可行性、有效性，形成了工作分解、工时定标和成果应用的科学方法，建立了量化考核"1+N"体系文件，即《基于标准工时的管理部门员工量化考核工作法指导手册》和主要管理领域系列标准工时手册，为开展量化考核工作提供了系统支持。在量化考核体系下，员工的奖金是根据客观的工时数据核定出来的，过程公平公正，结果经得起检查，能有效减少密薪制导致的信息不对称，推动了组织信任文化的形成，清晰的量化考核数据有效增进了组织透明度和信任度，使员工更加专注于任务本身，减少了申诉、举报、闹不团结等行为，降低了组织内耗，提高了组织凝聚力。

（三）促进了组织和员工共成长

首先，标准工时手册作为优秀实践总结的有效载体，为中核集团各管理领域的部门和员工开展对标看齐、找准提升方向提供了参考，可以带动中核集团整个管理条线业务水平和人员能力素质提升，实现"合格的人干合格的事"。其次，标准工时手册是全面详细的"工作说明书"，能够帮助新入职员工或跨岗位、跨部门、跨单位交流员工迅速了解工作，提升工作规范度和工作效率。最后，量化考核结果客观公正、量化可比，为管理者进行绩效反馈和帮助员工制定绩效改进计划提供了清晰的依据，使员工有了明确的绩效改进方向；员工也可通过分析实际投入工作时间与工时获得关系，了解工作投入产出比，有针对性地提高工作成效。

（四）打造了中央企业管理创新品牌

国务院国资委对量化考核给予了"专刊宣传、专项加分、专选案例"的高度肯定，在三年改革行动简报专题刊发《中核集团创新构建量化考核方法 破解管理部门人员考核难题》文章，在央企范围内进行了宣传，并将量化考核作为优秀典型案例编入《国企改革三年行动综合典型和专项典型经验》，《国资报告》在中核集团的专访报道《聚变的力量》中将量化考核评价为"创新性的改革举措"。管理学界对量化考核工作法也给予了充分认可，理论期刊《中国人力资源社会保障》发表专篇文章《科学构建管理部门员工量化考核体系——以中核集团为例》，并对量化考核进行了专访，量化考核获评中国人力资源行业协会2021年度"企业人力资源管理创新案例"，并获邀在国防工业企业协会、中国人才资源开发研究会做主题经验交流，引起积极反响。量化考核作为中核集团的原始管理创新，为深化国企改革、深入推进三项制度改革贡献了"央企智慧"，具有较强的理论价值、实用价值和推广价值。

（成果创造人：杨朝东、李长瑜、王　豪、李旭东、覃　彬、孙珊珊、
　　　　　　　汪愉红、陈　璐、张明勇、刘　萍、李　轩、郑晨龙）

国有企业以"三支柱"为核心的人力资源优化配置管理

江西铜业集团有限公司

江西铜业集团有限公司（以下简称江铜集团）成立于1979年，为江西省属重点国有企业，是中国有色金属行业国际化大型集团公司，是中国大型阴极铜生产商及品种齐全的铜加工生产供应商。江铜集团旗下拥有江西铜业和恒邦股份两家上市公司，所属贵溪冶炼厂是世界生产规模最大、核心指标一流的单体炼铜工厂，所属德兴铜矿是亚洲最大、中国第一的露天铜矿，也是中国第一大在产铜矿。拥有多个"世界名牌"产品，"贵冶牌"和"江铜牌"阴极铜为伦敦金属交易所注册产品，"江铜牌"黄金、白银为伦敦金银市场协会注册产品。2022年，江铜集团共生产阴极铜184万吨，铜加工材177万吨，黄金90吨，白银1810吨，实现营业收入5040亿元，利税170亿元、利润超90亿元；从2013年起，连续10年进入《财富》世界500强，2022年位列第176位，比上年前移49位，首次跃进前200强。

一、国有企业以"三支柱"为核心的人力资源优化配置管理背景

（一）把握国家政策、抢抓市场机遇的需要

党的十八大以来，国家高度重视有色金属行业发展，相继出台《关于进一步完善税收政策促进再生有色金属产业持续健康发展的建议》《"十四五"工业绿色发展规划》《有色金属行业稳增长工作方案》等文件，重点包括鼓励技术进步、推动高性能材料应用、制定相关安全生产标准等，为行业发展提供了良好的环境。江铜集团作为有色金属行业集采矿、选矿、冶炼、贸易、技术为一体的国内最大的综合性铜生产企业，要把握持续向好的政策环境和日新月异的市场环境，在准确识变、科学应变和主动求变中实现高质量发展，首要问题就是要打造一支适应市场竞争、综合素质过硬的人才队伍。职位体系改革的深入推进，为加快人才队伍建设、优化配置人力资源提供了新的解决方案。

（二）应对产业冲击、赢得竞争优势的需要

铜产业发展经常被视为全球经济增长的"晴雨表"。当全球经济繁荣时，铜需求增加，价格上升；而当经济陷入低迷时，铜需求减少，价格下跌。近年来，由于国际环境日益复杂，地缘政治紧张对立，局部冲突激烈动荡，经济复苏迟滞乏力，我国经济也面临着需求收缩、供给冲击、预期转弱三重压力，铜产业发展面临着许多挑战。一方面随着可再生能源的快速发展，市场对铜的需求有所下降；另一方面全球经济走势的不确定性和贸易制裁、矿产资源限制等地缘政治压力也对铜产业造成了冲击。在这种形势下，江铜集团要推进高质量发展、赢得竞争优势，就要把人才资源开发放在最优先位置，建立起把人才资源"关键变量"转化为高质量发展"最大增量"的体制机制。

（三）激发企业活力、强化员工动力的需要

原有的岗位绩效工资制度在简化工资单元、体现岗位价值度、调动员工提升业绩积极性等方面发挥了有效作用。但随着公司的快速发展，经营规模不断扩大，业务范围不断扩展，人员不断增加，对公司的人力资源管理提出更高的要求，不少影响企业活力和员工动力的问题逐渐显现。员工晋升通道狭窄、千军万马"挤"独木桥，导致普通技术人员的职业发展天花板明显，员工积极向上的动力和专业特长的发挥被遏制。薪酬分配体系不够完善、薪酬差距小等问题进一步导致集团中下层员工争创佳绩的主动性无法被充分激发。

二、国有企业以"三支柱"为核心的人力资源优化配置管理主要做法

（一）以员工职位体系为平台，拓宽员工职业发展通道

2019年，江铜集团充分结合自身生产经营和管理实际，制定并实施了员工职位体系，打通了员工职业生涯发展通道。

1. 员工职位体系主要内容

员工职位体系的主要内容可概括为"3416"，即"三条件晋升""四序列通道""十六级发展"。

明确"三条件晋升"。员工职位每年实行动态管理，晋级、保级和降级条件包括员工职业生涯累计积分、专业技术资格（技能等级）、上年度绩效考核排名三个条件，其中职位晋升必须三个条件同时满足，职位保级、降级则取决于上年度绩效考核排名。例如，由一级工程师晋升至三级资深工程师，要同时满足"副高级职称""累计积分85分""员工绩效考核排名在前70%"三个条件；而职位降级只要触碰到员工绩效考核排名在后3%一个条件，则降一级。

打通"四序列通道"。根据员工队伍专业结构、岗位性质和人才培养等相关因素，设置了管理、技术、职能及技能四个职位序列，员工职业晋升通道全部打开，而且在具备一定条件的基础上，不同序列之间的职位可以相互转换，员工可以根据自身的岗位、专业、特长及发展规划，选择适合自己的职业发展通道，从而打通了员工职业生涯发展"快速路"，架起了职位序列转换的"立交桥"。

推进"十六级发展"。员工职位从低到高设立了16个职级，最低职级为1级，最高职级为16级，每年根据员工上年度职业生涯累计积分、专业技术资格（技能等级）、上年度绩效考核排名三个条件，对职位进行动态调整。例如，技术序列，1级为技术助理，16级为首席科学家职位，员工可以通过努力提升业务技能和工作业绩，获得职位晋升，实现职业通道的快速发展。

2. 职位体系运行的主要机制

体制机制运行是否有效，主要看制度内在机制是否真正发挥作用。江铜集团的员工职位体系实行员工职业生涯累计积分、职位等级能升能降、职位津贴能增能减，在机制上引导员工学技能、提业绩，扎根一线做贡献。

职业生涯累计积分。主要从学历学位、专业技术职称、技能等级和年度贡献四个方面，按照不同等级从低到高每项赋予不同分值，其中，学历学位主要在于引导基层一线操作员工主动学习，提升学历；专业技术职称和技能等级则引导员工积极学技术、练本领；年度贡献从上年度绩效考核结果、技术成果和"传帮带"三个维度，引导员工创业绩、出成果、带徒弟，激发员工努力工作、传承文化的热情。员工学得怎么样、干得怎么样，从年度职业生涯积分就一目了然。

职位等级能升能降。与传统职称评聘制度不同，职位体系改革后不再"一聘定终身"，职位的晋升、保级、下降都有可能，实行职位等级动态管理，这是江铜集团员工职位体系有效运行的"灵魂"。江铜集团实施员工绩效考核排名，每年考核排名结果作为员工职位升降的重要依据，实行强制分布。考核排名靠前的员工，按照"三条件晋升"原则晋升职位，考核排名靠后的员工，则按要求进行职位降级。2022年度，江铜集团具有职位等级员工共8684人，其中新增定级1085人，职位升级1754人，降级266人，降级人数占具有职位等级员工总数的3.5%，打破了员工固有的职位只升不降的惯性思维。

职位津贴能增能减。职位津贴是职位体系中与员工切身利益直接相关的内容，津贴与职位职级、岗位岗级进行"双挂钩"。员工职位体系津贴由系数和基数两部分构成，职位职级决定了津贴的系数，岗位岗级确定了津贴的基数，职位职级提升，职位津贴相应提升，岗级越高，职位津贴也越高。"双挂钩"运行的职位津贴制度，既体现了员工的岗位价值和贡献，也突出了能力、素质的重要作用。员工职级动态调整，对应的职位津贴也有升有降，"收入能增能减"已成为江铜集团薪酬管理的常态。

（二）以全员绩效考核排名为第一支柱，塑造企业绩效文化

全员绩效考核排名是江铜集团人力资源管理重要基础，也是员工职位体系运行的第一支柱。江铜集团在组织绩效管理的基础上，以公司战略为导向，按照"企业—部门—员工""战略—目标—指标"

的路径，将企业战略逐层分解，细化落实为员工个人绩效目标并开展考核，实现了公司整体战略目标落地生根。在实施过程中，考核方案的公平性、考核过程的公正性和考核结果的公开性显得尤为重要，必须加以规范和严格督导。

1. 量化个人绩效考核指标

江铜集团各单位全部建立全员绩效考核方案，将日常工作量化成考核指标，月度进行绩效考核，年度进行综合全员大排名。在员工绩效考核指标设定时，各级机关部室、基层班组第一时间组织员工参与到考核办法制定、考核指标设置中来，既达成绩效考核指标，又统一了思想、提高了认识，方案得到员工认可，更具群众基础。针对各级机关部室员工考核指标难以设置和量化的共性问题，进行专项调研，形成指导意见，主要由三类指标构成：一是刚性指标，即每个月必须完成的工作任务，只扣不奖；二是KPI指标，即跳一跳能完成的工作，有奖有扣；三是创新性指标，即提出新的管理方法、流程等，只奖不扣。在指标的量化上，延伸量化含义，不仅仅指完成工作的个数或完成率等"数值"，也可以是某项工作要求完成时间、完成进度和完成质量等，所有的考核指标都能量化。

2. 以考核单元进行绩效排名

江铜集团不仅开展全员绩效考核，而且还以考核单元进行跨部门、跨工段排名。考核单元设置的原则是：总部机关为一个考核单元，机关员工跨部门进行排名；二级单位一般以本级机关、车间各为考核单元，跨部门或跨工段进行排名。排名的计算规则是：以组织绩效和个人绩效相结合，本部门或工段组织绩效在考核单元内排名×权重＋个人绩效在部门（工段）排名×权重，得到员工个人在考核单元内排名。

3. 全面应用绩效考核结果

按照强制分布原则，员工排名前20%为优秀，后1%为不合格，后1%～3%为基本合格，其余为合格。员工绩效考核排名不仅直接应用到员工职位升降，而且还与员工工资升档、职称评审、技能等级认定、评优评先等10余项工作相关，充分突出以业绩为导向的员工绩效考核在管理中的重要地位，激励员工自主提升工作能力，强化职业行为，不断提升绩效水平，完成由"要我做"到"我要做"的蝶变。2022年度，全员绩效考核优秀3232人，占参与大排名考核总人数的19.43%；基本合格343人，占2.06%；不合格161人，占0.97%。2021年考核为不合格的112名员工，待岗培训后，绩效得到较大改善，2022年考核优秀4人、合格87人。

（三）以技能人才自主评价为第二支柱，激励员工提升技能

江铜集团技能型员工占企业员工总数的约70%，是企业高质量快速发展的重要力量。以省人社厅授予技能等级认证试点资格为契机，建立技能人才自主培养评价体系，打通技能人才技能认定通道，为一线员工提升技能等级拓宽渠道，形成员工职位体系有效运行的第二支柱，激励生产一线员工学技术、精业务、提能力。

1. 培养评价资源建设

技能人才培养评价资源建设是开展技能人才自主培养评价的基础，必须立足企业生产工艺流程和装备水平，资源建设主要包括各工种评价标准、培训教材和测试题库三个方面。评价资源体系建设采用指导老师与基层技术专家相结合的方式，指导老师负责体系设计、定方案、教方法，技术专家则负责提取典型工作任务，具体制定评价标准、评价教材和题库。大型集团公司岗位上千个，工种上百个，江铜集团参照《国家职业工种大典》内容，按照主要工种优先、大工种优先的"双优先"原则，主辅结合、先后有序，有计划分批次开展培养评价资源建设。

2. 技能人才自主培养

江铜集团在技能人才培养方面三管齐下，全流程、全方位提升技能人才综合业务水平。一是立足

岗位，开展"师带徒""传帮带"培养。自新员工入职定岗起，就为其指定一名业务师傅，通过师傅手把手带徒弟的方式，帮助新员工快速熟悉岗位职责，掌握岗位技能，承担岗位职责。二是依托课题，开展工作室项目制技能培养。依托各级技能大师工作室、劳模创新工作室，由工作室负责人组建团队，通过课题制的形式，在研究新工艺、解决制约生产瓶颈问题中，提升员工专业技能和综合素质。三是借助网络，数字化赋能技能人才培养。江铜集团通过搭建人力资源综合管理系统，开发专属培训模块，将培训教材、测试题库搬上云端，方便员工通过个人账号在网上自主学习和测试，提高专业知识和业务能力。

3. 技能等级资格认定

结合江铜集团实际，制定出具有企业自身特色、满足实际管理要求的技能等级资格认定方案。根据分级管理的原则，不同技能等级需满足不同的考核要求，技能等级越高，考核标准越高，考核要求越严。技能等级 1 ～ 3 级，实行理论知识和操作技能考核"双达标"；技能等级 4 ～ 5 级，实行理论知识考试、操作技能考核、工作业绩和职业文明评定、论文或技术总结评审"四达标"，其中将员工绩效考核结果、专业工作业绩、"传帮带"等要求纳入工作业绩和职业文明评定，使获得技能等级认定人员实至名归、群众认可、企业满意。在此基础上，探索优化评价考核方式，试行通用工种统一笔试、统一实操、统一答辩，按得分排名评价技能等级。

（四）以内部人力资源市场为第三支柱，引导员工有序流动

为破解员工内部流动难、人力资源存量与现实需求结构性失衡等问题，推倒"部门墙""单位墙"，引导员工在内部合理有序流动，优化配置内部人力资源，江铜集团引入"市场"理念，设定市场进出规则，规范岗位竞争流程，明确内部调配程序，建立内部人力资源市场。绩优员工只要符合一定条件，只需本人愿意，接收单位同意，原单位需无条件放人；对于绩效末等员工必须离岗培训，合格后竞争上岗，打破内部"单位墙""部门墙"，有效实现了员工岗位"能进能出"、部门"能进能出"、单位"能进能出"。既让优秀员工有选择岗位的权利，又使绩效末等员工有失去岗位的压力，促进员工在组织内部有序流动，使人力资源在全公司范围内得到优化配置。

1. 明确员工进出内部人力资源市场规则

进入内部人力资源市场的员工分为三类：优秀员工、绩效末等员工、岗位富余员工。优秀员工自愿申请进入，不影响现岗位工作；绩效末等员工自动进入，退出现有岗位，转岗培训；富余员工全部自动进入内部人力资源市场。当员工应聘到新岗位或不再具备资格时则退出内部人力资源市场。同时，将各项工作的要求和职责嵌入到规则之中，建立起工作考核和问责机制，对未按要求执行或履职不到位的单位和个人进行考核问责，有效保证了内部人力资源市场的运行秩序和实施效果。

2. 明确内部人力资源市场竞争上岗流程

在集团层面协调各单位、机关部室每年拿出一定数量用人需求投放到"市场"，进入内部人力资源市场员工可根据人力资源信息系统公开发布的岗位需求信息，对照自身条件，选择符合需求的意向岗位申请报名，需求单位进行资格审核和能力测试，竞争上岗。2022 年度共完成 175 名优秀员工的跨工段、跨工种公开竞聘。绩效考核末等员工必须先下岗培训，培训合格后再竞争上岗，不合格则进入待岗管理，达到一定条件协商解除劳动合同。上年度末等员工共 190 人，4 人主动辞职，其余人员进行不超过三个月培训，其间绩效工资减半发放。

3. 明确内部人力资源市场员工调配程序

员工双向选择成功后，无需所在单位或机关部室领导审批同意，可直接办理调动手续，从而打破"单位墙""部门墙"，实现自由选择、自由应聘和自由调动。实施内部人力资源市场以后，各级管理人员明显感觉到，再也不能使用信息不对称或者管理职权简单粗放管理队伍，需要通过更主动、更人性化和专业化的方式带队伍，提高管理水平显得尤为重要。内部人力资源市场就像自动控制系统的"负反馈"，自动调节人力资源，不断优化配置、平衡稳定。

（五）加强过程管控，保障创新管理体系扎实推进

1. 强化宣传培训，营造实施氛围

思想是行动的先导。江铜集团推行此项改革前，重视强化对员工的宣传培训，营造实施的有利氛围。集团层面精心组织讲师团队，送培训到基层，举办了30余场宣讲培训；利用内部媒体平台，推出两期政策解读专栏。基层单位以编写学习手册、开展知识竞赛、举办内部培训和交流会等多种形式宣传、解读"四位一体"员工职位体系改革理念政策，让员工知晓改革是什么、能带来什么、通过努力能得到什么，为后续的实施奠定了扎实的思想基础。

2. 发挥领导作用，层层压实责任

江铜集团"四位一体"员工职位体系改革关系到员工切身利益，涉及范围广，推行难度大，必须充分发挥各层级"一把手"作用。成立了党委书记、董事长为组长的领导小组，建立了月度简报和季度例会制度，定期编制工作简报，及时召开领导小组会议，对做得好的单位进行表扬，对落后的单位点名批评，形成纪要对照整改，一丝接着一丝拧，一锤接着一锤敲，不断压实工作责任，保证了推进进度和质量。

3. 突出重点难点，加强检查督导

在推进过程中，检查组采取"往复式""巡回式"检查督导，注重方式方法，突出"重要单位重点抓""共性问题共同改""有效做法大家享"等做法，每月梳理汇总，形成"共性问题"清单，发各单位对照检查整改，在下一轮的督导中开展针对性检查；对基层单位"双轮驱动""反算排名"等好的做法及时进行宣传推广和共享，鼓励各基层单位主动想办法、积极解难题、有序促发展。

三、国有企业以"三支柱"为核心的人力资源优化配置管理效果

（一）企业管理改革纵深推进，服务产业效能明显提升

作为江铜集团参与人数最多、涉及利益最广的一次企业管理改革，"四位一体"员工职位体系改革在破除人才发展桎梏、激活人才"一池春水"上发挥了重要作用。2019年以来，在员工职位体系的牵引作用下，江铜集团已经形成了110名博士、113名硕士的研发团队，20人被授予"全国技术能手"称号，27人被授予"全国有色金属行业、全国黄金行业技术能手"称号。围绕铜产业发展的重大技术需求，组织开展关键核心技术协同攻关，推动科研成果全面共享、高效转化，如与江西省科学院合作"高强高导电铜铁新材料中试关键技术研究"项目、推动"高性能超微细丝铜银合金线坯"产品公司化运营等，不断促进铜产业链创新链供应链整体提升。

（二）现代人力资源加快塑造，公司经济效益持续提增

"四位一体"员工职位体系改革为江铜集团的高质量跨越式发展提供了扎实的人力资源保障，素质优良、总量充裕、结构优化、分布合理的现代人力资源正在加快塑造。在人才效能的持续强化下，江铜集团利润总额从2019年的33.60亿元增长至2022年的90.45亿元，世界500强排名从358名增长至176名，冶炼加工规模多年保持国内第一、全球领先。在减员增效上员工职位体系节约成本4908万元，研发和转化重大科技成果产生经济效益10亿元。

（三）科学激励机制得到重塑，员工工作效率显著提高

在"四位一体"员工职位体系改革的作用下，江铜集团以岗位价值为基础、以业绩创造为导向的绩效管理体系持续健全，市场化、多元化、差异化的收入分配机制加快建立，以业绩论英雄、以业绩取薪酬的绩效管理文化已经形成。员工学技术、提技能、钻业务的积极性和主动性显著增强，人才留

得住、想干事、能干事、干成事，充分实现了企业效益和员工利益的"双赢"。截至 2022 年，江铜集团已有 2384 人获得相应技能等级，其中高级技师 147 人、技师 223 人；高技能人才总数上升至 6189 人，占比 25.6%。集团全员劳动生产率从 2019 年的 556.62 上升到 2022 年 810.62，创历年新高。

（成果创造人：廖新庚、黄芳洪、刘　雨、尹芳芳、舒　心、
郑林元、陈华升、李　强、何　振、刘国平）

电网企业提升一线班组业务承载力的
"心－能－力"三维驱动人力资源管理

国网重庆市电力公司

国网重庆市电力公司（以下简称国网重庆电力）于1997年随重庆市直辖成立，是国家电网有限公司的全资子公司，负责重庆电网规划建设、运行管理、电力销售和供电服务工作。经营区域覆盖全市38个区县，供电面积7.9万平方公里，服务人口约3000万人，用电客户1734.3万户。本部设22个部门，下设二级单位43个，其中供电公司31个，业务支撑和实施机构12个，管理各类员工约3.1万人。重庆电网西接四川、东联湖北、南临贵州。复奉、锦苏、祁韶、建苏四条直流特高压线路横贯重庆，500千伏形成"两横三纵"环网结构，220千伏变电站覆盖所有区县，供电保障能力不断提升。国网重庆电力先后荣获"全国五一劳动奖状""全国文明单位""全国模范劳动关系和谐企业""全国模范职工之家""全国厂务公开民主管理示范单位"等荣誉称号。

一、电网企业提升一线班组业务承载力的"心－能－力"三维驱动人力资源管理背景

（一）实施国家电网公司发展战略的迫切需要

近年来，国家电网公司确立了建设具有中国特色国际领先的能源互联网企业战略目标，对人才队伍建设提出了更高要求。一线班组较多存在业务承载能力不足问题，影响了高质量人才队伍的打造。一方面，国网重庆电力对员工增长的需求不断上升，与职工人数负增长趋势之间存在矛盾，同时因一线岗位吸引力不足，优秀年轻人不愿意扎根班组，人员流失率高，人员供给小于业务需求，刚性缺员严重。另一方面，人岗不匹配现象凸显。员工能力无法满足岗位需求，业务熟练、年富力强、能挑重担的员工匮乏，结构性缺员严重。刚性缺员与结构性缺员并存，班组业务承载能力不足问题突出，影响了国网重庆电力的发展质量和战略目标实现。

（二）建设渝电特色新型电力系统的迫切需要

为实现"碳达峰"和"碳中和"目标，国网重庆电力提出加快建设渝电特色新型电力系统。运检、营销、调控等一线班组，是生产运营与管理执行的基本单元和一线作业的载体，也是新型电力系统建设的重要保障力量。部分班组呈现人员硬缺口、软缺口以及人员老龄化问题，不能有效支撑新型电力系统建设。

（三）强化一线班组专业支撑能力的迫切需要

随着电网规模快速发展，业务范围持续拓展，生产组织方式不断优化，急需提升班组员工的专业支撑能力。而一线班组受核心业务外包、员工专业能力减弱等因素影响，核心业务自主实施能力不够，业务承载能力不足、专业支撑能力不足，影响了国网重庆电力核心竞争力。2019年以来，国网重庆电力运检和营销专业核心业务外包费用逐年增加，运检专业的设备改造、大型检修及抢修业务基本全量外包，员工在这些外包业务上的技能逐渐退化，一线班组专业支撑能力亟须优化。

二、电网企业提升一线班组业务承载力的"心－能－力"三维驱动人力资源管理主要做法

（一）设计为要：确立"心－能－力"管理体系构建方案

1.立足深层根源，明确"三大意识"

国网重庆电力明确提升一线班组业务承载能力，首先需提升班组三大意识：一是基于内驱动力不足根源，树立价值引领意识。二是基于组织制约根源，树立结构赋能意识。三是基于管理短板根源，树立人力资源全局意识。优化一线班组岗位设置、人才配置和专业协同，为一线班组人员提供人力资源管理保障，让其做事有"支撑"。

2. 构建管理模型，确立"三维驱动"

国网重庆电力构建以"心-能-力"三维驱动为核心的人力资源管理模型，并围绕该模型确立组织架构与工作要求，优化绩效考评管理体制，以期能够形成系统提升一线班组业务承载能力的持续运行机制。一是构建规范体系，为"心-能-力"管理模型提供必要的组织架构和制度保障。二是设计驱动模型，根据"三大意识"构建"心-能-力"三维驱动模型，从文化层面设计"三心"价值引领模型，激发员工不忘"初心"的担当品质、"安心"工作的实干作风、不断进取的"放心"发展；从组织层面设计"三能"结构赋能模型，从结构"聚能"、技术"助能"、人才"活能"的维度，搭建赋能型管理结构；设计"三力"人力资源管理职能保障模型，提升岗位"胜任力"、班组"支撑力"、专业"协同力"。三是优化绩效考评，确保"心-能-力"三维驱动为核心的人力资源管理体系能够稳妥落地。

（二）规范为纲：确立组织架构与工作要求

1. 理顺组织架构，确立"三层责任"

国网重庆电力公司设立领导小组及办公室，由分管人力资源负责人担任组长直接领导。人力资源部门牵头制定实施方案，为"心-能-力"三维人力资源管理体系的开展提供规章制度、人才、资源、技术等全方位支撑，履行中层支撑责任。基层单位实行一把手负责制，制定具体工作实施方案，落实各项举措，承担基层落实责任。

2. 建立制度保障，出台"三个文件"

一是制定《加快提升一线班组业务承载能力的指导意见》，作为纲领性文件，明确人力资源6个方面15条针对性解决措施，在定员标准制定、劳动组织方式优化、用工配置、人才队伍建设和薪酬激励机制等方面共同发力，用好人力资源"组合拳"，全力保障一线核心业务人力资源需求。二是印发《人才队伍培养建设纲要（试行）》，聚焦全业务核心班组建设及班组业务承载力不足难题，着力培养一批能实操、懂业务、会管理的核心班组人才，为专业人才建设和三通道人才发展"培好根""育好苗"。三是印发《关于进一步加强班组绩效管理的意见》，通过管理方法讲授与经典案例分享帮助一线班组员工理解绩效管理对于员工激励的重要导向作用。

（三）三心为基：推动责任型的文化根植

1. 弘扬"初心"担当品质，强化爱岗敬业

一是强化"不忘初心、牢记使命"的爱岗精神。抓好新员工入职培训，开设国网战略、安全认知、规章制度、身边人讲身边事等课程，帮助新员工理解并融入企业文化，树立正向价值观；利用国网学堂、渝电课堂等数字化网络资源，每月推送入职必备的企业和电网公共知识，帮助新员工建立学习目标、厘清学习路径、制订学习计划，实现新员工从"学校人"到"企业人"的快速转变。二是增强"人民电业为人民"的主人翁敬业意识。针对勇于承担急难险重工作任务的员工出台了一系列激励保障措施，如防汛抢险、迎峰度夏、保供电等专项表彰，电费回收、营商环境、安全奖等专项工资激励计划，为追寻使命担当的员工提供精神激励与物质保障，凝聚一线班组员工担当为民的持续内驱力。

2. 培育"安心"实干作风，强化勤恳兴企

一是多举措提升班组名誉价值，增强一线岗位吸引力。修订《岗位管理实施细则》，设置专家工程师关键核心岗位，提升一线岗位认同度；提高技能人员岗级上限，可达到或超过班组长、专业管理人员岗级，增强一线员工岗位期望值；试点构建"基准岗级＋发展岗级"的一线员工宽带岗级体系，拓

宽员工岗级增长空间，扩大一线员工岗位成长域；实行一线核心岗位履职经历在管理技术和技能序列双认定，加强一线员工发展获得感。二是全方位增强员工福利保障效能，提升一线岗位忠诚度。出台《国网重庆市电力公司职工健康疗养管理办法》《重庆市电力公司职工体检管理办法》《重庆市电力公司食堂经费管理办法》等，优化福利项目结构和费用标准，配套健身房、图书室、食堂等设施；优化医保运行机制，改进报销流程、简化报销资料，尽可能减轻员工医疗费用负担；按照薪酬待遇向一线技能人员、核心骨干、艰苦边远地区人员倾斜原则，优化辅助工资设置，修订技能津贴发放标准，将津贴上限由每月 300 元提高至 1000 元；对大学生扎根一线、一线班组业务承载力提升成效突出单位和艰苦边远地区单位给予专项激励，推动其安心扎根一线，勤恳兴企。

3. 畅通"放心"成长通道，强化员工发展

一是全面拓宽一线员工职业成长通道，激发一线员工职业发展进取心。优先在一线岗位开展职员职级聘任、技术和技能专家人才选聘，将 2 年及以上一线班组长经历作为本部补员和部分关键岗位提拔晋升的基本条件；在班组内部建立发展成长通道，赋予专家工程师等技能类高岗岗位除专业职责以外班组管理和科技创新职责，拓宽岗位和收入上限，拉开岗级和收入差距；聚焦重大改造项目、重点工作任务，创建责任区、示范岗，以班组为独立核算单元，推动班组由"作业执行单元"向"价值创造单元"转变。二是全面构建专家人才履职培育体系。分层分专业以首席专家、高级专家命名专家工作室，从平台建设、专业带动、人才培养、支撑保障四个方面发力，建立专业育专家、专家带专业、专家带团队的长效机制，打造以首席专家领衔、其他专家支撑、兼顾大专业与小专业均衡发展、高中端人才与后备人才并行培育、中青年与新员工合理搭配的人才梯队。

（四）三能为本：搭建赋能型的组织架构

1. 结构"聚能"，推进业务集约与机构整合

一是提升一线业务协调集约。推进渝东南、渝东北两群单位业务协调集约，依托国网重庆万州、国网重庆长寿供电公司创新成立区域中心，适度集约片区内供电单位相关专业业务和管理职能，集中实施高电压等级规划、调度、检修、基建项目管理等业务，减少人财物同质化资源重复配置。延伸本部培训、纪检等专业管理职能，增强管理穿透力和基层执行力，提升区域内供电单位之间横向沟通协调和资源优化效率。二是推进业务机构三"相"融合。推进业务相近、链条相关、性质相似的业务机构整合，深度融合城区营配业务，以"三破三融三探索"实现供电服务前端再升级，成立"3+14"两级网格化供电服务机构，推行"1+N"网格化服务模式，实施"中压集约＋低压网格"管理模式，组建中低压统筹、两次兼顾、运检抢一体的融合型班组，持续开展乡镇供电所和城区网格化综合服务一线大班组建设，改变一线机构小而全的局面，集合人员提高一线班组多业务整体运转效率。三是规范业务外包管理。人力资源部牵头业务外包工作，梳理外包范围，组织各专业编制《核心业务和常规业务清单》，结合国网公司负面清单内容进一步厘清各专业业务维度，构建一套国网重庆电力业务外包规范"说明书"，分级分层制定整改方案，逐步回收部分核心外包业务 74 项，强化核心业务自主实施。

2. 技术"助能"，推动流程优化和效率提升

一是数智赋能全业务班组。推进输电运维模式优化，深化图像智能识别算法应用，推动无人机"机巡"替代人巡；推进输电专业集中监控体系建设，加快推进"立体巡检＋集中监控"运检新模式转变。推进变电运维模式优化，加快智慧变电站、新一代集控站监控系统建设，强化设备状态实时监测，以信息化手段赋能全业务班组。二是推广新技术。国网重庆电力积极推进"无人机"智能巡检建设，以下属国网重庆永川供电公司为试点，综合利用国网重庆电力和产业单位资源互补优势，构建运行高效的智能运检新模式，全面承接重庆渝西片区智能巡检业务。协助多地应急局、公安、武警、

消防等部门，协同开展山区夜间抓捕嫌犯，观测动物栖息情况保护生物多样性，大型公共场所反恐演练，判断较大森林火灾着火点等工作。三是创立科技数字化中心。呼应班组数字化技术深入运用需求，在城郊国网重庆綦江供电公司设置科技数字化中心，自主研发泛泛助手 APP，迁移出行、办公、食堂、物业、考勤等业务到线上，全面"助能"一线班组。

3. 人才"活能"，打造灵活化班组队伍结构

一是用好增量。建立"需求收集－统筹调配－导向招聘"的定制化招聘机制，新招聘高校毕业生主要分配到供电公司、超高压公司、送变电公司的核心班组，将聚焦核心技术的调控、营销、生产一线班组和施工建设队伍作为大学生职业生涯的落脚点。二是盘活存量。将现有从事辅助类业务、乡镇供电所业务或其他可外包业务的长期职工通过转岗培训充实到一线核心班组，将各单位非核心岗位长期职工人数下降比例纳入指标考核体系，有计划地盘活长期职工存量以充实一线班组。三是激活柔性团队。制定"目标柔性化""人员选拔柔性化""职责职能柔性化"和"考核激励柔性化"的"4 柔"指导意见，规范盘活人才存量以充实一线班组。

（五）三力为根：形成渗透型的职能保障

1. 构建多层次素质提升机制，提升岗位"胜任力"

一是分类构建专业岗位能力评价标准。确定 8 个专业 31 个职业 43 个岗位工种目录，归纳整合每个岗位工种能力项，制定各能力项评价标准和题库。二是开展一线技能人员能力画像。创新实施"能力等级能上能下"的"一考双认证"模式，建立以三年为周期、动态抽复检的岗位胜任能力测评体系，全面掌握技能人才队伍能力水平现状，进一步匹配岗位能力学习需求。三是实施常态化、模块化技能培训。建立公司级、车间级、班组级三级培训网，根据不同岗位工种能力评价标准，形成模块化进阶式技能提升培训课程体系。

2. 构建多元化潜能激发机制，提升班组"支撑力"

一是加强违规借用管理。围绕全业务核心班组自主实施工作部署，组织基层单位对近十年入职大学生情况进行梳理自查，协同数字化部常态开展生产一线人员履职情况专题监测，逐一分析排查确定属实人员，确保一线员工在岗履责、增强本领。二是搭建形式多样的技能竞赛平台。与地方政府联合，每年举办"巴渝工匠"杯重庆市电力行业职业技能竞赛、新员工技能大比武。在专业拓展上，从关键岗位核心工种向一般岗位普通工种延伸，制定《关于加强公司以上级别专业竞赛工作的意见》，将国网公司、中国电力企业联合会等以上级别专业竞赛作为练兵比武的重要平台。三是实施一线班组"千名骨干"培养计划。每年面向运检、营销、调度、信息、建设等技能类主要专业，统筹基层培养需求，采取"短期集中培训＋长期专项培养＋柔性岗位实践"的方式，培育一支专业知识扎实、技能本领过硬的骨干人才队伍。四是建设高技能人才培养基地。依托大师（专家）工作室、高技能人才培养基地，充分发挥技能大师、专家人才、劳模工匠、先进典型的技能引领作用，组建高技能人才培养师资库，吸纳高级实习指导教师 17 人、实训指导教师 46 人、兼职指导教师 79 人，将高技能人才培养项目作为技能人才提升技能、创新发展的摇篮。

3. 构建多职能联动统筹机制，提升专业"协同力"

一是实施人才"成蹊"行动，协同联动培养。人力资源、工会、党建、科技、企业管理、宣传等部门，建立联合培养机制，统筹整合资源优势，给予平台、项目、资金等支持，在劳模评选、工匠培育、创新创效、科技攻关、"五小"创新、制度标准等方面给予政策倾斜，为专家孵化培育"搭台子""铺路子""架梯子"，保障专家人才多出成果、多出成效。二是实施跨单位联合培养。紧盯班组人才队伍建设需求，协同专业部门打造集中培养基地，结合基层单位班组人才队伍管理现状及培养需要，搭建集"培养－测评－运用"于一体的跨单位联合培养平台。三是实施片区结对帮扶。充分考虑

管理扁平化、区域差异大等特点，专业部门总体评估基层单位核心班组业务能力，选定 4 家能力突出单位作为帮扶组长单位，定期组织技术骨干培训周边 20 家单位班组人员。

（六）落地为实：优化绩效考评管理机制

1. 评价"三位一体"，确保组织绩效考评全面落地

一是在公司层面，侧重于通过多维考核工具评价各单位年度业绩，从关键业绩指标、安全工作、专业工作、党建工作等方面对各单位全方位开展业绩考核，同时设置抢分任务清单，形成"多劳多得"良好考评导向，激励其从组织层面勇担重任。二是在部门层面，侧重于承接公司业绩考核体系基础上合理分解业绩目标，从公司关注的业绩指标入手，结合自身实际有效评价各部门组织绩效表现，树立以关键业绩为核心牵引的部门评价体系，以提升组织内部员工的集体荣誉感。三是在班组层面，侧重于将业绩压力有效传递至供电线路最后一公里，由业务实施机构进一步分解业绩指标，将抽象指标细分为具象化可操作性的工作要求，业绩责任落实到人，降低旁观者效应的不良影响，提升员工责任心，激励员工扎根一线。

2. 实施"四步一体"，确保班组绩效考评准确高效

一是选定考评工具，根据不同班组的专业工作背景与人员配置情况，在公司绩效管理实施细则指导下，确定契合班组实际的考评工具，保障班组绩效考评工作的科学开展。二是完善绩效计划，以上级关注的业绩要点完成情况为基础，以能力素质、工作纪律、协同力度等维度为辅助，全方位设置同时适配公司业绩导向与员工职业发展的绩效计划并加以落实，将员工个人发展目标与国网重庆电力组织目标进行有机结合。三是强化履责监督，要求绩效经理人落实督导责任，确保考评工具发挥作用，真实反映员工考评周期内的整体绩效表现，合理拉开收入差距，让员工真实体会到"干多""干好"的实惠之处，提升员工内驱力。四是落实沟通反馈，由绩效经理人关注员工日常绩效表现，通过交流面谈、日常会议、分析通报等多种形式反馈员工绩效表现情况，及时纠偏补短，为后续绩效改进指明方向。

3. 监督"五维一体"，确保绩效管理体系稳步落实

国网重庆电力构建"抽查会诊－履职评价－认证帮扶－数字管理－结果应用"五维一体的绩效考评监督管理体系。一是通过考核工具的科学性、管理的落实力度、合理的收入差距、树立先进标杆、晒出负面案例，加强绩效管理抽查会诊引导各级组织将绩效管理落到实处。二是通过绩效经理人机制建设、日常履职、履职成效评价督促绩效管理的主体责任真正落实，深化绩效管理的激励导向。三是通过"单位级达标、单位级示范、公司级引领"的三级绩效认证、跨单位绩效帮扶机制开展班组认证与结对帮扶。四是推广绩效管理数字化，高效记录绩效管理数据，帮助班组员工减轻事务工作，促进员工在业务工作方面快速成长。五是通过遴选绩优人员、遴选结果在专家人才、岗位晋升、表彰奖励等方面的应用以及对应用情况的监控，实现能者多劳、多劳多得。

三、电网企业提升一线班组业务承载力的"心－能－力"三维驱动人力资源管理效果

（一）班组主动管理意识显著加强，企业价值创造效能明显提升

推动班组从业务实施单元到价值创造单元转变，一线班组缺员率得到有效缓解。持续开展的三项制度改革中，有 699 名管理技术类员工（占比 10.75%）主动从管理岗位竞聘到班组长、技能高岗等一线岗位，使一线班组缺员率从 74.35% 降到了 67.83%。二是组织制约缓解效果显著，一系列存量盘活措施激发了其他岗位员工回归到班组的积极性，有效盘活 866 人转岗并充实到了一线班组，核心班组直接用工配置率由 78.7% 提高至 90.5%。三是人力资源职能保障落实到位，培育了更多专业型、专家型人才，入选国网公司首席专家 4 人，新增省部级人才 45 人，选拔两级专家 283 人，完成技能等级评

价 17659 人，新增高技能人才 9504 人。

（二）班组专业支撑作用显著加强，新型电力系统示范效应突出

缓解了国网重庆电力生产一线硬缺口、软缺口问题，有效支撑了新型电力系统建设。一是形成了"员工、班组、企业"的多层次立体化组织架构，为核心业务推进提供了多主体的动力源泉。二是突破专业壁垒优化人力资源配置，激发了一线人才研究优势和专业型技术优势，供给能力得到有力支撑。三是激发了班组"细胞"活力，提升了组织运行协同效率，班组有效支撑省级负荷聚类智慧互动平台、长寿工业园智慧能源系统、渝中半岛全景感知山城电力动脉、广阳岛"一岛一湾"等渝电特色示范项目。

（三）班组全面响应能力显著加强，服务公司和电网高质量发展

班组业务承载力得到加强，电力保供和应急能力全面提升。2022 年，有效管控电网风险 496 项，开展应急演练 114 次，针对冬夏暴雨、洪灾、雨雪等及时发布预警 24 次；在当年夏天连日酷暑的供电能力极限考验中，有力保障了电网安全稳定运行。一线员工潜能得到极大挖掘，运检投诉同比下降 35.81%，全年实现案件数量同比下降 42%，涉案金额同比下降 31.7%，主营业务领域法律风险得到有效控制。配电自动化实用化率同比提升 32.39%；国网系统首家完成移动应用全量回迁"i 国网"，成功拦截网络攻击 249 万次，在重庆市实战攻防中防守零失分；高效优质完成过境重庆的白鹤滩送出两条特高压线路工程建设，金山 500 千伏变电站勇夺中国建设工程质量最高荣誉——鲁班奖，实现公司基建质量水平历史性跨越。2022 年，国网重庆电力完成售电量 1108.11 亿千瓦时，同比增长 5.57%。全年投资 23.98 亿元提升巩固农村电网，2022 年年底，220 千伏及以上变电容量超 7916 万千伏安，建成 220 千伏及以上线路长度达 13631 千米，职工年化全员劳动生产率增至 63.86 万元 / 人，同比增长 15.5%。

（成果创造人：周　雄、李　良、李政良、黄　静、房　劲、陈霜玲、

李　炜、张　强、龚玉华、詹天义、陈　涛、谢丽娜）

钒钛新材料企业基于产值量化的基层员工绩效管理

承德钒钛新材料有限公司

承德钒钛新材料有限公司（简称承德钒钛），钒钛资源综合开发利用产业化技术处于世界领先水平，产品主要包括钒基材料、钛基材料和含钒优特钢。钒基材料有高纯粉剂钒、片剂五氧化二钒、三氧化二钒、氮化钒、50钒铁、80钒铁、氮化钒铁、钒铝合金等；钛基材料有钛板、钛合金粉末和钛精粉等。钒钛材料应用于航空航天、钢铁冶金、超导材料和陶瓷印染等领域。"鸡冠山牌"系列钒产品享誉全球，被墨西哥国际市场研究会评为"国际质量钻石星奖"。其中，1780毫米热轧卷板生产线以含钒、高强为特色，1.2毫米超薄规格含钒卷板成为"中国热轧卷板第一薄"；超厚锌层含钒冷轧产品填补国内空白；承德钒钛作为"燕山牌"含钒建材策源地，是国内唯一一家具备全规格、全等级建材产品生产能力的企业，产品全部荣获全国冶金产品实物质量"金杯奖"。

一、钒钛新材料企业基于产值量化的基层员工绩效管理背景

（一）贯彻落实国有企业收入分配制度改革的必然要求

近年来，国家陆续出台了关于深化国企改革的一系列文件和行动方案，提出国有企业工资分配要切实做到既有激励又有约束、既讲效率又讲公平，要坚持按劳分配原则，实行多劳多得。广大基层员工是企业价值的直接创造者，是企业高质量发展的基石，基层员工的薪酬占企业工资总额的大头，推进基层员工收入分配制度改革，建立完善按业绩贡献分配的绩效分配制度尤为重要。

（二）实现做强做优做大钒钛材料产业目标的机制保障

随着国家新产业、新业态蓬勃发展，"钒"和"钛"作为"现代工业的味精"，战略地位和应用价值更加凸显。承德钒钛进一步明确发展定位，加快推进"钢铁向材料""制造向服务"转型升级，全面推进钒钛产业向航空、储能等战略性新兴产业延伸，全力打造国际典范钒钛产业园区。用好绩效考评指挥棒，以更加精准、高效、刚性的激励约束机制，推动承德钒钛各产线独立市场单元真正按市场化运营，充分激发企业内部活力和创造力，切实为做强做优做大钒钛材料产业，推进河北省、中国乃至世界钒钛产业高质量发展提供坚实的保障。

（三）激发员工主动性和创造性凝聚向心力的现实需要

承德钒钛在绩效薪酬分配上，一直沿用的是国内钢铁企业普遍采用的"公司→事业部→作业区→班组或个人"分层分级的绩效薪酬分配模式。随着收入分配制度改革的深入推进，在"作业区→班组或个人"分配环节出现明显断层，存在"平均分配大锅饭"，员工主动履职意识不强，工作等、靠、拖等现象，"以贡献者为本""以劳动者为荣"的精准量化考核激励导向作用未能全面发挥，改革举措未能真正落地。打通绩效薪酬分配"最后一公里"，真正体现"干多干少不一样"，不让雷锋吃亏，才能汇聚正能量，为推动钒钛产业高质量发展增添源源不断的动能。

二、钒钛新材料企业基于产值量化的基层员工绩效管理主要做法

（一）聚焦三个强化，明晰变革总体思路

1.强化组织领导，保障系统谋划、纵深推进、高效落实

成立以公司主要领导为组长，公司分管绩效、薪酬副总经理为副组长，运营改善部、人力资源部、经营财务部、市场管理部、生产计划部、设备管理部、技术中心、非钢事业部正职为成员的基层员工绩效管理变革领导小组，负责审核、批准变革实施方案，定期组织召开推进会，审批奖惩方案。领导小组下设推进办公室，日常办事机构设在运营改善部，推进办公室主任由运营改善部兼人力资源

部部长担任，副主任由上述部门分管绩效领导担任，成员由上述部门的业务主管组成，负责推进过程指导、监督、检查与考核，保障变革有序推进。

2. 强化分层分类，实行精准化、差异化、量化激励考核

根据职位级别和岗位业务特点对基层岗位员工进行分层、分类梳理，将每类员工工作职责、工作内容、工作项目、工作结果等以标准化、规则化、价值化的方式进行量化计算，量化计算结果与员工的绩效工资挂钩，形成多劳多得、优绩优酬的绩效分配机制，并借助信息化手段打造高效化、可视化的绩效管理信息平台，充分调动员工积极性、主动性和创造性，有力激发基层活力。

3. 强化正向激励，实现从"要工资"向"挣工资"转变

结合公司实际，灵活运用工资总额备案制、利润超创分享、科研项目"揭榜挂帅"、科技成果转化项目分红、小微团队自营、产线承包自营、职业经理人制、提成制等多元化的激励手段和工具，形成"政策包""工具箱"，推动构建适合自身特点、务实管用的正向激励体系，突出激励的即时性和有效性，目标导向精准发力，充分激发员工干事创业积极性。

（二）精准分类施策，制定产值量化标准

1. 建立工作实绩量化积分制，提升管理人员效能

根据岗位特点和职位级别对基层岗位业务进行分层、分类梳理，具体划分为设备检维修类、生产操作类、技术研发类、营销类、非钢项目类、综合（专业）管理类六个类别，分类制定产值量化标准。由运营改善部牵头、人力资源部配合，推进建立管理人员绩效量化积分考评体系（1 分 =1 工时），依据部门和岗位职责，对工作项目及其内容进行梳理、分类、细化，按照工作项目价值大小、重要程度、难易程度、工作频次、工作特性、工作质量标准等，结合实际工作经验和工时评审小组评定意见制定标准工时，形成工时数据库。同时，标准工时随着工作效率、效果的变化进行动态评审、调整；工作项目不必指定必须由谁完成，部门每个人都可以"揭榜"领任务。如在标准工时内按工作质量标准完成工作项目，则取得标准工时，如超时或完成质量差，按既定规则核减工时，当月取得的工时与月度绩效工资挂钩，主动承揽的项目越多、价值越高，获得的积分就越多、收入也越高。

2. 全面推行项目制管理，激发技术人员创新活力

由技术中心牵头，在承德钒钛全面推行项目制管理，充分调动和激发技术研发人员的创新活力，通过"多点突破"带动"系统提升"。项目来源采用"自下而上""自上而下"两种方式，"自下而上"，即各二级单位主动申报，经评审批准立项的项目；"自上而下"，即由公司对影响生产经营的重大问题进行发榜公布，通过"揭榜挂帅"承担的项目。技术中心对项目实施分级管理，按降本增效、提升产能等指标将项目分为 A 类（重大项目）、B 类（重要项目）、C 类（重点项目）、D 类（单项项目）。A 类、B 类、D 类项目执行"月调度"制度，C 类执行"季调度"制度，根据项目进展情况组织推进与检查，对项目实施的质量、进度及存在的问题进行协调，督促项目按计划执行。项目负责人在项目任务书规定截止时间 3 个月内，向技术中心提交验收申请。技术中心组织专业组及公司级专家组成的验收专家组对项目进行验收与评价，形成专家组验收意见，并确定项目进入效益评价期，效益评价期结束后，经营财务部进行效益（产值）核算。

3. 推进"两个结构"深度优化，挖掘营销人员潜力

由市场管理部牵头，坚持市场和技术"双轮驱动"，深入开展技术营销工作，通过提升技术服务、改进产品质量、联合产品研发等措施，扎实开展技术研究，解决客户技术问题，全面提升公司品牌影响力和市场竞争力。根据 2022 年产品结构规划，确定技术营销项目，主要包括高端客户开发、产品开发及推广、二方认证、工程直投。技术营销目标客户聚焦处于行业龙头或技术领先地位，产品需求符合承德钒钛发展方向，利润贡献率能够起到引领和支撑作用，可引领或倒逼承德钒钛产品升级，对承

德钒钛销售渠道建设、品牌价值提升具有重要意义等的客户。技术营销团队项目主要负责人由项目发起者担任或由公司指定任命，团队为 3～5 人，在技术中心、市场管理部、经营中心、营销组织中心选拔人员。

实施内容包括六个方面。一是高纯钒、钒铝合金客户群拓展，分产销突破阶段、技术升级阶段、行业引领阶段推进。二是提升关键客户指标，分一对一直供比例和直供客户集中度。三是高端客户开发，技术营销团队参与到客户的产品研发、设计、生产各环节中去，为客户提供个性化增值服务。四是产品开发及推广，通过技术服务解决客户技术问题，并提供技术咨询服务，充分与客户做好技术交流，并延伸至下游客户潜在需求。五是工程直投，以京津冀重点工程及核电工程为核心，积极开发高端客户和终端客户，做好增值服务，加强渠道管控。六是二方认证，推进高端客户对公司产品生产过程进行的审核、认证，审核结果通常作为客户采购的决策依据。技术营销团队根据客户需求，做好二方认证的审核工作及产品试用。

4. 实施对外利润超创分享，激发非钢单位员工创业热情

由非钢事业部牵头，强化"全产业链创新创效"导向，鼓励打造非钢新的价值链、创效链。在非钢单位组建对外创效项目小微团队，独立、清晰划分核算单元，利用承德钒钛的体量、信用、闲置资产、金融等资源优势，多渠道面向市场增收创效，同时为主业提供优质服务，对外增收不能影响钒钛、钢铁主业的生产，实现个人收入增长与非钢单位对外收入增长、效益增加"双赢"，保障非钢产业健康发展，激发非钢单位外部市场开拓、创效活力和竞争力。实施对外利润超创分享须满足以下条件：一是当月累计对外利润＞0且本期累计对外利润＞上期累计对外利润（对外利润指在交易价格、资金运作市场化的前提下，实现承德钒钛以外收入扣除费用后的资金盈余）；二是当期对外资金实现盈余；三是成本费用分配真实、准确；四是按季度预支，年度清算，在确认超额利润的当期，预提超创奖励费用，不能摊入后期成本，自行在成本费用中消化。

5. 推进检维修作业安全标准化，提高检维修人员作业效率

由设备管理部牵头，推进检维修作业全过程安全标准化管理，规范检修作业人员操作行为，确保检维修作业人员人身安全，提高检维修作业效率，控制检维修成本，为设备长周期稳定运行打下良好的基础。

承德钒钛建立的检维修作业安全标准化体系主要包括"四个标准化"，分别为检维修文明施工标准化、检维修安全检查标准化、检维修工程安全组卷标准化和检维修安全作业标准化，相应制定四个标准体系。承德钒钛已完成检维修作业安全标准化全部四套标准的制定，其中编制检维修安全作业标准17900余条，实现了对承德钒钛重要检维修项目的全覆盖。检维修文明施工标准包括人员着装标准、办公区域标准、宣传栏标准、施工区可视化标准、安全警示牌标准、工具存放标准、作业场所安全文明行为标准、文明用电标准、文明作业标准和现场定置标准。检维修安全检查标准包括制定有限空间作业、动火作业、煤气作业和吊装作业等高危作业和机械检维修与电气检维修作业系列标准，实施作业审批，作业前填制许可作业票据，层层履行安全确认。检维修工程安全组卷标准根据年修、系统检修、炉役检修、定修和日修、临时维修等类别，按照检修计划（项目计划）、网络计划、施工方案、检修安全措施、验收记录和检修总结等内容分别进行组卷。检维修安全作业标准包含了检修项目、检修负荷、检修技术要点、危害辨识和技术要点（措施）、作业步骤等。

根据现场作业实际情况，将作业类型划分为计划性作业、周期性作业、临时性作业、检修改造作业、公告任务。根据性质不同，设计不同管理流程，以明晰员工工作任务及相应职责，增强员工责任意识。计划性作业包括改造项目、配合项目、故障处理、隐患处理、基础工作，由作业长统一指定给一个或多个班组，可选择是否跨作业区。周期性作业由作业长制定本作业区周期性维护作业项，明

确周期、作业项目，工时派发到班组，班组长分配到相应人员，在员工完成并反馈结果后，班组长进行作业评价及工时分配，作业长进行审核确认。临时性作业由班组长或作业长确认作业项目、作业人员，作业发起人对作业人员进行评价及工时分配。检修改造作业由作业长梳理确定，作业长将各作业子项分配至班组，班组收到检修任务后，安排人员检修，同时在作业完成后反馈作业信息，班组长进行工时分配。公告任务由检修管理人员安排至作业区，作业长安排人员推进工作，在工作完成后，由作业长分配工时。

6. 健全自营增收机制，实现员工增收与企业降费的"双赢"

由运营改善部牵头，归口管理部门（生产计划部、设备管理部等）配合，按照"自营增收"原则，通过组建二级职业经理人团队、小微团队、产线自营承包等方式，鼓励广大基层员工大力积极承担自营项目，降低公司外委外雇费用，增加基层兼职收入，实现企业降费与员工增收的"双赢"。进一步规范自营管理，打通自营通道，明确自营定价、实施、验收、结算、人工费提取等全流程的管理要求和标准，确保项目合法合规、安全高效开展，防范化解风险。以再制造中心为例，对中心空调、电机及其他离线设备备件修理业务，采用成立小微团队、鼓励兼职用工的模式推进；以整体项目承包形式聘用小微团队，2022 年成立空调修理小微团队 3 个，按承包协议进行小微团队自营费用核算，按月结算。

（三）突出价值创造，制定产值激励标准

1. 综合（专业管理）类

员工绩效工资 = 个人绩效系数 × 个人当月工时积分 × 工时积分单价 ± 专业考核额。其中，工时积分单价 = 部门绩效工资总额 / 部门所有人员工时积分之和。

2. 技术研发类

A、B、C 类项目原则上根据产值兑现奖励，奖励标准：（1）产值 < 200 万，无奖励；（2）200 ≤ 产值 ≤ 500 万元，按 6% 奖励，即奖励总额 = 产值 ×6%；（3）500 < 产值 ≤ 1000 万元，超 500 万部分按 8% 奖励，即奖金总额 =（产值 -500）×8%+30；（4）1000 < 产值 ≤ 10000 万元，超 1000 万部分按 5% 奖励，即奖金总额 =（产值 -1000）×5%+70；（5）产值 > 10000 万元，超 10000 万部分按 4% 奖励，即奖金总额 =（产值 -10000）×4%+520；D 类项目结合项目年预期效益、项目实施意义等实行定额奖励。

3. 营销类

一是高端直供客户开发，根据重要程度，每个攻关项目设立 1 万～ 5 万元奖励，成功开发符合河钢承钢产品定位的高端产品且处于行业领先地位的直供客户奖励 1 万元，成功开发直供中国制造业 500 强、机械工业 100 强、工程机械 50 强等为代表的客户奖励 3 万元，成功开发直供世界或中国 500 强企业奖励 5 万元。二是新产品研发，完成前期试用奖励 0.8 万元，6 个月内完成 3 次订货，奖励 2 万元。三是工程直投，完成计划奖励 0.3 万元，超出目标部分每吨奖励 0.3 元。四二方认证，完成前期产品试用奖励 1 万元，完成认证结果奖励 3 万元，完成订货奖励 5 万元。

4. 非钢项目类

一是对外项目（业务）提奖基数和比例。非钢事业部牵头，经营财务部、运营改善部配合，组织各非钢单位确定传统对外项目（业务）成本核算边界条件，同口径核算 2021 年项目（业务）的实际利润，作为 2022 年项目（业务）提奖基数，2022 年新开展的对外项目（业务），由非钢单位提出申请，非钢事业部、经营财务部、运营改善部共同审核、确认。提奖比例实行"一厂一策"差异化原则，传统对外项目（业务）提奖比例不低于 5%～ 30%，新开展的对外项目（业务）提奖比例不低于 50%。二是对外项目（业务）利润超创奖励核算口径和原则。对外利润超创中的"利润"，界定"利润总额"和"税后净利润"两个口径。提奖比例在 10% 及以下的，按超创"利润总额"提取；提奖比例在 10%

以上的，按超创"税后净利润"提取。

5. 设备检维修类

一是专业检维修人员，以工程公司为例，员工绩效工资＝工时单价×月份工时合计×个人绩效系数×组织绩效得分×满意度评价得分×履职评价得分 ± 专业考核额。二是实行小微团队承包的，按照承包协议执行。以空调修理小微团队为例，按承包区域空调维保匹数计价：旺季执行 9.5 元 / 匹·月；淡季 4.5 元 / 匹·月。费用发放方式：以月份为单位次月发放，以承包协议区域实际维保数量乘以月份单价减去考核为发放依据，发放费用计入再制造中心自营工程项目成本。

6. 生产操作类

以钒钛事业部产线承包为例，产线承包人工费标准：氧化钒产线 V2O5 片剂倒装 25 元 / 吨、V2O5 粉剂包装 280 元 / 吨；氮化钒产线氮化钒包装 150 元 / 吨；钒酸铵产线浸出偏钒酸铵生产 2500 元 / 吨，钒渣破碎 3 元 / 吨；高纯钒产线高纯粉钒生产 3500 元 / 吨，偏钒酸铵转多钒酸铵生产 2500 元 / 吨。

（四）构建保障机制，力保变革长效运行

1. 借助信息化手段，助推绩效管理数字化转型

开发绩效信息化管理系统，实现资源集中整合，数据精准客观，任务统一派发，进度实时监控，有效支撑各项工作流程运行，确保各项制度落地和固化。通过建立手机 APP、企业微信号，实现作业及时下发，及时反馈。以管理信息平台为支撑，实现直线型管理，派发任务一键到底，任务派发实时高效，保证落实高效执行。内置计划性作业、日常维护作业、周期性维护作业、检修改造作业、公告任务五种作业下发模式，满足现有业务需求。

绩效信息化管理系统具备阶段性汇总功能，分配工时公开透明，多维度数据统计，方便查看统计信息，增强班组长监督能力。设置多角色、多权限匹配机制，根据用户需求不同，制定对应的角色权限，从而显示不同数据。形成任务派发、监管、自主完成、工时分配、绩效核算的工作闭环管理，员工每日得分及工时累计数额与实际工作贡献吻合，实现员工薪酬日清月结，绩效工资分配"一键式"发放。

2. 开展多样化培训，促进员工能力素质提升

技术中心牵头开展"钒钛大讲堂"活动，邀请公司中层干部、技术专家、专业骨干等作为主讲人，面向公司专业技术、技能、管理人员讲授钒钛产业相关知识，引导广大干部职工深入了解、熟悉、融入"钒钛"。主讲人制作课件，讲座和现场互动交流相结合，利用周末每月举办两次，截至目前已开办 11 期。

培训中心以"共建共享"为原则，搭建员工自主学习网络平台，实现在线学习、在线考试、效果评价、培训档案等系统管理功能。建立培训资源管理平台，丰富网络培训资源，为员工自主学习提供技能提升、内训课程、拓展知识等资源支撑，2022 年完成培训项目 219 项，共 627 期，培训 2 万余人次、5454 学时，完成率达 96.5%，满意率 94.14%。健全技能培训基地建设，优化培训师资队伍，组建内训师队伍 236 人，全面实现技能提升的内训师队伍。建设拥有职业工种的认定资质的技能等级认定中心和特种作业考试中心，开展承德钒钛技能等级认定、技能提升培训工作，2022 年完成报名 1860 人，培训 1860 人，完成技能等级认定 899 人。

3. 建立制度保障体系，形成长效运行机制

按照"正向激励、精准导向、精简高效、自营增收"的原则制定《绩效体系控制程序》《专业考核管理办法》《单项奖管理办法》《自营工程管理办法》《承德钒钛年度绩效激励办法》《项目制绩效管理办法》《非钢单位对外利润超创奖励分享管理办法》《技术营销实施方案》《员工绩效管理办法》《员工岗效薪酬管理办法》等一系列制度文件，各单位、部门严格按照公司年度预算和分配政策、制度规定，紧密结合自身实际，配套建立内部绩效激励考评体系、绩效薪酬分配制度、小微团队费用分配实

施细则等，全方位、全流程保障绩效激励变革方案和措施的落地并长效运行。

三、钒钛新材料企业基于产值量化的基层员工绩效管理效果

（一）钒钛产业高质量发展水平进一步提升

2022 年承德钒钛工业总产值比去年增长 10%，高创效钒基材料同比增长 49.15%，高创效含钒优特钢同比提高 11.12%。钒产品结构优化实现新提升，高纯钒材料成功入选国家制造业单项冠军产品，成为公司核心竞争力钒钛新材料。99.6% 超纯钒销量同比提升 139.6%，直供国内钒电池领军企业。99.5% 高纯钒国内市场占有率保持领先。钒铝合金产量同比提升 32.2%，航空级产品直供航空、航天、军工等高端企业。深度对接中集集团等高端企业，推进了集装箱用钢向二代延伸。深度与德国舍弗勒公司合作，酸洗汽车钢销量同比提升 3 倍。在"一带一路"建设中彰显责任与担当，超厚锌层高强镀锌产品服务卡塔尔世界杯场馆建设，澳标 500E 优特钢保障塞内加尔高速公路项目建设。成功研发生产的直径为 63.5 毫米的 HRB550 超大规格含钒优特钢，直供巴拿马铁路跨海大桥，奠定了"燕山牌"含钒优特钢的领军地位，大幅提升了品牌国际影响力和市场竞争力。

（二）推进科技创新和非钢创效进入新阶段

成功开发航空级片钒制备新技术；攻克了 3.5 价电解液还原装备核心技术，产品达到国际国内标准要求。成功开发第三代铁路箱高强耐候钢，产品耐蚀性能达到行业先进水平。首次试制钛板，填补了华北地区高端钛产品空白。公司 5 个产品获评"全国金杯优质奖"。牵头修订《国际钢筋混凝土用钢标准》，主导编制《国家钒钛磁铁矿综合利用术语和定义》，提升了公司行业话语权。加快推进数字化、智能化步伐，三个产线智能化场景入选全国智能制造优秀场景，引领了国内钒钛领域智能制造水平。《高纯钒材料绿色制造技术及产业化》项目荣获省科学技术进步奖一等奖。推动供应链和消费供应链协同发展，非钢产业价值链进一步延伸，水渣深加工微粉项目进入实施推进阶段。"万树园"商超惠及员工、服务社会，当时成为区域抗疫保供"主力军"。高纯液氧打入华东地区知名制造企业，销售收入同比增长 101%，2022 年非钢板块营业收入占比达到 15% 以上。

（成果创造人：耿立唐、张振全、乔国平、赵建东、李正团、石小艳、
邹　晶、张俊粉、孙玉娟、周海峰、姚继东、董东涛）

建筑企业集约化视角下的区域项目管理

中铁建工集团有限公司南京分公司

中铁建工集团有限公司南京分公司（以下简称南京分公司）始建于 2018 年 4 月，位于江苏省南京市，隶属于中铁建工集团有限公司，归属中铁建工集团第四建设有限公司（以下简称第四公司）管理。拥有各类管理人员 1000 余人，年营销额逾 100 亿元。主要负责中铁建工集团有限公司在南京及周边区域的战略实施与管理，区域市场主要集中在南京市江宁区、建邺区、江北新区、高淳区、浦口区、雨花区、栖霞区、玄武区等八大地区。建筑产品涉足基础设施建设、产业发展、生态环保、社会民生等多个领域。南京分公司共获得"鲁班奖"工程 3 项、"国家优质工程" 2 项、"安装之星"工程 1 项、"扬子杯"工程 6 项，连续 8 次在南京市施工企业信用评价中获得满分，赢得了良好的市场口碑和信誉。

一、建筑企业集约化视角下的区域项目管理背景

（一）落实国有企业改革的必然要求

国有企业是我国国民经济的中流砥柱，是我国支柱产业的重要支撑，但对比部分先进民营企业，国有企业经营效率和资产利用率表现一般，且全国国有企业近 10 年总资产报酬率、净资产利润率和销售利润率呈现下降趋势。第四公司以南京分公司为试点，从讲政治的高度狠抓国企改革工作，将集约化管理作为健全市场化经营机制方面的重要任务落到实处，为探索中国式企业管理现代化交出"央企答卷"。

（二）提高建筑业发展效率的客观要求

建筑业产值利润率自 2014 年以来总体呈下降趋势。2022 年，建筑业产值利润率为 2.68%，连续 6 年下降。从产业视角来看，建筑业处在产业链中段，所产生的附加值不高，技术含量低、进入门槛低、可替代性强，建筑市场过度竞争的局面短期内不会改变。且近年来，建筑行业各类生产要素成本持续升高。2022 年，我国建筑业从业人数为 5184.02 万人，连续四年减少，用工成本急剧上升；同时，原材料价格不断上涨，利润不断稀释。建筑企业发展面临巨大的挑战和考验，改变粗放的管理模式、提高生产力和减少对劳动的依赖是建筑企业提高发展效率的必要途径。

（三）实现企业高质量发展的内在需求

"十三五"期间，第四公司业务规模快速扩张，总体效益逐年攀升，项目数量逐年增加，原有的"总部－项目部"两级管理架构已难以适应新的发展需求，总部管理幅度大，难以实现对项目的精细化管理；各项目管理力量、管理水平和执行力参差不齐，项目管理精细化、标准化程度仍有待提升。在业务规模快速增长的同时，企业人员编制增长有限，且核心骨干人员占比低，关键人才数量相对不足，人力资源紧缺与业务规模快速扩张的矛盾日益凸显。高质量发展的要求促使企业转变思维，在管理架构、管理效率提升等方面积极做出改变。亟须强化顶层设计、拓展实施路径、推进组织管理体系变革，实现组织精简化、管理精细化、经营精益化的目标。

二、建筑企业集约化视角下的区域项目管理主要做法

（一）开展顶层设计，绘就集约化区域项目管理蓝图

1. 提高重视程度，推动管理变革

第四公司党委高度重视，将区域化管理作为公司提质增效、高质量发展的重要抓手。管理高层多次召开研讨会，专题研究区域化管理的课题，确定总体思路，规划实施路径，以南京分公司为试点，推进区域公司实体化运行；主要领导深入基层调研实施效果，在发展过程中不断研讨赋能发展的路径、动态开展优化和纠偏工作。

2. 强化战略思维，高位推进部署

第四公司将区域项目集约化管理要求纳入"十四五"发展规划的重要任务，为变革组织管理模式、优化生产组织方式提供了战略指引，并将任务按照年度主题层层分解到各业务系统、各管理层级，做到横向到边、纵向到底。

3. 借助外部力量，学习先进经验

一是借助外力，聘请专业管理咨询公司，协同相关部门充分调研企业各层级、各业务系统情况，开展战略管控研究、组织及流程优化行动。二是目光向外，响应国务院国资委国有重点企业对标世界一流管理提升行动的要求，多次至系统外部标杆企业、系统内部优秀单位开展交流学习活动，主动学习一流管理方法、主动研究新发展思路。

（二）建立健全各级组织架构，筑牢高质量发展根基

1. 构建三级组织架构，打造发展支点

2020 年，在各区域建立区域公司，逐步由"总部－项目部"两级管理架构向"总部－区域公司－项目部"三级管理架构转变；明确区域公司定位为各区域深耕的核心载体和对项目直接管控的主体，发挥总部管理职能延伸的作用，提出区域公司"项目管理、经营开发、人力资源管理"三维能力模型；并明确在"十四五"期间要将南京、上海、苏州、南昌、杭州、合肥六大区域公司打造成为企业发展的战略支点，实现"十四五"时期区域项目的集约化管理，夯实企业高质量发展基础。

2. 规范区域公司架构，系统践行四次经营

规范区域公司部室架构，设置工程管理部、商务部、财务部、经营开发部、人力资源部、综合事务部。依托"总部－区域公司－项目部"三级经营管理体系，做深城市经营，从源头抓项目品质，把握一次经营；加强对项目组织管理和生产的统筹工作，创新组织管理模式、优化标前策划，做实二次经营；依托商务部打造南京区域商务中心，加强过程管理，推行商务分级策划、集中采购、周转材料统一管理、三级联动结算销项，抓牢三次经营；依托财务部实现区域项目财务集中办公，发挥集约化管理优势，拓展创效空间，实现四次经营；设立人力资源部，充分发挥属地人才招聘、区域内人才培养、区域内人员管理等职能。

3. 创新区域项目组织模式，激发资源效率

在项目组织管理方面，南京分公司创新区域项目管理模式，在区域公司下设"N → 1"集群项目指挥部、"1 → N"大项目裂变两种区域项目管理组织，突破人力制约，实现区域内管理资源高效统筹配置。

"N → 1"集群项目指挥部指将区域公司管理范围内的部分距离相近、类型相同、处于不同施工阶段的子项目集中组建一个项目群。由一个项目经理同时管理包含若干个子项目的项目群，在该项目群内，将项目部的核心领导层作为必设共享岗位，对多个具有不同目标的项目进行协调、平衡和管理；子项目设置各条线部门部长、主管、骨干人员和基层项目管理人员。

"1 → N"大型项目裂变管理模式指以项目施工策划的整体方案作为施工区域划分的主要依据，对大型项目实行分标段管理。由大项目经理进行综合统筹管理，以标段长牵头的管理团队负责标段内的日常管理工作，实现一人多岗，提高工作效率。项目部实行两套组织架构同步运行的管理模式。一方面保留原有项目组织架构（原五部一室），各系统、各部门负责人主要履行项目职能分工；另一方面建立健全标段内的组织架构，形成以 1 个标段长（由大项目副职兼任）为核心，安全、生产技术 2 个标段主管及技术、商务、物资、安全 4 个职能管理序列，N 个职能管理人员的"1+2+4+N"标段管理架构。

同时，南京分公司试点抽调机关骨干力量组建"流动项目部"。一方面，对新开项目开展制度、方案、安全、责任指标交底，助力项目快落地早建设；另一方面，不定期开展现场管理检查，查找管理问题，重点解决失效及风险管理事项，帮扶项目管理人员学会体系化、系统化管理，实现既有项目管理水平的再提升。

由第四公司科技产业公司（专业化生产经营机构）统一负责采购租赁，建立集中管理平台，统一集装箱、钢围挡、防护网片等周转制品的产品样式，实现周转料制作管理标准化，提升周转频次，降低项目一次性投入成本；同时，南京分公司建立区域项目收尾阶段物资盘点回收制度，实行归集管理、统筹调拨，盘活项目剩余资产。

（三）创新考核制度，倒逼区域项目管理效能提升

1. 下达区域公司目标责任书，压实区域公司管理责任

将总部下达的《年度管理目标责任书》作为南京分公司年度绩效考核的依据。把人员绩效薪酬与区域管理指标挂钩，指标包括经营管理（营业额、在建项目平均利润率、竣工结算销项）、财务管理（收款指标、新增借款）、工程管理（信用评价、安全生产管理、质量管理、科技管理）、工程创优、新签合同额（或中标额）等。同时，为强化风险意识和激励约束机制，根据总部要求，南京分公司中层以上管理人员实行责任风险抵押金制度。

2. 推行项目绩效包干责任制，压实项目管理责任

基于项目规模、项目性质、人员标准化定岗定编、管理目标、人工成本投入等因素，测定项目全施工生产周期绩效薪酬总额，将项目绩效薪酬总额划分为过程类绩效和结果类绩效。其中，过程类绩效总额占比75%，结果类绩效总额占比25%。

一是过程类绩效薪酬。围绕项目过程管理目标，对主要经济指标占项目绩效薪酬总额权重予以明确。每年以责任书的形式下达项目年度营业额指标，确定绩效基数。其他回款、利润、稽查等指标年度绩效基数依据各指标在项目过程类绩效薪酬中的占比，参照营业额绩效薪酬基数确定。

二是结果类绩效薪酬。围绕项目最终管理目标，对主要经济指标占比项目绩效薪酬总额权重予以明确。待项目实现创优目标、工程款全额回收，期末审计考核达标时，兑现相关结果类绩效薪酬。对于考核期内出现安全、质量事故，直接取消项目班子成员的当年度绩效薪酬，其额度从年度绩效薪酬总额中核减，以严格的绩效考核压实安全生产和质量管理责任；将市级创优创奖纳入项目部全周期责任指标，将省部级奖项纳入区域公司年度责任指标和项目部全周期责任指标加分项，将国家级奖项纳入区域公司年度责任指标加分项。

3. 强化经营人员考核结果应用，激发一线营销动能

以按贡献分配为导向，完善围绕项目经营质量、投入产出等要素的经营考核体系，做到目标导向明确，考核指标量化，各级经营开发人员职能定位与指标权重分配匹配。其中，区域公司及经营开发中心的经营人员分前台营销和后台管理（含资信）两类，分别实行市场开发考核。强化考核结果刚性应用，各市场开发主体根据营销指标实际情况，与经营开发中心主任、副主任、营销主管签订年度个人市场开发责任书，明确年度个人责任指标，分解重点项目，对连续两年未承接到项目的区域公司及经营开发中心主任、副主任，自第三年起取消岗位补贴。

（四）发挥三级系统合力，一次经营保障项目品质

1. 加强经营能力建设，做强城市经营

南京分公司全面贯彻落实城市经营、客户经营理念，在主责区域内搭建起互联互通、运转高效的"资源网、信息网、考核网"，即构建省市区三级政府、平台公司关键要素互联互通的关系资源网和地方设计院、金融机构、招标代理、竞争单位、协作队伍等在内的协同资源网；建立科学高效的信息管

理体系，对信息精准分类、上下贯通，保证信息源头准确、渠道稳定、及时，区域内重大项目无一遗漏；建立考核体系完善、目标导向明确的考核网。在确保南京区域项目优质履约、以干促揽、滚动经营的基础上，南京分公司进一步集中力量和优势资源积极布局连云港、常州、宿迁、镇江、扬州、泰州六个城市的市场经营，同时持续开拓长三角区域经济体量大、发展前景好的城市，形成了南京分公司"1+6+X"城市经营布局。

2. 发挥系统合力，从源头把控项目品质

总部、区域公司、项目部协同联动，发挥立体、系统的经营合力，从源头把控项目质量，以高质量经营保障企业高质量发展。总部做好高端经营，赋能区域公司；区域公司作为驻地经营、深度经营的主体，对区域内平台公司、合作业主的项目信息进行拉网式排查，分类梳理，优选项目；项目部优质履约、以干促揽、滚动经营。针对大企业、大客户，区域公司与大企业事业部充分沟通、分级对接、联动经营，并持续拓展战略联盟；同时，区域公司与投资管理部协同经营，高度关注政府债、安置房代建回购、小股权带动施工等资金回笼较好的投资类项目。确保年度公招项目、国有投资项目占比80%以上。2020年，南京分公司承接了玄武之光、自主品牌基地等优质公招项目，新签合同额107.55亿元，成为第四公司首个年营销额破百亿元的城市，在中铁建工集团内部打造了城市经营的"南京范例"。

（五）联动二、三、四次经营，锻造低成本运营竞争力

1. 提升商务策划能力，挖掘二次经营潜力

商务中心联动技术中心做好项目管理策划、重大方案优化、商务创效管理，发挥"铁三角"作用，提升项目整体履约能力；同时对同类型项目开展模块化管理，总结汇编变更索赔案例，编制二次经营策划库，切实提升商务策划质量，真正把"一次经营"标前伏笔做实，从管理链条中寻找效益增长点。

2. 联动攻坚结算销项，抓牢三次经营效益

建立区域结算销项联动机制，由项目"单打独斗"转化为"协同作战"。区域公司充分发挥区域资源整合作用，做好区域内联动结算，指导帮扶项目团队开展结算策划，解决重大亏损项、变更索赔、竣工结算等重难点问题，做实"一站式"管理；项目部落实竣结销项的主体责任，负责结算的编制、核对、洽谈，直至销项。同时统筹区域资源关系网，促进与设计单位、造价咨询单位的战略合作，与区域内大型审计公司建立良好的沟通机制，做实三次经营。采用集群协同思路，集群式推进收尾项目的结算工作，统筹人员和审计资源，对共有分供商统筹结算谈判扎口，集中集群项目资金统筹支付，有效压降成本。

3. 抓实财务管理，拓展四次经营空间

由区域公司统筹，深入开展财务创效工作，实现区域财务人员由"财务会计"向"管理会计"转型。按照创效性质，将财务创效分为资金创效、税务创效、管理创效三个模块。资金角度，加强资金集中管理，推进各类监管账户资金集中工作，不断挖掘新的资金集中增长点；整合下游单位资金痛点，探索创效空间，重点以铁路项目和资金较好、预期利润较高的地方项目为抓手，充分发挥资金统筹优势，利用资金的时间效应，以供应链金融票据等方式支持保障集采等各项工作盘活资金，实现资金创效。税务角度，紧盯税收政策，寻找红利空间。管理角度，推行公司集采集付，在满足项目全面施工组织需求的前提下，利用公司集采、集中支付等优势降低采购成本，增强优质资源配置能力；编制项目全周期资金策划方案及财务创效方案策划，充分考虑项目的特性，结合业主履约能力、项目施工产值计划、合同收款约定等因素，通过资金计划存量，调整付款方式，使资金发挥最大价值。

（六）提高信息化、数字化、智能化水平，赋能管理提质增效

1. 搭建大数据集成系统，实现信息贯通

搭建集成项目全过程信息的大数据系统，实现项目中标信息、责任指标、实际产值、能耗、成本、劳资关系的实时反映、集成整合，改变原有的多业务数据系统的办公状态，解决原有的数据重复填报、各系统信息不贯通的问题，实现各层级、各业务系统信息贯通；有效减少冗余工作，实现基层减负，提高信息运用效能，赋能企业运营管理。

2. 搭建数字化管理系统，智能管理项目现场

南京分公司组织区域内项目研发应用框架及蓝图规划、硬件设备安装、软件系统部署和调试，组织开展智慧工地集成平台系统、环境监测系统、基于 VR 技术的安全教育系统、BIM 施工技术、云平台无人机系统等 23 项系统，并接入统一的建筑施工管理平台，为项目管理提供直观的、集成的、统一的数字管理工地工具。

（七）构建人才发展中心，激发人才队伍建设活力

1. 扎根大本营，推进属地校企合作

南京分公司深耕南京及周边区域大本营，推进校招属地融合发展。深耕区域人才市场，与区域内对口院校深度联建共建，在江苏区域内与东南大学、南京农业大学、南京林业大学、南京工业大学、扬州大学、南京工程学院等 6 余所高校建立合作共建关系，通过企业开放日、校企党建共建、观摩交流等活动，增强企业在属地的口碑及影响力，组织对口院校学生到实地实习，将企业文化提前渗透到目标毕业生群体。

2. 健全培养培训体系，科学助力人才成长

一是厘清总部、区域公司的人才培养责任。根据企业干部管理事项和人才队伍建设需要，人才库分为正职级、副（预副）职级两大职级；按照人员梯队发展，分为育卓（第一梯队）、育萃（第二梯队）、育英（第三梯队）、育优（第四梯队）、育才（第五梯队）、育林（第六梯队）六个人才库序列。其中，总部重点负责正职级后备人才库建设，并将人才培养的经验渗透到各个区域；区域公司重点负责副（预副）职级后备人才库建设。区域公司补足人才培养盲区，着力补齐"最后一公里"，做好员工从见习转正到进入项目班子的全过程培养。根据总部、区域公司两级人才培养责任体系，南京分公司积极落实相关人才日常培训、培养责任。

二是搭建科学高效的立体化分级培训体系。总部人力资源部牵头搭建基于管理者能力素质模型的"1+1+3+6"立体化分层培训体系——建立"一个网络教育平台"，形成"一个公司内训师人才库"，搭建"三级培训网络"，针对"六大群体设定专项培训项目"，做实员工培训和人才培养。即针对中高层、后备人才、见习生、青年骨干、项目"铁三角"、新引进成熟人员六大群体设定专项培训项目，根据战略、业务需求和岗位分析，建立胜任力能力模型，并以模型为基础，分析群体特点，按照"缺什么、补什么""弱什么、强什么"的原则，因材施教、分类管理，明确培训目标、重点和措施机制。南京分公司对责任范围内的人员明确培训重点和目标，强化结果应用，按需施教、精准培训，实现全员科学高效培训全覆盖。

三是以人员轮岗机制激发组织活力。为激发各级人才组织活力，第四公司建立了贯穿总部、区域公司、项目部三级组织的轮岗机制，打通横向专业壁垒、纵向层级壁垒、区域项目壁垒。南京分公司刚性执行区域公司一般员工任职满 3 年应当交流、满 5 年必须交流的轮岗要求，盘活用好年轻干部资源；细化交流制度，明确"培养型""鞭策型""任期型"3 种类型，系统推进铁路及社会项目、安装及土建项目人员岗位互换交流。自 2021 年推行轮岗制以来，南京分公司与总部、项目部之间轮岗机制运转高效，共计交流、助勤轮岗 50 余人，激发了各级人才组织活力。

三、建筑企业集约化视角下的区域项目管理效果

（一）构建发展支点，经济效益显著提升

自集约化区域项目管理模式推广以来，第四公司效益连年增长，经营规模不断扩大，发展质量不断提升。2022 年，第四公司全年承揽工程 78 项，完成新签合同额 404.23 亿元，同比增长 32.4%，首次突破 400 亿元；完成施工产值 187 亿元，同比增长 32.62%；实现净利润总额 7.06 亿元、结算利润 4.61 亿元、二次经营额 21.32 亿元；完成框架集采 64 项，采购金额 105.09 亿元，其中，年度新增框架集采 60 项，采购金额 48.01 亿元，压降成本 3.35 亿元，平均降本率 6.99%。

（二）盘活管理资源，内生动力明显增强

通过推行集约化区域项目管理，形成了"总部管区域公司、区域公司管项目部、项目部管现场"的定位清晰、职能明确、上下贯通、运转高效的三级管控体系。各区域公司充分发挥区域资源统筹配置的作用，加速了总部向"战略管理＋专家型"转型，做到公司层面战略目标明确、管控到位、权责清晰，区域公司定位明确、协同有力，项目部令行禁止、反应灵活。通过推行绩效总额包干考核，有效压减了项目平均人工绩效成本，铁路项目平均压降 0.17%，社会项目平均压降 0.26%；同时，区域项目经理平均全年绩效上涨 6.3%，项目班子成员、项目部长、一般员工全年绩效分别上涨 4.4%、6.5%、9.7%，实现了个人绩效与项目管理效益的联动提升，有效激发了职工干事创业积极性。近两年来，公司实现人才选用、培养向市场化方向快速转变，有效解决了发展过程中人力资源制约的问题；通过创新项目管理模式，有效缓解了公司在发展阶段中面临的项目管理人员短缺的压力，最大限度激发人力效率。

（三）赋能高质量发展，品牌建设彰显实效

自 2019 年起，公司连续 8 次获南京市建筑业施工企业信用评价满分。2020 年，南京扬子科创中心三期工程入选建设工程项目施工工地安全生产标准化学习交流项目名单。2022 年，第四公司实现工程创优 29 项，其中国家级 5 项、省部级 13 项，平潭站获中国建设工程鲁班奖和中国安装之星奖，南通西站获国家优质工程银奖，杭州西站、淮安东站获中国钢结构金奖；创安全文明标准化工地 21 项，其中国家级 1 项、省部级 11；新增专利授权 151 项，其中发明专利 8 项、实用新型专利 118 项、外观专利 25 项；形成工法 26 项，其中省部级 6 项；完成 QC 成果 90 项，其中国家级 4 项、省部级 73 项；获省部级科技进步奖 2 项。中铁建工集团"铁路站房建设王牌军"和"大型公共建筑专家"的品牌效应不断深化，反哺经营生产。

（成果创造人：吉明军、强　鹏、朱秦勇、李　静、曹　斌、缪丽之、
　　　　　　　王　魏、韩朝永、张　楠、张晔敏、丁少龙、崔　喜）

建筑央企基于胜任力模型的优秀年轻干部培养选拔机制建设

中国铁路工程集团有限公司

中国铁路工程集团有限公司（以下简称中国中铁）是集勘察设计、施工安装、工业制造、房地产开发、资源利用、金融投资和其他新兴业务于一体的特大型企业集团，总部设在中国北京。作为全球最大建筑工程承包商之一，中国中铁连续 17 年进入世界企业 500 强，2022 年在《财富》世界 500 强企业排名第 34 位，在中国企业 500 强排名第 5 位。中国中铁具有中国国家住房和城乡建设部批准的铁路工程施工总承包特级资质、公路工程施工总承包一级资质、市政公用工程施工总承包一级资质以及桥梁工程、隧道工程、公路路基、路面工程专业承包一级资质，城市轨道交通工程专业承包资质，拥有我国对外经济合作经营资格证书和进出口企业资格证书。业务范围涵盖铁路、公路、市政、房建、城市轨道交通、水利水电、机场、港口、码头等基本建设领域，能够提供建筑业"纵向一体化"的一揽子交钥匙服务。

一、建筑央企基于胜任力模型的优秀年轻干部培养选拔机制建设背景

（一）贯彻干部人才工作方针政策的迫切需要

培养选拔优秀年轻干部是加强领导班子和干部队伍建设的一项基础性工程，是关系党的事业后继有人和国家长治久安的重大战略任务。新时代新征程上，要构建系统科学的年轻干部培养选拔机制，建立源头培养、跟踪培养、全程培养的素质培养体系，必须切实增强责任感和紧迫感，坚持目标导向、问题导向、结果导向，以更长远的眼光、更科学的机制、更有效的举措，加快建立形成有利于优秀年轻干部脱颖而出、健康成长的良好环境和体制机制，及早发现、科学培养、源源不断选拔培养适应新时代要求的优秀年轻干部，为党和国家事业发展注入新的生机活力。

（二）大型建筑央企加快建设世界一流企业的迫切需要

近年来，越来越多的建筑央企参与国际市场竞争，但"走出去"也面临着国际环境复杂、市场竞争激烈、文化差异较大等严峻挑战，与世界一流企业相比还有一定差距。大型建筑央企要加快建设具有全球竞争力的世界一流企业，离不开一支高素质专业化的优秀年轻干部队伍。但从现状来看，大部分建筑央企对年轻干部成长培养缺乏规划与指导，组织赋能不够或不精准，没有结合年轻干部特点及所处发展阶段进行系统性的研究，没有形成清晰的职业发展路径和配套的阶段性培养举措，因此容易导致人力资源错配、人才支撑作用不足的问题，阻碍了建设世界一流企业的步伐。作为国家基础设施建设的主力军，要将国内优势转化为国际竞争优势，坚持问题导向，进一步找准干部队伍建设的工作方向，不断加强和改进优秀年轻干部培养选拔机制，为实现企业高质量发展、加快建设世界一流企业提供高素质专业化干部队伍支撑。

（三）构建常态化培养选拔优秀年轻干部体制机制的迫切需要

近年来，中国中铁按照党中央及国资委党委关于培养选拔优秀年轻干部的有关要求，结合企业实际进一步优化顶层制度设计，研究制定了《关于大力培养选拔使用优秀年轻干部的实施意见》，指导年轻干部队伍建设工作。随着工作成效的不断显现，年轻干部队伍建设已经由单纯的"数量"问题转向"数量问题"与"质量问题"并存，由单纯的"发现培养选拔使用"问题转变为"发现培养选拔使用"与"管理监督"并存。因此，要实现年轻干部队伍建设质量持续提升，还需要围绕构建常态化发现机制、科学培养机制和如何畅通成长通道、如何精准选拔任用、如何管理监督、如何激励约束等方面，对工作措施进行全面的迭代升级，通过借助科学的工具形成更加丰富的"工具箱""方法论"，把培养选拔优秀年轻干部作为战略之举，确保企业长远发展。

二、建筑央企基于胜任力模型的优秀年轻干部培养选拔机制建设主要做法

（一）加强顶层设计，搭建优秀年轻干部培养选拔机制框架

1. 明确培养选拔机制建设的总体思路

以习近平新时代中国特色社会主义思想为指导，深入贯彻高质量发展和人才第一资源理念，推进实施人才强企战略，建立以"开路先锋"精神为引领，包含政治力、战略力、领导力、执行力、创新力5个核心要素具有中国中铁特色的"1+5"胜任力模型，以及基于胜任力模型的优秀年轻干部培养选拔机制，对人的能力进行统一、科学和客观的评价，描述优秀人才的核心特征，使员工了解自身岗位的能力要求，为其职业生涯规划提供方向上的指引和清晰的导向，并为干部选拔任用和人才培养发展提供科学的依据，使企业做到"选人有标准、用人有依据、育人有方向、留人有目标"。

2. 完善优秀年轻干部管理的制度体系

通过修订完善和创新设置，持续推动管理制度体系更新升级，先后修订完善了11个方面的干部人事制度文件，重点对《领导人员管理办法》《领导班子和领导人员综合考核评价办法》等制度进行全面修订，贯彻落实新时代党的组织路线，使制度的指导性、可操作性均有较大提升。坚持"人岗相适、人事相宜"原则，充分考虑不同板块、不同岗位对领导人员的能力素质要求，明确有针对性的任职资格条件，做好匹配度、胜任力考察。特别是结合优秀年轻干部培养选拔需要，开展了关于常态化培养选拔优秀年轻干部的课题调研，并根据调研情况研究制定了《进一步加强年轻领导人员队伍建设的通知》，对现行干部人事制度体系进行补充完善，更加突出培养选拔优秀年轻干部的基础性、战略性地位，使制度执行更好贴近不断变化的管理需要。

3. 健全运转高效的人才培养培训体系

一是调整组织结构，完善四级培养体系。按照"统筹规划、分级管理、分层实施、协调配合、按需培训"的原则，建立和完善各有侧重、互为补充、全面覆盖、精干高效的集团总部、二级企业、三级企业、项目部四级培养培训体系。同时，在人力资源部门设立了培训处室，并配备专职人员负责搭建人才培训平台，统筹开展全公司、各级各类人才培养培训体系建设。二是建立领导人员"3+3"培养体系。形成"3+3"模式的源头培养、跟踪培养、全程培养的培训管理体系，即高层管理者、中层管理者、基层管理者三个层级和新任期阶段、在岗期阶段、提升期阶段的三个阶段，为人才成长提供全景成长地图。

（二）构建"1+5"胜任力模型，明确优秀年轻干部能力要素

在深入结合中国中铁战略目标、业务特点及发展需求的基础上，研究构建了以"开路先锋"精神为引领，包含政治力、战略力、领导力、执行力、创新力5个核心要素具有中国中铁特色的"1+5"胜任力模型，形成了基于胜任力模型的优秀年轻干部培养选拔工作机制。

1. 通过"组织能力解码"提取能力指标

一是把习近平总书记提出的青年干部"七种能力"与国有企业领导人员"对党忠诚、勇于创新、治企有方、兴企有为、清正廉洁"20字要求有机结合。二是采用资料分析法，通过"组织能力解码"，对中国中铁"十四五"战略规划、人才发展规划等文件进行词频统计与分析，明确组织或个人所追求的目标和期望，形成中国中铁优秀年轻干部胜任力指标库。

2. 广泛访谈调研提取共性胜任力要素

从上级管理需求视角，征询对优秀年轻干部胜任力模型构建的意见，与42家二级企业分管干部人才工作的领导班子成员进行了一对一访谈调研，详细了解与优秀年轻干部工作相关的任务、职责、要求以及成功完成工作所需的知识、技术和行为特征，提取出具有共性的胜任力要素，包括责任担当、战略思维、科学决策能力、驾驭团队能力、沟通协调能力、学习能力、创新能力等。

3. 深入问卷调查筛选个性化能力项目

为扩大调研范围，增加调研样本量，分两批次，对局级干部、二级单位人力资源部、中青班学员开展问卷调研，共计回收有效问卷 136 份。根据调查问卷各能力项的选择频次，按照局级干部视角、二级企业干部视角、中青班学员视角，分别提取每个维度下选取频次前三的能力项。

4. 科学搭建"1+5"胜任力模型

综合资料分析、访谈调研、问卷调查提取的能力项，运用 SPSS 统计软件的因子分析功能，分析结果信度，并采取德尔菲法综合考虑各层级领导、干部管理部门等意见建议，最终构建了中国中铁"1+5"胜任力模型，其中"1"为"开路先锋精神"，"5"为"政治力、战略力、领导力、执行力、创新力"，具体包括开路先锋精神、责任担当、廉洁自律、科学决策能力、驾驭复杂局面能力、战略思维、驾驭团队能力、愿景领导力、管理智慧、计划和协调、授权与指导他人、应急处变能力、开拓创新能力、改革攻坚能力、学习能力 15 个能力项。

结合胜任力要求，对各个能力项由 1 分至 5 分分别进行操作性定义，例如在政治力维度中的"责任担当"能力项，5 分为"在工作中表现出积极的政治意识和担当精神，并且具备稳定性；对于工作职责和工作结果有很强的责任感，并主动承担责任；能够独立面对困难和挑战，积极寻找解决方案并采取行动"；1 分为"在工作中没有表现出积极的政治意识和担当精神；对于工作职责和工作结果不负责任，缺乏主动性和积极性；避免承担责任和主动解决问题，总是依赖他人来完成任务"；中间分数也进行了明显的梯度区分，便于胜任力模型的实际应用。

（三）科学研判精准识人，树立科学的选人用人导向

在明确"1+5"胜任力模型的基础上，以"梯次配置"为目标，坚持将优秀年轻干部培养与选拔使用相结合，不断提高优秀年轻干部的"涌现量""输出量""成才率"，为公司党委选人用人提供科学的决策依据。

1. 开展全方位人才测评工作

通过采取三个结合的模式开展测评工作，即专业工具与日常考核相结合，定量测评与定性测评相结合，心理测评与能力测评相结合。综合运用线上测评、培训观察、BEI（Behavioral Event Interview，行为事件访谈）、商业案例讨论 4 种工具，对照"1+5"胜任力模型对年轻干部进行全方位人才测评。例如，战略力维度中的"科学决策能力"运用线上测评、培训观察和商业案例研讨进行测评；领导力维度中的"驾驭团队能力"运用线上测评、培训观察和 BEI 进行测评。

2. 开展多维度人才画像工作

基于被测评者对线上测评、培训观察、商业案例讨论行为表现以及 BEI 结果，总结提炼出团队报告以及个人综合评价报告。一是团队报告方面，从整体画像、履历分析、整体团队各维度体现出的长短板解析以及人才地图等方面全面展示了团队的优势、亟须提高的劣势、人才使用及发展建议。二是个人报告方面，从工作履历、胜任能力、激励因素 3 个维度对被评估者进行评估，构建完整画像，形成个人发展评估报告，从组织培养与员工个人发展角度提出具体建议，以促进员工个人能力的提升和持续改进。

3. 开展精准化选人用人工作

一是定期开展系统评价。在坚持党管干部、德才兼备、动态管理、严管厚爱原则的指导下，结合工作绩效，运用人才测评和人才画像结果开展选人用人工作，定期对年轻干部的"1+5"胜任力情况进行系统评价，发现潜力和优势，查找不足和短板。二是夯实年轻干部队伍基础。根据系统评价结果，结合工作需要和领导人员队伍建设实际，制定年轻干部职业发展规划，对政治素质过硬、业绩突出、敢拼敢闯、沟通协调能力强的年轻干部，通过轮岗交流、挂职锻炼、下沉一线等途径，补短板、强弱

项，提升干部综合能力。三是建立动态调整管理机制。对人才测评结果与胜任力要求相差较大，且业绩不突出、不担当、不作为，确不适合岗位要求的年轻干部要退出相应岗位，通过动态调整，更加有效规避选人用人风险，提高人岗相适、人事相宜度。四是注重不同岗位需求差异。在开展干部考察过程中，基于"1+5"胜任力模型有针对性地提出不同岗位人选的具体能力素质要求，避免"千篇一律"和"唯票数"。特别是对于考察推荐较为集中的人选，充分发挥模型作用，实行纵向、横向拓展比较，优中选优，为"善用""敢用"提供科学依据。

（四）客观评价精准激励，促进优秀年轻干部担当作为

对优秀年轻干部的激励要有效，激励措施就要精准。中国中铁贯彻落实《关于进一步激励广大干部新时代新担当新作为的意见》文件精神，进一步丰富基于胜任力模型的优秀年轻干部培养选拔机制的内涵，充分运用"1+5"胜任力模型各种测评工具，结合干部人才测评结果，在激励方面实施差别化、精准化、科学化的激励手段，周密组织、科学实施、严格标准，逐步建立和完善正向激励机制。

1. 将政治激励作为激励优秀年轻干部担当作为的内驱动力

综合运用提供事业激励、促进职业发展、提高社会地位等手段，进行理想信念教育和政治素质培育，树立选人用人正确导向，建立多元职业发展通道，培养开发和多岗位锻炼机制，科学的任期制和契约化管理机制，给予政治荣誉、表彰奖励，充分释放激励效应，鼓舞更多优秀年轻干部投身干事创业热潮。例如，研究制定了中国中铁《职业经理管理办法》，构建起职业经理职务发展序列，打破优秀管理人员职业发展"天花板"，与领导人员、专家等职务序列共同搭建起多条并行、彼此兼顾、相对独立、互通衔接的职业发展路径体系。

2. 将物质激励作为激励优秀年轻干部担当作为的基础动力

在政策范围内，改善福利待遇，综合运用基本年薪、绩效年薪、任期激励、中长期激励等货币薪酬以及住房保障、养老保障、医疗保障、子女教育等福利保障，满足年轻干部不断提高的生活需要。比如，进一步完善市场化薪酬分配机制，对集团公司总部及所属二级企业的优秀年轻干部实施股权激励，在所属中铁设计咨询集团实施骨干员工持股，在基层项目部探索超额利润分享、骨干员工跟投等机制，不断扩大中长期激励政策覆盖面和应用深度。

3. 将精神激励作为激励优秀年轻干部担当作为的倍增动力

综合采用组织信任、人文关怀等手段，建立合理有效的授权放权机制，及时鼓励鞭策和沟通辅导机制，以及科学容错纠错和澄清正名机制，进行谈心谈话，关心干部的心理健康问题，激励广大优秀年轻干部在建设世界一流企业的实践中接续奋斗。比如，针对年轻干部特点及普遍面临的问题，细化关心关爱的政策措施，落实表彰奖励、补充医疗、健康体检、解决两地分居、帮助子女入学、领导干部家访等制度，增强年轻干部的荣誉感、归属感、获得感。

（五）战略引领精准赋能，打造中青年干部培训品牌

1. 打造中青年干部培训品牌

结合中国中铁"十四五"战略发展目标及"1+5"胜任力模型研究成果，打造了中青年干部培训品牌。采用"线上＋线下"混合教学模式，在学员报到之前加入线上导学环节和训前测评环节，让学员提前进入学习状态。针对每名学员测评结果，制定个性化培养方案，并在培训过程中推送专属课程和学习书籍。紧密围绕"1+5"胜任力模型中15个核心能力指标，进一步优化课程设计，将培训过程划分为四个阶段，综合运用案例教学、情景模拟、结构化研讨、学习分享、经验交流、实地调研、家书品读、知识竞赛等方式，使课程安排更丰富，培训形式更多元，培训内容更精准，实现了"菜单管理、按需配课"。同时，结合胜任力模型加入单元测试，促进学员及时回顾所学知识，认识到自身不足并能主动弥补知识缺陷、能力短板和经验弱项，取得非常好的效果，得到了学员们的一致好评。

2.加强思想文化建设，科学设计培训体系

一是以理论筑基为重点，提高政治力。以深入学习习近平新时代中国特色社会主义思想为首要任务，通过系统学习党的基本理论，夯实理论基础；扎实做好党性教育，坚定政治信仰；认真学习党的历史，永葆政治本色。二是以视野拓展为重点，打造战略力。深刻理解国际环境、国家战略，全面了解中国经济社会发展和党的建设面临的形势与任务，准确把握宏观形势、行业发展趋势，引导学员不断拓宽宏观视野、把握发展趋势、培养战略思维。三是以素养提升为重点，培养领导力。以提高综合素质和复合型能力为重点，大力开展综合素质提升培训，着力引导学员掌握科学的思想方法和工作方法，提升学员的驾驭团队能力、愿景领导力、抓班子带队伍能力。四是以管理强化为重点，夯实执行力。围绕中国中铁"坚持高质量发展，建设世界一流企业"的目标任务，聚焦企业改革发展、市场营销、人力资源、投资融资等重点工作要求，强化学员对中国中铁各项战略、决策、工作部署的认同和理解，不断提升企业管理水平，强化执行力。五是以转型升级为重点，增强创新力。立足新发展阶段，贯彻新发展理念，融入新发展格局，以转型升级为主线，对标先进企业的优秀经验，积极培养变革意识，培育创新精神，增强创新能力，强化产品创新、商业模式创新。

三、建筑央企基于胜任力模型的优秀年轻干部培养选拔机制建设效果

（一）企业领导人员队伍结构明显优化

中国中铁通过基于胜任力模型的优秀年轻干部培养选拔机制建设，以系统评价为手段、以全面培养为基础，以选拔任用为目标，形成了基于胜任力模型的"评价－培养－选拔"良性机制，夯实了年轻干部队伍基础，营造了干事创业良好氛围，树立了选人用人良好导向。2020年以来，公司党委通过干部考察与基于"1+5"胜任力模型优秀年轻干部培养选拔机制，累计培养选拔45岁及以下年轻干部163人，"80后"优秀年轻干部42人，所属二级企业领导班子年龄结构大幅优化，45岁及以下人员占比提高到14.72%，55岁以上人员占比下降到15.58%。同时，通过胜任力模型分析，指出班子建设的"短板""缺失"，明确下一步的工作建议和方向，形成了来源多样、规模适中、结构合理的中国中铁"人才库"，为干部选拔任用的科学性奠定了坚实基础。目前，已有19名正职层级人选、19名副职层级人选获得提拔或进一步使用，占2022年以来新提拔人员总数的41.3%。

（二）人力资源错配问题得到有效改善

中国中铁通过基于胜任力模型的优秀年轻干部培养选拔机制建设，突破了年龄、性别、学历、相关业务技能水平和工作经验等单一孤立指标的局限性，根据干部的岗位层级、发展阶段、心理生理等因素及不同企业类型、不同发展阶段、不同岗位需求对拟任职人选的差异化要求进行差异化匹配和动态化调整，有效提升了干部选拔任用工作的"目标性""准确性"，彻底改善了企业人力资源错配现象。2022年，基于"1+5"胜任力模型开展了年轻干部调研和盘点，共发现优秀年轻干部114人，并根据不同板块业务和不同干部个人能力特质进行了分类匹配，其中经营开发类50人、生产管理类40人、大商务管理类10人、投资类14人。同时，帮助干部本人全面了解个人特质与工作特点，明确个人努力方向，指导干部设计符合个人特点的职业发展规划，实现个人目标与组织战略之间的协同，形成组织与个人双向赋能的良好态势，达到员工和企业共同成长和发展的目的。

（三）干部教育培训工作质效大幅提升

中国中铁通过基于胜任力模型的优秀年轻干部培养选拔机制建设，将"1+5"胜任力模型和人才测评、人才画像与干部教育培训工作深度融合，找出干部人才现阶段能力储备与企业高质量发展要求之间的差距，并依此作为干部教育培训工作的聚焦点。在第四期中青班实践中，从课程设计、教学方法、教学组织以及培训考核等一系列具体环节入手，通过精准赋能与个性化培养相结合，让培训供给与需求精准对接，不仅精准赋能干部的态度、知识、能力等基本素质，而且更加关注其潜在能力的开发与挖掘,避免了学用脱节,大幅提升了培训的针对性和实效性。第四期中青班在培训结束后课程评估中师资安排及课程内容满意率均达到 95% 以上,较前 3 期中青班有明显提升,并打造了中国中铁中青年干部培训品牌,受到中央党校国务院国资委分校及其他建筑央企的普遍认可。

（成果创造人：陈　云、王士奇、王文吉、黄建忠、胡丁旺、张晓明、
　　　　　　　李巧娟、杨云飞、李　然、靳占甲、郭一家）

通信企业数字员工开发与运营管理

中国移动通信集团浙江有限公司

中国移动通信集团浙江有限公司（以下简称浙江移动）隶属于中国移动通信集团有限公司，在全省拥有 11 个市分公司，统一经营浙江省的中国移动通信网络。截至 2022 年年底，浙江移动员工总数近 1.9 万人，总资产规模超 1100 亿元，全年实现运营收入超过 638 亿元，净利润超 129 亿元。浙江移动荣获国务院国资委颁发的"深化人才发展体制机制改革示范企业"称号。浙江移动一直是我国通信领域先行先试的创新探索者，是 2022 年杭州亚运会官方通信服务合作伙伴。

一、通信企业数字员工开发与运营管理背景

（一）数字员工已成为各行业效能提升的重要引擎，是中国移动最新战略部署之一

数字员工是数字化转型的代表应用之一。中国移动要求推进"新运营"，推动运营动力从以"人"为主，向"人＋数＋智"多要素协同拓展。随着信息技术的广泛应用，人的知识不断沉淀到智能机器之中，"数据决策"为企业治理提供了新思路，信息化部门也正加速成为企业的"第二人力资源部"。

（二）浙江移动数字员工探索走在全行业、全集团前列

2022 年，依托集团"磐匠"平台深度拓展、架构融合，数字员工发展实现"量、效、智、快、易、稳"的全面提升，成为全集团数字员工开发运营规模、技术、体系、效益处于标杆引领地位的省级公司。数字员工的应用为解决人类员工工作任务重复、工作时间受限、人工操作易出错、系统和组织壁垒高、系统改造难等一系列痛点，为企业流程优化、减负增效提供了全新的解决方案。

（三）浙江移动具备丰富数字化转型经验和全网领先技术储备，先行先试条件成熟

浙江移动具备数字化创新起步早、数字技术基础强、数字化与管理融合好三大基础。数字化创新方面，近年来，浙江移动连续完成多项全行业、全集团 IT 技术突破。数字技术基础方面，"数据"要素健全，数据治理体系为数字员工提供"超强大脑"。数字化与管理融合方面，数字化与管理融合创新举措涌现，2020 年以来，创新实践大中台小 IT、ITBP（IT Business Partner，IT 业务合伙人）等举措，浙江移动成为 IT 部门参与业务最深、业务部门参与 IT 最深的省公司。

二、通信企业数字员工开发与运营管理主要做法

（一）锚定"快、准、易"管理目标，建立"三多三少"数字员工应用方法论

管理突破路径是明确"比特替代原子"的技术创新方向和"快、准、易"管理提升维度，向技术要增量，以技术创新推动管理创新。浙江移动结合电信运营商生产实际，通过业务痛难点反推法，锚定"快、准、易"管理目标，建立一套数字员工应用方法论，通过数据多跑、真人少跑，系统多盯、真人少盯，机器多干、真人少干"三多三少"的转换实现更快、更准、更易的变革目标。

针对痛点难点一，即系统和组织沟通不够"快"，涉及跨部门、领域、系统交互的作业流程效能不高，表现为跨部门、跨领域、跨系统的业务衔接不通畅、规则不统一，在数据贯通上存在壁垒，解决策略是数据多跑、真人少跑。优化业务流程，明确流程操作要求，通过数字员工自动爬取能力实现数据采集贯通、流程效能提升。

针对痛点难点二，即海量事务处理不够"准"，涉及海量运维、稽核的事务，人工操作执行效率低下，易导致重大故障，且出现错误很难寻源，解决策略是系统多盯、真人少盯。针对不同业务梳理、固化稽核规则，通过数字员工低差错特点，高效自动地完成运维、稽核，提高操作效率和准确性。

针对痛点难点三，即流程打通不够"易"，涉及数据录入、传输环节，信息来源跨多个系统，手工

录入工作量大，存在部分流程梗阻点，解决策略是机器多干、真人少干。针对录入、传输等工作，数字员工可以根据规则完成自动填充，并利用技术手段打通流程梗阻点。

依照"三多三少"的理念，浙江移动结合两个平台、两个策略、两种模式创新和 N 项保障举措，对数字员工的建设运营展开探索。

（二）建设高性能"3+ 级"开发平台和高精度"三精式"运营平台，推动数字员工好建、好管

从平台开发和管理侧的角度来看，省级电信运营商数字员工建设需要解决稳定运行、敏捷部署、宏观管理等问题，从而满足数字员工规模建设、高速生成、精准管控的需求。在开发侧，浙江移动依托总部的"磐匠"平台作为技术底座，借以保障海量数据的高速计算和稳定运行，同时借助敏捷开发的功能实现快速灵活部署；在管理侧，浙江移动自研自建统一运营平台，依据本省个性化、精益化管理要求对数字员工的运营数据实施动态跟踪，提升数字员工的使用效率。

1. 高性能"3+ 级"开发平台，让数字员工"好建"

中国信通院制定 RPA（数字员工最核心技术）行业标准，从 RPA 的持续运营标准、交付实施标准等维度，针对开发模式、辅助开发、开发组件、版本与调试四大环节设定了 24 项基础功能和 8 项高阶功能，经测评中国移动"磐匠"数智员工平台达到"3+ 级"标准：即 24 项基础功能满足 22 项、8 项高阶功能满足 4 项，达到行业领先水平，为浙江移动数字员工提供稳定、高性能的平台支持。同时，浙江移动数字员工还配备敏捷开发工具，进一步提升数字员工生成效率，工具共分为 5 个环节，分别为环境准备、应用开发、发布上线、作业执行、运营运维。开发平台的特色包括：一是实现低代码、可视化开发，图形化设计界面，开发体验流畅直观，简单组件拖拽，即可搭建复杂应用；二是屏幕录制、逆向开发，网站及桌面应用操作过程一键录制，自动记录操作并生产数字员工应用。浙江移动一线人员零门槛自主开发，数字员工平均实现周期从 7 天缩短至 3 天。

2. 高精度"三精式"运营平台，让数字员工"好管"

完善浙江移动数字员工统一运营平台，支撑数字员工全领域、全场景运营推广。打造规模超大（1600+ 位数字员工），覆盖面超广（500+ 场景）的运营平台，实现全省统一规范运营。运营平台通过打造"三精式"运营，提升数字员工统一运营水平：一是精选维度，对数字员工规模、提效、调用等10 余项关键指标进行跟踪，提升场景挖掘能力；二是精细颗粒，针对每项关键维度的相关活跃度、效率、用户类型等进行细颗粒跟踪，强化质量控制能力；三是精准跟踪，提供实时统计、每日报表、月度分析等多种时间维度的动态式运营状态跟踪。"三精式"运营平台为浙江移动数字员工推广优质、下线劣质、修复故障、提升短板、提升效率发挥重要作用。

（三）"数字员工 BP"强嵌入 BP 化服务和"赛马评优"强激励动态评优，促进数字员工会用、多用

数字员工需要跟人类员工开展协同，其目标是协助人类员工提升关键环节的工作效率和质量。因此，如何让各层级、各场景下的人类员工了解数字员工基本情况，熟悉与数字员工的协作方式，成为数字员工落地推广的关键问题。从平台用户侧的角度来看，省级电信运营商数字员工建设关键是解决各条线人员特别是基层一线人员会不会使用、愿不愿推广的问题。针对会不会使用，既需要为使用者排除技术故障、解决技术问题，也需要为使用者开展应用能力培训，为此，浙江移动设计了"强嵌入 BP 化"服务，该服务从 ITBP\HRBP（IT\HR Business Partner）的优秀实践经验延展而来。ITBP\HRBP 是指业务合伙人作为 IT\HR 与业务部门（地市公司）之间的沟通桥梁，具备业务端 IT\HR 专家和 IT\HR 端业务专家的双重角色，是深入业务的"特种部队"，在此基础上，浙江移动搭载了嵌入式数字员工 BP 服务职能。针对愿不愿推广的问题，浙江移动采取每日数据滚动、定期通报和年度评优激励相结合的动态评优机制，既表彰先进，也对低效数字员工开展清退，实现能上能下，不断优化数字员工队伍。

1."数字员工BP"强嵌入BP化服务

嵌入数字员工BP职能，指导数字员工挖掘、开发和使用，让数字员工更"会用"。通过柔性组织将IT触角延伸到业务部门：由信息技术与数据管理部协同人力资源部，按照"一地市一BP""一部门一BP"的配置，实现浙江移动20个业务部门和11个地市分公司ITBP\HRBP全覆盖，并嵌入"数字员工BP"职能。BP化服务通过"数字员工BP"对基层单位、业务场景的嵌入式支撑，实现属地化、精准化、赋能化服务，为特定人员、特定场景提供定制化培训和技术支持，赋能各层级、各场景下的人类员工充分熟悉与数字员工的协作方式，不仅提升数字员工在各业务单位、各业务环节的使用黏性，同时带动相关业务人员的数字化赋能，加速了企业的数字化转型步伐。

2."赛马评优"强激励动态评优

开展每日滚动、每月通报、年度赛马，激励鼓励各单位比学赶超，让数字员工更"多用"。一方面，实施高频跟踪，每日展现数字员工使用情况，并每月通报和TOP排名各单位数字员工数量、提效人天、目标完成率，对低效数字员工进行预警和清退，对优质数字员工应用及时推广。另一方面，浙江移动以规模、效用两大维度开展跟踪和评价，以"质"为主，以"量"为辅，侧重提效人天、提质效果、ICT项目合同创收等关键效用指标，结合执行次数、执行成功率、总运行时长等规模辅助指标，开展年度评优激励。2021—2022年，浙江移动人力资源部、信息技术与数据管理部、发展战略部等部门联合组织开展两届全省数字员工评优工作，已评选"速易通"（财务管理领域）、"智能小H"（人力资源服务）、"数字社工"（数字社区工作）、"越流小帮"（基层智能运维）等杰出数字员工4名、优秀数字员工47名，赛马评优的方式实现数字员工的"能上能下"，不断沉淀优质数字员工能力，在社会上引起广泛反响。

（四）以"Know-How"标准全方位赋能"四精"管理，实现人类经验和数字化技术深度融合

"Know-How"的中文译名为"技术诀窍"，最早指中世纪手工作坊师傅向徒弟传授的技艺的总称。工业化时代以来，"Know-How"作为一种经验性的实践知识，在流程和工艺参数的优化上发挥重要作用。"Know-How"需要生产流程、产品特征、客户需求的配合，本质是对差异化经验的捕捉和沉淀，目的是争取每个环节都比竞争对手好一点点，成为区别于专利的、避免同质化竞争的利器，在化工、材料、汽车、造船等领域发挥重要作用。

在电信运营商行业，数字员工在管理、运维、营销、服务领域与人类员工的管理体系有机结合，实现数据的拉通、采集、挖掘、分析，使得原本粗放生长的环节数据重新整合，寻求生产效率的最优解，与制造业一样，"Know-How"也适用于电信运营商数字员工的设计和推广。数字员工的弱点是没有常识，容易曲解事实，在"Know-What"上遥遥领先，却在"Know-How"上有一定短板，要用人脑特别是资深业务和工程人员的经验加密因果关系的联结。因此，浙江移动将"Know-How"的管理理念融入数字员工的应用模式当中去，深入到管理、运维、营销、服务及所属的细分条线，组织条线业务专家、IT技术专家、人力资源专家各方联席研讨，确定数字员工自动化能力在各条线中的定位，并梳理各条线全量场景，从业务价值、开发成本、人力资源成本等角度对场景开展综合评估，确定投入产出最优解，形成条线的数字员工规划蓝图。以"Know-How"标准制定的数字员工应用模式创新，结合电信运营商产业实际，为数字员工在各领域、各条线、各场景的使用提供了可行性分析和前瞻性规划，为降低技术创新和管理创新之间的摩擦成本，克服新技术与传统管理"水土不服"，实现投入产出效益最大化起到了积极作用。以财务条线为例，浙江移动"Know-How"标准赋能财务管理的流程如下：首先，组织财务专家、IT技术专家、人力资源专家开展联席研讨，根据数字员工的七大自动化能力，总结出数字员工在财务信息化中的三方面定位和作用。在此基础上，浙江移动财务专家、IT技术专家、人力资源专家团队从各自专业视角出发，结合业务标准、历史经验、人员和技术储备

各种影响因子，从必要性、适用性、效益性、推广性 4 大维度出发，对各个财务子板块的数字员工开发潜力进行梳理和区分，达成技术与管理平衡共识后，共同制定"浙江移动财务条线数字员工规划蓝图"，为后续财务条线数字员工设计和开发提供路线和指引，为后续财务管理人员和数字员工的高质量协同打下坚实基础。

当前，"Know-How"标准的数字员工应用推广模式已在浙江移动管理、运维、营销、服务四大领域全面推广，对筛选具有实施必要性、具备数字员工适用性、有较高投入产出、具备推广应用潜力的业务场景起到重要作用，至 2022 年已累计建设 127 个优秀案例、1653 个数字员工。其中，精确管理群族 610 个，数字员工赋能管理人员工作提质增效；精益运维群族 705 个，数字员工提升网络运维效率与效果；精准营销群族 279 个，数字员工赋能一线减负及支撑市场发展；精细服务群族 59 个，数字员工赋能客服人员，提升客户服务体验。

（五）探索"AI 增强、智能交互、千人千面"人机共生模型，让技术为管理增智、提速、加温

1. AI 增强，让技术为管理"增智"

依托 IT 技术部门、浙江创研院等技术力量，为 RPA 和 AI 二次增强提供全网领先的技术支持，从而使 RPA 机器人"智慧升级"，打造能力更加强大（工作效能提升 3 倍）、应用更加广泛的数字员工，有力助推数字员工建设发展。在人工设计层面，通过"AI 增强型人机共生执行策略"明确人机边界和共生模式，策略包括四项内容：一是明确人类员工介入环节，二是明确数字员工自动驾驶环节，三是设计 AI 二次增效节点，四是设计人机交互解决方案。在技术支持方面，RPA 主要功能在模拟人类的手，通过 RPA 流程自动化技术，由 RPA 机器人代替人类员工自动登录系统并执行预定义的操作，赋予 AI 强大的落地执行力，直接解放生产力，根据电信行业纯操作工作平均占 30% 测算可解放 30% 生产力；在 AI 二次增效方面，借助 AI 图像识别、语音处理、决策推理等能力赋能眼睛、耳朵和大脑，赋予 RPA 更强感知力和认知力，据测算可进一步解放生产力 90%。以综合管理领域的"发票速易递"数字员工为例，结合 RPA 流程自动化和 AI 图像识别、OCR 等技术，数字员工成功实现开票工作的流程提"速"：一次确认信息后自动发起开票申请，实现免提单；管理简"易"：自动判断发票状态并读取开票信息，实现自动开票，不重不漏、及时准确；集中投"递"：电子发票自动邮件推送，纸质发票统一寄送，解决"最后一公里"的管理问题。"发票速易递"数字员工自上岗以来，累计开具发票 2 万余张，开票及时率和准确率提升至 100%，年提升人效 4800 人天。

2. 智能交互，让技术为管理"提速"

以财务核算领域的"智能审核"为例，通过人工初始设计、数字员工赋能、人机共生交互三大环节的紧密配合，实现核算工作的高效协同。具体分三步走：第一步，根据人工设计审核规则，明确标准和流程，制定人机合作策略；第二步，由 RPA 流程机器人和 NLP、OCR 等 AI 技术组合而成的数字员工完成文本获取、文本解析、数据比对；第三步，通过悬浮触发、智能推送等技术，让人类员工打开初、复审待办后，审核结果以弹窗形式展示，不必切换系统即可查看，实现更加友好、顺畅的人机交互。

3. 千人千面，让技术为管理"加温"

以人力资源领域的"智能小 H"为例，"智能小 H"从员工"急难愁盼"处着手，为全省员工提供"千人千面"的 HR 专业赋能支持，实现信息、数据、资源和能力共享，打造"最懂你的"有温度的 HR 数字员工。站在服务基层员工的视角，"智能小 H"集成了 i 慧查、i 慧问、i 慧办、i 慧说、i 慧学五大能力，为全体员工提供信息精准输出、问题智能解答、诉求专业解决、呼声及时响应、学习自主管理等服务，深受员工喜爱。根据上线 1 年数据统计，服务人次达 191557 次，问答次数达 342978 次，基层减负约 7000 人天，全省综合满意度 99%，获 2022 年浙江移动"一条线一攻坚"基层减负优

秀项目、浙江移动在岗技术革新奖。

（六）先行先试，多项集团数字员工建设保障举措为数字员工高质量发展保驾护航

1. 建设省公司级柔性组织

浙江移动高度重视数字员工建设工作，公司领导负责成立跨部门柔性组织，列入党建"实事暖人心、创新争先锋"重点项目和浙江移动智慧运营改革项目，开展多维宣传，营造良好氛围，集全公司的力量推动数字员工的发展运营。依托的浙江移动智慧运营项目——《构建企业级数字员工运营体系，注智赋能一线生产经营，助力公司数字化转型》，不仅组建了跨部门、跨省市柔性组织，还定期开展月度例会推动项目发展。数字员工建设还纳入浙江移动"实事暖人心、创新争先锋"项目，并向集团公司推荐上报。

2. 实施省公司级实施方案

结合行业经验和实践情况，制定并下发《浙江移动数字员工建设实施方案（试行）》，为数字员工发展提供相对统一、明确的方向，为各单位建设数字员工提供制度指导。方面明确了五方面的内容：一是明确数字员工发展的愿景和目标，确定建设实施中各单位各部门的分工职责；二是明确数字员工的定义和分类，统一全省数字员工业务术语；三是明确数字员工的基本信息字段、含义及规范要求，进行"拟人化"管理；四是参考人类员工管理流程，结合数字员工特点，明确数字员工全生命周期流程；五是建立相关运营管理机制，推动浙江移动数字员工的快速发展。

3. 制定"拟人化"管理流程

参照人类员工管理模式，结合数字员工特点，制定"拟人化"数字员工全生命周期管理流程，建立了招聘、入职、履职、升级、退出等流程，并在数字员工运营管理平台上线，实现线上化一站式管理。六大"拟人化"流程依次是：需求提交、需求开发（招聘）、测试上线（入职）、日常运营（履职）、迭代升级（赋能）和运营管理（考核、退出）。

三、通信企业数字员工开发与运营管理效果

（一）取得显著的管理效益

一是推动了流程优化、效率提升。数字员工的应用有效提升业务连续性，降低业务错误率与风险，流程平均处理时长从0.94天缩短到0.65天，经发放1364份问卷调查统计，流程优化员工满意度从4.56提升到4.88，流程效率总计提升30.8%。二是推动了数据汇通、价值释放。数字员工的应用进一步拉通数据打破职能壁垒，数据汇聚及开放时长均缩短到单日/小时级；打破部门数据孤岛，跨域数据创新应用增长7倍；数据服务日均调用量达到8400万，对外赋能大数据变现，全年收入超3亿元。三是推动了人员结构优化、能力升级。数字员工的应用推广促进由生产力到组织的全面数字变革，2022年运营类、方案支撑、数字化新型人才占比升至56%，较2019年提升12%，数字化新型人才占比达36%，居31省第一；人均主营业务收入达343万，较2019年提升37%。

（二）实现可观的经济效益

一是在对内注智方面，截至2022年年底，浙江移动数字员工已达到1653个，推广至11个地市19个单位（财务部、市场经营部等），覆盖网络、市场、政企、财务、服务、人力等多个领域，年累计调用量超1亿次，年累计提升效能30.8万人天，结合2022年中国移动年报人均薪酬，扣减建设成本综合测算，年折合增效23769.15万元。二是在对外赋能方面，对外向吉林、安徽、重庆、山西、广西、江苏、新疆、黑龙江、辽宁、北京、陕西、宁夏等十数个省（区）市兄弟公司输出先进经验，在安徽芜湖南陵县疾控中心、安徽宿州砀山县防疫办等20多个场景已投入生产使用，并在政务、教育、能源、制造等领域与教育厅、税务局、紫光通信等外部行业客户实现变现金额超500万元。

（三）取得良好的社会效益

浙江移动持续保持数字员工集团领先地位，树立行业标杆。浙江移动数字员工实践以及"数字防疫""大禹"等数字员工典型应用在疫情防控、防汛抗台等领域发挥重要作用，获得新华社、人民网、人民邮电报等多家媒体报道；AI、低代码等技术赋能下的数字员工整体能力位居行业领先位置，2020年8月成为中国人工智能产业发展联盟的发起单位，2020年11月成为RPA产品能力标准编写单位，通过中国信通院RPA系统和工具应用成熟度评测中的最高等级3+，成为中国信通院《低代码无代码开发平台通用能力要求》标准主要编写单位，获行业和集团公司广泛认可，并成为集团数字员工规划方案编写单位之一。

（成果创造人：杨剑宇、朱华新、王晓征、黄　慧、钟志平、项　捷、
郭　岳、张式勤、于祥兵、董　亮、郭海威、张　晶）

老油田企业以价值最大化为导向的油藏经营管理提升

中国石油化工股份有限公司胜利油田分公司

中国石油化工股份有限公司胜利油田分公司（以下简称胜利油田）是我国重要的石油工业基地，主要从事石油天然气勘探开发、石油工程技术服务、油气深加工及新能源开发等业务。自1961年发现以来，累计生产原油13亿吨，约占全国同期陆上原油产量的1/5，原油年产量占中国石化的2/3左右。胜利油田地质条件以复杂断块为主，囊括了世界2/3的油藏类型，工作区域分为东、西部两个油区，主要分布在山东省8个市28个县区，以及新疆、青海、甘肃、宁夏4个省区。连续13年荣膺"全国文明单位"，获得"中央企业先进基层党组织""中国石化'深化改革三年行动先进单位'"等荣誉。

一、老油田企业以价值最大化为导向的油藏经营管理提升背景

（一）"端牢能源饭碗"、保障国家能源安全的战略选择

我国石油对外依存度已超过70%，这对保障国家油气能源供给带来重大考验。随着勘探开发进入中后期，短期内难以形成有效储量、产能接替阵地，原油年产量由"十二五"时期的2700万吨降至"十三五"时期的2300多万吨，稳产态势难以为继。胜利油田必须以价值最大化为导向，以油藏经营管理为路径，构建支撑长远发展、更加成熟定型的管理体系和运营模式，更好引领推动做大资源规模、夯实稳产基础。

（二）建设现代油公司、提升企业管理效率效能的关键所在

胜利油田1981年率先实行产量包干试点，2018年又作为全国独立工矿区剥离企业办社会职能综合改革5家试点单位之一，始终走在国企改革前列。在企业自身体量快速增长、市场化改革深入推进、产业格局深刻变化的情况下，对标国内外一流企业和现代油公司建设方向，企业守旧思想尚未完全破除，缺乏先行先试的闯劲和探索精神；各层级间职责定位不清晰，存在多头指挥等问题；全员劳动生产率较低，发展活力不足，亟须推动传统管理模式和运行方式转型升级，提升管理效率效能，增强企业活力、市场竞争力和发展引领力。

（三）提高油藏战略价值、推动老油田"多采效益油"的现实需要

油藏经营管理是贯穿老油田增储稳油降本全过程的鲜明主线，是通过对油藏全面经营评价分析，从科学开发油藏组织油气生产、促进要素优化的重要手段。"十三五"期间，油气行业步入低油价"寒冬期"，胜利油田油气生产单位完全成本持续上升，经济效益大幅度下滑，从盈利大户变成了亏损企业。特别是对于油藏经营的认识不足，缺少价值这把"标尺"，投入产出两相分离，折旧折耗、人工等成本偏高，挤占了生产运行成本，限制了老油田有效投入，对破解经营困局造成了压力。胜利油田必须推动管理体系变革重塑，促进资源优化配置、经营成本降低，提高改革发展"含金量"，确保低油价下有效益、高油价下多盈利。

二、老油田企业以价值最大化为导向的油藏经营管理提升主要做法

（一）系统化布局定位，明晰油藏经营管理思路措施

1.加强顶层设计，确立指导原则

坚持推进油田管理体系与管理能力现代化，聚焦油田"六大战略""三大目标"发展格局和中心任务，以变革性思维和创新性举措，推动机制变革、模式创新、流程再造，全面提升油藏经营管理能力水平。一是聚焦价值引领，二是深化油藏经营，三是坚持市场导向。注重资源整合优化，用好内外"两种资源""两个市场"，完善市场化运营机制，落实各单位市场经营主体地位，完善考核激励机

制，促进各项市场要素有序流动，激发增效创效积极性。

2. 厘清职能定位，科学有序运营

打通油藏经营管理主体责任，落实"最后一公里"，推动油公司建设驶入"快车道"。油田层面：突出职能优化，做实业务流、管理流、监督流，建立投资决策、经营管理、人力资源管理、生产运行与应急管理、高质量党建引领推动高质量发展、激励约束"六项机制"，并细分为28项次级机制，明确每项机制的建设内容、责任部门以及对应的业务流程、配套制度和信息系统，落实创新发展、政策激励、风险防控职能。开发单位层面：突出"管""做"分开，建立投资成本优化、经营预算、市场化运营、生产协调风险防控和应急管理、人力资源优化、党建质量优化提升、激励约束"七大体系"，明确指导服务、协调保障、监督监控职能定位，承担增量增效、持续发展、区域管理责任。管理区层面：突出做实主体责任，建立一体化技术分析、经营决策优化、生产运行与综合管控、党建思想文化保障、激励约束"五项机制"，承接主营业务、资源优化、内部考核、组织架构优化、服务队伍选择、生产物资优选、投资优化"七项经营优化权"，推进以信息化为支撑、市场体系完善、油藏经营管理责任落实的新型采油管理区建设，承担存量创效油藏经营管理责任。

3. 强化理念引领，凝聚思想共识

坚持抓变革从抓思想入手、抓管理从抓引领出发，推进党的建设与油藏经营相融通、观念理念革新与思想文化引领相贯通，引领管理方式、职能配置、运行机制重构重塑。一是提升政治引领力。构建以党建直入核心、融入中心、深入人心"三心"为引领载体，以党建与油藏经营目标融合、过程融合、效果融合"三个融合"为导向，以"三基本""三册"为抓手的油田党的建设引领油藏经营提升管理体系。二是提升队伍凝聚力。培植油藏经营管理理念，连续6年深化开展"三转三创"（转观念、转方式、转作风，创效益、创一流、创和谐）主题活动，梳理形成包含油藏经营新观念、新理念的"160条"，召开观念宣讲会近千场，为深化油藏经营管理提供了强大动力。

（二）一体化勘探开发，夯实油藏经营管理资源资产基础

1. 构建以提升储量价值为导向的勘探开发一体化机制

构建以项目组为枢纽的勘探开发一体化管理模式。成立领导小组发挥引领统筹作用，下设4个运行项目组、3个综合研究组、17个现场实施组，配套标准、制度、流程，通过全要素、全领域、全专业的研究、部署、方案设计、目标制定、运行等全过程融合，达到"两升两降"（储量升、产量升、降建产周期、降成本预期）目标。构建以储量向产能转化为核心的勘探开发一体化运行方式。上线从勘探到开发建产运行全方位信息共享和一体化决策部署运行平台，加快油气资源落实与动用进程，同时加强储量资产化经营，统筹研究部署、生产运行、资料录取、经营管理、地质工程等环节一体化推进，实施探井、评价井、开发井同井场部署和价格体系统一化，提高油田勘探开发整体效益。

2. 构建以增加经济可采储量为核心的油藏开发管理模式

构建以"找到的储量都能动用"为目标的油藏效益开发模式。实施油藏、钻井、工艺、地面工程"四位一体"流程优化加快产能建设效率，推广以"少打井、多产油"为目标的"少井高产"产能建设模式，加大页岩油等见效快油藏类型的建产规模，推行"提质、提速、提效、提产、降本"的"四提一降"合作开发新模式，加快储量向产量转化。构建以夯实稳产基础为核心的油藏开发模式。开展开发基础管理深化年活动，以开发潜力、工程潜力调查为基础，加强地质、稳产、开发管理等三项基础管理工作，实施油藏分类治理。

3. 完善以内引外联、共享共担为手段的油气资源盘活管理

构建以"动起来"为目标的未动用储量开发运营权流转模式。将一年以上未动用储量全部纳入油田储量流转平台，开发单位通过竞标方式获得产能建设运营权，采用市场化运作方式实施产能建设，

加快效益动用，盘活储量资产，实现更大价值。2018年以来，油田239个区块、7.9亿吨储量完成开发运营权流转。构建以"活起来"为导向的未动用储量一体化合作开发模式。与系统内油服企业胜利石油工程公司开展未动用储量合作开发，共同打造高成本开发单元等合作治理模式，加大合作项目效益激励，推动产能建设质量提升，已实现102个区块有效、高效动用，动用储量1.22亿吨。胜利油田桩西采油厂连续三年与胜利石油工程公司深度合作，盘活未动用储量884万吨（占全厂未动用储量47%），建产能8.08万吨，百万吨产能建设投资同比降低10.03亿元。构建以"用起来"为目的的停产停注井风险合作共赢治理模式。开发单位与石油工程技术研究院、中胜油公司等内部单位开展风险扶停合作治理，发挥各方优势，促进资源优化配置、工艺技术提升。

（三）市场化资源配置，推动油藏经营管理要素聚合增效

1.构建目标同向的市场化运行平台

构建内部专业化市场管理机制。推行市场运行、质量标准、队伍管理、风险管控"四统一"管理，完善"优质优价、优速优价、高端特价"等配套措施，健全横向协调统筹、纵向专业管控、更加开放透明的市场化运营模式和市场监管体系，节约设备重复采购投资1.4亿元，盘活用工6600人，提高劳动生产率20.2%；坚持"自己的活自己干"，增加自营自修工作量，内部市场占有率提高20%，同口径降低外委费用1.07亿元。建立单位间业务互供合作机制。统筹区域内人员、资质、技术、市场资源，探索效益风险承包、技术总包等模式，建立以油气主业为核心、各板块支持联动的价值链传导机制，开展系统内部、板块间业务互供，做强"技术＋管理＋品牌＋平台"拓市创效，实施物资贸易、地面工程、信息运维、后评可研、化工药剂、产品制造"六大载体"一体创效，提升板块之间的合作创效能力，推进全产业链全要素经营创效完善战略型承包商培育机制。将油田市场细分为23个专业市场、131个中类业务、375个小类业务，统一业务名称和范围，推行ABC三类分级管理，按市场业务类别健全完善准入和评价标准，畅通国内外高端油气技术服务企业、研发机构等队伍引进渠道，建立责权清晰、相互制衡、运行高效、风险可控的集中招标采购管理体系，提高市场主体能力素质、服务质量和安全生产水平。

2.搭建资源科学流动的多维度经营创效平台

推进人力资源优化提效。针对用工总量富余、"多人看一人干"的矛盾，搭建社会化服务创效和人力资源一体化统筹配置系统，出台了"轮岗式外闯、体验式外闯"政策，通过组建"外闯市场项目部""打造服务品牌"等方式，推动形成"动起来、走出去、强起来"的人力资源优化配置工作新格局，释放人力资源"富矿"红利。胜利油田桩西采油厂探索人力资源外闯市场创效，投身精准扶贫，通过直播带货、助力甘肃东乡等贫困地区乡村振兴，带动了贫困地区经济复苏。推进固定资产优化增效。依托油田闲置资产调剂平台，通过增量资产优化、闲置资产运营和报废资产退出，降低资产总体运营成本。推进土地资源盘活创效。按照减持降本"退出去"、井场连片"用起来"、占压治理"清出去"治理方向，全面推行"井工厂＋管廊带"等土地集约化利用模式。

（四）价值化业财融合，提升油藏经营管理投入产出效益

1.搭建业财融合平台，增强财务支持效能

搭建业财综合数据仓库。建立贯通生产指挥、市场运行、合同系统、设备管理等13个业务系统的业务财务数据湖，配套以"事前算赢、事中优化、事后评价"为核心的一体化价值管理平台，打通业务处理与价值管理通道，持续提升系统资源配置效率。构建业财战略分析测算模型。建立实现效益配产的经济配产模型、覆盖油田全业务及全开发阶段的投入产出分析评价模型、支撑动态储量评估的储量测算模型、统筹平衡投入产出的原油盈亏平衡测算模型，通过历史数据规律研究和未来趋势预测，为科学制定战略规划、识别重大经营风险、达成关键目标提供决策支撑。深化经济运行模型应用。将运行成本、操作成本和完全成本与油价相对比，将评价主体划分为盈利高效区、边际有效区、增量低

效区和运行无效区，对 3 万多口油井、2340 万吨产量和 17 家开发单位进行效益分级、分类施策。

2. 推进投资成本一体化，提高资金运作水平

依据资金功能属性划分"三个投入区域"。把勘探开发工程、系统配套工程、科研项目等能够形成长期创效的资本性投入列为投资固定区，把常规维护作业费、常规维修费、管理费等维持现有资产正常生产运行的费用性投入列为成本固定区，把安全环保隐患治理专项费用、矿区改造配套设备等可统筹使用投资、成本资金的项目列为优化区，深化投资成本两类资金使用及效益评估，规范引导投资成本一体化运行。一体化配置投资成本预算。注重投资、储量、产量、成本和效益"五统一"，一体化统筹发展性、政策性、法规性等中长期战略投资预算和当期运营性等成本预算，实施项目化预算管控、经常性预算指标化管控，严控低效、无效和高风险投入。胜利油田石油开发中心以资金使用率最高、投资成本结构最优、经济效益最高为原则，推进投资成本项目双向统筹。一体化运行投资成本项目。立足项目完整性，实施方案同步设计、资金同步预算、工程同步实施，配套专家体系全面支撑项目节点运行，注重事前算赢、强化过程管控、落实跟踪评价，推动项目高质高效运行。

3. 推行"五到区块"管理，实现油藏价值管理精细化

油田层面引领打好一体协同"组合拳"。成立由主要领导任组长的领导小组，按照投入清、产出清、增量清、存量清的"四清"规则，面向 70 个开发油田和 164 个储量评估单元实施目标管理，打造多源集聚的高质量数据湖、支撑战略的管理会计工具序列、覆盖全景的管理会计报告体系、纵横贯通的财务数智化平台，做好指标优化、数据审查、分析应用和改进提升，指导帮扶开发单位项目组运行。开发单位层面下好先行先试"先手棋"。制定区块目标管理实施方案，设置持续发展、运营能力、管理效能、生产管理、技术管理等 5 类 23 项指标的目标值，以区块目标反向推动各项工作量深度优化，实现经济产量、经济可采储量、产能建设、增效措施、地面配套、要素资源等决策优化到区块，引导区块盈利能力持续提升。

（五）精准化赋能赋智，打造油藏经营管理动力引擎

1. 提升科技创新实力，以成果快速研发转化助推增产增效

一是优化集聚创新要素。组织编制基础前瞻研究中长期规划和打造原创技术策源地实施方案，加强国家能源页岩油研发中心、中石化 CCUS 等重点实验室建设；完善中长期激励、薪酬激励措施，设立科技进步奖、重大成果奖等奖项，近年来年度科技奖励总金额达 2 亿元以上，营造了尊重人才、尊重创造、鼓励探索、宽容失败的浓厚氛围，激发了创新创效活力。二是集智聚力高效攻关。改变过去"单兵"作战立项方式，整合油田内部资源，组建跨单位、跨专业"项目群"大兵团攻关团队，2022年共组建 14 个重点项目团队，保障了"卡脖子"关键核心技术高效攻关，稠油、高温高盐油藏、海上等三项化学驱技术增油 117 万吨，增幅 12%；制定"揭榜挂帅"运行办法，明确 6 个"发榜"项目，面向 23 所知名高校及研究院所发榜，北京大学等 6 个团队成功"揭榜"，通过借智借力汇聚优质资源力量，推进关键技术实现新突破。三是加快推进成果转化。突出科研"数量向质量""成果向效果"转变，搭建产学研用一体化成果转化平台，建立科技转化分类评价标准，规范科技成果转化流程，丰富完善技术服务、院厂合作、风险承包等转化方式，配套内部转化、技术许可、知识产权作价入股等成果转化渠道，推进科技成果快速研发、快速转化、快速迭代。

2. 深化智能油田建设，以两化融合提升油藏经营管理效率

建设"全面感知"的数字化平台。构建油田井筒、地面一体化生产信息化系统，搭建智能经营监控管理、油井工况智能诊断、智能注采调优、油藏模拟模型自动更新四套 APP，实时监控 416 台服务器和 19.6 万台现场自动化仪器仪表运行情况，实现数据自动采集分析、自动调控、预警自动推送、模型自动更新、方案智能推送，工作效率提高 5 倍以上，劳动生产率提高 58.12%。胜利油田现河采油厂

依托数字化、智能化，突出数据治理、信息应用，集成业务流程、操作规程，建设岗位 OA，引进虚拟机器人数字员工，打造"智化郝现"示范区，逐步实现生产运营智能化管控。打造高效智能决策的"后端大脑"。建设勘探、开发决策支持系统，搭建涵盖不同油藏类型和开发方式的实例 500 个，变人工判断生产运行问题为智能判断、实时预警，提高效率、降低能耗，围绕油藏动态管理等 6 大业务域，建设 25 个工作应用 APP，应急指令下达时间由 20 多分钟缩短为秒级。胜利油田"油田智能开采能力""油田开发成本精细管控能力"等 4 项新型能力通过了工业和信息化部贯标认证，蝉联工业和信息化部两化融合贯标示范企业。

（六）人本化支撑保障，激发油藏经营管理整体活力

1. 厚植优势人才根基，打造油藏经营管理人才高地

加强高效管理。分系统分专业构建人才库，搭建重大专项、重点任务、重要工程、创新团队等平台，加强非常规油气、新能源、信息化等重点领域人才布局，实现人才精准调配、统筹使用。加强战训结合。持续优化培训体系、改进培训供给，健全完善"业务深化培训＋任职实干锻炼＋持续跟踪培养"三位一体模式，加大基层一线卓越工程师队伍建设，大力培育技术中坚和能工巧匠，提高培训精准度和实效性，增强全员素质能力。加强分类评价。健全以价值创造和业绩贡献为导向的考核评价体系，创新科研人才分类评价方式，加大对新兴业务领域、优秀青年和基层一线人才职称评审支持力度，激发人才创新创效的内生动力。

2. 用好绩效考核"指挥棒"，激发全员创效活力

经营绩效考核方面，科学合理确定基本经营目标，坚持"完成基本目标保基本薪酬、多创效益挣绩效工资"正向激励，以价值量化考核评价经营业绩，强化经营绩效工资与经济效益同向联动，构建以效益为导向的新型目标经营责任制考核，引导各单位积极拓展创效途径，提升创效能力。管理绩效考核方面，持续完善生产过程、经营管理、领导班子建设和领导干部管理、三基工作等 4 项风险管控考核细则，防范各类风险，夯实油藏经营提升管理基础。强化挖潜增效联动考核，油田对挖潜增效项目组实行项目化考核，定目标、定进度、定责任、定措施，分级落实挖潜增效责任清单，确保年度挖潜增效目标任务完成。党建引领考核方面，落实"抓班子、带队伍、强管理、保稳定、促发展"5 项任务，探索推行任期制和契约化管理，设立党建考核 KPI，实行利润目标分档考核，引导各级党组织把工作重心聚焦到油藏经营管理上来，切实把党建优势转化为创效优势和现实生产力。

三、老油田企业以价值最大化为导向的油藏经营管理提升效果

（一）油藏全生命周期价值创造水平大幅提升

一是资源接续基础进一步夯实。东部油区落实 1 个 5000 万吨级规模储量阵地、2 个千万吨级商业发现，西部油区准噶尔盆地超深层勘探取得战略突破、发现 2 个亿吨级规模储量阵地，济阳页岩油国家级示范区建设正式启动、首次上报济阳页岩油预测储量 4.58 亿吨。二是增产增效水平进一步提升。新建产能自 2018 年以来持续保持 100 万吨以上，单井产能同比提高 20.8%，自然递减率控制在 9% 以内，综合含水控制在 93% 以内，连续 6 年生产原油稳定在 2340 万吨以上并保持箭头向上的良好态势，2022 年原油产量超计划 4.7 万吨，生产天然气 8.03 亿立方米。

（二）企业高质量发展内生动力显著增强

科技创新实力进一步增强。申请的 CCUS、智能油田 2 个国家能源局研发技术中心进入国家创新平台赛道并跑，页岩油气富集机理与高效开发实验室获批全国重点实验室。2022 年胜利油田获得国家级科技奖励 2 项、中国专利金银奖各 1 项、省部级科技奖励 18 项，授权专利 467 件，年科技增油 300 万吨以上，占原油总产量的 12.8%，有力支撑了高效勘探开发。价值创造能力进一步提升。油田分公司实现营业收入 1058.6 亿元、自由现金流 128.2 亿元、税费 321.3 亿元，原油盈亏平衡点由 2018 年的

72.3 美元 / 桶下降到 2022 年的 65.5 美元 / 桶，盈利由 −55 亿元上升至 194.8 亿元，增长 249.8 亿元，为保障国家能源安全和区域经济社会发展做出了巨大贡献。

（三）企业知名度与影响力进一步提升

以价值最大化为导向的油藏经营管理提升经验目前已在人民日报社、新华网、科技日报社等全国 30 余家主流媒体专题报道 120 余次，中央广播电视总台《新闻联播》先后 20 余次对胜利油田进行重点宣传报道。获得中央企业先进基层党组织、中国石化"深化改革三年行动先进单位"等国家、省部级各类荣誉称号 22 次。其中，2023 年，油田发布十项重大标志性成果，展示了在勘探开发、石油工程、科技攻关等方面的生动实践和显著成效。胜利油田新东营原油库被认证为国内首座"碳中和"原油库，齐鲁网·闪电新闻进行重点报道。国务院国资委在胜利油田召开全国 98 家中央企业基层党建座谈会，对胜利油田基层党建经验充分肯定、高度赞扬。

（成果创造人：牛栓文、孙永壮、聂晓炜、韩　辉、肖国连、王跃刚、

马清彪、杜　勇、贺东旭、牛汝东、刘　鸣、孟　冬）

国有建筑企业体系化人才效能提升管理

中铁六局集团有限公司

中铁六局集团有限公司（以下简称中铁六局）是世界 500 强企业中国中铁股份有限公司（以下简称中国中铁）的全资子公司，总部位于北京，注册资本金 22 亿元，是一家能够提供建筑全产业链一揽子综合服务的大型现代化建筑集团。中铁六局拥有铁路工程、建筑工程、公路工程施工总承包特级资质，多领域施工总承包、专业承包等各类资质共 133 项。下设 15 家子分公司，共有职工 13800 余人，在建项目 450 余项，年施工生产能力 450 亿元以上。

一、国有建筑企业体系化人才效能提升管理背景

（一）推动企业实现转型升级与提质增效的需要

受市场需求、政府监管、技术发展等诸多因素影响，粗放型模式、追求高速增长、"量"的扩张已经不再适合企业现实需要。2020 年年初，35 岁及以下人员占比不足 35%，50 岁及以上人员占比超过 25%，一定程度出现"青黄不接"的现象；全日制本科占比不足 35%，高级职称占比不足 15%，人才知识水平偏低、年龄老化、高素质人才短缺。在面对市场新变化、新需求的调整时，需要提升人才效能来激发管理效能，提高核心竞争力，使企业更好地适应市场变化，最终推动企业转型升级与提质增效。

（二）持续提升企业人才队伍建设效能的需要

国企"三项制度"改革深入推进，企业正处在优化人才队伍结构、转换增长动能的攻关期，人力资源投入产出效率水平偏低，2020 年营业收入不到 280 亿元、人均营业收入不足 240 万元、人事费用率超过 8%，各项关键指标在与中国中铁基建板块对标分析中均处于平均水平之下，同层级人员薪酬收入差距较小，平均主义和大锅饭现象比较普遍，未能建立该高则高、该低则低的调控机制，导致员工积极性不高，人均效能偏低，其根本原因是员工整体素质与企业高质量发展不匹配，需要不断缩小员工能力与卓越绩效间的差距，进而推动对人才资源的整体性挖掘。

（三）满足员工职业生存和发展需求的需要

社会发展、技术突破对各类员工的素质提出了更高要求，员工如不能适应和胜任新形势、新任务，可能面临被淘汰的危险。2020 年以来共引进高校毕业生 2872 人，占总引进人数的 86%，全部为"95 后"，具有追求自我价值、偏好多样化、注重工作平衡等突出特点，对企业也提出了更高的管理要求。因此，需要通过多种管理举措协同激发全体员工自主学习、崇尚技术、岗位成才的积极性，拓展职业发展空间，实现企业和员工双赢。

二、国有建筑企业体系化人才效能提升管理主要做法

（一）完善人才工作顶层设计，树立人才效能提升目标

1. 分解发展战略，树立各类人才提升目标

根据总体发展战略，结合现状，中铁六局制定了《公司人才发展"十四五"规划》，提出"十四五"末人才数量、结构、素质、效能、机制等五方面建设目标。重点实现经营管理人才达到 400 人以上，累计选拔 40 岁及以下子分公司班子正职占 50% 以上；队伍专业化、身份职业化、管理契约化、薪酬市场化、素质过硬的优秀职业项目经理达到 20% 以上；工程技术与数字化能力兼备的专家达到 50 人以上；铁路、城轨、市政等支柱型，水利及环保、"新基建"等储备型，投资、国际、运营等成长型及其他通用型专业人才比例达到 6：2：1：1；政治坚定、作风过硬、素质优良的党群人才达到 800 人以上；技艺精湛、善于解决现场难题、核心工种齐全的高技能人才突破 500 人；逐步实现由职能

管理向价值管理转变，确保劳产率、人事费用率、人工成本利润率等指标连年改善。实现业务战略与人才战略高度同步、深度契合，使人才效能提升工程的战略目标更为明确。

2. 深化三项制度改革，建立市场化人才管理机制

印发三项制度改革专项推进方案，明确总目标和三年阶段目标，建立任务清单，形成时间表和路线图，确保改革目标如期实现，着力建立市场化人才管理机制，打破员工"进入国企就有铁饭碗"的思想惯性，重点在"能下能出能减"上下功夫。一是实现管理人员"能下"。通过强化考核结果运用，完善领导人员末位淘汰机制，对连续排名末位的坚决予以调整。二是实现员工"能出"。建立全员绩效考核体系，明确一般管理人员退出条件，通过业绩考核、清理非在岗等方式，畅通退出渠道。三是实现收入"能增能减"。建立了"集团公司、子分公司、项目部"三级工资总额预算管理体系，突出利润总额增幅和贡献度指标。对于各层级管理机构，明确绩效考核指标，据考核结果拉开收入差距，实现收入能增能减。

3. 摸清人力资源现状，促进目标层层落实

成立专项工作组，通过问卷调查、人才盘点、专项巡查等方式摸清现有人才底数和队伍结构，重点针对子分公司施工难度大、政策执行难的各类偏远地区项目进行人才盘点访谈，回收问卷3600余份，一对一访谈700余人，充分了解基层现状，结合实际将人才培养总体目标分解到单位、部门、岗位，纳入各级组织考核目标，通过强化考核、明确目标、压实责任，促进人才规划各项举措真正落地。

4. 健全人才制度体系，推进各级单位齐抓共管

相继出台《人才引进及员工调动》《高校毕业生"十年期"人才培养》《大力培养使用优秀年轻干部》《项目部薪酬管理》等各类制度共34项，提出针对性培养、系统化保障的相关措施，"选、用、育、留"各项机制更加健全。在公司层面，通过系统会、专题会向所属单位负责人、人力资源部门负责人及广大职工宣贯"十四五"人才规划和各项制度，引导全局在人才工作上提高政治站位，形成工作合力；在子分公司层面，建立党政主要负责人亲自负责、群团组织密切配合、业务系统共同负责、协同联动的责任包保机制；在基层项目部层面，要求项目部领导班子、五部两室负责人齐抓共管、层层落实，促进制度在基层落地。

（二）建立素质模型和岗位规范，明确人才效能提升标准

1. 构建岗位素质模型，明确不同层次人才效能提升标准

一是构建通用岗位胜任力模型。以岗位素质要求为基准，明确各个层级、岗位的职责任务、工作标准、任职条件等，将部门职责和岗位胜任要求进行深度分解，形成包含价值导向、知识技能、意识态度、经验、行为特质等5个主维度15个子维度的通用胜任力模型。二是构建项目关键岗位胜任力模型。从11家工程公司挑选120名骨干组成评审小组，采用头脑风暴法对项目经理、书记、总工、副经理及五部两室负责人等12个项目关键岗位的岗位职责、任职要求等进行反复研讨，构建核心胜任力、专业胜任力、领导力共计3个主维度12个子维度的项目关键岗位胜任力模型。三是构建中层管理人员胜任力模型。与中国人民大学合作，在全公司范围内选取有代表性的数百名中层干部，通过测评、访谈、考试、观察等方法，对受访者给出的维度排序情况进行赋值及计分，结合工程类企业中层干部效能要求的基本特征，最终形成团队管理力、战略思维、资源整合、抗压能力、决策能力、学习能力、执行力、目标管理共计8个主维度24个子维度的胜任力模型，建立了中层管理人员选拔、培养和使用标准。

2. 开展岗位分析与评估，建立岗位任职资格规范

一是做好工作分析。以胜任力模型为基准，明确各个层级、岗位的职责任务、工作标准、任职条件等内容，并将部门职责和岗位进行深度分解，使不同类型岗位权责利对等，强化岗位意识，提升组织运行效率。二是做好岗位评估。进一步完善岗位说明书，通过科学规划、合理设计、明确职责，确

保将企业的目标转化为每个岗位的目标和责任，并为工作评价、人员招聘、绩效考核、培训开发及薪酬管理提供依据。

（三）优化人才队伍结构，筑牢人才效能提升根基

1. 精简"冗余机构"，推动组织管理效能提升

一是本部机构改革向"精简高效"发力。通过"硬件重塑"推行大部制整合，将业务相近、职能重叠的部门合并或合署办公，重新确立本部岗位设置及定员标准，机构从 29 个减至 23 个，总定员压减 20.21%。通过"软件更新"优化管理关系，调整优化 6 个职能归属，压缩管理链条，明晰集团公司抓系统建设，三级公司抓项目管理的职能定位。二是派出机构改革向"整合优化"发力。通过整合，重新优化管辖范围，明确定员标准和职能定位，区域项目管理稽查队由 8 个优化为 5 个，定员压减 37.25%；区域经营指挥部由 8 个优化为"5+1"个，定员压减 46.94%。三是优化所属单位除项目部以外的机构及人员配置。2022 年对专业化分公司、非职能性的附属机构等进行梳理和优化，压减"财政人口"，附属机构较年初减少 10 个，压减 109 人，充实到项目一线。四是持续优化项目机构和定员管理。按照从业人员全口径管理、两层级三阶段核定项目定员的原则，为项目做好全周期定员配置和人均营业收入目标策划。通过大力推进组织变革，促进组织释放效能。

2. 推行"汰劣机制"，清理低效冗余劳动资源

一是员工退出。依据胜任力模型，通过业务考试、绩效考核等多种措施对在岗员工进行能力评判，落实考核责任，强化结果运用，合理拉开收入差距，对岗位胜任力差的人员进行培训、换岗或依法依规解除劳动关系，共计退出 183 人。二是管理人员退出。两级公司共 135 名经理层成员全部签订聘任协议书、年度经营业绩责任书，对与胜任力素质模型要求差距过大的人员，严格根据考核结果实施解聘或岗位调整及薪酬兑现，做好管理人员"下"的管理，2020 年以来共免职 6 人、"改非"74 人，38 人退出子分公司领导班子岗位。三是清理非在岗人员。依法依规清理辞职未办理手续、久假不归、长期旷工等人员，共 103 人。四是用工总量调控。出台《用工总量调控管理办法》，坚持用工总量与生产规模相匹配，根据各单位实际下达年度用工总量调控计划，及时压减不合法、不合规的用工。

3. 强化"人才储备"，做好人才梯队建设

一是建立集团公司级、子分公司级后备人才库。将干部考察、职称评审、技能大赛、评先评优工作中发现的人才纳入后备人才库；累计选拔 40 岁及以下子分公司领导班子正职占到 50% 以上、每年提拔 35 岁及以下子分公司班子副职占比 20%、每年提拔 30 岁及以下子分公司项目部班子正职占比 20%。二是建立长期培养储备机制。将毕业"十年期"划分为见习期、成长期、成才期，严格落实各阶段发展目标和培养措施，到相应岗位进行锻炼，持续加强优秀年轻干部培养使用。三是推行关键岗位储备机制。通过在大型项目配备总经、总会、副总工，有计划、有重点地让年轻干部历练成长；实施项目"见习副经理"制度，领导班子中可超配 1～2 名毕业 3～5 年的干部为"项目见习副经理"。2020 年以来配备项目总经、总会、副总工、见习副经理共 245 人，一大批优秀后备人才迅速脱颖而出。

4. 构筑"才智高地"，创新高素质人才引进机制

一是精准校招，提升质量。针对综合素养高、专业知识扎实的"双一流"高校毕业生，采取线上线下相结合，分组划片、灵活组队的方式开展校园招聘，大力推行重点院校"包保"制度，2020 年以来"双一流"高校毕业生接收比例连续稳步递增。二是精准社招，匹配需求。紧扣人才效能提升要求，提高引进条件、规范引进程序、提升引进质量，重点为投资运营、科技创新、新兴业态等领域迫切需要且相对紧缺的，或个人掌握核心技术、重要竞争资源的重要人才开通绿色通道，实行"一人一策"重点引进。三是精准转录，破格取用。每年定期举办测量、试验、盾构等技能大赛 5～8 种，从劳务人员中选拔技术精湛、业务过硬的高技能人才参加公司组织的集训和比赛，取得名次的劳务人员

给予精神、物质奖励，满足公司转录条件的将按相关程序破格转录为正式员工；鼓励劳务人员踊跃报名考取一级建造师等相关执业资格证书，并给予一定的奖励和补贴，同时破格转录为正式员工，进一步提升员工归属感和认同感。

（四）改进关键人才培养模式，拓宽人才效能提升通道

1. 推进项目管理层人才职业化培养

一是加快推进项目经理职业化建设。依据各单位产值、新签合同额、新建项目数量等，下达各年度职业项目经理建设目标，要求各单位项目经理通过考取一级建造师等项目关键证书持证上岗，督促各单位通过市场化选聘、内部公开选拔、"揭榜挂帅"竞聘上岗等方式选拔新任项目经理。三年来，已选聘职业项目经理49人，占比20%。二是加大项目"铁三角"、安全总监专业队伍建设力度。印发《商务人才队伍建设实施方案》，明确"铁三角"任职标准和培养目标，要求各层级全面配备安全总监，提薪酬、给待遇，有计划、分步骤地提高项目安全总监注册安全工程师资格证书持证上岗率。

2. 强化重点岗位人才复合培养

一是健全"横向交流"通道。鼓励部分有综合潜质的专业技术、管理人才，通过多岗位横向交流，在单位内部进行轮岗，让年轻干部在不同领域、层次、岗位上不断丰富阅历，焕发新的活力。二是健全"纵向互通"通道。鼓励各公司结合实际，选择有潜力的项目领导班子、部门负责人到机关各部门进行短期轮岗，通过循环交流大幅提高项目各部门人员的任职能力，有序安排机关各部门人员纵向交流到项目部任职。三是健全行政与党群岗交叉任职通道。把优秀的经营管理技术干部任用到党群工作岗位培养锻炼，把党群系统优秀干部聘用到行政管理岗位培养锻炼，给予复合型发展的机会，进一步增强重点人才综合效能。四是健全市场营销人才发展通道。印发《职业营销经理管理办法》，刚性运用业绩考核结果，开展高级职业营销经理评选，对连续两年业绩低于考核底线的坚决予以免职，激发市场营销人才干事创业动力。

3. 加强技能操作型人才实战培养

一是以赛促训，以训促学。每年定期举办全公司技能大赛5～8个，扩展技能竞赛选拔的广度和深度，强化层层"培训－竞赛－培训"的选拔机制，培养技能型、实用性人才，壮大技能人才队伍。二是创建大师工作室。依托子分公司条件，优选技能领军人才创办技能大师工作室。近三年创建股份公司级技能大师工作室1个，局级技能大师工作室3个，子分公司级技能大师工作室2个，提高技能人才实战能力。三是成果推广应用。将大师工作室作为技术创新孵化器，不断探索和实践，逐步建立项目立项、成果收集、宣传奖励、推广应用机制，充分发挥工作室在解决生产难题、技术攻关、成果推广、培养人才等方面的作用。

4. 实行专家智囊型人才选拔培养

一是拓宽专业通道。修订专家制度，在专业上补齐短板，除工程技术外，增设工程经济、财务审计等专业，健全专家队伍激励机制，充分发挥专家智囊和引领作用。二是改进选拔制度。改变"重评选轻使用"的现状，从搭建献言荐策平台、优化专家选拔机制等7个方面出发，最终选拔各层级工程技术专家及后备人才176人，充实壮大专家队伍。三是激励作用发挥。认真落实专家导师带徒机制，组织各级专家签订带徒协议，真正发挥传帮带作用，依托中铁六局重点难点工程项目，组建以专家为带头人、技术骨干人才为主要参与者的科研团队，开展技术研究与攻关活动，加快技术骨干成长成才，培养一批业务能力强、知识面广、综合素质高的专家人才。

（五）构建全员培训体系，巩固人才效能提升成效

1. 打造培训云平台，推行线上线下混合式培训

为实现员工学习网络化、信息化、便捷化、智能化，2020年中铁六局着手搭建网络教育培训平台，本着资源共建共享、数据互联互通的原则，开发建设在线学习平台，积极开发在线课程，丰富学习内容，改进升级模块功能。大力开展线上学习、考试等培训学习活动，积极推广以线上培训为主、"线上＋线下"相结合的混合式培训，"云学堂"的推广和使用提高了员工平均受训时长，增加了各级培训组织频次，有效化解了施工企业现场培训的工学矛盾。"云学堂"上线三年来，共开发并上传课程6549门，开通激活职工账号13531个，累计培训52868人次，累计发布考试活动4677场，参加考试395185人次，营造了全员参与、全员学习的良好氛围。

2. 利用平台优势分类分层开展自主培训

针对人才效能提升过程中不同层级提出的学习需求及出现的新问题，对"云学堂"进行全面针对性改版和升级，成立工程技术、党建、商务、财会、项目管理、职业技能等十大管理学院，以及考试中心和认证中心两大功能中心，为子分公司单独设置功能分区和权限，尽最大可能满足员工自主培训需求。平台优化并归集了课程体系，更新多种类、高质量外部课程的同时，做好内部课程开发。针对不同层次管理人员不定时发布相应学习任务，使大家逐渐养成利用平台学习的习惯，激励员工进行自主培训，真正把"要我学"变成"我要学"，养成自主学习习惯。

3. 推进项目关键岗位培训认证上岗

根据岗位任职资格、条件和胜任力要求，联合各子分公司及业务系统精心开发，分岗位、分系统上线关键岗位认证课程，以此进行专业培训；把理论知识考试与工作能力考评相结合，对项目关键岗位人员及其后备人员任职资格进行综合认证，合格后颁发三年有效的"上岗证"，持证上岗，未限期取证人员按要求降职或调离。从推行项目关键岗位持证上岗以来，共组织7097人次认证培训，已有4062人次持证，大幅提高项目关键岗位履职水平，形成了业务系统及子分公司发现培养人员的重要平台。

4. 开展核心管理岗位重点班次培训

为分类分层实施关键岗位人才效能提升，建立了集团总部、子分公司、项目部三级教育培训管理体系，坚持分级管理、分层实施。公司总部作为一级机构，是三级教育培训体系的中枢和核心，围绕全局重点工作，统筹中铁六局领导及全局中层领导干部、各业务系统骨干、项目经理、项目书记、项目关键岗位人员、执业资格取证、技能比武等重点班次培训。所属子分公司作为二级机构，是三级教育培训体系的纽带和桥梁，除了完成中铁六局下达的各项培训任务外，还负责重点组织本公司机关管理人员、项目管理人员、专业技术人员的各类重点班次培训。基层项目部作为三级机构，是三级教育培训体系的末端，负责重点组织好项目管理人员、技术人员、技能操作人员、劳务人员等培训，主要任务是抓好安全教育、关键施工工艺、质量控制及技能提升方面的重点班次培训。

5. 推行"导师带徒"工作机制

一是建立新员工"双导师带徒"机制。建立专业导师负责专业技术指导、职业导师负责思想动态和职业发展的"双导师带徒"机制，期限为三年。二是建立"技能带徒"机制。充分发挥高端技能人才的带动作用，通过落实师徒协议，建立优秀师徒奖励制度，明确培训内容、形式、责任等，促进"导师带徒"活动取得实效。三是推行"专家带徒"机制。在两级公司推行"专家带徒"机制，在三年任期内，由专家本人提出徒弟人选，签订"导师带徒"协议，要求不同层级专家在任期内培养1～2名具备专家参评条件的徒弟，有梯次地培养各类专家后备人才和专业骨干。2020年以来三类人才导师带徒率达到100%，通过"定点帮扶"充分激发员工学习主动性。

（六）创新双向激励机制，保持人才效能提升动力

1. 建立以业绩和效率为导向的分配机制

按照"以岗位职责为基础，关键业绩为指标"原则，持续优化中铁六局各层级薪酬分配体系，突出综合绩效差异，合理拉开收入差距。中铁六局层面，指导各子分公司制定贴合自身实际的绩效考核和薪

酬管理制度，客观评价员工工作业绩，发挥绩效考核的导向和激励作用。子分公司层面，以各单位年度业绩考核结果为基础，突出综合绩效差异，合理拉开各单位负责人收入差距，实施正向激励，实现领导班子收入能增能减。项目部层面，以项目规模、人均营业收入为基础，全面推进项目从业人员用工总量管理，将项目用工总量调控在定员范围内，切实提高项目劳动效率和效益。推进项目一般员工绩效考核体系建设，以重点任务落实情况实施季度考核，以部门责任成本预算为基础实施年度绩效考核。考核结果同项目部工资总额分配、个人收入水平紧密挂钩，实现一般员工按绩效和贡献取酬。

2. 鼓励"能者多劳、多劳多得"的薪酬激励模式

一是试行项目模拟股权。落实"利益共享、风险共担"、激励与约束并存的管理导向，鼓励短平快项目实施模拟股权分红，激发员工主观能动性和工作热情。以天津公司天钢项目为试点，完成16%的目标利润率，实现超额利润57万元，全部用于项目员工股权分红，员工收入较同类项目明显提高，责任意识、成本意识极大增强，实现项目滚动开发7500万元。二是推行工资总额包干管理。通过在全局范围内探索实行工资总额承包，坚持"多贡献多得、少贡献少得、不贡献不得"的原则，在北京公司新开项目推行工资总额包干管理，太原公司新开项目推行固定部分包干、绩效部分浮动的机制，进一步调动员工积极性和主动性。三是引入跟投模式。将核心员工利益与项目效益捆绑在一起，聚焦项目实现精准激励，最终实现风险共担、利益共享。通过不断创新项目激励方式，鼓励广大职工能者多劳、多劳多得，充分把自身的能力展示出来，推动企业高质量发展。

三、国有建筑企业体系化人才效能提升管理效果

（一）建成人才效能提升工作体系，企业人才队伍结构持续优化

自2020年实施人才效能提升管理以来，人员与岗位之间匹配度越来越高，人才效能提升机制已基本建成且运行效果良好。中层领导人员平均年龄由47岁降至45岁，40岁及以下中层占总人数的19%；所属子分公司中层（正副科级）平均年龄由38岁降至36岁，40岁及以下占比61%，年龄结构持续优化；近三年共引进2872人，其中高校毕业生2537人，主专业率85%，"双一流"毕业生占比由2020年的4%增长到2023年的24%。

（二）人才效能与企业发展更加匹配，企业效率效用大幅提升

企业营业收入、人均营业收入、人工成本利润率等多项指标保持稳步增长，其中，营业收入同比增长16.79%；人均营业收入同比增长13.14%，人事费用率逐步递减，由2020年的8.2%降低到2022年的6.3%。通过持续开展人才效能提升管理，企业快速实现转型升级，人才效能与企业发展更加匹配，实现从依靠人员数量向依靠人才素质和能力的根本转变。

（三）员工职业发展空间有效拓展，夯实企业高质量发展根基

近三年来，全局提拔领导干部108人，各子分公司三、四级人才库储备364人，项目见习副经理、副总工程师等后备人才245人，有效拓展了员工职业发展空间。目前公司工程技术专家达176人，近三年创建了3个技能大师工作室（含1个股份公司级），增加了30个员工创新工作室，同比增长了172.7%。高技能人才不断涌现。优秀技能人才脱颖而出，先后在中国中铁技能大赛（国家二类）中取得了盾构大赛、试验工大赛团体第一名，试验工、测量工大赛团体第二名，3名青年员工被评为中国中铁青年岗位技术标兵，21名青年员工被评为中国中铁青年岗位技术能手。

（成果创造人：龙燕强、汤鋈铭、徐　涛、李伟民、徐　静、裴　涛、
张　笑、赵金鹏、杨兰钧、雷静波、雷　辉、宋大伟）

国有企业基于素质能力模型的管理人员数字化分类评价管理

中国建设银行股份有限公司常州培训中心、国网江苏省电力有限公司管理培训中心

中国建设银行股份有限公司常州培训中心（以下简称建行华东研修院）位于江南古城常州，始建于1964年，2021年12月更名为建行华东研修院。作为建行研修中心重要区域校区之一，已建成具有较高培训供给能力，培训软、硬件设施较为完善的专业培训基地，承担建行集团内外委托的各类人才测评、管理咨询、考试命题、题库考务等工作，为建行系统内外人才"选、育、用、管"提供专业服务。

国网江苏省电力有限公司管理培训中心（以下简称国网江苏管培中心）是国网江苏省电力有限公司的直属培训单位，成立于2001年7月，主要承担国网江苏电力党员领导干部、后备干部及管理人员培训工作，党建、管理培训开发研究工作，管理人员领导力评鉴等工作。2022年国网江苏管培中心教育培训和人才测评通过国际ISO管理体系认证，连续三年获"中国企业教育先进单位百强"等荣誉。

一、国有企业基于素质能力模型的管理人员数字化分类评价管理背景

中共中央办公厅、国务院办公厅印发《关于分类推进人才评价机制改革的指导意见》，提出要充分发挥人才评价正向激励作用，分类健全人才评价标准，最大限度激发和释放人才创新创业活力。国有企业干部职工队伍是党和国家事业发展的主力军，必须深入落实党中央关于人才管理、人才评价重要部署，构建更为科学高效的人才评价体系。然而，现行培训工作难以满足：一是管理人员培养体系相对独立，与其他专业联动不足；二是培训开放性不够强，考评距离准确翔实还有差距，培养内容与员工发展需求匹配不足，难以实现员工能力与绩效持续提升；三是测评、诊断、分析技术相对单一，评价机制不够完善，选用人员的能力与岗位要求之间匹配不足，难以实现精准识别与人岗动态相宜。迫切需要创新原有手段，运用全新的理念和方法，建立多维度、系统性、智能化的评价方法，全面提升管理人才能力素质，为企业高质量发展提供人才支撑。

面对新形势下更高的发展要求，建行华东研修院和国网江苏管培中心高度重视，深入推进实施管理人才的能力评价和盘点工作，全面提升管理人员队伍的能力素质。

二、国有企业基于素质能力模型的管理人员数字化分类评价管理主要做法

（一）明确企业管理人员数字化分类评价的指导思想及实施路径

1. 强化顶层设计，明确工作思路

以"精准聚焦，兼顾全局"规划管理人才素质能力评价体系建设，按照"战略导向、适度前瞻、密联业务、实用实效"的原则，以"提升管理人员选拔、评价、培养和使用质量"为目标，根据管理人员职级序列和专业序列，按照职级、业务能力要求由低到高排序，在国网江苏电力系统内，将管理人员分为新任管理人员、管理专职、班组长、供电所长、年轻骨干、新任科级、青年干部和专家后备、专家人才等九类管理人员。从确定评价指标入手，通过岗位分析对完成岗位工作目标所需要的必备能力进行提炼，得出各岗位核心素质能力项，分类构建实施集"标准、工具、应用、平台、数据"等五项核心功能为一体的素质能力评价体系，对管理人才多维度、高信效、智能化评价。

2. 系统科学论证，制定实施路径

一是与测评科学理论紧密结合，基于组织行为心理学、特质心理学、胜任力理论等研究基础，构建画像精准、选拔精确、发展高效、适配得当的素质能力评价标准和测评工具；二是与人才队伍建设应用需求紧密结合，注重成果实效，针对管理人才能力现状与战略要求存在差距的现状，着力解决管理队伍基于能力和潜力的人岗匹配判断和识别不够精准、对管理群体能力素质的评价和画像不够全

面、对管理人才分布和组合的均衡适配水平掌握不够深入等问题；三是与专业特征紧密结合，为有效适应电力体制改革、业务模式调整、角色任务变化快、能力复合要求高等需求，精准匹配岗位特征，在各类别重点素质的评价标准体系上，围绕各类管理人才不可或缺的能力、本类群体显著区别于其他群体差异能力、由本层级向更高层级进阶的储备能力三个方面进行重点建模，细化管理人才评鉴对象应用的细分度和结合度，提升建立在岗位颗粒度上的精细化评价标准和测评应用水平。

（二）构建全覆盖的管理人员分类评价素质能力模型

1. 分析推导素质能力要素

结合管理人员岗位特征，从人力资源配置和员工岗位匹配实际出发，全方位掌握管理人才结构分布，导出关键能力素质。通过 BSA 战略解码的基本逻辑，明确战略规划，对外部行业环境和内部资源能力做到清晰认知；通过对企业使命、愿景、中长期战略和年度策略目标的分解，提炼需要持续打造的核心能力和策略行动；通过对企业文化、核心价值观、组织和团队存在潜 / 亚文化，和对各级管理者的管理任务、职能定位和关键任务的区分，总结各专业需要具备的基本素质，提炼不同管理层次的差异化要求，挖掘各个专业所需的独特能力和岗位提升的关键要素，演绎完成所需要的能力素质要求。

2. 开展素质能力要素建模

在建模过程中，引入团队共创工作坊、卡片建模工作坊等建模方式，结合战略文化演绎、素质萃取等经典建模手段，有效应对管理人员特征岗位差异性大、工作内容迭代快等困难挑战。围绕构建目标查阅管理者日报、周报、月报等工作汇报，查阅公司管理者个人工作事例库，进一步提炼管理者在不同情景、任务下需要的技能，进行分类汇总。筛选 200 余位不同职级、不同专业的管理人才，采取在线问卷调研的方式，运用因素分析、结构方程等技术对通用能力部分进行信度和效度检验。通过选取 70 余位员工进行 235 人次关键事件访谈，组织 15 场 129 人次建模，萃取关键能力要素 79 项，经频次分析、重要性分析和验证后，确定"通用能力 + 横向专业能力 + 纵向专业能力"相结合的能力建模方式，突出关注个性、动机、价值观等内容，将优秀胜任力素质、成长意愿和贡献度相结合，兼顾任职风险和偏离风险，有效识别性格中风险因素。

3. 构建分类素质能力模型

通过提取素质要点，将管理人员相应的能力素质演绎到每一类管理人才个性，归纳相应类别共性，形成"三型九类"能力素质模型，实现素质能力标准全贯通。

一是基层管理型。构建涵盖新任管理人员、管理专职、班组长、供电所长四类人员的能力模型。从管理思维开拓与岗位素质提升两个维度出发，针对新任管理人员，建立主要包括问题分析与解决、跨部门沟通、业务管理和管理自我等 17 项二级指标。岗位晋升至管理专职后，在管理思维开拓方面，注重对行业趋势的理解；在岗位素质方面，在自我管理的基础上，还需要具备团队管理能力，共涉及 19 项二级指标。针对班组长，建立在岗位素质上侧重班组的目标激励管理、安全生产管理、班组成员的辅导与激励等 20 项二级指标。对于更高层级的供电所长来说，建立更需要侧重团队管理相应能力等 18 项二级指标。

二是专业管理型。构建专家与专家后备两类人员的能力模型。从视野拓展、价值创造、效能提升三个维度出发，对专家后备层级，要求其在视野拓展方面具有战略理解与系统思考能力，在价值创造方面具有创新思维以及经验萃取的能力，涉及 15 项二级指标。针对专家群体，具备洞察行业发展趋势的能力等 20 项二级指标。

三是新任与后备管理型。构建骨干、新任科级、青干等三个类别的能力模型。从视野全局、创新实践、组织协调、团队激励四个维度出发，针对骨干，涵盖系统思维、锻炼真抓实干及团队协作能力等 19 项二级指标；针对科级干部，侧重衡量组织协调统筹规划，涉及协调推进各项工作开展的能力等

22 项二级指标。青年干部相较于科级干部，侧重衡量全局思考与工作执行，以及团队激励凝聚人心的能力等 22 项二级指标。

（三）建立管理人员素质能力数字化评价平台

表示层建设，通过对网页设计、图片使用、元素布局、页面模板及结构的规范设计，统一视觉感觉效果，并为各级使用部门提供个性化、可配置的应用界面，个人方便快捷的访问方式，实现信息的集中化访问，从而使被测评对象、内容、应用和流程进行个性化、安全的、单点式的互动交流，全面提升测评体验。

应用系统层建设，整体系统采用模块化设计，基于业务单元的思想构建业务应用功能，功能组合方式生成系统版本，实现各类应用功能模块的共享与动态分配。

开发支撑平台层建设，提供标准接口、丰富的构件集和完整的集成机制，构建各测评模块的信息资源体系和人力资源各其他应用系统之间的连接，实现各系统之间信息资源的有效整合和部门间的协作互动。

信息资源层建设，将系统平台信息资源涉及的一切信息资源管理，贯穿于项目管理的全过程，信息资源库的设计主要包括目录体系、数据库设计（数据标准规范和数据库表结构设计）、数据库建设和数据接口设计等方面。

基础设施层建设，按照统一基础设施要求，支持虚拟部署模式，部署相应的应用服务器、数据库服务器等硬件设施，以及操作系统、数据库、中间件等系统软件，构造适合系统平台运行的 IT 基础设施环境。

安全保障体系建设，提供数字证书接口，对用户身份实行高可靠性的身份认证；对系统中的信息实施访问控制，确保合法用户访问授权范围内的信息。

测评平台所有测评工具均提供统一的用户管理机制，按照分级分组管理方式，实行操作权限管理，满足对组织测评及个人自主测评相结合的应用需要，为面向基层管理人员自主发展创造平台。

（四）定制精准的管理人员素质能力测评工具

1. 开发场景行为测评工具

关注管理人员在独特工作场景中所表现出的行为、能力，对可衡量的能力素质指标，定制开发和迭代场景化测评工具。综合采用角色扮演、公文筐、无领导小组讨论等测评手段，开发场景化测评题本和量表 45 套，年迭代率 78%。

2. 编制履职技能测评工具

为贴近企业工作实际场景，按照计划、组织、控制和领导管理技能四大维度，开发并更新测评题库。其中，计划管理维度细分为战略理解与执行、目标制定、资源规划、时间管理等四个模块，囊括战略理解、战略执行、商业敏锐度等方面 800 多道测评题目；组织管理维度包括任务管理、授权管理、团队管理等模块，细化设置任务分配、合理分配、交代任务、分工授权、识人用人等方面 1200 多道测评题目；领导管理维度细分为决策判断、激励推动、能力辅导、人际理解与沟通、关系管理等五大模块，配备信息分析、风险意识、方案评估等方面的 1500 多道测评题目；控制管理维度设置监查反馈、应对调控、绩效管理三个模块，储备分析能力、问题解决、反馈技巧、突发应对等技能环节近 2000 道测评题目。

3. 配置人格特质测评工具

关注管理人员相对稳定的人格特质、价值观、驱动力等方面的心理因素，确定个性特质、思维模式、管理风格、偏离风险、动机和忠诚度在内的最重要的六项因素，并为关键因素逐项配置心理量表测评工具。个性特质维度，配置职业性格测评工具，评估被测评者在具体岗位上的管理潜能，提高管理人才适配成功率；思维模式选用思维策略测评，通过评估管理人才的思维推理水平，有效预测个体未来的工作绩效，提高人员选拔的准确度；管理风格评估管理人才试图影响他人行为时所表现出来的固定行为模式，用以预判不同管理者可能的领导行为；偏离风险采用任职风险测评；动机测评应用职业锚工具，判断管理人才价值观，帮助组织优化对管理人才的职业生涯管理效率；组织忠诚度测评着重挖掘影响管理人员敬业乐业的核心因素，从"人心"的视角探索组织管理提升。

4. 匹配能力素质测评工具

针对不同类型的管理人员，依据不同能力素质要求，差异性匹配测评工具。其中，性格（职业性格）、智力（思维策略）和技能（管理技能）三类工具为必选项。管理风格推荐有管理职责的群体测评，比如班组长、供电所长、新任科级和青年干部。职业锚推荐年轻或经验尚不丰富的管理者，如新任管理者和管理专职，帮助其建立自我职业倾向的认知。

依据测评工具组合内容，在诊断、分析生成报告后，进行人工二次校验完善。针对测评者个人，基于三类测评结果，依据管理人员能力模型，判定管理人才目前处于待发展、中等还是优秀水平，有针对性地提供管理技能细节表现及培养发展建议。

（五）对管理人员分类开展数字化评价分析

1. 综合集成素质能力评价信息

聚合管理人员素质能力评价获取的信息，集成到国网江苏电力智能人事决策系统，将测评工具接入国网江苏电力员工发展中心，实现统一身份认证，支持多种客户端访问、断点续答，有效解决管理人员信息分散、不全、不易统计等难题。匹配管理人员选育管用核心流程，提供落地支撑。从具体管理场景出发，关注智能人才库、甄选挑人、任免管理、新任管理、盘点管理、继任管理六大核心场景。通过项目式管理模式，跟踪测评过程，强化测评工具、测评模型、测评题本、测评常模数据、测评数据和测评报告等在线管理；测评完成后输出测评报告，在线获得个人报告、个人综合报告和团队分析报告。报告内容涵盖数据分析和结果应用，从不同维度剖析结果，根据团队、个人的相对优劣势，提供能力发展建议。从个人综合素质分析、团队结构分析、团队综合素质分析、团队细分维度多个角度对管理人员群体进行实时分析，动态输出管理人员雷达图分析报告。

2. 开展大数据分析评价应用

一是加强信息整合。包括线上收集、接口收集等多种人才数据。二是进行人才画像。基于素质能力模型及其测评输出数据，推动国网江苏电力管理人员画像臻于完整。三是开展全景分析。基于人才档案／画像／综合评价，分析队伍异动、人才结构、人才质量情况。四是进行人才对比。基于人才档案／画像／综合评价，对比队伍基本信息、成长经历、综合素质。五是实现一键选人。基于人才档案／画像／综合评价关键信息筛选匹配，快速查找符合人选。六是建立人才池。基于人才档案／画像／综合评价关键信息筛选匹配，敏捷建立后备人才库和形成发展计划。七是实现任免管理功能。系统辅助通知提醒，线上化存储资料，提升工作效率和数据安全性。八是实现新任管理。建立系统任务，自定义设定工作清单，实现资料数据线上化存储。九是加强盘点管理。在平台上开展组织盘点，系统自动生成团队九宫格、团队管理人才继任准备情况、团队多维分析等结果；也用于盘点个人，导入盘点数据，生成和调整九宫格，记录个人继任图谱、个人检视和个人行动计划。十是实现继任管理。基于人才档案／画像／综合评价，盘点管理人才队伍内外继任者准备度状况及继任发展建议。

（六）深化管理人员评价成果应用

1. 融入干部管理核心环节测评

结合国网江苏电力人力资源部和党委组织部提供的素材资料，建行华东研修院和国网江苏管培中心测评专家充分讨论，为三级领导人员、青年干部、年轻骨干等核心人才培养定制化开发"前测＋后测""线上＋线下"人才测评方案。一是针对测评者个人，依据管理人员能力模型，科学判断目前处于待发展、中等还是优秀水平，提供管理技能细节表现及培养发展建议。二是针对被测团体，分析整体管理能力水平、管理技能及职业个性特征等。三是针对人才管理，进行不同管理人才能力对比分析及历年不同管理人才的对比分析，积累测评数据，为人才决策提供支撑。四是针对评价结果，提出相应管理和发展建议，比如培养方向、适合的工作类型、发展建议等。

2. 嵌入干部素质能力盘点评价

以管理人员为对象，综合能力素质测评结果、业绩结果、民主评议结果等多维输入，形成盘点评价矩阵，固化盘点工作流程和标准。针对个人，展示个人成长轨迹（职位变化、能力变化、培训学习、突出贡献等）；针对团队，展示众多团队绩效、能力排名，跨时间段团队提升、倒退情况等，具体包括团队成长预警（针对团队能力、团队绩效没有达到增长要求的进行预警）、团队人员预警（针对团队人效不足、人员结构不合理的进行预警）。

3. 实施管理人员培养效果评价

通过建立管理人员评价数据库，为人才的精准优化提供依据。分析比较积累的测评数据，发掘管理人员群体特征和优劣势，通过工具自动运算分析，高效精准地对比各类管理人员的特点，做到人才标准迭代有据可依。在学习体系设计中，有针对性地调整赋能方向和学习内容，加强培训的精准度和差异化，增加补短板课程。同时，加大场景化学习、案例模拟式学习等学习方式的比例，设计开发绩效改进类、训战结合类等学习项目和课程，逐步完善基于管理能力"精准、实用和价值"的管理人员学习培养体系，重点班次培训方案评估嵌入率达到50%。

（七）建立健全评价分析保障措施

1. 强化组织协同工作保障

一是坚持横向协同。建立跨专业协同工作机制，及时共享必要信息，提高胜任能力标准构建的准确性，确保分析评价与应用及时落地。二是坚持纵向联动。推动省、市级电力公司和直属单位组织人事专家组建柔性团队，建立专项工作组开展研究，提升测评题本与电网业务场景化关联度。三是坚持内外协调。引入组织人事和人才评鉴领域资深专家，借鉴系统内外先进经验，持续实施和迭代优化，为体系建设长效推进提供有力支撑。

2. 建设资源共享有效保障

自2017年起成立领导力评鉴中心，利用多种渠道加大测评资源建设投入力度，构建以国网江苏管培中心为主体、地市公司级培训实训基地为补充的功能完备、布局合理、设施先进、具有特色的资源体系。明确组织机构、团队和工作机制。

3. 完善制度标准机制保障

明确功能定位和职责任务，优化机构设置和人员配置，强化建章立制，完善日常管理和考核评价，支撑保障公司培训工作高质量发展。先后制定实施《关于印发管理人才能力素质测评工作要点的通知》《关于印发管理人才能力素质测评标准要求的通知》《关于开展师资评价的实施方案》等指导性制度文件。

三、国有企业基于素质能力模型的管理人员数字化分类评价管理效果

（一）大幅提高了管理人员素质能力

打通"评培结合"人才培养模式，基于素质能力数字化评价平台，为选拔、适配、考评、能力发展提供了动态数据支持。基层管理人才苗子涌现率大幅提升，近两年相较往年提高40%以上，管理干部队伍全景画像、定期盘点的工作需求得到有力支撑，有力落实了"加大班组长选用力度"要求，基层单位近一年新提拔干部中，具有班组长经历的占比由25%提高至31%。通过组织测评和个人自主测评相结合，为制订管理人员自我发展计划提供了衡量标尺，每年实施测评人才数量同比增加近30%，潜力和能力综合评价的信效度达到0.7以上，大幅提高了盘点效率和精准度。

（二）显著提升了企业人才管理效率

助力国网江苏电力党委选用干部更加科学、精准。2022年，为国网江苏电力选派53名三四级领导人员实践历练、提拔重用三级领导人员29人提供了决策支撑，选人用人满意度不断提高。动态掌握了一批管理人才"好苗子"，队伍结构持续改善，实现处级干部"85后"零的突破，45岁以下正处级、40岁以下副处级占比分别提高5个和1个百分点，队伍年轻化进程不断加快。通过素质能力评价体系分析、诊断、筛选后的26名优秀干部人才赴西部帮扶，帮助西藏、新疆、内蒙古等地区协助开展电网建设、运维检修等工作，充分展现了国网江苏电力干部人才队伍奋发向上、不畏艰苦的精神风貌，优秀的能力素质及精湛的专业技术。管理人员分类评价相关做法提炼形成专著《国有企业领导力评鉴探究与实践——以国网江苏省电力有限公司为例》，2020年在人民日报出版社出版，并向全社会推荐；研发的管理人才能力素质测评系统获得计算机软件著作权和外观设计专利证书，向国网系统内其他省公司输出人才测评16次，得到中央组织部党建研究所、中国人事科学研究院、中国社会科学评价研究院等专家领导高度评价。江苏电力青年干部选拔测评技术开发成果，作为加强党建和党管干部的科学性举措，得到江苏省委组织部和人力资源社会保障厅领导的充分肯定和高度评价。

（三）有力推动了企业的高质量发展

助推国网江苏电力经营实力大幅增强。2022年，成功打赢了电力保供、抢险救灾、助力稳增长等一系列硬仗，圆满完成了各项目标任务，全年全社会用电量超7000亿千瓦时，全口径营业收入超4000亿元，连续11年业绩考核保持国网系统第一名。

（成果创造人：屈建伟、张　强、侯　俊、黄建宏、廉　淑、夏伟文、
　　　　　　　程宝玉、周　权、王存超、黄　珊、王　朴、余　诚）

能源化工企业以价值产出为导向的组织绩效分配改革

新疆中泰化学托克逊能化有限公司

新疆中泰化学托克逊能化有限公司（以下简称托克逊能化公司）是新疆中泰化学股份有限公司旗下的控股子公司，依托吐鲁番市托克逊县当地丰富的石灰石、煤炭、原盐等自然资源，通过近 15 年的发展，逐步形成"煤电—石灰石—电石—特种树脂—水泥"循环经济产业链。主要产品年生产能力为：电石 110 万吨、特种聚氯乙烯树脂 30 万吨、水泥 45 万吨、发电装机容量 66 万千瓦。现有员工 4000 余名，总资产 119 亿元，近三年实现利润总额 11.4 亿元、缴纳税费 8.85 亿元。先后荣获"国家高新技术企业""国家绿色工厂""国务院国资委科改示范企业""5G+ 智能化示范工厂""自治区企业技术中心""自治区开发建设新疆奖状""自治区劳动关系和谐企业"和"国家民族团结创建进步示范单位"等多项荣誉，获得授权专利 86 项。

一、能源化工企业以价值产出为导向的组织绩效分配改革背景

（一）顺应国企改革，助力新时代企业高质量发展的需要

中共中央、国务院出台的深化国有企业改革纲领性文件《关于深化国有企业改革的指导意见》，明确提出干部能上能下、员工能进能出、收入能增能减的市场化机制要更加完善的改革目标，并明确了改革具体措施。国有企业作为国民经济重要支柱和改革发展排头兵，必须主动适应市场经济要求，增强企业核心竞争力。员工是企业的重要组成要素，是企业的财富，价值产出分配最终关系到企业的生产经营和可持续稳健发展，构建客观公正的价值产出分配体系尤为重要。

（二）深化国企改革，激发国有企业活力的需要

作为国有企业，必须深入贯彻落实国企改革三年行动任务，完善中国特色现代企业制度，坚持"两个一以贯之"，形成科学有效的公司治理机制，激发国有企业的活力，健全市场化经营机制，加大正向激励力度。价值分配是价值创造的动力和前提，建立以价值产出为导向的组织绩效分配改革是提升国有企业效益的重要途径之一。托克逊能化公司原有绩效分配方式较为单一、粗放，薪酬结构不平衡，同岗不同薪，员工工作干劲不足，积极性不高等现状和问题比较突出，迫切需要找准切入点，建立以价值产出为导向的组织绩效分配改革制度激发内部活力，不断提升企业管理水平。

（三）激活全员动能，增强企业发展内驱力变革的需要

2019 年，托克逊能化公司投资 52 亿元建设的高性能树脂产业园及配套基础设施建设项目、电石渣制水泥综合改造项目两大项目建成投产，标志着公司绿色循环经济产业链的形成。为建立一套与产业发展相匹配的管理模式，新疆中泰集团将托克逊能化公司作为集团公司首个"公司 + 分厂"管理模式的试点园区，从产业、管理上共同推动公司走高质量发展路线，旨在中泰集团和行业内形成示范效应。面对新定位、新航向、新征程，原有组织绩效分配模式与新的管理组织架构不匹配、不适应的矛盾日益凸显。托克逊能化公司党委按照国企改革三年行动部署，主动对标国内外一流企业的运作模式，突破原有思维定式，从安全业绩、组织绩效、创新攻关等方面大胆改革实践，变革和重塑组织绩效分配制度，建立符合自身长远发展需要的绩效分配体系，有效激发企业发展活力和员工内生动力，为托克逊能化公司高质量发展提供新动能。

二、能源化工企业以价值产出为导向的组织绩效分配改革主要做法

（一）开展组织绩效分配改革顶层设计，制定组织绩效分配改革总体思路和原则

1. 广泛调研、统一思想、凝聚共识，确立组织绩效分配制度总体改革思路、目标

2019 年 5 月，托克逊能化公司组成调研组，深入职能部室、分厂、车间、基层班组等一线单位，通过开展组织绩效分配改革专题调研、召开组织绩效分配改革专题研讨会等多种形式，形成问题清单 32 项、改进行动计划 160 项。托克逊能化公司党委发挥党员先锋模范作用和工会沟通交流作用，多次逐级组织不同层面的务虚务实沟通、个别谈话做思想工作、专题培训学习，逐步消除部分员工对改革认识不足和思维定式的束缚，最终达成改革统一共识。

在凝聚全员共识的基础上，托克逊能化公司确立本轮改革总体思路和目标。结合企业实际，充分借鉴、对标国内优秀标杆企业绩效管理的先进经验和做法，采取先行先试就地转化实践的方式，改变薪酬绩效分配模式，通过明确目标任务，搭建管理体系、构筑价值产出评审机制，形成公正、公开、公平合理的收入分配格局，有效激发全员活力和内生动力，为托克逊能化公司高质量发展提供有力支撑。通过充分运用目标指标管理工具将组织与个人目标关联逐级承接并配套目标绩效考核标准，健全激励机制；按照公司、分厂、车间、班组、个人五级目标绩效纵横贯穿，放大绩效杠杆和指挥棒作用，引导全体员工牢固树立"工资是挣出来的""幸福是奋斗出来的"的价值理念，激发全体员工内生动力，打造托克逊能化公司特有的价值产出绩效文化和组织绩效管理品牌，持续提升企业核心竞争力，为托克逊能化公司高质量发展提供新动能，为本土国有企业提供最佳实践和参考。

2. 高位推动、统筹谋划，保障改革顺利落地

托克逊能化公司组织绩效分配制度改革置于引导和促进质量、效益发展的战略高度，从两个维度强化组织保障，横跨"党建、安全、环保、运营、生产、技术、党政、人事、企管、财务"十大专业、纵深"公司、分厂、车间、班组、个人"五级，形成"管理层统一领导、专业部门协同联动、全员共同参与""一级抓一级、层层抓落实"的改革保障机制，为改革落地提供组织保障和机制保证。一是成立组织绩效管理委员会，党委书记、董事长亲自挂帅担任主任，业务分管副总归口牵头，负责总体布局、制订计划、实施把关、督查问效、研究重大事项、提供资源支持，统筹协调解决改革出现的各类"疑难杂症"。二是设立组织绩效管理办公室，负责日常具体工作推进和落地，明确各专业职能部室分工权责，各业务职能部室按专业职责归口负责目标指标的"设定、分解、回顾、考核、沟通"全系统、全要素的闭环管理和持续改进机制。三是各层级部门逐级成立绩效改革分配小组，具体负责本部门员工和部门领导的考核分配与奖励兑现，确保绩效改革在基层落地。四是每月、每季分层级定期召开改革专题会议，研究讨论组织绩效分配改革推进过程中出现的各类问题，并及时采取补救措施，挖掘组织绩效改善空间，实现全员绩效持续改进，形成长效协调推进机制，确保组织绩效分配改革顺利推进。

3. 坚持系统思维，制定组织绩效分配改革三项基本原则

托克逊能化公司在如期完成顶层设计、确立总体改革目标和思路的基础上，针对长期经营管理发展过程中原有组织绩效分配传统方式存在体制机制不完善不健全不配套、现代企业管理工具运用不充分、沟通改进亟待提升、组织绩效分配一定程度存在"大锅饭"情况，员工对薪酬分配参与度和认同感不足，创新创效积极性未能得到充分调动，企业内部活力难以有效释放等诸多问题，结合自身特点和现状，确定本轮改革调整基本原则。一是"总额控制"原则。依据各直线组织定岗定编、部门职责、历年薪酬、承接任务目标等主关键要素，依据基础标准，核定年度、月度标准绩效总额包，作为绩效分配的框架和依据。二是"责权利对等"原则。以目标管理为主线，按照公司、分厂、专业、车间、班组四级管理架构和各自承接相应管理权限和责任，通过"工作计划、重点工作、目标指标、专

项工作、基础工作、临时工作"等六大管理要素，形成相应的分配考核权限，绩效管理办公室对各部门职责履行情况进行督查，实现各级组织"责权利"对等。三是"同比例浮动"原则。根据外部市场、客观环境等的变化，结合上级部门相关要求，各直线组织绩效总额与外部市场保持同比例浮动，以此实现市场风险共担，体现市场化导向。

（二）设定改革时间表和路径图，分阶段推进组织绩效分配改革

1. 改革试点探索阶段（2019年5月—2020年12月）

引入目标指标管理、OKR管理、全员创新改善项目产出，同步调整组织架构实现责权利对等，选择"分厂、车间、班组"试点单位核定绩效总额、考核分配标准，初步形成目标与组织绩效分配管理雏型。

2. 建标全面推广阶段（2021年1月—2021年12月）

突出公司各级目标设定、分解、回顾、考核、沟通，全面搭建目标与绩效管理体系、基于产出结果应用的业绩考评体系和宽幅职级动态调整体系，形成较为完善的目标管理框架和组织绩效分配改革最佳实践。

3. 对标一流提升阶段（2022年1月至今）

托克逊能化公司充分借鉴、对标中石油、中石化、中广核、华为、特变电工等国内优秀民族企业标杆人力资源管理的先进经验和做法，打造系统化的绩效管理模式，形成托克逊能化公司组织绩效管理品牌，成为西部能源化工企业组织绩效分配改革创新实践标杆，提升企业核心竞争力。

（三）建标立制、选择试点，逐级承接落地实施

1. 建标立制，夯实改革基础

托克逊能化公司以标准体系、实施体系、保障体系为关键要素，构建"三位一体"管理体系，建立健全职责分工和流程闭环管理标准，并通过OA、钉钉等信息化手段实现"全流程、全要素、全过程、全方位"管理，形成公司级规章制度81个、分厂级制度455个，涵盖安全、运营、技术、设备、人事、党政、财务、物流、后勤等各个方面。

针对托克逊能化公司以往基础管理薄弱的问题，创新提出制度、流程、标准"三位一体"，坚持以"事"为中心，围绕"如何做事"，规范制度、流程、标准，强调公约和准则及各类规范，形成涉及安全环保、运营技术、党政、人力资源管理等专业46项建标成果，相继制定《组织绩效分配制度》《专业管理考核细则》《综合管理细则》《专项奖励考核标准》等制度，作为托克逊能化公司价值产出分配改革依据。

2. 选取试点分厂、车间、班组，逐级承接落地

分厂层面。选取电石厂和绿色建材厂作为试点，编制分厂组织绩效分配改革方案及配套目标绩效考核标准，热电厂、高性能树脂厂综合办分厂领导、主要负责人、具体业务人员共同参与，结合本单位实际，同步对标试点分厂完成绩效考核方案及配套的目标绩效考核标准并试行。

车间、班组层面。选取电石厂2个车间、2个班组作为试点，结合分厂车间、班组实际，编制绩效考核细则及配套目标绩效考核标准，绿色建材厂同步对标试点车间、班组完成考核细则及配套绩效及考核的制定并率先试行，从无到有建立组织绩效分配机制，依据"价值产出贡献""工作难易程度"核定绩效总额，通过优化调整部门系数、设定岗位系数、制定目标指标考核分配标准和产出激励分配标准，进一步打破"大锅饭"，让奋斗者、价值产出者得实惠，营造全员"比、学、赶、帮、超"浓厚氛围。

（四）改革赋能，创建"目标与绩效"两大运作管理体系

1. 搭建目标管理体系

托克逊能化公司以年度目标指标与 OKR 管理为载体，通过科学设定目标指标、明确公司分厂两级目标和各专业年度工作主线并将其作为托克逊能化公司年初 1 号全年纲领性文件下发执行。

首先，科学设定目标指标。根据目标管理理论，进一步分解量化和逐级承接新疆中泰集团下达的目标任务指标，确定关键绩效指标。按照管理学"二八原理"，抓住管理核心和重点，以守好底线（目标）为基调，抓审核（专业要素）促产出（价值产出），通过强化 OKR 工作计划，从制定、过程管控、产出考评等方面逐步完善重点工作计划管控机制，统一规范"公司 + 分厂"月（季）重点工作计划上下联动的运作机制，形成"董事长（总经理）+ 专业副总 + 专业部室 + 分厂 + 车间"双向沟通、逐级承接的管控模式。

其次，严格设定目标值。在不影响企业安全稳定生产和可持续发展能力的前提下，托克逊能化公司设定"期望原则"（目标设定通过努力可能达到）、"参与原则（上下沟通，全员参与）"，由专业管理部门分解下达各分厂安全生产经营目标指标，按照目标管理架构合理设定目标权重占比 30% ~ 40%、指标权重占比 20% ~ 30%、管理指标权重占比 15% ~ 20%，其他产出权重占比 10% ~ 20%。

最后，逐级分解目标指标。以"年、季、月"为时间轴，实施"公司、分厂、车间、班组、员工"五级目标指标管理，从"目标（占比 20% ~ 35%）、指标（占比 15% ~ 20%）、工作计划（占比 10% ~ 15%）、重点工作（占比 10% ~ 15%）、基础工作（占比 5% ~ 10%）、个人成长（占比 5% ~ 10%）"六个维度分解目标指标，并逐级签订《目标责任状》，形成"人人肩上有指标、千斤重担万人挑"的良好局面。

2. 搭建组织绩效管理体系

为了充分发挥组织绩效分配的杠杆作用，用绩效呈现员工在公司发展中的贡献，托克逊能化公司结合历史数据、目标值比对分析，有效运用目标管理理论，聚焦安全生产经营效率，紧密结合年度目标任务与计划，按照"目标指标逐级承接、责权利对等"的原则，以"党建、安全环保、运营技术、人事企管、财务管理"五大专业逐级从公司专业副总、分厂领导、分厂、车间、班组进行目标量化考核。

第一，设定绩效考核标准和考核系数。从各专业目标、生产型指标（产量、单耗、质量）、管理型指标（关键要素审核）、产出激励四个维度设定组织绩效考核标准；依据分厂难度及属性设定考核系数，系数范围为 1.0 ~ 3.0。

第二，推行连带考核分配机制。根据目标指标完成情况，实行连带考核及扣罚（专业主管部门 30% ~ 50%，其余部门连带 15% ~ 30%）。管理人员个人绩效采取连带考核分配，专业部门发生主体责任，部门负责人、分管专业副总按照同责扣罚，业绩目标、指标类非主体责任职能部室（中心）部门负责人、专业副总连带 30% ~ 50%。

第三，定周期严考核后兑现。合理设定考核周期，月度以守底线扣罚为主，季度以季度目标达成及产出情况进行奖励为主，年终分析月度、季度目标达成的综合情况，年底考核清算兑现。公司级管理人员年度薪酬按月度绩效、年终激励两部分核发，厂级管理人员以公司和分厂两级考核为主，公司本级层面按照"月度、年度"分别对分厂领导班子进行整体考核，分厂厂长按照"月度、年度"依据分厂薪酬绩效考核分配制度对副厂级管理人员进行单项奖惩和奖惩二次分配。严格执行考核兑现，依据公开公平公正的考核原则，月度绩效和年终激励两部分构成，按照"实发绩效总额 = 标准绩效总额 ± Σ 目标指标考核 ± Σ 单（专）项考核"计算公式，各专业目标归口部门与被考核单位双向沟通，据

实提供专业目标指标达成情况奖罚，按照薪酬绩效考核分配方案的原则、内容、流程报薪酬绩效管理委员会审定考核分配结果并兑现。

（五）创新驱动、提质增效，构建价值产出评审激励机制

1. 开展专题项目攻关，解决专业瓶颈问题和短板

为解决企业长期过程中遇到的专业性瓶颈问题和短板，托克逊能化公司推行"揭榜挂帅"项目经理负责制，公司主要领导负责、专业副总挂帅，年初申报专题项目，经公司审核通过后，成立项目小组，确定组长和核心成员，编制年度专题工作任务和推进计划，确定工作时间节点；小组每月组织召开 1～2 次专题会议，明确阶段性行动计划与小结（产出），项目组长审核后报人事企管部；每月根据各项目组行动计划、产出成果、工作推进等完成情况，依据奖惩标准，按照"召开会议、计划总结、产出奖惩"的原则，根据过程产出成果大小，分为"阶段性产出、成果一般、成果较大"三档，经评审委员会评审并按相应标准奖励，奖励分为三档，金额在 0.5～5 万元/项，重大项目经评审委员评定后按产出结果单独奖励。

2. 全员创新改善，提升企业竞争力和管理效能

2019 年，搭建"全员创新改善"平台，按年从公司薪酬总额中计提全员创新改善专项奖励，实行"车间、分厂、公司"三级评审，分为一级、二级、三级、四级，按照对应级别奖励（一级奖励 2～5 万元/项，二级奖励 0.8～2 万元/项，三级奖励 0.5～0.8 万元/项，四级奖励 0.2～0.5 万元/项），由评审委员会评审定级，按阶段进行奖励。

3. 专项工作依据产出成果大小评定奖励

在推动各项管理与技术革新的先行先试单位，根据产出成果大小，分为"产出明显改进、产出效果较大、产出效果很大"三档，评审委会按照"自评、复评、终审"的程序评定，按对应级别奖励（第一档 0.3～0.5 万元/项，第二档 0.5～1.5 万元/项，第三档 1.5～3 万元/项）和贡献大小分配。

4. 重点工作形成价值产出闭环管理

2022 年下半年以来，各专业在重点工作推进过程中的有效工作产出成果，在原有基础上改进提升程度达到 30%～40% 以上，对有明显改进、提升的重点工作项目，具有"可复制、可推广、有价值"的产出成果，分为"有明显改进、产出效果较大""有显著改进、产出效果很大"两个维度，评审委员会按两档评定，并依据贡献大小和价值产出兑现相应奖励，在进一步解决管理与技术中遇到的具有专业性和关键性难题和补短板方面发挥重要作用，为托克逊能化公司高质量发展创造了良好的内部环境，形成有效的价值产出管理循环。

三、能源化工企业以价值产出为导向的组织绩效分配改革效果

（一）管理系统逐步健全，价值理念深入人心

托克逊能化公司组织绩效分配改革后，组织机构不断健全，制度不断完善，日趋科学，评价方式更加有效，初步形成一套行之有效、与之配套的以价值产出为导向的组织绩效分配机制，具有托克逊能化公司特色的现代企业管理。通过构建价值产出机制，构筑强化目标与绩效等管理体系的宣贯和执行，打造价值产出的绩效文化，在企业文化历史传承中与时代精神有机结合，形成"以员工为本，以奋斗者为中心，长期坚持以团结、奋斗、共赢的企业文化"的价值理念，让"工资是挣出来的""幸福是奋斗出来的"等理念深入人心，形成管理人员"跑起来"、全体员工"动起来"、各级组织"转起来"的生动局面。托克逊能化公司上下攻坚克难的精神更加饱满，干事创业的氛围更加浓厚，自动自发、自我完善、持续改进，组织活力持续提升，内生动力显著增强。

（二）激励约束作用逐步凸显，管理水平稳步提升

通过基于价值产出管理为平台的组织绩效分配改革，有效将价值过程产出、目标绩效、业绩考

评进行分级管理，按"公司、分厂、车间、班组、个人"五级管理体系链接协同，逐步实现"量化导向""目标逐级承接""责权利统一"，有力引导全员与企业质量效益同向发力、力出一孔。2021 年以来，工资总额和人均工资实现双增长，员工幸福感、满意度日益提升，先行先试产出 28 项成果，培养核心骨干 102 人，补短板产出成果 46 项，连续两届获得全国石油和化工行业职业技能竞赛团体二等奖，连续两届获得全国水泥化学分析大比对优良奖，连续两届"中泰杯"职业技能大赛单项冠军，团体二、三等奖。

（三）改革创新动力有效激发，发展形势持续向好

托克逊能化公司在中泰人 65 年文化沉淀基础上，对标国内外一流企业，历时 5 年以价值产出为导向组织绩效分配改革创新实践，提升企业软实力，厚植高质量发展土壤，通过各类管理提升活动有序开展，形成全员创新改善奖 409 项（填补行业空白 2 项，重大突破 99 项，优化改造 308 项），在提升企业管理效能的同时激发企业发展活力，带来直接经济效益超 1.2 亿元，获得授权专利 86 项，2023 年上半年成功入选国务院国资委科改示范企业、国家绿色工厂。近 3 年净利润平均增长 20% 以上，员工年均收入同步增长 20%，企业发展成果惠及全体员工。

（成果创造人：王利国、祝存恩、黄小虎、姚永军、杜雍婷、沈茂纲、

杨玉才、朱　政、刘红雷、代　斌、魏虎杰、畅　蕾）

有色金属矿山以员工效能提升为导向的多维度积分制管理

伊春鹿鸣矿业有限公司

伊春鹿鸣矿业有限公司（以下简称鹿鸣矿业）是中国中铁股份有限公司全资子公司——中铁资源集团有限公司（以下简称中铁资源）的控股子公司，位于小兴安岭，是集钼矿采矿、选矿于一体的大型有色金属矿山企业。主要经营钼矿开采、选矿，矿产品经销，钼产品货物进出口等，主要产品是品位45%～55%的优质钼精矿。企业拥有钼金属资源储量75.18万吨，生产规模日处理矿石5万吨，年处理矿石1500万吨，钼金属年产能1.5万吨，钼精矿市场供给能力在国内居第一位。"有色金属矿山数字化采选技术"和"钼矿绿色选矿工艺与特大型选矿装备集成技术"分别入选原国土资源部第五批、第六批矿产资源节约与综合利用先进适用技术推广目录。

一、有色金属矿山以员工效能提升为导向的多维度积分制管理背景

（一）完善人才战略布局的需要

鹿鸣矿业作为钼矿行业的重要一员，从资源禀赋来看，具有资源储量优势、开采工艺优势、生产流程优势等天然优势。在高质量发展过程中要进一步打造具有国有企业特色和优势的核心竞争力，最关键的是选拔、使用和激励"高潜力的人才"，打造数量丰富、结构合理、素质优良的人才队伍，不断完善人才战略布局，让人才"第一资源"转化为发展"第一动力"，使人才贡献价值化。多维度积分制管理能更加精确地量化人才的能力，衡量人体现的价值，挖掘员工的复合潜能，以差异化激励人的主动性和积极性，让员工在企业能够不断成长进步，成为高素质人才，实现"人才强企"的管理目标。

（二）深化国有企业三项制度改革促高质量发展的需要

矿山企业处于产业链和供应链的前端，内部工种繁多、工作性质复杂，绩效考核管理工作很难全面、深入开展。传统的矿山绩效管理模式有诸多缺点，已经不能满足当前人才管理的需求，绩效管理变革创新是深化企业三项制度改革的必然趋势。因此，鹿鸣矿业针对矿山企业特点，引进积分制管理内容，优化考核机制，强化考核结果应用，突出岗位价值和员工贡献度，充分发挥绩效的激励和约束作用，为企业深化三项制度改革提供保障与依据。

（三）完善激励机制激发人才活力的需要

鹿鸣矿业已具备一定的绩效管理经验和文化，但是通过问卷调查、现场访谈等方式，识别出绩效管理在绩效计划制定、绩效评估方式、绩效结果运用、考核过程管理等方面仍存在考核维度比较单一、考核指标不合理、考核方法不科学、考核结果运用不充分等一些突出问题，导致绩效考核的激励和约束作用没能得到充分发挥，对于精细化、精准化、精益化的考核要求也越来越强烈。通过构建以员工效能提升为导向的多维度积分管理体系，从个人价值、KPI考核、企业贡献三个维度建立考核激励机制，用激励员工代替管理员工，调动全员积极性、主动性和创造性，激发员工潜力与活力，实现企业与员工共同发展。

二、有色金属矿山以员工效能提升为导向的多维度积分制管理主要做法

（一）确立多维度积分制管理工作思路

1. 确立研究思路

通过对中国中铁相关三级单位的激励管理现状进行调研，对有关基础数据进行定量、定性研究分析，找出存在的问题和不足，有针对性地制定科学措施，引出了积分管理内容，构建了以员工效能提升为导向的多维度积分管理体系，以进一步完善人才激励机制，激发企业员工内在活力、动力、潜力。一是抓企业管理核心目标，明确抓管理就是抓管理人，提高对人管理的战略地位；二是抓企业人才管理重点，明确抓管理人就是抓关键少数，提高关键少数对高绩效的贡献能力；三是抓企业"三能"机制改革，做到人才队伍建设公平公正，优化制度建设与文化建设、物质激励与精神激励，实现干部能上能下、员工能进能出、收入能增能减。

2. 明确设计目的

一是抓目标管理，最大限度调动员工工作积极性。应用积分制管理提高对员工管理的战略地位，反向提升管理，再达成工作目标。二是抓关键少数，采取奖分、扣分驱动制度促进执行力的提升，通过积分制的差异化激励，提高关键少数对高绩效的贡献。三是抓竞争意识，用积分排名打造员工的荣誉感。在进行物质激励与精神激励的同时，从全局整体利益层面考虑，做到关键少数能取能舍，实现末位淘汰、优胜劣汰、盘活人力资源。四是抓需求升级，引进和留住关键人才。搭建积分管理平台，充分体现对员工的认可和尊重，不仅使考核与物质奖励挂钩，还实现考核和激励的双重目标。五是抓价值提升，打造员工的忠诚度。以积分管理激发个人价值的提升，聚焦干部选拔任用、人才配置开发、薪酬激励考核、战略绩效落地等高价值工作，这是员工自身发展和企业向前发展的双向需要。

3. 建设组织体系

成立积分制管理体系领导小组，由主要负责人任组长，其他领导班子成员及职能部门负责人为成员。成立工作小组办公室，人力资源部部长担任办公室主任，成员由人事、党建、企管等有关部门负责人组成。明确各层级工作职责。领导小组是领导和决策机构，负责员工多维度积分制考核的领导、组织、协调工作；工作小组办公室负责起草相关制度方案，组织指标的制定和分解，督促各部门、单位落实积分制管理措施，组织各职能部门围绕管理创新实施目标，协同配合、全面落实。

（三）搭建多维度积分制管理模型

1. 搭建个人价值积分模型

一是确定个人价值积分的关键要素。聚焦员工能力提升，依据企业的价值导向，构建个人价值考核指标，动态盘点员工能力素质，有针对性地挖掘员工潜能，激励员工发挥最大价值。用问卷调查法及现场访谈法确定关键要素为学历及学位、专业技术职务、司龄、职业能力、创新能力、突出贡献、人事考核、遵章守纪等八个方面。个人价值积分在企业工作期间原则上持续动态累计，不清零。前七项指标赋值总分为 100 分，其中前六项积分为累计积分原则上只增不减，人事考核按年考核，进行滚动变化；遵章守纪是员工遵守规章制度的约束指标，设置为扣分指标。

二是确定关键要素的权重分值。由课题小组成员为主建立评价小组，分三个不同时间段进行测评，采用问卷调查法结合层次分析法来确定各个指标的权重。其一，建立判断矩阵的关键要素。设置前七项指标为关键要素 X_n，设定总权重值为 D_n，将关键要素权重按照获取的难易程度划分为基础难易程度 D_1 及提升难易程度 D_2，各占一半权重。其二，确定分值计算规则。关键因素设为 X，各项影响因素分值为 X_n，为 D_1、D_2 之和。基础难易程度计算规则将各关键要素 X_n 中 D_1 基础难易程度的总分值各设为 C_n，由对其具有主要影响因素的五项内容组成，分别为工作执行能力影响分值 C_1、工作领悟能力影响分值 C_2、学习创新能力影响分值 C_3、沟通协调能力影响分值 C_4、人际交往能力影响分值 C_5 等 5 项，D_1 为 C_1 至 C_5 之和。每项影响因素如果存在影响项，即按 1～10 分进行影响程度划分。提升难易程度计算规则将各关键要素 X_n 中 D_2 提升难易程度的总分值设为 100 分、80 分、60 分、40 分、20 分五等。

三是确定各关键要素权重分值分配方案。基础难易程度及提升难易程度权重评判由 40 个成员分二次进行评价，计算形成 80 份样本数据的结果数据。每次计算完成后按照权重值统计法进行汇总统计，最终按照加权平均法计算出最终各自权重得分。其一，学历及学位共计 16 分，按学历及学位所需要的年限及难度划分，分别为中专及中专以下、大专、本科、硕士、博士及以上，按照内插法分别赋分为2分、5分、8分、11分、16分。其二，专业技术职务共计15分，按所需要的年限及难度划分为员级、助理级、中级、高级、正高级五个等级，按照内插法分配为2分、5分、8分、11分、15分。其三，司龄共计8分，分为3年、5年、7年、10年、15年及以上五档。原则上以年为单位周期计算，如未满全年的，半年及半年以上按0.5分计算，半年以下不作计算，连续在本企业服务3年可增加1分。其四，职业能力共计14分，以国家注册职业资格证书为准，划分为甲、乙两类。获得一项甲类证书的给予5分，获得一项乙类证书的给予2分。同时考取多个职业资格证书的累计计算分数，同类证书就高原则，取得甲类职业资格证书增项加2分。其五，创新能力共计15分，主要指技术创新、管理创新奖项、发明专利奖项等，分为公司级（县区级）、集团级（地市级）、股份级（省部级）、国家级，基础分值分别为1分、2分、3分、5分，公司级（县区级）取一、二等奖，其他取一、二、三等奖，每级递减0.5分，同一项目采取就高原则加分，每增加不同类别奖项按基础分值进行加分，其中国家级及省部级加分不设上限。其六，人事考核共计15分，以年为计算周期，主要为年度考评分数，考评结果还原至百分之后，分别为75～80分为6分、81～85分为8分、86～90为10分、91～95为12分、96～100分为15分，每年浮动更新。其七，突出贡献积分共计17分，以公司主要领导交办的专项工作认可为主，主要为应急等特殊工作，按次计算，分为个人类及集体类两种，可多次累加。其八，员工遵守规章制度的约束指标，为扣分项。员工违反企业规章制度的，各部门、各单位制定积分细则，根据违反规定严重程度和影响情况，扣1～10分。其九，关键要素权重分值中专项分配方案。人事考核连续三年考核为优秀时，可追加1个积分。鼓励青年员工创新创造，以35岁为标准，每低于5岁在基础分上增加1分，特等奖加1分。35岁及以下年轻人员以地市级奖励为加分标准，地市级以下不作加分。当员工超龄后，原积分调整为当前积分规则计算得分。

2. 搭建绩效考核积分模型

一是建立三级指标体系。层层分解关键绩效指标，满分为100分，年终随即清零。将上级单位下达的年度绩效指标及企业年度预算计划，按照"具体、量化、可实现、相关、时效"原则，建立关键指标KPI指标库，企业指标承接上级单位年度目标任务，采用技术计算、统计分析和查实写定相结合的方法，制定合理的年度任务目标。各生产单位将绩效指标向下分解到班组，原则上不突破企业总指标。班组综合考虑员工工作性质、责任、能力等因素，将绩效考核指标分解到每个员工。二是额外工作任务指标。激励员工创新创效，最高分不超过50分。三是督查督办指标。主要是对上级单位领导及公司领导重要指示批示精神、公司重点工作任务等进行督办，通过分工立项、协调督办、情况反馈等方式推动公司重点工作的贯彻落实，具有很强的时效性、重要性和紧迫性。

3. 搭建企业贡献积分模型

聚焦员工团队贡献，设置企业贡献积分，主要体现员工在团队建设上的贡献指数，包括人才培养、志愿服务、文体活动等内容，作为加分项，上不封顶，完成兑换核算后动态清零。一是人才队伍建设。参加导师带徒活动，争取评为优秀导师，积极为企业推荐紧缺优秀人才，大力引导青年员工在岗位上学习，在企业形成比、学、赶、帮、超的良好氛围，提高青年员工的整体素质。二是精神文明建设。鼓励员工参加困难员工帮扶活动、好人好事、企业和社会志愿者服务活动。三是企业文化建设。引导员工踊跃参加文体活动，参加企业组织的运动会、文艺汇演、演讲比赛、知识竞赛等各类文体活动，充分调动了广大员工的积极性。

（四）多维度积分制的立体化应用

1. 建设人才队伍

一是构建岗位胜任力模型。通过七个指标综合考核，针对不同的管理、技术、技能岗位，提炼胜任岗位需具备的胜任特质，对员工进行人力素质测评，提炼各岗位核心、通用、专业等多方面能力素质，进而识别员工、管理层、领导团队的行为是否可以满足整个企业达到预定的发展目标。

二是绘制企业人才九宫格。结合绩效考核结果，构建潜力－绩效模型，实施人才盘点工作，将潜力测评得分和绩效得分划分为高、中、低三个档次，根据被盘点人员的潜力测评结果、绩效评估结果，参照潜力、绩效的档次标准，初步绘制出人才九宫格，划分为卓越之星、效益之星、娴熟之星、潜能之星、骨干职工、达标职工、未来之星、差距职工、问题职工等九种类型，制定人才盘点结果应用方案，详细说明具体的人员调整与增补、人才激励、人才培养计划。通过对主专业人才的盘点，建立人才储备库，绘制主专业人才梯队度，防止人才断层，为企业发展提供核心竞争力人才。

三是拓展职业发展通道建设。印发《伊春鹿鸣矿业有限公司薪酬管理办法》，打通员工行政管理、专业技术、技能操作三条晋升路线，行政管理系列针对从事管理工作并具有职务的人员；专业技术系列针对从事工程、经济、会计、计算机等专业技术工作的人员；技能操作系列针对从事生产运行组织、设备维护保养等一线技能操作岗位的人员。不同序列分类计算积分，确保同级待遇横向比较相对公平，积分排名可作为调整工资待遇的依据，同时开通技术工人职称评聘通道，开辟多元化职业发展道路，避免"千军万马过管理晋升独木桥"的现象。

四是员工职务晋升与岗位调整。按照积分高低划分"甲乙丙区"，作为职务和岗位调整的重要依据。积分排名前20%列为"甲区"，优先考虑推荐职务晋升、岗位交流。积分不变或下降列为"丙区"，连续1年列入"丙区"的，进行岗位调整；连续2年列为"丙区"的，视为不称职。积分进步较慢的列为"乙区"，作为警示激励区，鼓励员工积极进步取得积分。积分制的引入去除人事管理"行政化"，将人才晋升考察过程量化，增强选人用人的公信度，明确正确的用人导向。

五是推进专业特长人才队伍建设。根据员工的学历及学位、职称、技能等级、职业资格等进行单项指标排名，设置"单项积分排行榜"，分别按单项积分设置表彰奖励，组织召开学习经验交流，鼓励员工学习常态化，营造比学赶超的学习氛围，努力打造学习型企业。

2. 分配薪酬福利

一是员工薪酬分配和贡献价值同步量化。根据员工关键绩效考核指标月度、年度积分，分配月度绩效工资和年度绩效考核奖金。月度绩效工资发放，结合员工关键绩效考核得分等指标核算各岗位月度绩效工资标准值，以量化积分方式按劳分配、多劳多得。年度绩效考核奖金发放，根据员工年度总积分排名情况，划分奖金等级和档别，前20%为A档，奖金上浮15%；21%～50%为B档，奖金上浮10%；51%～80%为C档，奖金上浮5%；其他人为D档，奖金按照标准值发放；60分以下的为E档，不予兑现奖金。坚持"薪酬激励靠贡献""以业绩为导向，合理拉开差距"的总体原则，建立以价值贡献为导向的分配机制初步形成了与"贡献、职级、岗位"挂钩的三位一体的人才薪酬分配体系。二是推进多层次弹性福利制度建设。打破传统固定式福利待遇形式，破解休假、培训、员工生日慰问"一刀切"的局面。建立与积分制管理匹配的福利管理制度，进一步丰富福利项目和内容。对于企业贡献积分排名前5%年度积分达人增加带薪休假奖励3天。

3. 建设幸福企业

建设企业积分兑换平台，以积分兑换的形式，将企业贡献积分等额换算为积分卡，员工可以随时在平台上查看积分兑换时间表和可选产品。员工使用积分卡在企业超市或自动售卖机自主选择消费，为员工提供更多积分兑换选择，满足员工多方面个性化需求，提升员工对企业各方面运营参与度和幸福感，实现员工关怀及员工激励目标管理双重目的。

（五）多维度积分制体系实施保障

1. 完善制度组织保障

一是制定《伊春鹿鸣矿业有限公司工程系列初级专业技术技术职务任职资格评审办法（试行）》，成立《会计、经济等系列专业技术资格综合评审推荐小组》，畅通企业聘用员工职称评聘通道，实现应评尽评。二是印发《伊春鹿鸣矿业有限公司薪酬管理办法》，设置持证津贴，根据专业及取证难度划定不同补贴标准，实现双重激励。三是先后出台了《企业管理现代化创新成果管理办法》《科技工作管理细则》等四项管理制度，为企业技术创新、管理创新提供制度保障。针对工艺流程、采选技术、资源综合利用等方面开展创新工作，打造省级企业技术中心、产学研合作联盟等创新平台，筹建创新工作室，研究探索提高企业效率和效益的创新方法，解决制约企业发展的瓶颈问题。四是依据《绩效考核管理标准》《中层管理人员管理办法》等相关规定，分别制定考核方案，将人事考核结果与奖金发放、岗位调整、评优评先等挂钩，强化考核结果的刚性应用。五是为充分调动员工工作积极性，鹿鸣矿业设置总经理专项奖励，根据年度重点工作完成情况，以项目为单位申报总经理专项奖励，通过民主评选，集中讨论等方式确定奖励项目，持续激发人才内动力。

2. 分步推进积分制管理落地

为进一步提升积分制的可操作性，选择试点单位试运行，在试运行期间积极总结经验教训，查找和改进制度运行中存在的问题和不足。一是积极制定《伊春鹿鸣矿业有限公司员工多维度积分制考核管理办法（试行）》，为积分制的实施提供制度保障。二是持续完善优化，营造全覆盖、开放式、互动式沟通工作环境，在实施过程中查缺补漏，对各部门、各单位落实情况进行管控，及时查找问题和不足，诊断管理短板和漏洞，有针对性地制定改进措施，采取科学有效的手段，调整优化积分制管理体系。

3. 开展积分制管理培训

为促进积分制管理的推进和落实，鹿鸣矿业分批分期组织员工学习积分制管理知识和激励管理知识。一是集中授课，系统讲解积分管理和激励管理知识，邀请企业内部相关管理人员讲解具体实践和操作，使积分制管理的组织者与被考核者理解掌握考核指标设置目的、标准要求、反馈与改进等理论及具体实施的相关要求，确保积分制管理理念宣传到基层员工。二是加强沟通交流，安排考核领导小组人员参加面对面现场交流会议，对积分制管理体系中职工关注的焦点、热点问题进行现场答疑解惑，听取广大职工意见、建议，迭代完善企业积分制管理体系和指标优化，及时改进实施过程中发现的问题，使积分制管理更符合管理要求和基层实际。

4. 建立积分制信息化管理平台

依托信息技术和业务系统，建立积分"显示屏"，逐步构建起积分制绩效管理在线管控系统，开发使用"积分宝"PC端和移动终端管理软件，每天实时更新业绩指标完成情况和分数变化情况，员工可以通过手机或者电脑实时查看本人积分及排名成绩，公开晾晒单位和员工成绩，督促横向对标找差距，纵向自查找不足，及时调整工作部署和安排。

三、有色金属矿山以员工效能提升为导向的多维度积分制管理效果

（一）人才队伍整体素质实现新提升

多维度积分管理使得人才队伍建设更加稳定，人员素质提升更加显著。截至2023年，具有大专以上学历的员工占比62.26%，较2021年上涨3%；具备专业技术任职资格人数占比77.58%，较2021年上涨16.43%。推进学习型企业建设，打造特色培训，累计开展鹿鸣讲坛29期，青年成长学院2期，推进内部讲师队伍建设，创建多层级讲师培养模式，2022年共有10名中层干部和15名技术骨干走上授课讲台，青年骨干得到历练。2022年以来新增全国非煤矿山安全生产专家1人、伊春市应急管理专家 16 人，伊春市级领军人才梯队领军人员 3 人、伊春市级领军人才梯队人员 5 人，伊春市高层次人才 8 人，外聘技术专家 2 人，打造出一批具有先进水平的管理技术团队和具有"工匠精神"的高素质员工队伍。

（二）企业深化制度改革实现新突破

积分制管理以考核为抓手，以市场化为手段，推进全员绩效考核，建立问题员工退出制度，让优胜劣汰从结果定性考核转变为过程定量考核，通过考核调整岗位 4 人，市场化退出 8 人，全面构建能进能出的市场化用工机制。推行竞聘上岗制，营造公平公正的选人用人环境，2022 年以来，竞聘上岗 22 人。坚持以业绩考核为导向，加大薪酬激励力度，员工浮动工资占比达 65% 以上。建立全员业绩考核体系，提取全年绩效金额的 55% 作为月度考核奖金，绩效薪酬与考核结果紧密挂钩，不断理顺内部收入分配关系，确保考核兑现及时性。全年绩效金额的 45% 纳入年底考核清算，薪酬分配制度更加科学。

（三）企业创新创效成果实现新跨越

自实施多维度积分制以来，创效成果显著，鹿鸣矿业整体经营业绩得到稳步提升。2022 年，实现营业收入 37.32 亿元，同比增长 44.37%；以考核强化商务筹划，实现向管理要效益、向市场要价值，全年生产责任成本降低 0.68%，生产成本较预算目标降低 2.04%，各业务板块管理创效事项超 50 项，创效利润累加约 5.4 亿元。自主创新能力显著提升，截至 2022 年，已累计授权 112 项专利，申报 10 项发明专利、109 项实用新型专利，包括研发尾矿库坝面巡检机器人、国内首个尾矿库应用水陆两栖作业平台"鹿鸣号"等科技应用项目。

（成果创造人：鲁和友、孟庆胤、郝国强、安广曾、李 莹、
赵春蕾、陈荣健、金 鑫、闫兴国、赵兴华）

油气田以激发活力为目标的绩效考核分配体系建设

中国石油新疆油田分公司采油二厂

中国石油新疆油田分公司采油二厂（以下简称采油二厂）是中国石油股份有限公司新疆油田分公司（以下简称新疆油田公司）所属的二级单位，成立于1960年，是集石油勘探开发、油气开采、油气脱水、集输处理和科研为一体的综合性生产单位。目前在册员工1930人，辖区勘探面积1800平方千米，开发区叠加面积369平方千米，油水井总井数7614口，开井数4727口，油气及固定资产原值435.23亿元，净值224.12亿元，先后获得"全国五一劳动奖状""全国文明单位""全国民族团结进步创建示范单位""全国'安康杯'竞赛活动优胜单位"等100多项省部级以上荣誉。截至2020年累计生产原油超亿吨，占新疆油田公司总产的四分之一以上，成为新疆油田公司第一个累计油气产量过亿的采油厂；2022年生产原油277.5万吨，刷新建厂以来原油产量、油气当量新纪录，内部利润超40亿元。

一、油气田以激发活力为目标的绩效考核分配体系建设背景

（一）应对风险挑战，推进发展质量和效率效益"双提升"的现实需要

随着能源行业"四个革命"加速演进，石油需求峰值将提前到来，国际油价持续低位震荡，企业创效盈利能力受到严重冲击。作为60多年的老厂，采油二厂整体进入开发后期，"两高一低"现象凸显，老井稳产挑战巨大；设备设施老化，生产安全风险管控难度大；折旧折耗刚性增长，成本居高难下；员工队伍出现断层，专业技术人员短缺，高技能操作人才不足，部分员工素质不适应高质量发展需要。为积极应对复杂严峻的内外部风险挑战，及时传导生产经营压力，需要充分发挥绩效考核导向引领作用，逐层逐级压实责任。

（二）顺应改革发展，促进经营管理提质增效的必然选择

国有企业改革三年行动、三项制度改革等持续深入推进，改革发展任务艰巨繁重，采油二厂经营管理上的一些矛盾和问题变得更加突出，市场竞争意识不强，市场化经营机制亟待健全，业务结构和组织架构仍需优化，部分干部员工对生产型向经营型转变的思想认识、观念转变不到位，效率不高、不算效益账、关起门来搞建设等问题长期得不到解决。同时，绩效管理不完善、不健全、不配套，个人以及团队的工作与企业发展战略和重点难点关联不紧密，员工参与度和认同感不足。如何用好绩效管理机制，激励引导内部单位和员工个人融入企业改革发展，笃行践行各项任务工作，成为困扰企业管理的一大难题。

（三）激发内生动力，助推价值创造能力提高的迫切要求

采油二厂受思维定式、工作惯性、路径依赖影响，员工创效意识、挣奖金的认识仍然不强，工作动力活力不足，工作倦怠感和不满意程度逐渐上升，虽然建立了全员绩效考核体系，但基于按劳分配、效益优先、兼顾公平的激励约束机制还没有完全建立，薪酬分配还没有真正做到与单位效益、岗位价值、个人贡献紧密挂钩，迫切需要挖掘员工潜力，激发主观能动性，提高工作效能和综合效益，通过建立以业绩贡献、价值创造为导向的考核分配体系，有效的激励驱动、成就驱动和自我管理的考核分配机制，加快员工思想转变，激励员工成长成才，构建员工自主提素、企业质效发展的良好局面。

二、油气田以激发活力为目标的绩效考核分配体系建设主要做法

（一）突出制度建设，建立上下联动管理体系

1. 建立健全组织机构，压实层级责任

采油二厂建立横向到边、纵向到底的组织机构，完善一级抓一级、层层抓落实的机制。一是成立绩效考核分配委员会，贯彻落实新疆油田公司相关政策要求，审议绩效考核分配制度，审议各单位、技术专家绩效合同并监控执行，审查绩效考核结果及奖金分配方案，经采油二厂党委会研究同意后执行。二是推行一把手工程，正职亲自挂帅，副职牵头负责，部门各司其职，绩效考核委员会办公室（设在人事科）负责具体组织落实，确保事事有人抓、件件能落地。三是向下延伸到底，指导三级以下单位逐级成立绩效考核领导小组，负责本级绩效考核和奖金分配工作，自上而下推动绩效考核分配工作落地见效。

2. 强化制度体系建设，规范管理程序

立足生产经营发展需要，统筹覆盖范围、执行力度、差异激励、实施效果等，构建起"业绩＋效益＋专项" 3 个维度的考核框架体系，及时完善《绩效考核管理办法》《专项奖励管理办法》《QHSE挣奖金实施细则》《业绩指标配套考核细则》等 7 项绩效考核规章制度，明确管理职责、绩效考核程序及结果应用等事项，形成系统完备、衔接配套的"1+X"制度体系。进一步规范绩效合同的签订、考核周期、奖金兑现、绩效改进和绩效面谈等环节，建立绩效计划、实施、反馈、改进环节的 PDCA 闭环管理，把工作效能与切身利益紧密挂钩，严考核、强激励、硬兑现，实现"责、权、利、能、绩、酬"相统一。

3. 加强政策全员宣贯，凝聚思想共识

从转变观念入手，通过主题教育宣讲、"四同"（同吃同住同行同劳动）跟班调研、发放制度汇编等方式，结合简易思维导图形式，把绩效考核政策完整准确地宣贯到班组、岗位和个人，全员树牢"干好与干坏不一样""干多与干少不一样""干与不干不一样"分配意识，实现"粗犷考核"向"精细考核"转变、"多要人"向"用好人"转变、"要我干"向"我要干"转变，引导员工"算赢工作利润、算清个人收益"，促使"挣奖金"理念深入人心。

（二）抓实指标管理，完善价值导向目标体系

1. 坚持目标导向，推动战略目标落地

以加快建设"卓越、高效、智慧、和谐" 400 万吨现代化采油厂战略目标为导向，以年度关键业绩指标考核为重点，把战略目标导入关键绩效指标体系，完善发展质量、经营效率和竞争能力指标的考核，用战略牵引考核，强化责任落实、绩效跟踪和奖惩兑现，引领企业质量效益可持续发展，同步提升核心竞争力与综合实力，建立员工与企业共担责任、共享成果的联动绩效机制，实现员工价值和企业价值的双联动，充分发挥考核分配"指挥棒"作用。

2. 突出效益效率，科学设置业绩指标

一是合理选定指标内容。针对机关部门和二级单位抓住质量效益、价值创造的核心与重点，分解公司年度业绩合同，确定主要业绩指标；把采油二厂年度重点工作、管理短板和难点弱项转化为各单位关键业绩指标；把 QHSE、内控、审计等风险管控要求设置为奖惩业绩指标。二是差异设定指标权重。按照受约人对指标的影响力、控制力、单位职能和岗位职责，综合考虑利润、产量、成本等业绩指标在合同整体指标中的相对重要程度，合理确定关键业绩指标权重。三是综合确定指标目标。坚持综合绩效最大化，按照目标设定"总量相等原则"（厂总体目标值和各单位目标值之和相等）、"期望原则"（目标设定通过努力可能达到）、"参与原则"（上下沟通、全员参与）和"SMART 原则"（具体、可衡量、被认同、务实、有时间期限），各业绩指标主管部门分解下达各单位利润、产量等关键业绩指标。

3. 强化指标分解，层层传导压力

按照全员绩效考核要求，层层传导绩效压力，全覆盖签订全员业绩合同。一是突出个性差异指标，结合岗位责任制，把对标指标体系、"三率"（开发采收率、管理高效率、经营收益率）指标体系融入全员业绩合同，设置"效益、营运、党建、奖惩"四类指标，确保岗位指标目标可操作、可执行、可验证，提升管理效率效能。二是突出贡献增量指标，建立岗位贡献增量清单，员工工作量考核实行"挣分制"，完成基础工作量得基础分值（40～60分），留足挣分空间（40～60分），加大价值创造和额外工作量挂钩激励力度，不干、不会干的零激励，干得少、难度小的小激励，干得多、干得好、难度大的高激励。三是突出指标责任到人，聚焦"六包四减"（"六包"：包效益、包成本、包产量、包QHSE、包防疫维稳、包党建；"四减"：减成本支出、减能耗物耗、减用工、减外包工作量）等关键指标，全员参与、上下结合，差异化设置考核维度和重点，管控责任横向分解到各业务主管部门，根据额度大小，包联费用管控指标设置10%～30%权重，纵向逐级逐层把任务目标分解到区站、班组、岗位。通过自上而下层层分解、自下而上层层保证，实现"队队有任务、班班有指标、人人有责任"。

（三）强化考核实施，健全过程高效管控体系

1. 实施一体化联动考核机制

根据指标实际和业务需要，实施月度排名挂钩浮动、季度进度考核预警、年度业绩考核清算的一体化联动考核机制。月度排名挂钩浮动，每月实施产量、安全、基础工作考核，评选"流动红旗"单位，排名靠前的单位全员上浮业绩奖励；季度进度考核预警，由各指标主管部门与被考核单位双向沟通，据实提供指标任务进展情况，确定考核结果，及时反馈，提供绩效辅导，督促改进提升；年度业绩考核清算，核定指标任务全年完成情况，清算月度、季度考核情况，促进全年指标任务圆满完成，实现考核激励约束及时到位、作用效应最大化。每年下半年组织各指标主管部门对照《业绩指标配套考核细则》，及时对接油田公司相关处室预测年度业绩考核指标，全面梳理存在的风险并制定管控措施，争取最大限度加分。

2. 健全机关部门、关联单位、协同单位、工作岗位考核方式

一是新疆油田公司下达的业绩指标完成情况与采油二厂机关部门挂钩，年初明确完成目标，年终依据油田公司考核结果挂钩清算机关部门完成情况，促使指标主管部门落实管理责任。二是与油田公司下达的党建、安全生产、开发生产、改革发展同一重点工作相关的多个单位，采取捆绑方式，确定牵头部门、配合单位的考核侧重点、权重分配比，实现责任共担、成果共享。三是针对部分前后环节衔接紧密、相互影响的业务，实行上下游单位"双向"互相考核，促进管理链条协调顺畅，重点工作有序推进。四是在三级单位推行关键指标与责任岗位联动考核、业务指标与业务骨干挂钩考核、重点指标与关联岗位捆绑考核的全方位管控机制，做到指标月度受控运行、季度反馈改进、年度圆满完成。

3. 全面推行内部市场运行机制，划定"阿米巴"核算单元

推行"阿米巴"经营核算管理体系（划小核算单元，细化下移经营单元，基于上下游环节业务形成相关经济活动，主要包括采出液处理服务、天然气处理服务、注水服务、回注水销售等），健全内部模拟市场化运行机制及配套的价格体系，选取业务职责清晰、机构健全、具备独立核算条件的三级基层生产单位12家，全面推行内部市场机制。划定四级"阿米巴"核算单元37个，承包"六包四减"各项指标，按照"阿米巴"经营管理模式核定内部收入、成本及利润指标，实施效益利润一体化管理，激发各核算单元、各班组、各岗位实现收入最大化、费用最小化的潜力，员工收入与效益指标完成情况同步。

（四）实行挂钩联动，构建效益效率分配体系

1. 坚持按劳分配、多劳多得，实行奖金与业绩贡献挂钩激励

按照"业绩上薪酬上，业绩下薪酬下"的原则，采油二厂把全年用于考核兑现奖金的 60% 作为业绩奖，根据业绩考核结果、工作量高低、安全"挣奖金"等情况兑现单位和岗位业绩奖金。

坚持差异化业绩考核兑现。严考核硬兑现，保持薪酬与业绩同步增减，奖金与业绩考核结果、业绩奖金系数挂钩兑现，考核结果根据单位和岗位业绩合同指标考核情况测算确定；单位业绩奖金系数根据单位性质、工作强度、劳动生产率、管控风险等因素确定，其中科研单位最高达到 1.4、项目经理部、生产指挥中心为 1.2，综合服务站为 1.0；站库单位按照实际倒班人数和工作量确定，区间保持在 1.0 ～ 1.2；采油生产单位按照管理系数（权重占 60%）和工作量（权重占 40%）确定，区间保持在 1.2 ～ 1.6。根据岗位性质、责任大小、岗位价值等因素设置岗位系数，区间保持在 1.0 ～ 3.0（承担多个岗位人员的系数以最高系数为准，不重复叠加计算），优先保障科研技术骨干奖金收入，向加快油气发展、推动改革创新的核心关键岗位倾斜。

推行工作量挂钩考核机制。写实基层生产单位日常工作，以采油工日常工作为例，梳理日常自喷井、非自动化抽油井、自动化抽油井、非自动化注水井、自动化注水井等 10 类，以写实测时法计算单项工作定员，通过生产规模测算单位需求定员，以需求定员与实配人数计算工作量高低。比如自喷井包括巡井、取样、擦保温箱至清蜡监护、隐患排查等 11 个具体任务，经统计每项任务平均作业用时、操作人数、年次数，得出单井年工作量，进而测算自喷井定员标准。经测算 8 个采油单位工作量比例在 0.89 ～ 1.16，人均工作量挂钩奖励高低差 10.8%，切实做到奖金向产量高、人均工作量大的单位流动，引导各单位用好现有人力资源挣奖金。

实施全员 QHSE "挣奖金"模式。结合油田安全生产管理实际转变思路，确定全员参与的 QHSE "挣奖金"模式，由"扣奖金"向"挣奖金"转变，调动全员识别、排查、管控、治理风险隐患的积极性和主动性，全面落实事故隐患排查治理责任。一是健全安全考核机制，组织签订《质量健康安全环境管理责任书》，约束类指标 20 分权重纳入业绩合同，采用"千分制"进行考核；二是强化安全业绩激励，依据安全指标考核得分和排名，评定健康安全环境管理先进单位、模范单位和不合格单位，先进单位奖励综合业绩分值 1 分、模范单位奖励 2 分，不合格单位扣减综合业绩分值 2 分。三是引导全员参与，把月度业绩奖励的 15% 用于实施全员 QHSE "挣奖金"，根据各层级安全积分，构建基层单位、班组、岗位三级体系，体现安全风险管控工作量，责任越大、QHSE 基础工作及隐患排查成效越好，奖金越高。四是改进安全管理能力，创新实施 QHSE 违章人员能力提升培训，让违章人员付出"收入＋时间"成本，培训考核合格的一次性返还违章人员及所在单位 50% 的通报罚款，促进违章人员提升安全意识、增强履职能力，引导全员主动学制度流程、学操作规范。

2. 坚持效益优先、兼顾公平，奖金与效益效率挂钩联动

采油二厂把全年考核奖金的 40% 作为效益奖，围绕利润、成本、增储上产、盘活人力资源、党建等重点工作，实施挂钩考核奖励政策，优先考核兑现效益奖，实现奖金向效益贡献大、投入产出效率高、人均劳效改善明显的单位和岗位倾斜。

实施超额利润挂钩考核奖励。一是在全面推行内部模拟市场的基础上，实施超额利润挂钩奖励，根据年末财务决算和年度下达的利润或成本指标差额情况，按照超额利润的 1% 奖励生产单位，按厂原油超额利润的 5% 奖励其他单位和提质增效项目。二是贯彻"一切成本皆可降"的理念，基层生产单位完成"完全成本"指标作为超额利润奖励前置条件，未完成"完全成本"指标不得超额利润奖，生产单位按照"完全成本"节约额度的 10% 进行挂钩奖惩；业务主管部门实施包联费用管控挂钩奖励，按照成本节约额度的 1% ～ 2.5% 分档挂钩奖励，激励引导全员降本增效。

实施油气超产挂钩考核奖励。建立"月度油气超产预兑现 + 月度流动红旗评比"挂钩联动激励机制，实行月度油气超产挂钩考核，完成月产量计划给予基础性奖励 2 万元，并以目标值为基准每超 1 吨奖励 20 元，未完成月产量计划扣减相应业绩奖励，获评"月度流动红旗"单位奖金整体上浮 5%。通过以月度计划完成促进年度指标完成，实现全厂产量水平始终保持在高位运行。

实施人力盘活挂钩考核奖励。一是落实油田公司"内内外"（外包服务业务承包商优先考虑油田公司内部单位、其次考虑集团公司内部单位、最后考虑外部单位）原则，鼓励积极主动承揽公司内部业务，按照发包额的 0.1% ～ 1% 进行奖励，未经公司同意，违反"内内外"原则，相应扣减业绩奖励；二是每新增公司内部人力劳务输入 1 人，给予一次性奖励 0.1 ～ 0.15 万元；三是鼓励操作员工技能提升、复合工种取证，通过复合工种取证，每人给予 1000 元一次性奖励。

实施党建引领挂钩考核奖励。构建大党建工作评价机制，鼓励党群部门围绕党建工作责任制评价指标体系提高工作成效，引导各党支部达标晋级。完成"党建工作评价"目标值，给予基础性奖励 50 万元。以目标值为基准，每超 1 分奖励 20 万元；未完成目标，每扣 1 分扣减业绩奖励 10 万元。推行党小组和班组融合，党建工作评价纳入班组业绩合同，"党员作用发挥"个人业绩考核的权重为 5%。

实施基础提升挂钩考核奖励。一是分级分类建立对标激励考核机制，分解下达对标一流管理提升行动指标，制定下发《对标管理提升专项考核细则》，把各单位对标成效纳入绩效考核。二是基础工作完成质量指标纳入各单位绩效考核体系，在采油二厂主页设置问题点通报录入窗口，一般问题点、重大问题点和通报分别扣 1 分、2 分、3 分。三是抓实关键少数考核分配，实施所属领导人员年度履职能力评估，定量考核与定性考核相结合，定量以年度综合业绩考核分值为主，定性测评由主管领导、机关科室、员工代表评价和班子成员互评四部分组成。年度综合考核"基本称职"，扣减全年业绩奖励 20%；年度综合考核"不称职"，扣减全年业绩奖励。

（五）突出重点实效，精准激发骨干活力动力

1. 强化激励导向，设置专项奖励项目

坚持精准定向激励，建立与改革发展相适应、与年度重点工作任务相配套的专项奖励项目，突出奖励重点，制定专项奖励管理办法及实施细则，设置科技创新、质量健康安全环保、滚动勘探及油藏评价、重大开发突破、管理创新、评先评优 6 类专项奖励。按照参与项目大小、难易程度、工作成效以及个人实际贡献值，合理拉开奖励档次，差异分配，精准激励，引导全员提效率、增效益、补短板、强弱项。

2. 定向精准激励，引导科研创新创效

在科研管理领域鼓励创新突破，给予科技成果奖励 1 ～ 8 万元，滚动勘探及油藏评价、重大开发突破最高奖励 30 万元；科技及管理创新论文奖励 500 ～ 3000 元；取得注册安全工程师当年奖励 2000 元，有效注册的中级安全工程师此后每年奖励 1000 元；健康体检中异常指标与上年度对比值降低，给予个人一次性奖励 100 ～ 500 元；对先进进行表彰奖励，让创先争优成为一种导向，让典型引领在全厂蔚然成风。

3. 规范奖励管理，强化过程运行管控

建立专项奖励"三严五不得"机制，严控总额在当年工资总额的 1% 以内；严管项目数量，不再设立厂长嘉奖（党委嘉奖）；严格落实奖励事由、对象和金额等信息公示制度；不得向与专项工作无关的人员发放专项奖励；下级单位不得以任何名义、形式向上级领导和员工发放专项奖励；个人奖励标准原则上不得超过集团公司劳动模范奖励标准；个人不得确定本人专项奖励额度，必须由上级确定；内设专项奖励原则上不得向公司党委领导和同级机关员工发放，实现专项奖励自上而下依法合规、受控运行。

三、油气田以激发活力为目标的绩效考核分配体系建设效果

（一）促进绩效理念深入人心

自 2020 年开始实施绩效考核分配体系以来，逐步形成各级管理人员高度重视、广大员工理解认同、上下协同推动绩效管理的合力。近 3 年推动采油二厂取得了"全年稳""全年红"的业绩，员工人均收入增长 5%，12 个"阿米巴"单元年度综合业绩考核分值平均高低差为 12 分，同层级员工合理拉开差距，奖金收入高低差在 40%～250%，切实让创造价值的人有价值、创造效益的人有效益。

（二）保障改革任务稳步推进

有效促进了增储上产、科技兴油、提质增效、安全环保、党建提升、和谐稳定"六大工程"稳步推进，近 3 年新增探明石油储量完成目标值的 185%，原油超产量 17.9 万吨，累计超额利润 4.43 亿元，率先建立了百万吨级以上老油田新型生产组织模式转型样板，荣获"全国'安康杯'竞赛活动优胜单位""全国民族团结进步创建示范单位""中央企业青年文明号"等 13 项省部级以上荣誉，顺利通过全国文明单位复验，党建责任制考核始终保持"A"档，成为油田公司"科学上产、效益上产、产量最高、效益最好"的典范。

（三）推动企业员工共同发展

有效将全厂生产经营任务层层传递到各个创效单元，全厂产量、效益形势持续向好，近 3 年员工收入随效增长，全员上产增效热情空前高涨，对油气当量上 400 万吨充满必胜信心。近 3 年采油二厂人力资源价值评估"A 级"，人才价值创造能力与厂效率效益同步提升，人工成本利润率为 804%，人事费用率为 7.4%，2022 年百万吨油气当量用工水平为 589 人/百万吨，人工成本投入产出效率和人均劳效持续进步均居油田公司前列。2020 年以来，新增提拔、进一步使用二级副及以上干部 8 人，新选聘一级工程师及以上人员 3 人，专业技术高级职称晋升 66 人，核心关键岗位新增聘干 128 人，新选聘首席技师 8 人、企业技能专家 5 人，厂高级工及以上人员占比由 73% 提升至 83%，员工复合工种持证增加 400 余人次，为进一步深化改革、高质量发展积蓄了活力动力。

（成果创造人：袁述武、张智勇、胡　松、曹　震、尚千里、吴卓玲、
王楚涵、鲁　静、马永峰、巨朋凯、王旭东、胡　晨）

改制企业激发活力的绩效考核体系变革

鞍钢矿业爆破有限公司

鞍钢矿业爆破有限公司（以下简称鞍钢爆破）成立于 2013 年，是由广东宏大爆破股份有限公司（以下简称宏大爆破）与鞍钢矿业集团公司（以下简称鞍钢矿业集团）共同出资组建的具有独立法人资格的混合所有制企业（以下简称改制企业），注册资金 1.88 亿元，其中，宏大爆破占 51% 股权，鞍钢矿业集团占 49% 股权。公司主要从事矿山工程总承包、爆破服务、土石方施工、设备租赁、危险品运输等业务，具有营业性爆破一级作业资质和矿山总承包一级资质，具备每年 8 万吨的工业炸药生产能力。截至 2023 年上半年，实现营业收入 62.24 亿元，实现净利润 5.57 亿元。

一、改制企业激发活力的绩效考核体系变革背景

（一）改制企业管理机制转换、文化融合的需要

鞍钢爆破作为一家改制企业，管理层由宏大爆破和鞍钢矿业集团共同派驻，员工来自鞍钢矿业集团下属 14 家不同的单位及社会招聘，人员结构复杂，薪酬水平各不相同，加上新老员工观念冲突、管理理念差异较大，鞍钢爆破还未改变国有企业能上不能下的用人模式。绩效考核新模式作为一种有效的管理手段，能够促进企业管理模式、运行机制的有效转换，使得用人制度、薪酬制度、激励约束机制等诸多方面向市场化转换和优化，能够有效整合和融合企业文化。

（二）改制企业创新与发展的需要

鞍钢爆破作为改制企业，必须转变粗放式的发展模式，改变过去原国有企业生产效率较低的生产方式，走高质量发展之路。鞍钢爆破融合了两种企业的管理模式，国有企业经过混合所有制改革，资本混合、人员混合，面临着包括战略、理念、价值取向、文化、工作方式等差异产生的有效融合问题，亟待进行市场化用人和薪酬制度改革、激励约束机制转换。以创新推动企业高质量发展，成为鞍钢爆破应对宏观环境外部调整的必然之举，也是企业转变发展方式的内在要求。

（三）改制企业激发员工工作积极性，降本增效的需要

改制企业面临原国有企业员工编制身份丢失造成的心理落差，工作积极性、生产效率、产品质量等问题突出。因此，鞍钢爆破迫切需要通过构建绩效考核新体系，解决薪酬、人力资源管理、企业创新与发展等问题，以激发员工工作积极性和创新活力，实现降本增效。

二、改制企业激发活力的绩效考核体系变革主要做法

（一）将发展性绩效纳入考核体系，融合个人和改制企业发展

传统绩效考核体系涉及基础性、奖励性两个绩效维度，基础性绩效维度考虑企业对各岗位员工基本要求及员工个人的一些基本保障，奖励性绩效维度主要考虑工作量、工作效率等，它们无法从根本上解决改制企业存在的员工工作积极性不高、创新活力不足、文化融合等问题。鞍钢爆破创新性地将发展性绩效纳入绩效考核体系，使其拓展为基础性、奖励性、发展性三维度绩效考核体系。该体系充分考虑了员工个人发展及其对企业发展的贡献度，将员工个人素质能力提升、创新工作等纳入发展性指标，使得个人成长发展与企业发展有效衔接、同频共振，可以充分发挥绩效考核的导向作用，深度融合个人和企业共同发展。在二级单位层面，绩效评价指标体系设置发展性绩效评价指标主要包括科技创新、管理提升创效、对公司发展愿景贡献度、其他对企业声誉和发展的贡献等 4 个指标，用以评价企业二级单位发展能力和潜力，关注企业可持续发展和核心竞争力长久保持，对于营销部门，还将市场占有率纳入发展性绩效评价指标。

通过对三维度绩效考核体系进行制度建设，发挥了制度文化在绩效管理中的导向作用，将个人发展和企业发展深度融合，激励效果明显；充分发挥了企业文化的凝聚功能，有效融合了鞍钢企业文化和宏大企业文化，经过一段时间的运行，形成了鞍钢爆破独具特色的企业文化、精神文化。进一步验证了企业文化建设从物质文化、制度文化到精神文化建设逐步深入、不断凝练、重塑定格的一般规律，具有可复制性。

（二）构建三层次绩效体系，实现改制企业绩效考核全覆盖

绩效涉及多个层次，通过建立企业级、部门级、员工级三层次绩效体系，分解落实企业战略目标，实现绩效考核全覆盖。结合企业面临的诸如文化融合、员工工作积极性不高、改制企业发展战略等特征，鞍钢爆破确立了基于品牌文化、人力资源、科技创新等战略的企业绩效管理模式，确立了鞍钢爆破绩效考核的目的：战略目标实现、推进和落实企业市场化改革、提高各层级绩效水平、激发员工活力、开发员工、促进企业发展。

在遵循系统性原则、与薪酬体系的关联性原则、与个人和企业发展的关联性原则、管理人员绩效考核体现其本人及下属的绩效等原则的基础上，针对绩效的层次性设计鞍钢爆破个人、群体（团队）、组织多层次绩效指标体系，并根据多层次绩效从上到下的分解关系，以及从下到上的支撑关系，对企业级、部门级和员工级三个绩效层次的整合，实现从绩效目标到绩效考核循环过程和绩效考核内容的系统整合。

在对鞍钢爆破三层次绩效考核指标体系、绩效评价标准进行构建的过程中综合利用了 KPI、目标管理、积分制等多种理论和方法，并考虑改制过程中人员混合及其融合问题，从而保证了鞍钢爆破绩效考核的科学性。

1. 改制爆破企业二级单位三维度绩效考核指标体系构建

遵循评价指标选取的 SMART 原则，以企业战略为导向的关键绩效指标法和平衡计分卡框架下识别相关绩效指标，从绩效的基础性、奖励性、发展性 3 个维度构建鞍钢爆破二级单位绩效考核指标体系。

在基础性绩效指标中，设置二级单位管理团队能力、管理制度建设、生产组织管理、现场管理、安全管理、维稳工作、党政廉政建设完成情况 7 个指标，评价企业日常生产、组织管理等内容。

在奖励性绩效指标中，设置收入目标完成率、预算执行率、全员劳动生产率、重点工作完成情况、固定资产投资计划执行率、业务工作质量等 8 个指标。从"效率"和"效果"两方面进行考评，对绩效差异化进行奖惩，这是一种结果性价值衡量。

在发展性绩效指标中，设置科技创新、管理提升创效等 4 个指标，评价企业二级单位发展能力和潜力，关注企业可持续发展和核心竞争力长久保持。

通过二级单位三维度绩效考核指标体系构建，有效分解了企业品牌文化、人力资源、科技创新等战略目标，切实为推进和落实企业市场化改革、提高各层级绩效水平、激发员工活力、开发员工、促进企业发展等起到绩效考核的传导作用。

2. 改制爆破企业中层管理者三维度绩效考核指标体系构建

遵循 SMART 等原则的基础上，结合爆破企业的高危特征、爆破企业对中层管理者的基本要求、奖惩，以及个人和企业发展，从基础性、奖励性和发展性三个维度构建中层管理者绩效考核指标体系。

基础性绩效维度方面，基础性绩效包括安全管理水平、能力与岗位要求匹配、职业精神、执行力、劳动纪律等情况，是对管理者的基本要求。由于爆破企业从事高危生产活动，安全管理水平是一个重要考核指标。

奖励性绩效维度方面，奖励性绩效从工作量、工作质量和成本效率 3 个方面进行考核，体现业

绩、效率和效果，是一种结果指标。根据企业对中层管理者绩效要求及其差异化进行奖惩。

发展性绩效维度方面，发展性绩效关注企业的可持续发展，考察员工的个人发展情况及其对公司发展的超标准贡献及潜在贡献等，主要包括使命意识、合理化建议、培训及个人发展和创新方法专利等4个方面。使命意识主要考察对企业战略目标、企业使命定位等的理解和践行。

通过中层管理者三维度绩效考核指标体系构建，有效分解了二级单位的绩效考核指标，将绩效考核关注的企业战略、激发员工活力、开发员工等传导到中层管理者，保证了绩效考核目的的最终实现。

3. 改制爆破企业员工三维度绩效考核体系构建

在积分评价的基础上，融合胜任力模型、KPI、目标管理等方法构建关键生产岗员工三维度绩效考核体系。指标设计过程中，为降低绩效考核复杂性和成本，利用关键绩效指标法选取指标。在具体构建过程中，首先通过文献研究梳理绩效指标项，其次通过问卷调查指标项的相对重要性并补充指标项，最后构建员工绩效考核指标体系。基础性绩效指标包括安全行为和安全管理、劳动纪律、职业精神、工作技能、执行力、成本意识和质量意识等，考核岗位员工素质与行为；奖励性绩效指标考核工作数量、工作质量、成本效率；发展性绩效指标主要考核培训效果情况、技能证书获得情况、合理化建议/创新方法/专利、企业文化认同和践行、有利于企业声誉和发展的事迹等，关注个人和企业的共同发展。其中，职业精神考核工作态度、责任心、诚信等方面；企业文化认同和践行是指员工积极上报安全隐患、检举违法乱纪、恰当地处理紧急事件和承担特殊临时任务等一系列企业免受损失的使命行为；执行力是管理人员提出的补充指标项。

通过员工三维度绩效考核体系构建，切实能够支撑战略目标，转变了原国有企业干多干少都一样的局面，体现多劳多得，推进了企业市场化改革，激发了员工的活力，将个人与企业发展深度融合，促进了员工和企业共同发展。

（三）科学构建绩效评价模型，营造公平竞争重发展的企业氛围

1. 基于组合赋权的二级单位绩效模糊综合评价

针对改制爆破企业二级单位绩效评价面临的绩效多维度和多层次性，兼有定性和定量指标，以及多因性等评价难题，综合利用层次分析法与C-OWA算子组合赋权构建了改制爆破企业二级单位绩效模糊评价模型。模型包括组合赋权的评价指标权重确定和模糊综合评价两部分。

一是确定组合赋权的评价指标权重。组合赋权兼顾主观赋权和客观赋权的优势，使指标权重的确定做到主观和客观的结合和统一，从而使得赋权结果更加合理。首先，利用层次分析法确定主观权重；其次，利用C-OWA算子确定客观权重；最后，基于一致性分析确定组合权重。

二是实施改制爆破企业二级单位绩效模糊综合评价。绩效模糊综合评价以模糊数学为理论基础，通过数量化的描述和运算对绩效评价体系中多个相互影响的指标进行综合评价。模糊综合评价首先确定模糊子集，其次确定期望评价对象的因子域、评价等级和被评价对象的隶属度，最后得到总向量值，并根据评价等级判定最终结果。

基于组合赋权的改制爆破企业二级单位绩效模糊综合评价模型兼顾了绩效等级评价和定量化评价，利用最大隶属度提高了评价结果的可信性和公平性。

2. 基于Shapley-属性综合评价的中层管理者绩效评价

针对改制爆破企业中层管理者绩效评价存在的主观性较强、指标考虑不全、绩效指标多层次性、指标间存在相关性、兼有定性和定量指标等评价问题，基于Shapley-属性综合评价构建中层管理者绩效评价模型。模型包括基于Shapley值确定绩效评价指标权重和属性综合评价两部分。其中，Shapley值赋权时引入组合贡献度的概念，使得权重值更加客观和符合现实情况。

在实施改制爆破企业中层管理者属性综合评价时，利用数学算法或数学模型分别对单指标和多指标进行属性分类，将指标体系中的多个评价指标值转换成一个全面的综合评价值，最后根据置信度准则判定级别，可以解决具有多个模糊属性系统的综合评价问题。利用属性综合评价对中层管理者绩效进行评价的具体步骤为：一是确定单指标属性测度；二是确定多指标属性综合测度；三是确定置信区间，进行属性识别。

该绩效评价模型考虑到实际绩效指标的相互影响作用，采用基于非可加测度的 Shapley 值对各绩效指标赋权，使权重更加客观和符合实际。通过确定单指标属性测度、多指标属性综合测度，最后通过置信度准则进行属性识别，从而较好地量化和判别中层管理者的绩效综合水平，提高了绩效评价结果的可信度。

3. 基于积分的员工绩效评价

科学合理设计绩效指标分值是保证公平、有效引导和激励员工，以及实现组织目标、个人发展和企业共同发展的关键。设计基础性和奖励性绩效指标总分 100 分，基础性绩效得分根据岗位人员素质和行为对标企业要求进行评价；奖励性绩效得分根据计划完成情况以及员工横向对比评分，体现目标管理和竞争，设计了基准分、奖分和罚分；发展性绩效指标为加分项。在鞍钢爆破各层面调研绩效指标相对重要性的基础上设计工作量积分、绩效指标分值，确保员工对绩效评价体系的认可度和接受度。

员工绩效评价遵循"多劳高绩效得分、少劳低绩效得分、不劳零绩效得分"的准则，并融合个人和企业共同发展。基础性绩效指标评价，如安全行为和安全管理、劳动纪律指标项评分分别根据员工安全管理制度细则、劳动纪律管理办法相应标准扣分，直至为 0；工作量等奖励性绩效指标根据多劳多得的方式考核，同时根据目标完成情况进行奖惩考核；发展性绩效指标作为加分项，将企业关注的发展问题与员工发展有效融合，引导员工提升自身，为企业发展服务。

鉴于混改进程中文化融合和人员混合的不同特征，绩效评价标准设计时考虑了不同身份和不同理念员工的有机融合，提升了全体员工对绩效考核制度的接受度。实践应用表明，基于积分的员工绩效评价有助于客观量化绩效差距，提高公平感，激发员工活力；重视员工能力素质提升和创新，对于融合改制企业人员和文化，以及提高员工绩效水平发挥了积极有效的作用。

（四）研发基于 Web 技术的绩效考核系统，实现智能考核

1. 绩效考核系统研发思路

结合鞍钢爆破员工绩效考核体系、部门/生产经营单位绩效考核体系，基于 Web 技术研发员工绩效管理系统、部门/生产经营单位绩效考核系统，可以实现绩效考核的平台化、数字化、网络化，从而实现智能化考核。绩效考核系统研发采用 JavaScript、Java 编程语言，系统前端使用 Vue 相关技术栈，后端采用 SSM 进行逻辑处理，数据库使用 MySQL。

2. 员工绩效管理系统功能设计与研发

设计员工绩效管理系统功能包括企业员工绩效考评、绩效信息查询、绩效考评人员设置等，使绩效考核管理人员能在线设计绩效考核体系、绩效考核人员能在线评价被考核人员、被考核人员能在线查询绩效考核结果，以体现系统的便利性。具体来说，员工能够查询个人绩效信息、年终奖金，总管理员可以查询考核信息、绩效指标、员工信息、管理员信息，添加和删除管理员等；分管理员可以查询部门员工信息、考核人员信息、考核信息，添加考核信息，设置岗位系数，分配年终奖，导出考核信息等；绩效考核人员可以根据绩效考核指标项对被考核人进行绩效评价。基于 Web 技术研发了员工绩效管理系统，并获得软件著作权。

3. 设计部门 / 生产经营单位绩效考核系统功能设计与研发

为实现智能考核，设计部门 / 生产经营单位绩效考核系统功能包括绩效考评、绩效查询、绩效考评人员设置、奖金分配和查询等。具体来说，管理员能够设置绩效考核指标、绩效考核人员、部门系数、奖金，能够根据部门系数和绩效考评分配奖金，能够查询绩效数据、奖金分配；被考核部门可以查询绩效得分、奖金分配额度；绩效考核人员可以根据考核指标项对被考核部门进行绩效评价。基于 Web 技术研发了部门 / 生产经营单位绩效考核系统，并获得软件著作权。

4. 绩效考核系统软件平台应用

在以前的绩效考核中，基础工作以人工为主，需要耗费大量时间和精力进行记录和数据统计分析，而且很多数据难以确保精准统计，以致各基层单位推行绩效管理积极性不高。自推行基于 Web 技术的绩效考核系统以来，绩效考核工作实施过程及效果都有了跨越性进步，在线管理更高效，数据智能化分析，便捷查询和数据导出、易于生成数据报表，实现了智能化、数据化的管理。绩效管理系统已经成为公司实现智能化绩效考核的关键所在，有效降低 HR 人员的工作量，提升了工作效率，提升了绩效考核的技术水平。

（五）基于三维度绩效考核的薪酬机制和年终奖分配机制，释放生产和创新活力

1. 激励与公平兼顾的员工月度薪酬与年终奖分配机制

将员工薪酬与年终奖与绩效考评有效关联，有效激励员工，且保证公平。员工薪酬发放时，注重公平和激励设计。员工月度薪酬分配以员工基础性绩效和奖励性绩效考核情况及组内人员考核情况为基础，且不考虑超出标准值的奖励性得分，注重激励的同时关注公平。在年度奖金分配时考虑员工绩效年度绩效总评及其他员工年度绩效总评，注重激励。

2. 竞争与协作兼顾的部门 / 二级单位奖金分配机制

将部门 / 二级单位年终奖与绩效考核有效关联，有效激励部门 / 二级单位。部门 / 二级单位奖金发放综合考虑部门 / 二级单位在效益创造贡献上的相对重要性、部门 / 二级单位绩效考核总评得分，以及其他部门 / 二级单位绩效考核总评得分，在不破坏部门协作关系的基础上，体现部门绩效的横向对比，发挥激励作用。部门 / 二级单位奖金依据部门相对重要性系数和绩效考核得分进行分配。既体现部门在企业价值实现中的相对重要性，也体现部门横向比较的表现差异。

3. 薪酬机制和年终奖分配机制应用

通过薪酬机制改革，鞍钢爆破已经形成自有的薪酬体系。薪酬发放基于工作量、绩效考核结果，激励了努力工作的员工，还保证了大部分仅实现基本目标（公司给员工设定的）的员工的利益，保证了公平。由于员工薪酬、年终奖的发放是基于绩效积分，体现多劳多得，有效解决了偷懒、磨洋工的现象，改变了薪酬分配"大锅饭"，有效激励了员工工作积极性，过去懈怠消极的工作状态彻底消失；有效激励了员工创新活力、素质能力提升的动力，创新创效显著。通过薪酬机制改革，薪酬结构不断优化，实现了岗位薪酬分布结构更科学、合理，全面推进个人绩效考核，有效提高了员工满意度和工作积极性。人力资源配置得到优化，解决了过去人员结构不合理的问题，激发了公司创新能力。

通过薪酬机制改革，营造了企业内部的公平公正，对员工行为发挥了导向作用，对于改制企业人员融合、文化融合起到了积极作用，形成了鞍钢文化和宏大文化融合发展，鞍钢爆破逐渐形成了独具特色的企业文化。

三、改制企业激发活力的绩效考核体系变革效果

（一）管理效益显著，形成独具特色的企业文化

鞍钢爆破将员工绩效考核指标体系划分为基础性、奖励性和发展性三大维度，切实将企业关注的可持续发展问题落实到绩效考核体系中。薪酬发放基于工作量、绩效考评结果，有效激励了员工工

作积极性，过去懈怠消极的工作状态彻底消失，激发了员工创新活力，节约人力资源，节约企业运营成本，提升全员劳动生产效率，形成良好的企业文化氛围。薪酬发放、岗位晋升等都基于绩效考评结果，营造了公平公正的氛围，使个人发展和企业发展深度融合，鞍钢文化和宏大文化融合发展，逐渐形成了独具特色的企业文化，提升了企业创新能力和发展潜力。研究成果产生了良好的行业示范效应。

（二）降本增效成果凸显

鞍钢爆破 2021—2022 年合计创效 2447.1 万元，具体体现在：一是人力资源配置得到进一步优化，劳动生产率增长显著，两年节约劳动成本支出 932.4 万元；二是提高了设备维护水平，降低了物耗水平，炸药运输成本得到进一步控制，两年合计创效 79.8 万元；三是技术革新驱动科技创效，职工工艺技术创新热情得到进一步激发，两年合计创效 496 万元；四是产品质量管控得到进一步强化，炸药质量明显提高，两年合计创效 938.9 万元。

（成果创造人：黄明健、阚洪生、杨　波、吕凤柱、赵金先、张耿城、
王晔晨、姜凤珍、董　楠、万　鹏、李　妍、翁尔夫）

电网企业以"五全一经常"为核心的领导干部能力素质提升管理

国网天津市电力公司

国网天津市电力公司（以下简称国网天津电力）是国家电网有限公司的子公司，负责天津电网规划、建设、运营和供电服务，致力于为天津经济社会发展提供清洁低碳、安全高效的电力能源供应。供电面积 1.19 万平方千米，供电户数 753.1 万户。截至 2022 年年底，资产总额 838.2 亿元，资产负债率 45.25%；2022 年售电量达 837.25 亿千瓦时。

一、电网企业以"五全一经常"为核心的领导干部能力素质提升管理背景

2023 年是全面贯彻落实党的二十大精神开局之年，国家电网公司提出了"55686"（"五个不动摇、五个统筹好、六个更加注重、八个始终坚持、六个坚定不移"）总体要求，明确了以"一体四翼"高质量发展全面推进具有中国特色国际领先的能源互联网企业建设、为中国式现代化赋动能作贡献的中心任务。国网天津电力坚决贯彻上级决策部署，立足天津在京津冀协同发展中"一基地三区"的特殊功能定位，提出"三个争当"（争当能源革命先锋城市建设的引领者、争当世界一流企业建设的先行者、争当新时代国企队伍建设的示范者）发展目标。面对服务"双碳"落地、建设世界一流企业等诸多新形势新任务，亟须增强领导干部斗争精神和斗争本领，更好统筹发展和安全、保供与转型，全力实现企业战略目标。

奋进新征程，国网天津电力广大干部员工既面临难得的建功立业机遇，也面临各种考验和磨炼。一方面，事业高速发展对领导干部思维视野、知识结构、能力素质提出了新的更高要求。特别是随着"双碳"目标深化演进，新型电力系统加速构建，新业态新赛道不断涌现，需要各级干部员工尽快提升能力素质，挑稳挑好事业高质量发展的重担。另一方面，从企业自身特点看，作为直辖市电力公司，国网天津电力与其他省级电力公司相比，规模体量相对偏小，缺少县公司一级管理架构，个别领导干部岗位历练还相对不足，需要尽快提升驾驭复杂局面、应对各类风险挑战、抓班子带队伍的能力。

二、电网企业以"五全一经常"为核心的领导干部能力素质提升管理主要做法

（一）明确培养目标和实施路径，构建领导干部科学化能力素质提升体系

1.分析形势任务，明确培养目标

紧密围绕"建设堪当民族复兴重任的高素质干部队伍"重大任务，深入领会"政治过硬""适应新时代要求""具备领导现代化建设能力"内在要求，结合事业高质量发展需要，将现职三级领导干部及后备梯队储备人员全量纳入跟踪培养范畴，细化领导干部政治、本领、担当、作风、廉洁 5 方面能力素质要求。政治方面，对党忠诚，始终胸怀"两个大局"、着眼"国之大者"，善于从政治上分析问题，具有较强的政治判断力、政治领悟力、政治执行力。本领方面，爱岗敬业、专业专注，干一行、爱一行、钻一行，治企兴企、开拓创新、攻坚克难能力强。担当方面，始终保持干事创业的昂扬斗志，面对矛盾敢于迎难而上，面对危机敢于挺身而出，面对失误敢于承担责任，始终做到知责于心、担责于身，知重负重、善作善成。作风方面，树立正确业绩观，坚持实事求是、一切从实际出发，坚持目标导向、问题导向、结果导向，重实干、务实功、求实效。廉洁方面，严于律己、秉公用权，严守纪律规矩，筑牢廉洁防线，知敬畏、存戒惧、守底线。

2.细化提升路径，明确工作思路

围绕领导干部政治、本领、担当、作风、廉洁 5 方面能力素质要求，明确以"五全一经常"为核心的干部队伍能力素质提升路径，全周期提升政治素养，全覆盖夯实专业本领，全过程促进担当作

为，全方位强化作风建设，经常性开展警示教育，全要素实施支撑保障，推动干部队伍整体能力素质全面提升，为事业高质量发展提供坚强组织保证。

3. 加强整体规划，明确发力方向

详细制定《领导人员队伍建设"十四五"规划》，根据上级最新要求、企业内外部发展形势以及队伍建设实际情况，开展规划中期执行情况评估，对薄弱环节及时滚动修编，统筹做好顶层设计，明确队伍建设发展目标和努力方向，提出到 2025 年年底，领导干部政治素质全面提升，政治能力更加成熟，担当作为全面深化，斗争精神和斗争本领持续增强，领导干部队伍建设"供给侧"与事业发展"需求侧"保持动态平衡，形成一批在行业中有更大话语权、在系统内有更大影响力的治企兴企"行家里手"，确保队伍建设始终与企业发展同频共振。

（二）开展全周期素质能力培育，提升领导干部政治素质

1. "萌芽期"加强源头培养，创新实施"青马工程"

严格学员遴选。率先在国家电网公司系统内和天津市企业中实施"青马工程"，对照党员领导干部选拔任用相关规定，制定政治理论和综合素质测评、组织考察等方式相结合的"青马"学员选拔流程，每年遴选 40 余名优秀青年人才进行系统化理论培训。

加强系统教育。从强化理想信念入手，安排马列主义经典原著研读、毛泽东思想和中国特色社会主义理论体系、习近平新时代中国特色社会主义思想等 7 个学习模块。组织学员集体赴西柏坡开展现场革命传统教育，参观烈士陵园、平津战役纪念馆和周恩来邓颖超纪念馆，教育学员传承优良传统，弘扬革命精神，增强使命担当。

强化过程管理。运用学习心得、思想汇报、结对帮扶、志愿服务、座谈交流等 5 项日常培养方式，逐人建立"成长档案"，写实记录学员真实表现，确保学员"严进严出"。安排"青马"学员常态联系结对一名本单位青年，志愿进行"青马"宣讲。

2. "成长期"抓好跟踪培养，注重提升德行操守

抓好梯队建设，突出管理重点。以政治素质高、工作能力强、思想作风好为原则，每年动态更新储备优秀四级正职 40 人（原正科级）、四级副职 60 人（原副科级）、青年 100 人，组建"两个 100"优秀年轻干部人才队伍，作为政治教育重点人群。开设"从严从实教育管理"专题周，邀请中共中央党校（国家行政学院）、中国浦东干部学院等名师名家讲授"红船精神""井冈山斗争"等课程，高质量举办学习宣传贯彻党的二十大精神等集中培训班，筑牢年轻干部忠诚干净担当的思想意识。

强化思想淬炼，夯实成长根基。每年选拔 30 余名 40 岁左右优秀年轻四级正职领导干部，举办为期一个月左右的"青干班"封闭培训，扎实开展政治理论学习。开展读书分享、"青干"讲堂、交流研讨等实践活动，通过分享交流、学习研讨、现场参观等方式，促进学员更好地用党的创新理论武装头脑、指导实践、推动工作。

树立模范典型，强化引领带动。以"时代楷模"、"改革先锋"、党的二十大代表张黎明同志为核心标杆，深入开展"黎明式"干部员工评选，引导年轻干部成长。

3. "成熟期"加强日常培养，不断强化政治担当

强化思想武装。精心组织实施学习贯彻习近平新时代中国特色社会主义思想主题教育、党史学习教育、"不忘初心、牢记使命"主题教育等活动，建立巡回指导、驻点调研等工作机制，充分运用中心组学习、"三会一课"、民主生活会等载体，学思想、学党史、学党章、学党规。

提升政治能力。制定《全面提升党员干部政治素质实施意见》，细化 36 类 107 项重点任务，对照习近平总书记来津视察重要指示精神，细化智慧电网建设、配网带电作业机器人研发、智慧车联网构建等方面具体举措，在学习和实践中持续增强领导干部政治判断力、政治领悟力、政治执行力。

加强政治考察。制定《领导班子和领导人员政治素质考察办法》，创新开展正反向测评，突出场景式考评、具体化评价，围绕政治忠诚、政治定力、政治担当、政治能力、政治自律5个方面，近距离、多角度考准考实领导干部政治素质。

（三）实现夯基固本平台全覆盖，增强领导干部专业本领

1. 打造能力提升平台

建立政企协作平台。在重点项目协调建设、新兴产业引导布局等方面建立深化协作机制，加强领导干部挂职锻炼，促使干部更好地掌握地区能源转型、产业发展需求，增强推动高质量发展本领。

提供实战历练舞台。把握能源低碳绿色转型机遇，发起成立全国首个"双碳"产业联盟，凝聚"产－学－研－用"全链条83家成员单位合力，为服务"双碳"落地营造有利条件。投运全国首个电力"双碳"中心，率先获得国家电网公司批复成立实体化运营分公司，首家推动政府应用"电－碳"计算模型节能减碳，试点开展了园区碳监测、企业碳排放等一批新业务。

搭建同场竞技擂台。深入开展领导干部任期制和契约化管理，组织23家下属单位、119名经理层成员全覆盖"一人一岗"签订岗位聘任协议和经营业绩责任书，围绕推动特高压工程发展质效，打造"雪花型"国际领先城市配电网等重点任务组织同台竞技，精准评判领导干部推动高质量发展的能力。

2. 加强专业能力培养

制定教育培训规划。发挥教育培训在领导干部能力素质培养中先导性、基础性、战略性作用，先后印发《领导人员教育培训管理办法（试行）》《2019—2022年领导人员教育培训规划》等制度文件，聚焦国网战略目标落地、"一体四翼"高质量发展等方面开展专题教学，实施项目攻关、课题研究、基层调研，拓宽干部视野。

加大专业培养力度。大力实施高端人才引领工程、电力工匠塑造工程、青年人才托举工程，与天津大学等知名高校共建院士工作站、博士后工作站，每年选拔优秀干部人才攻读博士学位，开展前沿科技领域攻关。

健全素质培养体系。建立领导干部"成长档案"，跟踪记录领导干部成长轨迹，统筹考虑事业发展需求、工作岗位要求、专业能力短板，实施"精准滴灌"，依托"国网学堂""中国干部网络学院"等多媒体平台，开展务实管用的专题培训。推行领导干部"上讲台""站前台"等机制，形成"干部教、教干部"的良好氛围。

3. 注重岗位实践锻炼

加大实践锻炼力度。围绕京津冀协同发展、"双碳"目标落地、世界一流企业建设等重要任务，有针对性地选派优秀干部到国网总部、兄弟单位、政府部门、驻外岗位等接受磨炼。注重在防汛抗洪、电力保供、疫情防控等重大斗争一线考验锤炼干部，建立急难险重任务专项履职台账，近距离观察干部在大战大考中的现实表现。积极引导干部在服务党和国家工作大局中站排头、作表率，围绕推动天津市"十项行动"落地，第一时间出台"36项服务新举措"，两级班子带队走访服务企业和项目超过9100家、解决服务需求3700余件，赢得广泛好评。

强化岗位历练深度。立足直辖市电力公司特点，优化领导干部成长路径，加大递进式培养力度，强化多岗位、多专业、多层次历练，有序推进基层与本部、基层单位之间岗位交流，强化党务工作岗位与生产经营岗位间的轮岗交流。

突出抓好年轻干部。聚焦后继有人根本大计，先后围绕年轻干部发现选拔、跟踪培养、管理监督等方面出台4项专项实施意见，每年结合年度考核动态优化更新"两个100"干部人才队伍，确保选择上有空间，使用上有梯队。大力破除论资排辈、平衡照顾等条条框框，及时给年轻干部压担子、搭台子、架梯子，促进"好苗子"快速成长。

（四）全过程优化选拔任用，鼓励领导干部担当作为

1. 完善选拔任用机制，让干部乐于担当作为

坚持事业为上选干部。坚持把最优秀的干部放到最重要的岗位上，把最能拼的干部派到最关键的战场上，选派能力出色、作风硬朗的优秀干部推动长期受阻电网建设工程、回收大额陈欠电费、带动送变电公司扭亏为盈，10 余名表现突出的优秀干部得到提拔重用，树立选拔任用"风向标"。

突出担当作为选干部。把急难险重任务作为磨砺、识别、考察干部的"磨刀石""试金石"，把一大批在关键时刻经受考验，在基层一线、吃劲岗位业绩突出的优秀干部纳入组织视野。

着眼功能结构选干部。将 68 名综合素质高、驾驭能力强的优秀干部提拔到正职岗位，把优秀"80后"年轻干部配置到 36 个部门、单位，保持队伍整体活力，选派专业过硬干部到"双碳"、综合能源等新兴领域，支撑"一体四翼"高质量发展。

2. 完善能上能下机制，让干部勤于担当作为

严明能上能下标准。出台《强化领导人员担当作为 推进能上能下实施细则》，明确 7 种"下"的渠道和 25 种"下"的情形，对不适宜担任现职的干部果断"下"，区分不同情形及严重程度，采取调离岗位、免职（撤职）、降职（降级）等方式予以调整，大力解决不作为、乱作为、慢作为问题。

营造实干担当氛围。在疫情防控、防汛抗洪、电力保供等急难险重任务的关键时刻，及时印发激励领导干部担当作为的实施意见，开设"群英谱"专栏、编制《专报》，加强现场调研、检查通报，引导领导干部在重大斗争一线奋勇争先。

注重工作实绩实效。加强干部实际工作成效考核跟踪，对经理层成员年度经营业绩考核结果低于 70 分，或年度经营业绩考核主要指标完成率低于 70% 的；连续两年年度经营业绩考核结果为 D 级或任期经营业绩考核结果为 D 级的，终止任期、及时解聘。

3. 完善严管厚爱机制，让干部敢于担当作为

科学界定容错标准。认真贯彻落实"三个区分开来"要求，制定容错免责管理办法，把出于公心、不谋私利、依法依规履职尽责作为前提条件，明确 6 方面予以容错情形，对改革创新、先行先试、履职尽责过程中出现的偏差失误大胆容错，以激励干部担当。

严厉打击诬告陷害。落实查处诬告陷害行为等系列制度，及时为受到诬告的领导干部澄清正名、消除影响，旗帜鲜明为敢担当、能干事的干部撑腰鼓劲。

健全帮扶回访机制。正确对待被问责和受到处分的领导干部，加强后续跟踪了解，定期开展谈心谈话、走访调研，对于积极改正错误、表现优秀、符合有关条件的，该使用的正常使用，持续激发干事创业热情。

（五）全方位发扬"推土机"精神，锻造领导干部过硬作风

1. 强化顶层统筹谋划

班子带头示范表率。围绕党建引领、队伍建设、电网升级等领域，国网天津电力领导班子下先手棋、打主动仗，推动考核测评、业绩指标逐年提高，在首届任期考核中获评"优秀"，党委主要负责同志在建党百年之际获评全国优秀党务工作者，2023 年当选全国人大代表，为干部员工树立了表率。

坚持召开作风大会。连续 6 年以干部作风大会开局全年工作，结合不同时期的形势任务，出台《加强干部队伍作风建设实施意见》《干部作风建设实施方案》等 9 项配套制度文件，一年一主题、一年一提升。

加强作风建设考核。先后出台作风建设考察办法、作风建设考核实施意见，开展作风建设量化评价，深入了解干部思想作风、学风、工作作风、领导作风、生活作风等 5 方面表现，与评先评优、治庸治懒、追责问责、能上能下等直接挂钩。

2. 加强上下贯通传导

深入开展专题活动。2018 年以来，先后开展"上热中温下冷"专项整治、本部转变作风"百项承诺"等活动，组织"发扬'推土机'精神""严管理、强作风"等多轮次大讨论活动，推动各级干部开展作风自查。

强化一线履职检查。大兴调查研究之风，建立领导干部安全检查、走访服务、基层调研、现场办公"四深入"工作模式，开展领导干部履职情况季度汇总、分析，对发现问题的领导班子和领导干部累计通报 50 余人次，推动领导干部深入基层摸清实情，提实对策。

开展问题专项整治。深入开展驻点调研，对自身建设相对薄弱的 5 家基层单位和 1 个本部部门，通过调研问卷、一对一访谈等方式，找准问题差距，形成任务清单，实施提醒谈话、调离岗位、"起立再竞聘"等措施，推动各单位各部门齐头并进。

3. 聚焦大战大考检验

加强一线督导。在防洪防汛、电力保供、疫情防控等攻坚战中，主要负责同志紧盯靠上、高频调度，班子成员分片包干、驻点办公、深入一线督导，推动各级领导干部以上率下、冲锋在前，带领广大员工坚守岗位，扛牢职责。

加强考核把关。开展急难险重任务专项考核，围绕防洪防汛、电力保供等攻坚任务，加强干部履职成效跟踪考核，考准考实抓谋划、抓部署、抓协调、抓落实等 7 方面成效，划分"突出""较好""一般""较差"等 4 个等次，作为激励奖惩、选拔任用的重要依据。

加强正向激励。遴选大局意识强、行动迅速、举措务实的优秀干部员工作为榜样，连续编撰《榜样力量》《电靓津沽》《从个体先进到群体先进》等系列丛书，组织开展巡回演讲展播，号召全员看齐学习，锻造"推土机"式铁军作风。

（六）经常化开展警示教育，助力领导干部行稳致远

1. 强化宗旨意识教育

前移教育关口。聚焦领导干部提拔任用、交流竞聘、评先评优等关键节点，加强资格审核、问题核查、分析研判，严把政治关、品行关、能力关、作风关、廉洁关；综合运用任前谈话、任职承诺、廉政考试等方式，为干部上好廉洁第一课。

深化以案明纪。邀请天津市检察院领导围绕国企案例"以案说法"，现场参观反腐倡廉教育基地，召开党风廉政和反腐败工作教育大会，加强警示教育，组织干部手写心得体会，引导干部时刻紧绷纪律之弦，牢记初心使命。

用活红色资源。充分挖掘周恩来邓颖超纪念馆、平津战役纪念馆、电力博物馆、电力"双碳"中心等红色资源，打造具有天津文化"底色"和天津电力"特色"的红色教学路线，引导广大干部传承红色基因，践行"人民电业为人民"的企业宗旨。

2. 深化谈心谈话机制

强化"一把手"谈话教育。建立健全上下级"一把手"常态化谈心谈话机制，通过任职谈话、监督谈话深入掌握下级"一把手"履职尽责情况，对下级"一把手"加强警示教育，促使其位高不擅权、权重不谋私。

强化年轻干部谈话教育。国网天津电力党委及组织部相关负责同志每半年专门安排时间与新提拔年轻干部进行全覆盖谈心谈话，帮助年轻干部提高认识、找准差距、改进提升，助力年轻干部行稳致远。

强化本部人员谈话教育。建立部门负责人与部门工作人员定期内部谈心谈话制度，同时加强组织部门负责人与"关键岗位"人员谈心谈话，强化对"关键少数"状态了解和警示教育，夯实健康成长根基。

3. 规范日常履职行为

严明履职规范。系统梳理 21 部国家法律和党内法规、65 部企业内部现行规章制度要求，以"一问一答"的形式提炼编制《国网天津电力领导人员履职手册》，全覆盖印发并组织系统学习。

加强日常跟踪。健全组织部、纪委办、人资部、审计部、办公室等部门常态沟通机制，每季度定期收集干部履职信息，将巡察、审计、信访等发现的问题线索纳入负面清单，及时加强警示提醒，防止小毛病演变成大问题。

强化全面管理。通过深入一线调研走访、广泛谈心谈话、综合考核评价、列席民主生活会等方式，全面掌握干部人前人后、台上台下的思想、工作、作风、生活各方面状况，对苗头性倾向性问题抓早抓小、防微杜渐。

（七）强化全要素保障，确保领导干部能力素质长效提升

1. 压实各方责任

在国网天津电力党委的统一领导下，各部门各单位加强归口管理、分工协作，合力推动干部能力素质全面提升。组织部负责落实中央干部教育培训方针、政策和法规，研究提出干部教育培训计划并组织实施。党建部负责干部思想建设，组织开展理论武装和党内集中教育活动。本部各部门按照职责范围负责各专业领域干部专业化能力培训。党校负责落实年度教学计划、方案，配合做好考核和评估。

2. 夯实管理根基

聚焦干部队伍能力素质提升核心问题，统筹完善素质培养、知事识人、选拔任用、从严管理、正向激励"五大体系"，体系化推进干部队伍能力素质提升工作。注重发挥制度管根本、管长远的作用，加强对实践做法和典型经验的总结提炼，认真梳理 70 余项制度短板和"盲区"，一体做好"立、改、废、释"相关工作。

3. 强化成长评估

深入干部所在单位、部门开展立体式测评、大范围谈话，丰富政治素质考察、作风建设考核、新提拔年轻干部成长后评估、董事履职评价等内容，从群众口碑中考实考准干部能力素质，为干部精准画像和靶向提升提供有力支撑。2018 年以来，国网天津电力内部考核测评票由 5 类增加至 21 类，累计 1.4 万人次参加谈话，考核"大数据"价值充分彰显。

三、电网企业以"五全一经常"为核心的领导干部能力素质提升管理效果

广大领导干部以上率下、奋发奋斗，一马当先勇担电力"双碳"之"责"，尽锐出战保障电力供应之"稳"，不讲条件迎战防汛抗洪之"险"，忠诚报党的决心意志更加坚定坚决，"国之大者"的理解领悟更加深入深刻，干事创业氛围空前浓厚。从国网考核反馈"一报告两评议"情况来看，2018 年以来国网天津电力选人用人工作总体评价满意率、新提拔领导人员认同率、从严监督干部满意率等指标屡创新高，2022 年分别达到 98.58%、97.78%、99.29%，累计提升 15.97、16.07、12.33 个百分点，均创历史最好水平，共有 19 名领导干部得到国家电网公司党组提拔重用。企业负责人考核连续 11 年位列国家电网公司 A 级

（成果创造人：赵　亮、刘　旭、石立桩、肖广宇、赵　同、王　涛、
崔振辉、朱雅楠、刘炳焕、刘哲然、郭　伟、徐　博）

燃机发电企业基于三级联动的综合绩效考核体系建设

江苏大唐国际金坛热电有限责任公司

江苏大唐国际金坛热电有限责任公司（以下简称金坛公司）隶属中国五大发电集团之一大唐集团公司，成立于 2016 年，注册资本 101540.7 万元，占地面积 144 亩，现有职工 141 名，平均年龄 32岁。总规划建设重型燃机集群（6 台 400MW 级重型燃机，已列入金坛区 2017—2035 年能源发展规划），一期工程建设 2×436 兆瓦"1+1+1"分轴燃气机组，总投资 20.77 亿元。自 2019 年 5 月 20 日机组投产运行至今，累计发电 121.80 亿千瓦时，营业收入 61.46 亿元，上缴税金 2.02 亿元，获得"江苏省文明单位""江苏省五一劳动奖状""江苏省现场管理星级评价五星级现场""集团公司仓储管理先进单位"等荣誉称号。

一、燃机发电企业基于三级联动的综合绩效考核体系建设背景

（一）贯彻落实国企改革三年行动的需要

2020 年的政府工作报告中提出，提升国资国企改革成效，实施国企改革三年行动。国企改革三年行动是对党的十八大以来各项国企改革重大举措的再深化。中央企业要抓好国企改革，要做国企高质量发展的"领头羊"，做国民经济发展的"顶梁柱"，充分体现中央企业的担当作为。金坛公司要以深入落实国企三项制度改革为抓手，统筹用好绩效考核指挥棒，不断开拓创新、大胆尝试，切实建立良好有序的干部能上能下、员工能进能出、收入能增能减的三能机制，切实提升金坛公司盈利能力和抵御风险能力，切实提升改革综合成效，确保改革取得实效。

（二）落实大唐集团转型发展战略的需要

为适应电力能源结构调整、电力市场化改革，面对减少传统煤机和发展新能源企业的挑战，大唐集团公司提出开启"二次创业"新征程的口号，并确立"打造绿色低碳、多能互补、高效协同、数字智慧的世界一流能源供应商"的发展愿景。站在"二次创业"的新起点上，高质量快速发展、经济效益稳定增长是制胜的关键因素。为取得"二次创业"的成功，金坛公司紧紧围绕大唐集团公司战略发展愿景目标，抓好绩效考核管理，激发员工创新精神，促进提质增效，提升高质量发展和经济稳增长的工作活力，力争在清洁能源领域做出表率、做成样板，为大唐集团公司愿景目标贡献力量。

（三）提升金坛公司经营发展业绩的需要

面对新发展阶段的新挑战、新任务，根据发展战略转型、高质量发展、经济稳增长的工作要求，传统的绩效考核已不能满足企业发展的需要，绩效管理水平亟待提升。原来的绩效考核管理存在几个方面的弊端：一是重目标轻战略，绩效目标与战略目标脱节，存在以考核为目的的考核，不能推动组织的良性发展；二是重考核轻奖励，考核体系僵化，负向激励多于正向激励，不能有效激发员工积极性；三是重结果轻过程，考核不够精准，简单粗暴的奖勤罚懒，不能充分激发员工干事创业的工作热情；四是重领导轻数据，考核结果往往以主管领导意见为主，存在绩效偏见，缺乏有力数据做支撑，不能很好地体现绩效考核的公正公平性。在内外部同步改革的形势下，金坛公司急需改变传统的绩效考核模式，设计先进科学的绩效考核体系，引导全体员工不断为企业发展贡献力量。

二、燃机发电企业基于三级联动的综合绩效考核体系建设主要做法

（一）以战略目标为指导，明确三级联动绩效考核机制

1. 立足市场化改革新形势，明确企业发展战略目标

以建设"一站式综合能源服务网"战略为引领，金坛公司加快从燃气单一能源供电向"燃气、光

伏、储能、供热"综合能源转型，以适应市场化改革中的高速发展，实现"清洁高效、多能互补、可持续发展"的企业目标，推动经营业绩提质增效，确保金坛公司在清洁能源领域的领先地位。

2.立足企业发展战略目标，明确绩效考核工作理念

为适应企业战略目标的转型，金坛公司立足经营管理实际和未来发展方向，明确了"转变经营意识、提升经营业绩、优化绩效考核体系"的工作方针，促进以"清洁高效、多能互补、可持续发展"目标为指引，打造企业与员工共同发展的绩效考核工作理念。

3.立足绩效考核工作理念，明确绩效考核工作思路

金坛公司以充分调动员工干事创业热情，激发开拓创新精神为基础，以服务公司发展战略目标为根本，结合市场化改革中新增的售电、项目开发等重点业务，综合考虑各项任务的工作目标、主要内容、行业特点，采取考核指标、事项奖罚两个考核类型，将所有重点任务囊括其中，建立了综合绩效考核体系，并实现部门、班组、岗位三级联动。

4.立足综合绩效考核体系，明确三级联动工作机制

综合绩效包括权重类和任务类指标，均按照部门、班组、岗位逐级落实，并以三级联动为指引，以科学有效为方向，以从上到下目标分解为大原则，以精准、合理、有效考核为目的，统筹考虑薪酬分配能增能减、电力企业市场化改革、大唐集团公司战略转型的要求，制定了部门级、班组级和岗位级关键指标。部门级绩效考核指标以年初金坛公司与部门签订的业绩考核责任书进行确定，主要包括两个部分，一是来自金坛公司年度主要指标的分解，二是来自部门重点工作任务；班组级绩效考核指标来自对部门指标的分解以及班组重点工作任务；岗位级绩效考核指标来自对班组指标的分解以及岗位重点工作任务。

（二）确定三级联动的全员绩效考核体系原则和指标

1.明确全员绩效考核指标原则

指标的确定要求符合"三性"——关键性、重要性、导向性，"三可"——可量化、可衡量、可对标，"三化"——精确化、合理化、科学化原则。根据"三性"原则将指标分三级设置，不同级别的指标设定不同的得分上限，以提高员工跳起来摸高的意愿，特别关键、特别重要，体现企业整体经营盈利状况的为一级指标，比如利润总额、经济增加值，一级指标得分上限为150分；很关键、很重要，体现企业机组运营效益状况的为二级指标，比如发电气耗、机组利用小时，二级指标得分上限为120分；关键、重要，体现企业重点工作管理水平的为三级指标，比如可靠性管理、缺陷管理，三级指标得分上限为100分。根据"三可"原则细化每项指标的打分规则，根据目标值设置唯一值，即该指标得100分时需要完成的值，并根据指标类型、难度不同设置加减分标准，单项指标根据指标级别设置加分上限，但不设置下限，并且总分不设定上下限；同时，在编制指标时按照"三化"原则设定，比如机组利用小时采取区域对标排名考核方式，而不是以往设置具体数值为目标，实时与市场同步，让指标考核更加合理。

2.确定三级考核指标

部门级关键指标。部门级关键指标由金坛公司绩效考核办公室牵头，各部门共同参与制定，避免由业务部门自行制定指标时避重就轻的问题，避免由分管领导直接制定指标时仅考虑分管范围内事项，导致考虑不全面的问题，同时，各部门共同制定可使相关指标的确定更加科学、有效。部门级指标不仅包括上级公司下达的公司级重点指标，同时将公司级攻坚任务给相关部门进行分解，确保指标的全面性。在此基础上，尽量精简指标，保留主要指标，去掉次要指标，体现出指标的"三性"原则。根据考核周期，指标分为年度指标和月度指标，确保指标评价的准确性和及时性，同时按月评价，起到对部门提醒的作用。

班组级关键指标。班组是企业管理的最小组织单元，直接参与企业生产经营管理，具体开展一线工作，班组的绩效水平直接影响企业的整体绩效。为了让班组发挥出基石作用，班组级关键指标不仅要承担部门级指标，也要纳入各班组重点工作任务，同时，又不能直接分解部门指标，要结合班组管理的职责、特点加以调整。比如部门级指标缺陷管理，具体到班组时就要进一步细化为三类缺陷数量、消缺完成率等。

岗位级关键指标。为了让岗位绩效全面体现岗位业绩贡献、员工综合能力、日常工作表现等，切实达到"业绩升、薪酬升，业绩降、薪酬降"工作要求，金坛公司岗位指标按照"岗位业绩贡献＋工作能力＋工作态度"三维度进行设置，实现了用指标多维度全方位评价员工的目的。在权重设置方面，根据岗位性质不同来确定。岗位指标一部分来自班组关键指标的分解，另一部分来自具体的岗位职责。岗位业绩贡献指标为可量化指标，并且每项指标设定了清晰的考核标准，还设置了上下限，目的是依据工作业绩合理拉开同岗位间收入差距，同时确保在一定可控范围内，保障员工收入水平可控。工作能力和工作态度为定性指标，为了尽量让定性指标定量考核，金坛公司将工作能力指标分为月度重点工作计划完成情况和例行工作完成情况两项内容，其中月度重点工作计划由办公室组织各部门按月制订计划、督办工作完成情况，由所在部门根据完成情况进行打分；并对各岗位梳理了例行工作，设定了每项工作的评价标准，按月由所在部门根据完成情况进行打分。工作态度指标主要表现为执行力，具体分为工作积极主动性、工作责任心、团队配合、工作进度完成情况、工作细节五个维度进行评价，每个维度20分。同时，设置了临时性或亮点工作完成情况，该指标由部门直接评定，在总分上进行加减分，最高可 ±5 分。

（三）组织实施三级联动的经济责任制考核

1. 落实三级联动的经济责任制考核

经济责任制考核为任务类指标负责，主要是对金坛公司各项重点工作任务的分解，通过逐级任务分解的方式，做到人人头上有任务，每项任务都有具体岗位负责。金坛公司制定了《经济责任制考核管理办法》，根据公司重点工作任务，分为安全管理、生产管理、环保管理、科技管理、物资管理、行为管理等任务模块，每个模块明确了具体的考核条款及考核牵头部门，按照"奖二罚一"的原则设定了奖惩额度。每月由考核牵头部门根据工作过程中发生的具体事件，提出奖罚意见，由考核领导小组审议后执行，落实到责任部门，再由部门将奖惩100%落实到责任班组，由班组100%落实到具体责任岗位，形成责任共担、成果共享的三级联动机制。

2. 三级考核流程

经济责任制考核奖惩与月度综合奖挂钩，分为部门、班组、岗位三级考核。经济责任制考核按月根据具体工作任务开展情况，直接在月度综合奖中兑现奖罚。

经济责任制考核遵循"部门→班组（运行值）→岗位"分级考核，逐级分配的原则进行。其中：

部门月度综合奖金＝基数×部门岗位系数和 ± 部门月度经济责任制奖惩金额；

班组月度综合奖金＝基数×班组岗位系数和 ± 班组月度经济责任制奖惩金额；

岗位月度综合奖金＝基数×岗位系数 ± 岗位月度经济责任制奖惩金额。

（四）组织实施三级联动的项目攻坚考核

1. 落实三级联动的项目攻坚考核

项目攻坚考核为金坛公司攻坚类指标负责，主要对需要攻坚克难的重点难点工作进行分解，与年度攻坚奖挂钩，分为部门、班组、岗位三级考核，将攻坚任务逐级传导、三级联动。攻坚任务重点围绕核心效益指标、关键运营指标、安全环保指标和项目发展指标设定，根据攻坚任务难度设定奖励金额，完成目标给予全部奖励，完不成没有奖励，高额奖励对职工完成攻坚任务的积极性起到了很好的激励作用。

2. 确定攻坚任务

攻坚任务的完成不仅需要责任明确、落实到岗，更需要各部门协同配合，从公司全局出发统筹考虑，在攻坚任务中根据各岗位不同职责进行分工，奖励发放根据攻坚过程中贡献大小进行分配。

（五）组织实施专项工作考核

1. 落实安全生产专项奖惩

为进一步落实安全生产责任制，促进本质性安全企业建设，金坛公司设立安全生产专项奖励基金，制定了《安全生产专项奖励》，主要包括安全事件、安全管理、可靠性管理、技术监控、缺陷管理、两票管理、环境保护等主要内容，按照"奖二罚一"的原则，部门、班组、岗位逐级审批的方式进行奖惩。

2020年金坛公司设立了人均5000元的安全生产专项奖励基金，用于现场安全生产各项工作的奖励，比如两个细则、缺陷管理等，提升了生产人员的工作积极性。到2022年，安全生产专项奖励基金已逐步提升至人均10000元，并增加了现场技术改造、环保管理等内容，不断完善现场安全管理内容，提升安全生产水平，夯实安全生产基础。

2. 落实售电专项工作奖惩

为提升公司售电市场营销业绩，激发全员售电积极性，公司制定了《售电专项奖惩管理办法》，根据各部门上年度实际完成情况，以及公司售电指标任务，结合本年度售电业务拓展实际情况，将公司任务分解落实到各部门、班组、岗位，并根据实际签约量，对超额完成任务的予以奖励，对未完成任务的予以处罚。

为进一步提升售电人员的工作积极性，设置了分级奖励标准，比如：超额完成售电目标的120%，奖励2万元/亿千瓦时；超额完成售电目标的150%，奖励2.5万元/亿千瓦时；超额完成售电目标的200%，奖励3万元/亿千瓦时；超额完成售电目标的200%以上的，奖励3.5万元/亿千瓦时。

3. 落实节能降耗工作奖惩

为进一步提高发电设备的经济运行水平，强化节能降耗管理水平，提升员工节能意识，公司制定了《节能管理实施细则》，对运行管理、设备管理、燃料管理、经济调度、技术革新、技术改造、节约用水、节约用电、非生产用电等明确了具体的工作要求，以及奖罚条款，从日常规范管理和提升技术水平两个方面着手进行节能降耗。

本着节约有奖、浪费有罚的原则进行奖惩，金坛公司2020—2023年在节能降耗方面收集了7条合理化建议，并将6项实施，采取了各项改造实施方案、改造后经济对比试验及经济性总结，完成了6项技改项目，大幅提升了节能水平。供电煤耗连年降低，2023年上半年供电煤耗为202.77克/千瓦时，较同期降低0.68克/千瓦时。

4. 落实运行小指标竞赛奖惩

为进一步提高机组的经济运行水平，增强运行人员的节能降耗意识，促进节能减排工作的深入开展，不断降低发电成本和能源消耗，达到节能降耗的目的，制定了《运行值际指标竞赛奖励办法》，设置2.5万元/月的奖励额度，值际指标主要包括平均负荷、综合气耗、生产厂用电率等15项主要运行指标，每月按照15项小指标排名综合成绩对五个运行值进行奖励。

（六）以激励员工持续改善绩效为导向，创新绩效应用方式

1. 关注考核过程管理，持续改善员工绩效

金坛公司绩效考核按月开展，并根据考核结果给员工建立个人绩效档案，包括绩效考核结果，绩效考核优秀的指标和不足的部分。通过连续几个月的对比分析，能够及时发现过程中绩效不良的员

工。对于绩效不良的员工，首先从工作态度、工作能力、与人沟通不畅、工作责任心等方面分析成因，再根据成因安排班组、部门、公司相关方面的优秀人员对其开展绩效谈话，谈话中要诚恳地反馈考核结果，认真倾听个人反思原因，帮助其分析个人短板，最后通过专项培训提升个人能力，补齐短板，提升绩效。通过绩效反馈，不仅让员工清楚地认识到自己的不足，更要让员工清楚该从哪里着手改善，怎么改，改成什么样。

2. 考核结果与薪酬待遇挂钩机制

金坛公司根据三级联动综合绩效考核项目建立了综合绩效奖励基金，并根据考核项目内容、重要程度、涉及范围等分为绩效奖、综合奖、攻坚奖和专项奖四个部分。其中，全员绩效考核与绩效奖挂钩，通过月度得分与月度绩效奖直接挂钩，将权重类指标和日常类的奖惩与月度绩效奖挂钩，并且根据年度最终考核结果予以清算；经济责任制考核与综合奖挂钩，通过奖罚直接与月度综合奖挂钩的方式，将任务类指标纳入综合奖的考核，该考核项目属于过程中具体事项的奖惩，一事一议，不予年度清算；攻坚项目考核与攻坚奖挂钩，攻坚奖根据攻坚任务的难度设置奖励，采取完成奖励，完不成不奖励的方式；对于专项工作的奖惩则分别根据工作业务类型设置不同类型的奖惩机制。

3. 考核结果与岗位调整挂钩机制

在岗位公开竞聘、专家评选时，将月度绩效考核得分作为人才考核的重要考评因素之一，避免了以往以面试为主的选拔方式，降低了因评委的不同喜好而产生的人为因素，将人才选拔机制与绩效水平紧密结合起来，增加了日常业绩出色的人脱颖而出的概率，大大提升了人才选拔的公平性。同时，进一步提升员工对绩效考核工作的重视程度，有效调动员工的工作积极性，同时反向推进绩效考核工作的落实。对于绩效不良且长期没有改善的员工，解除岗位合同，采取待岗处理，在待岗期间根据其专长开展岗位适应性培训，培训结束开展岗位考核，具备新岗位上岗条件的，重新上岗，但需设置6个月的试用期；如调换岗位后仍然不胜任的，将依法解除劳动合同。

三、燃机发电企业基于三级联动的综合绩效考核体系建设效果

（一）激活体制机制，管理水平显著提升

通过该成果实施，员工工作更加主动，大幅提高了日常工作效率，各项技改、检修工作均提前完成；让全员更加聚焦企业战略目标，对外售电、项目开发工作人员的积极性更高，各项工作超额完成任务目标，提升了企业的内驱力和竞争力；绩效考核有据可依，公开透明，彻底打破"大锅饭"，员工对绩效分配的认可度更高。通过绩效与岗位晋升挂钩、与专家评选挂钩的机制，让员工主动学习，不断提升个人职称、学历、专业知识等综合能力，综合素质普遍提升。

（二）内生动力提升，利润指标逐年向好

金坛公司从基建转商业运营时做到"即达标、即投产、即盈利"，并且经济指标逐年上升。通过全体干部、员工的不懈努力，在抢发电量、物资管理、财务管控等方面狠抓"三提两降一治"，深化提质增效各项工作，利润指标逐年向好，连续三年平均增长率达到87.5%。

（三）工作热情提升，树立良好企业形象

三级联动综合绩效充分激发了员工的工作积极性，工作效率大幅提升，并且金坛公司基于三级联动的综合绩效考核模式得到江苏公司的高度认可，有江苏苏州公司、江苏泰州公司、江苏南京热电公司、江苏新能源公司等多家基层企业到金坛公司学习借鉴，并在系统内得到广泛推广。金坛公司先后获得"江苏省五一劳动奖状""江苏省文明单位""江苏省厂务公开民主管理先进单位"等多项荣誉称号，在地方树立了良好的企业形象。

（四）注重清洁能源，节能降耗水平提升

通过设置安全生产专项奖励基金，增设技能方面运行小指标的奖惩，大大提高了员工节能减排的意识，在工作中充分激发了员工的创新意识。员工纷纷开动脑筋、多方学习，进一步优化了运行参数，二氧化碳排放量低于机组配额 38.72 万吨。通过全体员工的努力，机组投产运行至今，安全稳定可靠，各项指标先进，在同类机组中处于领先水平，多次获得中国电力企业联合会燃机能效对标"4A"称号，在大唐集团公司及江苏燃机行业内均排名第一。

（成果创造人：俞　伟、张冠一、吕凤彬、曹广继、韦　慧、陈景标、
刘海斌、惠振宁、高　翔、刘　芳、程　晖、王　宇）

老油田企业以提升综合效益为目标的市场资源配置管理

中国石油化工股份有限公司中原油田分公司

中国石油化工股份有限公司中原油田分公司（以下简称中原油田）隶属于中国石油化工集团公司，是中国石化上游板块骨干企业，是我国东部地区重要的石油天然气生产基地，也是集石油天然气勘探、油气田开发、石油化工和石油工程技术为一体的国有特大型企业。中原油田1979年正式投入开发，目前建成东濮凹陷、川东北普光气田、内蒙古探区三大油气生产基地，总矿权面积19317平方千米，石油资源量20.9亿吨、天然气资源量21836.1亿立方米，探明石油地质储量6.2亿吨、天然气地质储量4833.3亿立方米。截至2022年年底，累计生产原油1.49亿吨、天然气1176亿立方米、硫黄2200万吨，上缴税费907.6亿元。现有用工总量3.78万人，聘任专业技术人员1.1万人，共有集团公司高级专家、油田首席专家、油田高级专家、油田专家等高层次人才160人。

一、老油田企业以提升综合效益为目标的市场资源配置管理背景

（一）深化国有企业改革、提升企业发展效益的现实需要

近年来，在全面落实国有企业深化改革方面，中原油田进行了诸多探索，但随着自身体量快速增长、市场竞争日益加剧、外部环境日趋严峻，机构冗杂、管理效能不高等问题没有得到根本性解决，管理体系适应性不断降低，人员结构性矛盾日益显现，生产辅助、后勤服务等非核心业务人员较多，员工队伍老化严重，影响了油田核心竞争力提升和整体效益提高，迫切需要转变观念、创新体制机制、统筹和优化资源配置，充分发挥市场调配作用，积极开拓内外部市场，提质提效、转型发展。

（二）突破老油田发展瓶颈的迫切需要

作为我国最后一个以会战形式开发建设的油气田，中原油田建设初期按照千万吨级以上年产规模配置人力资源、开采设备、集输管网等，1988年原油产量达到722万吨的最高峰后，由于资源接替不足矛盾不断加剧，产量逐年下降，2022年生产原油125万吨，而用工总量达3.78万人，2021年原油盈亏平衡点高达5670元/吨，位列集团公司上游板块最后一名。油气核心业务用工不够精干，根据油田事业部发布的组织效能对标数据，油田人工成本利润率、人均营业收入、人均产量、人均管井数等指标与中国石化上游板块均值相比，仍有较大差距。"四供一业"及其他社会职能移交单位转型发展难度较大。员工对移交业务依赖性较强，外部市场出不去，转岗主业不积极，分流安置困难，给油田经营带来较大压力。中原油田亟须盘活富余资源，提升全员价值创造能力，支撑油田高质量发展。

二、老油田企业以提升综合效益为目标的市场资源配置管理主要做法

（一）持续推进油田"减负瘦身"改革，优化资源配置

开展体制机制改革，实施老油田"减负瘦身"，做强做大主责主业，推动存续业务转型发展，逐步显现富余人力资源，着力提高资源创效能力，夯实油田高质量发展基础。

1. 推进核心业务专业化整合

以做强做大主责主业为目标，在推行注采输一体化管理、整合采油管理区的基础上，进一步优化资源配置，合并原油年产量30万吨以下的采油一厂、四厂、五厂和六厂，成立文留采油厂和濮东采油厂，提高规模效益。按照专业管理、市场运营原则，剥离采油厂井下作业、特车、维修、测试、电力、车辆等非核心业务，推进分公司层面油气服务专业化队伍整合重组。将井下作业、特车和维修业务分离出来，组建采油气工程服务中心和地面工程抢维修中心；将油水井测试、供电、车辆业务分别划归技术监测中心、供电服务中心和车辆管理中心。采油厂仅保留采油、注水、集输等生产业务和地

质工艺研究等技术支持业务，暂保留准备、治保等辅助业务。基层单位由122个压减到48个，油气开发队伍由24774人减少到15585人。

2. 持续推进采油厂减员增效

剥离采油厂的井下作业、特车、维修、供电、测试等非核心业务，划归或组建分公司层面专业化单位，划转人员8011人。同时，对联合站、计量站、集气站、油气水井及重点设备进行数字化改造，构建以生产指挥中心为核心的数字化采油管理区运行模式，实现自动采集、无线传输、视频监视、遥控指挥、无人值守，减少人员配备，采油区人员由2090人优化至986人。推进"大岗位"管理，联合站数字化改造后，集输、油气田水处理、注水泵、输油、采油化验等16个岗位，整合为集输班长岗、集输巡检岗2个岗位，优化人员364人。

3. 持续推进机关和存续业务改革增效

一是实现业务一体化。落实集团公司机构管控要求，推进上市存续业务一体化管控，压减职能部门3个，降低内设机构规格11个，将131个机关科室和直属科级单位整合归并，减少机构70个，优化人员388人。二是推进存续业务专业化重组。将原有分散的14家医疗机构759名员工分离出来，成立医疗卫生服务中心；剥离社区物业服务、房屋维修、公用设施维修改造和管道维修业务3001人，组建物业服务中心和房屋维修中心，实现专业化单位统一管理。三是优化社区规模。"四供一业"移交企业社会化职能后及时组建油区服务中心，社区数量由10个压减为1个，减少科级机构38个，减少机关定员284人。

（二）以内部市场挖潜为手段，有序推进外委转自营

全面盘点油田内部市场外委业务，逐项论证外委转自营可行性，制定工作方案，逐步培育自营能力，配套激励政策，不仅实现了职工队伍稳定，而且有效提升了富余人员价值创造能力。

1. 培育自营能力，厚植服务优势

一是突破一批关键核心技术。外委转自营面临较多难题，例如污水处理药剂配比、气田装置检维修高压涉硫等，通过开展项目"揭榜挂帅"，逐项攻破"卡脖子"技术难题，实现外委转自营的科技支撑。二是加快设备设施配套。开展系统调研，排查设备机具缺口，采取投资和成本两个渠道、短期和中长期两个角度，以及内部调剂、社会租赁、购置3种方式，加快柱塞泵、泵修车、压滤机等设备及污水处理、调驱调剖药剂配置、钻井泥浆处置废水存储场地设施建设，为外委转自营提供硬件支撑。

2. 全面梳理外委业务，寻找自营目标

一是深挖成本业务潜力，全面梳理2021年油田外委业务情况，结合生产经营实际，加大政策、装备、人才支持，共梳理出钻井设计、装置检维修等18类、每年约4亿元的外委业务，具备外委转自营的潜力。二是拓展投资业务自营空间，统筹专业化施工队伍积极承揽中原储气库建设、光伏发电、风电、地热、电解水制氢等项目，每年具备约2亿元自营潜力。

3. 建立外委转自营运行机制

一是建立油田自营业务清单，对外委项目进行标准化命名，形成11大类480项标准化项目名称，有效防止发包单位拆解、变通项目规避内部单位承揽。梳理评估专业化单位自营能力，形成自营清单，清单内的项目需优先征求内部单位的承揽意见，内部响应的项目，不得外委。二是建立月度双对接机制，纳入清单的项目，发包单位每月5日、20日前，通过市场管理信息系统发送至内部单位征求承揽意见。为避免外部承包商影响内部单位承揽，要求内部单位召开领导班子会，集体决策承揽意见。三是强化外委转自营过程监管，将内部施工单位与外部承包商一体化使用和监管，及时配套安全风险识别防范、现场施工、环保、质量管理要求和标准，明确项目竣工验收标准和程序，有效提升安全水平。建立风险评估机制，发包单位对内部单位承揽的项目进行安全风险评估，如果认为施工能力

不足时，可向专业部门提出取消内部单位承揽的申请，经批准后转外委。四是建立"双向"评价机制，组织发包单位对承揽单位开展评价，差异化制定负面行为评价标准，配套约谈、扣款、限制服务等措施，促进专业化单位不断提高服务质效；组织承揽单位对发包单位的甲方管理能力进行评价，促进发包单位提高安全监管、施工配合及费用结算质量效率。

4. 通过机制引导激发自营动力

一是发挥预算牵引作用，属于自营清单的业务，制定年度预算时，压减外委费用，调增自营费用，引导发包单位主动委托专业化单位实施。二是优化结算管理，考虑发包单位以往外委的价格普遍低于内部单位的服务价格，为避免外委转自营增加发包单位的成本，出台"价格双轨制"政策，涉及外委转自营的业务，发包单位仍按以往的外委价格结算，油田按内部定额考核承揽单位收入。三是配套激励考核政策，外委转自营业务按结算额的5%对发包单位、承揽单位予以双向奖励，累计发放奖励3000余万元，有效激励了直属单位外委转自营工作积极性和主动性。

5. 强化组织运行，保障外委转自营工作成效

根据自营能力建设情况，做到成熟一个、承接一个，坚决处理以"自营"之名行"外委"之实等负面行为，确保外委转自营取得成效。一是做好样板引路。以污水处理转自营为试点，制定工作运行方案，明确目标任务、责任分工、时间节点、业务、安全和资产界面，以及生产运行、质量管理、材料管理、费用结算、业绩评价等环节管理要求、标准，配套服务指标考核标准等内容，形成标杆范式进行推广，有效指导其他专业工作。二是强化监督检查。纪委监督部、企管法律部及专业主管部门，加大外委转自营过程中的挂靠、转包及违规分包行为查处力度，强化分包商管理，防范廉洁风险和效益流失，真正实现"自己的活自己干"。三是开展效益评价。组织开展外委转自营效益分析，深挖亏损根源，强化全要素成本管理，系统推进工序、技术、材料三降本，提升外委转自营价值创造能力。

（三）持续推进外部市场开拓，拓展企业发展空间

发挥多年积累的技术和管理经验优势，大力实施"走出去"战略，有效利用外部资源，在安置更多富余人员的同时，提升油田整体经营效益。

1. 持续规范外部市场管理

一是完善管理制度体系。制定完善《外部市场管理办法》《资质管理办法》《外部市场专项奖实施细则》等系列制度，形成涵盖各个环节的"1+4"外部市场制度体系，为外部市场规范高效运作提供制度支持。二是加强市场信息搜集。加大对国内外油气开发及相关产业市场信息的收集、整理、分析，实行有效信息奖励机制，有偿提供信息服务，实现信息共享。三是加强项目运行。改变以往彼此分割、相对独立、各自为战的"单兵作战"模式，实行一体化区域化运作，由油田外部项目管理部门统一协调参与招投标或商务洽谈工作，避免无序竞争，维护油田利益。四是加强过程管控。建立例会和简报制度，通报经营情况，交流经验做法，不定期组织相关机关部室开展调查研究，研判存在问题，提出针对性整改措施，发挥抓两头带中间的作用，促进整体管理水平的提高。

2. 不断优化市场布局，开展战略合作

一是明确工作思路。坚持"巩固现有市场，盯紧目标市场，挖掘潜在市场，开拓新兴市场"的总体思路，推动资源要素向价值链中高端聚焦，重点拓展高酸性气田开发、天然气处理与深加工、LNG、长输管道、新能源等领域业务，不断扩大中高端市场份额。二是推动布局优化。统筹优化"四区"（西北、西南、华北、华东）、"三线"（国家管网连线、东南沿海连线、"一带一路"连线）、"一周边"（濮阳周边）市场，重点面向国资央企、地方国企和大型民企承揽项目，逐步由西北区域低效市场向东南沿海高效市场转移，2020年至今东南沿海市场合同额由2.83亿元增至3.70亿元，占外部市场总额比例由19.5%增至25.7%。三是推动战略合作。树立"成就他人就是成就自己"理念，全方位做好市场营销工作，加大与中石化天然气分公司、西南油气分公司、国家管网广东运维中心等企业沟通力度，与华北油气分公司、江西天然气集团等签订战略合作协议，实现互利共赢、共同发展。协议签订以来，与中石化天然气分公司、国家管网西气东输有限公司的年合同额超过 1 亿元，与西南油气分公司、中天合创能源公司等 4 家企业的年合同额超过 5000 万元。

3. 持续提升市场创效能力

一是建立评估决策机制。强化项目前期决策研究，对地区经济、文化、资源、政策、承包商资信等情况，从甲方资信、履约能力、安全管理和项目效益等方面开展前期评估，严把项目审批关，新承揽项目边际效益控制在 35% 以上，从源头上杜绝效益低、风险高的项目。二是建立风险管控机制。规范合同管理，构建客户信用评价体系，严控业务分包，强化项目结算，进一步防范经营风险。三是建立经营分析机制。每月对运行项目进行效益分析和监督管控，围绕合同额、新增合同额、收入、边际效益、利润、员工安置等指标，实行考核排序，建立红黄绿预警机制，对连续 3 个月排名后 10 名项目适时进行优化调整或有序退出，将撤出人员补充到高质高效项目，不断提高项目质量效益。2020 年至今，退出低无效项目 113 个，减亏 8000 余万元。四是建立激励约束机制。对外部市场实施差异化、精准化、个性化考核，设置绩效奖、开发奖、"星旗榜" 奖、先进奖和重大立功奖，实行分类分级考核奖励。项目按国内市场到账收入额的 3%、国外市场到账收入额的 5% 进行绩效奖励，盈利项目增加 2% 奖励，2020 年至今，共兑现奖励 1.46 亿元，充分调动了全员拓市增效的积极性和主动性。

4. 加强驻外人员队伍管理

一是开展 "半军事化" 管理。制定生活 "三严禁"、工作 "五严格"、健康 "四管理"、形象 "五规范"、内务 "三统一" 等 5 个方面 20 条管理措施，培养外部市场队伍令行禁止、雷厉风行、规范统一、团结协作的作风，规范员工行为，保障员工健康安全和项目平稳运行。二是加强团队文化建设。根据外部市场地域特色，创建不同的团队文化，以完善的制度约束人、以无微不至的爱心感化人、以特色的文化感召人、以团结协作的精神激励人，打造思想稳定、斗志昂扬、和谐奋进的外部市场队伍。三是关心关爱外部员工。开展 "健康快乐" 双提升活动，配套生活设施，在外部项目驻地完善 "两堂一舍一室"，配备图书和健身器材，改善生产、生活环境；开展健康巡讲、心理帮扶、慰问演出等活动；做好家庭帮扶，建立外部员工家庭档案，定期联系走访、座谈交流，采取结对帮扶、职工互助、节日慰问、夏送 "清凉" 冬送 "温暖" 等形式，及时解决外部员工的家庭困难，解除干部员工的后顾之忧，让他们放心、安心、舒心工作。

（四）持续提升人员队伍素质和能力，有效支撑企业市场化经营

随着市场规模不断扩大，用工需求不断增大，服务队伍中高精尖技能人才不足，专业素质不强、梯队建设断档等问题逐步凸显，供需矛盾进一步突出。中原油田持续深化人才体制机制改革，广泛搭建 "引才聚才" 平台，持续加强人才队伍建设，增强对油田市场化经营的支撑力。

1. 畅通流通渠道，确保富余人员 "动起来"

一是建立人力资源共享平台。富余人员可以通过借聘、业务承揽和人事调动调整到其他需求单位，实现用人单位 "自有他养" 与 "他有我用" 双赢互动。二是完善 "一网两端" 信息共享机制。用工需求信息通过油田门户网站、中原石油报社微信客户端同步发布，打破单位行政壁垒直达员工，用人条件、招聘过程和结果公开透明，人员流动配置效率大为提升，累计统筹配置各类人员 5916 人次。三是落实政策 "退出来"。按照 "尊重贡献、自愿为主" 原则，加大政策支持和救助帮扶力度，采取提前退休、内部退养、离岗休息等多种措施，畅通人员出口，不断优化队伍结构。

2. 聚焦 "高精尖缺" 引进增量人才

聚焦油气勘探、油气田开发、石油工程、安全环保、信息工程、新能源等核心（新兴）业务领

域，以及采油、采气、井下作业等主体工种，加大人才引进力度。一是柔性引进院士、高校教授等人才。邀请中石油、中海油、石油高校人才到油田借调或挂职，就地用才留才。二是加强成熟人才引进。加大博士后引进力度，公开招聘、点对点招聘中国石化集团公司系统内成熟人才，壮大核心骨干和急需紧缺人才队伍，弥补重要领域、重要岗位专业人才空档。三是加大毕业生引进力度。分门别类制定人才需求清单，科学编制毕业生引进计划，提前签约急需紧缺专业优秀毕业生，定向培养优秀在校大学生。积极引进高职高专毕业生，争取新型学徒制招聘高职高专毕业生指标，优化引进专业，缓解油田技能人才接替问题。

3. 加强员工专业能力提升

一是紧盯市场用工需求，强化转岗储备培训，坚持"缺什么，补什么；干什么，学什么"，分工种、分等级建立储备人员数据库，着力打造"一岗多能、一人多证"的人才队伍。二是完善培训激励机制，建立员工取证激励制度，采取报销报名费、一次性奖励和月度津贴等方式，鼓励员工多学习、多取证。建立培训考核机制，制定参培人数、合格率、实效性等指标，考核结果与单位培训经费、专项考核等挂钩，推动培训工作落实，服务人力资源优化配置。三是加强领军队伍培养，开展油田"十百千"计划，优选14名中层干部、137名基层干部跨单位交流，1400余名青年干部人才进行单位内部锻炼，丰富工作阅历，提升实战能力。

4. 强化人才队伍接替

一是落实"三定"工作。强力推进"三定"工作，进一步显化出1377名人员，为市场开发队伍做好战略储备，有效解决市场需求与现有人才队伍保障不足的问题。二是推进"人力资源池"建设。出台《"人力资源池"建设与运行管理的意见》，将"三定"富余出来的人员放入"人力资源池"，坚持"入池即降薪"，倒逼员工转岗"出池"。三是助推员工转岗培训。结合单位内外部市场岗位需求，以及"入池"人员专长及意向综合确定培训方案，嵌入油田集中培训或单独办班，先后组织采油采气、井下作业等业务培训41期852人次，安排油田专家、技能大师、首席技师"手把手"现场授课，实现"出池"上岗286人。

三、老油田企业以提升综合效益为目标的市场资源配置管理效果

（一）油田经济效益实现显著提升

通过持续深化体制机制改革、内外部市场高效配置资源，专业化队伍内部市场占有率明显提升，外部市场创收创效能力显著提升，油田整体呈现稳中有进、稳中提质、稳中向好的发展态势。石油发现成本55.25元/吨，同比下降14.35元/吨；天然气发现成本31.1元/千方，同比下降7.2元/千方；实现收入197.22亿元、同比增长22%，净利润3.4亿元、同比增加12亿元；整体盈利10.35亿元，经营业绩创"十三五"以来最好水平。荣获中国石化集团公司主题行动先进单位、安全先进单位、环保先进单位等省部级以上荣誉61项，党建工作保持集团公司A档前列。

（二）油气资源保障能力显著提升

油气主业单位完成"瘦身健体"，心无旁骛抓油气上产。通过推进"外委业务转自营"，联合装置检维修、污水处理、油水井措施等核心业务已实现自营，油气服务产业链的安全性和完整性进一步增强。2022年，油气勘探取得重要突破，预测石油地质储量1358万吨，控制石油地质储量700万吨，预测天然气地质储量565.82亿立方米，落实探明储量115.71亿立方米，荣获中国石化集团公司油气发现一等奖2项、二等奖1项。原油产量保持稳定增长，新增原油SEC储量421万吨、超计划296万吨，全年原油产量完成集团公司下达目标。新增天然气SEC储量51.43亿立方米、超计划3.43亿立方米，综合递减控制在10%以内，普光气田累产超千亿立方米，被央视媒体多次报道。

（三）企业人力资源有效盘活

有效发挥了市场在配置资源中的决定性作用，推进企业人力资源跨单位、跨区域、跨领域协作合作，累计配置各类人员 21245 人次，全员劳动生产率同比提升 20%，全员价值创造能力大幅提升；2022 年，专业化单位内部市场份额达 32.24 亿元，同比增加 4.02 亿元；外部市场遍布国内 27 个地区及海外 9 个国家，收入 14.39 亿元，同比增加 1.83 亿元；人工成本利润率 15.9%，超额完成中国石化集团公司下达的目标任务，切实把人多的"包袱"变成了创效财富，"等靠要"思想和"大锅饭"观念得到彻底扭转。2022 年，员工平均收入同比增长 9.84%，精神面貌焕然一新，干事创业热情得到有效激发。

（成果创造人：张庆生、刘　伟、蔡东清、王德宇、刘　兴、张赞武、

王燕丽、杨慧娟、耿宪福、陈世超、任海科、王晓花）